Seit Elvis Presley, der King of Rock ›n‹ Roll, 1956 mit ›Heartbreak Hotel‹ die Pop-, Country- und R&B-Charts stürmte, hat sich in der Rockmusik einiges getan. Tausende von Bands und Musikern in Amerika, Afrika, Asien und Australien haben mit mehr oder weniger Erfolg die Szene betreten und u. a. mit Blues, Country, Folk, Reggae, New Wave, Punk, Heavy Metal, Techno, Rap und HipHop alte und neue Stilrichtungen erprobt. Die um 400 auf über 1000 Biographien erweiterte, völlig überarbeitete und aktualisierte Ausgabe kann selbstverständlich nur eine Auswahl bieten, die jedoch Bluesveteranen ebenso berücksichtigt wie die Teenie-Stars von heute. Neben Rockstars wie den Doors, Bob Dylan oder Michael Jackson werden Musiker oder Bands vorgestellt, die stilbildend gewirkt oder nur mit einem Hit für Furore gesorgt haben. Den Hauptanteil bilden natürlich Musiker und Bands aus den USA, aber auch Gruppen anderer Staaten oder Erdteile wie die australische Band AC/DC , die international Anerkennung gefunden haben, sind mit Biographien vertreten.

Christian Graf, 1953 in Berlin geboren. Jobbte als DJ, entschied sich für die Rolling Stones und erhielt im April 1974 einen Ausbildungsvertrag als Hörfunkjournalist beim RIAS Berlin. Anschließend freier Mitarbeiter verschiedener ARD-Stationen und Printmedien. Zwischen 1979 und 1987 festangestellter Redakteur beim RIAS, zunächst im Jugendfunk, danach in der Abteilung L-Musik. 1987 Wechsel nach Hamburg als leitender Redakteur zum Privatsender Radio 107 und zwischen 1990 und 1992 Chefredakteur beim Lokalsender Radio 90,1 in Mönchengladbach. Seit 1992 freier Berater privater Hörfunkanbieter und Moderator beim Deutschlandradio Berlin.

Burghard Rausch, 1947 in Berlin geboren. Entdeckte mit 17 Jahren das Schlagzeug für sich, seit Mitte der 60er Jahre Schlagzeuger und Plattensammler. Verehrt Todd Rundgren, arbeitete (auch) als DJ und ab 1974 für RIAS Berlin als Moderator und Musikjournalist. 1986 Co-Autor des Buches ›Stationen – Die Trends der Rock-Epoche‹ und seit 1987 Musikredakteur bei Radio Bremen.

Im Fischer Taschenbuch Verlag liegt außerdem vor: ›Rockmusiklexikon Europa‹, Band 1 (Bd. 12387) und Band 2 (Bd. 12388).

Christian Graf
Burghard Rausch

Rockmusiklexikon
Amerika, Afrika, Asien, Australien

Band 1

Lee Aaron – It's A Beautiful Day

Fischer
Taschenbuch
Verlag

Lektorat: Heide Kobert
Redaktion: Astrid Gravert, Sabine Jansen, Leo Strohm
Typographie: Katrin Jacobsen

Originalausgabe
Veröffentlicht im Fischer Taschenbuch Verlag GmbH,
Frankfurt am Main, Februar 1999

Gesamtherstellung: Clausen & Bosse, Leck
Printed in Germany
ISBN 3-596-13872-8

Inhalt

Band 2

Vorwort

Die Auswahl der über 1000 Biographien ist selbstverständlich subjektiv und – wenn man will – natürlich unvollständig. Aus unserer Sicht wurden die wichtigsten Interpreten und Gruppen außerhalb Europas berücksichtigt, um eine sinnvolle Ergänzung zum ›Rockmusiklexikon Europa‹ zu schaffen. Wir haben uns bemüht, den Begriff »Rockmusik« so zu interpretieren, wie er im angelsächsischen Sprachraum verstanden wird, und beziehen den rockigen Liedermacher ebenso ein wie die etwas anspruchslose, aber erfolgreiche Disco-Chanteuse oder den wenig einflußreichen Teenie-Star (wenn er sich denn des Rock-Genres bedient). Es schien uns wichtig, anderswo stiefmütterlich behandelte Stilrichtungen wie Heavy Metal, Country-Rock, Hardcore, Grunge und Reggae angemessen zu berücksichtigen.

Die Biographien basieren in erster Linie auf offiziellen Informationen der Schallplattenfirmen (sog. Life Lines oder Product Facts), Artikeln aus der internationalen und nationalen Fach- und Tagespresse, eigenen Interviews unter Hinzuziehung der umfangreichen englischsprachigen Pop- und Rockliteratur. Als weitere Informationsquellen dienten diverse Charts-Auswertungen wie die Fachbücher ›Hit Bilanz‹, ›Hit Guide‹ und ›Hit Records‹ (alle bei Taurus Press in Hamburg erschienen).

Die bei Gruppenporträts am Anfang genannte Besetzung bezieht sich entweder auf die aktuell beteiligten Musiker, auf die Gründungsmannschaft oder in einigen Fällen auf die erfolgreichste Besetzung. In den Discographien wurden, soweit bekannt die noch gültigen CD-Bestellnummern aufgeführt, ansonsten Labelangaben, die auch bei inzwischen veränderter Bestellnummer bei der Suche zumindest eine Hilfe sein können.

Redaktionsschluß: 31. Dezember 1997

Christian Graf

Dank

»I like to keep my feet in gospel, it's pure« (Mick Jagger, 1994)
Vielen Dank an Günter Ehnert für reichlich Material, an Jörg Troska (BMG Ariola Hamburg), Marlies Nagel (Intercord Hamburg), Rolf Harz (Warner-Chapell), Hans-Hermann Pohle (Taxim), Dietrich Eggert (Rough Trade), Peter Brüning und Michael Salamon (Edel / Castle), Sabine Beyer und Patricia Dietz (Mercury Records), Dietmar Tewes (RUF Records), Sabine Riesterer und Anja Schmutz (in-akustik), Jannette Agregado (Motor Records), Ronald Bauhan und Uwe Kerkau für Informationen, an Heinz-W. Arndt und Klaus Bergmaier für Fehlersuche und an meine Frau Gaby für Korrekturen und Toleranz.

Christian Graf

Instrumente

acc	Akkordeon
b	Baß
ban	Banjo
cl	Klarinette
dr	Schlagzeug
dob	Dobro
dulc	Dulcimer
elec	Electronics (tonerzeugende Elektronik wie Ringmodulatoren, Sequenzer, Mischpulte, Generatoren)
fi	Fiddle
fl	Querflöte
flh	Flügelhorn
g	Gitarre
harm	Mundharmonika
ho	Horn
key	Keyboards (Tasteninstrumente: Orgel, Mellotron, Klavier, Cembalo, Synthesizer)
man	Mandoline
mel	Mellotron
org	Orgel
p	Piano
perc	Percussion (Rhythmusinstrumente: Congas, Bongos, Timbales, Tambourine)
programming	Tonerzeugende PC-Technologien
sax	Saxophon
si	Sitar
steel-g	Steel-Gitarre (im Sitzen gespieltes, elektrisch verstärktes, oft in der Country-Music verwandtes Instrument)
syn	Synthesizer
po	Posaune
tr	Trompete
tu	Tuba
vi	Violine
vib	Vibraphon
vla	Viola
voc	Gesang
(backup)-voc	Chorgesang

Lee Aaron

Als Karen Lynn Greening am 21. 7. 1962 in Belleville, Ontario, geboren, ließ sich Lee Aaron von Hardrock und Heavy Metal europäischer Prägung (→ Scorpions, → Dio) animieren, 1977 erstmals in einer Band zu singen. George Bernhardt, Gitarrist bei der Band Lee Aaron, förderte die künstlerisch begabte Karen, die aufgrund ihrer surrealistischen Bilder ein Stipendium erhalten hatte, dies aber ausschlug, um sich als Rock-Shouterin durchzusetzen. Als die Gruppe sich nach zwei Jahren auflöste, übernahm Karen den Bandnamen als Pseudonym. Betreut wurde sie von dem Produzenten und Manager Robert Connolly.

Lee Aaron tingelte mit verschiedenen Bands zwei Jahre lang durch die Klubs der kanadischen Metropolen. 1982 stellte Connolly für das Album THE LEE AARON PROJECT eine Art Allstar-Band kanadischer Heavyrocker (Santers, → Triumph) zusammen. Die LP zeichnete sich durch einen harten Sound aus, und Lee Aaron wurde mit Janis → Joplin und Pat → Benatar verglichen. Ihr melodischer Heavysound machte sie vor allem in Großbritannien populär. Nach Erscheinen der LP wurde Lee Aaron für einen einzigen Auftritt im Marquee nach London eingeflogen. Da die finanziellen Mittel begrenzt waren, blieben ihr nur zwölf Stunden Zeit, ihr Repertoire mit der englischen Formation Sam Thunder einzustudieren. Aufgrund der guten Kritiken ihres Gastspiels wurde sie zum Hardrock-Spektakel beim Reading Festival im Mai 1983 eingeladen.

Bis zu diesem Termin besetzte Lee Aaron ihre Begleitgruppe mit George Bernhardt (g), Ex-Wrabit John Albani (g), Attila Demjen (dr) und Jack Meli (b, voc). Nach dem Reading Festival nahmen sie das METAL QUEEN auf. Auf dem Cover posiert die Sängerin als weibliche Ausgabe des Comic-Helden Conan, der Barbar. Musikalisch hielt sie sich von Metal-Klischees fern und wurde als »derzeit heißeste Rocklady im Heavy-Lager« (*Metal Hammer*) tituliert. Sie überzeugte außerdem auf einer Europatournee im Vorprogramm von → Bon Jovi.

Bis auf Albani stellte sie für die 85er-LP CALL OF THE WILD eine neue Gruppe zusammen. Als Stargäste konnte sie den Drummer Jerry Mercer von → April Wine, den Bassisten Spyder Brierley von Mark Four und den Produzenten Bob Ezrin (Alice → Cooper, → Kiss) als Keyboarder gewinnen. Sie verzichtete auf stereotype Hard & Heavy-Attacken und erreichte mit der klassischen Ballade ›Barely Holdin' On‹ eine neue musikalische Qualität. Die guten Umsätze ermöglichten Lee Aaron endlich den Absprung aus dem Independent-Lager.

1987 produzierte Peter Coleman (Pat Benatar, Nick Gilder) das Album LEE AARON, mit dem die Sängerin das Image der Rocklady in »schwarzer Lederkluft und schwarzen Straps« (*Stern*) ablegte und mehr als Komponistin hervortrat. Die perfekt inszenierten, etwas zu glatten Songs »sollen eine positive Stimmung herüberbringen« (Lee Aaron). Heavy Metal-Freaks waren von dem »voluminösen Sound mit dem Hang zu flächigen Arrangements und aufgeblasenen Background-Chören« (*Musik Express*) enttäuscht. Dagegen begann sich ein an Pop gewöhntes Publikum für Lee Aaron zu interessieren; auch die Radiostationen reagierten positiv auf das »nette, flotte und frische Rockalbum ohne echte Höhepunkte« (*Crash*).

Aufwendige Synthicollagen dominierten das Album Bodyrock, das selbst bei entschiedenen Fans durchfiel. Lee Aaron beeindruckte zwar nach wie vor mit ihrer außergewöhnlichen Stimme, doch die Songs waren allenfalls Durchschnittsware. Dessenungeachtet wurde das Album in ihrer Heimat über 200000 Mal verkauft. Dagegen fielen die Kritiken bei der anschließenden Welttour eher mäßig aus. Die Band von Lee Aaron bestand zu diesem Zeitpunkt aus Albani, Bruce Dies (g), Randy Cooke (dr) und Rob Laidlaw (b).

»Einfallsloser Hardrock« (*Stern*) und »risikofeindliche Songs« (*Musik Express*) hieß es Ende 1991 über das Album Some Girls Do. Danach tourte Lee Aaron als Anheizer für **Manfred Mann's Earth Band** durch Deutschland. Sie büßte zunehmend an Popularität ein, kam aber Ende 1994 wieder an mit Emotional Rain: »Eine ausgewogene Mischung aus stilisiertem, modern produziertem Hardrock und balladesken Stücken« (*Metal Hammer*). 1996 präsentierte sie eine neue Band namens **2 Precious** mit Don Harrison (g), Don Binns (b) und Don Short (dr): »Ich habe mehr experimentiert und bin durch die Zusammenarbeit mit meinen drei Mitmusikern als Songwriterin weitergekommen« (Lee Aaron).

THE LEE AARON PROJECT (1982) Roadrunner, SPV 08–2018 • METAL QUEEN (1984) Virgin 207578 • CALL OF THE WILD (1985) Virgin 207579 • LEE AARON (1987) Virgin 208206 • BODYROCK (1989) Metronome 841387 • SOME GIRLS DO (1991) Metronome 511487 • EMOTIONAL RAIN (1994) No Bull 341952 • LEE AARON & 2 PRECIOUS (1996) No Bull 332152 • (S) POWERLINE: THE BEST OF LEE AARON (1992) • John **Albani** mit **Wrabit**: WROUGH & READY (1981) MCA 204405 • TRACKS (1982) MCA 205049 • WEST SIDE KIDS (1983) MCA 39005

Paula Abdul

Mit zwei Alben, die sich weltweit über 17 Millionen Mal verkauften, und acht Top 10-Singles stieg die nur 1,58 Meter große Sängerin und Tänzerin innerhalb von knapp drei Jahren zu einem Superstar der US-Danceszene auf. Paula Abdul entwickelte ihre Musik vom »Girlie-Pop zum erwachsenen Funk« (*Playboy*) und schuf einen eigenen Stil zwischen romantischen Balladen und »knackigen Dancefloor-Knallern« (*Musik Express*).

Paula Abdul wurde am 19. 6. 1963 in Los Angeles geboren und ist syrisch-brasilianischer und französisch-kanadischer Abstammung. Bereits als Siebenjährige wirkte sie in Theatergruppen mit und absolvierte mit Erfolg ein Tanzstudium bei der Bell Lewitzky Company. Sie arbeitete als Cheerleader und war Choreographin des Videos »Torture« von Mick Jagger und den →**Jacksons**. 1987 erhielt sie für die Choreographie des Janet →Jackson-Videos »Nasty« einen MTV-Award. Außerdem arbeitete sie an Clips von →**ZZ Top**, →**Duran Duran**, Dolly Parton, Warren →Zevon und Debbie Gibson.

Im August 1988 veröffentlichte Paula Abdul ›Knocked Out‹ (US #41), ihre erste Single, im November folgte ›(It's Just) The Way That You Love Me‹ (US #88). Drei Wochen später erschien ›Straight Up‹ (GB #3, US #1, D #3), ihr erster weltweiter Bestseller. Der Song war Bestandteil des Debütalbums Forever Your Girl (GB #5, US #1, D #24) und löste 1989 eine einzigartige Hitserie aus. Im Abstand von drei Monaten beherrschten

›Forever Your Girl‹ (GB #24, US #1, D #17), ›Cold Hearted‹ (US #1, D #38), die Wiederveröffentlichung von ›(It's Just) The Way That You Love Me‹ (GB #74, US #3) und ›Opposites Attract‹ (GB #2, US #1, D #14) vor allem die nordamerikanischen Charts.

1989 gewann Paula Abdul vier MTV-Awards für ihre eigenen Produktionen, tourte mit Tone Loc, **Milli Vanilli**, →**Was (Not Was)** und **Information Society**, beteiligte sich an einer Benefizveranstaltung für die Erdbebenopfer von San Francisco und schloß das Jahr als »erfolgreichste Popinterpretin« (*Billboard*) ab, denn FOREVER YOUR GIRL verkaufte sich zehn Millionen Mal und enthielt als erstes Album der Geschichte vier Singles, die den ersten Platz der Hitparaden erreichten.

Der Remix der ersten LP erschien im November 1990 unter dem Titel SHUT UP AND DANCE (GB #40, US #7, D #37). Ansonsten machte sich die »Dance-Diva« (*Playboy*) in diesem Jahr rar. Sie arbeitete als Choreographin u. a. für George →Michael und wirkte an Filmen mit Kevin Costner (»Bull Durham«) und Eddie Murphy (»Coming To America«) mit. Paula Abdul engagierte sich außerdem für das Recycling-Projekt »Take It Back Foundation«, das auf eine Initiative der Quincy Jones-Tochter Jolie ins Leben gerufen wurde.

Das zweite offizielle Album SPELLBOUND (GB #4, US #1, D #17) erschien Anfang 1991 und lieferte mit der Ballade ›Rush, Rush‹ (GB #6, US #1, D #12) sowie ›Promise Of A New Day‹ (GB #52, US #1, D #86), ›Blowing Kisses In The Wind‹ (US #6), ›Vibeology‹ (GB #19, US #16) und ›Will You Marry Me?‹ (GB #73, US #19, D #74) wieder potentielles Hitmaterial. Die Umsätze in Europa gingen jedoch trotz guter Kritiken zurück.

Nach fast dreijähriger Studiopause erschien im Sommer 1995 HEAD OVER HEELS, eine interessante Mischung aus Pop, Funk, R&B und dezentem Rock. Für die erste Single-Auskopplung wählte sie den orientalisch inspirierten Song ›My Love Is For Real‹ (GB #28, US #28, D #87), den sie im Duett mit der Israelin Ofra Haza sang. Paula Abdul erhielt für HEAD OVER HEELS durchweg gute Kritiken und stellte im Februar 1996 zufrieden fest: »Sieht so aus, als hätte das kleine Mädchen aus San Fernando Valley seine Träume wahrgemacht.«

FOREVER YOUR GIRL (1989) Virgin 786067 • SHUT UP AND DANCE (1990) Virgin 786168 • SPELLBOUND (1991) Virgin 786210 • HEAD OVER HEELS (1995) Virgin 8405252

AC / DC

Paul Greg (b), Brian Johnson (voc), Phil Rudd (dr), Angus Young (g), Steve Young (g)

Unter dem englischen Kürzel für Gleich / Wechselstrom propagierte eine australische Teenagerband einen ausgelassenen, lauten, elektrisierenden Hardrock, der Großes erwarten ließ. Der *Musik Express* prophezeite im Frühjahr 1976: »Die saftige, frische, freche Rotznasen-Musik läßt mal wieder die Hoffnung keimen, nun beginne endlich ein neues Zeitalter des Rock'n'Roll.«

AC/DC eroberten im Sturm die Heavy-Märkte von Australien, Großbritannien, Deutschland und den USA. Zwischen 1979 und 1981 erhielten sie in den Vereinigten Staaten mehrfach Platin und hatten vor allem in England mit den Singles ›Rock'n'Roll Ain't Noise Pollution‹ (GB #18), ›Let's Get It Up‹ (GB #14, D #33) und ›For Those About To Rock‹ (GB #13) großen Erfolg. Bis 1996 wurden weltweit über 100 Millionen Platten verkauft. Rückschläge wie den Tod ihres Sängers Bon Scott und personelle Veränderungen verkrafteten sie mühelos »auf dem Weg zu einer der führenden Bands der 80er Jahre« (*Rolling Stone*).

Die Brüder Angus (*31. 3. 1959) und Malcolm Young (*6. 1. 1953) verließen 1963 mit ihrer Familie ihre schottische Geburtsstadt Glasgow und wuchsen in der australischen Metropole Sydney auf. Ihr älterer Bruder George begeisterte sie für die Gitarre und die Rockmusik. George Young war Mitbegründer der → **Easybeats** und förderte ab 1973 **AC/DC**. Im Dezember debütierte die Band in einer Bar in Sydney. Die ersten Begleiter der Young-Brüder stammten aus der lokalen Musikszene und wechselten ständig.

Angus und Malcolm Young hatten in einer Schülerband der Ashfield High School begonnen. Während Angus noch die Schulbank drückte, machte Malcolm eine Lehre als Mechaniker. Unter dem Einfluß von → **Led Zeppelin** und den → **Rolling Stones** gründeten sie **AC/DC**. Der ebenfalls aus Schottland stammende Bon Scott (Ronald Belfort, *9. 7. 1946, Kirriemuir) übernahm im März 1974 das Schlagzeug. Er hatte sieben Jahre Klavierunterricht gehabt, lernte außerdem Akkordeon und Schlagzeug und verdiente sein Geld als Postbote. 1966 hatte Scott bei den **Spektres** begonnen und fand dann über **Fraternity** den Weg zu **AC/DC**. Die spielten zu diesem Zeitpunkt mit Dale Evans (voc), Rob Bailey (b) und Peter Clack (dr) und hatten die Single ›Can I Sit Next To You Girl‹ herausgebracht.

Die Young-Brüder suchten, nachdem sie Scott getroffen hatten, per Annonce nach neuen Musikern. Überraschenderweise setzte sich der unerfahrene Bon Scott als Sänger gegen mehrere Konkurrenten durch. Als neue Rhythmusgruppe wurden der ehemalige Elektriker Philipp Witschke (*19. 5. 1954), der sich nun Philipp Rudd nannte, und der gerade 19jährige Bassist Mark Evans (*2. 3. 1956) engagiert.

In Windeseile etablierten sich **AC/DC** als Clubattraktion Australiens und beherrschten zwei Jahre später mit den Alben HIGH VOLTAGE und DIRTY DEEDS DONE DIRT CHEAP sowie der Single ›TNT‹ die heimische Szene mit »schmutzigem, purem Rock'n'Roll« (*Metal Hammer*). Der rauhe, auf Rhythm & Blues basierende Sound wurde von dem exzentrischen Schreihals Bon Scott und den wilden Gitarrenattacken des Angus Young dominiert.

Prügeleien und Massenhysterie begleiteten den Feldzug des »wuchtigen, knüppelharten Rock« (*Musik Express*), der im Januar 1976 im Londoner Club Red Cow erstmalig in Europa zu hören war. Bald darauf füllten **AC/DC** das Marquee, spielten anschließend auf dem europäischen Kontinent im Vorprogramm von **Back Street Crawler** und tourten im Sommer als Anheizer für **Richie Blackmore's Rainbow** durch England. Dabei stellte sich Ex- → **Home** Cliff Williams (*14. 12. 1949, Romford, Essex) als neuer Bassist vor. Er löste Evans ab, der später in verschiedenen Bands (**Contraband**, **Heaven**, **Best**, **Party Boys**) mitwirkte.

Ungebremste Hardrock-Energie, Spielfreude und eine animalische Bühnen-

show riefen Lobeshymnen in der Presse hervor. Die *Münchner Abendzeitung* schrieb nach einem AC/DC-Gastspiel: »Handgranaten für die Ohren. Das Publikum jubelte mit den turmhohen Lautsprechern um die Wette.« In der *Hamburger Morgenpost* hieß es: »Gitarrist Angus Young rennt und hüpft über die Bühne wie Donald Duck auf der Flucht vor den Panzerknackern. Mickymaus-Pop ist es dennoch nicht. So wüst und brutal spielten einst die **Who**, **Stones** & Co.«
Die LP Let There Be Rock (GB #28) führte im November 1977 auch zum kommerziellen Durchbruch. Wie die vorausgegangenen wurde sie von dem Team Vanda/Young (**Easybeats**) produziert und leitete eine Serie von Platin- und Gold-LPs ein. Im Januar 1978 entstand in den Albert Studios in Sydney die nächste LP Powerage (GB #25), die mit ›Rock'n'Roll Damnation‹ (GB #29) für die erste Plazierung in den britischen Single-Charts sorgte. Im gleichen Jahr folgten die LP If You Want Blood, You've Got It (GB #17, US #64) und die Single ›Whole Lotta Rosie‹ (GB #30).
Anfang 1979 übernahm Robert Mutt Lange (→**Thin Lizzy**, →**Boomtown Rats**, Graham →Parker) die Produzentenaufgaben und war mitverantwortlich für den ersten absoluten Bestseller von AC/DC. Das Album Highway To Hell (GB #10, US #22, D #7) erreichte eine Auflage von mehreren Millionen und wurde auf einer vielgelobten Welttournee im Sommer 1979 vorgestellt. Am Ende der Tour spielten AC/DC mit den →**Who** im Londoner Wembley Stadion. In den folgenden Jahren bewiesen »die australischen Renommier-Rocker« (*Musik Express*), daß sie keine Eintagsfliege waren.
Am 20. 2. 1980 drohte jedoch das Ende des AC/DC-Erfolges. An diesem Tag wurde der trinkfreudige Bon Scott tot im Wagen eines Freundes aufgefunden.
Die Band war geschockt, dementierte jedoch alle Auflösungsgerüchte und suchte umgehend nach einem geeigneten Nachfolger für Scott. Brian Johnson, dessen Solokarriere nicht zu seiner Zufriedenheit verlief, bot sich an. Er war einst Leadsänger der Teenie-Rock'n'Roller von **Geordie**, die 1973 die Hitsingles ›All Because Of You‹ (GB #6, D #30), ›Can You Do It‹ (GB #15, D #22) und ›Electric Lady‹ (GB #27, D #32) veröffentlichten.
Im April und Mai 1980 wurde auf den Bahamas das Album Back In Black (GB #3, US #6, D #3) aufgenommen, das sich weltweit über zwölf Millionen Mal verkaufte. Der *Musik Express* schrieb: »Angus & Co. sind mehr als eine abgefuckte Teenie-Band; sie sind in der Tat eine verdammt gute, dreckige, laute Rock'n'-Roll-Band.« Aufgrund des immensen Erfolges wurde in Nordamerika die Platte ›Dirty Deeds Done Dirt Cheap‹ (US #3) wiederveröffentlicht.
AC/DC setzten nach erfolgreichen Tourneen und Festival-Auftritten (u. a. im englischen Castle Donington) ihren Siegeszug Ende 1981 mit dem Album For Those About To Rock/We Salute You (GB #3, US #1, D #2) fort. Das konsequente Heavywerk, zu dem die Young-Brüder die Musik und Johnson die Texte schrieben, zeichnete sich aus durch den ungekünstelten, kraftvollen Gesang von Brian Johnson, die Explosivität der Rhythmusgruppe Williams/Rudd und »Angus Youngs entfesselte Schuljungen-Ekstase und seine Amokläufe auf der Gitarre« (*Musik Express*).
Nach der »größten Enttäuschung von

1983«, wie *Melody Maker* die LP FLICK OF THE SWITCH (GB #1, US #15, D #14) bezeichnete, verließ Rudd die Band und wurde durch Ex-**Tytan** Simon Wright (* 19. 6. 1963) ersetzt. Als Singles erschienen ›Guns For Hire‹ (GB #41, US #84) und ›Nervous Shakedown‹ (GB #25). Die zweijährige Studioabstinenz bis zum Album FLY ON THE WALL (GB #4, US #32, D #14) bekam den »australischen Brachialrockern« (*Stereoplay*) außerordentlich gut. Das grundsolide, dynamische Hard & Heavy-Konzept schloß nahtlos an die großen Erfolge an. Während der anschließenden US- und Europatournee wurden die Singles ›Danger‹ (GB #35) und ›Shake Your Foundations‹ (GB #28) ausgekoppelt.

Ab 1986 vertieften **AC/DC** wieder die Zusammenarbeit mit ihren Entdeckern Vanda / Young und realisierten bis zum Februar 1988 die Alben WHO MADE YOU (GB #10, US #33, D #24) und BLOW UP YOUR VIDEO (GB #2, US #12, D #4) mit den Singles ›Who Made You‹ (GB #12), ›Heatseeker‹ (GB #12, D #26) und ›That's The Way I Wanna Rock'n'Roll‹ (GB #22). WHO MADE YOU basierte auf dem Soundtrack zum Stephen King-Film »Maximum Overdrive« und enthielt überwiegend bekanntes Material der Band. Die LP BLOW UP YOUR VIDEO wurde in den südfranzösischen Miravel Studios aufgenommen und führte **AC/DC** zu ihren Hardrock- und R&B-Wurzeln zurück. Obwohl die Songs und die Arrangements allenfalls Bewährtes reproduzierten, traf die LP die Seelenlage der **AC/DC**-Fans und bestätigte den Ruf der Gruppe als unkomplizierte und hemmungslose Hardrock-Formation. Auch wenn die »schweißtreibenden Kraftausbrüche früherer Jahre zunehmend plakativen Gesten wichen« (*Musik Express*), konnten **AC/DC** ihre Position als international einflußreiche Metal-Band behaupten.

Im April 1988 überließ Malcolm Young seinen Platz seinem Neffen Steve Young, der zuvor bei den **Starfighters** gespielt hatte. In den folgenden zwei Jahren traten **AC/DC** nur sporadisch auf und ließen sich bis zum Herbst 1990 für eine neue LP Zeit. Die Single ›Thunderstruck‹ (GB #13, D #21) bereitete das Erscheinen des Hitalbums THE RAZOR'S EDGE (GB #4, US #2, D #4) vor. **AC/DC** stellten dabei nach dem Weggang von Simon Wright zu **Dio** den neuen Drummer Chris Slade vor, der von → **Manfred Mann's Earth Band** und **Firm** kam. Die »Gladiatoren des bluesdurchwirkten Hardrock« (*Musik Express*) wurden diesmal von dem US-Produzenten Bruce Fairbairn (→ **Aerosmith**, → **Poison**) betreut. **AC/DC** präsentierten das neue Material auf einer ausgedehnten Welttour, darunter acht Open Airs in Deutschland gemeinsam mit der US-Band → **Metallica**. Darüber hinaus wurden Ende 1990 bzw. im April 1991 die Singles ›Moneytalks‹ (GB #36, US #23) und ›Are You Ready‹ (GB #24, D #38) ausgekoppelt.

Ihr 20jähriges Jubiläum begingen **AC/DC** – inzwischen mit Paul Greg für Cliff Williams – Anfang 1993 mit dem Doppelalbum LIVE (GB #5, US #15, D #15) und den Singles ›Highway To Hell‹ (GB #14), ›Dirty Deeds Done Dirt Cheap‹ (GB #68) und ›Big Gun‹ (GB #23, US #65, D #20). »Die bekannteste Band des fünften Kontinents« (*Hifi Vision*) glänzte mit einer »rauschenden Party-Platte mit unbarmherzigen Power-Rock« (*Rock World*). Slade kam jedoch mit den gradlinigen Dauerattacken nicht zurecht und überließ wieder Phil Rudd das Schlagzeug. Rick Rubin produzierte die 95er

Platte BALLBREAKER, die »einmal mehr stampfenden, schwitzenden, Rhythm-'n'Blues-verwurzelten Hardrock mit den obligaten Sex'n'Alk'n'Rock'n'Roll-Texten« (*Musik Express*) transportierte. Als Singles erschienen 1995/96 ›Hard As A Rock‹ (GB #33, D #25) und ›Hail Caesar‹ (GB #56).
1996 starteten **AC/DC** eine Welttournee. Obwohl inzwischen 40 Jahre und älter, zelebrierten die Hardrock-Kraftwerker eine lebendige Show, die bewies, daß das Quintett sich noch immer als stilbildende Gruppe des Heavy-Genres behaupten konnte.

HIGH VOLTAGE (1976) Atlantic 7567–92413 • DIRTY DEEDS DONE DIRT CHEAP (1976) 50323 • LET THERE BE ROCK (1977) Atlantic 7567–92445 • POWERAGE (1978) Atlantic 7567–92446 • IF YOU WANT BLOOD, YOU'VE GOT IT (1978) Atlantic 7567–81553 • HIGHWAY TO HELL (1979) Atlantic 7567–81560 • BACK IN BLACK (1980) Atlantic 7567–81472 • FOR THOSE ABOUT TO ROCK (WE SALUTE YOU) (1981) Atlantic 7567–81463 • FLICK OF THE SWITCH (1983) Atlantic 7567–92448 • FLY ON THE WALL (1985) Atlantic 7567–81263 • WHO MADE YOU (1986) Soundtrack Atlantic 7567–81650 • BLOW UP YOUR VIDEO (1988) Atlantic 7567–81828 • THE RAZOR'S EDGE (1990) Atlantic 7567–91413 • LIVE (1992) Atco 7567–92212 • BALLBREAKER (1995) Eastwest 7559–61780 • Brian **Johnson**: ... AND GEORDIE (1976) Red Bus 204783 • STRANGE MEN (1976) Red Bus 205213

Bryan Adams

Bis 1994 wurden Bryan Adams-Alben weltweit 30 Millionen Mal verlangt und machten den »kanadischen Sunnyboy« (*Musik Express*) zu einem der erfolgreichsten Rockstars der letzten 15 Jahre. Der Sänger, Gitarrist und Komponist, der immer ein wenig im Schatten von Bruce → Springsteen und John → Mellencamp stand, machte schnörkellose Rockmusik. Über 25 Platin- und Goldschallplatten zeugen von seinem weltweiten Erfolg, der auch nicht nachließ, als Adams auf romantische Songs umstieg.
Bryan Adams schrieb Hits u. a. für Tina → Turner, Juice Newton, → **38 Special**, → **Kiss**, Carly → Simon und Roger → Daltrey. Zu seinen bekanntesten Liedern zählten die Heavy-Ballade ›Straight From The Heart‹, ›Heaven‹, ›Run To You‹, der kanadische Beitrag zugunsten der äthiopischen Hungeropfer von 1985 ›Tears Are Not Enough‹, und die Edelschnulzen ›(Everything I Do) I Do It For You‹ und ›Please Forgive Me‹.
Bryan Adams wurde am 5. 11. 1959 als Sohn eines hohen Militärs im kanadischen Vancouver geboren. Ausgangspunkt seiner Karriere war 1977 ein Musikgeschäft. Hier beschlossen Bryan Adams und sein damaliger Arbeitskollege Jim Vallance ein Songschreiber-Team zu bilden. → **Bachman-Turner Overdrive**, → **Loverboy**, Bonnie → Tyler und → **Prism** interessierten sich für die sanften Balladen und die deftigen Rocknummern, bis Ian Lloyd mit ›Straight From The Heart‹ ein mittlerer Hit in Kanada glückte. Adams komponierte seine Lieder, die von Chuck → Berry, Ray → Charles und John → Lennon beeinflußt sind, in der Regel auf der Gitarre. Vallance war für die Texte zuständig.
Als Interpret fiel Bryan Adams erstmals 1979 mit dem Popsong ›Let Me Take You Dancing‹ in den nationalen Charts auf. Im März 1980 erschien die erste, international kaum beachtete LP. In Kanada

wurde er dagegen als hoffnungsvoller Newcomer gefeiert, der zwischen 1982 und 1986 neunmal für den Juno Award, das kanadische Pendant zum US-amerikanischen Grammy, als ›bester Sänger‹, ›bester Komponist‹ oder für das ›beste Album‹ vorgeschlagen war.
Nach einer weiteren Durchschnittsproduktion (›You Want It, You Got It‹) im März 1982 schaffte der ehrgeizige, verbissen arbeitende Bryan Adams im Mai 1983 mit seiner Version von ›Straight To The Heart‹ (US #10, D #38) und dem im Juni erschienenen Album CUTS LIKE A KNIFE (US #8, D #24) den Sprung in die nordamerikanische Rockelite. Zielstrebig eroberte er sich eine Marktlücke und überzeugte durch »zeitlose Modernität, Vitalität und Unkompliziertheit« (*Frankfurter Rundschau*). Zum Superstar fehlten ihm Charisma und »die kämpferische Kraft eines Bruce Springsteen« (*Melody Maker*).
Die Rockmedien standen Adams eher skeptisch gegenüber. So wurden seine Welterfolge RECKLESS (US #1) vom Dezember 1984 und INTO THE FIRE (GB #6, US #7, D #7) vom April 1987 als »trockener Mainstream/Macho-Rock« (*New Musical Express*) kritisiert, als »entsetzliche Langweiler-Songs« (*Record Mirror*) eines drittklassigen »Springsteen-Verschnitts« (*Melody Maker*). Als Singles wurden aus diesen Alben ›Run To You‹ (GB #9, US #6), ›Somebody‹ (GB #37, US #11), ›Heaven‹ (GB #31, US #1, D #28), ›Summer Of '69‹ (GB #39, US #5, D #62), ›One Night Love Affair‹ (US #13), ›It's Only Love‹ (GB #25, US #15, D #44), ›Heat Of The Night‹ (GB #50, US #6, D #33), ›Hearts On Fire‹ (GB #57, US #26) und ›Victim Of Love‹ (GB #68, US #32) ausgekoppelt. ›It's Only Love‹ sang Adams im Duett mit Tina Turner.
Ungeachtet der Medienkritik wurde Bryan Adams als Star gefeiert. Er trat beim Rockpalast-Festival des Westdeutschen Rundfunks auf, beteiligte sich im Juli 1985 an der amerikanischen Variante von Live Aid in Philadelphia, wirkte 1986 neben Peter →Gabriel, →Sting und →U 2 an der »Conspiracy Of Hope«-Tournee zugunsten von amnesty international mit und spielte 1987 in London beim Konzert »Prince's Trust«.
Bereits für INTO THE FIRE hatte Adams in seinem Haus ein eigenes Studio eingerichtet. Neben seiner festen Band, die aus Mickey Curry (dr), Keith Scott (g) und Dave Taylor (b) bestand, unterstützten ihn Robbie Kind (key), Tom Mandel (key), Dave Pickall (key), Jim Vallance als Texter und der Produzent Bob Clearmountain (Ian →Hunter, Garland →Jeffreys).
Ende 1987 beteiligte sich Adams mit dem Song ›Run Rudolph Run‹ an der Weihnachtsplatte A VERY SPECIAL CHRISTMAS, und ein halbes Jahr später gehörte er zu den Stars eines Festivals anläßlich des 70. Geburtstages von Nelson Mandela. Der ebenfalls 1988 veröffentlichte Mitschnitt LIVE! LIVE! LIVE! wurde ausschließlich für den japanischen Markt produziert. Im Sommer 1990 zählte Adams zu den Stars der Aufführung von »The Wall« auf dem Potsdamer Platz in Berlin.
Mit dem Single-Hit ›(Everything I Do) I Do It For You‹ (GB #1, US #1, D #1) meldete sich »die stille Größe« (*Musik Express*) nach vierjähriger Unterbrechung im Juni 1991 in den Charts zurück. Die Ballade erschien auf dem Hitalbum WAKING UP THE NEIGHBOURS (GB #1, US #6, D #1), war außerdem Bestandteil des Soundtracks zur Neuverfilmung von »Robin Hood« mit Kevin Costner in der

Titelrolle und erhielt dafür einen Grammy. 1991/92 wurden aus dem Album, das weltweit zehn Millionen Mal verkauft wurde, außerdem die Singles ›Can't Stop This Thing We Started‹ (GB #12, US #2, D #14), ›There Will Never Be Another Tonight‹ (GB #32, US #31), ›Thought I'd Died And Gone To Heaven‹ (GB #8, US #13, D #47), ›All I Want Is You‹ (GB #22) und ›Do I Have To Say The Words?‹ (GB #30, US #11, D #75) ausgekoppelt. Außer dem Schmachtfetzen ›(Everything I Do) I Do It For You‹ besann sich Adams bei Waking Up The Neighbours auf seinen Good Time-Rock der 80er Jahre.
Bryan Adams stellte sein neues Repertoire im Rahmen einer ausgedehnten Welttournee Anfang 1992 auch in Deutschland vor und bekam für seinen dezenten, bescheidenen, aber energiegeladenen Vortrag sehr gute Kritiken: »Das schönste am Musikmachen ist der Moment, wenn man einen Song fertig aufgenommen hat und das Band zum ersten Mal abhört. Das zweitschönste ist, den Song dann live zu spielen und zu sehen, wie das Publikum reagiert« (Bryan Adams).
Rund sieben Millionen Mal wurde ab November 1993 der Sampler So Far So Good (GB #1, US #6, D #1) verlangt. Er enthielt zwei neue Songs, darunter die Hitballade ›Please Forgive Me‹ (GB #2, US #7, D #3). Der inzwischen in London lebende Adams zog daraufhin durch die europäischen Arenen und mobilisierte z. B. im Müngersdorfer Stadion in Köln über 60000 Fans. Nach wie vor von den Musikkritikern wenig geliebt, verkörperte Bryan Adams den ›normalen Star‹, der auf Hightech-Shows verzichtete, bei Interviews stets unaufdringlich auftrat und übertriebene Imagepflege ablehnte.
Einen weiteren Höhepunkt seiner Karriere erlebte der aktive Umweltschützer, als er mit Sting und Rod → Stewart den Tophit ›All For Love‹ (GB #2, US #1, D #1) für die Neuverfilmung von »Die drei Musketiere« aufnahm. Im Frühjahr 1995 gelang ihm wiederum mit einer gefühlvollen Ballade ein Welterfolg: ›Have You Ever Really Loved A Woman‹ (GB #4, US #1, D #3) gehörte zum Soundtrack »Don Juan DeMarco«. 1996 erschienen drei weitere Singles: ›The Only Thing That Looks Good On Me is You‹ (GB #6, US #42, D #44), ›Let's Make A Night To Remember‹ (GB #10, US #24, D #57) und ›Star‹ (GB #13, D #76). Im November 1995 veröffentlichte er zudem das Duett ›Rock Steady‹ (GB #50, US #73) mit Bonnie → Raitt, und für den Film »The Mirror Has Two Faces« sang er ›I Finally Found Someone‹ (US #8) mit Barbra Streisand.
Vor allem in Deutschland genoß Adams eine große Popularität. Im Juni 1996 gab er in fünf Großstädten Open Air-Konzerte und präsentierte den »makellosen Mainstream-Rock« (*Hamburger Morgenpost*) seines Albums 18 Til I Die. Adams wollte sich mit der Platte aus der Balladen-Schmalz-Ecke lösen. Einige der Titel klangen in der Tat kantig und roh, erreichten aber trotzdem nicht das hartgesottene Rockpublikum.
Am 26. September 1997 gab Adams vor rund 400 ausgewählten Fanclub-Mitgliedern und Musikmanagern im Hammerstein Ballroom in New York ein Unplugged-Konzert, das am 1. Dezember als Album herauskam. Adams wurde von seiner Tourband begleitet und präsentierte neben seinen bekanntesten Hits zwei neue Songs, von denen ›Back To You‹ als Single erschien.

BRYAN ADAMS (1980) A&M 393100 • YOU WANT IT, YOU GOT IT (1981) A&M 393154 • CUTS LIKE A KNIFE (1983) A&M 394919 • RECKLESS (1984) A&M 395013 • INTO THE FIRE (1987) A&M 393907 • LIVE! LIVE! LIVE! (1988) A&M 397094 • WAKING UP THE NEIGHBOURS (1991) A&M 397164 • 18 TIL I DIE (1996) A&M 540675 • UNPLUGGED (1997) A&M 540831 • (S) SO FAR SO GOOD (1993) A&M 540157

King Sunny Adé

Im Sound von King Sunny Adé und seinen mindestens 20köpfigen **African Beats** mischten sich nigerianische Yorubatraditionen, amerikanische Countryklänge und moderne Synthesizerelemente, afrikanische Polyrhythmen mit westlicher Tanzmusik. Seine Musik war für etwa zwei Jahre auch international sehr gefragt, danach genoß Adé die außerordentliche Popularität in seiner nigerianischen Heimat.

Der Gitarrist Sunday Adeniyi wurde 1946 im nigerianischen Ondo als Sohn eines Stammeshäuptlings geboren. Er begann als Schlagzeuger im Schulorchester. Seine Eltern wollten, daß er Jurist wird, doch King Sunny wollte Musiker werden. Als 16jähriger verließ er sein Elternhaus und ging nach Lagos. In der nigerianischen Metropole wurde er zunächst Drummer in der Band von Moses Olaya, einem der populärsten Musiker des Landes. 1966 gründete er mit den **African Beats** seine eigene Gruppe.

Adé begeisterte sich für JuJu, die karibisch beeinflußte Unterhaltungsmusik der Yorubastämme. Ständige Frage/Antwort-Dialoge der Gitarren, rezitativer Leadgesang, unterstützt durch einen Chor, sowie eine Vielzahl von Perkussionsinstrumenten, darunter die hölzernen Talking Drums in Eieruhrform, kennzeichnen diese Musik. Der spätere »König der JuJu-Musik« (*Jazz Podium*) nahm zunächst für das unabhängige Label African Songs Ltd. die Single ›God Is Massive‹ auf, von der sich angeblich nur 25 Exemplare verkauften. Als ein Jahr später der örtliche Fußballverein Stationary Stores Club Pokalsieger des Landes wurde, verfaßte Adé eine Hymne auf die »Flaming Flamingoes«, wie die Mannschaft im Volksmund genannt wurde. Die Platte wurde über 100000 Mal verlangt und legte damit den Grundstein für Adés Aufstieg zum afrikanischen Superstar, der die gleiche Popularität erreichte wie seine jazzbeeinflußten Kollegen Manu →Dibango und Felá →Kuti. Nach der Debüt-LP SUNNY TE DE von 1970 erschienen in Nigeria bis 1982 rund 40 Alben, die jeweils eine Auflage von durchschnittlich 200000 Stück erreichten.

Seit 1974 erschienen King Sunny Adés Platten unter seinem eigenen Label Sunny Alde Records. Er besuchte zu dieser Zeit mehrfach Großbritannien, fand dabei aber nur wenig Beachtung. Erst 1982 – nach dem Tod von Bob →Marley – bekam die »Popattraktion aus der dritten Welt« (*Newsweek*) international eine Chance, als Labelchef Chris Blackwell bei Island Records das Album JUJU MUSIC herausbrachte. Der unbeschwerte, fröhliche, in seiner Monotonie hypnotische Sound fand vor allem in Großbritannien Anklang, und mit der folgenden LP SYNCHRO SYSTEM (GB #33, US #91) kam Adé im Sommer 1983 erstmals in die internationalen Charts.

Die **African Beats** tourten daraufhin mehrmals durch Europa und warben mit bis zu 60 aktiven Musikern und wahren

Marathonauftritten von bis zu sechs Stunden für ihr Kollektiv. Mit AURA konnte Adé 1984 nochmals an den Erfolg von SYNCHRO SYSTEM anknüpfen. Danach ließ das Interesse an seinen Platten international schnell wieder nach. »Der neue Superstar der dritten Welt« (*Neue Zürcher Zeitung*) zog sich mit seinen **African Beats**, die er gerne als seine ›Familie‹ bezeichnete, in seine Heimat zurück. Adé führte danach seine »neue afrikanische Fusionsmusik« (*Jazz Podium*) nun mit seiner neuen Band **Golden Mercury** nur noch sporadisch in Europa auf und schaffte auch 1988 mit dem Album RETURN OF THE JUJU KING nicht das erhoffte Comeback. In Westafrika blieb seine Stellung als führende Persönlichkeit unter den Topmusikern unumstritten.
1989 wurde in Seattle, Washington, LIVE JU JU aufgenommen und 1994 anläßlich einer US-Tour LIVE AT THE HOLLYWOOD PALACE mitgeschnitten.

THE MASTER GUITARRIST (1968) • THE LATE GENERAL MURITALA MOHAMMED (1976) • SUNNY ADE LIVE PLAY (1976) • FESTAC 77 (1978) • CHECK »E« (1980) • THE MESSAGE (1981) • JUJU MUSIC (1982) Island 254770 • SYNCHRO SYSTEM (1983) Island 205320 • AURA (1984) Island 885337 • OTITO (1985) • EXPLOSION (1985) Sar, SALPS 40 • TOGETHERNESS (1985) Sar, SALPS 42 • GRATITUDE (1985) Sar, SALPS 44 • THE TRUTH (1985) Sar, SALPS 46 • SAVIOUR (1986) • RETURN OF THE JUJU KING (1988) Mercury 832522 • LIVE LIVE JUJU (1988) Rykodisc 10047 • FUNMILAYO (1989) • LIVE AT THE HOLLYWOOD PALACE (1994) EMI 829363 • E-DIDE (1996) Atlantic 7567–92644

Segun Adewale

Segun Adewale, im November 1956 im nigerianischen Oshogbo geboren, brach in den 80er Jahren in die Phalanx der führenden JuJu-Bandleader, King Sunny →Adé, Ebenezer →Obey und Dele Abiodun ein. Adewale löste sich noch stärker als seine Konkurrenten von den westafrikanischen Traditionen und bevorzugte einen von westlicher Popmusik beeinflußten Sound, der sich insbesondere an ein jüngeres Publikum richtete.
Der promovierte Jurist lernte in den Bands von I.K. Dairo und Chief S.L. Atolagbe und gründete 1973 die **Superstars**. Die Formation brach bereits nach der LP-Premiere KOGBODOPA FINNA-FINNA wieder auseinander. Adewale schloß sich daraufhin **Prince Adekunle's Western Brothers Band** an. Mit Sir Shina Peters und sechs weiteren Mitgliedern der Gruppe verließ er 1977 die Band und formierte **Shina Adewale And The Superstars International**. Peters blieb bis 1979, und Adewale rief daraufhin mit 20 Musikern erneut die **Superstars** ins Leben.
Adewale orientierte sich am Erfolg von King Sunny Adé und fügte seinem JuJu-Sound ausgeprägte Funk-, Reggae- und Highlife-Elemente hinzu. Er nannte seinen »elektrisierenden aggressiven Stil« (*Guinness*) »Yopop – Kick And Start Music«. 1984 wurde als erstes seiner Alben PLAY FOR ME in Großbritannien veröffentlicht. Die **Superstars** traten daraufhin bei mehreren Festivals in Europa auf und waren dort bis 1986 vor allem als Live-Attraktion sehr gefragt. Danach ließ das Interesse an der temperamentvollen, ungestümen Musik deutlich nach. Ähnlich wie King Sunny Adé konzentrierte sich Adewale nun wieder auf

den afrikanischen Kontinent, wo er nach wie vor außerordentlich populär war.

KOGBODOPA FINNA-FINNA (1974) • OPE YE BABA (1981) • ENDURANCE (1982) • BOOMERANG (1983) • ASE (1983) • PLAY FOR ME (1984) • YOPOP 85 (1985) • GLORY (1986) • SUPERYOPOP (1988) • (S) OJO JE (1985)

Danny Adler

Danny Adler (* 1949) aus Cincinnati, Ohio, fand sein Publikum in der rauchgeschwängerten, hitzigen Atmosphäre kleiner und mittelgroßer Clubs. Dort kam er mit seinem vielseitigen Gitarrenspiel, seinem »nasalen Krächzgesang und seinen bisweilen eigenwilligen Texten« (*Musik Express*) an. Er wurde von Kritikern hochgelobt, war jedoch in Europa weit mehr bekannt als in seiner Heimat.
Adler lernte zunächst das Klavierspiel, wechselte jedoch zur Gitarre, als er die Musik von Chuck →Berry, Jimmy →Reed und Lonnie Mack hörte. 1966 spielte er mit **Albert T. Washington & The Kings**, Slim Harpo und Amos Milburn. 1968 zog Adler nach Kalifornien um und begleitete T-Bone →Walker und Solomon →Burke, gründete 1970 **Dr. Funk**, arbeitete mit →**Elephant's Memory** und übersiedelte 1972 nach London, wo er 1975 bei Aufnahmen von Dave →Edmunds und Nick →Lowe mitwirkte.
Mit der Band **Roogalator** brachte Adler 1977 mit PLAY IT BY EAR sein erstes Album heraus. Zur Gruppe gehörten Nick Plytas (key), der später für Joan →Armatrading, Lene →Lovich und die **Tom Robinson Band** spielte, Justin Hildreth (dr) und Julian Scott (b). Scott wirkte 1979/80 an den beiden LP's der britischen Formation **M** mit. Die drei genannten Musiker waren 1979 auch an Adlers erster Soloproduktion beteiligt. Doch trotz der unüberhörbaren R&B-Talente des schwarzhaarigen, schnauzbärtigen Gitarristen fand THE DANNY ADLER STORY leider nur wenig Absatz.
Aus dem **Gusha Gusha Orchestra**, zu dem der bekannte Studioposaunist Jim Price gehörte, entwickelte sich Ende der 70er Jahre die **Danny Adler Band** mit Andy Lafone (b) und Pete Miles (dr). Auch die LP GUSHA GUSHA MUSIC wurde kein Verkaufserfolg, denn Adler und sein Sound »war zu keiner Sekunde an irgendwelche Regeln zu binden« (*Melody Maker*).
Parallel schloß sich Adler der eher traditionell musizierenden **DeLuxe Blues Band** an. Seine Mitstreiter waren Blues-Routiniers wie Micky Waller (dr), der u. a. für Jeff →Beck, Brian →Auger und Long John →Baldry gespielt hatte, und das unzertrennliche Team Bob Brunning (b) und Bobby Hall (p), die sonst als **Brunning Hall Blues Band** oder **Brunning Sunflower Blues Band** auftraten. Hall wirkte außerdem auf unzähligen Platten mit und wurde u. a. von Johnny →Rivers, Stevie →Wonder und Paul →Butterfield engagiert. Adler beteiligte sich an drei Alben der **DeLuxe Blues Band**, die solide gespielten, eher konventionellen R&B boten und Kompositionen von Chuck Berry, John Lee →Hooker und B.B. →King übernahmen.
Seiner eigenen Band widmete sich der gefragte Studio- und Session-Gitarrist Danny Adler wieder ab 1982. Er realisierte zwei Live-Mitschnitte, mit dem »wildesten und kompliziertesten Rhythm & Blues« (*Musicians Only*). Dabei zeigte sich, daß sich der »geniale

Jump Blues-Gitarrist« (*New Musical Express*) offenbar nur auf der Bühne richtig wohl fühlte. Hier kamen seine Fingerfertigkeit und seine Spontaneität voll zum Einsatz. LIVE! VOLUME TWO wurde im schweizerischen Winterthur mit Lafone, Les Morgan (dr) und Mark Moesgard-Kjeldsen (g, voc) aufgenommen und vermittelte einmal mehr eine Fülle von »Soli mit überraschenden Wendungen« (*Musik Express*).
In den 80er Jahren veröffentlichte Adler regelmäßig von der Kritik gelobte, aber kommerziell erfolglose Alben und unterstützte den lange vergessenen Bluesmusiker Otis ›Elevator‹ Gilmore. 1990 kehrte Adler nach 18jährigem Englandaufenthalt nach Ohio zurück.

THE DANNY ADLER STORY (1979) Do It, RIDE 2 • GUSHA GUSHA MUSIC (1980) Armageddon, ARM 8 • LIVE! (1982) Line 500005 • LIVE! VOLUME TWO (1984) Line 625720 • THE DANNY ADLER BAND (1988) • FUNKY AFTERNOONS (1989) • MACKINAW CITY (1989) • THE OTIS ›ELEVATOR‹ GILMORE ALBUM (1989) • Mit **Roogalator**: PLAY IT BY EAR (1977) Do It, RIDE 1 • Mit **DeLuxe Blues Band**: DELUXE BLUES BAND (1981) Virgin, HOT 1 • A STREETCAR NAMED DE LUXE (1981) Appaloosa, AP 020 • URBAN DELUXE (1983) Appaloosa, AP 040 • THE DELUXE BLUES BAND (1988)

Aerosmith

Tom Hamilton (b), Joey Kramer (dr), Joe Perry (g, voc), Steven Tyler (voc), Brad Whitford (g)

1970 formierten Tom Hamilton (* 31. 12. 1952, Colorado Springs), Joe Perry (* 10. 9. 1950, Boston) und der damalige Schlagzeuger Steven Tyler (Steve Tallarico, * 26. 3. 1948, New York) in Sunapee, New Hampshire, das → **Cream**-orientierte Trio **Chain Reaction**. Als Tyler die Gruppe verließ, kamen 1971 Joey Kramer (* 21. 6. 1950, New York) und der Gitarrist Ray Tabano hinzu, der schon bald von Brad Whitford (* 23. 2. 1953, Winchester, Massachusetts) abgelöst wurde. Als Tyler als Leadsänger zurückkehrte, zog die Band nach Boston um und nannte sich nun **Aerosmith**.
Ihr kompromißloser Hardrock begeisterte schnell die lokale Szene, danach eroberten **Aerosmith** die nordamerikanische Ostküste. Durch Vermittlung des Promoters Frank Conelly konnte die Band 1972 einen Plattenvertrag unterschreiben. Im Spätsommer 1973 wurden das Album AEROSMITH und die Single ›Dream On‹ (US #32) veröffentlicht, die nur auf geringes Interesse stießen.
Aerosmith standen unentwegt auf der Bühne, perfektionierten ihr Zusammenspiel und ihre Bühnenpräsentation, bei der Tyler als »charismatischer Motor« (*Musik Express*) und Joe Perry im Mittelpunkt standen. Der Gitarrist Perry und der als »exzentrischer Schreihals« (*Metal Hammer*) verschriene Tyler erfüllten bei **Aerosmith** dieselben Funktionen wie Jagger / Richards bei den → **Rolling Stones**, denen sie auch äußerlich ähnelten. Perry komponierte wuchtige Heavysongs, und Tyler lieferte die Texte dazu.
1974 erschien die LP GET YOUR WINGS (US #53), der im Mai 1975 das erste Hitalbum TOYS IN THE ATTIC (US #16) und die Single ›Sweet Emotion‹ (US #45) folgten. Von nun an stürmten **Aerosmith** mit zeitgemäßem Heavy-Sound die internationalen Charts und brachen in zahlreichen großen Rockarenen die Be-

sucherrekorde. Die Wiederveröffentlichung von ›Dream On‹ (US #6), die Single ›Walk This Way‹ (US #5) und die LP ROCKS (US #4) sorgten 1976 endgültig für den kommerziellen Durchbruch »der ruppigen Rock'n'Roll-Rabauken« (*Hifi Vision*). Sie absolvierten fortan regelmäßig Mammuttourneen. Sie waren mehrere Monate unterwegs und spielten vor bis zu 80000 Fans wie im Pontiac Stadion in Detroit. Bis 1979 kamen die Alben DRAW THE LINE (US #8), LIVE BOOTLEG (US #7) und NIGHT IN THE RUTS (US #24) und die Singles ›Back In The Saddle‹ (US #67), ›Draw The Line‹ (US #41), ›Kings And Queens‹ (US #90), ›Come Together‹ (US #29) und ›Remember‹ (US #74) auf den Markt.

Ende der 70er Jahre gerieten **Aerosmith** in Vergessenheit, und nach dem Erscheinen von NIGHT IN THE RUTS wurden Trennungsabsichten laut. Als Tyler Drogenprobleme nachgesagt wurden, gingen Perry und Whitford eigene Wege. Perry rief das **Joe Perry Project** ins Leben, das sich 1980/81 mit den Alben LET THE MUSIC DO THE TALKING (US #64) und I'VE GOT THE ROCK'N'ROLL AGAIN (US #92) in unteren Chartsregionen plazierte. Whitford tat sich mit dem Gitarristen und Sänger Derek St. Holmes zusammen, der zuvor in der Band von Ted →Nugent gespielt hatte.

Tyler ersetzte 1982 Whitford durch Rick Dufay bei **Aerosmith**, Perry war bereits Ende 1979 durch Ex-**Flame** Jimmy Crespo abgelöst worden. Die LP ROCK IN THE HARD PLACE (US #32) vom Spätsommer 1982 ließ allerdings den »soliden Hardrock der siebziger Jahre« (*Rolling Stone*) vermissen. Tyler löste **Aerosmith** danach auf.

1984 brachte Steven Tyler die Originalbesetzung für die »Back In The Saddle«-Tour wieder zusammen. Die ›neuen‹ **Aerosmith** überraschten mit einer souveränen Bühnenshow, im Jahr darauf mit dem von Ted Templeman produzierten Album DONE IN MIRRORS (US #36, GB #45). 1986 unterstützten die »bösen Jungs aus Boston« (*Crash*) die Rapper von →**Run DMC** bei deren Neuaufnahme ihres Klassikers ›Walk This Way‹.

Mit dem neuen Vertragspartner Geffen Records starteten **Aerosmith** ab 1987 zu weiteren Höhenflügen. Bruce Fairbairn produzierte im kanadischen Vancouver mit dem Heavy-Quintett das Album PERMANENT VACATION (US #11, GB #19), das im August herauskam und mit ›Dude‹ (US #14, GB #45), ›Angel‹ (US #3, GB #69) und ›Rag Doll‹ (US #17) gleich drei Hitsingles enthielt. Die Fachzeitschrift *Musik Szene* schrieb über die wiedererstarkten Hardrock-Größen: »Das Wissen um ihre Wurzeln macht ihre neue LP zu einem soliden, musikalisch fundierten Werk, das auf Klischees gänzlich verzichtet und nicht in angesagte Mainstream-Gefilde abrutscht«.

Das Interesse an der neuen Heavy-Generation mit Bands wie →**Guns 'N' Roses** und →**Metallica** verhalf **Aerosmith** erneut zum Erfolg und erleichterte ihnen den Sprung in die 90er Jahre: »Wir klingen noch immer wie eine Garagenband. Auch wenn wir keine Fehler mehr machen, sind wir rauh und ungehobelt« (Joe Perry).

Die im Sommer 1989 veröffentlichte LP PUMP (GB #3, US #5, D #13) mit den Hits ›Love In An Elevator‹ (US #5), ›Janie's Got A Gun‹ (US #2), ›What It Takes‹ (US #9) und ›The Other Side‹ (US #22) galt bei der Kritik als »Lehrstück des Rock'n'Roll« (*Metal Hammer*). PUMP erreichte eine Auflage von acht Millio-

nen Stück. Auf der anschließenden Europatournee glänzten **Aerosmith** mit einer unterhaltsamen, schweißtreibenden Show, in ausverkauften Hallen.
1990 erhielten **Aerosmith** für ›Janie's Got A Gun‹ ihren ersten Grammy, dem bis 1994 für ›Livin' On The Edge‹ und ›Crazy‹ zwei weitere folgen sollten.
Einen weiteren großen Coup landete die »Bluesrock-Brigade« (*Musik Express*) im Frühjahr 1993 mit der LP Get A Grip (GB #2, US #1, D #3), die über vier Millionen Mal verkauft wurde, mit Hits wie ›Living On The Edge‹ (GB #19, US #18), ›Cryin'‹ (GB #17, US #12, D #7), ›Amazing‹ (GB #57, US #24, D #28) und ›Crazy‹ (US #17, D #43). Wieder präsentierten **Aerosmith** »brillant produzierten Hardrock« (*Stereo*) mit »röhrenden Gitarren und einem kreischenden Sänger« (*Hifi Vision*). Im Rahmen der anschließenden Europatour bereisten **Aerosmith** auch Polen. Im August waren sie Headliner des zweiten Woodstock-Festivals. Leadsänger Steven Tyler demonstrierte auf der darauffolgenden US-Tournee Selbstbewußtsein: »**Aerosmith** ist eine Größe für sich geworden. Keiner kann mehr nachkommen und unseren Platz einnehmen.«
Die Band nutzte auch die Möglichkeiten neuer Technik. Sie fiel mit ungewöhnlichen Videoclips auf, die mehrfach ausgezeichnet wurden, spielte die Hauptrolle in einem Videospiel, präsentierte über ein amerikanisches PC-Netzwerk neue Songs und brachte eine CD-ROM heraus.
1994 plazierten sich **Aerosmith** mit ›Shut Up And Dance‹ (GB #24), ›Sweet Emotion‹ (GB #74) und ›Blind Man‹ (US #48, D #89) in den Singlecharts und feierten Ende des Jahres mit dem Sampler Big Ones (GB #7, US #6, D #5) erneut einen Riesenerfolg. 1996 kehrten sie zu Columbia Records zurück, enttäuschten jedoch mit der handwerklich sauberen, aber biederen Heavy-LP Nine Lives.

AEROSMITH (1973) Columbia 474962 • GET YOUR WINGS (1974) Columbia 474963 • TOYS IN THE ATTIC (1975) Columbia 474964 • ROCKS (1976) Columbia 474965 • DRAW THE LINE (1977) Columbia 474966 • LIVE BOOTLEG (1978) Columbia 474967 • NIGHT IN THE RUTS (1979) Columbia 474968 • ROCK IN A HARD PLACE (1982) Columbia 474970 • DONE IN MIRRORS (1985) Geffen, GED 24091 • PERMANENT VACATION (1987) Geffen, GED 24162 • PUMP (1989) Geffen, GED 24254 • GET A GRIP (1993) Geffen, GED 24444 • NINE LIVES (1997) Columbia 485020 • (S) GREATEST HITS (1980) Columbia 474969 • (S) CLASSICS LIVE (1986) Columbia 474971 • CLASSICS LIVE II (1987) Columbia 474972 • (S) GEMS (1988) Columbia 474973 • (S) PANDORA'S TOYS (1994) Columbia 476956 • (S) BIG ONES (1995) Geffen, GED 24546 • **Joe Perry Project**: LET THE MUSIC DO THE TALKING (1980) CBS 84213 • I'VE GOT THE ROCK'N'ROLL AGAIN (1981) CBS 85145 • ONCE A ROCKER, ALWAYS A ROCKER (1983) MCA • Brad **Whitford** mit Derek St. Holmes: WHITFORD – ST. HOLMES (1981) • Jimmy **Crespo** mit **Flame**: QUEEN OF THE NEIGHBORHOOD (1977) RCA, PL 12160 • FLAME (1978) RCA, PL 12690

Afghan Whigs

Paul Buchignani (dr), John Curley (b), Greg Dulli (voc, g), Rick McCollum (g)

Auf der Suche nach den neuen → **Nirvana** und im Sog der Grunge-Euphorie stieß die Plattenindustrie 1992 auch auf die **Afghan Whigs** aus Cincinnati, Ohio. Das Quartett gehörte bis zu diesem Zeitpunkt zu den Geheimtips der nordamerikanischen Alternativ-Rockszene. Unter dem Einfluß der Punkära und harter Rockmusik aus den 70er Jahren kreierten die **Afghan Whigs** einen grimmigen, lauten Sound: »Für viele Leute klingen wir wahrscheinlich wirklich nach Sub Pop. Daher kommt es uns zugute, daß wir aus Cincinnati stammen, und nicht aus Seattle. Wir sind viel zu sehr musikalische Nomaden, um uns nur auf einen einzigen Stil zu beschränken« (Greg Dulli).

Gegründet wurden die **Afghan Whigs** 1986. In diesem Jahr lernten sich Greg Dulli und Rick McCollum nach einer ausschweifenden Nacht in einem Gefängnis im Bundesstaat Ohio kennen. Sie entdeckten ihre gemeinsame Liebe für die →**Replacements** und bildeten zusammen mit John Curley und Steve Earle (dr) eine Band.

1989 wurde der Sound der **Afghan Whigs** von verzerrten Gitarren, düster-schrägen Gesangseinlagen und lauten Instrumentalwällen dominiert. Nach der Eigenproduktion ›Ultrasuede‹ nahm Sub Pop, das Kultlabel für Grunge-Rock, die Band unter Vertrag und brachte die LP UP IN IT auf den Markt, produziert von Jack Endino. Als wenig später die Maxisingle mit dem →**Supremes**-Cover ›My World Is Empty Without You‹ herauskam, reagierte die Kritik irritiert auf die deutlichen Soulzitate. Die Vermittlung von klassischem Soul und Underground-Rock gelang 1991 mit CONGREGATION. »Das Album erinnerte stark an den jungen Paul Westerberg (ex-**Replacements**). Mit dieser Band hat Sub Pop erneut eine Zeitbombe kurz vor der Explosion gelegt« (*Spin*).

Der Imagewechsel wurde mit dem Wechsel zu Elektra Records und dem Album GENTLEMEN (GB #58) endgültig vollzogen. Die Musiker posierten auf dem Cover des von Dulli produzierten Albums in eleganten Anzügen und boten musikalisch eine ausgefeilte Mischung aus dem melancholischen Motown-Soul eines Marvin →Gaye und dynamischen Rock-Statements. Die **Afghan Whigs** perfektionierten zudem ihre Livepräsenz: »Unsere Show muß ein Ereignis sein« (Greg Dulli). Im Pressetext zu GENTLEMEN hieß es: »schwermütige Grunge-Grooves mit wirklichen Melodien, Memphis-Soul mit Seventies-Rock-Touch oder Cohensche Melancholie mit elektrischer Energie.«

Am 2. 12. 1993 traten die **Afghan Whigs** zusammen mit einem ihrer Idole, dem ehemaligen Motown-Star Martha Reeves, bei der Detroiter Radio-Station »89X« auf. Im Frühjahr 1994 kam der Iain Softley-Film »Backbeat« in die Kinos, der das Leben des ›fünften **Beatle**‹ Stu Suttcliffe dokumentierte. In diesem Film synchronisierte Greg Dulli die Lennon-Rolle in der **Backbeat-Band**, zu der noch Dave Pirner (→**Soul Asylum**), Mike Mills (→**R.E.M.**), Dave Grohl (→**Nirvana**, **Foo Fighters**), Thurston Moore (→**Sonic Youth**) und Don Fleming (**Gumball**) gehörten. Die erste ausgekoppelte Single des von Don Was produzierten Soundtracks, ›Money I Want Money‹, wurde von Dulli gesungen.

Mit BLACK LOVE stellten sie Anfang 1996 den neuen Drummer Paul Buchignani vor, da Steve Earle die Band verlassen hatte. Der *Musik Express* schrieb darüber: »Innerhalb eines Songs rast der Sound von verhaltener Stille bis zu rasendem Zorn und wieder zurück: als ob eine unsichtbare Gefühlswallung wie eine nächtliche Sturmflut durch den Song rauscht.«

BIG TOP OF HALLOWEEN (1988) Ultrasuede 001 • UP IN IT (1989) Sub-Pop, SP 60 • CONGREGATION (1991) Sub-Pop, SP 183 • UPTOWN AVONDALE (1992) Mini-LP Sub-Pop, SP 215 • GENTLEMEN (1993) Elektra 7559–61501 • BLACK LOVE (1996) Elektra 7559–61896 • Greg **Dullie** mit **Backbeat Band**: BACKBEAT (1994) Soundtrack Virgin 839508

Air Supply

Russell Hitchcock (voc), Graham Russell (voc, g)

Harmonischer, zuckersüßer Schmusesound machte die australische Formation bekannt und sorgte insbesondere in den USA für ein Dutzend Hitsingles. Bis 1982 verkauften **Air Supply** weltweit rund 15 Millionen LPs. Allein von dem Sampler GREATEST HITS (US #7) wurden 1983 über drei Millionen Exemplare abgesetzt.
Die Gründungsmitglieder von **Air Supply**, Russell Hitchcock (* 15. 6. 1949, Melbourne) und der gebürtige Engländer Graham Russell (* 11. 6. 1950, Nottingham) trafen sich Mitte der 70er in Sydney im Chor einer Inszenierung von »Jesus Christ Superstar«. Während des zweijährigen Engagements, in dessen Verlauf sie auch Einzelrollen übernahmen, begannen sie mit dem verantwortlichen Dirigenten Frank Esler-Smith (* 5. 6. 1948, London), ihrem späteren Keyboarder, mit den Vorbereitungen und Proben zu **Air Supply**: »Damals konzentrierte sich jeder, der Musik in Australien machte, auf Heavy Metal. Das war mir zu laut, zu wuchtig. Deshalb habe ich einen anderen Weg eingeschlagen. Ich wollte Balladen schreiben« (Graham Russell).
Mit der Debütsingle ›Love And Other Bruisers‹ landeten **Air Supply** auf Anhieb auf dem zweiten Platz der australischen Hitparaden. Russell und Hitchcock gaben daraufhin »Jesus Christ Superstar« endgültig auf und produzierten mit Esler-Smith und Studiomusikern das Album LOVE AND OTHER BRUISERS, das in ihrer Heimat mit einer Goldenen Schallplatte ausgezeichnet wurde. Mit einem elfköpfigen Ensemble gingen **Air Supply** auf Tournee und spielten 1977 u. a. im Vorprogramm von Rod →Stewarts Australienreise. Stewart war von der Gruppe so begeistert, daß er sie als Anheizer für seine 60 Stationen umfassende US-Tour engagierte. 1,2 Millionen US-Amerikaner bejubelten den Popexport vom fünften Kontinent.
Als **Air Supply** sechs Monate später nach Australien zurückkehrten, waren sie bei ihren Landsleuten in Vergessenheit geraten. Russell löste die Gruppe vorübergehend auf und zog sich zum Komponieren aufs Land zurück. Nach sechsmonatigem Exil ging er nach England und bereitete Demobänder für die Musikmesse MIDEM in Cannes vor. Das Unternehmen scheiterte zwar, doch dem US-Magazin *Record World* fiel der von der Plattenfirma Arista ohne Wissen der Gruppe veröffentlichte Song ›Lost In Love‹ auf, und es propagierte ihn als kommenden Tophit. Russell kehrte nach Australien zurück, überredete Hitchcock zu einer Neuauflage von **Air Supply** und stellte mit Esler-Smith, dem Drummer Ralph Cooper (* 6. 4. 1951, Coffs Harbour, Australien), dem Gitarristen David Moyse (* 5. 11. 1957, Adelaide), Sam McNally (key) und Criston Barker (b) eine neue Besetzung zusammen.

›Lost In Love‹ (US #3) entwickelte sich im Februar 1980 zum Überraschungserfolg. Die gleichnamige LP (US #24), bestückt mit von den **Beatles** beeinflußten Slow-Songs, zog im Mai des Jahres nach und zeigte, daß **Air Supply** solides Handwerk beherrschten. Danach stiegen McNally und Barker aus und wurden durch Rex Goh (* 5. 5. 1951, Singapur) am Baß und Keyboarder David Green (* 30. 10. 1949, Melbourne) ersetzt. Die Singles ›All Out Of Love‹ (US #1, GB #11), ›Every Woman In The World‹ (US #3), ›The One That You Love‹ (US #1), ›Here I Am‹ (US #5) und ›Sweet Dreams‹ (US #5) und das Album The One That You Love (US #9) etablierten die Softrocker in der Vereinigten Staaten in der Pop-Spitzengruppe. Der brave Hintergrund-Sound, der brillante Leadgesang Russell Hitchcocks und technische Perfektion legten **Air Supply** auf ein ›Saubermann‹-Image fest.

Die »erfolgreichste Popgruppe der 80er Jahre« (*Billboard*) setzte auf harmonischen Satzgesang, eingängige Kompositionen und behutsame Rhythmik, ungeachtet der Kritik, die **Air Supply** als »belanglos und unbedeutend« (*Rolling Stone*) bezeichneten. Auch im Konzert vertrauten sie auf technische Perfektion, nutzten Laserblitze und Nebelschwaden als dramaturgische Elemente, und arbeiteten mit hochqualifizierten Begleitmusikern.

Bis 1985 wurden alle Alben von Jim Steinman produziert, der durch den Bombastrock von → Meat Loaf bekannt wurde. Er war verantwortlich für die LPs Now And Forever (US #25) und Air Supply (US #26) mit den Singlehits ›Even The Nights Are Better‹ (US #5), ›Young Love‹ (US #32), ›Two Less Lonely People In The World‹ (US #38), ›Making Love Out Of Nothing At All‹ (US #2) und ›Just As I Am‹ (US #19).

Ab Mitte der 80er Jahre ließ das Interesse an **Air Supply** in den USA deutlich nach. Nach dem Album Hearts In Motion (US #84) und der Single »Lonely Is The Night« (US #76) verschwand der »krankhaft süße Sound« (*Rolling Stone*) aus den Hitlisten. Nach einigen Tourneen lösten Hitchcock und Russell ihre Gruppe 1988 auf, überdachten das Konzept und setzten Ende 1991 ihre Karriere als Duo mit der erfolgreichen Produktion The Earth Is... fort. Die LP wurde für eine weltweite Auflage von 500 000 Stück mehrfach mit Gold ausgezeichnet, konnte aber an den lupenreinen Weichspüler-Erfolgspop nicht mehr anknüpfen. Lediglich die Single »Goodbye« (GB #66) plazierte sich im November 1993 in den Charts.

LOVE And OTHER BRUISERS (1977) CBS 35047 • LOST IN LOVE (1980) Arista 259 045 • THE ONE THAT YOU LOVE (1981) Arista 2126 652 • NOW AND FOREVER (1982) Arista 880 735 • AIR SUPPLY (1985) Arista 257 039 • HEARTS IN MOTION (1986) Arista • THE CHRISTMAS ALBUM (1987) Arista, AL 8528 • LONELY IS THE NIGHT (1987) Arista 257 891 • THE EARTH IS... (1992) RCA 74321 15107 • THE VANISHING RACE (1993) RCA 74321 14797 • NEWS FROM NOWHERE (1995) Giant 2 125 718 • (S) MAKING LOVE ...THE BEST OF (1983) Arista 260 757 • (S) GREATEST HITS (1988) Arista 610 100

Alabama

Jeff Cook (g, voc), Teddy Gentry (b, voc), Mark Herndon (dr), Randy Owen (g, voc)

Mit ihrer selbsternannten Mountain Music, die sich zwischen Country & Western und Softrock bewegte, schafften **Alabama** binnen kürzester Zeit den Sprung von der hoffnungsvollen Newcomer-Band zum umsatzträchtigsten Country-Ensemble des Landes. Bis 1992 wurden 45 Millionen LPs verkauft, darüber hinaus gewannen sie 16 Radio- und Schallplattenpreise und jeweils einen Grammy für die Alben MOUNTAIN MUSIC und THE CLOSER YOU GET; dazu kamen über 30 Singlehits.
Anfangs waren sich die Musiker lange nicht einig, ob sie den Sprung ins Profigeschäft riskieren sollten. Es fehlte an der richtigen professionellen Betreuung. Zudem hatte die C&W-Zentrale in Nashville Probleme mit den unüberhörbaren Rockelementen von **Alabama**. So mußte sich das Quartett zunächst über viele Jahre mit regionaler Popularität begnügen, die der Band allerdings eine kontinuierliche Entwicklung ermöglichte und ihr zu Bühnenroutine verhalf. Schließlich zahlte sich die Hartnäckigkeit der drei Gründungsmitglieder Jeff Cook (* 27. 8. 1949), Teddy Gentry (* 22. 1. 1952) und Randy Owen (* 13. 12. 1949) aus Fort Payne, Alabama, aus. Seit 1969 spielte das Trio zusammen, das sich zunächst mit allerlei Nebenjobs durchschlagen mußte. Ihre Karriere begann 1973, als sie in Myrtle Beach, South Carolina, in einem Club als Hausband engagiert wurden. Bis zu diesem Zeitpunkt nannten sie sich **Wild Country** und nahmen für verschiedene kleinere Labels Platten auf.
1977 tauften sie sich in **Alabama** um. Nach der ersten Plazierung in den Country-Charts mit der Single ›I Want To Be With You‹ engagierten sie 1979 Mark Herndon (* 11. 5. 1955, Springfield, Massachusetts) als festen Schlagzeuger. Es folgten weitere Single-Erfolge wie ›I Wanna Come Home‹ und ›My Home's In Alabama‹. Das Album MY HOME'S IN ALABAMA führte wochenlang die Country-Hitparaden an und wurde zweimal mit Platin ausgezeichnet. Der Durchbruch in den Popcharts glückte im Sommer 1981 mit der Single ›Feels So Right‹ (US #20) und der gleichnamigen LP (US #20).
Perfekte Produktionstechnik, ausgezeichnete Arrangements und kristallklarer, zumeist mehrstimmiger Gesang machten **Alabama** zu einer festen Größe in den nordamerikanischen Hitlisten. Sie trugen maßgeblich dazu bei, daß sich die C&W-Hauptstadt auch anderen stilistischen Einflüssen öffnete. **Alabama** etablierten sich in »der Creme der Countryrock-Gilde« (*Musik Express*) und lieferten bis 1990 in schneller Folge die Single-Hits ›Love In The First Degree‹ (US #15), ›Take Me Down‹ (US #18), ›The Closer You Get‹ (US #38) und die Bestselleralben THE CLOSER YOU GET (US #10), ROLL ON (US #21), 40 HOUR WEEK (US #28), GREATEST HITS (US #24), THE TOUCH (US #42), JUST US (US #55), LIVE (US #76), SOUTHERN STAR (US #62) und PASS IT ON DOWN (US #57).
Alabama bevorzugten urbane Unterhaltungsmusik und vermieden einen traditionellen, romantisierenden Stil des Country, scheuten sich aber auch nicht, Rockstandards wie ›Green River‹ (**Creedence Clearwater Revival**) in ihr Reper-

toire aufzunehmen. 1989 wurde das Quartett von der Academy Of Country Music als »Gruppe des Jahrzehnts« ausgezeichnet.

Im Konzert glänzten **Alabama** als versierte und souveräne Entertainer, deren professionelle Show allerdings in Europa nur wenig Interesse fand. In den USA waren sie eine »Institution zwischen Balladenschmerz und Midtempo-Rock« (*Hifi Vision*). Hier blieben die Plattenumsätze auch in den 90er Jahren konstant, obwohl sie sich wieder stärker auf die Countryszene konzentrierten. In den Popcharts plazierten sie sich zwischen 1991 und 1994 mit »American Pride« (US #46) und »Cheap Seats« (US #76) sowie den Samplern »Greatest Hits II« (US #72) und »Greatest Hits, Vol. III« (US #84).

MY HOME'S IN ALABAMA (1980) RCA 887925 • FEELS SO RIGHT (1981) RCA 887919 • MOUNTAIN MUSIC (1982) RCA, PD 84229 • THE CLOSER YOU GET (1983) RCA 887921 • ROLL ON (1984) RCA 887920 • 40 HOUR WEEK (1985) RCA 887918 • ALABAMA CHRISTMAS (1985) RCA 887923 • THE TOUCH (1986) RCA 887922 • JUST US (1987) RCA 887924 • ALABAMA LIVE (1988) RCA 74321 16002 • SOUTHERN STAR (1989) RCA, PD 88587 • PASS IT ON DOWN (1990) RCA, PD 82108 • AMERICAN PRIDE (1992) RCA 07863 66044 • CHEAP SEATS (1993) RCA 07863 66296 • GONNA HAVE A PARTY (1993) RCA 63 66149 • IN PICTURES (1995) 07863 66525 • CHRISTMAS VOL. 2 (1996) RCA 63 66927 • DANCIN' ON THE BOULEVARD (1997) RCA 63 67426 • (S) GREATEST HITS (1986) RCA, PD 87170 • (S) GREATEST HITS VOL.2 (1991) RCA, PD 90611 • (S) GREATEST HITS VOL.3 (1994) RCA 07863 66410 • (S) IN THE BEGINNING (1994) RCA 63 59920 • (S) SUPER HITS (1996) RCA 63 66848

Arthur Alexander

Der Sänger und Komponist wurde am 10. 5. 1940 in Florence, Alabama, geboren und wuchs mit schwarzem Rhythm & Blues und weißer Country-Musik auf. Nach seinen Einflüssen befragt, nannte er Junior → Parker, B. B. → King, Jimmy → Reed, Roy Rogers, Rex Allen und Hank Williams. Sein warmer Bariton »vermittelte Einsamkeit und Verzweiflung und erreichte eine Intensität, wie sie auch bei Billie Holiday und Robert Johnson auszumachen war« (*Good Times*).

Alexander wurde Anfang der 60er Jahre bekannt, als Gruppen wie die → **Beatles** (›Anna‹) und die → **Rolling Stones** (›You Better Move On‹) seine Songs spielten. Später interpretierten auch Bob → Dylan (›Sally Sue Brown‹) und Ry → Cooder (›Go Home Girl‹) seine Kompositionen. Er selbst kam 1962 mit den Singles ›You Better Move On‹ (US #24), ›Where Have You Been All My Life‹ (US #58) und ›Anna‹ (US #68) in die Charts und galt als einer der führenden Köpfe in der nordamerikanischen R&B-Entwicklung.

Alexanders Karriere verlief überaus wechselhaft. Mißerfolge führten schließlich zu Drogenproblemen. Nach seinem letzten Erfolg mit der Single ›Everyday I Have To Cry Some‹ (US #58) jobbte er als Busfahrer in Cleveland, Ohio. Erst 1991 wurde Alexanders Werk wiederentdeckt, und er wurde im September nach New York für die Konzertreihe »In Their Own Words« verpflichtet. Alexander nahm daraufhin 1993 seine letzte LP LONELY JUST LIKE ME auf. Er starb am 9. 6. 1993 im Alter von 53 Jahren.

YOU BETTER MOVE ON (1962) • ARTHUR ALEXANDER (1972) • (S) SHOT OF RHYTHM AND SOUL (1983) • LONELY JUST LIKE ME (1993) Elektra 961475 • (S) SOLDIER OF LOVE (1987) • (S) THE GREATEST (1989) Ace, CDCHD 922 • (S) THE ULTIMATE ARTHUR ALEXANDER (1993) Razor & Tie, CD 751 • THE WARNER BROTHERS RECORDINGS (?) Warner Brothers 945581

Willie Alexander

Willie Alexander wurde 1943 in Philadelphia, Pennsylvania geboren. Der Multiinstrumentalist begann seine Karriere Anfang der 60er Jahre in Boston mit dem Folkduo **Baba & Willie Loco**, dem er seinen Spitznamen William ›Loco‹ Alexander verdankte. 1964 gründete er die Gruppe **Lost**, die in der Ära der US-Garagenbands Kultstatus erlangte. **Lost** nahmen 1965 / 66 lediglich drei Singles auf. 1967 wechselte Alexander zu **Glass Menagerie** und spielte mit dem Bassisten Doug Yule, den er 1970 bei → **Velvet Underground**, als er John → Cale ersetzte, wiedertraf. Dazwischen hatte Alexander ein Engagement bei der neunköpfigen New Yorker Formation **Bagatelle** als Pianist und Sänger.

Willie Alexander blieb bis 1972 bei **Velvet Underground**, deren Stil er mit seinen Songs und seinem Keyboardspiel maßgeblich beeinflußt hatte. Er kehrte nach Boston zurück, spielte in verschiedenen lokalen Bands und nahm 1975 unter seinem Namen seine Kultsingle ›Kerouac‹ auf. Ein Jahr später stellte er mit der **Boom Boom Band** Bostons führende Punkgruppe zusammen, die bis 1978 zwei wenig beachtete Alben herausbrachte. 1980 nahm das französische Label New Rose Willie Alexander unter Vertrag. Mit »seiner mit allen Whiskys gewaschenen Flüsterstimme« (*Spex*) war er auf der LP SOLO LOCO zu hören, die in Insiderkreisen hoch gehandelt wurde. 1982 folgten mit der »aggressiven Rockband« (*Guinness*) **Confessions** zwei weitere Alben. Die Gruppe hielt sich gerade zwölf Monate, dann widmete sich Alexander wieder seinen Soloplänen. 1988 gelang ihm mit TAP DANCING ON MY PIANO seine bislang beste Produktion. »Mit gewinnendem Charme läßt er sich scheinbar auf alles ein, was ihm einfällt« (*Spex*). 1991 präsentierte er mit dem **Persistence Of Memory Orchestra** wieder eine neue Band, die allerdings nur eine geringe Popularität erreichte.

SOLO LOCO (1982) New Rose • TAP DANCING ON MY PIANO (1986) New Rose • THE DRAGONS ARE STILL OUT (1988) New Rose • (S) GREATEST HITS (1985) • (S) FIFTEEN YEARS OF ROCK'N'ROLL (1991) SPV 89362 • Mit **Bagatelle**: 11. P.M. SATURDAY (1968) ABC • Mit **Boom Boom Band**: WILLIE ALEXANDER AND THE BOOM BOOM BAND (1978) MCA, MCF 2835 • MEANWHILE ... BACK IN THE STATES (1978) MCA, MCF 2876 • Mit **Confessions**: A GIRL LIKE YOU (1982) • AUTRE CHOSE (1982)

Alice Donut

Tomas Antona (voc), Sissi Hayes (b, voc, acc), Michael Jung (g, voc, p), Richard Marshall (g, voc), Stephen Moses (dr, tb)

Alice Donut wurden 1987 in New Yorks East Village von Antona, Jung, Moses,

David Giffen (g) und Ted Houghton (b, voc) gegründet. Das Quintett verschrieb sich einer Art »Punk-Junk-Culture-Pop« (*Time Out*) und orientierte sich zwischen dem Surrealismus von →**They Might Be Giants** und dem lakonischen Witz von →**Miracle Legion** (*brit. Sounds*). Im Mittelpunkt stand der schillernde Leadsänger Tomas Antona, der von *Trouser Press* »Jello Biafra auf Helium« genannt wurde.

Das Debütalbum von 1988 enthielt bösartige Songs über Tipper Gore und drei Kinderstars (Linda Blair, Mason Reese und Joan of Arc) sowie eine lärmige Coverversion des →Donovan-Klassikers ›Sunshine Superman‹: »Ihre Musik ist zündend, stürmisch, gewaltig und begeistert von Beginn an« (*Washington Post*). In ihren Texten sind Meldungen vom täglichen Massenmord bei McDonalds, von Selbstmorden in New Jersey und explodierenden Jumbojets zu einem skurrilen Szenario verdichtet. Von der Kritik wurde das auf die griffige Formel: »Satire mit verborgener Ernsthaftigkeit« (*Alternative Press*) gebracht.

Wie auf den ersten zwei Alben übernahm auch auf MULE Bassist Houghton bei einigen Songs den Leadgesang. Die Texte dieses Albums sind noch radikaler. Etwa der Song ›Sinead O'Connor On MTV‹, der von dem spektakulären Auftritt der Sängerin in einer US-Show des TV-Musiksenders handelt. Der *New Musical Express* kam zu dem Schluß: »**Alice Donut** sind das fehlende Glied zwischen den Byrds und deinem schlimmsten Alptraum. Sie sind nicht eine New Yorker Band – sie sind die New Yorker Band.« Mit Kompositionen, die sich nicht einordnen ließen, profilierten sie sich als Nachfahren von Alice →Cooper, →**Violent Femmes** und **Virgin Prunes**: »Diese Platte steckt voller Substanz und guter Ideen« (*Musik Express*).

Für die LP REVENGE FANTASIES ... verstärkte sich die Band mit Richard Marshall und agierte fortan mit drei Gitarristen. Der schon fast legendäre Produzent Kramer (**Bongwater** u. v. a.) übernahm die Aufnahmen, und Jello Biafra (→**Dead Kennedys**) masterte die Bänder. »Die Songs handelten wieder vom alltäglichen Wahn, der Menschen nicht nur in New York zu Sklaven der Masse macht« (Tom Antona). Neben Eigenkompositionen enthielt die LP eine exzessive Bearbeitung des →**Black Sabbath**-Songs ›War Pigs‹.

Bei der 92er-LP hatte Houghton **Alice Donut** verlassen und war durch die Bassistin Sissi Hayes ersetzt worden.

Ungewöhnliche Arrangements und Instrumentierungen kennzeichnen das Album PURE ACID PARK von 1995. Tom Antonas Gesangsstil wurde mit den Gemälden von Hieronymus Bosch verglichen, wenn der »einen Tag lang zuviel Fernsehen gesehen und Junk-Food gegessen hat« (*Time Out*). Im Sommer 1995 verließ Marshall die Band. Für ihn kam Gitarrist Dave Giffen wieder zurück. Im Herbst ging die Gruppe auf ihre letzte Tournee durch Nordamerika. Anfang 1996 lösten sich **Alice Donut** auf.

DONUT COMES ALIVE (1988) Alternative Tentacles, EFA 14098 • BUCKETFULLS OF SICKNESS AND HORROR IN AN OTHERWISE MEANINGLESS LIFE (1989) Alternative Tentacles, EFA 14922 • MULE (1990) Alternative Tentacles, EFA 17640 • REVENGE FANTASIES OF THE IMPOTENT (1991) Alternative Tentacles, EFA 17656 • THE BIGGEST ASS (THE ASS TRILOGY) (1991) Mini-LP Alternative Tentacles EFA MS 18101 •

THE UNTIDY SUICIDES OF YOUR DEGENERATE CHILDREN (1992) Alternative Tentacles, EFA 18115 • PURE ACID PARK (1995) Alternative Tentacles, EFA 18163 • (S) DRY HUMPING THE CASH COW – LIVE AT CBGB (1994) Alternative Tentacles, EFA 18143

Alice In Chains

Jerry Cantrell (g, voc), Michael Inez (b), Sean Kinney (dr), Layne Staley (voc)

1987 in Seattle gegründet, mischten **Alice In Chains** von Beginn an →**Black Sabbath**-Riffs und →**Cult**-Düsternis mit unkonventionellen Heavy-Arrangements, für die das Songwriter-Team Cantrell/Staley verantwortlich war. Jerry Cantrell (* 18. 3. 1966) stammt aus Tacoma und begann seine Karriere bei **Music Bank**. Er engagierte Sean Kinney (* 27. 5. 1966, Seattle), den Bassisten Michael Starr (* 4. 4. 1966, Honolulu) und als Leadsänger Layne Staley (22. 8. 1967), den er in einer lokalen Funk/Metal-Gruppe entdeckt hatte. **Alice In Chains** gewannen einen regionalen Wettbewerb und erhielten einen Plattenvertrag. Das von Dave Jerden (**Jane's Addiction**) produzierte Debütalbum FACELIFT erhielt überraschend gute Kritiken. Von »aufrüttelndem Gesang« und »Texten von düsterer Schönheit, die den American Way Of Life beschreiben« (*Musik Express*) war die Rede. Die Platte wurde in den USA über 500 000 Mal verkauft.
Die gute Aufnahme von FACELIFT (US #42) führte zu einem Tournee-Engagement im Vorprogramm von →**Van Halen**. Zudem profitierten **Alice In Chains** von dem Seattle-Boom um die Erfolgsbands →**Nirvana**, →**Pearl Jam** und →**Soundgarden**. In Deutschland distanzierte sich die Kritik von dem schleppend-finsteren Metal-Sound der Band, weil sie »Drogen glorifizierte« und den »Tod als Fluchtweg aus der Krise begriff« (*Tip*). Die Hard & Heavy-Fans dagegen verehrten **Alice In Chains** kultartig und besuchten zahlreich ihre europäischen Gastspiele als Anheizer für →**Megadeath** und →**Almighty**.
Auch auf ihrem zweiten Album DIRT (GB #42, US #6, D #37) vom Frühjahr 1992 verkündeten **Alice In Chains** erneut »den apokalyptischen Weltuntergang in Reinkultur« (*Indiecator*). DIRT wurde mit Doppelplatin ausgezeichnet. **Alice In Chains** arbeiteten anschließend an dem Soundtrack zu dem Schwarzenegger-Film »Last Action Hero« mit und spielten auf zahlreichen Festivals, darunter beim brasilianischen Rock In Rio. Trotz der Erfolge verließ Gründungsbassist Mike Starr die Band. Sein Nachfolger Michael Inez war zuvor Begleiter des Hardrock-Shouters Ozzy →Osbourne.
1993 erschienen nur die Singleauskopplungen ›Would?‹ (GB #19), ›Them Bones‹ (GB #26), ›Angry Chair‹ (GB #33) und ›Down In A Hole‹ (GB #36).
Zwei Jahre später hatten die »Protagonisten des Seattle Sound« (*Musik Express*) ihren Stil völlig geändert und überraschten auf der Produktion JAR OF FLIES (US #1, GB #4, D #25) mit Streicherarrangements, sanften psychedelischen Klängen und balladesken Elementen sowie gesellschaftskritischen Texten.
1995 präsentierte Layne Staley mit Mike McCready von →**Pearl Jam** und Barret Martin von den →**Screaming Trees** das Projekt **Mad Season**.

Auch auf der 1995 erschienenen Platte setzten **Alice In Chains** auf harten Grunge-Rock: »schleppende Rhythmen, wimmernde Gitarren und über allem der düster jammernde Chorgesang von Stayley und Kantrell« (*Musik Express*). Als Singles wurden ›Grind‹ (GB #23) und ›Heaven Beside You‹ (GB #35) ausgekoppelt. 1996 folgten sie dem »Unplugged«-Trend und veröffentlichten im August 1996 ihren MTV-Mitschnitt bei Columbia Records.

FACELIFT (1990) Columbia 467201 • DIRT (1992) Columbia 472330 • JAR OF FLIES (1994) Columbia 474855 • ALICE IN CHAINS (1995) Columbia 481114 • UNPLUGGED (1996) Columbia 484 300 • Layne **Staley** mit **Mad Season**: ABOVE (1995) Columbia 478507

All

Karl Alvarez (b), Stephen Egerton (g), Chad Price (voc), Bill Stevenson (dr)

Ausgangspunkt der kalifornischen Gruppe waren 1979 die **Descendents**, die 1981 als Trio mit der Single ›Ride The Wild‹ debütierten. Sie gehörten zur Punkszene und veröffentlichten in schneller Folge zwei EPs, Maxisingles und Musikkassetten. 1981 erschien die ›Fat EP‹ in → **Black Flag**-Manier, die bei einer Spielzeit von knapp sechs Minuten sechs Titel enthielt, darunter ›Wienerschnitzel‹, ›I Like Food‹ oder ›My Dad Sucks‹. Einen Querschnitt dieser Phase dokumentierte 1985 der Sampler BONUS FAT. Als Sänger Milo Aukerman 1982 die Band verließ, um in San Diego Biochemie zu studieren, würdigte der Rest der Band dieses Ereignis mit der Albumzeile MILO GOES TO COLLEGE. Der »vielversprechende Hardcore« (*Trouser Press*) blieb unbeachtet, und da Drummer Bill Stevenson mit **Black Flag** liebäugelte, trennten sich die **Descendents** vorübergehend.
Mitte 1985 bildeten Aukerman, Stevenson, Tony Lombardo (b) und Ex-SWA Ray Cooper (g) eine zweite Auflage der **Descendents**. Intelligente, sarkastische Texte, Power Pop-Melodien und energischer Punk zeichneten I DON'T WANT TO GROW UP aus. Bei ENJOY! hatten Lombardo und Aukerman die Band wieder verlassen. Ray Cooper übernahm den Leadgesang, und ein unbekannter Bassist wurde angeheuert.
Die »enttäuschende Platte« (*Trouser Press*) ALL wurde von dem nur eine Sekunde langen Titelsong eröffnet. Aukerman war erneut zurückgekehrt und beteiligte sich an dem uninspirierten Album. Die **Descendents** orientierten sich neu, und das in Minneapolis mitgeschnittene Konzert LIVEAGE ließ wieder etwas von ihrer Originalität erkennen. Nachdem sich die **Descendents** wieder von Aukerman getrennt hatten, engagierten sie den Sänger Dave Smalley und nannten sich **All**.
Smalley hatte seine Karriere in Boston bei der Hardcore-Band **D.Y.S.** begonnen. Der Name stand ironischerweise für Department of Youth Services. Das einzige Album der Band wurde erst 1991 veröffentlicht, lange nach der Trennung von **D.Y.S.** Smalley spielte zuletzt bei dem Quartett **Dag Nasty** aus Washington.
All bestanden zuerst aus Alvarez, Egerton, Stevenson und Smalley. Sie bevorzugten melodischen Punkrock mit verrückten Texten und klaren Gitarren. ALLROY SEZ, 1988 erschienen, enthielt u. a. ›Alfredo's‹, eine Lobeshymne für

einen mexikanischen Fast Food-Laden. Die Pop-Punker überzeugten mit »einem blitzsauberen Sound und ungeheurer Energie« (*Time Out*). Die im gleichen Jahr veröffentlichte Mini-LP enthielt sechs rockige Liebeslieder und zwei modernisierte Versionen älterer Titel.
Für ALLROY'S REVENGE heuerten **All** Scott Reynolds als neuen Sänger an, der sich auch als Komponist beteiligte. Der Sound war punkiger und die Songs flotter als auf ihrer Debüt-LP. Produzent war erneut Drummer Bill Stevenson. Im Sommer 1989 schnitten **All** im legendären New Yorker Punbkclub CBGB's TRAILBLAZER mit. Die Band interpretierte überwiegend Material von ALLROYS'S REVENGE; von der Kritik wurde TRAILBLAZER als »unbedeutendes Dokument« (*Trouser Press*) klassifiziert.
Anfang 1990 übersiedelten **All** von Los Angeles nach Brookfield, Missouri, weil man »dort besser fischen konnte, die Mieten niedriger, die Nachbarschaft ruhiger und die Wege zwischen den Tourneen kürzer waren« (Bill Stevenson). Gemeinsam mit Egerton produzierte Stevenson mit ALLROY SAVES das bis dahin vielseitigste **All**-Album. Die Songs überzeugten mit interessanten Rhythmen, trickreichen Gitarrenfiguren, anspruchsvollen Texten und gelungenen Popmelodien. Reynolds führte die Band als Komponist, und **All** wurden zu Lieblingen der nordamerikanischen College-Radios.
Nach einer längeren Pause setzten **All** 1992 mit PERCOLATOR ihre Studiokarriere fort und »demonstrierten ihre außerordentlichen Instrumentalfähigkeiten« (*Visions*). Noch vor den Aufnahmen zu BREAKING THINGS verließ Reynolds die Band und wurde durch Chad Price ersetzt.
In Fort Collins, Colorado, dem neuen Wohnort, richteten **All** 1995 ein eigenes Studio ein, in dem sie das Album PUMMEL aufnahmen, das »so taufrisch wie ihr Debüt klang« (*Billboard*).
Dave Smalley formierte 1991 **Down By Law**, die mit der gleichnamigen LP einen »fantastischen, punkigen Melodic-Pop« (*Flipside*) boten. Die Platte wurde vom damaligen →**Bad Religion**-Chef Brett Gurewitz produziert, der auch bei BLUE Regie führte.

ALLROY SEZ (1988) Cruz, EFA 271167–01 • ALLROY FOR PREZ (1988) Mini-LP Cruz, CRZ 004 • ALLROY'S REVENGE (1989) Cruz 0006 • TRAILBLAZER (1990) Cruz, LP 010 • ALLROY SAVES (1990) Cruz, LP 011 • PERCOLATOR (1992) Cruz, LP 022 • BREAKING THINGS (1993) Cruz, CRZ 031 • PUMMEL (1995) Atlantic 6544–92528 • **Descendents**: • MILO GOES TO COLLEGE (1982) SST 142 • I DON'T WANT TO GROW UP (1985) SST 143 • ENJOY! (1986) SST 142 • ALL (1987) SST 112 • LIVEAGE! (1987) SST 163 • TWO THINGS AT ONCE (1988) SST 145 • HALLRAKER (1989) SST 205 • (S) BONUS FAT (1985) SST 144 • Dave **Smalley** mit **Dag Nasty**: CAN I SAY (1986) Dischord 19 • FOUR ON THE FLOOR (1992) Epitaph, E-86415 • Dave **Smalley** mit **D.Y.S.**: WOLFPACK (1983) Emergo, IRS 953910 • DYS (1984) Taang! • FIRE AND ICE (1991) Taang!, IRS 953498 • Dave **Smalley** mit **Down By Law**: DOWN BY LAW (1991) Epitaph E-86411 • BLUE (1992) Epitaph, E-86419

Luther Allison

Der Gitarrist und Sänger Luther Allison wird jener jungen Chicago-Generation zugerechnet, die Mitte der 60er Jahre den urbanen Blues erneuerte. Er trug maßgeblich zum Revival des Blues bei und machte ihn weltweit populär. Die traditionellen Bluesformen bereitete Allison mit den neuen Formen des Rock und Motown-Soul auf und galt als »die Stimme des neuen Blues« (*Rock & Folk*). Sein Talent für melodische Gitarrenimprovisationen, sein gospelähnlicher Gesang und der Instinkt für temperamentvolle Bluesphrasen machten Luther Allison auch in Europa bekannt. Ende der 70er Jahre ließ er sich in Paris nieder und brauchte »weniger als zwei Jahre, um zum populärsten Bluesmusiker Frankreichs« (*Le Monde*) aufzusteigen. Er wurde zum gerngesehenen Gast der großen Jazzfestivals in Antibes und Montreux, erreichte aber nur durchschnittliche Auflagen seiner Platten, da die »ekstatischen Gitarrenschlachten der Konzerte« (*Rolling Stone*) im Studio nicht gelangen. So profilierte Allison sich vor allem als Bühnenstar, der stets alles gab und die intensive Kommunikation mit seinem Publikum suchte.

Luther Allison wurde am 17. 8. 1939 in Mayflower, Arkansas, als jüngstes von 13 Kindern geboren und kam 1951 mit seiner Familie, die der Gospelgruppe **Southern Travellers** angehörte, nach Chicago. Zwischen 1954 bis 1957 spielte er Baß in der Gruppe seines älteren Bruders Ollie. Danach wechselte er zur Gitarre und gründete die **Rolling Stones**, aus denen die **Four Jivers** hervorgingen, denen mit Grant Allison ein weiterer Bruder als Leadsänger angehörte.

Nach der Trennung der Band arbeitete Allison u. a. mit Jimmy Dawkins, →Magic Sam und seinem größten Vorbild Freddie →King. In den 60er Jahren entwickelte sich Luther Allison zu einer festen Größe in der Chicagoer Bluesszene. 1965 schloß er sich kurzfristig der Soulband **Tornados** an, spielte mit Sunnyland Slim und Shakey Jake Harris und zog 1968 nach Kalifornien. In Los Angeles arbeitete er mit dem Jimi →Hendrix-Bruder Spud zusammen und freundete sich mit den weißen Musikern Johnny →Winter, Carlos Santana und Mick →Taylor an.

Allisons erste Studioaufnahmen erschienen bereits 1967 auf dem Sampler SWEET HOME CHICAGO. Zurück an der Ostküste nahm Allison 1969 sein erstes Album LOVE ME MAMA auf und wechselte ins Profilager. Für die Platte stellte er die **Luther Allison Band** zusammen, die in der Besetzung Randy Fullerton (b), Paul White (org) und Bob Richey (dr) auch bei den Festivals in Ann Arbor, Michigan, und im kalifornischen Berkeley auftrat. Mit Fullerton und White engagierte Allison zwei weiße Musiker.

Dank der gekonnten Mixtur aus Blues, Soul und Rock'n'Roll wurde Allison auch von den Rockfans akzeptiert. Er spielte überall mit der gleichen überzeugenden Kraft: in den Westcoast-Rockpalästen wie dem Fillmore West, dem Whiskey-A-Go-Go wie in den kleinen Clubs an der Chicagoer Southside.

Berry Gordy, Besitzer des Labels Tamla Motown, nahm Allison 1974 als ersten Bluesmusiker für sein Soulunternehmen unter Vertrag und ermöglichte drei LP-Produktionen. Mehreren Tourneen durch Kanada folgten 1976 zwei Gastspiele in Europa. Im gleichen Jahr beteiligte sich Allison an dem Soundtrack zu dem Film »Cooley High«, der die Probleme einer Clique jugendlicher Schwarzer eindrucksvoll dokumentierte. 1979 kam der in Frankreich zum nationalen Blueshelden erkorene Gitarrist erneut nach Europa, und zwischen Spanien und Finnland verfolgten 50000 Bluesfans seine brillant inszenierten Shows.

»Der Mann, der den elektrischen Blues kultivierte« (*Musikmarkt*) ließ sich nun in Paris nieder und veröffentlichte die Mitschnitte LIVE IN PARIS und POWER WIRE BLUES, intensive, authentische Bluesshows, die ein »elektrisiertes Publikum« (*Rolling Stone*) zurückließen. Die Platten und die Tourneen wurden sehr positiv beurteilt: »Seine Fähigkeiten als Gitarrist machen einen Vergleich unmöglich« (*Montreal Star*).
1980 stellte sich die **Luther Allison Band** in der Besetzung Michel Carras (p), Mike Morrison (b) und Donald Robinson (dr) erstmals in Deutschland vor. Er wechselte fortan seine Musiker sehr häufig aus, hielt seine Musik jedoch auf einem konstant hohen Niveau. 1984 präsentierte Allison den ehemaligen Little Milton-Bassisten Mario Satterfield und den Drummer Jimi Schutte, der reichlich Blueserfahrung u. a. bei Jimmy Dawkins, Junior →Wells, Jimmy →Reed, →Lightnin' Hopkins und Hubert Sumlin gesammelt hatte.
1985 wurde Luther Allison bei der LP HERE I COME ausschließlich von europäischen Musikern unterstützt. Allison gab bei dieser Platte seinen »puren, natürlichen Bluesstil« (*Melody Maker*) streckenweise auf und bemühte sich um populäre Popanklänge, die seinen Anhängern mißfielen. »Rauh und heftig, unmittelbar, ungeschliffen und ehrlich« (*Hifi Vision*) fiel Ende 1989 wieder LET'S TRY IT AGAIN aus. Allison arbeitete diesmal mit einem Saxophonisten und transportierte wieder echtes Bluesfeeling: »Entweder man hat den Blues oder man hat ihn nicht« (Luther Allison).
Nach vierjähriger Plattenpause nahm Allison 1993 mit einem DAT-Gerät HAND ME DOWN MY MOONSHINE auf. Bei dieser Produktion verzichtete Allison auf elektrisch verstärkte Begleitung und spielte ›unplugged‹. Bei einem Song unterstützte ihn sein Sohn Bernard Allison, der sich ebenfalls einen Namen als Bluesgitarrist machte, mit der Slidegitarre: »Ein intensiver Mitschnitt, der völlig ohne elektronische Kinkerlitzchen auskommt, noch ehrlicher, noch authentischer, noch intensiver« (*Musikmarkt*).
Nach über 10jähriger US-Abwesenheit ging Allison nach Memphis und nahm in den Ardent Studios SOUL FIXIN' MAN auf. Nach dieser Platte stellte Luther Allison für das elektrische Bluesalbum BAD LOVE eine neue Band zusammen: James Solberg (g), Ernest Williamson (key), Dave Smith (b), James Robinson (dr). Diesmal bot der Ausnahmegitarrist wieder leidenschaftlichen Blues, den er mit sanfter Stimme inszenierte. Mit der gleichen Band, außer Robinson, für den Steve Potts am Schlagzeug saß, nahm er das 95er-Album BLUE STREAK auf. Das Songschreiberteam Allison / Solberg arbeitete einmal mehr ausgezeichnet zusammen und produzierte stimmigen modernen Blues.
WHERE HAVE YOU BEEN erschien im Oktober 1996 und enthielt Live-Mitschnitte von Allisons Auftritten in Montreux der Jahre 1976, 1983, 1984 und 1994. Die Sängerin Marla Glen war Stargast seiner 97er Produktion RECKLESS. Der fünffache Gewinner des W. C. Handy-Awards von 1996 verfolgte nach wie vor einen dynamischen zeitgemäßen Gitarrenblues. Eines der letzten Konzerte von Luther Allison fand im House Of Blues in New Orleans statt. Wenige Wochen danach mußte er in die Universitätsklinik von Madison, Wisconsin, eingeliefert werden. Dort starb er am 12. 8. 1997 an Krebs und wurde an seinem Geburtstag in Chicago beerdigt.

LOVE ME MAMA (1969) Delmark, 065–625 • BAD NEWS IS COMING (1973) Gordy, G 964 • LUTHER'S BLUES (1974) Gordy, G 967 • NIGHT LIFE (1975) Gordy, G 974 • LOVE ME PAPA (1977) Black And Blue 33524 • SERIOUS (1977) Encore, BP 72287 • GONNA BE A LIVE ONE IN HERE TONIGHT (1979) Rumble, RR 1001 • LIVE (1979) Blue Silver, BS 3001 • LIVE IN PARIS (1979) Paris, PLB 28505 • TIME (1980) Paris 28505 • SOUTH SIDE SAFARI (1982) • LIFE IS A BITCH (1984) EFA 06291 • LET'S HAVE A NATURAL BALL (1985) JSP 1077 • HERE I COME (1985) Encore 133 • POWER WIRE BLUES (1986) Charly 1105 • RICH MAN (1987) Entente 12–3066 • LOVE ME MAMA (1988) • SERIOUS (1988) • LET'S TRY IT AGAIN (1989) LA, CD 1989 • HAND ME DOWN MY MOONSHINE (1993) inak 9015 • BAD LOVE (1994) Ruf, RRCD 901295 • SOUL FIXIN' MAN (1994) Alligator, AL 4820 • BLUE STREAK (1995) Trip 7712 • RECKLESS (1997) Ruf 1012 • (S) SWEET HOME CHICAGO (1967) Delmark 618 • (S) THE MOTOWN YEARS 1972–1976 (1996) Motown 612 • (S) WHERE HAVE YOU BEEN? (1996) Ruf 1008 • Bernard **Allison**: NO MERCY (1994) Inak 9029 • FUNKIFINO (1996) Trip 7716 • BORN WITH THE BLUES (1997) Ruf 1017 • **James Solberg Band**: SEE THAT MY GRAVE IS KEPT CLEAN (1995) Atomic Theory ATD 1117 • ONE OF THESE DAYS (1996) Atomic Theory, ATD 1120

Allman Brothers

Gregg Allman (voc, key), Dickey Betts (g), Warren Haynes (g), Jaimoe Johanson (dr), Marc Quinones (perc), Butch Trucks (dr), Allen Woody (b, voc)

Im März 1969 gaben die **Allman Brothers** in einem Park von Jacksonville, Florida, ihr erstes Konzert, um bald darauf »wie keine andere Band seit Rock'n'Roll-Gedenken die USA zu erobern« (*Melody Maker*). Sie leiteten eine Rückbesinnung nordamerikanischer Rockmusiker auf die Blues- und Country-Wurzeln ein und waren für einen regelrechten Südstaaten-Boom verantwortlich. Ihre Mischung aus »tiefschwarzem Blues und weizenblonder Country-Folklore« (*Süddeutsche Zeitung*) gab der Rockmusik eine neue Variante – den Southernrock. Die Doppelbesetzung von Gitarre und Schlagzeug, und die sich daraus ergebenden aufregenden Duelle, machten den Reiz einer kompakten Bluesrock-Fusion aus. In ausgedehnten Improvisationen zogen die brillanten Allman-Brüder alle Register und bewiesen, daß sie jede stilistische Gangart virtuos beherrschten.

Duane (* 20. 11. 1946) und Gregg Allman (* 8. 12. 1947) wurden in Nashville, Tennessee, geboren. Begeistert vom schwarzen Blues gründeten sie zunächst die **Allman Joys**. 1968 kamen die Brüder nach Los Angeles, um mit **Hourglass** zwei Alben aufzunehmen. Zu dieser Gruppe gehörten auch der exzellente Gitarrist Pete Carr und der Keyboarder Paul Hornsby. Weil **Hourglass** über den Studiostatus nicht hinauskamen, wechselten die Allmans zu **31st Of February**, die von Butch Trucks aus Jacksonville geleitet wurde. Die Demo-Aufnahmen aus dieser Zeit wurden 1972 auf der LP DUANE & GREGG ALLMAN veröffentlicht. Nach diesem Gastspiel trennten sich die Wege der Allman-Brüder. Gregg ging an die Westküste, und Duane machte in Florida als Studio- und Sessiongitarrist Karriere. Er verfügte über außergewöhnliche Fähigkeiten auf der Slidegitarre und der Dobro und spielte u. a. für Aretha →Franklin, Boz →Scaggs, Wilson →Pickett und Clarence →Carter. Nachdem er an einer Session der Gruppen **31st Of February** und **Second Coming** (mit Dickey Betts und Berry Oakley) teilgenommen hatte, rief er seinen Bruder aus Los Angeles zurück, engagierte Betts (* 12. 12. 1954, Palm Beach, Florida) und Oakley (* 4. 4. 1948, Chicago) und gründete mit Butch Trucks und Jai Jai, genannt Jaimoe, Johanson (* 8. 7. 1944, Ocean Springs, Mississippi) die **Allman Brothers**. Sie probten fast zwölf Monate lang, gaben einige Testkonzerte und gingen 1969 nach New York, um die erste LP zu realisieren.

The Allman Brothers Band (US #91) und kurz darauf Idlewild South (US #48) waren von »starken Blues-Wurzeln und aufregender Rhythmik« (*Guinness*) geprägt. Die Platten bewiesen eine innige Nähe zum gradlinigen Rock und traditionellem Country sowie zur schwarzen Musik, insbesondere zum Blues. Im Konzert entfaltete das eingespielte Sextett eine unbändige Spielfreude und begeisterte das Publikum mit ausgedehnten, exzellenten Soli, bei denen Dickey Betts der genialen Slidetechnik Duane Allmans schnörkellose, lockere Riffs entgegensetzte.

Idlewild South, benannt nach der Farm der **Allman Brothers**, wurde als erstes Album der Gruppe Ende 1970 mit Gold ausgezeichnet. Im Sommer 1971 erschien der Mitschnitt At Fillmore East, ein gelungenes Doppelalbum, das mit 22 Minuten langen Songs wie Whipping Post das enorme instrumentale Potential »der Southernrock-Band schlechthin« (*Musik Express*) bestätigte. Die **Allman Brothers** überzeugten vor allem als Kollektiv und verfügten mit Gregg Allman über einen markanten Leadsänger.

Der steile Aufstieg der **Allman Brothers** schien jedoch am 29. 10. 1971 jäh zu enden. Duane Allman verunglückte unweit der Idlewild-Farm mit seinem Motorrad tödlich. Zu diesem Zeitpunkt arbeitete die Gruppe an ihrem zweiten Live-Mitschnitt Eat A Peach (US #3), der so das musikalische Testament des außergewöhnlichen Gitarristen wurde. Die Platte erreichte wieder Platinniveau, doch die Zukunft des »superben Unternehmens« (*Rolling Stone*) war ungewiß. Nach zehn Monaten fanden die **Allman Brothers** mit dem Pianisten Chuck Leavell geeigneten Ersatz. Leavell hatte zuvor in den Bands von →Dr. John und Alex Taylor gespielt.

Doch die Gruppe schien vom Unglück verfolgt zu sein: Während der Aufnahmen zur LP Brothers And Sisters verunglückte auch Berry Oakley am 11. 11. 1972 mit seinem Motorrad tödlich. Als Brothers And Sisters (US #1) auf den Markt kam, blieben die **Allmans** allen Spekulationen zum Trotz zusammen. Die Band entfernte sich nun »immer mehr vom reinen Blues in Richtung der **Grateful Dead**, deren Essenz ein weißer Countryrock ist« (*Sounds*). Ein Beispiel dafür war der Singlehit ›Ramblin' Man‹ (US #2), dessen »Rhythmus wie der Motor eines dieser riesigen, amerikanischen Überlandlaster klingt« (*Sounds*).

Während sich Gregg Allman und Dickey Betts 1974/75 verstärkt um Soloprojekte kümmerten, wurde Lamar Williams als neuer Bassist engagiert. Allman veröffentlichte zunächst die Single ›Midnight Rider‹ (US #20) und innerhalb von zwölf Monaten die Alben Laid Back (US #13) und The Gregg Allman Tour (US #75), während Betts mit der LP Highway Call (US #24) im August 1974 Erfolg hatte. Danach trieben die **Allman Brothers** die Arbeit an der sehr erfolgreichen Produktion WIN, LOSE OR DRAW (US #5) voran, die im Oktober 1975 herauskam. Zuvor hatte Gregg Allman für Schlagzeilen in der Boulevardpresse gesorgt, nachdem er nur drei Tage nach ihrer Scheidung von Sonny Bono am 30. 6. 1975 die Sängerin →Cher heiratete. Die Ehe hielt knapp drei Jahre und führte im Sommer 1976 zur gemeinsamen LP TWO THE HARD WAY, die in den USA unter dem Titel ALLMAN AND WOMAN veröffentlicht wurde.

In der Zwischenzeit etablierten sich auch die anderen Mitglieder der **Allman Brothers** in der Studioszene. Dickey Betts arbeitete für Elvin →Bishop, →**Grinderswitch**, Buddy →Miles und die →**Marshall Tucker Band** und nahm an dem, von Charlie →Daniels organisierten, Festival Volunteer Jam teil. Butch Trucks unterstützte Gene →Clark. Leavell half auf Platten von →Hydra und Pete Carr aus und gründete gemeinsam mit Johanson die Instrumentalformation **Sea Level**.

Im Dezember 1975 erschien der Sampler THE ROAD GOES ON FOREVER (US #50) von den **Allman Brothers**, ein Jahr später folgte WIPE THE WINDOWS, CHECK THE OIL, DOLLAR GAS, ein weiterer Sampler. Dickey Betts widmete sich mittlerweile seiner Gruppe **Great Southern** und kam mit dem Album DICKEY BETTS & GREAT SOUTHERN (US #24) im April 1977 in die US-Charts. Die Band bestand aus Ken Tibbetts (b), Dan Toler (g), Tom Broone (key, voc) und Donnie Sharbono (dr). Ebenfalls recht erfolgreich agierte die **Gregg Allman Band** mit Bill Stewart (dr), Neil Larsen (p, syn), Ricky Hirsch (g), Steve Beckmeier (g), John Hug (g), Willie Weeks (b) und der LP PLAYIN' UP THE STORM (US #79).

1978 kamen die **Allman Brothers** mit Allman, Betts, Trucks, Johanson, Dan ›Dangerous‹ Toler und David ›Rook‹ Goldflies (b) erneut zusammen. Die im April 1979 erschienene Platte ENLIGHTENED ROGUES (US #12) präsentierte die gewohnten Klangfarben, das bekannte eindringliche Zusammenspiel zweier Gitarristen und die starken Rhythmuswechsel. Verstärkt durch den Pianisten Mike Lawler stellten sich die **Allmans** mit ihren »bluesigen Melodien, treibenden Gitarrenriffs und strammen Rhythmen« (*Audio*) auch in Europa vor.

Als die Band im Januar 1980 die Nachricht vom Bankrott ihres Plattenlabels Capricorn erreichte, stand sie ohne Plattenvertrag da. Ein halbes Jahr später wechselten die **Allman Brothers** zu Arista Records und debütierten beim neuen Partner mit der durchschnittlichen LP REACH FOR THE SKY (US #40). Die Band setzte auf bewährten Bluesrock, angesiedelt zwischen rollendem Boogie und schnulziger Countrymusik. In den Singlecharts plazierten sie sich mit dem balladesken Song ›Angeline‹ (US #63). Auch die folgende LP BROTHERS FOR THE ROAD (US #72) mit dem Hit ›Straight From The Heart‹ (US #39) kam an. Inzwischen hatten die Bands, denen die **Allmans** als Vorbild dienten, ihren Urvätern den Rang abgelaufen. Dazu zählten →**Molly Hatchet**, die →**Outlaws**, →**38 Special** und vor allem →**Lynyrd Skynyrd**. Gregg Allman erkannte das Dilemma und löste die **Allman Brothers** Ende 1981 erneut auf. Ihr Bassist Lamar Williams starb am 25. 1. 1983 an Krebs.

1986 entschloß sich Gregg Allman zu einer Neuauflage der **Gregg Allman Band** und schaffte auf Anhieb mit dem Song ›I'm No Angel‹ (US #49) einen mittleren Hit. Auf der gleichnamigen LP wirkten Dan und David Toler (dr), Tim Heding (key, voc), Chaz Trippy (perc) und Bruce Waibel (b, voc) mit. Die Musik nutzte bekannte Stilmittel: »Bluesgetönte Vocals, parallele Gitarrensoli, saftige Keyboards und passable Songs, die mit wenig Bombast auskommen« (*Musik Express*).

1990 forcierte Allman ein erneutes Comeback der **Allman Brothers**, deren homogener Bandsound und rhythmisch pulsierender Countryrock bei SEVEN TURNS (US #53) »nichts von seiner Magie verloren hatte« (PR-Text). Bis 1994 erschienen drei weitere Alben, die sich durch »perfekte Harmonie« (*Hifi Vision*) auszeichneten. Die Studioarbeiten der **Allmans** klangen wie lockere Jamsessions, deren Kennzeichen »duale Gitarrenläufe, unverzichtbare voluminöse Orgelsounds und vornehmlich perkussives Doppeldrumming« (*Musik Express*) waren. Die Band glänzte mit Perfektion und außergewöhnlicher Klangqualität, bot aber nichts Neues. WHERE IT ALL BEGINS (US #45) spielten die **Allman Brothers** mit Gregg Allman, Jaimoe Johanson, Butch Trucks, Dickey Betts, Warren Haynes, Allen Woody und Marc Quinones ein. 1995 wurden die **Allman Brothers** in die Rock'n'Roll Hall of Fame aufgenommen.

Warren Haynes und Matt Abts von der **Dickey Betts Band** gründeten mit **Gov't Mule** ein Bluesrock-Trio, das 1995 ein nach der Band benanntes Album mit allerfeinstem Südstaatenrock veröffentlichte.

Oakleys Sohn Berry Jr. (voc, b) gründete mit Waylon Krieger (g), Sohn des → **Doors**-Gitarristen Robbie Krieger, Erin Davis (dr, perc), Sohn des Jazztrompeters Miles Davis, sowie Smokin' Joe Bonamassa (g) und Lou Segreti (key) die Southernrockgruppe **Bloodline**.

Nach Gregg Allmans erstem Soloanlauf nach fast zehn Jahren erschien im November 1997 wieder ein Soloalbum mit dem Titel SEARCHING FOR SIMPLICITY. Neben einigen starken Bluesansätzen enthielt es u. a. eine gelungene neue Version des **Allman Brothers**-Klassikers ›Whipping Post‹. Der mittlerweile in Nordkalifornien residierende Musiker konnte dafür Johnny Sandlin (**Cowboy**) als Produzenten und hochqualifizierte Studiomusiker gewinnen.

THE ALLMAN BROTHERS BAND (1969) Polydor 823 708 • IDLEWILD SOUTH (1970) Polydor 833 334 • AT FILLMORE EAST (1971) Polydor 823 273 • EAT A PEACH (1972) Polydor 823 654 • BROTHERS AND SISTERS (1973) Polydor 825 092 • WIN, LOSE OR DRAW (1975) Capricorn 2429 132 • ENLIGHTENED ROGUES (1979) Capricorn 2429 185 • REACH FOR THE SKY (1980) Arista 202 843 • BROTHERS ON THE ROAD (1983) Arista 203 914 • SEVEN TURNS (1990) Epic 466 850 • LIVE AT LUDOW GARAGE (1990) Polydor 843 260 • SHADES OF TWO WORLDS (1992) Epic 468 525 • AN EVENING WITH THE ALLMAN BROTHERS BAND (1992) Epic 471 362 • WHERE IT ALL BEGINS (1994) Epic 476 884 • 2ND SET (1995) Epic 66795 • (S) THE ROAD GOES ON FOREVER (1975) Capricorn 2537 101 • WIPE THE WINDOWS, CHECK THE OIL, DOLLAR GAS (1976) Capricorn 2637 103 • (S) DREAMS (1989) IMS 839 417 • (S) NIGHTRIDING (1989) Knight 10004 • (S) HELL & HIGH WATER – THE BEST OF THE ARISTA YEARS (1994) Arista 22 18724 • (S) RAMBLIN' MAN (1996) Zounds / Phono Music 272 000 668 • Duane **Allman**: AN ANTHOLOGY (1972) Capricorn 2659 035 • AN ANTHOLOGY VOL. II (1974) Capricorn 2659 037 • (S) BEST OF DUANE ALLMAN (1979) • Gregg **Allman**: LAID BACK (1973) Capricorn 2429 103 • THE GREGG ALLMAN TOUR (1974) Polydor 831 940 • PLAYIN' UP A STORM (1977) Capricorn 2473 131 • JUST

BEFORE THE BULLETS FLY (1988) Epic, EK 44033 • SEARCHING FOR SIMPLICITY (1997) Epic, BK 67143 • (S) ONE MORE TRY - AN ANTHOLOGY (1997) Capricorn • **Gregg Allman Band**: I'M NO ANGEL (1987) Epic 450392 • JUST BEFORE THE BULLETS FLY (1988) Epic 462477 • Gregg **Allman** und **Cher**: TWO THE HARD WAY (1976) Warner Brothers 56436 • Duane und Gregg **Allman**: EARLY ALLMAN (1967) Mercury 6338438 • DUANE & GREGG ALLMAN (1972) Polydor 2310235 • **Allman Joys**: ALLMANJOYS (1973) Dial, DL 6005 • **Hourglass**: HOURGLASS (1968) United Artists, LA.013 GS • POWER OF LOVE (1969) EMI 798826 • Dikkey **Betts**: HIGHWAY CALL (1974) Capricorn 2429117 • Dickey **Betts** mit **Great Southern**: DICKEY BETTS & GREAT SOUTHERN (1977) Arista 801320 • ATLANTA'S BURNING DOWN (1978) Arista 201194 • **Dickey Betts Band**: PATTERN DISRUPTIVE (1988) Epic • Chuck **Leavell** und Lamar **Williams** mit **Sea Level**: SEA LEVEL (1977) Capricorn 2429150 • CATS ON THE COAST (1977) Capricorn 2429158 • ON THE EDGE (1978) Capricorn, CPN 0212 • LONG WALK ON A SHORT PIER (1980) Capricorn, CPN 0227 • BALL ROOM (1980) Arista, 876302 • Pete Carr: NOT A WORD ON IT (1976) Big Tree; BT 89518 • MULTIPLE FLASH (1978) Big Tree, BT 76009 • (S) BEST OF (?) Polydor 843140 • Dan und David **Toler**: THE TOLER BROS. (1994) Icehouse 9404 • Johnny **Neel**: COMIN' ATCHA ... LIVE! (1995) Big Mo Records 10272 • Warren **Haynes**: TALES OF ORDINARY MADNESS (1993) Megaforce 866912 • WISHING WELL (1995) Focus 256 • Warren **Haynes** mit **Gov't Mule**: GOV'T MULE (1995) Relativity 1515 • LIVE AT ROSELAND (1996) Foundation 1301 • DOSE (1998) Capricorn 536504 • **Bloodline**: BLOODLINE (1995) EMI 830060

Amazing Rhythm Aces

Jeff Davis (b, voc), Billy Earheart (org, p, acc), Kelvin Holley (g, voc), James Hooker (key, voc), Butch McDade (dr, perc, voc), Russell Smith (voc, g, harm)

Russell Smith, Butch McDade und Jeff Davis bildeten 1972 in Memphis das Gerüst der **Amazing Rhythm Aces**, die sich für einen Gospel- und Rhythm & Blues-beeinflußten Countryrock entschieden. Billy Earheart III komplettierte die ursprüngliche Quartettbesetzung. In den ersten drei Jahren strebten die **Aces** eine Mischung aus traditioneller Country- und zeitgemäßer Popmusik an. Sie experimentierten mit Blues- und Bluegrass-Elementen, Rock'n'Roll und erweiterten ihr stilistisches Spektrum mit Jazz- und Latino-Anleihen. Nachdem die Band eine Zeitlang durch Tennessee und Alabama getourt war, holte sie ihr Mentor, der Singer / Songwriter Jesse → Winchester nach Kanada und heuerte sie zunächst als Begleitgruppe an.
Winchesters Begleiter James Hooker und Barry ›Byrd‹ Burton machten aus den **Amazing Rhythm Aces** ein Sextett, das 1975 das Album STACKED DECK in Memphis aufnahm. Die LP enthielt den Überraschungshit ›Third Rate Romance‹ (US #15), der sowohl in den Pop- als auch den Country-Charts für Furore sorgte und der Gruppe die Titulierung »**Steely Dan** des Countryrock« (*Sounds*) einbrachte. STACKED DECK vermittelte authentischen Country & Western mit leichten Popklängen, wurde aber nur in den Country-Hitlisten geführt. Die zweite LP TOO STUFFED TO JUMP wartete mit vielseitigem und frischem Pop auf.

»Ein wirklich angenehmes Album, mild und warm wie ein guter Bourbon« (*Melody Maker*). Mit der Auskopplung ›The End Is Not In Sight (The Cowboy Tune)‹ (US #57) kamen die **Amazing Rhythm Aces** nochmals in die Popcharts und wurden für den besten Countryvortrag einer Gruppe mit einem Grammy ausgezeichnet. Die folgenden Produktionen wurden wieder nur in den Country-Hitparaden geführt.

Die meisten der hochgelobten Kompositionen der **Aces** stammten aus der Feder von Russell Smith, der als Leadvokalist mit seinem warmen Timbre die Musik prägte. Für die Feinheiten der Instrumentierung und Arrangements, als »Kammercountryrock« (*Sounds*) bezeichnet, war zumeist ›Byrd‹ Burton verantwortlich. Er verließ jedoch die **Amazing Rhythm Aces** nach dem Album BURNING THE BALLROOM DOWN und arbeitete anschließend u. a. für James Griffin und Mickey Newbury. Sein Nachfolger bei den **Aces** wurde Duncan Cameron (voc, g), der zeitweise bei **Fools Gold** mitgewirkt hatte.

1978/80 erschienen die LPs THE AMAZING RHYTHM ACES und HOW THE HELL DO YOU SPELL RHYTHM, die wiederum hochgelobt wurden. Sie fielen durch eine stärkere Rockbetonung auf und enthielten intelligente, perfekt inszenierte Songs, boten aber wenig Abwechslung.

Nach der Trennung der **Amazing Rhythm Aces** setzte Russell Smith mit zwei völlig unterschätzten Alben seine Karriere als Solist fort und war als Komponist für den Countrysänger Ricky Van Shelton und den Rockabilly-Pionier Billy Lee Riley tätig. Cameron trat als Begleiter von Billy Burnette und Glenn → Frey in Erscheinung, und Earhart wurde Mitglied der **Bama Band**, die Hank Williams jr. unterstützte.

Gemeinsam mit Bernie Leadon von den → **Eagles** realisierte Smith 1991 das Projekt **Run C&W**, das auf der LP ROW VS. WADE Songs von Don → Covay und Chris Kenner in Countryversionen aufnahm.

13 Jahre nach ihrer Trennung und langwierigen Rechtsstreitigkeiten reformierten sich die **Amazing Rhythm Aces** 1994 bis auf Burton in Originalbesetzung und veröffentlichten die selbstproduzierte LP RIDE AGAIN, für die sie ihre bekanntesten Songs überarbeiteten. Neues Material realisierten sie im Sommer 1997 mit OUT OF THE BLUE und präsentierten dabei erstmalig den Leadsänger Kelvin Holley.

STACKED DECK (1975) ABC 89582 • TOO STUFFED TO JUMP (1976) ABC 27530 • TOUCAN DO IT TOO (1977) ABC 28649 • BURNING THE BALLROOM DOWN (1977) ABC 25919 • THE AMAZING RHYTHM ACES (1978) ABC 200 334 • HOW THE HELL DO YOU SPELL RHYTHM (1980) Warner Brothers 56859 • RIDE AGAIN (1994) Breaker, ARA 1 • OUT OF THE BLUE (1997) Breaker, ARA 2 • Russell **Smith**: RUSSELL SMITH (1982) Capitol 064–400076 • THE BOY NEXT DOOR (1984) Capitol 064–240155 • Russell **Smith** mit **Run C&W**: ROW VS. WADE (1994) MCA 11041

Ambrosia

Burleigh Drummond (dr, perc), Christopher North (key), David Pack (g, key, voc), Joe Puerta (b, voc)

David Pack und Joe Puerta begannen 1970 in der progressiven Countryrock-Band **Down Punxy**. Bald darauf taten sie sich mit ihren Schulkameraden Burleigh

Drummond und Christopher North zusammen und benannten sich nach dem griechischen Göttertrank Ambrosia. 1971 wirkten sie beim »All American Dream Concert« mit, das das Los Angeles Philharmonic Orchestra unter Leitung von Zubin Mehta aufführte. Mehta förderte die junge Band, die 1974 einen Plattenvertrag erhielt. Alan →Parsons produzierte das Debütalbum (US #38), das mit ›Holdin' On To Yesterday‹ (US #26) **Ambrosia** den ersten Hit bescherte. Das Quartett wurde mit Gruppen wie →**Yes** und →**Genesis** verglichen und in der Rubrik Poprock eingestuft.

Wenig Neues bot das wiederum von Parsons produzierte zweite Album SOMEWHERE I'VE NEVER TRAVELLED (US #77) vom September 1976, aus dem lediglich »ein paar griffige Balladen« (*Rolling Stone*) herausragten. Danach trennte sich North für zwei Jahre von **Ambrosia**. Die verbliebenen Musiker beteiligten sich zunächst am **Alan Parsons Project**. Puerta, der 1973 Chi →Coltrane begleitete hatte, spielte außerdem für Al →Stewart, während Pack am Soloalbum von →**Kansas**-Mitglied Kerry Livgren mitwirkte. 1977 beteiligte sich das Trio am Soundtrack zum Film »All This And World War II« und nahm den →**Beatles**-Song ›Magical Mystery Tour‹ (US #56) auf.

Für die dritte LP ließen sich **Ambrosia** bis zum Sommer 1978 Zeit. LIFE BEYOND L.A. (US #49) lieferte mit ›How Much I Feel‹ (US #6) einen Single-Bestseller. Die Band durchlief mit ihrem zarten Bombast-Pop ihre erfolgreichste Phase. Im Mai 1980 folgte das Album ONE EIGHTY (US #26) mit den Auskopplungen ›Biggest Part Of Me‹ (US #2) und ›You're The Only Woman (You And I)‹ (US #17). Mit diesen Hits endete die Erfolgsstory von **Ambrosia**, die im Frühjahr noch die LP ROCK ISLAND herausbrachten. Da die Platte ein Flop war, trennten sich **Ambrosia**, und die Musiker arbeiteten zukünftig in der Studioszene der amerikanischen Westküste. 1989 reformierten sie sich für eine US-Tour. Joe Puerta wurde Mitglied in der Begleitgruppe von Bruce →Hornsby.

AMBROSIA (1975) Philips 6370226 • SOMEWHERE I'VE NEVER TRAVELLED (1976) Warner Brothers 56600 • LIFE BEYOND L.A. (1978) Warner Brothers 56525 • ONE EIGHTY (1980) Warner Brothers 56811 • ROCK ISLAND (1982) Warner Brothers 56968 • (S) ANTHOLOGY (1997) Warner Brothers 9362–45163

America

Gerry Beckley (voc, g, p), Dewey Bunnell (voc, g)

Die Folkrockbewegung, insbesondere die Musik von →**Crosby, Stills, Nash & Young** und →**Simon & Garfunkel**, inspirierte 1971 drei Söhne von in England stationierten amerikanischen Soldaten zum Trio **America**. Gerry Beckley (* 12. 9. 1952), Dewey Bunnell (* 19. 1. 1952, Yorkshire) und der 1977 ausgeschiedene Dan Peek (* 1950) trafen sich Mitte der 60er Jahre an der Central High School von London. Sie spielten in verschiedenen Tanzcombos, sammelten Bühnenerfahrungen und riskierten schließlich 1971 mit von Neil →Young inspirierten Songs den Sprung ins Profigeschäft.

Bereits mit der ersten Single gelang dem Trio ein Welterfolg: ›A Horse With No Name‹ (GB #1, US #1), erschienen im Januar 1972. Das dazugehörige Album

AMERICA (GB #11, US #1) folgte nur drei Wochen später. Unbeschwerter Country-Sound verbreitete Optimismus und Lagerfeuerromantik. Aus diesem Bestseller wurde im Mai des Jahres mit ›I Need You‹ (US #8) ein zweiter Hit ausgekoppelt. **America** wurden aufgrund dieser Erfolge als beste neue Gruppe mit einem Grammy dekoriert. Ende 1972 ließen **America**, die mittlerweile im sonnigen Kalifornien residierten, mit der LP HOMECOMING (US #9) und den Singles ›Ventura Highway‹ (US #7) und ›Don't Cross The River‹ (US #26) weitere Hits folgen.

Mittlerweile mehrfach mit Platin ausgezeichnet, zählten **America** innerhalb von zwölf Monaten zu den Topformationen in den USA. Die Erfolgssträhne hielt bis zum Sommer 1976 an. In rascher Folge veröffentlichten sie die Singles ›Tin Man‹ (US #6), ›Lonely People‹ (US #9), ›Sister Golden Hair‹ (US #1) und ›Daisy Jane‹ (US #23) sowie die Alben HAT TRICK (US #32), HOLIDAY (US #18), HEARTS (US #5), HIDEAWAY (US #11) und den Sampler GREATEST HITS (US #2). Betreut wurden **America** von dem ehemaligen → **Beatles**-Produzenten George Martin.

Der sonnige Softrock machte **America** zu mehrfachen Plattenmillionären. Sie wurden als herausragendes Vokalensemble gefeiert, ihre schlichten Botschaften im lockeren Kalifornien-Sound kamen an. Die Musikpresse verhielt sich distanziert und bezeichnete das Trio als »einfallslose Verwalter der Hippiekultur« (*Melody Maker*). Die »volltönenden California-Folkies« (*Rolling Stone*) ließen sich davon nicht beeindrucken und lieferten weiterhin romantisch-sanfte Songs, die von den Gruppenmitgliedern etwa zu gleichen Teilen komponiert wurden.

Nach der braven Studio-LP HARBOR (US #40) und dem Mitschnitt LIVE verließ Peek im Sommer 1977 **America**. Er wurde Mitglied der »Wiedergeborenen Christen« und veröffentlichte nur noch religiös angehauchte Platten. Beckley und Bunnell pausierten zwei Jahre und meldeten sich mit der blassen LP SILENT LETTER 1981 zurück. Unterstützt von einer fünfköpfigen Band produzierten sie nur noch laue Supermarktmusik. ALIBI, eine weitere LP, fiel durch.

Mehr Glück hatten sie mit dem im Sommer 1982 herausgebrachten Album VIEW FROM THE GROUND (US #41) und den Singles ›You Can Do Magic‹ (US #8) und ›Right Before Your Eyes‹ (US #45). Der Engländer Russ → Ballard war als Komponist von ›You Can Do Magic‹ dafür verantwortlich, daß **America** etwas von ihrer musikalischen Unbeschwertheit zurückgewannen. Als Produzent der 83er-LP YOUR MOVE (US #81, D #61) enttäuschte Ballard allerdings: »Süßlichsofte Klänge mit zurückhaltenden Gitarren- und mäßigen Streichereinsätzen« (*Musik Express*). Nur der Song ›The Border‹ (US #33) ragte heraus.

Ebenfalls 1983 erschien der Soundtrack zu dem Zeichentrickfilm »The Last Unicorn«. Die Songs stammten von dem bekannten US-Komponisten Jimmy Webb. 1984/85 realisierten **America** zunächst das flaue Studioalbum PERSPECTIVE und danach die in Santa Barbara mitgeschnittene LP AMERICA IN CONCERT. Beckley/Bunnell waren noch immer ein ausgezeichnetes Gesangsduo. Sie hatten aber den Biß verloren und trennten sich vorübergehend.

Nach sporadischen Tourneen gingen **America** Ende 1993 wieder ins Studio und nahmen HOURGLASS auf: »Wir bleiben unserer Linie treu. Unsere Musik war und bleibt immer akustisch, harmonisch, lyrisch und verständlich. Daneben hat uns nie etwas wirklich interessiert« (Gerry Beckley). Als Single erschien im August 1994 ›Young Moon‹ (D #79).

AMERICA (1971) Warner Brothers 7599–27257 • HOMECOMING (1972) Warner Brothers 7599–26695 • HAT TRICK (1973) Warner Brothers 7599–26692 • HOLIDAY (1974) Warner Brothers 7599–27501 • HEARTS (1975) Warner Brothers 56115 • HIDEAWAY (1976) Warner Brothers, 7599–26691 • HARBOR (1977) Warner Brothers, WPCP 4792 • LIVE (1977) Warner Brothers, WPCP 4793 • SILENT LETTER (1979) Capitol 064–85917 • ALIBI (1980) Capitol 064–86201 • VIEW FROM THE GROUND (1982) Capitol 064–400111 • YOUR MOVE (1983) Capitol 064–712277 • THE LAST UNICORN (1983) Soundtrack Virgin 786735 • PERSPECTIVE (1984) Capitol 064–240216 • AMERICA IN CONCERT (1985) EMI 854201 • HOURGLASS (1994) American Gramaphone 876708 • (S) HISTORY (1975) Warner Brothers 7599–27333 • (S) VENTURA HIGHWAY & OTHER FAVORITES (1995) EMI 835592 • (S) YOU CAN DO MAGIC (1996) Disky

American Breed

Al Ciner (g, voc), Chuck Colbert (b, voc), Lee Graziano (dr, tr, voc), Gary Loizzo (voc, g)

Schon bevor die 1962 ursprünglich als **Gary & The Nite Lights** gegründeten **American Breed** im Januar 1968 mit ›Bend Me Shape Me‹ ihren ersten Tophit landeten, gehörten sie zu den Teenagerattraktionen im amerikanischen Mittelwesten. Das Quartett aus Chicago erkannte die Zeichen der Zeit und musizierte vom Soul beeinflußt sehr gekonnt im weiten Feld zwischen britischer Beatkunst und aufkommenden Psychedelic-Träumen. Klare, durchdringende Trompetenklänge, einfallsreiche Gesangsharmonien und kompakte, griffige Songs begründeten das Erfolgsrezept von **American Breed**, die aus Al Ciner (* 14. 5. 1947), Charles ›Chuck‹ Colbert (* 29. 8. 1944), Lee Graziano (* 9. 11. 1943) und Gary Loizzo (* 16. 8. 1945) bestanden.

Das erste Album THE AMERICAN BREED (US #99) erschien im November 1967 und plazierte mit ›I Don't Think You Know Me‹ (US #89), ›Step Out Of Your Mind‹ (US #20) und ›Don't Forget About Me‹ (US #74) drei Songs in den Singlecharts. Der Durchbruch gelang mit ›Bend Me, Shape Me‹ (US #1, GB #24) und etablierte American Breed kurzzeitig in der Elite nordamerikanischer Rockbands. Mit dem gleichen Song glückte zur gleichen Zeit der Band → **Amen Corner** ein Bestseller in Großbritannien.

Auch mit dem Album BEND ME, SHAPE ME (US #39) schafften **American Breed** in den LP-Hitlisten eine ansprechende Plazierung. Nach diesen Erfolgen machten sie sich nach Kalifornien auf. Auf dem Weg dorthin nahmen sie den Song ›A Quiet Place‹ für einen Film mit Rod Steiger und Lee Remick auf und spielten in Louisville, Kentucky, anläßlich einer von einer Radiostation organisierten Show vor 40000 Fans. Praktisch über Nacht waren die vier Musiker zu Superstars aufgestiegen, doch diesen Status sollten sie sehr bald wieder verlieren.

Zuvor schafften sie mit ›Green Light‹ (US #22) im Februar 1968 noch einen respektablen Hit und überzeugten auch bei dem Album PUMPKIN, POWDER, SCARLET AND GREEN mit sauber gespieltem

und gesungenem Sunshine-Rock. Doch mit den Singles ›Ready, Willing And Able‹ (US #73) und ›Anyway That You Want Me‹ (US #75) verschwanden sie im Sommer 1968 wieder aus den Hitparaden. Die aufkommende Hippiewelle und der Westcoastsound drängten AMERICAN BREED ins Abseits.
Nach der vierten LP LONELY SIDE OF THE CITY gehörten **American Breed** endgültig der Vergangenheit an. Al Ciner blieb als Initiator der Funkformation **Ask Rufus**, später →**Rufus**, im Geschäft. Außerdem wirkte er Mitte/Ende der 70er Jahre auf Platten von Jackie Lomax, Brooklyn Dreams und Tina →Turner mit. 1981 nahmen **American Breed** ›Judy In Disguise‹, einen Oldiehit von **John Fred & His Playboy Band**, auf. Bei diesem Comeback-Versuch blieb es.

THE AMERICAN BREED (1967) Atca, A-38002 • BEND ME, SHAPE ME (1968) Atca, A-38003 • PUMPKIN, POWDER, SCARLET AND GREEN (1968) Atca, A-38006 • LONELY SIDE OF THE CITY (1968) Dot 74553

American Music Club

Mark Eitzel (voc), Dan Pearson (b), Mike Simms (dr), Mark ›Vudi‹ Pankler (g)

Die Anfänge des **American Music Club**, der »wohl wichtigsten Underground-Band der 80er Jahre« (*Rolling Stone*), gehen bis auf das Jahr 1982 zurück, als Mark Eitzel (* 30. 1. 1959, Walnut Creek, Kalifornien) in San Francisco eine eigene Band formierte. Er hatte zuvor in Columbus, Ohio, in einigen Punkgruppen wie den **Naked Skinnies** und **Cowboys** mitgespielt. Mit wechselnden Besetzungen und ursprünglich als akustische Folkrock-Band geplant, bereisten **American Music Club** die Bay Area um San Francisco. 1984 stabilisierte sich die Besetzung mit Ex-**Farmers** Vudi (Mark Pankler, * 22. 9. 1952, Chicago), Dan Pearson (* 31. 3. 1959, Walnut Creek) und Matt Norelli (dr). Pearson hatte Erfahrungen bei den **Ironics** gesammelt.
Unterstützt von Keyboarder Brad Johnson entstand das Album THE RESTLESS STRANGER, das 1985 von Tom Mallons produziert und auf dessen unabhängigem Label Grifter verlegt wurde. Die Platte wurde zu Eitzels erster Ansammlung von Songs über Einsamkeit und Verfall in einer Art Post-Punk-Honky-Tonk-Stil‹ (*Time Out*). Mallon wurde nach einem Europaaufenthalt zweiter Gitarrist der Gruppe und Dave Scheff als zusätzlicher Schlagzeuger engagiert. Sie debütierten 1987 mit THE ENGINE. Im Mittelpunkt stand unangefochten Mark Eitzel, der mit Kompositionen wie ›Nightwatchman‹ und ›Gary's Bar‹ für Aufsehen sorgte.
Unter dem Einfluß traditioneller Countrymusik und verstärkt durch den Steelgitarristen Bruce Kaphan (* 7. 1. 1955, San Francisco), aber ohne Dave Scheff, realisierten **American Music Club** CALIFORNIA: Folk- und Country-Zitate mischten sich mit polternden Punkansätzen und lärmigem Rock'n'Roll und machten **American Music Club** zu einer vielgelobten Kritikerband. Das Berliner Stadtmagazin *Tip* schrieb: »Eine einzigartige und die bislang reifste Platte des **AMC**. Die Band ist bestimmt kein Prophet für neue Werte in der Rockmusik. Sie versteht es aber auf ihre Art menschliche Regungen besonders eindringlich zu interpretieren. Das

Album ist ein Rohdiamant der langsam aushauchenden Roots-Bewegung, die hier noch einmal vor dem endgültigen Kollaps gerettet wird.«
Mit Mike Simms als neuem Drummer erschien 1989 die vom Folkrock geprägte, zum Teil live aufgenommene LP UNITED KINGDOM, mit der die Gruppe ihre Vorliebe für Großbritannien kundtat. Der Sound erinnerte allerdings stark an die nordamerikanische Kultgruppe **Big Star**: ›Wer John Cale und Nick Drake zu schätzen weiß, der wird sich auch hier begeistert auf diese nächtliche Passage einlassen‹ (*Musik Express*).
1990 war die Gruppe aufgrund gerichtlicher Auseinandersetzungen, die von ihrer damaligen Managerin Leslie Mallon, der Ehefrau von Tom Mallon, mit ihrer US-Plattenfirma ausgetragen wurde, zur Untätigkeit verdammt.
Mark Eitzel gab im Londoner Borderline ein Solokonzert, 1991 als SONGS OF LOVE veröffentlicht. Anfang 1992 folgte EVERCLEAR, eine LP mit **American Music Club**, auf der Tim Mooney (* 6. 10. 1958, Las Vegas) als neuer Schlagzeuger vorgestellt wurde. »Songs voller Weltschmerz« (*HifiVision*) und ein musikalisch breites Spektrum zwischen Country & Western, Folk und Neorock sorgten für Abwechslung: »eine einzigartige Mischung aus Country & Western, Blues, Chanson, Jazz und Rock'n'Roll. Eitzel liegt damit in der Tradition von Tim Buckley, Syd Barrett, Gram Parsons, Jacques Brel und Tom Waits« (*Musik Express*). Die Platte wurde zwar von den Kritikern des *Rolling Stone* zum Album des Jahres erkoren, aber die Verkäufe blieben weit hinter den Erwartungen zurück. Mark Eitzel erklärte daraufhin in einem Interview, daß sie nur weitermachen würden, wenn sie einen Major-Vertrag bekommen würden. Ein solcher Vertrag kam mit Virgin tatsächlich zustande, und damit kam auch der Erfolg.
American Music Club orientierten sich nun stärker nach Europa und sorgten 1993 mit der Single ›Johnny Mathis' Feet‹ (GB #58) und dem Album MERCURY (GB #41)), produziert von Mitchell Froom (Elvis →Costello, →**Crowded House**, →**Los Lobos**, Suzanne →**Vega**) für Aufsehen. Die zweite Chartsplazierung gelang im September 1994 mit der Single ›Wish The World Away‹ (GB #46). Simms war inzwischen durch Ex-**Toiling Midgets** Tim Mooney (* 6.10 1958, Las Vegas, Nevada) ersetzt worden.
Anfang 1993 erschien das **Toiling Midgets**-Album SON, bei dem – neben **Mooney** – Mark Eitzel, Craig Gray, Paul Hood und Karl J. Goldring mitwirkten.
Eitzel – »zweifellos einer der größten lebenden Songwriter« (*Melody Maker*) – prägte die Band auch 1994 bei der LP SAN FRANCISCO (GB #72). Er schrieb alle Songs und war neben Joe Chiccarrelli als Produzent verantwortlich. Das Album zeichnete sich durch unkonventionelle Halleffekte und wehmütige, wiederum stark vom Country beeinflußte Kompositionen aus. Im Herbst des Jahres spielten **American Music Club** im Rahmen einer Englandtournee auf mehreren Festivals und traten u. a. in Reading auf.
Eitzels zweites Album 60 WATT SILVER LINING erschien im März 1996 und wurde von Mark Needbaum (Chris →Isaak) produziert. Die ambitionierten autobiographischen Songs fielen durch Jazzelemente auf. Bei seiner anschließenden Solotournee ließ er sich u. a. von seinen **AMC**-Kollegen Bruce Kaphan und Dan Pearson begleiten. Im Mai 1997 veröffentlichte er mit WEST wieder eine hervorragende Arbeit, für die er mit Peter

Buck (→ **R.E.M.**) sowohl bei den Songs als auch im Studio einen bestens geeigneten Partner fand. Als Begleitband wurden Bucks Kollegen von **Tuatara** – Barrett Martin (→ **Screaming Trees**) und Skerik (**Critters Buggin**) – verpflichtet. Als Gastmusiker folgten Scott McCaughey (**Young Fresh Fellows**), Mike McCready (→ **Pearl Jam**) und Steve Berlin (→ **Los Lobos**) einer Anfrage von Eitzel.

Für seine Europatournee im Spätsommer 1997 verpflichtete Eitzel wiederum u. a. Martin, Pearson und einen Gitarristen, der sich Tim nannte.

THE RESTLESS STRANGER (1985) Grifter • THE ENGINE (1987) Zippo, ZONG 020 • CALIFORNIA (1988) Demon, RTD 657 1955 • UNITED KINGDOM (1989) Demon, FIEND 151 • EVERCLEAR (1991) Alias, RTD 383 8105 • MERCURY (1993) Virgin 787 733 • SAN FRANCISCO (1994) Virgin 839 898 • Mark **Eitzel**: SONGS OF LOVE – LIVE AT THE BORDERLINE (1991) Demon, FIEND 213 • 60 WATT SILVER LINING (1996) Virgin 841 404 • WEST (1997) Warner Brothers 9362–46602 • Mark **Eitzel** und Tim **Mooney** mit den **Toiling Midgets**: SON (1993) Hut HUTLP 6

Tori Amos

Die aus North Carolina stammende Pfarrerstochter lernte als Vierjährige Klavierspielen, sang im Chor der Methodistengemeinde ihres Vaters, der sie bereits im Alter von neun Jahren zur Kirchenorganistin befördern wollte. Bis zu ihrer Volljährigkeit unterlag Tori Amos dem streng religiösen Diktat ihrer Familie. Nach verschiedenen Jobs als Sängerin und Pianistin ging sie nach Los Angeles und gründete die Heavyrockband **Y Kant Tori Read**, die 1988 das gleichnamige Album veröffentlichte. Die Kritiken waren vernichtend und nannten sie ein »typisches LA-Rockdummerchen« (*Billboard*). Die Plattenfirmen konnten mit dem schrillen Sound überhaupt nichts anfangen und empfahlen der jungen, selbstbewußten Vokalistin ihr Glück in Großbritannien zu versuchen.

Tori Amos folgte dem Rat und ließ sich im Londoner Stadtteil Kensington nieder: »Mit meinem schrägen Stil hatte ich in einem Land voller Exzentriker, eben England, mehr Chancen« (Tori Amos). Tatsächlich reagierte man im Mutterland des Pop positiv auf Tori Amos und verglich sie mit Kate → Bush. Ein erster Achtungserfolg glückte im November 1991 mit der Single ›Silent All These Years‹ (GB #51). Von der 92er LP LITTLE EARTHQUAKES (GB #14, US #54, D #65), auf der sie »ihr Publikum mit Psychoproblemen konfrontierte« (*Musik Express*), wurden weltweit über eine Million Exemplare verkauft. Als Singles wurden in schneller Folge ›China‹ (GB #51), ›Winter‹ (GB #25), ›Crucify‹ (GB #15, D #84) und erneut ›Silent All These Years‹ (GB #26) ausgekoppelt. Tori Amos tourte daraufhin im Vorprogramm von Marc → Cohn durch Europa und überzeugte ein halbes Jahr später als Headliner mit »intelligentem Pianospiel, das zwischen schweren Blues-Kadenzen und luftigen, impressionistischen Klangkaskaden wechselte, vor allem aber mit ihrem Gesang« (*Musik Express*).

Nach diesen Erfolgen übersiedelte Tori Amos nach New Mexico und bereitete die LP UNDER THE PINK (GB #1, US #12, D #15) vor, die im Februar 1994 veröffentlicht wurde. Unterstützt wurde sie

u. a. von dem Funkbassisten George Porter jr. (→ **Meters**) und dem Produzenten Eric Ross, der eigens in New Mexico ein Studio mit speziellen Adobe-Wänden aufbaute, um »ein sehr transparentes, genau definiertes Klangbild« (Tori Amos) zu erreichen. Tori Amos kombinierte ihren ausdrucksstarken Gesang mit »monotonen Tekkno-Rhythmen und brachialen Grunge-Sounds« (*Fachblatt*) und mischte Reggae- und Blueselemente dazu. UNDER THE PINK (GB #1) verhalf der Sängerin / Songwriterin endgültig zum internationalen Durchbruch.

Die Songs von Tori Amos berichten mit schonungsloser Offenheit von persönlichen Erfahrungen. ›Me And My Gun‹ (auf LITTLE EARTHQUAKES) handelt von Vergewaltigung. ›The Waitress‹ und ›Cornflake Girl‹ (GB #4, D #73) (auf UNDER THE PINK) von der Brutalität von Frauen untereinander, und ›God‹ (GB #44, US #72) ist eine Abrechnung mit der »patriarchalischen Einstellung zu Gott« (Tori Amos). Außerdem erschienen als Singles ›Pretty Good Year‹ (GB #7) und ›Past The Mission‹ (GB #31).

Teile ihres 96er Albums BOYS FOR PELE wurden in einer Kirche in Irland aufgenommen. Unabhängig von Charts oder der Eignung fürs Radio produzierte die eigenwillige Interpretin ihre sehr persönlichen Lieder über Religion, Mystik und Sexualität. Tori Amos etablierte sich vor allem auf dem britischen Singlemarkt mit ›Caught A Little Sneeze‹ (GB #20, US #60), ›Talula‹ (GB #22) und ›Jey Jupiter‹ (GB #20).

Im April 1996 gastierte Tori Amos, die inzwischen abwechselnd in Florida oder Südirland lebte, in Deutschland. Bis zu 3000 Fans pilgerten in ihre Konzerte und waren begeistert von einer Interpretin, die »Musik mit dem ganzen Körper macht« (*Musik Express*). Zuletzt produzierte sie ein Album des Chicagoer Trios **Pet**.

Y KANT TORI READ (1988) • LITTLE EARTHQUAKES (1992) Eastwest 7567–82358 • UNDER THE PINK (1994) Eastwest 7567–85693 • BOYS FOR PELE (1996) Eastwest 7567–82862

Laurie Anderson

Nach einer klassischen Violinausbildung schloß Laurie Anderson am New Yorker Elitecollege Barnard ihr Studium der Kunstgeschichte und Archäologie erfolgreich ab. Als Bildhauerin wurde sie im Museum of Modern Art ausgestellt, und sie setzte sich auch als Aktionskünstlerin international durch. Laurie Anderson erwies sich als Multitalent, das ab 1981 auch »aus Bildern und Klängen erfolgreiche Spektakel« (*Stern*) schuf.

Laurie Anderson wurde am 5. 6. 1947 in Wayne, in der Nähe von Chicago, geboren. Sie entwickelte ihre eigenwilligen Ideen und Projekte auf den Experimentierbühnen des New Yorker Künstlerviertels Soho. Die ersten Ergebnisse ihrer elektronischen Musikmaschinerie auf Minimalbasis erschienen auf kleinen, unabhängigen Labels ab 1976. Im darauffolgenden Jahr war sie mit drei Titeln auf dem Doppelalbum AIRWAVES vertreten. Unter dem Motto »akustische und musikalische Werke bildender Künstler« war sie an dem ehrgeizigen Plan beteiligt, in atonale Dimensionen vorzudringen. Für einen ihrer Titel orientierte sie sich an Lenins Zitat (»Ethik ist die Ästhetik der Zukunft«), das sie in obskure Klangverfremdungen umsetzte – eine Mischung aus akustischen Signalen und Tonbandcollagen und Wortfragmenten. Auf der Bühne ergänzte Laurie Anderson ihr Avantgardekonzept durch visuelle Reize: »Ihre Kunst arrangiert Wirklichkeit, aber sie verfälscht sie nicht« (*FAZ*).

In Zusammenarbeit mit ihrem Freund und Mentor William S. Burroughs und unter dem Einfluß der Minimalmusik von John Cage entstand das 81er Album YOU'RE THE GUY I WANT TO SHARE MY MONEY WITH. Ursprünglich für eine Minderheit gedacht, entwickelte sich die LP in Europa zum Kulthit. Die ausgekoppelte, achtminütige, vocoderlastige Single ›O Superman‹ (GB #3) fand in Großbritannien über 200000 Käufer und ebnete Larie Anderson den Weg für weitere Plattenerfolge.

BIG SCIENCE, ein »lohnendes Experiment, bei dem man das Jahr 2001 hört« (*Trouser Press*), kam im Frühjahr 1982 auf den Markt. Laurie Anderson zog »Linien, Wege, Striche zwischen Städten, Menschen und Telegraphenmasten, zwischen Wörtern und Sätzen« (*Sounds*). Sie verstand die LP als Bestandteil ihres siebenstündigen Werkes SONGS FROM THE UNITED STATES I–IV, das im Februar 1983 seine Uraufführung erlebte.

Danach experimentierte die Künstlerin mit Synthesizern, Vocodern, Bandmaschinen, verfremdeten Saxophon- und Geigensounds sowie unterschiedlichen Sprachen für die fast zwei Jahre später fertiggestellte Produktion MISTER HEARTBREAK (GB #36, US #60), die erneut überraschend in die Charts gelangte. Die *FAZ* bescheinigte ihr »technische Avanciertheit und gleichzeitig ein ungebrochenes Verhältnis zur sentimentalen Gebrauchskunst« (*FAZ*). Unterstützt wurde sie bei dem Album von Produzent Bill Laswell, ihrem Förderer Burroughs und Peter →Gabriel, der einen Song produzierte und mitkomponierte.

Ein Jahr später folgte das fünf LPs umfassende Projekt UNITED STATES LIVE, das in der Brooklyn Academy Of Music mitgeschnitten wurde: »Ein aurales Erlebnis, bei dem Laurie Anderson zu orientalischen und avantgardistischen Soundbildern meditiert und als ironisch-sentimentaler Beobachter über Technologie, Kommunikation, Sprache, Natur, Emotionen und über die Entfremdung der Menschen philosophiert« (*Musik Express*).

HOME OF THE BRAVE (GB #46) vom Frühjahr 1986 klang transparenter. Als Produzent war →Chic-Mitglied und Funkspezialist Nile Rodgers verantwortlich. Unter dem gleichen Titel inszenierte die Künstlerin einen Film über das »Trauma zunehmender Kommunikationslosigkeit und zunehmender Sprachverarmung« (*Frankfurter Rundschau*).

Nach einer Europatournee zog sich Laurie Anderson zurück, um sich neu zu orientieren. Ihr wurde nachgesagt, den »leuchtenden Pfad der aufrechten Avantgarde zugunsten flacher Kommerzialität verlassen zu haben« (*Musik Express*). Sie widersprach dieser Kritik: »Ich habe nie Avantgarde gemacht, sondern im Grunde nur die uralte Kunst des Geschichtenerzählens neu belebt« (Laurie Anderson).

Mit der Ende 1989 veröffentlichten Platte STRANGE ANGELS bewies die Musikerin, »daß sie nicht nur seltsame Laute von sich geben, sondern mit glasklarem Sopran auch sehr angenehm singen kann« (*Musik Express*). Mit den spröden Songs

und Arrangements etablierte sie sich als Galionsfigur der New Yorker Musik-Existentialisten. Als Studiogäste wirkten Jazzsänger Bobby McFerrin, Spitzenschlagzeuger Steve Gadd und der britische Gitarrist Chris →Spedding mit.
Als »Erzählerin und großes Improvisationstalent« (*Hifi Vision*) bestätigte sie das nach fünfjähriger Pause erschienene Album BRIGHT RED, wobei sich die eigenwillige Interpretin weiterhin von gängigen Poppfaden fernhielt. Diesmal arbeiteten Lou →Reed, Jamie West-Oram (→**Fixx**) und Brian →Eno mit.
Zwischen 1971 und 1994 veröffentlichte Laurie Anderson sieben Bücher: ›The Package A Mystery‹ (1971), ›Transportation‹ (1974), ›Notebook‹ (1977), ›Words In Reverse‹ (1979), ›Home Of The Brave‹ (1986), ›Empty Places‹ (1991), ›Stories From The Nerve Bible‹ (1995).
1997 nahm sie das Angebot an, als künstlerische Leiterin des angesehenen Meltdown Festivals in London ein unkonventionelles Musikprogramm zu bestreiten. Dazu lud sie u.a. den Geiger Gideon Kremer, Lou Reed und den Autor Spalding Grey ein.

YOU'RE THE GUY I WANT TO SHARE MY MONEY WITH (1981) • BIG SCIENCE (1982) Warner Brothers 7599–23674 • MISTER HEARTBREAK (1984) Warner Brothers 7599–25077 • UNITED STATES LIVE (1985) Warner Brothers 7599–25192 • HOME OF THE BRAVE (1986) Warner Brothers 7599–25400 • STRANGE ANGELS (1989) Warner Brothers 7599–25900 • BRIGHT RED (1994) Warner Brothers 9362–45534 • THE UGLY ONE WITH THE JEWELS (1995) Warner Brothers • Mit **Hsin-Chien Huang**: PUPPET MOTEL (?) Voyager, IBM MAC 3120

Angel

Barry Brandt (dr), Frank DiMino (voc), Greg Giuffria (key), Mickie Jones (b), Punky Meadows (g)

Im März 1975 in Washington D.C. gegründet, eiferten **Angel** ihren Vorbildern von →**Kiss** und →**Aerosmith** nach. Die fünf Musiker spielten zuvor in verschiedenen Gruppen an der Ostküste, lediglich Punky Meadows (* 6. 2. 1950) und Mickie Jones (* 17. 12. 1952) konnten auf Studioerfahrungen mit den Bands **Cherry People** und **Bux** zurückblicken. Gemeinsam mit Barry Brandt (* 14. 11. 1951), Greg Giuffria (* 28. 7. 1951) und Frank DiMino (* 15. 10. 1951) entwickelten sie eine gigantische Bühnenshow, kleideten sich in schneeweiße, wallende Gewänder und entschieden sich musikalisch für einen krachenden, wenig originellen, aber wirkungsvollen Hardrock. **Angel** verlegten ihr Domizil nach Los Angeles, und nachdem sie bei einem Konzert im Santa Monica Civic Auditorium 10 000 Fans begeistert hatten, bekamen sie durch die Vermittlung des **Kiss**-Bassisten Gene Simmons einen Plattenvertrag.
Obwohl das Debütalbum ANGEL nicht in die Charts kam, verkaufte es sich recht gut und machte die Band in Heavykreisen schnell populär. **Angel** spielten im Vorprogramm von →**Roxy Music**, den →**Sparks** und füllten bei eigenen Tourneen immer größere Hallen. Laserspots, mächtige Scheinwerfer, Trockeneisnebel und ein großes holografisches Bandlogo verschafften der Bühnenshow der »Hardrock-Kuriere« (*Circus*) einen aufwendigen Rahmen, mit der die musikalischen Leistungen von **Angel** nicht Schritt halten konnten.

Mit dem dritten Album On Earth As It Is In Heaven (US #76) gelang **Angel** im März 1977 erstmals der Sprung in die Charts. Sie brachten »den Teenagern den Heavy Metal etwas näher« (*Rolling Stone*), der LP mangelte es jedoch an Kreativität. Anfang 1978 waren sie mit der LP White Hot (US #76) und der Single ›Ain't Gonna Eat Out My Heart Anymore‹ (US #56) wieder erfolgreich. Zuvor hatte Felix Robinson den Bassisten Mickie Jones abgelöst. Das Hauptbetätigungsfeld der »arrogant und bisexuell posierenden Hardrocker« (*Los Angeles Time*) blieb die Tourneeszene. Auf der Bühne konnten sie sämtliche Register ziehen, ihre überwiegend sehr jungen Anhänger mit optischen Reizen und überlauten Heavy-Klischees beeindrukken und beträchtliche Umsätze erzielen. **Angel** gingen in die Rockgeschichte ein, als Frank → Zappa, inspiriert durch Punky Meadows, die Parodie ›Punky's Whips‹ komponierte. 1979 erschien Sinful, und 1980 veröffentlichte die Gruppe Live Without A Net, ihre letzte LP, die über durchschnittlichen Hardcore-Pop im Glitter- und Glamourstil auch nicht hinauskam. 1981 gingen **Angel** auseinander. Giuffria gründete zunächst **Giuffria** und setzte nach den Charts-Alben Giuffria (US #28) und Silk And Steel (US #60) sowie den Singles ›Call to the Heart‹ (US #15), ›Lonely in Love‹ (US #57) und ›I Must Be Dreaming‹ (US #52) seine Karriere bei → **House Of Lords** fort. Robinson ging zu → **White Lion**.

ANGEL (1975) Casablanca, 510955 • HELLUVA BAND (1976) Casablanca, 510956 • ON EARTH AS IT IS IN HEAVEN (1977) Casablanca, 510957 • WHITE HOT (1977) Casablanca, 510958 • SINFUL (1979) Casablanca, 510959 • LIVE WITHOUT A NET (1980) Casablanca, 510960 • (S) AN ANTHOLOGY (1992) Casablanca 512431 • Punky **Meadows** mit **Cherry People**: THE CHERRY PEOPLE (?) Heritage 35000 • Punky **Meadows** und Mickie **Jones** mit **Bux**: WE COME TO PLAY (1976) Capitol 11459 • Greg **Giuffra** mit **Giuffria**: GIUFFRIA (1984) Camel • SILK AND STEEL (1986) Camel

Angels / Angel City

Jim Hilburn (b, voc), Brent Eccles (dr), John Brewster (g, voc), Rick Brewster (g), Doc Neeson (voc)

Die Brüder John und Rick Brewster spielten zu Beginn der 70er Jahre im australischen Adelaide gemeinsam mit Doc Neeson im Folktrio **Moonshine Jug And String Band**. 1971 benannten sie das Unternehmen in **Keystone Angels** um, tauschten die akustischen gegen elektrische Instrumente und übersiedelten nach Sydney. Sie spielten Hitmaterial nach und bevorzugten Rock'n'Roll der 50er Jahre. Chuck → Berry engagierte sie als Begleitgruppe für seine Australientournee.

1975 – mittlerweile ergänzt durch Chris Bailey (b) und Graham Bidstrup (dr) – nannten sie sich nur noch **Angels**. Die Erfolgsproduzenten Harry Vanda und George Young (→ **Easybeats**) entdeckten das Quintett und produzierten die erste LP, die unbeachtet blieb. Die Band tourte daraufhin unermüdlich durch Australien und schaffte 1978 mit dem Album Face To Face einen Volltreffer. Die Platte hielt sich 67 Wochen in den australischen Top 100, wurde die meistverkaufte LP des Jahres und machte die **Angels** zur populärsten Hardrock-Band des Kontinents.

Bis 1985 waren die **Angels** aus den australischen LP- und Singlecharts nicht mehr wegzudenken. Die »größte Hoffnung« (*Ram*) des Landes konnte daraufhin 1980 einen weltweiten Plattenvertrag unterzeichnen. DARK ROOM (US #97) erschien im Sommer 1980, wurde nach nur zwei Monaten in Australien mit Doppel-Platin ausgezeichnet und lieferte mit ›Secrets‹, ›Poor Baby‹ und ›Face The Day‹ drei Hitsingles. Um Verwechslungen mit dem US-Trio **Angels** zu vermeiden, nannte sich das Quintett auf der internationalen Szene **Angel City**.
Vor der nächsten Veröffentlichung und nach einigen recht erfolgreichen Gastspielen in Nordamerika löste Brent Eccles Bidstrup an den Drums ab. Gemeinsam mit den Brewster-Brüdern produzierte der US-Amerikaner Ed Thacker (**Tommy Tutone**) die im Februar 1982 erscheinende LP NIGHT ATTACK. **Angel City** glänzten erneut als kompakte, eingespielte Heavy-Einheit, hatten aber keine eigenen Ideen. In ihrer Heimat hatten sie auch mit den folgenden Alben WATCH THE RED und TWO MINUTES WARNING (inzwischen mit Hilburn an Stelle von Bailey) Erfolg. Ihr Sound wurde immer härter und erreichte Mitte der 80er Jahre Metal-Power. International hatte das Interesse an **Angel City** jedoch schnell wieder nachgelassen.
LIVELINE vermittelte 1989 überzeugend die Bühnenqualitäten von **Angel City**, der Erfolg blieb aber – wie auch bei der von Terry Manning (→ZZ Top) produzierten Platte BEYOND SALVATION – auf Australien begrenzt.

THE ANGELS (1977) EMI-Alberts, APLP 025 • FACE TO FACE (1978) • NO EXIT (1979) • DARK ROOM (1980) Epic 84502 • NIGHT ATTACK (1982) Epic 85480 • WATCH THE RED (1983) • TWO MINUTES WARNING (1984) WEA 251493 • THE HOWLING (1986) • LIVELINE (1989) • BEYOND SALVATION (1990) Chrysalis, CCD 1667 • (S) FACE TO FACE (1980) Epic 84253

Angst

Michael Hursey (dr), Joe Pope (b, voc), Jon E. Risk (g, voc)

Das Artpunk-Trio entstand 1983 in Denver, Colorado, und übersiedelte im Gründungsjahr nach San Francisco. Die Gruppe debütierte mit der EP ›Angst‹ und der politischen Hymne ›Die Fighting‹ und bevorzugte »kompromißlosen, dynamischen Powerrock« (*Trouser Press*).
Ihre stilistische Vielfalt, die von Punk über Country bis hin zu Funk reichte, demonstrierten **Angst** 1986 auf dem Album MENDING WALL. Eine Coverversion von Paul →Simons ›Richard Cory‹ mißglückte aber gründlich. **Angst** wurden als Kultband der neuen nordamerikanischen Rockgeneration gehandelt, ohne dabei nennenswerte LP-Umsätze zu erzielen.
Deshalb bemühte sich das Trio 1987 bei MYSTERY SPOT unter Anleitung des Produzenten Vitus Mataré um einen transparenteren Sound mit lebendigen Arrangements und Popanklängen.
Bei der letzten Produktion CRY FOR HAPPY wurde Hursey durch Andy Kaps ersetzt. Auf der LP mischten **Angst** »halbakustischen Country-Pop, nervösen Funkrock mit Boogie und elektrischem Blues« (*Trouser Press*). Da kommerzielle Erfolge weiterhin ausblieben, trennte sich die Band 1989.

LITE LIFE (1985) SST 054 • MENDING WALL (1986) SST 074 • MYSTERY SPOT (1987) SST 111 • CRY FOR HAPPY (1988) SST 206

Annihilator

Randy Black (dr), Louis Budjoso (b), Dave Scott Davis (g), Cam Dixon (b), Jeff Waters (g)

Jeff Waters gründete **Annihilator** 1984 im kanadischen Ottawa. Gemeinsam mit Hartmann und dem Leadsänger Randy Rampage, der von **D.O.A.** kam, stellte er das Demoband ›Phantasmagoria‹ fertig, mit dem sich **Annihilator** einen guten Ruf in der Undergroundszene als Speed Metal-Formation erwarben. Sie zogen nach Vancouver und komplettierten mit Wayne Darley und Gitarrist Anthony Greenham die Besetzung für die erste LP ALICE IN HELL, der bis dato erfolgreichsten Produktion des Metal-Labels Roadrunner. »Messerscharfe Gitarren und soundtechnische Perfektion« (*Metal Hammer*) ließen ALICE IN HELL zu einem herausragenden Album seines Genres werden.
Der Erfolg schien der Band zu Kopf gestiegen zu sein. Die Alkoholeskapaden von Bandchef Jeff Waters führten bei den folgenden Platten zu personellen Veränderungen. Zunächst verließen Rampage und Grennham **Annihilator**. Nachfolger waren der Gitarrist Dave Scott Davis und Ex-**Omen**-Leadsänger Coburn Pharr. NEVER, NEVERLAND (GB #48, D #37) fiel 1990 wesentlich melodischer aus als die vorangegangene LP, ohne daß die »knüppelharten Klänge« (*Musik Express*) fehlten. Die Platte erfreute sich vor allem in Europa großer Nachfrage. **Annihilator** tourten daraufhin im Vorprogramm von →**Judas Priest** durch Großbritannien und Deutschland. Nach einer längeren Pause wurde die Band erneut umgestellt. Diesmal ersetzten Aaron Randall (voc), Neil Goldberg (g) und Mike Mangini (dr) Davis, Pharr und Hartmann. Zum 93er-Album SET THE WORLD ON FIRE bemerkte Jeff Waters: »Hier bringe ich die Hardrock-Einflüsse meiner Jugend zur Geltung, **Judas Priest**, **AC/DC** und die **Scorpions**.« **Annihilator** gaben sich als »melodiöse, locker groovende Rocker« (*Musik Express*). »Melodic-Thrash der Güteklasse 1 A« (*Metal Hammer*) machte die Kanadier weltweit bekannt.
1994 präsentierte Waters, der nun den Gesang selbst übernahm, wieder eine völlig neue Mannschaft, bestehend aus Randy Black (dr), Cam Dixon (b) und Rückkehrer Dave Davis (g). **Annihilator** zogen wieder deutlich im Tempo an und klangen »deutlich trashiger und härter« (*Musik Express*) als bei SET THE WORLD ON FIRE.
Ohne Dixon, dafür mit Louis Budjoso am Baß, nahm das Quartett elf ultraharte Songs für REFRESH THE DEMON auf. Dieser Adrenalin-Rock sprach nach wie vor die Hardcore-Fans an. Bei REMAINS entfernten sich **Annihilator** von dem sonst so charakteristischen Speed Metal und integrierten schwere Grooves, Industrial-Elemente und verbesserten vor allem die technische Qualität der Produktion. **Annihilator** schafften damit den Sprung in das moderne, abwechslungsreiche Metalgeschehen.

ALICE IN HELL (1989) Roadrunner, IRS 946247 • NEVER, NEVERLAND (1990) Roadrunner, IRS 946254 • SET THE WORLD

ON FIRE (1993) Roadrunner, IRS 946284 • KING OF THE KILL (1994) Music For Nations 2111171 • REFRESH THE DEMON (1996) Music For Nations 2111197 • REMAINS (1997) Music For Nation 2111228 • (S) BAG OF TRICKS (1994) Roadrunner, INT 856318 • (S) IN COMMAND – LIVE 1989–1990 (1996) Roadrunner, IRS 938052 • Randy **Rampage** mit **D.O.A.**: SOMETHING BETTER CHANGE (1980) Friend's • HARDCORE '81 (1981) Friend's • Coburn **Pharr** mit **Omen**: ESCAPE FROM NOWHERE (1988) Roadrunner

Anthrax

Frank Bello (b), Charlie Benante (dr), John Bush (voc), Scott Ian (g)

Anthrax würzten ihren Heavy Metal-Sound mit Funk- und Rapzutaten. Mit dieser ungewöhnlichen Mixtur starteten sie 1981 von New York aus. Die Urbesetzung bestand aus den Gitarristen Dan Lilker (* 18. 10. 1964) und Scott ›Not‹ Ian (* 31. 12. 1963) sowie John Connelly (voc), Paul Kahn (b) und Dave Weiss (dr), die vor allem bekannte Hits im Metal-Stil nachspielten.

Nach einigen Umbesetzungen wechselte Lilker zum Bass, und für den zu → **Nucclear Assault** gewechselten Connelly kam Neil Turbin (* 24. 12. 1963) als Sänger. Greg Walls (* 9. 2. 1963) wurde zweiter Gitarrist. Ende 1982 nahmen **Anthrax** ein Demoband auf, das Johnny Za Zula, Besitzer von Megaforce Records, im Mai 1983 veranlaßte, der Band einen Vertrag anzubieten. Johnny Z. schickte **Anthrax** als Anheizer für → **Manowar** und → **Metallica** auf Tournee. Mit **Metallica** verband **Anthrax** eine enge Freundschaft. Auch Ross ›The Boss‹ von **Manowar** war von den »ersten Vertretern der New Wave Of America Heavy Metal« (*Crash*) so angetan, daß er sich als Produzent für eine EP anbot. Doch bevor die Aufnahmen abgeschlossen werden konnten, verließ Walls die Band und schloß sich **Hitman** an. Auch der neue Gitarrist Greg D'Angelo ging bald zu → **White Lion**. Als neue Mitglieder gewannen **Anthrax** den Drummer Charles (* 27. 11. 1962) und den Gitarristen Dan Spitz (* 28. 1. 1963), der von → **Overkill** kam. Die erste Single ›Soldiers Of Metal‹ erschien in einer Auflage von 3000 Stück und war schnell vergriffen.

Im Sommer 1983 spielten **Anthrax** im Vorprogramm von → **Krokus** und → **Blackfoot** vor 7000 Zuhörern und mehr. Nach einer Tournee an der US-Ostküste begannen im Winter des Jahres die Arbeiten an der Debüt-LP. FISTFUL OF METAL machte seinem Titel alle Ehre und bestand aus ultraharten, stürmischen Metalsongs, darunter eine Speedversion von Alice → Coopers ›I'm Eighteen‹. Die Platte enthielt die »schnellsten Metalriffs der Geschichte« (*Guinness*). Doch das reichte dem Trio Ian, Lilker und Benante offenbar nicht aus. Sie wollten noch härteren Thrash Metal spielen und riefen **Sergeant D. & The Stormtroopers** ins Leben, aus denen später die **Stormtroopers Of Death** entstanden. Die Gruppe veröffentlichte 1985 eine LP, die sich aus insgesamt 21 – teilweise nur sekundenlangen – Hardcore / Horror Metal-Fragmenten zusammensetzte.

Erneute Besetzungsprobleme stoppten den Aufstieg von **Anthrax**. Dan Lilker wechselte ebenfalls zu **Nucclear Assault**. Er wurde durch Frank Bello (* 9. 7. 1965) ersetzt, der bis dahin als Gitarrenroadie für **Anthrax** gearbeitet hatte. Als Ersatz

für Turbin wurde der Rockshouter Joey ›Belladonna‹ Bellardini (* 13. 10. 1960) von **Bible Black** angeheuert. Das neue Lineup schloß im Februar 1985 die Aufnahmen zu der EP ›Armed And Dangerous‹ ab, die eine gelungene Metal-Bearbeitung von ›God Save The Queen‹ (→ **Sex Pistols**) enthielt.
Island Records wurde auf die »Hardcore-Rocker« (*Fachblatt*) aufmerksam, und als zweite Underground-Formation nach **Metallica** unterschrieben **Anthrax** einen Vertrag bei einer Major Company. SPREADING THE DISEASE wurde im Februar 1986 veröffentlicht und enthielt »punkig angehauchte Parts, absolute Thrasher und balladenartige Anklänge« (*Metal Hammer*). Die positiven Reaktionen führten zu ersten Gastspielen in Europa, u.a. im Londoner Hammersmith Odeon.
Im Sommer 1986 produzierte Eddie Kramer auf den Bahamas das Album AMONG THE LIVING (GB #12, US #62, D #46), das im Mai 1987 auf den Markt kam und in einer Kritik als »Speed Metal mit Herz und Köpfchen zugleich« (*Musik Express*) gelobt wurde. Vielseitiger denn je spielte die Band mit einer breiten stilistischen Palette zwischen indianischen Klängen, brodelnden Heavymelodien und gerappten Funkattacken. Diese LP verhalf **Anthrax** weltweit zum Durchbruch. Als Singles erschienen 1987 ›I Am The Law‹ (GB #32), ›Indians‹ (GB #44) und ›I'm The Man‹ (GB #20).
STATE OF EUPHORIA (GB #12, US #30, D #15) enttäuschte dagegen in Metalkreisen. **Anthrax** versuchten sich als Heavy-Popband, die zwar große LP-Auflagen erreichte, musikalisch aber antiquiert und einfallslos wirkte. In den Singlecharts plazierten sie sich im September 1988 mit ›Make Me Laugh‹ (GB #28). Darüber hinaus übernahmen sie von den französischen → **Trust** den Song ›Anti Social‹ (GB #44). Mangelnde Spontaneität und Originalität wurde auch dem Album PERSISTANCE OF TIME (GB #13, D #24, D #35) im Spätsommer 1990 vorgeworfen. Trotzdem erreichten die »Crossover-Metalrocker« (*New Musical Express*) ausgezeichnete Verkäufe, und ›In My World‹ (GB #29) wurde ein weiterer Single-Hit.
Die nun folgende längere Veröffentlichungspause wurde nur durch den Sampler ATTACK OF THE KILLER B'S (GB #13, US #27) unterbrochen. Interne Streitigkeiten führten zum Ausstieg von Joey Belladonna. Für ihn kam Ex- → **Armored Saint** John Bush, der sich bei THE SOUND OF WHITE NOISE (GB #14, US #7, D #35) als ideale Ergänzung für die »New Yorker Mosh-Rocker« (*Metal Hammer*) erwies. Das im Sommer 1993 veröffentlichte Album bestand aus »tadellosem Thrash-Metal« (*Hifi Vision*) und überzeugte mit »brillanter Spieltechnik« (*Metal Hammer*). Intelligente Songtexte brachten **Anthrax** »die Akzeptanz über die Grenzen des Metal hinaus ein« (*Fachblatt*). Als Singles erschienen ›Only‹ (GB #36) und ›Black Lodge‹ (GB #53). Nach dieser »Thrash-Tour de Force« (*Guinness*) gründete Bush mit **Ho Cake** eine R&B-Gruppe, der die ehemaligen **Armored Saint**-Mitglieder Joey Vera und Jeff Duncan angehörten, sowie Ex-**Dread Zeppelin** Bruce Fernandez (dr), Shawn Duncan (dr) und Tony Silbert (key).
Anthrax setzten im Herbst 1995 ohne Dan Spitz mit STOMP 442 ihre Metalkarriere fort. »Thrash, Riffs, peitschende Rhythmusorgien und beißende Gesänge« (*Musik Express*) prägten ein Album, das von den Butcher Bros.

(→ **Urge Overkill**) produziert wurde. Die Band bestätigte mit dieser Energieleistung, daß sie weiterhin zur Elite der Metal-Liga gehörte.
Ex-Frontmann Joey Belladonna debütierte als Solist im Herbst 1995 mit dem Album BELLADONNA, bei dem er auf »knallhart produzierten Power Metal« (*Metal Hammer*) setzte. Unterstützt wurde er von Joe Andrews (b), Scott Schroeter (dr) und Darin Scott (g).

FISTFUL OF METAL (1984) Roadrunner, IRS 993402 • SPREADING THE DISEASE (1985) Island 826668 • AMONG THE LIVING (1987) Roadrunner, IRS 993401 • STATE OF EUPHORIA (1988) Island 842363 • PENIKUFESIN (1989) Mini-LP Island 259950 • PERSISTENCE OF TIME (1990) Island 846480 • THE SOUND OF WHITE NOISE (1993) Elektra 7559–61430 • LIVE – THE ISLAND YEARS (1994) Island 518920 • STOMP 442 (1995) Elektra 7559–61856 • (S) ATTACK OF THE KILLER B's (1991) Island 353812 • **Stormtroopers Of Death**: SPEAK ENGLISH OR DIE (1985) SPV 3981 • LIVE FROM BUDOKAN (1992) Megaforce • Joey **Belladonna**: BELLADONNA (1995) Mausoleum 184022

Anvil

Dave Allison (g), Ian Dickson (b), Lips (voc, g), Robb Reiner (dr)

Das Quartett aus dem kanadischen Toronto benannte sich anfangs nach seinem Frontmann **Lips**. 1980 erfolgte die Umbenennung in **Anvil**. Die Band spielte einen »technisch ausgezeichneten Speed Metal« (*Guinness*) und feierte Tournee-Erfolge im Vorprogramm von → **Motörhead** und → **Girlschool**. In ihrer Heimat verkauften sich die Platten »der eigentlichen Erfinder des Speed Metal« (*Metal Hammer*) sehr gut, international wurden sie nur wenig beachtet.
Ihr zweites Album METAL ON METAL wurde von dem erfahrenen Hardrock-Produzenten Chris Tsangarides (→ **Judas Priest**, → **Thin Lizzy**) betreut. Es festigte den Kultstatus von **Anvil**. Mit FORGED IN FIRE konnten sie sich 1983 noch steigern und ihr stilistisches Spektrum erweitern. Trotz guter Kritiken gelang es der Plattenfirma nicht, für **Anvil** einen weltweiten Vertrieb zu organisieren. Die Band verschwand daraufhin vorübergehend in der Versenkung.
1986 kehrten **Anvil** ins Studio zurück und begannen mit der Arbeit zu STRENGTH OF STEEL. Einmal mehr verdeutlichten Lips & Co. ihr Anliegen als politische Hardrocker: »Wir interessieren uns sehr für das Weltgeschehen. Ich glaube an die Demokratie und die Meinungsfreiheit, und deshalb verfolgen wir jederzeit unsere eigene Linie, ohne uns kommerziell anzubiedern« (Lips). STRENGTH OF STEEL blieb trotz guter Kritiken in kommerzieller Hinsicht hinter den Erwartungen zurück. Und als auch »die gewaltigen Drums, die brachialen Riffs und die schneidenden Soli« (*Metal Hammer*) des Albums POUND FOR POUND sich nur mäßig verkauften, schienen **Anvil** vor der Auflösung zu stehen.
Nach einer erneuten Pause riskierte »das lärmende Quartett« (*Musik Express*) im Mai 1992 mit WORTH OF WEIGHT einen neuen Versuch. Insiderkreise schätzten den speedlastigen Heavysound, gute Plattenumsätze blieben allerdings weiterhin aus.

HARD 'N' HEAVY (1981) Metronome 841870 • METAL ON METAL (1982) Metronome 841 871 • FORGED IN FIRE (1983) Metronome 841 869 • STRENGTH OF STEEL (1987) Metal Blade, IRS 992 062 • POUND FOR POUND (1988) Metal Blade, IRS 972 374 • WORTH OF WEIGHT (1992) Mausoleum, IRS 992 061 • (S) BACKWAXED (1985) Metronome 841 872 • (S) PAST AND PRESENT (1989) Roadrunner, RO 94532

April Wine

Daniel Barbe (key), Myles Goodwyn (voc, g), Brian Greenway (g, voc), Jean Pellerin (b), Marty Simon (dr)

Myles Goodwyn (* 23. 6. 1948) aus Halifax, Neuschottland, formierte 1969 im kanadischen Montreal die solide Hardrock-Formation, die einige Jahre brauchte, um sich in der nordamerikanischen Heavy-Elite durchzusetzen. Goodwyn war als Bandchef, Komponist und Produzent verantwortlich für einen gemäßigten melodischen Heavysound, der nach eigener Aussage maßgeblich von den → **Beatles** beeinflußt war. Die Devise dieser beständigen Band, die gekonnt zwischen leisen, balladesken Tönen und kraftvollem Rock variierte, lautete »keine Schnörkel, kein Versteckspiel« (*Musik Express*).

Zum Gründungsteam, das sich 1971 mit der LP April Wine vorstellte, gehörten die Brüder David (g) und Ritchie Henman (dr) und Jim Clench (b). Das Quartett klang noch etwas unbeholfen, ließ seine Möglichkeiten aber bereits ahnen. **April Wine** stellten ein weiteres Beispiel für Kanadas großes Reservoir an talentierten Heavy-Gruppen dar. Ralph Murphy produzierte die ersten drei Alben mit den mittleren Single-Hits ›You Could Have Been A Lady‹ (US #26) und ›Bad Side Of The Moon‹ (US #89).

In ihrem Heimatland wurden **April Wine** schnell sehr hoch gehandelt, der Sprung in die USA ließ dagegen noch auf sich warten. Zunächst gab es einige Veränderungen in der Band. Die Henmans stiegen aus und wechselten zu den **Dudes**. Für sie kamen der Gitarrist/Sänger Gary Moffet (* 22. 6. 1949) und der glatzköpfige Drummer Jerry Mercer (* 27. 4. 1939), der zuvor für **Mashmakhan**, die **Wackers** und Roy → Buchanan gespielt hatte. Die LP Electric Jewels verdeutlichte 1973 Goodwyns Anspruch: melodiöser Hardrock, kombiniert mit mehrstimmigen Gesangsharmonien und präziser Instrumentierung. Live wurde unter Aufsicht der ehemaligen → **Rascals**, Gene Cornish und Dino Danelli, mitgeschnitten. Bei den folgenden Alben übernahm Goodwyn auch diese Funktion.

1975 wurde Stand Back als erste englischsprachige LP in Kanada mit Platin ausgezeichnet. **April Wine** befanden sich unbestritten auf dem Vormarsch und ließ sie schließlich zu den »Hoflieferanten des amerikanischen Hardrock-Stylings« (*Musik Express*) werden.

April Wine waren mit einer explosiven Bühnenshow fast ständig auf Reisen und erreichten ein immer besseres Zusammenspiel. 1975 löste der Sänger und Bassist Steve Lang (* 24. 3. 1949) den zu **Four Out Of Five Doctors** abgewanderten Jim Clench ab, und Ende 1977 kam mit Brian Greenway (* 1. 10. 1951) von den **Dudes** ein zweiter Gitarrist.

Nach einigen Tourneen, u. a. als Anheizer für die → **Rolling Stones**, → **Styx** und → **Rush**, schafften **April Wine** im Winter 1979 mit Harder ... Faster (US #71) eine Plazierung in den LP-Charts. Als

Single wurde Roller (US #53) ausgekoppelt. Der *Musik Express* schrieb: »Drei Leadgitarren, das schwere Pfund von Drums und Baß, oft mehrstimmiger Gesang, und gute Songs.« Fortan füllten **April Wine** die größten Rockarenen in Nordamerika und überzeugten mit professionellen Bühnenleistungen, bei der »nie Phonstärken und Krawall zum Selbstzweck« (*Metal Hammer*) wurden. »Power und Eleganz zeichneten ihre Musik auf der Bühne aus« (*Musik Express*), während im Studio ausgefeilte Technik und geschliffene Song-Perfektion vorherrschten.

Zwischen 1979 und 1984 wurden **April Wine** rund ein dutzend Mal mit Platin- und Goldschallplatten ausgezeichnet. Am besten verkauften sich die Alben The Nature Of The Beast (US #24), Power Play (US #37) und Animal Grace (US #62) sowie die Singles ›Say Hello‹ (US #93), ›Just Between You And Me‹ (US #21), ›Sign Of The Gypsy Queen‹ (US #57), ›Enough Is Enough‹ (US #50) und ›This Could Be The Right One‹ (US #58).

Mitte der 80er Jahre begann der langsame Abstieg von **April Wine**. Goodwyn schienen die Ideen auszugehen, und seine Band drohte im »Malstrom bekannter Klischees zu landen« (*Musik Express*). Deshalb entschloß sich Goodwyn zu einem radikalen Personalwechsel. Nur Brian Greenway blieb an seiner Seite. Neu hinzu kamen Marty Simon, zuvor aktiv für Wilson → Pickett, Brian → Eno und Mylon LeFevre als Schlagzeuger, Daniel Barbe und Jean Pellerin. Walking Through The Fire blieb 1985 dem Heavysound softer Prägung treu, überzeugte aber mehr durch qualifiziertes Handwerk als durch originelle Songs oder aufregende Arrangements.

Da der Erfolg ausblieb, löste Goodwyn die Band auf und plante eine Solokarriere. Der seit 1983 in Nassau auf den Bahamas lebende Musiker debütierte mit der Single ›My Girl‹, die in die kanadischen Charts kam. Seine LP Serious Business dagegen wurde ein Flop. 1992 brachte er **April Wine** in der Besetzung Mercer, Greenway, Clench und Steve Segal (g) wieder zusammen. Sie unternahmen eine Kanadatour und bereiteten Anfang 1993 mit der Single ›If You Believe In Me‹ das Album Attitude vor.

APRIL WINE (1971) Aquarius, AQR 50271 • ON RECORD (1972) Repertoire, REP 4213 • ELECTRIC JEWELS (1973) Repertoire, REP 4212 • LIVE (1974) Aquarius, AQR 6505 • STAND BACK (1975) Atlantic, SD 19303 • WHOLE WORLD'S GONE CRAZY (1975) Teldec 622 678 • FOREVER FOR NOW (1976) Aquarius, AQR 511 • LIVE AT THE EL MOCAMBO (1977) Teldec 623 340 • FIRST GLANCE (1978) Capitol 748 416 • HARDER ... FASTER (1979) Capitol 746 068 • THE NATURE OF THE BEAST (1981) Capitol 746 067 • POWER PLAY (1982) Capitol 748 172 • ANIMAL GRACE (1984) Capitol 748 415 • ONE FOR THE ROAD (1985) Aquarius, AQR 538 • WALKING THROUGH THE FIRE (1985) Capitol 748 418 • ATTITUDE (1993) Capitol 876 474 • SANDGLAS (1996) Rough Trade 391 0168 • (S) OVER 60 MINUTES ... ALL THE ROCKERS (1989) • (S) ROCK BALLADS (1990) • (S) GREATEST HITS (1991) • Myles **Goodwyn**: SERIOUS BUSINESS (1988) Atlantic 781 182 • Brian **Greenway**, David und Ritchie **Henman** mit **Dudes**: WE'RE NO ANGELS (1975) CBS 33577 • Jim **Clench** mit **Four Out Of Five Doctors**: 4 OUT OF 5 DOCTORS (1981) Intercord 1009

Armored Saint

Alan Barlam (g), John Bush (voc), Gonzo (dr), Joey Vera (b)

1981 in Los Angeles in der Urbesetzung Bush, Gonzo, Dave Pritchard (g), Phil E. Sandoval (g) und Joey Vera (b) gegründet, fielen **Armored Saint** zuerst mit dem Song ›Lesson Well Learned‹ auf dem Kultsampler METAL MASSACRE II auf. Zunächst erschien eine EP, die von einer lokalen Independent-Firma immerhin 15 000 Mal verkauft wurde. 1984 wurde das Quintett von dem britischen Label Chrysalis Records unter Vertrag genommen und nahm im Oktober MARCH OF SAINT auf, das die Band als »energische, dynamische Vertreter härtester Metal-Gangart« (*Guinness*) auswies. Ihrem Bandnamen entsprechend standen sie anfangs in Ritterrüstungen auf der Bühne.

Nach über 130 000 verkauften Exemplaren der Debüt-LP und zahlreichen erfolgreichen Festivalauftritten produzierte Max Norman (→ **Savatage**, Ozzy → Osbourne) das Album DELIRIOUS NOMAD, das wesentlich differenzierter klang als das Debüt, ohne das Metal-Genre aufzugeben: »Alles Heavy-Songs, aber die Stimmungen, die sie ausdrükken, sind sehr verschieden. Wir sind jetzt durchaus bereit auch neue Sachen auszuprobieren« (John Bush). **Armored Saint** etablierten sich in der Metal-Szene, Ex-**Odin** Jeff Duncan wurde als weiterer Gitarrist engagiert.

Nach Auftritten im Vorprogramm von → **Judas Priest** und der mit mittelmäßigen Kritiken bedachten Platte RAISING FEAR kehrten **Armored Saint** zum Spezial-Label Metal Blade zurück. Zum Einstand überzeugten sie – wieder ohne Duncan – mit dem exzellenten Live-Mitschnitt SAINTS WILL CONQUER. Dennoch schaffte die Gruppe nicht den Durchbruch in die absolute Metal-Spitze.

Dave Pritchard starb am 27. 2. 1990 an Leukämie. Sein Nachfolger Alan Barlam kam von **Hellion**. Er stellte sich auf der LP SYMBOL OF SALVATION vor. »In jedem Halbtonschritt ist wilde Entschlossenheit spürbar. Jenseits aller abgedroschenen Thrash- oder Metalklischees produzierten sie 13 Songs – farbig, eingängig und technisch brillant gespielt« (*Musik Express*). Da der kommerzielle Erfolg erneut ausblieb, trennten sich **Armored Saint** Anfang 1992. John Bush löste Joey Belladonna bei → **Anthrax** ab und gründete 1994 gemeinsam mit Duncan und Vera **Ho Cake**; Vera veröffentlichte im gleichen Jahr ein Soloalbum.

MARCH OF THE SAINTS (1984) Chrysalis 868 930 • DELIRIOUS NOMAD (1985) Chrysalis 869 148 • RAISING FEAR (1987) Chrysalis • SAINTS WILL CONQUER – LIVE (1988) SPV 18 130 • SYMBOL OF SALVATION (1991) SPV 10 129 • Joey **Vera**: A THOUSAND FACES (1994) Metal Blade • Alan Barlam mit **Hellion**: HELLION (1983) Mini-LP Music For Nations • POSTCARDS FROM THE ASYLUM (1988) Mini-LP Music For Nations • SCREAMS IN THE NIGHT (1988) Music For Nations • THE BLACK BOOK (1990) Music For Nations

Billy Boy Arnold

Der Bluesharmonikaspieler und Sänger William ›Billy Boy‹ Arnold wurde als eines von 16 Kindern am 16. 9. 1935 in Chicago geboren. Als Neunjähriger begann er sich für den Blues zu interessieren und lernte Mundharmonika. Ab 1947 sammelte Arnold in den Bands von Blind John Davis und Bo →Diddley erste Erfahrungen, spielte auf Parties und auf der Straße. 1953 arbeitete er für Johnny Temple, Johnny Shines, Otis →Rush und erneut für Bo Diddley. Beeinflußt von →Little Walter, T-Bone →Walker und John Lee ›Sonny Boy‹ →Williamson entwickelte Arnold seinen Bluesstil, spielte in den Chicagoer und New Yorker Clubs und begleitete in den 50er Jahren Earl →Hooker, →Howlin' Wolf und Muddy →Waters. 1953 brachte er für 16 Dollar seine erste Platte ›Southern Dreams‹ von Williamson heraus, allerdings ohne Erfolg.

Blind John Davis vermittelte ihm eine Session mit dem elfköpfigen **Bob Carter Orchestra**. 1954 verließ Arnold seine Familie und schloß sich Bo Diddleys neuer Band an. Er war an Diddleys ersten R&B-Hits beteiligt und übernahm bei zwei Songs (›Sweet On You Baby‹, ›Love Me Baby‹) den Leadgesang. 1955 verließ er Diddleys Gruppe und nahm im April mit dem befreundeten Gitarristen Jody Williams mit ›I Wish You Would‹ eine seiner bekanntesten Kompositionen auf. Sie wurde in den 60er Jahren von verschiedenen britischen Bluesgruppen, u. a. den →**Yardbirds**, übernommen.

›I Wish You Would‹ wurde viel von den Radiostationen gespielt, und Arnold stellte eine eigene Band zusammen, mit der er im Chicagoer Club ›The Barrelhouse‹ regelmäßig am Sonnabend auftrat. Bis 1957 spielte er vier weitere Songs für Vee Jay Records ein, aber ein weiterer Hit war nicht dabei. Bis 1964 gehörte Arnold zu den populären Clubmusikern, blieb aber ohne Plattenvertrag und spielte lediglich für Mighty Joe Young und seinen alten Kumpel Jody Williams im Studio.

1964 entstanden unter schlechten Produktionsbedingungen ein Live-Mitschnitt im Fickle Pickle Club und das Album MORE BLUES ON THE SOUTH SIDE: »Das Resultat war Mittelmaß« (*Blues Forum*). Arnold legte nun eine längere Plattenpause ein und trat nur noch gelegentlich in den Clubs auf. 1969 enttäuschte Arnold mit dem Album SINNER'S PRAYER erneut, trotz Unterstützung renommierter Begleiter wie Big Moose Walker und Sammy Lawhorn. Die Platte kam sechs Jahre später auf den Markt, als Arnold mit den AMERICAN BLUES LEGENDS '75 in Europa ein Comeback versuchte. 1975 stellte er sich bei den Berliner Jazztagen vor und wirkte in der BBC-Reihe ›The Devil's Music‹ mit. Auf der gleichnamigen LP war er mit zwei Titeln vertreten.

Im Herbst 1977 wiederholte Billy Boy Arnold seinen Europatrip und wurde von der **Blues Company** begleitet. Im Anschluß an die Tournee nahm er in London das Album CHECKIN' IT OUT auf, mit dem er seinen Ruf wiederherstellte. Zu den Studiomusikern gehörte u. a. Tony McPhee, Gitarrist der britischen Bluesrock-Band →**Groundhogs**. 1978 bereiste er wieder Deutschland, diesmal mit **Das Dritte Ohr** als Begleitgruppe. Einer der Gruppe schrieb über Arnold: »Auf der Bühne steht ein 42jähriger, der für 30 durchgehen kann, manchen Abend angetan mit korrektem Anzug plus Weste. Insgesamt so etwas wie eine Art Blues-Gentleman.«

Noch immer in Chicago lebend, blieb Billy Boy Arnold ein fester Bestandteil der Bluesszene und überzeugte vor allem als Live-Musiker. Auf dem nächsten Album TEN MILLION DOLLARS wurde er u. a. von Jimmy →Johnson und Fred Grady (dr) begleitet.

Anfang 1994 veröffentlichte der Meister der Mundharmonika, der Generationen beeinflußte, mit BACK WHERE I BELONG endlich ein Album, das seinen Fähigkeiten entsprach: »Eine Bibel nicht nur für Blueser« (*Fachblatt*). 1995 folgte ELDORADO CADILLAC mit »authentischem und vitalem Chicago-Blues« (*Chicago Tribune*). Produziert vom Alligator Records-Chef Bruce Iglauer, wurde Arnold von versierten Musikern wie Bob Margolin (g), James Wheeler (g), Carl Leyland (p), Chuck Cotton (dr) und Steve Hunt (b) begleitet. Arnold war außerdem Stargast bei den Aufnahmen zu Bo Diddleys Album A MAN AMONGST MEN.

Arnolds Bruder Jerome war Bassist in der Band von Howlin' →Wolf und Gründungsmitglied der →**Butterfield Blues Band**.

MORE BLUES ON THE SOUTH SIDE (1964) Prestige 7389 • SINNER'S PRAYER (1969), Red Lightnin, RL 0014 • BLOW THE BACK OFF IT (1975) Red Lightnin, RL 0012 • CHECKIN' IT OUT (1977), Red Lightnin, RL 0024 • TEN MILLION DOLLARS (1984) Evidence 26064 • BACK WHERE I BELONG (1994) Alligator, AL 4815 • ELDORADO CADILLAC (1995) Alligator, AL 4836 • (S) CRYING & PEADING (1980) Charly, CRB 1016 • (S) AMERICAN BLUES LEGENDS () Intercord, INT 156401 • Mit Johnny Jones: JOHNNY JONES & BILLY BOY ARNOLD (1980) Alligator, AL 4717

Arrested Development

Rasa Don (voc, dr), Montsho Eshe (dancer), DJ Headliner (discjockey), Baba Oje (voc), Speech (voc), Aerle Taree (voc)

Eine der »erfolgreichsten Crossover-Formationen« (*Rolling Stone*) mischte HipHop mit Folk-Blues, akustischen Gitarren und Gospel- und Rapelementen. Initiator war Todd Thomas (*25. 10. 1968, Milwaukee), der sich DJ Headliner nannte, als er 1987 nach Atlanta, Georgia, übersiedelte und am Art Institute of Atlanta auf Tim Barnwell (*26. 7. 1967, New York) traf, der sich das Pseudonym Speech aussuchte. Sie traten unter der Bezeichnung **Disciples Of A Lyrical Rebellion** als Rapper auf, die von den politisch aktiven →**Public Enemy** beeinflußt wurden.

Soft-Pop und Funk ergänzten 1991 das Soundbild des Projektes, das sich nun **Arrested Development** nannte und durch Drummer Rasa Don (Donald Jones, *22. 11. 1968, New York) verstärkt wurde. Im Herbst des Jahres unterzeichnete das Trio einen Plattenvertrag beim britischen Label Chrysalis Records und erweiterte ihr Unternehmen mit Aerle Taree (*10. 1. 1973), Montsho Eshe (*23. 12. 1974) und Baba Oje (*15. 5. 1932).

In schneller Folge erschienen ab April 1992 die Singles ›Tennessee‹ (GB #46, US #6, D #27), ›People Everyday‹ (GB #2, US #8), ›Revolution‹ (US #90) und ›Mr. Wendal‹ (GB #4,US #6, D #31), alle mit Ausnahme von ›Running Revolution‹ ausgekoppelt aus dem zweimal mit Platin ausgezeichneten Debütalbum 3 YEARS, 5 MONTHS & 2 DAYS IN THE LIFE OF (GB #3, US #7, D #32). ›Running Revolution‹ war für den Soundtrack des Films »Malcolm X« von Spike Lee aufgenommen worden. Anfang 1993 wurden **Arrested Development** als beste Newcomer und für den besten Rap Song (›Tennessee‹) mit zwei Grammies ausgezeichnet.

Arrested Development produzierten 1993 für den Sender MTV UNPLUGGED (GB

#40, US #60) und waren bei der dritten Lollapalooza Tour dabei. Danach verließ Aerle Taree die Gruppe, die mit drei neuen Mitgliedern das afroamerikanisch geprägte Album ZINGALAMADUNI (GB #16, US #55, D #34) aufnahmen.
1996 beschloß Frontmann Speech, sich selbständig zu machen. Sein Debüt »plätscherte jedoch im Fahrwasser von Arrested Development dahin« (*WOM*) und ließ jegliche Weiterentwicklung vermissen.

3 YEARS, 5 MONTHS & 2 DAYS IN THE LIFE OF (1992) Chrysalis 321929 • UNPLUGGED (1993) Chrysalis 321994 • ZINGALAMADUNI (1994) Chrysalis 829274 • Speech: SPEECH (1969) Chrysalis 837445

Ars Nova

Maury Baker (perc, org), Wyatt Day (g, p, org, voc), Bill Folwell (tr, b, voc), Giovanni Papalia (g), Jon Pierson (tb, voc), Jonathan Raskin (b, g, voc)

Erfahrungen in Kompositionslehre und klassische Musikausbildung waren die Grundlage für eine Gruppe begabter Studenten aus der New Yorker Loft-Szene, die sich ab dem Herbst 1967 **Ars Nova** nannten. Sie klangen wie ein verrocktes Bachorchester, das mit bizarr-komplizierten Songarchitekturen hohe Anforderungen an seine Zuhörer stellte. Von Strauß, Kurt Weill bis hin zu Dixieland, Blues, Pop und Bossa Nova hatten **Ars Nova** so ziemlich alles zu bieten. 1968 erschien ihre erste LP, auf der sie ihr instrumentelles Können bewiesen, die aber ein kommerzieller Mißerfolg wurde.
Bandleader Wyatt Day stellte im Juli 1968 mit Ausnahme von Jon Pierson ein völlig neues Team mit Brown (g), Joe Hunt (dr, perc.), Art Koenig (b) und Jimmy Owens (tr) vor. Ihm schwebte eine amerikanische Version von → **Procol Harum** und ein gefälliger Barock-Rock vor. Seine neuen Musiker kamen fast ausschließlich aus Jazz- und Blueskreisen. Von den ehemaligen Bandmitgliedern war nur noch von Maury Baker als Begleiter von Tim → Buckley und Augie Meyers und Bill Folwell, der für Buddy → Guy und **Insert Trust** arbeitete, etwas zu hören.
SUNSHINE & SHADOWS war eindeutig auf ein konventionelles Rockpublikum gemünzt. Doch die LP klang zu sperrig für Rockkonsumenten und verkaufte sich trotz guter Kritiken sehr schlecht. Nach nur knapp drei Jahren lösten sich **Ars Nova** auf. Pierson spielte nach der Trennung für Nick Holmes und auf dem BERLIN-Album von Lou → Reed. Brown und Owens fanden den Weg in die Jazzszene zurück und waren bei Platten von Ron Carter, Herbie Mann bzw. Billy → Cobham, Lonnie Liston Smith, Joe Zawinul und 1982 für den Ex- → **Doobie Brothers**-Sänger Michael → McDonald mit von der Partie.

ARS NOVA (1968) Elektra 74020 • SUNSHINE & SHADOWS (1969) Repertoire, REP 4377

Ashford & Simpson

Nickolas Ashford (voc), Valerie Simpson (voc, key)

Sie begannen als Songwriterteam in den 60er Jahren und schrieben einige Motown-Klassiker für Tammi Terrell, Diana

→Ross und Marvin →Gaye. Nickolas Ashford machte außerdem als Produzent von sich reden, Valerie Simpson wurde als Sängerin und Keyboarderin u. a. von Quincy Jones engagiert. Ab 1977 setzten sich die beiden auch als Interpreten durch, und in den 80er Jahren etablierten sich **Ashford & Simpson** als Exponenten abwechslungsreicher Black Music und als unabhängige Komponisten.
Nickolas Ashford wurde am 4. 5. 1943 in Fairchild, South Carolina, geboren und wuchs in Willow Run, Michigan, auf. Sehr zum Ärger seiner Eltern gab er als 17jähriger das College auf und versuchte sein Glück als Musiker im New Yorker Viertel Harlem. Im Chor der White Rock Baptist Church traf er die Musikstudentin Valerie Simpson (*26. 8. 1948, New York). Gemeinsam begannen sie zu komponieren und veröffentlichten einige unbeachtete Aufnahmen als **Valerie & Nick**. Nachdem sie für Ray Charles den Song ›Let's Go Get Stoned‹ geschrieben hatten, erregten sie die Aufmerksamkeit von Berry Gordy, der sie für Motown Records unter Vertrag nahm. Sie arbeiteten als Autoren und lieferten Songs u. a. für Marvin Gaye & Tammie Terrell (›Ain't No Mountain High Enough‹) und Diana Ross (›Reach Out And Touch‹).
Valerie Simpson hatte 1971/72 mit zwei Soloalben keinen Erfolg. Daraufhin sammelten sie als **Ashford & Simpson** Bühnenerfahrungen, trennten sich von Motown und unterschrieben bei Warner Brothers. Die LPs KEEP IT COMIN' und GIMME SOMETHING REAL erhielten gute Kritiken, verkauften sich aber eher mäßig. Im Januar 1974 heiratete das Paar. Bis 1976 erschienen mehrere Alben und Singles, die alle knapp die Charts verfehlten. Die ausgefeilten Soularrangements mit dem leichten Popzugang hatten im November 1977 mit der Single ›Send It‹ (US #81) und der gleichnamigen LP (US #88) den längst fälligen Erfolg. Ausgedehnte US-Tourneen förderten die Popularität von **Ashford & Simpson**, und bis 1980 plazierten sie mit ›Don't Cost You Nothing‹ (US #53), ›It Seems To Hang On‹ (US #90, GB #24), ›Found A Cure‹ (US #26) und ›Love Don't Make It Right‹ (US #81) weitere Singles in den Hitlisten. Die Alben IS IT STILL GOOD TO YA (US #16), STAY FREE (US #18) und A MUSICAL AFFAIR (US #29) wurden sogar mit Gold ausgezeichnet. **Ashford & Simpson** verstanden es, in ihren Songs das Lebensgefühl und die »Sehnsucht schwarzer Amerikaner« (*Melody Maker*) zum Ausdruck zu bringen.
Neben zahlreichen Tournee- und Studioterminen und ihren Verpflichtungen als Eltern (Tochter Nichole wurde Anfang 1975 geboren) nahmen sich die »routinierten Profis« (*Record Mirror*) die Zeit, Songs für Chaka →Khan (›I'm Every Woman‹) und **Gladys Knight & The Pips** zu schreiben.
Nach einer Welttournee und dem Mitschnitt PERFORMANCE wechselten **Ashford & Simpson** zu Capitol Records und veröffentlichten im Sommer 1982 mit STREET OPERA (US #45) ein Konzeptalbum zum Thema Liebe. Im Oktober 1983 folgte die LP HIGH RISE (US #84), und im Dezember 1984 hatten sie mit ›Solid‹ (GB #3, US #12, D #2) und dem gleichnamigen Album (GB #23, US #31, D #11) international Erfolg.
Ashford & Simpson konnten den Erfolg von SOLID bei den Singles ›Babies‹ (GB #50, D #53) und ›Count Your Blessings‹ (US #86) sowie den Alben REAL LOVE (US #74) und LOVE OR PHYSICAL zwar nicht mehr wiederholen, gehörten aber wei-

terhin zu den gefragtesten Songwritern in den USA. Auch als Live-Act blieben sie sehr gefragt und verstanden es, professionell und inspiriert »pure Lust und tiefere Gefühle« (*Musik Express*) zu vermitteln.

KEEP IT COMIN' (1973) • GIMME SOMETHING REAL (1973) Warner Brothers 46283 • I WANNA BE SELFISH (1974) Warner Brothers 56050 • COME AS YOU ARE (1976) Warner Brothers 56159 • SO SO SATISFIED (1977) Warner Brothers 2992 • SEND IT (1977) Warner Brothers 3088 • IS IT STILL GOOD TO YA (1978) Warner Brothers 56547 • STAY FREE (1979) Warner Brothers 56703 • A MUSICAL AFFAIR (1980) Warner Brothers 56840 • PERFORMANCE (1981) Warner Brothers 66099 • STREET OPERA (1982) Capitol 064–400 101 • HIGH RISE (1983) Capitol 746 368 • SOLID (1984) Capitol 746 466 • REAL LOVE (1986) Capitol 064–240 593 • LOVE OR PHYSICAL (1989) Capitol 746 946 • COUNT YOUR BLESSINGS (1996) Capitol 853 968 • (S) THE BEST OF (1995) EMI 780 515 • Mit Maya **Angelou**; BEEN FOUND (1996) Black Flame 21 51068 • Valerie **Simpson**: EXPOSED (1971) Motown 311 • VALERIE SIMPSON (1972) Motown 317

Asleep At The Wheel

Tim Alexander (p, acc, voc), Ray Benson (g, voc), Cindy Cashdollar (steel-g), Morty Gaylord (vi), Michael Francis (sax), David Sanger (dr)

Asleep At The Wheel wurden vom *Rolling Stone* als die »besten Countryrocker der 70er Jahre« eingeordnet, da sie »intelligent die interessanteste Countryform, den Western Swing, weiterentwickelten«. Die Mitglieder des Ensembles, das ständigen personellen Veränderungen unterworfen war, verstanden sich als Schüler von Bob Willis, dem Pionier dieses Musikstils. Die Gruppe setzte komplette Bläsersätze ein, nutzte gängige Countryharmonien – inklusive der Pedal Steel Guitar als Melodieinstrument – und flotte Rockrhythmik. **Asleep At The Wheel** waren der authentischen Countrymusik der 40er und 50er Jahre verpflichtet, die sie zeitgemäß umsetzen wollten. Ihr ehrgeiziges Vorhaben wurde sowohl von Country- als auch Rockpuristen skeptisch beurteilt, fand in Insiderkreisen aber großen Anklang.

Die Originalbesetzung fand sich 1972 in Paw Paw, West Virginia, mit Ray Benson (* 16. 3. 1951, Philadelphia), der Sängerin Christine O'Connell (21. 3. 1953), dem Steelgitarristen Lucky Oceans (Reuben Gosfield, *22. 4. 1951, Philadelphia), Floyd Domino (p), Johnny Gimble (fi), Gene Dobkin (b), Keith ›Buddy‹ Spicher (fi), Andrew Stein (sax) und Leroy Preston (g, dr) zusammen. Gimble hatte bereits Studioerfahrung mit Joan →Baez, Leon →Russell und **Mother Earth** gesammelt. Spicher gehörte zwei Jahre zur Westcoastgruppe **Area Code 615** und hatte zuvor für →**Pearls Before Swine** und später für J.J. →Cale und **Manhattan Transfer** gespielt. Die übrigen Beteiligten waren neu im Plattengeschäft. COMIN' RIGHT AT YA erschien 1973 und blieb unbeachtet. **Asleep At The Wheel** verlegten ihr Domizil ins texanische Austin, und von nun an wechselten die Musiker ständig. Lediglich Bandchef Ray Benson gehörte zu allen Besetzungen.

Zuerst gingen Dobkin und Spicher, der später bei →**Barefoot Jerry** einstieg und für Linda →Ronstadt spielte, sowie Stein, der zu →**Commander Cody & The Lost Planet Airmen** wechselte und dann für →**Pure Prairie League** und →**New Ri-**

ders Of The Purple Sage tätig war. Das verbliebene Sextett plazierte sich mit einer Version von Louis Jordans ›Choo Choo Ch'Boogie‹ in den Country-Charts. Einem größeren Publikum war die bizarre Mischung aus Country & Western, Swing-Jazz und Rock'n'Roll weiterhin fremd.
Für das 75er-Album TEXAS GOLD versammelten sich wieder neun Musiker in einem Studio in Nashville. Gimble wandte sich vorübergehend seinen Studioengagements (Jessi Colter, Charlie McCoy, Jerry Jeff →Walker) zu und mußte durch Daniel Levin ersetzt werden. Neu hinzu kamen Tony Garnier (b), Scott Hennige (dr) und Ed Vizard (sax). Die Fachpresse nannte die risikofreudigen **Asleep At The Wheel** nun eine »Country-Bigband« (*Billboard*), die in regelmäßigen Abständen LPs veröffentlichte und die sich mal mehr an C&W-Traditionen oder mal mehr an Popklängen orientierte.
»Die Hillbilly-Antwort auf Charlie Parker's Jazz« (*Rolling Stone*) galt in den Südstaaten als Konzertereignis und tourte mit großem Erfolg u. a. mit →**Poco** und **Commander Cody** während die Platten allenfalls durchschnittliche Auflagen erreichten. Die beteiligten Musiker hatten mittlerweile einen guten Ruf und waren alle als Studiomusiker tätig, als Benson seiner Gruppe 1981 eine über dreijährige Pause verordnete.
Mit Willie →Nelson als Mentor und einem Sound, »in dem alle tradtionellen Musikelemente weiterleben« (*Rolling Stone*), nahmen **Asleep At The Wheel** 1985 mit der LP PASTURE PRIME einen neuen Anlauf. Die Platte und alle nachfolgenden hatten mit Rockmusik allerdings nur noch entfernt etwas zu tun. Die Gruppe schwelgte statt dessen in Country- und Hillbilly-Nostalgie und war mit ihrem »anachronistischen Stil« (*Guinness*) nicht sehr erfolgreich.
Eines ihrer bemerkenswertesten Alben nahmen **Asleep At The Wheel** 1994 auf. TRIBUTE TO THE MUSIC OF BOB WILLIS widmeten sie ihrem großen Vorbild und wurden dabei von Chet Atkins, Garth →Brooks, Willie Nelson und Lyle →Lovett unterstützt. Für den von Lovett gesungenen Song ›Blues For Dixie‹ erhielt die Gruppe 1995 bereits ihren fünften Grammy nach 1978 (›One O'Clock Jump‹), 1987 (›String For Pars‹), 1988 (›Sugarfoot Rag‹) und 1993 (›Red Wing‹). Wieder umbesetzt, brachte »die beste Swing-Band der Countrymusik« (*Billboard*) im Herbst 1995 zum 25jährigen Jubiläum das Album THE WHEEL KEEPS ON ROLLIN' heraus.

COMIN' RIGHT AT YA (1973) United Artists 29454 • ASLEEP AT THE WHEEL (1974) Epic 33097 • FATHERS AND SONS (1974) • TEXAS GOLD (1975) Capitol, ST-11441 • WHEELIN' AND DEALIN' (1976) Capitol 066–85011 • THE WHEEL (1977) Capitol, ST-11620 • COLLISION COURSE (1978) Capitol, ST-11726 • SERVED LIVE (1979) Capitol 062–85962 • FRAMED (1980) MCA 5131 • AMERICAN BAND 3 (1981) • PASTURE PRIME (1985) Rough Trade 657 1044 • JUMPIN' AT THE WOODSIDE (1986) • 10 (1987) Epic 40681 • ASLEEP AT THE WHEEL (1987) • WESTERN STANDARD TIME (1988) • TRIBUTE TO THE MUSIC OF BOB WILLIS (1994) Capitol 781470 • THE WHEEL KEEPS ON ROLLIN' (1995) Capitol 831 280 • BACK TO THE FUTURE NOW (1997) • (S) THE VERY BEST (1987) • See For Miles 501 466 100 813 • (S) GREATEST HITS LIVE KICKIN') (1992) Arista 888 712 • (S) STILL SWINGIN' (1994) Capitol 830 204 • Keith **Spicher** mit **Area Code 615**: AREA CODE 615 (1969) Polydor 184 355 • A TRIP IN THE COUNTRY (1970) Polydor 2425 023

The Association

Gary Alexander (g, voc), Ted Bluechel (dr, perc, voc), Brian Cole (b, voc), Russ Giguere (g, voc), Terry Kirkman (perc, ho, voc), Jim Yester (g, p, voc)

Phyllis Burgess vom *Teen Magazine* schrieb der kalifornischen Gruppe im Sommer 1966 auf ihr erstes LP-Cover: »**Association** sind die erste Show-Rockgruppe unserer Zeit – das heißt: Sie spielen den Blues bluesiger als die **Rolling Stones**, härteren Hardrock als die **Raiders** und ursprünglichere Folkmusik als das **Kingston Trio**. Und dabei entwickelten sie ihren ureigenen, erkennbaren Sound.«
Das Konzept der begabten Gruppe paßte in die → **Beatles**-Euphorie der Zeit. Andere Zutaten lieferten Folkrockformationen wie die → **Byrds** und die → **Mamas & Papas**. **Association** setzten mit großem Erfolg auf eine harmonische, gesangsbetonte Popmusik und fanden damit viele Anhänger.
Terry Kirkman, der 22 Instrumente beherrscht, brachte die Gruppe im November 1965 zusammen. Die erste, noch erfolglose Single hieß ›I'm Gonna Love You‹. Für das Sextett setzte der Hitreigen im Mai 1966 mit dem angeblich Drogen verherrlichenden Song ›Along Comes Mary‹ (US #10) ein. Im gleichen Jahr erschienen die Singles ›Cherish‹ (US #1), ›Pandora's Golden Heebie Jeebies‹ (US #19) und das Album And Then ... Along Comes (US #4). **Association** stiegen binnen kürzester Zeit in den USA zur »gefragtesten Pop/Psychedelic-Gruppe« (*Guinness*) auf und mischten geschickt eindringliche Balladen mit vorsichtig rhythmisierten Popsongs.
Association bewiesen in der Folgezeit ein gutes Gespür für gängige Hitkompositionen und waren für knapp vier Jahre der Inbegriff für niveauvollen, professionell inszenierten Pop. Bis 1970 wurde die Band mit insgesamt sechs Grammies ausgezeichnet und brach damit kurzzeitig die Vorherrschaft der **Beatles**.
Der größte Hit ›Windy‹ (US #1) erschien im Mai 1967. Im September folgte mit ›Never My Love‹ (US #2) »eines der besten Softrocklieder aller Zeiten« (*Musik Express*). Beide Bestseller gehörten zum Repertoire des Albums Insight Out (US #6). Danach brachten **Association** die Singles ›Everything That Touches You‹ (US #9), ›Time For Livin‹ (GB #21, US #24), ›Six Man Band‹ (US #26), ›Goodbye Columbus‹ (US #84), ›Dubuque Blues‹ (US #81) und die LPs ›Birthday‹ (US #9), ›Greatest Hits‹ (US #3), ›Goodbye Columbus‹ (US #81) und ›The Association‹ (US #17) in die Hitparaden.
Ab Insight Out ersetzte Larry Ramos (g, voc) den abgewanderten Gary Alexander, der 1969 zurückkehrte. **Association** agierten von nun an als Septett. Die Musiker arbeiteten stets professionell und zuverlässig, traten in gepflegten Anzügen vor das Publikum und achteten auf ein sauberes Image. Ihr Markenzeichen war der brillante, in der Regel mehrstimmige Gesang mit den schwierigsten Harmonien. Zu Beginn der 70er Jahre, als die Hippie- und Acid-Träume zerplatzten, begann der Abstieg der Band. Im Juli 1970 kam sie noch einmal mit dem Mitschnitt Live (US #33) in die Charts. Etwa zur gleichen Zeit verließ Giguere **Association**, um sich seiner Soloproduktion Hexagram 16 zu widmen. Seinen Platz nahm der Keyboarder Richard Thompson ein.
1972 unterschrieben **Association** einen

neuen Plattenvertrag. Als sich WATERBEDS IN TRINIDAD als Mißerfolg erwies, trennten sich die Wege der Musiker. Brian Cole starb am 2. 8. 1972 in Los Angeles an einer Überdosis Heroin.
1980 reformierte Kirkman sein einst erfolgreiches Ensemble, doch mehr als der kleine Single-Hit ›Dreamer‹ (US #66) vom Januar 1981 kam für **Association** nicht dabei heraus.

AND THEN ... ALONG COMES (1966) Warner Brothers 1702 • RENAISSANCE (1967) Warner Brothers 1704 • INSIGHT OUT (1967) Warner Brothers 1669 • BIRTHDAY (1968) Warner Brothers 1733 • GOODBYE COLUMBUS (1969) Soundtrack Warner Brothers 1786 • THE ASSOCIATION (1969) Warner Brothers 1800 • LIVE (1971) Warner Brothers 1868 • STOP YOUR MOTOR (1971) Warner Brothers 1927 • WATERBEDS IN TRINIDAD (1972) CBS 65009 • (S) GREATEST HITS (1968) Warner Brothers 7599–27175 • GOLDEN HEEBIE JEEBIES (1988) • Russ **Giguere**: HEXAGRAM 16 (1970)

Atlanta Rhythm Section

Barry Bailey (g), Dean Daughtry (key), Ronnie Hammond (voc), Justin Senker (b), Steve Stone (g, slide-g), R. J. Vealey (dr, perc)

Die **Atlanta Rhythm Section** bestand aus den gefragtesten Studiomusikern aus Atlanta, Georgia. Sie hatten vorher in zwei erfolgreichen Sixties-Bands gespielt und taten sich 1970 nach einer Session für Roy →Orbison zusammen. Dean Daughtry (* 8. 9. 1946) und Robert Nix waren Mitglieder von Orbisons **Candymen**, die ohne den erfolgreichen Sänger 1967/68 zwei Alben aufnahmen – THE CANDYMEN (US #69) und BRING YOUR CANDYPOWER – und mit ›Georgia Pines‹ (US #44) und ›Deep In The Night‹ (US #79) in die Singlecharts kamen. James R. Cobb (* 5. 2. 1944) war Mitglied der Hitband **Classics IV**, die zur gleichen Zeit Erfolge mit den Songs ›Spooky‹ (US #3), ›Soul Train‹ (US #59), ›Stormy‹ (US #2), ›Traces‹ (US #3) und ›Everyday With You Girl‹ (US #16) feierten.
Die erste Besetzung der **Atlanta Rhythm Section** wurde durch Rodney Justo (voc), Barry Bailey (* 12. 6. 1948) und Paul Goddard (* 23. 6. 1945) vervollständigt. Die Band wurde bekannt für mustergültig gespielten und perfekt produzierten (Buddy Buie) US-Rock. Großartiger Gitarrensound, professionelles Zusammenspiel und wohltuende Vokalharmonien gehörten dazu, einprägsame Kompositionen und konstant gute Bühnenpräsentationen. Knapp zehn Jahre funktionierte das gut, am Ende fehlten jedoch Spannung und Ideen.
Nach dem ersten Album wurde Justo von Ronnie Hammond abgelöst, der von den **Celtics** kam. Mit ihm gewann der noch etwas ungehobelte Bluesrock an Profil. Nach dem ebenfalls eher mäßigen Werk BACK UP AGAINST THE WALL gelang es Produzent Buie, das »große Instrumentalpotential« (*Rolling Stone*) der Band bei THIRD ANNUAL PIPE DREAM optimal einzusetzen. Die **Atlanta Rhythm Section** klang nun rockiger und vielseitiger, weil sie Countryelemente mit urbanem Bluesrocksound und jazzigen Soli auf der Basis einer soliden Rhythmusfraktion mischten.
Die Band steigerte sich von Platte zu Platte und stand rund 250 Mal pro Jahr auf der Bühne. Daneben arbeiteten die Musiker im Studio u. a. für →**Lynyrd**

Skynyrd (Nix), Al →Kooper (Bailey, Goddard, Nix, Cobb) und Frankie →Miller (Bailey). Im Herbst 1974 kam die **Atlanta Rhythm Section** mit der Single ›Doraville‹ (US #50) erstmals in die Charts. Der endgültige kommerzielle Durchbruch ließ jedoch trotz vielgelobter Alben wie DOG DAYS und RED TAPE (US #84) noch fast drei Jahre auf sich warten. Randvoll mit gefälligen und hitverdächtigen Melodien startete die **Atlanta Rhythm Section** Anfang 1977 mit der LP A ROCK AND ROLL ALTERNATIVE (US #13) einen erfolgreichen Großangriff auf die Hitparaden. Als Singles wurden ›So In To You‹ (US #8) und ›Neon Nites‹ (US #74) ausgekoppelt. Die Gruppe bot allerfeinsten, den Kritikern manchmal zu glatten Mainstream-Rock und setzte ihren Erfolg im April 1978 mit dem Album CHAMPAGNE JAM (US #11) fort, das mit ›Imaginary Lover‹ (US #9) und ›I'm Not Gonna Let It Bother Me Tonight‹ (US #22) wiederum zwei Hits enthielt.

Auch 1979 blieb die Band in den US-Charts präsent. Im Sommer 1979 brachten sie das Album UNDERDOG (US #35) heraus und kamen mit den Songs ›Do It Or Die‹ (US #20) und einer überarbeiteten Version von ›Spooky‹ (US #19) erneut unter die Top 20. Bereits vor der Produktion von UNDERDOG hatte Nix die Gruppe verlassen und war durch Roy Yeager (* 4. 2. 1946) ersetzt worden.

Gesangliche und instrumentale Kabinettstückchen waren im Dezember 1979 auf dem Live-Doppelalbum ARE YOU READY! (US #89) zu hören, mit dem die **Atlanta Rhythm Section** ihre Herkunft vom Blues mit Einflüssen des Country bewiesen: Es war ein eindrucksvolles Dokument, das die Spielfreude und die gute Stimmung ihrer Konzerte einfing. Auf den nächsten beiden Alben dagegen bot die **Atlanta Rhythm Section** nur noch »sicheren Highwayrock« (*Melody Maker*). Die Band hatte ihre Ausstrahlungskraft verloren und trennte sich 1982. Buie, Hammond, Bailey und Daughtry reformierten sich 1989 mit Steve Stone (g), Sean Burke (dr) und J. E. Garnett (b) als **ARS**. Ohne Garnett, dafür mit Justin Senker, nahmen sie das Mainstreamalbum TRUTH IN A STRUCTURED FORM auf. Die Southern-Rockpioniere kehrten 1997 mit dem Album PARTLY PLUGGED zurück, das einige ältere überarbeitete Songs neben neuen Kompositionen, angesiedelt zwischen Mainstream-Rock und Country-Feeling, enthielt. Außer Bailey, Daughtry und Hammond waren Justin Senker (g), Steve Stone (g, slide-g) und R. J. Vealey (dr, perc) mit von der Partie.

ATLANTA RHYTHM SECTION (1972) Decca 75390 • BACK UP AGAINST THE WALL (1972) Decca 75265 • THIRD ANNUAL PIPE DREAM (1974) Polydor 2391 136 • DOG DAYS (1975) Polydor 2391 179 • RED TAPE (1976) Polydor 2391 223 • A ROCK AND ROLL ALTERNATIVE (1976) Polydor 837 821 • CHAMPAGNE JAM (1978) Polydor 829 662 • UNDERDOG (1979) Polydor 2391 398 • ARE YOU READY! (1979) Polydor 2660 050 • THE BOYS FROM DORAVILLE (1980) Polydor 2391 467 • QUINELLA (1981) CBS 85320 • TRUTH IN A STRUCTURED FORM (1989) Imagine 45465 • PARTLY PLUGGED (1997) Southern Track 79 • (S) THE BEST OF (1982) Polydor 2391 535 • (S) A RETROSPECTIVE (1993) MCA, MCD 30457 • Dean **Daughtry** und Robert **Nix** mit **Candymen**: CANDYMEN (1967) • BRING YOUR CANDYPOWER (1968) ABC, ABCS-633 • James R. **Cobb** mit **Classics IV**: SPOOKY (1968) • TRACES (1969) • (S) GOLDEN GREATS (1969)

Atlantic Starr

David Lewis (voc, g), Jonathan Lewis (key), Wayne Lewis (voc, key), Joseph Phillips (perc), Aisha Tanner (voc)

1976 ursprünglich mit neun Mitgliedern in White Plains, New York, gegründet, mußten **Atlantic Starr** bis 1984 auf den Chartsdurchbruch warten. Im Mittelpunkt der gesangsstarken Gruppe standen von Anfang an die Brüder David (* 8. 9. 1958), Jonathan (* 5. 12. 1953) und Wayne Lewis (* 13. 4. 1957), die auch als Komponisten, Arrangeure und Produzenten fungierten. Sie formierten **Atlantic Starr** ursprünglich mit Joseph Phillips (* 2. 5. 1949), Clifford Archer (b), Bill Sudderth III. (tr), Porter Carroll Jr. (dr) und der Sängerin Sharon Bryant, die 1984 von Barbara Weathers (* 7. 12. 1963) abgelöst wurde. Zwischenzeitlich gehörte auch noch Koran Daniels (sax) zu **Atlantic Starr**.

Die erste Generation von **Atlantic Starr** brachte zwischen 1978 und 1983 fünf Soulalben heraus: ATLANTIC STARR (US #69), STRAIGHT TO THE POINT (US #95), RADIANT (US #37), BRILLIANCE (US #18) und YOURS FOREVER (US #91). Dabei setzten sie auf eine geschliffene Black Music, die sich hervorragend für Diskotheken eignete, der jedoch eigenes Gepräge fehlte. Als Singles erschienen ›Stand Up‹ (US #97) und ›Circles‹ (US #38). Aufgrund ihrer Mischung aus eindringlichen Balladen und flottem Soulfunk und ihrer professionellen Bühnenpräsentation wurden sie häufig mit den → **Commodores** verglichen.

Anläßlich personeller Veränderungen gönnten sich **Atlantic Starr** eine fast zweijährige Pause und stellten sich im Sommer 1985 mit dem bis dahin erfolgreichsten Album AS THE BAND BURNS (US #17) als »Rhythm 'n' Romance-Quintett« (*New Musical Express*) vor. Barbara Weathers übertraf ihre Vorgängerin sowohl an Stimmvolumen als auch an Ausstrahlung. Die Lewis-Brüder setzten mehr auf perfekte Technik und orientierten sich am modernen Dance-Sound von Gruppen wie → **Chic**. 1985 und 1987 produzierten sie Bestseller-Singles wie ›Secret Lovers‹ (GB #11, US #3) bzw. ›Always‹ (GB #3, US #1). Im Frühjahr 1987 wurde außerdem die LP ALL IN THE NAME OF LOVE (GB #27, US #18) veröffentlicht.

Atlantic Starr übertrieben jedoch den Studiobombast, »protzten mit neuestem Equipment« (*Musik Express*) und gerieten damit in eine musikalische Sackgasse. Nach dem mäßigen Umsatz der Single ›One Lover At A Time‹ (US #58) entschloß sich Barbara Weathers zu einer Solokarriere. Ihre Nachfolgerin Porscha Martin debütierte Anfang 1989 auf dem Album WE'RE MOVIN' UP. Zwar gelang ihnen wieder eine abwechslungsreiche Tanzmischung, sie verkaufte sich aber nur mittelmäßig. Erfolgreicher waren **Atlantic Starr** erst wieder im Februar 1992 mit der Single ›Masterpiece‹ (US #3) aus dem Album LOVE CRAZY. Porscha Martin hatte Rachel Oliver Platz gemacht. Die Gruppe lief zu alter Hochform auf, die auch auf dem 94er Album TIME mit den Singles ›I'll Remember You‹ (US #55) und ›Everybody's Got A Summer‹ (US #36) anhielt. Als Leadsängerin hatte Aisha Tanner (* 27. 7. 1973, Oakland) Rachel Oliver ersetzt.

ATLANTIC STARR (1978) A&M 4711 • STRAIGHT TO THE POINT (1979) A&M 4764 • RADIANT (1981) A&M 4833 • BRIL-

LIANCE (1982) A&M 4883 • YOURS FOREVER (1983) A&M 4948 • AS THE BAND BURNS (1985) A&M 395019 • ALL IN THE NAME OF LOVE (1987) WEA 7599–25560 • WE'RE MOVIN' UP (1989) WEA 7599–25849 • LOVE CRAZY (1992) Reprise 7599–26545 • TIME (1994) Arista 22 18723

Aum

Wayne Ceballos (voc, harm, g, p, org), Larry Martin (dr, voc), Kenneth Newell (b, voc)

Aum zählten Ende der 60er Jahre zu den gefragtesten Live-Attraktionen der legendären Rockpaläste Fillmore West und Avalon in San Francisco. Das Trio formierte sich 1968 unter Führung des Mexiko-Amerikaners Wayne Ceballos und entwickelte sich zu einer durchaus inspirierten Bluesrock-Band. Das LP-Debüt Bluesvibes enthielt, abgesehen von beachtlichen Gitarrenleistungen, u. a. eine interessante, aggressive Neufassung des Klassikers ›Tobacco Road‹. Das Album erreichte jedoch nur eine geringe Auflage, und so blieben **Aum** vor allem eine beliebte Live-Formation. Der Westcoast-Impresario Bill Graham engagierte **Aum** für sein Fillmore West als Hausband. Nach einem Auftritt beim Atlantic City Pop Festival erhielt das Trio viel Kritikerlob, und im Tour-Vorprogramm traten sie sogar in Konkurrenz zu den routinierten →**Creedence Clearwater Revival**.

Bei der Zusammenstellung des zweiten Albums ließen sie sich von ihrem Bandnamen inspirieren. ›Aum‹ stammt aus dem Hinduismus und steht für das Universum. Mit Songs wie ›God Is Back In Town‹ lösten **Aum** für eine kurze Zeit die sogenannte Godrock-Bewegung aus, die für religiös angehauchte Westcoastmusik, angesiedelt zwischen rabiatem Underground-Sound und swingenden Hippieklängen stand. Die LP Resurrection verfehlte nur knapp die US-Charts, und als der Godrock-Boom wieder abflaute, gaben **Aum** auf.

BLUESVIBES (1969) Sire, SES 97007 • RESURRECTION (1970) Fillmore 63911

Autograph

Steven Isham (key), Steve Lynch (g), Steve Plunkett (voc), Randy Rand (b), Keni Richards (dr)

Die Hardrock-Band aus Los Angeles wurde auf Initiative von Steve Plunkett und Randy Rand gegründet. Plunkett hatte vorher bei **Silver Condor** gespielt, Rand gehörte zur Begleitgruppe von Lita →Ford, Isham war Mitglied in der Band von Holly Penfield, Lynch kam von →**Savoy Brown**, Richards von **Coup**. Kaum war die Gruppe komplett, spielte sie im Vorprogramm von →**Van Halen** und unterschrieb nach einem Auftritt im New Yorker Madison Square Garden einen hochdotierten Plattenvertrag bei RCA Records, der sich mit der Hitsingle ›Turn Up The Radio‹ (US #29) im Dezember 1984 auf Anhieb auszahlte. Einen Monat später erschien das erste Album Sign In Please (US #29). **Autograph**, die Pop- und Metalelemente mit einem melodiösen Hardrock mischten, schienen am Anfang einer großen Karriere zu stehen.

Bei ihrer zweiten LP That's The Stuff

(US #92), im Herbst 1985 herausgebracht, drifteten **Autograph** zu stark in Mainstream-Gefilde ab. Sie hatten den Biß verloren und klangen längst nicht so kraftvoll und originell wie auf ihrem Debüt. Im Oktober tourten die »selbstbewußten Glamour-Heavyrocker« (*Crash*) mit → **Mötley Crüe** durch Nordamerika.
In unveränderter Besetzung nahmen **Autograph** ihre 87er LP LOUD AND CLEAR auf, die wieder die in sie gesetzten Erwartungen nicht erfüllen konnte. Der »sorgfältig arrangierte Metal-Pop« (*Musik Express*) fand nicht mehr genügend Interessenten, um die Gruppe zum Weitermachen zu motivieren. Isham tat sich daraufhin 1988 mit dem ehemaligen **Dio**-Gitarristen Craig Goldie zusammen, um ein neues Projekt zu organisieren. **Autograph** machten noch bis 1989 als Quartett weiter und gaben dann auf.

SIGN IN PLEASE (1984) RCA, ND 90514 • THAT'S THE STUFF (1985) RCA, PL 87009 • LOUD AND CLEAR (1987) RCA, ND 90430

Ayers Rock

Chris Brown (voc, g, perc), James Doyle (g, perc), Mark Kennedy (dr, perc), Col Loughnan (sax, voc, fl, p, perc), Duncan McGuire (b, perc)

1973 in Melbourne gegründet, bildete die Band ein Forum für etliche Talente, die später die australische Musikszene beeinflußten. **Ayers Rock**, benannt nach dem sagenumwobenen Basaltmonolith inmitten der australischen Outbacks, spielten bei ihren Konzerten eine Mischung aus Rock und Jazz. Als Musiker verfügten sie über soviel Routine, daß zahlreiche Songs der ersten beiden Alben live mitgeschnitten wurden.
Neben Mark **Kennedy**, einem der besten Schlagzeuger Australiens, spielten Musiker wie Ray **Burton**, Russell **Dunlop** (dr, perc) und Doug **Gallacher** (dr). Dunlop gehörte zwischen 1976 und 1985 zur Band des australischen Singer/Songwriters Kevin **Johnson**.
1975/76 hatten **Ayers Rock** bei Tourneen in Nordamerika Erfolg. Doch trotz ihrer schnell wachsenden Popularität lösten sie sich Ende 1976 auf. Brown und Doyle sicherten sich die Rechte am Namen und rekrutierten neue Musiker, die sie bis in die frühen 80er Jahre immer wieder austauschten. Auf dem 81-er Album HOT SPELL hatte die Band jedoch »ihre Schwungkraft verloren« (*Trouser Press*). Kurz nach der Veröffentlichung existierten **Ayers Rock** nicht mehr. Loughnan gilt auch noch heute als einer der gefragtesten Saxophonisten des Kontinents.

BIG RED ROCK (1974) A&M 64523 • BEYOND (1976) A&M 64565 • HOT SPELL (1981) RCA, RRM 6321

B 52's

Kate Pierson (voc, key, g), Fred Schneider (voc, key), Keith Strickland (voc, key)

Kate Pierson (* 27. 4. 1948) und Cindy Wilson (* 28. 2. 1957) bildeten im Oktober 1976 in Athens, Georgia, die Keimzelle für die **B 52's**. Der eigenwillige Name hatte nichts mit den berüchtigten Bomberflugzeugen zu tun, sondern entstammte dem Südstaatenslang und meinte die hochtoupierten ›Bienenkorbfrisuren‹ der 60er Jahre. Zur Band gehörten außerdem Cindys Bruder Ricky Wilson (* 19. 3. 1953), Fred Schneider (* 1. 7. 1951) und Keith Strickland (* 26. 10. 1953). Sie traten in grellen, altmodischen Klamotten auf, umgaben sich mit billigem Glamour und »propagierten die hohe Schule des einfachen Spaßes« (*Musik Express*).

Ricky Wilson bevorzugte den Gitarrensound der **Ventures**. Schneiders und Stricklands Vorliebe galt den frühen englischen Beatbands, und das Frauen-Duo Wilson/Pierson fühlte sich den US-Mädchenbands der Sixties (**Shirelles**, **Shangri-Las**) verpflichtet. Doch im Gegensatz zu platten Imitatoren und einfallslosen Revivalisten gelang es den **B 52's**, die Vergangenheit zeitgemäß und originell wiederzubeleben.

Am 14. 2. 1977 traten die **B 52's** bei der Valentine Party in ihrer Heimatstadt erstmals vor Publikum auf. Wenig später verlegten sie ihr Domizil nach New York und wurden schnell in der Loftszene zum Geheimtip. Andy Warhols Zeitschrift *Interview* schrieb über die skurrile Band, die immer häufiger in den Punk- und Undergroundzentren CBGB's und Max's Kansas City auftrat. Unterstützt von Förderern nahmen sie im August 1978 die Single ›Rock Lobster‹/›52 Girls‹ auf, deren Auflage von 2000 Stück zügig verkauft wurde. Die progressive Musikpresse reagierte euphorisch, und die großen Plattenfirmen rissen sich um die exzentrische Gruppe, »die mit komischen Songs ein rollendes Fest der guten Laune beging« (*Musik Express*).

Durch Vermittlung der → **Talking Heads** kamen »die Georgia-Bohemians« (*Rolling Stone*) mit dem Island Records-Chef Chris Blackwell ins Geschäft. In Nassau auf den Bahamas wurde das Album **B 52's** (GB #29, US #68) aufgenommen, dessen Erscheinen im Sommer 1979 durch die erneute Veröffentlichung der Single ›Rock Lobster‹ (US #67) im April vorbereitet wurde. Das Debütalbum wurde in Deutschland von den Lesern der *Sounds* zum Album des Jahres gewählt. Die **B 52's** wurden irgendwo zwischen den **Talking Heads** und → **Devo** eingeordnet und fielen mit »abgehackten Rhythmen, monotonen Baßläufen, hypnotisierenden Orgel- und Gitarrenlinien« (*Musik Express*) positiv auf.

1980 bereisten die **B 52's** erstmals Europa und stellten ihre zweite LP WILD PLANET (US #19) vor. Die »schmutzige kleine Tanzkapelle« (*Rolling Stone*) bewies, daß sie mit »Spielzeug-Pianos, Walkie-Talkies, unvollständig besaiteten Gitarren, Bongo-Drums« (*Musik Express*), allerlei Elektronik und grellem Gesang auch auf der Bühne bestehen konnte. WILD PLANET wirkte ausgefeilter und lieferte »radikalen Avantgarde-Pop der 80er Jahre« (*New Musical Express*). Dabei rückte Fred Schneider mit seiner markigen Stimme immer stärker in den Vordergrund. Er parodierte triviale Geschichten der amerikanischen Comic-

und SF-Literatur, ohne es an der nötigen Selbstironie fehlen zu lassen.
1981 befand sich der glamouröse Großstadtpop in einer Sackgasse. Die Gruppe legte deshalb eine 18monatige Pause ein, die sie geschickt mit Neuabmischungen bekannter Songs auf der LP PARTY MIX (GB #24, US #62) überbrückte. Dabei bewiesen sie wieder die »genial-schlichte Fähigkeit, ordentlichen, guten und sauberen Spaß zu schaffen« (*Rolling Stone*).
Anfang 1982 produzierte David →Byrne von den **Talking Heads** das bis dahin erfolgreichste Album MESOPOTAMIA (GB #16, US #35), das von der Kritik sehr unterschiedlich bewertet wurde. Einerseits wurde ihnen »gewollte Unbekümmertheit« (*Rolling Stone*) unterstellt, andererseits wurde ihre Musik als »führender intellektueller Amerika-Pop« (*New Musical Express*) gelobt. Ähnlich erging es im Sommer 1983 der LP WHAMMY (GB #18, US #29, D #40), aus der die Single ›Legal Tender‹ (US #89) ausgekoppelt wurde.
Ab 1984 wurde es still um das »bunte Partyquintett« (*Musik Express*), das für seine Mixtur aus »50er Jahre Rock'n'-Roll und Punkenergie« (*Guinness*) eine neue Herausforderung suchte. Am 13. 10. 1985 starb Gitarrist Ricky Wilson im Alter von 32 Jahren an Krebs. Seine letzten Aufnahmen mit den **B 52's** erschienen ein Jahr später auf dem nicht sehr erfolgreichen Album BOUNCING OFF THE SATELLITES (GB #48, US #85). Ein kommerzieller Erfolg gelang in Großbritannien mit der Wiederveröffentlichung der Kultsingle ›Rock Lobster‹ (GB #8), doch die Zukunft der Band war zu diesem Zeitpunkt ungewiß.
Im Spätsommer 1989 feierten die »ungekrönten Könige des Tanzhedonismus« (*brit. Sounds*) ein unerwartetes Comeback. Unter der Produktionsregie von Nile Rodgers (→**Chic**) und Don Was (→**Was Not Was**) entstand die LP COSMIC THING (GB #75, US #4, D #86) mit den Bestsellern ›Love Shack‹ (GB #2, US #3) und ›Roam‹ (GB #17, US #3, D #40). Die **B 52's** hatten ihre Krise überwunden. Das Quartett spielte wieder einen fröhlichen Pop, eine Mixtur aus Rock'n'Roll, Beat und Punk: »Ihr Minimal-Trash garantiert Popspaß der Extraklasse« (*Musik Express*).
Nach einer erneuten Pause und ohne die Sängerin/Gitarristin Cindy Wilson veröffentlichten die **B 52's** im Juli 1992 das Album GOOD STUFF (GB #8, US #16, D #22) mit der gleichnamigen Single (GB #21, US #28, D #37), produziert von Rodgers und Was. Auch hier blieben sie ihrem Sound treu: »schräger Science-fiction Pop mit chaotischem Kreuz- und Quergesang, spacigen Gitarren und 'ner Schweine-Orgel« (*Musik Express*). Die **B 52's** stellten das neue Repertoire mit Gastsängerin Julee Cruise auf einer ausgedehnten, sehr unterschiedlich beurteilten Europatournee zwischen November 1992 und Januar 1993 vor. Ein Jahr später gelang ihnen unter dem Namen **B 52's** mit dem Titelsong der Neuverfilmung des Comic-Klassikers »The Flintstones« erneut ein Tophit (GB #3, US #33, D #9).
»Schnelle Punkhappen und sein marktschreierischer Stakkato-Gesang« (*Fachblatt*) kennzeichneten im Sommer 1996 Schneiders Solo JUST FRED. Er blieb seinem ungewöhnlichen Dance Pop-Stil treu und wurde dabei von drei unterschiedlichen Bands begleitet: **Deadly Cupcake**, **Shadowy Men On A Shadowy Planet** und **Six Finger Satellite**.

B 52's (1979) Island 842 444 • WILD PLANET (1980) Island 842 436 • PARTY MIX (1981) Island 846 044 • MESOPOTAMIA (1982) Island

840 239 • WHAMMY (1983) Island 842 445 • BOUNCING OFF THE SATELLITES (1986) Island 842 480 • COSMIC THING (1989) Reprise 7599–25854 • GOOD STUFF (1992) Reprise 7599–26943 • (S) BEST OF THE B 52's: DANCE THIS MESS AROUND (1990) Island 846 238 • Fred **Schneider**: JUST FRED (1996) Reprise • **Fred Schneider & The Shake Society**: FRED SCHNEIDER & THE SHAKE SOCIETY (1984) Warner Brothers 7599– 26592

Babes In Toyland

Lore Barbero (dr, voc), Kat Bjelland (voc, g), Maureen Herman (b)

Als Katherine Bjelland (*9. 12. 1963, Salem, Oregon) 1987 nach San Francisco kam, schloß sie sich der Band **Sugar Baby Doll** an, zu der auch Courtney Love (später **Hole**) und Jennifer Finch (später **L7**) gehörten. Das Unternehmen scheiterte nach wenigen Monaten, und Bjelland ging nach Minneapolis. Dort bildete sie zusammen mit Lore Barbero (*27. 11. 1960, Minneapolis) und Michelle Luon (b) das Hardcore-Trio **Babes In Toyland**, das durch einige Independent-Singles für Sub Pop Records zu einer lokalen Größe wurde. Im Vorprogamm von →**Sonic Youth** tourten sie durch Europa und erregten mit ihrem rauhen, garstigen und unbeherrschten Sound viel Aufmerksamkeit. Produziert von Jack Endino nahmen sie 1989 das Album SPANKING MACHINE im Live-Verfahren auf. Die Platte erinnerte an Frühwerke der →**Cramps** und →**Birthday Party**.

1991 unterschrieben **Babes In Toyland** einen Plattenvertrag bei WEA. Die »härteste Rockband auf Erden« (*Melody Maker*) setzte auf einen energiegeladenen Powerrock, der keine Kompromisse einging: »Wir wollen anders klingen als alles, was man je zuvor gehört hat. Denn sobald es langweilig wird, schmeißen wir den Kram hin« (Kat Bjelland). **Babes In Toyland** unterwarfen sich keiner Mode und suchten nach einem »komplett anderen Beat und ungewöhnlicher Rhythmik« (*Guinness*).

Nach TO MOTHER verließ Michelle Luon die Band. Maureen Herman wurde ihre Nachfolgerin und debütierte auf der 92er-LP FONTANELLE. Die Platte erhielt sehr gute Rezensionen und verschaffte dem Trio ein Engagement im Vorprogramm von →**Faith No More**. Im Jahr darauf legten **Babes In Toyland** eine Pause ein. Barbero gründete ein eigenes Label, und Bjelland arbeitete mit ihrem Ehemann Stuart Grey von **Lubricated Goat** zusammen. Mit Russell Simins, dem Schlagzeuger der **Jon Spencer Blues Explosion**, bildeten sie das Trio **Crunt**. Anfang 1993 begannen in Seattle die Aufnahmen zur Debüt-LP, die bereits im Februar des Jahres veröffentlicht wurde. Musikalisch und rhythmisch immer noch nicht perfekt, meldeten sich **Babes In Toyland** mit PAINKILLERS zurück. Sie genossen inzwischen Kultstatus und galten als Vorbilder für eine Reihe junger, ungestümer Frauenbands. Bei NEMESISTER spielte das Trio »unkontrolliert experimentierfreudig gegen alle Regeln an« (*Rolling Stone*) und setzte magische Akzente trotz begrenzter technischer Möglichkeiten und geringer musikalischer Inspiration.

SPANKING MACHINE (1990) Twin Tone • TO MOTHER (1991) Mini-LP WEA • FONTANELLE (1992) WEA • PAINKILLERS (1994) WEA • NEMESISTER (1995) WEA 936 245–848

Baby Animals

Frank Celenza (dr), Suze DeMarchi (voc, g), Dave Leslie (g), Eddie Parise (b)

Die im australischen Perth geborene Suze DeMarchi gründete 1989 in Sydney die Hardrockband **Baby Animals**. Sie begann ihre Karriere bei **Photoplay** und ging anschließend nach London, um sich dort vier Jahre als Popsängerin durchzuschlagen. Mit den **Baby Animals** verwirklichte sie ihre Vorstellungen von einer robusten Rockmusik, irgendwo angesiedelt zwischen dem Sound von →**Led Zeppelin** und der →**Pretenders**. Mittels ausgiebiger Clubtourneen durch den australischen Kontinent verschaffte sich das Quartett das notwendige Rüstzeug, um sich auch international zu behaupten.
Terry Ellis, einst Mitinhaber von Chrysalis Records, nahm die Band für sein neues Label Imago unter Vertrag, nachdem er sie in Sydney auf der Bühne erlebt hatte: »Die Band war großartig, die Songs wahnsinnig. Und Suze strahlte für mich diesen undefinierbaren Zauber aus, der einen Künstler aus der Masse heraushebt und zum Star qualifiziert« (Terry Ellis). Als Produzent konnte der Brite Mike Chapman (→**Sweet**, Suzie →Quatro, **Smokie**) gewonnen werden. Er verstand sich jedoch mehr als Berater und überließ den **Baby Animals** die Initiative. Das Quartett spielte für die erste LP BABY ANIMALS (GB #70) die meisten Songs live im Studio ein und variierte zwischen »Blues-Boogie-Rhythmen, Heavynummern und Balladen« (*Musikmarkt*). In ihrer Heimat wurde die LP viermal mit Platin ausgezeichnet. Als das vielgelobte Album im Spätherbst 1991 auf den Markt kam, tourten die **Baby Animals** gerade als Anheizer für Bryan →Adams durch Europa. Für die LP und die Single ›Painless‹ erhielt die Gruppe zwei australische Music Awards und einen weiteren als »populärster neuer Act«.
Fast zwei Jahre lang waren die **Baby Animals** fast ununterbrochen auf Tournee. Am Ende einer Tour mit →**Van Halen** blieben sie in den USA und nahmen in den Bearsville Studios das zweite Album SHAVED AND DANGEROUS auf, das sich ebenfalls durch schneidende Gitarrenriffs und die unwiderstehliche Stimme von DeMarchi auszeichnete. Produzent war diesmal Ed Stasium, der bereits die →**Ramones** und →**Living Colour** betreut hatte. Die **Baby Animals** legten mehr Wert auf eine fesselnde Live-Atmosphäre als auf polierte Studioperfektion. Stargast war Nuno Bettencourt, Gitarrist der US-Band →**Extreme**. Als einzige Fremdkomposition übernahmen die **Baby Animals** ›Be My Friend‹ von →**Free**.

BABY ANIMALS (1991) RCA, PL 90580 • SHAVED AND DANGEROUS (1993) RCA 7278721019

Babys

Tony Brock (dr, p, voc), Michael Corby (g, key), Wally Stocker (g), John Waite (voc, b)

Dreh- und Angelpunkt der **Babys** war von Anfang an John Waite (* 4. 7. 1954). Er kam aus Lancaster, spielte in verschiedenen lokalen Bands und kam mit **England** nach London. Die Gruppe blieb nicht lange zusammen, und Waite versuchte vorübergehend sein Glück in

New York, wo er sich den **Boys** anschloß. Auch diese Formation hatte keine Zukunft. Waite kehrte nach London zurück und gründete 1976 mit Michael Corby (* 3. 7. 1955), Tony Brock (* 31. 3. 1954) und Wally Stocker (* 17. 3. 1965) die **Babys**. Brock hatte zuvor bei **Spontaneous Combustion** und **Strider** gespielt.

Die schwache Debüt-LP THE BABYS erschien im März 1977. Die Auskopplung ›If You've Got The Time‹ (US #86) kam in die US-Singlecharts und veranlaßte das Quartett, die Heimat zu verlassen, um sich in Los Angeles niederzulassen. Die **Babys** setzten nun auf sauberen, perfekt inszenierten Mainstreamrock, der besonders durch seine ausgezeichneten Gesangsharmonien auffiel.

Der Erfolg stellte sich im Oktober 1977 mit dem Hit ›Isn't It Time‹ (US #11) und dem Album BROKEN HEART (US #54) ein. Die LP wurde ebenso vergoldet wie die drei nachfolgenden. Die Band hatte es mit einem Poprock modernster Prägung und glänzenden Vokalleistungen geschafft, »einen eigenen typischen Sound« (*Melody Maker*) zu kreieren. 1978 kamen die **Babys** mit den Singles ›Silver Dreams‹ (US #61), ›Every Time I Think Of You‹ (US #13) und dem Album HEAD FIRST (US #37) in die Hitparaden. Kurz vorher hatte Corby die Gruppe verlassen und wurde durch den Amerikaner Jonathan Cain an den Keyboards ersetzt. Damit Waite sich ausschließlich auf den Leadgesang konzentrieren konnte, wurde Ricky Philips als neuer Bassist engagiert. Fortan wurden »die **Bay City Rollers** für Erwachsene« (*Rolling Stone*) der US-Szene zugerechnet und erreichten eine beachtliche Publizität. Bis zu 20000 Fans besuchten ihre Konzerte, und die Tourneen fanden in der Regel in ausverkauften Häusern statt.

1980 hatten die **Babys** noch einmal ein Erfolgsjahr. Das Album UNION JACKS (US #39) bot zwar nicht viel Neues, enthielt aber mit ›Back On My Feet Again‹ (US #26) noch einmal einen überdurchschnittlichen Song. Außerdem wurde ›Midnight Rendezvous‹ (US #68) ausgekoppelt. 1981 ging es mit der Gruppe bergab. Im Januar war Cain zu → **Journey** gewechselt und produzierte ein Jahr später eine LP von Jimmy → Barnes. Dann enttäuschte das Album ON THE EDGE, das mit Ausnahme der Single ›Turn And Walk Away‹ (US #51) nichts Originelles enthielt und einen »ziemlich üblen Sound« (*Record Mirror*) bot. Die **Babys** lösten sich daraufhin im November 1981 auf.

Nur John Waite konnte seine Karriere erfolgreich fortsetzen. Nach seinem schwachen Debüt IGNITION im Juli 1982 gelang ihm nach zweijähriger Pause mit ›Missing You‹ (GB #8, US #1, D #13) aus dem Album NO BRAKES (GB #38, US #10) ein weltweiter Bestseller. Waite verschrieb sich einem temperamentvollen Melodic-Rock mit balladesken Untertönen. Er verschmolz geschickt traditionelle Rockelemente mit moderner Popdramatik, und Waite schaffte damit eine Grammy-Nominierung als bester männlicher Popsänger. Für seine Live-Auftritte stellte Waite mit John McCurry (g), Tommy Mandel (key, syn), Frank Larocka (dr) und Joey Vasta (dr) die **No Brake Band** zusammen. Diese Formation unterstützte den Wahl-New Yorker auch auf dem 85er Album MASK OF SMILES (US #36). Als Singles erschienen in schneller Folge ›Restless Heart‹ (US #59), ›Every Step Of The Way‹ (US #25), ›Welcome To Paradise‹ (US #85) und ›Change‹ (US #54) aus dem Soundtrack zu »Vision Quest«.

Waites Erfolg ließ mit Erscheinen der 87er-LP ROVER'S RETURN (US #77) und

den Singles ›These Times Are Hard For Lovers‹ (US #53) und ›Don't Lose Any Sleep‹ (US #81) deutlich nach. Die »austarierte Balance zwischen hartem Rock und Chris de Burgh-Refrains« (*Musik Express*) bewies einmal mehr Waites stimmliche Qualitäten, enttäuschte aber mit »tausendmal gehörten Gitarrenriffs über eintönigen Klangteppichen« (*Hifi Vision*).
Waite und Jonathan Cain trafen sich 1989 bei der Heavyband →**Bad English** wieder. Waite profitierte im Februar 1993 von der Wiederveröffentlichung seines Hits ›Missing You‹ (GB #56).

THE BABYS (1976) Chrysalis 202 625 • BROKEN HEART (1977) Chrysalis 202 626 • HEAD FIRST (1978) Chrysalis 202 627 • UNION JACKS (1980) Chrysalis 202 628 • ON THE EDGE (1981) Chrysalis 203 004 • (S) ANTHOLOGY (1981) Chrysalis 32 1351 • Tony Brock mit **Spontaneous Combustion**: SPONTANEOUS COMBUSTION (1972) Harvest, SHVL 801 • TRIAD (1973) Harvest, SHVL 805 • John **Waite**: IGNITION (1982) Chrysalis 32 1376 • NO BRAKES (1984) EMI 746 078 • MASK OF SMILES (1985) EMI 064–240386 • ROVER'S RETURN (1987) EMI 064–240803 • TEMPLE BAR (1995) Imago 21033 • (S) THE ESSENTIAL (1976–1986) (1995) Chrysalis 32 1864

Bachman-Turner Overdrive

Randy Bachman (g, voc), Robin Bachman (dr), Blair Thornton (g), Fred Turner (b, voc)

Bandleader Randy Bachman (* 27. 9. 1943, Winnipeg) war Gründungsmitglied der kanadischen Topgruppe →**Guess Who**. Nach musikalischen Differenzen verließ der schwergewichtige Gitarrist **Guess Who** 1970 und begann mit der Produktion seiner Solo-LP AXE. Nach längerer Krankheit und einem gescheiterten Projekt mit Keith Emerson (→**Emerson, Lake & Palmer**) stellte er 1971 in Vancouver mit seinem Freund Fred Turner (* 16. 10. 1943, Winnipeg), seinem Bruder Robin Bachman (* 18. 2. 1953) und dem ehemaligen **Guess Who**-Sänger Chad Allan das Rockquartett **Brave Belt** zusammen. Die Band veröffentlichte zwei grundsolide, aber wenig aufregende Alben und trennte sich Anfang 1972.
Die Bachmans – nun auch mit Tim Bachman (g) – und Turner blieben zusammen und nannten sich nach dem Truckermagazin *Overdrive* **Bachman-Turner Overdrive**. Die Band wurde zum Synonym für urwüchsigen, bodenständigen und melodischen Heavyrock, der aber zunächst von 24 Plattenfirmen abgelehnt wurde. Im August 1973 brachte Mercury Records das Album BACHMAN-TURNER OVERDRIVE auf den Markt und koppelte im November die Single ›Blue Collar‹ (US #58) aus. Die LP wurde kein Erfolg, doch mit dem zweiten Album profilierten sich **BTO** als »Popalternative zum Heavy Metal« (*Rolling Stone*).
BACHMAN-TURNER OVERDRIVE II (US #4) und die Singles ›Let It Ride‹ (US #17) und ›Takin' Care Of Business‹ (US #12) eroberten ab Februar 1974 die nordamerikanischen Charts im Sturm und verhalfen auch dem ersten Album (US #72) noch zu einer akzeptablen Hitparadenplazierung. Randy Bachmans subtile Gitarrenkünste dominierten den rauhen und zugleich geschliffenen Heavystil. Vor allem die Kids strömten nun massenweise in die Konzerthallen, wo sie ge-

nau das bekamen, wonach sie verlangten: einen eingängigen, tanzbaren, kraftvollen und impulsiven Sound.

BTO gingen ausgiebig auf Tournee und traten als stets korrekte, professionelle Band auf, die mit der Präzision eines Uhrwerks ihren Verpflichtungen nachkam. Das Quartett gab sich stets freundlich und verzichtete auf Extratouren und Starallüren. Zur Freude des bürgerlichen Nordamerikas verkündete Bandchef Randy Bachman: »Rauschgift, Alkohol, selbst Nikotin sind für die Overdriver tabu.« Grund war die Zugehörigkeit der Musiker zu den Mormonen. Angeblich führten ein paar Gramm Haschisch Mitte 1974 zum Rauswurf von Tim Bachman. Für ihn kam der blutjunge Gitarrist Blair Thrornton, der – gänzlich unerfahren in der Studioarbeit – nach nur einer Woche Bandzugehörigkeit an der Produktion des dritten Albums mitwirkte.

NOT FRAGILE (GB #14, US #1, D #6) erschien im August 1974 und erwies sich als erfolgreichste Platte von BTO, randvoll mit potentiellen Hits, allen voran das von den → Who abgekupferte ›You Ain't Seen Nothing Yet‹ (GB #2, US #1, D #1). Der Song führte fünf Wochen die nordamerikanischen Single-Charts an. Ihm folgte im Januar 1975 ›Roll On Down The Highway‹ (GB #22, US #15, D #18). Für die kommenden drei Jahre gehörten BTO zu den großen amerikanischen Tournee-Attraktionen, die darüber hinaus in Europa und vor allem in Japan und Australien überaus populär waren. Kritiker der Band spotteten über ihr »Holzfäller-Image« (*Sounds*) und nannten ihre Musik »einfallslos und gewöhnlich« (*Rolling Stone*). Ihre Fans sorgten dagegen für Millionenauflagen und verhalfen auch FOUR WHEEL DRIVE (US #2, D #19) mit der Hitsingle ›Hey You‹ (US #18, D #9) zu Platin- und Goldauszeichnungen.

Fast ständig ›on the road‹, brachen BTO in St. Louis den Besucherrekord der → Rolling Stones mit über 19000 Zuhörern und spielten in Großbritannien, Deutschland und Asien. »Wir merkten, daß wir langsam müde wurden und dringend eine Pause benötigten, aber die Plattenfirma wollte mehr von uns« (Randy Bachman). Die Band erfüllte ihre vertraglichen Verpflichtungen und brachte Ende 1975 mit HEAD ON (US #29) bereits das vierte Hitalbum in Folge auf den Markt. Als Single erschien ›Take It Like A Man‹ (US #73). Der BTO-Sound begann nach und nach in Routine zu erstarren. Die Band gönnte sich daraufhin eine Pause und beschränkte sich 1976 auf den Sampler BEST OF (US #21) und eine Japantournee, die auf dem 1977 veröffentlichten Live-Mitschnitt festgehalten wurde. Songwriter Randy Bachman nutzte die Zäsur, um den Sound seiner Gruppe progressiver zu gestalten. Er wollte weg von den Hitformaten und experimentierte beim 77er Album FREEWAYS (US #73) mit Streicher- und Bläsersätzen. Die im Phase One Studio in Toronto aufgenommene Platte schaffte als letzte BTO-LP den Sprung in die Verkaufscharts. Die Fans akzeptierten die Veränderungen nicht, die Umsätze sanken bei den folgenden Platten weiter. STREET ACTION und ROCK'N'ROLL NIGHTS, bei denen → April Wine-Drummer Jim Clench mitwirkte, fielen beim Publikum durch, und BTO hielten sich nur als gefragte Live-Formation über Wasser.

Randy Bachman löste BTO vorübergehend auf und widmete sich zunächst seiner Soloplatte SURVIVOR. Mit prominenten Studiohelfern wie Tom Scott und Jeff

Porcaro bemühte er sich, seine Hammerrock-Vergangenheit abzustreifen, was ihm mit einigen Kompositionen und feinen Gitarrensoli auch teilweise gelang. Er half bei einer Produktion der → **Pointer Sisters** aus und gründete 1979 das Quartett **Ironhorse** mit Tom Sparks (g, voc), John Pierce (b) und Mike Baird (dr), mit dem er vergeblich versuchte, seine Rock'n'Roll-Wurzeln wiederzubeleben. Im März 1979 gelang der Gruppe mit ›Sweet Lui-Louis‹ (US #54) ein kleiner Singlehit, doch nach zwei mäßigen Heavyalben trennten sich **Ironhorse** wieder. Auch ein weiterer Anlauf mit einem ähnlichen Konzept bei der Band **Union** scheiterte ebenfalls nach einer LP. Bei **Union** spielte Bachman wieder mit Fred Turner zusammen.

Gemeinsam mit Turner, Tim Bachman und dem ehemaligen **Guess Who**-Drummer Gary Peterson reformierte Randy Bachman sein ehemaliges Erfolgsunternehmen **BTO**. 1983 tourten sie wieder durch die USA und nahmen die Comeback-LP B-T-O auf, die ebensowenig in die Charts kam wie der 86er Mitschnitt LIVE-LIVE-LIVE. Der ausbleibende Erfolg führte erneut zur Trennung. 1988 kam es mit Randy Bachman, Fred Turner, Blair Thornton und Robin Bachman zu einer weiteren Reunion, die sich ausschließlich auf die Konzertszene beschränkte.

Der kanadische Rock-Veteran Randy Bachman unternahm 1994 mit **Bachman** wieder einen Versuch, »den klassischen Gitarrenrock von einst« (*Billboard*) neu zu beleben. Als Stargäste konnte er Neil → Young und die Sängerin Margo Timmins gewinnen. Sie waren an einem überdurchschnittlich guten Poweralbum beteiligt, das wieder Hoffnung für die Zukunft machte.

BACHMAN-TURNER OVERDRIVE (1973) Mercury 6499 509 • BACHMAN-TURNER OVERDRIVE II (1973) Mercury 6338 482 • NOT FRAGILE (1974) Mercury 830 178 • FOUR WHEEL DRIVE (1975) Mercury IMS, PHCR 4173 • HEAD ON (1975) Mercury 6338 647 • FREEWAYS (1977) Mercury 838 199 • JAPAN TOUR (1977) Mercury, SRM 1–3703 • STREET ACTION (1978) Mercury 6338 872 • ROCK'N'ROLL NIGHTS (1979) Mercury 9111 020 • B-T-O (1984) RCA, CPL-1–1010 • LIVE-LIVE-LIVE (1986) MCA, IMCA 576 • BACHMAN-TURNER OVERDRIVE (1991) Bellaphon 288. 13. 016 • (S) BEST OF ... SO FAR (1976) Mercury 9100 026 • (S) GREATEST HITS (1981) Mercury 830 039 • (S) ANTHOLOGY (1993) Mercury 514 902 • (S) NIGHTRIDING: BACHMAN-TURNER OVERDRIVE (1988) Nightriding, KNLP 10008 • **Bachman**: ANY ROAD (1994) Guitar 99406 • Randy **Bachman**: AXE (1970) RCA 26 21558 • SURVIVOR (1978) Polydor 2391 344 • **Brave Belt**: BRAVE BELT (1971) Reprise 6447 • BRAVE BELT II (1972) Reprise 54036 • **Ironhorse**: IRONHORSE (1979) Scotti Bros. 7103 • EVERYTHING IS GREY (1980) Scotti Bros. 7108 • **Union**: ON STRIKE (1981) Portrait 85121

Bad Brains

Dr. Know (g), Earl Hudson (dr), H. R. (voc), Darryl Jennifer (b)

1978 in Washington D.C. von den Brüdern Paul ›H. R.‹ (* 11. 2. 1956, London) und Earl Hudson (* 17. 12. 1957, Alabama) sowie Dr. Know (Gary Wayne Miller, * 15. 9. 1958, Washington) und Darryl Aaron Jennifer (* 22. 10. 1960, Washington) formiert, lösten die **Bad Brains** nach ihrer Übersiedlung nach New York City mit ihrem ultraschnellen Hardcore-Punk, den sie mit Dub Reggae kreuzten, eine

musikalische Revolution aus. Ihrer ersten, gerade 133 Sekunden langen, Single ›Pay To Cum‹ folgte das Album BAD BRAINS, das ausschließlich als Musikkassette vertrieben wurde. Unter der Produktionsregie von Ric Ocasek (→ **Cars**) entwickelten sie eine bis dahin einmalige Mixtur aus Punk, Reggae, Rock'n'Roll, Jazz und Heavy Metal: »Unter uns nennen wir unsere Musik Jah Music; Leute, die eine Schublade dafür brauchen, können sie meinetwegen als good old Rock'n'Roll bezeichnen« (H. R.).
Bad Brains spielten ihre Songs schneller, härter und lauter als die Konkurrenz und ebneten Bands wie → **Black Flag** den Weg. Um eine Tournee mit den → **Damned** durch Großbritannien unternehmen zu können, verkauften sie einen Großteil ihrer Anlage. In Europa wurden sie als herausragende Vertreter der Punkbewegung gefeiert, obwohl sie nur bedingt diesem Genre zuzurechnen waren. Zurück in den USA spielten sie mehrere Jahre lang in der Clubszene der Ostküste. Ihre Musik brach weiterhin sämtliche Geschwindigkeitsrekorde, und bei dem 83er-Album ROCK FOR LIGHT überraschten sie mit Texten, »in denen sie Liebe und Brüderlichkeit predigten« (*Szene Hamburg*). Nachdem sie die LP auch in Europa vorgestellt hatten, lösten sich die **Bad Brains** vorübergehend auf.
1985 kam die Band wieder zusammen und arbeitete an dem Album I AGAINST I, bei dem sie sich mittels harter Rock- und Metalklänge vom Punk- und Reggae-Purismus lösten: »Mit der Platte zollen wir der Musik unserer Jugend Tribut« (H. R.). Als der Mitschnitt LIVE auf den Markt kam, hatte Leadsänger H. R. die **Bad Brains** verlassen, um sich als Solist zu versuchen. Auch sein Bruder Earl Hudson stieg aus. Als Nachfolger kamen Mackie (dr) von den **Cro-Mags** und ein bis dato unbekannter Sänger. Bis zur Rückkehr von H. R. wurde mit ATTITUDE lediglich eine Session aus frühen **Bad Brains**-Tagen veröffentlicht. H. R. stand als Abkürzung für Human Rights. Unter diesem Pseudonym brachte er ab 1985 Alben heraus, mit denen er »seine radikalen Ideen von Rasta-Religion sowie von Rhythmus, Jazz und Reggae« (*Musik Express*) verfolgte. Außerdem produzierte er 1988 die LP ZION TRAIN mit dem jamaikanischen Sänger Ras Michael. Ebenfalls 1988 war Dr. Know als Produzent von **Token Entry** bei deren Album JAYBIRD tätig.
In Originalbesetzung, ausgestattet mit einem Vertrag von Virgin Records und unterstützt durch den Produzenten Ron St. Germain (→ **Living Colour**) waren die **Bad Brains** mit dem Album QUICKNESS wieder da: »Jeder Song ist rhythmisch vielfach gebrochen, Stimmungen und Atmosphären wechseln abrupt und schnell. Jedes Detail dieser phänomenalen Platte offenbart ein musikalisches Universum« (*Hifi Vision*). Nach dem Album THE YOUTH ARE GETTING RESTLESS, das 1987 im Amsterdamer Paradiso mitgeschnitten wurde, und einigen heftig kritisierten Live-Shows gingen die Hudson-Brüder wieder eigene Wege. Die **Bad Brains** absolvierten Probe-Gigs mit Henry → Rollins und Ex- → **Faith No More** Chuck Mosley und präsentierten 1993 ihren »bahnbrechenden Reggae-Hardcore-Crossover« (*Metal Hammer*) auf RISE mit dem neuen Sänger Israel Joseph I (Dexter Pinto, *6. 2. 1971, Trinidad) und dem Drummer Mackie Jayson (*27. 5. 1963, New York).
Doch schon zur 94er LP kehrten die Hudsons zu den **Bad Brains** zurück. Sie verstanden GOD OF LOVE als »ein überzeugendes Manifest ihrer Philosphie«

(PR-Text) und setzten auf euphorische Highlife-Rhythmik und mischten erstmals auch leichte Popelemente dazu. Als Produzent hatte wieder Ocasek die Aufsicht: »Verglichen mit Rise ist das neue Album ein Meisterwerk« (*Spin*). Die 96er-Compilation BLACK DOTS enthielt Material, das im Juni 1979 als Demo-Band geplant war. Die Band ging ins Inner Ear-Studio in Arlington, Washington, und engagierte den Toningenieur Don Zientara. Deshalb kursierten die Bänder als Bootleg unter dem Namen ZIENTARA SESSIONS.

ROCK FOR LIGHT (1983) Line 842113 • I AGAINST I (1986) Instant 842231 • LIVE (1988) SST 2716172 • ATTITUDE: THE ROIR SESSION (1989) SPV 846105 • QUICKNESS (1989) Virgin 210247• THE YOUTH ARE GETTING RESTLESS (1990) Virgin 260719 • SPIRIT ELECTRICITY (1991) SST 228 • RISE (1993) Epic 474265 • GOD OF LOVE (1994) WEA • BLACK DOTS (1996) Virgin 842262 • **H. R.**: NOW YOU SAY (1984) SST 173 • KEEP OUT OF REACH (1985) SST 177 ITS ABOUT LUV (1985) SST 179 • HUMAN RIGHTS (1988) SST 117 • SINGIN' IN THE HEART (1990) SST • CHARGE (1990) SST 256 • ROCK OF ENOCH (1991) SST 274 • (S) HR TAPES '84–'86 (1988) SST 171 • (S) BLACK DOTS (1996) Caroline 84226 • **H. R.** und Earl **Hudson** mit Ras Michael: ZION TRAIN (1988) SST 168

Bad English

Jonathan Cain (key), Dene Castronovo (dr), Ricky Phillips (b), Neal Schon (g), John Waite (voc)

1988 fanden sich erfahrene Musiker zusammen, um den Trend des neuen nordamerikanischen Heavyrocks zu nutzen. John Waite konnte auf große Erfolge mit den →**Babys** wie als Solist zurückblikken. Cain und Phillips spielten ebenfalls kurzzeitig bei den **Babys**, Cain zuletzt bei →**Journey**. Schon war lange Zeit Gitarrist bei →**Santana**, und Dene Castronovo kam von den **Wild Dogs**.
Im Juli 1989 wurde das Debüt BAD ENGLISH (GB #74, US #21) erstmals in den LP-Charts registriert. Die Platte kombinierte »instantartig sauberen Melodic-Rock und mächtige Balladen« (*Guinness*) und lieferte fünf Singles. ›Forget Me Not‹ (US #45), ›When I See You Smile‹ (GB #61, US #1, D #84), ›Price Of Love‹ (US #5), ›Heaven Is A Four Letter Word‹ (US #66) und ›Possession‹ (US #21). Die Band schien mit ihrem blitzblanken Mainstream-Sound vor einer internationalen Karriere zu stehen und wurde in den USA neben →**Mr. Big**, **Badlands** und **Blue Murder** zu den hoffnungsvollsten Gruppen der 90er Jahre gezählt.
Doch nach dem zweiten Album BACKLASH (GB #64, US #72, D #48) mit der Auskopplung ›Straight To Your Heart‹ (US #42) gab es Streit bei **Bad English**. Obwohl die Musiker »mit routinierter Finesse kühl kalkulierte Songs, die ziemlich sicher wieder Spuren in den Charts hinterlassen werden« (*Musik Express*), lieferten, konnten sie sich über die zukünftige Richtung nicht einigen. Waite wollte daraufhin seine Solokarriere fortsetzen. Schon und Cain beteiligten sich an den Planungen zu einem Comeback von **Journey**, und Phillips und Castronovo begleiteten Jimmy Page und Robert →Plant bei deren gemeinsamem Projekt.

BAD ENGLISH (1989) Epic 463447 • BACKLASH (1991) Epic 468569

Bad Religion

Brian Baker (g), Jay Bentley (b), Greg Graffin (voc), Greg Hetson (g), Bobby Schayer (dr)

Die Hardcore-Formation wurde 1980 in Los Angeles von Greg Graffin, Brett Gurewitz (g), Jay Bentley und Jay Lishrout (dr) gegründet. Gurewitz richtete mit Epitaph ein Label ein und ermöglichte so die Veröffentlichung der unter mäßigen technischen Bedingungen produzierten EP ›Bad Religion‹. Danach erschienen mehrere Songs der Band auf lokal verlegten Samplern. 1981 wurde Lishrout von Pete Finestone am Schlagzeug abgelöst. In Hollywood entstand das heute legendäre Album How Could Hell Be Any Worse?, das auch überregional auf Interesse stieß. **Bad Religion** bevorzugten einen ultraschnellen Punkrock, den sie mit Metalelementen mischten.
In den nächsten Jahren änderte sich die Besetzung häufig, und durch die Drogenprobleme von Gurewitz waren **Bad Religion** über längere Phasen zur Inaktivität verurteilt. 1983 kamen Paul Dedona (b) und Davy Goldman (dr) für Bentley und Finestone. Ein Jahr später und nach der Veröffentlichung der LP Into The Unknown ersetzten Greg Hetson (g) und Tim Gallegos (b) Gurewitz und Dedona. Mit dieser LP verschreckten die Underground-Stars ihre Fans durch Syntheziserexperimente und Folkanleihen. **Bad Religion** versuchten, mit konventionellem Rock den kommerziellen Erfolg zu erzwingen. Das Unterfangen scheiterte, und bis 1987 arbeitete die Band nur noch sporadisch zusammen. Hetson engagierte sich für die Punkgruppe **Circle Jerks**, zu der er bereits seit 1981 gehörte.
Wieder mit Gurewitz kehrten **Bad Religion** 1988 bei der LP Suffer zum »direkten, melodiösen Punkrock mit authentischer Hardcore-Message« (*Musik Express*) zurück. Die Kritiker feierten **Bad Religion** als »wahre Neuerer« (*Rolling Stone*) und als »Priester des Punk« (*Musik Express*). Sie klangen aggressiv, engagiert und anklagend und skizzierten in ihren Texten düstere Zukunftsvisionen. Dies kam nicht von ungefähr, da Graffin Biologie studiert und 1991 seinen Doktor gemacht hatte: »Wenn man als Wissenschaftler hauptsächlich mit der Evolution und dem Aussterben von Lebensformen beschäftigt ist, dann ist das nicht die beste Voraussetzung dafür, ein sorgloses, oberflächliches Leben zu führen« (Greg Graffin).
Ab Against The Grain stiegen die Auflagen der Alben stetig. **Bad Religion** wurden als Kultband des Punk verehrt, hatten aber keine Berührungsängste mit Los Angeles-Pop und typisch nordamerikanischem Melodic-Rock. Über ihr Album Recipe For Hate (D #34) hieß es: »In dem scheinbar engen Rahmen ihres selbst kreierten Stils nutzen sie die gesamte Palette möglicher Kompositionen mit ungewöhnlichen Rhythmusmustern« (*Metal Hammer*). Die Platte verkaufte sich 250000Mal und war Auslöser für den weiteren Erfolg der Punkrocker. Der Titel des 94er-Albums Stranger Than Fiction (US #87, D #6) verwies auf den Beatpoeten Allen Ginsberg. **Bad Religion** wirkten immer noch frisch und unverbraucht. Studiogast war Gitarrist Wayne Kramer (→ **MC 5**), und als Produzent konnte Andy Wallace (→ **Nirvana**, → **Sonic Youth**) gewonnen werden. Über eine Million Exemplare wurden welt-

weit von Stranger Than Fiction abgesetzt und verhalfen **Bad Religion** zu einem gelungenen Einstand bei Sony Music. »Sie thematisieren Korruption, Zensur, TV-Allmacht und ökologische Probleme« (*Musik Express*). Als Single erschien im Februar 1995 ›21st Century (Digital Boy)‹ (GB #41).

1995 beschloß Gründungsgitarrist Brett Gurewitz, sich stärker auf sein Label Epitaph Records zu konzentrieren, das → **Offspring** betreute. Er verließ **Bad Religion** und agierte sporadisch bei den **Daredevils**, die Anfang 1996 mit Gurewitz, Ex-**Little Kings** Gore Verbinski (g), Dean Opseth (b), zuvor bei **Medicine**, und Josh Freeze (dr) eine feste Band bildeten.

Bei The Gray Race wurde Brian Baker, zuvor bei den **Minor Threats**, als neues **Bad Religion**-Mitglied vorgestellt. Bandchef Greg Graffin schwärmte: »The Gray Race ist positiv, kraftvoll und genau auf den Punkt. Wir hatten schon immer Popstrukturen, seit den frühen Platten.« Die neue Version der brillanten Popsingle ›Punk Rock Song‹ (D #29) wurde von Graffin in gebrochenem Deutsch vorgetragen, quasi eine Verbeugung vor der großen deutschen Fangemeinde.

Die »letzten wahren Punkrocker« (*dt. Rolling Stone*) stellten sich im Frühjahr 1996 auch wieder in Deutschland vor und überzeugten mit einer schnörkellosen Show, die auf technische Effekte und optische Mätzchen verzichtete. Das im Frühjahr 1997 veröffentlichte **Bad Religion**-Live-Album Tested wurde im Laufe des Jahres 1996 in Nordamerika und Europa mitgeschnitten und enthielt drei »brandneue Songs« (*Cover-Text*).

HOW COULD HELL BE ANY WORSE? (1981) Epitaph, E-86407 • INTO THE UNKNOWN (1983) Epitaph, E-86407 • SUFFER (1988) Epitaph, E 86404 • NO CONTROL (1989) Epitaph, E 86406 • AGAINST THE GRAIN (1991) Epitaph, E 86409 • GENERATOR (1992) Epitaph, E 86416 • RECIPE FOR HATE (1993) Epitaph, E 86420 • STRANGER THAN FICTION (1994) Sony 477343 • THE GRAY RACE (1996) Dragnet 483652 • TESTED (1997) Dragnet 486 986 • (S) 80–85 (1991) Epitaph, E 86407 • (S) ALL AGES (1995) Epitaph, E 86443 • Greg **Hetson** mit **Circle Jerks**: GROUP SEX (1981) EFA 2606581 • WILD IN THE STREETS (1982) Faulty, COPE 3 • GOLDEN SHOWER (1983) Avenue 71088 • VI (1987) Roadrunner, SPV 39972 • WONDERFUL (1989) Rough Justice, JUST 1 • ODDITIES, ABNORMALITIES AND CURIOSITIES (1995) Mercury 526 948 • Brian **Baker** mit **Minor Threat**: OUT OF STEP (1983) Dischord DM 10 • MINOR THREAT (1984) Dischord DM 12 • (S) COMPLETE DISCOGRAPHY (1988) Dischord EFA 7304 • Greg **Graffin** mit **American Lesion**: AMERICAN LESION (1997) Dragnet

Joan Baez

Aussehen und Persönlichkeit der Sängerin, einer modernen Jeanne d'Arc, das helle, klare Tremolo ihrer sanften Stimme und die traditionellen, melancholischen Lieder erschlossen der abflauenden Folkwelle ein neues, junges und überwiegend intellektuelles Publikum. Engagierte Texte und ihr selbstbewußtes Auftreten machten Joan Baez zur »Muse des Folksongs« (*Musik Express*), die mit ihren Liedern an politisches Bewußtsein und Solidarität ihrer Anhänger appellierte. Joan Baez kämpfte gegen Rassendiskriminierung, gründete ein Institut der Gewaltlosigkeit, weigerte sich während des Vietnamkrieges Steuern zu zahlen und wurde von der amerikani-

schen Regierung zeitweise als Sicherheitsrisiko eingestuft. Sie nahm an zahlreichen Friedens- und Ostermärschen teil und wurde in diesem Zusammenhang 1967 zu 100 Tagen Haft verurteilt.
In ihrer erfolgreichsten Phase gelang ihr die Synthese zwischen Pop und Politik überzeugend und glaubwürdig. Doch Joan Baez war nicht nur die Galionsfigur der aktiven amerikanischen Linken, sondern auch, neben →**Peter Paul & Mary** und Bob →Dylan, die einflußreichste Persönlichkeit in der Weiterentwicklung der traditionellen Folkmusik. Rund 15 Jahre zählte sie zu den unumstrittenen Stars der Szene, dann begann ihr Stern langsam zu sinken. Schließlich profitierte Joan Baez nur noch von ihrer großen Vergangenheit und dem damit verbundenen Mythos.
Joan Baez wurde am 9. 1. 1941 in Staten Island, New York, als Tochter eines aus Mexiko stammenden Physikers und einer schottischen Lehrerin geboren. Sie wuchs im wohlhabenden Mittelstand auf und sammelte erste politische Erfahrungen auf dem Campus der Hochschulen. Sie begann in verschiedenen Chören zu singen, setzte sich mit den sozialkritischen Folksongs von Woody →Guthrie auseinander, lernte das Gitarrespielen, debütierte im Folkclub 47 in Cambridge, Massachusetts, und wurde 1959 beim Newport Jazz Festival entdeckt.
Das LP-Debüt JOAN BAEZ erschien 1960, kam aber erst nach dem Erfolg der zweiten Platte JOAN BAEZ 2 (US #13) vom Winter 1961 im März 1962 in die Charts (US #15). Beide Alben wurden vergoldet und hielten sich über 120 Wochen in den Charts. Noch erfolgreicher war die Veröffentlichung von IN CONCERT (US #10) im Oktober 1962. Ihr engelhafter, hypnotischer Gesang und die elegisch-hoffnungsvollen Gitarrenakkorde waren geeignet, »Gemeinsamkeit, Nähe, Wärme, Geborgenheit« (*Zeit*) heraufzubeschwören. Ihr Repertoire bestand überwiegend aus englischen Folkballaden und amerikanischen Traditionals, darunter Klassiker wie ›The House Of The Rising Sun‹ und ›Lily Of The West‹.
Als vierte LP erschienen im Herbst 1963 unter dem Titel THE BEST OF (US #45) die ersten Aufnahmen von Joan Baez, die gemeinsam mit Bill Wood und Ted Alevizos bereits 1959 entstanden waren. Wenige Wochen danach folgte IN CONCERT VOL. 2 (US #7). Der Mitschnitt enthielt den Song ›We Shall Overcome‹, mit dem Joan Baez bis heute identifiziert wird und das weltweit von der Friedensbewegung gesungen wird. Mit »völliger, auch verbaler Gewaltlosigkeit« (*Musik Express*) stellte sie sich an die Spitze der jungen außerparlamentarischen Opposition der USA, in der sich Beatniks, Studenten, Künstler und Bohemiens wiederfanden. Außerdem förderte sie in diesen Tagen den noch unbekannten Bob Dylan und ließ ihn bei ihren Konzerten auftreten. Dylan revanchierte sich mit einem Covertext zu ihrem Album IN CONCERT VOL.2, und bis etwa 1965 führten Joan Baez und Bob Dylan unumstritten die Folkbewegung an. Nach dem Durchbruch von Dylan begann Joan Baez verstärkt zeitgenössische Kompositionen zu interpretieren und widmete Dylan 1968 mit ANY DAY NOW eine komplette LP.
Mit dem Album 5 (GB #3, US #12) wurde Joan Baez 1965 auch international akzeptiert. Im gleichen Jahr gründete sie im kalifornischen Carmel ihr Institut der Gewaltlosigkeit und schaffte mit ›We Shall Overcome‹ (GB #24), ›There But For Fortune‹ (GB #7, US #34), Dylans ›It's

All Over Now Baby Blue‹ (GB #22) und ›Farewell Angelina‹ (GB #26) vier Single-Hits. Außerdem plazierten sich 5 (GB #3) und IN CONCERT VOL.2 (GB #7) nun auch in den britischen LP-Hitparaden.

Im Januar 1966 erschien unter dem Titel FAREWELL ANGELINA (GB #4, US #10) das sechste offizielle Album. Zum Repertoire gehörte der Song ›Pack Up Your Sorrows‹, den Joan Baez ihrem Schwager Richard Farina widmete, der zwei Monate zuvor bei einem Motorradunfall ums Leben gekommen war.

Politisch aktiv war sie als Mitinitiatorin der Liga gegen die Gewalt. Ihre konsequente Verurteilung des Vietnamkrieges brachte ihr viel Ärger mit der konservativen Öffentlichkeit ein. Verschiedene Radiostationen sperrten ihre Songs, und die rechten Printmedien rückten sie in die Nähe von Terroristen. Die Stimmung gegen die Bürgerrechtlerin wurde noch aufgebrachter, als die Sängerin 1968 kurz nach Erscheinen ihrer Autobiografie »Daybreak« den sieben Jahre jüngeren linken Studentenführer Davis Harris heiratete. Als Harris 1969 wegen Wehrdienstverweigerung ins Gefängnis mußte, widmete sie ihm die LP DAVID'S ALBUM (US #36). Aus ihrer Ehe mit Harris ging ihr Sohn Gabriel hervor; 1972 wurden sie geschieden.

Zwischen 1966 und 1969 erschienen die Alben NOEL (US #43), JOAN (US #38), BAPTISM (US #84) und ANY DAY NOW (US #30) sowie die Single ›Love Is Just A Four Letter Word‹ (US #80). Nach einem Auftritt am 17. 8. 1969 beim Woodstock Festival wurde 1970 der Film »Carry It On« uraufgeführt, der das politische Engagement von Joan Baez dokumentierte. 18 Monate später folgte der gleichnamige Soundtrack, der sich nur mäßig verkaufte. 1970 spielte Joan Baez neben Jimi →Hendrix beim Isle Of Wight Festival auf und enttäuschte mit dem Album ONE DAY AT A TIME (US #80).

Im August 1971 glückte der »Königin des Folk« (*Guinness*) mit dem Song ›The Night They Drove Old Dixie Down‹ (US #1) und der LP BLESSED ARE (US #9) ein fulminantes Comeback. Im November des Jahres kam sie mit ihrer Version des →Beatles-Songs ›Let It Be‹ (US #37) erneut in die Hitparaden. Nach und nach setzte sich Joan Baez auch als Songwriterin durch oder interpretierte Texte ihrer Schwester Mimi Farina, darunter der Song ›In The Quiet Morning‹ (US #62), der an die große Janis →Joplin erinnerte. Ärger gab es im Mai 1973 um das Album WHERE ARE YOU NOW, MY SON? (US #90), auf dem ein US-Bombenangriff auf Hanoi dokumentiert wurde. Die Platte wurde in den Medien heftig kritisiert und fiel beim Publikum durch. GRACIAS A LA VIDA bestand 1974 ausschließlich aus spanischen Songs. Kurz nach Erscheinen der Platte erklärte die kämpferische Pazifistin und mutige Künstlerin ihren Rückzug aus dem Musikgeschäft, ohne dies in die Realität umzusetzen.

Bereits kurze Zeit später beteiligte sich Joan Baez an der Rolling Thunder Revue von Bob Dylan und schaffte mit DIAMONDS AND RUST (US #20) im Mai 1974 wieder ein Hitalbum. Die Platte enthielt Kompositionen von Jackson →Browne und Stevie →Wonder, und an den Aufnahmen waren Studioasse wie Tom Scott (sax), Larry Carlton (g), Joe Sample (key) und Jim Gordon (dr) beteiligt. Mit den Auskopplungen ›Blue Sky‹ (US #81) und ›Diamonds And Rust‹ (US #50) plazierte sie sich auch in den Singlecharts.

1976 folgte Joan Baez wieder ihren politischen Interessen und reiste nach Nordir-

land, um an einem Protestmarsch von Frauen gegen den blutigen Bürgerkrieg teilzunehmen. Zurück in den USA demonstrierte sie vor dem berüchtigten Gefängnis San Quentin gegen die Aufrechterhaltung der Todesstrafe.
Musikalisch tat sich dagegen nach der mittelmäßigen Produktion FROM EVERY STAGE (US #29) vom Februar 1976 äußerst wenig. GULF WINDS (US #56), nur mit Baez-Songs bestückt, enttäuschte ihre Fans. Die Künstlerin hatte sich offenbar überschätzt, denn »den allzu gleichförmigen Melodien fehlt ausnahmslos das gewisse Etwas, das sich in den Gehörgängen festsetzt« (*Sounds*). Auch die nachfolgenden Platten ließen die Ausdruckskraft und Intensität »der Lieder zum Überleben« (*Musik Express*) vermissen. Erfolglos bemühte sich die Folkinterpretin mit dem »vibrierenden, kraftvollen, aufwühlenden Sopran« (*Time*) um mehr Zeitgeist und Pop-Moderne. Mit jeder neuen LP wurde deutlicher, daß sich ihr Stil überlebt hatte. Im August 1977 kam sie mit BLOWIN' AWAY (US #98) zum vorerst letzten Mal in die Album-Hitlisten. Lediglich in Deutschland erreichte sie im Winter 1981 mit dem Sampler IHRE SCHÖNSTEN LIEDER (D #4) die Top 10.
Auf der Bühne kamen ihr Charisma und ihre Fähigkeit, die Zuhörer direkt anzusprechen, allerdings nach wie vor zur Geltung. Ihr Tourneestart in die 80er Jahre überzeugte durch ein intelligent konzipiertes Programm, das neben den traditionellen US-Folksongs auch einen Querschnitt der Rockmusik aus den Sixties enthielt. Komplettiert wurde das Repertoire durch Bob →Marleys ›No Woman No Cry‹, deutsche Volkslieder und afrikanische Folklore.
Joan Baez bereiste Südamerika und nahm im Juni 1982 neben Jackson Browne und Linda →Ronstadt an einem Friedenskonzert im New Yorker Central Park teil, das eine Million Menschen besuchten. 1987 wurde ihre Autobiographie ›And A Voice To Sing With‹ veröffentlicht, und nach fünfjähriger Plattenpause wagte sie im Frühjahr 1988 mit RECENTLY ein Album-Comeback, das u. a. Songs von Mark Knopfler (→**Dire Straits**) und Peter →Gabriel enthielt. Die Platte wurde jedoch kein Erfolg.
Erst 1992 gelang ihr mit PLAY ME BACKWARDS der Anschluß an zeitgemäße Formen: »Kultivierte Songs bleiben im Ohr haften, flotte Slide-Gitarren und rockige Drums sind nicht länger Sakrileg, säuerliche Demut wurde zu frischer Rekonvaleszenz« (*Musik Express*). Ihre Musik klang nun nicht mehr so angestrengt und verkrampft, wirkte statt dessen moderner und bestätigte noch einmal ihren Ruf als »eine der einflußreichsten Künstlerinnen der traditionellen Folk-Musik« (*Rock World*). Die Hinwendung zu zeitgemäßen Popsequenzen bekam ihr gut und veranlaßte Joan Baez wieder Tourneen zu unternehmen. 1993 bereiste sie u. a. auch Deutschland und bewies ihre Abkehr von Politsongs: »Ich habe endlich mit schlechten Angewohnheiten gebrochen und bin auch musikalische Risiken eingegangen. Heute mache ich endlich Musik« (Joan Baez). Auf dem 95er Live-Mitschnitt RING THEM BELLS wurde Joan Baez von einer Reihe hochkarätiger Kolleginnen und Kollegen unterstützt.
Wenn ihre Platten in den letzten Jahren auch keine Highlights mehr waren, blieb sie stets die aufrechte Friedenskämpferin. In der Hall Of Fame der Rockgeschichte ist ihr ein wichtiger Platz sicher, und ihre Interpretationen von Songs wie

›We Shall Overcome‹, ›Joe Hill‹, ›I Shall Be Released‹ und ›Sad-Eyed Lady Of The Lowlands‹ gehören zu den Evergreens ihres Musikgenres.
Für ihr Debüt bei Grapevine Records GONE FROM DANGER stellte sie ihr Repertoire aus dem Material junger, vielversprechender Songwriter wie Richard Shindell, Betty Elders und Dar Williams zusammen.

JOAN BAEZ (1960) Vanguard, VMD 2097 • JOAN BAEZ 2 (1961) Vanguard, VMD 2077 • IN CONCERT (1962) Vanguard, VSD 79112 • IN CONCERT VOL. 2 (1963) Vanguard, VSD 79113 • 5 (1964) Vanguard, VSD 79160 • FAREWELL ANGELINA (1965) Vanguard, VMD 79200 • NOEL (1966) Vanguard, VMD 79230 • JOAN (1967) Vanguard, VSD 79240 • BAPTISM – A JOURNEY THROUGH OUR TIME (1968) Vanguard, VSD 79275 • ANY DAY NOW (1968) Vanguard, VSD 79306/7 • DAVID'S ALBUM (1969) Vanguard, VSD 79308 • ONE DAY AT A TIME (1970) Vanguard, VMD 79310 • IN ITALY (1970) Vanguard 188–93560/61 • BLESSED ARE (1971) Vanguard, VCD 26570 • CARRY IT ON (1972) Soundtrack Vanguard, VSD 79313 • SILENT RUNNING (1972) Soundtrack MCA, MAPS 5932 • SACCO AND VANZETTI (1972) Soundtrack RCA, LSP 10365 • COME HOME FROM THE SHADOWS (1972) A&M 64339 • WHERE ARE YOU NOW, MY SON (1973) A&M 64390 • GRACIAS A LA VIDA (1974) A&M 393614 • DIAMONDS AND RUST (1975) A&M 393233 • LIVE IN JAPAN (1975) • FROM EVERY STAGE (1976) A&M 396506 • GULF WINDS (1976) A&M 64603 • BLOWING AWAY (1977) Portrait 82011 • HONEST LULLABY (1979) Portrait 473695 • EUROPA-TOURNEE (1980) CBS 84792 • LIVE EUROPE '83 – CHILDREN OF THE EIGHTIES (1983) Ariola 205742 • RECENTLY (1988) Virgin 787090 • DIAMONDS AND RUST IN THE BULLRING (1989) Virgin 787089 • SPEAKING OF DREAMS (1989) Virgin 787091 • PLAY ME BACKWARDS (1992) Virgin 786458 • RARE, LIVE AND CLASSIC (1993) Vanguard, VCD 125/27 • RING THEM BELLS (1995) Arcade 9902281 • GONE FROM DANGER (1997) Grapevine, INT 484513 • (S) THE BEST OF JOAN BAEZ (1963) Squire 33001 • (S) THE FIRST TEN YEARS (1970) • (S) THE BALLAD BOOK (1972) Start 7106 • (S) THE BALLAD BOOK VOL. 2 (1972) Start 7108 • (S) HITS (1973) Vanguard, VSD 79332 • (S) THE CONTEMPORARY BALLAD BOOK (1974) Vanguard, VSD 49/50 • (S) THE LOVE SONG ALBUM (1975) • (S) THE BEST OF JOAN BAEZ (1977) A&M 393234 • (S) SPOTLIGHT ON JOAN BAEZ (1980) • (S) IHRE SCHÖNSTEN LIEDER (1981) Vanguard • (S) GREATEST HITS (1984) Polydor 811677 • (S) IMAGINE (1987) A&M 396957 • (S) GREATEST HITS (1996) A&M 540510

Anita Baker

Die Soulsängerin und Komponistin wurde am 26. 1. 1958 in Toledo, Ohio, geboren und wuchs in Detroit auf, wo sie im Kirchenchor und lokalen Bands sang. 1976 ersetzte sie Carolyn Crawford bei der R&B-Gesangsgruppe **Chapter 8**, der sie bis 1980 angehörte. Als Solistin verband sie Popelemente mit klassischer Soulmusik und brachte auf dem kleinen Label Beverly Glen im November 1983 die LP THE SONGSTRESS heraus, unterstützt von Studioprofis wie Nathan East, Paul Jackson und Jim Gilstrap. Dank der Auskopplung der Single ›You're The Best Thing Yet‹ plazierte sie sich im Februar 1984 unter den Top 30 der amerikanischen R&B-Charts.
1985 wechselte »die größte Soulsängerin der Gegenwart« (*Spex*) zu Elektra Records und realisierte im kalifornischen Glendale ihr Hitalbum RAPTURE (GB #12, US #11, D #50) mit den Singles ›Sweet

Love‹ (GB #10, US #8) und ›Caught Up In The Rapture‹ (GB #51, US #37). Die LP zeugt von den »unvergänglichen Tugenden der Soulmusik« (*Tip*) unter völligem Verzicht auf Studio-Hightech und übertriebene Arrangemants. Anita Baker zelebrierte »schwarze Musik, Pop und Jazz ohne musikalische Ausrutscher« (*Stern*) und stieg damit in die Elite nordamerikanischer Stars auf.

Für den »besten Soul/Gospel-Vortrag« erhielt Anita Baker im März 1988 einen von insgesamt sieben Grammies, und im September gab der Hit ›Giving You The Best That I Got‹ (GB #55, US #3) einen Vorgeschmack auf das gleichnamige Album (GB #14, US #1), das in Nordamerika mehrfach mit Platin ausgezeichnet wurde. »Eine der hinreißendsten Stimmen des modernen Soul« (*Stern*) hielt mit ihrer zweiten LP das hohe Niveau der ersten, die bis zu diesem Zeitpunkt vier Millionen Mal verkauft wurde.

Nach zwei weiteren Grammies als »beste R&B-Sängerin« und für den »besten R&B-Song« (›Giving You The Best I Got‹) sowie der Hitsingle ›Just Because‹ (US #14) vom Januar 1989 moderierte Anita Baker mit Dick Clark eine Jubiläumsveranstaltung für die Hall Of Fame der Songwriter in New York. Ansonsten war von ihr 1989 nichts zu hören. Im Jahr darauf erhielt sie im Februar wiederum zwei Grammies und nahm im April im Londoner Wembley Stadion am Benefizkonzert zugunsten von Nelson Mandela teil. Es folgten zwei mit über 23 000 Besuchern ausverkaufte Gastspiele in der New Yorker Radio City Music Hall, und im Juni trat sie erneut zweimal in London auf. Vier Wochen später setzte die bescheidene Soul-Lady ihre erfolgreiche LP-Serie mit COMPOSITIONS (GB #7, US #5, D #36) fort. Die Singlekonsumenten reagierten dagegen auf ›Talk To Me‹ (GB #68, US #44) und ›Soul Inspiration‹ (US #72) zurückhaltend. Der *Musik Express* schrieb über das Album: »Ihr warmes Timbre umgibt die einzelnen Songs wie ein roter Seidenbezug eine kunstvoll gestaltete Designerliege.« Die Verehrerin der großen Sarah Vaughan sagte über ihren Stil: »Für mich vereinigt der Soul die Emotionalität des Gospel mit der Freiheit des Jazz.«

1992 beschränkte sich Anita Baker auf ihre Mitwirkung bei zwei Benefizalben. Sie nahm jeweils einen Song für Sampler aus Anlaß der Olympischen Spiele in Barcelona und zugunsten einer AIDS-Hilfsorganisation auf. Ansonsten zog sie sich ins Familienleben zurück: am 19. 1. 1993 bekam sie einen Sohn.

Im April 1993 kehrte sie auf die Showbühne zurück und begann mit den Vorbereitungen zu einem neuen Album, das im Herbst 1994 veröffentlicht wurde. RHYTHM OF LOVE (US #1) knüpfte nahtlos an die makellosen früheren Produktionen an, bot neue Versionen von Klassikern wie ›My Funny Valentine‹ und ›The Look Of Love‹ und wurde von fast einem Dutzend hochkarätiger Produzenten wie George Martin und Arif Mardin betreut: »Balladensoul in höchster Perfektion« (*Stereo*).

THE SONGSTRESS (1983) Elektra 7559–61116 • RAPTURE (1986) Elektra 7559–60444 • GIVING YOU THE BEST THAT I GOT (1988) Elektra 7599–60827 • COMPOSITIONS (1990) Elektra 7559–60922 • RHYTHM OF LOVE (1994) Elektra 7559–61555

LaVern Baker

Bürgerlich als Delores Baker am 11. 11. 1928 in Chicago geboren, zählte LaVern Baker in den 50er und Anfang der 60er Jahre zu den gefragtesten R&B-Interpretinnen des Landes. Entdeckt vom Orchesterleiter Fletcher Henderson in einem Chicagoer Nachtclub, erhielt sie einen Vertrag mit dem Label Okeh Records. Die ersten Aufnahmen der ehemaligen Kirchenchorsängerin, die im übrigen den Sänger Johnnie Ray mit dem Blues vertraut machte, blieben unbeachtet.

Bis zu seinem Tod (1957) übernahm Al Green das Management und betreute LaVern Bakers erste R&B-Hits von 1954/55: ›Tweedlee Dee‹, ›Bop-Ting-A-Ling‹ und ›Play It Fair‹. 1956 wechselte LaVern Baker, die in dieser Zeit ausgedehnte US-Tourneen mit dem Todd Rhodes Orchestra absolvierte, zu Atlantic Records. Nun kam sie mit ihren Songs in die Pop-Hitparaden, und zwar mit ›I Can't Still Love You Enough‹ (US #48), ›Still‹ (US #97), ›Jim Dandy‹ (US #22) und ›Tra La La‹ (US #94).

LaVern Baker stieg zu »einer der führenden Persönlichkeiten der Black Music« (*Guinness*) auf und plazierte 1957/58 ›Jim Dandy Got Married‹ (US #76), ›Humpty Dumpty Heart‹ (US #71) und ihren größten Erfolg ›I Cried A Tear‹ (US #6) in den Charts. Sie blieb weiterhin gut im Geschäft, hatte aber mit ihren Singles mehr Erfolg als mit LPs. Ihre Hits von 1959 und 1960 hießen ›I Waited Too Long‹ (US #33), ›So High So Low‹ (US #52), ›If You Love Me‹ (US #79), ›Tiny Tim‹ (US #63), ›Wheel Of Fortune‹ (US #83), ›Shadows Of Love‹ (US #83) und ›Bumble Bee‹ (US #46).

Als der Motown-Soul in die Hitlisten drängte, ließ das Interesse an LaVern Baker nach. Die außergewöhnliche Blues- und R&B-Interpretin nahm daraufhin Kontakt mit dem erfolgreichen Komponisten- und Produzententeam Leiber/Stoller auf, das 1961/62 mit ›Saved‹ (US #37) und ›See See Rider‹ (US #34) ihre letzten nennenswerten Hits verantwortete. Auch das Duett ›Think Twice‹ mit Jackie → Wilson von 1966 konnte ihr kein Comeback verschaffen. Ihr klassischer Rhythm & Blues-Stil war offenbar nicht mehr gefragt. LaVern Baker verließ daher die USA und feierte als Entertainerin in Japan große Erfolge.

1969 zwang sie eine Lungenentzündung, die Karriere zu unterbrechen. Sie ließ sich für fast zwei Jahrzehnte auf den Philippinen nieder und kehrte erst 1988 in die Vereinigten Staaten zurück. Sie beteiligte sich an den Feierlichkeiten zum 40. Geburtstag von Atlantic Records und löste Ruth Brown in dem Broadway-Musical »Black And Blue« ab. 1991 wurde LaVern Baker als zweite Frau in die Rock'n'Roll Hall Of Fame aufgenommen. Sie sang auf dem Soundtrack zum Film »Dick Tracy« und startete ein Comeback. Als Folge eines Diabetes mußten ihr 1995 die Beine amputiert werden. LaVern Baker trat trotzdem weiterhin auf. Sie starb am 10. 3. 1997 an Herzversagen in New York.

LAVERN (1956) Atlantic 8002 • LAVERN BAKER (1957) Atlantic 8007 • LAVERN BAKER SINGS BESSIE SMITH (1958) Sequel, RSA 914 • ROCK'N'ROLL WITH LAVERN (1958) London, HA-E 2107 • BLUES BALLADS (1959) Rhino, RSA 911 • PRECIOUS MEMORIES (1959) Atlantic 8036 • SAVED (1961) Rhino, RSA 912 • SEE SEE RIDER (1963) Atlantic 8071 • I'M GONNA GET YOU (1966) • LET ME BELONG TO YOU (1970) Brunswick 940103 • LIVE IN HOLLYWOOD '91 (1991)

Rhino • WOKE UP THIS MORNING (1992) DRG • (S) THE BEST OF (1962) Atlantic 8078 • (S) HER GREATEST RECORDINGS (1971) Atco 33–372 • REAL GONE GAL (1984) Charly, CRB 1072

Mickey Baker

McHouston ›Mickey‹ Baker wurde am 15. 10. 1925 in Louisville, Kentucky, geboren. Nach der Schulzeit ging er 1941 nach New York und entwickelte sich zum »Gitarrenvirtuosen« (*Guinness*), der Blues und verschiedene Jazzstile bevorzugte. Baker wirkte an zahlreichen Aufnahmesessions mit und spielte u. a. für Ray → Charles, Ruth Brown, Ivory Joe Hunter, Screaming Jay → Hawkins und die **Coasters**. Für seine erste eigene Aufnahme tat er sich 1956 mit der Sängerin Sylvia Vanderpool zusammen, mit er den Song ›Walking In The Rain‹ interpretierte.

Zusammen mit Bo → Diddley komponierte Baker den Song ›Love Is Strange‹ (US #13), mit dem er und Sylvia Vanderpool als Mickey & Sylvia im Dezember 1956 in die Top 20 kamen. Das Duo produzierte bis 1961 sieben weitere kleinere Hits: ›There Oughta Be A Law‹ (US #47), ›Dearest‹ (US #85), ›Bewildered‹ (US #57), ›What Would I Do‹ (US #46), ›This Is My Story‹ (US #100), ›Love Drops‹ (US #97), ›Baby, You're So Fine‹ (US #52). Daneben tourte Baker mit Big Joe → Turner und Ray Charles und arbeitete im Studio mit Sonny → Terry.

1960 gründete Baker mit Willow Records sein eigenes Label und übersiedelte im Jahr darauf nach Paris. Er tourte regelmäßig mit Memphis → Slim und Champion Jack → Dupree durch Europa, half Jimmy Dawkins und Willie → Mabon bei Plattenaufnahmen und veröffentlichte sporadisch eigene Alben, die in Blueskreisen große Anerkennung fanden: »Ein Gitarrist mit unglaublichen Fähigkeiten« (*Living Blues Magazine*).

Baker arrangierte 1968 die Streicher für den → **Fleetwood Mac**-Hit ›Need Your love So Bad‹, nahm 1973 am Montreux Festival teil und produzierte Ende der 70er Jahre zwei Alben für Stefan Grossmans Label, das ausschließlich instrumentale Gitarrenmusik verlegte. Sein Ruf als vielseitiger Musiker blieb auch in den 80er Jahren erhalten, erfolgreiche Platten gelangen ihm jedoch nicht mehr.

THE WILDEST GUITAR (1959) • BUT WILD (1963) • IN BLUNDERLAND (1969) Major Minor, SMLP 67 • THE BLUES AND ME (1974) • TAKE A LOOK INSIDE (1975) Big Bear, INT 146 408 • UP ON THE HILL (1975) Roots, SL-517 • BLUES AND JAZZ GUITAR (1977) Kicking Mule, SNKF 127 ROCK WITH A SOCK (1993) •Mit **Sanders Funk Time Band**: JAZZ-ROCK GUITAR (1978) Kicking Mule, SNKF 145

Marty Balin

Marty Balin wurde als Martyn Jarel Buchwald am 30. 1. 1943 in Cincinnati, Ohio, geboren. Der Maler, Bildhauer und Tänzer nahm in den frühen 60er Jahren seine ersten Platten auf. Drei erfolglose Singles mit »klebrigem Saccharin-Pop« (*Guinness*) erschienen bei dem in Los Angeles ansässigen Label Challenge. Danach wurde er Mitglied bei den Vokalgruppen **Town Criers** und **Gateaway Singers**, die der Tradition der **New Christy Minstrels** folgten. Unter dem Einfluß der → **Byrds** und deren Hit ›Mr. Tambourine

Man‹ ging Balin nach San Francisco und gründete →Jefferson Airplane. An den ersten drei Alben war Balin mit seinem Hang zu romantischen Kompositionen maßgeblich beteiligt. Doch als seine Autorität innerhalb der Band schwand, verließ er sie im April 1971.
Anschließend war Balin als Produzent für ein Album der Gruppe Grootna verantwortlich. Mit einigen Mitgliedern dieser Band formierte er Bodacious, die 1973 eine kaum beachtete LP herausbrachten. Balin kehrte 1975 zu seinen ehemaligen Kollegen zurück, die sich inzwischen in Jefferson Starship umbenannt hatten. Er blieb bis 1979, die erfolgreichste Phase der Band, und entschloß sich dann zu einer Sololaufbahn.
Marty Balin stellte zunächst den Soundtrack Rock Justice fertig und schaffte dann im Mai und September 1981 mit ›Hearts‹ (US #8) bzw. ›Atlanta Lady‹ (US #27) zwei respektable Pophits. Sie stammten von seiner Solo-LP Balin (US #53), die im Juni des Jahres auf den Markt kam. Der Erfolg war jedoch nur von kurzer Dauer, und nach ›What Love Is‹ (US #63), einer Auskopplung aus seinem 83er Album Lucky verschwand Balin wieder aus den Hitparaden.
Gemeinsam mit seinen Airplane-Partnern Paul Kantner und Jack Casady nahm Balin 1986 mit der KBC Band einen neuen, auch nur mäßig erfolgreichen Anlauf. Das gleichnamige Album (US #85) mit typisch amerikanischem Mainstream-Rock gelangte lediglich in untere Regionen der Charts. 1989 kehrte Balin erneut zu Jefferson Starship zurück.

ROCK JUSTICE (1980) Soundtrack • BALIN (1981) EMI 865043 • LUCKY (1983) EMI 064–400155 • WISH I WHERE HERE (1995) Beverly 2130599 • (S) BALINCE – A COLLECTION (1990) Rhino, 884415 • Mit Bodacious: BODACIOUS D.F. (1973) RCA, SF 8391 • Mit KBC Band: KBC BAND (1986) Arista 208021

Africa Bambaataa

1976 war der spätere »Großmeister des Elektro-Funks« (*Szene Hamburg*) noch ›Leutnant‹ der Black Spades, einer Straßengang im New Yorker Viertel Bronx, wurde dann Mitbegründer des politisch-kulturell aktiven Kollektiv Zulu Nation, der vor allem scratchende DJ's und Rapper angehörten. Bambaataas Ansehen als Diskjockey wuchs schnell, und zu Beginn der 80er Jahre gehörte er zu den Pionieren der Rap-, Electro- und Hip-Hop-Szene. 1980 nahm er unter Regie des Produzenten Paul Winley mehrere Fassungen von ›Zulu Nation Throwdown‹ auf, an denen die Rapformationen Cosmic Force und Soulsonic Force beteiligt waren.
Bambaataa (* 4. 10. 1960, New York) unterschrieb 1982 beim Label Tommy Boy und realisierte mit Jazzy 5 Jazzy Sensation in Anlehnung an Gwen Guthries Funky Sensation. Als Co-Produzent war Arthur Baker verantwortlich. Im September mischte Bambaataa gemeinsam mit Soulsonic Force – bestehend aus Pow Wow, Mr. Biggs und Emcee G.L.O.B.E. – »elektronische Musik im Stil von Tangerine Dream und Kraftwerk« (*Guinness*) mit Rap. Das Ergebnis hieß Planet Rock, eroberte weltweit die Diskotheken und beeinflußte maßgeblich die Dance-Musik auf beiden Seiten des Atlantiks.
Bambaataa, Baker und Soulsonic Force setzten im März 1983 ihre Zusammen-

arbeit mit LOOKING FOR THE PERFECT BEAT fort. Das Album entwickelte sich in den USA und Großbritannien zum Bestseller in den Soulcharts. Mit der Single ›Renegades Of Funk‹ (GB #19) beendete Bambaataa im Frühjahr 1984 die Zusammenarbeit mit Tommy Boy Records. Er wechselte zum New Yorker Label Celluloid und veröffentlichte mit der Soul-Legende James →Brown im September des Jahres UNITY, PART 1 (GB #38). Produziert vom Funkster Bill Laswell erschien im Sommer SHANGO FUNK THEOLOGY. Bambaataa war diesmal Mitglied des Vokaltrios **Shango**, das von →**Material** gefördert wurde. Ein harter Street-Beat und ein kraftvoller Gesang bestimmten die Platte, die Bambaataa als einen der wichtigsten Protagonisten harter Tanzrhythmik durchsetzte.

Anschließend nahmen Bambaataa und John Lydon, Leadsänger von →**Public Image Ltd.**, mit **Time Zone** den Hit WORLD DESTRUCTION (GB #33) auf, auch von Laswell produziert. Den Durchbruch als Solist schaffte Bambaataa, der als »einer der Häuptlinge der Black Music« (*Stereoplay*) galt, 1987 mit der LP BEWARE (THE FUNK IS EVERYWHERE). Er coverte ›Kick Out The Jams‹ von der US-Band →**MC 5** und schuf bei ›Bambaataas Theme‹ eine »infernalische Neuauflage« (*Szene Hamburg*) von John Carpenters Filmusik zu »Anschlag bei Nacht«. Zur Studioprominenz zählten u. a. der Funkmusiker Michael Jonzun und Rap-Altmeister Grandmaster Melle Mel.

Bambaataa mischte konsequent härtesten Straßenfunk mit Metal- und Rap-Elementen. Bei dem Album THE LIGHT im April 1988 kamen »gnadenlose Beats, P-Funk Gebrüll, messerscharfe Bläser, Wah Wah-Gitarren, wilde Streicher zu einem hammerharten Tanzstoff« (*Musik Express*) zusammen. Zu den illustren Gästen gehörten diesmal Bootsy Collins und das Reggae-Rhythmusteam **Sly & Robbie**.

1990 organisierte Bambaataa u. a. mit Queen Latifah und den **Jungle Brothers** »Hip-Hop Against Apartheid« und veröffentlichte die EP ›Ndodemnyama – Free South Africa‹. Im Jahr darauf verarbeitete er auf dem Konzeptalbum THE DECADE OF DARKNESS (1991–2000) James Browns Klassiker ›Say It Loud (I'm Black And I'm Proud)‹.

FUNK YOU! (1985) Tommy Boy • BEWARE (THE FUNK IS EVERYWHERE) (1986) WEA 253 092 • DEATH MIX THROWDOWN (1987) Blatant • THE LIGHT (1988) EMI 790 157 • THE DECADE OF DARKNESS (1991–2000) (1991) Zyx 20199 • WHAT'S THE NAME OF THIS NATION ... ZULU (1994) Intercord, IRS 977 569 • Mit **Jazzy 5**: JAZZY SENSATION (1981) Tommy Boy • Mit **Shango**: SHANGO FUNK THEOLOGY (1984) Celluloid • Mit **Soulsonic Force**: PLANET ROCK (1982) Tommy Boy • LOOKING FOR THE PERFECT BEAT (1982) Tommy Boy • RENEGADES OF FUNK (1983) Tommy Boy • PLANET ROCK – THE ALBUM (1986) Tommy Boy • RETURN TO PLANET ROCK (1990) York's • DON'T STOP ... PLANET ROCK (1992) Eastwest 4509-90176 • Mit **Time Zone**: THE WILDSTYLE (1983) Celluloid • WORLD DESTRUCTION (1984) Celluloid • WARLOCKS, WITCHES, COMPUTERCHIPS, MIKROCHIPS & YOU (1996) Intercord, IRS 986 074

The Band

Rick Danko (voc, b, vi, po), Levon Helm (voc, dr, man, g), Garth Hudson (key, sax, tr), Richard Manuel (voc, p, dr, sax, harm), Jaime Robbie Robertson (g, p, voc)

Ob als Begleitgruppe von Bob →Dylan oder eigenständige Formation, The Band zählte in jeder Hinsicht zu den einflußreichsten Institutionen der Rockgeschichte. Ende der 50er Jahre fanden sich die fünf Musikbesessenen zusammen, um den kanadischen Rock'n'Roll-Star Ronnie Hawkins als Hawks zu begleiten. Rick Danko (* 9. 12. 1943), Garth Hudson (* 2. 8. 1937), Richard Manuel (* 3. 4. 1945) und Robbie →Robertson stammten aus Kanada. Levon Helm (* 25. 5. 1942) wurde als Farmersohn in Marvell, Arkansas, geboren. Helm unterhielt 1956 mit den Jungle Bush Beaters eine eigene Band und wurde nach einem gemeinsamen Konzert mit Hawkins in Memphis, Tennessee, von ihm als Schlagzeuger engagiert. 1958 ging er mit Hawkins nach Kanada. Ein Jahr später stieß Robertson zu den Hawks. Er hatte zuvor in Amateurgruppen wie den Robots, Consuls und Thumper & The Trombones Erfahrungen gesammelt. Robertson folgten Richard Manuel, einst bei Rocking Revols, dann Danko und schließlich 1962 Richard Manuel, der seine Karriere bei Paul London & The Capers begonnen hatte.

Mit Hawkins tourten die Hawks mehrfach durch Nordamerika und nahmen Platten mit R&B-Songs wie ›Who Do You Love‹ (Bo →Diddley) und ›19 Years Old‹ (Muddy →Waters) auf. Nach der Trennung von Hawkins nannte sich das Quintett ab 1963 vorübergehend Canadian Squires bzw. Levon & The Hawks und nahmen die Single ›Leave Me Alone‹ auf, bis der weiße Bluesmusiker und Produzent John Hammond 1965 den Kontakt zu Bob Dylan herstellte. Der junge, zornige Protestsänger wollte zu diesem Zeitpunkt nicht länger als Solist mit Gitarre und Mundharmonika auf der Bühne stehen und suchte eine geeignete Rockband als Begleitung. Mit The Band fand er die ideale Besetzung. Als erste gemeinsame Studioarbeit nahmen sie die Single ›Can You Please Crawl Out Your Win‹ auf. Einige Mitglieder von The Band waren auch auf dem Album BLONDE ON BLONDE vertreten. Ab Dylans Welttournee von 1965 / 66 kam es zur dauerhaften Zusammenarbeit. Durch The Band bekam Dylans etwas dünner Sound einen kraftvollen Rocktouch, der Folk-, Country und Rock'n'Roll-Elemente vereinte.

The Band beschränkten sich zunächst nur auf ihre Begleitfunktion. Nur Robertsons virtuose Spielweise ragte von Anfang an heraus. Bei Live-Auftritten wurde er von Dylan regelmäßig als »Gitarrengenie« vorgestellt.

Neben den Verpflichtungen für Dylan arbeiteten The Band im Studio für Hawkins und Hammond. Nach einem Motorradunfall Dylans verlegte die Gruppe im Sommer 1967 ihr Domizil nach Woodstock, New York, und beteiligte sich an Sessions, die als Bootleg GREAT WHITE WONDER vertrieben wurden und 1975 offiziell als BASEMENT TAPES in die Läden kamen.

Als Dylan wieder nach New York zog, blieben The Band in Woodstock und begannen in ihrem pinkfarbenen Holzhaus mit den Vorbereitungen zu ihrer ersten LP. »Ohne technische Raffinessen«

(*Sounds*) entstand das Album Music From Pig Pink (US #23). Als Komponisten betätigten sich Robertson, Helm und Danko, drei Songs stammten aus der Feder von Dylan. Das Plattencover zierte eine naive Zeichnung von Dylan. Helms kratzender Gesang und Robertsons Gitarrentechnik bestimmten eine Produktion, die »für die Entwicklung des weißen Soul ungemein wichtig war« (*Encyclopedia Of Rock*).

The Band entwickelten den Folkrock ihres Förderers Dylan weiter in eine Popmusik, die sich durch differenzierte Rhythmik, Melodik und Lautstärke auszeichnete. Die Gruppe begriff sich als komplexe Einheit – »als klassische Rockgruppe« (*Rolling Stone*), die ohne Stars und Egotrips der beteiligten Musiker auskam.

Die guten Umsätze der Debüt-LP und der Single »The Weight« (GB #24, US #46) leiteten im Sommer 1968 eine schrittweise Trennung von Bob Dylan ein. **The Band** waren weit mehr als eine Begleitgruppe und bestätigten ihr großes künstlerisches Potential im Oktober 1969 mit dem Album The Band (US #7) und den Singles ›Up On Cripple Creek‹ (US #27) und ›Rag Mama Rag‹ (GB #15, US #44). Robbie Robertson wurde zum Kopf der Gruppe, der bei seinen gelungenen Countryrock-Kompositionen nur noch selten von Helm und Manuel unterstützt wurde. Der Sound war eine »faszinierende Mischung aus Folk, Country, Baptistenhymnen, Dylan, Soul und Rock'n'Roll« (*Encyclopedia Of Rock*), kompakt und lebendig.

Nach einem zweiten Gastspiel in Europa, wo **The Band** Bob Dylan 1969 beim Festival auf der Isle Of Wight begleiteten, setzte das Quintett seine Alleingänge mit der bis dahin perfektesten LP-Produktion Stage Fright (GB #12, US #4) fort. Kritiker stuften die Platte als »sehr konservativ« ein (*Rolling Stone*), Anhänger schätzten »die konsequente Verbindung traditioneller amerikanischer Musikelemente mit zeitgemäßer Rockmusik« (*Sounds*). Große Enttäuschung rief im Herbst 1971 das Album Cahoots (US #20) hervor. Trotz Mitwirkung von Van →Morrison und Allen Toussaint war der Sound zu glatt und gelackt und wurde »schlichtweg als eine Katastrophe« (*Cashbox*) bezeichnet. Als Single erschien ›Life Is A Carnival‹ (US #52).

The Band zogen die Konsequenz aus den mäßigen Kritiken und ließen sich für die nächste Studioproduktion fast vier Jahre Zeit. Dafür überzeugten sie mit dem atmosphärisch dichten Live-Doppelalbum Rock Of Ages (US #6), das am Silvesterabend 1971 in der New York Academy Of Music mitgeschnitten und im Spätsommer 1972 veröffentlicht wurde. ›Don't Do It‹ (US #28) und ›Ain't Got No Home‹ (US #66) wurden ausgekoppelt. Die »Rock'n'Roll Pioniere« (*Sounds*) zogen sich nach diesem Mitschnitt für 18 Monate vom Konzertgeschehen zurück.

Im Juli 1973 standen **The Band** beim Festival in Watkins Glen wieder gemeinsam auf der Bühne. Sechs Monate später unterstützten sie Dylan bei dessen Studioplatte Planet Waves. Auf ihrer eigenen LP Moondog Matinee (US #18) griffen sie ihre musikalische Vergangenheit mit Songs wie ›I'm Ready‹ von Fats →Domino und ›Third Man Theme‹ wieder auf. Nach diesem Comeback gingen **The Band** mit Dylan auf US-Tour für das Live-Album Before The Flood. Die Zusammenarbeit klappte erneut hervorragend und führte für **The Band**-Mitglieder zu Kooperationen mit Joni →Mitchell, Carly →Simon (Robertson),

Neil → Young und Ringo → Starr (Danko, Helm).
Anfang 1976 bewiesen **The Band** mit der LP NORTHERN LIGHTS – SOUTHERN CROSS (US #21) wieder einmal ihre Instrumentalkünste und wie sehr sie aufeinander eingespielt waren, nicht zuletzt zeugte sie von Robertsons feinem Gespür für die zeitgemäße Fortsetzung nordamerikanischer Musiktraditionen. Da Robertson sich anderen Aktivitäten zuwandte – er produzierte u. a. Platten von Neil Diamond und Hirth Martinez –, beschloß die Gruppe sich aufzulösen. Das spektakuläre Abschlußkonzert von **The Band** fand am 25. 11. 1976 im Winterland Stadion in San Francisco statt und wurde unter dem Titel THE LAST WALTZ auf »sechs LP-Seiten mit guter knackiger Livemusik« (*Musik Express*) mitgeschnitten und von Martin Scorsese verfilmt. Der Einladung zu dieser Abschiedsvorstellung folgten u. a. Eric → Clapton, → Dr. John, Bob Dylan, Muddy Waters, Emmylou → Harris und Neil Diamond. THE LAST WALTZ (GB #30, US #36) wurde im Frühjahr 1978 veröffentlicht, und der Film kam gleichzeitig in die Kinos. Das Dreifach-Album ging als »wohl einer der besten Live-Mitschnitte überhaupt« (*Musik Express*) in die Geschichte ein.
Zuvor erschien noch die Studioplatte ISLANDS (US #42), für die sich **The Band** mit einem Bläsersatz verstärkt hatten. Die LP blieb weit hinter den Erwartungen zurück und klang uninspiriert.
Nach der Trennung widmeten sich die Musiker eigenen Projekten. Danko und Manuel arbeiteten mit dem Singer / Songwriter Kinky Friedman zusammen. Danko machte außerdem mit dem norwegischen Gitarristen Jonas Fjeld und dem US-Singer / Songwriter Eric Anderson ein Album, und Manuel half bei der 82er LP von Bonnie Bramlett. Hudsons Name stand auf den Besetzungslisten von Karla Bonoff, Hoyt Axton, Leonard → Cohen, David → Lindley und Jerry Donahue. Helm leistete sich mit Leon → Russell für kurze Zeit das erfolglose Unternehmen **Oklahoma Mafia** und veröffentlichte mit großem Staraufgebot drei Solo-LPs, die sich schlecht verkauften. Robertsons Solokarriere dagegen verlief erfolgreich, und so lehnte er 1986 seine Beteiligung an einer Reunion von **The Band** ab.
Mit James Weider als Gitarristen tourten **The Band** im Frühjahr 1986 durch die USA. Am 4. 3. nahm sich der unter Depressionen leidende Richard Manuel in Florida das Leben. Die Gruppe löste sich daraufhin wieder auf. Die Gründungsmitglieder Danko, Helm und Hudson unternahmen Ende 1993 einen zweiten Comebackversuch und engagierten für die LP JERICHO Weider, Richard Bell (p) und Randy Ciarlante (dr). »Dixie-Bläser, Cajun-Fieber, Folk-Einfachheit, Rock'n'-Roll-Feuer, Boogie-Bewegung – die Musik, auf die Amerika gebaut ist, wird hier hör- und greifbar« (*Musik Express*), war in einer Kritik zu lesen. Als Stargast war der Geiger Vassar Clements mit von der Partie.
Als erste kanadische Rockgruppe wurden **The Band** im Januar 1994 in Cleveland, Ohio, in die Rock And Roll Hall Of Fame aufgenommen. 1995 erschien ein Mitschnitt von 1973, als **The Band** am größten Open Air Festival aller Zeiten in Watkins Glen, New York, vor 600 000 Zuhörern auftraten.
Hudson war 1995 als Studiomusiker bei David Olneys Album HIGH, WIDE AND LONESOME dabei und begleitete den unterschätzten Countryrock / Bluesmusiker auch 1997 auf dessen Platte REAL LIES.

1996 wurde **The Band** reformiert und produzierte das Album HIGH ON THE HOG, das fast ausschließlich aus Fremdkompositionen u. a. von Dylan, J. J. → Cale und Bruce Channel bestand. In der Gruppe spielten nach wie vor Helm, Danko, Hudson, Weider, Bell und Ciarlante.

MUSIC FROM BIG PINK (1968) Capitol 746 069 • THE BAND (1969) Capitol 746 493 • STAGE FRIGHT (1970) Capitol 793 359 • CAHOOTS (1971) Capitol 748 420 • ROCK OF AGES (1972) Capitol 793 395 • MOONDOG MATINEE (1973) Capitol 793 592 • NORTHERN LIGHTS – SOUTHERN CROSS (1975) Capitol 793 594 • ISLANDS (1977) Capitol 064–85114 • THE LAST WALTZ (1978) Warner Brothers 7599–27346 • JERICHO (1994) IRS 978 399 • LIVE AT WATKINS GLEN (1995) Capitol 831 742 • HIGH ON THE HOG (1996) Pyramid 872 404 • (S) THE BEST OF (1976) Capitol 746 070 • (S) ANTHOLOGY (1978) Capitol 748 419 • (S) TO KINGDOM COME (1989) EMI 792169 • (S) ACROSS THE GREAT DIVIDE (1994) Capitol 789 565 • Rick **Danko**: RICK DANKO (1977) Edsel 501 475 717 317 • Rick **Danko** mit Jonas Fjeld und Eric Andersen: DANKO / FJELD / ANDERSEN (1992) Rykodisc 10270 • RIDIN' ON THE BLINDS (1994) Rough Trade 511 0371 • Levon **Helm**: LEVON HELM & THE RCO ALL STARS (1977) Edsel 494 EDS • LEVON HELM (1978) ABC 200 015 • AMERICAN SON (1978) Edsel 526 EDS

Band Of Susans

Anne Husick (g), Mark Lonergan (g), Robert Poss (g, voc), Ron Spitzer (dr), Susan Stenger (b, voc)

Band Of Susans entwickelten sich 1986 in New York aus der Zusammenarbeit von Robert Poss (*20. 11. 1956) und Susan Stenger (*11. 5. 1955) als Songwriter. Der Bandname der Gitarrenformation geht darauf zurück, daß drei der Gründungsmitglieder den Vornamen Susan hatten. Bis 1989 wechselte die Besetzung ständig, u. a. gehörten Page Hamilton (g), der später die Heavyformation → **Helmet** gründete, und Bruce Gilbert (g) von → **Wire** zur Gruppe.
Ständig auf der Suche nach neuen Gitarrensounds, etablierten sich **Band Of Susans** mit den Alben HOPE AGAINST HOPE und LOVE AGENDA in der Independent-Szene beiderseits des Atlantiks. *Spex* sprach von »Gitarrenwänden, aus denen sich Töne wie Felsmassive lösen«. Mit der dritten LP THE WORD AND THE FLESH steigerten **Band Of Susans** ihre Popularität erheblich. »Avantgarde-Rockerrungenschaften und intime Texte« (*Washington Post*) kennzeichneten die Platte, die für die Entwicklung songorientierter Gitarrensounds bedeutsam war. Zwischen »Noise-Pop à la **Sonic Youth** und hypnotisierender Langatmigkeit« (*Musik Express*) lieferten **Band Of Susans** faszinierende Stücke, die sich jeder Kategorisierung entzogen.
Die Band spielte mehrfach in Europa, stieg zum gefragten Insidertip auf, wurde aber von einem poporientierten Publikum abgelehnt. Trotz guter Plattenrezensionen und positiver Live-Reaktionen kamen die **Band Of Susans** nicht in die Charts. »Der Großstadtlärm für optimistische Melancholiker« (*Musik Express*) hatte auch mit dem Album HERE COMES SUCCESS im April 1995 eben nur bei eingefleischten Anhängern der Gruppe Erfolg.

HOPE AGAINST HOPE (1988) EFA 2614237 • LOVE AGENDA (1989) EFA 2602348 • THE WORD AND THE FLESH (1991) Rough Trade 157 1196 • VEIL (1993) • HERE COMES SUCCESS (1995) Rough Trade • (S) WIRED FOR SOUND (1995) Rough Trade

Bang Tango

Mark Knight (g), Kyle Kyle (b), Tigg Ketler (dr), Joe Leste (voc), Kyle Stevens (g)

Im November 1987 in Los Angeles gegründet, bevorzugten **Bang Tango** von Anfang an einen glamourhaften, Funkbeeinflußten Heavysound. Im Mittelpunkt stand der stimmgewaltige Frontmann Joe Lest, der alle Farben seines Genres zwischen Shouter-Aggressivität und balladenhafter Melancholie perfekt beherrschte. Die Band war über die Clubszene populär geworden und erwies sich als eingespieltes Team, das von →**Led Zeppelin** und den frühen →Van Halen maßgeblich beeinflußt worden war.
Ihren ersten Song (›I'm A Stranger‹) veröffentlichten **Bang Tango** auf Soundtrack zu dem Horrorfilm »Black Roses«. Danach beteiligten sie sich an dem Sampler STREET SURVIVORS und brachten auf dem eigenen Label den Mitschnitt LIVE INJECTION mit sechs Songs heraus. Daraufhin unterschrieben sie bei dem von MCA vertriebenen Label Mechanic einen Vertrag und nahmen in dem texanischen Studio Fire Station ihr erstes, von Howard Benson (**T.S.O.L.**, **Sanctuary**) produziertes Album PSYCHO CAFE (US #58) auf. Der »funky Groove-Rock« (Kyle Kyle) verkaufte sich in den USA sehr gut.
»Bluesorientiert und souliger« (*Guinness*) war das Material von DANCIN' ON COALS. **Bang Tango** hatten ihr musikalisches Spektrum erheblich erweitert und schienen international ihre Chancen zu verbessern. Doch die Umsätze blieben weit hinter den Erwartungen zurück, und die »Upbeat Street-Rocker« (*Cashbox*) waren ohne internationalen Plattenvertrag. **Bang Tango** wechselten zum Hardrock-Label Music For Nations und meldeten sich nach knapp zweijähriger Pause mit NEW GENERATION zurück. Doch von dem »gnadenlos guten Hardrock« (*Musik Express*) von einst war nichts mehr geblieben. Die Songs klangen langweilig und waren austauschbar, und das Gesamtkonzept hatte jegliche Originalität eingebüßt. Auch die 95er Produktion LOVE AFTER DEATH konnte nicht überzeugen und brachte den einstigen »Funkmastern der LA Hardrock-Szene« (*Cashbox*) vernichtende Kritiken ein.

LIVE INJECTION (1987) Mini-LP Bang Tango • PSYCHO CAFE (1989) MCA 256459 • DANCIN' ON COALS (1991) MCA 10377 • JUST AIN'T NO JIVE ... LIVE! (1992) MCA 10531 • NEW GENERATION (1994) Music For Nations • LOVE AFTER DEATH (1995) Music For Nations, MFN 174

Bangles

Susanna Hoffs (voc, g), Debbi Peterson (dr, voc), Vicki Peterson (g, voc), Michael Steele (b, voc)

Die **Bangles** verpackten Anleihen aus frühen Poptagen geschickt und virtuos im flott-fröhlichen Stil der New Wave der 80er Jahre. Fragmente der →**Beatles**, →**Byrds**, →**Mamas & Papas** bis zu den

→Seeds und →Love nutzten die Mädchen aus Los Angeles, um die →Go Go's als »führende Frauenband der US-Rockszene« (*Rolling Stone*) abzulösen. In nur zwölf Monaten plazierten die Bangles drei überragende Hits in den internationalen Charts. Sie stammten von der mehrfach mit Platin ausgezeichneten LP A Different Light – einer »gelungenen Synthese aus traditionellen Girl-Group-Tagen und 80er Jahre Power-Pop« (*Musik Express*). Insgesamt schafften die Bangles sechs Tophits und zwei Bestselleralben, die Millionenauflagen erreichten.
Susanna Hoffs (*17. 1. 1962) begann als Siebenjährige Gitarre zu spielen. Die im kalifornischen Newport Beach geborene Musikerin lebte zeitweise in New Heaven, Connecticut, und beteiligte sich 1976 neben ihrem Bruder und David Roback (später →Rain Parade) an den Psychiatrists. Anschließend bildete sie mit Roback das Duo Unconscious, das vor allem bekannte Rockabilly-Songs und düstere Reminiszenzen an →Velvet Underground vortrug. Nach dem Highschoolabschluß trennte sie sich von Roback und ging nach Los Angeles. Roback erinnerte sich 1984 an Susanna Hoffs, als er junge Westcoast-Gruppen wie →Dream Syndicate, Rain Parade und Three O'Clock aufforderte, für das Album Rainy Day ihre Lieblingssongs aufzunehmen. Susanna Hoffs war mit dem Lou →Reed-Song ›I'll Be Your Mirror‹ und ›I'll Keep It With Mine‹ von Bob →Dylan vertreten.
In Los Angeles suchte Susanna Hoffs per Flugblatt Musiker und Musikerinnen für eine neue Band. U.a. meldete sich Maria →McKee, die jüngere Schwester des Love-Gitarristen Bryan Maclean. Die Partnerschaft war jedoch nur von kurzer Dauer. Maria McKee setzte ihre Laufbahn 1986 mit der Folk/Countryrock-Band →Lone Justice erfolgreich fort.
1980 stieß Susanna Hoffs auf eine Anzeige der Schwestern Debbi (*22. 8. 1961, Los Angeles) und Vicki Peterson (*11. 1. 1958, Los Angeles). Gemeinsam mit der Bassistin Anette Zilinskas gründeten sie die Colors, deren Repertoire aus Kompositionen von Paul →Simon, →Paul Revere & The Raiders und den Byrds bestand. Mit diesem Sixties-Flair etablierten sich die Colors an der Westküste als Club- und Partyband.
Als Bangs (Ponyfrisuren) nahmen sie 1981 ihre erste Single ›Getting Out Of Head‹ auf, für die sie das Label Down Kiddie Records einrichteten. Als bekannt wurde, daß Miles Copeland, Besitzer der Plattenfirma I.R.S. und Bruder des →Police-Drummers Stewart Copeland, das Management der Bangs übernehmen würde, meldete eine Gruppe von der Ostküste die Rechte an dem Bandnamen an. Um juristische Auseinandersetzungen zu vermeiden, benannte sich das Quartett in Bangles um.
Die EP ›The Bangles‹, die Unterstützung durch den bekannten US-Radio-DJ Rodney Bingheimer und eine sechswöchige Clubtournee führten Anfang 1983 zu einem Plattenvertrag mit dem Unterhaltungsriesen Columbia. Noch vor den ersten Aufnahmen verließ Zilinskas die Bangles und gründete Blood On The Saddle.
Ihre Nachfolgerin wurde eine Frau namens Michael Steele (*2. 6. 1954). Sie kam aus Pasadena und gehörte zur Gründungsbesetzung der →Runaways. »Unbekümmert wie kaum eine andere Gruppe griffen die Bangles auf die Songs der Blumenkinder, der ersten

Hippies, San Francisco, Woodstock und Carnaby Street zurück« (*Neue Zürcher Zeitung*) und veröffentlichten im März 1985 das unterhaltsame Album ALL OVER THE PLACE (GB #41, US #80). Die LP und die Auskopplungen ›Hero Takes A Fall‹ und ›Going Down To Liverpool‹ (GB #40) verkauften sich allerdings nur mäßig.

Der kommerzielle Durchbruch gelang 1986. Das Quartett verschrieb sich bedingungslos »griffigem, süßem Pop« (*New Musical Express*) und kümmerte sich wenig um Kritiker, die ihren Sound und ihre Texte als »zu leicht« befanden (*Melody Maker*). Anfängliche Konzertschwächen kaschierten sie kokett mit gespielter Mädchenhaftigkeit. Im Januar 1986 veröffentlichten sie ›Manic Monday‹ (GB #2, US #2, D #2), ihren ersten Smash-Hit. Er wurde von → Prince, mit dem Susanna Hoffs angeblich eine Affäre hatte, unter dem Pseudonym Christopher komponiert. Im März des Jahres folgte das Album DIFFERENT LIGHT (GB #3, US #2, D #21), aus der bis zum Januar 1987 ›If She Knew What She Wants‹ (GB #33, US #29, D #17), ›Walk Like An Egyptian‹ (GB #2, US #1, D #1) und ›Walking Down Your Street‹ (GB #16, US #11, D #32) ausgekoppelt wurden. »Mit frischem Harmoniegesang« (*Hifi Vision*) und schlichter, aber wirkungsvoller Rhythmik eroberten die **Bangles** weltweit ihre Fans und hielten mit »flott gestylten Rhythmen im Sixties-Gewand« (*New Musical Express*) die internationalen Charts in Atem.

Die Erfolgsstory setzte sich im November 1987 mit ihrer Version des → **Simon & Garfunkel**-Klassikers ›A Hazy Shade Of Winter‹ (GB #11, US #2, D #52) für den Soundtrack zum Film »Less Than Hero« fort. Ein Jahr später brachten die **Bangles** das Album EVERYTHING (GB #5, US #15, D #15) heraus, bei dem sie an der lockeren Beat / Pop-Mixtur und ihren eingängigen Refrains festhielten. 1988 / 1989 wurde die Serie der Hitsingles mit ›In Your Room‹ (GB #35, US #5), ›Eternal Flame‹ (GB #1, US #1, D #4) und ›Be With You‹ (GB #23, US #30, D #32) fortgesetzt.

»Sorgsam geschliffene Arrangements, der unverbrauchte Charme und vor allem der harmonische Satzgesang« (*Hifi Vision*) hatten zum Erfolg der Gruppe beigetragen, aber Ende 1989 konnten sie nicht mehr so weitermachen. Susanna Hoffs strebte eine Solokarriere an, und die **Bangles** verschwanden im Sommer 1990 nach der Veröffentlichung des Samplers GREATEST HITS (GB #4, US #97, D #31) endgültig aus den Charts.

Mit dem Soloalbum WHEN YOU'RE A BOY meldete sich Susanna Hoffs Anfang 1991 zurück. Doch lediglich mit der Single ›My Side Of The Bed‹ (GB #44, US #30, D #36) konnte sie noch einen mittleren Hit verzeichnen. Mit »bewährtem Sex-Appeal in der Stimme kämpfte sie sich durch ein knallbuntes Pop-Sammelsurium« (*Musik Express*), ohne dabei ein eigenes Profil zu entwickeln.

Vicki Peterson arbeitete mit Susan Cowsill von den → **Cowsills** zunächst als **Psycho Sisters** zusammen und gründete mit ihr gemeinsam 1995 die **Continental Drifters**, der Peter Holsapple von den → **dB's** und Mark Walton von → **Dream Syndicate** angehörten. Vicki Peterson beteiligte sich außerdem an einer Reunion-Tour der **Go Go's**. Schwester Debbi Peterson formierte 1994 **Kindred Spirits**, die im gleichen Jahr eine nach der Gruppe benannte LP veröffentlichten.

David Lowery von **Cracker**, Roger Manning von → **Jellyfish** sowie Mitglieder von → **Wire Train** und dem → **American Music Club** unterstützten Susanna Hoffs bei ihrem zweiten Solowerk, das im Spätherbst 1996 herauskam: »Eine Platte mit allen guten Zutaten, die auch die Bangles in den 80ern auszeichneten« (*Musik Express*). Als Single wählte sie ›All I Want‹ (GB #32, US #77) aus.

ALL OVER THE PLACE (1984) Columbia 465227 • DIFFERENT LIGHT (1985) Columbia 465558 • LIVE (1986) Swingin' Pig, TSP 095 • EVERYTHING (1988) Columbia 471937 • (S) STAR BOX (1988) CBS 5600 • (S) GREATEST HITS (1990) Columbia 466769 • (S) TWELVE INCH MIXES (1992) Columbia 468988 • (S) DEFINITIVE COLLECTION (1995) Columbia 480544 • Susanna **Hoffs**: WHEN YOU'RE A BOY (1991) CBS 467202 • SUSANNA HOFFS (1996) London 828 820 • Vickie **Peterson** mit **Continental Drifters**: CONTINENTAL DRIFTERS (1995) Rough Trade, RTD 343 0103 • VERMILLION (1998) Rough Trade, RTD 343 0164 • Debbi **Peterson** mit **Kindred Spirits**: KINDRED SPIRITS (1994) • Anette **Zilinskas** mit **Blood On The Saddle**: BLOOD ON THE SADDLE (1984) • POISONED LOVE (1986) Chameleon, CHLP 8601 • (S) FRESH BLOOD (1988) New Rose 125

Bar-Kays

James Alexander (tr), Vernon Butch (g), Larry Dodson (voc), Donnelle Hagan (tr), Willie Hall (dr), Harvey Henderson (sax), Winston Stewart (key)

Mitte der 60er Jahre formierten Alexander, James King (g), Ronald Caldwell (key), Phalon Jones (sax), Benjamin Cauley (tr) und Carl Cunningham (dr) in Memphis, Tennessee, die **River Arrows**, aus denen bald darauf die **Bar-Kays** entstanden. Sie wurden von dem Soul-Label Stax Records als Hausband engagiert, arbeiteten zunächst ausschließlich als Sessionmusiker und wurden von Otis → Redding als Begleitgruppe angeheuert. 1967 gelang ihnen mit dem Instrumental ›Soul Finger‹ (US #16) ein Tophit, dem im gleichen Jahr die Singles ›Knucklehead‹ und ›Give Everybody Some‹ (US #64) folgten. Dazu kam das Album SOUL FINGER (US #65). Die **Bar-Kays** setzten sich vor allem in den R&B-Charts durch, arbeiteten aber weiterhin für Redding. Eine Wintertournee durch die USA endete tragisch. Am 10. 12. 1967 kamen Redding und die Bandmitglieder King, Caldwell, Jones und Cunningham bei einem Flugzeugabsturz in der Nähe von Madison, Wisconsin, ums Leben. Cauley überlebte als einziger das Unglück, Alexander hatte einen anderen Flug gebucht. Cauley und Alexander stellten mit Dodson, Henderson, Hall und Stewart und Barry Wilkins (g) die neuen **Bar-Kays** zusammen. Die Band arbeitete zunächst für Isaac → Hayes und begleitete ihn bei dem Bestseller ›Theme From Shaft‹. Nach dieser Kooperation wechselte Cauley zum **Isaac Hayes Movement**. Das verbliebene Sextett modernisierte den Sound und präsentierte einen bissigen Funk, der in den 70er Jahren für einige respektable Hits sorgte: ›Son Of Shaft‹ (US #62), ›Shake Your Rump To The Funk‹ (US #44), ›Too Hot To Stop‹ (US #90), ›Shine‹ (US #94) und ›Move Your Boogie Body‹ (US #58). Von den LPs plazierten sich BLACK ROCK (US #93), TOO HOT TO STOP (US #81), FLYING HIGH ON YOUR LOVE (US #52), MONEY TALKS (US #92), LIGHT OF LIFE (US #52) und INJOY (US #30) in den Charts.

Die **Bar-Kays** blieben trotz ihrer Erfolge die führenden Musiker der Studioszene

von Memphis. 1973 wurde Wilkins durch Vernon Butch ersetzt, neu hinzu kam noch Donnelle Hagan.
In den 80er Jahren orientierten sich die **Bar-Kays** an zeitgemäßer Discomusik und hatten mit den LPs As One (US #63, Nightcruising (US #44), Proposition (US #51) und Dangerous (US #52) einigen Erfolg. In den Single-Hitlisten waren sie mit ›Today Is The Day‹ (US #64) und ›Freakshow On The Dance Floor‹ (US #73) vertreten. In Großbritannien konnten sie im Januar 1985 nur mit ›Sexomatic‹ (GB #40) einen Singlehit verbuchen.
An der letzten LP Animal war nur noch das Trio Dodson, Henderson und Stewart beteiligt. Als Gaststar wirkte Sly Stone (→ **Sly & The Family Stone**) mit.

SOUL FINGER (1967) Atco, SD 33–287 • GOTTA GROVE (1969) Ace, CDSXD 962 • BLACK ROCK (1971) Polydor 2362 003 • DO YOU SEE WHAT YOU SEE (1972) Stax 2325 087 • COLDBLOODED (1974) Stax, STX 88018 • TOO HOT TO STOP (1976) Mercury 1099 • FLYING HIGH ON YOUR LOVE (1978) Mercury 9100 048 • LIGHT OF LIFE (1978) Mercury 9111 004 • MONEY TALKS (1978) Stax, SCD 4106 • INJOY (1979) Mercury 3781 • AS ONE (1980) Mercury 6337 108 • PROPOSITIONS (1982) Mercury 6337 257 • DANGEROUS (1984) Mercury 818 478 • BANGING THE WALL (1985) Mercury 824 727 • CONTAGIOUS (1987) Polydor 830 305 • ANIMAL (1988) Mercury 836 774 • (S) SAY IT THROUGH LOVE (1986) Mercury, 32 PD 318 • (S) BEST OF THE BAR-KAYS (1993) Mercury 514 823 • (S) DO YOU SEE WHAT I SEE (1997) Stax, SCD 88028

Barefoot Jerry

Kenneth Buttrey (dr), Mac Gayden (g, voc), John Harris (key), Wayne Moss (voc, b, g, key)

Barefoot Jerry zählten zu den vielleicht am meisten unterschätzten Bands der nordamerikanischen Rockkultur. Trotz einiger ausgezeichneter Alben und unzähliger guter Songideen, angesiedelt zwischen Country und Rock, blieb der Gruppe der entscheidende Durchbruch versagt. Die Besetzung wechselte häufig, was die musikalische Entwicklung der Band jedoch nicht beeinträchtigte. Immer wieder gelang es, begabte Komponisten, Instrumentalisten und erfahrene Studiomusiker zu gewinnen. **Barefoot Jerry** hielten stets an ihrem Stil fest. Sie mischten Swing, Rock'n'Roll, Rhythm & Blues, Country & Western und Folk und setzten diese Melange mit einer »guten Portion Selbstironie und viel südlichem Charme« (*Sounds*) um.
Wayne Moss war von Beginn an die treibende Kraft der Band, die sich nach einem lebenslustigen Opa benannte, der in den Smokey Mountains in Tennessee einen Krämerladen betrieb und Fiddle-Music liebte. Moss wurde in Charleston, West Virginia, geboren. Er spielte in verschiedenen lokalen Bands, tourte in der Begleitgruppe von Brenda Lee und fand schließlich in Nashville Zugang zu einer ausgewählten Studioclique. Gemeinsam mit Kenneth Buttrey gründete er die **Escorts**, die später als **Charlie McCoy & The Escorts** recht erfolgreich agierten. Moss baute das Demo-Studio Cinderella auf, zu dessen ersten Kunden Jackie DeShannon und Mickey Newbury gehörten und im Lauf der Jahre Linda

→Ronstadt, Tony Joe →White und →**Grand Funk Railroad** folgten.
Auf dem Höhepunkt der Hippie-Bewegung schlossen sich Moss und Buttrey **Area Code 615** an. Bei dieser Band trafen sie auf Mac Gayden, drittes Gründungsmitglied von **Barefoot Jerry**. Vierter im Bunde wurde John Harris. Mit dem Ziel, »musikalische Moden nicht mitzumachen« (Wayne Moss), sondern einfach gute Musik anzubieten, traten **Barefoot Jerry** 1970 ins Rampenlicht. Die erste LP SOUTHERN DELIGHT wirkte noch etwas desorientiert, deutete jedoch das technische und künstlerische Können der Gruppe bereits an. Sie setzte auf eine präzis geplante Songarchitektur, verbunden mit ausladenden Arrangements. Ihr Meisterstück lieferten **Barefoot Jerry** mit dem zweiten, 1973 veröffentlichten Album, das von Moss und Harris produziert wurde und auf dem sie sämtliche Countryrockregister zogen. Der Vorsatz, »wir wollen die Nummer eins in Amerika werden« (Wayne Moss) schien seiner Verwirklichung nahe; denn das Publikum nahm bei Live-Auftritten ständig zu.
Dennoch blieb der erhoffte kommerzielle Erfolg aus, und Moss nahm 1974 einige grundlegende Personalveränderungen vor. Buttrey und Gayden gingen in die Studioszene, Buttrey, der bereits in den 60er Jahren u. a. für Bob →Dylan, Joan →Baez und Gordon →Lightfoot gearbeitet hatte, unterstützte Buffy →Sainte-Marie, Bob →Seger, John Hammond und Levon Helm. Außerdem gehörte er kurzzeitig den **Stray Gators**, der Begleitgruppe von Neil →Young, an. Gayden veröffentlichte drei weitgehend unbeachtete Soloplatten und spielte für J. J. →Cale, Dave Loggins, Hoyt Axton und Kris →Kristofferson.
Neu zu **Barefoot Jerry** kamen Kenny Malone (dr), zuvor für Johnny →Cash und Lee →Clayton tätig, Dave Doran, Gitarrist einer Bob Seger-LP, Fred Newell (b, ban) aus dem Umfeld von Waylon →Jennings und Charlie McCoy sowie der erstklassige Steelgitarrist Russ Hicks, der auf Alben von Dylan, Al →Kooper, Leo →Kottke, Jerry Jeff →Walker und der →**Steve Miller Band** mitwirkte.
Die LP WATCHIN' TV zeugte 1974 erneut vom respektlosen Umgang mit amerikanischen Musiktraditionen. Anklänge an Südstaatenmusik rückten durch den verstärkten Einsatz von Steel Guitar und Banjo in den Vordergrund. Von gewohnter Klasse war auch der mehrstimmige Gesang. Trotz ausgezeichneter Rezensionen und Resonanz bei Konzerten – allein 17 000 Zuhörer bei einem Auftritt im Centennial Park in Nashville, verkaufte sich auch WATCHIN' TV nur mäßig.
Bei der Produktion der abwechslungsreichen Tanzplatte YOU CAN'T GET OFF WITH YOUR SHOES ON gab es wieder personelle Veränderungen. Für Malone, Thompson und Doran kamen Si Edwards (dr), Warren Hartman (key) und der erfahrene Gitarrist Jim Colvard, der bereits Tom Rapp, Doug Kershaw und Allan Taylor unterstützt hatte. Die neue LP war wieder stärker dem Rock'n'Roll verpflichtet, **Barefoot Jerry** machten »Musik, die immer in die Füße geht« (*Sounds*). Auf den anschließenden Tourneen spielte die Band im Vorprogramm von Linda Ronstadt, →**Dr. Hook** und Rod →Stewart. In Europa traten **Barefoot Jerry** nur ein einziges Mal auf.
Nach der Veröffentlichung des sorgfältig zusammengestellten Samplers GROCERY präsentierte der Bandleader auf KEYS TO THE COUNTRY erneut eine veränderte

Besetzung. Colvard, Hartman und Newell hatten ihre Plätze für Barry Chance (g), Steve Davis (key) und Terry Dearmore (b, harm) geräumt. Die LP, von der Kritik als »frische Landbrise im Nashville Inzucht-Mief« (*Sounds*) gelobt, scheiterte nur knapp am Eintritt in die Charts. Als sich bereits Auflösungserscheinungen bemerkbar machten, mobilisierte Moss seine Band noch einmal für das Album BAREFOOTIN' mit Mike McBride an Stelle von Dearmore. Auch dieser Platte war kein Erfolg beschieden und wurde zum Vermächtnis einer talentierten Band, die immer irgendwie übersehen wurde.

SOUTHERN DELIGHT (1971) Capitol, ST-786 • BAREFOOT JERRY (1973) Warner Brothers 2641 • WATCHIN' TV (1974) Criminal, TAKE 2 • YOU CAN'T GET OFF WITH YOUR SHOES ON (1975) Monument 80695 • KEYS TO THE COUNTRY (1976) Monument 81473 • BAREFOOTIN' (1977) Monument, MG 7610 • (S) GROCERY (1976) Monument 88180 • Mac **Gayden**: MCGAVOCK GAYDEN (1973) EMI, EMA 760 • SKYBOAT (1976) ABC, ABCL 760 • HYMN TO THE SEEKER (1976) ABC 960

Jimmy Barnes

Jimmy Barnes wurde am 28. 4. 1956 im schottischen Glasgow geboren und wuchs in einer sehr musikalischen Familie auf. Seine Eltern waren bekannte Swingmusiker, in ihrer Plattensammlung fand Jimmy Musik von Ray →Charles, Little →Richard und Mahalia Jackson. 1961 wanderte die Familie Barnes nach Australien aus und ließ sich in Adelaide nieder. Mit seinem Bruder John spielte Jimmy Barnes in verschiedenen High School-Bands und wurde als 17jähriger Mitglied bei **Orange**, aus denen 1974 →**Cold Chisel** entstanden. Unter dem Einfluß von Bands wie →**Deep Purple** und →**Bad Company** entwickelte sich Barnes zum Heavyrock-Shouter der Extraklasse.

Cold Chisel blieben bis Ende 1983 zusammen. Nach der Trennung machte sich Jimmy Barnes selbständig und stellte für regelmäßige Clubkonzerte eine eigene Band zusammen. Nach nur zehn Monaten unterschrieb er einen Plattenvertrag bei Australiens größtem Label Mushroom Records. BODYSWERVE mit den Singlehits ›No Second Prize‹ und ›Daylight‹ weckte die Aufmerksamkeit des US-Plattenbosses David Geffen, der Barnes in die Vereinigten Staaten einlud. Barnes nahm daraufhin das Album FOR THE WORKING CLASS MAN auf, das außerhalb Australiens unter dem Titel JIMMY BARNES in die Läden kam. Das Album verkaufte sich auf dem fünften Kontinent über 300 000 Mal, und mit der Auskopplung ›Working Class Man‹ (US #74) kam Barnes im Frühjahr 1986 erstmals in die US-Hitparaden.

Jonathan Cain, einst Mitglied bei den →**Babys** und →**Journey** produzierte das 87er Album FREIGHT TRAIN HEART, mit dem Barnes »klassische amerikanische Rockmusik« (*Guinness*) präsentierte. Zu den Stargästen im Studio zählten Huey →Lewis (harm), David →Lindley (steel-g) und Joe Lynn Turner (voc). Jimmy Barnes hatte eine kraftvolle, vom Blues und Soul gefärbte, »whiskeygespülte Stimme« (*Musik Express*). Er überzeugte zudem als souveräner Live-Entertainer mit einer ungebremsten Energie und verstand es äußerst geschickt, sein Publikum aus der Reserve zu locken. In Australien wurde er spätestens ab 1987 als Superstar gehandelt.

Bis 1990 war Barnes fast ununterbrochen auf Tournee. Er führte während dieser Zeit mit der Single ›Too Much Ain't Enough‹ (US #91) die australischen Charts an und veröffentlichte den Live-Mitschnitt BARNESTORMING, das bis heute als das bestverkaufte Live-Album Australiens gilt.
Mit dem US-Produzenten Don Gehman (John → Mellencamp, → R.E.M.) realisierte er 1990 TWO FIRES, das in seiner Heimat eine Auflage von über 400 000 Stück erreichte. Kritiker nannten die Platte »einen Ausflug in seichte Soul-Gefilde« (*Crash*), seine Anhänger dagegen bejubelten den »ungehobelten Soulrock und unorthodoxen Pop« (*Musik Express*). An der LP waren u. a. der Drummer Tony Brock (Ex-**Babys**) und Gitarrist Brian Setzer (Ex- → **Stray Cats**) beteiligt.
Vor der Produktion seines nächsten Albums nahm Barnes 1991 mit → **INXS** die Single ›Good Times‹ (GB #18) auf, einen ehemaligen Hit der → **Easybeats**. Rauher Rock bestimmte im Herbst 1993 die LP HEAT, die wiederum von Gehman produziert wurde: »Das Material ist spontaner als bei den früheren Platten, natürlicher und grooviger. Ich schreibe über Dinge, die wesentlich mehr mit mir zu tun haben, als es in der Vergangenheit der Fall war« (Jimmy Barnes). HEAT bestand durchgehend aus »zeitlosen, herrlich unkomplizierten und schnörkellosen Songs« (*Metal Hammer*) und bestätigte Barnes als Topstar Australiens.
Barnes blieb weiterhin ein bodenständiger Rock'n'Roller, der auch bei FLESH & WOOD vom Frühjahr 1994 auf »unprätentiöse Dreiminuten-Kracher der Güteklasse A« (*Musik Express*) setzte. Nach mittlerweile acht Millionen verkauften Alben intensivierte Jimmy Barnes im Sommer seine Aktivitäten außerhalb Australiens. Seine Welttournee führte ihn bei insgesamt 54 Stationen in 16 Länder. Am Ende blieb er im französischen Aix-en-Provence, um im De La Blaque-Studio unter der Regie von Joe Hardy (→ **ZZ Top**, → **Georgia Satellites**) das Album PSYCLONE aufzunehmen. Unterstützt von seinen langjährigen Begleitern Jeff Neill (g) und Michael Hegerty (b) sowie den Briten Guy Davies (key) und Neil Martin (dr), gelang ihm einmal mehr ein solides Rockalbum mit intensiven Balladen und dynamischem Uptempo-Rock.

BODY SWERVE (1984) Mushroom 53138 • JIMMY BARNES (1986) Geffen 924089 • FREIGHT TRAIN HEART (1987) Geffen 7599–24146 • BARNESTORMING (1988) Mushroom 74321 20832 • TWO FIRES (1990) Atlantic 7567–82141 • SOUL DEEP (1992) Mushroom 74321 20833 • HEAT (1993) Mushroom 74321 18858 • FLESH & WOOD (1994) RCA 74321 18856 • PSYCLONE (1995) RCA 74321 27620 • (S) THE BEST OF (1996) Mushroom 21 48665

Baton Rouge

Scott Bender (b, voc), Lance Bulen (g, voc), Kelly Keeling (voc), Corky McClellan (dr, perc, voc), Tony Palmucci (g, voc)

1986 ursprünglich als **Meridian** in New Orleans von Keeling und Bulen gegründet, spielte die Band überwiegend bekanntes Hardrock-Material nach. Nach ausführlichen Clubtourneen in Louisiana zogen Keeling und Bulen nach Los Angeles um und formierten mit McClellan, Bender und David Cremin (key, g, voc) **Baton Rouge**. Inspiriert vom melodischen Hardrock arbeitete das Quintett zwei Jahre an der ersten LP, die von Jack Ponti (→ **Bon Jovi**) produziert wurde. SHAKE YOUR SOUL bestach durch das instrumentale Können der Band, den überzeugenden Leadsänger Keeling, der seinem Vorbild Robert → Plant nacheiferte, und hitverdächtigen Melodic Rock: »Ohrwürmer in Serienfertigung, fett und wuchtig und jede Menge Groove« (*Metal Hammer*).

Dank dem häufigen Airplay der Single ›Walks Like A Woman‹ wurden **Baton Rouge** landesweit schnell populär und zogen bei ihren Auftritten bis zu 10000 Fans an. Außerdem tourten sie im Vorprogramm von Alannah → Myles. Mit der zweiten LP, wiederum unter der Regie von Ponti, orientierte sich die Gruppe noch stärker in Richtung Metal. Als neuer zweiter Gitarrist stellte sich Tony Palmucci vor, der zuvor bei **Keel** gespielt hatte. Der »charakteristische Sound von **Baton Rouge** blieb erhalten« (*Guinness*), aber kommerziell hatte die talentierte Band keinen großen Erfolg.

SHAKE YOUR SOUL (1990) Atlantic 7567–82073 • LIGHTS OUT ON THE PLAYGROUND (1991) Atlantic 7567–91661 • ST: ANNE'S WHEEL (1996) Ariola 213 6573

Beach Boys

Al Jardine (voc, g), Bruce Johnston (voc, key), Mike Love (voc), Brian Wilson (b, voc), Carl Wilson (voc, g)

Als im Winter 1961 die **Pendletones** im Amateurstudio des Hobbymusikers Murry Wilson den Song ›Surfin‹ aufnahmen, ahnte niemand, daß der Wilson-Clan die kalifornische Surfmusik weltweit populär machen würde. Als **Beach Boys** entdeckten sie die Strand- und Automobilromantik als Teenagerideologie, die die nordamerikanische Popmusik revolutionierte. Die beschwingt-brave Ausgelassenheit, auf einfachen Chuck → Berry-Ideen basierend, und die mehrstimmigen Vokalharmonien in der Tradition der **Four Freshmen** sorgten bis 1980 für 21 Single-Bestseller und 13 Topalben.

Die **Beach Boys** schrieben über zwei Jahrzehnte Popgeschichte, erlebten neben »Surf, Beat und Fun« (*Musik Express*) aber auch Karrieretiefs und Schicksalsschläge. Obwohl sie inzwischen aus der Mode gekommen waren, blieben ihre sporadischen Zusammenkünfte und Comebacks nach 1980 nie unbeachtet. Ihre Songs über Wind, Sonne und Meer wurden zu unvergleichlichen Evergreens, und die Gruppe erfüllte »in Amerika dieselbe Funktion wie die **Beatles** in England« (Brian Wilson).

Die Familie Wilson lebte im kalifornischen Hawthorne. Hier wurden Brian (* 20. 6. 1942), Carl (* 21. 12. 1946) und Dennis (* 4. 12. 1944) geboren und traten bei Feten und Schulanlässen als **Carl & The Passions, Kenny & The Cadets** oder **Pendletones** auf. Mike Love (* 15. 3. 1944, Baldwin Hills, Kalifornien), Cousin der Wilsons, und Al Jardine (* 3. 9. 1942, Lima, Ohio) vervollständigten das Quintett, das inspiriert durch die Surfleidenschaft von Brian und Dennis den Song ›Surfin‹ (US #75) verfaßte und auf dem unabhängigen Label Candix Records als **Beach Boys** im Dezember 1961 veröffentlichte. Da die Bandmitglieder nur über unzureichende Fertigkeiten verfügten, ein Instrument zu spielen, wurden Studiomusiker hinzugezogen. Das wurde anders, als der ehrgeizige, aber sehr empfindsame Brian Wilson die musikalische Leitung in die Hände nahm. Nik Cohn schrieb über ihn: »Er arbeitete einen losen Gruppensound heraus und fügte sein eigenes Falsett hinzu. Dann steckte er noch ein bißchen entspanntlässige Gitarre dazu und rundete das Ganze mit aufgemöbelten Freshmen-Harmonien ab. Ohne Schweiß schuf er so aufrichtige Surfmusik aus dem Nichts.«

Doch zunächst war die Zukunft der **Beach Boys** trotz des Achtungserfolges in den Single-Charts im Februar 1962 ungewiß. Jardine verließ die Gruppe, um Zahnmedizin zu studieren. Für die Rhythmusgitarre konnte David Marks, ein Schulfreund der Wilsons, gewonnen werden. Brian Wilson übernahm den Baß, und Dennis setzte sich hinter das Schlagzeug. Derweil kümmerte sich Murry um einen neuen Plattenvertrag und konnte schließlich Capitol Records interessieren. Mit dem Erscheinen der zweiten Single ›Surfin' Safari‹ (US #14) lösten die **Beach Boys** ab November 1962 im ganzen Land ein Surffieber aus. Mit dem Debütalbum SURFIN' SAFARI (US #32), das sich 78 Wochen in den Charts hielt und vergoldet wurde, beherrschten die Strandjungen die Hitparaden. In schneller Folge wurden 1963 / 64 die Singles ›Ten Little Indians‹ (US #49), ›Surfin' U.S.A.‹ (GB #28, US #3), ›Shut Down‹ (US #23), ›Surfer Girl‹ (US #7), ›Little Deuce Coupe‹ (US #15), ›Be True To Your School‹ (US #6), ›In My Room‹ (US #23), ›Fun, Fun, Fun‹ (US #5, D #49), ›I Get Around‹ (GB #9, US #1, D #38), ›Don't Worry Baby‹ (US #24), ›When I Grow Up‹ (GB #28, US #9), ›Wendy‹ (US #44), ›Little Honda‹ (US #65) und ›Dance, Dance, Dance‹ (GB #23, US #8) veröffentlicht sowie die LPs SURFIN' U.S.A. (US #2), SURFER GIRL (US #7), LITTLE DEUCE COUPE (US #4), ALL SUMMER LONG (US #4) und BEACH BOYS CONCERT (US #1, D #14).

Binnen kürzester Zeit stiegen die **Beach Boys** zur beliebtesten Band der USA auf und galten als ernsthafte Konkurrenten der → **Beatles**. Ihre Platten erreichten Millionenauflagen und machten den Surfsound weltweit bekannt. Marks hatte die Band bereits im Januar 1963 wieder verlassen, und Jardine kehrte nach einjähriger Studienzeit zu den **Beach Boys** zurück. Ab 1965 demonstrierten sie ihre Entwicklungsmöglichkeiten und begannen unter Anleitung von Brian Wilson zu experimentieren, nachdem sie zwei Jahre lang nur perfekt inszenierte Hits nach dem gleichen Strickmuster produziert hatten.

Brian Wilson, der unter seinem Übergewicht litt, bekam 1965 einen Nervenzusammenbruch und nahm – er war schon vorher nicht besonders reise- und auftrittsfreudig – seinen Abschied von der Bühne. Er blieb jedoch Chef der **Beach Boys** und kümmerte sich noch intensiver um seine Aufgaben als Komponist und Produzent. Neu hinzu kam Bruce Johnston (* 24. 6. 1944). Das Jahr 1965 bescherte der Band fünf weitere erfolgreiche Singles: ›Do You Wanna Dance‹ (US #12), ›Please Let Me Wonder‹ (US #52), ›Help Me, Rhonda‹ (GB #26, US #1, D #10), ›California Girls‹ (GB #28, US #3, D #30) und ›The Little Girl I Once Knew‹ (US #20). Dazu kamen Chartsnotierungen der LPs THE BEACH BOYS TODAY! (US #4, D #14), SUMMER DAYS (GB #4, US #2, D #18) und BEACH BOYS PARTY! (GB #3, US #6, D #4).

Das im Mai 1966 erschienene Album PET SOUNDS (GB #2, US #10, D #12) wurde mit Revolver von den **Beatles** verglichen. Die Musikmedien reagierten euphorisch auf die Platte, die sich durch einen modernen Sound und perfekte Arrangements auszeichnete. Auf diesem Album verzichteten die **Beach Boys** endgültig auf schlichte Mitsingreime und leiteten ihre psychedelische Phase ein. 1966 waren sie mit den Singles ›Barbara Ann‹ (GB #4, US #2, D #2), ›Sloop John B.‹ (GB #2, US #3, D #1), ›Wouldn't It Be Nice‹ (US #8), ›God Only Knows‹ (GB #2, US #39, D #22), ›Good Vibrations‹ (GB #1, US #1, D #8) und dem Sampler Best Of (GB #2, US #8) in den internationalen Hitparaden vertreten. Der Beach Boys-Klassiker ›Good Vibrations‹ ist ein gutes Beispiel für Brian Wilsons Perfektionismus, da er sechs Monate mit 17 Sessions in vier verschiedenen Studios an dem Song gearbeitet hatte. Im April brachte er die Single ›Caroline No‹ (US #31) heraus, seine erste Soloarbeit.

1966 wurden die **Beach Boys** auch in Großbritannien als »Beste Gruppe des Jahres« ausgezeichnet und verdrängten nach jahrelanger Vorherrschaft erstmals die **Beatles** von dieser Position. Im darauffolgenden Jahr entstand unter Mitwirkung von Brian Wilsons engem Freund Van Dyke →Parks das Album Smiley Smile (GB #6, US #17). Es galt als das »bis dahin exzentrischste Werk« (*Guinness*) der **Beach Boys** und wurde von den Kritikern sehr unterschiedlich beurteilt. Noch im gleichen Jahr kehrten »die unbefangenen Jungs mit den unvergleichlichen Vokalarrangements« (*Hifi Vision*) bei der Produktion Wild Honey (GB #7, US #15, D #20) zu ihren R&B- und Beat-Wurzeln zurück. In den Singlecharts behaupteten sie sich 1967 mit ›Heroes And Villains‹ (GB #10, US #8, D #34), ›Wild Honey‹ (GB #29, US #23) und ›Darlin‹ (GB #11, US #17).

Wilsons Drogenkonsum, der psychische Probleme nach sich zog, sorgte 1968 für Unruhe in der Band. Die **Beach Boys** sagten eine Einladung zum Monterey Pop Festival ab, bei dem Jimi →Hendrix »das Ende der Surfmusik« ankündigte. Mike Love wandte sich den Lehren des indischen Gurus Maharishi Yogi zu und überwarf sich vorübergehend mit Carl und Dennis Wilson. Die seltenen Konzerte in diesem Jahr wurden als »anachronistische Greatest Hits-Veranstaltung im Zeitalter progressiver Rockmusik« (*Guinness*) beschrieben. 1968 entstand unter dem Einfluß der Meditationsperiode der Gruppe das Album Friends (US #54) mit den Singleauskopplungen ›Friends‹ (US #34), ›Do It Again‹ (GB #2, US #7, D #4) und ›Bluebirds Over The Mountain‹ (US #36).

Die **Beach Boys** beendeten die 60er Jahre mit der LP 20/20 (US #60, D #23) und den Singles ›I Can Hear Music‹ (GB #11, US #18, D #13) und ›Break Away‹ (GB #6, US #35, D #29). Die Gruppe war nun in Europa populärer als in den Vereinigten Staaten. Ihrer Plattenfirma Capitol Records warf sie Mißmanagement vor, verklagte das Unternehmen auf zwei Millionen Dollar nicht abgerechneter Tantiemen und erklärte anläßlich einer Pressekonferenz im Mai 1969 die Trennung von Capitol.

Im Januar 1970 stellten die **Beach Boys** ihr eigenes Label Brothers Records vor, für das Warner Brothers den weltweiten Vertrieb übernahm. Ihr ehemaliger Vertragspartner Capitol reagierte darauf im Juni mit der Auskopplung von »Cottonfields« (GB #3, US #95,D #29) aus der LP 20/20. Die **Beach Boys** debütierten auf dem eigenen Label mit dem Album Sun-

FLOWER (GB #25, US #59), und nach fünfjähriger Bühnenabstinenz beteiligte sich Brian Wilson im November an einem einzigen Konzert im Whiskey-A-Go-Go in Los Angeles. Einen Monat später veröffentlichte Dennis Wilson ausschließlich in England die Single ›Sound Of Free‹ unter dem merkwürdigen Namen **Dennis Wilson & Rumbo**.

1971 übernahm der ehemalige DJ und Journalist Jack Rieley das Management der **Beach Boys** und organisierte ausverkaufte Konzerte in der New Yorker Carnegie Hall und einen gemeinsamen Auftritt mit → **Grateful Dead** im New Yorker Fillmore East. Aufgrund einer Verletzung von Dennis Wilson mußte Ex-**Flame** Ricky Fataar als Drummer einspringen. Brian Wilson trug auf Bitte von Leonard Bernstein in dessen TV-Show den Song ›Surf's Up‹ vor, der eigentlich für die LP SMILEY SMILE gedacht war. Der Song lieferte auch den Titel für das Album SURF'S UP (GB #16, US #21), das im Oktober 1971 auf den Markt kam und ursprünglich LANDLOCKED heißen sollte. Nach Veröffentlichung der LP verließ Bruce Johnston die **Beach Boys**. Er startete eine Solokarriere, kehrte aber 1978 zur Gruppe zurück. Johnston wurde zwischenzeitlich von Blondie Chaplin vertreten, ebenfalls von **Flame**.

Anfang 1972 tourten die **Beach Boys** durch Europa und planten in den Niederlanden Sessions für das 73er Album HOLLAND (GB #21, US #12). Im März wurde Rieley von der Band gefeuert, und Loves Bruder Steve wurde als Manager engagiert. Als Produkt der ausgedehnten Konzertreisen kam das Doppelalbum THE BEACH BOYS IN CONCERT (US #28) im Januar 1974 auf den Markt. Im gleichen Monat verließen Fataar und Chaplin die **Beach Boys**. Dennis Wilson kehrte zurück, und die Aufgaben des Bassisten übernahm eine Zeitlang der Produzent (→ **Blood, Sweat & Tears**) und Studiobesitzer (Caribou Ranch) James William Guercio. Während neue Aufnahmen auf sich warten ließen, profitierte die Gruppe von Samplern wie ENDLESS SUMMER (US #1), SPIRIT OF AMERICA (US #10) und GOOD VIBRATIONS (US #47).

1975 erlebten die **Beach Boys** wieder eine Krise. Brian Wilson isolierte sich immer mehr vom Rest der Band, und Bruder Dennis kam wegen Kokainsucht erneut in die Schlagzeilen. Im August 1976 hatten sich die Wilsons wieder erholt und konnten sich an der Produktion des Studiocomebacks »15 Big Ones« (GB #25, US #9) beteiligen. Die Gruppe interpretierte zu ihrem 15jährigen Jubiläum überwiegend Rock'n'Roll-Oldies wie »Blueberry Hill« von Fats → Domino und die Auskopplung »Rock And Roll Music« (GB #29, US #7) von Chuck → Berry.

Bis zum Ende der 70er Jahre gaben die **Beach Boys** nur noch wenige Konzerte und nahmen unter Brian Wilsons Regie die LPs LOVE YOU, M.I.U. ALBUM und LIGHT ALBUM (GB #23) auf, die sich nur noch mäßig verkauften. Lediglich in Großbritannien waren 1979 ihre Singles ›Here Comes The Night‹ (GB #30, US #67) und ›Lady Lynda‹ (GB #6) erfolgreich. Mike Love widmete sich außerdem dem Projekt **Celebration**, während Johnston seine Sololaufbahn beendete und zu den **Beach Boys** zurückkehrte. Sein größter Erfolg war die Komposition ›I Write The Songs‹, die im Februar 1977 als »Bester Song des Jahres« mit einem Grammy ausgezeichnet wurde.

Im Januar 1980 engagierten sich die **Beach Boys** neben → **Jefferson Starship**

und **Grateful Dead** für die Wohltätigkeitsveranstaltung »Concert For Kampuchea« in Los Angeles. Drei Monate später erschien ihr neues Album KEEPIN' THE SUMMER ALIVE, mit dem sie an die alte Surfherrlichkeit anknüpfen wollten, aber ausgebrannt und müde klangen. Trotzdem kamen sie im Juli und November 1981 mit den Singles ›The Beach Boys Medley‹ (US #12) bzw. ›Come Go With Me‹ (US #18) zweimal in die Top 20. Nach zwei Konzerten in der Londoner Wembley Arena, beim Knebworth Festival und einem Auftritt in Washington D.C. anläßlich des amerikanischen Unabhängigkeitstages am 4. Juli konzentrierte sich Carl Wilson auf seine wenig erfolgreiche Soloproduktion CARL WILSON, der 1983 die ebenso mißglückte LP YOUNGBLOOD folgte. Ebenfalls glücklos war Mike Love mit seiner Single ›Looking Back With Love‹ und einer Tournee mit seiner **Endless Summer Beach Band**.
1982/83 beschränkten sich die Aktivitäten der **Beach Boys** auf die Veröffentlichung mehrer Sampler. Ende 1982 wurde Brian Wilson wegen seiner Drogenabhängigkeit und ständigen Eskapaden von seinen Kollegen gefeuert. Brian unterzog sich daraufhin einer Entziehungskur, die schließlich erfolgreich verlief. Die Kokain- und Alkoholprobleme Dennis Wilsons führten am 28. 12. 1983 zu einem tragischen Unfall durch Ertrinken.
1984 machten die **Beach Boys** gemeinsam mit den →**Four Seasons** nur eine Aufnahme und veröffentlichten die erfolglose Single ›East Meets West‹. Am 15. 1. 1985 traten sie bei einer Gala im Weißen Haus vor Präsident Ronald Reagan auf. Im Juni kam die von Steve Levine in London produzierte LP THE BEACH BOYS (GB #48, US #52) auf den Markt, mit der sie in bekannter Good Time-Music-Manier ihr 25jähriges Jubiläum begingen. Stargast bei einem der Songs war Stevie →Wonder. Mit der Single ›Getcha Back‹ (US #26) gelang den **Beach Boys** wieder ein akzeptabler Hit. Bis zum Sommer 1986 folgten drei weitere Auskopplungen: ›It's Gettin' Late‹ (US #82), ›Rock'n'Roll To The Rescue‹ (US #68), und ›California Dreamin‹ (US #57), das im Original von den →**Mamas & Papas** stammte.
Die Karriere der **Beach Boys** zog nun wieder an. Die Surf-Veteranen vermochten ihr »Teenager-Image und den Jugendidealismus« (*Rolling Stone*) zu erneuern. Sie wurden im Januar 1988 in die Rock And Roll Hall Of Fame aufgenommen und standen im Spätsommer mit ›Kokomo‹ (US #1) plötzlich wieder an der Spitze der Hitparaden. Der Song gehörte zum Soundtrack des Films »Cocktail« mit Tom Cruise und erschien außerdem auf STILL CRUISIN (US #46, D #26), einer »Pop-LP mit karibischem Flair« (*Guinness*) vom August 1989. Der Titelsong ›Still Cruisin‹ (US #93) wurde für den Film »Lethal Weapon 2« mit Mel Gibson verwandt.
Nach ausgedehnten Tourneen durch die USA und Europa wurde die Geschichte der **Beach Boys** von ABC mit einer TV-Dokumentation nach der 1986 veröffentlichten Biographie »Heroes And Villains: The True Story Of The Beach Boys« von Stephen Gaines gewürdigt. Mehrere alte Single-Hits wurden wiederaufgelegt, und die Alben erschienen als CDs. Die Töchter von Brian Wilson, der 1988 die Solo-LP BRIAN WILSON (US #58) herausbrachte, sorgten im Sommer 1990 mit der Gruppe →**Wilson Phillips** für Furore in den Charts.
Bis 1993 gingen die **Beach Boys** nur gelegentlich Tourneeverpflichtungen ein,

und erst im Sommer 1993 präsentierten sie »frisch und gelenkig wie am ersten Tag« (*Audio*) mit Summer In Paradise wieder ein neues Studioalbum. Einige Monate später brachte der wieder genesene Brian Wilson seine Autobiographie »Mein kalifornischer Alptraum« und 1994 mit I Just Wasn't Made For These Times die erste LP nach sechs Jahren heraus. Im November 1995 folgte die Platte Orange Create Art, die Brian Wilson mit Van Dyke Parks konzipierte und aufnahm.

Zweifellos gehören die »musikalischen Surf-Weltmeister« (*Musik Express*) zu den einflußreichsten Bands der Popgeschichte. Ihr unverwechselbarer Stil steht für einen wichtigen Abschnitt amerikanischer Rockkultur, und ihre mehrstimmigen Gesangsharmonien wirkten stilbildend für zahlreiche Bands.

Im Februar 1996 beteiligten sich die **Beach Boys** an der Show zum 30. Geburtstag von →**Status Quo** in London, die ihr ›Fun Fun Fun‹ neu aufgenommen hatten. Mit Brian Wilson nahmen sie anschließend in Nashville mit Country-Größen wie Willie →Nelson und Ricky Van Shelton Hits wie ›I Get Around‹, ›Fun, Fun, Fun‹ und ›Sloop John B.‹ im Countrysound auf.

Das 96er-Album Stars and Stripes nahmen die **Beach Boys** in der Besetzung Brian Wilson, Carl Wilson, Mike Love, Al Jardine und Bruce Johnston auf. Für die LP hatten sie zahlreiche ihrer eigenen Klassiker neu aufgenommen und wurden dabei von US-Country-Größen wie Lorrie Morgan, Junior Brown, Ricky Van Shelton, T. Graham Brown, Willie →Nelson und Timothy B. Schmit (Ex-→**Poco**) unterstützt.

Carl Wilson starb am 8. 2. 1998 im Alter von 51 Jahren.

SURFIN' SAFARI (1962) Bellaphon 28807010 • SURFIN' U.S.A. (1963) Lotus 50021 • SURFER GIRL (1963) Karussell 511640 • LITTLE DEUCE COUPE (1963) Capitol, ST-1998 • ALL SUMMER LONG (1964) Capitol, ST-2110 • THE BEACH BOYS CHRISTMAS ALBUM (1964) EMI 795084 • BEACH BOYS CONCERT (1964) IRS 569540 • THE BEACH BOYS TODAY! (1965) Capitol, ST-2269 • SUMMER DAYS (AND SUMMER NIGHTS) (1965) Capitol, ST-2354 • BEACH BOYS PARTY! (1965) Capitol, ST-2398 • PET SOUNDS (1966) DCC 0472006 • SMILEY SMILE (1967) Brother, ST-9001 • WILD HONEY (1967) Capitol, ST-2859 • FRIENDS (1968) Capitol, ST-2895 • LIVE IN LONDON (1968) EMI, SHZE 302 • 20/20 (1969) Capitol 062–80006 • SUNFLOWER (1970) Brother 6382 • SURF'S UP (1971) Brother 6453 • CARL AND THE PASSIONS (1972) Epic 468349 • HOLLAND (1973) Reprise 54008 • THE BEACH BOYS IN CONCERT (1973) Reprise 84001 • 15 BIG ONES (1976) Epic 469550 • LOVE YOU (1977) Epic 468347 • M.I.U. ALBUM (1978) Epic 468348 • LIGHT ALBUM (1979) Epic 468344 • KEEPIN' THE SUMMER ALIVE (1980) Epic 468350 • THE BEACH BOYS (1985) Caribou 26378 • STILL CRUISIN' (1989) Capitol 792639 • SUMMER IN PARADISE (1993) Capitol 781036 • STARS AND STRIPES VOL. 1 (1996) MCA, MCD 80128 • (S) BEST OF (1966) Capitol, ST-2545 • (S) BEST OF VOL: 2 (1967) Capitol, ST-2706 • (S) ENDLESS SUMMER (1974) Capitol, EMI 855321 • (S) SPIRIT OF AMERICA (1975) DCC 0471089 • (S) BEACH BOYS 1962–65 (1980) Capitol 134–085804/ 5 • (S) BEACH BOYS 1966–69 (1980) Capitol 134–085808/9 • (S) THE CAPITOL YEARS (1980) Word 651–57 • (S) THE VERY BEST OF (1983) Capitol 152–081482/3 • (S) RARITIES (1983) Capitol, EST 712293 • (S) MADE IN U.S.A. (1986) EMI 746324 • (S) TEN YEARS OF HARMONY (1990) Caribou 465670 • (S) CALIFORNIA GOLD (1991) EMI 796549 • (S) GOOD VIBRATIONS (1993) Capitol 781294 • (S) THE PET SOUNDS SESSIONS (1997) Capitol 837662 • Carl **Wilson**: CARL WILSON (1981) Caribou

84840 • YOUNGBLOOD (1983) IRS 9206103 • Dennis **Wilson**: PACIFIC OCEAN BLUE (1977) Epic 468351 • ONE OF THESE PEOPLE (1980) Elektra 230 • Brian **Wilson**: BRIAN WILSON (1988) Sire 7599–25669 • I JUST WASN'T MADE FOR THESE TIMES (1994) Soundtrack MCA, MCD 11270 • Mit Van Dyke Parks: ORANGE CRATE ART (1995) WEA • Bruce **Johnston**: SURFIN' ROUND THE WORLD (1963) IRS 9206104 • SURFIN' PAJAMA PARTY (?) Delfi 634 • GOING PUBLIC (1977) IRS 9206105 •Mike **Love**: LOOKING BACK WITH LOVE (1982) Epic 85571 • Mike **Love** mit **Celebration**: CELEBRATION (1978) Pacific Arts, PAC 122

Beastie Boys

Michael ›Mike D‹ Diamond (voc), Adam ›King Ad-Rock‹ Horovitz (voc), Adam ›MCA‹ Yauch (voc)

Yauch (* 15. 8. 1967, New York) und Diamond (* 20. 11. 1965, New York) gehörten 1982 zu einer Hardcore-Rockband, die ein einziges Mal bei Yauchs 15. Geburtstag zusammenspielte. Horovitz (* 31. 10. 1966), Sohn des Drehbuchautors Israel Horovitz, war vor Gründung der wüsten Straßengang **Beastie Boys** Mitglied bei **Young & The Useless**, die die Single ›Real Men Don't Use Floss‹ veröffentlichten. Als **Beastie Boys** trat das Trio hin und wieder in dem Punkladen CBGB's und der New Yorker Danceteria auf und präsentierte dabei das Material der EP ›Polly Wog Stew‹, die acht Songs enthielt und von dem New Yorker Independent-Label Rat Cage Records vertrieben wurde.

1983 präsentierten die **Beastie Boys** das Stück ›Cookie Puss‹. Ein Sample des Werkes fiel der Marketing-Abteilung der britischen Fluglinie British Airways auf, die daraufhin die Rechte für 40000 Dollar erwarb und den Titel für eine Werbekampagne nutzte. So kamen die **Beasties** bei den Medien ins Gespräch. Sie fielen durch ihre Mode mit Baseballcap, Turnschuhen und weiten Sweat-Shirts auf und durch ihre lauten, aggressiven Raps, die von Soundfragmenten und Plattenspieler-Scratching begleitet wurden. Im Juli 1984 trat das rüde Trio im Vorprogramm einer → Madonna-Tour durch die USA auf. Dabei wurden die **Beastie Boys** mehrfach von der Bühne gepfiffen oder mußten ihren Vortrag im Bierdosenhagel abbrechen. Trotzdem erhielten sie im Oktober einen Vertrag des Labels Def Jam Records. Sie spielten weiter die böse, coole, renitente Straßengang und benutzten gescratchte, penibel gemischte Tonkonserven für einen vulgär-anzüglichen Großstadtslang. Die ersten Singles ›Rock Hard‹, ›She's On It‹ und ›It's The New Style‹ verkauften sich schlecht. Die zum Teil blutigen Auseinandersetzungen anläßlich ihrer aggressiven Bühnenshows sorgten jedoch für Schlagzeilen.

1986 tourten die **Beastie Boys** als Anheizer für → **Run DMC** erstmals durch Großbritannien. Den Rest des Jahres arbeiteten sie an ihrer ersten LP. Die derben Hardrock/Heavy-Offensiven, das Schimpfwort-Vokabular und die unmißverständliche Symbolik wurden als »jugendlicher Enthusiasmus« (*Musik Express*) gewertet. Im Dezember 1986 kam ›Fight For Your Right‹ (GB #11, US #7, D #25) in die Single-Hitparaden. Das Album LICENSED TO ILL (GB #5, US #1, D #23) erschien im März 1987 und wurde zum »Topseller aus dem Metal-Rap-Lager« (*Musik Szene*). Die »wilden Scratch-Exzesse« führten – als erste Platte der Rapgeschichte – die LP-

Charts der USA an. In den ersten zwölf Monaten nach Erscheinen wurden vier Millionen Exemplare des Albums verkauft. Dazu kamen die Singles ›Brass Monkey‹ (US #48), ›No Sleep Till Brooklyn‹ (GB #14, D #46), die Wiederveröffentlichung von ›She's On It‹ (GB #10, D #44) und ›Girls / She's Crafty‹ (GB #34).
Die **Beastie Boys** waren nun Superstars der Rapszene geworden. Auf den folgenden Tourneen wurden sie zu dem Schrecken von Hotelmanagern und Journalisten. Die Bühnenshow – vor dem Hintergrund einer überdimensionalen Budweiser Sixpack-Box – endete regelmäßig in chaotischen Parties, die aggressive Retortenmusik war Anlaß für Verbalentgleisungen und -attacken.
Das zweite Album erschien im Sommer 1989 unter dem Titel PAUL'S BOUTIQUE (GB #44, US #14, D #28): »Auf der LP überstürzen sich die Wortkaskaden kindlicher Gossenlyrik mit einem Tempo, als wollten die drei rhythmischen HipHop-Schwätzer alle Beat-Poeten der letzten Jahrzehnte auf einen Schlag in Grund und Boden schwadronieren« (*Stern*). Als Single wurde ›Hey Ladies‹ (US #36, D #43) ausgekoppelt. PAUL'S BOUTIQUE blieb hinter den Verkaufszahlen des Debütalbums weit zurück, und die **Beastie Boys**, die inzwischen nach Kalifornien umgezogen waren, mußten hinnehmen, daß jüngere Rapper wie → LL Cool J und → MC Hammer bei den Popfans größere Chancen hatten.
Nach fast dreijähriger Pause modernisierten die **Beastie Boys** ihren Sound und setzten bei CHECK YOUR HEAD (US #10) im Frühjahr 1992 auf »Hardcore-Punk, Thrash-Funk und Acid Jazz-Grooves« (*Musik Express*). Metal-Riffs mischten sich mit lärmenden Gitarren, und der unnachahmliche Sprechgesang wurde manchmal sogar von ruhigen, sphärischen Klängen umrahmt. Die **Beastie Boys** suchten nach neuen Ausdrucksformen, zitierten aber weiterhin die Vergangenheit leicht verfremdet.
1993 / 94 tourten die »rappenden Rotzlöffel« (*Stern*) u. a. mit den → **Smashing Pumpkins** und Nick → Cave. Der im April 1994 veröffentlichte Sampler SOME OLD BULLSHIT bestand aus dem Material der ersten EP, Radioaufnahmen und exotischen Kassettenmitschnitten. Ein viertel Jahr später folgte das Album ILL COMMUNICATION (GB #10, US #1, D #11) mit »einer mutigen Musikmelange« (*Musik Express*) aus grob verzerrten Rapeinlagen, schleppenden Dancerhythmen und schroffen Industrialklängen.
Der Memphis-Soul der Stax Records-Ära und der bullige Funk der 70er Jahre inspirierten die **Beastie Boys** zu ihrem 96er-Album THE IN SOUND FROM WAY OUT!, das im April veröffentlicht wurde: »wabernde Hammond-Orgeln, funky-Gitarren und hypnotische Percussions lassen selige Stax-Zeiten wieder aufleben« (*Musik Express*).

LICENSED TO ILL (1986) Def Jam 527351 • PAUL'S BOUTIQUE (1989) Capitol 791743 • CHECK YOUR HEAD (1992) Capitol 798939 • ILL COMMUNICATION (1994) Capitol 828599 • THE IN SOUND FROM WAY OUT! (1996) Grand Royal 833590 • (S) SOME OLD BULLSHIT (1994) Capitol 789843

Beasts Of Bourbon

Brian Henry Hooper (b, g), Spencer Jones (g), Tex Perkins (voc), Tony Pola (dr), Kim Salmon (g, voc)

»Australiens häßlichste Underground-Band« (*Trouser Press*) aus Sydney bevorzugte einen lässigen, Country & Western-beeinflußten Garagenrock, den sie 1984 erstmals mit dem Album THE AXEMAN'S JAZZ dokumentierte. Zur Besetzung gehörten Perkins, Jones, Salmon, James Baker (dr) und Boris Sujdovic (b). Sowohl Salmon als auch Baker und Sujdovic spielten etwa gleichzeitig bei den Gruppen → **Scientists**, → **Hoodo Guru** und → **Dubrovniks**. Zu diesem Zeitpunkt war die Zukunft der **Beasts Of Bourbon** noch ungeklärt, da Perkins sich zunächst auf **Salamander Jim** konzentrierte, um mit Martin Bland (dr), Ewan Cameron (sax), Stuart Gray (b, g, p) und Lachlan McLeod (g) LORNE GREENE SHARES HIS PRECIOUS FLUIDS aufzunehmen. Gray nannte sich später Stu Spasm und gründete **Lubricated Goat** mit Guy Madison (b), Charles Tolnay (g) und Gene Ravet (dr).

1987 gehörte Perkins zu **Thug**, die mit ihrem Debüt ›Fuck Your Dead‹ in den australischen Indie-Charts auftauchten. Schließlich trafen sich Perkins und Spencer Jones bei **Butcher Shop** (mit Kid Congo Powers von den → **Cramps**) wieder und beschlossen eine Reunion der **Beasts Of Bourbon** in Originalbesetzung, um den kantigen Bluesrock von SOUR MASH aufzunehmen. Der *Musik Express* schrieb im August 1989: »Durch die vertrackte Art, wie die Beasts gängige Stilelemente miteinander verschlingen, offenbaren sich mit jedem Anhören dieses Albums neue Details, die ständig neue Bilder aus der düsteren Welt des Bourbons beschwören.«

Kim Salmon begann seine musikalische Laufbahn als Gitarrist einer Showband, die in Stripteaselokalen Oldies nachspielte. Ende der 70er gründete er die → **Scientists**, zu denen auch zeitweise Sudjovic und Baker gehörten. 1987 formierte Salmon, inzwischen festes Mitglied bei den **Beasts**, das Trio **Surrealists**, die sich zwischen Pop, Rock und Jazz bewegten. Salmon nahm 1988 für 60 australische Dollar mit Brian Hooper (b) und Tony Pola (dr) das Debütalbum auf. Die zweite Platte der **Surrealists** geriet zu einer musikalischen Exkursion durch seltsame Rhythmen, irritierende Stimmungen, intime Balladen, wilde Klangeruptionen und eigenwillige Coverversionen von Klassikern der Pop-Geschichte wie ›Sundown Sundown‹ von Lee Hazlewood und ›Je t'aime‹ von Serge Gainsbourg.

Inzwischen weltweit als Kultband gehandelt, erregten die **Beasts Of Bourbon** im Herbst 1990 mit der dritten LP das Interesse der Medien. Die »australische All Star-Band« (*Szene Hamburg*) trieb bei BLACK MILK den Stilmix zwischen Chicago-Blues, Jazz, Country und Düsterrock auf die Spitze. Der *Musik Express* nannte die Platte »ein unheimliches Meisterwerk«, und der *Tip* sprach von »grandioser Gassenpoesie«.

Die **Beasts** blieben ein lockeres Kollektiv. Perkins kümmerte sich weiterhin um seine anderen Gruppen, und seine Kollegen verdienten ihr Brot hauptsächlich bei den → **Dubrovniks**, → **Scientists** und → **Hoodoo Gurus**. Ab 1990 intensivierten sie ihre Zusammenarbeit und bereisten u. a. Deutschland: »So klängen die Rolling Stones, wollten sie ihrem Werbe-

spruch von der Greatest Rock'n'Roll Band On Earth gerecht werden« (*Süddeutsche Zeitung*).
Das 91er-Album THE LOW ROAD fiel etwas härter aus als die Vorgänger. Es erzählte »brillante Geschichten, in der alles Schmutzige dieser Welt hervorragend mit feinster Musik kontrastiert wird« (*Tip*). Die **Beasts** repräsentierten den Alt-Rock'n'Roll und verstanden es zugleich den Punk weiterzuentwickeln.
Ebenfalls 1991 veröffentlichte Kim Salmon mit seinen **Surrealists** die dritte LP ESSENCE. Noch immer begleitet von Pola und Hooper zelebrierte er einen wüsten, fragmentarischen Sound. Im *Musik Express* war zu lesen: »Eine vergleichbare Platte hat dieser Planet bislang nicht zu hören bekommen«, *Stereo* nannte es »neuzeitlichen Rock'n'Roll«. Beim 93er Album SIN FACTORY bearbeiteten die **Surrealists** »wie erfahrene Restauratoren die verstreuten Trümmer vergangener Rockepochen, bis aus Halbfertigem und Kaputtem wahre Schönheit entsteht und die Ruine zur festen Burg wird« (*Pressetext*).
1992 kam das Mini-Album JUST RIGHT heraus, das neben der gleichnamigen Single-Auskopplung zwei wunderbare Live-Titel und zwei bis dahin unveröffentlichte Studiosongs enthielt: ›Funkgrooves in bester Hendrix-Manier‹ (*Musik Express*).
1993 überraschten die **Beasts** mit einem einzigartigen Sampler. Eine Platte bestand aus den Mitschnitten der Welttourneen von 1991 und 1992, die teilweise in guter Qualität aufgenommen worden waren. Auch die technisch nicht ganz so gelungenen Aufnahmen vermitteln eine authentische Atmosphäre. Die zweite enthielt weitere Live-Songs, Live-im-Studio Aufnahmen und Studio-Outtakes, darunter der Hank Williams-Klassiker ›Ramblin Man‹, ›L. S. D.‹ von den → **Pretty Things** (umbenannt in »E. S. P.«), ›Dead Flowers‹ von den → **Rolling Stones** und ›Train Kept A-rollin'‹ von Johnny → Burnette.
Nach einer triumphalen Tour verließ Kim Salmon im Dezember 1993 die **Beasts Of Bourbon**. Auf seinem 94er Solo-Debüt HEY BELIEVER (1994) ließ er sich von seiner neuen Band **STM** begleiten. In Melbourne und Umgebung fand er nach und nach in Warren Ellis (vi) und Jim White (dr) von **Dirty Three** und **Blackeyed Susans** sowie Ex-**King Idiot** Andrew Entsh (b) gleichgesinnte Musiker. Gleichzeitig belebte er die **Surrealists** neu und veröffentlichte im Oktober 1995 KIM SALMON & SURREALISTS, produziert von Tony Cohen.
»Scharfkantig, straubkrachig, apokalyptisch« (*Musik Express*) meldeten sich **Beasts Of Bourbon** im Frühjahr 1997 mit GONE zurück und bewahrten sich bei ihrem lärmigen, frischen Sound die notwendige Unbeschwertheit und Naivität.

THE AXEMAN'S JAZZ (1984) Red Eye, CD 4 • SOUR MASH (1988) Red Eye, CD 5 • BLACK MILK (1990) Red Eye, CD 12 • THE LOW ROAD (1991) Red Eye, CD 26 • JUST RIGHT (1992) Mini-LP Red Eye, RED 20 • GONE (1997) Red Eye 0638–2 • Tex **Perkins**: FAR BE IT FROM ME (1996) Polydor 553 062 • Tex **Perkins** mit **Salamander Jim**: LORNE GREENE SHARES HIS PRECIOUS FLUIDS (1985) Red Eye, RED 2 • Ted **Perkins** mit **Thug**: MECHANICAL APE (1987) Black Eye, BLACK 3 • ELECTRIC WOODY MAMMOTH (1988) Black Eye, BLACK 6 • **Butcher Shop**: PUMP ACTION (1990) Black Eye, CD 10 • Kim **Salmon** mit **Kim Salmon & The Surrealists**: HIT ME WITH THE SURREAL FEEL (1988) Black Eye,

BLACK 7 • JUST BECAUSE YOU CAN'T SEE IT ... DOESN'T MEAN IT ISN'T THERE ... (1989) Black Eye, BLACK 9 • ESSENCE (1991) Normal 305062 • SIN FACTORY (1993) Red Eye, RED 33 • KIM SALMON & THE SURREALISTS (1995) Glitterhouse, GRCD 381 • (S) HELL IS WHERE MY HEART LIVES (1994) Red Eye, RED 34 • Kim **Salmon**: HEY BELIEVER (1994) Glitterhouse, GRCD 349 • Stuart **Spasm** mit **Lubricated Goat**: LUBRICATED GOAT PLAYS THE DEVIL'S MUSIC (1987) Black Eye, BLACK 2 • SCHADENFREUDE (1987) Black Eye, BLACK 3 • PADDOCK OF LOVE (1988) Black Eye, BLACK 5 • PSYCHEDELICATESSEN (1990) Black Eye, BLACK 11 • **Maurice Frawley & Working Glass Gringos**: LIVIN' LAZY (1994) ID 362

Beat

Paul Collins (voc, g), Steven Huff (b, voc), Michael Ruiz (dr, perc), Larry Whitman (g, voc)

Paul Collins, der zuvor dem Trio **Nerves** angehörte, gründete das Quartett 1978 in San Francisco. Der legendäre Impresario Bill Graham nahm **Beat** (nicht zu verwechseln mit der englischen Band gleichen Namens) unter seine Fittiche und besorgte bei Columbia einen Plattenvertrag. Impulsiver Powerpop, der an die frühen britischen Beattage der →**Hollies** und die Melancholie der →**Byrds** erinnerte, dominierte das erste Album THE BEAT, das im Herbst 1979 veröffentlicht wurde.
Die positive Kraft der schlichten, aber wirkungsvollen Songs des Debüts konnte die Gruppe, die sich inzwischen in **Paul Collins' Beat** umbenannt hatte, auf dem zweiten Album THE KIDS ARE THE SAME nicht wiederholen. Collins stellte daraufhin die Besetzung um und engagierte für die Produktion der EP TO BEAT OR NOT TO BEAT Jay Dee Daugherty, Ex-Drummer von Patti →Smith, und den Gitarristen Jimmy Ripp, die zuletzt für Tom →Verlaine gearbeitet hatten. Die Band agierte stilistisch variabler als zuvor, fand aber keine neue Plattenfirma und trennte sich 1983.
Zehn Jahre später orientierte sich die **Paul Collins Band** mit Will Rigby von den →**dB's** an den Drums am modernen nordamerikanischen Alternative Rock, der den Vergleich mit den →**Jayhawks** zuließ.

THE BEAT (1979) CBS 83895 • **Paul Collins' Beat**: THE KIDS ARE THE SAME (1982) • **Paul Collins Band**: FROM TOWN TO TOWN (1993) Wagonwheel 001

Beat Farmers

Rolle ›Love‹ Dexter (g, b), Joey Harris (voc, g, slide-g), Jerry Raney (voc, g, harm, dr)

Mit einem »rasanten Rock'n'Roll/Country-Stil auf der Basis soliden Handwerks« (*Stereoplay*) machten sich die **Beat Farmers** aus dem südkalifornischen San Diego zu Vorreitern des Cow-Punk/Rock-Trends. Sixties-Zitate von Johnny →Cash bis zu →**Creedence Clearwater Revival**, die Fähigkeit, Klassiker spannend neu zu arrangieren, und vielfältiges Instrumentalkönnen machten aus den **Beat Farmers** eine gefragte Live-Band, die eine »dreckige, rauhe und ungeheuer kraftvolle Musik« (*Melody Maker*) produzierte.

Initiator und Bandsprecher Dick Montana (Voc, P, dr, g, acc) brachte die Band im Frühjahr 1983 zusammen. Er hatte 1979/80 Studioerfahrung mit den **Crawdaddys** und **Penetrators** gesammelt, denen er gleichzeitig angehörte, und betrieb anschließend **Country Dick & The Snuggle Bunnies**. Jerry Raney kam über die **Jesters** und **Glory** zu den **Shames**, die Anfang 1982 u.a. Chuck →Berry, die →**Coasters** und die **Drifters** begleiteten. Montana und Raney waren mit Buddy Blue (voc, g, harm, do) befreundet, der die **Rockin' Roulettes** leitete, denen auch Rolle Dexter angehörte. Das Quartett nannte sich **Beat Farmers** und ging für drei Monate in Klausur. Sie bearbeiteten favorisierte Fremdkompositionen, Raney und Blue lieferten einige Eigenkompositionen. Mit rund 50 Clubauftritten trainierten die **Beat Farmers** ihr Zusammenspiel, das für ihren ungekünstelten Stimmungsrock von entscheidender Bedeutung ist.

Rhino Records, das größte kalifornische Independent-Label, veröffentlichte 1985 die vielgelobte LP TALES OF THE NEW WEST. Geschmackssicher schuf die Revivalband eine Mischung aus Rock und Country-Feeling. »Verlassene Straßen, Greyhound-Busse, Gewehre und Gitarren und zuviel Bier« (*Rolling Stone*), das war die Stimmung für »die Mythen Amerikas, die ewigen Träume von Freiheit und Glück« (*Stern*).

Das Debüt hatte Steve Berlin (→**Los Lobos**, →**Blasters**) produziert, bei der Mini-LP GLAD'N'EASY führten 1986 die Engländer Colin Fairley und Bob Andrews Regie. Mit sechs fetzig-staubigen Songs verabschiedeten sich die **Beat Farmers** von der Independent-Szene.

Unbeschwert wie zuvor nahmen sie auf der Indigo Ranch im kalifornischen Malibu das Album VAN GO auf: *Hifi Vision* schrieb: »Wenn Sie schnellen Beat und knackigen Rhythmus schätzen und die Ursprünglichkeit des Wilden Westens mögen, dann können Sie sich vielleicht vorstellen, wie es klingt, wenn eine Kultband wie **Velvet Underground** musikalisch im Country & Western-Land Urlaub macht.« Nach diesem »Country-Erntedank in Rille« (*Rolling Stone*) trennte sich Blue von den **Beat Farmers** und wurde durch Joey Harris ersetzt, ehemals Begleiter des Zweimetermannes Dick Montana bei den **Snuggle Bunnies**.

Dieser Personalwechsel änderte nichts an der »frischfrechen Mischung aus Countryrock, Rhythm & Blues und Folk-Punk« (*Musik Szene*). Die LP THE PURSUIT OF HAPPINESS festigte den Ruf der **Beat Farmers** als »vielleicht die beste Countryrock-Band seit **CCR**« (*Billboard*). Die Band tourte regelmäßig mit gutem Erfolg durch Nordamerika, kam jedoch nur selten nach Europa. Die Platten verkauften sich nur durchschnittlich, hielten die **Beat Farmers** aber am Leben und waren von konstant guter Qualität: »Sie meiden konsequent Mainstream-Monokulturen und züchteten statt dessen wilde Countryrock-Bastarde« (*Musik Express*).

Kurz vor seinem Tod im Oktober 1995 nahm Sänger Country Dick Montana THE DEVIL LIED TO ME auf. Bei diesem Album wirkte u.a. Dave Alvin von den →**Blasters** mit. Die Zukunft der **Beat Farmers** ist seitdem ungewiß.

TALES OF THE NEW WEST (1985) Demon, FIEND 39 • GLAD'N'EASY (1986) Mini-LP Rhino 887068 • VAN GO (1986) Curb, INT 471722 • THE PURSUIT OF HAPPINESS (1987) Curb 471770 • LOUD & PLOWED

& ... LIVE! (1990) Curb 471771 • POOR & FAMOUS (1992) Curb 471769 • VIKING LULLABYS (1994) Sector 210013 • MANIFOLD (1995) Sector 210019 • (S) BEST OF (1995) Curb 77745 • Dick **Montana**: THE DEVIL LIED TO ME (1996) Bar/None, AHA-ON–080 • Dick **Montana** mit **Crawdaddy's**: CRAWDADDY EXPRESS (1979) Line 400366 • Dick **Montana** mit **Pleasure Barons**: LIVE IN LAS VEGAS (1993) Hightone 8044 • Buddy **Blue** mit **Jacks**: JACKS ARE WILD (1988) Rounder 9016 • Buddy **Blue**: GUTTERSNIPES ›N‹ ZEALOTS (1991) Rhino 887162 • **Buddy Blue Band**: DIVE BAR CASANOVAS (1994) Bizarre 40104 • **Joey Harris And The Speedsters**: JOEY HARRIS AND THE SPEEDSTERS (1983) MCA

Beau Brummels

Ron Elliott (g, voc), Ron Meagher (b), Declan Mulligan (g, b, voc), John Peterson (dr), Sal Valentino (voc, harm)

Inspiriert von den → **Beatles** und den → **Searchers** bildete sich Anfang 1964 in San Francisco um die Jugendfreunde Ronald Elliott (* 21. 10. 1943) und Sal Valentino (Sal Spampinato, * 8. 8. 1942) die amerikanische Antwort auf die britische Beatinvasion. Elliott hatte sich am San Francisco State College gründlich mit Musiktheorie beschäftigt, und Valentino konnte bereits eine 1962 erschienene Single (›I Wanna Twist‹) mit der Rock'n'Roll-Gruppe **Valentines** vorweisen. John Peterson (* 8. 1. 1942), der eigenwillige Ron Meagher (* 2. 10. 1941) und der irische Gitarrist Declan Mulligan vervollständigten das Gründungsteam von **Beau Brummels**. Der ungewöhnliche Bandname ist wahrscheinlich auf eine gleichnamige Vokalgruppe zurückzuführen, der 1956 mit ›I Self Defense‹ ein kleiner Hit gelang. **Beau Brummels** folgten den Spuren des Merseysounds, dem sie dank des Kompositionstalents von Elliott und ihrer Folk- und Countryvorliebe einen individuellen Touch gaben. Die Band ließ sich im kalifornischen San Mateo nieder und brachte es zu regionaler Berühmtheit. Im Sommer 1964 wurden der Discjockey Tom Donahue und der spätere Chef von → **Sly & The Family Stone**, Sylvester Stewart, auf das Quintett aufmerksam. Stewart produzierte die Single ›Laugh Laugh‹ (US #19), die die Top 20 erreichte und **Beau Brummels** in die Schlagzeilen der Musikmedien brachte. Die USA feierten eine neue Topgruppe, deren Heimatstadt, so vermutete mancher Journalist der Ostküste, Liverpool, nicht San Francisco war.

Wiederum von Stewart produziert, erschien Anfang 1965 das Album INTRODUCING (US #9) mit dem Tophit ›Just A Little‹ (US #6). **Beau Brummels** vertrauten auf eine frische, originelle Mischung aus britischem Beat und uramerikanischen Folk- und Countrytraditionen. Elliott als Ideenlieferant und brillanter Gitarrist und Valentino mit seiner markanten Stimme bildeten ein ideales Team. Der Erfolg brachte **Beau Brummels** zahlreiche Konzert- und TV-Engagements. Im Mai 1965 trennte sich Mulligan von der Band, weil er seine Ideen nicht durchsetzen konnte. Wiederum mit Stewart als Produzenten nahm das verbliebene Quartett das Album VOLUME 2 (US #56) in Angriff, aus dem die Singles ›You Tell Me Why‹ (US #29), ›Don't Talk To Strangers‹ (US #51) und ›Good Time Music‹ (US #85) ausgekoppelt wurden. Wieder überzeugten **Beau Brummels** mit einer Mischung aus »Folk, Country und

Rhythm & Blues« (*Guinness*). Sie klangen diesmal progressiver und experimentierten mit »merkwürdigen Ton- und Akkordfolgen« (*Bomp*).
Ende 1965 lief der Vertrag mit Autumn Records aus, und **Beau Brummels** wurden, ohne gefragt zu werden, an Warner Brothers verkauft. Das neue Management wollte die Band rücksichtslos unter kommerziellen Aspekten ausnutzen und ordnete eine Produktion an, die sich aus unsäglichen Coverversionen aktueller Hits zusammensetzte. Auf der LP BEAU BRUMMELS '66 enttäuschte die Gruppe u. a. mit Bearbeitungen von ›Mr. Tambourine Man‹ (→ **Byrds**), ›Hang On Sloopy‹ (→ **McCoys**) und ›Yesterday‹ (**Beatles**). Diese unglückliche Aktion schadete **Beau Brummels** nachhaltig. Sie verloren den Anschluß und standen nur noch selten auf der Bühne. Schließlich kam es zu Streitigkeiten, die Peterson zum Ausstieg veranlaßten. Er wechselte zu den **Tikis**, aus denen sich bald darauf → **Harper's Bizarre** entwickelten.
Die Rest-**Brummels** verordneten sich eine kreative Pause. Elliott nutzte sie zu einer Single-Produktion mit **Butch Eagle & The Styx** und arbeitete einige Monate mit Van Dyke → Parks, Lenny Waronker und dem noch unbekannten Randy → Newman zusammen. Parks, Waronker und Newman unterstützten das verbliebene **Beau Brummels**-Trio (Elliott, Meagher, Valentino) beim 67er-Album TRIANGLE. Das sensibel arrangierte Werk, getragen von kompositorischem Erfindungsreichtum und »der besten Stimme des Rock« (*Crawdaddy*), wurde als »exquisites und kultiviertes Rockalbum« (*Guinness*) bezeichnet. Doch da die Gruppe sich längst von ihrem einstigen Teenager-Image gelöst hatte, blieb die Platte unbeachtet. Für ein Hitparadenpublikum waren **Beau Brummels** nun künstlerisch zu anspruchsvoll.
Nachdem Meagher die Band verlassen hatte, zog es Elliott und Valentino in die C&W-Hochburg Nashville. Begleitet von den **Nashville Cats** mit David Briggs (key), Kenneth Buttrey (dr), Harold Bradley (g), Wayne Moss (g), Norbert Putnum (b), Jerry Reed (g) und Bill Sanford (g) nahmen **Beau Brummels** die vielgelobte Countryrock-Platte BRADLEY'S FARM auf. Da sich erneut kaum Käufer fanden, trennten sich **Beau Brummels** frustriert und nahmen Soloprojekte in Angriff. Valentino hatte aber auch mit den Singles ›Alligator Man‹ und ›Silkie‹ kein Glück. Er nahm anschließend drei Alben mit der Westcoast-Formation **Stoneground** auf und tourte 1973 mit der **Valentino Band** durch die Clubs der San Francisco Bay Area. 1974 traf er in Los Angeles Elliott wieder, der eine Reunion von **Beau Brummels** plante.
Elliott hatte sich bis zu diesem Zeitpunkt als Produzent versucht, erfolglos mit den Gruppen **Credibility Gap** und **Pan** jeweils eine LP veröffentlicht, eine glänzende, aber kaum registrierte Soloplatte herausgebracht und als Studiomusiker für Van → Morrison und → **Little Feat** gejobbt.
Elliott und Valentino überzeugten Meagher von einem Comeback und trieben sogar den wieder in den USA weilenden Mulligan auf. Mulligan spielte zuletzt bei **Black Velvet**. Schließlich komplettierte Peterson die Originalbesetzung. Doch bevor die Aufnahmen zur neuen LP abgeschlossen waren, stieg Meagher wieder aus. Das Album THE BEAU BRUMMELS betonte erneut die Countryrock-Ambitionen des Quartetts, war aber kein Erfolg. Die vier Musiker lieferten einmal mehr ausgezeichnete Vokalleistungen, ein gutes Zusammenspiel

und charakteristische Songs, die irgendwo zwischen Bob → Dylan und den **Byrds** einzuordnen waren.
Ärger mit dem Management brachte erneut Unruhe in die Band. Der Weggang von Meagher wurde zeitweise durch Dan Levitt (g, ban) ausgeglichen. Als auch Peterson kurzfristig durch den jungen Schlagzeuger Peter Tepp ersetzt werden mußte, deutete sich das endgültige Ende der stets unterschätzten Westcoast-Band an. Im Herbst 1975 gingen **Beau Brummels** im Vorprogramm von Johnny → Rivers zum letzten Mal auf Tournee.
Levitt kehrte in die Studioszene zurück. Mulligan verschwand völlig von der Bildfläche. Elliott rief das unglückliche Funkrock-Unternehmen **Giants** ins Leben, und Valentino unternahm 1979 mit eigener Band einen neuen Anlauf.
Valentino und Mulligan wirkten 1992 an dem Album HEIDI mit, das die Bay Area-Band **Jimmy Silva & The Goats** herausbrachte.

INTRODUCING (1965) Sundazed, SC 6039 • VOLUME 2 (1965) Sundazed, SC 6040 • BEAU BRUMMELS '66 (1966) Warner Brothers 7599–26885 • TRIANGLE (1967) Warner Brothers 5252 • BRADLEY'S FARM (1968) Warner Brothers 5253 • THE BEAU BRUMMELS (1975) Taxim, TX 2027–2 • (S) BEST OF (1967) Rhino 884223 • (S) VOL. 44 (1969) Vault 121 • (S) GOLDEN ARCHIVE SERIES (1986) Rhino, RNLP 70171 • (S) SAN FRANCISCO SESSIONS (1996) Sundazed 11033 • Ron **Elliott**: THE CANDLESTICKMAKER (1970) Warner Brothers 1833 • Ron **Elliott** mit **Credibility Gap**: A GREAT GIFT IDEA (1973) Reprise 2154 • Ron **Elliott** mit **Pan**: PAN (1973) Columbia 32062 • Ron Elliott mit **Giants**: THANKS FOR THE MUSIC (1976) Casablanca, NBLP 7027 • Sal **Valentino** mit **Stoneground**: STONEGROUND (1971) Warner Brothers 46087 • FAMILY ALBUM (1971) Warner Brothers 53999 • STONEGROUND THREE (1972) Warner Brothers 2645

Beck

Als Sohn eines Straßenmusikers wurde Beck Hansen am 8. 7. 1970 in Los Angeles geboren und wuchs zeitweise bei den Großeltern in Kansas auf. Beeinflußt von den Aktivitäten seines Großvaters Al Hansen, einem Collagenkünstler und Mitglied der Gruppe Fluxus (der auch Joseph Beuys angehörte), interessierte sich Beck für Folk- und Bluesmusik. Woody → Guthrie und Mississippi John Hurt wurden seine ersten Vorbilder. Mit sechzehn begann er Gitarre zu spielen und seine Blues-Licks mittels mehrerer Kassettenrecorder übereinander aufzunehmen, »bis sie sich in unkenntlichen Lärm verwandelt hatten« (*Musik Express*).
Gemeinsam mit seinem jüngeren Halbbruder Channing brachte er als Teenager das Poetry-Magazin »Useless« heraus. Sie führten im Stil der Beat-Generation Happenings und Lesungen durch und spielten mit unbekannten kalifornischen Bands wie den **Controllers** und **Germs**. Dann gründete er mit Channing die **Sex-Commies**, seine erste eigene Gruppe, die nur wenige Monate zusammenblieb.
Im Frühjahr 1989 ging Beck nach New York und widmete sich den stark verfremdeten Rock-Sounds von → **Sonic Youth** und **Pussy Galore**. Er spielte in Parks und fahrenden Bussen und schlug sich mit allerlei wechselnden Jobs durch. Im Chamäleon-Club an der Lower East Side stellte er erstmals seine schrägen Kompositionen zwischen Folk und Punk einem Publikum vor. Die Resonanz war gering, und so zog es Beck 1991 wieder

nach Los Angeles. Tagsüber arbeitete er für ein paar Dollar in einem Videoverleih, und abends trat er hin und wieder in den Clubs und Cafés der alternativen Szene auf. Hier entdeckten ihn Tom Rothrock, Rob Schnapf und Brad Lambert, die Bongload, ein kleines Independent-Label, betrieben.
Im Wohnzimmer des HipHop-Produzenten Karl Stephenson entstand Becks erste Single ›Loser‹, die erst ein Jahr später von Bongload veröffentlicht wurde. Die Startauflage von 500 Stück sorgte für Aufsehen in den College-Radios und aktivierte die etablierten Plattenfirmen, von denen Geffen Records schließlich den Zuschlag erhielt. Der Newcomer, der »gar keinen großen Plattenvertrag, sondern kleine Bänder für meine Freunde aufnehmen wollte« (Beck), unterschrieb einen großzügigen Kontrakt und landete mit der Wiederveröffentlichung von ›Loser‹ (GB #15, US #10, D #18) einen weltweiten Überraschungshit.
Das Album MELLOW GOLD (GB #41, US #13, D #41) erschien Anfang 1994 und verwirrte mit einer ungewöhnlichen Mischung aus »Slide-Gitarren, HipHop-Rhythmen und psychedelischer Atmosphäre« (*Szene Hamburg*). Beck machte Anleihen bei sämtlichen Popströmungen und schuf überraschende Kompositionen mit irritierenden Inhalten. Die *Los Angeles Times* schrieb dazu: »Nichts macht Sinn in Becks Welt, genau das ist der Sinn.«
Gleichzeitig mit MELLOW GOLD entstand das Material für zwei Independent-Alben, die ebenfalls 1994 auf den Markt kamen. Im Herbst 1994 trat Beck mit eigener Band eine ausgedehnte US-Tournee an, und im Januar 1995 kam er erstmalig nach Europa. Im gleichen Jahr reiste er mit dem Underground-Festival »Lollapalooza« wiederum durch Nordamerika, um anschließend sein Album ODELAY aufzunehmen. Im Geist der Punkrevolution mischte er Neo-Folk mit HipHop-Elementen und College-Rock. Das *Fachblatt* schrieb über die Platte: »Sie ist ungleich ausgereifter als Mellow Gold und klingt wie die komplette Verarbeitung seines bisherigen musikalischen Lebens.« Als Singles wählte Beck 1996 ›Where's It's At‹ (GB #35, US #61) und ›Devils Haircut‹ (GB #22, US #94) aus.

GOLDEN FEELINGS (1993) Sonic Enemy • ONE FOOT IN THE GRAVE (1994) K-Records • STEREOPATHIC SOUL MANURE (1994) • MELLOW GOLD (1994) Geffen, GED 24624 • ODELAY (1996) Geffen, GED 22908

Bee Gees

Barry Gibb (voc, g), Maurice Gibb (voc, g), Robin Gibb (voc)

Von ersten Gehversuchen in einem Kino im englischen Manchester und in den Pausen australischer Speedwayrennen bis zu den Millionenerfolgen beiderseits des Atlantiks erlebten die Gibb-Brüder eine ebenso erstaunliche wie wechselhafte Karriere. In drei Jahrzehnten ihres Schaffens hinterließen die **Bee Gees** einmalige Pop-Evergreens, die u. a. von Nina Simone, Frank Sinatra, Dean Martin, Janis →Joplin und Tom Jones interpretiert wurden. Ihre »Fähigkeiten, brillante Melodien und turmhohen Gesang zu vereinen« (*Musik Express*), machten sie erfolgreich. Sie selbst sagen von sich, daß sie »jede Musik der Welt spielen können« (Robin Gibb).

Barry (*1. 9. 1946) und die Zwillinge Maurice und Robin (*22. 12. 1949) Gibb wurden auf der Insel Man in der irischen See geboren. Die Mutter war Sängerin, und der Vater leitete das **Hughie Gibb Orchestra**. 1955 zog es die Familie zunächst nach Manchester, wo die drei Brüder als **Rattlesnakes** zu Sonnabend-Matinees vor allem in Kinos auftraten. Sie änderten ihren Namen in **Wee Johnnie Hayes & The Bluecats** und sangen Hits der damaligen Popära nach. 1958 wanderte der Gibb-Clan nach Australien aus und ließ sich in Brisbane nieder. Angetrieben von Vater Hugh und dem Speedwaybahnbesitzer Bill Good, dem ersten ›Bee Gee‹, erregten die stimmbegabten Gibbs 1959 in einer Radioshow in Sydney größeres Aufsehen. Eine Sondererlaubnis der Schule ermöglichte ihnen, unverzüglich ins Showgeschäft einzusteigen. Sie traten in mehreren TV-Shows auf, außerdem gastierten sie wochenlang im Hotel »Surfer's Paradise« in Brisbane.

Die erste Eigenkomposition der **Bee Gees** hieß 1962 ›Let Me Love You‹, im gleichen Jahr schrieben sie mit ›Starlight For Love‹ einen Tophit für Col Joye. Daraufhin nahm Festival Records das Trio unter Vertrag und veröffentlichte im Januar 1963 die erste Single ›Three Kisses Of Love‹. Es folgten ›Timber‹, ›Please Of Mind‹, ›Claustrophobia‹ und 1965 ihr erster australischer Top 10-Hit ›Wine And Women‹. Im gleichen Jahr wurde Barry Gibb für ›I Was A Lover, A Leader Of Men‹ als Komponist des Jahres ausgezeichnet. Bis 1966 gelangen den **Bee Gees** zehn weitere Charts-Singles. Als die Gruppe im Januar 1967 mit ›Spicks And Specks‹ ihre führende Position auf dem 5. Kontinent mit ihrem ersten Nr. 1-Hit krönte, befanden sich die **Bee Gees** auf der Überfahrt nach Großbritannien.

Nach einem Testkonzert im Londoner Saville Theatre unterschrieben die **Bee Gees** im Februar 1967 beim späteren Label-Besitzer (RSO Records) Robert Stigwood für fünf Jahre einen Management-Vertrag. Stigwood vermittelte die Brüder Gibb an Polydor Records, und im Mai des Jahres schafften sie mit der Ballade ›New York Mining Desaster 1941‹ (GB #15, US #14, D #10) den ersten internationalen Bestseller. Der Song gehörte zum Album BEE GEES 1st (GB #13, US #5, D #4), das 14 romantische Popsongs umfaßte. Der präzise erstklassig intonierte Harmoniegesang, geschickt eingesetzte Orchesterelemente und symphonische Arrangements machten die **Bee Gees** zu einer »der originellsten Gruppen des Jahres« (*Melody Maker*).

Von den Medien zugleich als »australische Ersatz-**Beatles**« (*Sounds*) geschmäht und als »beste neue Band« (*New Musical Express*) gefeiert, starteten die **Bee Gees** ihre einzigartige Hitserie und schufen bis zum Ende der 60er Jahre Pop-Juwelen wie ›To Love Somebody‹ (US #18, D #19), ›Holiday‹ (US #16), ›Massachusetts‹ (GB #1, US #12, D #1), ›World‹ (GB #8, D #1), ›Words‹ (GB #13, US #20, D #16), ›Jumbo‹ (GB #30, US #39, D #17), ›I've Gotta Get A Message To You‹ (GB #1, US #7, D #3), ›I Started A Joke‹ (US #5) und ›First Of May‹ (GB #7, US #16, D #3).

1967 engagierten die **Bee Gees** den Schlagzeuger Colin Petersen (*24. 3. 1946) und den Gitarristen Vince Melouney (*18. 8. 1945), die beide aus Australien stammten. Petersen war ein ehemaliger Kinderstar und spielte zuletzt bei **Steve & The Board**. Melouney begann bei den **Vibratones**, gründete dann **Vince & Tony's Two** und war als Mitglied der Gruppe **Billy Thorpe & The Aztecs** an zehn

australischen Hitsingles beteiligt. Als es noch im gleichen Jahr Probleme mit der Aufenthaltsgenehmigung von Petersen und Melouney gab und Impresario Stigwood bereits mit einem Umzug der **Bee Gees** nach Hamburg drohte, liefen die britischen Fans mit Erfolg Sturm gegen die Bürokratie der Einwanderungsbehörde. Diese Aktion machten ihre Lieblinge »nicht nur als Schallplattenkünstler noch bekannter, sondern erhoben sie auch in den Rang von Persönlichkeiten« (Robert Stigwood).
Von nun an gestalteten sich die Tourneen und Konzerte der **Bee Gees** weltweit zu wahren Triumphzügen. Die weiblichen Fans schwärmten besonders für den gutaussehenden Barry. Die Karriere war begleitet von Ehrungen, Auszeichnungen und Millionenauflagen ihrer Platten. Vor allem die Alben dieser Erfolgsphase HORIZONTAL (GB #9, US #7, D #1), IDEA (GB #3, US #12, D #3) und ODESSA (GB #8, US #20, D #4) bewiesen die »bemerkenswerten kompositorischen Möglichkeiten« (*Melody Maker*) der drei Musiker, die binnen kürzester Zeit zu Superstars geworden waren. Dazu kamen bis 1970 gut verkäufliche Sampler wie BEST OF (GB #6, US #9, D #26), RARE, PRECIOUS & BEAUTIFUL (US #42, D #15) und RARE, PRECIOUS & BEAUTIFUL, VOL. 2 (US #89).
Mit dem sehr rhythmischen Song ›Jumbo‹ und dem Doppelalbum ODESSA bewiesen die **Bee Gees** ihre musikalische Vielseitigkeit, vertrauten aber hauptsächlich auf sanfte Schmusesongs. Die Konzertsäle waren regelmäßig überfüllt, und die Fans tobten und waren einer Massenhysterie nahe. Die gefühlvolle Musik stieß offenbar in eine Marktlücke, die sich zwischen dem harten Rock der → **Rolling Stones** und dem intellektuellen Pop der → **Beatles** auftat.
Nach dem Erfolg der Single ›First Of May‹ verließen Melouney und Petersen die **Bee Gees**. Melouney produzierte wenig später → **Ashton, Gardner & Dyke**.
Im Frühjahr 1969 eskalierten die bandinternen Schwierigkeiten, und Robin Gibb entschloß sich schließlich zu einer Solokarriere, die er bereits im Juli mit der Ballade ›Saved By The Bell‹ (GB #2, US #87, D #5) startete, während Barry und Maurice, der seit April mit der schottischen Sängerin Lulu (»Shout«) verheiratet war, die Ära der **Bee Gees** mit ›Tomorrow, Tomorrow‹ (GB #25, US #32, D #6) und ›Don't Forget To Remember‹ (GB #2, US #46, D #9) fortsetzten. ›Don't Forget To Remember‹ galt als »einer jener Songs, die beim wiederholten Hören gewinnen« (*New Musical Express*).
Robin Gibbs steiler Aufstieg als Solist endete bereits nach wenigen Monaten, nur in Deutschland blieb er mit seinem pathetischen Popsound, den Singles ›August October‹ (D #12) und ›One Million Years‹ (D #14) sowie der LP ROBIN'S REIGN (D #19), bis zum Frühjahr 1970 gut im Geschäft. Barry und Maurice waren bemüht, den Mythos der **Bee Gees** im gleichen Jahr mit den Hits ›If I Only Had My Mind On Somethings Else‹ (US #76), ›I.O.I.O.‹ (US #98, D #6) und dem Album CUCUMBER CASTLE (US #51, D #36) am Leben zu halten. Maurice wirkte außerdem in dem Musical »Sing A Rude Song« im Londoner Greenwich Village Theatre mit, veröffentlichte den von seinem Schwager Billy Lawrie komponierten Song ›Railroad‹ und produzierte gemeinsam mit Lawrie die Single ›Come On Over Again‹ von **Tin Tin**.
Da keine der Soloarbeiten an die »genießbaren und hochpolierten Darbietungen« (*Melody Maker*) der **Bee Gees** heranreichten, leitete Robin Gibb Ende 1970

die Wiedervereinigung des Trios ein. Mit der »faszinierenden und brillant produzierten Platte« (*New Musical Express*) ›Lonely Days‹ (GB #25, US #1, D #26) kehrten sie auf Anhieb in gewohnte Charts-Sphären zurück. Mit dieser Single begann für die Gibb-Brüder die Eroberung der USA, zumal in Großbritannien der Erfolg nachließ und im Juni der Bestseller ›How Can You Mend A Broken Heart‹ (US #1) völlig ignoriert wurde.

Die **Bee Gees** blieben der geigenlastigen Pop-Opulenz treu, um nur »nicht progressiv oder sonst etwas zu werden« (Barry Gibb), und erkämpften sich mit »einem schwergewichtigen Superprogramm neuer eigener Kompositionen« (*Billboard*) auf den Alben TWO YEARS ON (US #24), TRAFALGAR (US #24) und TO WHOM IT MAY CONCERN (US #34) verloren geglaubtes Terrain zurück. In den Vereinigten Staaten sorgten sie bei ihren Tourneen regelmäßig für ausverkaufte Häuser und demonstrierten Präsenz in den Single-Charts mit ›Don't Wanna Live Inside Myself‹ (US #30), ›My World‹ (GB #18, US #15, D #41), ›Run To Me‹ (GB #12, US #9) und »Alive« (US #33). In den europäischen Musikmedien waren die Gibbs inzwischen heftiger Kritik ausgesetzt: mangelnde künstlerische Entwicklung, überholte Songprofile, immer wieder gebrauchte Kompositionsrezepte und antiquierter Sound wurden ihnen nachgesagt.

1973 drohten die **Bee Gees** tatsächlich den Anschluß zu verpassen. Die Alben LIFE IN A TIN CAN (US #86) und MR. NATURAL sowie die Singles ›Saw A New Morning‹ (US #69), ›Wouldn't Be Someone‹ (US #100) und ›Mr. Natural‹ (US #94) blieben weit hinter den Umsatzerwartungen zurück und waren musikalisch enttäuschend. Die **Bee Gees** hatten sich in eine Sackgasse manövriert und waren zur Neuorientierung gezwungen. Unter der Regie von Arif Mardin, der bereits MR. NATURAL produziert hatte, und mit einer neuen Band, die aus Alan Kendall (g) von **Toe Fat** und den beiden Ex- →**Amen Corner** Blue Weaver (key) und Dennis Byron (dr) bestand, schafften die **Bee Gees** im Spätsommer ein überwältigendes Comeback mit dem »rollenden Diskothekenknüllersound« (*Sounds*) des Albums MAIN COURSE (US #14, D #29), das die Hits ›Jive Talkin'‹ (GB #3, US #1, D #23), ›Nights On Broadway‹ (US #7, D #17) und ›Fanny (Be Tender With My Love)‹ (US #10, D #42) enthielt. Mit dieser funk- und danceorientierten »spektakulären Produktion« (*Rolling Stone*) erregten die **Bee Gees** wieder Aufsehen und kehrten rechtzeitig zu ihrem 25jährigen Jubiläum in den Kreis der Superstars zurück. Im selben Stil wie MAIN COURSE war die LP CHILDREN OF THE WORLD (US #10, D #38), die 1976 mit den Songs ›You Should Be Dancing‹ (GB #5, US #1, D #16) und ›Love So Right‹ (US #10, D #36) für weitere Tophits sorgte. Anfang 1977 wurden ›Boogie Child‹ (US #25) und ›Edge Of The Universe‹ (US #42) als weitere Singles ausgekoppelt.

Der Erfolg steigerte sich noch einmal, als Robert Stigwood, nach wie vor Chef von RSO Records und Manager der **Bee Gees**, den Disco-Kinohit »Saturday Night Fever« mit John Travolta in der Hauptrolle produzierte. Innerhalb von nur einer Woche komponierten die Gibb-Brüder vier Single-Bestseller für den Film: ›How Deep Is Your Love‹ (GB #2, US #2, D #21), ›Stayin' Alive‹ (GB #5, US #1, D #2), ›Night Fever‹ (GB #1, US #1, D #2) und ›Too Much Heaven‹ (GB

#4, US #1, D #10). Die Songs gehörten zum Soundtrack SATURDAY NIGHT FEVER (GB #1, US #1, D #1), der als Doppelalbum im Spätherbst 1977 auf den Markt kam. Drei Monate zuvor erschien der Konzertmitschnitt HERE AT LAST ... LIVE (US #14, D #44), der »die Kraft der **Bee Gees**-Songs, wie rührselig die Texte auch sein mögen« (*New Musical Express*), demonstrierte. Für ›How Deep Is Your Love‹ erhielten die **Bee Gees** 1977 den ersten von fünf Grammies.

Der Soundtrack SATURDAY NIGHT FEVER, an dem auch →**KC & The Sunshine Band** und die **Trammps** beteiligt waren, hielt sich 24 Wochen auf dem ersten Platz der US-Charts und wurde weltweit rund 30 Millionen Mal verkauft. Die **Bee Gees** wurden dafür im Februar 1978 mit zwei Grammies ausgezeichnet. Der Erfolg ermutigte die Brüder zu anderen Projekten. Barry Gibb beteiligte sich an der Filmmusik zu »Grease«, wieder mit Travolta in der Hauptrolle. Zu dritt tat man sich schwer bei der Interpretation und Verfilmung des **Beatles**-Stoffs SGT. PEPPER'S LONELY HEARTS CLUB BAND. Ein Treffer wurde dagegen die Band-Initiative »Music for UNICEF« als Beitrag zum Jahr des Kindes. Die **Bee Gees** traten bei der Gala »A Gift For A Song – The Music For UNICEF Concert« auf, die aus dem Saal der UN-Vollversammlung vom NBC-Fernsehen und rund 250 Rundfunkstationen übertragen wurde. Neben anderen Stars, darunter Rita →Coolidge, Elton →John, **Abba**, Kris →Kristofferson, John Denver und →**Earth, Wind & Fire**, sangen die Gibbs ihr UNICEF-Lied ›Too Much Heaven‹ (GB #4, US #1, D #10), dessen Tantiemen sie dem Kinderhilfswerk spendeten. Die Medien mochten den Song, die Käufer machten ihn zu einem weltweiten Top 10-Hit.

Die **Bee Gees** waren inzwischen in der Nähe von Los Angeles beheimatet und bastelten nebenbei an der Karriere ihres jüngsten Bruders Andy Gibb. Ihm glückten 1977/78 mit ›I Just Wanna Be Your Everything‹ (GB #1, US #24), ›(Love Is) Thicker Than Water‹ (US #1), ›Shadow Dancing‹ (US #1, D #44), ›An Everlasting Love‹ (GB #11, US #9) und ›Our Love (Don't Throw It All Away)‹ (US #9) ansehnliche Single-Erfolge. Außerdem verkaufte sich das Album SHADOW DANCING (GB #23, US #2) im Sommer 1978 sehr gut. Andy Gibb, der leichtgewichtige Popmusik perfekt inszenierte, stand in jeder Hinsicht im Schatten seiner älteren Brüder. 1980 konnte er mit ›Desire‹ (US #4), ›I Can't Help It‹ (US #17), ›Time Is Time‹ (US #21) und der LP AFTER DARK (US #19) eine zweite Hitserie verzeichnen.

Die **Bee Gees** konzentrierten sich 1979 auf das Album SPIRITS HAVING FLOWN (GB #1, US #1, D #1) mit den Bestsellern ›Tragedy‹ (GB #1, US #1, D #2), ›Love You Inside Out‹ (GB #9, US #4, D #21) und ›Spirits Having Flown‹ (GB #22). Ende des Jahres dementierten die Gibb-Brüder Trennungsgerüchte, die in der nordamerikanischen Boulevardpresse geschürt wurden. Sie präsentierten sich unverändert als braungebrannte Sonnyboys zwischen Jet Set und bürgerlicher Familie. Obwohl der flotte, falsettartig gesungene Disco-Beat nicht mehr aktuellen Hörgewohnheiten entsprach, verteidigten die **Bee Gees** ihre Position unter den Superstars.

Anfang 1980 beschlossen die Multimillionäre ihre gemeinsamen Aktivitäten: »unserer Frauen und Kinder wegen« (Maurice Gibb) einzuschränken. Im März des Jahres behauptete der Songwriter Ron Selle, die **Bee Gees** hät-

ten die Komposition ›How Deep Is Your Love‹ von ihm kopiert, konnte vor Gericht seinen Vorwurf jedoch nicht beweisen. Barry Gibb kümmerte sich im Verlauf des Jahres um die Produktion der Hit-LP GUILTY von Barbra Streisand, für die er den Hit ›Woman In Love‹ schrieb und mit ihr den Titelsong des Albums im Duett sang. 1981 wurde er für diese Arbeit mit einem Grammy ausgezeichnet.
Robin Gibb versuchte sich Ende 1980 mit der Single ›Help Me‹ erneut als Solist; seine letzte Solosingle ›Oh Darling‹ (US #30) hatte er im Sommer 1978 veröffentlicht. ›Help Me‹ fiel beim Publikum durch, und er widmete sich mit den **Bee Gees** wieder einem gemeinsamen Studioalbum. LIVING EYES (US #41, D #37) erschien im Spätherbst 1981, bot musikalisch nichts Neues, so daß das Interesse an den Brüdern Gibb wieder abflaute. Als Singles kamen ›He's A Liar‹ (US #30, D #68) und ›Living Eyes‹ (US #45, D #58) heraus.
Wieder gingen die **Bee Gees** getrennte Wege. Barry Gibb produzierte für Dionne Warwick das Hitalbum HEARTBREAKER und für den Countrysänger Kenny Rogers den Bestseller ›Eyes That See In The Dark‹. Barry und Maurice lebten inzwischen in Florida, Robin ging zurück nach England, genauer nach Virginia Water in der Grafschaft Surrey. 1983 steuerten die Gibbs sechs Songs für den Soundtrack STAYIN ALIVE (US #6) bei, einer mittelmäßigen, aber erfolgreichen Neuauflage von SATURDAY NIGHT FEVER. Im April 1983 unterzeichnete Robin Gibb erneut einen Solovertrag und hatte in den nächsten zwölf Monaten vor allem in Deutschland Erfolg. In kurzen Abständen plazierte er die Singles ›Juliet‹ (D #1), ›Another Lonely Night In New York‹ (D #16), ›How Old Are You?‹ (D #37) und ›Boys Do Fall In Love‹ (US #37, D #21) in den Hitparaden. Darüber hinaus hatte er mit seinen Alben HOW OLD ARE YOU? (D #6) und SECRET AGENT (D #31) Erfolg. Barry Gibb versuchte sich nun erstmals auch als Solist und erreichte mit dem braven Pop der Single ›Shine Shine‹ (US #37, D #45) und der LP NOW VOYAGER (US #72, D #38) mittlere Charts-Ränge.
Auch 1986 war Barry Gibb als Produzent überaus erfolgreich. Er führte Regie bei Diana →Ross und deren Album EATEN ALIVE mit dem Smash-Hit ›Chain Reaction‹. Darüber hinaus brachte er unter dem Pseudonym **Bunburys** die Single ›We Are The Bunburys‹ heraus.
Im Jahr darauf gelang erneut ein erfolgreiches Comeback der wiedervereinten **Bee Gees**. Im Oktober 1987 bereitete die Single ›You Win Again‹ (GB #1, US #75, D #1) das Hochglanzpopalbum E.S.P. (GB #2, US #96, D #1) vor. Wieder mischten sich die Brüder mit »zeitgemäß geschneiderten Synthetikklängen geschickt unters Chart-Volk« (*Musik Express*) und arbeiteten mit »bewährten Studiomusikern« (Barry Gibb) und Erfolgsproduzent Arif Mardin. Diesmal war es wieder vor allem die europäische Fangemeinde, die positiv auf die »pikante Mischung Disco, Radio-Rock und Hochtöner-Soul« (*Musik Szene*) reagierte. 1988 spielten die **Bee Gees** u. a. bei Atlantic-Gala zum 40. Geburtstag des Plattenlabels im New Yorker Madison Square Garden und aus Anlaß des 70. Geburtstags von Nelson Mandela im Londoner Wembley Stadion. Barry Gibb komponierte außerdem für den Timothy Dalton-Film »Hawks« und beteiligte sich mit den **Bunburys** an dem Sampler ONE MOMENT IN TIME für die Olympischen Sommerspiele.

Andy Gibb starb 1988 im Alter von 30 Jahren im englischen Oxford an einer seltenen Herzmuskelinfektion.
1989 bewiesen die **Bee Gees** Beständigkeit und Ideenreichtum und liefen mit dem Album One (Gb #29, D #4, US #68) samt den Singles ›Ordinary Lives‹ (GB #54, D #8) und ›One‹ (GB #71, US #7, D #37) wieder zur Höchstform auf. Im Rahmen ihrer Welttournee traten sie auch wieder in Deutschland auf. Der *Musik Express* schrieb nach ihrem Auftritt in der Münchner Olympiahalle: »Markante mehrstimmige Choräle, gefolgt von Robins Hoch- und Maurice Mitteltöner-Organ erwärmten die Pop-Gemüter.«
Zu Beginn des neuen Jahrzehnts wurde es wieder etwas stiller um die Gibb-Familie, die allerdings von der Veröffentlichung des Samplers The Very Best Of The Bee Gees (GB #8, D #9) profitierte. Bis zu diesem Zeitpunkt wurden rund 100 Millionen Platten von den **Bee Gees** weltweit verkauft.
Im März 1991 setzten sie ihre Erfolgsstory mit dem Song ›Secret Love‹ (GB #5, D #2) fort. Zwei Monate später folgte das Album High Civilization (GB #24, D #2) mit »zahlreichen R&B-, Funk- und Swing Beat-Elementen« (*Hifi Vision*). Als zweite Single wurde ›The Only Love‹ (D #31) im Juni des Jahres ausgekoppelt. Die »Dramaturgen fünf Minuten langer Ohrwurmspektakel« (*Musik Express*) kamen nur noch sporadisch zu gemeinsamen Konzerten und Studioaufnahmen zusammen. Im Dezember 1992 begannen sie im Londoner Mayfair Studio mit der Produktion der LP Size Isn't Everything (GB #23, D #12) mit den Hitsingles ›Paying The Price Of Love‹ (GB #23, US #74), D #36) und ›For Whom The Bell Tolls‹ (GB #4, D #52), die in der zweiten Hälfte des Jahres 1993 veröffentlicht wurden. Anfang 1994 folgten ›How To Fall In Love‹ (GB #30) und ›Kiss Of Life‹ (D #51). Die **Bee Gees** setzten auf Bewährtes und verzichteten auf Elektrotrends oder Samplingtechniken.
Mitte der 90er Jahre verlegten die Gibbs ihr Domizil in feudale Landhäuser in Beaconsfield nahe London. Nach sorgfältiger Vorbereitung veröffentlichten sie im Frühjahr 1997 ›Still Waters‹. »Die Boy-Group für die Frau ab 35« (*Berliner Morgenpost*) glänzte wieder mit hochklassigem Pop und hitverdächtigem Material.

MONDAY'S RAIN (1964) • TAKE HOLD OF THAT STAR (1964) • BEE GEES 1ST (1967) Polydor 833790 • HORIZONTAL (1968) Polydor 833659 • IDEA (1968) Polydor 833660 • ODESSA (1969) Polydor 825451 • CUCUMBER CASTLE (1970) Polydor 833783 • TWO YEARS ON (1971) Polydor 833785 • TRAFALGAR (1971) Polydor 833786 • TO WHOM IT MAY CONCERN (1972) Polydor 833787 • LIFE IN A TIN CAN (1972) Polydor 833788 • MR. NATURAL (1974) Polydor 833789 • MAIN COURSE (1975) RSO 2394150 • CHILDREN OF THE WORLD (1976) Polydor 823658 • HERE AT LAST ... LIVE (1977) RSO 2658120 • SATURDAY NIGHT FEVER (1977) Soundtrack RSO 2658123 • SGT. PEPPER'S LONELY HEARTS CLUB BAND (1978) Soundtrack RSO 2658128 • SPIRITS HAVING FLOWN (1979) Polydor 827335 • LIVING EYES (1981) IMS, POCP 2244 • STAYING ALIVE (1983) Soundtrack RSO 813269 • E.S.P. (1987) Warner Brothers 7599–25541 • ONE (1989) Warner Brothers 7599–25887 • HIGH CIVILIZATION (1991) Warner Brothers 7599–26530 • SIZE ISN'T EVERYTHING (1993) Polydor 519945 • STILL WATERS (1997) Polydor 573302 • (S) RARE, PRECIOUS & BEAUTIFUL (1968) Karussell 635063 • RARE, PRECIOUS & BEAUTIFUL VOL. 2 (1968) Karussell 236513 • RARE, PRECIOUS & BEAUTI-

FUL VOL. 3 (1968) Karussell 635 137 • (S) BEST OF (1969) Polydor 184 297 • (S) SOUND OF LOVE (1970) Polydor 2499 001 • (S) MARLEY PURT DRIVE (1970) Polydor 2447 012 • (S) BEST OF VOL. 2 (1973) RSO 234 106 • (S) INCEPTION (1973) Karussell 2674 007 • (S) MASSACHUSETTS (1976) Contour, CN 2002 • (S) MONDAY'S RAIN (1978) Pickwick • (S) GREATEST (1979) RSO 2658 132 • (S) THE VERY BEST OF THE BEE GEES (1990) Polydor • Barry **Gibb**: NEW VOYAGER (1984) Polydor 823 429 • HAWKS (1988) Soundtrack Polydor 837 264 • Robin **Gibb**: ROBIN'S REIGN (1969) RSO 2479 218 • HOW OLD ARE YOU (1983) Polydor 810 896 • SECRET AGENT (1984) Polydor 821 797 • WALLS HAVE EYES (1985) Polydor 827 592 • HOW OLD ARE YOU (1994) Polydor 810 896 • Andy **Gibb**: FLOWING RIVERS (1979) RSO 2479 193 • AFTER DARK (1980) RSO 2394 247 • (S) GREATEST HITS (1981) RSO 2394

Carey Bell

Der Mundharmonikaspieler und Sänger Carey Bell wurde am 14. 11. 1936 in Macon, Mississippi, geboren. Inspirieren ließ er sich vom Blues eines Muddy →Waters, von →Little Walter und Sonny Boy ›Rice Miller‹ →Williamson. Als Achtjähriger begann er mit der Harmonika, spielte Ende der 40er Jahre in einer weißen Hillbilly-Band und trat mit seinem Stiefvater Lovie Lee auf. Mit Lee übersiedelte er 1951 nach Chicago, wurde von Walter →Horton beeinflußt und lernte Gitarrespielen von David ›Honeyboy‹ Edwards. Zu Beginn der 60er Jahre bekam er eine Rolle in dem Film »And This Is Free«, 1963 arbeitete er mit Johnny Young in dem Club Pete's Lounge zusammen. Die ersten professionellen Aufnahmen machte Bell 1964 als Begleiter von Robert Nighthawk. 1968 wirkte er auf einem Album von Earl →Hooker mit.

Mit seinem Debütalbum etablierte sich Bell Ende der 60er Jahre in der modernen Chicagoer Bluesszene. Er galt als gefragter Studiomusiker, arbeitete mit Muddy Waters und Willie →Dixon, tourte mit John Lee →Hooker, der **Earl Hooker Band** und veröffentlichte bis 1977 beim Blueslabel Delmark von den Kritikern gelobte Alben. 1969 gab er im Rahmen des American Folk Blues Festivals in der Londoner Royal Albert Hall sein erstes Konzert auf europäischem Boden. Zurück in den USA ging er mit Hound Dog →Taylor, Eddie Taylor und Jimmy Dawkins auf Tour. Bell war außerdem Stammgast der großen Festivals in Ann Arbor und im kanadischen Toronto. Als Mitglied von **Willie Dixon's Chicago Blues All Stars** kam Bell 1974 bis nach Australien und Neuseeland. Im gleichen Jahr machte er bei der Filmdokumentation »Sincerely The Blues« mit, und ab 1976 war er ein ständiger Gast bei der **Bob Riedy Band**.

Ab 1983 arbeitete er regelmäßig mit seinem Sohn, dem Gitarristen Lurrie Bell (*12. 12. 1958), zusammen. 1988 veröffentlichte Carey Bell HARPSLINGER, die erste Blues-CD. »Als Sänger und Instrumentalist gleichermaßen begabt« (*Jazz Podium*), verhalfen ihm seine Platten ab 1982 zu größerer Popularität. Trotzdem blieb er »ein unterschätzter Meister der Bluesharp« (*Living Blues*), übte aber großen Einfluß auf jüngere Bluesmusiker aus.

1993 war Bell gemeinsam mit seinen Kollegen James →Cotton und Junior →Wells an der Produktion von HARP ATTACK beteiligt, der die »Creme des Chicago-Sounds und größten Bluesharmonika-Solisten« (*Creem*) zusammen-

führte. Von den jüngeren Aufnahmen zählte DEEP DOWN 1994 zu Bells besten Arbeiten.
Bell absolvierte im Jahr durchschnittlich 150 Auftritte. Dazu kamen Festivalverpflichtungen und Studioaufnahmen. Im Herbst 1997 bearbeitete er für GOOD LUCK MAN virtuos Kompositionen seiner Idole Sonny Boy Williamson, Big Walter Horton und → Little Walter.

CAREY BELL'S BLUES HARP (1969) Delmark, DE 622 • LAST NIGHT (1973) One Way 22170 • HEARTACHES AND PAINS (1977) Delmark, DD 666 • GOIN' ON MAIN STREET (1982) L+R, LR 42 051 • STRAIGHT SHOOT (1987) • HARPSLINGER (1988) JSP 211 • BREAKDOWN BLUES LIVE! (1991) CMA, CM 10001 • MELLOW DOWN EASY (1991) Blind Pig, BP 74291 • DEEP DOWN (1994) Alligator, AL 4828 • GOOD LUCK MAN (1997) Alligator, ALCD 4854 • Mit Lurrie Bell: BLUES HARP (1983) Delmark, DS 622 • SON OF A GUN (1984) Rooster, R 2617 • DYNASTY (1988) JSP 222 • Mit Walter Horton: BIG WALTER AND CAREY BELL (1971) Alligator, AL 4702 • Mit **Sons Of The Blues**: LIVE '82 (1982) L+R 72005 • Mit Spike Ravenswood: CAREY BELL & SPIKE RAVENSWOOD (1994) Blues Encore 52037 • Lurrie **Bell**: EVERYBODY WANTS TO WIN (1989) JSP 227 • MERCURIAL SON (1995) Delmark, DE 679 • Lurrie **Bell** mit Billy Branch: CHICAGO'S YOUNG BLUES GENERATION (1982) L+R 42049 • Mit Junior Wells und James Cotton: HARP ATTACK (1993) Alligator, AL 4790

Pat Benatar

Die zierliche Rockstilistin, Texterin und klassisch ausgebildete Sängerin wurde als Patricia Andrzejewski am 10. 1. 1953 im New Yorker Stadtteil Brooklyn geboren. Ihre Mutter erkannte als erste ihre außergewöhnliche Stimme, mit der sie mühelos 3½ Oktaven überwand, und ließ sie zur Opernsängerin ausbilden. Pat heiratete sehr früh ihre Jugendliebe Dennis Benatar und lebte bis 1975 in Richmond, Virginia. Zurück in New York trat sie am Off-Broadway in dem Musical »The Zinger« auf. Bei einem Talentwettbewerb wurde sie von Rich Newman entdeckt, der sie zur Attraktion seines Clubs machte und sie 1976 an Chrysalis Records vermittelte.
1979 wurde ihre Ehe mit Dennis Benatar geschieden. Im gleichen Jahr stellte die »neue Herzensbrecherin Amerikas« (*Rolling Stone*) für die erste, von dem Engländer Mike Chapman (**Smokie**, Suzie → Quatro) produzierte LP mit Roger Capps (b), Neil Geraldo (g, slide-g, key), Glen Alexander Hamilton (dr) und Scott St. Clair Sheets (g) eine eigene Band zusammen. Mit Geraldo, der zuvor bei Rick → Derringer spielte, bildete sie ein Songwriter-Team. Geraldo übernahm später auch die Aufgaben des Produzenten und wurde 1982 ihr zweiter Ehemann. Der Start zu einer erfolgreichen Plattenkarriere glückte Ende 1979 mit dem Album IN THE HEAT OF THE NIGHT (US #16) und den Singles ›Heartbreaker‹ (US #19) und ›We Live For Love‹ (US #26). Mit ihrem melodiösen Stil »zwischen Pop und Rock, Old und New Wave« (*Change*) stieg sie 1980 zu einer der beliebtesten Rockinterpretinnen auf. Unter dem Einfluß britischer Rock-Shouter wie Paul Rodgers (→ **Free**) und Robert → Plant konzentrierte sie sich auf perfekt vorgetragenen Heavy-Sound, der allerdings kaum Neues bot.
Mit ihrem »sauberen, radioorientierten Hitstil« (*Guinness*) kam Pat Benatar 1980 mit den LPs CRIMES OF PASSION

(US #5), PRECIOUS TIME (GB #19, US #1, D #57) und GET NERVOUS (GB #28, US #4) sowie den Auskopplungen ›Hit Me With Your Best Shot‹ (US #5), ›Treat Me Right‹ (US #18), ›Fire And Ice‹ (US #17), ›Promises In The Dark‹ (US #38) und ›Shadows Of The Night‹ (US #13) regelmäßig in die nordamerikanischen Charts. Den Einzug in die internationalen Hitparaden schaffte sie im Spätsommer 1983 mit dem Song ›Love Is A Battlefield‹ (GB #46, US #3, D #5), der auch zum Material des Mitschnitts LIVE FROM EARTH (GB #24, US #13, D #7) gehörte. 1984 folgten die Uptempo-Ballade ›We Belong‹ (GB #22, US #5, D #9) und die LP TROPICO (GB #34, US #14, D #26). Inzwischen waren weltweit rund 20 Millionen Platten von Pat Benatar verkauft. Außerdem erhielt sie zwischen 1980 und 1983 vier Grammies.

1982 und 1984 wurde Pat Benatar als beste Sängerin mit dem Grammy ausgezeichnet. Natürlich gab es auch kritische Äußerungen über die selbstbewußte Rocklady. Ihr ehemaliger Produzent Mike Chapman meinte abfällig: »Wenn das das Beste ist, was der Rock'n'Roll heute zu bieten hat, dann ist die Rockmusik auf dem absteigenden Ast.« *Rolling Stone* hielt ihr »überarbeitete Hardrock-Klischees« vor, und der *New Musical Express* bescheinigte ihr »netten Poprock, den man gut hören und ebenso gut vergessen kann«.

Nachdem Pat Benatar bei ›We Belong‹ sanftere Klänge anschlug, wandte sie sich Ende 1985 mit SEVEN THE HARD WAY (GB #28, US #26, D #42) und den Singles ›Invincible‹ (GB #45, US #10, D #31) und ›Sex Is A Weapon‹ (US #28) wieder härterem Rock'n'Roll zu.

Nach der Geburt ihrer Tochter zogen sich Pat Benatar und Neil Geraldo ins Privatleben zurück. Das »rockende Ehepaar mit dem hitzköpfigen Sound« (*Stereoplay*) beschränkte sich 1987 auf die Veröffentlichung des Samplers BEST SHOTS (GB #9, US #67).

Das im Sommer 1988 veröffentlichte Album WIDE AWAKE IN DREAMLAND (GB #11, US #28, D #47) zeugte von musikalischer Stagnation. Pat Benatar setzte auf gepflegten Mainstream-Rock, den sie immer nach dem gleichen Strickmuster umsetzte. Allein der Song ›All Fired Up‹ (GB #19, US #19) fiel positiv auf. Nach mäßigen Rezensionen und einer schwach besuchten US-Tournee wurde es still um »die oft gerügte Sängerin mit der entzükkenden Stimme« (*Musik Express*).

Ende 1990 nahm Pat Benatar speziell für US-Truppen am Persischen Golf den Charles Brown-Klassiker ›Please Come Home For Christmas‹ auf. Drei Monate später überraschte sie die Fachwelt mit dem Album TRUE LOVE (GB #40, US #37), auf dem sie den Blues und Swing-Jazz für sich entdeckte: »Dank der exzellenten Begleitung, der eleganten Arrangements und des leicht antik wirkenden Materials gelang ihr eine sehr gute Unterhaltungsproduktion« (*Hifi Vision*). Begleitet wurde sie von der populären →**Roomful of Blues**.

Zwei Jahre später kehrte sie mit GRAVITY'S RAINBOW (US #85) zu ihren Rockwurzeln zurück. Sie bot einen soliden Sound, »ohne musikalisch besonders originell zu sein« (*Metal Hammer*), konnte aber an frühere Erfolge nicht anknüpfen. Auch mit der Auskopplung ›Somebody's Body‹ (GB #48) gelang ihr in Großbritannien nur ein mäßiger Erfolg.

Im Sommer 1995 startete Pat Benatar mit →**REO Speedwagon** und →**Fleetwood Mac** eine Tournee durch Nordamerika. Ihre Band bestand aus Geraldo, Allison

Cornell (key), Mick Mahan (b) und Ray Brinker (dr). Weitere Konzerterfolge in Großbritannien, Japan, Australien und der US-Tour im Sommer 1996 mit Steve → Miller ermunterten sie zu einer neuen Studioproduktion, die im Juni 1997 veröffentlicht wurde. Die lange Pause hatte ihr hörbar gut getan. Die lokale Tageszeitung *Albany Times Union* war sich jedenfalls sicher: »Die neuen Songs sind so gut ausgewählt, daß die Benatar-Fans begierig danach verlangen werden.«

IN THE HEAT OF THE NIGHT (1979) Chrysalis 202 629 • CRIMES OF PASSION (1980) Chrysalis 321275 • PRECIOUS TIME (1981) Chrysalis 321346 • GET NERVOUS (1982) Chrysalis 321396 • LIVE FROM EARTH (1983) Chrysalis 321451 • TROPICO (1984) Chrysalis 321471 • SEVEN THE HARD WAY (1985) Chrysalis 321507 • WIDE AWAKE IN DREAMLAND (1988) Chrysalis 321628 • TRUE LOVE (1991) Chrysalis 321805 • GRAVITY'S RAINBOW (1993) Chrysalis 321982 • INAMORATA (1997) RCA • (S) BEST SHOTS (1987) Chrysalis 321538 • (S) ALL FIRED UP (1994) Chrysalis 831094 • (S) HEARTBREAKER (1996) Chrysalis 852256

Marc Benno

Geboren am 1. 7. 1947 in Houston, Texas, begann Marc Benno in Austin als Gitarrist bei obskuren Garagenbands wie den **Outcasts** und **White Tornadoes**. 1967/68 leitete er die **Nightcrawlers** und übersiedelte dann nach Los Angeles, wo er sich mit Leon → Russell anfreundete. Als Duo **Asylum Choir** veröffentlichten sie zwei Alben. Ihr psychedelisches Konzept hatte kommerziell keine Chance, und nach der Veröffentlichung der Platte ASYLUM CHOIR II trennten sie sich. Marc Benno etablierte sich daraufhin in der Studioszene an der amerikanischen Westküste und spielte u. a. Baß auf dem Album L. A. WOMAN von den → **Doors**, wirkte auf den ersten drei LPs von Rita → Coolidge mit und unterstützte 1972 den Singer / Songwriter Rick Roberts.
1970 kehrte Benno nach Austin zurück und realisierte im Abstand von jeweils zwölf Monaten drei Soloalben. An den Aufnahmen zu MINNOWS waren Stars wie Bobby → Womack und der Gitarrist Jesse Ed Davis beteiligt, für AMBUSH gewann Benno u. a. Booker T. Jones, Bonnie → Bramlett und den Saxophonisten Bobby Keys. Keine der genannten Platten mit ihrer ausgewogenen Mischung aus Country- und Folkrock konnte sich in den Charts plazieren. Am besten wurde noch das Debüt MARC BENNO bewertet. Nach den Mißerfolgen kümmerte sich Benno wieder vornehmlich um seine Studioarbeit und wurde u. a. von Georgie → Fame engagiert, durch den er Zugang zur britischen Studioprominenz bekam.
Als 1975 auch der Versuch scheiterte, zusammen mit der Sängerin Bonnie Bramlett eine neue Band aufzubauen, konzentrierte sich Benno auf seine Aufgaben als Session- und Begleitmusiker. Der brillante Gitarrist genoß bei seinen Kollegen einen Ruf als zuverlässiger und inspirierter Musiker. Doch als Solist wurde er weiterhin unterschätzt, obwohl er bei der 79er Produktion »Lost In Austin« u. a. von Eric → Clapton und Albert → Lee → begleitet wurde. Seitdem verzichtete Benno auf weitere Alleingänge und beschränkte sich auf seine Tätigkeit als gefragter Studiomusiker. Erst 1993 versuchte Marc Benno im Stil des Bluesrock eines Stevie Ray → Vaughan mit SNAKE CHARMER nochmals ein Comeback als Solist, hatte aber wieder keinen Erfolg.

MARC BENNO (1970) A&M 64273 • MINNOWS (1971) A&M 64303 • AMBUSH (1972) A&M 64364 • LOST IN AUSTIN (1979) A&M 64767 • TAKE IT BACK TO TEXAS Skyranch • SNAKE CHARMER (1993) Provogue, PRD 70622 • Mit **Asylum Choir**: LOOK INSIDE THE ASYLUM CHOIR (1968) Mercury, SMCL 20141 • ASYLUM CHOIR II (1969) Shelter 152

Brook Benton

Der Balladensänger, der von der Gospel- und Spiritualmusik kam, war zwischen 1959 und 1970 mit dreizehn Top 20-Hits vertreten und genoß als Songwriter einen hervorragenden Ruf. Nat King Cole, Clyde McPhatter und Roy Hamilton übernahmen seine Blues- und Soul-Kompositionen. Brook Benton, der auch mit Dinah Washington zusammenarbeitete, war nie ein Pionier der Popmusik, aber ein »verdammt guter Sänger« (*New Musical Express*).

Geboren als Benjamin Franklin Peay am 19. 9. 1931 in Camden, South Carolina, begann Benton seine Karriere beim Gospel-Quartett **Camden Jubilee Singers**. 1948 kam er nach New York und schloß sich den **Bill Landford Spiritual Singers** an, bevor er bei den **Sandmen** zum Rhythm & Blues wechselte. Als er sein Geld noch als LKW-Fahrer verdienen mußte, wurde er von dem Verleger und Plattenmanager Clyde Otis entdeckt. Mit ihm und dem Arrangeur Belford Hendricks bildete Benton später ein Songwriter-Team.

Benton machte seine ersten Aufnahmen 1953 und schaffte im Januar 1958 mit ›A Million Miles From Nowhere‹ (US #82) seinen ersten nennenswerten Hit, fast genau ein Jahr später gelang ihm mit ›It's Just A Matter Of Time‹ (US #3) der Durchbruch. Zuvor hatte Nat King Cole mit Bentons Song ›Looking Back‹ Erfolg. Benton selbst spezialisierte sich auf »stimmungsvolle Balladen« (*Guinness*) und wurde gegen Ende der 50er Jahre mit den Hits ›Endlessly‹ (GB #28, US #12), ›So Close‹ (US #38), ›Thank You Pretty Baby‹ (US #16) und ›So Many Ways‹ (US #6) zum Popstar.

Die Hitserie von Benton hielt bis 1963 an. Er veröffentlichte in kurzen Abständen ›The Ties That Bind‹ (US #37), ›Kiddio‹ (US #7), ›The Same One‹ (US #16), ›Fools Rush In‹ (US #24), ›For My Baby‹ (US #28), ›Think Twice‹ (US #11), ›The Boll Weevil Song‹ (US #2), ›Frankie And Johnny‹ (US #20), ›Revenge‹ (US #15), ›Shadrack‹ (US #19), ›Lie To Me‹ (US #13), ›Hotel Happiness‹ (US #13), ›My True Confession‹ (US #22), ›Two Tickets To Paradise‹ (US #32) und ›Going Going Gone‹ (US #35). Dazu kamen Erfolge mit Dinah Washington: ›Baby (You Got What It Takes)‹, ›A Rockin' Good Way‹. Mit seinen Alben hatte Benton weit weniger Erfolg. Am besten verkauften sich noch die Spirituals ›If You Believe‹ (US #77) und ›Singing The Blues‹ (US #40) vom Februar bzw. Oktober 1962.

Mitte der 60er Jahre ließ der Erfolg deutlich nach. Benton wechselte mehrfach die Plattenfirma, veröffentlichte auch weiterhin gut gemachte Popmusik, verschwand aber aus den höheren Chartsregionen. 1968 wurde er von Cotillion / Atlantic unter Vertrag genommen und konnte schließlich 1970 nach sieben Jahren ein Comeback feiern. Mit den Singles ›Rainy Night In Georgia‹ (US #2), ›My Way‹ (US #42) und der LP BROOK BENTON TODAY (US #20) kehrte er für ein Jahr ins Rampenlicht zurück. Nach der Zusammenarbeit mit den **Dixie Flyers** bei ›Don't Make You Want To Go Home‹ (US #34) und ›Shoes‹ (US #54) war er als Bühnenkünstler gefragt. Brook Benton verschwand aus den Charts und beschränkte seine künstlerischen Aktivitäten in den 80er Jahren auf das Komponieren und Arrangieren. Benton starb im Alter von 56 Jahren am 9. 4. 1988 in New York an den Folgen einer Lungenentzündung.

IT'S JUST A MATTER OF TIME (1959) Mercury, SR 60077 • ENDLESSLY (1959) Mercury, SR 60146 • I LOVE YOU IN SO MANY WAYS (1960) Mercury, SR 60225 • BROOK BENTON (1960) Camden, CAL 564 • SONGS I LOVE TO SING (1960) Mercury, SR 60602 • THE BOLL WEEVIL SONG (1961) Mercury, SR 60641 • THERE GOES THAT SONG AGAIN (1962) Mercury, SR 60673 • BEST BALLADS OF BROADWAY (1963) Mercury, SR 60830 • ON THE COUNTRYSIDE (1964) Mercury, SR 60918 • BORN TO SING THE BLUES (1964) Mercury, MCL 20024 • MOTHER NATURE, FATHER TIME (1965) RCA, LSP 3526 • SINGS THE STANDARDS (1966) RCA, INTS 5085 • MY COUNTRY (1966) RCA, LSP 3590 • THAT OLD FEELING (1966) RCA, RD 7797 • MY TRUE CONFESSION (1967) Fontana, FJL 912 • LAURA, WHAT'S HE GOT THAT I AIN'T GOT (1967) Reprise, RS 6268 • DO YOUR OWN THING (1969) Cotillion, SD 9002 • BENTON TODAY (1970) Cotillion, SD 9018 • HOME STYLE (1971) Atlantic, SD 9028 • THE GOSPEL TRUTH (1971) Atlantic 40224 • STORY TELLER (1972) Atlantic 40314 • SOMETHING FOR EVERYONE (1973) MGM 2315 245 • LOVIN' (1976) RCA, HY 1029 • BLACK VELVET (1976) Phonogram 6336 268 • MR. BARTENDER (1976) Phonogram 9109 303 • MAKIN' LOVE IS GOOD FOR YOU (1977) Olde World 7700 • (S) GOLDEN HITS (1963) Mercury, MMC 14124 • (S) BROOK BENTON'S GOLDEN HITS (1965) Mercury, SMCL 20060 • (S) THE SOUL OF BENTON (1965) Realm, RM 52083 • LOOKING BACK (1976) DJM 073 • (S) SPOTLIGHT ON (1976) Philips 6612 116 • (S) SINGS YOUR FAVOURITE SONGS (1983) Audio Fidelity 1024 • (S) 20 GOLDEN PIECES (1983) Bulldog, BDL 2039 • (S) GREATEST HITS (1985) Bellaphon 230-070-62 • (S) 40 GREATEST HITS (1989) Mercury 836 756 • Mit Dinah Washington: THE TWO OF US (1960) Mercury, SR 60244

Berlin

Rob Brill (dr), John Crawford (b), Terri Nunn (voc)

Nach einem dreijährigen Englandaufenthalt, wo er als Produzent und Toningenieur für →**Police, Penetration** und Brian →Eno arbeitete, kehrte Jo Julian (* 22. 1. 1948) in seine Heimatstadt Los Angeles zurück. Zusammen mit John Crawford (* 17. 1. 1960), Can Van Patten (dr) und Chris Velasco (g) bildete er das Quartett **Berlin** und engagierte Virginia Macolino als Sängerin.

Am 31. 10. 1979 debütierte die Band im Hollywood-Club Doug Weston's Troubadour. In der Ansage versprach der Veranstalter »die Musik des kommenden Jahrzehnts«. Zu diesem ersten Auftritt wurde von Zone H Records die unter primitiven Umständen produzierte Single ›Matters Of Time‹ veröffentlicht. Mit Unterstützung der lokalen Radiostationen entwickelte sich die Platte zu einem Hit in Los Angeles. Besonders begeistert reagierte das New Wave-Magazin *ZigZag*: »Die Produktion schlägt alles, was wir seit Jahren aus L. A. an Neuem gehört haben.« **Berlin** gastierten nach diesem vielversprechenden Auftakt

in allen wichtigen Clubs an der Westküste und spielten im Vorprogramm von Iggy → Pop und den → **Dickies**. Die erste LP INFORMATION kam im Frühsommer 1980 in die Läden und bot ausgeklügelten Technopop. Die Platte kam beim Publikum nicht an, und daraufhin trennten sich **Berlin** 1981.
Crawford und Sängerin Terri Nunn (* 6. 6. 1951) gründeten 1982 mit David Diamond (g), Rick Olsen (g), Matt Reid (key) und Rod Learned (dr), der bald darauf von Rob Brill (* 21. 1. 1956) abgelöst wurde, eine zweite Auflage von **Berlin**. 1983 kamen sie mit dem Mini-Album PLEASURE VICTIM (US #30) erstmals in die US-Charts. Zum Repertoire der Platte gehörte der provozierende Song ›Sex‹ (US #62). Außerdem erschienen bis zum Spätsommer 1983 die Singles ›The Metro‹ (US #58) und ›Masquerade‹ (US #82) aus dem Album LOVE LIFE (US #28).
Berlin wurden zum Vorreiter der Technopop-Welle und landeten mit dem schlichten Ohrwurm ›No More Words‹ (US #23) im März 1984 einen Hit. Den absoluten Höhepunkt ihrer Karriere erreichte die nur noch als Trio agierende Band im Sommer 1986 mit dem internationalen Bestseller ›Take My Breath Away‹ (GB #1, US #1, D #3). Die sanfte Edelschnulze gehörte zum Soundtrack des Kinohits »Top Gun« und erschien außerdem auf der LP COUNT THREE AND PRAY (US #61, D #61). Sie wurde von Bob Ezrin (Alice → Cooper) produziert; zu den illustren Studiogästen zählten die Gitarristen Ted → Nugent und David Gilmour (→ **Pink Floyd**). Die Umsätze des Albums blieben jedoch hinter den Erwartungen zurück. Da auch die weiteren Auskopplungen ›You Don't Know‹ (GB #39) und ›Like Flames‹ (GB #47, US #82, D #36) nur in mittlere Hitparadenregionen vordrangen, trennten sich **Berlin** Ende 1987. Die Ballade ›Take My Breath Away‹ wurde im Februar 1988 (GB #52) und im Oktober 1990 (GB #3) wiederveröffentlicht.
Terri Nunn bemühte sich 1991 mit der LP MOMENT OF TRUTH und der Single ›Let Me Be The One‹, produziert von David Z. (→ Prince, → **Fine Young Cannibals**), erfolglos um eine Solokarriere. John Crawford gründete 1989 **Big F**.

INFORMATION (1980) Vinyl 624340 • PLEASURE VICTIM (1983) Mercury 6302 236 • LOVE LIFE (1984) Mercury 818 329 • COUNT THREE AND PRAY (1986) Mercury 830 586 • (S) BEST OF BERLIN 1979–1988 (1989) Mercury • Terri **Nunn**: MOMENT OF TRUTH (1991) Mercury 512 083

Chuck Berry

Respektvoll nennen zahllose Rockmusiker Chuck Berry den Übervater des Rock'n'Roll, und für eine unüberschaubare Anzahl von Bands war er »der musikalische Ziehvater« (*Neue Zürcher Zeitung*). Ohne »das absolute Rockidol« (*Zeit*) hätte es wahrscheinlich Gruppen wie die → **Rolling Stones** oder → **Beach Boys** überhaupt nicht gegeben. Sie und Heerscharen ihrer Nachkommen übernahmen klassische Kompositionen von Chuck Berry wie ›Roll Over Beethoven‹, ›Come On‹, ›Rock & Roll Music‹, ›Johnny B. Goode‹ und ›Sweet Sixteen‹ – Songs, die dem Rock'n'Roll eine neue Qualität gaben. Noch heute orientieren sich neue Bands am noch immer aktiven Rock'n'Roll-Monument Chuck Berry, der selbst nie den Sprung zum reichen Superstar geschafft hat, da er über Jahrzehnte von windigen Geschäftemachern und übereifrigen Managern betrogen wurde. Zudem mußte er den Diskjockey Alan Freed an den Tantiemen von ›Maybellene‹ beteiligen, um im Radio gespielt zu werden. Berry versäumte aus Unwissenheit Steuerzahlungen und mußte für die Verfehlungen seiner Berater vorübergehend ins Gefängnis.

Charles ›Chuck‹ Edward Berry wurde am 18. 10. 1926 im schwarzen Elendsviertel von St. Louis, Missouri, geboren. Seine Eltern sangen im Kirchenchor, und seine ältere Schwester Thelma war eine begabte Pianistin. Berrys Baßstimme wurde für den Schulchor entdeckt. Später wirkte er in Revue-Shows mit, dabei fiel ihm der Gitarrist Tom Stevens auf. Für vier Dollar kaufte sich Berry eine gebrauchte spanische Gitarre und fand über den Blues, die Countrymusik und den Rockabilly zu Beginn der 50er Jahre zum Rhythm & Blues. 1952 gründete er die **Chuck Berry Combo**, und ein Jahr später kam er nach Chicago, wo ihn die Musik von Muddy → Waters faszinierte. Im Mai 1955 spielte er bei der Plattenfirma Chess vor, und nach zwei Wochen hatte er ein brauchbares Demoband fertiggestellt. Die Chess-Besitzer nahmen Berry unter Vertrag, weil sie von seinem direkten Stil und seinen unkomplizierten Texten, die von »Miezen, Autos und Musik« (*Flash*) handelten, begeistert waren: »Popmusik sollte immer die Stimmung ihrer Altersgruppe reflektieren« (Chuck Berry).

Berrys Sound schlug auf Anhieb ein, die im November 1955 veröffentlichte Single ›Maybellene‹ (US #42) wurde vom Fachmagazin *Billboard* als »die meistverkaufte R&B-Platte des Jahres« registriert. Berrys Geschäftspartner wollten ihn zum schwarzen Elvis → Presley aufbauen, dem 1956 / 57 mit den Hits ›Roll Over Beethoven‹ (US #29), ›School Day‹ (GB #24, US #5), ›Oh Baby Doll‹ (US #57) und ›Rock & Roll Music‹ (US #8) nahtlos der Übergang vom R&B zum furios-lebendigen Rock'n'Roll gelungen war. Berrys Markenzeichen waren ungeschliffene, provozierende Gitarrenchorusse, eine simple, jederzeit verständliche Yeah-Sprache und sein unvergleichlicher Duck-Walk (Entengang). Chuck Berry verfügte über das Talent, seine Fans mit seinem harten, lauten Country-Rhythmus, den er auch für traurige Bluesballaden einsetzte, mitzureißen.

1958 brachte Chuck Berry acht Singles auf den Markt, darunter seine Evergreens ›Sweet Little Sixteen‹ (GB #16, US #2), ›Johnny B. Goode‹ (US #8) und ›Carol‹ (US #18). »Die Vaterfigur des Rock'n'Roll« (*Welt*) lebte nun in Chicago und wurde in Rock'n'Roll-Kreisen in einem Atemzug mit Elvis Presley, → Little Richard und Jerry Lee → Lewis genannt. Seine Hoffnungen, Elvis auch kommerziell nachzueifern, erfüllten sich jedoch nicht, denn im rassistischen Amerika wollte man keine farbigen Jugendidole, obwohl Chuck Berry »soviel für den Rock bedeutete wie Louis Armstrong für den Jazz« (*Rolling Stone*). Seine ersten Alben verkauften sich nur durchschnittlich, er brachte aber bis Ende der 50er Jahre weitere klassische Rock'n'Roll-Singles wie ›Almost Grown‹ (US #32), ›Little Queenie‹ (US #80) und ›Back In The U.S.A.‹ (US #37) heraus. Mit inzwischen acht Goldenen Schallplatten galt er als erfolgreichster schwarzer Musiker neben Fats → Domino.

1960 eröffnete Chuck Berry auf einem von ihm 1957 erworbenen Gelände im Westen von St. Louis den ›Berry Park

Country Club‹. Zur gleichen Zeit mußte er sich vor Gericht verantworten. Ihm wurde vorgeworfen, eine Minderjährige ohne Zustimmung ihrer Eltern über eine Staatsgrenze gebracht zu haben. Obwohl die Anklage nicht haltbar war, wurde Chuck Berry 1962 zu einer zweijährigen Haftstrafe verurteilt. Seine Plattenfirma überbrückte diese Zeit mit älterem Studiomaterial und Live-Aufnahmen. Am besten verkauften sich die Singles ›Too Pooped To Pop‹ (US #42), ›Memphis Tennessee‹ (GB #8) und die LP ON STAGE (GB #7, US #29).
Als in Großbritannien die Beatmusik die Schlagzeilen beherrschte, wuchs auch wieder das Interesse am Sound von Chuck Berry, der auf Bands wie die **Stones**, → **Yardbirds** und → **Animals** maßgeblichen Einfluß hatte. Der Erfolg des Beat führte vor allem in Europa zu einem Rock'n'Roll-Revival. Chuck Berry feierte daraufhin mit den Songs ›Nadine‹ (GB #29, US #41), ›No Particular Place To Go‹ (GB #4, US #6), ›You Never Can Tell‹ (GB #23, US #15), ›Promised Land‹ (GB #26, US #42) sowie den Samplern GREATEST HITS (US #20) und MORE CHUCK BERRY (GB #8) ein Comeback.
Chuck Berry stellte eine eigene Band zusammen, bereiste im Mai 1964 zum ersten Mal Europa und elektrisierte seine Fans mit hypnotischer, unverkennbar einfacher Rock'n'Roll-Musik. Im Oktober des Jahres bestritt er als Stargast im Civic Auditorium im kalifornischen Santa Monica eine Show mit den **Stones**, **Beach Boys** und → **Supremes**.
Der Chuck Berry-Boom ließ schnell wieder nach, und von seinen zahlreichen Veröffentlichungen bis 1970 verkauften sich lediglich die Single ›Dear Dad‹ (US #82) und das Album FROM ST. LOUIS TO LIVERPOOL (US #100) einigermaßen. Er nahm darüber hinaus einige Platten mit seinen Schülern auf. So wurde er z. B. beim LP-Mitschnitt LIVE AT THE FILLMORE AUDITORIUM Anfang 1967 von der kompletten → **Steve Miller Band** begleitet. Zu Beginn der 70er Jahre wurde es still um »Mr. Rock'n'Roll« (*Stern*). Er kehrte 1970 zu Chess Records zurück und produzierte das Album BACK HOME, das den später durch die → **Steve Gibbons Band** bekannt gewordenen Song ›Tulane‹ enthielt. Gemeinsam mit Kenny Jones (dr) und Ian McLagan (p) von den → **Faces** nahm er Anfang 1972 LONDON SESSIONS (US #5) auf, was völlig überraschend im Sommer des Jahres sein erfolgreichstes Album werden sollte. Im Oktober 1972 folgte der anzügliche Song ›My Ding-A-Ling‹ (GB #1, US #1, D #40), der von mehreren Radiostationen boykottiert wurde, aber dennoch die Spitze der Charts erreichte. Zum dritten Mal entdeckte die Popwelt den faszinierenden Sound von Chuck Berry. Ende 1972 glückte ihm mit der Live-Version von ›Reelin' And Rockin'‹ (GB #22, US #29) ein weiterer Hit.
Berry tourte nun wieder regelmäßig auf beiden Seiten des Atlantiks. Seine knappen Gitarrensoli und die spontane Teenagerlyrik erwiesen sich als zeitlos. Neben den Tourneen und Konzerten widmete sich »das Rock'n'Roll-Genie« (*Stereoplay*) auch anderen Aktivitäten: 1973 wurde er von Bruce → Springsteens Band begleitet, 1975 nahm er mit seiner Tochter Ingrid Berry Gibson ein Duett auf, 1977 realisierte er mit MOTORVATIN' (GB #9) noch einmal ein Hitalbum. Ansonsten verkauften sich lediglich seine Sampler überdurchschnittlich. 1978 spielte er in dem Film »American Hot Wax« sich selbst. Im Juni 1979 lud ihn der damalige US-Präsident Jimmy

Carter zu einem Auftritt ins Weiße Haus ein. Im Juli des Jahres mußte Berry eine dreimonatige Haftstrafe wegen Steuervergehens antreten, und im Oktober wurde seine vielgelobte LP ROCKIT mit dem Pianisten Johnnie Johnson veröffentlicht.

Auch ohne Verkaufserfolge war Berrys Ruf als Meister seines Genres unumstritten: »Er sorgte für einige der größten Rock'n'Roll-Platten, die jemals gemacht wurden« (*Rolling Stone*). Berry erhielt im Februar 1985 einen Special-Grammy für sein Lebenswerk und wurde im Jahr darauf in die Rock'n'Roll Hall Of Fame aufgenommen. Ende 1986 leitete Keith Richards eine Begleitband für Berry, zu der Eric →Clapton, Linda →Ronstadt, Etta James und Julian →Lennon gehörten. Die Gruppe probte auf Berrys Farm in Wentzville, Missouri, für ein Konzert aus Anlaß des 60. Geburtstages der Rock'n'Roll-Legende. Dieses Konzert bildete die Grundlage für den Film und den dazugehörigen Soundtrack HAIL! HAIL! ROCK'N'ROLL. Der Film kam im Oktober 1987 in die Kinos.

1988 erschien Chuck Berrys Autobiographie, und nach einer Englandtournee erklärte der Musiker einer Fachzeitung, daß er sich bald in den Ruhestand zurückziehen wolle. Im August 1989 wurde sein Song ›Johnny B. Goode‹ als »typisch amerikanische Musik« (*Guinness*) mit dem Satelliten Voyager 2 ins All geschickt. Drei Monate später beteiligte sich Berry neben den →**Coasters**, →**Jay & The Americans** und **Five Satins** an einer Rock'n'Roll-Revival-Show. Ende des Jahres wurde Berry wegen pornographischer Aktivitäten angeklagt. 1990 mußte er sich außerdem wegen Drogen- und Waffenbesitzes verantworten. Im Dezember wurde er zu sechs Monaten Haft auf zwei Jahre Bewährung verurteilt.

Berrys trat in den 90er Jahren nur noch sporadisch auf und ließ sich die Gage vor Beginn des Auftritts auszahlen. Ende 1991 absolvierte er eine umjubelte Tournee durch Großbritannien, und ein Jahr später gab er ein exklusives Gastspiel im Londoner Hammersmith Odeon. Der »kontroverse Rock-Held« (*Guinness*) zog sich immer mehr ins Privatleben zurück und trat 1993 lediglich zweimal auf: Mit einer Allstar-Band, der u. a. Stephen →Stills und Little Richard angehörten, spielte er im Januar zwei seiner Klassiker bei der 52. Präsidenten-Gala, und im Juni gastierte er anläßlich der Zeremonie zur Rock'n'Roll Hall Of Fame in Cleveland, Ohio.

Berrys langjähriger Pianist Johnnie Johnson gründete 1991 eine eigene Band, die einen exzellenten Jump-Blues interpretierte. Bei JOHNNY BE BAD wurde er von Eric Clapton und Keith Richards, bei THAT'LL WORK von den **Kentucky Headhunters** unterstützt. Stargäste bei JOHNNIE BE BACK waren Buddy →Guy, Phoebe →Snow, John →Sebastian und Al →Kooper.

AFTER SCHOOL SESSIONS (1958) Chess 1426 • ONE DOZEN BERRYS (1958) Chess 1432 • BERRY IS ON TOP (1959) Chess 1435 • ROCKIN' AT THE HOPS (1960) Chess 872283 • NEW JUKE BOX HITS (1961) Chess 872272 • TWIST (1962) Chess 1466 • ON STAGE (1963) Chess 1480 • IN LONDON (1965) Chess 872313 • FRESH BERRY'S (1965) Chess 1498 • ST. LOUIS TO LIVERPOOL (1966) CHD 31261 • IN MEMPHIS (1967) Mercury 838071 • LIVE AT THE FILLMORE AUDITORIUM (1967) Mercury, SR 61138 • FROM ST. LOUIS TO FRISCO (1968) Mercury 836073 • CONCERTO IN B. GOODE (1969) Mercury 836074 • LIVE IN

TORONTO (1969) RCA • BACK HOME (1970) Chess, LP 1550 • HOME AGAIN (1971) Phonogram 6310 113 • SAN FRANCISCO DUES (1971) Bellaphon 19055 • BACK HOME (1972) Bellaphon 19034 • THE LONDON CHUCK BERRY SESSIONS (1972) Bellaphon 19098 • BIO (1973) Bellaphon 19169 • BACK IN THE U.S.A. (1973) Philips 6336 216 • I'M A ROCKER (1975) Contour, CN 2019 • CHUCK BERRY (1975) Chess 60032 • MOTORVATIN' (1977) Chess 9283 020 • LIVE IN CONCERT (1978) Bellaphon, BLS 5573 • ROCKIT (1979) Atlantic 50648 • SPOTLIGHT ON ... (1980) PRT 1003 • MODS & ROCKERS (1980) Mercury 6336 635 • ROCKING WITH (1981) Mercury 9279 140 • TOKYO SESSION (1981) Toshiba-EMI, WTP 90072 • HAIL!HAIL!ROCK'N'ROLL (1987) Soundtrack Galaxy, GLX 9067 • (S) MORE CHUCK BERRY (1960) Chess 1465 • (S) CHUCK BERRY (1963) Pye, NPL 28024 • (S) RHYTHM & BLUES RENDEZVOUS (1964) Chess, PAR 107 • YOU NEVER CAN TELL (1964) Pye 28039 • (S) GREATEST HITS (1964) Chess, LP 321 • (S) CHUCK BERRY'S GREATEST HITS (1969) Chess, CRL 4548 • (S) GOLDEN DECADE (1973) Chess, BLST 6545 • (S) CHUCK BERRY'S GOLDEN DECADE (1973) Chess, BLST 6561 • (S) GOLDEN DECADE VOL. 2 (1974) Chess, BLST 6548 • (S) ROCK'N'ROLL RARITIES (1986) Chess, CH 92521 • Mit **Steve Miller Band**: LIVE AT THE FILLMORE AUDITORIUM (1967) Fontana 858 047 • ST. LOUIS TO FRISCO TO MEMPHIS (1972) Mercury 6691 008 • Mit Bo Diddley: TWO GREAT GUITARS (1974) Chess, BI 1557 • **Johnnie Johnson Band**: BLUE HAND JOHNNIE (1988) Pulsar 26017 • JOHNNY BE BAD (1991) Elektra 61149 • THAT'LL WORK (1993) • JOHNNIE BE BACK (1995) Musicmasters 01612–65131

Better Than Ezra

Tom Drummond (b), Kevin Griffin (voc, g), Travis Aaron McNabb (dr)

1988 von Cary Bonnecaze (dr) und Griffin gegründet, erwarb sich die Band in der Gegend von Baton Rouge sehr schnell einen ausgezeichneten Ruf. **Better Than Ezra** wurden zur Fraktion der Gitarrenbands gerechnet, die im Sog von → **R.E.M.** neue Ideen entwickelten. Sie tourten u. a. mit den → **Pixies** und → **Dinosaur Jr.** Ihr Debütalbum SURPRISE finanzierten sie aus eigener Tasche. Die LP, von der lokalen Zeitung *Flagpole* als »kleines Meisterstück« gefeiert, erschien erst auf dem Independent-Label Swell Records, bevor sie Elektra Records übernahm.

Der plötzliche Tod des Rhythmusgitarristen Joel Rundell unterbrach zunächst den Aufstieg des vielversprechenden Quartetts. »Nach Joels Tod wußten wir nicht, ob wir jemals wieder Spaß haben würden als B.T.E. zu spielen. Aber nach unserem ersten Auftritt als Trio erfuhren wir soviel Unterstützung, daß wir uns entschieden weiterzumachen« (*Kevin Griffin*). Drummond und Bonnecaze zogen wie vor ihnen Griffin nach Los Angeles. Nachdem ein Vier-Spur-Akustik-Demoband von der Plattenindustrie positiv aufgenommen wurde, kam die Karriere von **Better Than Ezra** schnell in Schwung.

Don Rothchild, Sohn des → **Doors**-Mentors Paul Rothchild, produzierte das 95er-Album DELUXE, ein Werk, das »reife Rockmusik« (dt. *Rolling Stone*) und »potente Melodien« (*Billboard*) hören ließ. **Better Than Ezra** überzeugten als homogenes Ensemble, das zeitgemäßen

Rock machte, der an **R.E.M.** und die → **Jayhawks** erinnerte.
Deluxe plazierte sich in den US-Charts unter den Top 50 und wurde 500 000 Mal verkauft, die Single ›Good‹ (US #30) wurde ein Dauerbrenner im Radio. Ende 1994 bezogen **Better Than Ezra** gemeinsam ein Haus in New Orleans, das ihnen auch für Proben und als Büro diente.
Im September 1995 erschien ›Rosealia‹ (US #71), eine der brillantesten Gitarrenpop-Singles des Jahres. »Popmelodien, Country-Rock und hymnische Gitarren – bei **Better Than Ezra** ist alles stimmig« (*dt. Rolling Stone*).
Auf dem 96er-Album Friction Baby stellte sich der neue Schlagzeuger Travis Aaron McNabb aus New Orleans vor. Die »typisch amerikanische Rockband mit Country-Gefühl« (*Billboard*) setzte klammheimlich ihren Weg in die Rockelite fort und kam mit der Auskopplung ›Desperately Wanting‹ (US #48) wieder in die Top 50.

SURPRISE (1990) • DELUXE (1995) Elektra 61784 • FRICTION BABY (1996) Elektra 755 961–944

Bhundu Boys

Kenny Chitsavatsva (perc, voc), Shakespear ›Shakie‹ Kangwela (key, voc), David Mankaba (b, voc), Biggie Tembo (voc, g)

Die erfolgreichste Band des afrikanischen Staates Simbabwe formierte sich Ende der 70er Jahre unter dem Namen **Wild Dragons** und begleitete den Sänger Son Takura. 1980 trennten sie sich von Takura, der zu sehr der traditionellen Musik seines Landes verhaftet war, während sie um einen zeitgemäßen afrikanischen Popsound bemüht waren, den sie Jit-Jive nannten. Zwischen 1981 und 1984 führten die **Bhundu Boys** viermal die Single-Charts ihrer Heimat an.
Die Wurzeln ihres Erfolges lagen in den frühen 80er Jahren, als die Band mit geliehenen Instrumenten westliche Popsongs in den Nachtclubs der Hauptstadt Harare spielte. Ihre Musik galt zu jener Zeit als revolutionär und machte sie populär. Ursprünglich hieß die Gruppe **Bush Guerillas** und hatte mit Robert Mugabe für die Unabhängigkeit ihres Landes gekämpft. Dieser politische Bezug blieb in der Musik der **Bhundu Boys** stets präsent.
Die Songs der **Bhundu Boys** handelten von sehr unterschiedlichen Sujets, so ihre Hits ›Wenhamo Haanetti‹ und ›Baba Munini Francis‹ von kaputten Beziehungen, während die LPs aktuelle soziale und wirtschaftliche Probleme der noch jungen Republik oder Ereignisse aus dem Bürgerkrieg reflektierten. Auch der Bedrohung durch Aids nahmen sie sich als Thema verstärkt an.
Auf dem 86er-Album Shabini waren die **Bhundu Boys** als Quintett zu hören. Neben Kangwena, Chitsavatsva, Mankaba und Tembo gehörte Rise Kagona (g, perc, voc) dazu. Mit diesem Album wurden sie in Europa bekannt, da es in Diskos gespielt wurde. Dank über 10 000 verkaufter Exemplare setzten sich die **Bhundu Boys** sogar an die Spitze der britischen Independent-Charts.
1992 verstarb Keyboarder Shakie **Kangwena** an Aids. Als Nachfolger kam Henry **Matimba** (Ex-Stella → Chiweshe). Anfang 1993 erschien das Album Friends Of The Road, das noch in der Besetzung Kangwela, Chitsavatsva, Kagona und

Washington Kavhai (b, perc, voc) aufgenommen und von Robin Millar (→Sade, →**Matt Bianco**) produziert worden war. Höhepunkte wie der →**Latin Quarter**-Klassiker ›Radio Africa‹ oder auch der Johnny →Cash-Evergreen ›Ring Of Fire‹, eingespielt mit der C&W-Legende Hank Wangford, eröffneten völlig neue musikalische Perspektiven. Ein weiterer Studiogast war Martin Belmont, Begleiter von Graham →Parker.

THE BHUNDU BOYS (1981) • HUPENYU HWENASI (1984) • SHABINI (1986) Dis Afrique, AFRILP 02 • TRUE JIT (1987) WEA 242 203 • TSVIMBODZEMOTO (STICKS OF FIRE) (1987) Disc Afrique, AFRILP 03 • PAMBERI (1989) WEA 246 279 • LIVE AT KING TUTS WA WA HUT (1992) Disc Afrique, AFRILP 09 • FRIENDS ON THE ROAD (1993) Intuition, INT 3123 • MUCIYEDZU (OUT OF THE DARK) (1997) Cooking Vinyl 1518

Big Black

Steve Albini (voc, g), Santiago Durango (g), David Riley (b)

Albini, der aus Evanstown, Illinois, stammt, brachte 1982 im Alleingang die sechs Titel umfassende EP ›Lungs‹ heraus. Nach mehreren personellen Veränderungen kristallisierte sich 1983 eine feste Besetzung mit Albini, Jeff Pezzati (b) und Santiago Durango (g) heraus, die mit dem Mini-Album RACER X debütierte. **Big Black** entwickelten einen lärmenden Gitarrenrock, der Punk- und Metalelemente verarbeitete. Der »furchterregend abgedrehte Noise-Rock« (*Indiecator*) setzte sich schnell in der Independent-Szene durch, und mit der Produktion ATOMIZER stiegen sie zu den führenden Indie-Bands der USA auf. Da Pezzati auch noch bei der Hardcoregruppe **Naked Raygun** mitwirkte, nahm David Riley mit »einem wuchtigen Bass-Spiel« (*Spex*) seinen Platz bei ATOMIZER ein.

Big Black verlegten ihr Domizil nach Chicago. 1987 sorgten sie mit ihrem Album SONGS ABOUT FUCKING für Furore, das durch »Gitarrentorturen und Schlagwerkgeschepper« (*New Musical Express*) auffiel. Obwohl in der Independent-Szene hoch angesehen, verdichteten sich die Trennungsgerüchte um das Trio, das inzwischen zum Synonym für »mysteriöse, außergewöhnlich harsche Klänge« (*Trouser Press*) geworden war. Nach der Auflösung der Band erschienen zwei Live-Mitschnitte von den Urvätern der Grunge-Musik; PIGPILE dokumentierte den letzten Auftritt der Band im Sommer 1987.

Albini richtete sich ein Studio ein, förderte unbekannte Gruppen und machte sich als Toningenieur und Produzent für die →**Pixies**, →**Wedding Present**, **Breeders**, →**Tad**, →**Jesus Lizard**, Chris Connelly, →**Helmet**, →**Nirvana**, →**Fleshtones**, **Auteurs**, →**Union Carbide Productions** einen Namen. 1994 gründete Albini die Band **Shellac**, mit der er einige Konzerte in Europa absolvierte. Als Bassist wirkte Bob Weston von den **Volcano Suns** mit, und für die Drums war Todd Trainer Stanford zuständig. Zur Veröffentlichung von AT ACTION PARK schrieb der *All Music Guide*: »Sie erinnern durchaus an Big Black. Ihre treibenden Rhythmen erwecken den Eindruck, als ob sie bereits seit Jahren zusammen spielen.« Und die Nordseezeitung meinte, **Shellac** stellen »den Klirrfaktor eines Plattenspielers auf die Probe«.

RACER X (1985) Homestead, HMS 007 • ATOMIZER (1986) Blast First • SOUND OF IMPACT (1987) • SONGS ABOUT FUCKING (1987) Blast First, EFA 17724 • BIG BLACK – LIVE (1989) • PIGPILE (1992) Blast First, EFA 17881 • (S) THE HAMMER PARTY (1986) Blast First, EFA 17892 • (S) RICH MAN'S TRACK (1989) Blast First, EFA 17894 • Steve **Albini** mit **Rapeman**: TWO NUNS AND A PACK MULE (1989) Touch And Go, RS 972011 • Steve **Albini** mit **Shellac**: AT ACTION PARC (1994) Touch & Go TG 141 • Bob **Weston** mit **Volcano Suns**: THE BRIGHT ORANGE YEARS (1985) Homestead • ALL NIGHT LOTUS PARTY (1986) Homestead 070 • BUMPER CROP (1987) Homestead, EFA 05125 • FARCED (1988) SST 210 • THING OF BEAUTY (1989) SST, RTD 3610257 • CAREER IN ROCK (1991) Quarterstick, EFA 17843 • Todd Trainer **Stanford** mit **Brick Layer Cake**: CALL IT A DAY (1992) Touch & Go T&G 75 • TRAGEDY TRAGEDY (1994) Touch & Go T&G 127 • Todd Trainer **Stanford** mit **Rifle Sport**: VOICE OF REASON (1983) Reflex • WHITE (1987) Ruthless • LIVE AT THE ENTRY, DEAD AT THE EXIT (1989) Ruthless • PRIMO (1991) Ruthless

Big Brother & The Holding Company

Peter Albin (b, g, man, voc), Sam Andrew (g, voc), David Getz (dr), James Gurley (g, b)

Big Brother & The Holding Company wurden vor allem durch die Sängerin Janis →Joplin populär. Das Quartett stand immer im Schatten der »größten weißen Bluesinterpretin« (*Rolling Stone*) und ließ sich zeitweise zur Begleitgruppe degradieren. Dabei wurde oft übersehen, daß die **Big Brother & The Holding Company** bereits ohne Janis Joplin zum erlauchten Kreis der berühmten Westcoast-Bands zählten und nach der Trennung von ihr akzeptable Rockplatten produzierten. Die Gruppe lebte als Musikkommune im kalifornischen Lagunitas und gehörte zu jenen Kollektiven, die durch Drogenexperimente und ihr demokratisches Großfamilienprinzip Aufsehen in der bürgerlichen Öffentlichkeit erregten. Den Kern der Band bildeten im September 1965 die Brüder Peter (* 6. 6. 1944, San Francisco) und Rodney Albin. Sie pflegten enge Kontakte zu Musikern wie Jerry →Garcia und nahmen regelmäßig an den in Mode kommenden Jam-Sessions teil. Peter Albin gründete zunächst mit Sam Andrew (* 18. 12. 1941), Chuck Jones (dr) und Dave Eskerson (g) eine progressive Bluegrass-Formation. Der Manager und Konzertagent Chet Helms vermittelte James Gurley (* 1940, Detroit) von **J. P. Pickens** an das Ensemble, das sich daraufhin von Eskerson trennte. Nach dem ersten Auftritt wurde Jones von dem New Yorker Kunstlehrer David Getz (* 1938) abgelöst.

Helms vermittelte den **Big Brother & The Holding Company** mehrere Jobs in den Clubs der San Francisco Bay Area, und nach wenigen Monaten waren sie die Hausband des legendären Avalon. Musikalisch bevorzugten sie einen lauten, Liverpool-orientierten Gitarrenrock mit Folk- und Blueseinflüssen. Die vier langhaarigen Musiker setzten sich zunächst in der Underground-Szene durch. Nach dem Erfolg ihrer Kollegen von →**Jefferson Airplane** mit Grace →Slick begannen auch sie mit der Suche nach einer geeigneten Sängerin, die sich 1966 in der Texanerin Janis Joplin fand. Ihre ekstatische, urwüchsige Blueskraft ergänzte sich

prächtig mit dem harten Westcoastrock der Band, und so kam es im Herbst 1966 zu einem Plattenvertrag mit der Chicagoer Firma Mainstream Records, der der Band wenig künstlerische Freiheit und geringe Tantiemen zugestand.
Im September 1967 stand das Album BIG BROTHER & THE HOLDING COMPANY (US #30) in den US-Charts. Die Presse feierte nach einem Auftritt der Band beim Monterey Pop Festival vor allem die Leistungen von Janis Joplin überschwenglich. Dadurch rückte das musikalische Potential von **Big Brother & The Holding Company** mehr und mehr in den Hintergrund. Albert Grossman übernahm das Management, löste die Verträge mit Mainstream Records und sorgte für einen Vertrag mit Columbia Records. CHEAP THRILLS (US #1) wurde gänzlich auf den Gesang von Janis Joplin zugeschnitten. Das überzeugende Bluesrock-Statement zählte zu den erfolgreichsten Platten von 1968. Ende des Jahres beschloß die Leadsängerin, ihre Karriere ohne **Big Brother & The Holding Company** fortzusetzen, und die Gruppe trennte sich vorübergehend.
Sam Andrew folgte Janis Joplin, während sich Albin und Getz zeitweise → **Country Joe & The Fish** anschlossen. Doch Ende 1969 fanden sich **Big Brother & The Holding Company** wieder zusammen und versuchten, bei der Produktion BE A BROTHER die gesanglichen Defizite mit Nick → Gravenites und Kathi McDonald auszugleichen. Darüber hinaus ergänzten Dave Shallock (g) und Mike Finnigan (p) die Gruppe. Die LPs BE A BROTHER und HOW HARD IT IS unterstrichen die beachtlichen Möglichkeiten von **Big Brother & The Holding Company**, wobei die »unglaublichen Gitarrensoli« (*Sounds*) von James Gurley auffielen. Beiden Alben fehlte jedoch die Ausstrahlung einer Janis Joplin, und so gaben Albin & Co. 1972 auf.
Sam Andrew unterstützte im gleichen Jahr die Solo-LP des Drummers Mickey Hart (→ **Grateful Dead**), während Pete Albin Country Joe McDonald und den Sänger/Gitarristen Robert Hunter (ebenfalls von **Grateful Dead**) begleitete. 1988 gehörte er zur Besetzung der San Francisco-Kultband **Dinosaurs**. David Getz stellte 1984 aus Live-Mitschnitten von **Big Brother** den Sampler CHEAPER THRILLS zusammen. 1987 bemühte sich die Originalbesetzung mit der Sängerin Michelle Bastian erfolglos um ein Comeback.

BIG BROTHER & THE HOLDING COMPANY (1967) Mainstream, SHA-U 115 • CHEAP THRILLS (1968) CBS 63392 • BE A BROTHER (1970) CBS 64118 • HOW HARD IT IS (1971) CBS 64317 • CAN'T GO HOME AGAIN (1997) • (S) CHEAPER THRILLS (1984) Line 400097 • Peter **Albin** mit **Dinosaurs**: DINOSAURS (1988) Big Beat 83

Big Chief

Mark Dancey (g), Mike Danner (dr), Phil Dürr (g), Barry Hensler (voc), Matt O'Brian (b)

»Soundbollwerke, die mühelos 25 Jahre Rockgeschichte abdecken« (*Musik Express*), wurden der 1990 in Ann Arbor, Michigan, gegründeten Hardcore-Rockband nachgesagt. **Big Chief** sahen sich in der Tradition von → **MC 5** und den → **Stooges**, Bands, die aus ihrer Heimatstadt kamen, und schätzten den Funk von Formationen wie → **Funkadelic** und den Dü-

sterrock der britischen → **Black Sabbath**. Ihr Freund und Kollege Lars Ullrich von → **Metallica** nannte sie »die beste Seattle-Band, die nicht aus Seattle kommt«.
Big Chief vertraute bei seinen Produktionen von Anfang an auf »eine Stilmix-Parforcetour« (*Rolling Stone*), die eine Zuordnung in eine bestimmte Rockkategorie erschwerte. Im Mittelpunkt der Show standen Sänger Barry Hensler und der in Stuttgart geborene Gitarrist Phil Dürr.
Zehn, mittlerweile längst vergriffene Singles, zwei LPs und die Mini-LP PRODUCT kamen bis 1992 von **Big Chief** auf den Markt, ehe sie das in Seattle ansässige Label Sub Pop unter Vertrag nahm. 1993 hatte die Band mit MAC AVENUE SKULL GAME in den USA Erfolg. *Metal Hammer* schrieb: »Bläsersätze, kraftvoller weiblicher Chorgesang, unterlegt mit dezenten, aber verzerrten Fuzz-Gitarren.« Mittels regelmäßiger Tourneen spielte sich die »großmotorige Gitarrenwand-Maschine« (*Musik Express*) immer stärker in den Vordergrund und galt als »vielversprechender Newcomer« (*Billboard*).
Der Durchbruch gelang 1994 mit dem Album PLATINUM JIVE, mit dem die »schwärzeste weiße Rockband der USA eine atemberaubende Reise durchs popmusikalische Universum perfekt in Szene setzte« (*Musik Express*).

DRIVE IT OFF (1990) Sub Pop, EFA 15653 • FACE (1991) Sub Pop, EFA 15656 • PRODUCT (1993) Mini-LP Sub Pop, EFA 08260 • MACK AVENUE SKULL GAME (1993) Sub Pop, EFA 08285 • PLATINUM JIVE (1994) EMI 82730 • Mit **Thornetta Davis**: SHOUT OUT (1994) Mini-LP Sub Pop, EFA 08332

Big Head Todd & The Monsters

Todd Park Mohr (voc, g, key), Brian Nevin (dr, perc, voc), Rob Squires (b, voc)

Das Trio kam Mitte der 80er Jahre in Boulder, Colorado, auf Initiative von Todd Park Mohr zusammen und entwikkelte sich nach zwei Independent-Alben, von denen 75000 Exemplare verkauft wurden, zu einer hoffnungsvollen Newcomer-Band, der auch international Chancen eingeräumt wurden. Begonnen hatten sie als Schülerband, danach zogen sie durch die Clubs von Chicago bis San Francisco. Und schließlich demonstrierten **Big Head Todd & The Monsters**, daß ein kraftvoller Rocksound nicht gängiger Klischees bedarf. Ihr Stil erinnerte zuweilen an → **Cream** und hob auf Todds brillantes Gitarrenspiel und die Rhythmusarbeit von Nevin und Squires ab.
Als erste internationale Produktion erschien im Sommer 1993 die von David Z. (→ **Bodeans**) produzierte Platte SISTER SWEETLY (US #18), deren Grundstimmung sich »zwischen sanftem Rockpathos und lasziven Grooves« (*Stereo*) bewegte. **Big Head Todd & The Monsters** ließen sich zwischen Country-Melancholie und Grunge-Elementen treiben und schufen dabei einen eigenständigen Stil. Mehr als 600000 Exemplare wurden von SISTER SWEETLY verkauft. Im Spätsommer folgte mit STRATEGEM (US #30) ein Album, über das der *Rolling Stone* schrieb: »Sie haben den staubigen Funk und die psychedelische Magie amerikanischer Landstraßen, spielen Folk-Pop

und Country-Rock ohne intellektuelle Anmaßung.«
Im Spätsommer 1996 wurde unter Leitung von Ex → **Talking Heads** Jerry Harrison Beautiful World produziert. **Big Head Todd & The Monsters** sprühten vor Spielfreude und Ideen. Die Stratocaster-Riffs von Mohr, sein etwas nöliger Gesang und die unaufdringliche, unterkühlt agierende, aber immer treibende Rhythmusgruppe schufen eine faszinierend karge Atmosphäre. »Wenn ich mir die alten Bänder anhöre, dann stelle ich fest, daß wir definitiv härter geworden sind. Das Material klingt überlegter und nicht mehr sentimental, sondern viel direkter« (Mohr).
Beautiful World war ein ernsthaftes Rock'n'Roll-Album, das die Blueseinflüsse der Band von Lightnin' → Hopkins, Eddie ›Cleanhead‹ Vinson und Albert → Collins ebenso selbstbewußt dokumentiert wie den schmucklosen, unprätentiösen, nur scheinbar emotionslosen Gitarrenrock der 90er. **Big Head Todd & The Monsters** verkörperten schlichtweg alle positiven Eigenschaften einer modernen Rockband.

ANOTHER MAYBERRY (1989) Giant 21 22995 • MIDNIGHT RADIO (1990) Giant 21 22994 • SISTER SWEETLY (1993) Giant 74321 19835 • STRATEGEM (1994) Giant 74321 22904 • BEAUTIFUL WORLD (1997) Revolution 74321 44109

Big Mountain

Tony Chin (g), Carlton ›Santa‹ Davis (dr), Michael Hyde (key), James Mc Whinney (g), Quino (voc), William Shively (b), Billy ›Bones‹ Stoll (key)

Die treibende Kraft der US-Reggaeband war von Anfang an der Sänger Quino. Aufgewachsen in San Diego, Kalifornien, war er von einer TV-Reportage über Bob → Marley so beeindruckt, daß karibische Rhythmen und Rastafari-Philosophien seinen musikalischen Werdegang bestimmten. Quino wirkte in verschiedenen Garagenbands mit und wurde 1986 Mitglied bei **Shiloh**, aus denen sich einige Jahre später **Big Mountain** entwickelten.
Wake Up (1992) setzte auf »Reggae mit kalifornischen Akzenten« (*Musikmarkt*) und enthielt mit ›Touch My Life‹ (US #51) einen beachtlichen Hit. Damit verschaffte sich der bunt zusammengewürfelte Dreadlocks-Clan eine günstige Ausgangsposition und konnte seine Independent-Position aufgeben. **Big Mountain** unterschrieben einen Vertrag bei RCA Records und realisierten nach mehreren Tourneen ihr 94er-Album Unity. Als Single wurde Peter → Framptons ›Baby I Love Your Way‹ (GB #2, US #6, D #9) ausgekoppelt und erreichte weltweit hohe Chartspositionen in Nordamerika. Das Material der LP mischte geschickt traditionellen Roots-Reggae mit Pop- und Rockanklängen und reflektierte den mexikanisch-amerikanischen Grenzkonflikt.
Die LP Unity (D #52), aus der 1994 ›Sweet Sensual Love‹ (GB #51, US #80) und ›I Would Find A Way‹ (D #62) ausgekoppelt wurden, verschaffte **Big Moun-**

tain die erhoffte Anerkennung in der Reggae-Fachwelt. Die Gruppe wurde zu den großen Festivals wie dem Reggae Sunsplash eingeladen und von den wichtigsten Musikern dieses Genres akzeptiert: »Es gibt im Reggae keine Grenzen, solange er aus dem Herzen kommt. Reggae ist ein Medium, um miteinander zu kommunizieren über rassistische und religiöse Grenzen hinweg« (Quino).
Das dritte Album von **Big Mountain** erschien unter dem programmatischen Titel RESISTANCE (Widerstand) im Spätsommer 1995 und variierte einmal mehr geschickt zwischen Upbeat-Songs, Rootsstücken und sehr politischen Aussagen, die sich gegen das aktuell konservative Klima in den USA richteten.
Auch auf ihrem 97er-Album FREE UP setzen **Big Mountain** ihre Vision einer besseren Welt fort. Die zwölf neuen Songs bestätigen **Big Mountain** zudem als Amerikas führende Reggae-Vertreter. Dank der neuen, dynamischen Mitglieder hatte die Band musikalisch große Fortschritte gemacht. Vielen Reggaefans war der Schlagzeuger Carlton ›Santa‹ Davis ein Begriff. Bevor er 1995 zu **Big Mountain** kam, hatte er mit **Soul Syndicate** und Peter Tosh gearbeitet. 1996 kam noch Keyborder Michael ›Mikey‹ Hyde zur Gruppe und bewies auf FREE UP seine Sensibilität als Arrangeur und Produzent der meisten Songs dieses Albums. Wie auf den vorangegangenen Platten, waren auch hier die volle Stimme und die Reggae-Gitarrenvariationen Tony Chins zu bewundern, der neben James McWhinney und Billy ›Bones‹ Stoll zum Gründungsteam der Band gehörte. Zum zweiten Mal nach RESISTANCE war das Bläserduo Kevin Barchelor und Jerry Johnson mit von der Partie, und Bassist William Shively wurde von Mastermind Quino mühelos in das Bandkonzept integriert.

WAKE UP (1992) • UNITY (1994) RCA 74321 19806 • RESISTANCE (1995) RCA 74321 29988 • FREE UP (1997) RCA 74321 44114

Big Youth

Im Februar 1955 als Manley Augustus Buchanan geboren, begann die Karriere von Big Youth eher zufällig in den Skyline und Sheraton Hotels in Kingston, Jamaika. Big Youth arbeitete dort als Mechaniker und testete in den leeren Veranstaltungsräumen das Echo seiner Stimme. Danach wurde er bei Feiern hin und wieder als Moderator engagiert. Er wurde schnell bekannt und schließlich Topdiskjockey vom **Lord Tippertone Sound System**, einer der populärsten Shows in den frühen 70er Jahren. Bald wurden die kleinen Toaster-Labels auf ihn aufmerksam. Big Youth debütierte bei African Museum, der Firma von Gregory →Isaacs, mit dem Song ›Movie Man‹. Danach nahm ihn der bekannte Produzent Keith Hudson unter Vertrag, der bereits →U Roy entdeckt hatte. Mit der Single ›S. 90 Skank‹ dominierte Big Youth auf Anhieb mehrere Wochen die Charts seiner Heimat.
Der »stilistische Innovator« (*Guinness*) erzählte in seinen rezitativen Songs vom Leben in den Ghettos von Kingston und von der Rastafari-Kultur. Er zitierte Soulklassiker und Kompositionen von Isaacs und Dennis →Brown und revolutionierte die Techniken der DJs und Reggae-Toaster. Um künstlerisch und wirtschaftlich unabhängig arbeiten zu kön-

nen, gründete Big Youth bereits 1973 seine Labels Negusa Nagast und Augustus Buchanan. International blieb ihm die Anerkennung versagt, aber Big Youth setzte Maßstäbe für die Reggae- und Rapmusik. Kein anderer DJ außer U Roy hielt sich so lange in der nationalen Spitze wie Big Youth, der mit seinen Platten regelmäßig die heimatlichen Hitparaden beherrschte und ein gefragter Live-Act blieb.

SCREAMING TARGET (1973) Fotofon 8061 • REGGAE PHENOMENON (1974) IRS 973 054 • DREADLOCKS DREAD (1975) Island, KLP 9001 • NATTY CULTURAL DREAD (1976) Trojan, TRLS 123 • HIT THE ROAD JACK (1976) Fotofon 8137 • ISAIAH FIRST PROPHET OF OLD (1978) Front Line • THE CHANTING DREAD INNA FINE STYLE (1983) Heartbeat, EFA 37508 • LIVE AT REGGAE SUNSPLASH (1984) Sunsplash • A LUTA CONTINUA (1985) Heartbeat, EFA 37528 • MANIFESTATION (1988) Heartbeat, EFA 37546 • JAMMING IN THE HOUSE OF DREAD CASSETTE (1990) Roir, 13529 • (S) EVERYDAY SKANK (1980) Trojan, TRLS 189 • (S) SOME GREAT BIG YOUTH (1981) Heartbeat, EFA 37503

Biohazard

Rob Echeverria (g), Billy Graziadel (g), Danny Schuler (dr), Evan Seinfeld (voc, b)

Die rauhe Wirklichkeit der Großstadt thematisierten die Metalrocker von **Biohazard**. 1988 im New Yorker Viertel Brooklyn von dem Gitarristen Bobby Hambel gegründet, verstand sich das Quartett als politisch und sozial engagierte Hardcore-Band, die erste Erfolge im Vorprogramm von **Carnivore** und den → **Cro-Mags** feiern konnte: »Wir verarbeiten generell Sachen in unseren Texten, die wir selbst erlebt haben« (Billy Graziadel). Nach der ersten Independent-LP, die 40 000 Mal verkauft wurde, bauten **Biohazard** durch regelmäßige Tourneen eine treue, schnell wachsende Fangemeinde auf. 1992 erschien beim Hardrock-Label Roadrunner das Album URBAN DISCIPLINE (D #70), das in nur zwei Wochen mit geringen Mitteln aufgenommen wurde. Sie »verschrieben sich einer Mischung aus Hardcore, Metal und Punk« (*Musik Express*), schafften mit antifaschistischen Songs den Durchbruch und erhielten Tourengagements mit **Sick Of It All** durch die USA und mit **Kreator** durch Europa.

Gemeinsam mit den Rappern von **Onyx** lieferten sie einen Song für den Soundtrack zu »Judgement Day« und konnten anschließend in sieben Wochen die LP A STATE OF THE WORLD ADDRESS (GB #72, US #48, D #7) unter der Aufsicht von Ed Stasium (→ **Living Color**) für Warner Brothers produzieren. Die Verkäufe kurbelten **Biohazard** mit einer US-Tour mit → **Pantera** und → **Sepultura** an. Sie spielten 1994 zum zweiten Mal beim britischen Heavy-Festival in Donington Castle und erregten mit einer »aggressiven, wilden Show« (*Guinness*) Aufsehen. Zurück in den USA tourten **Biohazard** mit → **House Of Pain** und → **Danzig**, während sie in Großbritannien mit den Singles ›Tales From The Hard Side‹ (GB #47) und ›How It Is‹ (GB #62) in die Charts kamen. Zwei Jahre nach diesen Erfolgen enttäuschte das Quartett mit »ideenlosem Crossover- und altbackenem Punk-Geholze« (*Musik Express*) des Albums MATA LEAO, das im Frühsommer 1996 weltweit veröffentlicht wurde. Hambel hatte bereits vor der Produktion die Band verlassen, weil er tourneemüde war. Für ihn kam der Gitarrist Rob Echeverria von →**Helmet**.

BIOHAZARD (1990) Maze SPV 46502 • URBAN DISCIPLINE (1992) Roadrunner IRS 983312 • A STATE OF THE WORLD ADDRESS (1994) Warner Brothers 9362-45595 • MATA LEAO (1996) Warner Brothers 9362-46208 • NO HOLDS BARRED (1997) Roadrunner, IRS 399984

Birtha

Rosemary Butler (b, voc), Olivia ›Liver‹ Favela (dr, perc, harm, voc), Sherry Hagler (key), Shelley ›Shele‹ Pinizzotto (g, voc)

Birtha gehörte zu den ersten Frauenbands in den USA, die die männliche Bastion des Heavyrock attackierten und vielen nachfolgenden Gruppen den Weg ebneten. Im Sommer 1968 unter dem Einfluß der →**Beatles** gegründet, waren bei **Birtha** drei ausgezeichnete Sängerinnen und solides instrumentales Können versammelt. Das Quartett hatte harte Lehrjahre hinter sich, bevor es Anfang der 70er Jahre auf einer Großbritannientournee im Vorprogramm der →**Kinks** Aufmerksamkeit erregte. 1971 nahm sie der Hardrock-erfahrene Produzent Gabriel Mekler (→**Steppenwolf**) unter seine Fittiche und realisierte ein nach der Band benanntes Hardrockalbum, das mit seinen satten Orgelklängen an →**Deep Purple** erinnerte. Den Leadgesang und die Kompositionen teilten sich Butler, Favela und Pinizzotto.
Das LP-Debüt und die Single-Auskopplung ›Free Spirit‹ scheiterten knapp an einer Plazierung in den Charts, fanden aber Anerkennung in US-Heavykreisen. Teamwork, sparsame Gitarrensoli der schwergewichtigen Shele und gut abgestimmter Harmoniegesang waren charakteristisch für die neun Songs. Sieben davon waren eigene Kompositionen, einer stammte von Ike Turner (›Too Much Woman‹) und einer von →**Redbone** (›Judgement Day‹). Doch trotz guter Kritiken tat sich die überwiegend maskuline Rockwelt schwer damit, vier Frauen zu akzeptieren.
Die zweite LP CAN'T STOP THE MADNESS war schon weniger überzeugend. **Birtha** löste sich Anfang 1974 auf, und von den vier begabten Musikerinnen blieb nur Rosemary Butler der Studioszene erhalten. Sie arbeitete mehrfach für Jackson →Browne, Bonnie →Raitt, Linda →Ronstadt und die →**Nitty Gritty Dirt Band**. Außerdem ist sie auf Alben von Warren →Zevon, den →**Doobie Brothers**, Maria →Muldaur und Rodney →Crowell vertreten.

BIRTHA (1972) Probe 062-93752 • CAN'T STOP THE MADNESS (1973) Probe 062-94378

Birthday Party

Phil Calvert (dr), Nick Cave (voc), Mick Harvey (g, key), Howard S. Rowland (g), Tracy Pew (sax, fl)

Die australische Avantgarde/Underground-Entdeckung – »vergleichbar mit Pere Ubu, Alternative TV oder Fall« (*Trouser Press*) – entstand Ende der 70er Jahre in Sydney aus den Musikern der australischen New Wave Band **Boys Next Door**. Rowland S. Howard und Nick →Cave bildeten die kreative Zelle einer ungewöhnlichen Formation, deren Sound schwer einzuordnen war. Howard spielte zuvor bei den **Obsession** und **Young Charlatans**. Nach dem ersten Album Birtday Party übersiedelten **Birthday Party** nach London, weil sie in Europa größere Chancen für ihre fragmentartigen Soundcollagen sahen, und unterschrieben bei dem engagierten Independent-Label 4 AD.

Die 81er LP Prayers On Fire wurde von Anhängern esoterischer Rockmusik als »religiöse, rituelle Zeremonie« (*New Musical Express*) bezeichnet. Fernab konventioneller Hitmuster entwarfen **Birthday Party** morbide Szenerien. »Schmerzhafte Gitarrenattacken und No Wave-Bläserlärm« (*Trouser Press*) und Caves leidenschaftlicher Vortrag machten **Birthday Party** zu einer Kultband.

Als Pew wegen Alkohol am Steuer drei Monate ins Gefängnis mußte, übernahm Barry Adamson von →**Magazine** seine Position. **Birthday Party** tourten anschließend mit den australischen →**Go-Betweens** und ließen sich vorübergehend in Berlin nieder. 1982 erschien die Live-EP ›Drunk On The Pope's Blood‹, die teilweise Ende 1981 anläßlich einer gemeinsamen Performance mit Lydia Lunch in London mitgeschnitten wurde. Das nachfolgende Album Junkyard vermochte zwar noch einmal »den Blutdruck mit effektvollen Anschlägen zu heben« (*Trouser Press*), hatte aber, was Energie und musikalische Inspiration anbetraf, kaum etwas zu bieten. **Birthday Party** begannen auseinanderzufallen: Calvert wechselte kurzzeitig zu den →**Psychedelic Furs**, für ihn kam Des Heffner. Die anderen Bandmitglieder arbeiteten mit den →**Einstürzenden Neubauten**. Schließlich erklärte Harvey seinen Ausstieg. Nach einem letzten Auftritt im australischen Melbourne trennten sich **Birthday Party**. Spätere Veröffentlichungen enthielten älteres Material.

Howard initiierte →**Crime And The City Solution**, arbeitete außerdem mit **These Immortal Souls**, und Nick Cave setzte seine Karriere mit der Band **Bad Seeds** fort.

BIRTHDAY PARTY (1980) Missing Link, LINK 7 • PRAYERS ON FIRE (1981) 4 AD 5200145 • THE PEEL SESSIONS (1981) Castle, SFPS 58 • JUNKYARD (1982) 4 AD 5200146 • MUTINY (1983) Mute 29 • HEE HAW (1989) 4 AD, AD 5200383 • (S) A COLLECTION (1985) Missing Link • **Boys Next Door**: DOOR DOOR (1979) Mushroom 36931 • Roland **Howard** mit **These Immortal Souls**: GET LOST (DON'T LIE) (1987) Mute 940248 • Roland **Howard** mit Nikki Sudden: KISS YOU IDNAPPED CHARABANC (1987) Creation, RTD-CRE 862 • Lydia **Lunch**: QUEEN OF SIAM (1980) Widowspeak, EFA 13136 • 1313 (1982) Widowspeak • HYSTERIE (1986) Widowspeak, EFA 02382 • HONEYMOON IN RED (1987) Widowspeak, EFA 02353 • DROWNING IN LIMBO (1989) Widowspeak • ORAL FIXATION (1989) Widowspeak EFA 02352 • CONSPIRACY OF WOMEN (1990) Widowspeak • CRIMES AGAINST NATURE (1993) Triple X • UNIVERSAL INFILTRATORS (1995) Atavistic

Elvin Bishop

Der in Tulsa, Oklahoma, am 21. 10. 1942 geborene und aufgewachsene Gitarrist und Sänger wurde vom Blues beeinflußt. Anfang der 60er Jahre ging er nach Chicago, um zu studieren, verließ aber bald die Universität, um mit dem Sänger und Mundharmonikaspieler Paul →But-

terfield die Butterfield Blues Band zu gründen. Sein Zusammenspiel mit Mike →Bloomfield an der Leadgitarre wirkte stilbildend auf spätere Southernrock-Größen wie die →Allman Brothers. Nach vier Alben verließ »einer der kreativsten Gitarristen überhaupt« (Paul Butterfield) die populäre Bluesformation und ging nach Kalifornien, wo er eine neue Band zusammenstellte.
Die 1968 gegründete Elvin Bishop Group bestand aus Steve Miller (org, p), John Chambers (dr), Art Stavro (b) und Applejack (harm). Steve Miller hatte mit Linn County bereits vier sehr interessante Rockalben veröffentlicht. Bill Graham nahm Bishop & Co. für sein Label Fillmore unter Vertrag. Die erste LP erschien 1969 und vermittelte eine zwar wenig originelle, aber erstklassig inszenierte Bluesrock-Atmosphäre. Elvin Bishop klang wie eine US-Ausgabe des Engländers Jeff →Beck, mit einem ausgeprägten Country-Feeling.
Zur zweiten LP wurde die Gruppe bis auf Chambers und Miller umgestellt; als Studiochor fungierten die →Pointer Sisters. Stargäste waren die Perkussionisten Mike Carabello und Chepito Areas von →Santana. FEEL IT! überraschte 1970 mit Funk- und Soulelementen und basierte auf einem soliden Rhythm & Blues im Countrystil. Das letzte Album der Elvin Bishop Group erschien 1972: ROCK MY SOUL wurde als »absoluter Schwachpunkt« (*Rolling Stone*) bezeichnet.
Von nun an gab sich der krausköpfige, stets freundliche Musiker als lockerer Country-Boy. Mit diesem Konzept paßte er bestens zum Plattenlabel Capricorn Records, das Bands wie die Allman Brothers und die →Marshall Tucker Band betreute. Ohne auf seine schwarze Blues-Basis zu verzichten, verschrieb sich Bishop nun einem populären Countryrock zwischen Boogie und Rock'n'Roll und stellte mit Johnny Vernazza (slide-g, voc), Michael Brooks (b), Don Baldwin (dr, voc) und Phil Aaberg (p) die Elvin Bishop Band zusammen. Auf LET IT FLOW (1974) waren zwar erstklassige Instrumentalleistungen zu hören, aber Bishops Gesang ließ zu wünschen übrig. Die Platte verkaufte sich schlecht. Mehr Erfolg hatte Bishop mit seinen zahlreichen (200 Auftritte pro Jahr) stimmungsvollen Konzerten.
Wesentlich besser erging es im Frühjahr 1975 dem Album JUKE JOINT JUMP (US #59), das mit ›Travelin' Shoes‹ (US #44) und ›Sure Feels Good‹ (US #79) zwei ansprechende Singlehits lieferte. Die Erfolgskurve erreichte im März 1976 ihren Höhepunkt mit dem Bestseller ›Fooled Around And Fell In Love‹ (US #3) aus der LP STRUTTIN' MY STUFF (US #34). Bishop hatte als Gesangsverstärkung Mickey Thomas (→Jefferson Starship) engagiert und plötzlich das Gefühl für kompakte Hitformate. Sein Ruf als einflußreicher Gitarrist nahm zu. Noch im gleichen Jahr erlebte Bishop mit dem Album HOMETOWN BOY MAKES GOOD, das stilistisch sehr uneinheitlich wirkte, einen Rückschlag.
Bishop konzentrierte sich daraufhin wieder verstärkt auf seine Konzert- und Tourneeaktivitäten und fing im Sommer 1977 bei dem Mitschnitt RAISIN' HELL (US #62) ein prächtiges »Happening aus Rock'n'Roll, Funk, Soul und Blues« (*Sounds*) ein. Die Live-Platte bot einen Überblick über Bishops künstlerische Entwicklung in den vergangenen fünf Jahren.
Doch im Studio schien Bishop alle Energie zu verlieren. Der gefragte Studiomu-

siker (Al →Kooper, John Lee →Hooker, Bo →Diddley, Doug Kershaw) geriet sowohl mit Hog Heaven als auch mit dem nach drei Jahren ausschließlich in Deutschland veröffentlichten und selbstproduzierten Comeback Is You Is Or Is You Ain't My Baby ins musikalische Abseits.

Im Konzertgeschäft blieb Elvin Bishop weiterhin beliebt, verlor jedoch seinen Plattenvertrag zu Beginn der 80er Jahre. Erst 1988 kehrte er zur Studioarbeit zurück und nahm für das Blueslabel Alligator Big Fun mit der Unterstützung von →Dr. John und Norton Buffalo auf. Die Medien entdeckten den lockeren Country- und Blues-geprägten Sound neu und spendeten der Veröffentlichung viel Lob: »Die stärkste Arbeit seiner Karriere« (*Chicago Tribune*). 1991 betonte Bishop bei Don't Let The Bossman Get You Down noch stärker seine Bluesherkunft, übernahm Songs von Memphis Minnie, Buster Brown und erinnerte sich an seinen verstorbenen Freund Paul Butterfield. Der *Rolling Stone* schrieb: »Eine triumphale rockige Tour de Force durch Blues und R&B.«

Temperamentvollen Goodtime-Blues mit Funk- und Souleinflüssen bot im Herbst 1995 Ace In The Hole. Bishop profilierte sich einmal mehr als ausgezeichneter Gitarrist, der auch als Sänger dazugelernt hatte.

1997 beteiligte er sich mit einem Song an einem Tribute-Album für den Bluesgitarristen Hound Dog →Taylor.

ELVIN BISHOP GROUP (1969) Fillmore 63910 • FEEL IT! (1970) Fillmore 64180 • ROCK MY SOUL (1972) Epic 65295 • LET IT FLOW (1974) Capricorn, CP 0134 • JUKE JOINT JUMP (1975) Capricorn, CP 0151 • STRUTTIN' MY STUFF (1975) Capricorn 2429236 • HOMETOWN BOY MAKES GOOD (1976) Capricorn 2429147 • RAISIN' HELL (1977) Capricorn 2634104 • HOG HEAVEN (1978) Capricorn, CP 0215 • IS YOU IS OR IS YOU AIN'T MY BABY (1981) Line 400253 • BIG FUN (1988) Alligator, AL 4767 • DON'T LET THE BOSSMAN GET YOU DOWN (1991) Alligator, AL 4791 • ACE IN THE HOLE (1995) Alligator, AL 4833 • (S) CRABSHAW RISING (1972) Epic 33693 • (S) THE BEST OF (1979) Capricorn 2429189 • (S) TULSA SHUFFLE (1994) Legacy 57630 • (S) THE BEST OF (1996) Epic, EPCCD 33693 • Steve **Miller** mit **Linn County**: LINN COUNTY (1968) Mercury, SR 61181 • TILL THE BREAK OF DAWN (1968) Mercury 852150 • PROUD FLESH SOOTHSEER (1969) Mercury 134097 • FEVER SHOT (1969) Mercury 134223 • Steve **Miller**: STEPHEN MILLER (1972)

Stephen Bishop

Geboren und aufgewachsen im kalifornischen San Diego, begann Stephen Bishop 1967 mit 15 Jahren als Gitarrist der Rockband **Weeds**. Mit dem →**Rolling Stones**-Song ›Everybody Needs Somebody‹ landeten sie bei einem Talentwettbewerb auf dem zweiten Platz, blieben aber ohne Plattenvertrag. 1971 trennte sich Bishop von der Gruppe und arbeitete für 50 Dollar in der Woche als Songwriter bei der Morris Publishing Company. Den Rest seines Lebensunterhalts verdiente er als Autowäscher, Bote und Hilfsarbeiter. Als Art →Garfunkel 1975 zwei seiner Kompositionen (›Looking For The Right One‹, ›Same Old Tears‹) für das Album Breakaway übernahm, wurde Stephen Bishop in der Szene bekannt, u.a. adaptierten Phoebe →Snow, Yvonne Elliman und Barbra Streisand seine Arbeiten.

Der Erfolg als Songwriter brachte dem

Poppoeten einen Solistenvertrag ein, den er 1976 mit dem Album CARELESS (US #38) und den Singlehits ›Save It For A Rainy Day‹ (US #29) und ›On And On‹ (US #10) erfüllte. Gaststar bei ›Save It For A Rainy Day‹ war Eric →Clapton, weitere Prominente im Studio waren die Sängerin Chaka →Khan und die Gitarristen Lee Ritenour und Larry Carlton. Bishop erwies sich als Meister melancholischer Lieder und perfekter Arrangeur sanfter Klanggebilde.

Den Erfolg des Debüts konnte Bishop im Sommer 1978 mit der LP BISH (US #34) und den Auskopplungen ›Everybody Needs Love‹ (US #30) und ›Animal House‹ (US #69) annähernd wiederholen. Wieder hatte sich die Studioelite der Westküste um ihn versammelt, und herausgekommen war ein perfektionistisches, steril wirkendes Album. Ähnlich aufwendig, diesmal mit Clapton, Gary Brooker (→**Procol Harum**) und Art Garfunkel gestaltete sich das von Mike Mainieri und Tommy LiPuma produzierte Album RED CAP TO MANHATTAN, das im Spätsommer 1980 veröffentlicht wurde, dem es aber an herausragenden Songs mangelte.

Multiinstrumentalist (g, sax, key) Stephen Bishop besann sich nun auf seine kompositorischen Fähigkeiten und entwickelte schauspielerische Aktivitäten. Er beteiligte sich an den Soundtracks zu »Tootsie« und »China Syndrome«, sang für »Roadie« mit Yvonne Elliman das Duett ›Your Precious Love‹, schrieb für Phil →Collins und Marilyn Martin den Hit ›Separate Lives‹ aus dem Soundtrack zu »White Nights« und spielte in den Filmen »Kentucky Fried Movie«, »Phantom Of The Paradise« und »Animal House« mit. Chartsnotierungen gelangen ihm 1983 und 1984 mit den Singles ›It Might Be You‹ (US #25) aus »Tootsie« bzw. ›Unfaithfully Yours (One Love)‹ (US #87).

Ein neues Album von Stephen Bishop kam 1989 mit BOWLING IN PARIS heraus, wiederum unter Mitwirkung von Phil Collins, Clapton, →Sting und Randy →Crawford. Die üppige und makellose Produktion konnte an die vergangenen Erfolge nicht anknüpfen und wurde als »stilistischer Gemischtwarenladen – keine Spur aufregend, null Attraktion« (*Musik Express*) kritisiert. Als Songautor blieb er jedoch gut im Geschäft.

Andrew →Gold, Michael →McDonald und David →Crosby gehörten 1996 zu den Studiogästen seines Comebacks BLUE GUITARS.

CARELESS (1976) MCA, MCD 30469 • BISH (1978) ABC 26335 • RED CAP TO MANHATTAN (1980) Warner Brothers 56853 • BOWLING IN PARIS (1989) Eastwest 7567–81970 • BLUE GUITARS (1996) Foundation 7001 • (S) ON AND ON (?) MCA, MCD 11035

Black Crowes

Johnny Colt (b), Marc Ford (g), Steve Gorman (dr), Eddie Harsch (key), Chris Robinson (voc, harm), Rich Robinson (g, slide-g, dobro)

Nach dem großen Erfolg des ersten Albums, das 18 Monate lang in den US-Charts registriert wurde, galten die **Black Crowes** aufgrund ihrer Mischung aus hartem Rock der 70er Jahre und modernen Heavy-Elementen als legitime Nachfolger der →**Rolling Stones**. Sie boten eine wilde Live-Show, pflegten ein

rüdes Image und stiegen zur ersten Garnitur der »jungen, heftigen Gitarrenbands« (*Musik Express*) auf.
Die Brüder Chris (* 20. 12. 1966) und Rich Robinson (* 24. 9. 1969) wuchsen in Atlanta, Georgia, auf und kamen aus einer Musikerfamilie. Der Vater Stan landete 1959 mit ›Boom-A-Dip-Dip‹ einen Hit und tourte u. a. mit Phil →Ochs. Die Kinder waren den unterschiedlichsten musikalischen Einflüssen ausgesetzt, von Otis →Redding bis zum Modern Jazz Quartet. 1984 traten die Robinsons erstmals als **Mr. Crowe's Garden** in einer Bar in Chattanooga, Tennessee, auf. Drei Drummer und sechs Bassisten wurden ausprobiert, bevor sich die Besetzung mit Johnny Colt (* 1. 5. 1966) aus North Carolina und Ex-**Mary My Hope** Steve Gorman (* 17. 8. 1965) aus Kentucky stabilisierte. Die Gruppe setzte auf bodenständigen Rhythm & Blues im Stil von →**Small Faces**, →**Aerosmith** und Alex →Chilton. 1988 kam als zweiter Gitarrist Jeff Cease (* 24. 6. 1967, Nashville) dazu. Wenig später nahm der Produzent George Drakoulias die in **Black Crowes** umbenannte Formation für das Heavy-Label Def American unter Vertrag.
Drakoulis produzierte den »puren Rock' n'Roll und unkomplizierten R&B« (*Guinness*) der ersten LP SHAKE YOUR MONEYMAKER (GB #36, US #4), die im Frühjahr 1990 auf den Markt kam. Als Singles erschienen im gleichen Jahr ›Jealous Again‹ (US #75) und Otis Reddings ›Hard To Handle‹ (US #45). Als Highlight der Platte galt die Antidrogenballade ›She Talks To Angels‹. Die **Black Crowes** tourten anschließend im Vorprogramm von **Steve Stevens' Atomic Playboys** durch die USA und traten als Anheizer für **Dogs D'Amour** auch einige Male in Großbritannien auf. Es folgten Konzertreisen mit **Aerosmith**, und 1991 waren sie als Special Guests von →**ZZ Top** unterwegs. Als Verstärkung hatte sich die Band den Keyboarder Ed Harsch geholt.
Die »beste neue amerikanische Rockband« (*Rolling Stone*) stand im Verlauf des Jahres 1991 fast ununterbrochen auf der Bühne. Sie gastierte dabei u. a. vor 72 000 Rockfans beim britischen Castle Donington Festival und konnte mit ›Twice As hard‹ (GB #47), ›She Talks To Angels‹ (US #30), der Neuaufnahme von ›Hard To Handle‹ (GB #39, US #26) und ›Seeing Things‹ (GB #72) weitere Single-Erfolge verbuchen. Marc Ford von **Burning Tree** löste im November Cease ab, der sich später **Blackeyed Susan** anschloß.
Black Crowes perfektionierten ihre Mischung aus »staubigem Southern-Rock, englischer Hippie-Nonchalance und großstädtischem Blues« (*Musik Express*) und überzeugten im Frühjahr 1992 mit dem Album SOUTHERN HARMONY AND MUSICAL COMPANION (GB #2, US #1, D #30). Als Singles wurden ›Remedy‹ (GB #24, US #48), ›Thorn In My Pride‹ (US #80), ›Sting Me‹ (GB #42) und ›Hotel Illness‹ (GB #47) ausgekoppelt. Die **Black Crowes** verfügten über ein großes Potential und boten eine überragende Live-Show, die allein bei einem Free Concert im kanadischen Toronto 75 000 Menschen anzog. Ende 1992 hatten sich die ersten beiden Alben der **Black Crowes** weltweit über zehn Millionen Mal verkauft. Doch diese Erfolge stiegen ihnen nicht zu Kopf: »Wir sind eine relativ junge Band. Wir befinden uns immer noch in einem Wachstumsprozeß. Wir versuchen unsere Ausdrucksmittel zu finden und sammeln gleichzeitig Erfahrungen, aus denen wir schöpfen können.« (Chris Robinson)

Auch beim dritten Album blieben sie dem Rock'n'Roll in seiner ursprünglichsten Form treu. Die »rock'n'roll-mäßigste Band der Welt« (*Melody Maker*) zeigte sich bei AMORICA (GB #8, US #11, D #40) Ende 1994 überaus experimentierfreudig. Sie arbeiteten mit Slidegitarre und Dobro, variierten geschickt dynamischen Rock, Balladen und Country-Feeling und »zelebrierten die hohe Schule des urwüchsigen Rocks« (*Musik Express*). Drei Singles wurden zwischen Februar 1995 und Juli 1996 veröffentlicht: ›High Head Blues‹ (GB #25), ›Wiser Time‹ (GB #34), ›One Mirror Too Many‹ (GB #51). Ärger handelten sie sich mit dem Cover von AMORICA ein, auf dem der Ausschnitt eines Titelbildes des US-Sexmagazins Hustler zu sehen war und das deshalb ausgewechselt werden mußte.

SHAKE YOUR MONEY MAKER (1990) Def American 842 515 • THE SOUTHERN HARMONY AND MUSICAL COMPANION (1992) Def American 512 263 • AMORICA (1994) Def American 74321 23682 • THREE SNAKES AND ONE CHARM (1996) American 74321 38484

Black Flag

Chuck Dukowski (b), Greg Ginn (g), Brian Migdol (dr), Keith Morris (voc)

Eine der »führenden nordamerikanischen Hardcore-Bands« (*Guinness*) wurde 1977 in Los Angeles gegründet und debütierte im Jahr darauf mit der LP NERVOUS BREAKDOWN. Die Urbesetzung blieb jedoch nur knapp zwei Jahre zusammen. Als Morris zu den → **Circle Jerks** wechselte, schien die Gruppe vor dem Aus zu stehen, doch wider Erwarten gelang es Greg Ginn und Dukowski eine neue Mannschaft zusammenzubringen. Als Sänger kam der kompromißlose, stets wütend agierende Henry → Rollins, als Gitarrist und Drummer konnten Dez Cadena bzw. Robo gewonnen werden.
Greg Ginn richtete zu Beginn der 80er Jahre mit SST ein Label ein, das einer jungen Generation amerikanischer Hardcoremusiker ein Forum bieten sollte, natürlich auch der eigenen Band, die als »Speerspitze der relativ jungen kalifornischen Punkszene« (*Sounds*) galt. SST förderte u. a. → **Soundgarden**, → **Screaming Trees**, → **St. Vitus** und natürlich **Black Flag**. Obwohl Ginn und auch Dukowski für die Geschäftsführung der unabhängigen Plattenfirma viel Zeit aufwenden mußten, machten sie **Black Flag** zu einer Kultband, die auf spätere Entwicklungen wie den Grunge-Sound beträchtlichen Einfluß hatte. Rollins profilierte sich als charismatischer Leadsänger und Entertainer. **Black Flag** spezialisierten sich auf rüde Zwei-Minuten-Songs, die sich jedem Kategorisierungsversuch entzogen. Ihre Konzerte waren Spektakel, die regelmäßig in chaotischen Auseinandersetzungen der Fans endeten.
Während der Existenz der Band blieb die Veröffentlichungspraxis der Platten unübersichtlich. Bis 1986 blieben **Black Flag** zusammen, dann entschied sich Rollins für eine Solokarriere. Ginn widmete sich **Gone** und dem Label SST, während Dukowski seine Karriere mit **SWA** fortsetzte.

NERVOUS BREAKDOWN (1978) SST 001 • DAMMAGED (1981) SST 007 • TV PARTY (1982) SST 012 • MY WAR (1984) SST 2716066 • FAMILY MAN (1984) SST

2716025 • SLIP IT IN (1984) SST 2716050 • LIVE '84 (1985) SST 030 • LOOSE NUT (1985) SST 2716030 • THE PROCESS OF WEDDING OUT (1985) Mini-LP SST 2616067 • IN MY HEAD (1985) SST 2716018 • WHO'S GOT THE 10½? (1986) SST 2716002 • (S) EVERYTHING WENT BLACK (1983) SST 2716011 • (S) THE FIRST FOUR YEARS (1983) SST 2716083 • (S) WASTED ... AGAIN (1988) SST 7716091 • Greg **Ginn**: GETTING EVEN (1993) Cruz • LET IT BURN (1994) Cruz • Greg **Ginn** mit **Gone**: LET'S GET REAL, REAL GONE FOR A CHANGE (1986) SST • GONE II – BUT NEVER TOO GONE (1986) SST • THE CRIMINAL MIND (1994) SST • Chuck **Dukowski** mit **SWA**: YOUR FUTURE IF YOU HAVE ONE (1985) SST 053 • SEX DOCTOR (1986) SST 073 • XCIII (1987) SST 093 • WINTER (1989) SST 238 • (S) EVOLUTION 85–87 (1988) SST 157

Black 'n' Blue

Pete Holmes (dr), Jaime St. James (voc), Tommy Thayer (g), Jeff ›Woop‹ Warner (g), Patrick Young (b)

1981 als **Boogie Star** in Portland, Oregon, gegründet, machten **Black 'n' Blue** mehrere personelle Wechsel durch, bevor sie 1982 in Los Angeles als Hardrockband auffielen. Drei Jahre später produzierte der Deutsche Dieter Dierks das Debütalbum, das »überraschenderweise sehr britisch klang« (*Guinness*). Tatsächlich standen **Black 'n' Blue** anfangs unter dem Einfluß europäischer Heavy-Größen wie den → **Scorpions**, → **Def Leppard** und → **Led Zeppelin**. Die Platte wurde kein Erfolg und zwang die Band zu einer musikalischen Kurskorrektur. WITHOUT LOVE, produziert von Bruce Fairbairn, orientierte sich deutlicher am »klassischen Mainstream-Rock mit **Kiss**-Anleihen« (Jaime St. James). Trotz positiver Kritiken kam auch diese LP beim Publikum nicht an.

Black 'n' Blue stellten sich erneut um und engagierten für die folgenden Alben den → **Kiss**-Bassisten Gene Simmons als Produzenten. Die perfekt arrangierte und inszenierte LP NASTY NASTY konnte mit den Bühnenleistungen der Gruppe nicht mithalten: »alles klingt lustlos, tausendmal gehört und langweilig« (*Crash*). **Black 'n' Blue** bewiesen zwar ihr Talent, griffige Songs zu verfassen, waren aber nicht in der Lage, die Kraft und Energie ihrer Live-Auftritte und Tourneen – u. a. im Vorprogramm von → **Aerosmith**, **Dio** und **Kiss** – in die Studiosituation zu übertragen. Auch der letzte Anlauf mit IN HEAT fiel Anfang 1988 beim Publikum durch und führte 1989 zur Trennung des Quintetts.

Patrick Young schloß sich → **Dokken** an, Jaime St. James ging zu **Madhouse**, während Thayer und Harlow **Wet Engine** formierten.

BLACK 'N' BLUE (1984) Geffen • WITHOUT LOVE (1985) Geffen 26565 • NASTY NASTY (1986) Geffen 924 111 • IN HEAT (1988) Geffen 924 180

Black Oak Arkansas

Pat Daugherty (b), Wayne Evans (dr), Harvey Jett (g), Stanley Knight (g), Jim ›Dandy‹ Mangrum (voc), Ricky Reynolds (g)

In einer Detroiter Zeitung war einmal zu lesen, **Black Oak Arkansas** seien »das, was die **Rolling Stones** immer sein wollten«. Gegner kanzelten sie als »hirnlose

Boogie-Freaks« (*Rolling Stone*) ab, europäische Journalisten rühmten sie als »eine der in den USA erfolgreichsten Gruppen der zweiten Hardrock-Generation« (*Music Scene*). Trotzdem zeigte das europäische Publikum kaum Interesse an **Black Oak Arkansas** und ignorierte die zahlreichen Alben fast völlig. In den Vereinigten Staaten füllten sie jahrelang die Konzertarenen. Von den LP-Mixturen aus Country-, Blues-, Soul- und Rock'n'Roll-Einflüssen verkauften sich 1973/74 HIGH ON THE HOG (US #38) und STREET PARTY (US #67) am besten. Der einzige Single-Hit gelang im Dezember 1973 mit ›Jim Dandy‹ (US #17).

Der überdrehte Leadsänger Jim ›Dandy‹ Mangrum (* 30. 3. 1948) war der unumstrittene Chef von **Black Oak Arkansas**. 1967 gründete er mit Patrick Daugherty (* 11. 11. 1947), Harvey Jett, Stanley Knight (* 12. 2. 1949) und Ricky Reynolds (* 28. 10. 1948) **Knowbody Else**. 1969 erschien eine gleichnamige, musikalisch interessante LP mit Texten über Drogen, Frauen und Rock'n'Roll. Die Platte enthielt nur zwei passable Balladen (›When I'm Gone‹, ›No One And The Sun‹) und wurde in den 70er Jahren unter dem Titel EARLY TIMES wiederveröffentlicht.

1970 benannten sie sich nach dem ländlichen Black Oak im Bundesstaat Arkansas um und spielten zukünftig Southernrock. Drummer Wayne Evans komplettierte **Black Oak Arkansas**. Noch im selben Jahr veröffentlichte die Band eine gleichnamige LP. Mangrums schneidender Gesangsstil war neben den drei dominanten Gitarren Markenzeichen der hemmungslosen Heavyrock-Band mit Country-Anleihen. Durch regelmäßige Tourneen und Konzerte hatten **Black Oak Arkansas** bald eine treue Gefolgschaft. Akzeptable Plattenerfolge stellten sich ab Februar 1972 mit dem Album KEEP THE FAITH (US #78) ein. Ihre Konzerte waren nationale Rockereignisse. Von ihren Einnahmen erwarben die Musiker Ländereien in den Ozark-Bergen, die sie selbst bewirtschafteten. Auf der LP IF AN ANGEL CAME TO SEE YOU, WOULD YOU MAKE HER FEEL AT HOME? (US #88) stellte sich mit Tommy Aldridge (* 15. 8. 1950) der Nachfolger von Evans am Schlagzeug vor.

1973 setzte sich ihre Erfolgssträhne mit den Alben RAUNCH 'N' ROLL ... LIVE (US #73) und HIGH ON THE HOG fort, und **Black Oak Arkansas** hatten in Ruby Starr eine ausdrucksstarke Vokalistin gefunden. Nach der LP STREET PARTY legten sie eine einjährige Pause ein. 1975 wurde Jett von James Henderson (* 20. 5. 1954) als Gitarrist abgelöst. Die Band orientierte sich stilistisch neu und arbeitete zuweilen mit einem aus vier Frauen bestehenden Chor. Die Fans reagierten skeptisch auf den künstlerischen Wandel. Mit dem 75er Album AIN'T LIFE GRAND (US #97) ließen die Umsätze deutlich nach. **Black Oak Arkansas** gerieten in eine Krise. Der Clan schien auseinanderzufallen, und das Zusammenleben im Township Of Heaven in den Ozark-Bergen war gefährdet. Zu dieser Zeit beteiligten sie sich wiederholt an Kampagnen für die Legalisierung von Marihuana und den Schutz der Umwelt. Nach einigen LP-Schnellschüssen mußte Mangrum für das 77er-Comeback fast die komplette Besetzung austauschen. Von seinen ehemaligen Begleitern machte nur Aldridge in den Bands von Pat →Travers und Ozzy →Osbourne Karriere. Neben dem verbliebenen Henderson engagierte Mangrum Jack Holder (g, key, sax, voc), Greg Reding (g, key, voc), Andy Tanas (dr) und Joel Williams (dr). Die Alben RACE WITH THE DEVIL (1977) und I'D RATHER BE SAILING (1978) wurden vom Southern Rock-Label Capricorn veröffentlicht. Sie wurden kein Erfolg, sondern dokumentierten »die Leiden alternder Hardrocker« (*Rolling Stone*), die ihre verlorene Energie durch Studiotechnik kaschierten. Mangrum tourte noch in den 80er Jahren mit wechselnden Begleitern als **Black Oak Arkansas** und brachte 1984 das Solo-Album RANDY AS HELL heraus.

KNOWBODY ELSE (1969) Stax, STS-5504 • BLACK OAK ARKANSAS (1970) Repertoire, REP 4268 • KEEP THE FAITH (1972) Sequel 828 • IF AN ANGEL CAME TO SEE YOU, WOULD YOU MAKE HER FEEL AT HOME? (1972) Sequel 831 • RAUNCH 'N' ROLL... LIVE (1973) Atco, SD 7019 • HIGH ON THE HOG (1973) Sequel 832 • STREET PARTY (1974) Sequel 829 • AIN'T LIFE GRAND (1975) Sequel 830 • X-RATED (1975) MCA 622348 • LIVE! MUTHA (1976) Atlantic 50220 • BALLS OF FIRE (1976) Repertoire, REP 4551 • 10YEAR OVERNIGHT SUCCESS (1976) MCA 622849 • RACE WITH THE DEVIL (1977) Capricorn 2476 137 • I'D RATHER BE SAILING (1978) Capricorn, CPN-0207 • (S) HOT AND NASTY (1974) Rhino 8122–71146 • THE BEST OF (1977) Atco, SD 36–150 • Jim **Dandy**: RANDY AS HELL (1984) Hacienda, HES 1005 • Jack **Holder** und Joel **Williams** mit **Hot Dogs**: SAY WHAT YOU MEAN (1973) Ardent, ADS 2805 • Ruby **Starr**: SCENE STEALER (1976) Capitol 062–82288

Black Uhuru

Don McCarlos (voc), Garth Dennis (voc), Duckie Simpson (voc)

Im Schatten von Bob → Marley und mit Unterstützung der fähigsten jamaikanischen Studiomusiker wie Sly Dunbar und Robbie Shakespeare setzten **Black Uhuru** nach dreijähriger Anlaufzeit ab 1977 die große Tradition der Reggae-Vokalgruppen erfolgreich fort. Das Trio feierte insbesondere in Großbritannien zwischen 1981 und 1984 bemerkenswerte Erfolge und schuf einen »interkulturellen Crossover-Sound« (*Sounds*), der sie zur »erfolgreichsten Band der zweiten Reggae-Generation« (*Szene Hamburg*) machte.
Initiator und Ideengeber war 1974 in Kingston Derrick ›Duckie‹ Simpson (* 24. 6. 1950), der **Black Uhuru** zunächst mit Don McCarlos (Euvin Spencer) und Garth Dennis (Rudulph Dennis) besetzte. Das Trio orientierte sich anfangs an streng religiösen Inhalten und unverfälschtem Roots-Reggae. Die ersten Singles ›Jah Is Your Guide‹ und ›Folkstone‹ hatten aber keine Chance. Als auch eine Version von Curtis → Mayfields ›Romancing To The Folk Song‹ erfolglos blieb, wechselte Dennis 1976 zu den **Wailing Souls**, und McCarlos riskierte als Don Carlos eine Solokarriere, außerdem wirkte er auf einem Album von Sugar Minott mit.
Simpson engagierte daraufhin Michael Rose als Leadsänger (* 11. 7. 1957), der bereits als Solist gearbeitet hatte, für den Harmoniegesang holte er Errol Nelson von den **Jayes**. Urbaner Reggae-Sound und sozialpolitische bis religiöse Texte kennzeichneten die folgenden Singles

›King Selassie‹, ›Natural Mystic‹ und das Album LOVE CRISIS, das 1981 unter dem Titel BLACK SOUNDS OF FREEDOM wiederveröffentlicht wurde. Auch diese Veröffentlichungen wurden kaum beachtet. Nelson kehrte zu den Jayes zurück und wurde durch die Amerikanerin Sandra ›Puma‹ Jones (* 5. 10. 1953) ersetzt. Sie stammte aus Columbia, South Carolina, und verdankte ihr politisches Bewußtsein der langjährigen Zugehörigkeit zum Umfeld der Black Panther-Bewegung und der Studentenorganisation SNCC. Der Bruder von Rose stellte den Kontakt zu den populären Reggaemusikern und Label-Besitzern (Taxi Records) Sly Dunbar und Robbie Shakespeare her. Als erste gemeinsame Arbeit erschien die Single ›Observe Life‹, die in den jamaikanischen Charts für Furore sorgte.

Mit Sandra Jones stieg die Erfolgskurve von Black Uhuru steil an. In kurzer Folge landete das Trio mit ursprünglichem, militantem, leicht poppigem Reggae-Stil Hits wie ›General Penitentiary‹, ›Shine Eye Gal‹ und ›Abortion‹. Sie stammten vom Album SHOWCASE, das nach dem internationalen Durchbruch der Gruppe als VITAL SELECTION auf den Markt kam. Ende der 70er Jahre dominierten Black Uhuru die Hitparaden ihrer Heimat und profilierten sich als »inspirierte, leidenschaftliche Songwriter« (*Change*).

Der englische Labelbesitzer Chris Blackwell erkannte das Potential der Gruppe und nahm Black Uhuru für Island Records unter Vertrag. Bei der LP SENSIMILLA wurde 1980 authentischer Reggae endgültig zugunsten angloamerikanischer Popideen aufgegeben. Im Jahr darauf setzten sich Black Uhuru mit RED (GB #30) in den britischen LP-Charts durch. Die Gruppe tourte nun mit hochwertigen Begleitbands durch die USA und Europa, und ihre Auftritte wurden durchweg positiv beurteilt. CHILL OUT (GB #28) und vor allem ANTHEM (GB #46) aus den Jahren 1982 bzw. 1984 zeichneten sich durch eine gekonnte Mischung aus Reggae und Technopop aus. Im September 1984 gelang Black Uhuru mit ›What Is Life‹ (GB #33) ein mittlerer Singlehit. Im selben Jahr erhielten sie einen Grammy für ANTHEM als die »beste Reggaeplatte des Jahres«.

Rockige Gitarrenführung, radikale Rhythmusbetonung und typische Reggaeharmonien bestimmten das 1986 von dem international renommierten Arthur Baker produzierte Album BRUTAL. Zuvor hatte Michael Rose seinen Platz Delroy Junior Reid (* 1965) überlassen, der von Voice Of Progress kam. ›Great Train Robbery‹ (GB #48), ›Fit You Haffe Fit‹ und der Titelsong wurden ständig in nordamerikanischen und europäischen Radiostationen gespielt und verhalfen der LP zu guten Umsätzen. Black Uhuru warben für die Platte, die Erfahrungen der drei Musiker mit New York City reflektierte, auf einer 36 Stationen umfassenden US-Tour.

Nach dem Mitschnitt LIVE IN NEW YORK stieg Sandra Jones aus. Sie starb am 28. 1. 1990 in New York. Junior Reid blieb bis 1990 bei Black Uhuru und versuchte sich dann wie sein Vorgänger Michael Rose ohne viel Erfolg als Solist. Für ihn kehrte Don McCarlos zurück, und dank Garth Dennis präsentierte sich bei NOW wieder die Urbesetzung, konnte aber an frühere Erfolge nicht mehr anknüpfen. IRON STORM vom Dezember 1991 war »nicht dazu angetan, so etwas Ähnliches wie Begeisterung aufkommen zu lassen« (*Musik Express*).

1994 beschränkte sich der kreative Kern

von **Black Uhuru** auf McCarlos und Dennis. Sie veröffentlichten mit STRONGG ein Reggae-Album, das für einen Grammy nominiert wurde. 1995 vervollständigte Simpson wieder das Gründungstrio, das im Sommer 1996 eine Welttournee absolvierte.

LOVE CRISIS (1977) Third World, TWS 925 • SHOWCASE (1979) D Roy 7 • SENSIMILLA (1980) Island 846575 • RED (1981) Island 846567 • TEAR IT UP (1982) Island 539696 • CHILL OUT (1982) Island 254698 • THE DUB FACTOR (1983) Island 510066 • ANTHEM (1984) Island 512750 • BRUTAL (1986) Fotofon 4115 • BRUTAL DUB (1986) Fotofon 4120 • POSITIVE (1987) Fotofon 4125 • POSITIVE DUB (1987) Fotofon 14436 • LIVE IN NEW YORK (1988) Fotofon 3907 • NOW (1990) Mesa 02279021 • NOW DUB (1990) Mesa 02279022 • IRON STORM (1991) Mesa 02279035 • IRON STORM DUB (1991) Mesa 02279037 • MYSTICAL TRUTH (1993) Rhino 8122–79044 • STRONGG DUBB (1994) Atlantic 8122–79088 • (S) BLACK UHURU (1981) Island 202513 • (S) REGGAE GREATS (1985) Island 850544 • (S) LIBERATION – THE ISLAND ANTHOLOGY (1993) Island 518282 • Mit Johnny Osbourne: UHURU IN DUB (1985) CSA 100 • Junior **Reid**: BOOM SHACK A LACK (1983) Greensleeves, GRELCD 78 • BACK TO BACK (1985) Volcano • ORIGINAL FOREIGN MIND (1985) Black Roots • ONE BLOOD (1989) Island 843557 • VISA (1993) Fotofon 7194 • LISTEN TO THE VOICES (1996) Heartbeat 33200 • Junior **Reid** mit **Voice Of Progress**: MINI BUS DRIVER (1981) Negus Roots • Junior **Reid** mit **Bloods**: JUNIOR RED & THE BLOODS (1995) Heartbeat 33154 • Don **Carlos**: DAY TO DAY LIVING (1982) Greensleeves, GREL 45 • SPREAD OUT (1983) Burning Sounds, BS 1053 • EASE UP (1994) Heartbeat 33150 • Don **Carlos** mit **Gold**: PLANTATION (1997) Charly, CPCD 08188 • Michael **Rose**: FREE YOURSELF (1990) Heartbeat 37687 • MICHAEL ROSE (1995) Heartbeat 37644 • IN DUB BIG SOUND FRONTLINE (1996) Heartbeat 37692 • DANCE WICKED (1997) Heartbeat, 37714 • DUB WICKED (1997) Heartbeat 37715

Blackfoot

Stet Howland (dr), Rick Medlocke (voc, g), Tim Stunson (b), Mark Woerpel (g, voc)

Die ›Schwarzfüße‹ mit dem Bluesfeeling gehören zur Fraktion des »amerikanischen Southern-Rocks« (*Rolling Stone*). Country-Touch, Rhythm & Blues und Rock'n'Roll vermischen sich bei **Blackfoot** zu einem kraftvollen, lauten und dennoch melodischen Heavysound mit Hitqualitäten. Einige ihrer Alben erreichten Millionenauflagen, und in ihrer besten Zeit zwischen 1979 und 1983 gehörten sie zu den zugkräftigsten Live-Bands in den USA. Rund 200 Mal standen sie pro Jahr auf der Bühne und überzeugten als »erfahrene, aufeinander eingespielte Crew« (*Musik Express*).
Rick Medlocke aus Jacksonville, Florida, Enkel des Bluegrass-Musikers und Komponisten Shorty Medlocke, war 1973 der Initiator von **Blackfoot**. Er lernte nacheinander Banjo, Mandoline, Dobro, Schlagzeug und Gitarre und begann als Teenager in Bands wie **Candied Apple**, **Hotwater Blues Band**, **Miracle Sounds** und **Rockin' Aces**. In einem Musikerkreis, aus dem auch die Southernrock-Formationen → **Allman Brothers** und → **Lynyrd Skynyrd** hervorgingen, gründete Medlocke mit Greg Walker (b), Charlie Hargrett (g) und Ronnie Sheveratzi (key) **Fresh Garbage**. Im September 1969 wurde die Band umbesetzt. Für Sheveratzi kamen von der lokalen Konkurrenz namens **Tangerine**

Dewitt Gibbs (key) und Jackson Spires (dr). 1970 nannte sich das Quintett **Hammer** und übersiedelte in das New Yorker Künstlerviertel Greenwich Village.
Ohne Gibbs debütierte das verbliebene Quartett als **Blackfoot** im Sommer 1970. In der Folgezeit kam die Band als Alternative zu den Glamour-Heavygruppen gut an. Trotzdem blieb das Geld knapp, und Medlocke nahm ein Angebot von **Lynyrd Skynyrd**-Sänger Ronnie van Zant an, als Schlagzeuger auf der **Skynyrd**-LP FIRST AND ... LAST mitzuwirken. Greg Walker half derweil bei **Cross Country** aus. Im August 1972 verließ Medlocke **Lynyrd Skynyrd** wieder, um **Blackfoot** mit Walker, Hargrett und Spires wiederzubeleben. Sie machten einige Demo-Aufnahmen, und Medlocke nahm Kontakt zum **Lynyrd Skynyrd**-Produzenten Jimmy Johnson auf.
Johnson holte **Blackfoot** in die Muscle Shoals Studios und produzierte die ersten beiden Alben. Doch weder NO RESERVATIONS (1975) noch FLYIN' HIGH (1976) reichten an die Live-Auftritte der **Blackfoot** heran. Die Platten boten mehr oder minder gut gespielten, phantasielosen Hardrock und klangen allenfalls wie eine Kopie von →**Grand Funk Railroad**. Medlocke & Co. verloren ihren Plattenvertrag und mußten sich für die kommenden drei Jahre mit Live-Veranstaltungen und Studiojobs über Wasser halten. So begleiteten sie u. a. Ruby Starr, Ex-Sängerin von **Black Oak Arkansas**, auf deren Soloplatte und Konzerten. Bei einem Konzert in New York wurde der →**Brownsville Station**-Manager Al Nalli auf die vier Musiker aufmerksam und übernahm ihr Management. **Blackfoot** spielten zunächst als Anheizer für →**Mahogany Rush** und Gary →Wright und unterschrieben dann bei Atco Records.
Unvergleichlich besser präsentierten sich **Blackfoot** im März 1979 auf dem Album STRIKES (US #47). Sie gaben sich als »typische Südstaaten-Band, die auch mal eine schöne Slidegitarre und eine bluesige Harmonika« (*Stereoplay*) einsetzte. Die LP enthielt u. a. gelungene Neufassungen von ›I Got A Line On You‹ (im Original von →**Spirit**) und ›Wishing Well‹ (**Free**) sowie die Single-Erfolge ›Highway Song‹ (US #40) und ›Train, Train‹ (US #42). STRIKES wurde mit Platin ausgezeichnet, und **Blackfoot** tourten mit →**Journey**, →**AC/DC**, Ted →Nugent und →**Foreigner** durch ausverkaufte Hallen.
Während der STRIKES-Tour komponierte das Team Medlocke/Spires das Material zur LP TOMCATTIN' (US #35), die im Sommer 1980 herauskam und »kräftige Melodien und knackige Rhythmen en gros« (*Musik Express*) enthielt. Anschließend waren **Blackfoot** erneut für mehrere Monate auf Tournee. 1981 nutzten die Hardrocker eine längere Tourneepause für die Produktion des Albums MARAUDER (US #43) mit der Single ›Fly Away‹ (US #42). Ein Jahr später folgte »die Super Live-LP« (*Musik Express*) HIGHWAY SONG.
Die konstant guten Plattenumsätze gingen erst zurück, als Ex- →**Uriah Heep**-Keyboarder für SIOGO (US #82) vom Frühjahr 1983 engagiert wurde. Seine Spielweise verwässerte den kompromißlosen Heavysound der **Blackfoot** und lenkte ihn in eine wenig originelle Mainstream-Richtung: »Der permanente Nervenkitzel, die Spannung allgemein sind einem eher gesetzten, unterhaltsamen Stil à la carte gewichen« (*Musik Express*). Hargett zog die Konsequenzen aus den musikalischen Veränderungen, und VERTICAL SMILES entstand in der

Besetzung Medlocke, Walker, Spires und Hensley. Diesmal war den »ehemaligen Südstaatenhelden« (*Rolling Stone*) noch weniger eingefallen.
Während einer US-Tour trennten sich **Blackfoot** in Cincinnati, und Medlocke mußte durch einen Anwalt durchsetzen, daß er auch künftig den Bandnamen nutzen durfte. Medlocke stellte eine neue Formation zusammen und konnte zunächst den Bassisten Wizzard von →**Mother's Finest** gewinnen. Außerdem engagierte er den Keyboarder Doug Bare, vormals **Whiteface**, und Ex- **Chocolate & Clay**-Drummer Harold Seay. Der Mixtur aus Southern Blues, hartem Rock und britischen Popeinflüssen fügte die Band beim Album RICK MEDLOCKE AND BLACKFOOT (1987) Soul- und Funkelemente hinzu. Die wenig erfolgreiche Platte enthielt u. a. Coverversionen von Russ →Ballard (›Liar‹), **Mother's Finest** (›Rock'n'Roll Tonight‹) und Herman →Brood (›Saturday Night‹).
Medlocke stellte die Band erneut um und holte Ex-**Lizzy Borden** Rikki Mayer (b), Neal Casal (g) und Gunner Ross (dr). MEDICINE MAN vom Herbst 1990 erwies sich als gelungene Mischung aus »trägen englischen Rhythm & Bluesstrukturen mit heißblütigen Southern Rock-Melodien« (*Musik Express*). Auch diese **Blackfoot**-Besetzung hielt nicht lange. Medlocke gab jedoch nicht auf und präsentierte 1994 bei AFTER THE REIGN mit Ex-**Wardrive** Mark Woerpel (g,voc), Tim Stunson (b) und Benny Rappa (dr, voc) eine neue Mannschaft. Rappa wurde bald darauf von Stet Holland, zuvor bei →**W.A.S.P.**, ersetzt.

NO RESERVATIONS (1975) Island, ILPS 9326 • FLYIN' HIGH (1976) Epic 34376 • STRIKERS (1979) Atlantic 50503 • TOMCATTIN' (1980) Atoc 50702 • MARAUDER (1981) Atco 50799 • LIVE – HIGHWAY SONG (1982) Atco 50910 • SIOGO (1983) Atco 790080 • VERTICAL SMILES (1984) Atco 790218 • RICK MEDLOCKE AND BLACKFOOT (1987) Atlantic 781743 • MEDICINE MAN (1990) Music For Nations 106 • AFTER THE REIGN (1994) Intercord, IRS 986992 • (S) RATTLESNAKE ROCK 'N' ROLL (1994) Rhino, R271614 • Greg **Walker** mit **Cross Country**: CROSS COUNTRY (1973) Atlantic 40516

Blake Babies

Freda Love Boner (dr), Juliana Hatfield (g, voc, b, p), John Pool Strohm (g, voc)

Black Babies wurde 1986 in Boston, Massachusetts, von Juliana Hatfield (* 27. 07. 1967), John Strohm (* 23. 03. 1967, Bloomington, Indiana), Freda Boner (* 3. 09. 1967, Nashville, Tennessee) und Andrew Mayer (b) gegründet. Im Alter von sechs Jahren hatte Juliana Hatfield mit Klavierunterricht begonnen. Sie spielte in High School-Bands Songs von →**Police** und →**Rush** und begegnete am Bostoner Berklee College Of Music Strohm und Boner. Das Debütalbum, das 87 auf dem eigenen Label Chewbud Records erschien, bot Songs über das Collegemilieu, wie ›Let Them Eat Chewy Granola Bars‹ oder ›Swill And The Cocaine Sluts‹. Bei ›Better 'N You‹ sang Juliana Hatfield im Duett mit Evan **Dando** von den →**Lemonheads**, bei denen Strohm am Schlagzeug ausgeholfen hatte. Dando war außerdem Gastbassist auf der Mini-LP SLOW LEARNER, die von der Billy →Bragg-Firma Utility veröffentlicht wurde: »Eine vorzügliche und raffinierte Sammlung von sieben Songs mit einem feinen Country-Akzent« (*Trouser Press*). Die 89er Platte EARWIG enthielt zwei Aufnahmen von 1988 mit dem Bassisten Seth White und ein halbes Dutzend neue Songs, inklusive einer Fassung des →Stooges-Titels »Loose«.

Bei SUNBURN (1990), der bis dahin besten Produktion der Blake Babies, hatte Juliana Hatfield zur Feder gegriffen. Ihre Texte und Kompositionen wurden als »ironische und teilweise bewegende Mischung aus Schönheit und Traurigkeit« (*Trouser Press*) bezeichnet.

Die EP ›Rosy Jack‹ von 1991 enthielt ein »wahres Feuerwerk rasiermesserscharfer Popsongs« (*Pressetext*). Neben eigenen Songs lieferten die Blake Babies brillante Coverversionen von ›Temptation Eye‹ von den →Grass Roots und ›Severed Lips‹ von →Dinosaur Jr. Als GastsängerInnen wirkten Henry →Rollins und →Diamanda Galas mit, Produzent war Gary Smith, der schon hervorragende Arbeit für die →Pixies oder →Chills geleistet hatte.

Ebenfalls 1991 veröffentlichten Strohm und Love unter dem Namen Antenna das Album SWAY, weil »ich eine Menge phantastischer Songs hatte, die aber leider nicht in das bisherige Konzept der Blake Babies passen« (*John Strohm*). Neben Strohm gehörten noch die Blake Babies-Trommlerin Freda Boner, Ex-Datura Seeds Vess Ruhtenberg (g, voc) und Jacob Smith (b, voc) zu Antenna. Die Platte hielt eine »perfekte Balance von zuckersüßen Melodien und schrägen Texten« (*Time Out*). Die Gründung von Antenna bedeutete – wie Strohm versicherte – nicht das Ende der Blake Babies, sondern sollte eine andere Facette der Musiker zeigen. Im Frühjahr 1991 absolvierten die Blake Babies eine ausgedehnte Tournee, ein Jahr später lösten sie sich auf.

Im August 1992 überzeugte Juliana Hatfield mit HEY BABE als Solistin. Ihre Studioband las sich nahezu wie das Who Is Who der US-Hardcoreszene: Evan Dando (g, voc), Mike Leahy (g), Todd Phillips (dr) von →Bullet Lavolta, John Wesley Harding, Clay Tarver (g), Mike Watt (b) von →fIREHOSE und →Minutemen. Als Produzent konnte Gary Smith gewonnen werden, der schon erfolgreich für die →Pixies, →Throwing Muses u. a. gearbeitet hatte. *Spin* konstatierte: »Ihre frühreife, kindliche Stimme springt von einem Ende des weiten emotionalen Registers zum anderen, während sie mit aller Leichtigkeit sensible Popmelodien verbreitet.« 1992 trug Juliana Hatfield als Bassistin nicht unerheblich zum Erfolg der Lemonheads-Produktion IT'S A SHAME ABOUT RAY bei.

Ein Jahr später erschien BECOME WHAT YOU ARE, ein weiteres Soloalbum von Juliana Hatfield mit eigener Band, die sie mit Dean Fisher (b) und Todd Phillips von Bullet Lavolta besetzte und zu bestem Bostoner Gitarrensound antrieb. Die Songs waren trotz harter Gitarrenriffs meist sehr melodisch und sorgsam arrangiert. Der »muntere Garagen-Pop (*New Musical Express*) hob sich positiv von den modernen Girlie-Groups im Stil der →Bangles oder militanten Frauenbands à la →L7 und →Hole ab. Im Frühjahr 1995 veröffentlichte Juliana Hatfield mit ONLY EVERYTHING ihre dritte Soloplatte, auf der sich ihre »Kleinmädchenstimme gegen aggressive Gitarren kraftvoll durchsetzte« (*Billboard*).

John Strohm und Freda Love führten 1993 ihr Projekt Antenna mit HIDEOUT fort, ein »Fest für Gitarren in großen Buchstaben. Eine Mixtur aus Samplings und Effekt-Pedal-Babylon« (*New Musical Express*). Strohm stellte mit den **Hello Strangers** seine eigene Band zusammen, die nach ihrem ersten Album CALEDONIA im Sommer 1997 mit den → **Jayhawks** und **Wilco** verglichen wurde.

NICELY, NICELY (1987) Mini-LP Chewbud, CBTW 001 • SLOW LEARNER (1989) Mini-LP Utility, UTIL 6 • EARWIG (1989) Mammoth, MR 0016 • SUNBURN (1990) Mammoth, MR 0022 • (S) INNOCENCE AND EXPERIENCE (1993) Mammoth, MR 0058 • Juliana **Hatfield**: HEY BABE (1992) Mammoth, MR 0035 • BECOME WHAT YOU ARE (1993) Mammoth 4509–93529 • ONLY EVERYTHING (1995) Atlantic 4509–92540 • Juliana **Hatfield** mit **Lemonheads**: ITS A SHAME ABOUT RAY (1992) Atlantic 7567–82397 • **John P. Strohm & The Hello Strangers**: CALEDONIA (1997) Demon, FIE 932 • John **Strohm** und Freda **Love** mit **Antenna**: SWAY (1991) Mammoth, MR 0030 • HIDEOUT (1993) Mammoth, MR 0046

Bobby Bland

»Der schwarze Sinatra« (*Rolling Stone*) stand stets in der Tradition der großen Blues-Shouter und war irgendwo zwischen dem großen Big Joe → Turner und Ray → Charles stilistisch anzusiedeln. Zwischen 1957 und 1967 erreichte er 22 Top 20-Plazierungen in den Rhythm & Blues-Charts und wurde 34 Mal in den nordamerikanischen Pop-Hitparaden notiert. Bobby ›Blue‹ Bland ist für Klassiker wie ›I Pity The Fool‹, ›Farther Up The Road‹ und ›That's The Way Love Is‹ verantwortlich. Sein robuster wie sanfter Gesangsstil übte großen Einfluß auf spätere Rock- und Soulgrößen wie Rod → Stewart und Al Green aus. Bland zählte zu jener Minderheit von farbigen Popstars, die den Blues populär machten und sich in der von Weißen geprägten US-Unterhaltungsbranche durchsetzten.

Robert Calvin Bland wurde am 27. 1. 1930 in Rosemark, Tennessee, geboren und wuchs in Memphis auf. Als Teenager sang er in Gospelchören und fand in den 40er Jahren Zugang zur Bluesszene. In der R&B-Gruppe **Beale Streeters** traf er auf Johnny Ace und Junior → Parker und machte seine ersten Singleaufnahmen (›Loving Blues‹, ›IOU Blues‹) mit Ike Turner. Dann unterschrieb er beim Label Duke Records, mußte aber nach nur einer Produktion, nämlich ›Army Blues‹, seine Militärzeit antreten.

1953 ließ sich Bobby Bland im texanischen Houston nieder und tingelte durch die örtlichen Bluesclubs. Er gewann einen Talentwettbewerb und fiel im Frühsommer 1955 mit der Single ›It's My Life‹ auf. Die Platte verkaufte sich zwar schlecht, verschaffte ihm aber nach zahlreichen ausverkauften Shows auf landesweiten Tourneen erneut einen Vertrag bei Duke Records. Im Juli 1957 gelang ihm mit ›Farther Up The Road‹ (US #43) der Durchbruch. Bland tourte daraufhin entweder als **Blues Consolidated** mit Junior Parker oder mit einer eigenen zwölfköpfigen Band durch die USA. Bis 1960 war er fast ständig in den R&B-Hitlisten präsent. ›Little Boy Blue‹, ›I'm Not Ashamed‹, ›Is It Real‹ und ›Lead On Me‹ machten ihn bekannt. Bland bevorzugte »balladenhafte Bluessongs mit einfachem Rhythmus, ein bißchen Saxophon und kräftigen Bläsern im Hintergrund« (*Rolling Stone*).

Zu Beginn der 60er Jahre hatte sich Bland als Bluesinterpret mit einem ausgeprägten Popgefühl durchgesetzt. In schneller Folge erschienen bis Ende 1962 die Singles ›I'll Take Care Of You‹ (US #89), ›Cry, Cry, Cry‹ (US #71), ›I Pity The Fool‹ (US #46), ›Don't Cry No More‹ (US #71), ›Turn On Your Love Light‹ (US #28), ›Who Will The Next Fool Be‹ (US #76), ›Ain't That Loving You‹ (US #86), ›Yield Not To Temptation‹ (US #56) und T-Bone →Walkers ›Stormy Monday Blues‹ (US #43). Im September 1962 tauchte Bobby Blue Bland mit HE'S THE MAN (US #53) auch zum ersten Mal in den LP-Charts auf. Sein größter LP-Erfolg war CALL ON ME (US #11) zehn Monate später. Dazwischen lagen mit ›That's The Way Love Is‹ (US #33) und ›Sometimes You Gotta Cry A Little‹ (US #56) zwei weitere Single-Erfolge.

Bobby Blue Bland blieb bis zum Ende der 60er Jahre in den Hitlisten präsent. Am besten verkauften sich die Singles ›Ain't Nothing You Can Do‹ (US #20), ›Share Your Love With Me‹ (US #42) und ›Poverty‹ (US #65). Als das Interesse am Blues nachließ, zog sich Bland in die Clubszene zurück, wo er als Entertainer sehr gefragt war. Ende 1973 wurde Bland mit seinem bis dahin progressivsten Werk HIS CALIFORNIA ALBUM wiederentdeckt. Er vertrat einen modernen, temperamentvollen Blues und wurde von erstklassigen Studiomusikern wie Larry Carlton (g), Wilton Felder (b) und Michael Omartian (key) unterstützt. Perfekte Arrangements ließen »seine Musik entschieden kraftvoller und optimistischer« (*Sounds*) klingen als die anderer Bluesinterpreten. Die LP DREAMER setzte neun Monate später diese Entwicklung fort und war vor allem an ein weißes Publikum gerichtet. Einige Bluespuristen ließen Bland daraufhin fallen. Mit dem Mitschnitt TOGETHER FOR THE FIRST TIME … LIVE (US #43), der im Herbst 1974 in Zusammenarbeit mit B. B. King entstand, gelang ihm der bis dahin größte Erfolg. Die Platte wurde in den USA mit Gold ausgezeichnet. Das zweite Zusammentreffen der beiden Bluesstars im Juli 1976 bei TOGETHER AGAIN … LIVE (US #73) reichte an diesen Erfolg nicht mehr heran.

Bobby Blue Bland veröffentlichte weiterhin regelmäßig Langspielplatten, verschwand jedoch aus den Charts. Er wandte sich dem Show-Entertainment im Las Vegas-Stil zu und kassierte dafür hohe Gagen. In den 80er Jahren klang manches wie soulartiger Schmalzpop, obwohl nach wie vor erstklassig interpretiert, ausgenommen der Brenda Lee-Evergreen ›Fever‹ und die Alben TRY ME, I'M REAL und AFTER ALL. Über letztere hieß es in *Sounds*: »Eine auf den Punkt arrangierte Southern Soulsuppe mit einem kräftigen Schuß Blues fein abgerundet.« Der Bluesaltmeister tourte 1982 erstmalig durch Großbritannien, wo ihn eine große und treue Gefolgschaft feierte. 1990 ging er mehrfach mit B. B. King auf Tournee, und im Januar 1992 wurde Bobby Blue Bland in die Rock'n'Roll Hall Of Fame aufgenommen. Mit den Alben PORTRAIT OF THE BLUES und YEARS OF TEARS strahlte er 1991 bzw. 1993 »uneingeschränkte Autorität« (*Faber Companion*) aus.

WOKE UP SCREAMING (1957) Ace, CH 41 • FOOLIN' WITH THE BLUES (1957) Charly, CRB 1049 • BAREFOOT ROCK AND YOU GOT ME (?) Duke 72 • LIKE 'ER RED HOT (?) Duke 73 • BLUES CONSOLIDATED (1959) • TWO STEPS FROM THE BLUES (1961) MCA 872134 • HERE'S THE MAN (1962) Duke, DLP 75 • CALL ON ME (1963) Duke, DLP 77 • AIN'T NOTHING YOU CAN DO (1964) Duke, DLP 78 • TWO IN BLUES (1964) Crown, CLP 53–58 • THE SOUL OF THE MAN (1966) Duke, DLP 89 • TOUCH OF THE BLUES (1967) Duke, DLP 88 •

SPOTLIGHTING THE MAN (1967) Duke, DLP 89 • HIS CALIFORNIA ALBUM (1973) MCA 872933 • DREAMER (1974) MCA 872909 • GET ON DOWN WITH (1975) ABC, ABCL 5139 • REFLECTIONS IN BLUE (1977) ABC, ABCD 5196 • COME FLY WITH ME (1978) ABC, ABCL 5249 • I FEEL GOOD, I FEEL FINE (1979) MCA 3157 • SWEET VIBRATIONS (1980) MCA 5145 • TRY ME, I'M REAL (1982) MCA 5233 • HERE WE GO AGAIN (1982) MCA 5297 • TELL MR. BLAND (1983) MCA 5425 • YOU'VE GOT ME LOVING YOU (1984) MCA 5505 • MEMBERS ONLY (1985) Malaco, MAL 7429 • AFTER ALL (1987) Malaco 009 • FIRST CLASS BLUES (1988) Malaco 5000 • MIDNIGHT RUN (1989) Charly 7450 • PORTRAIT OF THE BLUES (1991) • YEARS OF TEARS (1993) • (S) INTROSPECTIVE OF THE EARLY YEARS (1974) MCA 2–4172 • (S) GREATEST HITS (1979) Fairway 1400 • (S) BEST OF (1982) MCA, MCD 01673 • (S) BLUES IN THE NIGHT (1985) Ace, CH 132 • (S) SOUL WITH A FLAVOUR (1988) Charly • Mit B.B. King: TOGETHER FOR THE FIRST TIME ... LIVE (1974) ABC, ABCD 605 • TOHETHER AGAIN ... LIVE (1976) MCA 872052

Blasters

Phil Alvin (voc, g), Bill Bateman (dr), John Bazz (b), James Intveld (g), Gene Taylor (p)

Nachdem sie u.a. Bluesgrößen wie T-Bone → Walker und Big Joe → Turner begleitet hatten, gründeten die Brüder Dave (* 11. 11. 1955 Los Angeles) und Phil Alvin (* 6. 3. 1953, Los Angeles) 1979 in Downey, einem Vorort von Los Angeles, mit Bill Bateman (* 16. 12. 1951, Orange, Kalifornien), John Bazz (* 6. 7. 1952) und Gene Taylor (* 2. 7. 1952, Tyler, Texas) die **Blasters**. Ihr Anspruch war unverfälschter Rock'n'Roll, angereichert mit Cajun-Blues, Rockabilly und Country-Swing. Die »neuen Traditionalisten erwiesen der alten amerikanischen Musik ihre Reverenz« (*Musik Express*) und überraschten mit dem schwungvollen Debütalbum AMERICAN MUSIC. Die Gruppe mischte stilsicher Rhythm & Blues- und Rocktraditionen und profitierte vor allem von »Dave Alvins geistreicher Gitarrenvielfalt« (*Trouser Press*). 1981 gelang dem englischen Rock'n'Roller Shakin' Stevens mit Dave Alvins Komposition ›Marie Marie‹ ein europaweiter Hit. In diesem Jahr schafften »die führenden Protagonisten des US-Rock'n'Roll-Revivals« (*Guinness*) mit der LP THE BLASTERS (US #36) ihre beste Charts-Plazierung. Als Gastsaxophonisten wirkten Steve Berlin (→ **Los Lobos**) und Lee Allen mit. Die Mischung aus Country, Rock und Rockabilly kam bei den Kritikern gut an. Sie rühmten den »besten amerikanischen Rock'n'Roll seit ›Back In The USA‹ von **MC** 5« (*Melody Maker*).

Im Sommer 1982 kamen die **Blasters** erstmals nach Europa und traten im Vorprogramm von Nick → Lowe auf. Im Londoner Venue ließen sie die urwüchsige, fast ausschließlich aus Standards wie ›High School Confidential‹ (Jerry Lee → Lewis) und ›Keep A Knockin‹ (→ Little Richard) bestehende Platte OVER THERE mitschneiden. Unbeschwerte Partymusik dominierte auch die folgenden Alben von 1983 und 1985, NON FICTION (US #95) bzw. HARD LINE (US #86). Danach verschwand »die beste New Wave-Band in Los Angeles« (*Rolling Stone*) langsam wieder aus den Schlagzeilen. Die Fans reagierten nach wie vor enthusiastisch auf ihre tempera-

mentvollen Live-Shows, die Plattenverkäufe ließen jedoch deutlich nach. 1984 sorgten sie noch einmal für Furore mit einem gelungenen Gastspiel in der von Walter Hill verfilmten Rockfabel »Streets Of Fire«.
1985 verließ Dave Alvin die **Blasters** und widmete sich dem Bandprojekt **X**. Seine Aufgaben übernahm Michael ›Hollywood Fats‹ Mann, der kurz darauf an einem Herzinfarkt im Alter von 32 Jahren starb. Alvin und Steve Berlin hielten die »kalifornische Neo-Rockabilly-Combo« (*Musik Express*) bis 1987 zusammen, dann trennten sich die **Blasters**. Zu Beginn der 90er Jahre versuchte die Gruppe mit James Intveld ein Comeback.
Dave Alvin glänzte mit einigen Solo-Alben als Singer/Songwriter. Seine 87er LP Every Night About This Time provozierte sogar Vergleiche mit Bruce →Springsteen. Die Platte reflektierte kritisch den American Way Of Life, und Alvin glänzte als Gitarrist. Er wurde von den **Allnighters** begleitet, als Stargäste wirkten Al →Kooper und David Hidalgo (**Los Lobos**) mit. 1989 begleitete er das Cowunk-Quartett **Lonesome Strangers** aus Los Angeles.
1995 produzierte er Swingin' West für die kalifornische Western Swing-Band **Big Sandy & His Fly-Rite Boys**, Looser's Paradise für den Singer/Songwriter Chris Gaffney, The Other White Meat für die San Diego-Band **Billy Bacon & The Forbidden Pigs** und gemeinsam mit Greg Leisz für Tom Russell das Album The Rose Of San Joaquin. Besonders intensiv widmete er sich dem Trio **Derailers** aus Austin, Texas. Ende 1996 erschien der Live-Mitschnitt Interstate City, den Alvin mit den **Guilty Men** und Gästen wie Katy Moffatt im Continental Club in Austin, Texas, aufnahm.
Auch Phil Alvin arbeitete als Solist. Seine beste Soloproduktion erschien 1994 unter dem Titel County Fair 2000. 1995 beteiligte er sich mit dem Song ›Ol '55‹ an dem Sampler Step Right Up, der dem Werk von Tom →Waits gewidmet war.

AMERICAN MUSIC (1980) Rollin' Rock • THE BLASTERS (1981) Warner Brothers 57005 • OVER THERE: LIVE AT THE VENUE, LONDON (1982) Warner Brothers 57029 • NON FICTION (1983) WEA 923735 • HARD LINE (1985) WEA 925093 • (S) THE BLASTERS COLLECTION (1991) Warner Brothers • Dave **Alvin**: ROMEO'S ESCAPE (1986) Razor & Tie 2074 • EVERY NIGHT ABOUT THIS TIME (1987) Line 400334 • BLUE BOULEVARD (1990) Hightone 8029 • MUSEUM OF HEART (1993) Hightone 8049 • KING OF CALIFORNIA (1994) Hightone 8054 • Dave Alvin & The Guilty Men: INTERSTATE CITY (1996) Hightone 8074 • Phil **Alvin**: UNSUNG STORIES (1987) • COUNTY FAIR 2000 (1994) Hightone 8056 • James **Intveld**: JAMES INTVELD (1995) Bear Family, BCD 15900

Blazers

Manuel Gonzales (voc, g, b, dr, perc), Raul Medrano (dr), Ruben Guaderrama (voc, g, p), Lee Stuart (voc, b)

Manuel Gonzales und Ruben Guaderrama spielten schon 1971 in Los Angeles gemeinsam auf der Highschool und entdeckten den Soul neben ihren Texmex- und Rock'n'Roll-Einflüssen. Anfang 1990 bildeten sie mit der soliden Rhythmusfraktion Lee Stuart und Ruben Gonzalez (dr) die **Blazers**, die bald darauf als Attraktion in den Chicano-

Dancehalls im Osten von L.A. und in Clubs im mondänen Hollywood galten. Ruben Guaderrama über ihren Sound: »Es ist der Rock'n'Roll Chuck Berrys, der urbane Blues, Jazz, die Norteno Music und die ursprüngliche Besessenheit des Cumbia, der populären Tanzmusik Kolumbiens.« Die **Blazers** setzten konsequent die Tradition eines Ritchie → Valens, der **Thee Midniters** und → **Los Lobos** fort.

Cesar Rosas von **Los Lobos** protegierte die **Blazers** und gab entscheidende Impulse für das erste Album SHORT FUSE, das er auch als Produzent betreute. Der »großartig einfache Hispano-Rock'n'Roll« (*Stereo*), die geschliffenen Gitarren und der heißblütige Texmex-Stil ergaben ein explosives Stilgemisch, das vor allem in der Live-Atmosphäre seine Wirkung nicht verfehlte. Nach einer ausgedehnten US-Tour kamen die **Blazers** im August 1994 zum ersten Mal nach Deutschland. Die Band stand durchschnittlich 250 Mal im Jahr auf der Bühne.

Auch mit der zweiten Platte EAST SIDE SOUL wollten die **Blazers** »einfach Spaß vermitteln, damit das Publikum für eine gewisse Zeit die Alltagsprobleme vergessen kann« (*Los Angeles Times*). Vor Beginn der Studioaufnahmen zu dem wiederum von Rosas produzierten Album ersetzte Mando Goss den ausgeschiedenen Gonzalez. Die meisten Songs stammten von dem Team Gonzales/Guaderrama, aber hin und wieder griffen die **Blazers** auch auf bekannte Titel wie etwa ›Going Up The Country‹ von → **Canned Heat** zurück.

Goss stieg nach nur einem Album wieder aus. Für ihn kam Raul Medrano, der seinen Einstand auf dem 97er-Roots Rock-Album JUST FOR YOU gab.

SHORT FUSE (1994) Zensor, ZS 145 • EAST SIDE SOUL (1995) Zensor 9053 • JUST FOR YOU (1997) Rounder, CD 9063

Blind Melon

Glen Graham (dr), Shannon Hoon (voc, g), Brad Smith (b), Roger Stevens (g), Christopher Thorn (g)

Shannon Hoon (* 26. 9. 1967) verließ im Herbst 1990 seinen Heimatort Lafayette, Indiana, und ließ sich in Los Angeles nieder. Hier traf er Roger Stevens (* 31. 10. 1970), Brad Smith (* 29. 9. 1968) und Glen Graham (* 5. 12. 1968), die ursprünglich aus Westpoint, Mississippi, stammten. Sie nannten sich **Blind Melon** und erhielten dank eines überzeugenden Demobandes 1991 einen Plattenvertrag. Sie engagierten daraufhin den Heavy-Gitarristen Christopher Thorn (* 16. 12. 1968) aus Pennsylvania.

Die Produktion des Debütalbums ging nur schleppend voran, da Hoon zeitweise ausfiel, um beim Videoclip seines Freundes Axl Rose (→ **Guns 'N'Roses**) für dessen Hit ›Don't Cry‹ mitzuwirken. Als das von Rick Parashar (→ **Pearl Jam**) produzierte Album BLIND MELON (GB #53, US #3, D #62) im September 1992 endlich veröffentlicht wurde, verkaufte es sich anfangs nur mäßig. Als jedoch MTV den Videoclip zur »folkig angehauchten« (*dt. Rolling Stone*) Single ›No Rain‹ sendete, stieg auch die Nachfrage nach BLIND MELON (US #3), und das Album wurde nach einem Jahr für zwei Millionen verkaufter Exemplare in den USA mit Platin ausgezeichnet.

Blind Melon trafen den Geschmack der alternativen Rockszene, und der Erfolg

von SOUP war vorprogrammiert. Die Band entwickelte einen Stil, der teilweise mit seinen ausgedehnten Gitarrensoli an klassische Rockformationen wie die → **Allman Brothers** erinnerte. Kritiker lobten die »spröden Harmonien, Beatles-eske Melodien, die rhythmisch fein austarierte Gitarrenarbeit und die Country-Querverweise« (*Metal Hammer*). Die Fans reagierten jedoch zurückhaltend. Als Single erschien im August 1995 ›Galaxie‹ (GB #37).
Die Band geriet durch Hoons Drogenabhängigkeit immer wieder negativ in die Schlagzeilen. Vor einem am 21. 10. 1995 geplanten Auftritt in New Orleans wurde Shannon Hoon tot im Tourneebus gefunden. Er starb im Alter von 28 Jahren an einer Überdosis. Ein Jahr nach seinem Tod würdigten ihn seine Ex-Kollegen mit dem Sampler NICO, der sich aus Outtakes und Live-Mitschnitten zusammensetzte.

BLIND MELON (1992) Capitol 796585 • SOUP (1995) Capitol 833934 • (S) NICO (1996) Spin 837451

Rory Block

Rory Block gehört zu den wenigen weißen Sängerinnen und Gitarristinnen, die den Blues wirklich beherrschen. Die brillante Instrumentalistin mischt darüber hinaus souverän Elemente des Folk, Soul, Jazz, Country und Gospel zu einem eigenen Stil, der in Kritiker- und Kollegenkreisen große Anerkennung fand. Sie blieb jedoch stets ein Insidertip, ein »grandioses wie maßlos verkanntes Gesangstalent« (*Stereo*).
Geboren in New York City, gehörte sie bereits als Zwölfjährige zur Band ihres Vaters, einem in Nordamerika bekannten Countrygeiger. Sie spielte bei großen und kleinen Festivals und machte Bekanntschaft mit Bluesgrößen wie Mississippi Fred → McDowell, Bukka → White, Skip James und vor allem Son → House, der den größten Einfluß auf sie hatte. Mit 16 Jahren nahm Rory Block gemeinsam mit dem Folkmusiker Stefan Grossman das Album HOW TO PLAY BLUES GUITAR auf. Danach zog sie sich für neun Jahre von der Musikszene zurück.
Inzwischen verheiratet und zweifache Mutter, gelang Rory Block 1975 ein Comeback ins Plattengeschäft. »Die Dame mit der Ausnahmestimme« (*Musik Express*) wurde dabei von Mitgliedern der Band → **Little Feat** unterstützt. In den 70er Jahren erschienen vier Alben, von denen sich YOU'RE THE ONE von 1978 am besten verkaufte. *Sounds* attestierte ihr damals »Stil, Stehvermögen und Stimme«. Das auf Country, Folk und Blues spezialisierte Label Rounder Records nahm Rory Block 1982 unter Vertrag und bot ihr die Grundlage, ihren eigenen Sound professionell zu entwickeln.
Mitte der 80er Jahre wurde Rory Block durch regelmäßige Gastspiele auch in Europa populär. Beim Album I'VE GOT A ROCK IN MY SOCK halfen ihr u. a. Stevie → Wonder, David → Bromberg und Taj → Mahal. HOUSE OF HEARTS nahm sie fast im Alleingang auf, nur unterstützt von den Jazzern Anthony Jackson (b), David Grisham (man) und Livingston Taylor (p). Sie widmete die Platte ihrem Sohn Thiele, der 1986 auf tragische Weise bei einem Autounfall ums Leben kam. Mit diesem Album schaffte sie endgültig den Durchbruch und wurde in einem Atemzug mit Bonnie → Raitt genannt: »Von akustischen Folknummern bis zum Soulduett bietet sie

ein denkbar breites Stilspektrum« (*Hifi Vision*). Der *Stern* schrieb: »Mit anmutiger Stimme und sparsamen Gitarrenakkorden singt sie ganz verhalten ihre im Blues beheimateten Lieder.«
»Freundlicher, zuversichtlicher und zukunftsorientierter« (*Musik Express*) als der von Trauer geprägte Vorgänger klang Anfang 1990 TURNING POINT. Wieder überwand Rory Block mühelos alle Genregrenzen zwischen Blues, Folk, Soul und Country und überzeugte mit unverbrauchten Kompositionen, karg instrumentiert und intelligent getextet. Als Begleiter konnte sie diesmal hochkarätige Musiker wie Steve Gadd (dr), Steve Khan (g) und Mark Egan (b) gewinnen.
Im Frühjahr 1991 erschien MAMA'S BLUES mit eigenen Blueskompositionen und Übernahmen von Bluesstars wie Robert → Johnson und Buddy Boy Hawkins. »Blues ist in allererster Linie Feeling, und das hat sie wie kaum eine andere«, hieß es im *Musik Express*. Das 18 Monate später veröffentlichte Album AIN'T I A WOMAN, an dem sich Mark Knopfler (→ **Dire Straits**) und Brendan Croker beteiligt hatten, bot balladesken Country-Blues und ausgefeilte Popsongs und wirkte »intim, intellektuell und introvertiert« (*Hifi Vision*).
Rory Block gewann ihr Publikum durch ihre Natürlichkeit und ihren Charme. Bei der 94er-LP ANGEL OF MERCY bestach die Musikerin mit ihrer virtuosen Gitarrentechnik, einem sicheren Gespür für feine Melodien und ausdrucksstarkem Gesang. Die Songs reflektieren überwiegend eigene Erfahrungen. Neben Knopfler und Croker lud sie auch John → Sebastian zu den Aufnahmen ein.
Country-Blues bestimmte 1995 das Album WHEN A WOMAN GETS THE BLUES, für das Rory Block u. a. Kompositionen von Son House, Charley Patton, Skip James und Blind Willie McTell wählte. Das Fachmagazin *Guitar Extra* schrieb: »Rory Block zählt weltweit zu den wichtigsten Protagonisten traditioneller amerikanischer Musik.«
Mary-Chapin → Carpenter, Jerry Marotta und David → Lindley waren die Stargäste der 96er-Produktion TORNADO, mit der Rory Block wieder mühelos die Grenze zwischen Pop und Blues überwand.

RORY BLOCK (1975) United Artists 10733 • I'M IN LOVE (1976) Blue Goose, BG 2022 • INTOXICATION (1977) Chrysalis, CHR 1157 • YOU'RE THE ONE (1978) Chrysalis, CHR 1233 • HIGH HEELED BLUES (1982) Rounder 3061• BLUE HORIZON (1983) Rounder 3073 • RHINESTONES & STEEL STRINGS (1984) Rounder 3085 • I'VE GOT A ROCK IN MY SOCK (1986) Rounder 3097 • HOUSE OF HEARTS (1988) Rounder 3104 • TURNING POINT (1990) Zensor, ZS 90 • MAMA'S BLUES (1991) Rounder 3117 • AIN'T I A WOMAN (1992) Rounder 3120 • ANGEL OF MERCY (1994) Rounder 3126 • WHEN A WOMAN GETS THE BLUES (1995) Rounder 3139 • TORNADO (1996) Rounder 3140 • (S) BEST BLUES AND ORIGINALS (1988) Rounder, MRCD 137 • (S) BEST BLUES AND ORIGINALS (1989) Rounder. NETCD 43 • (S) THE EARLY TAPES (1990) Munich • Mit Stefan **Grossman**: HOW TO PLAY BLUES GUITAR (?) Kicking Mule, SNKF 150

Blondie

Clement Burke (dr), James Destri (key), Deborah Harry (voc), Chris Stein (g, b), Gary Valentine (b, g)

Blondie nannte sich ein ehrgeiziges Quintett, das in umstrittenen Bühnenshows und auf sechs Alben die Tradition

der nordamerikanischen Girlie-Groups der 60er Jahre mit der Aufbruchstimmung des Punk verband. Sie zählten nicht gerade zu den Lieblingen der Popmedien, konnten aber dennoch zum erfolgreichsten und experimentierfreudigsten Export der US-New Wave-Bewegung avancieren.
Die wichtigsten Aufgaben übernahmen die superblonde Deborah Harry (*1. 7. 1945, Miami), über die der *Spiegel* im August 1981 schrieb: »Ihr Kindfrau-Gesang tönt auf 15 Millionen Langspielplatten, die **Blondie** weltweit absetzen konnten, nicht selten uninspiriert oder gar zynisch. Doch ohne Debbies verhuschte Präsenz wäre die Popgruppe wohl kaum aus dem Dunstkreis der Punk-Kaschemmen an der New Yorker Bowery zur Superstargruppe aufgestiegen.« Debbie Harry sammelte ihre ersten musikalischen Erfahrungen in der Schulband **Fifthgrade Girls Club**, die in und um Miami, Florida, auftrat. Anschließend gab sie in ihrer New Yorker Wahlheimat ein kurzes Gastspiel in der Jazzformation **Uni Trio**. 1966 wurde sie Mitglied bei **First National Unaphrenic Church & Band**. Ihre erste Platte machte sie 1968 mit **Wind In The Willows**. Die LP war nahezu unverkäuflich, doch die Gruppe war auf Clubebene sehr gefragt. Zwischen 1969 und 1972 jobbte Debbie Harry in Kalifornien als Kellnerin, Modell und Animierdame, bis sie sich 1973 den New Yorker **Stilletos** anschloß. Bei dieser Oldies-Band traf sie Chris Stein (*5. 1. 1950, New York).
Die **Stilletos** gab es zwölf Monate, dann formierte Debbie Harry **Angel & The Snakes**, die zu den ersten amerikanischen Punkbands gehörten und Stammgäste des legendären Punktempels CBGB's waren. Ende 1974 benannten sie sich in der Besetzung Harry, Stein, Fred Smith (b) und Bill O'Connor (dr) in **Blondie** um, der blonden Sängerin Debbie wegen. Bei den ersten Proben wurde **Blondie** von Ivan Kral (g, voc) unterstützt. Gary Valentine löste den Bassisten Fred Smith ab, der bald darauf zu →**Television** wechselte. Nach dem Abschluß der Proben stieg Kral wieder aus, um künftig Patti →Smith zu begleiten. Als O'Connor sein Jurastudium wieder aufnahm, stießen Jimmy Destri (*13. 4. 1954) und Clement Burke (*24. 11. 1955) im Herbst 1975 zu **Blondie**.
Richard Gottehrer produzierte das Album BLONDIE mit der Auskopplung ›X Offender‹, die eigentlich ›Sex Offender‹ heißen sollte, geändert als Zugeständnis an die puritanische Moral zahlreicher US-Radiosender. Die LP war ein frisches, ideenreiches, wenn auch stark gebändigtes Punk-Produkt. Sie fand in den USA nur wenige Käufer, aber in England reagierte man äußerst positiv. So tourten **Blondie** im Vorprogramm von **Television** durch Großbritannien, ihre Show kam in der Presse aber nicht gut an.
Im August 1977 schied Valentine bei **Blondie** aus. Für ihn wechselte der ursprünglich zum zweiten Gitarristen bestimmte Engländer Nigel Harrison, der zuvor bei **Silverhead** und **Nite City** gespielt hatte, zum Baß, und Frank Infante übernahm die Rhythmusgitarre. Anfang 1978 kam die zweite LP PLASTIC LETTERS (GB #7, US #72) auf den Markt, die mit ›Denis‹ (GB #1, D #9) und ›Presence Dear‹ (GB #8) zwei Tophits enthielt. **Blondie** konnten sich zuerst in Europa durchsetzen. Den größten Anteil daran hatte Debbie Harry, deren Gesang dem einfachen New Wave / Garagen-Rock ein besonderes Gepräge gab. Das kompakte, sparsam inszenierte Songmaterial, über-

wiegend von Destri und Stein komponiert, bot einen »Sixties-Sound zwischen britischem Beat und Surf Music-Arrangements« (*Rolling Stone*).
Blondie nutzten die Gunst der Stunde und veröffentlichten mit Parallel Lines (GB #1, US #9, D #9) die zweite LP innerhalb von zwölf Monaten, die nun auch in den USA für Furore sorgte. Als Singles erschienen in schneller Folge ›Picture This‹ (GB #10), ›Hanging On The Telephone‹ (GB #4), ›Heart Of Glass‹ (GB #1, US #1, D #1) und ›Sunday Girl‹ (GB #1, D #6). Als Produzent hatten **Blondie** den Engländer Mike Chapman, einen der Initiatoren des Glam-Rock, engagiert. Er brachte die Band auf einen leicht konsumierbaren Popkurs. Die genau kalkulierte Mixtur aus Disco, Pop, Beat und Rock'n'Roll verfehlte ihre Wirkung nicht, und Debbie Harry stieg mit »coolem Sex, lasziven Gesten und harter Stimme« (*Stern*) zum Weltstar auf. Die Platinblondine erhielt daraufhin Filmangebote und stand für »Union City« und »Roadie« vor der Kamera.
Eat The Beat (GB #2, US #17, D #23) entstand wiederum unter der Regie von Chapman und wurde im Herbst 1979 veröffentlicht. Als Single erschienen ›Dreaming‹ (GB #2, US #23, D #26), ›Union City Blue‹ (GB #11, D #54) und ›Atomic‹ (GB #1, US #49, D #20). **Blondie** setzten weiterhin auf brave Popsongs und ließen die Single ›Call Me‹ (GB #1, US #1, D #14) Anfang 1980 von Giorgio Moroder, Spezialist für Discomusik, produzieren.
Danach suchte die Band eine neue Herausforderung und offerierte im Spätherbst 1980 auf der LP Autoamerican (GB #2, US #9, D #42) Latin Sound, konzertante Elektronik, Rap, 40er Jahre Jazz und Funk. Die Platte bescherte **Blondie** weitere erfolgreiche Singles, so ›The Tide Is High‹ (GB #1, US #1, D #15) und ›Rapture‹ (GB #4, US #1, D #40). Den Fans gefiel der neue Sound, während die Kritiker skeptisch reagierten.
Trennungsgerüchte erhielten 1981 neue Nahrung, als Debbie Harry unter der Regie des New Funk-Spezialisten Nile →Rodgers (→**Chic**) und Bernard Edwards (→**Sister Sledge**) ihre Soloplatte Koo Koo (GB #5, US #30) herausbrachte. Aus der wenig originellen LP wurden ›Backfired‹ (GB #23, US #43) und ›The Jam Was Moving‹ (US #82) ausgekoppelt. Noch mehr enttäuschte der Alleingang von James Destris Heart On The Wall. Clement Burke wirkte bei Destris Platte mit, und Chris Stein förderte die britische Gruppe →**Records**.
1982 rafften sich **Blondie** zum letzten gemeinsamen Projekt auf. Bei The Hunter (GB #8, US #33, D #49) setzten sie mehr auf Rhythm & Blues und Latin: »Ein Album voll guter Songs, gelungener Arrangements, Persönlichkeit und Courage« (*Musik Express*). Als Singles erschienen ›Island Of Lost Souls‹ (GB #11, US #37, D #66) und ›War Child‹ (GB #29). Insgesamt blieb die LP hinter den Verkaufserwartungen zurück. So wurde die als Neuanfang konzipierte Platte zum Vermächtnis einer New Wave-Band, die das internationale Popgeschehen vier Jahre lang mitbestimmt hatte.
Nach der Bandauflösung gründete Chris Stein eine eigene Plattenfirma namens Animal Records. Burke und Harrison gründeten mit Ex-Sex Pistols Steve Jones **Checquered Past**. Debbie Harry setzte 1982 ihre Laufbahn als Schauspielerin fort. Sie wirkte in dem John Waters-Film »Hairspray« mit und beteiligte sich jeweils mit einem Song an den Soundtracks zu den Filmen »Scarface«

(›Rush Rush‹) und »Krush Groove« (›Feel The Spin‹). 1983 stand sie in New York in der Revue »Teaneck Tanzi: The Venus Flytrap« auf der Bühne. Drei Jahre später trat sie auch wieder als Sängerin an die Öffentlichkeit. Seth Justman von der →J. Geils Band produzierte ihr 86er-Album ROCKBIRD (GB #15, US #97) mit dem Singlehit ›French Kissin' (In The USA)‹ (GB #6, US #57, D #28). Außerdem kamen ›Free To Fall‹ (GB #46) ›In Love With Love‹ (GB #45, US #70) als Singles heraus. Debbie Harry konnte mit dem schlichten Popsound nicht an die Erfolgstage von Blondie anknüpfen und ließ sich für das nächste Album bis zum November 1989 Zeit.
Mike Chapman und →Thompson Twins-Mitglied Tom Bailey produzierten die LP DEF, DUMB & BLONDE (GB #12), mit der Deborah Harry nur in Großbritannien respektable Umsätze erzielte. Das galt auch für die Auskopplungen ›I Want That Man‹ (GB #13), ›Brite Side‹ (GB #59) und ›Sweet And Low‹ (GB #57). Ende 1989 tourte sie nach siebenjähriger Pause durch England und die USA, begleitet von Chris Stein, Leigh Fox (b), Jimmy Clark (dr), Carla Olla (g) und Suzy Davis (key). 1990 beteiligte sich Deborah Harry an einer sogenannten Package-Tournee mit den →Ramones, Tom Tom Club und Jerry Harrison (→Talking Heads).
Anfang 1991 nahm Deborah Harry für den Cole Porter-Sampler RED, HOT + BLUE dessen Komposition ›Well Did You Evah‹ auf. Im Sommer bereiste sie erneut Großbritannien, und im November flimmerte sie in der TV-Produktion »Intimate Stranger« über nordamerikanische Bildschirme. Ende des Jahres unterschrieb sie bei Sire Records einen neuen Plattenvertrag und veröffentlichte im Juli 1993 das Album DEBRAVATION (GB #24) mit den Singles ›I Can See Clearly Now‹ (GB #23) und ›Strike Me Pink‹ (GB #46). Seit 1995 kooperierte sie mit den New Yorker Jazz Passengers.
Clement Burke brachte ein erfolgloses Album heraus, begleitete in den 80er Jahren mehrfach die →Eurythmics und wurde 1991 Mitglied der Brothers Figaro.
Nigel Harrison komponierte Filmmusiken, u. a. für »Repo Man«, und arbeitete als A&R-Manager für Capitol Records. Destri wurde als Produzent aktiv.
Im Spätsommer 1994 wurde eine Neuabmischung des Blondie-Erfolges ›Atomic‹ (GB #19) veröffentlicht, der im Sommer 1995 Remixe von ›Heart Of Glass‹ (GB #15) und ›Union City Blue‹ (GB #31) folgten. Ergänzt durch weitere neue Versionen bekannter Blondie-Songs erschienen sie im gleichen Jahr auf dem Album BEAUTIFUL.

BLONDIE (1977) Chrysalis 321165 • PLASTIC LETTERS (1978) Chrysalis 321166 • PARALLEL LINES (1978) Chrysalis 321192 • EAT TO THE BEAT (1979) Chrysalis, CPCD 1225 • AUTOAMERICAN (1980) Chrysalis, CDCHR 6084 • THE HUNTER (1982) Chrysalis, CDCHR 6083 • (S) THE BEST OF (1981) Chrysalis, CCD 1371 • (S) ONE MORE INTO THE BLEACH (1988) Chrysalis 321698 • (S) THE COMPLETE PICTURE (1991) Chrysalis 321817 • THE PLATINUM COLLECTION (1994) Chrysalis 831100 • (S) BLOND AND BEYOND (1994) Chrysalis 32190 • (S) BEAUTIFUL (1995) EMI 834604 • (S) THE ESSENTIAL COLLECTION (1997) EMI 855731 • James Destri: HEART ON THE WALL (1981) Chrysalis 204425 • Debbie Harry: KOOKOO (1981) Chrysalis 203810 • ROCKBIRD (1986) Chrysalis 321540 • DEF, DUMB & BLONDE (1989) Chrysalis 321650 • DEBRAVATION (1993) Chrysalis 326033 • Debbie Harry mit Wind In The Willows: WIND IN THE WILLOWS (1968) Drop Out 1985 • Debbie Harry mit Jazz Passengers:

INDIVIDUALLY TWISTED (1997) Essential, 578 ESS • Nigel **Harrison** mit **Silverhead**: SILVERHEAD (1973) Repertoire, REP 4645 • SEXTEEN AND SAVAGED (1973) Repertoire, REP 4646 • LIVE AT RAINBOW (1976) Purple 80351 • Nigel **Harrison** mit **Nite City**: NITE CITY (1977) 20th Century, T 528 • GOLDEN DAYS DIAMOND NIGHTS (1978) 20th Century 6370263

Alpha Blondy

Der führende Reggaestar Afrikas wurde 1953 in Dimbokoro, Elfenbeinküste, geboren. In den 80er Jahren stieg Alpha Blondy, der zwei Jahre an der Columbia University in den USA studiert hatte, zum erfolgreichsten Bandleader seines Landes auf. Seine Kompositionen, die tief in der Rastafari-Philosophie verwurzelt waren, gehörten zum Standardrepertoire unzähliger afrikanischer Bands. Blondys religiöse Besessenheit führte 1981 dazu, daß ihn seine Eltern für 18 Monate in eine psychiatrische Klinik einweisen ließen.
Blondy hing nach seiner Entlassung weiterhin den klassischen jamaikanischen Reggae-Ideen an und verfaßte militante Texte gegen Rassendiskriminierung, Folter, Polizeiwillkür und soziale Ungerechtigkeit. International wurde Blondy 1985 mit dem Album APARTHEID IS NAZISM bekannt, das als »brillante Reggae-Produktion mit messerscharfer Lyrik« (*New Musical Express*) gelobt wurde. Begleitet wurde er von **Solar System**.
Seine 86er Produktion JERUSALEM nahm Blondy mit den **Wailers** in Kingston, Jamaika, auf. Die LP enthielt den Hit ›Brigadier Saban‹ und ›Rasta Poue‹, einen weiteren Klassiker von Alpha Blondy. »Pulsierender Reggae-Beat« (*Guinness*) kennzeichnete auch die folgenden Alben. Um ein größeres Publikum zu erreichen, näherte sich Blondy bei MASADA zunehmend dem Mainstream: »Seine Musik hinkt den Texten um Längen hinterher« (*Musik Express*).

JAH GLORY (1983) Celluloid • COCODY ROCK (1984) EMI 792965 • RASTA POUE (1984) Une Musique 1915862 • APARTHEID IS NAZISM (1985) EMI 159888 • JERUSALEM (1986) EMI 746464 • REVOLUTION (1989) Shanachie • JAH JAH SEH (1989) Shanachie • THE PROPHETS (1989) EMI 791793 • MASADA (1992) EMI 798620 • LIVE AU ZENITH (PARIS) EMI 789470 • DIEU (1994) EMI 829847 • ZION ROCK (1996) Electrola 852470 • (S) BEST OF (1990) EMI 837041

Blood, Sweat & Tears

David Clayton-Thomas (voc), Bobby Colomby (dr, perc, voc), Jim Fielder (b), Dick Halligan (org, p, fl, po), Jerry Hyman (po), Steve Katz (g, harm, voc), Fred Lipsius (sax, p), Lew Soloff (tr, fl), Chuck Winfield (tr, flh)

Was sie mit →**Blues Project** begonnen hatten, wollten Steve Katz (*9. 5. 1945, New York) und Al →Kooper mit **Blood, Sweat & Tears** Ende 1967 konsequent fortführen: Die Annäherung von Rock und dem Jazz der Big Band- und Modern-Ära. **Blood, Sewat & Tears** verstanden sich als Wegbereiter des Jazzrock. Sie kamen damit in die Charts und wurden Superstars. Vier Top 10-Singles und drei Alben erreichten Millionenauflagen. Der weltweite Ruhm hielt rund drei Jahre an, dann verkamen **Blood, Sweat & Tears** zu schwerfälligen Routiniers.

Auch zahlreiche personelle Veränderungen konnten nichts bewirken.
Neben Katz und Kooper zählten Bobby Colomby (* 20. 12. 1944, New York), Jim Fielder (* 4. 10. 1947, Denton, Texas), Dick Halligan (* 29. 8. 1943, New York), Fred Lipsius (* 19. 11. 1943, New York) und die Trompeter Jerry Weiss und Randy Brecker zum Team der ersten Stunde, das im April 1968 mit der LP CHILD IS FATHER TO THE MAN (US #47) debütierte. Das »perfekteste Hörerlebnis seiner Zeit« (*Rolling Stone*) enthielt neben Arbeiten von Kooper Songs von Randy → Newman, → Nilsson und Tim → Buckley. Der neue Sound, der Rock- und Jazzfans gleichermaßen ansprach, wurde von der Plattenfirma unter dem irritierenden Slogan »That's Underground'« verkauft und blieb deshalb hinter den Erwartungen zurück.
Kooper, Brecker und Weiss trennten sich bereits im Sommer 1968 wieder von **Blood, Sweat & Tears**. Kooper tat sich mit Michael → Bloomfield für die SUPER SESSIONS zusammen, Weiss wechselte zu **Ambergris**, und Brecker wurde zum begehrten Studiomusiker und mit seinem Bruder Michael als **Brecker Brothers** weltbekannt.
Steve Katz holte als Nachfolger den ausdrucksstarken Sänger David Clayton-Thomas (David Thomsett, * 13. 9. 1941), Lew Soloff (* 20. 2. 1944, New York), Jerry Hyman (* 19. 5. 1947, New York) und Chuck Winfield (* 5. 2. 1943). Mit ihrem zweiten, mit einem Grammy ausgezeichneten Album BLOOD, SWEAT & TEARS (US #1) gelang der Rock-Bigband im Januar 1969 der internationale Durchbruch. Die ausgekoppelten Singles ›You've Made Me So Very Happy‹ (GB #27, US #2), ›Spinning Wheel‹ (US #2) und ›And When I Die‹ (US #2) wurden mit Gold ausgezeichnet, während die LP weltweit eine Auflage von über drei Millionen Exemplaren erreichte.
Auf der Bühne gaben **Blood, Sweat & Tears** eine professionelle Show, die vorrangig auf Clayton-Thomas abgestimmt war und sich durch ein diszipliniertes, präzises Zusammenspiel auszeichnete. Die Gruppe glänzte u. a. beim Newport Jazz Festival im Juli 1969, und beim Atlanta Pop Festival spielte sie vor 125 000 Menschen. Die *Los Angeles Times* nannte sie: »die wichtigste neue Popgruppe des Jahrzehnts«.
Das Album 3 (US #1) wurde im Sommer 1970 veröffentlicht und setzte mit den Singles ›Hi-De-Ho‹ (US #8) und ›Lucretia Mac Evil‹ (US #17) den Ansturm auf die nordamerikanischen Charts fort. Im Jahr darauf gab es Unruhe in der Band. Zunächst beteiligten sich **Blood, Sweat & Tears** am Soundtrack zu »The Owl And The Pussycat«. Dann verließ Hyman die Erfolgsgruppe und wurde durch Dave Bargeron (* 6. 9. 1942) ersetzt. Er debütierte auf der 71er LP 4 (US #6), aus der ›Go Down, Gamblin'‹ (US #26) und ›Lisa, Listen To Me‹ (US #80) ausgekoppelt wurden. David Clayton-Thomas traute sich mittlerweile eine Solokarriere zu, und nach Konzerten im kalifornischen Anaheim verließ er gemeinsam mit Fred Lipsius **Blood, Sweat & Tears**. Clayton-Thomas veröffentlichte vier uninteressante Popalben, die sich nur mäßig verkauften.
Zunächst kam der blinde texanische Sänger Bobby Doyle, der zuvor das **Bobby Doyle Trio** leitete, als Clayton-Thomas-Ersatz. Doch in der Band kriselte es, und als auch Dick Halligan die Band verließ, kamen als neue Mitglieder der Sänger Jerry Fisher, der Keyboarder Larry Willis, der Saxophonist Lou Marini und

der bereits erwähnte Hornist Dave Bargeron. Unter dem programmatischen Titel NEW BLOOD (US #25) kam im Herbst 1972 ein neues Album in die Läden – als Single wurde ›So Long Dixie‹ (US #91) ausgewählt. Das Material, darunter ›Maiden Voyage‹ von Herbie Hancock, war »kultivierter und intellektueller« (*Sounds*), versank jedoch in übertriebener Bläserpräsenz und schlichten Rockklischees. Die Live-Shows und LP-Produktionen wirkten gleichermaßen steril und genau berechnet. Auch ständige Umbesetzungen brachten den Erfolg nicht zurück, denn obwohl ausschließlich Spitzenmusiker in der Band mitwirkten, blieben neue Impulse aus. Als im Sommer 1973 NO SWEAT (US #74) auf den Markt kam, waren Steve Katz, Jerry Hyman und Chuck Winfield nicht mehr dabei. Neu waren George Wadenius (g) und Tom Malone (tr, flh, syn), der zuletzt bei →**Ten Wheel Drive** ausgeholfen hatte.
Bei MIRROR IMAGE 1974 gab der Sänger Jerry La Croix ein kurzes Zwischenspiel bei **Blood, Sweat & Tears**, danach kehrte David Clayton-Thomas zurück. Zu den Studioaufnahmen von NEW CITY wurde die Band erneut auf einigen Positionen umbesetzt. Mit dabei waren Clayton-Thomas, Colomby, Willis, Wadenius, Bargeron, Joe Giorgianni (tr, flh), Tony Klatka (tr, flh), Ron McClure (b) und Bill Tillman (sax). Das Album enthielt teilweise recht gutes Material von Janis Ian, Randy Newman und Lennon / McCartney, aber trotz der Rückkehr von Clayton-Thomas wurde die LP ein kommerzieller Flop.
Dem atmosphärisch und technisch gut gelungenen Doppelalbum IN CONCERT folgten die LP's MORE THAN EVER (mit Patti Austin) und BRAND NEW DAY (mit Chaka →Khan), die jedes Konzept vermissen ließen. **Blood, Sweat & Tears** bestanden zu diesem Zeitpunkt (1977) aus Clayton-Thomas, Bargeron, Willis, Colomby, Klatka, Tillman, Forrest Buchtel (tr, flh), Mike Stern (g), Ron McCurdy (dr) und Danny Trifan (b). Clayton-Thomas mußte aber weiterhin neue Mitglieder anwerben. Nach der erneut enttäuschenden Platte NUCLEAR BLUES trennten sich **Blood, Sweat & Tears**.
Einige Mitglieder der Band setzten ihre Karriere als erfolgreiche Studiomusiker fort. Jim Fielder (Chris →Hillman, Gene →Clark, Danny O'Keefe), Lou Marini (Cindy Bullens, Peter →Tosh, Manu →Dibango), Tom Malone (Billy →Cobham, Frank →Zappa, Carly →Simon, →Meat Loaf), Lew Soloff (Stanley Clarke, →**J. Geils Band**, Ian →Hunter). Jerry LaCroix versuchte sich als Solist und schloß sich →**Rare Earth** an. Tom Malone und Lou Marini spielten außerdem in der **Blues Brothers Band**.
1988 stellte David Clayton-Thomas **Blood, Sweat & Tears** für eine US-Tour neu zusammen. 1993 organisierten Kooper, Lipsius, Brecker, Fielder, Soloff, Katz und Malone im New Yorker Club Bottom's Line zwei Reunionkonzerte.
Nach langer Pause tauchte David Clayton-Thomas 1997 bei **Room No. 8** auf. Die Gruppe entstand auf Initiative von Ex-**Dschingis Khan** Leslie Mandoki und bot eine anspruchsvolle Mischung aus Jazz und Rock. Im selben Jahr erschien auch der Comebackversuch (RAW BREED) von **Blood, Sweat & Tears**.

CHILD IS FATHER TO THE MAN (1968) Columbia, CK 64214 • BLOOD, SWEAT & TEARS (1969) CBS 63504 • 3 (1970) CBS 64024 • 4 (1971) CBS 64355 • NEW BLOOD (1972) CBS 65252 • NO SWEAT (1973) CBS

65275 • MIRROR IMAGE (1974) CBS 80153 • NEW CITY (1975) CBS 80784 • IN CONCERT (1976) CBS 22006 • MORE THAN EVER (1976) CBS 81465 • BRAND NEW DAY (1977) ABC, ABCL 5234 • NUCLEAR BLUES (1980) A.R.G. 21 37493 • LIVE AND IMPROVISED (1992) Columbia 472212 • RAW BREED (1997) Warner Brothers 9362–46753 • (S) GREATEST HITS (1972) Columbia, COLCD 64803 • (S) CLASSIC (1980) 31824 • (S) WHAT GOES UP! (1996) Columbia, CK 64166 • David **Clayton-Thomas**: DAVID CLAYTON-THOMAS (1972) CBS 65755 • TEQUILA SUNRISE (1972) CBS 62237 • HARMONY JUNCTION (1973) RCA, SF 8381 • DAVID CLAYTON-THOMAS (1973) RCA, APL-1–0173 • David **Clayton-Thomas** mit **Room No. 8**: THE JAZZCUTS (1997) Polymedia 537 267 • Lew **Soloff** und Lou **Marini** mit **Laso**: LASO (1977) RCA 2247 • Jerry **Weiss** mit **Ambergris**: AMBERGRIS (1970) Paramount, PAS 5014 • Jerry **LaCroix**: LACROIX (1972) Epic 31555 • SECOND COMING (1973) Mercury, SRM-1–701

Bloodrock

Rick Cobb (dr), Ed Grundy (b, voc), Steve Hill (key, voc), Lee Pickens (g, voc), Jim Rutledge (voc), Nick Taylor (g, voc)

Terry Knight, Manager von → **Grand Funk Railroad**, war der Entdecker der nordamerikanischen Hardrock-Band **Bloodrock**. Das Quintett kam 1969 zusammen und wurde ein Jahr später durch den Leadsänger Jim Rutledge verstärkt. Knight entwickelte als Produzent einen orgelbetonten Heavysound als Alternative zu **Grand Funk** und hatte damit zumindest bis 1972 Erfolg. Vor allem die aggressive Stimme von Rutledge fand in Fachkreisen großen Anklang.

Während die erste LP kaum Käufer fand, gelang der Band mit dem Album 2 (US #16) ein beachtlicher kommerzieller Erfolg. Die LP enthielt ›D.O.A.‹ (US #21), den einzigen Singlehit von **Bloodrock**. Im Frühjahr 1971 erschien die LP 3 (US #14), der noch im gleichen Jahr U.S.A. (US #86) folgte. Die Gruppe nutzte den kurzfristigen Erfolg konsequent aus und ignorierte die anhaltende Kritikerschelte. Der Mitschnitt LIVE vermittelte 1972 nur solide Bühnenroutine. Bei PASSAGE im gleichen Jahr deuteten sich musikalische Veränderungen an. **Bloodrock** (US #70) bemühten sich um ein differenzierteres Konzept und hatten Rutledge gegen Warren Ham (voc, fl, sax, harm) ausgetauscht. Auch Pickens hatte die Band verlassen. Da das Album die hochgesteckten Erwartungen nicht erfüllte, stieg Ham wieder aus, und Rutledge und Pickens kehrten zur letzten Produktion WHIRLWIND TONGUES zurück. Wie bei U.S.A. arbeiteten **Bloodrock** erneut mit dem texanischen Gitarristen John → Nitzinger zusammen. Doch auch diese Kooperation konnte den Niedergang der Gruppe nicht mehr verhindern, da international mittlerweile ein völlig anderer Metal-Stil angesagt war.
Jim Rutledge wirkte Ende der 70er Jahre als Produzent für die Sängerin Meri Wilson.

BLOODROCK (1970) One Way 18404 • 2 (1970) One Way 18405 • 3 (1971) Capitol, ST-765 • BLOODROCK 'N' ROLL (1972) Capitol, SM-11517 • U.S.A. (1972) Capitol 062–81017 • LIVE (1972) Capitol, SVBB 11038 • PASSAGE (1972) Capitol 062–81268 • WHIRLWIND TONGUES (1974) Capitol, EST 11259

Mike Bloomfield

Als Sohn wohlhabender Eltern wurde Mike Bloomfield am 28. 7. 1944 in Chicago geboren. Als 14jähriger kaufte sich der Linkshänder seine erste Gitarre. Er erhielt außerdem Klavierunterricht. Chuck →Berry und James Burton, Gitarrist bei Gene →Vincent, begeisterten ihn, und die schwarzen Bluesclubs in der Chicagoer Southside zogen ihn magisch an. Er hörte Buddy →Guy und James →Cotton und bevorzugte die Techniken von Lightnin' →Hopkins, Muddy →Waters und Reverend Gary Davis, aber auch die Folkspielweisen eines Woody →Guthrie. Mike Bloomfield machte die Bekanntschaft von Paul Butterfield und Nick →Gravenites, ebenfalls junge weiße Musiker, die den Blues spielen wollten. 1961 kam das Mundharmonikatalent Charlie →Musselwhite von Memphis nach Chicago. Der gerade 17jährige Bloomfield organisierte in jenen Tagen sporadisch Clubkonzerte und bildete dann mit Musselwhite den Kern der Begleitgruppe von Big Joe →Williams. Als Williams sich nach einem Jahr absetzte, blieb man als reine Bluesband zusammen und machte erste Aufnahmen für John Hammond sen., die unveröffentlicht blieben. 1963/64 nahm der inzwischen versierte Gitarrist Bloomfield an verschiedenen Sessions teil, u. a. mit dem Mandolinenspieler Yank Rachell.

Anfang 1965 wurde Bloomfield Mitglied der →**Butterfield Blues Band**, der ersten elektrischen Band, die vom Folklabel Elektra Records einen Vertrag erhielt. Bis Ende 1966 blieb er bei der Gruppe, in der er durch eine phantasievolle, eigene Blues-Spielweise auffiel. In jener Zeit ging er mehrfach mit Butterfield auf Tournee und lernte dabei Bob →Dylan kennen. Dylan war von dem jungen Gitarristen so begeistert, daß er ihn für die Aufnahmen zu ›Like A Rolling Stone‹ und seinen legendären Auftritt beim Newport Festival 1965 engagierte. Ein festes Engagement bei Dylan lehnte Bloomfield jedoch ab. Er übernahm vielmehr die Rolle eines amerikanischen Eric →Clapton. Sein Ansehen als schwärzester weißer Bluesgitarrist wuchs ständig, ebenso wie sein Einfluß auf andere junge Gitarristen.

Nach der Trennung von Butterfield gründete er Anfang 1967 gemeinsam mit dem befreundeten Pianisten Barry →Goldberg die Formation →**Electric Flag**, eine der ersten Bands, die mit einem Bläsersatz experimentierten. Bis zum Sommer 1968 entstanden zwei kommerziell recht erfolgreiche Alben, an denen Bloomfield maßgeblich beteiligt war. In seiner Wahlheimat San Francisco reifte die Idee zu einigen Session-Projekten. Zunächst lud die Westcoastgruppe →**Moby Grape** Bloomfield zu den Aufnahmen von WOW / GRAPE JAM ein. Die nächste Unternehmung dieser Art startete Al →Kooper, den Bloomfield aus seiner Dylan-Zeit kannte. Kooper (key, g, voc) organisierte 1968 in Los Angeles die erste SUPER SESSION, an der neben dem Initiator Bloomfield (g), Goldberg (p), Ex-**Electric Flag** Harvey Brooks (b) und der ehemalige →**Mamas & Papas**-Drummer Eddie Hoh mitwirkten. Die erste LP-Seite entstand in einer einzigen Nacht. Da Bloomfield überstürzt nach Frisco abgereist war, übernahm der noch unbekannte Gitarrist Stephen →Stills von →**Buffalo Springfield** seinen Part. Völlig überraschend wurde die SUPER SESSION (US #14) zu einem Verkaufsschlager. Mike Bloomfield beteiligte sich

daraufhin an einer Konzertauflage im September 1968 im Fillmore West. THE LIVE ADVENTURES (US #19) – u. a. mit Carlos Santana und Elvin → Bishop – bot diesmal auf vier Plattenseiten eine Gitarrenschlacht im besten Westcoaststil, die alle Erwartungen übertraf. Bloomfields Session-Trilogie fand im Januar 1969 ihren Abschluß mit der LP LIVE AT BILL GRAHAM'S FILLMORE WEST unter Mitwirkung von Gravenites, Mark Naftalin (p), Taj → Mahal, Jesse Ed Davis (g) und Mitgliedern von **Southern Comfort**.
Ende 1969 enttäuschte der große Instrumentalist mit seiner ersten reinen Soloproduktion. IT'S NOT KILLING ME bestand aus wahllos aneinandergereihten Exkursionen zu Blues und Country, das »Schlechteste und Unausgegorenste, das Bloomfield je aufgenommen hat« (*Bomp*). Offensichtlich hatte der Gitarrist trotz seiner musikalischen Fähigkeiten Mühe, Konzepte für Lieder und Arrangements zu entwickeln. Außerdem erwiesen sich seine gesanglichen Möglichkeiten als begrenzt. Ebenfalls 1969 nahm Bloomfield ein Album mit seinem Freund Barry Goldberg auf und war an dem Chicagoer Bluestreffen FATHERS AND SONS mit Muddy Waters und Otis → Spann beteiligt. Anschließend gönnte er sich eine schöpferische Pause.
1973 wurde Mike Bloomfield wieder überaus aktiv. Mit Nick Gravenites verfaßte er den Soundtrack zu Alan Meyersons Film »Steelyard Blues«. Es war nach »The Trip« (1967) und »Medium Cool« (1969) seine dritte Filmmusik. Im selben Jahr strebte er mit → Dr. John und John → Hammond eine neue Superband an und nahm das Album TRIUMVIRATE (US #89) auf. Wer auf eine SUPER SESSION gehofft hatte, wurde jedoch von dem Projekt bitter enttäuscht.
1974 schien Bloomfield das Geld auszugehen, und er versuchte mit einer halbherzigen Reunion von **Electric Flag** verlorenes Terrain zurückzugewinnen. Trotz wohlwollender Kritiken wurde es ein kommerzieller Flop. Bloomfield formierte daraufhin mit Goldberg, Rick Grech (b), Carmine Appice (dr) und Ray Kennedy (voc) unter dem Namen **KGB** wieder eine sogenannte Supergruppe. Das Interesse an der ersten LP von **KGB** war gering, und als das zweite Album entstand, hatte Bloomfield die Band bereits wieder verlassen.
Mike Bloomfield setzte nun seine Karriere als Solist fort und bestätigte seinen guten Ruf als hochkarätiger Stilist auf der reinen Bluesproduktion IF YOU LOVE THESE BLUES, PLAY 'EM AS YOU PLEASE. Die nachfolgenden, weitgehend unbeachteten Platten zeigen Mike Bloomfield als Bluesmusiker par excellence. Das Repertoire bestand aus Eigenkompositionen, Songs von Gravenites und Bluesklassikern von Lonnie Johnson, Big Joe → Turner und Sleepy John → Estes.
1979/80 arbeitete Bloomfield mehrfach mit dem Gitarristen Woody Harris zusammen. 1981 schien er mit dem 50er-Jahre-Touch der LP CRUISIN' FOR A BRUISIN' endlich wieder die verdiente Anerkennung zu bekommen. Eine Woche nach der Veröffentlichung, am 15. Februar, wurde Bloomfield tot in seinem Auto aufgefunden. Laut Polizeibericht starb er an einer versehentlichen Überdosis an Betäubungsmitteln.
In zahlreichen Nachrufen erinnerte sich die Rockwelt an einen ihrer einflußreichsten und bedeutendsten Gitarristen. Die Plattenfirmen reagierten mit der Veröffentlichung verschiedener, bis dahin unveröffentlichter Aufnahmen und Live-Mitschnitte. Im *New Musical*

Express wurde er als »einer der besten weißen Bluesgitarristen, den Amerika je hervorgebracht hat« bezeichnet. In den Nachrichten wurde Mike Bloomfield zitiert: »Vielleicht gibt es kurze Momente der Ekstase, aber der Preis, den man dafür zahlen muß, ist eine tägliche Hölle. Ich weiß, daß es das nicht wert ist.«

THE TRIP (1967) Soundtrack • LIVE AT BILL GRAHAM'S FILLMORE WEST (1969) CBS 63816 • MEDIUM COOL (1969) Soundtrack • IT'S NOT KILLING ME (1969) CBS 63652 • TRY IT BEFORE YOU BUY IT (1973) CBS 33173 • IF YOU LOVE THESE BLUES, PLAY 'EM AS YOU PLEASE (1976) Sonet 69055 • MILL VALLEY SESSION (1976) • ANALINE (1977) Sonet, SNTL 2749 • MICHAEL BLOOMFIELD (1978) Takoma 1063 • COUNT TALENT AND THE ORIGINALS (1978) Takoma; TKR 82516 • BETWEEN THE HARD PLACE AND THE GROUND (1979) Takoma, TAK 7070 • CRUISIN' FOR THE BRUISIN' (1981) Takoma, TAK 7091 • LIVING IN THE FAST LANE (1981) Line, LLP 5104 • LIVE IN ITALY (1981) M.B. 0001 • GOSPEL DUETS (1981) Sonet 164 • AMERICAN HERO (1984) Thunderbolt, THBL 1009 • I'M WITH YOU ALWAYS (1990) Demon, FIEND 92 • (S) RED HOT BLUES (1981) Uni 2328 • (S) A RETROSPECTIVE (1984) CBS 22164 • (S) ESSENTIAL BLUES (1994) Columbia, CK 57631 • Mit Al **Kooper**: SUPER SESSION (1968) CBS 63396 • LIVE ADVENTURES (1969) Columbia 485151 • Mit Barry **Goldberg**: TWO JEWS BLUES (1969) Buddah, BDS 5029 • Mit Nick **Gravenites**: STEELYARD BLUES (1973) Soundtrack Warner Brothers 2662 • Mit **Dr. John** und John **Hammond**: TRIUMVIRATE (1973) Columbia 473696 • Mit Woody **Harris**: BLOOMFIELD-HARRIS (1979) Sonet, SNKF 164 • Mit Woody **Herman**: BRAND NEW (1971) Fantasy, F 8414 • Mit **KGB**: KGB (1975) MCA 2166 • MOTION (1976) MCA 2221

Blue Cheer

Dickie Peterson (b, voc), Leigh Stevens (g, voc), Paul Whaley (dr)

Der Durchbruch britischer Heavybands wie → **Cream** oder der → **Jeff Beck Group** ermunterte 1967 Peterson, Stevens und Whaley zu dem Powertrio **Blue Cheer**, das als »eine der lautesten Gruppen in die Rockgeschichte einging« (*Guinness*). Whaley spielte zuvor bei der Hippieformation **Oxford Circle**, die oft im Vorprogramm von → **Grateful Dead** auftrat und mehrere Singles veröffentlicht hatte.
Als **Blue Cheer** wurde die damalige Modedroge STP bezeichnet, und diese Namensgebung wurde der Band in der Presse verübelt. Unbeeindruckt von dieser Kritik schaffte es die Band im April 1968, mit einer anarchistischen Version von Eddie → Cochrans Rock'n'Roll-Klassiker ›Summertime Blues‹ (US #8, D #25) in die Charts zu gelangen. Ähnlich gut verkaufte sich die Debüt-LP VINCEBUS ERUPTUM (US #7), die neben Neuauflagen von ›Rock Me Baby‹ und ›Parchment Farm‹ drei Songs von Peterson enthielt. Das gesamte Material war von einem rasanten Schlagzeug und ungezügelter Rock'n'Roll-Energie geprägt. Als im Sommer 1968 die Single ›Just A Little Bit‹ (US #71) und das Album OUTSIDE INSIDE (US #81) in die Hitparaden kamen, verkündete Stargitarrist Leigh Stevens seinen Abschied von **Blue Cheer**, die bei der Produktion durch den Keyboarder Ralph Kellogg unterstützt wurden. Stephens initiierte die Bands **Silvermetro**, **Pilot** und veröffentlichte erfolglose Soloplatten. Als neuer Gitarrist wurde Randy Holden von **Other Half** geholt, und im Mai 1969 kam die LP NEW!

Improved! (US #76) auf den Markt. Holden fand sich auf Anhieb bei **Blue Cheer** zurecht und beteiligte sich an spätpsychedelischen Hardrockschlachten, die dem aufkommenden Heavy Metal die Richtung wiesen. Lediglich einige müde Bluesrock-Ausflüge trübten das Bild.
Holden blieb nicht lange bei **Blue Cheer** und mußte schon nach wenigen Monaten durch Bruce Stephens ersetzt werden, der zuvor bei **Mint Tattoo** spielte. Als neuer Drummer stellte sich 1970 auf der LP Blue Cheer Norman Mayell vor, der 1966 mit → **Sopwith Camel** den Hit ›Hello Hello‹ (US #25) landen konnte. Darüber hinaus war er Begleiter von Norman Greenbaum. Zu Beginn der 70er Jahre boten **Blue Cheer** nur noch einfallslose Hardrock-Klischees. 1971 kehrten sie – nunmehr mit Gary Yoder (g) für Bruce Stephens – zum glaubwürdigen, kraftvollen Heavysound zurück, hatten aber gegen → **Grand Funk Railroad** keine Chance.
Mayell beteiligte sich nach der Trennung von **Blue Cheer** an einer Reunion von **Sopwith Camel**. Bruce und Leigh Stephens trafen sich bei **Pilot**.
Als viele klassische Bands wiederkehrten, kam es 1984 mit Peterson, Whaley und Tony Rainier (g) auch zu einer Neuauflage von **Blue Cheer**. Die Band klang wie zu ihrer Gründerzeit und machte mit einem aggressiven und ungeschliffenen Sound dem LP-Titel The Beast Is Back alle Ehre. Die Hoffnung, vom Heavy Metal-Boom zu profitieren, wurde jedoch enttäuscht. Ähnlich erfolglos war 1989 das Album Blitzkrieg Over Nürnberg. Bessere Kritiken erhielt im Spätherbst 1990 Highlights And Lowlives. Mit diesem Album knüpften »die Paten des Metal« (*Musik Express*) an die kräftigen Riffs ihrer ersten beiden Alben an, konnten sich damit kommerziell aber nicht mehr durchsetzen.

VINCEBUS ERUPTUM (1967) Mercury, IMS 7023 • OUTSIDE INSIDE (1968) Mercury 514683 • NEW! IMPROVED! (1969) Mercury, IMS 7025 • BLUE CHEER (1970) Line 951078 • THE ORIGINAL HUMAN BEING (1971) Line 951079 • OH! PLEASANT HOPE (1972) Philips, PHS 600–305 • THE BEAST IS BACK (1985) Megaforce, IRS 993416 • BLITZKRIEG OVER NUERNBERG (1989) Magnum 091 • HIGHLIGHTS AND LOWLIVES (1990) Nibelung 23011421 • THE BEST OF (1982) Philips 6463142 • (S) LOUDER THAN GOD (1986) Rhino • Leigh **Stephens**: RED WATER (1969) Philips, PHS 600–294 • AND A CAST OF THOUSANDS (1972) Charisma, CAS 1040 • Leigh **Stephens** und Bruce **Stephens** mit **Pilot**: PILOT (1972) RCA, LSP 4730 • POINT OF VIEW (1973) RCA, LSP 4825 • Bruce **Stephens** und Ralph **Kellogg** mit **Mint Tattoo**: MINT TATTOO (1968) Dot 25198 • Randy **Holden**: GUITAR GOD (1993) • (S) EARLY WORKS (1996) • Randy **Holden** mit **Other Half**: THE OTHER HALF (1969) Atco 38004 • Norman **Mayell** mit **Sopwith Camel**: SOPWITH CAMEL (1967) Kama Sutra, KLPS 8060 • THE MIRACULOUS HUMP RETURNS FROM THE MOON (1973) Reprise, MS 2108 • Gary **Yoder** mit **KAK**: KAK (1969) Epic 48534

Blue Öyster Cult

Eric Bloom (voc, g), Albert Bouchard (dr), Joe Bouchard (b, g, voc), Allen Lanier (voc, key, g), Donald ›Buck Dharma‹ Roeser (voc, g, key)

Blue Öyster Cult wurden durch Fantasybeeinflußte Rock-Grusicals bekannt. Lasereffekte, riesige Lightshows und hohe Phonstärken waren das Merkmal ihrer

Konzerte. In den USA wurde das Quintett als amerikanische Antwort auf →Led Zeppelin oder →Black Sabbath betrachtet und als »semisatirische Exponenten einer mächtigen Dezibel-Apokalypse« (*Rolling Stone*) bezeichnet. Über die Debüt-LP von 1971 hieß es, sie sei »das Beste seit den Doors« (*Changes*).
Blue Öyster Cult standen für einfallsreichen Heavyrock und bereiteten den amerikanischen Metal-Boom vor, der zu Beginn der 80er Jahre an Ost- und Westküste gleichzeitig begann. Vier Alben wurden von der Gruppe vergoldet, 1976 erreichte AGENTS OF FORTUNE sogar einen mehrfachen Platin-Status.
Die Anfänge von Blue Öyster Cult reichten zurück bis ins Jahr 1967. Damals waren der Drummer Albert Bouchard (* 24. 5. 1947, Watertown, New York), Allen Lanier (* 25. 6. 1946), Donald Roeser (* 12. 11. 1947) und der Sänger und Komponist R. Meltzer an der New Yorker Stony Brook University eingeschrieben. Meltzer und der frühere Journalist von *Crawdaddy* und spätere Erfolgsproduzent Sandy Pearlman gründeten gemeinsam eine Band und nannten sich zunächst Cow, aus denen Soft White Underbelly entstanden. Diesen Namen benutzten BÖC auch später noch für Testkonzerte in Clubs. Als Meltzer ausschied, wurden zunächst mehrere Vokalisten ausprobiert, bis es mit Les Bronstein zu Aufnahmen kam, die unveröffentlicht blieben. 1969 übernahm Eric Bloom (* 1. 12. 1944) den Leadgesang. Die Band nannte sich inzwischen Oxaca, verwarf diesen Namen jedoch wieder zugunsten von Stalk Forrest Group, mit Joe Bouchard (* 9. 11. 1948) als Bassisten.
Nachdem mehrere Labels die Demoaufnahmen abgelehnt hatten, bot ihnen 1971 CBS einen Vertrag unter der Bedingung an, einen neuen Bandnamen zu suchen. In nur 14 Tagen realisierten Blue Öyster Cult ihre erste, vielgelobte Hardrock-LP, die im Juni 1972 veröffentlicht wurde. Anschließend gingen sie mit →Alice Cooper auf Tournee. Die nächsten vier Jahre arbeitete die Band ihr Bühnenkonzept mit Lightshow und phantasievollen Kostümen aus. Die in dieser Zeit erschienenen drei Alben wurden als »Future Rock« (*Cashbox*) bzw. »Clockwork Orange-Rock« (*Sounds*) bezeichnet. Mit TYRANNY & MUTATION (US #95), SECRET TREATIES (US #44) und ON YOUR FEET OR ON YOUR KNEES (US #37) kletterten Blue Öyster Cult nach und nach in höhere Chartsregionen. Über den Mitschnitt ON YOUR FEET ... schrieb *Sounds*, »ein Klanginferno mit paranoidbösen Texten«.
Der Durchbruch kam im Sommer 1976. Die »spätere Prinzessin des Punk« (*New Musical Express*) Patti →Smith, die zu der Zeit mit Allan Lanier befreundet war, beteiligte sich an dem Album AGENTS OF FORTUNE (US #32) als Coautorin der Songs ›The Revenge Of Vera Gemini‹ und ›Debbie Denise‹ und als Backup-Sängerin bei dem Tophit ›(Don't Fear) The Reaper‹ (GB #18, US #22). Blue Öyster Cult gehörten nun zu den Megaattraktionen der US-Heavyszene und versetzten mit ihren ausgeklügelten Shows »die Leute buchstäblich in Ekstase« (*New York Daily News*).
Die 77er LP SPECTRES (US #36) forderte den *Rolling Stone* zu dem eigenwilligen Vergleich heraus: »Es ist, als ob Alfred Hitchcock und Stanley Kubrick, sich gegenseitig Geschichten über ihre sexuellen Wunschträume erzählen.« Mit SOME ENCHANTED EVENING (GB #19, US #43) konnten Blue Öyster Cult Ende 1978 ihre Popularität in Großbritannien erheblich

steigern. MIRRORS (US #63) fiel dagegen im Sommer 1979 gegenüber den Umsätzen der Vorgänger etwas ab. 1980 wurde eine gemeinsame Tournee mit **Black Sabbath** auf dem Konzertfilm »Black And Blue« festgehalten. Als das Dokument ein Jahr später in den Kinos anlief, hatten **Blue Öyster Cult** mit CULTOSAURUS ERECTUS (GB #25, US #52) und FIRE OF UNKNOWN ORIGIN (GB #24, US #41) zwei weitere Alben herausgebracht und waren wieder auf Tournee, bei der zwei Millionen Menschen ihre 130 Konzerte aufsuchten.

Im Frühjahr 1982 erschien der dritte Mitschnitt EXTRA-TERRESTRIAL (US #29), bei dem **Blue Öyster Cult** ihren neuen Schlagzeuger vorstellten. Albert Bouchard hatte die Gruppe mit unbekanntem Ziel verlassen und wurde durch den langjährigen Tourmanager und Lichtdesigner Rick Downey ersetzt. Ab Ende 1983 wurde es ruhiger um den »Heavy-Rock aus der Hölle« (*Musik Express*). Mit der durchschnittlichen, aalglatten Hardrock-LP THE REVOLUTION BY NIGHT (US #93) verschwanden **Blue Öyster Cult** vorübergehend aus den Hitlisten. Die gut zweijährige Pause nutzte Allen Lanier für Studioarbeiten (John →Cale, **Jim Carroll Band**) und Donald ›Buck Dharma‹ Roeser zur Produktion seiner wenig beachteten Soloplatte FLAT OUT.

Lanier kehrte auch zunächst nicht zu **Blue Öyster Cult** zurück und wurde bei CLUB NINJA (US #63) vom März 1986 von Tommy Zvonchek, der zuvor auf Platten von →**Public Image Ltd.** und →**Dream Syndicate** zu hören war, ersetzt; am Schlagzeug wirkte Jimmy Wilcox. Die »selbsternannten Erfinder des Heavy Metal« (*Metal Hammer*) beschränkten sich bei CLUB NINJA auf routiniert arrangierten Hardrock. Der eher mäßige Erfolg veranlaßte die Band wieder zu einer Pause. Für die Aufnahmen des Albums IMAGINOS kehrten Albert Bouchard und Allen Lanier zu **Blue Öyster Cult** zurück. Wilcox und Zvonchek hatten die Band wieder verlassen. Die LP war ebenso enttäuschend wie der Vorgänger. Joe Bouchard formierte daraufhin **Deadringer**, während die übrigen Mitglieder von **Blue Öyster Cult** im März 1989 in Großbritannien auf Tour gingen. Wieder in Originalbesetzung konzentrierten sich **Blue Öyster Cult** 1992 auf Clubtourneen und schrieben den Soundtrack zum Horrorfilm »Bad Channels«.

BLUE ÖYSTER CULT (1972) Columbia 468876 • TYRANNY & MUTATION (1973) CBS 65331 • SECRET TREATIES (1974) CBS 80103 • ON YOUR FEET OR ON YOUR KNEES (1975) CBS 88116 • AGENTS OF FORTUNE (1976) Columbia 468019 • SPECTRES (1977) CBS 82371 • SOME ENCHANTED EVENING (1978) Columbia 468021 • MIRRORS (1978) CBS 86087 • CULTOSAURUS ERECTUS (1980) CBS 86120 • FIRE OF UNKNOWN ORIGIN (1981) CBS 85137 • EXTRA-TERRESTRIAL LIVE (1982) CBS 22023 • THE REVOLUTION BY NIGHT (1983) CBS 25868 • CLUB NINJA (1985) Columbia 471210 • IMAGINOS (1988) 460036 • BAD CHANNELS (!)(?) Soundtrack IRS 993018 • (S) CAREER OF EVIL (1990) CBS 465929 • WORKSHOP OF THE TELESCOPES (1995) Columbia 480949 • (S) THREE PAK (1996) Columbia, COLCD 64806 • Donald ›Buck Dharma‹ **Roeser**: FLAT OUT (1982) Portrait 85997 • Joe Bouchard mit **Deadringer**: ELECTROCUTION OF THE HEART (1988)

Blue Rodeo

Jim Cuddy (g), Kim Deschamps (key), Bazil Donovan (b), James Gray (key), Greg Keelor (g), Glenn Milchem (dr)

Jim Cuddy und Greg Keelor gründeten im kanadischen Toronto die Highschool-Band **HiFis**, mit der sie 1981 nach New York gingen, um sich um einen Plattenvertrag zu bemühen. Nach drei Jahren kehrten sie erfolglos nach Toronto zurück. Cuddy und Keelor formierten nun mit Bazil Donovan, Cleave Andersen (dr) und dem Autodidakten Bob Wiseman (p) **Blue Rodeo**. Sie wurden 1985 als Hausband im Club The Horseshoe engagiert und veröffentlichten 1987 ihr erstes Album »Outskirts«. **Blue Rodeo** verbanden Rock'n'Roll, Country und Folk und eroberten mit der Single ›Try‹ die heimischen Charts. In Kanada wurde ihre LP mit Platin ausgezeichnet, und sie wurden vom Fachmagazin *Rock Express* zur »besten neuen kanadischen Band« gekürt.

Nach dem Erscheinen von DIAMOND MINE wurde das Quintett über die Grenzen Kanadas hinaus bekannt. ›How Long‹, ›Diamond Mine‹ und ›House Of Dreams‹ wurden als Singles ausgekoppelt. Der *Musik Express* schrieb über das Album: »Sie brauchen keine modernen Rhythmushilfen und wühlen munter im amerikanischen Volksmusikarchiv.« Im Juni 1989 kamen **Blue Rodeo** im Vorprogramm von Edie → Brickell nach Europa. Nach der Tour löste Mark French Andersen als Schlagzeuger ab.

1990 und 1991 wurden **Blue Rodeo** für ihre Mischung aus »Westcoast und Merseyside mit zusätzlichen Inspirationen aus Greenwich Village« (*Musik Express*) in Kanada mit dem Juno Award ausgezeichnet und etablierten sich mit dem Album CASINO und Singles wie ›Love And Understanding‹, ›Trust Yourself‹ und ›After The Rain‹ endgültig in der Rockelite ihrer Heimat. Vor der Aufnahmesession von LOST TOGETHER verließ French die Band wieder. Für ihn kam Kim Deschamp, und Ex-**Change Of Heart** ersetzte Wiseman als Pianisten. LOST TOGETHER stand den Vorgängern in nichts nach: perfekt inszenierte Songs mit engagierten Texten, meist ruhige Balladen, die an → **R.E.M.** erinnerten.

Ende 1993 kam FIVE DAYS IN JULY auf den Markt mit Sarah McLachlan als Gastsängerin. 1995 meldeten sich **Blue Rodeo** mit NOWHERE TO HERE zurück. Das Album wurde in Kanada wieder mit Platin ausgezeichnet und auch international als »hochklassiger, moderner Countryrock« (*New Musical Express*) gelobt. Wenig erfolgreich verlief dagegen eine US-Tournee, präsentierten sie sich doch als »müder Haufen mit dem Charisma von Gesamtschullehrern« (*Musik Express*).

Auf dem 97er Album TREMOLO perfektionierten sie ihren Country-Pop, setzten gekonnt auf einprägsame, aber nie simple Melodien und verzichteten auf die weitläufigen Improvisationen von NOWHERE TO HERE. Neues, ergänzendes Mitglied war der Keyborder James Gray.

OUTSKIRTS (1987) WEA 254718 • DIAMOND MINE (1989) WEA 256268 • CASINO (1990) Atlantic 9031–72770 • LOST TOGETHER (1992) Atlantic 9031–77633 • FIVE DAYS IN JULY (1993) Warner Brothers 4509–93846 • NOWHERE TO HERE (1995) Discovery 77024 • TREMOLO (1997) Sire 0630–19253 • Bob **Wiseman**: SING

WRENCH TUTTLE / IN HER DREAM (1989) Atlantic 782111 • CITY OF WOOD (1994) EFA 08324

Blues Brothers

Dan Aykroyd (voc, harm), John Belushi (voc)

Dan Aykroyd (* 1. 7. 1952, Ottawa, Kanada) und John Belushi (* 24. 1. 1949, Chicago) fanden über die Schauspielerei den Weg zur Musik. Beide jobbten in den 70er Jahren auf Kleinkunstbühnen und wirkten mehrfach in der beliebten, satirischen TV-Show ›Saturday Night Live‹ mit. In kleinen Bars rund um die nordamerikanischen Seen entwickelte das Duo ein musikalisches Konzept, das auf dem satten City-Blues von Muddy →Waters und Howlin' →Wolf basierte. Dan und John nannten sich Elwood und Jake Joliet Blues und bauten 1977 die **Blues Brothers** auf. Elwood, der ruhige, unbeholfen wirkende Typ, der 20 verschiedene Mundharmonikas virtuos beherrschte, und der dicke, hyperaktive Jake zwängten sich in schwarze Anzüge, setzten kleine schwarze Hüte und dunkle Sonnenbrillen auf, trugen schmale Krawatten und weiße Oberhemden und kreierten damit eine Art Mafialook.

Die passenden Musiker fanden die **Blues Brothers** in ihrem Freundeskreis, zu dem seit Jahren eine versierte Studiomusiker-Clique um den Gitarristen Steve Cropper und den Bassisten Donald ›Duck‹ Dunn, früher bei →**Booker T. & The M.G's**, gehörte. Für den Bläsersatz konnten sie u. a. den John Coltrane-Schüler Tom Scott (sax) und die ehemaligen →**Blood, Sweat & Tears**-Musiker Lou Marini (po, sax) und Tom Malone (sax) gewinnen.

Ohne eine Platte veröffentlicht zu haben, nur durch eine einzige Fernsehshow lockten die **Blues Brothers** im Sommer 1978 5000 Menschen ins Universal Amphitheater in Los Angeles. Das Konzert wurde unter dem Titel BRIEFCASE FULL OF BLUES (US #2) mitgeschnitten und wurde Ende des Jahres zu einem Bestseller, der über drei Millionen Mal verkauft wurde. Das Material bestand ausnahmslos aus R&B- und Soul-Klassikern wie ›Soul Man‹ von Sam & Dave, ›I Can't Turn You Loose‹ von Otis →Redding und ›Groove Me‹ von King Floyd. Als Singles wurden ›Soul Man‹ (US #12) und ›Rubber Biscuit‹ (US #47) ausgekoppelt.

Die neuen Showstars der USA drehten 1979 einen Kinofilm. Mit viel Klamauk und vordergründiger Ironie dachten sich Aykroyd, Belushi und Regisseur Jon Landis eine irrwitzige Geschichte um die **Blues Brothers** aus. Als Ergebnis kam 1980 ein wirklich komischer Film im Slapstick-Stil in die Kinos, der weltweit zum Kultfilm avancierte. In Nebenrollen wirkten John Lee →Hooker, Ray →Charles, Aretha →Franklin und James →Brown mit. Der Soundtrack THE BLUES BROTHERS (US #9) bestand aus glänzend aufbereiteten Standards wie ›Everybody Needs Somebody To Love‹, ›Rawhide‹, ›Gimme Some Lovin'‹ und ›Jailhouse Rock‹. Als Single erschien ›Gimme Some Lovin'‹ (US #19).

Da sich Aykroyd und Belushi zu Beginn der 80er Jahre verstärkt im Filmgeschäft engagierten, vernachlässigten sie die **Blues Brothers**. Das letzte Album wurde wiederum in Los Angeles live mitgeschnitten und hieß MADE IN AMERICA. Diesmal coverten sie u. a. ›Soulfinger‹,

›Perry Mason Theme‹, ›Riot In Cell Block Number One‹ und für die Singleauskopplung ›Who's Making Love‹ (US #55).
Dan Aykroyd machte Karriere als Hollywoodstar und wurde mit Filmhits wie »Die Glücksritter«, »Ghostbusters« und »Meine Stiefmutter ist ein Alien« weltweit berühmt. John Belushi erlag am 5. 3. 1982 seiner Drogen- und Tablettensucht. Cropper und Dunn hielten die **Blues Brothers Band** am Leben und absolvierten sporadisch Tourneen. Dabei demonstrierten sie mit routinierten Studiomusikern die hohe Kunst des Rhythm & Blues und Stax-Soul. Im House Of Blues in Chicago kam es Anfang 1997 zu einem Konzert der **Blues Brothers**, bei dem Jim Belushi die Nachfolge seines Bruders antrat. Als Stargäste konnten u. a. Charlie → Musselwhite, Billy Boy → Arnold und Eddie Floyd gewonnen werden.

BRIEFCASE FULL OF BLUES (1978) Atlantic 7567–81554 • THE BLUES BROTHERS (1980) Soundtrack Atlantic 50715 • MADE IN AMERICA (1980) Atlantic 7567–81478 • LIVE FROM THE HOUSE OF BLUES (1997) Edel 0099172 • (S) THE BEST OF (1981) Atlantic 7567–82790 • **Blues Brothers Band**: LIVE IN MONTREUX (1990) WEA 9031–71613

Blues Image

Manuel Bertematti (dr, voc), Malcolm Jones (b), Frank Konte (key), Joe Lala (dr, perc), Mike Pinera (g, voc)

Die Latin-Bluesband stammte aus Tampa, Florida, und ging auf ein Trio zurück, das sich Mitte der 60er Jahre aus verschiedenen Schulbands zusammengefunden hatte. Manuel Bertematti, Joe Lala und Mike Pinera (* 29. 9. 1948) mochten harten Rock, kubanische Rhythmik und schätzten den Jazz von John Coltrane wie den Blues von Mose Allison. Lala sorgte für eine perkussionistische Vielfalt, und als 1966 der walisische Bassist Malcolm Jones dazustieß, einigte man sich auf den Namen **Blues Image**. Als das Quartett 1968 nach New York übersiedelte, komplettierte der kalifornische Keyboarder Frank Konte die Band.
Blues Image, die bereits 1967 Europa bereist hatten, setzten sich in der New Yorker Clubszene durch und wurden von den lokalen Medien als eine der fortschrittlichsten Formationen ihrer Zeit gehandelt. Sie spielten an der Ostküste, kamen auch nach Los Angeles und ließen sich nach der Vertragsunterzeichnung bei Atco Records Ende 1968 im kalifornischen San Fernando Valley nieder. **Blues Image** arbeiteten etwa ein halbes Jahr an ihrem ersten, nach der Band benannten Album.
Der orgellastige, schwere Bluesrock mit einem bis dahin ungewöhnlichen Latin-Element erhielt gute Kritiken. Die LP scheiterte knapp am Eintritt in die Charts, weckte aber die Neugier der landesweiten Medien. **Blues Image** witterten ihre Chance und veröffentlichten im Frühjahr 1970 ihr zweites Album mit »Open« (US #94): »Harter Rock mit Bluesfeeling sowie Instrumentalparts, die das musikalische Geschehen abwechslungsreich gestalten« (*Sounds*). Die Platte hielt sich lediglich drei Wochen in den Charts, sorgte aber mit der Auskopplung ›Ride Captain Ride‹ (US #5) für einen Smash-Hit. Als zweite Single wurde im Spätsommer des Jahres ›Gas Lamps And Clay‹ (US #64) ausgekoppelt.

Trotz des Erfolges gab es innerhalb der Gruppe Schwierigkeiten. Angesichts der wachsenden Konkurrenz, die mehr auf Show und Technik als auf musikalisches Handwerk setzte, sahen einige Bandmitglieder die Zukunftsaussichten pessimistisch. Als Mike Pinera ein Angebot von → **Iron Butterfly** erhielt, verließ er **Blues Image**. Er wurde durch den unbekannten Sänger Dennis Correll und den Ex-**Charity**-Gitarristen Kent Henry ersetzt. Red White & Blues Image hieß das dritte und zugleich letzte Album der talentierten Band. Ihr ungekünstelter Sound kam, trotz zahlreicher instrumentaler Finessen und abwechslungsreicher Songs, beim Publikum nicht mehr an. **Blues Image** erkannten die Lage und trennten sich.

Joe Lala gehörte bald zu den gefragtesten Studioperkussionisten der Westcoastszene und wurde u. a. Mitglied bei **Manassas**, die Stephen → Stills anführte. Konte tauchte in den Besetzungslisten von Curt Boetcher, → **Cold Blood**, → **Three Dog Night** und **Brooklyn Dreams** auf. Henry half bei → **Steppenwolf** aus, während Bertematti und Correll zunächst mit **Manna** ihre Karriere fortsetzten. Bertematti schloß sich 1973 der **New Cactus Band** an.

BLUES IMAGE (1969) Atco, SD 33–300 • OPEN (1970) Repertoire, REP 4375 • RED WHITE & BLUES IMAGE (1971) Atco, SD 33–348 • Manuel **Bertematti** und Dennis **Correll** mit **Manna**: MANNA (1972) Columbia, KC 31623 • Manuel **Bertematti** mit **New Cactus Band**: SON OF CACTUS (1973) Atlantic 40488 • Kent **Henry** mit **Charity**: NEW (1969) Uni 73061

Blues Magoos

Geoff Daking (dr), Mike Esposito (g), Ron Gilbert (b), Ralph Scala (voc, org), Emil ›Peppy‹ Thielheim (g, voc)

Emil ›Peppy‹ Thielheim (*16. 6. 1949), Ralph Scala (*12. 12. 1947), Ron Gilbert (*25. 4. 1946), John Finnegan (dr) und John LaPore (g) bildeten 1964 im New Yorker Stadtteil Bronx die **Bloos Magoos**. Ende des Jahres schieden Finnegan und LaPore aus, neu kamen Geoff Daking und Mike Esposito. Die Band, nun **Blues Magoos** genannt, war vom Blues und dem Psychedelic-Sound von → **Pink Floyd** beeinflußt und wurde im Künstlerviertel schnell zu einer Art Kultband. Sie residierten im Club Night Owl und kreierten einen Sound, der von hellen, bizarren Orgelphrasen und erdigem Bluesrock dominiert wurde. Nach einigen erfolglosen Singles unterschrieben sie 1965 einen vielversprechenden Vertrag bei Mercury Records.

Der unfertige Garagenrock der ersten LP The Blues Magoos fiel beim Publikum durch. Doch im Dezember 1966 standen sie plötzlich mit der Single ›(We Ain't Got) Nothin' Yet‹ (US #5) und der LP Psychedelic Lollipop (US #16) im Rampenlicht. In schneller Folge erschienen die Singles ›There's A Chance We Can Make It‹ (US #76), ›Pipe Dream‹ (US #73) und ›One By One‹ (US #69) sowie das Album Electric Comic Book (US #29). Die Alben enthielten Gemeinschaftskompositionen der Bandmitglieder und Klassiker wie ›Tobacco Road‹, ›Gloria‹ und ›Let's Get Together‹. Dominierende Persönlichkeiten der **Blues Magoos** waren der Organist und Leadsänger Ralph Scala und der Gitarrist Emil

›Peppy‹ Thielheim, der auch für die Liveshow verantwortlich war.
Die **Blues Magoos** kamen jedoch schnell aus der Mode und trennten sich 1968. Auf Basic Blues Magoos klang die Band nur noch wie eine mittelmäßige Kopie der britischen →**Move**, von denen sie auch den Hit ›I Can Hear The Grass Grow‹ übernahmen.
Thielheim gab jedoch nicht auf und stellte eine völlig neue Formation zusammen, die sich aus Roger Eaton (b, voc), Ex-**Bear** Eric-Justin Kaz (key, tr, harm, voc), Richie Dickon (perc), Dean Evanson (fl), Herb Lovelle (dr) und dem Vibraphonisten John Liello zusammensetzte. Die LP Never Goin' Back To Georgia, eine Mixtur aus Karibik-Swing, Jazz-Timing und Hard-Rock, hatte ebensowenig Erfolg wie Gulf Coast Bound mit der Besetzung Pee Wee Ellis (perc), Cooker Lopresti (b) und Jim Payne (dr).
Eric-Justin Kaz arbeitete nach der endgültigen Trennung der **Blues Magoos** für Bonnie →Raitt, war Mitbegründer der Band **American Flyer** und veröffentlichte drei unbedeutende Soloplatten. Herb Lovelle, der bereits in den 60er Jahren für Bob →Dylan, Tom →Rush und →**Pearls Before Swine** gespielt hatte, blieb als begehrter Studiodrummer, u. a. für Van →Morrison, im Geschäft. Lopresti war über Jahre Bassist von Melissa →Manchester, wurde von Ringo →Starr und Alice →Cooper angeheuert und machte eine LP mit **China**. Pee Wee Ellis war ebenfalls in der Studioszene (Charlie →Musselwhite, Tom Fogerty) tätig.
Emil ›Peppy‹ Thielheim setzte seine Karriere als Peppy Castro fort und schloß sich zunächst **Barnaby Bye** an, wechselte dann zu den **Wiggy Bits** und wurde 1979 Mitbegründer der Mainstreamrock-Formation **Balance**, die bis 1982 zwei Alben herausbrachte.

THE BLUES MAGOOS (1966) Fontana, STL 5402 • PSYCHEDELIC LOLLIPOP (1966) Repertoire, REP 4194 • ELECTRIC COMIC BOOK (1967) Mercury, SR 61104 • BASIC BLUES MAGOOS (1968) Mercury, SR 61167 • NEVER GOIN' BACK TO GEORGIA (1970) ABC, ABCS-697 • GULF COAST BOUND (1970) ABC, ABCS-710 • (S) KALEIDOSCOPIC COMPENDIUM (1992) Mercury 512313 • Peppy **Castro** mit **Balance**: BALANCE (1981) Columbia 469492 • IN FOR THE COUNT (1982) Portrait 857870 • Eric-Justin **Kaz**: IF YOU'RE LONELY (1972) Atlantic 40468 • CUL DE SAC (1973) Atlantic, SD 7290 • FULLER & KAZ (1978) CBS 35324 • Eric-Justin **Kaz** mit **Bear**: BEAR (1968) Verve 3059 • Eric-Justin **Kaz** mit **American Flyer**: AMERICAN FLYER (1976) United Artists, LA 650 • SPIRIT OF A WOMAN (1977) United Artists, LA 720 • Cooker **Lopresti** mit **China**: CHINA (1977) Rocket, ROLL 9 • Pee Wee **Ellis**: HOME IN THE COUNTRY (1977) Savoy, SJL 3301

Blues Project

Roy Blumenfeld (dr, perc), Tommy Flanders (voc), Danny Kalb (g, voc), Steve Katz (g, harm, perc, voc), Al Kooper (key), Andy Kulberg (b, fl, p)

Blues Project war der Titel einer Plattenanthologie des Labels Elektra Records. Unter diesem Namen gründete der Folkgitarrist Danny Kalb in der Silvesternacht 1964 in New York die erste »wirklich weiße Blues-Band« (*New Musical Express*), die lange vor dem Jazzrock-Boom die Kluft zwischen Blues, Rock und Jazz überbrückte. **Blues Project**

stiegen zur Kultformation aller drei Genres auf und schufen einen »gleichermaßen spezifischen wie hypnotischen Stil« (*Stereo Review*).
Tommy Flanders von der Bostoner Gruppe **Trolls** und Steve Katz von der **Even Dozen Jug Band** brachten als einzige Mitglieder Banderfahrung mit. Für Blumenfeld, Kooper und Kulberg ermöglichten **Blues Project** den Einstieg in die Musikszene. Sie schlugen ihr Domizil im Cafe Au Go Go im New Yorker Künstlerviertel Greenwich Village auf und schnitten dort im November 1965 ihr erstes Album LIVE AT THE CAFE AU GO GO (US #77) mit. Die »Studie unterschiedlicher Blues-Spielarten« (*New York Times*) verkaufte sich allein durch Mundpropaganda und verschaffte der Band einen besser dotierten Plattenvertrag. Tommy Flanders stieg aus, da er sich von einer Solokarriere mehr versprach.
Nur sechs Monate nach dem Debüt erschien mit PROJECTIONS (US #56) ein brillant gespieltes Meisterwerk mit Rock-, Blues- und Jazzelementen. Nach einer weiteren Live-Platte mit dem Titel LIVE AT TOWN HALL (US #81) verließen Katz und Kooper, die später → **Blood, Sweat & Tears** gründeten, und Kalb **Blues Project**. Die verbliebenen Kulberg und Blumenfeld fanden neue Mitstreiter in Richard Greene (vi), John Gregory (g, voc) und Donald Kretmar (b, sax). Ihre LP PLANNED OBSOLESCENCE, noch stärker jazzbetont, wurde hochgelobt, war aber nahezu unverkäuflich, so daß eine der wirklich innovativen Bands der USA aufgab. Da sie fürchteten, daß der Name **Blues Project** nicht mehr zog, benannten sich die Musiker in **Seatrain** um.
1971 sorgten der als Solist gescheiterte Tommy Flanders und Danny Kalb für eine Neuauflage von **Blues Project**. Blumenfeld und Kretmar von **Seatrain**, der bis dahin unbekannte Gitarrist Bill Lussenden und der Pianist David Cohen, früher bei → **Country Joe & The Fish**, komplettierten die Gruppe. In dieser Besetzung erschienen 1971/72 die Alben LAZARUS und THE BLUES PROJECT. Der Band war es aber nicht gelungen, an frühere Tage wieder anzuknüpfen und überzeugte allenfalls durch ein »feines Verständnis für die Vergangenheit« (*Rolling Stone*).
Die Urbesetzung, ohne Flanders, traf sich am 24. 6. 1973 für ein Konzert im New Yorker Central Park und ließ das Doppelalbum REUNION IN CENTRAL PARK mitschneiden. Ein weiterer Auftritt, wiederum ohne Flanders, fand am 17. 3. 1981 im Bonds Club in New York statt.
Al Kooper arbeitete erfolgreich als Solist und Produzent (→ **Lynyrd Skynyrd**). Steve Katz wirkte 1976/77 bei **American Flyer** mit und unterstützte die britischen → **Horslips** und Lou → Reed. Danny Kalb spielte an der Westküste mit dem Bassisten Bruce Barthol (**Country Joe & The Fish**) zusammen, half im Studio bei Stefan Grossman aus, führte einige Zeit das **Danny Kalb Trio** an und jobbte in New York als Gitarrenlehrer. Der Geiger Richard Greene setzte sich als Studiomusiker durch und stand auf den Besetzungslisten von Gene → Clark, Emmylou → Harris, Maria → Muldaur, James → Taylor, Peter Elman und den → **New Riders Of The Purple Sage**. Andy Kulberg, inzwischen in San Francisco lebend, komponierte zusammen mit dem Gitarristen Chris Michie Werbemusiken und Soundtracks für TV-Serien wie »Starsky & Hutch« und schrieb das von Kritikern hochgelobte Musical »The Dead End

Kid«. Roy Blumenfeld spielte für die **Rowan Brothers** und wurde 1993 Mitglied von **Animal Mind**, der Band von Nick →Gravenites.

LIVE AT THE CAFE AU GO GO (1966) Verve 833346 • PROJECTIONS (1966) Verve 827918 • LIVE AT TOWN HALL (1967) Verve, FVS-9509 • PLANNED OBSOLESCENCE (1968) Verve, FVS-9517 • LAZARUS (1971) Capitol 062–80949 • THE BLUES PROJECT (1972) Capitol 062–81193 • REUNION IN CENTRAL PARK (1973) MCA 2–8003 • (S) POP HISTORY (1971) Polydor 2625020 • (S) THE BLUES PROJECT ANTHOLOGY (1997) Verve 529758 • Tommy **Flanders**: THE MOONSTONE (1969) Verve, FTS-3075 • Steve **Katz** mit **American Flyer**: AMERICAN FLYER (1976) United Artists, LA 650 • SPIRIT OF A WOMAN (1977) United Artists, LA 720 • Steve **Katz** mit **Even Dozen Jug Band**: EVEN DOZEN JUG BAND (1964) Elektra 7246 • Richard **Greene**: THE GREENE FIDDLER (1994) Sierra 6005 • Richard **Greene** mit **Muleskinner**: MULESKINNER (1973) Warner Brothers 2787 • Danny **Kalb**: LIVIN' WITH THE BLUES (1989) Legend, LR 103

BoDeans

Bob Griffin (b, voc), Nick Kitsos (dr, perc), Sammy Llanas (g, voc), Kurt Neumann (g, voc)

Die **BoDeans** gingen 1984 unter Leitung der Songwriter Sammy Llanas (* 8. 2. 1961) und Kurt Neumann (* 9. 10. 1961) aus der Highschool-Band **Da BoDeans** hervor. Ausgangspunkt für die »Guitarists Revival Band« (Kurt Neumann) war Waukesha, ein Vorort der Bierbrauerstadt Milwaukee im US-Bundesstaat Wisconsin. Zum Gründungstrio gehörte außerdem Drummer Guy Hoffman (* 20. 5. 1954), 1986 komplettierte Bassist Bob Griffin (* 4. 12. 1959) die vielversprechende Roots-Rockband.

Die »beste neue amerikanische Rockband 1986« (*Rolling Stone*) bevorzugte eine eigenwillige Kombination aus Country-, Rockabilly-, R&B- und Folkeinflüssen, erstmals auf der von T-Bone →Burnett produzierten LP LOVE & HOPE & SEX & DREAMS zu hören. Das Magazin *Time* meinte, daß »**BoDeans**-Rock'n'Roll zum Stilbegriff werden könnte«, und der *Musik Express* lobte das Album überschwenglich: »Saftige, galoppierende Gitarrenwestern mit der Durchsetzungskraft einer Büffel-Stampede, geleitet von den so verschiedenen und doch so homogen ineinandergreifenden Stimmen der beiden Band-Gründer«. Außer Countrystücken gab es auch Reggae (›Still The Night‹) und Rock'n'Roll (›Angels‹). Nach dem Debüt verließ Drummer Guy Hoffman die **BoDeans**, die als Trio weitermachten.

Jerry Harrison, ebenfalls aus Milwaukee und Mitglied der →**Talking Heads**, produzierte 1987 die zweite Platte OUTSIDE LOOKING IN (US #86). Unter seiner Leitung perfektionierten die **BoDeans** ihren Sound, verzichteten auf Instrumentalsoli und setzten statt dessen auf einprägsame Melodien und stimmungsvollen Countryrock. Die **BoDeans** betonten ihre Eigenständigkeit und verstanden sich nicht »als ausgereifte, technisch perfekte Musiker, sondern einfach als Typen aus den Straßen von Waukesha« (Kurt Neumann).

Ihren Ruf als Geheimtip bestätigten die **BoDeans** im Sommer 1989 mit HOME (US #94). Sie »breiteten ihr ganzes Spektrum zwischen muskulösem Rock, Fif-

ties-Rock'n'Roll und sanften Balladen aus« (*HiFi Vision*) und schufen damit ihren ureigenen Rockstil.
Zu Beginn der 90er Jahre wurde das Kerntrio durch Drummer Michael Ramos (* 18. 11. 1958) und Nick Kitsos (g) verstärkt. Bei der im Frühjahr 1991 erschienenen LP BLACK AND WHITE ignorierten die **BoDeans** weiterhin modische Trends und blieben bei ihrer Mischung aus Folk, Rock und Country. Das Album wurde von David Z. produziert und in den Paisley Park Studios von →Prince aufgenommen.
1992 wählten Llanas, Neumann und Produzent T-Bone Burnett aus 30 neuen Kompositionen 14 Songs für das Album GO SLOW DOWN aus, das Ende 1993 herauskam. Die **BoDeans** blieben sich weiterhin treu und vertrauten einem »rustikalen Sound« (*Billboard*).
Nach dreijähriger Pause veröffentlichten die Roots-Rocker Ende 1996 die Studioproduktion BLEND. Als Gäste konnten sie Alex Acuna und Danny Federici von Bruce →Springsteens **E Street Band** gewinnen. Vorausgegangen war der Top 20-Erfolg ihrer Single ›Closer To Free‹ (US #16) im März 1996.

LOVE & HOPE & SEX & DREAMS (1986) Slash, 828112 • OUTSIDE LOOKING IN (1987) Slash 828071 • HOME (1989) Slash 828161 • BLACK AND WHITE (1991) Slash 828245 • GO SLOW DOWN (1993) Slash 45455 • BLEND (1996) Slash 46216 • (S) JOE DIRT CAR (1995) Slash 45945

Body Count

Beatmaster V (dr), Ernie-C (g), Griz (b), D-Roc (g), Ice-T (voc)

Bandleader Ernie-C und der Rapper →Ice-T besuchten in Los Angeles gemeinsam die Highschool. Ice-T wurde 1988 mit Alben wie POWER zum Star seines Genres, war aber wegen seiner aggressiven Texte sehr umstritten. 1989 suchte er ein neues Umfeld und tat sich mit dem Metal-begeisterten Ernie-C zusammen, der u. a. für die britischen Bands →**Led Zeppelin** und →**Black Sabbath** schwärmte. Gemeinsam mit Beatmaster V, Mooseman und D-Roc gründeten sie die Hardcore-Formation **Body Count**.
Über regelmäßige Live-Shows erlangten **Body Count** Kultstatus und schafften auch den Sprung nach Europa, wo sich in Deutschland ihr Debütalbum (US #26, D #25) von 1992 über ein Jahr in den Charts hielt. Im Herbst 1993 absolvierten sie eine Deutschlandtournee und stellten dabei bereits Auszüge der zweiten Produktion BORN DEAD (GB #15, US #74, D #5) vor. Die Platte wurde innerhalb von zwei Monaten in Los Angeles aufgenommen und von Ice-T und Ernie-C produziert. Diese »neue Lektion Thrash-Black-Metal-Terror« (*Visions*) handelte von Krieg, Drogen und Minderheitenhaß: »Die Gitarristen feuern aus allen Rohren, Beatmaster V traktiert die Drums, daß die Felle jeden Moment zu reißen drohen, und Ice-T schreit sich die Seele aus dem Leib« (*Musik Express*).
Auf der 97er Platte VIOLENT DEMISE: THE LAST DAYS ersetzte Griz den an Leukämie verstorbenen Mooseman. Der

neue Bassist bearbeitete außerdem noch die Loops und Samples. Das Album war »ohne Zweifel das reifste Werk der Gruppe« (*Time Out*), und die Texte waren ein »wahrer Tiefschlag für das gute Gewissen der USA« (*Pressetext*). **Body Count** mixten in elf Songs schneidende Hardcover-Sounds mit schleppenden Rhythmen und pumpenden Baß-Grooves.

BODY COUNT (1992) WEA 9362–45139 • BORN DEAD (1994) Virgin 839802 • VIOLENT DEMISE: THE LAST DAYS (1997) Virgin 841915

Tommy Bolin

Kurz aber heftig verlief die Karriere des virtuosen Heavyrock-Gitarristen Tommy Bolin (* 1. 8. 1951) aus Sioux City, Iowa. Elvis →Presley war die erste Inspiration für Bolin, der einige Amateurwettberbe gewann und zunächst bei **Denny & The Triumphs** und danach bei **American Standard** spielte. Da der Erfolg ausblieb, arbeitete er als Begleitmusiker für den Bluesinterpreten Lonnie Mack. 1968 formierte Bolin **Etheral Zephyr**, die als **Zephyr** Ende 1969 mit dem gleichnamigen Album (US #46) recht erfolgreich waren. Nach der zweiten LP GOING BACK TO COLORADO löste sich die Band auf, und Tommy Bolin schloß sich der Jazzrock/Fusion-Formation **Energy** an, der auch der Jazzflötist Jeremy Steig angehörte. Danach unterstützte er den Drummer Billy Cobham bei dessen Produktion SPECTRUM.

Bolins ungekünstelte, direkte Spielweise basierte auf funkigem Hardrock und machte →**James Gang** auf ihn aufmerksam, die ihn 1973 den Posten des ausgeschiedenen Domenic Troiano anboten. Bolin nahm die Herausforderung an und schrieb bis auf eine Ausnahme das gesamte Material der Alben BANG und MIAMI. Bolins Kompositionen waren kraftvoll und eher traditionell.

Im Sommer 1974 verließ Tommy Bolin **James Gang** und ging zur britischen Hardrock-Institution →**Deep Purple** als Ersatz für Richie Blackmore, der Bolin neidlos »einen der besten Gitarristen überhaupt« nannte. Bolin übernahm auch bei **Deep Purple** musikalisch die Führung und schrieb acht der zehn Titel des Albums COME AND TASTE THE BAND. Bereits 1975 verließ er die Heavy-Veteranen wieder und beendete die Arbeit für seine selbstproduzierte Soloplatte TEASER (US #60). Als Studiogäste wirkten Jeff Porcaro (dr) von →**Toto**, Jan Hammer (key), David Sanborn (sax), Phil →Collins (perc) und →**Tubes**-Schlagzeuger Prairie Prince mit.

1975 fand Tommy Bolin außerdem Zeit für den Jazz-Drummer Alphonse Mouzon, und im Jahr darauf widmete er sich seiner zweiten Solo-LP, für die er u. a. Bobbye Hall (perc) und Mark Stein (key) gewinnen konnte. PRIVATE EYES (US #82) stand TEASER in nichts nach und verabreichte handfesten Rock'n'Roll. Bolins Gesang konnte dabei allerdings nicht immer mit seinen Gitarren- und Songwriterkünsten mithalten. Seine Laufbahn fand ein jähes Ende. Er starb am 4. 12. 1976 in Miami, Florida, an den Folgen von übermäßigem Drogen- und Alkoholgenuß.

TEASER (1975) Epic 168016 • PRIVATE EYES (1976) Columbia 472370 • (S) THE ULTIMATE (1989) Geffen 924248 • FROM THE ARCHIVES – VOL. 1 (1995) Edel Contraire,

RPM 158 • Mit **Zephyr**: ZEPHYR (1969) Probe, SPB 1006 • GOING BACK TO COLORADO (1971) Warner Brothers 9362–45635

Michael Bolton

Der Sänger Michael Bolton (eigentlich: Bolotin) wurde am 26. 2. 1953 in New Heaven, Connecticut, geboren. Als Teenager von Stevie →Wonder, Ray →Charles und Marvin →Gaye beeinflußt, nahm er bereits als 15jähriger 1968 seine erste Single auf. Bolotin trat in Bars und Clubs auf und wurde in der lokalen Presse mit Joe →Cocker verglichen. 1975/76 realisierte Bolotin zwei Soloplatten, die kaum Beachtung fanden. Mit Bruce Kulick (g), Sandy Gennaro (dr) und Jim Haslip (b) formierte er 1978 die Hardrockgruppe **Blackjack**, die zwei Alben aufnahm. Trotz Unterstützung der bekannten Produzenten Tom Dowd (→**Allman Brothers**) und Eddy Offord (→**Yes**) verkauften sich die Platten schlecht und **Blackjack** gingen auseinander. Kulick schloß sich der Band von Billy →Squier an, Haslip profilierte sich als Studiomusiker, und Gennaro wurde Drummer bei dem Heavy-Gitarristen Pat →Travers.

1982 unterzeichnete er erstmals als Michael Bolton einen Solistenvertrag bei Columbia Records. Im Juni 1983 gelangen ihm mit dem Album MICHAEL BOLTON (US #89) und der Single FOOLS GAME (US #82) erste Erfolge. Als Songwriter arbeitete er für Laura Branigan, Irene Cara und die →**Pointer Sisters**.

1985 übernahmen →**Jefferson Starship** von Bolton den Song ›Desperate Heart‹ von dessen erfolglosem Album EVERYBODY'S CRAZY. Fortan standen soulige Balladen im Mittelpunkt. Bolton selbst erregte im Spätsommer 1987 mit ›That's What Love Is All About‹ (US #19) erstmals Aufsehen. Der Song stammte vom Album THE HUNGER (US #46), aus dem außerdem 1988 Otis →Reddings ›(Sittin' On) The Dock Of The Bay‹ (US #11) und ›Wait On Love‹ (US #79) ausgekoppelt wurden. Das Album wurde von den →**Journey**-Mitgliedern Jonathan Cain und Neal Schon produziert. Der *Musik Express* schrieb: »Seine von klassischen Gitarrensounds umrahmte Stimme fesselt vor allem in den hohen Lagen und erinnert stark an die besten Tage von Paul Rodgers.«

Bolton schrieb und produzierte 1988 für →**Cher** den Bestseller ›I Found Someone‹ und reiste als Mitglied eines nordamerikanischen Songwriterteams nach Moskau, um sich an der Produktion des Albums GLASNOST mit sowjetischen Künstlern zu beteiligen. Die »Verwandlung vom Power-Rocker zum R&B-beeinflußten Balladensänger« (*Guinness*) war im Sommer mit der LP SOUL PROVIDER (GB #4, US #3, D #22) vollzogen, und Bolton erfreute sich nun weltweiter Popularität. Fast alle Songs der Platte wurden bis zum Sommer 1990 ausgekoppelt: ›Soul Provider‹ (US #17), ›How Am I Supposed To Live Without You‹ (GB #3, US #1, D #15), ›How Can We Be Lovers‹ (GB #10, US #3), ›When I'm Back On My Feet Again‹ (GB #44, US #7) und ›Georgia On My Mind‹ (US #36).

Michael Bolton wurde im Februar 1990 als »bester Popsänger« für ›How Am I Supposed To Live Without You‹ mit einem Grammy ausgezeichnet. SOUL PROVIDER wurde über vier Millionen Mal verkauft, und Bolton beendete das Jahr mit acht ausverkauften Konzerten im kalifornischen Universal City, die

einen Umsatz von 1,3 Millionen Dollar erzielten.
Anfang 1991 unterstützte er das nordamerikanische Rote Kreuz bei der Aktion »Gulf Crisis Fund« und gab Konzerte zugunsten der Hinterbliebenen der beim Golfkrieg getöteten US-Soldaten. Mit der Single ›Love Is A Wonderful Thing‹ (GB #23, US #4, D #40) bereitete »der Perfektionist mit der Powerstimme« (*Musik Express*) sein neues Album vor, das unter dem Titel TIME, LOVE & TENDERNESS (GB #2, US #1, D #18) im Frühjahr 1991 auf den Markt kam. Es folgten weitere Hitsingles mit ›Time, Love & Tenderness‹ (GB #28, US #7, D #74), ›When A Man Loves A Woman‹ (GB #8, US #1, D #52), ›Missing You Now‹ (GB #28, US #12) und ›Steel Bars‹ (GB #17, D #57). Für seine Fassung von Percy → Sledges Klassiker ›When A Man Loves A Woman‹ erhielt er im Februar 1992 erneut einen Grammy. Im Herbst des Jahres übernahm er mit ›To Love Somebody‹ (GB #16, US #11, D #61) von den → **Bee Gees** eine weitere klassische Popballade.
Bolton, der inzwischen wegen seiner sanften Songs von Rockfans abgelehnt wurde, beendete das Jahr 1992 mit dem Album TIMELESS (GB #3, US #1, D #42), das er ausschließlich mit Standards wie ›White Christmas‹ und ›Knock On Wood‹ bestückte. In den Musikzeitschriften sprach man von »Fahrstuhlmusik« (*Musik Express*), und er wurde als »Balladensäusler« (*Rolling Stone*) bezeichnet.
Die Singlehitserie setzte sich 1993/94 mit ›Reach Out I'll Be There‹ (GB #37, D #57), ›Sad I Loved You ... But I Lied‹ (GB #15, US #6, D #51), ›Soul Of My Soul‹ (GB #32, D #53), ›Completely‹ (US #32) und ›Lean On Me‹ (GB #14, D #51) fort. Die 93er LP THE ONE THING (GB #4, US #3, D #5) wurde von Robert John ›Mutt‹ Lange (Bryan → Adams, → **Def Leppard**) produziert und lieferte mit ›Can I Touch You ... There?‹ (GB #6, US #27, D #57) wieder eine Topsingle.
Für seine Wohltätigkeit, die insbesondere Kindern zugute kam, wurde Bolton mehrfach ausgezeichnet. 1997 nahm er den Titelsong ›Go The Distance‹ für den Disney-Zeichentrickfilm ›Herkules‹ auf und veröffentlichte im Herbst des Jahres sein erstes Kinderbuch ›The Secret Of The Lost Kingdom‹.

MICHAEL BOLOTIN (1975) RCA, SF 8451 • EVERY DAY OF MY LIFE (1976) • MICHAEL BOLTON (1983) CBS 25342 • EVERYBODY'S CRAZY (1985) CBS 468311 • THE HUNGER (1987) CBS 460163 • SOUL PROVIDER (1989) CBS 465343 • TIME, LOVE AND TENDERNESS (1991) Sony 467812 • TIMELESS – THE CLASSICS (1992) Sony 472302 • THE ONE THING (1993) Sony 474356 • (S) THE EARLY YEARS (1990) RCA, ND 90593 • (S) GREATEST HITS (1995) Columbia 481002 • Mit **Blackjack**: BLACKJACK (1979) Polydor 2391411 • WORLDS APART (1980) Polydor, PD 1–6279

Bon Jovi

John ›Jon Bon Jovi‹ Bongiovi (voc), David ›Bryan‹ Rashbaum (key), Richie Sambora (g), Tico Torres (dr)

John Bongiovi wurde am 2. 3. 1962 in Sayreville, New Jersey, geboren. Gemeinsam mit seinem jüngeren Bruder Matt und seinem Cousin Tony spielte er in einer Highschool-Band, wo er David Rashbaum (* 7. 2. 1962) kennenlernte. Sie spielten bei **Rest** und anschließend bei **Atlantic City Expressway**, die im Vorprogramm von Bruce → Springsteen auftraten. Seinen Lebensunterhalt verdiente Bongiovi zunächst bei einer Imbißkette, danach machte er sich für 50$ in der Woche im Power Station Studio für Rockgrößen wie die → **Rolling Stones**, Huey → Lewis und David → Bowie nützlich.

Tony Bongiovi war Mitarbeiter bei den New Yorker Record Plant Studios und ermöglichte John die Aufnahme des Songs ›Runaway‹, die 1982 mit der Unterstützung von Musikern aus den Bands von Rick → Springfield und John → Waite entstand. Der Titel wurde von den lokalen Sendern häufig gespielt, und John und Rashbaum, der sich nun David Bryan nannte, stellten mit Alec John Such (* 14. 11. 1956), der zuvor bei **Phantom's Opera** spielte, und Tico Torres (* 7. 10. 1953) von **Frankie & The Knockouts** zunächst **Jon Bon Jovi & The Wild Ones** zusammen. Im März 1983 komplettierte Richie Sambora (* 11. 7. 1959), den Such aus einer Tourneeformation von Joe → Cocker kannte, die Band, die sich nun **Bon Jovi** nannte.

Ein knappes Jahr arbeiteten »die besten Newcomer des Jahres« (*Kerrang*) an ihrer ersten LP, die Anfang 1984 gleichzeitig mit einer Überarbeitung von »Runaway« (US #39) unter dem Titel Bon Jovi (GB #43, US #43) auf den Markt kam. Das Debütalbum hielt sich 43 Wochen in den US-Charts und war für **Bon Jovi** der Beginn einer Karriere, der sie in die Spitzenklasse der Heavy-Bands führte.

Die einfach strukturierten Songs stammten überwiegend von Jon Bon Jovi, dem Publikumsliebling; im übrigen bestachen die eingängigen Gitarrenphrasen von Richie Sambora. Als zweite Single wurde im Mai 1984 ›She Don't Know Me‹ (US #48) ausgekoppelt. In diesem Jahr tourten **Bon Jovi** mit → **Kiss** und den → **Scorpions** und feierten auch in Japan und Großbritannien erste Erfolge außerhalb ihrer Heimat.

Nach dem braven, allzu stereotypen Hardrock der LP 7800 (GB #22, US #37, D #40) mit den mittelprächtigen Singlehits ›Only Lonely‹ (US #54) und ›In And Out Of Love‹ (US #69) vom Frühsommer 1985 setzten **Bon Jovi** im Jahr darauf zu einem einzigartigen Höhenflug an. Im September 1986 bereitete der Bestseller ›You Give Love A Bad Name‹ (GB #11, US #1) das Erscheinen des von Bruce Fairbairn (→ **Blue Öyster Cult**) produzierten Albums Slippery When Wet (GB #3, US #1, D #11) vor, das bis 1990 eine Auflage von über 17 Millionen Exemplaren erreichte und mit ›Livin' On A Prayer‹ (GB #5, US #1, D #20) und ›Wanted Dead Or Alive‹ (GB #13, US #7, D #47) zwei weitere Tophits enthielt. Für den britischen Markt wurde darüber hinaus ›Never Say Goodbye‹ (GB #21) ausgekoppelt. »Temperament, Entschlossenheit und stilistische Finessen« (*Musik Express*) verhalfen dem »Radio-gängigen Mainstream der gehobenen Klasse« (*Crash*) zu einer führenden Position in der Heavy-Fraktion. **Bon Jovi** gehörten im August 1987 zu den Highlights des traditionellen britischen Hardrock-Festivals Castle Donington in Leicester, und am Ende ihrer Tour Without End mit 130 Auftritten konnten sie im Dezember des Jahres auf einen Umsatz von annähernd 30 Millionen US-Dollar verweisen.

Bon Jovi beteiligten sich an der von John Cougar → Mellencamp initiierten Spontanhilfe für verarmte nordamerikanische Farmer (»Farm Aid«) und stellten ihre Musik und ihren Status in den Dienst von Antidrogenkampagnen und Hilfsfonds zugunsten an Krebs erkrankter

Menschen. Schlagzeilen machte eine angebliche Affäre Jon Bongiovis mit der britischen Sängerin Samantha Fox. Ärger gab es Anfang 1988 um Bandmanager Doc McGee, der wegen Drogenhandels zu einer fünfjährigen Gefängnisstrafe auf Bewährung verurteilt wurde.

Wiederum unter der Regie von Fairbairn wurde das vierte Album realisiert. New Jersey (GB #1, US #1, D #4) erschien im Oktober 1988 und enthielt mit ›Bad Medicine‹ (GB #17, US #1, D #54), ›Born To Be My Baby‹ (GB #22, US #3, D #54), ›I'll Be There For You‹ (GB #18, US #1, D #67), ›Lay Your Hands On Me‹ (Gb #18, US #7) und ›Living In Sin‹ (GB #35, US #9) gleich fünf Hitsingles. Der *Musik Express* schrieb: »Sie entpuppen sich als Springsteens schwitzende Kumpel, setzen folk- und bluesorientiert akustische Gitarren ein, lassen die Harmonica jaulen, das Nail-Piano klimpern und geben trotzdem mit verzerrten E-Gitarren-Läufen mächtig Gas.«

Bon Jovi schwammen auf einer Erfolgswelle. Im März 1989 wurden sie in ihrer Heimatstadt Sayreville als Ehrenbürger ausgezeichnet. Im August übernahm die russische Plattenfirma Melodiya die LP New Jersey für den Verkauf in der ehemaligen UDSSR. Die Band reiste nach Moskau und nahm als Stargast bei einem Hardrockfestival teil. Anschließend bereisten sie mit → **Skid Row** Europa, und Ende 1989 beteiligten sie sich an einem Sampler der Initiative »Rockers Against Drug And Alcohol Abuse«. Im Februar 1990 beendete das Quintett eine 237 Stationen umfassende Welttournee.

Jon Bongiovi, seit März 1989 mit seiner langjährigen Freundin Dorothea Hurley verheiratet, schrieb und interpretierte den Titelsong für den Western »Young Guns II«. Die Titel ›Blaze Of Glory‹ (GB #13, US #1, D #16) und ›Miracle‹ (Gb #29, US #12, D #47) und das Album Blaze Of Glory (GB #2, US #3, D #4) eroberten im Sommer 1990 die internationalen Charts. Richie Sambora veröffentlichte im September 1991 sein Soloalbum Stranger In This Town (GB #20, US #36) mit der Single ›Ballad Of Youth‹ (GB #59, US #63).

1992 setzten die Musiker von **Bon Jovi** ihre gemeinsame Karriere fort und brachten im Herbst 1992 die LP Keep The Faith (GB #1, US #5) heraus. Gleichzeitig wurde der Titelsong (GB #5, US #29, D #8) ausgekoppelt. Von Januar 1993 bis zum Oktober 1994 erschienen fast alle Titel als Singles: ›Bed Of Roses‹ (GB #13, US #10, D #10) ›In These Arms‹ (GB #9, US #27, D #14), ›I'll Sleep When I'm Dead‹ (GB #17, US #97), ›I Believe‹ (GB #11, D #49), ›Dry County‹ (GB #9, D #41), ›Always‹ (GB #2, US #4, D #4). »Die bodenständigen Hardrocker mit dem sicheren Riecher für eingängige Lieder« (*Hifi Vision*) klangen bei Keep The Faith rauher und erdiger als bisher und »demonstrierten Kraft durch Einheit« (*Audio*). Bis Ende 1993 verkauften **Bon Jovi** weltweit über 35 Millionen Alben. Ende 1994 erschien ›Please Come Home For Christmas‹ (GB #7), eine Weihnachtssingle. Danach verließ Bassist Alec John Such die Erfolgsband, um sich den Traum vom eigenen Motorradladen zu erfüllen.

Die 95er-LP These Days stellten **Bon Jovi** im Sommer des Jahres auf mehreren europäischen Festivals vor. Sie präsentierten dabei eine aufwendige Bühnenshow mit über 600 Lichtspots, Videowand, 26 Meter hohen Lautsprechertürmen und einem mächtigen Feuerwerk zum Finale der überzeugenden Show. Ähnlich spektakulär verlief im Sommer 1996 eine Europatournee, die von einem

großen deutschen Automobilhersteller gesponsert wurde. THESE DAYS war wieder randvoll mit eingängigen, besonders in Europa erfolgreichen Heavyrock-Hits wie ›Someday I'll Be Saturday Night‹ (GB #7, D #37), ›This Ain't A Love Song‹ (GB #6, US #14, D #9), ›Something For The Pain‹ (GB #8, US #76, D #51), ›Lie To Me‹ (GB #10, US #88, D #46), ›These Days‹ (GB #7, D #61) und ›Hey God‹ (GB #13).
Jon Bon Jovi fand neben den Konzertverpflichtungen Zeit, um in dem erotischen Kinothriller »Leading Man« die Hauptrolle zu spielen. Außerdem posierte er als Model für den Modeschöpfer Versace. Richie Sambora wurde von Bo → Diddley zur Produktion seines 96er-Albums MAN AMONGST MEN eingeladen.
Die zweite Soloplatte DESTINATION ANYWHERE von Jon Bon Jovi erschien im Juni 1997: »Die größte kreative Herausforderung bleibt für mich das Songschreiben – mehr noch als die Studioarbeit oder Konzerte« (Jon Bon Jovi). Jovi bot perfekten Mainstreamrock, der sich durch die großartige Stimme des Interpreten vom Durchschnitt dieses Genres abhob.

BON JOVI (1984) Mercury 813982 • 7800 FAHRENHEIT (1985) Mercury 824509 • SLIPPERY WHEN WET (1986) Mercury 830264 • NEW JERSEY (1988) Mercury 836345 • KEEP THE FAITH (1993) Mercury 514197 • THESE DAYS (1995) 528248 • (S) CROSS ROAD (1994) 526013 • David **Bryan**: NETHERWORLD (1992) Moonstone • ON A FULL MOON (?) IMS, PHCR 1301 • Jon Bon **Jovi**: BLAZE OF GLORY/YOUNG GUNS II (1990) Mercury 846473 • DESTINATION ANYWHERE (1997) Mercury 563011 • Richie **Sambora**: STRANGER IN THE TOWN (1991) Mercury 848895

Gary >U.S.< Bonds

Gary Anderson wurde am 6. 6. 1939 in Jacksonville, Florida, als Sohn eines College-Professors und einer Musiklehrerin geboren. Ursprünglich vom Gospel beeinflußt, begann er seine musikalische Karriere in der Doo-Wop-Gruppe **Turks**. Er fiel in Norfolk, Virginia, dem Labelbesitzer Frank Guida auf und erhielt bei der örtlichen Plattenfirma Legrand Records 1959 einen Vertrag. Die erste Single ›New Orleans‹ (GB #17, US #6) wurde im Studio Frankie's Birdland aufgenommen, erschien im September 1960 und entwickelte sich vier Wochen später zu einem Überraschungserfolg. Da die Nachfolgesingle ›Not Me‹ beim Publikum durchfiel, schien die Karriere von Gary ›U.S.‹ Bonds ein schnelles Ende zu finden. Doch der Sänger, der sein Pseudonym aus Werbezwecken angenommen hatte, ließ sich nicht beirren und stand im Mai 1961 mit ›Quarter To Three‹ (GB #17, US #1) plötzlich an der Spitze der nordamerikanischen Hitparade. Bonds bevorzugte einen vom Rock'n'Roll geprägten Partysound, der ihm 1961/62 mit ›School Is Out‹ (US #5), ›School Is In‹ (US #28), ›Dear Lady Twist‹ (US #9), ›Twist, Twist Senora‹ (US #9) und ›Seven-Day Weekend‹ (US #27) weitere Single-Hits bescherte. Auch das Album DANCE 'TIL QUARTER TO THREE (US #6) vom August 1961 wurde ein Erfolg.
Nach der Single ›Copy Cat‹ (US #92) verschwand der Name von Gary U.S.' Bonds im Spätsommer 1962 aus den Charts. Er blieb in der Clubszene aktiv, profilierte sich als Songwriter und produzierte Platten von Z. Z. Hill, Doris Duke und Johnny Paycheck. 1969 beteiligte

er sich neben Jackie →Wilson und Bill →Haley an einem Rock'n'Roll-Revival-Konzert im New Yorker Madison Square Garden.

Erst 1975 unterschrieb Gary ›U.S.‹ Bonds bei Prodigal Records wieder einen Plattenvertrag und veröffentlichte die Single ›Grandma's Washboard Band‹. Danach wurde es wieder still um den »Rock'n'Roll-Veteranen« (*Guinness*), bis 1978 im Club Red Baron in New Jersey sein Verehrer Bruce →Springsteen zu ihm auf die Bühne sprang. Bonds und Springsteen freundeten sich an, und Springsteen und dessen Gitarrist Steve Van Zandt produzierten das Comeback-Album DEDICATION (US #34), das im Frühjahr 1981 veröffentlicht wurde. Im April des Jahres kehrte er mit ›This Little Girl‹ (US #11) auch in die Single-Charts zurück. Aus DEDICATION wurde außerdem im Juli 1981 ›Jole Blon‹ (US #65) ausgekoppelt.

Im Juni 1982 trat Gary ›U.S.‹ Bonds vor 750000 Menschen neben Jackson →Browne, Springsteen und Linda →Ronstadt im New Yorker Central Park bei einem Benefizkonzert gegen Atomwaffen auf. Im gleichen Monat gelangte die Single ›Out Of Work‹ (US #21) in die Hitparaden. Sie gehörte zum Material des wiederum von Springsteen produzierten Albums ON THE LINE (US #52). Bonds bevorzugte nun einen kernigen Mainstream-Rock, den er mit ausdrucksstarker Stimme interpretierte. Sein Comeback war jedoch nur von kurzer Dauer und endete abrupt mit dem Mißerfolg der 84er LP STANDING IN THE LINE OF FIRE.

DANCE 'TIL QUARTER TO THREE (1961) Legrand, LLP 3001 • TWIST UP CALYPSO (1962) Legrand, LLP 3002 • DEDICATION (1981) EMI 064–400007 • ON THE LINE (1982) EMI 064–400099 • STANDING IN THE LINE OF FIRE (1984) Making Waves, SPRAY 103 • (S) THE GREATEST HITS (1963) Legrand, LLP 3003 • (S) GREATEST HITS (1980) Ensign, ENGY 506 • (S) GARY ›U.S.‹ BONDS MEETS CHUBBY CHECKER (1981) Conifer 068–64431 • (S) CERTIFIED SOUL (1982) Rhino, RNLP 85 • (S) THE BEST OF (1996) EMI 837812

Juke Boy Bonner

Der Bluesmusiker Weldon Philip Bonner wurde am 22. 3. 1932 in Bellville, Texas, geboren. Da seine Eltern früh starben, wuchs er bei einer Farmerfamilie auf und begann als Baumwollpflücker. Als Zwölfjähriger sang Bonner in einem Gospelchor und lernte als Autodidakt Gitarre spielen. 1974 gewann er in Houston einen Talentwettbewerb, und dieser Erfolg führte zu regelmäßigen Auftritten in Bars und Lounges in und in der Umgebung von Houston.

Die ersten Aufnahmen machte er 1957 als Juke Boy Barner in Oakland, Kalifornien, für Irma Records. Von den vier Songs erschienen lediglich ›Rock With Me Baby‹ und ›Well Baby‹. Bonner kehrte in den Süden der USA zurück und bereiste mehrere Jahre vornehmlich die Bundesstaaten Alabama, Tennessee, Arkansas und Louisiana. 1960 entstanden unter dem Titel ›Juke Boy Bonner – The One Man Trio‹ in Lake Charles, Louisiana, weitere Aufnahmen, die über merkwürdige Wege nach Europa gelangten und von Blues-Enthusiasten entdeckt wurden. 1967 kam die Karriere von Bonner in Schwung. Der Vertreter des »anspruchsvollen Blues mit aktuellen Textbezügen« (*Guinness*)

veröffentlichte die Single ›Yankin' In My Plans‹.
Chris Strachwitz nahm Bonner 1967 für sein Label Arhoolie Records unter Vertrag und produzierte Ende des Jahres das Album I'M GOING BACK TO THE COUNTRY. In den beiden folgenden Jahren wurden weitere Sessions mitgeschnitten. Paßprobleme verhinderten 1968 seine Reise mit dem American Folk Blues Festival durch Europa. Im Jahr darauf konnte er jedoch an der Tournee teilnehmen und präsentierte u. a. seine besten Kompositionen, darunter ›B. U. Blues‹, ›Trying To Call Home‹ und ›Talkin' About Lightnin'‹.
Den Erfolg in Europa konnte Bonner in den USA nicht wiederholen. Inzwischen gesundheitlich stark angegriffen, hielt er sich weiterhin in der Bluesszene in Houston auf. Völlig verarmt starb einer »der wichtigsten Protagonisten des Texas-Blues« (*Blues & Rhythm*) am 29. 6. 1978 an den Folgen einer Leberzirrhose in Houston.

LIFE GAVE ME A DIRTY DEAL (1967) Arhoolie, ARH 375 • I'M GOING BACK TO THE COUNTRY (1968) Arhoolie, F 1036 • THE STRUGGLE (1969) Arhoolie, F 1045 • THINGS AIN'T RIGHT (1969) Liberty 83319 • ONE MAN TRIO (1979) Flyright, FLY 548 • LOUISIANA BLUES Storyville, SLP 177 • (S) JUKE BOY BONNER (1960 -1967) Fly, CD 38 • (S) LIFE GAVE ME A DIRTY DEAL (1967–1969) Arhoolie, ARH 375 • (S) LEGACY OF THE BLUES (1972) Sonet, SNTF 634 • (S) TEXAS BLUES TROUBADOUR (1968–1975) Home Cooking, COL 5227 • (S) THEY CALL ME JUKE BOY (1989)

Booker T. & The M.G.'s

Steve Cropper (g), Donald Dunn (b), Willie Hall (dr), Booker T. Jones (key)

Booker T. & The M.G.'s gehörten in den 60er Jahren zu den erfolgreichsten Instrumentalgruppen der Popszene und konnten bis 1969 vier Hitsingles verbuchen. Booker T. Jones (* 12. 11. 1944), Steve Cropper (* 21. 10. 1941), Drummer Al Jackson (* 27. 11. 1935) und der Bassist Lewis Steinberg spielten seit Ende der 50er Jahre zusammen und profilierten sich zunächst als begehrte Studiomusiker des Soul-Labels Stax Records. Sie spielten u. a. für Sam & Dave, Otis → Redding und Wilson → Pickett. Cropper und Dunn gründeten 1960 mit Charles Axton (sax), Don Nix (sax), Wayne Jackson (tr), Charlie Freeman (g), Jerry Lee Smith (org) und Terry Johnson (dr) die **Mar-Keys**, die im Sommer 1961 mit ›Last Night‹ (US #3) einen Hit landeten. Im gleichen Jahr folgten die Single ›Morning After‹ (US #60) sowie die Alben THE MAR-KEYS und DO THE POPEYE.
1962 kamen Jones und Jackson für Smith und Johnson und bildeten im Mai des Jahres mit Cropper und Steinberg **Booker T. & The M.G.'s**. Nach einer Aufnahmesession für Billy Lee Riley realisierten sie zwei Songs und wählten das bluesige Instrumental ›Behave Yourself‹ als erste Single aus, die im Juli 1962 veröffentlicht wurde. Die Radio-Discjokkeys zogen jedoch die B-Seite vor und machten ›Green Onions‹ (US #3) im Spätsommer zu einem Bestseller. Im November kam das Album GREEN ONIONS (US #33) auf den Markt. **Booker T. & The M.G.'s** spielten einen gepflegten Soul. Ihr

Stil prägte den Memphis-Sound entscheidend mit und schuf eine südliche Variante des urbanen Motown-Souls. Viel Zeit für eigene Konzertreisen und Plattenproduktionen blieb dem Quartett nicht, da sie inzwischen einen herausragenden Ruf als Begleit- und Studiomusiker genossen. Sie wirkten auf zahllosen Alben anderer Interpreten mit und gingen häufig mit Rufus →Thomas, Redding und anderen auf Tournee.
1963 erschienen die Singles ›Jelly Bread‹ (US #82) und ›Chinese Checkers‹ (US #78) sowie das kaum beachtete Album MO' ONIONS. Im Februar 1964 kam als letzte Single mit Lewis Steinberg ›Mo' Onions‹ (US #97) auf den Markt. Im März wurde Steinberg von Donald Dunn (* 24. 11. 1941) abgelöst, der bereits bei den **Mar-Keys** und den **Royal Spades** gespielt hatte.
Bis 1969 plazierten **Booker T. & The M.G.'s** elf weitere Singles in den Charts, darunter die Bestseller ›Groovin'‹ (US #21), ›Soul Limbo‹ (GB #23, US #17), ›Hang 'Em High‹ (US #9) und ›Time Is Tight‹ (GB #4, US #6). In Großbritannien erreichte zudem die Single ›Soul Cap '69‹ (GB #27) eine gute Hitparadenplazierung. Von ihren Alben verkaufte sich 1967 HIP HUG-HER (US #35) am besten. Für ein reines Instrumentalprojekt gelang der Gruppe eine bemerkenswerte Hitserie, die neben Eigenkompositionen auch gelungene Cover-Versionen wie von ›Mrs. Robinson‹ (US #37) von → **Simon & Garfunkel** umfaßte. 1967 kamen sie erstmals nach Europa und tourten 13 Tage durch Großbritannien. Im gleichen Jahr beteiligten sie sich mit einem gelungenen Auftritt am Monterey Pop Festival.
Für seine Komposition ›(Stittin' On) The Dock Of The Bay‹, den Otis Redding zum Welthit machte, erhielt Steve Cropper 1968 einen Grammy für den »besten R&B-Song«.
1970 ließ die Euphorie um **Booker T. & The M.G.'s** nach. Im Januar veröffentlichte das Quartett unter dem Titel MCLEMORE AVENUE (US #55) ein Album, das sich aus Instrumentalversionen der LP ABBEY ROAD von den → **Beatles** zusammensetzte. Als Single wählte die Gruppe ›Something‹ (US #78) aus. Ein Jahr später coverte sie den Hit ›Melting Pot‹ (US #71) von **Blue Mink**. Das gleichnamige Album MELTING POT (US #45) erschien im Februar 1971. Es waren die letzten Chartserfolge von **Booker T. & The M.G.'s**, die sich im Sommer 1971 trennten.
Cropper und Dunn arbeiteten erfolgreich als Studiomusiker und Produzenten und gehörten 1977 zum Kern der → **Blues Brothers**. Cropper nahm außerdem 1973 mit Jackson, Bobby Manuel (g) und Carson Whitsett (key) das erfolglose Comeback-Album MG's auf. Al Jackson wurde am 1. 10. 1975 in Memphis erschossen, als er in seinem Haus einen Einbrecher überraschte.
Booker T. Jones, der mit Priscilla Coolidge (einer Schwester von Rita → Coolidge) verheiratet war, setzte seine Karriere als Solist fort, konnte aber lediglich Ende 1974 mit der Single ›Evergreen‹ (US #90) einen kleinen Erfolg verbuchen. Im Februar 1977 kam es durch Jones, Cropper, Dunn und den Schlagzeuger Willie Hall (* 8. 8. 1950) zu einer kurzfristigen Reunion von **Booker T. & The M.G.'s**. »Die stilvollste Instrumentalgruppe der 60er Jahre« (*Rolling Stone*) trat aus Anlaß des 25jährigen Jubiläums der populären amerikanischen TV-Show American Bandstand auf und veröffentlichte das Album UNIVERSAL LANGUAGE. Während Cropper und Dunn mit den **Blues Brothers** Erfolge feierten, profilier-

te sich Jones 1978 als Produzent und war für den Bestseller ›Stardust‹ von Willie → Nelson verantwortlich.
Die Wiederveröffentlichung von ›Green Onions‹ (GB #6) auf dem Soundtrack zu dem → **Who**-Kinofilm führte Anfang 1980 zu einem überraschenden Revival von **Booker T. & The M.G.'s**. Ab 1990 unternahmen **Booker T. & The M.G.'s** sporadisch »nostalgische Tourneen« (*Guinness*) durch die USA und Europa. Sie begleiteten u. a. den japanischen Künstler Masai; und 1993 unterstützten sie Neil → Young auf seiner Welttournee. 1994 veröffentlichte die Band nach langer Pause mit THAT'S THE WAY IT SHOULD BE wieder ein Studioalbum. Die Auskopplung ›Cruisin‹ wurde als bester Instrumentalsong mit einem Grammy ausgezeichnet. Booker T. unterstützte 1994 den Gitarristen Denny Brown aus San Francisco bei dessen Album ›Still In Trouble‹.

GREEN ONIONS (1962) Atlantic 782 255 • MO' ONIONS (1963) • SOUL DRESSING (1964) Atlantic 782 337 • MY SWEET POTATO (1965) • AND NOW! (1966) Stax, S 711 • IN THE CHRISTMAS SPIRIT (1967) Stax, S 715 • HIP HUG-HER (1967) Rhino, 8122–71013 • DOIN' OUR THING (1968) Rhino 8122–71014 • UPTIGHT (1968) Stax, SCD 8562 • SOUL LIMBO (1969) Stax, SCD 413 • MCLEMORE AVENUE (1970) Stax, SCD 8552 • BOOKER T. SET (1970) Stax, SCD 4113 • MELTING POT (1972) Stax, CDS 055 • THE MG's (1974) • UNION EXTENDED (1976) Stax, STXS 2041 • UNIVERSAL LANGUAGE (1977) Asylum, 7E 1093 • THAT'S THE WAY IT SHOULD BE (1994) Columbia 53307• (S) BEST OF (1968) Atlantic 40072 • (S) STAR COLLECTION (1973) Midi 20032 • (S) POP HISTORY (1980) Polydor 2625 013 • (S) 16 ORIGINAL HITS (1962) Karussell 849 803 • Mit **Mar-Keys**: BACK TO BACK (1967) Atlantic 790 307 • Booker T. **Jones**: EVERGREEN (1974) Epic 80397 • TRY AND LOVE AGAIN (1978) A&M 64720 • THE BEST OF YOU (1980) A&M 64789 • I WANT YOU (1981) A&M • Booker T. **Jones** mit Priscilla Jones: GYPSY QUEEN (1971) A&M, SP 4297 • HOME GROWN (1972) • CHRONICLES (1973) A&M, SP 4413 • Steve **Cropper**: PLAYIN' MY THANG (1981) • Steve Cropper mit Albert King und Pops Staples: JAMMED TOGETHER (1969) SCD 8544 • NIGHT AFTER NIGHT (1982) • **Mar-Keys**: THE MAR-KEYS (1961) Atlantic 8055 • DO THE POPEYE (1961) Atlantic 8062 • GREAT MEMPHIS SOUND (1965) Stax, STS 707 • DAM' IF I KNEW (1969) Cotillion 9014 • MEMPHIS HORNS (1970) • MEMPHIS EXPERIENCE (1970) Stax 2036 • HIGH ON MUSIC (1976) RCA 1056 • MELLOW JELLY Atlantic 587 135

Boomers

Peter Cardinali (b), Bill Dillon (g, voc), Rick Gratton (dr), Ian Thomas (voc, g)

Initiator der hochkarätig besetzten kanadischen Band war Ian Thomas aus Dundas, Ontario. Er begann bei **Tranquility Base**, die zwei Singles veröffentlichten. 1971 verließ er die Band, um als TV-Produzent zu arbeiten. Im Oktober 1973 gelang ihm mit der Single ›Painted Ladies‹ (US #28) der erste Erfolg als Solist. In Kanada wurde der Sänger, Gitarrist und Komponist fortan als Superstar gehandelt. Die Alben von Thomas erreichten in seiner Heimat passable Auflagen, und in den 80er Jahren wurde er vor allem als Songwriter international bekannt. U. a. übernahmen → **Santana**, → **Manfred Mann's Earth Band** und → **Chicago** seine Songs.
Ursprünglich wollte Thomas 1990 ein neues Soloalbum aufnehmen, als im Stu-

dio die Idee für eine Band reifte, die er mit hervorragenden und erfahrenen Sessionmusikern besetzte. Bill Dillon spielte u. a. für Peter →Gabriel, Robbie →Robertson und Joni →Mitchell. Rick Gratton gehörte zur Band des Engländers Long John →Baldry, und Peter Cardinali bewies stilistische Vielfalt, als er B. B. →King, Rick →James und Oscar Peterson unterstützte. Das Quartett wurde **Boomers** getauft und legte Wert auf »richtige« Musik: »Ich denke, der computergesteuerten Popmusik der letzten Jahre fehlte einfach die Seele. Wir hingegen wollen wieder etwas von der Magie spüren, die zwischen Musikern entsteht, wenn sie auf einer gemeinsamen Gefühlsebene schwingen« (Ian Thomas).

»Ohne die leiseste Spur eines Durchhängers« (*Sounds*) entstand die LP WHAT WE DO (D #56), die vor allem in Deutschland positiv aufgenommen wurde. Es war eine Produktion »im großen Spannungsfeld von Rock und Pop mit meist anschmiegsamen, stets ausbalancierten Titeln« (*Musik Express*).

Melodiösität und eingängige Songstrukturen prägten im Sommer 1993 das Album THE ART OF LIVING (D #90). Die **Boomers** wurden als Geheimtip hochgehandelt, konnten sich aber mit ihren Singles nicht in den Charts duchsetzen. Das gleiche galt, nach dreijähriger Pause, für das 96er-Album 25 THOUSAND DAYS.

WHAT WE DO (1992) Warner Brothers 9031–74515 • THE ART OF LIVING (1993) Warner Brothers 4509–91854 • 25 THOUSAND DAYS (1996) Ever 00883532 • Ian **Thomas**: IAN THOMAS (1973) • PAINTED LADIES (1973) GRT, MLP 15902 • DELIGHTS (1975) • GOODNIGHT MRS. CALABASH (1976) Atlantic 50479 • STILL HERE (1978) Atlantic 50479 • GLIDER (1979) GRT 9230–1082 • THE RUNNER (1981) Anthem, ANR 11032 • RIDERS ON DARK HORSES (1984) Mercury 822 319 • ADD WATER (1985) Metronome 826 030 • LEVITY (1988) WEA 55556

Boston

Tom Scholz (g, b, key)

Der Soundtüftler Tom Scholz (* 10. 3. 1947) arbeitete jahrelang im Heimstudio an einer professionellen Mischung aus hartem Rocksound und einprägsamen Songs. Die ersten Ergebnisse bot er mit Hilfe der lokalen Formationen **Middle Earth** und **Mother's Mike** 1975 verschiedenen Plattenfirmen an. Obwohl sie »besser klangen als die meisten Schallplatten, die im Augenblick zu haben sind« (*Record World*), wurden alle Demo-Bänder abgelehnt. Enttäuscht übersiedelte Scholz von Boston nach New York und fand Anfang 1976 in Epic Records einen geeigneten Partner. Scholz ließ aus Boston Brad Delp (12. 6. 1951), Barry Goudreau (* 29. 11. 1951), Fran Sheehan (* 26. 3. 1949) und Sib Hashian (* 17. 8. 1949) nachkommen, um in verschiedenen Studios das sorgsam ausgeklügelte Konzept der ersten Platte zu realisieren.

Die »überkommerzialisierte Band« (*Rolling Stone*) setzte mit dem Album BOSTON (GB #12, US #2, D #4), einer »Mischung aus Grand Funk und den Raspberries« (*Phonograph Record*), in den nächsten zwei Jahren weltweit über acht Millionen Exemplare ab. Als Singles wurden ›More Than A Feeling‹ (GB #22, US #4, D #15), ›Long Time‹ (US #22, D #39) und ›Peace Of Mind‹ (US #39) ausgekoppelt. **Boston** erwies sich damit

als erfolgreichste Newcomerband der letzten zehn Jahre.
Im Konzert zeigte der kühl kalkulierte Sound allerdings Schwächen. Deshalb hielt sich die Band mit Auftritten und Tourneen zurück. Scholz bastelte bereits 1977 an der zweiten LP, »die kompetent, aber ohne Inspiration« (*Rolling Stone*) klang. DON'T LOOK BACK (Gb #9, US #2, D #10) erreichte dennoch in wenigen Wochen eine Auflage von über fünf Millionen Stück. Der Stromliniensound mit den satten Orgelklängen kam an und lieferte mit ›Don't Look Back‹ (US #8), ›A Man I'll Never Be‹ (US #36) und ›Feelin' Satisfied‹ (US #67) weitere Hitsingles. Ende 1978 absolvierten **Boston** eine US-Tour, und ein Jahr später gaben sie erstmals einige Konzerte in Europa. Danach wurde es still um den bombastischen, technisch aufwendigen Rockstil.
Da Scholz offenbar kein Interesse an neuen Studioaufnahmen hatte, konzentrierte sich Barry Goudreau auf seine Soloproduktion, die im Oktober 1980 veröffentlicht, aber ein Flop wurde. Goudreau gründete daraufhin im Herbst 1982 **Orion The Hunter** mit Fran Cosmo (voc, g), Bruce Smith (b, voc) und Michael De Rosier (dr). Das Quartett brachte im Sommer 1984 die LP ORION THE HUNTER (US #57) mit der Single ›So You Ran‹ (US #58) heraus und trennte sich danach wieder.
1986 reaktivierte Scholz mit Delp, Gary Phil (g) und Jim Masdea (dr) das Unternehmen **Boston** und setzte das geschliffene Heavykonzept mit dem Album THIRD STAGE (GB #15, US #1, D #25) fort. Musikkritiker ignorierten den monströsen Konsumrock, die Käufer dagegen verhalfen der Platte erneut zu einer Millionenauflage und machten ›Amanda‹ (US #1, D #47) in den USA zu einem Smash-Hit. Bis zum Frühjahr 1987 wurden noch ›We're Ready‹ (US #9) und ›Can'tcha Say‹/›Still In Love‹ (US #20) als Singles veröffentlicht. In 15 Jahren verkauften **Boston** mit nur drei Alben 17 Millionen Stück. Da Scholz bei CBS einen Vertrag unterschrieben hatte, der ihn zu zehn LPs in fünf Jahren verpflichtete, kam es zu einem langwierigen Rechtsstreit. Er wurde im März 1990 entschieden und brachte Scholz eine Tantiemennachzahlung von 20 Millionen Dollar ein.
Anfang 1991 formierten Delp und Goudreau mit Tim Archibald (b), Brian Maes (key) und Dave Stefanelli (dr) **RTZ**. Ihr erstes Album RETURN TO ZERO (daher der Bandname RTZ) erschien im Juni 1991 und enthielt mit ›Face The Music‹ (US #49), ›Until Your Love Comes Back Around‹ (US #26) und ›All You've Got‹ (US #56) drei Singles, die sich in den Charts plazieren konnten.
Der Pefektionist Tom Scholz feilte wieder mehrere Jahre an einer neuen Platte. »Meine Besessenheit ist eine Last. Alles, was ich erfinde, veröffentliche, was ich mit Überzeugung mache, muß meinen Qualitätsvorstellungen entsprechen« (Tom Scholz). Der klassisch ausgebildete Pianist präsentierte Ende 1994 »eine in sich stimmige Mischung aus harten Riffs und sanften Melodien« (*Musikmarkt*) und zeigte, daß er sich auch bei WALK ON (GB #56, US #7, D #40) keinen modischen Trends unterwarf. Mit der Single ›I Need Your Love‹ (US #51) gelang dem Einmannunternehmen **Boston** eine mittelmäßige Plazierung in den Charts.

BOSTON (1976) Epic 480413 • DON'T LOOK BACK (1978) Epic 86057 • THIRD STAGE (1986) MCA, MCD 06017 • WALK ON (1994) MCA, MCD 10973 • (S) BOSTON (1986) Epic

• Barry **Goudreau**: BARRY GOUDREAU (1980) Epic 84449 • Barry **Goudreau** mit **Orion The Hunter**: ORION THE HUNTER (1984) Portrait 25906 • Brad **Delp** und Barry **Goudreau** mit **RTZ**: RETURN TO ZERO (1991) Warner Brothers 7599–24422

Box Tops

Alex Chilton (voc, g), Bill Cunningham (key, b), John Evans (g, key), Danny Smythe (dr), Gary Talley (g)

Gerade 15jährig stellte Alex →Chilton 1965 die **Box Tops** mit Bill Cunningham (* 23. 1. 1950), Gary Talley (* 17. 8. 1949) John Evans und Danny Smythe in Memphis, Tennessee, zusammen. Zwei Jahre später stiegen sie dank des internationalen Bestsellers ›The Letter‹ zu einer der gefragtesten Bands Nordamerikas auf. Knebelverträge und schlechtes Management führten dazu, daß die **Box Tops** Anfang 1970 fast mittellos aufgaben und in der Versenkung verschwanden. Nur der hochgelobte Sänger Alex Chilton mit seinem rauhen Soulorgan setzte seine Karriere fort und wurde später zu einem der Gründerväter des Punk.

1967 gelang den **Box Tops** ihr erster Hit. ›The Letter‹ (GB #6, US #1, D #5) dominierte weltweit die Charts und wurde zu einem Klassiker jener Rockepoche. U.a. übernahmen Joe →Cocker und die **Arbors** den Song. Über Nacht wurden die **Box Tops** weltberühmt und konnten 1967 dank »einer Mischung aus Pop und Southern Soul« (*Guinness*) mit ›Neon Rainbow‹ (US #16) und dem Album THE LETTER – NEON RAINBOW (US #35) weitere Erfolge feiern. Für die LP verarbeiteten die **Box Tops** vor allem Songs des Soulstars Bobby →Womack, sowie Kompositionen von →**Procol Harum**, John D. Loudermilk, Burt Bacharach und dem Team Dan Penn / Spooner Oldham, die auch als Produzenten fungierten.

1968 setzten die Singles ›Cry Like A Baby‹ (GB #14, US #2, D #14), ›Choo Choo Train‹ (US #17), ›I Met Her In Church‹ (US #29), ›Sweet Cream Ladies‹ (US #22) und die Alben CRY LIKE A BABY (US #41) und NONSTOP (US #64) die Hitserie fort. Fachjournalisten waren der Meinung, daß »seit den Righteous Brothers keine andere weiße US-Band über einen derartigen Soultouch verfügt« (*Rock Encyclopedia*). Mittlerweile hatte sich die Besetzung der **Box Tops** auf drei Positionen verändert. An Stelle von Evans, Cunningham und Smythe agierten nun Tom Boggs (dr), Swain Scharfer (key) und Harold Cloud (b). Scharfer wurde bereits nach der Produktion der LP CRY LIKE A BABY wieder von Cunningham abgelöst. Die personellen Veränderungen konnten den **Box Tops** nichts anhaben. Sie machten weiterhin einen eigenständigen, soulbeeinflußten Rocksound. Chiltons Reputation als Sänger und Komponist wuchs ständig. Die Band tourte erfolgreich mit den befreundeten →**Beach Boys**. Sie kamen sowohl bei Rockfans als auch bei den Zuhörern der Hitparaden an. 1969 veröffentlichten sie die Singles ›I Shall Be Released‹ (US #75), ›Soul Deep‹ (GB #20, US #11), ›Turn On A Dream‹ (US #31) und das Album DIMENSIONS (US #59). Die letzte Chartsplazierung gelang den **Box Tops** Anfang 1970 mit ›You Keep Tightening Up On Me‹ (US #70). Danach trennten sich die fünf Musiker. Gary Talley schloß sich 1992 der Bluesband **Big Dawgs** aus Nashville an.

THE LETTER – NEON RAINBOW (1967) Bell 6011 • CRY LIKE A BABY (1968) Bell 6017 • NONSTOP (1968) Bell 6023 • DIMENSIONS (1969) Bell 6032 • (S) SUPER HITS (1969) Bell 6025 • (S) GREATEST HITS (1988) Rhino, RNLP 161

Eddie Boyd

Eddie Boyd wurde am 25. 11. 1914 mit dem bürgerlichen Namen Edward Riley in Coahoma County, Mississippi, geboren. Boyd, ein Halbbruder von →Memphis Slim und ein Cousin von Muddy →Waters, versuchte sich zunächst als Gitarrist, brachte sich dann das Klavierspielen bei und entdeckte seine warme Stimme, die sich gut für Balladen eignete.

1936 ließ sich Boyd in Memphis, Tennessee, nieder und trat in örtlichen Kneipen und Bars auf. Im Jahr darauf stellte er die **Dixie Rhythm Boys** zusammen, deren Repertoire aus Blues, Barrelhouse Music und populären Schlagern bestand. Bis 1941 tourten die **Dixie Rhythm Boys** regelmäßig durch Tennessee und Arkansas. Boyd intensivierte den Kontakt zu Roosevelt →Sykes, Jack Slack und Memphis Slim. 1941 übersiedelte er nach Chicago, trat in den Clubs an der South Side auf und lernte von Sonny Boy →Williamson (John Lee) und Muddy Waters. 1946 stellte er erneut eine eigene Gruppe zusammen, mit der er erste Aufnahmen für kleine Labels wie JOB Records und Herald Records machte. 1952 erschien seine bekannteste Komposition ›Five Long Years‹. Der Song erreichte den ersten Platz der R&B-Charts, zählte in den 60er Jahren zum Standardrepertoire der jungen britischen Bands und ging als Evergreen in die Bluesgeschichte ein. 1953 veröffentlichte Boyd ›24 Hours‹ und ›Third Degree‹, zwei weitere Bestseller der R&B-Hitlisten.

Im Verlauf der 50er Jahre wurde Eddie Boyd ein seltener Gast in den populären Bluesläden an der Chicagoer South Side. Er nahm eine feste Arbeit in einem Stahlwerk an, um sich finanziell unabhängig zu machen. 1958 nahm ihn das Blueslabel Chess Records unter Vertrag. Boyd produzierte überwiegend balladeske Titel, konnte aber den Erfolg von ›Five Long Years‹ nicht mehr wiederholen. 1961 tourte Boyd mit Jimmy McCracklin, und 1965 kam er mit dem American Folk Blues Festival erstmals nach Europa. Hier spielten junge weiße Rockmusiker seine Kompositionen und waren von seiner rezitativen Gesangstechnik beeindruckt.

Boyd profitierte vom europäischen Blues-Revival und ließ sich in Antwerpen, Belgien, nieder. Später lebte er abwechselnd in London, Paris und Helsinki. In diesen Jahren entstanden seine besten Langspielplatten, zu denen er meist weiße Musiker ins Studio einlud. Er arbeitete mit der holländischen Band →**Cuby & The Blizzards** und dem britischen Bluesvater John →Mayall zusammen. Boyd tourte außerdem mit Big Mama Thornton und nahm mit →**Fleetwood Mac** das vielgelobte Album 7936 South Rhodes auf. Als Flop erwies sich 1969 die Kooperation mit **Ulli's Blues Band** aus Deutschland.

Boyd kehrte sporadisch nach Chicago zurück und war bis zu seinem Tod ein Aktivposten der nordamerikanischen und europäischen Bluesszene. A SAD DAY von 1980 dokumentiert seine französischen Sessions als Solopianist. Eddie Boyd starb in seiner Wahlheimat Helsinki am 13. 7. 1994.

FIVE LONG YEARS (1965) L+R, LS 42005 • AND HIS BLUES BAND (1967) Decca, SKL 4872 • LIVE (1968) Storyville, SLP 268 • LEGACY OF THE BLUES, VOL. 10 (1975) Sonet, SNTF 670 • VACATION FROM THE BLUES (1976) Jefferson 601 • A SAD DAY (1980) • (S) THIRD DEGREE (1951–1959) Chess, BM 42 • (S) RATTIN' AND RUNNIN' (1980) Crownprince, IG 400 • Mit **Fleetwood Mac**: 7936 SOUTH RHODES (1968) Blue Horizon 7–63202 • Mit **Cuby & The Blizzards**: PRAISE THE BLUES (1968) Fontana 846 526 • Mit **Ulli's Blues Band**: EDDIE BOYD AND ULLI'S BLUES BAND (1969)

Boyz II Men

Michael ›Bass‹ McCary (voc), Nathan ›Alex-Vanderpool‹ Morris (voc), Wayna ›Squirt‹ Morris (voc), Shawn ›Slim‹ Stockman (voc)

Die ausgezeichneten Sänger trafen sich 1989 an der Philadelphia High School For The Creative And Performing Arts. Michael McCary (* 16. 12. 1972), Shawn Stockman (* 26. 9. 1972) und die Brüder Nathan (* 18. 6. 1971) und Wayna Morris (* 29. 7. 1973) machten bei einem Talentwettbewerb die Bekanntschaft von Michael Bivins von **Bell Biv Devoe**, der bereits die Karriere von **New Edition** gefördert hatte. **Boyz II Men** schufen einen eigenen Stil aus Philly- und Motown-Sound, der dem Swingbeat zugerechnet wurde. Im Frühjahr 1991 erschien die erste Single ›Motownphilly‹ (US #3), die sich im Sommer des Jahres zum Tophit entwickelte. Das kurz darauf veröffentlichte Debütalbum COOLEYHIGHHARMONY erreichte Platin und lieferte mit ›It's So Hard To Say Goodbye To Yesterday‹ (US #2), ›Uhh Ahh‹ (US #16) und ›Please Don't Go‹ (US #49) weitere Bestseller. Das Album erhielt einen Grammy, den ersten von insgesamt vier, die **Boyz II Men** in verschiedenen R&B-Kategorien bis 1994 bekamen.

»Der große Durchbruch« (*Musikmarkt*) erfolgte im Sommer 1992. **Boyz II Men** wählten für den Soundtrack zur Eddie Murphy-Komödie den Song ›End Of The Road‹ (GB #1, US #1, D #6), der 13 Wochen die US-Charts anführte und damit den Rekord von Elvis → Presleys ›Don't Be Cruel‹ brach. Im Sog dieses Welthits wurde die LP COOLEYHIGHHARMONY (GB #7, US #3, D #38) erneut auf den Markt gebracht und erreichte weltweit eine Auflage von über sechs Millionen Stück. ›In The Still Of The Nite‹ (GB #27, US #3, D #69) und ›Let It Snow‹ (US #32) wurden als weitere Singles ausgekoppelt, und MOTOWNPHILLY (GB #23) wurde in Großbritannien wiederveröffentlicht.

Für die 94-er LP »II« (GB #17, US #1, D #18) profilierten sich **Boyz II Men** auch als Komponisten und nahmen außerdem Songs ihrer Produzenten Babyface, Jimmy Jam und Terry Lewis auf. Diesmal erweiterten sie ihre komplexen Vokalarrangements mit HipHop-Rhythmen und Dance-Elementen und konnten mit ›I'll Make Love To You‹ (GB #5, US #1, D #20) und ›One Bended Knee‹ (GB #20, US #1) weitere Erfolge feiern. 1995 wirkten **Boyz II Men** auf einem Album von Mariah → Carey mit und kamen in diesem Jahr mit fünf Singles in die Charts: ›On Bended Knee‹ (D #63), ›Thank You‹ (GB #26, US #21), ›Water Runs Dry‹ (GB #24, US #2) ›Vibin'‹ (US #56), ›I Remember‹ (US #46).

1995 arbeiteten sie mit L. L. → Cool J auf dessen Single ›Hey Lover‹ zusammen,

begleiteten Mariah Carey bei einem Konzert im New Yorker Madison Square Garden, und Ende des Jahres erschien der Sampler THE REMIX COLLECTION (US #17).
Stockman debütierte als Solist im Januar 1996 mit ›Visions Of A Sunset‹, Teil des Soundtracks zu »Mr. Holland's Opus«. Er blieb aber Mitglied bei **Boyz II Men**, die im Februar ihr Label Stonecreek Recordings präsentierten. Im Verlauf des Jahres wurden sie für ihre außergewöhnlichen Gesangsleistungen mit mehreren Auszeichnungen bedacht, darunter der Soul Train Award und der Sammy Davis Jr. Award. Währenddessen liefen die Vorbereitungen für das 97er Album EVOLUTION auf Hochtouren.

COOLEYHIGHHARMONY (1991) Motown 530001 • CHRISTMAS INTERPRETATIONS (1993) Motown 530257 • II (1994) Motown 530431 • EVOLUTION (1997) Motown 530822 • (S) THE REMIX COLLECTION (1995) Motown 530598

Brandos

Frank Funaro (dr), Frank Giordano (g, voc), Dave Kincaid (voc, g, man), Ernie Mendillo (b, voc)

Nachdem sie bereits seit rund zehn Jahren in anderen Bands gespielt hatten, fanden die vier Gründungsmitglieder der **Brandos** in New York zusammen. Hauptinitiator war der Leadsänger, Songwriter und Produzent Dave Kincaid. Er stammte aus Seattle, Washington, und begann in der Clubformation **Alliens**. Die Gruppe spielte Popmusik und konnte mit der Single ›Emma Peel‹ einen lokalen Hit landen. 1985 übersiedelte Kincaid nach New York. Er arbeitete als Fahrer für eine Elektronikfirma, als er über eine Anzeige in *Village Voice* Ernie Mendillo und Ed Rupprecht von **Soul Attack** kennenlernte.
Mit einer Drummaschine nahm das Trio erste Demos auf und kreierte dabei einen Stil, den Kincaid als »eine Mischung aus Horrorfilm und Spaghetti-Western« beschrieb. Um Konzerte geben zu können, holte Kincaid seinen alten Freund Larry Mason, einst Mitglied der **Alliens**, aus Seattle. Den Namen **Brandos** gaben sie sich zu Ehren des einstigen Leinwandrebellen, den Marlon Brando in »The Wild One« (Der Wilde) verkörperte.
Durch ständige Clubauftritte machten sich die **Brandos** einen Namen. Nachdem sie mühsam 15000 Dollar gespart hatten, zogen sie sich für sieben Monate in ein kleines Studio in New Jersey zurück. Ende 1987 erschien bei Relativity Records ihre erste LP HONOR AMONG THIEVES. Mit ihrem »New Wave-Mainstream« (Dave Kincaid) stiegen sie zu Lieblingen des Independent-Geschehens auf. Verträge mit großen Plattenfirmen lehnten die **Brandos** zunächst ab, überließen RCA aber den Vertrieb des 1989 wiederveröffentlichten Debüts. Das Quartett bereiste erstmals Europa und bekam sehr gute Kritiken.
Im Frühjahr 1989–92 nahmen die **Brandos** die Titel ihrer zweiten LP GUNFIRE AT MIDNIGHT auf, bei der sie an den ungekünstelten Rock'n'Roll im Stil von →**Creedence Clearwater Revival** und →**Lynyrd Skynyrd** anknüpften. Der »kernige Gitarrenrock und erdige Rhythm & Blues« (*Hifi Vision*) erinnerte an den spontanen Garagenrock der 60er Jahre in den USA, und Sänger Kincaid klang verblüffend ähnlich wie John →Fogerty.

Die **Brandos** erfreuten sich besonders bei den Kritikern und ihrem Konzertpublikum in Europa großer Beliebtheit. Teile der dritten Platte The Light Of Day wurden sogar in einem Bremer Studio aufgenommen. Der Gitarrist Scott Kempener (Ex- → **Del-Lords**) verstärkte nun die Band, Ed Rupprecht wirkte nur noch sporadisch mit.
Ohne Rupprecht, Larry Mason und Scott Kempner (g, voc), dafür mit Frank Funaro und Frank Giordana nahmen die **Brandos** ihr viertes Album Pass The Hat auf. Erneut gelang dem Quartett »ein rauhes, erdiges und kraftvolles Meisterwerk« (*Musik Express*).

HONOR AMONG THIEVES (1987) SPV 076–93872 • GUNFIRE AT MIDNIGHT (1992) SPV 084–88942 • THE LIGHT OF DAY (1994) SPV 084–96062 • PASS THE HAT (1996) SPV 085–44202 • IN EXILE – LIVE (1995) SPV 085–89552

Bread

David Gates (voc, g), James Gordon (dr), James Griffin (g), Robb Royer (g, b)

Die Gruppe entstand 1968 aus dem Trio **Pleasure Faire**, dem David Gates (* 11. 12. 1940, Tulsa, Oklahoma), James Griffin und Robb Royer angehörten. Sie waren erfahrene Studiomusiker, und Gates hatte bereits erfolgreiche Songs für die **Murmaids** (›Popsicles And Icicles‹) und die **Girlfriends** (›My One And Only Jimmy Boy‹) geschrieben. Von Griffin und Royer stammten die meisten Kompositionen für **Pleasure Faire**, und unter dem Pseudonym Arthur James und Robb Wilson hatten sie den Song ›For All We Know‹ für den Soundtrack zum Film »Lovers And Other Strangers« komponiert.
Im Oktober 1969 nannten sie sich in **Bread** um, und James Gordon vervollständigte das in Hollywood ansässige Quartett. Ihr erstes Album wurde kaum beachtet, und für Gordon kam Mike Botts. Gates konzentrierte sich nun auf Balladen und sanfte Midtempo-Kompositionen. Im Juni 1970 eroberten **Bread** mit ›Make It With You‹ (GB #5, US #1) erstmals die Hitparaden. Im Abstand von drei Monaten folgten ›It Don't Matter To Me‹ (US #6) und ›Let Your Love Go‹ (US #18) sowie die LP On The Waters (US #8).
Als Robb Royer eine Karriere als Drehbuchautor begann, wurde er 1971 von dem routinierten Sessionmusiker Larry Knechtel, einst Mitglied der **Rebels** von Duane Eddy, abgelöst. **Bread** brachten es mit intelligent strukturiertem, melodischem Pop 1971 bis Anfang 1973 auf eine beachtliche Hitserie, darunter die Singles ›If‹ (US #6), ›Mother Freedom‹ (US #31), ›Baby, I'm A Want You‹ (GB #17, US #3), ›Everything I Own‹ (US #6), ›Diary‹ (US #11), ›The Guitar Man‹ (GB #9, US #9), ›Sweet Surrender‹ (US #11) und ›Aubrey‹ (US #12) sowie den LPs Manna (US #19), Baby, I'm – A Want You (GB #13, US #3) und The Guitar Man (US #10).
Bread blieben bis zum März 1973 zusammen. Musikalische Unstimmigkeiten zwischen Gates und Griffin führten zur Trennung der Band, die im Frühsommer des Jahres mit dem Sampler The Best Of Bread (GB #6, US #2) wieder in den Charts für Furore sorgte. Nach dem Ende von **Bread** setzte Knechtel seine Laufbahn als Studiomusiker fort. Botts schloß sich der Gruppe von Linda → Ronstadt an, Gates und Griffin versuchten

sich als Solisten. Gates debütierte im November mit dem Album FIRST (US #97), das das ambitionierte, siebenminütige Opus ›Clouds‹ (US #33) und den Song ›Sail Around The World‹ (US #60) enthielt. Gates versuchte auch mit seinen folgenden Produktionen im Stil von **Bread** weiterzumachen. Bis 1976 plazierte er mit ›Never Let Her Go‹ (US #32) lediglich eine weitere Single in den Charts. Während Ken Boothe mit einer Reggaeversion von **Breads** ›Everything I Own‹ einen Tophit landete, bereiteten Gates, Griffin, Knechtel und Boots die Reunion von **Bread** vor, die 1976/77 die Singles ›Lost Without Your Love‹ (GB #20, US #10) und ›Hooked On You‹ (US #80) sowie die LP LOST WITHOUT YOUR LOVE (GB #21, US #15) realisierten. **Bread** brillierten einmal mehr mit einem perfekten Harmoniegesang und schlichten Popmelodien. Die aufkommende Punkwelle drängte **Bread** in den Hintergrund, und da Gates erneut Soloambitionen verfolgte, trennte sich das Quartett Ende 1977. Gates gelangen bis 1981 mit ›Goodbye Girl‹ (US #13), ›Took The Last Train‹ (US #32), ›Where Does The Lovin' Go‹ (US #54) und ›Take Me Now‹ (US #62) vier Notierungen in den Hitlisten. Griffin arbeitete 1981 mit Terry Sylvester von den →**Hollies** zusammen.

1987 gelang →Boy George mit dem **Bread**-Titel ›Everything I Own‹ ein europäischer Bestseller. Ende der 80er Jahre gründete Griffin die Band **Dreamer**. 1992 tat er sich mit Billy →Swan und Randy Meisner von →**Poco** zusammen und nahm als **Black Tie** den Buddy →Holly-Song ›Learning The Game‹ auf. Danach formierte Griffin mit Richard Mainegra und Rick Yancey von **Cymarron** die Gruppe **Remingtons**, die das Album BLUE FRONTIER herausbrachte.

Während Knechtel und Botts in Nashville ihre Arbeit als Studiomusiker fortsetzten, lebte Gates zurückgezogen auf einer 800 Hektar großen Farm in Nordkalifornien. Robb Royer arbeitete als Komponist und schrieb u. a. ›Quittin' Time‹ für Mary-Chapin →Carpenter. Er trat nur noch sporadisch als Solist auf und versuchte erst 1994 wieder ein Comeback.

BREAD (1969) Elektra 73502 • ON THE WATERS (1970) Elektra 73503 • MANNA (1971) Elektra 73504 • BABY, I'M – A WANT YOU (1972) Elektra 42100 • THE GUITAR MAN (1972) Elektra 52004 • LOST WITHOUT YOUR LOVE (1976) Elektra 52044 • (S) THE BEST OF BREAD (1973) Elektra 42115 • (S) THE BEST OF BREAD VOL. 2 (1974) Elektra 42161 • (S) SOUND OF BREAD (1977) Elektra 52062 • (S) ANTHOLOGY (1985) Elektra 960414 • David **Gates**: FIRST (1973) Elektra 42150 • NEVER LET HER GO (1975) Elektra 52009 • GOODBYE GIRL (1978) Elektra 52091 • FALLING IN LOVE AGAIN (1980) Elektra 52206 • TAKE ME NOW (1981) Arista 203910 • LOVE IS ALWAYS SEVENTEEN (1994) Discovery • James **Griffin**: BREAKIN' UP IS EASY (1973) Polydor 2391113 • JAMES GRIFFIN (1977) Polydor 2391274 • James **Griffin** mit **Remingtons**: BLUE FRONTIER (1992) Ariola • Larry **Knechtel**: MOUNTAIN MOODS (?)

Breeders

Kim Deal (voc, g), Kelley Deal (g), Jim MacPherson (dr), Josephine Wiggs (b, voc)

Kim Deal von den →**Pixies** und Tanya Donelly von den →**Throwing Muses** kannten sich bereits aus ihrer Heimatstadt Boston und unternahmen 1988 mit

ihren Bands eine gemeinsame Europatournee, ehe sie 1989 die **Breeders** gründeten. Den lange gehegten Wunsch, ein Studio-Album aufzunehmen, erfüllten sie sich unter der Regie des Produzenten Steve Albini (**Pixies**) mit Pod im Frühsommer 1990. Die **Breeders** wurden komplettiert durch Josephine Wiggs, die im englischen Yorkshire die Band **Perfect Disaster** leitete, und Shannon Doughton (dr, voc).
Bis auf das →**Beatles**-Stück ›Happiness Is A Warm Gun‹ stammten alle Kompositionen des Debüts von Kim Deal. »Mittels grober, ungeschliffener Gitarrenklänge und Kim Deals pubertär-lasziver Stimme provozieren die Breeders dubiose Gefühle zwischen Tag- und Alptraum« (*Musik Express*). Obwohl von Insidern hochgelobt, trennten sich die **Breeders** wieder, da sich die drei Musikerinnen wieder verstärkt um ihre eigenen Bands kümmerten.
Als Frank Black sang- und klanglos die **Pixies** auflöste, reaktivierte Kim Deal die **Breeders** 1993 mit ihrer Zwillingsschwester Kelley, Josephine Wiggs und dem Schlagzeuger Jim MacPherson. ›The Last Splash‹ variierte im September 1993 zwischen »sperrig-schweren Gitarrenwällen, Noise-Entwürfen und unverschämt eingängigen Superhits« (*Fachblatt*). Die Band setzte den dumpfen, lethargischen **Pixies**-Sound konsequent fort und erreichte mit dem Album den ersten Platz der britischen Indie-Hitparaden.
Nach einem Gastspiel bei **Belly** entschied sich Tanya Donelly für eine Solokarriere und nahm mit der Hilfe von Musikern der Bands **Pixies** (David Lovering), **Throwing Muses** (David Narciza) und **Sebadoh** (Wally Gagel) die Platte Lovesongs For Underdogs auf, die ihrem Titel in jeder Beziehung gerecht wurde: ›Ein echter Leckerbissen für Liebhaber straighter Gitarrenmusik‹ (dt. *Rolling Stone*).
Kelley Deal, die bereits 1994 die **Breeders** verlassen hatte, kehrte Ende 1997 mit **Kelley Deal 6000** und dem »ironischen Trashpop« des Minialbums Got To The Sugar Altar zurück.

POD (1990) 4 AD, 1200381 • THE LAST SPLASH (1993) 4 AD, 1201604 • Tanya **Donelly**: LOVESONGS FOR UNDERDOGS (1997) 4 AD 1202063 • Kelley Deal mit **Kelley Deal 6000**: GO TO THE SUGAR ALTAR (1996) Mini-LP Rough Trade 3753007

Edie Brickell

Geboren am 10. 3. 1966 und aufgewachsen in Oak Cliff, einem Vorort der texanischen Ölmetropole Dallas, fand die ehemalige Kunststudentin eher zufällig zur Musik. Bei einer Kneipentour ging Edie Brickell auf die Bühne und sang bei der regional bekannten Two Tone / Ska-Band **New Bohemians** mit. 1985 bestand die Gruppe aus dem Gitarristen Kenny Withrow (* 13. 4. 1965), dem Bassisten Brad Houser (* 7. 9. 1964), John Bush (perc) und Brando Aly (dr). Edie Brickell entwickelte sich zum kreativen Motor und schuf einen unverbrauchten, komplexen elektrischen Folkrock.
Vor Aufnahmebeginn der ersten LP verließ Aly die **Bohemians** und wurde durch Matt Chamberlain (* 17. 4. 1967) ersetzt; als zusätzlicher Gitarrist kam Wes Martin (* 28. 5. 1964). Ausgestattet mit einem Vertrag bei Geffen Records entstand Ende 1987 im walisischen Monmouthshire das Debüt Shooting Rubberbands At the Stars (GB #25, US #4,

D #29), das weltweit über zwei Millionen Mal verkauft wurde und mit ›What I Am‹ (GB #31, US #7, D #31) und ›Circle‹ (GB #74, US #48, D #68) zwei erfolgreiche Singles enthielt. Edie Brickell wurde als »eine der interessantesten neuen Singer / Songwriter« (*Guinness*) gehandelt, die durch natürliches Auftreten und unprätentiöse Texte positiv auffiel: »Wenn Leute meine Songs hören, sollen sie sich wiedererkennen« (Edie Brickell).

Edie Brickell schrieb vorwiegend Liebeslieder, die sie mit sanfter Stimme vortrug, und wurde »texanische Nachtigall« (*Musik Express*) genannt. Die **Bohemians** tourten mit → **Grateful Dead** und Don → Henley durch die USA, kamen im Vorprogramm von Bob → Dylan nach Europa und bereiteten sich ab Ende 1989 in aller Ruhe auf die Produktion des zweiten Albums vor.

Ghost Of A Dog (GB #63, US #32) erschien im November 1990: »Dieses Album ist wie ein Kaleidoskop. Es ändert sich ständig« (Edie Brickell). Die Umsätze des erneut sensibel und unauffällig inszenierten Folkpop gingen deutlich zurück, denn die Fachmedien konstatierten »aufkommende Langeweile« (*Rolling Stone*). Als Gaststar wirkte John Lydon von der britischen Band → **Public Image Ltd**. mit, der mit Edie Brickell den Song ›Strings Of Love‹ sang.

1991 trennte sich Edie Brickell von den **New Bohemians** und übersiedelte nach New York, wo sie im Juni 1992 ihren Kollegen Paul → Simon heiratete. Simon unterstützte als Produzent und Musiker die Realisierung des im New Yorker Studio Hit Factory aufgenommenen Albums Picture Perfect Morning (US #68, GB #59), das im Sommer 1994 veröffentlicht wurde. Von Stargästen begleitet wie → Dr. John und Art Neville, Organist der → **Neville Brothers**, sang Edie Brickell »sanfte, melancholische Songs für die Stunden zwischen Tag und Traum« (*Musik Express*). Die Platte bestätigte Brickells großes Talent für stilistische Vielfalt mit »bluesigen Gitarrensounds und jazziger Klavierbegleitung« (*Musikmarkt*). Als Single brachte sie ›Good Times‹ (GB #40, US #60, D #66) heraus.

Ex-**Bohemians** Brad Houser gehörte zur Studiobesetzung von John Does 95er Album Kissingsohard.

SHOOTING RUBBERBANDS AT THE STARS (1988) Geffen, GED 24192 • GHOST OF A DOG (1990) Geffen, GED 24304 • PICTURE PERFECT MORNING (1994) Geffen, GED-24715

Britney Fox

Billy Childs (b), ›Dizzy‹ Dean Davidson (voc), Johnny Dee (dr), Michael Kelly Smith (g)

Die nordamerikanischen Rocker kamen 1985 in Philadelphia zusammen. Dean Davidson, zuvor Drummer bei **World War III**, und Ex- → **Cinderella** Michael Kelly Smith waren der kreative Kern einer Heavyband, die kurzfristig zu den heißesten Hardrock-Tips der USA zählte. Johnny Dee (John DiTeodora) kam von **Waysted**, und nur Billy Childs hatte bis dahin keine Erfahrungen in einer Profigruppe gesammelt. **Britney Fox** mischten die Sounds von → **AC / DC**, → **Mötley Crüe** und → **Quiet Riot** und schufen aus Elementen dieser drei Metal-Formationen einen eigenständigen Stil, der dem Poser- und Glam-Rock zugerechnet wurde. Ein Demoband, das die Band unter dem

Titel ›In America‹ bei Auftritten auch an die Fans verkaufte, öffnete ihnen 1988 bei Columbia Records die Türen. Von ihrem Debütalbum Britney Fox (US #39) wurden über eine Million Exemplare verkauft, und mit der Auskopplung ›Long Way To Love‹ (US #100) plazierte sich das Quartett im Oktober 1988 eine Woche lang in den US Top 100.
Durch diesen Erfolg gestärkt, avancierten **Britney Fox** zur gefragten Live-Formation, die zunächst die Shows von →**Poison**, →**Ratt** und Joan →Jett eröffneten, um dann als Headliner 130 Konzerte vor rund 620000 Menschen zu absolvieren. **Britney Fox** spielten erfolgreich in Japan, als Anheizer für →**Status Quo** in Europa und konnten nach Abschluß der Tournee Neil Kernon (→**Dokken**, →**Judas Priest**, →**Queensryche**) als Produzenten für das 89er Album Boys In Heat (US #79) gewinnen. Auch hier verzichtete die Band »gezielt auf Schnörkel, vertrackte Tempiwechsel und ausgefeilte Leadbreaks« (*Metal Hammer*), konnte aber den Erfolg der ersten LP nicht wiederholen. Als Live-Gruppe überzeugten sie weiterhin und spielten u. a. mit →**Bon Jovi** und Alice →Cooper.
Davidson verließ **Britney Fox** Anfang 1990, um **Blackeyed Susan** zu gründen. Seinen Platz nahm Tommy Paris ein. Er bewies bei Bite Down Anfang 1992 seine Shouterqualitäten, doch trotz guter Kritiken eines »vor Kraft nur so strotzenden Powerrocks« (*Musik Express*) hatten **Britney Fox** ihre Anziehungskraft verloren, und Anfang 1993 trennten sich die vier Musiker.

BRITNEY FOX (1988) Epic 461111 • BOYS IN HEAT (1989) CBS 465954 • BITE DOWN (1991) East West • John **DiTeodora** mit **Waysted**: SAVE YOUR PRAYERS (1986) Parlophone • Dean **Davidson** mit **Blackeyed Susan**: ELECTRIC RATTLEBONE (1991) Mercury

David Bromberg

Der Saitenvirtuose (Gitarre, Mandoline, Violine, Banjo) David Bromberg, geboren am 19. 9. 1945 in Tarrytown, New York, zählte ab den 60er Jahren zur Studio- und Sessionelite der US-Szene. Bis 1990 wirkte er auf ca. 100 Langspielplatten mit. Seine Soloalben waren eine gelungene Mixtur aus Folk, Country, Blues, Bluegrass und Rock'n'Roll.
Seine Karriere begann im New Yorker Künstlerviertel Greenwich Village. Er arbeitete zunächst für **Jay & The Americans**, Chubby Checker, Bob →Dylan, Jerry Jeff →Walker und →**Blood, Sweat & Tears**. Als Solist wurde der ehemalige Student der Columbia University der Coffee House-Bewegung zugerechnet. Er unterstützte Folkmusiker wie Tom →Paxton und wurde schließlich von Columbia Records unter Vertrag genommen. 1971 veröffentlichte er seine erste LP. Sein Gesang konnte mit seinen instrumentalen Fähigkeiten nicht mithalten: »Er klingt wie ein Jugendlicher im Stimmbruch in einem Kirchenchor« (*Rolling Stone*).
Im Verlauf der 70er Jahre veröffentlichte Bromberg 12 Alben, von denen sich Ende 1976 How Lat'll Ya Play Til? (US #94) am besten verkaufte. Der Allrounder verstand es, aus einer einzigen Idee komplexe und variationsreiche Songs zu entwickeln. Vor allem bei den Live-Mitschnitten konnte Bromberg seine Vielseitigkeit und seine improvisatorischen

Fähigkeiten ausspielen. Neben seiner Arbeit für die →**Eagles** und →**Commander Cody & The Lost Planet Airmen** gründete er 1974 die **David Bromberg Band**, der zeitweise mehr als zehn Musiker angehörten. Zum harten Kern gehörten Richard Fegy (ban, man, g), John Firmin (sax, fl, cl), George Kindler (man, fi) Curt Lindberg (po), Hugh McDonald (b, man, g) und Steve Mosley (dr). Mit dieser Formation begleitete er u.a. den Bluesmusiker Johnny Shines.

Der »amüsante Unterhalter« (*Rolling Stone*) setzte ab 1976 verstärkt auf Rock- und Funkelemente. Er blieb jedoch vor allem ein begehrter Studiomusiker und verarbeitete unterschiedliche musikalische Einflüsse. 1978/79 unterstützte Bromberg seinen englischen Freund, den Singer/Songwriter Ralph →McTell. Nach seiner 79er Produktion You Should See The Rest Of The Band widmete er sich in der 80er Jahren vornehmlich dem Bau und der Restauration von Geigen und trat nur noch sporadisch auf, vorzugsweise im New Yorker Club Bottom Line. 1987 stand er auf der Besetzungsliste von Leon Redbones Album Red To Blue.

Rounder Records bot Bromberg 1989 wieder einen Plattenvertrag an und veröffentlichte sehr zur Freude »seiner treuen Fangemeinde« (*Guinness*) Sideman Serenade. Ansonsten arbeitete er überwiegend als Studiomusiker, u.a. für den Singer/Songwriter Joe Henry und den Countrymusiker Paul Siebel.

DAVID BROMBERG (1971) CBS 64906 • DEMON IN DISGUISE (1972) CBS 65222 • WANTED DEAD OR ALIVE (1974) Columbia 32717 • MIDNIGHT ON THE WATER (1975) Sony, CK 57309 • HOW LAT'LL YA PLAY TIL? (1976) Fantasy, FCD 7704 • BEST OUT OF THE BLUES (1977) Columbia 34467 • RECKLESS ABANDON (1977) Fantasy 9540 • HILLBILLY JAZZ (1977) Sonet, SNTF 721 • HILLBILLY JAZZ VOL. 2 (1977) Sonet, SNTF 722 • BANDIT IN A BATHING SUIT (1978) Fantasy 9555 • MY OWN HOUSE (1978) Fantasy 9572 • YOU SHOULD SEE THE REST OF THE BAND (1979) WEA 58148 • SIDEMAN SERENADE (1989) Rounder 3110

Garth Brooks

Der »Kevin Costner der Country-Musik« (*New York Times*) verkaufte in den ersten fünf Jahren seiner atemberaubenden Karriere mehr als 40 Millionen Alben und wurde in seiner Heimat wie ein Superstar behandelt. Garth Brooks verband Country mit Rock- und Popelementen und griff in seinen Songs aktuelle Themen wie AIDS, Abtreibung oder die Rassenunruhen in Los Angeles auf. Auf diese Weise gelang es ihm, der traditionellen Countrymusik in den 90er Jahren ein neues junges Publikum zu erschließen.

Troyal Garth Brooks, geboren am 7. 2. 1962 in Yukon, Oklahoma, ist der jüngste Sohn der Countrysängerin Colleen Carroll. Er studierte an der Oklahoma State University und begann in einer Bluegrass-Band. In einem Club in Stillwater lernte er seine spätere Ehefrau Sandy Mahl kennen, die seine Karriere als Solist förderte. In den nächsten vier Jahren trat er ständig in den lokalen Countryclubs auf und schrieb etwa 350 Songs.

Capitol Records entdeckte Brooks 1988 im Bluebird Café in Nashville und nahm ihn unter Vertrag. Allen Reynolds, der durch seine Zusammenarbeit mit Don

Williams populär wurde, produzierte das Album Garth Brooks (US #13), das im Sommer 1990 die nordamerikanischen Popcharts eroberte. Mit den Singles ›Much Too Young‹ und ›If Tomorrow Never Comes‹ beherrschte Brooks die Country-Hitparaden. Als »Country-Newcomer des Jahres« (*Rolling Stone*) gefeiert, sorgte er für volle Häuser und hohe Einnahmen.
Im Spätsommer 1990 wurde die zweite LP No Fences (US #3) veröffentlicht, die mit zehn Millionen verkauften Exemplaren als bis dahin bestverkaufte Countryplatte in die Geschichte einging. Als Vorreiter der New Country-Welle erreichte er 1990 mit ›Friends In Low Places‹ und 1991 mit ›Unanswered Prayers‹ und ›Two Of A Kind‹ Spitzenpositionen in den C&W-Singlecharts.
Ende September 1991 kam das dritte Album »Ropin' The Wind« (GB #41, US #1) auf den Markt, von dem rund neun Millionen Exemplare verkauft wurden und das mit einem Grammy ausgezeichnet wurde. Brooks, der mittlerweile mehrere Country-Awards erhalten hatte, zog bei seinen Auftritten bis zu 30000 Fans an. Er wurde dabei von seiner **Stillwater Tour Band** begleitet, die aus James Garver (g), Betsy Smittle (b), Steve McClure (steel-g), Ty England (g, voc), Dave Gant (fi, key) und Mike Palmer (dr) bestand. Auch 1992 waren Brooks & Co. fast ständig auf Tournee.
Nach der Veröffentlichung seines Weihnachtsalbums Beyond The Seasons (US #2) präsentierte Brooks im September 1992 mit The Chase (US #1, D #76) eine neue Studioplatte. Der erfolgreichste Countrymusiker enttäuschte allerdings mit »durchschnittlichem Material« (*Prinz*) und einer allzu balladesken Grundstimmung.
Die Fans blieben Garth Brooks dennoch treu und verschafften auch der LP In Pieces (US #1, D #83) 1993 eine Millionenauflage: »Er hat an alle Käuferschichten gedacht. Der Abwechslungsreichtum läßt sich kaum überbieten. Für den jugendlichen Tanzfreak zieht er alle Register, er verfügt auch über genügend Bluesfeeling und reflektiert den derzeitigen Stand der Western Music« (*Stereoplay*). Überraschenderweise hatte er mit den Auskopplungen ›The Red Strokes‹ (GB #13) und ›Standing Outside The Fire‹ (GB #28) vor allem in Großbritannien Erfolg.
1994 unterstützte Brooks den Singer/Songwriter Pat Alger auf dessen Album Seeds. Im Jahr darauf erschien sein Album Fresh Horses, und mit ›The Dance‹ (GB #36) kam er erneut in die britischen Pophitparaden. Als Ende 1997 Sevens auf den Markt kam, hatte Brooks weltweit bereits 70 Millionen Alben verkauft. Bei Sevens, mit erstklassigen Musikern aufgenommen, vertraute Brooks auf ›inspirierte Country-Songs für jeden Geschmack‹ (*Musikwoche*).

GARTH BROOKS (1989) Capitol 790897 • NO FENCES (1990) Capitol 795503 • ROPIN' THE WIND (1991) Capitol 798458 • BEYOND THE SEASONS (1992) Liberty 798742 • THE CHASE (1992) EMI 798747 • IN PIECES (1993) EMI 780857 • FRESH HORSES (1995) Capitol 320802 • SEVENS (1997) Capitol 856599 • (S) THE HITS (1995) EMI 832081

Lonnie Brooks

Geboren als Lee Baker jr. am 18. 12. 1933 in Dubuisson, Louisiana, wuchs er im texanischen Port Arthur auf. Angeregt von seinem Großvater, der Banjo spielte, griff er 1952 zur elektrischen Gitarre und begleitete ab 1955 u. a. Clifton →Chenier. Baker nannte sich zu diesem Zeitpunkt Guitar Junior. 1957 entwickelte sich seine erste Platte ›Family Rules‹ zu einem lokalen Hit. Seine Kompositionen ›Pick Me Up On Your Way Down‹ und ›The Crawl‹ wurden 30 Jahre später mit Erfolg von den →Fabulous Thunderbirds übernommen.

Guitar Junior übersiedelte 1959 nach Chicago, um in der Band von Sam →Cooke mitzuwirken. Danach tourte er mit dem Sänger Jimmy →Reed. Nach Erscheinen der erfolglosen Single ›The Horse‹ trat er unter dem Namen Lonnie Brooks auf. In den 60er Jahren spielte er regelmäßig in den Bluesclubs und Bars in Chicago und Umgebung und konnte mit ›Let It All Hang Out‹ einen weiteren regionalen Hit verbuchen. Die Karriere von Brooks kam jedoch erst nach einer Europatournee mit Willie →Mabon in Schwung. In Paris realisierte er das Album SWEET HOME CHICAGO und fand nun die längst fällige Anerkennung als »mitreißender Chicago-Blues-Gitarrist« (*Blues Forum*).

1978 nahm das einflußreiche Blueslabel Alligator Records Brooks unter Vertrag. In regelmäßigen Abständen erschienen nun Langspielplatten, die zeitgemäßen Blues vermittelten. Brooks, der inzwischen eine eigene, mit jungen Musikern besetzte Band leitete, wurde 1980 beim Jazzfestival in Montreux mit einem Schallplattenpreis für BAYOU LIGHTNING ausgezeichnet. Im Jahr darauf wurde der Mitschnitt BLUES DELUXE für einen Grammy nominiert.

Bei TURN ON THE NIGHT setzte Brooks 1981 einen kompletten Bläsersatz ein und mischte seinen Bluesstil mit Funk, Soul und Rock. 1984 wurde seine Produktion HOT SHOT »die wildeste neue Bluesplatte des Jahres« (*New York Times*) genannt. Gaststar der 86er-LP WOUND UP TIGHT war Johnny →Winter, der Brooks seit den 50er Jahren verehrte. »Das Beste« (*Guitar World*) faßte 1987 der Mitschnitt LIVE FROM CHICAGO zusammen. Hier war erstmals Brooks Sohn Ronnie zu hören, der seit 1987 als zweiter Gitarrist in der Band des Vaters spielte.

Lonnie Brooks absolvierte rund 250 Shows pro Jahr. Er trat nach wie vor in kleinen Clubs auf, folgte Einladungen zu großen Blues- und Jazzfestivals und bereiste regelmäßig die USA und Europa. Anfang der 90er Jahre tourte er auch durch Japan. Die Gefolgschaft von Brooks wuchs ständig, und auf Alben wie SATISFACTION GUARANTEED bewies er sein Können als einer der wichtigsten Protagonisten der zeitgenössischen Bluesszene.

Seine jüngsten Produktionen WOUND UP TIGHT und ROADHOUS RULES fanden vor allem in der US-Collegeszene großen Anklang. Zu den Aufnahmen von ROADHOUSE BLUES engagierte der ausgezeichnete Entertainer die MEMPHIS HORNS und den Harp-Virtuosen Sugar Blue.

LIVE AT PEPPERS (1968) Black Magic, BM 9008 • BROKE AN' HUNGREY (1969) • SWEET HOME CHICAGO (1975) Black & Blue 59554 • LET'S TALK IT OVER (1977) Delmark, DD 660 • BAYOU LIGHTNING (1979) Alligator, AL 4714 • BLUES DELUXE

(1980) Alligator • TURN ON THE NIGHT (1981) Alligator, AL 4721 • HOT SHOT (1984) Alligator, AL 4731 • THE CRAWL (1984) Charly, CRB 1068 • WOUND UP TIGHT (1986) Alligator, AL 4751 • LIVE FROM CHICAGO – BAYOU LIGHTNING STRIKES (1987) Alligator, AL 4759 • SATISFACTION GUARANTEED (1991) Alligator, AL 4799 • WOUND UP TIGHT (1995) Alligator, AL 4751 • ROADHOUSE RULES (1996) Alligator, AL 4843

Big Bill Broonzy

Der Bluesspezialist wurde am 26. 6. 1893 (nach anderen Quellen 1898) in Scott, Mississippi, als William Lee Conley Broonzy geboren. Er zählte zur ersten Generation farbiger Musiker, die Plattenaufnahmen machen konnten. Broonzy interpretierte einen rustikalen Folkblues, den er mit ausdrucksstarker Stimme vortrug. Er war stets offen für neue stilistische Mittel und verstand sich selbst als Blues-Entertainer.

Der Musikforscher Paul Oliver schrieb in seinem Buch »Die Story des Blues«: »Vor dem Hintergrund eines rockenden, swingenden Beats machte Broonzy häufig Gebrauch von gedämpften Noten oder er hämmerte einfach auf die Saiten los.« Sein Gesang erinnerte an den großen Leroy Carr, und seine Gitarrentechnik wies deutliche Parallelen zum jahrelangen Carr-Begleiter Scraper Blackwell auf. Broonzy etablierte sich als gefragter Arrangeur und galt als »Schlüsselfigur zwischen dem Delta-Stil von Robert Johnson und dem elektrischen Chicago Blues von Muddy Waters« (*Rolling Stone*).

Broonzy wuchs mit 16 Geschwistern auf einer Farm in Pine Bluff, Arkansas, auf. Auf einem selbstgebauten Instrument spielte Broonzy zunächst Violine und trat ab 1918/19 in kleinen Clubs in Little Rock, Arkansas, auf. 1920 zog er nach Chicago, wo er Papa Charlie Jackson kennenlernte, der Broonzy das Gitarrenspiel beibrachte. 1926 sah er zum ersten Mal ein Studio von innen. Zu seinen ersten Songs, die zwei Jahre später veröffentlicht wurden, zählten ›Gonna Tear It Down‹ und ›Big Bill Blues‹. In wenigen Jahren entwickelte sich Broonzy zum erstklassigen Gitarristen, Texter und Komponisten, der mit der damaligen Blueselite von Blind Lemon → Jefferson bis Sleepy John → Estes zusammenarbeitete und in den 30er Jahren seine erfolgreichste Zeit hatte.

Broonzy, der auch unter den Pseudonymen Big Bill, Blues Boy Bill, Chicago Bill, Slim Hunter, Little Sam, Big Bill Johnson und Little Son Aufnahmen machte, war für seine Generation ein untypisch selbstbewußter schwarzer Interpret, der sich in der von Weißen beherrschten Musikbranche durchsetzte. Sein Ziel war die Verbindung folkloristischer Bluestraditionen mit großstädtischem Elektrobeat. In seiner Autobiographie erklärte er später: »Sogar unten im Süden lernen die jungen Leute in schnellem Tempo zu spielen, und wenn ich aufhören würde, den waschechten, alten, langsamen Blues zu spielen, weiß ich nicht, was daraus werden würde.« Zu seinen herausragenden Titeln zählen u. a. ›Lonesome Road Blues‹, ›Milk Cow Blues‹ und ›I Feel So Good‹.

Nach einer Tour mit Memphis Minnie arbeitete Broonzy in den 40er Jahren u. a. mit → Memphis Slim, Sonny Boy → Williamson zusammen und bildete 1949 ein eigenes Trio. Zwei Jahre später trat er erstmals mit großem Erfolg in

Europa auf. 1952, 1955 und 1957 folgten weitere Auftritte in Europa, und er wurde vor allem in der britischen Szene gefeiert. 1955 gab Broonzy ein Konzert mit Chris Barber und beeinflußte u. a. Alexis →Korner und Lonnie Donegan. Während seiner Shows suchte der »größte Folkblues-Mann« (*Rolling Stone*) stets den Kontakt zum Publikum und sprach mit seiner Musik Leute an, die bis dahin mit Blues nichts anfangen konnten.
Sein »Blues ohne Schwermut« (*Folk Lexikon*) wurde unvermindert geschätzt, und Broonzy genoß den Erfolg in vollen Zügen. 1957 fand seine Karriere ein tragisches Ende. Bei einer Lungenkrebsoperation wurde sein Kehlkopf in Mitleidenschaft gezogen, so daß Big Bill Broonzy bis zu seinem Tod am 15. 8. 1958 in Chicago nicht mehr singen konnte.
Big Bill Broonzys Shuffle-Spielweise auf der Gitarre wurde Mitte der 60er Jahre von Rockstars wie Jimi →Hendrix wiederentdeckt, und viele seiner Kompositionen wurden unzählige Male gecovert.

THE YOUNG BIG BILL BROONZY (1928–1935) Yazoo, L 1011 • DO THAT GUITAR RAG (1928–1935) Yazoo, L 1035 • BIG BILL'S BLUES (1936–1941) CBS 21122 • 1930's BLUES (1936–1942) Biograph, C 15 • LONESOME ROAD BLUES (1951–1952) Vogue 512501 • FEELIN' LOW DOWN (1951) Vogue 512510 • BLACK, BROWN & WHITE (1951) Black & Blue 59012 • HOLLERIN' AND CRYIN' (1952) Vogue 512511 • THE LONDON SESSIONS (1955) Sequel, NEXCD 119 • LAST SESSION VOL. 1 (1957) Verve 8177791 • LAST SESSION VOL. 2 (1957) Verve 8133671 • LAST SESSION VOL. 3 (1975) Verve • BIG BILL BROONZY SINGS FOLKSONGS Folkways, FA 2328 • BIG BILL BROONZY BLUES Folkways, FG 3586 • BIG BILL BROONZY SINGS COUNTRY BLUES Folkways, FTS 31005 • BLUES Folkways 3817 • LONESOME ROAD BLUES Crescendo 10009 • BIG BILL BROONZY Storyville, SLP 114 • AN EVENING WITH BIG BILL BROONZY Storyville, SLP 143 • BLACK, BROWN AND WHITE Storyville 628444 • BLUES ROOTS – IF YOU'RE BLACK GET BACK Storyville 6237003 • Mit Sonny Terry und Brownie McGhee: BIG BILL BROONZY – SONNY TERRY – BROWNIE MCGHEE Transatlantic 1004

Charles Brown

Charles Brown stand lange im Schatten von Nat King Cole. Er galt von Beginn seiner Karriere an als überragender Crooner, der mit sanfter, einschmeichelnder Stimme perfekt Blues-Balladen interpretierte. Seine Klaviertechnik wurde von Kollegen geschätzt. Ray →Charles bezeichnete ihn als eines seiner Vorbilder. Als Komponist schuf er Klassiker wie ›Drifting Blues‹, der u. a. von John Lee →Hooker übernommen wurde. Nachdem Brown Ende der 80er Jahre von einem jüngeren Bluespublikum wiederentdeckt wurde, coverten auch Eric →Clapton, Bonnie →Raitt und Roy Rogers seine Songs.
Charles Brown wurde 1922 in Texas City, Texas, geboren und lernte klassisches Piano. Ende der 30er Jahre trat er mit einer Schülerband in den örtlichen Clubs auf. Bis 1943 arbeitete er als Chemielehrer. Nach seinem Umzug nach Los Angeles entschloß er sich, sein Glück als Musiker zu versuchen. Er gewann einen Amateurwettbewerb und wurde 1944 Mitglied bei den Three Blazers, die von dem Gitarristen Johnny Moore geleitet wurden. Bis 1946 blieb er bei der damals sehr populären Band. Zwischen 1946 und

1948 trat Brown mit einem eigenen Trio auf und machte für Aladdin Records seine ersten Plattenaufnahmen mit Erfolgen wie ›Drifting Blues‹, ›Get Yourself Another Fool‹ und ›Hard Times‹. Zu Beginn der 50er Jahre bereiste Brown mit seiner Gruppe im Rahmen einer Rhythm & Blues-Package-Tour Nordamerika und tourte anschließend als Solist in einer Show mit Johnny Ace durch den Süden der USA.
Charles Brown wurde in den 50er Jahren durch seine »melodischen, den Blueswurzeln verbundenen Balladen« (*Guinness*) und die Interpretationen seiner Songs von B. B. →King, Ray Charles, Sam →Cooke, Amos Milburn und Fats →Domino bekannt. Er bezeichnete sich selbst als blue ballad singer und kam Weihnachten 1961 mit ›Please Come Home For Christmas‹ (US #76) erstmals in die Charts. Er verlor an Popularität, als der Rock'n'Roll aufkam. Ein Streit mit der amerikanischen Musikergewerkschaft führte dazu, daß seine Songs zwei Jahre lang boykottiert wurden.
Brown trat noch regelmäßig im Raum von Los Angeles und San Francisco auf, spielte sporadisch mit Amos Milburn und T-Bone →Walker und 1974 mit Johnny Otis. Anschließend verdiente Brown seinen Lebensunterhalt überwiegend als Hausmeister und Fensterputzer.
Beim San Francisco Blues Festival wurde Charles Brown 1976 wiederentdeckt. Er absolvierte eine Clubtournee durch die Bundesstaaten Texas, Louisiana und Mississippi und trat beim Sacramento Blues Festival auf. Doch das Comeback war nur von kurzer Dauer. Über ein Jahrzehnt lang tingelte Charles Brown durch Clubs und Bars, ehe es 1989 mit der LP One More For The Road wieder langsam aufwärtsging. All My Life mit den Stargästen Ruth Brown und →Dr. John brachte dem Nachtclub-Blues von Charles Brown die lange versagte Anerkennung: »Er erzählt lässig und kühl zu seinem jazzig angehauchten Pianospiel von den Widrigkeiten des Lebens« (*Spiegel*).
Nachdem *Downbeat* All My Life zum ›Blues-Album des Jahres‹ gekürt hatte, wurde Brown für seine 92er LP Someone To Love für einen Grammy nominiert und mit dem WC Handy Award ausgezeichnet. »Der Veteran des Rhythm & Blues« (*Fachblatt*) wurde bei dieser Produktion von Bonnie Raitt und Elvis →Costello unterstützt.
Auch 1993 blieb der »Altstar des jazzigen R&B« (*Fachblatt*) mit dem Album Just A Lucky So-And-So auf Erfolgskurs. Im Jahr darauf folgten eine Weihnachtsplatte und die LP These Blues, auf der Brown einen eleganten Pianoswing mit Blueseinschlag sowie ein breites musikalisches Spektrum bot.
In den Russian Hill Studios in San Francisco entstand Ende November 1994 das Material zu seiner 96er Platte Honey Dripper. Charles Brown schöpfte aus dem reichhaltigen Fundus klassischer Blueskompositionen (›Everyday I Have The Blues‹, ›Precious Lord‹) und eigenen Songs, die er auf den Bluesstandard der 90er Jahre brachte.

MOOD MUSIC (1954) Aladdin, LP 702 • DRIFTING BLUES (1957) Score, SLP 4011 • SINGS XMAS SONGS (1961) King, LP 775 • DRIFTIN' BLUES (1963) Mainstream, DJZ 603 • WILL GRIP YOUR HEART (1964) King, LP 878 • BALLADS MY WAY (1967) Mainstream, S/6035 • LEGEND (1969) Bluesway, BLS 6039 • UP FROM GEORGIA (1970) Polydor 2482016 • BLUES 'N' BROWN (1971) Jewel, JCD 5006 • GREAT RHYTHM & BLUES (1973) Bulldog

800222–241 • I'M GONNA PUSH ON (1979) Stockholm, R&B 200 • SUNNYLAND (1979) Route 66, KIX 79 • ONE MORE FOR THE ROAD (1989) Alligator, AL 4771 • HARD TIMES AND COOL BLUES (1990) Sequel, NEXCD 133 • ALL MY LIFE (1990) Bullseye, BB 9501 • BLUES AND OTHER LOVE SONG (1992) Muse, MR 5466 • SOMEONE TO LOVE (1992) Bullseye, BB 9514 • JUST A LUCKY SO-AND-SO (1993) Bullseye, BB 9521 • COOL CHRISTMAS BLUES (1994) Bullseye, BB 9561 • THESE BLUES (1994) Verve/Gitanes 523022 • HONEY DRIPPER (1996) Verve/Gitanes 529848 • (S) WALKIN' IN CIRCLES (1948) Exclusive • (S) SNUFF DRIPPIN' MAMA (1949) Swing Time 7017 • (S) SUNNY ROAD (1978) Route 66, KIX 5 • (S) RACE TRACK BLUES 1945–56 (1979) Route 66, KIX 17 • (S) CHARLES BROWN (1972) Bellaphon 15228

Clarence >Gatemouth< Brown

»Einer der einflußreichsten Texas Bluesgitarristen« (*Blues Forum*) wurde als Pionier der elektrischen Gitarre zum Vorbild für Albert →Collins, Frank →Zappa, Johnny →Copeland und Johnny ›Guitar‹ →Watson. Brown zählt zweifelsfrei zu dem kleinen Kreis der stilbildenden Bluesgitarristen und spielt seit über vier Jahrzehnten eine wichtige Rolle in diesem Genre. Von seinem Vater lernte er Violine und Mandoline, den Spitznamen ›Gatemouth‹ verdankte er seiner kräftigen, lauten Stimme.

Clarence Brown wurde am 18. 4. 1924 in Vinton, Louisiana, geboren und wuchs im texanischen Orange auf. Als T-Bone →Walker die elektrische Gitarre salonfähig machte, war Brown im Teenageralter. Außer Gitarre spielte er Mundharmonika und Schlagzeug. Ende der 30er Jahre wurde er Drummer der **Brown Skin Models** und tourte durch den nordamerikanischen Mittelwesten. Er unterbrach seine Karriere, um seinen Wehrdienst abzuleisten. Nach dem Zweiten Weltkrieg ging Brown zunächst nach San Antonio und spielte Schlagzeug im **Hart Hughes Orchestra**. Er zog nach Houston, Texas, und 1947 sprang er kurzfristig im Peacock Club für den erkrankten T-Bone Walker ein. Brown – so wird erzählt – griff zu Walkers Gitarre und komponierte auf der Bühne spontan einen Blues. Der Club-Besitzer Don Robbey nahm ihn unter Vertrag und vermittelte ihm einen Plattenvertrag bei Aladdin Records.

1949 wechselte Brown zu Robbeys gerade gegründeten Label Peacock Records und veröffentlichte seinen ersten Hit ›Mary Is Fine‹. Unerfahren im Plattengeschäft, hatte Brown einen Vertrag unterschrieben, der ihn für fast zwölf Jahre an Robbeys Unternehmen band. Bis 1960 machte er über 50 Singles für Peacock, für die er ebensowenig die Tantiemen ausgezahlt bekam wie für eine in Großbritannien veröffentlichte LP mit 16 seiner besten Songs.

Gatemouth mußte deshalb seinen Unterhalt durch Tourneen und Auftritte verdienen. Er zog entweder mit kleiner Bandbesetzung oder mit einem bis zu 23köpfigen Orchester durch den Südwesten der USA und stand fast jeden Abend auf der Bühne, zuweilen unterstützt von Gaststars wie den Jazzern Sonny Stitt und Jay McShann. Brown profilierte sich in dieser Zeit als ideenreicher Gitarrist, der stilistische Grenzen spielerisch überwand.

Durch den Rock'n'Roll-Boom wurden

die großen Formationen unwirtschaftlich, und Brown mußte seine Begleitgruppe verkleinern. Er tourte weiterhin durch den Süden der USA, mußte aber seinen Lebensunterhalt zeitweise als Hilfssheriff in New Mexico verdienen.

Ab 1960 konzentrierte sich die »Country Blues-Legende« (*Melody Maker*) auf einen ländlichen Sound. Er intensivierte sein Spiel auf der elektrisch-verstärkten Geige und zitierte Cajun Music, Country & Western und Bluegrass. Der großartige Instrumentalist war für eine Vielzahl von Labels unentwegt im Studio, doch die meisten seiner Aufnahmen verstaubten in den Regalen der Plattenfirmen, die für Blues und Verwandtes in dieser Rockperiode keine Verwendung hatten.

Auch der in Großbritannien ausgelöste Bluesboom Mitte bis Ende der 60er Jahre ging an Gatemouth Brown spurlos vorüber. Erst über den Umweg Frankreich brachte er sich ab 1971 wieder ins Gespräch. Seine französischen Partner holten ihn zum Montreux Festival nach Europa und verhalfen ihm zu einer zweiten Karriere. Brown tourte regelmäßig durch Europa und war ein beliebter Gast der großen Blues- und Jazzfestivals. 1980 wurde er u. a. zum renommierten Berliner Jazzfest eingeladen.

Bis 1976 produzierte Brown mehrere, von den Kritikern gelobte Alben für die französischen Labels Black & Blue und Barclay. Danach nahm er BLACKJACK als erste LP in den USA auf. Erst nach einem TV-Auftritt in der Show seines Mentors Roy Clark wurde er von seinen Landsleuten wiederentdeckt. Modische Trends ignorierte der Allroundmusiker und Entertainer und setzte konsequent auf seine eigene Mischung nordamerikanischer Musiktraditionen.

»Der wahre Meister der Country-Fiddle« (*Down Beat*) und »fingerfertige Gitarrist« (*Jazz Podium*) bereiste ab den späten 70er und in den 80er Jahren fast die gesamte Welt. Das US-Außenministerium schickte ihn als musikalischen Botschafter in elf Länder Afrikas. 1979 kam er mit Bobby ›Blue‹ →Bland nach Japan, und anschließend tourte er sechs Wochen durch die damalige UdSSR. Der Bogalusa Boogie Man (LP-Titel) verstand sich als Botschafter »guter Musik und guten Willens« (*Blues Forum*). Stets freundlich und zugänglich bot Brown eine in ihrer Vielfalt wirkungsvolle Blues/Folk-Revue, die weltweit die Clubs füllte.

In der 80er Jahren machte Gatemouth Platten für die US-Blueslabels Rounder Records und Alligator, bei denen er wiederholt »seine meisterhafte Vielfältigkeit auf der Gitarre und Geige unter Beweis stellte« (*Blues Forum*). Für ALRIGHT AGAIN erhielt er 1982 einen Grammy für das beste Bluesalbum des Jahres und wurde in Deutschland mit dem Kritikerpreis für die LP des Jahres ausgezeichnet. 1986 wurde sein REAL LIFE erneut für einen Grammy nominiert, und er wurde zum Instrumentalisten des Jahres gekürt. Der Tourneekalender blieb weiterhin dicht gefüllt und führte Brown Ende der 80er Jahre auch erstmals nach Australien und Neuseeland. Auf die Frage eines Reporters der *New York Times*, warum er so häufig politisch schwierige Regionen wie Mittelamerika, Afrika und die Sowjetunion besuchen würde, antwortete Brown: »Wenn die Menschen nicht zu mir kommen können, dann gehe ich zu ihnen.«

Das »virtuose Talent« (*Newsweek*) veröffentlichte 1992 und 1994 mit NO LOOKING BACK bzw. THE MAN zwei seiner besten Alben. *Hifi Vision* schrieb über No

LOOKING BACK: »Auch sprachlich ist der Altvater des Blues auf der Höhe der Zeit und läßt musikalisch ebenso swingenden Jazz einfließen wie die reine Poplehre.« THE MAN präsentierte Brown als schwarzen Countrymusiker, der »das Beste aus Texas und Louisiana zwischen Country, Cajun, Blues und R&B seiner Individualität unterordnet« (*dt. Rolling Stone*).

Mittlerweile siebzigjährig, gab Clarence ›Gatemouth‹ Brown auch in den 90er Jahren rund 250 Konzerte pro Jahr. Im Frühjahr 1995 ging er im Vorprogramm von Eric →Clapton auf Europatournee. Clapton gehörte neben Ry →Cooder, Leon →Russell und Maria →Muldaur auch zu seinen Stargästen bei den Studioaufnahmen zu LONG WAY HOME (1995). Brown verließ sich auf sein breites Spektrum zwischen Boogie und Country-Blues. Er coverte dabei Songs von Bob →Dylan (›Don't Think Twice‹), J. J. →Cale (›Don't Cry Sister‹) und Bobby Charles (›Here I Go Again‹).

Seine Vielseitigkeit unterstrich Brown im Sommer 1997 mit dem Album GATE SWINGS. Er bearbeitete Evergreens wie ›Take The A' Train‹, ›One O'Clock Jump‹ und ›Caldonia‹.

SAN ANTONIO BALLBUSTER (1965) Red Lightnin', RL 010 • NASHVILLE SESSIONS (1965) P-Vine, PLP 6012 • THE BLUES AIN'T NOTHING (1971) Black & Blue 33033 • THE DRIFTER RIDES AGAIN (1971) Barclay 920411 • MORE STUFF (1973) Black & Blue 33061 • SINGS LOUIS JORDAN (1973) Black & Blue 33053 • COLD STRANGE (1973) Black & Blue 33096 • DOWN SOUTH ... IN THE BAYOU COUNTRY (1974) Barclay, BLP 16056 • THE BOGALUSA BOOGIE MAN (1975) Barclay, BLP 16073 • BLACKJACK (1976) Music Is Medicine 9002 • HEAT WAVE (1977) Black & Blue 33129 • DOUBLE LIVE AT THE COWBOY BAR (1979) Music Is Medicine 9013 • ALRIGHT AGAIN (1981) Demon, FIEND 2 • ONE MORE MILE (1982) Rounder 2034 • CLARENCE GATEMOUTH BROWN (1984) Rounder 2039 • REAL LIFE (1986) Rounder • PRESSURE COOKER (1986) Alligator, AL 4745 • STANDING MY GROUND (1989) Alligator, AL 4779 • NO LOOKING BACK (1992) Alligator, AL 4804 • THE MAN (1994) Verwe 523761 • LONG WAY HOME (1996) Verwe 529465 • GATE SWINGS (1997) Verwe 537617 • (S) OKIE DOKIE STOMPER (1971) Black & Blue 33550 • (S) HIS ORIGINAL PEACOCK RECORDINGS (1983) Rounder 2039 • Mit Roy Clark: MAKIN' MUSIC (1979) MCA 3161

Dennis Brown

»Der Kronzprinz des Reggae« (*Guinness*) wurde am 1. 2. 1957 in Kingston, Jamaika, geboren. Er gehörte zu jenen Vertretern dieser Musik, die frühzeitig erkannten, daß Reggae nur dann ein Massenpublikum erreichen konnte, wenn man diesen Sound für andere Spielarten zugänglich macht. Brown, der viel von Nat King Cole hielt, verband Reggae mit Rock-, Blues-, Soul- und Popelementen.

Bereits im Teenageralter wurde Dennis Brown von **Byron Lee's Dragonaires** gefördert, der erstmals mit elf Jahren Studioaufnahmen machte und nach dem ersten Hit ›No Man Is An Island‹ 1969 den Beinamen ›The Boy Wonder‹ bekam. Die **Falcons**, eine in Jamaika populäre Gesangsgruppe, machten Brown zu ihrem Leadsänger. Zu Beginn der 70er Jahre produzierte Derrick Harriott den Hit ›Lips Of Wine‹, der sich durch ein für Brown typisch souliges Arrangement auszeichnete. Andere prominente Produzenten wie Prince Buster, Lloyd Matador, Herman Chin-Loy, Coxane Dodd und vor allem Joe Gibbs machten Dennis Brown zum Star des sanften, melancholischen Reggae. Seine Shows wurden als »genial« (*Guinness*) bezeichnet, und sein politisch-religiöses Engagement verschaffte ihm in seiner Heimat großen Respekt. Außerhalb Jamaikas blieb er jedoch zunächst unbeachtet. Das änderte sich Mitte der 70er Jahre, als vor allem die Dub-Technik weltweit Aufsehen erregte.

1977 wurde ›Visions Of Dennis Brown‹ in Großbritannien zur Reggae-LP des Jahres (*Melody Maker*) gewählt, die Leser des Fachmagazins *Black Echoes* erkoren ihn zum »besten männlichen Sänger«, und mit der Single ›Money In My Pocket‹ (GB #12) eroberte er die britischen Hitparaden im März 1979. Im gleichen Jahr stellte sich der Dreadlock-Star mit eigener Band beim Festival in Montreux vor und tourte anschließend durch Europa. Brown überzeugte als Entertainer, »der den innovativen Vorstoß in andere Musikbereiche wagt. Schon die Besetzung und Spielweise seiner zehnköpfigen Begleitformation, die mit zwei Posaunisten und zwei Trompetern für einen blechhaltigen Hintergrund sorgt, deutet eine Synthese mit überlieferten Bigband-Traditionen an« (*Berliner Tagesspiegel*). In seinen Songs beschäftigte sich Dennis Brown immer wieder mit Sklaverei, Kolonialismus und seinen Folgen und den spezifischen Problemen Jamaikas.

1980 wurde Brown Mitbesitzer des Labels DEB Records und produzierte das erfolgreiche Frauenrocktrio 15–16–17 und Junior Delgado. Seine eigenen Platten verkauften sich in Jamaika weiterhin überdurchschnittlich gut. In Europa gelangen ihm 1982 und 1984 mit den Singles ›Halfway Up, Halfway Down‹ (GB #26) bzw. ›Deceiving Girl‹ (GB #50) zwei Chartnotierungen. Von seinen zahlreichen Alben verkaufte sich im Spätsommer 1983 THE PROPHET RIDES AGAIN (GB #42) am besten. Zuvor bekamen vor allem JOSEPH'S COAT OF MANY COLOURS und LOVE HAS FOUND IT'S WAY gute Kritiken.

Die digitale Aufnahmetechnik drängte Mitte der 80er Jahre den Reggaesound etwas in den Hintergrund. Brown verschwand aus den internationalen Schlagzeilen, landete aber in Jamaika regelmäßig Tophits mit Songs wie ›To The Foundation‹, ›Tads‹, ›Satisfaction Feeling‹ und ›Revolution‹. Seit 1984 arbeitete Brown häufig mit seinem Freund Gregory →Isaacs zusammen, mit dem er 1989 den »phantastischen Roots-Reggae« (*Guinness*) des Albums BIG ALL AROUND realisierte. Zu Beginn der 90er Jahre wurde Dennis Brown von der jüngeren Generation neu entdeckt, konnte international aber nicht an seine großen kommerziellen Erfolge anknüpfen.

NO MAN IS AN ISLAND (1970) Studio One • IF I FOLLOW MY HEART (1971) Studio One • SUPER REGGAE & SOUL HITS (1972) Trojan • JUST DENNIS (1975) Trojan, TRLS 57 • WOLF & LEOPARDS (1977) Fotofon 1902 • VISIONS OF DENNIS BROWN (1977) Atlantic 50516 • WESTBOUND TRAIN (1978) Third World, TWS 934 • WORDS OF WISDOM (1979) Atlantic 50612 • MONEY IN MY POCKET (1979) Fotofon 8197 • LIVE AT MONTREUX (1979) Atlantic 50654 • JOSEPH'S COAT OF MANY COLOURS (1980) Atlantic 58111 • SPELLBOUND (1980) Laser, LASL 8 • FOUL PLAY (1981) A&M 64850 • LOVE HAS FOUND ITS WAY (1982) A&M 64886 • THE PROPHET RIDES AGAIN (1983) A&M 64964 • DENNIS

(1983) Vista, STLP 1024 • SATISFACTORY FEELING (1983) Tads-Yvonne 122582 • LOVE'S GOTTA HOLD ON ME (1984) JGM • TIME AND PLACE (1984) Clock Tower • SLOW DOWN (1985) Greensleeves 25507004 • REVOLUTION (1985) Yvonne's Special • HOLD TIGHT (1986) RAS, LLCD 21 • BROWN SUGAR (1986) Taxi • SMILE LIKE AN ANGEL (1986) Blue Moon • IN CONCERT (1987) Ayeola • INSEPARABLE (1988) J&W • MORE (1988) Black Scorpio • MY TIME (1989) Rohi • UNCHALLENGED (1990) Greensleeves • OVERPROOF (1990) Greensleeves • GOOD TONIGHT (1990) Greensleeves • GO NOW (1991) Rohit • VICTORY IS MINE (1991) Blue Moon • FRIENDS FOR LIFE (1992) • SOME LIKE IT HOT (1992) Dreadbeat 37607 • BLAZING (1992) Greensleeves • BEAUTIFUL MORNING (1992) World, WRCD 015 • ANOTHER DAY IN PARADISE (1992) IRS 994160 • COSMIC FORCE (1993) Dreadbeat 37635 • TEMPERATURE RISING (1995) Trojan 353 TRL • MILK AND HONEY (1996) Dreadbeat 33193 • SOME LIKE IT HOT (1996) Heartbeat 37607 • (S) THE BEST (1986) A&M 396918 • Mit Gregory **Saacs**: TWO BAD SUPERSTARS (1984) Burning Sounds 994185 • JUDGE NOT (1984) Fotofon 16246 • BLOOD BROTHERS (1994) Dreadbeat 33116 • NO CONTEST (1989) Greensleeves • BIG ALL AROUND (1989) Greensleeves • Mit Horace **Andy**: REGGAE SUPERSTARS MEET (1986) Striker Lee • Mit John **Holt**: WILD FIRE (1986) Natty Congo • Mit Enos **McLeod**: BAALGAD (1986) Goodies • Mit Janet **Kay**: SO AMAZING (1993)

James Brown

Der selbsternannte ›Soul Brother Number One‹, ›Godfather Of Soul‹ und ›Mr. Dynamite‹ wurde am 3. 5. 1933 (nach anderen Quellen 1928) in Barnwell, South Carolina, geboren. Er wuchs unter ärmlichen Bedingungen in Augusta, Georgia, im Bordell seiner Tante auf. Brown verließ die Schule nach der 7. Klasse, jobbte als Baumwollpflücker, Tellerwäscher, Schuhputzer und sang in Baptistenchören. Als 16jähriger knackte er Autos, und nach einem bewaffneten Raubüberfall wurde er für drei Jahre in eine Jugendbesserungsanstalt eingewiesen. Danach versuchte er sich als Boxer, eine Karriere als Baseball-Pitcher mußte er nach einer Beinverletzung aufgeben.
Mit dem Pianisten Bobby Byrd trat er in Toccoa, Georgia, in Bars und Clubs auf. Dann nahm ihn der →Little Richard-Manager Clint Brantley unter Vertrag, der ihn an den Twospot Nightclub in Macon, Georgia, vermittelte. Tagsüber arbeitete er in der Firma Lawson Motor, und abends wirkte er als Schlagzeuger und Organist in der Hausband des Clubs mit, die u. a. Bill Johnson, die **Four Steps Of Rhythm** und die **Gospel Starlighters** begleitete. Danach wurde Brown Mitglied bei Byrds Gospelgruppe **Three Swanees**, aus denen sich das **Swanee Quintet** und schließlich die **Swanees** entwickelten. Bereits 1955 gehörten Sylvester Keels (voc) und Nafloyd Scott (g) zur Gruppe. Von Macon aus bereisten die **Swanees**, die stilistisch für Rhythm & Blues und Gospelelemente standen, den Bundesstaat Georgia. Aus den **Swanees** entstanden die **Famous Flames**, eine schwarze Musikrevue, deren Mitglieder mindestens zwei Instrumente beherrschten und als Tänzer und Sänger agierten. Brown, der als Shouter und Tänzer einiges zu bieten hatte, übernahm ab 1956 die Leitung der **Famous Flames**, zu denen damals Keels, Scott, Johnny Terry (voc), Nashpendle Knox (voc), Wilbert Smith (sax), Ray Felder (sax), Clarence Mack (b) und Edison Gore (dr) gehörten.

King Records wurde auf die **Famous Flames** aufmerksam und veröffentlichte im April 1956 die Single ›Please, Please, Please‹, die unter die Top 10 der nordamerikanischen R&B-Charts gelangte. Brown machte sich fortan zum Mittelpunkt der James Brown Revue, die zahlreiche Fans anzog. Die Plattenverkäufe gingen jedoch zurück, und 1958 drohte King Records mit der Auflösung des Vertrags, falls die nächste Single kein Erfolg werden sollte. ›Try Me‹ (US #48) erschien im September 1958 und war der Beginn einer rasanten Karriere des etwas großmäuligen Soulstars. Mit den **Famous Flames**, die inzwischen von dem Saxophonisten J. C. Davis angeführt wurden, brach er alle bis dahin bestehenden Konzertrekorde. Bis 1964 etablierte er sich in den Singlehitlisten u. a. mit ›Think‹ (US #33), ›Night Train‹ (US #35) und ›Prisoner Of Love‹ (US #18), von den Alben verkauften sich LIVE AT THE APOLLO (US #2), das als erste LP der Popgeschichte über eine Million Mal verkauft wurde, und PURE DYNAMITE (US #10) am besten, beides temperamentvolle Mitschnitte.

Brown gelang es als einem der ersten schwarzen Popstars, mit seinem dynamischen, auf Rhythmus abhebenden Soul, aus dem Ghetto der schwarzen Musik auszubrechen. Er machte seinem Beinamen Mr. Dynamite alle Ehre und beeinflußte seine Zeitgenossen Otis →Redding und Wilson →Pickett nachhaltig.

Mit 33 Notierungen in den nationalen Singlecharts zwischen 1965 und 1969 kam Brown zu Wohlstand, und er wurde ein Superstar. Die größten Erfolge jener Zeit waren die Soulklassiker ›Papa's Got A Brand New Bag‹ (GB #21, US #6), ›I Got You (I Feel So Good)‹ (GB #18, US #1), ›It's Man's Man's Man's World‹ (GB #17, US #3), ›Cold Sweat‹ (US #4), ›I Got The Feelin‹ (US #5), ›Say It Loud – I'm Black And I'm Proud‹ (US #9) und ›Mother Popcorn‹ (US #7). Von seinen zahlreichen Langspielplatten wurden I GOT YOU (US #20) und I CAN'T STAND MYSELF (US #16) 1966 bzw. 1968 am erfolgreichsten. »Papa's Got A Brand New Bag« wurde als beste R&B-Aufnahme mit einem Grammy ausgezeichnet. Von den Tantiemen kaufte sich James Brown einen Privatjet, eine Luxusvilla und vier Radiostationen. Er unterhielt außerdem einen Musikverlag und eine Restaurantkette und besaß ein Wasserschloß mit Zugbrücke im Bundesstaat New York.

Die »lebende amerikanische Legende« (*Rolling Stone*) verlor nie den Kontakt zu seinem Publikum. Er stand bis zu 300 Mal im Jahr auf der Bühne und erreichte allein 1968 mit seinen Live-Auftritten einen Umsatz von 2,5 Millionen Dollar. Seine Musiker und die Mitarbeiter der Shows beteiligte er fair an den Einnahmen, und einen Teil des Erlöses stellte er farbigen Hilfsorganisationen zur Verfügung.

Mit seinem Sound revolutionierte James Brown die Unterhaltungsmusik der schwarzen US-Amerikaner. Aggressiver Funk, gospelartige Dialoge, ein jazziges Saxophon (gespielt von Maceo Parker) und harter, urbaner Blues zeugten von einem neuen schwarzen Selbstbewußtsein. Brown wurde zum Sprachrohr der Gettojugendlichen und gab kritische, politische Statements ab. Er unterstützte Resozialisierungsprogramme, Aktionen gegen den Drogenkonsum (King Heroin) und kämpfte für die Ideen von Martin Luther King. Der Autor und Journalist Nik Cohn schrieb 1971: »Die Bedeutung von James Brown kann nicht hoch genug eingeschätzt werden. Tat-

sächlich ist er das absolute Symbol dafür, was ein Schwarzer alles machen, wieviel Geld er verdienen, welchen Stil er erreichen kann und welche Arroganz man ihm nachsieht.«
1970 setzte sich der Hitreigen für James Brown mit ›It's a New Day‹ (US #26), ›Brother Rapp‹ (US #26), ›Get Up (I Feel Like Being A Sex Machine)‹ (GB #20, US #17, D #29) und ›Super Bad‹ (US #9) sowie dem Album SEX MACHINE (US #24) fort. Am 19. 11. 1970 heiratete er in Barnwell, South Carolina, Deirdre Jenkins.
Bis 1974 war James Brown aus höheren Regionen der Hitparaden nicht wegzudenken. Die wichtigsten Singles dieser Periode waren ›Hot Pants, Part 1‹ (US #14), ›Make It Funky, Part 1‹ (US #18), ›Good Foot, Part 1‹ (US #9), ›The Payback‹ (US #27) und ›My Thang‹ (US #30). Dazu kamen die Alben HOT PANTS (US #20), BLACK CAESAR (US #21) und HELL (US #24). Ab Mitte der 70er Jahre geriet »die letzte große Gestalt in der Geschichte des schwarzen Entertainments« (*New York Times*) negativ in die Schlagzeilen: Die amerikanische Steuerbehörde verlangte von Brown eine Nachzahlung in Höhe von 4,5 Millionen Dollar, und er war in einen Bestechungsskandal mit Radiomoderatoren verwickelt. Auch privat hatte er Schläge hinzunehmen: Seine Ehe scheiterte, und sein Sohn Teddy kam bei einem Autounfall ums Leben. Als sich zudem die nachwachsende Generation eher für vergleichbare Bands wie → **Kool & The Gang** oder die → **Ohio Players** interessierte, geriet der »Marquis Of The Sex Machine« (*Musician*) ins Hintertreffen. Lediglich die Single ›Get Up Offa That Thing‹ (GB #22, US #49) und die LP REALITY (US #53) erreichten bis 1980 nennenswerte Auflagen.
Die Steuerschulden zwangen James Brown zum Verkauf seiner Rundfunksender und des Flugzeugs. Bis zu diesem Zeitpunkt hatte er 44 Goldene Schallplatten erhalten und ca. 100 Millionen Platten verkauft. Trotz dieser Erfolge zwangen ihn die wirtschaftlichen Schwierigkeiten zu anstrengenden Tourneen durch Japan und Afrika, wo man ihn immer noch wie einen Superstar empfing.
Als die Discowelle anrollte, rief sich James Brown zum »Original Disco Man« aus, doch erst nach einer kleinen Gastrolle in dem Kultfilm »The Blues Brothers«, der im Sommer 1980 uraufgeführt wurde, gelang ihm 1981 ein Comeback mit ›Rapp Payback‹ (GB #30). Der Vertrag mit Island Records wurde gelöst, als Probeaufnahmen mit den Reggaemusikern Sly Dunbar und Robbie Shakespeare kein Ergebnis zeitigten. James Brown wechselte zu RCA und konnte sich im Juli 1983 mit ›Bring It On – Bring It On‹ (GB #42) wieder in den englischen Charts plazieren. Im Jahr darauf arbeitete er bei dem Song ›Unity, Part 1‹ (GB #38) mit Africa → Bambaataa zusammen.
Seine Fähigkeiten stellte James Brown Ende 1985 erneut unter Beweis, als er mit dem Titelsong des Boxerfilms »Rocky IV« einen internationalen Bestseller landete. LIVING IN AMERICA (GB #4, US #4, D #12) war ein patriotisches Statement, »eine überschwengliche Ode« (*Neue Zürcher Zeitung*), die vorwiegend ein junges Publikum ansprach, von seinen alten Fans aber eher skeptisch aufgenommen wurde. Sein im Sommer 1985 wiederveröffentlichter Klassiker ›Sex Machine‹ (GB #30) kam im März 1986 wieder in die Charts. Für ›Living In America‹ erhielt Brown im Februar 1987 einen Grammy.
Mit »ungebrochener Vitalität« (*Stereo-*

play) und unter Mitwirkung von Steve →Winwood, Stevie Ray →Vaughan und Alison →Moyet realisierte »der Herr über die perfekte Soul / Funk-Maschinerie« (*Melody Maker*) 1986 das Album GRAVITY (D #23). Doch trotz Kritikerlob wurde die Platte in den USA und Großbritannien ein Mißerfolg. Wesentlich besser verkaufte sich im Sommer 1988 I'M REAL (GB #27, US #96, D #39) mit der gleichnamigen Single (GB #31). Brown wurde bei dieser Produktion vom Funkensemble Full Force unterstützt und wollte der Rap- und HipHop-Bewegung, die häufig seine Riffs verwerteten, beweisen, daß nur er die Originale besser vortragen kann. »Hektische Gitarren, schmetternde Bläser, moderne HipHop-Arrangements mit Techno-Soul und Scratcheffekten« (*Musik Express*) garantierten einen »hinreißenden Streifzug durch sämtliche Stile schwarzer U-Musik« (*Stern*).

1988 erschien auch die LP SOUL SESSION LIVE, die am 17. 2. 1987 im Detroiter Taboo Club mitgeschnitten wurde. Zu diesem Zeitpunkt steckte der »Dichter, Philosoph, Wohltäter und sogar Messias« (*Look*) erneut in großen Schwierigkeiten. Im Mai des Jahres wurde er zum fünften Mal innerhalb von zehn Monaten wegen Drogenmißbrauchs verhaftet. Er leistete mehrfach Widerstand gegen die Staatsgewalt, wurde wegen Waffenbesitzes angeklagt und kam schließlich ins Gefängnis, weil er seine Ehefrau tätlich angegriffen hatte. Bis zur Verhandlung wurde er gegen eine hohe Kaution auf freien Fuß gesetzt, im Dezember 1988 jedoch zu einer sechsjährigen Haftstrafe wegen versuchten Mordes an seiner Frau verurteilt.

Wegen guter Führung wurde Brown im April 1990 nach 15 Monaten vom State Park Gefängnis in Columbia, South Carolina, in eine Resozialisierungsanstalt verlegt. Während dieser Zeit produzierte Brown Hörfunk- und Fernsehbeiträge, in denen Jugendliche vor den Gefahren von Alkohol und Drogen gewarnt wurden. Im Februar 1991 wurde Brown entlassen, allerdings mit der Auflage, in Zukunft auf das Autofahren und auf Waffenbesitz zu verzichten. Im Sommer 1991 gab er im Wiltern Theatre in Los Angeles sein Comeback. Mit einer 12köpfigen Band und »atemberaubender Energie« (*Musik Express*) begeisterte er in einer 90minütigen Show das Publikum, dem auch Mick Jagger, Quincy Jones und →MC Hammer angehörten. Im November wurde ›Sex Machine‹ (GB #69) zum vierten Mal neu aufgelegt.

Das Album LOVE OVER-DUE zu Beginn der 90er Jahre war »eine Rückwendung zu seinen Wurzeln« (*Stereo*), und auch auf der Bühne bestätigte er seinen Ruf als »hardest working man in showbizz« (*Billboard*). Im Sommer 1993 riskierte James Brown, der einige Monate zuvor einen Grammy für sein Lebenswerk erhalten hatte, bei der LP UNIVERSAL JAMES einen Spagat zwischen Tradition und Moderne (*Stereo*), indem er seinen bodenständigen Soul mit HipHop- und Dancefloor-Elementen mischte. Brown stellte das neue Material, das Kritiker als relativ »seelenloses Geklapper« (*Hifi Vision*) schmähten, auch auf einer Europatournee vor. Als Single erschien ›Can't Get Any Harder‹ (GB #59).

Browns langjähriger Begleiter Bobby Byrd tourte in den 90er Jahren mit den JB's All Stars und veröffentlichte 1996 ein Soloalbum.

PLEASE, PLEASE, PLEASE (1958) Polydor 531016 • TRY ME (1959) Polydor 531017

• THINK (1961) Polydor 531018 • AMAZING JAMES BROWN (1961) King 743 • EXCITEMENT (1962) King 780 • LIVE AT THE APOLLO (1963) Polydor 843479 • PRISONER OF LOVE (1964) King 853 • PURE DYNAMITE! LIVE AT THE ROYAL (1964) King 883 • SHOWTIME (1964) Smash 67054 • GRITS & SOUL (1965) Smash 67057 • JAMES BROWN AND HIS FAMOUS FLAMES (1965) London, HA 8240 • PAPA'S GOT A BRAND NEW BAG (1965) King 938 • JAMES BROWN PLAYS JAMES BROWN – TODAY & YESTERDAY (1965) Smash 67072 • IT'S A MAN'S MAN'S WORLD (1966) King 985 • THE JAMES BROWN CHRISTMAS ALBUM (1966) Pye, NPL 28097 • HANDFUL OF SOUL (1966) Smash 67084 • RAW SOUL (1967) King 1016 • LIVE AT THE GARDEN (1967) King 1018 • JAMES BROWN PLAYS THE REAL THING (1967) Smash 67093 • COLD SWEAT (1967) Polydor 658041 • MR. DYNAMITE (1968) Polydor 632032 • MR. SOUL (1968) Polydor 184100 • I CAN'T STAND MYSELF (1968) King 1030 • I GOT THE FEELIN' (1968) King 1031 • LIVE AT THE APOLLO VOL. 2 (1968) Polydor 823003 • SOUL FIRE (1969) Polydor 184148 • SAY IT LOUD – I'M BLACK AND I'M PROUD (1969) Polydor 841992 • GETTIN' DOWN TO IT (1969) King 1051 • IT'S A MOTHER (1969) King 1063 • TURN IT LOOSE (1970) Polydor 580701 • THE POPCORN (1970) Polydor 184319 • AIN'T IT FUNKY (1970) King 1092 • SOUL ON TOP (1970) King 1100 • LIVE AT THE APOLLO VOL. 3 (1970) Polydor 2612005 • IT'S A NEW DAY SO LET A MAN COME IN (1970) King 1095 • SEX MACHINE (1970) Polydor 517984 • SUPER BAD (1971) King 1127 • SOUL BROTHER (1971) Polydor 2310089 • HOT PANTS (1971) Polydor 517985 • SO IS FUNKY DOWN HERE (1971) King 1110 • REVOLUTION OF THE MIND (1972) Polydor 517983 • THERE IT IS (1972) Polydor 2391033 • GET ON THE GOOD FOOT (1972) Polydor 523982 • HEY AMERICA, IT'S CHRISTMAS (1972) Polydor 2391049 • BLACK CAESAR (1973) Soundtrack Polydor 517135 • SLAUGHTER BIG RIP-OFF (1973) Soundtrack Polydor 517136 • THE PAYBACK (1974) Polydor 517137 • IT'S HELL (1974) Polydor 523983 • REALITY (1974) Polydor 2391164 • SEX MACHINE TODAY (1975) Polydor 2391175 • EVERYBODY'S DOIN' THE HUSTLE AND DEAD ON THE DOUBLE BUMP (1975) Polydor 2391197 • HOT (1976) Polydor 2391214 • GET UP OFFA THAT THING (1976) Polydor 2391228 • BODYHEAT (1977) Polydor 2391258 • MUTHA'S NATURE (1977) Polydor 2391300 • JAM 1980's (1978) Polydor 2391342 • TAKE A LOOK AT THOSE CAKES (1979) Polydor 2391384 • THE ORIGINAL DISCO MAN (1979) Polydor 2391412 • PEOPLE (1980) Polydor 2391446 • LIVE – HOT ON THE ONE (1980) Polydor 2683085 • THE THIRD COMING (1981) Polydor, POLS 1029 • LIVE IN NEW YORK (1981) Audio Fidelity 1030 • BRING IT ON (1983) Sonet, SNTF 906 • GRAVITY (1986) Scotti Brothers 147313 • SOUL SESSION LIVE (1988) Scotti Brothers 834085 • I'M REAL (1988) Scotti Brothers 834755 • MESSIN' WITH THE BLUES (1991) • LOVE OVER-DUE (1991) Phonogram 510079 • UNIVERSAL JAMES (1993) Scotti Brothers 514329 • (S) GREATEST HITS (1961) Polydor 623017 • (S) KING OF SOUL (1969) Polydor 184159 • (S) THIS IS JAMES BROWN (1969) Polydor 643317 • BEST OF (1969) Polydor 583765 • (S) SOUL BROTHER NUMBER ONE (1971) Polydor 2343036 • (S) SONGBOOK Polydor 2625007 • (S) SOUL CLASSICS (1974) Polydor 2391037 • (S) THE BEST OF (1975) Karussell 2499052 • (S) NONSTOP (1980) Polydor 2391509 • ROOTS OF A REVOLUTION (81984) Polydor 817304 • (S) DEAD ON THE HEAVY FUNK (1985) Polydor 827439 • (S) IN THE JUNGLE GROOVE (1986) Polydor 829624 • (S) MOTHERLODE (1988) Polydor 837126 • (S) STAR TIME (1991) Polydor 849106 • (S) COLD SWEAT – THE BEST OF (1995) Zounds 27200576 • (S) 40TH ANNIVERSARY COLLECTION (1996) Polydor 533409 • Bobby **Byrd**: GOT SOUL (1996) Polydor, IMS 27987

Jackson Browne

Seine »introvertierten, genau beobachteten Skizzen machten ihn zu einem der einflußreichsten Songwriter der Westcoast-Ära« (*Rolling Stone*). Jackson Brownes Songs waren »Poesie statt konfektioniertes Gefühl« (*Stereo*) und handeln meist von einsamen Helden und spiegeln häufig persönliche Erfahrungen wider. Manche Kritiker hielten seine Songs für »blauäugig und antiquiert« (*Musik Express*), aber gerade das war zweifellos das Geheimnis seines Erfolgs. Am 9. 10. 1948 in Heidelberg als Sohn eines Zivilangestellten der US-Army geboren, wuchs Jackson Browne in Los Angeles auf. Ursprünglich wollte er Footballspieler oder Ringer werden, doch mit 15 Jahren entdeckte er sein Kompositionstalent und faßte 1966 Fuß in dem renommierten Folkclub Paradise. Er beteiligte sich an einer Vorformation der →Nitty Gritty Dirt Band, die später seine Songs übernahm. 1967/68 verbrachte Browne im New Yorker Künstlerviertel Greenwich Village, begleitete die Underground-Prinzessin →Nico und machte Aufnahmen mit Tim →Buckley. Ende 1968 unterschrieb er bei Elektra Records, kehrte nach Los Angeles zurück und komponierte für Bonnie →Raitt, Tom →Rush und Linda →Ronstadt balladesken Country- und Folkrock.

1971 erkannte Asylum Records das Talent des Interpreten Jackson Browne, der mit John David →Souther und Glenn Frey (später →Eagles) seine ersten professionellen Demo-Aufnahmen realisierte. Im März 1972 erschien das Albumdebüt JACKSON BROWNE (US #50), auf dem der Singer/Songwriter trotz talentierter Begleitmusiker wie Leland Sklar (b), Craig Doerge (key), Albert →Lee (g) und Russ Kunkel (dr) noch etwas unbeholfen klang. Dessenungeachtet wurde die erste Auskopplung ›Doctor My Eyes‹ (US #10) zum Tophit eines »melodischen Folkrock-Stils« (*Guinness*). Stargast der LP-Produktion war David →Crosby, der bereits 1970 Browne im *Rolling Stone* lobte: »Er ist einer der zehn besten Songschreiber; denn er verfaßt Lieder, bei denen man eine Gänsehaut bekommt.« Ab September 1972 bereiste Browne mit den Eagles die USA, war an deren Hit ›Take It Easy‹ als Coautor beteiligt und entschied sich im August des Jahres, seinen Klassiker ›Rock Me On The Water‹ (US #43) als Single herauszubringen. Anschließend kam er im Vorprogramm von Joni →Mitchell erstmals nach Großbritannien und absolvierte nach seiner Rückkehr mit David →Lindley eine College-Tour durch Nordamerika. Lindley und der bekannte Bassist Doug Haywood gehörten zur Tourneeband von Browne.

Nachdem er Anfang 1973 Paul Williams unterstützt und für die zweite Eagles-LP weitere Songs verfaßt hatte, widmete sich Browne seinem zweiten Album FOR EVERYMAN (US #32), das im November des Jahres auf den Markt kam. Bereits im September war die Single ›Red Neck Friend‹ (US #86) erschienen. Danach arbeitete Browne erneut für die Eagles, doch die »metaphysischen Graffittis« (*New Musical Express*) wirkten vor allem in der melancholischen Präsentation von Jackson Browne.

Mit jedem neuen Album wuchs die Gefolgschaft von Browne, und er fand Anerkennung in den Medien. Über die dritte Platte LATE FOR THE SKY vom Herbst 1974 schrieb *Sounds*: »Überragend Jackson Brownes eindringliche Melodien und vor allem seine Gesangstechnik. Bisweilen von Eagles-inspiriertem Hintergrundchor verstärkt, demonstriert er, daß er nicht einer Show wegen singt, sondern daß es ihm wesentlich um die Interpretation seiner faszinierenden Texte geht.« Zu den Gästen dieser Produktion, aus der ›Walking Slow‹ und ›Fountain Of Sorrow‹ ausgekoppelt wurden, gehörten neben Lindley, Dan → Fogelberg, Jai Winding (key) und Don → Henley.

1975 produzierte Browne die zweite LP seines Freundes Warren → Zevon, tourte mit Phoebe → Snow durch die Vereinigten Staaten und wirkte bei Studiosessions von Valerie Carter, Eric Anderson und Carly → Simon mit.

Am 25. 3. 1976 verübte Brownes Ehefrau Phyllis Selbstmord. Diese leidvolle Erfahrung verarbeitete er mit der Hilfe von Lowell George (→ **Little Feat**), Bonnie Raitt, David Crosby und Jeff Porcaro (→ **Toto**) auf der Platte THE PRETENDER (US #6), die mit Platin ausgezeichnet wurde. Das neue Material präsentierte Browne auf Tourneen zwischen September 1976 und Juli 1977 in Europa, Australien, Japan und den USA. In dieser Zeit wurden die Singles ›Here Come Those Tears Again‹ (US #30) und ›The Pretender‹ (US #76) veröffentlicht.

Seine Tournee-Erlebnisse verarbeitete Browne auf der 78er-LP RUNNING ON EMPTY (GB #23, US #3). Browne beschrieb das Lebensgefühl ›on the road‹ in Titeln wie ›The Loadout‹, ›Rosie‹ und in ›Nothing But Time‹. Als Singles wurden ›Running On Empty‹ (US #13) und ›Stay‹ (GB #10, US #20), im Original von **Maurice Williams & The Zodiacs** aus dem Jahr 1960, ausgekoppelt.

Nach drei weiteren US-Tourneen und der Koproduktion von Warren Zevons LP EXITABLE BOY engagierte sich Browne 1979 für MUSE (Musicians United For Safe Energy) und trat im Rahmen einer Benefizveranstaltung vom 19. bis 23. September neben Bruce → Springsteen, Carly Simon und den → **Doobie Brothers** im New Yorker Madison Square Garden auf. Außerdem beteiligte er sich an dem aus drei Platten bestehenden Album NO NUKES, das im Januar 1980 auf den Markt kam. Seine politischen Standpunkte tat der »mythenverklärte Songwriter« (*FAZ*) erstmals auf der Platte HOLD OUT (US #12) vom Sommer 1980 kund. Die LP mit den Singles ›Boulevard‹ (US #18) und ›That Girl I Could Sing‹ (US #24) räumte denn auch mit dem Klischee vom verträumten Softie auf.

In den 80er Jahren schlug Jackson Browne musikalisch härtere Töne an, mischte karibische Klänge mit Country und eingängigem Rock. Er integrierte zeitgemäße Computertechnologien in sein »bewährtes Konzept« (*Musik Express*), ohne Einheitsware zu produzieren. Brownes klagender Gesang und seine schlichten Arrangements überdauerten alle Moden, zeitlos war auch schon die Hippie-Patina seiner Songs.

LAWYERS IN LOVE (US #8, D #24) und LIVES IN THE BALANCE (US #23, D #25) verkauften sich 1983 bzw. 1986 ausgezeichnet und lieferten weitere Singlehits wie ›Lawyers In Love‹ (US #13), ›Tender In The Night‹ (US #25) und ›For America‹ (US #30). 1982 beteiligte er sich mit dem Song ›Somebody's Baby‹ (US #7) am Soundtrack zu »Fast Times At Ridgemont High«. Brownes führende Position unter der nordamerikanischen Singer/Songwriter-Garde blieb unangetastet. Außerdem produzierte er Mitte der 80er Jahre das Debüt seines Schul-

freundes Greg Copeland, half Graham →Nash, John David Souther, dem ewig unterschätzten John →Prine und setzte sich 1985 für das Projekt Artists united Against Apartheid ein. Im Oktober des Jahres gelang Browne im Duett mit dem Springsteen-Saxophonisten Clarence Clemons mit ›You're A Friend Of Mine‹ (US #18) ein weiterer Hit.
Der Musiker war inzwischen mit der Schauspielerin Daryl Hannah verheiratet und lebte zurückgezogen an der Westküste. Erst 1988 trat er wieder an die Öffentlichkeit, als er im Londoner Wembley Stadion beim Konzert für Nelson Mandela mitwirkte. Anschließend tourte er nach über fünfjähriger Pause sechs Wochen durch die USA. Im Juni 1989 erschien nach drei Jahren das Album WORLD IN MOTION (GB #39, US #45, D #56), das Browne seiner 1988 verstorbenen Mutter Bea Koeppel widmete.
Im April 1990 beteiligte sich Browne wiederum im Wembley Stadion am Konzert Nelson Mandela – An International Tribute For A Free South Africa und sang zwei Songs mit dem Südafrikaner Johnny Clegg. Im August sang er mit Bonnie Raitt und Stevie →Wonder ›Amazing Grace‹ anläßlich der Beerdigung des Gitarristen Stevie Ray →Vaughan auf dem Laurel Land Friedhof in Dallas, Texas. Im Oktober unterstützte er neben →**Crosby, Stills & Nash**, Peter →Gabriel und Sinéad →O'Connor amnesty international bei einer Veranstaltung im Nationalstadion von Santiago in Chile, und im Dezember wirkte er bei einem Konzert anläßlich des 100. Jahrestages des Massakers von Wounded Knee in Sioux Falls, Nevada, mit.
Auch 1991/92 engagierte sich der »ambitionierte Freizeitpolitiker« (*Fachblatt*) für verschiedene Benefizaktionen. Er arbeitete u. a. mit den irischen **Chieftains** und den **Indigo Girls** zusammen. Bis Ende 1993 nahm er sich für die Veröffentlichung eines neuen Albums Zeit. I'M ALIVE (GB #35, US #40, D #88) erinnerte an die früheren Arbeiten LATE FOR THE SKY und THE PRETENDER. »Die Platte markiert Brownes Rückkehr zu jenen autobiographisch gefärbten Themen um Glück und Trauer, Liebe und Verlust, deren geniale Umsetzung in Sprache und Musik ihn Mitte der 70er Jahre zu einem der angesehensten und erfolgreichsten amerikanischen Singer/Songwriter machte« (*Stereoplay*). Browne stellte das Album im Herbst 1993 und Sommer 1994 auch in Deutschland vor. »Wer melodiöse Musik, angereichert mit Reggae, Rock, Folk und Blues mag« (*Good Times*), kam mit dem Live-Mitschnitt USA auf seine Kosten.
Bei LOOKING EAST, Anfang 1996 erschienen, nahm Browne nicht zu politischen Ereignissen Stellung, sondern bot »beschauliche Innenansichten« (*dt. Rolling Stone*); begleitet wurde er u. a. von David Crosby, Bonnie Raitt und Musikern aus dem Umfeld von Tom →Petty.

JACKSON BROWNE (1972) Asylum 7599–60622 • FOR EVERYMAN (1973) Asylum 7599–60626 • LATE FOR THE SKY (1974) Asylum 7559–60323 • THE PRETENDER (1976) Asylum 7599–60513 • RUNNING ON EMPTY (1977) Asylum 7599–60325 • HOLD OUT (1980) Asylum 7599–60324 • LAWYERS IN LOVE (1983) Asylum 7599–60268 • LIVES IN BALANCE (1986) Elektra 7599–60457 • WORLD IN MOTION (1989) Elektra 7599–60830 • I'M ALIVE (1993) Elektra 7559–61524 • USA (1994) Arriba, ARR 94087 • LOOKING EAST (1996) Elektra 7559–61867 • (3) THE NEXT VOICE YOU HEAR (1997) Elektra 7599–62152

Brownsville Station

Tony Driggins (b), Cub Koda (g, voc), Michael Lutz (g, voc), Henry Weck (dr)

Brownsville Station wurden 1969 in Ann Arbor, Michigan, von Cub Koda gegründet. Die Band spielte zunächst Oldies und erreichte im Mittleren Westen der USA eine beachtliche Popularität. 1971 unterschrieb das Quartett einen Plattenvertrag und wurde als Teeniegruppe nach dem Vorbild der britischen → **Bay City Rollers** vermarktet.

Der am 1. 10. 1948 in Detroit, Michigan, geborene Koda orientierte sich anfangs stilistisch an → **Status Quo**. No B.S. hieß ihr erstes, eher konventionelles Rockalbum von 1971, für das Koda fast das gesamte Songmaterial schrieb. 1972 wurde Gründungsmitglied T.J. Conley von Henry ›H Bomb‹ Weck am Schlagzeug abgelöst. Mit ›Red Back Spider‹ (US #91) von der LP A Night On The Town gelang die erste Plazierung in den Singlecharts. Michael Lutz (g, voc) und Tony Diggins (b) waren als Verstärkung dabei. Mit der Single ›Let Your Yeah Be Yeah‹ (US #57) ging es im März 1973 weiter aufwärts, und im Herbst des Jahres standen **Brownsville Station** mit dem temperamentvollen Popsong ›Smokin' In The Boys Room‹ (US #4) plötzlich unter den Top 10. Die Band schien vor dem Sprung in die Rockspitze der USA zu stehen. Doch nach dem Cover der Gary → Glitter-Komposition ›I'm The Leader Of The Gang‹ (US #31) und der Single ›Kings Of The Party‹ (US #35) gingen Koda offenbar die Ideen aus. Zu diesem Zeitpunkt bestanden **Brownsville Station** nur noch als Trio, da Tony Driggins die Gruppe verlassen hatte.

Der Song ›Mama Don't Allow No Parkin‹ (US #88) vom Dezember 1974 kam nur mäßig an. Anfang des nächsten Jahres verstärkte Bruce Nazarian (b, g, key) die Band, konnte ihr aber keine neuen Impulse geben. 1977 kehrten **Brownsville Station** mit ›Lady (Put The Light On Me)‹ (US #53) und ›The Martian Boogie‹ (US #76) noch zweimal in die Singlehitparaden zurück. Der wenig originelle, biedere Powerpop geriet jedoch schnell in Vergessenheit, und im Juni 1979 trennten sich die Musiker. Koda machte noch drei kaum beachtete Soloplatten. Danach arbeitete er sporadisch als Kolumnist für nordamerikanische Oldies-Fanzines. In den 90er Jahre widmete er sich auf zwei Alben dem Rock'n'Roll.

1985 schafften → **Mötley Crüe** mit einer Bearbeitung von ›Smokin' In The Boys Room‹ den kommerziellen Durchbruch.

NO B. S. (1971) Palladium 1004 • A Night ON THE TOWN (1972) Big Tree, BTS 2010 • YEAH (1973) Big Tree, BTS 2102 • SCHOOL PUNKS (1974) Big Tree, N 9500 • SMOKIN' IN THE BOYS ROOM (1974) Philips 6369 804 • MOTOR CITY CONNECTION (1975) Big Tree 89510 • BROWNSVILLE STATION (1977) Private Stock 064–99310 • AIR SPECIAL (1978) Epic 83161 • (S) SMOKIN' IN THE BOY'S ROOM (1993) Rhino 71456 • Cub **Koda**: CUB CODA AND THE POINTS (1980) • IT'S THE BLUES (1982) • THAT'S WHAT I LIKE ABOUT THE SOUTH (1982) • CUB DIGS BO (1991) Lady J, GR 001 • ABBA DABBA DABBA (1993) Schoolkids, SKR 1512 • **Cub Coda & The Houserockers**: THE JOINT WAS ROCKIN' (1983) Deluge 3015

Roy Buchanan

Roy Buchanen galt als »Beispiel dafür, daß die besten Musiker nicht immer die erfolgreichsten sind« (*Rolling Stone*). Sein Ruf als begnadeter Techniker und Perfektionist der Gitarre machten ihn schon zu Lebzeiten zur Legende. Seine Platten waren bis auf wenige Ausnahmen kein kommerzieller Erfolg, aber er war ein gefragter Lehrer und ausgewiesener Kenner nordamerikanischer Musiktraditionen. Bei **Ronnie Hawkins & The Hawks** bildete er den späteren →**Band**-Gitarristen Robbie →Robertson aus, und in den 60er Jahren beeinflußte Buchanans Stil englische Youngster wie Jeff →Beck und Mick →Taylor.

Roy Buchanan wurde am 23. 9. 1939 (nach anderen Quellen am 22. 10. 1936) als Sohn eines Priesters in Ozark, Alabama, geboren und wuchs im kalifornischen Pixley auf. Er interessierte sich zunächst für Gospel und Blues, spielte in verschiedenen lokalen Bands und nahm 1957 seine erste Single ›My Babe‹ auf. Bis 1960 spielte er in den Bands von Dale Hawkins (›Suzie Q‹), Ronnie Hawkins, Johnny Otis und begleitete Rock'n'Roller wie Frankie Avalon, Fabian und Eddie →Cochran. Buchanan ging an die Ostküste und glänzte u.a bei den →**Coasters**, nahm einige Singles auf, die völlig unbeachtet blieben, und wirkte in dem Musikfilm »Rock Pretty Baby« mit. 1962 beschloß er überraschend seinen Rückzug aus dem Musikgeschäft und zog sich mit seiner Frau Judy und fünf Kindern auf eine Farm im US-Bundesstaat Virginia zurück.

Im Crossroads Club in Blainesberg, Maryland, bereitete Roy Buchanan sein Comeback vor und stellte seine **Snakestretchers** vor. 1969 sorgte »der Meister einer frischen, vibrierenden Musik« (*Rolling Stone*) für Schlagzeilen, als er das Angebot der →**Rolling Stones**, den verstorbenen Brian Jones zu ersetzen, ablehnte. Der introvertierte Musiker zog es vor, in aller Ruhe sein erste Solo-LP vorzubereiten, die Ende 1971 unter dem Titel ROY BUCHANAN (US #79) auf den Markt kam. Er wurde dabei von Pete van Allen (b), Ned Davis (dr), Dick Heintze (org, p), Teddy Irwin (g) und Chuck Tilley (voc) begleitet. Die Platte verkaufte sich recht gut, obwohl es an zündenden Kompositionen fehlte und Buchanan nicht gerade ein Gesangstalent war. Deshalb konzentrierte er sich fast ausschließlich auf sein überragendes Gitarrenspiel.

Die Fachwelt feierte »den neuen Gitarrenmann« (*Melody Maker*), und eine eingeschworene Fangemeinde begleitete seine faszinierenden Auftritte mit wahren Ovationen. Von Album zu Album wechselte Roy Buchanan seine Musiker und Produzenten. Jazzer wie Will Lee (b), Michael Narada Walden (dr) und Jan Hammer (p) zählten ebenso zeitweise zu seinem Aufgebot wie Steve Cropper (g), Armando Peraza (perc) oder der bei LOADING ZONE (US #95) als Produzent fungierende farbige Bassist Stanley Clarke. Außer den genannten LPs verkaufte sich im Frühjahr 1973 SECOND ALBUM (US #83) am besten.

Buchanan hielt stets an seinem Stil, der sich zwischen Blues und Country bewegte, fest. Der »Messias auf der Gitarre« (*Time*) überzeugte dabei weniger mit Gefühl als vielmehr mit akkurater Technik. Nach den Soul- und Funkklängen von A STREET CALLED STRAIGHT wurde es still um den bärtigen Eigenbrötler, der weiterhin mit seiner Fender Telecaster

einige ausgezeichnete Alben produzierte, aber das Publikum scheute: »Der mögliche Grund, warum ich in der Öffentlichkeit nie ein Großer wurde, liegt wohl darin, daß ich mich nicht darum gekümmert habe, ob und wie ich ein Großer werde« (Roy Buchanan).
Nach dem Abflauen der Punk- und Discowelle meldete sich Buchanan 1981 zurück. Auf der LP My Babe wirkten Edgar →Winter, Ex- →Meat Loaf-Keyboarder Paul Jacobs, der zuvor bei Maynard Ferguson und Dizzy Gillespie tätige Bassist Gordon Johnson und Danny Brubeck (dr), Sohn des Jazzpianisten Dave Brubeck, mit. Das Album dokumentierte einmal mehr das Können dieses großen und einflußreichen Gitarristen, der aber für den kommerziellen Erfolg einfach nicht geschaffen war.
Buchanan tingelte weiter ohne feste Band durch die Provinz und brachte, bis 1987 unterstützt von dem Bluesimpresario und Alligator Records-Chef Bruce Iglauer, drei ausgezeichnete Platten heraus. Sie bewiesen, daß er »einer der besten amerikanischen Blues- und Rockgitarristen« (*Rock World*) war, machten aber wieder mal sein Dilemma deutlich, daß er über keine ausdrucksstarke Stimme verfügte und mit durchschnittlichen Kompositionen aufwartete.
Roy Buchanan starb am 14. 8. 1988. Laut Polizeibericht wurde er in schwer angetrunkenem Zustand nach einem Streit mit seiner Frau verhaftet und erhängte sich in der Ausnüchterungszelle im Gefängnis von Fairfax, Virginia.

ROY BUCHANAN (1971) Polydor 831413 • SECOND ALBUM (1973) Polydor 831412 • THAT'S WHAT I AM HERE FOR (1973) Polydor 831837 • RESCUE ME (1974) Polydor 2391152 • LIVE STOCK (1975) Polydor 831414 • A STREET CALLED STRAIGHT (1976) Polydor 2391233 • LOADING ZONE (1977) Polydor 2391295 • LIVE IN JAPAN (1977) Polydor, MPF 1105 • YOU'RE NOT ALONE (1978) Polydor 2391357 • MY BABE (1981) Waterhouse, ERA 5005 • WHEN A GUITAR PLAYS THE BLUES (1986) Alligator, AL 4741 • DANCING ON THE EDGE (1986) Alligator, AL 4747 • HOT WIRES (1987) Alligator, AL 4756 • (S) GUITAR ON FIRE (1976–1978) Atlantic 71235 • (S) THE EARLY YEARS (1989) Krazy Kat 882202 • (S) SWEET DREAMS: THE ANTHOLOGY (1993) Polydor 517086 • Mit **Snakestretchers**: BUCH & THE SNAKESTRETCHERS (1971) Bioya 7519

Buckinghams

Nick Fortune (b), Carl Giammarese (g), Dennis Miccoli (p, org, vibes), Jon-Jon Poulos (dr, perc), Dennis Tufano (voc)

Die fünf Italoamerikaner aus Chicago brachten fünf Single-Bestseller und zwei überdurchschnittliche Alben heraus. Bei ihren Auftritten geriet das Publikum – wie ehemals bei den →**Beatles** – in Hysterie. Es gelang ihnen, modischen Merseybeat und nordamerikanischen Garagenpunk zu verbinden. Frisuren und Kleidung ahmten sie den Pionieren aus Liverpool nach, und ein Teil des Songmaterials borgten sie sich bei Lennon/McCartney (›I Call You Name‹), James →Brown (›I'll Go Crazy‹) oder George Gershwin (›Summertime‹) aus.
Carl Giammarese (* 21. 8. 1947) und Nick Fortune (Nicholas Fortuna, * 1. 5. 1946) spielten vor der Gründung der **Buckinghams** bei den **Centuries**, die mit ›Love You No More‹ eine Single veröffentlichten.

Dennis Tufano (*11. 9. 1946) und Jon Poulos (*31. 3. 1947) waren zu der Zeit Mitglieder der **Pulsations**. Komplettiert wurde die Band durch Dennis Miccoli und nannte sich ab Ende 1965 **Buckinghams**. Sie nahm zunächst den →**Searchers**-Hit ›Sweets For My Sweet‹ für das lokale Label Spectra Sound auf. Inzwischen mit einem besser dotierten Vertrag ausgestattet, erschienen 1966 die erfolglosen Singles ›I'll Go Crazy‹, ›I Call Your Name‹ und ›I've Been Wrong‹. Doch Ende des Jahres gerieten die **Buckinghams** mit ›Kind Of Drag‹ (US #1) mitten in die Beatlemania. Der Song, komponiert von Jim Holvay von der befreundeten Chicagoer Band **Mob**, entwickelte sich Anfang 1967 zum Millionenhit. Auch die LP KIND OF A DRAG (US #27) wurde ein Erfolg. Sie wies »sehr unterschiedliche Einflüsse: direkter Pop, Rhythm & Blues und progressiver Rock« (*Rolling Stone*) auf.

Nachdem Miccoli die Band verlassen hatte, kam im März 1967 Marty Grebb (*2. 9. 1946) zu den **Buckinghams**. Mit James Guercio wurde auch ein neuer Produzent angeheuert. In diesem Monat brachte die Gruppe die Singles ›Lawdy Miss Clawdy‹ (US #36) und ›Don't You Care‹ (US #5) heraus. ›Don't You Care‹ wie ›Mercy, Mercy, Mercy‹ (US #7) stammten vom zweiten Album TIME AND CHARGES (US #43). Die **Buckinghams** entwickelten sich unter der Ägide von Guercio zu einer »glatten, gut frisierten, gut gekleideten, höchst kommerziellen Beatgruppe« (*Encyclopedia Of Rock*). Guercio baute Bläser- und Streichersätze ein und machte die **Buckinghams** zu einer Art Vorläufer der Jazzrock-Pioniere →**Chicago**.

Im August 1967 unternahmen sie ihre einzige landesweite US-Tournee in einem Programm mit Gene Pitney, den →**Easybeats**, **Happenings** und →**Music Explosion**. Sie präsentierten das Material ihrer LP PORTRAITS (US #16) mit den Hits ›Hey Baby (They're Playing Our Song)‹ (US #9) und ›Susan‹ (US #6). Nach dem dritten Album hatten die **Buckinghams** ihre Möglichkeiten aufgebraucht. Nach Differenzen mit Guercio und der Plattenfirma veröffentlichten sie im Oktober 1968 unter dem programmatischen Titel IN ONE EAR AND GONE TOMORROW ihre Abschiedsvorstellung. Mit der Auskopplung ›Back In Love Again‹ (US #45) kamen sie zum letzten Mal in die Singlecharts.

1969 kam der Sampler GREATEST HITS (US #40) auf den Markt. Im Juli des Jahres verließ Grebb die Gruppe, um sich **Lovecraft** anzuschließen. Er wurde durch John Turner ersetzt. 1970 trennten sich die **Buckinghams**. Tufano und Giammarese blieben als Duo zusammen, Poulus ging ins Musikmangement, und Fortune machte als Studiomusiker weiter. Nachdem Grebb **Lovecraft** verlassen hatte, formierte er die **Fabulous Rhinestones**, arbeitete dann u. a. für Leon →Russell, Loudon →Wainwright III und wurde Mitglied in der Begleitgruppe von Bonnie →Raitt.

Dem Duo Tufano & Giammarese gelang im April 1973 mit dem von Lou Adler produzierten Song »Music Is Everywhere« (US #69) für kurze Zeit die Rückkehr in die Hitparaden.

Jon-Jon Poulos starb am 26. 5. 1980 an den Folgen seiner Drogensucht. Im Juli reformierten Tufano, Giammarese und Fortune mit John Cammelot (key) und Tom Osfar (dr) die **Buckinghams**, um beim ChicagoFest aufzutreten. Im darauffolgenden Jahr spielten sie wieder regelmäßig in der Region um Chicago. Als

Tufano sich für eine Schauspielerlaufbahn entschied, übernahm im April 1985 Giammarese den Leadgesang. Neu in der Gruppe war der Drummer Tom Scheckel (* 19. 11. 1954). Die **Buckinghams** beteiligten sich neben den → **Turtles**, → **Grass Roots** und den → **Mamas & Papas** an der nostalgischen ›Happy Together Tour‹ und brachten das Comebackalbum A MATTER OF TIME auf den Markt.
Auch in den 90er Jahren traten die **Buckinghams** über 100 Mal im Jahr auf und spielten in der Besetzung Giammarese, Fortuna, Scheckel, dem Keyboarder Bruce Soboroff (* 31. 8. 1952) und dem Gitarristen Bob Abrams (* 24. 2. 1955).

KIND OF A DRAG (1967) U.S.A. 107 • TIME AND CHARGES (1967) CBS 94469 • PORTRAITS (1968) Columbia, CS 9598 • IN ONE EAR AND GONE TOMORROW (1968) Columbia, CS 9703 • A MATTER OF TIME (1985) Red Label, ST 73101 • (S) GREATEST HITS (1969) Columbia 9812 • Marty **Grebb** mit **Fabulous Rhinestones**: FABULOUS RHINESTONES (1972) Just Sunshine, JS 1 • FREEWHEELIN' (1973) Just Sunshine, JS 9

Tim Buckley

Tim Buckley gehört zweifellos zu den tragischen Persönlichkeiten der Musikszene. Er wurde von den Kritikern als »unser neuer Songwriter« (*Rolling Stone*) gefeiert, und seine Produktionen galten zum Teil als »Meisterwerke« (*Sounds*). Gleichwohl waren sie durchweg schwer verkäuflich. Hoch verschuldet starb der inzwischen drogensüchtige Musiker am 29. 6. 1975 an einer Überdosis. Sein überragendes Talent als Sänger und Komponist und seine einmaligen Fusionen aus Folk, Blues und Jazz wurden erst nach seinem Tod angemessen gewürdigt.
Buckley wurde am 14. 2. 1947 in Washington D.C. geboren und wuchs in Kalifornien auf. Als 14jähriger begann er in Country & Western-Gruppen mitzuwirken, trat dann als Solist in kleinen Folkclubs auf und tat sich zeitweise mit dem Lyriker Larry Becket zusammen, dessen Texte er vertonte und dem er freundschaftlich verbunden blieb.
Frank → Zappas Manager Herb Cohen wurde 1966 auf den eigenwilligen Interpreten aufmerksam, der mit faszinierender Stimme Folksongs und Bluesballaden vortrug. Durch Cohen bekam er Kontakt zu Elektra Records und ihren Chef Jac Holzman, der gemeinsam mit Paul Rothchild das Debütalbum TIM BUCKLEY produzierte, das recht gut ankam. Zur eilends zusammengestellten Band gehörten Van Dyke → Parks (key), Jim Fielder (b), Lee Underwood (g) und Billy Mundi (dr). Buckley gelang eine ganz eigene Synthese aus Rock und Folk.
Im April 1967 trat Buckley mehrfach im New Yorker Café Au Go Go auf und fiel dabei u. a. Brian Epstein und George → Harrison auf. Am Ende seines Aufenthalts in New York stand er mit → Nico gemeinsam auf der Bühne. Jerry Yester, Mitglied von → **Lovin' Spoonful**, führte Regie bei der zweiten LP GOODBYE AND HELLO, das mit ›Morning Glory‹ eine seiner bekanntesten Kompositionen enthielt, die u. a. von → **Blood, Sweat & Tears** übernommen wurde. Es gehörte zu den wenigen Buckley-Alben, die auch Gewinn abwarfen. Es überraschte mit ungewöhnlicher, fast schräger Orchestrierung und fragmentarischen Arrangements und Buckley als zornigem

Traumtänzer, der in seinen Songs den ›ständigen Konflikt zwischen destruktiver Todessehnsucht und der lebensbejahenden Liebe seiner Generation‹ (*Rolling Stone*) thematisierte.

Tim Buckley eröffnete im März 1968 ein gemeinsames Konzert mit Albert →King und →**Big Brother & The Holding Company** im New Yorker Fillmore East. Im Oktober des Jahres tourte er erstmalig durch Großbritannien; der Mitschnitt eines Radiokonzerts erschien 1990 unter dem Titel DREAM LETTER: LIVE IN LONDON.

Die unerwartete Popularität bereitete dem »feinfühligen Songpoeten« (*Audio*) offenbar große Probleme und verstärkten seine Drogensucht. Seine Platten HAPPY / SAD (US #64) und LORCA waren von der Sucht geprägt. Sie enthielten traumwandlerische, durchweg depressiv gestimmte Songs – glänzende Folkrockinspirationen, die mit der Musik des Jazzneuerers John Coltrane und Buckleys eigenem radikalen Bluesstil phantastisch harmonisierten.

1970 wechselte Tim Buckley zum von Frank Zappa gegründeten Label Straight Records. BLUE AFTERNOON zeichnete sich erneut durch »ungewöhnliche Stileskapaden und Stimmverfremdung« (*Stereoplay*) aus. Am eindrucksvollsten dokumentierte das im Januar veröffentlichte Album STARSAILOR die Fusion von Folkblues und Avantgarde-Jazz. Buckley wagte nie gehörte, stilistische Sprünge bis hin zur Atonalität und setzte sich über herkömmliche Songformate hinweg.

Anschließend zog sich Tim Buckley für 18 Monate aus der Musikszene zurück, begann mit der Arbeit an einem Filmdrehbuch und wirkte als Schauspieler in Stücken von Sartre (»No Exit«) und Albee (»Zoo Story«) mit. Im Sommer 1972 ging er für GREETINGS FROM L. A. wieder ins Aufnahmestudio, das Album, das am besten seinem Talent gerecht wird: »Eine leidenschaftliche, versessene, erotische Rockplatte« (*Rolling Stone*). Tim Buckley wurde als »überragender Songinterpret« (*Sounds*) gefeiert, konnte dieses Niveau aber nicht halten.

Mit aller Gewalt versuchte Buckley nun, einen kommerzielleren Kurs zu steuern. Das Cover von SEFRONIA zeigte ihn als lachenden Countryboy im bunten Hawaii-Hemd; musikalisch geriet er in die Nähe der Schnulze, aufpoliert mit Chor, Studiomusikern, übertriebenen Arrangements. Nach dem erfolglosen Album LOOK AT THE FOOL verlor Tim Buckley seinen Plattenvertrag und starb am 29. 6. 1975 an einer akuten Heroin-, Morphin- und Äthanolvergiftung. Posthum wurden mehrere Live-Mitschnitte veröffentlicht, darunter die tontechnisch erstklassige Arbeit HONEYMAN, die Buckley im November 1973 mit einer vierköpfigen Band in New York aufgenommen hatte.

Tims 1967 geborener Sohn Jeff Buckley trat ab 1992 mit »intimem, stets aber auch theatralischem Auftreten« (*dt. Rolling Stone*) in die Fußstapfen seines Vaters. Er überzeugte das verwöhnte New Yorker Publikum mit leisen Solokonzerten in kleinen Bars, Cafés und asiatischen Kneipen wie dem Sin-é. Wie sein Vater war Jeff Buckley »ein Wanderer zwischen Jazz, Blues, Folk und experimenteller Improvisation« (*Musik Express*). Im Sommer 1994 erschien der 25minütige Mitschnitt LIVE AT SIN-É mit einer überlangen Version von Van →Morrisons ›The Way Young Lovers Die‹, zwei eigenen Songs und einem französischen Chanson.

Das erste offizielle Studioalbum GRACE (GB #50) erschien im August 1994 und enthielt »verspielte Folksongs, freche Blues-Licks und schräge Gitarrenklänge« (*Musik Express*). Begleitet von einer dreiköpfigen Band, stellte sich Jeff Buckley im November 1994 erstmals seinen deutschen Fans vor: »Er fährt auf in den Himmel ekstatischer Freuden, taucht hinab in die Hölle der Hingabe« (*dt. Rolling Stone*).
Am 30. 5. 1997, gerade 30 Jahre alt, ertrank Jeff Buckley im Mississippi. Drei Tage vorher war seine Single ›Last Goodbye‹ (GB #54) erstmalig in den britischen Charts notiert worden.
Jeff Buckleys Begleiter, der Gitarist Gary Lucas, machte sich 1997 selbständig und veröffentlichte das akustische Album EVANGELINE, das an Arbeiten von Leo → Kottke erinnerte.

TIM BUCKLEY (1966) Elektra 961338 • GOODBYE AND HELLO (1967) Elektra 7559-60896 • HAPPY SAD (1969) Elektra 7559-74045 • LORCA (1970) Elektra 961339 • BLUE AFTERNOON (1970) Rhino, R 70356 • STARSAILOR (1971) Rhino, R 70360 • GREETINGS FROM L. A. (1971) Warner Brothers 7599-27261 • SEFRONIA (1973) Edsel, EDCD 277 • LOOK AT THE FOOL (1974) Edsel, EDCD 294 • BLUE OBSESSION (1975) Les Disques Du Porcupine • DREAM LETTER: LIVE IN LONDON (1990) EFA 21475 • LIVE AT THE TROUBADOUR (1993) Edsel 400 EDS • HONEYMAN (1995) Edsel 450 EDS • Jeff **Buckley**: LIVE AT SIN-É (1994) Rough Trade, RTD 1311752 • GRACE (1994) Sony 475928

Buckwheat Zydeco

Am 14. 11. 1947 als Stanley Dural in Lafayette, Louisiana, geboren, verfolgte Buckwheat Zydeco »eine Popvariante der Stilrichtung Zydeco« (*Stereo*). Dural lernte Klavier und Orgel, bevor er das Akkordeon als geeignetes Instrument entdeckte, um seine Vorstellung von Südstaatenmusik zu verwirklichen. Dural mischte Soul, Funk, Pop und französisch-kreolische Einflüsse zu einer temperamentvollen Musik, die er vorzugsweise auf der Bühne darbot. In den 70er Jahren gründete Dural die Funkgruppe **Hitchhikers**, aus denen 1979 die **Ils Sont Paris Band** entstand, mit der Dural zwei Alben produzierte.
Ab 1987 nannte Dural seine Begleiter nach seinem Spitznamen ›Buckwheat‹ und wechselte zum britischen Label Island Records. U. a. mit David Hidalgo von → **Los Lobos** als Produzenten veröffentlichten **Buckwheat Zydeco** bis 1990 drei von der Kritik gelobte Platten, doch das eigentliche Erlebnis war, sie auf der Bühne zu sehen: »die eruptive Show verfehlte nie ihre Wirkung« (*Musik Express*). Buckwheat trug stets Satinanzüge, seidene Hemden und hochhackige Stiefel. Er spielte ein perlmuttweißes Akkordeon, mit dem er einen mitreißenden, R&B-geprägten Sound produzierte, der die Fans ins Schwitzen brachte.
Von den zahlreichen Alben erhielten im März 1992 ON TRACK und im Dezember 1994 FIVE CARD STUD die besten Kritiken. Der *Musik Express* schrieb: »Die ganze Vielfalt von Akkordeon, Waschbrett und Triolen-Groove vorangetriebener Zydeco-Musik aus den Swamps im Südwesten von Louisiana ist hier zu hören« (*Musik Express*), und bei *Stereo*

hieß es über Five Card Stud: »Zydeco-Pop-Crossover, wie er städtische Dance Halls zum Dampfen bringt.«

ONE FOR THE ROAD (1979) Eastwest 9745–30021 • TAKE IT EASY BABY (1980) Blues Unlimited • TURNING POINT (1983) Rounder 2045 • 100 % FORTIFIED ZYDECO (1985) Rounder 1024 • BUCKWHEAT ZYDECO (1986) • WAITIN' FOR MY YA YA (1987) • ON A NIGHT LIKE THIS (1987) Island 885 476 • TAKING IT HOME (1988) Island 885 231 • TURNING POINT (1988) • BUCKWHEAT ZYDECO AND THE ILS SONT PARIS BAND (1988) Rounder 11528 • WHERE THERE'S SMOKE THERE'S FIRE (1990) Island 210 716 • ON TRACK (1992) Virgin 786 266 • FIVE CARD STUD (1994) Island 74321 22508 • CHOO CHOO BOOGALOO (1994) Music For Little 42556 • TROUBLE (1997) Atlantic 7567–92763 •(S) BUCKWHEAT'S ZYDECO PARTY (1987) Rounder 11528 • (S) MENAGERIE: THE ESSENTIAL ZYDECO COLLECTION (1990) Island 539 929

Buffalo

Paul Balbi (dr), Alan Milano (voc), Norm Roue (slide-g, g), Dave Tice (voc), Peter Wells (b)

Eine der erfolgreichsten australischen Heavybands wurde 1970 in Sydney von Tice, Balbi und Wells gegründet. Schon mit dem ersten Album Dead Forever sorgten **Buffalo** für Furore. Drei Jahre nach Erscheinen wurde das solide Hardrockwerk in Australien vergoldet. Ärger gab es – wie bei den beiden nächsten Alben – um das sexistische Cover.

Buffalo verbanden die Düsternis von → **Black Sabbath** mit der kompromißlosen Power von → **Deep Purple**, und dank der Slidegitarre von Roue gelang ihnen eine individuelle Note. Mit Volcanic Rock und Only Want You For Your Body etablierten sich **Buffalo** in der Hard & Heavy-Spitze ihrer Heimat, hatten aber auch in Frankreich viele Fans. Die »dynamische Show von Tice« (*Guinness*) und das gute Zusammenspiel in der Band machten **Buffalo** auch zu einem Live-Erlebnis. Die großen Erfolge blieben jedoch auf Australien und Neuseeland beschränkt.

Nach der Trennung der Band tauchte Wells als Slidegitarrist bei → **Rose Tattoo** auf, und Tice und Balbi trafen sich bei den britischen → **Count Bishops** wieder.

DEAD FOREVER ... (1972) Vertigo 6357 100 • VOLCANIC ROCK (1973) Some Punkins, SPMC 16 • ONLY WANT YOU FOR YOUR BODY (1974) Some Punkins, SPMC 8 • MOTHER'S CHOICE (1976) Some Punkins, IPSC 6 • AVERAGE ROCK AND ROLLER (1977) TRC 22 • (S) BEST OF (1980) Vertigo

Buffalo Springfield

Richie Furay (g, voc), Dewey Martin (dr), Bruce Palmer (b), Stephen Stills (g, voc, p), Neil Young (g, voc)

Benannt nach einer Dampfwalzen-Marke fanden sich bei **Buffalo Springfield** im März 1966 in Los Angeles drei Kanadier und zwei Nordamerikaner zusammen. Stephen → Stills und Richie → Furay tingelten zuvor als Folksänger oder als Mitglieder der **Au Go Go Singers** durch New Yorker Clubs. Neil → Young entstammte der Folkszene in Toronto, und seine Landsleute Dewey Martin (* 30. 9. 1942) und Bruce Palmer arbeiteten zuvor mit den → **Dillards** bzw. dem Countrysänger David Ackles zusammen. Das Quintett debütierte im Juni 1966 im Vorprogramm der → **Rolling Stones** im Orange Showground im kalifornischen San Bernadino. Im Monat darauf unterzeichneten sie bei Atco Records einen Plattenvertrag, stiegen binnen kürzester Zeit zu einer der begehrtesten Live-Bands auf und konnten nun bis zu 10000 Dollar für einen Auftritt aushandeln.

Buffalo Springfield begeisterten mit elektrischer Countrymusik, mehrstimmigen Vokalharmonien, Gitarrenfinesse und einprägsamen Melodien. Zwei »brillant exzentrische Alben« (*Rolling Stone*) verdeutlichten vor allem die Kompositionstalente von Stills und Young, so der Hit ›For What It's Worth‹ (US #8), das verspielte ›Bluebird‹ (US #63) und der unbehauene Hardrock von ›Mr. Soul‹. Nach dem guten Verkauf der ersten LP BUFFALO SPRINGFIELD (US #51), dem Top 10-Hit ›For What It's Worth‹ und bemerkenswerten Konzerten z. B. mit den → **Doors** und → **Byrds** bei der Community Action For Facts & Freedom und im Avalon Ballroom oder Fillmore West in San Francisco schienen **Buffalo Springfield** vor einer großen Karriere zu stehen.

Bereits bei den Aufnahmen des zweiten Albums STAMPEDE gab es Spannungen zwischen Stills und Young. Außerdem wurde Palmer wegen Drogenbesitzes nach Kanada ausgewiesen. Als Bassisten waren Ken Forssi von → **Love**, Ken Koblun, einst bei den **Squires** und Jim Fielder, der sich später → **Blood, Sweat & Tears** anschloß, dabei. Das Album blieb jedoch unveröffentlicht. Im Juni 1967 spielten **Buffalo Springfield** ohne Young und Palmer beim Monterey International Pop Festival. Sie wurden durch Ex-**Daily Flesh** Doug Hastings (g) und Gaststar David → Crosby (voc) vertreten.

Im September 1967 machte die Band einen weiteren Anlauf, eine zweite LP aufzunehmen. Unter Mitwirkung von Hastings und Fielder entstand AGAIN (US #36). Als Singles wurden ›Rock 'n' Roll Woman‹ (US #39) und ›Expecting To Fly‹ (US #91) aus »der stilbildenden Platte« (*Rolling Stone*) ausgekoppelt. Orchesterarrangements und Bläsersätze sorgten für eine neue Qualität im Countryrock. Mit diesen Experimenten ebneten **Buffalo Springfield** den Weg für den Erfolg von Gruppen wie → **Poco** und den → **Eagles**.

Ende 1967 kehrte Palmer zwischenzeitlich in die Band zurück, wurde aber im Januar 1968 endgültig von Jim Messina abgelöst, der bis dahin als Toningenieur für **Buffalo Springfield** gearbeit hatte. Am 5. 5. 1968 trennten sich die fünf Musiker, da der Streit zwischen Stills und Young zu eskalieren drohte. Das Album LAST TIME AROUND (US #16) kam im August 1968 auf den Markt und entwikkelte sich zum Verkaufsschlager, als die Beteiligten längst anderen Aufgaben nachgingen.

Stills beteiligte sich an der Super Session von Al → Kooper und wurde dann Gründungsmitglied von → **Crosby, Stills & Nash**. Young trieb seine Solokarriere voran, während Fury und Messina **Poco** formierten. Auch Martin und Palmer bemühten sich um eine Laufbahn als Solisten, enttäuschten aber mit den schwachen Alben DEWEY MARTIN & MEDICINE BALL bzw. THE CYCLE IS COMPLETE. Nach dem Ende von **Buffalo Springfield** plazierten sich Sampler wie RETROSPECTIVE (US #53) und BUFFALO SPRINGFIELD (US #93) in den Charts. 1985 riefen Palmer und Martin mit Frank Wilks (voc) und Stan Endersby (g) **Buffalo Springfield Revisited** ins Leben und gingen auf Tournee. 1987 wurde Endersby von Bob Frederickson (g) abgelöst, und als Keyboarder kam Harlan Spector zu einer Band, die aber nicht mehr vom Ruhm vergangener Tage profitieren konnte. Einen zweiten Wiederbelebungsversuch starteten Ende 1991 Dewey Martin, Ex-→**Crazy Horse** Michael Curtis (g, voc), Bill Darnell (g) aus der Band von Al →Stewart, und Robin Lamble (b, voc).

BUFFALO SPRINGFIELD (1966) Atlantic 7567–90389 • AGAIN (1967) Atlantic Atlantic 7567–90391 • LAST TIME AROUND (1968) Atlantic 7567–90393 • (S) EXPECTING TO FLY (1970) Atlantic 2464012 • (S) RETROSPECTIVE (1969) Atco, SD 33–283 • (S) BUFFALO SPRINGFIELD (1973) Atlantic 70001 • (S) STAR COLLECTION (1973) Midi 20020 • (S) THE BEGINNING (1973) Atlantic 30028 • (S) THE BEST OF (1987) Atlantic 7567–90417 • Dewey **Martin**: DEWEY MARTIN & MEDICINE BALL (1971) Uni 73088 • Bruce **Palmer**: THE CYCLE IS COMPLETE (1971) Verve 3086

Buffalo Tom

Chris Colbourn (b, g, ce, harm, voc), Bill Janovitz (g, voc, p, org, perc), Tom Maginnis (dr, perc)

Das »wundervolle Gitarrentrio« (*brit. Sounds*) aus Amherst, Massachusetts, verband seit 1989 »Folktraditionen mit dem Gitarrenrock der Post-Punkära« (*Musik Express*). Bereits während des Studiums spielten die drei Gitarristen Colbourn, Janovitz und Maginnis zusammen und fanden zu einem anfangs eher schrägen Sound, der sie zu einem Geheimtip machte. Nachdem sie die Idee verworfen hatten, eine Dreier-Gitarren-Phalanx zu bilden, wechselte Colbourn zum Baß und Maginnis zum Schlagzeug: »Manchmal scherzhaft als Dinosaur Jr. Jr. bezeichnet, spielte die Gruppe nun Gitarrenrock in der Nach-Hüsker-Dü-Tradition« (*Trouser Press*).
Die erste, von J. Mascis (→**Dinosaur Jr.**) produzierte LP BUFFALO TOM bot lärmigen Neorock, angetrieben von einem rohen Beat, darunter der herausragende Song ›Songflower Suit‹. Einflüsse aus dem Hard- und Southernrock-Bereich, Brachialgitarren und schwermütige Melodien führten dazu, daß die Band als eine »Folk-Grunge-Punk-Rock-Mixtur« (*Indiecator*) bezeichnet wurde.
Auf »Birdbrain« dominierten 1991 »rauhbeinige Melodien und kratzbürstige Gitarrendröhnungen« (*Hifi Vision*). Mit dem dritten Album LET ME COME OVER (GB #49) zeigten **Buffalo Tom**, daß sie mit →**Nirvana** mithalten konnten. Während bisher allenfalls der eine oder andere Song positiv auffiel, gelang der Band diesmal ein durchgehend gutes Album, das sich durch rhythmische Spontaneität und unkonventionelle Melodieführung auszeichnete.
Nach sehr erfolgreichen Tourneen durch Großbritannien (im Vorprogramm von →**Wedding Present**) und Deutschland, im Vorprogramm der →**Lemonheads**, feierte das Trio beim Noise Now Festival zu Ostern 1991 einen Riesenerfolg. Im Sommer erschien die Single ›Fortune Teller‹ mit drei bislang unveröffentlichten Titeln.
Mit »Big Red Letter Day« (GB #17) profilierten sich die drei Musiker als ausgereifte Songwriter, die nicht nur Gitarre spielen, sondern auch Balladen vortragen konnten. Ende 1992 wurde nach

langjährigen Rechtsstreitigkeiten das Buffalo Tom-Debüt wiederveröffentlicht, angereichert mit zwei bis dahin unveröffentlichten Titeln.
Im Herbst 1994 absolvierte Janovitz Solokonzerte in Europa, bei denen er u. a. »eine Stunde lang brillant rauhe Versionen seines Back-Katalogs hämmerte« (*New Musical Express*).
»Poppiger und kommerzieller denn je zuvor« (*Musik Express*) gab sich die Band bei ihrem fünften Album SLEEPY EYED im Sommer 1995. Buffalo Tom verstanden es nun äußerst geschickt, Noise- und Punkelemente mit melodiöser, hitparadenverdächtiger Pop-Power und mehrstimmigem Gesang zu verbinden. Das Album war unter der Leitung von John Agnelli in einer ehemaligen katholischen Kirche in Woodstock aufgenommen worden: »Im ersten Moment hatte der katholische Junge in mir überlegt, ob das nicht eine Entweihung sein könnte, aber dann war es vielmehr, als ob ich bei irgend jemandem im Hause zu Besuch war« (Bill Janovitz).
Im Dezember 1996 veröffentlichte Janovitz sein Soloalbum LONESOME BILLY, auf dem sich Titel befanden, »denen der Zugang zu Buffalo Tom-Platten verwehrt geblieben ist« (Janovitz). Mit der Unterstützung von Howe Gelb, Joey Burns und John Convertino von → Giant Sand und Chris Toppin (Fuzzy) nahm er innerhalb von drei Tagen in einem Eisenbahndepot in Tucson, Arizona, die gesamte LP auf: Fast eine Lo-Fi-Platte, die dem begabten Songwriter Janovitz den Freiraum läßt, »seinem Instinkt zu folgen und bislang vernachlässigte Seiten seines Könnens aufzuspüren« (*New Musical Express*).

BUFFALO TOM (1989) Beggars Banquet 541 9126 • BIRDBRAIN (1991) SPV 39982 • LET ME COME OVER (1992) Beggars Banquet, 541 1536 • BIG RED LETTER DAY (1993) Beggars Banquet, 541 9142 • SLEEPY EYED (1995) Beggars Banquet, RTD 141 2177 • (S) BUFFALO TOM (1992) Beggars Banquet, SPV 006–48711 • Bill Janovitz: LONESOME BILLY (1996) Beggars Banquet 141 2186

Jimmy Buffett

Jimmy Buffett wurde am 25. 12. 1946 in Pascagoula, Mississippi, geboren und wuchs in Mobile, Alabama, auf. Er wurde mit Country & Western- und Hillbillymusik groß und entschied sich nach einem kurzen Geschichts- und Journalismusstudium an den Universitäten von Auburn und Hattiesburg für eine Künstlerkarriere. Er ging nach New Orleans, trat in den dortigen Folkclubs auf und arbeitete als freier Journalist für das Fachblattt *Billboard*. 1969 kam Buffett nach Nashville und unterschrieb bei der Firma des Entertainers Andy Williams – Barnaby Records – einen Vertrag. Von der ersten LP DOWN TO EARTH wurden im Spätsommer 1970 angeblich nur 324 Exemplare verkauft.
Buffett erkannte, daß er als progressiver Countryinterpret in Nashville nicht weiterkam, und zog nach Key West, Florida, um. Weitere frühe Aufnahmen von Buffett für Barnaby wurden erst 1976 unter dem Titel HIGH CUMBERLAND JUBILEE veröffentlicht. In Key West erwarb Buffett ein Boot, mit dem der »Troubadour auf Reisen« (*Cashbox*) auch durch die Karibik schipperte.
1973 erntete Buffet für A WHITE SPORTS COAT AND A PINK CRUSTACEAN viel Kritikerlob. Seine flotten und humor-

vollen Geschichten vom Leben an Bord brachten ihm so viel ein, daß sich der schnauzbärtige Singer / Songwriter umgehend der nächsten Produktion widmen konnte. LIVING AND DYING IN 3/4 Time und A 1 A (US #79) erschienen innerhalb von zwölf Monaten und lieferten legere Folk- und Countryrockballaden, die amerikanische Eigenheiten bissig aufs Korn nahmen. Mit der Singleauskopplung ›Come Monday‹ (US #28) kam der »Bonvivant aus Florida« (*Musik Express*) im Mai 1974 erstmals in die Hitparaden. Damit begann der Wandel von »der Kultfigur zum Popstar« (*Rolling Stone*), der 1977 / 78 Millionenauflagen seiner Alben erlebte.

Im April 1975 stellte Jimmy Buffett die **Coral Reefer Band** als feste Begleitgruppe zusammen, der Roger Bartlett (g), Harry Dailey (b), Greg Taylor (harm) und Phillip Fajardo (dr) angehörten. Nach der 76er LP HAVANNA DAYDREAMIN' (US #67) kam der große Erfolg im April 1977 mit dem Hit ›Margaritaville‹ (US #9) und dem Album CHANGES IN LATITUDES, CHANGES IN ATTITUDES (US #15), das mit Platin ausgezeichnet wurde. Buffett sang von Meer, Sonne, Mädchen, Segelschiffen, weißen Stränden und kühlen Drinks, aber auch hier mit ironischem Unterton.

Buffett veröffentlichte regelmäßig LP's und erzielte gute Verkäufe: SON OF A SON OF A SAILOR (US #10), das Live-Doppelalbum YOU HAD TO BE THERE (US #66), VOLCANO (US #13), COCONUT TELEGRAPH (US #28) und SOMEWHERE OVER CHINA (US #31). In den Singlecharts war er bis 1982 mit ›Changes In Latitudes, Changes In Attitudes‹ (US #42), ›Cheeseburger In Paradise‹ (US #33), dem Soundtrackextrakt ›Livingston Saturday Night‹ (US #65), ›Manana‹ (US #86), ›Fins‹ (US #24), ›Volcano‹ (US #72), ›Survive‹ (US #89) und ›It's My Job‹ (US #57) vertreten.

Danach ließ das Interesse an der »entspannten laid back-Sonnenmusik« (*Musik Express*) nach. Buffett konnte aber bis 1986 noch vier weitere Alben in den Hitparaden plazieren: ONE PARTICULAR HARBOUR (US #59), RIDDLES IN THE SAND (US #87), THE LAST MANGO IN PARIS (US #53) und FLORIDAYS (US #66). Dazu kam der Sampler SONGS YOU KNOW BY HEART (US #100). Bis 1988 widmete sich Buffett anderen Projekten. 1987 erschien sein Kinderbuch (mit Tochter Savannah Jane als Coautorin) »The Jolly Man« und 1989 sein erster Roman »Tales From Margaritaville«. Ein Jahr zuvor kehrte er mit seinem perfekten, dezent angejazzten Karibikpop ins Plattengeschäft zurück. Der Erfolg von HOT WATER (US #46) schien ein Comeback zu ermöglichen, doch die braven Unterhaltungssongs von OFF TO SEE THE LIZARD (US #57) boten nur noch Mittelmaß. Unter diesem LP-Titel tourte Buffett mit der **Coral Reefer Band** 1989 / 90.

Gemeinsam mit Glenn → Frey komponierte Buffett 1990 das Musical »Rules Of The Road«. Im August des Jahres war Buffett wieder auf US-Tournee, um das Material von FEEDING FRENZY (US #68) vorzustellen, und im Suncoast Dome in Florida waren über 32 000 Fans vertreten. Im Februar 1991 beteiligte er sich an einer Benefizplatte für das US-amerikanische Rote Kreuz und setzte sich für illegale Einwanderer aus Kuba ein. Bei den Sommerkonzerten 1991 bestand die **Coral Reefer Band** aus Peter Mayer (g), Jim Mayer (b), Utley Oliver (key), Jay Oliver (key), Roger Guth (dr), Robert Greenidge (steel-dr, perc) und Brie Howard (perc).

Im April 1992 spielte Buffett vor 71000 Fans im Music Center in Cincinnati, Ohio. Im Juni erschien auf seinem eigenen Margaritaville-Label der Sampler BOATS, BEACHES, BARS AND BALLADS (US #68). Buffetts Firma förderte zudem die Rockgruppe **Evangeline**, und im September erschien Buffetts zweiter Roman »Where Is Joe Merchant«, der wie der erste auf die Bestsellerliste kam. Im November trat Buffett neben Bonnie → Raitt, → **Crosby, Stills & Nash** und Jackson → Browne bei einem Wohltätigkeitskonzert zugunsten der Opfer eines Hurrikans, der Hawaii verwüstet hatte, auf. 1992 erschien das Livealbum MARGARITAVILLE CAFE LIGHT NIGHT MENU, 1994 folgte mit FRUIT CAKES (US #5) nach vierjähriger Pause wieder eine Studioproduktion. »Easygoing-Musik, karibisches Flair und Countryrock« (*Billboard*) waren im Spätsommer 1995 die Zutaten zur BAROMETER SOUP. Der ewig jugendliche, nach wie vor in Key West lebende Sunnyboy bestätigte seine Qualitäten als Songwriter, doch seiner Musik fehlte jetzt jeglicher Biß. Im amerikanischen Magazin *Forbes* wurde Buffett unter den 40 reichsten Entertainern der Welt aufgeführt, der allein 1992/93 20 Millionen Dollar eingenommen hatte.

DOWN TO EARTH (1971) Barnaby 30093 • A WHITE SPORTS COAT AND A PINK CRUSTACEAN (1973) ABC 5036 • LIVING AND DYING IN 3/4 TIME (1974) ABC 5047 • A 1 A (1975) ABC 5065 • RANCHO DELUXE (1975) Soundtrack United Artists, LA 466 G • HIGH CUMBERLAND JUBILEE (1976) Janus, BR 6014 • HAVANNA DAYDREAMIN' (1976) ABC 27127 • CHANGES IN LATITUDES, CHANGES IN ATTITUDES (1977) MCA 872042 • SON OF A SON OF A SAILOR (1978) ABC 25892 • YOU HAD TO BE THERE (1978) MCA 872072 • VOLCANO (1979) MCA 874204 • COCONUT TELEGRAPH (1981) MCA 203287 • SOMEWHERE OVER CHINA (1982) MCA 204396 • ONE PARTICULAR HARBOR (1983) MCA 872116 • RIDDLES IN THE SAND (1984) MCA 872648 • LAST MANGO IN PARIS (1985) MCA 5600 • FLORIDAYS (1986) MCA 872061 • HOT WATER (1988) MCA 42093 • OFF TO SEE THE LIZARD (1989) MCA 6314 • FEEDING FRENZY (1990) • MARGARITAVILLE CAFE LIGHT NIGHT MENU (1992) Margaritaville • BEFORE THE BEACH (1993) MCA, MCD 10823 • FRUITCAKES (1994) Margaritaville MCA 11043 • BAROMETER SOUP (1995) Margaritaville 11247 • BANANA WIND (1996) Margaritaville 11451 • (S) BEFORE THE SALT () Barnaby 6019 • (S) SONGS YOU KNOW BY HEART (1985) MCA 5633 • (S) BOATS, BEACHES, BARS AND BALLADS (1992) MCA 872640 • (S) BEFORE THE BEACH (1993) Margarita 10823

Solomon Burke

Als ältestes von sieben Kindern wurde Solomon Burke 1936 (nach anderen Quellen 1940) in Philadelphia, Pennsylvania, geboren. Schon als kleiner Junge sang er im Chor von House Of God For All People, einer Kirche, die seine Großmutter Eleanora Moore gegründet hatte. Mit neun Jahren wurde der kleine Solomon als »Wonder Boy Preacher« bezeichnet, und als Zwölfjähriger reiste er am Wochenende als Spiritual- und Gospelsänger durch die Gemeinden der Region um Philadelphia.

Als er 1954 für seine Großmutter das Weihnachtslied ›Christmas Presents From Heaven‹ komponierte, schenkte sie ihm eine Gitarre. Einige Monate später fand in der Liberty Baptist Church eine Talentshow für Gospelgruppen statt. Solomon Burke meldete seine Cavaliers an. Viola Williams, die Frau eines prominenten Radiodiskjockeys, wurde auf Burke aufmerksam, die ihn mit Bess Berman, dem Besitzer des unabhängigen New Yorker Labels Apollo Records, bekannt machte. Die ersten Aufnahmen von Burke boten einen »großvolumigen Gospelstil« (*Boston Phoenix*), blieben aber weitgehend unbekannt. Da Apollo nicht in der Lage war, Burke zu bezahlen, kehrte er nach Philadelphia zurück und übernahm nach einer entsprechenden Ausbildung das Beerdigungsinstitut seiner Tante.

In den späten 50er Jahren erschienen bei Singular Records einige Aufnahmen von Burke, der zu dieser Zeit seine Musik als reines Hobby betrieb. Durch Vermittlung von Paul Ackerman vom Musikmagazin *Billboard* erhielt Burke 1960 einen Vertrag mit Atlantic Records. Mit seiner Interpretation des Countrysongs ›Just Out Of Reach‹ (US #24) plazierte sich Burke im September 1961 zum ersten Mal in den Charts. 1962 erschienen in schneller Folge die Singles ›Cry To Me‹ (US #44), ›Down In The Valley‹ (US #71), ›I'm Hanging Up My Heart For You‹ (US #85) und ›I Really Don't Want To Know‹ (US #93). Seine Mischung aus Gospel mit modernem Rhythm & Blues, Country und Soul, die Burke mit souveräner Stimme interpretierte, machten ihn zu einem der einflußreichsten schwarzen Sänger, der zwar nicht die Plattenauflagen von James →Brown oder Ray →Charles erreichte, aber dank seiner Präsenz und seiner Ausdrucksstärke vor allem junge weiße Rocksänger wie Mick Jagger und Rod →Stewart inspirierte.

Acht Singles von Solomon Burke wurden 1963/64 in mittleren und unteren Regionen der Hitparaden registriert, darunter seine Klassiker ›If You Need Me‹ (US #37), ›You're Good For Me‹ (US #49), ›Goodbye Baby‹ (US #40) und ›Everybody Needs Somebody To Love‹ (US #89). 1965 war er mit ›Got To Get Yoo Off My Mind‹ (US #21) erfolgreich. Im Juni des Jahres kam der selbsternannte ›King Of Soul‹ erstmals nach Europa und trat in der englischen TV-Show Ready Steady Go auf. Mit eigener Band und großem Anhang tourte Burke vor allem durch den Süden der USA und zog mit einem Konzert bis zu 20000 Menschen an. Er war als Entertainerstar gefragt, auch wenn sich seine Platten nur durchschnittlich verkauften. Die größte Nachfrage erzielten zwischen 1965 und 1970 die Singles ›Tonight's The Night‹ (US #22), ›Take Me‹ (US #50) und ›Proud Mary‹ (US #41), im Original von Creedence Clearwater Revival.

Solomon Burke wechselte 1970/71 mehrfach die Plattenfirma und verschwand nach ›Love's Street And Fool's Road‹ (US #75) vom April 1972 aus den Charts. Nach der Veröffentlichung des Songs ›You And Your Baby Blues‹, eine Art Schmusesoul in der Manier von Barry White, zog sich der Tenor aus dem Platten- und Tourneegeschäft zurück und kümmerte sich um seine Kirche. Erst 1984 erschien SOUL ALIVE, eine neue LP des beliebten Sängers, der wie kein zweiter »die bassige Wärme in den tiefen Lagen, zartes Belcanto und das schwindelerregende Tremolo« (*Musik Express*) beherrschte. Solomon Burke wurde von der jüngeren Generation neuentdeckt und beteiligte sich ab 1986 an den Tourneen ›The Soul Clan‹ und ›The Rhythm & Soul Festival‹, die durch Nordamerika und Europa führten. Die 86er-LP A CHANGE IS GONNA COME dokumentierte, daß Burke nichts von seiner Ausstrahlungskraft verloren hatte: »Burke stillt den Hunger jener Fans, denen heutige Klänge aus Motown und Memphis zu überproduziert erscheinen« (*Stereoplay*).

Schlechte Kritiken erhielt er im Sommer 1987 für LOVE TRAP aufgrund der arg süßlichen Coverversionen ›Every Breath You Take‹ von →**Police** und ›Drive‹ von den →**Cars**, »selbst verfaßte Gospelnichtigkeiten« (*Musik Express*) und »einer Spur zu schwülstiger Arrangements« (*Hifi Vision*). Burke begab sich daraufhin wieder in die Geborgenheit seiner Gemeinde und trat bis zu Beginn der 90er Jahre nur noch sporadisch auf.

Im Winter 1992 entwickelte der »Pionier der Soulmusik« (John Sinclair) ein neues Projekt, unterstützt von Martha Jean ›The Queen‹ Steinberg, einer bekannten Moderatorin religiöser Radioshows. Burke erklärte zu seiner neuen Arbeit: »Ich habe Soul-, Gospel-, Pop- und sogar Countryplatten, aber nie ein Bluesalbum aufgenommen, jetzt ist es an der Zeit, dies zu tun.« Das Blueslabel Black Top Records nahm Burke unter Vertrag, und im April 1993 begannen in New Orleans die Aufnahmen zu SOUL OF THE BLUES. Zu den Studiomusikern zählten der Bassist George Porter jr. von den →**Meters**, der Gitarrist Sam Mayfield und Burkes Sohn Selassie. Burke, der sich u. a. für Kompositionen von Willie →Dixon (›My Babe‹), Big Joe →Turner (›Crawdad House‹) und Guitar Slim (›Sufferin' Mind‹) entschied, gelang mit dieser Auswahl ein überzeugendes Bekenntnis zum modernen Blues und zog endlich wieder alle Register seines vokalen Könnens.

SOLOMON BURKE (1962) • IF YOU NEED ME (1963) Sequel 860 RSA • ROCK 'N' SOUL (1964) Sequel 861 RSA • KING SOLOMON (1968) Sequel 862 RSA • I WISH I KNEW (1968) Bellaphon 28607019 • PROUD MARY (1969) Bell 6033 • THE ELECTRONIC MAGNETISM (1972) Polydor 2315048 • KING HEAVY (1972) • WE'RE ALMOST HOME (1972) • I HAVE A DREAM (1974) • MUSIC TO MAKE LOVE BY (1975) Phonogram 9109102 • BACK TO MY ROOTS (1975) • SOUL ALIVE (1985) Demon, FIEND 38 • A CHANGE IS GONNA COME (1986) Zensor, ZS 41 • LOVE TRAP (1987) Polygram 21336 • SOUL OF THE BLUES (1993) Black Top, BT-1095 • LIVE AT THE HOUSE OF BLUES (1994) Black Top Black Top, BT 1108 • DEFINITION OF SOUL (1997) Virgin 842557 • (S) BURKE'S GREATEST (1962) London, HAK 8018 • (S) I ALMOST LOST MY MIND (1964) • (S) THE BEST OF (1965) Atlantic 588016 • (S) KING OF ROCK 'N' SOUL (1981) Atlantic 590004 • (S) CRY TO ME (1984) Charly, CRB 1075 • (S) YOU CAN RUN BUT YOU CAN'T HIDE (1987) • (S) THE BISHOP RIDES SOUTH (1988)

T-Bone Burnett

James Henry ›T-Bone‹ Burnett wurde 1945 in St. Louis, Missouri, geboren. Er begann seine Karriere in mehreren lokal bekannten Bands in Texas. Anfang der 70er Jahre ließ er sich in Los Angeles nieder, produzierte das Duo **Delbert And Glen** und nahm 1972 eine kaum beachtete Solo-LP auf. Nach Tourneen mit →**Delaney & Bonnie** und den →**B 52**'s wurde Burnett 1975 Mitglied von Bob →Dylans **Rolling Thunder Revue**. 1976 gründete er mit Steven Soles (g, voc), David Mansfield (g, man, voc), David Jackson (b) und Matt Betton (dr) in Tesuque, New Mexiko, die **Alpha Band**. Die »wahrlich exzentrische und humorvolle Gruppe« (*Rolling Stone*) mit dem christlichen Touch hatte sich einem unterhaltsamen Country/Folkrock-Sound verschrieben, der stilistische Anleihen beim South West Blues über Swing bis zum Rockabilly machte. Ihre revueartige Darbietung kam auf der Bühne an, im Studio hatte die **Alpha Band** jedoch Probleme und produzierte drei mäßige Alben.

Nachdem sich die Band aufgelöst hatte, arbeitete Jackson für John →Stewart und Kim →Carnes, Betton für Jimmy →Buffett, Waylon →Jennings und Crystal Gayle. Manfield hingegen blieb in Kontakt mit Burnett, der sich als Komponist und Produzent betätigte. Burnett schrieb u. a. Songs für Arlo →Guthrie, Rita →Coolidge, Kris →Kristofferson und Emmylou →Harris. Bei seiner 1980 veröffentlichten LP TRUTH DECAY unterstützten ihn neben Mansfield der begehrte Studioschlagzeuger Sly Dunbar (Johnny →Rivers, José →Feliciano, Joan →Armatrading) und David Miner, Bassist in der Gruppe von Leon →Russell. Burnett, inzwischen im texanischen Ford Worth ansässig, war zwar ein mäßiger Sänger, komponierte und arrangierte jedoch beeindruckende Songs: »Niemand sonst ist mit seinem Schaffen überzeugender und wichtiger im zeitgenössischen amerikanischen Rock'n'Roll« (*Rolling Stone*).

Burnett war der Country- und Folktradition verpflichtet, und jegliches Liebäugeln auf eine Chartsnotierung lag ihm fern. Sein Talent als Songwriter und Gitarrist stellte er mit den Produktionen TRAP DOOR, PROOF THROUGH THE NIGHT und BEHIND THE TRAP DOOR unter Beweis. Als Stargäste waren Ry →Cooder und Richard Thompson auf PROOF THROUGH THE NIGHT dabei. Als Produzent verantwortete der Allroundkönner zu dieser Zeit Platten von Delbert McClinton, →**Los Lobos** und den →**BoDeans**.

»Saftiger Marschierrhythmus, nasaler Gesang, pointierte Gitarrenriffs, griffiger Rock und ironische Poetik« (*Musik Express*) prägten das Album T-BONE BURNETT vom Sommer 1986, das in nur vier Tagen mit einer Zweispurmaschine aufgenommen wurde.

T-Bone Burnett blieb stets ein Einzelgänger, der vertragliche Verpflichtungen sowie Tournee- und Konzertabsprachen nur widerwillig akzeptierte. Zeitweise zog er als Solist durch die nordamerikanische Provinz und tat sich dabei mit dem Engländer Elvis →Costello zusammen, den er auf dessen LP KING OF AMERICA unterstützte. 1988 stieß Burnett mit seinem Album THE TALKING ANIMALS auf Unverständnis, hatte er doch spanische, französische und russische Sprachbrocken mit Streichern und Bandoneonklängen kombiniert. 1988 war er außerdem an einer Platte des Countryfolk-Musikers Bob Neuwirth beteiligt.

Burnett, der auch im Team mit Bono von →**U 2** komponiert hatte, tourte in den späten 80er und frühen 90er Jahren u. a. mit dem Engländer Richard Thompson, produzierte Leslie Phillips, Joe Henry, **Spinal Tap** und half als Gitarrist im Studio bei Victoria Williams aus. Sehr positiv reagierten die Fachmedien im Herbst 1992 auf die LP THE CRIMINAL UNDER MY OWN HAT mit einer Fülle komplexer, sehr detailfreudig gestalteter Songs, mit denen Burnett »in treffsicheren Worten das Bild einer aus den Fugen geratenen Welt entwirft, die ihren Zustand Politikern und Priestern verdankt« (*Hifi Vision*).

1993 war Burnett für das Debütalbum

der → **Counting Crows**, Bruce → Cockburn und 1994 für das Album PRETTY LITTLE LONELY des Folkmusikers und Multiinstrumentalisten Michael Petak als Produzent tätig.

J. HENRY BURNETT (1972) • TRUTH DECAY (1980) Chrysalis, CHR 1317 • TRAP DOOR (1982) Warner Brothers 923691 • PROOF THROUGH THE NIGHT (1983) Warner Brothers 923921 • BEHIND THE TRAP DOOR (1985) Pläne 88422 • T-BONE BURNETT (1986) MCA 254384 • THE TALKING ANIMALS (1988) CBS 40792 • THE CRIMINAL UNDER MY OWN HAT (1992) Sony 467978 • **Alpha Band**: THE ALPHA BAND (1976) Aris, AB 4102 • SPARK IN THE DARK (1977) Arista, AB 4145 • THE STATUE MAKERS OF HOLLYWOOD (1978) Arista, AB 4279 David Mansfield mit **Quacky Duck**: ... AND HIS BARNYARD FRIENDS (1974) Warner Brothers 2756

Johnny Burnette

Die High School besuchte der am 25. 3. 1934 in Memphis, Tennessee, geborene Burnette gemeinsam mit Elvis → Presley. Während Elvis sich vom Countrysound dem Rock'n'Roll näherte, entschied sich der Gitarrist und Sänger Johnny Burnette für Rockabilly und gründete mit seinem älteren Bruder Dorsey Burnette (* 28. 12. 1932) am Baß und seinem Schulfreund Paul Burlison als Gitarristen eine Gruppe. Ab 1953 traten sie als **Johnny Burnette Trio** in der Clubszene von Memphis auf und veröffentlichten die Debütsingle ›You're Undecided‹.
Als Elvis Presley 1955 den Siegeszug des Rock'n'Roll einleitete, stellte sich das **Johnny Burnette Trio** bei Sam Phillips, dem Besitzer von Sun Records, vor. Da sie seiner Meinung nach sehr wie Elvis klangen, handelten sie sich eine Absage ein. Im April 1956 gewannen Burnette & Co. bei einem Wettbewerb eine Tournee und weckten das Interesse von Coral Records. Ab Sommer 1956 wurden in schneller Folge die Singles ›Tear It Up‹, ›Oh Baby Babe‹, ›The Train Kept A-Rollin'‹ und ›Lonesome Train‹ veröffentlicht. Das **Johnny Burnette Trio** hatte Ende 1956 auch einen kleinen Auftritt im Alan Freed-Film »Rock Rock Rock«.
Nach zwei weiteren erfolglosen Singles ging das Trio im September 1957 auseinander. Acht Wochen später hatten die Burnette-Brüder ihren ersten großen Erfolg als Komponisten. Für Ricky → Nelson hatten sie die Hits ›Waiting For School‹ und ›Believe What You Say‹ geschrieben. Ihre eigene, 1958 veröffentlichte Single ›My Honey‹ blieb erfolglos. Johnny Burnette unterzeichnete daraufhin im Oktober bei Liberty Records einen Vertrag als Solist.
Johnny Burnette arbeitete ab 1960 eng mit dem Produzenten Snuff Garrett zusammen. Ihr erster Erfolg gelang mit ›Dreamin‹ (GB #3, US #11) im Sommer 1960. Noch besser verkaufte sich im Januar 1961 ›You're Sixteen‹ (GB #4, US #8). Johnny Burnette stieg in kurzer Zeit zum begehrten Teenagerstar auf. In schneller Folge gelangen ihm weitere Hits mit ›Little Boy Sad‹ (GB #15, US 17), ›Girls‹ (GB #23) und ›God, Country And My Baby‹ (US #18). Burnette beteiligte sich an sogenannten ›Package‹-Tourneen und reiste u. a. mit Gary ›U.S.‹ → Bonds durch Großbritannien.
1962 verschwand Burnettes Name wieder aus den Hitparaden, da die in Zusammenarbeit mit P. J. Proby entstandene Single ›Clown Shoes‹ vom Frühjahr 1962

nicht ankam. Burnette wechselte nun häufig die Plattenfirmen, gründete sogar mit Magic Lamp ein eigenes Label, konnte aber nie mehr an seine vergangenen Erfolge anknüpfen. Am 1. 8. 1964 ertrank Johnny Burnette beim Fischen im Clear Lake in Kalifornien.
Auch sein Bruder Dorsey Burnette gehörte zur Riege der klassischen Rock'n'Roller. Als Solist verzeichnete er 1960 mit den Songs ›Talk Oak Tree‹ (US #23) und ›Hey Little One‹ (US #48) seine größten Erfolge. Anfang 1969 kam er noch mit ›The Greatest Love‹ (US #67) in die Charts. In den 70er Jahren konzentrierte sich Dorsey Burnette auf Countrymusik und schaffte 15 Mal den Sprung in die C&W-Hitparaden. Er starb am 19. 8. 1979 an den Folgen eines Herzanfalls.
Für die andauernde Präsenz des Namens Burnette sorgten nach dem Tod ihrer Väter Johnnys Sohn Jonathan ›Rocky‹ (* 12. 6. 1953) und Dorseys Sohn Billy Burnette (* 8. 5. 1953), beide in Memphis geboren. Rocky Burnette arbeitete zunächst als Komponist für den Country & Western-Verlag Acuff-Rose. Später lieferte er Pophits für die **Osmonds** und David Cassidy. Als Interpret folgte der Theaterwissenschaftler der Poprock-Familientradition. Seinen größten Hit ›Tired Of Toein' The Line‹ (US #8) nahm er im walisischen Rockfield Studio auf. Auch sein Album THE SON OF ROCK'N'ROLL (US #64) plazierte sich 1980 in den Charts. Für seine 83er-LP GET HOT OR GO HOME stellte er mit Paul Burlison, Johnny Black und Tony Austin ein Rock'n'Roll-Quartett zusammen.
Rockys Cousin Billy Burnette nahm bereits als Siebenjähriger eine Single auf. Mit 17 Jahren avancierte er zum gefragten Sessiongitarristen in Nashville, und seine Songs wurden u. a. von Conway Twitty, Glen Campbell und Loretta Lynn adaptiert. Sein Solodebüt BILLY BURNETTE (1972) war vom Rockabilly beeinflußt. Die einzige Notierung in den Hitparaden glückte ihm Ende 1980 mit der Single ›Don't Say No‹ (US #81). Bei seinem 85er Album arbeitete er mit Mick Fleetwood und Christine McVie von → **Fleetwood Mac** zusammen, bei denen er 1987 den ausgeschiedenen Lindsey Buckingham ersetzte. 1997 tat er sich mit Bekka Bramlett zum Duo **Bekka & Billy** zusammen.

AND THE ROCK'N'ROLL TRIO (1957) Coral, CRL 57080 • DREAMIN' (1961) Liberty, LST 7179 • JOHNNY BURNETTE (1961) Liberty, LST 7183 • SINGS (1961) Liberty, LST 7190 • ROSES ARE RED (1964) Liberty, LST 7255 • TEAR IT UP (1969) Coral, CP 10 • (S) HITS AND OTHER FAVORITES (1962) Liberty, LST 7206 • (S) THE BURNETTE STORY (1965) Liberty, LBY 1231 • (S) TENTH ANNIVERSARY ALBUM (1974) United Artists 29643 • (S) COLLECTIBLES (1983) MCA 1561 • (S) THE LEGENDARY ROCK'N'ROLL TRIO (1984) Charly, CDX 3 • (S) JOHNNY BURNETTE & THEIR ROCKIN' FRIENDS FROM MEMPHIS (1980) Roack-A-Billy, RB 1001 • (S) WE'RE HAVING PARTY (1988) • Mit Dorsey Burnette: TOGETHER AGAIN (1980) Solid Smoke, SS 8005 • (S) COMPLETE RECORDINGS (1988) Bear Family 15474 • (S) ROCK'N'ROLL MASTERS (1989) EMI 1324 • Dorsey **Burnette**: TALL OAK TREE (1960) Era, EL 102 • DORSEY BURNETTE (1963) London, HAD 8050 • THINGS I TREASURE (1977) Calliope, CAL 7006 • (S) THE GOLDEN HITS (1979) Gusto, GT-0050 • Billy **Burnette**: BILLY BURNETTE (1972) • BILLY BURNETTE (1980) CBS 84642 • BETWEEN FRIENDS (1979) • GIMME YOU (1981) CBS 85253 • TRY ME (1985) • COMING HOME (1993) Warner Brothers 9362–42007 • Billy **Burnette** mit Bekka Billy als **Bekka & Billy**:

BEKKA & BILLY (1997) Almo • Rocky **Burnette**: THE SON OF ROCK AND ROLL (1979) EMI 17033 • ROCKY BURNETTE (1982) EMI, EMC 3421 • GET HOT OR GO HOME (1983)

Burning Spear

Wie sein Vorbild Marcus Garvey wurde Winston ›Burning Spear‹ Rodney 1948 in St. Ann's Bay auf Jamaika geboren. Garvey war der Führer der jamaikanischen Bewegung Back To Africa und lebte seit 1930 im Exil in London. Seinen Künstlernamen entlehnte er vom kenianischen Präsidenten Yomo Kenyatta, der auch ›Burning Spear‹ genannt wurde.
Bob → Marley, der ebenfalls aus St. Ann Bay's stammte, sorgte dafür, daß Rodney Gelegenheit bekam, bei dem Produzenten Coxsone Dodd im legendären Studio One vorzuspielen. Rodney bildete mit dem Bassisten / Sänger Rupert Willington ein Team, und die ersten drei Songs, die Coxsone Dodd überzeugten, waren Bestandteil des ersten Albums. Als Debütsingle erschien der traditionelle Reggaetitel ›Door Peep‹. Doch die Radiostationen und Fans bevorzugten damals eher tanzbaren Reggae und hatten für politisch-religiöse Botschaften wie ›We Are Free‹, ›New Civilization‹ oder ›Zion Higher‹ nicht viel übrig.
Delroy Hines verstärkte Anfang der 70er Jahre Burning Spear's Begleitgruppe. In dieser Zeit entstanden die wenig erfolgreichen Singles ›Ethiopians Live It Out‹, ›This Population‹, ›Creation Rebel‹ und ›Foggy Road‹. Lediglich der Song ›Joe Frazier‹ schaffte den Sprung unter die jamaikanischen Top 5. Burning Spear war zwar bei den Anhängern traditioneller Reggaemusik hoch angesehen, kommerziell konnte er sich aber nicht durchsetzen. Deshalb trennte er sich Ende 1974 von Dodd und dem Studio One. 1975 übernahm der Soundsystem-Besitzer Jack Ruby (bürgerlich: Laurenco Lindo) die Betreuung von Burning Spear, der nun intensiv mit Wellington und Hines am nächsten Album arbeitete. Ähnlich wie Marley bei den **Wailers** und Toots Hibberts bei den **Maytals**, war auch Burning Spear ein überzeugender Vertreter des Reggae. Er setzte mit MARCUS GARVEY dem geistigen Vater der Back-to-Africa-Bewegung ein eindrucksvolles Reggae-Denkmal. Seine Reggae-Beat-Titel ›Slavery Days‹ und ›Marcus Garvey‹ entwickelten sich auf Jamaika zu respektablen Hits.
Die Platten von Burning Spear wurden weltweit von dem britischen Label Island Records vertrieben, dessen Chef Chris Blackwell den »sensiblen Pragmatiker« (*Musik Express*) behutsam zum Kultstar aufbaute. In der Heimat produzierte Burning Spear für die von ihm 1975 gegründete Firma Spear Records. In schneller Folge veröffentlichte er zwischen 1975 und 1977 seinen klassischen Song ›Travelling‹, sowie ›Spear Burning‹, ›The Youth‹, ›Throw Down Your Arms‹ und eine Serie von 12-inch-Platten wie ›Institution‹. Auf seinem Label waren auch Burning Junior (›On That Day‹) und Phillip Fullwood (›Love Everyone‹) vertreten.
International sorgten in diesem Zeitraum die Alben GARVEY'S GHOST, MAN IN THE HILLS und DRY & HEAVY für Aufsehen. Burning Spear trat daraufhin mit dem Trompeterveteranen Bobby Ellis, begleitet von → **Aswad** u. a., bei zwei ausverkauften Konzerten im Londoner Rainbow Theatre auf.

Burning Spear galt bei den Medien als wortkarg, launisch und als »komplizierter, schwieriger Mensch« (*Musik Express*). Spear bevorzugte »sein Rasta-Vokabular zum ständig gleichen Rhythmus« (*Süddeutsche Zeitung*), und dem entsprach das 78er Album SOCIAL LIVING, das auch unter dem Titel MARCUS CHILDREN veröffentlicht wurde. Diese bis dahin beste Produktion machte deutlich, daß Bob Marley eine ernstzunehmende Konkurrenz im eigenen Land bekommen hatte.

Burning Spear, der 1977 in dem Film »Rockers« mitwirkte, zählte inzwischen zu den ständigen und gern gesehenen Gästen der großen Reggae Festivals wie Reggae Sunsplash. Seine Platte LIVE, in London mitgeschnitten, wies ihn als herausragenden Bühnenkünstler aus: »Reggae ohne jegliche Mätzchen, der pure Stoff, unverbraucht trotz Rodneys langer Karriere« (*Süddeutsche Zeitung*). Coproduziert vom **Wailers**-Bassisten Ashton Barrett bekam Burning Spear die Gelegenheit, in Marleys Tuff Gong Studio das Album HAIL H.I.M aufzunehmen. Erneut erteilte er seinen Fans eine Lektion in der Geschichte der Schwarzen und hielt unverdrossen mit »innigem, souligem Gesang« (*Guinness*) an seiner Rastafari-Ideologie fest.

Ab 1980 kümmerte sich »der Meister des Roots-Reggae« (*Slash*) für zwei Jahre intensiv um den Marcus Garvey Youth Club, den er nicht nur gegründet hatte, sondern wo er auch Lehrer war. 1982 erschien FAR OVER, für RESISTANCE wurde er 1984 für einen Grammy nominiert. 1986 meldete er sich mit der zehnköpfigen **Burning Band** auch auf der Bühne zurück. Während er sich 1986 bei PEOPLE OF THE WORLD noch streng an traditionellen Reggae-Formen orientierte, ließ sich »der Prophet des Propheten« (*Süddeutsche Zeitung*) 1988 auf dem Album MISTRESS MUSIC vom westlichen Pop beeinflussen. Puristen kritisierten diese Entwicklung, die er 1990 mit MAKE ME DWEET fortsetzte. Inhaltlich war Burning Spear weiterhin der Rastafari-Ideologie verpflichtet, musikalisch riskierte »eine der wichtigsten Personen seines Genres« (*Szene Hamburg*) eine populärere Ausrichtung als in der Vergangenheit.

1991 bewies Burning Spear mit »dem brunnentiefen, melancholischen Gesang« (*Musik Express*) seiner Platte JAH KINGDOM, daß er noch immer zu den wichtigsten Protagonisten des Reggae zählte. Inzwischen angegraut, wurde Burning Spear in den 90er Jahren auch von Jüngeren aufgrund seiner ungebrochen aufrechten politischen Einstellung verehrt und respektiert. Internationale Plattenerfolge blieben jedoch aus. 1993 veröffentlichte er THE WORLD SHOULD KNOW, arbeitete aber nach wie vor hauptsächlich als Lehrer für jamaikanische Kultur im Marcus Garvey Youth Club.

Auch mit seinen jüngsten Alben, die »in gewohnter Spear-Qualität aufgenommen wurden« (*Black Music*), wollte der authentische Reggaemusiker »die Welt durch meine Musik verändern« (Winston Rodney).

STUDIO ONE PRESENTS BURNING SPEAR (1970) Studio One • ROCKING TIME (1973) Studio One • MARCUS GARVEY (1975) Island, ILPS 9377 • GARVEY'S GHOST (1976) Fotofon 7612 • MAN IN THE HILLS (1976) Island 846 565 • DRY & HEAVY (1977) Island 848 876 • LIVE (1977) Island, ILPS 9513 • SOCIAL LIVING (1978) Blood & Fire 4904 • HAIL H.I.M. (1980) Heartbeat 37645 • FAR-

OVER (1982) Radic, RDC 2004 • FITTEST OF THE FITTEST (1983) Heartbeat 37522 • RESISTANCE (1984) Heartbeat 37533 • PEOPLE OF THE WORLD (1986) Heartbeat 14026 • MISTRESS MUSIC (1988) Heartbeat 14027 • LIVE IN PARIS (1988) Heartbeat 14009 • MEK WE DWEET (1990) Mango 846 273 • JAH KINGDOM (1991) Mango 887 389 • THE WORLD SHOULD KNOW (1993) Mango • NOT STUPID (1996) Dèclic • APPOINTMENT WITH HIS MAJESTY (1997) Heartbeat 30605 • (S) HARDER THAN THE REST (1978) Island 250 827 • (S) SELECTION (1983) EMI 748271 • (S) REGGAE GREATS (1988) Island 885 083 • (S) CHANT DOWN BABYLON (1996) Island 524 190

Jon Butcher Axis

Der in Alaska geborene und in Boston aufgewachsene Gitarrist und Sänger gründete 1975 mit Chris Martin (b) und Derek Bievins (dr) unter seinem Namen ein Rocktrio. Die Gruppe fiel erstmalig 1982 im Vorprogramm der J. →Geils Band auf und erhielt daraufhin einen Plattenvertrag. Auf dem ersten Album JON BUTCHER AXIS (US #91) setzten sie auf melodische Gitarrensoli und einen satten Rocksound. Die Spielweise von Axis wurde mit der von Jimi →Hendrix verglichen. Er verfügte über eine ausdrucksstarke Stimme, sein Songmaterial ließ teilweise zu wünschen übrig.
Während das zweite Album STARE AT THE SUN kaum beachtet wurde, schien Ende 1985 mit dem dritten ALONG THE AXIS (US #66) und der Single ›Sounds Of Your Voice‹ (US #94) der unaufhaltsame Aufstieg von Jon Butcher Axis zu beginnen. Seine erstklassigen Shows waren stets ausverkauft, und in der Fachpresse wurde er als »first, last and always guitar player« (*Rolling Stone*) gefeiert. Butchers Spezialität waren Instrumentals, und 1985 wurde ›The Ritual‹ für einen Grammy nominiert.
Mitte der 80er Jahre wechselte er verschiedentlich seine Musiker aus. Bereits 1985 wurde Martin durch Jimmy Johnson (b) ersetzt, und Thom Gimbel (key) verstärkte die Band. Bei den Aufnahmen zu WISHES hatte Rob Jeffries den Platz von Johnson übernommen, und Jon Butcher überzeugte mit »profunder Musikalität und jeder Menge Gitarren-Highlights« (*Musik Express*). Der Titelsong ›Wishes‹ (US #77) kam im April 1987 in die Charts. Mit erneut umbesetzter Band nahm Butcher 1988 PICTURES FROM THE FRONT auf. Hinter dem Schlagzeug saß Ronnie Lee Sage, und den Baß spielte Jamie Carter. Die fünfte und bislang letzte Platte wurde von Glen Ballard und Spencer Proffer produziert. Ballard arbeitete als Toningenieur für Michael →Jackson, und Proffer war zuvor für Alben von Eddie →Money und →Quiet Riot verantwortlich. PICTURES FROM THE FRONT betonte noch einmal Butchers Stärke für gefühlvolle Rockballaden, wurde kommerziell aber ein Mißerfolg und setzte der Karriere von Jon Butcher Axis zunächst ein Ende.
Barefoot Servants hieß die 1993 von Butcher neu formierte Band, mit der er eine Mischung aus Bluesrock und Metal anstrebte und die streckenweise an →Lynyrd Skynyrd erinnerte. 1995 versuchte sich der stimmgewaltige Butcher auch im Bluesmetier und veröffentlichte beim Fachlabel für harten elektrischen Blues – bei Blues Bureau – das Soloalbum POSITIVELY THE BLUES.

JON BUTCHER AXIS (1983) Polydor 810 059 • STARE AT THE SUN (1984) Polydor

817 493 • ALONG THE AXIS (1985) IRS 979 471 • WISHES (1987) Capitol 064–240745 • PICTURES FROM THE FRONT (1988) Capitol 790238 • POSITIVELY THE BLUES (1995) Blues Bureau, BB 2030 • ELECTRIC FACTORY (1996) Roadrunner, INT 983 047 • Mit **Barefoot Servants**: BAREFOOT SERVANTS (1993) Epic 475 762

George Butler

George ›Wild Child‹ Butler war einer der letzten reisenden Bluesmusiker, der per Anhalter oder als Schwarzfahrer mit dem Zug durch den Süden der USA zog. Er wurde am 1. 10. 1936 in Autaugaville, Alabama, geboren, und von seiner Mutter, die ihren Sohn oft nicht bändigen konnte, bekam er den Spitznamen ›Wild Child‹. Ein Freund der Familie machte ihn im Alter von zwölf Jahren mit der Mundharmonika vertraut. Durch →Little Walter, Sonny Boy →Williamson und Lightnin' →Hopkins, seinen späteren Mentor, wurde er mit dem Blues bekannt und beschloß, in diesem Genre sein Glück zu versuchen. Butler brach die Schule ab und ging als Teenager nach Montgomery, Alabama.

Das erste Erfolgserlebnis hatte Butler in den späten 50er Jahren, als er einen Talentwettbewerb gewann und daraufhin ein eigenes Trio zusammenstellte, um regelmäßig in Clubs und Bars aufzutreten. Mitte der 60er Jahre finanzierte er die Aufnahme von vier Songs aus eigener Tasche, zwei davon erschienen auf dem kleinen Label Shaw Records.

Der Blueshobo Butler kam 1966 nach Chicago und unterzeichnete für einige unbeachtet gebliebene Singles bei Jewel Records einen Plattenvertrag. Die folgende Session für Mercury Records konnte aus rechtlichen Gründen erst 1991 veröffentlicht werden. Butler wirkte in der Filmdokumentation »The Blues Accordin To Lightnin' Hopkins« mit, trat bei den großen Bluesfestivals Ende der 60er Jahre in Chicago und Memphis auf, spielte in New Orleans und verlegte sein Domizil nach Ontario, Kanada. In den 70er Jahren erschien das Album FUNKY BUTT LOVER.

Der »bodenständige, clevere Bluesmann« (*Blues Unlimited*), der einen modernen Countrystil pflegte, spielte in kleinen Clubs und hielt sich mit unterschiedlichen Jobs über Wasser. Erst mit dem Erscheinen der 91er-LP THESE MEAN OLD BLUES erhielt er die ihm längst zustehende Anerkennung.

FUNKY BUTT LOVER (1976) Roots 1003 • OPEN UP BABY (1984) Charly, CRB 1104 • KEEP ON DOIN' WHAT YOU'RE DOIN' (1991) Mercury, SRM-61293 • THESE MEAN OLD BLUES (1991) Bullseye Blues, BB 9518 • STRANGER (1994) Zensor 5390

Jerry Butler

In Sunflower, Mississippi, am 8. 12. 1939 geboren, wuchs Jerry Butler in Chicago auf. Als Jugendlicher sang er im Kirchenchor, fiel bei den **Nothern Jubilee Gospel Singers** auf und wurde Mitglied in der regional bekannten Doo-wop-Gruppe **Quails**. Bis 1957 gehörte er wie sein Freund Curtis →Mayfield zu den **Alphatones**, ehe er sich der Rhythm & Blues Formation **Roosters** anschloß. Ab Dezember 1957 nannten sie sich **Impressions**, und Butler wurde Leadsänger.

Die erste Aufnahme der →**Impressions**

vom April 1958 war die selbstkomponierte Ballade ›For Your Precious Love‹ (US #11), in den USA ein Tophit. Der verantwortliche Manager der Plattenfirma – Ewart Abner – brachte die Platte unter der Bezeichnung THE IMPRESSIONS FEAT. JERRY BUTLER heraus und machte den Soul- und R&B-Sänger damit bereits zum Solisten. Die folgenden drei Single-Veröffentlichungen wurden jedoch kein Erfolg. Daraufhin trennten sich die **Impressions**, reformierten sich jedoch drei Jahre später unter der Leitung von Mayfield.
Bis Ende 1960 war Butler nur in den R&B-Hitparaden vertreten. Bei der Komposition des Hits ›He Will Break Your Heart‹ (US #7) tat er sich wieder mit Mayfield zusammen und kehrte in die Popcharts zurück. 1961 erschienen ›Find Another Girl‹ (US #27), ›I'm A Telling You‹ (US #27) und schließlich Butlers gelungene Interpretation von Henry Mancinis ›Moon River‹ (US #11). Als weitere Titel erschienen: ›Make It Easy On Yourself‹ (US #20), ›You Can Run‹ (US #63), ›Need To Belong‹ (US #31), ›Giving Up On Love‹ (US #56) und ›Mr. Dream Merchant‹ (US #38). Sein bis dahin größter Erfolg war der Song ›Let It Be Me‹ (US #3) im Duett mit Betty Everett.
Butler coverte ›I Don't Want To Hear It Anymore‹ von Randy →Newman und schrieb für Isaac →Hayes den Hit ›I Stand accused‹ (US #44), den er im Sommer 1964 auch selbst interpretierte. 1965 kam er erstmals nach Großbritannien und trat in mehreren TV-Shows auf. Ab 1968 kooperierte Butler mit dem Songwriter- und Produzententeam Kenny Gamble und Leon Huff. Als erstes Ergebnis dieser Zusammenarbeit erschien im Juli des Jahres ›Never Give You Up‹ (US #17). Es folgten ›Hey, Western Union Man‹ (US #25), ›Are You Happy‹ (US #39), und mit der von Gamble und Huff produzierten LP THE ICE MAN COMETH (US #21) war er erstmalig mit einem Album in den Charts vertreten.
1969/70 erlebte Jerry Butler seine erfolgreichste Phase mit den Singles ›Only The Strong Survive‹ (US #6), ›Moody Woman‹ (US #19), ›What's The Use Of Breaking Up‹ (US #21), ›Don't Let Love Hang You Up‹ (US #38), ›I Could Write A Book‹ (US #45) und dem Album ICE ON ICE (US #47). Er beteiligte sich am Soundtrack »Joe« mit dem Song ›Where Are You Going‹ (US #79) und nahm mit Gene →Chandler als Partner ›You Just Can't Win‹ (US #59) auf. Ab 1972 förderte Butler das Talent Brenda Lee Eager und sang ›Ain't Understanding Mellow‹ (US #29) mit ihr im Duett.
Butler, der vor allem mit seinen Balladen überzeugte, geriet Ende der 70er Jahre in Vergessenheit. Mit ›I Wanna Do It For You‹ (US #77) kam er im Frühjahr 1977 zum letzten Mal in die Hitparade.
1983 beteiligte sich Jerry Butler an einer kurzen Reunion der **Impressions**. 1991 wurde er in die Rock'n'Roll Hall Of Fame aufgenommen, 1993 nahm er nach langer Studioabstinenz sein Album TIME AND FAITH auf.

JERRY BUTLER ESQUIRE (1959) • HE WILL BREAK YOUR HEART (1960) Stateside, SL 10032 • LOVE ME (1961) Fontana, TL 5246 • AWARE OF LOVE (1961) • MOON RIVER (1962) • FOLK SONGS (1963) Stateside 10050 • SOUL ARTISTRY (1967) • MR. DREAM MERCHANT (1967) Mercury 61146 • GOLDEN HITS LIVE (1968) Mercury 61198 • JUST BEAUTIFUL (1968) • THE SOUL GOES ON (1968) Mercury 134076 • THE ICE MAN COMETH (1968) Mercury 61198 • ICE ON ICE (1970) Mercury 61234 • YOU & ME (1970) Mercury, SR 61269 • SPECIAL MEMORY (1970) •

JERRY BUTLER SINGS ASSORTED SOUNDS BY ASSORTED FRIENDS AND RELATIVES Mercury 61320 • THE SAGITTARIOUS MOVEMENT (1971) Mercury 61347 • MELINDA (1972) • THE SPICE OF LIFE (1972) Mercury 6430401 • THE POWER OF LOVE (1973) • SWEET SIXTEEN (1974) Mercury, SRM 1–1006 • LOVE'S ON THE MENUE (1976) Motown, STML 12032 • MAKE IT EASY ON YOURSELF (1976) DJM 28027 • SUITE FOR THE SINGLE GIRL (1977) Motown, STML 12052 • IT ALL COMES OUT IN MY SONG (1978) Motown, STML 12072 • NOTHING SAYS I LOVE YOU LIKE I LOVE YOU (1978) Philadelphia 83180 • THE BEST LOVE (1980) Philadelphia 36413 • ICE 'N HOT (1982) Fountain, FR 2–82–1 • TIME AND FAITH (1993) Ichiban 971561 • (S) THE BEST OF (1962) • (S) THE VINTAGE YEARS (1977) Sire 3717 • (S) UP ON LOVE (1980) • (S) ONLY THE STRONG SURVIVE (1984) Mercury 822212 • (S) WHATEVER YOU WANT (1986) • SOUL WORKSHOP (1986) • (S) THE LEGENDARY PHILADELPHIA HITS (1987) • Mit Betty **Everett**: DELICIOUS TOGETHER (1964) Vee-Jay 1099 • STILL DELICIOUS TOGETHER (1981) Charly, CRM 2022 • Mit Gene **Chandler**: ONE & ONE (1971) Mercury 61330 • Mit Brenda **Lee Eager**: THE LOVE WE HAVE, THE LOVE WE HAD (1973) • Mit Thelma **Houston**: THELMA & JERRY (1977) Motown 878 • TWO TO ONE (1978)

Butterfield Blues Band

Jerome Arnold (b), Elvin Bishop (g), Mike Bloomfield (g, slide-g), Paul Butterfield (voc, harm), Sam Lay (dr), Mark Naftalin (org)

Paul Butterfield wurde am 17. 12. 1942 in Chicago geboren und wuchs im Umfeld der zahlreichen kleinen Bluesclubs an der South Side auf. Schon sehr früh machte er die Bekanntschaft von Muddy →Waters, →Little Walter und Howlin' →Wolf. Sie beeinflußten Butterfields musikalischen Weg, der seinen letzten Bluesschliff als Sänger und Harmonikaspieler in der Band von Junior →Wells erhielt. 1963 machte er mit Walter →Horton seine ersten Studioaufnahmen. 1965 gründete er mit den Begleitern von Howlin' Wolf Smokey Smothers (g), Jerome Arnold und Sam Lay, sowie seinem Schulfreund Elvin →Bishop die erste Ausgabe der **Butterfield Blues Band**, in der schwarze und weiße Musiker vertreten waren und die sich nach wenigen Konzerten als Vertreter des zeitgemäßen, urbanen, elektrisch gespielten Blues einen Namen machten. Bob →Dylan war von ihrem Gastspiel beim Newport Folk Festival so begeistert, daß er die **Butterfield Blues Band** als Begleitband für seinen ersten, heftig umstrittenen elektrischen Folkauftritt auswählte.

Noch vor der Produktion des ersten Albums verließ Smothers die Band. Er wurde durch Mike →Bloomfield ersetzt, neu hinzu kam Mark Naftalin als Keyboarder. Das Debüt war dem traditionellen Blues und R&B verpflichtet, denn die Musiker bemühten sich um eine möglichst authentische Umsetzung von Klassikern wie ›Shake Your Moneymaker‹, ›I Got My Mojo Working‹ und ›Born In Chicago‹. Der Journalist Pete Welding lobte den damals 23jährigen Bandleader als den »aufregendsten, ehrlichsten und stimulierendsten von allen jungen Bluesmusikern«, und der *Rolling Stone* lobte ihr »historisches Verständnis für den Blues«. Auf dem zweiten Album EAST – WEST (US #64) demonstrierte die **Butterfield Blues Band** ihre instrumentalen Fähigkeiten. Vor dem

Beginn der Aufnahmen der neuen LP gab es einen Wechsel auf der Schlagzeugerposition. Sam Lay kehrte in die schwarze Bluesszene zurück und spielte u. a. für Muddy Waters; für ihn kam Billy Davenport.

Im Januar 1967 veröffentlichte Paul Butterfield eine gemeinsame EP mit dem Engländer John →Mayall, danach gab die Butterfield Blues Band vier umjubelte Konzerte im Fillmore West in San Francisco. Am 22. August des Jahres gastierte die Gruppe erneut im Fillmore West und spielte im Vorprogramm von →Cream, die an diesem Abend eine US-Tournee starteten.

Bevor das weltweite Blues-Revival auch die Vereinigten Staaten erfaßte, orientierten sich Butterfield & Co. in eine andere Richtung. Sie riskierten eine Kombination aus Rhythm & Blues und Soul, und Butterfield engagierte dafür einen Bläsersatz, bestehend aus Gene Dinwiddie (sax), David Sanborn (sax) und Keith Johnson (tr). Arnold und Davenport wurden durch Bugsy Maugh (b) und Phil Wilson (dr) ersetzt. Bloomfield ging zu →Electric Flag.

Ihre kommerziell sehr erfolgreiche LP The Resurrection Of Pigboy Crabshaw (US #45) bekam wegen ihrer künstlerischen Risikofreudigkeit auch sehr gute Kritiken. Naftalin überließ 1968 Naffy Markham seinen Platz und wechselte zu Mother Earth. Später spielte er u. a. für →Quicksilver Messenger Service, →New Riders Of The Purple Sage und Wizards Of Kansas. Der größte Erfolg der Butterfield Blues Band sollte das im August 1968 erschienene Album In My Own Dream (US #35) werden, das die Kritiker allerdings als »enttäuschend, brav und langweilig« (*Rolling Stone*) bezeichneten. Butterfield verordnete sich daraufhin eine Studiopause, da die aktuelle Bandbesetzung ohnehin auseinanderstrebte. Bishop steuerte eine Solokarriere an, Maugh wurde von Todd →Rundgren engagiert, und Markham machte als Studiomusiker weiter.

Im Frühjahr nahm die neue Butterfield Blues Band feste Konturen an. Dinwiddie, Wilson, Sanborn und Johnson waren noch dabei, neu hinzu kamen Buzzy Feiten (key), Rod Hicks (b, ce, voc), Steve Madaio (tr), Ted Harris (p), Trevor Lawrence (sax), Jerry Ragovoy (p) und Fred Beckmeier (b). Nun im Bigband-Format loteten sie auf Keep On Moving (US #76) das weite Spannungsfeld zwischen Blues, Jazz, Soul und Rock aus. Die Butterfield Blues Band war vor allem live ein Erlebnis, so u. a. im August 1969 beim Woodstock Festival.

Die personelle Fluktuation hielt weiter an. Auf dem von Todd Rundgren produzierten und im Troubadour in Los Angeles mitgeschnittenen Doppelalbum Live (US #56) vom Dezember 1970 spielten neben dem überragenden Paul Butterfield noch Dinwiddie, Harris, Hicks, Madaio, Lawrence; neu dabei waren Ralph Wash (g) und George Davidson (dr). Einige Exmitglieder der Band setzten ihre Laufbahn als gefragte Studiomusiker und Solisten fort: darunter Keith Johnson, der für Van →Morrison, Martha Velez und →Elephant's Memory arbeitete, Buzzy Feiten und vor allem David Sanborn, der an Aufnahmen von →Love, Rickie Lee →Jones und Stevie →Wonder beteiligt war und im Alleingang eine große Anzahl ausgezeichneter Fusion- und Jazzrock-Instrumentalplatten veröffentlichte. Am besten verkauften sich 1985 und 1987 seine Alben Straight To The Heart (US #64) bzw. A Change Of Heart (GB #40, US #74).

Sein größter Singlehit im August 1992 war ›Bang Bang‹ (US #53).
Im Sommer 1971 beendete Butterfield mit der Studioproduktion SOMETIMES I JUST FEEL LIKE SMILIN' die langjährige Zusammenarbeit mit Elektra Records. Die Besetzung der **Butterfield Blues Band** bestand inzwischen aus Butterfield, Sanborn, Dinwiddie, Madaio, Lawrence, Davidson und Harris sowie Big Black (voc, perc), Dennis Whitted (dr), Bobby Hall (perc). Das Ensemble wurde außerdem durch Vanetta Fields und Merry Clayton als Chorsängerinnen verstärkt. Elektra Records brachte noch den Sampler BEST OF heraus.
Nach der Trennung der **Butterfield Blues Band** wanderten auch Madaio, Lawrence, Wash und Dinwiddie ins Lager der Session- und Studiomusiker ab. Madaio spielte u. a. für Harry →Chapin, Boz →Scaggs und John →Lennon. Lawrence war Begleiter von Joe →Cocker, Andrew →Gold und →**Lynyrd Skynyrd**, während Wash für Country Joe McDonald, Rundgren und Dinwiddie für James →Cotton, B. B. →King und Maria →Muldaur aktiv wurden.
Der einstige Bandleader Paul Butterfield stellte seine Fähigkeiten als Harmonikaspieler in den Dienst von Bonnie →Raitt, Muddy Waters und Nick →Gravenites. Nach wie vor in Chicago lebend, stellte er Anfang 1973 mit den **Better Days** eine neue Gruppe zusammen, der zunächst neben Sanborn, Dinwiddie, Whittead, Amos Garrett (g), Ronnie Barron (key), Bobby Charles (voc), Billy Rich (b), Pete Ecklund (tr), Gary Brooks (tb), Stan Shacran (tr), Sam Burtis (tb), J. D. Parran (sax) und Howard Johnson (ho) angehörten. Ihre LP BETTER DAYS (US #73) wurde von Geoff Muldaur produziert. Zwar immer noch dem Blues verpflichtet, setzte Butterfield nun deutlichere Rockakzente. Das Repertoire bestand aus klassischen wie den ›Walkin' Blues‹ oder ›Baby Please Don't Go‹ sowie Eigenkompositionen, die denen von Big Joe →Williams und Robert →Johnson in nichts nachstanden.
In unveränderter Besetzung wurde IT ALL COMES BACK 1974 aufgenommen. Da die LP nicht ankam, löste Butterfield die Gruppe auf. Barron, der bereits 1971 eine Soloplatte veröffentlicht und zum Team um →Dr. John gehört hatte, arbeitete u. a. für Tom →Waits, Kim →Carnes und Ry →Cooder. Garrett unternahm mehrfach Soloanläufe und zählte zu den begehrtesten Studiomusikern Kanadas. Maria und Geoff Muldaur konzentrierten sich auf ihre Arbeit als Komponisten. Parker, einst bei **Holy Moses** wurde von den →**Pointer Sisters**, Stephen →Bishop, **Free Beer** und Aretha →Franklin engagiert, und Rich, früher Mitglied in der Band von Buddy →Miles, spielte für Jesse Ed Davis und John →McLaughlin, ehe er 1980 Mitglied in der Band von Taj →Mahal wurde.
Paul Butterfield widmete sich seinem Soloalbum PUT IT IN YOUR EAR, das im Februar 1973 erschien. Unterstützt wurde er von hochkarätigen Studiomusikern, darunter Levon Helm von →**The Band**, Sanborn, Eric Gale (g) und Chuck Rainey (b). Im November 1976 folgte »die beste weiße Bluesstimme Nordamerikas« (*Billboard*) einer Einladung von **The Band**, an ihrem Abschiedskonzert The Last Waltz in San Francisco teilzunehmen.
In der Folgezeit trat Butterfield sporadisch mit den **RCO** All Stars und der **Danko-Butterfield Band** auf, die er mit Rick Danko (Ex-**Band**) leitete. Außerdem war er im Studio für Jesse →Winchester, Ronnie Hawkins, Felix Pappalardi, Levon

Helm und Hoyt Axton tätig. 1980 erschien NORTH SOUTH, wieder ein reines Bluesalbum, das beim Publikum durchfiel. Seinem letzten Album aus dem Jahr 1986 mit dem Titel THE LEGENDARY PAUL BUTTERFIELD RIDES AGAIN war ebenfalls kein Erfolg beschieden. Am 4. 5. 1987 wurde Paul Butterfield in einem Apartment in Hollywood tot aufgefunden.

Aus unveröffentlichten Liveaufnahmen stellte Mark Naftalin 1995 das Album STRAWBERRY JAM zusammen. Naftalin selbst war in den Jahren 1979 und 1983 mit der wöchentlichen Bluesshow »Mark Naftalin's Blue Monday Party« im Fernsehen vertreten.

THE BUTTERFIELD BLUES BAND (1965) Elektra 7559–60647 • EAST – WEST (1966) Elektra 7559–60751 • THE RESURRECTION OF PIGBOY CRABSHAW (1968) Elektra 7559–74015 • IN MY OWN DREAM (1968) Elektra, EKS-74025 • KEEP ON MOVING (1970) Elektra 7559–61156 • LIVE (1970) Elektra 62001 • SOMETIMES I JUST FEEL LIKE SMILIN' (1971) Elektra 42095 • THE ORIGINAL LOST ELEKTRA SESSIONS (1995) Eastwest 0349–73505 • STRAWBERRY JAM (1995) Winner 446 • EAST-WEST LIVE (1996) Winner 447 • (S) GOLDEN BUTTER (1972) Elektra 62011 • **Paul Butterfield's Better Days**: BETTER DAYS (1973) Bearsville 45515 • IT ALL COMES BACK (1974) Rhino 8123–70878 • Paul **Butterfield**: PUT IT IN YOUR EAR (1975) Bearsville 55509 • NORTH SOUTH (1980) Bearsville 203 093 • THE LEGENDARY PAUL BUTTERFIELD RIDES AGAIN (1986) Amherst • Paul **Butterfield** mit Walter Horton: AN OFFER YOU CAN REFUSE (1963) Castle 429 CLA • Mark **Naftalin** mit **Wizards Of Kansas**: WIZARDS OF KANSAS (?) RCA, RS 1085 • Buzzy **Feiten** mit Neil Larsen: LARSEN / FEITEN BAND (1980) Warner Brothers 56849 • Bobby **Hall**: BODY LANGUAGE FOR LOVERS (1977) 20th Century 534 • Ronnie **Barron**: REVEREND ETHER (1971) Decca, DL 75303 • Amos **Garrett**: GO GO CAT GO (1980) Waterfront 006 • AMOS BEHAVIN' (1984) Stony Plain, SPL 1053 • I MAKE MY HOME IN MY SHOES (1990) Cuppa 883256 • OFF THE FLOOR LIVE! (1996) Stony Plain, VD 113 • Amos **Garrett** mit Doug Sahm und der **Gene Taylor Band**: THE RETURN OF THE FORMERLY BROTHERS (1989) Bear Tracks, BTCD 971 408 • **Sam Lay Blues Band**: LIVE (1994) Appaloosa 115 • Sam **Lay** mit **Appaloosa All Stars**: APPALOOSA ALL STARS (1993) Appaloosa 095 • Christopher **Parker** mit **Holy Moses**: HOLY MOSES (1971) RCA, LSP 4523 • David **Sanborn**: TAKING OFF (1975) Warner Brothers 7599–27295 • SANBORN (1976) Warner Brothers 7599–27304 • PROMISE ME THE MOON (1977) Warner Brothers 7599–26271 • HEART TO HEART (1978) Warner Brothers 927 353 • HIDEAWAY (1980) Warner Brothers 7599–23379 • VOYEUR (1981) Warner Brothers 7599–23546 • AS WE SPEAK (1982) Warner Brothers 7599–23650 • BACKSTREET (1983) Warner Brothers 7599–23906 • STRAIGHT TO THE HEART (1985) Warner Brothers 7599–25150 • A CHANGE OF HEART (1987) Warner Brothers 7599–25479 • CLOSE-UP (1988) Reprise 7599–25715 • ANOTHER HAND (1991) Warner Brothers 7599–25393 • UPFRONT (1992) Warner Brothers 7599–61272 • HEAR SAY (1994) Elektra 7559–61620 • SONGS FROM THE NIGHT BEFORE (1996) Elektra 7559–61950 • Mit Bob James: DOUBLE VISION (1986) Warner Brothers

Butthole Surfers

Gibson ›Gibby‹ Haynes (voc), King Koffey (dr), Paul Leary Walthall (g)

Die **Butthole Surfers** wurden Anfang der 80er Jahre von den drei Collegeabsolventen Haynes, Koffey und Walthall gegründet. Die Band schuf einen an die Atonalität grenzenden Sound. Ihre Krachcolla-

gen machten sie zu einer Kultband, die kompromißlos mit gängiger Musik aufräumte: »Hippies halt, die ihre Instrumente vergewaltigen« (*Zitty*).
Die Auftritte der **Butthole Surfers** gerieten häufig in die Nähe von Happenings, bei denen zuweilen eine Stripteasetänzerin auftrat oder Haynes das Publikum mit Farbbeuteln bewarf. Die **Surfers** entzogen sich gängigen Kategorisierungsversuchen, sahen sich aber selbst in der Tradition »lärmiger Bluesattacken im Stil von Captain Beefheart« (*Trouser Press*).
Ihre bizarren Experimente stießen häufig auf Unverständnis, und so hatten ihre LPs BUTTHOLE SURFERS, LIVE-PCPPEP oder REMBRANDT PUSSYHORSE kommerziell keine Chancen. Für die schleppenden Rhythmen und apokalyptischen Gesänge des Albums HAIRWAY TO STEVEN heimsten sie viel Kritikerlob ein. Das folgende Live-Doppelalbum DOUBLE LIVE vertrieb die Band selbst als autorisierten Bootleg.
1990 beschränkten sich **Butthole Surfers** auf eine eigenwillige Interpretation von →Donovans Klassiker ›Hury Gurdy Man‹. Der Song war Bestandteil ihres Albums PIOUGHD (GB #68), das mit »synthetischen Streichern, Krachgitarren, Polizeisirenen und Telefonklingeln« (*Trouser Press*) eher Verwirrung stiftete.
1996 erschien nach langer Pause ELECTRIC LADYLAND, auf dem die **Butthole Surfers** Noise-Elemente mit psychedelischem Rock und wüsten Klangexperimenten mischten. Die Risikofreudigkeit früherer Aufnahmen war verlorengegangen, und so hieß es, »nicht wirklich innovativ, aber immer unterhaltsam« (*Fachblatt*). Mit der Auskopplung ›Pepper‹ (GB #59) wurden sie im Oktober 1996 eine Woche in den britischen Charts geführt.
Frontmann Haynes gründete mit dem Schauspieler Johnny Depp die Band **P**, mußte aber Ende 1996 auf Anraten der Ärzte zumindest seine Live-Aktivitäten drastisch einschränken, da ihm ein kompletter Gehörverlust drohte. Grund des Leidens war vermutlich die extreme Lautstärke der **Butthole Surfers**.

BUTTHOLE SURFERS (1983) Mini-LP Alternative Tentacles, VIRUS 32 • LIVE PCPPEP (1984) Alternative Tentacles • ANOTHER MAN'S SAC (1985) Fundamental Music, SAVE 005 • REMBRANDT PUSSYHORSE (1986) Red Rhino RRE 2 • LOCUST ABORTION TECHNICIAN (1987) Recordvox, Efa 2603285 • HAIRWAY TO STEVEN (1988) Mute, BFFP 29 • DOUBLE LIVE (1989) Latino Bugger Veil • WIDOWMAKER (1989) Mini-LP Blast First 02439–08 • PIOUGHD (1991) Rough Trade 108 1260 • INDEPENDENT WORM SALOON (1993) Capitol • ELECTRIC LARRYLAND (1996) Capitol 829842 • King **Koffey** mit **Crust**: SACRED HEART OF CRUST (1991) Trance Syndicate 17820–03 • Paul **Leary**: THE HISTORY OF DOGS (1991) Rough Trade • Gibson **Haynes** mit **Jackofficers**: DIGITAL DUMP (1990) Rough Trade • Gibson **Haynes** mit **P**: P (1996) EMI

Byrds

Gene Clark (voc, perc), Michael Clarke (dr), David Crosby (voc, g), Chris Hillman (b, voc), Roger McGuinn (voc, g)

Die **Byrds** galten als nordamerikanische Antwort auf die →**Beatles** und wurden anfangs vor allem von Bob →Dylan gefördert. Ihr Mentor verfaßte einige ihrer Hits und kam zu der Überzeugung, daß »die Byrds zu Dingen imstande sind, von denen die meisten Leute nicht einmal zu träumen wagen«. Tatsächlich entwickelten sich die **Byrds** zu einer der einflußreichsten Bands ihrer Epoche und bereiteten den Boden für die moderne Umsetzung von Folk- und Countryrock, wie ihn später → **Buffalo Springfield**, → **Poco** und die → **Eagles** praktizierten.

Alle Gründungsmitglieder der **Byrds** konnten bereits 1964 auf Erfahrungen im Musikgeschäft verweisen. James McGuinn, der sich ab 1968 Roger → McGuinn nannte, stammte aus Chicago und hatte u. a. für **Bobby Darin & The Limelighters** gespielt. Gene → Clark kam aus Missouri und war zuvor Mitglied bei den **New Christy Minstrels** gewesen, während David → Crosby Sänger bei den **Les Baxter's Balladeers** war. Chris → Hillman schließlich begann bei den **Scottsville Squirrel Barkers** und leitete anschließend die Bluegrassgruppe **Hillmen**.

Im Sommer 1964 formierten McGuinn, Crosby und Clark zunächst das Trio **Jet Set**, aus dem dann mit Clarke und Hillman die **Byrds** entstanden. Sie machten für Elektra Records einige Demoaufnahmen, die auf dem Album PREFLYTE zusammengefaßt wurden, aber erst 1969 auf den Markt kamen. Lediglich der Song ›Please Let Me Love You‹ wurde von Elektra sofort als Single herausgebracht. Da die **Byrds** inzwischen mit Columbia / CBS Records abgeschlossen hatten, erschien die Single unter dem Namen BEEFEATERS.

Dylan und die **Beatles** lieferten den **Byrds** die entscheidenden musikalischen Impulse, die sie zu einem eigenständigen Stil auf der Basis von Folk und Country, kombiniert mit Sixties-Beat und Rock'n'Roll, entwickelten. In den Columbia Hollywood Studios nahmen sie MR. TAMBOURINE MAN auf, produziert von Terry Melcher, Sohn der Filmschauspielerin Doris Day. Erst die zweite Version (GB #1, US #1, D #2) vom April 1965 wurde ein Riesenerfolg, geprägt vom Rickenbacker-Gitarrensound Roger McGuinns.

Innerhalb von zwölf Monaten schafften die **Byrds** den Sprung an die Spitze der internationalen Rockelite. Verantwortlich für den Erfolg waren die Singles ›All I Really Want To Do‹ (GB #4, US #9, D #27), ›Turn! Turn! Turn!‹ (GB #28, US #1, D #8) und ›Eight Miles High‹ (GB #28, US #15) sowie die Alben MR. TAMBOURINE MAN (GB #5, US #5, D #35) und TURN! TURN! TURN! (US #9). Die **Byrds** avancierten zur Lieblingsband der intellektuellen und politisch engagierten jungen US-Amerikaner. Auf den Starrummel um ihre Personen reagierten sie gelassen, manchmal sogar gelangweilt oder arrogant. Auf der Bühne agierten die **Byrds** stets konzentriert und zeigten eine homogene Gesamtleistung »ohne Schnickschnack oder verkrampfte Zurschaustellung« (*Musik Express*). Im März 1966 setzte die personelle Fluktuation ein, als Gene Clark seinen Ausstieg mit Flugangst begründete und kurz darauf die **Gene Clark Group** gründete.

Dem psychedelischen Trend folgend suchten die **Byrds** neue Herausforderungen und setzten bei den Singles ›Fifth Dimension‹ (US #32), ›Mr. Spaceman‹ (US #29) und der LP FIFTH DIMENSION (US #17) als erste Band der Geschichte fernöstliche Klänge und Instrumente ein. Der *Musik Express* beschrieb diesen Stil als »Space-Folk-Psychedelic-Beatish-Rock«. Gaststars bei der von Peter Gary produzierten Platte FIFTH DIMENSION waren die Gitarristen Clarence White und Vern Gosdin sowie der Trompeter Hugh → Masekela.

Anfang 1967 wirkten die **Byrds** neben den → **Doors**, → **Buffalo Springfield** und → **Pe-**

ter, Paul & Mary bei der Benefizveranstaltung zur Unterstützung der Community Action For Facts & Freedom mit und bereisten anschließend Großbritannien. Inspiriert vom »Über-Nacht-Erfolg« der →Monkees komponierten Hillman und McGuinn den Song ›So You Want To Be A Rock'n'Roll Star‹ (US #31). Im Mai 1967 kehrten die Byrds zu Dylan-Interpretationen zurück und veröffentlichten eine brillante Fassung von ›My Back Pages‹ (US #26) als Vorabsingle für das Album YOUNGER THAN YESTERDAY (US #15). Dieses Album galt als das Meisterwerk der Byrds, die nur das Pech hatten, daß zur gleichen Zeit SGT. PEPPER'S LONELY HEARTS CLUB BAND von den Beatles die Spitzenränge der Charts blockierte.

Im Oktober 1967 verließ David Crosby die Byrds, angeblich aus Enttäuschung darüber, daß die Band den Goffin/King-Song ›Goin' Back‹ (US #56) seiner Komposition ›Triad‹ vorgezogen hatte. Clark ersetzte Crosby kurzfristig bei den Byrds, die Ende 1967 mit dem Sampler GREATEST HITS (US #6) Erfolg hatten. Clark stieg nach nur drei Studiotagen bei den Byrds wieder aus und widmete sich zunächst der Formation Gene Clark With The Gosdin Brothers.

Im Dezember 1967 verließ auch Michael Clarke die Byrds, um nach Hawaii überzusiedeln. Er war später einige Jahre lang Mitglied der →Flying Burrito Brothers, wechselte dann zu →Firefall und arbeitete im Studio für Doug Dillard, Barry →McGuire und Betty Davis. Ein Großteil der Songs zur LP THE NOTORIOUS BYRD BROTHERS (US #28) wurde daher mit dem Sessiondrummer Jim Gordon aufgenommen. Auf einer anschließenden Collegetournee mußte Hillmans Cousin Kevin Kelly, einst bei den Rising Sons, auf der Bühne einspringen. Im Februar 1968 kam Gram →Parsons, vorher bei Shiloh und der obskuren International Submarine Band, zu den Byrds.

Bei der Aufnahme ihres nächsten Albums wurden Hillman, McGuinn, Parsons und Kelley von Doug Dillard (g, voc) und ›Sneaky‹ Pete Kleinow (steel-g) unterstützt. SWEETHEART OF THE RODEO (US #51) enthielt Titel von Woody →Guthrie, Merle Haggard, den Louvin Brothers und wiederum von Bob Dylan. Als Single wurde ›You Ain't Goin' Nowhere‹ (US #80) ausgekoppelt.

Trotz guter Plattenkritiken und einer erfolgreichen Tournee trennten sich im Oktober 1968 die Wege der Musiker. Hillman und Parsons riefen die Flying Burrito Brothers ins Leben, und Kelley wechselte zunächst zur Gruppe von Tim →Buckley und spielte dann bei →Fever Tree und in der Band von Phil →Ochs. McGuinn stellte eine neue Mannschaft mit dem Gitarristen Clarence White (* 6. 6. 1944), ab 1963 sporadisch mit seinen Kentucky Colonels aktiv, dem Schlagzeuger Gene Parsons (* 9. 4. 1944) von Nashville West und dem Bassisten John York (* 3. 8. 1946) zusammen, die Anfang Februar 1969 erstmals im Fillmore West von San Francisco auftrat und im Monat darauf die erste Single ›Bad Night At The Whiskey‹ herausbrachte. Sie kam ebensowenig an wie ›Lay Lady Lay‹, während die von Bob Johnston produzierte LP DR. BYRDS AND MR. HYDE (US #71) wenigstens eine durchschnittliche Chartsposition erreichte.

Nach einigen gelungenen Auftritten, u. a. beim Newport '69 Festival und beim New Orleans Pop Festival, verließ York im September 1969 die Byrds und überließ Skip Battin vom Duo Skip & Flip seinen Platz. Battin war jedoch noch nicht an dem Song ›Ballad Of Easy Rider‹ (US #74) beteiligt, der neben ›Wasn't Born To Follow‹ auch zum Soundtrack des Kultfilms »Easy Rider« mit Peter Fonda und Dennis Hopper gehörte. Unter der Regie des Produzenten Terry Melcher wurde die LP BALLAD OF EASY RIDER (US #37) produziert; als Single erschien ›Jesus Is Just Alright‹ (US #76).

Die **Byrds** schienen auf der Stelle zu treten. Auf dem Live-Doppelalbum UNTITLED (GB #17, US #34) zogen sie jedoch noch einmal alle Register ihres Könnens. Eine Plattenseite enthielt neue Studioaufnahmen, von denen besonders ›Chestnut Mare‹ (GB #15) überzeugte. Der Song entstand in Zusammenarbeit mit dem New Yorker Psychiater Jacques Levy für eine Countryversion des Musicals »Gene Tryp« nach »Peer Gynt« von Henrik Ibsen. Trotz des wieder steigenden Erfolgs der **Byrds** erklärte McGuinn UNTITLED zur Abschiedsvorstellung »einer unvergleichlichen Band« (*Melody Maker*).

Doch die Geschichte der **Byrds** wurde schon nach wenigen Wochen fortgesetzt. Mit unveränderter Mannschaft begannen die Studiosessions zur LP BYRDMANIAX (US #42), die im Mai 1971 veröffentlicht wurde. Zu diesem Zeitpunkt tourten die **Byrds** durch Großbritannien. BYRDMANIAX bekam keine besonders guten Kritiken, insbesondere Battin wurde als Fremdkörper der Band empfunden. Letzteres wurde auch bei der 72er-LP FARTHER ALONG angemerkt. McGuinn entschloß sich daher im September 1972, auf Battin zu verzichten, der sich den → **New Riders Of The Purple Sage** anschloß. Einen Monat vorher hatte Parsons die **Byrds** verlassen, der eine Solokarriere anstrebte, aber als Sessionmusiker (Arlo → Guthrie, Randy → Newman) und beim Comeback der **Flying Burrito Brothers** mehr Erfolg hatte. McGuinn mußte erneut umdisponieren und engagierte nacheinander die Session-Drummer John Guerin, Daryl Dragon und Jim Moon. Die Gruppe hatte jedoch ihre einstige Ausstrahlung verloren und wurde nicht ganz zu Unrecht als überkommenes Relikt einer fast vergessenen Hippiekultur betrachtet. White stieg nun ebenfalls aus und machte Platten mit **Mother Hen** und den **Kentucky Colonels** und spielte im Studio für → **Delaney & Bonnie** und **Country Gazette**. White starb am 19. 7. 1973 an den Folgen eines Verkehrsunfalls in Palmdale, Kalifornien.

Die **Byrds** standen kurz vor dem endgültigen Aus. Das erkannte auch McGuinn und brachte daher Ende 1972 für die LP BYRDS (US #14) noch einmal die Originalbesetzung mit Crosby, Hillman, Clark und Clarke zusammen. Das Album verkaufte sich zwar gut, bot musikalisch und inhaltlich aber nur einen Abgesang auf eine der kreativsten US-Bands der Geschichte. Zum letzten Mal traten die **Byrds** im New Yorker Capitol Theatre am 24. 2. 1973 auf, bei dem Hillman und McGuinn von Joe Lala **Manassas** und Clarence White unterstützt wurden.

Alle **Byrds**-Mitglieder setzten ihre Laufbahn als Solisten und in verschiedenen Bandkonstellationen fort. McGuinn, Crosby und Hillman traten im Februar 1990 beim Roy Orbison All-Star Tribute im kalifornischen Universal City noch einmal mit Songs der **Byrds** auf, und im Januar 1991 wurde die »einzigartige und unverwechselbare Gruppe« (*Musik Express*) in die Rock'n'Roll Hall Of Fame aufgenommen.

1990 kam die Dokumentation THE BYRDS auf den Markt, die vier neue Aufnahmen von Crosby, Hillman und McGuinn, darunter Dylans ›He Was A Friend Of Mine‹ enthielt.
Michael Clarke starb am 19. 12. 1993 in Treasure Island, Florida.

PREFLYTE (1964) Together, ST-T 1001 • MR. TAMBOURINE MAN (1965) Sony 483705 • TURN! TURN! TURN! (1966) Sony 483706 • FIFTH DIMENSION (1966) Sony 483707 • YOUNGER THAN YESTERDAY (1967) Sony 483708 • THE NOTORIOUS BYRD BROTHERS (1968) CBS 486751 • SWEETHEART OF THE RODEO (1968) CBS 486752 • DR. BYRDS & MR: HYDE (1969) CBS 486753 • BALLAD OF EASY RIDER (1970) CBS 63795 • UNTITLED (1970) CBS 66253 • BYRDMANIAX (1971) CBS 468429 • FARTHER ALONG (1972) CBS 468418 • BYRDS (1973) Elektra 7559–60955 • (S) GREATEST HITS (1967) CBS 63107 • (S) GREATEST HITS VOL. 2 (1972) CBS 64650 • (S) HISTORY OF (1973) CBS 68242 • (S) BEST OF (1978) CBS 64966 • (S) THE BYRDS PLAY DYLAN (1979) CBS 31795 • (S) THE ORIGINAL SINGLES VOL. 1 (1981) CBS 32069 • (S) THE ORIGINAL SINGLES VOL. 2 (1982) CBS 32103 • (S) ROCK GIANTS (1982) CBS 54439 • (S) THE BYRDS (1990) Columbia 46773 • Gene **Parsons**: THE KINDLING COLLECTION (1974) Warner Brothers 46257 • MELODIES (1979) Sierra 8703 • Gene **Parsons** mit **Meridian Green**: BIRDS OF A FEATHER (1988) Sierra 6004 • Gene **Parsons** mit **Nashville West**: NASHVILLE WEST Sierra 8701 • Clarence **White** mit **Kentucky Colonels**: NEW SOUND OF BLUEGRASS (1963) Briar, M 109 • APPALACHIAN SWING (1964) World Pacific 1821 • KENTUCKY COLONELS 66 (1978) Shiloh 4084 • CLARENCE WHITE & THE KENTUCKY COLONELS (1980) Rounder 098 • Clarence **White** mit **Mother Hen**: MOTHER HEN (1971) RCA, LSP 4641

Cactus

Carmine Appice (dr), Tim Bogert (b), Rusty Day (voc, harm), Jim McCarty (g)

Da Carmine Appice und Tim Bogert, Gründungsmitglieder von →**Vanilla Fudge**, ihren eigentlichen Plan, mit dem englischen Supergitarristen Jeff →Beck ein Trio zu formieren, 1969 nicht verwirklichen konnten, formierten sie **Cactus**, eine kommerzielle Hardrockvariante von **Vanilla Fudge**. Mit dabei waren Rusty Day, früher Mitch →Ryder und den **Amboy Dukes**, sowie der Gitarrist Jim McCarty, der an drei Alben von Buddy →Miles beteiligt war.
Im Sommer 1970 brachten **Cactus** das gleichnamige Debütalbum (US #43) heraus, dessen »dynamischer Heavyrock mit rasant schnellen Gitarrenpassagen« (*Sounds*) die Band für Festivalauftritte interessant machte. Denn vor allem auf der Bühne konnten die Musiker ihr großes technisches Können entfalten.
Nach dem gleichen Muster gestrickt wie das Debütalbum, aber nicht so erfolgreich war die Ende 1970 erschienene LP ONE WAY ... OR ANOTHER (US #82). Auf der dritten LP, die innerhalb von 18 Monaten auf den Markt kam, mit dem Titel RESTRICTIONS verzichteten **Cactus** bewußt auf neue Ausdrucksformen und setzten erneut auf Heavyrock, hatten damit aber noch weniger Glück. Rusty Day und Jim McCarty stiegen aus, letzterer gründete anschließend die →**Rockets**. Das 72er-Album OT 'N' SWEATY wurde je zur Hälfte im Studio produziert bzw. beim Mar Y Sol Festival in Puerto Rico mitgeschnitten. Neu dabei waren der Sänger Peter French, 1968 und 1971 Mitglied bei der **Brunning Hall Sunflower Blues Band** bzw. bei →**Atomic Rooster**, der Gitarrist Werner Fritzschings und Duane Hitchings, zuvor Keyboarder bei Harvey →Mandel. OT 'N' SWEATY bot zwar eine Reihe gelungener Hardrockideen, wurde aber wieder kein Erfolg, und so kam es Ende 1972 zur Auflösung von **Cactus**.
1973 bildete Hitchings mit dem Ex-→**Iron Butterfly**-Gitarristen Mike Pinera, Roland Robinson (b, voc), Jerry Morris (dr, voc) und Ex-→**Blues Image** Manny Bertematti (dr) die **New Cactus Band**. Das Album SON OF CACTUS konnte aber die hochgesteckten Erwartungen nicht erfüllen.
Appice und Bogert konnten 1973 ihr Album mit Jeff Beck in die Tat umsetzen, danach trennten sich ihre Wege. Appice spielte für **KGB**, später u.a. für den Bassisten Stanley Clarke, Les →Dudek, Ron →Wood, gehörte einige Jahre zur Begleitgruppe von Rod →Stewart und gründete dann mit jungen Musikern das Heavy Metal-Unternehmen **King Kobra**. Bogert arbeitete zunächst für die britische Band **Boxer**, nahm ein Album mit **Marcus** auf und veröffentlichte 1981 eine wenig beachtete Solo-LP.
Fritzschings nahm Platten mit **Pierce Arrow** und **Riff Raff** auf und half im Studio bei Carlene Carter und →**Hall & Oates** aus. Hitchings setzte seine Zusammenarbeit mit Mike Pinera bei **Thee Image** fort, ehe er zur Besetzung von Kim →Carnes und Alice →Cooper gehörte.

CACTUS (1970) Atlantic 7567–80290 • ONE WAY ... OR ANOTHER (1970) Atlantic 2400114 • RESTRICTIONS (1971) Repertoire, REP 4131 • 'OT 'N' SWEATY (1972) Atlantic 50013 • (S) CACTALOGY (1996) Rhino 8122–72411 • **New Cactus Band**:

SON OF CACTUS (1973) Atlantic 40488 • Carmine **Appice**: CARMINE APPICE (1981) WEA 99196 • **Beck, Bogert, Appice**: BECK, BOGERT, APPICE (1973) Epic 65455 • LIVE IN JAPAN (1973) Epic 58 • Carmine **Appice** mit **KGB**: KGB (1976) MCA 2166 • MOTION (1976) MCA 2221 • Carmine **Appice** mit **King Kobra**: READY TO STRIKE (1985) Capitol 064–240312 • THRILL OF A TIME (1986) Capitol 064–340522 • Tim **Bogert**: PROGRESSIONS (1981) Accord, ST-7004 • Tim **Bogert** mit **Marcus**: MARCUS (1978) United Artists 30000 • Werner **Fritzschings** mit **Pierce Arrow**: PIERCE ARROW (1977) CBS 34805 • PITY THE RICH (1978) CBS 35307 • Werner **Fritzschings** mit **Riff Raff**: VINYL FUTURE (1981) Atlantic 50819 • Duane **Hitchings** mit **Thee Image**: THEE IMAGE (1977) Manticore, MA 6–504 • INSIDE THE TRIANGLE (1977) Manticore, MA 6–506

John Cafferty & The Beaver Brown Band

Michael Antunes (sax), John Cafferty (voc, g), Bobby Cotois (g), Gary Gramolini (g), Pat Lupo (b), Kenny Jo Silva (dr)

John Cafferty, Prototyp eines Edelrokkers, stellte seine **Beaver Brown Band** 1972 in Narragansett, Rhode Island, zusammen. 1977 kam der Saxophonist Michael Antunes dazu. Da Cafferty die »Roots-Rock'n'Roller« (*Rolling Stone*) besonders lagen, bestand das Repertoire seiner Band anfangs vor allem aus Klassikern von Fats →Domino, Elvis →Presley und Chuck →Berry. Ihre zahlreichen Auftritte an der nordamerikanischen Ostküste kamen ihnen später zugute: »Das Sextett spielt ausgezeichnet zusammen und trägt selbst hyperkonventionelle Songs mit einer Spielfreude vor, die selbst Altbekanntes spannend klingen läßt« (*Musik Express*).

Gegen Ende der 70er Jahre wurden **John Cafferty & The Beaver Brown Band** der Asbury-Szene zugerechnet, die von Bruce →Springsteen und →Southside Johnny angeführt wurde. Tatsächlich erinnerte Caffertys kehliger, whiskeygereifter Gesang an Springsteen, außerdem vertraute die Band wie Springsteen und Southside Johnny auf einen R&B-beeinflußten, strammen Rock und »kleine Geschichten aus dem realen Leben« (John Cafferty).

›Wild Summer Nights‹ war die erste Single von **John Cafferty & The Beaver Brown Band**, die 1980 veröffentlicht und häufig im Radio gespielt wurde, aber nur rund 10000 Käufer fand. Kenny Vance von →**Jay & The Americans** machte Cafferty mit dem Regisseur Martin Davidson bekannt, der ihn mit der Musik zum Film »Eddie & The Cruisers« beauftragte. Als der Film im Herbst 1983 mehrfach im Fernsehen gezeigt wurde, wurden von der LP EDDIE & THE CRUISERS (US #9) rund zwei Millionen Exemplare abgesetzt. Anfang 1984 wurde ›Tender Years‹ (US #78) ausgekoppelt, im August folgte der Tophit ›On The Dark Side‹ (US #7), und im November kam ›Tender Years‹ (US #31) neu heraus.

Mittlerweile bei Scotti Brothers unter Vertrag, erschien 1983 die erfolglose LP JOHN CAFFERTY & THE BEAVER BROWN BAND. Doch nach dem Erfolg des Soundtracks »Eddie & The Cruisers« kamen Cafferty & Co. auch mit dem bodenständigen, aufrichtigen Rock des Albums TOUGH ALL OVER (US #40) im Sommer 1985 an. Mit den Singles ›Tough All

Over‹ (US #22), ›C-I-T-Y‹ (US #18), ›Small Town Girl‹ (US #64), ›Heart's On Fire‹ (US #76) und ›Voice Of America's Sons‹ (US #62) gelang dem »totalen Rhythm & Blues-Fan« (John Cafferty) endgültig der Durchbruch. **John Cafferty & The Beaver Brown Band** gingen 18 Monate lang auf Tournee und machten dabei auch einen Abstecher nach Japan.

Auf der LP ROADHOUSE von 1988 waren »sämtliche Spielarten des modernen Mainstreamrocks« (*Audio*) vertreten, es mangelte aber an Innovation oder Mut zu Neuem. Lediglich die Single ›Pride & Passion‹ (US #66) kam in die Charts. John Cafferty fehlte offensichtlich die Ausstrahlung eines Bruce Springsteen oder John →Mellencamp, und so tingelte er mit seiner Band wieder durch Clubs an der Ostküste. Auch sein Comebackversuch mit EDDIE & THE CRUISERS II im Jahr 1989 war zum Scheitern verurteilt.

EDDIE & THE CRUISERS (1983) Soundtrack Scotti Brothers 132312 • JOHN CAFFERTY & THE BEAVER BROWN BAND (1983) Scotti Brothers 260–14–029 • TOUGH ALL OVER (1985) Scotti Brothers 847321 • ROADHOUSE (1988) Scotti Brothers 847327 • EDDIE & THE CRUISERS II (1989) Scotti Brothers 847339

J. J. Cale

Als »Faulpelz und Kultfigur« (*Change*) oder »Legende Oklahomas« (*Rolling Stone*) tituliert, ging J. J. Cale stets seinen eigenen Weg, unbeirrt von Marktstrategien oder musikalischen Trends. Geboren wurde Jean-Jacques Cale am 5. 12. 1938 in Tulsa, Oklahoma, nahm im Alter von 10 Jahren Gitarrenunterricht und spielte als Teenager in verschiedenen lokalen Bands. Er lernte Leon →Russell kennen und leitete **Johnny Cale & The Valentines**. Nach seiner Entlassung aus der US-Air Force ging er Ende der 50er Jahre mit Russell nach Los Angeles. Cale arbeitete als Toningenieur und trat im Club Whisky A-Go-Go auf, dessen Manager ihm den Bühnennamen J. J. Cale gab. 1959 wollte Cale Countrysänger werden und ließ sich vorübergehend in Nashville nieder. Er tourte mit der **Grand Ole Opry Road Company** und begleitete u. a. Red Sovine und Little Jimmy Dickens.

Wieder zurück in Los Angeles, tat er sich mit seinen Freunden aus Oklahoma, Carl Radle und Chuck Blackwell, zusammen und spielte in Bars und Clubs. Cale jobbte als Arrangeur, Produzent und Studiomusiker und nahm 1965 seine erste Fassung von ›After Midnight‹ auf. Cale unterstützte außerdem das Duo →**Delaney & Bonnie** und arbeitete zeitweise in einer Imbißbude. Gemeinsam mit Russell und anderen Kumpels veröffentlichte er 1967 unter dem Namen **Leathercoated Minds** das psychedelisch geprägte Album A TRIP DOWN SUNSET STRIP. Gleichzeitig unterzeichnete Cale als Solist bei Liberty Records einen Plattenvertrag und brachte mehrere erfolglose Singles heraus. Ziemlich desillusioniert ging er 1968 nach Oklahoma zurück und richtete sich ein Heimstudio ein. 1969 wurde er von Shelter Records unter Vertrag genommen, einem Label, das von Russell und dem Produzenten Denny Cordell initiiert wurde.

»Der große Schweiger von Tulsa« (*Musik Express*), der lieber in einem Club auftrat, als ein großes Konzert zu geben, stellte gerade seine erste LP zusammen, als Eric → Clapton mit ›After Midnight‹ überraschend ein Top 20-Hit in den USA gelang und damit das Publikum auf Cales am Country Blues orientierten Stil aufmerksam machte. Die Aufnahmen zu NATURALLY (US #57) wurden im Juni 1971 im Bradley Barn Studio in Mount Juliet, Tennessee, abgeschlossen. Das Album bestand aus zwölf Eigenkompositionen, darunter ›Crazy Mama‹ (US #29) und eine neue Fassung von ›After Midnight‹ (US #45). Seine »eloquent gespielte Gitarre, die pointierte Lyrik« (*Trouser Press*) und sein nuschelnder Gesang galt von nun an als ›Laid Back‹-Stil. Bereits das Debütalbum war typisch für Cale: sparsame Arrangements, minimale Akkordwechsel und kehliger Gesang. Im November 1972 erschien die Single ›Lies‹ (US #47), ein Titel, der auch auf dem Album REALLY (US #61) vom Januar 1973 vertreten war. Ebenfalls 1973 wurde das vom Blues geprägte Album OKIE veröffentlicht.

Von Konzerten und Tourneen nicht gerade begeistert, ließ sich J. J. Cale allenfalls einmal pro Jahr zu einer kleinen Tournee überreden. 1976 gelang ihm mit der wieder von seinem Freund und Manager Audie Ashworth produzierten LP TROUBADOUR (US #86, D #22) und der Singleauskopplung ›Cocaine‹ (D #22) erneut ein großer Erfolg. Cale hielt an seinem Konzept fest und gab sich als »supercooler Hinterwäldler« (*Musik Express*).

Es vergingen fast drei Jahre, ehe sich der Antistar im September 1979 mit 5 (D #27) zurückmeldete. Mit seinem »typisch insistierenden Drive« (*Sounds*) kam Cale vor allem in Deutschland an. Wie immer mit geringem technischen Aufwand produziert, setzte er jedoch auf ausgesprochen versierte Sessionmusiker wie Billy Cox (b), Kenneth Buttrey (dr) und Carl Radle (b).

Die langen Pausen zwischen seinen Produktionen nutzte Cale, um sporadisch als Studiomusiker u. a. bei Leon Russell, → Simon & Garfunkel, Maria → Muldaur, Neil → Young und Lee → Clayton einzuspringen. Seine sechste LP SHADES (D #37) kam im Frühjahr 1981 heraus. Bereits zwölf Monate später erschien GRASSHOPPER (D #37), und 8 (GB #29) folgte im Spätsommer 1983. Alle drei Alben entsprachen Cales Laid-Back-Stil und enthielten lockere, unverkrampfte Songs. Kritiker warfen ihm jedoch Eintönigkeit und seine Unlust in bezug auf Auftritte vor. Selbst wenn ihn ein Veranstalter verpflichten konnte, düpierte Cale seine Fans, so z. B. in der Berliner Philharmonie, als er sein komplettes Programm mit dem Rücken zum Publikum absolvierte.

Nach der Veröffentlichung von 8 legte der Musiker mit »der nuscheligen Nichtstimme« (*Musik Express*) erneut eine längere Studiopause ein. Im Sommer 1984 erschien sein Sampler SPECIAL EDITION. Danach konzentrierte sich Cale auf den Soundtrack zu dem deutschen Film »50 / 50«, und 1988 erschien der Sampler NIGHTRIDING.

Erst im Herbst 1989 präsentierte der zurückgezogen lebende Singer / Songwriter sein neues Album TRAVEL-LOG: »Ohne Pathos und mit launiger Beiläufigkeit skizziert er 14 knappe Reisebilder, die verblaßten Polaroidaufnahmen einer gemächlichen, staubigen Greyhound-Fahrt quer durch die Südstaaten nach Mexiko gleichen« (*Hifi Vision*). Cale stellte die selbstproduzierte Platte 1990 auf einer US-Tournee vor.

Inzwischen in Südkalifornien lebend, konzentrierte sich Cale den Rest des Jah-

res 1991 auf die Produktion des Albums Got Love If You Want It für den Bluesmusiker John →Hammond. In San Diego nahm er anschließend Number 10 (GB #58) auf und überzeugte einmal mehr mit »kristallklarem Guitar-Picking, brummelnden Vocals und einem mythisch-idealisierten Amerikabild« (*Musik Express*). 1993 war Cale auf einem Album seiner Kollegin Christine Lakeland vertreten.
Bei seiner 94er-Produktion Closer To You erweiterte Cale seinen sonst eher »kargen Klangkosmos« (*Musik Express*) mit Streichern und Akkordeon. Mit diesem Repertoire ging der Mann mit dem typischen Südstaaten-Feeling nach langer Pause auch auf eine Kurztournee in Deutschland.
Sparsame Arrangements und spröde Gitarrenriffs bestimmten auch The Guitar Man vom April 1996. Cale perfektionierte sein Understatement und interpretierte »seine Songs mit einer absolut genialen Nonchalance« (*Musik Express*).

NATURALLY (1972) Mercury 830042 • REALLY (1973) Mercury 810314 • OKIE (1974) Mercury 842102 • TROUBADOUR (1976) Mercury 810001 • 5 (1979) Mercury 810313 • SHADES (1981) Mercury 800105 • GRASSHOPPER (1982) Mercury 800038 • # 8 (1983) Mercury 811152 • TRAVEL-LOG (1990) Silvertone 7051236 • NUMBER 10 (1992) Silvertone 7059045 • CLOSER TO YOU (1994) Virgin 839610 • GUITAR MAN (1996) Virgin 841480 • (S) SPECIAL EDITION (1984) Mercury 818633 • (S) NIGHTRIDING: J.J. CALE (1988) • (S) THE VERY BEST OF (1997) Mercury 534754 • (S) ANYWAY THE WIND BLOWS THE ANTHOLOGY (1997) Mercury 532901 • Mit **Leathercoated Minds**: A TRIP DOWN SUNSET STRIP (1967)

Call

Michael Been (voc, b, g), Tom Ferrier (g, voc), Jim Goodwin (key, voc), Scott Musick (dr, voc)

Michael Been, der 1971 bei **Lovecraft** spielte und 1976 an einer LP von **Fine Wine** beteiligt war, wuchs in Oklahoma mit dem Rock'n'Roll von Chuck →Berry und Elvis →Presley auf. Als 16jähriger kam er mit seiner Familie nach Chicago und hörte den Blues von Muddy →Waters und →Little Walter. Zu Beginn der 70er Jahre war er vor allem von Bob →Dylan angetan und sammelte in San Francisco und Los Angeles erste Bandererfahrungen. In Los Angeles traf er auf den Schlagzeuger Scott Musick, mit dem er ein Rhythmusteam bildete. 1979, mittlerweile im kalifornischen Santa Cruz ansässig, gründeten sie gemeinsam mit Tom Ferrier und Greg Freeman (b) **Call**. Been bestimmte von Anfang an den Kurs der Band. Seine subtil arrangierten Songs beschrieben die Schattenseiten des Lebens und waren von einer depressiv-melancholischen Grundstimmung getragen. Nach ersten Demoaufnahmen erhielten **Call** mehrere Angebote aus Großbritannien und nahmen schließlich mit Gaststar Garth Hudson (key) von →**The Band** unter Leitung des britischen Produzenten Hugh Padgham (→**XTC**, →**Police**) ihr erstes Album auf, das von britischem Gitarrenrock und überwiegend düsteren Songs geprägt war. Die Band wurde als »ungeschliffener Diamant« (*Rolling Stone*), bezeichnet; es fehlte nur noch ein überzeugender Hit.
Modern Romans (US #84) entstand unter hohem Erwartungsdruck. Been, der auch die Aufgaben des Produzenten

übernahm, gelang mit der Endzeitvision ›The Walls Came Down‹ (US #74) ein erster nennenswerter Single-Erfolg. Peter →Gabriel sah in **Call** »die Zukunft der amerikanischen Rockmusik« und engagierte die Band als Anheizer für seine Europatournee.
1984 kam der Keyboarder Jim Goodwin, der zuvor für John →Cale und die →**Sparks** gespielt hatte, zur Gruppe hinzu, Freeman wurde von Joe Read abgelöst. Ihr Album SCENE BEYOND DREAMS enthielt erneut düstere Visionen. Kollegen wie Bono von → **U 2** und Jim Kerr von →**Simple Minds** bescheinigten der US-Band eine große Zukunft und nahmen sie mit auf Tournee.
Viel Respekt erntete im Frühjahr 1986 die erstklassige LP RECONCILED (US #82) mit Gabriel und Kerr als Studiogästen. Die unkommerzielle »Mischung aus Moll und morbid« (*Musik Express*) erinnerte phasenweise an die →**Doors**. In *Rolling Stone* hieß es, daß die Band es »verdient hat, daß man ihr mehr Aufmerksamkeit schenkt«. Doch die Kritiker waren sehr unterschiedlicher Ansicht: Während die einen »Schmerz, Wut, Sensibilität und Kraft« (*Audio*) lobten, vermißten die anderen »jegliche Subtilität« (*Fachblatt*).
1987 kamen **Call** zusammen mit **X** und →**10 000 Maniacs** wieder nach Deutschland, um ihr neues Album INTO THE WOODS vorzustellen. Read und Goodwin hatten die Band inzwischen wieder verlassen, während Freeman zurückgekehrt war. Der zuweilen egomanische Been stand für »perfekte Popmusik, weit über dem allgemeinem Niveau« (*Stereoplay*). Dennoch kam die LP nicht in die Charts. Been widmete sich daraufhin anderen Aufgaben. Gemeinsam mit der Jazzlegende Gil Evans und Robbie →Robertson beteiligte er sich am Soundtrack zum Film »Die Farbe des Geldes«, und in Martin Scorseses Film »Die letzte Versuchung Christi« debütierte er als Schauspieler. Danach absolvierte Been zusammen mit Harry Dean Stanton eine Tournee durch nordamerikanische Clubs und fand dann wieder Zeit für ein neues Projekt mit **Call**.
Wieder ohne Freeman, dafür mit Heimkehrer Goodwin wurde das 89er Album Let The Day Begin (US #64) aufgenommen: »Auf dieser Platte klingen wir so wie auf der Bühne. Wir haben uns im Studio keine Kopfhörer aufgesetzt, und ich habe einfach gesungen, während die anderen spielten« (Michael Been). Das Ergebnis war eine authentische Rockplatte mit messerscharfen Gitarren und treibenden Rhythmen, und Been, der »literarischste Texter im Rock'n'Roll unserer Tage« (*Rolling Stone*), hatte griffige und intelligente Songs verfaßt, von denen ›Let The Day Begin‹ (GB #42, US #51) in die Singlescharts vordrang. Es sollte jedoch der letzte Erfolg von **Call** sein. RED MOON war ihre letzte gemeinsame Studioproduktion.
Michael Been nahm 1994 ein Soloalbum auf, und 1995 produzierte er ein Album der San Francisco-Band **Beggars**.

THE CALL (1982) Mercury 822 686 • MODERN ROMANS (1983) Mercury 810 307 • SCENE BEYOND DREAMS (1984) Mercury 818 793 • RECONCILED (1986) Elektra 7559–60440 • INTO THE WOODS (1987) Elektra 960 739 • LET THE DAY BEGIN (1989) MCA 256 433 • RED MOON (1990) MCA 9031–72164 • (S) THE BEST OF (1997) Elektra 9362–46488 • Michael **Been** mit **Fine Wine**: FINE WINE (1976) Polydor 2310 438 • Michael **Been**: ON THE VERGE OF A NERVOUS BREAKTHROUGH (1994) Qwest 45557

Cameo

Larry Blackmon (voc, dr), Nathan Leftenant (voc), Charlie Singleton (g, voc)

Larry Blackmon (*29. 5. 1956), zuvor Mitglied bei R&B-Gruppen wie den **Mighty Gees**, **Concrete Wall** und **East Coast**, gründete 1974 mit elf Musikern, darunter Nathan und Arnett Leftenant, Thomas Jenkins, Wayne Cooper, Eric Curham und Anthony Lockett, die **New York City Players**, die nach dem Vorbild von →**Funkadelic** und →**Parliament** stark rhythmisierte Dance Music spielten. Ab 1976 nannte sich die Gruppe **Cameo** und betrieb fortan ein »Verwirrspiel aus Elektro-Reggae, Popmelodik, aggressiven Rockklängen und perkussiver Funkrhythmik« (*Musik Express*).

Cameo traten rund 200 Mal im Jahr auf und machten sich einen Namen als Live-Act. Sie unterschrieben bei Casablanca Records und brachten im Juli 1977 ›Post Mortem‹, ihre erste Single, heraus. Zu diesem Zeitpunkt gehörte der talentierte Gitarrist Charlie Singleton zum Kern der Band, der dem Egomanen und Allrounder Blackmon (Regisseur, Produzent, Komponist) noch am ehesten Paroli bot. Am Ende setzte sich jedoch Blackmon mit seinem konsequenten Konzept aus schmutzigem Rap, knalligem Funkrock und sinnlichem Soul durch. Kritiker bezeichneten **Cameo** als »Schundausgabe von Kool & The Gang« (*Rolling Stone*), während Befürworter ihren »kompromißlosen, teilweise auch clownesken Funk« (*Hifi Vision*) schätzten.

In den Charts wurden **Cameo** bis 1984 ausschließlich in unteren Regionen geführt: ›It's Serious‹ (US #98), ›Just Want To Be‹ (US #86), ›Sparkle‹ (US #90), ›We're Goin' Out Tonight‹ (US #90), ›Shake Your Pants‹ (US #90). Besser als die Singles verkauften sich die Alben. Ab der zweiten LP WE'LL KNOW WHO WE ARE (US #83) vom März 1978 erzielten **Cameo** mit UGLY EGO (US #34), SECRET OMEN (US #28), CAMEOSIS (US #25), FEEL ME (US #26), KNIGHTS OF THE SOUND TABLE (US #21), ALLIGATOR WOMAN (US #23) und STYLE (US #53) sehr gute Umsätze.

International setzten sich **Cameo** im Frühjahr 1984 mit dem Dance-Klassiker ›She's Strange‹ (GB #38, US #47, D #46) und der gleichnamigen LP (US #27) durch. In diesem Jahr traten sie auch erstmals in Großbritannien auf und wurden als »R&B / Dance / Pop / Crossover-Mixtur« (*Guinness*) gefeiert. Auch 1985 hatten sie dank ›Single Life‹ (GB #17) und der Neuauflage von ›She's Strange‹ (GB #19) sowie des Albums SINGLE LIFE (GB #35, US #58) weltweit Erfolg. Ihr größter Coup gelang im Spätsommer 1986, als ›Word Up‹ (GB #3, US #6, D #3) die Hitparaden eroberte. Mit ihrem von Blackmon als »Real Black Rock'n'Roll« bezeichneten Sound überzeugten sie auch auf dem Album WORD UP (GB #8, US #8, D #34). Als weitere Auskopplungen erschienen Ende 1986 ›Candy‹ (GB #23, US #21), im Frühjahr 1987 ›Back And Forth‹ (GB #11, US #50) und im Herbst 1987 ›She's Mine‹ (GB #35).

1986 tourten **Cameo** erneut durch Europa. Bei ihren Auftritten trugen sie schrille Kostüme, die der Modedesigner-Kultstar Jean-Paul Gaultier entworfen hatte, und präsentierten eine ausgeklügelte Bühnenshow. Blackmon förderte außerdem junge Formationen wie **Cashflow**, **Criminal Element** und **Buffalo**

Soldiers und arbeitete am Drehbuch des Films »Tacky Guy« mit.
Ausgezeichnet mit mehreren Awards der Zeitschrift Soul Train und einem Grammy (1988) arbeiteten **Cameo** 1987/88 überwiegend im eigenen Studio Atlanta Artists. Blackmon fand außerdem Zeit für ein Gastspiel bei einer Produktion von Ry →Cooder. Das neue Album von **Cameo** ließ bis zum November 1988 auf sich warten. Trotz hochkarätiger Stargäste wie Miles Davis und den **Brecker Brothers** blieb MACHISMO (US #56) aber ebenso weit hinter den Erwartungen zurück wie die Single ›You Make Me Work‹ (GB #74, US #85).
Blackmon kümmerte sich daraufhin um die Produktion SO HAPPY des US-Filmstars Eddie Murphy. Beim 14. Album von **Cameo** war letztmalig das Trio Blackmon, Jenkins und Nathan Leftenant komplett vertreten. REAL MEN WEAR BLACK (US #84) bot abgedroschenen Funk und mittelmäßige Songs. Leftenant verließ **Cameo** Ende 1991 und überließ seinen Platz dem zurückgekehrten Charlie Singleton, der mit seiner Gruppe **Modern Man** keinen Erfolg gehabt hatte.
Besser gelungen war das Album EMOTIONAL VIOLENCE vom März 1992, dem der *Musik Express* »musikalischen Einfallsreichtum« bescheinigte.
Blackmon, inzwischen in Florida ansässig, trommelte **Cameo** nur noch sporadisch zusammen, um vor allem an Benefizkonzerten teilzunehmen. Ansonsten war er als Produzent tätig und betreute u. a. Chaka →Khan und Bobby Brown. Bis 1994 arbeitete er als A&R-Chef für Warner-Reprise Records, gründete dann sein Label Way 2 Funky Records, bei dem »In The Face Of Funk«, nach längerer Pause wieder eine **Cameo**-LP, erschien. Blackmon ging darüber hinaus mit der →**Gap Band** und Teena Marie auf Tournee.

CARDIAC ARREST (1977) Mercury 518006 • WE'LL KNOW WHO WE ARE (1978) Casablanca, CAL 2026 • UGLY EGO (1978) Casablanca, CAL 2038 • SECRET OMEN (1979) Mercury, PHCR 6080 • CAMEOSIS (1980) Mercury, PHCR 1093 • FEEL ME (1980) Mercury, PHCR 6081 • KNIGHTS OF THE SOUND TABLE (1981) Mercury, PHCR 6082 • ALLIGATOR WOMAN (1982) Mercury, PHCR 6083 • STYLE (1983) Mercury, PHCR 6084 • SHE'S STRANGE (1984) Casablanca 814984 • SINGLE LIFE (1985) 824546 • WORD UP (1986) Mercury 830265 • MACHISMO (1988) Mercury 836002 • REAL MEN WEAR BLACK (1990) Mercury 846297 • EMOTIONAL VIOLENCE (1992) Warner Brothers 7599–26734 • IN THE FACE OF FUNK (1994) Way 2 Funky • (S) THE BEST OF (1993) Mercury 514929 • **Charlie Singleton & Modern Man**: NOTHING VENTURED, NOTHING GAINED (1988) Epic 460584

Camper Van Beethoven

Victor Krummenacher (b), Greg Lisher (g), David Lowery (voc, g), Chris Pedersen (dr), Jonathan Segal (p, syn, g, man)

Die einstige Garagenband wurde 1983 im kalifornischen Redlands gegründet und spielte bekannte Hits nach. Stilistisch machten **Camper Van Beethoven** Anleihen bei →**Pink Floyd** und →**Love** sowie bei →**Sonic Youth**, versetzt mit Country und Folk, Rockabilly, New Wave und britischem Beat. In »schön schrägen Songs schunkeln einträchtig Steel Guitar und Posaune nebeneinander« (*Musik Express*), ergänzt durch schottische Dudelsäcke und Country-Fiddel.

Mit der Zeit entwickelten sich **Camper Van Beethoven** zu einer auch über Santa Cruz hinaus akzeptierten Kultband. Mit ihrer LP TELEPHONE FREE LANDSLIDE VICTORY wurden sie an der nordamerikanischen Westküste populär und bewiesen ihre Fähigkeit, »Musikalität und Gewitztheit auf absolut alles anzuwenden« (*Musik Express*).

Auf TWO AND THREE triumphierten Country-Fiddeln und Western-Banjos über Rockidiome. Auch in der Folgezeit ließen sich **Camper Van Beethoven** in keine starre Kategorie einordnen. Ihre musikalische Vielfalt und skurrilen Texte (»ZZ Top Goes To Egypt«, »The Day That Lassie Went To The Moon«) erinnerten manchmal an Jonathan → Richman.

Nach vielen personellen Veränderungen stabilisierte sich 1987 die Besetzung mit David Lowery (* 10. 9. 1960), Greg Lisher (* 29. 11. 1963), Chris Pedersen (* 16. 8. 1960), Jonathan Segal (3. 9. 1963) und Ex-**Wrestling Worms** Victor Krummenacher (* 7. 4. 1965). Auf VAMPIRE CAN MATING OVEN klangen **Camper Van Beethoven** wie eine perfekte Mischung aus den → **Pogues** und → **The Men They Couldn't Hang**, coverten Klassiker wie ›Interstellar Overdrive‹ von **Pink Floyd** oder kritisierten gewalttätige Skinheads (›Take The Skinheads Bowling‹).

Den Wechsel zu einer großen Plattenfirma verkrafteten **Camper Van Beethoven** dank Produzent Dennis Herring (→ **Timbuk 3**) ohne Profilverlust und schafften es auch weiterhin, »mit zurückhaltend/skurrilem Country-Rock ihren Platz unter den zahlreichen Kultbands zu behalten« (*Musik Express*). Sie blieben »ein musikalisches Kuriositätenkabinett« (*Hifi Vision*), das in unprätentiösen Songs den kleinbürgerlichen amerikanischen Alltag karikierte. Ihr Country-Underground hatte aber auch mit Alben wie KEY LIME PIE – mit einer witzigen Version des → **Status Quo**-Hits ›Pictures Of Matchstick Men‹ kommerziell keine Chance.

Segal gründete **Hieronymous Firebrain** und veröffentlichte 1991 unter diesem Bandnamen ein Konzeptalbum. Lowery setzte 1992 seine Karriere mit der Folk/Countryrock-Band **Cracker** fort, der mit KEROSENE HAT (GB #44, US #59) und THE GOLDEN AGE ein kühner Balanceakt zwischen »sattem Stadion-Rock und feinsinnigem Songwriting« (*Hamburger Morgenpost*) gelang. **Cracker** zählten zu den Hoffnungsträgern der Alternativ-Rockszene der USA und konnten 1994 auch in den Singlecharts erste Erfolge verbuchen: ›Low‹ (GB #43, US #64), ›Get Off This‹ (GB #41).

THE GOLDEN AGE, erschienen im Frühjahr 1996, war »irgendwo zwischen Country und Punk, zwischen Liebe und Haß, zwischen Melancholie und Irrsinn« (*Musik Express*) angesiedelt. Lowery profilierte sich zudem als Produzent und förderte 1997 u. a. das Duo **September 67**.

TELEPHONE FREE LANDSLIDE VICTORY (1985) • TWO AND THREE (1986) Line 400320 • CAMPER VAN BEETHOVEN III (1986) IMS 900320 • VAMPIRE CAN MATING OVEN (1987) Rough Trade, RTM 205 • OUR BELOVED REVOLUTIONARY SWEETHEART (1988) Virgin 786055 • KEY LIME PIE (1989) Virgin 786157 • (S) CAMPER VANTIQUITIES (1993) I.R.S. 13211 • Mit Eugene **Chadbourne**: THE EDDIE CHATTERBOX DOUBLE TRIO LOVE ALBUM (1988) • David **Lowery** mit **Cracker**: CRACKER (1992) Virgin 786264 • KEROSENE HAT (1993) Virgin 39012 • THE GOLDEN AGE (1996) Virgin 841498 • Jonathan **Segal** mit **Hieronymous Firebrain**: HIERONYMOUS FIREBRAIN (1991) Delta 6

Candlebox

Peter Klett (g), Kevin Martin (voc), Bardi Martin (b), Scott Mercado (dr)

1992 in Seattle gegründet, bekamen **Candlebox** 1993 von Maverick Records, Besitzerin ist → Madonna, einen Vertrag angeboten. MTV fand Gefallen an der direkten, robusten Heavy-Band und verhalf ihrer zweiten Single ›You‹ (US #78) im Frühjahr 1994 zur ersten Plazierung in den nordamerikanischen Popcharts. ›You‹ stammte aus dem Debütalbum Candlebox, das in den USA dreimal mit Platin ausgezeichnet wurde. **Candlebox** gaben viele erfolgreiche Konzerte und eröffneten u.a. einige Shows von → **Rush**: »MTV allein hilft nicht, du mußt viel touren, bei den Fans präsent sein« (Kevin Martin). Im August 1994 gehörten **Candlebox** zu den Stars der ansonsten ziemlich umstrittenen Neuauflage des Woodstock-Festivals.
Mit dem zweiten Album Lucy vom Herbst 1995, »ein durchgängig brillantes Album« (*Metal Hammer*), etablierten sich **Candlebox** in der Eliteliga der alternativen Rockszene. *Trouser Press* bezeichnete die Band als »die Grand Funk Railrod-Ausgabe der 90er Jahre«. **Candlebox** verstanden es äußerst geschickt, Grunge mit Mainstream-Hardrock zu kombinieren und fanden so bei einem breit gefächerten Publikum Anklang.

CANDLEBOX (1993) • Sire 9362–45313 • LUCY (1995) Sire 9362–45962

Canned Heat

Fito de la Parra (dr), Larry Taylor (b), James Thornbury (voc, harm, g), Junior Watson (g, voc)

Um bei **Canned Heat** mitmachen zu können, mußte man vor allem verrückt auf Blues und Boogie sein. Diese Bedingung stellten Robert ›The Bear‹ Hite (* 26. 2. 1945) aus Kanada und Al ›Blind Owl‹ Wilson (* 4. 7. 1943), der als eine Autorität auf dem Bluessektor galt. Hite und Wilson spielten 1964 gemeinsam in einer Jug Band in Los Angeles, der auch der Schlagzeuger Frank Cook angehörte. Henry Vestine (* 25. 12. 1944) und Ex-→ **Kaleidoscope** Stuart Brotman (b) vervollständigten die Gründungsbesetzung. Brotman wurde allerdings schon bald von Mark Andes abgelöst, der wiederum 1965 seinen Platz Larry Taylor (* 26. 6. 1942) überließ. Taylor war als Lafayette Leake Pianist bei Chuck → Berry und begleitete als Bassist Jerry Lee → Lewis.
Im Club Ash Grove in Los Angeles gaben die »Bluesrocker und Boogie-Elektriker« (*Rolling Stone*) ihr erstes Konzert. Von musikalischer Perfektion waren **Canned Heat** zu diesem Zeitpunkt weit entfernt, aber ihr Spiel riß das Publikum einfach mit. Sie traten regelmäßig in regional bekannten Clubs auf, ihr Countryblues brachte ihnen aber keinen Plattenvertrag ein. Ihre ersten Studioaufnahmen erschienen 1970 unter dem Titel ›Vintage‹. **Canned Heat** trennten sich für einige Monate, konzentrierten sich aber wieder auf den Blues und avancierten zur gefragten Clubband.
Den Durchbruch verdankte das Quintett einem Auftritt beim Monterey International Pop Festival. Im Studio orientier-

ten sie sich an Elmore →James, John Lee →Hooker und Robert →Johnson und nahmen für das Album Canned Heat (US #67, D #33) elf authentische Bluessongs auf. Nach diesem Achtungserfolg modernisierten **Canned Heat** ihren Bluesstil und schufen mit Boogie With (GB #5, US #14) einen progressiven, ureigenen Sound, der sie an die Spitze der US-Bands führte. Das Album hielt sich ein Jahr in den US-Charts, und die zweite Auskopplung ›On The Road Again‹ (GB #9, US #10, D #13), im Original von der **Memphis Jug Band**, entwickelte sich im Sommer 1968 zu einem internationalen Hit. Neu dabei war inzwischen der Mexikaner Adolpho ›Fito‹ de la Parra (* 8. 2. 1946), der von seinem Vorgänger Cook empfohlen wurde. Cook wechselte zu →**Pacific, Gas & Electric.**

Mit einer Version von ›Going Up The Country‹ (GB #24, US #10), einem Blues von Henry Thomas von 1928, setzte sich Ende 1968 der Hitreigen fort, und das legendäre Doppelalbum Living The Blues (US #10, D #26) mit dem über 40minütigen ›Refried Boogie‹ sollte die meistverkaufte LP von **Canned Heat** werden. Schließlich sorgte auch noch die gute Plazierung der Single ›Time Was‹ (US #45) dafür, daß die Band als eine der Hauptattraktionen zum Woodstock Festival eingeladen wurde. **Canned Heat** lösten sich immer deutlicher vom traditionellen Blues und setzten verstärkt auf Rock. Bei ›Let's Work Together‹ (GB #2, US #17, D #6) von Wilbert Harrison und Songs wie ›Sic 'Em Pigs‹ und ›Poor Moon‹, die von radioaktiver Verseuchung und düsteren Kriegsvisionen handelten, griffen sie auch politische Themen auf.

Canned Heat traten nun auch regelmäßig in Europa auf und festigten ihren Ruf als hervorragende Live-Formation. Sie waren perfekt aufeinander abgestimmt und bewiesen mit fast endlos scheinenden Boogie-Improvisationen ihr instrumentales Können. Außer dem Sampler Cookbook (US #56) veröffentlichten sie Ende 1969 mit Harvey →Mandel anstelle von Vestine das Studioalbum Hallelujah (US #30) und den Live-Mitschnitt 70 Concert (US #71). Zusammen mit ihrem Idol John Lee Hooker nahmen sie das Doppelalbum Hooker 'n Heat auf. Sie agierten stilsicher »als ideale Begleitband, die sich bemerkenswert dezent hinter Hooker zurückhielt« (*Sounds*). Am Baß debütierte Antonio de la Barreda als Nachfolger von Taylor. Im Sommer 1970 folgten die Single ›Sugar Bee‹ (D #39), ein Remake von Cleveland Crochets, und die LP Future Blues (US #18).

Nachdem Alan Wilson, der sich mittlerweile mit solistischen Plänen beschäftigte, am 3. 9. 1970 an einer Überdosis Drogen starb, engagierten **Canned Heat** für die Produktion von Historical Figures And Ancient Heads (US #74) den Gitarristen und Sänger Joel Scott Hill. Zu den Stargästen der LP zählte →Little Richard, der zusammen mit Hite ›Rokkin' With The King‹ (US #90) sang.

1973 begann der kommerzielle Abstieg von **Canned Heat**. Die LPs New Age und Many Rivers To Cross bekamen schlechte Kritiken, da die Band offenbar ihre musikalische Orientierung verloren hatte und sich an flachem Mainstream-Rock ausrichtete. Auf New Age präsentierten sich die »Blues und Boogie-Veteranen« (*Hifi Vision*) als Sextett. Hill und de la Barreda waren durch Ed Beyer (key), Richard Hite (b) und James Shane (g) ersetzt worden, doch statt für frischen Wind zu sorgen, kopierten

Canned Heat nur noch sich selbst und verschwanden mehr und mehr in der kalifornischen Clubszene. 1977 wollten **Canned Heat** mit HUMAN CONDITION den guten, alten Boogie neu beleben, doch die Platte, auf der die Hite-Brüder und de la Parra mit den Newcomern Chris Morgan (g, slide-g) und Mark Skyer (g, voc) spielten, entwickelte sich ebenso zum Flop wie das erst 1982 veröffentlichte Album DOG HOUSE BLUES.

Da Bob Hite, der die Band in allen Krisenzeiten zusammengehalten hatte, am 5. 4. 1981 an den Folgen eines Herzanfalls gestorben war, trennten sich **Canned Heat** vorübergehend. Larry Taylor arbeitete als Begleit- und Studiomusiker (John →Mayall, Don ›Sugarcane‹ Harris) und machte 1979 eine LP mit der **Hollywood Fats Band**. Hill gab 1975/76 ein Gastspiel bei den →**Flying Burrito Brothers**, und Beyer schloß sich **Gary Myrick & The Figures** an.

1984 absolvierten **Canned Heat** in der Besetzung de la Parra, Vestine und Taylor sowie James Thornbury (voc, harm, g), zuvor bei →Captain Beefheart, John Lee Hooker und →Commander Cody, aber dennoch kein Ersatz für Hite, zumindest einige Live-Auftritte.

Ende 1988 versuchten **Canned Heat** mit der LP REHEATED einen neuen Anlauf. Vestine, der sich mittlerweile der **Rent Party Band** angeschlossen hatte, war bei den Aufnahmen durch Junior Watson ersetzt worden, der zuvor mit L. C. Robinson und Charlie →Musselwhite aufgetreten war. Die LP wurde als »eine originelle und abwechslungsreiche Blues- und Boogiekollektion« (*Hifi Vision*) gewertet. **Canned Heat** beteiligten sich regelmäßig an Revival-Shows und bewiesen mit BURNIN' LIVE, daß sie auf der Bühne noch etwas zu bieten hatten. Vestine und Mandel beteiligten sich 1994 an den Aufnahmen zu INTERNAL COMBUSTION. Larry Taylor baute vor allem seine Kontakte zur Bluesszene aus und wirkte u. a. auf Alben von Lynwood Slim mit.

1996 tourten **Canned Heat** mit →**Dr. Feelgood** durch Deutschland. Inzwischen war auch Vestine, der 1993 die **Rent Party Gang** verlassen hatte, wieder mit von der Partie. Am 20. Oktober 1997 starb Vestine in einer Lounge des Pariser Flughafens Roissy an Herzversagen.

1997 wurde für das Album THE TIES THAT BIND Sessionmaterial von 1975 aufgearbeitet und durch die letzten Studioaufnahmen Al Wilsons ergänzt.

CANNED HEAT (1967) Liberty 83059 • BOOGIE WITH (1968) Liberty 83103 • LIVING THE BLUES (1968) EMI 869 855 • HALLELUJAH (1969) Liberty 83239 • LIVE AT THE TOPANGO CORRAL (1969) Pickwick, SPC 3364 • VINTAGE (1970) Bellaphon, BLPS 19021 • '70 CONCERT (1970) BGO 5 017 261 200 129 • FUTURE BLUES (1970) BGO 5 017 261 200 495 • HISTORICAL FIGURES AND ANCIENT HEADS (1972) BGO 5 017 261 200 839 • NEW AGE (1973) BGO 5 017 261 200 853 • ONE MORE RIVER TO CROSS (1973) Atlantic 50026 • HUMAN CONDITION (1977) Takoma, AW 2064 • IN CONCERT KING BISCUIT FLOWER HOUR (1979) King Biscuit 8005 • BOOGIE ASSAULT – LIVE IN AUSTRALIA (1981) EFA 17611 • CAPTURED LIVE (1981) • DOG HOUSE BLUES (1982) Happy Bird 90135 • REHEATED (1988) SPV 08–8803 • BURNIN‹ LIVE (1990) SPV 084–8857 • INTERNAL COMBUSTION (1994) AIM 1044 • THE THIES THAT BIND (1997) • (S) COOKBOOK (1970) Liberty 83303 • (S) PORTRAIT (1973) United Artists 29320/21 • (S) THE VERY BEST OF (1975) United Artists 29831 • (S) LET'S WORK TOGETHER (1991) EMI 793 114 • (S) THE BIG HEAT (1993) EMI

780275 • (S) UNCANNED (1994) Liberty 829165 • (S) THE BEST OF (1995) EMI 748377 • Mit John **Lee Hooker**: HOOKER 'N HEAT (1970) EMI 797896 • HOOKER 'N HEAT LIVE (1981) Rhino, RNLP 801 • Mit Memphis **Slim**: MEMPHIS HEAT (1973) Barclay 519725 • Larry **Taylor** mit **Hollywood Fats Band**: HOLLYWOOD FATS BAND (1979) PBR 7008

Freddy Cannon

Freddy Cannon galt als »der letzte Rock'n'Roll-Star« (*Guinness*), der gegen Ende dieser Ära 25 Mal in die Singlecharts kam, darunter fünf Tophits. Zwischen 1959 und 1965 zählte er zu den populärsten Rocksängern Nordamerikas, der durch seinen »enthusiastischen, engagierten Vokalstil« (*Billboard*) auffiel.

Am 4. 12. 1940 als Fredrick Anthony Picariello in Lynn, Massachusetts, geboren, gründete der Sohn eines Tanzorchesterleiters bereits als Teenager eine eigene Band (**Freddy Karmon & The Hurricanes**). Der Bostoner Discjockey Jack McDermott ermunterte Cannon, der inzwischen als LKW-Fahrer arbeitete, 1959 dazu, ins Plattengeschäft einzusteigen. Cannon wählte für seine erste Aufnahme ›Tallahassee Lassie‹, einen von seiner Mutter komponierten Song, aus. Nach einigen Bearbeitungen bei Swan Records eroberte die Single ›Tallahassee Lassie‹ (GB #17, US #6) im Mai 1959 die US-Hitparaden. Cannon gab seinen Fahrerjob auf und veröffentlichte 1959 ›Okefenokee‹ (US #43) und ›Way Down Yonder In New Orleans‹ (GB #3, US #3), die ihn als Shooting Star etablierten.

Cannon bewältigte den plötzlichen Rummel um seine Person souverän. 1960/61 erschienen neun Singles, von denen sich ›Chattanooga Shoe Shine Boy‹ (US #34), ›Jump Over‹ (US #28), ›California Here I Come‹ (GB #20), ›The Urge‹ (GB #19, US #60), ›Buzz Buzz A-Diddle-It‹ (US #51) und ›Transistor Sister‹ (US #35) am besten verkauften.

Bis 1965 blieb Freddy Cannon Stammgast in den Hitparaden und erfreute sich insbesondere in Großbritannien größter Beliebtheit. Seine größten Erfolge feierte er im Mai 1962 mit ›Palisades‹ (GB #22, US #3) und 1964/65 mit ›Abigail Beecher‹ (US #16) und ›Action‹ (US #10). Nach ›The Dedication Song‹ (US #46) verschwand er im Frühjahr 1966 aus den Charts. Cannon hatte mittlerweile eine Aufgabe in der PR-Abteilung von Buddah Records angenommen. 1981 riskierte Cannon ein Comeback, als er sich mit den **Belmonts** für die Single ›Let's Put The Fun Back In Rock'n'Roll‹ (US #81) zusammentat.

THE EXPLOSIVE! FREDDY CANNON (1959) Swan, LP 502 • SINGS HAPPY SHADES OF BLUE (1960) Swan, LP 504 • AT PALISADES PARK (1962) Swan, LP 507 • STEPS OUT (1963) Swan, LP 511 • BANG ON (1963) Stateside, SL 10013 • FREDDY CANNON (1964) Warner Brothers, WS 1544 • ACTION! (1966) Warner Brothers, WS 1612 • (S) FAVOURITES (1961) Top Rank 35–113 • (S) GREATEST HITS (1966) Warner Brothers, WS 1628 • BIG 22 (?) Wanderer 1002

Captain Beefheart

Captain Beefheart ging als eine der schillerndsten Persönlichkeiten in die Rockgeschichte ein. Bei ihm waren stets »Leben und Kunst dasselbe« (*Creem*), und seine außergewöhnliche Kreativität entzog sich jedem Kategorisierungsversuch. In Beefhearts Musik mischten sich »Delta-Blues, Avantgarde-Jazz und Rock'n'-Roll« (*Rolling Stone*), und dieser Sound übte nachhaltigen Einfluß auf die Entwicklung nordamerikanischer Formationen wie den → **Residents**, → **Devo** und → **Pere Ubu** aus. Auch Beefhearts Begleiter, die er meistens aus dem Umfeld seines Freundes Frank → Zappa rekrutierte, ließen sich in kein Schema pressen und entwarfen ihre Soundmuster fernab von kommerziellen Ansprüchen. Captain Beefheart stieg zur Leitfigur für die experimentelle Musik intellektueller Zirkel auf. Doch schließlich wandte er sich der Malerei zu, die sich wesentlich einträglicher erwies als seine musikalischen Eruptionen.

Nach einigen Auftritten im Rahmenprogramm von → **Love** und → **Big Brother & The Holding Company** ermöglichte Buddah Records 1967 die Produktion der LP SAFE AS MILK mit Ry → Cooder (g), Jimmy Simmons (g), Herb Bermann (b) und John French (dr). Cooder blieb jedoch nur wenige Monate bei der **Magic Band**, deren Sound von schneidenden Gitarrenphrasierungen und Psychedelic-Blues geprägt war. »Beefhearts Qualitäten als Singer/Songwriter waren hier bereits voll entwickelt« (*Sounds*), und seine **Magic Band** stellte eine faszinierende Ergänzung zu den eher klamaukartigen **Mothers Of Invention** von Zappa dar.

Captain Beefheart wurde als unberechenbarer Außenseiter gefeiert, der mit herkömmlichen Rocktraditionen brach und unterschiedlichste Stilelemente verband: vom Jazz eines John Coltrane über klassischen Rock'n'Roll bis hin zu zeitgemäßen Elektronikkomponenten. Dieses Konglomerat machte Beefhearts Platten zwar schwer verkäuflich, brachte ihm aber viel Anerkennung in Musiker- und Künstlerkreisen ein. Die verantwortliche Plattenfirma wollte jedoch Umsatz machen, und so mischte der Produzent Bob Krasnow das Album STRICTLY PERSONAL einfach neu ab, als Beefheart in Europa war. Wieder in den USA löste »der Mann, der seine eigene Religion ist« (*Circus*), die Verträge umgehend auf.

Mittlerweile hatte Frank Zappa mit Hilfe seines Managers Herb Cohen das Label Straight Records gegründet. Zappa sagte Beefheart absolute Freiheit bei der nächsten Produktion zu, und Beefheart schrieb daraufhin innerhalb von zehn Stunden die 28 Songs für das Doppelalbum TROUT MASK REPLICA. Die **Magic Band** bestand zu diesem Zeitpunkt aus Zoot Horn Rollo (g, fl), Antennae Jimmy Semens (g, voc), Drumbo (dr), Mascara Snake (vl, voc), Rockette Morton (b) und Doug Moan (g). »Der Fellini des Rock« (*New Musical Express*) führte eine Mixtur aus Free Jazz und Blues, Bläsersoli und wahnwitziger Vokalakrobatik auf. Beefhearts trug seinen Gesang »scheinbar ohne jedes Tempogefühl vor« (*Sounds*) und blieb dabei die dominante Figur vor dem Hintergrund eines durchdachten instrumentalen Chaos.

Im November 1969 beteiligte sich Captain Beefheart an Zappas LP HOT RATS und nahm selbst LICK MY DECALS OFF, BABY auf. Die **Magic Band** spielte in unveränderter Besetzung und hatte mittlerweile soviel Anerkennung gefunden, daß Beefheart 1970 seine erste landesweite US-Tournee riskieren konnte. Im Mai des Jahres traten Beefheart & Co. auch in Europa auf und spielten u. a. beim Festival in Newcastle.

1972 erschienen die Alben SPOTLIGHT

Kid und Clear Spot, bei denen sich Beefheart um die Vereinfachung seiner für ihn »typischen rhythmischen Verschiebungen und Überlagerungen« (*Sounds*) bemühte. Deutliche Zugeständnisse an gängige Rockstrukturen machte Captain Beefheart erstmalig 1974. Auf Wunsch seines damaligen Managers Andy DiMartino wollte er mit Unconditionally Guaranteed neue Käuferkreise ansprechen, und so klang seine Musik längst nicht mehr so extravagant. Rollo, einst bei der Surfband **Nightbeats**, und Morton verließen Ende 1973 die **Magic Band**, um **Mallard** zu formieren, an deren beiden Alben aus den Jahren 1975 und 1976 sie allerdings nicht mehr beteiligt waren.

Captain Beefheart stellte die **Magic Band** komplett um, die sich auf Bluejeans & Moonbeams in der Besetzung Dean Smith (g), Bob West (b), Mark Gibbons (key), Gene Pello (dr), Jimmy Caravan (dr) und Ty Grimes (perc) präsentierte. Auch wenn die LP musikalisch weniger experimentell daherkam, so verzichtete Beefheart doch nicht auf seine avantgardistische Interpretation.

Neben → **Pink Floyd**, Steve → Miller und Roy → Harper trat Beefheart im Juli 1975 beim englischen Knebworth Festival auf und wirkte anschließend als Leadsänger auf Zappas Album Bongo Fury mit. In wiederum neuer Besetzung der **Magic Band** nahm Beefheart Shiny Beast (1978) auf, die einen etwas eingängigeren New Wave bot. Beefheart, der sich nun mehr und mehr auf seine Malerei konzentrierte, lebte zurückgezogen mit seiner Frau in einem komfortablen Wohnmobil in der Mojavewüste und bereitete seine ersten Ausstellungen vor.

In den 80er Jahren erschienen drei LPs sowie die Maxisingle ›Music In Sea Minor‹. Nach dem Erscheinen von Doc At The Radar Station traten Beefheart und seine erneut umbesetzte **Magic Band** noch einmal eine ausgedehnte US-Tour an. Don's Birthday Party wurde an Beefhearts 40. Geburtstag in Seattle mitgeschnitten, und auf Ice Cream Crow überraschte er sein Publikum mit »ungebrochener Energie, Blues- und Rockstrukturen und phantasievollen Wortkaskaden« (*Sounds*).

1986 zog sich Captain Beefheart endgültig aus der Musikszene zurück, um als Maler Karriere zu machen. Sein Einfluß auf die Punk- und New Wave-Generation blieb stets unumstritten, und er war und ist »ein Original der Rockmusik« (*Sounds*).

SAFE AS MILK (1967) Repertoire, REP 4035 • STRICTLY PERSONAL (1968) Virgin 829654 • TROUT MASK REPLICA (1969) Reprise 7599–27196 • LICK MY DECALS OFF, BABY (1970) Straight, STS 1063 • MIRROR MAN (1970) Repertoire, REP 4036 • THE SPOTLIGHT KID (1972) Reprise 44162 • CLEAR SPOT (1972) Reprise 54007 • UNCONDITIONALLY GUARANTEED (1974) Virgin 787 139 • BLUEJEANS AND MOONBEAMS (1974) Virgin 787138 • WHAT'S ALL THIS BOOGA-BOOGA MUSIC – LIVE (1975) WRMB 339 • SHINY BEAST (1978) Virgin 787137 • EASY TEETH (1978) Impossible, IMP 2–27 • DOC AT THE RADAR STATION (1980) Virgin 787136 • DON'S BIRTHDAY PARTY (1981) Tuff Bites, TB 941008 • ICE CREAM CROW (1982) Virgin 786739 • THE LEGENDARY A&M SESSIONS (1984) A&M 12510 • (S) FILE (1977) Pye 008 • (S) TOP SECRET (1984) Breakaway, BWY 66 • (S) I MAY BE HUNGRY BUT I SURE AIN'T WEIRD (1992) Sequel, NEX 215 • (S) THE BEST OF (1995) Musidisc 181842 • **Mallard**: MALLARD (1976) Virgin, V 2045 • IN A DIFFERENT CLIMATE (1977) Virgin, V 2077

Mariah Carey

Mariah Carey war »eine der Gesangssensationen der 90er Jahre« (*Faber Companion*), und zwischen 1990 und 1994 rangierte sie mit acht Singles auf dem ersten Platz der US-Charts. Mit ihrer frischen, gospelgefärbten Stimme wurde sie innerhalb kürzester Zeit zum Weltstar. Ihre Alben wurden mehrfach mit Platin ausgezeichnet und verhalfen der Sängerin auch zum Durchbruch als Komponistin und Produzentin. Mariah Carey kommentierte ihren rasanten Aufstieg bescheiden und vorsichtig: »Manchmal muß ich innehalten und über all das nachdenken, was mir passiert ist, ich lebe wirklich einen Traum, denn ich habe das erreicht, was ich mir schon immer gewünscht habe. Ehrlich, ich wollte nie etwas anderes werden als Singer / Songwriter.«
Geboren wurde Mariah Carey am 22. 3. 1970 in New York und von ihrer Mutter Patricia Carey, einer Gesangslehrerin und ehemaligen Opernsängerin, ausgebildet. Als 16jährige schrieb sie ihre ersten Songs, beeinflußt von Minnie →Riperton, Aretha →Franklin und Stevie →Wonder. Ein Engagement als Chorsängerin für Brenda K. Starr ließ die prominente Kollegin aufhorchen, die dem CBS-Präsidenten Tommy Mottola ein Demoband von Mariah Carey zukommen ließ, der sie sofort unter Vertrag nahm.
1989 pendelte Mariah Carey zwischen zwei Studios in New York und in San Rafael, Kalifornien, hin und her, um ihre erste LP aufzunehmen. Im April 1990 wurde sie erstmals einem ausgesuchten Publikum vorgestellt. Bei einer Soiree trug sie drei Songs vor, lediglich begleitet von dem Pianisten Richard Tee. Die LP Mariah Carey mit Michael Narada Walden als Co-Produzenten erschien im Juni 1990 und erreichte zunächst nur Platz 80 in den Charts, und Kritiker sahen in ihr nur eine weiße Ausgabe von Whitney Houston oder Anita Baker. Als die Single ›Vision Of Love‹ (GB #9, US #1, D #17) die Spitze der Hitparaden eroberte, zog auch das Album Mariah Carey (GB #6, US #1, D #24) nach. Ausgekoppelt wurden zunächst die Ballade ›Love Takes Time‹ (GB #37, US #1, D #57) und eine House-Version von ›Someday‹ (GB #38, US #1). Mariah Carey war nun auch den Musikzeitschriften eine Zeile wert und wurde am 20. 2. 1990 mit zwei Grammies als »beste neue Künstlerin« und für ›Vison Of Love‹ als »beste Single« ausgezeichnet.
Nach nur einem einzigen Album zählte Mariah Carey schon zu den einflußreichsten Pop- und Soulsängerinnen der USA. 1991 erschienen ›I Don't Wanna Cry‹ (US #1) und ›There's Got To Be A Way‹ (GB #54) als Singles. Im Oktober des Jahres bereitete ›Emotions‹ (GB #17, US #1, D #39) das Erscheinen des zweiten, gleichnamigen Albums vor. Damit übertraf »der neue Superstar der atemberaubenden Vokalkunst« (*Hifi Vision*) den Erfolg ihres Debüts. Als Singles wurden von ›Emotions‹ (GB #4, US #4, D #46) ›Can't Let Go‹ (GB #20, US #2), ›Make It Happen‹ (GB #17, US #5, D #74) veröffentlicht. Mariah Carey wurde dafür erneut für mehrere Grammykategorien nominiert, erhielt drei Soul Train Awards und den American Music Award als »beste R&B-Sängerin«.
Auf Tournee- und Konzertangebote reagierte die Musikerin zögernd, sie trat allerdings häufiger in TV-Shows auf und verzichtete dabei in der Regel auf ein

Playback. Ihr Unplugged-Gastspiel bei dem Videofernsehkanal MTV am 17. 3. 1992 wurde auf einer EP festgehalten, die u. a. eine gelungene Version des → **Jackson Five**-Hits ›I'll Be There‹ (GB #2, US #1, D #33) enthielt. Im Juni 1993 heiratete sie ihren Entdecker Tommy Mottola. Eine absolute Kollektion von Hits gelang Mariah Carey 1993 mit Music Box (GB #1, US #1, D #1), die 33 Wochen auf Platz eins oder zwei in den nordamerikanischen LP-Charts geführt wurde und sich weltweit rund 20 Millionen Mal verkaufte: »Wo Whitney Houston mit fettem Tremolo zu Werke geht, becirct Mariah Carey durch pure Sanftheit mit kristallklarer und warmer Stimme« (*Musik Express*). Die Serie der Singlehits setzte sich 1993/94 fort: ›Dreamlover‹ (GB #9, US #1, D #42), ›Hero‹ (GB #7, US #1, D #41), → Nilssons ›Without You‹ (GB #1, US #3, D #1) und ›Anytime You Need A Friend‹ (GB #8, US #12, #41). Im Spätsommer veröffentlichte sie im Duett mit Luther → Vandross eine Neuauflage der Ballade ›Endless Love‹ (GB #3, US #2, D #14), im Original von Diana → Ross und Lionel → Richie, und im Dezember wurde aus ihrem Weihnachtsalbum Merry Christmas (GB #32, US #3, D #15) der Song ›All I Want For Christmas Is You‹ (GB #2, D #24) ausgekoppelt. Daydream von 1995 enthielt die Singlehits. ›Fantasy‹ (GB #4, US #1, D #17), ›One Sweet Day‹ (GB #6, US #1, D #25), ›Open Arms‹ (GB #4, D #65) und ›Always Be My Baby‹ (GB #3, US #1, D #76); ›One Sweet Day‹ entstand erneut in Zusammenarbeit mit **Boyz II Menm**. Februar 1996 erhoben das US-Songwriterteam Sharon Taber und Randy Gonzales den Vorwurf, Mariah Careys Song ›Can't Let Go‹ sei ein Plagiat ihrer Komposition ›Right Before My Eyes‹. Mariah Carey, inzwischen von Sony-Chef Mottola geschieden, hatte bis 1997 rund 80 Millionen Alben weltweit umgesetzt. Ihr Album Butterfly, im September 1997 veröffentlicht, war eine Mischung aus Balladen, R&B-Songs, dezenten HipHop-Einlagen und verhaltener Dance-Music. Als Single wurde im Vorfeld ›Honey‹ veröffentlicht. Mariah Carey, die sich auch von ihrem Manager und ihrem Anwalt getrennt hatte, untermauerte ihren Neuanfang mit der Gründung des Labels Crave Records, das Newcomer wie das Quartett **Allure** förderte.

MARIAH CAREY (1990) Columbia 466815 • EMOTIONS (1991) Columbia 468851 • UNPLUGGED (1992) Mini-LP Columbia 471869 • MUSIC BOX (1993) Columbia 474270 • MERRY CHRISTMAS (1994) Columbia 477342 • DAYDREAM (1995) Columbia 481367 • BUTTERFLY (1997) Columbia 488537

Belinda Carlisle

Als Mitglied der Frauenband → **Go Go's** wurde Belinda Carlisle (* 17. 8. 1958, Hollywood) Mitte der 80er Jahre bekannt. Nach sieben Hitsingles mit der Gruppe entschied sich die Leadsängerin 1985 für eine Solokarriere. Am 5. 5. 1986 gab sie in Cleveland, Ohio, ihr erstes Konzert und präsentierte eine unkomplizierte Pop/Beat/Rockmischung, die auf Anhieb beim Publikum ankam. Von der ersten Single ›Mad About You‹ (GB #67, US #3) wurden in den USA über eine halbe Million Exemplare verkauft, und das Album Belinda (US #13) drang in die Top 20 vor. Während einer Tour im Vorpro-

gramm von Robert →Palmer erschien im September 1986 die zweite Single ›I Feel Magic‹ (US #82), danach tourte sie mit »forschen Sixtiesanklängen und typischer Girl Pop-Stimme« (*Musik Express*) drei Monate durch die US-Clubszene.
Reinster Poprock bestimmte die im Herbst 1987 erschienene LP HEAVEN ON EARTH (GB #4, US #13, D #17) mit den Smashhits ›Heaven Is A Place On Earth‹ (GB #1, US #1, D #3), ›I Get Weak‹ (GB #10, US #2, D #38) und ›Circle In The Sand‹ (GB #4, US #7, D #9). ›I Feel Free‹ (US #88), im Original von →Cream, ›World Without You‹ (GB #34) und ›Love Never Dies‹ (GB #54) kamen ebenfalls als Singles heraus.
Mit eingängigen, manchmal etwas oberflächlichen Songs fand Belinda Carlisle sehr schnell ihren Platz im internationalen Popgeschäft. 1988 hatte sie zahlreiche Auftritte in Kanada und Großbritannien. Anfang 1989 unterstützte sie die Aktion Rainbow Warriors der Umweltorganisation Greenpeace.
Wiederum von Rick Nowels (Stevie →Nicks) produziert, brachte Belinda Carlisle im November 1989 auf ihrer LP RUNAWAY HORSES (GB #4, US #37, D #24) »mit stromlinienförmiger Band die stromlinigen Songs« (*Stern*) heraus. Als Singles waren ›Leave A Light On‹ (GB #4, US #11, D #15), ›La Luna‹ (GB #38, D #16), ›Runaway Horses‹ (GB #40, D #63), ›Vision Of You‹ (GB #41), ›(We Want) The Same Thing‹ (GB #6, D #53) und ›Summer Rain‹ (GB #23, US #30, D #57) erfolgreich. Kritiker bemängelten die fehlende Originalität ihrer Songs, und vor allem in den USA begann ihre Erfolgskurve langsam zu sinken.
Ende 1990 beteiligte sich Belinda Carlisle an einer Reunion der **Go Go's**, die am Neujahrstag 1991 eine Tour durch die USA starteten. Anschließend widmete sie sich wieder ihrem »beherzten Gitarrenpop und den üppig arrangierten Balladen« (*Hifi Vision*). Das vierte Album LIVE YOUR LIFE BE FREE erschien im Herbst 1991 und lieferte die Singles ›Live Your Life Be Free‹ (GB #12, D #71), ›Do You Feel Like I Feel?‹ (GB #29, US #73), ›Half The World‹ (GB #35, D #62) und ›Little Black Book‹ (GB #28, D #69).
Belinda Carlisle hatte inzwischen geheiratet und unternahm erst nach der Geburt ihres Kindes mit REAL (GB #9) Ende 1993 einen neuen Anlauf: »Ich brauchte Zeit, um meine Batterien aufzuladen, und wollte alles so echt wie möglich inszenieren. Klar, daß die meisten Songs autobiographisch sind.« Belinda Carlisle löste sich etwas vom allzu oberflächlichen Hitpop und riskierte »einen Blick auf die dunklen Seiten menschlicher Gefühle« (*Wom*). Als Singleauskopplungen wählte sie ›Big Scary Animal‹ (GB #12, D #63) und ›Lay Down Your Arms‹ (GB #27).
Das Seattle Symphony Orchestra, der Perkussionist Paulinho da Costa und Brian Wilson von den →**Beach Boys** als Chorsänger unterstützten Belinda Carlisle 1996 bei A WOMAN AND A MAN. Für dieses Album adaptierte sie u. a. Songs von Per Gessle von →**Roxette** und Neil Finn von →**Crowded House**. In Großbritannien gelangen ihr mit ›In Too Deep‹ (GB #6), ›Always Breaking My Heart‹ (GB #8) und ›Love In The Key Of C‹ (GB #20) drei Hits.

BELINDA (1986) Virgin 713117 • HEAVEN ON EARTH (1987) Virgin 786422 • RUNAWAY HORSES (1989) Virgin 786351 • LIVE YOUR LIFE BE FREE (1991) Virgin 786352 • REAL (1993) Virgin 39102 • A WOMAN

AND A MAN (1996) Virgin 853545 • (S)
THE BEST OF VOL. 1 (1992) Virgin 786319

Eric Carmen

Eric Carmen, geboren am 11. 8. 1949 in Cleveland, Ohio, erhielt klassischen Klavierunterricht, lernte Viola und Violine und studierte am Cleveland Institute Of Music Harmonielehre und Musiktheorie. Sehr zum Leidwesen seiner Familie griff er zu Beginn der 60er Jahre zur Gitarre und begeisterte sich für Bands wie die →**Who**, →**Hollies** und →**Beach Boys**. In Cleveland spielte Carmen bei den **Fugitives**, **Harlequins**, **Sounds Of Silence** und **Cyrus Erie** und machte die Bekanntschaft des Gitarristen Wally Carter Bryson (* 18. 7. 1949).

Gemeinsam mit Bryson, dem Gitarristen Dave Smalley (* 10. 7. 1949) und dem Schlagzeuger Jim Bonfanti (* 17. 12. 1948) gründete Carmen **Quick**, aus denen bald darauf die **Raspberries** entstanden. Bonfanti kam von den **Outsiders**, die 1967 mit der Single ›It's Cold Outside‹ einen kleinen Hit verzeichnen konnten. Gefällige Melodien, perfekter Gesang und musikalisch eine Mischung aus →**Beatles** und **Beach Boys** reichten aber nicht aus, um die **Raspberries** bei einem größeren Publikum bekanntzumachen. Eric Carmen brachte zu dieser Zeit seine erste Solosingle ›Light The Way‹ heraus.

1970 wurde der Produzent Jimmy Lenner (**Lighthouse**) auf die neuen Demos der **Raspberries** aufmerksam, übernahm das Management der Band und beschaffte ihnen einen Vertrag mit Capitol Records. Während der Produktion ihres ersten Albums befanden sich die **Raspberries** auf ihrer ersten großen US-Tournee im Vorprogramm der →**Grass Roots**.

Kritiker lobten den »feinen, leichtbekömmlichen England-Rock« (*Rolling Stone*), und so wurde THE RASPBERRIES (US #26) in den USA über 500000 Mal verkauft, und die Single ›Go All The Way‹ (US #3) erreichte eine Auflage von 1,3 Millionen Stück. Die **Raspberries** wurden als »amerikanische Beatles« (*Billboard*) gefeiert und landeten 1972/73 mit den Singles ›I Wanna Be With You‹ (US #7) und ›Let's Pretend‹ (US #14) sowie dem Album FRESH (US #29) weitere Hits.

1974 sorgten bandinterne Querelen um die zukünftige musikalische Orientierung für Unruhe. Mit ›Tonight‹ (US #43) und ›Overnight Sensation (Hit Record)‹ (US #26) kamen sie 1974 noch zweimal in die US-Hitlisten. Nach dem schwachen Verkauf der LP SIDE THREE stiegen zunächst Bonfanti und Smalley aus. Ihre Positionen übernahmen Michael McBride (dr) und Scott McCarl (b). Als auch das Konzeptalbum STARTING OVER, das von der Vergänglichkeit des Starruhms handelte, erfolglos blieb, trennte sich die »Cocktail-Band« (Eric Carmen) Anfang 1975. Wally Bryson schloß sich daraufhin erst **Tatto** und dann **Fotomaker** an, während Eric Carmen auf eine Sololaufbahn setzte.

Carmen ließ den süßlichen Pop der **Raspberries** hinter sich und setzte auf üppig orchestrierte Rockmusik und »intelligente Popballaden« (*Rolling Stone*). Anfang 1976 überzeugte er mit ›All By Myself‹ (GB #9, US #1) und seinem brillant inszenierten Album ERIC CARMEN (US #27). Carmens klassische Ausbildung wurde in jeder Sequenz deutlich, und Shaun Cassidy und Frank Sinatra übernahmen Kompositionen aus der LP.

Sein Ruf als Songwriter war gesichert, aber auch als Sänger gelangen ihm 1976 mit ›Never Gonna Fall In Love Again‹ (US #9) und ›Sunrise‹ (US #38) zwei weitere Chartsnotierungen.
Das zweite Album, in Zusammenarbeit mit dem Elton →John-Produzenten Gus Dudgeon geplant, stellte Eric Carmen in Eigenregie fertig. Den Titel Boats Against The Current (US #54) hatte er von dem Schriftsteller F. Scott Fitzgerald entlehnt. Zur Studioband gehörten u.a. Nigel Olsson (dr), Burton Cummings (voc) und →**Toto**-Drummer Jeff Porcaro. Carmen fand auch als Produzent, Arrangeur und Interpret in Personalunion wieder die richtige Mischung aus dramatischen Balladen und vitalem Kraftrock. In der Singlehitparade war Carmen im August 1977 mit ›She Did It‹ (US #27) vertreten.
14 Monate nach der zweiten LP erschien Change Of Heart (US #68) mit den Singles ›Change Of Heart‹ (US #20) und ›Baby, I Need Your Lovin‹ (US #71). Eric Carmens aufwendig instrumentierter Sound drohte in kitschigen Rock abzugleiten. Seine Erfolgskurve erreichte im Sommer 1980 mit dem Album Tonight You're Mine ihren vorläufigen Tiefpunkt. Nach der Single ›It Hurts Too Much‹ (US #71) verschwand sein Name aus den Hitlisten.
Eric Carmen zog sich daraufhin für fast fünf Jahre aus dem Musikgeschäft zurück. Unterstützt von den erfahrenen Produzenten Bob Gaudio und Don Gehman gelang ihm im Frühjahr 1985 ein zumindest teilweise erfolgreiches Comeback, da die Singles ›I Wanna Hear It From Your Lips‹ (US #35) und ›I'm Through With Love‹ (US #87) ganz gut ankamen. Carmen war außerdem an dem Soundtrack zu »Footloose« beteiligt, und seine neue LP Eric Carmen klang wie »eine überarbeitete Greatest Hits-Kollektion mit neuem Sound« (*Musik Express*).
Ende 1987 war Carmen wieder unter den Top 10 der nordamerikanischen Singlecharts vertreten. Den Song ›Hungry Eyes‹ (US #4) hatte er für den erfolgreichen Tanzfilm »Dirty Dancing« verfaßt. Zusammen mit Bill Medley, Merry Clayton und den **Contours** trat er Sommer 1988 zur »Dirty Dancing The Concert Tour« an. Zur gleichen Zeit etablierte sich ›Make Me Lose Control‹ (US #3) in der Spitze der US-Hitparaden. Bis Ende 1988 hatte Eric Carmen weltweit 15 Millionen Platten verkauft.
Im Herbst 1987 beteiligte sich Carmen mit ›Reason To Cry‹ an dem Sampler One Moment In Time für die Olympischen Sommerspiele 1988 in Los Angeles.

ERIC CARMEN (1976) Arista 888779 • BOATS AGAINST THE CURRENT (1977) Arista 888780 • CHANGE OF HEART (1978) Arista 888781 • TONIGHT YOU'RE MINE (1980) Arista 888782 • ERIC CARMEN (1985) Rhino 71141 • (S) THE BEST OF (1988) Arista 258916 • Mit **Raspberries**: RASPBERRIES (1972) Capitol, ST-11036 • FRESH (1973) Capitol, ST-11123 • SIDE THREE (1974) Capitol, ST-11220 • STARTING OVER (1974) Capitol, ST-11329 • (S) BEST OF (1975) Capitol, ST-11524 • (S) GREATEST HITS (1995) EMI 833669 • Wally **Bryson** mit **Tatto**: TATTO (1976) Prodigal, PDL 2003 • Wally **Bryson** mit **Fotomaker**: FOTOMAKER (1978) Atlantic 50450 • VIS A VIS (1979) Atlantic, SD 19208 • TRANSFER STATION (1979) Atlantic, SD 19246

Kim Carnes

Die Erfolgsbilanz von Kim Carnes (* 20. 7. 1946) aus Hollywood kann sich sehen lassen. Für ›Bette Davis Eyes‹ und ihre Mitarbeit am Soundtrack des Erfolgsfilms »Flashdance« wurde sie mit Grammies ausgezeichnet. Ihr Album MISTAKEN IDENTITY erhielt mehrfach Platin, mit ihren Duetten an der Seite von Kenny Rogers, James Ingram und Barbra Streisand erreichte sie Toppositionen in den US-Charts, und ihre Kompositionen, die sie häufig mit Ehemann Dave Ellingson verfaßte, wurden u. a. von Frank Sinatra, Andy Williams, Anne → Murray und Rita → Coolidge adaptiert.

Kim Carnes wuchs in Pasadena auf und begann ihre musikalische Karriere als 14jährige im Duett mit einer Schulfreundin. Sie erhielt Klavierunterricht, und das »perfekte amerikanische Mädchen« (*Record Mirror*) setzte ihr Talent zunächst als Komponistin von Werbespots ein und war in den 60er Jahren Mitglied der **New Christy Minstrels**. In der populären und äußerst reisefreudigen Gesangsgruppe machte sie die Bekanntschaft von Kenny Rogers und wirkte am Soundtrack von »Vanishing Point« mit.

Unter Anleitung ihres Entdeckers, dem Produzenten Jimmy Bowen, nahm sie 1972 ihr erstes Album REST ON ME auf, das wie die beiden folgenden LPs geschmackvollen Pop bot. 1977 gewann sie mit ihrem Lied ›Love Comes From Unexpected Places‹ beim American und Tokio Festival den ersten Preis. Ihrem Duett mit dem Countrymusiker Gene Cotton, ›You're A Part Of Me‹ (US #78), verdankte sie im Sommer 1978 ihren ersten Charterfolg. Als Solistin debütierte sie im Februar 1979 mit ›It Hurts So Bad‹ (US #66) in den Hitlisten.

1980 sorgten ein Duett und zwei Coverversionen für Erfolg. Mit Kenny Rogers sang sie den Bestseller ›Don't Fall In Love With A Dreamer‹ (US #4) sowie Smokey → Robinsons ›More Love‹ (US #10) und ›Cry Like A Baby‹ (US #59) von den → **Box Tops**. Außerdem erschien die LP ROMANCE DANCE (US #83). Ihr endgültiger Durchbruch gelang im Frühjahr 1981 mit der von Donna Weis und Jackie DeShannon 1974 verfaßten Uptempo-Ballade ›Bette Davis Eyes‹ (US #1), die weltweit millionenmal verkauft wurde. Dieser Hit sowie ›Draw Of The Cards‹ (US #28) stammten vom Album MISTAKEN IDENTITY (US #1), das eine gelungene Mischung aus Rock, Soul, Disco, Blues und Country & Western bot.

Das nächste Album VOYEUR (US #49), erschienen 1982, enthielt dagegen einige mittelmäßige Schmalzballaden. Als Singles wurden ›Voyeur‹ (US #29) und ›Does It Make You Remember‹ (US #36) ausgekoppelt. Bis Frühjahr 1985 erreichte Kim Carnes nur noch mittelmäßige Plazierungen in den Singlecharts, die Verkäufe der Alben ließen sogar extrem nach. Von den Singles erreichte lediglich ›Invisible Hands‹ (US #40) im Herbst 1983 Top 50-Niveau. Im Duett mit Kenny Rogers und James Ingram bei ›What About Me‹ (US #15) und mit Barbra Streisand bei ›Make No Mistake, He's Mine‹ (US #51) ging es Ende 1984 wieder aufwärts, und mit dem Song ›Crazy In The Night‹ (US #15) kehrte der »rostige Sopran mit dem traurigen Pathos« (*Rolling Stone*) in die höheren Chartsregionen zurück. Auch das dazugehörige Album BARKING THE AIRPLANE'S (US #48) profitierte im Sommer 1985 von dem Aufschwung.

Der Höhenflug hielt jedoch nur kurz an, denn allzu windige Produktionspraktiken und übertriebene Arrangements konnten den Mangel an herausragenden Songs nicht kaschieren. 1988 nahm sie am Benefizprojekt USA For Africa teil.
Kim Carnes gehörte zwar weiterhin zur Westcoastprominenz, zog sich aber mit Ehemann und Sohn Colin ins Privatleben zurück und ließ sich mit einem Comeback bis 1993 Zeit. Mit dem Song ›Gipsy Honeymoon‹ (D #65) gelang ihr jedoch lediglich ein kleiner Erfolg in Deutschland.

REST ON ME (1972) Amos 7016 • KIM CARNES (1975) A&M 4548 • SAILIN' (1976) A&M 4606 • ST. VINCENT'S COURT (1979) EMI 17004 • ROMANCE DANCE (1980) EMI 17030 • MISTAKEN IDENTITY (1981) EMI 791665 • VOYEUR (1982) EMI 064–400126 • CAFE RACERS (1983) EMI 064–717061 • BARKING AT AIRPLANE'S (1985) EMI 064–240338 • LIGHTHOUSE (1986) EMI 064–240572 • VIEW FROM THE HOME (1988) MCA 255695 • (S) GYPSY HONEYMOON (1993) EMI 798223

Mary-Chapin Carpenter

Wie Nanci →Griffith und k. d. →lang gelang es auch Mary-Chapin Carpenter, Country, Folk und Pop überzeugend zu verbinden. Ihre Popularität wuchs ständig, und mit dem Platinalbum COME ON, COME ON schaffte sie 1992/93 endgültig den kommerziellen Durchbruch.
Sie wurde am 21. 1. 1958 in Princeton, New Jersey, geboren, wuchs in Japan und Washington D.C. auf und promovierte an der Brown University, bevor sie sich für eine Musikerlaufbahn entschied. 1986 gehörte Mary-Chapin Carpenter zu den lokalen Folk/Countrygrößen ihrer Region und wurde von dem Produzenten und Gitarristen John Jennings unter Vertrag genommen, der sie nach Nashville holte, um ihr Debütalbum zu produzieren. Sie sang in den Clubs und Bars überwiegend bekannte Songs nach, ehe sie den Veranstaltern klarmachen konnte, daß sie selbst komponierte.
Ursprünglich wollte sie für ihre erste LP auch John →Stewarts ›Runaway Train‹ aufnehmen. Columbia Records fand jedoch, daß dieser Song besser für Rosanne →Cash geeignet war, die damit einen Bestseller in den Countrycharts landete. Mary Chapin-Carpenters Album HOME TOWN GIRL fand bei den Kritikern großen Anklang, erreichte aber nur eine kleine Auflage. Sie wurde fälschlicherweise der Kategorie Country & Western zugerechnet, obwohl ihre Musik eindeutig von der modernen Folkmusik eines Woody →Guthrie oder einer Judy →Collins beeinflußt war.
Die »exzellente Songwriterin mit der souveränen, ausdrucksstarken Stimme« (*Fachblatt*) erzielte mit ihren Platten STATE OF THE HEART und SHOOTING STRAIGHT IN THE DARK zunehmend höhere Verkaufszahlen, und mit der Single ›Right Now‹, im Original von Gene →Vincent, erreichte sie 1991 eine Spitzenposition in der Country-Hitparade. 1993 war sie mit den Singles ›Passionate Kisses‹ (US #57, D #58), ›I Feel Lucky‹ (D #69) und ›He Thinks He'll Keep Her‹ (GB #71) in den Popcharts erfolgreich und wurde weltweit populär.
Aufgrund ihres »unverkennbaren Südstaaten-Timbres« (*Musik Express*) wurde COME ON, COME ON (US #31) Ende 1992 als »außergewöhnlich Produktion« (*Billboard*) bezeichnet und brachte Mary-Chapin Carpenter Konzertangebote

aus Europa ein: »Die ausgebuffte Entertainerin setzte gekonnt Ruhepunkte, um im nächsten Moment deftig loszulegen« (*Rock World*). 1993 war sie Gast bei Aufnahmen eines Albums des Zydeco/Countryrock-Projekts **Beausoleil** von Michael Doucet und wirkte auf einer Platte von Patty Larkin mit.
Den vorläufigen Höhepunkt ihrer Karriere erreichte Mary-Chapin Carpenter 1994 mit STONES IN THE ROAD (GB #26, US #10) und der Auskopplung ›Shut Up And Kiss Me‹ (US #90). Zu den Studiogästen des Albums gehörten die Countrystars Lee Roy Parnell und Trisha Yearwood, Don Dixon, Ex-Produzent von →**R.E.M.**, Don Dixon als Bassist und Folk-Newcomerin Shawn →Colvin, die sie 1994 bei ihrem Album COVER GIRL unterstützte.
Bis 1994 wurde Mary-Chapin Carpenter in verschiedenen Country-Kategorien mit fünf Grammies ausgezeichnet und hatte weltweit rund acht Millionen Alben verkauft. Im Juni 1995 schloß sie die Arbeiten zu ihrem 96er-Album A PLACE IN THE WORLD ab und nahm für das John →Lennon-Tribute-Album WORKING CLASS HERO ein Remake seines Songs ›Grow Old With Me‹ auf.

HOMETOWN GIRL (1987) Columbia 473 915 • STATE OF THE HEART (1989) CBS 466691 • SHOOTING STRAIGHT IN THE DARK (1990) Columbia 467 468 • COME ON, COME ON (1992) Columbia 471 898 • STONES IN THE ROAD (1994) Columbia 477 679 • A PLACE IN THE WORLD (1996) Columbia 485 182

Cars

Elliot Easton (g, voc), Greg Hawkes (key, sax, voc), Ric Ocasek (voc, g), Benjamin Orr (b, voc), David Robinson (dr)

Markigem Heavybeat und einigen unter die Haut gehenden Balladen verdankten die **Cars** ihre rasante Karriere, in deren Verlauf alle ihre Alben mit Platin ausgezeichnet wurden und sie acht Top 20-Hits erzielten. Ric Ocasek, künstlerische Chef der Band, trimmte das Quartett aus Boston, Massachusetts, von Anfang an auf Erfolgskurs. Die **Cars** lieferten Hits en gros und konnten sich auf ihr einfaches Konzept jederzeit verlassen. »Eingängiges Rock'n'Roll-Basspattern, Rics trockener, völlig emotionsloser Gesang, saftige, aber trotzdem sparsame Leadgitarrenriffs und eine getreulich murmelnde Orgel« (*Musik Express*) prägten einen Sound mit hohem Wiedererkennungswert.
Die **Cars** wurden Ende 1976 in Ann Arbor, Michigan, gegründet. Ric Ocasek (Richard Otcasek, *23. 3. 1949, Baltimore) und und Benjamin Orr (Benjamin Orzechowski, *9. 8. 1955, Cleveland) waren fast ein Jahrzehnt lang Partner und nahmen mit **Milkwood**, bei denen auch Greg Hawkes mitspielte, 1972 ein Album auf. Hawkes begleitete zuvor Martin Mull und war Mitglied der **Orphan**. Elliot Easton (* Elliot Shapiro, *18. 12. 1953, New York) lernte Orr und Ocasek bei **Cap'n Swing** kennen, und David Robinson (*2. 4. 1953) war Ex-Drummer der **Modern Lovers** von Jonathan →Richman und gab ein Gastspiel bei **DMZ**.
Die **Cars** debütierten am Silvesterabend 1976 in Portsmouth, New Hampshire, im

Club der Pease Air Force Base. Ihr erstes professionelles Demoband finanzierte das Quintett selbst. ›Just What I Needed‹ fand bei den Bostoner Radiostationen großen Anklang und brachte die **Cars** ins Vorprogramm von Nils →Lofgren, →**Foreigner** und der →**J. Geils Band**. Im November 1977 unterzeichneten die Newcomer einen Plattenvertrag, und der →**Queen**-Produzent Roy Thomas Baker war für die Studioaufnahmen der ersten LP verantwortlich, die in zwei Wochen beendet waren.

Im Juli 1978 sorgte die Single ›Just What I Needed‹ für Furore (US #28), im Oktober veröffentlichten die **Cars** ›My Best Friend's Girl‹ (GB #5, US #39), die erste Picturesingle, die im Handel erhältlich war. Die »Newcomer-Band des Jahres« (*Rolling Stone*) erhielt im Februar 1979 einen Grammy als beste neue Gruppe, und das Debütalbum The Cars (GB #27, US #28) erreichte wenig später eine Millionenauflage. Die Platte überzeugte durch karge Arrangements, ausgeprägte New Wave-Akzente und eingängige Songs wie ›Good Times Roll‹ (US #70).

Nach ausgedehnten Tourneen, u. a. mit Robin →Trower, produzierten die **Cars** in Los Angeles ihre zweite LP Candy-O (GB #24, US #4), die im Sommer 1979 herauskam. Wieder von Baker produziert, hatte die Band ihren Stil perfektioniert und lieferte weitere Hits wie ›Let's Go‹ (US #12) und ›It's All I Can Do‹ (US #58). Die **Cars** gehörten nun zur Elite der nordamerikanischen Rockbands und konnten sich sogar musikalisch wenig überzeugende LPs wie Panorama (US #8) und Shake It Up (US #12), die »konstruiert und unharmonisch« (*Musik Express*) wirkten, leisten. Dennoch wurden Millionen Exemplare davon verkauft, und die **Cars** hatten mit den Singles ›Touch And Go‹ (US #43) und ›Shake It Up‹ (US #4) Erfolg. Lediglich in Europa reagierte man ablehnend auf diese Produktionen.

1983 erlebten die **Cars** ihre erste Krise, da Ocasek Soloambitionen hegte. Er nahm die mäßige LP Beatitude (US #28) auf und produzierte Alan →Vega, **Romeo Void** und Bebe Buell, Freundin von Todd →Rundgren. Orr kündigte ebenfalls ein Album an, Robinson profilierte sich als Produzent von **Boys Life**, Jules Shear und der **Vinny Band**, und Easton arbeitete für **Peter Bond Set**.

Ende des Jahres rauften sich die fünf Musiker wieder zusammen und veröffentlichten ihre wahrscheinlich beste Platte Heartbeat City (GB #19, US #3, D #15) die »einen gut zu konsumierenden Sound« (*Musik Express*) bot und aus der fünf Singles ausgekoppelt wurden: ›You Might Think« (US #7), ›Magic‹ (US #12), ›Drive‹ (GB #4, US #3, D #4), ›Hello Again‹ (US #20, D #27), ›Tonight She Comes‹ (GB #46, US #7). Die Ballade ›Drive‹ wurde zum Klassiker der **Cars**. Ocasek wurde als Regisseur des Clips von ›You Might Think‹ vom Musikkanal MTV für das »beste Video des Jahres« ausgezeichnet.

Nach dem Riesenerfolg von Heartbeat City pausierten die **Cars** fast drei Jahre lang. In dieser Zeit erschien Ende 1985 der Sampler Greatest Hits (GB #17, US #12), ›Drive‹ (GB #4) wurde im Spätsommer 1985 erneut auf den Markt gebracht. Die Tantiemen stellte die Band einem Fonds gegen den Hunger in Afrika zur Verfügung. Easton veröffentlichte sein Soloalbum Change No Change (US #99), während Ocasek im November 1986 bereits seine zweite Soloplatte This Side Of Paradise (US #31) herausbrachte, die den Singlehit ›Emotion In Motion‹ (US #15) enthielt. Auch Benja-

min Orr kam mit einem Soloalbum, The Lace (US #92) betitelt, und der Single ›Stay The Night‹ (US #24) heraus.
1987 reaktivierte Ocasek die **Cars** und schrieb das gesamte Material für das Album Door To Door (GB #38, US #26, D #57), das er auch selbst produzierte. Der »naive Charme« (*Stern*) der lässigen Popmelange sorgte erneut für eine Millionenauflage, wenngleich diese LP weit hinter den Umsätzen der früheren Alben zurückblieb. Als Singles wählten die **Cars** ›You Are The Girl‹ (US #17), ›Strap Me In‹ (US #85) und ›Coming Up To You‹ (US #74) aus. Im April 1988 trennten sich die **Cars**.
Am 23. 8. 1989 heiratete Ocasek auf der Karibikinsel St. Bart's seine langjährige Freundin Paulina Porizkova. Acht Monate später trat er neben → **Hall & Oates** und den → **B 52**'s im New Yorker Central Park erstmals als Solist auf. Ende 1990 wechselte er die Plattenfirma und brachte im August 1991 die von Nile → Rodgers mitproduzierte Platte Negative Theater heraus. Seine ehemaligen Begleiter hofften 1993 vergeblich auf eine Reunion der **Cars**. Easton wurde Mitglied der **Band Of Angels** und schloß sich 1996 einer Neuauflage von → **Creedence Clearwater Revival** an.
Ocasek arbeitete erfolgreich als Produzent (**Nada Surf**, → **Hole**, **Weezer**) und veröffentlichte nach vierjähriger Pause im Sommer 1997 sein Soloalbum Troublizing, von Billy Corgan (→ **Smashing Pumpkins**) produzierte: »Eine unnachahmliche Mischung aus treibenden Gitarrenriffs und verführerischen Refrains« (*Musikwoche*).

THE CARS (1978) Elektra 7559–60326 • CANDY-O (1979) Elektra 7599–60327 • PANORAMA (1980) Elektra 7559–60340 • SHAKE IT UP (1982) Elektra 7559–60585 • HEARTBEAT CITY (1984) Elektra 7559–60296 • DOOR TO DOOR (1987) Elektra 7559–60747 • PROTOTYPES (1996) WEA 034–973507 • (S) GREATEST HITS (1985) Elektra 7599–60464 • Ric **Ocasek**: BEATITUDE (1983) Geffen 25282 • THIS SIDE OF PARADISE (1986) Geffen 7599–24098 • FIREBALL ZONE (1991) Reprise 7599–26552 • NEGATIVE THEATER (1993) Warner Brothers 9362–45248• TROUBLIZING (1997) Sony 488240 • Ric **Ocasek**, Benjamin **Orr** und Greg **Hawkes** mit **Milkwood**: MILKWOOD (1972) Paramount 6046 • Benjamin **Orr**: THE LACE (1986) Elektra 960460 • Greg **Hawkes**: NIAGARA FALLS (1983) Passport 6022 • Elliot **Easton**: CHANGE NO CHANGE (1985) Elektra 960393

Carlene Carter

Rebecca Carlene Smith wurde am 26. 9. 1955 in Nashville, Tennessee, als Tochter der Countrysänger Carl Smith und June Carter, Enkelin von Maybelle Carter von der **Carter Family**, geboren. Als Sechsjährige lernte sie Klavierspielen, und mit zehn widmete sie sich der Gitarre. Ihr Lehrer war der Rock'n'Roller Carl → Perkins. Als Carlene zwölf Jahre alt war, ließ sich ihre Mutter scheiden und heiratete Johnny → Cash. Bereits als Sechzehnjährige ging Carlene die Ehe mit Joe Simpkins ein, bekam eine Tochter und ließ sich wieder scheiden. Nach dem Collegeabschluß ging Carlene Carter mit ihren Eltern auf Tournee und beteiligte sich 1974 an Cashs Album The Junkie And The Juicehead Minus Me.
Ihre Ehe mit dem Komponisten Jack Routh war ebenfalls nur von kurzer Dauer. Zusammen mit dem Gitarristen Rodney → Crowell ging Carlene Carter

nach Großbritannien. Bei ihrer Debüt-LP arbeitete sie mit Graham → Parker und dessen Band **Rumour** zusammen; für Emmylou → Harris schrieb sie den Song ›Never Together But Close Sometimes‹. 1979 erschien ihre zweite LP Two Sides To Every Woman , das – mit Ausnahmen von ›Radio Sweetheart‹ von Elvis → Costello – eigene Countryrock-Titel enthielt. Auf Musical Shapes, von ihrem dritten Ehemann, dem englischen Rockmusiker Nick → Lowe, produziert, sang sie einen Titel im Duett mit Dave → Edmunds. Sehr zum Leidwesen ihrer Eltern entfernte sich Carlene Carter immer mehr von ihren musikalischen Wurzeln, der Countrymusik, und wandte sich dem New Wave-Rock zu.

Lowe betreute 1981 auch die LP Blue Nun, an der Mitglieder von → **Rockpile** und → **Squeeze** beteiligt waren. Songs wie ›Do Me Lover‹ und ›Think Dirty‹ waren wieder mehr der Countrymusik verpflichtet, und sie trat beim Wembley Country Music Festival auch wieder mit ihrer Familie auf.

Nach ihrer Scheidung von Lowe veröffentlichte Carlene Carter 1983 das nicht sehr erfolgreiche Album C'est Bon. 1984 war sie in dem Film »Too Drunk To Remember«, der auf einem ihrer Songs basierte und beim London Film Festival uraufgeführt wurde, zu sehen, und 1985 trat sie in dem Country-Musical »Pump Boys And Dinettes« neben Paul Jones und Kiki Dee auf.

Unter der Regie des Produzenten Howie Epstein, Mitglied von Tom → Pettys **Heartbreakers**, und begleitet u. a. von Edmunds, Albert → Lee und Jim Keltner, erschien 1990 das Album I Fell In Love, konnte sich aber mit dieser LP wieder nicht in den Charts plazieren.

James Stroud, 1994 von *Billboard* zum »Produzenten des Jahres« gewählt, produzierte 1995 das poporientierte Album Little Acts Of Treason. Co-Autor war Al Anderson von → **NRBQ**, und im Duett mit Countryveteran Carl Smith sang sie ›Loose Talk‹; als Single wurde ›Love Like This‹ ausgekoppelt.

CARLENE CARTER (1978) Warner Brothers 56502 • TWO SIDES TO EVERY WOMAN (1979) Warner Brothers 56745 • MUSICAL SHAPES (1980) Warner Brothers 56839 • BLUE NUN (1981) Warner Brothers 56972 • C'EST BON (1983) Razor & Tie 2075 • I FELL IN LOVE (1990) WEA 926139 • LITTLE LOVE LETTERS (1994) Giant 74321 15606 • LITTLE ACTS OF TREASON (1995) Giant 74321 25989 • (S) HINDSIGHT 20/20 (1996) Giant 24655

Clarence Carter

Mit drei Singles, die jeweils über eine Million Mal verkauft wurden, sicherte sich Clarence Carter mit seinem bluesgefärbten Southern Soul einen Platz in der Popgeschichte der 60er Jahre.

Geboren wurde der seit seiner Kindheit blinde Soul- und Bluessänger am 14. 1. 1936 in Montgomery, Alabama. Ursprünglich wollte er Lehrer werden, beschloß aber nach seinem Examen am Alabama State College, sein Glück als Musiker zu versuchen. Mit seinem Freund Calvin Scott bildete er zunächst das Duo **Clarence & Calvin** bzw. **C And C Boys**. Sie nahmen insgesamt sieben Singles auf, die letzte in Rick Halls Fame Studios in Muscle Shoals, Alabama. Hall übernahm 1966 die Betreuung des Solisten Clarence Carter, während Calvin Scott seine Musikerlaufbahn nach einem Autounfall aufgeben mußte.

Clarence Carter unterzeichnete einen Vertrag bei Fame Records und nahm zuerst den Song ›Tell Daddy‹ auf, der sich zu einem Achtungserfolg entwickelte. In den kommenden fünf Jahren war Carter Stammgast in den Popcharts, wo er erstmals im Januar 1968 mit ›Looking For A Fox‹ (US #81) vertreten war. Der Durchbruch gelang dem Sänger mit dem warmen Soultimbre im Sommer 1968 mit der Single ›Slip Away‹ (US #10), der Ende des Jahres ›Too Weak To Fight‹ (US #7) und im März 1969 ›Snatching It Back‹ (US #16) als weitere Hits folgten. Nach ›The Feeling Is Right‹ (US #43), ›Doin' Your Thing‹ (US #48) und ›I Can't Leave Your Love Alone‹ (US #42) schaffte Carter im Juli 1970 mit ›Patches‹ (GB #2 US #2), einem Song von **Chairmen Of The Board**, seinen größten Hit. Mit dem Album PATCHES (US #40) kam er auch erstmalig in die LP-Charts. Ab Herbst 1970 erreichte er nur noch untere Chartsregionen: ›It's All In Your Mind‹ (US #41), ›The Court Room‹ (US #42), ›Slipped, Tripped And Fall In Love‹ (US #50), ›Scratch My Back‹ (US #95), ›Put On Your Shoes And Walk‹ (US #77), ›Mother-In-Law‹ (US #65).
In den 70er Jahren hatte Carter gegen die Discowelle keine Chance. Er half seiner späteren Ehefrau Candi Staton bei deren Produktionen, u. a. bei ihrem Hit ›Young Hearts Run Free‹ (US #16) vom Mai 1976. Carter verließ 1974 Fame Records und wechselte zu ABC, doch seine Platten wurden in den 70er und 80er Jahren lediglich in den R&B-Charts geführt. Am besten verkaufte sich HOOKED ON LOVE von 1988. Carter, den ein »besonderer Gitarrenstil« (*Guinness*) und eine sympathisch-milde Stimme auszeichneten, blieb in Kollegenkreisen stets geschätzt und zählte auch in den 90er Jahren zu den beliebtesten Veteranen des R&B und Soul neben Bobby Blue →Bland und Bobby →Womack. Seine Platten konnten jedoch nur noch selten überzeugen. BETWEEN A ROCK AND HARD PLACE wurde 1990 zum Rhythm & Blues-Album des Jahres gekürt, dagegen enttäuschte 1993 HAVE YOU MET CLARENCE CARTER ... YET? mit »müdem Blues, triefenden Balladen und arg computerlastiger Produktion« (*Hifi Vision*).

THIS IS (1968) Sequel, RSA 903 • THE DYNAMIC CLARENCE CARTER (1968) Sequel, RSA 904 • TESTIFYIN' (1969) Sequel, RSA 905 • PATCHES (1970) Sequel, RSA 906 • SIXTY MINUTES WITH CLARENCE CARTER (1973) Fame 186 • REAL (1974) ABC, ABCD 833 • LONELINESS AND TEMPTATION (1975) ABC, ABCD 896 • HEART FULL OF SONG (1976) ABC, ABCD 943 • I GOT CAUGHT (1977) • LET'S BURN (1981) • MESSIN' WITH MY MIND (1985) Ichiban, ICH 1001 • DOCTOR CC (1986) Ichiban, ICH 1003 • HOOKED ON LOVE (1987) Ichiban, ICH 1016 • TOUCH OF BLUES (1989) Ichiban, ICH 1032 • BETWEEN A ROCK AND A HARD PLACE (1990) Ichiban, ICH 1068 • THE DR.'S GREATEST PRESCRIPTIONS (1992) Ichiban, ICH 1116 • HAVE YOU EVER MET CLARENCE CARTER ... YET? (1993) Ichiban, IRS 971 447 • (S) THE BEST OF (1971) • (S) SOUL DEEP (1984) Edsel, ED 125 • (S) SNATCHING IT BACK (1992) Rhino

Johnny Cash

Johnny Cash war der erste Countrysänger, der nach Jim Reeves internationalen Ruhm erlangte. Sein Erfolg ist auf die markante Stimme, die Fähigkeit, gute Songs zu schreiben, und sein natürliches Auftreten zurückzuführen. Durch sein

Engagement für die Interessen der Indianer und der Strafgefangenen erfreute er sich vor allem bei den liberalen US-Amerikanern zunehmender Beliebtheit. Er wurde als »fast schon leibhaftige Legende« (*Süddeutsche Zeitung*) verehrt und als »Inbegriff amerikanischer Volksmusik« (*Rolling Stone*) geschätzt. In seiner 40jährigen Karriere schrieb Johnny Cash bis 1995 rund 1500 Songs und veröffentlichte inklusive diverser Hitkopplungen weit über 100 LPs.

John Cash wurde am 26. 2. 1932 als Sohn des Baumwollfarmers Ray Cash in Kingsland, Arkansas, geboren und wuchs in Dyess, Arkansas, auf. Als Zwölfjähriger komponierte er seinen ersten Song, doch den Schritt ins Musikgeschäft wagte er erst nach der Militärzeit. Nach dem High School-Abschluß trat Cash in die amerikanische Luftwaffe ein und war in Deutschland stationiert. Dort erlernte er das Gitarrenspiel und gründete mit fünf Kollegen die **Landsberg Barbarians**. 1953 wurde sein erster Song ›Hey Porter‹ in der Armeezeitschrift *Stars And Stripes* abgedruckt.

Cash verließ 1954 die Armee, ließ sich in Memphis, Tennessee, nieder und jobbte als Vertreter und Discjockey. Im August des Jahres traf er auf das Trio **Tennessee Threes**. Die Gelegenheitsmusiker arbeiteten als Kfz-Mechaniker in der gleichen Werkstatt wie Cashs Bruder Roy. Sie begannen gemeinsam zu proben und spielten einige Gigs in lokalen Clubs. Die Gruppe bestand zu diesem Zeitpunkt aus Johnny Cash (g, voc), Marshall Grant (g), Luther Perkins (g) und Red Kernodle (steel-g). Kernodle verließ die Band nach wenigen Monaten wieder.

Am 7. 8. 1954 heiratete Cash seine langjährige Freundin Vivian Liberto. Ermutigt durch den Erfolg von Elvis → Presley, stellte sich Cash 1955 bei Sam Phillips in den Sun Studios vor. Cash, Grant und Perkins präsentierten sich als Gospelformation, doch Phillips machte ihnen klar, daß sie nur als Countrygruppe Erfolg haben würden. Grant wechselte zum Baß, Perkins tauschte die akustische gegen eine elektrische Gitarre ein, und Phillips empfahl Cash, sich zukünftig Johnny statt John zu nennen. Sun Records nahm das Trio unter Vertrag, setzte vor allem auf »die kraftvolle Stimme« (*Guinness*) von Cash und veröffentlichte zunächst dessen Kompositionen ›Hey Porter‹ und ›Cry Cry Cry‹ am 21. Juni als Single. Einige Zeit davor wurde Johnnys Tochter Rosanne → Cash geboren, die sich in den 80er Jahren zu einer populären Countrysängerin entwickelte.

Am 5. 8. 1955 trat Johnny Cash in einem Programm mit Elvis Presley im Memphis Overton Park zum ersten Mal live auf. Die lokalen Radiostationen erkoren ›Cry Cry Cry‹ zum regionalen Hit, der im November 1955 auch in den landesweiten C&W-Charts geführt wurde. Cash trat nun regelmäßig als Anheizer für Presley auf, realisierte eine eigene 15minütige Radioshow und wurde auf diese Weise auch über die Grenzen von Memphis hinaus populär.

Im Januar 1956 gab Johnny Cash seinen Vertreterjob auf und brachte acht Wochen später ›So Doggone Lonesome‹ und ›Folsom Prison Blues‹ als zweite, wiederum in den Country-Hitlisten erfolgreiche Single heraus. In die nationalen Popcharts kam er im September 1956 erstmals mit ›I Walk The Line‹ (US #19). Inzwischen von Bob Neal gemanagt, gastierte Johnny Cash im Juli 1956 erstmals in der Grand Ole Opry in Nashville, Tennessee. Im Dezember beteiligte er sich neben Jer-

ry Lee →Lewis an einer von Carl →Perkins initiierten Session in den Sun Studios.
Seine erste Nordamerikatournee startete Johnny Cash Anfang 1957 und stellte dabei seinen Countryhit ›There You Go‹ vor. Im gleichen Jahr folgten die Singles ›Next In Line‹ (US #99) und ›Home Of The Blues‹ (US #88) sowie das Album JOHNNY CASH WITH HIS HOT & BLUE GUITAR. Seinen ersten großen Hit landete Cash Anfang 1958 mit der deutlich poporientierten ›Ballad Of A Teenage Queen‹ (US #16), komponiert und produziert von Jack Clement. Die Erfolgsserie setzte sich in diesem Jahr fort mit den Singles ›Guess Things Happen That Way‹ (US #11), ›Come In Stranger‹ (US #66), ›The Ways Of A Woman In Love‹ (US #24) und ›It's Just About Time‹ (US #47). Ende 1958 verließ Cash Sun Records und unterschrieb bei Columbia Records, wo er sich im Dezember mit der Single ›All Over Again‹ (US #38) und der LP THE FABULOUS JOHNNY CASH (US #19) einführte. Nach seinem Wechsel veröffentlichte Sun sechs Alben von Cash und eine große Anzahl von Singles, von denen sich im November 1969 ›Get Rhythm‹ (US #60) am besten verkaufte.
Der rauhe Beat seiner schlichten Songs und der ausdrucksstarke Gesang wurden zum Markenzeichen von Johnny Cash, der 1963 mit der Single ›Ring Of Fire‹ (US #17, D #27) einen Klassiker der Countrymusik herausbrachte. Das gleichnamige Album (US #26) wurde 68 Wochen lang in den Charts geführt und vergoldet. 1960 trat Cash zum ersten Mal ohne Gage im Gefängnis von San Quentin auf und war fortan ein häufiger Gast in US-amerikanischen Haftanstalten.
Mit dem Erfolg stellten sich für Cash, der seinen Alkohol- und Tablettenkonsum übetrieb, aber auch private Probleme ein. Seit 1961 lebte er getrennt von seiner Frau und den vier Töchtern und hielt sich überwiegend in der Folkszene im New Yorker Stadtteil Greenwich Village auf. Seit 1963 war er mit June Carter (* 24. 6. 1929) liiert, die als Co-Komponistin an seinem Hit ›Ring Of Fire‹ beteiligt war und die er 1967 nach seiner Scheidung von Vivian Liberto heiratete.
Mitte der 60er Jahre wurde es vorübergehend ruhig um den »aufrechten Amerikaner« (*Billboard*), der sich nun stärker nach Europa orientierte, im Sommer 1965 in Großbritannien mit ›It Ain't Me Babe‹ (GB #25, US #53) seinen ersten nennenswerten Hit landete und gemeinsam mit June Carter und den **Statler Brothers** im Frühsommer 1966 durch England tourte. 1967 erhielt er gemeinsam mit June Carter für das Duett ›Jackson‹ den ersten von insgesamt sieben Grammies, darunter 1991 einen für sein Lebenswerk.
Ende der 60er Jahre erlebte der nunmehr »bibelfeste Law & Order-Prediger« (*Stern*) im Zuge des Country-Revivals ein Comeback. Er verkaufte sich nun als zorniger Country/Rock 'n' Roll-Poet, der Outlwas und Außenseiter in bekannter Manier besang. Er setzte sich für die Indianer ein, reiste mit seiner großen Familie fast unaufhörlich durch die Lande, trat des öfteren in Gefängnissen auf und feierte 1968/69 auch in den Charts eine überraschende Wiederauferstehung mit dem Hit ›A Boy Named Sue‹ (GB #3, US #2) und den Mitschnitten AT FOLSOM PRISON (GB #12, US #11), mit einem Grammy ausgezeichnet, und AT SAN QUENTIN (GB #1, US #1).
Im Februar 1969 nahm Cash mit Bob →Dylan den Song ›Girl From The

Northern Country‹ für dessen LP NASHVILLE SKYLINE auf. Im Juni des Jahres produzierte er für den Sender ABC die Fernsehserie »The Johnny Cash Show« u. a. mit June Carter, den **Statler Brothers**, Carl Perkins und **Tennessee Three**, bei denen inzwischen Bob Wotton den 1968 verstorbenen Luther Perkins ersetzte.

Zu Beginn des Jahres 1970 nahm er im Duett mit June Carter ›If I Were A Carpenter‹ (US #26), ein Song von Tim → Hardin, auf, bekam für ›A Boy Named Sue‹ seinen dritten Grammy und veröffentlichte HELLO, I'M JOHNNY CASH (GB #7, US #9), ein weltweit erfolgreiches Album. Im April brachte er die Single ›What Is Truth‹ (GB #21, US #15) heraus und trat auf Einladung des damaligen US-Präsidenten Richard Nixon im Weißen Haus auf.

Johnny Cash stand für den American Way Of Life und sah sich als »rechtschaffenen Antipoden zu den langhaarigen Elektrogitarrenspielern der Rockmusik« (*Welt*). Bis 1970 hatte er weltweit rund 20 Millionen LPs verkauft und über 500 Songs geschrieben. Sein soziales Engagement thematisierte er in seinen Balladen, Hymnen und Liedern, die »von vergangener Liebe, weit zurückliegenden ländlichen Begebenheiten und alten Taten« (*Zeit*) handelten.

Cashs Erfolgsstory setzte sich 1971 unvermindert fort. Für ›If I Were A Carpenter‹ erhielt er im Februar seinen vierten Grammy, und kurz darauf erschien seine »archetypische, erzählende LP« (*Guinness*) THE MAN IN BLACK (GB #17, US #71), die ein Duett von Cash mit dem Prediger Billy Graham enthielt und sich in Europa besser als in seiner Heimat verkaufte. Im Mai 1971 wurde die »Johnny Cash Show« abgesetzt, und seine Singles verschwanden nach ›Kate‹ (US #79) bis 1976 aus den US-Charts. Mehr Erfolg hatte er mit seinen ersten Auftritten als Schauspieler. Er spielte neben Kirk Douglas in dem Western »A Gunfight« und gab Gastrollen in diversen TV-Serien wie z. B. in »Columbo«.

Mit der Single ›A Thing Called Love‹ (GB #4) schaffte er im Frühjahr 1972 noch einen Top-10-Hit in Großbritannien; auch der Sampler STAR PORTRAIT (GB #20, D #15) kam in Europa gut an. Anschließend wurde es wieder stiller um den »kernigen, gestandenen Kerl« (*Berliner Morgenpost*), der sich im April 1976 mit der Single ›One Piece At A Time‹ (GB #30, US #37) bis 1981 aus den internationalen Hitparaden verabschiedete.

In den folgenden Jahren ging »der Country-Diplomat von internationaler Größe« (*Frankfurter Rundschau*) regelmäßig mit der **Carter Family**, den **Tennessee Five** und **Tennessee Trumpets** in Nordamerika und Europa auf Tournee. Im Oktober 1980 wurde er in die Country Hall Of Fame aufgenommen, und 1981 stand er in Stuttgart gemeinsam mit Jerry Lee Lewis und Carl Perkins auf der Bühne. Der Mitschnitt erschien unter dem Titel THE SURVIVORS. 1981 gelang ihm mit dem Album A FREE MAN (D #34) zumindest in Deutschland eine Rückkehr in die Charts.

Von einem Comeback konnte man aber erst 1985 sprechen, als sich Cash mit den befreundeten Country-Sängern Waylon → Jennings und Willie → Nelson zu den **Highwaymen** zusammentat. Das Trio interpretierte modernen Countryrock und hatte damit Erfolg. Das Album HIGHWAYMEN (US #92) erschien, begleitet von sehr guten Kritiken, im Sommer 1985, und der gleichnamige Song, der die Country & Western-Hitparaden anführ-

te, wurde im Februar 1986 mit einem Grammy gewürdigt.
1987 wechselte er nach fast 30 Jahren die Plattenfirma und veröffentlichte JOHNNY CASH IS COMING TO TOWN im Mai bei Mercury Records. 1988 widmete die Country Music Foundation in Nashville dem Werk von Johnny Cash eine umfangreiche Ausstellung. Und während Cash sein neues Album WATER FROM THE WELLS OF HOME vorstellte, an dem Paul →McCartney, Jennings, Tochter Rosanne →Cash, die →Everly Brothers und Emmylou →Harris beteiligt waren, brachten Michelle →Shocked, die Mekons, Brendan Croker u. a. die LP TIL THINGS ARE BRIGHTER heraus, die Songs von Cash enthielt.
1990 erschien HIGHWAYMEN 2 (US #79), die wieder ein Erfolg wurde. Als Solist kam Cash im Frühjahr des Jahres nach Deutschland und predigte unverdrossen und »mit Inbrunst den Mythos der amerikanischen Aktivisten« (*Stern*). 1991 tourte Cash durch Großbritannien und stellte das Material von THE MYSTERY OF LIFE vor. Im Jahr darauf wurde er in die Rock'n'Roll Hall Of Fame aufgenommen und gab mit den Highwaymen sechs Konzerte in England. Im August 1992 beteiligte er sich neben Paul →Simon, Jennings, Nelson und Kris →Kristofferson am Konzert Back To The Ranch in Long Island, New York, und im Oktober sang er mit June Carter im New Yorker Madison Square Garden ›It Ain't Me Babe‹ aus Anlaß von Bob Dylans 30jährigem Bühnenjubiläum. Cash beendete das Jahr mit einer dreimonatigen Tournee durch Nordamerika.
1993 wirkte Johnny Cash in mehreren Fernsehfilmen mit, trat drei Tage im Trump Castle in Atlantic City, New York, auf, war Studiogast bei →U 2 für deren Produktion ZOOROPA und unterschrieb im Juni einen Plattenvertrag bei dem Rap- und Metal-Label Def American Records. Rick Rubin, Besitzer der Plattenfirma, produzierte AMERICAN RECORDINGS mit einer Mischung aus Traditionals, Eigenkompositionen und Songs von Tom →Waits, Kristofferson und Leonard →Cohen: »Ich konnte mich wie in meiner Anfangszeit einfach vor ein Mikrofon setzen und singen, was ich wollte« (Johnny Cash).
Rubin produzierte auch das 96er-Album UNCHAINED. Als Studiogäste wirkten u. a. Tom →Petty und Lindsey Buckingham mit. Bei der Songauswahl bewiesen Rubin und Cash eine glückliche Hand. Cash überraschte vor allem mit seiner Fassung von ›Rusty Cage‹, einem Titel von →Soundgarden und seiner Coverversion des Dean Martin-Evergreens ›Memories Are Made Of This‹. Das Album dokumentierte die »intensive Beziehung zu Produzent Rick Rubin« (Johnny Cash) und bestätigte Johnny Cashs Ruf als Country-Monument und seine gleichzeitige Offenheit für musikalische Entwicklungen.

JOHNNY CASH WITH HIS HOT & BLUE GUITAR (1957) Sun • THE FABULOUS JOHNNY CASH (1958) Columbia 1253 • JOHNNY CASH (1959) • HYMNS BY JOHNNY CASH (1959) Columbia, CS 8125 • SONGS OF OUR SOUL (1959) Columbia, CS 8148 • THE MAGNIFICANT JOHNNY CASH (1959) Hallmark, SHM 777 • RIDE THIS TRAIN (1960) CBS 62575 • NOW, THERE WAS A SONG (1960) Columbia, CS 8254 • SINGS HANK WILLIAMS (1960) Sun, SLP 1245 • NOW HERE'S JOHNNY (1961) Sun, SLP 1255 • HYMNS FROM THE HEART (1962) Columbia, CS 8522 • THE SOUND OF JOHNNY CASH (1962) Columbia, CS 8602 • ALL ABOARD THE BLUE

TRAIN (1962) Sun, SLP 1270 • BLOOD, SWEAT & TEARS (1963) Columbia, CS 8730 • RING OF FIRE (1963) CBS 62171 • THE CHRISTMAS SPIRIT (1963) CBS 62284 • I WALK THE LINE (1964) CBS 62371 • BITTER TEARS (1964) CBS 62463 • ORANGE BLOSSOM SPECIAL (1965) CBS 62501 • SINGS THE BALLADS OF TRUE WEST (1965) • MEAN AS HELL (1966) Columbia, CS 9246 • EVERYBODY LOVES A NUT (1966) CBS 62717 • HAPPINESS IS YOU (1966) 62760 • FROM SEA TO SHINING SEA (1968) 62972 • AT FOLSOM PRISON (1968) CBS 63308 • STORY SONGS OF THE TRAINS AND RIVERS (1969) Sun 104 • GET RHYTHM (1969) Sun 105 • SHOW TIME (1969) Sun 106 • THE SINGING STORY TELLER (1969) Sun 115 • JOHNNY CASH (1969) CBS 62705 • THE HOLY LAND (1969) CBS 63428 • AT SAN QUENTIN (1969) CBS 63629 • THE ROUGH CUT KING OF COUNTRY MUSIC (1970) Sun, BI 1578 • THE WALLS OF A PRISON (1970) CBS 52825 • HELLO, I'M JOHNNY CASH (1970) CBS 63796 • THE JOHNNY CASH SHOW (1970) CBS 64089 • I WALK THE LINE (1970) Soundtrack CBS 70083 • MAN IN BLACK (1971) CBS 64331 • LITTLE FAUSS AND BIG HALSY (1971) Soundtrack CBS 70087 • A THING CALLED LOVE (1971) CBS 64898 • AMERICA (1972) CBS 65163 • CHRISTMAS (1972) CBS 65211 • ANY OLD WIND THAT BLOWS (1973) CBS 65431 • THE GOSPEL ROAD (1973) Soundtrack CBS 68243 • PA ÖSTERAKER (1974) CBS 65308 • RAGGED OLD FLAG (1974) CBS 80113 • WELCOME TO EUROPE (1975) CBS 56658 • JOHN R. CASH (1975) CBS 80634 • JOHNNY CASH'S CHILDREN'S ALBUM (1975) CBS 80084 • SINGS PRECIOUS MEMORIES (1975) CBS 80355 • LOOK AT THEM BEANS (1975) CBS 81012 • DESTINATION VICTORIA STATION (1975) Columbia, VS 150 • STRAWBERRY CAKE (1976) CBS 81211 • ONE PIECE AT A TIME (1976) CBS 81416 • RIDING THE RAILS (1976) CBS 88153 • THE LAST GUNFIGHTER BALLAD (1977) CBS 81566 • THE RAMBLER (1977) CBS 82156 • I WOULD LIKE TO SEE YOU AGAIN (1978) CBS 82676 • KONZERT V PRAZE (1978) Supraphon 1113 3278 • GONE GIRL (1978) CBS 83323 •SILVER (1979) CBS 83757 • WITH THE GOODPASTURE CHRISTIAN SCHOOL CONCERT BAND (1979) • A BELIEVER SINGS THE TRUTH (1979) CBS 84123 • ROCKABILLY BLUES (1980) CBS 84607 • A FREE MAN (1981) CBS 85032 • THE BARON (1981) CBS 84990 • GRAND CANYON SUITE (1981) CBS 61835 • THE ADVENTURES OF JOHNNY CASH (1982) CBS 85881 • JOHNNY 99 (1983) CBS 25471 RAINBOW (1985) CBS 26689 • I'M COMING TO TOWN (1987) Mercury 832 031 • 1 000 000 JOHNNY CASH (1988) Mercury 834 801 • WATER FROM THE WELLS OF HOME (1988) Mercury 834 778 • THE MYSTERY OF LIFE (1991) Mercury 848 051 • AMERICAN RECORDINGS (1994) RCA 7432123895 • UNCHAINED (1996) American 74321 • 39742 •(S) ORIGINAL SUN SOUND OF JOHNNY CASH (1964) Sun, SLP 1275 • (S) GREATEST HITS VOL. 1 (1967) CBS 63062 • (S) OLD GOLDEN THROAT (1968) CBS 63316 • (S) MORE OF OLD GOLDEN THROAT (1969) CBS 63521 • (S) ORIGINAL GOLDEN HITS (1969) Sun 100 • (S) THE WORLD OF JOHNNY CASH (1970) CBS 66237 • (S) THE LEGEND (1971) Sun 2–118 • (S) GREATEST HITS Vol. 2 (1971) Columbia 30887 • (S) THE MAN, THE WORLD, HIS MUSIC (1972) Sun 6641 008 • (S) UNDERSTAND YOUR MAN (1972) Columbia, LE 10490 • (S) STARPORTRAIT (1972) CBS 67201 • (S) THE BEST OF (1974) CBS 65846 • (S) JOHNNY CASH (1974) Embassy 31039 • (S) NAMES & PLACES (1977) Embassy 31548 • (S) THE UNISSUED (1978) Bear Family, BFX 15016 • (S) TALL MAN (1979) Bear Family, BFX 15033 • (S) CLASSIC CHRISTMAS (1980) Columbia 36866 • (S) GREATEST HITS VOL. 3 (1980) CBS 83274 • (S) BITTER TEARS (1984) Bear Family, BFX 15127 • (S) SONGS OF INSPIRATIONS (1984) Arrival, NU 3870 • (S) THE SUN YEARS (1981) Sun 103 • (S) 1958–1986 (1987) CBS 450466 • (S) THE MAN IN BLACK – THE DEFINITIVE COLLECTION (1994) Sony 477653 • Mit June Carter: CAR-

RYIN' ON WITH JOHNNY CASH & JUNE CARTER (1967) CBS 63062 • JOHNNY CASH & HIS WOMAN (1973) CBS 65689 • THE JUNKIE AND THE JUICEHEAD MINUS ME (1974) CBS 80347 • (S) INTERNATIONAL SUPERSTAR (1972) CBS 67284 • (S) JOHNNY & JUNE (1978) Bear Family, BFX 15030 • Mit Jerry Lee **Lewis**: SUNDAY DOWN SOUTH (1970) Sun, BI 1575 • COUNTRY COMEBACK (1970) Sun • SING HANK WILLIAMS (1971) Sun, BI 1572 • Mit Carl **Perkins** und Jerry Lee **Lewis**: THE SURVIVORS (1982) CBS 85609 • Mit Waylon **Jennings**: HEROES (1986) CBS 26922 • Mit **Highwaymen**: HIGHWAYMEN (1985) CBS 26466 • HIGHWAYMEN 2 (1990) Sony 466652 • THE ROAD GOES ON FOREVER (1995) Liberty 7423-828091 • Mit Carl **Perkins**, Jerry Lee **Lewis**, Roy **Orbison**: CLASS OF 55 (1986) Mercury 830002

Rosanne Cash

Sie stieg zu »einer der führenden Country-Interpreten der 80er Jahre« (*Faber Companion*) auf und entwickelte eine interessante Mischung aus konventioneller Country & Western-Musik, Pop und Rock.

Rosanne Cash, Tochter aus Johnny → Cashs erster Ehe, wurde am 24. 5. 1955 in Memphis, Tennessee, geboren. Sie wuchs bei ihrer Mutter in Los Angeles auf, war vom Westcoastsound beeinflußt, komponierte auf der Gitarre ihre ersten Songs und studierte nach dem College-Abschluß in Nashville Theaterwissenschaft. Zurück in Los Angeles besuchte sie die Schauspielschule von Lee Strasberg. Zwischendurch tourte sie mit dem Cash-Clan durch die USA und Europa.

Rosanne Cash vervollkommnete ihre Gitarrentechnik und brachte 1978 ihr erstes, kaum beachtetes Album heraus. 1979 heiratete sie den Gitarristen Rodney → Crowell, der sie bei ihren Alben als Produzent und Komponist unterstützte. Auch RIGHT OR WRONG verkaufte sich nur mäßig, dafür gelang ihr im Duett mit Bobby Bare mit ›No Memories Hangin' Round‹ ein Country-Tophit. Ab April 1981 zeigte ihre Erfolgskurve steil nach oben. Das hatte sie der Single ›Seven Year Ache‹ (US #22) und der gleichnamigen LP (US #42) zu verdanken, mit der sie »die beträchtlichen Versprechen ihres ersten Albums endlich erfüllte und sehr selbstbewußt klang« (*New York Times*).

Das nächste Album SOMEWHERE IN THE STARS (US #76) enthielt die drei Country-Hits ›Ain't No Money‹, ›I Wonder‹ und ›I Hasn't Happened Yet‹. Mit der folgenden Produktion RHYTHM AND ROMANCE etablierte sie sich in der Spitze der Country-Charts, und sie überzeugte mit Songs von Tom → Petty (›Never Be You‹), Crowell (›I Don't Know Why You Don't Want Me‹) und John → Hiatt (›The Way We Make A Broken Heart‹). Letzterer war auf der 86er LP KING'S RECORD SHOP zu hören, die, unterstützt von Steve → Winwood und Randy Scruggs, »offensichtlich mit immenser Sorgfalt und großer Liebe eingespielt worden war« (*Musik Szene*). Inzwischen hatte Rosanne Cash bereits einen Grammy als »beste Country-Sängerin« erhalten.

»Die Pionierin der neuen Country-Musik« (*Guinness*) zog sich 1986 ins Privatleben zurück. In dieser Zeit wurden zwei Sampler mit ihren besten Aufnahmen veröffentlicht, die ihr Talent als Sängerin und Komponistin dokumentierten.

Nach sechsjähriger Pause kehrte sie 1992 als Gast auf einem Album der Irin Maura O'Connell und 1993 mit ihrem Konzept-

album THE WHEEL ins Plattengeschäft zurück. Der »autobiographische Roman in elf Songkapiteln« (*Stereo*) war ohne Effekthascherei inszeniert. 1994 arbeitete sie für Carly → Simon, und 1995 war sie als Backgroundsängerin auf einem Album von John → Stewart zu hören.
1995 heiratete sie den Gitarristen, Produzenten und Songwriter John Leventhal. Die 10 SONG DEMO hatte Rosanne Cash ursprünglich aufgenommen, um einen neuen Plattenvertrag auszuhandeln. Capitol Records entschieden sich im Herbst 1996, das sparsam inszenierte Album unbearbeitet zu veröffentlichen. Etwa gleichzeitig erschien Rosanne Cashs Kurzgeschichten-Sammlung »Bodies Of Water«.

ROSANNE CASH (1978) Ariola 26096 • RIGHT OR WRONG (1979) Columbia 476744 • SEVEN YEAR ACHE (1981) Ariola 203469 • SOMEWHERE IN THE STARS (1982) Ariola 204848 • RHYTHM AND ROMANCE (1984) CBS 26366 • KING'S RECORD SHOP (1986) CBS 40777 • THE WHEEL (1993) Sony 472977 • 10 SONG DEMO (1996) Capitol 832390 • (S) GREATEST HITS 1979–1988 (1988) CBS 45054 • (S) INTERIORS (1990) • (S) RETROSPECTIVE (1995) Columbia 67321

David Cassidy

David Cassidy wurde als Sohn des Schauspielers Jack Cassidy am 12. 4. 1950 in New York geboren. Als Zehnjähriger stand er in dem Stück »The Pyjama Game« zum ersten Mal auf der Bühne. Während seiner Schulzeit an der Rexford High School arbeitete er mit der Los Angeles Theater Company und kehrte anschließend nach New York zurück. Cassidy nahm einen Job in der Poststelle einer Textilfirma an und trat 1968 in dem Stück »The Fig Leaves Are Falling« auf. Ein Talentscout von CBS Films holte ihn erneut nach Los Angeles und verschaffte ihm Rollen in verschiedenen TV-Produktionen, u. a. in der Serie »The Partridge Family«, die auf der Geschichte der → **Cowsills** basierte.
Sowohl mit der **Partridge Family** als auch als Solist gelang David Cassidy ab Herbst 1970 eine Vielzahl von Hits. Die erste Single ›I Think I Love You‹ (GB #17, US #1, D #29) und die LP THE PARTRIDGE FAMILY ALBUM (US #6) führten den beliebten TV-Clan auf Anhieb an die Spitze der US-Charts. Die **Partridge Family** intonierte einen gepflegten und unterhaltsamen Softpop und landete 1971 vier weitere Bestsellersingles: ›Doesn't Somebody Want To Be Wanted‹ (US #1), ›I'll Meet You Halfway‹ (US #4), ›I Woke Up In Love This Morning‹ (US #9), ›It's One Of Those Nights (Yes Love)‹ (GB #10, US #14). Dazu kamen die Erfolgsalben UP TO DATE (US #3) und SOUND MAGAZINE (GB #20, US #8) sowie die Weihnachtslieder von A PARTRIDGE FAMILY CHRISTMAS CARD (US #79). Cassidy agierte als Leadsänger und wurde dabei von prominenten Studiomusikern wie Larry Knechtel (key), Hal Blaine (dr) und Larry Carlton (g) begleitet.
Ende 1971 unterzeichnete Cassidy einen Vertrag als Solist und veröffentlichte zuerst den Song ›Cherish‹ (US #5), eine Neuauflage des Hits von → **Association**. Der Teeniestar führte nun seine Bilderbuchkarriere zweigleisig fort. Die **Partridge Family** hatte auch 1972 Erfolg und plazierte sich mit den Singles ›Am I Losing You‹ (US #35), ›Breaking Up Is Hard To Do‹ (GB #4, US #24), ›Looking Through The Eyes Of Love‹ (US #36)

und den Alben SHOPPING BAG (US #8), NOTEBOOK (US #37) und dem Sampler GREATEST HITS (US #15) in den Hitparaden. Dennoch ließ das Interesse an der Fernsehfamilie deutlich nach. Als letzte Hits erschienen ›Friend And A Lover‹ (US #67) und ›Walking In The Rain‹ (GB #10) im ersten Halbjahr 1973, und die letzte Fernsehfolge wurde am 31. 8. 1974 ausgestrahlt. Zu diesem Zeitpunkt wurde David Cassidy bereits als Superstar gehandelt.
David Cassidy brachte 1972/73 die Singles ›Could It Be Forever‹ (GB #2, US #21), ›How Can I Be Sure‹ (GB #1, US #17, D #33), ›Rock Me Baby‹ (GB #12, US #29, D #9), ›I Am A Clown‹ (GB #3, D #12), ›Daydreamer‹ (GB #1, D #27) und die LPs CHERISH (GB #4, US #13), ROCK ME BABY (GB #5, US #26, D #9) und DREAMS ARE NUTHIN' MORE THAN WISHES (GB #3) heraus. Im März 1973 gab er an zwei Tagen vier ausverkaufte Shows im Empire Pool und trat bei der Fernsehshow Top Of The Pops auf. Zu seiner Live-Band zählten u. a. Kim →Carnes und deren Ehemann Dave Ellington. Musikalisch setzte der Jungstar auf eine gefällige Popmelange, die er mit dezenten R&B- und Rock'n'Roll-Ansätzen garnierte.
Im Mai 1974 trat Cassidy im ausverkauften Londoner White City Stadium auf und hatte 1974/75 mit seinen Platten nur Erfolge auf dem europäischen Markt, darunter ›If I Didn't Care‹ (GB #9, D #43), die Überarbeitung des →Beatles-Songs ›Please Please Me‹ (GB #18), ›I Write The Songs‹ (GB #14) sowie ›Darlin‹ (GB #19, D #38), im Original von den →Beach Boys. Als Alben erschienen der Mitschnitt CASSIDY LIVE (GB #12) und THE HIGHER THEY CLIMB – THE HARDER THEY FALL (GB #22).
Gerade 24 Jahre alt, erklärte David Cassidy 1975 seinen Rücktritt aus dem Showgeschäft. 1977 heiratete er seine langjährige Freundin Kay Lenz und widmete sich auf seiner kalifornischen Ranch der Zucht von Rennpferden.
Nach seiner Scheidung 1980 wandte er sich wieder der Schauspielerei zu. Für seine Rolle in dem Fernsehfilm »A Chance To Live« wurde er als Best Actor In A Television Drama nominiert. Er spielte in der TV-Serie »Man Under Cover« mit, 1981 in dem Musical »Little Johnny Jones« von George M. Cohan und wurde für die erfolgreiche Musical-Performance »Joseph And The Amazing Technicolour Dreamboat« von Andrew Lloyd Webber und Tim Rice engagiert.
Im Frühjahr 1985 gelang Cassidy ein Comeback im Musikgeschäft. Produziert von Alan Tarney und unterstützt von George →Michael, nahm er die Single ›The Last Kiss‹ (GB #6, D #10) auf, der im Sommer 1985 das Album ROMANCE (GB #22, D #22) folgte. Sein Erfolg als Interpret sanfter Rockballaden war jedoch nur von kurzer Dauer. Im Oktober 1985 ließ er in der Londoner Royal Albert Hall HIS GREATEST HITS LIVE mitschneiden, um sich danach wieder auf seine Schauspielerkarriere zu konzentrieren. David Cassidy drehte 1987 den Film »Instant Karma« und verkörperte in Dave →Clarks Musical »Time« Cliff →Richard.
1989 sang er in einer Radioshow anläßlich seines 39. Geburtstages drei neue Songs. Im Jahr darauf erschien das Album DAVID CASSIDY und die Single ›Lyin' To Myself‹ (US #27).
Mittlerweile verheiratet mit der Komponistin Sue Schrifin, nahm David Cassidy 1991 den Song ›Voices That Care‹ auf, eine Benefizplatte für das nordamerikanische

Rote Kreuz. Im Mai des Jahres wurde sein Film »Spirit Of '76« uraufgeführt, und im September absolvierte er seine erste US-Tour seit 15 Jahren. 1993 stand er in New York im Musical »Blood Brothers« neben Petula Clark und Shaun Cassidy auf der Bühne. 1994 erschien seine Autobiografie »Come On, Get Happy«.
Sein Halbbruder Shaun Cassidy, am 27. 9. 1959 in Los Angeles geboren, folgte den Spuren von David und wurde 1976, nach Erscheinen seiner Debütsingle ›Morning Girl‹ (D #40), als neuer Teeniestar gefeiert. Shaun spielte in der US-Fernsehserie »The Hardy Boys« mit und konnte 1977 mit dem modernisierten Sixties-Pop der Singles ›Da Doo Ron Ron‹ (US #1, D #19), ›That's Rock'n'Roll‹ (US #3, D #14) und ›Hey Deanie‹ (US #13) drei Bestseller in den Charts landen. Ähnlich gut verkauften sich die LPs THATS ROCK'N ROLL (US #2) und BORN LATE (US #8). Mit ›Be My Baby‹ (D #39), dem → **Lovin Spoonful**-Remake ›Do You Believe In Magic‹ (US #49) und dem Album UNDER WRAPS (US #23) verschwand er im Sommer 1978 wieder aus den Hitparaden. 1987 wirkte Shaun Cassidy in der TV-Serie »General Hospital« mit.

CHERISH (1972) Bell 6070 • COULD IT BE FOREVER (1972) • ROCK ME BABY (1972) Bell 1109 • DREAMS ARE NOTHIN' MORE THAN WISHES (1973) Bell 2308 075 • CASSIDY LIVE (1974) Bell 2308 099 • THE HIGHER THEY CLIMB – THE HARDER THEY FALL (1975) RCA, APL-1–1066 • GETTIN' IN THE STREET (1976) RCA, PL 11852 • HOME IS WHERE THE HEART IS (1976) RCA, APL-1–1309 • ROMANCE (1985) Arista 206 983 • HIS GREATEST HITS LIVE (1986) • DAVID CASSIDY (1990) Enigma 773 554 • DIDN'T YOU USED TO BE (1992) Scotti Bros. 752 642 • (S) GREATEST HITS (1977) • (S) WHEN I'M A ROCK 'N' ROLL STAR (1996) Razov 2Tie 2117 Mit **Partridge Family**: THE PARTRIDGE FAMILY ALBUM (1970) Bell 6050 • UP TO DATE (1971) Bell 6059 • SOUND MAGAZINE (1971) Bell 6064 • A PARTRIDGE FAMILY CHRISTMAS CARD (1971) Bell • SHOPPING BAG (1972) Bell 6072 • THE PARTRIDGE FAMILY (1972) Bell 2308 049 • NOTEBOOK (1972) Bell 2308 055 • CROSSWORD PUZZLE (1973) Bell 2308 066 • BULLETIN BOARD (1973) Bell 2308 078 • Shaun **Cassidy**: THAT'S ROCK'N'ROLL (1977) Warner Brothers 56342 • BORN LATE (1977) Warner Brothers 56433 • UNDER WRAPS (1978) Warner Brothers 56535 • LIVE (1979) Warner Brothers 56575 • ROOM SERVICE (1979) Warner Brothers 56702 • WASP (1980) Warner Brothers 56841

Jimmy Castor

Eine kurze Zeit lang zählte Jimmy Castor, Saxophonist und Komponist, zu den führenden Vertretern des Funk in den USA. Im Rahmen der Discowelle Mitte der 70er Jahre konnte er mit einem harten, stark rhythmisierten Sound drei respektable Hits landen. Er spielte mit Sly Stone und Jimi →Hendrix zusammen und genoß einen erstklassigen Ruf als Studiomusiker.
Jimmy Castor wurde am 2. 6. 1943 in New York geboren und stand schon als Teenager mit **Jimmy Castor & The Juniors** auf der Bühne; 1956 nahm er den selbstkomponierten Song ›I Promise To Remember‹ auf, der von **Frankie Lymon & The Teenagers** übernommen und im Sommer des Jahres zum Hit wurde.
Castor lernte Saxophon, Klarinette und Klavier spielen und beendete Mitte der 60er Jahre sein Studium am Manhattan City College. Ende 1966 veröffentlichte

er die Single ›Hey, Leroy, Your Mama's Calling You‹ (US #28). 1972 meldete er sich mit der Gruppe **Jimmy Castor Bunch** zurück, der Harry Jensen (g), Doug Gibson (b, voc), Lenny Fridie (perc) und Gerry Thomas (key, tr) angehörten.
Mit dem »Steinzeit-Funk« (*Billboard*) von ›Troglodyte (Cave Man)‹ (US #5) gelang dem Quintett im Frühsommer 1972 ein Tophit. Von dem Erfolg profitierte auch das Debütalbum IT'S JUST BEGUN (US #24). Unter Mitwirkung des Drummers Bobby Manigault nahmen **Jimmy Castor Bunch** 1972 noch die LP PHASE TWO auf.
Nach zwei weiteren, wiederum nicht besonders erfolgreichen Alben schien es Anfang 1975 mit der Single ›The Bertha Butt Boogie‹ (US #21) aufwärts zu gehen, doch die LP BUTT OF COURSE (US #94) erstickte die Hoffnungen im Keim. Jensen hatte die Band inzwischen verlassen und war durch Jeff Grimes (g, si) ersetzt worden, für Manigault war Ellwood Henderson gekommen.
Die letzten Chartsplazierungen schafften **Jimmy Castor Bunch** 1976 mit der Single ›King Kong (Part 1)‹ (US #95) und dem Album E-MAN GROOVIN (US #99). Castor schienen die Ideen ausgegangen zu sein und konnte auch 1983 mit THE RETURN OF LEROY nicht an seine Hits anknüpfen. Von den Gründungsmitgliedern der Band war nur noch Henderson an den Aufnahmen beteiligt. 1988 gelang Castor im Duett mit Joyce Sims und dem Song ›Love Makes A Woman‹ eine Top 30-Plazierung in den nordamerikanischen R&B-Charts.

IT'S JUST BEGUN (1972) RCA, LSP 4640 • PHASE TWO (1972) RCA, LSP 4783 • DIMENSION III (1973) RCA, APL-1-0103 • THE EVERYTHING MAN (1974) Atlantic 50052 • BUTT OF COURSE (1974) Atlantic 50120 • SUPERSOUND (1975) Atlantic 50190 • E-MAN GROOVIN' (1976) Atlantic 50295 • MAXIMUM STIMULATION (1977) Atlantic 50398 • THE RETURN OF LEROY (1983) Rams Horn 5072

Cat Mother & The All Night Newboys

Charlie Chin (g, ban, voc), Michael Equine (dr, g, voc), Roy Michaels (b, voc), Larry Packer (g, man, vi, voc), Bob Smith (p, org, dr, voc)

Unter Leitung von Roy Michaels und Bob Smith fand sich 1967 in New York eine muntere Rock'n'Roll-Band mit leichtem Folkeinschlag zusammen. Pakker war zuvor Mitglied beim → **New York Rock & Roll Ensemble**, während Michaels bei den **Au Go Go Singers** mitwirkte. Chin stammte aus der New Yorker Coffeehouse-Szene. Jimi → Hendrix wurde auf die Straßenmusiker mit ihren Rock-, Blues- und Country-Moritaten aufmerksam. Er holte sie für eine Tournee in sein Vorprogramm und produzierte 1969 die erste LP THE STREET GIVETH AND THE STREET TAKETH AWAY (US #25). Ihrem etwas schrägen Countryrock verlieh der Einsatz von Violine, Mandoline und Banjo einen gewissen exotischen Reiz. Mit dem Medley verschiedener Rock'n'Roll-Klassiker ›Good Old Rock'n'Roll‹ (US #12) gelang der Band im Sommer 1969 überraschend ein Hit. Als Single erschien im Oktober noch ›Can You Dance To It‹ (US #78).
Chin, später bei **Jake & The Family Jewls**, verließ die Band. Für ihn kamen Paul

Johnson, einst Gitarrist der **Arrows** und **Packards**, und das Allroundtalent Jay Ungar (vi, man, g, voc). Wie bei ihrer Debüt-LP erzählten **Cat Mother & The All Night Newboys** auf ALBION DOO WAH Geschichten aus der Großstadt. Ihre Musik erinnerte an den Jugband-Sound der frühen → **Lovin' Spoonful** und kam insbesondere live sehr gut an. Die LP selbst verkaufte sich jedoch nicht gut. Das galt auch für die nachfolgenden Alben CAT MOTHER und LAST CHANCE DANCE. Es gab noch einige personelle Veränderungen in der Band, u. a. war Charlie Harcourt von → **Jackson Heights** dabei, ehe **Cat Mother & Co.** 1974 endgültig aufgaben.

Larry Packer avancierte zu einem gefragten Studiomusiker, der von Steve Goodman, Henry Gross, → **The Band**, Maria → Muldaur, → **Hall & Oates**, Jerry Jeff → Walker und Loudon → Wainwright III engagiert wurde. Bob Smith wirkte bei Produktionen von Harry → Chapin und **Free Creek** mit, während Ungar vor allem für David → Bromberg sowie Katie & Anna McGarrigle spielte. Harcourt kehrte nach England zurück und schloß sich vorübergehend → **Lindisfarne** an.

THE STREET GIVETH AND THE STREET TAKETH AWAY (1969) Polydor 184300 • ALBION DOO-WAH (1970) Polydor 2425021 • CAT MOTHER (1972) United Artists 29313 • LAST CHANCE DANCE (1974) United Artists 29481 • Paul **Johnson** mit **Packards**: PRAY FOR SURF Surfside 001

Nick Cave

Nick Cave galt als »Misanthrop unter den Musikern« (*Tip*), da er Interviews platzen ließ oder seine Auftritte Krawalle provozierten.

Nick Cave stammte aus Melbourne. 1977 machte er zusammen mit **Boys Next Door** Australien erstmals mit Punk bekannt. Danach leitete er die Kultband → **Birthday Party**, die sich 1982 in London auflöste. 1983 gründete er in Westberlin die **Bad Seeds**, deren erste Besetzung aus Blixa Bargeld (voc, g) von den → **Einstürzenden Neubauten**, Ex- → **Magazine** Barry Adamson (b, org, dr, voc), Mick Harvey (dr, p, g, org, b, voc), Anita Lane (voc) und Hugo Race (g) bestand, der zur australischen Band **Plays With Marionettes** gehörte.

Seine erste LP FROM HER TO ETERNITY (GB #27) entzog sich wie alle folgenden jeglicher kommerzieller Ausrichtung. Cave selbst erinnerte mit seinem tragenden Gesang an Jim Morrison von den → **Doors**. Seine Anhänger sprachen von einer »der besten Rock-LPs, die je gemacht wurden« (*New Musical Express*), während andere seine apokalyptischen Songs als »freudlosen Lärm« (*Melody Maker*) bezeichneten. Cave nahm 1984 u. a. Elvis → Presleys Song ›In The Ghetto‹ (GB #32) auf, seine erste erfolgreiche Single.

Wie auch auf den folgenden Alben handelten Caves Songs von Randexistenzen, morbider Alltagsmythologie und Todessehnsucht, die er mit brüchigem Timbre vortrug.

Das zweite Album THE FIRST BORN IS DEAD (GB #39) erschien im Frühsommer 1985. Die **Bad Seeds**, in der Besetzung Cave, Bargeld, Adamson und Harvey,

hatten sich einem avantgardistischen »Höllenrock« (*brit. Sounds*) verschrieben und kamen mit ›Tupelo‹ (GB #48) erneut in die Singlecharts.
1986 veröffentlichten die **Bad Seeds** KICKING AGAINST THE PRICKS (GB #24) und die aus zwei Maxisingles bestehende LP YOU'RE FUNERAL ... MY TRIAL (GB #42). Neben »den erbarmungslosen Leidenschaften seiner eigenen Songs« (*Musik Express*) überzeugte Cave vor allem mit originellen Coverversionen, so u.a. Johnny →Cashs ›The Singer‹ (GB #49), ›All Tomorrow Parties‹ von →**Velvet Underground** und Unterhaltungsklassiker wie ›By The Time I Get To Phoenix‹.
Erfolg hatte der Außenseiter mit dem »heißkalten Pathos« (*Musik Express*) vor allem in Großbritannien. Seine Auftritte erinnerten an die Zelebrierung schwarzer Messen. Dabei war der »melancholische Geschichtenerzähler« (*Stereoplay*) auf »Themen wie Einsamkeit und Schmerz, Selbstmord und Todeskult fixiert« (*Stern*), die er mit Countrymusik und Rock'n'Roll der frühen 60er Jahre im Stil von Roy →Orbison und Gene Pitney verband.
1988 kündigte Nick Cave nach Veröffentlichung der LP TENDER PREY (GB #67) seinen Rückzug aus der Musikszene an, um sich ausschließlich seinen schriftstellerischen Ambitionen zu widmen. Bereits 1981/82 erschien sein erster Roman »And Then The Ass Saw The Angel«, und 1988 veröffentlichte er unter dem Titel »King Ink« seine frühen Arbeiten und Songtexte. Außerdem versuchte er als Schauspieler Fuß zu fassen. Nachdem er 1987 in dem Film »Der Himmel über Berlin« von Wim Wenders mitgewirkt hatte, überzeugte er 1989 in der Rolle eines Gefängnisinsassen in dem australischen Kinofilm »Ghosts Of The Civil Dead«, für die Cave gemeinsam mit Bargeld und Harvey auch den Soundtrack komponiert hatte.
Knapp zwei Jahre später wandte sich Cave wieder der Musik zu und nahm in São Paulo THE GOOD SON (GB #47) auf: »Mit diesem ungewöhnlich eingängigen Album verliert Cave möglicherweise seine fanatischsten Anhänger, gewinnt dafür aber ein neues erwachsenes Publikum« (*Musik Express*) mit seinen traurigen Balladen.
Während Cave THE GOOD SON ohne seine langjährigen Begleiter eingespielt hatte, nahm er die 92er LP HENRY'S DREAM (GB #29, D #59) mit den **Bad Seeds** auf, darunter Bargeld, Harvey und der Schweizer Drummer und Produzent Thomas Wylder, der auch an KICKING AGAINST THE PRICKS beteiligt gewesen war. Als Single erschien ›Straight To You‹ (GB #68), außerdem nahm Cave gemeinsam mit Shane MacGowan, Ex-Sänger der →**Pogues**, zu Weihnachten 1992 das Duett ›What A Wonderful World‹ (GB #72) auf. 1993 begingen die **Bad Seeds** ihr zehnjähriges Bühnenjubiläum mit dem Mitschnitt LIVE SEEDS (GB #67).
Seine 94er Produktion LET LOVE IN (GB #12, D #34) enthielt acht neue Kompositionen, darunter ›Do You Love Me‹ (GB #68). Seine gefühlvollen Balladen, mit Folk und lateinamerikanischen Rhythmen untermalt, handelten vom Auf und Ab in der Liebe. 1995 tourten die **Bad Seeds** durch die USA; als Singles kamen ›Loverman‹ und ›Red Right Hand‹ heraus.
Ende 1995 sorgte Cave mit einem spektakulären Duett mit dem australischen Popsternchen Kylie Minogue für Aufse-

hen: Ihre gemeinsam vorgetragene Ballade ›Where The Wild Roses Grow‹ (GB #11, D #12) gehörte zum Repertoire des Albums MURDER BALLADS, vom Januar 1996. das »molltönende Epen, schwer wie Gewitterwolken, angesiedelt zwischen Country, Blues, Folk und Bar-Jazz« (*Musik Express*) enthielt. Gemeinsam mit P. J. →Harvey hatte Cave ›Henry Lee‹ (GB #36) aufgenommen.
Zusammen mit Blixa Bargeld und Mick Harvey komponierte Cave den Soundtrack zum Film »To Have And To Hold« des australischen Regisseurs John Hillcot. Das Album wurde im November 1996 veröffentlicht: »Statt Kitsch und Kunsthandwerk fügt sich die Streichermusik mit Harfenklängen, Flöten und Neubauten-Störgeräuschen aufs schönste« (dt. *Rolling Stone*).

FROM HER TO ETERNITY (1984) Mute 84688 • THE FIRST BORN IS DEAD (1985) Mute 846816 • KICKING AGAINST THE PRICKS (1986) Mute 846820 • YOU'RE FUNERAL ... MY TRIAL (1986) Mute 846823 • TENDER PREY (1988) Mute 846837 • THE GOOD SON (1990) Mute 846860 • HENRY'S DREAM (1992) Mute 846878 • LIVE SEEDS (1993) Mute 946930 • LET LOVE IN (1994) Mute 846914 • MURDER BALLADS (1996) Mute 846927 • THE BOATMAN'S CALL (1997) Mute 846936 • (S) THE BEST OF (1998) Mute 484566 • Mit **Boys Next Door**: DOOR DOOR (1979) Mute 971281 • Mit Mick Harvey und Blixa Bargeld: GHOSTS OF THE CIVIL DEAD (1989) Soundtrack Mute 971347 • TO HAVE AND TO HOLD (1996) Soundtrack Mute • **Hugo Race & The True Spirit** CHEMICAL WEDDING (1997) Glitterhouse 4030–43304

Celibate Rifles

Michael Couvret (dr), Phil Jacquet (b), Damien Lovelock (voc), Dave Morris (g), Kent Steedman (g)

Beeinflußt von den →**Stooges**, →**New York Dolls**, →**Saints** und der australischen Kultformation **Radio Birdman** taten sich 1978 an einer Highschool in Sydney fünf Freunde, angeführt von Damien Lovelock und Kent Steedman, zusammen und bildeten die **Celibate Rifles**. Sie spielten soliden, temperamentvollen Rock, wurden 1981 von dem australischen Indie-Label No Records unter Vertrag genommen und veröffentlichten die EP ›But Jacques, The Fish?‹.
Steedman als Songschreiber, Lovelock und Morris waren die Hauptakteure einer talentierten Gitarrenband, die unbeschwerten Rock und vom Country beeinflußte Balladen bevorzugte. 1983 erschien die erste LP SIDEROXYLON, und damit etablierten sich die **Celibate Rifles** in der australischen Rockelite und kamen auch in der britischen Indieszene an. Für den Verkauf in Großbritannien überarbeiteten sie das Album THE CELIBATE RIFLES und veröffentlichten es unter dem Titel MINA, MINA, MINA. Ende 1985 spielten sie erstmals in den USA, und im Mai 1986 absolvierten sie eine sehr erfolgreiche Europatournee.
THE TURGID MIASMA OF EXISTENCE produzierten die **Celibate Rifles** im eigenen, neu eingerichteten Studio und wirkten gereifter und origineller als zuvor. KISS KISS BANG BANG wurde im legendären New Yorker Punk/New Wave-Club CBGBs mitgeschnitten und enthielt Songs der beiden vorangegangenen Alben sowie zwei Coverversio-

nen, ›City Of Fun‹ von den **Only Ones** und ›Burn My Eye‹ von **Radio Birdman**. Auf ROMAN BEACH PARTY und der EP ›Dancing Barefoot‹ schlugen die **Celibate Rifles** härtere Metal-Klänge an. »Temporeiches Drumming, schnelle Gitarren und ein treibender Baß« (*Musik Express*) zeichnete auch das 90er Album BLIND EAR aus, als Rhythmusfraktion Jim Leone (b, perc, voc) und Paul Larsen (dr, perc). PLATTERS DU JOUR wurde wieder mit Steedman sowie Phil Jacquet und Michael Couvret als Nachfolger von Leone und Larson aufgenommen.

1992 gelang den **Celibate Rifles** mit HEAVEN ON A STICK ein exzellentes Gitarrenrock-Album. Das Niveau konnten sie auch im Spätsommer 1994 mit SPACEMAN IN A SATIN SUIT halten: »Niemand kommt so leicht an ihre straighten, harten und doch melancholischen Songs ran« (*Visions*).

SIDEROXYLON (1983) Rough Trade, MDC 79467 • THE CELIBATE RIFLES (1984) Hot • QUINTESSENTIALLY YOURS (1985) Mini-LP What Goes On • THE TURGID MIASMA OF EXISTENCE (1986) Hot • MINA, MINA, MINA (1986) What Goes On • KISS KISS BANG BANG (1987) What Goes On • ROMAN BEACH PARTY (1987) What Goes On • BLIND EAR (1989) Rough Trade 381 0624 • PLATTERS DU JOUR (1990) Normal 3050504 • HEAVEN ON A STICK (1992) Rough Trade 344 0406 • SPACEMAN IN A SATIN SUIT (1994) Hot • (S) LES FUSILES CELIBATAIRES (1987) Megadisc • Damien **Lovelock**: IT'S A WIG, WIG, WIG, WIG WORLD (1988) Hot • **Eastern Dark**: GIRLS ON THE BEACH (WITH CARS) (1990) Waterfront • **Crent**: CRENT (1990) Waterfront • Kent **Steedman** mit **New Christs**: DEVINE RITES (1988) Citadel • DISTEMPER (1989) Citadel

Peter Cetera

Der am 13. 9. 1944 in Chicago geborene Sänger und Bassist schrieb einige der größten Hits (u. a. ›Hard To Say I'm Sorry‹) für die Rock-Bigband → **Chicago**, der er bis zum Februar 1985 als festes Mitglied angehörte. Peter Cetera, einer der Mitbegründer der seit 1969 populären und erfolgreichen Gruppe, hatte mit seiner besonders in hohen Lagen markanten Stimme und seinen überwiegend balladesken Kompositionen das Profil von 17 Alben geprägt. Auch als Solist konnte er Erfolge in den nordamerikanischen Charts verbuchen.

Cetera begann seine musikalische Laufbahn als Bassist bei den **Exceptations** und wechselte im Juni 1968 zu **Big Thing**, aus denen im Jahr darauf **Chicago** entstanden. Er erlebte alle Höhen und Tiefen der Jazzrock-Pioniere und riskierte 1981 bei Full Moon Records seinen ersten erfolglosen Versuch als Solist.

Erst im Sommer 1986 hatte er mit ›Glory Of Love‹ (GB #3, US #1, D #24), Titelsong des Films »Karate Kid II« einen Riesenerfolg. Drei Monate später landete er mit der Single ›The Next Time I Fall‹ (US #1) im Duett mit Amy Grant, erneut auf Platz 1 in den US-Charts. Auch sein zweites Album SOLITUDE / SOLITAIRE (US #23) verkaufte sich überdurchschnittlich gut und wurde im Frühjahr 1987 für 500 000 verkaufte Exemplare mit einer Goldenen Schallplatte ausgezeichnet. Cetera wurde bei seinen blitzsauberen Poparrangements von erstklassigen Studiomusikern begleitet, darunter Chester Thompson (dr), Jeff Porcaro (perc), Michael Omartian (key) und Ray Parker (g). Als zweite Single wurde Anfang

1987 ›Big Mistake‹ (US #61) ausgekoppelt.
Patrick Leonard, Produzent von →Madonna, beaufsichtigte die Aufnahmen zu ONE MORE STORY (US #58, D #51) mit dem Singlehit ›One Good Woman‹ (US #4). Das Album war zwar perfekt inszeniert, aber wenig originell. Als zweite Single kam ›Best Of Times‹ (US #59) im Spätsommer 1988 auf den Markt.
Noch vor der Veröffentlichung von ONE MORE STORY hatte Cetera ein Album der früheren **Abba**-Sängerin Agnetha Fältskog produziert und mit ihr zusammen ›I Wasn't The One (Who Said Goodbye)‹ (US #93) aufgenommen. Einige Monate später tat er sich mit →Cher zusammen und nahm mit ihr für den Film »Chances Are« das Duett ›After All‹ (US #6) auf.
WORLD FALLING DOWN kam im Sommer 1992 heraus. Als Singles wählte »der alte Profi« (*Musik Szene*) ›Restless Heart‹ (US #35, D #53), ›Feels Like Heaven‹ (US #71) und ›Even A Fool Can See‹ (US #68) aus. ›Feels Like Heaven‹ entstand in Kooperation mit Chaka →Khan. *Hifi Vision* schrieb über das Album: »Er scheut nicht davor zurück, seine voluminöse Stimme fetzigen Bläsern oder kernigen Gitarren auszusetzen ...«
Für die Produktion unter dem programmatischen Titel ONE CLEAR VOICE ließ sich Cetera fast 30 Monate Zeit. Wieder begleitet von hochkarätigen Musikern wie Paulinho da Costa (perc), Dann Huff (g) und Willie Weeks (b) interpretierte er neben Eigenkompositionen auch einen Song von Eric →Carmen, diesmal im Duett mit Crystal Bernard: ›Forever Tonight‹ (US #86).
Die Duette mit Chaka Khan, Cher und Amy Grant gehörten zum Material des Albums YOU'RE THE INSPIRATION, für das Peter Cetera auch neue Versionen seiner bekanntesten Kompositionen, darunter ›If You Leave Me Now‹ im gewohnten Edelpop aufnahm.

PETER CETERA (1981) WEA 7599–26231 • SOLITUDE/SOLITAIRE (1986) WEA 7599–25474 • ONE MORE STORY (1988) 7599–25704 • WORLD FALLING DOWN (1992) WEA 7599–26894 • ONE CLEAR VOICE (1995) MCA 33197 • YOU'RE THE INSPIRATION (1997) Edel 0037122

Chairmen Of The Board

Edward Curtis (voc), Norman ›General‹ Johnson (voc), Harrison Kennedy (voc), Daniel Woods (voc)

In Detroit 1968 von Norman ›General‹ Johnson (*23. 5. 1944, Norfolk, Virginia), früher Mitglied der **Showmen**, gegründet als **Gentleman**, wurden die **Chairmen Of The Board** von Invictus Records gefördert. Das Label war von dem Komponistenteam Holland/Dozier/Holland 1969, nach ihrem Weggang von Motown Records gegründet worden. In den **Chairmen Of The Board** hofften sie eine geeignete Nachfolgeformation für die von ihm betreuten →**Four Tops** zu finden.
Mit ihrer ersten Single ›Give Me Just A Little More Time‹ (GB #2, US #8) plazierten sich **Chairmen Of The Board** auf Anhieb unter den Top 10. Im gleichen Jahr folgten drei weitere Singles: ›(You've Got Me) Darling On A String‹ (GB #7, US #31), ›Everything's Tuesday‹ (GB #11, US #40), ›Pay To The Piper‹ (GB

#25, US #7). 1971 verließ Edward Curtis die Gesangsgruppe, die als Trio weitermachte. Getragen wurde der Pop und R&B beeinflußte Soul hauptsächlich von Johnson.
1971 bis 1973 hatten **Chairmen Of The Board** vor allem in Großbritannien Erfolg und veröffentlichten in schneller Folge die Songs ›Chairmen Of The Board‹ (GB #28, US #33), ›Working On A Building Of Love‹ (GB #17), ›Elmo James‹ (GB #16), ›I'm On My Way To A Better Place‹ (GB #26) und ›Finders Keepers‹ (GB #15, US #63). In den USA erschienen 1971 außerdem ›Try My Love On For Size‹ (US #97) und ›Men Are Getting Scarce‹ (US #73). Mit ihren Alben hatten sie weniger Glück, zählten aber dennoch zu den populärsten Soulgruppen der frühen 70er Jahre. Als die Gruppe aus den Hitlisten verschwand, hörte man nur noch durch sporadische Live-Auftritte von Johnson und Daniel Woods (* 20. 4. 1944, Atlanta, Georgia) den Namen **Chairmen Of The Board**.
Johnson spielte auch mit **Honey Cone** und **100% Proof** und plazierte sich mit seinen Soloaufnahmen gelegentlich in den R&B-Charts. Auch Kennedys und Woods' Soloaufnahmen waren nicht von Erfolg gekrönt. Ein Comebackversuch unter der Bezeichnung **General Johnson And The Chairmen Of The Board** scheiterte zu Beginn der 80er Jahre nach drei Alben.

CHAIRMEN OF THE BOARD (1970) Invictus, SVT 1002 • IN SESSION (1971) Invictus, SVT 1003 • BITTERSWEET (1972) Invictus, SVT 1006 • SKIN I'M IN (1974) CBS 65868 • **General Johnson And The Chairmen Of The Board**: SUCCESS (1981) • A GIFT OF BEACH MUSIC (1982) • A.G.M. (1985) • (S) SALUTE THE GENERAL (1983) • General **Johnson**: GENERALLY SPEAKING (1972) Invictus, SVT 1008 • GENERAL JOHNSON (1976) • Harrison **Kennedy**: HYPNOTIC MUSIC (1972) • Danny **Woods**: ARIES (1972)

Chambers Brothers

George Chambers (b), Joseph Chambers (g, voc), Lester Chambers (voc, harm), Willie Chambers (g, voc), Brian Keenan (dr)

Die Farmersöhne aus dem US-Bundesstaat Mississippi gelten als »Vorreiter schwarzer Bands mit einem großen weißen Publikum« (*Rolling Stone*), George Chambers (* 26. 9. 1931, Flora, Mississippi) hatte während seines Armee-Einsatzes im Koreakrieg die Gesangsgruppe **Soldiers** geleitet. Zurück in den USA, ließ er sich in Los Angeles nieder. Zusammen mit seinen jüngeren Brüdern Willie (* 3. 3. 1938), Lester (* 13. 4. 1940) und Joseph (* 24. 8. 1942) trat er in den nächsten sieben Jahren sporadisch als Gospelgruppe bei Gottesdiensten auf.
1961 machte George Chambers die Bekanntschaft von Ed Pearl, Besitzer des Ash Grove Coffee House, in dem die **Chambers Brothers** nun regelmäßig auftraten. Mit ihrer Mischung aus Gospel, Folk und Blues wurden sie zunehmend bekannt. Im Juli 1965 zählten die Brüder zu den Attraktionen des Newport Folk Festivals. Inzwischen beeinflußt von den → **Beatles**, Bob → Dylan, dem elektrischen Blues (Sonny → Terry war Lesters Lehrmeister für Mundharmonika), Soul und Psychedelic, entwickelten sie einen eigenen, vom Rock geprägten Stil, vom *Rolling Stone* als »psychedelischer Gospel« bezeichnet.

Anfang 1965 wurden die **Chambers Brothers** von Vault Records unter Vertrag genommen und veröffentlichten im August des Jahres die »rauhe Soul/Blues-Mischung« (*Guinness*) PEOPLE GET READY. 1966 kam der Schlagzeuger Brian Keenan (* 28. 1. 1944, New York), einst bei Manfred → Mann, der erstmals auf dem Album NOW! zu hören war. Die Chambers-Brüder überzeugten vor allem durch ihren Gesang und interpretierten anfangs überwiegend Standards wie ›See See Rider‹, ›Summertime‹ und ›Baby, Please Don't Go‹.

Mitte der 60er Jahre wurden die **Chambers Brothers** von den Hippies entdeckt. Nach einem hochgelobten Auftritt im Avalon Ballroom in San Francisco im April 1967 wurde Columbia Records auf die Band aufmerksam. Mit der progressiven Rock-LP THE TIME HAS COME TODAY (US #5) gelang den **Chambers Brothers** im Frühjahr 1968 der Durchbruch in den Charts. Der Titelsong ›Time Has Come Today‹ (US #11) wurde im Spätsommer ein Top-Hit.

Zwei Jahre lang zählten die **Chambers Brothers** zu den populärsten Live-Formationen des Landes. Sie spielten an der Seite von → **Quicksilver Messenger Service** im Fillmore West in San Francisco, traten in einem Programm mit den → **Doors** und → **Steppenwolf** in der Hollywood Bowl und mit → **Jefferson Airplane** und den → **Byrds** beim Newport Pop Festival auf. Auf dem Plattenmarkt konnte sich die »laute und ungehobelte Gruppe« (*Sounds*) Ende 1968 mit dem Album A NEW TIME, A NEW DAY (US #13) und der Single ›I Can't Turn You Loose‹ (US #32) behaupten. Die **Chambers Brothers** boten einen schwarzen, authentischen Sound und traten auf der Bühne in Hippiekostümierung auf. Trotzdem konnten sie mit LOVE, PEACE AND HAPPINESS (US #80) und dem Live-Album CHAMBERS BROTHERS LIVE AT FILLMORE EAST nicht mehr an frühere Erfolge anknüpfen.

Mit dem optimistischen LP-Titel ›New Generation‹ bemühten sich die **Chambers Brothers** im Frühjahr 1971 erfolglos um einen Neuanfang. Sie demontierten schließlich ihren guten Ruf mit den einfallslosen Alben OH MY GOD!, UNBONDED und RIGHT MOVE. Auch der Mitschnitt LIVE IN CONCERT ON MARS, bei dem sie sich als Soulband versuchten, mißlang, und die Gruppe löste sich auf.

Lester Chambers arbeitete zunächst als Begleitmusiker für Bonnie → Raitt und Ry → Cooder und tat sich in New York mit Ex- → **Electric Flag** Harvey Brooks (b) zu einer neuen Band zusammen. Seine Brüder traten sporadisch mit dem Gospelchor **Chambers Family Singers** auf, während Keenan in Connecticut ein Studio aufbaute. Er starb Mitte der 80er Jahre an einem Herzinfarkt.

Im November 1989 traten die **Chambers Brothers** noch einmal anläßlich des Benefizkonzerts Earthquake Relief zugunsten der Erdbebenopfer von San Francisco neben John → Fogerty, Bonnie Raitt, Neil → Young und → **Los Lobos** auf.

PEOPLE GET READY (1965) Vault, VAL 8058 • NOW (1966) Vault, LP 115 • SHOUT! (1966) Polydor 184 215 • THE TIME HAS COME (1967) CBS 63407 • A NEW TIME, A NEW DAY (1968) CBS 63451 • FEELIN' THE BLUES (1968) Liberty 83296 • LOVE, PEACE AND HAPPINESS (1969) CBS 66228 • CHAMBERS BROTHERS LIVE AT FILLMORE EAST (1970) • NEW GENERATION (1971) CBS 64156 • OH MY GOD! (1972) CBS 64764 • UNBONDED (1973) Avco 87843

• RIGHT MOVE (1975) Avco 69003 • LIVE IN CONCERT ON MARS (1976) Chelsea, CHL 5006 • (S) GREATEST HITS (1972) CBS 64596 • Mit Barbara **Dane**: BARBARA DANE & THE CHAMBERS BROTHERS (1966)

Champs

Gene Alden (dr), Dave Burgess (g), Buddy Bruce (g), Danny Flores (sax, p), Cliff Hills (b)

Die Instrumentalband wurde im Dezember 1957 in Los Angeles gegründet. Sie kam auf Initiative von Joe Johnson, Mitbesitzer von Challenge Records, zusammen, um die Vokalgruppe **Kuf-Linx** zu begleiten. Bei einer gemeinsamen Session entstanden drei Titel, darunter ›Tequila‹ von Flores, der als Chuck Rio bei RPM Records unter Vertrag stand. ›Tequila‹ (US #1) erschien Anfang 1958 als B-Seite von ›Train To Nowhere‹, entwickelte sich zu einem Bestseller und wurde als bester R&B-Song mit einem Grammy ausgezeichnet.

Der Erfolg von ›Tequila‹ und der folgenden Single ›El Rancho Rock‹ (US #30) führte zu einer ersten landesweiten Tournee der **Champs**, bei der anstelle von Buddy Bruce und Cliff Hills Dale Norris (g) und Joe Burnas (b) spielten. Nach der erfolgreichen Tour und den Singles ›Midnighter‹ (US #94) und ›Chariot Rock‹ (US #59) stiegen Alden und Flores aus und wurden Ende 1958 durch Jim Seals (sax), Dash Crofts (dr) und Dean Beard (p) ersetzt.

Die weitere Karriere der **Champs** war von häufigen personellen Wechseln begleitet; 1960 war der spätere Countrystar Glen Campbell Gitarrist bei der »klassischen Rock'n'Roll-Gruppe« (*Guinness*). Bis 1962 konnte die Band noch vier weitere Singles in den Charts plazieren, darunter ›Too Much Tequila‹ (US #30) und ›Limbo Rock‹ (US #40). Nach ihrer Trennung 1964 konnte nur das Duo → **Seals & Crofts** an die vergangenen Erfolge anknüpfen.

GO CHAMPS GO (1958) Challenge, CHL 601 • EVERYBODY'S ROCKIN' WITH THE CHAMPS (1959) Challenge, CHL 605 • GREAT DANCE HITS OF TODAY (1962) London, LPX 451 • ALL AMERICAN MUSIC WITH THE CHAMPS (1962) Challenge 2514 • (S) RARE ITEMS VOL. 1 (1977) London, LPX 498 • (S) THE BEST OF (1977) London, ZGH 141 • (S) SPOTLIGHT ON (1981) Line, IMLP 400462

Gene Chandler

Chandler, mit bürgerlichem Namen Eugene Dixon, wurde am 6. 7. 1940 in Chicago geboren. Er verdankte seinen Erfolg als Solist einem Disput zwischen zwei Plattenfirmen. Er war zunächst Mitglied der Doo-Wop-Gruppe **Dukays**, der außerdem Shirley Jones, James Lowe, Earl Edwards und Ben Broyles angehörten. Die **Dukays** debütierten im Sommer 1961 mit dem Song ›The Girl's A Devil‹ (US #64) und nahmen Ende des Jahres zwei weitere Titel auf, die von unterschiedlichen Labels veröffentlicht wurden. ›Night Owl‹ (US #73) erschien bei der New Yorker Firma Nat Records, ›Duke Of Earl‹ (GB #29, US #1) kam unter dem Namen von Gene bei Vee Jay Records heraus und wurde in einem Monat zum Millionenhit.

Die **Dukays** setzten ihre Laufbahn ohne

Chandler fort und gingen als eine der letzten klassischen Doo-Wop-Formationen in die Geschichte ein. Chandler blieb bei Vee-Jay Records und kam 1962 mit den Singles ›Walk On With The Duke‹ (US #91), ›You Threw A Lucky Punch‹ (US #49) und dem Album Duke Of Earl (US #69) nur noch auf durchschnittliche Chartspositionen.
Mit seinem warmen Soul-Tenor setzte Chandler 1963 vor allem auf Kompositionen von Curtis →Mayfield: ›Rainbow‹ (US #47), ›Man's Temptation‹ (US #71). Chandler setzte die Zusammenarbeit mit Mayfield bis 1965 fort und hatte Erfolg mit dessen Songs ›Just Be True‹ (US #21), ›You Can't Hurt Me No More‹ (US #90), ›Nothing Can Stop Me‹ (US #19) und ›Good Times‹ (US #88), sowie der Neuauflage ›Rainbow '65‹ (US #78). Weitere Chartsnotierungen erreichte Chandler mit den Singles ›Bless Your Love‹ (US #43), ›What Now‹ (US #40) und ›Here Come The Tears‹ (US #95), während seine LPs keine Chancen in den Hitlisten hatten.
In der zweiten Hälfte der 60er Jahre erschienen die Platten von Chandler, die nach wie vor von Davis produziert wurden, bei Checker und Brunswick Records. Am besten verkauften sich 1966 und 1968 die Singles ›I Fooled You This Time‹ (US #46) bzw. das Duett mit der Soulsängerin Barbara Acklin ›From The Teacher To The Preacher‹ (US #40). Chandler versuchte sich außerdem als Produzent und betreute Lee Charles, die **Profiles** und das Duo **Mel & Tim**, das Anfang 1969 mit ›Backfield In Motion‹ unter die Top 20 der USA vorstieß.
1970 wechselte Gene Chandler zu Mercury Records und erlebte mit ›Groovy Situation‹ (US #10) ein unerwartetes Comeback. Auch wenn sich die Soulmusik unter dem Einfluß von Motown und Stax gewandelt hatte, konnte sich Chandler mit seinem etwas altmodischen Stil noch einmal durchsetzen. ›Simply Call It Love‹ (US #63) und ›You Just Can't Win‹ (US #59), ein Duett mit seinem Freund Jerry →Butler, erreichten nur noch untere Chartsplätze.
Chandler setzte seine Laufbahn auch in den 70er und 80er Jahren fort. Im Dezember 1976 wurde er wegen Heroinhandels zu vier Monaten Gefängnis verurteilt. Carl Davis half ihm aus der Krise heraus und machte ihn zum Vizepräsidenten seines Unternehmens Chi-Sound Records. Chandler kehrte auch ins Aufnahmestudio zurück, konnte aber lediglich Ende 1978 mit der Single ›Get Down‹ (US #48) und der gleichnamigen LP (US #49) Aufmerksamkeit und einen gewissen Erfolg verbuchen. Nach dem Album Gene Chandler '80 (US #62) verschwand sein Name endgültig aus den Charts.

THE DUKE OF EARL (1962) Vee-Jay, VJLP 1040 • JUST BE TRUE (1964) • LIVE ON STAGE IN '65 (1965) Constellation 1425 • THE GIRL DON'T CARE (1967) Coral, LVA 9236 • THERE WAS A TIME (1968) MCA, MUPS 367 • THE TWO SIDES OF GENE CHANDLER (1969) • THE GENE CHANDLER SITUATION (1970) Mercury 6338 037 • GET DOWN (1978) 20th Century 6370 280 • WHEN YOU'RE NUMBER ONE (1979) 20th Century, T-598 • GENE CHANDLER '80 (1980) 20th Century 605 • (S) A GENE CHANDLER ALBUM (1969) Joy 136 • (S) JUST BE TRUE (1982) Charly, CRB 1007 • (S) THE DUKE OF SOUL (1984) Chess 7201 • Mit Jerry **Butler**: ONE & ONE (1971) Mercury 61330

Harry Chapin

Der vielseitig begabte Singer / Songwriter wurde am 7. 12. 1942 im New Yorker Künstlerviertel Greenwich Village geboren. Sein Vater ›Big‹ Jim Chapin war Schlagzeuger in den Bigbands von Tommy Dorsey und Woody Herman. Mit seinen Brüdern Tom und Steve spielte Harry Chapin in verschiedenen Teenagerbands. Er spielte zunächst Trompete, ehe er zur Gitarre griff. Wie → **Chicago**-Mitglied Robert Lamm sang er im **Brooklyn Heights Boys Choir**.
Chapin begann ein Studium an der Cornell Universität in Ithaca, New York, gründete dann mit seiner Familie die Gruppe **Chapins**, die 1964 ein Album veröffentlichte. Danach entdeckte er sein Interesse für Dokumentarfilme und drehte gemeinsam mit Jim Jacobs die 1969 für einen Oscar nominierte Dokumentation aus dem Boxmilieu »Legendary Champions«. Nach mehr als 100 Dokumentarfilmen entschloß er sich, ins Musikgeschäft einzusteigen. Zusammen mit John Wallace (b), Ron Palmer (g) und Tim Scott (ce) trat Chapin im New Yorker Club Village Gate auf. Im Dezember 1971 unterschrieb er einen Plattenvertrag, der ihm für neun Alben 600 000 US-Dollar garantierte.
1972 erschien seine von Jac Holzman produzierte erste LP HEADS AND TALES (US #63), mit »Kurzgeschichten, moralische Fabeln und archetypische Balladen« (*Rolling Stone*). Das Album und die Single ›Taxi‹ (US #22) bescherten dem Songpoeten mit dem etwas melodramatischen Gesangsstil erste Achtungserfolge. Ebenfalls 1972 realisierte Chapin mit seiner aus Palmer, Scott und John Wallace (b, voc) bestehenden Band die LP SNIPER AND OTHER LOVE SONGS und die Single ›Sunday Morning Sunshine‹ (US #80).
Im Frühjahr 1974 erschien sein Hit ›W.O.L.D.‹ (GB #30, US #28), eine Auskopplung aus dem Album SHORT STORIES (US #74). Ende des Jahres folgte der Bestseller ›Cat's In The Cradle‹ (US #1), eine poetische Auseinandersetzung mit dem Vater / Sohnkonflikt, und seine erfolgreichste LP VERITIES AND BALDERDASH (US #9). Harry Chapin, der Musik und Text glänzend zu verbinden wußte, wurde daraufhin als »Amerikas größter Geschichtenerzähler« (*Rolling Stone*) und aufgrund seiner engagierten Texte als »amerikanischer Jacques Brel der Arbeiterklasse« (*Los Angeles Free Press*) bezeichnet. Kritiker bemängelten zwar Chapins unsaubere Produktionstechnik, respektierten jedoch seine Geschichten, die »voller Zynismus, Frustration und sehnsüchtigem Verlangen« (*Crawdaddy*) waren. 1974 äußerte Chapin in einem Interview: »Meine Songs sind sentimental, aber sie haben einen harten Kern, weil sie sich an der Realität anlehnen. Ich lüge nicht um das herum, was wahres Leben ist.«
Großen Respekt brachte Chapin sein selbstloses Engagement für die Welthungerhilfe ein, für die er allein 1975 mit Konzerten 350 000 US-Dollar einspielte, sowie für das Cambodia Crisis Committee. Für *Rolling Stone* verband Harry Chapin »Popularität und Pflichtgefühl«. Insgesamt brachten seine Benefizkonzerte bis Ende 1977 über fünf Millionen Dollar ein.
Nach der Single ›I Wanna Learn A Love Song‹ (US #45), die aus VERITIES & BALDERDASH ausgekoppelt wurde, konzentrierte sich Chapin auf sein Album PORTRAIT GALLERY (US #53), das im Herbst 1975 auf den Markt kam. Er beteiligte

sich außerdem an dem Multimedia-Musical »The Night That Made America Famous«, das allerdings kurz nach der Premiere im Februar 1975 wieder abgesetzt wurde. 1977 hatte er mit der Revue »Chapin«, eine Anlehnung an Jacques Brels »Alive And Living In Paris«, mehr Glück. Im März 1976 erschien das in San Diego, Santa Monica und Berkeley mitgeschnittene Doppelalbum HARRY CHAPIN'S GREATEST STORIES LIVE (US #62). 1976 kam noch die vielgelobte LP ON THE ROAD TO KINGDOM COME (US #69) und die Single ›A Better Place To Be‹ (US #77) heraus.
1977 bereiste Chapin zum ersten Mal Deutschland und Großbritannien; im gleichen Jahr erschien die Doppel-LP DANCE BAND ON THE TITANIC (US #88), produziert von seinem Bruder Steve. Im Jahr darauf kam er zum letzten Mal nach Europa und beendete im Oktober seine Tournee mit Auftritten in Dublin, Belfast und Cork.
Anschließend hörte man nichts mehr von Chapin, dem Ende 1978 sogar sein Plattenvertrag gekündigt wurde. 1980 bemühte er sich bei Boardwalk Records mit dem Album SEQUEL (US #84) um einen Neuanfang. Die letzte Chartsplazierung gelang ihm im November 1980 mit der Single ›Sequel‹ (US #46). Am 17. 7. 1981 kam Harry Chapin in der Nähe von New York bei einem Autounfall ums Leben.
Um Chapins karitatives Werk fortzusetzen, gründete sein Manager die Stiftung Harry Chapin Memorial Fundus. Am 7. 12. 1987 nahm seine Witwe Sandy Chapin in der New Yorker Carnegie Hall die Special Congressional Gold Medal entgegen, mit der Chapins Wohltätigkeitsarbeit posthum gewürdigt wurde. Diese Auszeichnung wurde in den vergangenen 200 Jahren nur an 114 US-Bürger verliehen.

HEADS AND TALES (1972) Elektra 7599–60680 • SNIPER AND OTHER LOVE SONGS (1972) Elektra 42125 • SHORT STORIES (1973) Elektra 42155 • VERITIES AND BALDERDASH (1974) Elektra 7599–60596 • PORTRAIT GALLERY (1975) Elektra 7599–60602 • HARRY CHAPIN'S GREATEST STORIES LIVE (1976) Elektra 7599–60630 • ON THE ROAD TO KINGDOM COME (1976) Elektra 7599–60613 • DANCE BAND ON THE TITANIC (1977) Elektra 7599–60549 • LIVING ROOM SUITE (1978) Elektra 7599–60528 • SEQUEL (1980) Boardwalk 2616001 • (S) LEGENDS OF THE LOST AND FOUND: NEW GREATEST STORIES LIVE (1979) Elektra 62026 • (S) ANTHOLOGY (1985) Elektra 960413 • **Chapins**: CHAPINS (1964) • Tom Chapin: LIFE IS LIKE THAT (1976) Fantasy, F 9520 • IN THE CITY OF MERCY (1982) Spector 70004

Marshall Chapman

Die Stratocaster-Gitarristin und Sängerin Marshall Chapman wurde am 7. 1. 1949 in Spartanburg, South Carolina, geboren. Sie studierte Französisch und Kunst an der Vanderbilt University in Nashville, lebte mit ihrer Familie zeitweise in Frankreich und kam über Boston 1973 wieder nach Nashville in die Hochburg der Countrymusik. Sie jobbte als Kellnerin und hoffte auf eine Gelegenheit, in einem der zahlreichen Countryclubs auftreten oder ihre Kompositionen verkaufen zu können.
Countryinterpreten wie Tompall Glaser, Linda Hargrove, Jessi →Colter und Waylon →Jennings wurden auf ihre Songs aufmerksam, und 1976 konnte die

Musikerin in Los Angeles einen Plattenvertrag unterzeichnen.
Me, I'm Feeling Free reflektierte das breite musikalische Spektrum der Südstaaten. Ihre dem Country & Western verpflichteten Songs trug Marshall Chapman mit rauher Bluesstimme vor und begleitete sich auf der Gitarre. Ihre Single ›Somewhere South Of Macon‹ wurde zwar häufig von den Country-Sendern gespielt, aber Erfolg hatte sie nach wie vor in erster Linie als Songschreiberin. So wurde z. B. ihre Komposition ›A Woman's Heart‹ von Crystal Gale, Olivia Newton-John und der **Earl Scruggs Revue** übernommen.
Auf den Alben Jaded Virgin und Marshall ließ die selbstbewußte Künstlerin immer stärker ihren Rock'n'Roll-Phantasien freien Lauf, die sie mit Country- und Blueselementen verfeinerte. Doch diese »weltoffenen Beobachtungen mit den Country/Blues-Melodien« (*New York Times*) verkauften sich nur mäßig. Und nachdem auch Take It On Home nicht den gewünschten Erfolg brachte, fand sich zunächst kein Verleger für die Platten von Marshall Chapman. Dafür coverten u. a. Tanya →Tucker und Jimmy →Buffett ihre Songs.
Die »aristokratische Singer/Songwriterin« (*Rolling Stone*), die auf der Bühne von einem Rock'n'Roll-Trio begleitet wurde, erhielt erst 1987 eine neue Chance. Dirty Linen erwies sich als ihre beste Produktion, angesiedelt zwischen »schwerem Blues und verspieltem Rock'n'Roll« (*Musik Express*).
Das 1993 im Tennessee-Staatsgefängnis für Frauen mitgeschnittene Album It's About Time erschien im Herbst 1995 und dokumentierte das musikalische Können einer Künstlerin, die weit mehr Anerkennung verdient hätte. Marshall Chapman tourte regelmäßig mit ihrer Band **Love Slaves** und blieb für Emmylou →Harris und Ronnie Milsap eine gefragte Komponistin.
Im Frühjahr 1997 kam das hervorragende Album Love Slave heraus, das »alles zwischen den Polen Blues, Rockabilly, R&B und angejazztem Bar-Swing abspielte« (*Musik Express*).

ME, I'M FEELING FREE (1977) Epic 34422 • JADED VIRGIN (1978) Epic 35341 • MARSHALL (1979) Epic 36192 • PICK UP THE TEMPO (1981) • TAKE IT ON HOME (1982) Line 400178 • DIRTY LINEN (1987) Line 400309 • IT'S ABOUT TIME (1995) Margaritaville 535011 • LOVE SLAVE (1996) Margaritaville 524288

Tracy Chapman

Angeblich schrieb Tracy Chapman bereits als Achtjährige ihre ersten Songs. Sicher ist allerdings, daß sie als Liebling der Kritiker Ende der 80er Jahre zur Spitze der Singer/Songwriter-Generation gehörte und mit ihren ersten beiden Alben Millionenauflagen erzielte. Tracy Chapman, die dem Musikgeschäft sehr mißtrauisch gegenüberstand, überzeugte mit einem »ungekünstelten Vortrag und der Intensität ihrer scheinbar so persönlichen Geschichten« (*Musik Express*). Sie unterwarf sich nicht den üblichen Markt- und Promotionstrategien, sondern setzte konsequent ihren ruhigen, folkorientierten Sound mit den teilweise politischen Botschaften durch.
Tracy Chapman, Sängerin des Jahres 1988 (*Rolling Stone*), wurde am 20. 3. 1964 in Boston, Massachusetts, geboren. Nach dem Schulabschluß studierte sie an der

Tufts University in Medford, Massachusetts, Anthroplogie und Afrikanistik und schloß sich an der Hochschule einer afrikanischen Perkussionformation an. Außerdem fand sie Zugang zum Folkzirkel in Boston und machte beim Campus-Radio WMFO ihre ersten Demoaufnahmen. Ihr Kommilitone Brian gab die Aufnahmen seinem Vater Charles Koppelman, der Chef des einflußreichen Musikverlages SPK war und die Songs dem Produzenten David Kershenbaum und Managern von Elektra Records vorspielte. Tracy Chapman ließ sich sechs Monate Zeit, um den ihr angebotenen Plattenvertrag zu unterschreiben. Betreut wurde sie von dem erfahrenen Manager Elliot Roberts, der den Kontakt zu verschiedenen Produzenten herstellte. Da sich Tracy Chapman mit allen überwarf, übernahm schließlich David Kershenbaum die Produktion ihres ersten Albums. Im März 1987 trat Tracy Chapman neben Natalie Merchant von den → **10 000 Maniacs** zum ersten Mal in London auf und gab im Mai zwei Konzerte in New York.

Das Debütalbum TRACY CHAPMAN (GB #1, US #1, D #1) und die erste Single ›Fast Car‹ (GB #5, US #6) sorgten im Sommer 1988 weltweit für Furore. Ein Auftritt bei Nelson Mandelas 70th Birthday Tribute im Londoner Wembley Stadion kurbelte die Verkäufe zusätzlich an. Im September 1988 beteiligte sie sich neben Peter → Gabriel, → Sting, Bruce → Springsteen und Youssou → N'Dour an der von amnesty international organisierten, sechswöchigen Human Rights-Tournee. Im Oktober und Dezember des Jahres wurden die Singles ›Talkin' 'Bout A Revolution‹ (US #75) und ›Baby Can I Hold You‹ (US #48) ausgekoppelt.

Als »beste neue Künstlerin des Jahres« wurde die Musikerin Anfang 1989 mehrfach ausgezeichnet und erhielt u. a. drei Grammies und den BRIT-Award. »Die schwarze Folksängerin« (*Tip*) wurde nach nur einem Album, das weltweit über neun Millionen Mal verkauft wurde, zum Superstar, deren Sound für eine »prickelnde Spannung aus Melancholie und Stärke, aus Wut und Hoffnung« (*Musik Express*) sorgte.

Mark → Cohn und Neil → Young unterstutzten die Newcomerin beim zweiten Album CROSSROADS (GB #1, US #9, D #1), das wiederum von Kershenbaum produziert und dessen Veröffentlichung im Spätsommer 1989 von der Single ›Crossroads‹ (GB #61, US #90, D #38) vorbereitet wurde. Erneut »zelebrierte sie die eindringliche Schlichtheit in einfach strukturierten, überwiegend rein akustischen Folksongs« (*Hifi Vision*) und »blieb standhaft und unnahbar in ihrem ikonenhaften Sendungsbewußtsein« (*Musik Express*). Mit CROSSROADS konnte Tracy Chapman den mehrfachen Platin-Erfolg der ersten LP wiederholen.

Im April 1990 trat Tracy Chapman, deren Songs im südafrikanischen Rundfunk nicht gespielt werden durften, wieder im Wembley Stadion beim International Tribute For A Free South Africa auf. Sie tourte mit Melissa → Etheridge durch Europa und startete im Mai in Dallas eine achtwöchige USA-Tournee.

1991 beschränkte sich die »engagierte Einzelkämpferin« (*Hifi Vision*) auf einige wenige Auftritte. Sie beteiligte sich im Januar in Minneapolis an der Martin Luther King Celebration, und im November spielte sie im Golden Gate Park von San Francisco vor 350 000 Menschen beim Bill Graham-Memorial Concert Laughter Love & Music. Ansonsten konzentrierte sich Tracy Chapman auf ihre dritte LP

Matters Of The Heart (GB #19, US #53, D #13), bei der sie von Mitgliedern von → **Living Colour** und den Bands von Peter Gabriel, Tom → Petty und Bruce → Springsteen begleitet wurde. Ihre modernen Protestsongs, »die nur noch gelegentlich das einfache Blues/Gospel-Schema bemühten« (*Musik Express*), zeigten jedoch Abnutzungserscheinungen. Ende 1995 erschien das vierte Album New Beginning. Tracy Chapman wirkte gereift, glänzte mit einem ausgefeilten Gitarrenspiel und einprägsamen, anspruchsvollen Melodien zwischen Folk und Blues.
Mit der Auskopplung ›Give Me One Reason‹ (US #3) gelang ihr im Frühjahr 1996 in den USA wieder ein Tophit.

TRACY CHAPMAN (1988) Elektra 7599–60774 • CROSSROADS (1989) Elektra 7599–60888 • MATTERS OF THE HEART (1992) Elektra 7559–61215 • NEW BEGINNING (1996) Elektra 7559–61850

Charlatans

Michael Ferguson (p), George Hunter (voc, harm), Sam Linde (dr), Richard Olsen (b, fl, sax), Mike Wilhelm (g)

Die »erste Underground-Band San Franciscos« (*Guinness*) ging als die wohl kurioseste Formation der Westcoast-Szene in die Geschichte ein. Die fünf Antimusiker fanden sich unter der Leitung des Grafikers und Designers George Hunter zusammen. Mit den Studenten Mike Wilhelm und Richard Olsen entwickelte er ein Konzept, das im Sommer 1964 Gestalt annahm, als Michael Ferguson und Sam Linde das Ensemble vervollständigten. Linde stieg jedoch während der Proben wieder aus und mußte durch Dan Hicks ersetzt werden. Hicks, eigentlich Sänger und Gitarrist, nahm aus Lust und Laune hinter dem Schlagzeug Platz. Noch vor Abschluß der Proben verteilten die **Charlatans** Hunderte von Publicity-Fotos, die sie in Wildwest-Kostümen zeigten. Visuelle und verbale Happenings standen ohnehin im Mittelpunkt der ausgeflippten **Charlatans**-Show, deren Musik – eine zwar orginelle Mixtur aus Rock, Country, Folk und Blues – reichlich unprofessionell klang.
Das erste Gastspiel gaben die **Charlatans** in Virginia City, Nevada. Ursprünglich wollte der Besitzer des Red Dog Saloons die → **Byrds** verpflichten, deren Gagen ihm aber zu hoch waren, und so holte er für drei Monate die **Charlatans**. Das Westcoast-Spektakel machte im Sommer 1965 die alte Goldgräberstadt unsicher, bis die Einwohner genug von den Hippies hatten, die die Band scharenweise angezogen hatte.
In San Francisco begann Mitte der 60er Jahre die große Zeit von → **Grateful Dead** und → **Jefferson Airplane**. Acid-Rock und psychedelische Effekte waren die Schlagworte der Stunde und beeinflußten auch die **Charlatans**. Die »amerikanische Antwort auf die Beatles« (*Rolling Stone*) bekam einen Plattenvertrag angeboten, aber mehr als die Single ›The Shadow Knows‹ (1966) kam dabei nicht heraus. Eigentlich hatten die **Charlatans** den ›Codine Blues‹ von Buffy → Sainte-Marie herausbringen wollen, doch die Plattenfirma scheute davor zurück, da sie aufgrund des Drogenthemas einen Boykott der Radiosender fürchteten.
Während der San Francisco-Sound landesweit Erfolge feierte, kamen die **Charlatans** mit ihrer unterhaltsamen, aber et-

was dilettantischen Goodtime-Music nicht über regionale Bekanntheit hinaus. Im September 1967 verließ Michael Ferguson die Band, der 1969 **Tongue & Groove** gründete und später als Grafiker arbeitete. Seine Position bei den **Charlatans** übernahm Patrick Gegerty, während Hicks zur Gitarre wechselte und das Schlagzeug Ex-**Okustra** Terry Wilson überließ.

Traditionelle amerikanische Musik prägte den Sound der **Charlatans**, die sich aber auf keine Experimente einließen und nicht an das Format von → **Grateful Dead** oder → **Jefferson Airplane** heranreichten. Trotzdem zählten sie zu den erfolgreichen Live-Bands ihrer Zeit, während sich ihre wenigen Platten nicht gerade gut verkauften.

Durch Knebelverträge blieben die **Charlatans** bis 1969 zur Tatenlosigkeit verurteilt. Dan Hicks formierte später die **Hot Licks**, mit denen er fünf kaum beachtete LPs veröffentlichte. Hunter verdiente sein Geld mit der Gestaltung von Plattencovern u. a. für → **It's A Beautiful Day** und → **Quicksilver Messenger Service**.

Das verbliebene Trio Wilhelm, Olsen und Wilson nahm mit dem Jazzpianisten Darrel de Vore 1969 ihr einziges Album THE CHARLATANS auf. Die Plattenfirma machte zu wenig Promotion für die raffinierte Mischung aus Rock'n'Roll und Countrymusik, und so verabschiedete sich die stets unterschätzte Gruppe am 14. 6. 1969 mit einem Konzert im Fillmore West von ihren Fans. De Vore kehrte in die Jazzszene zurück, und Olsen setzte seine Karriere als Produzent fort. Er betreute u. a. die Soloplatte von Mike Wilhelm, der zunächst **Loose Gravel** gründete und sich später den → **Flamin' Groovies** anschloß.

Mike Wilhelm brachte 1994 die technisch mißglückte Platte WOOD & WIRE heraus. 1995 trat er als Bluesmusiker in Japan auf, und 1996 war er mit einem Song auf dem Sampler MORE BAY AREA BLUES vertreten.

Im selben Jahr unterstützte die Countryrocker **Shakin' Apostles** auf deren Album AUSTIN TEXAS.

THE CHARLATANS (1969) One Way 31442 • Eva 12004 • (S) ALABAMA BOUND (1983) Eva 12017 • (S) THE AMAZING CHARLATANS (1996) Big Beat 138 • Michael **Ferguson** mit **Tongue & Groove**: TONGUE & GROOVE (1969) Fontana, STL 5528 • Mike **Wilhelm**: MIKE WILHELM (1976) Zigzag, UA-22-1 • WOOD & WIRE (1994) New Rose 422457 • **Dan Hicks & The Hot Licks**: ORIGINAL RECORDINGS (1969) Epic 26464 • WHERE'S THE MONEY (1971) Blue Thumb 29 • STRIKING IT RICH (1972) Island, ILPS 9204 • LAST TRAIN TO HICKSVILLE (1973) Blue Thumb 51 • IT HAPPENED ONE BITE (1978) Warner Brothers 3158 • **Dan Hicks & The Acoustic Warriors**: SHOOTIN' STRAIGHT (1994) On The Spot 82118

Ray Charles

Ray Charles profilierte sich in seiner langen Karriere als Soulsänger, Jazzmusiker, Bluesinterpret und scheute auch vor Countryinterpretationen nicht zurück. Er orientierte sich nie an aktuellen Modetrends, sondern suchte ständig neue Herausforderungen, die ihm im Laufe der Jahre 13 Tophits, 14 Hitalben und über 100 Chartsplazierungen bescherten. Nicht zu unterschätzen ist vor allem sein Einfluß auf die Entwicklung der Soul- und Popmusik, der er als Sänger, Pianist und Komponist ständig neue Impulse gab.

Ray Charles Robinson wurde am 23. 9. 1930 in Albany, Georgia, geboren und wuchs in Greenville, Florida, auf, wo er in ganz jungen Jahren Mitglied im Chor der Shiloh Baptist Kirche war. Im Alter von sieben Jahren verlor er sein Augenlicht. An der St. Augustine's-Schule in Orlando, Florida, lernte er Klavier und Klarinette, und mit 15 Jahren begann er in Jacksonville, Florida, seinen Lebensunterhalt als Musiker zu verdienen. Er trat mit gefälschten Papieren auf, um in Gruppen wie den **Florida Playboys** und den Bigbands von Henry Washington und Joe Anderson mitwirken zu können. Mit Ersparnissen von 600 US-Dollar ging er 1948 nach Seattle, Washington, und beteiligte sich an einem Talentwettbewerb, der ihm Auftritte im Elks Club einbrachte. Er trat als R.C. Robinson auf und formierte mit Gosady McGee (g) und Milton Garred (b) das **McSon Trio**, das leichten Jazz und Blues im Stil von Nat King Cole spielte. 1949 unterzeichnete das Trio bei Downbeat Records und veröffentlichte ›Confession Blues‹, eine Komposition von Ray Charles. Downbeat wurde in Swingtime Records umbenannt und brachte mehrere Singles von Charles heraus, darunter ›See See Rider‹ und ›I Wonder Who's Kissing Her Now?‹. Er gab das Trio auf und ging nach Los Angeles, um die nächsten beiden Jahre als musikalischer Leiter des Bluesmusikers Lowell →Fulson auf Tournee zu gehen.

1951 plazierte sich Ray Charles mit ›Baby Let Me Hold Your Hand‹ zum ersten Mal in den Rhythm & Blues-Charts. Im gleichen Jahr folgte ›Kiss-A-Me Baby‹, eine ältere Aufnahme mit dem **McSon Trio**. Im Juni 1952 kaufte Atlantic Records mit 2500 Dollar Charles aus seinem Vertrag mit Swingtime frei. Im September nahm er unter der Aufsicht von Jesse Stone in New York seine ersten vier Songs für Atlantic auf. Im Mai 1953 folgten sechs weitere, wiederum von Stone produziert. Als erste Veröffentlichung der Sessions erschien ›Mess Around‹, inzwischen ein R&B-Klassiker. Es war der erste Uptempo-Song seines Repertoires, das überwiegend aus Jazz- und Bluesballaden bestand.

Atlantic-Eigner Ahmet Ertegun und Jerry Wexler produzierten am 18. 8. 1953 in New Orleans neues Material von Charles, der darüber hinaus bei Guitar Slims Aufnahme ›The Things I Used To Do‹ mitwirkte und anschließend mit David ›Fathead‹ Newman eine neue Band gründete.

Zwischen 1954 und 1957 war Ray Charles Stammgast in den R&B-Charts mit Songs wie ›It Should Have Been Me‹, ›Don't You Know‹, ›I Got A Woman‹, ›This Little Girl Of Mine‹, ›Drown In My Own Tears‹ und ›Hallelujah I Love Her So‹.

Die erste LP RAY CHARLES kam im Juli 1957 auf den Markt. Vier Monate später gelang dem genialen Musiker mit der rauchigen Stimme mit ›Swanee River Rock‹ (US #42) sein erster Pophit. Im Juli 1958 trat Charles beim Newport Jazz Festival auf. Sein umjubeltes Gastspiel wurde für ein Live-Album mitgeschnitten. Außerdem kam er mit der Single ›Rockhouse II‹ (US #79) erneut in die Pop-Hitparaden.

Die Aufnahme einer Session mit dem Jazzmusiker Milt Jackson erschien im Februar 1959 unter dem Titel SOUL BROTHERS. Im Mai trat Charles neben B.B. →King, Jimmy →Reed, den →**Drifters** und Ruth Brown beim Open-Air-Festival im Herndon Stadion in Atlanta, Georgia, auf. Im selben Jahr gelangen ihm drei weitere Poperfolge mit ›The Right Time‹ (US #95), ›What'd I Say‹ (US #6) und ›I'm Movin' On‹ (US #40). Vor allem ›What'd I Say‹ machte Charles weltweit bekannt und zählte zu seinen bedeutendsten Kompositionen. Ende 1959 wechselte er die Plattenfirma und unterschrieb bei ABC Records einen, für die damalige Zeit, hochdotierten Vertrag, der ihm 50000 Dollar und 5 Prozent Tantiemen im Jahr garantierte. Atlantic Records brachte bis zum Frühjahr 1960 noch die Singles ›Let The Good Times Roll‹ (US #78), ›Don't Let The Sun Catch You Crying‹ (US #95) und ›Come Rain Or Come Shine‹ (US #83) sowie die Hitalben THE GENIUS OF RAY CHARLES (US #17) und RAY CHARLES IN PERSON (US #13), ein Mitschnitt vom Open Air-Festival in Herndon, auf den Markt.

Ray Charles' erste Single bei ABC Records, ›Sticks And Stones‹ (US #40), erschien am 8. 8. 1960, eine weitere war der Hoagy Carmichael-Klassiker ›Georgia On My Mind‹ (GB #18, US #1), der Ende 1960 eine Millionenauflage erreichte und mit einem Grammy ausgezeichnet wurde. Bis 1993 erhielt Charles in unterschiedlichen Kategorien zwölf weitere Grammies. Als erstes Album bei ABC erschien THE GENIUS HITS THE ROAD (US #9). Charles, in Los Angeles lebend und in zweiter Ehe mit Della verheiratet, gehörte nun endgültig zu den Superstars in den USA. Er wurde mit Auszeichnungen überhäuft, allein 1961 erhielt er vier Grammies als bester Sänger, bester R&B-Künstler und für die beste LP und die beste Single des vorangegangenen Jahres.

In den 60er Jahren war der überragende Soul- und Jazzstilist aus den Charts nicht mehr wegzudenken. Zu den bekanntesten Hits dieser Dekade zählten ›Hit The Road Jack‹ (GB #4, US #1), ›Unchain My Heart‹ (US #9), ›I Can't Stop Loving You‹ (GB #1, US #1, D #8), ›You Don't Know Me‹ (GB #6, US #2), ›You Are My Sunshine‹ (US #7), ›Your Cheating Me‹ (US #29, GB #14), ›Take These Chains From My Heart‹ (GB #4, US #8, D #32), ›Busted‹ (GB #20, US #4), ›Crying Time‹ (US #5), ›Together Again‹ (US #16) und ›Here We Go Again‹ (US #13). Als Alben erschienen in diesem Zeitraum DEDICATED TO YOU (US #11), GENIUS + SOUL = JAZZ (US #4), DO THE TWIST! (US #11), MODERN SOUNDS IN COUNTRY AND WESTERN MUSIC (GB #6, US #1), MODERN SOUNDS IN COUNTRY AND WESTERN MUSIC 2 (GB #9, US #2), INGREDIENTS IN A RECIPE FOR SOUL (US #2), SWEET & SOUR TEARS (US #11) und CRYING TIME (US #12) sowie der Sampler GREATEST HITS (GB #9, US #5, D #19).

Charles war ständig auf Tournee und besuchte durchschnittlich 30 Länder im Jahr. 1964 spielte er auch im legendären Hamburger Star Club. Im gleichen Jahr begann er in Madrid mit den Dreharbeiten zu dem Film »Light Out Of Darkness«.

Aber es gab auch Probleme. Ray Charles, der nach eigener Aussage als 16jähriger zum ersten Mal Heroin genommen hatte und bereits zwei Mal wegen Drogenbesitzes verhaftet worden war, entschloß sich 1965 endlich zu einer Entziehungskur. Anschließend erklärte er: »19 Jahre lang habe ich Heroin gespritzt. Nachdem mich das ein bißchen zu oft mit dem Gesetz in Konflikt gebracht hat, habe ich mich zum Entzug entschlossen. Nach drei Monaten hatten mich die Ärzte wieder hingebogen, und seitdem brauche ich den Stoff nicht mehr.«

Nach der Zwangspause setzte er seine

Karriere erfolgreich fort. Er gründete Tangerine Records und richtete außerdem einen Musikverlag, ein Studio und eine Produktionsfirma für Nachwuchskünstler ein. Seit 1964 leitete er außerdem das **Ray Charles Orchestra** und die **Ray Charles Singers**, die ihren größten Erfolg mit dem Album SOMETHING SPECIAL FOR YOUNG LOVERS (US #9) feierten.

Im März 1967 wurden Ray Charles erneut zwei Grammies verliehen. Im August war er der Star des ersten New York Jazz Festivals, und im September veröffentlichte er die von Quincy Jones komponierte Ballade ›In The Heat Of The Night‹ (US #41), Titelsong des gleichnamigen Kinofilms mit Sidney Poitier und Rod Steiger in den Hauptrollen. Ende 1967 coverte er ›Yesterday‹ (US #15) von den →**Beatles**, im Jahr darauf übernahm er mit ›Eleanor Rigby‹ (GB #25, US #26), eine weitere Lennon/McCartney-Komposition.

»The Genius« (*Billboard*) beteiligte sich im Juni 1968 neben Aretha →Franklin, den →**Staple Singers**, →**Sam & Dave** und vielen anderen am größten Soul-Festival der Geschichte in Houston, Texas, und beendete das Jahrzehnt mit kleineren Hits ›Let Me Love You‹ (US #87) und ›We Can Make It‹ (Us #90).

In den 70er Jahren ließ seine Chartspräsenz nach, doch Ray Charles variierte überzeugend und unverdrossen populäre Musikstile: »Die Leute spüren, daß meine Musik echt ist. Deshalb stört es mich auch nicht, wenn Puritaner meine Country-Aufnahmen ablehnen. Denn mein Publikum weiß, daß ich nur das singe und spiele, was sich auch mit meinen Gefühlen vereinbaren läßt« (Ray Charles).

»Der begnadete Blues-, Jazz- und Gospelsänger« (*Welt*) erregte in den 70er Jahren weniger durch erfolgreiche Plattenaufnahmen, dafür aber als brillanter Entertainer Aufsehen. 1973 war er Star des zweiten Ann Arbor Jazz und Blues Festivals, brillierte 1976 gemeinsam mit der Sängerin Cleo Laine mit dem Doppelalbum PORGY AND BESS, das ausschließlich Kompositionen von George Gershwin enthielt, und wirkte 1979 in dem Kultfilm »The Blues Brothers« mit. Charles übernahm in den 70er Jahren verstärkt Fremdkompositionen, z. B. ›What Am I Living For?‹ (US #49) von Chuck Willis, ›Look What They've Done To My Song‹ (US #57) von →Melanie und ›Living For The City‹ (US #71) von Stevie →Wonder, für letztere erhielt er 1976 erneut einen Grammy.

In den 80er Jahren schraubte Ray Charles seine Aktivitäten zurück. Im Herbst 1980 nahm er gemeinsam mit Clint Eastwood ›Beers To You‹ für dessen Film »Any Which Way You Can« auf. 1983 veröffentlichte Charles das reine Countryalbum WISH YOU WERE HERE TONIGHT, und im Juni des Jahres trat er neben Miles Davis und B. B. King beim New Yorker Kool Jazz Festival auf. Im Januar 1985 gehörte er zum Ensemble, das zugunsten der Hungerhilfe für Afrika WE ARE THE WORLD aufnahm, und im Frühjahr realisierte er im Duett mit populären Countrystars wie Willie →Nelson, Hank Williams Jr. und Mickey Gilley die LP FRIENDSHIP (US #75). Im Januar 1986 wurde Ray Charles in die Rock'n'Roll Hall Of Fame aufgenommen. Die Laudatio sprach Quincy Jones. Im März 1988 wurde sein Lebenswerk mit einem Grammy gewürdigt, und im Sommer 1989 absolvierte er nach längerer Pause wieder eine ausgedehnte US-Tournee.

Der erste Top 30-Hit seit 1967 gelang Ray

Charles Anfang 1990 mit ›I'll Be Good For You‹ (US #21). Der Song, ein Duett mit Chaka →Khan, wurde auf dem Quincy Jones-Album Back On The Block veröffentlicht. Außerdem kam sein Sampler Collection (GB #36) in die britischen Hitparaden. Im Mai 1990 sang er auf der von Yoko Ono organisierten John →Lennon-Gedächtnisveranstaltung »Let It Be«, und im Sommer startete er mit B.B. King eine Welttournee in Taiwan, die am 10. 11. 1990 in New York endete.
Für sein Duett mit Chaka Khan bekam Ray Charles im Februar 1991 seinen elften Grammy. Im Juni trat er beim Playboy Jazz Festival in Hollywood auf, und im Oktober wurde er vom TV-Sender Fox mit der Dokumentation »Ray Charles 50 Years In Music« gewürdigt, an der u. a. Willie Nelson, Stevie Wonder, Randy Travis, Michael →Bolton und Michael →McDonald teilnahmen. Im Jahr darauf produzierte PBS-TV mit Nelson, Billy →Joel, →Dr. John, Quincy Jones u. a. die Sendung »The Genius Of Ray Charles«. Die Ehrungen setzten sich auch in den Jahren 1992/93 fort. Ray Charles tourte sporadisch durch die USA, gastierte längere Zeit in Las Vegas und kam im Sommer 1993 mit Fats →Domino auch wieder nach Deutschland. Dabei stellte er das Material des Albums My World vor, das Songs von Paul →Simon (›Still Crazy After All These Years‹) und Leon →Russell (›A Song For You‹) enthielt.

RAY CHARLES (1957) Bella Musica, BMCD 31–4004 • RAY CHARLES AT NEWPORT (1958) Atlantic 1289 • THE GENIUS OF RAY CHARLES (1960) Atlantic 7567–81338 • RAY CHARLES IN PERSON (1960) Atlantic 8039 • THE GENIUS HITS THE ROAD (1960) ABC, ABCS 335 • DEDICATED TO YOU (1961) ABC, ABCS 355 • GENIUS + SOUL = JAZZ (1961) HMV 1384 • THE GENIUS AFTER HOURS (1961) Atlantic, SD 1369 • THE GENIUS SINGS THE BLUES (1961) Atlantic 8052 • DO THE TWIST! (1962) Atlantic 8054 • MODERN SOUNDS IN COUNTRY AND WESTERN MUSIC (1962) ABC, ABCS 410 • MODERN SOUNDS IN COUNTRY AND WESTERN MUSIC, VOL. 2 (1962) ABC, ABCS 435 • INGREDIENTS IN A RECIPE FOR SOUL (1963) Rhino, R272843 • SWEET AND SOUR TEARS (1964) Rhino, R272844 • HAVE A SMILE WITH ME (1964) ABC, ABCS 495 • LIVE IN CONCERT (1965) ABC, ABCS 500 • COUNTRY AND WESTERN MEETS RHYTHM AND BLUES (1965) ABC, ABCS 520 • CRYING TIME (1966) ABC, ABCS 544 • RAY'S MOODS (1966) ABC, ABCS 550 • RAY CHARLES INVITES YOU TO LISTEN (1967) ABC, ABCS 595 • I'M ALL YOURS – BABY (1969) ABC, ABCS 675 • DOING HIS THING (1969) ABC, ABCS 695 • MY KIND OF JAZZ (1970) Tangerine, TRCS 1512 • LOVE COUNTRY STYLE (1970) ABC, ABCS 707 • VOLCANIC ACTION OF MY SOUL (1971) ABC, ABCS 726 • A MESSAGE FROM THE PEOPLE (1972) ABC, ABCS 755 • THROUGH THE EYES OF LOVE (1972) ABC, ABCS 765 • RAY CHARLES LIVE (1973) Atlantic 7567–81732 • JAZZ NUMBER II (1973) Tangerine 1516 • COME LIVE WITH ME (1974) London 8467 • RENAISSANCE (1975) Crossover 9005 • MY KINDS OF JAZZ – PART 3 (1975) Crossover 9007 • LOVE & PEACE (1978) London 623 662 • BROTHER RAY (1978) London 624 554 • AIN'T IT SO (1979) London 623 864 • WISH YOU WERE HERE TONIGHT (1983) CBS 25065 • DID I EVER CROSS YOUR MIND (1984) CBS 25764 • FRIENDSHIP (1985) CBS 26060 • THE SPIRIT OF CHRISTMAS (1985) • FROM THE PAGES OF MY MIND (1986) CBS 26856 • JUST BETWEEN US (1988) CBS 461183 • WOULD YOU BELIEVE? (1990) Warner Brothers 7599–26343 • MY WORLD (1993) Warner Brothers 7599–26735 • (S) THE SENSATIONAL RAY CHARLES (1950) Saga, SOC 998 • (S) SINGS (1956) Atlantic 8008 • (S) YES INDEED (1958) Atlantic 8025 • (S) WHAT'D I SAY (1959) Laserlight 15091 • (S) THE RAY

CHARLES STORY (1962) • (S) THE GREATEST RAY CHARLES (1962) Atlantic 8054 • (S) THE RAY CHARLES STORY (1962) Atlantic 8063 • (S) THE RAY CHARLES STORY, VOL. 2 (1962) Atlantic 8064 • (S) THE RAY CHARLES STORY, VOL. 3 (1963) Atlantic 8083 • (S) THE RAY CHARLES STORY, VOL. 4 (1964) Atlantic 8094 • (S) GREATEST HITS (1965) Philips 843 507 • (S) MORE GREATEST HITS (1965) Philips 843 508 • (S) A MAN AND HIS SOUL (1967) ABC, ABCY 590 • (S) HEY NOW (1967) RCA, LPM 9931 • (S) A PORTRAIT OF RAY (1968) ABC, ABCS 625 • (S) PORTRAIT (1968) Hör Zu, SHZE 331 • (S) GREATEST HITS, VOL. 2 (1968) • (S) A 25TH ANNIVERSARY IN SHOW BUSINESS SALUTE TO RAY CHARLES (1971) • (S) RAY CHARLES (1972) Bellaphon, BJS 4041 • (S) HIS ALL TIME GREAT PERFORMANCES (1972) Atlantic 60014 • (S) STAR COLLECTION 81973) Midi 20015 • (S) LIVE 81973) Atlantic 60049 • (S) GEORGIA ON MY MIND (1974) London 622 016 • (S) THE WORLD OF (1974) London, SPA 361 • (S) THE WORLD OF, VOL. 2 (1975) London, SPA 422 • (S) THE EARLY YEARS (1977) Rare Bid, BID 8011 • (S) 20 GOLDEN PIECES OF RAY CHARLES (1979) Bulldog, BDL 2012 • (S) HEART TO HEART (1980) • (S) THE LEGEND LIVES (1981) Arcade Trent, ADEH 801 • (S) THE RAY CHARLES COLLECTION (1990) • (S) THE BIRTH OF SOUL (1991) • (S) RAY CHARLES – THE LIVING LEGEND (1993) • (S) GENIUS & SOUL – THE 50TH ANNIVERSARY COLLECTION (1997) Rhino, R272859 • Mit Milt **Jackson**: SOUL BROTHERS (1959) Atlantic 7567–81951 • Mit Betty **Carter**: RAY CHARLES AND BETTY CARTER (1961) Personality, PRS 23003 • Mit Cleo **Laine**: PORGY AND BESS (1976) RCA 1831 • **Ray Charles Singers**: SOMETHING SPECIAL FOR YOUNG LOVERS (1964) Columbia 866 • AL-DI-LA AND OTHER EXTRA-SPECIAL SONGS FOR YOUNG LOVERS (1964) Columbia 870 • SONGS FOR LONESOME LOVERS (1964) Columbia 874 • SONGS FOR LATIN LOVERS (1965) Columbia 886 • YOUNG LOVERS ON BROADWAY (1966) Command • A SPECIAL SOMETHING (1967) Command

Chase

Jay Burrid (perc), Bill Chase (tr), Dennis Johnson (b, voc), Ted Piercefield (tr, voc), Phil Porter (key), Terry Richards (voc), Angel South (g, voc), Jerry Van Blair (tr, voc), Alan Ware (tr)

Mit vier Trompeten folgte die Bigband **Chase** den Jazzrock-Spuren von → **Blood, Sweat & Tears** und → **Chicago**. Initiator war der 1935 in Boston geborene Bill Chase. Er studierte in den 50er Jahren Trompete am Berklee College Of Music bei Herb Pomeroy. 1958/59 spielte er in den Formationen von Maynard Ferguson, Stan Kenton und Woody Herman. In den 60er Jahren begleitete er meist Woody Herman, und 1971 gründete er in Las Vegas **Chase**.

Die erste LP CHASE (US #19) verkaufte sich über 400000 Mal, wurde von den Lesern des Jazzmagazins *Down Beat* zum Popalbum des Jahres gewählt und enthielt mit ›Get It On‹ (US #19) einen Singlehit. Außerdem wurden ›Handbags And Gladrags‹ (US #76) und ›So Many People‹ (US #62) ausgekoppelt. Bei den Jazz-Festivals in Newport und Kansas City löste die Band Begeisterungsstürme aus. **Chase** brillierten mit makelloser Technik und einem homogenen Zusammenspiel.

»Ennea« (US #62), griechisch neun, brachte im April 1972 die Ernüchterung. **Chase** erging es ähnlich wie anderen Rock-Bigbands, die allzu schnell in Gefahr gerieten, aalglatt zu klingen. Die Songs, in der Regel von Bill Chase, entpuppten sich als Dutzendware, und die Band klang wie eine ferngesteuerte Soundmaschine. **Chase** hatte vor der Produktion zwei Positionen umbesetzt;

anstelle von Richards und Burrid waren G.G. Shinn (voc) und Gary Smith (dr) neu hinzugekommen.
Bill Chase versuchte den Abstieg der Band zu stoppen, indem er die komplette Mannschaft für die Aufnahmen von PURE MUSIC austauschte. Die mit Wally Yohn (key), Jay Sollenberger (tr), Jim Oatts (tr), Joe Morrissey (tr), Tom Gordon (dr), Dartanyan Brown (voc, b) und John Emma (g) eingespielte LP konnte nicht halten, was ihr Titel versprach. Das sonst so spannende Wechselbad zwischen Jazz und Rock wirkte uninspiriert. Bill Chase wurde am 9. 8. 1974 Opfer eines Flugzeugabsturzes, bei dem auch Emma, Yohn und der gerade angeheuerte Schlagzeuger Walter Clark ums Leben kamen.

CHASE (1971) Epic 26297 • ENNEA (1972) Epic 64710 • PURE MUSIC (1974) Epic 80017

David T. Chastain

Der aus Cincinnati stammende Gitarrist spielte zunächst mit Mike Skimmerhorn (b) bei **Spike**, die vier Mainstreamrock-LPs herausbrachten. 1984 formierte er mit Skimmerhorn, Fred Coury (dr) und der Sängerin Leather Leone von **Rude Girl** die Band **Chastain**, deren Markenzeichen ein harter, schneller und gitarrenlastiger Metalsound war.
MYSTERY OF ILLUSION wurde 1985 aufgenommen und enthielt eine Mischung, der Chastain zukünftig treu blieb: »High-speed-Rocker und zwei Balladen« (*Guinness*). **Chastain** wurden zu Lieblingen der Headbanger, die »das gradlinige Hörvergnügen ohne Firlefanz« (*Crash*) vor allem live schätzten. 1986 löste Ken Mary von Alice →Cooper den Schlagzeuger Coury ab, und für Leone kam Russel Jinkens als neuer Sänger für WORLD GONE MAD. Jinkens gehörte auch zu **CJSS**, einem Projekt, für das Chastain außerdem Skimmerhorn und Drummer Les Sharp, den er aus seiner Zeit bei **Spike** kannte, interessieren konnte. **CJSS** wollten »poppigen Hardrock« (*Metal Hammer*) machen, lösten sich aber bereits 1989 wieder auf.
RULER OF THE WASTELAND erschien im Sommer 1986 als drittes Album von **Chastain** innerhalb von 16 Monaten, diesmal wieder mit Leadvokalistin Leone, die ab 1989 auch solistische Pläne verfolgte.
Ab 1987 veröffentlichte Chastain auch Soloplatten, bei denen er sich am Jazzrock orientierte. Nach INSTRUMENTAL VARIATIONS erschien im Frühjahr 1989 WITHIN' THE HEAT. Auf ELEGANT SEDUCTION stellte er sein virtuoses Gitarrenspiel unter Beweis, blieb aber weiterhin ein absoluter Geheimtip, der mit seinen Platten nur geringe Auflagen erreichte.
1995 reaktivierte er mit der Sängerin Kate French **Chastain**, scheiterte aber Ende des Jahres mit dem »überflüssigen Stampf-Midtempo-Metal« (*Metal Hammer*) des Albums SICK SOCIETY.

THE 7TH OF NEVER (1987) Music For Nations 972350 • Black Dragon, BDO 25 • INSTRUMENTAL VARIATIONS (1987) Leviathan, LD 872 • WITHIN' THE HEAT (1989) SPV 847853 • ELEGANT SEDUCTION (1992) Black Dragon 887279 • NEXT PLANET PLEASE (1994) Music For Nations 993000 • **Chastain**: MYSTERY OF ILLUSION (1985) Roadrunner, RR 97422 • WORLD GONE MAD (1986) Black Dragon, BDO 007 • RULER OF THE WASTELAND (1986) Roadrunner, RR 9689 • THE VOICE OF THE

CULT (1988) Roadrunner, RR 95481 • FOR THOSE WHO DARE (1990) Roadrunner, IRS 953 598 • SICK SOCIETY (1995) Roadrunner 972 349

Cheap Trick

Bun E. Carlos (dr), Rick Nielsen (g, voc), Tom Petersson (b), Robin Zander (voc, g)

Cheap Trick wurden 1972 in Rockford, Illinois, von Rick Nielsen (* 22. 12. 1946) gegründet, der seit 1961 in lokal bekannten Bands wie den **Phaetons**, **Boyz** und **Grim Reapers** gespielt hatte. 1968 formierte er mit Tom Petersson (* 9. 5. 1950) **Fuse**, zu denen nach einigen Monaten auch Bun E. Carlos (Brad Carlson, * 12. 6. 1951) stieß, der zuvor Begleitmusiker u. a. von Bo → Diddley, Del Shannon und Freddy → Cannon gewesen war. **Fuse** brachten ein unbeachtetes Album heraus und trennten sich wieder. Nielsen, Petersson und Carlos zogen 1971 nach Philadelphia, wo sie als **Sick Man Of Europe** auftraten. 1972 kehrten sie nach Rockford zurück und bildeten zusammen mit dem Folkmusiker Robin Zander (* 23. 1. 1953) **Cheap Trick**. Zander und Carlos kannten sich aus gemeinsamen Tagen bei der kurzlebigen Band **Toons**.

In mehr als 200 Konzerten pro Jahr spielten **Cheap Trick** temperamentvollen Rock, der an die → **Who** erinnerte. Mit ihrem perfekten Vortrag und komödiantischen Einlagen traten sie bis 1977 u. a. im Vorprogramm der → **Kinks**, von → **Santana**, → **Kiss** und → **Boston** auf. Ihr Debütalbum verkaufte sich 1977 über 150000 Mal in den USA, kam aber nicht in die Charts, während sie in Japan eine Goldene Schallplatte erhielten, der bis 1985 rund 40 weitere folgen sollten. Mit der Single ›Surrender‹ (US #71) tauchten **Cheap Trick** im Sommer 1978 erstmals in den US-Charts auf.

Nach der Veröffentlichung des Teeniehits ›I Want You To Want Me‹ (GB #27, US #4, D #18) und des dritten Albums HEAVEN TONIGHT (US #41) kam die Karriere von **Cheap Trick** im Mai 1978 in Schwung. Mit ihrem »enthusiastischen und humorvollen Powerrock« (*Rolling Stone*) produzierten sie nun LP-Erfolge in Serie. Mit dem Mitschnitt CHEAP TRICK LIVE AT BUDOKAN (GB #3, US #3) und DREAM POLICE (US #8, D #56) erlebten die »echten Rock'n'Roll-Fanatiker« (*Musik Express*) ihre größten Erfolge und eroberten nun endgültig den amerikanischen Markt. Als Singles erschienen bis Ende 1979 ›Ain't That A Shame‹ (US #40), ›Dream Police‹ (US #34) und ›Voices‹ (US #28); letztere gehörte zum Soundtrack des Kultfilms »Roadie« mit Debbie Harry und → Meat Loaf in den Hauptrollen.

Anfang 1980 beteiligten sich Carlos, Nielsen und Zander an den Sessions zu John → Lennons Album DOUBLE FANTASY. Danach begann der musikalische Niedergang von **Cheap Trick** mit der von George Martin produzierten LP ALL SHOOK UP (US #23), auf der die Band »plump, phantasielos und sich ständig wiederholend« (*Record Mirror*) klang. Die Fans schien das zunächst nur wenig zu stören, und so erreichten ALL SHOOK UP, die Mini-LP ›Found All The Parts‹ (US #65) sowie die Singles ›Everything Works If You Let It‹ und ›Stop This Game‹ (US #48) ansehnliche Umsätze.

Petersson, der mit der künstlerischen Entwicklung nicht einverstanden war, trennte sich von **Cheap Trick**, um mit seiner Frau Dagmar eine eigene Band zu gründen. Er wurde zunächst durch den Italiener Pete Comita, später durch Jon Brant (* 20. 2. 1954) ersetzt. Brant wurde erstmalig auf einer Englandtournee im Oktober 1980 vorgestellt.

1981 konzentrierten sich **Cheap Trick** auf die Produktion des Albums One On One (US #39), aus dem sie als Singles ›If You Want My Love‹ (US #45) und ›She's Tonight‹ (US #65) auswählten. Um dem Nachlassen des Interesses entgegenzuwirken, holte die Band Todd → Rundgren als Produzenten für Next Position Please (US #61). Doch auch dieses Multitalent brachte der Band keine neuen Impulse, und so beschlossen **Cheap Trick** sich bis 1985 aus der Musikszene zurückzuziehen.

Für den Neuanfang engagierten sie Jack Douglas, der bereits die allererste LP von **Cheap Trick** produziert hatte. Auf Standing On The Edge (US #35) kehrten sie zu ihrer einfach strukturierten Rockmusik zurück und hatten damit wieder Erfolg. Als Single erschien im Juli 1985 ›Tonight It's You‹ (US #44). Doch 1986 wendete sich das Blatt mit The Doctor erneut, und nur intensiven Live-Aktivitäten war es zu verdanken, daß **Cheap Trick** nicht so schnell in Vergessenheit geriet.

Für das Comeback-Album Lap Of Luxury (US #16) vom Mai 1988 kehrte Petersson zurück und trug zu einem wiedererstarkten, kraftvollen Rocksound bei, der ihnen auch wieder Singleshits wie ›The Flame‹ (US #1), Elvis → Presleys ›Don't Be Cruel‹ (US #4) und ›Ghost Town‹ (US #33) bescherte. Die Musikkritiker sprachen jedoch von »lustlosen Balladen« (*Hifi Vision*) mit »immer gleichen Riffs« (*Musik Express*). Nach einer US-Tour pausierten **Cheap Trick** ab September 1988. Veröffentlicht wurde lediglich ›Never Had A Lot To Lose‹ (US #75), eine weitere Auskopplung aus Lap Of Luxury. Leadsänger Zander nahm in dieser Zeit mit Ann Wilson von der kanadischen Band → **Heart** das Duett ›Surrender To Me‹ (US #6) auf, das zum Soundtrack des Kinofilms »Tequila Sunrise« gehörte.

Busted (US #48) erschien im Sommer 1990 als 13. Album von **Cheap Trick**. Als Singles wurden im Juli und im Oktober des Jahres ›Can't Stop Falling In Love‹ (US #12) und ›Wherever Would I Be‹ (US #50) ausgekoppelt. Den Rest des Jahres verbrachte die Band mit einer gemeinsamen Tournee mit **Heart**.

1991/92 gaben **Cheap Trick** nur wenige Konzerte. Zander begann mit den Sessions zu einer Soloproduktion, die, produziert von Jimmy Iovine, im Mai 1993 auf den Markt kam. Petersson war als Gaststar zu den Aufnahmen einer LP von → **Concrete Blonde** eingeladen. Nielsen führte in seiner Heimatstadt mit dem Rockford Symphony Orchestra Michael Kamens Concerto For Electric Guitar And Orchestra auf. Nach einem Wechsel der Plattenfirma kamen **Cheap Trick** Ende 1993 wieder zusammen, um das Album Woke Up With The Monster aufzunehmen, das eine Coverversion von ›Sabre Dance‹, im Original von → **Love Sculpture**, enthielt.

Die Band erhielt sich Spielfreude und Spontaneität, ohne jedoch an vergangene Höchstleistungen anknüpfen zu können.

CHEAP TRICK (1977) Epic 81917 • IN COLOR (1977) Epic 471211 • HEAVEN TONIGHT (1978) Epic 82679 • CHEAP TRICK LIVE AT BUDOKAN (1979) Epic 86083 • DREAM POLICE (1979) Epic 83522 • ALL SHOOK UP (1980) Epic 84345 • ONE ON

ONE (1982) Epic 85740 • NEXT POSITION PLEASE (1983) Epic 25490 • STANDING ON THE EDGE (1985) Epic 465 562 • THE DOCTOR (1986) Epic 404050 • LAP OF LUXURY (1988) Epic 460782 • BUSTED (1990) Epic 466 876 • WOKE UP WITH THE MONSTER (1994) Warner Brothers 9362–45425 • BUDOKAN II (1994) Epic 472 848 • CHEAP TRICK (1997) Red Ant. RAACD 002 • (S) GREATEST HITS (1991) Epic 469 086 • Rick **Nielsen** und Tom **Petersson** mit **Fuse**: FUSE (1968) Epic 26502 • Robin **Zander**: ROBIN ZANDER (1993) Interscope 6544–92204

Chubby Checker

Checker, eigentlich Ernest Evans, wurde am 3. 10. 1941 in Philadelphia geboren. Entdeckt wurde er von Dick Clark, Moderator der TV-Sendung »American Bandstand« und dessen Frau Bobbie. 1958 unterschrieb er bei Cameo / Parkway Records einen Plattenvertrag. Sein erster Song ›The Class‹ verschickten die Clarks als Weihnachtsgruß. Das Ehepaar mochte den erst 17jährigen Checker, weil er Fats →Domino, die →**Coasters** und Elvis →Presley perfekt imitieren konnte.

Als Single kam ›The Class‹ (US #38) im Mai 1959 auf den Markt. Acht Wochen später erschien, unterstützt von der Gesangsgruppe **Dreamlovers**, ›The Twist‹ (US #1), mit der Checker im Sommer 1960 die Teenager begeisterte. Das Original von **Hank Ballard & The Midnighters** war zwei Wochen früher erschienen, verkaufte sich aber nicht annähernd so gut. Checker nutzte die Gunst der Stunde und brachte ›The Hucklebuck‹ (US #14) heraus, einen Tanzhit von Tommy Dorsey aus dem Jahr 1949. Im Dezember 1960 folgte das Album TWIST WITH CHUBBY CHECKER (US #3), mit dem Checker zu einer »echten internationalen Attraktion« (*Guinness*) wurde.

Bis 1966 brachte Checker unaufhörlich Twist-Platten heraus, die zu Tophits wurden: ›Pony Time‹ (US #1), ›Let's Twist Again‹ (GB #1, US #8, D #12), ›The Fly‹ (US #7), ›Let's Twist Again‹ (US #22), ›Dancin' Party‹ (GB #17, US #12, D #35), ›Limbo Rock‹ (US #29, US #2, D #15), ›Let's Limbo Some More‹ (US #20, D #26), ›Twenty Miles‹ (US #15), ›Birdland‹ (US #12), ›Twist It Up‹ (US #25, D #44), ›Loddy Lo‹ (US #12, D #22), ›Hooka Tooka‹ (US #17). Außerdem legte Checker im November 1961 seinen Klassiker ›The Twist‹ (GB #9, US #1, D #12) neu auf und hatte auch mit einigen seiner zahlreichen Alben großen Erfolg. Am besten verkauften sich 1961 LET'S TWIST AGAIN (US #11), FOR TWISTERS ONLY (US #8) und sein gemeinsam mit dem Rock'n'Roller Bobby Rydell aufgenommenes Album CHUBBY CHECKER & BOBBY RYDELL (US #7). 1962 plazierten sich die LPs FOR TEEN TWISTERS ONLY (US #17), DON'T KNOCK THE TWIST (US #29) und LIMBO PARTY (US #11) in den oberen Chartsrängen. Im Frühjahr 1962 erschien sein Duett mit der Sängerin Dee Dee Sharp ›Slow Twistin‹ (GB #19, US #3, D #45).

Checkers einfache, aber eingängige Musik gehörte zu jeder gelungenen Party, und bei Rock'n'Roll-Shows war er ein gerngesehener Gast. Er trat in einem Programm u. a. mit Neil →Sedaka, Bo →Diddley und Freddy →Cannon auf, tourte im Spätsommer 1962 mit den **Brook Brothers** und **Kestrels** durch Großbritannien, und im März 1963 präsentierte er als Gastgeber im Cow Palace in San Francisco THE LIMBO PARTY mit Marvin →Gaye und den →**Four Seasons**.

Am 12. 4. 1964 heiratete Checker die holländische Schönheitskönigin und Miss World von 1962. Seine Chartspräsenz ließ inzwischen deutlich nach. Seine letzte Single bei Parkway Records, ›Hey You, Little Boo-Ga-Loo‹ (US #53) vom Sommer 1966 war ein Tiefpunkt seiner Laufbahn. Checker pausierte fast drei Jahre und bemühte sich im April 1969 mit dem → **Beatles**-Song ›Back In The U.S.S.R.‹ (US #83) um ein völlig neues Image als Rock- und Soulsänger. Seine Fans nahmen ihm diesen Sinneswandel nicht ab, und Twist war längst aus der Mode. Checker blieben nur Oldies-Shows, mit denen er sporadisch auf Tournee ging. Im Juni 1970 sorgte Chekker für negative Schlagzeilen, als die Polizei bei einer Kontrolle Drogen in seinem Wagen entdeckte.

Als europäische Kids 1975 den Twist wiederentdeckten, erlebte Checker ein kurzes Revival mit seinem Klassiker ›Let's Twist Again‹ (GB #2, D #13). MCA Records bot Checker im März 1982 einen neuen Plattenvertrag an, und tatsächlich gelang ihm mit ›Running‹ (US #91) aus dem Album THE CHANGE IS COME zumindest eine Chartsnotierung. 1988 schien es wieder aufwärtszugehen, als die **Fat Boys** Checker zu einer Neuaufnahme von ›The Twist‹ (GB #2, US #16, D #1) ins Studio einluden. Im Juni des Jahres traten sie gemeinsam im Wembley Stadion anläßlich des 70. Geburtstages von Nelson Mandela auf.

Checker wollte von dem Aufschwung profitieren und begann im Herbst 1989 mit seiner Band **Wildcats** eine Tournee durch Großbritannien. Zuletzt sorgte Checker für Aufsehen, als er McDonalds Kanada auf Zahlung von 14,8 Millionen Dollar verklagte, da der Fast Food-Konzern ohne seine Zustimmung den Song ›The Twist‹ bei einer Werbekampagne eingesetzt hatte.

TWIST WITH CHUBBY CHECKER (1960) Parkway, P 7001 • FOR TWISTERS ONLY (1960) Parkway, P 7002 • IT'S PONY TIME (1960) Parkway, P 7003 • LET'S TWIST AGAIN (1961) Parkway, P 7004 • YOUR TWIST PARTY (1961) Parkway, P 7007 • TWISTIN' ROUND THE WORLD (1962) Parkway, P 7008 • FOR TEEN TWISTERS ONLY (1962) Parkway, P 7009 • DON'T KNOCK THE TWIST (1962) Soundtrack Parkway, P 7011 • LIMBO PARTY (1963) Parkway, P 7020 • LET'S LIMBO SOME MORE (1963) Parkway, P 7027 • IN PERSON – LIVE IN EUROPE (1963) Parkway • BEACH PARTY (1963) Parkway, P 7030 • FOLK ALBUM (1964) Parkway, P 7040 • THE OTHER SIDE OF CHUBBY CHECKER (1971) London, SHZE 8419 • THE CHANGE HAS COME (1982) MCA 5291 • (S) ALL THE HITS FOR YOUR DANCIN' PARTY (1962) Parkway, P 7014 • (S) BIGGEST HITS (1963) Parkway, P 7022 • (S) GREATEST HITS (1976) London, HAU 8492 • Mit Bobby **Rydell**: CHUBBY CHECKER & BOBBY RYDELL (1961) Cameo, SC 1013 • Mit Dee Dee **Sharp**: DOWN TO EARTH (1962) Cameo, SC 1029 • Mit SY **Oliver & His Orchestra**: WITH SY OLIVER & HIS ORCHESTRA (1964) Parkway, P 7036

Cheech & Chong

Thomas Chong (voc), Richard ›Cheech‹ Marin (voc)

In ihrer besten Zeit galten die Comedyrocker **Cheech & Chong** »als Laurel und Hardy der Hippie-Generation« (*Süddeutsche Zeitung*). Das Duo, das alles und jeden, am meisten sich selbst mit flotten Nonsenssprüchen auf die Schippe nahm, ging dank der Verbindung mit hartem Rock als »die erste wirkliche Hardrock-Comedy-Attraktion« (*New Musical Express*) in die Geschichte ein. Rund zehn Millionen verkaufte LPs und ein halbes Dutzend mehr oder weniger gelungener Kinokomödien machten **Cheech & Chong** zu hochbezahlten Stars, die sich nach ihrem Rückzug aus der Musik vornehmlich als Regisseure, Drehbuchautoren und Schauspieler betätigten.

Richard ›Cheech‹ Marin war mexikanischer Abstammung und wurde 1946 in Watts, in der Nähe von Los Angeles, geboren, Thomas Chong, ein Kanadier chinesischer Abstammung, kam am 24. 5. 1940 in Edmonton, Alberta, auf die Welt. Chongs Vater war Besitzer eines exklusiven Nachtclubs, und so machte der Sohn schon sehr früh Bekanntschaft mit dem Showgeschäft. Er spielte Gitarre bei einigen Bands und brachte es als Mitglied von **Bobby Taylor & The Vancouvers** zumindest zu lokaler Popularität. Cheech zog nach seinem Studium 1969 nach Edmonton, Kanada, um dem Militärdienst zu entgehen.

Ursprünglich wollten **Cheech & Chong** eine Rockband formieren. Als sie jedoch schauspielerische Elemente, Slapsticks und Sketche in das Konzept integrierten, stiegen die bereits angeheuerten Musiker wieder aus. 1970 ließ sich das Duo in Los Angeles nieder und schaffte nach einigen Clubauftritten den Sprung ins renommierte Troubadour, wo sie von Lou Adler, dem Chef von Ode Records, entdeckt wurden. Damit begann »der Aufstieg und Fall des Drogen-Humors« (*Rolling Stone*).

Im Herbst 1971 erschien das Debütalbum CHEECH & CHONG (US #23), das Gold-Status erreichte. Die Mixtur aus Rock'n'Roll und skurrilen Parodien kam beim Publikum an; noch erfolgreicher war im Sommer 1972 die zweite LP BIG BAMBU (US #2). In Europa konnten sich nur wenige Fans mit den manchmal ziemlich vulgären Freakgeschichten anfreunden.

Bis zum Herbst 1974 waren **Cheech & Chong** mit den LPs LOS COCHINOS (US #3) und CHEECH & CHONG'S WEDDING ALBUM (US #1) sowie den Singles ›Basketball Jones‹ (US #20), ›Sister Mary Elephant‹ (US #22) und ›Earache My Eye‹ (US #9) in Spitzenpositionen der US-Charts vertreten. **Cheech & Chong** brannten ein Comedy-Feuerwerk ab, das sie geschickt mit Westcoast-Rock auflockerten. Nach dem 76er Album SLEEPING BEAUTY (US #46) und der Single ›Bloat On‹ (US #56) vom November 1977 verschwanden sie aus den Hitparaden.

Cheech & Chong versuchten sich ab 1979 als Filmkomiker mit dem Kifferstreifen »Up In Smoke« (»Viel Rauch um nichts«). Bereits der zweite Film »Noch mehr Rauch um überhaupt nichts« wie alle weiteren waren nur noch alberne Kinoklamotten, da ihr treffender Witz und ihre pointensichere Ironie zu routiniertem, abgedroschenem Klamauk verkommen war. Ihr Versuch, 1986 mit dem Album GET OUT OF MY ROOM wieder im Musikgeschäft Fuß zu fassen, scheiterte. Cheech Marin machte als Schauspieler Karriere und spielte u. a. 1994 in dem Abenteuerfilm »Cisco Kid« und der Sitcom »Golden Palace« mit.

CHEECH & CHONG (1971) A&M, AMLS 67010 • BIG BAMBU (1972) Ode, SP 77014 • LOS COCHINOS (1973) Ode, SP 77019 • CHEECH & CHONG'S WEDDING ALBUM (1974) Ode, SP 77025 • SLEEPING BEAUTY (1976) Ode, SP 77040 • UP IN SMOKE (1979)

Soundtrack Warner Brothers 7599–27367 • LET'S MAKE A NEW DOPE DEAL (1980) Warner Brothers 56809 • GET OUT OF MY ROOM (1986) • (S) GREATEST HITS (1984) Warner Brothers 7599–23614

Clifton Chenier

Der »König der Zydeco-Musik« (*Rolling Stone*) wurde am 25. 6. 1925 in Opelousas, Louisiana, geboren. Sein Vater brachte ihm das Akkordeon schon als Kind nahe. Chenier lernte außerdem Gitarre, Mundharmonika und verfügte über eine ausdrucksstarke Stimme. Er spielte als Teenager auf Tanzveranstaltungen und mischte in seiner Musik französische, englische und kreolische Einflüsse.

Chenier verdiente seinen Lebensunterhalt bis 1945 in New Iberia als Rohrschneider. Im Jahr darauf folgte er seinem Bruder Clevland nach Lake Charles und spielte u. a. mit Zozo Reynolds, Izeb Laza und Sidney Babineaux. 1947 übersiedelte Chenier mit seiner Frau Margret nach Port Arthur, wo er bis 1954 in den großen Ölraffinerien arbeitete. An Wochenenden trat er als R&B-Gitarrist in Clubs und auf Parties auf. Dabei entdeckte ihn J.R. Fulbright, der erste Demoaufnahmen bei dem lokalen Radiosender KAOK organisierte und die Ergebnisse der Sessions als Singles veröffentlichte. Am besten verkaufte sich ›Ay Tee Tee‹.

Beeinflußt von Lowell → Fulson, spielte er in verschiedenen Rhythm & Blues-Gruppen und beschloß 1956 den Wechsel ins Profilager. Chenier ließ sich in Houston, Texas, nieder und trat mit einer temperamentvollen Mischung aus Cajun, Blues und Zydeco regelmäßig in den Südstaaten auf.

Nach einem Konzert in San Francisco, bei dem ihn → **Blue Cheer** begleiteten, erhielt Chenier 1965 einen Vertrag von Arhoolie Records. Damit bot sich ihm endlich die Möglichkeit, seinen charakteristischen Sound einem größeren Publikum vorzustellen. Chenier popularisierte mit seiner **Red Hot Louisiana Band** nun die Musik aus den Sümpfen Louisianas, und damit wurde Zydeco als eigenständige Form des Blues weltweit anerkannt. Chris Strachwitz, Chef von Arhoolie Records, über Cheniers Musik: »Zydeco ist eine bluesbeeinflußte Tanzmusik der französisch sprechenden Kreolen, die Walzerelemente, Boogie, Rock, Country und R&B zusammenführt.«

Mit dem American Folk Blues Festival kam Clifton Chenier 1969 zum ersten Mal nach Europa und überzeugte durch »lebendige Volksmusik und mitreißende Spielfreude« (*Jazz Podium*). 1970 tourte Chenier mit Jimmy → Reed durch Kanada und war in den folgenden Jahren ständiger Gast der großen Blues und Jazz Festivals in New Orleans, Ann Arbor und San Francisco. Er wirkte 1973 in den Filmdokumentationen »Dry Wood And Hot Pepper« und »Within Southern Louisiana« mit und war 1975 Stargast des renommierten Jazz und Rock Festivals im schweizerischen Montreux.

Der »unumstrittene Meister des amerikanisch-französischen Blues« (*Downbeat*) veröffentlichte eine Vielzahl von Alben, die sich unter seinen Fans gut verkauften. Zu seinen bekanntesten Kompositionen zählten ›Bogalusa Boogie‹, ›I'm A Hog For You‹, ›Worried Life Blues‹ und ›Louisiana Blues‹. 1983 erhielt er für sein 82er-Album I'M HERE einen Grammy für die beste Ethnomusik-Aufnahme.

Chenier, der rund 200 Mal im Jahr auf der Bühne stand, litt seit den 70er Jahren an schwerem Diabetes, so daß sein rechter Fuß amputiert werden mußte. Trotzdem blieb er ein Aktivposten der Konzert- und Tourneeszene und brachte regelmäßig neue Studioplatten heraus. Der »außergewöhnliche Akkordeonspieler und Bluessänger« (*Rolling Stone*) starb am 12. 12. 1987 an den Folgen seines Diabetes und einem Nierenleiden im Alter von 62 Jahren in Lafayette, Louisiana. Sein Sohn Clifton J. Chenier, zuvor Trompeter in der **Red Hot Louisiana Band**, setzte die »mitreißende La La Music aus dem Südwesten Louisianas« (*Stereo*) fort, übernahm die Band seines Vaters und wechselte zum Akkordeon.

LOUISIANA BLUES AND ZYDECO (1965) Arhoolie 1024 • BLACK SNAKE BLUES (1966) Arhoolie 1038 • BON TON ROULET (1967) Arhoolie 1031 • KING OF THE BAYOUS (1970) Arhoolie 1062 • ZYDECO LEGEND (1970) Maison de Soul, MDS 105 • LIVE AT ST. MARK'S (1971) Arhoolie, ARH 313 • BAYOU BLUES (1972) Sonet, SNTF 5012 • LIVE AT THE FRENCH CREOLE DANCE (1972) Arhoolie 1059 • OUT WEST (1974) Arhoolie 1072 • BAD LUCK AND TROUBLE (1975) • BOGALUSA BOOGIE (1975) Arhoolie 1076 • ROCK YOUR MEMORIES (1976) Specialty 59008 • FRENCHIN' THE BOOGIE (1976) Blue Star 519724 • ON TOUR (1977) Paris 157222 • IN NEW ORLEANS (1978) GNP, GPS 2119 • CAJUN SWAMP MUSIC LIVE (1979) Tomato 207002 • FRENCHIN' THE BOOGIE (1979) Barclay 80608 • BOOGIE 'N' ZYDECO (1980) Sonet, SNTF 801 • & HIS RED HOT LOUISIANA BAND (1981) Arhoolie 1078 • LIVE AT THE 1982 SAN FRANCISCO BLUES FESTIVAL (1982) Arhoolie 1093 • I'M HERE (1982) Sonet, SNTF 882 • LIVE AT MONTREUX (1984) Charly, COX 2 • KING OF ZYDECO (1985) Maison de Soul, CH 234 • COUNTRY BOY NOW (1987) Maison De Soul 1012 • LET ME IN YOUR HEART (1988) Arhoolie 1098 • CAJUN SWAMP (1988) Charly 2696062 • ZYDECO LEGEND (1989) Maison De Soul 105 • (S) VERY BEST (1969) Blue Thumb, BTS 15 • (S) CLASSIC CHENIER (1980) Arhoolie 1082 • (S) SIXTY MINUTES WITH THE KING OF ZYDECO (1986) Arhoolie, ARHCD 301 • (S) SINGS THE BLUES (1987) Arhoolie 1097 • Mit Rockin' **Dopsie**: CLIFTON CHENIER AND ROCKIN' DOPSIE (1990) Flyright, FLYCD 17 • C. J. **Chenier**: HOT ROD (1991) Slash 26263 • I AIN'T NO PLAYBOY (1992) Slash 26788 •TOO MUCH FUN (1995) Alligator 4830 • THE BIG SQUEEZE (1996) Alligator, AL 4844

Cher

Cher wurde als »schillernde Priesterin der Lust« (*Stern*) bezeichnet, und häufig interessierten sich die Medien mehr für ihr Privatleben als für ihre Talente als Sängerin.

Cherilyn Sarkisian La Pierre wurde am 20. 5. 1946 in El Centro, Kalifornien, geboren. Nach der Schule zog sie nach Los Angeles um und besuchte eine Schauspielschule. 1964 lernte sie Sonny Bono kennen, den sie noch im gleichen Jahr in Tijuana, New Mexico, heiratete. Bono, der für den Produzenten Phil Spector arbeitete, verhalf ihr zu den ersten Studiojobs als Chorsängerin u. a. für die **Ronettes**.

Anfang 1965 begann das Ehepaar als Duo zu experimentieren, doch Sonny wollte zunächst seine Frau als Solistin durchsetzen und verschaffte ihr einen Plattenvertrag bei Imperial Records. Sie veröffentlichte als Cherilyn die Single ›Dream

Baby‹, die unbeachtet blieb. Dafür hatten **Sonny & Cher** auf Anhieb mit ›I Got You Babe‹ weltweit Erfolg. Davon profitierte auch Cher, als sie im Sommer 1965 Bob →Dylans ›All I Really Want To Do‹ (GB #8, US #9) aufnahm. Unter dem gleichen Titel brachte sie im Herbst ihre erste, von Sonny produzierte LP (GB #6, US #7) heraus. Das Album stellte Chers sicheres Gespür für rhythmische, eingängige Popsongs unter Beweis. Als zweite Single wurde ›Where Do You Go‹ (US #30) ausgekoppelt.

Ihren ersten Millionenhit konnte Cher im Frühjahr 1966 mit ›Bang Bang‹ (GB #2, US #2) verbuchen. Der melodramatische Song, der durch Tempiwechsel und flotte Geigenklänge auffiel, stammte von der LP The Sonny Side Of Cher (US #15). Im August coverte sie ›Alfie‹ (US #31), im Original von Cilla Black und Titelsong des gleichnamigen Kinofilms. In Großbritannien erschien Chers Coverversion von Bobby Hebbs Hit ›Sunny‹ (GB #27). Im November des Jahres nahm sie ›Behind The Door‹ (US #84), eine Komposition von Graham Gouldman (→**10 cc**) auf, neun Monate später ›Hey Joe‹ (US #95) von Jimi →Hendrix.

Chers nächster Bestseller stammte wieder von Sonny. ›You Better Sit Down Kids‹ (US #9) kam im Spätsommer 1967 gleichzeitig mit der LP Cher (US #15) heraus. 1968 wechselte Cher von Imperial zu Atco Records, wo erst im August 1969 eine Neuaufnahme von ›For What It's Worth‹ (US #89), im Original von →**Buffalo Springfield**, herauskam. Ansonsten konzentrierte sich Cher auf ihre Rolle in dem Film »Chastity«, zu dem Sonny das Drehbuch geschrieben hatte und dessen Titel der Name ihrer Tochter war.

1971 setzte Cher ihre Gesangskarriere fort und landete im September mit ›Gypsies, Tramps And Thieves‹ (GB #3, US #1) wieder einen Bestseller, eine Auskopplung des Albums Foxy Lady (US #40) ebenso wie ›The Way Of Love‹ (US #11), ›Living In A House Divided‹ (US #22) und ›Don't Hide Your Love‹ (US #45). Ab dem Sommer 1972 verdichteten sich die Trennungsgerüchte um **Sonny & Cher**. Als der Produzent Snuff Garrett mit Cher an der Aufnahme der neuen Single ›The Night The Lights Went Out In Georgia‹ arbeitete, legte Sonny sein Veto ein. Drei Monate später erreichte Vicki Lawrence mit diesem Titel Platz eins der US-Charts. Cher setzte dennoch die Kooperation mit Garrett fort und veröffentlichte im Juli 1973 ›Half-Breed‹ (US #1), die gleichnamige LP (US #29) folgte im Herbst des Jahres. Im Juni 1974 ließen sich **Sonny & Cher** scheiden.

Von Johnny Durrill von den →**Ventures** stammte Chers nächster Hit ›Dark Lady‹ (US #3). Im selben Jahr plazierte sie darüber hinaus die Singles ›Train Of Thought‹ (US #18), ›I Saw A Man And He Danced With His Wife‹ (US #35), ›A Woman's Story‹ (US #91) und die von Jimmy Webb produzierte LP ›Dark Lady‹ (US #51) in den US-Hitparaden.

1975 hatte Cher eine stürmische Liason mit Gregg Allman von den →**Allman Brothers**. Sie heirateten am 30. 6. 1975, wollten sich kurz darauf wieder scheiden lassen, blieben dann aber drei Jahre zusammen, ehe sie am 16. 1. 1979 geschieden wurden.

Cher hatte bei Warner Brothers einen Vertrag unterschrieben, der ihr jährlich 2,5 Millionen Dollar garantierte. Aber Plattenerfolge blieben bis 1979 aus. Dafür bekam die »extravagante Poplady« (*Disc*) für ihre TV-Show Cher bei CBS

sehr gute Kritiken. Zu ihren Gaststars gehörten u. a. Bette →Midler, Elton →John und David →Bowie.
1979 wechselte Cher zum Disco-orientierten Label Casablanca Records und feierte im Februar mit der Single ›Take Me Home‹ (US #8) ein grandioses Comeback. Die LP gleichen Titels (US #42) blieb jedoch hinter den Verkaufserwartungen ebenso zurück wie die weiteren Auskopplungen ›Wasn't It Good‹ (US #64) und ›Hell On Wheels‹ (US #65). 1980 trat die Sängerin mit **Black Rose**, der Band ihres damaligen Lebensgefährten Les →Dudek, im Vorprogramm von →**Hall & Oates** im New Yorker Central Park auf.
Zwar auf dem Cover nicht erwähnt, war Cher an →Meat Loafs 82er Album Dead Ringer For Love beteiligt und wirkte in einem seiner Videoclips mit. Im Februar trat sie in der New Yorker Radio City Hall in der Night Of 100 Stars auf, und am 18. 2. 1982 debütierte sie am Broadway in Robert Altmans »Come Back To The Five And Dime, Jimmy Dean, Jimmy Dean«. Sie wechselte zu CBS Records, wo ihre wenig originelle Pop-LP I Paralyze herauskam.
1984 wurde sie für die beste Nebenrolle in dem Film »Silkwood« für einen Oscar nominiert. Die Harvard-Universität ehrte Cher im Februar 1985 als Frau des Jahres, und im März bekam sie erstklassige Kritiken für die Hauptrolle in »Mask« (»Die Maske«). Bis Herbst 1987 war Cher mit drei Filmen erfolgreich: »The Witches Of Eastwick« mit Jack Nicholson, der Komödie »Moonstruck«, für die sie 1987 einen Oscar als beste Schauspielerin erhielt, und dem Thriller »Suspect«.
Mit der von Michael →Bolton produzierten Single ›I Found Someone‹ (GB #5, US #10) war sie nach achtjähriger Pause wieder in der internationalen Hitparadenspitze vertreten. Mittlerweile bei Geffen Records unter Vertrag, kam im Januar 1988 das Album Cher (GB #26, US #32) mit zwei weiteren Singleauskopplungen auf den Markt: ›We All Sleep Alone‹ (GB #47, US #14), komponiert von Cher und Jon Bon Jovi (→**Bon Jovi**), und ›Skin Deep‹ (US #79). Im November 1987 trat sie nach über zehn Jahren mit Sonny Bono und dem Song ›I Got You Babe‹ in der Talkshow von David Letterman auf.
Die »Diva des Pop« (*Melody Maker*) war auch 1989 mit Hits vertreten: Im Duett mit Peter →Cetera, ›Chances Are‹ (GB #6), ›If I Could Turn Back Time‹ (GB #6, US #3, D #16), ein perfektes Remake von Diane Warren, und ›Just Like Jesse James‹ (GB 11, US #8), eine Koproduktion mit Desmond Child. Es handelte sich um Auskopplungen der LP Heart Of Stone (GB #7, US #10, D #19), deren Titelsong (GB #43, US #20) ebenfalls ein Hit war. Auch wenn die Kritiker von einer »Aneinanderreihung von Plagiaten zwischen Mainstream- und Folkrock« (*Hifi Vision*) sprachen, ließen sich ihre Fans davon nicht beeindrucken.
Im März 1990 startete Cher in Dallas, Texas, eine Nordamerikatournee, die am 29. 4. 1990 in Toronto endete. Im Herbst riskierte sie einen kurzen Abstecher nach England. Anfang 1991 gelang Cher mit dem Betty Everett-Song ›The Shoop Shoop Song (It's In His Kiss)‹ (US #33, GB #1, D #3) wieder ein Bestseller. Im Juni stellte sie im Fernsehen ihre neue Single ›Love And Understanding‹ (GB #10, US #17, D #20) von der LP Love Hurts (GB #1, US #48, D #6) vor, die von Diane Warren (→**Heart**, →**Chicago**) produziert wurde.
1992 war sie in Europa auf Tournee und

brachte die Singles ›Save Up All Your Tears‹ (GB #37, US #37, D #20), ›Could've Been You‹ (GB #31, D #75), ›Oh No Not My Baby‹ (GB #33, D #52) sowie in England den Sampler CHER'S GREATEST HITS 1965–1992 (GB #1, D #16) heraus. Im Jahr darauf folgten ›Many Rivers To Cross‹ (GB #37), ›Whenever You're Near‹ (GB #72), eine Version von ›I Got You Babe‹ (GB #35).
Gemeinsam mit Neneh → Cherry, Chrissie Hynde von den → **Pretenders** und Eric → Clapton nahm sie die Ballade ›Love Can Build A Bridge‹ (GB #1, D #62) auf. Im Herbst 1995 coverte sie ›Walking In Memphis‹ (GB #11, D #63) von Marc → Cohn; 1996 veröffentlichte sie insgesamt vier Singles, darunter den Tophit ›One By One‹ (GB #11) und das → **Walker Brothers**-Original ›The Sun Ain't Gonna Shine Anymore‹ (GB #26). Anfang 1996 erschien ihr Album IT'S A MAN'S WORLD, das ausschließlich Cover-Versionen enthielt. Im gleichen Jahr kam auch ihr Film »Der Hochzeitstag« in die Kinos.

ALL I REALLY WANT TO DO (1965) EMI 780241 • THE SONNY SIDE OF CHER (1966) Liberty 74163 • CHER (1966) MCA, MAPS 5184 • WITH LOVE (1968) Liberty 83051 • BACK STAGE (1968) Liberty 83156 • CHASTITY (1969) Soundtrack Warner Brothers • 3614 JACKSON HIGHWAY (1969) Atco, SD 33–298 • CHER (1971) MCA, MAPS 5184 • FOXY LADY (1972) MCA, MAPS 6135 • BITTERSWEET WHITE LIGHT (1973) MCA, MAPS 6623 • HALF-BREED (1973) MCA, MCD 30945 • DARK LADY (1974) MCA, MAPS 7426 • STARS (1975) Warner Brothers 56111 • I'D RATHER BELIEVE IN YOU (1976) Warner Brothers 56292 • CHERISHED (1977) Warner Brothers 56401 • TAKE ME HOME (1979) Casablanca 846312 • PRISONER (1979) Casablanca 7184 • I PARALYZE (1982) CBS 85850 • CHER (1987) Geffen, GED 24 64 • HEART OF STONE (1989) Geffen, GED 24239 • LOVE HURTS (1991) Geffen, GED 24427 • IT'S A MAN'S WORLD (1996) • (S) GOLDEN GREATS (1968) Liberty 83105 • (S) HITS OF CHER (1972) United Artists 29317 • (S) THE ORIGINAL (1974) MCA 42008 • (S) ORIGINAL FAVORITES (1980) MCA 202936 • (S) GREATEST HITS (1990) EMI 793211 • (S) THE COLLECTION (1992) MCA, MCD 18582 • (S) THE BEST OF CHER BANG BANG (1992) EMI 792773 • Mit Gregg **Allman**: TWO THE HARD WAY (1976) Warner Brothers 56436

Chic

Alfa Anderson (voc), Bernard Edwards (b), Luci Martin (voc), Nile Rodgers (g), Tony Thompson (dr)

Edwards (* 31. 10. 1952), Rodgers (19. 9. 1952) und Thompson (* 15. 11. 1954) kannten sich bereits seit 1970 und spielten in verschiedenen New Yorker Clubbands zusammen. Rodgers war in den späten 60er Jahren Mitglied der Rockgruppe **New World Rising**. 1972 beschlossen die drei, das Fusion-Trio **Big Apple Band** zu gründen, das zeitweise auch unter dem Namen **Allah & The Knife-Wielding Punks** auftrat. 1976 wurde Norma Jean Wright als Leadsängerin engagiert. Ab Juni 1977 nannten sie sich **Chic** und verschrieben sich der Dance-Music. Edwards und Rodgers produzierten zunächst Wrights Debütalbum NORMA JEAN, ehe sie im Januar 1977 mit der Single ›Dance, Dance Dance‹ (GB #6, US #8, D #10) quasi über Nacht berühmt wurden. Innerhalb von drei Wochen wurde das Album CHIC (US #41) fertiggestellt. Da Norma Jean Wright sich für eine Solokar-

riere entschieden hatte, wurde Luci Martin als Sängerin engagiert.
Die Erfolgskurve von **Chic** stieg rasant an, da sie mit ihren Singles ›Everybody Dance‹ (GB #11, US #60), ›Le Freak‹ (GB #5, US #1, D #5) und der LP C'EST CHIC (GB #1, US #7, D #10) neue Akzente in der Discomusik setzten. Ihr moderner Dance-Sound war von Edwards' funky Bass-Pattern und Rodgers swingender Gitarre geprägt.
Im Januar 1979 kamen **Chic** erstmals nach Europa und traten im Londoner Hammersmith Odeon auf. Drei Monate später konnten sie mit ›I Want Your Love‹ (GB #3, US #5, D #27), ›Good Times‹ (GB #5, US #2, D #36), ›My Forbidden Lover‹ (GB #11, D #47), ›My Feet Kept Dancing‹ (GB #18) und dem Album RISQUÉ (GB #17, US #10) eine eindrucksvolle Hitserie verbuchen. Edwards und Rodgers etablierten sich zudem als Produzententeam und verhalfen → **Sister Sledge** zum Erfolg; 1980 waren sie als Produzenten für Diana → Ross tätig.
Die Euphorie um **Chic** ließ nach dem Studioalbum REAL PEOPLE (US #25) und den Singles ›Rebels Are We‹ (US #70) vom August 1980 und ›Soup For One‹ vom Juni 1982 nach, und CHIC gerieten nach der LP »Believer« in Vergessenheit. Edwards / Rodgers arbeiteten als Produzenten / Songwriterteam u. a. für Carly → Simon, David → Bowie und → Madonna. Rodgers veröffentlichte im Frühjahr 1983 seine erste Soloplatte und war kurzzeitig Mitglied der **Honeydrippers** von Robert → Plant. 1985 machten Edwards und Rodgers bei **Power Station** mit, die auf Initiative von Robert → Palmer und → **Duran Duran** zusammenkamen.
Die britischen Popproduzenten Stock, Aitken und Waterman sorgten mit dem Medley ›Jack Le Freak‹ (GB #19) im September 1987 für eine kurzfristige **Chic**-Renaissance. Rodgers war zu dieser Zeit mit **Outloud** und dem von ihm mitgegründeten New Yorker Label Ear Candy Records beschäftigt. Zu einem Comeback von **Chic** kam es erst Anfang 1992. Edwards und Rodgers engagierten dafür Sylver Logan Sharp und Jenn Thomas von **Brown's Creation**. Im ersten Halbjahr 1992 brachten **Chic** die Singles ›Chic Mystique‹ (GB #48, D #25), ›Your Love‹ (D #91) und das Album CHIC-ISM (D #55) heraus, die immer noch perfekten Tanzpop lieferten.
Bernard Edwards starb 1996 im Alter von 43 Jahren kurz vor einem Auftritt in Tokio. Tony Thompson stieg 1996 bei der neuformierten britischen Gruppe **Power Station** ein. Rodgers trat zuletzt als Produzent der Sängerin Marta Sanchez in Erscheinung.

C'EST CHIC (1978) Atlantic 781552 • RISQUE (1979) Atlantic 708406 • REAL PEOPLE (1980) Atlantic 7567–80420 • TAKE IT OFF (1982) Atlantic 7567–80421 • BELIEVER (1983) Atlantic 7567–80107 • CHIC-ISM (1992) Warner Brothers 7599–26394 • (S) GREATEST HITS (1979) Atlantic 7567–80264 • (S) THE BEST OF (1991) Atlantic 7567–82333 • (S) THE BEST OF VOL. II (1993) Rhino 8122–71086 • Bernard **Edwards**: GLAD TO BE HERE (1983) Atlantic 780079 • Nile **Rodgers**: ADVENTURES IN THE LAND OF THE GOOD GROOVE (1983) Mirage 790073 • B-MOVIE MATINEE (1985) Warner Brothers 7599–25290 • Norma Jean **Wright**: NORMA JEAN (1977) • Tony **Thompson** mit **Power Station**: LIVING IN FEAR (1996) EMI 853984

Chicago

Bill Champlin (key, voc), Bruce Gaitsch (g), Tris Imboden (dr), Robert Lamm (key, voc), Lee Loughnane (tr), James Pankow (tb), Walter Parazaider (sax), Jason Scheff (voc, b)

Chicago gehört zu den erfolgreichsten, aber auch zu den am häufigsten kritisierten Formationen der Rockgeschichte. Die zum größten Teil klassisch ausgebildeten Musiker zeichneten sich durch große Perfektion, Kreativität und Professionalität aus und verknüpften erstmals Elemente des Rock'n'Roll mit jazzigen Big Band-Formaten. Neben →Blood, Sweat & Tears galten Chicago als Wegbereiter des Jazzrock. Bis 1985 erreichten sie rund 20 Tophits und setzten weltweit über 50 Millionen Platten ab.

Walter Parazaider (* 14. 3. 1945) studierte an der DePaul University in Chicago, wo er 1966 Lee Loughnane (* 21. 10. 1946), James Pankow (* 20. 8. 1947), Terry Kath (* 31. 1. 1946) und Drummer Danny Seraphine (* 28. 8. 1948) 1966 kennenlernte, die sich Jimmy & The Gentlemen nannten. Als Missing Links bzw. Big Thing, zu denen auch Robert Lamm (* 13. 10. 1944) gehörte, etablierten sie sich in der Clubszene Chicagos. Im Dezember 1967 schloß sich auch Ex-Exceptions Peter →Cetera Big Thing an.

Auf Anraten des Produzenten und späteren Besitzers der Caribou Ranch Studios James William Guercio nannten sie sich ab Juni 1968 Chicago Transit Authority. Die nun in Los Angeles ansässige Band debütierte vom 12. bis 14. September im Fillmore West in San Francisco. Das erste Doppelalbum CHICAGO TRANSIT AUTHORITY (Gb #11, US #17) entstand im Frühjahr 1969 in New York. Als Sänger tat sich Terry Kath hervor, der die von Robert Lamm komponierten Songs interpretierte. Die LP wurde über drei Jahre in den US-Charts geführt und begründete mit den Singles ›Free‹ (US #27), ›Lowdown‹ (US #25), ›Beginnings‹ (US #7), ›Colour My World‹ (US #7) ›Questions 57 And 68‹ (US #17) und ›I'm A Man‹ (GB #8, US #17, D #10) den immensen Erfolg des fortan »typischen Chicago-Sound« (*Billboard*). Publikum und Fachpresse reagierten begeistert auf das dynamische, innovative Unternehmen, das im Hinblick auf die Qualität der Produktion und der Arrangements neue Maßstäbe setzte.

Um für ihre erste LP zu werben, tourten Chicago Transit Authority im Vorprogramm von Janis →Joplin und Jimi →Hendrix durch Großbritannien. Als Chicago traten sie am 1. 8. 1969 beim Atlantic City Pop Festival auf. Ab Januar 1970 gingen sie elf Monate mit →Guess Who als Anheizer in den Vereinigten Staaten auf Tournee.

Seit Beginn der 70er Jahre produzierten Chicago Alben und Hitsingles am Fließband. Ihre Doppelalben II (GB #7, US #1, D #20) und III (GB #12, US #1, D #17) standen monatelang an der Spitze der US-Charts, und mit ihrer ausgefeilten Bühnenshow sorgten die Musiker für ausverkaufte Konzerte. Auf dem aus vier LPs bestehenden Mitschnitt LIVE AT CARNEGIE HALL (US #4) vom Oktober 1971 dokumentierten »acht gestandene Musiker« (*Musik Express*) ihre Leistungsfähigkeit.

Bis zum Frühjahr 1974 waren Chicago mit den Singles ›Saturday In The Park‹ (US #3), ›Dialogue (Part I & II)‹ (US #25), ›Feelin' Stronger Every Day‹ (US #5), ›Just You'n'Me‹ (US #2), ›(I've

Been) Searchin' So Long‹ (US #5) und den Alben V (GB #16, US #1), VI (US #1) und VII (US #2) in der Hitparade vertreten. Ihr ausschließlich für Japan produziertes Album LIVE IN JAPAN vom August 1973 wurde über eine Million Mal verkauft.

»Die bedeutendste Band Amerikas« (*Melody Maker*) – zeitweise verstärkt durch den Perkussionisten Laudir De Oliveira aus Brasilien – musizierte mit der Präzision eines Uhrwerks und präsentierte sich als homogene Einheit. Keyboarder Robert Lamm riskierte im August 1974 mit dem Album SKINNY BOY einen Soloabstecher. Nahezu zeitgleich veröffentlichten **Chicago** die Single ›Call On Me‹ (US #11), im November folgte ›Wishin' You Were Here‹ (US #12), komponiert von Cetera und mit den →**Beach Boys** Al Jardine, Carl und Dennis Wilson als Chorsänger. Die Hitserie setzte sich im April mit der schrägen Ballade ›Harry Truman‹ (US #20), ›Old Days‹ (US #8), der LP VIII (US #1) und dem Sampler GREATEST HITS (US #1) fort. Eine Promotiontournee für VIII brachte bei Konzerten in zwölf US-Städten 7,5 Millionen Dollar ein.

Einen weiteren Höhepunkt ihrer Karriere erreichten **Chicago** im Oktober 1976 mit der sentimentalen, Grammy-dekorierten Ballade ›If You Leave Me Now‹ (GB #1, US #1, D #3) aus dem Album X (GB #18, US #4, D #5). Im Febrauar 1976 erhielten sie zwei Grammies als beste Gruppe und für das beste Arrangement. Im Oktober wurden sie mit dem Golden Ticket des New Yorker Madison Square Garden für insgesamt über 100000 Konzertbesucher ausgezeichnet. **Chicago**, die sich im Juni von Produzent und Manager Guercio getrennt hatten, schlossen das Jahr 1977 mit XI (US #7, D #39) und der Single ›Baby, What A Big Surprise‹ (US #8, D #49) ab.

Am 23. 1. 1978 wurde die Band von einem Schicksalsschlag getroffen. Terry Kath hatte sich – wie es offiziell hieß – in ›spielerischer Absicht‹ auf einer Party beim Russisch-Roulette erschossen. Bandleader Doc Severinsen überzeugte den Rest der Gruppe davon weiterzumachen. In Donnie Dacus von der **Stephen Stills Band** fand sich ein geeigneter Gitarrist als Nachfolger, um unter der Regie von Phil Ramone in Miami HOT STREETS (US #10) aufzunehmen. Als Singles erschienen die von Pankow komponierten Songs ›Alive Again‹ (US #12) und ›No Tell Lover‹ (US #18) sowie Ceteras ›Gone Long Gone‹ (US #97). **Chicago** spielten zwar wie immer perfekt, aber lustlos. Ohne Dacus und De Oliveira, dafür mit den Stargästen Maynard Ferguson (tr) und Airto Moreira (perc) sowie wieder von Ramone produziert, erschien No. 13 (US #39), die bis dahin schwächste **Chicago**-Platte. Aalglatt und ideenlos spulten sie 1980 auch das Repertoire des Albums XIV mit Gastgitarrist Chris Pinnick ab.

Für frischen Wind sorgte ab 1982 der Sänger und Gitarrist Bill Champlin, der jahrelang mit den **Sons Of Champlin** aufgetreten war. Mit der von Cetera verfaßten Ballade ›Hard To Say I'm Sorry‹ (GB #6, US #1, D #6) meldete sich das Rockorchester eindrucksvoll zurück. Der Song gehörte zum Soundtrack des Films »Summer Lovers« mit Daryl Hannah in der Hauptrolle und zum Material der LP 16 (US #9, D #11), aus der noch ›Love Me Tomorrow‹ (US #22) und ›What You're Missing‹ (US #81) ausgekoppelt wurden. **Chicago** pausierten 1983 und bereiteten in aller Ruhe 17 (US #4, GB #21, D #12) mit den Hits ›Stay The Night‹ (US #16, D

#21) und ›Hard Habit To Break‹ (US #3, GB #8) vor, die im Juni bzw. Oktober 1984 auf den Markt kamen. Als weitere Singleauskopplungen erschienen ›You're The Inspiration‹ (GB #11, US #3) im November 1984 und ›Along Comes A Woman‹ (US #14) im Februar 1985. 1986 nahmen sich **Chicago** wieder ein Jahr Zeit für eine neue Studioproduktion. Cetera, der die Band inzwischen verlassen hatte, intensivierte seine solistischen Ambitionen und landete mit ›The Glory Of Love‹ aus dem Film »The Karate Kid III« einen Bestseller. Als Nachfolger bei **Chicago** kam Jason Scheff (b, voc), Sohn des langjährigen Bassisten Jason Scheff von Elvis →Presley.

Mit dem perfekt fabrizierten Pop von 18 (US #35, D #49) hielt die Gruppe ihr hohes Niveau in punkto Arrangements und Studiotechnik; dennoch war die LP nur »ein kraftloser Aufguß« (*Stereoplay*) mit »perfektem Mainstream« (*Musik Express*). Als Singles wurden bis zum Sommer 1987 ›Will You Still Love Me?‹ (US #3), ›If She Would Have Been Faithful…‹ (US #17) und ›Niagara Falls‹ (US #91) ausgekoppelt. Die Band schien nicht mehr fähig, ein musikalisches Wagnis einzugehen. So klang auch die 1988 von Ron Nevison produzierte LP 19 (US #37, D #42) nur noch wie Routine, auch wenn sich die Singles ›I Don't Wanna Live Without Your Love‹ (US #3), ›Look Away‹ (US #1), ›You're Not Alone‹ (US #10) und ›What Kind Of Man Would I Be?‹ (US #5) weiterhin als Hits erwiesen. Nach 14 Jahren gingen **Chicago** im Mai 1989 wieder gemeinsam mit den →**Beach Boys** auf Tournee. Im Sommer 1990 absolvierten sie eine weitere US Tour, allerdings ohne Seraphine, der nach 25 Jahren die Band verließ. 1991 verklagte er seine ehemaligen Kollegen auf 1,5 Millionen Dollar Schadensersatz für seiner Ansicht nach nicht korrekte Tantiemenabrechnungen.

Im Februar kehrte Cetera zu **Chicago** für die Aufnahme seines Songs ›Voices That Care‹ zurück, dessen Einnahmen dem nordamerikanischen Roten Kreuz zugute kamen. Auf dem Album 21 (US #66, D #66) und der Single ›Chasin' The Wind‹ (US #39) wurden John Keane, Nachfolger von Seraphine, und der langjährige Studio- und Sessionbegleiter Dwayne Bailey (g) als neue Bandmitglieder vorgestellt. **Chicago** absolvierten im Sommer 1991 ihre inzwischen schon traditionelle US-Tour, die sie im September mit vier ausverkauften Konzerten im Mexico National Auditorium in Mexico City mit einer Gesamteinnahme von 1,3 Millionen Dollar beendeten.

Im März 1992 beteiligten sich Champlin und Pankow an »Musicians For UNICEF«. Im Juni tourten sie mit den →**Moody Blues** durch die US-Südstaaten, und im Juni wurden sie auf dem Hollywood Walk Of Fame mit einem Stern geehrt. Tris Imboden wurde im Oktober Nachfolger von Keane am Schlagzeug.

1995 versuchten **Chicago** mit dem Gitarristen Bruce Gaitsch, Nachfolger von Bailey, etwas Neues: NIGHT & DAY enthielt Jazzklassiker von Duke Ellington (›Caravan‹), Glenn Miller (›Moonlight Serenade‹) und Billy Strayhorn (›Take The ›A‹ Train‹). Bill Champlin, der u. a. als Komponist für →**Earth, Wind & Fire** und Bette →Midler tätig gewesen war, veröffentlichte 1995 sein Soloalbum HE STARTED TO SING mit dem Hit ›Southern Serenade‹.

CHICAGO TRANSIT AUTHORITY (1969) Arcade 2992618 • II (1970) Arcade 2992619 •

III (1971) Arcade 2992620 • AT CARNEGIE HALL – IV (1972) Arcade 2002621 • V (1972) Arcade 2002623 • VI (1973) Arcade 2002624 • LIVE IN JAPAN (1973) • VII (1974) Arcade 2002625 • VIII (1975) Arcade 2002627 • X (1976) Arcade 2002629 • XI (1977) Arcade 2002630 • HOT STREETS (1978) CBS 86069 • NO. 13 (1979) Arcade 2002632 • XIV (1980) Arcade 2002633 • 16 (1982) Full Moon 7599–23689 • 17 (1984) Warner Brothers 7599–25060 • 18 (1986) Warner Brothers 7599–25509 • 19 (1988) Reprise 7599–25714 • TWENTY 1 (1991) Reprise 7599–26391 • NIGHT & DAY (1995) Giant 74321 26767 • (S) GREATEST HITS (1975) CBS 69187 • (S) GREATEST HITS – VOL. 2 (1981) Columbia 460 209 • (S) IF YOU LEAVE ME NOW (1982) CBS 32391 • (S) THE HEART OF CHICAGO (1989) Reprise 7599–26107 • (S) THE VERY BEST OF (1996) Arcade 9902295 • (S) OVERTIME (1995) Edel-Contraire 001 BEO • Robert **Lamm**: SKINNY BOY (1974) CBS 80359 • Bill **Champlin**: RUNAWAY (1981) Elektra 7559–60971 • BURN DOWN THE NIGHT (1992) Beverly 871 002 • THROUGH IT ALL (1994) Beverly 871 007 • HE STARTED TO SING (1995) Beverly 21 30598 • LIVE – MAYDAY (1997) IRS 992 058 • Bill **Champlin** mit **Sons Of Champlin**: LOOSEN UP NATURALLY (1969) Capitol, 869 973 • THE SONS (1969) Capitol, SM 332 • FOLLOW YOUR HEART (1971) Capitol, ST 675 • WELCOME TO THE DANCE (1973) CBS 65663 • THE SONS OF CHAMPLIN (1975) Ariola, AAS 1501 • THE CIRCLE FILLED WITH LOVE (1976) Ariola 50007 • LOVING IS WHY (1977) Ariola, AAS 1505

Chi-Lites

Clarence Johnson (voc), Creadel Jones (voc), Robert ›Squirrel‹ Lester (voc), Eugene Record (voc), Marshall Thompson (dr)

Marshall Thompson (* 1941) und Creadel Jones (* 1939) von den **Desideros** und Clarence Johnson, Eugene Record (* 23. 12. 1940) und Robert Lester von den **Chantours** nannten sich ab 1960 **Hi-Lites** und galten in Chicago als Geheimtip der auslaufenden Doo Woop-Welle. Als **Marshall & The Chi-Lites** veröffentlichten sie bis 1964 die Singles ›Pots And Pants‹ und ›I'm So Jealous‹. Danach verließ Johnson die Gesangsgruppe, die sich nun **Chi-Lites** nannte.

Mittlerweile als eine der besten Chicago-Soul-Formationen betrachtet, waren sie ab 1969 in den Charts vertreten. Bis zum Herbst 1971 erschienen die Singles ›Give It Away‹ (US #74), ›I Like Your Lovin' (Do You Like Mine)‹ (US #51), ›Are You My Woman? (Tell Me So)‹ (US #67), ›Give Me More Power To The People‹ (US #22), ›We Are Neighbors‹ (US #83) und ›I Want To Pay You Back‹ (US #64). Mit ›Have You Seen Her‹ (GB #3, US #1) und der LP GIVE MORE POWER TO THE PEOPLE (US #13) gelang den **Chi-Lites** der internationale Durchbruch.

Soul, Pop und eine wohldosierte Portion Funk eröffneten »einer der führenden Pop-Bands der USA eine goldene Zukunft« (*Disc*). 1972 war ihr erfolgreichstes Jahr dank der Singles ›Oh Girl‹ (GB #12, US #1), ›Coldest Days Of My Life‹ (US #40), ›A Lonely Man‹ (US #46) sowie des Albums A LONELY MAN (US #6) und des Samplers GREATEST HITS (US #36). In den folgenden Jahren hatten die **Chi-**

Lites vor allem in Großbritannien Erfolg. Dort waren sie bis 1976 in den Top 10 präsent: ›Homely Girl‹ (GB #9, US #53), ›Too Good To Be Forgotten‹ (US #9), ›It's Time For Love‹ (GB #4), ›You Don't Have To Go‹ (GB #3) und der Wiederveröffentlichung von ›Have You Seen Her‹ (GB #5) im Sommer 1975.
Für Jones, der die Gruppe 1973 verlassen hatte, kam erst Stanley Anderson, dann Willie Kensey und schließlich Doc Roberson. Im November 1975 beschloß Bandchef Ford als Songwriter und Solist weiterzumachen. Das verbliebene Trio blieb noch bis 1977 zusammen. Record reformierte die **Chi-Lites** im November 1980 für das von ihm gegründete Label Chi-Sound Records. Die dort veröffentlichten Alben HEAVENLY BODY und ME AND YOU aus den Jahren 1980/81 wie auch die Singles mit ihrem routiniert-braven Pop-Soul stießen nur auf geringes Interesse.
Als Trio (Record, Lester, Thompson) nahmen die **Chi-Lites** 1983 mit einer weiteren Neuaufnahme von ›Have You Seen Her‹ (GB #43) und dem Album BOTTOMS UP (US #98) einen neuen Anlauf. Aber nach STEPPIN' OUT gaben Record und schließlich auch Lester auf, während Thompson mit ständig umbesetzten **Chi-Lites** vor allem in britischen Clubs auftrat. 1993 wurden sie für eine US-Tour mit den **Dramatics**, **Stylistics** und Taj →Mahal engagiert, inzwischen wieder unter Führung von Record.

GIVE IT AWAY (1968) Brunswick 754152 • (FOR GOD'S SAKE) GIVE MORE POWER TO THE PEOPLE (1971) Brunswick 754170 • A LONELY MAN (1972) Brunswick 754179 • A LETTER TO MYSELF (1973) Brunswick 754188 • THE CHI-LITES (1973) Brunswick 754197 • TOBY (1974) Brunswick 754200 • HALF A LOVE (1975) Brunswick, BRLS 3015 • HAPPY BEING LONELY (1976) Mercury 6338718 • THE FANTASTIC CHI-LITES (1977) Mercury 9100041 • HEAVENLY BODY (1980) Chi-Sound 619 • ME AND YOU (1981) Chi-Sound 635 • BOTTOMS UP (1983) Larc 8103 • CHANGING FOR YOU (1983) R&B 1003 • STEPPIN' OUT (1984) Private, BFZ 39316 • HARD ACT TO FOLLOW (1986) • (S) GREATEST HITS (1972) Brunswick, BRLS 3003 • (S) GREATEST HITS VOL. 2 (1975) Brunswick 754208 • (S) CLASSICS (1983) Skratch, LP 101 • (S) THE BEST OF (1987) Kent 911 • Eugene **Record**: WELCOME TO MY FANTASY (1979) • JUST PUSH PLAY (1993)

Chilliwack

Ab Bryant (b, key, voc), Bill Henderson (voc, g), Claire Lawrence (sax), Glenn Miller (b), Ross Turney (dr)

Die Geschichte dieser stets unterschätzten kanadischen Band begann 1961 in Vancouver. Damals gründeten Claire Lawrence (sax), Howie Vickers (voc), Brian Russell (g), Glenn Miller (b) und Gary Taylor (dr) die **C-Fun Classics**. Mit Bill Henderson und Ross Turney (dr) nahmen sie als **Collectors** ihre erste Single ›Looking At A Baby‹ auf. Sie verstanden sich als kanadische Variante der hippiebewegten Westcoast-Bands. Von vielerlei Stilarten beeinflußt, improvisierten die **Collectors** einen meditativen Sound, der am besten in der 20 Minuten langen Rocksuite ›What Love‹ zur Geltung kam.
Auf der Basis der Filmmusik von »Grass And Wild Strawberries« entstand 1969 die gleichnamige Konzept-LP, auf der sich wiederum sehr unterschiedliche Sti-

le zu einem harmonischen Gesamtbild fügten. Die **Collectors** standen kurz davor, sich international einen Namen zu machen, als sich Henderson Mitte 1969 zu einer radikalen musikalischen Kursänderung entschloß. Auch die Band wurde in **Chilliwack** unbenannt, einem Vorort von Vancouver, dessen Name indianischer Herkunft ist und »Tal der Flüsse« bedeutet. Henderson, Lawrence, Turney und Miller bemühten sich ab 1971 um einen progressiven, experimentierfreudigen Rock und vertrauten dabei auf ihre instrumentalen Fähigkeiten, die sie in den großzügigen Arrangements des Doppelalbums CHILLIWACK auslebten.

Live präsentierten sich **Chilliwack** erstmals auf der Expo '70 in Montreal. In Kanada galt das Quartett als Alternative zu den chartsverwöhnten → **Guess Who**, doch international hatten sie wenig Erfolg. In den USA kamen sie im Januar 1972 mit der Single ›Lonesome Mary‹ (US #80) in die Charts.

Nach den Alben LONESOME MARY RIDIN' und ALL OVER YOU entschied sich Henderson für lupenreinen Power-Rock. An der LP CHILLIWACK waren 1974 Henderson, Miller, Turney und der Gitarrist, Keyboarder und Sänger Howard Froese beteiligt. **Chilliwack** setzten beim nächsten Album auf Gitarren-Rock, das 1975 unter dem Titel ROCKERBOX erschien. Mit der Single ›Fly At Night‹ (US #77) kamen sie im April 1977 unter die Hot 100 in den USA.

Bei ihrer unterhaltsamen Rock-LP LIGHTS IN THE VALLEY wurden Henderson und Turney von Brian MacLeod (g, key) unterstützt. Und allein MacLeod blieb 1980 noch an der Seite von Henderson, der für einen erneuten Anlauf, in die Charts zu gelangen, neben MacLeod Rick Taylor (dr) von **Striker**, John Roles (g, voc) und Ex- → **Prism** Ab Bryant (b) engagierte. Musikalisch boten **Chilliwack** nichts Neues, aber mit ihren perfekt inszenierten Songs hatten sie 1981/82 endlich auch kommerziellen Erfolg. Das galt für die Singles ›My Girl (Gone, Gone, Gone)‹ (US #22), ›I Believe‹ (US #33), ›Watcha Gonna Do‹ (US #41) sowie die LP WANNA BE A STAR (US #87).

Das Interesse für ihre »strahlenden Melodien und Harmonien« (*Rolling Stone*) ließ schnell wieder nach, und nach OPUS X wurde es still um **Chilliwack**. 1984 tat sich Henderson wieder mit Claire Lawrence zusammen, hatte aber mit SEQUE wieder kein Glück. Bei der letzten LP LOOK IN, LOOK OUT spielte die Band in der Besetzung Henderson, Lawrence, Roles, Jerry Adolph (dr), Brian Newcombe (b) und Robbie Gray (key).

MacLeod, der als Produzent für Billy Newton-Davis, die **Headpins** und **Good Brothers** gearbeitet und Songs für → **Loverboy** und → **Chicago** komponiert hatte, starb am 25. 4. 1992 an einer Krebserkrankung.

CHILLIWACK (1971) A&M 63509 • LONESOME MARY RIDIN' (1972) A&M, SP 3509 • ALL OVER YOU (1972) A&M, SP 4375 • CHILLIWACK (1974) Sire, SASD-7506 • ROCKERBOX (1975) Philips 6370701 • DREAMS, DREAMS, DREAMS (1976) Mushroom, MRS 5006 • LIGHTS FROM THE VALLEY (1979) Mercury 9124412 • BREAKDOWN IN PARADISE (1980) Mushroom, MRS 5015 • WANNA BE A STAR (1981) RCA, XL 17759 • OPUS X (1982) Millenium, BXL 1–7766 • SEQUE (1983) • LOOK IN, LOOK OUT (1984) • (S) GREATEST HITS (1988) • **Collectors**: COLLECTORS (1968) Warner Brothers, WS 1746 • GRASS AND WILD STRAWBERRIES (1969) Warner Brothers, WS 1774 • Claire

Lawrence: LEAVING FOR FREE (1973) Haida, HL 5103 • Claire **Lawrence** mit **Hometown Band**: FLYING (1976) A&M 64605 • HOMETOWN BAND (1977) A&M 4671 • Rick **Taylor** mit **Striker**: STRIKER (1978) Arista 4165

Chills

Justin Harwood (b, voc), Martin Phillipps (voc, g, perc), Andrew Todd (key, voc), James Stephenson (dr, perc)

Bandleader Phillipps hatte zunächst in der Punkband **Same** gespielt, ehe er 1978 in der Universitätsstadt Dunedin die **Chills** gründete, eine der interessantesten neuseeländischen Gitarrenrock-Gruppen. Außer Phillipps (* 2. 7. 1963) gehörten seine Schwester Rachel (* 17. 6. 1965) und die Bassistin Jane Dodd (* 9. 9. 1962) zur ersten Besetzung. Beeinflußt von Sixties-Beat und psychedelischem Pop im Stil von → **Pink Floyd** entwickelten die **Chills** ein vielversprechendes Konzept aus »hämmernden, kosmischen Tönen, springenden Gitarrenklängen und harmonisch-folkloristischen Gesangspassagen« (*Musik Exprsss*).
Als erste Aufnahmen der **Chills**, deren Geschichte von ständigen personellen Wechseln begleitet wurde, erschien ein Song für einen Sampler, der die lebendige Szene von Dunedin dokumentierte, und die Single ›Rolling Moon‹. In Europa kam 1985 ›The Lost EP‹ heraus, »Phantasien des Martin Phillipps, die einen großen Bogen von Paul McCartney über Kevin Ayers bis zu Pete Shelley schlagen« (*Spex*).
Fast zehn Jahre nach ihrer Gründung realisierten Phillipps & Co. BRAVE WORDS, die erste offizielle LP, die ein Spektrum zwischen dem Countryrock der → **Byrds** und dem britisch geprägten Gitarrenpop bot. Die **Chills** bestanden zu dieser Zeit aus Phillipps, Andrew Todd (* 15. 12. 1958), Justin Harwood (* 6. 7. 1965) und Drummerin Caroline Easther (* 30. 11. 1958). Mit einer überzeugenden Europatournee und einem selbstbewußten Auftritt in der 3. WDR-Rocknacht 1987 bestätigten sie ihre »internationale Konkurrenzfähigkeit« (*Tip*).
Es vergingen jedoch drei Jahre, ehe ihr neues Album SUBMARINE BELLS, wieder in neuer Besetzung, vorlag: »Unser Stil hängt weniger mit einem bestimmten Genre als mit einem bestimmten Gefühl zusammen« (Martin Phillipps). Die **Chills**, jetzt mit Phillipps, Andrew Todd (key), Justin Harwood (b, voc) und Schlagzeuger Jimmy Stephenson (* 17. 5. 1970), hatten ihren melodiösen Pop perfektioniert: »Ich versuche, ernsthafte Texte zu schreiben – über Menschlichkeit, gegen Gleichgültigkeit. Ich will die Leute anspornen, sich nicht aufzugeben« (Martin Phillipps).
Ihre »unverblümte Melodieverliebtheit« (*Musik Express*) war auch 1992 auf der LP SOFT BOMB zu hören, aber es gelang den **Chills** nicht, als »Neuseelands Aushängeschild für intelligenten Rock« (*Hifi Vision*) auch kommerziell erfolgreich zu sein. Nach einer katastrophalen US-Tournee gab Phillipps Ende 1992 in New York die Trennung der **Chills** bekannt. 1996 erschien SUNBURNT in Zusammenarbeit mit Craig Leon, der als Produzent für → **Blondie**, die → **Ramones** und **Suicide** tätig gewesen war.
1991 gründete Harwood gemeinsam mit Ex- → **Galaxie 500** Dean Wareham (g, voc) und Stanley Demeski (dr, perc) von den → **Feelies** die Band **Luna**.

Für ihr erstes Album LUNA PARK konnten sie Fred Maher als Produzent (Lou →Reed) gewinnen. Ihm gelang es, die drei grundverschiedenen Talente zu vereinen, um einen »introvertierten und unwiderstehlichen Gitarrenpop« (*Time Out*) zu inszenieren. **Luna** tourten im Vorprogramm der wiedervereinigten →**Velvet Underground** durch Europa.
Für das 94er-Album BEWITCHED ergänzte Sean Eden (g) die Gruppe, die konsequent die Tradition der kompakten Gitarrenbands wie den Go-Betweens fortsetzte.
Tom Verlaine von →**Television**, mit denen **Luna** häufig verglichen wurden, war Gaststar der 95er-LP Penthouse. 1996 nahm die Band für den Soundtrack des Films »I Shot Andy Warhol« eine erstklassige Version von →Donovans Klassiker ›Season Of The Witch‹ auf.

THE LOST EP (1985) Normal, EFA 5043 • KALEIDOSCOPE (1985) Flying Nun 303 0013 • BRAVE WORDS (1987) Flying Nun 305 0012 • SUBMARINE BELLS (1990) Slash 828 191 • SOFT BOMB (1992) Slash 828 322 • SUNBURNT (1996) Flying Nun 303 0303 • (S) HEAVENLY POP HITS (1995) Flying Nun 303 0306 • Justin Harwood mit Luna: LUNA PARK (1992) Elektra 7559 61630 • BEWITCHED (1994) Elektra 7559 61617 • PENTHOUSE (1995) Elektra 7559 61807

Alex Chilton

Der Initiator der →**Box Tops** wurde am 28. 12. 1950 in Memphis, Tennessee, geboren. Chilton trat als Sänger und Gitarrist auf, hatte in Schülercombos mit **Ronnie & The Devilles** Stax-Soul-beeinflußten R&B gespielt, ehe er gemeinsam mit Bill Cunningham die Garagen-Rockband **Box Tops** gründete, für die er zwischen 1967 und 1969 Hits wie ›The Letter‹ und ›Cry Like A Baby‹ komponiert hatte.
Anfang 1970 tat sich Chilton mit dem vom britischen Beat beeinflußten Chris Bell (g, voc) zusammen. Gemeinsam mit Andy Hummel (b, p, voc) und Jody Stephens (dr, voc) traten sie als **Big Star** auf, deren hochgelobtes Album NO. 1 RECORD 1972 erschien. »Statt in den Charts, landete die Platte geradewegs in den Grabbelkisten« (*Rock Session*).
Eigentlich wollte Chilton die Band auflösen, doch gute Konzertkritiken ermutigten »den Meister des coolen R&B« (*Musik Express*) zu einer zweiten LP, allerdings ohne Bell, der kurz vor seinem Tod 1978 eine Solo-LP aufnahm. Das verbliebene Trio mischte harten Sixtiesbeat im Stil der →**Who** und →**Kinks** mit Rhythm & Blues. Doch auch dieses Mal funktionierte der Vertrieb schlecht, und **Big Star** wurden auch im Rundfunk kaum gespielt. Hummel verließ die Band, die sich für einige Konzerte, u. a. in Boston mit →**Badfinger**, John Lightman (b) holten. Anschließend nahmen Chilton und Stephens die LP SISTER LOVER auf, die jedoch jahrelang unveröffentlicht blieb.
Anfang 1976 trat Alex Chilton einige Male als Special Guest der **Dudes** von Bob Segarini auf. Im Jahr darauf brachte das New Yorker Underground-Label Ork Records seine EP ›Singer Not The Song‹ heraus, die er im Punkmekka CBGB's vorstellte. Unterstützt wurde er von Chris Stamey (b) und Lloyd Fonoroff (dr) sowie nach einigen Auftritten noch von Fran Kowalski (key).
Inzwischen in New York ansässig, produzierte Chilton Chris Stameys erste Soloplatte THE SUMMER SUN und schloß sich für kurze Zeit den **Scruffs** an. Er

wurde außerdem als Produzent für **Tav Falco's Panther Burns** und die →**Cramps** tätig. Seine eigenen Alben genossen Kultcharakter, verkauften sich aber schlecht. BACH'S BOTTOM entstand bereits 1975, wurde aber erst 1979 veröffentlicht. In den Ardent Studios in Memphis nahm er, unterstützt von James Luther Dickinson (g) und Richard Rosebrough (dr), LIKE FLIES ON SHERBET auf, von Insidern »als eine der besten Platten aller Zeiten« (*Spex*) bezeichnet. Am Mitschnitt LIVE IN LONDON waren Knox (g) von der Punkband →**Vibrators**, Matthew Seligman (b) und Morris Windsor von den →**Soft Boys** beteiligt.

Während seiner Zeit bei **Tav Falco's Panther Burns** bekam er Kontakt zum französischen Label New Rose Records, das Mitte der 80er Jahre zwei Sampler mit Chiltons Kompositionen aus den Jahren 1969 bis 1986 herausbrachte. Eine neue Studioproduktion kam 1987 unter dem Titel HIGH PRIEST auf den Markt: »Ein zugleich gefestigter und unberechenbarer Alex Chilton sorgt für Gewohntes und jede Menge Außergewöhnliches zwischen Blues, detonierender Gitarre, Italoschmalz und angejazzter Rhythmussektion« (*Tip*). Neben gelungenem Rockabilly und Muscle Shoals-Soul hatte Chilton ›Raunchy‹ von Bill Justis und den Schlager ›Volare‹ von Domenico Modugno gecovert.

1990 präsentierte Chilton, der seit 1985 regelmäßig auf Tournee in Europa war, seine Mini-LP BLACK LIST mit »auf Grundgerüste reduzierte Formen von Surf-, Blues- und Rockmusik« (*Hamburger Morgenpost*). Mittlerweile auch von Kollegen als Kultfigur verehrt, widmeten ihm die →**Replacements** einen Song, und die →**Bangles** coverten seine Komposition ›September Girls‹. Alex Chilton erinnerte mit seinem spröden Sound an die Sixties und bevorzugte schlichte Arrangements, um »zeitgemäße Rhythm & Blues-Unikate von unverblümter Gradlinigkeit in bissige Texte und souveräne Songs« (*Hifi Vision*) umzusetzen.

Im Sommer 1990 verwirklichte Chilton mit Kristof ›Justice‹ Hahn, Leadgitarrist der New Yorker Avantgardegruppe →**Swans**, das Projekt **Koolkings**, dem außerdem James Llamar (sax), Ron Easley (g) und Doug Garrison (dr) angehörten. Llamar und Garrison waren häufige Begleiter von Chilton und der Memphis Soul-Größe Rufus →Thomas, während Easley einst Bassist in der Bigband von Sammy Davis Jr. gewesen war und anschließend bei den **Country Rockers** gespielt hatte. Von den **Koolkings** erschien im Oktober 1990 SHOCKED & AMAZED beim Berliner Label Zensor Records: »Rock'n'Roll, Country & Western und Rhythm & Blues geben hier den Ton an, ab und zu durch Elemente des Jazz und Einflüsse von Weltmusik aufgelockert« (*Fachblatt*).

Chilton blieb auch in den 90er Jahren ein Tip für Insider und erreichte mit seinen Platten nur kleine Auflagen. Nach fast vierjähriger Studiopause kam 1995 A MAN CALLED DESTRUCTION heraus, wieder mit »erdigem Rock'n'Roll und bläsergestähltem Soul« (*Musik Express*).

BACH'S BOTTOM (1975) Razor & Tie 2010 • LIKE FLIES ON SHERBET (1980) Aura 60304 • LIVE IN LONDON (1983) IRS 985155 • DOCUMENT (1986) • FEUDALIST TARTS (1987) Mini-LP New Rose • HIGH PRIEST (1987) SPV 42842 • BLACK LIST (1990) Mini-LP New Rose 194 • CLICHES (1994) Ardent 1506 • A MAN CALLED DESTRUCTION (1995) Ruf, RRCD 901312 •

NINETEEN-SEVENTY (1996) Rough Trade 3000644 • (S) LOST DECADE (1986) Fan Club, FC 015 • (S) STUFF (1986) New Rose 874162 • (S) 19 YEARS: A COLLECTION OF ALEX SHILTON (1991) New Rose • Mit **Big Star**: NO. 1 RECORD (1971) Ardent 2803 • RADIO CITY (1972) Ardent 1501 • LIVE (1974) Rykodisc 10221 • SISTER LOVERS (1975) PVC 7903 • (S) BIG STAR'S BIGGEST (1988) Line 842509 • LIVE (1992) • Mit **Kool-kings**: SHOCKED & AMAZED (1991) Zensor, CM 18 • Chris **Bell**: I AM THE COSMOS (1978) Rykodisc 10222

Stella Chiweshe

Die selbstbewußte afrikanische Musikerin erklärte in einem Interview: »Ich gehe nur ins Studio, wenn es einen Grund dafür gibt. Meine Aufnahmen sind für die Lebenden und die Toten. Ich bin die Freundin der Geister, ich verstehe sie, ich spreche mit ihnen und spiele für sie.« Stella Chiweshe wurde wahrscheinlich um 1946 im Norden von Simbabwe geboren. Zwischen 1966 und 1969 beschäftigte sie sich intensiv mit der Musik für das traditionelle afrikanische Instrument der Mbira, das eigentlich nur von Männern gespielt wurde. Die Mbira dza Vadzimu ist eine Art Daumenpiano. Es besteht aus einem Brett mit plattgeschlagenen Nägeln, die mit Muscheln oder Kronkorken bestückt und mit beiden Daumen gezupft werden. Als Verstärker dient eine große Kalebasse mit rasselnden Kronkorken. Die Mbira ist auch als Sanza oder Kalimba bekannt. In Simbabwe hat die Mbira eine jahrtausendealte Tradition. Das Spielen der klassischen Mbira war während der Kolonialzeit verboten und wurde sogar mit Gefängnis bestraft.

Ab 1970 spielte Stella Chiweshe bei Begräbnissen, Hochzeiten, Krönungen oder Regenritualen. 1974 nahm sie ihre ersten eigenen Kompositionen auf, und im Jahr darauf wurde ihre Single ›Kasahwa‹ in Simbabwe mit Gold ausgezeichnet. Zwischen 1981 und 1984 arbeitete sie auch als Schauspielerin und Solotänzerin in der National Dance Company Of Zimbabwe, mit der sie in Afrika, Europa, Asien und Australien auf Tournee ging. 1984 kam Stella Chiweshe erstmals nach Großbritannien, Deutschland und in die Niederlande, wo sie mit Thomas → Mapfumo bzw. mit Alfigio Nekati als Mibra-Duo auftrat. 1985 war sie erneut erfolgreich in Deutschland. Ein Jahr später begann sie mit Marimbas (Holzxylophone) zu experimentieren, 1987 war sie auf dem Sampler BEAT! APARTHEID mit ihrem in Simbabwe sehr populären Titel ›Kasahwa‹ vertreten. Im selben Jahr erschien weltweit das Album AMBUYA?, das von Hijaz Mustapha (**3 Mustapha 3**) produziert worden war und auf dem sie sich von der Rhythmussektion der **3 Mustapha 3** – Sabah Habas Mustapha (b) und Houzam Mustapha (dr) – begleiten ließ, sowie von ihrer regulären Band **Earthquake** mit ihrer Tochter Virginia Mkwesha (mbira, perc) und ihren Adoptivsöhnen Leonard Ngwenya (marimba) und Samson Mirazi (marimba). *Stereo* schrieb über die Platte: »Alles fließt frisch und lebendig dahin. Wer Graceland mag, wird von Ambuya? begeistert sein«, und *Hifi Stereo* vertrat die Ansicht, daß sich »niemand der Faszination ihrer rhythmisch und melodisch eigenwilligen Produktion entziehen kann«. 1988 ging Stella Chiweshe wieder auf Europatournee und trat sowohl in der Bundesrepublik als auch in der damaligen DDR auf: »Chiweshes tranceähnli-

cher Zustand verleiht den Aktionen etwas Übersinnliches« (*FAZ*). Über einen Auftritt in Berlin schrieb der *Tagesspiegel*: »hypnotisierende Klangfarben, die auch für unsere europäischen Ohren von großer Gefälligkeit sind«. Selbst der Präsident von Simbabwe, Robert Mugabe, fand Gefallen an ihrer Musik und ließ vor seinen Fernsehansprachen den Song ›Nehondo‹ von ihrem Album AMBUYA? senden. 1989 wird sie vom englischen DJ John Peel zu seinen renommierten Sessions eingeladen, die unter dem Titel NDIZVOZVO veröffentlicht wurden.
1989 wird auf Initiative von Stella Chiweshe in Simbabwe die Frauengewerkschaft Mother Earth gegründet, zu deren erster Präsidentin sie gewählt wird. 1991 nimmt sie das Album CHISI in den Berliner Studios Preussenton auf, das sie als »eine der originellsten und aufregendsten Künstlerinnen der zeitgenössischen Musik aus Simbabwe« ausweist. »Chisi ist ein wunderschönes kräftiges Album mit Höhepunkten sowohl für Traditionalisten als auch für Popfans« (*Folk Roots*).
1991 richtete sie unter dem Namen »Mubatamidzwa weMa GwenyaMbira« einen Verband für Mbira-Spieler ein. Trotz ihrer politischen und der gewerkschaftlichen Verpflichtungen fand sie auch für ein neues Album Zeit, das 1992 unter dem Titel KUMUSHA auf den Markt kam und ein Mitschnitt des Senders Freies Berlin war. Die LP bestätigte, daß Stella Chiweshe »eine der frischesten Brisen Afrikas« (*New Musical Express*) war.
1994 wurde im Tempodrom in Berlin die Live-LP SHUNGU mitgeschnitten, die als »Musik, die unter die Haut tropft« (*Sächsische Zeitung*) bezeichnet wurde.

AMBUYA? (1987) Piranha, EFA 01871 • NDIZVOZVO (1989) Mini-LP Piranha, PIR 21 • CHISI (1991) Piranha, EFA 01877 • KUMUSHA (1992) Piranha, EFA 01892 • SHUNGU (1994) Piranha, EFA 01897

Chocolate Watch Band

Dave Aguilar (voc, harm), Gary Andrijasevich (dr), Bill Flores (b, voc), Mark Loomis (g,voc), Sean Tolby (g, voc)

Hinter dem merkwürdigen Namen verbarg sich eine etwas mysteriöse Band, deren Mitglieder sich auf ihren bunten, symbolträchtigen LP-Covern nicht zu erkennen gaben. Ihr Ausgangspunkt war San José, Kalifornien, aber sie traten vor allem im Psychedelic-Mekka San Francisco auf, wo ihre Mischung aus → **Rolling Stones**-Rock und → **Pink-Floyd**-Space besonders ankam.
Die Originalbesetzung der **Chocolate Watch Band** bestand 1964 aus Loomis, Andrijasevich, Ned Torney (g, voc), Tom Antone (b) und Jo Kemling (org), ehe sich nach einem Jahr mit Aguilar, Flores und Tolby ein konstantes Team herauskristallisierte. Ed Cobb, der auch die → **Standells** betreute, nahm die **Chocolate Watch Band** 1966 unter Vertrag und produzierte mit ihnen zwei Singles für das Rhythm & Blues-Label Uptown Records und eine weitere unter dem Pseudonym **Hogs**. Die Platten wurden lokale Hits und verhalfen der Band zu Live-Auftritten u. a. im Vorprogramm der → **Doors**, → **Moby Grape** und → **Lovin' Spoonful**.
Im Mai 1967 lieferte das Quartett mit ›Don't Need Your Lovin‹ und ›Sitting There Standing‹ zwei Songs für den Soundtrack »Riot On Sunset Strip«, und

im Sommer des Jahres nahm die **Chocolate Watch Band** ihre erste LP mit dem Titel No Way Out auf, die von Cobb produziert wurde. Songs wie ›Let's Talk About Girls‹ und ›Are You Gonna Be There‹ klingen heute wie die Vorläufer des Punk. Außerdem nahmen sie Titel von Wilson → Pickett (›Midnight Hour‹) und Chuck → Berry (›Come On‹) auf.
Da sich No Way Out nur schleppend verkaufte, ging Cobb mit der Band sofort wieder ins Studio, und bereits im Januar 1968 erschien das zweite Album The Inner Mystique. Die LP enthielt u. a. ›It's All Over Now, Baby Blue‹, eine Coverversion von Bob → Dylan, den Psychedelic-Titel ›The Inner Mystique‹ und spröden Garagenpunk wie ›I'm Not Like Everybody Else‹. Auch ohne große Plattenumsätze etablierte sich die **Chocolate Watch Band** als schöpferische, manchmal etwas esoterisch angehauchte Vertreter der Westcoastszene.
Als sich die Band dem aufkommenden Acid Rock zuwandte, überließ der »kalifornische Mick Jagger« (*Rolling Stone*) Dave Aguilar seinen Platz Dan Phay von **Other Side**. Die **Chocolate Watch Band** mußte unter dem Einfluß von Drogen laufende Konzerte abbrechen und geriet musikalisch völlig ins Abseits.
Ende 1968 holte Cobb die **Chocolate Watch Band** nach Los Angeles, um das Album One Step Beyond aufzunehmen. Es enthielt außer ›I Don't Need No Doctor‹ von → **Ashford & Simpson** ausschließlich Songs der beteiligten Musiker, klang aber irgendwie unfertig. Lediglich die Heavyversion von ›I Don't Need No Doctor‹ und der gelungene Hippie-Song ›Fireface‹ waren akzeptabel. Nach diesem Flop löste sich die **Chocolate Watch Band** im Frühjahr 1969 auf. Ein Jahr später kam es mit Andrijasevich, Flores, Phay, Tolby und Phil Stoma (g) zu einer kurzfristigen Reunion, aber ihr Hardrock kam beim Publikum nicht an. 1975 hörte man zum letzten Mal von der **Chocolate Watch Band**, als der Punk / Acid / Garagen-Rock ein Revival erlebte.

NO WAY OUT (1967) Big Beat 118 • THE INNER MYSTIQUE (1968) Tower 5106 • ONE STEP BEYOND (1969) Tower 5153 • (S) LET'S TALK ABOUT GIRLS (1983) Eva 12030 • (S) ARE YOU GONNA BE THERE (1983) Eva 12048 • (S) 44 (1985) Big Beat, WIKA 25

Christian Death

Aaron (g), Maitri (b, voc), Steamer (dr), Valor (voc, g)

Das Ensemble wurde 1979 von Rozz Williams (voc), Rikk Agnew (g), James McGearty (b) und George Belanger (dr) in Los Angeles als »theatralisches Schock / Horrorprodukt der Punkszene« (*Trouser Press*) gegründet. **Christian Death** bzw. anfangs **Upsetters** ließen sich stilistisch kaum einordnen. In ihrem Hardcore-Sound mischten sie »fröhlich, naiv und unbeholfen Punk, Metal, religiöse Symbole, Horror, Hexenkult und englischen Gothic-Einfluß« (*Spex*).
Bei **Christian Death** gab es häufig personelle Umbesetzungen, und mit ihren Platten sprachen sie allenfalls ihre eingefleischten Fans an. Als die Band 1985 nach London umzog, etablierten sie sich als Vertreter der Dark Wave.
Bei den Aufnahmen on Catastrophe Ballet präsentierte die Band ihren »sakralen, theatralischen Gothic-Rock«

(*New Musical Express*) in der Besetzung: Valor Kand aus Australien, Constance (b), die Jazzsängerin Gitane Demone (key) und David Glass (dr). Valor, Demone und Glass kamen von **Pompeji 99**. 1985 verließ Williams die Gruppe und überließ seinem Rivalen Valor die künstlerischen Geschicke des Trios mit Steamer und Maitri, das sich einem morbid angehauchten Sound verschrieben hatte.

Williams konzentrierte sich nach seinem Ausstieg auf das Avantgardeunternehmen **Premature Ejaculations** und gründete anschließend mit seiner damaligen Freundin Eva O. **Shadow Project**. 1991 trat er in Los Angeles mit der Originalbesetzung der **Upsetters** auf. Daß er auch unter dem Namen **Christian Death** Aufnahmen bei Triple X Records herausbrachte, hatte langwierige juristische Auseinandersetzungen mit der Band von Valor und deren Label zur Folge.

Von **Christian Death** mit Valor als dominierende Persönlichkeit erschienen bis 1990 u.a. die Alben ATROCITIES, THE SCRIPTURES, die Single ›Church Of No Return‹ und der Sampler JESUS POINTS THE BONE AT YOU.

1993 kehrte Valor in die USA zurück und nahm mit Aaron als zweitem Gitarristen SEXY DEATH GOD auf. Die Mitbegründer des Gothic-Sound klangen hier »ungewohnt lebhaft, metall-lastig und rhythmusbetont« (*Sub Line*). Auf einer gemeinsamen US-Tour mit **Electric Hellfire Club** stellten sie im Spätsommer 1994 das Album vor.

ONLY THEATRE OF PAIN (1982) Normal 56 • DEATHWISH (1983) Mini-LP Efa 2406247 • CATASTROPHE BALLET (1984) L'Invitation Au Suicide • ASHES (1985) Normal 305 0115 • THE DECOMPOSITIONS OF VIOLETS (1985) EFA 14612 • ATROCITIES (1986) Normal 305 0118 • JESUS CHRIST PROUDLY PRESENTS CHRISTIAN DEATH (1987) Normal • THE SCRIPTURES (1987) Normal 305 0165 • THE WIND KISSED PICTURES (PAST AND PRESENT) (1988) Jungle, EFA 22705 • SEX AND DRUGS AND JESUS CHRIST (1988) Jungle, FREUD 25 • THE HERETICS ALIVE (1989) Normal 305 0901 • ALL THE LOVE ALL THE HATE, PART 1 (1989) Normal 305 0215 • ALL THE LOVE ALL THE HATE, PART 2 (1989) Normal 305 0216 • ZERO SEX (1989) Jungle, JUNG 50 T • INSANUS (1990) Supporti Fonografici, EFA 75234 • SEXY DEATH GOD (1994) Bullet Proof, IRS 986 996 • PROPHECIES (1996) Jungle 75238 • (S) JESUS POINTS THE BONE AT YOU (1988) Normal 305 0903 • (S) AN OFFICIAL ANTHOLOGY OF LIVE BOOTLEGS (1992) Supporti Fonografici, EFA 75099 • **Pompeji 99**: LOOK AT YOURSELF (1981) Nostradamus

Chrome

Damon Edge (dr, synth, g, voc), Helios Creed (g,voc)

Gegründet 1976 vom Kunststudenten Damon Edge und seinem Freund Helios Creed aus Oakland, Kalifornien, wollten **Chrome** der modernen, experimentellen Unterhaltungsmusik neue Impulse geben. Ihr Industrialpop, »Sounds von grauenhafter Schönheit« (*Hifi Vision*), fand nur ein kleines Publikum.

Mit dem »Studio als Musikinstrument« (Damon Edge) und der Unterstützung von Garry Spain (g, b, voc) nahmen **Chrome** 1976 THE VISITATION auf, die bei ihrem eigenen Label Siren Records herauskam. Ihrem surrealistischen Free Rock blieben sie auf allen folgenden Platten treu. Mit John Lambdin (g, vi, b) als Verstärkung brachten **Chrome** das Album ALIEN SOUNDTRACKS heraus, dessen elektronische Impressionen mit bisherigen Hörgewohnheiten brachen: »Wir erarbeiten Bilder mit Hilfe von Klängen. Der Hörer erfährt Sichtbares, Farben usw., was durch die Stimulation anderer Sinnesorgane als dem Auge inspiriert wird. Wir nennen das 3D-Verfahren oder auch Chromothesia« (Damon Edge).

In den 80er Jahren erschienen RED EXPOSURE, BLOOD ON THE MOON und 3RD FROM THE STONE – die LP, die das Duo gemeinsam mit Johnny (dr) und Hilary Stench (b) von **Pearl Harbor & The Explosions** aufnahm und mit der sich **Chrome** auch international einen gewissen Namen machten. Ihre »chaotischen Science-fiction-Epen und die lebendigen Vinyl-Alpträume« (*Trouser Press*) blieben jedoch weiterhin einem speziellen Publikum vorbehalten, das an futuristischen Klangmetaphern Gefallen fand.

1985 verfolgten Edge und Creed auch solistische Ambitionen, ehe sie sich 1986 trennten. Edge hielt am **Chrome**-Konzept fest und produzierte Noise-Orgien. Im Spätsommer 1994 erschien THE CLAIRAUDIENT SYNDROME, bei dem, Edge seinem »unnachgiebigen Individualismus« (*Sub Line*) folgte.

THE VISITATION (1976) Siren, DE 1000 • ALIEN SOUNDTRACKS (1978) Siren, DE 2200 • HALF MACHINE LIP MOVES (1979) Siren, DE 333 • READ ONLY MEMORY (1980) Mini-LP Siren, RS 12007 • RED EXPOSURE (1980) Beggars Banquet 146600 • BLOOD ON THE MOON (1981) Beggars Banquet, BEGA 6 • 3RD FROM THE STONE (1982) Beggars Banquet 58472 • NO HUMANS ALLOWED (1982) Expanded, EFA 7498 • THE CHROME BOX (1982) Subterranean, SUB 31 • RAINING MILK (1983) Mosquito, MOS 001 • ONE MILLION EYES (1983) Dossier 08423 • INTO THE EYES OF THE ZOMBIE KING (1984) Dossier, 05318 • THE LYON CONCERT (1985) Atonal, ST 3004 • ANOTHER WORLD (1985) Dossier, ST 7503 • ETERNITY (1986) Dossier, ST-7520 • DREAMING IN SEQUENCE (1986) Dossier, 07174 • THE SURREAL ROCK (1987) Dossier, ST 7537 • MISSION OF THE ENTRANCED (1990) Dossier 05856 • LIVE IN BERLIN (1991) Dossier 05889–26 • THE CLAIRAUDIENT SYNDROME (1994) Dossier, 08456 • (S) THE CHRONICLES I & II (1980) Dossier 07499–26 • Damon **Edge**: ALLIANCE (1985) New Rose • THE WIND IS TALKING (1985) New Rose • GRAND VISIONS (1986) New Rose • THE SURREAL ROCK (1987) Dossier • Helios **Creed**: X-RATED FAIRY TALES (1985) Subterranean • SUPERIOR CATHOLIC FINGER (1989) Subterranean • THE LAST LAUGH (1989) Amphetamine Reptile • BOXING THE CLOWN (1990) Amphetamine Reptile

Church

Steven Kilbey (voc, b, key), Peter Koppes (g, voc), Richard Ploog (dr), Marty Willson-Piper (g, voc)

Die von den →**Beatles** und →**Byrds** beeinflußte australische Band **Church** vereinte »düster-schöne Songthemen und folkhafte Einfachheit« (*Musik Express*). Mit ihren ersten Alben machen sie sich als Wegbereiter der New Psychedelia-Welle, die die stilistische Vielfalt der 60er Jahre zitierte und »für die 80er Jahre adaptierte« (*Steve Kilbey*), einen Namen. Ihre »clevere, kraftvoll pulsierende Musik« (*The Times*) verhalf der Gitarrenband vor allem in Europa zu großer Popularität.

1980 nahmen Steven Kilbey (*13. 9. 1959) und Peter Koppes zusammen mit

Drummer Nick Ward und dem in Schweden geborenen Marty Willson-Piper (*7. 5. 1959) in Sydney die Single ›She Never Said‹ auf. Bereits mit dem folgenden Titel ›The Unguarded Moment‹ konnten sie sich in den Top 10 plazieren. Ihr erstes Album OF SKINS AND HEART wurde in New York von dem international anerkannten Produzenten Bob Clearmountain (→ **Roxy Music**, Bruce → Springsteen) abgemischt und erschien in Europa mit drei Titeln unter dem Namen THE CHURCH. In ihrer Heimat gelang **Church** mit dem Debüt Gold-Status.

Ward verließ die Band Anfang 1981 und überließ Richard Ploog das Schlagzeug. THE BLURRED CRUSADE wurde wieder von Clearmountain produziert, der **Church** auf internationale Konkurrenzfähigheit trimmte. Koppes erfrischendes Gitarrenspiel und der an David → Bowie erinnernde Gesang von Kilbey gaben der LP ihr Gepräge, die fast ausschließlich Kompositionen von Kilbey enthielt.

Durch Tourneen in Skandinavien und England wurden **Church** 1982 auch in Europa bekannt, deren Singles ›It's No Reason‹, ›Electric Lash‹ in den Independent-Charts erschienen, während das Album SEANCE (GB #43) sogar in den nationalen britischen Charts registriert wurde. 1983 schafften sie mit der Wiederveröffentlichung der ersten LP den Sprung in die kanadischen Top 20, und mit der EP ›Sing-Songs‹, die aus Demo-Sessions zusammengestellt wurde, hatten sie in Europa Erfolg. Das Repertoire ihrer vierten LP REMOTE LUXURY stellten **Church** auf einer US-Tournee vor. Im Konzert kamen sie damit gut an, der Verkauf der Platte ließ aber zu wünschen übrig.

Auf HEYDAY vom Frühjahr 1986 klangen **Church** »positiver, energiegeladener und farbiger als je zuvor« (*Musik Express*). Unter der Regie von Peter Walsh setzte das Quartett verstärkt auf eingängige Melodien. Als »gradliniger Gitarren-Pop« (*Trouser Press*) wurde das im Sommer 1988 erschienene Album STARFISH (US #41) bezeichnet, mit dem **Church** in den USA für Furore sorgten. »Singende Akkorde und eine sehnsüchtige Stimme« (*Musik Express*) hoben die LP und die Single ›Under The Milky Way‹ von der Durchschnittsware der New Psychedelia ab.

Neben dem überraschenden Erfolg von STARFISH nahmen sich Kilbey, Koppes und Willson-Piper die Zeit, Soloplatten zu produzieren. Kilbey verstand es, in stimmungsvollen Kompositionen »Menschen und Situationen« (*Trouser Press*) zu skizzieren. Willson-Piper folgte eher seiner Tradition als Straßenmusiker und setzte auf sanften Folkpop, während Gitarrist Koppes lediglich mit seinen Instrumentals überzeugen konnte.

Im Frühjahr 1990 erschien wieder eine gemeinsame LP von **Church** unter dem Titel GOLD AFTERNOON FIX (US #66). Kilbey, dessen Interesse an der Band mehr und mehr nachließ, brachte ab 1987 mehrere Gedichtbände heraus und nahm mit dem Gitarristen der → **Go Betweens**, Grant McLennan, unter dem Namen **Jack Frost** ein Album auf. Willson-Piper gab ein Gastspiel bei der britischen Gruppe → **All About Eve**. Bei den Aufnahmen der LP PRIEST = AURA war Ploog durch den ehemaligen Patti Smith-Drummer Jay Dee Daugherty ersetzt worden. 1993 bestanden **Church** nur noch aus Kilbey und Willson-Piper.

Im Frühjahr 1996 veröffentlichte Kilbey wieder mit der Gruppe **Jack Frost**, bestehend aus McLennan und Drummer Tim

Powles, das Gitarrenrock-Album SNOW JOB.

OF SKINS AND HEART (1981) Parlophone, PCS 7583 • THE CHURCH (1981) Carrere 826842 • THE BLURRED CRUSADE (1982) Carrere 2394148 • SEANCE (1983) Carrere 821046 • REMOTE LUXURY (1984) Carrere 825372 • HEYDAY (1986) EMI 064–430034 • STARFISH (1988) Arista 208895 • GOLD AFTERNOON FIX (1990) Arista 260541 • PRIEST = AURA (1992) Arista • SOMETIME ANYWHERE (1994) Arista • (S) CONCEPTION (1988) Carrere 826843 • (S) HINDSIGHT (1988) EMI, CDP 430060 • Steve **Kilbey**: UNEARTHED (1987) Enigma, ST-73297 • EARTHED (1988) Rykodisc 90043 • THE SLOW CRACK (1988) Rough Trade • REMINDLESSNESS (1990) Red Eye • PRIEST-AURA (1992) Arista • Steve **Kilbey** mit **Jack Frost**: JACK FROST (1991) • SNOW JOB (1996) Beggars Banquent, RTD 1412183 • Peter **Koppes**: MOONCHILD & MYTH (1988) Rykodisc 20046 • FROM THE WELL (1989) TVT • Marty **Willson-Piper**: IN REFLECTION (1987) Chase • ART ATTACK (1988) Rykodisc 20042 • RHYME (1989) Rykodisc 10114 • SPIRIT LEVEL (1991) Rykodisc 10197

Cinderella

Eric Brittingham (b), Fred Coury (dr), Tom Keifer (voc, g, key), Jeff LaBar (g)

Als Tom Keifer mit 15 Jahren in Philadelphia die Schule verließ, wollte er unbedingt in Fußstapfen seiner Vorbilder →**Aerosmith** und →**Led Zeppelin** treten. Er spielte in diversen lokalen Bands und formierte 1983 mit dem Bassisten Eric Brittingham **Cinderella**. Zur Gründungsmannschaft gehörten außerdem Tony Destra (dr) und Michael Kelly Smith (g), die die Band 1985 wieder verließen und →**Britney Fox** formierten. Als ihre Nachfolger kamen LaBar von **White Foxx** und Jody Cortez (dr). **Cinderella** präsentierten melodischen, leicht verständlichen Heavy Metal-Rock: »Es ist alles in den Songs enthalten. Sie handeln von Dingen, die jeden betreffen – Schule, Beruf, Freundschaft und Liebe. Man muß uns nur einmal sehen und hören, und schon weiß man, was los ist« (Tom Keifer).

Auf Empfehlung von Jon Bon Jovi (→**Bon Jovi**), der auf dem Debütalbum als Chorsänger mitwirkte, und Andy Johns, der im Studio u. a. mit Rod →Stewart und den →**Rolling Stones** zusammengearbeitet hatte, bekamen **Cinderella** ein Angebot von Mercury Records. Johns produzierte die LP NIGHT SONGS (US #3), »eine durchaus ansprechende Sammlung von Songs« (*Crash*), die allerdings musikalische Eigenständigkeit vermissen ließen. **Cinderella** klangen wie eine Heavyband unter vielen, hatten aber mit dem Album, das sich 62 Wochen in den US-Charts hielt und drei Millionen Mal verkauft wurde, und der Single ›Nobody's Fool‹ (US #13) großen Erfolg. Bereits vor Abschluß der ersten Platte hatte Fred Coury, zuvor Studiodrummer von Ozzy →Osbourne, Jody Cortez abgelöst. **Cinderella** gingen mit dem Material ihres Debütalbums im Vorprogramm von Yngwie →Malmsteen auf ihre erste landesweite US-Tournee. Es folgten Tourneen mit David Lee →Roth, **Bon Jovi** und →**Poison**. 1987 spielten sie beim Monsters Of Rock Festival erstmals in Deutschland, wo sie mit ihrem braven, präzis inszenierten Metalsound besonders bei Teenagern ankamen.

Bei ihrer LP LONG COLD WINTER (GB #30, US #10, D #24) lösten sich **Cinderella** von ihren Vorbildern **Aerosmith** und →**AC/DC** und schufen einen »individuelleren, bluesrock-geprägten Stil« (*Guinness*), der ihnen zum internationalen Durchbruch verhalf. Als Singles erschienen ›Don't Know What You Got (Till It's Gone)‹ (GB #54, US #12), ›The Last Mile‹ (US #36), ›Coming Home‹ (US #20) und ›Gypsy Road‹ (GB #54, US #51). Im Sommer 1988 hatten **Cinderella** den vorläufigen Höhepunkt ihrer Karriere erreicht. Sie tourten mit den →**Scorpions** durch Deutschland, spielten vor 18000 Fans in der Dortmunder Westfalenhalle, bereisten Japan und traten beim Woodstock Anniversary Festival in Moskau auf.

Bereits beim 1990 erschienenen Album HEARTBREAK STATION (GB #36, US #19, D #34) gaben **Cinderella** ihr musikalisches Konzept auf und experimentierten mit Folk-, Country- und sogar Funkelementen. Das Quartett imitierte die →**Rolling Stones** und verunsicherte damit seine Anhänger. Die Auskopplungen ›Shelter Me‹ (GB #55, US #36) und ›Heartbreak Station‹ (GB #63, US #44) blieben daher hinter den Erwartungen zurück. Coury verließ die Band während der HEARTBREAK STATION-Tournee und wurde durch Kevin Valentine von **Shadow King** ersetzt. Als Leadsänger Keifer erkrankte, mußte **Cinderella** eine für 1991 geplante Europatournee mit **Slaughter** absagen und über zwei Jahre pausieren.

1994 ging die Band mit Schlagzeuger Kenny Aaronoff von John →Mellencamp wieder ins Studio. STILL CLIMBING knüpfte stilistisch an das Album LONG COLD WINTER an. Da Aaronoff nur für die Studioaufnahmen engagiert war, suchten **Cinderella** einen neuen Drummer. Ray Brinker überließ Fred Coury bereits nach kurzer Zeit das Schlagzeug, der auf ONCE UPON A ... mit dabei war, einem soliden, aber nicht besonders überragenden Metalalbum.

NIGHT SONGS (1986) Mercury 830076 • LONG COLD WINTER (1988) Mercury 834612 • HEARTBREAK STATION (1990) Mercury 848018 • STILL CLIMBING (1994) Mercury 522942 • ONCE UPON A ... (1997) Mercury 534775

John Cipollina

Der legendären Frisco-Band →**Quicksilver Messenger Service** verdankte der schlaksige John Cipollina seinen international anerkannten Ruf als »einer **der** Gitarristen« (*Sounds*) der Westcoast-Ära, der mit seiner einzigartigen Technik mit dem Bigsby (deutsch Wimmerkralle genannt) und seinem Fingerpicking zur Kultfigur wurde. John Cipollina wurde am 24. 8. 1943 als Sohn einer Konzertpianistin in Berkeley, Kalifornien, geboren. Als Zwölfjähriger wechselte er vom klassischen Piano zur Gitarre. Link →Wray und Duane →Eddy beeinflußten seine Entwicklung entscheidend. 1960 verließ er sein Elternhaus und gründete in Sausalito mit Freunden die **Penetrators**, die sich bald darauf in **Deacons** umbenannten. Die Band ließ sich in San Francisco nieder, verschrieb sich klassischem Rock'n'Roll und blieb bis 1964 zusammen. Als Cipollina den Folkmusiker Dino Valenti kennenlernte, plante er mit ihm ein neues Gruppenprojekt, dessen Verwirklichung zunächst scheiterte, da Valenti wegen eines Drogendeliktes verurteilt wurde.

Cipollina suchte und fand neue Musiker und gründete 1965 **Quicksilver Messenger**

Service. Mit einem Repertoire aus Rhythm & Blues-Standards trat die Band im Spätherbst des Jahres zum ersten Mal öffentlich auf. **Quicksilver** setzten sich durch und zählten fünf Jahre lang zu den Flaggschiffen der Love & Peace-Bewegung. Die Musiker lebten gemeinsam auf einem Hausboot, gaben ständig kostenlose Konzerte in den weiten Parkanlagen von Frisco, engagierten sich in der Anti-Vietnam-Kampagne, experimentierten mit Drogen wie LSD und propagierten in ausgedehnten Improvisationen und endlosen Gitarrensoli den Acid-Rock. John Cipollinas schwirrende, sich immer wieder steigernde Gitarrenphrasen prägten das Soundbild von **Quicksilver** entscheidend, bis im Januar 1970 Valenti in die Band einstieg und nach und nach das Kommando bei **Quicksilver** übernahm. Nach drei gemeinsamen LPs verließ Cipollina die Gruppe und produzierte ein Album des Sängers Jim Murray. Bei den Aufnahmen wirkten u.a. Paul →Butterfield, Mike →Bloomfield und Cipollinas jüngerer Bruder Mario mit. Darüber hinaus beteiligte sich Cipollina häufig an den damals gefragten Jam-Sessions, die zur Formierung von **Copperhead** führten, von denen im Oktober 1973 eine LP erschien. Das Quintett bestand neben Cipollina aus Gary Philippet (voc, g, org), Jim McPherson (voc, p, b, perc), Hutch Hutchinson (voc, b) und David Weber (dr, perc). Eine undurchschaubare Drogengeschichte, in die Angestellte von CBS wie auch **Copperhead** verwickelt waren, schadete der Band, und so wurden von ihrer Westcoastplatte gerade mal 17000 Exemplare verkauft.

Cipollina konzentrierte sich nun auf seine Arbeit als Studiomusiker und spielte u.a. für Papa John →Creach, **Brewer & Shipley**, den →**Grateful Dead**-Drummer Mickey Hart und die Sängerin Kathie McDonald. Daneben war er für **Terry & The Pirates** tätig, die unter der Leitung des Sängers und Gitarristen Terry Dolan standen und die die Westcoast-Tradition fortführten. Cipollina wirkte sporadisch bei ihren Live-Aktivitäten und auf drei Studioproduktionen mit.

1975 wurde Cipollina von der englischen Gruppe →**Man** verpflichtet. Er ging mit ihr auf Tournee und ist auf dem Mitschnitt MAXIMUM DARKNESS zu hören. Das Album SOLID SILVER entstand während einer kurzfristigen Reunion von **Quicksilver**. Ende der 70er Jahre gründete er die Rockband **Raven**, die weniger als zehn Konzerte gab und eine mittelmäßige LP veröffentlichte. Mit dabei waren Greg Douglass (g), Nicky Hopkins (p), Jasper Hutchinson (voc, syn), Skip Olson (b, voc), David Weber (dr, perc) und Andrew Kirby (dr, voc). Der Gitarrist brillierte hier zwar mit »instrumentaler, undogmatischer Versiertheit« (*Berliner Morgenpost*), ohne aber der Westcoastszene neue Impulse zu geben.

Zwischenzeitlich kehrte Cipollina immer wieder zu **Terry & The Pirates** zurück und war an deren Aufstieg zur Live-Attraktion in den Clubs der nordamerikanischen Westküste beteiligt. Er bewies außerdem seine Vielseitigkeit mit Gastspielen bei der Reggae-Formation →**Inner Circle** und der Bluesband von Nick →Gravenites, mit dem ihn eine lange Freundschaft aus erfolgreichen **Quicksilver**-Tagen verband. Gemeinsam nahmen sie das Album MONKEY MACHINE auf und tourten im Winter 1980/81 durch Deutschland. Mitte der 80er Jahre entstanden Aufnahmen mit der **Novato Frank Band**, die aber erst 1995 veröffentlicht wurden.

Cipollina, der die Nähe zum Publikum brauchte, fand sie mit der Jazzgruppe **Free Light**, bei gelegentlichen Zusammenkünften der **San Francisco All Stars** oder bei den Rockern der **Bones**. Er spielte außerdem mit den **Dinosaurs**, **Zero** und **Thunder And Lightning** und ist 1986 mit seiner Gibson-Gitarre (Modell SG) auf einem Album von Merrell Fankhauser zu hören. 1988 ist er mit den **Dinosaurs** auf einem Album mit gepflegtem Frisco-Sound vertreten, neben Barry Melton von → **Country Joe & The Fish**. John Cipollina, »einer der prominentesten Musiker der Rockszene San Franciscos« (*Guinness*), starb am 29. 5. 1989.

JOHN CIPOLLINA'S RAVEN (1980) Line 400054 • Mit **Copperhead**: COPPERHEAD (1973) CBS 84483 • Mit **Terry & The Pirates**: THE DOUBTFUL HANDSHAKE (1980) Line 400048 • WIND DANCER (1981) Line 400114 • RISING OF THE MOON (1982) Line 400120 • Mit Nick Gravenites: MONKEY MACHINE (1982) Legend 9016 • Mit **Dinosaurs**: DINOSAURS (1988) Big Beat 83 • Mit **Novato Frank Band**: ROCK'N'ROLL HEAVEN (1995) Legend 101 • Mit **Problem Child**: IT'S NOT MY FAULT (1987) Legend, LR 102

Circle Jerks

Greg Hetson (g), Lucky Lehrer (dr), Keith Morris (voc), Roger Rogerson (b)

Die **Circle Jerks** – der Name verweist auf das keltische ›Jurkist Pi‹, Baumodell für Stonehenge – gehörten zwischen 1980 und 1985 zu den wichtigsten Protagonisten der US-Hardcoreszene, die den Punk der 70er weiterentwickelten. Sie verbanden sozialkritische Texte mit einem Lärminferno, bei dem »sich die Post-Pistols mit dem Metal der 80er Jahre treffen« (*Musik Express*).

1979 verließ Keith Morris → **Black Flag**, um im Jahr darauf in Los Angeles mit Greg Hetson von **Redd Kross** eine eigene Band zu formieren. Lehrer und Rogerson komplettierten das Quartett, das erstmals mit dem Album GROUP SEX für Aufsehen sorgte. Hardcore-Fans waren begeistert, als die **Circle Jerks** »nicht übermäßig brutal, dafür aber mit einer Menge Energie« (*Metal Hammer*) loslegten. Nach einem Tourneejahr erschien 1982 die zweite Platte WILD IN THE STREETS bei Step Forward / Faulty Records, eine Firma des → **Police**-Managers Miles Copeland. Die **Circle Jerks** waren außerdem auf mehreren New Music-Samplern wie DECLINE OF WESTERN CIVILISATION und LET THEM EAT JELLY BEANS vertreten.

1984 wechselten die Bassisten und Schlagzeuger ständig. Im Dezember des Jahres stieg Keith ›Adolph‹ Clark als Drummer ein, und Anfang 1985 wurde landesweit per Inserat ein neuer Bassist gesucht. Zander ›The Snake‹ Schloss wurde schließlich ausgewählt, und die neue Besetzung stellte sich mit der Platte WONDERFUL vor, deren Sound stark an den von → **Gang Green** erinnerte. Mit ihrer letzten Produktion VI vom Dezember 1987 »begeisterten sie gleichermaßen Punks und Crossover-Fans« (*Metal Hammer*).

GROUP SEX (1980) EFA 260658 • WILD IN THE STREETS (1982) Faulty, COPE 3 • GOLDEN SHOWER OF HITS (1983) Lax • WONDERFUL (1985) Combat Core • VI (1987) Roadrunner, RR 9584 • GIG (1992) Relativity • ODDITIES, ABNORMALITIES AND CURIOSITIES (1995) Mercury Y 526 948

Circus Of Power

Victor Endrizio (dr), Mark Frapiere (b), Ricky Beck-Mahler (g), Alex Mitchell (voc), Gary Sunshine (g)

Circus Of Power ließen sich von den →**Rolling Stones**, →**Lynyrd Skynyrd**, von →**Led Zeppelin** und →**Guns 'N Roses** inspirieren und verbinden den schweren Bluesrock aus der Autobauerstadt Detroit und den kräftigen Rhythm & Blues der Ostküste. Die Bezeichnung Street Rock kommt dem Sound von **Circus Of Power** wohl am nächsten, da sie in ihren Songs Episoden aus den Stahl- und Betonschluchten ihrer Heimatstadt New York erzählen.

Die Geschichte von **Circus Of Power** nahm 1984 in Florida ihren Anfang. Dort trafen sich die vier Musiker zum ersten Mal, entschlossen sich aber erst vier Jahre später in New York, sich zu einer Band zusammenzusetzen. Alex Mitchell, Gary Sunshine und Ricky Beck-Mahler hatten bei den **Strangers** gespielt, bevor sie mit Zowie Ackerman (b) und Ryan Maher (dr) **Circus Of Power** gründeten und durch die Clubs der Lower East Side tingelten. Dort wurden sie von Talentsuchern von RCA Records entdeckt und unter Vertrag genommen: Vorher »sind wir in den finstersten Ecken Amerikas aufgetreten« (Alex Mitchell).

Circus Of Power belebten die Romantik der Rocker wieder, die auf schwere Motorräder und Tätowierungen schwören, und schufen sich selbst das Image von »Bad Guys«. Sie kurbelten den Verkauf der ersten, von Daniel Rey (→**Ramones**) produzierten LP CIRCUS OF POWER durch Tourneen im Vorprogramm der **Ramones**, →**Blue Öyster Cult** und Iggy →Pop an. Das Quintett überzeugte als homogenes Bandkollektiv und gehörte mit kraftstrotzenden Songs und »brachialen Akkorden« (*Rock World*) bald zur Elite der Metal-Bands. Ihr Debütalbum verkaufte sich weltweit über eine Million Mal, konnte sich aber nicht in den Charts plazieren.

Daß sich VICES 1990 als »lahme Zirkusnummer« (*Metal Hammer*) erwies, war daher völlig unverständlich. Auch ihr Europagastspiel im Herbst als Anheizer für →**Black Sabbath** erwies sich als Pleite, und ihre Live-EP ›It's Alive‹, die in Detroit mitgeschnitten wurde, ging in der Fülle der Neuerscheinungen völlig unter. **Circus Of Power** schien kurz vor der Auflösung zu stehen.

Fast zwei Jahre lang blieb es ruhig um die Band, die sich von Maher und Ackerman trennte und statt dessen den Punkdrummer Victor Endrizio und den texanischen Bassisten Mark Frapiere engagierte. **Circus Of Power** übersiedelten nach Hollywood. Dort konnten sie Thom Panunzio (→**Fishbone**, Joan →Jett) als Produzenten sowie den →**Alice In Chains**-Gitarristen Jerry Cantrell und →**Cult**-Sänger Ian Astbury als Stargäste für MAGIC AND MADNESS gewinnen. Das Album wurde Anfang 1993 veröffentlicht und bot »psychedelischen Blues« (*Musik Express*), der in den Medien sehr gut ankam. Bandchef Mitchell stellte fest: »Wir klingen total anders. Das ist wie eine Wiedergeburt. Auf dieser Platte paßt alles zusammen, in ihr steckt mehr Seele und Gefühl als vorher.«

CIRCUS OF POWER (1988) RCA, PD 88464 • VICES (1990) RCA, PD 90461 • MAGIC AND MADNESS (1993) Columbia 472 170

Richard Clapton

Der australische Gitarrist Richard Clapton, dessen Vorbild Van →Morrison war, komponierte manchmal melancholische, fröhliche Songs im Stil von Westcoastrock und Surfmusik. In seiner Heimat zählte er zur Rockelite, international wurde er aber kaum zur Kenntnis genommen, da seine Platten nur in Ausnahmefällen weltweit vertrieben wurden.

So blieb Clapton »Australiens bestgehütetes Rock-Geheimnis« (*Guinness*), der 1972 nach einem längeren Europaaufenthalt seine erste, kaum beachtete LP aufnahm. Zuvor hatte er in einigen unbekannten Gruppen gespielt, und bei seinen Produktionen umgab er sich mit exzellenten Studiomusikern.

Bis 1980 tourte Clapton regelmäßig durch die USA und veröffentlichte Alben, von denen GOODBYE TIGER die besten Kritiken bekam. 1975 gelang ihm mit dem Song ›Girls On The Avenue‹ ein Bestseller. Meist handelten seine Lieder vom Leben in der Großstadt oder von sehr persönlichen Erlebnissen. Das 80er Album DARK SPACES entstand aus einer sehr depressiven Stimmung heraus, während GREAT ESCAPE und SOLIDARITY von Optimismus geprägt waren.

In der zweiten Hälfte der 80er Jahre wurde es ruhiger um den talentierten Gitarristen und Komponisten. Rechtliche Probleme verhinderten den weltweiten Vertrieb von Claptons Alben, woraufhin er sich auf seine Aktivitäten als Studiomusiker und Songwriter konzentrierte.

PRUSSIAN BLUE (1973) • GIRLS ON THE AVENUE (1975) Infinity, L 35508 • MAIN STREET JIVE (1976) Infinity, L 35963 • GOODBYE TIGER (1977) • HEARTS ON THE NIGHTLINE (1979) • DARK SPACES (1980) • GREAT ESCAPE (1982) • SOLIDARITY (1984) • GLORY ROAD (1987) • BEST YEARS OF OUR LIVES (1989)

Gene Clark

Harold Eugene Clark wurde am 17. 11. 1944 in Tipton, Missouri, geboren. Als 13jähriger gründete er die **Sharks**, spielte dann bei den **Surf Riders** und kam dann zu den **New Christy Minstrels**. Im Troubador Club in Los Angeles machte er die Bekanntschaft von Roger →McGuinn. Gemeinsam wurden sie Gründungsmitglieder von **Jet Set**, aus denen im November 1964 die →**Byrds** hervorgingen. Clark, der mit balladesken Liebesliedern und seinem melancholischen Gesang zum Erfolg der **Byrds** beitrug, blieb bis zum März 1966 bei der Band und war an Welthits wie ›Mr. Tambourine Man‹ und ›Turn! Turn! Turn!‹ beteiligt.

Mit Joel Larson von den →**Grass Roots**, Ex-**Leaves** Bill Reinhardt und Chip Douglas vom **Modern Folk Quartet** stellte er die **Gene Clark Group** zusammen. Seine erste Solosingle ›Echoes‹ erschien im Dezember 1966. Im März 1967 trat er mit Clarence White und den **Gosdin Brothers** im Ash Grove Folk Club in Hollywood auf, im Oktober 1967 sprang Clark für David →Crosby bei den **Byrds** ein, um nach drei Studiotagen im November erneut mit den **Gosdin Brothers** zusammenzuarbeiten.

Zusammen mit Doug Dillard rief Clark die Gruppe **Dillard-Clark-Expedition** ins Leben, für die sie Bernie Leadon, Don →Henley und Glenn Frey gewinnen konnten. Zwei Jahre lang war die Gruppe fast ständig auf Tournee. Da die erhofften Einnahmen ausblieben und beschlossen wurde, auf traditionelle Bluegrass-Musik zu setzen, stieg Gene Clark aus. Er ließ sich im kalifornischen Mendocino nieder, um endlich sein erstes Soloalbum zu realisieren.

Kaum hatte Clark mit Unterstützung des Gitarristen Jesse Ed Davis die brave, eher langweilige Country-LP WHITE LIGHT fertiggestellt, überredete Labelbesitzer David Geffen Clark zu einer wenig erfreulichen Reunion der **Byrds**. Die »alte Konzentration war nicht mehr da« (Gene Clark), und so widmete sich »der Sänger mit begnadeter Stimme« (*Musik Express*) wieder seinen Soloplänen.

Zunächst erschien ROADMASTER, eine gelungene Kollektion von bis dahin unveröffentlichten Clark-Songs, die teilweise noch mit der Urbesetzung der **Byrds** aufgenommen worden waren, darunter ›She's The Kind Of Girl‹ und ›She Don't Care About Time‹, einst als B-Seite des Welthits ›Turn! Turn! Turn!‹ gedacht. Die übrigen Songs stammten zum großen Teil aus den »White Light«-Sessions, waren aber besser als die bereits veröffentlichten.

Mit viel Westcoastprominenz, so Chris →Hillman, Joe Lala und Timothy B. →Schmit, nahm Clark seine 74er LP NO OTHER auf. »Seine bisher beste Scheibe« enthielt acht Stücke, die »sehr konzertant und voll klingen« (*Sounds*) und dem Genre des Folkrocks zuzurechnen sind. Enttäuschend war das 1977 veröffentlichte Album TWO SIDES OF EVERY STORY, aufgenommen mit Emmylou →Harris, Byron Berline (vi) und Jim Fielder (b). Es bot wenig überzeugende Balladen (›Sister Moon‹), Countryschmalz (›Lonely Saturday‹) und Rock'n'Roll-Nostalgie (›Kansas City Southern‹).

1979 machten McGuinn, Hillman und Clark nochmals als **Byrds** auf sich aufmerksam. Mit der Single ›Don't You Write Her Off‹ und der LP THE BYRDS plazierten sie sich noch einmal unter den nordamerikanischen Top 50. Begleitet von Greg Thomas (dr) und John Sambataro (g, voc) trat das Trio eine US-Tour an und ließ wieder nostalgische **Byrds**-Klänge aufleben. »Ohne Bombast und große Worte« (*Musik Express*), aber auch »risikolos nach Schema F gefertigt« (*Sounds*) arbeitete die Band an ihrem Comeback. Doch Gene Clark hielt es wieder nicht lange an der Seite seiner Kollegen. Bereits bei dem Album CITY wurde er auf dem Cover nur noch als assoziiertes Mitglied geführt und stieg kurz danach endgültig aus.

Clarks Anhänger mußten sich bis 1984 gedulden, ehe eine neue Platte auf den Markt kam. »Exzellenter Countryrock, darunter aufregende Neufassungen von Byrds-Klassikern« (*Musik Express*) zeichneten FIREBYRD aus. Doch trotz guter Kritiken mißlang Clarks Comeback. Ab 1986 förderte er die US-Band **Textones**, mit der Gitarristin und Sängerin Carla Olson an der Spitze. Er half bei ihrer Produktion MIDNIGHT MISSION aus und nahm anschließend mit Carla Olson SO REBELLIOUS LOVER auf. »Konturenreicher Folk & Country-Rock mit prächtig abgestimmtem Harmoniegesang« (*Tip*).

Gene Clark lebte weiterhin sehr zurückgezogen im kalifornischen Sherman Oaks und stellte seine musikalischen Aktivitäten fast völlig ein. Hin und wieder absolvierte er mit Michael Clarke kleinere Tourneen und nutzte dabei ohne Erlaubnis den Namen **Byrds** oder arbeitete mit Carla Olson zusammen. Er starb am 24. 5. 1991 an den Folgen seines langjährigen Drogenmißbrauchs.

WHITE LIGHT (1971) A&M 394292 • NO OTHER (1974) Asylum 53005 • TWO SIDES OF EVERY STORY (1977) A & M 835739 • FIREBYRD (1984) Hudson 8649 • (S) ROADMASTER (1973) A&M 87584 • Mit Carla **Olson**: SO REBELLIOUS LOVER (1987) Rhino, RNLP 70832 • Mit **Gosdin Brothers**: EARLY L.A. SESSIONS (1967) CBS 52998 • Mit Doug **Dillard**: THE FANTASTIC EXPEDITION OF DILLARD AND CLARK (1968) A&M, SP 4158 • THROUGH THE MORNING, THROUGH THE NIGHT (1969) A&M, SP 4203 • GENE CLARK & DOUG DILLARD (1975) Ariola 86027 • KANSAS CITY SOUTHERN (1979) Ariola 86436 • **McGuinn, Clark & Hillman**: MCGUINN, CLARK & HILLMAN (1979) Capitol 064–85785 • CITY (1980) Capitol 064–86075 • Mit **Textones**: MIDNIGHT MISSION (1986) Volume, VOLP 0012

Otis Clay

Der Soul- und Bluessänger wurde am 11. 2. 1942 in Waxhaw, Mississippi, als jüngstes von zehn Kindern geboren. Zur Musik kam er durch das Familienquintett **Morning Glories**. Danach schloß er sich den Gospelformationen **Voices Of Hope** und **Christian Travellers** an. Inzwischen in Chicago lebend, sang er bei den **Golden Jubilaires, Blue Jays** und **Pilgrim Harmonizers**. 1959 nahm er mit dem **Blue Jay Quartet** den Tommy Dorsey-Song ›If You See My Savior‹ auf.

Als Mitglied der **Gospel Songbirds** erhielt Clay 1964 die Gelegenheit, seine erste Single ›Jesus I Love To Call His Name‹ aufzunehmen. Kurz nach der Veröffentlichung akzeptierte er ein Angebot der **Sensational Nightingales**, mit denen er bis 1965 durch die USA reiste. Clay wechselte nach seinem Ausstieg zum Rhythm & Blues und unterzeichnete bei One-derful Records einen Vertrag. Mit ›That's How It Is‹ und ›Lasting Love‹ kam er 1967 in die R&B-Charts, und im Jahr darauf wurde Clay mit ›She's About A Mover‹ (US #97) zum ersten Mal in den Pop-Hitparaden geführt. In den 70er Jahren verband Clay Chicago- und Memphis-Soul. 1971 begann bei Hi Records seine produktivste Phase, die ihm im Jahr darauf mit ›Trying To Live My Life Without You‹ (US #79) erneut einen Pophit bescherte. Es folgten ›Turn Back The Hands Of Time‹, im Original von Tyrone Davis, und einige Alben, die sich vor allem in Japan, wo er die LP LIVE OTIS CLAY mitschneiden ließ, sehr gut verkauften.

Otis Clay bewies auch auf den folgenden LPs ein feines Gespür für »feinfühlige Balladen und pulsierenden Bluesrock« (*Hifi Vision*). 1986 gelang ihm mit ›When The Gate Swing Open‹ wieder ein landesweiter Gospelerfolg. 1992 erlebte er, begleitet von den **Memphis Horns** und dank der Unterstützung des Produzenten Ron Levy, der auch Solomon →Burke wiederentdeckt hatte, mit ›I'll Treat You‹ ein überraschendes Comeback. Als Stargast wirkte der Gitarrist Little Jimmy King mit.

TRYING TO LIVE MY LIFE WITHOUT YOU (1972) Hi, HLP 32075 • I CAN'T TAKE IT (1977) Hi, HLP 6003 • LIVE OTIS CLAY (1978) • LIVE AGAIN (1984) Rooster, STING 001/5 • WATCH ME NOW (1989) • THE ONLY WAY IS UP (1990) Waylo, WAY 269504 • CALL ME (1990) Waylo, WAY 269510 • I'LL TREAT YOU RIGHT (1992) Zensor, CD 127 • YOU'RE THE ONE (1997) Zensor 5798 • (S) THE BEGINNING: GOT TO FIND A WAY (1979)

Lee Clayton

Als die Lieder von Lee Clayton endlich als »absolute Meisterwerke« (*Sounds*) erkannt wurden, war der Sänger, Komponist und Gitarrist bereits 37 Jahre alt. Bis dahin als Geheimtip gehandelt, wurde jetzt die Zeitschrift *Country Music* auf ihn aufmerksam, die Clayton zum »besten Newcomer« wählte.

Vorher war er durch Mundpropaganda vor allem in Deutschland bekannt geworden, wo sich sein Album NAKED CHILD überdurchschnittlich gut verkauft hatte. Im Frühjahr 1980 war er außerdem im Vorprogramm einer Tournee von McGuinn-Clark-Hillman positiv aufgefallen.

Geboren am 29. 10. 1942 in Russelville, Alabama, war der junge Lee Clayton von den Country & Western-Songs eines Jimmie Rodgers und Hank Snow beeindruckt. Mit seinem Vater machte er Hausmusik, lernte Gitarre, Mundharmonika und Pedal Steel Gitarre. Eine lokale Rundfunkstation sendete seinen ersten Song ›Steel Guitar Rag‹. Er absolvierte die Universität, heiratete sehr früh und bekam einen gut dotierten Job in der Industrie. Unzufrieden mit seinem bürgerlichen Leben, verwirklichte er seinen Jugendtraum und ließ sich beim Militär zum Piloten ausbilden. Seine Zeit als Jagdflieger in den Jahren 1966–1969 inspirierte ihn später zu seinem ›Old Number Nine‹.

Anschließend zog es Lee Clayton in die Country-Hochburg Nashville, aber nicht der traditionellen Countrymusik wegen, sondern fasziniert von der ›Outlaw‹-Szene um Willie → Nelson, Waylon → Jennings und Jerry Jeff → Walker. Jennings landete 1972 mit Claytons Komposition ›Ladies Love Outlaws‹ einen Hit. Der Titel wurde außerdem von den → Everly Brothers gecovert. 1973 adaptierten Nelson und Jennings seine Komposition ›If You Can Touch Her At All‹. Angeblich dank der Fürsprache des Schauspielers Clint Eastwood konnte Clayton im gleichen Jahr seine erste Country-geprägte LP aufnehmen, die keinen Erfolg hatte. Clayton verließ daraufhin Nashville, um sich im kalifornischen Joshua Tree niederzulassen.

Lee Clayton formierte eine eigene Band, die – inspiriert vom irischen Gitarristen Philip Donnelly – auf einen stärker elektrisch geprägten Sound setzte. Drei Jahre tingelten Clayton & Co. durch die Provinz. Über die Zwischenstation Los Angeles kam Clayton 1976 erneut nach Nashville, zu dessen Band neben Donnelly Colin Cameron (b), Andy McMahon (key) und Danny Lane (dr) gehörten. BORDER AFFAIR aus dem Jahr 1978 war zwar kein Verkaufshit, wurde aber als »eines der feinsten Alben, die jemals aus dem Süden kamen« (*High Fidelity Magazine*) gelobt.

NAKED CHILD ließ ihn zur »größten Überraschung und zur größten Hoffnung der amerikanischen Musikszene in diesem Jahr« (*Sounds*) werden. Von besonderem Reiz war der ständige Dialog zwischen Claytons eindringlicher rauhen Stimme und Donnellys klagenden Gitarrenphrasen. Anschließend absolvierte Clayton in Europa eine erfolgreiche Tournee und trat in einer halbstündigen Show des deutschen Fernsehens auf.

Mit teilweise neuen Begleitern, wie dem talentierten Gitarristen Tim Krekel und dem vielbeschäftigten englischen Schlagzeuger Tony Newman (Jeff → Beck, Boxer, Kevin → Ayers), nahm er

1981 THE DREAM GOES ON auf, das mit Countryrock-Balladen und beinhartem Rock aufwartete. Von der Kritik völlig unterschätzt, verloren auch seine Fans das Interesse an ihm.
In den 80er Jahren veröffentlichte Lee Clayton zwei Bücher und schrieb das autobiographisch geprägte Theaterstück »Little Boy Blue«. Seine Plattenkarriere setzte er 1989 mit dem Live-Album ANOTHER NIGHT fort, das in Oslo mitgeschnitten wurde: »Markanter Rezitativgesang, filigrane Saitenkünste, wimmernde Harmonikaklänge und luftige Orgelakkorde zu soliden Rocktiteln und bluesigen Balladen«, hieß es in *Hifi Vision*. Begleitet wurde er von jungen norwegischen Musikern.
Für seine neue Studioproduktion SPIRIT OF THE TWILIGHTS stellte Lee Clayton eine neue Band zusammen, darunter Donnelly und Newman sowie James Blennerhasset (b) und Robyn Robbins (key). Der Individualist berief sich erneut auf seine Country- und Blueswurzeln, kam damit aber bei einem breiten Publikum nicht an.

LEE CLAYTON (1973) Edsel 475 EOS • BORDER AFFAIR (1978) Capitol, 789229 • NAKED CHILD (1979) Capitol 791746 • THE DREAM GOES ON (1981) Capitol 064–86343 • ANOTHER NIGHT (1989) Provogue, PRD 70082 • SPIRIT OF THE TWILIGHTS (1994) Provogue, 3297065 • Tim Krekel: CRAZY ME (1979) Capricorn

Clear Light

Cliff De Young (voc), Douglas Lubahn (b), Michael Ney (dr), Ralph Schukkett (p, org), Bob Seal (g), Dallas Taylor (dr)

Der Produzent Paul Rothchild holte 1967 das Sextett zu Elektra Records, die bis vor zwei Jahren ausschließlich Folksänger betreut hatte und inzwischen mit Macht in die Rockszene drängte. Rothchild, der die → Doors entdeckt hatte, dachte sich auch den Namen Clear Light für die Band aus, die bis dahin unter verschiedenen Namen ein Jahr lang durch die Clubs von Los Angeles getingelt war. Daß Clear Light nicht nur den Produzenten mit den Doors gemeinsam hatten, bewies ihre einzige LP. Ihr Sound war ähnlich wie bei den Doors von dumpfen Orgelklängen und einem dominanten Leadsänger geprägt. Erstmals kamen bei Clear Light auch zwei Schlagzeuger zum Einsatz, lange bevor → Grateful Dead und → Allman Brothers damit Aufsehen erregten.
Musikalisch waren Clear Light aufgrund der instrumentalen Vielfalt den Doors zwar überlegen; aber De Young als Sänger hatte nicht das Format eines Jim Morrison. Seine Auftritte wirkten eher brav, und die Songs waren von der vulgären Direktheit der Doors-Texte weit entfernt. Obwohl von Lilian Roxon in ihrer *Encyclopedia Of Rock* als »Underground-Helden« tituliert, gingen Clear Light in der allgemeinen Westcoast- und Hippie-Euphorie völlig unter und veranlaßte die talentierten Musiker, sich 1968 zu trennen.
Cliff De Young veröffentlichte 1975 eine mittelmäßige Soloplatte. Douglas Lu-

bahn wirkte auf Alben der →Everly Brothers, der Doors und Billy →Squiers mit und war nacheinander Mitglied in den Gruppen Dreams (1969/70), Pierce Arrow (1977/78) und Riff Raff (1981). Ralph Schuckett entwickelte sich zu einem gefragten Studiomusiker (David Blue, James →Cotton, →Hall & Oates, Free Beer, John →Stewart, James →Taylor, Carole →King) und gehörte zwischen 1973 und 1976 zu Utopia, der Begleitgruppe von Todd →Rundgren. Dallas Taylor begleitete einige Jahre →Crosby, Stills, Nash & Young, machte Aufnahmen mit Sammy →Hagar, Buddy →Guy, John →Sebastian und war an zwei Alben von Manassas beteiligt, die von Stephen →Stills geführt wurden. 1971 hatte er die Band Ohio Knox gegründet, mit der er ein weiteres Album produzierte.

CLEAR LIGHT (1967) Elektra, ELK 74011 • Cliff De Young: CLIFF DE YOUNG (1975) MCA 432 • Douglas Lubahn mit Pierce Arrow: PIERCE ARROW (1977) CBS 34805 • PITY THE RICH (1978) CBS 35307 • Douglas Lubahn mit Riff Raff: VINYL FUTURE (1981) Atlantic 50819 • Dallas Taylor mit Ohio Knox: OHIO KNOX (1971) Reprise 6435

Johnny Clegg

Am 13. 7. 1953 in Rochdale, England, geboren, lebte Johnny Clegg seit seinem 10. Lebensjahr in Südafrika. Als Teenager interessierte er sich für die afrikanische Zulumusik, die er mit westlichem Pop verbinden wollte. 1972 tat er sich mit dem Wanderarbeiter und Straßenmusiker Sipho Mchunu zusammen, um als Duo »Johnny & Sipho« aufzutreten. Clegg lernte Gitarre, machte sich mit der Kultur der Zulus vertraut und studierte an der Universität Witwatersrand Anthropologie. Neben seinen Verpflichtungen als Musiker widmete er sich seiner Doktorarbeit.

1976 gründeten Clegg und Mchunu das Sextett Juluka, das Popmelodien mit Mbaqanga-Rhythmen kombinierte. Sie sangen gegen Rassenhaß und klagten die herrschende Arpatheidspolitik bedingungslos an. Von der schwarzen Bevölkerung gefeiert, die erstaunt registrierte, daß ein weißer Musiker ihre musikalischen Traditionen pflegte, hatte das Sextett ständig Probleme mit der Bürokratie: »Da wir eine gemischtrassige Band waren, konnten wir Konzerte nur unter erschwerten Bedingungen durchführen« (Johnny Clegg).

Die erste Single ›Woza Friday‹ erschien 1978 und wurde in Südafrika ein Erfolg. Juluka tourte Anfang der 80er Jahre durch Europa und die USA und begeisterte das Publikum mit einer lebendigen und unterhaltsamen Live-Show. Als Mchunu 1985 beschloß, Johannesburg zu verlassen und in seinem Heimatdorf die Rinderfarm seiner Familie zu übernehmen, trennten sich Juluka.

Ein Jahr später stellte Clegg seine neue Gruppe Savuka vor, die sich musikalisch an Juluka orientierte. Als Ende der 80er Jahre die strengen Apartheidsgesetze sukzessive aufgehoben wurden, hatte es die zehnköpfige Band mit ihren Auftritten leichter. In Frankreich kam die exotische Popmusik besonders gut an. THIRD WORLD CHILD und SHADOW MAN wurden dort jeweils über 250000 Mal verkauft: »Johnny Clegg feiert mit einer Mischung aus Zulu-Jive und Mainstream-Rock Triumphe« (*Hifi Vision*).

Mit Township-Grooves und traditionellen afrikanischen Rhythmen und Texten, die die südafrikanische Realität widerspiegelten, verband Clegg sein politisches Anliegen: »Man muß Kräfte und Energien mobilisieren, um Veränderungen herbeizuführen» (Johnny Clegg). Neben seiner Musik setzte sich der »weiße Zulu« (*Frankfurter Rundschau*) zusammen mit seiner Frau für Ausbildungsprogramme für Kinder und Jugendliche ein.

THIRD WORLD CHILD (1986) EMI 746778 • Mit **Juluka**: UNIVERSAL MEN (1979) • AFRICAN LITANY (1981) • UBHULE BEMVELO (1982) • SCATTERLINGS OF AFRICA (1982) • WORK FOR ALL (1983) • MUSA UKUNGILANDELA (1984) • THE GOOD HOPE CONCERTS (1985) • mit **Savuka**: SAVUKA (1987) • SHADOW MAN (1988) EMI 790411 • FREEDOM (1989) • CRUEL, CRAZY, BEAUTIFUL WORLD (1989) EMI 793446 • HEAT, DUST AND DREAMS (1993) EMI 798795 • IN MY AFRICAN DREAM (1994) Rhythm Safari

Jimmy Cliff

Der Jamaikaner Jimmy Cliff machte sich um die weltweite Verbreitung der Reggaemusik verdient. Im Gegensatz zu Bob →Marley, der dem Roots-Reggae verbunden blieb, verwandelte Cliff den Reggae in »leicht konsumierbare, keineswegs unpolitische Melodien« (*Süddeutsche Zeitung*).

Jimmy Cliff, als James Chambers am 1. 4. 1942 in St. Catherine, Jamaika, geboren, gewann als 14jähriger mit dem Rhythm & Blues-Song ›Walking To New Orleans‹ einen Talentwettbewerb. Er war dann Leadsänger von **Shakedown Sound**, die mit dem Produzenten Leslie Kong zusammenarbeiteten. Count Boysie, der mit einem Sound System durchs Land zog, wurde 1962 auf Cliff aufmerksam und nahm mit ihm die Single ›Daisy Got Me Crazy‹ auf. Jimmy Cliff erhielt dafür keinen Pfennig, eine Erfahrung, die zehn Jahre später in dem Reggaefilm »The Harder They Come« eine Rolle spielte.

Leslie Kong nahm Cliff Ende 1962 unter Vertrag und produzierte den Song ›Dearest Beverley‹. Zu diesem Zeitpunkt vor allem vom Calypso aus Trinidad beeinflußt, gewannen für Cliff zunehmend Blues und Boogie an Bedeutung. Nach ›I'm Sorry‹ glückte Cliff mit ›Hurricane Hattie‹ der erste lokale Hit. Es folgten weitere kleinere Erfolge mit den Skasongs ›My Lucky Day‹ und ›Miss Universe‹.

1965 organisierte die jamaikanische Regierung für Jimmy Cliff, Prince Buster und **Byron Lee's Dragonaires** eine US-Tournee, in deren Verlauf Cliff auf Chris Blackwell, den Gründer von Island Records, traf. Blackwell holte Cliff nach London, wo er erst als Chorsänger, u. a. für die → **Spencer Davis Group**, und dann mit einer eigenen Live-Mixtur aus Ska und R&B in England, Frankreich und Skandinavien auftrat. 1966/67 erschienen die Singles ›Call On Me‹ und ›Give And Take‹, die sich zwar nicht in den Charts plazieren konnten, aber relativ häufig im Radio gespielt wurden.

1968 gelang Cliff mit ›Waterfall‹ ein erster Hit, der sich in oberen Regionen der lateinamerikanischen Charts plazieren konnte. Nach insgeamt fünf Singles für Island Records kehrte Cliff 1969 nach Jamaika zurück und nahm für Trojan Records den Bestseller ›Wonderful World, Beautiful People‹ (GB #18, US #6) auf.

Mit »Reggae in Reinkultur, der frischesten Musik heutzutage« (Jimmy Cliff) setzte er sich 1970 endgültig durch und veröffentlichte in schneller Folge ›Vietnam‹ (D #15), ›Come Into My Life‹ (US #96) und den Cat → Stevens-Song ›Wild World‹ (GB #7). Darüber hinaus machte er sich als Komponist einen Namen. ›Vietnam‹ galt als einer »der besten Protestsongs aller Zeiten« (Bob Dylan), und ›You Can Get It If You Really Want‹ und ›Let Your Yeah Be Yeah‹ wurden für Desmond Dekker und die **Pioneers** zu Tophits.

Seine eigenen Platten, auf denen sein schwermütiger Gesang von einem Chor und Streichern begleitet wurde, gelangten trotz guter Rezensionen nur in die jamaikanischen Hitparaden.

Sein Song ›Many Rivers To Cross‹ veranlaßte den Regisseur Perry Henzel, Cliff die Hauptrolle in dem Film »The Harder They Come« anzubieten. Cliff überzeugte mit seiner Darstellung eines jamaikanischen Gettosängers, der zum politischen Rebellen wurde. Der Film, 1972 uraufgeführt, wurde weltweit zum Kassenschlager. Cliff wurde damit zu einer Leitfigur der populären Reggaekultur und in Europa, den USA und Südamerika als »erster authentischer Reggaestar« (*New Musical Express*) gefeiert. Ab 1972 verschwand Cliffs Name aus den Charts. Seine Platten verkauften sich weiterhin recht gut, aber Hits blieben bis 1984 Mangelware. Zentrale Themen seiner Songs waren in der Folgezeit die Kultur, Religion und Geschichte des afrikanischen Kontinents. 1974 tourte er durch Nordamerika, um sein kämpferisches, vielgelobtes Album STRUGGLING MAN vorzustellen. Danach wurde es ziemlich still um den »Altmeister der subtilen, gut konsumierbaren Melodien« (*Rolling Stone*). LPs wie GIVE THANX wurden wie die meisten seiner Alben als »nichts Halbes und nichts Ganzes« (*Musik Express*) eingeschätzt.

1980 sorgte Cliff wieder für Aufsehen, als er im Guerilla-Look vor 75000 Menschen im südafrikanischen Soweto sein Stilgemisch aus Calypso, Soul, Reggae, Pop und Afrosounds präsentierte. Nach einigen Ausflügen in Discogefilde wie bei ›Gone Clear‹, besann sich Cliff nach dem Tod von Bob Marley wieder auf traditionelle Reggae-Klänge. Da ihm jedoch das Charisma eines Marley fehlte, kehrte Jimmy Cliff wieder zu seiner Mischung aus Pop, Rock und Reggae zurück.

Im August 1982 gründete Cliff seine Begleitgruppe **Oneness** und trat gemeinsam mit Peter → Tosh in New York auf. Danach war er der Star des World Music Festival im Bob Marley Center in Montego Bay, Jamaika. Im August 1983 trat er eine vierwöchige Tournee durch die afrikanischen Staaten Lesotho und Simbabwe an. Zurück in Jamaika produzierte er das Album THE POWER AND THE GLORY, begleitet von **Oneness** und → **Kool & The Gang**. Es enthielt den Song ›Reggae Night‹ (D #35), der 1985 als Bester Reggae-Song des Jahres für einen Grammy nominiert wurde. Im selben Jahr nahm Bruce → Springsteen Cliffs Komposition ›Trapped‹ für das Benefizalbum WE ARE THE WORLD auf. Jimmy Cliff selbst nahm wiederum mit **Kool & The Gang** die LP CLIFF HANGER auf, die im Februar 1986 als bestes Reggae-Album mit einem Grammy ausgezeichnet wurde. Außerdem beteiligte er sich an dem Projekt Artists United Against Apartheid.

Cliff, der auf den folgenden Alben Drum-Computer, Synthesizer und Emulator

einsetzte, lieferte zwar eingängige Melodien, Überragendes oder Überraschendes wurde dagegen vermißt. Seinem Ruf als Reggaestar konnte dies jedoch nichts anhaben, und seine Konzerte waren immer ausverkauft.
Im Juli 1986 wirkte Jimmy Cliff neben Robin Williams und Peter O'Toole in dem Spielfilm »Club Paradise« mit. Er komponierte sieben Songs für den Soundtrack, darunter ›Seven Day Weekend‹, ein Duett mit Elvis → Costello. Im August des Jahres trat er mit **Oneness** eine Welttournee im Vorprogramm von Steve → Winwood an.
Das 88er Album Hanging Fire wurde zum Teil im Kongo aufgenommen und von Ronald Bell von **Kool & The Gang** produziert. Im Jahr darauf gründete Jimmy Cliff sein eigenes Label. Der internationale Erfolg des Films »Club Paradise« verhalf dem »Reggae-Urvater« (*Musik Express*) 1990 zu einem Comeback. Save Our Planet Earth war wieder einmal eine Mischung aus europäischer Popmusik und traditionellen afroamerikanischen Klängen, verbunden mit Rap- und Scat-Effekten. Im Januar 1991 war Jimmy Cliff einer der Stars des Festivals Rock In Rio II, das 200000 Menschen im Fußballstadion Maracana anzog. 11000 Fans verfolgten im August seinen Auftritt beim Gold Coast Concert im kalifornischen Squaw Valley, und 1992 initiierte Cliff das Tourspektakel World Beat Reggae Festival '92. Im Jahr darauf erschien die LP Breakout mit 13 neuen Songs: »Er kombiniert die Musikerstile dieser Welt auf der Basis des Riddim zu einem Plädoyer für den Frieden« (*Musik Express*).
»Der elder statesman des Reggae« (*Rolling Stone*) meldete sich 1993/94 mit Coverversionen von ›I Can See Clearly Now‹ (GB #23, US #18, D #52) und ›Higher And Higher‹ (D #52) in den Charts zurück. ›I Can See Clearly Now‹ gehörte zum Soundtrack der erfolgreichen Filmkomödie »Cool Runnings« mit John Candy. Jimmy Cliff trat weiterhin regelmäßig in Europa, Afrika und Lateinamerika auf und war ein gern gesehener Gast auf Reggae-Festivals. Nach längeren Aufenthalten in Brasilien und Kalifornien kehrte Cliff in den 90er Jahren nach Jamaika zurück. Inzwischen hatte man ihm verziehen, daß er 1973 zum Islam konvertiert war.
Jimmy Cliff riskierte nach wie vor die Verbindung unterschiedlicher Stilrichtungen und blieb einer der vielseitigsten Reggaeprotagonisten: »Raggae war nie ein reiner Musikstil. Er hat sich permanent gewandelt und ist eine Art Spiegelbild der Entwicklungen in Jamaika« (Jimmy Cliff). Im Juli 1996 war er neben → **Gaillano** Star mehrerer Open Air Festivals und kam dabei auch wieder nach Deutschland, um das Album Higher And Higher vorzustellen. Es enthielt sechs Überarbeitungen seiner größten Hits und sechs neue Songs.

HARD ROAD TO TRAVEL (1967) Island, ILPS 962 • JIMMY CLIFF (1969) Island 885026 • CAN'T GET ENOUGH (1969) • WONDERFUL WORLD, BEAUTIFUL PEOPLE (1970) Island 86488 • ANOTHER CYCLE (1971) Island, ILPS 9159 • GOODBYE YESTERDAY (1971) Island 85568 • THE HARDER THEY COME (1972) Soundtrack Island 846574 • UNLIMITED (1974) Island 884936 • STRUGGLING MAN (1974) Island 888692 • HOUSE OF EXILE (1974) EMI, EMC 3035 • MUSIC MAKER (1974) Reprise 54061 • BRAVE WARRIOR (1975) EMI, EMC 3078 • FOLLOW MY MIND (1976) Reprise 7599–26311 • IN CONCERT (1976) Reprise 54086 • GIVE THANX (1978) Reprise

7599–27365 • I AM THE LIVING (1980) Reprise 99089 • GIVE THE PEOPLE WHAT THEY WANT (1981) Reprise 99160 • SPECIAL (1982) CBS 85878 • THE POWER AND THE GLORY (1984) Columbia 450446 • CLIFF HANGER (1985) Columbia 471220 • HANGING FIRE (1988) Columbia 460139 • IMAGES (1989) • SAVE OUR PLANET EARTH (1990) Intercord 845157 • BREAKOUT (1993) Line 901109 • HIGHER AND HIGHER (1996) Island 524258 • (S) REGGAE GREATS (1973) Mango 846577 • (S) POP CHRONIC (1975) Island 87577 •(S) BEST OF (1976) Island 842773 • (S) OH JAMAICA (1976) EMI 064–06241 • (S) THE BEST OF (1989) EMI 789949

George Clinton

Am 22. 7. 1940 in Kannapolis, North Carolina, geboren, gründete der 15jährige George Clinton in Newark, New York, die Doo-wop-Formation **Parliaments**, die auf der Straße oder bei Privatfeten auftrat. Tagsüber arbeitete Clinton in einem Friseursalon. 1955 nahmen die **Parliaments** ›The Wind And A Sunday Kind Of Love‹ für eine Klangfolie (Acetate) auf. In der dritten Zusammensetzung mit Clinton, Charles Davis, Robert Lambert, Grady Thomas und Calvin Simon veröffentlichten sie 1958 bei Hull Records ›Poor Willie‹ und ›Party Boys‹ und im Jahr darauf mit Johnny Murray anstelle von Lambert ›Lonely Island‹ bei Flipp Records.

Clinton, der auch als Songwriter für den Verlag Jobete Music tätig war, traf dort Sidney Barnes, und zusammen mit dem Session-Saxofonisten bildeten sie das Produktionsteam »Geo-Si-Mik«. Als Demo-Aufnahmen der **Parliaments** von Tamla Motown Records abgelehnt wurden, zog sich Clinton, der nach wie vor am Wochenende als Friseur arbeitete, Ende 1966 aus dem Musikgeschäft zurück.

Im Juni 1967 tauchte ›I Wanna Testify‹ (US #20) plötzlich in höheren US-Chartsregionen auf. Clinton reformierte die **Parliaments** mit Eddie Hazel (g), Lucius Ross (g), Billy Nelson (b), Mickey Atkins (org) und Ramon Fulwood (dr) und brachte die Single ›All Your Goodies Are Gone‹ (US #65) im Oktober 1967 heraus. Clinton, der den Namen **Parliaments** nicht mehr verwenden durfte, benannte seine durch Bernie Worrell (key) verstärkte Band 1969 in **Funkadelic** um.

Heftige Funkattacken prägten Ende 1969 das Debütalbum FUNKADELIC, aus dem bis zum August 1970 die Singles ›I'll Bet You‹ (US #87), ›I Got A Thing, You Got A Thing, Everybody's Got A Thing‹ (US #95) und ›I Wanna Know If It's Good To You‹ (US #84) ausgekoppelt wurden.

Trotz juristischer Auseinandersetzungen mit Motown griff Clinton im März 1970 seinen alten Bandnamen wieder auf und nannte seine zweite Gruppe **Parliament**. George Clinton beherrschte nun die Hardcore-Funkszene und sorgte bis 1981 für eine Vielzahl von Veröffentlichungen, wobei er bei **Parliament** mehr als Musiker und bei **Funkadelic** mehr als Produzent in Erscheinung trat. Clinton, dessen Vorbild James → Brown war, perfektionierte dessen Sound mit elektronischen Hilfsmitteln und lieferte reichlich Material für die Hitparaden. **Parliament** bestanden im Kern aus Clinton, Simon, Hazel, Fullwood, Fuzzy Haskins (voc), Raymond Davis (voc), Grady Thomas (voc), Gary Shider (g, voc) und Cordell Mosson (b). In den Singlecharts waren sie bis 1980 mit ›Tear The Roof Off The Sucker‹ (US #8), ›Do That Stuff‹ (US

#90), ›Flash Light‹ (US #14), ›Aqua Boogie‹ (US #67) und ›Theme From The Black Hole‹ (US #99) vertreten. Von den Alben verkauften sich MOTHERSHIP CONNECTION (US #22), THE CLONES OF DR. FUNKENSTEIN (US #26), EARTH TOUR (US #24), FUNKENTELECHY VS. THE PLACEBO SYNDROME (US #20) und MOTOR BOOTY AFFAIR (US #19) am besten.

Zur gleichen Zeit plazierte sich Clinton mit den **Funkadelic**-Alben MAGGOT BRAIN (US #87), ONE NATION UNDER A GROOVE (US #9) und UNCLE JAM WANTS YOU (US #15) und den Singles ›You And Your Folks, Me And my Folks‹ (US #90), ›Can You Get To That‹ (US #68), ›One Nation Under A Groove‹ (GB #9, US #7) und ›Knee Deep – Part 1‹ (US #83) in den Hitparaden. Bei **Funkadelic** spielten zeitweise 14 Musiker. Zu den treibenden Kräften bei **Funkadelic** zählte Bootsy →Collins, ehemaliger Bassist von James Brown.

George Clinton blieb auch Chef des weitverzweigten P-Funk-Clans, als er 1982 bei Capitol Records einen Vertrag als Solist unterzeichnete. Seine ehemaligen Mitstreiter von **Parliament** und **Funkadelic** unterstützten ihn bei seinen Soloalben, von denen als erstes im Dezember 1982 COMPUTER GAMES (US #40) erschien. Er setzte den »innovativen, elektrischen Funk« (*Guinness*) mit den LPs YOU SHOULDN'T – NUF BIT FISH und SOME OF MY BEST JOKES ARE FRIENDS fort. 1985 konnte er Thomas →Dolby für eine Zusammenarbeit gewinnen.

Der detailfreudige Klangzauberer beherrschte alle Spielarten weißer und schwarzer Popmusik. Harte Funk-Grooves, rasante Rockgitarrenriffs und dumpfe Baßlinien, versetzt mit Jazzelementen, Dubtechniken und Computersound prägten seine manchmal zu überfrachteten Songs: Der *Musik Express* schrieb über SOME OF MY BEST JOKES ARE FRIENDS: »So einfallsreich, witzig und chaotisch toben nur er und seine Funk-Freaks im Studio, wenn sie ihre musikalischen Comics mit Karate-Schreien, Micky-Maus-Stimmen und bunten Wortspielen fabrizieren.« Weniger überladen klangen die LP R&B SKELETONS (IN THE CLOSETS) (US #81) vom Juni 1986 und die Singleauskopplung ›Do Fries Go With That Shake?‹ (US #48).

Finanzielle Schwierigkeiten ließen Clinton ab Sommer 1986 eine längere Zwangspause einlegen. Im Spätsommer 1989 nahm ihn →Prince unter Vertrag. Das Comeback-Album THE CINDERELLA THEORY kam jedoch nicht an. Clinton wirkte in dem Prince-Film »Graffitti Bridge« mit und trat im Januar 1991 im Prince-Club ›Grand Slam‹ in Minneapolis nach langer Pause wieder live auf. Im Juli gab er ein Gastspiel in der Londoner Brixton Academy.

1992 strengte Clinton einen Prozeß gegen Sony Music an. Einer ihrer Interpreten, Terminator X, hatte für den Song ›Wanna Be Dancing‹ nach Auffassung von Clinton unerlaubt Auszüge aus seiner Komposition ›Body Language‹ verwendet. Im September des Jahres tourte Clinton durch die USA und gab anschließend neun Konzerte in Europa. Auch im darauffolgenden Jahr war der Funk-Großmeister häufig auf Tournee und trat mit seinen **P-Funk All Stars** zusammen mit den →**Red Hot Chili Peppers** bei der 35. Verleihung der Grammies auf.

Auf PRESENTS OUR GANG FUNKY und FAMILY SERIES PART 1 versammelte Clinton erneut die Funkelite des Landes. Bei der folgenden Produktion HEY MAN ... SMELL MY FINGER setzte er neben jazzgefärbten Bläsersätzen vor allem auf Rap und House Music. Doch trotz prominenter Unterstützung seitens Ice Cube und den **Red Hot Chili Peppers** blieb der Erfolg aus. So besann sich der von Steuerschulden geplagte Clinton wieder auf seine langjährigen Begleiter Bootsy Collins und Bernie Worrell, die er mit Eric Cermon von →**EPMD** und Colin Wolfe (Dr. Dre) zusammenbrachte. Auf AWESOME POWER OF A FULLY-OPERATIONAL MOTHERSHIP öffnete sich der Funk-Großmeister »den Sounds der Neunziger« (*Fachblatt*) und schuf ein modernes P-Funk-Album. Clintons Dauerbegleiter Shider und Worrell bildeten 1978/79 die **Brides Of Funkenstein**, die die Alben FUNK OR WALK (US #84) und NEVER BUY TEXAS FROM A COWBOY (US #84) auf den Markt brachten.

COMPUTER GAMES (1982) Capitol 796266 • YOU SHOULDN'T – NUF BIT FISH (1983) Capitol 796357 • SOME OF MY BEST JOKES ARE FRIENDS (1985) Capitol 796356 • R&B SKELETONS (IN THE CLOSETS) (1986) Capitol 796267 • THE CINDERELLA THEORY (1989) Paisley Park 7599–25994 • HEY MAN ... SMELL MY FINGER (1993) Paisley Park 7599–25518 • AWESOME POWER OF A FULLY-OPERATIONAL MOTHERSHIP (1996) Sony • (S) BEST OF (1988) EMI 748424 • (S) PRESENTS OUR GANG FUNKY (1988) MCA 255934 • (S) FAMILY SERIES PART 1 (1991) Castle 978314 • (S) FAMILY SERIES PART 2 (1993) Essential 189 • (S) GREATEST FUNKIN' HITS (1996) EMI 796267 • **Funkadelic**: FUNKADELIC (1970) Ace 2966–73710 • FREE YOUR MIND AND YOUR ASS WILL FOLLOW (1970) Ace 2966–73712 • MAGGOT BRAIN (1971) Ace 2966–73702 • AMERICA EATS ITS (1972) Ace 2966–73729 • COSMIC SLOP (1973) Ace 2966–73835 • STANDING IN THE VERGE OF GETTING IT ON (1974) Ace 2966–73740 • LET'S TAKE IT TO THE STAGE (1975) Ace 2966–73744 • TALES KIDD FUNKADELIC (1976) Ace 2966–73754 • HARDCORE JOLLIES (1976) Warner Brothers 56299 • ONE NATION UNDER A GROOVE (1978) Warner Brothers 56984 • UNCLE JAM WANTS YOU (1979) Warner Brothers 56539 • THE ELECTRIC SPANKING OF WAR BABIES (1981) Warner Brothers 56874 • LIVE MEADOWBROOK, ROCHESTER, MICHIGAN, 12TH SEPT. '71 (1995) Ace, CDSEWD 108 • FINEST (1997) Ace 2966–77115 • (S) MUSIC FOR YOUR MOTHER (1992) Ace 2966–73755 • **Parliament**: OSMIUM (1971) Invictus, SVT 1004 • UP FOR THE DOWN STROKE (1974) Casablanca 842619 • CHOCOLATE CITY (1975) Casablanca 836700 • MOTHERSHIP CONNECTION (1975) Casablanca 824502 • THE CLONES OF DR. FUNKENSTEIN (1976) Casablanca 842620 • EARTH TOUR (1977) Casablanca, NB 7021 • FUNKENTELECHY VS. THE PLACEBO SYNDROME (1977) Casablanca 824501 • MOTOR-BOOTY AFFAIR (1978) Casablanca 842621 • GLORYHALLASTOOPID (OR PIN THE TALE ON THE FUNKY) (1980) Casablanca 842622 • TROMBIPULATION (1981) Casablanca 842623 • (S) GREATEST HITS (1984) Casablanca 822637 • (S) RHENIUM (1989) Demon, HDHC 8 • (S) PARLIAMENT – FUNKADELIC LIVE 1976–1993 (1994) Sequel, NEFCD 273 • **Brides Of Funkenstein**: FUNK OR WALK (1978) Atlantic 50545 • LIVE AT THE HOWARD THEATRE (1978) Sequel, NEMCD 719 • NEVER BUY TEXAS FROM A COWBOY (1979) Atlantic 50694

Clovers

John Bailey (voc), Harold Lucas (voc), Matthew McQuater (voc), Billy Mitchell (voc), Harold Winley (voc)

Die »populärste R&B-Gesangsgruppe der frühen 50er Jahre« (*Stars Of Soul And Rhythm & Blues*) nahm 1946 ihren

Anfang als Trio an der Washington Armstrong High School in Washington, D.C. Drei Jahre später bestanden die **Four Clovers** aus dem Bariton Harold Lucas, dem Baß Harold Winley, dem Tenor Matthew McQuater, John ›Buddy‹ Bailey als Leadsänger und dem Gitarristen Bill Harris. Lou Krefetz, dem in Baltimore ein Schallplattengeschäft gehörte, übernahm das Management und verschaffte ihnen einen Vertrag mit dem kleinen New Yorker Label Rainbow Records. Als erste Single erschien 1950 eine Popfassung des Schlagers ›Yes Sir, That's My Baby‹.

Unzufrieden mit dem Erlös ihrer Single wechselten sie zu Atlantic Records. Ahmet Ertegun, Miteigentümer von Atlantic, erwartete von den **Clovers** schwarzen Sound und komponierte unter dem Namen A. Nugetre für sie Songs wie ›Don't You Know I Love You‹, Tophit in den R&B-Charts. Nach sechs weiteren derartigen Toptiteln in den Jahren 1951 bis 1954 setzten die **Clovers** verstärkt auf Blues- und Boogie-Elemente sowie Gospel und Afro-Sound. Auf diese Weise gelangen ihnen weitere R&B-Hits wie ›Fool, Fool, Fool‹, ›Middle Of The Night‹, ›Ting-A-Ling‹, ›Hey, Miss Fannie‹, ›Good Lovin'‹, ›One Mint Julep‹ und ›I Played The Fool‹. Als Bailey 1953 seinen Militärdienst ableisten mußte, wurde er durch Charlie White ersetzt, der nach knapp einem Jahr Billy Mitchell seinen Platz überließ.

Nach und nach setzten sich die **Clovers** gegen die Konkurrenz von den **Ink Spots**, **Orioles** und **Ravens** durch. 1956 kamen sie mit ›Love, Love, Love‹ (US #30) zum ersten Mal in die Pophitparaden. Anschließend nahmen sie balladeske Songs wie ›Blue Velvet‹ und ›Devil Or Angel‹ auf, die aber erst in der Version von Bobby Vinton bzw. Bobby Vee bekannt wurden. 1957 trennten sich die **Clovers** von Atlantic und wechselten zu United Artists, wo im Sommer 1959 ihr größter Hit ›Love Potion No.9‹ (US #23) erschien. Der von Jerry Leiber und Mike Stoller komponierte Titel wurde 1965 in der Bearbeitung der → **Searchers** ein noch größerer Erfolg.

Nachdem die **Clovers** 1961 zu Atlantic Records zurückgekehrt waren und ihnen kein Erfolg mehr beschieden war, trennten sie sich. Bailey und Lucas leiteten rivalisierende Gruppen um das Erbe der **Clovers**. In den 60er Jahren wurden einige Singles veröffentlicht, und 1989 erschien ein Livemitschnitt mit ungenauer Besetzungsangabe. Bill Harris, langjähriger Begleiter der **Clovers**, starb am 6. 12. 1988.

THE CLOVERS (1956) Atlantic 8009 • DANCE PARTY (1959) • IN CLOVER (1959) Atlantic 8034 • LOVE POTION NO. 9 (1959) United Artists 6099 • CLOVERS LIVE AT CT's (1989) • (S) THE ORIGINAL LOVE POTION NO. 9 (1964) Grand Prix, K-428 • (S) FIVE COOL CATS (1984) Edsel, ED 126 • (S) ALL RIGHTY OH SWEETIE (1990) • (S) DOWN IN THE ALLEY (1991)

Coasters

Carl Gardner (voc), Billy Guy (voc), Leon Hughes (voc), Bobby Nunn (voc)

Im Herbst 1955 verließen Carl Gardner (* 29. 4. 1928) aus Texas und Bobby Nunn aus Alabama, Leadsänger bzw. Baß, die R&B-Gesangsgruppe **Robins**, die lediglich mit ›Smokey Joe's Cafe‹ (US #79)

einmal in die Charts kam. Gemeinsam mit dem Bariton Billy Guy (* 20. 6. 1936) und dem Tenor Leon Hughes gründeten sie die von dem Songwriter/Produzenten-Team Jerry Leiber und Mike Stoller geförderten **Coasters**.
Leiber und Stoller besorgten einen Plattenvertrag bei Atco Records. Im Januar 1956 entstanden im Studio Hollywood Recorders in Los Angeles vier Songs, darunter die Debütsingle ›Down In Mexico‹, die sich unter den Top 10 der R&B-Charts plazierte, und der Pophit ›One Kiss Led To Another‹ (US #73). Im Februar 1957 verließ Hughes die Vokalgruppe, und für ihn kam Ex-**Flairs** Young Jessie. Nach Erscheinen ihrer Singles: ›Young Blood‹ (US #8), ›Searchin'‹ (GB #30, US #5), ›Idol With The Golden Head‹ (US #64) wurden die **Coasters** als eine der »innovativsten, unterhaltsamsten und einflußreichsten Gesangsformationen der Rock'n'Roll-Ära« (*Guinness*) bezeichnet.
Als die **Coasters** und ihre Mentoren Leiber/Stoller im März 1958 nach New York übersiedelten, blieben Jessie und Nunn in Los Angeles zurück. Als Nachfolger kamen der Tenor Cornelius Gunter (* 14. 11. 1938), zuvor bei → **Platters**, **Ink Spots** und **Flairs**, und Baß Will ›Dub‹ Jones, zuvor bei den **Cadets**. Zusammen mit dem Saxophonisten King Curtis erlebten die **Coasters** 1959 ihre erfolgreichste Phase mit temperamentvollen und witzigen Rock'n'Roll-Songs wie ›Yakety Yak‹ (GB #12, US #1), ›Charlie Brown‹ (GB #6, US #2), ›Along Came Jones‹ (US #9), ›Poison Ivy‹ (GB #15, US #7), ›I'm A Hog For You‹ (US #38), ›What About Us‹ (US #47) und ›Run Red Run‹ (US #36).
Zu Beginn der 60er Jahre waren reine Gesangsgruppen nicht mehr gefragt, was auch die **Coasters** zu spüren bekamen. 1969/61 erschienen die Singles ›Besame Mucho‹ (US #70), ›Wake Me, Shake Me‹ (US #51), ›Shoppin' For Clothes‹ (US #83), ›Wait A Minute‹ (US #37), ›Little Egypt‹ (US #23) und ›Girls, Girls, Girls‹ (US #96). Im August 1961 trennten sich die **Coasters** von den Erfolgskomponisten Leiber/Stoller. Erst im März 1964 erschien ›T'ain't Nothin' To Me‹ (US #64), für lange Zeit der letzte Hit der Gruppe.
Als Earl Carroll (* 2. 11. 1937), 1955 Mitglied der **Cadillacs**, 1967 Gunter ablöste, waren die **Coasters** wieder zu Leiber/Stoller zurückgekehrt. Im Dezember 1971 kamen die **Coasters** mit einem Remake von ›Love Potion No. 9‹ (US #71) von den → **Clovers** zum letzten Mal in die Hitlisten. Inzwischen hatte Ronnie Bright, der 1963 mit Johnny Cymbal zusammengearbeitet hatte, Jones abgelöst. Saxophonist King Curtis starb am 13. 8. 1971.
Die **Coasters** tingelten von nun an nur noch als Oldietruppe durch die Lande. Da Gunter, zuletzt an der Dinah Washington Revue beteiligt, ebenfalls eine Gruppe unter dem Namen **Coasters** gebildet hatte, reisten in den 70er und 80er Jahren zwei Gruppen gleichen Namens umher. Gründungsmitglied Bobby Nunn starb am 5. 11. 1986.
1987 wurden die **Coasters** in die Rock'n'Roll Hall Of Fame aufgenommen, und 1988 standen sie in der Besetzung Gardner, Guy, Gunter, Jones und Tom Palmer anläßlich des 40. Geburtstags von Atlantic Records auf der Bühne des New Yorker Madison Square Garden. 1989 wirkte das gleiche Team beim Rock'n'Roll Revival Concert neben Chuck → Berry, → **Jay & The Americans** und den **Five Satins** mit.

THE COASTERS (1958) Atco, SD 33–101 • ONE BY ONE (1962) Atco, SD 33–123 • COAST ALONG (1962) Atco, SD 22–135 • ON BROADWAY (1973) London, SHZ 8460 • (S) GREATEST HITS (1960) Atco, SD 33–111 • (S) ALL TIME GREATEST HITS (1967) Atlantic 590015 • (S) THE EARLY YEARS (1971) Atco, SD 33–371 • (S) THE WORLD FAMOUS COASTERS (1977) DJM 22053 • (S) 20 GREAT ORIGINALS (1978) Atlantic 30057 • (S) JUKE BOX GIANTS (1980) Phoenix, P 20–602 • (S) YOUNG BLOOD (1982) Atlantic 60163 • (S) COLLECTION (1982) Atlantic 20264 • (S) 50 COASTIN' CLASSICS (1992) Rhino 71090

Eddie Cochran

Eddie Cochran hatte das Zeug dazu, populärer als sein Vorbild Elvis →Presley zu werden. Wie der King des Rock'n'Roll bot er eine überzeugende Show auf der Bühne, und er verstand es jederzeit, das Lebensgefühl der Kids in Songs wie ›Summertime Blues‹ und ›C'mon Everybody‹ zu vermitteln. Seine kurze Karriere fand durch einen Autounfall am 17. 4. 1960 ein Ende.

Ray Edward Cochran, geboren am 3. 10. 1938 in Oklahoma City, aufgewachsen in Alberta Lea, Minnesota, war zwölf Jahre alt, als die Familie nach Bell Gardens, einem Vorort von Los Angeles, umzog. Eddie lernte die ersten Gitarrengriffe von seinem Bruder und experimentierte mit Schlagzeug, Klarinette und Posaune. Mit Freunden aus der Nachbarschaft formierte Eddie zunächst ein Countrytrio, perfektionierte sein Gitarrenspiel als Begleiter von Hank Cochran, durch den er Kontakt zu **Richard Ray & The Shamrock Valley** bekam und mit denen er im Oktober 1954 auftrat.

Eddie und Hank Cochran, obwohl nicht verwandt, traten ab Frühjahr 1955 als **Cochran Brothers** auf, wirkten bei Fernsehshows mit und veröffentlichten ihre Hillbilly-geprägte Single ›Mr. Fiddle‹ im Mai des Jahres. Der Song fiel durch, und so beschlossen die **Cochran Brothers**, sich dem aufkommenden Rock'n'Roll zuzuwenden. Ende 1955 taten sie sich mit Songwriter Jerry Capehart zusammen. Da ihre Demobänder keinen Interessenten fanden, gingen die **Cochran Brothers** ab Juli 1956 getrennte Wege. Hank Cochran zog es nach Nashville, wo er sich als erfolgreicher Komponist von Country & Western-Songs etablierte.

Eddie Cochran gründete mit Capehart die Firma American Music und brachte die kaum beachtete Single ›Skinny Jim‹ heraus. Im August 1956 wirkte Cochran in dem Film »The Girl Can't Help It« mit Jayne Mansfield in der Hauptrolle mit, in dem er ›Twenty Flight Rock‹ sang. Vier Wochen später bekam er von Liberty Records einen Vertrag, und im Dezember stand er neben Mamie Van Doren in dem Film »Untamed Youth« vor der Kamera. Im März 1957 schaffte er mit ›Sittin' In The Balcony‹ (US #18), im Original von Johnny Dee, den ersten Hit, im September gefolgt von ›Drive In Show‹ (US #82). Cochran tourte daraufhin durch den Osten und Mittelwesten der USA und ging anschließend mit Gene →Vincent und →Little Richard nach Australien.

Nach der Single ›Jeannie, Jeannie, Jeannie‹ (US #94) gelang Eddie Cochran der Aufstieg zum Rock'n'Roll-Idol. Gemeinsam mit Capehart verfaßte er die Teenagerhymne ›Summertime Blues‹ (GB #18, US #8), erschienen im August 1958, drei Monate später folgte ›C'mon Everybody‹ (GB #6, US #35). Beide Titel gehören zu den größten Hits aller Zeiten

und wurden u. a. von den → **Who**, → **NRBQ** und → **Blue Cheer** gecovert.
Der Pionier des Studio-Overdubbing – Cochran sang und spielte bei seinen Hits alle Stimmen bzw. Instrumente selbst – hatte Ende 1958 den Sprung in die erste Garde der Rock'n'Roll-Elite geschafft. Der »ungewöhnlich begabte Gitarrist und energiegeladene Bühnenkünstler« (*Rolling Stone*) wurde vor allem von den weiblichen Fans als James Dean des Rock verehrt und gab sich mal als zorniger Rebell, mal als melancholischer Träumer.
1959 veröffentlichte Cochran ›Teenage Heaven‹ (US #99) und ›Somethin' Else‹ (GB #22, US #58). Im Gedenken an seine tödlich verunglückten Kollegen Buddy → Holly, Big Bopper und Richie → Valens entstand ›Three Stars‹. Im Februar formierte er seine Begleitgruppe **Kelly Four** mit Jim Stivers (p), Mike Henderson (sax), Gene Ridgio (dr) und Dave Schreiber (b).
Nach dem Erscheinen seiner Interpretation des Ray → Charles-Songs ›Hallelujah I Love Her So‹ (GB #22) schloß Cochran seine letzten Aufnahmen in den Goldstar Studios in Hollywood im Januar 1960 ab. Im Mai erschien die Single ›Three Steps To Heaven‹ (GB #2).
Am 9. Januar flog Cochran nach London und ging mit Billy Fury, Georgie → Fame und Joe Brown sowie mit Gene Vincent auf Tournee. Dazwischen trat er im Fernsehen auf und gab ein Gastspiel mit den **Wildcats** für den *New Musical Express* im Londoner Empire Pool. Am 17. April wollte Cochran in die Vereinigten Staaten zurückkehren. Ein Autounfall setzte seinem Leben ein jähes Ende. Die Mitinsassen, seine Freundin und Co-Autorin Sharon Sheely und Gene Vincent, überlebten.
Nach Cochrans Tod wurden außer ›Three Steps To Heaven‹ noch vier weitere Singles in den britischen Charts registriert: ›Lonely‹ (GB #29), ›Weekend‹ (GB #16), ›My Way‹ (GB #24) und die Wiederveröffentlichung von ›Jeannie, Jeannie, Jeannie‹ (GB #30). In Deutschland erschien im Juni 1968 eine Neuauflage von ›Summertime Blues‹ (D #25). Auch die Sampler MEMORIAL ALBUM (GB #9) und SINGLES ALBUM (GB #25) im April 1963 bzw. September 1979 fanden zahlreiche Abnehmer.
1963 erinnerte der britische Rock'n'Roller → Heinz mit seinem Hit ›Just Like Eddie‹ an den großen Rockstar. 1979 coverten die → **Sex Pistols** ›Somethin' Else‹, und im Januar 1987 wurde Eddie Cochran in die Rock'n'Roll Hall Of Fame aufgenommen.

EDDIE COCHRAN (1960) Liberty, LST 7172 • (S) CHERISHED MEMORIES (1962) Liberty 83072 • (S) NEVER TO BE FORGOTTEN (1963) Liberty, LRP 3220 • (S) MEMORIAL ALBUM (1963) Liberty • (S) EDDIE COCHRAN (1974) United Artists 29623/34 •(S) THE EDDIE COCHRAN SINGLES ALBUM (1979) United Artists 30244

Cock Robin

Peter Kingsberry (voc, key, b), Anna LaCazio (voc), Lou Molini III (dr, voc), Clive Wright (g)

Weil »ein Lied«, so Anna LaCazio, »den Leuten instinktiv ins Blut gehen muß«, wollten **Cock Robin** von Anfang an melodische und gefühlvolle Songs schreiben. Peter Kingsberry und seine Partnerin setzten auf leichte, manchmal oberflächliche Popmusik, die vor allem durch den abwechselnden Gesang der beiden bei den Fans ankam. Zwei Jahre lang gehörten **Cock Robin** zu den Shooting-Stars am Pophimmel und feierten besonders in Europa große Erfolge.

Peter Kingsberry stammte aus Arizona, wuchs im texanischen Austin auf und kam zunächst als Komponist für Stephanie Mills (›Pilot Error‹) zu Hitehren. Er spielte in der Tourneeband von Brenda Lee und tat sich 1982 in Los Angeles mit Anna LaCazio zusammen, die bisher als Nachtclubsängerin aufgetreten war. Lou Molini III aus Philadelphia und der Engländer Clive Wright vervollständigten 1984 das Quartett **Cock Robin**.

Ihren Plattenvertrag verdankten **Cock Robin** einer gelungenen Show im Vorprogramm von Billy →Idol. Ihre erste LP wurde 1985 von Steve →Hillage produziert. COCK ROBIN (US #61, D #9) zeichnete sich durch eingängige Popsongs, gelungene Vokalharmonien und eine perfekte Studiotechnik aus. Der Erfolg der ausgekoppelten Singles ›When Your Heart Is Weak‹ (US #35, D #8), ›The Promise You Made‹ (GB #35, D #6) und ›Thought You Were On My Side‹ (D #21) gaben dem Konzept von Kingsberry und LaCazio recht. Nachdem das Album in Deutschland mit Gold ausgezeichnet wurde, kamen **Cock Robin** 1986 zum ersten Mal nach Deutschland und trugen ihre Schmusehits vor.

Don Gehman (→**R.E.M.**, John →Mellencamp) produzierte das 87er Album AFTER HERE THROUGH MIDLAND (D #5) mit dem Hit ›Just Around The Corner‹ (D #16), bei dem anstelle von Molini und Wright Denny Fongheiser (dr) und Tim Pierce (g) dabei waren. In gewohnt harmonischer Weise »umschifften (sie) zielsicher die Klippe, die Kitsch heißt« (*Fachblatt*).

Beim dritten Album FIRST LOVE / LAST RITES wurden Kingsley und LaCazio von Pat Mastelotto (dr) von →**Mr. Mister**, James McCorkle (g), John Pierce (b) und Michael Norfleet (key) begleitet, letzterer hatte vorher in der Begleitband von Leonard →Cohen gespielt. Das Album wirkte »mühsam zusammengebastelt« (*Hifi Vision*), und ihr Synthi-Pop ließ den Schwung der ersten Alben völlig vermissen. Nach diesem Mißerfolg trennten sich **Cock Robin** im Frühjahr 1990.

COCK ROBIN (1985) Columbia 460695 • AFTER HERE THROUGH MIDLAND (1987) Columbia 465560 • FIRST LOVE / LAST RITES (1990) Columbia 477783 • (S) THE BEST OF (1992) Columbia 46906 • (S) BEST BALLADS (1995) Columbia 480500

Bruce Cockburn

Bruce Cockburn bezeichnete seine sensiblen, poetischen Lieder als »Ausdruck meiner geistigen Suche«, und für die Medien war er »unter den Singer / Songwritern der Mann mit der spitzesten Zunge« (*Musik Express*). Er war ein überzeugter Christ, engagierte sich für den Erhalt der Umwelt und war ein kritischer Beobachter der politischen Entwicklung in Nordamerika. Cockburn, der am 27. 5. 1945 im kanadischen Ottawa geboren wurde, lernte Gitarre, um seinen Idolen Elvis →Presley und Buddy →Holly nachzueifern. Nach dem Schulabschluß ging er nach Paris und schlug sich als Straßenmusiker durch, ehe er 1964 in die USA übersiedelte, um bis 1966 am Berklee College of Music in Boston Kompositionslehre, Arrangement und Musiktheorie zu studieren. Außerdem

lernte er Klavier, Klarinette und Trompete spielen.
Mitte der 60er Jahre trat Cockburn als Mundharmonikavirtuose und Organist mit den Esquires und Children auf, spielte als Solist in Kaffeehäusern und Clubs und war 1969/70 Mitglied der Folkformation Three's A Crowd. 1970 schrieb er die Musik für den Film »Go Down The Road« von Don Shebib und wurde von dem kleinen Label True North unter Vertrag genommen. Seine ersten beiden, dem Folk verpflichteten Alben erschienen auch in den USA, während die folgenden ausschließlich auf dem kanadischen Markt herauskamen. 1972 produzierte er das Kultalbum COAST TO COAST FEVER mit dem Singer/Songwriter David Wiffen. Erst 1979 war er mit der LP DANCING IN THE DRAGON'S JAWS (US #91) und der Single ›Wondering Where The Lions Are‹ wieder in den USA vertreten. Cockburn hatte inzwischen eine Begleitband zusammengestellt und sein musikalisches Spektrum um Blues-, Country- und schließlich auch Rockelemente erweitert.
In Kanada wurde Cockburn für seine Leistungen als Interpret und Komponist mehrfach mit dem Juno Award ausgezeichnet. Anne →Murray, Mary Hopkins und Tom →Rush adaptierten seine Lieder. Im Frühjahr 1980 gelang dem »friedensbewegten Amerika-Kritiker« (*Süddeutsche Zeitung*) mit ›Wondering Where The Lions Are‹ (US #20) endlich ein nennenswerter Hit. Von seinen teilweise von lateinamerikanischer bzw. karibischer Musik geprägten LP's verkauften sich außerhalb Kanadas STEALING FIRE (US #74) und WORLD OF WONDERS (D #48) am besten.
Cockburns eindeutige politische Haltung eröffnete ihm auch Auftrittsmöglichkeiten im damaligen Ostblock, u. a. 1986 in der DDR. Sein sanfter Bariton und seine zuweilen romantisch verklärte Weltverbesserer-Poesie sprachen ein vorwiegend älteres, akademisches Publikum an, das »der anspruchsvollen Rockmusik mit den tiefschürfenden Texten« (*Musik Express*) andächtig lauschte. Cockburn übte Kritik an Militärregimes, gab Benefizkonzerte zur Erhaltung vom Aussterben bedrohter Tierarten und trat für Menschenrechts-Organisationen wie die mittelamerikanische Oxfam auf. Kanadas führender Rockpoet unterstützte auch die Sandinisten in Nicaragua, thematisierte mit ›Radium Rain‹ den nuklearen Supergau in Tschernobyl und setzte sich für den Erhalt der südamerikanischen Regenwälder ein. Der *Musik Express* bezeichnete ihn deshalb als »den letzten Individualisten mit sozialem Anspruch«.
Cockburn gewann international an Ansehen und absolvierte Tourneen in Japan, Italien, Deutschland, Skandinavien und ab 1985 regelmäßig in den Vereinigten Staaten. Sein 1987 veröffentlichtes Doppelalbum WAITING FOR A MIRACLE zeigte einen Querschnitt der Arbeiten des »zeitlosen Vollblut- und Weltmusikers« (*Musikmarkt*). NOTHING BUT A BURNING LIGHT wurden 1991/92 400000 Mal verkauft.
Cockburn orientierte sich bei der im Frühjahr 1994 veröffentlichten LP DART TO THE HEART stärker an kommerziellen Maßstäben. Zur Produktion des Albums hatte Cockburn prominente Gäste eingeladen: Baßveteran Jerry Scheff, der mit Elvis Presley, Bob Dylan und Elvis →Costello gearbeitet hatte, Greg Leisz, Steel-Gitarrist von k. d. →Lang, und Bryan →Adams-Drummer Mickey Curry.

Ende 1996 erschien THE CHARITY OF NIGHT mit Songs zum Thema Landminen, Umweltzerstörung und Entfremdung. Als Studiogäste hatte er Maria →Muldaur und Bonnie →Raitt gewonnen.

BRUCE COCKBURN (1970) Epic 30812 • HIGH WINDS, WHITE SKY (1971) IRS 487380 • SUNWHEEL DANCE (1972) IRS 487400 • NIGHT VISION (1973) IRS 487410 • SALT, SUN AND TIME (1974) True North, TN 16 • JOY WILL FIND A WAY (1975) IRS 487440 • IN THE FALLING DARK (1976) IRS 487450 • CIRCLES IN THE STREAM (1977) Island, ILPS 9475 • FURTHER ADVENTURES (1978) True North, TN 33 • DANCING IN THE DRAGON'S JAWS (1979) IRS 487360 • HUMANS (1980) IRS 487480 • INNER CITY FRONT (1981) Pläne 88479 • THE TROUBLE WITH NORMAL (1983) IRS 487500 • STEALING FIRE (1984) Pläne, PCD 88392 • RUMORS OF GLORY (1985) Pläne, PCD 88406 • WORLD OF WONDERS (1986) IRS 487510 • BIG CIRCUMSTANCE (1989) IRS 487370 • LIVE (1990) Cooking Vinyl 1034 • NOTHING BUT A BURNING LIGHT (1991) Columbia • CHRISTMAS (1993) Columbia 474712 • DART TO THE HEART (1994) Columbia 475649 • THE CHARITY OF NIGHT (1996) Rykodisc, RTD 5110366 • (S) MUMMY DUST (1981) True North, TN 45 • (S) WAITING FOR A MIRACLE (1987) Pläne 88541

Cocoa Tea

Cocoa Tea wurde um 1960 als Calvin Scott in Kingston, Jamaika, geboren. Seine Karriere begann er 1973, als er »obskure Platten für den gleichermaßen obskuren Produzenten Little Willie Francis« (*Guinness*) besang, die auf dessen Label Karate Dance veröffentlicht wurden. Die Single ›Searching In The Hill‹ erschien als einzige unter seinem Namen Calvin Scott. Danach verschwand er von der Bildfläche und tauchte 1983, nun mit Dreadlocks, unter dem Pseudonym Cocoa Tea wieder auf. Er entdeckte eine Nische im Dancehall Reggae. Unter der Regie des Produzenten Henry Junjo Lawes veröffentlichte er die Singles ›Rockin Dolly‹ und ›I Lost My Sonia‹, die dem Dancehall-Reggae verpflichtet waren.
Sein 85er-Album WHA THEM A GO DO, CAN'T STOP COCOA TEA erweckte den Eindruck, »als ob er schon eine ganze Weile im Musikbusiness erfolgreich tätig sei« (*Guinness*). Mittlerweile kooperierte er mit namhaften jamaikanischen Produzenten wie King Jammy, King Tubby, Bobby Digital und Fatis. Mit seinen Alben aus den Jahren 1986 und 1987 etablierte er sich endgültig in der nationalen Reggae-Elite.
Gemeinsam mit dem ebenfalls renommierten Produzenten Gussie Clarke und dem Rapper und DJ Shabba Ranks sowie Home T bildete Cocoa Tea ein Produktionsteam, das 1989 die LP HOLDING ON aufnahm und mit der Single ›Pirate's Anthem‹ großen Erfolg hatte.
1991 wieder als Solist tätig, bewies Cocoa Tea mit RIKERS ISLAND, daß er inhaltlich mehr zu sagen hatte als viele seiner Reggaekollegen aus der Dancehall-Szene. Als Produzent zeichnete George Richardson, genannt Mr. Doo verantwortlich. Seine Single ›No Blood For Oil‹, eine Anspielung auf den Golfkrieg, war eine Auskopplung aus dem Album ONE MORE FOR THE ROAD. Begleitet wurde Cocoa Tea von Home T und Cutty.

WHA THEM A GO DO, CAN'T STOP COCOA TEA (1985) Corner Stone • THE MAR-

SHALL (1986) • SWEET SWEET COCOA TEA (1986) • ROCKING DOLLY (1986) R.A.S. 3211 • COME AGAIN (1987) Super Power, SPLP 2 • HOLDING ON (1989) Greensleeves, GREL 142 • RIKERS ISLAND (1991) Greensleeves, GREL 156 • ONE MORE FOR THE ROAD (1991) • AUTHORIZED (1992) Greensleeves, GREL 183 • I AM THE TOUGHEST (1992) Prince Jam, JAM 10 • KINGSTON HOT (1992) Greensleeves, GREL 174 • (S) COCOA TEA (1987) Jimpys International, JWH 871 • (S) SETTLE DOWN (1989) Cornerstone, DSR 6160 • (S) 20 TRACKS OF COCOA TEA (1993) Fotofon, INDIGO 6811

David Allan Coe

Rund 20 Jahre seines Lebens verbrachte David Allan Coe, geboren am 6. 9. 1939 und mit neun Jahren Waise, in Erziehungsanstalten oder Gefängnissen – Erfahrungen, die das künstlerische Schaffen von Coe prägen sollten. Als er 1967 entlassen wurde, setzte er sich für die Verbesserung der Haftbedingungen ein. Obwohl sein Vorleben den Einstieg ins Musikgeschäft nicht gerade erleichterte, setzte sich Coe schließlich als Komponist und Entertainer durch und zählte wie Waylon →Jennings, Willie →und Jerry Jeff →Walker zu den Vertretern der Countrymusik, die mit dem traditionellen Nashville-Sound nichts am Hut hatten.

Bereits während seiner Gefängniszeit hatte David Allan Coe Songs geschrieben und war aufgrund zahlreicher Auftritte »innerhalb der Zuchthäuser so bekannt wie Elvis Presley außerhalb der Gefängnismauern« (David Allan Coe). Nach seiner Entlassung kehrte er in seine Heimatstadt Akron, Ohio, zurück. In Nashville unterzeichnete Coe einen Plattenvertrag bei dem kleinen Label SSS International. PENITENTIARY BLUES enthielt Reflexionen über seine Haftzeit und war stilistisch an »weißer Bluesmusik mit Country-Aroma« (*Rolling Stone*) angelehnt. Die Platte stieß auf wenig Gegenliebe und paßte genausowenig ins C&W-Klischee wie REQUIEM FOR A HARLEQUIN. Coe arbeitete daraufhin als Komponist und hatte 1974 Erfolg, als er für Tanya →Tucker den Hit ›Would You Lay With Me‹ schrieb. Das ermutigte ihn, selbst wieder Songs aufzunehmen.

Coe ironisierte konventionelle Country-Themen und nannte sich zeitweise Davey Coe – The Mysterious Rhinestone Cowboy. Außerdem thematisierte er immer wieder seine Gefängnisjahre oder schrieb Songs, die von Motorradrockern handelten. Mit ›How High's The Watergate, Martha‹, ›Keep Those Big Wheels Hummin‹ und ›Mona Lisa's Lost Her Smile‹ konnte er sich in den Country-Charts plazieren. 1978 machte Johnny Paycheck Coes Komposition ›Take This Job And Shove It‹ zu einem absoluten Country-Bestseller.

Coe hatte mit seinen Alben des zynischen Südstaatlers ein kleines, aber treues Publikum gefunden. 1976 wurde er zum besten männlichen Newcomer (*Cashbox*) in der Albumkategorie gewählt. Er blieb seinem Outlaw-Image treu und veröffentlichte regelmäßig »neue Kapitel der unendlichen Geschichte des David Allan Coe« (David Allan Coe). Begleitet von der **Tennessee Hat Band** trat er sporadisch überwiegend im Süden der USA auf. Außerdem gab er einige Bücher heraus, darunter seine Autobiographie »Just For The Record«, erschienen 1978.

PENITENTIARY BLUES (1968) International, SSS 9 • REQUIEM FOR A HARLEQUIN (1969) International, SSS 31 • MYSTERIOUS RHINESTONE COWBOY (1974) Columbia, KC 32942 • MYSTERIOUS RHINESTONE COWBOY RIDES AGAIN (1974) Columbia, KC 33085 • ONCE UPON A RHYME (1975) Columbia 80908 • LONGHAIRED REDNECK (1976) Columbia, KC 33916 • DAVID ALLAN COE RIDES AGAIN (1977) CBS 81673 • TATTOO (1977) Columbia, PC 34780 • TEXAS MOON (1977) Charly, CRL 5006 • FAMILY ALBUM (1978) Columbia, KC 35306 • HUMAN EMOTIONS (1978) Columbia, KC 35535 • SPECTRUM SEVEN (1979) Columbia 35789 • COMPASS POINT (1979) Columbia 36277 • I'VE GOT SOMETHING TO SAY (1980) Columbia 36489 • INVICTUS MEANS UNCONQUERED (1981) Columbia 36970 • ENCORE (1981) Columbia 37352 • TENNESSEE WHISKEY (1981) Columbia 37454 • ROUGH RIDER (1982) Columbia 37736 • D.A.C. (1981) Columbia 38093 • CASTLE IN THE SAND (1983) Columbia 38535 • HELLO IN THERE (1983) CBS 25722 • JUST DEVORCED (1984) Columbia 39269 • DARLIN' DARLIN (1985) Columbia 39617 • UNCHAINED (1986) CBS 26742 • I LOVE COUNTRY (1987) CBS 402674 • A MATTER OF LIFE AND DEATH (1987) CBS 450479 • CRAZY DADDY (1989) • 1990 SONGS FOR SALE (1991) • LIVE IF THAT AIN'T COUNTRY (1997) Lucky Dog • (S) GREATEST HITS (1978) Columbia 35627 • (S) FOR THE RECORD – THE FIRST TEN YEARS (1985) CBS 88655

Leonard Cohen

Ehe Leonard Cohen im Alter von 34 Jahren erstmals als Sänger öffentlich auftrat, war er vor allem in Literatenkreisen bekannt. Seit 1956 hatte er Romane und Gedichtbände veröffentlicht; allein ›Beautiful Losers‹ verkaufte sich weltweit über 300000 Mal und wurde als »Klassiker der 60er Jahre« (*Rolling Stone*) bezeichnet.

»Amerikas poetischer Einzelgänger« (*Musik Express*) fand mit seinen intimen, zerbrechlichen, sparsam instrumentierten Liedern und seiner traurigen, sanften Stimme vor allem bei Frauen Anklang. Liebe, Selbstzerstörung, Tod und Wahnsinn waren anfangs seine Themen, die Mitte der 70er Jahre einfachen, »leicht konsumierbaren« (*Sounds*) Liebesliedern wichen. Selbst als seine Alben nicht mehr besonders gefragt waren, blieb Cohen eine Kultfigur – ein Status, der ihm bei spektakulären Comeback-Tourneen zugute kam.

Geboren am 21. 9. 1934 in Montreal, wuchs Leonard Cohen wohlbehütet auf. Er studierte Literatur an der McGill-Universität und nahm 1955 ein Stipendium der New Yorker Columbia-Universität an. Erste Aufmerksamkeit erzielte er mit seinen Gedichten, die er als Student geschrieben hatte und die er mit Klavierbegleitung vortrug. 1957 erschien das Album SIX MONTREAL POETS, auf dem Cohen einige seiner Gedichte rezitierte. Cohens Bücher, die der Beat-Generation zugerechnet wurden, verkauften sich so gut, daß er sich auf der griechischen Insel Hydra einen zweiten Wohnsitz leisten konnte. Er wurde mit mehreren Literaturpreisen ausgezeichnet, darunter dem Prix Littéraire du Québec. Anläßlich der damit verbundenen Lesereise entstand 1964 die Filmdokumentation »Ladies and Gentleman, Mr. Leonard Cohen«.

1966 erschien das ALBUM CANADIAN POETS 1, auf dem Cohen einige Gedichte aus der Sammlung »Parasites Of Heaven« mit einfachen Gitarrenakkorden vortrug. Als Judy → Collins seine Komposition ›Suzanne‹ für ihr Album IN MY

Life aufnahm und ihn an den CBS-Talentscout John Hammond vermittelte, wagte sich der introvertierte Künstler ins Rampenlicht. Er unterschrieb Ende 1966 einen Plattenvertrag und trat im April 1967 in der New Yorker Town Hall und kurz darauf beim Rheingold Music Festival im Central Park zum ersten Mal als Solist auf. Im gleichen Jahr war er beim Newport Folk Festival, auf der kanadischen Expo '67 und beim Big Sur Festival dabei.

Auf seiner ersten LP The Songs Of Leonard Cohen (US #85), die im Dezember 1967 (als Erscheinungsjahr war 1968 angegeben) auf den Markt kam, klang der »traurige Poet« (*Stern*) nachdenklich und melancholisch. Seine rezitativen Balladen vermittelten sich eher über die Inhalte als über die sparsame Gitarrenbegleitung.

Cohens Stil kam an. Songs wie ›Suzanne‹, ›So Long, Marianne‹ und ›Sisters Of Mercy‹ machten ihn weltbekannt. Tim → Hardin, Noel Harrison und → **Spanky & Our Gang** nahmen Coverversionen seiner Songs auf. Im Juni 1968 erschien sein Buch »Selected Poems 1956–1968«, von dem innerhalb dreier Monate 200000 Exemplare verkauft wurden.

In Großbritannien kam Cohen im Mai 1969 mit seinem Album Songs From A Room unter die Top 10 (GB #5, US #40). Der »Chronist von Stimmungen« (*Sounds*) vertraute auf ruhige, bildreiche, surrealistische Szenen. Vor allem ›Bird On A Wire‹ dokumentierte Cohens überragendes Talent als Geschichtenerzähler.

1970 unternahm Cohen eine ausgedehnte Konzerttournee. Er trat in sieben europäischen Metropolen auf, spielte beim Bath Festival Of Blues & Progressive Music im englischen Somerset und wurde bei seinem Auftritt beim Festival auf der Isle Of Wight von 100000 Fans bejubelt. Begleitet wurde er von seiner Tourneeband, zu der Charlie → Daniels (b, g, vi), Ron Cornelius (g), Bubba Fowler (ban, g), Sue Musmano (voc), Corlynn Hanney (voc) und Bob Johnston (harm, g) gehörten.

Johnston produzierte auch die dritte LP Songs From Love And Hate (GB #4, D #24), veröffentlicht im Mai 1971: »Das Beste, was Cohen bisher vorgestellt hat« (*Sounds*). Sparsam arrangiert, manchmal mit Streicherunterstützung, überzeugten von den etwas monoton vorgetragenen Soft-Songs vor allem ›Avalanche‹ und ›Joan Of Arc‹. Zwei der Songs verwandte Robert Altman als Instrumentalversion für seinen Film »McCabe and Mrs. Miller« mit Warren Beatty in der Hauptrolle. 1972 war Cohen wieder in Europa auf Tournee, begleitet von Johnston, Cornelius, Peter Marshal (b), David O'Connor (g), Donna Washburn (voc) und der späteren Solistin Jennifer Warnes (voc). Mit zwei erfolgreichen Konzerten in Israel beendete er die Tournee. Im Herbst kündigte er seinen Rückzug aus dem Musikgeschäft an.

Als im Frühjahr 1973 Live Songs (D #30) herauskam, ein Mitschnitt seiner Europatourneen 1970 und 1972, betitelte der *Melody Maker* seine Kritik mit »Cohen – One Live Loser«. 1974 wurde Tony Palmers Film »Bird On A Wire« uraufgeführt, der anläßlich Cohens Europatour von 1970 entstanden war. Bereits am 25. 9. 1973 erlebte sein autobiographisch geprägtes Stück »Sisters Of Mercy« seine Off-Broadway-Premiere.

Leonard Cohen, der eine Schaffenskrise durchmachte, nahm im Herbst 1973 eine Einladung der israelischen Regierung an und trat bis kurz vor Ausbruch des Yom-Kippur-Krieges in mehreren Militärbasen auf. Diese Erfahrungen beeinflußten auch einige Songs der neuen LP New Skin For The Old Ceremony (GB #30, D #17). Cohen klang hier »weniger neurotisch« (*Sounds*) und – abgesehen von seiner Live-Platte – ließ er sich erstmals von einer soliden Rockbesetzung begleiten, um auch ein eher poporientiertes Publikum zu erreichen. Mit der Auskopplung ›Lover Lover Lover‹ (D #9) hatte Cohen in Deutschland Erfolg. Bei seiner Europatournee im September / Oktober 1974 absolvierte Cohen 32 erfolgreiche Konzerte. Von der *Berliner Morgenpost* als »Stimme des jungen, rebellischen Amerikas« und »Symbolfigur« bezeichnet, erklärte Cohen: »Mein Publikum ist alterslos. Ich singe für keine bestimmte Generation ...«

Für sein 77er-Album Death Of A Ladies Man ließ sich »der Vertreter der sinnlichen Revolution« (*Musik Express*) fast drei Jahre Zeit. Die Songs handelten diesmal vor allem von enttäuschter Liebe. Phil Spector hatte die Platte produziert, auf der zahlreiche Studiomusiker mitwirkten, darunter Barry → Goldberg (key), Sneaky Pete Kleinow (steel-g) und als Gaststars Bob → Dylan und der Beatnik-Dichter Allen Ginsberg. Die aufwendig produzierte LP fiel durch, und Leonard Cohen resümierte enttäuscht: »Ich hätte Spector lieber in seiner Debussy- als in seiner Wagner-Periode erlebt.« Die Gedichte »Death Of A Ladies Man« erschienen 1978 auch als Buch.

Der erfahrene Produzent Henry Lewy (Joni → Mitchell) sollte bei Recent Songs (D #56) für ein umsatzträchtigeres Album sorgen. Cohen klang wieder melancholischer und erinnerte damit an seine ersten Alben. Doch auch diese konventionelle Folk-Platte mit einem gehörigen Country-Touch vom September 1979 fand allenfalls bei treuen Cohen-Fans Anklang. Enttäuscht von der mangelnden Resonanz in Nordamerika – »meine Plattenfirma hat schon lange nichts mehr für mich getan« (Cohen) –, ging er 1979 und 1980 auf eine ausgedehnte Tournee, die ihn nach Europa und Australien führte.

Danach zog sich Cohen erneut für längere Zeit ins Privatleben zurück. Währenddessen war im März 1981 sein Sampler Liebesträume (D #3) in Deutschland ein Verkaufserfolg. Erst 1984 meldete er sich mit dem Buch »Book Of Mercy« und seinem halbstündigen Film »I'm A Hotel« zurück, der beim Internationalen Fernsehfestival in Montreux mit der Goldenen Rose ausgezeichnet wurde. Im Frühjahr 1985 warb er auf einer sehr gut besuchten Europatournee für seine LP Various Positions (GB #43, D #43), die im Januar in den europäischen Hitparaden notiert wurde. Der inzwischen 50jährige Cohen vertraute auf seine »unverwechselbare Atmosphäre und die noch nicht restlos pessimistische Schwermut des Träumers« (*Musik Express*). Die Konzerte waren ausverkauft, die Kritiker waren weniger begeistert. Die *Welt* bemängelte seine »einlullenden und schwermütigen Lieder«, und die *FAZ* bezeichnete Cohen als »enttäuschenden Anarchisten ohne Bombe«.

1985 gewann Cohen für das beste Filmdrehbuch zu der Lewis Furey-Rockoper »Night Magic« den kanadischen Juno Award, und im Jahr darauf hatte er eine Gastrolle in der Fernsehserie »Miami Vice«. Seine langjährige Chorsängerin Jennifer Warnes, die 1982 im Duett mit Joe → Cocker mit der Ballade ›Up Where We Belong‹ einen Welthit feiern konnte,

konnte Cohen von ihrer Idee überzeugen, ein Album herauszubringen, das nur Songs von ihm enthielt. Unter dem Titel FAMOUS BLUE RAINCOAT kam es im Sommer 1987 heraus. Die spanische CBS gewann Cohen 1986 für das Federico Garcia Lorca gewidmete ALBUM POETS IN NEW YORK, an dem außerdem Angelo, Paco de Lucia, Georges Moustaki, Mikis Theodorakis u. a. beteiligt waren.

»Der Weltschmerzkünstler« (*Rock World*) veröffentlichte Anfang 1988 I'M YOUR MAN (GB #48, D #32) mit der Single ›First We Take Manhattan‹, einem seiner besten Songs. Ab April war er auf Tournee in Europa mit über 30 Konzerten; von Juli bis November folgten zahlreiche Auftritte in den USA und Kanada. 1991 wurde Cohen für sein Lebenswerk in die kanadische Juno Hall of Fame aufgenommen und wurde zum Officer of Order of Canada ernannt. Im September 1991 erschien das von Christian Fevret, Herausgeber des französischen Rockmagazins *Les Inrockuptibles*, initiierte Tribute-Album, auf dem u. a. John →Cale, Lloyd →Cole, Nick →Cave und die →Pixies vertreten waren, unter dem Titel THE SONGS OF LEONARD COHEN.

Nach vierjähriger Studiopause kam das Album THE FUTURE (GB #36, D #79) heraus, dessen Songs ihn als »scharfen Analytiker menschlicher und politischer Befindlichkeiten« (*Audio*) auswiesen. Cohen, der die LP in Los Angeles aufgenommen hatte, wirkte zynischer als je zuvor. »Seine Stimme hat im Laufe der Zeit ein laszives, rauhes Timbre gewonnen, das vor allem den Liebesliedern exotisches Flair verleiht«, urteilte die *FAZ*. Hin und wieder nutzte er Gospelelemente, setzte Streicher oder Steelgitarren ein und deutete Bluesfiguren an. Der Endfünfziger wurde nun wieder aktiver. 1993 erschien sein Buch »Stranger Music«, das alle Songtexte sowie elf »uncollected poems« enthielt. Im April und Mai war er auf Europatournee, und im Sommer absolvierte er nach langer Pause wieder eine US-Tour mit 37 Auftritten. Ein Mitschnitt dieser Tournee erschien 1994 unter dem Titel LEONARD COHEN LIVE IN CONCERT.

Am 26. 11. 1993 wurde Cohen mit dem Governor General's Performing Arts Award für seine Verdienste um die Musik Kanadas geehrt. Seit 1994 lebt Leonard Cohen meist im Zen-Zentrum vom Mount Baldy, südlich von Los Angeles, wo er ein neues Buch vorbereitet.

1995 würdigten Topstars wie Bono von →U 2, →Sting, Tori →Amos, Peter →Gabriel, Elton John und Aaron Neville erneut das Werk von Cohen mit dem Projekt TOWER OF SONG – THE SONGS OF LEONARD COHEN.

SONGS OF LEONARD COHEN (1968) Columbia 468 600 • SONGS FROM A ROOM (1969) Sony, CK 09767 • SONGS OF LOVE AND HATE (1971) CBS 64090 • LIVE SONGS (1973) Columbia 484 454 • NEW SKIN FOR THE OLD CEREMONY (1974) Columbia, CD 32660 • DEATH OF A LADIES MAN (1977) Columbia 442 860 • RECENT SONGS (1979) Columbia 474 750 • VARIOUS POSITIONS (1984) Columbia 465 569 • I'M YOUR MAN (1988) CBS 460642 • FIRST WE TAKE MANHATTAN (1989) Columbia • THE FUTURE (1992) Columbia 472 498 • COHEN LIVE (1994) Columbia 477171 • (S) GREATEST HITS (1975) CBS 69161 • (S) SONGS AND POEMS (1981) CBS 66373 • (S) SO LONG, MARIANNE (1990) Columbia 460 500 • (S) LEONARD COHEN (1992) Columbia 472 268 • (S) MORE BEST OF (1997) Columbia 488 237 • Jennifer Warnes: JENNIFER WARNES (1977) Arista 4062 • SHOT THROUGH THE HEART (1979) Arista

2119737 • FAMOUS BLUE RAINCOAT (1987) Ariola 258418 • THE HUNTER (1992) Private Music 261974 • (S) BEST OF (1982) Arista 258554

Marc Cohn

Marc Cohn wuchs in Cleveland, Ohio, auf und begann als Sänger in der Schulband **Doanbrook Hotel**. Er brachte sich das Gitarrespielen bei und begann zu komponieren. Während seines Studiums in Los Angeles spielte er in Steakhäusern oder Clubs wie dem Bla Bla Café. Inzwischen hatte er auch das Piano für sich entdeckt. 1981 folgte Cohn seiner Verlobten nach New York. Dort gründete er die 14köpfige Rock-Bigband **Supreme Court**, die u. a. Songs von den → **Beatles** übernahmen und sich eine treue Fangemeinde schufen. 1989 wirkte er auf Tracy → Chapmans zweitem Album CROSSROADS mit. Ihr Produzent David Kershenbaum war auch an Cohn interessiert, der aber mit den ersten Aufnahmen unzufrieden war und die Zusammenarbeit beendete.

Marc Cohn nahm sich 18 Monate Zeit, um sich ausschließlich auf das Schreiben von Songs zu konzentrieren, die er mit Klavierbegleitung aufnahm. Als er rund 50 Titel zusammenhatte, nahm er Kontakt zu Plattenfirmen auf und bekam einen Vertrag von Atlantic Records. Unterstützt von Produzent Ben Wisch, Gitarrist John Leventhal aus dem Umfeld von Shawn → Colvin und von den renommierten Schlagzeugern Jerry Marotta und Steve Gadd entstand das sehr persönliche Album MARC COHN (GB #27, US #38), das außer Willie Dixons ›29 Ways‹ nur Eigenkompositionen enthielt und auf Anhieb eine Millionenauflage erreichte.

Cohn wurde als neuer Stern am Singer / Songwriter-Himmel gefeiert. 1991 erschienen ›Walking In Memphis‹ (GB #22, US #13, D #25), ›Silver Thunderbird‹ (GB #54. US #63, D #87), ›True Companion‹ (US #80) und ›Ghost Train‹ (D #74) als Singles. Begleitet von dem Gitarristen und Bassisten Jeff Pevar stellte Cohn seine Songs Ende 1991 auch in Deutschland vor: »Bei seinen Liedern hat man das Gefühl, als blättere man im Tagebuch eines netten, durchschnittlichen US-Boys« (*Musik Express*). Cohn traf den Nerv des nordamerikanischen Publikums und wurde im Februar 1992 prompt mit einem Grammy als bester neuer Künstler ausgezeichnet.

Mit dem Album THE RAINY SEASON (GB #24, US #63, D #60) und der Single ›Walk Through The World‹ (GB #37, D #51) vom Sommer 1993 konnte Cohn den kommerziellen Erfolg seines Debüts nicht wiederholen. Auf der LP, an der eine illustre Musikerschar mitwirkte, darunter David → Crosby, Graham → Nash, Bonnie → Raitt und David Hidalgo von → **Los Lobos**, mischte Cohn geschickt Blues-, Folk-, Gospel- und Popelemente mit autobiographischen Themen: »In gewisser Weise ist das Texten ein therapeutischer Prozeß« (Marc Cohn). 1994 war er Studiogast bei Carly → Simons LETTERS NEVER SENT.

MARC COHN (1991) Atlantic 7567–82178 • THE RAINY SEASON (1993) Atlantic 7567–82491

Cold Blood

Frank J. Davis (dr), Rod Ellicott (b), Larry Field (g), Danny Hull (sax, voc), Jerry Jonutz (tr), Larry Jonutz (sax), Raul Matute (p, org), David Padron (tr), Lydia Pense (voc)

Das Rockorchester aus San Francisco kombinierte 1968 Westcoast-Sound mit straffen Bläsersätzen und dem Blues der Sängerin Lydia Pense, die zusammen mit Danny Hull und Raul Matute den musikalischen Kurs von **Cold Blood** bestimmten. 1969 gehörten sie zu den Live-Attraktionen in Frisco. Sie spielten regelmäßig im Fillmore West und wurden von dessen Impresario Bill Graham betreut. Die Besetzung der Gruppe wechselte ständig; zum erweiterten Kreis der Band zählten das ehemalige →**Santana**-Mitglied José Chepito Areas (perc), die →**Pointer Sisters** und der Hornist Mic Gillette von →**Tower Of Power**.

Cold Blood sorgten Anfang 1970 kurzfristig für Furore, als sie mit der Single ›You Got Me Hummin‹ (US #45) und der LP Cold Blood (US #21) hohe Auflagen erzielten. Bis 1976 erschienen fünf weitere Alben, von denen aber nur Sisyphus vom Februar 1971 ein gewisser Erfolg war. Ansonsten irritierten **Cold Blood** das Publikum mit einem stilistischen Wirrwarr aus Jazz, Rock und Blues. Einzig Lydia Pense verstand es, das Publikum zu überzeugen.

1974 versuchten **Cold Blood**, ihr Konzept stärker auf Lydia Pense auszurichten. Damit »rückte das Begleitensemble dem Kulissencharakter immer näher« (*Sounds*) und ließ jede musikalische Eigenständigkeit vermissen. Offenbar waren die künstlerischen Zielsetzungen der beteiligten Musiker zu unterschiedlich, um auf einen gemeinsamen Nenner gebracht werden zu können. Auch Steve Cropper von →**Booker T. & MG's**, der das letzte Album produzierte, konnte daran nichts ändern.

Nach der Trennung von **Cold Blood**, die sich an »The Last Days«, dem Abschiedsfest des Fillmore West, beteiligten, konnte sich auch Lydia Pense allein nicht durchsetzen. Ein Teil der Bandmitglieder arbeitete in der Studioszene weiter. Rod Ellicott half u. a. bei den **Pointer Sisters** aus, und Danny Hull wurde 1976 von Buddy →Miles engagiert.

COLD BLOOD – FIRST BLOOD (1970) Atlantic 588218 • SISYPHUS (1971) Atlantic 2400102 • FIRST TASTE OF SIN (1972) Reprise 2074 • THRILLER (1973) Reprise 2130 • LYDIA (1974) Warner Brothers 56047 • LYDIA PENSE & COLD BLOOD (1976) ABC 917 • (S) BEST OF (1995) GNP 2238

Cold Chisel

Jimmy Barnes (voc), Ian Moss (g, voc), Steve Prestwich (dr, voc), Phil Small (b, voc), Don Walker (key, voc)

Über eine Zeitungsannonce lernten sich der Physiker und Freizeitkeyboarder Don Walker und der Gitarrist Ian Moss 1974 in Adelaide, Australien, kennen. Mit dem schottischen Sänger Jimmy →Barnes, Steve Prestwich und einem unbekannten Bassisten, der 1976 durch Phil Small ersetzt wurde, gründeten sie das Rockquintett **Cold Chisel**.

Da sie sich in Sydney mehr Möglichkeiten erhofften, verlegten **Cold Chisel** ihr Quartier dorthin. 1978 schafften sie es, mit ihrer ersten LP in die heimischen Top 40 vorzudringen. Ihr Sound profitierte vor allem von Jimmy Barnes' rauhem Gesang und den Einfällen des exquisiten Gitarristen Ian Moss. **Cold Chisel** spielten einen satten Rock, der unterschiedliche Stilmittel – vom Reggae bis zum Softpop – verband. Mit den Singles ›Goodbye‹ und ›Khe Sanh‹ bewiesen sie, daß sie als hoffnungsvollste Band des fünften Kontinents galten.

Nachdem sie 1979 die LP Breakfast At Sweethearts und die Single ›Shipping Steel‹ veröffentlicht hatten, versuchten **Cold Chisel**, ab 1980 international Fuß zu fassen. Mit der LP East, in ihrer Heimat 250000 Mal verkauft, schickte sich »eine bisher in der Alten und Neuen Welt unbekannte Gruppe an, die Hitparaden der Welt zu erobern« (*Billboard*). Der Versuch, sich in den US-Charts plazieren zu können, scheiterte knapp, und auch die Auskopplungen ›My Baby‹, ›Cheap Wine‹ und ›Choir Girl‹ gelangten wieder nur in die australischen Charts.

1981 überzeugten sie mit dem Live-Doppelalbum Swingshift, eine raffinierte Mischung aus »pulsierendem Boogie, langgezogenem Blues, galoppierendem Rockabilly und simplem, kraftvollem Rhythm & Blues« (*Sounds*). In Australien tourten **Cold Chisel** u.a. mit Rod →Stewart und →**Foreigner**, in den USA gingen sie mit Ted →Nugent, →**Cheap Trick**, →**Heart**, →**Loverboy** und Joe →Walsh auf Tournee, und in Europa traten sie 1982 im Vorprogramm von →**Slade** auf. Dabei stellten sie das Material von Circus Animals vor, das »vortrefflich zu den handfesten Rock'n'Rollern« (*Sounds*) paßte. Erdige und gleich zeitig kunstvolle, eingängige Rocksongs, kompakte Rhythmik und präziser Satzgesang ließen **Cold Chisel** in Australien ähnlich erfolgreich werden wie →**AC/DC**. 40000 Fans verfolgten ihren Auftritt beim Narara Rock Festival in Gosford, und bei der nachfolgenden Australientournee spielten sie ausschließlich vor ausverkauften Häusern. Im April 1983 traten sie anläßlich des australischen Motorrad Grand Prix bei einem Open Air Festival auf, das von Ausschreitungen zwischen der Polizei und einer Motorrad-Gang überschattet wurde.

Im Sommer 1983 kamen **Cold Chisel** im Vorprogramm von Roger →Chapman zum zweiten Mal nach Deutschland. Kurz darauf trennten sich die Musiker überraschend, da sie offenbar die Hoffnung aufgegeben hatten, den internationalen Durchbruch zu schaffen. Jimmy Barnes setzte sich anschließend als Solist durch. Walker, der mit seinen Soloalben wenig Erfolg hatte, gelang 1988 zusammen mit **Catfish** das außergewöhnlich gute Bluesalbum Unlimited Address.

COLD CHISEL (1978) Line 842155 • BREAKFAST AT SWEETHEARTS (1979) Line 900152 • EAST (1980) WEA 2292–54930 • SWINGSHIFT (1981) Line 842416 • CIRCUS ANIMALS (1982) Polydor WEA 2292–54931 • TWENTIETH CENTURY (1984) WEA 2292–50390 • RAZOR SONGS (1987) WEA 4509–90710 • (S) NORTHBOUND (1982) Line 625424 • (S) RADIO SONGS (1984) WEA 252362 • Don **Walker**: SPEED KILLS / FASCIST SOUNDS (1983) • WHEN YOU DANCE (1988) • Don **Walker** mit **Catfish**: UNLIMITED ADDRESS (1988)

Natalie Cole

Natalie Cole, geboren am 6. 2. 1950 in Los Angeles als zweites von fünf Kindern des legendären Sängers und Pianisten Nat

King Cole, stand als Zwölfjährige erstmals mit ihrem Vater auf einer Bühne. Nach seinem Tod gründete sie die Jazzgruppe **Malibu Music Men** mit Daryl Dragon, der später mit **Captain & Tennille** Karriere machte, und Nelson Riddle Jr., Sohn des gleichnamigen berühmten Orchesterleiters und Arrangeurs von Frank Sinatra. An der renommierten University Of Massachusetts in Amherst, Michigan, studierte Natalie Cole Kinderpsychologie, engagierte sich aktiv in der Black Panther-Bewegung und gründete die Studentenband **Black Magic**, die aber nur auf dem Campus spielte.

Anfang 1973 begann Natalie Cole, in Clubs aufzutreten. Angebote einiger Musikmanager, sie für Shows, die an ihren Vater erinnern sollten, zu gewinnen, lehnte sie ab. Ende 1974 folgte sie der Einladung des Produzenten- und Komponistenteams Chuck Jackson Jr. und Marvin Yancey, im Studio von Curtis → Mayfield Demos aufzunehmen.

Mit Atlantic Records als Partner stellte sie im Spätsommer 1975 auf ihrer ersten US-Tour das Repertoire der Debüt-LP INSEPARABLE (US #29) vor. Das Album wurde mit einer Goldenen Schallplatte ausgezeichnet, und dank der Single ›This Will Be‹ (GB #30, US #7) wurde Natalie Cole im Februar 1976 mit zwei Grammies als beste neue Künstlerin des Jahres und für den besten R&B-Song ausgezeichnet.

Im April 1976 sang sie im Hilton Hotel in Las Vegas im Vorprogramm der Show des Entertainers Bill Cosby. Im Juli veröffentlichte sie, wiederum von Jackson und Yancey produziert, ihr zweites, erneut mit Gold ausgezeichnetes Album NATALIE (US #13) mit den Singles ›Sophisticated Lady‹ (US #33) und ›Mr. Melody‹ (US #79). Die Sängerin, seit 31. 7. 1976 mit Marvin Yancey verheiratet, gewann für ›Sophisticated Lady‹ als besten R&B-Song ihren dritten Grammy. Bis 1993 erhielt sie in verschiedenen Kategorien vier weitere Grammies. Natalie Cole verstand, ähnlich überzeugend wie ihr Vater, eine Melange aus Blues, Soul, Pop und Unterhaltungsjazz vorzutragen. Ihre »kraftvolle Stimme schwelgte in Musical-ähnlichen Arrangements, Big Band-Ritualen und Soul-Zeitgeist« (*Billboard*). 1977 setzte sich die Erfolgsserie der »forschen Soul-Swingerin« (*Rolling Stone*) fort. Im März erschien das Platinalbum UNPREDICTABLE (US #9) mit den Singlebestsellern ›I've Got Love On My Mind‹ (US #5) und ›Our Love‹ (US #6). Ende des Jahres folgte die LP THANKFUL (US #26). Natalie Cole gehörte nun zu den Superstars der modernen Black Music. Am 14. 1. 1978 trat sie vor dem nationalen Sportereignis, dem Super Bowl, bei NBC auf. Zwei Tage später fungierte sie als Co-Moderatorin bei der Verleihung des American Music Award, den sie selbst (1979 und 1992) erhalten sollte. Im Sommer 1978 erschien das Doppelalbum NATALIE ... LIVE (US #26), das in New Jersey und Los Angeles mitgeschnitten wurde.

1979 gastierte Natalie Cole im MGM Hotel in Las Vegas, trat in London auf, gewann den Grand Prix beim Tokio Music Festival, enttäuschte aber mit dem durchschnittlichen Songmaterial der LP I LOVE YOU SO (US #26). Im Dezember 1979 präsentierte sie mit Peabo Bryson das Duettalbum WE'RE THE BEST FRIENDS (US #43), das mit ›Gimme Some Time‹ und ›What You Won't Do For Love‹ zwei Top 10-Singles für die R&B-Charts lieferte. Im Alleingang realisierte sie im Sommer 1980 DON'T LOOK BACK (US #53). Danach schien ihre

Erfolgsserie erst einmal abzureißen. Sie wechselte zu Epic Records, erlebte aber im Frühjahr 1982 mit I'M READY eine Pleite. Natalie Cole, inzwischen von Yancey getrennt, nahm 1983 zusammen mit dem Schlagersänger Johnny Mathis Titel ihres Vaters für die LP UNFORGETTABLE: A TRIBUTE TO NAT KING COLE auf, hatte damit allerdings wenig Erfolg. Natalie Cole wechselte 1985 erneut die Plattenfirma und tauchte mit der Single ›Dangerous‹ (US #57) aus der gleichnamigen LP wieder in mittleren Regionen der US-Hitparaden auf. Das Comeback gelang jedoch erst nach einem erneuten Labelwechsel und mit dem 87er Album EVERLASTING (GB #62, US #42), den Singles ›Jump Start‹ (GB #44, US #13), ›I Live For Your Love‹ (US #13) und vor allem dem Dance-Hit ›Pink Cadillac‹ (GB #5, US #5, D #5). 1988 tritt sie bei Nelson Mandelas Geburtstagsfest im Londoner Wembley Stadion auf und beteiligte sich am Soundtrack zum Film »Scrooged« mit Bill Murray in der Hauptrolle.

Ihre gemeinsam mit Michael Masser komponierte Ballade ›Miss You Like Crazy‹ (GB #2, US #7, D #22) bescherte Natalie Cole im Frühjahr 1989 ihren bisher größten Erfolg in Europa. Der Song bereitete das Erscheinen des Albums GOOD TO BE BACK (GB #10, US #59, D #57) vor. Am 17. 9. 1989 heiratete sie André Fischer, Ex-Drummer von → Rufus, von dem zwei Songs der neuen LP stammten. Als Singles erschienen ›Rest Of The Night‹ (GB #56) und ›Starting Over Again‹ (GB #56). Der nächste nennenswerte Erfolg gelang ihr im Frühjahr 1990 mit dem temperamentvollen Song ›Wild Women Do‹ (GB #16, US #34) aus dem Soundtrack zum Kinoknüller »Pretty Woman« mit Richard Gere und Julia Roberts in den Hauptrollen.

Beim John Lennon Tribute Concert im Mai 1990 war Natalie Cole mit ›Ticket To Ride‹ und ›Lucy In The Sky With Diamonds‹ beteiligt. Ab September moderierte sie die Talentshow »Big Break«. Als nächstes kam ›Unforgettable‹ (GB #19, US #14, D #78), ein Klassiker ihres Vaters, heraus. Mittels moderner Technik wurde ein Duett mit dem großen Nat King Cole möglich, dessen populärste Songs die Tochter für die LP UNFORGETTABLE ... WITH LOVE (GB #11, US #1, D #32) neu aufnahm. Natalie Cole erhielt für das Album fünf Grammies und kehrte damit an die Spitze der US-Charts zurück.

Zugunsten der Umweltorganisation Rainforest Foundation inszenierte Natalie Cole im Mai 1992 die Show »An Evening Of Porter, Gershwin & Coward« in der New Yorker Carnegie Hall. Anschließend gab sie neun Konzerte in Großbritannien und kehrte dann nach Las Vegas zurück. Andre Fischer und Tommy LiPuma produzierten 1993 das Album TAKE A LOOK (GB #16, US #26, D #90), das Natalie Cole ab Juli auf einer zweimonatigen US-Tour vorstellte. Sie war nach wie vor eine großartige Sängerin, hatte aber musikalisch nicht mehr viel zu bieten: »wunderschön, perfekt arrangiert und arschglatt, Musik für schwarze Yuppies« (*Musik Express*).

INSEPARABLE (1975) Capitol 062–82013 • NATALIE (1976) Capitol 062–82229 • UNPREDICTABLE (1977) Capitol, ST-11600 • THANKFUL (1977) Capitol 068–85310 • NATALIE LIVE (1978) Capitol 164–85536/37 • I LOVE YOU SO (1979) Capitol 064–84842 • DON'T LOOK BACK (1980) Capitol • HAPPY LOVE (1981) EMI 064–400044 • I'M READY (1983) Epic 25039 • EVERLASTING (1987) Elektra 7559–61114 • GOOD TO BE BACK (1989) Elektra

7559–61115 • UNFORGETTABLE ... WITH LOVE (1991) Elektra 7559–61049 • TAKE A LOOK (1993) Elektra 7559–61496 • (S) COLLECTION (1987) Capitol 746619 • Mit Peabo **Bryson**: WE'RE THE BEST FRIENDS (1980) Capitol, ST 12019 • Mit Johnny **Mathis**: UNFORGETTABLE: A TRIBUTE TO NAT KING COLE (1984) CBS 10042

Collective Soul

Ross Childress (g), Shane Evans (dr), Dean Roland (g), Ed Roland (voc, g), Will Turpin (b, voc)

Die fünf Southernrocker aus Stockbridge, einem Vorort von Atlanta, Georgia, wurden durch ihr Radiodemo ›Shine‹ bekannt, das die Sender im Südosten der USA auf Wunsch der Hörer immer wieder spielten. **Collective Soul** belebten den rauhen Südstaatenrock in der Tradition der → **Allman Brothers** und → **Lynyrd Skynyrd** und »bedienten sich im reichen Fundus der Rockgeschichte« (*Musik Express*).

Dean und Ed Roland tingelten jahrelang mit lokalen Bands erfolglos durch Georgia. 1992 nahmen **Collective Soul** auf eigene Kosten ein Demoband auf, das sie nach dem Erfolg des Bluesrocksongs ›Shine‹ nur noch geringfügig bearbeiteten und 1993 unter dem Titel HINTS ALLEGATIONS AND THINGS LEFT UNSAID (US #15) herausbrachten. Eine Radiostation in Orlando, Florida, brachte den Stein ins Rollen. ›Shine‹ plazierte sich an der Spitze der Sendercharts und verkaufte sich in Orlando und Umgebung knapp 20000 Mal. **Collective Soul** absolvierten daraufhin eine Clubtournee durch die USA, die durchweg positiv beurteilt wurde. Sie machten Werbung für ihr Debütalbum, das sich 1994 annähernd eine Million Mal verkaufte und ›Shine‹ (US #11) zu einer Top 20-Plazierung im Frühsommer 1994 verhalf. Im August 1994 wurden **Collective Soul** zum Jubiläumsfestival von Woodstock eingeladen und traten zwei Tage später eine US-Tour im Vorprogramm von → **Aerosmith** an.

Während der Tournee komponierten Bandchef Ed Roland und Ross Childress das Material der zweiten Platte COLLECTIVE SOUL, die im Frühjahr 1995 veröffentlicht wurde: »Etwas weniger folkig als auf ihrem Debüt trägt die Band ihre neuen Stücke überwiegend im mittleren Tempo vor. Diese bringen sie aber derart auf den Punkt, daß man ständig das Gefühl hat, in einer geräumigen, gut ausgestatteten 250-PS-Schleuder zu sitzen, die untertourig über einen Highway bröllert« (*Musik Express*).

Collective Soul gehörten 1995 zu den hoffnungsvollsten US-Bands und konnten auch auf der Bühne überzeugen. Nach einem Auftritt in Albuquerque schrieb der *Examiner*: »Harmonieschwangerer, grungiger Pop-Rock mit Doppel-Leadgitarre wie bei Lynyrd Skynyrd.« Chartsnotierungen gelangen ihnen 1995 mit den Singles ›December‹ (US #20) und ›The World I Know‹ (US #19). Mit der Single ›Precious Declaration‹ bereitete sie das 1997 das Erscheinen des Albums DISCIPLINED BREAKDOWN vor, das wie ›ein Soundtrack für die Fahrt auf einer Harley Davidson durch die Mojave-Wüste‹ (*Musik Express*) klang.

HINTS ALLEGATIONS AND THINGS LEFT UNSAID (1993) Atlantic 7567–82596 • COLLECTIVE SOUL (1995) Atlantic 7567–82745 • DISCIPLINED BREAKDOWN (1997) Atlantic 7567–82984

Albert Collins

Der »hart rockende Texas Blues-Shuffle« (*Rolling Stone*), seine witzigen, temperamentvollen Bühnenauftritte und sein einzigartiger Gitarrenstil machten Albert Collins zu einem der populärsten zeitgenössischen Bluesinterpreten. Collins verzichtete auf ein Plektrum und riß die Saiten kurz und kräftig mit Daumen und Zeigefinger an und erzeugte so »seinen typisch spitzen, metallisch-harten und hohen Sound« (*Blues Forum*). Collins spielte zumeist mit eigener Gruppe und entwickelte neben der klassischen Bluesbesetzung eine gewisse Vorliebe für kleinere Bläsersätze und Orgelbegleitung. Sein Gesangstalent offenbarte der »Meister der Fender Telecaster« (*Rolling Stone*) erst Ende der 60er Jahre, als Albert Collins von einem überwiegend jungen weißen Publikum wiederentdeckt wurde. Es dauerte aber fast noch zehn Jahre, ehe er sich mit regelmäßigen Tourneen, Gastspielen bei den großen Jazz- und Blues-Festivals und Plattenveröffentlichungen als einer »der ganz großen Gitarristen der heutigen Bluesszene« (*Sounds*) international durchsetzen konnte, der nachfolgende Gitarristengenerationen nachhaltig beeinflussen sollte.

Geboren am 1. 10. 1932 im texanischen Leona, wuchs Collins in der Industrie- und Blues-Metropole Houston auf. Cousin Willie Young brachte ihm die ersten Gitarrengriffe bei, und Legenden wie T-Bone →Walker, B. B. →King und Lightnin' →Hopkins erkor er sich als Vorbilder. 1949 begann er seine Karriere als Profimusiker in den kleinen Clubs von Houston und gründete die **Rhythm Rockers**, die zwei Jahre zusammenblieben. 1954 schloß er sich dem **Piney Brown Orchestra** an und sammelte erste Studioerfahrungen. Zwischen 1958 und 1962 entstanden eine Reihe von Instrumentals wie ›Freeze‹, ›Defrost‹, ›Hot 'n' Cold‹ und ›Frost Bite‹. Sie wurden zum Markenzeichen seines Cool Sound und erschienen bei verschiedenen kleinen Labels. Collins reiste ständig durch Texas und war viel mit Lightnin' Hopkins zusammen.

1962 verkaufte sich sein Titel ›Frosty‹ über eine Million Mal. Einige Jahre später erschien unter diesem Titel ein Album mit seinen besten Cool Sound-Songs. 1965 wurde Albert Collins Nachfolger von Jimi →Hendrix in der Band von →Little Richard, und nach und nach wuchs sein Ansehen. Über Lightnin' Hopkins nahmen Henry Vestine und Robert Hite von →**Canned Heat** Kontakt zu Collins auf und luden ihn zu einer Tournee in Kalifornien ein. Imperial Records nahm Collins unter Vertrag, wo das Album LOVE CAN BE FOUND ANYWHERE erschien. Hite bezeichnete ihn auf dem Plattencover als »besten Bluesgitarristen aus Texas«, der inzwischen auch mit »einer hellen, ausdrucksstarken Stimme« (*Jazz Podium*) überzeugen konnte. Viele Kollegen erkannten das Potential von Collins, und er wurde u. a. von Big Joe →Turner, Big Mama Thornton engagiert und wirkte auf dem Album THE HUNTER von Ike & Tina →Turner mit. Als Houston Twister beteiligte er sich an einer Session für den Pianisten Dave Alexander.

Bill Szymczyk, Produzent der →**Eagles**, nahm Albert Collins 1971 als einen der ersten Künstler für sein gerade gegründetes Label Tumbleweed Records unter Vertrag. Bereits nach einer LP (THERE'S GOTTA BE A CHANGE) ging die Firma

pleite, und Collins stand ohne Vertrag da.
Der »großartige Showman« (*New York Times*) stand in den nächsten Jahren ausschließlich auf der Bühne, wo er seine »unübertroffene, individuelle Beherrschung der Gitarre« (*New York Times*) unter Beweis stellte. Er trat im Fillmore West in einem Programm mit den → **Who**, Elvin → Bishop und Buddy → Miles auf. Ausschnitte wurden von dem englischen Label Red Lightnin auf der tontechnisch eher bescheidenen LP ALIVE & COOL veröffentlicht.
1978 nahm ihn in Chicago Bruce Iglauer für Alligator Records unter Vertrag und produzierte die LP ICE PICKIN'. Kurz vor Erscheinen der Platte stellte sich Collins in den Niederlanden und Schweden erstmals in Europa vor, wo das Publikum von dem Musiker, der »seine gesamte emotionale und physische Kraft freizusetzen schien« (*Blues Forum*), positiv angetan war. Bruce Iglauer, der eine ganze Reihe weiterer Alben betreute, bemühte sich, Collins möglichst authentisch, ohne technische Tricks, wiederzugeben. Das galt insbesondere für die LPs ICE PICKIN' und FROSTBITE. Hörenswert ist auch der Konzertmitschnitt FROZEN ALIVE, der im März 1981 in Minneapolis, Minnesota, aufgenommen wurde.
In den 80er Jahren war Albert Collins häufiger in Europa zu hören. Er spielte beim Montreux Festival, folgte einer Einladung des WDR zu einer Rockpalast-Aufzeichnung in der Dortmunder Westfalenhalle und bereiste Skandinavien, Griechenland, die Beneluxländer und Deutschland. Seit 1979 begleiteten Collins die häufig umbesetzten **Icebreakers**, die sich aus erfahrenen und jungen Chicagoer Bluesmusikern zusammensetzten.
Das Album SHOWDOWN, 1985 mit den Gitarristen Robert → Cray und Johnny → Copeland aufgenommen, erhielt einen Grammy als beste Bluesproduktion. Auf diesem »Texas-Super-Blues-Album« (*Jazz Podium*) beherrschte Collins in jeder Phase das Geschehen, denn seine vitale, fetzige Mixtur und seine rasant-einfühlsame Spielweise entsprachen dem Blueszeitgeist. Im gleichen Jahr war Collins Stargast auf Rocky Hills Album MIDNIGHT CREEPER.
Mit »Cold Snap« beendete Collins 1986 die Zusammenarbeit mit Alligator Records. Er wirkte danach auf Alben von Joe → Walsh, David → Bowie und Gary → Moore mit und glänzte als Solist bei der John Zorn-Komposition ›Blues Concerto‹. Collins wechselte zu Pointblank Records, wo 1991 ICEMAN, eine Platte »voller exquisitem Blues« (*Hifi Vision*), erschien.
Als gefragter Sessionmusiker, u. a. für Branford Marsalis, Kim Wilson, John Lee → Hooker und Robert → Cray, und als ein auch bei Popfans beliebter Bluesinterpret erlebte Albert Collins zu Beginn der 90er Jahre die erfolgreichste Phase seiner langen Karriere. Für seine letzte Studioproduktion COLLINS MIX stellte er 1993 seine besten Songs zusammen, die er, unterstützt von B.B. King, Moore und Marsalis, überarbeitet hatte. Am 24. 11. 1993 erlag Albert Collins im Alter von 61 Jahren in Las Vegas einem Krebsleiden.
Als einziges Mitglied seiner langjährigen Begleitgruppe **Icebreakers** nahm die Sängerin und Gitarristin Debbie Davies 1993 ein Soloalbum unter dem Titel PICTURE THIS auf.

LOVE CAN BE FOUND ANYWHERE, EVEN IN A GUITAR (1968) Imperial, LP-12428 •

ICE COLD BLUES (1969) Charly, CRB 1119 • TRASH TALKIN' (1969) Imperial, LP-12438 • ALIVE & COOL (1969) Red Lightnin', RL 004 • THERE'S GOTTA BE A CHANGE (1972) Tumbleweed 103• MOLTEN ICE (1973) Red Lightnin', RL 089 • ICE PICKIN' (1978) Alligator, AL 4713 • WITH THE BARRELHOUSE LIVE (1978) Munich, BMCD 225 • FROSTBITE (1980) Alligator, AL4719 • FROZEN ALIVE (1981) Alligator, AL 4725 • DON'T LOSE YOUR COOL (1983) Alligator, AL 4730 • LIVE IN JAPAN (1984) Alligator, AL 4733 • COLD SNAP (1986) Alligator, AL 4752 • ICEMAN (1991) Pointblank RLCD 089 211318 • MOLTEN ICE (1992) Pointblank • COLLINS MIX (1993) Pointblank 839097 • LIVE '92/'93 (1995) Pointblank 840658 • (S) FROSTY (1968) Brylen, BN 4520 • (S) THE COMPLETE ALBERT COLLINS (1970) Imperial, LP-12445 • (S) THE BLUES SOUND OF ALBERT COLLINS (1985) Crosscut, CCR 1011 • Mit Johnny **Copeland** und Robert **Cray**: SHOWDOWN (1985) Alligator, AL 4743 • Debbie **Davies**: PICTURE THIS (1993) Blind Pig, BP 5004

Bootsy Collins

William ›Bootsy‹ Collins wurde am 26. 10. 1951 in Cincinnati, Ohio, geboren. Der Bassist und »außergewöhnliche Showman« (*Guinness*) gründete zunächst die **Pacesetters** und wurde 1969 Mitglied der **JBs**, die die **Famous Flames** als Begleitband von James →Brown ablösten. Collins wechselte zu George →Clinton, der mit **Funkadelic** und **Parliament** gleich zwei Funkunternehmen leitete.

Collins gehörte zu den treibenden Kräften von **Funkadelic** und präsentierte sich auf der Bühne als psychedelisches Wesen einer fernen Galaxis. Als seine Popularität zunahm, rief er 1975 die **Bootsy's Rubber Band** ins Leben, die im Mai 1976 ihre erste LP STRETCHIN' OUT (US #51) veröffentlichte. Zur Band gehörten u. a. der legendäre Saxophonist Maceo Parker und die bekannten Jazzrocker Michael (tr) und Randy Brecker (sax), auch **Brecker Brothers**, genannt.

Mit ihrer bizarren Mischung aus Funk und Spaß gelang es der **Bootsy's Rubber Band**, sich bis 1980 mit vier weiteren Alben in den US-Charts zu plazieren. Am besten verkauften sich 1977/78 AHH...THE NAME IS BOOTSY, BABY! (US #27) und BOOTSY? PLAYER OF THE YEAR (US #21). Der einzige Singlehit ›Bootzilla‹ (US #81) erschien im März 1980. Nach der 82er-LP THE ONE GIVETH wurde es still um den Funkateer, der erst 1988 ein neues Album unter dem Titel WHAT'S BOOTSY DOIN'? herausbrachte. In der Zwischenzeit hatte der in Detroit lebende Musiker vor allem als Produzent und Komponist für **Trouble Funk** und L.R.Reynolds gearbeitet.

Mit dem **Bootzilla Orchestra** beteiligte sich Collins 1989 an der Produktion WALTZ DARLING des englischen Produzenten Malcolm →McLaren. Anschließend stellte er **Bootsy's New Rubber Band** zusammen und ging in den USA auf Tournee. Collins, der ausgefallene Kostüme und merkwürdig geformte Instrumente liebte und einen aggressiven, knallharten Funk kultivierte, später als P-Funk bezeichnet, nahm mit der neuen Band das Doppelalbum BLASTERS OF THE UNIVERSE auf. 1995 half er seinem alten Freund George Clinton bei dessen Album AWESOME POWER aus.

1994 bildete er zusammen mit Bernie Worrell (key) und Buckethead (g) **Zillatron** und arbeitete u. a. mit Ice Cube und **Deee-Lite**. Im Sommer 1997 nahm mit dem Album FRESH OUTTA P'-UNIVERSI-

TY einen neuen Anlauf als Solist und wurde dabei im Studio von MC Lyte, Chuck D. und Fred Wesley unterstützt.

STRETCHIN' OUT (1976) Warner Brothers 56200 • AHH ... THE NAME IS BOOTSY, BABY! (1977) Warner Brothers 56302 • BOOTSY? PLAYER OF THE YEAR (1978) Warner Brothers 56424 • THIS BOOT IS MADE FOR FONK-N (1979) Warner Brothers 56615 • ULTRA WAVE (1980) Warner Brothers 56833 •THE ONE GIVETH AND THE COUNT TAKETH AWAY (1982) Warner Brothers 56998 • WHAT'S BOOTSY DOIN'? (1988) CBS 441070 • JUNGLE BASS (1990) Zillitron • BLASTERS OF THE UNIVERSE (1994) Rykodisc • KEEPIN' DAH FUNK ALIVE (1995) Rykodisc • FRESH OUTTA P'-UNIVERSITY (1997) WEA 3984–20396 • (S) BACK IN THE DAY (1994) Warner Brothers 7599–26581• Mit **Zillatron**: ZILLATRON: LORD OF THE HARVEST (1994) Rykodisc

Judy Collins

»Die Sängerin mit der kristallklaren Stimme« (*Rolling Stone*) galt in den 60er Jahren neben Joan → Baez als bedeutendste Folksonginterpretin ihrer Zeit. Judy Collins ging aber auch als »Maid Of Constant Sorrow« in die Musikgeschichte ein, da ihre Karriere von Schicksalsschlägen, Krankheiten und privaten Problemen begleitet wurde. Als sie sich dem klassischen französischen Chanson zuwandte, wurde sie für ihre Anhänger zum »Inbegriff des Ästhetischen in der Popmusik« (*Spiegel*).

Judy Collins, geboren am 1. 5. 1939 in Seattle, Washington, erhielt als Fünfjährige Klavierunterricht von der Dirigentin Antonia Brico, und mit 13 Jahren trat sie mit dem Denver Symphony Orchestra erstmals öffentlich auf. Ihre Familie war inzwischen nach Denver, Colorado, umgezogen, wo ihr blinder Vater Chuck Collins als Bandleader und Rundfunkmoderator arbeitete.

Nach Abschluß des College begann Judy Collins 1957 ein Studium an der University Of Colorado. 1955 hatte sie die Folkmusik entdeckt und trat in Cafés und Clubs auf. Mit Ehemann Taylor und Sohn Clark zog sie nach Chicago um. 1961 wurde sie von Jac Holzman für Elektra Records unter Vertrag genommen.

Bis auf eine Ausnahme bestand das Material ihrer ersten LP A MAID OF CONSTANT SORROW von Herbst 1961 aus traditionellen Folksongs, die sie mit flötenhellem Timbre vortrug. Sechs bzw. zehn Monate später folgten GOLDEN APPLES OF THE SUN und ihr erster Auftritt in der New Yorker Carnegie Hall. Eine Tuberkulose-Erkrankung zwang sie zu einer sechsmonatigen Zwangspause.

In der Zwischenzeit hatten sich die Politfolkies unter Führung von Joan → Baez und Bob → Dylan etabliert. Judy Collins, die sich als Interpretin verstand, sang nun Songs von Dylan, Shel Silverstein und Pete Seeger. Sie fand zu einer selbstbewußten politischen Haltung und engagierte sich wie Joan Baez für die Bürgerrechte. Gemeinsam mit Seeger mobilisierte sie die Schwarzen in den Südstaaten für die Wahlen, kritisierte öffentlich den Vietnamkonflikt und nahm in einem Jahrzehnt an rund 1000 Wohltätigkeitsveranstaltungen teil. Im Dezember 1963 erschien JUDY COLLINS #3. Für die Arrangements war Roger → McGuinn von den → **Byrds** verantwortlich. Im Herbst 1964 folgte der Mitschnitt IN CONCERT, für den sie Kompo-

sitionen von Dylan, Tom →Paxton und Phil →Ochs auswählte.
Mit dem von Joshua Rifkin produzierten FIFTH ALBUM (US #34) schaffte »die Königin der neuen Barden« (*FAZ*) im Herbst 1965 erstmalig den Sprung in die US-Charts und überzeugte einmal mehr durch »die Einfachheit der Songs und ihr tiefempfundenes Gefühl« (*New Musical Express*). In London entstand ihr 67er-Album IN MY LIFE (US #66), das erstmals Kompositionen von Leonard →Cohen – ›Suzanne‹ und ›Dress Rehearsal Rag‹ – und ihren ersten, noch bescheidenen Single-Erfolg ›Hard Lovin' Loser‹ (US #97) enthielt. Judy Collins ermutigte Cohen im April 1967 erstmals als Sänger in der New Yorker Town Hall aufzutreten. Sie intensivierte ihre Fernseh- und Konzertaktivitäten und nahm die LP WILDFLOWERS (US #7) auf, die sich ab Januar 1968 zu einem großen Verkaufserfolg entwickelte. Auf dem Album präsentierte sie ›Albatross‹, eine der wenigen Eigenkompositionen, sowie ›Both Sides Now‹ (GB #15, US #8), ihren größten Singlehit. Der im März 1969 mit einem Grammy als beste Folkaufnahme ausgezeichnete Song stammte aus der Feder der bis dahin völlig unbekannten Joni →Mitchell.
Für die im Januar 1969 veröffentlichte LP WHO KNOWS WHERE THE TIME GOES (US #14) stellte die »Prophetin der Poesie« (*Hamburger Abendblatt*) erstmalig eine Begleitgruppe zusammen, der u. a. Stephen →Stills angehörte. Mit Stills hatte sie eine kurze Affäre, die den Gitarristen zu dem Song ›Suite: Judy Blue Eyes‹ inspirierte, später ein Hit von →**Crosby, Stills and Nash**. Im Juli stand sie in Ibsens »Peer Gynt« im New Yorker Delacorte Theater in der Rolle der Solveig neben Stacy Keach und Olympia Dukakis auf der Bühne. 1969 erschienen außerdem die Singles ›Someday Soon‹ (US #39), das **Byrds**-Remake ›Turn! Turn! Turn!‹ (US #50) und der Sampler RECOLLECTIONS (US #23).
Als das Interesse für Protestsongs abflaute, erweiterte Judy Collins ihr Repertoire, angeregt durch den Chansonnier Jacques Brel. Bis 1979 wurde sie noch fünfmal in den Single-Hitparaden registriert, u. a. mit dem volkstümlichen ›Amazing Grace‹ (GB #4, US #12, D #22) und ›Send In The Clowns‹ (GB #5, US #57) aus dem Musical »A Little Night Music« von Stephen Sondheim. ›Send In The Clowns‹ (US #29) wurde im September 1977 in den USA erneut veröffentlicht.
Auch die Verkaufszahlen ihrer Alben waren passabel, darunter WHALES & NIGHTINGALES (GB #18, US #13), TRUE STORIES AND OTHER DREAMS (US #31) und JUDITH (GB #7, US #17). Die Kritik reagierte unterschiedlich: Während WHALES & NIGHTINGALES positiv aufgenommen wurde, warf man ihr bei JUDITH vor, daß sie »unüberhörbar Middle Of The Road-Pop anvisierte« (*Rolling Stone*). Konzertverpflichtungen nahm Judy Collins selten wahr. Aufwendige Tourneen blieben die Ausnahme und Auftritte außerhalb der Vereinigten Staaten eine Seltenheit. Nach Deutschland, das sie wegen der Nazivergangenheit gemieden hatte, kam sie 1971 mit Tom Paxton zum ersten Mal. Sie begeisterte ihre Fans auch hier »mit einer selbstverständlich scheinenden Musikalität und makellos reiner Stimme« (*FAZ*).
Im Januar 1972 wurde Judy Collins' Film über ihre Klavierlehrerin, »Antonia: A Portrait Of A Woman«, uraufgeführt und für einen Oscar nominiert. *Time* be-

urteilte den mehrfach ausgezeichneten Film als »einen der zehn besten des Jahres«. Im Mai des Jahres unterstützte sie die Wahlkampagne des Präsidentschaftskandidaten George McGovern.
Nach dem schwachen Album BREAD AND ROSES (US #48), produziert von Arif Mardin (→**Bee Gees**) mit Songs von Duke Ellington bis hin zu Victor Jara und dem Sampler SO EARLY IN THE SPRING, THE FIRST 15 Years (US #72) gönnte sich Judy Collins eine zweijährige Pause. Eine ausverkaufte Comebacktournee im Sommer 1979 war ein Beleg für ihre Popularität, aber nach der LP HARD TIMES FOR LOVERS (US #67) und der gleichnamigen Single (US #77) verschwand sie aus den Hitparaden.
Bei ihren Platten aus den Jahren 1980–1984 bemühte sich Judy Collins vergeblich »um die richtige Balance zwischen Erwachsenem-Pop und Kunstsongs« (*Rolling Stone*). Das galt insbesondere für RUNNING FOR MY LIFE, das erste von ihr selbst produzierte Album, dessen Spektrum von Brel (›Marieke‹) über einen Song aus dem Muppets-Film (»The Rainbow Connection«) bis hin zu intimen Eigenkompositionen (›Wedding Song‹) reichte. Judy Collins wurde ein Opfer der Schnellebigkeit der Popmusikmoden, was ihr aber blieb, war der Ruf einer guten Sängerin.
1987 veröffentlichte Judy Collins bei Gold Castle Records TRUST YOUR HEART. Unter dem gleichen Titel erschien in diesem Jahr auch ihre Autobiographie. Die Platte erwies sich ebenso als kommerzieller Flop wie SANITY & GRACE und FIRES OF EDEN. Im Juni 1990 sang sie im New Yorker Yankee Stadion zu Ehren von Nelson Mandela ›Amazing Grace‹. 1992 gehörte sie neben Barbra Streisand, Mary-Chapin →Carpenter und Patti Austin zu den Mitbegründerinnen des Hollywood Women's Political Committee. 1993 unterzeichnete sie bei Geffen Records einen neuen Vertrag und nahm für JUST LIKE A WOMAN ausschließlich Songs von Bob Dylan auf. 1994 erschien ihr erster Roman »Shameless«, und unter dem gleichen Titel erschien im Sommer 1995 ein Album, das erstmals nur Eigenkompositionen enthielt. 1995 gehörte sie zu den Stargästen der LP PPM & LifeLines von →**Peter, Paul & Mary**.

A MAID OF CONSTANT SORROW (1961) Elektra, EKS 7209 • GOLDEN APPLES OF THE SUN (1962) Elektra, EKS 7222 • JUDY COLLINS #3 (1963) Elektra, EKS 7243 • IN CONCERT – TOWN HALL (1964) Elektra, EKS 7280 • FIFTH ALBUM (1965) Elektra 7599–60800 • IN MY LIFE (1967) Elektra 7599–60662 • WILDFLOWERS (1968) Elektra 7599–60655 • WHO KNOWS WHERE THE TIME GOES (1969) Elektra 7599–60664 • WHALES AND NIGHTINGALES (1970) Elektra 7599–60676 • BOTH SIDES NOW (1971) Elektra 42098 • LIVING (1971) Elektra 7599–60102 • TRUE STORIES AND OTHER DREAMS (1973) Elektra 7599–60685 • JUDITH (1975) Elektra 7599–60517 • BREAD AND ROSES (1976) WEA 1076 • HARD TIMES FOR LOVERS (1979) WEA 171 • RUNNING FOR MY LIFE (1980) WEA 253 • TIMES OF OUR LIVES (1982) Elektra 7559–60001 • HOME AGAIN (1984) Elektra 7559–60304 • TRUST YOUR HEART (1987) Goldcastle, VGC 7 • SANITY & GRACE (1989) Goldcastle, VGC 11 • FIRES OF EDEN (1990) Sony 467373 • JUST LIKE A WOMAN (1993) Geffen • SHAMELESS (1994) Atlantic 7567–92584 • (S) RECOLLECTIONS (1969) Elektra 7599–61350 • (S) COLORS OF THE DAY (1973) Elektra 7559–60681 • (S) MOST BEAUTIFUL SONGS (1972) Elektra 62006 • (S) SO EARLY IN THE SPRING, THE FIRST 15 YEARS (1977) Elektra • (S) AMAZING GRACE (1985) • (S) JUDY SINGS DYLAN

(1993) Geffen, GED 24612 • (S) LIVE AT NEWPORT (1995) Vanguard 77013 • (S) FOREVER (1997) Elektra

Color Me Badd

Bryan Abrams (voc), Mark Calderon (voc), Kevin Thornton (voc), Sam Watters (voc)

1989 schlossen sich an der High School in Oklahoma City vier Freunde zu **Color Me Badd** zusammen. Bryan Abrams (* 16. 11. 1969), Mark Calderon (* 27. 9. 1970), Kevin Thornton (* 17. 6. 1969) und Sam Watters (* 23. 7. 1970) bildeten eine A-cappella-Gruppe, die Rhythm & Blues, Pop, Funk und HipHop in klaren Melodien und perfektem Gesang verband. Sie traten in Schulhallen auf, sangen auf der Straße und nahmen an Talentwettbewerben teil. Ihre zunehmende Bekanntheit bewirkte, daß sie im Vorprogramm von Huey → Lewis, den → **O'Jays** und **Tony! Toni! Tone!** auftreten durften.

1990 zogen **Color Me Badd** nach New York, wo ihnen ihre zukünftigen Manager Myles Sanders und Adil Bayyan einen Plattenvertrag bei Giant Records verschafften. Die Debütsingle ›I Wanna Sex You Up‹ (GB #1, US #2, D #4) eroberte im Frühjahr 1991 weltweit die Hitparaden. **Color Me Badd** wurden als anspruchsvolle Konkurrenz von **Take That** gefeiert. Ihren Erfolg setzten sie mit dem Album C.M.B. (GB #3, US #3, D #23) fort, das sich in den USA über zwei Millionen Mal verkaufte, sowie den Singles ›I Adore Mi Amor‹ (GB #44, US #1, D #44) und ›All For Love‹ (GB #5, US #1, D #23).

Die Newcomer verfügten über ein gutes Gespür für hitsichere Songs, in denen sie traditionelle schwarze Musik mit Popelementen anreicherten. 1992 wurden sie mit dem American Music Award und dem Soul Train Award ausgezeichnet, waren ständig Gäste in den großen TV-Shows in Nordamerika, wirkten in einer Episode der Fernsehserie »Beverly Hills 90210« mit und beteiligten sich am Soundtrack zum Kinofilm »Mo Money«. Die 1992 veröffentlichten Singles ›Thinkin' Back‹ (US #16), ›Heartbreaker‹ (GB #58), ›Slow Motion‹ (US #18) und ›Forever Love‹ (US #15) konnten allerdings nicht ganz die in sie gesetzten Erwartungen erfüllen.

Ihre zweite LP Time And Chance (US #56) kam Ende 1993 heraus, produziert u. a. von Jimmy Jam und Terry Lewis. **Color Me Badd** hatten alle Songs selbst arrangiert und die meisten auch komponiert. Uptempo-Titel wie ›Choose‹ (GB #65), Balladen wie ›Living Without Her‹ und Gospel-beeinflußte Songs wie ›Time And Chance‹ (GB #62, US #23) sorgten für Abwechslung und waren perfekt inszeniert. Nach zweijähriger Pause meldeten sich **Color Me Badd** im Mai 1996 mit der Single ›The Earth, The Sun, The Rain‹ (US #21, D #69) zurück. Wenige Wochen später folgte die LP Now & Forever, die das Quartett als stabile Größe in der aktuellen Soul-Musik bestätigte.

C.M.B. (1991) Giant 74321 15100 • YOUNG, GIFTED & BADD – THE REMIXES (1992) Giant 74321 15101 • TIME AND CHANCE (1993) Giant 74321 16674 • NOW & FOREVER (1996) Giant 74321 28693

Jessi Colter

Die Sängerin, am 23. 5. 1943 in Phoenix, Arizona, als Mirriam Johnson geboren, spielte bereits als Elfjährige Klavier. Ihre Mutter leitete eine Kirchengemeinde, und hier trat Jessi Colter erstmals auf. Ihr Interesse für Gospelmusik dokumentierte sie 1977 mit der LP MIRRIAM.

Duane →Eddy war von der jungen Musikerin so beeindruckt, daß er 1961 ihre erste Single ›Lonesome Road‹ produzierte. 1963 heirateten die beiden. Jessi Colter komponierte Songs für Dottie West (›No Sign Of The Living‹) und ihren Ehemann, mit dem sie 1967 das Duett ›Guitar On My Mind‹ aufnahm.

1968 ließen sie sich scheiden. Ein gutes Jahr später – am 16. 10. 1969 – ehelichte Jessi Colter ihren Kollegen Waylon →Jennings. Erst zu diesem Zeitpunkt nahm sie den Künstlernamen Jessi Colter an, inspiriert von ihrem Großonkel, der Mitglied der Bande von Jesse James gewesen sein soll.

Ihre erste LP A COUNTRY STAR IS BORN erschien 1970, fiel aber beim Publikum durch. »Nach diesem Mißerfolg war ich sehr deprimiert. Den meisten etablierten Leuten im Country-Mekka Nashville paßten die Themen meiner Texte nicht. Deshalb habe ich mich erst einmal ein paar Jahre aus dem Business zurückgezogen und mich auf die Karriere meines Mannes konzentriert« (Jessi Colter). Ken Mansfield, ein Freund der Familie, überzeugte sie davon, einen zweiten Versuch zu wagen. Mit der Ballade ›I'm Not Lisa‹ (US #6) gelang der vielseitigen Künstlerin ein Tophit in den US-Popcharts. Mit der LP I'M JESSI COLTER (US #94) und der zweiten Auskopplung ›You Ain't Never Been Loved‹ (US #92) konnte sie diesen Erfolg nicht wiederholen.

Mehr Glück hatte Jessi Colter mit dem nächsten Album, entstanden in Zusammenarbeit mit Jennings, Willie →Nelson und Tompall Glaser. WANTED: THE OUTLAWS brach mit den traditionellen Nashville-Klischees und zeichnete sich durch eine moderne Auffassung von Country & Western-Musik aus. 1978 beteiligte sich Jessi Colter an dem ambitionierten Konzeptwerk WHITE MANSIONS.

Jessi Colter arbeitete auch regelmäßig mit ihrem Ehemann zusammen. Ihre bekanntesten Songs waren ›Storms Never Last‹ und ›The Union Mare And The Confederate Grey‹. Von ihren gemeinsamen Alben verkaufte sich Anfang 1981 LEATHER AND LACE (US #72) am besten. Zu den bekanntesten Kompositionen für ihren Mann gehörten ›You Hung The Moon‹, ›Jennifer‹ und ›Hey Dude‹, eine Anlehnung an den →**Beatles**-Hit ›Hey Jude‹.

A COUNTRY STAR IS BORN (1970) RCA, LSP 4333 • I'M JESSI COLTER (1975) Capitol, ST-11363 • JESSI (1976) Capitol, ST-11477 • DIAMOND IN THE ROUGH (1976) Capitol 062–82305 • MIRRIAM (1977) Capitol, ST-11583 • THAT'S THE WAY A COWBOY ROCK'N'ROLLS (1978) Capitol, ST-11863 • RIDIN' SHOTGUN (1982) • ROCK'N'ROLL LULLABY (1984) • (S) THE COLLECTION (1995) Liberty 32071 • Mit Waylon **Jennings**, Willie **Nelson** und Tompall **Glaser**: WANTED: THE OUTLAWS (1976) RCA, RS 1078 • Mit Waylon **Jennings**, John **Dillon**, Steve **Cash**: WHITE MANSIONS (1978) • Mit Waylon Jennings: LEATHER AND LACE (1981) RCA, LP 3931 • THE PURSUIT OF D.B. COOPER (1981) Soundtrack

Chi Coltrane

Als Chi Coltranes Top 20-Hit ›Thunder And Lightning‹ im Spätsommer 1972 in den Charts auftauchte, fragte sich der *New Musical Express*: »Ist das die neue First Lady des Rock?« Wie »eine vom Soul attackierte Carly Simon« (*Rolling Stone*) verließ sich die resolute Sängerin und Pianistin fast ausschließlich auf eigene Kompositionen und ließ sich weder Arrangement noch Produktion aus der Hand nehmen. Auch als sie nach einigen Monaten wieder aus den Schlagzeilen verschwunden war, ließ sie sich Zeit für ihre Produktionen und absolvierte nur selten Tourneen und Konzerte. Daß sie sich nicht von Karrierezwängen beeinflussen ließ, dokumentierte auch ihre Zurückhaltung gegenüber Journalisten.
Chi Coltrane, am 16. 11. 1948 in Racine, Wisconsin, geboren, stammte aus deutsch / kanadischem Elternhaus. Das musikalische Talent erbte sie von ihrem Vater, der Geige spielte. Chi Coltrane hörte Bach, Beethoven, Strauss, Gershwin, ehe sie 1965 nach dem High School-Abschluß erstmals mit Rockmusik in Berührung kam. Zu diesem Zeitpunkt beherrschte die Autodidaktin Komposition, Gitarre und Klavier und war in der Klassik ebenso bewandert wie der Black Music eines Ray →Charles. Sie ging nach Chicago, stellte eine eigene Band zusammen und trat Ende der 60er Jahre regelmäßig im Playboy Club auf.
1971 begann »die Madonna mit dem harten Anschlag« (*Stern*) mit der Produktion ihrer ersten LP, die mit der Musik von Carole →King und Elton →John verglichen wurde. Neben der Hitsingle ›Thunder And Lightning‹ (US #14) waren Balladen die Höhepunkte dieses Albums. Anfang 1973 kam Chi Coltrane mit dem gospelinspirierten ›Go Like Elijah‹ (US #94) noch einmal in die US-Charts. Fernsehauftritte, die gelungene Rock-LP Let It Ride und die in Deutschland recht erfolgreiche Single ›Let It Ride‹ (D #34) trugen 1974 zur Popularität von Chi Coltrane bei. 1977 enttäuschte die zurückgezogen in den kalifornischen Hollywood Hills lebende Künstlerin sowohl im Vorprogramm von →Lake als auch mit der LP Road To Tomorrow.
Es vergingen einige Jahre, ehe Chi Coltrane 1981 mit dem Album Silk & Steel erneut ihr Talent demonstrierte. Zu den Studiogästen gehörten Bernie Leadon von den →Eagles und der Sänger Randy Bishop. Auch 1982 überzeugte Live mit intelligenten Songs und spontan wirkendem Rocksound. Schließlich gelang der »unberechenbaren Rockdompteuse« (*Cashbox*) 1986 mit The Message ein weiteres Album der Extraklasse, das sich aber ebenso schlecht verkaufte wie die vorhergehenden.

CHI COLTRANE (1972) CBS 65043 • LET IT RIDE (1973) CBS 65639 • ROAD TO TOMORROW (1977) CBS 82501 • SILK & STEEL (1981) CBS 85277 • LIVE (1982) Teldec 625556 • READY TO ROLL (1983) Teldec 625636 • THE MESSAGE (1986) Teldec 626311 • (S) THE BEST OF (1975) Columbia 463304 • (S) GOLDEN CLASSICS (1996) Collectables 5804

Shawn Colvin

Die Singer / Songwriterin aus South Dakota wurde erst entdeckt, als sie schon zehn Jahre lang in der Musikszene tätig war. Shawn Colvin spielte Folk, Blue Grass, Swing und trat mit einem Musiktheater auf. Bei Suzanne →Vega war sie Chorsängerin bei deren Hit ›Luka‹ im Sommer 1987. Neun Monate später besorgte Ron Fierstein, Manager von Suzanne Vega, der inzwischen in New York lebenden Sängerin, Gitarristin und Komponistin einen Plattenvertrag bei Columbia Records.

Das erste Album von Shawn Colvin erschien Ende 1989. Bei den Aufnahmen zu STEADY ON wurde sie vor allem von ihrem Lebensgefährten, dem Multiinstrumentalisten John Leventhal, unterstützt. Als Stargäste wirkten Suzanne Vega und Bruce →Hornsby mit. Die Songs handelten von der Liebe, dem Leben auf dem Land und der Boheme im Künstlerviertel Greenwich Village in New York. Als »neuer Stern am Folkrockhimmel« (*Hifi Vision*) gepriesen, wurde sie 1990 für die beste moderne Folkaufnahme mit einem Grammy geehrt.

David →Lindley, Booker T. Jones und wiederum Hornsby gehörten zur Studiobesetzung des zweiten Albums FAT CITY. Shawn Colvin schaffte es erneut, Balladeskes, Country, Neo-Folk und Blues eigenständig zu verbinden. Aus der Platte wurden 1993/94 ›I Don't Know Why‹ (GB #62), ›Round Of Blues‹ (GB #73) und ›Every Little Thing He Does Is Magic‹ (GB #65, D #67) ausgekoppelt. Die Single ›I Don't Know Why‹ hatte sie gemeinsam mit Mary-Chapin →Carpenter aufgenommen.

Auf dem Album COVER GIRL (GB #67, US #48) von 1984 interpretierte sie Songs von →Sting, Steve →Earle, Tom →Waits und David Byrne, die bereits zu ihrem Liveprogramm gehörten. Außerdem enthielt es vier Mitschnitte aus dem New Yorker Club The Bottom Line und zwei im Studio aufgenomme Instrumentals. ›One Cool Remove‹ von Greg Brown sang sie wieder zusammen mit Mary-Chapin Carpenter. Shawn Colvin wiederum wirkte bei Patty Larkins Album STRANGERS WORLD sowie beim Debütalbum von Lucy Kaplanski mit dem Titel THE TIDE mit. 1995 konnte sie sich mit ›One Cool Remove‹ (GB #40) und der Wiederveröffentlichung von ›I Don't Know Why‹ (GB #52) in den britischen Singlecharts plazieren.

Bei der vierzigsten Grammy-Verleihung im Februar 1998 in New York erhielt die Sängerin für ›Sunny Came Home‹ die Preise für die beste Platte und das beste Lied des Jahres.

LIVE '88 (1988) Plump 5901 • STEADY ON (1989) CBS 466142 • FAT CITY (1993) Sony 467961 • COVER GIRL (1994) Sony 472240 • A FEW SMALL REPAIRS (1996) Columbia 484327

Come

Chris Brokaw (g, voc), Arthur Johnson (dr), Sean O'Brian (b), Thalia Zedek (voc, g)

Come wurden Anfang der 90er Jahre in Boston vom Gitarristen Chris Brokaw gegründet. Vorher war er als Schlagzeuger bei **Codine**, die »schmerzhaft langsame und lärmige Popsongs« (*New Musical Express*) produzierten. Brokaw

trennte sich 1992 von ihnen – als Nachfolger kam Josh Madell (früher **Antietam**).
Sängerin Thalia Zedek kam über **Dangerous Birds**, **Uzi** und **Live Skull** zu **Come**. Sie wurde als »weiblicher David Bowie des Underground« (*Visions*) tituliert, und mit ihrer Stimme konnte sie »Angst und Entsetzen, böse Erinnerungen und enttäuschtes Verlangen« (*Time Out*) wiedergeben. 1987 wechselte sie zu **Live Skull**, denen sie mit ihrer ausdrucksstarken Stimme zu einem unverwechselbaren Sound verhalf.
Zur Gründungsmannschaft von **Come** gehörten außerdem Arthur Johnson (dr) und Sean O'Brian (b). Sub Pop Records nahm das Quartett unter Vertrag und brachte 1991 ›Car‹ als erste Single heraus, der im Herbst 1992 das Album ELEVEN : ELEVEN folgte. Noise Pop und Blues mischten sich auf einer »wahrhaft beängstigenden Platte« (*Melody Maker*), auf der der Einfluß von → **Birthday Party** und → **Gun Club** aufgrund der morbiden, schwermütigen Grundstimmung nicht zu überhören war. Nach einem Auftritt beim englischen Glastonbury Festival im Sommer 1993 stellte der *New Musical Express* fest: »Sie klingen wie eine qualvolle Version von Television mit Patti Smith als Frontfrau, die gemeinsam Rolling Stones-Songs aus den 70er Jahren nachspielen.«
Mit Carl Plaster (→ **Hole**), Mike McMakkin (**Codine**) und B. Goggin (→ **Pavement**) waren namhafte Produzenten an dem 94er-Album DON'T ASK DON'T TELL beteiligt: »Ein zorniges, aber langweiliges Rockwerk für zornige, aber langweilige Rock-Fans« (*New Musical Express*). Nach einer längeren Pause – Johnson und O'Brian hatten **Come** inzwischen verlassen – veröffentlichte das verbliebene Duo Brokaw und Zedek 1996 das Album NEAR LIFE EXPERIENCE, das im Herbst 1995 mit Studio- und Gastmusikern aufgenommen worden war.

ELEVEN : ELEVEN (1992) Sub Pop, EFA 08240 • DONT ASK DON'T TELL (1994) Beggars Banquet, RTD 141 2160 • NEAR LIFE EXPERIENCE (1996) Domino, RTD 398 1025 • Chris **Brokaw** mit **Codine**: FRIGID STARS LP (1990) Sub Pop, GR 0135 • BARELY REAL (1992) Mini-LP Sub Pop, EFA 08213 • Thalia **Zedek** mit **Live Skull**: DUSTED (1987) Homestead, LP 16502 • SNUFFER (1988) Mini-LP What Goes On, LP 17306 • POSITRACTION (1989) What Goes On, EFA 17312

Commander Cody

George Frayne (* 19. 7. 1944, Boston), der Malerei studiert hatte, spielte mit Kommilitonen in verschiedenen Rock- und Countrybands. Angeregt durch eine amerikanische Abenteuerserie im Fernsehen formierte Frayne 1967 unter dem Namen Commander Cody die erste Besetzung von **Commander Cody & The Lost Planet Airmen**, zu der John Tichy (g), Steve Schwarz (g), Don ›West Virginia Creeper‹ Davis (b) und Ralph Mallory (dr) gehörten. Das Quintett spielte eine humorvolle Mixtur aus »Boogie Woogie, Western-Swing, Country und Rokkabilly« (*Rolling Stone*), die im Norden der USA nur wenig Anklang fand. Mit ihrem neuen Gitarristen Bill Kirchen (* 29. 1. 1948) gingen Frayne und Tichy 1968 nach San Francisco.
Ihr auf Westernsentimentalität, Trukkerphilosophie, Blues und Rock basierender Sound verhalf **Commander Cody & The Lost Planet Airmen** Ende der 60er

Jahre zu einer gewissen Popularität. Ihre erste LP LOST IN THE OZONE (US #62) entstand in der Besetzung Frayne alias Cody, Kirchen, Tichy, sowie dem Sänger Billy C. Farlow, dem Saxophonisten und Geiger Andrew Stein (*31. 81. 1948), dem Bassisten Bruce Barlow (*3. 12. 1948), dem Schlagzeuger Lance Dickerson (*15. 10. 1948) und dem Steelgitarristen Bobby ›Blue‹ Black. Dieses Team konnte mit der Single ›Hot Rod Lincoln‹ (US #6) den ersten und größten Singlehit im März 1972 feiern. Vier Monate später erschien ›Beat Me Daddy Eight To The Bar‹ (US #75).

Commander Cody & The Lost Planet Airmen wurden als skurriles Rockprojekt von den Medien betrachtet, konnten aber nur live überzeugen. Im April 1972 präsentierten sie sich erstmals erfolgreich in Europa. Anschließend genügten 5000 US-Dollar und eine einfache Vierspurtechnik, um das zweite Album HOT LICKS, COLD STEEL & TRUCKER FAVORITES (US #81) fertigzustellen. Knochentrockener Countryrock untermalte Songs, in denen Cody das Leben der Trucker romantisch verklärte, u. a. ›Truck Stop Rock‹, ›Looking At The World Through A Windshield‹ und ›Truck Drivin' Man‹.

1973/74 erschienen noch zwei weitere LP's in unveränderter Besetzung: COUNTRY CASANOVA (US #99) mit »stilechtem Western-Swing und erfrischendem Rock'n'Roll« (*Sounds*), während der Mitschnitt LIVE FROM DEEP IN THE HEART OF TEXAS, darunter der →**Coasters**-Hit ›Riot In Cell Block No.9‹, viel vom Elan der Bühnenshow vermittelte. Als Single erschien im Sommer 1973 ›Smoke, Smoke, Smoke‹ (US #83).

Ohne Black (inzwischen Studiomusiker bei Link→Wray, Alvin Lee und Linda Hargrove), statt dessen mit Ernie Hagar (steel-g) und den →**Tower Of Power**-Trompetern Mic Gillette und Greg Adams entstand das 75er-Album COMMANDER CODY & THE LOST PLANET AIRMEN (US #77) mit der Single ›Don't Let Go‹ (US #43). Die Band strebte einen stärker rockorientierten Sound an, um endlich das große Geld zu verdienen, aber ohne Erfolg: Ihr Album TALES FROM THE OZONE kam nicht an. Ihr bodenständiger Countryrock mit einer »gehörigen Portion Klamauk« (*Musik Express*) schien an seine Grenzen gestoßen zu sein. Black hatte inzwischen Hagar wieder abgelöst, und zu den Studiogästen gehörten die Sängerin Nicolette Larson, Countrystar Hoyt Axton und David →Bromberg.

Desillusioniert planten **Commander Cody & The Lost Planet Airmen** ihre Abschiedstournee, die auf der Doppel-LP WE'VE GOT A LIVE ONE HERE! festgehalten wurde. John Tichy hatte die Band bereits verlassen und war durch Rick Higginbotham ersetzt worden. Neu dabei war auch Norton Buffalo (harm, po, voc). Tichy tauchte später sporadisch im Umfeld der **Airmen** auf, war aber eigentlich als Dozent an der Technischen Hochschule in New York tätig.

Um seine langjährigen Begleiter auszahlen zu können, mußte Frayne die erst kürzlich angeschaffte Anlage und die Fahrzeuge wieder verkaufen. Nach einer kurzen Pause stellte er mit Black, Barlow, Nicolette Larson, Darius Javaher (g), Fred Myer (dr, perc), Rob Greer (b), Charra Penny (voc) und Cisco G. (sax) die **Commander Cody Band** zusammen. Seine Ex-Kollegen blieben ebenfalls in der Musikszene aktiv. Lance Dickerson schloß sich den **Thunderbyrds** von Roger →McGuinn an und tauchte im Umfeld von David Bromberg auf. Andrew Stein spielte u. a. bei → **Asleep At The Wheel**, → **New Riders Of The Purple Sage** und → **Pure Prairie League**. In den 80er Jahren war er Mitglied bei **Mitch Woods & His Rocket 88s**. Norton Buffalo brachte Soloplatten heraus, die u. a. von Steve → Miller produziert wurden, und unterstützte 1993 den kalifornischen Keyboarder Peter Elman. Bill Kirchen und Rick Higginbotham gründeten 1977 die Countryrock-Formation **Moonlighters**.

Die **Commander Cody Band** setzte auf ein solides, Rhythm & Blues-beeinflußtes Rockkonzept, das vor allem auf Codys rauhen Gesang und sein rasantes Klavierspiel zugeschnitten war. Die LP ROCK'N'ROLL AGAIN machte ihrem Titel alle Ehre und kam ohne Balladenschmalz und Countryromantik aus. Da die LP die erhofften Umsatzerwartungen nicht einlösen konnte, löste Frayne seine Gruppe wieder auf. 1978 erschien FLYING DREAMS, aufgenommen mit Jeff Baxter (g) von den → **Doobie Brothers**, dem talentierten Gitarristen Danny Gatton und den Sängerinnen Jennifer Warnes und Delaney Bramlett sowie routinierten Studioprofis wie Ernie Watts (sax), Neil Larsen (key) und Buzz Feiten (g). Außerdem waren Nicolette Larson, Black und Buffalo an dem Album beteiligt. Dem Wunsch seiner Plattenfirma folgend, verkaufte sich Frayne jetzt als harter Rock'n'Roller. 1981 stellte er in einem Interview mit dem *Musik Express* dazu fest: »Sie hatten die obskure Idee, mit mir glatte, kommerzielle Platten zu machen. Es wäre aber besser gewesen, mich machen zu lassen, wozu ich Lust hatte« (George Frayne). Sein kraftvoller Countryrock kam bei überstrapazierten Standards wie ›Cry Baby Cry‹ von den → **Beatles** und ›Life Is A Carnival‹ von → **The Band** viel zu kurz.

Aus dem erneuten Mißerfolg zog Frayne Konsequenzen und formierte eine Neuauflage der **Commander Cody Band** aus Kirchen, Tony Johnson (dr, voc), Doug Kilmer (b, voc), Pete Siegel (steel-g) und Steven MacKay (sax, perc, voc). LOSE IT TONIGHT erinnerte mit knorrigem Boogierock an die **Airmen**. Frayne stellte das Material 1981 auch in Europa vor und begeisterte seine Fans mit »mitreißendem Rock'n'Roll und ansteckender Spielfreude« (*Neue Zürcher Zeitung*). Da sich die LPs aber weiterhin schlecht verkauften, war die **Commander Cody Band** zeitweise ohne Plattenvertrag. 1986 riskierte er einen erneuten Anlauf mit Kirchen und Johnson, seinem alten Freund Bruce Barlow, der zwischenzeitlich bei den **Thunderbyrds** gespielt hatte, und Austin DeLone (key, acc, voc) von **Eggs Over Easy**. Unter dem programmatischen Titel LET'S ROCK zogen Cody und seine Begleiter noch einmal alle Rock'n'Roll-Register und »nahmen Besitz von 50 Jahren amerikanischer Popgeschichte« (*Spex*). Als auch dieses Album ein Flop wurde, besann sich Frayne auf seine Fähigkeiten als Maler.

Ende der 80er Jahre reaktivierte Frayne die **Lost Planet Airmen** und war mit ständig wechselnden Besetzungen auf Tournee in den USA. Das 1994 erschienene Album WORST CASE SCENARIO war mit Glen Sherba, Peter Walsh, Al Kash und Dave Tolmie aufgenommen worden. Kirchen etablierte sich in der Studioszene, arbeitete u. a. für Nick → Lowe und veröffentlichte Soloplatten.

LOST IN THE OZONE (1971) MCA 872 040 • HOT LICKS, COLD STEEL & TRUCKER FAVORITES (1972) Paramount, PAS 6031 • COUNTRY CASANOVA (1973) MCA 872 205 • LIVE FROM DEEP IN THE HEART

OF TEXAS (1974) MCA 872204 • COMMANDER CODY AND HIS LOST PLANET AIRMEN (1975) Warner Brothers 56108 • TALES FROM THE OZONE (1975) Warner Brothers 56158 • WE'VE GOT A LIVE ONE HERE! (1976) Warner Brothers 9362–46405 • ROCK'N'ROLL AGAIN (1977) Arista, AL 4135 • MIDNIGHT MAN (1977) Arista, AB 4125 • FLYING DREAMS (1978) Arista, AB 4183 • LOSE IT TONIGHT (1980) Line 400054 • LET'S ROCK (1986) Line 400277 • ACES HIGH (1990) Relix • LOST IN SPACE (1993) Relix • WORST CASE SCEBARIO (1994) Rounder • (S) SLEAZY ROADSIDE STORIES (1988) Relix, RRCD 2028 • (S) TOO MUCH FUN (1990) MCA 872228 • (S) WORSE CASE SCENARIO (1993) Aim 1043 • Norton **Buffalo**: LOVIN' IN THE VALLEY OF THE MOON (1977) Capitol, ST-11625 • DESERT HORIZON (1978) Capitol, ST-11847 • Norton **Buffalo** mit Roy Rogers: R&B (1991) Blind Pig, BP 74491 • Nicolette **Larson**: NICOLETTE (1978) Warner Brothers 56569 • IN THE NICK OF TIME (1979) Warner Brothers 56750 • RADIOLAND (1980) Warner Brothers 56878 • ALL DRESSED UP & NO PLACE TO GO (1982) Warner Brothers 57006 • SAY WHEN (1984) MCA, MCF 3266 • SLEEP, BABY, SLEEP (1994) Sony 57672 • **Moonlighters**: THE MOONLIGHTERS (1977) Line 624198 • RUSH HOUR (1983) Demon, FIEND 10 • Billy C. **Farlow**: I AIN'T NEVER HAD TOO MUCH FUN (1991) Appaloosa 074 • GULF COAST BLUES (1994) Appaloosa, AP 22102 • Billy C. **Farlow** mit Bleu Jackson: BLUE HIGHWAY (1995) Taxim, TX 1016–2 TA • Bill **Kirchen**: TOMBSTONE EVERY MILE (1994) Black Top, BT 1109 • HAVE LOVE, WILL TRAVEL (1996) Black Top, BT 1130 • Bill **Kirchen** mit **Too Much Fun**: TOMBSTONE EVERY MILE (1993) Demon 725 • Austin **DeLone**: DELONE AT LAST (1991) Demon 706

Commodores

William ›Wak‹ King (tr, syn, voc), J.D. Nicholas (voc, key), Walter Orange (voc, dr, key), Lionel Richie (voc, sax)

Bis 1986 verkauften die **Commodores** weltweit 40 Millionen Schallplatten. In Japan, Deutschland, England und den USA erhielten sie zahlreiche Gold- und Platinauszeichnungen. In Manila spielten die **Commodores** anläßlich eines Open Air Festivals vor 400000 Menschen, 1979 verfolgten 300000 Fans an drei Abenden hintereinander ihre professionelle Show im Londoner Wembley Stadion.

Die **Commodores** gehörten zu den führenden Black Music-Bands. Angetreten als Funk/Partyband, die von → **Sly & The Family Stone** und den → **Bar-Kays** gelernt hatte, entwickelten sie sich zu einer »populären Balladengruppe« (*Rolling Stone*), die mit schmachtenden Soulpop weltweit die Charts eroberte.

Die Vorläufergruppen der **Commodores**, **Mighty Mystics** bzw. **Jays**, entstanden am Tuskegee Institute in Tuskegee, Alabama. Zu den **Mighty Mystics** gehörten der Gitarrist Thomas McClary (* 6. 10. 1950) und Lionel → Richie, zu den **Jays** der Trompeter William King (* 30. 1. 1949) und der Keyboarder Milan Williams (* 28. 3. 1948). 1967 schlossen sich die vier Musiker zu den **Commodores** zusammen und engagierten noch André Callahan (dr) und Michael Gilbert (b).

Die **Commodores** stiegen zur lokalen Berühmtheit in Alabama auf und traten 1968 in einem Benefizkonzert in der New Yorker Town Hall auf. Hier lernten sie den Impresario und Manager Benny Ashburn kennen. Im Sommer 1969 kamen sie erneut nach New York und nahmen ein Dauerengagement im Small's Paradise an, dem bekanntesten Club in Harlem. Im September 1969 verließen Callahan und Gilbert die **Commodores**, die durch Walter ›Clyde‹ Orange (* 10. 12. 1947) und den Trompeter und Bassisten Ronald LaPread (* 4. 9. 1946) ersetzt wurden. Gemeinsam mit Ashburn gründeten die sechs Musiker Ende des Jahres die Firma Commodores Entertainment Corporation, die fortan sämtliche Aktivitäten der Gruppe organisierte.

Ashburn vermittelte den **Commodores** Auftritte in Europa, wo sie vor allem in Frankreich Erfolg hatten. Anschließend traten sie fast zwei Jahre lang im Vorprogramm der → **Jackson Five** auf. Ende 1971 starteten sie eine Asientournee. Obwohl sich die **Commodores** einen erstklassigen Ruf als unterhaltsames, professionelles Bühnenensemble erworben hatten, kam ihre erste Single ›Keep On Dancing‹ nicht an.

Die **Commodores** verstanden es geschickt, die Talente der einzelnen Musiker einzusetzen. Williams und Orange bevorzugten Big Band-Dynamik und swingenden Jazz, McClary und LaPread setzten auf Funk und strammen Rock, während Richie und King für romantische Balladen standen.

Im Sommer 1974 schafften die **Commodores** mit dem von Williams komponierten Instrumental ›Machine Gun‹ (GB #26, US #17) ihren ersten Hit. Ihr im August veröffentlichtes Album MACHINE GUN (US #99) wurde u. a. in Japan und Nigeria mit Gold ausgezeichnet. Stevie → Wonder und die → **Rolling Stones** holten daraufhin die neue Funksoul-Sensation in ihr Vorprogramm.

1975 schafften sie den Durchbruch. Mit dem erneut in Japan vergoldeten Album CAUGHT IN THE ACT (US #43) und dem von Richie verfaßten Singleerfolg ›Sweet Love‹ (US #6) empfahlen sich die **Commodores** als »Amerikas Funk-Truppe Nr. 1« (*Rolling Stone*). Als Singles wurden außerdem ›Slippery When Wet‹ (US #30) und ›This Is Your Life‹ (US #90) ausgekoppelt, und Ende 1975 erschien die LP MOVIN' ON (US #34), die zur Popularität der Gruppe weiter beitrug. Vom Dezember 1975 bis Frühsommer 1976 pausierten die **Commodores**, um ihr Examen zu machen. Während dieser Zeit kamen die LP HOT IN THE TRACKS (US #14) und die Richie-Ballade ›Just To Be Close To You‹ (US #10) auf den Markt. Im Februar 1977 erschien ›Fancy Dancer‹ (US #65), eine weitere Auskopplung, und bereits im April folgte das Studioalbum THE COMMODORES (US #5), das Bestseller wie ›Easy‹ (GB #11, US #5) und ›Brick House‹ (US #9) enthielt. Die Band hielt an ihrem erfolgreichen Sound fest und bot rhythmischen Funk (›Brick House‹) und feinsinnige Balladen (›Easy‹).

Als im April 1977 LaPreads Frau an Krebs starb, brachen die **Commodores** eine Europatournee ab. Im Juni wirkten sie in dem Discofilm »Thank God It's Friday« mit und beendeten das Jahr mit einer US-Tour durch 70 Städte und dem Doppelalbum LIVE (US #5). Die abgesagten Europatermine holten sie im Frühjahr 1978 nach. Lionel Richie hatte sich als Komponist und Arrangeur bei den **Commodores** durchgesetzt, die nun mit Mainstream-Pop und manchmal schnulzigen Liebesliedern Erfolg hatte, so z. B. mit ›Three Times A Lady‹ (GB #1, US #1, D #30). Der bei Motown Records erschienene Song führte fünf Wochen die britischen Singlecharts an und gehörte wie ›Flying High‹ (GB #30, US #47) zum Repertoire der LP NATURAL HIGH (GB #7, US #2). Der »Allerwelts-Mainstream« (*Musik Express*) fand bei den Fans großen Anklang. Ende 1978 kam der Sampler GREATEST HITS (GB #21, US #36) heraus, im Oktober 1979 folgte MIDNIGHT MAGIC (GB #11, US #2) mit den Hits ›Sail On‹ (GB #5, US #1) und ›Still‹ (GB #3, US #3).

Die **Commodores** unternahmen weltweite Tourneen. 1980 und 1981 wurden sie mehrfach mit dem American Music Award ausgezeichnet und lieferten für den Soundtrack zum Film »Underground Aces« den Titelsong. In den US-Charts wurden sie 1980 mit der LP HEROES (US #7) und den Singles ›Wonderland‹ (US #69), ›Old Fashion Love‹ (US #29) und ›Heroes‹ (US #69) registriert.

1981 begann Richie mit einer Solokarriere zu liebäugeln. Er nahm mit Diana →Ross das Duett ›Endless Love‹ auf. IN THE POCKET (US #15) war sein letztes Album mit den **Commodores**, für das er die Titel ›Lady‹ (US #8, D #64), ›Oh No‹ (US #4) und ›Why You Wanna Try Me‹ (US #66) komponiert hatte.

Walter Orange übernahm nun die Rolle des Leadsängers. Zu dieser Zeit brachten die **Commodores** die Sampler LOVE SONGS (GB #8) und ALL THE GREAT HITS (US #37) heraus. 1983 entschloß sich auch McClary zu einer Solistenlaufbahn und verließ die Gruppe, die bis 1985 einige kommerzielle Rückschläge hinnehmen mußte. Nach dem Titelsong für die TV-Sitcomserie »Teachers Only« erschien die LP 13, die letzte gemeinsame Produktion mit McClary. Das Album wurde ein Flop, auch die Auskopplung ›Only You‹ (US #54) kam nicht mehr so gut an.

Trennungsgerüchte widerlegten die **Commodores**, als sie J. D. Nicholas (* 12. 4. 1952) als neuen Sänger engagierten, der Chorsänger bei Diana Ross und 1980 Mitglied bei **Heatwave** gewesen war. Anfang 1985 gelang ihnen mit der LP NIGHTSHIFT (GB #14, US #12, D #4) ein erfolgreiches Comeback. Der Titelsong ›Nightshift‹ (GB #2, US #3, D #4), von Orange in Erinnerung an Marvin →Gaye komponiert, brachte den **Commodores** einen Grammy ein. Als zweite Single wurde im Sommer 1985 ›Animal Instinct‹ (US #43, D #39) ausgekoppelt.

Da Motown Records trotz dieser Erfolge den Vertrag mit den **Commodores** nicht verlängerte, wechselten sie zu Polydor, konnten aber mit ihrer Single ›Goin' To The Bank‹ (GB #45, US #65, D #34) und der dazugehörigen LP UNITED (D #62) vom November 1986 nicht zufrieden sein. 1988 profitierten sie in Großbritannien von der Wiederveröffentlichung ihres Klassikers ›Easy‹ (GB #15), fielen aber mit dem Album ROCK SOLID und der Single ›Solitaire‹ beim Publikum durch.

Einige Jahre lang war von den **Commodores** nichts zu hören. 1993 meldeten sie sich als Trio mit dem Album NO TRICKS zurück. Williams hatte inzwischen die Gruppe verlassen. Computergesteuerte Grooves, gefällige Refrains und unbedeutende Discomusik trugen dazu bei, daß die »Softies der Popgeschichte« (*Hifi Vision*) in der Versenkung verschwanden.

MACHINE GUN (1974) Motown 530445 • CAUGHT IN THE ACT (1975) Motown 52402 • MOVIN' ON (1975) Motown, STML 12001 • HOT ON THE TRACKS (1976) Motown 52572 • COMMODORES (1977) Motown 530654 • • LIVE (1977) Motown 530221 • NATURAL HIGH (1978) Motown, STML 12087 • MIDNIGHT MAGIC (1979) Motown 53482 • HEROES (1980) Motown 53532 • IN THE

POCKET (1981) Motown 54382 • 13 (1983) Motown, STMA 8039 • NIGHTSHIFT (1985) Motown 54002 • UNITED (1986) Polydor 831194 • ROCK SOLID (1988) Polydor 835369 • NO TRICKS (1993) Bellaphon 29007202 • (S) GREATEST HITS (1978) Motown, STML 12100 • (S) LOVE SONGS (1982) K-Tel • (S) ALL THE GREAT HITS (1982) Motown, ZD 72222 • (S) THE VERY BEST OF THE COMMODORES (1985) Telstar • RISE (1988) Magnum, CDBM 35 • (S = 14) GREATEST HITS (1993) Motown 530096) (S) THE ANTHOLOGY (1995) Motown 530358 • (S) THE ULTIMATE COLLECTION (1997) Motown 530501 Thomas **McClary**: THOMAS MCCLARY (1985) Motown, ZD 72349 • J.D. **Nicholas** mit **Heatwave**: CANDLES (1980) Epic 84703

Con Funk Shun

Michael Vernon Cooper (g, voc), Karl E. Fuller (tr, perc, voc), Paul E. Harrell (sax, fl, perc, voc), Cederic A. Martin (b, voc), Louis McCall (dr, perc, voc), Felton C. Pilate (g, key, voc), Danny A. Thomas (key, voc)

1968 gründeten Michael Vernon Cooper und Louis McCall an der High School in Vallejo, Kalifornien, das **Blues Project**, zu dem sich im Laufe der nächsten zwölf Monate Fuller, Harrell, Martin, Pilate und Thomas gesellten. 1971 wurden sie vom Duo **Soul Children** als Tourneegruppe und Backgroundchor engagiert. 1972 ließ sich das Septett in Memphis, Tennessee, nieder und spielte u. a. für Rufus →Thomas. Nach der Trennung von den **Soul Children** begannen sie sich um einen Plattenvertrag zu bemühen und fanden in Fretone Records einen Partner. Sie tauften sich nach einem Song der **Nite-Liters** in **Con Funk Shun** um und veröffentlichten zwei Singles, darunter eine Funkversion von Bob →Dylans ›Mr. Tambourine Man‹.

Mercury Records übernahm 1976 die regional erfolgreiche Funkgruppe, deren erste LP CON FUNK SHUN von Ron Capone produziert wurde. Erst mit Hilfe von Skip Scarborough aus dem Umfeld von →**Earth, Wind & Fire** fanden ihr Album SECRETS (US #58) und die Single ›Ffun‹ (US #18) Ende 1977 US-weit Beachtung. **Con Funk Shun** galten nun als eine der führenden Funkformationen der USA und konnten sich 1978 mit der LP LOVESHINE (US #32) und der Single ›Shake And Dance With Me‹ (US #5) in den Charts plazieren.

In schneller Folge erschienen die Alben CANDY (US #34), SPIRIT OF LOVE (US #33), TOUCH (US #50) und 7 (US #66) mit den Auskopplungen ›Chase Me‹ (US #45), ›Got To Be Enough‹ (US #81) und ›Too Tight‹ (US #80). **Con Funk Shun** hielten an ihrem lockeren, professionell inszenierten, aber wenig abwechslungsreichen Sound fest. 1983 bemühten sie sich bei ihrer LP FEVER, arrangiert von Eumir Deodato, um einen »stärkeren Pop-Appeal, konnten aber einen Crossover-Stil wie Kool & The Gang nicht verwirklichen« (*Stars Of Soul*). Als Single kam ›Baby, I'm Hooked (Right Into Your Love)‹ (US #76) heraus.

Maurice Starr, Betreuer von **New Edition**, produzierte 1985 das Album ELECTRIC LADY (US #62). Da die Platte nur mittelmäßigen Erfolg hatte, verließ Felton Pilate **Con Funk Shun**, die sich im Februar 1987 auflösten. Als letzte LP erschien 1988 BURNIN' LOVE.

Pilate richtete sich in seinem Haus in Vallejo ein Studio ein und war u. a. an M.C. →Hammers Bestseller ›Please

Hammer Don't Hurt 'Em‹ beteiligt. Cooper ging zur Polizei, entschloß sich aber nach sechs Monaten für eine Solokarriere und konnte sich u. a. mit ›To Prove My Love‹ in den R&B-Charts plazieren. Als Album erschienen LOVE IS SUCH A FUNNY GAME (US #98) und JUST WHAT I LIKE. Am Silvesterabend 1993 traten **Con Funk Shun** in Oakland zusammen auf. »Die Musik im Augenblick ist zu elektronisch. Der einzige gangbare Weg führt uns zurück an die Basis, zurück zur Live-Musik« (Michael Cooper).

CON FUNK SHUN (1976) Mercury • SECRETS (1977) Mercury 9100043 • LOVESHINE (1978) Mercury 9100055 • CANDY (1979) Mercury • SPIRIT OF LOVE (1980) Mercury 6337102 • TOUCH (1980) Mercury 8337154 • 7 (1981) Mercury • TO THE MAX (1982) Mercury 6337258 • FEVER (1983) Mercury 814447 • ELECTRIC LADY (1985) Mercury 824345 •BURNIN' LOVE (1988) Club 8269634 • (S) EVER LOVE (1986) Mercury, 32 PD 317 • (S) THE BEST OF (1993) Mercury 510275 • (S) THE BEST OF Vol. 2 (1996) Mercury 532470 • Michael **Cooper**: LOVE IS SUCH A FUNNY GAME (1987) Warner Brothers 925653 • JUST WHAT I LIKE (1989) Reprise 925923

Concrete Blonde

James Mankey (g, b), Johnette Napolitano (voc, b, g), Harry Rushakoff (dr)

Ausgangspunkt für das Trio aus Los Angeles waren 1980 die **Dreamers**, die aus James (*23. 5. 1955) und Earl Mankey, einst bei den → **Sparks**, sowie der Komponistin, Bassistin und Sängerin Johnette Napolitano (*22. 9. 1957) bestanden und mit ihrem Song ›Heart Attack‹ auf einem Sampler vertreten waren. 1984 veröffentlichten sie unter dem Namen **Dream 6** eine EP bei dem französischen Independent-Label Happy Hermit Records, die gute Rezensionen in der US-Fachpresse erhielt und das Interesse einiger großer Plattenfirmen weckte. **Dream 6** bereiteten über zwei Monate neue Aufnahmen vor, brachen die Arbeit jedoch ab, als sich der verantwortliche Produzent zu stark in ihr Konzept einmischte. Zusammen mit Michael Wagner erstellten sie ein Demo mit vier Songs, das von einigen Firmen mit dem Hinweis »nicht zeitgemäß« (Johnette Napolitano) abgelehnt wurde.

Dream 6 nahmen wieder Kontakt zu unabhängigen Labels auf und erhielten von Miles Copeland, Manager von → **Police** und Inhaber von I.R.S. Records, eine Chance. Copeland empfahl den Musikern, einen anderen Namen zu suchen, da Dream auch von anderen Bands als Namensbestandteil (→ **Dream Syndicate**, → **Dreams So Real**, → **Dream Academy**) benutzt wurde. Der → **R.E.M.**-Sänger Michael Stipe schlug **Concrete Blonde** vor. Earl Mankey stieg aus, blieb der Band aber als Produzent erhalten. Er wurde durch den Drummer Harry Rushakoff (*17. 11. 1959) aus Chicago ersetzt.

»Songwriter-Pop und moderater Post-Wave« (*Musik Express*) prägten 1987 ihr Debütalbum CONCRETE BLONDE (US #96), auf dem Johnette Napolitano an Chrissie Hynde (→ **Pretenders**) erinnerte. **Concrete Blonde** gingen mit → **Cock Robin** auf Europatournee und wurden als »interessante, neugierig machende Newcomer« (*Trouser Press*) bezeichnet.

Die LP FREE, mit Alan Block als Bassist, erinnerte an die Musik der Sixties und der Hippie-Ära, blieb aber hinter den hochgesteckten Erwartungen zurück. Napolitano beschloß daraufhin, eine musikalische Kurskorrektur vorzunehmen. Sie verfaßte fast alle Songs selbst, und zusammen mit Produzent Chris Tsangarides verwirklichte sie auf BLOODLETTING (US #46) einen transparenten, sehr persönlichen Mainstream-Rock, darunter auch der beachtliche Singlehit ›Joey‹ (US #19). **Concrete Blonde** verließen sich nun ganz auf Napolitano, die in einem »Gefühlsgemisch aus Trauer, Zorn und Sehnsucht atmosphärische Klänge mit Punk-Unruhe, Rock-Power und Folk-Einfachheit« (*Musik Express*) verband.

Vor der Produktion des vierten Albums WALKING IN LONDON (US #73) hatte Block die Band wieder verlassen. **Concrete Blonde** versuchte sich an modernem Gitarrenrock, klang aber »farblos, beliebig und uninspiriert« (*Rolling Stone*). Im Herbst 1993 erschien die LP MEXICAN MOON (US #67), ein »Mix aus Gospel, erdigem Wummern und straight-raffiniertem Rock« (*Audio*). Nach dem Radiohit ›Heal It Up‹ und dem Album STILL IN HOLLYWOOD gaben **Concrete Blonde** auf.

Johnette Napolitano gründete daraufhin mit Marc Moreland (g) von → **Wall Of Voodoo**, Danny Montgomery (dr) und Christine Lakeland **Pretty & Twisted**. Das gleichnamige Album erinnerte streckenweise an den Sound von → **Velvet Underground**. Napolitano nahm außerdem mit der Punkveteranin Holly Vincent eine gemeinsame Platte auf.

1997 arbeiteten Mankey und Napolitano als **Concrete Blonde** mit der Latinpop-Gruppe **Los Illegals** bei einem Album zusammen. Napolitano ging als Nachfolgerin von David Byrne zu den **Heads**, besser bekannt als → **Talking Heads**.

CONCRETE BLONDE (1987) EMI 713118 • FREE (1989) EMI 713001 • BLOODLETTING (1990) EMI 241059 • WALKING IN LONDON (1992) EMI 713137 • MEXICAN MOON (1993) EMI 781129 • STILL IN HOLLYWOOD (1994) EMI 713137 • (S) RECOLLECTION (1996) EMI 837072 • **Concrete Blonde** mit **Los Illegals**: CONCRETE BLONDE Y LOS ILLEGALS (1997) EMI 833302 • Johnette **Napolitano** mit **Pretty & Twisted**: PRETTY & TWISTED (1995) Warner Brothers 45910 • Johnette **Napolitano** mit Holly Vincent: VOWEL MOVEMENT (1995)

Arthur Conley

Arthur Conley gehörte (* 4. 1. 1946, Atlanta, Georgia) Mitte der 60er Jahre eine Zeitlang zu den Stars der Soulmusik, und von ihm stammt ›Sweet Soul Music‹, ein Evergreen dieses Genres. Als Teenager tingelte er durch die Clubs im Süden der USA, 1965 wurde er in Baltimore von Otis → Redding entdeckt, der ihn für sein Label unter Vertrag nahm und die Single ›I'm A Lonely Stranger‹ veröffentlichte.

Anfang 1967 nahm Conley ›Sweet Soul Music‹ (GB #9, US #2, D #29) auf, eine Hommage an die Stars der frühen Soulära, und landete damit einen Welterfolg. Dieser »klassische Black Dance-Song« (*Penguin Encyclopedia*) war der Auftakt für eine kleine Hitserie, die bis Ende 1968 anhielt. Conley veröffentlichte in schneller Folge die Singles ›Shake, Rattle & Roll‹ (US #27), ›Whole Lotta Woman‹ (US #81), ›Funky Street‹ (US #17, D #24), ›People Sure Act Funny‹ (US #37), ›Aunt Dora's Love Soul Shack‹ (US #80) und ›Ob-La-Di, Ob-La-Da‹ (US #46), eine Soulversion des → **Beatles**-Hits. Von Conleys vier Alben kam SWEET SOUL

Music (US #37) vom Frühsommer 1967 am besten an. Anfang der 70er Jahre kehrte Conley in die kleinen Soulclubs zurück und beteiligte sich in den 80er Jahren an Soul Revival-Tourneen.

SWEET SOUL MUSIC (1967) Atco, SD 33–215 • SHAKE, RATTLE AND ROLL (1967) Atco, SD 33–220 • SOUL DIRECTIONS (1968) Atco, SD 33–243 • MORE SWEET SOUL (1968) Polydor 228 019 • (S) STAR COLLECTION (1973) Midi 20062 • (S) SWEET SOUL MUSIC THE BEST OF (1995) Soul Classic 2195

Connells

David Connell (b), Mike Connell (g, voc), George Huntley (g, man, voc), Doug MacMillan (voc, g), Peele Wimberley (dr, perc), Steve Potak (key)

David und Mike Connell wuchsen in Macon, Georgia, auf, der Stadt von Otis →Redding, →Little Richard und den →Allman Brothers. Die Brüder interessierten sich jedoch mehr für britische Bands wie die →Beatles, →Kinks und →Clash und gründeten 1984 mit Collegefreunden die Gitarrenband Connells. Nachdem sie auf Parties und Schulfesten Erfahrungen gesammelt hatten, nahmen sie ein Jahr später unter der Aufsicht von Don Dixon (→R.E.M.) ihr erstes Album Darker Days auf. Es erinnerte an R.E.M., doch die Connells klangen nicht so rauh, da sie auf ein harmonisches Gesangskonzept Wert legten. Die LP machte die Connells zu den Lieblingen der Collegeradios und der Studentenszene. 1987 erschien das Album Boylan Heights, dessen Songs zum großen Teil von Mike Connell und George Huntley geschrieben worden waren.

Inzwischen in Rayleigh, North Carolina, ansässig, konnten die Connells für ihr drittes Album Fun & Games in Gary Smith (→Pixies, →Throwing Muses) wieder einen prominenten Produzenten gewinnen. Die LP machte die Connells auch in Europa bekannt, wo man den »exzellenten Satzgesang und die hochtransparente Instrumentierung« (*Musik Express*) lobte. Zu wenig Promotion war der Grund dafür, daß das Quintett in der Vielzahl erstklassiger Gitarrenbands unterging.

Hugh Jones (→Echo & The Bunnymen, →Del Amitri) zeichnete als Produzent für die LP One Simple Word verantwortlich, die sich in den alternativen Charts in Europa und den USA zum Dauerbrenner entwickelte und rund 150000 Mal verkauft wurde. ›Stone Cold Yesterday‹ und ›Get A Gun‹ wurden zu Independenthits. Trotz dieses Erfolgs gab es Spannungen zwischen den Connells und ihrer Plattenfirma TVT Records. Die Band suchte erfolglos nach einem neuen Partner und ging in den folgenden drei Jahren auf Tournee.

1993 nahmen die Connells ihr bisher erfolgreichstes Album Ring auf, an dem Keyboarder Steve Potak beteiligt war und das den Radiohit '74 – ›75‹ enthielt. Der *Musik Express* schrieb über das Album: »Unbekümmerte, bisweilen hoch kommerzielle Songs sorgen mit erstaunlicher Frische für angenehme Musikunterhaltung.« Die Connells tourten nun regelmäßig durch die USA und Europa und erhielten für ihre hintergründigen und melodischen Songs sowie ihr professionelles Auftreten überall gute Kritiken. 1994 erschien das Mini-Album New Boy mit fünf neuen Kompositionen und

einer gelungenen Version von ›Living In The Past‹ (→Jethro Tull).
George Huntley nutzte die Studiopause der Connells für seine vom Westcoastsound beeinflußte Soloproduktion BRAIN JUNK, die Ende 1996 veröffentlicht wurde. Im Sommer 1996 »frönte die Band aus dem amerikanischen Süden ausgiebig ihrer Liebe zum Britpop« (*Musik Express*). WEIRD FOOD & DEVASTATION reichte jedoch nicht an die Qualität der Originale von →Blur oder →Oasis heran.

DARKER DAYS (1985) Demon • BOYLAN HEIGHTS (1887) Alternation, INT 845 240 • FUN & GAMES (1989) Alternation, INT 845 241 • ONE SIMPLE WORD (1990) Alternation, INT 845 242 • RING (1993) Alternation, INT 845 229 • NEW BOY (1994) Mini-LP TVT 2593 • WEIRD FOOD & DEVASTATION (1996) Alternation, INT 845 280 • **George Huntley**: BRAIN JUNK (1996) TVT, INT 845 259

Consolidated

Mark Pistel (b), Adam Sherburne (voc, g), Philip Steir (dr)

Der *New Musical Express* nannte das Trio aus San Francisco die »meistgehaßte Band der Welt«, und die deutsche Musikpresse wunderte sich anfangs über die »Weißen«, die »schwarze Musik so unnachahmlich spielen« *(Musik Express)*. Mark Pistel, Adam Sherburne und Philip Steir machten sich vor allem durch ihre eindeutige Kritik an der westlichen Kultur unbeliebt: »Unser Land ist der totale Beschiß! Es gibt keine Demokratie, sondern nur IBM, GM und AT&T« (Adam Sherburne).
1988 gegründet, traten Consolidated mit der Absicht an, ein von der Unterhaltungsindustrie manipuliertes Publikum mit ihrer engagierten Kritik wachzurütteln. Bereits auf ihrer 1989 erschienenen Debüt-EP präsentierten sich Consolidated als »bösartige Industrial-HipHop-Truppe, die nicht zusieht, sondern verbal in die Schnauze tritt. Ein textlicher Crossover, der ähnlich wütende Bands wie Rage Against The Machine oder die Disposable Heroes Of Hiphoprisy auf den Plan rief« (*No Hype*).
Ihr Studioalbum THE MYTH OF ROCK wurde von den Trend-Musikzeitungen als Kultalbum des Jahres 1990 gehandelt. Die Band hatte House, HipHop, Rap, Rock, Techno und Industrial-Grooves mit Ausschnitten aus Reden von Politikern oder aus TV-Sendungen zu einer Collage innovativer Crossover-Musik verbunden. Inhaltlich nahmen sie Rassismus, Faschismus, Chauvinismus und rechtsradikale Tendenzen in der Medienlandschaft, gewürzt mit Ironie, aufs Korn. »Sie stellen in erster Linie durchgeknallte, pumpende Industrie-Beats, teilweise in einer elastischen HipHop-Rhythmik her und verstehen sich als politische Band« *(Musik Express)*. Nach ausgedehnten Tourneen in den USA und Auftritten bei europäischen Festivals wurde Consolidated bewußt, daß aufgrund ihrer aggressiven Show ihre Absichten häufig mißverstanden wurden.
Das Motto ihres 91er-Albums FRIENDLY FA$CISM lautete: Solidarität mit allen Randgruppen. Produziert von Jack Dangers von Meat Beat Manifesto bot die LP »themen- und sprachbetontes, aber gleichzeitig auch beste Tanzmusik« (*Zitty*). Die Auslieferung der LP in Europa verzögerte sich, weil ein Preßwerk in Holland sich weigerte, die zum Teil anti-

amerikanischen Texte und die verfremdeten Zitate von George Bush zu bearbeiten.
Mit ihrer LP Play More Music setzten sich **Consolidated** für die Gleichberechtigung von Frauen, Homosexuellen und Minderheiten ein und bezogen Stellung gegen Tierversuche. Die Grooves und Beats sind »hypnotisierend und erbarmungslos; eine kompromißlose Aussage, die das Herz des US-Traums hart trifft« (*Time Out*). Jack Dangers war erneut als Produzent verantwortlich. Paris, Crack MC und die **Yeastie Girls** waren unter den Studiogästen. Die Auskopplung ›You Suck‹ sollte sich als ihre bis dahin erfolgreichste Single erweisen. Auf dem 94er-Album Business Of Punishment (GB #53) ließen **Consolidated** eine neue musikalische Richtung erkennen: keine Computer-Samples mehr, statt dessen eine große Spannbreite von Sounds inclusive Grunge, Metal, Funk, jazziger HipHop und Sixties.

THE MYTH OF ROCK (1990) Nettwerk, I.R.S. 82039 • FRIENDLY FA$CISM (1991) Rough Trade 375 2033 • PLAY MORE MUSIC (1992) Rough Trade 375 2040 • BUSINESS OF PUNISHMENT (1994) Metronome 828 514 • (S) DYSFUNCTIONAL RELATIONSHIP (1990) Nettwerk, W 26309

Ry Cooder

Der am 15. 3. 1947 in Los Angeles geborene Ryland Cooder war Ende der 60er Jahre vor allem als Studiomusiker bekannt, u. a. dank seiner Bottleneck-Künste auf dem Album Let It Bleed von den →**Rolling Stones**. Der musikalische Abenteurer beherrschte nicht nur alle stilistischen Varianten populärer nordamerikanischer Musik, sondern er »vereinte Amerika in seiner Musik« (*Times*). Seine Anerkennung erwarb er sich nicht aufgrund von Hits, sondern dank seiner herausragenden Bearbeitungen unterschiedlichster Musikstile vom Jazz der 20er Jahre über Country und Blues bis hin zu karibischer/lateinamerikanischer Musik.
Cooder hatte sich als Vierjähriger mit einem Messer so schwer verletzt, daß er seitdem ein Glasauge hat. Zu Beginn der 60er Jahre machte sich »der Virtuose der Saiteninstrumente Gitarre, Slide-Gitarre, Mandoline und Banjo« (*Rolling Stone*) in südkalifornischen Folk- und Blueskreisen einen Namen. Als 17jähriger wurde er Mitglied einer von der Sängerin Jackie DeShannon geleiteten Gruppe. 1966 spielte er in Los Angeles bei den **Rising Sons**, die von Taj →Mahal gegründet worden waren. Außerdem glänzte Cooder auf dem Album Safe As Milk von →Captain Beefheart, und er war nach dem Scheitern der **Rising Sons** an Mahals Solodebüt beteiligt.
Außer von den **Stones** wurde Cooder von Phil →Ochs, →**Paul Revere & The Raiders**, →**Harpers Bizarre**, Ron Nagle und **Fusion** engagiert. Als er mit den Vorbereitungen zu seiner ersten LP beschäftigt war, gewannen ihn Randy →Newman, Maria →Muldaur, Gordon →Lightfoot und →**Little Feat** zur Mitarbeit. Beim Soundtrack des Jagger-Films »Performance« spielte er Dobro und Dulcimer und wirkte am Soundtrack zu »Candy« mit.
Im Dezember 1970 stellte sich der Solist Ry Cooder in einer Show mit →**Savoy Brown** im Fillmore West in San Francisco einem größeren Publikum vor. Die LP Ry Cooder erschien im Januar 1971 mit

elf traditionellen Blues- und Folksongs, die der »unverkennbar aufrichtige Musikant« (*Cashbox*) stilsicher interpretierte. Als Koproduzent war der exzentrische Van Dyke → Parks beteiligt. Ende des Jahres hatten ihn die **Stones** für die LP STICKY FINGERS gewinnen können.
1976 brachte Cooder die Alben INTO THE PURPLE VALLEY und BOOMER'S STORY heraus, wieder moderne Variationen von Stücken aus den 20er und 30er Jahren. 1974 überraschte er mit einer Reggaefassung des Bob → Dylan-Klassikers ›It's All Over Now‹ und 1976 erschien die LP CHICKEN SKIN MUSIC in schwungvollem Tex Mex-Sound.
Erstklassige Plattenrezensionen und ein ausgezeichneter Ruf als Studiomusiker, u. a. für Rita → Coolidge, → **Crazy Horse** und Buffy → St. Marie, konnten aber nicht darüber hinwegtäuschen, daß seinen LPs nur geringe Verkaufserfolge beschieden waren. Möglicherweise lag es an der schlichten Mischung von Folk, Blues, Country, Jazz und Pop, daß Ry Cooder nicht zum Superstar aufstieg. Der »Liebling der Kritiker« (*Musik Express*) wurde jedoch mit Auszeichnungen überhäuft. 1972 erhielt er für BOOMER'S STORY den holländischen Edison, und CHICKEN SKIN MUSIC wurde 1977 mit dem Deutschen Schallplattenpreis ausgezeichnet. *Sounds* schrieb über das Album: »Als Bottleneck-Gitarrist ist Cooder unübertroffen, und jedes seiner Stücke trägt einen unverkennbaren Stempel. Obwohl er auf spektakuläre Effekte verzichtet und nichts als aufrichtige Musik macht.«
Mitte der 70er Jahre fand Cooder Zeit, um die → **Doobie Brothers**, Rodney → Crowell und Van → Morrison bei Studioaufnahmen zu unterstützen. Er arbeitete mit dem Jazzpianisten Earl Hines, dem hawaiianischen Steel-Gitarristen Gabby Pahinui und dem texanischen Akkordeonspieler Flaco Jiminez zusammen. Für seine Konzerte und Tourneen stellte er die **Ry Cooder Band** zusammen, der u. a. der Sänger Terry Evans angehörte. Evans machte in den 90er Jahren Karriere als hochgelobter Bluesinterpret.
1978 machte Ry Cooder auf JAZZ einen Ausflug in die Welt von Jelly Roll Morton und Bix Beiderbecke. Die *Zeit* kommentierte: »Sein erstes Album, bei dem er weniger freizügig arrangierend mit dem historischen Material umgeht und ein wenig in Ehrfurcht vor den großen Meistern verharrt, aber es macht trotzdem Spaß, sich in Cooders Jazz-Museum umzuhören. Aufnahmetechnisch ist auch diese LP vorzüglich.« Im gleichen Jahr tat sich Cooder für den Soundtrack zu »Blue Collar« erneut mit Captain Beefheart zusammen. 1979 hatte er sich auf seiner ersten Charts-LP BOB TIL YOU DROP (US #78) dem Rock zugewandt, während er im Jahr darauf beim Soundtrack »The Long Ryders« in Westernmusik schwelgte.
Nach seiner Europatournee im Spätsommer 1980 veröffentlichte der »Magier der leisen Töne« (*Musik Express*) im November BORDERLINE (US #60). Er brillierte wieder als »Mr. Bottleneck« (*Sounds*) und durchbrach mit wohltemperiertem Gitarrenspiel stilistische Grenzen. 1981 komponierte er den Soundtrack des Films THE BORDER mit Jack Nicholson in der Hauptrolle, 1982 erschien sein Album THE SLIDE AREA (GB #18), mit dem er in den britischen Charts auftauchte.
Enttäuscht von den Plattenverkäufen in den USA, kümmerte sich Cooder stärker um Konzerte und komponierte Sound-

tracks. Im Sommer 1983 trat er mit Duane →Eddy in San Francisco auf, einige Monate später beteiligte er sich an einem Benefizkonzert zugunsten von ARMS im New Yorker Madison Square Garden neben Eric →Clapton, Jeff →Beck und Jimmy Page. Er schrieb die komplette Musik für dem Wim Wenders-Film PARIS, TEXAS (GB #46), für ALAMO BAY von Louis Malle und 1986 für den Bluesfilm CROSSROADS (US #85), an dem sich auch Sonny →Terry und die **Frank Frost Blues Band** beteiligten.

»Frei von modischem Krimskrams« (*Musik Express*) realisierte der nach wie vor begehrte Studiomusiker (T-Bone →Burnett, Kim →Carnes) sein 87er-Album GET RHYTHM (GB #28), bei dem er traditionelle Country-, R&B- und Tex Mex-Elemente in gewohnt gelungener Mischung verband. Als Studiogäste wirkten der Sänger Larry Blackmon von →**Cameo** und der Schauspieler Harry Dean Stanton mit; zu seiner Begleitband gehörten Jim Keltner am Schlagzeug und Van Dyke Parks an den Keyboards.

Mit Robin Williams als Erzähler entstand 1988 Cooders Album PECO'S BILL, das ein Jahr später als beste Kinderplatte mit einem Grammy gewürdigt wurde. 1989 wurde der Soundtrack für »Johnny Handsome« mit Mickey Rourke veröffentlicht, 1990 war Cooder mit David →Lindley auf Tournee in Europa, und 1991 spielte er auf John Lee →Hookers bemerkenswerten Comeback MR. LUCKY.

Schließlich suchte der »Gitarrenguru« (*Musik Express*) eine neue Herausforderung und gründete mit John →Hiatt, Nick →Lowe und Jim Keltner das Veteranenquartett **Little Village**, das im Februar 1992 die gleichnamige LP (GB #23, US #66) herausbrachte. Es war ein vom Rock inspiriertes Album, bei dem »lokkere Songstrukturen und entspannte Rhythmen Pate standen für die federnde Basis der reichen instrumentalen Exkurse« (*Musik Express*). Produziert in Cooders eigenem Studio in Santa Monica, Kalifornien, hatte das Quartett seiner Spontaneität gegenüber Perfektion den absoluten Vorrang gegeben.

1993 erschienen die Soundtracks zu TRESPASS und GERONIMO sowie das mit dem indischen Gitarristen Vishwa M. Bhatt realisierte und mit einem Grammy ausgezeichnete Projekt A MEETING BY THE RIVER: »Alles andere als museale Ethnokonserve oder esoterischer Worldmusic-Pop« (*Fachblatt*). 1994 unterstützte er die Country / Boogie-Band **Tractors** aus Oklahoma und Jim →Croce's Sohn A. J. Croce bei ihren Debüts. Für die mit dem afrikanischen Musiker Ali Farka Toure aufgenommene Platte TALKING TIMBUKTU wurde Cooder mit einem dritten Grammy geehrt.

Das im Juli 1995 veröffentlichte Doppelalbum MUSIC BY RY COODER dokumentierte die besten Sequenzen aus nunmehr zwölf Soundtracks sowie bisher unveröffentlichte Filmmusik.

Die Suche nach neuen Herausforderungen führte Cooder nach Kuba. Dort produzierte er mit dem 79jährigen Pianisten Ruben Gonzalez und dem 89jährigen Gitarristen Compay Segundo das Album BUENA VISTA SOCIAL CLUB, das in nur sechs Tagen entstand und über das Cooder sagte: »Die Aufnahme war das größte musikalische Erlebnis meines Lebens.« 1997 komponierte er den Soundtrack zum Wim Wenders-Film »The End Of Violence«.

RY COODER (1970) Reprise 7599–27510 • INTO THE PURPLE VALLEY (1971) Reprise 7599–27200 • BOOMER'S STORY (1971)

Reprise 7599–26398 • PARADISE AND LUNCH (1974) Reprise 7599–27212 • CHICKEN SKIN MUSIC (1976) Reprise 7599–27231 • LIVE SHOW TIME (1976) Warner Brothers 56386 • JAZZ (1978) Warner Brothers 7599–27355 • BOP TILL YOU DROP (1979) Warner Brothers 7599–27398 • THE LONG RIDERS (1980) Soundtrack Warner Brothers 56826 • BORDERLINE (1980) Warner Brothers 7599–23489 • THE BORDER (1980) Soundtrack • SIX SONG ALBUM – LIVE (1982) Warner Brothers 923810 • THE SLIDE AREA (1982) Warner Brothers 7599–23651 • PARIS, TEXAS (1985) Warner Brothers 925270 • THE ALAMO BAY (1985) Soundtrack • BLUE CITY (1986) Soundtrack Warner Brothers 925386 • CROSSROADS (1986) Soundtrack 925399 • GET RHYTHM (1987) Warner Brothers 7599–25639 • PECO'S BILL (1988) Windham Hill, WD-0709 • JOHNNY HANDSOME (1989) Soundtrack Warner Brothers 925996 • TRESPASS (1993) Soundtrack Sire 45220 • GERONIMO (1993) Soundtrack Columbia 57760 • LAST MAN STANDING (1996) Soundtrack Verve 533415 • THE END OF VIOLENCE (!997) Soundtrack Outpost • (S) WHY DON'T YOU TRY ME TONIGHT? (1986) Warner Brothers 2292–40864 • (S) RIVER RESCUE (1994) Warner Brothers 9362–45599 • (S) MUSIC BY RY COODER (1995) Warner Brothers 936245 • Mit **Rising Sons**: (S) FEAT. TAJ MAHAL AND RY COODER (1992) Legacy 52828 • Mit **Little Village**: LITTLE VILLAGE (1992) Warner Brothers 7599–26713 • Mit Vishwa M. **Bhatt**: A MEETING BY THE RIVER (1993) Water Lily Acoustics • Mit Ali Farka **Toure**: TALKING TIMBUKTU (1994) World Circle 040 • Mit Ruben **Gonzales**: BUENA VISTA SOCIAL CLUB (1997) Eastwest 6923–30050 • Terry **Evans**: BLUES FOR THOUGHT (1993) Pointblank, VPBCD 16 • PUTTIN' IT DOWN (1995) Audioquest. AQ 1038 • COME TO THE RIVER (1997) Audioquest

Sam Cooke

Der »eigentliche Wegbereiter des Sweet- oder Soft-Soul« (*Blues Forum*) wurde am 22. 1. 1931 als Sohn eines Baptistenpredigers in Chicago geboren und sang als Achtjähriger im Kirchenchor. Mit seinem Bruder L. C. Cooke, der für ihn den Bestseller ›You Send Me‹ schrieb, begann er seine Karriere in Gospelgruppen wie den **Highway Q.C.'s** und **Pilgrim Travelers**, mit denen er 1948 seine ersten Aufnahmen machte. 1950 wurde Sam Cooke Leadsänger bei den sehr populären **Soul Stirrers**, zu deren bekanntesten Songs ›Touch The hem Of His Garment‹ und ›Pilgrim Of Sorrow‹ gehörten und bei Specialty Records erschienen. 1956 brachte Cooke seinen ersten Popsong ›Loveable‹ unter dem Namen Dale Cooke heraus, um seine Gospelfans nicht zu verärgern. Empört über diesen Ausflug in die Popwelt zwang ihn Art Rupe, Eigner von Specialty, die **Soul Stirrers** zu verlassen.

Im Juni 1957 unterschrieb die spätere »Vaterfigur des Soul« (*New Musical Express*) beim neugegründeten Label Keen Records, und fünf Monate später wurde die Single ›You Send Me‹ (GB#29, US #1) veröffentlicht, die rund 1,7 Millionen Mal verkauft wurde. Aufgrund dieses Erfolges brachte Specialty Records im Februar 1958 einen älteren Song mit dem Titel ›I'll Coming Running Back To You‹ (US #18) auf den Markt. Keen Records konterte im gleichen Monat mit ›(I Love You) For Sentimental Reasons‹ (US #17). In diesem Jahr folgten außerdem die Singles ›You Were Made For Me‹ (US #39), ›Lonely Island‹ (US #26), ›Win Your Love For Me‹ (US #22), ›Love You Most Of All‹ (US #26) und das Album SAM COOKE (US #16).

Ende der 50er Jahre war Sam Cooke neben Ray →Charles der erfolgreichste Vertreter der schwarzen Musik. Mit seiner »engelsgleichen Honigstimme« (*Hifi Vision*) begeisterte er vor allem weibliche Fans und Teenager. 1959 erschienen ›Everybody Likes To Cha Cha‹ (US #31) und ›Only Sixteen‹ (GB #23, US #28). Nach diesen Tophits bot ihm RCA Records Ende 1959 einen für damalige Verhältnisse sensationell hochdotierten Vertrag mit 100000 US-Dollar Garantiesumme pro Jahr an. Im März 1960 tritt Sam Cooke in Montego Bay, Jamaika, eine Tournee durch die Karibik an. Sein Gesangsstil und Rhythmusgefühl hatten einen nachhaltigen Einfluß auf die 15 Jahre später populäre Reggaemusik von Jimmy →Cliff und Bob →Marley.

Als erste Single bei RCA kam im April 1960 ›Teenage Sonata‹ (US #50) heraus, die weit hinter den Erwartungen zurückblieb, Keen Records hatte zwei Monate später mit ›Wonderful World‹ (US #12) mehr Erfolg. Im Herbst des Jahres konnte sich auch RCA freuen, denn Cooke schaffte mit dem selbst geschriebenen, gospel-inspirierten ›Chain Gang‹ (GB #7, US #2) seinen zweiten Millionenhit.

Als einer der ersten Musiker seiner Generation richtete sich Sam Cooke Anfang 1961 eine eigene Plattenfirma, SAR Records, ein, die u. a. die **Valentinos** und **Simmin' Twins** betreute. Als Sänger setzte Cooke seine Erfolgsserie 1961/62 mit den Singles ›That's It, I Quit, I'm Movin' On‹ (US #31), ›Cupid‹ (GB #8, US #17), ›Twistin' The Night Away‹ (GB #4, US #9), ›Having A Party‹ (US #17, ›Nothing Can Change This Love‹ (US #12), dem Album TWISTIN' THE NIGHT AWAY (US #72), dem Sampler THE BEST OF (US #22) sowie dem Duett mit Lou →Rawls, ›Bring It On Home To Me‹ (US #13) fort.

Einige seiner meist selbstkomponierten Songs wurden zu Evergreens. ›Cupid‹ wurde u. a. von Johnny →Nash, →**Dawn** und den →**Detroit Spinners** übernommen, Rod Stewart, der Cooke als sein größtes Vorbild bezeichnete, coverte ›Twistin' The Night Away‹. 1963 feierte Little →Richard mit Cookes Komposition ›Send Me Some Loving‹ ein Comeback.

Sein Aufstieg zum Superstar war nicht mehr aufzuhalten, als 1963 ›Another Saturday Night‹ (GB #25, US #10), der Folksong ›Frankie And Johnny‹ (GB #24, US 14) und der Bluestitel ›Little Red Rooster‹ (US #11) von Willie →Dixon Tophits wurden und die Gesamtauflage seiner verkauften Platten auf über 15 Millionen Stück anstieg. Anfang 1964 kündigte Sam Cooke an, daß er weniger Konzerte absolvieren wolle, um sich intensiver um den Aufbau seines Labels kümmern zu können. Erfolge konnte er auch 1964 verbuchen: ›(Ain't That) Good News‹ (US #11), ›Good Times‹ (US #20) und ›Cousin Of Mine‹ (US #26) sowie die Alben AIN'T THAT GOOD NEWS (US #34) und AT THE COPA (US #29).

Seine Karriere endete jäh, als Cooke am 11. 12. 1964 von einer Motel-Managerin in Los Angeles erschossen wurde. Der Tathergang wurde nie eindeutig geklärt. Nach seinem Tod wurden 1965 die Singles ›Shake‹ (US #5), ›A Change Is Gonna Come‹ (US #53), ›It's Got The Whole World Shakin‹ (US #42), ›When A Boy Falls In Love‹ (US #61), ›Sugar Dumpin‹ (US #30), die LP SHAKE (US #44) und weitere Sampler veröffentlicht.

Über zwei Jahrzehnte später wurde der Sänger und Komponist wiederentdeckt, als sein Song ›Wonderful World‹ für eine Jeanswerbung verwendet wurde. Neu herausgebracht wurde ›Wonderful

World‹ (GB #2, D #2) im Frühjahr 1986 zu einem Bestseller. Im Sog dieses Erfolges erschienen diverse Sampler, die das Werk von Sam Cooke würdigten.

SAM COOKE (1958) Keen 2001 • ENCORE (1959) Keen 2003 • TRIBUTE TO THE LADY (1959) • HIT KID (1960) • I THANK GOD (1960) • WONDERFUL WORLD OF SAM COOKE (1960) Keen 8–6106 • COOKE'S TOUR (1960) RCA 2221 • SWING LOW (1961) RCA, SF 5104 • MY KIND OF BLUES (1961) RCA, SF 5120 • TWISTIN' THE NIGHT AWAY (1961) RCA 2555 • MR. SOUL (1962) RCA 2673 • NIGHT BEAT (1963) Abkco 1124 • LIVE AT THE HARLEM SQUARE CLUB (1963) RCA, PL 85181 • AIN'T THAT GOOD NEWS (1964) RCA 2899 • AT THE COPA (1964) RCA 2970 • SHAKE (1965) RCA 3367 • TRY A LITTLE LOVE (1965) RCA 3435 • SAM COOKE SINGS BILLIE HOLIDAY (1975) RCA, APL 1–0899 • (S) THE BEST OF, VOLUME 1 (1962) RCA 2625 • (S) THE BEST OF, VOLUME 2 (1965) RCA 3373 • (S) THE UNFORGETTABLE (1966) RCA, LSP 3517 • (S) THE ONE AND ONLY (1968) Camden, CAS 2264 • (S) THE MAN WHO INVENTED SOUL (1968) RCA 3991 • (S) THE LATE AND THE GREAT (1969) • (S) THE TWO SIDES OF SAM COOKE (1971) Sonet, SNTF 5009 • (S) THIS IS SAM COOKE (1971) RCA 2007 • (S) A CHANGE IS GONNA COME (1975) RCA, JPL 1–8187 • (S) THE GOLDEN AGE OF SAM COOKE (1976) RCA, RS 1054 • (S) WHEN I FALL IN LOVE (1979) EMI, NUTM 23 • (S) 20 GREAT SONGS (1981) Afe 1006 • (S) WONDERFUL WORLD (1986) RCA, CL 89903 • (S) THE MAN AND HIS MUSIC (1986) RCA, PL 87127 • Mit **Soul Stirrers**: (S) THE ORIGINAL SOUL STIRRERS (1971) Specialty, SP 2106 • (S) THAT'S HEAVEN TO ME (1972) Specialty, SP 2146

LL Cool J

Am 16. 1. 1969 als James Todd in Queens, New York, geboren, bekam LL Cool J im Alter von neun Jahren von seinem Großvater eine Discjockeyanlage geschenkt. Von **Double Trouble** und der **Sugarhill Gang** inspiriert, erfand er eine Art Rap und nannte sich nun LL Cool J (Ladies Love Cool James).

Nachdem Def Jam Records 1984 über den Vertrieb von CBS mit den → **Beastie Boys** weltweit Erfolg hatte, nahm das Label LL Cool J unter Vertrag, der inzwischen mit frechen Texten von sich reden gemacht hatte. LL Cool J »plünderte 30 Jahre Musikgeschichte« (*Stereoplay*) und griff auf Musik von James → Brown bis zum Metal-Rock zurück. Seine Debüt-LP RADIO (US #46) erschien Ende 1985 und wurde 500000 Mal verkauft. »Eine hämmernde Beatbox, scharfe Scratch-Riffs und ein aggressives Reim-Schnellfeuer« (*Musik Express*).

Sprachwitz, knallharte Beats und hin und wieder romantische Balladenklänge machten aus dem zweiten Album BIGGER AND DEFFER (GB #26, US #3, D #35) ein »geniales Jahrhundertwerk« (*Hifi Vision*). Ausgekoppelt wurden ›I'm Bad‹ (GB #71, US #84) und ›I Need Love‹ (GB #8, US #14, D #6). LL Cool J, der respektlos alles und jeden attackierte, wurde als »der Muhammad Ali des Rap – großmäulig, chauvinistisch« (*Musik Express*) bezeichnet.

Auf seinem 89er-Album WALKING WITH A PANTHER (GB #43, US #6) mischte der Superstar der Rapmusik donnernde Hip Hop-Grooves und wuchtige Rockgitarren mit Doo Wop, Computerrhythmik und Funk. In den Singlecharts war er 1989/90 mit ›Going Back‹ (GB #37, US #31), ›I'm That Type Of Guy‹ (GB #43, US

#15), ›The Boomin' System‹ (US #48) und ›Around The Way Girl‹ (GB #36, US #9) vertreten. Im Herbst 1990 erschien das Album MAMA SAID KNOCK YOU OUT (GB #49, US #16), dessen Titelsong (US #17) im April 1991 als Single herauskam. Nach fast dreijähriger Studiopause brachte der »Champion des Hip Hop« (*Musik Express*) im Sommer 1993 die LP 14 SHOTS TO THE DOME und die Singles ›How I'm Comin‹ (GB #37, US #57) und ›Back Seat‹ (US #42) heraus. LL Cool J's Erfolgskurve fiel jedoch langsam ab, trotz über 650000 verkaufter Alben. Inzwischen ein »Veteran des Rap« (*Billboard*), konnte er seinem Genre keine neuen Impulse geben.

LL Cool J startete Ende 1995 eine zweite Karriere als Fernsehstar, da ihm die Hauptrolle in der Serie »In The House« angeboten wurde. Erste Erfahrungen als Schauspieler hatte er bereits Mitte der 80er Jahre in einer Nebenrolle des Films »Krush Groove« gesammelt. Neben seinen TV-Engagements und einer Nebenrolle in dem Kinohit »Toys« fand LL Cool J Zeit für sein Album MR. SMITH, das sich den Vorwurf der »stilistischen Beliebigkeit« (*WOM*-Journal) gefallen lassen mußte und sich als »fast schon wehmütige Reminiszenz an die Rap-Historie« (*Musik Express*) erwies. Sie wurde dennoch ein Verkaufserfolg, wurde in den USA zweimal mit Platin ausgezeichnet und lieferte Singlehits wie ›Hey Lover‹ (GB #17, US #3, D #34), ›Doin' It‹ (GB #15, US #9, D #36) und ›Loungin'‹ (GB #7, US #5, D #3).

Anfang 1997 erhielt er den MTV Video Vanguard Award für sein bisheriges Werk als Videokünstler. Im Oktober erschienen sein Album PHENOMEN und seine Autobiographie »I Make My Own Rules«: »Mein Buch soll Mut machen und zeigen, daß man kein Verbrecher werden muß, wenn man nur an sich glaubt« (LL Cool J).

RADIO (1985) Def Jam 527352 • BIGGER AND DEFFER (1987) Def Jam 527353 • WALKING WITH A PANTHER (1989) Def Jam 527355 • MAMA SAID KNOCK YOU OUT (1990) Def Jam 523477 • 14 SHOTS TO THE DOME (1993) Def Jam 523488 • MR. SMITH (1995) Def Jam 529724 • PHENOMEN (1997) Def Jam 539186 • (S) GREATEST HITS (1996) Def Jam 534125

Rita Coolidge

Rita Coolidge wurde als Tochter einer Cherokee-Indianerin und eines Baptistenpredigers am 1. 5. 1944 in Nashville, Tennessee, geboren. Unter dem Einfluß von Countrymusik, Rhythm & Blues und Memphis-Soul machte sie für das lokale Label Pepper Records ihre ersten Aufnahmen. Inzwischen in Memphis lebend, riskierte Priscilla Coolidge eine Profikarriere als Musikerin und tat sich mit ihrem späteren Ehemann Booker T. Jones zusammen.

Mitte der 60er Jahre zog Rita Coolidge nach Los Angeles um und profilierte sich als Chorsängerin u. a. für Stephen → Stills und Eric → Clapton. Stills, mit dem sie eine Zeitlang eng befreundet war, widmete ihr 1969/70 die Songs ›Cherokee‹ und ›The Raven‹. Sie trat außerdem mit den **Friends** von → Delaney & Bonnie auf und ging mit Leon → Russell und Joe → Cocker auf Tournee. Von Rita Coolidge inspiriert komponierte Russell ›Delta Lady‹. Für ihr erstes Soloalbum konnte Rita Coolidge die Elite der Westcoast-Studiomusiker gewinnen, darunter Stills, Jones, Bobby → Womack, Jim Keltner (dr), Marc → Benno (g) und Clarence White von den → **Byrds**. Das Debüt RITA COOLIDGE (US #93) wie die 1972 erschienene LP NICE FEELIN fanden kaum Beachtung.

1972 lernte sie Kris Kristofferson kennen, mit dem sie von 1973 bis 1979 verheiratet war. Kristofferson, Bernie Leadon von den → **Eagles**, Al → Kooper, John → Sebastian sowie die Studiomusiker Jones, Keltner, Carl Radle (b), Russ Kunkel (dr), Lee Sklar (b) und Al Perkins (steel-g) waren an ihrer Produktion THE LADY'S NOT FOR SALE (US #36) beteiligt, das die Songs ›Fever‹ (US #62), ›My Crew‹ (US #60) und eine Bearbeitung des Leonard → Cohen-Songs ›Bird On A Wire‹ enthielt. Ihre Mischung aus Country, Rock'n'Roll und sanften Balladen war jedoch überarrangiert. Bei ihren Konzerten und Tourneen wurde Rita Coolidge von den **Dixie Flyers** begleitet, die aus Benno, Charlie Freeman (g), Mike Utley (org, p), Tommy McClure (b) und Sammy Creason (dr) bestanden. Von 1973 bis 1978 nahm Rita Coolidge drei Alben zusammen mit Ehemann Kristofferson auf, darunter FULL MOON (US #22). Sie wirkte in den Kinofilmen »Convoy« und »A Star Is Born« mit und sang im Studio für Carly → Simon, Harry → Chapin und Billy → Swan. Als Solistin hatte sie 1977 mit dem Jackie → Wilson-Hit ›Higher And Higher‹ (US #3) und ›We're All Alone‹ (GB #6, US #4) Erfolg, ebenso mit dem Album ANYTIME ... ANYWHERE (GB #6, US #9), das mit Platin ausgezeichnet wurde.

Bis 1981 erschienen weitere Countrypop Platten, die »mit Session-Superstars überladen, alle gleich klangen« (*Sounds*). Am besten verkaufte sich LOVE ME AGAIN (GB #28, US #38) 1978, außerdem kamen die Singles ›The Way You Do The Things You Do‹ (US #20), ›You‹ (US #22), ›I'd Rather Leave While I'm In Love‹ (US #44) und ›Words‹ (GB #26) sowie der Sampler VERY BEST OF (GB #16) bei ihren Fans gut an.

1983 sang sie ›All Time High‹ (US #36, D #13), Titelsong des James Bond-Abenteuers »Octopussy«. Bemühungen von Produzenten wie Tom Dowd (Rod → Stewart, Clapton) um stärker am Rock orientierte Musik auf den LPs NEVER LET YOU GO und INSIDE THE FIRE wurden vom Publikum nicht goutiert.

Soul, Mainstream-Rock und Countryfolk prägten 1992 ihren Comebackversuch LOVE LESSONS, aus dem die Single ›I'm Still Learning About Love‹ ausgekoppelt wurde. Rita Coolidge gelang es nicht, sich künstlerisch neu zu orientieren, so daß ihr im Sommer 1995 veröffentlichtes Album CHEROKEE trotz eleganter Poparrangements als »lauwarme Unterhaltung« (*Oldie-Markt*) bezeichnet wurde.

RITA COOLIDGE (1971) A&M 85221 • NICE FEELIN' (1971) A&M 64325 • THE LADY'S NOT FOR SALE (1972) A&M 64370 • FALL INTO SPRING (1974) A&M 87842 • IT'S ONLY LOVE (1975) A&M 89632 • ANYTIME ... ANYWHERE (1976) A&M 28336 • LOVE ME AGAIN (1978) A&M 64699 • SATISFIED (1979) A&M 64781 • HEARTBREAK RADIO (1981) A&M 63727 • NEVER LET YOU GO (1983) A&M 64914 • INSIDE THE FIRE (1984) A&M 65003 • LOVE LESSONS (1992) Caliber • CHEROKEE (1995) Rough Trade 305 2037 • (S) GREATEST HITS (1981) A&M 393 238 • (S) ALL TIME HIGH (1987) A&M 550079 • Mit Kris **Kristofferson**: FULL MOON (1973) A&M, SP 4403 • BREAKAWAY (1974) Monument 80547 • NATURAL ACT (1978) A&M, SP 4690

Alice Cooper

Der »Prince of Darkness« (*Metal Hammer*) verbrauchte auf der Bühne tonnenweise Rauchbomben, Konfetti und Trockeneis, trat mit einer lebenden Boa constrictor auf, simulierte Hinrichtungen durch Aufhängen oder Enthauptung. Der Horror-Großmeister und sein Ensemble brachten es in ihren besten Jahren zwischen 1971 und 1973 auf 15 Millionen Dollar Umsatz. Cooper beherrschte die Schlagzeilen der Rockgazetten, und der Surrealist und Dadaist Salvador Dalí widmete Cooper das Bild »Geopliticus Child«. Von den Medien als willkommenes enfant terrible gefeiert, verblüffte Cooper sein Publikum immer wieder mit neuen dramaturgischen Einfällen und optischen Tricks. Seine Fans dankten ihm dies bis 1978 mit acht Top 20-Singles und sieben vergoldeten Alben.

Die Karriere von Cooper war von Höhen und Tiefen geprägt. Was als originelle Glamrockrevue im Zappa/Beefheart-Stil begann, verkam zeitweise zu billigem Klamauk, und musikalisch bot er häufig eine wenig attraktive Mixtur aus alten Hardrock-Hits und Metal-Klischees. Erst zu Beginn der 90er Jahre besann sich Alice Cooper wieder auf sein Potential als versierter Hardrocker, der nun statt auf »kollektiven Horrortrip auf grelle Slapsticks und Hollywood-Kitsch« (*Musik Express*) setzte.

Cooper, eigentlich Vincent Damon Furnier, wurde am 25. 12. 1945 in Detroit als Sohn eines protestantischen Pfarrers geboren. Als er elf Jahre alt war, zog die Familie nach Phoenix, Arizona, um. Mit einigen Freunden aus dem Leichtathletikteam seiner High School gründete Cooper 1965 die **Earwigs**, die Songs von den → **Rolling Stones** und den → **Who** nachspielten. Zur Band gehörten Keyboarder und Gitarrist Michael Bruce (* 16. 3. 1948), Gitarrist Glen Buxton (* 10. 11. 1947), Bassist Dennis Dunaway (* 9. 12. 1948) und Drummer Neil Smith (* 23. 9. 1947). Aus den **Earwigs**, die mit ›Don't Blow Your Mind‹ einen lokalen Hit landeten, entstanden zunächst die **Spiders**, dann die **Husky Babies** und schließlich **Nazz**. Als die Band 1968 sporadisch in Los Angeles gastierte, trat sie unter dem Namen **Alice Cooper**, wie sich Furnier inzwischen nannte, auf, um mit der gleichnamigen Gruppe von Todd → Rundgren nicht verwechselt zu werden.

Die fünf Musiker traten in silberfarbenen Phantasiekostümen auf und stilisierten sich als anarchistisches Rockensemble. Frank → Zappa wurde auf »die schlechteste Band von L.A. mit einer bizarren Bühnenshow« (*Rolling Stone*) aufmerksam und engagierte Alice Cooper & Co. für sein Label Straight Records. Nach Mißerfolgen der LPs PRETTIES FOR YOU und EASY ACTION sowie erheblichen Tourneekosten beendeten Zappa und Cooper ihre Kooperation mit einem Schuldenstand von 100000 US-Dollar.

Die Band verzog sich nach Detroit und lebte einige Monate lang in einem Hotelzimmer. Der Produzent Bob Ezrin erkannte als erster das Potential der homoerotischen, musikalisch aggressiven Rockshow und produzierte gemeinsam mit Jack Richardson das Album LOVE IT TO DEATH (GB #21, US #24) mit dem Hit ›Eighteen‹ (US #18). Der Song galt als Antwort auf die britische Teenagerhymne ›My Generation‹ von den **Who**.

Alice Cooper wurden quasi über Nacht als »die Exponenten der Schockrock-

Theatralik« (*Rock On*) berühmt und verteidigten diese Position Ende 1971 mit der LP KILLER (GB #19, US #18): »Enttabuisierende Lyrik und kraftvoller Hardrock« (*Rolling Stone*). **Alice Cooper** überraschten ihre Fans bei jeder neuen Tournee mit neuen Einfällen. Cooper ließ sich scheinbar von einer Guillotine köpfen, posierte mit einer Boa constrictor, präsentierte einen sechs Meter hohen Zyklopen mit Laserstrahlauge oder kämpfte in dem »bizarrsten und unterhaltsamsten Rocktheater der Welt« (*Spiegel*) mit Spinnen und fiktiven Monstern.

Den internationalen Durchbruch schafften sie mit der Single ›School's Out‹ (GB #1, US #7, D #4). Mit weiteren Hits, darunter ›Elected‹ (GB #3, US #16, D #3), ›Hello, Hooray‹ (GB #4, US #26, D #17), ›No More Mr. Nice Guy‹ (GB #9, US #19, D #10), ›Teenage Lament '74‹ (GB #17, D #43), sowie den LPs SCHOOL'S OUT (GB #3, US #2, D #3), BILLION DOLLAR BABIES (GB #1, US #1, D #9) und MUSCLE OF LOVE (GB #20, US #10) hatte die Band **Alice Cooper** den Höhepunkt ihrer Karriere erreicht. Sie bot intelligenten, technisch perfekten Heavyrock, dem ihr Leadsänger mit seiner markanten Stimme das besondere Etwas verlieh.

Nach dieser Erfolgsserie entließ Cooper seine Band. Bruce veröffentlichte eine Soloplatte und gründete mit Dunaway und Smith die **Billion Dollar Babies**. Dunaway und Smith waren 1982 an einem Album von Buck Dharma (→ **Blue Öyster Cult**) beteiligt.

Im Februar 1974 bildete Cooper mit Dick Wagner (g), Steve Hunter (g), Prakash John (b), Penti Glan (dr) und Joseph Chrowski (key) aus dem Umfeld von Lou → Reed eine neue Band. Doch bevor die neuen Studioaufnahmen in Angriff genommen werden konnten, sorgte ein tragischer Vorfall für Schlagzeilen. Am 2. 6. 1974 erhängte sich versehentlich ein 13jähriger Kanadier bei dem Versuch, den Schafott-Trick nachzustellen. Ende 1974 erschien der Sampler GREATEST HITS (US #22), und im April 1975 folgte die neue LP WELCOME TO MY NIGHTMARE (GB #20, US #6). Ausgekoppelt wurden der Hit ›Only Woman‹ (US #9) sowie ›Department Of Youth‹ (US #90) und der Titelsong (US #37). Cooper wirkte außerdem bei dem Rock-Comic »Flash Fearless Vs. Zorg Women Pts. 5 and 6« mit.

100 000 US-Dollar Produktionskosten verschlang GOES TO HELL (GB #21, US #41) vom August 1976. Mit ›I Never Cry‹ (US #8) konnte sich Cooper zum vierten Mal unter den nordamerikanischen Top 10 plazieren. Musikalisch bot Cooper lediglich gut gemachten, soliden Hardrock, und seine Show wirkte abgestanden. Sein komödiantisches Horrorimage zeigte Verschleißerscheinungen, und übermäßiger Alkoholkonsum zwangen ihn immer wieder zu längeren Pausen. Das Album LACE & WHISKEY (US #60) mit dem Hitsong ›You And Me‹ (US #12) dokumentierte Coopers Abstieg, der wie eine Karikatur seiner selbst wirkte und wenig originelle Kompositionen anzubieten hatte. Seinen kreativen Stillstand überbrückte Cooper mit dem Mitschnitt THE ALICE COOPER SHOW.

1978 unterzog sich Cooper einer Entziehungskur – eine Erfahrung, die der »in die Jahre gekommene Finsterling« (*Hifi Vision*) auf dem Album FROM THE INSIDE (US #71) mit der Single ›How You Gonna See Me Now‹ (US #22) verarbeitete. Begleitet wurde Cooper bei dieser LP von Wagner und Davey Johnstone (g) sowie von der US-Studioelite, darunter u. a. Steve Lukather von → **Toto**, Rick

Nielsen von → **Cheap Trick**, Bill Champlin (voc) und → **Flo & Eddie**. Obgleich das Album sich nur mittelmäßig verkaufte, schien Cooper wieder mehr Biß zu haben. Seine im Krankenhaus-Milieu angesiedelte Show grenzte allerdings an Peinlichkeit, fand aber bei den Punkrockern Anklang. Bis 1983 bediente Alice Cooper seine Fans nur mit »Sammlungen herkömmlicher Zutaten« (*Musik Express*). Lediglich FLUSH THE FASHION (US #65), 1980 veröffentlicht, erreichte eine Chartsplazierung, ebenso ›Clones (We're All)‹ (US #52, D #58).

Alice Cooper schien den Anschluß verpaßt zu haben und legte eine dreijährige Studiopause ein. Ermuntert durch den Erfolg der Schweizer Band → **Krokus**, die sein ›School's Out‹ übernommen hatte, kehrte er mit dem Gitarristen Kane Roberts 1986 zu den bewährten Horrormotiven zurück und wechselte musikalisch ins Metal-Fach. Heavy Metal-Spezialist Beau Hill (→ **Ratt**) produzierte das Album CONSTRICTOR (GB #22, US #59), dessen Songtitel ›Thrill My Gorilla‹, ›Life And Death Of The Parts‹ und ›Teenage Frankenstein‹ eine deutliche Sprache sprachen. Als Single erschien ›He's Back (The Man Behind The Mask)‹ (US #48).

Für die Requisiten seiner 87er-Tournee investierte Cooper über 100000 US-Dollar. In deren Verlauf trat er beim berühmten englischen Reading Festival auf. Die Fachmedien sprachen von »lupenreinen Heavy-Hymnen« (*Crash*) und bescheinigten ihm »den unbestritten größten Einfluß auf die derzeitige HM-Szene« (*Metal Hammer*).

Auf der LP RAISE YOUR FIST AND YELL (GB #23, US #73), produziert von Michael Wagner (→ **Dokken**, → **White Lion**) konnte auch Gitarrist Kane ›Rambo‹ Roberts sein Können als Komponist unter Beweis stellen, u. a. mit der Single ›Freedom‹ (GB #50). Mit einer wiederum sehr umstrittenen Show, einer »bizarren Mischung aus Zentralfriedhof, Gruft und Gruselkabinett« (*Musik Express*), kam Alice Cooper im April 1988 nach Europa. Im Verlauf der Tournee hätte sich Cooper beinahe erhängt, wurde aber in letzter Sekunde von einem Roadie gerettet.

1989 wechselte Cooper zu Epic Records. Desmond Child war für die neue LP TRASH (GB #2, US #20, D #16) mit dem Tophit ›Poison‹ (GB #2, US #7, D #25) verantwortlich, mit der es Alice Cooper schaffte, die alte Magie wiederzubeleben. Zu den Studiogästen zählten Mitglieder von → **Bon Jovi** und → **Aerosmith**. Als Singles wurden noch ›Bed Of Nails‹ (GB #38), ›House Of Fire‹ (GB #65, US #56) und ›Only My Heart Talkin‹ (US #89) veröffentlicht. Für seine US-Tournee im Frühjahr 1990 stellte Cooper eine neue Band zusammen, bestehend aus Al Pitrelli (g), Pete Friezzin (g), Tommy Caradonna (b), Derick Sherinian (key), Jonathan Mover (dr) und Devon Meade (voc).

1991 war Cooper mit den Dreharbeiten zum sechsten und letzten Freddy Krüger-Gruselfilm »Freddy's Dead: The Finale Nightmare« beschäftigt. Im Juli des Jahres bereitete die Single ›Hey Stoopid‹ (GB #21, US #78) das Erscheinen des gleichnamigen Albums (GB #4, US #47, D #7) vor. Stargäste waren die Gitarristen Joe → Satriani, Slash von → **Guns 'N' Roses** und Steve Vai. Der *Musik Express* kommentierte den Auftritt der Gitarrenarmada: »Die artistischen Darbietungen der massiven Gitarrenfront sind weit eindrucksvoller als die gesanglichen Leistungen der Hauptperson.« Eine fast dreijährige Studiopause überbrückte Cooper mit den Singles ›Love's A Loaded

Gun‹ (GB #38) und ›Feed My Frankenstein‹ (GB #27), die bestätigten, daß er mittlerweile in Großbritannien besser ankam als in seiner Heimat.
Auch auf der LP THE LAST TEMPTATION (GB #6, US #68, D #18) aus dem Jahr 1994 blieb Cooper dem bekannten Szenario zwischen Sex und Crime, solidem Heavyrock und Hardcore-Metal treu. In seinem Song ›Lost In America‹ (GB #22) zeigte Cooper erstmals sozialkritische Ansätze. Im Juli 1994 wurde ›It's Me‹ (GB #34) als Single ausgeliefert.
Sein drittes Live-Album erschien im Sommer 1997 unter dem Titel A FISTFUL OF ALICE, das neben Bekanntem nur den neuen Song ›Is Anyone Home‹ enthielt. Gaststar war wiederum Slash von →**Guns 'N' Roses**, als Produzent war Thom Panunzio verantwortlich. Mitgeschnitten wurden die Aufnahmen im Juni 1996 in Cabo San Lucas, Mexiko, mit Reb Beach (g, voc), Ryan Roxie (g), Paul Taylor (key, g), Todd Jensen (b, voc) und Jimmy DeGrasso (dr) als Begleitband.

PRETTIES FOR YOU (1969) Rhino, R 70351 • EASY ACTION (1970) Rhino, R 70350 • LOVE IT TO DEATH (1971) Warner Brothers 7599–27187 • KILLER (1971) Warner Brothers 7599–27255 • SCHOOL'S OUT (1972) Warner Brothers 7599–27260 • BILLION DOLLAR BABIES (1973) Warner Brothers 7599–27269 • MUSCLE OF LOVE (1974) Warner Brothers 7599–26226 • WELCOME TO MY NIGHTMARE (1975) Atlantic 7567–81542 • GOES TO HELL (1976) Warner Brothers 7599–27299 • LACE & WHISKEY (1977) Warner Brothers 7599–26227 • THE ALICE COOPER SHOW (1977) Warner Brothers 7599–27342 • FROM THE INSIDE (1978) Warner Brothers 7599–26064 • FLUSH THE FASHION (1980) Warner Brothers 7599–26229 • SPECIAL FORCES (1981) Warner Brothers 7599–26230 • ZIPPER CATCHES SKIN (1982) Warner Brothers 7599–23719 • DA DA (1983) Warner Brothers 7599–23969 • CONSTRICTOR (1986) MCA, MCD 03341 • RAISE YOUR FIST AND YELL (1987) MCA, MCD 03392 • TRASH (1989) Epic 465130 • HEY STOOPID (1991) Epic 468416 • THE LAST TEMPTATION (1994) Epic 476594 • A FISTFUL OF ALICE (1997) Spin 833081 • (S) GREATEST HITS (1974) Warner Brothers 7599–27330 • (S) STAR COLLECTION (1975) Midi 26033 • (S) THE BEAST OF ALICE COOPER (1989) Warner Brothers 2292–41781 • (S) PRINCE OF DARKNESS (1991) MCA 872 178 • (S) CLASSICS (1995) Epic 480845 • Michael **Bruce**: IN MY OWN WAY (1975) Polydor 2310 431 • Michael **Bruce**, Dennis **Dunaway**, Neil **Smith** mit **Billion Dollar Babies** BATTLE AXE (1977) Polydor 2391 273 • Kane Roberts: ALL DRESSED UP (1982) Elektra 92011 • KANE ROBERTS (1987) MCA 5787 • SAINTS AND SINNERS (1991) Geffen 924 320

Cooper Brothers

Darryl Alguire (voc, perc), Glen Bell (dr, perc, voc), Don Bregg (voc), Brian Cooper (voc, b), Richard Cooper (voc, g), Terry King (steel-g, voc), Al Serwa (key, voc)

Die **Cooper Brothers** gehören zu jenen unterbewerteten Bands der amerikanischen Rockszene, die an unglücklichen Umständen scheiterten oder ihrer Zeit voraus waren. Richard Cooper gründete die Südstaatengruppe Mitte der 70er Jahre, die auf soliden Bluesrock und Country im Stil der →**Allman Brothers** setzten. Phil Walden, der die **Allmans** groß herausgebracht hatte, entdeckte das Septett und nahm es für sein Label Capricorn Records unter Vertrag. Capricorn stand allerdings zu diesem Zeitpunkt kurz vor dem Ruin, was den

Cooper Brothers in punkto Betreuung und Promotion schaden sollte.
Die erste LP COOPER BROTHERS zeichnete sich durch glänzend gespielten Countryrock und mehrstimmigen Harmoniegesang aus. Im Gegensatz zu anderen Southern Rockbands, die auf Boogie und Rock standen, profilierten sich die **Cooper Brothers** mit eingängigen Melodien und Balladen. Mit der Single ›The Dream Never Dies‹ (US #59) kam die Band im November 1978 erstmals in die Charts. Eine zweite Hitparadenplazierung gelang ihnen im Juni 1979 mit ›I'll Know Her When I See Her‹ (US #72).
Bei den Aufnahmen des Albums PITFALLS OF THE BALLROOM war Charles Robertson von Don Bregg abgelöst worden. Klare Vokalphrasen, weiche Klänge von der Steel Guitar und eingängige Songs, meist komponiert von Richard Cooper, zeichneten die LP aus, die dennoch ein Mißerfolg wurde. Nachdem auch die Auskopplung ›Ridin' High‹ nicht ankam, sahen die begabten Countryrocker keine Perspektive mehr und trennten sich desillusioniert.

COOPER BROTHERS (1978) Capricorn, CPN 0206 • PITFALLS OF THE BALLROOM (1979) Capricorn, CPN 0226

Cop Shoot Cop

Tod A. (voc, high-end-b), Filer (sampling, p), Steve McMillen (g, tr), Jack Nantz (low-end-b, voc, harm), Philip Cary Puleo (dr, metal, perc)

»Ich fühle mich nicht als Teil dieser Gesellschaft. Ich komme nicht klar mit dem, was ich sehe. Ich fühle mich wie ein Beobachter oder ein Alien. Und dann ist da dieses Gefühl von Machtlosigkeit. Vielleicht wäre es am besten, in die Politik zu gehen, aber irgendwie fehlt mir der Mumm dazu« (Tod A.). Statt dessen gründete Tod A. (Tod Ashley) in New York im Sommer 1988 mit Dave Quimet (sampling) und Phil Pulse (dr) die Gruppe **Cop Shoot Cop**. Bereits im Januar 1989 erschien die Mini-LP HEADKICK FACSIMILE, die ein unerwarteter Verkaufserfolg wurde. Wenig später verpflichtete Tod A. Jack Natz als sogenannten Low End-Bassisten. Im September 1989 absolvierten **Cop Shoot Cop** eine Tournee durch Japan, und im Dezember erschien die EP ›Piece Man‹.
Während des Jahres 1990 trennte sich die Gruppe mehrere Male. Dennoch wurde im Februar das Album CONSUMER REVOLT von dem Label Granit Records veröffentlicht, die vor ihrem Konkurs noch eine beachtliche Auflage der LP absetzen konnten. Im März 1991 folgten **Cop Shoot Cop** einer Einladung des englischen Radio-DJ's John Peel zu dessen legendären Sessions. Im Sommer des Jahres unterschrieben sie einen hochdotierten Vertrag bei Big Cat Records, die im Oktober 1991 die LP WHITE NOISE herausbrachten.
Während einer Europatournee gastierten **Cop Shoot Cop** im Frühjahr 1992 zum zweiten Mal bei den Peel-Sessions. Zur gleichen Zeit brachte Big Cat Records das 90er Album CONSUMER REVOLT neu auf den Markt. Es folgte eine Tournee durch die USA, in deren Verlauf sie im Zusammenhang mit den Unruhen in Los Angeles festgenommen wurden. Nachdem ihr Tourbus von einem Bombenkommando durchsucht wurde, ohne daß etwas Verdächtiges entdeckt wurde, kamen sie wieder auf freien Fuß.

Zurück in Brooklyn, begann die Band mit den Aufnahmen einer neuen LP unter dem vorläufigen Titel Fist Full Of Dollars. Vor der Fertigstellung traten **Cop Shoot Cop** beim renommierten Reading-Festival in England auf. In Erinnerung an ihre »längste Außenschlammschlacht in Reading« (Tod A.) kam die EP Suck City auf den Markt. »Die Cops haben ihren Horizont hörbar erweitert und Schluß mit dem überladenen Sound gemacht. Doch es sind immer noch die Samples, die durch die Songs Amok laufen und sie unverwechselbar machen« (*Indiecator*).
Die neue Platte kam schließlich im April 1993 unter dem Titel Ask Questions Later auf den Markt. **Cop Shoot Cop**, inzwischen in der Besetzung Tod A., Filer, Natz und Puleo, setzten auf »Neunziger-Jahre-Industrial« (*Indiecator*). Im Mai begannen sie eine Welttournee, die sie u. a. nach Australien, Japan, Mexiko, Osteuropa, Westeuropa und Nordamerika führen sollte. Im August 1994 erschien Release, für die einen »ein akustisches Jericho für alle, die Bon Jovi für Rock halten; ein lang anhaltendes Vergnügen für Independent-Köpfe» (*Wiener*), für die anderen »ganz sicher ist Release aufrüttelnder Mist. Aber eben Mist« (*New Musical Express*). **Cop Shoot Cop** war hier als Quintett angetreten, dem Tod A., Filer, Jack Nantz (vorher Natz) und Philip Puleo (vorher Phil Pulse) sowie Steve McMillen als Gitarrist angehörten. Im Herbst 1995 verließ Tod A., der Solopläne hatte, die Band, die unter dem Namen **Cop Shoot Cop** weitermachen wollte.

HEADKICK FACSIMILE (1988) Mini-LP Supernatural Organization Japan SURMLP 6 • CONSUMER REVOLT (1990) Big Cat, ABB 33 • WHITE NOISE (1991) Big Cat, ABB 29 • SUCK CITY EP (1992) Big Cat, RTD 302 2039 • ASK QUESTIONS LATER (1993) Big Cat, RTD 220 1543 • RELEASE (1994) Big Cat, RTD 131 1850

Johnny Copeland

Der Gitarrist und Sänger wurde am 27. 3. 1937 in Haynesville, Louisiana, geboren und wuchs mit seiner Mutter in Magnolia, Arkansas, auf. Von seinem Vater war ihm eine alte akustische Gitarre geblieben, auf der er schon in frühester Jugend spielte. Als 18jähriger, mittlerweile in Houston lebend, spielte er mit seiner Gruppe als Hausband in den bekannten Clubs Shady's Playhouse und The Eldorado Ballroom und ging mit Sonny Boy →Williamson, Big Mama Thornton und Freddie →King auf Tournee. Silvester 1954 trat er in Houston auf. Star der Show war Johnny Ace, der sich hinter der Bühne versehentlich beim Russisch Roulette erschoß.
Ende der 50er Jahre interessierten sich mehrere Plattenfirmen für den begabten Gitarristen, der die Tradition des rauhen Texas-Blues aufrechterhielt und weiterentwickelt hatte. Mercury Records bekam den Zuschlag und brachte 1958 die Single ›Rock'n'Roll Lilly‹ (produziert von Bob Shad) heraus. Bis 1963 folgten fast 30 weitere Singles bei verschiedenen Labels. ›All Boy‹ und ›Down On Bended Knee‹ brachten es zu regionalem Hitniveau. 1965 fand er mit einer Bluesversion von Bob →Dylans ›Blowin' In The Wind‹ Beachtung. Dennoch schaffte es Johnny Copeland, der in seiner Heimatstadt zu den einflußreichsten und innovativsten Bluesgitarristen zählte, nicht,

über die Grenzen von Texas hinaus bekanntzuwerden.
Anfang der 70er Jahre spielte Copeland u. a. mit den → Crusaders in Los Angeles, und gegen Ende des Jahrzehnts wurde das Blues-Label Rounder Records auf den »Gitarristen, der jedem Tempo gewachsen war« (*Cash Box*), aufmerksam. Für die Aufnahmen von COPELAND SPECIAL lud er Jazzmusiker wie Arthur Blythe und George Adams ein. Nach der Veröffentlichung kommentierte Copelands Vorbild Lightnin' → Hopkins die LP: »Johnny kann den Blues so gut singen wie jeder andere auf der Welt. Er verkörpert den Texas-Sound.«
Johnny Copeland leitete inzwischen eine achtköpfige Band und machte sich bei zahlreichen Auftritten und Tourneen als »intelligenter, klischeefreier Gitarrist« (*Los Angeles Times*) und »soulerfahrener, emotionsreicher Sänger« (*Variety*) einen Namen. Bläsersätze und Boogie-Piano bereicherten das zweite Album MAKE MY HOME WHERE I HANG MY HAT, auf dem Copeland mit »wuchtiger Vokalkraft und stampfenden Gitarrenlinien« (*Boston Globe*) glänzte. Stargäste des dritten Albums TEXAS TWISTER waren Steve Ray → Vaughan und Jazzstar Archie Shepp. Gegenüber den beiden ersten LPs betonte Copeland hier zu sehr die balladesken Elemente und ließ sein virtuoses Gitarrenspiel etwas vermissen. Seine folgenden Alben und die Zusammenarbeit mit Albert → Collins und Robert → Cray bei der 85er-Produktion SHOWDOWN festigten Copelands Ruf, einer der besten nordamerikanischen Bluesgitarristen zu sein. Zu den wichtigsten Veröffentlichungen dieser Phase gehörte die LP BRINGIN' IT ALL BACK HOME, die Copeland, der seit 1982 regelmäßig Afrika besuchte, mit Musikern von der Elfenbeinküste aufnahm und auf der er afrikanische Elemente und Bluesmuster genial vermischte.
1992 stellte er auf dem Album FLYIN' HIGH, erschienen beim französischen Label Gitanes Jazz Productions, erneut sein Können unter Beweis. → Dr. John, → Buckwheat Zydeco und die Uptown Horns sorgten mit Cajun, R&B und Funk für Abwechslung: »Ein Allstar-Treffen bringt frischen Blueswind« (*Stereo*). 1993 vereinte Copeland bei der LP CATCH UP WITH THE BLUES erneut illustre Gäste wie Lonnie → Brooks, Clarence ›Gatemouth‹ → Brown und Joe ›Guitar‹ Hughes im Studio. Auf JUNGLE SWING vom Januar 1996 setzte sich der »Sänger, Gitarrist und Komponist mit ungewöhnlichem Talent« (*New York Times*) über alle Bluestraditionen hinweg und integrierte afrikanische Chorgesänge, Steel-Gitarre und Marimbaklänge.
Am 1. 1. 1997 mußte sich Johnny Copeland einer Herztransplantation unterziehen. Im Frühjahr stellten sich Komplikationen ein, und so starb der außergewöhnliche Bluesmusiker am 3. 7. 1997 in New York.

COPELAND SPECIAL (1981) Demon, FIEND 3 • MAKE MY HOME WHERE I HANG MY HAT (1982) Demon, FIEND 4 • TEXAS TWISTER (1984) Rounder 11504 • BRINGIN' IT ALL BACK HOME (1986) Black & Blue 33589 • AIN'T NOTHIN' BUT A PARTY (1987) Rounder 2055 • WHEN THE RAIN STARTS FALLIN' (1988) Rounder 11515 • BOOM BOOM (1989) Rounder 2060 • FURTHER ON UP THE ROAD (1990) AIM 102 • FLYIN' HIGH (1992) Verve/Gitanes 517512 • CATCH UP WITH THE BLUES (1993) Verve/Gitanes 521239 • JUNGLE SWING (1995) Verve/Gitanes 527466 • Mit Albert Collins und Robert Cray: SHOWDOWN (1985) Alligator, AL 4743

Cosmic Psychos

Peter Jones (g, voc), Ross Knight (b, voc), Bill Walsh (dr, voc)

1985 im australischen Melbourne auf Initiative des Farmers Ross Knight mit Peter Jones (g, voc) und Bill Walsh (dr, voc) gegründet, wurden die **Cosmic Psychos** durch die Radiostationen ihrer Heimatstadt bekannt, die das Demo ›Custom Credit‹ häufig sendeten. Mit damals noch geliehenen Instrumenten nahmen die drei die Mini-LP DOWN IN THE FARM auf, die auch europäische Independent-Fanzines aufhorchen ließ: ›Die schönste Platte Australiens, seitdem man vernommen hat, daß die Scientists lustlos geworden seien‹ (*Spex*). Die **Cosmic Psychos** wurden mit den legendären → **Stooges** verglichen, wehrten sich aber in ihren ersten Interviews gegen jegliche Vergleiche: »Wir haben uns von niemandem etwas abgeguckt, und kopieren tun wir schon gar keinen« (Peter Jones). Die **Cosmic Psychos** pflegten einen »ungehobelten Rock'n'Roll mit Feedback-Gitarre und brutalem Beat« (*Szene Hamburg*), der in der sehr agilen australischen Undergroundszene für Furore sorgte. Es dauerte zwei Jahre, bis das erste offizielle Album COSMIC PSYCHOS auf den Markt kam, in Europa erschien die LP erst im Sommer 1988. Die stets mißmutig dreinblickenden Musiker galten inzwischen als »Australiens härteste Band« (*Musik Express*) und setzten 1988 auf ihrer LP II ihren bärbeißigen Punkrock konsequent fort. Die **Cosmic Psychos** hatten sich von einem »böse grunzenden Urviech zu hypnotisierenden, puren Rock 'n' Rollern auf Höchstgeschwindigkeit entwickelt« (*Pressetext*). Bis zum 89er-Album GO THE HACK blieb die Besetzung der **Cosmic Psychos** konstant, die Garagenrock der 60er Jahre mit Punk mischten und mit Rückkopplungen, Wah Wah-Pedalen und psychedelischen Effekten versetzten. Im Juni 1990 entstand in Melbourne der Mitschnitt SLAVE TO THE CRAVE. Die »Adrenalin-Junkies« (*Lui*) brachten ihr Publikum zum Kochen und legten ein halsbrecherisches Tempo vor.

Noch vor der Produktion des Albums BLOKES YOU CAN TRUST stieg Gitarrist Peter Jones aus. Als neues Mitglied konnte Robbie Watts gewonnen werden. Der → **Garbage**-Schlagzeuger Butch Vig zeichnete für die Produktion der LP verantwortlich, eine ›gemeingefährliche Mischung aus rohem Holz und kumpelhaften Melodiebögen‹ (*HiFi Vision*).

Die 93er Mini-LP PALOMINO PIZZA bestand aus Eigenkompositionen, Coversongs und australischen Pubrock-Klassikern aus den 70er Jahren: ›Es ist schlicht aussichtslos, an den Psychos herumzukritisieren – man findet auch nicht viel‹ (*New Musical Express*). Auf SELF TOTALLED, 1995 erschienen, klangen die **Cosmic Psychos**, die blutige Geschichten vom Biertrinken, Sex und garstigen Nachbarn erzählten, »hübscher als Motörhead, härter als die Ramones und smarter als AC/DC« (*Time Out*). Authentischer Sixties-Sound prägte auch den Gute Laune-Pop der LP OH WHAT A LOVELY PIE vom September 1997.

DOWN ON THE FARM (1985) Mini-LP Normal, RT 305 0516 • COSMIC PSYCHOS (1987) Rattlesnake 0516 • II (1988) Mr. Spaceman • GO THE HACK (1989) Normal, RT 305 0211 • SLAVE TO THE CRAVE (1990) Normal, RT 305 0505 • BLOKES YOU CAN TRUST (1991) Rough Trade, RT 305 0517 •

PALOMINO PIZZA (1993) Mini-LP City EFA 04924 • SELF TOTALLED (1995) Amphetamine Reptile 3763 • OH WHAT A LOVELY PIE (1997) Amphetamine Reptile 3782

James Cotton

Das erste Kapitel der James Cotton-Story liest sich wie ein Drehbuch aus der Traumfabrik Hollywoods. Es erzählt von einem begabten Bluesmusiker, der mit neun Jahren von zu Hause weglief, von seinem Idol Sonny Boy →Williamson (Rice Miller) adoptiert wurde, von ihm alle Kniffe der Bluesmundharmonika lernte und seine Lehrzeit in der Band des großen Muddy →Waters absolvieren konnte.

Erst 1966 gründete er die **James Cotton Blues Band**, die seitdem mit wechselnder Besetzung zu den festen Größen des modernen schwarzen Blues gehört. Cotton und Co. sind mittlerweile seit über drei Jahrzehnten fast ununterbrochen auf Tournee und veröffentlichten dabei einige Langspielplatten, die von einem »kultivierten Chicago Blues-Stil« (*Rolling Stone*) zeugten, der in keiner guten Bluessammlung fehlen darf.

Geboren wurde er unter dem Namen Joe Denim am 1. 7. 1935 in Tunica, Mississippi. Nach der Ausbildung bei seinem väterlichen Freund und Lehrmeister Sonny Boy Williamson in West Helena, Arkansas, ging Cotton 1954 nach Memphis. Dort leitete er eine eigene Gruppe, der u. a. der Gitarrist Pat Hare angehörte und die die Single ›Cotton Crop Blues‹ aufnahm. Da die Band keinen Erfolg hatte, zog Cotton 1955 nach Chicago, wo er Nachfolger von Junior →Wells in der Band von Muddy Waters wurde. Diese Position hatte er fast zwölf Jahre inne; außerdem spielte er bei Otis →Spann, Johnny Young und und →Howlin' Wolf. Sein erneuter Versuch mit einer eigenen Band scheiterte 1964 nach einer enttäuschenden LP. 1966 konnte »Mr. Superharp« (*Jazz Podium*) die **James Cotton Blues Band** vorstellen, die aus Bob Anderson (b), Albert Gianquinto (p), dem erfahrenen Gitarristen Luther →Tucker, der zuvor bei →Little Walter, Jimmy →Rogers und Waters gespielt hatte, Drummer Francis Clay, einst in Diensten von Waters, Spann und Big Mama Thornton bestand. Das erste Album wurde nach der Band benannt und bot einen schwungvollen, Boogie-beeinflußten, urbanen Blues, den mancher Purist als »zu poporientiert« (*Rolling Stone*) empfand, demonstrierte aber eindrucksvoll das Talent des »Mundharmonikaartisten« (*Hollywood Reporter*).

Für die dritte offizielle LP COTTON IN YOUR EARS hatte Cotton seine Band umgestellt; Clay und Gianquinto waren durch Bill Nugent (sax) und Barry Smith (dr) ersetzt worden. Das Album bot Soul und Gospel, gemischt mit »nicht immer klassischem Blues« (*Rolling Stone*). Die Show von Cotton & Co. kam besonders gut in kleinen Clubs an. Cotton, der fast ununterbrochen auf Tournee war, wurde nun auch von weißen Rockmusikern wie Johnny →Winter entdeckt. Die 68er-LP PURE COTTON wurde wieder in der Besetzung seines Debütalbums aufgenommen, komplettiert durch Mike →Bloomfield (g) und John Court (perc). Nach CUT YOU LOOSE konzentrierte Cotton sich auf das Session-Projekt TAKING CARE OF BUSINESS, zu dem er viel Prominenz einlud. Produziert von Todd →Rundgren, spiel-

ten u. a. Dominic Troiano (g), Winter, Bloomfield, Matt ›Guitar‹ Murphy und David Sanborn (sax).
Die Mitglieder der **James Cotton Band** gingen derweilen eigene Wege. Francis Clay spielte bei Luther →Johnson, →Sunnyland Slim und Shakey Jake Harris, Bob Anderson bei Charlie →Musselwhite, Gianquinto bei Elvin →Bishop, →**Santana** und für Son →Seals. Luther Tucker gehörte vorübergehend zur Band von John Lee →Hooker, war dann bei ›Catfish‹ Hodge und Muddy Waters und machte schließlich als Solist Karriere.
Matt ›Guitar‹ Murphy war eine der zentralen Figuren der neuen **James Cotton Band**, die 1974 die LP 100 % COTTON veröffentlichte. In den folgenden fünf Jahren spielte der Pionier der zeitgemäßen Bluesmundharmonika mit einem festen Team, dem Charles Calmese (b), Kenny Johnson (dr) und Little Bo (sax) angehörten. Cotton demonstrierte in diesen Jahren künstlerische Offenheit und erreichte mit 100 % COTTON, dem Doppelalbum LIVE & ON THE MOVE und HIGH ENERGY für das Bluesgenre ganz ansprechende Verkaufszahlen. Cottons Ruf als Mundharmonikavirtuose wuchs ständig und inspirierte Paul →Butterfield, Peter Wolf von der →**J.Geils Band** und Boz →Scaggs. 1977 war Cotton Mitglied der Tourband von Muddy Waters, 1980 an Platten von Johnny Winter, Catfish Hodge und Ronnie Hawkins beteiligt.
1984 legte Cotton nach langer Pause seine neue LP HIGH COMPRESSION vor, die »Chicago Blues bester Tradition und besten Zuschnitts« (*Jazz Podium*) in unterschiedlichen Formationen bot. Das Album enthielt Aufnahmen mit den **James Cotton Chicago Blues All Stars**, darunter u. a. →Magic Sam und Pinetop Perkins, und mit der **James Cotton Band**, verstärkt durch einen kompletten Bläsersatz.
Das im Antone's Nightclub im texanischen Austin mitgeschnittene Album LIVE AT ANTONE'S wurde 1988 für einen Grammy nominiert. Cotton spielte mit Mitgliedern der **Muddy Waters Band**, darunter Calvin Jones, Willie ›Big Eyes‹ Smith und Pinetop Perkins, und widmete die Musik dem verstorbenen Waters.
In den 90er Jahren bestätigte Cotton immer wieder seine Extraklasse als moderner Bluesinterpret. Unter dem programmtischen Titel LIVING THE BLUES erschien 1994 ein weiteres Album, zu dessen Aufnahmen er →Dr. John, Lucky →Peterson und Joe Louis →Walker in das Studio »Chicago Recording Corporation« eingeladen hatte. Jazzbassist Charlie Haden und Gitarrist Joe Louis Walker waren bei Cottons Album DEEP IN THE BLUES mit von der Partie, bei dem Cotton zu den Wurzeln des Deltablues zurückkehrte.
1997 wirkte er auf dem Live-Mitschnitt LIVE AT THE OLD ABSINTHE HOUSE BAR FRIDAY NIGHT von Bryan Lee, einem weißen Bluesgitarristen aus New Orleans, mit.

FROM COTTON WITH VERVE (1964) • SUPER HARP – LIVE ON THE MOVE (1967) • JAMES COTTON BLUES BAND (1967) Verve 3023 • COTTON IN YOUR EARS (1968) Verve 3060 • PURE COTTON (1968) Verve, FVS 9512 • CUT YOU LOOSE (1968) Vanguard, VSD 79283 • TAKING CARE OF BUSINESS (1970) • 100 % COTTON (1974) Buddah, BDS 5620 • LIVE & ON THE MOVE (1975) Buddah 628433 • HIGH ENERGY (1976) Buddah, BDS 5650 Capitol, SM 814 • TAKE ME BACK (1980) Blind Pig, BP 72587 • HIGH COMPRESSION (1984) Alligator, AL 4737 • LIVE FROM CHICAGO (1986) Alligator, AL 4746 • LIVE AT ANTONE'S (1988)

Antone's 900615 • TAKE ME BACK (1988) Blind Pig 72587 • MY FOUNDATION (1988) • MIGHTY LONG TIME (1991) Antone's, ANT 15 • ELECTRIC LADY (1992) Sequel, NEX CD 224 • LIVING THE BLUES (1994) Gitanes 521238 • DEEP IN THE BLUES (1996) Gitanes 529849 • (S) BEST OF THE VERVE YEARS (1995) 527371 • Mit Junior Wells, Carey Bell und Billy Branch: HARP ATTACK (1993) Alligator, AL 4790 • Matt Murphy: WAY DOWN SOUTH (1989) Antone's, ANT 0013

The Count Five

Craig Atkinson (dr), Sean Byrne (voc, g), Roy Chaney (b), Kenn Ellner (voc, perc, harm), John Michalski (g)

Die High School-Band wurde 1964 in San José, Kalifornien, gegründet und galt als »psychedelische Garagenband« (*Rolling Stone*). **The Count Five** spielten in den gleichen Clubs wie **Syndicate Of Sound** und die **Golliwogs**, die später als →**Creedence Clearwater Revival** weltberühmt wurden.
1966 nahm das in Los Angeles ansässige Label Double Shot Records **The Count Five** unter Vertrag. Ihre Single ›Psychotic Reaction‹ (US #4), im Sommer veröffentlicht, wurde zum Bestseller. Straffe Rhythmen und klirrende Gitarren prägten den grobschlächtigen Rhythm & Blues des Albums PSYCHOTIC REACTION (US #67), das unüberhörbar von den →**Yardbirds** bis hin zu →**Pink Floyd** beeinflußt war.
Das Quintett, das in Batman-Capes auf der Bühne stand, blieb ein One-Hit-Wonder. Da **The Count Five** langfristige Verträge, darunter sogar Millionenangebote, ablehnten, um ihr Studium zu beenden, verschwanden sie wieder sehr schnell von der Bildfläche. Bis 1968 erschienen noch einige unbedeutende Singles, dann gingen die fünf Musiker getrennte Wege, hinterließen aber »einen Psychedelic-Klassiker« (*Hifi Vision*).
Allein der in Irland geborene Sean Byrne blieb der Musikszene erhalten. Er kehrte in seine Heimat zurück und war 1973 Mitglied der **Public Foot The Roman** und spielte 1978 bei den **Legover**. 1987 traten **The Count Five** noch einmal in Santa Clara, Kalifornien, auf. Das Konzert wurde auf einem Album festgehalten.

PSYCHOTIC REACTION (1966) Line 400132 • PSYCHOTIC REUNION LIVE! (1987) Performance 396 • (S) DYNAMITE INCIDENTS (1982) Line, OLSLP 4012 • Sean **Byrne** mit **Public Foot The Romans**: PUBLIC FOOT THE ROMANS (1973) Sovereign, SVNA 7259 • Sean **Byrne** mit **Legover**: WAIT TILL NIGHTTIME (1978) Smack, SL 1001

Counting Crows

David Bryson (g), Adam Duritz (voc), Charlie Gillingham (key, acc), Matt Malley (b), Ben Mize (dr), Dan Vickrey (g, voc)

David Bryson (* 5. 11. 1961) und Adam Duritz (* 1. 8. 1964) formierten Ende der 80er Jahre in Berkeley, Kalifornien, eine Band, die aber nach kurzer Zeit nur noch aus den beiden Collegefreunden bestand. Da ihre Blues-, Folk- und Rock-beeinflußten Kompositionen aber für eine Band konzipiert waren, bildeten sie 1991 mit Musikern aus befreundeten Gruppen die **Counting Crows**, darunter Steve Bowman (* 14. 1. 1967), Charlie Gilling-

ham (* 12. 1. 1960) und Matt Malley (* 4. 7. 1963).
Sie traten in sämtlichen Clubs der San Francisco Bay Area auf und gefielen mit einer gekonnt vorgetragenen Mixtur aus klassischem Rock'n'Roll, sensiblem Folk und verträumtem Blues. Im Herbst 1992 produzierte T-Bone → Burnett das Debütalbum AUGUST AND EVERYTHING AFTER (GB #16, US #4, D #56), das Ende 1993 von Geffen Records veröffentlicht wurde. Die Medien reagierten begeistert auf das Album, stellten Vergleiche mit → **R.E.M.** an und bezeichneten Adam Duritz als »besten neuen Sänger« (*Rolling Stone*). Duritz, verantwortlich für die überwiegend autobiografischen Songs, erinnerte an Van → Morrison. Die Band, die »schnörkellose, luftige Arrangements pflegte« (*Audio*), erreichte mit der LP Platinstatus. Drei Singles erschienen 1994: ›Mr. Jones‹ (GB #28), ›Round Here‹ (GB #70), und ›Rain King‹ (GB #49, D #94). Die für Februar 1995 angesetzte Produktion der zweiten Platte wurde mehrfach verschoben. Die Band zögerte und war sich der Qualität des neuen Materials wohl nicht sicher. Duritz erklärte: »Im Moment weiß ich nicht einmal, ob ich ein zweites Album machen will.« Bowman verließ daraufhin die **Counting Crows** und wurde durch Ben Mize (* 2. 2. 1971) ersetzt.
Grunge-Gitarren, Neofolk und klarer Rock prägten das im September 1996 erschienene Album RECOVERING THE SATELLITES, auf dem die **Counting Crows** sich als fortschrittliche, eigenständige Rockband auswiesen. Mit dabei war der Gitarrist Dan Vickrey. Als Singles kamen im Oktober bzw. Dezember ›Angels Of The Silences‹ (GB #41) und ›A Long December‹ (GB #62) heraus.

AUGUST AND EVERYTHING AFTER (1993) Geffen, GED 24528 • RECOVERING THE SATELLITES (1996) Geffen, GED 24975

Country Joe And The Fish

Bruce Barthol (b), David Cohen (key), Gary ›Chicken‹ Hirsch (dr), Country Joe McDonald (voc, g), Barry Melton (g, voc)

Country Joe McDonald ist einer der humorvollsten und bissigsten unter den politischen Songwritern, die die Flower Power-Ära und die Studentenrebellion in den 60er Jahren hervorbrachte. Seine beste Zeit erlebte McDonald als Chef der Folk / Psychedelic-Band **Country Joe And The Fish**, die zur Elite der Westcoast-Bands gehörte, auf den großen Festivals jener Tage in Monterey und Woodstock spielte und ihre Anhänger faszinierte. Ihr Sound basierte auf Folk, Blues, Protestsongs, Jazz, Raga, Ragtime und Rock'n'Roll. McDonald war dabei der unumstrittene Anführer der Band und galt als hervorragender Sänger, dessen Stil »alle Ausdrucksmöglichkeiten von der lyrischen Ruhe eines Donovan bis zum harten Funkschrei anbot« (*Down Beat*).
Geboren wurde Joseph McDonald (seine Eltern nannten ihn nach Josef Stalin) am 1. 1. 1942 in El Monte, Kalifornien. Auf der Highschool komponierte er ›I Seen A Rocket‹, seinen ersten Song, Mit 17 Jahren ging er für drei Jahre zur Marine. Anschließend schrieb er sich für zwölf Monate beim City College in Los Angeles ein, ging dann nach Berkeley, verfaßte Protestsongs und brachte das Magazin »Et Tu, Brute« heraus. 1964 erschien sei-

ne erste Platte ›The Goodbye Blues‹, die 1973 wiederveröffentlicht wurde. McDonald kombinierte seine politisch motivierten Lieder mit biederem Folk und Country. Er schloß sich erst dem **Berkeley String Quartet** an und wechselte dann zur **Instant Action Jug Band**, bei der er 1965 den Gitarristen Barry Melton kennenlernte.
Melton und McDonald waren die kreative Keimzelle von **Country Joe And The Fish**, die mit David Cohen, Bruce Barthol, John F. Gunning (dr) und Paul Armstrong (b) zwei EPs aufnahmen, die in limitierter Auflage für das Folkmagazin Rag Baby erschienen. Damals entstand auch die erste Fassung des später berühmten ›F-U-C-K Cheer‹. In der Besetzung mit Gary ›Chicken‹ Hirsch an Stelle von Gunning und ohne Armstrong gaben **Country Joe And The Fish** mit dem Album ELECTRIC MUSIC FOR THE MIND AND BODY (US #31) und der Single ›No So Sweet Martha Lorraine‹ einen erfolgreichen Einstand.
Die Band gastierte nun regelmäßig u. a. im Fillmore und Avalon Ballroom, trat 1967 beim Monterey Pop Festival auf. Wegen angeblicher Drogenverherrlichung boykottierten einige Rundfunkstationen die Songs von **Country Joe And The Fish**, aber der »sozialpolitische Systemkritiker« (*Melody Maker*) und seine Band ließen sich nicht einschüchtern. Aufregung gab es auch um das 1968 veröffentlichte Album I-FEEL-LIKE-I'M-FIXIN'-TO-DIE (US #43), dessen Titelsong die Vietnampolitik der USA scharf kritisierte. Die Pazifisten machten diesen Song zu ihrer Hymne, die vor allem im August 1969 beim Woodstock Festival frenetischen Beifall fand. Acht Monate vor diesem spektakulären Auftritt hatten Hirsch und Cohen die Band verlassen. McDonald hatte daraufhin Mark Kapner (key) sowie Peter Albin (g) und David Getz (dr) von → **Big Brother & The Holding Company** engagiert, sie wurden jedoch noch vor Woodstock durch Doug Metzner (b) und Ex-**Mad River** Greg Dewey (dr) ersetzt.
Bis zum Mai 1970 wurden insgesamt drei Alben veröffentlicht. TOGETHER (US #20), HERE WE ARE AGAIN (US #66) und C.J.FISH (US #79) sowie der Sampler GREATEST HITS (US #67). Eine »ausgewogene Balance zwischen langsamen Balladen und harten Rocknummern« (*Sounds*) hieß es über das Album C.J.FISH, das ihr letztes sein sollte. **Country Joe And The Fish** lösten sich im Juni 1970 auf. Barthol spielte 1971 bei den **Formerly Fat Harry**. Cohen gehörte zur zweiten Generation von → **Blues Project**, machte Soloplatten, spielte u. a. mit John Phillips und Dory Previn und arbeitete als Studiomusiker für Country Joe McDonald. Hirsch veröffentlichte die LP TOUCHSTONE, und Dewey machte Aufnahmen mit **Grootna** und **Bodacious**. Barry Melton brachte zwischen 1970 und 1981 kaum beachtete, Country- und Westcoast-beeinflußte Soloplatten heraus und wurde 1988 Mitglied der Kultgruppe **Dinosaurs**.
Country Joe McDonald veröffentlichte Ende 1969 THINKING OF WOODY GUTHRIE, ein reines Folkalbum. Er schrieb den Soundtrack für die Verfilmung von »Stille Tage in Clichy« von Henry Miller und war an der Dokumentation »Que Hacer«, die sich mit der politischen Lage in Chile befaßte, beteiligt. McDonald, der einige Jahre in Frankreich lebte, nahm im April 1971 in London das mit englischen Kollegen (u. a. Spencer Davis) eingespielte Album HOLD ON, IT'S COMING auf. Zusammen mit Jane Fonda

und Donald Sutherland trat er in der Antikriegsrevue Free/Fuck The Army auf.
1971 erschien das Album WAR WAR WAR sowie der **Country Joe And The Fish**-Sampler THE LIFE & TIMES OF COUNTRY JOE & THE FISH FROM HAIGHT-ASHBURY TO WOODSTOCK. Im Februar 1972 folgte McDonalds Mitschnitt INCREDIBLE! LIVE! COUNTRY JOE! Er gründete die **Country Joe & His All-Star Band** und brachte im September 1973 die PARIS SESSIONS heraus, aufgenommen im Château D'Herouville in Frankreich. Aus finanziellen Gründen löste McDonald die **All-Star Band** im Januar 1974 wieder auf und tat sich wieder mit Barry Melton zusammen, mit dem er von Paris aus in Europa, Asien und Nordamerika auf Tournee ging.
Nach dem Erscheinen der LP COUNTRY JOE im April 1975 kehrte McDonald nach Berkeley zurück und schloß sich **Energy Crisis**, der Band von Bruce Barthol und Phil Marsh, an. Als McDonald einen gutdotierten Plattenvertrag angeboten bekam, nannte sich die Gruppe in **Country Joe & His Band** um. Die LP PARADISE WITH AN OCEAN VIEW (US #70) handelte von der bedrohten Umwelt, ein Song (›Save The Whales‹) setzte sich mit der zunehmenden Ausrottung der Wale auseinander.
1976 kam es zu einer kurzfristigen Neuformierung von **Country Joe And The Fish**. Sie spielten beim Cardiff Castle Festival in Wales und brachten das nicht besonders gelungene Album REUNION heraus. Country Joe McDonald setzte seine Solokarriere mit der LP LOVE IS A FIRE fort. Mit dem ihm eigenen Zynismus machte er immer wieder auf aktuelle Mißstände aufmerksam, seine Musik ließ allerdings zuweilen die Inspiration und Kraft früherer Aufnahmen vermissen. 1977 tourte er u. a. mit Jackson →Browne und Richie →Havens und kam dabei bis nach Japan. Mit verschiedenen Benefizaktionen sammelte McDonald im Verlauf des Jahres rund 150000 Dollar zur Erhaltung der Wale.
Nach einer Tournee mit →**Santana** erschien im Mai 1978 die LP ROCK'N'ROLL MUSIC FOR PLANET EARTH, mit der er die Musik der 60er Jahre wieder aufleben ließ, aber auch die ewiggestrigen Hippies kritisierte. Im Spätsommer des Jahres tourte er erneut mit Melton durch Europa und schloß sich nach seiner Rückkehr in die USA der **Barry Melton Band** an. Einige Monate lang kam es wieder zu einer Reunion von **Country Joe And The Fish**, die in Kalifornien und Texas auftraten.
Musikalische Bodenständigkeit zeichnete sein Album PLANET EARTH aus, während LEISURE SUITE nicht überzeugen konnte. Das »Symbol der amerikanischen Jugend« (*Down Beat*) kam bei der völlig überflüssigen Woodstock Revival Tour neben Joe →Cocker, Havens und John →Sebastian noch am besten an, da er auf der Bühne mit ungebrochener Vitalität agierte.
Ende der 70er Jahre wurde es ruhig um den einstigen Woodstock-Helden und »aufrichtigsten Musiker der USA« (*Circus*). In den 80er Jahren machte sich McDonald für den Umweltschutz stark und widmete einige seiner Kompositionen dem World Wildlife Fond. 1982 setzte er sich bei einem Konzert zusammen mit →**Jefferson Starship**, →**Grateful Dead** und Boz →Scaggs für die US-amerikanischen Vietnamveteranen ein. Seine Platten, die er bis 1986 auf dem eigenen Label Rag Baby Records herausbrachte, fanden allerdings kaum noch

Beachtung. Das galt für das Live-Doppelalbum Into The Frey wie für die LP Vietnam Experience.
1991 unterschrieb Country Joe McDonald bei dem englischen Label Rykodisc Records einen neuen Vertrag und veröffentlichte im Juni 1992 Superstitious Giants mit Jerry Garcia (g) als Stargast.

ELECTRIC MUSIC FOR THE MIND AND BODY (1967) Vanguard 79244• I FEEL LIKE I'M FIXIN' TO DIE (1968) Vanguard 79266 • TOGETHER (1968) Vanguard 79277 • HERE WE ARE AGAIN (1969) Vanguard 79299 • C. J: FISH (1970) Vanguard 6555 • REUNION (1976) Fantasy 9530 • (S) THE LIFE & TIMES OF COUNTRY JOE & THE FISH FROM HAIGHT-ASHBURY TO WOODSTOCK (1971) Vanguard, VSD-27/28 • Country Joe **McDonald**: THE GOODBYE BLUES (1964) Fantasy 9525 • THINKING OF WOODY GUTHRIE (1970) Vanguard, BSD 6546 • TONIGHT I'M JUST SINGING FOR YOU (1970) Vanguard, VSD 6557 • QUIET DAYS IN CLICHY (1971) Soundtrack Vanguard, VSD-79303 • HOLD ON IT'S COMIN' (1971) Vanguard, VSD-79314 • WAR WAR WAR (1971) Vanguard, VSD-79315 • INCREDIBLE LIVE (1972) Vanguard, VSD-79316 • THE PARIS SESSIONS (1974) Vanguard, VSD-79328 • COUNTRY JOE (1975) Vanguard, VSD-79348 • PARADISE WITH AN OCEAN VIEW (1975) Fantasy 9495 • LOVE IS FIRE (1976) Rag Baby 901292 • ROCK AND ROLL FROM THE PLANET EARTH (1978) Fantasy 9544 • LEISURE SUITE (1979) Rag Baby 400317 • ON MY OWN (1980) Rag Baby 400305 • THE FIRST THREE EPs (1980) Rag Baby 400294 • ANIMAL TRACKS (1983) Rag Baby 400301 • CHILD'S PLAY (1983) Rag Baby 400298 • INTO THE FREY (1985) Rag Baby 800019 • VIETNAM EXPERIENCE (1986) Rag Baby 500026 • SUPERSTITIOUS GIANTS (1992) Rykodisk • CARRY ON (1994) Rag Baby 901302 • Barry **Melton**: BRIGHT SUN IS SHINING (1970) Vanguard, VSD-6551 • MELTON, LEVY & THE DEY BROTHERS (1972) CBS 31279 • THE FISH (1975) United Artists 29908 • WE'RE LIKE AN OCEAN (1977) Music Is Medicine, MIM 9007 • LEVEL WITH ME (1979) Rag Baby 400373 • SONGS OF THE GREAT NEXT DEPRESSION (1981) Rag Baby 400294 • (S) THE SALOON YEARS (1997) • Barry **Melton** mit **Dinosaurs**: DINOSAURS (1988) Big Beat 83 • Bruce **Barthol** mit **Formerly Fat Harry**: FORMERLY FAT HARRY (1971) Capitol 877 • David **Cohen**: HOW TO PLAY FOLK GUITAR (1976) Kicking Mule, SNKF 118 • ROCK'N'ROLL GUITAR (?) Kicking Mule 141 • David **Cohen** mit **Revolutionary Blues Band**: REVOLUTIONARY BLUES BAND (1970) MCA, MAPS 402 • Greg **Dewey** mit **Grootna**: GROOTNA (1972) CBS 31033 • Greg **Dewey** mit **Bodacious**: BODACIOUS (1974) RCA, APL-1-2067 • Gary **Hirsch**: TOUCHSTONE

Don Covay

Don Covay, geboren im März 1938 in Orangeburg, South Carolina, wuchs in Washington auf. Als Zwölfjähriger sang er beim Gospelquartett seiner Familie **Cherry-Keys** und war dann bei den **Rainbows**, denen zeitweise auch Marvin →Gaye angehörte. 1977 stieg er als Solist in die Rock'n'Roll-Revue von →Little Richard ein, der ihn an Atlantic Records vermittelte. Dort erschien seine erste Single ›Bip Bop Bip‹ unter dem Namen Pretty Boy, wie er von Little Richard genannt wurde.
Bis 1962 wechselte Don Covay mehrfach das Label und veröffentlichte u.a. die Singles ›Pony Time‹ (US #60) von Chubby →Checker und ›Popeye Waddle‹ (US #75). Er machte sich zunehmend als Songwriter einen Namen, arbeitete mit Horace Ott und Ronnie Miller und war an den Hits ›I'm Hanging Up My Heart For You‹ (Solomon →Burke) und ›Letter

Full Of Tears‹ (Gladys →Knight) beteiligt. Seine Sängerkarriere setzte Covay ab September 1964 mit bluesigen Songs wie seinem größten Single-Erfolg ›Mercy Mercy‹ (US #27), ›Take This Hurt Off Me‹ (US #97) und ›See-Saw‹ (US #40) fort. Covay wurde dabei – wie schon bei ›Pony Time‹ – von den **Goodtimers** (Ace Hall, Harry Tiffen, George Clane) begleitet. ›See-Saw‹ war in Zusammenarbeit mit Steve Cropper (→**Booker T. & The MG's**) entstanden und wurde in den Stax Studios in Memphis, Tennessee, aufgenommen.
Authentischer R&B und Blues und Soulrock prägten seine 1966 erschienenen Singles ›Sookie Sookie‹ und ›Iron Out The Rough Spots‹ sowie das Album SEE-SAW. Anschließend mußte er sich aus gesundheitlichen Gründen weitgehend aus dem Musikgeschäft zurückziehen, blieb aber als Komponist erfolgreich und schrieb u. a. für Aretha →Franklin den Grammy-dekorierten Hit ›Chain Of Fools‹. In den 70er Jahren erschienen einige Alben, darunter 1973 SUPERDUDE 1, das von den Kritikern gelobt wurde. Die ausgekoppelte Single ›It's Better To Have (And Don't Need)‹ (GB #26) bescherte Don Covay seinen letzten Charterfolg. Da u. a. Randy →Crawford und Bonnie Raitt seine Kompositionen übernahmen, blieb er als Songwriter im Gespräch. 1981 tourte Covay mit Solomon Burke und Wilson →Pickett durch die USA, 1986 war er am →**Rolling Stones**-Album DIRTY WORK beteiligt, und 1993 würdigten verschiedene Interpreten sein Werk mit dem Tribute-Album BACK TO THE STREETS.

MERCY (1964) Atlantic, ATL 5025 • SEE-SAW (1966) Atlantic 587062 • DIFFERENT STROKES FOR DIFFERENT FOLKS (1970) Janus, JLS 3038 • SUPERDUDE 1 (1973) Mercury 6338211 • HOT BLOOD (1975) Mercury 9100010 • TRAVELLIN' IN HEAVY TRAFFIC (1976) • (S) SWEET THANG (1987) • (S) CHECKIN' IN WITH DON COVAY (1989) • Mit **Lemon Jefferson Blues Band**: THE HOUSE OF BLUE LIGHTS (1969) Atlantic 50225

Cowboy

Scott Boyer (g, vi, voc), George Clark (b, voc), Pete Kowalkie (g, dr, voc), Bill Pillmore (p, fl, g, voc), Tommy Talton (g, voc), Tom Wynn (dr, perc)

Cowboy, Ende der 60er Jahre in Georgia gegründet, gehörten zu den ersten Southern- bzw. Countryrock-Gruppen überhaupt. Das Sextett mixte Wildwestromantik mit zeitgemäßen Themen, instrumental gelungen mit Saloon-Fiddle und E-Gitarre umgesetzt. Scott Boyer und Tommy Talton waren für die meisten Kompositionen von **Cowboy** verantwortlich, die aber immer im Schatten von →**Wet Willie** und den →**Allman Brothers** standen. Sie waren im Süden der USA sehr populär, doch trotz einer Fülle erstklassiger Songs wurden sie stets unterschätzt.
Die Alben von **Cowboy** erhielten von den Musikmedien durchweg gute Noten, dennoch ließ der Umsatz zu wünschen übrig. Johnny Sandlin produzierte 1970/71 die ersten beiden Alben, die 1973 unter dem programmatischen Titel WHY QUIT WHEN YOU'RE LOSING noch einmal als Doppel-LP veröffentlicht wurden. Sandlin wurde nach der Produktion festes Mitglied von **Cowboy**.
1974 wechselten **Cowboy** zu dem auf Southernrock spezialisierten Label Ca-

pricorn Records in Macon, Georgia. Phil Walden, Besitzer des Labels, sah in der Band die neuen **Allman Brothers** und steckte große Mittel in die Werbung, aber ohne Erfolg. So hielten sich die Mitglieder von **Cowboy** als Studiomusiker (Alex Taylor, Dickey Betts, Corky Laing) oder Tourneebegleiter (Gregg Allman, Bonnie Bramlett) über Wasser, während Sandlin 1973 für die **Allman Brothers** deren LP-Klassiker BROTHERS & SISTERS produzierte.

Für das Album BOYER & TALTON wurde die Rhythmusgruppe von **Cowboy** umbesetzt. Clark und Wynn wurden von Charlie Hayward (b) und Bill Stewart (dr) abgelöst. Die Musik klang deutlich rockiger als auf den ersten LPs, und Boyer und Talton glänzten als Sänger bzw. Gitarrist. Unter den Studiogästen waren Chuck Leavell von den **Allman Brothers** und Toy Caldwell von der →**Marshall Tucker Band**. Da auch BOYER & TALTON allenfalls die Produktionskosten wieder einspielte, trennten sich **Cowboy** vorübergehend. Sandlin, Stewart und Talton nahmen 1976 HAPPY TO BE ALIVE auf. 1977 reformierten Boyer und Talton mit Chip Condon (key, voc), Chip Miller (dr, perc) und Arch Pearson (b, voc) **Cowboy** und spielten das gleichnamige Album ein. Auch diese LP erwies sich als wirtschaftlicher Fehlschlag und führte zur endgültigen Trennung von **Cowboy**.

Johnny Sandlin hatte weiterhin als Produzent Erfolg. 1990 entdeckte er die Southernrocker →**Jupiter Coyote** und betreute ab 1993 **White Buffalo**, eine weitere Südstaaten-Band. 1995 wirkte er auf einem modernen Blues-Album von **Microwave Dave & The Nukes** mit.

REACH FOR THE SKY (1970) Atco, SD 33–351 • 5'LL GETCHA TEN (1971) Atlantic 40312 • BOYER & TALTON (1974) Capricorn, CP 0127 • COWBOY (1977) Capricorn, CP 0194 • (S) A DIFFERENT TIME – BEST OF (1993) Polydor 519604 • Johnny **Sandlin**, Tommy **Talton** und Bill **Stewart**: HAPPY TO BE ALIVE (1976) Capricorn, CP 0167

Cowboy Junkies

Alan Anton (b), Margo Timmins (voc), Michael Timmins (g), Peter Timmins (dr)

1979 bildete Michael Timmins (* 21. 4. 1959, Montreal) mit Alan Anton (Anton Alizojvodic, * 22. 6. 1959, Montreal) in Toronto die Band **Hunger Project**, die von →**Velvet Underground** und →**Siouxsie & The Banshees** beeinflußt war. Als Sängerin engagierten sie Margo Timmins (* 27. 6. 1961, Montreal), eine der drei Schwestern von Michael Timmins. 1983 gingen sie nach London und experimentierten unter dem Namen **Germinal** als Avantgardeband, hatten damit aber keine Chance. Das Trio kehrte 1984 nach Toronto zurück und holte Peter Timmins (* 29. 10. 1965, Montreal) als Schlagzeuger.

Seit 1985 nannten sie sich **Cowboy Junkies** und entschieden sich musikalisch für einen von Blues und Country geprägten Rockstil. Für ihre selbstproduzierte, auf 3000 Stück limitierte LP WHITE OFF EARTH NOW! hatten sie schwermütige Songs eingespielt. 1987 nahmen sie mit nur einem Mikrofon in der Kirche The Holy Trinity in Toronto für 250 US-Dollar Produktionskosten THE TRINITY SESSION (US #26) auf, die erst als Insidertip gehandelt wurde, sich aber 1989 mit über 250000 verkauften Exemplaren zum Verkaufsschlager entwickelte. Die LP wurde

daraufhin in Japan und Europa veröffentlicht und führte in Großbritannien die LP-Charts der Independent-Szene an.
Ein drittes Album mit dem geplanten Titel SHARON IN QUAKER MEETINGHOUSE blieb unveröffentlicht. Statt dessen gingen die **Cowboy Junkies** im Dezember des Jahres ins Eastern Sound Studio in Toronto und nahmen die dritte offizielle LP THE CAUTION HORSES (GB #33, US 47) auf, die im März 1990 auf den Markt kam. Die Geschwister Michael und Margo Timmins waren für die Songs und die Produktion des Albums verantwortlich, das noch stärker als auf THE TRINITY SESSION vom Country beeinflußt war: »betörend filigrane Puppenstubenmusik« (*Musik Express*). Anschließend tourten die **Cowboy Junkies** fünf Monate durch Nordamerika. Eine geplante Tournee im Vorprogramm von Bruce →Hornsby mußte abgesagt werden, da Margo Timmins erkrankte.
1991 wurde WHITE OFF EARTH NOW! wiederveröffentlicht, während die **Cowboy Junkies** mit den Vorbereitungen zu einem neuen Album beschäftigt waren, das im Februar 1992 unter dem Titel BLACK-EYED MAN (GB #21, US #76) herauskam. Wieder waren die durchweg melancholischen, bluesigen, betont leisen Songs überwiegend von Margo und Michael Timmins komponiert. Die übrigen Titel stammten von Townes Van Zandt, ein in Kanada sehr geschätzter Musiker, der als Special Guest die Konzerte zur BLACK-EYED MAN-Tournee eröffnete. Die **Cowboy Junkies** hatten eine Nische entdeckt und gewannen mit ihren meditativen, atmosphärisch dichten, sehr langsam eingespielten, von Blues, Country und Folk inspirierten Songs weltweit eine große Fangemeinde. PALE SUN CRESCENT MOON (1993) klang wesentlich rockiger und rauher. Neben eigenen Songs hatten die **Cowboy Junkies** zwei Fremdkompositionen bearbeitet: ›Hard To Explain‹ von dem Rhythm & Bluesmusiker Roy Agee und ›The Post‹ von →**Dinosaur Jr.** Margo Timmins sang von unglücklicher Liebe, von der Band mit schleppendem Beat begleitet. 1995 erschien das Doppelalbum 200 MORE MILES mit Live-Aufnahmen aus den Jahren 1985 bis 1994.
Eine »Mischung aus ätherischem Blues und Country« (*Spiegel*) war auch das Anfang 1996 veröffentlichte Album LAY IT DOWN, das in Athens, Georgia, aufgenommen worden war. Mit ihren sparsam arrangierten Songs erinnerten die **Cowboy Junkies** an →**R.E.M.** und die englische Neofolkgruppe **Portishead**.

WHITE OFF EARTH NOW! (1986) RCA 74321 13884 • PD 82380 • THE TRINITY SESSION (1989) RCA 74321 18356 • THE CAUTION HORSES (1990) RCA 74321 18357 • BLACK-EYED MAN (1992) RCA 74321 36913 • PALE SUN CRESCENT MOON (1993) RCA 74321 16808 • LAY IT DOWN (1996) Geffen 24952 • (S) 200 MORE MILES (1995) RCA 21 29643 • (S) SELECTED STUDIO RECORDINGS (1996) RCA 6367412 • (S) STUDIO 1986–1995 (1996) RCA 6367412

Cowsills

Barbara Cowsill (voc), Barry Cowsill (voc, b), Bill Cowsill (voc, g), Bob Cowsill (voc, g), John Cowsill (voc, dr), Paul Cowsill (key), Sue Cowsill (voc)

Das Familienunternehmen ging auf eine Initiative von Bill (* 9. 1. 1948, Newport) und Bob Cowsill (26. 8. 1949, Newport) zurück, die 1965 zunächst als Duo und dann mit ihren Brüdern Barry (*14. 9. 1954, Newport) und John (*2. 3. 1956, Newport) unter dem Namen **Cowsills** auf Parties in Newport, Rhode Island, und Umgebung auftraten. Als ihr Vater Bud Cowsill das Management übernahm und auch noch Schwester Sue (*20. 5. 1960, Newport), Bruder Paul (*11. 11. 1952, Newport) und schließlich Mutter Barbara (*1928, Newport) einstiegen, wurde die Familie durch Auftritte im Fernsehen und in Clubs langsam bekannt.

Der Produzent und Komponist Artie Kornfeld entdeckte die **Cowsills** 1966, holte sie nach New York und stattete sie mit der notwendigen technischen Anlage aus. Die erste Single ›The Rain, The Park And Other Things‹ (US #2) erschien im September 1967 und wurde ein Millionenhit, von dem auch die gleichzeitig veröffentlichte Pop-LP THE COWSILLS (US #14) profitierte. Die Familie trat daraufhin in 24 Städten an der Westküste auf und wurde im Dezember 1967 bei einem Konzert in der New Yorker Town Hall als »America's First Family Of Music« angekündigt. Die **Cowsills** dienten später als Vorlage für die TV-Serie → **Partridge Family**.

Mit ihrem Gesangstalent und überaus griffigen Songs erzielten die **Cowsills** 1968 mit ›We Can Fly‹ (US #19), ›In Need Of A Friend‹ (US #45) und ›Indian Lake‹ (US #6) sowie den Alben WE CAN FLY (US #59) und CAPTAIN SAD & HIS SHIP OF FOOLS (US #82) beträchtlichen Erfolg. Ende des Jahres verlegte die Familie ihr Domizil nach Santa Monica, Kalifornien. Ähnlich erfolgreich verlief das Jahr 1969 für die **Cowsills**. Sie starteten im März mit ihrem größten Hit ›Hair‹ (US #1) und konnten bis September noch die Singles ›The Prophecy Of Daniel & John The Devine‹ (US #55) und ›Silver Threads & Golden Needles‹ (US #60) in den Charts plazieren. Nach den LPs THE BEST OF (US #84) und THE COWSILLS IN CONCERT (US #11) verschwand die Cowsill-Familie aus dem Rampenlicht des Popgeschehens.

Vater Bud Cowsill warf 1971 seinen Sohn Bill aus der Gruppe, weil er ihn beim Rauchen von Marihuana erwischt hatte. Bill versuchte sich als Solist und veröffentlichte 1971 bei London Records das Album ON MY SIDE. Die **Cowsills** trennten sich 1972 nach einer mißglückten Tournee, in deren Verlauf sie US-amerikanische Militärbasen in Europa besucht hatten. Die Geschwister setzten ihre Ausbildung fort, nur Bill versuchte weiterhin, sich im Musikgeschäft durchzusetzen.

Barbara Cowsill starb am 31. 1. 1985 im Alter von 56 Jahren in Tempe, Arizona. 1991 beteiligten sich Susan, Bob und Paul als **Cowsills** an einigen Nostalgie-Tourneen in den USA. Barry Cowsill versuchte von Monterey, Kalifornien, aus eine Solokarriere zu starten, Bill Cowsill lebte inzwischen als Countrymusiker im kanadischen Vancouver. Vater Bud Cowsill kam 1992 bei einem Flugzeugunglück ums Leben. Susan Cowsill wurde 1994 Sängerin bei den **Continental Drifters** und heiratete Peter Holsapple (→ **dB's**).

THE COWSILLS (1967) Razor & Tie 2038 • WE CAN FLY (1968) MGM. SE 4534 • CAPTAIN SAD AND HIS SHIP FOOLS (1968) MGM 665101 • THE COWSILLS IN CONCERT (1969) MGM, SE 4619 • (S) ALL TIME HITS (1971) London 587 • (S) THE BEST OF (1996) Rebound 520204 • Bill **Cowsill**: ON

MY SIDE (1971) London, SHA-U 124 • Susan **Cowsill** mit **Continental Drifters**: CONTINENTAL DRIFTERS (1994)

The Cramps

Slim Chance (b), Henry Drumdini (dr), Lux Interior (voc), ›Poison‹ Ivy Rorschach (g)

Die infernalische Band aus Ohio vereinte in ihrem angriffslustigen, herausfordernden Sound »den gesammelten Kulturschrott aus dem Amerika der 60er Jahre« (*Musik Express*). Sex, Garagenbeat, Horror und Hollywood-Kitsch, all das kombinierten die unberechenbaren **Cramps** zu einer »Monstershow mit Junk Food-Ästhetik« (*Trouser Press*).
Lux Interior (Eric Lee Purkhiser) aus Akron, Ohio, und ›Poison‹ Ivy Rorschach (Kristy Marlena Wallace) aus Sacramento, Kalifornien, lernten sich 1973 kennen und blieben seitdem auch privat ein Paar. Sie zogen nach New York, wo Interior in einem Schallplattenladen als Verkäufer arbeitete. Zusammen mit Bryan Gregory, einem Roadie von Patti → Smith, beschlossen sie, **The Cramps** zu gründen. Sie nutzten den aufkommenden Punk und spielten im Insiderclub CBGBs. Im Juni 1975 stieß Gregorys Schwester Pam Balam als Schlagzeugerin zur Band, wurde aber nach wenigen Wochen von Miriam Linna abgelöst.
Neben dem CBGBs gehörten die **Cramps** ab November 1975 zu den Haus-Bands der New Yorker Punk-Hochburgen On The Rocks und Max's Kansas. Sie traten zusammen mit → **Blondie**, → **Television** oder den → **Ramones** in einem Programm auf und wurden neben diesen Gruppen als die heißesten Newcomer des Jahres gehandelt. Ihr Repertoire bestand zu diesem Zeitpunkt im wesentlichen aus Fremdkompositionen wie dem Bubblegum-Evergreen ›Quick Joey Small‹. 1976 gaben sie in dem Low-Budget-Film »The Foreigner« von Amos Poe ihr Debüt als Schauspieler.
1978 nahmen die **Cramps** ihre ersten Singles, darunter ›The Way I Walk‹, ›Rockin' Bones‹ und die erste Eigenkomposition ›Human Fly‹ auf, die bei dem bandeigenen Label Vengeance Records erschienen. Die Songs dokumentierten, daß die Band ihre Inspiration vor allem »aus billigen Horrorfilmen, schwarzem Humor, Surfmusik, Garagenbeat und Okkultismus« (*Musik Express*) bezog. Das galt auch für die im Juni 1979 erschienene Mini-LP GRAVEST HITS. Bereits vorher hatte der ehemalige → **Box Tops**-Chef Alex → Chilton in den Sun Studios in Memphis, Tennessee, die erste offizielle LP der **Cramps** produziert, deren Veröffentlichung bis zum September 1979 verschoben werden mußte. Statt dessen erschienen die obskuren TRANSYLVANAN TAPES. **The Cramps** drehten außerdem einen dreiminütigen Horrorfilm, absolvierten ihre erste große Westcoast-Tournee und traten im Vorprogramm von → **Clash** auf. Gitarrist Bryan Gregory verschwand nach einem Auftritt mit der kompletten PA und dem Tourneetransporter. Unter dem Pseudonym ›Scar‹ tauchte er später in San Francisco bei der Band **Beast** wieder auf.
Mittlerweile war der Drummer Nick Knox zu den **Cramps** gestoßen. Gregory-Nachfolger Julien Greinsnatch war nur am Auftritt der **Cramps** in dem Kinofilm »Urgh A Music War« beteiligt und wurde dann von Kid Congo abgelöst. Congo, vorher Mitglied von → **Gun Club**, war

Co-Autor des Songs ›For The Love Of Ivy‹ den **Gun Club**-Chef Jeffrey Lee Pierce Ivy Rorschach gewidmet hatte.
Nach einer gemeinsamen Europatournee mit →**Police** erschien im Frühjahr das langerwartete Album SONGS THE LORD TAUGHT US. Die »reduziertesten Gitarrenläufe der Gitarrengeschichte, der ekstatische Gesang« (*Musik Express*) wirkten wie eine »wahnwitzige Anrufung der Rock'n'Roll-Dämonen« (*Trouser Press*). ›TV Set‹, ›The Mad Daddy‹ oder ›Zombie Dance‹ waren eher verschrobene Grusel-Comics als Songs, und ihre »Invasion der Psycho-Monster« (*Sounds*) wurde von surrealistischen Rocktönen begleitet.
Auf PSYCHEDELIC JUNGLE (1981) dagegen präsentierte sich die Band beherrschter. **The Cramps** hatten mehr auf Transparenz und Atmosphäre geachtet, aber die Songs klangen platt und lustlos. Vertragliche Probleme mit der Firma Illegal verhinderten fast zwei Jahre lang das Erscheinen weiterer Platten. Nach dem Ende 1982 die juristischen Probleme geklärt waren, nahmen **The Cramps** in der New Yorker Peppermint Lounge die Mini-LP SMELL OF FEMALE auf und eroberten damit den ersten Platz der Indie-Charts.
Kid Congo kehrte Anfang 1984 zum reformierten **Gun Club** zurück. Für ihn kam Nick Knoxs Cousin Ike, der zuvor in Cleveland bei den **Pagans** gespielt hatte. Im Winter 1985 eroberten **The Cramps** mit dem anzüglichen Titel ›Can Your Pussy Do The Dog?‹ weltweit Spitzenplätze in den Independent-Hitparaden. Wenig später wurde das Album A DATE WITH ELVIS veröffentlicht, das sie auf einer Europatournee vorstellten: »Sägende Fuzz-Gitarren, pulsierende Baßläufe und fundamentale Schlagzeugeskapaden« (*Musik Express*) ergaben eine aggressive Mixtur aus Rockabilly und Punk.
Auf einer Australien / Neuseeland-Tour wurde 1986 das im Oktober 1987 veröffentlichte Live-Album ROCKINREELINAUCKLANDANDNEWZEELAND aufgenommen. Der Mitschnitt überraschte durch seine gute Qualität und dokumentierte, daß **The Cramps** auch einen unpathetischen, kompromißlosen und modernen Rocksound beherrschten.
Als Lux Interior im Dezember 1987 auf die verrückte Idee kam, über den Rundfunk verbreiten zu lassen, daß er an einer Überdosis Heroin gestorben sei, nahmen die Medien das sehr übel. **The Cramps** verschwanden daraufhin für fast drei Jahre in der Versenkung. Im Februar 1990 meldeten sich Lux Interior, Poison Ivy, Drummer Nick Knox und die neue Bassistin Candy Del Mar mit dem Album STAY SICK auf eindrucksvolle Weise zurück: »Diese zwölf Songs stecken voller böser Phantasien, die Cramps feiern Orgien jeder Art und bieten reichlich Rock'n'Roll« (*Musik Express*).
Nach über 10jähriger Bandzugehörigkeit verließ Knox Ende 1990 die **Cramps**. Für ihn kam Nicky Alexander, während Del Mar durch Slim Chance ersetzt wurde. LOOK MOM, NO HEAD! kombinierte wieder den »scheppernden Rock der 50er und den unmoralischen Punk der 70er« (*New Musical Express*). Interior erklärte seine Philosophie im Dezember 1991 in einem Interview: »Ich betrachte Rockmusik als ein Nachrichtenmedium der Zukunft. Rock erzählt als erstes von neuen Ereignissen, ist eine Stimme der Freiheit und der Jugend, keineswegs so etabliert, wie manche annehmen, und ständig im Wechsel begriffen.«
Nach einer erneuten Pause wurde Nicky Alexander von Henry Drumdini am

Schlagzeug abgelöst. Auch auf der LP FLAME JOB hielten **The Cramps** an ihren Klischees aus der Trash- und Garagenkultur fest; Sex, Horror und Crime beherrschten den in seiner Einfachheit durchaus faszinierenden Sound.
Von vielen Kritikern bereits abgeschrieben, verblüfften die **Cramps** im Herbst 1997 mit den ohrenbetäubenden Rockabilly / Rock'n'Roll-Krachern des Albums BIG BEAT FROM BADSVILLE, »der besten **Cramps**-Platte seit Jahren« (*Musik Express*).

GRAVEST HITS (1979) Mini-LP Illegal, ILS 12013 • TRANSYLVANAN TAPES (1978) • TALES FROM THE CRAMPS (1979) Cave 001 • SONGS THE LORD TAUGHT US (1980) Illegal, 713 121 • PSYCHEDELIC JUNGLE (1981) Illegal, 713 120 • SMELL OF FEMALE (1983) Mini-LP Big Beat, SPV 4066 • A DATE WITH ELVIS (1985) Big Beat, SPV 415346 • ROCKINREELININAUCKLANDANDNEWZEELAND (1987) Vengeance • STAY SICK! (1990) Enigma 773543 • LOOK MOM, NO HEAD! (1991) IRS 986 945 • FLAME JOB (1994) Sony 477923 • BIG BEAT FROM BADSVILLE (1997) Epitaph • (S) OFF THE BONE (1983) Illegal, ILP 012 • (S) THE EARLY SINGLES (1995) Ace, CDCHD 525 • Miriam **Linna** mit **Zantees**: OUT FOR KICKS (1981) Bomp, BLP 4009

Crash Test Dummies

Benjamin Darvill (man, harm), Michel Dorge (dr perc), Ellen Reid (key, p, acc, voc), Brad Roberts (voc, g, p), Dan Roberts (b)

Nach dem Abschluß ihres Philosophie- und Literaturstudiums beschlossen die Brüder Brad und Dan Roberts, Benjamin Darvill, Michel Dorge und Ellen Reid 1991 in Winnipeg, Kanada, eine Band zu gründen, um sich »von dem Universitätsstreß zu erholen« (Brad Roberts). Benannt nach den Testpuppen für Crashtests in der Automobilindustrie, traten sie in einem kleinen Blue Note Café auf und spielten Songs von Maria →McKee, den →**Roches** und irischen Folk nach.
Ein Workshop mit dem Countrystar Lyle →Lovett brachte die Karriere des intellektuellen Quintetts schließlich in Schwung. Die **Crash Test Dummies** spielten phantasievoll arrangierte Rockmusik, und Brad Roberts, dem ein Gesangslehrer einen hervorragenden Baßbariton bescheinigt hatte, tat sich als Sänger hervor. In nur eineinhalb Wochen hatten sie ihr Albumdebüt THE GHOSTS THAT HAUNT ME (GB #2, US #9, D #1) fertiggestellt, das ein Verkaufsschlager wurde. Mit der Single-Auskopplung ›Superman's Song‹ (US #56) gelang ihnen im Oktober 1991 ein erster Achtungserfolg. Nach diesem Erfolg stellte ihnen die Plattenfirma ausreichend Zeit und ein entsprechendes Produktionsbudget für die zweite LP zur Verfügung. Als Produzent konnte Ex- →**Talking Heads** Jerry Harrison gewonnen werden.
Brad Roberts & Co. zogen sich aufs Land zurück und benötigten drei Monate für die Aufnahmesessions der zwölf neuen Songs, die Ende 1993 unter dem Titel GOD SHUFFLED HIS FEET auf den Markt kamen. Anfang 1994 glückte den **Crash Test Dummies** mit der ausgekoppelten Single ›Mmm Mmm Mmm Mmm‹ (GB #2, US #4, D #1) ein internationaler Hit, als zweite Single erschien im Sommer des Jahres ›Afternoon & Coffeespoons‹ (GB #23, US #66, D #39). »Der eigentümlich rauhe Charme« (*Musik Express*) von Brad Roberts' Stimme und die glaubwür-

dige Mischung aus Folk, Pop und Rhythm & Blues ließen die **Crash Test Dummies** zu den Newcomern des Jahres 1994 werden. Wenig abwechslungsreicher Mainstream-Rock und Modulationsschwächen von Leadsänger Brad Roberts ließen die im September 1996 erschienene LP A WORM'S LIFE zu einer Enttäuschung werden, auch wenn sie »in Sachen origineller Instrumentierung, perfekter und geschmackvoller Verpackung nahtlos an ihre Vorgänger anschloß« (*Musik Express*). Als Single erschien im März ›The Ballad Of Peter Pumpkinhead‹ (GB #30, D #73).

THE GHOSTS THAT HAUNT ME (1991) Arista 887940 • GOD SHUFFLED HIS FEET (1993) Arista 21 16531 • A WORM'S LIFE (1996) Arista 21 39779

Randy Crawford

Veronika Crawford wurde am 18. 2. 1952 in Macon, Georgia, geboren und wuchs in Cincinnati, Ohio, auf. Sie sang in Schul- und Kirchenchören und trat bereits als 15jährige in Nachtclubs auf: »Ich habe singen gelernt, indem ich Aretha Franklin zuhörte« (Randy Crawford). Nach dreimonatigem Europaaufenthalt und Abschluß der Schule stieg sie 1972 ins professionelle Musikgeschäft ein. Ihr erstes großes Konzert gab Randy Crawford im New Yorker Club Nico's in einem Programm mit dem Jazzgitarristen George Benson.

Bei einem Konzert zugunsten von Cannonball Adderley trat sie 1975 in Los Angeles mit Benson und Quincy Jones auf. Dabei wurden zwei Songs mitgeschnitten, die 1976 Bestandteil ihres ausschließlich in den USA veröffentlichten LP-Debüts EVERYTHING MUST CHANGE waren. Mit Joe Sample und einigen anderen Jazz- und Soulmusikern hatte Randy Crawford ein perfekt gestaltetes, im weiten Spannungsfeld zwischen Jazz, Blues, Soul und Pop angesiedeltes Album realisiert.

Im Mai 1977 beteiligte sich Randy Crawford an Steve Hacketts (→**Genesis**) LP PLEASE DON'T TOUCH, trat mit dem Jazzmusiker Harvey Mason auf und brachte – wiederum zunächst nur in den USA – im September ihr zweites, von Bob Montgomery produziertes Album MISS RANDY CRAWFORD heraus, wieder eine Mischung aus Jazz und Soul. Auf RAW SILK, stärker an R&B orientiert, interpretierte sie u. a. Songs von Allen Toussaint, →**Ashford & Simpson** und Oscar Brown. Im September des Jahres wurde sie von den →**Crusaders** eingeladen, den elfminütigen Titelsong ihres Albums STREET LIFE zu singen, das über 20 Wochen lang die nordamerikanischen Jazz-Charts anführte.

Den kommerziellen Durchbruch als Solistin schaffte Randy Crawford mit ihrem vierten Album NOW WE MAY BEGIN (GB #4), erschienen im Sommer 1980, das die Ballade ›One Day I'll Fly Away‹ (GB #1) enthielt. Nach diesem Erfolg wurden auch die drei ersten LPs in Europa veröffentlicht. 1981 beteiligte sich Randy Crawford mit einem Song (›Love Theme‹) an dem Soundtrack des Kinofilms »The Competition« mit Richard Dreyfuss in der Hauptrolle. Im Juli des Jahres kam die Single ›You Might Need Somebody‹ (GB #12) heraus, dann erschien das Album SECRET COMBINATION (GB #3, US #64), mit dem sie sich auch in den US-Charts plazieren konnte. Produziert wurde die LP von Tommy Li Puma.

Im September 1981 wurde Randy Crawford mit ›Rainy Night In Georgia‹ (GB #14), einem Soulklassiker von Brook Benton, erneut in den britischen Hitlisten geführt. Sie tourte anschließend durch Großbritannien und wurde im Februar 1982 in London als beste Sängerin mit einem BRIT Award ausgezeichnet. 1982 nahm sie ›Imagine‹ von John →Lennon, die Ballade ›One Hello‹ von Carole Bayer Sager und wiederum unter der Regie von Li Puma die LP WINDSONG (GB #9) auf.

1983 nahm sie fünf Titel mit Al Jarreau beim Montreux Jazz Festival für das Live-Album CASINO NIGHTS auf, und im Oktober veröffentlichte sie die LP NIGHTLINE (GB #31). Ein Jahr später folgte der Sampler GREATEST HITS (GB #10), und im Dezember 1984 sang sie mit Rick →Springfield ›Taxi Dancing‹ (US #59) für dessen LP HARD TO HOLD.

Von der »Balladenkönigin des Soul« (*New Musical Express*) erschien erst 1986 das Album ABSTRACT EMOTIONS (GB #14), das zwar professionell inszeniert war, aber kühl und glatt wie »musikalische Konfektionsware« (*Musik Express*) wirkte. Lediglich die selbstkomponierte Ballade ›Almaz‹ (GB #4) zeugte von Format. 1987 kam der ausschließlich für Europa zusammengestellte Sampler THE LOVE SONGS (GB #35) auf den Markt.

Das London Symphony Orchestra lud Randy Crawford im August 1988 für zwei Konzerte in die britische Hauptstadt ein, die beide ausverkauft waren. Hier nahm sie Kontakt zu Robin Millar (→Sade) auf, der ihr Album RICH AND POOR (GB #63) produzierte. Die LP erschien im Herbst 1989, blieb aber hinter den hochgesteckten Erwartungen zurück. Auch ihre Version von Bob →Dylans ›Knockin' On Heavens Door‹ (D #80), in Begleitung von Eric →Clapton (g) und David Sanborn (sax) war kein Glanzstück.

Zu Beginn der 90er Jahre wurde es still um die Soul-Lady mit dem Blues-Feeling. Sie absolvierte sporadisch Tourneen in Japan und Europa und konnte erst Anfang 1992 an der Seite des italienischen Superstars Zucchero mit ›Diamente‹ (GB #44, D #20) ein Comeback in den Hitparaden feiern. Eine ihrer besten LPs erschien im Herbst 1995 unter dem Titel NAKED AND TRUE. Randy Crawford hatte u. a. Songs von Mick Hucknall (→**Simply Red**), J. J. →Cale und Patrice Rushen aufgenommen und erhielt für ihre Versionen sehr gute Kritiken: »Das ist schlicht und ergreifend perfekte Unterhaltung, die man in der Qualität nur selten bekommt« (*Oldie-Markt*).

EVERYTHING MUST CHANGE (1976) Warner Brothers 7599-27307 • MISS RANDY CRAWFORD (1977) Warner Brothers 7599-26567 • RAW SILK (1979) Warner Brothers 7599-27386 • NOW WE MAY BEGIN (1980) Warner Brothers 7599-23421 • SECRET COMBINATION (1981) Warner Brothers7599-23541 • WINDSONG (1982) Warner Brothers 7599-23687 • NIGHTLINE (1983) Warner Brothers 7599-23976 • ABSTRACT EMOTIONS (1986) Warner Brothers 7599-25423 • RICH AND POOR (1989) Warner Brothers 7599-26002 • THROUGH THE EYES OF LOVE (1992) Warner Brothers 7599-26736 • DON'T SAY IT'S OVER (1993) Warner Brothers 9362-45381 • NAKED AND TRUE (1995) Warner Brothers 0630-10961 • (S) GREATEST HITS (1984) Warner Brothers • (S) THE LOVE SONGS (1987) WEA 2292-41206 • Telstar, TCD 2299 • (S) THE VERY BEST OF RANDY CRAWFORD (1993) Warner Brothers 9548-31891

Robert Cray

Auf der Basis traditionellen Blues' machte sich der Gitarrenvirtuose Robert Cray um eine populäre Mischung aus Memphis Soul, R&B und modernen Rock verdient. In seinem warmen Timbre schwang Gospel-Feeling mit, und sein Gitarrenspiel lebte von »ökonomischen Rhythmusfiguren und bissig-knappen Lead-Attacken« (*Musik Express*). »Der heißeste Bluesmann, der niemals Baumwolle pflückte« (*New Musical Express*), eroberte ein neues, junges Publikum für den Blues und schaffte über die englischen Independent-Charts den kommerziellen Durchbruch.

Robert Cray wurde als Sohn eines Berufssoldaten am 1. 8. 1953 in Columbus, Georgia, geboren und wuchs an unterschiedlichen Orten auf, ehe seine Familie sich 1967 in Virginia niederließ. Robert Cray erlernte früh Gitarre und hörte britische Rockmusik, Ray → Charles und Miles Davis. In Virginia lernte Cray den authentischen Blues kennen und begeisterte sich für B. B. → King, → Magic Sam, Buddy → Guy, Elmore → James und den Gitarristen Jimi → Hendrix. Als Idole verehrte er neben Buddy Guy nur Albert → Collins, den er im Sommer 1969 zum ersten Mal live erlebte: »Ich lernte am Blues schätzen, daß diese Typen regelrechte Geschichten erzählen. Ob der Sound perfekt war oder nicht, war nicht so wichtig. Was zählte, war ihre überzeugende Ausdruckskraft« (Robert Cray).

Seine ersten Banderfahrungen sammelte Cray an der High School mit **One Way Street**. 1971 tat er sich mit dem Bassisten Richard Cousins zusammen, und gemeinsam studierten sie unter dem Einfluß von Albert Collins die Geschichte des Blues und beschäftigten sich mit der Musik von Robert → Johnson, Tampa Red und Sonny Boy → Williamson. 1974 zogen Cray und Cousins in die Universitätsstadt Eugene, Oregon, und traten mit Tom Murphy (dr) in den örtlichen Clubs auf. Als **Robert Cray Band** machten sie sich einen guten Namen und konnten durch Vermittlung eines Clubbesitzers 18 Monate als Begleitgruppe für Albert Collins auf Tournee gehen.

Inzwischen war der Produzent, Labelbesitzer und Songwriter Bruce Bromberg auf den talentierten Gitarristen aufmerksam geworden und beschloß, mit der **Robert Cray Band** drei Songs aufzunehmen. Zur Gruppe waren das Mundharmonika-As Curtis Salgado und der Pianist David Stewart gestoßen. Die Aufnahmen, darunter ein Cover von Johnnie Taylor (›Where Can A Man Go From Here‹), erschienen in Japan zusammen mit vier Titeln, bei denen die **Robert Cray Band** den Bluespianisten Floyd → Dixon begleitete.

1978 ging die **Robert Cray Band** ins Studio, um die LP WHO'S BEEN TALKING einzuspielen. Das finanzschwache Label Tomato Records brachte das Album erst im Mai 1980 heraus und mußte wenig später Konkurs anmelden. Die ohnehin kleine Auflage der Platte wurde verramscht, hatte aber zumindest zu Crays Ansehen in der Bluesszene beigetragen. Der »am wenigsten schwarz klingende schwarze Bluessänger aller Zeiten« (*Village Voice*) erhielt erst 1982 wieder die Chance für Studioaufnahmen. Zuvor gab es personelle Veränderungen in der **Robert Cray Band**; David Olson (dr) kam für den abgewanderten Murphy, und für Salgado, der zu → **Roomful Of**

Blues gewechselt war, kam der Keyboarder Peter Boe. BAD INFLUENCE sorgte 1983 in der Blueswelt für enormes Aufsehen, erhielt vier Handy Awards (eine Art Grammy für Blues) und hielt sich über ein Jahr in den englischen Indie-Charts (höchste Position Platz 2). Das Album galt als »eleganteste Soulmusik seit Womack & Womack« (*Sunday Times*) und verhalf Cray zu einer steilen Karriere. Eric →Clapton, Mick Jagger und George →Harrison luden ihn zu Aufnahmen ein, sein Freund Eric Clapton übernahm Crays Komposition ›Bad Influence‹ für seine LP AUGUST, und Chuck →Berry lud »das beste Allroundtalent, das die Szene zu bieten hat« (Eric Clapton), zu seinem Geburtstagskonzert ein.

1984 erschien die LP FALSE ACCUSATIONS, auf der Cray die traditionellen Grenzen des Blues überwand. Allein in England wurden von dem Album über 50000 Exemplare verkauft, und es weckte das Interesse der großen Plattenfirmen. Als sich Cray, Albert Collins und Johnny →Copeland im selben Jahr beim Chicago Blues Festival trafen, faßten sie den Plan, das Album SHOWDOWN! aufzunehmen, das Texas-Blues der Extraklasse bot und mit einem Grammy ausgezeichnet wurde.

Die **Robert Cray Band** ritt nun auf der Woge des Erfolges. Sie trat 1986 im Vorprogramm einer Europatournee von Tina →Turner auf und konnte sich mit STRONG PERSUADER (US #13) dank eines »Blues mit allen Ingredienzen moderner Pop- und Rockmusik« (*Stereoplay*) in den Charts plazieren. Cray demonstrierte, daß »der Blues definitiv lebendig und wohlauf ist« (*Billboard*). Das Album wurde mit Platin und einem Grammy ausgezeichnet.

Den dritten Grammy bekam Robert Cray für sein 88er-Album DON'T BE AFRAID OF THE DARK (GB #13, US #32, D #28), auf dem er »klassisches Soulfeeling der Marke Otis Redding mit unverhohlenen Popambitionen« (*Musik Express*) verknüpft hatte. 1989 folgte Robert Cray einer Einladung von Eric Clapton, für dessen Session JOURNEYMAN sie gemeinsam den gefühlvollen Song ›Old Love‹ komponierten. Im Herbst des darauffolgenden Jahres erschien MIDNIGHT STROLL (GB #19, US #51). Die **Robert Cray Band** bestand zu diesem Zeitpunkt aus Cousins, Jimmy Pugh (key), Kevin Hayes (dr, perc), Tim Kaihatsu (g) und wurde von den **Memphis Horns** unterstützt. 1990/91 lud ihn Eric Clapton Cray zu seinen traditionellen Blues Nights in der Londoner Royal Albert Hall ein. Cray war außerdem an den ersten drei Comebackalben von John Lee →Hooker beteiligt, und B. B. King nahm mit ihm 1993 den Song ›Playin' With My Friends‹ auf.

Für die LP I WAS WARNED (GB #29) hatte Robert Cray 1992 Karl Sevareid (b) als Nachfolger für seinen langjährige Weggefährten Richard Cousins engagiert. *Rock World* schrieb: »Crays archetypische Soullyrik, sein geschmeidiger Gesang und die Bläsersätze erinnern an Großmeister wie Otis Redding und Sam Cooke.« 1992 trat er außerdem mit Boz Scaggs, Johnny →Rivers und den wiedervereinigten →**Doobie Brothers** auf. Im August kam er nach Europa und war ab Oktober in den USA auf Tournee.

Auf SHAME AND SIN (GB #48) besann sich Robert Cray auf einen erdigen, ursprünglichen, aber dennoch jederzeit »relaxten, modernen Blues« (*Audio*); als Stargast war Albert Collins mit von der Partie. Für SOME RAINY MORNING, ein mehr dem Soul verpflichtetes Album, nahm er eine Coverversion von ›Jealous Love‹ von Bobby →Womack auf. In bewährter Besetzung, unterstützt von den **Memphis Horns**, entstanden in den legendären Ardent Studios in Memphis die Aufnahmen zur LP SWEET POTATO PIE.

TOO MANY COOKS (1978) Tomato 2696532 • BAD INFLUENCE (1983) Hightone, H 8001 • FALSE ACCUSATIONS (1985) Hightone 830246 • STRONG PERSUADER (1986) Mercury 830568 • DON'T BE AFRAID OF THE DARK (1988) Mercury 834923 • MIDNIGHT STROLL (1990) Mercury 846652 • I WAS WARNED (1992) Mercury 512721 • SHAME AND SIN (1993) Mercury 518517 • SOME RAINY MORNING (1995) Mercury 526867 • SWEET POTATO PIE (1997) Mercury 534698 • (S) THE ESSENTIAL SELECTION (1990) Mercury, PHCR 3148 • Mit Albert **Collins** und Johnny **Coepland**: SHOWDOWN! (1985) Alligator, AL 4743

Crazy Horse

Ralph Molina (dr, g, voc), Sonny Moore (voc), Matt Piucci (g), Billy Talbot (b, voc)

Molina, Talbot, Danny Whitten (voc, g) und George Whitsell (g, voc) traten ursprünglich unter dem Namen **Rockets** auf und waren Ende der 60er Jahre eine von vielen Westcoast-Bands. Im Januar 1969 lernten sie Neil →Young kennen, der gerade sein Debütalbum aufgenommen hatte. Young taufte das Quartett in **Crazy Horse** um und engagierte es als Begleitband für zwei seiner besten Alben EVERYBODY KNOWS THIS IS NOWHERE und AFTER THE GOLDRUSH.

1971 engagierten **Crazy Horse** den Gitarristen Nils →Lofgren und den bekannten Studiopianisten Jack Nitzsche (→**Rolling Stones**) und nahmen eine eigene LP auf. Stargast des gelungenen Rockalbums CRAZY HORSE (US #72) war Ry →Cooder. *Sounds* schrieb: »Neben langsamen Songs voll feiner Melodiösität mit schönen Vokalsätzen stehen härtere Rockstücke mit wuchtigen Gitarrenklängen.«
Neil Young betrachtete argwöhnisch die Emanzipierung seiner Begleitband und entließ sie 1972 kurzerhand. An der zweiten LP LOOSE – Danny Whitten war inzwischen an einer Überdosis Drogen gestorben, Lofgren und Nitzsche hatten die Band verlassen – waren Greg Leroy (g, voc), John Blanton (voc, org, p, ce, harm) und Joel Tepp (harm) beteiligt. Wie bei diesem Album gelang es **Crazy Horse** auch 1973 auf AT CROOKED LAKE nicht, mehr als Mittelmaß zu bieten.
1975 engagierte sie Neil Young für das Album TONIGHT'S THE NIGHT. **Crazy Horse** spielten in der Besetzung Molina, Talbot, Lofgren und Ben Keith (pedal steel-g). Als Lofgren wieder seinen Soloambitionen folgte, übernahm Frank Sampedro (g) seinen Platz und war erstmals auf Youngs Klassealbum ZUMA dabei.
Im Gegenzug trat Neil Young als Stargast bei ihrer LP CRAZY MOON auf, die **Crazy Horse** als Trio (Molina, Talbot, Sampedro) 1978 veröffentlichten. Die Platte fand wenig Beachtung, und **Crazy Horse** begleiteten weiterhin, allerdings nur noch sporadisch, ihren Mentor Neil Young, zuletzt mit »ungewohnt psychedelischen Klängen« (*Musikwoche*) auf dem 94er-Album SLEEP WITH ANGELS.
1990 nahmen Molina und Talbot mit Matt Piucci von →**Rain Parade** und dem

Sänger Sonny Moore das Album LEFT FOR DEAD auf.

CRAZY HORSE (1971) Reprise 7599–26808 • LOOSE (1972) Reprise 7599–26809 • AT CROOKED LAKE (1973) CBS 65223 • CRAZY MOON (1978) RCA, PL 13054 • LEFT FOR DEAD (1990) Sisapa 77707

Papa John Creach

Erst im Alter von 50 Jahren kam Papa John Creach mit der Rockmusik in Berührung, nachdem er über drei Jahrzehnte lang sich als exquisiter Geiger in unterschiedlichsten Stilarten getummelt hatte – egal, ob Jazz, Tango oder Cha Cha Cha, Swing oder Blues.
John Creach wurde am 28. 5. 1917 in Beaver Falls, Pennsylvania, in eine kinderreiche und auch außerordentlich musikalische Familie hineingeboren. Sein Onkel konnte ihn für die Violine interessieren. 1935 zog die Familie Creach nach Chicago um, wo John sein nach der Schule begonnenes Musikstudium fortsetzte. Nach einem kurzen Gastspiel beim Illinois Symphony Orchestra schloß er sich einem Unterhaltungstrio an. Sechs Jahre lang reiste John Creach mit den **Chocolate Music Bars** durch die Provinz und spielte in Clubs, Bars und Hotels.
1945 ging John Creach nach Kalifornien, wo er mit Edgar Mason (b) und Happy Joe Lewis (g) das **Jonny Creach Trio** bildete und mit dem er vorwiegend in Lokalen und Restaurants auftrat. In dieser Zeit begann sich der Geigenvirtuose für Rhythm & Blues zu interessieren und wurde in den Kreis um Big Joe → Turner und T-Bone → Walker aufgenommen.
Mitte der 60er Jahre machte Creach, der inzwischen als Solist auf dem Luxusliner SS Catalina arbeitete, über eine Musikeragentur in Los Angeles die Bekanntschaft von Joe Covington, dem späteren Schlagzeuger von → **Jefferson Airplane**. 1970 wurde Papa John Creach assoziiertes Mitglied der weit verzweigten Clique um **Jefferson Airplane/Starship**. Er war an fünf Alben beteiligt, nahm zwei LPs mit dem Blues-Ableger → **Hot Tuna** auf, half Paul Kantner bei dessen Soloprojekten und absolvierte mehrere US-Tourneen.
Airplane machte es möglich, daß Creach 1971 die erste Solo-LP bei ihrem gerade eingerichteten Label Grunt Records veröffentlichen konnte. Das Album zeichnete sich durch einen unterhaltsamen Sessioncharakter aus, und auf der Besetzungsliste standen u. a. John → Cipollina (g), Jorma Kaukonen (g), Jerry Garcia (g) und Jack Casady (b). Neben eigenen Songs nahm »eine der größten Blues-Wiederentdeckungen der letzten Jahre« (*New Musical Express*) W. C. Handys Klassiker ›St. Louis Blues‹ und das Volkslied ›Danny Boy‹ auf. Dabei machte Creach auch als Bluessänger keine schlechte Figur.
Zu den Aufnahmen von FILTHY bat der ›Newcomer‹ Big Joe Turner als Stargast ins Studio, der nach langer, schwerer Krankheit erstmals mit dem Song ›Give Me An Hour In Your Garden‹ wieder vor ein Mikrophon trat. Auf dem Album wurde schon deutlich, was die nachfolgenden Produktionen bestätigten: Papa John Creach war zwar auf seinem Instrument ein glänzender Techniker, aber es mangelte ihm an Ideen, und so »wiederholte er seine effektvollen Glissandi ständig« (*Rolling Stone*).
1975 präsentierte sich der mittlerweile

58jährige auf I'M THE FIDDLE MAN mit dem Quintett **Midnight Sun**, das aber seinem Sound keine neuen Impulse zu geben vermochte. Creach unternahm weiterhin eine gefährliche Gratwanderung zwischen Bluesrock (›The Rocker‹) und weniger gelungenen Bearbeitungen von Evergreens wie z. B. ›Solitude‹, im Original von Duke Ellington.
Bis 1978 erschienen drei weitere Alben, die gerade noch mit höflicher Aufmerksamkeit registriert wurden. Danach wurde es still um den lebenslustigen Musiker, der nun überwiegend als Studiomusiker arbeitete. Sein letztes Album erschien 1992: PAPA BLUES war ein reines Bluesalbum, bei dem Creach von der **Bernie Paul Blues Band** begleitet wurde. Am 22. 2. 1994 starb er in Los Angeles.

PAPA JOHN CREACH (1971) Grunt, FTR 1003 • FILTHY (1972) Grunt, FTR-1009 • PLAYING MY FIDDLE FOR YOU (1974) Grunt, BFL-1–0418 • I'M THE FIDDLE MAN (1975) One Way 30005 • ROCKFATHER (1976) Buddah 67002 • THE CAT & THE FIDDLE (1977) DJM 20515 • INPHASION (1978) DJM 20545 • PAPA BLUES (1992) Bee Bump, BB 03

Creedence Clearwater Revival

Stu Cook (b), Doug Clifford (b), John Fogerty (voc, g), Tom Fogerty (g, voc)

Eine der herausragendsten amerikanischen Bands der 60er Jahre wurde von Schulfreunden gegründet, die sich an der Junior High School in El Cerrito, Kalifornien, trafen. John →Fogerty (*28. 5. 1945, Berkeley) beherrschte neben der Gitarre diverse andere Instrumente wie Dobro, Piano, Saxophon und Schlagzeug. Gemeinsam mit Doug Clifford (*24. 4. 1945, Palo Alto) und Stuart Cook (*25. 4. 1945, Oakland) bildete er 1959 ein Rock'n'Roll-Trio. Ende des Jahres kam sein Bruder Tom Fogerty (*9. 11. 1941, Berkeley) hinzu.
Sie spielten auf Parties und Schulveranstaltungen und nannten sich ab 1963 **The Blue Velvets**. Tom übernahm die Rolle des Leadsängers und jobbte als Packer und Bote bei Fantasy Records. Hy Weiss, Manager bei Fantasy, fiel die Gruppe 1964 auf und verpaßte ihnen den Namen **Golliwogs**. Ihre erste Single ›Don't Tell Me No Lies‹ kam im November 1964 auf den Markt, blieb aber unbeachtet. 1965 folgten ›Where You Been‹ und ›You Can't Be True‹ als weitere erfolglose Singles, die sich am englischen Beat und Rock der Sixties orientierten. Im Januar 1966 gelang den **Golliwogs** mit den 10000 verkauften Exemplaren von ›Brown-Eyed Girl‹ zumindest ein kleiner Hit. ›Fight Fire‹ und ›Walking On The Water‹ erschienen 1966, aber da John Fogerty und Doug Clifford mittlerweile ihren Wehrdienst ableisteten, hatten die **Golliwogs** keine Zukunft.
Im Juli 1966 wurden Fogerty und Clifford aus der Armee entlassen und vereinten sich mit ihren Freunden unter dem Namen **Creedence Clearwater Revival**: Creed für Glaube, Clearwater für Reinheit und Revival für Neubeginn. John Fogerty als Sänger und Komponist wurde unumstrittener Chef einer Band, die ausgezeichnet 50er Jahre-Rock'n'Roll, britischen Beat und Delta-Blues-Einflüsse zu einem eingängigen, jederzeit erkennbaren Sound verschmolzen.

Creedence Clearwater Revival lieferten Hits am Fließband und verdrängten, zumindest in den USA, sogar die → **Beatles** von der Chartsspitze. Sie hatten 15 Single-Bestseller in Folge, und fast alle Alben erreichten Platin-Auflagen. Die Debütsingle erschien im November 1967 bei Scorpio und hieß ›Porterville‹. Die Gruppe etablierte sich zunächst als überzeugende Live-Formation und nahm eine Demo-Version von ›Suzie Q‹, einen Klassiker von Dale Hawkins, auf. Saul Zaentz, der neue Besitzer von Fantasy Records, ließ daraufhin eine neue Studioaufnahme machen, eine knapp acht Minuten lange Fassung von ›Suzie Q‹ (US #11). Die Band spielte mit Taj → Mahal im Avalon in San Francisco und trat in einem Programm mit der **Butterfield Blues Band** im Fillmore West auf. Ende 1968 erschienen das Album CREEDENCE CLEARWATER REVIVAL (US #41) und die Single ›I Put A Spell On You‹ (US #55), ein weiterer R&B-Evergreen von Screamin' Jay → Hawkins.

Während das LP-Debüt noch aus Songs in überlangen Versionen bestand, beschränkte sich John Fogerty 1969 auf BAYOU COUNTRY (US #8, D #33), mit Ausnahme von ›Keep On Chooglin‹ und ›Graveyard Train‹, auf ein griffiges Zwei-Minuten-Konzept. Mit der Auskopplung ›Proud Mary‹ (GB #4, US #1, D #8) stürmten sie die internationalen Hitparaden.

1969 war das erfolgreichste Jahr für **Creedence Clearwater Revival**. Sie beteiligten sich an allen großen Festivals von Newport bis Woodstock, gingen mit → **Jethro Tull** auf Tournee und lieferten mit dem dritten Album GREEN RIVER (US #1, D #11) wieder Tophits in Serie: ›Bad Moon Rising‹ (GB #1, US #1, D #8), ›Lodi‹ (US #46), ›Green River‹ (GB #15, US #2, D #8) und ›Commotion‹ (US #14). Ende 1969 erschien noch die LP WILLY AND THE POORBOYS (GB #10, US #3, D #25) mit weiteren Top-Singles wie ›Down On The Corner‹ (GB #26, US #4, D #2) und ›Who'll Stop The Rain‹ (US #2). Fogerty produzierte mit traumwandlerischer Sicherheit Songs, die auch »im schlechtesten Autoradio noch unverkennbar wie glorreicher Rock'n'Roll klangen« (*Musik Express*).

Creedence Clearwater Revival repräsentierten Nordamerika und seinen alten Pioniergeist. John Fogerty sang von Raddampfern auf dem Mississippi, von Mangrovensümpfen oder Ochsenfröschen und schilderte völlig unsentimental den Alltag der kleinen Leute. Sein Titel ›Proud Mary‹ gehört zu den am häufigsten gecoverten Songs der Rockgeschichte. Ike & Tina → Turner gelang damit 1971 ein Millionenerfolg, auch Solomon → Burke, Elvis → Presley und die **Checkmates** fanden Gefallen daran.

Der Hitreigen von »Amerikas bedeutendster Rock'n'Roll-Attraktion« (*Billboard*) hielt auch 1970 und 1971 an. Das Album COSMO'S FACTORY (GB #2, US #1, D #4) wurde allein in den USA drei Millionen Mal verkauft und enthielt die Hits ›Travelin' Band‹ (GB #4, US #2, D #4), ›Up Around The Bend‹ (GB #4, US #2, D #3), ›Lookin' Out Of My Backdoor‹ (US #1, D #2) und ›Long As I Can See The Light‹ (GB #21). Ihre Tourneen wurden zu wahren Triumphzügen, aber weder sie noch die Hits brachten der Band viel ein. Wie sich später herausstellte, hatte Saul Zaentz die Musiker Knebelverträge unterschreiben lassen, die sie noch Jahre nach der Trennung von **Creedence Clearwater Revival** in der Ausübung ihres Berufes behinderten.

Das Publikum ahnte von diesen Problemen nichts und nahm auch ihr Album PENDULUM (GB #8, US #3) mit den Singles ›Hey Tonight‹ (US #3, D #1) und ›Sweet Hitch-Hiker‹ (US #3, D #6) mit Begeisterung auf. Auch bandintern gab es Schwierigkeiten. Einen Monat nach Veröffentlichung von PENDULUM verließ Tom Fogerty im Februar 1971 **Creedence Clearwater Revival**, da er sich aus dem übermächtigen Schatten seines jüngeren Bruders lösen wollte. Er half zunächst dem Organisten Merl Saunders bei zwei Langspielplatten aus, konnte aber weder als Solist noch mit seiner Band **Ruby** nennenswerte Erfolge verbuchen. Er starb am 6. 9. 1990 in Scottsdale, Arizona, an Tuberkulose. Seine letzten Aufnahmen machte er mit dem Gitarristen und Keyboarder Randy Oda von **Ruby**.

Creedence Clearwater Revival setzten ihre Karriere als Trio fort und tourten im September 1971 zum zweiten Mal durch Europa. Einige Ausschnitte erschienen 1974 auf dem Album LIVE IN EUROPE. Im Februar 1972 traten sie in Australien und Japan auf und veröffentlichten im Mai das Album MARDI GRAS (US #14, D #10). Ihre letzten nennenswerten Single-Erfolge waren ›Someday Never Comes‹ (US #27, D #29) und ›Molina‹ (D #32).

Im Oktober 1972 ging »eine phantastische Band« (*Sounds*) auseinander. Für John Fogerty begann eine abwechslungsreiche Laufbahn als Solist und Initiator der **Blue Ridge Rangers**.

Stu Cook arbeitete ab 1976 als Produzent, während Doug Clifford zunächst mit Ex-→ **Santana** Chris Solberg und Louis Ortega aus der Band von Doug → Sahm ein Trio bildete, das als Live-Formation einen gewissen Ruf erlangte. Cook und Clifford gehörten zeitweise der **Don Harrison Band** an, mit der sie drei Alben aufnahmen und deren Leadsänger Russell Dashiell sie ab 1978 förderten.

1980 traten **Creedence Clearwater Revival** anläßlich der Hochzeit von Tom Fogerty, der inzwischen als Immobilienmakler auf Hawaii tätig war, zusammen auf. 1983 kam es zu einem weiteren gemeinsamen Auftritt an der Junior High School in El Cerrito. In diesem Jahr erschien auch ein Mitschnitt, der 1970 in der Londoner Royal Albert Hall entstanden war. 1993 wurden **Creedence Clearwater Revival** in die Rock'n'Roll Hall Of Fame aufgenommen.

Die 96er Welttournee von **Creedence Clearwater Rev.** (Rev. stand für Revisted) galt im Vorfeld als Mogelpackung, da John Fogerty nicht teilnahm. Stu Cook und Doug Clifford traten mit dem unbekannten Sänger und Gitarristen John Tristao auf. Mit dabei waren Steve Gunner (key) und Elliot Easton (g), einst bei den → **Cars**. Dennoch erhielt die Gruppe für ihre Auftritte überraschend gute Kritiken.

CREEDENCE CLEARWATER REVIVAL (1968) Fantasy 6049 • BAYOU COUNTRY (1968) Fantasy, FCD 8387 • GREEN RIVER (1969) Fantasy, FCD 8393 • WILLY AND THE POORBOYS (1969) Fantasy, FCD 8397 • COSMO'S FACTORY (1970) Fantasy, FCD 8402 • PENDULUM (1970) Fantasy, FCD 8410 • MARDI GRAS (1972) Fantasy, FCD 9404 • LIVE IN EUROPE (1974) Fantasy, 6009 • THE ROYAL ALBERT HALL CONCERT (1980) Fantasy 4501 • (S) CREEDENCE GOLD (1973) Fantasy, FCD 9418 • (S) MORE CREEDENCE GOLD (1973) Fantasy, FT 512 • (S) CHRONICLE (1976) Fantasy, FT 528 • (S) GREATEST HITS (1981) • (S) THE CREEDENCE COLLECTION (1985) • (S) CREEDENCE CHRONICLE (1986) • (S) PROUD MARY (1996) Zounds 27200644 B • Tom **Fogerty**: TOM FOGERTY (1972) Fantasy 9407 • EXCALIBUR (1973) Fantasy 9413 • ZE-

PHYR NATIONAL (1974) Fantasy 9448 • MYOPIA (1975) Fantasy 9469 • DEAL IS OUT (1981) Fantasy 9611 • Tom **Fogerty** mit **Ruby**: RUBY (1977) Line 400018 • ROCK'N'ROLL MADNESS (1978) PBR 7004 • PRECIOUS GEMS (1985) Fantasy • Tom **Fogerty** mit Randy Oda: RAINBOW CAROUSEL (1991) Fantasy • SIDEKICKS (1992) Fantasy 9664 • Doug **Clifford**: COSMO (1972) Fantasy 9411 • Doug **Clifford** und Stu **Cook** mit **Don Harrison Band**: DON HARRISON BAND (1976) Atlantic 50263 • RED HOT (1976) Atlantic 50340 • NOT FAR FROM ME (1977) Mercury 9100044

Marshall Crenshaw

Der am 11. 11. 1953 in Detroit geborene Singer/Songwriter und Gitarrist Marshall Howard Crenshaw war ein großer Verehrer von Buddy →Holly, dem er auch äußerlich ähnelte. In den Filmen »Peggy Sue Got Married« und »La Bamba« schlüpfte er in die Rolle seines Idols, dessen »Countrypop er konsequent weiterführte, ohne Nachahmer zu sein« (*Stern*). Crenshaw verfaßte frische, etwas spröde Songs, die ihn hin und wieder in die Charts brachten und die bei Kollegen wie Bette →Midler, der →**Nitty Gritty Dirt Band**, den **Bellamy Brothers** und vor allem Robert →Gordon sehr beliebt waren.

Als Achtjähriger begann Crenshaw Gitarre zu spielen. Er interessierte sich für Sixties-Pop und Rockabilly und wurde nach der High School Mitglied in verschiedenen Oldies-Bands. 1976 ging Crenshaw nach Los Angeles und spielte zwei Jahre lang im Musical »Beatlemania« die Rolle von John →Lennon. 1980 übersiedelte er nach New York und konnte Robert Gordon und Richard Gottehrer (→**Blondie**) als Produzenten für sein Debütalbum MARSHALL CRENSHAW (US #50) gewinnen. Als Single wurde ›Someday, Someway‹ (US #36) ausgekoppelt. Der »brillante Stilist« (*New Musical Express*) bot »puren Pop für zeitgemäße Leute« (*Stereo Review*) und hatte damit auch bei seiner zweiten LP FIELD DAY (US #52) einen gewissen Erfolg.

T-Bone →Burnett produzierte 1985 Crenshaws Album DOWNTOWN, das phasenweise an Bob →Dylan erinnerte. »Exzentrische Weisheiten zu rockigen Melodien« (*New Musical Express*) zeichneten auch seine nächsten Alben aus, auf denen Crenshaw einen eigenständigen Sound schuf, der allerdings nur Insider ansprach.

Auf GOOD EVENING wurde Crenshaw 1989 von kalifornischer Studioprominenz, darunter David →Lindley, Sonny →Landreth und Kenny Aronoff (John →Mellencamp), begleitet: »Eines der wichtigsten Ereignisse für alle, denen Rock'n'Roll Freude bereitet« (*Rolling Stone*). Großartige Melodien und nachdenkliche Texte bestimmten auch das 1991 erschienene Album LIFE'S TOO SHORT, das von Ed Stasium (→**Living Colour**, →**Ramones**) produziert worden war. Anschließend profilierte sich Marshall Crenshaw vor allem als Songwriter. Die Titelrolle im Londoner Musical »Buddy« gab er nach kurzer Zeit auf, da er die Inszenierung als »zu nostalgisch« empfand. 1994 war er als Autor an dem Buch »Hollywood Rock: A Guide To Rock'n'Roll In The Movies« beteiligt. Außerdem wirkte er neben Zachary Richard auf dem außergewöhnlichen Album LAST OF THE GOOD STRAIGHT GIRLS der Gitarristin Susan Werner mit.

MARSHALL CRENSHAW (1982) Warner Brothers 923673 • FIELD DAY (1983) Warner Brothers 923873 • DOWNTOWN (1985) Warner Brothers 925319 • MARY JEAN & 9 OTHERS (1987) Warner 925583 • GOOD EVENING (1989) Warner Brothers 925908 • LIFE'S TOO SHORT (1991) MCA 10223 • MY TRUCK IS MY HOME (1994) Razor & Tie • MI-RACLE OF SCIENCE (1996) Razor & Tie, RT 2823

Crime And The City Solution

Simon Bonney (voc), Mick Harvey (key, g), Harry Howard (b), Rowland S. Howard (g), Epic Soundtracks (dr)

Crime And The City Solution zählten 1978/79 zu den vielversprechendsten australischen New Wave-Bands, als Rowland S. Howard → **Birthday Party** gründete, die bis Ende 1981 existierten. 1984 aktivierte er **Crime And The City Solution** mit seinem Bruder Harry Howard, seinem Wunschsänger Simon Bonney, Ex-**Birthday Party** Mick Harvey und Epic Soundtracks von den **Swell Maps**. Zunächst erschien die EP ›The Dangling Man‹, Anfang 1986 folgte die LP JUST SOUTH OF HEAVEN mit schwermütigen, düsteren Balladen, Twang-Gitarren und schleppendem Rhythmus im Stil von → **Velvet Underground**.
Diese »wunderbare schwerfällige Dramatik« (*Musik Szene*) zeichnete auch das im Januar 1987 erschienene Album ROOM OF LIGHTS aus, mit dem **Crime And The City Solution** zum begehrten Insidertip der europäischen Underground-Szene wurden. Aufgenommen wurde das Album in den Hansa Studios in Berlin.
Völlig überraschend trennten sie sich 1987. Die Howard-Brüder und Soundtracks schlossen sich zu **These Immortal Souls** zusammen, während Bonney in Berlin blieb. Dort lernte er Alex Hacke von → **Einstürzende Neubauten** und Chrislo Haas von → **Deutsch Amerikanische Freundschaft** kennen. Mit ihnen sowie mit Thomas Stern, Bronwyn Adams (vi) und Mick Harvey wurden die neuen **Crime And The City Solution** gebildet. Im Frühjahr 1988 erschien das Album SHINE: »Eine großartige Platte, randvoll mit Magie und Melancholie, Ekstase und tiefer Ruhe« (*Musik Express*). **Crime And The City Solution**, die »Großmeister der Schwermut« (*Marabo*) gingen in Europa, u. a. auch in Polen auf Tournee und stellten sich auch in den USA vor. Das Album THE BRIDE SHIP wurde 1989 veröffentlicht, erneut ein atmosphärisch dichtes Album.
In der Abgeschiedenheit von Conny Planks Bauernhofstudio in der Nähe von Köln entstand die dritte LP PARADISE DISCOTHEQUE in unveränderter Besetzung. Träge Gitarren, komplexe Keyboards und zeitlupenhaftes Schlagzeug bestätigten wieder einmal die Experimentierfreude von **Crime And The City Solution**. Das Album enthielt den großartigen Song ›The Dolphins And The Sharks‹; weniger gelungen war dagegen der Zyklus ›The Last Dictator‹, zu dem Bonney durch den Fall des Ceausescu-Regimes in Rumänien angeregt worden war. Da vor allem Bonney und Harvey Soloambitionen verfolgten und die Platten nicht gerade gut ankamen, löste sich **Crime And The City Solution** auf.

JUST SOUTH OF HEAVEN (1986) Mute, STUMM 22 • ROOM OF LIGHTS (1987) Mute, STUMM 36 • SHINE (1988) Mute 971359 • THE BRIDE SHIP (1989) Mute, STUMM 65 • THE ADVERSARY – LIVE (1990) Mute 972032 • PARADISE DISCOTHEQUE (1990) Mute, 972378 • Simon **Bonney**: FOREVER (1993) Mute 972029 • EVERYMAN (1995) Mute 972048 • Mick **Harvey**: ALTA MAREA + VATERLAND (19?) Mute 972023 • INTOXICATED MAN (1996) Mute, INT 846926 • PINK ELEPHANTS (1997) Mute 484516

Crimson Glory

Dana Burnell (dr), Jon Drenning (g), Ben Jackson (g), Jeff Lords (b), Midnight (voc)

1979 hatten sich Ben Jackson und Dana Burnell in Florida zu den **Pierced Arrow** zusammengeschlossen und spielten zunächst nur bekannte Songs nach. Als 1980 Jon Drenning und Jeff Lords dazukamen, nannten sie sich in **Beowulf** um und entwickelten einen eigenständigen Hardrock/Metal-Stil. Zusammen mit Midnight, seit 1981 Mitglied der Gruppe, bereiteten sie Demoaufnahmen vor, die sie 1985 für 8000 Dollar in einem Studio in Tampa fertigstellten.

Das Metal-Label Roadrunner Records nahm **Crimson Glory**, wie sich das Quintett nun nannte, unter Vertrag und finanzierte das Album CRIMSON GLORY, das sich vor allem in Japan und Europa überdurchschnittlich gut verkaufte. In den USA wurden die Hardrocker allerdings erst zur Kenntnis genommen, als 1988 das Album TRANSCENDENCE herauskam, mit dem **Crimson Glory** Speed- und Melodic-Rockfans gleichermaßen ansprachen. Mit einer Mischung aus dem kompromißlosen Sound von → **Iron Maiden** und dem Glamrock von → **Queensryche** stiegen **Crimson Glory** zu den wichtigsten Vertretern des sogenannten White Metal auf. In ihren Songs klangen religiöse und philosophische Themen an, die von Heavy-Shouter Midnight bravourös interpretiert wurden. STRANGE AND BEAUTIFUL, erschienen Ende 1991, wurde als »eines der packendsten Hardrock-Alben der soeben begonnenen Dekade« (*Hifi Vision*) bezeichnet.

CRIMSON GLORY (1986) Roadrunner 836207 • TRANSCENDENCE (1988) SPV 847824 • STRANGE AND BEAUTIFUL Roadrunner 836206 (1991) Intercord, INT 146266

Jim Croce

Jim Croce war vielseitig begabt. Im Alter von sechs Jahren spielte er Akkordeon, mit zwölf Jahren interessierte er sich für die 12saitige Gitarre, verfügte über eine angenehme Stimme und schrieb ironische Lieder über »die junge Arbeiterklasse im Herzen Amerikas« (*Time*). Croce mußte lange auf seinen Erfolg warten und konnte ihn nur kurz genießen. Als er endlich als neuer Superstar unter den Songwritern anerkannt wurde, kam er bei einem Flugzeugabsturz ums Leben.

Geboren am 10. 1. 1943 in Philadelphia, wuchs Jim Croce im Arbeitermilieu auf. Während seines Studiums an der University of Villanova betätigte er sich als Moderator einer Folk- und Bluesshow und machte sich in lokalen Bands

mit unterschiedlichen Stilarten vertraut.
1966 heiratete Croce seine schwedische Freundin Ingrid. Unterstützt vom US-Außenministerium reisten sie nach Afrika und dem Mittleren Osten. Außerdem arbeitete Croce als Betreuer in einem Sommercamp in Pine Grove, Pennsylvania. In dieser Zeit komponierte er die Musik zu der mit einem Emmy ausgezeichneten TV-Dokumentation »Miners' Story«. 1967 gingen die Croces nach New York und nahmen das Album APPROACHING DAY auf, das im Januar 1969 veröffentlicht wurde.
Im Herbst 1970 zogen sich Jim und Ingrid Croce in die ländliche Abgeschiedenheit von Lyndell, Pennsylvania, zurück. Jim nahm jeden Job an, den er kriegen konnte, und zeitweise ging es ihm finanziell so schlecht, daß er seine Gitarrensammlung verkaufen mußte. Im Februar 1971 schickte Croce sechs neue Songs an Tommy West in New York, der bereits APPROACHING DAY mitproduziert hatte. Er fand Gefallen an den »subtilen Pop / Folk-Songformaten« (*Rolling Stone*) und holte den Italoamerikaner Croce erneut nach New York, wo er am 11. 10. 1971 – zwei Wochen nach der Geburt seines Sohnes Adrian – mit den Aufnahmen zu YOU DON'T MESS AROUND WITH JIM (US #1) begann. Die einprägsamen, ruhigen Songs, an denen der Gitarrist Maury Muehleisen beteiligt war, führten im Sommer 1972 die US-Charts an. Als Singles wurden ›You Don't Mess Around With Jim‹ (US #8) und ›Operator‹ (US #17) ausgekoppelt.
»Der Verlierer, der es geschafft hatte« (*New Musical Express*), hielt sein erstklassiges Niveau als Songwriter und Interpret mit dem im Frühjahr 1973 veröffentlichten Album LIFE AND TIMES (US #6) sowie den Hits ›One Less Set Of Footsteps‹ (US #4) und ›Bad Bad Leroy Brown‹ (US #1, D #38). Am 12. 9. 1973 beendete Croce die Aufnahmen seiner dritten Langspielplatte. Eine Woche später trat er in der Northwestern State University of Louisiana auf. Am 20. 9. 1973 sollte er im 70 Meilen entfernten Sherman, Texas, ein Konzert geben, aber das von ihm gecharterte Flugzeug stürzte kurz nach dem Start ab. Jim Croce sowie der Gitarrist Maury Muehleisen konnten nur noch tot geborgen werden.
Acht Wochen nach Croces Tod erschien die LP I GOT A NAME (US #1) mit weiteren Singlehits, darunter der Titelsong (US #5) und ›Time In A Bottle‹ (US #1). Postum wurden verschiedene, zum Teil sehr erfolgreiche Sampler, z. B. PHOTOGRAPHS AND MEMORIES (US #1) veröffentlicht. 1974 plazierten sich außerdem die Singles ›I'll Have To Say I Love You In A Song‹ (US #6) und ›Workin' At The Car Wash Blues‹ (US #26) in den Hitlisten. 1990 wurde Jim Croce in die Hall Of Fame der Songwriter aufgenommen. Sein Sohn trug bei diesem Anlaß ›Bad Bad Leroy Brown‹ vor.
1984 eröffnete Ingrid Croce in San Diego den Club Croce's, in dem ihr Sohn A. J. Croce seine ersten vom R&B beeinflußten Gehversuche unternahm. 1995 veröffentlichte der Pianist und Sänger sein Album THAT'S ME IN THE BAR, über das der *Musik Express* schrieb: »Wie sein Altvorderer beweist er ein Gespür für eingängige und schöne Melodien, vorgetragen mit einer Stimme, die an den frühen Joe Cocker und den späten Dr. John erinnert.«

YOU DON'T MESS AROUND WITH JIM (1972) Lifesong 27786 • LIFE AND TIMES (1973) Bo Originals 7016 • I GOT A NAME

(1973) Bo Originals 7012 • (S) PHOTOGRAPHS AND MEMORIES (1974) Castle 119 CLA • THE FACES I'VE BEEN (1975) Lifesong 900 • (S) THE 50TH ANNIVERSARY COLLECTION (1992) Saja 92206• (S) 24 KARAT GOLD IN A BOTTLE (1994) DCC 1060 • Mit Ingrid Croce: APPROACHING DAY (1969) • A. J. **Croce**: THAT'S ME IN THE BAR (1995) Ruf 1025 • FIT TO SERVE (1998) Ruf 1023 • Maury **Muehleisen**: GINGERBREAD (1970)

David Crosby

David Crosby, eigentlich David Van Cortland, wurde am 14. 8. 1941 in Los Angeles geboren. Seine Laufbahn begann der Sänger, Gitarrist und Komponist bei der Folkgruppe **Les Baxter's Balladeers**, die den **New Christy Minstrels** ähnelte. Nach dem erfolglosen Versuch, sich als Solist durchzusetzen, gehörte Crosby 1964 neben Jim ›Roger‹ →McGuinn und Gene →Clark zu den Gründungsmitgliedern von **The →Byrds**. Er schrieb einige bemerkenswerte Songs, wie das jazzige ›Everybody's Been Burned‹, das swingende ›Renaissance Fair‹ und ›What's Happening?‹. Als Crosby nach Differenzen mit McGuinn die **Byrds** verlassen hatte, wurden noch drei seiner Kompositionen auf dem 68er-Album THE NOTORIOUS BYRD BROTHERS veröffentlicht. Anlaß für den Streit war Crosbys Song ›Triad‹, den McGuinn abgelehnt hatte und der daraufhin von →**Jefferson Airplane** für die LP CROWN OF CREATION übernommen wurde.

David Crosby hatte mit den Vorbereitungen zu einem Soloalbum begonnen, als er die Bekanntschaft von Stephen →Stills, bis Juli 1968 Mitglied bei →**Buffalo Springfield**, machte. Der gebürtige Engländer und Chef der →**Hollies**, Graham →Nash, komplettierte im Dezember 1968 das Trio →**Crosby, Stills & Nash**, dem sich nach ihrem überaus erfolgreichen Debütalbum vorübergehend der Kanadier Neil →Young anschloß.

David Crosby lieferte für die Gruppe ausgezeichnete Songs, so z. B. ›Almost Cut My Hair‹, ›Long Time Gone‹ und ›Guinnevere‹. Auf Dauer war es jedoch unmöglich, daß drei bzw. vier hochbegabte Individualisten in einer Gruppe spielten. Nach dem denkwürdigen Auftritt beim Woodstock Festival und dem Live-Doppelalbum 4 WAY STREET trennten sich ihre Wege.

Crosby, der 1969/70 für **Jefferson Airplane**, Paul Kantner und →**Hot Tuna** gespielt hatte, konnte Jerry Garcia, Joni →Mitchell, Grace →Slick und Jorma →Kaukonen für sein Soloalbum IF I COULD ONLY REMEMBER MY NAME (GB #8, US #9) mit der Single ›Music Is Love‹ (US #76) gewinnen. Im Oktober ging Crosby mit Graham Nash auf Tournee und veröffentlichte im Frühjahr 1972 die astreine Folkrock-LP DAVID CROSBY & GRAHAM NASH (US #5). »Eines der markantesten Vokalduos der Welt« (*Sounds*) war bis 1977 mit drei weiteren Alben, WIND ON THE WATER (US #9), WHISTLING DOWN THE WIRE (US #23) und LIVE (US #82), in den Charts vertreten, die mit hochkarätigen Studiomusikern (David →Lindley, Craig Doerge, Danny Kortchmar, Russell Kunkel) eingespielt wurden. David Crosby nutzte die auftrittsfreie Zeit für Studiosessions mit Jackson →Browne, Stephen Stills, Elton →John, Art →Garfunkel, Carole →King, Dave →Mason, Joni Mitchell, Neil Young und James →Taylor. 1975 beteiligte er sich neben Garcia, Slick

und David Freiberg an dem Bandprojekt **Seatones**.
Bei der Wiedervereinigung von **Crosby, Stills & Nash** 1977 beschränkte sich Crosbys Beitrag auf die beiden Kompositionen ›Anything At All‹ und ›In My Dreams‹ und den Text von ›Shadow Captain‹. Gemeinsam gingen sie wieder mehrere Monate auf Tournee und feierten als lebende Westcoast-Legende große Erfolge. Crosbys Einfluß innerhalb des Trios schwand jedoch weiterhin. Für die LPs DAYLIGHT AGAIN und ALLIES lieferte er nur je einen Song.
Zu Beginn der 80er Jahre kam David Crosby mehrfach wegen Drogen- und Waffenbesitzes mit dem Gesetz in Konflikt und wurde im August 1983 zu fünf Jahren Gefängnis verurteilt. Vor Haftantritt flüchtete er, stellte sich aber dann doch der Polizei. Seinem Gesuch auf Einweisung in eine private Suchtklinik wurde erst im Dezember 1984 stattgegeben; im März 1985 kehrte er in die Haftanstalt in Dallas zurück.
Besonders Graham Nash kümmerte sich um den physisch und psychisch angeschlagenen Star, der ab Juli 1985 wieder regelmäßig mit **Crosby, Stills & Nash** auftreten konnte. Am 15. 5. 1987 heiratete Crosby in Los Angeles seine langjährige Freundin Jan Dance. Im Jahr darauf feierte das Trio ein erneutes Comeback und kam 1989 mit AMERICAN DREAM auch wieder unter die Top 20 der US-Albumcharts. Crosby wirkte erholt und verstand es, seine Gefängnis- und Klinikerfahrungen auf der ausgezeichneten LP OH YES I CAN zu verarbeiten: »Keine Neutönerei, keine musikalische Revolution, aber Songs, die durch ihre persönliche Erfahrung berühren« (*Musik Express*). Zu den Stargästen der Platte zählten Bonnie → Raitt und Jackson Browne.
Zu Beginn der 90er Jahre arbeitete Crosby zeitweise wieder mit **Crosby, Stills & Nash** zusammen, trat mit Phil → Collins bei der Grammy-Verleihung im Februar 1991 auf, wirkte auf einer Platte von Roger McGuinn mit und engagierte sich für amnesty international. Collins war auch an Crosbys 93er-Album THOUSAND ROADS beteiligt, so mit dem Duett ›Hero‹ (GB #56, US #44, D #51). John → Hiatt und Marc → Cohn hatten für Crosby Songs geschrieben, die der in seiner »bewährten Mixtur aus Folkmustern und Rockanleihen« (*Hifi Vision*) umsetzte.
Im Juli 1993 begannen Crosby & Nash eine US-Tournee in Clarkston, Missouri, und im Dezember des Jahres ließ Crosby im Whisky A Go Go in Hollywood das Konzert IT'S ALL BECOMING BACK TO ME NOW mitschneiden. 1993 war er auf dem Album des Songwriters Jack Tempchin vertreten und gastierte 1994 bei der Produktion des zweiten Albums von → **Hootie & The Blowfish**.

IF I COULD ONLY REMEMBER MY NAME (1971) Atlantic 7567 – 81415 • OH YES I CAN (1989) A&M 395232 • THOUSAND ROADS (1993) Atlantic 7567–82484 • LIVE AS IT GETS (1994) East West 82620 • IT'S ALL BECOMING BACK TO ME NOW (1994) Atlantic 7567–82620 • Mit Graham **Nash**: CROSBY & NASH (1972) Atlantic 50011 • WIND ON THE WATER (1975) MCA 31251 • WHISTLE DOWN THE WIRE (1976) Polydor 2310468 • LIVE (1977) Polydor 2310565 • Mit **Seatones**: SEATONES (1975) Round, RX 106

Crosby, Stills & Nash

David Crosby (voc, g), Graham Nash (voc, g, harm, perc, org, p), Stephen Stills (voc, g, ban, key, b, perc)

Crosby, Stills & Nash kamen Ende 1968 angeblich auf Vermittlung von Joni →Mitchell in Los Angeles zusammen, andere Quellen nennen den kalifornischen Discjockey Rodney Bingenheimer, der Graham →Nash auf eine Party mitnahm, wo er Stephen →Stills kennenlernte. Sie verabredeten eine Session, an der auch David →Crosby teilnahm, ein enger Freund von Nash.

Die vielseitig begabten drei Musiker gehörten zur Westcoast-Prominenz, und keiner verlor seine persönlichen Ambitionen aus den Augen. Crosby hatte bereits mit den →**Byrds** und der Engländer Nash mit den →**Hollies** großen Erfolg gehabt, während Stills bei →**Buffalo Springfield** Countryrockgeschichte geschrieben hatte. Nach intensiven Proben nahmen **Crosby, Stills & Nash** mit der Unterstützung des Drummers Dallas Taylor ihr Debütalbum auf. CROSBY, STILLS & NASH (GB #19, US #5) erschien im Juni 1969 und verkaufte sich innerhalb eines Jahres allein in den USA zwei Millionen Mal.

Für ihren perfekten mehrstimmigen Gesang, ihre romantischen und engagierten Texte und ihr großartiges Gitarrenspiel wurden **Crosby, Stills & Nash** 1970 als beste neue Gruppe mit einem Grammy ausgezeichnet. Besonders gelungen waren ›Suite: Judy Blue Eyes‹ (US #18), die Stills für Judy →Collins geschrieben hatte, und Nashs Song ›Marrakesh Express‹ (GB #15, US #17).

Der Kanadier Neil →Young schloß sich den Superstars im Sommer 1969 an und brachte von **Buffalo Springfield** den Bassisten Bruce Palmer mit, der jedoch durch den Sessionmusiker Greg Reeves ersetzt wurde. Beim legendären Woodstock-Festival standen sie am 16. 8. 1969 erst zum zweiten Mal gemeinsam auf einer Bühne. Das Quartett wurde euphorisch gefeiert, weil es ihm gelang, die überaus diffizilen Gesangspassagen und komplexen Gitarrensounds auch in der schwierigen Live-Situation brillant wiederzugeben.

Neil Young sorgte für eine stärkere Betonung der Rockelemente, was auf dem zweiten Album DÉJÀ VU (GB #6, US #1, D #39) vom Frühjahr 1970 deutlich wurde. Die LP demonstrierte eindrucksvoll die Fähigkeit des Quartetts, die Gefühle und die Lebensweise einer Generation wiederzugeben, so z. B. Crosbys ›Almost Cut My Hair‹. Als Singles erschienen ›Woodstock‹ (US #10), ›Teach Your Children‹ (US #16) und ›Our House‹ (US #20). Den Beweis für die außerordentlichen Live-Qualitäten der Gruppe lieferte im Mai 1971 das Doppelalbum FOUR WAY STREET (GB #6, US #1), das sich aus Mitschnitten aus New York, Los Angeles und Chicago zusammensetzte. *Sounds* schrieb: »Ein phantastisches Doppelalbum, das beweist, daß sie bei inspirierter Atmosphäre zu emotionalen Höhenflügen fähig sind.«

Spannungen zwischen Stills und Young bzw. Stills und Crosby führten Ende 1971 zur zeitweiligen Trennung des Starensembles. Young widmete sich seiner Gruppe →**Crazy Horse**, Stills brachte seine zweite Soloplatte heraus, während Crosby und Nash ein erfolgreiches Folkrock-Duo bildeten. Bereits Ende 1973 kreuzten sich die Wege der »Old Hippies« (*Musik Express*) wieder. Crosby und

Nash stiegen im Oktober im Winterland Ballroom in San Francisco zu Stills auf die Bühne, der mit seiner Band **Manassas** ein Konzert gab. Später gesellte sich Young zu ihnen, und daraus wurde ein 50 Minuten langes Konzert von **Crosby, Stills, Nash & Young**. Im Mai 1974 wurde die Reunion der vier Individualisten offiziell bekanntgegeben. Im Juli starteten sie in Seattle eine 30tägige US-Tour, traten im September in London auf und veröffentlichten im November die von Nash zusammengestellte LP-Anthologie SO FAR (GB #27, US #8). Im Dezember 1974 begannen die Aufnahmen zu einem neuen Album, in deren Verlauf es wieder zum Krach kam, der dazu führte, daß Neil Young wütend die Gruppe verließ. Stills widmete sich daraufhin einer neuen Soloproduktion und gründete dann mit Young eine Band, während Crosby und Nash ihre Duoaktivitäten fortsetzten.

Als die Geschäfte der Woodstockveteranen schlecht gingen, kam es zur Neuauflage von **Crosby, Stills & Nash** mit dem Album CSN (GB #22, US #2) und der Hitsingle ›Just A Song Before I Go‹ (US #12). Außerdem wurde im Oktober 1977 ›Fair Game‹ (US #56) ausgekoppelt. Mit seinem bewährten Soft/Folkrock-Konzept kam das Trio wieder an, das auch live »nichts vom Zauber und der Exaktheit früherer Tage eingebüßt« (*Musik Express*) hatte.

Nach einigen Benefizveranstaltungen für die Antiatomkraft-Bewegung und dem Sampler REPLAY wurde es wieder ruhiger um die wichtigsten Protagonisten der US-amerikanischen Folkrock-Szene. Sie kümmerten sich wieder verstärkt um andere Produktionen und ließen sich bis zum Spätsommer 1982 Zeit, um DAYLIGHT AGAIN (US #8, D #31) zu veröffentlichen. Die Oldtimer beschworen wieder vergangene Westcoastzeiten herauf und erzielten mit ›Wasted On The Way‹ (US #9) und ›Southern Cross‹ (US #18) beträchtliche Einnahmen. Crosbys Einfluß war inzwischen kaum mehr spürbar, während Nash für die romantischen und Stills für die rockigen Aspekte einer insgesamt durchschnittlichen Produktion sorgten. Zur Studioprominenz zählten Timothy B. Schmit von den → **Eagles**, Jay → Ferguson und Drummer Joe Vitale. Das überwiegend live mitgeschnittene Album ALLIES (US #43) und die Single ›War Games‹ (US #45) beendeten im Sommer 1983 erneut die Zusammenarbeit von **Crosby, Stills & Nash**.

Nachdem Crosby, der wegen Drogenbesitzes zu fünf Jahren Gefängnis verurteilt worden war, aus der Haft entlassen wurde, kursierten Reformierungsgerüchte. Im Februar 1987 beteiligten sich **Crosby, Stills, Nash & Young** im kanadischen Vancouver an einer Veranstaltung zugunsten von Greenpeace. Nach dem gelungenen Auftritt kündigte das Quartett neue Aufnahmen an und begab sich im September 1988 ins Studio, um das 89er-Comeback-Album AMERICAN DREAM (US #16, D #48) mit der Single ›Got It Made‹ (US #69) fertigzustellen. Gute Kritiken ermutigten die Band zu zahlreichen Live-Auftritten. Young nahm im März 1990 jedoch wieder seinen Abschied, und so entstand die LP LIVE IT UP (US #57) wieder in der Besetzung des Gründungstrios.

1991 traten **Crosby, Stills & Nash** nur sporadisch gemeinsam auf. Ihr Werk wurde im Jahr darauf mit der vier CDs umfassenden Dokumentation CROSBY, STILLS & NASH gewürdigt. Im März 1992 gaben sie zwei Konzerte im Londoner Hammersmith Odeon und starteten im Juni in Noblesville, Indiana, eine US-Tournee.

Im September traten sie zugunsten der Opfer des Hurrikans Andrew neben Paul → Simon, Whoopi Goldberg, Bonnie → Raitt und Gloria → Estefan im Joe Robbie Stadion in Miami, Florida, auf, und im Oktober folgten fünf Gastspiele in der Londoner Royal Albert Hall. 1994 brachte das Westcoast-Trio das Album AFTER THE STORM (US #98) heraus, das aber an frühere Arbeiten nicht heranreichte.

CROSBY, STILLS & NASH (1969) Atlantic 7567–82319 • CSN (1977) Atlantic 7567–82650 • DAYLIGHT AGAIN (1982) Atlantic 7567–81595 • ALLIES (1983) Atlantic 780075 • AFTER THE STORM (1994) Atlantic 7567–82654 • (S) SO FAR (1974) Atlantic 7567–82648 • (S) REPLAY (1980) Atlantic 50766 • (S) CROSBY, STILLS & NASH (1991) Atlantic 82319 • **Crosby, Stills, Nash & Young**: DÉJÀ VU (1970) Atlantic 7567–82649 • FOUR WAY STREET (1970) Atlantic 7567–81321 • AMERICAN DREAM (1989) WEA 7567–81888 • John Barbata mit **Sentinals**: SURFER GIRL (1964) Del-Fi 71241

Christopher Cross

Der am 3. 5. 1951 als Sohn eines Militärpsychiaters in San Antonio, Texas, als Christopher Geppert geborene Singer/Songwriter ging als »die Entdekkung 1980« (*Rolling Stone*) in die Popgeschichte ein und nahm im Februar 1981 von Paul → Simon fünf Grammies für seine Debüt-LP und die Single ›Sailing‹ entgegen. Die Songs von Christopher Cross waren »wie geschaffen für die sorglose heile Welt der amerikanischen Top 40-Radiostationen« (*Fachblatt*).
Als Achtjähriger übte Cross am Schlagzeug, wechselte dann zur Gitarre und gründete seine erste Schulband unter dem Namen **Psychos**. Er fiel als Frontmann der Hardrockgruppe **Flash** im Vorprogramm von → **Led Zeppelin**, → **Deep Purple** und → **Jefferson Airplane** auf, begann jedoch erst einmal ein Medizinstudium und spielte in Bars und Kneipen in einer Coverband.
1975 stellte er mit Rob Meurer (key), Andy Salmon (b) und Tommy Taylor (dr) eine Formation zusammen, um seine eigenen Songs präsentieren zu können, und erreichte damit in Texas eine beachtliche Popularität. 1978 erhielt er von Warner Brothers in Austin, Texas, den ersehnten Plattenvertrag. Cross zog mitsamt seiner Band nach Los Angeles und nahm dort unter Leitung von Michael Omartian seine Erfolgs-LP CHRISTOPHER CROSS (GB #8, US #8) auf, die im Februar 1980 auf den Markt kam und an der Valerie Carter, Michael → McDonald und Don → Henley beteiligt waren. Das Debütalbum erreichte eine Weltauflage von mehreren Millionen Exemplaren, und mit den Songs ›Ride Like The Wind‹ (US #3), ›Sailing‹ (US #1), ›Never Be The Same‹ (US #10) und ›Say You'll Be Mine‹ (US #20) führte Cross 1980 und Anfang 1981 die US-Single-Charts an. Der 200 Pfund schwere und 1,90 Meter große Texaner ließ sich von diesem Erfolg nicht beeindrucken, lebte weiterhin mit seiner Frau Roseann und Sohn Justin zurückgezogen in seiner Heimatstadt San Antonio und beschränkte seine Studio- und Tourneeverpflichtungen auf ein Minimum.
1981 beteiligte sich der »gewandte Hitschreiber« (*Rolling Stone*) neben Carole Bayer-Sager, Burt Bacharach und Peter Allen an der Komposition ›Arthur's Theme‹ (GB #4, US #1), Titelsong des Kinoschlagers »Arthur«, der in der Interpretation von Cross im Januar 1982 die

nordamerikanischen und englischen Charts eroberte. Nach fast zweijähriger Pause, sporadischen Gastauftritten auf Alben von Carole → King und → **America** sowie einer LP-Produktion für das Duo **Alessi** gelang Cross 1983 mit ANOTHER PAGE (US #11) und den Singles ›All Right‹ (US #12), ›No Time For Talk‹ (US #33) und ›Think Of Laura‹ (US #9) nur ein müder Aufguß seiner Anfangserfolge. Sein smarter Popsound zeigte auch auf dem 1985 veröffentlichten Album EVERY TURN OF THE WORLD deutliche Abnutzungserscheinungen. Als Single kam ›Charm The Snake‹ (US #68) heraus. Cross lieferte einen »absolut belanglosen, keimfreien Sound« (*Rolling Stone*), der sich allerdings bestens zur Musikberieselung in Kaufhäusern und Fahrstühlen eignete.
Nach längerer Schaffenspause veröffentlichte Cross im Spätsommer 1988 die LP BACK OF MY MIND (D #45). »Sein melodischer Wohlklang« (*Book Of Rock Stars*) und die perfekte Aufnahmetechnik konnten aber weder hier noch Anfang 1993 auf RENDEVOUZ über die Belanglosigkeit der Alben hinwegtäuschen: »Mit seiner noch immer markant schönen Stimme variiert der gealterte Berufsromantiker allenfalls die Tempi zwischen Zeitlupe und Superzeitlupe« (*Hifi Vision*).
Erst 1995 schien es mit Christopher Cross wieder aufwärtszugehen. Auf seinem Album WINDOW hatte er zur Leichtigkeit und Frische seines Debüts zurückgefunden, ohne allerdings den Erfolg wiederholen zu können.

CRISTOPHER CROSS (1980) Warner Brothers 7599 –23383 •ANOTHER PAGE (1983) Warner Brothers 7599–23757 • EVERY TURN OF THE WORLD (1985) Warner Brothers 7599–25341 • BACK OF MY MIND (1988) Reprise 7599–25685 • RENDEVOUZ (1991) Ariola 2110291 • WINDOW (1995) Ariola 2124654 • (S) THE BEST OF (1992) Warner Brothers 9548–30656 • Mit anderen Interpreten: ARTHUR (1981) Soundtrack Warner Brothers 56930

Sheryl Crow

Sängerinnen wie Sheryl Crow, die unspektakuläre, typisch amerikanische Songs vortragen, gab es immer dutzendweise, und so mußte die talentierte Musikerin aus Missouri hart für ihren Erfolg als Solistin arbeiten. Sie schaffte den Durchbruch schließlich im Spätsommer 1994 mit der Single ›All I Wanna Do‹ und wurde für die beste Platte und als beste neue Künstlerin mit zwei Grammies ausgezeichnet.
Sheryl Crow wurde am 11. 2. 1962 in Kennett, Missouri, geboren. Ihre Eltern spielten in verschiedenen Big Bands, und Sheryl trat zum ersten Mal im Alter von 16 Jahren als Sängerin in einer Rockband auf. Nach dem Abschluß ihres Musikstudiums an der University of Missouri arbeitet sie als Musiklehrerin in St. Louis, ehe sie 1986 nach Los Angeles geht. Ihren ersten großen Auftritt erlebte sie als Chorsängerin auf der 18monatigen Welttournee »Bad« von Michael → Jackson 1987/88.
Als Backup-Vokalistin von Don → Henley, George → Harrison, Joe → Cocker, Rod → Stewart und Stevie → Wonder sowie Songautorin für Wynona Ryder und Eric → Clapton hatte sich Sheryl Crow inzwischen einen solchen Namen gemacht, daß ihr 1991 von A&M Records ein Vertrag angeboten wurde. Ihr Debüt-

album mißfiel der Plattenfirma und blieb deshalb unveröffentlicht. Das statt dessen von Bill Bottrell (Tom →Petty) produzierte Album TUESDAY NIGHT MUSIC CLUB (GB #8, US #3, D #9) hob sich von der Konkurrenz ab und verkörperte besten, von Blues, Country und Folk geprägten US-Rock der 90er Jahre. Drei Singles wurden ausgekoppelt: ›Leaving Las Vegas‹ (US #60, GB #66), ›All I Wanna Do‹ (GB #4, US #2, D #10), ›Strong Enough‹ (US #5).

Sheryl Crow spielte beim Woodstock-Revival, lernte Bob →Dylan kennen und sang mit Mick Jagger im Duett ›Wild Horses‹ beim →**Rolling Stones**-Abschlußkonzert der Tournee Voodoo Lounge. Ihr Album hatte die »nonchalante Songwriterin der Extraklasse« (*Musikwoche*) in die Elite der nordamerikanischen Rockstars katapultiert: »Vor einem Jahr war ich noch ein Nobody – und jetzt? Ich hab mit allen Leuten gearbeitet, von denen ich immer geträumt habe« (Sheryl Crow).

In eigener Regie produzierte sie ihr zweites offizielles Album. Im Frühjahr 1996 unterbrach sie die Aufnahmen und gab auf Bitten der Gattin des US-Präsidenten, Hillary Clinton, zwei Konzerte in der vom Bürgerkrieg zerstörten bosnischen Stadt Tusla für die dort stationierten US-Soldaten. Das Album SHERYL CROW erschien im Spätsommer 1996 und bestätigte das Talent der Allrounderin für coole Arrangements und griffige Songs. Ein Hit wie ›All I Wanna Do‹ war jedoch nicht auszumachen. Dennoch konnte sie sich mit ihren Singles ›Strong Enough‹ (GB #33, D #69), ›Can't Cry Anymore‹ (GB #33, US #36), ›Run, Baby, Run‹ (GB #24) und ›What I Can Do For You‹ (GB #43) in den Hitlisten plazieren, und im September 1996 kam sie mit ›If It Makes You Happy‹ (GB #9, US #10, D #80) unter die Top 10. Im November wurde ›Everyday Is A Winding Road‹ (GB #12) ausgekoppelt.

TUESDAY NIGHT MUSIC CLUB (1993) A&M 540126 • SHERYL CROW (1996) A&M 540592

Crowbar

Jimmy Bower (dr), Todd Strange (b), Matt Thomas (g), Kirk Windstein (voc)

Crowbar, nicht zu verwechseln mit einer kanadischen Rockband gleichen Namens, die 1971/72 zu den populärsten Formationen ihrer Heimat zählten, wurden als die »einzig wahren Black Sabbath-Nachfolger der 90er« (*Metal Hammer*) gefeiert und waren Ende der 80er Jahre in der Besetzung Windstein, Strange, Kevin Noonan (g) und Craig Nunenmacher (dr) gegründet worden. Sie vermittelten Doom/Death-Atmosphäre, sangen deftige Texte und spielten härteste Riffs. Als ihr Debüt OBEDIENCE THROUGH SUFFERING nur wenig Interesse fand, verließ Noonan die Band und überließ Matt Thomas die Gitarre.

Mit Thomas klangen **Crowbar** melodiöser und melancholischer als bisher. Phil Anselmo von →**Pantera**, mit dem Windstein und Strange das ultraharte Unternehmen **Down** initiiert hatten, produzierte die zweite Platte CROWBAR: »Das erste Album war düsterer, doomiger, das neue hat mehr Uptempo-Parts und ist musikalisch wie textlich aggressiver ausgefallen« (Kirk Windstein). **Crowbar** hatten sich in ihrem Genre plötzlich einen Namen gemacht. Die Band tourte mit **Pantera** und

kam im Vorprogramm von → **Paradise Lost** auch erstmals nach Europa.
Der Erfolg von CROWBAR veranlaßte die Band, möglichst schnell ein Live-Album fertigzustellen. LIVE + 1 erschien im Sommer 1994. Der *Musik Express* schrieb: »Derbes Drauflosdreschen ist nicht die Sache des lautstarken Vierers. Eher schon der professionelle Umgang mit grobem Eisen.« Jimmy Bower kam Anfang 1995 für Craig Nunenmacher, der mit seinem Bruder Stevie (**Lilian Axe**) ein neues Projekt anstrebte. Windstein war auch auf TIME HEALS NOTHING die dominierende Figur. Seine sehr persönlich gehaltenen Texte und der dröhnende Sound machten **Crowbar** zu »neuen Stars am schweren Firmament« (*Metal Hammer*).

OBEDIENCE THROUGH SUFFERING (1992) Grindcore • CROWBAR (1993) Pavement • LIVE +1 (1994) Pavement, IRS 981 204 • TIME HEALS NOTHING (1995) Zoo 15007 • BROKEN GLASS (1996) Bullet Proof, IRS 993 627 • (S) BEST OF (1995) Daffodil 23

Crowded House

Neil Finn (voc, g), Paul Hester (dr, voc), Nick Seymour (b, voc)

Die vielseitige und perfekte Poprockgruppe **Crowded House** wurde im Sommer 1985 in Melbourne, Australien, von Neil Finn (* 27. 5. 1958) gegründet. Vorher hatte er die neuseeländische progressive Art Rock-Gruppe → **Splitz Enz** zusammen mit seinem Bruder geleitet. Finn und die Australier Paul Hester (* 8. 1. 1959, Melbourne) und Nick Seymour (* 9. 12. 1958, Melbourne) gingen als **Largest Living Things** nach Los Angeles, wo das Trio durch die Musikclubs tingelte.
Crowded House engagierten den talentierten Produzenten Mitchell Froom (→ **Del Fuegos**) für ihre erste LP. Als Single wurde ›World Where You Live‹ ausgekoppelt. Erst mit der im April 1987 veröffentlichten Single ›Don't Dream It's Over‹ (GB #27, US #2, D #13) kamen sie weltweit in die Charts. Ihr abwechslungsreiches Album CROWDED HOUSE (US #12, D #44), das über weite Strecken an die → **Beatles** erinnerte, lieferte mit ›Something So Strong‹ (US #7) einen weiteren Tophit für den US-Markt. Im August 1987 wurde ›World Where You Live‹ (US #65) noch einmal veröffentlicht.
Trotz guter Kritiken konnten die drei exzellenten Sänger und Musiker 1988 ihren Erfolg mit TEMPLE OF LOW MEN (US #40, D #57) nicht wiederholen, obwohl **Crowded House** erneut mit ausgezeichnetem Chor, perfekter Beherrschung ihrer Instrumente und anspruchsvollen Songs glänzten. Die Band zitierte respektlos 30 Jahre Pop- und Rockgeschichte. Als Single wurde im Juli 1988 ›Better Be Home Soon‹ (US #42, D #59) ausgekoppelt.
Crowded House begannen eine Welttournee und traten bei der Verleihung der MTV Video Awards auf. Im April 1989 traten sie bei einem Konzert in Los Angeles gemeinsam mit Roger → McGuinn auf und trugen drei Songs der → **Byrds** vor, die auf der EP ›Byrdhouse‹ veröffentlicht wurden.
1990 trennten sich die Musiker vorübergehend, nahmen aber gemeinsam ›She's Not There‹ (im Original von den → **Zombies**) für den Soundtrack zu dem australischen Kinofilm »The Crossing« auf. Neu in der Band war Tim Finn, der die

meisten Songs für Woodface (GB #6, US #83, D #26) komponierte. **Crowded House** hatten vor allem in Europa Erfolg, wo ihre Singles ›Chocolate Cake‹ (GB #69), ›Fall At Your Feet‹ (GB #17, US #75) und ›Weather With You‹ (GB #7, D #23) besser ankamen.
1992 absolvierten **Crowded House** eine Englandtournee, traten in zahlreichen TV-Shows auf und gaben einige Konzerte in Deutschland. Ende des Jahres erschien ›It's Only Natural‹ (GB #24, D #59), die vierte Auskopplung aus Woodface.
Die Wave-Rocker Youth und Bob Clearmountain produzierten das 93er-Album Together Alone (GB #4, US #73, D #55), auf dem **Crowded House** härtere Klänge anschlugen. Ihr sonst so eingängiger Akustikpop überraschte mit psychedelischen Anklängen, Maori-Gesang und groben Gitarrenriffs: »Songs an der Nahtstelle zwischen Melodie und Melancholie« (*Musik Express*). In schneller Folge erschienen zwischen dem Oktober 1993 und September 1994 die Singles ›Distant Sun‹ (GB #19, D #70), ›Nails In My Feet‹ (GB #22), ›Looked Out‹ (GB #12), ›Fingers Of Love‹ (GB #25) und ›Pineapple Head‹ (GB #27).
Tim Finn hatte inzwischen als Solist zwei Alben veröffentlicht: 1984 war Escape und 1986 Big Canoe erschienen. Die Single ›Persuasion‹ (GB #43, D #76) vom Juli 1993 bereitete das Album Before & After (GB #29) vor. Als weitere Single erschien ›Hit The Ground Running‹ (GB #50). Finn hatte ein gutes Gespür für lupenreine Popmusik, ein richtiger Hit gelang ihm jedoch nicht.
1996 verabschiedeten sich **Crowded House** mit einer Welttournee von ihrem Publikum. Nach der Auflösung der Gruppe veröffentlichten die Finn-Brüder Anfang 1996 unter dem Titel Finn elf eigene Kompositionen. Ein »insgesamt ruhiges, intimes Album« (Tim Finn), aus dem ›Suffer Never‹ (GB #29) und ›Angel's Heap‹ (GB #41) ausgekoppelt wurden.
Von **Crowded House** erschienen 1996 noch die Singles ›Instinct‹ (GB #12), ›Not The Girl You Think You Are‹ (GB #20) und eine Neuauflage von ›Don't Dream It's Over‹ (GB #25).

CROWDED HOUSE (1986) Capitol 746693 • TEMPLE OF LOW MEN (1988) Capitol 748763 • WOODFACE (1991) Capitol 793559 • TOGETHER ALONE (1993) Capitol 827048 • (S) RECURRING DREAM – THE VERY BEST OF (1996) Capitol 838396 • Neil und Tim **Finn**: FINN (1995) EMI 835632 • Tim **Finn**: ESCAPADE (1984) Sony 474610 • BIG CANOE '80 (1986) Virgin 207706 • BEFORE AND AFTER (1993) EMI 794904

Rodney Crowell

Der begabte Songwriter und Gitarrist begann im Alter von elf Jahren als Schlagzeuger in der Rockabilly-Formation seines Vaters. Während der High School- und College-Zeit spielte Rodney Crowell (* 7. 8. 1950, Houston, Texas) in verschiedenen Garagenbands. Da er sich für Countrymusik interessierte, ging er 1970 nach Nashville und bekam einen Job als Komponist. Crowell setzte sich außerdem in den nächsten Jahren als gefragter Studiomusiker durch, der 1976 von Emmylou → Harris als ständiger Gitarrist ihrer **Hot Band** engagiert wurde.
Die Countryrock-Lady Harris war von den lockeren, entspannten Crowell-Songs begeistert und nahm u. a. ›Amarillo‹ und ›Tulsa Queen‹ auf. Auch die

→ **Oak Ridge Boys** waren von Crowells Kompositionen angetan und machten aus ›Leavin' Louisiana In The Broad Daylight‹ einen Tophit. Waylon → Jennings suchte sich den Crowell-Song ›I Ain't Living Long Like This‹ aus, der auch von Jerry Jeff → Walker, Carlene Carter, der → **Nitty Gritty Dirt Band**, Crowells damaliger Ehefrau Rosanne → Cash und Schwiegervater Johnny → Cash gesungen wurde. Rodney Crowell war »einer jener progressiven Country-Songschreiber, die begriffen hatten, daß es außerhalb von Nashville ein anderes Leben gab« (*Rolling Stone*). Zweieinhalb Jahre lang war Rodney Crowell mit der **Hot Band** auf Tournee, nahm mit ihr Platten auf und wurde von Guy Clark, Jonathan → Edwards und Albert → Lee angeheuert. Gitarrist Lee zählte neben Willie Nelson und Ry Cooder zu den Stargästen von Crowells erster LP AIN'T LIVING LIKE THIS, erschienen 1978. Sie zeichnete sich durch »Raffinesse, Geschmack und Perfektion, wort- und tongewandte Songs« (*Sounds*) aus und bot Blues und Country, allerdings mangelte es Crowells Stimme an Ausdruckskraft.

Auf der LP BUT WHAT WILL THE NEIGHBORS THINK gelang es Crowell erneut, »mit lockerer Hand den für unüberbrückbar tief gehaltenen Graben zwischen Country und Rock« (*Musik Express*) zu überwinden. Mit der Singleauskopplung ›Ashes By Now‹ (US #33) kam der »urbanisierte Cowboy« (*Hifi Vision*) zum ersten Mal in die Pop-Charts. Schlechte Kritiken bekam 1981 sein Album RODNEY CROWELL, was einen der »besten der Country-Neutöner« (*Musik Express*) veranlaßte, sich wieder mehr auf die Studioszene zu konzentrieren. Außerdem produzierte Rodney Crowell Platten von Bobby Bare, Johnny Cash, Guy Clark, Jim Lauderdale, Carl → Perkins und Jerry Lee → Lewis. Rodney Crowell, der gerade seine Kokainprobleme überwunden hatte, meldete sich 1986 mit STREET LANGUAGE als ernstzunehmender Rock'n'Roller zurück. Aufgenommen mit Booker T. Jones, David → Lindley, Dave Loggins bot er einen Rocksound, der durchaus Hitchancen besaß.

Auf DIAMONDS & DIRT setzte Crowell 1988 wieder verstärkt auf Country und führte mit fünf Singleauskopplungen die C&W-Hitparaden an, darunter das Duett mit Rosanne Cash ›It's Such A Small World‹. Zu Crowells besten Arbeiten zählte 1989 KEYS TO THE HIGHWAY, eine »bewegende Würdigung seines Vaters« (*Rolling Stone*), der kurz vor Produktionsbeginn verstorben war. Im darauffolgenden Jahr erhielt er für ›After All This Time‹ einen Grammy als besten Country-Song 1989.

1992 wurden Rosanne Cash und Rodney Crowell geschieden. Diese Erfahrung thematisierte Crowell auf dem Album LIFE IS MESSY, mit Linda → Ronstadt und Steve → Winwood als Gästen. Crowell präsentierte wieder eine Mischung aus Country, Pop und Mainstream-Rock, aber die Qualität seiner Songs war sehr unterschiedlich. Das galt auch für die 1994 bei MCA Records erschienene LP JEWEL OF THE SOUTH, die als »Mischung aus phantastischen Liedern und nicht so tollen Tracks« (*Audio*) beschrieben wurde.

1997 versuchte er, mit den **Cicadas** eine Supergruppe aus Nashville-Musikern durchzusetzen. Die Reaktionen auf das Albumdebüt CICADAS fielen allerdings sehr unterschiedlich aus. Die Retro-Rocksongs wurden gelobt, während der

Rest nur als Durchschnittspop bezeichnet wurde.

AIN'T LIVING LIKE THIS (1978) Warner Brothers 56564 • BUT WHAT WILL THE NEIGHBORS THINK (1980) Warner Brothers 56776 • RODNEY CROWELL (1981) Warner Brothers 56934 • STREET LANGUAGE (1986) Columbia 40116 • DIAMONDS & DIRT (1988) Columbia 44076 • KEYS TO THE HIGHWAY (1989) Columbia 466002 • LIFE IS MESSY (1992) Columbia 471868 • LET THE PICTURE PAINT ITSELF (1994) MCA 11042 • JEWEL OF THE SOUTH (1995) MCA 11223 • (S) COLLECTION (1989) Warner Brothers 925965 • (S) GREATEST HITS (1990) Columbia 474801 • (S) SUPER HITS (1995) Columbia 466002 • Mit **Cicadas**: CICADAS (1997) Warner Brothers

Arthur ›Big Boy‹ Crudup

Arthur ›Big Boy‹ Crudups erster Hit war ›That's All Right, Mama‹, den er für Elvis →Presley geschrieben hatte. Auch Rockklassiker wie ›My Baby Left Me‹ und ›Rock Me Mama‹ stammten von ihm. Als Solist war Crudup »einer der populärsten Bluessänger in den 40er Jahren und einer der besten Blueskomponisten überhaupt« (*Living Blues*).
Arthur Crudup wurde am 24. 8. 1905 in Forrest, Mississippi, geboren und sang als Kind im Kirchenchor. Ende der 30er Jahre war er Mitglied der Gospelgruppe **Harmonizing Four** und ging nach Chicago. 1939 lernte er Gitarre spielen und wandte sich dem Blues zu. Ein Jahr später wurde er von Lester Melrose unter Vertrag genommen, der für den unerfahrenen Bluesmusiker bei verschiedenen Labels Aufnahmesessions organisierte, ihm aber Honorare vorenthielt. Seine ersten Platten ›Black Pony Blues‹ und ›Death Valley Blues‹ erschienen bei Bluebird Records. Als Crudup merkte, daß Melrose ihn betrogen hatte, war er nur noch sporadisch zu Aufnahmen unter seinem Namen zu bewegen. Statt dessen erschienen seine Titel unter den Pseudonymen Elmer Jones, Art Crudux und Percy Crudup (nach seinem ältesten Sohn).
An der Seite von Sonny Boy →Williamson (Alex Miller) und Elmore →James tourte Crudup 1948 durch die USA. Er verfaßte gute Songs, scheiterte aber als Interpret und zog sich 1953 in seine neue Heimat Franktown, Virginia, zurück: »Ich hatte einfach genug und gab einfach auf« (Arthur Crudup).
Um 1965 wurde er vom Blues-Veranstalter Dick Waterman wiederentdeckt, der Crudup zu einem Comeback überreden konnte. Außerdem kümmerte sich Waterman um seine Verträge und Tantiemenzahlungen, denn wann immer jemand (Johnny →Winter, Paul →Butterfield, Ike & Tina →Turner u. a.) seine Titel übernahm, war Crudup bisher leer ausgegangen.
Crudup trat nun wieder bei renommierten Veranstaltungen wie dem Ann Arbor Festival auf, tourte durch Clubs und wurde 1967 vom genrespezifischen Label Delmark Records unter Vertrag genommen. Seine erste offizielle LP im Jahr 1968 hieß LOOK ON YONDER'S WALL. 1969 kam Crudup zum ersten Mal nach Großbritannien, wo sein eindringlicher Gesang sehr geschätzt wurde. 1970 kam er im Rahmen des American Folk Blues Festivals zum zweiten Mal nach Europa. 1972 wirkte er in dem französischen Film »Out Of The Blacks Into The Blues« mit. Arthur ›Big Boy‹ Crudup, der von den weißen Rockmusikern als Idol verehrt wurde, war bis 1974 aktiv. Während einer

Tournee in einer Show mit Bonnie → Raitt brach Crudup Ende 1974 nach einem Herzanfall zusammen und starb am 28. 3. 1974 in seinem damaligen Heimatort Nassawadox, Virginia.

MEAN OL' FRISCO (1962) New York, BM 50 • CRUDUP (1968) Delmark • LOOK ON YONDER'S WALL (1968) Delmark, DS 614 • CRUDUP'S MOOD (1970) Delmark, DS 621 • FATHER OF ROCK'N'ROLL (1971) RCA • ROEBUCK MAN (1974) United Artists 29092 • (S) COMPLETE RECORDINGS VOL.1 (1941–1946) • (S) COMPLETE RECORDINGS VOL.2 (1946–1949) • (S) COMPLETE RECORDINGS VOL.3 (1949–1952) • (S) COMPLETE RECORDINGS VOL.4 (1952–1954) • (S) THAT'S ALRIGHT MAMA (1976) DJM 22025 • (S) I'M IN THE MOOD (1983) Krazy Kat, KK 7416 • Mit Willie **Dixon**: MEETS THE MASTER BLUES BASSISTS (1969) Delmark, DD 621

Crusaders

Nathan East (b), Wilton Felder (sax), Michael Landau (g), John Robinson (dr), Joe Sample (p, syn)

Nachdem sie zehn Jahre als **Jazz Crusaders** ihre Fans begeistert hatten, erweiterten sie ihr Spektrum um Pop und Soul und entwickelten sich zur »heißesten Instrumental-Band der 70er Jahre« (*Rolling Stone*). Außerdem kamen sie als Session- und Studiomusiker zu Weltruhm und waren an über 200 Alben beteiligt, die mit Gold ausgezeichnet wurden.
1954 hatten Wilton Felder (* 31. 8. 1940, Houston), Joe Sample (* 1. 2. 1939, Houston) sowie Schlagzeuger Nesbert ›Stix‹ Hooper (* 15. 8. 1938, Houston) in Houston, Texas, die **Swingsters** gegründet. Als das Trio sich an der Texas Southern University einschrieb, bildeten sie mit dem Posaunisten Wayne Henderson (* 24. 9. 1939, Houston) und zwei Kommilitonen das **Modern Jazz Sextet**. 1958 gaben Felder, Sample, Hooper und Henderson ihr Studium auf und zogen nach Los Angeles, wo sie als **Nighthawks** u. a. Jackie DeShannon begleiteten. Bis 1961 arbeiteten sie als Tanzkapelle in Las Vegas.
Unter dem Namen **Jazz Crusaders** spielten sie modernen Jazz, verbunden mit Soul-, R&B- und Dance-Elementen, und veröffentlichten regelmäßig Alben bei Pacific Records. Neben den Bandverpflichtungen spielte Hooper u. a. mit George Shearing und Arthur Feidler, während Henderson von Hugh → Masekela engagiert wurde. Sample, den Mahalia Jackson als »besten Gospelpianisten der Welt« bezeichnet hatte, war Studiogast bei Quincy Jones, Sarah Vaughan und Carmen McRae.
Der Durchbruch in die Jazzelite blieb den **Jazz Crusaders** trotz exquisiter Studioplatten versagt. Für die Jazzpuristen hatten sie zuviel Blues und Soul, und das Pop- und Rockpublikum empfand sie als zu elitär. Als einziges Album schaffte OLD SOCKS, NEW SHOES (US #98) im März 1971 den Sprung in die Charts. Erfolg hatten die talentierten Musiker erst, als sie sich 1972 nur noch **Crusaders** nannten.
»Die Kreuzfahrer im Jazz-Rock-Sturm« (*Musik Express*) hatten sich gründlich auf die musikalische Kurskorrektur vorbereitet. Mit ihrer instrumentalen Verschmelzung von Jazz und Rock gaben sie dem Begriff Fusion Music eine neue, moderne Bedeutung. Bereits mit den LPs CRUSADERS 1 (US #68), THE SECOND CRUSADE (US #32), SOUTHERN COMFORT (US #49) und vor allem CHAIN RE-

ACTION (US #23) etablierten sich die **Crusaders** zwischen 1972 und 1975 als einflußreiche und zugleich erfolgreiche Vertreter der Jazzrock-Szene. Zu dieser Zeit konnten sie sich mit ›Put It Where You Want It‹ (US #37), ›Don't Let It Get You Down‹ (US #96) und ›Scratch‹ (US #93) in den Single-Hitparaden plazieren. 1973 kam der Gitarrist Larry Carlton (*2. 3. 1948, Torrance, Kalifornien) zu den **Crusaders**, der bereits an den Aufnahmen zu CRUSADERS 1 beteiligt war.
1975 engagierten die → **Rolling Stones** die **Crusaders** als Vorgruppe für eine Englandtournee, und im Februar 1976 kam es in Los Angeles zu einer denkwürdigen Session, als nacheinander Mitglieder von → **Chicago**, Stevie → Wonder, Eric → Clapton und Elton → John bei einem **Crusaders**-Konzert auftraten.
1976 verabschiedete sich Wayne Henderson nach THOSE SOUTHERN KNIGHTS (US #46) von den **Crusaders**, und Carlton beendete nach FREE AS THE WIND (US #31) die Zusammenarbeit. Als Nachfolger kamen Robert ›Pops‹ Popwell (b) und Billy Rogers (g), erstmals auf dem Album IMAGES (US #31) vertreten.
Ihren größten Erfolg feierten die **Crusaders** (ohne Popwell) im Sommer 1979 mit der Studioproduktion STREET LIFE (US #19), Randy → Crawford sang den Titelsong (GB #4, US #44). Die **Crusaders** überraschten mit einem sanften, aber bestimmenden Groove, der sie zu »Vätern moderner Soulmusik« (*Sounds*) machte. Sie bestätigten diesen Erfolg Ende 1980 mit RHAPSODY AND BLUES (US #35) mit Bill → Withers als Gastsänger und der überragenden Ballade ›Soul Shadows‹. 1981 nahm Joe → Cocker an STANDING TALL (US #48) teil.
Einen weiteren künstlerischen Höhepunkt erlebten die **Crusaders** 1982, als sie zusammen mit B. B. → King und dem Royal Philharmonic Orchestra ihr Album ROYAL JAM aufnahmen: »Gehobene amerikanische Popmusik, mal soulig, mal ein bißchen Disco, aber nie langweilig« (*Jazz Podium*). Anschließend gab es häufig Umbesetzungen in der Band, ohne daß sich die Qualität des perfekten, komplex arrangierten und ideenreichen Sounds änderte. GHETTO-BLASTERS (US #79) erschien im Frühjahr 1984 in der Besetzung Sample, Felder und Ndugu Chancler (dr). Ihr 30jähriges Jubliläum feierten die **Crusaders** 1986 mit THE GOOD TIMES AND THE BAD TIMES ohne Chancler, dafür mit Carlton, David T. Walker (g) und diversen Studioassen wie den Perkussionisten Lenny Castro und Paulinho Da Costa. 1987 erschien der Sampler THE VOCAL ALBUM, der Aufnahmen der **Crusaders** mit Crawford, Cocker, King, Withers sowie Bobby → Womack, Tina → Turner und Nancy Wilson enthielt.
Eine neue konstante Besetzung der **Crusaders** stellte sich 1988 auf LIFE IN THE MODERN WORLD mit Sample, Felder, Nathan East (b), Michael Landau (g) und John Robinson (dr) vor. Produziert von Stewart Levine (→ **Simply Red**, → **Culture Club**), vertrauten die **Crusaders** weiterhin auf »eine einzigartige Fusion aus Funk, Bebop, Rock, Rhythm & Blues, Gospel und Soul« (*Hifi Vision*). Dieses musikalische Spektrum wird auf dem Sampler THE GOLDEN YEARS (drei CDs) dokumentiert.
HEALING THE WOUNDS hatten die **Crusaders** als Trio in der Besetzung Sample, Felder, beide gelegentlich als Solisten aktiv, und dem renommierten Bassisten und Synthispezialisten Marcus Miller eingespielt. Nach der Trennung der **Crusaders** setzten Felder und Sample ihre

Solokarriere fort. 1994 gründete Sample die Gruppe **Soul Committee**.

Jazz Crusaders: FREEDOM SOUND (1961) Pacific, PJ 27 • LOOKIN' AHEAD (1962) Pacific, PJ 43• AT THE LIGHTHOUSE (1963) Pacific, PJ 57 • TOUGH TALK (1963) Pacific, PJ 68 • HEAT WAVE (1965) Pacific, PJ 76 • STRETCHIN' OUT (1965) Pacific, PJ 83 • THE THING (1966) Pacific, PJ 87 • CHILE CON SOUL (1966) Pacific, PJ 20092 • LIVE AT THE LIGHTHOUSE ›66 (1966) Pacific, PJ 20098 • TALK THAT TALK (1966) Pacific, PJ 20106 • LIVE AT NEWPORT – LIVE AT THE PACIFIC JAZZ FESTIVAL (1966) Pacific, PJ 20115 • UH HUH (1968) Pacific, PJ 20124 • LIGHTHOUSE ‹68 (1968) Pacific, PJ 20131 • POWERHOUSE (1969) Pacific, PJ 20136 • LIGHTHOUSE ›69 (1969) Pacific, PJ 20165 • OLD SOCKS, NEW SHOES ... (1971) Rare Earth, SRE 3001 • **Crusaders**: CRUSADERS 1 (1972) MCA 635 • SECOND CRUSADE (1972) MCA 637 • HOLLYWOOD (1973) Mowest, MWS 7004 • UNSUNG HEROES (1973) Blue Thumb, BTS 6007 • SCRATCH (1973) Blue Thumb, BTS 6010 • SOUTHERN COMFORT (1974) MCA 639 • CHAIN REACTION (1975) MCA 641 • THOSE SOUTHERN KNIGHTS (1976) MCA 642 • FREE AS THE WIND (1977) MCA 417 • IMAGES (1978) MCA 418 • STREET LIFE (1979) MCA 250405 • RHAPSODY AND BLUES (1980) MCA 250535 • STANDING TALL (1981) MCA 204044 • ROYAL JAM (1982) MCA 250404 • GHETTO-BLASTERS (1984) MCA 250462 • THE GOOD TIMES AND THE BAD TIMES (1986) MCA 254438 • LIFE IN THE MODERN WORLD (1988) MCA 255538 • HEALING THE WOUNDS (1991) GRP • (S) BEST OF (1976) ABC, ABCD 612 • (S) THE VOCAL ALBUM (1987) MCA 254962 • (S) THE GOLDEN YEARS (1992) GRP 50072 • Wilton **Felder**: WE ALL HAVE A STAR (1978) ABC • INHERIT THE WIND (1980) MCA • SECRETS (1985) MCA • NOCTURNAL MOODS (1991) Par • Stix **Hooper**: THE WORLD WITHIN (1979) MCA • Joe **Sample**: RAINBOW SEEKER (1978) MCA 31067 • FANCY DANCE (1979) Sonet 971788 • CARMEL (1979) MCA 37210 • VOICES IN THE RAIN (1981) MCA 5172 • THE HUNTER (1983) MCA 410 • OASIS (1985) MCA 413 • ROLES (1987) MCA 5978 • SPELLBOUND (1989) Warner Brothers 925781 • ASHES TO ASHES (1991) Warner Brothers • INVITATION (1993) Warner Brothers • (S) COLLECTION (1991) GRP • Joe **Sample** mit David T. Walker: SWING STREET CAFE (1982) MCA 5785 • Joe **Sample** mit **Soul Committee**: DID YOU FEEL THAT? (1994) Warner Brothers • Larry **Carlton**: WITH A LITTLE HELP FROM MY FRIENDS (1969) Demon, EDCD 480 • PLAYING/SINGING (1973) Edsel 439 • LARRY CARLTON (1978) MCA 42245 • MR: 335 – LIVE IN JAPAN (1978) Warner Brothers 56721 • STRIKES TWICE (1980) MCA 42246 • SLEEPWALK 81982) MCA 42247 • FRIENDS (1983) MCA 42214 • ALONE/BUT NEVER ALONE (1986) MCA 252905 • LAST NIGHT (1987) MCA 254442 • DISCOVERY (1987) MCA 254696 • ON SOLID GROUND (1989) MCA 256310 • XMAS AT MY HOUSE (1989) MCA 6322 • THE GIFT (1996) MCA 9859

Cruzados

Steven Hufetar (g, voc), Tito Larriva (voc, g), Tony Marsico (b, voc), Chalo Quintana (dr, perc)

»Twangy-Gitarren, Harmony-Chöre, die Pathos verbreiten, und Rock'n'Roll mit viel Schmelz« (*Musik Express*) verschafften den **Cruzados** aus dem kalifornischen San Diego eine gute Ausgangsposition. Gegründet als rüde Punkgruppe **Plugz**, die zwei Independent-LPs herausbrachten, fielen die **Cruzados** 1985 als Mitwirkende des Soundtracks zu »Repo Man« positiv auf. Ohne besonders originell zu sein, schaffte das Quartett mit

»vornehmer Grandezza« (*Musik Express*) den Aufstieg. Ihr erstes Album CRUZADOS (US #76) fand durch flotte Songs Anerkennung, nur die etwas eintönige, wenig flexible Leadstimme von Tito Larriva erwies sich als Manko.
Ein »ausbalanciertes Spiel der beiden Gitarren, das sympathische Understatement in Produktion und Arrangement« (*Musik Express*) zeichneten die zweite und letzte LP AFTER DARK 1988 aus. Sie überzeugte durch eine »geschickte Abfolge treibender Uptempo-Songs, dezentem Pop und ruhigen Balladen« (*Musik Szene*). Bei den Aufnahmen war Hufetar von Marshall Rohner ersetzt worden. Gaststars waren Pat → Benatar, Don → Henley und Paul → Butterfield.

CRUZADOS (1986) Arista 207 106 • AFTER DARK (1988) Arista 208 212

Culture

Kenneth Dayes (voc), Joseph Hill (voc), Albert Walker (voc)

Das Trio verband Roots Reggae mit prophetischen und apokalyptischen Texten. **Culture** setzten die Tradition der großen jamaikanischen Vokalgruppen wie den **Gladiators** und den frühen **Wailers** fort. Nach der Veröffentlichung ihrer Alben TWO SEVEN CLASH und HARDER THAN THE REST 1978 in England wurden sie international anerkannt.
Bandchef Joseph Hill hatte zunächst bei den **Soul Defenders** gespielt und als Solist die Single ›Behold The Land‹ veröffentlicht. 1976 gründete er mit Albert Walker und Kenneth Dayes (bürgerlich: Kenneth Paley) **Culture**, die wie Hill vor allem von → Burning Spear begeistert waren. Die Gruppe verband gesellschaftskritische Texte mit hartem, dumpfem Reggae.
Culture brachten in kurzen Abständen hochwertige Reggae-Alben heraus. Sie propagierten ihren typischen Sound im Geist von Bob → Marley und wurden vor allem in Großbritannien als heimliche Superstars des Reggae gehandelt. Bevor das erste Album TWO SEVEN CLASH 1977 herauskam, hatten sie bereits 20 Hitsingles veröffentlicht. Bei BALDHEAD BRIDGE ließ sich das Trio 1978 von Joe Gibbs und dessen Studio-Band **Professionals** begleiten. Als Produzenten zeichneten Gibbs und Errol T. verantwortlich. Auf HARDER THAN THE REST wurden **Culture** von der ersten Garnitur der jamaikanischen Studio-Elite unterstützt: Shakespeare, Dunbar, Ansel Collins (p, org), Willie Lindo (g), Uzziah ›Sticky‹ Thompson (perc) u. v. a. Produziert wurde die LP von Sonia E. Pottinger, der einzigen namhaften Produzentin der Reggaeszene. CUMBOLO wurde mit fast identischer Besetzung eingespielt wie HARDER THAN THE REST: »Ein weiterer Culture-Klassiker, geladen mit prophetischen und sozialen Kommentaren« (*Trouser Press*).
1982 trennte sich Hill von seinen Kollegen, nutzte aber weiterhin den Namen **Culture**. Er ignorierte konsequent alle modischen Reggaetrends und fand genau die »richtige Abstimmung zwischen traditionellen und zeitgemäßen Klängen« (*Trouser Press*).
1988 fand sich das Original-Trio wieder zusammen und wurde auf einer Tournee in Großbritannien enthusiastisch gefeiert. Mit dem 88er-Album NUFF CRISIS! bewiesen **Culture**, daß sie von ihrer Direktheit und Herrlichkeit nichts verlo-

ren hatten: »Sie singen von Liebe für den Schöpfer auf eine Art, die oft imitiert, aber nie erreicht wurde« (*Melody Maker*). Auf GOOD THING, 1989 auf Jamaica aufgenommen und in den USA abgemischt, wurden Hill, Dayes und Walker von Francisco Thompson unterstützt.

Das 94er-Album CULTURE IN DUB – 15 DUB SHOTS enthielt Songs aus den späten 70ern, die von Errol Brown neu abgemischt wurden. Einige Titel der LP TROD ON erschienen als Dub-Versionen. Bei ONE STONE übernahm Hill, der auch alle Songs geschrieben hatte, die Produktion. Begleitet wurden Hill, Walker und Ire Lano Malomo (voc) von **Dub Mystic** in der Besetzung Dean Pond (dr), Anthony Arthur (b), Ricky Richardson (g), Noel Aikens (key). Als Gäste waren u. a. Dean Fraser (sax), Nambo Robinson (po), Vin Gordon (po) zu hören.

Bevor das Trio zu einer ausgedehnten Tournee durch die USA, die Karibik, Europa und Israel aufbrach, wurde Anfang 1997 das neue Album STONED veröffentlicht. Hill, Walker und Malamo wurden erneut von **Dub Mystic** begleitet. Die Produktionsarbeit hatten sich Hill und Dub-Mix-Star Jim Fox geteilt. »STONED ist eine perfekte Ergänzung zu ONE STONE, steht jedoch auch ganz für sich allein« (*Billboard*).

TWO SEVEN CLASH (1977) Shanachie, SH 44001 • BALDHEAD BRIDGE (1978) Magnum Force, CDBM 12 • AFRICA STAND ALONE (1978) April, ADI 735 • HARDER THAN THE REST (1978) Front Line, FL 1016 • CUMBOLO (1979) Shanachie, SH 44005 • INTERNATIONAL HERB (1979) Front Line, FL 1047 • LION ROCK (1981) Rounder, CDHB 12 • CULTURE IN CULTURE (1986) Music Track 1001 • CULTURE AT WORK (1986) Blue Mountain, BMLP 014 • NUFF CRISIS! (1988) Shanachie 14013 • GOOD THINGS (1989) Greensleeves, 33048 • WINGS OF A DOVE (1993) Shanachie SHCD 43097 • TROD ON (1993) Heartbeat 37637 • CULTURE IN DUB – 15 DUB SHOTS (1994) Dreadbeat EFA 37673 • ONE STONE (1996) Real Authentic Sound RAS CD 3188 • DOWN IN BABYLON (1996) Heartbeat 20414 • STONED (1997) R.A.S. EFA 33177 • (S) THE BEST OF CULTURE 1977 – 1979 (1980) Dredbeat 37651 • (S) VITAL SELECTION (1981) Heartbeat 27637 • (S) TOO LONG IN SLAVERY (1989) Front Line, FL 9011 • (S) CULTURE IN DUB (1994) Dreadbeat, EFA 37673 • (S) PEACE AND LOVE (1996) Charly, CD 8024

Cypress Hill

Sen Dog (voc), DJ Muggs (voc), B-Real (voc)

Cypress Hill wurden 1988 von Sen Dog (Senen Reyes, *20. 11. 1965, Kuba), DJ Muggs (Lawrence Muggerud, *28. 1. 1968, New York) und B-Real (Louis Freeze, *2. 6. 1970, Los Angeles) im Latinoviertel von Los Angeles gegründet. Beeinflußt von den → **Beastie Boys** setzten sie auf einen von Alarmanlagen und Sirenen durchbrochenen Funk/Rap-Sound. In Songs wie ›Cheeba‹, ›Blunts‹ oder ›Buddha‹ setzten sie sich für die Legalisierung von Marihuana ein.

Cypress Hill, 1986 aus der von Sen Dog gebildeten Gruppe **DVX** hervorgegangen, waren Pioniere auf dem Gebiet des Latin-Rap. Ihr Debütalbum CYPRESS HILL (US #31) hielt sich 88 Wochen in den US-Charts und wurde 1,5 Millionen Mal verkauft. Es enthielt den Hit ›The Phuncky Feel One‹ (US #94) und den kontroversen Song ›How I Could Just Kill A Man‹ (US #77). Mit ihrem Album

Black Sunday (GB #13, US #1, D #36) gelang ihnen 1992 der Durchbruch. Als Singles wurden 1993 ›Insane In The Brain‹ (GB #32, US #19, D #93), ›When The Sh... Goes Down‹ (GB #19) und ›We Ain't Goin' Out Like That‹ (GB #15, US #65) ausgekoppelt.

Cypress Hill besaßen trotz ihrer Legalisiert Marihuana-Kampagne eine gesunde Portion Selbstironie und präsentierten einen individuellen Stilmix zwischen schleppenden Beats, nörgelnden Vokalphrasen, schweren Baßläufen und einer eigenwilligen Samplingtechnik mit Sitar, Streicher und Glockenspiel. Das Album enthielt ›Cock The Hammer‹, Teil des Soundtracks zum Arnold Schwarzenegger-Film »Last Action Hero«, das als »wahre Kunst des US-HipHop« (*New Musical Express*) bezeichnet wurde. Für den Soundtrack zum Kinofilm »Judgement Night« von Stephen Hopkins lieferten sie 1993 den Song ›I Love You Mary Jane‹, den sie gemeinsam mit → **Sonic Youth** aufnahmen.

DJ Muggs schuf sich inzwischen ein zweites Standbein als Produzent, so 1992 mit dem Debüt von **House Of Pain** mit der Hitsingle ›Jump Around‹ (GB #32, US #3). Gemeinsam mit DJ Lethal von **House Of Pain** betrieb er die Produktionsfirma Soul Assassins, die neben **Cypress Hill**, **House Of Pain** und **Funkdoobiest** auch **Ice Cube** und die **Beastie Boys** betreute.

Anfang 1994 wurde die Single ›Insane In The Brain‹ (GB #21) in Großbritannien wiederveröffentlicht, im Mai des Jahres erschien ›Lick A Shot‹ (GB #20). Im Juli des Jahres gehörten **Cypress Hill** zu den Attraktionen des renommierten englischen Reading-Festivals, und im August traten sie bei der Neuauflage von Woodstock auf. Im Herbst 1995 konnten sie sich mit ›Throw Your Set In The Air‹ (GB #15, US #45, D #83) und ›Illusions‹ (GB #23) in den Charts plazieren.

Cypress Hill verteidigten ihre exponierte Position im Hip Hop / Rap-Lager. 1996 erschien Temples Of Boom: »Herrlicher Hippie-Hip Hop« (dt. *Rolling Stone*). **Cypress Hill** hatten Eric Bobo (perc) aus dem Umfeld der **Beastie Boys** engagiert und setzten verstärkt eigene Instrumente ein. Im April 1996 kamen sie zum ersten Mal nach Deutschland: »Es bleiben die monotonen groovenden Beats und die damit harmonierenden rockigen Samples. Eine Stunde lang hüpften die Kapuzenpullover-Kids auf diesem Sound-Trampolin. Aber mit so einem Auftritt werden die Hardcore-Rapper sicher noch mehr Freunde gewinnen« (*Hamburger Abendblatt*).

Die im Sommer 1996 veröffentlichte EP ›Unreleased & Revamped‹ bestand aus unveröffentlichten und neu gemischten Titeln. Außerdem waren **Cypress Hill** 1996 mit ›The Last Assassin‹ an dem Soundtrack »The Cable Guy« mit Jim Carrey und Matthew Broderick beteiligt. B-Real veröffentlichte im November 1997 unter der Bezeichnung **Psycho Realm** sein Debüt als Solo-Rapper, der düstere, harte Beats bevorzugte.

CYPRESS HILL (1991) Columbia 468893 • BLACK SUNDAY (1993) Columbia 474075 • III TEMPLES OF BOOM (1995) Columbia 478127 • **B-Real** als **The Psycho Realm**: THE PSYCHO REALM (1997) Columbia

Dick Dale

Der »König der Surf-Gitarre« (*Rolling Stone*) verdankte diesen Titel seinen rasanten Stakkato-Riffs und wilden Twang-Glissandi. Dale hatte seine ersten Erfolge zu Beginn der 60er Jahre, dann hörte man lange Zeit nichts von ihm, bis er 1984 wiederentdeckt wurde. Gemeinsam mit Stevie Ray → Vaughan spielte er den Instrumentalklassiker ›Pipeline‹ ein und wurde als Kultfigur des Surf- und Garagenrock verehrt.

Dale wurde als Richard Anthony Monsour am 4. 5. 1937 in Boston, Massachusetts, geboren. Als die Familie nach Südkalifornien umzog, begeisterte sich der Teenager für den Surfsport. Er begann als Drummer, bekam dann von dem Hawaiianer Freddy Taversi eine Fender Stratocaster geschenkt und lernte zur Musik von Eddie → Cochran die ersten Gitarrengriffe. Hallgeräte, helle Twang-Anschläge und viel Tremolo waren das Markenzeichen seines Gitarrenspiels. Ende der 50er Jahre formierte Dale die **Del-Tones**, mit denen er in Ballrooms und High School-Aulen auftrat.

Dale kreiierte den Surfsound, mit dem Jan & Dean und die → **Beach Boys** Welthits landeten. Mit der Single ›Let's Go Trippin‹ (US #60) gelang Dale im Dezember 1961 die einzige nennenswerte Chartsplazierung, hatte aber mit den **Del-Tones** als Live-Act im Süden der USA Erfolg. Er lernte Jimi → Hendrix kennen, mit dem ihn eine kurze Freundschaft verband, war Gast in der Ed Sullivan Show, arbeitete als Gitarrenlehrer und testete eine Zeitlang Gitarren für den Hersteller Fender.

Im Herbst 1963 schaffte Dale mit ›The Scavenger‹ (US #98) noch einmal den Sprung in die Singlehitparaden. Nach einigen kleineren Tourneen gab er 1965 desillusioniert das Musikgeschäft auf und schlug sich wieder als Gitarrenlehrer durch. 1970 reformierte Dale die **Del-Tones** und tourte bis in die 80er Jahre sporadisch durch den Süden der USA.

1984 veröffentlichte Dale, der eine Krebsoperation überstanden hatte, den Live-Mitschnitt THE TIGERS LOOSE. Seine »knorrigen Vollgas-Instrumentals« (*Fachblatt*) kamen vor allem beim jugendlichen Publikum an. 1987 wirkte er in dem Film »Back On The Beach« mit, zu dessen Soundtrack er ›Pipeline‹ beigesteuert hatte. Der Titel wurde für einen Grammy als bestes Rockinstrumental nominiert.

Der »furiose Speed Metal« (*Rolling Stone*) des Albums TRIBAL THUNDER machte es möglich, daß Dale 1993 erstmals eine US-Tournee absolvierte. Mit seinem ersten Videoclip ›Nitro‹ eroberte er auch die MTV-Generation. Sein Album UNKNOWN TERRITORY bot pathetischen Surfsound, der weltweit die Rockfundamentalisten animierte.

Eine Neuaufnahme von ›Misirlou‹ eröffnete 1994 den Kinohit »Pulp Fiction« mit John Travolta in der Hauptrolle. Der Song gehörte zum Material des Albums CALLING UP SPIRITS, das den inzwischen 58jährigen Gitarrenveteranen auch in Europa bekanntmachte.

SURFER'S CHOICE (1962) Capitol, ST 1866 • KING OF THE SURF GUITAR (1963) Capitol, ST 1930 • CHECKERED FLAG (1963) Capitol, ST 2002 • ROCK OUT (1965) Capitol, ST 2293 • MR. ELIMINATOR (1964) Capitol • SUMMER SURF (1964) Capitol • THE TIGERS LOOSE (1984) Balboa, BR 1001 • TRIBAL THUNDER (1993) Hightone 8046 • UNKNOWN TERRITORY (1994) Hightone 8055

• CALLING UP SPIRITS (1996) Rough Trade, RTD 141 2184 • (S) GREATEST HITS (1986) Crescendo, GNPS 2095 • (S) KING OF THE SURF GUITAR (1989) Crescendo • (S) BETTER SHRED THAN DEAD – THE ANTHOLOGY (1997) Rhino, 2R 72631

Charlie Daniels

Charlie Daniels wurde am 28. 10. 1939 (andere Quellen nennen 1937) in Wilmington, North Carolina, geboren. Der Gitarrist, Sänger und Meister der Country-Fiddle begann in den 50er Jahren in verschiedenen Bluegrass-Formationen. Er tingelte ab 1960 mit den **Jaguars** durch die Clubszene im Süden der USA, wo er Erfahrungen für seinen späteren erfolgreichen Sound aus Country & Western, Hillbilly, R&B, Texmex-Rock und Boogie-Blues sammelte.

Elvis →Presley übernahm 1964 Daniels' Komposition ›It Hurts Me‹ als B-Seite für die Single ›Kissin' Cousins‹, die auch von Tammy Wynette und Gary Stewart gecovert wurde. Mit Hilfe des Produzenten Bruce Johnston fand Daniels Zugang zur Session- und Studioszene in der Countrymetropole Nashville. 1967 löste er die **Jaguars** auf und spielte als Studiomusiker (g, ban, vi) für Bob →Dylan, Leonard →Cohen, Ringo →Starr und Pete Seeger. Charlie Daniels produzierte darüber hinaus vier Alben der →**Youngbloods**, und 1970 nahm er, unterstützt von Billy Cox (Jimi →Hendrix), Jerry Corbitt (**Youngbloods**) und dem Steelgitarristen Ben Keith (→**Mother Earth**) seine Debüt LP CHARLIE DANIELS auf. Sie fand ebensowenig Beachtung wie das Album TE JOHN, GREASE & WOLFMAN.

Auf HONEY IN THE ROCK mit einer ersten Version des späteren Hits ›Uneasy Rider‹ stellte er die **Charlie Daniels Band** vor. Der baumlange Frontmann mit der schneidigen Countrystimme hatte seine Gruppe nach dem Vorbild der →**Allman Brothers** mit zwei Gitarristen und zwei Schlagzeugern besetzt. Das 74er-Album WAY DOWN YONDER wurde mit Gary Allen (dr), Fred Edwards (dr, perc), Joel Di Gregorio (key, voc), Mark Fitzgerald (b) und Barry Barnes (g) aufgenommen. Die **Charlie Daniels Band** wurde als »Tennessee-Express« bezeichnet, für den sich »Daniels den Bourbon aus dem 250 Pfund schweren Country-Picker-Körper singt« (*Sounds*).

1974 rief Daniels das Volunteer Jam Festival ins Leben, bei dem sich in Nashville alljährlich die interessantesten Countrymusiker zusammenfanden. Der Durchbruch gelang Daniels 1975 mit einer überarbeiteten Fassung von ›Uneasy Rider‹ (US #10) und der LP FIRE ON THE MOUNTAIN (US #30). Die Band stand nun rund 200 Mal im Jahr auf der Bühne und fand trotzdem ausreichend Zeit, um in regelmäßigen Abständen sehr gute Countryrock-Alben herauszubringen. 1975/76 erschienen NIGHTRIDER (US #21), SADDLE TRAMP (US #33) und HIGH LONESOME (US #71) sowie die Singles ›The South's Gonna Do It‹ (US #26) und ›Long Haired Country Boy‹ (US #56), mit denen die **Charlie Daniels Band** vor allem bei Rockfans ankam.

Daniels arbeitete weiterhin als Studiomusiker, so u. a. für Michael →Murphy, die →**Marshall Tucker Band**, Elvin →Bishop, →**Grinderswitch** und Papa John →Creach. 1976 war er für den Präsidentschaftskandidaten Jimmy Carter auf Wahlkampftournee.

Die Besetzung der **Charlie Daniels Band** hatte sich bis 1977 stabilisiert und bestand auf dem Album MIDNIGHT WIND aus Di Gregorio, Edwards, Charlie Hayward (b), Tom Cain (g, voc) und Ex-→Turtles Don Murray (dr). »Einer der besten Gitarristen Amerikas« (Rory Gallagher) sang »vom Mythos der Prärie, der Pferde, der Cowboys und good old Texas« (*Musik Express*), und in seiner Musik traf »unbeschwerte Country-Tradition auf traurigen Blues« (*Pop*).

Seinen größten Erfolg konnte der Publikumsliebling Charlie Daniels im Sommer 1979 mit ›The Devil Went Down To Georgia‹ (GB #16, US #3) und dem dazugehörigen, mit Platin ausgezeichneten Mainstream-Album MILLION MILE REFLECTIONS (US #9) verbuchen. Daniels spielte wie ein Teufelsgeiger und erhielt dafür einen Grammy als beste Countrygruppe des Jahres. Weitere Hits gelangen dem patriotischen, aber auch kritischen US-Amerikaner bis 1982 mit ›In America‹ (US #10), ›The Legend Of Wooley Swamp‹ (US #23) und der Dan Daley-Komposition ›Still In Saigon‹ (US #22). Dazu kamen die mit Gold ausgezeichneten Alben FULL MOON (US #10) und WINDOWS (US #26). Der Song ›In America‹ kommentierte den Iran-Irak-Krieg, und ›Still In Saigon‹ handelte vom Trauma eines Vietnamveteranen.

ME AND THE BOYS, 1985 veröffentlicht, enthielt nur wenig originelle Popsongs. Auf POWDER KEG von 1987 hatte er wieder zu seinen Country- und Blueswurzeln zurückgefunden. Auf dem Cover erklärte er: »Ich bin schwarz und weiß, sanft und rauh, hart und weich. Stürme werden Veränderungen bringen, vielleicht sogar Bäume umknicken, aber die Wurzeln werden bleiben« (Charlie Daniels).

Gegen Ende der 80er Jahre wurde es stiller um Charlie Daniels, der im Januar 1990 mit der Single, einem deutlichen Statement gegen Drogenhändler, ›Simple Man‹ (US #82) auch aus den Hitlisten verschwand. 1993 wechselte er zu Liberty Records und veröffentlichte ›America, I Believe In You‹ eine weitere patriotische Hymne. Seine religiöse Haltung dokumentierte er im Jahr darauf mit seiner ersten Gospelplatte THE DOOR.

Barry Beckett produzierte 1995 SAME OL' ME. Daniels kehrte zum beherzten Southernrock zurück. Er gab nach wie vor rund 170 Konzerte im Jahr und moderierte außerdem eine Talentshow im Radio. In seiner Heimat wurde Charlie Daniels stets als vorzüglicher Musiker und Komponist respektiert, in Europa dagegen konnte er sich nur auf eine kleine, aber loyale Fangemeinde stützen.

CHARLIE DANIELS (1970) Capitol, ST-11414 • TE JOHN, GREASE & WOLFMAN (1972) Kama Sutra 2060 • HONEY IN THE ROCK (1973) Kama Sutra 2071 • SIMPLE MAN (1990) Sony, EK 45316 • CHRISTMAS IN THE DOW (1990) Sony, GK 46103 • RENEGADE (1991) Epic 467309 • AMERICA, I BELIEVE IN YOU (1993) EMI 780477 • THE DOOR (1994) Pila 31800 • SAME OL' ME (1995) Capitol 832008 • STEEL WITNESS (1995) EMI 851493 • (S) THE ROOTS REMAIN (1996) Legacy 65023 • **Charlie Daniels Band**: WAY DOWN YONDER (1974) Kama Sutra 2076 • FIRE ON THE MOUNTAIN (1975) Kama Sutra 2603 • NIGHTRIDER (1975) Columbia 487508 • SADDLE TRAMP (1976) Epic 81335 • HIGH LONESOME (1976) Sony, EK 34377 • MIDNIGHT WIND (1980) Epic 34970 • MILLION MILE REFLECTIONS (1979) Epic 83446 • FULL MOON (1980) Epic 84461 • WINDOWS (1982) Columbia 487510 • ME AND THE BOYS (1985) Epic 26700 • POWDER KEG (1987) Columbia 487509 • HOMESICK HEROES (1988) Sony, EK 44324 • (S) A DECADE OF HITS (1983) Epic 25587 • (A) ALL

TIME GREATEST HITS (1993) Epic 537 430 • Diverse: VOLUNTEER JAM (1976) Capricorn 2429 143 • VOLUNTEER JAM III & IV (1979) Epic 88326 • VOLUNTEER JAM VI (1980) Epic 88489 • VOLUNTEER JAM VII (1981) Epic 85014

Danzig

Chuck Biscuits (dr), Joey Castillo (dr), John Christ (g), Glenn Danzig (voc, key, g), Eerie Von (b)

1979 gründete der Sänger und Songwriter Glenn Danzig (* 23. 6. 1955, Lodi, New York) in New Jersey die Punkgruppe **Misfits**, die in der US-amerikanischen Independent-Szene das Image einer ›Böse-Buben-Band‹ hatte. Ihre erste LP BEWARE kam nicht besonders gut an, aber 1982 gelang den **Misfits** mit WALK AMONG US ein Standardwerk des Hardcore-Genres. Ihr Sound »packender, melodischer Punk« (*Spin*), und in den Texten beschwor Danzig eine Art Endzeitstimmung herauf.
Aus dem Quartett **Samhain** entstand 1986 in Los Angeles **Danzig**, die von dem Metalproduzenten und Labelbesitzer Rick Rubin unter Vertrag genommen wurden. Drummer Chuck Biscuits stammte aus dem Umfeld der →**Circle Jerks**, Bassist Eerie Von (* 25. 8. 1964) war bereits Mitglied der **Misfits**, und John Christ (* 19. 2. 1965) war ein klassisch ausgebildeter, aber von →**Black Sabbath** beeinflußter Gitarrist. Wuchtiger Rhythmus, harte Gitarrenriffs und Danzigs Gesang prägten das von Rick Rubin produzierte Debütalbum DANZIG vom März 1989, das als »ultrakonservativer, stahlharter Bluesrock« (*Musik Express*) bezeichnet wurde und den Song ›Mother‹, einen Klassiker von **Danzig**, enthielt.
Provozierende, kontroverse Inhalte zwischen Sex und Satan, schleppende Rhythmik und souveräner Hardrock dominierten das im Sommer 1990 erschienene zweite Album mit dem programmatischen Titel DANZIG II – LUCIFUGE (US #74). Die Medien griffen Glenn Danzig ob seiner düsteren Botschaften heftig an und rückten ihn in die Nähe der Satansanhänger. Danzig konterte: »Es gibt viele, die mich als Reinkarnation des Teufels sehen. Dabei bin ich einfach nur ein Mensch, der an höhere Mächte glaubt. Ich bin sehr eingenommen von Baudelaires Vorstellung, der Satan als einen Rebellen und nicht als durch und durch böses Wesen sieht.«
1992 stiegen **Danzig** in die Eliteklasse des Gloom-Metal auf und hatten mit der dritten Platte DANZIG III: HOW THE GODS KILL (US #24, D #20) erstmals auch kommerziell Erfolg. Glenn Danzig über das Album: »Es ist die Zusammenfassung von zwei Jahren voller Ärger, Frustrationen. Ewig reden die Menschen von Veränderungen, aber was hat sich im Laufe der letzten Jahrhunderte wirklich geändert?«
Danzig genossen ihren Erfolg, auch wenn Bandchef Glenn Danzig als »wortkarger Presseschreck« (*Metal Hammer*) galt. Die Band bereitete lieber in aller Ruhe neue Alben vor und erfüllte Konzert- und Tourneeverpflichtungen. Mit der Live-Version von ›Mother‹ (GB #62, US #43, D #93) aus der Mini-LP THRALL-DEMONSWEATLIVE kamen **Danzig** weltweit in die Singlecharts. Noch im gleichen Jahr half Glenn Danzig Johnny →Cash bei dessen Album AMERICAN RECORDINGS aus.
Ende 1994 erschien das Studioalbum

DANZIG IV (US #29, D #39), das »gediegenes Metal-Handwerk mit Düsterheitsfaktor zehn« (*Musik Express*) verkörperte. Nach Abschluß der Aufnahmen wurde Schlagzeuger Chuck Biscuits entlassen und durch Ex-**Sugartooth** Joey Castillo (* 30. 3. 1966, Gardenia, Kalifornien) ersetzt. Fantasy-Texte, typisch-düstere Metal-Attitüden und erstklassige Songs vereinten sich Ende 1996 auf dem überdurchschnittlichen Album BLACKACIDEVIL, mit dem **Danzig** ihre herausragende Stellung in der Heavy-Hierarchie verteidigten.

DANZIG (1988) Def American 828124 • DANZIG II – LUCIFUGE (1990) Def American 846375 • DANZIG III – HOW THE GODS KILL (1992) Def American 512270 • THRALL – DEMONSWEATLIVE (1993) Mini-LP Def American 514876 • DANZIG IV (1994) American 74321 23681 • BLACKACIDEVIL (1996) Polydor 162084 • Glenn **Danzig** mit **Misfits**: BEWARE (1979) Cherry Red, PLP 9 • WALK AMONG US (1982) Ruby 925756 • EARTH A.D./WOLFSBLOOD (1983) Aggressive Rock Productions AG 024 • EVILIVE (1987) Plan 9, PL 9–08 • (S) LEGACY OF BRUTALITY (1987) Plan 9, PL9–06 • (S) BEST OF MISFITS (1986) Revolver, REVLP 074 • (S) EVILIVE/EARTH A.D./WOLFSBLOOD (1991) Noise AGO 572 • Glenn **Danzig** mit **Samhain**: INITIUM (1984) Plan 9, PL 4 • NOVEMBER – COMING – FIRE (1986) Revolver, REVLP 82 • (S) FINAL DESCENT (1990) Plan 9, PL 9–10

Dark Angel

Brett Eriksen (g), Mike Gonzalez (b), Gene Hogland (dr), Eric Meyer (g), Ron Reinhardt (voc)

Die Band wurde 1981 an der Downey High School in Los Angeles von Jim Durkin (g), Don Doty (voc) und Rob Yahn (b) gegründet. Ende 1982 entstanden die Demoaufnahmen WE HAVE ARRIVED, die 1984 veröffentlicht wurden. 1984 wurden Eric Meyer und Jack Schwarz Mitglieder der Metal-Band **Dark Angel**, in der es ständig Ärger gab, da man sich musikalisch nicht einigen konnte. Ohne Yahn und Schwarz, dafür mit Mike Gonzalez und Gene Hogland wurde DARKNESS DESCENDS fertiggestellt. Nach erneuten Auseinandersetzungen verließ Don Doty die Band. Während einer US-Tournee sprang Jim Drabos von **Death Force** ein, bis Ron Reinhardt als Nachfolger gefunden wurde.

Dark Angel veröffentlichten 1989 LEAVE SCARS und hatten sich als »absolute Highlights der Speed-Szene« (*Crash*) durchgesetzt. Das Quintett, das mit → **Slayer** verglichen wurde, überbrückte eine fast zweijährige Studiopause mit dem Mitschnitt LIVE SCARS. Für den abgewanderten Jim Durkin wurde der Gitarrist Brett Eriksen, zuvor bei **Viking**, eingearbeitet und 1991 auf dem Death/Speed-Metal-Album TIME DOES NOT HEAL vorgestellt. Gene Hogland verließ 1993 die Band und wurde Mitglied von → **Death**.

WE HAVE ARRIVED (1984) Axe Killer SPV 31922 • DARKNESS DESCENDS (1986) Combat 88561–8114 • LEAVE SCARS (1989)

Under One Flag 970430 • LIVE SCARS (1990) Mini-LP Under One Flag 977124 • TIME DOES NOT HEAL (1991) Under One Flag 961454 • (S) DECADE OF CHAOS (1992) Under One Flag 940470

Dashboard Saviors

John Crist (dr), Michael Gibson (g), Todd McBride (voc, g), Rob Veal (b, org)

Beeinflußt vom Garagensound der → **Replacements** gründete McBride 1989 die **Dashboard Saviors** in Athens, Georgia. Während sie auf ihrem Debüt KITTY, produziert von Peter Buck von → **R.E.M.**, noch etwas glatt klangen, hatten sie 1993 auf SPINNIN' ON DOWN zu einem dynamischen Rockstil gefunden, der an die frühen → **Rolling Stones** erinnerte.
Das Quartett, angesiedelt zwischen den »musikalischen Koordinaten von Crazy Horse, Green On Red und Long Ryders« (dt. *Rolling Stone*), setzte auf Countryrock, scheppernde Gitarren, intelligente Melodien und »zurückhaltende, durchweg kraftvolle Balladen« (*Musik Express*).
Mit ihrem dritten Album LOVE SORROW HATRED MADNESS etablierten sich **Dashboard Saviors** in der Eliteklasse der alternativen US-Rockszene. Sie klangen etwas rauher als **R.E.M.**, nicht so introvertiert wie → **Green On Red** und ähnlich bodenständig wie Neil → Young. Da es mit der von den Medien prophezeiten Karriere nichts wurde, trennte sich die Band. McBride startete eine Solokarriere und brachte 1997 das interessante Countryrock/pop-Album SKETCHY heraus.

KITTY (1992) Rough Trade, RTD 3430118 • SPINNIN' ON DOWN (1993) Rough Trade, RTD 3430119 • LOVE SORROW HATRED MADNESS (1994) Medium Cool, MCR 89275 • Todd **McBride**: SKETCHY (1997) Blue Rose BLU CD 0055

Reverend Gary Davis

Sein Finger-Picking-Stil beeinflußte zahlreiche Gitarristen (Ry → Cooder, Taj → Mahal), und mit seiner »eigenwilligen Kreuzung aus Folk und Blues« (*Rolling Stone*) wurde Reverend Gary Davis zu einer wichtigen Figur in der Geschichte der Bluesmusik.
Gary Davis, geboren am 30. 4. 1896 in Laurens, South Carolina, litt bereits als Baby an einer Augenkrankheit. 1926 erblindete er völlig. Als Fünfjähriger lernte er Mundharmonika, als Sechsjähriger Banjo und mit sieben Gitarrespielen. Er sang im Chor der Center Raven Baptist Church in Gray Court, South Carolina, und war während der Schulzeit Mitglied in verschiedenen lokalen Formationen. Davis wurde zum Prediger der Free Baptist Connection Church, Washington D.C., ausgebildet. Ab 1933 trat er als Gospelsänger auf, 1935 machte er seine ersten Studioaufnahmen.
Ab 1946 arbeitete Davis auch als Lehrer, beteiligte sich in der New Yorker Town Hall am Memorial Concert für → Leadbelly und wurde in den 50er Jahren für verschiedene kleine Schallplattenfirmen aktiv. Er gastierte beim Newport Folk Festival und beim Mariposa Folk Festival und wurde 1960 von dem renommierten Label Bluesville unter Vertrag genommen.
In den 60er Jahren zählte Reverend Gary

Davis zu den stilbildenden Persönlichkeiten des Blues. Er war häufig auf Tournee, kam dabei 1964 zum ersten Mal nach Europa und komponierte zahlreiche populäre Songs wie ›Cocaine Blues‹, ›Death Don't Have No Mercy‹ und ›Whistlin' Blues‹. 1964 wurde der Dokumentarfilm »Blind Gary Davis In New York«, 1967 »Reverend Gary Davis« gedreht. 1970 wirkte er in der Dokumentation »Black Roots« mit. 1969 erschien das Album O, GLORY mit überarbeiteten Titeln aus den Jahren 1964 und 1965.
Reverend Gary Davis starb am 5. 5. 1972 an den Folgen eines Herzanfalls in Hammonton, New York.

PURE RELIGION BAD COMPANY (1957) Folkways, SF 40035 • HARLEM STREET SINGER (1960) Bluesville 547 • SAY NO TO THE DEVIL (1961) Bluesville 1049 • SIGN OF THE SUN (1962) HT 03 • I AM A TRUE VINE (1963) HT 07 • AT NEWPORT (1965) Vanguard 73008 • (S) BLUES AND RAGTIME (1966) Folkways, SH 97024 • O, GLORY (1969) Edel, EDCD 482 • (S) REVEREND GARY DAVIS (1971) Biograph 123 • Mit Sonny **Terry**: THE STINSON COLLECTORS SERIES, Stinson 5607

Dazz Band

Pierre Demud (voc, tr), Bobby Harris (sax, voc), Keith Harrison (key, voc), Juan Lively (voc), Marlon McClain (g)

Die Anfänge der **Dazz Band** reichen bis ins Jahr 1971 zurück. Damals gründeten Bobby Harris und Reggie Andrews in Beachwood, Ohio, **Bell Telephunk** und nannten sich ab 1974 **Kinsman Dazz**; Dazz stand für danceable Jazz und definierte den Sound der Funk-Formation. **Kinsman Dazz** nahmen Ende der 70er Jahre zwei völlig in Vergessenheit geratene Alben für 20th Century Records auf, 1980 bekamen sie als **Dazz Band** einen Vertrag von Motown Records in Los Angeles.
Die **Dazz Band** bestand zeitweise aus neun Musikern, die auf zwei Langspielplatten locker und spielerisch das gesamte Black Music-Spektrum zwischen jazzbeeinflußtem Dance-Pop, balladeskem Soul und knackigem Funk abdeckten. In höhere Chartsregionen drang die **Dazz Band** im April 1982 mit der Single ›Let It Whip‹ (US #5) und dem Album KEEP IT LIVE (US #14) vor. Die »Ohio-Funkateers« (*Musik Express*) begeisterten bis zu 100000 Fans mit ihrer professionellen Show und ihrem perfekten Sound aus psychedelischem Funk, Hightecpop, Bläserjazz und Discorock.
Dieses Konzept ging bis 1985 dank der LPs ON THE ONE (US #59), JOYSTICK (US #73), JUKEBOX (US #83) und HOT SPOT (US #98) sowie den Singles ›Joystick‹ (US #61) und ›Let It All Blow‹ (US #64) wirtschaftlich einigermaßen auf, kam aber bei Live-Auftritten besser an. Von der Kritik wurden die Alben unterschiedlich bewertet: JUKEBOX wurde als »gefährlich inhuman« (*Record Mirror*) bezeichnet, während WILD AND FREE (US #100) vom Spätsommer 1986 mit »ausgekochten Gesangssätzen, witzigen Percussionideen und köstlichem, elektronisch gesteuertem Tanz-Groove« (*Musik Express*) überzeugte.
In den Diskotheken war die **Dazz Band** häufig zu hören, aber auf dem Plattenmarkt waren die Umsätze stark rückläufig. Nach mehrfacher Umbesetzung trennte sich die **Dazz Band** 1989.

INVITATION OF LOVE (1980) Motown 12146 • LET THE MUSIC PLAY (1981) Motown 957 • KEEP IT LIVE (1982) Motown 6004 • ON THE ONE (1983) Motown 6031 • JOYSTICK (1983) Motown 6084 • JUKEBOX (1985) Motown, ZL 72335 • HOT SPOT (1985) Motown 391 • WILD AND FREE (1986) Geffen 924110 • ROCK THE ROOM (1988) RCA, PL 86928

dB's

Gene Holder (b, g), Peter Holsapple (voc, g), Will Rigby (dr), Chris Stamey (g, org, voc)

Die »ironischen Pop-Rocker« (*Rolling Stone*) trafen sich bereits auf der Grundschule in Winston-Salem, North Carolina. Peter Holsapple (* 19. 2. 1956) und Chris Stamey (* 6. 12. 1954) bildeten den kreativen Kern einer Band, deren Geschichte 1972 ihren Anfang nahm. Als **Rittenhouse Square** nahmen sie 1973 ein Independent-Album auf. 1975 trennten sich Holsapple und Stamey vorübergehend.
Chris Stamey formierte u. a. mit Will Rigby (* 17. 3. 1956) an der University of North Carolina die **Sneakers**, die im New Yorker Max's Kansas City auftraten und 1976 die Platte IN THE RED aufnahmen. Zur Band gehörten außerdem Mitch Easter und Robert Keely, die später **Let's Active** gründeten, und Don Dixon, der sich als Solist und Produzent einen Namen machte. Die **Sneakers** gingen 1977 auseinander, und Stamey schloß sich kurzzeitig den **Erasers** an. Er blieb in New York und spielte mit Alex → Chilton, Richard Hell und Richard Lloyd (→ **Television**). Unter Aufsicht von Chilton nahm Stamey eine Single für dessen Label Ork Records auf und gründete anschließend seine eigene Plattenfirma Car Records.
Gemeinsam mit Rigby und Gene Holder (* 10. 7. 1954) bildete Stamey im Juni 1978 das Trio **dB's**, zu dem sich nach einigen Auftritten und der Single ›If And When‹ im Herbst des Jahres auch Holsapple gesellte. Die **dB's** pflegten einen frischen Pop und zitierten unbekümmert die → **Who**, → **Beatles** und US-Garagenbands der 60er Jahre.
Nachdem die Single ›Black And White‹ und der Sampler-Beitrag ›Sharp Cuts‹ die **dB's** keinen Schritt weiterbrachten, stellte ein Redakteur des Magazins *New York Rocker* den Kontakt zum englischen Label Albion Records her. Die **dB's** tourten im Frühjahr 1981 erstmals durch Europa und nahmen den Löwenanteil der Alben STANDS FOR DECIBELS und REPERCUSSION in Londoner Studios auf. Die **dB's** kannten sehr wohl »den Unterschied zwischen geistreichem Zitat und tumbem Plagiat« (*Musik Express*) und entwickelten »eine Musik, die sich permanent selbst übertreibt, ihre von Traditionen übernommenen Gesetze liebt, aber sie ständig bricht« (*Sounds*).
Wegen musikalischer Unstimmigkeiten mit Holsapple verließ Chris Stamey 1983 die Band und machte als Solist mit modernem Gitarrenrock weiter und arbeitete u. a. mit den → **Golden Palominos** und Freedy Johnston zusammen.
Rick Wagner wurde 1984 neuer Bassist bei den **dB's**, und Holder konzentrierte sich auf die Gitarre. Die Band, die »ein neues US-Popbewußtsein beispielhaft definierte« (*Musik Express*), geriet auf LIKE THIS etwas aus dem Takt und litt zudem unter den begrenzten finanziellen Möglichkeiten ihrer damaligen Vertragsfirma Bearsville Records. Das Label mußte wenig später Konkurs anmelden. Während andere, jüngere Gitarrenbands wie → **R.E.M.** in die Schlagzeilen gelang-

ten, wurde es stiller um die dB's. Sie tourten 1984 und 1987 als Anheizer für R.E.M. durch die USA. Im Winter 1987/88 gelang den »puren Popstars« (*Rolling Stone*) mit The Sound Of Music ein fulminantes Comeback. Doch trotz guter Kritiken kam der »ländlich eingefärbte City-Beat« (*Musik Express*) nicht gut an. Das Album war ohne Holder aufgenommen worden, der sich als Produzent (Individuals, Wygals) betätigen wollte. Seinen Platz übernahm Harold Kelt (g, key), und Eric Peterson kam als weiterer Gitarrist. Da die dB's auch als Quintett mit »US-Gitarren-Rootsrock« (*Tip*) keinen Erfolg hatten, tourten sie noch bis zum Frühjahr 1988 und gingen dann auseinander.
Rigby veröffentlichte 1985 eine Solo-LP, spielte Schlagzeug auf Produktionen von Matthew Sweet, Murray Attaway und schloß sich 1983 der Paul Collins Band an. Holsapple war Studiogast bei R.E.M., als sie Out Of Time aufnahmen, realisierte mit Stamey die LP Mavericks, unterstützte 1992 die → Troggs und 1993 die Singer/Songwriterin Melissa Ferrick. 1994 wurde er Mitglied der Continental Drifters, deren Sängerin Susan Cowsill er heiratete. 1994 reaktivierte Peter Holsapple in New Orleans die dB's, konnte aber auf Paris Avenue den alten Geist der Gitarrenrockpioniere nicht neu beleben.
Stamey arbeitete als Gastmusiker bei den Golden Palominos, Freedy Johnston u. a., während Holder als Produzent für die Individuals tätig wurde.
Anfang 1997 veröffentlichte Peter Holsapple Out Of My Way, erneut ein anspruchsvolles Rock-Pop-Album. Neben den Mitgliedern seiner Continental Drifters – Vicki Peterson (→ Bangles), Mark Walton (→ Dream Syndicate) und Sue Cowsill (→ Cowsills) – gehörte noch Gitarrist Benmont Tench von Tom → Petty's Heartbreakers zur Studioformation.

STANDS FOR DECIBELS (1981) Line 901 344 • REPERCUSSION (1982) Line 900 032 • LIKE THIS (1984) Rhino 884215 • THE SOUND OF MUSIC (1987) I.R.S. 460106 • PARIS AVENUE (1994) Monkey Hill IRS 987 528 • (S) AMPLIFIER (1986) Dojo, LP 33 • (S) RIDE THE WILD TOMTOM (1993) Rhino 71299 • Chris Stamey: IT'S A WONDERFUL LIFE (1982) Albion, ALB 114 • IN THE WINTER OF LOVE (1984) Palo Alto, PA 8022 • INSTANT EXCITEMENT (1984) Mini-LP Coyote • IT'S ALRIGHT (1987) Coyote • FIREWORKS (1991) Rhino 70766 • OUT OF MY WAY (1996) Rough Trade 343 0126 • (S) WONDERFUL LIFE (1992) Coyote, ESD 80682 • Chris Stamey und Will Rigby mit Sneakers: SNEAKERS (1976) Mini-LP Carnivorous, CS 1 • IN THE RED (1976) Carnivorous, CAR 0398 • (S) RACKET (1992) Coyote, ESD 80672 • Chris Stamey And Friends: CHRISTMAS TIME (1994) Coyote, ESD 80812 • Chris Stamey mit Kirk Russ: THE ROBOUST BEAUTY OF IMPROPER LINEAR MODELS IN DECISION MAKING: COMPOSITIONS AND IMPROVISATIONS FOR GUITAR (1995) Coyote, ESD 81052 • Chris Stamey und Peter Holsapple mit Syd Straw: SURPRISE (1989) Virgin 210110 • Chris Stamey und Peter Holsapple: MAVERICK (1991) Monkey Hill, IRS 845 164 • Chris Stamey und Peter Holsapple mit Peter Blegvad: KING STRUT & OTHER STORIES (1990) Silvertone, ORELP 511 • Peter Holsapple: OUT OF MY WAY (1996) Blue Rose 343 0126 • Peter Holsapple mit Robin Holcomb: ROCKABYE (1992) Elektra 7559–61289 • Peter Holsapple mit Continental Drifters: CONTINENTAL DRIFTERS (1994) Monkey Hill 6123 • Rittenhouse Square: RITTENHOUSE SQUARE (1973) • Will Rigby: SIDEKICK PHENOMENON (1985) Shadowline, U 02

The Dead Boys

Stiv Bators (voc), Johnny Blitz (dr), Cheetah Chrome (g), Jeff Magnum (b), Jimmy Zero (g)

Nach dem ersten Auftritt der **Dead Boys** schrieb der *Toronto Star* begeistert: »Sie werden nicht nur die Punkmode überleben, sie haben auch das Zeug, eine der wirklich lebendigen Gruppen der späten 70er Jahre zu werden.« Im *Time Magazine* hieß es: »Die ältere Folk- und Rockgeneration wird sie möglicherweise nicht mögen, aber die Kids stehen drauf.« **The Dead Boys** galten als amerikanisches Pendant der →**Sex Pistols**, beherrschten ihre Instrumente aber besser als die britischen Kollegen. Sie schienen vor einer großen Karriere zu stehen, aber der unberechenbare Stiv Bators brachte immer wieder Unruhe in die Band, und seine Entscheidung zugunsten einer Solokarriere führte auch zur Auflösung der **Dead Boys**.

Auf Initiative von Stiv Bators (Stivin Bator, *22. 10. 1949, Cleveland, Ohio) entstanden 1976 in Cleveland **The Dead Boys**, für die er Cheetah Chrome (Gene Connor), Johnny Blitz, Jeff Magnum und Jimmy Zero gewinnen konnte. Chrome und Blitz kamen von **Rocket From The Tombs**. Hilly Kristal, Besitzer des legendären CBGB's, holte die Band 1977 nach New York, ließ sie regelmäßig in seinem Club auftreten und übernahm das Management. Die Sängerin Genya →Ravan produzierte die Debüt-LP, die die Titel ›All This And More‹, ›Sonic Reducer‹ und ›Caught With The Meat In Your Mouth‹ enthielt. **The Dead Boys** tourten durch die USA und machten sich einen Namen als »Amerikas wüsteste Punkband« (*Rolling Stone*), die »neue Ebenen von Gewalt, Nihilismus, Masochismus und Vulgärismus offenbarte« (*Guinness*).

Das zweite Album WE HAVE COME FOR YOUR CHILDREN (Gastmusiker: Joey und Dee Dee Ramone von den →**Ramones**) wurde in Florida von Felix Pappalardi (→**Cream**) produziert und erschien bei dem französischen Label Lolita Records, bei dem Bators bereits einige Singles herausgebracht hatte. Als der erhoffte Erfolg ausblieb, löste Bators (inzwischen ohne ›s‹ im Nachnamen) **The Dead Boys** auf und tat sich mit Mitgliedern von →**Sham '69** zusammen, um eine Platte unter dem Namen **Wanderers** zu veröffentlichen. Als auch dieses Album ein Flop wurde, gründete Bators mit Brian James die englische Gruppe →**The Lords Of The New Church**. Schließlich leitete er die kurzlebige Gruppe **Evil Boys**.

Die 1981 veröffentlichte Live-LP NIGHT OF THE LIVING DEAD BOYS wurde im März 1979 im New Yorker CBGBs mitgeschnitten und gilt »noch heute als ein hervorragendes Punk-Dokument« (*Trouser Press*). 1987 reformierten sich **The Dead Boys** in der Besetzung Bators, Chrome, Blitz und Magnum und veröffentlichten die Single ›All The Way Down (Poison Lady)‹. Mit denselben Musikern entstand am 26. 12. 1987 im New Yorker Ritz ein Live-Album, das fast alle Klassiker der Band enthielt.

Am 3. 1. 1988 trat Bators mit seinen **Evil Boys** im New Yorker Limelight auf und brachte ein weiteres Live-Album auf den Markt. Bei genauerem Hinsehen und Hinhören entpuppten sich die **Evil Boys** als **Dead Boys**, unterstützt von einigen anderen Musikern: »Ausgelassen geht es hier zu, wo sich der rattengesichtige Meister zum Vergnügen an mehreren

Coverversionen vergreift« (*Musik Express*).
Bators nahm 1988 mit den **Lyres** die Single ›Here's A Heart‹ auf und ging nach dem erneuten Mißerfolg nach Paris zurück, um mit Ex-Mitgliedern von →**Hanoi Rocks** und →**Sigue Sigue Sputnik** ein neues Projekt zu erarbeiten. Stiv Bators kam am 4. 6. 1990 in Paris bei einem Autounfall ums Leben.

YOUNG LOUD AND SNOTTY (1977) Sire, SRK 6038 • WE HAVE COME FOR YOUR CHILDREN (1978) Sire, SRK 6054 • NIGHT OF THE LIVING DEAD BOYS (1981) Bomp Line 842220 • LIVER THAN YOU'LL EVER BE (1987) PB, CD 004 • YOUNGER, LOUDER AND SNOTTIER (1989) Necrophilia, NECR 0001 • Stiv **Bators**: DISCONNECTED (1980) Line 824174 • THE LORD AND THE NEW CREATURES (1983) Lolita 5006 • Stiv **Bators** mit **Wanderers**: ONLY LOVERS LEFT ALIVE (1981) Polydor, POLS 1028 • **Stiv Bators & His Evil Boys**: LIVE AT THE LIMELIGHT (1988) Oerfect Beat, PB CD 3

Dead Can Dance

Lisa Gerrard (voc, key), Brendan Perry (voc, key, g)

Lisa Gerrard und Brendan Perry folgten nie irgendwelchen aktuellen Trends und versuchten auch nicht, sich an kommerziellen Vorgaben zu orientieren. Musikalisch sind **Dead Can Dance** kaum einzuordnen, denn ihre Musik ist »im wahrsten Sinne des Wortes einzigartig. Das Duo hat diesen ureigenen, unverwechselbaren Stil über die Jahre hinweg selbst entwickelt« (*Time Out*). Brendan Perry nannte Igor Strawinski als musikalisches Vorbild und wurde mit Scott Walker (→**Walker Brothers**) verglichen. Der Gesang von Lisa Gerrard erinnerte etwas an Liz Frazer von den →**Cocteau Twins**, da sie ihre Stimme ebenfalls nicht nur als Melodieinstrument nutzte, sondern neue Klangdimensionen für das gesamte Soundkonzept eröffnete.
1980 lernten sich Lisa Gerrard und Brendan Perry, beide angloirischer Abstammung, in Melbourne, Australien, kennen. 1981 ursprünglich als Quintett gegründet, debütierten **Dead Can Dance** mit dem Song ›The Fatal Impact‹. Der Titel handelte von der Zerstörung der Aborigine-Kultur und machte **Dead Can Dance** in der Independent-Szene populär. 1982 veröffentlichten sie eine Musikkassette. Da ihre Möglichkeiten in Australien begrenzt waren, übersiedelten Gerrard und Perry im Mai 1983 nach London.
Durch »glückliche Umstände« (Brendan Perry) geriet eine Demokassette in die Hände von Ivo Watts-Russel, Chef von 4 AD Records, der **Dead Can Dance** unter Vertrag nahm und im März 1984 unter dem Bandnamen eine Zusammenfassung von Kompositionen der letzten vier Jahre veröffentlichte. Das Album unterstrich die Vorliebe von Gerrard und Perry für Songs mit mystischem oder symbolischem Sujet. Begleitet von klassisch ausgebildeten Musikerinnen gingen sie in Europa auf Tournee und boten ein perfektes, anspruchsvolles Klangerlebnis mit hohem Unterhaltungswert.
Im Sommer 1984 nahmen **Dead Can Dance** vier Songs für die EP ›Garden Of The Arcane Delights‹ auf, begaben sich auf eine Konzertreise durch Frankreich und nutzten die 14 folgenden Monate für die Arbeit an einem neuen Album. Mit den »zeitlos schönen Klängen« (*Time Out*) von SPLEEN AND IDEAL verpaßten

Dead Can Dance nur knapp den ersten Platz der unabhängigen englischen Charts. »Man kann diese Musik nicht als Pop, Rock oder Klassik bezeichnen – sie ist aber auf jeden Fall ernst zu nehmen« (*Record Mirror*).

Ab Mitte der 80er wirkten **Dead Can Dance** immer wieder einmal bei →**This Mortal Coil** mit. 1987 erschien das Album WITHIN THE REALM OF A DYING SUN, auf dem **Dead Can Dance** »düster und bedrohlich, zugleich aber erhaben und feierlich« (*Musik Express*) klangen und »Stammesrhythmen, klassische Einflüsse, versteckte Morricone-Zitate und Mantras« (*Musik Szene*) zu einem eigenwilligen Sound verbanden.

Das vierte Album, THE SERPENT'S EGG, Anfang 1988 veröffentlicht, war »eine Reise durch die Geschichte« (*New Musical Express*), die von ethnischen Elementen und elektronischem Zeitgeist geprägt war. Das Team Gerrard/Perry ging nach der Veröffentlichung nach Spanien und schrieb die Musik zu dem Film »El Niño de La Luna« von Augustin Villaronga, der 1989 bei den Festspielen in Cannes vorgestellt wurde.

Zurück in Großbritannien, beschäftigten sich **Dead Can Dance** zunehmend mit mittelalterlicher Musik. Fernab vom Medienrummel strebten sie bei ihren Produktionen »die größtmögliche künstlerische Freiheit« (Brendan Perry) an und verfremdeten mit modernsten technologischen Standards auf AION sakrale und liturgische Musik: »Ohne dominante Rhythmusinstrumente kreuzen sie ihre einsamen Popgesänge mit mittelalterlichen Kirchentonarten« (*Hifi Vision*).

Eine längere Studiopause überbrückten **Dead Can Dance** 1991 mit dem speziell für den US-Markt zusammengestellten Sampler A PASSAGE IN TIME, der zwei neue Songs (›Bird‹, ›Spirit‹) enthielt. 1993 waren sie mit zwei Titeln in dem Film »Baraka« von Ron Fricke vertreten, zwei Lieder nahmen sie für eine Sammlung auf, die auf Texten des Dichters Arthur Rimbaud basierte, und im September des Jahres legten sie INTO THE LABYRINTH (GB #47, D #54) als neues Album vor. Es wurde über 500000 Mal verkauft und ermöglichte **Dead Can Dance** eine ausgedehnte Welttournee. Das Live-Album TOWARD THE WITHIN (D #81) war ein Konzertmitschnitt im Mayfair Theatre in Santa Monica, Kalifornien.

Lisa Gerrard lebte inzwischen wieder in Australien in Baw Baw Mountains, während Perry in einer umgebauten irischen Kirche wohnte. Im Sommer 1996 wurde SPIRITCHASER veröffentlicht, eine Mischung aus Barockmusik mit lateinamerikanischen Rhythmen und gälischem Liedgut. »Normalerweise sind die Stimmen der Ausgangspunkt unserer Lieder, diesmal haben wir das Gewicht stärker auf den Rhythmus gelegt und damit unsere Möglichkeiten enorm erweitert« (Brendan Perry).

Und dem Titel THE MIRROR POOL kam 1995 Lisa Gerrards erstes Soloalbum heraus, auf dem quasi kapitelweise griechische, chinesische, nordafrikanische, indische und andere fernöstliche Elemente und Instrumente in der Samplingtechnik mit dem Victorian Philharmonic Orchestra unter Leitung ihres Mentors John Bonnar konfrontiert wurden: »Keine anstrengende Platte, sondern sehr spontan und direkt« (*Time Out*).

DEAD CAN DANCE (1984) 4 AD, RTD 1200051 • SPLEEN AND IDEAL (1985) 4 AD, RTD 1200032 • WITHIN THE REALM OF A DYING SUN (1987) 4 AD, RTD

120 0023 • THE SERPENT'S EGG (1988) 4 AD, RTD 120 0260 • AION (1990) 4 AD, RTD 120 0361 • INTO THE LABYRINTH (1993) 4 AD, RTD 120 1993 • TOWARD THE WITHIN (1994) 4 AD, RTD 120 1994 • SPIRITCHASER (1996) 4 AD, RTD 120 2050 • (S) A PASSAGE IN TIME (1991) 4 AD, RTD 120 1236 • Lisa **Gerrard** und Brendan **Perry** mit Hector Zazou: SAHARA BLUE (1992) MTM-Privacy, MTM 32 • Lisa **Gerrard**: THE MIRROR POOL (1995) 4 AD RTD 120 2020

Dead Kennedys

East Bay Ray (g), Jello Biafra (voc), Klaus Flouride (b, voc), D. H. Peligro (dr, voc)

Seit die **Dead Kennedys** 1978 ihr Unwesen in Kalifornien zu treiben begannen, wurden sie als heißeste Punkgruppe der Bay Area um San Francisco gehandelt. Die *Los Angeles Times* schrieb im November 1979: »Sie sind viel mehr als eine gewöhnliche Punkband. Die Gruppe kommt mit ihrer frechen Bühnenshow, ihrer ungebrochenen Energie und ihrem Humor den Sex Pistols am nächsten.«

Die **Dead Kennedys** jagten ihren robusten Sound mit einem unglaublichen Tempo durch die Lautsprecher, klangen aber melodischer als die meisten ihrer Punkzeitgenossen. Ihre Songs waren bissig, bösartig und politisch fast immer brisant. Sie nahmen Stellung zu Faschismus, Imperialismus, dem alltäglichen Rassismus und dem auf Plastik aufgebauten nordamerikanischen Lebensstil. Jello Biafra kandidierte als Bürgermeister von San Francisco und brachte es dabei immerhin auf 4 Prozent der gültigen Wählerstimmen.

Jello Biafra (Eric Boucher) wurde in Boulder, Colorado, geboren und gehörte seit Mitte der 70er Jahre zur aufstrebenden Punkszene in San Francisco. 1978 gründete er die **Dead Kennedys**, die späteren »Pioniere des Hardcore-Sounds« (*Guinness*). Sie führten auf der Bühne ein chaotisches Spektakel auf und provozierten mit Songs wie ›Drug Me‹ und ›California über alles‹. Damit die **Dead Kennedys** bei ihren Produktionen absolut unabhängig waren, richtete Biafra 1982 das Label Alternative Tentacles ein. Der »kühne, nicht zu imitierende Jello Biafra« (*Trouser Press*) stand immer im Mittelpunkt der Band. Mit »exzessivem Gesang« (*Rolling Stone*) kritisierte er in seinen Texten die Videoclip-Berieselung des MTV-Kanals, klagte korrupte Regierungsangestellte an, machte sich über die Reagan-Administration lustig und stellte den allgegenwärtigen Ku Klux Klan-Terror an den Pranger. Diese Kombination aus politischem Aktionismus und »instrumentalem Overkill« (*Rolling Stone*) kam besonders gut in England an. Die Alben FRESH FRUIT FOR ROTTING VEGETABLES (GB #22), FRANKENCHRIST (GB #46) und BEDTIME IN DEMOCRACY (GB #33) plazierten sich in den Charts, und die Single ›Too Drunk To Fuck‹ (GB #15) kam im Sommer 1981 sogar unter den Top 20.

Ärger gab es Ende 1985 um das Album FRANKENCHRIST. Den hochgelobten »bissigen Reflexionen über den Zustand der USA« (*Musik Express*) lag ein Poster bei, dessen Motiv den **Dead Kennedys** eine Anklage wegen Verbreitung von Pornographie einbrachte. Erst im November 1987 wurde das Bild des Schweizer Malers H. R. Giger mit dem Titel »Penis Landschaft« von einem Geschworenengericht in San Francisco als Kunst anerkannt. Zum Zeitpunkt dieses

Freispruchs hatten sich die **Dead Kennedys** bereits getrennt.
Die beteiligten Musiker widmeten sich unterschiedlichen Interessen. Biafra produzierte Sprechplatten, trug seine politischen Ideen an Universitäten und Schulen vor und ließ sich auf Projekte mit den Gruppen → **D.O.A.**, **Lard** und **Nomeansno** ein. Klaus Flouride veröffentlichte einige Soloplatten und gründete die politisch motivierte Formation **Five Year Plan**. East Bay Ray schloß sich der Hardrockband **Skrapyard** an.

FRESH FRUIT FOR ROTTING VEGETABLES (1980) Faulty IRS 987072 • PLASTIC SURGERY DISASTERS (1982) Alternative Tentacles, VIRUS 27 • A SKATEBOARD PARTY (1984) Starving Missile 102 • FRANKENCHRIST (1985) Alternative Tentacles, EFA 05331 • BEDTIME FOR DEMOCRACY (1987) Alternative Tentacles, EFA 07771 • (S) GIVE ME CONVENIENCE OR GIVE ME DEATH (1987) Alternative Tentacles, EFA 07777 • Jello **Biafra**: NO MORE COCOONS (1987) Alternative Tentacles, VIRUS 59 • HIGH PRIEST OF HARMFUL MATTER (1989) Alternative Tentacles EFA 17617 • I BLOW MINDS FOR A LIVING (1991) Alternative Tentacles • Jello **Biafra** mit **D.O.A.**: LAST SCREAM OF THE MISSING NEIGHBORS (1989) Mini-LP Alternative Tentacles, EFA 17627 • Jello **Biafra** mit **Lard**: THE POWER OF LARD (1989) Alternative Tentacles, EFA 17609 • Jello **Biafra** mit **Doc Wörmiran**: FOR SERPENTINE, I AM (1990) Musical Tragedies, EFA 15727 • Jello **Biafra** mit **Nomeansno**: THE SKY IS FALLING AND I WANT MY MOMMY (1991) Alternativ Tentacles, EFA 17645 • Klaus **Flouride**: R. CHA CHA CHA WITH MR FLOURIDE (1985) Alternative Tentacles • BECAUSE I SAY SO (1989) Alternative Tentacles, VIRUS 67 • THE LIGHT IS FLICKERING (1991) Alternative Tentacles

Death

Steve DiGiorgio (b), Gene Hoglan (dr), Andy LaRoque (g), Chuck Schuldiner (voc, g)

Der Gitarrist und Sänger Chuck Schuldiner war die einzige feste Größe bei **Death** und wurde als »Gottvater des Death Metal« (*Guinness*) bezeichnet. 1983 gründete er als Sechzehnjähriger mit Rick Rozz (g) und Kam Lee (dr) die **Mantas** in Tampa, Florida, die zwei Jahre später bei dem unabhängigen Label Combat Records einen Vertrag erhielten. Schuldiner übersiedelte daraufhin nach San Francisco und bildete mit Chris Reifert (dr) die erste Ausgabe von **Death**. Das Album SCREAM BLOODY GORE wurde 1987 veröffentlicht: »So brutal Klingendes, aber gekonnt Produziertes hat man noch nicht gehört« (*Musikmarkt*).
Da Schuldiner sich mit seiner Wahlheimat nicht anfreunden konnte, kehrte er nach Florida zurück und stellte mit Rozz, Terry Butler (b) und Bill Andrews (dr) eine neue **Death**-Mannschaft zusammen. LEPROSY machte das Quartett zum Vorreiter der Death Metal-Bewegung. Die Band tourte mehrmals durch die USA und kam 1988 zum ersten Mal nach Europa. Bei diesen Tourneen wurde Rozz durch Ex-**Agent Steel** James Murphy ersetzt. Murphy war auch an der Produktion von SPIRITUAL HEALING beteiligt, ehe er sich → **Obituary** anschloß.
SPIRITUAL HEALING bot wieder »Death Metal par exellence mit brutalen Vocals« (*Musik Express*). Im Vorprogramm von **Kreator** traten **Death** erneut in Europa auf, mußten aber ohne Schuldiner auskommen, der die Band plötzlich verlas-

sen hatte. An seiner Stelle traten Louie Carrisalez (voc), vorher Drummer bei **Devastation**, und Ex-**Rotting Corpse** Walter Thrashler (g), zuvor Mitglieder der **Death**-Roadcrew, auf. Die Tournee wurde ein Mißerfolg, da die **Death**-Fans die Band ohne ihren Frontmann nicht akzeptierten. Nach der Rückkehr in die USA gingen die Metal-Musiker auseinander. Andrews und Butler reformierten ihre alte Band **Massacre**.
Schuldiner formierte 1991 **Death** völlig neu, von **Cynic** kamen der Gitarrist Paul Masvidal und der Schlagzeuger Sean Reinert, während Bassist Steve DiGiorgio vorher bei **Sadus** gespielt hatte. HUMAN, das in dieser Besetzung aufgenommene Album, klang differenzierter und komplexer und enthielt mit ›Cosmic Sea‹ ein reines Instrumental. Die vier Metal-Musiker stellten das Material im Februar 1992 auf einer Europatournee vor. Doch auch diesmal hielt die Besetzung nicht länger als ein Jahr. Für die Aufnahmen von INDIVIDUAL THOUGHT PATTERNS stand nur noch DiGiorgio zur Verfügung. Neu dabei waren Gene Hogland (dr) von →**Dark Angel** und Andy LaRocque (g) von →**King Diamond**. Der *Musik Express* schrieb über die im Sommer 1993 veröffentlichte Platte: »Scheinbar selbstverständlich entwirft Schuldiner mächtige Melodien, ohne auch nur ein Jota an rabiater Teenager-Aggression preiszugeben.«
Death konnten ihren hohen Anspruch auf SYMBOLIC vom Frühjahr 1995 halten. Sie »variierten klug das Tempo« (*Musik Express*) und verstanden es geschickt, »verschiedene Stimmungsschattierungen auszumalen« (*Metal Hammer*).

SCREAM BLOODY GORE (1987) Relativity 970512 • LEPROSY (1988) Relativity • SPIRITUAL HEALING (1990) Under One Flag 970438 • HUMAN (1991) Roadrunner 846269 • INDIVIDUAL THOUGHT PATTERNS (1993) Roadrunner 846286 • SYMBOLIC (1995) Roadrunner 846333 • (S) FATE: THE BEST OF DEATH (1992) Under One Flag IRS 970471

Death Angel

Robert Cavestany (g, voc), Andrew Galeon (dr, perc), Mark Osegueda (voc), Dennis Pepa (b), Gus Pepa (g, voc)

Death Angel fanden sich im Sommer 1982 in der Gegend um San Francisco zusammen. Andrew Galeon war zu diesem Zeitpunkt gerade neun Jahre alt. Im März 1983 nahmen sie ihre ersten Demos auf und etablierten sich nach und nach in der Thrash Metal-Szene. →**Metallica**, →**Slayer**, Wendy O. Williams und →**W.A.S.P.** buchten die Newcomer für ihr Vorprogramm.
Die erste LP THE ULTRA-VIOLENCE wurde innerhalb von vier Tagen aufgenommen und litt hörbar an Sounddefiziten. Die Platte war »ein brutaler Mix aus ultraschnellen Speed-Riffs und donnerndem Schlagwerk« (*Guinness*). FROLIC IN THE PARK war eine deutliche Weiterentwicklung sowohl in musikalischer als auch inhaltlicher Hinsicht. **Death Angel** tourten mit →**Motörhead**, und nach dem Wechsel zur Majorfirma Geffen Records schafften sie den Aufstieg in die Metal-Elite. Max Norman (Ozzy →Osbourne, →Savatage), Produzent des Albums ACT III, war mitverantwortlich dafür, daß sich **Death Angel** steigerten. Sie experimentierten mit Funkelementen, nah-

men Balladen ins Repertoire auf und rückten ihren »originellen Sänger Mark Osegueda« (*Metal Hammer*) stärker als zuvor in den Mittelpunkt.
Bei einem Unfall mit dem Bandbus wurde Andy Galeon so schwer verletzt, daß er sich erst nach einem Jahr von den Folgen erholt hatte. In der Zwischenzeit hatte Osegueda **Death Angel** verlassen. Das verbliebene Quartett nannte sich daraufhin in **Organization** um.

THE ULTRA-VIOLENCE (1987) Intercord, IRS 992015 • FROLIC IN THE PARK (1988) Intercord, IRS 992014 • ACT III (1990) Geffen 7599–24280 • FALL FROM GRACE (1990) Roadracer , RTD 3788550 • **Organization**: THE ORGANIZATION (1993) Intercord, IRS 986972 • SAVOR THE FLAVOR (1995) Intercord IRS 993602

DeBarge

Bunny DeBarge (voc), El DeBarge (voc, key), Marty DeBarge (voc), Randy DeBarge (voc)

In Grand Rapids, Michigan, beschlossen die vier Brüder Bunny (* 15. 3. 1955), El (Eldra DeBarge, * 4. 6. 1961), Marty (Mark DeBarge, * 19. 6. 1959) und Randy DeBarge (* 6. 8. 1958) 1978, den Spuren der → **Jacksons** zu folgen. Sie entschieden sich für einen unspektakulären, überaus eingängigen Popsoul, der ihnen einige respektable, allerdings schnell vergängliche Hits bescheren sollte. **DeBarge** bekamen auf Vermittlung von Jermaine Jackson 1979 einen Vertrag bei dem Soulpapst Berry Gordy und seinem Label Motown Records.
Ermuntert durch ihre Gospel-erprobten älteren Brüder Bobby und Tommy DeBarge, die mit der Gruppe **Switch** fünfmal in die Rhythm & Blues-Charts kamen, nahmen **DeBarges** 1981 ihr erstes, von Bobby DeBarge produziertes Album auf, das aber kaum wahrgenommen wurde. Auf der folgenden LP ALL THIS LOVE (US #24) profilierte sich El DeBarge als Leadsänger und damit als Star des Familienclans; mit von der Partie war nun auch James DeBarge (* 22. 8. 1963). Zwei Singles wurden ausgekoppelt: ›I Like It‹ (US #31), ›All This Love‹ (US #17). Mit der Ballade ›Time Will Reveal‹ (US #18) und dem R&B-Song ›Love Me In A Special Way‹ (US #45) der LP IN A SPECIAL WAY (US #36) etablierten sich **DeBarge** in der Soulszene. 1984 sorgte James DeBarge aufgrund seiner kurzen Ehe mit Janet → Jackson für Schlagzeilen.
Mit der von Diane Warren komponierten und von Richard Perry produzierten Ballade ›Rhythm Of The Night‹ (GB #4, US #3, D #19) aus dem Soundtrack zum Kinofilm »The Last Dragon« gelang »den neuen Himmelstürmern des Soul« (*Billboard*) ein internationaler Hit. Giorgio Moroder und Jay Graydon waren an dem gleichnamigen Album (US #19) als Produzenten beteiligt, aus dem die gefühlvolle Teenieballade ›Who's Holding Donna Now‹ (GB #47, US #6) ausgekoppelt wurde. Die dritte Single ›The Heart Is Not So Smart‹ wurde dagegen ein Flop. Ihr freundlicher, aber nicht besonders origineller Soft-Soul hatte schnell ausgedient.
El, Bunny und der jüngste Bruder Chico DeBarge versuchten sich nun als Solisten. El hatte dabei mehr Erfolg und konnte sich 1986 mit den Singles ›Who's Johnny‹ (US #3) aus dem Film »Short Circuit«, ›Love Always‹ (US #43), ›Someone‹ (US #70) und der LP EL DEBARGE

(US #24) in den US-Charts plazieren, während dies Chico lediglich Ende 1986 mit dem Song ›Talk To Me‹ (US #21) gelang.

Ohne El und Bunny veröffentlichten **DeBarge** bei Striped Horse Records ihr letztes Album BAD BOYS, das beim Publikum durchfiel. Der Titel war in gewisser Weise auf die DeBarge-Familie gemünzt, da sie wegen Kokainbesitzes oder Schlägereien für negative Schlagzeilen sorgten.

Auch El DeBarges Solokarriere kam ins Stocken. Erst 1994 entstand in Zusammenarbeit mit dem Trend-Produzenten Babyface das Album HEART, MIND AND SOUL, das ihm Chancen auf ein erfolgreiches Comeback einräumte.

Chico DeBarge wurde 1991 wegen Drogenbesitzes zu sechs Jahren Haft verurteilt. Wieder auf freiem Fuß veröffentlichte er Ende 1997 sein Solo LONG TIME NO SEE. Er mischte Stax-Soul, R&B mit Jungle-Grooves und widmete den Song ›Love Still Good‹ seinem Vorbild Marvin → Gaye.

THE DEBARGES (1981) • ALL THIS LOVE (1982) Gordy 6012 • IN A SPECIAL WAY (1983) Gordy 6061 • RHYTHM OF THE NIGHT (1985) Gordy 6123 • BAD BOYS (1988) Striped House 826685 • (S) GREATEST HITS (1985) Motown 72449 • (S) THE ULTIMATE COLLECTION (1997) Motown 530561 • Bunny **DeBarge**: IN LOVE (1987) • El **DeBarge**: EL DEBARGE (1986) • GEMINI (1989) RCA, PD 72621 • IN THE STORM (1992) Warner Brothers 7599–26260 • HEART, MIND AND SOUL (1994) Reprise 45375 • Chico **DeBarge**: CHICO DEBARGE (1986) Motown, ZD 72524 • KISS SERIOUS (1987) Motown, ZD 72619 • LONG TIME NO SEE (1997) Universal 53088

Defunkt

Kelvyn Bell (g), Bahnamous Bowie (key), Byron Bowie (sax, fl), Joseph Bowie (po, voc), Ronnie Drayton (g), Ronnie MacJenkins (b), Sebastian Piekarek (sax), Kellie Sae (voc), Scooter Warner (dr)

Angeführt von dem singenden Posaunisten Joseph Bowie, dem jüngeren Bruder des Jazztrompeters Lester Bowie, profilierte sich **Defunkt** als risikofreudiges, fortschrittliches und selbstbewußtes Unternehmen der Rock-Avantgarde. Das Kollektiv, das sich häufig personell veränderte, lieferte jenseits gängiger Trends »Angeschrägtes zwischen Rock, Funk und Jazz« (*Musik Express*).

Joseph Bowie begann seine musikalische Laufbahn im Alter von 15 Jahren in St. Louis im Umfeld der Bluesgrößen Albert → King und → Little Milton. Er machte sich als Avantgarde-Jazzmusiker einen Namen und spielte u. a. mit Cecil Taylor, Oliver Lake und Julius Hemphill. Gemeinsam mit dem Saxophonisten Luther Thomas leitete er die Jazzformation **St. Louis Creative Ensemble** und gründete mit dem Schlagzeuger Bob Shaw das **Human Arts Ensemble**.

Ursprünglich als Bläsersektion für James Chance gegründet, entwickelten **Defunkt** ein »revolutionäres, einmaliges und kulturell relevantes Konzept« (*Trouser Press*), das sie 1980 auf dem Album DEFUNKT erfolgreich dokumentierten. »Tausende, vor allem britische Art-Rock-Gruppen folgten ihren Spuren« (*New Musical Express*).

Ein weiteres Album nannten **Defunkt** nach einem Song ihres Debüts THERMONUCLEAR SWEAT, das mit Bowie, Bell,

Martin, Kim Clarke (b) und John Mulkerin (tr) sowie als Stargast Vernon Reid (g) von → **Living Colour** aufgenommen wurde. Die Platte klang weicher und jazziger als die vorhergehenden und war von Bowies empfindsamem Spiel geprägt: »Funk ist in uns. Funk ist eine der makellosen und reinsten Formen natürlicher Energie. Er ist der elementarste Tanzrhythmus« (Joseph Bowie).

Im Spannungsfeld zwischen »Funk-Rock und New Jazz« (*Musik Express*) brillierten **Defunkt** vor allem als souveräne Live-Formation, die auf Jazz- wie Rockfestivals gleichermaßen gut ankam. Ihre Platten waren in Insiderkreisen sehr beliebt und wurden von Kritikern hochgelobt. Sie zitierten eigenständig und humorvoll Jazzstars wie Charlie Parker, Miles Davis, Dizzy Gillespie und Jay McShann, Bluesgrößen wie Muddy → Waters und attackierten festgefahrene Positionen. **Defunkt** belebten den ursprünglichen Jazzrock von → **Blood, Sweat & Tears** und → **Chicago** wieder und verbanden ihn mit harten Funk-Grooves und schrillem Rock.

Eine Drogentherapie zwang Bowie, **Defunkt** vorübergehend aufzulösen. Er verbrachte die folgenden zwei Jahre meist in der Karibik, hatte sich gut erholt und kehrte nach New York zurück, um seine Band wiederzubeleben. 1987 nahmen **Defunkt** in der Besetzung Bowie, Kim Clarke (b), Ronnie Dayton (g), Bill Bickford (g), John Mulkerin (tr) und Kenny Martin (dr) IN AMERICA auf, »brillanten, dynamischen Rock / Funk / Jazz« (*Trouser Press*). CRISIS erschien im Frühjahr 1992, bot »harte Rock-Riffs, dampfende Bläser und Jazz für den Tanz Floor« (*Musik Express*). 1993 kam die Sängerin Kellie Sae zu **Defunkt**, die auf CUM FUNKY dezente Love-Songs vortrug. 1994 erinnerte Gastgitarrist Jean-Paul Bourelly mit »rhythmischem und improvisatorischem Biß« (*Musik Express*) an den Blues von Muddy Waters und Jimi → Hendrix.

Auf dem 95er-Album ONE WORLD würdigte **Defunkt** die alte und junge Jazzszene in der Besetzung Ronnie Drayton (g), Sae, Joseph Bowie, dessen jüngerer Bruder Bahnamous Bowie (key) sowie Byron Bowie (sax), Ronnie MacJenkins (b), Sebastian Piekarek (sax) und Scooter Warner (dr).

DEFUNKT (1980) Hannibal, HNLB 1301 • STRANGLE ME WITH YOUR LOVE REVISITED (1981) Hannibal 31201 • RAZOR'S EDGE (1982) Hannibal 1201 • THERMONUCLEAR SWEAT (1982) Hannibal, HNLB 1311 • IN AMERICA (1988) Antilles 259 178 • HEROES (1989) DIW 838 • LIVE AT THE KNITTING FACTORY (1991) Blue Funk, IRS 987 227 • CRISIS (1992) Blue Funk, IRS 987 235 • CUM FUNKY (1993) Blue Funk, IRS 987 240 • LIVE & REUNIFIED (1994) Blue Funk, IRS 987 245 • A BLUES TRIBUTE – JIMI HENDRIX & MUDDY WATERS (1994) Enemy 148 • ONE WORLD (1995) Blue Funk, IRS 993 514 • (S) AVOID THE FUNK (1988) Hannibal 1320 • (S) SPECIAL EDITION (1995) Blue Funk, IRS 987 248

Desmond Dekker

Neben Bob → Marley, Jimmy → Cliff und → Prince Buster zählte Desmond Dekker zu den Musikern, die den Reggae weltweit populär machten. Er konnte sich als erster Reggaemusiker in den britischen Single-Charts plazieren und war ein Wegbereiter für die Vermischung polyrythmischer Karibikklänge mit weißem Hitparadenpop.

Dekker wurde als Desmond Dacres am 16. 7. 1942 in Kingston, Jamaika, geboren und verdiente sich seinen Lebensunterhalt als Kranführer und Bäcker. Der einflußreiche Produzent Leslie Kong wurde 1963 sein Mentor und ermöglichte Dekker die erste Single ›Honour Your Father And Mother‹, die in England auf Chris Blackwells Label Island Records erschien. Dekker engagierte die **Aces** als Begleitgruppe, veröffentlichte weitere Singles – 20 davon kamen in die nationalen Charts – und tourte erfolgreich durch Jamaika.

Erste internationale Beachtung fand Desmond Dekker im Sommer 1967 mit dem vom James Bond-Kult inspirierten Song ›007‹ (GB #15). Er verstand es äußerst geschickt, eingängige Melodien mit Bluebeat- und Ska-Rhythmen zu verbinden. 1967 gewann er mit ›Unity‹ den zweiten Platz beim Jamaican Song Festival, und bis 1969 plazierte er sich mit ›Hey Grandma‹, ›Music Like Dirt‹, ›Rudie Got Soul‹, ›Rude Boy Train‹ und ›Sabotage‹ auf Spitzenrängen der jamaikanischen Charts.

Mit dem Pop-Reggae-Titel ›The Israelites‹ (GB #1, US #6, D #1), der vom Leben schwarzer Afrikaner im »Karibischen Babylon« handelt, schaffte Desmond Dekker im März 1969 den Durchbruch. Als weiterer Hit folgte ›It Miek‹ (GB #8, D #17). 1969 ging Dekker nach London, wo er in den Clubs auftrat. Desmond Dekker, der für seine Platten die Rhythmussektion in Jamaika aufnehmen ließ, verzeichnete im Spätsommer 1970 mit ›You Can Get It If You Really Want‹ (GB #2, US #84, D #9) einen weiteren Erfolg. Der Song war Bestandteil des Films »The Harder They Come« und war von Jimmy Cliff verfaßt worden. Seine Alben dagegen vermittelten »viel Synthi, wenig interessanten Rhythmus, mäßige Melodien, kurzum plätschernde Langeweile« (*Sounds*).

Nach dem Tod seines Mentors Leslie Kong 1971 wurde es still um Desmond Dekker. Im Mai 1975 profitierte er von der Wiederveröffentlichung von ›The Israelites‹ (GB #13), vier Monate später folgte ›Sing A Little Song‹ (GB #28).

Das Two Tone-Revival verhalf Desmond Dekker 1980 zu einem erneuten Comeback. Das New Wave-Label Stiff Records nahm den Reggae-Veteranen unter Vertrag und veröffentlichte 1980/81 zwei Alben. Dekker arbeitete dabei mit den **Pioneers** und der Band von Graham → Parker (**Rumour**) zusammen. Die 81er-LP COMPASS POINT wurde von dem englischen Sänger Robert → Palmer produziert. Da beide Alben wenig einbrachten, mußte Dekker 1984 vor einem englischen Gericht den Offenbarungseid ablegen.

1990 verwendete ein Tonbandhersteller Dekkers Klassiker ›The Israelites‹ für die Werbung. Bei einem weiteren Two Tone-Revival im Jahr 1994 fand eine Studiosession mit vier Mitgliedern der → **Specials** statt, die als Album mit dem Titel KING OF KINGS herauskam und noch einmal seinen »unverkennbaren Falsettogesang« (*Guinness*) dokumentiert.

007 (1967) Beverley's • ACTION (1968) Beverley's • THE ISRAELITES (1969) Uni 73059 • YOU CAN GET IT IF YOU REALLY WANT (1970) Trojan • BLACK AND DEKKER (1980) Stiff, SEEZ 26 • COMPASS POINT (1981) Stiff, SEEZ 36 • OFFICIAL LIVE AND RARE (1987) Trojan • MUSIC LIKE DIRT (1992) Trojan • (S) DOUBLE DEKKER (1973) Trojan 72 • (S) GREATEST HITS (1978) Ariola 89092 • (S) SWEET SIXTEEN HITS (1978) Trojan 154 • (S) ORIGINAL REGGAE HIT-

SOUND (1985) Trojan • (S) 20 GOLDEN PIECES (1987) Bulldog • (S) KING OF SKA (1991) Trojan • (S) 20 GREATEST HITS (1992) Point 2 • (S) CRUCIAL CUTS (1993) Trojan • Mit **Specials**: KING OF KINGS (1993) Trojan

Delaney And Bonnie

Bonnie Bramlett (voc), Delaney Bramlett (g)

Delaney Bramlett (* 1. 7. 1939) aus Pontotoc, Mississippi, und Bonnie Lynn (Bonnie O'Farrell, * 8. 11. 1944) aus Acton, Illinois, lernten sich 1967 in Los Angeles kennen. Eine Woche später waren sie verheiratet und beschlossen als »ein weißes Soul/Rock-Duo« (*Guinness*) eine Karriere anzustreben. Bonnie stand als 15jährige zum ersten Mal auf der Bühne und wurde als Chorsängerin für die → **Doors**, Albert → King und → Little Milton bekannt. 1967 kam sie als Mitglied von **Ike & Tina Turner Ikettes** in die TV-Show »Shindig« von Jack Good. Delaney, der bereits einige Singles veröffentlicht hatte, war zu diesem Zeitpunkt Gitarrist der Studioband **Shindogs**. Der von Country, Rock, Folk und Gospel beeinflußte Musiker genoß als Studiomusiker (→ **Everly Brothers**) einen erstklassigen Ruf.
Nach einigen Testkonzerten im San Fernando Valley nahmen **Delaney And Bonnie** 1968 unter der Regie von Leon → Russell und mit Hilfe von → **Booker T. & The MG**'s die LP HOME für Stax Records auf, die aber erst ein Jahr später erschien. Das Duo wechselte daraufhin zu Elektra Records und veröffentlichte im Sommer 1969 THE ORIGINAL DELANEY AND BONNIE (US #90). Kaum jemand nahm Notiz von den beiden Alben, und so entschlossen sich **Delaney And Bonnie**, den Erfolg über Konzerte bzw. Tourneen zu suchen. Unter dem Namen **Friends** stellten sie eine hochkarätig besetzte Gruppe zusammen, der zeitweise Leon Russell (key, voc), Bobby Whitlock (org, p), Carl Radle (b, g), Bobby Keys (sax), Jim Price (tr), Jim Keltner (dr) und Rita → Coolidge (voc) angehörten. Ihr griffiger Soulrock sprach alle Altersgruppen an und hatte Erfolg. → **Blind Faith** wählten das Kollektiv als Vorprogramm ihrer US-Tour aus, und am 15. 12. 1969 waren **Delaney And Bonnie And Friends** an John → Lennons Aktion Peace For Christmas im Londoner Lyceum Ballroom beteiligt.
Eric → Clapton hatte Gefallen an dem »weißen Gospel-Funk« (*Rolling Stone*) gefunden, und nach der Auflösung von **Blind Faith** stieg er im Januar 1970 bei den **Friends** ein und blieb bis zum April des Jahres. Clapton holte die Gruppe nach Europa. Die Tournee begann in Deutschland, und da hier noch nie eine Platte der Bramletts erschienen war, entgingen sie nur knapp einem Fiasko. In Großbritannien war die Aufnahme wesentlich freundlicher, und beim Auftritt in der Londoner Royal Albert Hall schloß sich auch George → Harrison für den Rest der Tournee an. Sie wurde auf dem hervorragenden Mitschnitt ON TOUR (US #17) festgehalten, der im Frühjahr 1970 veröffentlicht wurde.
Wieder in den USA, mußten die Bramletts auf ihre **Friends** verzichten. Clapton wollte sich auf eine Solo-LP konzentrieren, und die übrigen schlossen sich fast alle dem Projekt Mad Dogs And Englishmen von Joe → Cocker an. **Delaney And Bonnie** brachten TO BONNIE FROM DE-

LANEY (US #41) heraus und halfen Clapton bei seinem Debüt. Mit Russell, Dave →Mason, Gram →Parsons und John Hartford spielten sie MOTEL SHOT ein. Die LP fiel durch, enthielt aber den größten Hit der Bramletts ›Never Ending Song Of Love‹ (US #12), ein Song, der von den **New Seekers** übernommen wurde. Nach ›Only You Know And I Know‹ (US #15), ›Move 'Em Out‹ (US #55) und der LP TOGETHER (US #66) verschwanden die Bramletts aus den Charts. **Delaney And Bonnie** beendeten ihre Zusammenarbeit und ließen sich scheiden.

Delaney Bramlett hatte mit seinen vier Soloalben kein Glück. Obwohl er von der Elite der Westcoastmusiker im Studio begleitet wurde, wollte niemand seinen etwas pathetischen Soulrock mit starkem Countryeinschlag hören.

Bonnie Bramlett erging es nicht wesentlich besser. Erst als sie 1974 zum Southernrock-Label Capricorn Records wechselte, gelangen ihr »einige sympathische Produktionen« (*Rolling Stone*), darunter die von Johnny Sandlin (→**Cowboy**) produzierte LP IT'S TIME. Ihre begrenzten Ausdrucksmöglichkeiten wurden dagegen auf LADY'S CHOICE deutlich. Sie hatte Songs von James →Brown über Sam →Cooke bis Bob →Dylan aufgenommen, konnte ihnen aber keine neuen Aspekte abgewinnen.

1987 trat sie erstmals als Schauspielerin in der TV-Serie »Fame« auf. Inzwischen mit Danny Sheridan verheiratet, war sie als Bonnie Sheridan in kleineren Rollen im Kinofilm »The Doors« von Oliver Stone und Fernsehproduktionen wie »Friends Of Smitty« zu sehen. Ihre Tochter Bekka bildete 1997 mit Billy Burnette das Duo **Bekka & Billy**, das ein überzeugendes Country/Pop-Album veröffentlichte.

THE ORIGINAL DELANEY AND BONNIE (1969) • HOME (1969) Stax, STS 2026 • ACCEPT NO SUBSTITUTE (1969) Elektra 42024 • ON TOUR (1970) Atlantic 40087 • TO BONNIE FROM DELANEY (1970) Atlantic 40102 • MOTEL SHOT (1971) Atlantic 40213 • GENESIS (1971) Crescendo, GNPS 2054 • COUNTRY LIFE (1972) Atco, SD 33–383 • TOGETHER (1972) CBS 64959 • Bonnie **Bramlett**: SWEET BONNIE BRAMLETT (1973) CBS 65001 • IT'S TIME (1974) Capricorn, CPN-0148 • LADY'S CHOICE (1976) Capricorn, CPN-0169 • MEMORIES (1978) Capricorn, CPN-0199 • Delaney **Bramlett**: SOMETHING'S COMING (1972) CBS 65131 • MOEBIUS STRIP (1973) CBS 32420 • GIVING BIRTH TO A SONG (1975) MGM, M3G 5011 • CLASS REUNION (1977) Prodigal, PDL 2005 • Bekka Bramlett mit Billy Burnette als **Bekka & Billy**. BEKKA & BILLY (1997) Almo

De La Soul

P. A. Pasemaster Mase (voc), Posdnuos (voc), Trugoy The Dove (voc)

De La Soul bildeten mit ihren »leichten Rhythmen, der ausgefallenen Samplingtechnik und Hippie-ähnlichen Attitüden« (*Rolling Stone*) einen Gegenpol zu den harten Machorappern und der Hardcore-HipHop-Szene. »Wir machen einfach alles, was uns gerade einfällt, und genau das finden die Leute interessant« (Posdnuos).

Posdnuos (Kelvin Mercer, *17. 8. 1969, New York), Trugoy The Dove (David Jolicoeur, *21. 9. 1968, New York) und P. A. Pasemaster Mase (Vincent Mason, *24. 3. 1970, New York) lernten sich auf der High School kennen. Mercer nahm als Pseudonym seinen DJ-Künstlernamen an, und Jolicoeur nannte sich nach seiner

Lieblingsspeise Yogurt (rückwärtsgelesen). Ihr erstes Demo ›Plug Tunin‹ hatte bei ›Prince Paul‹ Houston von der Rapformation **Stetsasonic** Anklang gefunden, der **De La Soul** an Tommy Boy Records vermittelte und ihr Debütalbum 3 Feet High And Rising produzierte. Das Trio verwandte vor allem Samples aus Fernsehshows und Sequenzen aus Popsongs der 60er Jahre, u. a. einen Riff von ›You Showed Me‹ von den → **Turtles**, die **De La Soul** daraufhin auf 1,7 Millionen Dollar Tantiemenanteile verklagten. 3 Feet High And Rising (GB #13, US #24) erschien Anfang 1989 und machte **De La Soul** fast über Nacht bekannt. Als Singles wurden im Abstand von drei Monaten ›Me Myself And I‹ (GB #22, US #34), ›Say No Go‹ (GB #18), ›Eye Know‹ (GB #14) und ›The Magic Number‹ (GB #7) ausgekoppelt. Die Newcomer waren die Vorreiter des »Psychedelic Rap, der den HipHop-Klischees den Kampf ansagte« (*Szene Hamburg*). **De La Soul** traten zeitweise auch mit Rapperkollegen von den **Jungle Brothers, A Tribe Called Quest, Black Sheep** u. a. auf.
1991 erschien das Album De La Soul Is Dead (GB #7, US #26, D #12) mit den in Europa erfolgreichen Singles ›Ring Ring Ring‹ (GB #10, D #8) und ›A Roller Skating Jam Named Saturdays‹ (GB #22, D #37). Der Witz und Charme der ersten LP war einem »rein kommerziell ausgelegten seichtem Rap-Pop« (*Melody Maker*) gewichen. **De La Soul** gönnten sich nun eine längere Schaffenspause, ehe es ihnen 1993 auf Buhloone Mind State (GB #37, US #40) wieder gelang, »Rap, Jazz und Soul zu einer verblüffenden Einheit zu verschmelzen« (*Audio*). Als Single erschien vorab ›Breakadawn‹ (GB #39, US #76). Studiogäste waren Mitglieder aus der Gruppe von James → Brown und der legendäre Saxophonist Maceo Parker.
1994 beschränkten sich die »Rap-Komödianten« (*Stereoplay*) auf den Song ›Fallin'‹ (GB #59), in Zusammenarbeit mit der britischen Formation → **Teenage Fanclub**. Das neue Studioalbum von **De La Soul** erschien 1996 unter dem Titel Stakes Is High und enthielt ›The Breaks‹, eine Coverversion des Kurtis Blow-Klassikers: »Sie rappen politisch korrekt gegen Teenager-Schwangerschaften oder sexuellen Mißbrauch. Solche moralischen Botschaften kombinieren sie mit Sinn für Tanzspaß und gute Laune« (*Spiegel*).

3 FEET HIGH AND RISING (1989) Tommy Boy 9031–74943 • DE LA SOUL IS DEAD (1991) Tommy Boy 9031–74359 • BUHLOONE MIND STATE (1993) Eastwest 4509–93950 • STAKES IS HIGH (1996) Eastwest 8311–14934 • (S) DE LA REMIX (1992) Tommy Boy 9031–77378 • (S) THE BEST (?) Flying EFA 13270

Del Fuegos

Woody Giesman (dr, voc), Tom Lloyd (b, voc), Dan Zanes (voc, g), Warren Zanes (g, voc)

Die **Del Fuegos** waren »eine talentierte Rootsband« (*Rolling Stone*) der 80er Jahre, die den Soul der frühen → **Rolling Stones** wiederbelebten und schmutzigen Rock'n'Roll mit modernem Countryrock kombinierten. »Glasklare, unprätentiose Gitarrenleistungen und knappe, griffige und auf den Punkt konzipierte Songs« (*Hifi Vision*).
Dan Zanes gründete im Sommer 1980

mit Tom Lloyd in Boston die erste Formation der **Del Fuegos**, benannt nach Tierra del Fuego (Feuerland), dem südlichsten Ausläufer Südamerikas. Sie spielten auf Parties, in den Clubs der regen Bostoner Szene und traten im Staatsgefängnis von Walpole auf. 1983 kam Warren, der jüngere Bruder von Dan Zanes, als Verstärkung, außerdem Schlagzeuger Woody Giesmann von den **Embarrassments**.
Lässige Countryelemente, zündender Rock'n'Roll, aggressiver Gitarrenrock und New Wave lieferten die Basis für illusionslose Songs, die von Underdogs und Außenseitern und vom trostlosen Alltag der Landbevölkerung im Mittelwesten handelten. Phil Alvin von den →**Blasters** engagierte die **Del Fuegos** für das Vorprogramm seiner Rockabilly-Gruppe und stellte den Kontakt zu dem unabhängigen südkalifornischen Label Slash Records her. Mitchell Froom (→**Crowded House**) produzierte die ersten drei Alben der **Del Fuegos**. Durch die LP THE LONGEST DAY, einen Werbespot für eine populäre US-Biermarke und erste Auftritte in Europa wurde man auch international auf die Band aufmerksam. Neben →**Green On Red** und den →**Smithereens** galten sie als kommende Vertreter des Gitarrenrock.
Auf BOSTON, MASS. (1986) verfolgten sie konsequent ein gradliniges Rockkonzept mit rauhen, romantischen Gitarren. Mit der Single ›Still Want You‹ (US #86) kamen die Roots-Rocker erstmals in die Single-Charts. Bandchef Zanes erklärte 1987 in einem Interview: »Unsere Musik ist sicherlich nicht die innovativste. Wir arbeiten daran, die wildeste Band im Land zu werden und den originalen Geist des Rock zu bewahren.«
James Burton, langjähriger Begleiter von Elvis →Presley, sowie die Soulsängerinnen Merry Clayton und Stephanie Spruill sorgten dafür, daß das 87er-Album STAND UP ein eingängigeres Popkonzept verfolgte. Dennoch blieb ihre unorthodoxe Spielweise erhalten, die »Rhythm & Blues durch die Wave-Brille filtert und insbesondere den Balladen Country-Sprengsel einverleibt« (*Musik Express*).
Für die Aufnahmen der letzten LP stellte Zanes die **Del Fuegos** um. Seinen Bruder Warren sowie Giesmann ersetzte er durch Adam Roth und Joe Donnelly. SMOKING IN THE FIELDS klang bluesiger als die bisherigen Alben, da die Band von den ehemaligen **J.** →**Geils Band**-Musikern Magic Dick und Seth Justman sowie Ex- →**Band** Rick Danko unterstützt wurde. Der kommerzielle Erfolg blieb den **Del Fuegos** jedoch versagt. Einige Mitglieder der Band förderten 1991 das Bostoner Hardrock-Quartett **Lost**, und nach der Trennung der **Del Fuegos** veröffentlichte Dan Zanes ein Soloalbum.

THE LONGEST DAY (1984) Slash, SLMP 14 • BOSTON, MASS. (1986) Slash 820302 • STAND UP (1987) Slash 828050 • SMOKING IN THE FIELDS (1990) RCA, PD 90422 • Dan **Zanes**: COOL DOWN TIME (1995) Private Music 82133

Del-Lords

Eric Ambel (voc, g, key), Manny Caiati (b, voc), Frank Funaro (dr, voc), Scott Kempner (voc, g)

Das US-Nachrichtenmagazin *Time* widmete ihnen 1986 eine ganze Seite, und die englische Zeitschrift *Sounds* beschei-

nigte den **Del-Lords** »den besten Rock'n'Roll, der momentan irgendwo zu hören ist«. Die New Yorker Band, obwohl mit hochkarätigen Musikern besetzt, konnte die in sie gesetzten Erwartungen dennoch nicht erfüllen.
Scott Kempner und Manny Caiati hatten die **Del-Lords** Ende 1981 gegründet. Das Quartett überzeugte mit einem schmucklosen Rockstil, der New Wave und klassischen Rock'n'Roll der Presley / Berry / Richard-Ära kombinierte. Auf einer siebenmonatigen US-Tournee stellten die **Del-Lords** das überwiegend von Scott Kempner verfaßte Material von FRONTIER DAYS vor, vom *Time Magazine* als eine »der zehn besten LPs des Jahres« bezeichnet, während der *Rolling Stone* »allerfeinsten Roots-Rock« ausmachte.
JOHNNY COMES MARCHING HOME wurde 1986 von Neil Geraldo (Pat →Benatar) produziert. Western Guitar-Twang, komplexe Songs und kompakte Rhythmik katapultierten die **Del-Lords** in »die vorderste Front der Back to the Roots-Rock'n'Roll / Country-Landschaft« (*Trouser Press*). Songs wie ›Love Lies Dying‹ verfügten durchaus über Hitformat, kamen aber nicht in die Charts. Wieder von Geraldo produziert, erschien 1988 das Album BASED ON A TRUE STORY bei Enigma Records. Im Berliner Stadtmagazin *Tip* hieß es: »... unwiderstehlich rockende und swingende Stücke und eine reizvolle Verbindung von Kempners anheizendem Gesang und der feinen, vielschichtigen Instrumentalarbeit.«
Die Mini-LP HOWLIN' AT THE HALLOWEEN MOON wurde 1988 in Toronto live mitgeschnitten und dokumentierte die Bühnenpräsenz einer immer noch unterschätzten Band. 1990 erschien LOVERS WHO WONDER, aber wieder blieb dem bodenständigen Rocksound die verdiente Anerkennung versagt. Das veranlaßte die Musiker, getrennte Wege zu gehen.
Ambel trat ab 1988 sporadisch mit seiner Freizeitband **Roscoe's Gang** auf, der zeitweise auch Peter Holsapple von den →**dB's** angehörte. Er setzte auf einen knalligen Roots-Rock und coverte u. a. Songs von Neil →Young und Bob →Dylan. 1994 produzierte er die **Blood Oranges** aus Boston, 1995 die Debüts von **Simon & Bar Sinisters** und des Quartetts **Go To Blazes** aus Washington und 1996 das erste Soloalbum der BLOOD-ORANGES-Sängerin Cheri Knight.
Kempner veröffentlichte 1992 sein Soloalbum TENEMENT ANGELS mit grundsolidem Roots-Rock. 1994 war er vorübergehend Mitglied der →**Brandos**, denen sich auch Drummer Funaro anschloß.

FRONTIER DAYS (1984) EMI 064–240263 • JOHNNY COMES MARCHING HOME (1986) EMI 064–240510 • BASED ON A TRUE STORY (1988) Virgin 259412 •HOWLIN' AT THE HALLOWEEN MOON (1989) Mini-LP Restless 72317 • LOVERS WHO WONDER (1990) Enigma • Eric **Ambel**: ROSCOE'S GANG (1988) Demon 157 • **Eric Ambel & Roscoe's Gang**: LOUD & LONESOME (1994) ESD 81062 • Scott **Kempner**: TENEMENT ANGELS (1992) Razor & Tie 2809

Rick Derringer

Sein Name findet sich auf Platten von Alice →Cooper, Joe Vitale, Todd →Rundgren, Dan Hartman, →Meat Loaf und →**Steely Dan**, ist mit den Produktionen von Johnny und Edgar →Winter eng verbunden und steht für

Bestsellersongs wie ›Rock'n'Roll Hoochie Coo‹. Rick Derringer war als Produzent erfolgreich, führte seine Bands →McCoys und Derringer in die Charts und hatte bis 1980 weltweit rund zehn Millionen Platten verkauft.

Derringer wurde als Richard Zehringer am 5. 8. 1947 in Celina, Ohio, geboren. Im Alter von 13 Jahren gründete er mit seinem jüngeren Bruder Randy und Freunden aus der Nachbarschaft die McCoys, den »Prototyp einer Garagenband der 60er« (*Rolling Stone*). Die Gruppe war eine Zeitlang sehr erfolgreich, so 1965 mit ›Hang on Sloopy‹ (US #1), Derringer trat aber nur einmal als Komponist (›Mr. Summer‹) in Erscheinung. 1969 spielten die McCoys als Hausband im New Yorker Steve Paul's Club. Paul wurde der Manager von Derringer und brachte ihn mit dem Gitarristen Johnny Winter zusammen.

Winter engagierte die McCoys als Begleitgruppe für sein Album AND und den Tourneemitschnitt LIVE JOHNNY WINTER AND. Derringer arbeitete als Produzent für Winter und schrieb für ihn den Hit ›Rock'n'Roll Hoochie Coo‹. Ende 1971 beendete Winters Heroinabhängigkeit die Zusammenarbeit. Derringer wechselte zu White Trash, der Band von Edgar →Winter. Erneut überzeugte Derringer als einfallsreicher Gitarrist und mit gradliniger Produktionstechnik. Rick Derringer betreute u. a. Edgar Winters Single-Hits ›Frankenstein‹ und ›Free Ride‹.

Nach einer Tournee mit Edgar Winter widmete sich Derringer 1973 seiner ersten Soloplatte ALL AMERICAN BOY (US #25). Sie wurde vergoldet, und der »unterbewertete Rock'n'Roller« (*Fachblatt*) schaffte mit seiner Version von ›Rock'n'Roll Hoochie Coo‹ (US #15) einen Top-Erfolg. Außerdem wurde im April 1974 ›Teenage Love Affair‹ (US #60) ausgekoppelt. Derringer war wieder ein Star, spielte Gitarre für Bette →Midler und produzierte Johnny Winters glanzvolles Comeback STILL ALIVE AND WELL. Sein zweiter Alleingang SPRING FEVER (US #87) mit einer Neufassung des McCoys-Erfolges ›Hang On Sloopy‹ (US #79) erwies sich im Frühjahr 1975 als kommerzieller Flop. Die LP offenbarte im übrigen Derringers stimmliches Manko.

1976 bildete die »graue Gitarrenemminenz« (*Sounds*) das Quartett Derringer. Geeignete Musiker fand er in Vinny Appice (dr), dem jüngeren Bruder von Carmine Appice (→Vanilla Fudge), Kenny Aaronson (b), zuvor bei Dust und Stories, und Danny Johnson (g). Ihr schnörkelloses Debütalbum bekam zwar gute Kritiken, verkaufte sich aber ausgesprochen schlecht. Auf drei weiteren LPs vertraute die makellose Live-Band auf »einfache Akkorde, einprägsame Rhythmen und direkte Texte« (*Sounds*), aber wieder ohne großen Erfolg. Derringer, die als grundsolide, spielfreudige und zuverlässige Bühnenmusiker galten, wurden u. a. von →Foghat, →Aerosmith und →Blue Öyster Cult als Anheizer engagiert.

Ab 1979 erschienen die Platten wieder unter seinem Namen, obwohl Rick Derringer weiterhin eine Band unterhielt, die sich aus Aaronson, Neil Geraldo (p, g) und Myron Grombacher (dr) zusammensetzte. Auf GUITARS AND WOMEN war Todd Rundgren als Gastsänger vertreten. Nach dem erneuten Mißerfolg wechselten Geraldo und Grombacher in die Band von Pat →Benatar. Derringer holte daraufhin für die Produktion von FACE TO FACE Benjy King (key, voc), Donnie Kisselbach (b, voc) und Jimmy

Wilcox (dr, voc). Das dürftige Album mit der Single ›Don't Ever Say Goodbye‹ (US #93) und einem Neil → Young-Cover (›My My, Hey Hey‹) »ging in ein Ohr rein und zum anderen wieder hinaus« (*Record Mirror*).
Rick Derringer war nach diesen Mißerfolgen fast drei Jahre lang ohne Plattenvertrag. Er begleitete Carmine Appice auf einer Japan-Tournee und organisierte im April 1982 in New York das Rick Derringer Rock Spectacular mit Ted → Nugent, Southside Johnny, Karla DeVito und Tim Bogert. Ein Jahr später fiel er bei seinem Comeback-Versuch GOOD DIRTY FUNK allenfalls durch solides Handwerk auf.
Rick Derringer arbeitete wieder als Produzent, u. a. für Cyndi → Lauper, ›Weird‹ Al Yankovic und Wrestler-Superstar Hulk Hogan. Nach einer Pause von fast 10 Jahren erschienen ab 1993 wieder Alben von ihm. Das *Fachblatt* kommentierte: »Er spielt seinen Blues, oft hard und heavy, dann wieder leise und einfühlsam, so daß es letztlich ehrlicher rüberkommt, als die leidlichen Versuche vieler weißer Musiker, den Muddy Waters-Sound authentisch zu kopieren.«

ALL AMERICAN BOY (1973) Epic 65831 • SPRING FEVER (1975) Blue Sky 80723 • GUITARS AND WOMEN (1979) Blue Sky 83746 • FACE TO FACE (1980) Blue Sky 84462 • GOOD DIRTY FUNK (1983) Ultraphone 625475 • BACK TO THE BLUES (1993) Blues Bureau, RR 9048 • ELECTRA BLUES (1994) Blues Bureau, RR 8968 • TEND THE FIRE (1996) Eastwest 7063–01534 • (S) ROCK AND ROLL HOOCHIE KOO (1996) Legacy 57166 • **Derringer**: DERRINGER (1976) Sony, ZK 34181 • SWEET EVIL (1977) Blue Sky 81847 • DERRINGER LIVE (1977) Blue Sky 82130 • IF I WEREN'T SO ROMANTIC, I SHOOT YOU (1978) Blue Sky 82464

Detroit Spinners

Henry Fambrough (voc), Billy Henderson (voc), Pervis Jackson (voc), Bobbie Smith (voc), Phillipe Wynne (voc)

An der High School in Ferndale, Michigan, gründeten die Freunde Bobbie Smith (* 10. 4. 1936), Henry Fambrough (* 10. 5. 1938), Billy Henderson (* 9. 8. 1939), Pervis Jackson und Crathman Spencer, 1961 durch George Dixon ersetzt, 1955 die **Moonglows**. Sie imitierten angesagte Gesangsgruppen und interessierten sich für Soul und R&B. Bei einer lokalen Talentshow gewann das Gesangsquintett den ersten Preis, bei dem Henderson, Smith und Dixon als Tenor, Fambrough als Bariton und Jackson als Baß sangen.
Der Sänger und Produzent Harvey Fuqua nahm die **Moonglows** 1961 unter Vertrag und übernahm bei den Singles ›That's What Girls Are Made For‹ (US #27) und ›Love (I'm So Glad I) Found You‹ (US #91) den Part des Leadsängers. Inzwischen hatten sich die **Moonglows** in **Detroit Spinners** umgetauft, wurden aber meist nur als **Spinners** bezeichnet.
Fuqua verlor das Interesse an den **Detroit Spinners**, bei denen Dixon durch Edgar Edwards ersetzt wurde. Sie wechselten zu Tamla Motown Records und konnten sich im Sommer 1965 mit ›I'll Always Love You‹ (US #30) wieder in Szene setzen. Die erste LP MY PAD fand dagegen kaum Beachtung. 1967 engagierten die **Spinners** George C. Cameron als Leadsänger für das Album THE ORIGINAL SPINNERS mit der Single ›Truly Yours‹ (US #79). 1970 konnten sie Stevie → Wonder als Komponisten und Produ-

zenten für ihren ersten weltweiten Hit ›It's A Shame‹ (GB #14, US #17) gewinnen, ebenso für ›We'll Have It Made‹ (US #88). 1971 verließ Cameron die Gruppe. Für ihn kam Phillipe Wynne (* 3.4.1938), mit dem die erfolgreichste Periode in der Geschichte der **Spinners** begann.
Inzwischen bei Atlantic Records unter Vertrag, entstand bei einer Session in Philadelphia unter Anleitung des Produzenten Tom Bell im November 1972 zunächst die Soulballade ›How Could I Let You Get Away‹. Im März 1973 erschien die Single ›Could It Be I'm Falling In Love‹ (GB #11, US #1), die sich mehr als eine Million Mal verkaufte. Die **Spinners**, weltweit als die neue Soulsensation gehandelt, brachten 1973 die Singles ›One Of A Kind (Love Affair)‹ (US #9), ›Together We Can Make Sweet Music‹ (US #92) und ›Ghetto Child‹ (GB #8, US #27) sowie das mit Gold ausgezeichnete Album THE DETROIT SPINNERS (US #12) heraus.
Während der folgenden fünf Jahre gehörten die **Spinners** zu den Stammgästen in den US-Hitlisten. Sie begannen das Jahr 1974 mit dem Erfolg ›Mighty Love‹ (US #20), dem im Mai das gleichnamige Album (US #12) und im Juni ›I'm Coming Home‹ (US #14) als zweite Auskopplung folgten. Im Sommer tourten sie im Vorprogramm der Sängerin Dionne Warwick und nahmen gemeinsam mit ihr ›Then Came You‹ (US #1) auf. Sie beendeten das Jahr mit der Single ›Love Don't Love Anybody‹ (US #26). Exzellenter Gesang und einschmeichelnde Soularrangements machten den Erfolg der **Spinners** aus, die »den Motown Sound auf ihre ganz spezielle Weise« (*Disc*) definierten. »Eine der am meisten etablierten Soulbands der USA« (*Music Week*) setzten ihre Hitserie 1975 / 76 fort, darunter die Singles ›Sadie‹ (US #44), ›They Just Can't Stop It‹ (US #1) und ›The Rubberband Man‹ (GB #16, US #2) sowie die LPs NEW AND IMPROVED (US #16), PICK OF THE LITTER (US #8) und SPINNERS LIVE (US #24).
1977 ließ das Interesse an den **Spinners** deutlich nach, wie an den Plazierungen der Single ›You're Throwing A Good Love Away‹ (US #63) und des Albums YESTERDAY, TODAY & TOMORROW (US #60) abzulesen war. Lediglich in Großbritannien konnten sie sich mit dem Song ›Wake Up Susan‹ (GB #28) und der EP ›Could It Be I'm Falling In Love‹ (GB #25) einigermaßen halten. Wynne zog daraus die Konsequenzen und machte als Solist weiter, aber ohne Erfolg. Er agierte zeitweise im Umfeld von **Funkadelic** und tauchte mit ›Wait 'Til Tomorrow‹ in unteren Regionen der Soul-Charts auf. Er erlag am 13. 7. 1984 auf der Bühne einem Herzanfall.
John Edwards aus St. Louis übernahm den freigewordenen Platz bei den **Spinners**, die sich 1980 von ihrem kommerziellen Tief erholen konnten. Sie taten sich mit dem Produzenten Michael Zager zusammen und entdeckten den Medley als geeignete Form für die Charts. Sie mischten zunächst Zagers ›Forgive Me Girl‹ mit dem →**Four Seasons**-Song ›Working My Way Back To You‹ (GB #3, US #2) und kombinierten im Mai 1980 Sam →Cookes ›Cupid‹ mit ›I'd Loved You For A Long Time‹ (GB #3, US #4). Die Alben DANCIN' AND LOVIN' (US #46) und LOVE TRIPPIN' (US #56) konnten sich nur im Mittelfeld der US-Charts plazieren.
Das Hoch der **Spinners** klang jedoch schnell wieder ab. Die überaus professionelle Gesangsgruppe versuchte sich 1983 an dem Willie →Nelson-Titel ›Funny

How Time Slips Away‹ (US #67) und konnte sich damit zum letzten Mal in den Hitparaden plazieren. Sie tingelten durch die Clubszene, traten in den großen Hotels in Las Vegas auf oder verdienten bei Galas gutes Geld. Ihre Platten dagegen wurden kaum noch beachtet, und 1991 lief ihr Vertrag aus.

MY PAD (1965) • THE ORIGINAL SPINNERS (1967) Motown, STML 11060 • 2ND TIME AROUND (1970) V.I.P. 405 • THE DETROIT SPINNERS (1973) Atlantic 40477 • MIGHTY LOVE (1974) Atlantic 50030 • NEW AND IMPROVED (1974) Atlantic 50102 • SPINNERS LIVE! (1975) Atlantic 60110 • PICK OF THE LITTER (1975) Atlantic 50155 • HAPPINESS IS BEING WITH THE SPINNERS (1976) Atlantic 50287 • YESTERDAY, TODAY & TOMORROW (1977) Atlantic 50354 8 (1977) Atlantic 50148 • FROM HERE TO ETERNALLY (1979) Atlantic 50544 • DANCIN' AND LOVIN' (1979) Atlantic 50667 • LOVE TRIPPIN' (1980) Atlantic 50731 • LABOR OF LOVE (1981) Atlantic 50777 • CAN'T SHAKE THIS FEELIN' (1981) Atlantic 50838 • GRAND SLAM (1982) Atlantic 780 020 • CROSS FIRE (1984) Atlantic 780 150 • LOVIN' FEELINGS (1985) Atco 790 456 • DOWN TO BUSINESS (1989) Volt • ONE OF A KIND LOVE AFFAIR (1991) Volt • (S) SMASH HITS (1977) Atlantic 50363 • (S) 20 GOLDEN CLASSICS (1980) Motown, STMR 9011

Willy DeVille

Bekannt wurde der »Liebling der Kritiker« (*Musik Express*) zunächst mit seiner Gruppe →**Mink DeVille**, ehe er sich 1986 zu einer Solistenlaufbahn entschloß.
Willy DeVille wurde als William Boray am 27. 8. 1953 in New York geboren. Nach einem längeren Aufenthalt in London ging er 1971 nach San Francisco, wo er mit Ruben Siquenza und Tom Allen die **Lazy Eights**, dann **Billy DeSade & The Marquis** und schließlich – wiederum in New York – **Mink DeVille** gründete. Bis 1985 bestimmte Willy DeVille den musikalischen Kurs der Band. 1986 produzierte und arrangierte Mark →Knopfler sein Solodebüt MIRACLE mit »spärlichen Rhythmen, wenigen Uptempo-Songs und ruhigen Balladen« (*Musik Szene*). Die LP enthielt den Song ›Storybook Love‹, der für einen Oscar im Zusammenhang mit dem Film »The Princess Bride« nominiert wurde.
Trotz hervorragender Kritiken hatte seine authentische Rockmusik kommerziell keinen Erfolg. DeVille galt zudem als schwierig; Konzerte oder TV-Termine ließ er platzen, wenn er sich »nicht entsprechend fühlte«. Sein Drogenkonsum zwang ihn schließlich zu einer Therapie. 1990 kam sein Comeback VICTORY MIXTURE heraus, eine »Würdigung für New Orleans, eine seiner vielen Heimatstädte« (*Rolling Stone*). Gelegentlich arbeitete er als Schauspieler. Er hatte bereits in der deutschen Produktion »Va Banque« als kleiner Gauner vor der Kamera gestanden und wirkte 1989 neben dem Soulpionier Solomon →Burke in dem italienischen Film »Video Life« mit.
1992 schien sich das Blatt für »den ewigen Verlierer« (*Rock World*) zu wenden. Er unterzeichnete einen neuen Plattenvertrag, blieb in New Orleans und nahm BACKSTREETS OF DESIRE (D #65) auf. Bei zwei Songs wirkte →Dr. John mit. DeVille wetterte gegen US-Präsident Bush (›Chemical Warfare‹), transportierte den Hendrix-Klassiker ›Hey Joe‹ in die Latin-Welt, coverte den R&B-Oldie ›Come

To Poppa‹ und sang mit schluchzender Stimme Balladen wie ›Lonely Hunter‹. 1993 ging er auf Europatournee, bei der der »Meister der Zeremonie« (*Musik Express*) Publikum und Kritiker begeisterte.
1995 war DeVille Stargast von Andy J. Forest und Kenny Holladay bei deren Album HOGSHEAD CHEESE. Von ihm selbst erschien im Sommer des Jahres das Studioalbum LOUP GAROU, das ein Duett (›You'll Never Know‹) mit Brenda Lee enthielt. Der Rest der Platte entstand unter der bewährten Regie von John Philip Shenale in Los Angeles mit Freddy Koella (g), Michael Urbino (dr) und David Farraghar (b): »Ich habe mit meinen neuen Songs Dinge ausprobiert, die ich vorher noch nie so gemacht habe. Ich habe weniger rumgefeilt, dafür mehr spontan eingespielt. Ich wollte diese Stilmixtur des Südens einfangen« (Willy De Ville). LOVE & EMOTION vom Frühsommer 1996 war wieder eine außergewöhnliche Mischung aus weißem Soul und staubtrockenem Südstaaten-Rock.

MIRACLE (1987) Polydor 833 669 • VICTORY MIXTURE (1990) Sky Ranch, SR 652 304 • EVEN WHILE I SLEEP (1992) FNAC 593 147 • BACKSTREETS OF DESIRE (1992) Eastwest 4509–90986 • LIVE (1994) Eastwest 4509–94620 • LOUP GAROU (1995) Eastwest 0630–12456 • LOVE & EMOTION (1996) Eastwest 7567–82958

Devo

Bob Casale (key, g, voc), Jerry Casale (b, voc), David Kendrick (dr), Mark Mothersbaugh (voc, key, g), Bob Mothersbaugh (g, voc).

Die »ironische New Wave-Ausgabe von Kiss« (*Rolling Stone*) wurde 1977 von David →Bowie entdeckt und gefördert. Gegründet wurde **Devo** 1972 von den Kunststudenten Bob Casale und Mark Mothersbaugh an der Kent State University in der schmuddeligen Industriemetropole Akron, Ohio. Beide besaßen keinerlei musikalische Erfahrungen, als sie beschlossen, mit Bob und Jim Mothersbaugh neue Dimensionen in der visuellen Umsetzung von Rockmusik zu erschließen. 1974 nahm die Band noch unter dem Namen **De-Evolution** konkrete Formen an. Jim Mothersbaugh stieg aus und wurde von Alan Myers ersetzt, während Jerry Casale als Bassist hinzukam. Als Mark Mothersbaugh ein Angebot von **Jackrabbit** (mit der späteren →**Pretenders**-Chefin Chrissie Hynde) annahm, ging das Quintett auseinander. 1975 fanden sich die Casale- und Mothersbaugh-Brüder sowie Myers wieder zusammen. Beim Ann Arbor Film Festival gewannen sie mit ihrem Videoclip »The Truth About De-Evolution« einen Preis. Anschließend traten sie in kleinen Clubs auf und verwirrten das Publikum mit minimalistischen Klängen. Im Spätsommer 1976 verkürzten sie ihren Bandnamen auf **Devo**. Für ihre Auftritte entwarfen sie skurrile, futuristisch angehauchte Kostüme, da sie schnell gelernt hatten, wie wichtig es ist, sich ein Image aufzubauen. Ende 1976 und im Sommer 1977 sorgten sie mit den beiden selbst-

verlegten Singles ›Jocko Home‹/›Mongoloid‹ und ›Satisfaction‹/›Sloopy‹ auf dem bandeigenen Label Booji Boy Records für Aufsehen. Der infantile Roboter Booji wurde zu einer Art Maskottchen für die Band.
Devo ließen sich vorübergehend in Los Angeles nieder, absolvierten zwei Tourneen an der Westküste und gingen schließlich nach New York. Bowie sah sie im Punkmekka CBGB's und war so begeistert, daß er den Kontakt zu Brian → Eno herstellte, der das erste, von der Band finanziertes Album herstellte. Daß sich Bowie und Eno für **Devo** begeisterten, machte die großen Plattenfirmen aufmerksam. Die Band überließ aber der kleinen englischen Firma Stiff Records die Veröffentlichung der Singles. ›Satisfaction‹ (GB #23) kletterte im Frühjahr 1978 unter die Top 30, und **Devo** wurden von den Medien als »einzig wahre amerikanische Kultband« (*New Musical Express*) bezeichnet.
Das Gesamtkonzept **Devo** begann zu greifen: Ihre futuristische Show und ihr hektischer, großstädtischer New Wave, verbunden mit zynischen, ironischen Texten kam an, so auch ihr Album Q: ARE WE NOT MEN? A: WE ARE DEVO! (GB #16, US #82) im September 1978 mit »kurzen, schnellen Elektro-Pop-Rock-Stükken« (*Sounds*). 1978 erschien bei Stiff Records noch eine Mini-LP mit ihren ersten Singles. Nach einer umstrittenen Europatournee kehrten **Devo** nach New York zurück. Sie handelten einen neuen Plattenvertrag aus und veröffentlichten im Sommer 1979 die LP DUTY NOW FOR THE FUTURE (US #95), die sich nicht besonders gut verkaufte. Sie sagten daraufhin eine für den Herbst geplante Europatour ab und wirkten in dem Film »Rust Never Sleeps« von Neil → Young mit.
Devo besannen sich auf ihre Fähigkeiten, und so gelang ihnen auf ihrem dritten Album FREEDOM OF CHOICE (US #62) »beschwörende Harmonisierung von Wort und Musik« (*Trouser Press*). **Devo** persiflierten meisterhaft »optisch wie akustisch Technokraten-Kauderwelsch« und gaben sich dabei »kopflastig, intellektuell und akademisch« (*Musik Express*). Die LP enthielt ›Whip It‹ (US #17), den einzigen US-Hit der Band.
Im April 1981 folgte mit DEV-O LIVE (US #49) eine »absolut überflüssige« (*Record Mirror*) Konzertproduktion. Im Herbst des Jahres dagegen gelang dem »fünfköpfigen Gemüse der Apocalypse« (*New Musical Express*) der bis dahin größte LP-Erfolg NEW TRADITIONALISTS (US #24) in »laszivem Techno-Stil« (*Trouser Press*). Mit einer Bearbeitung des Lee Dorsey-Klassikers ›Working On A Coal Mine‹ (US #43) beteiligten sich **Devo** an dem Soundtrack zum Film »Heavy Metal«. Die Trendsetter der New Wave hatten Ende 1982 mit dem OH NO! IT'S DEVO (US #47) noch einmal Erfolg, aber ihr dadaistisch anmutendes Avantgardekonzept zugunsten eines durchschnittlichen, eher konventionellen Rocksounds aufgegeben.
Die fünf Musiker konzentrierten sich inzwischen auf die Studioarbeit und vernachlässigten ihre Live-Auftritte. Doch ihrem überwiegend synthetischen Stil fehlte es an innovativen Ideen. Nach der Titelmusik zum Film »Dr. Detroit« mit Dan Aykroyd in der Hauptrolle – ›Theme From Doctor Detroit‹ (US #59) – liefen sie bei SHOUT Gefahr, sich selbst zu kopieren und in selbstgefälligen Nihilismus abzugleiten. Der im Sommer 1987 veröffentlichte Sampler E-Z LISTENING DISC enthielt sogenannte Muzak-Ver-

sionen ihrer größten Charterfolge. Das Album, das nur in den USA veröffentlicht wurde, war »offensichtlich nur dazu gedacht, den Namen Devo nicht gänzlich in Vergessenheit geraten zu lassen« (*Munzinger*).

Zwei Jahre arbeiteten sie mit dem neuen Drummer David Kendrick (zuvor bei **Gleaming Spires** und den →**Sparks**) in den Marina Del Rey Studios an den Aufnahmen für TOTAL DEVO. Das Album erschien im Spätsommer 1988 und sollte die Karriere von **Devo** wieder in Schwung bringen. Die Platte fiel durch, und die Band brachte 1989 den Mitschnitt NOW IT CAN BE TOLD heraus, von *Trouser Press* als »farblose Zeitverschwendung« bezeichnet.

Mark Mothersbaugh schrieb die Musik zur Fernsehsendung »David Rules« und veröffentlichte zwei Soloplatten mit Synthesizer-Instrumentals. 1991 wurden zwei Sampler von **Devo** veröffentlicht. Im Jahr darauf übernahmen Bands wie →Nirvana, →Soundgarden und die Sängerin →Cher Songs von **Devo**. Mark Mothersbaugh ließ in einem Interview mit *Variety* die Zukunft der Band offen: »Finanzielle Gründe haben uns zur Aufgabe gezwungen. Wir hatten immer viele Probleme, aber auch viel Spaß, und wer weiß schon, was noch alles auf uns zukommt.«

Devo tourten 1991 durch 30 europäische Städte, und 1995 arbeiteten sie an dem Soundtrack zu dem Film »Mighty Morphin Power Rangers«. Es folgten Songs für die Filme »Supercop« und »Meet Wally Sparks« und sechs Konzerte im Rahmen der 96er Lollapalooza-Tour. Zudem planten **Devo** auf dem immer noch existenten Label Booji Boy Veröffentlichungen von Archivmaterial der Band.

Q: ARE WE NOT MEN? A: WE ARE DEVO! (1978) Virgin 786996 • BE STIFF (1978) Stiff • DUTY NOW FOR THE FUTURE (1979) Virgin 786995 • FREEDOM OF CHOICE (1980) Virgin 786997 • DEV-O LIVE (1981) Virgin 203 866 • NEW TRADITIONALISTS (1981) Virgin 203 985 • OH NO! IT'S DEVO (1982) Virgin 205 135 • SHOUT (1984) Warner Brothers 925 097 • TOTAL DEVO (1988) Rough Trada 378 8756 • NOW IT CAN BE TOLD (1989) Rough Trade 378 8755 • SMOOTH NOODLE MAPS (1989) Rough Trade 378 8757 • (S) E-Z LISTENING DISC (1987) Rykodisc 20031 • (S) GREATEST HITS (1990) Warner Brothers 26449 • (S) GREATEST MISSES (1990) Warner Brothers 26450 • (S) HARDCORE VOL.1 (1990) Rykodisc 10188 • (S) HARDCORE VOL.2 (1991) Rykodisc 20208 • (S) LIVE: THE MONGOLOID YEARS (1992) Rykodisc 20209 • (S) HOT POTATOES (1993) Virgin 786805 • Mark **Mothersbaugh**: MUZIK FOR INSOMNIAKS VOLUME 1 (1988) Enigma, D21S-73365 • MUZIK FOR INSOMNIAKS VOLUME 2 (1988) Enigma D21S-73366 • **Devo**-Tribute Album: KROQ-FM DEVOTEES (1979) Rhino RNLP 301

Manu Dibango

Dibango gelang es mit ›Soul Makossa‹, einen der wenigen afrikanischen Popsongs im Juli 1973 in den US-Charts zu plazieren. Damit sorgte »Makossa-Mann« (*Rolling Stone*) international für Aufsehen. Manu Dibango überwand die Grenzen zwischen westlicher, karibischer und afrikanischer Musik und schuf einen markanten Sound aus lateinamerikanischer Rhythmik, schroffem Jazzrock, traditionellen Juju-Klängen und Sprechgesang.

Manu Dibango wurde am 10. 2. 1934 in Douala, Kamerun, geboren. Seine Mut-

ter leitete einen Kirchenchor. Ihr Sohn erhielt Klavierunterricht und studierte in Paris und Brüssel Piano und Musiktheorie. Als 20jähriger hatte er das Saxophon für sich entdeckt und spielte in europäischen Clubs Jazz und Rhythm & Blues. 1960 machte er die Bekanntschaft von Joseph Kabasele, dem Vater der modernen Musik im damaligen Zaire, und kehrte daraufhin nach Afrika zurück, wo er sich dessen Band anschloß. Als Solist experimentierte er in Big Band-ähnlichen Formationen mit Jazz, kubanischem Pop, Calypso und Jazzrock und verband in seinen weitläufigen Arrangements traditionelle afrikanische Instrumente mit Bläsersätzen und elektrischen Gitarren.
1963 ließ sich Manu Dibango wieder in seiner Heimatstadt nieder und ging 1965 erneut nach Paris, das gerade eine Soul-Welle erlebte. Er spielte mit führenden US-Musikern dieses Genres, die nach Frankreich kamen, und leitete die Studioband in Nino Ferrers TV-Show »Pulsations«. 1968 nahm er sein erstes Album MANU DIBANGO auf, dem 1971 O BOSO und 1972 SOMA COBA folgten. Dibango hatte seinen eigenen Stil entwickelt, der als »Makossa-Mix« (*Jazz Podium*) bezeichnet wurde.
1971 weilte er wieder kurzfristig in Kamerun und komponierte im Auftrag von Präsident Ahidjo eine Hymne für den »Africa Cup« des Fußballs 1972. Für die B-Seite nahm er das Instrumental ›Soul Makossa‹ auf, das in einer überarbeiteten Fassung (US #35) Erfolg hatte und seinem 73er-Album (US #68) den Titel gab. Dibango ging nun in den USA, Europa und Afrika auf Tournee und knüpfte Kontakte zur Studioszene. Er arbeitete u. a. in New York mit Jazzmusikern wie Tony Williams, Frank Wess und den Brüdern Randy und Michael Brecker.
Dibango pendelte zwischen Afrika und Frankreich hin und her. In Abidjan, der Hauptstadt der Elfenbeinküste, dirigierte er ein Rundfunk- und Fernsehorchester und wandte sich vorübergehend der leichten Unterhaltungsmusik zu. Dibangos Rückkehr zum Jazz und anspruchsvollen Pop wurde durch eine gemeinsame Tournee mit dem Trompeter Don Cherry eingeleitet. Seine Talente als Jazzer untermauerte er mit einem reinen Piano-Album (MELODIES AFRICANES). In den britischen Popcharts tauchte er im März 1978 mit der Single ›Big Blow‹ (GB #27) auf und spielte mit Herbie Hancock, Jaco Pastorius, Paul Butterfield. 1979 verband er seine prägnanten Staccato-Figuren auf dem Saxophon mit der entspannten Reggaerhythmik von Sly Dunbar und Robbie Shakespeare.
Vor allem in Konzerten und auf Tourneen propagierte Dibango mit Erfolg »afrikanische Fusionsmusik im Gewand der elektrifizierten westlichen Klangkultur« (*Jazz Podium*). Bill Laswell von **Material** produzierte 1984 das Album ELECTRIC AFRICA und half auch 1986 bei AFRIJAZZY mit. Unter den Studiogästen waren Sly & Robbie, Hancock, Bootsy →Collins und Hugh →Masekela. Der »größte Saxophonist Afrikas« (*Musik Express*) bot eine Mixtur »zwischen Ethno-Beat und Jazz, zwischen Afro-Rock und Blues« (*Musik Szene*).
Die »kahlköpfige Eminenz der Afro-Szene« (*Musik Express*) wurde im Studio und auf seinen Tourneen von der neunköpfigen **Makossa Gang** begleitet, die hin und wieder durch prominente Gäste ergänzt wurde. So versammelte er 1994 auf WAKAAFRIKA mit Salif →Keita, King Sunny →Adé, →**Touré Kunda** und

Youssou → N'Dour eine Art Who's Who der afrikanischen Musik im Studio. Hinzu kamen Peter → Gabriel und Sinéad → O'Connor. Das 96er-Album PAPA GROOVE unterstrich Dibangos Bühnenqualitäten, die sich in improvisationsreichen, kommunikativen Sessions am besten entfalten konnten.

MANU DIBANGO (1968) Philips • O BOSO (1971) London, SH 8451 • SOMO COBA (1972) • SOUL MAKOSSA (1972) Atlantic 7267 • MAKOSSA MAN (1973) Atlantic 7276• MAKOSSA MUSIC (1975) Creole, CRLP 503 • MANU '76 (1976) Decca 622642 • SUPER KUMBA (1976) Decca 622127 • AFROVISION (1976) Decca, SKLR 5296 • SUN EXPLOSION (1978) Decca, SKLR 5303 • A L'OLYMPIA (1978) Fiesta 360099/100 • GONE CLEAR (1980) Island, ILPS 9539 • REGGAE MAKOSSA (1980) Island • AMBASSADOR (1981) Island, ILPS 9658 • KA JUJU (1992) Polydor 2933 130 • MELODIES AFRICANES (1983) Sonodisc • SOFT AND SWEET (1983) Garima, ZL 37815 • DELIVERANCE (1983) Afrovision, AF 1984 • DEADLINE (1984) RCA • ELECTRIC AFRICA (1985) Polydor 827 014 • AFRIJAZZY (1986) IRS 987 237 • HAPPY REUNION – LA FETE A MANU (1989) Polydor 837 966 • TROIS KILOS DE CAFE (1990) RCA • POLYSONIK (1992) Soundwave 290 07179 • WAKAAFRIKA (1994) Intercord, INT 845 215 • LIVE 96 – PAPA GROOVE (1996) Intercord, INT 845 272 • THE VERY BEST OF (1997) Mercury 534 766

Dickies

Lorenzo Buhne (b), Enoch Hain (g), Stan Lee (g), Cliff Martinez (dr), Leonard Graves Phillipps (voc, key)

Die Dickies reduzierten Rockklassiker wie ›Eve Of Destruction‹ oder ›Paranoid‹ auf Zwei-Minuten-Stücke und starteten damit eine steile, aber sehr wechselvolle Karriere. Beeinflußt vom Bubblegum-Nonsense, Cartoon-Romantik und dem Sound der Garagenbands der 60er Jahre, marschierten die Dickies »im Schnellverfahren durch die Mottenkiste des Rock-Pop« (*Musik Express*), ohne Rücksicht auf Traditionen und ohne sich dabei besonders ernst zu nehmen.

1977 im kalifornischen San Fernando Valley gegründet, um die Aufmerksamkeit des örtlichen Fanzines *Slash* zu erregen, traten die Dickies erstmals im Whiskey-A-Go-Go in Los Angeles auf. Die Gruppe bestand aus dem Bassisten Billy Club, Schlagzeuger Karlos Kaballero, dem Gitarristen Stan Lee (*24. 9. 1956), Sänger Leonard Phillips und Keyboarder Chuck Wagon. Ihr Repertoire bestand zum größten Teil aus bekannten Titeln, die sie schneller als die vergleichbaren → Ramones in Preßlufthammergeschwindigkeit durchpeitschten.

Ex- → Sparks-Manager John Hewlett führte die Band dem Management von A&M Records vor, die gerade ihren US-Vertrag mit den → Sex Pistols gekündigt hatten. Da sie dringend punkähnlichen Ersatz suchten, wurden die Dickies nach 20 Minuten Show engagiert. Die Dickies verloren damit zwar ihre Glaubwürdigkeit in der Hardcore-Punkszene, eröffneten sich aber bei Surf-Freaks und Späthippies ein neues Publikum.

In Europa wurden die Hochgeschwindigkeitsrocker weiterhin als Punkband gehandelt, die insbesondere in England schnell populär wurde. Das verdankten sie ihrer im Mai 1979 nach ›Paranoid‹ (von →**Black Sabbath**) veröffentlichten zweiten Single ›Banana Splits‹ (GB #10) und ihrem Debütalbum The Incredible Shrinking Dickies (GB #19). Frisch, laut und respektlos präsentierten sich die **Dickies** auch 1979 in Deutschland im Vorprogramm der →**Stranglers**. Ihre spartanische Instrumentierung, der geringe Show-Aufwand und ihr wahnwitziges Tempo wurde von Gegnern als Scharlatanerie bezeichnet, während ihre Fans den Humor und den respektlosen Umgang mit großen Hits genossen.

Ende 1979 produzierte Robin Geoffrey Cable (Carly →Simon, →**Queen**) die zweite LP Dawn Of The Dickies, die ihren Ruf als schnellste Rockgruppe der Welt festigte. Ihr Sound wurde »als Psychedelic-Punk oder K-tel-Punk bezeichnet« (*Musik Express*). Aufgrund des Mißerfolgs des zweiten Albums verloren die **Dickies** ihren Plattenvertrag. Chuck Wagon nahm sich 1981 das Leben, und die Band zögerte daraufhin, ihre Karriere fortzusetzen. 1983 erschien Stukas Over Disneyland mit acht Live-Mitschnitten, an denen Wagon noch beteiligt war. Außerdem wirkten Jerry Angel (dr), Laurie Buhne (b) und Scott Sindon (g, voc) mit. Auch die nächste Veröffentlichung We Aren't The World enthielt ausschließlich Live-Aufnahmen, die zwischen 1978 und 1985 mitgeschnitten wurden.

Die **Dickies** spielten zu diesem Zeitpunkt nur noch sporadisch in häufig wechselnden Besetzungen zusammen. 1989 rafften sie sich nach einigen Konzerten wieder auf und nahmen in der Besetzung Phillips, Lee, Buhne, Enoch Hain, Cliff Martinez und Jerry Angel Second Coming auf. Die **Dickies** hatten den Musicalevergreen ›Hair‹ gecovert und irritierten das Publikum u. a. mit Songs wie ›Goin' Homo‹ und ›Dummy Up‹. Sie klangen melodischer als bisher und hatten mit ausgefeilten Arrangements einen niveauvollen Post-Punk geschaffen, ohne damit sonderlich anzukommen.

Die **Dickies** gaben auch in den 90er Jahren nicht auf. Ihr Konzept hatte sich zwar überlebt, live wußten sie jedoch zu überzeugen. Für das 94er-Album Idjit Savant hatten die beiden Gründungsmitglieder Phillips und Lee Glen Laughlin (g, voc), Jonathan Melvoin (dr, perc) und Marc Vachon (b) engagiert. Entstanden war eine kraftvolle Kollektion mit 14 Songs, darunter zwei Cover-Versionen: ›Golden Boys‹ (im Original von den **Germs**) und ›Pretty Ballerina‹ (von **Left Banke**).

THE INCREDIBLE SHRINKING DICKIES (1979) A&M 3327 • DAWN OF THE DICKIES (1979) A&M 3328 • STUKAS OVER DISNEYLAND (1983) Rough Trade 378 8247 • WE AREN'T THE WORLD (1988) Roir, EFA 14468 • SECOND COMING (1989) Rough Trade 378 8553 • LIVE IN LONDON / LOCKED 'N' LOADED (1991) Receiver, SPV 006–3076 • IDJIT SAVANT (1994) Triple X, IRS 970 860 • KILLER CLOWNS FROM OUTER SPACE (1995) Rough Trade 378 8554 • (S) GREAT DICTATIONS (1989) A&M 5236

Dictators

Ross ›The Boss‹ Funicello (g, voc), Scott Kempner (g), Stu ›Boy‹ King (dr), ›Handssome‹ Dick Manitoba (voc), Adny Shernoff (key, b, voc)

»Von einigen geliebt, von vielen gehaßt und vom Rest mißverstanden oder ignoriert« (*Rolling Stone*), spielten die **Dictators** Punk, lange bevor der Begriff überstrapaziert wurde. Sie mixten rüden Punkrock mit ersten Metal-Schritten und einem comicartigen Humor. Ihr Gründer war der Musikjournalist und Fanzine-Herausgeber Adny Shernoff (*19. 4. 1952), der 1974 Scott Kempner (*6. 2. 1954), Stu King und Ex-**Total Crud** ›Ross The Boss‹ Funicello (*3. 1. 1954) zur Bildung einer Band überreden konnte. ›Handsome‹ Dick Manitoba (Richard Blum, *29. 1. 1954) arbeitete zunächst als Roadie für die **Dictators**, war dafür aber völlig ungeeignet und wurde schließlich Leadsänger.
Die **Dictators** erlebten die frühen Tage des Punkschuppens CBGBs und debütierten 1975 mit dem Album Go Girl Crazy. Da die LP nicht ankam, wurden die **Dictators** umbesetzt. King stieg aus, seinen Part übernahm Ritchie Teeter (*16. 3. 1951). Neu dazu kam der Bassist Mark Mendoza (*13. 7. 1956). Während eines Auftritts wurde Manitoba 1976 lebensgefährlich verletzt, als er mit Punkfigur Jayne County in Streit geriet. Manitoba erholte sich, und diese Schlagzeilen hatten für die **Dictators** den Nebeneffekt, daß ihr zweites Album Manifest Destiny mehr Aufsehen als ihr Debüt erregte. Plötzlich galten sie als Nordamerikas erste bedeutende New Wave-Band. Ihre Plattenauflagen blieben bescheiden, aber die Fans strömten in ihre Konzerte und ließen sich von dem spröden, unpräzisen, sehr schlichten, aber authentischen Rock begeistern. Nach Tourneen mit → **Blue Öyster Cult** und → **Kiss** und einer weiteren LP mit dem Titel Blood Brothers, die von Sandy Pearlman produziert wurde, trennten sich die Wege der **Dictators** Ende 1978. Teeter schloß sich im darauffolgenden Jahr **VHF** an. Funicello ging 1979 nach San Francisco und gründete **Shakin' Street**. Mendoza und später auch Teeter gaben kurze Gastspiele bei → **Twisted Sister**, während Shernoff in verschiedene Off Broadway-Produktionen involviert war und New Yorker Nachwuchsbands produzierte. Kempner formierte die → **Del-Lords**, und Shernoff, Funicello und Manitoba trafen sich 1990 bei **Manitoba's Wild Kingdom** wieder. Die **Dictators** fanden sich in den Jahren 1980, 1981, 1986 und 1987 zu gemeinsamen Auftritten zusammen, so auch anläßlich des 20jährigen Jubiläums des CBGBs 1994.

GO GIRL CRAZY (1975) Epic 80767 • MANIFEST DESTINY (1977) Asylum 53061 • BLOOD BROTHERS (1978) Asylum 53083 • (S) DICTATORS (1980) Pro Tempore 10017 • **Manitoba's Wild Kingdom**: ... AND YOU? (1990) MCA 6367

Bo Diddley

Bo Diddley ist zweifelsfrei eine der Schlüsselfiguren in der Entwicklung des Rock'n'Roll. Stark beeinflußt vom traditionellen Blues zelebrierte er eine unvergleichliche Mixtur aus »R&B, lateinamerikanischer Musik und ein wenig Hillbilly« (Bo Diddley). Einige seiner

Kompositionen gehörten zum Standardrepertoire der Rockgeschichte. Insbesondere britische Bands coverten in den 60er Jahren immer wieder seine Songs, und die → **Pretty Things** nannten sich sogar nach einem seiner Titel. Der ganz große Hit blieb Bo Diddley versagt. Seine Auftritte erfreuten sich stets großer Nachfrage, und er ließ auch keine Gelegenheit aus, um sich in aller Bescheidenheit als »der wahre Erfinder des Rock'n'Roll« (*Süddeutsche Zeitung*) zu bezeichnen.

Geboren am 30. 12. 1928 als Elias Bates in McComb, Mississippi, wurde er von der Kusine seiner Mutter adoptiert und wuchs als Elias McDaniel auf. Als er acht Jahre alt war, zog seine Familie nach Chicago. An der Ebenezer Baptist Church lernte er zunächst Violine und bekam als Zehnjähriger von seiner Schwester Lucille eine Gitarre geschenkt. Neben der Musik nahm er auch Boxunterricht, und dabei handelte er sich den Spitznamen Bo Diddley ein. Mit den **Hipsters** verdiente er sich als Straßenmusiker während der Schulzeit ein paar Cent. Aus diesem Quartett entstand 1951 die gefragte Party- und Clubband **Langley Avenue Jive Cats**, denen auch Billy Boy → Arnold angehörte.

Im März 1955, der Rock'n'Roll war ungeheuer im Aufwind, sah Diddley erstmalig ein Studio von innen und nahm die ersten Demos von ›Bo Diddley‹, ›I'm A Man‹ und ›You Don't Love Me‹, begleitet von Jerome Green (perc), Frank Kirkland (dr), Lester Davenport (harm) und Otis → Spann (p), auf. Leonard Chess, Gründer von Chess Records und dem Unterlabel Checker Records, wurde im Frühjahr 1955 auf ihn aufmerksam und förderte ihn. Im Sommer erschien ›Bo Diddley‹, eine der erfolgreichsten R&B-Singles des Jahres. Außerdem plazierten sich 1955 ›I'm A Man‹ und ›Diddley Daddy‹ als weitere Songs in den R&B-Hitparaden. 1956 erschien die Single ›Who Do You Love?‹.

Ab Ende 1958 wurde der populäre Discjockey Alan Freed Diddleys Mentor und machte ›Big Bad Bo‹ zu einem nationalen Star. Diddley gab umjubelte Konzerte und begeisterte die Fans mit seinem synkopierten ›hambone‹ Beat, seltsam geformten Gitarren und seiner Tanzerei auf der Bühne. Diddley tauschte die halbakustische gegen eine elektrische Gitarre und arbeitete mit Verzerrern und Echoeffekten.

Ende der 50er Jahre konnte sich Bo Diddley erstmals in den US-Popcharts plazieren: ›Crackin' Up‹ (US #62), ›Say Man‹ (US #20). Seine LPs waren zwar hinsichtlich seines »fetzigen Glissandi-Spiels, sirrender Läufe und reibendem Anschlagen« (*Jazz Podium*) unübertroffen, boten aber wenig Abwechslung.

Im März 1960 erschien ›Road Runner‹ (US #75), neben ›Who Do You Love?‹ und ›I'm A Man‹ der am häufigsten gecoverte Song von Diddley. Dann vergingen mehr als zwei Jahre, ehe »der große Gitarrist« (*Melody Maker*) mit ›You Can't Judge A Book By The Cover‹ (US #48) im Spätsommer 1962 wieder in den Charts von sich reden machte. Ein Jahr später startete er in London seine erste Tournee durch Großbritannien. Er wurde als Kultfigur empfangen, die »größer als ein Berg, gewaltiger als eine Flotte von Molochen und lauter als die Niagara-Fälle« (*New Musical Express*) war. Die jungen britischen Bands verehrten Diddley als Rock'n'Roll-Urgestein. Die → **Rolling Stones** nahmen ›Mona‹ in ihr Repertoire auf, die → **Yardbirds** coverten ›I'm A Man‹, und die → **Animals** huldigten ihm mit ›The Story Of Bo Diddley‹.

Die 60er Jahre verliefen für Bo Diddley etwas beschaulicher. Der Rock'n'Roll-Boom war vorbei, doch die Blues- und R&B-Welle rollte weiter. Zwei gemeinsame Sessions mit Chuck →Berry führten 1964 zur Veröffentlichung des Albums Two Great Guitars. Außerdem trat er bei Rock'n'Roll-Revival-Tourneen auf und machte hochgelobte Bluesaufnahmen mit →Little Walter, Muddy →Waters und →Howlin' Wolf. 1967 kam er mit ›Ooh Baby‹ (US #92) noch einmal in die Singlecharts, und im September 1969 beteiligte er sich neben Berry, Jerry Lee →Lewis, →Little Richard und John →Lennon an einer Rock'n'Roll-Show in Toronto, die von dem Regisseur D.A. Pennebaker in dem Film »Sweet Toronto« festgehalten wurde. Derweil wurden es Intrepreten und Bands wie Tom →Rush, →**Quicksilver Messenger Service**, →**Juicy Lucy** und die →**Doors** nicht müde, seine klassischen Songs wiederzubeleben. Der »Held von einst« (*Sounds*) blieb so im Geschäft, ohne selbst stilistisch neue Wege zu beschreiten.

Zu Beginn der 70er Jahre kam Diddley regelmäßig nach Europa und ließ sich dabei hin und wieder von →**Elephant's Memory** begleiten. 1972 bat er britische Musiker wie Roy →Wood und Eddie Hardin (→**Hardin & York**) zu den London Sessions und wirkte in der Filmdokumentation »Let The Good Times Roll« mit. 1976 entstand in hochkarätiger Besetzung (Leslie →West, Elvin →Bishop, Joe →Cocker, Roger →McGuinn) Diddleys Jubiläumsplatte The 20th Anniversary Of Rock'n' Roll, auf der er, begleitet von einer Rock-Bigband, seine Evergreens zum wiederholten Mal anstimmte. Im Januar 1979 eröffnete er die erste US-Tour von →**Clash**.

Im folgenden Jahrzehnt wurde es noch ruhiger um das »liebenswerte Großmaul« (*Süddeutsche Zeitung*), das nun als lebende Legende sein Geld verdiente, aber nur noch mäßige, häufig lieblos aufgenommene Live-Platten veröffentlichte. 1983 tauchte er in einer Nebenrolle in dem Eddie Murphy / Dan Aykroyd-Film »Trading Places« (»Die Glücksritter«) auf. 1986 nahm er mit dem Saxophonisten Dick Heckstall-Smith (→**Colosseum**) einen seiner besseren Konzertmitschnitte (Hey Bo Diddley) auf, und im Januar 1987 wurde Bo Diddley feierlich im New Yorker Waldorf Astoria in die Rock'n'Roll Hall of Fame aufgenommen. Die Laudatio hielten →**ZZ Top**, die feststellten: »Er brachte uns sogar bei, wie man Pelzbesatz auf die Gitarre bekommt.« Im September des Jahres führte der Soundtrack zum Kinohit »La Bamba« die US-Albumcharts an, an dem Diddley mit ›Who Do You Love?‹ beteiligt war. Im November 1987 erlebte er mal wieder einen Höhepunkt seiner langen Karriere, als er mit Ron →Wood als **Gunslingers** in Columbus, Ohio, eine US-Tour eröffnete. Die Show im New Yorker The Ritz wurde auf dem atmosphärisch gelungenen Album Live At The Ritz festgehalten.

Im Frühjahr 1988 tourte der rüstige Rock'n'Roll-Altmeister, der »die Rolling Stones und Beatles maßgeblich beeinflußt hatte« (*Billboard*), zwei Wochen lang durch Japan. Diddley zog sich nicht aufs Altenteil zurück. In einem berühmten Werbespot von Nike sprach er 1989 den Satz: »Bo, You Don't Know Diddley« und verewigte im gleichen Jahr seine Handabdrücke auf dem Sunset Boulevard Rock Walk in Los Angeles. Er beendete das Jahr mit der ersten Studioaufnahme seit 15 Jahren. Das Album

Breakin' Through The B.S. lebte von den knarzigen Gitarren und Diddleys Bemühungen, modernen Sound zwischen Funk, Dance und HipHop in seinen bodenständigen, schlichten R&B zu integrieren.
Bo Diddley folgte ab 1990 zahlreichen Einladungen zu großen Jazz-, Blues- und Rock'n'Roll-Festivals. So war er Stargast beim 21. Jazz & Heritage Festival in New Orleans im Mai 1990 und im Jahr darauf beim Celebrate The Soul Of American Music-Treffen in Los Angeles. Im Oktober 1991 eröffnete er die Konzertserie Guitar Legends bei der Expo in Sevilla, Spanien. Diddley unterstützte in der Folgezeit verschiedene karitative Institutionen und engagierte sich für die Obdachlosen.
Im Rhythmus von zwei Jahren brachte Bo Diddley nun wieder neue Studioproduktionen heraus. Seine interessantesten Arbeiten waren This Should Not Be (1993), bei der er witzig und locker mit computergestützten Sounds und Rapeinlagen hantierte, und A Man Amongst Man mit den Stargästen Ron Wood, Keith Richards, Billy Boy Arnold, Johnny ›Guitar‹ →Watson, Richie Sambora (→**Bon Jovi**) und Jimmie Vaughan (→**Fabulous Thunderbirds**). Das 96er-Album wurde von dem britischen Bluesimpresario Mike Vernon produziert und reflektierte Diddleys Erfahrungen mit junger, frischer Black Music vom Rap bis zum HipHop.

BO DIDDLEY (1958) MCA 30488 • GO BO DIDDLEY (1959) Checker 1436 • BO DIDDLEY IS A GUNSLINGER (1961) Chess 872304 • HAVE GUITAR, WILL TRAVEL (1961) Checker 2974 • BO DIDDLEY IS A LOVER (1962) Checker 2980 • BO DIDDLEY'S A TWISTER/ROADRUNNER (1963) Checker 2982 • BO DIDDLEY (1964) Chess 2984 • BO DIDDLEY RIDES AGAIN (1964) Pye, NPL 28029 • BO DIDDLEY AND COMPANY (1964) Checker 2982 • SURFIN' WITH BO DIDDLEY (1964) Checker 2987 • HEY GOOD LOOKIN' (1965) Checker 2992 • 500 % MORE MAN (1965) Checker 2996 • ORIGINATOR (1966) Checker 3001 • THE BLACK GLADIATOR (1970) Checker 3013 • ANOTHER DIMENSION (1972) Bellaphon, BLPS 19045 • WHERE IT ALL BEGAN (1973) Bellaphon, BLPS 19099 • LONDON SESSION (1973) Chess 872314 • BIG BAD BO (1974) Chess, BLPS 19172 • THE 20TH Anniversary OF ROCK'N'ROLL (1976) RCA, APL-1–1229 • I'M A MAN (1977) Festival 355 • ROAD RUNNER (1983) Black Lion, BLM 52014 • AIN'T IT GOOD TO BE FREE (1984) New Rose, ROSE 34 • BO DIDDLEY & CO. (1985) Fan Club 009 • HEY ... IN CONCERT (1986) Conufer, CFRC 507• BREAKING THROUGH THE B.S. (1989) Triple X • THIS SHOULD NOT BE (1992) Triple X 51130 • PROMISES (1994) Triple X 51192 • A MAN AMONGST MEN (1996) Eastwest 0630–14817 • (S) BO DIDDLEY'S BEACH PARTY (1964) Checker 2988 • (S) IN THE SPOTLIGHT (1964) Pye, NPL 28034 • (S) DIDDLEY'S 16 ALL-TIME GREATEST HITS (1964) Pye, NPL 28049 • (S) GOT MY OWN BAG OF TRICKS (1972) Chess, BLST 6539 • (S) THE LEGENDS OF ROCK (1976) Teldec 628524 • (S) SWEET HOME CHICAGO (1982) Tobacco Road, B 2631 • Mit Chuck **Berry**: TWO GREAT GUITARS (1964) Chess • Mit Muddy **Waters** und **Little Walter**: SUPER BLUES (1967) MCA 09163 • Mit Muddy **Waters** und **Howlin' Wolf**: SUPER SUPER BLUES BAND (1967) Chess 872406 • Mit **Little Walter**, Muddy **Waters** und **Howlin' Wolf**: SUPER BLUES SESSION (1972) Chess, BLS 5534 • Mit Ron **Wood**: LIVE AT THE RITZ (1992) Victory 480008

Dillards

Doug Dillard (ban, g, voc), Rodney Dillard (voc, g, syn, do), Mitchell Jayne (b, ban, voc), Dean Webb (man)

Die »patenten Musiker und charmanten Bühnenpersönlichkeiten« (*New York Times*) kamen aus den Ozark-Bergen und bevorzugten einen traditionellen Hillbilly-Stil, in den sie je nach Bedarf Folk-, Country- und Rockelemente einarbeiteten. Die **Dillards** bildeten zudem das Zentrum eines weit verzweigten Musikerclans, der in unterschiedlichen Kombinationen zahlreiche Alben produzierte.
Doug (* 18. 5. 1942) und Rodney Dillard (* 6. 3. 1937) gründeten die **Dillards** 1962 in ihrer Heimatstadt Salem, Missouri. In Originalbesetzung mit Mitchell Jayne (* 7. 5. 1930) und Dean Webb (* 28. 3. 1937) ließen sie sich noch im gleichen Jahr in Hollywood nieder und nahmen einen Job als Hillbilly-Band in der Andy Griffith Show an. Die erste LP BACK PORCH BLUEGRASS erschien 1963 bei dem damals noch auf Folk spezialisierten Label Elektra Records. Die »lebendige und unterhaltsame Platte« (*Rolling Stone*) machte die Bluegrass / Hillbilly-Musik populär, und die **Dillards** setzten mit Erfolg auf Mandoline und Banjo als zentrale Instrumente. Seine Konzertqualitäten demonstrierte das Quartett 1964 mit LIVE ... ALMOST!
1965 halfen die **Dillards** den → **Byrds** beim Harmoniegesang zu ›Mr. Tambourine Man‹ und gingen mit ihnen auf Tournee. Mit den **Byrds**-Mitgliedern Gene → Clark und Michael Clarke waren die **Dillards** befreundet und realisierten verschiedene gemeinsame Projekte. 1965 schloß sich der »nationale Fiddle-Champion« (*Rolling Stone*) Byron Berline (* 5. 7. 1944) den **Dillards** an, war jedoch nur an dem Album PICKIN' AND FIDDLIN' beteiligt, blieb aber der Gruppe verbunden. Doug Dillard verließ die **Dillards** 1966, um zunächst mit Gene Clark bei den **Gosdin Brothers** zu spielen, ehe er mit ihm die **Dillard And Clark** formierte. Parallel dazu arbeitete er als Solist. 1977 nahm er wieder Kontakt zu seinem Bruder Rodney auf, und gemeinsam realisierten sie das Unternehmen **Dillard-Hartford-Dillard**. John Hartford gehörte ebenfalls zu den zentralen Persönlichkeiten der umtriebigen Country / Bluegrass-Szene. Er veröffentlichte zahlreiche Soloplatten, arbeitete für James → Taylor, → **Seals & Crofts**, → **Delaney And Bonnie** und spielte mit Vassar Clements und Dave Holland zusammen.
Herb Pederson (ban), Nachfolger von Doug Dillard, war bei den **Dillards** erstmals gemeinsam mit dem Drummer Paul York auf dem Album COPPERFIELDS vertreten, das sich am Folk orientierte. Mit »geradezu traumwandlerischer Sicherheit verbanden sie in ihrer Musik traditionelle Elemente und Instrumente mit zeitgenössischen Einflüssen« (*Sounds*) auf der 72er-LP ROOTS AND BRANCHES (US #73), die neben der Single ›It's About Time‹ (US #97) vom Sommer 1971 in die Popcharts kam. Als sechstes Bandmitglied war inzwischen Billy Ray Latham (ban) mit von der Partie; 1973 verließ Pederson, der eigene Pläne verfolgte, die Band.
Stärker als je zuvor zielten die **Dillards** bei TRIBUTE TO THE AMERICAN DUCK auf eine Kreuzung aus »Bluegrass, Countryrock und Pop« (*Sounds*) ab und setzten stärker auf elektrische Instrumente. Danach ruhten die Aktivitäten der **Dillards**.

Latham nahm wieder Kontakt zu den **Kentucky Colonels** und Clarence White auf, während die Dillard-Brüder sich mit John Hartford zusammentaten. Dean Webb schließlich half im Studio bei Linda → Ronstadt und dem britischen Popsänger Allan Clarke (→ **Hollies**) aus. Als sich die **Dillards** 1977 unter der Leitung von Rodney Dillard reformierten, übernahm Jon Doug Haywood den vakanten Posten des Bassisten. Die Band bestand außerdem aus Webb, York Latham und Jeff Gilkinson (b, ce, voc).

Bei den nun folgenden Alben The Dillards Vs. The Incredible L. A. Time Machine und Decade Waltz betonten sie wieder ihre Folk-Herkunft und ihre Vorliebe für klassische Countrytraditionen. Bei der zweiten LP hatte sich die Besetzung auf zwei Positionen verändert; Douglas Bounsall (g, man, vi, voc) und Rückkehrer Herb Pederson hatten York und Latham abgelöst. Doch auch dieses Team hielt nur wenige Monate, denn Mountain Rock wurde von Rodney Dillard, Bounsall, Gilkinson, Pederson, Webb, York und Neuling Ray Parks (vi, voc) eingespielt.

Der Mitschnitt Homecoming & Family Reunion schloß das zweite Kapitel der **Dillards** ab. Die »exzellente Live-Kollektion« (*Rolling Stone*) wurde bereits 1979 aufgenommen, aber erst 1981 veröffentlicht. Die Pioniere des Bluegrass, Country- und Folkrock blieben weiterhin aktiv und kooperierten eng mit dem Folklabel Flying Fish Records. Rodney Dillard erlebte 1985 seine Premiere als Solist, während sein Bruder sporadisch mit der **Doug Hillard Band** durch die Lande zog. 1985 war es erneut Rodney Dillard, der die **Dillards** reaktivierte, löste die Gruppe aber 1988 nach nur einer LP wieder auf.

Unter der Produktionsregie von Pederson fand sich 1989 für Let It Fly wieder das Originalquartett im Studio ein. Bei ihrem Live-Comeback ließen die **Dillards** ein Video unter dem Titel »A Night In The Ozarks« mitschneiden und brachten 1992 Take Me For a Long Ride, eine gelungene Country / Folkrock-LP, heraus. Pederson unterstützte 1993 die Sängerin Martina McBride; 1995 realisierte er mit Lathum und den **Laurel Canyon Ramblers** das Album Rambler's Blues.

BACK PORCH BLUEGRASS (1963) Elektra, EKS 7232 • LIVE! ALMOST! (1964) Elektra, EKS 7265 • PICKIN' AND FIDDLIN' (1965) Elektra, EKS 7285 • WHEATSTRAW SUITE (1968) Elektra, EKS 74035 • COPPERFIELDS (1970) Elektra, EKS 74054 • ROOTS AND BRANCHES (1972) Anthem 5901 • TRIBUTE TO THE AMERICAN DUCK (1973) United Artitsts 29516 • THE DILLARDS VS. THE INCREDIBLE L.A. TIME MACHINE (1977) Sonet, SNTF 743 • DECADE WALTZ (1979) Flying Fish 082 • MOUNTAIN ROCK (1979) Crystal Clear, CCS 5007 • HOMECOMING & FAMILY REUNION (1981) Fyling Fish 215 • I'LL FLY AWAY (1988) Edsel ED 246 • LET IT FLY (1990) Vanguard 79460 • TAKE ME ALONG FOR THE RIDE (1992) Vanguard 79464 • (S) BEST OF (1976) • (S) THERE IS A TIME (1992) Vanguard VCD 13132 • Doug **Dillard**: • DUELLING BANJOS (1973) 20th Century, T 409 • DOUGLAS FLINT DILLARD (1974) 20th Century, T 426 • HEAVEN (1979) Flying Fish 086 • JACKRABBIT (1980) Flying Fish 208 • RODNEY DILLARD AT SILVER DOLLAR CITY (1985) Flying Fish • WHAT'S THAT (1986) Flying Fish 377 • HEARTBREAK HOTEL (1989) Flying Fish, FF 477 • Doug **Dillard** mit Gene **Clark**: THROUGH THE MORNING THROUGH THE NIGHT (1969) Edsel 195 • GENE CLARK & DOUG DILLARD (1975) Ariola 86027 • KANSAS CITY SOUTHERN (1975) Ariola 86436 • Doug und Rodney **Dillard**: THE BANJO ALBUM (1970) Sierra 6008 •

Rodney **Dillard**: AT SILVER DOLLAR CITY (1985) Flying Fish 369 • LET THE ROUGH SIDE DRAG (1991) Flying Fish, FF 537 • **Dillard Clark Expedition**: FANTASTIC EXPEDITION (1968) Edsel 192 • **Dillard-Hartford-Dillard**: DILLARD-HARTFORD-DILLARD (1977) Sonet, SNTF 730 • GLITTER GRASS (1977) Flying Fish 036 • PERMANENT (1980) Flying Fish 233 • John **Hartford**: LOOKS AT LIFE (1967) RCA, LSP 3687 • EARTHWOODS & MUSIC (1967) RCA, LSP 3796 • THE LOVE ALBUM (1968) RCA, LSP 3884 • HOUSING PROJECT (1968) RCA, LSP 3998 • GENTLE ON MY MIND (1968) RCA, LSP 4068 • JOHN HARTFORD (1969) RCA, LSP 4156 • IRON MOUNTAIN DEPOT (1970) RCA, LSP 4337 • AERO PLAIN (1971) Warner Brothers 1916 • MORNING BUGGLE (1972) Warner Brothers 2651 • MARK TWANG (1976) Flying Fish 020 • NOBODY KNOWS WHAT YOU DO (1976) Flying Fish 028 • ALL IN THE NAME OF LOVE (1977) Flying Fish 044 • HEADING DOWN INTO THE MYSTERY BELOW (1978) Flying Fish 063 • SLUMBERIN' ON THE CUMBERLAND (1979) Flying Fish 095 • YOU AND ME AT HOME (1981) Flying Fish 228 • GUM TREE CANOE (1984) Flying Fish 289 • DOWN ON THE RIVER (1988) Flying Fish, FF 514 • CATALOGUE (1989) Flying Fish, FF 259 •

Dillinger

»Musik, die du fühlen kannst und auf sich aufmerksam macht« (Dillinger), war der Maßstab für den am 25. 6. 1953 in Kingston, Jaimaika, geborenen Lester Bullocks alias Dillinger (nach dem berüchtigten Chicago-Gangster). Der »oberste Discjockey von Jamaica« (*Sounds*) begann als sogenannter ›Sound System Man‹ und zog als DJ-Sänger wie viele Kollegen mit Platten, Bändern und einer mobilen Anlage durchs Land. Dillinger kommentierte und verfremdete Songs von aufgelegten Platten, die dadurch einen völlig neuen Charakter erhielten. Bekannte jamaikanische Produzenten wie Lee →Perry und Coxonne Dodd förderten das Talent des damals 19jährigen ›Talk Over‹-Künstlers. Er nahm zahlreiche Singles für unterschiedliche Labels auf und hatte 1974 mit ›Freshly‹ seinen ersten Erfolg. Dodd war auch für Dillingers erstes Album READY NATTY DREADIE verantwortlich.

Dillinger feilte konsequent an seinem Stil und stellte für seine Live-Auftritte eine Band zusammen. Als die Reggae-Musik Mitte der 70er Jahre einen Boom erlebte, war Dillinger bestens vorbereitet und wurde mit einer Kombination aus Roots-Reggae und Rhythm & Blues über die Grenzen seiner Heimat hinaus populär.

Sly Dunbar und Robbie Shakespeare, zwei der erfahrensten und besten Reggae-Rhythmiker, halfen Dillinger bei den weltweit veröffentlichten Alben C. B. 200 und BIONIC DREAD. Zum Material von C. B. 200 gehörte der europäische Single-Erfolg ›Cocaine In My Brain‹ (D #35) – eine poetische Beschwörungsformel im modernen Reggaesound. ›Funky Punk‹ konnte diesen Hit nicht annähernd bestätigen. Eine Zeitlang galt Dillinger als Reggae-Superstar und wurde als »einer aus der Zunft der klugen, humorvollen DJ-Sänger, die der Roots-Reggaemusik neue Impulse geben« (*Black Echoes*), gelobt. Nachfolgende Alben zeigten jedoch, daß es Dillinger auf Dauer an Originalität mangelte. Er veröffentlichte »plumpe Macho-Liebeslieder« (*Melody Maker*), die ihn in Europa in Vergessenheit geraten ließen.

Dillinger nutzte jedoch seine kurze Ruhmesperiode für erfolgreiche Tourneen, die ihn vor allem nach Deutschland und in die Niederlande führten. Seine unvergleichliche Dub-Technik machte ihn für kurze Zeit »zum Giganten dieser Produktionsart« (*Rolling Stone*), hinterließ aber keine bleibende Wirkung. In Jamaika genoß Dillinger weiterhin einen sehr guten Ruf. Er lebte zurückgezogen und beschränkte sich in den 80er Jahren auf einige wenige Albumveröffentlichungen. 1993 bemühte sich Dillinger vergeblich um ein Comeback für seine »unaufdringlichen, fast hypnotischen Rhythmen mit lässigem Schwung« (*Hifi Vision*).

READY NATTIE DREADIE (1975) Studio One • C. B. 200 (1976) Island 10067 • BIONIC DREAD (1977) Island 25467 • TALKIN' BLUES (1977) Magnum 1001 • TOP RANKING (1977) Third World 919 • ANSWER MY QUESTIONS (1978) Third World 928 • MARIJUANA IN MY BRAIN (1978) Jamaica Sound 002 • LIVE AT THE MUSIC MACHINE (1978) Bellaphon, BBS 2576 • FUNKY PUNK – ROCK TO THE MUSIC (1979) EFA 13784 • CORNBREAD (1980) Bellaphon, BBS 2598 • LIVE IN LONDON (1981) Echo 020 • CUP OF TEA (1981) Bellaphon 2607–001 • BADDER THAN THEM (1981) A&M 68528 • KING PHARAOH (1984) Blue Moon, BMLP 017 • BLACKBOARD JUNGLE (1984) Vista Sounds, VSLP 5002 • COCAINE (1984) New Cross • TRIBAL WAR (1986) New Cross • SAY NO TO DRUGS (1991) Lagoon 14483 • (S) BEST OF LIVE (1984) Vista Sounds, VSLP 4030 • (S) TOP RANKING (1995) Creole 5016–58402 • Mit **Trinity**: CLASH (1978) Burning Sounds • Mit Clint **Eastwood**: LIVE AT LONDON (1983) Vista Sounds

Dinosaur Jr.

Mike Johnson (b, g, voc), J. Mascis (voc, g)

Dinosaur Jr. sind vor allem »das Vehikel für Mascis' Grunge-Gitarre und seinen wütenden Gesang« (*Rolling Stone*). Neben →**Hüsker Dü** standen sie für einen wüsten und provozierenden US-Rock, der Anfang der 80er Jahre aufkam und Post Punk und authentischen Rock'n'Roll mischte.
Der Zahnarztsohn Joseph D. Mascis (* 10. 12. 1965) gründete in dem bürgerlich-liberalen Universitätsstädtchen Amherst, Massachusetts, zunächst die Hardcore-Band **Deep Wound**, die bis 1983 existierte. Gemeinsam mit dem Bassisten Lou Barlow (* 17. 7. 1966) rief er daraufhin **Dinosaur** ins Leben. Als Ex-**All White Jury**-Drummer Patrick Murphy (* 21. 12. 1964) dazustieß, wechselte Mascis, ursprünglich Schlagzeuger, zur Gitarre. Die Band nahm 1985 für das kleine Label Homestead Records ein reichlich stümperhaftes Album auf. 1987 zeigten sie auf YOU'RE LIVING ALL OVER ME, daß sie zu »perfekten Synthesen aus Gitarrenlärm und fulminanten Melodien« (*Szene Hamburg*) fähig waren, und stiegen zu einer der führenden Bands der Noise-Bewegung auf.
Inzwischen bei einem der führenden Independent Labels SST Records an der US-Westküste unter Vertrag, gab es Probleme mit dem Bandnamen, da zur gleichen Zeit eine Frisco-Gruppe namens **Dinosaurs** aktiv war. Fortan nannten sich die Noise-Rocker **Dinosaur Jr.** und repräsentierten »das fehlende Bindeglied zwischen Hüsker Dü und R.E.M.« (*Musik Express*). Nach der Veröffentlichung des

Underground-Hits ›Freak Scene‹ und des Albums BUG verließ Barlow die Gruppe, um **Sebadoh** zu gründen. Seine Position bei **Dinosaur Jr.** wurde bis 1992 von wechselnden Gastmusikern übernommen. Es vergingen fast drei Jahre, in denen lediglich die EP ›Just Like Heaven‹ erschien, ehe Mascis wieder einen Plattenvertrag ausgehandelt hatte. **Dinosaur Jr.** veröffentlichten bei Blanco y Negro Records 1991 zunächst die EP ›The Wagon‹ (GB #49), der ein paar Monate später die LP GREEN MIND (GB #36) folgte. Mascis, der fast alle Instrumente im Alleingang einspielte, »hat sich vom rauhen Lärm der Vergangenheit gelöst und wendet sich den Melodien, dem progressiv-aggressiven Pop zu« (*Hifi Vision*).

1992 holte Mascis Mike Johnson (* 27. 8. 1965) zu **Dinosaur Jr.**, um die EP ›Whatever's Cool With Me‹ und 1993 das bis dahin erfolgreichste Album WHERE YOU BEEN (GB #10, US #50, D #69) mit der Singleauskopplung ›Get Me‹ (GB #44) zu realisieren. Die »Noise-Champions« (*Rolling Stone*) setzten jede Menge Feedback ein, experimentierten mit einem Streichquartett und romantischer Rockakustik. Als weitere Singles wurden ›Start Choppin‹ (GB #20) und ›Out There‹ (GB #44) ausgekoppelt.

1992 komponierte Mascis zusammen mit Kurt Fedora (g, b) den Titel ›Turnip Farm‹ für den Soundtrack des Films »Reality Bites« von Ben Stiller und produzierte Alben für Ben Watt (→ **fIREHOSE**) und die → **Breeders**. Im Herbst 1993 veröffentlichte Mascis im Duett mit Kim Deal von den **Breeders** die Single ›Do You Love Me Now‹. Anfang 1994 absolvierte er in den USA einige Solo-Auftritte. Nachdem Schlagzeuger Murphy **Dinosaur Jr.** verlassen hatte, machten sie als Duo weiter und brachten im Spätsommer 1994 WITHOUT A SOUND (GB #24, US #44) auf den Markt: »Der verkannte Grunge-Erfinder J. Mascis überrascht mit dem rohen Sound der frühen Tage« (*Musik Express*). Dem Album ging die Single ›Feel The Pain‹ (GB #25) voraus, Wah Wah-Gitarrenrock mit Pop-Melodien wie das ganze Album. Im Februar 1996 wurde außerdem ›I Don't Think So‹ (GB #67) ausgekoppelt. Anschließend gingen **Dinosaur Jr.** mit Aushilfsschlagzeuger George Berz auf eine gefeierte Europatournee. In den USA erschien noch Mascis' Solo-Album MARTIN & ME.

Bassist Lou Barlow setzte seine Karriere zunächst mit dem Freizeitduo **Folk Implosion** fort und nahm mit John Davis den Song ›Natural One‹ auf. Neben seinen Alleingängen in Hometape-Qualität unter dem Pseudonym ›Sentridoh‹ arbeitete Barlow vor allem für sein Trio **Sebadoh**, zu dem Bob Fay und Jason Loewenstein gehörten und das sich im US-Underground einen guten Namen machte.

1995 gaben Mascis & Co einige wenige Konzerte. Im Jahr darauf ging der Bandchef mit **Dinosaur Jr.** ins Studio, um HAND IT OVER aufzunehmen. Mascis integrierte Mellotron und Mandoline, hielt aber im wesentlichen an den »breiten Gitarrenwänden« (*Musik Express*) fest. Außerdem komponierte er die Filmmusik für »Grace of My Heart« mit Alison Anders und Matt Dillon in den Hauptrollen. Musikalische Unterstützung erhielt er von niemand anderem als Brian Wilson (→ **Beach Boys**). Nebenbei rüstete J. Mascis sein Studio mit allerlei eigenwilligen Instrumenten und technischen Gerätschaften aus und absolvierte einige Auftritte als Solist, um MARTIN AND ME zu promoten.

Im Februar 1997 kam HAND IT OVER,

das bislang brillanteste **Dinosaur Jr.**-Album, heraus. Dabei wurde das Trio J. Mascis, Johnson und Berz von Bilinda Butcher und Kevin Shields (**My Bloody Valentine**) als Chorsänger unterstützt. Weitere Gäste waren Donna Gaugers (tr), Marty Knieriem (vla), Marcie Brown (cel), Giovina Sessions (vi) und Woon Koo Soon (vi). Trotz dieser ungewöhnlichen Instrumentierung verzichtete Mascis nicht auf brutal lärmende Popsongs, die von Neil →Young-Anleihen und Country-Ausflügen unterbrochen wurden. Mascis war in der Lage, »einem das Vertrauen in den guten alten Post-Punk-Noise-Rock zurückzugeben« (*Pressetext*). Parallel zum Album erschien die Single ›Take A Run At The Sun‹, die zwischen schrägem, **Beach Boys** inspirierten Surf-Sound und dezentem Grunge-Pop balancierte.

DINOSAUR (1985) Homestead, HAMS 015 • YOU'RE LIVING ALL OVER ME (1987) SST 130 • BUG (1988) SST 216 • GREEN MIND (1991) WEA 9031–73448 • WHERE YOU BEEN (1993) WEA 4509–91672 • WITHOUT A SOUND (1994) WEA 4509–99693 • HAND IT OVER (1997) Blanco Y Negro 0630–18312 • Lou **Barlow** mit **Sebadoh**: FREED WEED (1989) Homestead 16596 • III (1991) Homestead • SMASH YOUR HEAD ON THE PUNK ROCK (1992) Sub Pop • BUBBLE & SCRAPE (1993) Sub Pop 04917 • BAKESALE (1994) Sub Pop 04942 • HARMACY (1996) City Slang 04983 • BEAUTY OF THE RIDE (1996) Sub Pop 04978 • J **Mascis**: MARTIN & ME (1996) Warner 46177

Divinyls

Christina Amphlett (voc), Mark McEntee (g)

Die »australische Antwort auf die Pretenders« (*Rolling Stone*) wurde 1980 in Sydney, Australien, von Christina Amphlett (* 25. 10. 1960) und Mark McEntee (* 16. 7. 1961) formiert. Das Duo bildete den kreativen Kern der **Divinyls**, die »einen durchdachten Gitarrenrock mit Sixties-Einschlag« (*Musik Express*) anstrebten. Weitere Mitglieder der Gruppe waren Rick Grossman (b), Richard Harvey (dr) und Bjarre Ohlin (g). 1982 erschien die EP ›Monkey Grip‹, deren Material sie ein Jahr später auch für das Album DESPERATE verwerteten. In kommerzieller Hinsicht wurden die Erwartungen der Bandmitglieder enttäuscht, doch die Musikmedien mochten das frische, wavige Debüt.

Mit der 86er-LP WHAT A LIFE! (US #91) und der Singleauskopplung ›Pleasure And Pain‹ (US #76) ging es langsam aufwärts mit den **Divinyls**, die auf Hardrock-Kurs eingeschwenkt waren. Als Ohlin, Grossman und Harvey die Gruppe verließen, stellten Amphlett und McEntee TEMPERAMENTAL mit Studiomusikern fertig. Da ihre »Songs nur Dutzendware sind« (*Tip*), kündigte Chrysalis Records den Vertrag. Das Duo übersiedelte nach Paris, wo es in der Nähe vom Place Pigalle eine Wohnung bezog, um neue Songs zu schreiben.

Eine »außergewöhnliche New Rock-Arbeit« (*Rolling Stone*) erschien im Frühjahr 1991 unter dem Bandnamen DIVINYLS (GB #15, US #59) mit dem Hit ›I Touch Myself‹ (GB #10, US #4): »Eine sparsam agierende Rhythmusgruppe liefert den Hintergrund für die spröden Riffs von McEntee und für Christinas abwechslungsreiche Stimme« (*Musik Express*).

DESPERATE (1983) Chrysalis 205 271 • WHAT A LIFE! (1985) Chrysalis 207 489 • TEMPERAMENTAL (1988) Chrysalis 259 117 • DIVINYLS (1990) Virgin 786 185 • LIVE (1994) IRS 987 960 • UNDERWORLD (1996) RCA 21 35534 • (S) ESSENTIAL DIVINYLS (1991) Chrysalis 321 846

Dixie Dregs

Jerry Goodman (vi), Dave Larue (b), T. Lavitz (p, syn), Rod Morgenstein (dr, perc), Steve Morse (g, ban, steel-g)

Steve Morse (*28. 7. 1954) und Andy West (*6. 2. 1954) spielten bereits als Klassenkameraden in Augusta, Georgia, gemeinsam bei der konventionellen Rock'n'Roll-Gruppe **Dixie Grits**. Ihre Wege trennten sich, als Morse nach Florida ging, um an der renommierten University of Miami in einem Studiengang mit Jaco Patorius, Pat Metheny und Michael Narada Walden Musik zu studieren. An der Unversität traf er den klassisch ausgebildeten Geiger Allen Sloan, den Jazz-Drummer Rod Morgenstein und den inzwischen nachgereisten West. Sie gründeten die »experimentelle Southernrock-Gruppe« (*Rolling Stone*) **Dixie Dregs**, die »niemanden langweilen sollte« (Steve Morse).

Fördermittel der Universität ermöglichten die Produktion der LP THE GREAT SPECTACULAR, die 1975 in einer Mini-Auflage erschien. Im gleichen Jahr beendeten die vier virtuosen Musiker ihr Studium und gingen nach Augusta. Sie wollten im Profilager Fuß fassen und wuchsen durch zahlreiche Clubauftritte und kleine Tourneen zu einer homogenen Band zusammen, die sich durch eine »einmalige instrumentale Technik« (*Rolling Stone*) auszeichnete.

Die **Dixie Dregs** kombinierten Soundfarben und Stilarten, Jazz, Rock, Country, Blues und sogar klassische Musik, die bis dahin als miteinander unvereinbar galten. Beherrschende Figur war der brillante Gitarrist Steve Morse, der ständig zu atemberaubenden Soli ansetzte. Er komponierte ein Großteil des Materials, und ab DREGS TO THE EARTH übernahm er auch die Produzentenaufgaben.

Chuck Leavell, Pianist der → **Allman Brothers**, hatte die Band 1976 im Vorprogramm von → **Sea Level** gehört und vermittelte den **Dixie Dregs** 1976 einen Plattenvertrag bei dem Southernrock-Label Capricorn Records. Sie zogen in die Georgia-Metropole Atlanta um und veröffentlichten das von Kritikern hochgelobte Fusions-Album FREE FALL. Der neu hinzugekommene Keyboarder Steve Davidowski wurde nach der ersten Platte von Max Parrish abgelöst. Parrish wiederum überließ T. Lavitz seinen Job, der 1978 auf dem Schweizer Festival in Montreux vorgestellt wurde. WHAT IF wurde erneut mit viel Beifall seitens der Kritiker aufgenommen, ein Album mit konsequentem Jazzrock und unwiderstehlichem Countryeinschlag.

1980 hatte sich bei den **Dixie Dregs** nicht nur die Besetzung, sondern auch musikalisch einiges geändert. Der mehrfach als bester Geiger des Landes ausgezeichnete Mark O'Connor (*4. 8. 1962) ersetzte Sloan und war erstmals auf der LP DREGS ON THE EARTH vertreten, die von einem harten Gitarrenrock und den

aufregenden Duellen zwischen Morse und O'Connor geprägt war.
Seit der LP UNSUNG HEROES nannte sich das Quintett nur noch **Dregs**. 1982 konnte sich die Band in den Charts plazieren. Für INDUSTRY STANDARD (US #56) hatte Morse die Sänger Alex Ligertwood (→ **Santana**, → **Average White Band**) und Patrick Simmons (→ **Doobie Brothers**) sowie den → **Yes**-Gitarristen Steve Howe engagiert. Die LP knüpfte wieder an die Jazzrockambitionen von Morse & Co. an.
Ende 1982 gingen die **Dregs** auseinander. Lavitz risikierte eine Solokarriere und spielte mit Bands wie **Widespread Panic**, **Bluesbusters**, **Aquarium Rescue Unit** und war eine Zeitlang Mitglied in der Gruppe von Billy Cobham. Morse, mittlerweile als »einer der wichtigsten Gitarristen der Dekade« (*Rolling Stone*) anerkannt, veröffentlichte unter seinem Namen bzw. mit der **Steve Morse Band** mehrere Soloplatten, die die Ideen der **Dixie Dregs** aufgriffen und fortführten. Er spielte außerdem auf zwei Alben von → **Kansas** mit und wurde von den Lesern des Fachmagazins *Guitar Player* fünfmal zum vielseitigsten Gitarristen des Jahres gewählt.
Für die **Steve Morse Band** gewann er zunächst Morgenstein und den Bassisten Jerry Peek. THE INTRODUCTION unterstrich 1984 sein großes Talent, diente »aber ausschließlich zur Demonstration technischer Fähigkeiten« (*Musik Express*). Bei seinen Auftritten dagegen ließ Morse die unpersönliche Studiosterilität hinter sich und offenbarte »alle Mysterien seines Instruments« (*FAZ*). Unterstützt von Albert → Lee (g), Peter → Frampton (g), O'Connor (vi) und dem begabten texanischen Gitarristen Eric Johnson produzierte die **Steve Morse Band** 1985 die LP STAND UP. Sie vertraute auf die bekannten, wieselflinken Gitarreneskapaden, die »unnachahmliche Mischung verschiedenster Stile« (*Fachblatt*) und die komplexen, kühl-distanzierten Klangstrukturen.
Morse arbeitete anschließend hauptsächlich als Session- und Studiogitarrist, trat als Solist in Clubs auf oder tourte sporadisch mit eigener Band. 1992 beschlossen Morse, Morgenstein, Lavitz, Sloan und der Bassist Dave Larue eine Reunion der **Dixie Dregs**. Allein West, der als Programmierer arbeitete, war an diesem Comeback nicht interessiert. Ursprünglich hatten sie nur einige Konzerte geplant, veröffentlichten dann aber den Mitschnitt BRING 'EM BACK ALIVE. Als Sloan in seinen Beruf als Anästhesist zurückkehrte, holte Morse den anerkannten Geiger Jerry Goodman, der einst bei → **Flock** und dem **Mahavishnu Orchestra** gespielt hatte, in seine Gruppe, um das 94er-Album FULL CIRCLE aufzunehmen. Die **Dixie Dregs** reformierten überzeugend ihren perfekten Instrumentalsound, der auf der Basis von Southern Rock und Fusion-Jazz entstand.
1994 wurde Morse Nachfolger von Richie Blackmore bei den englischen Hardrockern → **Deep Purple**, bei denen er sofort eine führende Rolle übernahm. Parallel zu diesem Engagement betrieb Morse weiterhin die **Steve Morse Band**, von der 1996 das Instrumental-Album STRESSFEST in der Besetzung Morse, Dave LaRue (b) und Van Romaine (dr) erschien. Der ehemalige Bassist Andy West brachte 1996 die Produktion THE MISTAKES heraus, entstanden in Zusammenarbeit mit dem einstigen Zappa-Begleiter Mike Keneally.

THE GREAT SPECTACULAR (1975) • FREE FALL (1977) Capricorn 829 661 • WHAT IF (1978) Capricorn 831 836 • NIGHT OF THE LIVING DREGS (1979) Capricorn 831 411 • DREGS OF THE EARTH (1980) Arista 252 207 • UNSUNG HEROES (1981) Arista 885 134 • INDUSTRIAL STANDARD (1982) Arista 204 559 • BRING 'EM BACK ALIVE (1992) Capricorn • FULL CIRCLE (1994) Capricorn 42021 • (S) GREATEST HITS (1988) GS 5016 • (S) DIVIDED WE STAND (1989) Arista 8608 • **Steve Morse Band**: THE INTRODUCTION (1984) Elektra 960 369 • STAND UP (1985) Elektra 960 448 • HIGH TENSION WIRES (1989) MCA, MCD 66 275 • SOUTHERN STEEL (1991) MCA 872 905 • COAST TO COAST (1992) MCA 10565 • STRUCTURAL DAMAGE (1995) Highstreet 72902–40332 • STRESSFEST (1996) Windham Hill 72902 10345 • Eric **Johnson**: TONES (1986) Reprise 925 375 • AH VIA MUSICOM (1990) Capitol 790517 • VENUS ISLE (1996) Capitol 798 331 • Andy **West** mit **Mistakes**: THE MISTAKES (1996) Third Venture 203 • T Lavitz: MOOD SWING (1991) Nova 041 9134 • T LAVITZ AND HIS BAND HABITZ (1991) Enigma

Willie Dixon

»Willie Dixon war ein wichtiges Bindeglied zwischen dem Blues und der Rockmusik« (*Rolling Stone*). Der ehemalige Schwergewichtsboxer kannte die urbane Bluesszene von Chicago wie kein anderer und beeinflußte sie seit 1950 nachhaltig. Dixon war Talentscout, Musiker, Komponist, Konzertagent, Verleger, Manager und Produzent in einer Person. Er schrieb für Muddy →Waters, →Howlin' Wolf, →Little Walter, begleitete und betreute u. a. Chuck Berry, die →**Coasters**, Jimmy →Reed und Sonny Boy →Williamson (Rice Miller), produzierte einige der genannten Bluesgrößen und R&B-Stars, machte Platten mit →Memphis Slim oder reiste regelmäßig ab 1962 mit dem American Folk Blues Festival durch Europa.
Der Bassist und Sänger verfügte in der Tat über viele Talente, als Frontmann oder Solist blieb er aber meist nur zweite Wahl. Seine zweite Karriere erlebte Dixon Ende der 60er Jahre, als man in Großbritannien den schwarzen City Blues wiederentdeckte. Der Bluesimpresario Mike Vernon unterhielt zu diesem Zeitpunkt das Label Blue Horizon Records und engagierte Dixon als kreativen und jederzeit zuverlässigen Studiomusiker. Außerdem arbeitete Dixon auch verstärkt mit weißen Musikern wie Johnny →Winter und →**Fleetwood Mac** zusammen.
Der am 1. 7. 1915 in Vicksburg, Mississippi, geborene Willie Dixon kam 1937 nach Chicago. Der damals 22jährige recht erfolgreiche Boxsportler ließ sich von Leonard Caston, genannt Baby Doo, für die Musik begeistern. Caston fand, daß der Baß als Instrument am besten zu Dixons tiefer, warmer Stimme paßte. Caston und Dixon arbeiteten viele Jahre lang zusammen und leiteten nacheinander die **Five Breezes**, **Four Jumps Of Jive** und **Big Three**. Sie hatten verschiedene Singles aufgenommen, als Chess Records-Chef Leonard Chess auf Dixon aufmerksam wurde. Chess war ein Unternehmen, das allein schwarzen Bluesmusikern vorbehalten blieb. Dixon machte sich zunehmend als Songwriter und Studiomusiker einen Namen, und 1950 wurde er bei Robert Nighthawks' Single ›Black Angel Blues‹ erstmals als Produzent tätig.
In den folgenden Jahren machte sich Dixon mit seinen Liedern um die Entwicklung des Rhythm & Blues verdient. Er

knüpfte Kontakte zu Rock'n'Roll-Musikern und schrieb ›I'm Your Hoochie Coochie Man‹, den ersten Hit für Muddy Waters. Seine Songs fanden immer mehr Gefallen und wurden unzählige Male gecovert. Zu seinen populärsten Titeln zählten ›I'm Ready‹, ›Back Door Man‹, ›Wang Dang Doodle‹, ›Built For Comfort‹, ›Spoonful‹ und ›I Ain't Superstitious‹, die ihm zunächst nur wenig einbrachten. Finanzielle Probleme hatten ihn zu Beginn seiner Karriere gezwungen, seine Songs für 30 Dollar das Stück zu verkaufen, und er erhielt keine Tantiemen. Er lernte aber daraus und galt später als überaus geschäftstüchtig. Seine Erfolge als Solist blieben bescheiden. Die ersten Aufnahmen entstanden um 1953/54 und wurden von der Fachwelt sehr gelobt. Trotz ausgezeichneter Phrasierung, seinem sympathischen Timbre und überragender Kontrabaßtechnik blieben seine Platten Ladenhüter. Mehr Erfolg brachte die Zusammenarbeit mit Sonny Boy Williamson, Jimmy Reed, Waters, Buddy →Guy und Otis →Rush. Dixon bewies zudem eine gute Spürnase als Mentor von Champion Jack →Dupree, Little Brother →Montgomery und Roosevelt →Sykes. In den 70er und 80er Jahren tourte Willie Dixon nur noch sporadisch mit den **Chicago Blues All Stars**, machte einige bemerkenswerte Alben wie WHAT HAPPENED TO MY BLUES und HIDDEN CHARMS, das 1988 mit einem Grammy als beste traditionelle Bluesplatte des Jahres ausgezeichnet wurde. Er spielte für Buster Benton, →Magic Sam, J. B. →Lenoir, Hubert Sumlin und Sonny →Terry. Dixons Songs wurden Klassiker des Bluesgenres und beeinflußten die Popmusik. Sie fielen durch ihren schwerfälligen, harten City-Beat auf und brachten Dixon den Titel »größter Songschreiber des Blues« (*Hifi Vision*) ein. Die letzten Jahre vor seinem Tod lebte Dixon zurückgezogen in Los Angeles. Zu Beginn der 90er Jahre überraschte er noch einmal mit zwei ausgezeichneten, zeitgemäßen Bluesalben, von denen besonders GOOD ADVICE für Furore sorgte. Willie Dixon starb am 29. 1. 1992 im Alter von 77 Jahren in Burbank, Kalifornien.

WILLIE'S BLUES (1959) Bluesville 1003 • BLUES IN EVERY WHICH WAY (1960) Verve 3007 • I AM THE BLUES (1970) Columbia, CK 53627 • WILLIE DIXON (1973) Ovation • CATALYST (1973) Ovation 1433 • WHAT HAPPENED TO MY BLUES (1976) Ovation, INT 146211 • EARTHQUAKE AND HURRICANE (1980) Spoonful • HIDDEN CHARMS (1987) Silvertone, ZD 74390 • MIGHTY EARTHQUAKE (1984) Pausa, MTD 6002 • GOOD ADVICE (1991) Wolf 120700 • GINGER ALE AFTERNOON (1990) Varese Sarabande, VSD-5234 • (S) THE BIG THREE TRIO (1952) Columbia, CK 46216 • (S) I GOT 28 WAYS (1982) Chess 624802 • (S) THE CHESS BOX (1988) Chess • (S) THE ORIGINAL WANG DANG DOODLE (1990) Chess, CHD 9353 • Mit **Memphis Slim**: WILLIE'S BLUES (1959) Chess, CHD 349 • SONGS (1959) Folkways 2385 • AT THE VILLAGE GATE (1960) Folkways 2386 • AUX TROIT MAILLETZ (1962) Polydor 637122 • Mit Johnny **Winter**: CRYIN' THE BLUES (1971)

D.O.A.

Jon Card (dr, voc), Brian Goble (b, voc), Joe ›Shithead‹ Keighley (g, voc), Chris Prohom (g, voc)

D.O.A. gehörten zu den wenigen Punkbands, die nicht nach kurzer Zeit in das Metal-Lager abwanderten. Sie blieben

stets eine »durchschnittliche Jungshorde, die in einem übel riechenden LKW herumfuhren und einen Haufen laute Musik für andere Leute spielten« (Joe Keighley).
Vorgänger von D.O.A. war »die respektable Punkgruppe« Skulls, die 1977 auf Initiative von Keighley zusammenfand. Hochgeschwindigkeitskrach, Keighleys schneidender Gesang und »ihr klassisches Image als unverbesserlicher Straßenköterpunk« (*Zig Zag*) verschafften den Skulls eine Sonderstellung. Nach einigen personellen Umstellungen kristallisierte sich mit Keighley (eigentlich Keghley), Randy Rampage (b) und Chuck Biscuits (dr) eine stabile Besetzung heraus, die sich nun D.O.A. (Abkürzung für Dead On Arrival) nannte. Rampage galt als bester Hardcore-Schlagzeuger und spielte später u. a. für → Black Flag und → Danzig.
Die erste EP ›Triumph Of The Ignoroids‹ war ein ungehobeltes, unausgereiftes Werk, das »an die frühen Dead Boys« (*Trouser Press*) erinnerte. Wesentlich straffer und überlegter klang die Debüt-LP SOMETHING BETTER CHANGE von 1980, auf dem D.O.A. erstmals ihr »dynamisches Konzept aus Schnelligkeit, stürmischen Rockgitarren und anklagenden Texten« (*Rough Guide*) vorstellten. Neben eigenen Songs überraschten D.O.A. auch mit gekonnten Coverversionen. Für die 82er-EP ›War On 45‹ bearbeiteten sie Edwin Starrs Soulklassiker ›War‹ und den Song ›Let's Dance‹ von Chris Montez, dem sie in ›Let's Fuck‹ umtauften. ›War On 45‹ präsentierte auch die neue Mannschaft von Keighley, nämlich Dave Gregg (g), Brian Goble (b) und Gregg James (dr). Rampage nahm mit Biscuits und Musikern der kalifornischen Gruppen Dils und Avengers die EP ›Randy Pampage‹ auf, auf der er einen melodischen Punkrock verfolgte.
D.O.A. brachten 1984 den Sampler BLOODIES BUT UNBOWED heraus, der die frühen Jahre der Band gelungen dokumentierte. Im Jahr darauf folgte die EP ›Don't Turn Yer Back (On Desperate Times)‹ mit Aufnahmen der John Peel Sessions vom April 1984. Die Gruppe widmete ihre wohl politischste EP den streikenden Minenarbeitern in Großbritannien, Südafrika, Chile und Polen.
Das 85er-Album LET'S WRECK THE PARTY enthielt zwei weitere Songs der Peel Sessions. Ihr etwas fröhlicherer Sound und die teilweise langsameren Songs verschreckten vielleicht einige Hardcore-Fans, aber der Gruppe war es gelungen, »die klanglichen und idelogischen Grenzen zwischen Punk und Heavy Metal niederzureißen» (*Rough Guide*). D.O.A. hatten inzwischen den Sänger Dimwit engagiert.
1987 wuchsen D.O.A. mit dem Album TRUE (NORTH) STRONG & FREE über sich hinaus. Herausragende Songs waren ›51st State‹, der die von den Kanadiern beklagte kulturelle Dominanz der USA in Nordamerika thematisierte, und ›Nazi Training Camp‹, der sich mit dem weltweit wachsenden Faschismus beschäftigte. Alle Tantiemen des Titels ›Ready to Explode‹ gingen an den damals noch illegalen südafrikanischen African National Congress. Bemerkenswert war auch die Coverversion des → Bachman-Turner Overdrive-Hits ›Takin' Care Of Business‹, bei dem sich Gitarre und Trompete in der Melodieführung abwechselten.
Unmittelbar nach den Aufnahmen zum Soundtrack von »Terminal City Ricochet« schloß sich ihnen der ehemalige → Dead Kennedys-Sänger Jello Biafra an. Fast alle Titel der Mini-LP LAST

Scream Of The Missing Neighbours stammten aus der Feder von Biafra, lediglich an ›Power Is Boring‹ war Keighley beteiligt. **D.O.A.** und Biafra harmonierten prächtig, und so war die gemeinsame Arbeit »zweifelsfrei eines der besten Alben, die D.O.A. je eingespielt haben« (*Time Out*).
Bei der 90er-LP Murder war Dave Gregg durch den Gitarristen Chris Prohom ersetzt worden. Seit diesem Album nannte sich Keghley erstmals Keighley. Murder war eine Enttäuschung, auch auf der Bühne ließ die Band nach. Jon Card von **S.N.F.U.** hieß der neue Drummer bei dem müden Mitschnitt Talk Minus = Zero. Auch Thirteen Flavours Of Doom von 1992 reichte bei weitem nicht mehr an ihre früheren Arbeiten heran.
1993 ging es wieder aufwärts mit **D.O.A.** Nach einer Europatournee schrieb der *New Musical Express*: »Punk ist zwar tot, aber auf diese Gruppe kann man sich verlassen. Sie werden sich nie ändern« (*New Musical Express*). Bei der im Oktober 1995 veröffentlichten LP The Black Spot verzichteten **D.O.A.** auf einen festen Schlagzeuger. Neben Keighley und Goble vervollständigte Ford Pier (g, key, voc) das Trio, das einen Hardcoreklassiker schuf und »Punk, Rebellion und Aufbegehren zelebrierte« (*Visions*), wie es zuletzt **Dead Kennedys** oder **Black Flag** vermochten.

SOMETHING BETTER CHANGE (1980) Friend's, FR 003 • HARDCORE 81 (1981) Friend's FR 010 • LET'S WRECK THE PARTY (1985) Alternative Tentacles, VIRUS 44 • TRUE (NORTH) STRONG & FREE (1987) Profile 1228 • MURDER. (1990) Restless, I.R.S. 953913 • TALK MINUS ACTION = ZERO (LIVE) (1991) Restless, I.R.S. 953451 • THIRTEEN FLAVOURS OF DOOM (1992) Alternative Tentacles VIRUS 117 • IT'S NOT UNUSUAL, BUT ITS UGLY (1993) Alternative Tentacles VIRUS 120 • LOGGERHEADS (1993) Alternative Tentacles, VIRUS 130 • THE BLACK SPOT (1995) Virgin 835299 • (S) BLOODIED BUT UNBOWED (THE DAMAGE TO DATE: 1978–1983) (1984) Alternative Tentacles, VIRUS 31 • (S) THE DAWNING OF A NEW ERROR (1985) Alternative Tentacles, VIRUS 106 • (S) BLOODIED BUT UNBOWED (THE DAMAGE TO DATE: 1978–1984) / WAR ON 45 (1992) Restless, I.R.S. 983485 • **D.O.A** mit Jello **Biafra**: LAST SCREAM OF THE MISSING NEIGHBOURS (1989) Mini-LP Alternative Tentacles, EFA LP 17627

Doc Holliday

Bruce Brookshire (voc, g, steel g, key), Daniel Bud Ford (b, voc), Danny ›Cadillac‹ Lastinger (dr), John Turner Samuelson (g, voc)

Diese Ausgabe von **Doc Holliday** darf nicht mit der gleichnamigen Band, die 1971 von Frank Carillo gegründet wurde, verwechselt werden. Ihre musikalische Stilrichtung haben sie aber gemeinsam, da beide harten, von Gitarren geprägten, von Blues und Boogie beeinflußten Southernrock bevorzugten. **Doc Holliday** klangen härter als →**Blackfoot** und erinnerten an die →**Allman Brothers** und →**Outlaws**.
1980 in Macon, Georgia, von Brookshire, Samuelson, Herman Nixon (dr, voc), Ric Skelton (g, voc) und Eddie Stone (key, voc) gegründet, arbeiteten sich **Doc Holliday** als Clubband zielstrebig nach oben. Bei örtlichen Labels entstanden einige Aufnahmen, und schließlich schafften

Doc Holliday den Sprung ins Vorprogramm von Bob →Seger und Ted →Nugent, wenn diese in ihrer Heimatstadt auftraten. Wie die meisten Gruppen des Southernrock-Genres war das Quintett fast ständig unterwegs und brachte es im Jahr auf rund 300 Auftritte.

Als Bands wie →Molly Hatchet und →Lynyrd Skynyrd das Erbe der Allman Brothers antraten, wurden Doc Holliday von Herb Alperts Label A&M Records 1981 unter Vertrag genommen. Tom Allon (→Judas Priest, Pat →Travers) produzierte ihr erstes Hardcore-Countryrock-Album. Die LP verkaufte sich gut, aber nicht überragend. Also reisten Doc Holliday weiter durch die Lande und inszenierten ihr Hardrockgewitter mit Gitarren und dem famosen Shouter Brookshire.

Der Achtungserfolg ermutigte die Band 1981 zu ihrem zweiten Album RIDES AGAIN, das im Metal- und Hardrock-Lager begeistert aufgenommen wurde. Trotzdem klangen Doc Holliday nicht zuletzt durch Brookshires talentiertes Steel Guitar-Spiel, differenzierter und komplexer als andere Metal-Bands. Das Album verfehlte nur knapp die Charts, und Doc Holliday blieb der Durchbruch versagt.

Der Stuttgarter Produzent Mack holte Doc Holliday 1982/83 nach Deutschland und führte im Münchner Musicland Studio bei der LP MODERN MEDICINE Regie. Zu stark betonte Keyboards- und Synthi-Effekte wirkten sich aber negativ auf ihren Sound aus. Plötzlich klangen Doc Holliday mehr nach Schickimicki-Neonbar als nach morastigem Südstaaten-Rock und ähnelten Bands wie →Journey und →Styx. Nach diesem erneuten Mißerfolg trennten sich Doc Holliday.

Die anhaltende Nachfrage nach solider Southern-Music führte 1985 zu einer Reunion von Doc Holliday in der Besetzung Brookshire, Samuelson, Stone und Jamie Decuard (dr). Auf DANGER ZONE fanden sie die richtige Mischung zwischen »rasant-abgehenden Up-Tempo-Nummern und langsam getragenen Stücken« (*Crash*) und variierten mit viel Geschick zwischen rustikalen Countrysounds und schwerfälligem Swamp-Rock.

Die zweite Auflage hielt jedoch nicht lange, und so mußte Brookshire für die Live-Produktion SONGS FOR THE OUTLAW mit Daniel Bud Ford, John Vaughan (dr) und Billy Yates (g) ein neues Team zusammenstellen. Sie lieferten »funkensprühenden Boogie« (*Tip*), der gute Laune vermittelte und die Live-Qualitäten von Doc Holliday überzeugend dokumentierte. Nach einer weiteren Pause unternahmen Doc Holliday 1992 einen dritten Anlauf. Mit dem neuen Schlagzeuger Danny ›Cadillac‹ Lastinger hielten sie bei SON OF THE MORNING STAR ihr gutes Niveau, schafften aber dennoch nicht den Sprung in die Charts. Ihr Sound erfreute sich bei Motorradfreaks und Hardrock-Fans größter Beliebtheit, handelten die Songs doch in der Regel von schweren Maschinen, wilden Girls und romantischen Außenseitern.

Stämmiger, erdiger R&B, der typische Southern Drive, massive Gitarrenoffensiven und die kehlige Stimme von Brookshire belegten im Herbst 1996, daß Doc Holiday unverdrossen ihren Weg gingen.

DOC HOLLIDAY (1981) A&M 64847 • RIDES AGAIN (1981) A&M 64882 • MODERN MEDICINE (1983) A&M 64947 • DANGER ZONE (1986) Metal Masters 113 •

SONGS FOR THE OUTLAW...LIVE (1989) SPV 84–4643 • SON OF THE MORNING STAR (1993) On Air, IRS 972190 • LEGACY (1996) New South NS 113054

Dr. Hook

George Cummings (steel-g, g, voc), Rik Elswit (g, voc), Bill Francis (key, voc), Jance Garfat (b, voc), Dennis Locorriere (voc, g, b), Ray Sawyer (voc, g), John Wolters (dr, voc)

In den 70er Jahren galten Dr. Hook zu Recht als originellste »Slapstick-Lieferanten für Parodie-Rock« (*Rolling Stone*). Die köstliche Country-Ballade ›Sylvia's Mother‹ verschaffte der Band einen glänzenden Einstand und wurde über vier Millionen Mal verkauft. Dies war der Beginn einer Karriere, die Dr. Hook insgesamt 35 Platin- und Goldplatten einbrachten.
Die Leadsänger Ray Sawyer (* 1. 2. 1937) und Dennis Locorriere (* 13. 6. 1949) beschlossen 1968 in Union City, New Jersey, sich zusammenzutun. Sawyer trug eine schwarze Augenklappe, da er bei einem Autounfall das rechte Auge verloren hatte. Zunächst stießen George Cummings (* 27. 7. 1938) und Bill Francis (* 16. 1. 1942) zu ihnen. Als Jay David (* 8. 8. 1942) sich ihnen anschloß, traten sie als Chocolate Papers mit einem Repertoire aus Coverversionen in den örtlichen Kneipen und Clubs auf.
Der Piratenlook von Sawyer gab den Anstoß für die Umbenennung in Dr. Hook And The Medicine Show. Als der Produzent Ron Haffkine 1969 eine geeignete Band für die skurrilen Texte des Playboy-Cartoonisten Shel Silverstein suchte, wurde er auf Dr. Hook And The Medicine Show aufmerksam und nahm sie auch als Manager unter Vertrag. Als erstes nahmen sie den Song ›Last Morning‹ für den Soundtrack zu dem Kinofilm »Who Is Harry Kellerman« auf, in dem die Gruppe ein kleines Gastspiel gab.
Nach einigen Monaten Vorbereitungszeit in Connecticut machten sich Dr. Hook And The Medicine Show nach San Francisco auf, um eine erste Langspielplatte zu produzieren. Haffkine wirkte als musikalischer Direktor, und Silverstein lieferte bis auf ›Four Years Older Than Me‹ (von Sawyer / Locorriere) alle Songs und Texte.
Ihr Titel ›Sylvia's Mother‹ (GB #3, US #2, D #9) sprengte im Frühjahr 1972 die internationalen Charts, und Dr. Hook And The Medicine Show galten fortan als »verrückteste Band der Welt« (*Musik Express*). Sie absolvierten rund 270 Konzerte im Jahr und zogen stets eine unterhaltsame, abwechslungsreiche Rock-Revue auf. Die Musiker wechselten untereinander die Instrumente, erzählten Zoten und spielten einen auf Country und Folk basierenden Schunkelpop.
Dr. Hook And The Medicine Show konnten 1972 außerdem das Album DR. HOOK & THE MEDICINE SHOW (US #46) sowie die Singles ›Carry Me, Carrie‹ (US #68, D #29) und ›Cover Of Rolling Stone‹ (US #4) in den Hitparaden plazieren. Der Titel ›Cover Of The Rolling Stone‹, ein »satirischer Angriff auf die Rockkultur« (*Rolling Stone*), verhalf der Band zur Titelstory des renommierten Musikmagazins. Der Song gehörte zum Album SLOPPY SECONDS (US #63), das wieder komplett aus der Feder von Silverstein stammte. Silverstein selbst hatte einige unbeachtet gebliebene Soloproduktio-

nen veröffentlicht, auf denen er den American Way of Life karikierte. Mit Rik Elswit (* 6. 7. 1945) und Jance Garfat (* 3. 3. 1942) waren **Dr. Hook And The Medicine Show** mittlerweile ein Septett geworden.
1973 mußten die »lässig-unverschämten Freaks« (*Record Mirror*) eine Durststrecke überstehen, denn weder das Album BELLY UP noch die ulkige Geschichte von ›Roland The Roadie And Gertrude The Groupie‹ (US #52) oder der Schlager ›Life Ain't Easy‹ (US #78) konnten an die Erfolge von 1972 anknüpfen. Außerdem führten falsche Beratung und übertriebener Aufwand bei den Tourneen zu so erheblichen wirtschaftlichen Problemen, daß **Dr. Hook And The Medicine Show** vor dem Nichts standen.
Dr. Hook, wie sie sich ab 1975 nannten, wechselten die Plattenfirma, verzichteten aber nicht auf Silverstein und Haffkine. Allerdings waren nun auch Locorriere, Sawyer, Francis und Elswit als Komponisten tätig. Der Titel ›Bankrupt‹, mit John Wolters (* 28. 4. 1945) anstelle von David eingespielt, vom Juli 1975 handelte von ihren Geldproblemen. Erst die Anfang 1976 veröffentlichte Countryfassung von Sam Cookes ›Only Sixteen‹ (US #10) war für sie wieder kommerziell erfolgreich. Noch immer machten sich **Dr. Hook** über die kleinen menschlichen Schwächen lustig, wurden aber mit der Zeit zahmer und orientierten sich musikalisch stärker am Unterhaltungspop, der bei Radiosendern gut ankam.
Vor der Produktion von A LITTLE BIT MORE (GB #4) verließ Cummings die Gruppe. Die Auskopplungen ›A Little Bit More‹ (GB #2, US #10, D #42), ›If Not You‹ (GB #4, US #91) und ›More Like The Movies‹ (GB #13) waren perfekte Country-Songs, hatten aber keinen Biß. Die US-Radiosender waren von dem seichten Sound begeistert, und auch ihre Bühnen-Happenings erfreuten sich wieder großer Beliebtheit. Ihr Mainstream-Pop kam besonders gut in Europa an.
Noch konsequenter ins C&W-Fahrwasser steuerten sie 1977 mit MAKIN' LOVE AND MUSIC, auf der Bob ›Willard‹ Hanke von **Goose Creek Symphony** den Platz von Garfat eingenommen hatte. Als Single erschien ›Walk Right In‹ (US #72), ein Remake von den **Rooftop Singers**. Zwischendurch versuchte Ray Sawyer einen Alleingang, allerdings ohne Erfolg. **Dr. Hooks** nächstes Album PLEASURE & PAIN (GB #23) enthielt Edelschnulzen wie das mit Geigen unterlegte ›Sharing The Night Together‹ (GB #1, US #4) oder die Ballade ›When You're In Love With A Beautiful Woman‹ (GB #9, US #4, D #8). Die LPs wiesen Schwächen auf, aber auf der Bühne waren sie immer wieder in Hochform. Noch konventioneller, aber erfolgreich war die im Frühjahr 1980 veröffentlichte LP SOMETIMES YOU WIN (GB #7). Garfat war zurückgekehrt und war an dem Teenagerrührstück ›Sexy Eyes‹ (GB #2, US #3, D #2) beteiligt. **Dr. Hook** war nun endgültig zur professionellen, aber braven Popkapelle verkommen.
Zu Beginn der 80er Jahre ging es mit **Dr. Hook** bergab. Sie veröffentlichten noch vier überflüssige Alben, die sich schlecht verkauften. Im Februar 1982 beendete ›Baby Makes Her Blue Jeans Talk‹ (US #25) den Hitreigen. Vier Monate später verschwanden **Dr. Hook** mit ›Loveline‹ (US #60) aus den Charts. Der Gitarrist Rod Smarr war bei ›Rising‹, ›Live In The U.K.‹, ›Players In The Dark‹ und ›Let Me Drink From Your Well‹ beteiligt. **Dr. Hook** verzichtete auf Songs von Silver-

stein-Material, hatte aber selbst keine Ideen.
1992 leiteten die Wiederveröffentlichungen von ›When You're In Love With A Beautiful Woman‹, ›A Little Bit More‹ und der Sampler COMPLETELY HOOKED ein **Dr. Hook**-Revival ein. Sawyer reformierte daraufhin die Band und tourte durch kleine, europäische Clubs mit »einem in Las Vegas erprobten Mix aus rührseligen Country & Western-Schnulzen, bierseligen Balladen und gediegenem Mainstream« (*Rock World*). Rund 150 Tage im Jahr stand der inzwischen 59jährige, in der Nähe von Daytona, Florida, lebende zweifache Großvater Ray Sawyer mit häufig wechselnden Formationen auf der Bühne. 1996 konzipierte er ein Album mit neuen Songs und überarbeiteten Versionen bekannter Hits, erschienen bei dem dänischen Label CMC Records.

• DR. HOOK & THE MEDICINE SHOW (1972) CBS 64754 • SLOOPY SECONDS (1972) CBS 65132 • BELLY UP (1973) CBS 65560 • FRIED FACE (1974) CBS 80372 • BANKRUPT (1975) Capitol 062–81903 • A LITTLE BIT MORE (1976) Capitol 062–82193 • MAKIN' LOVE AND MUSIC (1977) Capitol 064–85156 • PLEASURE & PAIN (1978) Capitol 838209 • SOMETIMES YOU WIN (1979) Capitol 064–86045 • RISING (1980) Mercury 6302076 • LIVE IN THE U.K. (1981) Capitol 064–86254 • PLAYERS IN THE DARK (1982) Mercury 6302183 • LET ME DRINK FROM YOUR WELL (1983) Mercury 6302220 • A LITTLE BIT MORE (1996) Koch, CM CD 92001 • (S) THE BALLAD OF LUCY JORDAN (1975) CBS 80787 • (S) REVISITED (1977) CBS 34147 • GREATEST HITS (1980) Capitol 746620 • (S) ROCK GIANTS (1982) CBS 54438 • (S) COMPLETELY HOOKED (1992) • Ray **Sawyer**: RAY SAWYER (1977) Capitol, ST-11591 • Shel **Silverstein**: HAIRY JAZZ (1961) Elektra 176 • INSIDE FOLK MUSIC (1962) Atlantic 8072 • I'M SO GOOD, I DON'T HAVE TO BRAG (?) Cadet 4052 • DRAIN MY BRAIN (?) Cadet 4054 • A BOY NAMED SUE (1969) RCA, LSP 4192 • FREAKIN' AT FREAKER'S BALL (1973) CBS 65452• CROUCHING ON THE OUTSIDE (1973) Janus; JLS 3052 • NED KELLY (1974) Soundtrack United Artists 064–82895 • SONGS & STORIES (1978) Parachute 9007 • THE GREAT CONCH TRAIN ROBBERY (1979) Flying Fish 211

Dr. John

Der eigenwillige Pianist und Sänger zählt zu den einflußreichsten und schillerndsten Rockpersönlichkeiten und beherrschte alle Spielarten populärer Musik zwischen Blues, Rock'n'Roll und Jazz. Er zelebrierte auf seinem Debüt GRIS-GRIS schräge Voodoorhythmik und bizarren Bayou-Rock, erinnerte bei THE SUN, MOON & HERBS an längst vergangene Mythen aus den Sümpfen seiner Heimat Louisiana oder entdeckte für sich die Big Band-Musik mit IN A SENTIMENTAL MOOD. »Der Vermittler zwischen den Rassen« (*Sounds*) wurde zweimal mit einem Grammy ausgezeichnet: 1989 für sein Duett ›Makin' Whoopee‹ mit Rickie Lee → Jones als beste Jazz-Gesangsaufnahme und 1992 für GOIN' BACK TO NEW ORLEANS als bestes traditionelles Bluesalbum des Jahres.
Malcolm John Michael Creaux Rebennack wurde am 21. 11. 1940 in New Orleans geboren. Seine Mutter arbeitete als Fotomodell, und sein Vater betrieb einen Schallplattenladen, durch den der junge Malcolm vor allem schwarzen Blues und R&B kennenlernte. Musiker wie → Big Bill Broonzy, → Professor Longhair und Fats → Domino beeindruckten den Teen-

ager, der sich zunächst für die Gitarre interessierte. Walter Nelson und Roy Montrell, beide aus der Band von Domino, halfen ihm, seine Gitarrentechnik zu verbessern. Boogie Woogie-Star Al Johnson gab ihm Klavierunterricht, und Professor Longhair und Huey Smith beobachtete er bei der Studioarbeit. Schließlich weckte James Booker seine Begeisterung für die Orgel.

Als 15jähriger trat Rebennack in die Musikergewerkschaft ein und jobbte ab 1957 als Begleitmusiker für Joe Tex und Professor Longhair. Im November des gleichen Jahres erschien seine erste Aufnahme ›Storm Warning‹. Er spielte außerdem ein Instrumentalalbum ein, das aber unveröffentlicht blieb. 1958 tourte er mit Frankie Ford und Jerry Byrne, für den er den Rock'n'Roll ›Lights Out‹ komponierte, und leitete die **Skyliners**.

Ende der 50er Jahre arbeitete er im Studio des Blueslabels Ace Records in New Orleans oder Baton Rouge. Als einziger weißer Musiker gehörte er zu den Initiatoren der Firma All For One Records und spielte auch in der **AFO** Band, die u. a. Sam →Cooke begleitete. Gemeinsam mit Ronnie Barron entstanden Songs für das Projekt **Dirts And Dravy**, und darüber hinaus arrangierte und produzierte er Sessions von Lee Allen, Red Tyler und Earl Palmer. Als er 1961 eine Kneipenschlägerei schlichten wollte, wurde Rebennack durch einen Schuß so schwer an der Hand verletzt, daß er die Gitarre aufgeben mußte. Er versuchte sich daraufhin als Bassist in einer Dixieland-Gruppe, konzentrierte sich dann aber auf das Klavier oder die Keyboards.

Rebennack zog 1962 nach Los Angeles und arbeitete als Studiomusiker u. a für Sonny Bono und Phil Spector. 1964 ging er seinem Faible für den westindischen Voodookult in erfolglosen Gruppen wie **Morgus**, **Three Gouls** und **Zu Zu Band** nach. Zu dieser Zeit nahm er das Pseudonym Dr. John (in Anlehnung an Professor Longhair) ›The Night Tripper‹ (als Antwort auf ›Day Tripper‹ von den →**Beatles**) an. Sein erstes Album GRIS-GRIS basierte auf »mystischen Träumen, traditionellen Songs der Kreolen und Psychedelia-Spuren« (*Rolling Stone*). Hypnotische Voodoogesänge, afrikanische Rhythmen und irritierende Texte machten Dr. John zur Kultfigur an der Westküste.

1968 veröffentlichte er seine LP BABYLON, die ihm den ersten Auftritt in London ermöglichte. Auch in Europa fand die ungewöhnliche Mischung aus Blues, Ethnoklängen und progressivem Rock Liebhaber. BABYLON war ein kritischer Kommentar zu einem patriotischen Amerika, musikalisch zwischen kreolischer Folklore, New Orleans-Jazz und weißem Rock'n'Roll angesiedelt. REMEDIES, 1970 erschienen, enthielt politische Botschaften (›Angola Anthem‹), verbunden mit afrokubanischem Rhythmus.

→**Canned Heat**, Albert →Collins, Catfish Hodge, Jesse Ed Davis, John →Sebastian und Stephen →Stills buchten ab 1970 Dr. John regelmäßig als Studiobegleiter. B. B. →King lud ihn zu seinen London Sessions ein, und bei Aretha →Franklins Hit ›Spanish Harlem‹ spielte er die Orgel. Die vielen Kontakte zahlten sich für Dr. John aus, denn 1971 fanden sich zur Produktion von THE SUN, MOON & HERBS u. a. Eric →Clapton, Graham →Bond, Jim Price (tr), Jim Gordon (perc) und Mick Jagger im Studio ein. Die Songs, bis auf eine Ausnahme in London aufgenommen, hatten die Spontaneität von Live-Sessions.

Stärker an Rock'n'Roll und R&B orientiert war das 72er-Album GUMBO (US #92) und lieferte damit besten, zeitgemäßen New Orleans-Sound. Der Singleauskopplung ›Iko Iko‹ (US #50), ein Remake von den **Dixie Cups**, verdankte Dr. John seine erste Chartsplazierung. Im gleichen Jahr engagierten ihn Buddy →Guy, Mylon LeFevre, die →**Rolling Stones** (EXILE ON MAIN STREET) und **The** →**Band** für Studioaufnahmen. Außerdem förderte er Garland →Jeffreys und unterstützte Carly →Simon.

1973 verpflichtete der Produzent Allen Toussaint für IN THE RIGHT PLACE (US #21) die Funk/R&B-Band →**Meters** als Begleitgruppe, um dem Sound einen kommerziellen Anstrich zu geben. Sowohl das Album als auch die Single ›In The Right Place‹ (US #10) schienen den »Denker des Delta-Voodoos« (*New Musical Express*) von seinem Insiderimage befreien zu können. Als zweite Single wurde ›Such A Night‹ (US #45) ausgekoppelt.

Als die Zusammenarbeit von Dr. John mit John →Hammond und Mike →Bloomfield bekannt wurde, erwarteten die Medien eine neue Supergruppe. Doch die konzeptlose LP TRIUMVIRATE (US #89) enttäuschte auf der ganzen Linie, und Dr. John gab das Unternehmen wieder auf. Er jammte im Februar 1974 im New Yorker Bottom Line mit Johnny →Winter und Stevie →Wonder, tourte mit eigener Band durch die USA und veröffentlichte die LP DESITIVELY BONNAROO (US #82). Als auch die Single ›Everybody Wanna Get Rich Rite Away‹ die mäßige Bilanz nicht aufbessern konnte, trennte sich Dr. John von Allen Toussaint und arbeitete bei HOLLYWOOD BY THE NAME mit Bob Ezrin zusammen. Das Album erntete nur höfliche Kritiken. Kompetente Musiker, das Mädchentrio **Creolettes** und ein Bläsersatz sollten die alte Voodoo-Stimmung wieder heraufbeschwören. In kommerzieller Hinsicht war die »rundum ekstatische und laute Platte« (*Sounds*) ein Flop. In den folgenden Jahren arbeitete Dr. John als Studiomusiker für David →Bromberg, Bill Wyman und Ringo →Starr und war Gast auf Produktionen von **Manhattan Transfer**, Luther →Allison, Kinky Friedman, Gregg Allman, Doug Kershaw, Joe →Cocker, Rodney →Crowell, →**Mink DeVille** und Papa John →Creach. Er machte erste Gehversuche als Produzent und wirkte im November 1976 beim Abschiedskonzert von **The Band** mit, das unter dem Titel THE LAST WALTZ im Winterland in San Francisco stattfand. 1977 war er Mitglied der kurzlebigen **RCO All Stars**, einer Initiative von **Band**-Drummer Levon Helm, an der sich u. a. Paul →Butterfield beteiligte.

Jazzrock-Stars wie Steve Gadd (dr), Will Lee (b), Richard Tee (key) und David Sanborn (sax) unterstützten Dr. John 1978 bei CITY LIGHTS. Ein Jahr später erschien die in ähnlicher Besetzung eingespielte LP TANGO PALACE, aber beide Alben fanden kaum Beachtung. Zu Beginn der 80er Jahre intensivierte er zusammen mit Chris Barber seine Jazzambitionen, wirkte auf Alben von Hoyt Axton, Bob →Seger, Emmylou →Harris mit und brachte mit PLAYS MAC REBENNACK, »eine exzellente Platte mit Klaviersoli« (*Rolling Stone*), heraus.

Kommerziell zwar wenig erfolgreich, war Dr. John künstlerisch so aktiv und ideenreich wie zu Beginn seiner Karriere. Er war in Schweden für ein Afro-Jazz-Unternehmen als Produzent tätig, tourte als Alleinunterhalter durch kleine Clubs und unterstützte Maria →Muldaur auf der LP SWEET AND SLOW. Bei seinem Album THE BRIGHTEST SMILE IN TOWN setzte er 1982 wieder auf Boogie und beschrieb die »zwiespältig schöne und faszinierende Atmosphäre fast leerer Tanzpaläste, Music Halls, Cafés und Bars« (*Blues Forum*).

1987 war Dr. John als Coproduzent bei Jimmy → Witherspoons Album MIDNIGHT LADY CALLS THE BLUES tätig, trat mit einer Blues Allstar-Formation bei der alljährlichen Grammy-Verleihung auf und tourte mit Johnny Winter durch Europa. Im Sommer 1989 schloß er sich den **All Stars** von Ringo Starr für eine US-Tour an und führte wenig später mit seinen Versionen bekannter Blues-Standards und romantischer Songs auf IN A SENTIMENTAL MOOD vier Wochen lang die Jazz-Charts in den USA an.

In den 90er Jahren folgte er Einladungen zum Jazz And Heritage Festival (1990) in New Orleans, zum Newport Jazz Festival (1994) und nahm am Berliner JazzFest (1996) teil. 1990 beteiligte sich Dr. John mit dem Titel ›I Love To See You Smile‹ an dem Projekt »The Simpsons Sings The Blues«, 1991 war er auf einem Tribute-Album für → **Grateful Dead** vertreten und unterstützte 1993 die Hilfsorganisationen Artists For The Earth und Save The Children. Er tourte mit → **Little Feat** und stand mit Taj → Mahal, Aaron Neville und John → Cale auf der Bühne. Im August 1994 nahm er an einer Gedenkveranstaltung zu Ehren von Stevie Ray → Vaughan mit Eric Clapton, Robert → Cray und Buddy → Guy teil.

»Der gute Geist aus New Orleans« (dt. *Rolling Stone*) paßte in keine Schablone und riskierte atemberaubende Stilsprünge, die ihm zwar kommerziell nichts einbrachten, aber seinen Ruf als kreativer Musiker immer wieder bestätigten. Gemeinsam mit David ›Fathead‹ Newman und Art Blakey nahm er 1990 die zweiteilige Jazz-Exkursion BLUESIANA TRIANGLE auf. 1991 erschien ON A MARDI GRAS DAY, ein Live-Mitschnitt, der bereits 1983 im Londoner Marquee Club zusammen mit Chris Barber entstanden war. 1993 folgte das mit einem Grammy ausgezeichnete traditionelle Blues-Album GOIN' BACK TO NEW ORLEANS. 1994 erschien das Funk-Album TELEVISION; auf AFTERGLOW, das Songs von Louis Jordan, Duke Ellington, Irving Berlin und drei eigene Titel enthielt, erinnerte er an den Sound der 30er und 40er Jahre. Auf dem Mitschnitt TRIPPIN' LIVE vom Sommer 1997 besann sich Dr. John auf seine New Orleans-Wurzeln und präsentierte sich in Hochform.

Roland Stone, der 1959 Mitglied von Dr. Johns Band **Skyliners** gewesen war, machte 35 Jahre später als Solist von sich reden, als er eine temperamentvolle New Orleans-LP veröffentlichte.

GRIS-GRIS (1968) Repertoire, REP 4130 • BABYLON (1968) Atlantic 7567–80438 • REMEDIES (1970) Atlantic 7567–80439 • THE SUN, MOON & HERBS (1971) Atlantic 7567–80440 • GUMBO (1972) Atlantic 40384 • IN THE RIGHT PLACE (1973) Atlantic 7567–80360 • DESITIVELY BONNAROO (1974) Atlantic 7567–80441 • CUT ME WHILE I'M HOT (1975) DJM 2019 • HOLLYWOOD BE THY NAME (1975) United Artists, CD 62 • TANGO PALACE (1979) • CITY LIGHTS (1979) A&M 390732 • PLAYS MAC REBENNACK (1981) Demon, FiE 001 • THE BRIGHTEST SMILE IN TOWN (1982) Clean Cuts 707 • THE ULTIMATE DR. JOHN (1987) Warner Brothers • IN A SENTIMENTAL MOOD (1989) Warner Brothers 25889 • BLUESIANA TRIANGLE (1990) Windham Hill, WD 0125 • BLUESIANA TRIANGLE II (1991) Windham Hill, WD 0133 • GOIN'

BACK TO NEW ORLEANS (1992) Warner Brothers 7599–26940 • TELEVISION (1994) GRP 4024 • AFTERGLOW (1995) Blue Thumb, BTD 7000 • TRIPPIN' LIVE (1997) Eagle EAG 003 • (S) THE DR. JOHN ANTHOLOGY (1989) • (S) MOS' SCOCIOUS (1993) Rhino 8122–71450 • Mit Mike **Bloomfield** und John Paul **Hammond**: TRIUMVIRATE (1973) CBS 65693 • Mit Chris **Barber**: TAKE ME BACK TO NEW ORLEANS (1980) Black Lion, BLM 61001 • ON A MARDI GRAS DAY (1991) Great Southern 876036 • Roland **Stone**: REMEMBER ME (1995) Orleans, OR 1111

Dokken

Mel Brown (dr), Don Dokken (voc, g), George Lynch (g), Jeff Pilson (b, voc)

Die Heavy-Gruppe, deren Anfänge bis ins Jahr 1977 zurückreichen, mußte um ihre Akzeptanz in der Metal-Szene und den Erfolg in den Charts lange ringen, ehe sie 1984 mit der LP TOOTH AND NAIL den Durchbruch schafften und einige Jahre lang zur Metal-Elite zählten.

Über das Saxophon und Schlagzeug fand Don Dokken zur Gitarre und gründete 1977 mit dem späteren → **Ratt**-Drummer Bobby Blotzer zunächst **Airborne**. Anschließend nahm er die Single ›Hard Rock Woman‹ auf und bildete mit Juan Croucier und Greg Pecka (dr) ein Team, das unter seinem Namen in Clubs und Kneipen von Los Angeles auftrat. 1979, auf dem Höhepunkt der New Wave-Ära waren **Dokken** in Hamburg, hatten aber vor ihrer Rückkehr nach Los Angeles lediglich Demobänder fertiggestellt, die 1979 bei dem deutschen Label Repertoire Records unter dem Titel BACK IN THE STREETS erschienen. Don Dokken, der als Chorsänger bei einer Produktion der → **Scorpions** in den Studios von Dieter Dierks beteiligt war, machte weitere Aufnahmen und erhielt schließlich einen Plattenvertrag. Die LP BREAKIN' THE CHAINS wurde zunächst nur von einer deutschen Firma vertrieben und kam erst 1983 in den USA offiziell auf den Markt. Don Dokken stellte mit Mick Brown, Jeff Pilson und dem Gitarristen George Lynch eine Band zusammen. Da Lynch sein Instrument ausgezeichnet beherrschte, konzentrierte sich Dokken auf seine Rolle als Leadsänger der exzellenten Live-Show.

Nach dem Album TOOTH AND NAIL (US #49) waren **Dokken** »endgültig in die Riege der Mega-Acts« (*Metal Hammer*) aufgestiegen und gingen mit Ronnie James Dio, → **Kiss** und → **Twisted Sister** auf Tournee. UNDER LOCK AND KEY (US #32) vom Dezember 1985 etablierte sie als Heavygruppe, die »durch Filigranarbeit und technische Eskapaden, mehrstimmigen Chor und vor allem einen exakten Donnerbeat bestiche« (*Metal Hammer*). **Dokken** präsentierten sich trotz angeblicher Spannungen zwischen Dokken und Lynch im Studio und auf der Bühne als »geschlossene Einheit« (*Crash*).

Bis 1988 gingen **Dokken** regelmäßig auf Tournee. Die Singles ›Alone Again‹ (US #64), ›In My Dreams‹ (US #77) und ›Burning Like A Flame‹ (US #72), die Mitarbeit am Soundtrack des Horrorklassikers »Nightmare On Elm Street« sowie das Album BACK FROM THE ATTACK (GB #39, US #13) bestätigten sie als ausgezeichnete Hard & Heavy-Band. Dennoch trennte sich die Gruppe, und der Live-Mitschnitt ihrer Abschiedstournee BEAST FROM THE EAST (US #32) wurde als Vermächtnis »einer

wirklich feinen Band« (*Guinness*) gelobt.
Don Dokken schlug eine Sololaufbahn ein und veröffentlichte im Spätsommer 1990 das Album UP FROM THE ASHES (US #50), bei dem u. a. der schwedische Gitarrist John Norum von **Europe** mitwirkte. Lynch formiert mit Drummer Mick Brown, Bassist Anthony Esposito und Oni Logan, zuvor Sänger bei **Cold Sweat**, die R&B-beeinflußte Band **Lynch Mob**, die mit ihrem Debüt-Album LYNCH MOB (US #56) Erfolg hatte. Auf dem zweiten Album der Gruppe übernahm der bis dato unbekannte Robert Mason den Leadsänger-Part. Lynch beendete diese Episode 1993 und versuchte sich ebenfalls als Solist.
»Quicklebendig und äußerst eindrucksvoll« (*Musik Express*) meldeten sich **Dokken** im Sommer 1995 mit DYSFUNCTIONAL zurück: »Nie waren sie so heavy, aber gleichzeitig auch niemals so balladesk wie auf diesem Album« (*Metal Hammer*). Bassist Jeff Pilson kehrte 1997 zurück und war an SHADOWLIFE, eine Mischung aus traditionellem Hardrock und Grunge, beteiligt.

BACK IN THE STREETS (1979) Repertoire, RR 4005 • BREAKIN' THE CHAINS (1981) Elektra 7559-60290 • TOOTH AND NAIL (1984) Elektra 7559-60376 • UNDER LOCK AND KEY (1985) Elektra 960458 • BACK FOR THE ATTACK (1987) Elektra 7559-60735 • BEAST FROM THE EAST (1988) Elektra 960823 • DYSFUNCTIONAL (1995) Sony 480490 • ONE LIVE NIGHT (1997) CMC 7686206 • SHADOWLIFE (1997) CMC 060786210 • Don **Dokken**: UP FROM THE ASHES (1990) Geffen, GED 24301 • George **Lynch** mit **Lynch Mob**: WICKED SENSATION (1990) Elektra 7559-60954 • LYNCH MOB (1992) Elektra

Fats Domino

Fats Domino spielte Rock'n'Roll, lange bevor dieser seinen Siegeszug antrat, komponierte ein rundes Dutzend Rock'n'Roll-Evergreens, brachte 66 Songs in die Popcharts, bekam für 23 Singles eine Goldene Schallplatte und verkaufte weltweit über 65 Millionen Schallplatten. Sein kraftvolles Pianospiel beeinflußte zahlreiche Rockmusiker, und sein Repertoire überbrückte spielerisch die Kluft zwischen engagiertem Gospel, wuchtigem Boogie Woogie, schmalzigen Balladen und heißem Rhythm & Blues. Fats Domino war und ist ein Entertainer der allerersten Garnitur, der stets gute Stimmung vermittelte und es verstand, sein Publikum allein durch seine Persönlichkeit und seine Musik in den Bann zu ziehen.
Antoine Domino wurde am 10. 5. 1929 in New Orleans geboren. Als Neunjähriger erhielt er von seinem Schwager Harrison Verrett Klavierunterricht und begeisterte sich für Blues, Ragtime und Boogie. Er begann in den Honky Tonks seiner Heimatstadt für ein paar Dollar zu spielen, u. a. im Hideaway Club, wo ihm Bandleader Bill Diamond den Spitznamen ›Fats‹ verpaßte. Mit 14 Jahren brach Domino die Schule ab, jobbte tagsüber und spielte nachts in den Kneipen von New Orleans. Dabei lernte er →Professor Longhair und Amos Milburn kennen und ahmte den Stil von Fats Waller und Albert Ammons nach.
Im Alter von 20 Jahren heiratete Fats Domino 1949 seine Jugendfreundin Rose Marie und wurde bald darauf zum ersten Mal Vater. Zu diesem Zeitpunkt verdiente er als Pianist drei Dollar am Abend. Mitte der 40er Jahre war er Mit-

glied in der Band des Trompeters Dave Bartholomew, der das Talent des rundlichen, stets lachenden Pianisten mit der liebenswürdig-grimmigen Stimme erkannte und ihn als Arrangeur, Komponist und Produzent förderte. Im Dezember 1949 nahm er im Cosimo Matass's J&M Studio in New Orleans die Single ›The Fat Man‹ auf, die unter die Top 10 der R&B-Charts kam und sich bis 1953 über eine Million Mal verkaufte. Es folgte eine Serie von R&B-Hits wie ›Rockin' Chair‹, ›Goin' Home‹ und ›Goin' To The River‹, bis Fats Domino 1955 auch die Pop-Hitlisten eroberte.
Als der Rock'n'Roll-Boom ausbrach, nannte man den Namen von Fats Domino in einem Atemzug mit Elvis →Presley, →Little Richard, Jerry Lee →Lewis und Bill →Haley. Seine Tourneen – Domino war in der Regel sechs bis acht Monate pro Jahr unterwegs – erfreuten sich größter Beliebtheit, da er beste Rock'n'Roll-Unterhaltung garantierte. Ab 1956 lieferte er Hits am Fließband: ›I'm In Love Again‹ (GB #12, US #5), ›Blueberry Hill‹ (GB #6, US #2), ›Blue Monday‹ (GB #23, US #5), ›I'm Walkin‹ (GB #19, US #4), ›Valley Of Tears‹ (GB #25, US #13), ›Whole Lotto Loving‹ (US #6), ›I'm Ready‹ (US #16), ›Margie‹ (GB #18), ›I Want To Walk You Home‹ (GB #14, US #8), ›Be My Guest‹ (GB #11, US #8) und ›Country Boy‹ (GB #16).
Fats Domino hatte weltweit Erfolg. Allein in England landete er bis 1963 rund 20 Mal auf oberen Chartsrängen. Die »Domino-Mania« (*New Musical Express*) hielt bis 1963 an und ließ ›Three Nights A Week‹ (US #15), ›My Girl Josephine‹ (US #14), ›Let The Four Winds Blow‹ (US #15) und ›Red Sails In The Sunset‹ (GB #27, US #35) sowie die Alben ROCK AND ROLLIN (US #18) und THIS IS FATS DOMINO! (US #19) zu Riesenerfolgen werden. 1956/57 wirkte Fats Domino in den Rock'n'Roll-Filmen »Shake, Rattle And Roll« und »Jamboree« mit und war in sogenannten Package-Tourneen u. a. mit den Clovers, Chuck →Berry, LaVern →Baker und Clyde McPhatter unterwegs.
Zu Beginn der 60er Jahre konnte es sich der mehrfache Millionär und Vater von acht Kindern leisten, es ruhiger angehen zu lassen. »Der großartige Sänger und fesselnde Pianist« (*Rolling Stone*) beschränkte sich darauf, sein mittlerweile klassisches Repertoire bei gut bezahlten Galaveranstaltungen oder langfristigen Engagements in den Hotels von Las Vegas zu spielen. 1968 raffte sich Domino zu einem Comebackversuch auf, als er die für ihn maßgescheiderte →Beatles-Nummer ›Lady Madonna‹ interpretierte. 1970 wechselte er zu Warner Brothers und nahm das Album FATS mit bekannten, leicht überarbeiteten Kompositionen auf. Ansonsten erschienen Live-Mitschnitte, die sein Standardrepertoire ständig variierten. 1976 kam er mit der Wiederveröffentlichung von ›Blueberry Hill‹ (GB #41) noch einmal in die britischen Charts, 1974 trat er beim Jazz Festival in Montreux auf. Auch in den 80er Jahren konnte er seine zahlreichen Fans begeistern und bewies in den Konzerten trotz seines gestandenen Alters eine gute Kondition.
1986 wurde Fats Domino in die Rock'n'Roll Hall of Fame aufgenommen und ein Jahr später für sein Lebenswerk mit einem Grammy geehrt. Die Jury begründete die Entscheidung: »Er ist eines der wichtigsten Bindeglieder zwischen Rhythm & Blues und Rock'n'Roll und einer der einflußreichsten Pianisten.« 1990 erschien sein Live-Doppelalbum

MY BLUE HEAVEN, im Jahr darauf wurde sein umfangreiches Werk mit der vier CDs umfassenden Dokumentation THEY CALL ME THE FAT MAN gewürdigt. 1992/1993 war der »Rhythm & Blues-Pionier« (*Billboard*) auch wieder in Europa auf Tournee.

Dave Bartholomew, der über 40 Jahre lang als Arrangeur, Komponist und Produzent für Domino gearbeitet hatte, machte als Saxophonist und Sänger zwischen 1950 und 1962 zahlreiche Aufnahmen, die 1992 auf dem Sampler THE GENIUS OF DAVE BARTHOLOMEW zusammengefaßt wurden.

ROCK AND ROLLIN' (1950) Imperial 9009 • ROCK'N'ROLL WITH... (1956) Imperial 9004 • ROCK AND ROLLIN' (1956) Imperial 9009 • THIS IS FATS DOMINO (1956) Imperial 9028 • HERE STANDS FATS DOMINO (1957) Imperial 9038 • THIS IS FATS (1958) Imperial 9040 • FABULOUS MR. D (1958) Imperial 9055 • FATS DOMINO SWINGS (1959) Imperial 9062 • LET'S PLAY FATS DOMINO (1959) Imperial 9065 • FATS DOMINO SINGS MILLION RECORD HITS (1960) Imperial 9103 • A LOTS OF DOMINOS (1960) Imperial 9127 • I MISS YOU SO (1961) Imperial 9138 • LET THE FOUR WINDS BLOW (1961) Imperial 9153 • WHAT A PARTY (1961) Imperial 9164 • TWISTIN' THE STOMP (1962) Imperial 9170 • JUST DOMINO (1963) Imperial 9206 • WALKING TO NEW ORLEANS (1963) Imperial 9227 • LET'S DANCE WITH FATS DOMINO (1963) Imperial 9239 • HERE COMES FATS DOMINO (1963) Repertoire, REP 4161 • FATS ON FIRE (1964) ABC 479 • HERE HE COMES AGAIN (1964) Imperial 9248 • KINGS OF BEAT 3 (1965) Repertoire, REP 4160 • '65 (1965) Mercury, SR-61039 • LIVE IN NEW YORK (1965) Philips 6336275 • GETAWAY WITH FATS DOMINO (1966) ABC 510 • STOMPIN' (1967) Sunset 5158 • TROUBLE IN MIND (1967) Sunset 50053 • FATS IS BACK (1968) Reprise 6304 • THE ORIGINAL (1968) Sunset 5103 • HERE COMES THE KING OF ROCK'N'ROLL (1968) Sunset 5200 • FATSOUND (1968) Liberty 83142 • AIN'T THAT A SHAME (1969) Sunset 5299 • FATS (1970) Reprise 6439 • COOKING WITH FATS (1973) United Artists 295612 • PLAY IT AGAIN FATS (1973) United Artists 29467 • LIVE IN LAS VEGAS (1973) Philips 6336217 • LIVE IN MONTREUX (1974) Atlantic 50107 • TONITE – LIVE IN CONCERT (1977) Charly, CRB 1053 • LIVE IN EUROPE (1978) United Artists 30121 • SLEEPING ON THE JOB (1979) Sonet, SNTF 793 • HIS GREATEST HITS – LIVE (1986) MCA 6170 • FATS DOMINO LIVE (1988) Laser Light 15071 • MY BLUE HEAVEN (1990) • CHRISTMAS IS A SPECIAL DAY (1993) EMI • (S) MILLION SELLERS BY FATS (1962) Imperial 9195 • (S) IN CONCERT (1965) Mercury 6641497 • (S) STARS OF THE SIXTIES (1966) Probe 050–95277 • (S) MILLION SELLERS – VOL. 1 (1968) Liberty 83023 • (S) MILLION SELLERS – VOL. 2 (1968) Liberty 83024 • (S) HERE COMES THE KING OF ROCK'N'ROLL (1968) Sunset 5200 • (S) MILLION SELLERS – VOL. 3 (1969) Liberty 83101 • (S) MILLION SELLERS – VOL. 4 (1970) Liberty 83142 • (S) THE FATS DOMINO STORY (1970) Liberty 83456 • (S) RARE DOMINOS (1970) Liberty 83141 • (S) THE FATS DOMINO STORY (1972) United Artists 29334 • (S) STAR COLLECTION (1973) Midi 24006 • BE MY GUEST (1974) Sunset 50252 • (S) STAR COLLECTION VOL. 2 (1974) Midi 24019 • (S) THE SINGLES ALBUM (1977) United Artists 30254 • (S) ROCK'N'ROLL FOREVER (1977) Midi 20111 • (S) LADY MADONNA (1979) Koala, AW 14162 • (S) THEY CALL ME THE FAT MAN (1990) United Artists • (S) THE EARLY IMPERIAL SINGLES 1950–1952 (1996) Ace, CHDCD 597 • Dave **Bartholomew**: THE GENIUS OF DAVE BARTHOLOMEW (1992) EMI 80184

Doobie Brothers

John Cowan (dr), Tom Johnston (voc, g), John McFee (g, voc), Patrick Simmons (voc, g)

Zwei Namen sind mit der Geschichte der Doobie Brothers eng verknüpft, die des Sängers und Gitarristen Patrick Simmons (*23. 1. 1950) und die des Produzenten Ted Templeman. Letzterer, der als ihr Entdecker gilt, verpaßte der südkalifornischen Band den perfekten Sound, hatte es aber bei den Doobie Brothers auch mit überragenden musikalischen Talenten zu tun. Sie waren sowohl eine hochkarätige Gesangsgruppe als auch exzellente Instrumentalisten und Songwriter. So war es kein Wunder, daß die Doobie Brothers in den ersten zwölf Jahren elf Hitsingles und sieben Platinalben produzierten.

1969 spielten Tom Johnston, John Hartman (*18. 3. 1950) und der Bassist Gregg Murph im kalifornischen San José in einer Band namens Pud. Murph wurde von Dave Shogren abgelöst, und als 1970 Simmons dazukam, nannte sich das Quartett Doobie Brothers nach dem Slangwort ›Doobie‹ für eine Marihuana-Zigarette. Sie jammten in einer Kneipe, dem Treffpunkt einer Gruppe von Hell's Angels, und wurden zur Hausband im Chateau Liberté, einem Salon in Santa Cruz.

Ein Demo mit sechs Songs gelangte Ende 1970 in die Hände von Ted Templeman, einst Mitglied bei →Harpers Bizarre. Lenny Waronker nahm die Doobies für Warner Brothers unter Vertrag, und Templeman produzierte die LP The Doobie Brothers, die im Frühjahr 1971 erschien und nicht gerade ein Verkaufsschlager war. Die vier Musiker posierten auf dem Cover in schwarzer Jeans- und Lederkleidung, und musikalisch vertrauten sie auf den swingenden Countryrock, komponiert von Tom Johnston. Als typisch amerikanische Gitarrenband von der sonnigen Westküste blieben die Doobie Brothers immer bei »griffigen akustisch / elektrischen Gitarrenrhythmen aus der Country- und Rhythm & Blues-Ecke« (*Sounds*).

Für die Produktion von Toulouse Street wurden die Doobie Brothers zum Quintett erweitert. Shogren war durch Tiran Porter (b, voc) ersetzt worden; als zusätzlicher Schlagzeuger wurde Michael Hossack engagiert. Kerniger Beat, klare Harmonien und eingängige Refrains ließen die Singles ›Listen To The Music‹ (US #89) und ›Jesus Is Just Alright‹ (US #29) sowie das Album Toulouse Street (US #16) zu Erfolgen werden. Die Doobie Brothers erlebten nun einen rasanten Aufstieg in die Elite des nordamerikanischen Rock, was sie vor allem Johnstons hellem Timbre und dem ausgeprägten Rhythmusgefühl von Simmons verdankten. Das galt auch für das im Sommer 1972 veröffentlichte Album The Captain And Me (US #10), von dem über zwei Millionen Exemplare verkauft wurden und das die Hits ›Long Train Runnin‹ (US #9) und ›China Grove‹ (US #10) lieferte. Im September 1973 wurde Hossack der Tourneestreß zuviel. Er stieg aus und gründete Bonaroo, ehe er 1978 Mitglied der DFK Band wurde. Als Nachfolger konnten die Doobie Brothers Keith Knudsen (*18. 10. 1952) aus der Begleitgruppe von Lee →Michaels gewinnen.

Im Januar 1974 spielten die Doobies zum ersten Mal in London. Wenig später konnte sich die Wiederveröffentlichung von ›Listen To The Music‹ (GB #26) in den britischen Charts plazieren. Im April erschien das Album WHAT WERE ONCE VICES ARE NOW HABITS (US #6), auf dem der Gitarrist Jeff ›Skunk‹ Baxter (* 13. 12. 1948) mitwirkte. Baxter spielte eigentlich bei → Steely Dan, nutzte aber die Pausen zwischen den LP-Produktionen für Auftritte und Studiosessions mit den Doobies, bei denen er im Juli 1974 als festes Mitglied einstieg. Als Singles kamen ›Another Park, Another Sunday‹ (US #30), ›Eyes Of Silver‹ (US #67), ›Nobody‹ (US #84) und der überragende Song des Albums ›Black Water‹ (US #1) heraus.

Jeff Baxter gehörte zu den gefragtesten Studiomusikern. Sein Name steht auf den Plattencovern von Joni → Mitchell, Richie → Havens, Judy → Collins, Rod → Stewart, Hoyt Axton, → Little Feat und Stanley Clarke. Sein Einfluß bei der Produktion von STAMPEDE (GB #18, US #2) hielt sich jedoch noch in Grenzen. Die LP brach alle Umsatzrekorde der Doobie Brothers, erschöpfte sich aber in der endlosen Wiederholung eines »recht akzeptablen Riffs« (*Sounds*). Ihr Hit ›Take Me In Your Arms‹ (GB #25, US #5) kam über Mainstreamrock nicht hinaus. Baxters Fähigkeiten, vor allem als Steel-Gitarrist, kamen erst bei TAKIN' IT TO THE STREETS (US #9) voll zum Tragen. Mittlerweile verstärkte Michael → McDonald (g, key, voc) die Doobie Brothers und war an den Singles ›Takin' It To The Streets‹ (US #24) und ›It Keeps You Runnin' (US #56) beteiligt. McDonald stammte auch aus dem Umfeld von Steely Dan und hatte bereits 1975 den seinerzeit erkrankten Tom Johnston vertreten. Die Doobies boten wieder entspannten Countryrock und konnten ihre Position als »eine der amerikanischen Supergruppen« (*Cashbox*) stärken.

Die Doobie Brothers beendeten das Jahr 1976 mit dem Sampler THE BEST OF (US #5) und begannen 1977 mit einem von Bill Graham organisierten Konzert vor fast 60000 Fans in einem Stadion in Oakland. Anschließend tourten sie vier Wochen durch die USA, gaben im August vier Konzerte in Großbritannien und veröffentlichten im September das enttäuschende LIVIN' ON THE FAULT LINE (US #12). Sie spielten nach wie vor sauber und professionell, doch den Songs fehlte es an jeglicher Originalität.

Tom Johnston verließ die Gruppe Ende 1977 und brachte 1979/80 zwei durchschnittliche LPs und den mittelmäßigen Hit ›Savannah Nights‹ (US #39) heraus. Im Frühjahr 1979 erklommen die Doobie Brothers mit der LP MINUTE BY MINUTE (US #1) und der Single ›What A Fool Believes‹ (GB #27, US #1) die Spitze der US-Charts. Kritiker lobten vor allem McDonald als »herausragendes Poptalent« (*Rolling Stone*) und »das Zusammenspiel und den Gemeinschaftssinn« (*Melody Maker*). Der Erfolg der Doobies hielt bei den Singles ›Minute By Minute‹ (US #12) und ›Dependin' On You‹ (US #25) an. Sie erhielten zwei Grammies – für die Platte des Jahres (›What A Fool Believes‹) und als beste Gesangsgruppe (›Minute By Minute‹).

Baxter und Hartman nahmen die Erfolge zum Anlaß, die Gruppe zu verlassen. Baxter wollte wieder verstärkt als Produzent und Studiomusiker tätig werden, und Hartman zog es auf seine Pferderanch in Sonoma County. Nach diversen Probesessions wurden die freien Positionen mit Cornelius Bumpus (* 13. 1. 1952) aus dem Umkreis von → Moby Grape, dem Session-Drummer Chet McCrakken (* 17. 7. 1952) und Ex-Clover-Gitarrist John McFee (* 18. 11. 1953) rechtzeitig zur US-Sommertournee der Doobie Brothers besetzt.

Die neue Generation der Doobie Brothers setzte 1980 die Erfolgsserie mit dem Album ONE STEP CLOSER (US #3) und den Singles ›Real Love‹ (US #9) und ›One Step Closer‹ (US #24) fort. Sie produzierten den wohl besten Unterhaltungsrock ihrer Zeit, liefen jedoch Gefahr, daß sie zur reinen Begleitgruppe des alles dominierenden McDonald verkamen. Ihre ähnlich gestrickten und routiniert vorgetragenen Songs riefen bei Kritikern oft nur noch gepflegte Langeweile hervor, hielten die Fans der Doobies aber nicht davon ab, ihre Platten zu kaufen.

Im März 1982 kündigten die Doobie Brothers ihre Trennung und eine US-Abschiedstournee an, die sie im Juli in Doswell, Virginia, begannen und die auf dem Doppelalbum FAREWELL TOUR (GB #32, US #79) festhielten. McDonald startete umgehend eine erfolgreiche Solokarriere, während Patrick Simmons nur mit der LP ARCADE (US #52) vom Mai 1983 einen gewissen Erfolg hatte.

1986 reformierten sich die Doobie Brothers für eine Benefizveranstaltung. Im Mai 1987 wollten sie eigentlich nur ein Konzert in der Hollywood Bowl, Los Angeles, geben, entschlossen sich aber gleich anschließend zu einer Reunion-Tour. Die Band bestand nun aus Johnston, Simmons, Hartman, Hossack, Porter und dem sporadisch mitwirkenden Bobby LaKind und ging 1988 wieder ins Aufnahmestudio. CYCLES (US #17) und die Single ›The Doctor‹ (GB #73, US #9) bescherte dem »sonnendurchfluteten Westcoast-Rock der positiven Art« (*Musik Express*) ein furioses Comeback. Tourneen in den USA und Japan gingen 1991 dem Album BROTHERHOOD (US #82) voraus: »Mit unserer 12. LP wollten wir uns so weit wie möglich von dem Sound entfernen, den man von uns kennt« (Tom Johnston). Die Fans reagierten ablehnend auf diesen Versuch der Doobie Brothers, die den »sonst so feinen Westcoast-Sahnerock vermissen« (*Hifi Vision*) ließen. 1991 tourten die Doobies wieder durch die USA und traten dabei im August bei der 51. Sturgis Bike Rallye in Sturgis vor 200000 Fans auf. Im März stieß McDonald für ein Konzert aus Anlaß des 25. Jubiläums der Memphis Horns zu den Doobie Brothers. Am 24. 12. 1992 starb Bobby LaKind an den Folgen eines Gehirntumors.

Nach der US-Sommertour 1993 in der Besetzung Johnston, Simmons, Hossack, Knudsen und McFee blieb die gemeinsame Zukunft der Band zunächst unklar, da Simmons sich der Countryrock-Band Four Wheel Drive anschloß und McFee zu Southern Pacific wechselte. Im Dezember 1993 tauchte in den britischen Top 10 ein Remix von ›Long Train Runnin‹ (GB #7) auf. Das Original stammte von der LP THE CAPTAIN AND ME. Im Mai 1994 erschien eine Überarbeitung von ›Listen To The Music‹ (GB #37), und vier Wochen später tourten die Doobie Brothers, bestehend aus Johnston, Simmons, McFee und Ex-New Grass Revival John Cowan (dr), mit →Foreigner durch die USA. Im März 1995 gaben sie, wiederum mit Foreigner, sieben Konzerte in England und begannen am 14. Juli in Noblesville, Indiana, verstärkt durch McDonald, eine gemeinsame Tournee mit der Steve →Miller Band. Daß »die Dinosaurier immer noch rocken können« (*Billboard*), dokumentierte der Live-Mitschnitt ROCKIN' DOWN THE HIGHWAY vom August 1996. Tiran Porter tauchte

1995 in der Blues-orientierten **Jerry Miller Band** auf, die der ehemalige → **Moby Grape**-Gitarrist Jerry Miller leitete.

THE DOOBIE BROTHERS (1971) Warner Brothers 46090 • TOULOUSE STREET (1972) Warner Brothers 7599–27263 • THE CAPTAIN AND ME (1973) Warner Brothers 7599–27271 • WHAT WERE ONCE VICES ARE NOW HABITS (1974) Warner Brothers 7599–27280 • STAMPEDE (1975) Warner Brothers 927289 • TAKIN' IT TO THE STREETS (1976) Warner Brothers 56196 • LIVIN' ON THE FAULT LINE (1977) Warner Brothers 7599–27315 • MINUTE BY MINUTE (1978) Warner Brothers 759–27354 • ONE STEP CLOSER (1980) Warner Brothers 926628 • FAREWELL TOUR (1983) Warner Brothers 923772 • CYCLES (1989) Capitol 790371 • BROTHERHOOD (1991) Capitol 794623 • ROCKIN' DOWN THE HIGHWAY (1996) Legacy 64996 • (S) BEST OF (1977) Warner Brothers 7599–27235 • (S) BEST OF VOL. 2 (1981) Warner Brothers 56968 • (S) LET THE MUSIC PLAY (1993) Warner Brothers 9548–31094 • Tom **Johnston**: EVERYTHING YOU'RE HEARD IS TRUE (1979) Warner Brothers 7599–26756 • STILL FEELS GOOD TO ME (1981) Warner Brothers 7599–26757 • Patrick **Simmons**: ARCADE (1983) Elektra 960225 • Michael **Hossack** mit **Bonaroo**: BONAROO (1974) Warner Brothers 56096 • Jeff **Baxter** mit **Navasota**: ROOTIN' (1972) ABC 757 • Jeff **Baxter** mit **Billy & The Beaters**: BILLY & THE BEATERS (1981) • Jeff **Baxter** mit **Ultimate Spinach**: III (1968) Ace, CDWIKD 165 • John **McFee** mit **Clover**: CLOVER (1970) Fantasy 8395 • FOURTY NINER (1981) Fantasy 8405 • CLOVER (1977) Mercury, SRM-1–1169 • UNAVAILABLE (1977) Vertigo 6360145 • LOVE ON THE WIRE (1977) Mercury, SRM-1–3708 • (S) CHRONICLE (1981) EMI, EMC 3363

Doors

John Densmore (dr), Robbie Krieger (g), Ray Manzarek (key), Jim Morrison (voc)

James Douglas Morrison (*8. 12. 1943, Melbourne, Florida) war Sohn eines Konteradmirals der US-Marine. 1964 brach er sein Studium an der Florida State University ab und schrieb sich an der UCLA Graduate School Of Film in Los Angeles ein. Dort lernte er Ray Manzarek (*12. 2. 1935, Chicago) kennen, der als klassisch ausgebildeter Pianist mit seinen Brüdern Rick und Jim die Bluesband **Rick And The Ravens** gebildet hatte. Sie traten am Wochenende in den Clubs von Santa Monica auf und machten Aufnahmen für das örtliche Label Aura Records.

Im Juli 1965 trafen sich Morrison und Manzarek am Strand von Venice. Morrison erzählte, daß er Texte geschrieben habe, und sang ›Moonlight Drive‹ vor. Manzarek war begeistert, und so beschlossen sie, eine Band zu gründen. Manzarek löste daraufhin **Rick And The Ravens** auf und holte von den **Psychedelic Rangers** den Gitarristen Robbie Krieger (*8. 1. 1946, Los Angeles) und den Drummer John Densmore (*1. 12. 1945, Los Angeles), die er bei einem Meditationskurs kennengelernt hatte. Das Quartett nannte sich auf Vorschlag Morrisons **Doors** nach einem William Blake-Zitat aus »The Doors of Perception« von Aldous Huxley.

Die **Doors** wurden von Teenagern und Intellektuellen verehrt und hatten den Anspruch, »Poesie und Rock'n'Roll zu verbinden« (Ray Manzarek). Morrisons schonungslose Texte, seine charismati-

sche Erscheinung, sein mit Mick Jagger vergleichbarer Sexappeal und sein leidenschaftlicher Vortrag machten die Doors zur aufregendsten Rockband der USA zwischen 1965 und 1970. Als erste US-Band konnten sie mit acht Alben hintereinander mindestens Goldstatus erreichen. Rechnet man die Sampler, die ständigen Wiederveröffentlichungen und sporadisch auftauchendes neues Material dazu, hatten die Platten der Doors bis 1990 weltweit eine Gesamtauflage von 25 Millionen erreicht.
Im September 1965 nahmen die Doors die Morrison-Songs ›Moonlight Drive‹, ›Break On Through‹, ›Summer's Almost Gone‹ und ›End Of The Night‹ als Demos auf. Sie spielten im Club London Fog in Los Angeles und wurden im Sommer 1966 als Hausband für das Whisky-A-Go-Go engagiert. Das Engagement dauerte vier Monate, bis der Manager an Morrisons übermäßigem Drogenkonsum und der Textzeile »Father I want To Kill You, Mother I Want To Fuck You« (aus ›The End‹) Anstoß nahm und die Band kurzerhand feuerte.
Arthur Lee von → Love stellte für die Doors einen Kontakt zu Jac Holzman her, der sie für Elektra Records unter Vertrag nahm. Paul Rothchild produzierte das Debütalbum THE DOORS (US #2), das im Januar 1967 erschien und den Willie Dixon-Song ›Back Door Man‹ und den Smash-Hit ›Light My Fire‹ (US #1) enthielt. ›Light My Fire‹ dokumentierte den typischen Sound der Doors, der auf Morrisons einzigartiger Stimme, Manzareks dumpfen Orgelläufen, seinem Fußpedal, mit dem er den Bassisten ersetzte, Kriegers erstaunlichen Gitarrenakzenten und der soliden Rhythmik von Densmore basierte. Die Single wurde als »eindeutiges Statement für die Sexualität« (Paul Rothchild) verstanden und nur in wenigen Radiostationen gespielt. Doch das konnte die Doors nicht mehr aufhalten, zumal die US-Amerikaner in Morrison die überzeugende Antwort auf Mick Jagger sahen. Neben ›Light My Fire‹ waren das elfminütige ›The End‹ mit der umstrittenen Textzeile und die Interpretation der Brecht / Weill-Komposition ›Alabama Song‹ die herausragenden Titel.
»Amerikas neue Rocksensation« (*Billboard*) veröffentlichte im November 1967 die zweite, sehr ähnlich konzipierte LP STRANGE DAYS (US #2), aus der ›People Are Strange‹ (US #10) und ›Love Me Two Times‹ (US #21) ausgekoppelt wurden. Die hypnotische Musik, der dumpfe Blues und Morrisons Texte und Auftreten mobilisierten ein Massenpublikum. Die Doors spielten allenfalls vier, fünf Konzerte in Folge und traten bevorzugt am Wochenende auf.
Jim Morrison, der privat als schüchtern galt, war zum Superstar geworden. Der »definitive Vokal-Erotiker« (*Crawdaddy*) mit seinen »dämonischen Todes- und Sexphantasien« (*Sounds*) schlug die Massen in den Bann. Dabei wurden die übrigen Doors-Musiker zu Unrecht in den Hintergrund gedrängt und hatten unter Morrisons Allüren zu leiden. Auf ihrer LP WAITING FOR THE SUN (GB #8, US #1, D #20) gaben die Doors ihren konsequenten Undergroundkurs auf, es gab zum Teil kritische Texte (›The Unknown Soldier‹) zu druckvollem Blues. ›Hello I Love You‹ (GB #17, US #1, D #33) wurde zum Bestseller.
Jim Morrison sorgte auch für negative Schlagzeilen. Ende 1967 wurde er wegen obszöner Bemerkungen während eines Konzertes verhaftet, im März 1969 kam es zum Eklat, als Morrison auf der Büh-

ne des Dinner Key Auditorium in Miami von der Polizei abgeführt wurde, weil er angeblich öffentlich seine Genitalien zur Schau gestellt hatte. Ray Manzarek erinnerte sich 1984 anläßlich der Video-Dokumentation »A Tribute To Jim Morrison« an die Situation: »Es war ein katastrophales Konzert. Jim war schwer betrunken. Die Halle total überfüllt, die Luft tropisch heiß und feucht. Der Sound war schlecht und die Bühne wackelig. Wir fingen ein paar Mal an und brachen wieder ab. Jim begann das Publikum anzumachen. Er erinnerte sich an einen alten Rap von uns, ›Rock Is Dead‹. Er begann auf die Leute einzubrüllen, zog seine Jacke aus, tanzte wie eine Schlange und machte eindeutige Bewegungen. Aber ich glaube, das Herunterlassen seiner Hose passierte wohl nur in der Phantasie der Menge.«

Im Spätsommer 1969 erschien THE SOFT PARADE (US #4, D #33), die umstrittenste LP der **Doors**. Es enthielt den überragenden Hit ›Touch Me‹ (US #2, D #40) sowie die Titel ›Wishful Sinful‹ (US #28), ›Tell All The People‹ (US #32) und ›Runnin' Blue‹ (US #36). Die **Doors** experimentierten erstmals mit einem Bläsersatz sowie mit Mandoline und Violine. Vaudeville-Elemente und fast schon heiterer Pop statt der gewohnten Blueslastigkeit prägten das Album.

Bei der Produktion MORRISON HOTEL (GB #20, US #3) kehrten die **Doors** zum R&B-betonten Hardrock zurück und setzten auf klassisch aufgebaute, gradlinige Songs wie ›Roadhouse Blues‹ und ›Waiting For The Sun‹. Ein wirklich erfolgreicher Titel war jedoch nicht dabei, lediglich ›You Make Me Real‹ (US #28) kam im Mai 1970 in die Charts. Das Doppelalbum ABSOLUTELY LIVE (US #6), das in New York mitgeschnitten wurde, dokumentierte die einmalige Bühnenpräsenz »einer aggressiv swingenden Kultband« (*Newsweek*).

Mitte der 70er Jahre ließ Jim Morrison eine gewisse Müdigkeit erkennen. Nach wie vor benutzte er die Musik nur als Plattform für seine schriftstellerischen Ambitionen. Morrison veröffentlichte 1971 das Buch »The Lords and The New Creatures« und begann sich für das Medium ›Film‹ zu interessieren. Rockmusik begann ihn zu langweilen, und er äußerte: »Mit 27 Jahren ist man zu alt für einen Rockstar.«

Nach den ersten Probeaufnahmen zu L.A. WOMAN sah Dauer-Produzent Paul Rothchild sich gezwungen, der Band die Produktion zu überlassen. L.A. WOMAN (GB #22, US #8, D #32) gilt als »das kontrollierteste Album der Doors« (John Densmore). ›Riders On The Storm‹ (GB #29, US #12, D #28) und vor allem das temperamentvolle ›Love Her Madly‹ (US #8) verhalfen den **Doors** noch einmal zu großen Hits. Doch Morrison wartete diesen Erfolg nicht mehr ab. Im März 1971 beschloß er, nach Paris überzusiedeln.

Am frühen Morgen des 3. 7. 1971 fand Ehefrau Pamela Courson Jim Morrison tot in der Badewanne. Offiziell wurde Herzversagen als Todesursache angegeben. Der »Tod eines gefallenen Engels« (*Welt*) wurde erst nach dessen Beerdigung auf dem Pariser Friedhof Père Lachaise bekannt. Morrisons Grab liegt unweit von Oscar Wilde und Honoré de Balzac und ist bis heute ein Pilgerort seiner Fans. Pamela Morrison starb am 25. 4. 1974 in Hollywood an einer Überdosis Heroin.

Der Tod von Jim Morrison, der wie James Dean oder Jimi → Hendrix ein Idol seiner Generation war, leitete das langsame Ende der **Doors** ein. Densmore, Krieger und Manzarek konnten zunächst im Sommer 1972 mit OTHER VOICES (US #25) das Verkaufsniveau der **Doors**-Alben einigermaßen halten. 1972 folgten FULL CIRCLE (US #42) und die von Manzarek gesungene Single ›Mosquito‹ (US #82, D #25). Als es nicht gelang, Iggy →Pop als Morrison-Nachfolger zu gewinnen, trennten sich die **Doors**.

1978 benutzten Densmore, Krieger und Manzarek bis dahin unveröffentlichtes Material von Morrison zur Vertonung für das Album AN AMERICAN PRAYER (US #77). 1979 verwendete Francis Coppola ›The End‹ in seinem Vietnamfilm »Apocalypse Now«. Ein Jahr später kam die Morrison-Biographie »No One Here Gets Out Alive« von Danny Sugarman und Jerry Hopkins in den Buchhandel. Wenig später erschien der erfolgreiche Sampler GREATEST HITS (US #38). Für weitere Höhepunkte der diversen **Doors**-Revivals sorgten die Live-Mitschnitte ALIVE SHE CRIED (US #23) und LIVE AT THE HOLLYWOOD BOWL (US #33), die 1983 bzw. 1987 an die »aufregendste, kontroverseste aller amerikanischen Rockbands« (*Musik Express*) erinnerten. Der Regisseur Oliver Stone verfilmte 1991 unter dem Titel »The Doors« Morrisons Leben mit Val Kilmer in der Hauptrolle. Der Soundtrack THE DOORS (GB #11, US #8, D #6) löste wieder einen **Doors**-Boom aus, wie sich an Chartserfolgen der Wiederveröffentlichung L.A. WOMAN (GB #73), des Samplers THE BEST OF (GB #17) und der Liveplatte IN CONCERT (GB #24, US #50, D #12) zeigte. 1993 wurden die **Doors** in die Rock And Roll Hall of Fame aufgenommen. Manzarek, Densmore und Krieger jammten aus diesem Anlaß mit Eddie Vedder, dem Leadsänger von →**Pearl Jam**. Im Mai 1995 gingen die verbliebenen **Doors** ins Studio, um den kürzlich entdeckten ›Ghost Song‹ von Morrison für eine Neuauflage des Albums AN AMERICAN PRAYER zu produzieren.

Ray Manzarek brachte 1975 zwei durchaus ansprechende Soloplatten heraus und widmete sich anschließend zwei Alben von **Nite City**. 1983 bearbeitete er Carl Orffs CARMINA BURANA und entdeckte als Produzent die Band **X** aus Los Angeles. 1994 spielte er für den ehemaligen **SRC**-Gitarristen Scott Richardson auf dessen gelungenem Bluesrockalbum im **Doors**-Stil REVELATION BLUES.

Densmore und Krieger, die schon 1968 mit **Comfortable Chair** ihre eigenen Vorstellungen realisiert hatten, formierten mit dem englischen Sänger Jess →Roden die **Butts Band**, die zwei mäßige Alben aufnahmen. Krieger widmete sich außerdem Instrumentalproduktionen wie ROBBIE KRIEGER & FRIENDS oder NO HABLA und komponierte Titelmusiken für Fernsehdokumentationen. Für sein 95er Projekt RKO! LIVE! übernahm er **Doors**-Klassiker wie ›Spanish Caravan‹ und ›Riders On The Storm‹, scheiterte aber mit dem Versuch, den Geist der legendären Gruppe wiederzubeleben.

THE DOORS (1967) Elektra 42012 • STRANGE DAYS (1967) Elektra 7599–74014 • WAITING FOR THE SUN (1968) Elektra 7559–74024 • THE SOFT PARADE (1969) Elektra 7559–75005 • MORRISON HOTEL (1970) Elektra 7599–75007 • ABSOLUTELY LIVE (1970) WEA 7559–61972 • L.A. WOMAN (1971) Elektra 7559–75011 • OTHER VOICES (1971) Elektra 42104 • FULL CIRCLE (1972) Elektra 7599–96083 • AN AMERICAN PRAYER (1978) Elektra 7559–61812 • ALIVE SHE CRIED (1983) Elektra 7559–60269 • LIVE AT THE HOLLY-

WOOD BOWL (1987) Elektra 7559–60741 • THE DOORS (1991) Soundtrack Elektra 7559–61047 • IN CONCERT (1991) Elektra • (S) WEIRD SCENES INSIDE THE GOLDMINE (1972) Elektra 62009 • (S) DOORS 13 (1971) Elektra 42062 • (S) BEST OF (1974) Elektra 7599–61082 • (S) BREAK ON THROUGH (1988) Elektra 7599–74007 • (S) THE DOORS GREATEST HITS (1980) Elektra 7599–61860 • (S) THE BEST OF (1991) Elektra • Robbie **Krieger**: ROBBIE KRIEGER AND FRIENDS (1977) Blue Note, LA 664 • VERSIONS (1983) Shanghai, HAI 103 • NO HABLA (1988) I.R.S. • DOOR JAMS (1989) I.R.S. 82014 • **Robbie Krieger Organization**: RKO LIVE! (1995) One Way 31371 • Robbie **Krieger** und John **Densmore** mit **Comfortable Chair**: THE COMFORTABLE CHAIR (1968) Ode 44005 • Robbie **Krieger** und John **Densmore** mit **Butts Band**: BUTTS BAND (1974) Blue Thumb, ILPS 9260 • HEAR AND NOW (1975) ABC 5117 • Ray **Manzarek**: THE GOLDEN SCARAB (1975) Mercury 6338 007 • THE WHOLE THING STARTED WITH ROCK & ROLL, NOW IT'S OUT OF CONTROL (1975) Mercury 6338 552 • CARMINA BURANA (1983) A&M 394 945 • Ray **Manzarek** mit **Nite City**: NITE CITY (1977) 20th Century, SRM-1–1014 • GOLDEN DAYS, DIAMOND NIGHTS (1978) 20th Century 6370 263 • Ray **Manzarek** mit Scott **Richardson**: REVELATION BLUES (1994) Wild Cat 99209

Lee Dorsey

Irving Lee Dorsey wurde am 24. 12. 1924 in New Orleans geboren. In der Marine versuchte er sich als ›Kid Chocolate‹ im Boxring, 1961 kehrte er in seine Heimatstadt zurück. Mit ›Ya Ya‹ (US #7) gelang ihm auf Anhieb ein Rock'n'Roll-Klassiker, der später u. a. von John → Lennon übernommen wurde. Sein zweiter Erfolg ›Do-Re-Mi‹ (US #27) erschien im Dezember 1961 und stammte von dem Bluesgitarristen Earl King. Da Dorseys Label in wirtschaftliche Schwierigkeiten geriet, verschwand der vielversprechende R&B / Soul-Newcomer schnell wieder in der Versenkung.

Dorsey hatte eine »trockene Stimme« (*Rolling Stone*), für die ab 1965 Allen Toussaint die Songs schrieb. Im März des Jahres schaffte er mit ›Ride Your Pony‹ (US #28) das Charts-Comeback, das er 1966 mit ›Get Out Of My Life, Woman‹ (GB #22, US #44), ›Holy Cow‹ (GB #7, US #23) und vor allem dem Evergreen ›Working In A Coal Mine‹ (GB #7, US #8) bestätigte. Lee Dorsey sang »den heißesten Dance-Soul des Jahres« (*Encyclopedia Of Rock Stars*), hatte auf beiden Seiten des Atlantiks Erfolg und wurde zum »Vorbild ungezählter Soul- und Rhythm & Blues-Sänger« (*Musik Szene*).

Als einziges seiner Alben kam im November 1966 THE NEW LEE DORSEY (US #72) in die Hitlisten. Im Jahr darauf schien es mit Dorseys Popularität wieder vorbei zu sein. ›My Old Car‹ (US #97) und ›Go-Go Girl‹ (US #62) brachten es nur noch auf untere Plazierungen. Lee Dorsey begann sich wieder um seine Autowerkstatt zu kümmern. Im Sommer 1969 schaffte er mit ›Everything I Do Gonna Be Funky‹ (US #97) zum letzten Mal den Sprung in die Charts. Das Konzeptalbum ›Yes We Can‹ setzte 1970 vorübergehend einen Schlußpunkt unter seine Karriere als Sänger.

Ein Gastspiel auf dem 76er Album von → **Southside Johnny & The Asbury Jukes** brachte Lee Dorsey wieder ins Gespräch. Ausgestattet mit einem neuen Plattenvertrag bei ABC Records, nahm er unter der Regie von Toussaint, der auch alle Titel komponiert hatte, die LP NIGHT PEOPLE auf. Doch Dorsey hatte Pech. Da

ABC verkauft wurde, kümmerte man sich nicht mehr um den Soul- und Funkveteran.
1980 engagierten → Clash Lee Dorsey für das Vorprogramm, und 1985 trat er trotz angegriffener Gesundheit beim Jazz And Heritage Festival in New Orleans auf. Lee Dorsey starb am 1. 12. 1986.

LEE DORSEY (1966) Stateside, SSL 10177 • THE NEW LEE DORSEY (1966) Amy 8011 • RIDE YOUR PONY (1967) Line, LLP 5173 • YES WE CAN (1970) Polydor 2482280 • NIGHT PEOPLE (1978) ABC 1048 • (S) THE BEST OF (1970) Starline, SRS 5023 • (S) GONNA BE FUNKY (1980) Charly, CRB 1001 • (S) ALL WAYS FUNKY (1982) Charly, SRB 1036 • (S) CAN YOU HEAR LEE DORSEY (1982) Line 628625

Mikey Dread

Mikey Dread zählt zu den einflußreichsten und innovativsten Vertretern der internationalen Reggaeszene der 80er Jahre. Der Komponist, Produzent und Arrangeur wurde durch seinen eigenwilligen Gesangsstil, den Einsatz rhythmischer Effekte und ungewöhnliche Soundkreationen bekannt.
Mikey Dread, eigentlich Michael Campbell, wurde in Port Antonio, Jamaika, geboren und arbeitete in den 70er Jahren als Diskjockey beim jamaikanischen Rundfunk. Er moderierte die populäre Sendung »Dread At The Controls«, die ihn 1977 / 1978 zur Top Radio Personality Of The Year machten.
Seine erste Single ›Love The Dread‹ veröffentlichte er 1977, 1979 folgte das Album DREAD AT THE CONTROLS. Dafür hatte er etliche Reggaesuperstars wie Robbie Shakespeare (b), Sly Dunbar (dr), Leroy ›Horsemouth‹ Wallace (dr), Earl ›Chinna‹ Smith (g), Augustus Pablo (p), Ansel Collins (org), Felix ›Deadley‹ Headley (sax) u.v.a. eingeladen.
Beim Album AFRICAN ANTHEM, veröffentlicht unter **The Mikey Dread Show**, war erneut fast die gesamte jamaicanische Studio-Elite dabei. Als Remixer betätigten sich Prince Jammie, King Tubby und als Toningenieure Errol Brown sowie Dread selbst. *Trouser Press* kommentierte die Platte: »Hier präsentiert sich Mikey Dread von seiner besten Seite. Sounds und Dubs, die Hemisphären erreichen, die niemand bislang vorher erreicht hat. Er gräbt in seiner Bibliothek aus den Jahren als JBC-DJ und kreiert ungewöhnliche Samples über seinen Wildstyle-Dubtronics.«
1979 gab Micky Dread seinen Rundfunkjob auf, um als Produzent für Sugar → Minott und Junior Murvin zu arbeiten. Das 80er Album WORLD WAR III war ein »durch und durch klangvolles Abenteuer« (*Trouser Press*), das Dread zusammen mit Scientist (Overton Brown) abgemischt hatte. Die Platte enthielt Dreads Dancehall-Style-Toasting, das sich durch brillante Tontricks und schwerblütigen, satten Reggae-Sound auszeichnete. Das Album wurde vor allem in Großbritannien zur Kult-LP.
Dread zog nach England und moderierte Roots Reggae-Sendungen bei Capitol Radio. Als Produzent und Toningenieur arbeitete er für → Clash bei der Hitsingle ›Bankrobber‹. Außerdem produzierte und remixte er deren LPs BLACK MARKET CLASH und SANDINISTA. Sein eigenes Soloalbum S.W.A.L.K. von 1982 war nur »eine halbherzige Imitation mit wenig gelungenem Lovers-Rock, der ein-

fach nicht zu Dreads nasalem Gesang paßte« (*Echoes*).
Nach einer Tournee mit **Clash** trat Mikey Dread im Herbst 1982 im Vorprogramm von →**UB 40** auf. Anschließend widmete er sich seinem Album PAVE THE WAY, ein ziemlich inkonsequentes Stilgemisch. Lediglich der Song ›Roots And Culture‹ war gelungen und wurde als Titelmusik für eine Kindershow im Fernsehen eingesetzt. Dread arbeitete auch in den folgenden Jahren mit ausgezeichneten Studiomusikern, aber keine seiner Produktionen erreichte das Niveau von WORLD WAR III. Lediglich der Sampler BEST SELLERS, der Aufnahmen aus den Jahren 1979 bis 1991 enthielt, dokumentierte seinen enthusiastischen Reggaestil.
1992 schien Dread wieder zu seiner alten Form gefunden zu haben, als ihm auf OBSESSION eine gekonnte »Fusion aus Roots-Musik und Dancehall-Beats« (*Trouser Press*) glückte. Im Jahr darauf siedelte er in die USA über. An der Soloplatte von Izzy Stradlin von →**Guns 'N' Roses** war er mit Kompositionen beteiligt und arbeitete vor allem als Produzent.

DREAD AT THE CONTROLS (1979) Trojan, TRLS 178 • MIKEY DREAD AT THE CONTROL DUBWISE (1979) Hawkeye, HALP 001 • AFRICAN ANTHEM – THE MIKEY DREAD SHOW DUBWISE (1979) Rough Trade 2313151 • WORLD WAR III (1980) Rough Trade 2313152 • S.W.A.L.K. (1982) Dread At The Controls 205153 • JUNGLE SIGNAL (1982) Dread At The Controls, DATCLP 008 • PAVE THE WAY (1983) Heartbeat, HB 31 • BREAK DOWN THE PRESSURE (1983) On-U-Sound, ONUDP 3 • PAVE THE WAY (PARTS 1 & 2) (1985) DEP International, LPDEP 8 • HAPPY FAMILY (1989) Real Authentic Sound, RAS 3035 • PROFILE (1991) Real Authentic Sound, RAS 3081 • OBSESSION (1992) Rykodisc 20243 • (S) BEST SELLERS (1991) Rykodisc 20178

Dream Syndicate

Dennis Duck (dr), Karl Precoda (g), Kendra Smith (b), Steve Wynn (voc, g)

Die Idee, »simple US-Garagenmusik als erste ins populäre Rockspektrum wiedereinzuführen« (*Musik Express*), stammte vor allem von Steve Wynn (*21. 2. 1960, Santa Monica), dessen Songs von dem schottischen Philosophen Thomas Carlyle beeinflußt waren. Ende der 70er Jahre studierte er englische Literatur an der University Of California in Los Angeles. Gemeinsam mit seiner Kommilitonin Kendra Smith (*14. 3. 1960, San Diego) spielte er ab 1981 bei den **Suspects** und **Icons**, dann tauchte er im Umkreis der →**Long Ryders** auf und nahm ›15 Minutes‹, eine frühe Fassung des **Dream Syndicate**-Titels ›That's What You Always Say‹, auf. Inspiriert von der LP OUTSIDE THE DREAM SYNDICATE der deutschen Experimental-Band **Faust** nannten sich Wynn, Smith, der Gitarrist Karl Precoda und Drummer Dennis Duck (*25. 3. 1953) Ende 1981 **Dream Syndicate**. Ihre Musik war ein »Potpourri aus dem Instrumental-Sound der 60er, Feedback-Psychedelia, Velvet Underground-Stimmung und Rockattacken im Stooges-Stil« (*Rolling Stone*). Auf eigene Kosten produzierten **Dream Syndicate** am 31. 1. 1982 eine EP, die mit dem wechselnden Gitarrenspiel von Wynn und Precoda und dem monotonen Gesang von Wynn tatsächlich Erinnerungen an →**Velvet Un-**

derground weckte. In den USA vertrieben **Dream Syndicate** die EP über das eigens dafür gegründete Label Down There Records, in Europa wurde es von Zippo Records vertrieben.
Positive Rezensionen und Mundpropaganda in der College-Szene ließen Chris Desjardins, den Leadsänger der → **Fleshtones**, aufhorchen. Er übernahm die Produktion der LP THE DAYS OF WINE AND ROSES. Zum trockenen Gitarrenrock, der an → **Pink Floyd** und → **Creedence Clearwater Revival** erinnerte, sang Wynn Songs, die von »traumatischen Erlebnissen und sexueller Brutalität« (*Musik Express*) handelten.
Sandy Pearlman (→ **Blue Öyster Cult**) produzierte das zweite Album MEDICINE SHOW, bei dem die Indie-Band zur Plattenindustrie gewechselt hatte. Kendra Smith war inzwischen durch Dave Provost von den → **Droogs** ersetzt worden. Bei dem folgenden Live-Mitschnitt hatte Provost die Band wieder verlassen. Dafür war Mark Walton (* 9. 8. 1959) am 7. 7. 1984 im Chicagoer Aragon Club mit dabei. Famoser »Rhythm & Blues der 50er Jahre mit Psychedelic-Beat« (*Musik Express*) prägten das Album THIS IS NOT THE NEW DREAM SYNDICATE ALBUM ... LIVE!
Als nächster verließ Precoda **Dream Syndicate**. Da Wynn neue Herausforderungen suchte, schienen die Tage der Band gezählt zu sein. Er nahm 1985 ein Angebot von Dan Stuart (→ **Green On Red**) an, sich unter dem Projektnamen **Danny And Dusty** neben anderen Gitarristen wie Sid Griffin von den **Long Ryders** und Chris Cacavas (**Green On Red**) an der LP THE LOST WEEKEND zu beteiligen. Die Produktion übernahm Paul Cutler (* 5. 8. 1954), der 1982 als Mitglied von **Vox Pop** eine EP herausgebracht hatte. 1986 trat er bei den wiedervereinten **Dream Syndicate** die Nachfolge von Precoda an. Auf OUT OF THE GREY, produziert von Cutler, bemühte sich Wynn um mehr musikalische Transparenz. In den Songs faßte er »divergierende Stilrichtungen wie C&W, Texmex, Paisley-Pop und den Beat der Bangles« (*Musik Szene*) zusammen. Eingefleischte Anhänger von **Dream Syndicate** und einige Rezensenten reagierten ablehnend. Sie erschlossen sich jedoch ein neues Publikum, das sich für den nach wie vor »rotzigen, aufmüpfigen Gitarrenrock« (*Musik Express*) zu interessieren begann. GHOST STORIES und der Mitschnitt LIVE AT RAJI'S 1988 / 89 klangen ähnlich wie der rustikale Cow Punk von Neil → Young. Doch kommerziell hatten sie wenig Erfolg. Im Frühjahr 1989 erklärte Wynn daher das Aus für **Dream Syndicate**.
Steve Wynn bildete mit Ex- → **Silos** Bob Rupe, Stephen McCarthy von den → **Long Ryders** sowie Johnny Hott und Bryan Harvey von **House Of Freaks** die Band **Gutterball**. Er veröffentlichte ab 1990 von Kritikern gelobte Soloplatten und war als Produzent am Debütalbum von Chris Cacavas beteiligt, bei dem Mark Walton mitspielte. Kendra Smith arbeitete 1987 mit **Opal**, brachte 1992 PRESENTS THE GUILD OF TEMPORAL ADVENTURES heraus. 1995 erschien das exotisch anmutende Album FIVE WAYS OF DISAPPEARING. Allerfeinsten Roots-Rock bot das im August 1997 herausgekommene Album SWEETNESS AND LIGHT.

THE DAYS OF WINE AND ROSES (1982) Slash 23844 • MEDICINE SHOW (1984) A&M 64990 • THIS IS NOT THE NEW DREAM SYNDICATE ALBUM ... LIVE! (1984) A&M 12511 • OUT OF THE GREY

(1986) Chrysalis 207797 • GHOST STORIES (1988) Rough Trade 3788758 • LIVE AT RAJI'S (1989) Restless • (S) TELL ME WHEN IT'S OVER (1992) Rhino • (S) THE LOST TAPES (1993) Normal 2010 • Dennis **Duck** und Steve **Wynn** mit **Danny And Dusty**: THE LOST WEEKEND (1985) A&M 395075 • Dennis Duck, Kendra Smith, Karl Precoda mit **Rainy Day**: RAINY DAY (1983) Llama, E-1024• Kendra **Smith**:PRESENTS THE GUILD OF TEMPORAL ADVENTURES (1992) Fiasco • FIVE WAYS OF DISAPPEARING (1995) 4 AD 45853 • Kendra **Smith** mit **Opal**: HAPPY NIGHTMARE BABY (1987) SST • (S) EARLY RECORDINGS (1989) Rough Trade• Steve **Wynn**: KEROSENE MAN (1990) Rhino • DAZZLING DISPLAY (1992) Rhino • FLUORESCENT (1994) Rhino • MELTING IN THE DARK (1996) Brake Out 124 • SWEETNESS AND LIGHT (1997) Blue Rose, BLU PC 0058 • Steve **Wynn** mit **Gutterball**: GUTTERBALL (1993) Mute • WEASEL (1995) Breakout 119

Dream Theater

James LaBrie (voc), John Myung (b), John Petrucci (g), Mike Portnoy (dr), Derek Sherinianan (key)

Dream Theater gehörten zu den US-amerikanischen Heavybands, die die komplexe Musik von →**King Crimson** und →**Genesis** mit »verschiedenen Stilen der Hardcore-Szene« (*Guinness*) verbanden. John Myung, John Petrucci und Mike Portnoy studierten am Berklee College of Music, als sie mit ihrem Schulfreund Kevin Moore (key) unter dem Namen **Majesty** 1988 ihre ersten Demos aufnahmen. Nachdem sie bei MCA Records einen Vertrag unterzeichnet hatten, holten sie sich Charlie Dominici als Frontmann und nannten sich **Dream Theater**. Überraschende Tempiwechsel und Stilelemente, wie man sie von →**Rush**, →**Queensryche** und Yngwie →Malmsteen kannte, prägten das Album WHEN DREAM AND DAY UNITE.
Da das Album ein absoluter Mißerfolg war, entließen **Dream Theater** Dominici. Neuer Leadsänger wurde der Kanadier James LaBrie, zuvor bei **Winter Rose**. Drei Jahre vergingen bis zur Fertigstellung der zweiten LP IMAGES AND WORDS (US #61), die weit mehr Beachtung fand. Weltweit wurden über 500000 Exemplare verkauft: »Die Leute sind des 08/15-Gerocke überdrüssig geworden und wenden sich jetzt zunehmend anspruchsvolleren, emotionsgeladeneren Sachen zu« (Mike Portnoy).
1993 tourten **Dream Theater** zunächst durch die USA und präsentierten anschließend das neue Material in einer aufwendigen Show auch in Europa und Japan. Als Singles erschienen ›Pull Me Under‹ und ›Take The Time‹, die trotz teurer Videoclips an der Chartshürde scheiterten. Ende des Jahres folgte noch der Mitschnitt LIVE AT THE MARQUEE mit sechs ihrer bekanntesten Songs.
In Metalkreisen längst akzeptiert, gelang es **Dream Theater** im Oktober 1994, mit ihrem neuen Album in die Hitparaden zu kommen. Der *Musik Express* schrieb über AWAKE (GB #65, US #32, D #15): »Wieselflinke Gitarrenläufe wechseln sich mit atemberaubenden Drumsoli ab, satte Riffs münden ohne Umschweife in symphonischen Keyboard-Bombast, sanfte Popballaden verwandeln sich urplötzlich in bösartige Metal-Attacken.«
Derek Sherinianan hatte auf A CHANGE OF SEASONS den Keyboarder Kevin Moore ersetzt. Ihre »Synthese aus Perfektionismus, Spaß und Spontaneität« (*Metal Hammer*) kam im Metal-Genre

gut an, fand aber sonst nur wenig Beifall. Kevin Shirley (**Silverchair**, →**Aerosmith**) produzierte das 97er-Album FALLING INTO INFINITY, eine gelungene Mischung aus »ausgefeilten, epischen Monumental-Tracks« (*Musikwoche*), einprägsamem Pop und feinfühligen Balladen.

WHEN DREAM AND DAY UNITE (1989) MCA 256 374 • IMAGES & WORDS (1992) Eastwest 7567–92148 • LIVE AT THE MARQUEE (1993) Eastwest, AMC 4574 • AWAKE (1994) Atlantic 4509–97546 • A CHANGE OF SEASONS (1995) Atlantic 7559–61842 • FALLING INTO INFINITY (1997) Atlantic 7559–62060

Drifters

Clyde McPhatter (voc), Bill Pinckney (voc), Andrew Thrasher (voc), Gerhart Thrasher (voc)

Ahmet Ertegun, Chef von Atlantic Records, hatte im Mai 1953 die Absicht, sich die **Dominoes** im Royal Roost in New York anzusehen. Als er erfuhr, daß sie ihren Leadsänger Clyde McPhatter (* 15. 11. 1931) entlassen hatten, suchte Ertegun ihn in Harlem auf und nahm ihn unter der Bedingung, eine neue Gruppe zu bilden, unter Vertrag. McPhatter lud seine Freunde David Baldwin, William Anderson, James Johnson und David Baughan zu einer Aufnahmesession ein. Jerry Wexler war mit dem Ergebnis unzufrieden und forderte McPhatter auf, sich nach anderen Partnern umzusehen. Clyde McPhatter riskierte im Juni mit Willie Ferbee, Andrew und Gerhart Thrasher von der **Thrasher Wonders Gospel Group** einen neuen Versuch, die den ersten Song ›Gone‹ der **Drifters** aufnahmen. Ferbee wurde bereits im August durch Bill Pinckney (* 15. 8. 1925) von den **Jerusalem Stars** ersetzt. Nach der Aufnahme ›Money Honey‹ engagierte McPhatter George Treadwell als Manager der **Drifters**.

›Money Honey‹ entwickelte sich im November 1953 zu einem Bestseller der Rhythm & Blues-Hitparaden. McPhatters »unorthodoxe, lässige Tenorstimme« (*Guinness*) wurde zu einem Markenzeichen der R&B- und Rock'n'Roll-Szene der 50er Jahre. Die **Drifters** wurden 1954 mit den Songs ›Such A Night‹ und ›Lucille‹ bekannt, die später von Johnnie Ray und →Little Richard übernommen wurden. Im Frühjahr 1954 mußte McPhatter seinen Wehrdienst antreten. David Baughan vertrat ihn bei Live-Auftritten, blieb aber nur bis zum November und wurde von Ex-**Hornets** Johnny Moore abgelöst. 1955 drehte sich das Besetzungskarussell weiter. Andrew Thrasher überwarf sich mit Manager Treadwell und überließ Charlie Hughes seinen Platz bei den **Drifters**, die mit den Singles ›Bip Bam‹, ›Ruby Ruby‹ für Furore in der R&B-Welt sorgten. Ende 1955 kamen sie mit dem Klassiker ›White Christmas‹ (US #80) erstmalig in die Popcharts. Im April 1956 wurde McPhatter aus der Armee entlassen, kehrte aber nicht zu den **Drifters** zurück, sondern startete mit ›Seven Days‹ eine Solokarriere. Ab 1957 arbeiteten die **Drifters** mit dem Komponistenteam Leiber / Stoller zusammen und veröffentlichten im Februar ›Fools Fall In Love‹ (US #69) und im Juni ›Hypnotized‹ (US #76). Danach verließ Moore die Vokalgruppe, und die erste Tenorstimme übernahm Bobby Hendricks (* 22. 2. 1938) von den **Flyers**. Im September beteiligten sie sich neben

Chuck →Berry, Buddy →Holly, Paul Anka u. a. an der Package-Tour The Biggest Show Stars For 1957. Die Tournee startete in Pittsburgh, Pennsylvania, und endete am 24. November in Richmond, Virginia. Einige Auftritte fanden ohne die weißen Rock'n'Roller statt, denn in einigen Bundesstaaten untersagte das Gesetz, daß sie mit schwarzen Künstlern auf einer Bühne standen. Im Sommer 1958 bestanden die **Drifters** aus Hendricks, Thrasher, Jimmy Millender und Tommy Evans (*1. 9. 1927). Sie überwarfen sich mit Manager Treadwell, und da dieser die Rechte am Bandnamen besaß, engagierte er die **Crowns** und taufte sie im Juli in **Drifters** um. Diese neue Generation bestand aus Charles Thomas (*7. 4. 1937), Doc Green (*8. 10. 1934), Rudy Lewis und Leadsänger Ellsbury Hobbs. Als Hobbs gemustert wurde, holte Treadwell den hochbegabten Ben E. →King.

Wieder waren es Leiber / Stoller, die für die **Drifters** ›There Goes My Baby‹ (US #2), einen R&B-Klassiker, und ihren ersten weltweiten Top 20-Hit ›Dance With Me‹ (GB #17, US #15) komponierten. Da sie aber inzwischen von den →**Coasters** engagiert worden waren, empfahlen sie den **Drifters** ihre Kollegen Doc Pomus und Mort Shuman. Der Einstieg klappte mit ›True Love, True Love‹ (US #33), ›This Magic Moment‹ (US #16), ›Lonely Winds‹ (US #54) und erreichte im Herbst 1960 mit ›Save The Last Dance For Me‹ (GB #2, US #1) einen ersten Höhepunkt. Die **Drifters** beendeten das überaus erfolgreiche Jahr 1960 mit ›I Count The Tears‹ (US #17).

1961 gab es erneut Umbesetzungen. Rudy Lewis (*27..51935) von den **Clara Ward Singers** übernahm die erste Stimme, und außerdem kam der Gitarrist Bill Thomas. Im März erschien ›Some Kind Of Wonderful‹ (US #32), ein Song von Gerry Goffin und Carole →King. An ›Please Stay‹ (US #14) war Burt Bacharach als Komponist beteiligt, während ›Sweets For My Sweet‹ (US #16) und ›Room Full Of Tears‹ (US #72) von Shuman und Pomus stammten. Im Jahr darauf verschafften Goffin / King den **Drifters** mit ›Up On The Roof‹ (GB #29, US #5) einen weiteren Millionenhit.

Auch 1963 / 64 waren die **Drifters** aus den Charts nicht wegzudenken. In schneller Folge erschienen die Singles ›On Broadway‹ (US #9), ›I'll Take You Home‹ (US #25), ›Vaya Con Dios‹ (US #43), ›Under The Boardwalk‹ (US #4), ›I've Got Sand In My Shoes‹ (US #33) und ›Saturday Night At The Movies‹ (US #18). ›Under The Boardwalk‹ entstand unter tragischen Umständen. Am Morgen vor den Aufnahmen des Bestsellers starb Rudy Lewis völlig unerwartet. Johnny Moore übernahm seinen Platz.

Die Erfolgskurve der **Drifters** begann 1965 langsam zu sinken. ›At The Club‹ (US #32), ›Come On Over To My Place‹ (US #72), ›Follow Me‹ (US #91) und ›I'll Take You Where The Music's Playing‹ (US #85) erreichten nur noch mittelmäßige oder schlechte Chartsplätze, und im Jahr darauf beendeten ›Memories Are Made Of This‹ (US #45) und ›Baby What I Mean‹ (US #89) vorläufig ihre Hitserie. Bis 1972 traten sie mit Bill →Haley und den →**Flamin' Groovies** im Avalon Ballroom in San Francisco auf und veröffentlichten Sampler wie GREATEST HITS (GB #13). Johnny Moore leitete inzwischen die **Drifters**, zu denen außerdem Bill Fredericks (seit 1967), Butch Lake (seit 1970) und Neuling Grant Kitchings gehörten. Großbritannien entdeckte 1973 die **Drifters** mit den Wiederveröffentlichungen

›At The Club‹ (GB #5) und ›Come On Over To My Place‹ (GB #9) neu. Die britische Dependence von Bell Records nahm die Gruppe unter Vertrag, und verschiedene englische Musiker wie Roger Greenaway, Tony Macauley und Roger Cook schrieben für sie zwischen 1973 und 1977 die Hits ›Like Sister And Brother‹ (GB #5), ›Kissin' In The Back Row Of The Movies‹ (GB #2), ›Down On The Beach Tonight‹ (GB #6), ›There Goes My First Love‹ (GB #3), ›Can I Take You Home Little Girl‹ (GB #10), ›Hello Happiness‹ (GB #15) und ›You're More Than A Number In My Little Red Book‹ (GB #4). Ab 1976 waren die **Drifters** fester Bestandteil von Revival-Shows, tourten regelmäßig durch britische Clubs und wurden dabei hin und wieder von Ben E. King unterstützt. Ohne aktuellen Plattenvertrag verdienten sie nur noch an ihren Oldies, die in immer neuen Zusammenstellungen erschienen. Am besten verkaufte sich 1986 THE VERY BEST OF (GB #32). 1988 wurden sie in die Rock'n'Roll Hall of Fame aufgenommen, und in der Laudatio im New Yorker Waldorf Astoria wurde festgestellt, daß im Verlauf ihres 35jährigen Bestehens rund 40 Sänger zu den **Drifters** gehörten. McPhatter, der die **Drifters** 1954 verlassen hatte, plazierte sich als Solist zwischen 1956 und 1964 mit 21 Singles in den US-Charts. Die höchsten Positionen erreichten 1958 ›A Lover's Question‹ (US #6) und 1962 ›Lover Please‹ (US #7). Als er keinen Erfolg mehr hatte, verfiel er dem Alkohol und starb am 13. 6. 1972 in Teaneck, New York. Posthum wurde auch er 1987 Mitglied der Rock'n'Roll Hall of Fame.

ROCKIN' AND DRIFTIN' (1958) Atlantic 8022 • SAVE THE LAST DANCE FOR ME (1962) Atlantic 8059 • THE GOOD LIFE WITH THE DRIFTERS (1964) Atlantic 8103 • I'LL TAKE YOU WHERE THE MUSIC'S PLAYING (1965) Atlantic 8113 • SOUVENIRS (1967) Atlantic 590010 • SATURDAY NIGHT AT THE CLUB (1972) Warner Brothers 40412 • LIVE AT HARVARD UNIVERSITY (1972) A&D 14–8001 • DRIFTERS NOW (1973) Bell 2308065 • LOVE GAMES (1975) Bell 4140 • THERE GOES MY FIRST LOVE (1975) Bell 280 • EVERY NITE'S A SATURDAY NIGHT (1976) Arista 4140 • ORIGINAL DRIFTERS IN CONCERT (1980) Bulldog, BDL 1041 • (S) GREATEST HITS (1960) Atco 8041 • (S) UP ON THE ROOF (1963) Atlantic 8073 • (S) OUR BIGGEST HITS (1964) Atlantic 8093 • (S) UNDER THE BOARDWALK (1964) Atlantic 8099 • (S) BIGGEST HITS (1966) Atlantic 587038 • (S) GOLDEN HITS (1968) Atlantic 8153 • (S) THEIR GREATEST RECORDINGS (1971) Atco, SD 33–375 • (S) 24 ORIGINAL HITS (1975) Atlantic 60106 • (S) SWEETS FOR MY SWEET (1979) Koala, AW 14175 • (S) THE VERY BEST OF THE DRIFTERS (1986) • (S) THE BEST OF BEN E. KING AND THE DRIFTERS (1992) • Clyde **McPhatter**: LOVE BALLADS (1958) Atlantic, SD 8024 • CLYDE (1959) Atlantic, SD 8031 • MAY I SING FOR YOU (1963) Mercury, SR 60157 • TA! TA! (1963) Mercury, SR 60262 • GOLDEN BLUES HITS (1963) Mercury, SR 60655 • LOVER PLEASE (1963) Mercury, SR 60711 • RHYTHM AND SOUL (1963) Mercury, SR 60750 • SONGS OF THE BIG CITY (1964) Mercury, SR 60902 • LIVE AT THE APOLLO (1964) Mercury, SR 60915 • MAY I SING FOR YOU (1966) Wing, MGW 12224 • WELCOME HOME (1970) Decca, DL 75231 • A TRIBUTE TO ... (1972) Atlantic 30033 • TREASURE OF LOVE (1980) Atlantic, P-6185 • BIP BAM & THE DRIFTERS (1984) Edsel, ED 132 • (S) BEST OF (1963) Atlantic, SD 8077 • (S) GREATEST HITS (1963) Mercury, SR 60783 • (S) THE BEST OF (1964) Atlantic, ATL 5001 • (S) ROCK AND CRY (1984) Charly, CRB 1073 • (S) RHYTHM AND SOUL (1987) Bear Family, BFX 15271

Drivin' 'N' Cryin'

Kevin Kinney (voc, g, harm), Tim Nielsen (b, man, voc), Jeff Sullivan (dr)

Ehe Kevin Kinney **Drivin' 'N' Cryin'** gründete, spielte er in Milwaukee bei der Punk/Psychedelic-Band **Prosecutors**. 1982 ging er nach Atlanta, lernte Tim Nielsen in einem Rockclub kennen und gründete mit ihm 1985 **Drivin' 'N' Cryin'**. In nur zehn Tagen nahmen sie das Material von SCARRED BUT SMARTER mit Jeff Sullivan als Drummer auf, der bis dahin hauptsächlich als Roadie für das Duo tätig war und bei **Mr. Crowe's Garden**, den späteren →**Black Crowes**, mitspielte.
Für die Aufnahmen von WHISPER TAMES THE LION mit Anton Fier (→**Golden Palominos**) mieteten **Drivin' 'N' Cryin'** ein New Yorker Studio. Von dem erfrischenden Garagenrock des Debüts war nicht viel übriggeblieben. Ihre »stilistischen Brückenschläge« (*Musik Express*) wirkten überladen und »vollkommen überproduziert« (*Guinness*). **Drivin' 'N' Cryin'** kehrten nach Atlanta zurück, holten Buren Fowler, vorher Roadie bei →**R.E.M.**, als zweiten Gitarristen und nahmen in den Soundscape Studios MYSTERY ROAD auf. Locker bewegten sie sich zwischen Country und Hardrock, zitierten die →**Rolling Stones** und Bob →Dylan und mischten Tempo mit leidenschaftlichen Balladen: »Ich glaube, jetzt haben wir endlich die Platte gemacht, die am besten unseren Stil dokumentiert« (Kevin Kinney).
FLY ME COURAGEOUS (US #90) vom März 1991 betonte den geradlinigen Rock der Südstaatengruppe. »Mut zur Melodie« (*Musik Express*) und Energie und Tempo hoben **Drivin' 'N' Cryin'** aus dem großen Angebot nordamerikanischer Roots Rock-Gruppen heraus. 500000 Exemplare wurden von FLY ME COURAGEOUS verkauft und sorgten für volle Häuser bei ca. 300 Live-Shows, die die Band pro Jahr absolvierte.
1993 erschien das Album SMOKE (US #95), das gut ankam. Dennoch schienen **Drivin' 'N' Cryin'** auf der Stelle zu treten. Bandchef Kinney entließ Fowler und konzentrierte sich auf sein Soloalbum DOWN OUT LAW. 1995 nahmen **Drivin' 'N' Cryin'** als Trio einen neuen, vielversprechenden Anlauf. WRAPPED IN THE SKY klang vielseitiger und mutiger als die vorherigen Platten und bot »balladesken Folk und Latin-beeinflußte Songs« (*Musik Express*). Nach zweijähriger Pause erschien 1997 ein nach der Band benanntes Album mit »klischeefreiem Rock, Cow Punk und Countryrock« (*Taxim*).

SCARRED BUT SMARTER (1986) Island 885 037 • WHISPER TAMES THE LION (1988) Island 888 609 • MYSTERY ROAD (1989) Island 888 603 • FLY ME COURAGEOUS (1990) Island 888 051 • SMOKE (1993) Island 514 319 • WRAPPED IN THE SKY (1995) Geffen 24826 • DRIVIN' 'N' CRYIN' (1997) Ichiban D2 24921 • Kevin **Kinney**: DOWN OUT LAW (1994) Mammoth 073

Droogs

Ric Albin (voc, g, harm), Roger Clay (g), John Gerlach (dr), Dave Provost (b, org)

Es dauerte fast 15 Jahre, bis die **Droogs** ihre erste LP aufnahmen. Als typische kalifornische Garagenband verstanden

sie ihre Musik eher als Hobby, das sie mit einer selbstfinanzierten Single pro Jahr und wenigen, ausgewählten Auftritten in der Region um Los Angeles pflegten.
Ric Albin und Roger Clay kannten sich aus diversen High School- und Garagenbands, als sie 1973 mit wechselnden Bassisten und Schlagzeugern die **Droogs** ins Leben riefen. Auf dem Band-eigenen Label Plug'n Socket Rockets erschien die Single ›He's Waitin‹, 1974 stabilisierte sich die Gruppe mit Drummer John Gerlach und Ex- → **Dream Syndicate** Dave Provost.
Das gitarrenlastige Quartett beschwor den Geist der → **Doors**, schwelgte in psychedelischen Phantasien und zitierte die britische Beat-Vergangenheit. Das Team Albin / Clay bewies ab der zweiten Single ›Set My Love On You‹, daß sie auch als Songwriter Talent hatten. Ansonsten beschäftigten sie sich vorwiegend mit der Gestaltung von Fanzines, dem Aufbau von Second Hand-Plattenläden und halfen bei der Gründung einiger Independent-Labels.
Ihre erste LP STONE COLD WORLD, 1984 erschienen, bot »soliden, erleuchtenden Psycho-R&B« (*Spex*) und machte sie über Los Angeles hinaus bekannt. 1987 folgten zwei weitere Alben, der Sampler ANTHOLOGY mit »tollen Songs, respektlos-rotzigem Gesang, phantasievoll heulender Gitarre und Power« (*Musik Express*) und KINGDOM DAY, ein »Heavy-Surf-Beat mit zündenden Gitarren-Themen« (*Musik Express*).
1989 setzten die **Droogs** bei MAD DOG DREAMS stärker auf Heavyrock- und Metal Elemente, mischten sie mit Westcoast-Rock und R&B und schufen so einen »intelligenten, differenzierten Power-Rock« (*Tip*). Gäste im Studio waren u. a. Paul Cutler (**Dream Syndicate**), Chris Cacavas (→ **Green On Red**) und Brett Gurewitz (→ **Bad Religion**). Bei der Produktion ihrer bislang letzten LP ersetzte Ty Rio den Gründungsdrummer John Gerlach.

STONE COLD WORLD (1984) Making Waves • KINGDOM DAY (1987) Music Maniac, MM 011 • MAD DOG DREAMS (1989) Music Maniac, EFA 05629-27 • GUERILLA LOVE-IN (1991) Music Maniac, MM 041 • (S) ANTHOLOGY (1987) Music Maniac, MM 005

Dubrovniks

Glen Armstrong (g, voc), James Baker (dr), Peter Simpson (g, key, voc), Boris Sujdovic (b, voc)

Gegründet wurde die australische Band 1987 in Sydney von Boris Sujdovic (Ex-→ **Scientists**) und James Baker (Ex-→ **Hoodoo Gurus**), die die Rhythmusgruppe der ersten Generation der → **Beasts Of Bourbon** gebildet hatten. Dritter im Bund war der Gitarrist Peter Simpson von **Spectre's Revenge**. Das Trio spielte zunächst unter dem Namen **James Baker Experience**, nannte sich dann **Adorable Ones** und schließlich **Dubrovniks**.
Bereits bei den ersten Live-Auftritten der **Dubrovniks** spürte man »unglaublich viel Spaß, eindrucksvollen und kraftvollen Pop, voller melodischer Wechsel« (*Rolling Stone*). Sie nahmen einige Singles in Eigenregie auf und sammelten Material für das erste Album DUBROVNIK BLUES, das auf elementaren Rock'n'Roll setzte und Songs im Stil der

Garagenromantik der Sixties lieferte. Die Dubrovniks kamen vor allem in Deutschland gut an, wo ihnen »beste australische Rockmusik ohne alle Schnörkel« bescheinigt wurde.
Vor ihrer Welttournee 1990 hatten die Dubrovniks den Sänger und Gitarristen Chris Flynn, vorher bei Headstones, angeheuert, der auch an dem Album AUDIO SONIC LOVE AFFAIR beteiligt war: »Wunderbarer Pop mit kraftvollen Knallern und knackigen Balladen« (*Time Out*). Mit ihrem Song ›She's Got No Love‹ schafften sie den ersten Singlehit in Australien.
Bevor ein neues Album in Angriff genommen wurde, verließ Peter Simpson die Band und überließ seinen Platz Glen Armstrong (g). Für die Produktion von CHROME lieh sich die Band Instrumente, Verstärker, Effektgeräte und ein Mischpult aus den 70er Jahren, »damit das Album klingt wie eine richtige Rock'-n'Roll-Scheibe. Das hat uns ein Vermögen gekostet« (Christopher Flynn). In *Visions* hieß es: »In ihrer bekannt rauhbeinigen, schnörkellosen Art zelebriert das Quartett den großen Auftritt zeitloser Rockmusik. Eine kräftige Prise Frischluft und 11 Dampfhammer-Songs für schweißtreibende Live-Shows oder rhythmisches Beinstampfen daheim.« Die Dubrovniks klangen wie eine 90er Jahre Ausgabe von → Creedence Clearwater Revival, hatten aber leider nicht deren Erfolg. Flynn verließ daraufhin die Band, und Simpson kehrte zurück.
Auf MEDICINE WHEEL kehrten die Dubrovniks zu ihren Ursprüngen zurück. Sie wirkten wieder »so unverfälscht, unverbraucht, laut und humorvoll wie 1989« (*New Musical Express*) und lieferten mit ›Never Get That Far‹ und ›Hold On To Your Dreams‹ zwei brillante Balladen. Die Dubrovniks stellten das Album im Frühjahr 1995 auf einer Deutschlandtour vor.

DUBROVNIK BLUES (1989) Normal 305 0217 • AUDIO SONIC LOVE AFFAIR (1990) Normal, RTD 305 0227 • CHROME (1992) Mushroom, IRS 987 605 • MEDICINE WHEEL (1994) Normal 167

Les Dudek

Der aus Florida stammende Les Dudek teilte das Dilemma vieler hervorragender Studiomusiker, die sich als Solisten versuchten. Dudek beherrschte das komplette amerikanische Rockspektrum vom ruppigen Southernsound über schlichten Hardrock bis zum fetzigen Funk und verfügte über eine ausdrucksstarke Stimme, aber er überschätzte sich als Komponist. Um so eindrucksvoller war seine Gitarrentechnik. »Mit unzähligen PS musikalischer Power« (*Sounds*) bearbeitete Les Dudek seine goldene Les Paul und bewies mit jedem Akkord Stilsicherheit. Bekannt wurde er durch seine Mitarbeit bei dem → Allman Brothers-Hit ›Ramblin' Gamblin' Man‹ und seine dreijährige Mitgliedschaft in der Gruppe von Boz → Scaggs. Scaggs produzierte 1976 das Debüt von Dudek, das sich auf soliden Rhythm & Blues im Südstaatenstil beschränkte. Inzwischen wirkte Dudek regelmäßig in der Band von Steve → Miller mit, für den er ›Sacrifice‹ komponierte. SAY NO MORE bot 1977 etwas mehr Abwechslung als die erste LP, an der Jeff Porcaro von → Toto, Bassist Gerald Johnson und Jazz-Keyboarder David Sancious als Studiocrew beteiligt waren. Neben zahlreichen Studioengagements,

u. a. für Scaggs und Maria →Muldaur, fand Dudek ausreichend Zeit für sein wohl bestes Werk. Ghost Town Parade steckte voller Überraschungen und überzeugte mit »fließenden, aufreißenden, davonsausenden Gitarrenpassagen« (*Sounds*). Der »extrem talentierte Sessiongitarrist« (*Rolling Stone*) schien am Anfang einer Solokarriere zu stehen. Auf dem von Bruce Botnick produzierten Album waren u. a. Jack →Bruce, Carmine Appice, Max Gronenthal, Jim Krueger und Mike Finnigan zu hören. Mit Finnigan und Krueger gründete Dudek 1978 die **DFK Band**. Außerdem war der Sänger Max Gronenthal an dem Unternehmen beteiligt, das Blues und Rock bevorzugte, aber nicht von langer Dauer war.

Dudek unterstützte anschließend seinen Kollegen Richard T. Bear. 1980 brachte er mit Gronenthal, Finnigan und der Sängerin und Schauspielerin →Cher unter dem Namen **Black Rose** eine LP heraus. Gypsy Ride war für lange Zeit die letzte LP Les Dudeks, da die mittelmäßigen Songs des außergewöhnlichen Saitenartisten nicht ankamen. In den 80er Jahren arbeitete er wieder als Studiomusiker, u. a. für Stevie →Nicks. 1994 versuchte er wie viele seiner Gitarrenkollegen aus den 70er Jahren ein Comeback mit hartem Blues und Bluesrock.

LES DUDEK (1976) CBS 81380 • SAY NO MORE (1977) CBS 81758 • GHOST TOWN PARADE (1978) CBS 82562 • GYPSY RIDE (1981) CBS 84611 • DEEPER SHADES OF BLUES (1994) GSR 172 • MONEY RUNNER (1997) MCA, MCT 70290 • Mit **DFK Band**: DFK BAND (1979) CBS 83523 • Mit **Black Rose**: BLACK ROSE (1980) Casablanca, NBLP 7234 • Max **Gronenthal**: WHISTLING IN THE DARK (1979) Chrysalis, CHR 1231 • MAX (1980) Chrysalis, CHR 1278

Champion Jack Dupree

Der »Geschichtenerzähler und Märchenonkel des Blues« (*Guinness*) gehörte zu den schillernden Persönlichkeiten seines Genres. Dupree lebte viele Jahre in Europa und gab der europäischen Bluesszene neue Impulse. Er fühlte sich in verräucherten Clubs am wohlsten und galt als der wohl humorvollste Boogie- und Blues-Pianist seiner Zeit. In über fünf Jahrzehnten entstanden zahlreiche Platten, teilweise unter den Pseudonymen Brother Blues, Big Tom Collins, Blind Boy Johnson, Meathead Johnson, Willie Jordan und Lightnin' Jr. erschienen.

William Thomas Dupree wurde am 4. 7. 1910 in New Orleans geboren. Sein Vater war französischer Herkunft und seine Mutter eine Cherokee-Indianerin. Früh verwaist, wuchs Dupree im Heim auf. Er lernte Klavierspielen und spielte im französischen Viertel von New Orleans für Trinkgeld. Ab 1924 trat er mit der **Papa Celestin Band**, **Chris Kelly Band** und **Kid Rena Band** auf.

1932 wurde Dupree Profiboxer und absolvierte in acht Jahren 107 Kämpfe. Mittlerweile in Indianapolis lebend, fand er 1939 wieder den Einstieg in die Musikszene und ging nach Chicago, wo er für Okeh Records seine ersten Aufnahmen machte. 1941 leistete er bei der Marine seinen Wehrdienst als Koch. Anschließend nahm ihn Folkways Records für drei Jahre unter Vertrag, und 1946 arbeitete Dupree, der seinen Spitznamen Champion seiner Boxervergangenheit verdankte, zum ersten Mal mit Brownie McGhee.

Engagements im Harlem Club und Plattenaufnahmen für Harlem Records und Red Robbin Records führten Dupree

1951 nach New York. Er wechselte jetzt ständig Label und Pseudonym, machte Platten mit dem Gitarristen Bickey Baker, tourte 1958 mit Nappy Brown durch die USA und kam im Jahr darauf erstmals nach Europa. Hier fand er Kontakt zur renommierten dänischen Firma Storyville Records, bereiste Schweden und ließ sich 1960 in Zürich nieder. Seine Odyssee führte ihn 1965 nach Kopenhagen, 1971 ins englische Halifax, Yorkshire, 1974 ins schwedische Bollerup und schließlich 1977 nach Hannover.

Bei seinem ersten Europabesuch spielte Champion Jack Dupree mit dem britischen Bluesvater Alexis →Korner und nahm Verbindung zu englischen Spitzenmusikern auf. Eric →Clapton, John →Mayall und Keef →Hartley begleiteten ihn 1966 auf seiner LP WON'T BE A FOOL NO MORE, 1969 Mick →Taylor auf SCOOBYDOOBYDOO.

Der Barrelhouse-Pianist war ein gerngesehener Gast der großen europäischen Blues und Jazz Festivals und war fast permanent auf Tournee. 1974 begleiteten ihn Achim →Reichel sowie Musiker von →**Frumpy** und **Randy Pie** auf dem Album THE HAMBURG SESSION, 1982 arbeitete er mit dem englischen Klarinettisten Monty Sunshine und ein Jahr später mit dem deutschen Gitarristen Kenn Lending zusammen. Bei dem 1988 produzierten Album CHAMPION'S HOUSEWARMING waren der Boogie-Pianist Axel Zwingenberger und die **Mojo Blues Band** seine Partner.

Im Laufe der Jahre schrieb Champion Jack Dupree eine Fülle von sehr guten Talking Blues-Songs, die oft politische oder soziale Mißstände kritisierten, aber auch von durchzechten Nächten und heftigen Beziehungen handelten. Ende der 80er Jahre hielt sich Dupree wieder häufiger in seiner Heimatstadt auf. Der »Bluesveteran am Piano« (*Hifi Vision*) unterschrieb beim Blueslabel Bullseye Records, spielte auf großen Festivals in Chicago und New Orleans. Nach drei gelungenen Alben für Bullseye kehrte er nach Hannover zurück, wo er am 21. 1. 1992 starb.

NEW ORLEANS BARRELHOUSE BLUES PIANO (1941) Okeh • BLUES FROM THE GUTTER (1958) Atlantic 82434 • NEW ORLEANS BARRELHOUSE (1960) Magpie, PYCD 53 • TROUBLE TROUBLE (1960) Storyville, SCD 8013 • WON'T BE A FOOL NO MORE (1966) See For Miles, SEE 388 • SCOOBYDOOBYDOO (1969) Blue Horizon 475974 • HOME (1969) BM 40 • OH LORD, WHAT HAVE I DONE (1971) Ornament, CM 8007 • THE HAMBURG SESSION (1974) Happy Bird 5011 • WALKIN' THE ROAD (1977) Blue Silver 157712 • AFTER ALL (1984) Ornament, CM 9007 • CHAMPION'S HOUSEWARMING (1988) Vagabond, VR 888014 • LIVE AT BURNLEY FESTIVAL (1989) JSP 231 • BACK HOME IN NEW ORLEANS (1990) Bullseye, BB 9502 • FOREVER AND EVER (1991) Bullseye, BB 9512 • ONE LAST TIME (1992) Bullseye, BB 9522 • (S) CHAMPION JACK DUPREE (1950) • (S) SINGS THE BLUES (1955) King 735 • BLUES MASTERS VOL. 6 (1962) Storyville, SCD 8006 • THE BLUES OF (1964) Storyville, SCD 8019 • (S) THE LEGENDARY (1988) Pinorrekk 5005 • Mit King Curtis: BLUES AT MONTREUX (1971) Atlantic 81389

Bob Dylan

Als »der einflußreichste Popmusiker Amerikas in den 60er Jahren« (*Rolling Stone*) im Sommer 1981 seine europäische Comebacktournee absolvierte, wurde das u. a. als »Illumination einer Legende« (*Spiegel*) kommentiert. Nur noch wenig erinnerte an den introvertierten Musiker, der zu Beginn der 60er Jahre dem Protestsong entscheidende Impulse gab und die Country- und Folkmusik modernisierte. Ein Jahrzehnt lang war Bob Dylan die Leitfigur einer kritischen Jugend, da er stets mit wachem Blick auf gesellschaftliche und politische Mißstände aufmerksam machte.

Im Verlauf seiner wechselvollen Karriere erhielt der »von Mythen umrankte Dichter und Romantiker« (*New Musical Express*) vier Grammies: 1972 für THE CONCERT FOR BANGLA DESH als Album des Jahres, 1979 für ›Gotta Serve Somebody‹ als beste Rockgesangsaufnahme, 1991 für sein Lebenswerk und 1994 für WORLD GONE WRONG als bestes traditionelles Folkalbum. Sechs seiner Alben führten die US-Charts an, 18 erreichten Top 20-Niveau, und Songs wie ›Blowin' In The Wind‹, ›Like A Rolling Stone‹, ›Rainy Day Woman‹ und ›Just Like A Woman‹ wurden zu Evergreens.

Robert Allen Zimmerman wurde am 24. 5. 1941 in Duluth, Minnesota, als Sohn eines jüdischen Möbelhändlers geboren. Im Alter von sechs Jahren zog er mit seiner Familie in die Bergwerkstadt Hibbing, Minnesota. Als 10jähriger riß er aus seinem Elternhaus aus und trampte nach Chicago. Mit 13 jobbte Robert auf einem Volksfest in Texas. Er lernte Mundharmonika und Gitarre, spielte an der High School in mehreren Rock'n'Roll-Bands und gründete die **Golden Chords**.

Zimmermann schrieb sich an der University of Minnesota ein, die er 1960 nach drei Semestern Kunststudium verließ, um sich gänzlich auf die Musik zu konzentrieren. Er war von →Little Richard, dem schwarzen Blues und den Folksongs von Woody →Guthrie begeistert und trat als Gitarrist und Sänger in Campuskneipen auf. 1959 hatte er das Pseudonym Bob Dylan angenommen, inspiriert von seinem Lieblingsdichter Dylan Thomas. Im August 1962 ließ er den Künstlernamen legalisieren.

Im Januar 1961 ging Dylan nach New York City, nicht nur, um den schwerkranken Woody Guthrie im Krankenhaus zu besuchen, wie clevere Werbeleute behaupteten, sondern vor allem auch deshalb, weil New York als Verwaltungssitz der Unterhaltungsindustrie seiner Karriere dienlich schien. Drei Monate später trat er im Club Gerde's Folk City im Vorprogramm von John Lee →Hooker auf und trug Guthrie-Kompositionen und traditionelle Folksongs vor. Die ehrwürdige *New York Times* nahm von dem Gastspiel Notiz, was den Talentscout und Bluesproduzenten John Hammond veranlaßte, sich Dylan anzuhören. Hammond war beeindruckt von den Texten und gab dem Liedermacher, ungeachtet Dylans krächzenden Gesangs, des schrägen Gitarrenstils und »des schlechtesten Mundharmonikaspiels der Welt« (*New Musical Express*), eine Chance und produzierte 1962 die LP BOB DYLAN (D #39). Sie bestand im wesentlichen aus Klassikern wie ›Man Of Constant Sorrow‹ oder ›House Of The Rising Sun‹ und enthielt drei Dylan-Kompositionen, darunter die Würdigung ›Song To Woody‹. Weihnachten trat Dylan zum ersten Mal in London auf, tingelte durch verschiedene Pubs und sang für eine BBC-Radioshow ›Blowin' In The Wind‹ und ›Swan On The River‹. Bluesexperte Hammond bemühte sich auch 1963 bei THE FREEWHEELIN' BOB DYLAN (GB #1, US #22) um Authentizität der sparsamen, akustischen Folkar-

rangements. FREEWHEELIN' leitete die schöpferischste und wohl wichtigste Phase in Dylans Karriere ein. Fast das gesamte Material, darunter so bedeutende Songs wie ›Blowin' In The Wind‹, ›Masters Of War‹, ›A Hard Rain's Gonna Fall‹, ›Don't Think Twice‹ und ›Girl From The North Country‹, stammte aus Dylans Feder. Sein rauhes, abgehacktes Gitarrenspiel und seine Mundharmonika harmonierten perfekt mit seinem nasalen Gesang.
Im New Yorker Künstlerviertel Greenwich Village war Dylan bald die führende Persönlichkeit einer Gruppe noch unbekannter Songwriter wie Phil → Ochs, Tom → Paxton und Dave Van Ronk, die dem traditionellen Folk ein modernes Outfit gaben. Joan → Baez förderte den jungen Folk-Querulanten, ließ ihn in ihrer Show auftreten und übernahm auch einige seiner Lieder. Im Sommer 1963 waren sie kurzfristig auch privat ein Paar. Zu diesem Zeitpunkt eroberte THE FREEWHEELIN' die Charts, verkaufte sich über 500000 Mal, wurde dafür vergoldet und lieferte mit ›Blowin' In The Wind‹ einen Tophit für → Peter, Paul & Mary.
Bob Dylan überzeugte als Solist beim Newport Folk Festival 1963 und trat im darauffolgenden Jahr rund 200 Mal auf. 1964 erschienen zwei seiner erfolgreichsten und besten Alben: ANOTHER SIDE OF BOB DYLAN (GB #7, US #43, D #24) und THE TIMES THEY ARE A-CHANGIN' (GB #4, US #20). Sie enthielten weitere Ausnahmesongs wie ›The Times They Are A-Changin'‹ (GB #9), ›North Country Blues‹, ›All I Really Want To Do‹, ›It Ain't Me Babe‹, ›My Back Pages‹ und ›Spanish Harlem Incident‹, die Dylans enormes Potential als Komponist und Poet bestätigten. An den beiden von Tom Wilson produzierten Platten wurde aber auch deutlich, daß Dylan als Alleinunterhalter musikalisch an Grenzen stieß.
Ende 1964 machte Bob Dylan die Bekanntschaft von Roger → McGuinn, der die damals noch völlig unbekannte Band namens → Byrds leitete. Dylan war von ihnen äußerst angetan und überließ ihnen zunächst ›Mr. Tambourine Man‹. Die Fassung der Byrds wurde weltweit zum Hit, so daß Dylan ihnen ›All I Really Want To Do‹ und ›My Back Pages‹ zur Verfügung stellte. Dylans Lieder wurden unzählige Male gecovert und sicherten u. a. den → Turtles (›It Ain't Me Babe‹) und Jimi → Hendrix (›All Along The Watchtower‹) und Manfred → Mann (›Mighty Quinn‹) Singlehits.
Bob Dylan begann das Rockpublikum für sich zu erobern und »kehrte dem Folk-Purismus den Rücken« (*Rolling Stone*). Bereits die Hälfte der im Januar 1965 aufgenommenen LP BRINGING IT ALL BACK HOME (GB #1, US #5) spielte er mit Bandbegleitung ein. Die anschließende Tournee im Frühjahr durch Großbritannien wurde von dem Regisseur D. A. Pennebaker mit der Filmdokumentation »Don't Look Back« festgehalten. Im gleichen Jahr löste der illegale Mitschnitt LIVE AT THE ROYAL ALBERT HALL eine wahre Welle von Dylan-Raubpressungen aus. Aus BRINGING IT ALL BACK HOME wurden ›Subterranean Homesick Blues‹ (GB #6) und ›Maggie's Farm‹ (GB #26) ausgekoppelt.
Als sich Dylan am 25. 6. 1965 beim Newport Folk Festival dank einiger Mitglieder der → Butterfield Blues Band sowie Al → Kooper und Barry → Goldberg mit elektrischer Verstärkung präsentierte, buhten ihn die Besucher aus. Dylan ließ sich jedoch nicht beirren und engagierte für seine brillante LP HIGHWAY 61 REVISITED (GB #5, US #3,

D #28) Kooper, Mike →Bloomfield und Charlie McCoy (g). Mit dem Song ›Like A Rolling Stone‹ (GB #3, US #2, D #13) stürmte er die Top 10 der Singlehitparaden und begeisterte plötzlich auch ein Publikum, das bis dahin Platten von den →**Beatles**, →**Rolling Stones** und →**Beach Boys** gekauft hatte. Als zweite Single erschien ›Positively 4th Way Street‹ (GB #12, US #9).

Im August 1965 spielte Dylan beim Forest Hills Music Festival in New York, trat mit Robbie →Robertson, Kooper, Levon Helm und Harvey Brooks in der Hollywood Bowl auf und ließ im kalifornischen Berkeley Community Theater ein Album mitschneiden, das erst 1992 unter dem Titel LONG DISTANCE OPERATOR auf den Markt kam. Im Februar 1966 nahm er in Nashville BLONDE ON BLONDE (GB #4, US #4) auf, aus dem drei Topsingles, ›Rainy Day Woman‹ (GB #9, US #2), ›I Want You‹ (GB #17, US #22) und ›Just Like A Woman‹ (US #26), ausgekoppelt wurden.

Am 22. 11. 1965 heiratete »der elektrische Cowboy« (*Disc*) Shirley Noznisky, ein als Sara Lowndes bekanntes Topmodel. Dylan adoptierte ihre Tochter Maria und wurde Vater von vier weiteren Kindern (Jesse, Anna, Samuel, Jakob). Die Ehe hielt bis zum März 1977.

»Die Dylan-Musik revolutionierte 1965 und 1966 das Rockgeschehen« (*Rolling Stone*). Seine Texte wurden ernst genommen, was der Rockmusik insgesamt zu mehr Anerkennung verhalf. Und seine unverhohlene Kritik am herrschenden System wurde gehört, auch von Leuten, die das niemals zugegeben hätten.

Im Mai 1966 begann Dylan in Dublin eine 14tägige Tournee durch Irland und Großbritannien, unterstützt von einer Band namens **Hawks**, die sich bald darauf in →**The Band** umtaufte. Zurück in den USA erlitt Dylan am 25. 7. 1966 bei einem Motorradunfall in der Nähe seines Wohnortes in Woodstock, New York, so schwere Verletzungen, daß er eine 18monatige Zwangspause einlegen mußte. Er überbrückte die Phase mit dem Sampler GREATEST HITS (GB #12, US #5m D #20) sowie der Premiere des Films »Don't Look Back«. **The Band** folgte ihrem Chef in sein Haus ›Big Pink‹ und nahmen die legendären BASEMENT TAPES (GB #8, US #13) auf, die 1975 auf den Markt kamen.

Im Januar 1968 trat Dylan er mit seiner Gruppe beim Memorial Concert für den 1967 verstorbenen Woody Guthrie in der Carnegie Hall auf. Sein neues Album JOHN WESLEY HARDING (GB #1, US #1), entstanden in Nashville, bot statt der gewohnten Protestsongs uramerikanische Country-Romantik. Die LP wurde mit Hilfe von McCoy, Kenneth Buttrey (dr) und Pete Drake (steel-g) aufgenommen. Die Fans reagierten positiv auf Dylans Stilwechsel, ebenso auf das musikalisch und dramaturgisch sehr ähnliche Werk NASHVILLE SKYLINE (GB #1, US #1, D #24). Es erschien im April 1969 und enthielt ein Duett mit Johnny →Cash (›Girl From The Northern Country‹) und die Ballade ›Lay Lady Lay‹ (GB #4, US #7).

Für einen Auftritt, den 250000 Menschen verfolgten, beim Isle Of Wight Festival im August 1969, kassierte Dylan 35000 Dollar. Ausschnitte seines Programms gehörten zum Material des Doppelalbums SELF-PORTRAIT (GB #2, US #1, D #29). Im Juni 1970 verlieh ihm die Universität von Princeton einen Ehrendoktor. Im August erschienen die Instrumentalsingle ›Wigwam‹ (US #34) und im November ›Tarantula‹, vier Wochen später die LP NEW MORNING (GB #3, US #3). *Sounds* schrieb: »Es ist nicht perfekt, aber das Album beinhaltet genug Gefühl, Einfachheit, Natürlichkeit und Wärme, um erfolgreich zu sein. Als Held ist Bob Dylan längst passé, als Freund ist er jedoch immer noch unschätzbar.«

In New York wurde im Februar 1971 der Film »Eat The Document« uraufgeführt, der 1966 anläßlich Dylans Englandtour gedreht worden war. Einen Monat später nahm er, unterstützt von Pianist Leon →Russell, die Single ›Watching The River Flow‹ (GB #21, US #37) auf. Im Juli folgte Dylan einer Einladung von George →Harrison zum Concert For Bangladesh im New Yorker Madison Square Garden.

Nach der LP New Morning widmete sich Dylan anderen Dingen. Sam Peckinpah hatte ihm eine Hauptrolle in dem Western »Pat Garrett And Billy The Kid« angeboten. Die Dreharbeiten begannen im Dezember 1972 in Mexiko. Dylan schrieb auch den Soundtrack (US #22) mit dem Hit ›Knockin' On Heaven's Door‹ (GB #13, US #11). Außerdem veröffentlichte er das Buch »Writings And Drawings«, eine Sammlung von Texten und Zeichnungen.

Bob Dylan wechselte 1973 zu Asylum. Columbia reagierte darauf mit der LP Dylan (US #14), einer Kollektion von Out-Takes und Überarbeitungen der LPs Self-Portrait und New Morning. Ansonsten ging er wieder auf Tournee, und da die Fans noch immer seine alten Lieder hören wollten, präsentierte er sie in immer neuen Arrangements. 1974 wurden 651000 Eintrittskarten für 39 Shows in 21 Städten in Rekordzeit verkauft; die drei Abschlußkonzerte in Los Angeles wurden auf dem Doppelalbum Before The Flood (GB #7, US #5, D #24) festgehalten, das im Juli 1974 auf den Markt kam. Dylan selbst hatte zwar in seinem Song ›The Time They Are A-Changin'‹ seine Zeit als Protestsänger für beendet erklärt, folgte aber den Wünschen seiner Anhänger.

Seinen Einstand bei Asylum Records gab Dylan im Februar 1974 mit Planet Waves (GB #4, US #1, D #34) und der Single ›On A Night Like This‹ (US #43). Der Rezensent von *Sounds* bemerkte dazu: »Neben der emotionalen Gradlinigkeit der Verse, abseits von allem ideologischen Ballast, macht vor allem die Musik der Band die Platte zu einem würdigen Album.«

Im Herbst 1975 realisierte Bob Dylan seine Ideen zur »Rolling Thunder Revue«, die bis zum Frühjahr 1976 annähernd 200 Mal aufgeführt wurde und in deren Verlauf Überraschungsgäste wie Joan Baez, Joni →Mitchell, Roger McGuinn und Arlo →Guthrie auftraten. Die Tournee endete mit zwei Auftritten für den wegen Mordes verurteilten Weltklasseboxer Rubin ›Hurricane‹ Carter. Dessen umstrittener Prozeß inspirierte Dylan zu dem Song ›Hurricane‹ aus der ausgezeichneten LP Desire (GB #1, US #1, D #11). Carter wurde erst im Juni 1988 nach 20jähriger Haft entlassen. Mit Desire bewies Dylan zum letzten Mal sein gesellschaftspolitisches Engagement.

1976 war Dylan Stargast des Band-Abschieds The Last Waltz und veröffentlichte die Live-Platte Hard Rain (GB #4, US #7, D #38). Unter diesem Titel hatte die TV-Gesellschaft NBC anläßlich eines Konzertes in Ford Collins, Colorado, eine Fernsehdokumentation über den »größten Songwriter der 60er Jahre« (*Circus*) gedreht. Darüber hinaus begann er 1976 mit den Dreharbeiten zu seinem vierstündigen Leinwandepos »Renaldo And Clara«, das am 1. 2. 1978 in Los Angeles Premiere hatte, von den Kritikern aber verrissen wurde und Dylan angeblich zwei Millionen Dollar gekostet hatte. Während einer Welttour wurde im März 1978 in Japan das Live-Doppelalbum LIVE AT BUDOKAN (GB #8, US #21, D #24) mitgeschnitten. Außerdem erschien im August des Jahres STREET LEGAL (GB #2, US #14, D #16), eine neue Studioplatte.

1979 erklärte Dylan, daß er sich der Sekte der Wiedertäufer angeschlossen hatte. Seine Bekehrung thematisierte er in Songs wie ›Gotta Serve Somebody‹, ›Man Gave Names To All Animals‹. Seine Fans wußten nicht, wie sie auf den missionarischen Eifer ihres Idols reagieren sollten, doch seine Alben SLOW TRAIN COMING (GB #2, US #9, D #22), SAVED (GB #8, US #25, D #41) und SHOT OF LOVE (GB #6, US #36, D #50) wurden weiterhin – vor allem in Großbritannien – viel verlangt. Die *Süddeutsche Zeitung* schrieb 1981 nach einem Gastspiel in der Münchner Olympiahalle: »Da steht der Star und erledigt seinen Auftritt geschult und perfekt und gänzlich unbeteiligt, emotionslos, für nichts mehr engagiert, was seine Lieder zu Poesie gemacht hat.« Mit der von Mark Knopfler (→ **Dire Straits**) produzierten LP INFIDELS (GB #3, US #20, D #31) beendete »der Rockpoet von fast genialischem Format« (*Welt*) Ende 1983 seine religiöse Periode. Das musikalische Chameäleon fand wieder Gefallen an erdiger, bluesinfizierter Rockmusik und erwies sich einmal mehr »als Texter von beeindruckender Wortmacht und Eleganz« (*Musik Express*). 1984 wurde das in London, Dublin und Newcastle aufgenommene Album REAL LIVE (GB #25) veröffentlicht.

Mitte der 80er Jahre ließ die Qualität von Dylans Alben wieder deutlich nach. Mehr Aufmerksamkeit als EMPIRE BURLESQUE (GB #7, US #33, D #27) und KNOCKED OUT LOADED (GB #12,US #53, D #50) fand die fünf Alben umfassende Dokumentation BIOGRAPH (US #33), die nach Dylans Auffassung seine besten Songs enthielt sowie eine Reihe bis dahin unveröffentlichter Live-Aufnahmen. Auf EMPIRE BURLESQUE wurde Dylan von Musikern aus dem Umfeld von Tom → Petty begleitet, und KNOCKED OUT LOADED entstand in London unter der Regie von Dave Stewart (→ **Eurythmics**).

Am 13. 7. 1985 beendete Dylan, begleitet von Keith Richards und Ron → Wood, mit seinem Auftritt das Live Aid-Spektakel in Philadelphia, wirkte bei der Aktion Artists United Against Apartheid mit und beteiligte sich an einer von Stevie → Wonder initiierten Veranstaltung aus Anlaß des zehnjährigen Todestages von Martin Luther King. Im August 1986 begann er in London mit den Dreharbeiten zu seinem wenig beachteten, im Dezember 1987 uraufgeführten Film »Hearts Of Fire«.

Im Sommer 1987 tourte Dylan, der 1982 in die Songwriters Hall of Fame aufgenommen wurde, mit **Grateful Dead** durch die USA und kam anschließend mit Tom Pettys **Heartbreakers** nach Europa. Sein Sound klang nun wieder rockiger. UNDER THE GROOVE (GB #32, US #61, D #55), aufgenommen mit Eric Clapton, Knopfler, Wood, Jerry Garcia, enthielt sechs Fremdkompositionen und zwei neue Songs, die er gemeinsam mit Robert Hunter von **Grateful Dead** verfaßt hatte. 1988 war Bob Dylan mit dem Titel ›Pretty Boy Floyd‹ auf dem Woody Guthrie → Leadbelly-Tribute-Album vertreten und wurde neben George Harrison, Tom Petty und Roy → Orbison Mitglied der

Traveling Wilburys, die eine sehr erfolgreiche Countryrock/Pop-Platte herausbrachten. Im Januar 1989 hielt Bruce → Springsteen die Laudatio bei Dylans Aufnahme in die Rock'n'Roll Hall of Fame, im Februar erschien der Mitschnitt der 87er-Tournee, DYLAN AND THE DEAD (GB #38, US #37, D #55).
Der → **U 2**-Produzent Daniel → Lanois beaufsichtigte in New Orleans die Aufnahmen für OH MERCY (GB #6, US #30, D #37), die eine bei Dylan »ganz selten vernommene Atmosphäre« (*Hifi Vision*) vermittelten. 1990 eröffnete er eine Welttournee mit vierstündigen Testkonzerten in New York. Ende Januar 1990 wurde ihm vom französischen Kulturminister Jack Lang der Orden Commandeur Des Artes Et Des Lettres verliehen, im Februar war er beim Roy Orbison Concert Tribute in Universal City, Kalifornien, mit von der Partie, stand mit Bruce Springsteen bei einer Tom Petty-Show in Inglewood, Kalifornien, auf der Bühne und traf in Europa auf Van → Morrison, Nina Simone und Bono (**U 2**).
Produziert von den weißen Funkspezialisten Don und David Was, erschien im September 1990 UNDER THE RED SKY (GB #13, US #38, D #52). Dylan wurde wegen seiner banalen Texte kritisiert, die Musik dagegen, an der u. a. Bruce → Hornsby, David → Crosby und Slash (→ **Guns 'N' Roses**) beteiligt waren, fand viel Lob. Mit seinen nächsten beiden Alben kehrte Dylan zur Schlichtheit der frühen 60er Jahre zurück. GOOD AS I BEEN TO YOU (GB 18, US 51, D #68) und WORLD GONE WRONG (GB #35; US #70) entstanden ›unplugged‹, beschworen den Geist seiner »mehr oder minder kantigen Folksongs« (*Musik Express*) herauf und enthielten einige Songs bekannter Bluesgrößen.
Das Lebenswerk des Rockpoeten wurde im Madison Square Garden am 16. 10. 1992 mit dem All Star-Konzert The Bob Dylan 30th Anniversary Celebration gewürdigt, an dem Clapton, McGuinn, Petty, Harrison und Neil → Young teilnahmen. 1993 sang er ein Duett auf Willie → Nelsons neuer Platte, ließ sich von Dickey Betts (→ **Allman Brothers**) beim New Orleans Jazz & Heritage Festival begleiten, startete im August in Portland, Oregon, eine 31 Stationen umfassende US-Tour, die er im April 1994 mit → **Arrested Development** im Vorprogramm wiederholte. Im August war »die wahre Stimme Amerikas« (*Rolling Stone*) Stargast beim Remake des Woodstock Festivals.
Bob Dylan war aktiver denn je, ging regelmäßig auf Tournee und trat bei publikumswirksamen Anlässen auf, u. a. im Juli 1995 in Montpellier, Frankreich, wo er mit den **Rolling Stones** ›Like A Rolling Stone‹ spielte, oder mit Bruce Springsteen, mit dem er ›Forever Young‹ in Cleveland sang, oder aus Anlaß von Frank Sinatras 80. Geburtstag, bei dem er ›Restless Farewell‹ anstimmte. 1995 brachte er zudem die Platte UNPLUGGED (GB #10, US #23) heraus, die er im November 1994 vor den Kameras von MTV eingespielt hatte. Als Single wählte er ›Dignity‹ (GB #33) aus.
Im Juni 1996 engagierte sich Dylan neben Eric Clapton, Alanis → Morissette und den → **Who** an dem Open Air-Konzert Masters of Music, das über 100 000 Fans im Londoner Hyde Park verfolgten. Der Erlös kam einer Wohltätigkeitsstiftung von Prince Charles zugute. Danach tourte er u. a. auch durch Deutschland.
Dylans Sohn Jakob versuchte mit der Gruppe **Wallflowers** in seine Fußstapfen zu treten. Jakobs Stimme ähnelte der

seines Vaters, aber es mangelte ihm anfangs an der Inspiration eines Songwriters. So bot das Quintett, bestehend aus Jakob Dylan (voc, g), Rami Jaffe (key), Greg Richling (b), Michael Ward (g) und Mario Calire (dr), zunächst lediglich soliden Gitarrenrock.

Im Spätherbst 1997 präsentierte Dylan ein Album mit neun neuen, stark blueslastigen Songs. TIME OUT OF MIND wurde weltweit als eines der besten Dylan-Alben der letzten 20 Jahre beurteilt. Zu den Studiogästen zählten der Gitarrist Duke Robillard (→**Roomful Of Blues**), Augie Meyers (→**Sir Douglas Quintet**) und Ry →Cooders Keyboarder Jim Dickinson.

Bei der 40. Grammy-Verleihung am 25. 2. 1998 in New York heimsten Vater und Sohn Dylan Auszeichnungen ein: Bob Dylan bekam für TIME OUT OF MIND den Grammy in den Kategorien Album des Jahres, bestes zeitgenössisches Album und als bester männlicher Rocksänger, Jakob erhielt mit seiner Band **Wallflowers** den Grammy als beste Rockgruppe, und der von ihm verfaßte Song ›One Headlight‹ wurde als bester Rocksong ausgezeichnet.

BOB DYLAN (1962) CBS 62022 • THE FREEWHEELIN' BOB DYLAN (1963) Columbia 32390• THE TIMES THEY ARE A-CHANGIN' (1964) CBS 62251 • ANOTHER SIDE OF BOB DYLAN (1964) Columbia 32034 • BRINGING IT ALL BACK HOME (1965) CBS 62515 • HIGHWAY 61 REVISITED (1965) Columbia, CK 9189 • BLONDE ON BLONDE (1966) Columbia 463369• JOHN WESLEY HARDING (1968) Columbia 463359 • NASHVILLE SKYLINE (1969) Columbia 63601 • SELF-PORTRAIT (1970) Columbia 66250 • NEW MORNING (1970) Columbia 32267 • PAT GARRETT & BILLY THE KID (1973) Soundtrack 69042 • DYLAN (1973) CBS 69049 • BEFORE THE FLOOD (1974) Columbia 22137 • BLOOD ON THE TRACKS (1974) Columbia 467842 • PLANET WAVES (1974) Columbia 32154 • THE BASEMENT TAPES (1975) Columbia 466137 • DESIRE (1975) Columbia 32570 • HARD RAIN (1976) CBS 86016 • STREET LEGAL (1978) CBS 86067 • LIVE AT BUDOKAN (1978) Columbia 467850 • SLOW TRAIN COMING (1979) Columbia 32524 • SAVED (1980) CBS 86113 • SHOT OF LOVE (1981) Columbia 474889 • INFIDELS (1983) CBS 25539 • REAL LIFE (1984) CBS 26334 • EMPIRE BURLESQUE (1985) 86313 • KNOCKED OUT LOADED (1986) CBS 86326 • DOWN IN THE GROOVE (1987) CBS 460267 • OH MERCY (1989) CBS 465800 • UNDER THE RED SKY (1990) 457188 • GOOD AS I BEEN TO YOU (1992) 472710 • BOB DYLAN – A 30TH ANNIVERSARY CELEBRATION RECORD (1993) Columbia 474000 • WORLD GONE WRONG (1993) 474857 • UNPLUGGED (1995) 478374 • TIME OUT OF MIND (1997) Sony 486936 • (S) GREATEST HITS (1966) Columbia 463088 • (S) GREATEST HITS VOL. 2 (1966) Columbia 471243 • (S) GREATEST HITS VOL. 3 (1967) CBS 63111 • (S) MORE GREATEST HITS (1972) Columbia 467851 • (S) A RARE BATCH OF LITTLE WHITE WONDER VOL. 1 (1974) Joker, SM 3605 • (S) A RARE BATCH OF LITTLE WHITE WONDER VOL. 2 (1974) Joker, SM 3728 • (S) A RARE BATCH OF LITTLE WHITE WONDER VOL. 3 (1974) Joker, SM 3780 • (S) HISTORICAL ARCHIVES VOL. 1 (1984) Go, GILP 1 • (S) HISTORICAL ARCHIVES VOL. 2 (1984) Go, GILP 2 • (S) BIOGRAPH (1985) CBS 66509 • (S) THE BOOTLEG SERIES VOL. 1–3 (1991) Columbia 468086 • (S) SLIPCASE (1992) Columbia 471621 • Mit **Traveling Wilburys**: VOLUME ONE (1988) Wilbury 925796 • Mit **Grateful Dead**: DYLAN & THE DEAD (1988) CBS 463381• Jakob **Dylan** mit **Wallflowers**: THE WALLFLOWERS (1992) Virgin 263151 • BRINGING DOWN THE HORSE (1996) Interscope, IND 90055

Eagles

Don Felder (g, voc), Glenn Frey (voc, g, key), Don Henley (dr, voc), Timothy B. Schmit (b, voc), Joe Walsh (g, voc)

Fast ein knappes Jahrzehnt lang zählten die **Eagles** zu den erfolgreichsten amerikanischen Gruppen. Es gab nur wenige Superlative, die im Zusammenhang mit den ›Adlern‹ von den Medien nicht gebraucht wurden. Die Band verkörperte den amerikanischen Traum – gleichsam aus dem Nichts waren sie zu führenden Exponenten des Country- bzw. des »California-Rock der 70er Jahre« (*Rolling Stone*) avanciert. Die Gruppe war ein »Synonym für Amerika« (*Musik Express*). Sie polierte das Western-Image auf, schrieb Songs über Tequila, Outlaws und James Dean. Hinter dem ausgeklügelten Konzept standen professionelle Musiker, die die Träume von Freiheit und Abenteuer, Pioniergeist und Aufbruchstimmung bedienten. Westcoast-Sound, überragende, mehrstimmige Vokalleistungen und ein außergewöhnliches Instrumentalkönnen bescherten den **Eagles** einen Plattenumsatz von über 300 Millionen Dollar. Allein ihr Sampler GREATEST HITS verkaufte sich bis 1995 22 Millionen Mal.

Die vier Gründungsmitglieder der **Eagles**, Frey, Henley, Leadon und Meisner, trafen sich 1971 in der Begleitgruppe von Linda →Ronstadt. Glenn Frey (* 6. 11. 1948, Detroit) kam 1968 nach Los Angeles und war drei Jahre lang mit John David →Souther als Duo **Longbranch Pennywhistle** aufgetreten, das auch mit Jackson →Browne zusammenarbeitete. Don Henley debütierte 1963 in der texanischen Band **Four Speed**. In L.A. nahm er 1970 mit **Shiloh**, die von Kenny Rogers gefördert wurden, eine LP auf. Bernie Leadon (* 19. 7. 1947, Minneapolis) spielte 1962 Banjo bei den **Scottsville Squirrel Barkers**. Er übersiedelte 1967 nach Los Angeles und löste Rick Cunha bei **Hearts & Flowers** ab. Er wirkte im Umfeld der →**Flying Burrito Brothers** und machte Aufnahmen mit Doug Dillard, Gene →Clark und Barry →McGuire. Randy Meisner (* 8. 3. 1946, Scottsbluff, Nebraska) begann in den frühen 60er Jahren bei den **Dynamics**, schloß sich dann in Denver den **Soul Survivors** an und wurde 1966 in Los Angeles Mitglied von **Poor**. Im August 1968 war er mitverantwortlich für die Gründung von →**Poco**, 1969 wechselte er zur **Stone Canyon Band**, der Gruppe von Rick →Nelson, der er bis zum Juni 1971 angehörte.

Linda Ronstadts Manager John Boylan gab dem Quartett den Anstoß zu einer eigenen Band, und David Geffen nahm die **Eagles** im August 1971 unter Vertrag. Im März 1972 begab sich die Band nach London, um unter Anleitung von Glyn Johns (→**Rolling Stones**, →**Who**) in den Olympic Studios das erste Album zu realisieren. THE EAGLES (US #19) wurde auf Anhieb ein Erfolg. Die Band koppelte neben der Jackson Browne-Komposition ›Take It Easy‹ (US #6) ›Witchy Woman‹ (US #8) und ›Peaceful Easy Feeling‹ (US #18) als Singles aus.

Der lockere Country- und Westcoast-Sound mit dem klaren Gitarrenprofil, der anregenden Rhythmik und dem sympathischen Gesang erweiterte das Spektrum der nordamerikanischen Rockmusik.

Ende 1972 gingen die **Eagles** auf eine kleine Englandtournee und widmeten sich anschließend dem Konzeptalbum DESPERADO (US #23), das den Aufstieg

und Fall der Doolin/Dalton-Gang beschrieb und als »heißer Cowboyfilm auf Platte« (*Sounds*) gehandelt wurde. Die **Eagles** trafen mit der Geschichte über diese verwegen-romantische Bande, die Ende des 19. Jahrhunderts den Mittelwesten unsicher machte, haargenau das amerikanische Lebensgefühl und gehörten damit »schon irgendwie fest zum American Dream« (*Time*). Als Singles erschienen ›Tequila Sunrise‹ (US #40) und ›Outlaw Man‹ (US #68).
1974 stieß Ex-**Flow** Don Felder (*21. 9. 1947, Topanga, Kalifornien) als fünftes Mitglied zu den **Eagles**. Sie traten im April vor 200000 Menschen beim Rockfestival California Jam auf und veröffentlichten im selben Monat ON THE BORDER (US #17) mit den Hits ›Already Gone‹ (US #19) und ›Best Of My Love‹ (US #3). Strategisch clever unterstützten die **Eagles** ihre Plattenverkäufe mit professionell organisierten Tourneen auf beiden Seiten des Atlantiks. Als erstes ihrer Alben überschritt ON THE BORDER die Millionenauflage.
Im Zuge dieser Erfolgswelle gingen »die Könige des amerikanischen easy listening« (*Musik Express*) mit dem Produzenten Bill Szymczyk 1975 erneut ins Studio, um ihre bis dahin kompetenteste Rock/Pop-LP fertigzustellen. ONE OF THESE NIGHTS (GB #4, US #1, D #49) stürmte im Sommer des Jahres an die US-Chartsspitze und machte die Band international bekannt. Das Album enthielt mit dem Titelsong (GB #18, US #1), ›Lyin' Eyes‹ (GB #16, US #2) und ›Take It To The Limit‹ (GB #11, US #6) herausragendes Hitmaterial.
Bernie Leadon litt unter dem Reisestreß und erklärte kurz vor einem Australientrip im Januar 1976 seinen Austritt aus der Band. Er arbeitete als begehrter Studiomusiker (Barry →Goldberg, Andy →Fairweather-Low, Chris →Hillman, Emmylou →Harris) und tat sich 1977 zeitweise mit Michael Georgiades zusammen. Er spielte 1988 für Bob Neuwirth, half 1991 bei dem kalifornischen Countryrocker Tom Kell aus, beteiligte sich 1992 an einer Studioplatte der **Remingtons** und wirkte 1994 mit Russell Smith (→**Amazing Rhythm Aces**) an dem Projekt **Run C&W** mit.
In Australien wurde Leadon durch Joe →Walsh ersetzt, der den **Eagles** auch nach der Tour als festes Mitglied erhalten blieb. Wiederum mit Szymczyk nahmen sie die Platin-Platte HOTEL CALIFORNIA (GB #1, US #1, D #3) auf, die sich über 14 Millionen Mal verkaufte. Der Bestseller bestand aus potentiellen Hits, von denen ›New Kid In Town‹ (GB #16, US #3, D #44), ›Hotel California‹ (GB #6, US #1, D #6) und ›Life In The Fast Lane‹ (US #16) als Singles erschienen. Walshs Einfluß, der der härteren Rockfraktion zugerechnet wurde, hielt sich in Grenzen, und es dominierten feine, klare Melodien, ideenreiche Gitarren und Harmonien. Die LP hielt sich 73 Wochen in den Top 100 der USA und hob die **Eagles** in den Kreis der Supergruppen. *Sounds* rezensierte: »Scharfe Ecken und Kanten gibt es in der Musik der Eagles nicht, alles kommt rund und vollklingend daher, bisweilen seicht, bisweilen aufwendig, aber immer schön.«
Ebenfalls 1976 kam der Sampler THEIR GREATEST HITS (GB #1, US #1) auf den Markt. Progressive Rocker und Rockmedien reagierten verhalten, im Westcoast-, Mainstream- und Folkrock-Lager waren die **Eagles** die unumstrittenen Stars, die weltweit in ausverkauften Hallen und Stadien auftraten.
Der immense Erfolg ermöglichte den

Eagles bald ausgiebige Pausen zwischen den Produktionen, die bis ins kleinste Detail vorbereitet wurden. Frey (Joni →Mitchell, Bob →Seger, Karla Bonoff), Felder (John David Souther) und Henley (Warren →Zevon, Randy →Newman, Dan →Fogelberg) folgten in der Zwischenzeit den Studioeinladungen einiger Kollegen.
Nach einer Europareise hatte auch Meisner genug vom Tourleben. Er veröffentlichte drei Alben, von denen sich sein Debüt RANDY MEISNER (US #71) am besten verkaufte. Seine erfolgreichsten Singles in der Zeit von Oktober 1980 bis Juli 1982 waren ›Deep Inside My Heart‹ (US #29), ›Hearts On Fire‹ (US #19) und ›Never Been In Love‹ (US #28). Er arbeitete für Richie →Furay, Bob →Welch, tourte mit den **Silverados** und gründete 1990 **Black Tie** mit Billy Swan und James Griffin von →.
Als Nachfolger für Meisner kam Timothy B. Schmit, langjähriges Mitglied von **Poco**. 1978 erhielten die **Eagles** zwei Grammies: für HOTEL CALIFORNIA als Platte des Jahres und für ›New Kid In Town‹ für das beste Gesangsarrangement. Im Juli traten sie eine vierwöchige Kanada-Tournee an, und im Dezember coverten sie den Charles →Brown-Evergreen ›Please Come Home For Christmas‹ (GB #23, US #32).
Eine Million Dollar verschlang das 79er-Hitalbum THE LONG RUN (GB #2, US #1, D #23) an Produktionskosten, die sich dank mehrer Platinauszeichnungen und den Singles ›Heartache Tonight‹ (US #1), ›The Long Run‹ (US #4) und ›I Can't Tell You Why‹ (US #7) um ein Vielfaches wieder einspielten. Die **Eagles** boten einmal mehr Perfektion, aber langsam machte sich Langeweile breit. Die Band stagnierte in ihrer Entwicklung und drosselte ihre Aktivitäten. Das Doppelalbum LIVE (GB #16, US #9, D #55) vom Winter 1980 sollte zum vorläufigen musikalischen Vermächtnis werden, denn 1982 erklärten die **Eagles** offiziell das Ende der Band.
Als Solisten blieben sich die Musiker treu. Sie hielten an der Mischung aus Country, Folk und Westcoast fest. Den besten Start außer Don Henley hatte Glenn Frey. In den 80er Jahren kam er zehn Mal in die Singlecharts. Am höchsten plazierten sich ›The One I Love‹ (US #15), ›The Heat Is On‹ (GB #11, US #2, D #4), ›Smuggler's Blues‹ (GB #19, US #12), ›You Belong To The City‹ (US #2) und ›True Love‹ (US #13). Von seinen Alben schnitt THE ALLNIGHTER (US #34) am besten ab. Er wirkte außerdem auf Platten von Bob Seger, Warren Zevon, Elton →John mit und spielte 1980 bei der weißen Bluessängerin Lou Ann Barton. Timothy B. Schmit kam mit den Songs ›So Much In Love‹ (US #59) und ›Boys Night Out‹ (US #25) zu kleineren Erfolgen. Don Felder wurde als Studiomusiker u. a. von den →**Bee Gees**, Mickey Thomas, Joe Vitale und Stevie →Nicks angeheuert.
In den 80er Jahren wurden die **Eagles** vor allem von Popsendern gespielt. Erst 1993 kam es zu einem ernstzunehmenden Revival. Country-Stars wie Tanya →Tucker, Travis Tritt, Clint Black und und Alan Jackson nahmen das Tribute-Album COMMON THREAD: THE SONGS OF THE EAGLES auf, das in die Top 10 der USA vorstieß. Ende des Jahres fanden sich Henley, Felder, Frey, Walsh und Schmit zu einer Videoclip-Produktion von Travis Tritt in Hollywood ein. Hier reifte auch der Gedanke an eine Reformierung der »exzeßerprobten Rock-Legende« (*Stern*), die schließlich mit

der Welttournee Hell Freezes Over, die mehr als zwei Millionen Fans verfolgten, im Sommer 1994 realisiert wurde.
Der Sampler The Very Best (GB #4, D #25), der MTV-Mitschnitt Hell Freezes Over (GB #28, US #1, D #29) und die Single ›Get Over It‹ (US #1) erreichten 1994 fast schon wieder die alten Verkaufszahlen der **Eagles**-Platten. Im Sommer 1996 beendeten sie ihre Welttournee mit einem Abstecher nach Europa und gaben dabei auch fünf Konzerte in Deutschland. Meisner produzierte 1996 die vielversprechende Countryrock-Band **Electric Range**, die für ihr Debüt u. a. Chris Hillman als Studiogast gewinnen konnte.

THE EAGLES (1972) Asylum 7559–60623 • DESPERADO (1973) Elektra 7559–60627 • ON THE BORDER (1974) Asylum 7559–60595 • ONE OF THESE NIGHTS (1975) Asylum 7599–60329 • HOTEL CALIFORNIA (1976) Asylum 7559–60509 • THE LONG RUN (1979) Asylum 7559–60560 • LIVE (1980) Asylum 7599–60591 • (S) THEIR GREATEST HITS (1976) Asylum 7559–60511 • (S) GREATEST HITS VOL. 2 (1980) Asylum 7559–60205 • (S) THE BEST OF (1985) Asylum 7599–60342 • (S) THE VERY BEST OF (1994) Elektra 9548–32375 • (S) HELL FREEZES OVER (1996) MCA, GED 24725 • Don **Felder**: AIRBONE (1983) Asylum 960255 • Don **Felder** mit **Flow**: FLOW (1970) CTI • Glenn **Frey**: NO FUN ALOUD (1982) Elektra 7599–60139 • THE ALLNIGHTER (1984) MCA, MCD 01893 • SOUL SEARCHIN' (1988) MCA, MCD 06239 • STRANGE WEATHER (1992) MCA, MCD 10599 • LIVE (1993) MCA, MCD 10826 • (S) SOLO COLLECTION (1996) MCA, MCD 11227 • Glenn **Frey** mit **Longbranch Pennywhistle**: LONGBRANCH PENNYWHISTLE (1970) Amos, ASS 7007 • Bernie **Leadon** mit **Maxfield Parrish**: IT'S A CINCH TO GIVE UP (1972) Curnon, CNL 721 • **Bernie Leadon-Michael Georgiades Band**: NATURAL PROGRESSIONS (1977) Asylum 53063 • Bernie **Leadon** mit **Run C&W**: ROW VS. WADE (1994) MCA 11041 • Randy **Meisner**: RANDY MEISNER (1978) IRS 99205299 • ONE MORE SONG (1980) IRS 367480 • RANDY MEISNER (1982) Epic 85913 • Randy **Meisner** mit **Black Tie**: WHEN THE NIGHT FALLS (1990) • Timothy B. **Schmit**: PLAYIN' IT COOL (1984) Asylum 960359 • TIMOTHY B. (1987) MCA 42049 • TELL ME THE TRUTH (1990) MCA 6420

Snooks Eaglin

Fird Eaglin wurde am 21. 1. 1936 in New Orleans geboren und erblindete im Alter von 19 Monaten. Mit sechs Jahren hörte er Jazz und Blues im Radio und brachte sich das Gitarrespielen bei. Er sang in Baptisten-Kirchen, gewann 1947 einen Talentwettbewerb, sammelte ab 1952 als Mitglied der **Flamingos** R&B-Erfahrungen und schlug sich zwischenzeitlich als Straßenmusiker durch. 1958 machte der vom Folkblues und vor allem von Big Bill →Broonzy inspirierte Eaglin seine ersten Aufnahmen für Folkways Records. Den Spitznamen ›Snooks‹ verdankte er der Radiofigur ›Baby Snooks‹. Eaglin spielte einen »eigenwilligen Gitarrenstil« (*Faber Companion*) und sang mit einer warmen Stimme, die eine »Atmosphäre unendlicher Trauer« (*Living Blues*) vermittelte. 1960/61 geriet er künstlerisch in eine Sackgasse, da seine damaligen Partner Prestige und Storyville Records ihn zu stark in die Ecke des unorthodoxen Straßenmusikers drängten. Eaglin nahm deshalb zu Beginn der 60er Jahre einige Rhythm & Blues-Singles in Fats →Domino-Manier auf, die keine Beachtung fanden. Über zehn Jahre vergingen, bis der Alleinunterhalter wieder eine Chance erhielt, eine neue Platte aufzunehmen. DOWN YONDER basierte auf reinrassigem New Orleans-Blues und ließ Eaglins Folkvergangenheit vergessen.

Ab 1969 arbeitete Snooks Eaglin häufig mit →Professor Longhair zusammen, mit dem er 1973 auch nach Europa kam. Die »stilistische Freiheit seiner Gitarre und der unglaublich bluesige Gesang« (*Blues Unlimited*) machten ihn in den 70er und 80er Jahren zu einer einflußreichen Persönlichkeit der modernen Bluesszene. Das Fachlabel Black Top Records nahm ihn 1986 unter Vertrag und veröffentlichte bis 1995 drei seiner besten Alben, von denen der harte angefunkte Blues von SOUL'S EDGE die besten Kritiken bekam. 1994 wirkte er auf einem Album der **Wild Magnolias** mit.

COUNTRY BOY, NEW ORLEANS (1955) Arhoolie, ARH 348 • NEW ORLEANS STREET SINGER (1958) Folkways 2476 • THAT'S ALL RIGHT (1961) Bluesville 568 • BLUES FROM NEW ORLEANS (1964) Storyville, SLP 140 • DOWN YONDER (1977) Sonet, SNTF 752 • BABY YOU CAN'T GET YOUR GUN (1986) Black Top, BT 1037 • OUT OF NOWHERE (1989) Black Top, BT 1046 • TEASIN' YOU (1991) Black Top, BT 1072 • SOUL'S EDGE (1995) Black Top, BT 1112 • (S) PORTRAITS IN BLUES VOL. 1 (1964) Storyville, SLP 146 • (S) BLUES COLLECTION 12 (1989) Amiga 856282

Steve Earle

Der Gitarrist mußte zunächst sieben Jahre lang sein Geld als Country-Komponist in Nashville verdienen, wo der am 17. 1. 1955 im texanischen Fort Monroe, Virginia, geborene Steve Earle seit 1975 lebte. Er spielte zunächst Trompete, und als Elfjähriger griff er zur Gitarre. Seit 1969 trat er in Clubs auf und schrieb gemeinsam mit Townes →Van Zandt Songs, bevor er bei dem Nashville-Label LS 1 Records die EP ›Pink And Black‹ veröffentlichte. 1982 produzierte Earle mit einer Country/Rockabilly-Mixtur sein Debütalbum CADILLAC, in das seine Plattenfirma Epic Records nur wenig Vertrauen setzte und den Vertrag 1984 löste.

Der Wechsel zu MCA Records bekam dem »atmosphärischen Rock'n'Roll auf der halbakustischen Klampfe« (*Musik Express*) gut. Im Stil der Country-Outlaws von Waylon →Jennings oder Willie →Nelson produzierte Steve Earle seine 86er-LP GUITAR TOWN (US #89), die im Herbst des Jahres die Countrycharts anführte. Der *Rolling Stone* erkannte in Earle neben Dwight →Yoakam und Randy Travis einen »Pionier des New Country«.

1987 trat Steve Earle im Februar bei der Grammy-Verleihung in Los Angeles auf und stellte anschließend mit Zip Gibson (g), Kelly Looney (b), Craig Wright (dr), Ken Moore (key) und Bucky Baxter (steel-g) seine Begleitband **Dukes** zusammen. Er präsentierte sie im Sommer 1987 auf dem Album EXIT O (GB #31, US #90), das sich trotz typisch nordamerikanischer Musik in Großbritannien besser verkaufte.

Neue stilistische Herausforderungen suchte Earle Ende 1988 mit dem vom Mainstream-Rock beeinflußten Material von COPPERHEAD ROAD (GB #42, US #56). Per Keyboards wurden Dudelsackklänge erzeugt, eine romantische

Mandoline mischte sich mit scharfen Gitarrenriffs, keltische Klänge mit Countryrock. Earle wollte sich offenbar von Nashville-Traditionen absetzen. 1988 lieferte er für den Soundtrack zum John Candy / Steve Martin-Film »Planes, Trains And Automobiles« seine Version des Klassikers ›Six Days On The Road‹ und brachte die Singles ›Copperhead Road‹ (GB #45) und ›Johnny Come Lately‹ (GB #75) heraus.

Tourneen, u. a. im Vorprogramm von Bob →Dylan, und Konzerte standen 1989 in Earles Terminkalender. Im Sommer des darauffolgenden Jahres erschien die von Joe Hardy coproduzierte Platte THE HARD WAY (GB #22, US #100). Vom »hemdsärmligen Country über Rockabilly bis zum stampfenden Rock'n'Roll« (*Hifi Vision*) beherrschte der Mann mit der näselnden Stimme und dem zurückhaltenden Gitarrenspiel das komplette Spektrum des US-Pop.

Im Juli 1991 gab er mehrere Konzerte in Großbritannien, u. a. beim Cambridge Folk Festival, und stellte dabei SHUT UP AND DIE LIKE AN AVIATOR (GB #62) vor. Drogenprobleme brachten den »hart rockenden Countrymusiker« (*Billboard*) in Schwierigkeiten. Als 1992 größere Mengen von Kokain und Crack in seinem Auto gefunden wurden, wurde er zu einer knapp einjährigen Haftstrafe verurteilt.

Sichtlich erholt nahm er 1995 TRAIN A COMIN' auf und trat am 18. April in Nashville erstmals wieder live auf. Im Oktober arbeitete er für Emmylou →Harris und richtete sein eigenes Label Mutiny Records ein.

1996 gelang ihm mit I FEEL ALRIGHT eine wahre Country / Folkrock-Meisterleistung. Der »Aussteiger aus dem Kommerzgetto Nashville, der den Rock 'n' Roll lebt und spielt« (*Fachblatt*), übertraf sich selbst. Er hatte Drogenerfahrungen verarbeitet (›Cocaine Can't Kill My Pain‹) und schuf intensive Balladen wie ›Ellis Unit One‹ und bot insgesamt »ein Feuerwerk aus Rockabilly, Bluegrass, Folk und beinhartem Biker-Rock« (*Musik Express*). 1997 erschien das Album EL CORAZON, auf dem er Country-, Bluegrass- und Rock mischte.

CADILLAC (1982) Epic 39226 • GUITAR TOWN (1986) MCA, MCD 01888 • EXIT O (1987) MCA, MCD 05998 • COPPERHEAD ROAD (1988) MCA, MCD 03426 • BBC RADIO 1 LIVE IN CONCERT (1988) Windsong 020 • THE HARD WAY (1990) MCA, MCD 06095 • SHUT UP AND DIE LIKE AN AVIATOR (1991) MCA, MCD 10315 • TRAIN A COMIN' (1995) Winter Harvest 3302 • I FEEL ALRIGHT (1996) Warner Brothers 9362–46201 • EL CORAZON (1997) Warner Brothers 9362–46789 • (S) ESSENTIAL STEVE EARLE (1993) MCA, MCD 06095 • (S) AIN'T EVER SATISFIED (1996) Hip 40006

Earth Opera

Paul Dillon (dr, perc, g, voc), David Grisman (man, p, sax, voc), John Nagy (b, ce), Peter Rowan (g, sax, man, voc), Bill Stevenson (key)

Während andere Bostoner Bands wie **Ultimate Spinach** und **Beacon Street Union** Trends wie den Westcoastsound und Psychedelic Rock routiniert kopierten, kamen **Earth Opera** aus einer völlig anderen Ecke. Die Initiatoren Peter Rowan und David Grisman waren gestandene Bluegrass-Musiker. Rowan war vorher Mitglied bei **Bill Monroe And The Blue-**

grass Boys und den Mother State Bay Entertainers. Grisman leitete die New York Ramblers und spielte mit der Even Dozen Jug Band. Rowan und Grisman traten zunächst als Duo auf. Als 1967 John Nagy und Bill Stevenson dazustießen, spielten sie progressive Folkmusik; ihr Gesang ließ allerdings zu wünschen übrig.

Fast alle Kompositionen der ersten LP EARTH OPERA, produziert von Folk-Fachmann Peter Siegel, stammten von Rowan, ausgenommen ein Titel von Grisman und dem jüngsten Earth Opera-Mitglied Paul Dillon. Die Titel ›The Red Sox Are Winning‹ und ›Dreamless‹ wurden im Osten und Mittelwesten der USA populär und machten das Quintett zu einer gefragten Live-Band, die u. a. mit den → Doors und Jeff → Beck tourte. Die Medien lobten die Spielfreude von Earth Opera, den Sessioncharakter ihrer Show, ihre teilweise Nähe zum Jazz, und »das Zwiegespräch zwischen zwei Saxophonen und einem Piano« (*Montreal Star*).

Noch vor den Aufnahmen zu THE GREAT AMERICAN EAGLE TRAGEDY verließ Stevenson Earth Opera. Das Album bestand aus kompliziert gebauten Songs, die die außergewöhnlichen Instrumentalfähigkeiten der Band demonstrierten, der nur ein geeigneter Leadsänger fehlte. Das Publikum nahm Earth Opera nicht zur Kenntnis, und als auch das Konzertgeschäft stark nachließ, beschlossen »die verkannten Genies« (*Crawdaddy*), die Band aufzulösen.

Peter Rowan wechselte zunächst für zwei Alben zu → Seatrain und rief dann mit seinen Brüdern das Familienunternehmen Rowan Brothers ins Leben. Ab 1974 veröffentlichte Rowan Soloplatten, die in der Regel auf konventionellen Bluegrass- und Countryelementen basierten.

Auch David Grisman entwickelte sich zu einer der »führenden Persönlichkeiten traditioneller Musikzirkel« (*Guinness*). Er orientierte sich an Django Reinhardts Stil der 30er Jahre und nannte die Kreation aus Bluegrass, Jazz und südamerikanischen Einflüssen Dawg. Grisman spielte mit dem Jazzgeiger Stephane Grappelli, beteiligte sich an der Super-Bluegrass-Session »Here Today« und ging vorübergehend Partnerschaften mit Mandolinen- und Gitarren-Kollegen wie Tony Rice und Andy Statman ein. Er wirkte zudem auf Platten von → Grateful Dead, Merl Saunders, Kim → Carnes, Jonathan → Edwards, Maria → Muldaur, Bonnie → Raitt, Linda → Ronstadt, John → Sebastian und James → Taylor mit. Gemeinsam mit Jerry Garcia gründete er die kurzlebige Band Old & In The Way, formierte das David Grisman Quintet und trat u. a. 1980 mit Grappelli bei den renommierten Berliner Jazztagen auf.

EARTH OPERA (1968) Elektra, EKS 74016 • THE GREAT AMERICAN EAGLE TRAGEDY (1969) Elektra, EKS 74038 • David Grisman: THE DAVID GRISMAN QUINTET (1977) Pastels, ST 2018 • HOT DWAG! (1979) A&M 3292 • EARLY DAWG (1980) Sugar Hill • DAVID GRISMAN – QUINTET '80 (1980) Warner Brothers 56863 • MONDO MANDO (1981) Warner Brothers 56963 • MANDOLIN ABSTRACTION (1982) Rounder,, CD 11540 • DAVID GRISMAN'S DAWG JAZZ – DAWG GRASS (1983) Warner Brothers 923 804 • ACOUSTICITY (1985) MCA 6153 • ACOUSTIC CHRISTMAS (1986) Rounder, CD 190 • THE DAVID GRISMAN ROUNDER COMPACT DISC (1986) Rounder, CD 69 • SVINGIN' WITH SVEND (1988) MCA, MCAD 42108 • HOME IS WHERE THE

HEART IS (1988) Rounder, CD 251 • DAWGWOOD (1993) ACD 7 • DAWGANOVA (1995) Acoustic Disc 17 • (S) A TWENTY YEAR RETROSPECTIVE 1976–96 (1996) Acoustic Disc 20 • David **Grisman** mit **Muleskinner**: MULESKINNER (1973) Warner Brothers 2787 • David **Grisman** mit **Old & In The Way**: OLD & IN THE WAY (1975) Round, RX 103• David **Grisman** mit Stephane **Grapelli**: GRAPPELLI/GRISMAN – LIVE (1980) Warner Brothers 56903 • David **Grisman** mit Vince **Gill**, Herb **Pedersen**, Jim **Buchanan**: HERE TODAY (1982) Rounder 169 • David **Grisman** mit Daniel **Kobialka**: COMMON CHORD (1993) Cyme 803 • David **Grisman** mit Tony **Rice**: TONE POEMS (1994) ACD 10 • David **Grisman** mit Andy **Statman**: SONGS OF OUR FATHERS (1995) Acoustic Music 14• David **Grisman** mit Martin **Taylor**: TONE POEMS II (1995) Acoustic Disc 18 • Peter **Rowan**: TEXICAN BADMAN (1974) Appaloosa 010 • PETER ROWAN (1978) Flying Fish, FF 70071 • MEDICINE TAIL (1981) Flying Fish 205 • WALLS OF TIME (1982) Sugar Hill 3722 • REVELRY (1984) Waterfront, WF 102 • THE FIRST WHIPPOOWILL (1985) Sugar Hill 3749 • AWAKE ME IN THE NEW WORLD (1993) Sugar Hill 3807 • WITH THE RED HOT PICKERS (1994) Sugar Hill • BLUEGRASS BOY (1996) Sugar Hill 3859 • **Rowan Brothers**: ROWAN BROTHERS (1972) CBS 31297• THE ROWANS (1975) Asylum 53023 • SIBLING RIVALRY (1978) Asylum 1073 • JUBILATION (1977) Asylum 53071 • TREE ON A HILL (1994) Sugar Hill 3823 • Peter **Rowan** mit **Nashville Bluegrass**: NEW MOON RISING (1988) Sugar Hill, SHCD 3762

Earth Quake

John Doukas (voc, p), Robbie Dunbar (g, voc), Stan Miller (b, voc), Steve Nelson (dr), Gary Philips (g, voc)

Die »Berkeley-Favoriten und gleichzeitig eine der ersten Hardrockbands in San Francisco« (*Rolling Stone*) wurde 1967 in der kalifornischen Universitätsstadt Berkeley gegründet. Doukas, Dunbar, Miller und Nelson – Philips kam erst 1973 zu **Earth Quake** – orientierten sich im Gegensatz zu den meisten Frisco-Bands an britischen Oldies der 60er Jahre und Hardbeat-Pop. Das Quartett erspielte sich durch ständige Live-Präsenz eine treue Anhängerschaft in der Campusszene.

1971 erschien das erste Album EARTH QUAKE, das so gut wie nicht beachtet wurde. Die Band konnte lediglich mit den Singles ›Tickler‹ und ›I Get The Sweetest Feeling‹ zwei regionale Hits verbuchen. 1973 waren **Earth Quake** an der Gründung des Alternativlabels Berserkley Records von Matthew ›King‹ Kaufman beteiligt. Sie führten sich mit der Single ›Mr. Security‹ ein und ernteten 1975 für ein solides Hardpop-Album gute Kritiken. Der zur gleichen Zeit veröffentlichte Mitschnitt LIVE wurde von ihnen nicht autorisiert. ROCKIN' THE WORLD erwies sich als das bis dahin beste Werk und bestätigte die Fähigkeiten von **Earth Quake**, Hits wie ›Friday On My Mind‹, ›Route 66‹ und ›Tin Soldier‹ frisch aufzupolieren. Die Studioproduktionen konnten aber nicht den »frischen Enthusiasmus« (*Sounds*) und die »ungezügelte Dynamik der Live-Situation« (*San Francisco Chronicle*) vermitteln.

Earth Quake realisierten eine Serie guter,

locker arrangierter und naiv-jugendlicher Popalben, kamen aber nicht in die Charts. Darüber hinaus unterstützten sie die Beserkley-Entdeckungen Greg →Kihn und Jonathan →Richman. Nelson wirkte außerdem 1977 auf einer LP von Melissa →Manchester mit. 1980 verließ Dunbar **Earth Quake**. Für ihn kamen Jan Hjorth (g, voc) und Rick Le Bleu (g, voc), die aber nur noch auf das letzte Album TWO YEARS IN A PADDED CELL Einfluß nehmen konnten. Steve Nelson hatte anschließend auch mit dem Projekt **451°** keinen Erfolg.

EARTH QUAKE (1971) A&M, SP 4308 • WHY DON'T YOU TRY ME (1972) A&M, SP 4337 • ROCKIN' THE WORLD (1975) Beserkley 623356 • LIVE (1975) United Artists 29853 • 8,5 (1976) Beserkley 623357 • LEVELED (1977) Beserkley 623311 • TWO YEARS IN A PADDED CELL (1980) Beserkley 624084 • Steve **Nelson** mit **451°** (1981) Intercord 1009

Earth, Wind And Fire

Philip Bailey (voc, perc), Ralph Johnson (dr), Sheldon Reynolds (g), Maurice White (voc, kalimba, perc, dr), Verdine White (b, voc), Andrew Woolfolk (sax)

Eine einzigartige, streng kalkulierte Fusion aus Jazz, Rhythm & Blues, Funk und Rock machte **Earth, Wind And Fire** weltbekannt. Bis 1995 verkauften sie über 20 Millionen Alben und brachten es auf elf Single-Bestseller. Die häufigen personellen Wechsel konnten der Band mit dem »euphorischen, fett arrangierten Soulfunk« (*Musik Express*) nichts anhaben. Die Medien lobten immer wieder das Jazz-Feeling der Musiker und ihr handwerkliches Können. Die Fans reagierten begeistert auf die perfekt inszenierte Show, die auf »Rock und Theater, Mystik und Magie« (*Musik Express*) beruhte. Besonders geschätzt war der hochexplosive Sound, der stilbildend für die moderne Black Music war, nicht zuletzt, weil er sich gut zum Tanzen eignete.

Initiator von **Earth, Wind And Fire** war Maurice White (* 19. 12. 1941, Memphis, Tennessee), der als Sechsjähriger in der Kirche sang, dann Mitglied beim **Rosehill Jubilettes Quartet** war und als Drummer seinen Schulfreund Booker T. Jones begleitete. Nach einem Gastspiel bei den **Mad Lads** studierte der Sohn eines Arztes und Enkel eines Honky Tonk-Pianisten an der Roosevelt University in Chicago Kompositionslehre und Schlagzeug/Perkussion. 1962 begann er seine Karriere als Sessionmusiker bei ›You're No Good‹ für die Sängerin Betty Everett, um anschließend als festangestellter Studiodrummer für Chess Records u. a. Chuck →Berry, →Howlin' Wolf, Willie →Dixon und Etta James zu unterstützen.

Der Jazzpianist Ramsey Lewis engagierte White 1966 für sein Trio. White wirkte auf zehn LPs mit, bereiste Europa, Afrika und Asien. Diese Reisen weckten sein Interesse an afrikanischen Traditionen und Ägyptologie – Einflüsse, die sich später auch in der Coverkunst von **Earth, Wind And Fire** ausdrückten. Außerdem entdeckte er für sich die Kalimba, eine afrikanische Miniform des Klaviers. Gemeinsam mit dem Sänger Wade Flemons (* 25. 9. 1940, Coffeyville, Kansas) und dem Keyboarder Don Whitehead richtete er den Musikverlag Hummit Music ein und formierte 1969 die Salty Peppers, die die Singles ›La La Time‹ und ›Love Is Life‹ aufnahmen. 1970 übersiedelten die Salty Peppers nach Los Angeles und benannten sich in Earth, Wind And Fire um. Mit Whites jüngerem Bruder Verdine (* 25. 7. 1951), Sherry Scott (voc), Phillard Williams (perc), der sich Yackov Ben Israel nannte, Michael Beal (g, harm), Chet Washington (sax), Leslie Drayton (tr) und Alex Thomas (tb) zählte die Band zehn Mitglieder, als sie 1970 bei Warner Brothers einen Vertrag unterzeichnete.

Ziemlich orientierungslos präsentierten sich Earth, Wind And Fire auf ihren ersten beiden Alben EARTH, WIND AND FIRE und THE NEED OF LOVE (US #94), bewegten sich zwischen Modern Jazz, Soulfeeling und zaghaftem Rock. Maurice White löste die Band daraufhin auf und überdachte mit Bruder Verdine das Konzept, das sich zukünftig an der Güteklasse von → Sly And The Family Stone, → Chicago und dem Don Ellis Orchestra orientieren sollte.

Für die neue Formation von Earth, Wind And Fire gewannen die White-Brüder im Frühjahr 1972 die Sängerin Jessica Cleaves von Friends Of Distinction, den Keyboarder Larry Dunn (* 19. 6. 1953), den Drummer Ralph Johnson (* 4. 7. 1951), die stark jazzbeeinflußten Roland Bautista (g), Roland Laws (sax, fl) und den begabten Leadsänger Philip Bailey (* 8. 5. 1951, Denver, Colorado). Bailey, der als musikalischer Direktor der Stovall Sisters Gospel Group nach Los Angeles gekommen war, war vorher wie Larry Dunn Mitglied von Friends & Love.

Earth, Wind And Fire überließen das Management der Agentur Cavallo & Ruffalo, die ihnen eine Tournee im Vorprogramm von John → Sebastian garantierte. Das Album LAST DAYS AND TIME (US #41) verschaffte der Band einen passablen Einstand bei Columbia Records. White hatte musikalisch und personell noch nicht die richtige Mischung gefunden. Erst nach den LPs HEAD TO THE SKY (US #21) und OPEN YOUR EYES (US #9) hatte er 1974 eine stabile Besetzung zusammen, die ein vielversprechendes, aktionsgeladenes Jazz / Funk / Rock-Konzept verfolgte. OPEN YOUR EYES mit den kleinen Hits ›Mighty Mighty‹ (US #48), ›Kalimba Story‹ (US #51) und ›Devotion‹ (US #86) war neben den White-Brüdern mit Bailey, Dunn und Johnson, dem Saxophonisten Andrew Woolfolk (* 11. 10. 1950) und den Gitarristen Johnny Graham (* 3. 8. 1951) und Ali McKay (* 2. 2. 1948, Los Angeles) eingespielt worden.

Bautista, Laws und Cleaves sprangen nach nur einer LP wieder ab. Bautista arbeitete u. a. für die → Crusaders, Thelma Houston, die → Dazz Band und Tom → Waits und kehrte zwischen 1981 und 1983 für drei Alben zu Earth, Wind And Fire zurück. Jessica Cleaves fand im Techno / Funk-Terrain von George → Clinton neue Aufgaben und wirkte bei Funkadelic und den Brides Of Funkenstein mit.

Neben seinem Engagement für Earth, Wind And Fire produzierte Maurice White 1974 SUN GODDESS, das Comeback von Ramsey Lewis. Ende des Jahres begann er mit den Aufnahmen des Albums THAT'S THE WAY OF THE WORLD (US #1), das Earth, Wind And Fire im März 1975 den endgültigen Durchbruch verschaffte. Als Singles wurden ›Shining Star‹ (US #1) und der Titelsong (US #6) ausgekoppelt. Earth, Wind And Fire setzten damit innovative Signale für die moderne Black Music-Szene: »Sie standen

schon immer etwas außerhalb und waren nie nur funky, nur schwarz, nur Disco oder nur Pop« (*Sounds*).
Auf der Bühne präsentierten sich **Earth, Wind And Fire** in farbenprächtigen Kostümen und boten eine Show, die einer perfekten Choreographie folgte und mit spektakulären Effekten arbeitete.
Auf der großangelegten US-Tournee im Frühjahr 1975 basierte das großartige Doppelalbum GRATITUDE (US #1) mit dem Tophit ›Sing A Song‹ (US #5). Es wurde im Dezember 1975 veröffentlicht und zweimal mit Platin ausgezeichnet. Bereits im Herbst des Jahres kamen **Earth, Wind And Fire** im Vorprogramm von →**Santana** zum ersten Mal nach Europa. Der englische *Melody Maker* kommentierte: »Ihre Show zu kritisieren, ist fast unmöglich – Du lehnst dich einfach zurück, und es macht Spaß.«
Auch deutsche Fans konnten sich von der Dynamik der Show überzeugen und wurden Zeuge, wie Gitarrist Graham frei schwebend in ca. drei Meter Höhe spielte oder wie sich Fred Whites Schlagzeug inmitten eines Solos um die eigene Achse drehte. Herausragend war jedoch der Gesang eines perfekt eingespielten Teams. Fred White (* 13. 1. 1955), jüngster der White-Brüder, stieß im Mai 1975 zu **Earth, Wind And Fire**.
»Freiheit und Offenheit sind unser kreatives Prinzip«, damit erklärte White den Erfolg seiner Band. »Daraus entsteht auch unsere Musik. Ich würde mich niemals so weit einschränken lassen, daß ich nicht mehr experimentieren und neue Ausdrucksformen entdecken kann.« Tatsächlich perfektionierte und erweiterte White, der auch als Produzent fungierte, mit jeder neuen Platte das musikalische Spektrum von **Earth, Wind And Fire**. Die Alben und Singles verkauften sich millionenfach, aber Kritiker begannen sich über den »völlig übertriebenen Techникeinsatz« (*New Musical Express*) zu mokieren.
Der Aufschwung von **Earth, Wind And Fire** hielt bis 1983 an. Die Bestseller waren: ›Getaway‹ (US #15), ›Serpentine Fire‹ (US #10), ›Got To Get You Into My Life‹ (US #11), ›September‹ (GB #3, US #4, D #20), ›Boogie Wonderland‹ (GB #3, US #11, D #25), ›After The Love Has Gone‹ (GB #4, US #4), ›Star‹ (GB #13, US #76), ›Let Me Talk‹ (GB #18, US #45), ›Let's Groove‹ (GB #3, US #3), ›Fall In Love With Me‹ (US #17) sowie die Hitalben SPIRIT (US #2), ALL 'N ALL (GB #12, US #5), THE BEST OF (GB #5, US #5, D #28), I AM (GB #2, US #4, D #20), FACES (GB #7, US #12, D #46), RAISE! (GB #11, US #5, D #30) und POWERLIGHT (GB #20, US #12, D #13). **Earth, Wind And Fire** versorgten die Diskotheken in aller Welt ständig mit neuer Musik, die mit fortschreitender Perfektion in Routine zu erstarren drohte. Streicherarrangements und süßliche Chöre verzerrten inzwischen den einst straffen Funkrock von **Earth, Wind And Fire** auf dem Ende 1983 erschienenen Album ELECTRIC UNIVERSE (US #40, D #37), eingespielt mit den drei Whites, Bailey, Dunn Bautista, Johnson und Woolfolk. Sie gewannen in diesem Jahr einen Grammy als beste R&B/ Soul-Show. Trotzdem verordnete White, der seit 1979 mit seiner Firma American Recording Company u. a. Deniece Williams und **Weather Report** betreute, seiner Band eine fast zweijährige Pause.
Der Jazzkeyboarder George Duke produzierte Philip Baileys Solodebüt CONTINUATION (US #71), das im Herbst 1983 auf den Markt kam und nur verhaltene Reaktionen auslöste. Erfolgreich war er dagegen 1984 mit der LP CHINESE WALL

(GB #16, US #22, D #39), die das Collins-Duett ›Easy Lover‹ (GB #1, US #2, D #5) enthielt und auf modernsten Soulideen basierte. Als Produzent war Phil → Collins verantwortlich. Bailey koppelte außerdem ›Walking On The Chinese Wall‹ (GB #30, US #46, D #42) aus. Das Album The Wonders Of His Love erschien beim christlichen Label Myrrh Records. Der Alleingang von Maurice White mit der LP Maurice White (US #61) war dagegen weniger erfolgreich. Auf der Single ›Stand By Me‹ (US #50) coverte er einen Oldie von Ben E. → King. Er arbeitete außerdem mit Barbra Streisand und Neil → Young zusammen. Die anderen Bandmitglieder arbeiteten als Studiomusiker für → **Level 42** (Woolfolk), Jennifer Holiday (Fred White) und die → **Temptations** (Graham).

Im Oktober 1986 faßten White und Bailey den Plan, **Earth, Wind And Fire** neu zu formieren, und engagierten neue Musiker. Sheldon Reynolds kam von der Gruppe **Sun** und hatte zuletzt für die → **Commodores** Gitarre gespielt. Der zweite Gitarrist Ricky Lawson hatte auf Alben von Ray Ayers, Rockwell, Anita → Baker und → **DeBarge** mitgespielt. Bassist Nathan East war bis dahin auf über 100 Platten vertreten, u. a. bei Billy → Preston, Lee Ritenour, Jimmy → Cliff, Earl Klugh, Eric → Clapton und Chaka → Khan.

Trotz personeller Veränderungen blieben sich **Earth, Wind And Fire** Ende 1987 bei Touch The World (US #33, D #42) musikalisch treu und produzierten Jet Set-Funk und Hightech-Balladen, darunter ›System Of Survival‹ (GB #54, US #60) Auf ihrer Europatournee im Herbst 1988 bemühten sie sich vergeblich, »alte Tugenden mit Errungenschaften moderner Studiotechnologie zu verknüpfen« (*Szene Hamburg*). Die Funk-Großmeister wirkten müde und lustlos. Nach dreijähriger Unterbrechung gingen die White-Brüder, Bailey, Woolfolk, Reynolds, Johnson und Sonny Emory (dr) aus dem Umfeld der **Crusaders** wieder ins Studio, um Heritage (US #70, D #37) aufzunehmen. Im September startete die Band in Rotterdam eine 24 Stationen umfassende Europatour, die im Oktober in Paris endete.

1992 kehrten **Earth, Wind And Fire** zu Warner Brothers zurück, beschränkten sich aber zunächst auf einige ausgewählte Konzerte, u. a. anläßlich einer Tribute-Veranstaltung für den verstorbenen **Temptations**-Sänger Eddie Kendricks. Maurice White produzierte ein Album von El DeBarge, und Ende des Jahres kamen die Sampler The Very Best Of Earth, Wind And Fire (GB #40, D #18) und The Eternal Dance auf den Markt. Die Single ›Sunday Morning‹ (US #53, D #75) bereitete im September 1993 die Veröffentlichung des Albums Millennium (US #39) vor. **Earth, Wind And Fire** scheiterten aber mit »Swingbeat und Rap an allzu plumpen Sounds von gestern« (*Musik Express*). Auf der Bühne fanden sie wieder zu ihrer früheren Form: Zum ersten Mal nach sechs Jahren spielten sie 1994 wieder in ausverkauften US-Hallen und hatten im Sommer 1995 einen ähnlichem Erfolg in Japan. Plugged In And Live wurde während der Japantournee mitgeschnitten und bestätigte noch einmal das großartige Bühnentalent des Funk/Soul-Ensembles.

1997 unterzeichneten **Earth, Wind And Fire** einen neuen Vertrag bei Eagle Records und bemühten sich auf In The Name Of Love vergeblich um den alten Funk-Glanz.

EARTH, WIND AND FIRE (1971) Warner Brothers 7599–26861 • THE NEED OF LOVE (1972) Warner Brothers 7599–26862 • LAST DAYS AND TIME (1972) CBS 65208 • HEAD TO THE SKY (1973) CBS 65604 • OPEN YOUR EYES (1974) Columbia, CK 32712 • THAT'S THE WAY OF THE WORLD (1975) Columbia, CK 33280 • GRATITUDE (1975) Columbia 466843 • SPIRIT (1976) Columbia 465570 • ALL'N ALL (1977) Columbia 471966 • I AM (1979) CBS 86084 • FACES (1980) Columbia 474679 • RAISE! (1981) CBS 85272 • POWERLIGHT (1983) CBS 25120 • ELECTRIC UNIVERSE (1983) Columbia 463079 • TOUCH THE WORLD (1987) CBS 460409 • HERITAGE (1990) CBS 466242 • MILLENNIUM (1993) Warner Brothers 9362–45274 • PLUGGED IN AND LIVE (1996) CNR 2002740 • IN THE NAME OF LOVE (1997) Eagle, EAG 002 • (S) THE BEST OF (1978) CBS 83284 • (S) THE BEST OF VOL. 2 (1981) Columbia 463200 • (S) DANCE TRAX (1988) CBS 463061 • (S) THE VERY BEST OF (1992) Columbia 474095 • (S) THE ETERNAL DANCE (1992) Columbia 472614 • (S) FANTASY (1995) Phono Music 27200637 • (S) LET'S GROOVE (1997) Columbia 486511 • Philip **Bailey**: CONTINUATION (1983) CBS 25550 • CHINESE WALL (1984) CBS 26161 • THE WONDER OF HIS LOVE (1984) Myrrh, MYR 181 • INSIDE OUT (1986) CBS 26903 • Maurice **White**: MAURICE WHITE (1985) Epic 26637 • Alex **Thomas** mit **Masterfleet**: HIGH ON THE SEA (1973) Sussex, ML 15908

Easybeats

Dick Diamonde (b), Snowy Fleet (dr), Henry Vanda (g, voc), Stephie Wright (voc), George Young (g, voc)

Zwei Engländer, zwei Holländer und ein Schotte kamen 1963 zusammen und wurden die erfolgreichste australische Beat- und Rockband ihrer Zeit. Die fünf Teenager stammten aus Emigrantenfamilien und trafen sich in Sydney. Stephen Wright (* 20. 12. 1948, Lees, England), George Young (* 6. 11. 1947, Glasgow, Schottland), Snowy Fleet (* 16. 8. 1946, Bootle, England), Harry Vanda (Harry Vandenberg, * 22. 3. 1947, Den Haag, Niederlande) und Dick Diamonde (Dingeman Van Der Sluys, * 28. 12. 1947, Hilversum, Niederlande) nannten sich **Easybeats**, nach einer gleichnamigen BBC-Show. Sie spielten in Sydneyer Beatclubs und wurden von dem Produzenten Ted Albert entdeckt.

Die erste Single ›For My Woman‹ vom März 1965 wurde von den Medien nicht beachtet, kam aber dennoch in die australischen Charts. Bereits vier Monate später führten die **Easybeats** mit ›She's So Fine‹ die Hitparaden Australiens an. Dank fünf weiterer Singles, darunter die Bestseller ›Easy As Can Be‹, ›Woman‹, ›Come And See Her‹ und der LP EASY beherrschten sie die Beatszene ihrer Wahlheimat.

Als sie auf dem 5. Kontinent alles erreicht hatten, beschlossen die **Easybeats** den Sprung nach Europa. Denn obwohl sie in Australien als »Antwort auf die Beatles« stürmisch gefeiert wurden, wurden sie im Mutterland des Beat kaum zur Kenntnis genommen. Das änderte sich im Dezember 1966. Die **Easybeats** hatten zunächst in London im Vorprogramm der → **Four Tops** gespielt und nahmen dann unter der Regie des Produzenten Shel Talmy »vielleicht einen der besten Rock'n'Roll-Songs überhaupt« (*Rolling Stone*) auf. ›Friday On My Mind‹ (GB #9, US #17, D #10) wurde weltweit ein Millionenerfolg, und die Australier schienen rosigen Zeiten entgegenzugehen.

Das Gitarrenduell zwischen Vanda und Young und Wrights markante R&B-

Stimme prägten einen schnellen, rauhen Beat, der sich auch bei Konzerten großer Beliebtheit erfreute. Die **Easybeats** beherrschten ihr Handwerk, und Vanda und Young erwiesen sich als großartiges Songwriterteam. Gegen die britische Konkurrenz hatten sie jedoch keine Chance. Der mittlerweile von Brian Epstein (→ **Beatles**) gemanagten Band gelangen bis 1969 nur noch kleinere Hits wie ›Hello, How Are You?‹ (GB #20), ›Heaven And Hell‹ (US #96), und ›St. Louis‹ (US #71).
Als ihre Popularität in Großbritannien nachließ und sich der Durchbruch in den USA trotz Tourneen u. a. mit den → **Buckinghams** und → **Music Explosion** nicht einstellen wollte, verlagerten die **Easybeats** ihre Aktivitäten auf den europäischen Kontinent. Als Anheizer für die → **Rolling Stones** bereisten sie Spanien, Frankreich, Belgien, Holland und Deutschland. In Australien hielt ihr Erfolg unvermindert an. Auch als die konsequenten Rock'n'Roller vom Flower Power-Virus angesteckt waren, gelang ihnen mit der Ballade ›Falling Off The Edge Of The World‹ noch ein australischer Hit.
Die letzte Single der **Easybeats** hieß ›Friends‹ und erschien im Mai 1970. Danach gingen die fünf Musiker getrennte Wege. Lediglich Vanda und Young blieben zusammen. Sie richteten eine Produktionsfirma ein und entdeckten zunächst den Popstar John Paul Young, später die Hardrocker → **AC/DC**. Ihre Ambitionen als Musiker setzten sie u. a. mit dem Elektronikunternehmen → **Flash & The Pan** fort. Das Team produzierte auch Wrights Soloplatte.

EASY (1965) Repertoire 4284 • IT'S 2 EASY (1966) Repertoire 4302 • VOL. 3 (1966) Repertoire 4303 • FRIDAY ON MY MIND (1967) Repertoire 4162 • FALLING OFF THE EDGE OF THE WORLD (1968) United Artists 6667 • VIGIL (1968) Repertoire 4240 • FRIENDS (1969) Repertoire 4278 • HOLDING ON (1970) Polydor 2495 004 • (S) BEST OF (1967) Parlophone, PMCO 9958 • (S) GOOD FRIDAY (1967) United Artists, SULP 1167 • (S) BEST OF VOL. 2 (1969) Parlophone, PMCO 7555 • (S) LET'S DANCE WITH THE EASYBEATS (1974) Sunset, SLS 50162 • (S) THE SHAME JUST DRAINED (1977) Repertoire 4304 • (S) ABSOLUTE ANTHOLOGY (1980) EMI • (S) LIVE, STUDIO & STAGE (1996) Raven, RVCD 40 • Stevie **Wright**: A HARD ROAD (1975) Polydor 2480 249 • Stephen **Wright** mit **100 % Proof** (1981) Myrrh, MYR 1008

Duane Eddy

Echoeffekte, Tremolotechniken und rhythmisches Klatschen charakterisieren den Sound, den Duane Eddy mit seiner Twang-Gitarre kreierte. Zwischen 1958 und 1963 gelangen ihm zahlreiche Instrumentalhits in Konkurrenz zu Link → Wray, Bill Justis und den → **Shadows**. Eddys charakteristischer Gitarrenklang machte ihn zu einer Kultfigur. 1994 wurde er in die Rock'n'Roll Hall of Fame aufgenommen.
Duane Eddy wurde am 26. 4. 1938 in Corning, New York, geboren und wuchs in Arizona auf. Als Gitarrist leitete er in Coolidge die **Rebels**, denen der Discjokkey Lee Hazlewood und Lester Sill 1958 die Aufnahme von vier Songs finanzierten. Sie erschienen bei Jamie Records, einem Label in Philadelphia. Im März tauchte ›Movin' 'N' Groovin‹ (US #72) in den Charts auf und machte den »twangy« (schwirrend) Sound populär.

Eddy setzte seinen Siegeszug in den Hitparaden und den Tanzhallen 1958 mit ›Rebel Rouser‹ (GB #19, US #6), ›Ramrod‹ (US #28) und ›Cannonball‹ (GB #22, US #15) fort. Seine **Rebels** bestanden zu diesem Zeitpunkt aus Buddy Wheeler (b), Donnie Owens (g), Corky Casey (g), Mike Bermani (dr) und Plas Johnson (sax), der von Steve Douglas abgelöst wurde. 1959 folgten weitere Hits wie die Singles ›The Lonely One‹ (US #23), ›Forty Miles Of Bad Road‹ (GB #11, US #9), ›Some Kind-A Earthquake‹ (GB #12) und das Henry Mancini-Cover ›Peter Gunn‹ (GB #6) sowie die Alben HAVE TWANGY GUITAR WILL TRAVEL (GB #6, US #5) und ESPECIALLY FOR YOU (GB #6, US #24). Weil er die Melodien überwiegend auf den Baß-Saiten spielte, beeinflußte der »Instrumental-Cowboy« (*Good Times*) zahlreiche Gitarrenbands auf beiden Seiten des Atlantiks und bereicherte den Rock'n'Roll in seiner Entstehungszeit um eine Variante.

Mit den LPs THE TWANG'S THE THANG (GB #2, US #18) und SONGS OF OUR HERITAGE (GB #13) und den Songs ›Bonnie Came Back‹ (GB #12, US #26), ›Shazam‹ (GB #5, US #45), ›Because They're Young‹ (GB #2, US #4), ›Kommotion‹ (GB #13, US #78) und ›Pepe‹ (GB #4, US #18, D #26) hielt Duane Eddy auch 1960 Hitniveau. ›Shazam‹, ›Because They're Young‹ und ›Pepe‹ waren Filmmusiken. In der Besetzung Larry Knechtel (p), Jimmy Troxel (dr), Jim Horn (sax) und Al Casey (b) tourten die **Rebels** im April 1960 in einer Show mit Bobby Darin, Clyde McPhatter und Emile Ford durch Großbritannien. Die größten Fans von Eddy fanden sich ohnehin in England, denn dort wählten ihn die Leser des *New Musical Express* zur »bedeutensten Musikerpersönlichkeit der Welt«.

Der Sampler A MILLION DOLLARS' WORTH OF TWANG (US #11) beendete im Februar 1961 Eddys Partnerschaft mit Hazlewood und Sill. Kurz darauf erschienen die Filmthemen ›Dixie‹ (GB #5, US #39) und ›Ring Of Fire‹ (GB #17, US #84). Im August heiratete Duane Eddy Miriam Johnson, mit der er einige Gospels aufnahm. Er beendete das Jahr mit seiner Version des Duke Ellington-Klassikers ›Caravan‹.

1962 ließ in den USA die Nachfrage nach Eddy-Platten zunächst deutlich nach, in England dagegen blieb er mit ›Deep In The Heart Of Texas‹ (GB #19, US #78), ›The Ballad Of Paladin‹ (GB #10, US #33) und den LPs TWISTIN' AND TWANGIN' (GB #8, US #82) und TWANGY GUITAR – SILKY STRINGS (GB #13, US #72) gut im Geschäft. Im Dezember 1962 belebte er die Partnerschaft mit Hazlewood und veröffentlichte den Bestseller ›(Dance With The) Guitar Man‹ (GB #4, US #12). Doch das Zwischenhoch war nur von kurzer Dauer, und mit ›Boss Guitar‹ (GB #27, US #28), ›Lonely Boy, Lonely Guitar‹ (US #82), ›Your Baby's Gone Surfin‹ (US #93), ›The Son Of Rebel Rouser‹ (US #97) und den Alben DANCE WITH THE GUITAR MAN (GB #14, US #47) und TWANGIN' UP A STORM (US #93) verschwand Duane Eddys Name aus den Hitparaden.

Kleine Rollen in den Filmen »The Savage Seven« und »Kona Coast« und eine Englandtournee 1968 mit der First Rock'n'Roll Show waren die einzig nennenswerten Ereignisse in Eddys Karriere Ende der 60er Jahre. 1973 spielte er für den Popsänger B. J. Thomas und produzierte Phil Everlys Soloplatte STAR SPANGLED SPRINGE. Zwei Jahre später schrieb der Brite Tony Macauley für **Duane Eddy & The Rebelettes** den

Comeback-Hit ›Play Me Like You Play Your Guitar‹ (GB #9). Es war aber eine Eintagsfliege, denn keine der folgenden Produktionen fiel sonderlich auf. Eddys Twang-Spiel hatte seinen Reiz verloren, zumal der ursprünglich vom Rockabilly beeinflußte Gitarrist nur über begrenzte stilistische Fähigkeiten verfügte.
Nach 15jähriger Pause tourte Duane Eddy im Frühsommer 1983 wieder durch Nordamerika, begleitet von Ry Cooder, Hal Blaine (dr), Don Randi (key), Steve Douglas (sax) und John Garnache (b). 1986 überarbeiteten die britischen Sciene-fiction-Popper →**Art Of Noise** ›Peter Gunn‹ und luden den Altmeister des Twang zu den Aufnahmen nach London ein. Die neue Version erhielt Anfang 1987 einen Grammy als bestes Rock-Instrumental.
Der Produzent Jeff Lynne holte Duane Eddy 1994 wieder ins Studio und betreute das Album DUANE EDDY mit Studiogästen wie Cooder, John →Fogerty, George →Harrison und Paul →McCartney.

HAVE TWANGY GUITAR WILL TRAVEL (1958) Jamie 3000 • ESPECIALLY FOR YOU (1958) Jamie 3006 • THE TWANG'S THE THANG (1959) Jamie 3009 • PLAYS SONGS OF OUR HERITAGE (1960) Jamie 311 • GIRLS GIRLS GIRLS (1961) Jamie 3019 • TWISTIN' AND TWANGIN' (1962) RCA, LSP 2525 • TWANGY GUITAR – SILKY STRINGS (1962) RCA, LSP 2576 • DANCE WITH THE GUITAR MAN (1962) RCA, LSP 2648 • TWANG A COUNTRY SONG (1963) RCA, LSP 2681 • TWANGIN' UP A STORM (1963) RCA, LSP 2700 • LONELY GUITAR (1964) RCA, LSP 2798 • WATER SKING (1964) RCA, LSP 2918 • TWANGSVILLE (1965) RCA, LSP 3432 • DUANE A GO GO (1965) Colpix, SCP 490 • DOES BOB DYLAN (1966) Colpix, SCP 494 • THE BIGGEST TWANG OF THEM ALL (1966) Reprise 6218 • THE ROARING TWANGIES (1967) Reprise 6240 • MOVIN' 'N' GROOVIN' (1970) London, ZGW 105 • GUITAR MAN (1975) GTO 002 • BECAUSE THEY'RE YOUNG (1982) Outline, OLLP 5252 • DUANE EDDY & THE REBELS (1982) Outline, OLLP 5273 • $ 1 000 000.00 WORTH OF TWANG (1983) Line 628569 • DUANE EDDY (1994) Capitol • (S) A MILLION DOLLARS WORTH OF TWANG (1960) London, HAW 2325 • (S) A MILLION DOLLARS WORTH OF TWANG VOL. 2 (1962) London, HAW 2435 • (S) TWISTIN' WITH (1964) Jamie 3022 • (S) IN PERSON (1964) Jamie 3025 • (S) TWANGIN' THE GOLDEN HITS (1965) RCA, INTS 1057 • (S) THE BEST OF (1972) Camden, CDS 1109 • (S) LEGENDS OF ROCK (1973) London 3187 • (S) LEGENDS OF ROCK VOL. 2 (1974) London, LS 3259 • (S) LEGENDS OF ROCK VOL. 3 (1974) London, LS 3281 • (S) TWENTY TERRIFIC TWANGIES (1980) RCA, INTS 5056 • (S) TWANGTASTIC HITS (1982) Cambra, CR 065 • (S) FOREVER (1984) RCA, NL 89246 • (S) ANTHOLOGY (1997) Rhino, R271223

Jonathan Edwards

Der am 28. 7. 1946 in Minnesota geborene Singer / Songwriter wuchs in Virginia bei seiner Großmutter auf, die ihn mit Musik in Kontakt brachte. Er hörte Bluegrass, Gospel, Country und Rock'n'Roll, lernte Gitarre spielen und gründete noch auf der High School die **Rivermen**, die auch als **St. James Doorknop** und **Headstone Circus** auftraten. Sie spielten Country und Blues und coverten bekannte Hits. 1965 wurden **Headstone Circus** von dem Manager Peter Casperson gefördert und nahmen als **Sugar Creek** während ihrer fünfjährigen Existenz ein Album mit elektrischem Blues auf.

1970 griff Jonathan Edwards wieder zur akustischen Gitarre und beschloß nur noch eigene Songs vorzutragen. Er komponierte sanfte Balladen und wurde von Phil Walden, dem Eigner des Southern / Country-Labels Capricorn Records unter Vertrag genommen. Das Debütalbum JONATHAN EDWARDS (US #31) erschien Ende 1971 und enthielt ›Sunshine‹ (US #3), den größten Hit von Edwards. Er verstand sich als predigender Liedermacher, der mit Softrock, Folk und Country »den Menschen Freude vermitteln« (Jonathan Edwards) wollte.
Trotz der Anfangserfolge wurden seine Texte als »nichtssagende Hippie-Lyrik« (*Rolling Stone*) kritisiert. Die Countryszene aber schätzte seine leicht angerockten, braven Songs. Edwards orientierte sich daher bei HONKY-TONK STARDUST COWBOY und der Auskopplung ›Train To Glory‹ (US #95) noch stärker an dieser uramerikanischen Volksmusik. Die LP fiel beim Publikum durch, und Edwards verlegte sich wieder auf manchmal kitschig-verklärte Balladen. Er veröffentlichte damit bis 1977 vier Alben, die sich gut verkauften, ohne Charts-Niveau zu erreichen. Edwards hatte eine eingeschworene Gefolgschaft und galt als Country / Folk-Alternative zu Kollegen wie James → Taylor. In den 80er Jahren war nur wenig von Jonathan Edwards zu hören. Er betätigte sich vor allem als Komponist und Produzent und beteiligte sich 1985 an dem vielgelobten Countryrock-Projekt **Seldom Scene**.
Garth Hudson von → **The Band** unterstützte Edwards 1994 bei seinem Comebackalbum ONE DAY CLOSER, bei dem er auf bewährte Songmuster setzte. Edwards machte zuletzt als Produzent von sich reden, so war er 1995 für das Album MRS. PINOCCI'S GUITAR der vom Country-beeinflußten Singer / Songwriterin Cheryl Wheeler verantwortlich.

JONATHAN EDWARDS (1971) Capricorn 862 • HONKY-TONK STARDUST COWBOY (1972) Atco, SD-7015 • HAVE A GOOD TIME FOR ME (1973) Atco, SD-7036 • LUCKY DAY (1974) Atco, SD-36104 • ROCKIN' CHAIR (1976) Reprise 2238 • SAILBOAT (1977) Warner Brothers 56369 • LIVE (1982) Chromic 1001 • LITTLE HANDS (1987) Am. Melody 102 • ONE DAY CLOSER (1994) Rising 10101 • Mit **Sugar Creek**: PLEASE TELL A FRIEND (1969)• Mit **Seldom Scene**: BLUE RIDGE (1985) Sugar Hill, SH 3747

Eek-A-Mouse

Eek-A-Mouse, eigentlich Ripton Joseph Hylton, gilt als einer der größten neuen Reggae-Stars der 80er Jahre. Er sang mit näselndem Timbre wie »eine schnell laufende Version von Michael Rose« (*Trouser Press*) und unterbrach seinen Gesang durch silbische Schläge, die wie eine Reggae-Antwort auf Scat wirkten. Dieser Effekt verstärkte sowohl den melodischen als auch den rhythmischen Ausdruck und »trieb den Groove gnadenlos vorwärts« (*Echoes*).
Der Erfolg von Eek-A-Mouse basierte auf qualitativ hochwertigen Platten, die er hauptsächlich mit **Roots Radics**, einer sehr populären jamaikanischen Session-Band aufnahm. Mit Eek schien »die Chemie zu stimmen, denn die Gruppe klang mit ihm besser denn je« (*Trouser Press*).
Das erste Album WA-DO-DEM enthielt die Hitsingle gleichen Namens und wurde als »epochal« (*New Musical Express*) bezeichnet. Henry Junjo Lawes war als Produzent in den renommierten jamai-

kanischen Studios Channel One und King Tubby's verantwortlich, und Scientist, Prince Jammy u. a. sorgten für ausgezeichnete Songabmischungen. Weitere heimische Charterfolge bescherten 1982 SKIDIP mit den Singles ›Modelling Queen‹ und ›You Na Love Reggae Music‹. Eek-A-Mouse brachte 1983 das Album THE MOUSE AND THE MAN heraus, das von einem fiktiven Treffen mit der Comicfigur Mickey Mouse handelte und wieder mit **Roots Radics** eingespielt wurde. Auch »Mouseketeer« war 1984 »absolut wichtig« (*Guinness*) und lieferte in dem Song ›How I Got Me Name‹ eine Erklärung für das kuriose Pseudonym Eek-A-Mouse.

Der Einsatz von Synthesizern und zahlreichen Studiomusikern neben **Roots Radics** auf dem Album THE KING AND I war ein Fehlschlag. In Washington entstand 1988 die LP EEK-A-NOMICS mit der Tanzsingle ›The Freak‹. Eek-A-Mouse berief sich nun wieder auf die »üblichen Geschichten und musikalischen Begebenheiten seines Genres« (*Trouser Press*) und konnte seinen Status als Star in Jamaika behaupten. International gilt er als Vertreter eines zeitgemäßen Reggae, der in seinen Songs auch auf gesellschaftliche Mißstände aufmerksam macht.

1991 übernahm Eek-A-Mouse für sein Album U-NEEK den Song ›Dyer Maker‹ der britischen Rockinstitution → **Led Zeppelin**.

WA-DO-DEM (1981) Greensleeves, GREL 31 • SKIDIP! (1982) Greensleeves, GREL 41 • THE MOUSE AND THE MAN (1983) Greensleeves, GREL 56 • MOUSEKETEER (1984) Greensleeves, GREL 65 • ASSASINATOR (1984) Real Authentic Sound, RAS 3006 • THE KING AND I (1985) Real Authentic Sound, RAS 3016 • EEK-A-NOMICS (1988) Real Authentic Sound, RAS 3033 • U-NEEK (1991) Island 848792 • BLACK COWBOY (1996) Explicit 10026 • (S) THE VERY BEST OF EEK-A-MOUSE (1987) Greensleeves GREL 105 • (S) MOUSE-A-MANIA (1987) Real Authentic Sound, RASCD 30616 • Mit Papa **Michigan** & General **Smiley**: LIVE AT REGGAE SUNSPLASH (1984) Sunsplash, RS 8914 • Mit Johnny **Osbourne**: MASTERPIECE (?)

El Chicano

Ersi Arvizu (voc, perc), Andre Baeza (cong), John De Luna (dr), Bobby Espinosa (org, voc), ›Little‹ Mickey Lespron (g), Freddie Sanchez (b)

Die Chicanos repräsentieren die zweitgrößte Minderheit in den USA. Die meisten von ihnen leben in Kalifornien, Texas und New Mexico und fühlen sich weder als US-Amerikaner noch als Mexikaner. **El Chicano** begannen 1969 die Musik dieser Menschen in professionelle Pop/Rockmusik umzusetzen. Die Basis war ein dichter Rhythmusteppich, auf dem eine Kombination aus afrokubanischer Perkussion, Jazz, mexikanischer Lebensfreude und nordamerikanischer Hitmusik entstand.

Das Sextett debütierte im Sommer 1970 mit dem Instrumentalalbum VIVA TIRADO (US #41), das aus Fremdkompositionen bestand, darunter Songs von den → **Beatles** (›Eleanor Rigby‹) und Herbie Hancock (›Cantaloupe Island‹), und perfekten Unterhaltungs/Tanz-Pop präsentierte. **El Chicano** orientierten sich am Sound von → **Santana** und schafften mit ihrem Latinrock dank der Auskopplung ›Viva Tirado‹ (US #31) auch den Sprung in die Single-Hitparaden.

Für das zweite Album hatte die Band 1971 die Sängerin Ersi Arvizu engagiert. REVOLUCIÓN verkaufte sich nicht so gut wie die erste LP, bestätigte **El Chicano** aber als führende Latinformation nach **Santana**. Während **Santana** nicht mit markanten Soli geizte, verließen sich **El Chicano** auf ein kompaktes Bandkonzept, das von Organist Espinosa und Gitarrist Lespron geprägt war. Das sichere Rhythmusgespür und »ihre exzellente Technik« (*Rolling Stone*) konnte die Gruppe jedoch meistens nur live ausspielen.

Langfristig mangelte es den Alben von **El Chicano** an Authentizität und Spontaneität. Darunter litten vor allem die LPs CELEBRATION und EL CHICANO, die aber mit ›Brown Eyed Girl‹ (US #42) und ›Tell Her She's Lovely‹ (US #28) immerhin zwei Singlehits lieferten. Mittlerweile hatte es einige personelle Veränderungen gegeben. Zunächst ersetzte der Timbales-Spezialist Hector Regalado die Sängerin Ersi Arvizu, verließ die Band aber nach einem Jahr wieder. Danny La Mont (dr) und Jerry Salas (voc, g) übernahmen die Positionen von DeLuna und Sanchez.

Der neue Frontmann Jerry Salas ermunterte seine Kollegen zu mehr eigenen Kompositionen, die ab 1973 etwa ein Drittel des Repertoires ausmachten. Adaptionen von Tito Puente (›El Cayuco‹) und Freddie Hubbard (›Little Sunflower‹) verdankten **El Chicano** 1974 ihr vielleicht bestes Album CINCO. Statt La Mont waren Brian Magness (b) und Eddie Rodriguez (dr) sowie Rückkehrer Regalado mit von der Partie. Das Album war ein einzigartiges Rhythmusfeuerwerk und galt als eine der bis dahin besten Latinrock-LPs, war aber kommerziell kein Erfolg.

In den letzten Jahren ihres Bestehens produzierten **El Chicano** nur noch durchschnittliche Alben, bewahrten sich aber den Ruf einer spielfreudigen, begeisterungsfähigen Live-Band. 1975 löste Joe Perreira (b) Magness ab und wirkte auf den vorerst letzten Arbeiten von **El Chicano** mit, darunter THE BEST OF EVERYTHING mit Violinenschmalz und belanglosem Mainstream-Pop.

In den Latino-Clubs in Südkalifornien kam es in den 90er Jahren gelegentlich zu Reformierungen von **El Chicano**. Von einer zeugt das Doppelalbum LATIN LEGENDS LIVE aus dem Jahr 1997.

VIVA TIRADO (1970) Kapp 3632 • REVOLUCION (1971) Kapp 3640 • CELEBRATION (1972) Kapp 3663 • EL CHICANO (1973) MCA 312 • CINCO (1974) MCA 401 • PYRAMID OF LOVE AND FRIENDS (1975) MCA 2150 • BARETTA'S THEME (1975) Soundtrack MCA • THE BEST OF EVERYTHING (1975) MCA 437 • DANCING MAMA (1976) MCA • (S) THIS IS EL CHICANO (1976) Shadybrook 33005 • Mit **Malo** und **Tierra**: LATIN LEGENDS LIVE (1997) Thump. Eddie **Rodriguez** mit **Yambu**: YAMBU (1975) Montuno, MLP 506

Electric Flag

Mike Bloomfield (g, perc), Harvey Brooks (g, b), Marcus Doubleday (tr, perc), Barry Goldberg (key), Nick Gravenites (voc), Buddy Miles (dr, perc, voc), Herbie Rich (key, sax), Peter Strazza (sax)

»Die große weiße Hoffnung der Bluesgitarre« (*Rolling Stone*) Mike →Bloomfield verließ 1967 seinen Ziehvater Paul →Butterfield, um eine eigene Band zu formieren, die Blues, Soul, Jazz, Rock und

Country kombinieren sollte. Nick →Gravenites, ebenfalls aus der Gruppe von Butterfield, folgte ihm. Barry →Goldberg spielte zuletzt in einer Bluesgruppe mit Steve →Miller und brachte den Tenorsaxophonisten Peter Strazza mit. Die anderen Mitglieder von **Electric Flag** kamen aus der Sessionszene. Barry →Miles verdankte seinen guten Ruf als Soul-Drummer vor allem Wilson →Pickett und Otis →Redding. Harvey Brooks unterstützte vornehmlich Folkmusiker wie Bob →Dylan, Phil →Ochs und Judy →Collins, und Marcus Doubleday arbeitete mit Jan & Dean, den →**Drifters** und Bobby Vinton. Nur Herbie Rich hatte sich bis dahin noch nicht bewährt.

Diese Versammlung überdurchschnittlicher Musiker versprach eine Supergruppe, die in der Tat dem Brass-Rock oder Jazzrock den Weg bereitete und erfolgreiche Bands wie →**Blood, Sweat And Tears** und →**Chicago** inspirierte. Im Frühjahr 1967, sechs Monate vor dem legendären Monterey Pop Festival, trommelte Bloomfield sein Team zusammen und bereitete es auf einen Auftritt vor, den **Electric Flag** mit Bravour bewältigten. Nach dem Monterey-Gig galten sie als Protagonisten eines »New Soul« (*Rolling Stone*). Auf ihrem Album A LONG TIME COMIN' (US #18) im April 1968 präsentierten sie erfolgreich einen ungewohnten, spannenden und sehr komplexen Bläser-Rock.

Unüberbrückbare Auseinandersetzungen führten schließlich zum Ausscheiden Mike Bloomfields, der das Image der »American Music Band« (*Sounds*) nicht akzeptierte. Buddy Miles übernahm die Führungsrolle bei **Electric Flag**, was wiederum Differenzen mit Barry Goldberg und Peter Strazza provozierte, die sich ebenfalls von der Band trennten. Neu hinzu kamen John Simon (key) von **Cyrkle** und →**Big Brother & The Holding Company**, Terry Clements (sax), Hoshal Wright (g), Virgil Gonsalves (b, sax) und Harold ›Stemsy‹ Hunter (sax, voc).

THE ELECTRIC FLAG (US #66), erschienen Anfang 1968, hielt sich nur sieben Wochen in den US-Charts. Der wachsende Einfluß von Miles in Richtung eines aggressiven, lauten Soulrocks zahlte sich nicht aus. **Electric Flag** trennten sich darauf im Winter 1968/69.

Buddy Miles formierte u. a. mit Doubleday, Rich, Clements und Gonsalves den **Buddy Miles Express**. Hunter schloß sich ihnen später an und spielte daneben in der Band **Crackin'**. Wright folgte einem Angebot von Taj →Mahal, und Simon arbeitete für Eric →Clapton, Dave →Mason, Garland →Jeffreys, →Howlin' Wolf und **Borderline**. Nicht minder aktiv war Harvey Brooks. Neben seinem Engagement für die **Fabulous Rhinestones** fand er Zeit für Graham →Bond, John →Cale, Dylan, Cass Elliot, Paul Kantner, Al →Kooper, Loudon →Wainwright III und →**Seals & Crofts**.

1972 entschlossen sich Bloomfield, Gravenites, Goldberg und Miles zu einem fragwürdigen Comeback von **Electric Flag**. Sie unterschrieben einen Vertrag für zwei Alben und holten Roger ›Jellyroll‹ Troy als neuen Bassisten von **Bonaroo Brass** und →Dr. John und die **Muscle Shoals Horns**. **Electric Flag** fanden aber nicht wieder zu ihrer Form und enttäuschten mit dem müden Material von THE BAND KEPT PLAYING. Die LP bewies, daß »die Entwicklung über sie hinweggeschritten war« (*Sounds*), und bestand aus pausenlosen Wiederholungen »lustloser Jazzrock-Riffs« (*Crawdaddy*). Nach dem endgültigen Ende von **Electric Flag** erschienen zwei Alben mit alten, bis dahin unbekannten Aufnahmen. Doch weder der Soundtrack The Trip noch das unausgegorene Material von Groovin' Is Easy konnten Eindruck machen.

THE TRIP (1967) Soundtrack Edsel, ED 211 • A LONG TIME COMIN' (1968) Columbia 9597 • THE ELECTRIC FLAG (1968) Columbia 9714 • THE BAND KEPT PLAYING (1974) Atlantic 50090 • GROOVIN' IS EASY (1983) Thunderbolt, THBL 1006 • (S) THE BEST OF (1971) CBS 64337 • (S) OLD GLORY (1995) Legacy 57629 • Harvey **Brooks** mit **Fabulous Rhinestones**: THE FABULOUS RHINESTONES (1972) Just Sunshine, JS 1 • FREEWHEELIN' (1973) Just Sunshine, JS 9 • THE RHINESTONES (1975) • Roger **Troy**: ROGER TROY (1976) RCA, APL-1-1910 • Roger **Troy** mit **Jellyroll**: JELLYROLL (1971) Kapp 3626

Electric Hippies

Steve Balbi (voc, b, g), Justin Stanley (voc, g, dr, harm)

Das australische Duo klang, »als hätten es David Bowie und die Beatles 1968 gemeinsam in einem Wasserbett getrieben« (*Rolling Stone*). Tatsächlich zehren die **Electric Hippies** musikalisch von der Vergangenheit, aber sie haben den Pop der 60er, das Gehabe der 70er, die Arrangements der 80er und die Lautstärke der 90er zu einem brillanten Gebräu vermengt und ein untrügliches Gespür für Melodie, Arrangement und bittersüßes Popfeeling bewiesen.
Balbi und Stanley spielten vorher sieben Jahre lang bei der seinerzeit sehr vielversprechenden Band **Noiseworks**. Gegründet Anfang 1986 in Sydney von Jon Stevens (voc), Stuart Fraser (g) und Kevin Nicol (dr), die vorher bei **Change** zusammengearbeitet hatten, stiegen Balbi als Bassist und Stanley als Keyboarder ein. Unter den Fittichen des ehemaligen → **AC/DC**-Managers Michael Browning gelang es dem Quintett, einen Vertrag unter Dach und Fach zu bringen. Gleich die ersten beiden Singles ›No Lies‹ (1986) und ›Take Me Back‹ (1987) avancierten zu australischen Radiohits.
1987 veröffentlichten **Noiseworks** ihr Debütalbum mit kompromißlosem, gradlinigen und melodischen Rock, der von Mark Opitz (Produzent von → **INXS** u. a.) ausgezeichnet produziert worden war. Das Album wurde mit Platin ausgezeichnet und konnte sich fast ein Jahr lang in den australischen Top 30 halten.
Nach einer fast ein Jahr dauernden Welttournee wurde Ende 1988 die zweite **Noiseworks**-LP Touch veröffentlicht, die »sehr viel mehr ›live‹ klang. Schließlich hatten wir ein halbes Dutzend der neuen Songs schon in unserem Bühnenset« (Fraser). Unter der Regie des → **Rolling Stones**-Produzenten Chris Kimsey hatte »sich die Band weiterentwickelt« (*Stevens*), die »Songs und der Sound sind reifer geworden, natürlicher und rauher« (*Pressetext*).
Über die dritte **Noiseworks**-LP Love Versus Money hieß es: »Das Album tönt runder, ausgereifter und stimmiger als die Vorgänger, klingt frecher, tanzbarer und weitaus zeitgenössischer als die Platten vergleichbarer Aussie-Bands. Hervorragende Songs, stimmige Performance, stille Ecken, harte Kanten und ein intaktes Bandgefüge« (*Musik Express*). Neben Eigenkompositionen waren auch die Coverversionen des → **Sly & The Family Stone**-Klassiker ›I Want To‹ und ›Take You Higher‹ zu hören, bei der Michael Hutchence von → **INXS** als Backing-Sänger mitwirkte.

Im Frühjahr 1992 begaben sich **Noiseworks** erneut auf eine weltweite Tournee, bei der sie auch erfolgreiche Konzerte in Deutschland absolvierten. Ein Jahr später war alles vorbei. Es gab ein »letztes Meeting mit Anwälten und anderen Erbsenzählern« (Balbi), dann stand das Duo quasi mit leeren Händen da. Mit geliehenen 10000 Dollar produzierten sie als **Electric Hippies** erste Titel, die auf ihrem eigenen Label erschienen. In ihrem kleinen Studio hatten sich Balbi und Stanley ein kleines eigenes Sound-Imperium geschaffen und hingen dort »Träumen von der selbstlosen Förderung junger Talente, die sich in ihren Spendierhosen frei entfalten sollen« (*Rolling Stone)*, nach.
Im Herbst 1994 erschien die absolut brillante **Electric Hippies**-Single ›Greedy People‹, eine »satte Popattacke gegen die gedankenlose Gier nach Wohlstand des vergangenen Jahrzehnts« (*Guinness*). Der Titel war wochenlang der am häufigsten gespielte Song bei fast allen Radiostationen in Australien und erzielte in Europa einen Achtungserfolg. Auch die folgende Single ›I Believe In You‹ zeugte von dem treffsicheren Gefühl für Melodie und Arrangement des Duos, das sich ohne Wenn und Aber zu den → **Beatles** bekannte: »Die **Beatles** waren der Anfang von allem und von allem, was danach noch kommen wird« (Balbi).
Ende 1994 erschien das Debütalbum der **Electric Hippies**: »Diese Hippies sind real, künstlerisch versiert, elektrisch nicht minder bizarr. Ein Space-Trip durch 30 Jahre Popgeschichte mit allem, was Gott verboten hat« (*Visions*). Das Album wurde in einem kleinen Studio in der Nähe von Sydney aufgenommen, in dem »zwei sympathische Verrückte den Glauben an das Gute im Pop immer noch nicht verloren haben« (*Pressetext*). Bei Live-Tourneen ließen sich Balbi und Stanley von Mark Ward (g) und Tim Tebbutt (dr) begleiten.

ELECTRIC HIPPIES (1994) RooArt 4509–94248 • Steve **Balbi** und Justin **Stanley** mit **Noiseworks**: NOISEWORKS (1987) Epic 451033 • TOUCH (1988) Epic 463115 • LOVE VERSUS MONEY (1991) Epic 468447 • (S) GREATEST HITS (?) Sony 472119

Electric Prunes

Jim Lowe (voc, harm), Preston Ritter (dr), Mark Tulin (b, org), Weasel Spagnola (g, voc), Ken Williams (g)

Unter dem Namen **Electric Prunes** traten zwei Gruppen auf. Die erste hatte der Produzent Dave Hassinger (→ **Kinks**) in Seattle entdeckt und 1965 nach Los Angeles geholt. Beeinflußt vom Blues und psychedelischen Gitarren machten sie »verquere Tonexperimente, amüsante Gimmicks und gängige Rockmusik« (*Guide To Psychedelic Music*). Wah-Wah-verzerrte Gitarren, Sphärenklänge und Songs zum Thema Drogen ließen die **Electric Prunes** schnell populär werden.
Die erste Single ›Ain't It Hard‹ blieb unbeachtet, doch bereits die im Dezember 1966 erschienene Single ›I Had Too Much To Dream Last Night‹ (US #11) sowie die nachfolgende ›Get Me To The World On Time‹ (US #36) wurden Klassiker der Psychedelic-Ära. Die **Prunes** waren nicht so experimentierfreudig und anspruchsvoll wie → **Pink Floyd**. Ihre Vorzüge waren knappe, verfremdete Gitarrenriffs, kosmisch anmutende Arrangements und

ein präziser, sehr eingängiger Beat. Auch das erste Album THE ELECTRIC PRUNES (US #58) plazierte sich gut in den Charts und präsentierte mit Songs wie ›Luvin‹, ›Are You Lovin' Me More‹ und ›Sold To The Highest Bidder‹ erstklassigen US-Garagenpop.

›The Great Banana Hoax‹ hieß die vierte Single der **Electric Prunes**, die mittlerweile mehr durch ihre Starallüren Aufsehen erregten als durch neue Ideen. Die wenigen Konzerte erhielten jedoch durchweg gute Kritiken. Anfang 1968 kamen die **Prunes** zum ersten und letzten Mal nach Europa und spielten in Großbritannien und Skandinavien. Sie stellten das Material der zweiten LP UNDERGROUND vor. Das »Elektronik-Punk-Psychedelic-Album« (*Musik Express*) verkaufte sich aber schlecht, was zu einem radikalen Stilwechsel bei den **Electric Prunes** führte. Mit der Single ›Everybody Knows You're Not In Love‹ verabschiedete sich die erste Generation der **Electric Prunes**. Lediglich Bassist Tulin war später noch an Platten von **Buckingham-Nicks** und Ted Neely beteiligt.

Die Komposition und das Arrangement für eine katholische Messe im Rocksound stammten von Dave Axelrod. Produzent Hassinger stellte dafür 1967 die neuen **Electric Prunes** zusammen. Der Kanadier Brett Wade (b, fl, voc) und John Herren (key) aus Oklahoma sowie Mark Kincaid (g, voc), Richard Whetstone (dr, g, org) und Ron Morgan (g) aus Kansas verwirklichten zwei religiösen Rockopern gleichende Alben nach Axelrods umstrittenen Ideen. Die Kritik hielt sie für Pionierarbeiten und bezeichnete sie als »Rock-Melange, die nach Kultur schmeckt« (*Musik Express*). Im Gegensatz zu RELEASE OF AN OATH erwies sich MASS IN F MINOR (US #53) als kommerziell tragfähig.

1969 gehörte ›Kyrie Eleison‹ aus MASS IN F MINOR zum Soundtrack des Kultfilms »Easy Rider«. Hassinger witterte erneut seine Chance und reformierte die **Electric Prunes** mit Kincaid, Morgan, Wade und Whetstone. Die LP JUST GOOD OLD ROCK AND ROLL bot aber einen dürftigen Sound und überholte Songs.

THE ELECTRIC PRUNES (1967) Reprise 6248 • UNDERGROUND (1967) Reprise 6262 • MASS IN F MINOR (1967) Reprise 6275 • RELEASE OF AN OATH (1968) Reprise 6316 • JUST GOOD OLD ROCK AND ROLL (1969) Reprise 6342 • (S) LONG DAYS FLIGHT (1986) Edsel, ED 179 • David **Axelrod**: SONG OF INNOCENCE (1968) Capitol, ST-11362 • ROCK MESSIAH (1972) RCA 4636 • THE AUCTION (1974) MCA 2664 • SERIOUSLY DEEP (1978) Polydor 2391 193 • HEAVY AXE (1975) Fantasy 9456 • STRANGE LADIES (1978) MCA 2283 • MARCHIN' (1980) MCA 3299

Elephant's Memory

Richard Ayers (g), Stan Bronstein (voc, sax, cl), Rick Frank (dr), Michal Shapiro (voc), Richard Sussman (key), John Ward (g), Myron Yules (b, tb)

Die Zusammenarbeit mit John →Lennon machte die 1967 in New York von Stan Bronstein (* 17. 7. 1938) und Rick Frank (* 12. 2. 1942) formierte Band 1972 quasi über Nacht weltbekannt. **Elephant's Memory** begannen als funkige, vom Jazz beeinflußte Rock-Bigband und fielen bei ihren Auftritten besonders durch Verkleidungen, ungewöhnliche

Lichteffekte und das Zerstören von Plastikskulpturen auf. Dieses Show-Spektakel verschaffte ihnen einen Vertrag bei Buddah Records.
Carly →Simon war ursprünglich als Leadsängerin vorgesehen. Sie schied jedoch wieder aus, und für sie kam die israelische Sängerin Michal Shapiro (* 20. 4. 1949). Vervollständigt wurde die Besetzung der 69er-LP ELEPHANT'S MEMORY durch Richard ›Chester‹ Ayers (* 5. 9. 1942), Richard Sussman (* 28. 3. 1946), John Ward (* 12. 2. 1949) und Myron Yules (* 6. 3. 1935). Obwohl »ihre Musik eher der der Stooges oder der MC 5 glich« (*Sounds*), wollte die Plattenfirma **Elephant's Memory** bei ihrem ersten Album als Bubblegum-Band verkaufen. Nach der Beteiligung an dem Soundtrack zum Film »Midnight Cowboy« mit dem Song ›Old Man Willow‹ wechselte die Band die Plattenfirma, und das Team Bronstein / Frank trennte sich vom Rest der Musiker, um zukünftig nur noch »echte Rock'n'Roller« (Stan Bronstein) zu engagieren. Geeignete Mitstreiter fanden sich in Adam Ippolito (key, voc) und Gary Van Scyoc (b, voc) von **Pig Iron** und Wayne ›Tex‹ Gabriel (g). Die neue Besetzung stellte sich mit dem knochentrockenen Rock von TAKE IT TO THE STREETS vor und konnte im April 1971 mit ›Skyscraper Commando‹ (US #88) einen bescheidenen Singlehit registrieren.
1972 brachte sie Jerry Rubin mit John Lennon zusammen, der dringend eine Begleitgruppe suchte. Er beteiligte sich an einer Session mit **Elephant's Memory** und engagierte die Band. In den folgenden zwei Jahren spielte sie auf Lennons Album SOME TIME IN NEW YORK und begleitete Yoko Ono bei den Aufnahmen zu APPROXIMATELY INFINITE UNIVERSE. Sie veröffentlichte außerdem auf dem Apple-Label ELEPHANT'S MEMORY und spielte mit Chuck →Berry und Bo →Diddley.
Elephant's Memory bevorzugten einen ungemein kraftvollen, Boogie-beeinflußten Rocksound und schienen inzwischen die »Idealbesetzung« (*Sounds*) gefunden zu haben. Doch 1974 ging die Band auseinander und verabschiedete sich mit der in Wales aufgenommenen LP ANGELS FOREVER.
Bronstein hatte mit seinen Soloprojekten wenig Glück, scheiterte 1979 mit der talentierten Band **Stumblebunny** und arbeitete für David →Johansen. Tex Gabriel schloß sich der Gruppe von Mitch →Ryder an, gründete 1981 **Limozine**, und Ippolito wirkte auf zwei Alben von →**Kool & The Gang** mit.

ELEPHANT'S MEMORY (1969) Buddah, BDS 5033 • TAKE IT TO THE STREETS (1970) Metromedia, MD 1035 • ELEPHANT'S MEMORY (1972) Apple, SMAS 3389 • ANGELS FOREVER (1974) Polydor 2383 260 • Stan **Bronstein**: OUR ISLAND MUSIC (1975) Muse, MR 5072 • LIVING ON THE AVENUE (1976) Muse, MR 5113 • Stan **Bronstein** mit **Stumblebunny**: WHILE YOU WERE OUT (1979) Mercury 9198 135 • Adam **Ippolito** und Gary **Van Scyoc** mit **Pig Iron**: PIG IRON (1970) CBS 64044

Eleventh Dream Day

Janet Beveridge Bean (voc, dr, perc), Douglas MacCombs (b, voc), Matthew O'Bannon (voc, g), Rick Rizzo (g, voc)

Mit »zackigen Gitarren, ihrer unbändigen Spielfreude, grobgeschnitzten Songs und Rizzos angespannter, nerviger

Stimme machten Eleventh Dream Day unbeholfene, unverbrauchte Kunst« (*Trouser Press*). Die Idee zu diesem Quartett wurde in einer US-Provinzuniversität geboren und führte zu »einer spezifischen Form von College-Rock im Stil der Pixies und von Dream Syndicate« (*Guinness*).
1981 lernten sich Rick Rizzo (* 4. 7. 1957) und Janet Beveridge Bean (* 10. 2. 1964) in Louisville, Kentucky kennen. Rizzo studierte in Lexington an der University of Kentucky, und Bean war eine völlig unbekannte Schlagzeugerin. Rick Rizzo begeisterte sich für Punkmusik und brachte sich das Gitarrespielen nach Neil → Youngs Songbook »Zuma« bei. Gemeinsam gingen sie nach Chicago und bildeten 1983 mit Stu Shubat die Clubband **Eleventh Dream Day**. Die Demoaufnahmen waren unbefriedigend, und so wurde die Gruppe 1985 umgestellt. Shubat wurde durch Douglas McCombs (* 9. 1. 1962) ersetzt, und Baird Figi (g) erweiterte die Formation, die sich in den nächsten zwei Jahren erfolglos bemühte, ein Album fertigzustellen. Schließlich erschien eine trashige, psychedelische EP mit Country & Western-Flair und Gitarrensound im Stil von Neil Young.
1988 konnten **Eleventh Dream Day** endlich ihr Albumdebüt fertigstellen. PRAIRIE SCHOOL FREAKOUT wurde innerhalb von sechs Stunden aufgenommen und tauchte in den Kritiker-Charts auf: »Eines der wertvollsten Rockalben der letzten Jahre. Rauhe, frenetische Rock 'n' Roll Musik schlägt dem Ohr entgegen – so etwas hat man seit den besten Tagen des Gun Clubs nicht mehr gehört! Der rohe Kellersound strahlt Country- und Rhythm & Blues-Fieber aus – pur, unverfälscht!« (*Musik Express*).
Dieser Achtungserfolg verschaffte **Eleventh Dream Day** einen Vertrag bei Atlantic Records. Gary Waleik (**Big Dipper**) produzierte BEET mit einem harten, aber dennoch eingängigen Gitarrensound und »lebhaften Songs voller Energie und Unterhaltungswert« (brit. *Sounds*). Darüber hinaus überzeugten die seit 1988 verheirateten Rizzo und Bean als brillantes Texterteam, das wesentlich dazu beitrug, daß BEET von der *New York Times* unter die zehn besten Alben des Jahres gewählt wurde.
Eleventh Dream Day stiegen zu Stars der US-Collegerock-Szene auf. Für die LP LIVED TO TELL, die Paul McKenna (→ Sting, → **Thin White Rope**, → **Cramps**) als Produzent betreute, ließen sie ein komplettes Studio in eine Scheune in der Nähe von Mumfordville, Kentucky, einbauen. Der widerspenstige, rustikale Gitarrenrock wurde live und direkt, ohne Nachbearbeitung aufgenommen. Er basierte auf Blues, Punk und Country, und die »Duelle der beiden Gitarristen sind der geniale Schnittpunkt zwischen derben Rhythm & Blues-Akkorden und abhebenden Soli« (*Musik Express*).
Nach diesem Album verließ Figi **Eleventh Dream Day** und mußte durch Matthew ›Wink‹ O'Bannon (* 22. 7. 1956) ersetzt werden, der zuvor als Roadie für die Band gearbeitet hatte. Da Bean und Rizzo Nachwuchs bekamen, wurde zunächst nur die EP ›Two Sweeties‹ veröffentlicht, die beim unabhängigen Label City Slang erschien.
Im Frühjahr 1993 erschien EL MOODIO. Die von Jim Rondinelli produzierte LP enthielt sparsam instrumentierte, kompakte Songs, eine originelle Mischung aus Countryrock und Pop. Der *New Musical Express* schrieb: »Wenn es irgendwo Gerechtigkeit auf dieser Welt gibt, dann müßte diese Platte an der Spitze der

Charts stehen.« Aus dem Repertoire stachen das Duett zwischen Bean und Rizzo (›Making Like A Rug‹) und die Kooperation mit der Punkgitarristin Tara Key von **Anietam** (›The Raff‹) heraus. Rizzo revanchierte sich im Gegenzug mit einem Gastspiel bei der Produktion des ersten Soloalbums (Bourbon County) von Tara Key.

Noch aus der Zeit vor Chicago kannten sich Jean Beveridge Bean und Catherine Ann Irvin. Sie hatten Countrysongs gespielt, und Irvin entwarf Cover für **Eleventh Dream Day**. Zusammen mit dem Bassisten Dave Gay bildeten sie **Freakwater**. Sie bevorzugten schlichte Arrangements und ungewöhnliche Instrumente wie Cello, Dobro und Violine. Auf dem zweiten Album ergänzte das Trio sechs eigene Kompositionen mit einigen Coverversionen. Beim Nachfolger Feels Like The Third Time komplettierte der Steelgitarrist Bob Egan **Freakwater**. Die LP Old Paint erwies sich als »steinerweichende, sehr traurige Kollektion von Country & Western-Songs« (*Guinness*). Mit eigenwilligen Bearbeitungen von Woody → Guthrie und Loudon → Wainwright III ließen sie den weißen Blues der US-Countrytradition wieder aufleben.

Im Frühjahr 1994 lösten **Eleventh Dream Day** ihren Vertrag mit Atlantic Records und gaben dann ihre Trennung bekannt. Doch schon im Herbst des Jahres kam ein neues Album mit dem Titel Ursa Major von **Eleventh Dream Day** heraus. Die LP galt als »Befreiungsschlag aus den Mühlen des Business« (Jean Beveridge Bean). Ihr elegischer Gitarrensound wirkte experimentierfreudiger als je zuvor und »so frisch und zielbewußt, wie man es von einem Eleventh Dream Day-Album erwarten kann« (*New Musical Express*). Unmittelbar nach der Produktion stieg O'Bannon aus. Für einige Live-Konzerte in Deutschland sprang vorübergehend Ira Kaplan von → **Yo La Tengo** ein. Anschließend kümmerte sich McCombs um sein Projekt **Tortoise**. Erst im März 1997 reaktivierte er **Eleventh Dream Day** für die LP Eighth, über die der *Musik Express* schrieb: »ambivalente Gitarrenimpressionen, sphärischer Gesang, perkussive Klangmeditation und verzerrte, splitternde Gitarrensoli.«

PRAIRIE SCHOOL FREAKOUT (1988) Amoeba A 0003 • BEET (1989) Atlantic 7567–82053 • BORSCHT (1990) Atlantic, PR 3235 • LIVED TO TELL (1991) Atlantic 7567–82179 • TWO SWEETIES EP (1992) Cirty Slang EFA 04904–02 • EL MOODIO (1993) Atlantic 7567–82480 • URSA MAJOR (1994) Atavistic 13 • EIGHTH (1997) City Slang, EFA 04989• Janet Beveridge **Bean** mit **Freakwater**: FREAKWATER (1989) Amoeba 007 • DANCING UNDERWATER (1991) Amoeba 9 • FEELS LIKE THE THIRD TIME (1992) City Slang, EFA 04920 • OLD PAINT (1995) City Slang, EFA 04965

Tinsley Ellis

In Atlanta geboren, wuchs Tinsley Ellis im Süden Floridas auf. Britische Bands wie die → **Yardbirds**, → **Animals** und → **Rolling Stones** und Blueshelden wie → Howlin' Wolf, Muddy → Waters und John Lee → Hooker bestärkten ihn in dem Wunsch, Bluesrockmusiker zu werden. Als Siebenjähriger bekam er seine erste Gitarre, und mit 14 Jahren stand seine Entscheidung, Musiker zu werden, fest.

Tinsley Ellis kehrte 1975 nach Atlanta zurück und blieb, ungeachtet der Discowelle, beim Southern-Bluesrock in der Tradition der → **Allman Brothers** und

Wayne Cochran & The C. C. Riders. Er wurde 1979 Mitglied bei den **Alley Cats**, der auch Preston Hubbard (später → **Fabulous Thunderbirds**) angehörte. Zwei Jahre später formierte er mit dem Bluesveteranen ›Chicago‹ Bob Nelson (voc, harm) die erste Ausgabe der **Heartfixers**, die in kurzer Zeit zur Top-Bluesband Atlantas aufstiegen. Nach Erscheinen der zweiten LP LIVE AT THE MOONSHADOW beim Label Landslide Records schrieb die *Washington Post* über den Frontmann: »Ellis ist ein wahrer Gitarrenheld«.
Das dritte Album der **Heartfixers** von 1986 hieß COOL ON IT und machte Bruce Iglauer, Chef des Blueslabels Alligator Records, hellhörig. Er nahm die seinerzeit aus Ellis (g, voc), Wayne Burdette (b, voc), Dave Cotton (sax, voc) und Michael McCauley (dr) bestehende Band unter Vertrag: »Tinsley spielte wie einer der großen international anerkannten Gitarristen. Es war nicht nur seine rohe Kraft die mich faszinierte, sondern vor allem sein Geschmack und seine Reife« (Bruce Iglauer).
Fortan veröffentlichte Ellis seine Platten als Solist mit wechselnden Musikern. GEORGIA BLUE machte ihn 1988 über die Grenzen von Georgia hinaus bekannt. »Tinsley Ellis ist bereit, die nationale Szene zu erobern« (*Houston Post*). Auf FANNING THE FLAMES begann er sich stärker als zuvor als Komponist zu profilieren. Sein Ansehen wuchs ständig. Er integrierte Bläsersätze, experimentierte mit Funk, hielt aber an seiner soliden Bluesbasis fest. TROUBLE TIME, erschienen 1992, enthielt den Song ›Highwaymen‹, ein landesweiter Radiohit. Unter den Studiogästen des »Hochspannungs-Bluesrock« (*San Francisco Bay Guardian*) waren Peter Buck von → **R.E.M.** und Chuck Leavell von den **Allman Brothers**. Mit der Mixtur aus Southern Rock, Chicago-Blues, New Orleans-Sound und R&B auf der LP STORM WARNING fand Tinsley Ellis auch 1994 Anerkennung, kommerziell war sein Erfolg eher bescheiden. Auf die Frage, wie lange er noch weitermachen wolle, antwortete Ellis: »Wenn dir in einer Rock'n'Roll-Band die Haare ausfallen, mußt du aufhören, aber als Bluesmusiker kannst du eine Glatze haben und bekommst immer noch 500 Dollar Gage. Ich kann so lange warten wie Bonnie Raitt, aber nicht so lange wie John Lee Hooker.«
Bassist Donald ›Duck‹ Dunn gehörte im Sommer 1997 zur Kernmannschaft von Ellis bei dessen Album FIRE IT UP, das von Tom Dowd produziert wurde. Die zwölf neuen kraftvollen Bluesrock-Songs bestätigten Ellis als einen der besten Gitarristen im Süden der USA.

GEORGIA BLUE (1988) Alligator, ALCD 4765 •FANNING THE FLAMES (1989) Alligator, ALCD 4778 •TROUBLE TIME (1992) Alligator, ALCD 4805 •STORM WARNING (1994) Alligator, ALCD 4823 •FIRE IT UP (1997) Alligator, ALCD 4852 •**Tinsley Ellis & The Heartfixers**: THE HEARTFIXERS (1981) Landslide •LIVE AT THE MOONSHADOW (1983) Landslide •COOL ON IT (1986) Alligator, ALCD 3905 •Mit Nappy **Brown**: TORE UP (1989) Alligator, ALCD 4792

Joe Ely

Fest verwurzelt in texanischen Musiktraditionen wie Honky Tonk, Rockabilly, Country & Western, Westernswing, Texmex-Rock und schwerblütigem R&B, verschrieb sich der kompromißlose Singer/Songwriter und Gitarrist Joe Ely (* 9. 2. 1947) aus dem texanischen Amarillo einem Sound, für den »es Kategorien wie Countryrock oder Cowpunk nicht gab« (*Musik Express*). Ely wuchs in Buddy →Hollys Heimatstadt Lubbock auf, verließ als 16jähriger die Schule und zog als Countrysänger durch Texas. Er kam nach Los Angeles und Memphis und schloß sich in New York einer Multimedia-Show an, deren Tourneen Ely auch nach Europa führten.

Zurück in Lubbock jobbte Joe Ely 1971 als Obstpflücker, Tellerwäscher und Tierpfleger im Zirkus und spielte in der Band seines Freundes Butch Hancock, der später zahlreiche Songs für ihn schrieb. Außerdem arbeitete Ely mit dem Sänger und Komponisten Jimmie Dale Gilmore zusammen, mit dem ihn eine langjährige Freundschaft verband. Sie traten mit der Country & Western-Gruppe **Flatlanders** auf, die 1972 ein Album aufnahm, das erst 1990 veröffentlicht wurde.

Mit Jesse Taylor (g), Lloyd Maines (steel-g), Gregg Wright (b) und Steve Keaton (dr) stellte Ely 1974 eine eigene Band zusammen und beackerte die Honky Tonk- und Country-Clubs im westlichen Texas. 1976 erhielt Ely ein Engagement im berühmten Cotton Club, in dem Buddy Holly, Waylon →Jennings und →Little Richard gastierten, und fiel dabei dem Produzenten Chip Young auf. In Nashville wählte Ely aus einem Repertoire von 300 eigenen und Hancock-Songs das Material für sein Debüt JOE ELY aus, das 1977 herauskam. Es hielt sich einigermaßen konsequent an populäre Countryvorgaben und wurde in England zum Country-Album des Jahres (*Melody Maker*) gekürt. Verstärkt durch den Akkordeonspieler Ponti Bone, der für ein belebendes Cajun/Zydeco-Element sorgte, nahm Ely mit unveränderter Mannschaft HONKY TONK MASQUERADE auf. Elektrische Rockeinlagen wiesen in Richtung Rockabilly/Countryrock.

DOWN ON THE DRAG, MUSTA NOTTA GOTTA LOTTA und der Mitschnitt LIVE SHOTS setzten diesen Trend fort, einer »perfekten Verbindung zwischen Rock 'n'Roll und Countrymusik« (*Leisure Post*). Ely vereinnahmte unterschiedlichste Elemente vom mexikanischen Latino-Sound bis zu französischen Louisiana-Einflüssen. Er überzeugte als souveräner, origineller Sänger und Entertainer, dem »zum Stardasein nur der Erfolg fehlte« (*Rolling Stone*).

Die »Mischung aus fröhlichem Honky Tonk, inspiriertem Texmex-Sound, lässigem Rockabilly und erdigem Blues« (*Change*) kam in den Medien sehr gut an und führte zu Auftritten als Anheizer für Merle Haggard und →**Clash**. Die LP-Umsätze blieben aber auch bei HI-REES in einem bescheidenen Rahmen. Joe Ely blieb ein Insider, dem »der längst verdiente Erfolg verwehrt wurde« (*New Musical Express*). Seine vielleicht ausgereifteste und am meisten respektierte Platte erschien Ende 1987 und hieß LORD OF THE HIGHWAY. Diese »Ausnahme-LP von einem Ausnahmekünstler« (*Musik Express*) kam der populären Alltagspoesie eines Bruce →Springsteen oder John →Mellencamp nahe, ohne dabei das Outlaw-Feeling oder die Country-Melancholie aufzugeben.

Elys Bühnenqualitäten dokumentierte Ende 1990 der Mitschnitt LIVE AT LIBERTY CHURCH. *Hifi Vision* schrieb: »Das reicht von akustischem Folk über kräftigen Rockabilly und griffigen Country-Pop bis zu deftigen Rock-Krachern mit kerngesundem Blues-Feeling.« Fernweh, Highwayromantik und Außenseiterstories prägten Elys soliden Country-

rock 1992 auf Love And Danger, während Letter To Laredo 1995 ausschließlich akustisch eingespielt wurde und von daher leiser, balladesker und differenzierter klang.
Neben seiner eigenen Karriere kümmerte sich Joe Ely 1980 und 1988 um den texanischen Songwriter Terry Allen, und 1993 arbeitete er für dessen Kollegen Michael Ballew. Ian Moore, in den 90er Jahren Gitarrist der **Joe Ely Band**, debütierte als Solist 1993 auf dem Southernrock-Label Capricorn Records.

JOE ELY (1977) MCA, MCD 10219 • HONKY TONK MASQUERADE (1978) MCA 2333 • DOWN ON THE DRAG (1979) MCA 872 622 • LIVE SHOTS (1980) MCA 873 463 • MUSTA NOTTA GOTTA LOTTA (1981) MCA 872 623 • HI-REES (1984) MCA 5480 • LORD OF THE HIGHWAY (1987) Hightone, HT 8008 • DIG ALL NIGHT (1988) Demon 130 • LIVE AT LIBERTY CHURCH (1990) MCA, MCD 10095 • LOVE AND DANGER (1992) MCA 10584 • LETTER TO LAREDO (1995) MCA 11222 • (S) NO BAD TALK OR LOUD TALK (1995) Edsel 418 • (S) TIME FOR TRAVELIN' (1996) Edsel 486 • Mit **Flatlanders**: MORE A LEGEND THAN A BAND (1990) Rounder • Ian **Moore**: IAN MOORE (1993) Capricorn 42018

Gloria Estefan

Die gebürtige Kubanerin wurde mit der Formation **Miami Sound Machine** Mitte der 80er Jahre populär und stieg 1989 zu einer der begehrtesten Popsolistinnen in den USA auf. Insgesamt elf Top 10-Singles und sechs Platinalben dokumentierten bis 1995 ihren immensen Erfolg, der 1996 einen vorläufigen Höhepunkt erreichte, als Gloria Estefan den Song ›Reach‹ bei den Olympischen Spielen in Atlanta sang.
Als Tochter eines kubanischen Soldaten und Bodyguards wurde sie als Gloria Fajardo am 1. 9. 1957 in Havana geboren. Als sie zwei Jahre alt war, übersiedelte die Familie nach Miami. Nach der Schule arbeitete sie als Übersetzerin auf dem internationalen Flughafen von Miami und sang mit ihrem Cousin Merci Muriciano bei Emilio Estefan vor, der mit seiner Showband überwiegend auf Hochzeiten und Parties spielte. Gloria Fajardo bekam ein Engagement bei Estefan, sie trat aber nur an den Wochenenden mit den **Miami Latin Boys** auf, da sie an der University of Miami in Coral Cables, Florida, Psychologie studierte. Sie beendete das Studium im Sommer 1978, und am 1. September heirateten Fajardo und Estefan.
Ende 1974 taufte das Paar sein Unternehmen in **Miami Sound Machine** um. Zwei Jahre später erschien bei dem lokalen spanischen Label Audio Latino die erste Single ›Renacer‹. Bis 1984 kamen mehrere spanische Alben auf den Markt, die die **MSM** als führende Showgruppe in den Tanzclubs etablierte. Doch erst als die Band auf englische Texte umstieg, gelang ihr dank einer temperamentvollen »Mixtur aus Discopop und Salsa« (*Rolling Stone*) der Durchbruch.
Der erste englische Song ›Dr. Beat‹ erschien im September 1984 als B-Seite eines spanischen Songs. Über Umwege schwang sich ›Dr. Beat‹ (GB #6, D #7) zum Tanzhit in den englischen Clubs auf, tauchte in den europäischen Top 10 auf und verhalf **Miami Sound Machine** zum ersten Europatrip. Beim Tokyo Music Festival 1985 bestand die Gruppe aus Gloria Estefan, Emilio Estefan (key, perc), Enrique Garcia (dr), Juan Marcos Avila (b) und Raul Murciano (sax, key).

Das gute Gespür für hochklassige Popsongs, einfühlsame Balladen und Uptempo-Dancefloor garantierten ab dem Spätsommer 1985 Hits in Serie. Den Auftakt machte ›Conga‹ (GB #10, US #45), dem 1986 die Hits ›Bad Boy‹ (GB #19, D #6), ›Words Get In The Way‹ (GB #5), ›Falling In Love‹ (GB #25) und die LP PRIMITIVE LOVE (US #21, D #41) folgten. Gloria Estefan wurde zur »First Lady des Miami-Pop« (*Musik Express*) erklärt, die mit ihrer strahlenden Stimme das auf dichten Rhythmusteppichen und balladesker Romantik basierende Konzept eindeutig dominierte.

»Die beste neue Popgruppe« (*Billboard*) nannte sich ab August 1987 nach ihrer Leadsängerin **Gloria Estefan & Miami Sound Machine**. Sie veröffentlichte das Album LET IT LOOSE (US #6, D #57) mit den Singles ›Betcha Say That‹ (US #36), ›Can't Stay Away From You‹ (GB #7, US #6), ›Anything For You‹ (GB #10, US #1) ›1–2–3‹ (GB #9, US #3) und ›Rhythm Is Gonna Get You‹ (GB #16, US #5). ›Let It Loose‹ verkaufte sich über drei Millionen Mal.

Gloria Estefan, die sich vor allem als Texterin, aber auch als Komponistin profilierte, arbeitete ab Juli 1989 als Solistin, ohne die privaten und beruflichen Beziehungen zu Emilio Estefan aufzugeben. CUTS BOTH WAY (GB #1, US #8, D #27) fügte sich nahtlos in die Hitreihe ein, vertraute auf das hitsichere Pop / Latino-Rezept, orientierte sich aber wieder stärker an kubanischen Wurzeln. Als Singles wurden ›Oye Me Canto (Hear My Voice)‹ (GB #23, US #48, D #28), ›Get On Your Feet‹ (US #11, D #46), ›Here We Are‹ (GB #23, US #6, D #64) und ›Cuts Both Ways‹ (GB #49, US #44) ausgekoppelt.

Im Januar 1990 war Gloria Estefan Comoderatorin der 17. American Music Award-Verleihung in New York City, und im März konnte sie sich über fünf Millionen außerhalb der USA verkaufte LPs freuen. Bei einem Unfall im Tourneebus wurden ihr Sohn, Ehemann und Gloria Estefan selbst verletzt, die bis zum Januar 1991 pausieren mußte.

Nach wie vor als »weltweit populärster Latin / US-Act« (*Guinness*) gehandelt, überbrückte Gloria Estefan die Pause mit einer Kollektion ihrer bekanntesten Songs in spanischer Sprache unter dem Titel EXITOS DE GLORIA ESTEFAN. Das Bühnencomeback fand am 29. 1. 1991 mit der Präsentation der neuen Single ›Coming Out Of The Dark‹ (GB #25, US #1, D #45) bei der 18. American Music Award-Gala statt. Die vom Gospel beeinflußte Ballade war Vorläufer des Albums INTO THE LIGHT (GB #2, US #5, D #19). Die weiteren LP-Extrakte ›Seal Of Fate‹ (GB #24, US #53, D #54), ›Remember Me With Love‹ (GB #22), ›Can't Forget You‹ (US #43) und ›Live For Loving You‹ (GB #24, US #81) erzielten nur durchschnittliche Chartsergebnisse.

1992 zeichnete Gloria Estefan als Coproduzentin von Jon Secadas Albumdebüt verantwortlich, bereiste Mittel- und Südamerika, trat bei den Eröffnungsfeierlichkeiten von Eurodisney in Paris auf. Sie unterstützte verschiedene humanitäre Hilfsorganisationen und half den Opfern des Hurrikans Andrew im September des Jahres. Veröffentlicht wurden die Ballade ›Always Tomorrow‹ (GB #24, US #81), der Remix-Medley ›Miami Hit Mix‹ und das Weihnachtslied ›Christmas Through Your Eyes‹ (GB #8) sowie der Sampler GREATEST HITS (GB #2, US #15, D #28).

Mit TV-Verpflichtungen, Moderatorenjobs, den Singles ›I See Your Smile‹ (GB #48, US #48), ›Go Away‹ (GB #13) und

der spanischen Albumproduktion Mi Tierra (GB #11, US #27, D #59) verbrachte Gloria Estefan das Jahr 1993. Ihre »Pop-Vollwertkost« (*Hifi Vision*) wurde im März 1994 erstmalig mit einem Grammy in der Kategorie Best Tropical Latin Album gewürdigt.
Während Mi Tierra die spanische Herkunft der Sängerin dokumentierte, erfüllte sich Gloria Estefan 1994 auf Hold Me, Thrill Me, Kiss Me (GB #5, US #9, D #89) den Wunsch, ihre Lieblingslieder zu interpretieren. Von Vicki Sue Robinson übernahm sie ›Turn The Beat Around‹ (GB #21, US #13, D #51) und von Robert Knight den Oldie ›Everlasting Love‹ (GB #19, US #27).
Mit dem wiederum ausschließlich in spanisch gesungenen Album Abriendo Puertas wiederholte sie im Februar 1996 ihren Grammy-Erfolg. Im März trug sie den Song ›Moonlight‹ aus dem Harrison Ford-Film »Sabrina« bei der Oscar-Ehrung vor, beteiligte sich im April neben Bryan →Adams, Peter →Gabriel und Don →Henley an der Benefizveranstaltung Witness: A Concert For Human Rights und bereitete im Mai mit der Olympia-Single ›Reach‹ (GB #15, US #42, D #58) die Veröffentlichung von Destiny vor, ihrem ersten englischsprachigen Studioalbum mit neuen Songs seit über zwei Jahren. In den Singlecharts gelangen ihr nur noch mittelmäßige Plazierungen: ›You'll Be Mine‹ (GB #18, US #70, D #84), ›I'm Not Giving You Up‹ (GB #28, US #40).

CUTS BOTH WAYS (1889) Epic 465145 • INTO THE LIGHT (1990) Epic 467782 • MI TIERRA (1993) Epic 473799 • CHRISTMAS THROUGH YOUR EYES (1993) Epic 474660 • HOLD ME, THRILL ME, KISS ME (1994) Epic 477416 • ABRIENDO PUERTAS (1995) Epic 480992 • DESTINY (1996) Columbia 483932 • (S) EXITOS DE GLORIA ESTEFAN (1990) Epic 467520 • (S) GREATEST HITS (1992) Epic 472372 • (S) TWELVE INCH MIXES (1993) Epic 468989 • Mit **Miami Sound Machine**: EYES OF INNOCENCE (1984) Epic • PRIMITIVE LOVE (1985) Epic • LET IT LOOSE (1987) Epic 450910 • ANYTHING FOR YOU (1988) Epic 463125

Sleepy John Estes

Der »wichtige Bluesmann der ersten Generation« (*Rolling Stone*) wurde am 25. 1. 1903 (nach anderen Quellen 1904) in Ripley, Tennessee, geboren. Als Kind verlor er auf einem Auge das Sehvermögen, und 1950 erblindete der Gitarrist und Sänger völlig. Sein Vater schenkte ihm mit 12 Jahren die erste Gitarre. Mit 20 spielte der Autodidakt auf Parties und Tanzveranstaltungen und kam wenig später nach Memphis, wo er mit dem Mandolinenspieler Yank Rachell auftrat. Er arbeitete in der Spätschicht auf einem Bahnhof und verdankte seinen Spitznamen ›Sleepy‹ dem Umstand, daß er häufig einschlief. 1929 nahm er mit Jab Jones von der **Memphis Jug Band** zwei Songs auf.
In den 30er Jahren ging Estes mit Hammie Nixon (harm) nach Chicago. Für Victor Records spielte er seine Klassiker ›Milk Cow Blues‹ und ›Street Car Blues‹ ein, denen 1935 ›Down South Blues‹ und ›Stop That Thing‹ folgten. Er schlug sich mit verschiedenen Jobs und als Straßenmusiker durch und hatte bis September 1941 54 Bluessongs aufgenommen. Estes ließ sich danach in Brownsville, Tennessee, nieder und trat in den 50er Jahren nur noch sporadisch als Musiker in Erscheinung. Ende des Jahrzehnts wurde er

von dem Filmemacher Ralph Blumenthal neu entdeckt, konnte 1962 bei Delmark Records ein Comeback feiern und veröffentlichte im Jahr darauf BROKE AND HUNGRY, RAGGED AND DIRTY TOO. 1964 tourte er zum ersten Mal durch Europa und gehörte zu den Stars des Newport Folk Festivals.

In den folgenden Jahren war Sleepy John Estes eine konstante Größe aller wichti gen Blues-Veranstaltungen. Er tourte 1968 mit dem American Folk Blues Festival durch Europa und wurde 1969 beim Ann Arbor Blues Festival stürmisch gefeiert. Estes bevorzugte einen überaus schwermütigen Bluesstil.

1971 wirkte Sleepy John Estes auf Ry → Cooders Album BOOMER'S STORY mit. Im gleichen Jahr übernahm die Band **Joy Of Cooking** seine Komposition ›Going To Brownsville‹ und kam damit in die Charts. Estes war fast ständig auf Reisen, besuchte 1974 erstmalig Japan und machte noch einmal einen Abstecher nach Europa. Doch Japan war ihm ans Herz gewachsen, 1976 wiederholte er seinen Besuch. 1977 bereitete er gerade seine dritten Japantournee vor, als er am 5. 6. 1977 einem Herzinfarkt erlag.

BROKE AND HUNGRY, RAGGED AND DIRTY TOO (1963) Delmark, DD 608 • ELECTRIC SLEEP (1968) Delmark, DE 619 • RECORDED LIVE (1974) Wolf 120913 • (S) THE LEGEND OF (1963) Delmark, DL 603 • (S) PORTRAITS IN BLUES (1964) Storyville 671172 • (S) BROWNSVILLE BLUES (1965) Delmark, DL 613 • (S) ELECTRIC BLUES CHICAGO STYLE VOL. 3 (1969) Delmark, DL 619 • Mit Sonny Boy Nelson: SOUTHERN BLUES (1974) Wolf 120916

Melissa Etheridge

Obwohl als »weiblicher Bruce Springsteen« (*PR*-Text) angepriesen, hatte Melissa Etheridge einen eigenständigen Stil entwickelt. Alle ihre Alben erwiesen sich als Dauerbrenner, die ein Jahr und mehr in den Top 100 geführt wurden und ausnahmslos Platinstatus erlangten.

Melissa Etheridge wurde am 29. 5. 1961 in dem kleinen Ort Leavenworth, Kansas, geboren. Der Vater schenkte der Achtjährigen die erste Gitarre, und mit elf schrieb sie ihren ersten Song ›Don't Let It Fly Away It's Love‹. Die Eltern unterstützten die musikalischen Ambitionen Melissas und ermöglichten ihr ein Studium am Berklee College of Music in Boston. Nach nur einem Jahr brach sie es ab und arbeitete in den nächsten drei Jahren in der örtlichen Clubszene. 1983 ging Melissa Etheridge nach Los Angeles, machte Demo-Aufnahmen und trat im Jahr darauf beim West Coast Women's Festival im kalifornischen Santa Barbara auf. Sie stand an fünf Abenden der Woche auf der Bühne der Executive Suite in Long Beach und traf dabei Chris Blackwell, den Besitzer von Island Records.

Blackwell erkannte die Qualitäten »der großartigen Songschreiberin« (*Daily News*) und nahm sie unter Vertrag. Sie beteiligte sich zunächst mit einem Titel am Soundtrack zu dem Film »Weeds« mit Nick Nolte in der Hauptrolle. Im Juni 1988 kam das Album MELISSA ETHERIDGE (US #22, D #36) heraus, das alle Kritiker überzeugte. Melissa Etheridge (voc, g), Kevin McCormick (b) und Craig Krampf (d) hatten nach nur vier Tagen das gesamte Material aufgenommen. Die erfolgreiche Debütantin mit »der rauhen und dunklen Stimme« (*Stern*)

hatte ihre stärksten Momente in sparsamen Arrangements.
Nach ihrem Album war sie im Vorprogramm von Bruce →Hornsby und Huey →Lewis in Nordamerika, England, Holland, Deutschland und Italien auf Tournee und gastierte im Juli 1988 beim Montreux Jazz Festival. Anfang 1989 trat sie bei der Grammy-Verleihung auf, spielte beim Mariposa Folk Festival im kanadischen Barrie, Ontario, und wirkte bei Don →Henleys Album THE END OF THE INNOCENCE mit. Außerdem nahm sie ihre zweite LP BRAVE AND CRAZY (GB #63, US #22, D #7) auf, die sie als anspruchsvolle Rockmusikerin bestätigte, die über eine große Bandbreite zwischen Blues, Folk, Country und Rock verfügte. Sie kam »in ihren Songs immer auf den Punkt« (*Musik Express*) mit klaren Gitarrenriffs, schroffen Sounds und harter Rhythmik. Im März 1990 tourte »die vitalste neue Stimme des Rock'n'Roll« (*New York Times*) erstmalig durch Australien, nahm bis zum November ständig Live- und Promotiontermine wahr und verabschiedete sich schließlich im November mit einem Auftritt in Evanston, Illinois, für fast ein Jahr von der Bühne, um in aller Ruhe ihr drittes Album aufzunehmen.
Begleitet von den Gitarristen Stewart Smith und Mark Goldenberg sowie McCormick und Drummer Mauricio Fritz Lewak stellte sie bei NEVER ENOUGH (GB #56, US #21, D #12) auch ihre »besinnlichen und nachdenklichen Seiten« (*Musikmarkt*) heraus. Ihre Songs waren so direkt und unprätentiös wie bisher, akzentuierten aber deutlicher die Zwischentöne. Bestandteil der Platte war der Titel ›Ain't It Heavy‹, der im Februar 1993 in der Kategorie bester Vortrag einer Rocksängerin mit einem Grammy ausgezeichnet wurde.
1993/94 zog Melissa Etheridge wieder von Festival zu Festival, spielte auf einer US-Tour fast 60 Konzerte, jammte mit Robert →Cray oder heizte die Shows von →Sting, den →Eagles oder Jimmy →Buffett an. Das im Oktober 1993 veröffentlichte Album YES I AM (US #15, D #31) mit »rockigen, forschen vorantreibenden Klängen« (*Fachblatt*) stellte sie auf einer Welttournee vor, überzeugte dabei wie immer mit ihrer Präsentation und vielseitigen Songs. YES I AM wurde fünfmal mit Platin ausgezeichnet, von Hugh Padgham produziert, mit neuer Band (Gitarrist John Shanks, Bassist Mark Brown, Drummer Dave Beyer) eingespielt und beinhaltete die Hitsingles ›Come To My Window‹ (US #25) und ›I'm The Only One‹ (US #8).
Padgham war auch der Produzent von YOUR LITTLE SECRET (US #6) vom November 1995. Melissa Etheridge erhielt eine Titelstory im *Rolling Stone*, sang von Janis Joplin ›Piece Of My Heart‹, als deren Lebenswerk in die Rock'n'Roll Hall of Fame aufgenommen wurde, trat mit Bruce →Springsteen beim Unplugged Special auf und wurde von US-Präsident Bill Clinton ins Weiße Haus eingeladen. Im Januar 1996 tourte Melissa Etheridge im Vorprogramm von Bryan →Adams durch Deutschland, anschließend durch Kanada und koppelte erst ›I Want To Come Over‹ (US #22, D #83) und dann ›Nowhere To Go‹ (US #40) aus.

MELISSA ETHERIDGE (1988) Island 842 303 • BRAVE AND CRAZY (1989) Island 842 302 • NEVER ENOUGH (1992) Island 512 120 • YES I AM (1993) Island 848 660 • YOUR LITTLE SECRET (1995) Island 524 154

Ethiopians

Leonard ›Sparrow‹ Dillon (voc), Aston ›Charlie‹ Morris (voc), Stephen Taylor (voc)

Die **Ethiopians** machten 1966 in der Besetzung Leonard Dillon (* 1945, Portland, Jamaica), Aston Morris und Stephen Taylor (* 1944, St. Mary, Jamaica) für die jamaikanische Produzentenlegende Clement ›Coxsone‹ Dodd ihre ersten Aufnahmen. Dillon hatte schon vorher eine Reihe von Ska-Titeln für Dodd unter dem Pseudonym Jack Sparrow eingespielt, darunter ›Ice Water‹ und ›Suffering The Land‹, bei denen die → **Wailers** als Chorsänger mitwirkten.

Ende 1966 verließ Taylor die **Ethiopians**, die als Duo für Dodd weitermachten und sich auf eine Verbindung von Ska und Rock Steady konzentrierten. Ende 1966, Anfang 1967 entstanden ›Free Man‹, ›Live Good‹, ›Owe Me No Pay Me‹, ›I'm Gonna Take Over‹ und ›Dun Dead Already‹. Es folgten weitere landesweite Hits wie ›Train To Skaville‹ und ›Engine 54‹, Titelsong der LP-Premiere. Die **Ethiopians** hatten sich inzwischen von Dodd getrennt und standen bei den Dynamic Studios und dem Label WIRL Records unter Vertrag. Dann wechselten sie zu Gayfeet Records und veröffentlichten die Single-Erfolge ›Stay Loose Mama‹, ›The Whip‹, ›Train To Glory‹ sowie die von Lee → Perry betreuten Songs ›Cut Down‹ und ›Not Me‹.

1968 taten sich die **Ethiopians** mit dem Produzenten J. J. Johnson zusammen. Sie profilierten sich als führende jamaikanische Vokalgruppe und machten sich um einen sozialkritisch geprägten Reggae verdient. Sie schilderten kritisch den Ghetto-Alltag und thematisierten die Rastafari-Lehre. ›Everything Crash‹, der erste Hit unter der Betreuung von Johnson, handelte von der Zeit nach dem Kolonialismus. Weitere Hits der Johnson-Periode war 1968 bis 1971 ›What A Fire‹, ›Gun Man‹, ›Hong Kong Flu‹, ›Woman Capture Man‹ und ›The Selah‹. Das bis dahin beste Album der **Ethiopians** erschien 1969 unter dem Titel REGGAE POWER.

Ab Sommer 1969 arbeiteten die **Ethiopians** auch wieder mit anderen Produzenten zusammen. Mit H. Robinson nahmen sie ›Fire A Mus' Mus' Tail‹ und ›Reggae Hit The Town‹ auf, mit Derrick Harriott ›Satan Girl‹ und ›Matador‹ und mit Duke Reid 1971 ›Mother's Tender Care‹, ›Condition Bad A Yard‹ und ›Pirate‹. Diese Singles erschienen später als Sampleralben.

Als 1975 Stephen Taylor an den Folgen eines Autounfalls starb, beschloß Leonard Dillon im Alleingang, verstärkt durch Chorsängerinnen, den Weg der **Ethiopians** fortzusetzen. 1977 realisierte er auf »solider Rasta-Basis« (*Guinness*) das Album SLAVE CALL, und im Jahr darauf ließ er sich auf der LP OPEN THE GATE OF ZION von Sly Dunbar (dr), Robbie Shakespeare (b) und den **Revolutionaries** in den Channel Studios begleiten. 1980 reaktivierte Dillon seine Kontakte zu ›Coxsone‹ Dodd und veröffentlichte unter dessen Regie das stark am Roots Reggae orientierte Album EVERYTHING CRASH und bis 1986 diverse Singles. Seitdem ruft Dillon die **Ethiopians** mit den neuen Mitgliedern Harold Bishop und Ex- → **Burning Spear** Neville Duncan nur noch sporadisch zusammen.

ENGINE 54 (1968) Trojan • REGGAE POWER (1969) Trojan • WOMAN CAPTURE MAN (1970) Trojan, TBL 112 • SLAVE CALL (1977) Third World, EVA 37556 •

OPEN THE GATE OF ZION (1978) GG's, GG 0012 • EVERYTHING CRASH (1980) Studio One, SOLP 137 • (S) ORIGINAL REGGAE HIT SOUNDS (1986) Trojan, TRLS 228 • (S) OWNER FE DE YARD (1986) Heartbeat EFA 37627 • (S) STUDIO ONE (1990) Heartbeat 56 • (S) THE WORLD GOES SKA (1992) Trojan, TRLS 312 • (S) SIR J.J. AND FRIENDS (1993) Lagoon, EFA 13870 • (S) CLAP YOUR HANDS (1995) Lagoon, EFA 13889 • (S) ONE STEP FORWARD (1992) Blue Moon, BMCD 152 • (S) LET'S SKA AND ROCK STEADY (1992) Creole, JMC 200103

Everly Brothers

Don Everly (voc, g), Phil Everly (voc, g)

Das erfolgreichste Brüderpaar der Popgeschichte war »ein Country-Duo, das eine wichtige Rolle in der Entwicklung der Rockmusik spielte« (*New Musical Express*). Schon in den ersten drei Jahren ihrer Karriere verkauften die **Everly Brothers** 20 Millionen Schallplatten. Zwischen 1957 und 1962 plazierten sie 17 Singles in den Charts, darunter weltweite Bestseller wie ›Bye Bye Love‹, ›Wake Up Little Suzie‹ und ›Cathy's Clown‹. Unprätentiöse, vom Country inspirierte Songs, ein unvergleichlicher Harmoniegesang und die Fähigkeit, Teenagersehnsüchte in schmachtenden Balladen einzufangen und herzergreifend zu singen, machten die **Everly Brothers** zu Superstars.

Don (* 1. 2. 1937) und Phil Everly (* 19. 1. 1939) wurden in Brownie, Kentucky, bzw. Chicago geboren. Ihre Eltern Ike und Margaret Everly waren als Countrysänger im US-Mittelwesten recht populär. Sie nahmen ihre Söhne schon in frühester Kindheit mit auf Tournee und traten mit ihnen im Rundfunk auf.

In der Hoffnung, einige ihrer Kompositionen verkaufen zu können, gingen die Everly-Brüder 1955 ins Countrymekka Nashville. Durch die Vermittlung von Chet Atkins, einem Freund ihres Vaters, konnte Don den Song ›Thou Shalt Not Steal‹ verkaufen, der von Kitty Wells aufgenommen wurde. Die **Everly Brothers** erhielten ihrerseits im November 1955 erstmals die Gelegenheit, in einem Studio vier Songs aufzunehmen, unterstützt von der Begleitgruppe des Countrysängers Carl Smith. Ihre erste Single ›Keep A-Lovin' Me‹ erschien im Februar 1956. Da sie ein Flop war, mußten die Brüder wieder in Nashville Klinken putzen, bis der Musikverlag von Roy Acuff sie als Songwriter unter Vertrag nahm.

Cadence Records interessierte sich 1957 für das Duo und veröffentlichte im März die Single ›Bye Bye Love‹ (GB #6, US #2), mit der die **Everly Brothers** quasi über Nacht bekannt wurden. Der Titel begründete eine erfolgreiche Zusammenarbeit mit dem Komponistenehepaar Felice und Boudleaux Bryant. In kurzen Abständen erschienen immer neue, international populäre Hits wie ›Wake Up Little Suzie‹ (GB #2, US #1), ›All I Have To Do Is Dream‹ (GB #1, US #1), ›Bird Dog‹ (GB #2, US #2), ›Devoted To You‹ (US #10), ›Problems‹ (GB #6, US #2), ›Take A Message To Mary‹ (GB #20, US #16), ›Poor Jenny‹ (GB #14, US #22) und ›('Til) I Kissed You‹ (GB #2, US #4).

Ihren ersten selbstkomponierten Hit ›('Til) I Kissed You‹ spielten sie mit den **Crickets**, der Begleitgruppe von Buddy → Holly, ein. Zwei Monate später unterzeichneten die **Everly Brothers** bei Warner Brothers einen Vertrag, der ihnen eine Million Dollar im Jahr garantierte.

Doch zunächst nutzte Cadence Records das vorhandene Material. Innerhalb von fünf Monaten erschienen ›Let It Be Me‹ (GB #18, US #7), eine englische Version von Gilbert Bécauds ›J'appartiens‹, und ›When Will I Be Loved‹ (GB #5, US #8). ›Let It Be Me‹ war der erste Titel, den die **Everlys** außerhalb von Nashville in den Bell Sound Studios in New York aufnahmen und mit Streichern unterlegten.
Unter den ersten acht Songs für Warner Brothers fand sich keiner, der für eine Single geeignet war, und so schrieb Don Everly ›Cathy's Clown‹ (GB #1, US #1). Nach diesem ersten Nr. 1-Hit hatten die **Everly Brothers** auch Erfolg mit ihren Alben IT'S EVERY TIME (US #9) und A DATE WITH THE EVERLY BROTHERS (US #9) sowie den Singles ›So Sad‹ (GB #5, US #7), ›Ebony Eyes‹ (GB #17, US #8) und ›Walk Right Back‹ (GB #1, US #7). Die Brüder verstanden es inzwischen perfekt, die Gefühle und Stimmung ihrer Generation einzufangen.
Nach den Chartsplazierungen von ›Temptation‹ (GB #1, US #27), ›Muskrat‹ (GB #18, US #82) und ›Don't Blame Me‹ (US #20) meldeten sich Don und Everly freiwillig zur Reserve des US-Marinecorps. Im Februar 1962 heiratete Don Venetia Stevenson, und im gleichen Monat stellten die **Everly Brothers** in der Ed Sullivan Show den Song ›Crying In The Rain‹ (GB #6, US #6) vor, an dem Carole → King als Komponistin beteiligt war.
Nachdem Don Everly im Oktober 1962 beim Eröffnungskonzert einer dreiwöchigen Englandtournee in London einen Zusammenbruch auf der Bühne erlitt, legte das »größte Vokalduo des Rock'n' Roll« (*Melody Maker*) eine Pause ein. Phil Everly brachte die Tour im Alleingang zu Ende, und im Januar 1963 hatte sich Don so weit erholt, daß die Brüder mit Sessionmusikern aus Nashville die LP THE EVERLY BROTHERS SING GREAT COUNTRY HITS aufnehmen konnten. Sie sangen dafür Country & Western-Klassiker wie ›I Walk The Line‹, ›Oh Lonesome Me‹ und ›Release Me‹. Die Alben reichten allerdings bei weitem nicht an den Erfolg der Singles heran.
1963/64 tourten die **Everlys**, u. a. mit den → **Rolling Stones** im Vorprogramm, durch England und demonstrierten Chartspräsenz mit ›So It Will Always Be‹ (GB #23), ›It's Been Nice‹ (GB #23), ›The Ferris Wheel‹ (GB #19, US #54) und ›Gone, Gone, Gone‹ (GB #30, US #42). 1965 gelangen den **Everly Brothers** mit ›The Price Of Love‹ (GB #1) und ›Love Is Strange‹ (GB #14) noch einmal große Hits in Europa, während sie in ihrer Heimat allenfalls noch auf der Las Vegas-Showebene eine wichtige Rolle spielten. 1966 erschien die LP TWO YANKS IN ENGLAND, unterstützt von Musikern der → **Hollies** (Graham → Nash, Tony Hicks, Allan Clarke) und → **Led Zeppelin** (Jimmy Page, John Paul Jones). Nach einer Ostasientournee, diversen TV-Verpflichtungen und dem bodenständigen Countrywerk ROOTS (US #92) gingen die **Everlys** häufiger getrennte Wege. Unterschiedliche Auffassungen über die künstlerische Weiterentwicklung führten im Sommer 1973 zur Trennung.
Don Everly veröffentlichte bereits 1971 seine erste Soloplatte, Bruder Phil zog im September 1973 mit STAR SPANGLED SPRINGER nach. Als Pop- und Countrysolisten hatten sie jedoch wenig Erfolg. Don Everly arbeitete nur noch sporadisch für Guy Clark, Bryan Hayworth, Albert → Lee und Emmylou → Harris im Studio. Phil Everly verdiente gut als Las Vegas-Entertainer und half bei Produktionen von John → Sebastian, Warren

→Zevon, Roy →Wood, John David →Souther und John →Stewart aus. Im Frühjahr 1983 stand er mit Cliff →Richard und dem Duett ›She Means Nothing To Me‹ (GB #9) plötzlich wieder in den britischen Top 10.
Regelmäßige Sampler-Veröffentlichungen sorgten immer mal wieder für kleine **Everly Brothers**-Revivals. Am besten verkauften sich WALK RIGHT BACK WITH THE EVERLYS (GB #23) und LIVING LEGENDS (GB #15). Aus diesem Anlaß kamen die **Everlys** hin und wieder für Gala-Shows zusammen. Erst im Juni 1983 versöhnten sich die **Everly Brothers** wieder. Am 23. September ließen sie in der Londoner Royal Albert Hall das Doppelalbum REUNION CONCERT mitschneiden. Paul McCartney schrieb für die Brüder ›On The Wings Of A Nightingale‹ (GB #40, US #50) und verhalf ihnen im Herbst zum Comeback in den Charts. Dave →Edmunds produzierte das dazugehörige Album EB 40 (GB #36). Edmunds verstand es, dem routinierten Duo frischen Popelan einzuhauchen, und betreute auch das 85er-Album BORN YESTERDAY. Zwar längst nicht mehr so erfolgreich, kamen die **Everly Brothers** mit ihrer intelligenten Mixtur aus unnachahmlichem Gesang, flotten Gitarrenarrangements und einer gehörigen Portion Melancholie immer noch an. 1986 wurden die **Everly Brothers** in die Rock'n'Roll Hall of Fame aufgenommen und erhielten einige Monate später einen Stern auf der Meile Walk of Fame des Hollywood Boulevard. Ihr Song ›Don't Worry Baby‹ vom Album SOME HEARTS gehörte 1989 auch zum Soundtrack des Mel Gibson-Films »Tequila Sunrise«. 1992 waren sie mit Dion und 1994 mit Kris →Kristofferson auf Tournee.
Die **Everly Brothers** blieben gefragte Showstars, die es in den 90er Jahren wieder geschickt verstanden, ihre Legende zu beleben. Ausverkaufte Konzerte und Tourneen dokumentierten ihre Popularität, und mit schöner Regelmäßigkeit sorgten immer neue Sampler ihrer bekannten Songs für Erfolg, wie 1996 GOLDEN YEARS OF THE EVERLY BROTHERS (GB #26). Don Everlys Tochter Erin heiratete am 27. 4. 1990 Axl Rose, den Leadsänger von →**Guns 'N' Roses**.

THE EVERLY BROTHERS – THEY'RE OFF AND RUNNING (1958) Cadence, CLP 3003 • SONGS OUR DADDY TAUGHT US (1958) Cadence, CLP 3016 • IT'S EVERLY TIME (1960) Warner Brothers 1381 • A DATE WITH THE EVERLY BROTHERS (1961) Warner Brothers 1395 • BOTH SIDES OF AN EVENING (1961) Warner Brothers 1418 • INSTANT PARTY (1962) Warner Brothers 1430 • CHRISTMAS WITH THE EVERLY BROTHERS AND THE BOYS TOWN CHOIR (1962) Warner Brothers 1483 • THE EVERLY BROTHERS SING GREAT COUNTRY HITS (1963) Warner Brothers 1513 • ROCK'N'SOUL (1965) Warner Brothers 1578 • GONE GONE GONE (1965) Warner Brothers 1585 • BEAT'N'SOUL (1965) Warner Brothers 1605 • IN OUR IMAGE (1966) Warner Brothers 1620 • TWO YANKS IN ENGLAND (1966) Warner Brothers 1646 • THE EVERLY BROTHERS SING (1967) Warner Brothers 1708 • ROOTS (1968) Warner Brothers 1752 • THE EVERLY BROTHERS SHOW (1970) Warner Brothers 1858 • STORIES WE COULD TELL (1972) RCA, SF 8270 • PASS THE CHICKEN AND LISTEN (1973) RCA, SF 8332 • THE NEW ALBUM (1977) Warner Brothers 56415 • REUNION CONCERT (1984) Mercury 824479 • EB 84 (1984) Mercury 822431 • BORN YESTERDAY (1986) Mercury 826142 • SOME HEARTS (1989) • (S) THE GOLDEN HITS (1962) Warner Brothers 1471 • (S) THE VERY BEST (1964) Warner Brothers 1554 •

(S) THE HIT SOUND OF ... (1967) Warner Brothers 1676 • (S) ORIGINAL GREATEST HITS (1970) • (S) THE MOST BEAUTIFUL SONGS (1973) Warner Brothers 66016 • (S) STAR COLLECTION (1973) Midi 26010 • (S) STAR COLLECTION VOL. 2 (1974) Midi 26025 • (S) THE VERY BEST (1974) Warner Brothers 46008 • (S) WALK RIGHT BACK WITH THE EVERLYS (1976) • (S) ROCK'N'ROLL FOREVER (1977) Midi 26063 • (S) LIVING LEGENDS (1977) • (S) LOVE HURTS (1983) • (S) WALK RIGHT BACK: 1960 TO 1969 (1993) Warner Brothers 45164 • (S) HEARTACHES & HARMONIES (1994) Rhino 71779 • (S) GOLDEN YEARS OF THE EVERLY BROTHERS (1996) • Don **Everly**: DON EVERLY (1971) Ode, AMLS 2007 • SUNSET TOWERS (1974) Ode, SP 77023 • BROTHER JUKE BOX (1977) ABC, AH 44003 • Phil **Everly**: STAR SPANGLED SPRINGER (1973) RCA, SF 8370 • THERE'S NOTHING TOO GOOD FOR MY BABY (1975) Pye, NSPL 18448 • PHIL'S DINER (1974) Pye 12104 • MYSTIC LINE (1975) Pye, NSPL 18473 • LIVING ALONE (1982) Elektra 52154 • PHIL EVERLY (1983) BGO 199 • LOUISE (1988) Magnum, CDMF 53

Every Mother's Son

Christopher Augustine (dr, perc), Dennis Larden (g, ban, voc), Lary Larden (voc, g, harm), Schuyler Larsen (b), Bruce J. Milner (org)

Das Quintett wurde im Frühjahr 1966 in New York auf Initiative der Brüder Dennis (* 22. 11. 1948) und Lary Larden (* 10. 8. 1945) und Bruce J. Milner (* 9. 5. 1943) gegründet. Die Lardens waren bisher als Folkduo in den Kneipen und Clubs von Greenwich Village aufgetreten, und auch Milner hatte mit seinem Bruder zusammengespielt. Die drei wollten eine zeitgemäße Rockband aufbauen und engagierten Schuyler Larsen (* 19. 2. 1947), der in verschiedenen Rock'n'Roll-Gruppen Erfahrungen gesammelt hatte, und Christopher Augustine (* 25. 4. 1941).

Every Mother's Son wollten moderne Popsongs mit Surfbeatcharakter, untermalt von Flöten und Geigen, in die Charts bringen. Kern ihrer Songs waren der Gesang der Larsen-Brüder, die auch die meisten Songs komponierten und texteten. Die fünf Musiker gaben sich das Image freundlicher Studenten und ließen sich für ihr erstes Album in Schlips und Anzug ablichten. EVERY MOTHER'S SON (US #43) erschien im Frühsommer 1997 und enthielt mit ›Come On Down To My Boat‹ (US #5) den ersten und größten Hit der Gruppe. Außerdem wurde ›Put Your Mind At Ease‹ (US #37) ausgekoppelt. **Every Mother's Son** pflegten einen Rockpop, der bei den Parties und Tanzfeten auf dem Campus gut ankam.

Trotz Trennungsgerüchten legte die Gruppe 1968 ihr zweites Album BACK mit den Singles ›Pony With The Golden Mane‹ (US #59) und ›No One Knows‹ (US #95) vor. Das Album, mit Donald Kerr anstelle von Larsen, repräsentierte erneut gradlinigen Pop, wurde aber ein Flop, und **Every Mother's Son** trennten sich tatsächlich. Dennis Larden wirkte auf Platten von Keith Moon und Rick →Nelson mit, und Donald Kerr spielte für Herbie Hancock.

EVERY MOTHER'S SON (1967) MGM, SE 4471 • BACK (1968) MGM, SE 4504

Exploding White Mice

Andy Bunney (g, voc), David Bunney (dr), Andy MacQueen (b, voc), Jeff Stephens (g, voc)

Fünf Musiker in zerrissenen Jeans und ausgewaschenen T-Shirts machten aus ihrer Begeisterung für die →**Stooges**, **Radio Birdman**, →**Cramps** und →**Ramones** keinen Hehl und ließen sich Anfang 1985 bei der Suche nach einem geeigneten Bandnamen von dem Film »Rock'n'Roll High School« und dem →**Ramones**-Album ROCKET TO RUSSIA inspirieren. In Australiens Alternativszene gehörten sie auf Anhieb zu den Top-Acts, und ihre Alben und Singles waren auf Spitzenplätze in den Independent Charts abonniert.

Exploding White Mice stammten aus Adelaide und wurden von Jeff Stephens, Andy Gilchrist (b, voc) und Giles Barrow (g, voc) gegründet. Ihr Stil orientierte sich am Detroit-Sound der frühen **Stooges** und dem Rock'n'Roll/Punk-Spaß der **Ramones**. Auch wenn die »Songgerüste bekannt waren und Sänger Gilchrist auf den Spuren von Joey Ramone wandelte« (*Trouser Press*), hatten **Exploding White Mice** bereits in ihrer Anfangsphase einen eigenständigen Stil gefunden. Sie zeichneten sich durch eine ungeheure Dynamik aus und setzten bei den sechs Stükken ihrer Mini-LP IN A NEST OF VIPERS auf rauhe Gitarren und »packende Poprock-Melodien« (*Trouser Press*). Sie coverten den Sixties-Hit ›Pipeline‹ von den **Chantays** und Bo →Diddleys ›Let The Kids Dance‹. Das Debüt »der jungen Band mit dem ansehnlichen Talent« (*Time Out*) wurde von Kritikern zur besten Independent-LP des Jahres gewählt.

Exploding White Mice, inzwischen ein Quintett, waren auch live eine agile, lustvoll spielende Formation, die den Geist des Punk wiederbelebte. Ihr erstes komplettes Album erschien 1988 unter dem Titel BRUTE FORCE AND IGNORANCE und propagierte »wunderbare, adrenalindurchtränkte, schnelle Songs« (brit. *Sounds*). **Exploding White Mice** etablierten sich damit als »beste Trash / Pop-Band des Landes« (*Guinness*).

Jack Jacomos (g) ersetzte 1990 bei der LP EXPLODING WHITE MICE den abgewanderten Barrow. Die Studioseite setzte auf heftiges Pogo-Tempo, doch erst auf der Live-Seite des Albums drehte die Band richtig auf. 1992 war von **Exploding White Mice** nur noch das Trio Stephens, Bunney und MacQueen übriggeblieben, das auf COLLATERAL DAMAGE eine gelungene, temperamentvolle Mixtur mit scharfen Gitarren, Pogospaß und frischen Vokalphrasen von Stephens bot. Anschließend gönnten sie sich eine längere Pause.

Als neues Mitglied präsentierten **Exploding White Mice** im Januar 1996 auf dem Album WE WALK ALONE Ex-**Coneheads** Andy Bunney (g, voc) und stellten sich im Frühjahr auf einer Europatournee vor. Im gleichen Jahr spielten sie in der schwarzen Filmkomödie »The Roly Poly Man« von Bill Young eine »Punkband direkt aus der Hölle« (Jeff Stephens).

IN A NEST OF VIPERS (1985) Mini-LP Greasy Pop, GPR 115 • BRUTE FORCE AND IGNORANCE (1988) Normal, RTD 305 0186 • EXPLODING WHITE MICE (1990) Normal, RTD 305 0219 • COLLATERAL DAMAGE (1992) Normal, RTD 305 0244 • WE WALK ALONE (1996) Subway 202123

Extreme

Patrick Badger (b, voc), Nuno Bettencourt (g, p, key, perc, voc), Gary Cherone (voc), Paul Geary (dr, perc, voc)

Extreme entstanden 1986 in Boston, Massachusetts, aus zwei lokalen Rockbands. Gary Cherone (*24. 7. 1961) und der Drummer Paul Geary (*2. 7. 1961) hatten 1985 als **Dream** eine LP veröffentlicht, während Patrick Badger (*22. 7. 1967) und Nuno Bettencourt (*20. 9. 1966) bei **Sinful** spielten. Über die Zwischenstation **Ex-Dream** kamen sie 1987 auf den Namen **Extreme** und wurden im Jahr darauf bei einem MTV-Wettbewerb entdeckt.

Extreme, deren Vorbild → **Queen** waren, konnten für ihr Debüt deren langjährigen Produzenten Mach gewinnen. Das Album EXTREME (US #80) erschien im Frühjahr 1989 und wurde als wenig eigenständige **Queen**-Kopie, die Funk und Metal zu kreuzen versuchte, empfunden. Das Quartett gab 1989/90 zahlreiche Konzerte und konnten auch das europäische Hardrock-Publikum überzeugen. Das zweite, von Michael Wagner produzierte Album II PORNOGRAFFITTI (US #77) fand im Herbst 1990 wenig Aufmerksamkeit, wurde aber nach weltweitem Erfolg der Ballade ›No More Words‹ (GB #2, US #1, D #8) im April 1991 zum Bestseller (GB #12, US #10, D #15). Außerdem wurden ›Get The Funk Out‹ (GB #19), ›Decadence Dance‹ (GB #36) und ›Hole Hearted‹ (GB #12, US #4, D #48) ausgekoppelt.

Experimentierfreude, Heavy-Dynamik und ein überragender Leadsänger waren die Trumpfkarten von **Extreme**, bei denen »sich die Riffe jagen, daß die Funken sprühen« (*Musik Express*). Mit III SIDES TO EVERY STORY (GB #2, US #10, D #20) sorgten sie bei den Medien für Überraschung, die nach ›No More Words‹ nur noch Schmusesongs von der Gruppe erwartet hatten. Ihre »kunstfertigen Hardrock-Nummern« (*Hifi Vision*) hinterließen einen zwiespältigen Eindruck, bescherten ihnen aber vor allem in Großbritannien mit den Singles ›Song Of Love‹ (GB #12), ›Rest In Peace‹ (GB #13, US #96), ›Stop The World‹ (GB #22, US #95) und ›Tragic Comic‹ (GB #15) gute Umsätze.

Im April 1994 spielte Frontmann Cherone in Boston die Titelrolle in dem Musical »Jesus Christ Superstar«. Im gleichen Monat erklärte Geary seinen Abschied von **Extreme**. Sein Nachfolger Michael Mangini kam von **Movie** und debütierte bei **Extreme** im Mai bei einem Clubgig in Allston, Massachusetts. Ende 1994 richtete Bettencourt sein Label Colorblind Records ein und betreute u. a. die Rapper **Top Choice Clique**.

Das vorläufig letzte Album von **Extreme** kam Anfang 1996 heraus. WAITING FOR THE PUNCHLINE (GB #10, US #40) und die Single ›Hip Today‹ (GB #44) verkauften sich wiederum in Europa besser als in der Heimat und wurden von den Medien kritisiert: »kaum durchkomponierte Songs, die eher unbeholfen und ungeschliffen daherkommen« (*Musik Express*). Der Poser-Rock wirkte plötzlich überholt. Im Herbst 1996 löste sich die Band auf, als Sänger Gary Cherone ein Angebot von → **Van Halen** annahm.

Bettencourt veröffentlichte sein Soloprojekt SHIZOPHONIC. Er überzeugte als vielseitiger Instrumentalist zwischen Punk und Folk, verfügte aber nur über eine durchschnittliche Stimme.

EXTREME (1988) A&M 395238 • II PORNOGRAFFITTI (1990) A&M 395313 • III SIDES TO EVERY STORY (1992) A&M 540006 • WAITING FOR THE PUNCHLINE (1995) A&M 540305 • Gary **Cherone** und Paul **Geary** mit **Dream**: THE DREAM (1985) • Nuno **Bettencourt** als **Nuno**: SHIZOPHONIC (1997) A&M 540593

Exuma

Daddy Ya Ya (b, perc, voc), Lord Cherry (perc, voc), Lord Wellington (perc), Tony McKay (voc, g, perc), Peppy The Spyboy (perc), Yogi (perc, voc), Princess Diana (voc, perc)

Am 18. 2. 1947 in Tea Bay, Cat Islands, auf den Bahamas geboren, kam Tony McKay 1969 nach New York und gründete in Greenwich Village das farbenprächtige, mit exotischen Rhythmusinstrumenten besetzte Ensemble **Exuma**: »Exuma ist ein sehr alter Kultname, der aus Afrika nach Westindien gekommen ist« (Tony McKay). Fälschlicherweise wurde der mystische, folkloristische Ethnosound oft mit dem Voodoo-Spektakel eines →Dr. John verglichen. Tatsächlich beruhte die Musik von **Exuma** auf überlieferten, spritistischen Ritualen aus Westindien.

Die ersten beiden Alben zählten zu den originellsten und auffälligsten Veröffentlichungen des Jahres 1970. Sie boten ein harmonisches Konglomerat aus einfachen Indianertrommeln, afroamerikanischer Rhythmik, Rockelementen in volkstümlich-schlichten Arrangements. Die Musik »vermittelte Bilder von Seancen, Zauberszenen und Magie«, und McKay sang dazu »wie eine recht eigentümliche Mischung aus Captain Beefheart und Mick Jagger« (*Musik Express*). Nach den LPs Exuma und II avancierte McKay zur Kultfigur, obwohl der Verkauf nur mäßig war. McKay, der unbedingt kommerziell erfolgreich sein wollte, stellte daraufhin das Konzept um und setzte bei Do Wah Nanny auf mehr Eingängigkeit und Transparenz. Der perkussive, animalische Sound geriet in die gefährliche Nähe zum Schunkel-Afropop. Dennoch wurde das Album 1971 als das bestverkaufte in Venezuela ausgezeichnet. Die international wichtigen Popmärkte respektierten **Exuma** nur noch als bunten, außergewöhnlichen Farbtupfer, der aber nur kurze Zeit von dem Exotikeffekt profitieren konnte. Das vielköpfige Unternehmen wurde bis zur letzten offiziellen LP Life mehrfach umbesetzt. Ein Comebackversuch 1980 mit dem Album Penny Sausage brachte nicht den erhofften Erfolg.

EXUMA (1970) Mercury 6338013 • II (1970) Mercury 6338039 • DO WAH NANNY (1971) Castle 5129 CLC • SNAKE (1972) Castle 5130 CLC • REINCARNATION (1973) Castle 5131 CLC • LIFE (1973) Kama Sutra 2074 • PENNY SAUSAGE (1980) Inagua 999

Fabulous Thunderbirds

Steve Jordan (b, dr, voc), Danny Kortchmar (g, p, voc), Kim Wilson (voc, harm)

→Howlin' Wolf und Muddy →Waters standen Pate, als sich die **Fabulous Thunderbirds** anschickten, mit möglichst einfachen R&B-Mitteln, harten Gitarrenriffs und »allen Southern Rock-Errungenschaften« (*Hifi Vision*) die 80er Popjahre zu erschüttern. Für *Village Voice* waren sie von Anfang an »die beste Rock- und Bluesband im Lande«, und für Muddy Waters schlicht »meine Lieblingsgruppe«.
Die Gründung der »Donnervögel« war auf eine Initiative des Gitarristen Jimmie Vaughan (* 20. 3. 1951, Dallas, Texas) zurückzuführen. Der ältere Bruder von Stevie Ray →Vaughan begeisterte sich für den selbstbewußten, athletischen schwarzen Blues der US-Großstädte und deftige Country-Kost. Gemeinsam mit Stevie Ray spielte er in diversen Schulbands und anschließend in Cover-Formationen, die die Musik von Jimi →Hendrix und Eric →Clapton bevorzugten. Mit den **Swinging Pendulums** und den **Chessmen** brachte Vaughan es immerhin zu lokaler Popularität. 1973 kam er als Mitglied von **Texas Storm** nach Austin, Texas.
Fünf Jahre trieb sich Vaughan in den Bluesknelpen und Countryclubs herum und lernte u. a. von Bobby ›Blue‹ →Bland und →Little Milton. 1977 ging er eine Partnerschaft mit dem Sänger und Mundharmonikaspieler Kim Wilson (* 6. 1. 1951, Detroit, Michigan) ein. Wilson, der Eddie Taylor, Albert →Collins und John Lee →Hooker begleitet hatte, hörte Vaughans Band im Alexander's in Austin und sprang spontan auf die Bühne. Außerdem kam der Bassist Keith Ferguson (* 23. 7. 1946, Houston, Texas) von den **T-Birds** dazu, und gemeinsam einigten sie sich auf Mick Buck (* 1. 6. 1952) als Schlagzeuger. Zeitweise gehörte auch die Sängerin Lou Ann Barton zum erweiterten Kreis der **Fabulous Thunderbirds**.
Im Mai 1979 fand sich das Quartett in den Sumet-Bernet Studios in Dallas ein, um das Debütalbum aufzunehmen. Das korrekte R&B/Rockwerk manifestierte die zukünftige Entwicklung der **Fabulous Thunderbirds**, die trotz modischer Verlockungen vom »herzerfrischendsten und griffigsten Rock'n'Roll, Country-Rock und Rhythm & Blues« (*Fachblatt*) keinen Deut abwichen. Minimaler Aufwand, antiquierte Verstärkeranlagen und Telecaster-Nostalgie dokumentierten den lässig altmodischen Sound, der »klar und ohne Umschweife auf den Punkt kommt« (*Blues Forum*).
Noch während der Aufnahmen von WHAT'S THE WORD? verließ Buck die **Thunderbirds** und setzte 1983 seine Karriere bei den →**LeRoi Brothers** fort. Er wurde durch Fran Christina (* 1. 2. 1951) von →**Roomful Of Blues** ersetzt. 1981/82 erschienen BUTT ROCKIN' und T-BIRD RHYTHM, zwei weitere charakterstarke Bluesrock-Platten. T-BIRD RHYTHM wurde von dem Engländer Nick →Lowe produziert. Die **Fabulous Thunderbirds** setzten ihren unterhaltsamen Roots Rock-Feldzug unverdrossen fort, verloren aber ihren Plattenvertrag.
Die Revival-Stimmung und die unverändert hohe Nachfrage nach ungeschminktem Texas-Sound eröffneten den **Fabulous Thunderbirds** 1986 eine Comebackchance. Preston Hubbard (* 15. 3.

1953) von → **Asleep At The Wheel** hatte inzwischen Ferguson, den es ebenfalls zu den **LeRoi Brothers** zog, abgelöst. Dave → Edmunds verantwortete als Produzent das Hitalbum TUFF ENUFF (US #13) und die Auskopplungen ›Tuff Enuff‹ (US #10) und ›Wrap It Up‹ (US #50). Studiogäste waren der Pianist Chuck Leavell von den → **Allman Brothers** sowie Cesar Rosas und David Hidalgo von der Texmex-Rockband → **Los Lobos**. Den Erfolg von TUFF ENUFF konnten die **Thunderbirds** 1987 mit dem Album HOT NUMBER (US #49) und der Single ›Stand Back‹ (US #76) nicht ganz wiederholen. Die Platte hatte »Feuer und Chilli-Pfeffer« (*Hifi Vision*), war aber der vorhergehenden LP vom Repertoire einfach zu ähnlich. Daran scheiterte auch 1989 POWERFUL STUFF. Lediglich der Titelsong (US #65), der auch Bestandteil des Soundtracks zum Kinohit »Cocktail« war, gelangte in untere Regionen der Charts.

Die Band drohte in eine Sackgasse zu geraten und sich aufzulösen, als Vaughan 1990 ausstieg, um mit seinem Bruder die **Vaughan Brothers** zu bilden. Die **Fabulous Thunderbirds** holten jedoch zwei neue Gitarristen, Duke Robillard und Doug ›The Kid‹ Bangham. Robillard war Mitbegründer von **Roomful Of Blues**, während Bangham aus der Rockszene stammte. Die neue Besetzung nahm das Album WALK THAT WALK, TALK THAT TALK auf, das sich als Flop erwies. Kim Wilson löste die **Thunderbirds** auf, um sich stilistisch vergleichbaren Soloproduktionen zu widmen. Wilson unterstützte zudem das Duo **Brad-Siegel** und wirkte 1993 auf dem Album HONEYTRAP von **Bobby Mack & Night Train** mit.

Jimmie Vaughan zählte zu den Aktivposten der weißen Bluesszene in den USA. Er spielte 1980 bzw. 1982 auf zwei Alben von Lou Ann Barton und half dem texanischen Bluesmusiker Doyle Bramhall bei seinem LP-Debüt. 1996 war er Gastmusiker auf Bo → Diddleys Platte A MAN AMONGST MEN.

1993 reformierte Wilson die **Fabulous Thunderbirds** mit dem Gitarristen Doyle Bramhall. WRAP IT UP bekam ausgezeichnete Kritiken, verkaufte sich aber schlecht. Daraufhin stellte er die Besetzung erneut um und engagierte Danny Kortchmar (Don → Henley) als Produzenten. Die Studiomannschaft bestand aus Wilson, Christina, Gene Taylor (key), Danny Kortchmar (g), Kid Ramos (g) und der Baßlegende Harvey Brooks. ROLL THE DICE bot allerfeinste, zeitgemäße US-Roots-Music, den »die Prototypen der Bluesrocker aus Texas« (*Oldiemarkt*) enthusiastisch und ideenreich angingen.

Die guten Reaktionen verschafften den **Fabulous Thunderbirds** wieder mehr Tour- und Konzertangebote, und da Brooks und Kortchmar in andere Projekte eingebunden waren, wurden Kid Ramos und Mark Carrino zeitweise feste Mitglieder. 1997 bei der Produktion von HIGH WATER stand Wilson unumstritten im Mittelpunkt und wurde von Kortchmar und Steve Jordan (b, dr, voc) begleitet. Gitarrist Doyle Bramhall überzeugte auch als R&B-Solist. Seine zweite LP wurde von dem Duo Wendy & Lisa, den langjährigen → Prince-Begleiterinnen, produziert. Kim Wilson war 1998 Stargast auf einem Album des Bluesmusikers Dave Myers.

FABULOUS THUNDERBIRDS (1979) Chrysalis, VK 41250 • WHAT'S THE WORD? (1980) Chrysalis, VK 41287 • BUTT ROCKIN' (1981) Chrysalis, VK 41319 • T-BIRD RHYTHM (1982) Chrysalis, VK 41395 •

TUFF ENUFF (1986) Sony, ZK 40304 • HOT NUMBER (1987) Sony, ZK 40818 • POWERFUL STUFF (1989) Sony, ZK 45094 • WALK THAT WALK, TALK THAT TALK (1991) Epic 468 524 • WRAP IT UP (1993) Sony 24202 • ROLL OF THE DICE (1995) Private Music 82130 • HIGH WATER (1997) Private Music 0582157 • (S) PORTOFOLIO (1988) Chrysalis 321599 • (S) HOT STUFF (1991) Epic 472236 • **Fabulous Thunderbirds** mit Al Copley: GOOD UNDERSTANDING (1992) Suffering Egos, SE 754 • Kim **Wilson**: TIGERMAN (1993) Antone's, ANT 0023 • THAT'S LIFE (1994) Antone's, ANT 0034 • Jimmie **Vaughan**: STRANGE PLEASURE (1993) Epic, EK 57202 • Jimmie **Vaughan** mit Stevie Ray Vaughan als **Vaughan Brothers**: FAMILY STYLE (1990) Epic 467014 • Kid **Ramos**: TWO HANDS ONE HEART (1995) Black Top, BT 1120 • Doyle **Bramhall**: BIRD NEST ON THE GROUND (1994) Antone's, ANT 0027 • II (1996) Geffen 25001

Faith No More

Mike Bordin (dr), Roddy Bottum (key), Billy Gould (b), John Hudson (g), Mike Patton (voc)

Die Gruppe aus San Francisco war eine der ersten, die mit der Fusion von Funk-, Trash- und Hardcore experimentierte. **Faith No More** wurden lange Zeit als Geheimtip gehandelt und waren Lieblinge der Musikjournalisten, ehe sie Ende der 80er Jahre mit der »begeisternden Mitsing/Mitgröl-Single« (*Trouser Press*) und »hämischen Trash-Funk-Antwort auf We Are The World« (*Rolling Stone*), ›We Care A Lot‹, in die Charts vordringen konnten. **Faith No More** boten »eine muskulöse Rockmischung, die Funk, Metal, HipHop, Hardcore und Keyboards spielend vereinnahmte« (*Trouser Press*). Bereits 1980 hatten sich Bassist Billy Gould (* 23. 4. 1963, Los Angeles, Kalifornien) und Keyboarder Michael Bottum (* 1. 7. 1963, Los Angeles) zu einer Interessengemeinschaft zusammengetan. Beide waren mit völlig unterschiedlichen Ansätzen seit Ende der 70er Jahre in der Punkrockszene von L.A. aktiv. Gould war von den → **Sex Pistols** und **Germs** beeinflußt, während Bottum eine zehnjährige klassische Ausbildung hinter sich hatte. Nach zwei Jahren Vorbereitung stand die erste Besetzung von **Faith No Man** mit dem Gitarristen James Martin (* 21. 7. 1961, Oakland, Kalifornien) von der Trash-Band **Vicious Hatred**, Michael Bordin (* 27. 11. 1962, San Francisco) und dem späteren → **Metallica**-Bassisten Cliff Burton. Während ihrer Clubauftritte bat die Band Gastsängerinnen aus dem Publikum auf die Bühne, darunter Courtney Love (→ **Hole**) und Chuck Mosely, der sich gerne in Frauenkleidern zeigte.

Bordin, Bottom, Gould, Martin und Mosely nannten sich ab Ende 1984 **Faith No More** und nahmen für das Independent-Label Mordam Records das erste, nach dem Quintett benannte Album auf, das 1987 unter dem Titel WE CARE A LOT wiederveröffentlicht wurde. Der Titelsong (GB #56) erschien als Single im Februar 1988. Die Hardcore-Szene reagierte positiv auf den chaotischen, aber gleichzeitig melodiösen Sound mit »seiner soliden Dosis Power-Gitarren« (*Trouser Press*). **Faith No More** gingen daraufhin auf US-Tour, spielten im Vorprogramm der → **Red Hot Chili Peppers** und »verbreiteten ihre lärmenden Ansichten« (*Time Out*). Im Herbst 1987 erschien die zweite LP INTRODUCE YOURSELF, die von Matt Wallace und Steve Berlin (→ **Los Lobos**) produziert wurde.

»Schmelzende Metal-Gitarren, tödliche Tanzrhythmen und schmerzhaft präzise Texte« (brit. *Sounds*) mischten sich konsequent in einem Hard & Heavy/Noise-Pop/Funk-Stil, der **Faith No More** zu den interessantesten Newcomern des Jahres 1988 machte.

Noch vor den Aufnahmen zum dritten Album wurde Sänger Mosely wegen »Unberechenbarkeit« (**Faith No More**) entlassen. Für Mosely, der im Umfeld der → **Bad Brains** wieder auftauchte, kam Mike Patton (* 27. 1. 1968, Euroka, Kalifornien), ein hypnotischer Frontmann, der zuvor bei der bizarren kalifornischen Band **Mr. Bungle** gesungen hatte. Patton debütierte bei **Faith No More** im Sommer 1989 auf dem dritten Album THE REAL THING (GB #30, US #11, D #37), das einmal mehr stilistische Grenzen mühelos überwand und sich fast ein Jahr in den Top 10 der USA hielt. »Funk-Rapstrophen und Hardrock-Refrains« (*Rolling Stone*) ließen ›Epic‹ (GB #25, US #9), ›From Out Of Nowhere‹ (GB #23) und ›Falling To Pieces‹ (GB #41, US #92) 1990 zu Hits werden.

Faith No More bearbeiteten Songs von → Madonna, den → **Commodores** und → **New Kids On The Block**. Die Live-Stärke der Band verdeutlichten das im April 1990 in London mitgeschnittene Live-Video »You Fat Bastards« und die dazugehörige Mini-LP ›Live At The Brixton Academy‹ (GB #20, D #38). Sie »untermauerte den Ruf von **Faith No More** als technisch versierte Power-Crossover-Truppe: Es kreischt und quietscht, kracht und scheppert – alles jedoch auf der soliden Grundlage atemberaubender handwerklicher Finessen und extremer Energie« (*Hifi Vision*).

Im Sommer 1991 steuerten **Faith No More** den Titel ›The Perfect Crime‹ für den Soundtrack des Filmes »Bill & Ted's Bogus Journey« bei, in dem Gitarrist Martin auch eine kleine Rolle übernahm. Im Herbst veröffentlichte Patton mit **Mr. Bungle**, denen er trotz seines Engagements bei **Faith No More** immer noch verbunden war, ein gleichnamiges Album. Das Material stammte aus der MC ›OU 818‹, die 1989 im kalifornischen Underground die Runde machte. **Mr. Bungle** setzten sich neben Patton, der sich Vlad Dracula nannte, aus Danny Heifetz (dr), Trey Spruance (g), Trevor Roy Dunn (b), Bear McKinnon (sax) und Theo Brooks Lengyel (sax) zusammen. Schließlich beteiligten sich **Faith No More** 1991 mit dem Song ›Let's Lynch The Landlord‹ an dem Tribute-Album für die → **Dead Kennedys**.

Die Single ›Midlife Crisis‹ (GB #10, D #32) bereitete im Frühjahr 1992 das Album ANGEL DUST (GB #2, US #10, D #8) vor. Die Platte klang so schwermütig wie die Musik von Nick → Cave und so brutal wie die Metalaggressionen von → **Slayer**. Schwerer Rock wechselte sich mit eingängigen Poprefrains ab, »Lärm mit Melodie, Schönheit mit Brutalität, weit entfernt von der rüpelhaften Jugendlichkeit früherer Arbeiten« (*Rough Guide*). Als Singles wurden ›A Small Victory‹ (GB #29) und ›Everything's Ruined‹ (GB #28) ausgekoppelt. Mit diesen Erfolgen im Rücken machten sie auf einer Welttournee den Stars von → **Guns 'N' Roses** das Leben schwer.

Geschäftliche Schlitzohrigkeit bewiesen **Faith No More** Anfang 1993. Die Ballade ›I'm Easy‹ (GB #3, US #58, D #20), ein Original der **Commodores**, suchte man vergeblich auf der LP ANGEL DUST. Sie erschien zunächst als EP und wurde ein paar Monate später als Ergänzung von ›Angel Dust‹ (GB #28) erneut veröffent-

licht. Auf diese Weise gelangte das Album nochmals in die Charts. **Faith No More** erlebten 1993 weitere Höhepunkte: Sie waren die Stars des britischen Phoenix Festivals dank »90 Minuten Hochspannung, die mehr als deutlich bewiesen, daß Faith No More keine Hits brauchen, um die Massen zu bewegen« (*Musik Express*), und glänzten im Herbst bei dem Song ›Another Body Murdered‹ (GB #26) im Zusammenspiel mit den Rap-Könnern von **Boo Ya Tribe** für den Soundtrack zu »Judgement Night«.
1994 war der Terminkalender der Crossover-Rocker von ausgedehnten Tourneen diktiert. Als sie endlich Zeit für Studioaufnahmen fanden, stieg Martin nach internen Auseinandersetzungen aus und mußte bei der Produktion durch Trey Spruance von **Mr. Bungle** ersetzt werden. Spruance stand jedoch für Tourneen nicht zur Verfügung, und so wurde Dean Menta angeheuert.
Martin gründete zunächst **Behemoth** und veröffentlichte zwei Singles. Bei seinem Solodebüt MILK AND BLOOD ließ er sich 1997 von Brent Weeks (b) und Joe Cabral (dr) begleiten und riskierte eine durchaus interessante Mixtur aus Hardrock, Surf- und Punkmusik.
Im März 1995 wurde das Album KING FOR A DAY, FOOL FOR A LIFETIME veröffentlicht, das unbekümmert und zugleich präzis organisiert Heavyrock, Country, Punk, Gospel und Pop zusammenführte: »Die Platte ist wie immer, ein ziemliches Durcheinander, in dem sich Mike Patton virtuos durch die Stile singt, daß es nur so eine Freude ist. Außerst unterhaltsam« (*Bremer Blatt*). Im Abstand von jeweils zwei Monaten wurden zwischen März und Juli ›Digging The Grave‹ (GB #16, D #48), ›Ricochet‹ (GB #27) und ›Evidence‹ (GB #32) ausgekoppelt.
Eine abgesagte Europatournee im Herbst 1995 provozierte sofort Trennungsgerüchte, die umgehend dementiert wurden. Die Musiker wollten pausieren, kündigten aber gleichzeitig Soloprojekte an. Patton nahm wieder Kontakt zu **Mr. Bungle** auf, und Bottum präsentierte im Sommer 1996 seine Gruppe **Imperial Teen** mit der LP SEASICK. Die Bassistin Lynn Perko kam von **Sister Double Happiness**, und Schlagzeugerin Jone Stebbins hatte Erfahrungen bei den **Wrecks** gesammelt. Als Gitarrist vervollständigte Will Schwartz die Band, der es gelang, »Pop-Punk-Perlen zu verfassen, die keiner imitieren kann« (*Time Out*). Als Produzent war der →**Redd Cross**-Gitarrist Steve McDonald für den »unbedarft lebendigen Powerpop« (*Billboard*) verantwortlich.
Mike Bordin tourte einige Monate lang als Schlagzeuger der **Ozzy →Osbourne Band**, während Billy Gould zwei Alben mit dem Art-Metal-Projekt **Brujera** produzierte. Im Frühjahr 1997 erschien ALBUM OF THE YEAR, eine hochgelobte, neue Arbeit von **Faith No More**. Als Gitarrist stellte sich John Hudson (**Systems Collapse**) vor, ein langjähriger Freund und Mitbewohner von Billy Gould, der Menta ersetzte. Als Produzent war Roli Mosiman (→**Swans**) auch für die ausgekoppelte Hitsingle ›Ashes To Ashes‹ verantwortlich.

WE CARE A LOT (1985) London 828805 • FAITH NO MORE – WE CARE A LOT (1985) Mordam, MDR 1 • INTRODUCE YOURSELF (1987) London 828051 • THE REAL THING (1989) London 828154 • LIVE AT THE BRIXTON ACADEMY (1990) Mini-LP London 828238 • ANGEL DUST (1992) London

828321 • KING FOR A DAY, FOOL FOR A LIFETIME (1995) London 828560 • ALBUM OF THE YEAR (1997) London 828902 • Roddy **Bottum** mit **Imperial Teen**: SEASICK (1996) London 828742 • Jim **Martin**: MILK AND BLOOD (1997) Steamhammer, SPV 085–18742 • Mike **Patton** mit **Mr. Bungle**: MR. BUNGLE (1991) London 828267 • DISCO VOLANTE (1996) London 828694

Fanny

Nichole Barclay (key), Alice De Buhr (dr), Jean Millington (b, voc), June Millington (g, voc)

Die erste weibliche Band, die in Hardrockkreisen akzeptiert wurde, kam aus dem kalifornischen Sacramento und nannte sich anfangs **Sveltes**. Im Mittelpunkt standen die auf den Philippinen geborenen Schwestern Jean und June Millington, die zunächst verschiedene Formationen ausprobierten und als **Wild Honey** 1970 einen Plattenvertrag unterzeichneten. Zu diesem Zeitpunkt gehörte Alice De Buhr bereits zur Band, die von dem Produzenten Richard Perry im ›Troubadour‹ in Los Angeles entdeckt worden war.

Die »potentiellen Teen-Königinnen der siebziger Jahre« (*The Phoenix*) ließen sich in Hollywood nieder und arbeiteten am Konzept zum ersten Album. Doch zuvor begleiteten sie Barbra Streisand im Studio und engagierten die Keyboarderin Nichole Barclay. Die LP FANNY stellte in der Songauswahl und der musikalischen Originalität nur Durchschnitt dar. **Fanny** klangen unerfahren, verfügten aber zweifelsfrei über Potential. Joe →Cocker und →**Jethro Tull** holten **Fanny** in ihr Vorprogramm. Die »wahren weiblichen Rock'n'Roll-Pioniere« (*Rolling Stone*) profitierten von den undankbaren Anheizer-Jobs und präsentierten sich auf der LP CHARITY BALL in wesentlich besserer Verfassung. Sie brachen in die Heavyrock-Domäne der Männer ein und konnten mit der Single ›Charity Ball‹ (US #33) einen ersten Achtungserfolg verbuchen. »Ohne intellektuellen Anspruch, aber auch ohne Dilettantismus« (*Süddeutsche Zeitung*) verkauften sie deftige ›Good Time Music‹.

Das »fabelhafte Album« (*Cashbox*) FANNY HILL mit dem Mini-Hit ›Ain't That Peculiar‹ (US #93) wurde in den Londoner Abbey Road Studios aufgenommen. Es bot astreinen, ungekünstelten Hardrock, wurde aber kommerziell kein Erfolg. **Fanny** trennten sich daraufhin von Richard Perry. Todd →Rundgren sollte 1973 die Band auf Erfolgskurs bringen. MOTHER'S PRIDE bot den bis dahin »härtesten Sound« (*Rolling Stone*) aller **Fanny**-Alben, doch die Mixtur zwischen Bluesekstase und typischen US-Liebesballaden zündete auch diesmal nicht. Jean Millington verließ die Gruppe, und Patti Quatro, die jüngere Schwester von Suzie →Quatro, wurde ihre Nachfolgerin.

Unter dem programmatischen Titel ROCK'N'ROLL SURVIVORS blieben **Fanny** sich und ihrer unbekümmerten Heavy-Gradlinigkeit treu. ›I've Had It‹ (US #78) und besonders ›Butter Boy‹ (US #32) entwickelten sich 1975 zu passablen Hits. Die »frenetischen Rock-Ladies« (*New Musical Express*) hatten sich zum Zeitpunkt ihrer größten Erfolge bereits getrennt.

Nichole Barclay, die an Joe Cockers Tour

Mad Dogs & Englishmen beteiligt war, gründete 1976 die **Good News**, mit denen sie eine LP aufnahm, und spielte auf der Soloplatte von →**Who**-Drummer Keith Moon. Jean und June Millington versuchten 1978 mit der Band **Millington** noch einmal ihr Glück. Jean heiratete 1979 den damaligen David →Bowie-Gitarristen Earl Slick, und June war als Produzentin für Chris Williamson und Holly Near tätig, arbeitete mit der Band **Isis** und veröffentlichte 1981 ein Album.

FANNY (1970) Reprise 6416 • CHARITY BALL (1971) Reprise 44144 • FANNY HILL (1972) Reprise 44174 • MOTHER'S PRIDE (1973) Reprise 44233 • ROCK'N'ROLL SURVIVORS (1975) Casablanca, NBLP 7007 • Nichole **Barclay** mit **Good News**: DIAMOND IN A JUNKYARD (1976) Ariola, AAS 1503 • **Millington**: LADIES ON THE STAGE (1978) United Artists 30158 • June **Millington**: HEARTSONG (1981) Olivia

John Farnham

Der 1949 in der englischen Grafschaft Essex geborene John Farnham wurde als Leadsänger der australischen →**Little River Band** weltbekannt und schaffte auch als Solist den Sprung in die Charts. Seine beste Zeit erlebte er Ende der 80er Jahre mit dem hymnenhaften ›You're The Voice‹ und den Alben WHISPERING JACK und AGE OF REASON.

Als 17jähriger brach er zwei Tage vor der Prüfung seine Ausbildung zum Klempner ab, um Musikprofi zu werden: Kurze Zeit später führte er mit seiner Single ›Sadie The Cleaning Lady‹ die australischen Hitparaden an. Es folgten zwölf weitere Hitsingles und sechs Alben, die nur auf dem fünften Kontinent erschienen. Zwei 1988 veröffentlichte Sampler faßten Songs aus dieser Zeit zusammen. 1971 unternahm Farnham einen Abstecher ins Musicalfach und spielte in »Charlie Girl«. 1974 spielte er die Hauptrolle in dem Stück »Pippin« und wurde durch eine eigene TV-Show populär. Er wurde zum »Entertainer des Jahres« gekürt und als »King Of Pop« bezeichnet. 1982 ersetzte er Glenn Shorrock als Leadsänger bei der **Little River Band** und war an drei erfolgreichen Alben und mehreren Tourneen beteiligt. Farnham blieb vier Jahre bei der Band und beschloß 1986, seine Sololaufbahn fortzusetzen.

Mit den »schier endlosen Facetten seiner voluminösen Stimme« (*Hifi Vision*) spezialisierte sich Farnham auf einen lupenreinen, perfekt produzierten Popsound. Der bescherte ihm im März 1987 das Hitalbum WHISPERING JACK (GB #19, D #4) mit den Singles ›You're The Voice‹ (GB #6, US #82, D #1) und ›Pressure Down‹ (D #32). WHISPERING JACK wurde weltweit zwei Millionen Mal verkauft und mit sechs Awards der australischen Plattenindustrie ausgezeichnet. Farnham präsentierte das Repertoire auf einer Welttournee, die über eine Million Rockfans verfolgten.

Im Sommer 1988 setzten AGE OF REASON (D #14) und der ausgekoppelte Titelsong (D #20) Farnhams Siegeszug in seiner Heimat und in Deutschland fort. Er variierte gekonnt zwischen Balladen, Funk und strammen Rocksongs und traf damit den Geschmack eines etwas älteren Publikums. Niveauvolle Rocksongs und schmachtende Balladen prägten auch 1990 die LP CHAIN REACTION. Als Single erschien Ende 1990 ›That's Freedom‹ (D #56).

John Farnham verstand es, seine exponierte Position in Australiens Rockszene mit dem Live-Mitschnitt FULL HOUSE zu verteidigen, international ließ die Nachfrage an seinen Platten jedoch stark nach. Nach einer längeren Pause erschien 1996 ROMEO'S HEART, die aber ohne außergewöhnliche Resonanz blieb.

UNCOVERED (1980) RCA, ND 74742 • WHISPERING JACK (1987) RCA 74321 18720 • AGE OF REASON (1988) RCA 74321 13898 • CHAIN REACTION (1996) RCA 74321 36914 • FULL HOUSE (1991) RCA 74321 18721 • ROMEO'S HEART (1996) Gotham 74321 37300 • (S) ANOTHER SIDE OF JOHN FARNHAM (1988) EMI, CDAX 701355 • (S) SHE BRINGS CHANGE (1988) EMI, CDAX 701443 • (S) THE FARNHAM YEARS (1989) EMI 793 175

Nusrat Fateh Ali Khan

Innerhalb weniger Jahre hatte sich **Nusrat Fateh Ali Khan** zu einem der bekanntesten Musiker Asiens entwickelt. Sein Mentor Peter →Gabriel verschaffte ihm gleich beim ersten WOMAD-Festival in London das Forum für eine internationale Karriere: »Er wird seinen Mund öffnen, und die ersten Töne werden alles vergessen machen, was man bisher in seinem Leben gehört hat« (*Süddeutsche Zeitung*). Seine Konzerte dauern fast immer drei Stunden, und die Begeisterung des anwesenden pakistanischen Publikums in London übertrug sich auch auf die europäischen Besucher.

Geboren als Parviaz am 13. 10. 1948 in Lyallpur, in der Nähe von Faisalbad in der Provinz Punjab, stammte er aus einer der ältesten Musikerfamilien Pakistans. Sein Vater Ali Khan wurde als der klassische Musiker Ustad Fateh Ali Khan berühmt, und so war Nusrats Weg vorbestimmt. Nusrat wurde von seinem Onkel und seinem Vater dazu auserkoren, die jahrhundertealte Tradition des Qawwali weiterzuführen. Die Ursprünge dieser traditionellen Musik der Sufis des indischen Subkontinents gehen auf das 13. Jahrhundert zurück, als der Gelehrte und Musiker Amir Khusraus islamische und indische Elemente verband. Qawwali leitet sich vom Arabischen »qala, iaqul« ab, bedeutet, einer der hingebungsvoll spricht, und meint damit Wanderpoeten oder Volkssänger.

Die Qawwali-Gruppen bestanden zumeist aus zwei oder drei Hauptsängern, die sich in der Melodieführung abwechselten. Die übrigen Mitglieder tragen durch »Händeklatschen, Chorgesang, Trommelei und Harmoniumspiel zu ständig steigender, rhythmischer und melodischer Verdichtung bei und ebnen so der Gemeinde den Weg zur Aufnahme Allahs« (*Pressetext*).

Die Formation von Nusrat Fateh Ali Khan bestand in der Regel aus neun oder zehn Musikern und agierte auf der Bühne nach einer streng hierarchischen Ordnung. In der hinteren Reihe saß die Rhythmusgruppe, bestehend aus einem Tabla- und Dholaktrommler sowie drei Musikern, die den Rhythmus mit den Händen klatschen. In der Reihe davor sind fünf Musiker, davon zwei Harmoniumspieler. Im Mittelpunkt natürlich Nusrat, der »sympathische Koloß aus Pakistan, mit einer Stimme zwischen Meat Loaf und Pavarotti« (*Berliner Morgenpost*).

Nach dem Tod des Vaters im Jahr 1971 übernahm Nusrat Fateh Ali Khan die Verantwortung für seine Familiendynastie, wurde zum Qawwali-Meister ernannt und zum »Shahen-Shah-e-Qawwali« (König unter Königen und hellstem Stern des Qawwali) erhoben. Die ersten Aufnahmen von Nusrat Fateh entstanden 1973 in Pakistan mit Unterstützung seines Onkels Mubarak Ali Khan und erschienen in einer unübersichtlichen Anzahl von Musikkassetten. Auch die Chronologie seiner Alben ist nur schwer nachzuvollziehen angesichts zahlreicher Veröffentlichungen auf pakistanischen, britischen, europäischen, japanischen und nordamerikanischen Labels.

Anfang der 80er Jahre wurde Nusrat Fateh erstmalig in Europa respektvoll erwähnt. Für einen aufwendigen Benefiz-Sampler zugunsten des ersten WOMAD-Festivals lieferte er ein mitreißendes Musikstück von 80 Minuten (!) Länge ab. Von nun an war er ständiger Gast bei den WOMAD-Veranstaltungen, spielte in Frankreich, eroberte sich in den USA ein euphorisches Publikum und erzielte Plattenumsätze, die an die von westlichen Popstars heranreichten.

Das 89er Album SHAHEN SHAH erschien beim Label Real World Records von Gabriel und bekam »Anerkennung in den höchsten Tönen« (*Hifi Vision*). Bei dem »leidenschaftlichen Gesang und der religiösen Musik« (*All-Music Guide*) gerieten »auch Europäer in Verzückung« (*Musik Express*). Seine Gruppe **Qawwal & Party** bestand zu diesem Zeitpunkt aus seinem Cousin Mujahid Mubarik Ali Khan (voc), seinem Bruder Farrukh Fateh Ali Khan (voc, harm), Iqbal Naqbi (voc), Asad Ali Khan (voc), Dildar Hussain (tabla), Kaukab Ali (voc), Atta Fareed (voc), Ghulam Fareed (voc) und Mohammad Maskeen (voc).

1990 erschien das Album SUPREME COLLECTION beim deutschen Independent-Label Jaro Records: »Manche Lieder, ›Haq Ali Ali‹ beispielsweise, spornen geradezu zum Mitmachen an, haben Refrains, die auch einen Popsong zieren könnten« (*Berliner Morgenpost*). Das pakistanische Stimmwunder setzte sich als einer der großen Stars der World Music-Bewegung durch, wurde weltweit auch von den Popfans respektiert und als »Herausforderung unserer Hörgewohnheiten« (*Audio*) empfunden.

Peter Gabriel produzierte in seinen Real World Studios MUSTT MUSTT, eine weitere LP von Nusrat Fateh die 1990 auf den Markt kam. Mit der Unterstützung des Produzenten Brook, einem von Gabriel programmierten Drumsound und der Remixarbeit von **Massive Attack** wurde ein europäisch klingender Dance-Charakter erzielt. Außerdem wurden Sampler, alte Aufnahmen und neue Studioproduktionen von verschiedenen Vertragspartnern veröffentlicht, die vom Boom der World Music profitieren wollten.

Im Frühjahr spielte Nusrat Fateh vor ausverkauften europäischen Häusern und widmete sich in den Real World Studios seinem Album SHAZBAAZ. 1992 folgte die LP LOVE SONGS, für die »die ekstatische Stimme des mystischen Islam wunderschöne und neue Arrangements von klassischen Liebesliedern sang« (Cover-Text). Zeitgleich erschien das Album DEVOTIONAL SONGS, auf dem überlieferte religiöse Lieder zu hören waren.

»Der begnadete Sänger« (*Melody Maker*) veröffentlichte 1993 die LP ILHAM, die Material enthielt, das etwa 1978 aufgenommen worden war und das Nusrat Fateh in seiner Muttersprache »Punjabi« vortrug. THE LAST PROPHET bestätigte ihn 1994 als einflußreichen Qaw-

wali-Protagonisten, und im Herbst 1995 wurde er neben der spanischen Pianistin Alicia De Larrocha vom Internationalen Musikrat und der UNESCO in Aachen mit dem Musikpreis ausgezeichnet.
Auf dem 96er Soundtrack des Tim Robbins-Films »Dead Man Walking« (mit Susan Sarandon und Sean Penn) waren, neben Bruce → Springsteen, Johnny → Cash, Lyle → Lovett, Patti → Smith, Suzanne → Vega, Tom → Waits u. a., zwei fremdartige, aber brillante Duette von Nusrat Fateh Ali Khan und Eddie Vedder (→**Pearl Jam**) zu hören, die von Ry → Cooder produziert wurden. Auf dem drei Monate später veröffentlichten Original Score von DEAD MAN WALKING fanden sich weitere Songs mit Nusrat Fateh Ali Khan und anderen Partnern wie David Robbins und Amina Annabi.
Im Frühjahr 1996 wurde das Album NIGHT SONGS veröffentlicht, bei dem Nusrat Fateh Ali Khan wieder den Beweis führte, daß man als Weltmusiker »keine Berührungsängste mit westlichen Interpreten und deren Kultur hat« (*New Musical Express*). Die Stars unter seinen zahlreichen Studiogästen waren Brian → Eno und Mick Karn (Ex- →**Japan**).
Der schwergewichtige Wanderer zwischen den Kulturen hatte sich mittlerweile Los Angeles als zweiten Wohnsitz gewählt. Am 16. 8. 1997 erlag Nusrat Fateh Ali Khan in London den Folgen eines Herzinfarkts. Mit ihm verlor die Popwelt einen der anerkanntesten Weltmusiker. Posthum erschien bei Virgin Records das Album STAR RISE, das sich aus Remixen von namhaften DJs zusammensetzte.

IN CONCERT IN PARIS (VOL.1) (1988) Ocora 558658 • IN CONCERT IN PARIS (VOL.2) (1988) Ocora 558659 • LIVE IN LONDON (1989) Navras • SHAHEN SHA (1989) Real World 209941 • SUPREME COLLECTION (1990) Jaro 4149 • MUSTT MUSTT (1990) Real World 786221 • IN CONCERT IN PARIS, VOL. 3 (1990) Star 007 • IN CONCERT IN PARIS, VOL. 4 (1990) Star 013 • IN CONCERT IN PARIS, VOL. 5 (1990) Star 017 • IN CONCERT IN PARIS, VOL. 6 (1990) Star 018 • IN CONCERT IN PARIS, VOL. 7 (1990) Star 021 • MAGIC TOUCH (1990) Rough Trade, RTD 6075398 • THE DAY THE NIGHT THE DAWN THE DUSK (1991) Shanachie, SHCD-64032 • YEH JO HALKA HALKA (1991) Jaro 4154 • SHABAAZ (1991) Real World 786239 • HOUSE OF SHAH (HIT REMIXES) (1991) Star 023 • MAGIC TOUCH REMIXES (1992) STAR 030 • LOVE SONGS (1992) Real World 786560 • DEVOTIONAL SONGS (1992) Real World 786561 • TRADITIONAL SUFI QAWWALI, VOL. 1 (1993) Navras 16 • TRADITIONAL SUFI QAWWALI, VOL. 2 (1993) Navras 17 • ILHAM (1993) Audiorecordings 2075 • THE LAST PROPHET (1994) Real World 839468 • SANSON KI MALA (1994) Jaro 4181 • PROPHET SPEAKS (1995) Mil Multi 8517 • NIGHT SONGS (1996) Real World 840683 • INTOXICATED SPIRIT (1996) Shanachie 64066 • TRADITIONAL SUFI QAWWALI – LIVE (1997) Navras 28 • STAR RISE (1997) Virgin 844915 • (S) BEST OF (1986) Womad 004 • (S) BEST OF, VOL. 2 (1988) Womad 008 • (S) GREATEST HITS, VOL. 1 (1990) Serengeti SIRCD 007 • (S) GREATEST HITS, VOL. 2 (1990) Serengeti, SIRCD 008 • (S) GREATEST HITS, VOL. 3 (1990) Serengeti SIRCD 009 • (S) QUAWWAL – VOCAL ART OF THE SUFIS I (1990) Victor, VICG5029 • (S) QAWWAL – VOCAL ART OF THE SUFIS II (1990) Victor, VICG5030 • (S) NUSRAT AGAIN (1991) Star 021 • (S) DEVOTIONAL & LOVE SONGS (1992) Real World 786561 • (S) REVELATION (1995) Interra 5712 • (S) MEGA STAR (1996) Interra 5227 • (S) RAPTURE – ESSENTIAL SELECTION (1997) Music Club 50019 • Mit Michael **Brook**: NIGHT SONG (1996) Real World, CDRW-50

Fates Warning

John Arch (voc), Victor Arduini (g), Joe DiBiase (b), Jim Matheos (g), Steve Zimmerman (dr)

1982 in Cincinatti, Ohio, von Arch, Arduini, DiBiase, Matheos und Zimmerman gegründet, repräsentierten **Fates Warning** die härteste Metal-Fraktion. Nach verschiedenen Demobändern und einem Song für den 84er-Sampler METAL MASSACRE V nahmen sie ihr Debütalbum NIGHT ON BROKEN auf. Der Sound und Archs Gesangsstil erinnerten stark an die englischen → **Iron Maiden**.

Wesentlich eigenständiger klangen THE SPECTRE WITHIN und AWAKEN THE GUARDIAN. Arduini hatte die Band zuvor verlassen und wurde durch den progressiveren Frank Aresti ersetzt. **Fates Warning** pflegten einen aufwendig arrangierten Metal-Pomp und wiesen ihrem Genre den Weg in »das Zeitalter der Perfektion« (*Metal Hammer*). Probleme gab es allerdings mit John Arch, dessen Gesang nicht zu den »komplexen und zukunftsorientierten Songs« (*Guinness*) paßte. Er wurde 1988 auf NO EXIT von Ray Alder abgelöst, dessen melodiöser Gesang sich ausgezeichnet mit den nun stärker betonten akustischen Momenten ergänzte.

Kurz nach Erscheinen von NO EXIT verließ Zimmerman **Fates Warning**, für ihn kam Mark Zonder. PERFECT SYMMETRY wurde im Herbst 1989 von der Fachpresse als »Meisterwerk« (*Metal Hammer*) bezeichnet. Studiogast war Kevin Moore, Keyboarder von → **Dream Theater**. Mit NO EXIT schufen **Fates Warning** eine eigene Stilrichtung, die als Prog-Rock oder Progressive Rock bezeichnet wurde: »Progressiv bedeutet für mich ein hohes Maß an Musikalität und technisch exzellente Musiker. Progressiv heißt virtuoser Umgang mit Takt und Rhythmus, mit Timing und komplizierten Strukturen, bedeutet überraschende und ausgefeilte Harmoniewechsel« (Ray Alder).

Nach einer Europatournee mit → **Metal Church** kehrten **Fates Warning** 1991 überraschend auf PARALLELS zum überarrangierten Metal-Sound früherer Alben zurück, erzeugten aber »eine einzigartige atmosphärische Dichte« (*Musik Express*). Das Album INSIDE OUT von 1994 wurde als billige Kopie längst bekannter → **Rush**- und → **Queensryche**-Muster entlarvt. Den Durchbruch schafften sie auch mit den Alben von 1995 und 1997 nicht.

NIGHT ON BROKEN (1984) Roadrunner 9823 • THE SPECTRE WITHIN (1985) Roadrunner, RR 9737 • AWAKEN THE GUARDIAN (1986) Roadrunner 9660 • NO EXIT (1988) SPV 657740 • PERFECT SYMMETRY (1989) SPV 847965 • PARALLELS (1991) Music For Nations, IRS 940331 • INSIDE OUT (1994) Massacre L 972262 • CHASING TIME (1995) Rough Trade 2113084 • A PLEASANT SHADE OF GRAY (1997) Massacre 972422

Feelies

Stanley Demeski (dr, perc), Glenn Mercer (g, voc), Bill Million (g, voc), Brenda Sauter (b, voc), Dave Weckerman (perc)

Die **Feelies** wurden 1976 in der Provinzstadt Haledon, New Jersey, gegründet. Sie entwickelten subtile Rockstrukturen, die jenseits oberflächlicher Revival-Plagiate den amerikanischen Underground und Gitarrenrock der 60er Jahre aufarbeiteten. Legenden wie → **Velvet Underground** und die → **Stooges** lebten in ihren »monoton-potenten Postpunk-Ideen« (*Rolling Stones*) wieder auf.

Die Gründungsbesetzung mit dem Drummer Dave Weckerman und dem Bassisten John J. hielt nur wenige Monate. Als die **Feelies** 1978 in den New Yorker Insiderclubs CBGB's und Max's Kansas City spielten, waren sie durch die Brüder Vinny (* 15. 8. 1956) und Keith DeNunzio (* 27. 4. 1958) ersetzt worden. Keith nannte sich Keith Clayton. Außerdem wurde Vinny D von Anton Fier (Andy Fisher, * 20. 6. 1956) abgelöst.

Das britische Independent-Label Rough Trade übernahm 1979 den Vertrieb der ersten Single ›Fa Ce La‹, Stiff Records brachte 1980 das Albumdebüt CRAZY RHYTHMS heraus, das die **Feelies** in Eigenregie aufgenommen hatten. Das »wohlklingend-harmonische Chaos mit dem eintönig-dröhnigen Gitarrenspiel« (*Sounds*) machte Insidermedien und die Undergroundszene weltweit auf sie aufmerksam. Texte spielten bei den **Feelies** nur eine untergeordnete Rolle, aber der unwiderstehliche Instrumentalstil der Band verschaffte ihr den Titel »interessanteste Formation 1980« (*Trouser Press*). Die LP erwies sich dennoch als kommerzieller Mißerfolg, und so schauten sich einige Bandmitglieder nach einträglicheren Tätigkeiten um.

Anton Fier fand sofort Zugang zur Avantgardeszene um David Thomas, Arto Lindsay, den → **Golden Palominos** und → **Pere Ubu** und wirkte 1985 auf einer Platte von Mick Jagger mit. Mercer und Million traten derweil mit ihren Splittergruppen **Willies**, **Trypes** und den von Weckerman geleiteten **Yung Wu** auf. Die **Willies** spielten ausschließlich Instrumentalmusik, als **Trypes** veröffentlichten Mercer, Million, Stan Demeski und Brenda Sauter die EP ›The Explorers Hold‹, und **Yung Wu** brachten 1987 in der gleichen Besetzung (plus Weckerman und Keyboarder John Baumgartner) das Album SHORE LEAVE heraus.

Die Aktivitäten der **Feelies** beschränkten sich 1982 auf einen Beitrag für den Soundtrack zu »Smithereens« und im Jahr darauf auf sporadische Auftritte in der Besetzung Mercer, Million, Weckerman, Demeski und Sauter. 1986 nahm die Band wieder konkrete Formen an und konnte für THE GOOD EARTH Peter Buck von → **R.E.M.** als Koproduzenten gewinnen. Zaghaft das Country-Genre kontaktierend, vertrauten die **Feelies** ihren »typischen Rhythmusgitarren, dem nachlässigen Nuschelgesang und der unverwechselbaren Hypnose-Perkussion« (*Musik Szene*). Große Teile des Albums waren von akustischen Gitarren und einem »grundsoliden Drum-Pattern« (*Melody Maker*) geprägt, das trotz der inhaltlichen Banalitäten eine »verschwitzte Roadsong-Atmosphäre« (*New Musical Express*) vermittelte.

Neben THE GOOD EARTH kam 1986 die **Feelies**-EP ›No One Knows‹ auf den Markt. Sie bestand aus zwei Titeln des aktuellen Albums und außergewöhnlichen Coverversionen von ›She Said, She Said‹ (→ **Beatles**) und ›Sedan Delivery‹ (Neil → Young). Im Herbst des Jahres wirkten sie als **Willies** in der schwarzen Filmkömödie »Something Wild« von Jonathan Demme mit.

Zwischenzeitlich trennten sich die **Feelies** erneut, fanden aber über Weckermans Projekt **Yung Wu** wieder zusammen. Sie wechselten zu A&M Records und festigten 1988 mit ›Only Life‹ ihren Ruf als eine der auffälligsten US-Undergroundbands. Sie coverten dabei ONLY LIVE von **Velvet Underground** und bewarben ihre Single-Auskopplung ›Away‹ mit einem Videoclip von Jonathan Demme. Der *Musik Express* schrieb: »Diese unprätentiöse Rockband aus dem Osten der USA schreibt geradezu klassische Popsongs, die sie allerdings gemessen an dem, was heute Pop heißt, studiotechnisch recht einfach und ohne Gimmicks umsetzt.« Im Spätsommer 1989 tourten die **Feelies** durch die USA und Europa.

Das vierte Album von 1991 hieß TIME FOR A WITNESS und wurde von Gary Smith (→ **Pixies**, → **Chills**) coproduziert. Die Printmedien reagierten skeptisch. Der *Rolling Stone* stellte fest, daß »ein Song wie der andere klingt«, und *Stereo* schrieb: »Das Ergebnis mag nicht ganz so eindrucksvoll sein wie das letzte Meisterwerk.« Kurz nach Erscheinen des Albums trennten sich die Wege der **Feelies** wieder.

Mercer und Weckerman formierten **Wake Ooloo**, während Demeski gemeinsam mit Dean Wareham (g, voc) von → **Galaxie 500** und Ex-**Chills** Justin Harwood (b) das vielversprechende Projekt **Luna** ins Leben rief. Das Trio schaffte es, mit »bedächtigen Kompositionen und flirrenden Gitarren eine intime Atmosphäre zu schaffen« (*PR*-Text).

Fred Maher (Lou → Reed) produzierte 1992 das Debüt von **Luna**, das »introvertierten und unwiderstehlichen Gitarren-Pop, der sich stilistisch zwischen Television und den Weather Prophets ansiedeln läßt« (*Time Out*), bot. **Luna** kamen im Vorprogramm von **Velvet Underground** nach Europa: »Sie sind die Meister der Understatement-Melodie. Obwohl sie optisch nicht sonderlich auffallen, ist ihre schüchterne Bühnenpräsentation eigenartig faszinierend und gibt den brillant ausgeschmückten Songs eine ganz besondere Schärfe« (*New Musical Express*).

Sean Eden (g) schloß sich 1994 **Luna** an. Er hatte bereits mehrfach als Gastmusiker mitgewirkt und wurde zur Produktion von BEWITCHED als vollwertiges Mitglied akzeptiert. Die Studioaufnahmen leitete Victor van Vugt, der drei Platten von Nick → Cave produziert hatte. Als Studiogäste wirkten Sterling Morrison (**Velvet Underground**) und Grasshopper (→ **Mercury Rev**) mit. **Luna** überzeugten als kompakte Gitarrenband und verstanden es, »die Schönheit seltsamer Geräusche und magische Rhythmik miteinander zu verbinden« (*New Musical Express*).

Mario Salvati und Pat McCarthy (→ **Counting Crows**) waren für das 95er-Album PENTHOUSE verantwortlich, an dem auch Tom Verlaine von → **Television** beteiligt war. **Luna** mischten die Erfahrungen der beiden LP-Vorgänger und bewiesen eindrucksvoll ihre Individualität. 1996 nahmen sie für den Soundtrack zum Film »I Shot Andy Warhol« eine erstklassige Version des → Donovan-Klassikers ›Season Of The Witch‹ auf. Im Juni 1997 erschien ›IHOP‹, eine neue Single von **Luna** mit Lee Wall an Stelle von Demeski am Schlagzeug. Der Titel war die Abkürzung der US-Fast Food-Kette International House Of Pancake, deren Pfannkuchen ihnen oft als Tour-Verpflegung diente.

Von den ehemaligen **Feelies**-Musikern formierte Vinny DeNunzio gemeinsam mit James Mastro von den **Bongos** die Gruppe **Health & Happiness Show**. John Baumgartner leitete **Speed The Plough**, deren erste LP SPEED THE PLOUGH von Bill Million coproduziert wurde. Sie

spielten »einfache, hypnotische Songs« (*Trouser Press*) und setzten mit Instrumenten wie Flöte, Horn, Akkordeon u. a. die Tradition der **Feelies** fort.
Die wahrscheinlich interessanteste Variante fand Brenda Sauter. Die Bassistin bildete mit Christopher O'Donovan (dr, perc, voc) und Richard Barnes (g, org) das Trio **Wild Carnation**, das 1996 bei dem Berliner Label Zensor Records ein erstklassiges Gitarrenrock-Album veröffentlichte.

CRAZY RHYTHMS (1980) Line 400168 • THE GOOD EARTH (1986) Rough Trade, RTD 104 • ONLY LIFE (1989) A&M 395 214 • TIME FOR A WITNESS (1991) A&M 395 344 • Vinny **DeNunzio** mit **Health & Happiness Show**: INSTANT LIVING (1996) • Glenn **Mercer** und Dave **Weckerman** mit **Wake Ooloo**: STOP THE RIDE (1996) Konkurrent, EFA • Dave **Weckerman Yung Wu**: SHORE LEAVE (1987) Coyote, RTD 61 • Stanley **Demeski** mit **Luna**: LUNA PARK (1992) Elektra 7559-61360 • BEWITCHED (1994) Elektra 7559-61617 • PENTHOUSE (1995) Elektra 7559-61807 • John **Baumgartner** mit **Speed The Plough**: SPEED THE PLOUGH (1989) East Side 8066 • WONDER WHEEL (1991) East Side 8053 • MASON'S BOX (1993) East Side 8087 • MARINA (1995) East Side 81102 • Brenda **Sauter** mit **Wild Carnation**: TRICYCLE (1996) Zensor, ZS 151

José Feliciano

Der musikalische Autodidakt beherrscht rund 30 verschiedene Instrumente. Bis 1986 erhielt er über 40 Gold- und Platin-Schallplatten, verkaufte vor allem in Zentral- und Südamerika mehr als 100 Millionen Platten und erhielt 1968 zwei Grammies als bester neuer Künstler und für ›Light My Fire‹ sowie zwischen 1983 und 1990 vier weitere für die beste Latinpop-Produktion. José Feliciano kombinierte alle nur denkbaren Popspielarten und überwand die Grenzen zwischen lateinamerikanischer/spanischer Folklore, Rock, Soul, Jazz und Folk.
In der spanisch sprechenden Welt gilt José Feliciano seit den späten 60er Jahren als Superstar. In den USA und Europa erlebte er von 1967 bis 1973 seine erfolgreichste Phase, zählt aber auch heute noch zu den angesehensten Allroundmusikern von Weltniveau. Flameno-beeinflußte Popversionen großer Rockhits wie ›Light My Fire‹, ›Hi-Heel Sneekers‹ oder ›Suzie Q‹ bescherten ihm die größten Erfolge. Sein gefühlvoller Gesang und eine brillant gespielte Akustikgitarre zeichneten den von Geburt an blinden Musiker aus. Feliciano bezwang sein Handicap mit einer musikalischen Intensität, wie man sie auch Ray → Charles und Stevie → Wonder nachsagt.
Geboren als José Monserrate Feliciano jr. am 10. 9. 1945 in Lares, Puerto Rico, wuchs er im New Yorker Stadtteil Spanish Harlem auf. Er hatte elf Geschwister und mußte als Zweitältester früh zum Unterhalt der Familie beitragen. Feliciano spielte zunächst Akkordeon, entschied sich aber doch für die Gitarre. Als Neunjähriger trat er im El Teatro Puerto Rico zum ersten Mal auf.
Feliciano begann seine Karriere als Profimusiker im Alter von 13 Jahren, und mit 18 konnte er auch perfekt Banjo, Mandoline, Orgel und Klavier spielen. 1963 zählte er zu den beliebtesten Folkmusikern im Künstlerviertel Greenwich Village. Dort entdeckte ihn ein Talentscout von RCA Records. 1964 wurde er beim Newport Folk Festival stürmisch umjubelt, dann erschien die Single ›Everybody To The Click‹ und schließ-

lich das Album The Voice And Guitar Of José Feliciano. In den folgenden Jahren produzierte Feliciano vorwiegend für den lateinamerikanischen Markt. 1966 feierten allein in Buenos Aires 100000 Menschen den »virtuosen Troubadour« (*Rolling Stone*).

1967/68 orientierte sich Feliciano eindeutiger als zuvor an angloamerikanischen Pop und Beat. Der → **Doors**-Klassiker ›Light My Fire‹ (GB #7, US #3) und das Album Feliciano! (GB #8, US #1) wurden im Sommer 1968 zu internationalen Bestsellern. Feliciano hatte seine stärksten Momente bei Balladen und verblüffte als »Meister der 12saitigen Gitarre« (*Rolling Stone*). Seine leidenschaftliche Stimme und das von Django Reinhardt und Wes Montgomery beeinflußte Gitarrenspiel vereinten sich zum »eigenwilligsten Stil in der gesamten Popwelt von heute« (*Time*).

Die Singles ›Hi-Heel Sneekers‹ (US #9), Felicianos umstrittene Version von ›Star Spangled Banner‹ (US #46), ›Hey Baby‹ (US #30), ›My World Is Empty Without You‹ (US #47), ›And The Sun Will Shine‹ (GB #22), ›Marley Purt Drive‹ (US #62), ›Rain‹ (US #81), ›Qhe Sera‹ (D #7) und ›Destiny Suzie Q‹ (US #73), sowie die Alben Souled (US #11), 10 To 23 (US #8), Alive Alive-O (US #19), Encore! (US #73) und Compartments (US #88) plazierten sich bis 1973 in den Charts. Feliciano war außerdem ein gerngesehener Gast der großen TV-Shows in den USA, moderierte eigene Fernsehsendungen und stand mit seiner Ehefrau Janna Merilyn für den Film »Aaron Loves Angela« vor der Kamera.

In den 70er Jahren arbeitete José Feliciano intensiv in der Studioszene an der Westküste und war Stargast bei Aufnahmen von Joni → Mitchell, John → Lennon, Michael → Nesmith u. a. Seine Platten verkauften sich in den USA mittelmäßig, entwickelten sich aber in Südamerika zu Tophits. Sie repräsentierten durchweg perfekt inszenierten, hervorragend gesungenen, manchmal von der Komposition her etwas seichten Pop. Die Zeiten, in denen Feliciano großen Songs wie ›Hey Jude‹, ›Let It Be‹ oder ›California Dreamin‹ neues Leben einhauchte, waren allerdings vorbei.

Zwischen 1981 und 1983 ließ José Feliciano seine Platten, die er in der Regel in englisch und spanisch aufnahm, vorübergehend von dem Soul-Label Tamla Motown Records vertreiben. Funk, Bläsersätze und Soulsongs bereicherten das Repertoire von Romance In The Night und Escensas de Amor. Der »unverwechselbare Sänger mit der hohen Stimmlage« (*Melody Maker*) erneuerte für diese Alben die Zusammenarbeit mit Rick Jarrad, der als Produzent u. a. ›Light My Fire‹ betreut hatte. Der Ausflug zu Motown brachte ihm kaum etwas ein, aber sein Ruf blieb unangetastet.

1984 unterschrieb Feliciano wieder bei RCA Records, jener Firma, der er »die Weltkarriere zu verdanken hatte« (José Feliciano). Er blieb bei den Hispano-Amerikanern weiterhin ungeheuer populär und kam 1988/89 auch in Deutschland zu zwei kleineren Singlehits: ›The Sound Of Vienna‹ (D #62), ›Never Gonna Change‹ (D #71). 1990 riskierte er auf Steppin' Out einen Ausflug in den Jazz, half 1994 bei → **War**, trat im gleichen Jahr im Dezember bei dem TV-Special »Christmas At The Vatican« auf und beging 1996 sein 30jähriges Jubiläum im Musikgeschäft mit dem Doppelalbum Feliciano The Big Three-O. Der inzwischen in der Nähe von Los Angeles mit seiner zweiten Frau Susan lebende

José Feliciano garantierte stets geschmackvolle Popunterhaltung mit südamerikanischem Flair und füllte weltweit die Konzertsäle.

THE VOICE AND GUITAR OF JOSÉ FELICIANO (1964) RCA • A BAG FULL OF SOUL (1965) RCA, INTS 1025 • FELICIANO! (1968) RCA, LSP 3957 • SOULED (1968) RCA, LSP 4045 • ALIVE ALIVE-O! (1969) RCA, SR 6021 • 10 TO 23 (1969) RCA, LSP 4185 • FIREWORKS (1970) RCA, LSP 4370 • THAT THE SPIRIT NEEDS (1971) RCA, LSP 4573 • ENCORE! (1971) RCA, LSP 10338 • QHE SERA (1971) RCA, LSP 10343 • MEMPHIS MENUE (1972) RCA, LSP 4656 • COMPARTMENTS (1973) RCA, APL-1- 0141 • FOR MY LOVE ... MOTHER MUSIC (1974) RCA, APL-1-0266 • JUST WANNA ROCK 'N'ROLL (1975) RCA, APL-1-1005 • ANGELA (1976) Private Stock 062-97849 • SWEET SOUL MUSIC (1976) Private Stock 062-98628 • JOSÉ FELICIANO (1981) Motown, STML 12161 • ESCENSAS DE AMOR (1982) Motown, STML 12176 • ROMANCE IN THE NIGHT (1983) Motown, STML 12185 • ME ENAMORE (1983) Motown 260. 15. 062 • COMO TU QUIERES (1984) RCA, PL 79574 • SINGS AND PLAYS THE BEATLES (1985) RCA, NL 89715 • YA SOY TUYO (1985) RCA, PL 70922 • TE AMARE (1986) RCA, PL 71207 • TU INMENSO AMOR (1988) EMI 748574 • I'M NEVER GONNA CHANGE (1989) EMI 791979 • CIELITO LINDO (1990) • STEPPIN' OUT (1990) Optimism • STREET LIFE '92 (1992) • FELICIANO – THE BIG THREE-O (1994) LATIN STREET '92 (1995) EMI 742 735 • EL AMERICANO (1996) • (S) FANTASTIC FELICIANO (1966) RCA, INTS 1058 • (S) ENCORE! JOSÉ FELCIANO'S FINEST PERFORMANCES (1971) • (S) MES MEJORES CANCIONES (1995) EMI 742 815 • (S) LIGHT MY FIRE (1996) Spectrum 551 956

Jay Ferguson

Geboren am 10. 2. 1947 in San Fernando Valley, einem Stadtteil von Los Angeles, lernte Jay Ferguson als Kind Klavier und Banjo. Seine ersten Auftritte erlebte er als Mitglied diverser Bluegrass-Formationen in den frühen 60er Jahren. Aber mehr beeinflußten ihn die Folkmusik von Bob →Dylan und der Rock'n'Roll von Chuck →Berry. Motiviert durch den Erfolg britischer Beat- und Rockbands gründete Ferguson mit seinem Schulfreund Mark Andes 1964 die Covergruppe **Western Union**. Zwischen 1965 und 1967 nannten sie sich **Red Roosters**, aus denen dann zunächst **Spirit Rebellious** und schließlich →**Spirit** hervorgingen.
Neben Randy California war Ferguson die dominierende Persönlichkeit von **Spirit**, die einen erstklassigen Ruf als experimentelle und progressive Gruppe genossen. Ferguson komponierte u. a. ›Animal Zoo‹ und ›Fresh Garbage‹ für die Band und war maßgeblich an vier gelungenen Underground-Alben beteiligt. Ab 1971 bevorzugte er jedoch kurze, knappe Rocksongs, trennte sich von **Spirit** und hob 1972 das Heavypop-Unternehmen →**Jo Jo Gunne** aus der Taufe. »Euphorie und Enthusiasmus« (Jay Ferguson) führten schnell zum ersten Hit ›Run, Run, Run‹. Nach vier unbedarften Alben löste Ferguson die biedere Hardrockband wieder auf.
1974 bereitete er ein Solokonzept vor und spielte 1975 auf Platten von Joe →Walsh und Keith Moon. Walsh und dessen Produzent Bill Szymczyk unterstützten ihn im Gegenzug bei seiner Premiere ALL ALONE IN THE ENDZONE. Szymczyk, der die →**Eagles** zu Riesenerfolgen geführt hatte, holte namhafte Musiker wie

Joe Vitale (dr), Joe Lala (perc) und Joey Murcia (g) für eine sehr persönliche Platte. Intime Texte, »sonniger, melodischer Rock« (*Oldiemarkt*) und die sympathisch-warme Stimme kennzeichneten ein hörenswertes Album, das beim Publikum aber kaum Anklang fand.
Ferguson machte sich nach diesem Flop umgehend an die Arbeit zu THUNDER ISLAND. Diesmal lieferte er hitverdächtiges Material, das »von Countryrock-Adaptionen bis zu Heavy-Riffs« (*Musik Express*) reichte. Der Titelsong (US #11) führte Ferguson in höchste Chartsregionen, und auch die LP verkaufte sich ansprechend. Er steuerte nun einen Popbewußten Kurs und setzte auf »zweifelsohne leichtere Kost, die allerdings musikalisch mit viel Geschmack und Niveau« (*Musik Express*) aufbereitet wurde.
In Florida entstand Ende 1978 REAL LIFE AIN'T THIS WAY in reinster Westcoast-Kultur und enthielt mit ›Shakedown Cruise‹ (US #28) einen zweiten Singlehit für Jay Ferguson. Er bewies ein sicheres Gespür für »gute Melodien und Phrasen, ungewöhnliche Harmoniegesänge, überraschende Wechsel und Steigerungen zwischen laut und leise, sanft und hart« (*Sounds*).
Die Single ›This Is Your Life‹ bereitete 1980 das Album TERMS AND CONDITIONS vor. Ferguson wollte jetzt den endgültigen Durchbruch schaffen. Unter den Studiogästen war wieder einmal Joe Walsh. Ferguson verschreckte die Fans des gepflegten California-Rocks mit deutlich härteren Klängen. Die LP fiel durch, und Ferguson konzentrierte sich auf Studiojobs. Schon in den 70er Jahren hatte er für Walsh und die **Earl Slick Band** gearbeitet, diesmal sicherten sich Randy California und →**Crosby, Stills & Nash** seine Dienste.
Nicht besser als TERMS AND CONDITIONS erging es 1982 dem Album WHITE NOISE. Ferguson vollzog die Wende zum robusten, zuweilen Boogie-betonten Rockstil konsequent und durchaus glaubwürdig. Doch das perfekt gestaltete Werk fand wenig Anklang. Der »coole, aber freundliche Entertainer, professionelle Performer und ausgezeichnete Musiker der alten Schule« (*Sounds*) ließ sich daraufhin zu einer wenig interessanten Reunion von **Spirit** überreden. 1985 spielte er für Ted →Nugent.

ALL ALONE IN THE ENDZONE (1976) Asylum 53040 • THUNDER ISLAND (1977) Asylum 53066 • REAL LIFE AIN'T THIS WAY (1979) Asylum 53086 • TERMS AND CONDITIONS (1980) Capitol 064–45971 • WHITE NOISE (1982) Capitol 064–400077

Fever Tree

Dennis Keller (voc), Rob Landes (p, org, ce, fl), Michael Knust (g), John Tuttle (dr, perc), E. E. Wolfe (b)

1968, im »Sommer der Liebe« (*Rolling Stone*), gelang der texanischen Band **Fever Tree** mit dem hymnenartigen Song ›San Francisco Girls‹ ein bemerkenswerter Erfolg. Die Band hieß bei ihrer Gründung 1966 noch **Bistwick Vine** und beschränkte sich darauf, englisches und nordamerikanisches Hitmaterial im typischen Garagensound der 60er nachzuspielen.
1967 schwenkte die ursprünglich als Quartett formierte Band auf den Westcoast-Stil um und ließ sich vom Hippietraum der Kalifornier inspirieren. Die ersten Singles ›Hey Mister‹ und ›Girl,

Oh Girl‹ erschienen bei Mainstream Records. Dann wurde Rob Landes als festes Mitglied in die Gruppe aufgenommen. Sein reichhaltiges Instrumentarium veränderte den Sound von **Fever Tree** entscheidend. Die verschiedenen Keyboards im permanenten Wettstreit mit der typisch singenden Gitarre wurden zum Markenzeichen einer Band, die zunehmend psychedelische Elemente integrierte und im Konzert ausgedehnte Improvisationen zuließ.
Die erste LP erschien 1968, und die Auskopplung ›San Francisco Girls‹ (US #79) schien im April das Signal zu einer vielversprechenden Bandkarriere zu geben. Bachfugen, Gitarrenrückkopplungen, Kellers markante Stimme und ungewöhnliche Perkussionseffekte prägten das Album ANOTHER TIME ANOTHER PLACE, das ebenfalls 1968 auf den Markt kam. **Fever Tree** wurden inzwischen auch in Europa als Kultformation gehandelt, deren Platten aufgrund der geringen Auflagen heiß begehrt waren.
1969 versuchten **Fever Tree** dem aufkommenden Trend zu mehr R&B-Bodenständigkeit und Rock-Direktheit Rechnung zu tragen. Stargast ihrer Produktion CREATION war der damalige **Moving Sidewalks**- und spätere →**ZZ Top**-Gitarrist Billy Gibbons. Die Band verlor nach diesem Album ihren Plattenvertrag und stand kurz vor der Auflösung. Doch zunächst gaben nur Landes und Tuttle auf, die auf FOR SALE durch Kevin Kelley (dr), der für die →**Byrds** und John Fahey gearbeitet hatte, und Grant Johnson (key) ersetzt worden waren.
FOR SALE wurde wie alle vorangegangenen Alben von Scott und Vivian Holtzman produziert. Das Ehepaar schrieb auch das Gros der Songs. Außerdem übernahmen **Fever Tree** gerne Fremdkompositionen und boten auf dem Album eine brillante, überlange Fassung von ›Hey Joe‹ (Jimi →Hendrix). Noch vor dem Erscheinen ihrer vielleicht interessantesten Platte hatten sich **Fever Tree** getrennt.

FEVER TREE (1968) • ANOTHER TIME ANOTHER PLACE (1968) See For Miles 7037 • CREATION (1969) Uni 73067 • FOR SALE (1970) Ampex 10113 • (S) BEST OF (1985) • (S) SAN FRANCISCO GIRLS (1992) Era 5015

Firefall

Mark Andes (b, voc), Jock Bartley (g, voc), Larry Burnett (g, voc), Michael Clarke (dr), Rick Roberts (g, voc)

Zur Gründung von **Firefall** fanden sich 1974 in Boulder, Colorado, prominente Westcoast- und Folkrockmusiker zusammen. Rick Roberts und Michael Clarke kannten sich aus gemeinsamen Zeiten bei den →**Byrds** und den →**Flying Burrito Brothers**. Jock Bartley zählte zum Umfeld von Gram →Parsons und unterstützte 1972 Tommy →Bolins Band **Zephyr**. Mark Andes hatte erfolgreiche Underground-Tage mit →**Spirit** erlebt und spielte anschließend bei →**Jo Jo Gunne**. Nur der Singer/Songwriter Larry Burnett war noch ein relativ unbeschriebenes Blatt.
Firefall wurden 1976 im New Yorker Club Other End entdeckt. Die erste LP FIREFALL (US #32) wurde von Jim Mason (→**Poco**) produziert, verkaufte sich über eine Million Mal und beschrieb unmißverständlich das zukünftige Konzept einer Gruppe, die sich konsequent für einen »leichtgewichtigen, popverwöhn-

ten Countryrock« (*Rolling Stone*) einsetzte. Akustische Gitarre, mehrstimmige Gesangsharmonien und klare Melodien beherrschten einen Sound, der im Sommer 1976 mit ›Livin' Ain't Livin‹ (US #49) und ›You Are The Woman‹ (US #10) erste Belege für sein Hitpotential lieferte. Als dritte Single wurde im März 1977 ›Cinderella‹ (US #42) ausgekoppelt.
Für das 77er-Album LUNA SEA (US #21) wurde der Keyboarder und Saxophonist David Muse als zusätzliches Mitglied gewonnen. Wieder gehörte mit ›Just Remember I Love You‹ (US #15) eine Hitsingle zum Repertoire, das perfekte Popunterhaltung mit Country-Flair verbreitete. Viele Musikjournalisten konnten dieser Musik nur wenig abgewinnen, galt sie doch als altmodisch und ob der makellosen Ausführung als aalglatt. Dagegen schätzten **Firefall**-Fans die ausgeklügelten Vokalleistungen, die brillanten Gitarren und das mustergültige Zusammenspiel der Musiker. Und daß die Band auch im Konzert mühelos bestehen konnte, bewiesen große Tourneen mit Roy →Buchanan, Leon →Russell und Tom →Waits.
Tom Dowd, der auch Platten von Rod →Stewart betreute, überwachte 1978 die dritte LP ELAN (US #20). **Firefall** bemühten sich erfolgreich um einen stärkeren Rockeinschlag und schafften mit ›Strange Way‹ (US #13) und ›Goodbye, I Love You‹ (US #51) zwei weitere Singlehits. National erfreute sich die Gruppe einer großen Nachfrage, international blieb sie nahezu unbekannt. Daran änderte auch Anfang 1980 das Album UNDERTOW (US #55) mit den Singles ›Headed For A Fall‹ (US #34) und ›Love That Go Away‹ (US #51) nichts. Musikalisch blieb sich das Sextett treu, vielleicht zu treu, denn ihrem freundlichen Pop/Country-Sound fehlte es an Überraschungsmomenten.
Mitte 1980 kam Bewegung in das Personalkarussell, als Clarke und Andes ausstiegen und durch George Hawkins (b, voc) und Tris Imboden (dr) ersetzt wurden. Hawkins hatte bei Produktionen von Mick Fleetwood, Lindsey Buckingham und Gary →Wright mitgewirkt, bevor er sich der Band von Kenny Loggins anschloß. Imboden spielte ebenfalls für Loggins, nachdem er mit **La Seine** eine LP veröffentlicht hatte und u. a. von Iain →Matthews, Bert Jansch und →**Thunder** angeheuert worden war.
Musikalisch hatten sich **Firefall** nicht geändert. Sie hielten sich auch auf CLOUDS ACROSS THE SUN strikt an ihre Mischung aus Country, Rock und Pop im besten kommerziellen Sinn. Die LP kam nicht in die Charts, enthielt aber immerhin den mittleren Hit ›Staying With It‹ (US #37). **Firefall** hatte sich inzwischen in eine kreative Sackgasse manövriert und drohte auseinanderzufallen.
Von der Gründungsmannschaft blieb allein Jock Bartley **Firefall** auf BREAK OF DAWN erhalten. Neu waren Chuck Kirkpatrick (g, p, voc), zuvor bei **Game** und Studiomusiker für Harry →Chapin, **Blackjack**, →**America** und die →**Bee Gees**, und John Sambaataro (voc, g, p), der u. a. Stephen →Stills, Dave →Mason und das Trio **McGuinn-Hillman-Clark** begleitet hatte. ›Always‹ (US #59) war die letzte Charts-Single von **Firefall**, die sich immer mehr von ihrer Country-Basis entfernten und allenfalls belanglosen Mainstream-Pop boten.
Verstärkt durch Kirkpatricks Bruder Scott (dr, voc) nahmen **Firefall** 1982 MIRROR OF THE WORLD auf. Ihr stromlinienförmiger Westcoast-Sound mit seinen geschliffenen Vokalpartien hatte inzwi-

schen jedoch jeglichen Reiz eingebüßt. Jock Batley führte als letztes verbliebenes Ur-Mitglied die 94er Reunion von **Firefall** an. Die Band beherrschte zwar nach wie vor ihr musikalisches Terrain, aber ihr Stil wirkte trotzdem hoffnungslos überholt.

FIREFALL (1976) Atlantic 50260 • LUNA SEA (1977) Atlantic 8122–71925 • ELAN (1978) Atlantic 8122–71926 • UNDERTOW (1980) Atlantic 8122–71927 • CLOUDS ACROSS THE SUN (1980) Atlantic 50767 • BREAK OF DAWN (1982) Atlantic 780 017 • MIRROR OF THE WORLD (1982) Atlantic 780 120 • MESSENGER (1994) Redstone 94012 • (S) BEST OF (1981) Atlantic 50839 • (S) GREATEST HITS (1992) Atlantic 8122–71055 • Rick **Roberts**: WINDMILLS (1972) A&M, SP 4372• SHE IS A SONG (1973) A&M, SP 4404 • Chuck und Scott **Kirkpatrick** mit **Game**: GAME (?) Evolution 2021 • LONG HOT SUMMER (?) Evolution 3008 • Tris **Imboden** mit **La Seine**: LIKE THE RIVER (1976) Ariola 50008

fIREHOSE

Ed Crawford (g), George Hurley (dr), Mike Watt (b)

Von Anfang an galten **fIREHOSE** (so die offizielle Schreibweise) als absolut heißer Geheimtip des US-Undergrounds: »Der Name stammt aus einem Bob Dylan-Song: Don't hang around with those who carry around a firehose, you don't need a weatherman to know which way the wind blows« (Mike Watt).

Mike Watt (*20. 12. 1957, Portsmouth, Virginia) und George Hurley (*4. 9. 1958, Brockton, Massachusetts) hatten vorher mit dem Gitarristen D. Boon (Dennes Dale Boon, *1. 4. 1958) und den **Minutemen** innerhalb von sechs Jahren elf Alben veröffentlicht. Die »abenteuerlichste Hardcore-Punk-Band« (*Rolling Stone*) produzierte den wahrscheinlich mutigsten und progressivsten Sound der kalifornischen Punkszene. Sie mischten rasanten Punk mit Jazz und Rock zu einem eigenständigen Stil: »Wir waren immer Teil von Traditionen und wollten das auch zeigen, allerdings auf unsere Art.« (Mike Watt).

Die Geschichte der **Minutemen** endete Ende 1985, als der Sänger und Gitarrist Boon am 23. 12. 1985 am Steuer seines LKWs in Arizona nach einem Konzert verunglückte. Watt, der mit Boon seit seinem 13. Lebensjahr zusammengespielt hatte, und Hurley beschlossen den Bandnamen nicht weiter zu benutzen und pausierten einige Monate, ehe sie **fIREHOSE** ins Leben riefen.

Die **Minutemen** entstanden 1980 im kalifornischen San Pedro in der Besetzung D. Boon (g, voc), Watt und Frank Tonche (dr). Vorher hatten sie es in der eher konventionellen Quartett-Formation **Reactionaries** versucht. Noch bevor die **Minutemen** erste Aufnahmen machen konnten, wurde Tonche durch Hurley ersetzt. Dieses Trio lieferte diverse Beiträge für unterschiedlichste Independent-Sampler. Bemerkenswert waren Titel für das Album RADIO TOKYO TAPES und für Zusammenstellungen der Labels Posh Boy Records und New Alliance Records. SST Records nahm die **Minutemen** unter Vertrag und veröffentlichte die »eindrucksvollsten und innovativsten Alben ihrer Karriere« (*Guinness*). Der »entfesselte Druck« (*Time Out*) ihrer Anfangsperiode wurde am besten auf den LPs BUZZ AND HOWL UNDER THE INFLUENCE OF HEAT und PROJECT:

MERSH festgehalten, Mersh ist ein Slangausdruck für kommerziell.
Das Ende der **Minutemen** ließ Watt und Hurley zunächst ratlos zurück, bis eines Tages Ed Crawford (*26. 1. 1962, Steubenville, Ohio) – ein **Minutemen**-Fan – mit seiner Gitarre an der Tür von Watt auftauchte. Aus der darauffolgenden spontanen Session entstanden **fIREHOSE**, deren 86er-Debüt RAGIN' FULL ON mit Lob geradezu überschüttet wurde: »Sie klingt differenzierter als die Alben der Minutemen und legt größeren Wert auf die Melodie« (*Guinness*).
Beim zweiten Album IF'N gelang es **fIREHOSE**, Spontaneität umgehend in Songs umzuformen, angetrieben vom Enthusiasmus des neuen Sängers und der bekannten Respektlosigkeit von Watt. IF'N wurde als eine der besten Arbeiten der US-Undergroundszene eingestuft. Der *New Musical Express* kommentierte: »Auf ihre Art verkörpern fIREHOSE die Haltung, die Miles Davis zur ›Bitches Brew‹-Ära so wichtig machte. Es gibt keine Soli, denn jeder spielt fortwährend Solo. Verglichen mit der Drei-Akkord-Routine ist in den **fIREHOSE**-Songs der Sinn für das ganz Andere enthalten – der Unterschied zwischen Freiheit und Gefangenschaft.«
Neben **fIREHOSE** leistete sich Watt mit seiner Frau, der ehemaligen →**Black Flag**-Bassistin Kira Roessler, das Projekt **Dos**, das für das Label New Alliance 1986 und 1989 zwei Alben veröffentlichte: »Eine Dosis **Dos** bedeutet nicht mehr und nicht weniger, als daß zwei Bässe sich wie zwei Tiere umkreisen, indem sie atmosphärische, durchaus hörbare Klänge erzeugen« (*Trouser Press*). Auf der **Dos**-EP ›Numero Dos‹ coverte das Paar 1989 u. a. Billie Holidays ›Don't Explain‹ und den Song ›Pacific Coast Highway‹ von →**Sonic Youth**.
Das 89er-Album fROMOHIO (from Ohio) war »eindeutig die beste und am meisten zugängliche Arbeit der Band« (*Trouser Press*). Die LP enthielt akustische Folkinstrumentals, soliden Rock, Mitsinglieder und außerdem ein bemerkenswertes Schlagzeugsolo. Das »erfreulich erfrischende und treibende Album« (brit. *Sounds*) reflektierte den **fIREHOSE**-Sound als »eine Art Abenteuer, das zu erforschen Spaß bringen muß. Leise gehört ist diese LP gut ... laut gehört, fängt das Haus an zu brennen« (*New Musical Express*).
1989 taten sich Watt und Hurley außerdem mit dem Avantgarde-Gitarristen Elliott Sharp unter dem Bandnamen **Bootstrappers** zu einem Album zusammen. Während die **fIREHOSE**-Rhythmusgruppe »unglaubliche Rhythmen pumpte, fabrizierte Sharp Hendrix-Lärm, keine richtigen Songs – eher ein Haufen von kreischenden Klängen« (*Trouser Press*).
Beim 91er-Album FLYIN' THE FLANNEL setzten **fIREHOSE** ihren interessanten Gitarrenrock fort, der sich als »äußerst musikalisch erwies und genial-lebendig gestaltet wurde« (*Time Out*). 170 Stunden verbrachten **fIREHOSE** im Studio, um 1993 MR. MACHINERY OPERATOR fertigzustellen. Produziert wurde die brillante Platte von J. Mascis (→**Dinosaur Jr.**), der für abwechslungsreichen Gitarrenrock verantwortlich war. Am 12. 2. 1994 absolvierten **fIREHOSE** einen letzten, unangekündigten Gig vor einem kleinen Publikum in San Pedro, wo alles begonnen hatte.
1995 veröffentlichte Watt, der sich zwischenzeitlich für **Saccharine Trust** engagiert hatte, BALL-HOG OR TUGBOAT?,

ein ausgezeichnetes Soloalbum, auf dem sich die Elite der Alternative-Rockstars tummelte, so Henry →Rollins, Evan Dando (→**Lemonheads**), Eddie Vedder (→**Pearl Jam**), J. Mascis (**Dinosaur Jr.**) und Mitglieder von **Sonic Youth**, →**Red Hot Chilli Peppers**, **Meat Puppets**, →**Nirvana**, →**Soul Asylum** und →**Screaming Trees**. »Ich mußte einfach tun, was ich wollte. Ich bin nach wie vor sprachlos über die Tatsache, daß da ca. 50 Gastmusiker zu hören sind. Vor allem, wenn ich daran denke, daß ich meine ersten 19 Alben immer mit zwei oder drei Leuten aufgenommen habe« (*Watt*).
1997 beteiligte sich Watt am Debüt des Schlagzeugers Stephen Perkins (**Porno For Pyros**) und brachte im November des Jahres sein Soloalbum CONTEMPLATING THE ENGINE ROOM heraus, das als »maritimer Avantgarde-Punk« (dt. *Rolling Stone*) bezeichnet wurde.

RAGIN', FULL-ON (1986) SST 079 • IF'N (1987) SST 115 • FROMOHIO (1989) SST 235 • FLYIN' THE FLANNEL (1991) Columbia COL 468422 • MR. MACHINERY OPERATOR (1993) Columbia 472967 • Mike **Watt** und George **Hurley** mit **Bootstrappers**: BOOTSTRAPPERS (1988) New Alliance NAR 046 • Mike **Watt** und George **Hurley** mit **Minutemen**: THE PUNCH LINE (1981) SST 004 • WHAT MAKES A MAN START FIRES? (1983) SST 014 • BUZZ OR HOWL UNDER THE INFLUENCE OF HEAT (1983) SST 016 • DOUBLE NICKELS ON THE DIME (1984) SST 028 • THE POLITICS OF TIME (1984) SST 277 • 3-WAY TIE (FOR LAST) (1986) SST 058 • BALLOT RESULT (1987) SST 068 • JOY (1988) SST 214 • BINGO BONGO (1989) EFA 14253 • ENGINEERS CAN DANCE TOO (?) EFA 14270 • (S) MY FIRST BELLS (1985) • (S) POST-MERSH VOLUME 1 (1987) SST 138 • (S) POST-MERSH VOLUME 2 (1989) SST 139 • (S) POST-MERSH VOLUME 3 (1990) SST 165 • Mike **Watt** mit **Dos**: DOS (1986) New Alliance NAR 032 • UNO CON DOS (1990) New Alliance NAR 061 • Mike **Watt**: BALL-HOG OR TUGBOAT (1995) Columbia 478375 • CONTEMPLATING THE ENGINE ROOM (1997) Sony 488716 • CONTEMPLATING THE ENGINGE ROOM (1997) Sony 488716

First Edition

Thelma Lou Camacho (voc), Mickey Jones (dr), Kenny Rogers (voc, b), Mike Settle (g), Terry Williams (g)

Ausgangspunkt für **First Edition** waren vier ehemalige Mitglieder der **New Christy Minstrels**, die alle eine lange musikalische Lehrzeit aufweisen konnten. Kenneth Donald Rogers (*21. 8. 1938, Houston, Texas) sang bereits als Sechsjähriger vor Publikum, gründete 1955 auf der Jefferson Davis High School die Doo Wop-Gruppe **Scholars**. Sie nahmen für ein kleines lokales Label zwei Songs auf und wechselten dann zu Imperial Records, um den von der Klatschreporterin Louella Parsons getexteten Song ›Kangewah‹ zu veröffentlichen. 1958 brachte der Solist Kenny Rogers ›Crazy Feeling‹ heraus und absolvierte seine erste Tournee außerhalb von Texas. Der gerade 19jährige heiratete am 15. 5. 1958 seine erste Frau Janice.
Rogers machte 1959 ein Album mit dem **Bobby Doyle Trio**, dem er fünf Jahre als Bassist angehört hatte. Am 26. 10. 1960 heiratete er Jean Laverne Massey. Das **Bobby Doyle Trio** trat zwischenzeitlich als **Kirby Stone Four** auf. 1965 nahm Rogers, der seit 1963 in dritter Ehe mit Margo Gladys Anderson verheiratet war, die Single ›Take Life In Stride‹ auf und war fester Bestandteil der Clubszene von Houston.

1966 erlebte er eine kurze Phase mit dem Gesangsquartett **Lively Ones**, bevor er Mitglied der **New Christy Minstrels** wurde. Thelma Lou Camacho hatte eine Ausbildung als klassische Sängerin und ein Engagement an der Oper von San Diego. Mike Settle (* 20. 3. 1941) stammte aus Tulsa, Oklahoma, schrieb Folksongs wie ›Sing Hallelujah‹ und spielte mit John →Stewart bei **Cumberland Three**, bevor er zu den **New Christy Minstrels** stieß. Terry Benson Williams (* 9. 6. 1947) wuchs in einer hochmusikalischen Familie in Hollywood auf. Sein Vater war Posaunist im Orchester von Tommy Dorsey, doch Terry tendierte zur Gitarre und machte sich zunächst als Studiomusiker einen Namen. Als einziges Nicht-**Minstrel**-Mitglied vervollständigte Mickey Jones eine Band, die sich ab 1966 **First Edition** nannte. Jones trommelte zuvor mehrere Jahre in der Band von Trini Lopez und spielte für Ann-Margret, Bob →Dylan und Johnny →Rivers.

Ken Kragen, Manager der **Smooth Brothers**, entdeckte **First Edition** im Ledbetter's Club in Los Angeles. Das Quintett kombinierte Psychedelia, Countryrock und Countrypop-Balladen in einem wirkungsvollen Sound. Middle Of The Road mit psychedelischen und Country-Einflüssen war Mitte der 60er Jahre ein bestimmendes Element der Pop-Hitparaden. **First Edition** sahen darin ihre Chance und lieferten eingängie Songs auf einem anspruchsvollen Niveau. Gleich mit der ersten Single ›Just Dropped In‹ (US #3) eroberten sie im März 1968 die nordamerikanischen Top 10, das Debütalbum THE FIRST EDITION kam dagegen nicht in die Charts.

In schneller Folge brachten **First Edition** bis zum Herbst 1970 die Singles ›But You Know I Love You‹ (US #17), ›Ruby, Don't Take Your Love To Town‹ (GB #1, US #9), ›Ruben James‹ (US #17), ›Something's Burning‹ (GB #8, US #7), ›Tell It All Brother‹ (US #12) und ›Heed The Call‹ (US #20) heraus. Je mehr der Einfluß von Rogers wuchs, desto sanfter und Countryorientierter fielen die Songs aus. Ab Juni 1969 nannte sich die Formation folgerichtig **Kenny Rogers & The First Edition**. Mittlerweile waren auch die LP-Verkäufe gestiegen. Am besten gingen RUBY, DON'T TAKE YOUR LOVE TO TOWN (US #44), SOMETHING'S BURNING (US #25) und der Sampler GREATEST HITS (US #39).

Die Sängerin Thelma Lou Camacho wurde bereits nach dem ersten Album durch Mary Arnold, die Psychologie studiert hatte, ersetzt. Sie hatte vorher bei den **Young Americans** und **Kids Next Door** gesungen. 1970 verließ Settle ebenfalls **First Edition** und arbeitete im Studio für Kim →Carnes und John Stewart. 1974 gründete er **Steel Mill** und konzentrierte sich schließlich auf seine Tätigkeit als Fernsehautor. Ab 1971 intensivierte Rogers seine Solopläne, doch zunächst war er an der TV-Show »Rollin' On The River« der Band beteiligt, die 1972 von 163 US-amerikanischen und zwölf kanadischen Sendern übernommen wurde. Im April des gleichen Jahres trennten sich die Wege von **First Edition**. Kenny Rogers setzte seine Karriere als traditioneller Countrysänger fort, und bewies bei der Auswahl seiner Songs ein gutes Gespür. Nachdem sich seine Platten zunächst nur mäßig verkauften, gelang ihm 1977 mit der Ballade ›Lucille‹ (GB #2, US #7, D #10) ein internationaler Bestseller. Ein Jahr danach verkauften sich auch seine Alben erheblich besser, und bis 1982 produzierte er Bestseller-

LPs in Serie: THE GAMBLER (US #6), GIDEON (US #8), GREATEST HITS (US #1), SHARE YOUR LOVE (US #3), KENNY (GB #4), CHRISTMAS (US #7). Im gleichen Zeitraum erschienen seine überwiegend balladenhaften Songs ›She Believes In Me‹ (US #4), ›You Decorated My Life‹ (US #7), ›Coward Of The County‹ (GB #1, US #1D #18), ›Love The World Away‹ (US #8), ›Lady‹ (GB #11, US #1), ›I Don't Need You‹ (US #3), ›Share Your Love With Me‹ (US #14), ›Through The Years‹ (US #13) und ›Love Will Turn You Around‹ (US #13). Dazu kam das Duett mit Kim Carnes ›Don't Fall In Love With A Dreamer‹ (US #4).
1978 gewann Rogers als bester Countrysänger des Jahres seinen ersten Grammy. Bis 1985 verkaufte der gefühlvolle Balladensänger allein in den USA rund 40 Millionen Schallplatten und galt in seiner Heimat als Countrysuperstar. Seine letzten großen Erfolge bis 1984 waren die Singles: ›We've Got Tonight‹ (US #6), das Dolly Parton-Duett ›Island In The Scream‹ (GB #4, US #1, D #25) und die Kooperation mit James Ingram und Kim Carnes ›What About Me?‹ (US #15, D #56). Von den LPs wurden bis in die 90er Jahre neben EYES THAT SEE IN THE DARK (US #6) Hitkollektionen wie 20 GREATEST HITS (US #22), THE KENNY ROGERS STORY (GB #5) und DAYTIME FRIENDS (GB #16) am besten verkauft.
Weihnachtsplatten, regelmäßige TV-Auftritte und ausverkaufte Konzerte trugen zum Marktwert von Rogers bei. Inzwischen komplett dem Country verpflichtet, erschienen Alben wie BACK HOME und TIME PIECE.

THE FIRST EDITION (1968) Reprise, RS 6276 • RUBY, DON'T TAKE YOUR LOVE TO TOWN (1969) Reprise • 2ND (1970) Reprise, RS 6302 • SOMETHING'S BURNING (1970) Reprise, RS 6385 • TELL IT ALL, BROTHER (1970) Reprise, RS 6412 • TRANSITION (1971) Reprise 2039 • BALLAD OF CALICO (1972) Reprise, RS 6476 • (S) GREATEST HITS (1971) Reprise, RS 6437 • (S) STAR COLLECTION (1973) Midi 24012 • Kenny **Rogers**: LOVE LIFTED ME (1974) United Artists 748401 • KENNY ROGERS (1975) United Artists 748402 • DAYTIME FRIENDS (1977) United Artists 748406 • LOVE OR SOMETHING LIKE IT (1977) United Artists 903 • THE GAMBLER (1978) United Artists 748404 • KENNY (1979) United Artists 979 • GIDEON (1980) United Artists 1035 • SHARE YOUR LOVE (1981) Liberty 1108 • CHRISTMAS (1981) Liberty 51115 • LOVE WILL TURN YOU AROUND (1982) United Artists 748407 • WE'VE GOT TONIGHT (1983) United Artists 748405 • EYES THAT SEE IN THE DARK (1984) RCA, ND 90084 • WHAT ABOUT ME? (1984) RCA, PD 85043 • THE HEART OF THE MATTER (1985) RCA, PD 87023 • THEY DON'T MAKE THEM LIKE THEY USED TO (1986) RCA, PD 85633 • PREFER THE MOONLIGHT (1987) RCA, PD 96484 • SOMETHING INSIDE SO STRONG (1989) Reprise 925792 • CHRISTMAS IN AMERICA (1990) Reprise 925973 • BACK HOME (1992) • IF ONLY MY HEART HAD A VOICE (1993) • TIME PIECE (1995) • (S) TEN YEARS OF GOLD (1977) United Artists 748047 • (S) THE KENNY ROGERS SINGLES ALBUM (1979) United Artists 30263 • (S) GREATEST HITS (1980) Liberty 746004 • (S) LADY (1981) Liberty 1072 • (S) 20 GREATEST HITS (1984) Liberty 746673 • (S) LOVE IS WHAT WE MAKE IT (1985) • (S) THE KENNY ROGERS STORY (1985) Liberty 748615 • (S) DAYTIME FRIENDS – THE VERY BEST OF (1993) • (S) VOTE FOR LOVE (1995) • (S) 20 GREAT YEARS (1995) • Kenny **Rogers** mit **Bobby Doyle Trio**: IN A MOST UNUSUAL WAY (1959) • Kenny **Rogers** mit Dottie **West**: EVERY TIME TWO FOOLS COLLIDE (1978) United Artists 864 • CLASSICS (1979) United Artists 946 • Kenny **Rogers** mit Dottie **West**, Sheena **Easton** und Kim **Carnes**:

DUETS (1984) EMI 746595 • Kenny **Rogers** mit Dolly **Parton**: ONCE UPON A CHRISTMAS (1984) RCA 15307 • Mike **Settle** mit **Steel Mill**: GRENN EYED GOD (1975) Pennyfarthing, PELS 549

Fishbone

Christopher Gordon Dowd (po, key), John ›Norwood‹ Fisher (b, voc), Phillip Dwight ›Fish‹ Fisher (dr), Kendall Rey Jones (g, voc, b), Walter Adam Kibby II (tr), Angelo Christopher Moore (voc, sax).

Fishbone sind wahrscheinlich eine der am meisten unterschätzten Bands der USA. Alle Musiker gelten als hochtalentiert und verfügen über eine bemerkenswerte Bühnenpräsenz. Im Mittelpunkt stand Schlagzeuger Fisher, der an Charlie Watts (→ **Rolling Stones**), Keith Moon (→ **Who**) und diverse Jazzdrummer erinnerte. Seine Fähigkeiten bewies er als Studiomusiker von → Little Richard, Bob → Dylan, **Jane's Addiction** und den → **Red Hot Chilli Peppers**.

Die Gründungsmitglieder Jones, Dowd, Kibby und die Fisher-Brüder hatten sich bereits Ende der 70er auf der High School mit Moore zusammengetan, um »musikalische Grenzen auszuloten« (Phillip Fisher). Sie »kombinierten Homeboy- und Valley Boy-Geschmack« (*Rolling Stone*) und bezeichneten sowohl **Funkadelic** als auch → **Rush** als ihre wichtigsten Vorbilder. Die Gruppe nannte sich anfangs **Hot Ice**, **Megatron** und **Counterattack**, bevor sie sich für **Fishbone** entschieden. Diese »Rowdy-Gang aus L.A.« (*Trouser Press*) spezialisierte sich anfangs auf eine Art Ska-Musik, die sie mit Elementen aus Go-Go, Funk, Punk, Metal und Rock anreicherten.

Auf der 85er-Debüt-EP transportierten **Fishbone** ihren ureigenen Humor mit sechs Titeln, die mit »Non-Stop hyperkinetischer Energie geladen waren« (*Trouser Press*). Auf der EP fand sich ›Party At Ground Zero‹. 1986 folgte das erste Album IN YOUR FACE, das mit dem Aufkleber »Explicit Lyrics – Parental Advisory« erschien, der heute auf jeder HipHop- und Metal-Platte zu finden ist, für die **Fishbone**-Platte aber völlig überflüssig war. Er sollte wohl eher das Interesse wecken und den Verkauf ankurbeln. Die Produktion von David Kahne fiel zu glatt aus, und so wurde die Band in die MOR-Soul/Rock-Ecke eingeordnet.

Die 87er-EP ›It's A Wonderful Life‹, die ebenfalls von Kahne produziert wurde, schien als Weihnachts-Platte »ein willkommenes Geschenk, um den Gabentisch aufzuwerten« (*Time Out*). Im Jahr darauf überraschten **Fishbone** auf dem Album TRUTH AND SOUL mit einer Metalversion des Klassikers ›Freddie's Dead‹ von Curtis → Mayfield, spielten Partymusik, protestierten gegen den alltäglichen Rassismus und präsentierten ihr komplettes Spektrum zwischen Hard Core-Rock über Soul-Eingängigkeit bis zu akustischen Balladen. 1988 begleiteten sie außerdem die Rock'n'Roll-Legende Little Richard, als der für ein Woody → Guthrie / → Leadbelly Tribute Album den Song ›Rock Island Line‹ aufnahm.

Die »möglicherweise aufregendste Gruppe« (brit. *Sounds*) führte Anfang 1989 ihre wilden Shows auch in Europa auf und »bescherten ihren Fans eine großartige Zeit« (*Melody Maker*). 1990 wurde die EP ›Bonin' In The Boneyard‹ veröffentlicht, die aus B-Seiten von Singles und einer

»verunglückten Session« (*Time Out*) mit den **Jungle Brothers** bestand. Für die Fertigstellung des 91er-Albums THE REALITY OF MY SURROUNDINGS (GB #75, US #49) brauchten **Fishbone** über ein Jahr und 18 (!) Ton- bzw. Soundingenieure. Die LP wiederholte den »Geist und den Sound von Truth And Soul, war jedoch weitaus ambitionierter, was den Spielraum und die Tiefgründigkeit betraf« (*Trouser Press*). Zwischen den längeren Titeln waren etliche Mini-Songs und Gespräche zu hören, sonst nur auf Rap-Platten üblich. **Fishbone** streiften mehr Stilarten als je zuvor, und neben der charakteristischen Punk/Funk/Rock/Ska-Mischung »entdeckte die Gruppe Sly-Stone-Land, Funkadelia und psychedelisches Terrain« (*Billboard*).

Auf der alljährlichen Lollapalooza-Tournee wurden **Fishbone** gefeiert. Sie traten in einem Programm mit → **Alice In Chains**, → **Arrested Development**, → **Dinosaur Jr.** und → **Rage Against The Machine** auf und bereiteten damit den Boden für GIVE A MONKEY A BRAIN AND HE'LL SWEAR HE'S THE CENTER OF THE UNIVERSE (US #99). Der *Musik Express* beschrieb die Platte als »eine geniale Kombination aus Jazz, Metal, Reggae, Funk und jeder Menge Humor. Für kommerzielle Höhenflüge dürfte es aber erneut nicht reichen. Denn die komplexen Songstrukturen kommen fast ohne Fixpunkte aus, an denen sich das Ohr festhalten könnte.«

»Philosophische Differenzen« waren im März 1993 für das Ausscheiden von Kendall Jones verantwortlich. Als neuer Mann wurde John Bigham (g, key) engagiert. Vier Wochen später wurde Norwood Fisher mit vier anderen Personen verhaftet, nachdem sie versucht hatten, den ehemaligen Gitarristen Jones zu kidnappen. Fisher erklärte nach seiner Verhaftung, er habe Jones lediglich zu einem Psychiater bringen wollen, und wurde später vom Vorwurf des Kidnapping freigesprochen. Um die mit dem Prozeß verbundenen Kosten einzuspielen, organisierten Fishers **Fishbone**-Kollegen im Januar 1994 ein Benefiz-Konzert, an dem u. a. **Alice In Chains**, → **Primus**, → **Tool**, **Porno For Pyros** und **Weapon Of Choice** teilnahmen.

Wieder vereint, kümmerten sich **Fishbone** um ihre Soundtrackaktivitäten. Für den Arnold Schwarzenegger-Film persiflierten sie sich selbst mit dem Song ›Swim‹, und für ›The Mask‹ mit Jim Carrey bearbeiteten sie mit Unterstützung der Bläsersektion von → **Tower Of Power** den Oldie ›Let The Good Times Roll‹.

Für ein neues Album ließen sich **Fishbone** bis zum Frühjahr 1996 Zeit. Dowd hatte die Band inzwischen verlassen. Als Gastmusiker wirkten auf CHIM CHIM'S BADASS REVENGE der Rapper Busta Rhymes und **Brand New Havies**-Leadsänger N'Dea Davenport mit. Produktion, Kompositionen und Arrangements lagen ausschließlich in den Händen von **Fishbone**, die mit dieser Platte »ihre Einheit zu einem kulturellen und musikalischen Mosaik überzeugend dokumentierten« (*Time Out*).

IN YOUR FACE (1986) Columbia 465517 • TRUTH AND SOUL (1988) Columbia 461173 • THE REALITY OF MY SURROUNDINGS (1991) Columbia 467615 • GIVE A MONKEY A BRAIN AND HE'LL SWEAR HE'S THE CENTER OF THE UNIVERSE (1993) Columbia 473875 • CHIM CHIM'S BADASS REVENGE (1996) BMG 75444–37010 • (S) SINGLES (1993) Sony, SRCS-6884

Roberta Flack

Roberta Flack sorgte Mitte der 70er Jahre für eine Reihe bewegender Hitballaden. Ihre Alben erreichten Millionenauflagen, aber die engagierte Künstlerin konnte nur selten überzeugen. Die aufwendig produzierten Werke entpuppten sich in der Regel als »smarte, gestylte, leblose Single-Formate« (*Rolling Stone*). 1995 wurde ihre Musik von der Band **Fugees** wiederentdeckt, der mit einem Remake ihres größten Hits ›Killing Me Softly‹ der Durchbruch gelang.

Geboren am 10. 2. 1939 in Asheville, North Carolina, erhielt Roberta Flack schon sehr jung Klavierunterricht von ihrer Mutter. Ihr Vater war Kirchenorganist, und so sang sie im Chor seiner Gemeinde. Die High School besuchte sie gemeinsam mit Donny Hathaway, und nach dem Abschluß studierte sie an der Howard University in Washingon, D.C. Sie hatte einen Abschluß als Musiklehrerin und vertiefte ihre Kenntnisse als Komponistin, Arrangeurin und Keyboarderin. Sie gab einige Jahre Schulunterrricht und sang ab 1968 in den Bars und Clubs von Washington. Der Jazzmusiker Les McCann war von einem ihrer Auftritte so begeistert, daß er ein Vorsingen bei Ahmet Ertegun, dem Chef von Atlantic Records, und dem Produzenten Joel Dorn organisierte.

Roberta Flack erhielt auf Anhieb einen Vertrag und veröffentlichte im Januar 1970 das Album FIRST TAKE. Die Platte hatte nur mäßigen Erfolg, aber der Komiker und Schauspieler Bill Cosby wurde auf sie aufmerksam und lud sie zur TV-Show bei NBC ein. Plötzlich priesen Kritiker die neue schwarze Stimme, und ihre LP FIRST TAKE (US #1) stand 1972 an der Spitze der US-Charts. Zuvor erschienen bereits das Album CHAPTER TWO (US #28) und Duette mit Schulfreund Hathaway, mit dem Roberta Flack den Carole →King-Song ›You've Got A Friend‹ (US #20) und den →**Righteous Brothers**-Klassiker ›You've Lost That Lovin' Feeling‹ (US #53) aufgenommen hatte.

Der damals 24jährige Donny Hathaway (* 1. 10. 1945) stammte aus Chicago und spielte wie seine Partnerin Keyboards. Er fusionierte Rhythm & Blues, Gospel und milden Popjazz und schaffte damit 1972/73 kleinere Hits wie ›Giving Up‹ (US #72), ›I Love You More Than You'll Ever Know‹ (US #50) und ›Love, Love, Love‹ (US #56). Etwas mehr Erfolg hatte er mit den Alben LIVE (US #20) und EXTENSION OF A MAN (US #43), doch am meisten profitierte er von der Partnerschaft mit Roberta Flack.

Zur Produktion der 71er-LP QUIET FIRE (US #16) fanden sich Jazz- und Fusionstars wie Richard Tee (org), Ron Carter (b), Hubert Laws (fl) und Les McCann im Studio ein. Die Platte kam im Dezember 1971 heraus und leitete das bis dahin erfolgreichste Jahr von Roberta Flack ein. Sie coverte zunächst den **Shirelles**-Song ›Will You Still Love Me Tomorrow‹ (US #49) und stellte die Ballade ›The First Time Ever I Saw Your Face‹ (GB #15, US #1) aus ihrer Debüt-LP für den Soundtrack zu »Play Misty For Me« mit Clint Eastwood zur Verfügung. Die Single-Neuauflage verkaufte sich zwei Millionen Mal und warb damit entsprechend für das im Frühsommer 1972 veröffentlichte Album ROBERTA FLACK AND DONNY HATHAWAY (US #3). Aus dem »stimmungsvollen Soul-Fest« (*Rolling Stone*) wurde im Mai 1972 ›Where Is The Love‹ (GB #25, US #5)

ausgekoppelt. Im März 1973 erhielt sie vier Grammies, u. a. als beste Sängerin und als bestes Gesangsduo.
Im Dezember 1972 wurde Roberta Flack bei einem Autounfall in New York City verletzt. Sie nutzte die Zwangspause zur Vorbereitung für das Album KILLING ME SOFTLY (US #1, D #47) und die Single ›Killing Me Softly With This Song‹ (GB #5, US #1, D #30). »Folk- und Funk-Verve« (*Rolling Stone*) machten aus KILLING ME SOFTLY eine Ausnahmeproduktion schwarzer Popmusik. »Die ausdrucksstärkste neue Sängerin Amerikas« (*Disc*) genoß die Erfolgswelle, ohne abzuheben. »Die Soul-Prinzessin« (*Melody Maker*) suchte 1974 auf FEEL LIKE MAKIN' LOVE (US #20) neue Herausforderungen und übernahm unter dem Pseudonym Rubina Flake auch die Aufgaben des Produzenten. Der Titelsong der LP (US #1) entwickelte sich zu einem Sommerhit des Jahres. Unter den Studiogästen waren diesmal Bob James (key), Idris Muhammed (dr), Anthony Jackson (b) und Alphonse Mouzon (dr).
1975 folgte Roberta Flack einer Einladung zur Rolling Thunder Revue von Bob →Dylan, gab Musikunterricht und nahm in aller Ruhe BLUE LIGHTS IN THE BASEMENT (US #19) auf. Produziert von Bob Ezrin wirkten u. a. Steve Gadd (dr), John Tropea (g) und Jeff Mironov (g) auf einem Album mit, das sich nahtlos in die Reihe perfekter Soul/Popinszenierungen einfügte. Die Platte enthielt ›The Closer I Get To You‹ (US #2), ein weiteres Hathaway-Duett, und die Single ›If Ever I See You Again‹ (US #38). Mittlerweile wurden erste Kritikerstimmen laut, die »brav und sauber gespielte Leere« (*New Musical Express*) beklagten. Das galt insbesondere für die LP ROBERTA FLACK (US #69) im Herbst 1978.
Der unerwartete Tod von Donny Hathaway am 13. 1. 1979, der aus dem 15. Stock eines Hotels stürzte, unterbrach die musikalische Laufbahn der »First Lady Of New Soul« (*Billboard*) vorübergehend. Flack und Hathaway befanden sich mitten in den Aufnahmen zum Album ROBERTA FLACK FEAT. DONNY HATHAWAY, das im Dezember 1980 auf den Markt kam. Für die Single-Fans wurden ›You Are My Heaven‹ (US #55) und ›Back Together Again‹ (US #72) ausgewählt. Das Interesse an der Musik von Roberta Flack ließ deutlich nach, obwohl sie von ihrem perfekten handwerklichen Können und ihrem einfühlsamen, Gospelgeprägten Timbre nichts verloren hatte. Ende 1980 präsentierte Roberta Flack zudem in Kooperation mit dem Sänger Peabo Bryson die LP LIVE AND MORE (US #43), die in Memphis, Tennessee, mitgeschnitten wurde.
›Making Love‹ (US #13) aus dem gleichnamigen Film sowie das Album I'M THE ONE (US #13) und die gleichnamige Single (US #42) ließen Roberta Flacks Aktien kurzzeitig wieder steigen. Anfang 1983 startete sie mit Bryson eine Welttournee und kam gemeinsam mit ihm und dem Song ›Tonight I Celebrate My Love‹ (GB #2, US #16) weltweit wieder auf obere Chartspositionen. Das Team produzierte 1983 weitere Erfolge mit dem Album BORN TO LOVE (GB #15, US #25) und der Single ›You're Looking Like Love To Me‹ (US #58).
Bis 1988 trat sie nur sporadisch bei Konzerten an die Öffentlichkeit, 1985 gab sie auf einem Album von George Benson ein kurzes Gastspiel. 1988 unterzeichnete sie bei Atlantic Records einen neuen Vertrag und realisierte, unterstützt von Quincy Jones, Marcus Miller, David Sanborn und Earl Klugh, die 89er-LP

Oasis. Sie führte zwar die R&B-Hitparaden an, scheiterte aber am Eintritt in die Popcharts. 1990 produzierte sie Nino Tempos Platte Tenor Saxophone und wurde für ›Killing Me Softly With This Song‹ von der Autorenschutzgesellschaft BMI ausgezeichnet, weil der Song über vier Millionen Mal in den Jahren 1970–1980 gespielt worden war.

1991 sang sie mit Aaron Neville ›The First Time Ever I Saw Your Face‹ und mit dem Reggaestar Maxi →Priest den Singlehit ›Set The Night To Music‹ (US #6). Mit dem von Arif Mardin produzierten Werk The Night On Music (US #10) gelang ihr auch endlich wieder ein überdurchschnittliches Album. 1992 stand ganz im Zeichen von Tourneen und Konzerten, und im Jahr darauf erschien erst der Sampler Softly With These Songs (GB #7) und im Oktober die LP Roberta. Roberta Flack modernisierte Standards aus Jazz, Blues und Soul wie Duke Ellingtons ›In A Sentimental Mood‹ oder B.B. →Kings ›The Thrill Is Gone‹, hatte damit aber nur wenig Erfolg.

1995 moderierte sie gemeinsam mit Michael →Bolton die Verleihung der American Music Awards in Los Angeles, trat in verschiedenen Fernsehshows auf und gab zusammen mit Peabo Bryson, James Ingram und Melissa →Manchester drei Konzerte im Rahmen der Tournee Colors of Christmas. Im August 1996 profitierte Roberta Flack von dem Erfolg der Coverversion der **Fugees** und kam mit der erneuten Veröffentlichung von ›Killing Me Softly‹ (D #38) noch einmal in die deutschen Hitparaden.

FIRST TAKE (1969) Atlantic 7567–82792 • CHAPTER TWO (1970) Atlantic 7567–81373 • QUIET FIRE (1971) Atlantic 7567–81378 • KILLING ME SOFTLY (1973) Atlantic 7567–81540 • FEEL LIKE MAKIN' LOVE (1975) Atlantic 7567–80300 • LOVE (1975) Atlantic 50049 • BLUE LIGHTS IN THE BASEMENT (1978) Atlantic 7567–82791 • ROBERTA FLACK (1978) Atlantic 50495 • BUSTIN' LOOSE (1981) Soundtrack • I'M THE ONE (1982) Atlantic 7567–81593 • OASIS (1989) Atlantic 7567–81916 • THE NIGHT TO MUSIC (1992) Atlantic 7567–82321 • ROBERTA (1994) Atlantic 7567–82597 • (S) THE MOST BEAUTIFUL SONGS (1973) Atlantic 60031 • (S) THE BEST OF (1981) Atlantic 7567–82498 • (S) GREATEST HITS (1984) • (S) SOFTLY WITH THESE SONGS (1993) Atlantic 82498 • Mit Donny **Hathaway**: ROBERTA FLACK AND DONNA HATHAWAY (1972) Atlantic 7567–81469 • ROBERTA FLACK FEAT. DONNY HATHAWAY (1980) Atlantic 50696 • Mit Peabo **Bryson**: LIVE AND MORE (1980) Atlantic 60155 • BORN TO LOVE (1983)

Flamin' Groovies

George Alexander (b, voc), Jack Johnson (g, voc), Cyril Jordan (g, perc), Paul Zahl (dr, voc)

Von gierigen Managern gelinkt, von laschen Plattenfirmen vernachlässigt und als »ewige Undergroundgruppe« (George Alexander) belächelt, führte »Amerikas coolste Teenager-Band« (*Bomp*) einen aussichtslosen Kampf gegen konventionelle Rocktrends. Die **Flamin' Groovies** scheiterten daran, »zur falschen Zeit die richtige Musik zu machen« (*Rock Session*).

George Alexander (* 18. 5. 1946, San Mateo, Kalifornien), Cyril Jordan (* 1948, San Francisco), Gitarrist und Sänger Roy Loney (* 13. 4. 1946, San Francisco) und Gitarrist Tim Lynch (* 18. 7. 1946, San Francisco) verwirklichten ihre musikalischen Vorstellungen ab 1964 zunächst bei **Chosen Few** und dann mit Drummer Ron Greco ab 1966 mit **Lost And Found**. Von beiden Bands erschienen später Aufnahmen in bester Demoqualität. **Lost And Found** scheiterten bereits nach wenigen Wochen, und daraufhin trennten sich die Wege der beteiligten Musiker vorübergehend. Jordan und Lynch setzten sich nach Europa ab, und Alexander schloß sich **Whistling Shrimp** an. Doch noch im gleichen Jahr fanden sie als **Flamin' Groovies** mit Danny Mihm an Stelle von Greco in San Francisco wieder zusammen.

Obwohl die meisten damals aktiven kalifornischen Bands mit Psychedelic, Westcoast-Sound oder Countryrock experimentierten, hielten sich die **Flamin' Groovies** an einen frischen, temperamentvollen Rhythm & Blues, den sie britischen Bands abgehört hatten. Sie huldigten Vorbildern wie den →**Beatles** und →**Byrds**, ohne sie zu kopieren, und klangen dabei wie eine echte englische Mod-Gruppe. Ihr Repertoire bestand etwa zu gleichen Teilen aus Cover-Versionen und Loney-Kompositionen.

Die **Groovies** galten als hoffnungslos unmodern und kamen zunächst über ein paar Auftritte im Fillmore West und Avalon Ballroom nicht hinaus. Sie zogen sich anschließend wieder auf die Clubebene zurück und traten regelmäßig in der Umgebung von Frisco auf. Da sie bei den Plattenfirmen abgeblitzt waren, beschlossen sie 1968, die Mini-LP SNEAKERS in Eigenregie aufzunehmen. Die 2000 Exemplare waren schnell vergriffen und öffneten der Band endlich die Türen arrivierter Labels. Ihr Manager Alfred Kramer, ein ehemaliger Assistent von Bill Graham, vermittelte die **Flamin' Groovies** an Epic Records.

Steve Goldman produzierte 1969 in Los Angeles SUPERSNAZZ mit einem Aufwand von 80000 Dollar. Die ersten Reaktionen auf das muntere, unbeschwerte Beat/Rock-Konglomerat waren durchweg positiv, und die Single ›Rockin' Pneumonia‹ wurde in den Playlists mehrerer Radiosender geführt, Werbung und Vertrieb funktionierten aber nur mangelhaft.

Ende der 60er Jahre bereisten die **Flamin' Groovies** mit Erfolg den amerikanischen Mittelwesten und traten u.a. mit →**Golden Earring** und den →**Stooges** auf. Zurück in San Francisco mieteten sie 1970 das von Bill Graham aufgegebene Fillmore West als Übungshalle an. Andere Bands konnten den einstigen Rocktempel ebenfalls buchen, und schließlich begannen die **Groovies** Tanz- und Rockveranstaltungen zu organisieren. Sie engagierten Gruppen wie →**Grateful Dead** und →**Hot Tuna** und traten selbst als Hausband auf, doch als ihr Geschäftsführer mit der Kasse durchbrannte, fand das Fillmore-Abenteuer ein abruptes Ende.

Ende 1970 trafen die **Flamin' Groovies** in New York ein. Richard Robinson besorgte ihnen einen neuen Plattenvertrag und einen Vorschuß von 15000 Dollar. FLAMINGO war »eines der besten Rock'n'Roll-Alben des Jahres« (*Rolling Stone*), aber der Verkauf entwickelte sich enttäuschend. Die **Groovies** gaben nicht auf und realisierten Anfang 1971 mit Unterstützung der halben →**Nitty Gritty Dirt Band** TEENAGE HEAD. Noch während der Aufnahme-Sessions wurde Lynch wegen Drogenbesitzes und weil er sich dem Wehrdienst entzogen hatte, verhaftet. Für ihn sprang James Farrell von den →**Charlatans** ein und war mitverantwortlich für »Spielwitz, Energie

und geniale Kompositionen« (*Rock Session*).
Streitigkeiten zwischen Loney und dem Rest der Band führten 1975 zum Abschied von Loney, der die **Phantom Movers** gründete und mehrere LPs mit einer Mixtur aus Rockabilly und zeitlosem Rock veröffentlichte. Zeitweise gehörten auch die Ex-**Groovies** Mihm und Farrell zu den **Phantom Movers**. Chris Wilson von **Loose Gravel** ersetzte Loney bei den **Flamin' Groovies**, die zwei Singles in London aufnahmen. Zurück in Frisco, folgte eine kurze Episode mit Terry Rae (dr), der dann von David Wright abgelöst wurde, unter dem Namen **Dogs**.
1976 kamen die **Flamin' Groovies** erneut nach England und hatten in Dave →Edmunds bei SHAKE SOME ACTION einen hervorragenden Produzenten. Das Album galt zwar als »feinste Popkreation« (*Trouser Press*), wurde aber von den eingefleischten Fans als zu glatt empfunden. Anschließend absolvierten sie 250 bejubelte Konzerte in Europa. Ihr Anti-Drogen-Song ›Slow Death‹ plazierte sich in den Hitparaden von Frankreich und der Schweiz, während von der Nachfolge-Single ›Married Woman‹ gerade mal 400 Exemplare verkauft wurden.
Der **Charlatans**-Chef Mike Wilhelm war 1978 in der Rolle von Farrell maßgeblich an der LP NOW beteiligt. Der konsequente Beattouch der Sixties wies die **Flamin' Groovies** einmal mehr als »musikalischen Anachronismus par excellence« (*Rock Session*) aus, der trotzdem längst einen »Ehrenplatz im Rockhimmel« (*Sounds*) verdient hatte. 1979 betreute Roger Bechirian (→**Undertones**, **Rumour**) die LP JUMPIN' IN THE NIGHT. Das »rundum schöne Popalbum« (*Sounds*) enthielt Coversongs von Bob →Dylan (›Absolutely Sweet Marie‹), den **Byrds** (»5D«) und den →**Rolling Stones** (›19th Nervous Breakdown‹) in frechen, respektlosen Versionen und anregende Songs von Jordan & Co. Die Plattenumsätze ließen wieder zu wünschen übrig, und so manches Konzert, wie 1980 in der Berliner Deutschlandhalle, stand am Rand eines Fiaskos, da die **Groovies** Probleme mit dem Sound und der Akustik hatten.
Die wachsende Punk- und New Wave-Konkurrenz, die die **Flamin' Groovies** als ihre Ahnen respektierten, drängte die Band immer mehr ins Abseits. In den 80er Jahren erschienen zunächst nur Sampler, ehe die **Groovies** im Frühjahr 1987 die Beatplatte ONE NIGHT STAND mit singenden Gitarrensoli und »kompakten, kurzen Riffs« (*Musik Express*) herausbrachten. Alexander, Johnson und Drummer Paul Zahl hatten die LP an einem Tag in einem Studio in Sydney aufgenommen. Die obligatorischen Fremdkompositionen stammten diesmal von Paul →Revere und den →**Who**, zudem gab es Neufassungen von ›Shake Some Action‹, ›Slow Death‹ und ›Teenage Head‹.
Gegen Ende der 80er Jahre stieg der Stellenwert der **Flamin' Groovies**, da Bands wie →**Yo La Tengo** ihre Songs und →**R.E.M.**, die →**Black Crowes** und →**Hoodoo Gurus** ihren spezifischen Gitarrenstil weiterentwickelten. Im Herbst 1991 unterschrieben die **Flamin' Groovies'** bei National Records und arbeiteten bis zum Frühjahr 1992 an ROCK JUICE mit elf Jordan-Songs und drei Coverversionen. Die Band bestand praktisch nur noch aus Jordan und Alexander, die Jack Johnson, Paul Zahl oder Kenny Dale Johnson (dr) von Chris →**Isaak** nur noch als Gastmusiker einsetzten.

SNEAKERS (1968) Snazz 2371 • SUPERSNAZZ (1969) Epic 467073 • FLAMINGO (1970) Ace 2966–74925 • TEENAGE HEAD (1971) Ace 2966–74926 • ROCKFIELD SESSIONS (1972) Aim, COLLECT 2 • SHAKE SOME ACTION (1976) Sire 7521 • NOW (1978) Sire 6059 • JUMPIN' IN THE NIGHT (1979) Sire 6067 • ONE NIGHT STAND (1987) Teldec 625490 • ROCK JUICE (1992) National, I.R.S. 987750 • (S) STILL SHAKIN' (1976) Buddah 5683 • (S) THE GOLD STAR TAPES (1981) Skydog 2224 • (S) SUPERGREASE (1984) Skydog, SK 12226 • (S) '68 (1985) Eva 12045 • (S) '70 (1985) Eva 12044 • (S) ROADHOUSE (1986) Edsel 183 • (S) STEP UP (1989) Aim 1030 • (S) GROOVIES GREATEST GROOVES (1989) Sire 925948 • (S) RARE DEMOS AND LIVE RECORDINGS (1993) Marilyn, USMLP 1020 • (S) CALIFORNIA BORN AND BRED (1995) Norton 243 • **Roy Loney and The Phantom Movers**: OUT AFTER DARK (1979) Solid Smoke 9001 • PHANTOM TRACKS (1980) Solid Smoke 9002 • CONTENTS UNDER PRESSURE (1981) War Bride 9003 • HAVING A ROCK'N'ROLL PARTY (1982) War Bride 9006 • ROCK AND ROLL DANCE PARTY WITH ROY LONEY (1982) Line 625172 • FAST AND LOOSE (1983) Lolita 5017 • LIVE: ROY LONEY (1984) Lolita 5018 • THE SCIENTIFIC BOMBS AWAY !!! (1988) Norton 209 • **Chosen Few**: CHOSEN FEW (1969) RCA, LSP 4242 • **Lost And Found**: FOREVER LASTING PLASTIC WORDS (1976) International Artists, IA-LP 3

Flaming Lips

Wayne Coyne (voc, g), John ›Dingus‹ Donahue (g, voc), Michael Ivins (b), Nathan Roberts (dr)

Sie paßten in keine der herkömmlichen Rubriken und bezeichneten ihre Musik als »expressiven Rock« (Wayne Coyne), ohne dies näher zu erläutern. Coyne war der maßgebliche Songlieferant der **Flaming Lips**, denen es anfänglich vor allem darum ging, »die gähnende Langeweile aus dem tristen Leben in der US-Provinz zu vertreiben« (Wayne Coyne). Die **Flaming Lips** stammten aus Oklahoma, und ihr Sound war von psychedelischen Elementen wie von bizarren Gitarrenrock-Offensiven geprägt. Coyne schraubte seine Stimme in höchste Lagen, während »schräge Pedal-Steels oder verstimmte Spieluhren stürmische Störaktionen« (*Tip*) provozierten.

Coyne kam als Zehnjähriger 1975 mit der Musik in Berührung, als seine Brüder sich **Frying Psychics** nannten. Und mit seinen Brüdern gab es auch die ersten Ansätze für die **Flaming Lips**, die 1982 aus Wayne und Mark Coyne, Richard English (dr) und Michael Ivins (bürgerlich: Ivan Michaels) bestanden.

Nach der ersten, 1985 veröffentlichten LP THE FLAMING LIPS zählte man die Band zur »ersten Garde der Garage/Trash-Brigade der College-Radios« (*Trouser Press*), die die hohen Erwartungen 1986 mit HEAR IT IS bestätigte. Unmittelbar vor der Aufnahme hatte Mark Coyne die **Flaming Lips** verlassen und den Gesangspart an Wayne Coyne übergeben. Das verbliebene Trio war eine gefragte Außenseiter-Band und brachte regelmäßig Alben heraus. OH MY GAWD!!! ... wurde als »überraschend reifes und überzeugendes Werk« (*Spex*) bezeichnet, während TELEPATHIC SURGERY von Februar 1989 als »ein kompetenter, jedoch uninspirierter Zeitfüller« (*Trouser Press*) galt. TELEPATHIC SURGERY war die letzte Platte mit Richard English, der die **Flaming Lips** während der anschließenden Europatournee verließ. Coyne und Ivins agierten kurzzei-

tig als Duo und veröffentlichten 1990 die EP ›Unconsciously Screamin' mit einem eigenwilligen Hologramm-Cover in farbigem Vinyl.
Für In A Priest Driven Ambulance hatten Coyne und Ivins John Donahue und Nathan Roberts engagiert. Zusätzlich wirkten der Keyboarder Dr. Manhattan und Dave Fridman von → **Mercury Rev** als Coproduzent bei diesem phantasievollen, durch seine Songs bestechenden Album mit. Die **Lips** wagten sich an eine groteske Fassung des Louis Armstrong-Evergreens ›What A Wonderful World‹ und produzierten ansonsten »orgiastische Noise-Ausbrüche und verdrehten Humor« (*Musik Express*).
1992 widersetzten sich die **Flaming Lips** der angesagten Grunge/Punk/Crossover-Welle mit Hit To Death In The Future Head und vertrauten auf Popsongs mit intelligenten Melodien, traditionellen Songstrukturen und verblüfften mit Geigenarrangements: ›Eine Kollision von klassischen Popsongs mit New Yorker Art-Noise-Konzepten« (*Spex*). Wegen eines Rechtsstreits um ein Sampling aus dem Film »Brazil« waren die **Flaming Lips** ein halbes Jahr lang zur Untätigkeit verdammt. Donahue, der **Mercury Rev** reaktivierte, und Roberts wollten nicht warten und stiegen bei den **Lips** aus.
Anläßlich einer Tournee im Vorprogramm der → **Throwing Muses** stellten Coyne und Ivins mit Steven Drozd (dr, voc, g) und Ronald Jones (g, voc) die neuen **Flaming Lips** vor. Sphärischer Spacesound, Schunkelpop und der gewohnt harte, exzentrische Gitarrenrock ließen die Band auf Transmission From The Satellite Heart wie eine Kreuzung aus den → **Beatles** und → **Dinosaur Jr.** klingen, und die LP wurde als »knackiges, krachendes Album« (*New Musical Express*) bezeichnet. Ihre Single ›She Don't Use Jelly‹ (US #55) kam Ende 1994 zu Hitehren, weil sie in einer Folge der Fernsehserie »Beverly Hills 90210« gelaufen war.
Die **Lips** verstanden es auch im Herbst 1995, auf Clouds Taste Metallic trotz Gitarrenlärms und psychedelischen Spleens Melodien zu erzeugen. Das Album enthielt den Song ›Bad Day‹, der zum Soundtrack von »Batman Forever« gehörte. Auf der B-Seite der Auskopplung ›This Here Giraffe‹ entschieden sich die **Flaming Lips** für den David → Bowie-Klassiker ›Life On Mars‹, den sie anläßlich der BBC-Sessions von John Peel aufgenommen hatten.

THE FLAMING LIPS (1985) Lovely Sorts Of Death • HEAR IT IS (1986) Rough Trade 3788173 • OH MY GAWD!!! ... THE FLAMING LIPS (1987) Rough Trade 8207378 • TAKING DRUGS (1988) No. 6, KAR 008 • TELEPATHIC SURGERY (1989) Rough Trade 3788350 • IN A PRIEST DRIVEN AMBULANCE (1990) Rough Trade 3788359 • HIT TO DEATH IN THE FUTURE HEAD (1992) WEA 7599–26838 • TRANSMISSIONS FROM THE SATELLITE HEART (1993) WEA 9362–45334 • PROVIDING NEEDLES FOR YOU BAL ... (1994) Warner Brothers 9362–45748 • CLOUDS TASTE METALLIC (1995) WEA 9362 45911

Flash & The Pan

Harry Vanda (g, voc), George Young (syn, voc)

Das Komponisten- und Produzenteam Harry Vanda und George Young waren die Initiatoren der populärsten australischen Band der 60er Jahre. Die →**Easybeats** scheiterten schließlich 1970 an permanenten Managementproblemen und deutlich abflauendem Publikumsinteresse. Vanda und Young experimentierten zunächst in London mit den Gruppen **Band Of Hope**, **Moondance** und **Marcus Hook Roll Band**, mit der sie ein in den USA gelobtes Album aufnahmen. Zurück in Sydney profilierte sich das Duo als Produzenten und Entdecker von John Paul Young und den Hardrockpionieren →**AC/DC**.

1976 erinnerten sie sich an den alten **Easybeats**-Titel ›Hey St. Peter‹. Vanda und Young planten nun ein neues Projekt, das ihren großen studiotechnischen Kenntnissen entsprach. Sie arrangierten den Song in einem futuristisch anmutenden Elektroniksound, wobei der Gesang metallisch verfremdet und rezitativ vorgetragen wurde. Ohne nennenswerte Werbung gelangte ›Hey St. Peter‹ bis auf den zweiten Platz der australischen Charts. Zu diesem Zeitpunkt war noch unklar, wer sich hinter **Flash & The Pan** verbarg.

22 Monate vergingen, bevor **Flash & The Pan** wieder ein Lebenszeichen von sich gaben. ›Down Among The Dead Man‹ griff inhaltlich auf den Untergang des Luxusliners Titanic zurück und wurde musikalisch mit Keyboards und allerlei elektronischen Gags umgesetzt. Erneut konnten sich **Flash & The Pan** über einen Riesenhit in Australien freuen, zudem erregten »die Popparodisten zwischen 10cc und Steely Dan« (*Rolling Stone*) nun auch international Aufmerksamkeit. ›Hey St. Peter‹ (US #65) plazierte sich im Sommer 1979 in den US-Hitparaden. Das schaffte auch das Album FLASH & THE PAN (US #93), das mit dem Grace →Jones-Song ›Walking In The Rain‹ und ›Man In The Middle‹ zwei weitere herausragende Stücke enthielt. Im gleichen Elektronik-Popstil inszenierten Vanda und Young auch das Album LIGHTS IN THE NIGHT, hatten diesmal aber Musiker wie Ray Arnott (dr), Les Karski (b) und Warren Morgan (p) engagiert. Das Album war in den USA ein Flop, und nur die Nachfrage in Europa hielt Vanda und Young davon ab, ihr Vorhaben aufzugeben. Sie produzierten weiterhin Science-fiction-Pop, der mittels melancholischer Balladen am eindrucksvollsten zum Ausdruck kam.

Die 82er-LP HEADLINES entstand auf der Basis von »Rhythmus-Computern und intelligenten Texten mit apokalyptischen Themen« (*Rolling Stone*) und lieferte im Mai 1983 die britische Top 10-Single ›Waiting For A Train‹ (GB #6). Ihre Musik zeichnete sich durch ein parodistisches Element aus, das »Humor, Spaß und Aggression« (*Sounds*) transportierte. Im »weiten Aktionsfeld von Gitarre und Synthesizer« (*Musik Express*) behaupteten sich **Flash & The Pan** bis 1987 mit den LPs HEADLINES, PANORAMA (GB #50), EARLY MORNING WAKE UP CALL und NIGHTS IN FRANCE sowie den Singles ›Midnight Man‹ (D #7), ›Early Morning Wake Up Call‹ (D #26) und ›Ayla‹ (D #26). Trotz Elektronik, Chips und Bites vermittelten **Flash & The Pan** jederzeit Gefühl und klangen selten übertechnisiert.

Nach fünf Jahren Pause, in denen sie sich wieder als Produzenten betätigten, belebten Vanda und Young 1992 **Flash & The Pan** neu und veröffentlichten im Februar BURNING UP THE NIGHT (D #92). Während die australischen Fans der Band treu blieben, tendierte das europäische Interesse an der Band gegen Null.

FLASH & THE PAN (1979) Mercury 6310956 • LIGHTS IN THE NIGHT (1980) Columbia 462871 • HEADLINES (1982) Ensign 67506 • PANORAMA (1983) Ensign 813129 • EARLY MORNING WAKE UP CALL (1985) Epic 471396 • NIGHTS IN FRANCE (1987) Epic 460224 • BURNING UP THE NIGHT (1992) Epic 472051 • (S) FLASH HITS (1988) Rough Trade, CD 232 • (S) COLLECTION (1990) Epic 466950 • Harry **Vanda** und George **Young** mit **Marcus Hook Roll Band**: MARCUS HOOK ROLL BAND (1973) Capitol, ST-11991 • Warren Morgan: mit **Aztecs**: LIVE AT SUNBURRY (1969) Havoc, HST 4003/4 • THE HOAX IS OVER (1970) Infinity 934092

Fleshtones

Ken Fox (b), Bill Milhizer (dr, perc), Keith Streng (g, voc), Peter Zaremba (voc, org, harm)

Die Garagenrock-Revivalisten kamen 1976 im New Yorker Stadtteil Queens zusammen. Das Gründungsquintett bestand aus Bandchef Peter Zaremba (* 16. 9. 1954), Keith Streng (* 18. 9. 1955), dem Bassisten Jan Marek Pakulski (* 22. 8. 1956) und dem Drummer Lenny Calderone. Die **Fleshtones** standen auf einen Sound aus »Fuzz-Gitarren, dumpfen Baß-Riffs und Farfisa-Orgeln« (*Rolling Stone*), den sie mit Elementen des Rockabilly, Surfrock und Stax-Soul zu einem eigenständigen Stil mischten.

Sie spielten in den Punkschuppen CBGB's und Max's Kansas City sowie auf Parties und wurden für ihre »inspirierten Shows« (*Rolling Stone*) von einem eher intellektuellen Publikum geschätzt. Calderone verließ »die beste Band New Yorks« (*New York Rocker*) 1979 nach der ersten Single ›American Beat‹ und wurde durch Bill Milhizer (* 21. 9. 1948) von der **Harry Toledo Band** ersetzt. 1980 folgte die EP ›Up Front‹ bei Red Star Records, die zu einem Vertrag bei Illegal Records führte. Das erste Album ROMAN GODS erschien 1982. Die **Fleshtones** »lieferten einen gut 30minütigen Unterricht in Sachen amerikanischer Rockmusik ab« (*Musik Szene*) und vereinten noch etwas unreif, aber originell Pop, Rhythm & Blues, Soul und Beat.

Auf HEXBREAKER hatten die »legitimen Nachfolger der Stooges, Raiders und New York Dolls« (*Trouser Press*) den Saxophonisten Gordon Spaeth (* 21. 9. 1950) gewonnen. Laut, explosiv und unberechenbar zelebrierten die **Fleshtones** besten nordamerikanischen Roots-Rock in manchmal halsbrecherischem Tempo. Die Live-Stärke der Band wurde 1985 auf dem Album LIVE IN PARIS dokumentiert, das in dem Kellerclub Li Gibus entstand.

Die »schnelle, wilde Großstadtmusik« (*Musik Express*) verkam 1987 bei FLESHTONES VS. REALITY zu platten Selbstzitaten und langweiligen Allgemeinplätzen. Robert Burke Warren (* 29. 3. 1965) hatte zuvor von Pakulski den Baß übernommen und mußte miterleben, wie die **Fleshtones** in Nostalgie erstarrten. Zaremba löste die **Fleshtones** auf und bemühte sich mit dem Projekt **Love Delegation** um einen Neuanfang, Keith Streng nahm mit dem Rest der **Fleshtones** ein Album als **Full Time Men** auf, an dem auch Peter Buck von → **R.E.M.** beteiligt war.

1990 reaktivierte Zaremba die **Fleshtones** mit dem Kanadier Ken Fox (* 9. 2. 1966, Toronto) anstelle von Warren. POWERSTANCE!, BEAUTIFUL LIGHT (Produzent:

Peter Buck) und vor allem das von Steve Albini (→ **Nirvana**, → **Urge Overkill**) produzierte Album LABORATORY OF SOUND machten deutlich, warum sie inzwischen, vergleichbar den → **Dictators** und → **Ramones**, zu den Vorbildern der alternativen US-Rockszene gerechnet wurden.

THE FLESHTONES (1978) Red Star 7003 • ROMAN GODS (1982) Illegal, SP 70018 • HEXBREAKER (1983) Illegal, SP 70605 • LIVE IN PARIS (1985) I.R.S. 26412 • FLESHTONES VS. REALITY (1987) SPV 9634 • POWERSTANCE! (1991) Ace 2966–74099 • BEAUTIFUL LIGHT (1994) Naked Lan. 971556 • LABORATORY OF SOUND (1995) SPV 084–4581 • (S) BLAST OFF (1982) Roir, EFA 14989 • (S) THE ANGRY YEARS (1994) Impossible • Peter Zaremba mit **Love Delegation**: SPREAD THE WORD (1987) Moving Target MCD 001 • LOVE DELEGATION (1988) Accord 104904 • DELEGATION-TIME (1988) Moving Target, IRS 979790 • Keith **Streng** mit **Full Time Men**: YOUR FACE MY FIST (1988) Coyote

Flo & Eddie

Howard Kaylan (voc), Mark Volman (voc, g)

Es gab nichts, das ihrer turbulenten Comedy-Rockshow heilig war, und sie machten auch nicht vor Selbstpersiflagen halt. Kompakte, vielschichtige Rockmusik und »feine Harmoniegesänge« (*Rolling Stone*) zeichneten das überdrehte, gleichermaßen intelligente Duo aus, das es sich leisten konnte, alles und jeden, vor allem das Musikgeschäft, auf die Schippe zu nehmen.
Die gebürtigen Kalifornier Howard Kaylan (*22. 5. 1945) und Mark Volman (*19. 4. 1944) trafen sich an einer High School in Los Angeles und gründeten einige Jahre später den kreativen Kern einer Amateurband, die sich **Crossfires** nannte und aus der 1964 die Hitgruppe → **Turtles** entstand. Kaylan und Volman waren maßgeblich beteiligt an dem erfolgsträchtigen Sound zwischen Surf-Unbeschwertheit, R&B und Folkrock, der Bestseller wie ›Happy Together‹ und ›Elenore‹ hervorbrachte. Um ihrem Image als Teenagerband entgegenzuwirken, produzierten die **Turtles** bis zu ihrer Trennung 1970 eine Reihe ehrgeiziger, hochkarätiger Alben.
Juristische Probleme zwangen Kaylan und Volman anfangs unter dem Namen **The Phlorescent Leech And Eddie** zu arbeiten. Frank → Zappa wurde auf das drollige Duo aufmerksam, und bis 1974 wirkte es auf vier Zappa-Alben mit, dazu gehörte der Soundtrack zu »200 Motels«. Daneben arbeiteten **Flo & Eddie** als Studiosänger für → **T. Rex**, Hoyt Axton, John → Lennon und Jeff Baxters Projekt **Navasota**.
1972 gründeten **Flo & Eddie** eine eigene Band, für die sie den Engländer und Zappa-Drummer Aynsley → Dunbar, den **Turtles**-Bassisten Jim Pons und den ehemaligen → **Love**-Gitarristen Gary Rowles gewinnen konnten. THE PHLORESCENT LEECH AND EDDIE bestand aus zwölf Songs in zwölf unterschiedlichen Musikstilen. Die Platte wurde in den Medien positiv beurteilt, verkaufte sich aber sehr schlecht. Ähnlich erging es 1973 der LP mit dem witzigen Titel CAN AN AILING HEART PATIENT AND A RESIDENT NURSE FIND HAPPINESS AS ... Diesmal hatten sie Coverversionen u. a. von den → **Kinks**, → **Ronettes** und Peter Skellern aufgenommen.
Gefragt waren dagegen die Liveshows

von **Flo & Eddie**, bei denen sie rasant und witzig, umrahmt von druckvoll-fetziger Musik, Popstars hemmungslos karikierten. Außerdem hatten sie Erfolg als Autoren von Filmmusik, Drehbüchern, Artikeln für Rockmagazine wie *Creem, Teen Beat* und *Phonograph Record* und eine wöchentliche Radioshow für den Sender KORQ.

1975 veröffentlichten **Flo & Eddie** ILLEGAL, IMMORAL AND FATTENING, das »ausgeflippteste Partyalbum des Jahres« (*Rolling Stone*). Doch derartige Superlative halfen ihnen kommerziell auch nicht auf die Sprünge. **Flo & Eddie** lebten von ihren Nebentätigkeiten, tingelten aber weiterhin regelmäßig durch die Staaten und kamen im Vorprogramm von Alice →Cooper auch nach Europa. Darüber hinaus arbeiteten sie im Studio für Chris →Hillman, Roger →McGuinn, Stephen →Stills und Michael Quatro. Mit der LP MOVING TARGETS verabschiedeten sich **Flo & Eddie** vorübergehend aus dem Plattengeschäft. Anlaß dafür waren nicht nur die schlechten Verkäufe, sondern auch der Tod ihres Freundes Marc Bolan und ihres damaligen Gitarristen Philip Reed.

Bis 1980 kümmerten sich Kaylan und Volman hauptsächlich um ihre journalistischen Aktivitäten, schrieben die Dialoge für den Film »Cheap« und halfen nur noch sporadisch im Studio bei Hoyt Axton und den →**Good Rats** aus. Schließlich holte sie Bruce →Springsteen für sein Album THE RIVER. Daraufhin erinnerten sich auch Alice Cooper, →**Blondie** und Al →Stewart an die vokalakrobatischen Fähigkeiten des schwergewichtigen Teams. 1981 tourten die Rockkabarettisten mit der ›Remember Flo & Eddie Show‹ durch Europa. Die Resonanz war gering. Daran konnte auch die mit erstklassigen Reggaemusikern aufgenommene LP ROCK STEADY WITH FLO & EDDIE nichts mehr ändern, und **Flo & Eddie** gerieten in Vergessenheit.

1989 machten Volman und Kaylan von sich reden, als sie →**De La Soul** für das Sampling des **Turtles**-Hits ›You Showed Me‹ auf 1,7 Millionen Dollar Schadenersatz verklagten. 1990 starteten sie eine Radioshow beim New Yorker Sender WXRK.

PHLORESCENT LEECH AND EDDIE (1972) Reprise 44201 • CAN AN AILING HEART PATIENT AND A RESIDENT NURSE FIND HAPPINESS AS ... (1973) Reprise 44234 • ILLEGAL, IMMORAL AND FATTENING (1975) CBS 90983 • MOVING TARGETS (1976) CBS 81509 • ROCK STEADY WITH FLO & EDDIE (1982) Epiphaney, ELP 4010 • (S) THE HISTORY OF (1983) Rhino, RNTA 1998 • Mark **Volman** und Howard **Kaylan** mit **Crossfires**: OUT OF CONTROL (1964) Sundazed 6061

Flock

Rick Canoff (sax, voc), Fred Glickstein (g, voc), Jerry Goodman (vo, g, voc), Ron Karpman (dr), Frank Posa (tr), Jerry Smith (b, voc), Tom Webb (sax, fl, harm, perc, voc)

1966 von Schülern als Quartett gegründet, galten **Flock** 1969/70 als Wegbereiter des Progressivrock, deren kunstvoller »Sound aus Jazz, Blues, Klassik und Rock« (*Rock Dreams*) den anspruchsvollen Chicago-Rock repräsentierte. Ähnlich wie →**Blood, Sweat & Tears** und →**Chicago** schufen sie im Stil einer Bigband ausgefallene, aggressive Fusionsmusik.

John McClure, einer der bekanntesten Klassikproduzenten in den USA, betreute **Flock** 1969 beim LP-Start. Die Plattenfirma CBS verkaufte die »erfinderische Gruppe« (*Billboard*) im Rahmen des sogenannten That's Underground-Pakets. In diesem stilistischen Sammelsurium von Al →Kooper bis →**Spirit** ging das Album THE FLOCK (US #50) ein wenig unter, konnte aber trotzdem im Herbst 1969 die Top 50 erreichen. Die Soli des Geigers Jerry Goodman drängten die anderen, nicht weniger talentierten Musiker etwas in den Hintergrund, aber dennoch wurde »in bester Jazzmanier improvisiert« (*Sounds*), wobei neben dem Teufelsgeiger vor allem Trompeter Frank Posa auffiel.

Flock zählten nun zu den begehrten Acts der Fillmore-Rockpaläste und traten u. a. beim Denver Pop Festival auf. Das Europagastspiel war dagegen im Frühjahr 1970 von negativen Schlagzeilen begleitet. Die Band bekam ihren komplizierten Sound live nur schlecht in den Griff, verärgerte das Publikum mit Hippiebotschaften und provozierte in Berlin sogar handgreifliche Auseinandersetzungen.

Wenig Freude bereitete auch das zweite Album DINOSAUR SWAMPS, das im November 1970 den Sprung in die Charts nicht schaffte. Posa hatte **Flock** verlassen und die Band damit entscheidend geschwächt. Wieder produziert von McClure, litten die Songs unter heiklen Rhythmuswechseln, trivialen Bläsersätzen und egoistischer Violinendominanz. Als Jerry Goodman 1971 ausstieg, verloren **Flock** ihren Star, und die Wege der »ausgewählten, aber uneinigen Jazzrock-Musiker« (*Rolling Stone*) trennten sich.

Jerry Goodman schloß sich dem **Mahavishnu Orchestra** von John →McLaughlin an. 1971 unterstützte er das Projekt **Peace & Quiet**, 1974 nahm er ein Album mit dem Multiinstrumentalisten Jan Hammer auf, 1977 spielte er für den Drummer Lenny White und arbeitete 1978 mit Saxophonisten Jaroslav Jakubovic zusammen. In den 80er Jahren war er auf einer Platte von →**Hall & Oates** vertreten. 1992 und 1994 unterstützte er den Gitarrenavantgardisten Dave Uhrich.

1975 versuchte Fred Glickstein **Flock** als solides Rockensemble zu erneuern. Neben den Gründungsmitgliedern Karpman und Smith waren James Leslie Hirsen (key, voc), Mike Zydowsky (vi) und als Produzent und Chorsänger Felix Pappalardi mit dabei. INSIDE OUT ließ jedes Risiko vermissen und erschöpfte sich in laschem Mainstream-Rock.

THE FLOCK (1969) One Way 2667 • DINOSAUR SWAMPS (1970) One Way 26658 • INSIDE OUT (1975) Mercury, SRM-1-1035 • (S) BEST OF (1993) Legacy 53440 • Jerry **Goodman** mit Jan Hammer: LIKE CHILDREN (1974) Nemperor 430

Flotsam And Jetsam

Eric A.K. (voc), Edward Carlson (g, voc), Michael Gilbert (g, voc), David Kelly Smith (dr, voc), Jason Ward (b)

Die Trash Metal-Band wurde 1984 in Phoenix, Arizona, von David Kelly Smith und dem Bassisten Jason Newsted ins Leben gerufen. Nach einigen Proben kristallisierte sich mit Eric A.K., Edward Carlson und Michael Gilbert eine stabile Besetzung für **Flotsam And Jetsam** heraus. Das Quintett debütierte auf den Samplern SPEED METAL HELL II und

Metal Massacre IV und konnte daraufhin bei Roadrunner Records Doomsday For The Deceiver veröffentlichen. Das Album kam bei Headbangern und härtesten Metal-Fans gut an und verkaufte sich allein in Deutschland über 15 000 Mal. Als Newsted ein Angebot von → **Metallica** annahm, schien die Zukunft von **Flotsam And Jetsam** fraglich zu sein. Smith fand in Troy Gregory einen neuen Bassisten, der sich 1988 auf der LP No Place For Disgrace vorstellte. Wieder glänzten **Flotsam And Jetsam** mit »harten, schnellen, angriffslustigen Riffs« (*Guinness*) und etablierten sich nun in der Speed Metal-Fraktion an vorderster Front. 1990 enttäuschten sie allerdings auf When The Storm Comes Down mit »einer Menge Midtempo-Material« (*Metal Hammer*). Ihre Originalität hatten **Flotsam And Jetsam** auf Kosten von mehr Eingängigkeit aufgegeben und scheiterten damit. Troy wanderte daraufhin zu → **Prong** ab, und für ihn kam Jason Ward.

Auf Cuatro konnte Leadsänger Eric A.K. Ende 1992 wieder seine stimmlichen Möglichkeiten optimal nutzen. Der von **Flotsam And Jetsam** »vollzogene Schritt vom Trash zum Techno Metal wurde als echter Schritt nach vorn« (*Musik Express*) bewertet. Die Band klang wieder härter, hatte aber die Haudrauf-Elemente durch üppige Kompositionen und gelungene Arrangements ersetzt. Obwohl auch dieses Album nicht in den Charts auftauchte, verkaufte es sich in Heavy-Kreisen überdurchschnittlich.

Neil Kernon (→ **Queensryche**) produzierte das im Mai 1995 veröffentlichte Album Drift, das die Ideen von Cuatro weiterführte. Metal-Anhänger empfanden ihr Konzept inzwischen als »verwässert und fehlgeschlagen« (*Metal Hammer*), dafür wurde in Rockkreisen die »neugewonnene Kreativität und die einfallsreichen Arrangements« (*Musik Express*) geschätzt.

DOOMSDAY FOR THE DECEIVER (1986) Roadrunner 985 336 • NO PLACE FOR DISGRACE (1988) Roadrunner 857 748 • WHEN THE STORM COMES DOWN (1990) MCA, MCD 06382 • CUATRO (1993) MCA, MCD 10678 • DRIFT (1995) MCA, MCD 11212

Flying Burrito Brothers

John Beland (g, voc), Brian Cadd (voc, key), Chris Ethridge (key, b, voc), Gib Guilbeau (voc, vi, g), ›Sneaky‹ Pete Kleinow (steel-g), Ron Tutt (dr)

Die **Flying Burrito Brothers** stellten so etwas wie eine Art Auffangbecken für prominente Country-, Folk- und Bluegrass-Musiker dar. Einzige Bedingung war, daß sie sich für traditionelle US-amerikanische Popmusik zwischen Hillbilly-Schlichtheit und Country-Romantik interessierten und diese für Rockfans modernisierten. Die ständig neuformierte Gruppe wurde so zu einem Kultunternehmen, das stilistische Abgrenzungen konsequent ignorierte bzw. überwand.

Erfahrene Westcoastgrößen aus dem Umfeld der → **Byrds**, → **Dillards**, der weitverzweigten Studioszene von Los Angeles und junge, zeitgemäße Countrymusiker gaben sich bei den **Flying Burrito Brothers** ein Stelldichein und beeinflußten kommerziell erfolgreiche Bands wie die → **Eagles**, → **Firefall** und **Manassas**.

Große Hits blieben den **Burrito Brothers** zwar versagt, aber ihre Konzerte und Tourneen waren stets sehr gut besucht.
Nach ihrem Abgang bei den **Byrds** gründeten Chris → Hillman und Gram → Parsons mit dem begabten Steelgitarristen ›Sneaky‹ Pete Kleinow, Chris Ethridge und dem Drummer John Corneal die erste Ausgabe der **Flying Burrito Brothers**. Ihre »Bluegrass-Virtuosität setzte ein neues Maß für den kalifornischen Countryrock« (*Rolling Stone*). Das Album THE GILDED PALACE OF SIN (US #96) rückte den warmen Tenor von Parsons und sanfte Countrymelodien in den Mittelpunkt. Corneal wurde noch während der Aufnahmen zum Albumdebüt durch Michael Clarke, ebenfalls von den **Byrds**, ersetzt. Corneal wirkte später in Studiobesetzungen von Warren → Zevon und **Dillard & Clark** mit.
Ihr Ruf als authentischste Band ihres Genres bestätigte sich 1970 auf der LP BURRITO DELUXE. Ethridge hatte die Band vor den Sessions verlassen, und als Bernie Leadon von **Hearts & Flowers** dazukam, wechselte Hillman zum Baß. Ethridge arbeitete als gefragter Studiomusiker für Ry → Cooder, Judy → Collins, Paul Kantner, Dave → Mason, Johnny → Rivers, Maria → Muldaur und Roger → McGuinn.
Leon → Russell und der Wundergeiger Byron Berline waren unter den Studiogästen von BURRITO DELUXE. Die Platte trug wieder die deutliche Handschrift von Gram Parsons und enthielt eine spannende Neufassung des → **Rolling Stones**-Songs ›Wild Horses‹. Die **Stones** engagierten die **Flying Burrito Brothers** im Dezember 1970 für ihr Festival in Altmont, das durch den gewaltsamen Tod eines jungen Schwarzen im Chaos endete.
Nach dem Weggang von Gram Parsons war 1971 auf dem Album FLYING BURRITO BROTHERS der Singer/Songwriter Rick Roberts neu dabei. »Traditionsbewußte Countrystücke und moderne, harte Rocksongs« (*Sounds*) waren auf den nächsten Alben zu hören. Leadon fühlte sich jedoch unterfordert und wurde Mitbegründer der **Eagles**. Da auch Kleinow solistische Ideen verfolgte und als Studiomusiker für die → **Bee Gees**, Jackson → Browne, → **Fleetwood Mac**, Al → Kooper und Steve → Miller arbeitete, stellten sich 1972 auf THE LAST OF THE RED HOT BURRITOS Al Perkins (steel-g) von **Shiloh** und Ex-**Country Gazette** Kenny Wertz (g, ban) als neue Bandmitglieder vor. Mit dieser ersten von mehreren Live-Platten begann eine schwächere Periode der **Flying Burrito Brothers**, die plötzlich wenig homogen wirkten und wie das letzte Aufgebot klangen.
Auch das Doppelalbum LIVE IN AMSTERDAM zählte nicht gerade zu den Glanzleistungen der Gruppe. Die Besetzung hatte sich auf nahezu allen Positionen verändert. Vom Team der letzten LP waren nur Roberts und Wertz übriggeblieben. Die neuen Mitglieder waren Byron Berline, Alan Munde (ban, voc), Roger Bush (b, voc), Eric Dalton (dr) und Don Beck (steel-g, man). Munde und Bush kamen ebenfalls von **Country Gazette**, während Dalton und Beck zuletzt für **Dillard & Clark** arbeiteten. Nach dem Amsterdamer Mitschnitt verabschiedeten sich die **Flying Burrito Brothers** vorübergehend und gingen getrennte Wege. Alle Beteiligten blieben der Country- und Folkrockszene eng verbunden.
Nach einigen Testkonzerten im Sommer 1975 reaktivierten Kleinow und Ethridge die **Burritos** mit Floyd Gib Guilbeau, Joel Scott Hill (g, voc) und Gene Parsons (dr,

perc, g, harm). Letzterer spielte einige Zeit bei den **Byrds**, Hill war drei Jahre bei →**Canned Heat** und hatte vorher bei →**Moby Grape** gespielt, und Guilbeau hatte mit **Cherokee**, →**Crazy Horse**, Arlo →Guthrie, Linda →Ronstadt und John David →Souther zusammengearbeitet.

Die zweite Generation der **Flying Burrito Brothers** folgte unter dem programmatischen Titel FLYING AGAIN deutlichen Blues- und Boogie-Spuren. Die LP enthielt ›Bulding Fires‹, einen der besten Songs der Gruppe. Die ungebrochene Popularität der Countryrock-Missionare bewirkte, daß sie 1976 ein weiteres Album mit dem Titel AIRBORNE mit Skip Battin (b, g, voc), ebenfalls von den **Byrds**, veröffentlichten. Ihr Versuch, Popbastionen zu erobern, erwies sich als »gesichtslose Rockmethodik«.

Zurück zur Country/Cajun/Hillbilly/Bluegrass-Bodenständigkeit fand im Mai 1978 eine wiederum umgestellte Mannschaft der **Flying Burrito Brothers** mit einem Mitschnitt aus der Kudan Kaikan Hall in Tokio. Für Parsons und Hill spielten nun Greg Harris (g, ban, voc) und Ed Ponder (dr). CLOSE ENCOUNTERS TO THE WEST COAST – auch unter dem Titel LIVE IN TOKYO veröffentlicht – bot endlich wieder modernsten Countryrock und glänzte durch filigrane Gitarrenphrasen und perfekten Harmoniegesang.

Auf Quartettstärke reduziert – ohne Ponder und mit John Beland für Harris – produzierten die **Flying Burrito Brothers** 1981 das pure Bluegrass-Album HEARTS ON THE LINE. Diesem Stil blieben die **Burritos** auch 1985 bei CABIN FEVER treu. Sie kamen zwar nur noch sporadisch zusammen, zählten aber weiterhin zur ersten Garnitur US-amerikanischer Countryrock-Spezialisten und wurden von vielen jungen Musikern kopiert.

In den 90er Jahren galten die **Flying Burrito Brothers** weiterhin als feste Größe in ihrem Metier und bemühten sich mit Kleinow, Ethridge, Guilbeau, Brian Cadd und Ron Tutt bei EYE OF THE HURRICANE wieder um eine stärkere Anlehnung an Popansätze.

THE GILDED PALACE OF SIN (1969) A&M 4175 • BURRITO DELUXE (1970) A&M 4258 • HOT BURRITO (1971) A&M 394343 • FLYING BURRITO BROTHERS (1971) A&M 4295 • THE LAST OF THE RED HOT BURRITOS (1972) A&M 4343 • LIVE IN AMSTERDAM (1972) Ariola 86439 • CLOSE UP THE HONKY TONKS (1974) A&M 3631 • FLYING AGAIN (1976) CBS 69184 • SLEEPLESS NIGHTS (1976) A&M 393190 • AIRBORNE (1976) CBS 81433 • CLOSE ENCOUNTERS TO THE WEST COAST (1978) Regency 79001 • FLYING HIGH (1980) • HEARTS ON THE LINE (1981) Curb 37004 • SUNSET SUNDOWN (1982) Curb • CABIN FEVER (1985) Relix 2008 • LIVE FROM EUROPE (1988) Relix • EYE OF THE HURRICANE (1993) Sundown 075 • (S) HONKY TONK HEAVEN (1973) A&M 87585 • (S) POP CHRONIK (1975) A&M 89136 • (S) THE LIVE COLLECTION (1993) Castle, CMC 3087 • (S) OUT OF THE BLUE (1996) A&M 540408 • Chris **Ethridge**: L. A. GETAWAY (1971) Atlantic 40310 • Gib **Guilbeau**: GIB GUILBEAU (1973), Alshire, AS 209 • CAJUN COUNTRY (1975) Ariola 87147 • TOE TAPPIN' MUSIC (1979) Shiloh, SLP 4085 • Gib **Guilbeau** und ›Sneaky‹ Pete **Kleinow** mit **Sierra**: SIERRA (1977) Mercury, SRM-1-1179 • Gib **Guilbeau**, ›Sneaky‹ Pete **Kleinow** und Chris **Hillman** mit **Cherokee**: CHEROKEE (1971) ABC 719 • Gib **Guilbeau** und Gene **Parsons** mit **Nashville West**: NASHVILLE WEST (?) Sierra 8701 • Gib **Guilbeau** und John **Beland** mit **Swampwater**: SWAMPWATER (1971) RCA, LSP 4572 • ›Sneaky‹ Pete **Kleinow**: COLD STEEL (1974) Ariola 87736 • SNEAKY PETE (1979) Shiloh, SLP 4086 • Skip **Battin**: SKIP (1973) Signpost 8408 • NAVIGATOR (1981) Appaloosa 014 •

DON'T GO CRAZY (1984) Appaloosa 034 • Greg **Harris**: ELECTRIC (1982) Appaloosa 024 • Greg **Harris** mit **Morning Star**: MORNING STAR (1978) CBS 35316 • VENUS (1979) CBS 35713 • Herb **Pedersen** mit **Laurel Canyon Ramblers**: BLUE RAMBLER 2 (1996) Sugar Hill 3852 • Al **Perkins** mit **Shiloh**: SHILOH (1970) Amos 7015 • Rick **Roberts**: WINDMILLS (1972) A&M 4372 • SHE IS A SONG (1973) A&M 4404 • Byron **Berline**, Roger **Bush**, Alan **Munde**, Al **Perkins** und Kenny **Wertz** mit **Country Gazette**: TRAITOR IN OUR MIST (1972) United Artists 29404 • DON'T GIVE BANJO SANDWICH (1974) United Artists 29441 • LIVE (1975) Ariola 88558 • MILESTONES (1975) EMI 7418 • SUNNY SIDE OF THE MOUNTAIN (1976) Tranatlantic, TRA 318 • OUT TO LUNCH (1976) Flying Fish 027 • ONE WAY TO EARN A LIVING (1977) Transatlantic, TRA 347 • FROM THE BEGINNING (1978) Sonet, SNS 50414 • AMERICA & CLEAN (1981) Flying Fish 252 • AMERICA'S BLUEGRASS BAND (1982) Flying Fish 295 • BLUEGRASS TONIGHT (1986) Flying Fish 383

Foetus

James Thirwell nannte sich **Jim Foetus** oder **Clint Ruin** oder erfand Bandnamen wie **Stinkfist**, **Flesh Volcano**, **Wiseblood**, **Frank Want**. Erst seit 1995 arbeitete Thirwell ausschließlich unter dem Namen **Foetus**: »Wenn Gott an die tausend Namen hat, dann ist Thirwell auf dem Weg zum Halbgott« (*Rough Guide*).

Jim Thirwell stammte aus Melbourne, Australien, besuchte die Kunsthochschule, gab das Studium aber angeekelt vom traditionellen Kulturbetrieb bald wieder auf. 1978 hielt er es im spießbürgerlichen Australien nicht mehr aus und ging nach London. Er arbeitete bei einer Plattenfirma und konnte sich so 1980 sein Label Self Immolation Records einrichten, um »Tonaufnahmen voller Aggressionen, Scharfblick und Inspiration« (Jim Thirwell) zu realisieren. Thirwell prägte den Begriff »positiver Negativismus« und entwarf bei all seinen Platten Szenarien »aus Tod, Lust, Krankheit und seelischem Verfall« (*Guinness*).

Um im Musikgeschäft Fuß zu fassen, setzte sich Thirwell zunächst als Remixer durch und bearbeitete u. a. Aufnahmen von → **EMF**, → **Cult**, → **Nine Inch Nails**, → **Pantera**, → **Megadeth** und den → **Red Hot Chilli Peppers**. Im Januar 1981 veröffentlichte er als **Foetus Under Glass** seine erste Single ›OKFM‹, drei Monate später erschien ›Wash It All Off‹ unter dem Namen **You've Got Foetus On Your Breath**, und im September kam die LP DEAF mit herbem Industrie-Underground heraus. Anfang 1982 nahm er als **Phillip & His Foetus Vibrations** die Single ›Tell Me, What Is The Bane Of Your Life?‹ auf und als **Foetus Over Frisco** CUSTOM BUILT FOR CAPITALISM. Beim Album ACHE kehrte er zur Bezeichnung **You've Got Foetus On Your Breath** zurück.

Nach dem Konkurs von Self Immolation Records arrangierte sich Thirwell 1983 mit dem Label Some Bizarre Records. Als **Jim Foetus And The Transvestites From Hell** unterstützte er **Marc & The Mambas** auf der LP TORMENT AND TOREROS. Im November 1984 unternahm er eine seiner seltenen Tourneen und trat u. a. mit Marc → Almond, Nick → Cave und Lydia Lunch auf.

Nach einer Veröffentlichungspause von zwei Jahren erschien im September 1984 die LP HOLE, diesmal unter dem Namen **Scraping Foetus Off The Wheel**. Das Album hatte »von allem etwas: industrielle Kakophonie, politische Dramen, Crypto-

Blues, wahnsinnige Surf-Musik, Swing-Beat, das Batman-Thema und vieles mehr« (*Trouser Press*). Mit dieser »extraordinären Platte« (*Rock Rough Guide*) wurde Thirwell zu einer Kultfigur des Undergrounds. Im Oktober 1984 veröffentlichte **Foetus Art Terrorism** die wahnwitzige »Maschinengewehr-Single« (*Zig Zag*) ›Calamity Crush‹. Anschließend arbeitete er mit John Balance und Peter Christopherson (Ex-→**Throbbing Gristle**) in der Anfangsphase von →**Coil** zusammen, programmierte und produzierte 1985 deren Single ›Tainted Love‹ und schrieb die Bläser-Arrangements für einige Titel auf dem 87er-Album HORSE ROTORVATOR. Mit Annie Hogans produzierte Thirwell einen Titel für die EP ›Kickabye‹ und steuerte für den Some Bizarre-Sampler ›If You Can't Please Yourself, You Can't Please Your Soul‹ und als **Scraping Foetus Off The Wheel** ›The Only Good Christian Is A Dead Christian‹ bei. Gemeinsam mit Marc Almond komponierte er ›Love Amongst The Ruined‹. Außerdem spielte er bei →**The The** als **Thin Jim Thirwell** die Marimbas und wirkte bei dem **Coil**-Stück ›The Wheel‹ als Schlagzeuger und Pianist mit. Bei einem →**Orange Juice**-Auftritt in der britischen TV-Musiksendung Top Of The Pops sah man Thirwell als Gastmusiker am Saxophon. Mit Nick Cave, Marc Almond und Lydia Lunch bildete er die Gruppe **Immaculate Consumptive**, die »einige wilde US-Shows auf die Bühne« (*Rock Rough Guide*) brachten. 1985 folgten als **Foetus Over Frisco** die Single ›Finely Honed Machine‹ und als **Scraping Foetus Off The Wheel** das hervorragende Album NAIL. Wie immer paßte die Musik in keine der gängigen Schubladen, Thirwell selbst sprach von ›Aesthetic Terrorism«.

Bereits Anfang 1984 hatten sich Thirwell und der ehemalige →**Swans**-Schlagzeuger Roli Mosiman aus der Schweiz unter dem Namen **Wiseblood** (nach einem Roman des Iren Flannery O'Connor) als Schlagwerk/Gesangsduo zusammengetan. Ihre Vorliebe für elektronische Musikmaschinen und diverse andere Geräuschquellen lebten sie auf den Singles ›Motorslug‹ und ›Stumbo‹ aus. Im Herbst 1986 erschien die LP DIRTDISH, die mit wüstem Sexismus, Comicmonstern und anderen Ungeheuern, herzzerreißenden Balladen und zynisch-pathetischem Rock aufwartete. Als Gastmusiker wirkten Robert Quine (g) aus der Band von Lou →Reed, Norman Westberg (g) von den **Swans**, Hahn Rowe (b, vi) aus der **Glenn Branca Band** und Phoebe Legere (p) von **Hugo Largo** mit.

Nach einer längeren Pause tauchte Thirwell als **Foetus All Nude Revue** wieder auf und veröffentlichte im Juni 1987 die Mini-LP BEDROCK. Die Instrumentals ›Diabolous Musica‹ und ›Shut‹ setzten langsam und leise ein und endeten mit lauten Maschinengewehrsalven und Tiergebrüll. Im Oktober 1987 reaktivierte er **Scraping Foetus Off The Wheel** mit der EP ›Ramrod‹. Danach nahm er mit Marc Almond als **Flesh Volcano** die exzellente EP ›Slut‹ auf, dann mit Lydia Lunch die Mini-LP STINKFIST.

Im September 1988 spielte Thirwell als **Foetus Interruptus** die LP THAW ein, die »auch für echte Foetus-Kenner einige Überraschungen« (*Zig Zag*) enthielt. Thirwell sang mit Grabesstimme, experimentierte mit symphonischen Elementen und dröhnender Industrieperkussion: »Thaw ist ein Soundtrack zu einem Film, den man fürchtet sich anzusehen« (*Zig Zag*). Im Herbst 1988 kam **Foetus**

u. a. auch nach Deutschland. Die Tourband bestand aus Raymond Watts von Pig, Norman Westberg und Al Kizys (Ex-Swans), Ted Parsons (→ Prong) und Nainz Watts (Toningenieur der → Einstürzenden Neubauten).

Inzwischen hatte sich Thirwell in New York niedergelassen, weil »hier der ideale Nährboden für meine künftigen Projekte ist«. 1989 erschien unter dem Namen Foetus Corruptus ein Live-Doppelalbum zunächst ohne Katalognummer als autorisierter Bootleg. Die LP Rife war während der Deutschlandtournee mitgeschnitten worden und enthielt einige bisher schwer oder überhaupt nicht erhältliche Foetus-Titel, darunter ›Hate Feeler‹, eine gekonnt verhackstückte Version des Songs ›Faith Healer‹ von der Sensational Alex Harvey Band. Als Besetzung wurden Ruin, Kizys, Westberg, Parsons und Ray Scaballero angegeben, die Aufnahmequalität ließ allerdings zu wünschen übrig.

Im April 1990 wurde der Foetus Corruptus-Sampler Sink veröffentlicht, der neben der Debütsingle ›OKFM‹ über 20 EP-Titel aus allen Phasen seiner Karriere zusammenfaßte. Vier Wochen später folgte die EP ›Butterfly Potion‹. In den Jahren 1990 und 1992 arbeitete Thirwell mit einigen Subkulturgrößen wie z. B. Don Fleming (→ Gumball) und Raymond Watts (Pig) zusammen und veröffentlichte zwei »hochgelobte Instrumental-Projektalben« (*Visions*). Gemeinsam mit Lydia Lunch coverte er ›Don't Fear The Reaper‹ von → Blue Öyster Cult.

Ab 1995 beschränkte sich Thirwell auf den Namen Foetus. Über das Album Gash, einen Höhepunkt seines komplexen Schaffens, hieß es: »Thirwells bislang anspruchsvollstes und beeindruckendstes Projekt« (*Trouser Press*) bzw. »ein ausgesprochen eklektisches Werk, das der geballten Wut einen sehr verführerischen musikalischen Ausdruck verleiht« (*Zig Zag*). Unterstützt wurde Thirwell dabei von Steven Bernstein (Lounge Lizards), dem Posaunen-Veteranen Art Barron, Frank Londo, Pablo Callogero, Marx Ribot, Marcellus Hall (Railroad Jerk), Todd Ashley (→ Cop Shoot Cop) und Vinny Signorelli (Swans, Unsane).

1996 kam das wunderbar lärmige Live-Album Boil! mit Aufzeichnungen aus Glasgow, Brüssel und Dublin von der Rednecropolis '96 Tour auf den Markt. In ausgezeichneter Aufnahmequalität ließ Thirwell den größten Teil seiner Karriere Revue passieren. So war einer der großen Klassiker ›I'll Meet You In Poland, Baby‹ ebenso zu hören wie nervenzerreißende Versionen von ›I'm The Walrus‹ (→ Beatles), ›Elected‹ (→ Alice Cooper), ›Sonic Reducer‹ (→ Dead Boys) und ›Hello There‹ (→ Cheap Trick).

Foetus: GASH (1995) Big Cat, RTD 131 3188 • BOIL! (1996) Big Cat, RTD 231 3067 • (S) FOETUS OF EXCELLENCE (1984) Self Immolation, FOE 1 • (S) FOETUS OF EXCELLENCE II (1989) Self Immolation, FOE 2 • You've Got Foetus On Your Breath: DEAF (1981) Self Immolation, WOMB OYBL 1 • ACHE (1982) Self Immolation, WOMB OYBL 2 • Foetus Over Frisco: CUSTOM BUILT FOR CAPITALISM (1982) Self Immolation, WOMB WSUSC 12.5 • Scraping Foetus Off The Wheel: HOLE (1984) Self Immolation, WOMB FDL 3 • NAIL (1985) Self Immolation, WOMB FIP 4 • Wiseblood: DIRTDISH (1986) K.422, WISE 003 • PEDAL TO THE METAL (1991) Mini-LP Big Cat, ABB 30 • Foetus All-Nude Revue: BEDROCK (1987) Mini-LP Self Immolation WOMB FAN 13 • Clint Ruin/Lydia Lunch: STINKFIST (1988) Mini-LP Widowspeak, WSP 14 • Foetus Interruptus: THAW (1988) Self Immolation, WOMB FIP 5 • Foetus Corruptus: RIFE

(1989) Rifle, EFA 75179 • (S) SINK (1990) Big Cat, RTD 300 8015 • Jim **Thirwell** mit **Steroid Maximus**: GONDWANALAND (1990) Big Cat, RTD 302 2037 • QUILOMBO (1992) Big Cat, ABB 28

Dan Fogelberg

Der Singer/Songwriter wurde am 13. 8. 1951 in Peoria, Illinois, geboren. Als Kind erhielt er Klavierunterricht, wechselte aber bald schon zur Gitarre und begann als 14jähriger zu komponieren. Fogelberg studierte nach der High School in Champaign an der University of Illinois bildende Kunst. Noch während des Studiums spielte er in verschiedenen, meist akustisch agierenden Bands mit. 1971 verließ er die Universität ohne Abschluß und machte sich nach Los Angeles auf, um einen Produzenten zu finden und einen Plattenvertrag zu erhalten, beides ohne Erfolg.

Wieder in Illinois war es schließlich der → **REO Speedwagon**-Manager Irving Azoff, der Fogelberg die notwendigen Kontakte verschaffte. 1973 stellte er sein erstes, noch ziemlich hausbackenes, in Nashville produziertes Album HOME FREE fertig, das ihm immerhin ein Engagement im Vorprogramm von Van → Morrison einbrachte.

Fogelberg kehrte an die Westküste zurück und machte sich als Studiomusiker von Jackson → Browne, Roger → McGuinn und Joe → Walsh einen Namen. Walsh produzierte 1974 Fogelbergs zweite LP SOUVENIRS (US #27), an der sich Mitglieder der → **Eagles** und Graham → Nash beteiligten. Die Kombination aus traditionellem Folk, Bluegrass, Country-Purismus und Popmelancholie führte den bühnen- und medienscheuen Allroundmusiker zum ersten Mal in die Charts. Mit der Auskopplung ›Part Of The Plan‹ (US #24) gelang ihm zudem eine erfolgreiche Single. Daneben arbeitete Fogelberg mit Earl Scruggs und dessen Begleitband **Fools Gold**, die 1976 ohne Scruggs mit ›Rain, Oh Rain‹ (US #84) einen kleinen Hit herausbrachte.

Fogelbergs Talent, »leichte klassische Einflüsse« mit »grandiosen Texten« (*Rolling Stone*) zu kombinieren, führte zwischen 1974 und 1985 zu beträchtlichen Erfolgen. Seine zerbrechlichen Kompositionen litten jedoch zuweilen unter seinem Drang zur Perfektion und übertriebenen Einsatz von Instrumenten. Auf CAPTURED ANGEL (US #15) übernahm Fogelberg auch die Aufgabe des Produzenten und spielte sämtliche Instrumente. Die »ganz hübschen Songs« wurden von »einem ungeheuren Brei zugekleistert« (*Sounds*). Dieser kommerzielle C&W-Pop mit dem weichen Pianostil verkörperte allenfalls Gebrauchsmusik für Supermärkte, Fahrstühle und Mainstream-Radiosender. Aber Fogelberg war erfolgreich und erreichte im Sommer 1977 mit NETHER LANDS (US #16) ähnlich gute Umsätze wie mit CAPTURED ANGEL.

Der Pop- und Jazzflötist Tim Weisberg vermochte 1978 der »dünnblütig, kühl und erstarrt wirkenden Musik« (*Sounds*) neue Impulse zu geben. Weisberg hatte bereits eine Reihe Soloplatten veröffentlicht, von denen sich 1975 LISTEN TO THE CITY (US #68) am besten verkauft hatte. Darüber hinaus hatte er auf Platten von Terry → Reid, Dave → Mason und den **Carpenters** mitgewirkt. Gemeinsam mit Dan Fogelberg entwickelte er auf TWIN SONS OF DIFFERENT MOTHERS (US #7) ein überwiegend instrumentales, unter-

haltsames Konzept, das über zwei Millionen Mal verlangt wurde. Als Single entschied sich das Duo für The Power Of Gold (US #23).
Fogelberg folgte auch als Solist dieser Linie, vermittelte auf Phoenix (US #3) und den Singles ›Longer‹ (US #2) und ›Heart Hotels‹ (US #20) entspannte Westcoast-Atmosphäre. The Innocent Age (US #6) handelte von den Schwierigkeiten des Erwachsenwerdens. Das Doppelalbum enthielt den Bestseller ›Same Old Lang Syne‹ (US #9) und wurde über ein Jahr in den US-Charts geführt. Fogelberg setzte weiterhin auf Wohlklang. Musikalisch hatte der etwas temperamentlose Musiker in den kommenden Jahren nur wenig Abwechslung zu bieten. Er vertraute bedingungslos auf seinen artigen Softrock.
Die 80er Jahre bescherten dem »sanften Vertreter des Folkrock-Genres« (*Musik Szene*) weitere Singlehits wie ›Hard To Say‹ (US #7), ›Leader Of The Band‹ (US #9), ›Run For The Roses‹ (US #18), ›Missing You‹ (US #23), ›Make Love Stay‹ (US #29) und ›The Language Of Love‹ (US #13). Die dazugehörigen Alben Windows And Walls (US #15) und High Country Snows (US #30) verkauften sich ebenfalls glänzend, zeugten aber von Professionalität und aalglatter Studiotechnik.
Auf Exiles (US #48) vom Sommer 1987 verarbeitete Fogelberg seine Scheidung. Das Album enthielt ›Beyond The Edge‹, die Titelmusik zu einem Film von Warren Miller, und die Single ›She Don't Look Back‹ (US #84). Als erstes Album seit 1973 kam The Wild Places vom Herbst 1990 nicht in die Charts. »Kleine Hommagen an Land und Leute« (*Audio*) zeichneten 1993 River Of Souls aus, eine der seit langem besten Arbeiten von Fogelberg. 1995 setzte Dan Fogelberg die Zusammenarbeit mit Tim Weisberg auf No Resemblance Whatsoever fort.

HOME FREE (1973) Epic 31751 • SOUVENIRS (1974) Epic 80623 • CAPTURED ANGEL (1975) Epic 80913 • NETHER LANDS (1977) Epic 81574 • PHOENIX (1979) Epic 83317 • THE INNOCENT AGE (1981) Epic 487482 • WINDOWS AND WALLS (1984) Epic 25773 • HIGH COUNTRY SNOWS (1986) Epic 2474758 • EXILES (1987) Epic 450491 • THE WILD PLACES (1990) Epic 450590 • LIVE (1991) Epic 469056 • RIVER OF SOULS (1993) Full Moon 474659 • (S) GREATEST HITS (1982) Epic 471861 • (S) DEFINITIVE COLLECTION (1995) Epic 480557 • (S) PORTRAIT – THE MUSIC OF DAN FOGELBERG (1997) Epic 67949 • Mit Tim **Weisberg**: TWIN SONS OF DIFFERENT MOTHERS (1978) Epic 82774 • NO RESEMBLANCE WHATSOEVER (1995) Giant 2128692 • Tim Weisberg: TIM WEISBERG (1971) A&M 3039 • DREAMSPEAKER (1972) A&M 3045 • HURTWOOD EDGE (1973) A&M 4352 • TIM WEISBERG 4 (1974) A&M 3658 • LISTEN TO THE CITY (1975) A&M 4545 • LIVE AT LAST (1976) A&M 4600 • TIM WEISBERG BAND (1977) United Artists 30113 • ROTATIONS (1978) United Artists 30175 • NIGHT RIDER (1979) MCA 3084 • PARTY OF ONE (1980) MCA 5125 • **Fools Gold**: FOOLS GOLD (1976) Arista 5500 • MR. LUCKY (1979) CBS 82148

John Fogerty

Fünf Jahre lang war John Fogerty (* 28. 5. 1945, Berkeley, Kalifornien) die dominierende Persönlichkeit der Hitband →**Creedence Clearwater Revival**, die in diesem Zeitraum einen Gesamtumsatz von rund 100 Millionen Dollar erzielte. Fogerty schrieb Bestseller und Evergreens wie ›Proud Mary‹, ›Bad Moon

Rising‹ und ›Green River‹. Mit seinem markigen Gesang und asketischen Gitarrenriff bestimmte er das Profil des unverwechselbaren Sounds der Band.
Nach unüberbrückbaren Differenzen mit der Plattenfirma und internen Problemen trennten sich CCR im Herbst 1972. John Fogerty zog sich in sein Haus in die Einsamkeit der Rocky Mountains zurück und tüftelte an neuen Songs. Das rustikale Countryalbum BLUE RIDGE RANGERS (US 47) lieferte mit dem Hank Williams-Remake ›Jambalaya‹ (US #16) und ›Hearts Of Stone‹ (US #37) zwei erfolgreiche Singles, aber insgesamt hatte Fogerty noch keine klare Linie gefunden. So griff er beim 75er-Album JOHN FOGERTY (US #73) auf die bewährte CCR-Mischung aus trivialen Rock'n'Roll-Themen, herzhaftem Bayou-Blues und frischem Country-Wind zurück. Fogerty spielte alle Instrumente selbst und verschaffte sich mit ›Rockin' All Over The World‹ (US #32, D #40) und ›Almost Saturday Night‹ (US #84) ein wenig Respekt in den Singlecharts. ›Rockin' All Over The World‹ wurde von →Status Quo und ›Almost Saturday Night‹ von Dave →Edmunds übernommen. Der »grundgute Rebellengeist der Südstaaten« (*Musik Express*) war aber auch nach der 76er-LP HOODOO meilenweit von einem ernstzunehmenden Comeback entfernt.
Fast zehn Jahre vergingen, ehe John Fogerty wieder öffentlich auftrat. Am 31. 1. 1985 spielte er mit Albert →Lee und →Booker T. & The MG's überwiegend R&B-Klassiker. In absoluter Eigenregie produzierte er in den Plant Studios im kalifornischen Sausalito neun schnörkellose Songs für das Hitalbum CENTERFIELD (GB #25, US #1, D #23), darunter die Songs ›The Old Man Down The Road‹ (US #10, D #49) und ›Rock'n'Roll Girls‹ (US #20). Der »urtypische Baumwollhemden-Rhythm & Blues« (*Musik Express*) prägte auch die Nachfolge-LP EYE OF THE ZOMBIE (GB #26, US #26) im Sommer 1986. Es zeigte sich jedoch, daß der »Voodoo-Rock'n'Roll« (*Rolling Stone*) seine Grenzen erreicht hatte. Fogertys professionelles Spiel begeisterte das Konzertpublikum, der Plattenverkauf ging dagegen rapide zurück.
1987 spielte John Fogerty in Washington, D.C., bei der Benefizveranstaltung Welcome Home zu Ehren der Vietnamveteranen. Zwei Jahre später trat er, begleitet von Jerry Garcia und Bob Weir, zugunsten der AIDS-Hilfe auf und wirkte 1990 beim Roy Orbison All-Star Benefiz in Universal City, Kalifornien, mit. Beim traditionellen Dinner der Rock'n'Roll Hall of Fame sang er mit Chaka →Khan im Januar 1991 ›Proud Mary‹ und spielte im November, unterstützt von →Grateful Dead, vor 350000 Menschen im Golden Gate Park in San Francisco. Fogerty machte sich ansonsten rar und nahm nur wenige Live-Angebote an. Fogertys Werk wurde im Sommer 1996 auf dem Tribute-Album JOHN FOGERTY. WROTE A SONG FOR EVERYONE von Bands wie Psyclone Rangers, Barefoot Brothers und Screaming Thunders gewürdigt.
Vier Jahre lang bereitete Fogerty sein 97er-Album BLUE MOON SWAMP vor, ein »vitales Statement eines aufgeschlossenen Musikers« (*Hamburger Morgenpost*). Er stellte das neue Material im Juni 1997 auch in Deutschland vor. In einem Interview mit *Good Times* erklärte er die lange Pause mit seiner Heirat und der Geburt seiner beiden Kinder und begründete die einstweilige Verfügung, die er gegen die Verwendung des Namens Creedence Clearwater Revival

bzw. des Kürzels CCR erwirkt hatte: »Creedence Clearwater Revisted sind nicht CCR. Sie führen damit die Öffentlichkeit hinters Licht und schaffen nur Verwirrung« (John Fogerty).

BLUE RIDGE RANGERS (1973) Fantasy, FCD 4502 • JOHN FOGERTY (1975) Fantasy, F 1526 • HOODOO (1976) Asylum 1046 • CENTERFIELD (1984) Bellaphon 290-07-085 • EYE OF THE ZOMBIE (1986) Bellaphon 290-07-090 • BLUE MOON SWAMP (1997) Warner Brothers 9362-45426

Foghat

Roger Earl (dr, perc), Dave Peverett (voc, g), Rod Price (g), Tony Stevens (b)

Weil sich niemand in ihrer englischen Heimat für den von Boogie und Blues beeinflußten Heavyrock interessierte, setzten sich **Foghat** 1976 nach New York ab. Die US-Amerikaner mochten den lebendigen Sound der ehrgeizigen Gitarrenband. Die »ausgezeichneten Chuck Berry-Schüler« (*Rolling Stone*) standen im Jahr durchschnittlich acht Monate ununterbrochen auf der Bühne und boten einen durchdringenden, prallen Hardrock, der »besonders die Kids ansprach« (*Rolling Stone*). Ohne einen überragenden Smash-Hit erreichten **Foghat** bis 1983 einen LP-Umsatz von rund 30 Millionen Dollar. Sieben der Alben wurden mit Platin oder Gold ausgezeichnet.

Der Name **Foghat** entstand zufällig beim Scrabble-Spiel. Die Band wurde 1971 in London von Dave ›Lonesome‹ Peverett (*1950), Roger Earl (*1949) und Tony Stevens (*12. 9. 1949) gegründet. Sie kannten sich aus gemeinsamen Tagen bei der Bluesrock-Formation → **Savoy Brown** und planten mit Rod Price ein bodenständiges, trendunabhängiges Hardrockunternehmen. Dave → Edmunds produzierte das erste Album FOGHAT (US #74) »in der Nachfolge von Savoy Brown« (*New Musical Express*). Das Quartett setzte konsequent auf »Rock, Blues und Boogie Power« (Dave Peverett) und übernahm u. a. den Willie → Dixon-Bluesklassiker ›I Just Want To Make Love To You‹ (US #88). Da die Resonanz in den USA größer war als in Großbritannien, tourten **Foghat** anschließend quer durch die Vereinigten Staaten und etablierten sich als professionelle, publikumswirksame Live-Band. Die LP ENERGIZED (US #34) steigerte im Frühjahr 1974 die Popularität von **Foghat** beträchtlich. Als Produzent war im Herbst 1974 Nick Jameson, der Stevens ersetzt hatte, für die geballte Heavywucht von ROCK AND ROLL OUTLAWS (US #40) verantwortlich. Peverett, Komponist und Leadsänger, dominierte die Band. Rod Price bildete mit seinen ausgedehnten Soli den Gegenpol dazu. Mangelnde Arrangements glichen **Foghat** durch die Rhythmusgruppe aus. Im Herbst 1975 konnten sie ihren bis dahin größten Erfolg verbuchen. Das Album FOOL FOR THE CITY (US #23) erreichte eine Millionenauflage, und die Auskopplung ›Slow Ride‹ (US #15) wurde zum Singlehit.

Don Hartman, früher bei → **Frost**, produzierte 1976 die LP NIGHT SHIFT (US #55), bei der Craig McGregor den abgewanderten Jameson ersetzte. Die Platte fiel gegenüber den vorangegangenen deutlich ab. **Foghat** schienen in einer Identitätskrise zu stecken, die sie jedoch schnell überwanden. Jameson kehrte als Produzent zurück und führte bei dem stimmungsvollen Mitschnitt LIVE (US #10) Regie. Dynamik und hervorragende Einzelleistungen von Price zeichneten das Album aus. Die Kraft und Vitalität, die **Foghat** live bewiesen, erreichten sie im Studio nur noch 1978 auf STONE BLUE (US #28). Alle nachfolgenden Alben zeugten von »wenig Inspiration« (*Rolling Stone*).

Mit unveränderter Besetzung gerieten die »Schwerstarbeiter« (*Melody Maker*) mit BOOGIE MOTEL (US #47) und TIGHT SHOES in eine Dauerkrise. 1981 überließ Price dem Youngster Erik Cartwright die Leadgitarre, und Jameson agierte bei GIRLS TO CHAT & BOYS TO BOUNCE (US #98) erneut als Produzent. Trotz vernichtender Kritiken kamen **Foghat** noch einmal in die Charts. Die Band veröffentlichte noch die Alben IN THE MOOD FOR SOMETHING RUDE und ZIG-ZAG WALK, die aber nur noch einen Abklatsch des früheren »rüden, metallischen Heavy-Beats« (*Rolling Stone*) boten.

1993 reformierte Peverett **Foghat** in der Originalbesetzung. Nach einer recht erfolgreichen US-Tour erschien im Jahr darauf das Album RETURN OF THE BOOGIE MEN, auf dem sie ziemlich überholten Bluesrock präsentierten. 1996 produzierte er das Album KNOCKIN' ON THE DEVIL'S DOOR des weißen Bluessängers und Gitarristen Paul Oscher.

FOGHAT (1972) Rhino, R270887 • ROCK AND ROLL (1973) Rhino, R270890 • ENERGIZED (1974) Rhino, R270883 • ROCK AND ROLL OUTLAWS (1974) Rhino, R270889 • FOOL FOR THE CITY (1975) Rhino, R270882 • NIGHT SHIFT (1976) Rhino, R270888 • LIVE (1977) Rhino, R270884 • STONE BLUE (1978) Rhino, R270881 • BOOGIE MOTEL (1979) Bearsville 6990 • TIGHT SHOES (1980) Bearsville 6999 • GIRLS TO CHAT & BOYS TO BOUNCE (1981) Bearsville 3578 • IN THE MOOD FOR SOMETHING RUDE (1982) Bearsville 23747 • ZIG-ZAG WALK (1983) Rhino, R270088 • RETURN OF THE BOOGIE MEN (1994) Modern 92483 • (S) BEST OF (1988) Rhino 270080 • (S) BEST OF VOL. 2 (1992) Rhino 270516 • Nick **Jameson**: ALREADY HERE (1977) Bearsville, BR 6972 • Nick **Jameson** mit **American Dream**: AMERICAN DREAM (1968) Ampex 81001

Ellen Foley

Die erfahrene Chor- und Studiosängerin aus St. Louis wurde 1976 von dem Produzenten und Komponisten Jim Steinman entdeckt, der sie als Duett-Partnerin von →**Meat Loaf** für die Bestseller-LP BAT OUT OF HELL engagierte. Ihr Duett ›Paradise By The Dashboard Light‹ fand großen Anklang, und sie wurde als »vielversprechendste Stimme des Rock« (*Rolling Stone*) gewürdigt. Sie bekam Angebote von →**Blue Oyster Cult**, Ian →Hunter und konnte 1978 ihre Debüt-LP veröffentlichen, die von den David →Bowie-Spezies Mick →Ronson und Hunter produziert wurde. NIGHT OUT verfehlte zwar die Charts, enthielt aber mit ›What's The Matter Baby‹ (US #85) immerhin einen kleinen Singlehit. Für das Album wählte sie u. a. Songs von den →**Rolling Stones** (›Stupid Girl‹), Graham Parker (›Thunder And Rain‹) und Philip Rambow (›Young Lust‹) aus. Die »weibliche Zukunft des Rock'n'Roll« (brit. *Sounds*) überzeugte mit Stimmvolumen

und machte als ausgebildete Schauspielerin auch auf der Bühne eine gute Figur. Ihre Band bestand in der Regel aus Mitgliedern der Begleitgruppe von Ian Hunter.
Für ihre zweite LP SPIRIT OF ST. LOUIS ließ sich die »Rock'n'Roll-Röhre« (*Sounds*) mehr als zwei Jahre Zeit. Dazwischen lagen Studiojobs für die **Iron City Houserockers**, Jim Steinman, die amerikanischen **Sorrows** und die britischen →**Clash**. Englands Punkveteranen, allen voran Mick Jones, hatten das zweite Foley-Album produziert, das wieder recht gute Kritiken bekam, sich aber eher schlecht verkaufte. Der Versuch, »Cabaret- und Barmusik neben oder mit Rockmusik zu gestalten« (Ellen Foley), kam beim Publikum nicht an.
Ellen Foley mußte sich neu orientieren und begab sich 1982 in die Obhut des Popproduzenten Vini Poncia (Ringo →Starr, Leo →Sayer). Ihre Rückkehr zum tempogeladenen Rocksound empfand die Sängerin »fast als Wiedergeburt« (Ellen Foley), aber auch ANOTHER BREATH konnte die kommerziellen Vorgaben nicht erfüllen. Ellen Foley besann sich daraufhin, wieder als Schauspielerin zu arbeiten, war aber auch weiterhin als Studiomusikerin u. a. für Martin Briley und **John Jarrett's Tribe** tätig.

NIGHT OUT (1978) Epic 83718 • SPIRIT OF ST. LOUIS (1981) Epic 84802 • ANOTHER BREATH (1983) Epic 25258 • (S) THE VERY BEST (1992) Columbia 471 842

Sue Foley

Die gebürtige Kanadierin begann als 13jährige Gitarre zu spielen. Ihre Vorbilder waren zunächst die →**Rolling Stones**, später die Blueslegenden Muddy →Waters, Slim →Harpo und B. B. →King. Nach einem James →Cotton-Konzert beschloß die Fünfzehnjährige, ihr Glück als professionelle Bluesmusikerin zu versuchen, und trat ein Jahr lang, begleitet von einem Mundharmonikaspieler, in den Clubs von Ottawa auf. Sue Foley war gerade 18 Jahre alt, als sie ihre erste Band zusammenstellte. Sie beschränkte sich auf die klassische Besetzung Gitarre, Baß, Schlagzeug. Musikalische Vorbilder waren jetzt T-Bone →Walker, Clarence ›Gatemouth‹ →Brown, Earl →Hooker, Freddie →King und Jimmy →Reed.
Aufgrund eines Demobandes erhielt Sue Foley im März 1990 einen Vertrag in Austin, Texas, vom ansässigen Blueslabel Antone's Records. Das »geniale Gefühl für authentischen Blues« (*The Boston Herald*) vermittelte Sue Foleys Debüt von 1992, das von Derek O'Brien (Lou Ann Barton, Matt ›Guitar‹ Murphy) und George Rains (Doug →Sahm) produziert wurde. YOUNG GIRL BLUES enthielt überwiegend Fremdkompositionen, u. a. von Lightnin' →Hopkins, Earl →Hooker und Memphis Minnie. Sie sang mit Angela →Strehli ein Duett und konnte Pinetop Perkins (Muddy Waters) und Kim Wilson (→**Fabulous Thunderbirds**) als Studiogäste gewinnen. Das Album kam in Blueskreisen äußerst gut an, und sie galt als shooting star des Jahres.
Während YOUNG GIRL BLUES sich eher am Country Blues orientierte, verschrieb sich Sue Foley auf WITHOUT A

Warning einer zeitgemäßen, urbanen Variante. Sie verzichtete auf Studioprominenz, übernahm nur noch wenige Titel, z. B. von →Magic Sam, und vertraute auf ihre eigenen Songwriter-Qualitäten. Ihre Band bestand aus Joe Penner (b) und Fred E ›Pharaoh‹ Walden (dr).
Sue Foleys drittes Album Big City Blues wurde ein Flop. Ihr Gitarrenspiel auf der pinkfarbenen Telecaster war nach wie vor perfekt, aber die LP bot wenig Abwechslung. 1996 präsentierte sie auf Walk In The Sun eine Mixtur aus Roots-Rock, City-Blues und R&B mit Popattitüden. Produziert wurden die beiden Alben von dem Gitarristen Stephen Bruton.

YOUNG GIRL BLUES (1992) Antone's, ANT 0019 • WITHOUT A WARNING (1993) Antone's, ANT 0025 • BIG CITY BLUES (1994) Antone's, ANT 0037 • WALK IN THE SUN (1996) Discovery 74701

Fools

Rich Bartlett (g, voc), Doug Forman (b, voc), Mike Girard (voc), Chris Pedrick (dr), Stacy Pedrick (g)

Mit ›Psycho Chicken‹, einer dreisten Persiflage des Songs ›Psycho Killer‹ von den →**Talking Heads**, machte die Band 1979 erstmals von sich reden. »Wir können beim besten Willen nicht ernsthaft sein. Wir haben uns wirklich bemüht, ernsthafte Songs zu schreiben, aber es will einfach nicht klappen«, erläuterte Mike Girard in einem Rundfunkinterview das Anliegen der **Fools**. Sie spielten seit 1977 zusammen und waren bis auf eine Ausnahme Neulinge in der Branche. Nur Rich Bartlett hatte bereits mit **Brother Fox & The Tar Baby** ein Album aufgenommen.
Die **Fools** wollten guten alten Rock'n'Roll und den Beat der frühen 60er Jahre modernisieren. Forman und Girard schrieben dafür eingängige, harmonische Popsongs. Das erste Album erschien im Frühling 1980 und enthielt ›It's A Night For Beautiful Girls‹ (US #66), einen kleineren Singlehit. Die Band und ihre Musik wurden der Rubrik ›Rock-Comics‹ zugeordnet.
Ihre Konzerte waren ausverkauft, und die Band schien vor einer großen Karriere zu stehen. Die »erfrischende New Wave-Gruppe mit Pep« (*Rolling Stone*) legte 1981 auf dem zweiten Pop-Album Heavy Mental ein schärferes Tempo vor. Die von Vini Poncia (Leo →Sayer, →**Kiss**) produzierte LP enthielt elf muntere Songs, an denen auch Bartlett und Stacy Pedrick als Autoren beteiligt waren. Roy →Orbisons ›Running Scared‹ (D #39), die einzige Fremdkomposition, wurde ausgekoppelt, kam aber ebensowenig in die US-Hitparaden wie die vielfach gelobte LP. Daraufhin verschwanden die talentierten Musiker sang- und klanglos von der Bildfläche.

SOLD OUT (1980) EMI 064–86110 • HEAVY MENTAL (1981) EMI 064–86325 • Rich **Bartlett** mit **Brother Fox & The Tar Baby**: BROTHER FOX & THE TAR BABY (1969) Capitol 544

Steve Forbert

Der 1955 in Meridian, Mississippi, geborene Steve Forbert war nach Meinung des *Rolling Stone* »der Prototyp der 80er Jahre Folkies«. Forbert verfügte über eine ausdrucksstarke Stimme und schrieb sehr persönliche, melancholische Songs.

Als Elfjähriger begann er Gitarre zu spielen, gehörte während der Schulzeit einigen Amateurbands an und verfaßte seine ersten Songs. 1975 gab er seinen Job als LKW-Fahrer auf und trampte nach New York. In Greenwich Village und Manhattan verdiente er sich seinen Unterhalt als Ein-Mann-Band im Stil des jungen Bob → Dylan. Zwei Jahre später hatte sich Steve Forbert auch in Rockkreisen durchgesetzt und wurde u. a. von den → **Talking Heads** und John → Cale gefördert. Steve Burgh produzierte sein Albumdebüt ALIVE ON ARRIVAL, das mit seinen rauh vorgetragenen Liebesliedern vor allem Kritiker überzeugte. Forbert präsentierte das Material mit seinen **Flying Squirrels** im Vorprogramm von Phoebe → Snow, Joan → Armatrading und → **Southside Johnny & The Asbury Jukes**.

Ausgerüstet mit einer akustischen Gibson-Gitarre und einer Mundharmonika stellte sich der »melodische und lyrische Singer/Songwriter« (*Sounds*) im Sommer 1979 in Deutschland als Solist vor. Zu seinem Repertoire gehörte die Rockballade ›Romeo's Tune‹ (GB #10). Das dazugehörige Album JACKRABBIT SLIM (US #33) produzierte John Simon (→ **Band**), der Forberts Gesang mit großvolumigen Arrangements unterstützte. Pete Solley von den → **Romantics** produzierte 1980 das Album eines »der drei hoffnungsvollsten Sänger von 1979« (*Rolling Stone*). LITTLE STEVIE ORBIT (US #81) und die Auskopplung ›Say Goodbye To Little Jo‹ (US #86) schafften zwar den Sprung unter die Top 100, aber die »allzu aufrechten Melodien und die künstliche Frische« (*Rolling Stone*) fanden nur noch wenig Aufmerksamkeit. Nicht besser erging es ihm 1982 mit der lauen LP STEVE FORBERT.

1984 lehnte seine Plattenfirma die Produktion einer weiteren LP ab. Der Folkrockpoet zog daraufhin nach Nashville, um sich neu zu orientieren. Sein Vertrag ließ in den nächsten drei Jahren keine Veröffentlichung zu, und so tingelte Forbert durch die Clubs im US-Süden. Bei einer Gedenkveranstaltung für Buddy → Holly in New York fiel Forbert dem Ex-Bassisten von Bruce → Springsteen, Gary Tallent, auf, der ihn in sein Studio einlud und bei dem 88er-Album STREETS OF THE TOWN Regie führte. Forbert vertraute wieder auf einfache Lieder und seinen eigenwilligen Gesang.

1992 erschien THE AMERICAN IN ME, über das der *Musik Express* schrieb: »Die kleinen Weisheiten sind erfrischend unsentimental, präzise, von ernstem Optimismus geprägt und musikalisch entsprechend gut verpackt.« Das Folkrock-Album MISSION OF THE CROSSROAD PALMS kam 1993 heraus und »schloß die Metamorphose zum scharfsinnigen Beobachter ab« (*Billboard*). Auf ROCKING HORSE HEAD setzte sich Forbert u. a. mit den Auswüchsen der Industriegesellschaft und der Umweltproblematik auseinander.

ALIVE ON ARRIVAL (1978) Epic 83308 •
JACKRABBIT SLIM (1979) Epic 485107 •
LITTLE STEVIE ORBIT (1980) Epic 84501 •
STEVE FORBERT (1982) Epic 85297 •

HERE'S YOUR PIZZA (1987) Demon, 936 FIE • STREETS OF THE TOWN (1988) Geffen, GED 24194 • THE AMERICAN IN ME (1992) • MISSION OF THE CROSSROAD PALMS (1995) Giant 2125990 • ROCKING HORSE HEAD (1996) Giant 2140748 • (S) WHAT KINDA GUY? (1993) Legacy IRS 531700

Lita Ford

Lita Ford gehörte zu den ersten Frauen, denen es gelang, in die Heavy-Domäne der Männer einzubrechen. Als Sängerin und Gitarristin der →**Runaways** kam sie schon als Teenager zu Chartsruhm und behauptete sich neben der Band-internen Konkurrentin Joan →Jett. Als Solistin benötigte sie eine längere Anlaufzeit, ehe sie sich schließlich Ende der 80er Jahre unter »den illustren Größen der Hard'n'Heavy-Fraktion durchsetzte« (*Hifi Vision*). 1988 heiratete sie den →**W.A.S.P.**-Gitarristen Chris Holmes.

Geboren als Rosanna Ford am 23. 9. 1959 in London, wuchs sie in Los Angeles auf. Sie interessierte sich für die Musik von →**Led Zeppelin** und →**Black Sabbath** und spielte in verschiedenen Schulbands. Als 1975 Kim →Fowley die **Runaways** unter seine Fittiche nahm, suchte er schon nach wenigen Wochen Verstärkung für das Trio und engagierte Lita Ford, die einen entscheidenden Einfluß auf insgesamt vier Alben hatte.

Während Joan Jett nach Auflösung der **Runaways** 1979 sehr schnell auch als Solistin in der Hardrock-Szene Fuß faßte, gestaltete sich Lita Fords Karriere schwieriger. Sie fand keine geeigneten Musiker, spielte in verschiedenen unbedeutenden Bands und mußte sich zeitweise mit einem Job in einem Kosmetiksalon über Wasser halten. Ihr Debüt OUT OF THE BLOOD 1983 ging ziemlich daneben. Die Songs waren mäßig, und vor allem das blutrünstige Metal-Image paßte überhaupt nicht zu der Rocklady. Wesentlich besser gelungen war 1984 DANCIN' ON THE EDGE (US #66), an dem der Gitarrist Aldo Nova beteiligt war. Eine dritte Platte unter dem geplanten Titel THE BRIDE WORE BLACK blieb unveröffentlicht.

Lita Ford engagierte nun Sharon Osbourne, Ehefrau von Heavy-Schreihals Ozzy →Osbourne, als Managerin, unterschrieb bei RCA einen neuen Plattenvertrag und stellte eine neue Band mit Myron Grombacher (dr), Donnie Nossov (b) und David Ezrin (key) zusammen. Außerdem unterstützt von Lemmy (→**Motörhead**), Nikki Sixx (→**Mötley Crüe**) und Ozzy Osbourne nahm sie das perfekte Pop-Metal-Album LITA (US #29) auf. Die Auskopplungen ›Kiss Me Deadly‹ (GB #75, US #12) und das Osbourne-Duett ›Close My Eyes Forever‹ (GB #47, US #8) entwickelten sich in den USA zu Tophits. Tourneen u. a. in Europa als Anheizer für →**Bon Jovi** und die Auszeichnung als »beste Gitarristin des Jahres« (*Guitar Magazine*) machten Lita Ford als Heavymusikerin schnell populär.

1990 konnte sie jedoch die in sie gesetzten hohen Erwartungen nicht erfüllen. Auf STILETTO (GB #66, US #52) bediente sie sich wieder altbekannter Mainstreamrock-Klischees. Auch die Auskopplung ›Hungry‹ (US #98) konnte nicht überzeugen. 1991 ließ ihr Album DANGEROUS CURVES (GB #51) wieder einen deutlichen Formanstieg erkennen, ohne an die Erfolge von LITA heranreichen zu können. Als Single erschien im November ›Shot Of Poison‹ (GB #63, US #45).

Das »lebendig gewordene Kalender-Girl« (*Rolling Stone*) wurde 1992 Mitglied in der festen Band der TV-Show» Howie« von Howie Mandel. Die Robb Brothers (→ **Lemonheads**, → **Buffalo Tom**) überwachten die Aufnahmen zu BLACK, die Anfang 1995 erschien und sich weniger heavy, aber »ohne Puderzucker« (*Metal Hammer*) präsentierte.

OUT OF THE BLOOD (1983) Mercury 810 331 • DANCIN' ON THE EDGE (1984) Mercury 818 864 • LITA (1988) RCA 74321 13887 • STILETTO (1990) RCA 74321 13883 • DANGEROUS CURVES (1991) RCA 74321 16000 • BLACK (1995) Zyx • (S) THE BEST OF (1992) RCA 07863 66037 • (S) GREATEST HITS (1993) RCA 63 66199

Robben Ford

Robben Ford gilt als einer der profiliertesten Gitarristen in den USA. Er kam vom Blues und Jazz, beherrschte aber alle Spielarten und zählte zur Elite der Studiomusiker. Bis 1990 wirkte er auf rund 50 Alben mit, u. a. bei Miles Davis, Joni → Mitchell und George → Harrison. Ab 1985 etablierte er sich auch als Solist und Bandleader und veröffentlichte eine Reihe erstklassiger Platten. Er spielte in der **Charles Ford Band** und wagte mit seiner Gruppe **Blue Line** virtuose stilistische Gratwanderungen zwischen Blues, Jazz und Pop.

Robben Ford wuchs in der kleinen nordkalifornischen Stadt Ukiah auf. Auf der High School spielte er zunächst Sopransaxophon und befaßte sich mit seinem großen Vorbild John Coltrane. Als Gitarrist orientierte er sich an Jimi → Hendrix und Eric → Clapton. 1968 gründete er mit seinem Bruder Patrick Ford (dr) die **Ford Blues Band**. Inzwischen in San Francisco ansässig, ließen sich die Brüder von den Shows der → **Butterfield Blues Band** und Charlie → Musselwhite inspirieren. Gemeinsam mit dem John Lee → Hooker-Bandleader Michael Osborn (b) und Gary Smith (harm) riefen sie die nach ihrem Vater benannte **Charles Ford Band** ins Leben. Osborn wurde nach kurzer Zeit durch Stan Poplin ersetzt. Musselwhite entdeckte als erster das Talent der Ford-Brüder und holte sie in seine Begleitgruppe. 1971 löste der jüngste Bruder, der gerade 17jährige Mark Ford (harm), Gary Smith ab. Die **Charles Ford Band** hielt nur wenige Monate und nahm eine LP auf, die auf den Markt kam, als Robben Ford sich bereits der Band von Jimmy → Witherspoon angeschlossen hatte. 1974 wechselte er zum **L. A. Express**, den Tom Scott leitete.

Durch Scott faßte Robben Ford in der Studioszene Fuß. Er spielte auf mehreren Alben von Joni Mitchell, Barbra Streisand, Harrison und Kenny Loggins. 1977 gründete er mit Russell Ferrante (key), Jimmy Haslip (b) und Ricky Lawson die **Yellow Jackets**, bei denen er bis 1983 spielte und an zwei LPs beteiligt war. Außerdem arbeitete er als Studiomusiker für → **Little Feat**, → **Kiss** und Randy → Crawford.

Mittlerweile hatte Robben Ford zwei Soloplatten aufgenommen, die an Fusion orientiert waren. Die Mischung unterschiedlicher, manchmal gegensätzlicher Stilrichtungen ließ Ford zu wenig Spielraum, um zu einer eigenen Identität als Gitarrist zu finden. SCHIZOPHONIC und THE INSIDE STORY dokumentieren lediglich sein perfektes Gitarrenspiel.

In Gedenken an den verstorbenen Vater reaktivierten die Fords mit Poplin 1982 die **Charles Ford Blues Band** und ließen im September A Reunion Love, ein überzeugendes Dokument des modernen Westcoast-Blues, mitschneiden. Ein Jahr später entstand in Palo Alto, Kalifornien, das Live-Album As Real As It Gets. 1982/83 nahm Robben Ford außerdem mit den **Yellowjackets** zwei Platten auf, arbeitete für → **DeBarge** und ging 1984 eine zweijährige Partnerschaft mit dem Sänger Michael → McDonald ein. Ende 1985 begleitete er Sadao Watanabe auf einer Japantournee. Danach standen wieder Studioaktivitäten für McDonald, Keiko Matsui und Jennifer Warnes auf dem Programm sowie Tourneen mit Miles Davis und wiederum Watanabe.

Moderner Jazz, verbunden mit Rock 'n'Roll und Rhythm & Blues, war auf der LP Talk To Your Daughter vom Sommer 1988 zu hören. Eingespielt mit Ferrante, Roscoe Beck (b) und Vinnie Colauita (dr) sowie → **Toto**-Drummer Jeff Porcaro und **Little Feat**-Keyboarder Bill Payne als Gästen war ein überdurchschnittliches Werk entstanden. Nach einigen kleineren Konzertreisen zog sich Robben Ford wieder in sein Studio zurück und arbeitete u. a. für den Tenorsaxophonisten Bob Malach und unterstützte neben Dizzy Gillespie und Phil Woods das Projekt **Rhythmstick**.

1992 formierte er mit Roscoe Beck und dem Schlagzeuger Tom Brechtlein die Gruppe **Blue Line**, deren erstes Album nicht überzeugen konnte. Mystic Mile von 1993 dagegen brillierte mit frischen Soli, und 1995 machte Handful Of Blues seinem Titel alle Ehre: »Die großartigsten Töne auf der Gitarre kommen alle aus dem Blues« (Robben Ford).

Patrick Ford machte sich vor allem als Bluesproduzent und Besitzer des Labels Rock' It Records einen Namen. Seit Ende der 70er Jahre spielte er u. a. mit Musselwhite, Witherspoon, Lowell → Fulson, Luther Tucker und Brownie McGhee. 1989 formierte er mit Mark Ford (harm, voc), Garth Webber (g, voc) und Ron Gurewitz (b) die **Ford Blues Band**, die mit einem gleichnamigen Album debütierte. Ford, der vor allem auf den Sänger Garth Webber setzte, hatte Songs von → Little Walter, Mose Allison, J. B. → Lenoir, Jimmy → Reed und Albert → King ausgewählt.

Die **Ford Blues Band** wurde mehrfach umbesetzt, ehe sich Andy Just (harm, voc), John Wedemeyer (g) und Willie Riser (b) als feste Besetzung herauskristallisierten. Sie überzeugte beim Bluesfestival im Rahmen der Breminale in Bremen und veröffentlichten zwei Live-Mitschnitte. Andy Just, Scotty Johnson (g, voc) und Dewayne Pate (b) gehörten 1995 zur **Ford Blues Band**, die ihr eher rockorientiertes Album Hotshots auf einer Welttournee vorstellte.

Als Studiogäste waren beim 97er-Album Fords & Friends Musselwhite, Fulson und der Bluesgitarrist Fenton Robinson vertreten. Die Platte enthielt ›Luther's Lament‹, eine der letzten Aufnahmen von Luther Tucker. Im Frühsommer 1997 veröffentlichte Ford beim Jazzlabel Blue Thumb Records sein Soloalbum Tiger Walk.

DISCOVERING THE BLUES (1972) ARG 74321 47421 • SCHIZOPHONIC (1976) Far Out 71624 • THE INSIDE STORY (1979) Elektra 61021 • TALK TO YOUR DAUGHTER (1985) Warner Brothers 25647 • TIGER WALK (1997) Blue Thumb, BTR 70122 • **Robben Ford And The Blue Line**: ROBBEN FORD AND THE BLUE LINE (1992) Stretch, STD 1102 • MYSTIC MILE (1993) GRP,

STD-1107 • HANDFUL OF BLUES (1995) GRP, BTR 70042 • Mit Jimmy **Witherspoon**: LIVE (1975) Far Out 71262 • LIVE IN NORWAY (1991) Crosscut 11035 • **Charles Ford Blues Band**: THE CHARLES FORD BLUES BAND (1972) Arhoolie • A REUNION LIVE (1982) Crosscut, CCD 11043 • AS REAL AS IT GETS (1983) Crosscut, CCD 11048 • **Ford Blues Band**: THE FORD BLUES BAND (1989) Crosscut, CCD 11024 • LIVE – HERE WE GO (1990) Crosscut, CCD 11029 • BREMINALE '92 (1992) Crosscut, CCD 11038 • HOTSHOTS (1995) Crosscut, CCD 11041 • Mit Luther **Tucker**: LUTHER TUCKER & THE FORD BLUES BAND (1995) Crosscut, CCD 11040 • FORDS & FRIENDS (1997) Crosscut, CCD 11052 • Mark **Ford**: WITH THE ROBBEN FORD BAND (1990) Crosscut, CCD 11031 • Mark **Ford** mit Garth **Webber**: ON THE EDGE (1994) Crosscut, CCD 11045 • Andy **Just**: DON'T CRY (1994 Crosscut, CCD 11044

Foreigner

Lou Gramm (voc), Jeff Jacobs (key), Mick Jones (g, key, voc), Mark Schulman (dr), Bruce Turgon (b)

Die ersten fünf Alben der **Foreigner** verkauften sich weltweit rund 30 Millionen Mal. Balladenhits wie ›Waiting For A Girl Like You‹ oder ›I Want To Know What Love Is‹ wurden weltweit Tophits. Auf ihren Welttourneen kamen bis zu 200000 Fans zu einem einzigen Konzert, und die Medien feierten sie 1977 als »beste neue Gruppe« (*Creem*), »beste Nachwuchsband« (*Cashbox*) und »beste neue Popkünstler« (*Billboard*).

Die Blitzkarriere »der Supergroup« (*Sounds*) war aber von internen Schwierigkeiten begleitet und führte dazu, daß sich Leadsänger und Bühnenstar Lou Gramm zeitweise von der Band lossagte.

Die Gruppe kam mehr oder weniger zufällig zusammen. Den Namen **Foreigner** wählten sie, weil je drei Engländer und US-Amerikaner zur Gründungsbesetzung gehörten. Spiritus rector war Mick Jones (* 27. 12. 1944, London), der als Gitarrist der Instrumentalgruppe **Nero & The Gladiators** begonnen und während eines sechsjährigen Aufenthalts in Paris den französischen Rock'n'Roller Johnny Hallyday begleitet hatte. Zwei Jahre lang gehörte er zur zweiten Generation von → **Spooky Tooth**, spielte bei **Wonderwheel** und ging schließlich als Talentscout für eine Plattenfirma nach New York. Nebenbei trat er mit der **Leslie West Band** auf und traf im Februar 1976 bei einer Session des Sängers Ian Lloyd, zuvor Chef der **Stories**, den Multiinstrumentalisten Ian McDonald (* 25. 6. 1946, London). McDonald war Gründungsmitglied von → **King Crimson** und hatte auf Platten von → **T. Rex**, **Fruup**, **Centipede**, Herbie Mann und Peter Giles mitgewirkt.

Jones und McDonald beschlossen, eine solide Hardrockband zu gründen, fanden in Drummer Dennis Elliott (* 18. 8. 1950, London), Bassist Ed Gagliardi (* 13. 2. 1952, New York), Keyboarder Al Greenwood (* 20. 10. 1951, New York) und dem stimmgewaltigen Sänger Lou Gramm (Louis Grammatico, * 2. 5. 1950, Rochester, New York) Verbündete. Gramm kam von der Gruppe **Black Sheep**, die meist Titel von → **Free** und → **Bad Company** nachspielten. Seine ersten Studioaufnahmen machte er mit **Poor Heart**.

Das erste Album FOREIGNER (US #4), im Februar 1977 veröffentlicht, wurde ein Millionenerfolg und lieferte die Hitsingles ›Feels Like The First Time‹ (US #9),

›Cold As Ice‹ (US #7) und ›Long, Long Way From Home‹ (US #28). Als Produzenten agierten John Sinclair und Gary Lyons, bereits mit →Queen erfolgreich. Das Album hielt sich 113 Wochen in den Charts, und Foreigner traten im Rahmen der anschließenden Welttournee als Spitzengruppe beim Reading Festival auf.

15 Monate später erschien DOUBLE VISION (GB #23, US #3) und die Auskopplungen ›Hot Blooded‹ (US #4), ›Double Vision‹ (US #8) und ›Blue Morning, Blue Day‹ (US #24). Die Songs des Albums, das eine Auflage von über fünf Millionen Exemplaren erreichte, stammten von Jones und Gramm, produziert wurde es von Keith Olson. Der glatte, perfekte Mainstream-Rock fand aber nicht nur Bewunderer: »Prätentiöser Pop-Papp« (*Sounds*).

Im Sommer 1979 erschien die LP HEAD GAMES (US #5) mit Rick Wills anstelle von Ed Gagliardi, der 1981 mit Al Greenwood die Spys gründete. Der gebürtige Engländer Wills war auf Platten von Peter →Frampton, Bryan Ferry, →Roxy Music, Kevin →Ayers, Duster Bennett und →Humble Pie vertreten, machte Anfang der 70er Jahre drei Alben mit Cochise und beteiligte sich 1977 an einer mißglückten Reunion der →Small Faces. Roy Thomas Baker (→Cars) war der Produzent der LP, aus der ›Dirty White Boy‹ (US #20) und der Titelsong (US #15) ausgekoppelt wurden. Obwohl Foreigner einen etwas lauen und wenig innovativen Heavyrock boten, feierten sie auf der anschließenden Welttour wahre Triumphe.

Im September 1980 erklärten McDonald und Greenwood ihren Ausstieg bei Foreigner, die als Quartett zu einem neuen Höhenflug ansetzten. Die LP 4 (GB #6, US #1, D #4) führte im Sommer 1981 unangefochten die amerikanischen LP-Charts an und glänzte mit der »selten schönen Ballade« (*Rolling Stone*) ›Waiting For A Girl Like You‹ (GB #11, US #2, D #29), sowie schnörkellosem Temporock wie ›Urgent‹ (US #4, D #12) und ›Juke Box Hero‹ (US #26, D #24). Das Saxophonsolo bei ›Urgent‹ spielte Jr. Walker. Außerdem wurden ›Break It Up‹ (US #26) und ›Luanne‹ (US #75) als Singles ausgekoppelt. »Die hochdotierte anglo-amerikanische Hardrock-Band« (*Süddeutsche Zeitung*) verfolgte strikt ihr einprägsames, rechtschaffenes Heavykonzept. Der Produzent Robert John ›Mutt‹ Lange (→AC/DC) schaffte es, den Sound von Foreigner auf das Wesentliche zu beschränken, so daß die »unschlagbaren Jukebox-Matadore« (*Musik Express*) härter klangen.

Nach einer fast einjährigen US-Tour inklusive eines kurzen Abstechers nach England kam es zu Spannungen zwischen Jones und Gramm, so daß lediglich der Sampler RECORDS (GB #58, US #10, D #22) erscheinen konnte. Produziert von Alex Sadkin kam AGENT PROVOCATEUR (GB #1, US #4, D #1) Ende 1984 heraus. Teilweise von einem Gospelchor begleitet, gaben sich Foreigner bei den Balladen »noch einen Tick emotionaler, vielleicht auch dramatischer« (Lou Gramm) und wurden dafür mit dem Tophit ›I Want To Know What Love Is‹ (US #1, D #3) belohnt. Die Heavy-Titel wirkten dagegen überholt und verdeutlichten, daß die Band trotz Millionenauflagen und weiterer Singleerfolge wie ›That Was Yesterday‹ (GB #35, US #12, D #31) musikalisch auf der Stelle trat.

1985 wurden wieder Trennungsabsichten bekannt, da sowohl Jones als auch Gramm Soloproduktionen ankündigten.

Gramm erklärte am Ende einer von Coca Cola gesponserten Tour im April 1986: »Aus und vorbei – ich habe mich selbständig gemacht.« Gramms Alleingang vom Februar 1987 erschien unter dem Titel READY OR NOT (US #27) und enthielt die Topsingle ›Midnight Blue‹ (US #5, D #45). Völlig überraschend versöhnten sich Gramm und Jones wieder. Die Single ›Say You Will‹ (GB #74, US #5, D #6) bereitete im Dezember 1987 das Album INSIDE INFORMATION vor, das mit ›I Don't Want To Live Without You‹ (US #5) wieder einen gekonnt inszenierten Softsong enthielt. Das Album konnte aber nur **Foreigner**-Fans befriedigen.

1989 trennten sich die Wege von Jones und Gramm erneut. Jones veröffentlichte eine Soloplatte, aus der er den Song ›Just Wanna Hold‹ auskoppelte, an dem Mick Jagger unter dem Pseudonym M. Phillips als Komponist beteiligt war. Er produzierte Billy →Joels LP STORMFRONT und war Co-Autor von Eric →Claptons ›Bad Love‹. Gramm konnte mit LONG HARD ROCK (US #85) und den Singles ›Just Between You And Me‹ (US #6) und ›True Blue Love‹ (US #40) den Erfolg seiner ersten Solo-LP nicht ganz wiederholen.

Im Dezember 1990 bildete Gramm mit Ex-→**Whitesnake** Vivian Campbell (g), Kevin Valentine (dr) und Bruce Tirgon (b) das Quartett **Shadow King** und stand damit für **Foreigner** nicht mehr zur Verfügung. Sein Nachfolger wurde US-Amerikaner Johnny Edwards, zuvor bei **King Kobra**. Die Anhänger der Band konnten sich mit dem neuen Mann, einem klassischen Metal-Poser, nicht anfreunden, obwohl das 91er-Album UNUSUAL HEAT (GB #56, D #13) in Europa gut ankam. Besser verkaufte sich die Hit-Kollektion THE VERY BEST OF ... (GB #19, D #23).

Gramm kehrte im Juni 1992 zu **Foreigner** zurück, aber die ganz großen Erfolge blieben aus. Mit ihm kamen Turgon, Jacobs und Schulman, die der etwas altbackenen Rockband ein neues Profil gaben. **Foreigner** brachten Ende 1994 MR. MOONLIGHT (GB #59, D #21) und die Single ›White Lie‹ (GB #58, D #51) heraus. Anschließend tourten sie mit den →**Doobie Brothers** durch England und Deutschland, gingen nach längerer Pause gemeinsam mit →**Loverboy** und →**Cheap Trick** auf eine US-Tournee und kamen im März 1995 mit ›Until The End Of Time‹ (US #42) wieder einmal in die nordamerikanischen Top 50. Im Sommer 1996 absolvierten die »Rockveteranen« (*Encyclopedia Of Rock Stars*) eine Package-Tour mit Frampton und →**REO Speedwagon**, die in Darien Lake, New York, begann.

FOREIGNER (1977) Atlantic 7567–81511 • DOUBLE VISION (1978) Atlantic 7567–81597 • HEAD GAMES (1979) Atlantic 7567–81598 • 4 (1981) Atlantic 7567–81486 • AGENT PROVOCATEUR (1984) Atlantic 7567–81999 • INSIDE INFORMATION (1987) Atlantic 7567–81808 • UNUSUAL HEAT (1991) Eastwest 7567–82299 • LIVE (1993) Eastwest 7567–82525 • MR. MOONLIGHT (1994) Arista 21 23285 • (S) RECORDS (1982) Atlantic 7567–80999 • (S) THE VERY BEST ... AND BEYOND (1992) Eastwest 7567–89999 • Lou **Gramm**: READY OR NOT (1987) Atlantic 7567–81728 • LONG HARD LOOK (1989) Atlantic 7567–81915 • MYSTIC FOREIGNER (1997) Rough Trade 397 0031 •Lou **Gramm** mit **Poor Heart**: A FOREIGNER IN HIS OWN LAND (1970) Cicadelic 6020 • Lou **Gramm** mit **Shadow King**: SHADOW KING (1992) • Mick **Jones**: MICK JONES (1989) Atlantic 781 991• Ed **Gagliardi** und Al **Greenwood** mit **Spys**: SPYS (1982) Capitol, ST-17073 • BEHIND THE ENEMY (1983) Capitol, ST-17098 • Johnny **Edwards** mit **King Kobra**: III (1988) Music For Nations 86

Four Seasons

Bob Gaudio (org, voc), Tommy DeVito (g, voc), Nick Massi (b, voc), Frankie Valli (voc)

Rund 85 Millionen verkaufte Platten, etwa 20 Goldene Schallplatten und 21 Tophits stehen auf dem Erfolgskonto der **Four Seasons**, die – angeführt von Frankie Valli – eine wechselvolle Karriere erlebten. Oft totgesagt, schafften die **Four Seasons** immer wieder den Sprung in die oberen Chartränge und wurden 1990 in die Rock'n'Roll Hall of Fame aufgenommen.
Frankie Valli, als Francis Casteluccio am 3. 5. 1937 in Newark, New York, geboren, stand als Teenager unter der Obhut des Countrysängers Jean Valley. Er trat in verschiedenen Gesangsgruppen auf, die sich u. a. **Romans** und **Variety Trio** nannten. Beim **Variety Trio** traf er 1953 auf Frank Majewski und die De Vito-Brüder Nick und Tommy (* 19. 7. 1936, Montclair, New York). Sie traten regelmäßig als **Varietones** in der Bellbrook Tavern und dem Morocco Club auf und nahmen 1956 als **Four Lovers** die Single ›You're The Apple Of My Eye‹ (US #62) auf.
I GO APE, die erste Soloproduktion von Valli, erschien 1959 unter dem Pseudonym Frank Tyler. Die **Four Lovers** änderten erneut ihren Namen und veröffentlichten als **Frank Valle & The Romans** die Single ›Come Si Bella‹. 1960 kam Nick Massi (Nicholas Macioci, * 19. 9. 1935, Newark, New York) von der Vokalformation **Hugh Garrity & The Hollywood Playboys** für Majewski. Der Produzent und Komponist Bob Crewe engagierte die Gruppe als Sessionmusiker. Außerdem brachten sie zunächst als **Village Voices** die Single ›Redlips‹ und als **Billy Dixon & The Topics** ›I Am All Alone‹ bei Crewes Label Topix Records heraus.
Nick De Vito verließ die Gruppe 1960 und wurde erst durch Charlie Calello, dann durch Bob Gaudio (* 17. 11. 1942) ersetzt. Die Band war damit komplett und nannte sich auf Anraten von Crewe ab 1962 **Four Seasons**. Das Quartett arbeitete als Chorsänger für **Danny & The Juniors** und Freddie → Cannon. Mit Gaudio verfügten die **Four Seasons** über einen erstklassigen Komponisten, der in nur 15 Minuten ›Sherry‹ (GB #8, US #1) geschrieben haben soll. ›Big Girls Don't Cry‹ (GB #13, US #1), ›Walk Like A Man‹ (GB #12, US #1), das Fats → Domino-Remake ›Ain't That A Shame‹ (GB #38, US #22), ›Candy Girl‹ (US #3) sowie die LPs SHERRY & 11 OTHERS (US #6), BIG GIRLS DON'T CRY (US #8) und der Sampler GOLDEN HITS (US #15) machten die **Four Seasons** in nur zwölf Monaten zur wichtigste Gesangsgruppe der USA und Popalternative zu den → **Beach Boys**.
1964 wechselten die **Four Seasons** zu Philips Records. Allein in diesem Jahr erschienen fünf Tophits: ›Dawn‹ (US #3), ›Ronnie‹ (US #6), ›Rag Doll‹ (GB #3, US #1, D #6), ›Save It For Me‹ (US #8) und ›Big Man In Town‹ (US #14). Sie gehörten zu den begehrtesten Gruppen des Landes und hatten auch mit den LPs DAWN (US #6) und RAG DOLL (US #7) Erfolg.
Crewe und Gaudio schrieben Welthits wie ›Silence Is Golden‹, den die → **Tremeloes** übernahmen, und ›By Bye Baby

(Baby Goodbye)‹, den die → **Bay City Rollers** 1975 zum Bestseller machten. Die **Four Seasons** waren in den 60er Jahren fast ununterbrochen in den Charts vertreten, u. a. mit ›Let's Hang On!‹ (GB #5, US #1), ›Working My Way Back To You‹ (US #9), ›Opus 17‹ (GB #21, US #9), ›I've Got You Under My Skin‹ (GB #12, US #6), ›Tell It To The Rain‹ (GB #30, US #10), ›Beggin‹ (US #15), ›C'mon Marianne‹ (US #9) und ›Will You Still Love Me Tomorrow‹ (US #13). Auf dem Albummarkt verkauften sich dagegen nur ihre zahlreichen Hitzusammenstellungen sehr gut. Zwischendurch riskierte die Gruppe auch unerwartete Experimente, als sie z. B. 1965 als **Wonder Who** Bob → Dylans ›Don't Think Twice, It's Alright‹ in Falsett sangen.

In der Zwischenzeit forcierte Frankie Valli seine Solokarriere und legte 1966/67 mit ›You're Gonna Hurt Yourself‹ (US #39), ›Can't Take My Eyes Off You‹ (US #2) und ›I Make A Fool Myself‹ (US #18) einen gelungenen Start hin. 1967 zwang ihn eine Operation zu einer fast einjährigen Pause. In dieser Zeit faßten die **Four Seasons** den Entschluß, modische Psychedelic-Tendenzen aufzugreifen – eine fatale Entscheidung, denn für das Konzeptalbum THE GENUINE IMITATION LIFE GAZETTE ernteten sie im Frühjahr 1969 herbe Kritiken. Als auch die Single ›Patch Of Blue‹ (US #94) durchfiel, verlor die Gruppe an Popularität. Die LP HALF & HALF vom Sommer 1970 bestand je zur Hälfte aus Songs der **Four Seasons** und aus Valli-Produktionen. Anschließend produzierte Gaudio mit Jake Holmes ein Album (WATERTOWN) von Frank Sinatra.

1971 gab es einschneidende Veränderungen bei den **Four Seasons**. De Vito erkrankte und mußte durch Bob Grimm ersetzt werden, neu dazu kam der Drummer Gary Wolfe. Im Januar startete die Band eine Englandtournee, auf der vor allem Valli überzeugte, dessen Song ›You're Ready Now‹ (GB #12) im Dezember wiederveröffentlicht wurde. Im April erschien das Doppelalbum EDIZIONE D'ORO (GB #11).

Mowest Records, sozusagen der weiße Ableger von Motown Records, nahm im Januar 1972 die **Four Seasons** unter Vertrag und bot ihnen die Möglichkeit zu einem Neuanfang, die sie jedoch nicht nutzen konnten. Ein Comeback feierten die Musiker erst 1975. Zunächst stand Frankie Valli mit der Schmachtballade ›My Eyes Adored You‹ (US #1) im Januar an der Spitze der US-Charts, und als Mowest im Mai die Single ›Night‹ (US #7) wiederveröffentlichte, reaktivierten Gaudio und Valli mit dem Bassisten und ehemaligen Leadsänger der **Critters**, Don Ciccone (* 28. 2. 1946, New York), Schlagzeuger Gerry Polci (* 1954), Gitarrist John Paiva von den **Classaires** und Keyboarder Lee Shapiro die **Four Seasons**, denen im Spätsommer 1975 mit ›Who Loves You‹ (GB #5, US #5) ebenfalls ein Tophit gelang. ›December '63 (Oh What A Night)‹ (GB #1, US #1), ›Silver Star‹ (GB #4, US #95) folgten im Januar bzw. Juni 1976. Die **Four Seasons** spielten zehn Tage lang im stets ausverkauften New Yorker Madison Square Garden, setzten rund zwei Millionen Dollar um und hatten 1976 vor allem in Großbritannien mit dem Album WHO LOVES YOU (GB #12) und den Hitzusammenstellungen THE FOUR SEASONS STORY (GB #14, US #36) und GREATEST HITS (GB #4) Erfolg. Parallel dazu verfolgte Valli mit den Singles ›Swearin' To God‹ (US #6) und ›Our Day Will Come‹ (US #20) seine Solopläne.

Die nächste Krise deutete sich bereits Ende 1976 an. Für Lou Reizners Film »All This And World War II« nahmen sie den → **Beatles**-Titel ›We Can Work It Out‹ auf, der nicht in die Charts kam. Als ihr Album HELICON nicht ankam, traten die **Four Seasons** im April 1979 ihre vorerst letzte Englandtournee an. Im September erklärte Valli seinen Abschied von der Band. Er machte als Solist weiter und sang Barry Gibbs Komposition ›Grease‹ (GB #3, US #1) für den gleichnamigen Kinofilm mit John Travolta.

Im Mai 1980 begann die Reunion-Tour der **Four Seasons** ohne Valli, dafür mit Polci, Ciccone, Larry Lingle (* 4. 4. 1949, Kansas, Missouri) und Jerry Corbetta. Der Kanadier Lingle war Gitarrist bei **Pieces** gewesen, und Corbetta konnte bereits auf Erfolge mit → **Sugarloaf** verweisen. Die Musiker veröffentlichten lediglich eine Live-Platte, denn die »überaus talentierte Gesangsgruppe« (*Melody Maker*) hatte den Zenit ihrer Karriere längst überschritten. Diesen Eindruck bestätigte auch der nächste Comeback-Versuch, diesmal mit Valli, im Sommer 1985 mit dem Album STREETFIGHTER. Die **Four Seasons** tourten in den kommenden Jahren sporadisch durch die USA und kamen 1992 nach langer Unterbrechung wieder nach Europa, wo sie mit dem Sampler THE VERY BEST OF (GB #7) Erfolg hatten. Eine Überarbeitung von ›December '63‹ (US #14) kam im Oktober 1994 erneut in die Charts. Insgesamt hielten sich die drei Versionen dieses Songs 54 Wochen lang in den Hitparaden, länger als jede andere Single der Popgeschichte. 1995 arbeitete Valli mit **Manhattan Transfer** zusammen, während Gaudio und Crewe im Mai des Jahres in die Songwriters' Hall of Fame aufgenommen wurden.

SHERRY & 11 OTHERS (1962) Vee Jay 1053• THE FOUR SEASONS GREETINGS (1962) Vee Jay 1055 • BIG GIRLS DON'T CRY (1963) Vee Jay 1056 • AIN'T THAT SHAME (1963) Vee Jay 1059 • DAWN (1964) Philips 600 124 • BORN TO WANDER (1964) Philips 600 129 • RAG DOLL (1964) Philips 600 146 • ENTERTAIN YOU (1965) Philips 600 164 • SING BIG HITS BY BACHARACH / DAVID / DYLAN (1965) Philips 600 193 • ON STAGE (1966) Vee Jay • WORKING MY WAY BACK TO YOU (1966) Philips 600 201 • LOOKING BACK (1967) Philips 600 222 • CHRISTMAS ALBUM (1967) Philips, SBL 7753 • SEASONED HITS (1967) Fontana 858 009 • THE GENUINE IMITATION LIFE GAZETTE (1969) Philips 600 290 • WATERTOWN (1970) • HALF AND HALF (1970) Ace, CHDCD 635 • CHAMELEON (1972) Mowest 108 • WHO LOVES YOU (1976) Warner Brothers 56179 • HELICON (1977) Warner Brothers 56350 • REUNITED LIVE (1981) Warner Brothers 66098 • STREETFIGHTER (1985) • HOPE AND GLORY (1992) • TON-IN' (1995) • (S) GOLDEN HITS (1963) Vee Jay 1065 • (S) MORE GOLDEN HITS (1964) Vee Jay 1088 • (S) GOLD VAULT OF HITS (1966) Philips 600 196 • (S) 2ND VAULT OF GOLDEN HITS (1966) Philips 600 221 • (S) NEW GOLD HITS (1967) Philips 600 243 • (S) EDIZIONE D'ORO (1969) Philips, DBL 003 • (S) THE BIG ONES (1971) • (S) THE FOUR SEASONS STORY (1976) EMI 188–97293 • (S) GREATEST HITS (1976) • (S) THE 20 GREATEST HITS (1988) • (S) 25TH ANNIVERSARY COLLECTION (1988) Rhino • (S) THE VERY BEST OF (1992) • Frankie **Valli**: SOLO (1967) Philips 600 247• TIMELESS (1968) Philips 600 274 • INSIDE YOU (1975) • CLOSE UP (1975) Private Stock 2000 • OUR DAY WILL COME (1975) Private Stock 2006 • STORY (1976) Private Stock 7000 • VALLI (1977) Private Stock 1014 • FRANKIE VALLI IS THE WORD (1978) Warner Brothers 56549 • HEAVEN ABOVE ME (1981) • Larry **Lingle** mit **Pieces**: PIECES (1979) United Artists 30252

The Four Tops

Renaldo ›Obie‹ Benson (voc), Abdul ›Duke‹ Fakir (voc), Levi Stubbs (voc)

Über vier Jahrzehnte lang agierte die erfolgreiche Soul-Gesangsgruppe in unveränderter Besetzung. Als männliches Pendant zu den → **Supremes** gestalteten sie den Motown-Sound entscheidend mit. Auf beiden Seiten des Atlantiks gleichermaßen erfolgreich, gelangen ihnen 19 Top 20-Hits und fünf Hitalben. 1990 wurden sie Mitglieder der Rock'n' Roll Hall of Fame.

Levi Stubbs (Levi Stubbles, *6. 6. 1936), Abdul Fakir (*26. 12. 1935), Renaldo Benson (*1937) und Lawrence Payton (*1938) besuchten 1953 die Pershing High School in ihrer Heimatstadt Detroit, als sie sich zu einer R&B-Gesangsgruppe zusammenschlossen. Sie traten bei Parties, Schulfesten und kleinen Clubs auf und nannten sich **Four Aims** (Vier Zielstrebige). Für Chateau Records machten sie ab 1956 die ersten Aufnahmen und traten im Vorprogramm von Della Reese, Count Basie und Brook → Benton auf. Um Verwechslungen mit den **Ames Brothers** zu vermeiden, nannten sie sich **The Four Tops**. Bei Chess Records sammelten sie mit Singles wie ›Kiss Me Baby‹ und ›Ain't That Love‹ weitere Studio-Erfahrungen.

Zunächst tingelten **The Four Tops** durch zweitklassige Etablissements und versuchten bis 1964 bei verschiedenen Labels ihr Glück. Berry Gordy holte das stimmgewaltige Quartett zu Tamla Motown und stellte ihnen mit Holland, Dozier und Holland ein professionelles Songschreiber/Komponistenteam zur Seite. ›Baby I Need Your Loving‹ (US #15) leitete im Oktober 1964 eine beachtliche Hitserie ein, die sich in viermonatigen Abständen 1965/66 mit ›Ask The Lonely‹ (US #25), ›I Can't Help Myself‹ (US #1), ›It's The Same Old Song‹ (US #5), ›Something About You‹ (US #11), ›Shake Me, Wake Me‹ (US #19), ›Reach Out I'll Be There‹ (GB #1, US #2, D #13) und ›Standing In The Shadow Of Love‹ (GB #5, US #6, D #29) fortsetzte. Dominierender Sänger war Levi Stubbs.

Bis 1970 erschienen zahlreiche Singlehits, darunter ›Bernadette‹ (GB #7, US #6), ›Seven Rooms Of Gloom‹ (GB #12, US #9), ›You Keep Running Away‹ (GB #20, US #16), ›Walk Away A Renee‹ (GB #2, US #8), ›If I Were A Carpenter‹ (GB #9, US #15, D #34), ›Yesterday's Dreams‹ (GB #24, US #36), ›What Is A Man‹ (GB #19), ›Do What You Gotta Do‹ (GB #11), ›Don't Bring Back Memories‹ (US #36), ›It's All In The Game‹ (GB #3, US #16) und ›Still Water (Love)‹ (GB #9, US #8). Damit waren **The Four Tops** ebenso erfolgreich wie die **Supremes**, → **Temptations**, Marvin → Gaye und Stevie → Wonder und trugen zum neuen Selbstbewußtsein schwarzer Musik bei.

Die LPs konnten mit den Singleumsätzen nur in Einzelfällen mithalten. Das galt zwischen 1965 und 1970 für SECOND ALBUM (US #15), ON TOP (GB #7, US #21), LIVE! (GB #5, US #8), REACH OUT (GB #2, US #6) und STILL WATERS RUN DEEP (US #17). Auch die Zusammenarbeit mit den **Supremes** blieb bis auf die Single ›River Deep, Mountain High‹ (US #12) und das Album THE MAGNIFICENT 7 (US #72, GB #6) hinter den Erwartungen zurück. 1971 verabschiedeten sich **The Four Tops** von der Soulfirma Tamla Motown mit dem Album NATURE PLANNED IT (US #53) und zwei Coverversionen: ›MacArthur Park‹ (US #43) stammte von Jimmy Webb und ›A Simple Game‹ (GB #3, US #81) von den → **Moody Blues**.

The Four Tops gingen eine Partnerschaft mit Dunhill/ABC Records ein, wo sie mit der LP KEEPER OF THE CASTLE (US #33) sowie den Songs ›Keeper Of The Castle‹ (GB #17, US #10), ›Ain't No Woman‹ (US #2) und ›Are You Man Enough‹ (US #16) einen erfolgreichen Einstand hatten. 1973 schien die Zukunft dank ›Sweet Understanding Love‹ (US #28) für **The Four Tops** noch rosig auszusehen. Doch mit ›I Just Can't Get You Out Of My Mind‹ (US 66) begann im Januar ihr Abstieg in den Charts und erreichte im Oktober 1976 mit ›Catfish‹ (US #85) seinen vorläufigen Tiefpunkt.

The Four Tops tauchten in der Glitzer- und Glamourwelt des Las Vegas-Entertainment und der Gala-Shows unter. Platten wurden nur noch sporadisch veröffentlicht und verkauften sich schlecht. Im Herbst 1981 glückte den »vier seriösen Soulstars« (*Rolling Stone*) ein unerwartetes Comeback, als ihre Singles ›When She Was My Girl‹ (GB #2, US #11), ›Don't Talk Away‹ (GB #14, D #37), ›Tonight I'm Gonna Love You All Over‹ (GB #27) und das Album TONIGHT! (US #33) in den Charts auftauchten.

Nach der Veranstaltung zum 25. Geburtstag von Motown im Herbst 1983 wurden **The Four Tops** von ihrer alten Firma wieder unter Vertrag genommen. Doch von ihrer Soulmagie war nicht viel übriggeblieben, und so verzeichneten sie mit ›Back To The School Again‹ (US #71) aus dem Kinofilm »Grease 2«, ›Sad Hearts‹ (US #84) und ›I Just Can't Walk Away‹ (US #71) bis 1988 nur kleinere Hits. Als ein Remix von ›Reach Out I'll Be There‹ (GB #11) im Juli 1988 nur knapp die britischen Top 10 verfehlte, fanden **The Four Tops** bei den Titeln ›Indestructible‹ (US #35, GB #30, D #14) und ›Loco In Acapulco‹ (US #7, D #23) kurzfristig zu alter Stärke zurück.

Am 17. 1. 1990 hielt Stevie Wonder im New Yorker Nobelhotel Waldorf Astoria die Laudatio zur Aufnahme der **Four Tops** in die Rock'n'Roll Hall of Fame. Die Musiker waren anschließend in diversen TV-Shows gerngesehene Gäste, konnten Sampler-Erfolge wie THEIR GREATEST HITS (GB #47) und THE SINGLES COLLECTION (GB #11) verbuchen und starteten aus Anlaß ihres 40jährigen Jubiläums im Sommer 1993 eine US-Tour. 1995 traten sie gemeinsam mit den **Temptations**, → **Spinners** und Jr. Walker bei der Tournee The Legend Of Motown auf. Gründungsmitglied Lawrence Payton starb im Juni 1997 im Alter von 58 Jahren.

FOUR TOPS (1965) Motown 5122 • SECOND ALBUM (1965) Motown 5264 • ON TOP (1966) Motown 5444 • LIVE! (1967) Motown 5258 • ON BROADWAY (1967) Motown 657 • REACH OUT (1967) Motown 539444 • YESTERDAY'S DREAMS (1969) Motown 669 • NOW! (1969) Motown 5466 • SOUL SPIN (1969) Motown 695 • STILL WATERS RUN DEEP (1970) Motown 5224 • CHANGING TIMES (1970) Motown 5478 • NATURE PLANNED IT (1972) Motown 5446 • KEEPER OF THE CASTLE (1972) ABC, ABCL 5023 • MAIN STREET PEOPLE (1973) ABC, ABCL 5037 • MEETING OF THE MINDS (1974) ABC, ABCL 5046 • SHAFT IN AFRICA (1974) Soundtrack ABC, ABCL 5035 • LIVE AND IN CONCERT (1974) ABC, ABCL 5062 • NIGHT LIGHTS HARMONY (1974) ABC 862 • CATFISH (1976) ABC, ABCL 5197 • THE SHOW MUST GO ON (1977) ABC, ABCL 5223 • AT THE TOP (1978) ABC, ABCL 5262 • TONIGHT! (1981) Casablanca 800049 • ONE MORE MOUNTAIN (1982) Casablanca • BACK WHERE I BELONG (1983) Motown 260. 15. 071 • MA-

GIC (1985) Motown, ZL 72361 • INDESTRUCTIBLE (1988) Arista 261567 • THROUGH THE STORM (1989) • CHRISTMAS HERE WITH YOU (1995) • (S) GREATEST HITS (1967) Motown 530016 • (S) GREATEST HITS VOL. 2 (1971) Motown 11195 • (S) ANTHOLOGY (1973) Motown 530190 • (S) THE BEST OF (1973) MCA, MCD 27019 • (S) SUPER HITS (1976) Motown, STML 8028 • (S) THEIR GREATEST HITS (1991) • (S) THE SINGLES COLLECTION (1992) MCA, MCD 18581 • (S) MOTOWN EARLY CLASSICS (1996) Spectrum 552119 • Mit **Supremes**: THE MAGNIFICENT 7 (1970) Motown 5123 • THE RETURN OF THE MAGNIFICENT SEVEN (1971) Motown 11192 • DYNAMITE (1972) Motown 11203

Kim Fowley

Das Multitalent Kim Fowley bewegte sich auf einem schmalen Grat zwischen Dilettantismus und Genialität. Er wurde als »größter Lügner im Rockgeschäft« und »schlimmster Exzentriker der gesamten Westküste« (*Sounds*) geschmäht, und die Liste seiner Flops ist genauso lang wie die seiner Erfolge. »Phil Spectors mißratener Sohn« (*Sounds*) machte als Sänger, Komponist, Produzent, Musiker, Tänzer und Literat von sich reden. Für »Amerikas Antwort auf Jonathan King« (*Disc*) gab es keine Tabus und keine künstlerischen Grenzen. Er war ein Kind der Flower-Power-Generation, nahm als Produzent Einfluß z. B. auf den Surfsound und schrieb Titel für die → **Beach Boys**, → **Seeds**, → **Lovin' Spoonful**, → **Emerson, Lake & Palmer** und Cat → Stevens.

Geboren am 21. 7. 1942 in der philippinischen Hauptstadt Manila, wuchs Fowley nach dem Zweiten Weltkrieg in Los Angeles auf. »Das Kind der Unterhaltungsindustrie« (*Sounds*) – der Urgroßvater war ein bekannter Komponist und der Vater ein gefragter TV-Schauspieler – besuchte sechs verschiedene Colleges, um schließlich als Straßenmusiker, Tänzer und Wahrsager sein Geld zu verdienen. Er diente kurz in der Air Force und wurde 1957 Sänger bei dem schwarzen Trio **Jayhawks**. Danach schloß er sich den **Sleepwalkers** an, denen der Hit-Drummer Sandy Nelson und zeitweise Phil Spector als Gitarrist angehörten.

1959 war Fowley Diskjockey in Boise, Idaho, und produzierte die ersten Sessions von → **Pual Revere & The Raiders**. Ein Jahr später produzierte er den Nr. 1-Hit ›Alley Oop‹ von den **Hollywood Argyles**, 1962 ›Nutrocker‹ mit **B. Bumble And The Stingers** und ›Papa-Oom-Mow-Mow‹ mit den **Rivingtons**. 1964 hatte er an der Entstehung der Surfmusik Anteil, als er das Mädchentrio **Murmaids** unter seine Fittiche nahm.

Mitte der 60er Jahre arbeitete Fowley in London als Choreograph für P. J. Proby und produzierte frühe Sessions von → **Soft Machine**, → **Family** und → **Slade**. Außerdem veröffentlichte er die Gedichtbände »The Earth Is Really Flat« und »The Oblong Tiger«.

Wieder in Los Angeles, sang er auf dem ersten Album von Frank → Zappas **Mothers Of Invention**. Nebenbei unterhielt »der Szenen-Macher« (*Rolling Stone*) zwei kleine Labels namens Indigo und Chatahochee Records. Als Produzent kümmerte er sich um Johnny → Winter (›Progressive Blues Experiment‹), **Fraternity Of Man** (›Don't Bogart That Joint‹) und das Comeback von Gene → Vincent (›I'm Back And I'm Proud‹). Es folgten Produktionen von Warren → Zevon, **Jon-**

athan **Richman And The Modern Lovers** und Helen →Reddy, außerdem schrieb er Songs für Leo →Kottke, Doug →Sahm und →**Them**.

Seine erste Soloplatte hieß 1967 LOVE IS ALIVE AND WELL. Sie entstand unter dem Einfluß des 1996 verstorbenen Timothy Leary und der Hippie-Bewegung in und um San Francisco. Außer in Nordamerika war Kim Fowley vor allem in Japan populär. Seine drei 1968/69 entstandenen Alben waren aber nur von mäßiger Qualität.

Für den Film »The Dealer« komponierte Fowley den Titelsong. Er schrieb Drehbücher für Zeichentrickfilme, produzierte den parodistischen Rock'n'Roll von **Flash Cadillac And The Continental Kids** und setzte mit den →**Runaways** die erste Frauenband in der Heavy-Szene durch. Mit Helen Reddy kam er schließlich in die Popcharts. Der Musiker Kim Fowley variierte auf seinen Platten »psychedelische Orgelinstrumentals mit passablem Glitterpop« (*Trouser Press*). Zu Beginn des Punk- und New Wave-Zeitalters förderte er **Tommy Rock** und **Venus And The Razorblades**.

1978/79 erschienen seine besten LPs. SUNSET BOULEVARD reizte mit dekadentem Hollywood-Pop Foleys begrenzte Gesangstalente aus und war eine Persiflage auf Bruce Springsteen. SNAKE DOCUMENT MASQUERADE war als New Wave-Album gedacht und bot eine Mischung aus »Pink-Funk, Elektronik-Meditationen und Disco-Reggae« (*Trouser Press*). Fowley nahm damit das nächste Jahrzehnt vorweg, in dem er zunächst mit dem holländischen Rockveteranen Herman →Brood zusammenarbeiten sollte.

Danach wurde es ruhiger um das Rock-Chamäleon.

1987 versuchte Fowley die **Runaways** mit neuen Musikerinnen zu reaktivieren, doch das Unternehmen scheiterte ebenso wie der Versuch, mit den **Orchids** eine neue Frauenrockband zum Erfolg zu führen. Fowley machte sich nun rar. Avantgarde-Pop bestimmte 1994 das Album WORMCULTURE, das er mit den **Rubbertown Freaks**, u. a. mit Skip Battin und Chris Darrow, aufnahm. Chaotischer Punk mit zum Teil skurrilen, zum Teil kritischen Texten prägte 1995 KINGS OF SATURDAY NIGHT, eine Kooperation mit Ben Vaughan.

LOVE IS ALIVE AND WELL (1967) Tower, DT 5080 • BORN TO BE WILD Imperial 12413 (1968) • OUTRAGEOUS (1969) Imperial 12423 • GOOD CLEAN FUN (1969) Imperial 12443 • THE DAY THE EARTH STOOD STILL (1970) • I'M BAD (1972) Capitol, ST-11075 • INTERNATIONAL HEROES (1973) Capitol, ST-11159 • LIVING IN THE STREETS (1977) Sonet, SNTF 733 • VISIONS OF THE FUTURE (1978) Capitol, EST-24626 • SUNSET BOULEVARD (1978) Illegal 002 • ANIMAL GOD OF THE STREETS (1979) Marilyn, EFA 13798 • SNAKE DOCUMENT MASQUERADE (1979) Island 201 217 • HOLLYWOOD CONFIDENTIAL (1980) Island • VAMPIRES FROM OUTER SPACE (1980) Outline 5013 • AUTOMATIC (1988) Secret • HOTEL INSOMNIA (1992) Marilyn, EFA 13809 • WHITE NEGROES IN DEUTSCHLAND (1993) Marilyn • LET THE MADNESS IN (1995) • (S) THE INCREDIBLE KIM FOWLEY (1975) Original Sound • Mit **Rubbertown Freaks**: WORMCULTURE (1994) Alive 007 • Mit Ben **Vaughan**: KINGS OF SATURDAY NIGHT (1995) EFA 10014

Aretha Franklin

›I Never Loved A Man‹ hieß im April 1967 der erste Millionenhit von Aretha Franklin, dem bis 1995 20 weitere und fast 80 Top 100-Singles folgen sollten. Zehn von fast 50 Alben wurden vergoldet, und ab 1967 wurde sie 17 Mal mit einem Grammy ausgezeichnet, zuletzt 1994 für ihr Lebenswerk. Seit Mitte der 50er Jahre galt sie weltweit als First Lady des Soul und als die größte Blues/Jazz/Soul-Sängerin nach Bessie Smith und Billie Holiday. Im Juni 1968 würdigte das renommierte Magazin *Time* ihre Leistungen mit einer Titelstory, und Nik Cohn schrieb 1969 über Aretha Franklin: »Sie verfügt über unendliche Möglichkeiten der Phrasierung und fasziniert durch eine lähmende Wildheit. Selbst über mittelmäßige Songs macht sie sich mit einer solchen Intensität her, daß sie zerbrechen und zu Nichts werden, um dann ganz neu zu entstehen, daß es einem den Atem verschlägt.«

Aretha Franklin wurde am 25. 3. 1942 in Memphis, Tennessee, als viertes von sechs Kindern geboren. Sie wuchs am Rande der Gettos von Detroit auf, wo ihr Vater Reverend C. L. Franklin eine 4500 Mitglieder umfassende Gemeinde betreute. Er leitete auch den Gospelchor **New Bethel Baptist Church**, der rund 50 Aufnahmen u. a. für Chess Records machte. Als Sechsjährige sang Aretha zum ersten Mal im Chor und fiel mit zehn Jahren als Solistin auf. Unter dem Einfluß von Mahalia Jackson und den **Ward Sisters**, die mit der Familie befreundet waren, entwickelte Aretha Franklin ihren eigenen Stil. Sie lernte Klavierspielen, hörte Platten von Eddie Heywood und reiste als 14jährige mit dem Chor ihres Vaters durch die USA. Etwa zur gleichen Zeit sammelte sie erste Studioerfahrungen, die auf THE GOSPEL SOUND OF ARETHA FRANKLIN festgehalten wurden. Die Musik von Bo →Diddley, Chuck →Berry, B. B. →King und John Lee →Hooker weckten bei Aretha Franklin neue Interessen. Nach dem Schulabschluß verließ sie die Gospelgruppe, um 1960 ihr Glück in New York zu versuchen. Im August machte sie einige Demos, die dem Bluesmentor John Hammond auffielen. Er nahm sie für Columbia Records unter Vertrag und produzierte die R&B-Hits ›Today I Sing The Blues‹, ›Won't Be Long‹ (US #76), ›Operation Heartbreak‹ und das Album THE GREAT ARETHA FRANKLIN. Doch danach schien es an geeigneten Songs zu mangeln, Aretha Franklin konnte sich mit drittklassischen Liedern immer nur wenige Wochen in untersten Chartsregionen halten. In dieser Phase bis 1967 verkauften sich die Singles ›Rock-A-Bye, Your Baby With A Dixie Melody‹ (US #37), ›Runnin' Out Of Fools‹ (US #65) und die 62er LP THE TENDER, THE MOVING, THE SWINGING ARETHA FRANKLIN (US #69) am besten.

1966 trennte sich Aretha Franklin von Hammond und ihrer Plattenfirma und begab sich in die bewährten Hände des Produzenten Jerry Wexler, der Atlantic Records für die Soullady interessieren konnte. Als Arrangeur fungierte Arif Mardin, und als Toningenieur konnte Tom Dowd gewonnen werden. Dieses Team machte sich daran, »die Soulmusik neu zu formulieren« (*Rolling Stone*).

Das passende Ambiente für die »schwarze Königin des Soul« (*Stern*) schufen eine sparsam in Aktion tretende, hochkarätig besetzte Studioband, gefühlvolle Arrangements und ein dominantes Klavierspiel. In Rick Halls Studio in Alabama ergaben die ersten Studiosessions das Hitdebüt ›I Never Loved A Man‹ (US #8) vom März 1967, dem ›Respect‹ (GB #10, US #12, D #23), ›Baby I Love you‹ (US #3), ›A Natural Woman‹ (US #9) und ›Chain Of Fools‹ (GB #29, US #2, D #36) folgten. Aretha Franklin wurde zum neuen Superstar des Soul und von der US-Schallplattenakademie zur Sängerin des Jahres erklärt. Über die Interpretation von ›Respect‹ (im Original von Don → Covay) schrieb der *Melody Maker*: »Das Genie Aretha Franklin kann selbst die banalste Textzeile nehmen, und man glaubt ihr aufs Wort jede Aussage, jedes Gefühl«. ›Respect‹ wurde zur »schwarzen Nationalhymne« (*Ebony*) erklärt. Ihren Erfolg bestätigte sie mit den Top 10-Alben I NEVER LOVED A MAN THE WAY I LOVE YOU (US #1) und ARETHA ARRIVES (US #4).

1968 erhielt Aretha Franklin für ›Respect‹ ihren ersten Grammy. Im Mai besuchte sie zum ersten Mal Europa und ließ im Pariser Olympia eine LP mitschneiden. In den Single-Charts sorgte sie in diesem Jahr mit ›Since You've Been Gone‹ (US #4), ›Think‹ (GB #28, US #7, D #32), ›The House That Jack Built‹ (US #6, D #34), ›I Say A Little Prayer‹ (GB #4, US #15, D #40) und ›See Saw‹ (US #11) für Furore, während in den LP-Hitparaden in schneller Folge ARETHA: LADY SOUL (US #2, D #18), ARETHA NOW (GB #12, US #2, D #26) und ARETHA IN PARIS (US #14) auf Spitzenplätzen gelangten.

Aretha Franklins Repertoire umfaßte R&B-Songs von Otis → Redding, Covay, Ronnie Shannon, Pop von Carole → King, Unterhaltungstitel von Burt Bacharach und eigene Lieder, die sie zumeist mit Ehemann Ted White schrieb. Begleitet wurde sie u. a. von der **Muscle Shoals Sound Rhythm Section** aus Alabama, einer New Yorker Gruppe, die King Curtis leitete, und dem Chor **Sweet Inspirations**, dem ihre jüngere Schwester Carolyn Franklin angehörte.

1969 bescherte der stimmgewaltigen, stets freundlichen und professionellen Sängerin die Hits ›The Weight‹ (US #9), ›I Can't See Myself Leaving You‹ (US #20), ›Share Your Love With Me‹ (US #11) und ›Eleanor Rigby‹ (US #19) sowie die Bestselleralben SOUL '69 (US #12) und ARETHA'S GOLD (US #10). Sie war der Star der Soul Bowl '69 im Houston Astrodome und arbeitete mit Duane Allman zusammen.

Für THIS GIRL'S IN LOVE WITH YOU (US #13) nahm sie mit ›Let It Be‹ einen weiteren → **Beatles**-Song auf, übernahm von Ben E. King ›Don't Play That Song‹ (GB #12, US #7) und von Elton → John ›Border Song‹ (US #23). Weitere Erfolge gab es 1970 dank ›Call Me‹ (US #14), ›Spirit In The Dark‹ (Us #20) und einer weiteren LP mit dem Titel SPIRIT IN THE DARK (US #16). Aretha Franklin hielt auch zu Beginn der 70er Jahre die internationalen Charts in Atem. Sie adaptierte von Marvin Gaye und Tammi Terrell ›You're All I Need To Get By‹ (US #19), coverte von → **Simon & Garfunkel** ›Bridge Over Troubled Water‹ (US #2) und lieferte neben ›Rock Steady‹ (US #6, D #44) 1971 mit ›Spanish Harlem‹ (GB #11, US #1, D #6) einen weiteren Klassiker der Soulmusik. Von den 71er-LP-Veröffentlichungen war der Mitschnitt LIVE AT FILLMORE WEST (US #5) am meisten gefragt.

Das Interesse der Plattenkäufer an Produkten des »Soul-Energiebündels« (*Rolling Stone*) ließ erst Mitte der 70er Jahre nach. Bis dahin sorgten die LPs

Young, Gifted & Black (US #9), Amazing Grace (US #8), Let Me In Your Life (US #16), Sparkle (US #17) und die Hits ›Day Dreaming‹ (US #6), ›All The King's Horses‹ (US #17), ›Angel‹ (US #13), ›Until You Come Back To Me‹ (US #4) und ›I'm In Love‹ (US #16) für ausgezeichnete Umsätze.
Sie war »noch immer *die* Soulsängerin, die vollkommen alle Stimmungen und alle Gefühle mit ihrer unvergleichlichen Gospelstimme trifft« (*Sounds*). Ab 1976 ließ sie sich auf ein paar Disco- und Popsongs ein. Prominente Produzenten wie Quincy Jones (›Hey Now Hey‹), Lamont Dozier (›Sweet Passion‹) und Van McCoy (›La Diva‹) waren nicht in der Lage, der Sängerin des »High Class Soul« (*Disc*) neue Impulse zu geben. Bei der Neujahrsgala des damaligen US-Präsidenten Jimmy Carter sang Aretha Franklin 1977 a cappella ›God Bless America‹. Mittlerweile von ihrem zweiten Ehemann, dem Musiker Ken Cunningham, geschieden, heiratete sie im Jahr darauf den Schauspieler Glynn Turner. Sie nahm Engagements in den großen Hotels von Las Vegas an und hatte einen hinreißenden Gastauftritt in dem Kultfilm »The Blues Brothers«.
1982 gelang es Aretha Franklin mit dem von Luther →Vandross produzierten Album Jump To It (US #23) und der gleichnamigen Single (US #24), ihre Stellung als führende Soulinterpretin zurückzugewinnen. 1985 führte Michael Narada Walden Regie bei Who's Zoomin' Who? (GB #21, US #14) mit den Tophits ›Freeway Of Love‹ (GB #48, US #3), ›Who's Zoomin' Who‹ (GB #8, US #7, D #42) und ›Sisters Are Doin' It For Themselves‹ (GB #6, US #18, D #22). Aretha folgte bei ›Sisters ...‹ ihrer neuen Vorliebe für Duette und sang nach George Benson (1981) diesmal mit Annie Lennox von den →Eurythmics. 1987 und 1989 waren es George →Michael bei ›I Knew You Were Waiting (For Me)‹ (GB #1, US #1, D #5) bzw. Elton →John bei ›Through The Storm‹ (GB #41, US #16, D #46) und Whitney →Houston bei ›It Isn't, It Wasn't, It Ain't Never Gonna Be‹ (GB #29, US #41). 1986 konnte sie sich mit dem →Rolling Stones-Cover ›Jumpin' Jack Flash‹ (US #21, D #42) sowie ›Another Night‹ (GB #40, US #22, D #53) und ›Jimmy Lee‹ (GB #46, US #28) in den Charts plazieren.
Carlos →Santana, James →Brown, hochkarätige Studiomusiker wie David Sancious (key), Steve Khan (g), Jeff Porcaro (dr), Produzenten wie Walden, Arif Mardin und Keith Richards unterstützten Aretha Franklin bei den Alben Aretha (GB #44, US #32, D #45) und Through The Storm (GB #46, US #55, D #61). Aretha bewies ihre Vielseitigkeit, egal »ob Calypso, Liebesballaden, putzmunterer Reggae oder inbrünstig geschmetterter Gospel-Vortrag« (*Hifi Vision*) und daß sie nach »einigen flauen Jahren wieder da ist« (*Fachblatt*). 1987 sang sie Gospels für den Mitschnitt One Lord, One Faith, One Baptism, auf dem der Präsdentschaftskandidat Jesse Jackson mit einer flammenden Ansprache vertreten war.
Der erneute Aretha Franklin-Boom ebbte 1990 wieder ab. »Die Königin des Soul« (*Stereoplay*) zog sich in die Showszene von Las Vegas zurück, sang 1991 für die Opfer des Golfkrieges und war ein gerngesehener Gast im US-Fernsehen. Im Februar 1992 trat sie mit Michael →McDonald bei der Grammy-Verleihung auf, und im Oktober eröffnete sie mit der Nationalhymne den Parteitag der Demokraten.

Nach der Produktion einer eigenen TV-Sendung wählte Aretha Franklin ›A Deeper Love‹ (GB #5, US #63, D #78) als Beitrag zum Soundtrack des Kinoknüllers »Sister Act« mit Whoopie Goldberg aus und kehrte zumindest in Großbritannien kurzfristig in die Top 10 zurück. Darüber hinaus kamen nur die Single ›Willing To Forgive‹ (GB #17, US #26) und Sampler wie GREATEST HITS 1980–1994 (GB #27, US #75) und QUEEN OF SOUL–THE ATLANTIC RECORDINGS (GB #20) in die Charts.

Im Januar 1995 gehörte Aretha Franklin zu den wichtigsten Persönlichkeiten einer Show zur Erinnerung an Ella Fitzgerald. Sie trat mit Al Green im September in Cleveland und beim Classic Soul-Treffen im November in New York neben Gladys →Knight, den →**Isley Brothers** und →**Kool & The Gang** auf. Ende des Jahres war sie außerdem mit dem von Babyface produzierten Song ›It Hurts Like Hell‹ auf dem Soundtrack zum Film »Waiting To Exhale« vertreten. Schwester Erma Franklin gelang im Herbst 1992 mit ›(Take A Little) Piece Of My Heart‹ (GB #9) ein Top 10-Hit in Großbritannien, einem Remake ihres US-Hits von 1968.

THE GOSPEL SOUND OF ARETHA FRANKLIN (1958) Chess 10009 • THE GREAT ARETHA FRANKLIN (1960) CBS • THE ELECTRIFYING ARETHA FRANKLIN (1962) CBS 8561 • THE TENDER, THE MOVING, THE SWINGING ARETHA FRANKLIN (1962) 8676 • LAUGHING ON THE OUTSIDE (1962) CBS 8897 • UNFORGETTABLE: A TRIBUTE TO DINAH WASHINGTON (1964) CBS 8963 • SONGS OF FAITH (1964) Checker 10009 • RUNNIN' OUT OF FOOLS (1964) CBS 9081 • YEAH!!! (1964) CBS 62556 • SOUL (1965) CBS 52700 • SOUL SISTER (1966) CBS 62744 • TAKE IT LIKE YOU GIVE IT (1967) CBS 62969 • I NEVER LOVED A MAN (THE WAY I LOVED YOU) (1967) Atlantic 8122–71934 • ARETHA ARRIVES (1967) Atlantic 8122–71274 • ARETHA: LADY SOUL (1968) Atlantic 7567–81818 • ARETHA NOW (1968) Atlantic 8122–71274 • ARETHA IN PARIS (1968) Atlantic 8122–71852 • SOUL '69 (1969) Atlantic 8122–71523 • THIS GIRL'S IN LOVE WITH YOU (1970) Atlantic 8122–71524 • SPIRIT IN THE DARK (1970) Atlantic 8122–71525 • LIVE AT FILLMORE WEST (1971) Atlantic 40222 • YOUNG, GIFTED & BLACK (1972) Atlantic 8122–71527 • AMAZING GRACE (1972) Atlantic 7567–81324 • HEY NOW HEY (THE OTHER SIDE OF THE SKY) (1973) Atlantic 8122–71853 • LET ME IN YOUR LIFE (1974) Atlantic 8122–71854 • WITH EVERYTHING I FEEL IN ME (1974) Atlantic 50077 • YOU (1975) Atlantic 50191 • SPARKLE (1976) Soundtrack Atlantic 8122–71148 • SWEET PASSION (1977) Atlantic 50368 • ALMIGHTY FIRE (1978) Atlantic 50445 • LA DIVA (1979) Atlantic 50637 • ARETHA (1980) Arista 202 850 • LOVE ALL THE HURT AWAY (1981) Arista 253 913 • JUMP TO IT (1982) Arista 254 742 • GET IT RIGHT (1983) Arista 21 14018 • WHO'S ZOOMIN' WHO? (1985) Arista 610 456 • ARETHA (1986) Arista 258 020 • ONE LORD, ONE FAITH, ONE BAPTISM (1987) Arista 880 746 • THROUGH THE STORM (1989) Arista 259 842 • WHAT YOU SEE IS WHAT YOU SWEAT (1991) Arista 261 724 • JAZZ TO SOUL (1995) Columbia 48515 • ARETHA GOSPEL (1997) MCA, MCD 91521 (S) GREATEST HITS (1967) CBS • (S) TAKE A LOOK (1967) CBS • (S) ARETHA'S GOLD (1969) • (S) ARETHA'S GREATEST HITS (1971) • (S) IN THE BEGINNING (1972) CBS • (S) TEN YEARS OF GOLD (1977) • (S) THE FIRST LADY OF SOUL (1986) • (S) QUEEN OF SOUL – THE ATLANTIC RECORDINGS (1992) Rhino 71063 • (S) QUEEN OF SOUL (1992) Rhino 8122–71063 • (S) ARETHA'S MILLION SELLERS (1993) Atlantic 7567–81445 • (S) GREATEST HITS 1980–1994 (1994) Arista 21 16202 • (S) ARETHA SINGS THE BLUES (1994) (Columbia 478114 • (S) BACK TWO BACK (1995) Arista 2129144 • (S) THE EARLY YEARS (1997) Columbia 486819 • Erma Franklin: SOUL SISTER (1975) Brunswick 745147 • HER NAME IS ERNA (1976) Epic 3824

Frijid Pink

Tom Beaudry (b), Kelly Green (voc, perc), Richard Stevers (dr), Gary Ray Thompson (g)

Die Schulfreunde Kelly Green und Gary Thompson aus Wayndotte, Michigan, gründeten 1967 in Detroit mit Rich Stevers und dem Bassisten Thomas Earl ›Scratch‹ Harris das Hardrock/Bluesquartett **Frijid Pink**. Sie hatten seit 1963 in unterschiedlichen lokalen Bands Erfahrungen gesammelt, verzichteten im Gegensatz zu → **MC 5** und den → **Stooges** auf politische Agitation und spielten einen aggressiven, elektrischen Bluesrock.
Die Debütsingle ›Tell Me Why‹ blieb unbeachtet, während der erste öffentliche Auftritt in der US-Autometropole am 3. 3. 1968 mehr Aufsehen erregte. Doch 1969 war der allmähliche Aufstieg von **Frijid Pink** fast zum Stillstand gekommen. Harris wurde durch den eher jazzorientierten Tom Beaudry ersetzt, denn ein paar Feinheiten konnten dem rauhen Sound nur guttun. Beaudry bildete zukünftig mit Thompson ein Songwriterteam, das der Band einen eigenen Charakter verlieh.
Doch nicht mit einer Eigenkomposition, sondern mit einem Remake aus den 20er Jahren eroberten **Frijid Pink** im Frühjahr 1970 weltweit die Charts. Die Band verwandelte ›House Of The Rising Sun‹ (GB #3, US #5, D #1) in eine kraftvolle Heavy-Ballade mit markigen Gitarrenriffs. Rundfunkdiscjockeys in ihrer Heimatstaat Michigan waren die ersten, die den Titel bekannt machten und ihm zu einer Millionenauflage verhalfen. Die bis dahin völlig unbekannte US-Band erlangte kurzfristig Weltruhm, auch das Album Frijid Pink (US #7, D #37) profitierte von dem Bestseller und lieferte mit den Songs ›End Of The Line‹ und ›Drivin' Blues‹ gekonnten Boogie-Kraftrock.
›House Of The Rising Sun‹ war noch nicht ganz aus den Charts verschwunden, da warteten **Frijid Pink** bereits mit der zweiten LP Defrosted auf. ›Sing A Song For Freedom‹ (US #41, D #33) erreichte immerhin Top 50-Niveau, doch der Rest war mittelmäßig. Der Band waren die Ideen offensichtlich schnell wieder ausgegangen. Ein dumpfer, lauter Hardrock machte Greens durchaus hörenswerte, rauchige Stimme nieder. Die Single ›Heartbreak Hotel‹ (US #50) bereitete das Erscheinen der in aller Eile fertiggestellten LP All Pink Inside vom Dezember 1970 vor. Sie sollte den Weg in eine fortschrittliche, experimentierfreudige Richtung weisen, kam aber über einige positive Ansätze nicht hinaus.
Green verließ nach All Pink Inside die Band, und mit ihm gingen Beaudry und Thompson. Die Band wurde von Stevers bis 1972 völlig neu besetzt. Harris kehrte zurück, Craig Webb wurde neuer Gitarrist, und Larry Zelanka verstärkte als Keyboarder **Frijid Pink**. Earth Omen und All Pink Inside bestanden nur aus gängigen Heavy Pop-Klischees, die keiner hören wollte, was zur Trennung der Band führte.

FRIJID PINK (1970) Repertoire 4156 • DEFROSTED (1971) Repertoire 4172 • ALL

PINK INSIDE (1970) Fantasy 9464 • EARTH OMEN (1972) Lion 1004 • ALL PINK INSIDE (1974) GTR 051 (S) THE BEGINNING (1973) Deram, NDM 773

Front Line Assembly

Rhys Fulber (key, sampler, dr, perc), Bill Leeb (voc, key, perc, programming)

Ende der 80er Jahre wurde für die immer populärer werdende, harte elektronische Dance-Musik der Begriff Electronic Body Music geschaffen. Vorreiter dieser neuen Stilrichtung waren Gruppen wie → **Yello**, → **Kraftwerk**, → **New Order**, → **Nitzer Ebb**, → **Revolting Cocks**, → **Front 242**, → **Skinny Puppy** und eben **Front Line Assembly** aus Kanada.

Bill Leeb sammelte bei den kanadischen **Skinny Puppy** seine ersten Erfahrungen. Er verließ die Industrial-Kultband nach der 86er-LP BITES. Leeb, in Wien aufgewachsen, zog Mitte der 70er Jahre nach Vancouver und begann in der Band **Mutual Mortuary**. 1986 brachte er mit **Front Line Assembly** im Alleingang die Kassetten NERVE WAR und TOTAL TERROR heraus. Zusammen mit Michael Balch (key, programming, sampling) und Rhys Fulber veröffentlichte er 1993 TOTAL TERROR I & II.

Front Line Assembly wollten »schwere elektronische Dance-Rhythmen mit Sequenzern, Samples und Keyboard-Melodien zu einer hypnotischen Intensität verschmelzen« (Bill Leeb). Das Trio debütierte auf dem Sampler THIRD MIND mit dem Titel ›For Your Ears Only‹. Ende 1987 folgte die LP THE INITIAL COMMAND bei dem belgischen Label KK Records.

Nach neun Monaten Pause ging die Gruppe mit »frischem Elan« (Bill Leeb) daran, ihre Karriere professioneller zu organisieren. Das in Canterbury ansässige Label Third Mind bot ihnen einen langfristigen Vertrag und bereitete für 1988 gleich drei Veröffentlichungen vor. Im Februar kam das Album CORROSION heraus, »acht boshafte Metal-Spitzen, die ein Loch durch deinen Schädel bohren« (brit. *Sounds*). Im Juni bestätigte die Mini-LP DISORDER, daß »CORROSION kein glücklicher Zufall war« (*Zig Zag*). Der Sampler CONVERGENCE bot einen Querschnitt beider Platten und einige Bonus-Tracks.

Leeb und Marc Verhaegen von **Klinik** brachten 1989 die LP GRINDING INTO EMPTINESS unter dem Namen **Noise Unit** heraus. Leeb unterstützte außerdem Cevin Key von **Skinny Puppy** bei dessen Soloproduktion CYBERAKTIF.

1989 hatte die Electric Body Music ihren Höhepunkt erreicht. **Front Line Assembly** führten mit der Platte GASHED SENSES & CROSSFIRE wochenlang die deutschen Indie-Charts an. Sie enthielt die Undergroundhits ›Digital Tension Dementia‹ und ›No Limit‹. **Front Line Assembly**, die 1989 in den USA und Europa tourten, wurden auch in der Techno- und Hip-Hop-Szene akzeptiert. 1989 waren Leeb und Fulber an dem Album FACES, FORMS AND ILLUSIONS des Ambient-Projektes **Delerium** beteiligt. Balch verließ 1990 die Gruppe, die als Duo (Leeb, Fulber) weitermachte.

1990 nahm Leeb mit Verhaegen als **Noise Unit** die LP RESPONSE FREQUENCY auf, die nur bei eingefleischten Anhängern der EBM ankam. Wieder im Team mit Fulber erschien von **Front Line Assembly** die Singles ›Icelocate‹, ›Provision‹ und das Album CAUSTIC GRIP. Mit **Delerium**

brachten sie 1991 die Mini-LP EUPHORIC und LP SPIRITUAL ARCHIVES heraus.
Bei ihrem weiteren Projekt **Intermix** erschienen die Single ›Dream On‹ und Anfang 1992 die LP INTERMIX, die der Kategorie Dream-Dance zugerechnet wurde: »Aktuelle Beats, pulsierende, rasende und galoppierende Baßläufe, auffällige Sequenzer-Phrasen und Melodieführungen« (*New Musical Express*). Im Gegensatz zu **Front Line Assembly** handelte es sich bei **Intermix** um ein reines Instrumentalprojekt.
Fulber fand im Herbst noch ausreichend Zeit für das Trio **Will** mit Chris Peterson und John McRae. Die LP PEARL OF GREAT PRICE propagierte »eine Mischung aus Richard Wagner und Dead Can Dance« (*Time Out*).
1992 setzten Leeb und Fulber wieder verstärkt auf **Front Line Assembly**, zunächst mit der Single ›Mindphaser‹ und im Frühsommer mit dem Album TACTICAL NEURAL IMPLANT. Diverse Samplingmethoden, ein ausgeprägter Rhythmus und Dance-Energie prägten die musikalische Arbeit von Leeb und Fulber. Mit Chris Peterson und **Noise Unit** brachten sie die Techno-LP STRATEGY OF VIOLENCE heraus. Auch **Intermix** existierte weiter. Leeb kommentierte die Veröffentlichung von PHAZE TWO mit dem Motto »no-singing, all-dancing alter ego projects«.
Die Bandbreite der elektronischen Klangverfremdungen erwies sich als unendlich. Das **Front Line Assembly**-Album GASHED SENSES & CROSSFIRE war »gewaltig, komplex, schrecklich und einschüchternd wie ihre Weltanschauung« (*Melody Maker*). Die nachfolgende Mini-LP THE BLADE setzte sich überwiegend aus Remix-Versionen von GASHED SENSES ... zusammen.
18 Monate arbeiteten Leeb und Fulber an dem 94er Album MILLENNIUM, das »Musik, Techno, Rap und Metal kongenial miteinander verknüpft« (*Musik Express*). **Front Line Assembly** und alle Ableger benutzten modernste, kostspielige Computertechniken. **Delerium** beschworen bei SPHERES eine sakrale, ruhige Melodiösität, über die *Stereoplay* schrieb: »Moderne Elektronik wird hier nicht als Zweck, sondern als Mittel eingesetzt. Ein sehr eigenwilliges und faszinierendes Album.« Für SEMANTIC SPACES, auf der gregorianische, arabische und tibetanische Klänge zu hören waren, engagierten **Delerium** Kristy Thirsk von den **Rose Chronicles** als Gastsängerin.
Front Line Assembly hielten 1995 mit HARD WIRED die gesamte Konkurrenz in Schach. Während diese »grübelnd über den Bedienungsanleitungen ihrer Sampler und Synthesizer saßen, speisten die kanadischen Industrial-Legenden Sounds, Patterns und Sequenzen in ihre Geräte, die an Struktur und Komplexität kaum noch zu überbieten sind« (brit. *Sounds*).
1996 spielten **Front Line Assembly** gemeinsam mit den deutschen →**Krupps** auf dem Album THE REMIX WARS. Die beiden führenden Industrial/Crossover-Formationen beschränkten sich auf je drei Titel. Die besondere Beziehung zu Deutschland dokumentierte auch das 1995 in Mainz mitgeschnittene Doppelalbum LIVE WIRED. Verstärkt durch Adrian Burns (dr, perc) und Jed Simon (g, dr) spielten **Front Line Assembly** ihre größten Hits und Industrialklassiker wie ›Circuitry‹, ›Overkill‹ und ›Millennium‹. Mittlerweile hatte sich Fulber einen Namen als Remixer gemacht. Er arbeitete u. a. für **Machine Head**, **Fear Factory**, **Tea Party**, **Die Krupps**, **Terrorvision** und **I Mother**

Earth. Als Produzent betreute er 1995 **Econoline Crush**, 1996 → **Waltari** und 1997 **Tea Party** und **Fear Factory**. Ende 1996 stieg Fulber bei **Front Line Assembly** aus, um sich völlig auf das Produzieren und Remixen anderer Gruppen zu konzentrieren. Bereits 1997 machte er seine Entscheidung rückgängig und nahm mit Leeb und wechselnden Gastsängerinnen wie Jaqui Hunt von **Gun Theory** und Lisa Gerrard von → **Dead Can Dance** in einer Kirche in Vancouver das Album KARMA auf, das »bewährte Elektronik mit gregorianischen Chorälen« (*Musikwoche*) verband.

THE INITIAL COMMAND (1987) KK 001 • STATE OF MIND (1987) Dossier 9005 • CORROSION (1988) Third Mind TMLP 21 • DISORDER (1988) Mini-LP Third Mind, TMLP 24 • GASHED SENSES & CROSSFIRE (1989) Third Mind, TMLP 31 • LIVE (1990) Third Mind, TMLP 47 • CAUSTIC GRIP (1990) Third Mind, TMLP 50 • TACTICAL NEURAL IMPLANT (1992) Third Mind, INT 146270 • THE BLADE (1992) Mini-LP Third Mind, INT 146204 • MILLENNIUM (1994) Roadrunner, RR-9019 • HARD WIRED (1995) Off Beat, SPV 086–22290 • LIVE WIRED (1996) Off Beat, SPV 088–43262 • KARMA (1997) Synthetic Symphony, SPV 085–61352 • (S) CONVERGENCE (1988) Third Mind TMCD 002 • (S) TOXIC (1991) Wax Trax 8165 • (S) TOTAL TERROR I (1993) Dossier 9051 • (S) TOTAL TERROR II (1993) Dossier 9052 • (S) CORRODED DISORDER (1995) Off Beat, SPV 22332 • **Front Line Assembly** mit den **Krupps**: THE REMIX WARS (1996) Off Beat, SPV 068–43192 • Rhys **Fulber** und Bill **Leeb** mit **Delerium**: FACES, FORMS AND ILLUSIONS (1989) Dossier 9008 • MORPHEUS (1990) Dossier 9010 • SYROPHENIKAN (1990) Dossier 9015 • STONE TOWER (1991) Dossier 9024 • SPIRITUAL ARCHIVES (1991) Dossier 9033 • EUPHORIC (1991) Mini-LP Third Mind, IRS 983612 • SEMANTIC SPACES (1994) Nettwerk, SPV 084–61732 • SPHERES (1994) Dossier 9053 • SPHERES II (1994) Dossier 9060 • REFLECTIONS 1 (1995) Dossier 9071• REFLECTIONS 2 (1995) Dossier 9074 • Bill **Leeb** mit **Noise Unit**: GRINDING INTO EMPTINESS (1989) Antler-Subway, AS 5001 • RESPONSE FREQUENCY (1990) Antler-Subway, AS 5029 • Rhys **Fulber** und Bill **Leeb** mit **Noise Unit**: STRATEGY OF VIOLENCE (1992) Dossier 9035 • DECODER (1995) Dossier 9066 • Rhys **Fulber** und Bill **Leeb** mit **Intermix**: INTERMIX (1992) Third Mind, IRS 983430 • PHAZE TWO (1992) Third Mind, IRS 983318 • FUTURE PRIMITIVES (1992) ESP-Sun 4998 • Rhys **Fulber** mit **Will**: PEARL OF GREAT PRICE (1991) Third Mind IRS. 983358 • Rhys **Fulber** und Bill **Leeb** mit **Synaesthesia**: EMBODY (1995) Music Res., I.R.S. 989231 • DESIDERATUM (1995) Hypnotic 9637

Frost

Gordy Garris (b, voc), Don Hartman (g, harm, voc), Bob Rigg (dr), Dick Wagner (voc, g)

Eine »weitere imposante Band aus Detroit« (*Sounds*) startete 1968 mit der LP FROST MUSIC zu einem Heavyrock-Höhenflug. Im Mittelpunkt stand Dick Wagner als Sänger, Komponist und vor allem Gitarrist. Sein melodiöses Spiel und seine intelligenten Hardrock-Songs ließen **Frost** aus dem Hard'n'Heavy-Einerlei herausragen. In Michigan zählte das auf der Bühne äußerst spielfreudige Quartett schnell zu den umjubelten Lokalmatadoren.

Dumpfe Baßlinien, mächtige Drums, ein überraschend sicherer mehrstimmiger Gesang und Wagners einfallsreiche Soli lockten das Publikum in Scharen an. Von

der guten Live-Stimmung bei **Frost** zeugte 1969 der Mitschnitt Rock And Roll Music aus dem Grande Ballroom in Detroit. Der Titelsong avancierte zur Heavy-Hymne im Osten der USA und zur Erkennungsmusik von **Frost**. Der Bluesspezialist Sam Charters produzierte das Album, das nur knapp an der Chartshürde scheiterte.
Unter der Aufsicht von Wagner entstand 1970 in New York Through The Eyes Of Love. Wieder variierten **Frost** mit viel Geschick zwischen groben Bluesrastern und feinfühligen Balladen. Doch auch in diesem Fall genügten »umwerfende Dynamik und interessante Rhythmen« (*Sounds*) nicht, um in die Hitlisten vorzudringen.
Dick Wagner löste daraufhin seine Band auf und gründete das Trio **Ursa Major**. Nach einer LP mußte er die Perspektivlosigkeit auch dieses Unternehmens einsehen. 1973 fand er Zugang zum Clan von Alice →Cooper, dem er mit Unterbrechungen bis 1983 angehörte. Außerdem begleitete er mehrfach Lou →Reed und spielte für Burton Cummings, Tim →Curry, Mark Farner von →**Grand Funk Railroad**, →**Hall & Oates** und Lee →Aaron. 1995 faßte Wagner auf einem eigenen Label alle Singles seiner ersten Gruppe **Bossmen** zusammen.

FROST MUSIC (1969) Vanguard 6520 • ROCK AND ROLL MUSIC (1969) Vanguard 6541 • THROUGH THE EYES OF LOVE (1970) Vanguard 6556 • EARLY FROST (1975) Vanguard 79392 • Dick **Wagner** mit **Bossmen**: (S) THE COMPLETE BOSSMEN THE SINGLES 1964–67 (1995) Wagner Music • Dick **Wagner** mit **Ursa Major**: URSA MAJOR (1972) RCA, LSP 4777

Fugazi

Brendan Canty (dr), Joe Lally (b), Ian MacKaye (voc, g), Guy Picciotto (voc, g)

»Für mich ist Musik der wichtigste Katalysator in meinem Leben, und ich weiß, daß sie für Leute auf der ganzen Welt eine Sprache ist, die Veränderungen bewirken kann, nicht nur politisch« (Ian MacKaye). Der Sänger und Gitarrist Ian MacKaye, Aushängeschild und Rückgrat der Punkszene der 80er Jahre in Washington, DC, war Chef und Gründer von Bands wie **Teen Idles**, **Minor Threat**, **Egg Hunt** und **Embrace**. **Fugazi** galt als »eine Art Kulminationspunkt all dieser Gruppen und stand für eine Rockmusik auf Hardcore-Basis« (*Trouser Press*). Ihr eigenes Label Dischord Records und eine Produktionsfirma gestatteten **Fugazi** weitestgehende Autonomie. Bereits 1980 hatte MacKaye das Label gegründet, das sich hauptsächlich um junge Gruppen aus der Region um Washington, DC kümmerte. Dischord bekam für Washington in etwa die Bedeutung wie Sub Pop Records für Seattle: »Die Punkrock-Bewegung in den USA war eine einzigartige Sache, und wir wollten sie festhalten« (Ian MacKaye).
Die **Teen Idles** entstanden 1980 aus den **Slinkies** und veröffentlichten die EP ›Minor Disturbance‹. Ihr anarchistischer Stil führte zu diversen Auftrittsverboten in örtlichen Clubs, und nach knapp einem Jahr gaben die **Teen Idles** auf. MacKaye wirkte als Bassist zu diesem Zeitpunkt im Hintergrund. Leadsänger der »Basis-Punkband auf dem Weg zum Hardcore« (*Trouser Press*) war Nathan Strejcek, der später bei **Youth Brigade** mitwirkte.

Bei **Minor Threat** übernahm MacKaye als Frontmann die Initiative und besetzte die Band mit Jeff Nelson (dr), Brian Baker (b) von **Government Issue** und Lyle Preslar (g). Die Mini-LP OUT OF STEP von 1983 machte **Minor Threat** zur Kultband der lebendigen Undergroundszene. Besonders ein Song des Albums MINOR THREAT sorgte 1984 für Diskussionen: ›Straight Edge‹ wurde zum Inbegriff »einer völlig neuen Musikbewegung und Lebenseinstellung« (*Munzinger*); das hieß kein Alkohol, keine Drogen und kein Nikotin, dafür vegetarische Kost. Ian MacKaye dazu: »Straight Edge ist eine Erfindung der Musikjournalisten.« Noch vor der Veröffentlichung von MINOR THREAT hatten sich die Musiker getrennt. McKaye tat sich daraufhin mit drei Musikern von **Faith** zu dem kurzlebigen Unternehmen **Embrace** zusammen. Auf ihrer einzigen Platte klangen sie sehr heavy.

MacKaye suchte für eine Single wieder Kontakt zu seinem früheren Drummer Jeff Nelson, um anschließend als **Pailhead** mit Al Jourgensen von → **Ministry** zu kooperieren. Jeff Nelson spielte zeitweise bei den hochgelobten **Senator Flux**, während Bassist Brian Baker über **Meatmen** und **Dag Nasty** schließlich bei der Metalband **Junkyard** landete.

MacKaye ging auf die Suche nach gleichgesinnten Musikern, die er im Schlagzeuger Canty und dem Bassisten Lally auch fand. Unter dem Namen **Fugazi** absolvierte das Trio einen ersten Auftritt. Unmittelbar nach dem Gig meldete sich Guy Piciotto, zuvor bei **Rites Of Spring** und **Insurrection**, und bewarb sich als zweiter Gitarrist. Picciotto und Canty kannten sich aus gemeinsamen Zeiten bei **One Last Wish** und **Happy Go Licky**. Zukünftig wechselten sich Piciotto und MacKaye beim Leadgesang ab: »Eine reguläre Gründung hat es nie gegeben. Fugazi ist ein organisch gewachsenes Gewebe« (Ian MacKaye). Fugazi ist ein Slangausdruck aus dem Vietnam-Krieg und bezeichnet eine beschissene Situation (Fucked Up Situation).

Das imponierende **Fugazi**-Debüt, eine Mini-LP mit sieben Titeln, erschien 1988 und erinnerte an »frühe Washington DC-Hardcore-Sensibilität, klang aber reifer« (*Trouser Press*). Der Titel ›Waiting Room‹ entwickelte sich zu einem Kulthit und Indie-Klassiker. Sowohl MacKaye als auch Piciotto hatten ihren »Punk-Zorn gegen eine nach innen gekehrte, fast schon poetische Vision eingetauscht« (*Spex*). Im Herbst 1988 absolvierten **Fugazi** eine erste ausgedehnte Tournee durch Deutschland: »Live sind Fugazi ein Klangkörper im buchstäblichen Sinn: Der Baß atmet brummend, das Schlagzeug klopft den exakten Herzschlag, Guy und Ian bewegen sich wie zwei gleich geladene Teilchen, die rennend gegeneinanderknallen und gleich wieder voneinander wegdrängen« (*Spex*).

Unter dem Titel MARGIN WALKER kam im Sommer 1989 das zweite Album auf den Markt und war während der 88er-Europatournee in Großbritannien entstanden: »Diese Platte hat großartige Momente. Fugazi marschieren weiter vorwärts, im Streben nach einem perfekten klanglichen Soulcore-Fest« (brit. *Sounds*). Neues Studiomaterial folgte im März 1990 unter dem Titel REPEATER: spannender, hypnotischer Independent-Rock mit nach wie vor deutlichem Hardcore-Einschlag. **Fugazi** tourten mehrmals durch die USA, spielten in Europa vor ausverkauften Clubs und wurden inzwischen von den großen Plattenfirmen

heftig umworben. Sie brachten ihre Platten aber weiterhin in Eigenverantwortung heraus und investierten Gewinne in die Förderung von Newcomer-Bands.
STEADY DIET FOR NOTHING vom Herbst 1991 lieferte wieder schroffen, unbeugsamen Hardcorerock. Der *Musik Express* schrieb über das vierte **Fugazi**-Album: »Musikalisch abwechslungsreich, aber ohne störende Ambitionen schlagen sie die Brücke vom heutigen Untergrund zurück zu den Vorläufern dieses Genres.« Auch diesmal erreichten sie weltweit Spitzenplätze in den Indie- und Alternative-Charts.
Anfang 1992 spielten **Fugazi** zusammen mit →**Pearl Jam**, →**L7** u. a. ein Benefizkonzert in den USA für das Recht auf Abtreibung. Bei der darauf folgenden Europatournee konnte die Band mittelgroße Hallen füllen, und im Frühjahr 1993 waren sie in den USA unterwegs. Im Sommer konnten **Fugazi** ihre »musikalische Handgranate« (*Rough Guide*) IN ON THE KILLTAKER präsentieren, das »bislang schwerfälligste und rätselhafteste Album der Band. Kolossaler Stoff« (*New Musical Express*). Wütende Gitarren und das dumpfe Baß/Schlagzeug-Gemisch klangen wie eine Kreuzung aus →**MC 5** und →**AC/DC**.
Nach Tourneen durch Australien, Neuseeland und Japan stellten **Fugazi** 1995 RED MEDICINE fertig. Die Hardcore-Legende suchte nach neuen, gängigeren Ausdrucksformen und wurden dafür anläßlich der Europatour heftig kritisiert: »Fugazi spielen mitten in London groß angelegten Neo-Gothic-Rock.« (*New Musical Express*).

FUGAZI (1988) Mini-LP Dischord, DIS 30 • MARGIN WALKER (1989) Mini-LP Dischord, EFA ML07309 • REPEATER (1990) Dischord, DIS 44 • STEADY DIET OF NOTHING (1991) Dischord, EFA LP17960 • IN ON THE KILL TAKER (1993) Dischord, EFA 17970 • RED MEDICINE (1995) Dischord, EFA 17990 • (S) 13 SONGS (1990) Dischord, DIS 136 • Ian **MacKaye** mit **Minor Threat**: OUT OF STEP (1983) Mini-LP Dischord, DIS 10 • MINOR THREAT (1984) Dischord, DM 12 • (S) COMPLETE DISCOGRAPHY (1989) Dischord, EFA 7304 • Ian **MacKaye** mit **Embrace**: EMBRACE (1987) Dischord, DIS 24 • Guy **Piciotto** mit **Rites Of Spring**: SPRING (1985) Dischord, DIS 16 • Guy **Piciotto** mit **Insurrection**: INSURRECTION (1988) Peaceville, VILE 009

Fugs

John Anderson (b, voc), Tuli Kupferberg (perc, voc), Vinny Leary (g, voc), Ed Sanders (voc, perc), Pete Stampfel (g, harm, voc), Ken Weaver (dr, voc), Steve Weber (g, voc)

Die Gruppe mit dem herausfordernden Namen **Fugs** war eine Alternative für das Publikum, dem Frank →Zappas **Mothers Of Invention** zu brav und harmlos waren. Die **Fugs** waren mehr Poeten als Musiker. Sie machten sich daran, die nordamerikanische Rockmusik von allen Tabus zu befreien. Sie sangen über Drogen und Sex, kritisierten die Politik ihrer Regierung und zogen gegen das US-Engagement in Vietnam zu Felde. Musikalisch boten sie eher Skurriles und Dilettantisches und griffen auf allerlei ungewöhnliche, zumeist akustische Instrumente zurück.
Die »perversen Spät-Beatnik-Dichter« und »Comic-Satiriker der Hippie-Ära« (*Rolling Stone*) wurden als Geheimtip

des US-Undergrounds gehandelt und geradezu kultartig verehrt. Ihre Bühnenshow mobilisierte für drei Jahre die Rockfans von der Ost- bis zur Westküste der Vereinigten Staaten. Die **Fugs** kamen nur selten nach Europa, wo ihre Platten zu Raritätenpreisen gehandelt wurden.

Die Poeten Tuli Kupferberg (Naphtali Kupferberg, *28. 9. 1928, New York), Ed Sanders (*17. 8. 1939, Kansas City) und der Texaner Ken Weaver bildeten 1965 im New Yorker Künstlerviertel Greenwich Village den kreativen Kern der **Fugs**. Gemeinsam mit Steve Weber von den → **Holy Modal Rounders** und dem Gitarristen Vinny Leary nahmen sie für das Jazz- und Avantgarde-Label ESP Records 1965 das FIRST ALBUM auf. Countryfragmente und harter, spröder Lower Eastside-Rock bildeten den Rahmen für »dekadente, vulgäre und ausschweifende« (*New Musical Express*) Verbalattakken. Der Sound der **Fugs** produzierte zwar keine Bestseller, erlangte aber einen legendären Ruf als »perfekte Mixtur aus Blasphemie, Politik und Rock« (*Rolling Stone*). Die Band zog mit einem klapprigen VW-Bus durch die USA, agitierte gegen die Vietnampolitik des Landes und fand, in Kalifornien angekommen, schnell Zutritt zu den großen Rockpalästen in Los Angeles und San Francisco.

Die Besetzung der **Fugs** änderte sich mehrmals. 1966 kehrten Weber und der bei VIRGIN FUGS aktive Pete Stampfel zu den **Holy Modal Rounders** zurück und wurden bei der erfolgreichsten LP THE FUGS (US #65) durch Lee Crabtree (p, ce, perc) und Pete Kearney (g) ersetzt. Sie blieben nur für ein Album, und da auch Anderson und Leary ausschieden, waren an TENDERNESS JUNCTION (US #75) mit Charles Larkey (b), Ken Pine (g, harm, org, voc), Gregory Corso (harm) und Dan Kootch (g, vi, perc, voc) vier Neulinge beteiligt. Kootch war der später begehrte Studiomusiker und Produzent Danny Kortchmar. Stargast der Platte war der von den **Fugs** verehrte Dichter Allen Ginsberg.

Die **Fugs** galten nach wie vor als Attraktion am Off Broadway in New York und im Avalon in L.A. Kootch und Corso verließen die Gruppe 1968. Neu bei IT CRAWLED INTO MY HAND, HONEST war Drummer Bob Mason, der bei der »herrlichen Parodie auf die amerikanische Lebensart« (*Crawdaddy*) debütierte. GOLDEN FILTH, ebenfalls 1968, faßte einige packende Live-Momente der **Fugs** aus dem Fillmore East zusammen. 1969 verabschiedeten sich die **Fugs** vorläufig mit dem Album THE BELLE OF AVENUE A in der Besetzung Kupferberg, Sanders, Pine, Mason, Weaver, Bill Wolf (b), Jim Pepper (fl) und Dan Hamburg (g). Noch einmal präsentierten sie fröhlich-bösen Comic-Pop, der schon ein bißchen antiquiert wirkte.

Kupferberg, der im übrigen 1966 eine kaum bemerkte Soloplatte herausgebracht hatte, veröffentlichte Cartoons in Underground-Medien, arbeitete als Journalist und schrieb das Buch »1001 Ways To Make Love«. Sanders, der den Prozeß gegen Charles Manson als Beobachter verfolgt hatte, beschrieb dies in seinem Bestseller »The Family«. 1970/71 brachte er zwei Alben heraus und präsentierte 1979 ein extravagantes Rocktheater in Woodstock. Weaver ließ sich als Wissenschaftler in Texas nieder. Larkey spielte in verschiedenen Bands, bevor er ständiger Begleiter von Carole → King wurde.

1980 reformierten Kupferberg und Sanders die **Fugs** für einige Auftritte und das

1984 erschienene Live-Album REFUSE TO BE BURNT OUT. Die Band überraschte mit perfekten Harmoniechören im Stil von →**Crosby, Stills & Nash** und flottem Folkrock. Bei dem aufwendig gestalteten Konzeptwerk STAR PEACE gehörten neben Sanders und Kupferberg, Steven Taylor (voc, g, syn), Coby Batty (voc, dr, perc), Scott Petito (b, g, syn) und drei Chorsänger zur Band. Das gleiche Team trat 1994 beim zweiten Woodstock Festival auf und verabschiedete sich mit dem Album FUGS FINALE endgültig.

FIRST ALBUM (1965) Ace 2966–74119 • VIRGIN FUGS (1965) Ace 2966–74121 • THE FUGS (1966) ESP 1028 • TENDERNESS JUNCTION (1967) Reprise 6280 • IT CRAWLED INTO MY HAND, HONEST (1968) Reprise 6305 • GOLDEN FILTH (1968) Reprise 6396 • THE BELLE OF AVENUE A (1969) Reprise 6359 • REFUSE TO BE BURNT OUT (1984) Ace 2966–74139 • NO MORE SLAVERY (1986) Ace 2966–74145 • STAR PEACE (A MUSICAL DRAMA IN 3 ACTS) (1987) New Rose, SPV 87–4236 • SONGS FROM A PORTABLE FOREST (1991) Gazell • FUGS FINALE (1994) Fantasy • (S) FUGS 4. ROUNDERS SCORE (1975) ESP 2018 • (S) LIVE FROM THE 60's (1969) Ace 125 • Tuli **Kupferberg**: NO DEPOSIT, NO RETURN (1966) ESP 1035 • TULI AND FRIENDS (1989) Shimmy Disc • Ed **Sanders**: BEER CANS TO THE MOON (1970) Reprise 2105 • SANDERS TRUCKSTOP (1971) Reprise 6374 • Charles **Larkey** mit **City**: NOW THAT EVERYTHING'S BEEN SAID (1969) Ode 44012 • Charles **Larkey** mit **Jo Mama**: JO MAMA (1971) Atlantic, SD-8269 • J IS FOR JUMP (1971) Atlantic, SD-8288 • Charles **Larkey** mit **Elephant**: ELEPHANT (1973) Capitol, SMAS 11154 • Ken **Pine** mit **Quinaimes Band**: QUINAIMES BAND (1971) Elektra, EKS 74096

Lowell Fulson

Lowell Fulson war einer der anerkanntesten Bluesmusiker nach dem Zweiten Weltkrieg. Er wurde fünfmal mit dem W. C. Handy Award ausgezeichnet und 1993 in die Rhythm and Blues Hall of Fame aufgenommen. Elvis →Presley, Sam →Cooke, Otis →Redding, Carla Thomas, Bobby →Bland, Freddie →King und Leon →Russell übernahmen seine Kompositionen, von denen ›Tramp‹ in der Version von Otis Redding und Carla Thomas den größten Erfolg hatte.

Lowell Fulson wurde am 31. 3. 1921 in Tulsa, Oklahoma, als Sohn eines Cherokee-Indianers geboren. Sein Großvater war Geiger, seine Mutter spielte Gitarre. Folkbluesmusiker wie Blind Lemon →Jefferson beeinflußten den Autodidakten, der in Atoka und Coalgate aufwuchs. In den 30er Jahren wurde er Mitglied bei **Dan Wright's String Band** und lernte bei dem Countrybluessänger Texas Alexander. 1941 trat er seine Militärzeit bei der Navy an. Er trat im Südpazifik vor Soldaten auf. 1945 kam Fulson zurück nach Oklahoma, zog aber bald darauf an die Westküste.

Gemeinsam mit seinem 1959 verstorbenen Bruder Martin Fulson formierte er eine Bluesband und machte mit ›Black Widow Spider Blues‹ seine erste Aufnahme, der weitere für kleine Labels wie Downtown und Trilon Records folgten. 1949/50 arbeitete Lowell Fulson mit dem Pianisten Ivory Joe Hunter, Sänger Big Joe →Turner und dem Gitarristen Pee Wee Crayton zusammen. Das Interesse an seinem zeitgemäßen, rauhen und unprätentiös vorgetragenen Blues wuchs mit seiner Interpretation von ›Every Day I Have The Blues‹ von →Memphis Slim.

Fulson tourte in den 50er Jahren mit **Hot Lips Page** und Clifton → Chenier. Er engagierte den Newcomer Ray → Charles als Nachfolger von Lloyd Glenn für seine Band. 1960 heiratete er die Witwe von → Guitar Slim. 1961 wirkte er in der Filmdokumentation »The Blues« mit. Er nahm längerfristige Engagements in Oakland, New York und Birmingham, Alabama, an. Ab Mitte der 60er Jahre realisierte der »erfolgreichste und einflußreichste Bluesmann der kalifornischen Szene« (*Blues Forum*) ziemlich regelmäßig vorbildliche Alben. Mit den Singles ›Black Night‹ (US #91), ›Tramp‹ (US #52) und ›Make A Little Love‹ (US #97) kam er in die Popcharts.
Jazzmusiker wie Stanley Turrentine und David ›Fathead‹ Newman suchten seine Partnerschaft, und auch B. B. → King übernahm zwei seiner Songs. 1969 bereiste Lowell Fulson erstmals Europa, trat im Jahr darauf beim Ann Arbor Blues Festival auf und veröffentlichte 1972 drei LPs bei drei verschiedenen Plattenfirmen. Bereits in früheren Jahren gab es gleichzeitig Veröffentlichungen unter dem Pseudonym Tulsa Red und als Lowell Fulson.
Fulson wurde inzwischen kultartig verehrt und galt als einer der Bluesmusiker, der den Kontakt zu jüngeren Musikern suchte und seinen Sound immer wieder an aktuellen Strömungen ausrichtete. In den 80er Jahren gelangen ihm seine besten LP-Produktionen mit einem »fast lethargischen urbanen Blues, der das gelassene Lebensgefühl des Südens gut kultiviert« (*Musik Express*).
Bei HOLD ON unterstützte 1992 Jimmy McCracklin, ein alter Freund und Mitstreiter, das immer noch makellose Gitarrenspiel von Lowell Fulson. Auch mit 71 Jahren war er in der Lage, einen unvergleichlich rockigen Blues anzustimmen, bei dem er von Blechbläsern oder einem Soulchor unterstützt wurde oder sich auf Pianobegleitung beschränkte.

TRAMP (1965) Kent • SOUL (1967) Kent • NOW (1969) United • ON A HEAVY BAG (1972) Polydor 2384038 • LET'S GO GET STONED (1972) Kent 558 • I DON'T KNOW MY MIND (1972) Bear Family, BFX 15279 • I'VE GOT THE BLUES (1973) Jewel • THE OL' BLUES SINGER (1975) Granite, IGO 2022 • LOWELL FULSON (1975) Arhoolie 19014 • HUNG DOWN HEAD (1977) Chess • LOVEMAKER (1978) Big Town • MAN OF MOTION (1982) Charly, CRB 1018 • ONE MORE BLUES (1984) Black & Blue 59724 • THINK TWICE BEFORE YOU SPEAK (1984) JSP 207 • IT'S A GOOD DAY (1987) Rounder 2088 • HOLD ON (1992) Bullseye, BB 9525 • THEM UPDATE BLUES (1995) Bullseye, BB 9558 • (S) HUNG DOWN HEAD (1961) Chess, CHD 9325 • (S) RECONSIDER BABY (1962) Checker, RTS 33028 • (S) SWINGIN' PARTY (1963) Chess, FC 090 • (S) SAN FRANCISCO BLUES (1968) Fontana, SFJL 920 • (S) LOWELL FULSON (1976) Chess 4052 • (S) BLUES MASTERS (1977) Chess • (S) THE BLUES GOT ME DOWN (1985) Diving Duck 4306

Richie Furay

Der »Countryrock-Veteran« (*Rolling Stone*) und Singer/Songwriter wurde am 9. 5. 1944 in Yellow Springs, Ohio, geboren. Als Achtjähriger begann er Gitarre zu spielen, und als Teenager sang er in verschiedenen lokalen Folkgruppen Songs von → **Peter, Paul & Mary** und dem **Kingston Trio**.
1965 traf Richie Furay in New York bei den **Au Go Go Singers** Stephen → Stills.

Gemeinsam mit Neil →Young bildeten sie den Kern von →**Buffalo Springfield**, die Pionierarbeit auf dem Gebiet des Country- und Folkrock leisteten. Furay war verantwortlich für die melodischen, balladesken Countrysongs. Für **Buffalo Springfield** schrieb er u.a. ›Kind Woman‹, angeblich der erste Rocksong, der von einer Pedal Steel-Guitar begleitet wurde.

25 Monate dauerte die Zusammenarbeit mit **Buffalo Springfield**, dann formierte Furay mit Jim Messina 1969 →**Poco**. Furay war Leadsänger und wichtigster Komponist der Westcoast/Countryrock-Band, die einige erfolgreiche Alben veröffentlichte.

1974 – Furay war inzwischen Superstar an der Westküste und Mitglied der Sessionelite – initiierte er mit John David →Souther und Chris →Hillman die **Souther-Hillman-Furay-Band**. Zu dem Sextett gehörten außerdem Paul Harris (key), Jim Gordon (dr) und Al Perkins (steel g). Es entstanden zwei erfolgreiche Alben und der Singlehit ›Fallin' In Love‹ (US #29) vom Spätsommer 1974.

Ein Angebot von Plattenboß David Geffen war 1976 ausschlaggebend für Furays Entscheidung, sich als Solist zu versuchen. Bill Schnee (Carly →Simon, Ringo →Starr) produzierte das Debüt mit einer Band, die aus John Mehler (dr), Tom Stipe (key, voc) und Jay Truax (b, voc) bestand. IVE GOT A REASON (US #53) kam bei Popanhängern gut an, Rockfans mußte der übertriebene Streichereinsatz verschrecken, und bei einzelnen Kritikern war von »Substanzlosigkeit« (*Rolling Stone*) zu lesen.

Fast zwei Jahre beschränkte der gläubige Christ seine musikalischen Aktivitäten auf ein Gastspiel bei einer Produktion von Thomas Jefferson Kaye. Er stellte seine Band um und kehrte im Frühjahr 1978 auf DANCE A LITTLE LIGHT seine Rockambitionen stärker heraus. Neben Mehler hatte Furay Billy Batstone (b, voc), Virgil Beckham (g, voc) und Gabriel Katona (key) engagiert. Beckham hatte eine LP mit **6680 Lexington** aufgenommen, und Katona spielte für Rick →Springfield, →**Rare Earth** und die →**Dillards**.

Furay setzte den eingeschlagenen Weg mit der Unterstützung von Randy Meisner, Russ Kunkel und Souther fort. Doch mehr als der mittlere Single-Erfolg ›I Still Have A Dream‹ (US #49) gelang ihm nicht, und die gleichnamige LP fand kaum Interessenten. Sein letzter erfolgloser Versuch war das Album SEASONS OF CHANGE. 1983 kehrte Richie Furay zu **Poco** zurück, trieb 1989 deren Comeback mit dem Album LEGACY voran und blieb dort bis 1993.

I'VE GOT A REASON (1976) Asylum 53043 • DANCE A LITTLE LIGHT (1978) Asylum 53074 • I STILL HAVE DREAMS (1981) Asylum, 6E-213 • SEASONS OF CHANGE (1982) • Mit **Souther-Hillman-Furay-Band**: THE SOUTHER-HILLMAN-FURAY-BAND (1974) Asylum 53004 • TROUBLE IN PARADISE (1975) Asylum 53013 • Virgil **Beckham** mit **6680 Lexington**: 6680 LEXINGTON (?) MGM 4783 • Virgil **Beckham** mit **Big Foot**: BIG FOOT (1980) Winre 1004 • Gabriel **Katona** mit **Buckeye**: BUCKEYE (1979) Polydor, PD 6213

Fuzztones

Michael Jay (b), Deb O'Nair (org), Michael Phillips (dr), Elan Portnoy (g), Rudi Protrudi (voc, g)

Anfang der 80er Jahre wurden in New York die **Fuzztones** gegründet, eine Band, die vom Psychedelic-Punk der späten 60er nahezu besessen war und als Vorreiter des Psychopunk-Revivals sehr schnell eine begeisterte Anhängerschaft hatte. Die Gruppe bestand von 1983 bis 1985 aus dem »rätselhaften und dunklen Frontmann« (*Guinness*) Rudi Protrudi, zuvor bei **Tina Peel** und **Devil Dogs**, Deb O'Nair, ebenfalls von **Tina Peel**, Elan Portnoy, Michael Jay (Michael Jabbawabitz) und Ira Elliot (dr).

Protrudi und die Keyboarderin O'Nair waren seit 1976 kreativer Mittelpunkt von **Tina Peel**, einem lockeren Bandkollektiv aus Harrisburg, Pennsylvania, das es mit »Bubblegum-Punk verstand, die Archies mit den Sex Pistols zu vermengen« (Rudi Portrudi). Tatsächlich »quakte es billig schillernd und boshaft scharlatanisch aus den Rillen« (*Tip*). Zu einer der **Tina Peel**-Besetzungen gehörte auch die spätere **Bongwater**-Sängerin Ann Magnuson.

Die MC Extra Kicks enthielt ›Fifi Goes Pop‹, einen der besten »Gassenhauer der Rockgeschichte« (*Trouser Press*). Ab 1980 spielten Protrudi und O'Nair sowohl bei **Tina Peel** (bis zu deren Auflösung 1982) als auch bei den **Fuzztones**. Danach traten sie in verschiedenen Clubs an der Ostküste auf.

Die ersten Studioaufnahmen absolvierten die »wüsten Schocker« (*Musik Express*) 1983. Ihr Debüt erschien 1984 als Live-Mini-Album Leave Your Mind At Home und »kombinierte brüchige Garagen-Gitarren-Riffs mit einer definitiven Verbindung zu den Cramps« (*Guinness*).

Die wunderbare 85er-Studioproduktion Lysergic Emanations erschien auf dem Independent-Label ABC Records und wurde als »weniger offen und direkt, eher abgedriftet in Richtung Acid-Rock« (*Guinness*), empfunden. Unverdünnter Garagenrock der 60er Jahre erinnerte an Bands wie die → **Seeds**, → **Chocolate Watch Band**, **? And The Mysterians**, → **Standells**, **Shadows Of Night** sowie an die frühen → **Yardbirds** und → **Animals**: »Alles sehr klar und übersichtlich und ohne exzessive Auswüchse produziert« (*Trouser Press*).

Die **Fuzztones** spielten als Vorgruppe der → **Damned**-Tournee Phantasmagorie und gastierten auf einem Festival in Frankreich zusammen mit → **Clash**, → **Depeche Mode** und → **Midnight Oil** vor 20000 Menschen. Nach dieser Tournee wurde Elliot durch Michael Phillips von **Polyrock** ersetzt. Er gestaltete den lauten, rohen Gitarrensound der Singles ›She's Wicked‹ und ›Bad News Travel Fast‹ von 1985 bzw. 1986 mit.

1986 realisierten die **Fuzztones** gemeinsam mit dem legendären Rhythm &Blues-Veteran Screamin' Jay → Hawkins eine gelungene Live-LP, die der Rock- und Blues-Tradition der 60er Jahre verpflichtet war und die Hawkins-Klassiker ›I Put A Spell On You‹ und ›Constipation Blues‹ enthielt. Auf dem Mitschnitt Leave Your Mind wirkten sie dagegen gelangweilt, »spielten sich wie Schlafwandler durch den Set« (*Trouser Press*). Protrudi löste daraufhin die vor allem in Europa beliebten **Fuzztones** auf. Er widmete sich zunächst den **Jaymen**, einem wenig erfolgreichen Instrumentaltrio, das sich an dem Sound von Link

→ Wray orientierte. Protrudi entschloß sich daraufhin im April 1988, mit Jordan Tarlow (g), John Carlucci (b), Mike Czekaj (dr, voc) und Jason Savall (irg, voc) zu einer Westcoast-Ausgabe der **Fuzztones**. Die psychedelischen Zitate kreuzten sich nun mit einem »moddrigen Biker-Rock im Stil von Steppenwolf« (*Trouser Press*). Gastsänger war Ian Astbury von → **Cult**.

Astbury vermittelte die Band 1989 an das britische Label Situation Two Records, das die LP IN HEAT veröffentlichte, bei der »die einst pure, wenn auch streckenweise enervierende Spielfreude musikalischer Professionalität gewichen ist, mit der die rüden Garagen-Sounds auf der Strecke bleiben« (*Musik Express*). Neben neueren Songs enthielt das Album Stücke wie ›It Came In The Mail‹ und ›Me Tarzan, You Jane‹, die aus der Anfangsphase der Gruppe stammten. Bei dem Titel ›Cheyenne Rider‹ sorgten Keith Forsey und Billy → Idol als Harley Davidson-Fahrer für den notwendigen Motorradsound.

Nach zwei EPs stellten die **Fuzztones** 1991 BRAINDROPS fertig. Zuvor mußte Protrudi die Band auf fast allen Positionen neu besetzen, nur Czekaj blieb dabei. Die neuen Mitglieder hießen Chris Harlock (b), Phil Arriagada (g) und Jake Cavaliere (org). Neben Eigenkompositionen coverte das Quintett Songs von → **Love**, → **Music Machine** und den → **Doors** und ließ sich dabei von Originalmusikern unterstützen, u. a. von Arthur Lee (**Love**) und Sean Bonniwell (**Music Machine**). Der *Musik Express* schrieb »Die Fuzztones stecken mit ihrem Trash'N'Roll tief in den 60er Jahren. Wer den manischen Psycho-Garagen-Sound von gestern schätzt, ist mit dieser LP bestens bedient.«

1994 meldeten sich **Link Protrudi And The Jaymen** wieder zurück. In der Besetzung Rudi ›Link‹ Protrudi, Dave Kroft (b), Andy Scott (dr) und Misty Lane (org) wurde die LP SEDUCTION veröffentlicht. Bei seiner Soloproduktion WHITE TRASH wurde Protrudi von Florida Slim (g, voc), Chaz Smith (steel-g), Steve Neal (b, fiddle) und Byron Reynolds (dr) begleitet.

LEAVE YOUR MIND AT HOME – LIVE (1984) Mini-LP Midnight, MIRLP 105 • LYSERGIC EMANATIONS (1984) ABC, ABCLP 4 • LIVE IN EUROPE (1987) Music Maniac, MM 006 • IN HEAT (1989) Situation Two, SPV 08–3023 • BRAINDROPS (1991) Music Maniac, MMLP 044 • LYSERGIC EJACULATIONS (1994) Music Maniac, RTD 3690052 • (S) CREATURES THAT TIME FORGOT (1989) Music Maniac, MMLP 020 • (S) TEEN TRASH VOL. 4 (1993) Rough Trade, RTD 3698004 • **Fuzztones** mit Screamin' Jay **Hawkins**: LIVE (1986) Midnight, MIRLP 114 • Rudi **Protrudi** als **Link Protrudi And The Jaymen**: DRIVE IT HOME (1987) Music Maniac • MISSING LINKS (1989) Skyclad • HIT AND RUN (1989) Music Maniac, MMLP 022 • SLOW GRIND (1990) Rough Trade, RTD 3690033 • DRIVE IT LIVE (1992) Rough Trade, RTD 6220038 • SEDUCTION (1994) Rough Trade, RTD 3690053 • Rudi **Protrudi**: WHITE TRASH (1994) Rough Trade, RTD 3690069

Galaxie 500

Damon Krukowski (dr, perc), Michael Dean Wareham (voc, g), Naomi Yang (b, voc)

Benannt nach dem zukunftsweisenden Modell ›Galaxie 500 Hard Top‹, das 1966/67 vom Automobilhersteller Ford ausschließlich für den US-Markt hergestellt wurde, vermutet man zunächst, die Band hänge auch musikalisch vergangenen Zeiten nach. Im Fall von Galaxie 500 liegt man mit dieser Annahme richtig und falsch zugleich (*Pressetext*). Die Band wählte diesen Namen, weil sie »wie der Name einer One-Hit-Wonder-Discotruppe der späten 70er Jahre klingt« (Michael Wareham).
Damon Krukowski (*6. 9. 1963, New York) und Michael Wareham (*1. 8. 1963, Wellington, Neuseeland) waren zu Beginn der 80er Jahre Ausgangspunkt für **Galaxie 500**, bis sich ihnen Krukowskis Freundin Naomi Yang anschloß. Das Trio zog nach dem Schulabschluß nach Boston, nannte sich **Speedy & The Castenets** und spielte Musik von den britischen →**Clash** nach.
Boston und seine zahlreichen Auftrittsmöglichkeiten erwiesen sich als günstiges Pflaster für die Band, die nun unter dem Namen **Galaxie 500** eine interessante Alternative zu Metal- und Hardrockbands bot. Die erste Single vom Juli 1988 hieß ›Tugboat‹ und erschien bei Aurora Records. Thurston Moore von →**Sonic Youth** und Francis Black von den →**Pixies** förderten die Newcomer, die innerhalb von 18 Stunden unter der Regie von Mark Kramer (**Shockabilly, Bongwater**) das Album TODAY aufnahmen. Bei den Kritikern stieß das Debüt auf helle Begeisterung, die es als »eine Sammlung wunderbarer Songs« (brit. *Sounds*), »inspiriert von der Vergangenheit und in voller Kenntnis der Zukunft« (*Melody Maker*) bezeichneten.
Wieder in New York ansässig, verblüfften **Galaxie 500** mit schleppenden Rhythmen, hypnotischen Gesängen und puritanisch inszeniertem Rock'n'Roll, der Erinnerungen an →**Velvet Underground** weckte. Kramer produzierte auch das zweite Album ON FIRE, das im Herbst 1989 auf den Markt kam. **Galaxie 500** klangen altmodisch und fortschrittlich zugleich und entwickelten »Lautmalereien wie spätimpressionistische Gemälde« (*Network Press*), die sich aus sparsamem Schlagzeug, klaren Gitarrenthemen, melodischen Baßläufen und entrücktem Gesang zusammensetzten.
»Die Überbringer des wunderbaren Lärms« (brit. *Sounds*) starteten in die 90er Jahre mit der EP ›Blue Thunder‹, die Coverversionen von →**Joy Division** (›Ceremony‹) und →**Red Crayola** (›Victory Garden‹) enthielt und durch »Charme, Exotik, Idealismus« (*Hifi Vision*) auffiel. Im Sommer 1990 traten **Galaxie 500** in Deutschland beim Bizarre Festival auf, das eines ihrer letzten Konzerte sein sollte. Es folgten die EP ›4th Of July‹ mit einer »überwältigenden Version« (*Time Out*) des **Velvet Underground**-Titels ›Here She Comes‹ und das Album THIS IS OUR MUSIC, das Parallelen zum »Lowtech-Sound der Feelies« (*Trouser Press*) aufwies.
Im Frühjahr 1991 verließ Wareham **Galaxie 500**, um seine Solopläne zu verwirklichen. Er konnte Ex-→**Chills** Justin Harwood (b) und Stanley Demeski von den →**Feelies** für sein Unternehmen **Luna** gewinnen. Fred Maher (Lou →Reed) überwachte die Aufnahmen des Albums

LUNAPARK, das mit »einem unwiderstehlichen Gitarrenpop« (*Time Out*) aufwartete. **Luna** tourten im Vorprogramm der reformierten **Velvet Underground** und verstärkten sich vor Beginn der Sessions zum zweiten Album mit dem Gitarristen Sean Eden. BEWITCHED profitierte 1994 von schlichten Melodien, einer eindringlichen, dezenten Rhythmik und seltsamen Geräuschen.

Das 95er **Luna**-Album PENTHOUSE wurde von Mario Salvati und Pat McCarthy produziert. Letzterer hatte schon bei Gruppen wie → **R.E.M.**, → **Counting Crows** und → **Hole** gute Arbeit abgeliefert. Als Gastmusiker wirkte Tom Verlaine von → **Television** mit. Für den 1996 veröffentlichten Soundtrack zum Film »I Shot Andy Warhol« bearbeiteten **Luna** den → Donovan-Klassiker ›Season Of The Witch‹. Darüber hinaus kümmerte sich Wareham 1992 um seine Solo-EP ›Anaesthesia‹ und die Produktion der EP ›Car Wash Hair‹ der Experimental-Band → **Mercury Rev**.

Krukowski und Yang taten sich mit anderen Musikern aus Boston zusammen, um die Gruppe **Pierre Etoile** zu gründen. Nach der 91er EP ›In The Sun‹ beschlossen sie, als **Damon & Naomi** weiterzuarbeiten. Im Herbst debütierten sie mit MORE SAD SONGS und klangen »wärmer und eleganter als Galaxie 500« (*Rough Guide*). 1994 veröffentlichten Damon Krukowski und Naomi Yang unter dem Namen **Magic Hour** das Album NO EXCESS IS ABSURD, unterstützt von Wayne Rogers (g) und Kate Biggar (g).

Das im Sommer 1997 veröffentlichte Album COPENHAGEN war 1990 in der dänischen Hauptstadt aufgenommen worden, als **Galaxie 500** eine Europatour absolvierten.

TODAY (1988) Aurora, AU 002 • ON FIRE (1989) Rough Trade, RTD 208 0340 • THIS IS OUR MUSIC (1990) Rough Trade, RTD 101 1190 • COPENHAGEN (1997) Rykodisc • Dean **Wareham** mit **Luna**: LUNAPARK (1992) Elektra 7559–61360 • BEWITCHED (1994) Elektra 7559–61617 • PENTHOUSE (1995) Elektra 7559–61807 • Damon **Krukowski** und Naomi **Yang** als **Damon & Naomi**: MORE SAD SONGS (1992) Shimmy Disc, SHIMMY 058 • WONDROUS WORLD OF DAMON & NAOMI (1995) Sub 322 • Damon **Krukowski** und Naomi **Yang** mit **Magic Hour**: NO EXCESS IS ABSURD (1994) Twisted Village, TWI-1031

Game Theory

Nancy Becker (key), Fred Juhos (b), Michael Irwin (dr), Scott Miller (g, voc, syn)

»Die propere, leicht psychedelische Popband« (*Trouser Press*) gehörte zur US-Collegerockszene, von Scott Miller 1981 in Sacramento, Kalifornien, gegründet, brachte auf eigene Rechnung das ziemlich dürftige Album BLAZE OF GLORY heraus. 1983 folgte die EP ›Pointed Accounts Of People You Know‹, die an die flirrenden Gitarren der → **Byrds** und die metallische Trägheit der → **Stooges** erinnerte.

Die EP ›Distortion‹, bei der »der Funke trotz guter Ideen nicht überspringen wollte« (*Time Out*), und die LP DEAD CENTER erschienen 1984. Als Schlagzeuger war Dave Gill dabei. Vor allem die britische Musikpresse reagierte positiv auf die intellektuelle Gitarren/Keyboards Konzeption und erklärte sie zur »besten, von der Industrie unentdeckten Band« (*New Musical Express*).

»Zackige Gitarren, drohende Perkussion und lärmende Soundtricks« (*Trouser Press*) bestimmten 1985 den Kurs des zweiten offiziellen Albums REAL NIGHTTIME. Da der Erfolg ausblieb, löste Miller **Game Theory** auf. Er zog nach San Francisco und erhielt kurze Zeit später ein Angebot von Enigma Records. Miller reformierte **Game Theory** kurzerhand mit neuen Musikern, um auf THE BIG SHOT CHRONICLES einen aggressiven, kraftvollen Pop zu realisieren, der allein auf seinen Ideen basierte.
Bei dem streckenweise ungewohnt bizarren, aber sehr ambitionierten Doppelalbum LOLITA MOON spielten **Game Theory** in der Besetzung Miller, Donnette Thayer (voc, g), Guillaume Gassuan (b), Shelley La Freniere (key) und Gil Ray (dr). Donnette Thayer leitete zuvor als Gitarristin die Rockband **Veil** aus Sacramento. Der *Musik Express* kommentierte das Erscheinen von LOLITA MOON 1987: »Sehr sauber, sehr mild-psychedelisch und sehr verspielt klingen die Kalifornier auf ihrem neuesten Werk. Miller begibt sich dabei mit seinem Falsett-Gesang auf ein surreales Märchenwaldterrain, wo alles ein bißchen zu verträumt und zu zerbrechlich tönt. Folk-Rock im Barock-Sound-Gewand« (*Musik Express*).
In der gleichen Besetzung erschien 1988 TWO STEPS FROM THE MIDDLE AGES. Das Album »läutete eine Rückkehr zur Power Pop-Basis ein« (*Trouser Press*) und erwies sich als eine etwas nostalgische, »eingängige Mixtur aus Seventies-Pop und Gitarrenrock der 80er« (*Guinness*). **Game Theory** hatten sich als feste Größe bei den College Radios etabliert, aber ihr angenehmer, intelligenter Sound hatte in den Charts keine Chancen. Und so verkündete Miller erneut das Ende seiner Gruppe. Der Sampler TINKER TO EVERS TO CHANCE faßte 1990 die wichtigsten Songs von **Game Theory** zusammen.
Thayer gründete anschließend gemeinsam mit Steve Kilbey von →**Church** die Band **Hex**. Miller kümmerte sich um sein psychedelisches Projekt **Loud Family**, nachdem er zuvor noch mit Michael Quercio von **Three O'Clock**, dem Schlagzeuger Joe Becker von →**Thin White Rope**) und Gil Ray, der an die Keyboards wechselte, sporadisch als **Game Theory** aufgetreten war.

BLAZE OF GLORY (1982) Alias 48 • DEAD CENTER (1984) Lolita 503 • REAL NIGHTTIME (1985) Alias 047 • THE BIG SHOT CHRONICLES (1986) Enigma 3210 • LOLITA MOON (1987) Enigma 3280 • TWO STEPS FROM THE MIDDLE AGES (1988) Enigma 73350 • (S) TINKER TO EVERS TO CHANCE (1990) Enigma 209413 • (S) DISTORTION OF GLORY (1993) Alias 048 • Scott **Miller** mit **Loud Family**: PLANTS AND BIRDS AND ROCKS AND THINGS (1993) Alias 033 • Donnette **Thayer** mit **Veil**: 1000 DREAMS HAVE TOLD ME (1984) Plastic Medium • Donnette **Thayer** mit **Hex**: HEX (1989) Demon, FIEND 156 • VAST HALOS (1990) Rykodisc, RYKO 10186 • SOUNDTRACK TO GLOBAL CHAOS (1993) Ninja Tunes, ZENCD 004 • DIGITAL LOVE (1993) Ninja Tunes, ZENCD 007 • ANTISTATIC (1994) Ninja Tunes, TONECD 001

Gang Green

Brian Betzger (dr), Fritz Ericson (g), Chris Doherty (g, voc), Joe Gittleman (b)

Gang Green, »Bostons größter Beitrag zum Skate Punk-Genre« (*Trouser Press*), ging auf eine Initiative des Gitarristen

Chris Doherty zurück. Ursprünglich als Trio mit Doherty, Bill Manley (b) und Mike Dean (dr) gegründet, startete die Band mit der Single ›This Is Boston Not L. A.‹. Im Februar 1984 mußte Doherty, der zwischenzeitlich bei **Jerry's Kids** ausgeholfen hatte, **Gang Green** umbesetzen. Manley ging ans College zurück, und Dean wechselte zu **USMC**. Walter Gustafson (dr), Chuck (g) und Glen Stilphen (b, voc) gingen mit Doherty auf eine ausgedehnte US-Tour und veröffentlichten die Single ›Alcohol‹.

Im September 1985 ersetzte Brian Betzger von **Jerry's Kids** den inzwischen abgewanderten Gustafson, der u. a. bei den **Nervous Eaters** und **Iron Sausage** wieder auftauchte. Die »exzellente Punkband« (*Trouser Press*) bestätigte ihren guten Ruf 1986 mit dem Album ANOTHER WASTED NIGHT. Der schreiende Gesang erinnerte an Lemmy von → **Motörhead**, und die »blitzkriegartigen Soli von Chuck Stilphen« (*Time Out*) repräsentierten beste Punktradition der 70er Jahre. Chuck Stilphen überwarf sich jedoch mit Doherty und verließ **Gang Green** 1986. Sein Bruder Glen folgte ihm, und gemeinsam bildeten die Brüder mit dem Sänger Morgan Keating die Metal-Gruppe **Mallet-Head**.

Während **Gang Green** einige Monate pausierten, heiratete Doherty. Mit Joe Gittleman (b) und Tony Nicols (g) waren **Gang Green** im November 1986 wieder komplett. Nichols blieb allerdings nur bis zum April 1987 und rief dann **Meliah Rage** ins Leben. Sein Nachfolger wurde Fritz Ericson, und **Gang Green** hatten endlich eine einigermaßen beständige Formation gefunden. »Stringenter Midtempo-Punk« (brit. *Sounds*) zwischen »aggressiv bis beleidigend« (*Guinness*) dominierte 1987 das Album YOU GOT IT, das die Teenagerhymne ›L.D.S.B.‹ (Let's Drink Some Beer) enthielt. **Gang Green** tourten anschließend mit den → **Goo Goo Dolls** durch die USA und mit den → **Circle Jerks** durch Europa.

Der Titel des Mini-Albums I81B4U (›I Ate One Before You‹) war eine Anspielung auf → **Van Halens** LP OU812 (Oh, You Ate One Too). »Die mit Abstand beste Arbeit« (*Guinness*) wurde von Daniel Rey produziert, von Gegnern der Spätpunks aber als »metallisch und langweilig« (*Trouser Press*) bezeichnet. **Gang Green** tourten mit **D.R.I.** und machten 1989 mit dem Album OLDER … BUDWEISER einen beachtlichen Schritt nach vorn. Die »gealterten Veteranen« (*Trouser Press*) steuerten dank Ericsons frischer Punkgitarre und Dohertys rasantem Gesang in Richtung Speed Rock und Hard Metal.

Josh Pappe von **D.R.I.** ersetzte den im Herbst 1989 gefeuerten Gittleman, der bei den **Bosstones** unterkam. **Gang Green** tourten als Headliner durch Europa und ließen in London CAN'T LIVE WITHOUT IT mitschneiden: »der Sound war brillant, klar, dynamisch und atemlos« (brit. *Sounds*). Ericson kehrte im Mai 1990 der Musik den Rücken, und **Gang Green** arbeiteten daraufhin Mike Lucantonio ein. Pappe zog es Anfang 1991 nach New Mexico, wo er sich als Tischler niederließ, und Betzger eröffnete eine Poolbillard-Halle. Als neue Mitstreiter konnte Doherty Kevin Brooks (b, voc) und den Rückkehrer Gustafson gewinnen. Gustafson wurde aber bereits nach einem halben Jahr wieder von Betzger abgelöst. Für den 91er-Sampler KING OF BANDS nahmen **Gang Green** zwei neue Songs auf. Ende des Jahres begaben sie sich auf eine Abschiedstournee, die sie auch nach Deutschland führte.

ANOTHER WASTED NIGHT (1986) Taang! 34440 • YOU GOT IT (1987) SPV 7706 • I81B4U (1988) Mini-LP Roadrunner, RR 9500 • OLDER ... BUDWEISER (1989) Emergo, EM 9464 • CAN'T LIVE WITHOUT IT (1990) Roadrunner, RR 9380 • KING OF BANDS (1991) Roadrunner RR 9254 • ALCOHOL SESSIONS (?) Semaphore 20142 • Chris **Doherty** mit **Jerry's Kids**: IS THIS MY WORLD (1983) Funhouse, FH 12–001 • **Jerry's Kids**: KILL KILL KILL (1989) Taang!, T 027 • Chuck und Glen **Stilphen** mit **Mallet-Head**: MALLET-HEAD (1988) Frontier 4618 • YEAH YEAH YEAH (1990) Frontier 4624

Gap Band

Charles Wilson (voc, key, dr, perc), Robert Wilson (b, perc, voc), Ronnie Wilson (tp, flh, perc, p, voc)

Aus den Anfangsbuchstaben der drei Hauptstraßen (Greenwood, Archer, Pine) im Schwarzenviertel von Tulsa, Oklahoma, machten 1969 Ronnie Wilson, der älteste der drei Brüder, den Namen **Gap Band**. Die Wilsons blieben der Kern der Gruppe, die sich im Studio auf bis zu 20 Musiker verstärkte. Ab 1982 gelang ihnen mit mehreren Alben, die Millionenauflagen erreichten, der Sprung in die Spitzenklasse der Funk/Soul-Bewegung.

Die Wilson-Brüder, Cousins von Bootsy →Collins, sangen als Kinder im Kirchenchor ihres Vaters und lernten von ihrer Mutter, einer Pianistin, die ersten musikalischen Grundbegriffe. Zu Beginn der 70er Jahre machte die **Gap Band** mit einer eingängigen Mischung aus schwarzem R&B und weißem Pop die Clubs von Tulsa unsicher und wurde von Leon →Russell entdeckt, der sie für sein Label Shelter Records engagierte.

Die **Gap Band** begleitete zunächst Delaney Bramlett im Studio und heizte während einer US-Tournee die Show von Russell an. Doch die Zusammenarbeit mit ihm dauerte nicht lange, und nach dem Album MAGICIAN'S HOLIDAY spielten sie wieder in Clubs. Mit häufig wechselnder Band erprobte das Trio bis 1977 die Wirkung eines harten Streetfunk-Sounds, der gleichermaßen Anleihen bei der Black Music und weißer Rockmusik machte. 1977 erschien ihr zweiter erfolgloser LP-Versuch. Erst 1979 gelang der **Gap Band** der Durchbruch.

Die »Jazz-Techniken erinnerten an Cameo« (*Blues & Soul*) und der »höchst kompakte, geschmeidige Gruppensound« (*Musik Express*) war bestens für Diskotheken und Tanzbars geeignet. Im Sommer 1979 schafften die Wilsons mit GAP BAND (US #66) die erste Plazierung in den LP-Hitparaden. Von den folgenden durchnumerierten Alben erreichten einige Gold- und Platin-Auflagen. Am größten war die Nachfrage zwischen 1980 und 1983 nach GAP BAND II (US #43), IV (US #14) und V-JAMMIN (US #28) und den 82er Singles ›Early In The Morning‹ (US #31) und ›You Dropped A Bomb On Me‹ (US #31). In Europa erfreute sich das professionell inszenierte Funkentertainment zeitweise noch größerer Beliebtheit: Zwischen 1980 und 1984 waren hier ›Oops Upside Your Head‹ (GB #5), ›Party Lights‹ (GB #25), ›Burn Rubber On Me‹ (GB #19, D #24), ›Someday‹ (GB #16) und die LP GAP BAND III (GB #28) Hits.

Den Sprung in die absolute Popspitze schaffte die **Gap Band** jedoch nicht. Nach ihrer erfolgreichsten europäischen Single ›Big Fun‹ (GB #5, D#24) fiel die Gruppe 1987 in »ein kreatives Loch« (*Musik Express*) und bot nur noch Mainstream und Balladen mit Buffo-Charme. Die **Gap Band** überstrapazierte ihre bekannt fetten Grooves und zitierte sich ab VII (GB #47) selbst. Mit den Singles ›How Music Came About‹ (GB #61), ›I'm Gonna Git You Sucka‹ (GB #63) und der LP STRAIGHT FROM THE HEART (GB #63) erreichte sie nur mittelmäßige Chartsplazierungen.

Die einflußreichen »Allround-Entertainer der Black Music-Szene« (*New Musical Express*) hatten offensichtlich ihr Pulver verschossen. Ohne die **Gap Band** aufzugeben, verpflichtete sich Charles Wilson 1989 für eine zehntägige Tournee mit den →**Eurythmics** und begann seine Soloplatte vorzubereiten, die im August 1992 herauskam. Die **Gap Band** beendete die 80er Jahre mit dem schwachen Album ROUND TRIP.

Fünf Jahre nach der letzten Studioplatte brachten die Sampler BEST OF und TESTIMONY die **Gap Band** wieder ins Gespräch. Die Wilsons veröffentlichten daraufhin mit AIN'T NOTHIN' BUT A PARTY wieder neues Material, das sie anläßlich sogenannter Package-Tourneen, u. a. mit der **S.O.S. Band** und →**Kool & The Gang**, auch live präsentierten.

MAGICIAN'S HOLIDAY (1974) Shelter • THE GAP BAND (1977) RCA, FL 12168 • GAP BAND (1979) Mercury 911052 • GAP BAND II (1980) Mercury 911062 • GAP BAND III (1980) Mercury 822788 • IV (1982) Mercury 822794 • V – JAMMIN' (1983) Total Experience 812186 • VI (1984) Total Experience 5705 • VII (1985) Total Experience, FL 85714 • 8 (1986) Total Experience 89992 • STRAIGHT FROM THE HEART (1988) Tyx, TE 600101 • ROUND TRIP (1989) Capitol 790799 • AIN'T NOTHIN' BUT A PARTY (1995) Rhino • (S) GAP GOLD (1983) Total Experience 824343 • (S) BEST OF (1994) Mercury 824143 • (S) TESTIMONY (1994) Eastwest 812271665 • Charles **Wilson**: YOU TURN MY LIFE AROUND (1992) Bon Ami

Garbage

Duke Erikson (g, b, key), Shirley Manson (voc), Steve Marker (g), Butch Vig (dr)

Das Quartett aus dem US-Bundesstaat Wisconsin mit der schottischen Sängerin Shirley Manson provozierte die moderne Rockzene mit chaotisch wirkenden Samples und Loops, harten Gitarren und Gangsta-Rap. **Garbage** stammten zwar aus dem Umfeld der angesagten Grunge-Bands, hatten mit diesem Stil aber nichts zu tun.

Ausgangspunkt für die Gruppe war das Smart Studio, das von Marker und Vig in den 80er Jahren eingerichtet worden war, um mit ihren und Ericksons damals ständig wechselnden Bands Aufnahmen machen zu können. Das sprach sich in alternativen Rockkreisen schnell herum und führte zu Produktionen mit →**Killdozer**, den →**Smashing Pumpkins**, →**Sonic Youth** und vor allem →**Nirvana**, die das Demo zu ihrem bekanntesten Song ›Smells Like Teen Spirt‹ im Smart Studio realisierten.

Vig setzte sich zunächst als Produzent durch und betreute u. a. **Nirvanas** Megahitalbum NEVERMIND vom Herbst 1991. Wenn das Studio nicht ausgebucht war, nutzten es Vig, Marker und Erickson für eigene Projekte. Durch ein Video von **Angelfish** auf die Sängerin Shirley Manson aufmerksam geworden, entschlossen sie sich, eine Band zu gründen. Der

Name entstand bei der Produktion zahlloser Samples, die in Krach ausarteten und von Vig als ›Garbage‹ (Müll) bezeichnet wurden.
Heftige Gitarrenriffs, HipHop-Anleihen und Industrialelemente mischten sich auf dem Album GARBAGE, das im Sommer 1995 veröffentlicht wurde: »Nicht grungiges Gitarrengeschrammel dominiert die eingängigen Songs, sondern melodische Poparrangements der besonderen Art« (*Musik Express*).
1995/96 kamen **Garbage** mit ›Vow‹ (US #97), ›Subhuman‹ (GB #50), ›Only Happy When It Rains‹ (GB #29, US #55), ›Queer‹ (GB #13) und ›Stupid Girl‹ (GB #4) vor allem in die britischen Charts.
Im Frühjahr 1996 stellten **Garbage** ihr Album auch in Europa vor und bewiesen, daß sie auch live Qualitäten hatten.

GARBAGE (1995) RCA 74321 29597

Art Garfunkel

Art Garfunkel wurde am 5. 11. 1941 in Forest Hills, New York, geboren. Mit elf Jahren lernte der Chorsänger an der Schule in Queens seinen späteren langjährigen Partner Paul →Simon kennen. Sie bildeten das Duo **Tom & Jerry** und konnten Ende 1957 mit ›Hey! Schoolgirl‹ (US #54) einen kleineren Hit verbuchen. Daneben versuchte sich Garfunkel als Arty Garr glücklos im Sologeschäft. Simon nannte sich derweil Jerry Landis, komponierte mit Carole →King und produzierte **Tico & The Triumphs**. 1964 fand Garfunkel erneut Gefallen an Simons Folk-beeinflußten Songs: Als →**Simon & Garfunkel** avancierten sie zu einem der erfolgreichsten Duos der Popgeschichte.
Der stille, schüchterne Art Garfunkel hielt sich auch nach Millionenhits wie ›The Sounds Of Silence‹ stets im Hintergrund, überließ Simon die gesamte kreative Arbeit und gab nur selten Anregungen für die Songs. 1969 zeichnete sich erstmals eine Trennung des erfolgreichen Duos ab, da es Garfunkel zum Film zog. Er spielte in diesem Jahr in der Filmkomödie »Catch 22« und stand 1971 neben Jack Nicholson und Candice Bergen in »Carnal Knowledge« vor der Kamera. Bei beiden Filmen führte Mike Nichols Regie, für den **Simon & Garfunkel** den Soundtrack zu »The Graduate« (Die Reifeprüfung) schrieben. Zu dieser Filmmusik gehörte auch ›Scarborough Fair‹, die bis dahin erste nennenswerte Komposition von Art Garfunkel.
Aufgrund des orchestralen Aufwandes erhielt Garfunkels Debüt ANGEL CLARE (GB #18, US #4) im September 1973 nur mäßige Kritiken, verkaufte sich aber ausgezeichnet wie auch die Singleauskopplungen ›All I Know‹ (US #7) und ›I Shall Sing‹ (US #31, D #13). Garfunkel übernahm Songs von Van →Morrison (›I Shall Sing‹), Jimmy Webb (›All I Know‹) und Tim Moore (›Second Avenue‹). Anläßlich der Produktion von BREAKAWAY (GB #6, US #10), die Richard Perry überwachte, kam es im Studio beim Song ›My Little Town‹ zu einer kurzen Reunion von **Simon & Garfunkel**. Auf dem Album BREAKAWAY fand sich außerdem eine Neuaufnahme des **Flamingos**-Oldies ›I Only Have Eyes For You‹ (GB #1, US #17), mit dem Garfunkel die britischen Charts anführte. Dieses Kunststück wiederholte er im März 1979 mit ›Bright Eyes‹ (GB #1, D #3), dem Titelsong des Zeichentrickfilms »Water-

ship Down« nach dem Roman von Richard Adams. Dazwischen lagen die Veröffentlichung des ziemlich langweiligen Albums WATERMARK (GB #25, US #15), die Single ›(What A) Wonderful World‹ (US #16), die er mit Simon und James → Taylor einspielte, und eine 50 Städte-Tournee durch die USA.

Garfunkels süßlicher Balladenstil verkaufte sich gut, bekam aber keine guten Kritiken. Bei FATE FOR BREAKFAST (GB #3, US #71, D #6), produziert von Louie Shelton, gingen die Plattenverkäufe vor allem in den USA erheblich zurück. Das änderte sich auch 1981 nicht mit SCISSORS CUT. Wesentlich erfolgreicher gestaltete sich Garfunkels erneuter gemeinsamer Auftritt mit Paul Simon bei einem Konzert im New Yorker Central Park vor über 400000 Menschen. Mit ähnlichem Erfolg traten sie 1982 in Europa auf und absolvierten eine US-Konzertreise.

In den Charts tauchte Garfunkel erst wieder mit dem Sampler THE ART GARFUNKEL ALBUM (GB #12) Ende 1984 auf. Zwei Jahre später setzte er mit einer Rolle als Lehrer in »Good To Go« seine Laufbahn als Schauspieler fort. Gemeinsam mit Webb, Amy → Grant und dem London Symphony Orchestra realisierte er im Dezember 1986 das Projekt THE ANIMALS CHRISTMAS. Als Studiosänger unterstützte er in den 80er Jahren → Crosby, Stills & Nash, Christopher → Cross und Stephen → Bishop.

Eine Studiopause beendete der Solist Art Garfunkel 1988 mit LEFTY , seinem wohl schwächsten Album. Anschließend verzichtete er zunächst auf Solounternehmungen und folgte häufiger Einladungen, gemeinsam mit Paul Simon aufzutreten. 1990 sangen sie gemeinsam ›Bridge Over Troubled Water‹ bei ihrer Aufnahme in die Rock'n'Roll Hall of Fame und traten auf verschiedenen Benefizveranstaltungen auf.

Art Garfunkel schwankte immer zwischen seinen musikalischen und schauspielerischen Ambitionen. In dem umstrittenen Film »Boxing Helena« war er jedenfalls überzeugender als auf dem Album UP 'TIL NOW, das 1993 herauskam und aus neuen Songs und Überarbeitungen bestand.

1996 ließ Garfunkel ein Konzert in New York mitschneiden, das unter dem Titel ACROSS AMERICA erschien und seine bekanntesten und zwei neue Titel zusammenfaßte. Nach seinen Plänen befragt antwortete der 54jährige: »Ich habe viele Interessen – Bücher, Kunst, Musik, Filme. Zur Zeit konzentriere ich mich aber wieder auf die Musik.«

ANGEL CLARE (1973) CBS 69021 • BREAKAWAY (1975) CBS 86002 • WATERMARK (1978) CBS 86054 • FAT FOR BREAKFAST (1979) CBS 86090 • SCISSORS CUT (1981) CBS 85259 • LEFTY (1988) CBS 460694 • UP 'TIL NOW (1993) Columbia 474853 • ACROSS AMERICA (1996) Edel • SONGS FROM A PARENT TO A CHILD (1997) Columbia 488239 • (S) THE ART GARFUNKEL ALBUM (1984) CBS • (S) GARFUNKEL (1988) Columbia 463203 • (S) THE VERY BEST OF (1997) Edelton 364442 EDL • CBS 26704 • Mit Amy Grant: THE ANIMALS CHRISTMAS (1986) Columbia 26704

Marvin Gaye

Fast 20 Jahre war die Soulgeschichte – wie im übrigen auch der Aufstieg von Tamla Motown Records – mit dem Namen Marvin Gaye eng verknüpft. Er schrieb wunderschöne, zeitlose Lieder wie ›Inner City Blues‹ und ›Sexual Healing‹, glänzte als Sänger mit einem samtweichen Crooner-Tenor, der drei Oktaven umfaßte, und machte als erster Soulmusiker Konzeptalben wie WHAT'S GOING ON. Seine Karriere war auch von persönlichen Krisen geprägt, dem Scheitern seiner Beziehungen und Drogen- und Alkoholproblemen, die ihn zeitweise zu Pausen zwangen.

Am 1. 4. 1984 griff sein Vater nach einem heftigen Streit zur Waffe und verletzte Marvin Gaye tödlich.

Marvin Pentz Gay Jr. wurde am 2. 4. 1939 in Washington, DC, geboren und begann wie viele Soulgrößen im örtlichen Kirchenchor, den sein Vater, ein Prediger der Pfingstgemeinde, leitete. Als Achtjähriger trug er mit seinem Bruder Frankie Spirituals vor und interessierte sich für verschiedene Instrumente. Marvin Gay lernte Orgel, Klavier, Gitarre und Schlagzeug. Mit 16 Jahren trat er auf Wunsch seines Vaters in die US Air Force ein, aus der er nach zwei Jahren wieder entlassen wurde.

Wieder in Washington schloß er sich verschiedenen Street Corner-Bands an, gab ein Gastspiel bei Washingtons bester Vokalgruppe **Rainbows**, die Don → Covay leitete, und gründete Ende 1957 die Doo Wop-Formation **Marquees**. Von Bo → Diddley gefördert, entstand die Single ›Wyatt Earp‹.

Harvey Fuqua, der seine **Moonglows** aufgelöst hatte, holte die **Marquees** nach Louisville, Kentucky, um dann 1958 als **Harvey & The Moonglows** in den Clubs von Chicago aufzutreten. 1959 nahmen sie für Chess Records ›Almost Grown‹ auf. Wenig später trennten sich Fuqua und Gay von den **Moonglows** und gingen nach Detroit. Marvin Gay machte die Bekanntschaft von Anna Gordy, der Schwester des Motown-Gründers Berry Gordy, und fand so Zugang zur Studioszene von Tamla Motown Records. Er arbeitete als Chorsänger u. a. für **Mary Wells & The Marvellettes** und wurde für zwei Jahre Drummer bei den **Miracles**, der Gruppe von Smokey → Robinson. Im Mai 1961 heiratete Marvin Gaye die 17 Jahre ältere Anna Gordy. Fuqua hatte zuvor Annas Schwester Gwen geheiratet.

Wann genau Marvin Gaye seinen Nachnamen änderte, ist nicht bekannt. Die erste Single ›Let Your Conscience Be Your Guide‹ und das Debütalbum THE SOULFUL MOODS OF MARVIN GAYE blieben 1961 fast unbeachtet. Das änderte sich erst, als er mit dem Produzenten William ›Mickey‹ Stevenson, Ehemann der Sängerin Kim Weston, zusammenkam. Im Oktober 1962 trat Gaye mit der Motown Revue neben den → **Supremes**, Mary Wells und ›Little‹ Stevie → Wonder in San Francisco auf. Vier Wochen später ermöglichte ihm ›Stubborn Kind Of Fellow‹ (US #46) den ersten Top-50-Hit, der aus dem gleichnamigen Album ausgekoppelt wurde. Marvin Gaye setzte sich auf Anhieb als Soulmultitalent in Szene, dessen Songs ›Hitch Hike‹ (US #30) und ›Can I Get A Witness‹ (US #22)) ein wichtiges Kapitel des modernen Rhythm & Blues schrieben. Sie wurden u. a. von den → **Rolling Stones** gecovert.

Ab dem Sommer 1963 war das gefühlvolle, warme Timbre von Marvin Gaye aus den US-Hitlisten nicht mehr wegzudenken. In den nächsten 18 Monaten veröffentlichte er die Singles ›Pride And Joy‹ (US #10), ›You're A Wonderful One‹ (US #17), ›Try It Baby‹ (US #24), ›Baby Don't You Do It‹ (US #29), ›How Sweet It Is To Be Loved By You‹ (US #8), entdeckte im Frühjahr 1964 seine Vorliebe für Duette

und war als Komponist an Bestsellern wie ›Dancing In The Streets‹ (Martha Reeves & The Vandellas) beteiligt. Seine erste Partnerin wurde Mary Wells, mit der er unter Leitung von Berry Gordy das Album TOGETHER (US #56) aufnahm, aus dem ›Once Upon A Time‹ (US #25) und ›What's The Matter With You Baby‹ (US #29) ausgekoppelt wurden. Außerdem nahm er mit Kim Weston ›What Good Am I Without You‹ (US #76) auf.
1965 gelangen Gaye mit ›I'll Be Doggone‹ (US #11) und ›Ain't That Peculiar‹ (US #7) die ersten Millionenerfolge. Seine Alben konnten da noch nicht mithalten. Ende des Jahres würdigte er bei A TRIBUTE TO ... den großen Nat ›King‹ Cole und veröffentlichte fast zeitgleich Musicalmelodien auf HELLO BROADWAY.
Nach dem 67er Hit ›It Takes Two‹ (GB #16, US #19) mit Kim Weston kam er mit seiner Lieblingspartnerin zusammen: Tammi Terrell war eine ehemalige Medizin- und Psychologiestudentin aus Philadelphia und eine absolute Newcomerin auf der Soulszene.
Zwischen 1967 und 1969 brachten es Terrell und Gaye auf neun Hitsingles, darunter ›Ain't No Mountain High Enough‹ (US #19), ›Your Precious Love‹ (US #6) und ›Ain't Nothing Like The Real Thing‹ (US #7). Dazu kamen die Alben UNITED (US #51) und YOU'RE ALL I NEED (GB #19, US #47). Der Soulsolist Marvin Gaye bewährte sich in diesem Zeitraum mit überragenden Songs wie ›I Heard It Through The Grapevine‹ (GB #1, US #1), ›Too Busy Thinking About My Baby‹ (US #3, US #5), ›That's The Way Love Is‹ (US #12) und seine bis dahin erfolgreichste LP IN THE GROOVE (US #26) vom Dezember 1968.
Marvin Gaye war ein Meister anrührender Soulballaden, seine Ausdruckskraft beeindruckte die Popwelt nachhaltig. Doch durch den tragischen Tod von Tammi Terrell, die in seinen Armen auf der Bühne zusammenbrach und einige Monate später, am 16. 3. 1970, an den Folgen eines Gehirntumors verstarb, geriet Gaye in eine Krise. Er betäubte sich mit Alkohol und zog sich für fast zwölf Monate zurück. Die Plattenfirma überbrückte die Pause mit Singles wie ›The Onion Song‹ (GB #8, US #58), ›Abraham, Martin And John‹ (GB #7), ›The End Of Our Road‹ (US #30) und zwei Samplern.
Als Marvin Gaye in die Szene zurückkehrte, hatte er die eher konventionellen Soulsongs hinter sich gelassen. Das Konzeptalbum WHAT'S GOING ON (US #3) mit den Millionenhits ›What's Going On‹ (US #2), ›Mercy Mercy Me‹ (US #2) und ›Inner City Blues‹ (US #7) bescherte dem »Mann bewußt gelebter Gegensätze« (*Musik Express*) ein glanzvolles Comeback. Es handelte vom Gettoleben, von Arbeitslosigkeit und Drogenmißbrauch, kritisierte die Aufrüstung, predigte von Jesus Christus und galt als »bestes musikalisches Dokument der damaligen Lebensumstände der Schwarzen in den USA« (*Time*). Gaye ging es nach eigener Aussage um »den Anfang einer sozialen und musikalischen Revolution«. Er hatte als überzeugter Christ mit seiner Rolle als Superstar zunehmend Probleme und galt in den Medien als arrogant und wortkarg.
Nach dem Soundtrack TROUBLE MAN (US #4) gelang dem »Prediger und Propheten« (*Musik Express*) im Sommer 1973 ein weiteres Meisterwerk. Das »Love-and-Ball-Album« (*Sounds*) LET'S GET IT ON (GB #28, US #1) hatte nur ein Thema: Sex. Gaye zelebrierte locker groovenden Soul, den er sorgsam und detailfreudig arrangierte. Die Topsingles

waren ›Let's Get It On‹ (GB #24, US #1) und ›Come Get To This‹ (US #18). Im gleichen Jahr erschien in Zusammenarbeit mit Diana → Ross DIANA & MARVIN (GB #6, US #20) mit den Hits ›You're A Special Part Of Me‹ (US #17), ›My Mistake‹ (US 20) und dem Stylistics-Original ›You Are My Everything‹ (GB #6).

Marvin Gaye hatte den Höhepunkt seiner Karriere erreicht. Er wurde als der »weitsichtigste und stilistisch vielseitigste« (*Rolling Stone*) Soulsänger gerühmt. Da er sich selbst immer stärker unter Druck setzte und sein Kokainkonsum ständig stieg, unterzog sich Gaye einer Therapie. Seine Plattenfirma brachte 1974/75 einige Hitzusammenstellungen heraus sowie den Mitschnitt LIVE! aus dem kalifornischen Oakland, Gayes erstem Konzert seit fünf Jahren.

Der Musiker unterbrach seine Erholungsphase nur durch einige wenige Auftritte bei Benefizveranstaltungen und konnte Ende 1975 mit der Arbeit an einem neuen Album beginnen, das er nur widerwillig und auf Drängen seines Labels im Frühjahr 1976 fertigstellte. I WANT YOU (GB #29, US #6) setzte die Serie seiner inspirierten Black Music-Alben fort und enthielt mit dem Titelsong wieder einen US-Top-1-Hit. Die LP dokumentierte einmal mehr Gayes einzigartigen Gesang. Der *Rolling Stone* schrieb: »Das ist die sensibelste Musik, die je im Rock gemacht wurde.«

Im Frühjahr 1977 wurde Marvin Gaye von seiner ersten Frau Anna Gordy geschieden und heiratete im Oktober in New Orleans Janis Hunter. Kurz zuvor eroberte sein Doppelalbum LIVE AT THE LONDON PALLADIUM (US #1) den internationalen Markt. Es vermittelte eine mitreißende Atmosphäre, bot hypnotischen, weitläufig improvisierten Dance-Soul und machte den einzigen neuen Studiosong ›Got To Give It Up‹ (GB #6, US #1) in einer gekürzten Version zum Singlehit. Die außergewöhnlichen Erfolge führten 1978 zu einem neuen Plattenvertrag, der Gaye 600000 Dollar für die nächsten beiden LPs und eine Million für jede weitere garantierte.

Auf dem Doppelalbum HERE, MY DEAR (US #26) verarbeitete Gaye seine gescheiterte Ehe mit Anna Gordy, die ihre Unterhaltsforderungen per Gerichtsbeschluß durchgesetzt hatte. Vielleicht weil die Platte zu persönlich war, blieb sie hinter den Erwartungen weit zurück. Zudem brachten Rückstände in Höhe von 2 Millionen Dollar beim Finanzamt Marvin Gaye in ernsthafte wirtschaftliche Schwierigkeiten. Gaye mußte sein Studio verkaufen. Zudem trennte sich seine zweite Frau Janis von ihm. Deprimiert und erneut mit der Drogensucht kämpfend, ging er nach Hawaii, wo er eine Zeitlang in einem Wohnmobil lebte.

1979 nahm er mit Wonder, Robinson und Ross ›Pops We Love‹ zu Ehren des 90. Geburtstages von Berry Gordys Vater auf. Im September des Jahres sang er die Nationalhymne vor Beginn des Boxkampfes um die Schwergewichtsweltmeisterschaft zwischen Larry Holmes und Ernie Shavers. Im Juni 1980 tourte Gaye durch Europa, war Stargast beim Jazz Festival in Montreux und beendete die Tournee mit einem Wohltätigkeitskonzert unter der Schirmherrschaft von Prinzessin Margaret im Lakeside Country Club in der englischen Grafschaft Surrey.

In den USA eskalierte der Streit zwischen Labelchef Gordy und Gaye, der sich nicht länger Gordys Diktat beugen wollte. Sein Drogenkonsum geriet außer Kontrolle. Gaye verpaßte TV-Termine,

kam zu Aufnahmen zu spät oder gar nicht und ignorierte Mitteilungen seiner Manager. Gordy entließ daraufhin seinen unberechenbaren Star aus den laufenden Verträgen.
Das Album In Our Lifetime (GB #23, US #31) bereitete im Februar 1981 ein erneutes Comeback vor, das mit dem Wechsel von Motown zu CBS Records und der im November 1982 veröffentlichten Ausnahme-LP Midnight Love (GB #11, US #7, D #20) ein Erfolg wurde. Gaye, der zeitweise im belgischen Ostende lebte, begann die Aufnahmen in Los Angeles und schloß sie in London ab. Als »einer der wenigen Soulstars, die ein komplettes Werk zu schaffen vermögen« (*New Musical Express*), schuf er »eine Art Sensorround-Musik« (*Melody Maker*) mit überaus einfallsreichen Kompositionen, die afrikanische Elemente und insbesondere Reggae in den Vordergrund rückten. Überragender Song der LP war ›Sexual Healing‹ (GB #4, US #3, D #23). Gayes unterschwelliger, fast monotoner Rhythmus und sein magischer Gesang machten daraus eine Hymne auf die Erotik. Nach dieser Produktion, für die er im Februar 1983 einen Grammy bekam, absolvierte Marvin Gaye eine sehr erfolgreiche US-Tour. Gaye wirkte erholt, alles schien für ihn gut zu laufen. Im Februar berichtete die Pop- und Regenbogenpresse bereits von Spannungen zwischen Gaye und seinem Elternhaus, die ein paar Wochen später zur Katastrophe führten.
Mit Marvin Gaye verlor die Musikszene einen der wichtigsten Protagonisten der schwarzen Musik und des schwarzen Lebensgefühls. CBS Records brachte posthum zwei Platten heraus. Dream Of A Lifetime (GB #34, US #41) und Romantically Yours enthielten im wesentlichen unveröffentlichtes Material und Abfallprodukte der Midnight Love-Sessions. Motown Records würdigte einen seiner wichtigsten Interpreten mit verschiedenen Anthologien wie Motown Remembers mit unveröffentlichten Songs der Jahre 1964 bis 1972. Eine remixte Fassung von ›I Heard It Through The Grapevine‹ (GB #6, D #48) gelangte im Mai 1986 wieder in die Charts. 1997 brachte Motown Vulnerable mit hochkarätigen R&B-Balladen heraus, die Gaye zu seinen Lebzeiten nicht veröffentlichen wollte.
Nona Gaye, Tochter von Marvin, versuchte in den 90er Jahren in die Fußstapfen des Vaters zu treten, doch mehr als der Achtungserfolg ›I'm Overjoyed‹ (US #86) im Herbst 1992 wurde nicht daraus.

THE SOULFOOL MOODS OF MARVIN GAYE (1961 Motown 221 • STUBBORN KIND OF FELLOW (1962) Motown 530222 • LIVE ON STAGE (1963) Motown 242 • HOW SWEET IT IS TO BE LOVED BY YOU (1965) Motown 530215 • HELLO BROADWAY (1965) Motown 259 • A TRIBUTE TO THE GREAT NAT ›KING‹ COLE (1965) Motown 530054 • MOODS OF MARVIN GAYE (1966) Motown 530270 • TAKE TWO (19666) Motown 270 • YOU'RE ALL I NEED TO GET BY (1968) Motown 5142 • IN THE GROOVE (1968) Motown 530258 • M. P. G. (1969) Motown 530210 • THAT'S THE WAY LOVE IS (1969) Motown 530214 • WHAT'S GOING ON (1971) Motown 530022 • TROUBLE MAN (1973) Soundtrack Motown 530097 • LET'S GET IT ON (1973) Motown 530055 • LIVE! (1974) Motown 5181 • I WANT YOU (1976) Motown 530021 • LIVE AT THE LONDON PALLADIUM (1977) Motown 352 • HERE, MY DEAR (1979) Motown 530253 • IN OUR LIFETIME (1981) Motown 530274 • MIDNIGHT LOVE (1982) Columbia 85977 • ROMANTICALLY YOURS (1985) Columbia 463158 • (S) GREATEST HITS (1964) Motown 530012 • (S) GREATEST HITS VOL. 2 (1966) Motown, STML 11065 • (S) MARVIN GAYE AND HIS GIRLS (1969) Motown 293 • (S) SUPER HITS (1970) Motown • (S) ANTHOLOGY (1974) Motown 530181 • (S) EARLY YEARS (1980) Motown 9004 • (S) EVERY GREAT MOTOWN HIT (1983) • (S) GREATEST HITS (1983) • (S) DREAM OF A LIFETIME (1985) CBS 26744 • (S) MOTOWN REMEMBERS (1986) Motown, ZL 72426 • (S) LOVE SONGS (1987) Motown, WD 72213 • (S) SEEK AND YOU SHALL FIND (1993) Rhino 71182 • (S) MORE OF THE BEST (1994) • (S) THE MARVIN GAYE CLASSICS COLLECTION (1994) Motown 0320 • (S) THE NORMAN WHITFIELD SESSIONS (1994) Motown 530355 • (S) I WANT YOU (1994) Motown 530320 • (S) LOVE STARVED HEART: RARE AND UNRELEASED (1995) Motwon 530319 • (S) THE MASTER 1961–1984 (1995) Motown 530492) • (S) INNER CITY BLUES (1995) • (S) VULNERABLE (1997) Motown 530786 • Mit Mary **Wells**: TOGETHER (1964) Motown 613 • Mit Tammi **Terrell**: UNITED (1967) Motown 5200 • EASY (1969) Motown 5394 • (S) MARVIN GAYE AND TAMMI TERRELL'S GREATEST HITS (1970) Motown 302 • Mit Diana **Ross**: DIANA & MARVIN (1974) Motown 803

J. Geils Band

Stephen Jo Bladd (dr, voc), Magic Dick (harm), J. Geils (g), Seth Justman (p, org), Daniel Klein (b), Peter Wolf (voc)

Mit »der Sammlung von Blues-, Doo Wop- und R&B-Zitaten und dem ausreichend zeitgemäßen Pop-Know-How« (*Rolling Stone*) trat die Band als amerikanische Konkurrenz der →**Rolling Stones** an. Musikalisch konnte die **J. Geils Band** mit ihrer »Synthese der verschiedensten R&B-Variationen« (*Stereoplay*) tatsächlich gut mithalten, und Frontmann Peter Wolf hatte etwas von Mick Jagger an sich.

Die **J. Geils Band** hatte Substanz und zeigte mehrfach Ansätze, sich in der absoluten Rockelite zu etablieren. Nach einigen großartigen Alben in den 70er Jahren gaben sie aber ihre bluesige Schroffheit und Kompromißlosigkeit zugunsten eines »geschliffenen Mainstream-Rocks« (*Musik Express*) auf.

Die Gruppe formierte sich 1967 in Boston und nannte sich nach dem Leadgitarristen Jerome Geils (*20. 2. 1946, New York), unterwarf sich aber dem Diktat des Leadsängers, Texters und allgegenwärtigen Bandsprechers Peter Wolf (Peter Blankfield, *7. 3. 1946, New York). Wolf kam als 20jähriger nach Boston, moderierte als Woofuh Goofuh Musiksendungen bei WBCN und war Mitglied der **Hallucinations**, bei denen Stephen Jo Bladd (*13. 7. 1942, Boston) am Schlagzeug saß. Zu diesem Zeitpunkt spielte das Trio Geils, ›Magic Dick‹ Richard Salwitz (*13. 5. 1945. New London, Connecticut) und Daniel Klein (*23. 5. 1946, New York) als **J. Geils Blues Band** rein akustisches Material. Sie taten sich mit den **Hallucinations** zusammen, und 1969 vervollständigte Seth Justman (*27. 1. 1951, Washington, DC) das Sextett, das sechzehn Jahre zusammenblieb und sich zu einer eingespielten Rockband entwickelte.

Regelmäßige Auftritte, u. a. im Vorprogramm von →Dr. John, Clubtourneen, ein gutes Rock'n'Roll- und Blues-Repertoire, das anfangs Songs von Sam →Cooke, →Little Richard und Muddy →Waters umfaßte, und ein direkter Kontakt zum überwiegend studentischen Publikum machten die **J. Geils Band** zur gefragtesten Band in der Gegend von Boston.

Einen Teil des Repertoires ihres Debüts J. GEILS BAND borgten sich die bodenständigen Bluesrocker bei Albert →Collins, John Lee →Hooker und Otis →Rush. Die Platte verkaufte sich schlecht, verschaffte der Gruppe aber den Ruf der »hoffnungsvollsten neuen Band« (*Rolling Stone*). THE MORNING AFTER (US #49), 1971 von dem Produzenten Bill Szymczyk betreut, wurde als »der beste weiße Blues seit Paul Butterfield« (*Crawdaddy*) gerühmt und kam in die LP-Charts. Die Überarbeitung von ›Looking For A Love‹ von den **Valentinos** kam außerdem in die Top 30 bei den Singles. Der rohe, unverfälschte Großstadtsound fand jetzt landesweit Beachtung.
Die **J. Geils Band** trat beim letzten Konzert im New Yorker Fillmore East neben den →**Allman Brothers** und →**Beach Boys** auf und zählte im April 1972 zu den Attraktionen des Mar Y Sol Festivals in Puerto Rico. Von der Bühnenstärke der Band konnten sich Plattenkäufer Ende des Jahres dank des Mitschnitts LIVE – FULL HOUSE (US #32) überzeugen. 1974 tourte die **J. Geils Band** im Vorprogramm von →**Emerson, Lake & Palmer** zum ersten Mal durch Europa und stellte dabei ihre bis dahin erfolgreichste, »scharf rockende« (*Sounds*) LP BLOODSHOT (US #9) vor. Sie enthielt die Reggae-beeinflußte Single ›Give It To Me‹ (US #22) und wurde mit Gold ausgezeichnet. Der **J. Geils Band** schien der Durchbruch gelungen.
Auf LADIES INVITED (US #25) gaben die sechs Musiker ihre R&B-Basis auf und profilierten sich als straighte Rockformation. Bis 1977 »reifte die Band wie 12jähriger Wiskey« (*Creem*) und füllte mit »treibend und brillant gespieltem Blues« (*Cashbox*) die größten Rockarenen der USA. Die Alben NIGHTMARES ... (US #24), HOT LINE (US #31) und die Single ›Must Of Got Lost‹ (US #20) brachten mit Ausnahme des Live-Doppelalbums BLOW YOUR FACE OUT (US #90) gute Plattenumsätze. Trotz zustimmender Kritiken schafften sie aber nicht den Aufstieg in die Rockspitze.
Im Tournee- und Konzertgeschäft zählten die sechs Musiker, allen voran der charismatische, seit 7. 8. 1974 mit der englischen Filmschauspielerin Faye Dunaway verheiratete Bühnenderwisch Peter Wolf, zur ersten Garnitur. Um die Plattenverkäufe anzukurbeln, entschied sich die **J. Geils Band** zu einer radikalen Kursänderung und setzte im Sommer 1977 bei MONKEY ISLAND (US #51) auf biederen Pop-Bombast und wenig originellen Mainstream-Rock.
SANCTUARY (US #47) und die Single ›One Last Kiss‹ (US #45) sorgten 1979 für einen wirtschaftlichen Aufschwung. Die Band besann sich auf ihre Rock- und Blues-Wurzeln und bot nun einen Hard'n'Heavy-Stil. Die **J. Geils Band** war wieder im Gespräch. Im selben Jahr wurden sie für den renommierten Rockpalast vom Westdeutschen Rundfunk gebucht und traten als Special Guests als Anheizer der **Rolling Stones** eine Europatournee an.
Mit der Überzeugung, »den eigenen Rock'n'Roll-Stil gefunden zu haben« (Peter Wolf), präsentierte die **J. Geils Band** 1980 auf einer Tour durch Nordamerika, Europa und Japan das Album LOVE STINKS (US #21) mit den Mittelklasse-Hits ›Comeback‹ (US #34), ›Love Stinks‹ (US #43) und ›Just Can't Wait‹ (US #81). Die Aufgabe des Produzenten hatte inzwischen Sethman übernommen, der gemeinsam mit Wolf alle Songs schrieb.
Die **J. Geils Band** erntete für ihren

grundsoliden Rockvortrag weltweit Anerkennung, verzichtete jedoch zugunsten griffiger Radioformate auf Innovationen und stilistische Risiken. Den größten Erfolg landeten sie 1982 mit ihrem einzigen Platinalbum FREEZE-FRAME (GB #13, US #1, D #13) und dem Tophit ›Centerfold‹ (GB #4, US #1, D #13). Die Bandleistung wurde als »unglaublich geschlossen und ausbalanciert« (*Melody Maker*) gelobt. Auch die Single ›Freeze-Frame‹ (GB #27, US #4, D #29) erreichte Top-5-Niveau.

Die ständigen Querelen zwischen Wolf und dem Rest der Band stoppten 1983 den Höhenflug. Nach dem mittelprächtigen Mitschnitt SHOWTIME! (US #23) aus dem Pine Knob Music Theatre in Clarkston, Michigan, und der Auskoppelung des Songs ›I Do‹ (US #24) verließ Wolf schließlich die **J. Geils Band**, um Solopläne zu verfolgen.

Ohne Wolf raffte sich die **J. Geils Band** im Herbst 1984 zu ihrem letzten Album YOU'RE GETTIN' EVEN WHILE I'M GETTIN' ODD (US #80) auf. Der *Musik Express* kommentierte: »Piano und Synthi mag Justman spielen können, aber mit der Stimmakrobatik übernimmt er sich. Sie hat nicht die Ausdruckskraft und Frechheit seines Vorgängers. Und auch bei den Kompositionen stürzte sich der Tastendrücker wohl etwas blindlings in Hitparaden-Richtung.«

1987 war die **J. Geils Band** schon Geschichte. Justman gastierte auf einer LP von Debbie Harry, während sich Geils und Magic Dick 1992 auf ihre gemeinsame Bluesleidenschaft besannen und zwei Alben mit dem Projekt **Bluestime** verwirklichten. Sie entwickelten außerdem eine besondere Form von Mundharmonika, die die Möglichkeiten des Instruments erweiterte.

Als Solist sicherte sich Peter Wolf 1984 mit der LP LIGHTS OUT (US #24) und der gleichnamigen Single (US #12) einen Platz unter den führenden Rockentertainern des Landes. COME AS YOU ARE (US #53) von 1987 fiel dagegen stark ab. Nur der Titelsong (US #15) konnte seinen guten Ruf retten. Doch als 1990 auch UP NO GOOD durchfiel, konzentrierte sich Wolf auf seine zweite Leidenschaft – die Malerei.

In den nächsten fünf Jahren fand er als Maler Anerkennung. Im Sommer 1996 verbuchte er mit LONG LINE ein Comeback. Er bewies, daß er noch immer zur Elite der weißen R&B-Shouter gehörte, und konnte mit seiner Stimme die dürftigen Songs von LONG LINE veredeln. Der inzwischen 50jährige Sänger produzierte das Album in Eigenregie und wurde von einer Band, bestehend aus Johnny A. (g), Stu Kimball (g, org), Brian Maes (key), Tim Archibald (b) und David Stefanelli (dr, perc), begleitet.

J. GEILS BAND (1970) Atlantic 7567–82806 • THE MORNING AFTER (1971) Atlantic 7567–82807 • FULL HOUSE – LIVE (1972) Atlantic 7567–82803 • BLOODSHOT (1973) Atlantic 7567–82801 • LADIES INVITED (1973) Atlantic 40536 • NIGHTMARES ... AND OTHER TALES FROM THE VINYL JUNGLE (1974) Atlantic 7567–82805 • HOT LINE (1975) Atlantic 7567–82173 • LIVE – BLOW YOUR FACE OUT (1976) Atlantic 60115 • MONKEY ISLAND (1977) Atlantic 7567–82804 • SANCTUARY (1978) EMI 8649460 • LOVE STINKS (1980) EMI 064–86071 • FREEZE FRAME (1981) EMI 8708181 • SHOWTIME! (1982) EMI 064–402144 • YOU'RE GETTIN' EVEN WHILE I'M GETTING ODD (1984) EMI 064–240240 • (S) BEST OF (1980) Atlantic 50609 • (S) FLASHBACK (1987) EMI 746551 • (S) HOUSEPARTY – THE ANTHOLOGY (1993) Rhino 71164 • **Magic Dick** und Jay

Geils als Bluestime: BLUESTIME (1994) Rounder 3134 • LITTLE CAR BLUES (1996) Rounder 3141 • Peter Wolf: LIGHTS OUT (1984) EMI 746046 • COME AS YOU ARE (1987) EMI 46563 • UP NO GOOD (1990) MCA, MCD 06349 • LONG LINE (1996) WEA 9362–46199

Georgia Satellites

Dan Baird (voc, g), Mauro Magellan (dr), Rick Price (b), Rick Richards (g, voc)

Der Start der Georgia Satellites 1979 in Atlanta, Georgia, war alles andere als verheißungsvoll. Dan Baird (*12. 12. 1953), der die meisten Songs schrieb, und sein langjähriger Freund Rick Richards (*30. 3. 1954) bevorzugten einen urwüchsigen, kraftvollen, Boogie-beeinflußten Südstaatenrock, der zu dieser Zeit gegenüber Punk, New Wave und den im Trend liegenden Synthi/Techno-Popgruppen kaum eine Chance hatte. Sie bildeten mit dem Drummer Randy Delay und dem Bassisten Keith Christopher die Urformation der Band, die sich Keith & The Satellites nannte. Der schnelle Abschied von Christopher, der durch Ex-Babe Ruth Dave Hewitt ersetzt wurde, zwang die Band 1981 zu einer Namensänderung.

Das Quartett tingelte durch den US-Süden und bemühte sich einige Jahre erfolglos um eine Plattenfirma. Auch ein 1983 aufgenommenes Demoband fand zunächst keinen Interessenten, und so trennten sich die Wege der Satellites. Baird ging nach North Carolina und schloß sich den Woodpeckers an, aus denen die Woods entstanden. Seine Kollegen von den Satellites versuchten sich in verschiedenen Rock'n'Roll-Formationen, Hewitt wirkte bei Plattenaufnahmen des Duos Whitford-St. Holmes mit.

Der Roadmanager der Satellites, Kevin Jennings, wollte nicht aufgeben und fand schließlich Ende 1984 in Großbritannien ein unabhängiges Label, das den von Jeff Glixman (→Kansas, →Saxon) produzierten Kraftrock veröffentlichen wollte. Die sechs Titel des Demos erschienen 1985 unter dem Titel KEEP THE FAITH. Die Veröffentlichung veranlaßte Baird seine Gruppe als Georgia Satellites mit Richards, dem einstigen Brains-Bassisten Rick Price (*15. 8. 1951), und Drummer Mauro Magellan zu reaktivieren. Das Quartett spielte einige Gigs in London, und die positiven Reaktionen veranlaßten es, in Nashville, Tennessee, wiederum mit Glixman als Produzenten einen neuen Anlauf zu wagen.

Im Frühjahr 1986 unterschrieben die Georgia Satellites einen Plattenvertrag und brachten sechs Monate später ihr erstes offizielles Album THE GEORGIA SATELLITES (GB #26, US #5) heraus, das zu einem unerwarteten Verkaufsschlager wurde. Als Single wählte die Band ›Keep Your Hands To Yourself‹ (GB #69, US #2) aus. Der Song war in einer älteren Fassung auch auf KEEP THE FAITH. Unbeschwert und schnörkellos näherten sich die Georgia Satellites Blues- und Southernrock-Traditionen, die sie gründlich und heavy überholten und in einen »lockenden Adrenalin-Stoß« (*Sounds*) verwandelten.

Die Georgia Satellites stürmten die Charts und waren mitverantwortlich für ein Revival des Southernrocks im Stil der →Allman Brothers und →Molly Hatchet. Ihre fulminante Bühnenshow

verschaffte den beinharten Rockern Tourneejobs bei Bob →Seger, Tom →Petty und →**Lynyrd Skynyrd**. OPEN ALL NIGHT (GB #39, US #77) vom Sommer 1988 war in kommerzieller Hinsicht ein Rückschlag. Gewohnt handfest, manchmal bluesig-melancholisch und dann wieder im besten →**Little Feat**-Groove zeigten sich die **Satellites** vielseitig, ließen aber Eigenständigkeit vermissen.
Die kernige, aber inzwischen glatte »Mixtur aus Rock'n'Roll, Rhythm & Blues, Boogie und Southernrock« (*Metal Hammer*) verschwand mit IN THE LAND OF SALVATION AND SIN aus den Charts. Mit einer Neufassung des Beatklassikers ›Hippy Hippy Shake‹ (GB #63, US #45) für den Soundtrack des Kinohits »Cocktail« kamen die **Georgia Satellites** im Oktober 1988 noch einmal ins Gespräch. Die Band bestand bis 1991, dazu Baird: »Offiziell haben sich die Georgia Satellites eigentlich nie aufgelöst, aber für mich war einfach die Zeit gekommen, um etwas Neues zu machen.«
Rick Price spielte auf Alben von →Webb Wilder und Paul Westerberg (→**Replacements**), während Baird als rauhbeiniger Singer / Songwriter den Alleingang wagte. Sein 92er-Album enthielt den Hit ›I Loved You Period‹ (US #26). 1995 unterstützte Dan Baird den Powerpop-Rocker Terry Anderson aus North Carolina. Mit seinem zweiten Soloalbum BUFFALO NICKEL weckte er im Frühjahr 1996 Erinnerungen an die **Georgia Satellites**: »erdige Rhythm & Blues-Songs, trockene Rockhymnen und einfühlsame Balladen« (*Musik Express*). Baird wurde von seinen Ex-Kollegen Keith Christopher und Mauro Magellan unterstützt, Produzent war Brendan O'Brian (→**Pearl Jam**).
Das Erscheinen des Samplers LET IT ROCK ermutigte Richards, der zuletzt bei **Izzy Stradlin & The Ju Ju Hounds** gespielt hatte, und Price 1993 zu einer Neuauflage der **Georgia Satellites** mit den bis dahin unbekannten Musikern Joey Huffman (key) und Billy Pitts (dr).

KEEP THE FAITH (1985) Making Waves 301 • GEORGIA SATELLITES (1986) Elektra 7559-60496 • OPEN ALL NIGHT (1988) Elektra 7559-60793 • IN THE LAND OF SALVATION AND SIN (1989) Elektra 7599-60887 • GREATEST AND LATEST (1996) Koch, CMCD 92010 • (S) LET IT ROCK (1993) Elektra 2493 • Dan **Baird**: LOVE SONGS FOR THE HEARING IMPAIRED (1992) American 74321 26999 • BUFFALO NICKEL (1996) American 74321 29517 • Dan **Baird** mit **Woods**: IT'S LIKE THIS (1987) Demon 842 318 • Rick **Price** mit **Brains**: BRAINS (1980) Mercury 6337 103 • ELECTRIC EDEN (1981)

Lisa Germano

Die im US-Bundesstaat Indiana geborene Lisa Germano begann als Siebenjährige mit dem Geigenunterricht. Ihre Eltern waren als klassische Musiker ausgebildet: »Es war ein Gesetz in unserer Familie, daß sich meine Eltern, meine sechs Geschwister und ich jeden Abend um sieben Uhr im Musikzimmer versammelten. Sie lehrten uns Selbstdisziplin, indem wir ein Instrument zu lernen hatten. Ich wollte die Geige und sie sagten: Du spielst das, bis du 18 Jahre alt bist, und dann kannst du tun, was du willst« (Lisa Germano).
Lisa gründete mit einem ihrer Brüder eine Band, die aber völlig unbeachtet blieb. Danach machte sie sich als Geige-

rin in der Begleitgruppe von John Cougar → Mellencamp einen Namen. In dieser Zeit begann sie eigene Lieder zu schreiben, die meist von gescheiterten Beziehungen handelten und dennoch »aufmunternd, ermutigend und sogar witzig wirkten« (*Melody Maker*). Neben ihrer Arbeit für Mellencamp spielte Lisa Germano auf Alben von den **Bellamy Brothers**, → **Simple Minds**, **Indigo Girls**, → **U 2**, Peter → Maffay, Bob → Seger, Iggy → Pop und → **Giant Sand**.
1991 erhielt sie die Gelegenheit, ihr Debüt ON THE WAY DOWN FROM THE MOON PALACE aufzunehmen, das sie unter dem eigens dafür eingerichteten Label Major Bill Records veröffentlichte. Die positive Resonanz machte Capitol Records aufmerksam. ON THE WAY ... wurde wiederveröffentlicht, doch zuvor erschien das zweite Album HAPPINESS in der klassischen Singer/Songwriter-Tradition.
Ivo Watts-Russell holte Lisa Germano zu 4 AD Records: »Ivo mochte meine Musik, sagte mir mehr Unterstützung und größere musikalische Freiheit zu« (Lisa Germano). HAPPINESS erschien im Frühjahr 1994 bei 4 AD in einer neuen Version. Die Songabfolge wurde ebenso wie das Cover geändert, einige Titel wurden remixt, und zwei Bonus-Tracks kamen hinzu.
Auf GEEK THE GIRL sang Lisa Germano über den Mißbrauch von Kindern, Vergewaltigung und nächtliche Verfolgungen und schuf »eine Konzept-LP aus einer typisch weiblichen Perspektive« (*New Musical Express*). Germanos Eigenwilligkeit unterstrich 1996 das Album EXCERPTS FROM A LOVE CIRCUS.
Anfang 1997 konzipierte Germano zusammen mit Howe Gelb von → **Giant Sand** ein Projekt namens **OP8** (steht für Opiat). Neben Germano engagierte Gelb Joey Burns und John Convertino. Nach vielen Gesprächen und einigen Studioproben nahm das Quartett in Tuscon, Arizona, das Album SLUSH auf. Für einige Mixes assistierte Germanos Produzent Paul Mahern. Heraus kam eine »wunderbare Kombination von Giant Sand und Lisa Germano« (*Time Out*).

ON THE WAY DOWN FROM THE MOON PALACE (1991) Major Bill, Semaphore 27207 • HAPPINESS (1993) 4 AD, RTD 1201716.12 • INCONSIDERATE BITCH (1994) 4 AD, CAD 4002 • GEEK THE GIRL (1994) 4 AD, RTD 1201959 • EXCERPTS FROM A LOVE CIRCUS (1996) 4 AD, RTD 1202037 • Mit **OP8**: SLUSH (1997) Rough Trade 7070033

Giant Sand

Paula Jean Brown (b, voc), Joe Burns (b, voc), John Convertino (dr), Howe Gelb (g, p, b, voc), Indiosa Patsy Jean (voc)

Der Gitarrist, Pianist und Sänger Howe Gelb verließ Ende der 70er Jahre seine Heimatstadt in Pennsylvania und zog nach Tucson, Arizona. Er gründete die **Giant Sandworms**, mit denen er die EP ›Will Wallow And Roam After The Ruin‹ aufnahm. Fünf Jahre war das Quartett mit Billy Sed (dr) von den **Pedestrians**, Dave Seger (b) und Rainer Ptacek (g) fester Bestandteil der Clubszene von Tucson, dann benannte Mastermind Howe Gelb die Gruppe in **Giant Sand** um und spielte mit zwei sich abwechselnden Schlagzeugern, dem Bassi-

sten Scott Garber und Stargast Chris Cacavas (p) von → **Green On Red** den »schmutzigen Southwestern-Rock« (*Trouser Press*) von VALLEY OF THE RAIN ein.
Gelbs enthusiastischer Gesang, spröde Arrangements, gute Kompositionen und sauberer Roots-Rock markierten den Sound von **Giant Sand**, deren Besetzung sich ständig änderte. Beim zweiten Album BALLAD OF A THIN LINE MAN kam Paula Jean Brown als Verstärkung. Ein an Neil → Young erinnernder elektrischer Gitarrensound, akustische Erholungspausen, lärmiger Gitarrenrock und die Harmonie zwischen Gelb und Brown prägten das LP-Repertoire, zu dem ein Cover der Johnny Thunders-Komposition ›You Can't Put Your Arms Around A Memory‹ gehörte. Als Studiomusiker konnte der → **Leaving Trains**-Sänger Falling James gewonnen werden.
Auf STORM war Gelbs Freundin Paula Brown von der Gitarre zum Baß gewechselt, weil Garber »die Einzelgänger aus der Arizona-Wüste« (brit. *Sounds*) verlassen hatte. Neu dabei waren der Pedal Steel-Gitarrist Neil Harry und Schlagzeuger Tom Larkins, der seine Mitgliedschaft bei → **Naked Prey** aber nicht aufgab. Gelb erinnerte gesanglich an Lou → Reed, und »Storm« war »wirklich keine locker rockende Neo-Westcoast-Platte oder irgendwas populäres irgendeiner Art« (*Spex*). Die Musik von **Giant Sand** klang so trocken und dürr wie die kalifornische Mojave-Wüste und ebnete den Weg für die Roots Rock-Bewegung, die in den 90er Jahren die US-Szene bereicherte. Ab 1989 zählte John Convertino zur ständigen Besetzung von **Giant Sand**, die unterstützt von Cacavas, Juliana Hatfield von den → **Blake Babies**, Steve Wynn von → **Dream Syndicate** und Falling James, die »strikt emotionalen Strukturen« (*Trouser Prtess*) von LONG STEM RANT veröffentlichten.
Seit 1985 leistete sich Gelb mit **Band Of Blacky Ranchette** ein zweites Projekt, mit dem er seine Country & Western-Ambitionen realisierte, wenig originell die Ideen von Hank Williams und Jimmie Rodgers aufarbeitete und modernen City-Blues pflegte.
Das 88er-Album THE LOVE SONGS produzierte Gelb zusammen mit Chris Cacavas. Vorher hatte Gelb umfassende Änderungen in der Besetzung vorgenommen. Anstelle von Larkins saß Convertino hinterm Schlagzeug, Steel-Gitarrist Harry hatte ebenfalls die Gruppe verlassen. Cacavas war nicht nur als Produzent, sondern auch als ständiger Keyboarder tätig. THE LOVE SONGS war die LP »mit der größten Konsistenz« (*Trouser Press*). »Es dürfte klar sein, daß wir es hier mit einem Album der außergewöhnlichen Kategorie zu tun haben« (*Musik Express*). Das Album enthielt u. a. gelungene Coverversionen von ›Wearing The Robes Of Bible Black‹ (**Sir Douglas Quintet**), ›Get Ready‹ (→ **Rare Earth**) und die Leiber / Stoller-Komposition ›Is That All There Is?‹.
Gelb und Convertino bildeten von 1990 an den kreativen Kern von **Giant Sand**, die im März des Jahres mit Ex-**Dream Syndicate** Mark Walton (dr) auf Europatournee gingen. »Verzerrte Feedbacks und verträumte Fingerpicks zwischen schwüler Romantik und bitterböser Anarchie« (*Musik Express*) waren das Markenzeichen von Gelb. Auf RAMP, Ende 1991 erschienen, brachen er und seine Ehefrau Paula Jean Brown mit allen US-Musiktraditionen.

Mit Grunge-Lärm, an →**Velvet Underground** erinnernden düsteren Visionen und Anklängen an Neil Young hatten sich **Giant Sand** eine vielversprechende Nische zwischen der Aggressivität von →**Pearl Jam** und der Melancholie von →**Nirvana** erobert. Gelb scheute sich auch nicht, mit Westernswing zu experimentieren, integrierte wüste Gitarren und setzte auf bitterböse Texte.

Gelb stellte **Giant Sand** auch in den 90er Jahren häufig um, ohne seinen wüsten Sound eingängigen Songs mit Chartschancen zu opfern. Damit hatten sie kommerziell nicht viel Erfolg, es verhalf ihnen aber zu einer unumstrittenen Stellung als Vertreter des Alternative Rock.

Auf der 92er-LP CENTER OF THE UNIVERSE präsentierte sich **Giant Sand** als Quintett mit Gelb, Convertino, Burns, Brown und Cacavas. Als Gäste waren Sue Cowsill (voc), Vicki Peterson (voc), Victoria Williams (voc), Gary Eden (b) u. a. zu hören. »Die Essenz aus fabelhaftem Lärm Marke **Velvet Underground** und Neil Young, verbunden mit einer tiefen Verbeugung vor Bob →**Dylan** und Zitaten von Chopin bis Hank Williams, ist berauschend wie immer« (*Musik Express*).

Geradezu avantgardistisch klang dagegen 1993 PURGE AND SLOUGH: »Gelbs Songwriting ist erneut alles andere als leicht verdaulich, aber zumindest unterhaltsam und weit entfernt von den intellektuellen Klimmzügen vergleichbar freigeistiger Lärmpoeten« (*Musik Sounds*).

Die LP THE SHADOW OF YOUR SMILE der **Friends Of Dean Martinez** wurde mit etlichen ehemaligen **Giant Sand**-Mitgliedern, John Convertino (vib, perc), Joey Burns (g, b) und Tom Larkins (perc), aufgenommen: Neben Coverversionen waren auch sehr schöne Eigenkompositionen zu hören, die »tiefes Verständnis für die musikalische Kultur des Südwestens der USA verrieten« (*Music Week*).

Giant Sand erinnerten 1994 auf GLUM an den exzentrischen Rock-Glamour und die dröhnenden Gitarren von →**Crazy Horse**. Gelbs Gruppe präsentierte sich in bester Form und bestand aus Brown, Cacavas, Mark Walton (b), Lisa →Germano, Peter Visser (g), Victoria Williams (voc) und Ex- →**dB's** Peter Holsapple (g). Lisa Germano war auch 1997 Stargast bei dem Debüt von **OP8**. Gelb strebte mit seinem neuen Unternehmen erneut eine optimale Kreuzung aus **Velvet Underground** und Neil Young an. Burns und Convertino, die 1996 ihre Band **Calexio** mit dem Neo-Folkrock des Albums SPOKE vorstellten, bildeten im Sommer 1997 das rhythmische Rückgrat auf Barbara Mannings Album 1212.

VALLEY OF RAIN (1985) New Rose 84 • BALLAD OF A THIN LINE MAN (1986) Zippo, ZONG 013 • STORM (1987) Demon, FIEND 115 • THE LOVE SONGS (1988) Demon, FIEND 129 • LONG STEM RANT (1989) Demon, FIEND 164 • SWERVE (1990) Demon, FIEND 204 • RAMP (1991) Rough Trade 101 1243 • CENTER OF THE UNIVERSE (1992) Brake Out 1092 • PURGE AND SLOUGH (1993) Brake Out 115 • GLUM (1994) Imago 72787 21508 • GOODS AND SERVICES (1995) Enemy, OUT 122 • BBQ (1996) Enemy 987 326 • (S) GIANT SANDWICH (1989) Homestead, HMS 134 • (S) GIANT SONGS (1989) Demon, GSCD 1 • (S) GIANT SONGS TWO (1995) Demon, GSCD 2 • Howe **Gelb**: (S) DREADED BROWN RECLUSE (1991) Houses In Motion, EFA 06177 • Howe **Gelb** mit **OP8**: SLUSH (1997) Thirsty Ear • Howe **Gelb** mit **Band Of Blacky Ranchette**: BAND OF

BLACKY RANCHETTE (1985) Demon, FIEND 181 • HEARTLAND (1986) Zippo, ZONG 014 • SAGE ADVICE (1990) Demon, FIEND 181 • **Friends Of Dean Martinez**: THE SHADOW OF YOUR SMILE (1995) Sub Pop 0630–11716 • RETROGRADE (1997) Sub Pop 9878–70375 • Joey **Burns** und John **Convertino** mit **Calexio**: SPOKE (1996) Quarterstick

Gin Blossoms

Scott Johnson (g), Bill Leen (b), Philip Rhodes (dr), Jesse Valenzuela (g, voc), Robin Wilson (voc)

Von den →**Byrds** beeinflußt, am britischen Merseybeat orientiert und geprägt vor allem vom schweren Südstaatenrock, beschlossen 1989 in Tempe, Arizona, die **Gin Blossoms** ihre Chance zu suchen. Geführt von dem Leadgitarristen und Songwriter Doug Hopkins stellten sie innerhalb von zwölf Monaten das selbstfinanzierte Debüt DUSTED fertig und fielen damit einem Talentsucher von A&M Records auf, der die Gruppe 1991 unter Vertrag nahm.

Nach der fünf Titel umfassenden EP ›Up And Crumbling‹ brach 1992 der lange schwelende Konflikt zwischen Hopkins und den anderen Musikern offen aus. Der alkoholabhängige Hopkins mußte gehen, »bevor die Band zerbricht« (Robin Wilson). Hopkins erschoß sich am 4. 12. 1993 in Phoenix, Arizona.

Die **Gin Blossoms** beendeten die Aufnahmen zum Album NEW MISERABLE EXPERIENCE (GB #53, US #30) als Quartett. Der »melodische, gitarrenlastige Countryrock« (*Guinness*) wurde von John Hampton, früher bei den →**Replacements**, produziert und erschien im Februar 1993. Es dauerte etwa sechs Monate, bis die **Gin Blossoms** wahrgenommen wurden, dann stieg der LP-Umsatz mit den Singles ›Hey Jealousy‹ (GB #24, US #25) und ›Found Out About You‹ (GB #40, US #25) und überschritt die Zwei-Millionen-Grenze. In Europa reagierte man erst Anfang 1994 positiv auf die »Söhne von Petty und R.E.M.« (*Rolling Stone*).

Scott Johnson verstärkte die **Gin Blossoms** ab dem Dezember 1993 als erster Gitarrist. Die Band nahm für den →**Kiss**-Sampler KISS MY ASS vom Juli 1994 den Song ›Christine Sixteen‹ auf und begann im September in Austin, Texas, eine US-Tour als Anheizer für die →**Spin Doctors**. TV-Shows, die Beteiligung an dem Soundtrack zum Film »Empire Records« mit dem in England erfolgreichen Titel ›Til I Hear It From You‹ (GB #39) und Konzerte mit →**R.E.M.** unterbrachen 1995 die Arbeit an CONGRATULATIONS, I'M SORRY (GB #42, US #10). Innerhalb von nur einer Woche kam die Platte unter die Top 10 der USA und lieferte mit ›Follow You Down‹ (US #9) auch eine hochkarätige Single.

»Wunderbarer Gitarrenpop, klassische Harmonien und stimmige Arrangements« (*Musik Express*), Bilder von endlosen, staubigen Highways und wildromantischen Landschaften: In kürzester Zeit eroberten die **Gin Blossoms** damit ein Millionenpublikum.

DUSTED (1989) • NEW MISERABLE EXPERIENCE (1993) A&M 395403 • CONGRATULATIONS, I'M SORRY (1996) A&M 546470

Gladiators

Clinton Fearon (voc, b), Albert Griffiths (voc, g), Gallimore Sutherland (voc, g)

Der Name der **Gladiators** wird erstmals 1967 im Zusammenhang mit dem legendären Reggae-Produzenten Clemens ›Coxsone‹ Dodd und dem Song ›You Are The Girl‹ erwähnt, obwohl das Trio bereits seit 1965 existierte. Doch weil der Song ohnehin nur die B-Seite für die → **Ethiopians**-Single ›Last Train To Skaville‹ war, erschien er unter dem Logo der **Ethiopians**.

1968 kamen die **Gladiators** mit der Single ›Hello Carol‹ auf einen Spitzenplatz in den jamaikanischen Charts. Diesen ersten Hit überarbeitete das Trio noch zweimal: Die **Gladiators** spielten einen entspannten Pop-Reggae mit klaren Roots-Bezügen und arbeiteten bei ihren Hits ›The Train Is Coming‹ und ›You Were To Be‹ mit den Topproduzenten Leeward Robinson und Duke Reid zusammen. Bis 1970 bestand das Trio aus Albert Griffiths (*1. 1. 1946, St. Elizabeth Parish, Jamaika), Clinton Fearon und David Webber (g, voc). Später wurde Webber durch Gallimore Sutherland ersetzt.

Lloyd Daley produzierte 1971 die als brillant eingestuften Singles ›Rock A Man Soul‹ und ›Freedom Train‹. Bis Mitte der 70er Jahre arbeiteten die **Gladiators** wieder mit Coxsone Dodd als Produzenten zusammen, wechselten dann zu Prince Tony Robinson, der der Gruppe mehr musikalischen Freiraum zugestand. Im Joe Gibbs Studio in Kingston wurde die erste LP TRENCHTOWN MIX UP aufgenommen, die weltweit bei Virgin Records erschien. Begleitmusiker waren Lloyd Parks (b), Sly Dunbar (dr) und Stickie Thompson (perc). Die **Gladiators** bearbeiteten klassische Rock Steady-Songs wie ›Chatty Chatty Mouth‹ von den **Melolads** und kämpferische Bob → Marley-Titel wie ›Soul Rebel‹ und ›Rude Boy Ska‹. Die Interpretation der Marley-Kompositionen wurde skeptisch beurteilt, da es »Griffiths gelungen war, Marley so treffend zu kopieren, daß es selbst Kennern kaum möglich war, Original und Kopie zu unterscheiden« (*Reggae*).

Lee → Perry mischte 1977/78 die **Gladiators**-Hits ›Big Boo Boo Dey‹, ›Jah Almighty‹, ›Mr. Baldwin‹ und ›Peace‹, denen der »härter klingende Roots-Reggae« (*Reggae*) des Albums PROVERBIAL REGGAE folgte. Die Platte, die ausschließlich aus Bandkompositionen bestand, blieb hinter den Erwartungen zurück. Die **Gladiators** klangen auf der LP NATURALLY wieder stärker poporientiert. Das Album wurde als »exzellentes Beispiel für Lovers-Reggae« (*Reggae*) bezeichnet. Das galt auch 1979 für die LP SWEET SO TILL, die in den berühmten Channel One Studios aufgenommen wurde.

Um auch international mehr Anerkennung zu erzielen, engagierten die **Gladiators** für ihre 80er-LP den erfolgreichen Sänger und Produzenten Eddy → Grant, der auch als Musiker mitwirkte. Ende der 80er Jahre bestimmte Griffiths die Band. Sutherland war zum Begleitmusiker degradiert worden. Da Fearon die Umbenennung in **Albert Griffiths & The Gladiators** nicht akzeptierte, verließ er das Trio. Griffiths konnte sich bei allen folgenden Aufnahmen auf hochkarätige Begleiter verlassen, setzte immer wieder auf Coverversionen und konnte seinen Ruf in seiner Heimat verteidigen. Außerhalb von Jamaika blieb er eine Art Kultfigur des Reggae. Im November 1996 wurden die **Gladiators** mit dem →**Thin Lizzy**-Cover ›The Boys Are Back In Town‹ (GB #70) wieder in den europäischen Charts registriert.

TRENCHTOWN MIX UP (1976) Virgin, V 2062 • PROVERBIAL REGGAE (1978) Front Line, FL 1002 • NATURALLY (1978) Front Line 800859 • SWEET SO TILL (1979) Front Line 201216 • GLADIATORS (1980) Virgin 202382 • COUNTRY LIVING (1986) Heartbeat, HBP36 • IN STORE FOR YOU (1988) Heartbeat, HBP 41 • ON THE RIGHT TRACK (1989) Heartbeat, HB 52 • DREADLOCKS THE TIME IS NOW (1990) Fotofon 7721 • SYMBOL OF REALITY (1990) Fotofon 5005 • VALLEY OF DECISION (1991) Heartbeat, CDHB 83 • THE GLADIATORS (1992) Musidisc, I.R.S 979763 • SERIOUS THING (1993) Fotofon 5008 • FULL TIME (1993) Fotofon 5015 • A TRUE RASTAMAN (1994) Musidisc 109632 • THINK TWICE (1994) Musidisc 110312 • THE STORM (1994) Musidisc 979732 • (S) PRESENTING THE GLADIATORS (1979) Studio One, SOL 1133 • (S) VITAL SELECTION (1981) Virgin 802204 • Albert **Griffiths**: A WHOLE HEAP (1988) Heartbeat, HBCD 11554

Glass Tiger

Al Connelly (g), Alan Frew (voc), Michael Hanson (dr), Wayner Parker (b), Sam Reid (key)

1982 ursprünglich unter dem Namen **Tokyo** in der Nähe von Toronto gegründet, schafften **Glass Tiger** nach vierjähriger präziser Planung einen fulminanten Einstieg in die internationale Rockspitze. Die LP THE RED THIN LINE (US #27, D #41) wurde in ihrer Heimat viermal mit Platin ausgezeichnet und in den USA vergoldet. Sie enthielt mit ›Don't Forget About Me‹ (GB #28, US #2, D #32) und ›Someday‹ (GB #66, US #7, D #26) zwei Topsingles und wurde schließlich mit drei kanadischen Grammies (Juno Award) für die beste Single, beste LP und hoffnungsvollste Band gewürdigt. In Nordamerika und Europa wurden ›I Will Be There‹ (US #34) bzw. ›Red Thin Line‹ (D #48) als dritte Single ausgekoppelt. Das Album THE RED THIN LINE verkaufte sich weltweit rund zwei Millionen Mal.
Jim Vallance, Partner von Bryan →Adams, war als Co-Autor und Produzent maßgeblich am Erfolg der Newcomer beteiligt. Sechs Monate bastelte das Team an seinem ausgefeilten Debüt, das »man getrost als eines der interessantesten Beispiele für eine produktive Fusion von sensibler, aber technischer Popmusik englischer Tradition und straighter amerikanischer Rockmusik bezeichnen kann« (*Musik Express*). **Glass Tiger** profitierten in erster Linie von dem klagenden Gesang des gebürtigen Schotten Alan Frew, aber auch von beinahe lyrischen Texten und ausgeklügelten Arrangements, geprägt von kompakten Gitarren und Keyboards.
Detailfreude und Melodiösität der Kompositionen bestimmten auch DIAMOND SUN (US #82, D #34) vom Mai 1988. Als Singles erschienen ›I'm Still Searching‹ (US #31) und ›Diamond Sun‹ (D #34). DIAMOND SUN war unter Mitwirkung der populären kanadischen Rockinterpretin Lisa Dalbello und der ältesten irischen Folkgruppe →**Chieftains** entstanden. Tim Trombley, Manager der verantwortlichen Plattenfirma, stellte

nach nur ca. 500000 verkauften LPs in Nordamerika fest: »Die Band wurde ein Opfer ihres Erfolges, der zu schnell kam und sie förmlich überrollte.«
Glass Tiger nahmen 1990 mit SIMPLE MISSION einen neuen Anlauf. In Kanada waren sie nach wie vor gefragt, ›Animal Heart‹ wurde dort ein Hit. International hatte die Gruppe aber keinen Erfolg mehr. **Glass Tiger** kamen im Oktober 1991 mit der Ballade ›My Town‹ (GB #33, D #51) und Gastsänger Rod →Stewart zum letzten Mal in die europäischen Charts. Im Jahr darauf trennten sie sich. Alan Frew wartete zwei Jahre, ehe er sein Soloalbum HOLD ON herausbrachte, das u. a. mit Dalbello, Mick Fleetwood und Micky Dolenz (→**Monkees**) aufgenommen wurde.

THE RED THIN LINE (1986) Manhattan 746313 • DIAMOND SUN (1988) Manhattan 748684 • SIMPLE MISSION (1990) Capitol 792922 • (S) AIR TIME (1993) Capitol 827022 • Alan **Frew**: HOLD ON (1994) EMI 828990

Go-Betweens

Robert Forster (voc, g), Grant McLennan (voc, g, b), Lindy Morrison (dr)

In kommerzieller Hinsicht haben die **Go-Betweens** den Durchbruch nicht geschafft, aber ihr Einfluß war groß. Nicht nur auf die heimische Szene, auch international verschafften sie australischer Rockmusik Geltung. Nach Auflösung der Band konnten sich Robert Forster (* 29. 6. 1957, Brisbane) und Grant McLennan (* 12. 2. 1958) als Solisten und Songwriter vor allem in Europa durchsetzen.

»Auf der Suche nach dem individuellen Popsong« (*Musik Express*) nannten sich die Studenten Forster und McLennan aus der drittgrößten australischen Stadt Brisbane Ende 1977 **Go-Betweens**. Unter dem Einfluß der regen Avantgarde- und Punkszene Australiens und US-Bands wie den →**Talking Heads**, →**Television** und **Modern Lovers** trat das Duo mit akustischen Gitarren und Folkballaden an. Zwei Singles auf dem eigenen Label Able Records stießen zumindest auf regionales Interesse. ›Lee Remick‹ und ›People Say‹ verschafften den **Go-Betweens** Auftritte und Kontakt zum schottischen Independent-Label Postcard Records, das im Sommer 1980 die in Europa eingespielte Single ›I Need Two Head‹ herausbrachte.
Wieder in Australien nahm die »bei Kritikern respektierte Neo-Popband« (*Trouser Press*) für die renommierte unabhängige australische Firma Missing Link Records SEND ME A LULLABYE auf. Das in Sydney produzierte Album wurde in Europa von Rough Trade Records vertrieben und ermöglichte den **Go-Betweens** einen erneuten Trip nach Großbritannien.
Auf BEFORE HOLLYWOOD hatten sich die **Go-Betweens** mit dem Drummer Lindy Morrison (* 12. 2. 1951) verstärkt. Die zweite LP klang wie eine eigene Verbindung der balladesken Romantik von →**Aztec Camera** und dem massiven Gitarrenrock von →**R.E.M.** Die erneute personelle Erweiterung durch den Bassisten Robert Vickers (* 25. 11. 1959) ermöglichte McLennan den Wechsel zur Gitarre. Er schuf nun interessante Kontrapunkte zum melancholisch-elegischen Stil von Forster. Mittlerweile mit den Songs ›Man O'Sand To Girl O'Sea‹ und ›Cattle And Cane‹ in den britischen In-

die-Charts vertreten, bereiste das Quartett nun die Ostküste der USA. 1985 erschien dort unter dem Titel METALS AND SHELLS ein Zusammenschnitt der ersten beiden Alben.
Ebenfalls 1984 erschien die in Frankreich aufgenommene LP SPRING HILL FAIR, eine »Mixtur aus Folkrock und (Rhythmus-) Gitarrenpop« (*Spex*), die zwei weitere Singles für die Independent-Hitparaden abwarf. ›Bachelor Kiss‹ und ›Part Company‹ erschienen, während die Gruppe auf ausgedehnten Tourneen durch die USA und Großbritannien war. Ohne Plattenvertrag realisierten die **Go-Betweens** ihr 86er Album LIBERTY BELLE AND THE BLACK DIAMOND, das der *Musik Express* als »perfekte Kreuzung aus Byrds und Velvets« bezeichnete. Danach stieß das Multitalent (vi, key, oboe, voc) Amanda Brown (* 17. 11. 1965) zur Gruppe: »Mit Intelligenz und Leidenschaft eroberte sie die Herzen im Sturm« (*New Musical Express*). Mit der Single ›Right Here‹ setzte die Band im Februar 1987 neue Maßstäbe für »jeden Zentimeter aktueller Popkultur« (*Melody Maker*). Der Song stammte vom neuesten Album TALLULAH, das »stärker ausgearbeitet und vielschichtiger arrangiert war« (*Musik Express*) als die vorangegangen LP-Produktionen.
Allerbeste Popmusik boten die **Go-Betweens** im Sommer 1988 mit der LP THE GO-BETWEENS, deren Erscheinen von der Single ›The Streets Of Our Town‹ vorbereitet wurde. Vickers hatte die Band inzwischen verlassen und ließ sich in New York nieder. Sein Nachfolger wurde John Willsteed (* 13. 2. 1957), der noch an der letzten offiziellen Platte 16 LOVERS LANE mitwirken konnte. Doch trotz der außerordentlichen musikalischen Qualität schaffte die Gruppe den Durchbruch nicht. Nach sachlichen Auseinandersetzungen zwischen Forster und McLennan trennte man sich Ende 1989. Forster ließ sich in Regensburg nieder und nahm seine von Mick Harvey (Nick →Cave) produzierte erste LP in den Berliner Hansa Studios auf. Den überwiegend akustischen, melancholisch gestimmten Songs fehlte es an Zündkraft. Es folgten ein ähnliches Album CALLING FROM A COUNTRY PHONE und I HAD A NEW YORK GIRLFRIEND, eine Kollektion von Coverversionen seiner Lieblingssongs. »Bläser und Slide-Gitarren geben den entscheidenden Kick« (*Musik Express*) bei Forsters 96er-Album WARM NIGHTS, das von Edwyn Collins produziert wurde. Forster profilierte sich damit als einer der interessantesten Songwriter der 90er Jahre.
McLennan rief 1990 mit Steven Kilbey von →**Church** das Unternehmen **Jack Frost** ins Leben, das sich auf einen modernen Gitarrenrock spezialisierte. **Jack Frost** arbeiteten nur unregelmäßig zusammen, da sowohl Kilbey als auch McLennan solistische Ambitionen hatten. Auch McLennan verstand sich auf ausgefeilte Song-Szenarien. Als seine bisher beste Arbeit gilt HORSEBREAKER STAR von 1994, die kunstvolle Popsongs und gefühlvolle Balladen enthält.
1991 spielten Forster und McLennan in Toronto als akustisches Duo im Vorprogramm von Lloyd →**Cole** und heizten damit Spekulationen über eine bevorstehende Reunion der **Go-Betweens** neu an. Doch erst im Sommer 1996, nach Erscheinen von sechs überarbeiteten **Go-Betweens**-Alben, gaben sie in Paris ein Reunion-Konzert.

SEND ME A LULLABYE (1982) Beggars Banquet, 241 2301 • BEFORE HOLLYWOOD

(1984) Beggars Banquet, 241 2302 • SPRING HILL FAIR (1984) Beggars Banquet, 241 2303 • LIBERTY BELLE AND THE BLACK DIAMOND EXPRESS (1987) Beggars Banquet, 241 2304 • TALLULAH (1987) Beggars Banquet, 241 2305 • 16 LOVERS LANE (1988) Beggars Banquet, 241 2306 • (S) 1978–1990 (1990) Rebel, SPV 30541 • (S) LIBERTY BELLE AND THE BLACK DIAMOND EXPRESS (1996) Beggars Banquet, BBL 2004 • Robert **Forster**: DANGER IN THE PAST (1990) Beggars Banquet 541 9113 • CALLING FROM A COUNTRY PHONE (1993) Beggars Banquet, 541 9133 • I HAD A NEW YORK GIRLFRIEND (1994) Beggars Banquet, RTD 141 2161 • WARM NIGHTS (1996) Rough Trade, RTD 141 2185 • Grant **McLennan**: WATERSHED (1991) Beggars Banquet, 541 9119 • FIREBOY (1993) Beggars Banquet, 541 9127 • HORSEBREAKER STAR (1994) Beggars Banquet, RTD 141 1262 • IN YOUR BRIGHT RAY (1997) Beggars Banquet 141 2192 • Grant **McLennan** mit **Jack Frost**: JACK FROST (1990) Red Eye 847548 SNOW JOB (1996) Rough Trade, RTD 141 2183 • Lindy **Morrison** und Amanda **Brown** mit **Cleopatra Wong**: EGG (1992) RooArt, WMC5–522

Go-Go's

Charlotte Caffey (g, key, voc), Belinda Carlisle (voc), Gina Schock (dr, perc), Kathy Valentine (b, g), Jane Wiedlin (g, voc)

Die **Go-Go's** entstanden 1977 in der Punkszene von Los Angeles. Belinda → Carlisle von den **Germs** und die Modedesignerin Jane Wiedlin (* 20. 5. 1958) taten sich zunächst mit Margo Olaverra (b) und Elissa Bello (dr) zusammen, nannten sich **Misfits** und standen in Hollywoods Punkschuppen Masque zum ersten Mal auf einer Bühne. Nach nicht einmal zwei Songs mußten sie ihre Show wegen musikalischer und technischer Unzulänglichkeiten abbrechen. Dann löste Gina Schock (* 31. 8. 1957, Baltimore) Bello ab, Charlotte Caffey (* 22. 10. 1953, Santa Monica, Kalifornien) von **Eddie & The Eggs** kam im Frühjahr 1978 dazu, und der Bandname wurde in **Go-Go's** geändert. Die klassisch ausgebildete Pianistin Caffey entwickelte sich binnen kürzester Zeit zur begabten Leadgitarristin und schrieb mit Jane Wiedlin die meisten Songs des Quintetts.

Nach zahllosen Clubauftritten wurden die **Go-Go's** im Frühjahr 1980 von den britischen Ska-Rockern → **Madness** als Vorprogramm für eine 60 Konzerte umfassende Englandtournee engagiert. Dabei lernten sie Kathy Valentine (* 7. 1. 1959, Austin, Texas) von den **Textones** kennen, die die kurzfristig erkrankte Olaverra ersetzte. Nun war die Band komplett. Für das englische Label Stiff Records nahmen die Frauen die Single ›We Got The Beat‹ auf, die in der britischen New Wave-Szene für Aufsehen sorgte, in den USA aber völlig ignoriert wurde.

Miles Copeland, Bruder von → **Police**-Drummer Stewart Copeland, nahm die **Go-Go's** im Sommer 1981 für sein Label I.R.S. Records unter Vertrag und engagierte für die Single ›Our Lips Are Sealed‹ (US #20) Terry Hall von den → **Specials** als prominenten Duettpartner für Jane Wiedlin. Richard Gottehrer, Entdecker von → **Blondie**, produzierte das Albumdebüt BEAUTY AND THE BEAT (US #1), das Ende des Jahres völlig überraschend die US-Charts anführte. Schneller als erwartet setzten sich die **Go-Go's** durch. Ihr Sound klang nach »gutem, süffigem Pop« (*Musik Szene*), und das Publikum erwartete eine witzige Bühnenshow. Aufgrund des Erfolges wurde die Single ›We Got The Beat‹ (US #2) im Januar 1982 wiederveröffentlicht. Das zweite Album VACATION (US #8) vom Sommer 1982 war ausgereifter, durchdachter, wirkte weniger spontan als die erste LP. Kompositorische Schwächen waren teilweise durch stärkeren Technikeinsatz und bessere Beherrschung der Instrumente ausgeglichen. Neben der Auskopplung ›Get Up And Go‹ (US #50) war mit dem Titelsong (US #8) wieder ein Tophit in dem Repertoire. Als Anheizer für Police erlebten die Go-Go's bei ihrem ersten Deutschlandbesuch eine ziemliche Pleite. Ihr »mordsmäßiger Popstil« (*Rolling Stone*) war vorwiegend auf das US-Publikum zugeschnitten. Doch auch in der Heimat ließ das Interesse nach. 1984 schafften die Go-Go's mit dem Album TALK SHOW (US #18) und ›Head Over Heels‹ (US #11) noch beachtliche Hits. Doch der englische Technopop-Fachmann Martin Rushent (→Human League) hatte den einst herrlich unorthodoxen Sound um jede Originalität gebracht. Die aufregende Stimme von Belinda Carlisle mühte sich mit mittelmäßigen Songs. Der Abstieg der Go-Go's dokumentierte sich in den Plazierungen der Singles ›Turn To You‹ (US #32) und ›Yes Or No‹ (US #84).

Am 10. 5. 1985 kündigten die Go-Go's auf einer Pressekonferenz ihre Trennung an. Belinda Carlisle fand nahtlos den Übergang in eine Solokarriere. Jane Wiedlin kam mit FUR (GB #48) in die englischen LP-Hitlisten. Erfolgreicher war sie als Schauspielerin: Sie erhielt u. a. Rollen in »Clue«, »Star Treck IV« und »Sleeping Beauty«. Charlotte Caffey bildete mit Meredith Brooks und Gia Ciambotti das Trio Graces, das im Spätsommer 1989 mit der Single ›Lay Down Your Arms‹ (US #56) von sich reden machte.

Durch eine Kampagne gegen Naturpelze, bei der die Go-Go's auf einem Plakat nackt posierten, kam die Gruppe im Oktober 1990 wieder ins Gespräch. Nach einer dreiwöchigen Reuniontournee kamen sie aber nur gelegentlich zusammen, um Benefizveranstaltungen gegen AIDS zu unterstützen oder in Talkshows aufzutreten. 1991 wurde der Sampler GREATEST HITS (GB #60) veröffentlicht, dem 1994 das Doppelalbum RETURN TO THE VALLEY OF THE GO-GO'S folgte, eine weitere Hitkollektion, die allerdings durch drei brandneue Songs aufgewertet war. Auf einer erneuten US-Tour vertrat Vicki Peterson von den →Bangles Charlotte Caffey.

1995 sangen die Go-Go's gemeinsam mit →Little Richard seinen Oldie ›Tutti Frutti‹ bei der Gala zur Verleihung der American Music Awards. Im März unterzeichnete Belinda Carlisle einen neuen Solovertrag, und Jane Wiedlin versuchte sich mit dem Projekt froSTed. Wiedlin, Caffey und Ex-Bangles-Mitglied Susannah Hoffs nahmen im Frühjahr den Titelsong zu dem Kinofilm »Now And Then« auf. Ex-→Knack-Drummer Bruce Gary produzierte 1996 das Poptrio Delphines, das Kathy Valentine mit ihrer Freundin Dominique Davalos und Drummer Paul Crowder gegründet hatte.

Nach zehnjähriger Pause präsentierte Jane Wiedlin im Sommer 1997 ihre neue Gruppe froSTed. Das Debütalbum des Quartetts hieß COLD und war von Marc Waterman (Menswear) produziert worden.

BEAUTY AND THE BEAT (1981) I.R.S. 70021 • VACATION (1982) I.R.S. 75031 •

TALK SHOW (1984) I.R.S. 70041 • (S) GREATEST HITS (1990) I.R.S. 713122 • (S) RETURN TO THE VALLEY OF THE GO-GO'S (1994) I.R.S. 831756 • (S) RETURN TO THE VALLEY OF THE GO-GO'S (1994) I.R.S. 29694 • Charlotte **Caffey** mit **Graces**: PERFECT VIEW (1989) A&M 395265 • Gina **Schock** mit **House Of Schock**: HOUSE OF SCHOCK (1988) Capitol 746925 • Kathy **Valentine** mit **Delphines**: DELPHINES (1996) Fountainbleau 26001 • Jane **Wiedlin**: JANE WIEDLIN (1986) I.R.S. 26674 • FUR (1988) Manhattan 064–748863 • TANGLED (1990) EMI 790741 • (S) WORLD ON FIRE: THE BEST OF (1993) EMI 789663 • Jane **Wiedlin** mit **froSTed**: COLD (1997) Roadrunner, IRS 399986

Godz

Glen Cataline (dr), Mark Chatfield (g), Bob Hill (g, key), Eric Moore (voc, b)

Das 1977 in Cleveland, Ohio, gegründete Metal-Quartett **Godz** wurde von Ex-→**Grand Funk Railroad** Don Brewer entdeckt und produziert. Eine donnernde Rhythmusgruppe, der gutturale Gesang von Moore und harte Gitarren machten das Quartett schnell über die Grenzen ihres Bundesstaates hinaus in Hard & Heavy-Kreisen bekannt.
In Eigenverantwortung produzierten die **Godz** ihr zweites Album, das an die Vehemenz des Debüts nicht heranreichte. Cataline trat als Sänger in den Vordergrund, war aber nicht so gut wie Eric Moore. Die Platte enttäuschte und führte zur Trennung der Band.
Moore und Chatfield reaktivierten die Gruppe 1985 mit Kevin Salem (g) von den →**Outlaws** und Drummer Keith Valentine. Auch das Album I'LL GET YOU ROCKIN' konnte die hohen Erwartungen nicht erfüllen. Salem bewies zwar seine Klasse als Gitarrist, und auch gesanglich konnten die **Godz** mit jeder Heavyband mithalten. Songauswahl und Produktion ließen aber zu wünschen übrig. Deshalb beschloß die Band, I'LL GET YOU ROCKIN' neu aufzunehmen. Sie überarbeitete das Material und fügte auf MONGOLIANS drei neue Songs hinzu. Die »Energie und Spannung« (*Guinness*) der ersten LP kam aber nicht wieder zustande.

THE GODZ (1978) Millenium 8003 • NOTHING IS SACRED (1979) Millenium 7134 • I'LL GET YOU ROCKIN' (1985) Heavy Metal • MONGOLIANS (1987) Grudge

Andrew Gold

Das Multitalent Andrew Gold wurde an der Seite von Linda → Ronstadt entdeckt. Er war 1975 maßgeblich als Musiker und Arrangeur für den Erfolg ihres Albums HEART LIKE A WHEEL verantwortlich und zählte zur Crème der kalifornischen Studiomusiker. Gold wirkte auf zahlreichen Produktionen mit, schaffte aber auch als Solist einige Notierungen in den US-Hitlisten.
Andrew Gold wurde am 2. 8. 1951 im kalifornischen Burbank geboren. Sein Vater war ein populärer Komponist von Filmmusiken wie »Exodus«, seine Mutter eine Sopranistin (Marni Nixon), die ihre Stimme zum Beispiel für die Musicalverfilmungen von »West Side Story« und »My Fair Lady« den Hollywoodstars Natalie Wood und Audrey Hepburn lieh.
Andrews war musikalisch von den →**Beatles** und →**Byrds** beeinflußt. Er

lernte zahlreiche Instrumente von der Gitarre über das Klavier bis zur Ukulele. Er komponierte seine ersten Songs und gründete Ende der 60er Jahre die Gruppe Bryndle, der zeitweise die Sängerinnen Karla Bonoff, Wendy Waldman und der Bassist Kenny Edwards angehörten. Gold und Edwards trafen sich später in der Gruppe von Linda Ronstadt wieder. Chuck Plotkin produzierte mit Bryndle eine LP, die jedoch unveröffentlicht blieb. 1971 entstanden aus Bryndle die Rangers, deren Demo Linda Ronstadt hörte und die sie als Tourneeband engagierte.

Gleichzeitig war Gold in der Studioszene der Westküste zunehmend gefragt. Er spielte für Maria →Muldaur, Rita →Coolidge, Danny O'Keefe, Wendy Waldman und Michael Diner. Ende 1975 konnte er seine erste eigene LP ANDREW GOLD aufnehmen. Von den zehn Eigenkompositionen übernahmen Leo →Sayer ›Endless Flight‹ und die →James Gang ›Love Hurts‹. Ansonsten blieb das Album ziemlich unbeachtet.

Neben seinen Studioaktivitäten für Stephen →Bishop, Eric →Carmen, Art →Garfunkel, John David →Souther und Carly →Simon war Gold als Komponist, Arrangeur und Musiker tätig. Er hatte eine zentrale Stellung in der Band von Linda Ronstadt. Im Sommer 1977 war Gold endlich auch als Solist erfolgreich: Aus seinem Album WHAT'S WRONG WITH THIS PICTURE (US #85) wurde die Single ›Lonely Boy‹ (GB #14, US #6) ausgekoppelt. In sanften Balladen hatte er Pop mit traditionellen Countryelementen verbunden.

Gold engagierte sich kurzzeitig für das Countryrock-Projekt Fools Gold und stellte dann sein 78er-Album ALL THIS AND HEAVEN TOO fertig. Es verfehlte die Charts, enthielt jedoch mit ›Thank You For Being A Friend‹ (US #21) einen Hit. Als zweite Single erschien im Frühjahr 1978 ›Never Let Her Slip Away‹ (GB #2, US #61), die sich als sein größter europäischer Hit erwies. Als dritte Single wählte Andrew Gold im Sommer ›How Can This Be Love‹ (GB #19) aus.

Cliff →Richard, James →Taylor und Loudon →Wainwright III entdeckten für sich die Songs von Gold, dessen Album WHIRLWIND rockiger ausfiel und auch Reggae anklingen ließ. WHIRLWIND verkaufte sich deutlich schlechter als die vorangegangenen Platten.

In den 80er Jahren arbeitete Gold wieder verstärkt als Studiomusiker und Komponist. Er war u. a. für →Moon Martin, Jennifer Warnes und Linda Ronstadt tätig. 1986 tat er sich mit dem Engländer Graham Gouldman von →10 cc zusammen, um das Duo Wax zu bilden. Auf ihrer ersten LP MAGNETIC HEAVEN boten sie wenig aufregende Popsongs, die aber dem Geschmack der Radiostationen entsprachen. Von den Wax-Platten verkauften sich die LP AMERICAN ENGLISH (GB #44) sowie die Singles ›Right Between The Eyes‹ (US #43) und ›Bridge To Your Heart‹ (GB #12) am besten.

Gold unterstützte Marva King, Rosemary Butler, Sarah Brightman, Glenn Shorrock und tauchte in den 90er Jahren auf Alben von Wynonna Judd, Party und den Simpsons auf. Ausgezeichneten Countrypop bot er 1995 mit den reformierten Bryndle. Hochwertige, aber wenig überraschende Popmusik bestimmte auch im Sommer 1997 das Album THE WAX FILES, auf dem Wax bewährte Hits mit neuen Songs mischten.

ANDREW GOLD (1975) Asylum 53020 • WHAT'S WRONG WITH THIS PICTURE

(1976) Elektra 7559–61166 • ALL THIS AND HEAVEN TOO (1978) Asylum 53072 • WHIRLWIND (1980) Asylum 52219 • (S) THANK YOU FOR BEING A FRIEND (1997) Rhino • Mit **Wax**: MAGNETIC HEAVEN (1986) RCA, 7432114075 • AMERICAN ENGLISH (1987) RCA, 7432114074 • A HUNDRED THOUSAND IN FRESH NOTES (1990) RCA, PD 74182 • WHAT ELSE CAN WE DO? (1992) • THE WAX FILES (1997) CNR 5300225 • Mit **Bryndle**: BRYNDLE (1995) Music Masters 65125

Barry Goldberg

Der »vielleicht größte Poporganist der Welt« (*Los Angeles Times*) wuchs in Chicago mit schwarzem Blues auf. Er lernte zunächst Klavier, dann Schlagzeug, Gitarre, Akkordeon und schließlich Orgel, sein bevorzugtes Instrument. Bluesgrößen wie Otis →Rush, Muddy →Waters, Buddy →Guy und J. B.→Lenoir gaben ihm den letzten Schliff, und als 17jähriger leitete er seine erste Band **Dennis And The Kingsmen**.

Über **Robbie And The Troubadours** machte Barry Goldberg 1965 die Bekanntschaft von Mike →Bloomfield, mit dem er auf gut Glück zum Newport Folk Festival fuhr, um eventuell mit Paul →Butterfield aufzutreten. Butterfield mochte Goldbergs Orgelsound überhaupt nicht, aber Bob →Dylan war sehr angetan von ihm und engagierte den sensiblen Tastenspezialisten. Für Goldberg wurde der Auftritt mit Dylan »ein Höhepunkt meiner Karriere«.

In Chicago formierte er mit Steve →Miller die **Goldberg-Miller Blues Band**, die sich nach wenigen Monaten in New York wieder trennte. Goldberg trat eine Weile als Solist auf. 1966 veröffentlichte er die Instrumental-LP BLOWING MY MIND und arrangierte für Mitch →Ryder die Hits ›Devil With The Blue Dress On‹ und ›Sock It To Me‹.

1967 trat Bloomfield mit der Idee zu →**Electric Flag** an Goldberg heran. Die Rock-Bigband triumphierte beim Monterey Pop Festival und überzeugte mit einem Album, aber das Superstar-Ensemble hatte keinen Bestand. Anfang 1968 wurde die **Barry Goldberg Reunion** mit renommierten Instrumentalisten wie Charles →Musselwhite (harm, voc), Harvey →Mandel (g) sowie Eddie Hoh (dr) und Dan Macallister (b) ins Leben gerufen. Aus der einzigen LP wurde ›Hole In My Pocket‹ (US #77) ausgekoppelt. Goldberg profilierte sich als Sänger, wich aber von seiner harten Bluesrock-Linie nicht ab.

1968/69 half er Musselwhite, Mandel, dem Bluesshouter Jimmy →Witherspoon und Neil Merryweather im Studio. Er komponierte viel, u. a. mit Gerry Goffin den Hit ›Imagination‹ für Gladys →Knight, mußte aber zusätzlich Klavierunterricht geben, um seinen Lebensunterhalt zu sichern. Von seinen Alben konnte er nicht leben. Sie genossen zwar bei Kritikern großes Ansehen, wurden aber nur von Insidern gekauft. Goldberg war als Begleitmusiker bei dem Popsänger B. J. Thomas, der britischen Bluesklady Maggie →Bell, Al →Kooper und David Blue sehr gefragt. In Dylans Woodstock-Domizil jammte er außerdem mit Doug →Sahm und Mitgliedern von →**The Band**.

Barry Goldberg etablierte sich in der Studioszene, aber als Solist konnte er sich nicht durchsetzen. Seine Plattenkarriere endete vorübergehend 1976 nach mehreren mit hochkarätigen Musikern eingespielten Alben. Zum vorläufigen

Finale Barry Goldeberg & Friends Recorded Live bat der glücklose Keyboarder noch einmal Bloomfield, Mandel, Musselwhite und Merryweather auf die Bühne. Diese herausragenden Musiker des weißen Chicago-Blues hinterließen ein faszinierendes Live-Dokument. 1976 beteiligte sich Goldberg bei **KGB** wieder an einem Projekt, das prominente Musiker zusammenführte. Doch auch diese Versammlung von Spitzenkräften überstand nach zwei mäßigen Alben nicht das erste Jahr. Goldberg nahm das zum Anlaß, sich wieder auf seine Studioverpflichtungen zu konzentrieren. → **Crazy Horse**, **Bad Boy**, Leonard → Cohen, die → **Ramones** engagierten Goldberg. 1984 nahm er mit dem Trio **Coup** nochmals einen vergeblichen Anlauf.

BLOWING MY MIND (1966) Epic 26199 • BARRY GOLDBERG REUNION (1968) Buddah 5012 • NOTHIN' BUT THE BLUES (1969) Record Man 17057 • STREETMAN (1970) Buddah 5051 • BARRY GOLDBERG AND FRIENDS (1972) Record Man, CR 5105 • BLAST FROM THE PAST (1974) Buddah 5081 • BARRY GOLDBERG (1974) Atco 7040 • BARRY GOLDBERG & FRIENDS RECORDED LIVE (1976) Buddah 5684 • THREE FOR THE ROAD (1987) Soundtrack, Colosseum, CST 8024 • Mit Mike **Bloomfield**: TWO JEWS BLUES (1969) Buddah, OW 27672 • Mit **KGB**: KGB (1976) MCA 2166 • MOTION (1976) MCA 2221 • Mit **Coup**: COUP DE GRACE (1984) A&M 64978

Golden Palominos

Lori Carson (voc), Knox Chandler (b), Anton Fier (dr, perc, programming), Bill Laswell (b, p), Nick Skopelitis (g)

Als Schlagzeuger Anton Fier (*20. 6. 1956, Cleveland, Ohio) Ende der 70er Jahre nach New York übersiedelte, hatte er seine ersten Erfolge in diversen Garagen- und Bluesbands. Bevor Fier seinen eigenen, unkonventionellen Schlagzeugsound entwickelte, studierte er beim Free-Jazzer Barry Altschul. Er versuchte die »Virtuosität des Jazz mit der Härte des Rock zu verbinden« (*Pressetext*). Einige seiner Stationen waren die **Lounge Lizards**, → **Feelies** und → **Pere Ubu**, bevor er auf den Produzenten Bill Laswell traf, der ihn für Aufnahmen mit Herbie Hancock, Mick Jagger und Laurie → Anderson engagierte.

1981 gründete Fier in New York die Urbesetzung der **Golden Palominos** mit der örtlichen Avantgarde-Prominenz, darunter John Zorn (sax), Gitarrist Arto Lindsay (Ex-**Lounge Lizards**), Jamaaladeen Tacuma (b) und der Ausnahmebassist Bill Laswell. »Es kommt ganz darauf an, von welcher Warte man es sehen möchte, entweder hatten die Golden Palominos mehrere Dutzend Mitglieder, oder nur eines – Anton Fier« (*Rolling Stone*).

»Nachdem 1983 das Album The Golden Palominos erschienen war, ließ die hochexplosive Mischung aus Großstadt-Funk und Hardcore-Jazz die gesamte innovative Musikszene aufhorchen« (*Billboard*). Das Quintett wurde u. a. von Ex-→ **Henry Cow** Peter Blegvad (voc) und Fred Frith (g, vi) unterstützt. Noch besser als die Platte wurden die Live-Auftritte der **Golden Palominos** beurteilt; sie wurden als heißester Tip im New Yorker Underground gehandelt. 1985 bestand die Gruppe im Kern aus Fier, Laswell, Lindsay und Nick Skopelitis (g). Bei Visions Of Excess wurden sie u. a. von Jack → Bruce, John Lydon (→ **Public**

Image Ltd.), Michael Stipe (→R.E.M.), der Jazzpianistin Carla Bley, der Sängerin Syd Straw und Henry Kaiser begleitet.

T-Bone →Burnett und Don Dixon (R.E.M.) zählten zu den Gästen bei dem country-angehauchten Sound des Albums Blast Of Silence. Gegenüber den vorangegangenen LPs fiel die Platte jedoch deutlich ab: »nicht unbedingt bemerkenswert« (*Time Out*). Fier reagierte mit Umbesetzungen und ergänzte Laswell und Skopelitis bei A Dead Horse mit Ex-Numbers Robert Kidney (voc, g), Amanda Kramer (voc) von Information Society und lud zusätzlich Chuck Leavell (p) von den →Allman Brothers und Mick →Taylor (g) ein.

Bei Drunk With Passion orientierten sich die Golden Palominos an den Gitarrenbands der frühen 70er Jahre, jedoch ohne nostalgische Hippiegefühle zu wecken. Die Band um Anton Fier »definierte musikalische Traditionen aus der Sicht der 90er im Sinne von Rock, Blues, Funk, Psychedelic und Country & Western« (*Billboard*). Fier, Laswell und Skopelitis spielten diesmal mit Richard Thompson (g), Ex-→Hüsker Dü Bob Mould (voc, g), Bley, Stipe und Amanda Kramer (voc, key). Erstmalig war Fier als Musiker, Produzent und Arrangeur verantwortlich.

Die Konzept-LP This Is How It Feels von 1993 basierte auf Graham Greenes Roman ›The End Of The Affair‹. Diesmal war unter anderem der Funkspezialist Bootsy →Collins mit von der Partie, und die Golden Palominos klangen mystischer und irritierender als zuvor. In ähnlicher Besetzung, ergänzt durch den Bassisten Knox Chandler, entstand Pure, eine spannende Mischung aus Dancefloor-Groove, Funkjazz, Blues und Dub-Trance. Sie vereinten »alles, was Songs zu brillanten Songs macht: sparsame Arrangements, subtile Erotik, sinnliche Mystik, laszive Aggressivität und unaufdringliche Spielereien« (*Time Out*).

Nach längerer Pause meldeten sich die Golden Palominos 1996 mit Dead Inside zurück. Die Platte erinnerte in ihrer Unzugänglichkeit an die frühen Arbeiten und »vollzog einen radikalen Schnitt« (*Billboard*). Fier hatte seine Gruppe ein weiteres Mal umbesetzt; neben Laswell und Skopelitis waren Lori Carson (voc), Knox Chandler (b), und als Texterin war Nicole Blackman beteiligt. Die Golden Palominos klangen distanzierter und kühler, arbeiteten mit Ambient- und Dance-Elementen und bemühten sich um eine perfekte Symbiose zwischen Text und Musik. So konnten sie ihre exponierte Position innerhalb der Avantgarde-Musik behaupten.

THE GOLDEN PALOMINOS (1983) Celluloid 972002 • VISIONS OF EXCESS (1985) Celluloid, IRS 972118 • BLAST OF SILENCE (1986) Celluloid, IRS 972127 • A DEAD HORSE (1989) Celluloid 972265 • DRUNK WITH PASSION (1991) Nation 211550 • THIS IS HOW IT FEELS (1993) Restless 72735 • PURE (1994) Restless 77276 • NO THOUGHT NO BREATH NO EYES NO HEART (1995) Restless 3788761 • DEAD INSIDE (1996) Restless, RTD 3788907 • (S) HISTORY OF THE GOLDEN PALOMINOS VOL.1 1982–1985 (1992) Restless, RTD 7776250 • (S) HISTORY OF THE GOLDEN PALOMINOS VOL. 2 1986–1989 (1992) Restless RTD 777626 • Lori Carson: SHELTER (1990) Geffen 7599–24596 • WHERE IT GOES (1995) IRS 992020 • EVERYTHING I TOUCH RUNS WILD (1996) Restless 3788923

Goo Goo Dolls

Johnny Rzeznik (g, voc), Robby Takac (b, voc), George Tutuska (dr, voc)

»Es ist an der Zeit, daß die Goo Goo Dolls die Welt erobern« (*Buffalo News*), denn »sie haben die Zukunft für sich gepachtet« (Paul Westerberg, → **Replacements**). So feierten Medien und Kollegen den »Trash-Pop mit der wunderbar artikulierten Wut« (*Rolling Stone*) der **Goo Goo Dolls** aus Buffalo, New York.

Die Legende berichtet, daß sich im Winter 1986/87 drei Männer auf der Straße in Buffalo trafen. Gerade noch genug Geld für ein Sixpack in den Taschen, beschlossen Johnny Rzeznik, Robby Takac und George Tutuska, eine Band zu gründen. Anfangs mußten sie sich einige Instrumente leihen. Die ersten Demobänder entstanden noch in Buffalo, dann zog das Trio nach New York, fand eine Plattenfirma und stellte das Material der ersten LP Goo Goo Dolls im Sommer auf einer US-Tour vor. Bis Anfang 1988 mußten die **Goo Doo Dolls** pausieren, weil Rzeznik sich bei einem Verkehrsunfall den Arm gebrochen hatte.

Für das zweite Album Jed konnten sie das Metal-Label Roadracer Records gewinnen. Neben eigenen kraftvollen Kompositionen coverten die **Goo Goo Dolls** äußerst temperamentvoll ›Gimme Shelter‹ von den → **Rolling Stones** und ›Down On The Corner‹ von → **Creedence Clearwater Revival**. Powerpop mit satten Akkorden und schweren Baßläufen dominierte 1990 Hold Me Up, die ebenfalls zwei Songadaptionen enthielt: ›Million Miles Away‹ von den → **Plimsouls** und ›I Could Never Take The Place Of Your Man‹ von → Prince, bei dem sie von dem Sänger Lance Diamond, der Schnulzenlegende von Buffalo, unterstützt wurden.

Im März 1993 veröffentlichten die **Goo Goo Dolls** bei Warner Brothers die von Gavin MacKillop (→ **Church**) produzierte LP Superstar Car Wash. »Eine der unverbrauchtesten US-Bands der 90er« (*Billboard*) nutzte den Rest des Jahres für »fulminante Clubauftritte« (*Melody Maker*), Songwriting und Studiosessions. Im Frühjahr 1995 veröffentlichten sie A Boy Named Goo. Der lärmige Pop wurde diesmal von Lou Giordano (→ **Hüsker Dü**) produziert, der »exzellente Arbeit in seinem Genre« (*Billboard*) leistete. Die **Goo Goo Dolls** verstanden sich auf hitverdächtige Melodien und waren mit ihrer Single ›Name‹ ein Dauerbrenner bei MTV. Als weitere überzeugende Single erschien im Sommer 1996 ›Long Way Down‹ aus dem Soundtrack des Spielberg-Films »Twister«.

GOO GOO DOLLS (1987) SPV 10105 • JED (1989) SPV 10135 • HOLD ME UP (1990) Metal Blade 26259 • SUPERSTAR CAR WASH (1993) Warner Brothers 9362–45206 • A BOY NAMED GOO (1995) Warner Brothers 9362–45750

Good Rats

Joe Franco (dr), John Gatto (g, key), Kenny Kotke (b, voc), Mickey Marchello (g, voc), Peppi Marchello (voc)

1965 riefen die Marchello-Brüder zum ersten Mal die **Good Rats** zusammen. Sie bevorzugten einen »kruden Garagenrock« (*Rolling Stone*) und traten in den Clubs von Long Island mit wachsendem

Erfolg auf. Die Band entwickelte sich schnell zu einer ausgezeichneten, gesangsstarken Heavy-Gruppe. 1969 bekamen sie Gelegenheit, ihr Debütalbum aufzunehmen. Die LP Good Rats erregte aber nur wenig Aufmerksamkeit, und die fünf Musiker trennten sich wieder.

Im Januar 1973 riskierten die Marchellos eine Neuauflage der **Good Rats** und fanden wieder geeignete Mitstreiter in der New Yorker Clubszene. Tasty wurde überwiegend positiv beurteilt und als gelungene Mixtur aus aggressivem Hardrock und jazzigen Obertönen gelobt. Leadsänger Peppi Marchello stand im Mittelpunkt von druckvollen Gitarren, krachenden Temporockern und einfühlsamen Heavy-Balladen.

Rat City In Blue scheiterte 1976 genauso knapp am Eintritt in die Charts wie zwei Jahre später die beste **Good Rats**-LP From Rats To Riches. → **Flo & Eddie** protegierten das talentierte Quintett, das bis 1982 einem raffinierten Heavy Metal treu blieb. Die **Good Rats** erwarben sich einen Ruf als kompetente Live-Band, die im Konzert keine Probleme mit komplizierten Vokalsätzen inmitten brachialer Lautstärke hatte.

Birth Comes To Us All wurde in den Studios der englischen Band → **Who** produziert. Unter den Studiogästen waren Max Middleton von der **Jeff Beck Group** und Manfred → Mann. Für die letzte LP wurden die **Good Rats** umbesetzt. Ex-**Blackjack** Bruce Kulick und Schuyler Deale ersetzten John Gatto und Kenny Kotke. Unter dem programmatischen Titel Great American Music veröffentlichten die **Good Rats** zum letzten Mal ihren durchdachten, wuchtigen, nie schematischen Hardrock mit brillanten Vokalleistungen Peppi Marchellos.

Nach der endgültigen Trennung der **Good Rats** schloß sich Kulick vorübergehend → **Kiss** an. Peppi Marchello war 1985 als Produzent für die US-Sängerin Fiona und 1989 für **Marchello**, der Band seines Sohnes Gene Marchello, verantwortlich. Joe Franco versuchte sich 1986 mit **Ladder**, gab 1987 ein Gastspiel bei → **Twisted Sister**, half 1988 dem Gitarristen Vinnie Moore, war 1990 Studiogast bei → **Baton Rouge**, 1990 bei Kym Mazelle und 1991 bei Jennifer Holiday.

GOOD RATS (1969) Kapp 3580 • TASTY (1974) Warner Brothers 2813 • RAT CITY IN BLUE (1976) Rat City 8001 • FROM RATS TO RICHES (1977) Passport 9825 • BIRTH COMES TO US ALL (1978) Passport 9830 • LIVE AT LAST (1979) Rat City 998 • GREAT AMERICAN MUSIC (1981) Rat City 8003 • Joe **Franco** mit **Ladder**: THE LADDER (1986) Atco 90540 • Bruce **Kulick** mit **Blackjack**: BLACKJACK (1979) Polydor 2391411 • WORLDS APART Polydor, PD 16279

Steve Goodman

Steve Goodman galt als »Meister der urbanen Folkszene« (*Rolling Stone*), konnte jedoch nie seinen Insiderstatus ablegen. Seinen größten Erfolg erlebte er als Komponist des Hits ›The City Of New Orleans‹ für Arlo → Guthrie. Außerdem übernahmen Joan → Baez, David Allan → Coe und John Denver seine Lieder. Seine eigenen Produktionen sprachen dagegen nur eine kleine, vorwiegend intellektuelle Folkgemeinde an, die Goodman auch nach seinem frühen Tod kultartig verehrten.

Goodman wurde am 25. 7. 1948 in Chicago geboren. 1964 schrieb er sich an der University of Illinois für politische Wissenschaften ein. Im Sommer 1967 zog es ihn für einige Monate nach New York, um in Parkanlagen für ein Trinkgeld Straßenmusik zu machen. Nach wenigen Wochen kehrte der Singer/Songwriter und fähige Gitarrist nach Chicago als Dozent an das Lake Forest College zurück.

Ab Sommer 1969 komponierte Goodman intensiv und nahm 1971 für Buddah Records eine LP auf.

Goodmans Folkstil war zumindest bei seinen ersten Alben stark vom Country beeinflußt. 1973 spielte beim Titelsong der LP SOMEBODY ELSE'S TROUBLES ein gewisser Robert Milkwood Thomas Klavier. Hinter dem Pseudonym verbarg sich Bob →Dylan, der Goodman als politischen Liedermacher schätzte.

Im Laufe der 70er Jahre tourte Steve Goodman mehrfach durch die Vereinigten Staaten, u. a. auch für den Präsidentschaftskandidaten Edmund Muskee.

Von Kollegen hochgeschätzt, begleitete er Jimmy →Buffett auf mehreren Platten, unterstützte Bonnie Koloc, Tom →Paxton und förderte den eigenwilligen Sänger John Prine. Er wechselte mit den Alben mehrmals den Stil. Die bekannteste LP war HIGH AND OUTSIDE von 1979 und entstand unter Mitwirkung von Mark ›Corky‹ Siegel (→**Siegel-Schwall Band**), Nicolette Larson und Gitarrist Rick Vito.

Ab 1983 veröffentlichte Goodman seine Platten auf dem eigenen Label Red Pajamas Records. Er litt seit den frühen 70er Jahren an Leukämie und starb am 20. 1. 1984. Freunde wie Prine, Guthrie und Bonnie →Raitt würdigten sein Werk mit dem Doppelalbum TRIBUTE TO STEVE GOODMAN. Posthum erschienen seine letzten Aufnahmen unter dem Titel UNFINISHED BUSINESS sowie einige Sampler wie THE EASTER TAPES, der Live- und Studiotitel aus den Jahren 1975 und 1978 enthielt.

STEVE GOODMAN (1971) Castle 606 • CITY OF NEW ORLEANS (1972) Pair, PDC 21233 • SOMEBODY ELSE'S TROUBLES (1972) Sequel 607 • JESSIE'S JIG AND OTHER FAVORITES (1975) Asylum 53025 • WORDS WE CAN DANCE TO (1976) Asylum 53038 • SAY IT IN PRIVATE (1977) Asylum 53067 • HIGH AND OUTSIDE (1979) Asylum, 6E-174 • HOT SPOT (1980) Asylum. 6E-297 • ARTISTIC HAIR (1983) Red Pajamas, REDC 1 • AFFORDABLE ART (1983) Red Pajamas, REDC 2 • SANTA ANA WINDS (1984) Red Pajamas, REDC 3 • UNFINISHED BUSINESS (1987) Red Pajamas, REDC 5 • (S) THE ESSENTIAL STEVE GOODMAN (1976) Buddah 5665 • BEST OF VOL. 1 (1987) REDC 6 • (S) NO BIG SURPRISE (1994) Red Pajamas 008 • (S) NO BIG SURPRISE. THE STEVE GOODMAN ANTHOLOGY (1995) • (S) THE EASTER TAPES (1996) Red Pajamas 9

Robert Gordon

Mit Robert Gordon lebte Ende der 70er Jahre der klassische Rock'n'Roll der späten 50er wieder auf. Gordon stammte zwar aus der New Yorker New Wave-Szene, schätzte aber einfache, einprägsame Songs und gefiel sich im Outfit der Generation nach Elvis →Presley mit Hüftschwung und schmalziger Haartolle. Presley, Gene →Vincent und Carl →Perkins beeinflußten Gordons Gesangsstil und seine Musik, die zum größten Teil auf bekanntes Material zurückgriff, dem großen Fundus von Rockabilly, Hardcore-Rock'n'Roll und Country. Ende der 80er stellte er sich auf einen zeitgemäßen Mainstreamrock

ein. Bruce →Springsteen schrieb für ihn ›Fire‹, und der Gitarrenheld Link →Wray gehörte zu seinen regelmäßigen Begleitern im Studio und Konzert.
1947 in Washington D.C. geboren, wuchs Robert Gordon in Bethesda, Maryland, auf, griff als 15jähriger zur Gitarre und gründete seine ersten Bands, die **Newports** und **Confidentals**. 1970 zog er nach New York und nahm Gelegenheitsjobs an, um den Lebensunterhalt für sich und seine Familie zu verdienen.
1976 wurde Robert Gordon Leadsänger der nordamerikanischen Punkpioniere **Tuff Darts**, die mit mehreren Songs auf dem Live-Sampler CBGB's vertreten waren. 1977 startete er eine Laufbahn als Solist. Der →**Blondie**-Produzent Richard Gottehrer, der Gordon auch mit der Gitarrenlegende Link Wray zusammenbrachte, unterstützte ihn.
ROBERT GORDON WITH LINK WRAY bekam hervorragende Kritiken. Der *Melody Maker* schrieb: »Unsere heutige Aufnahmetechnik vorausgesetzt, hätten diese Klassiker in den 50er Jahren haargenau so geklungen. Und ein größeres Kompliment kann man einem Rock'n' Roll-Revival-Album gar nicht machen.«
Gordon strebte bei den Songs von Perkins, Vincent, Eddie →Cochran und Billy Lee Riley in der Tat Authentizität an. ›Red Hot‹ (US #75) wurde im Herbst 1977 ein Hit. Auch auf seine europäischen Gastspiele mit Wray gab es durchweg positive Reaktionen.
1978 betitelte »der moderne Elvis« (*New Musical Express*) das zweite Album FRESH FISH SPECIAL nach Presleys berühmter Entenschwanzfrisur aus dem Film »Jailhouse Rock«. Die LP bezog aktuelle Rockströmungen ein. Die knallharten Gitarrenriffs stammten wieder von Wray, und für die präzise Rhythmusarbeit waren Rob Stoner (b) und Howie Wyeth (dr) verantwortlich. Sie waren zuvor Begleitmusiker von Bob →Dylan und gehörten bis 1980 zur Band von Gordon. FRESH FISH SPECIAL enthielt Springsteens ›Fire‹, später ein Hit der →**Pointer Sisters**.
Der Engländer Chris →Spedding produzierte das 79er-Album ROCK BILLY BOOGIE (US #80). 1980 folgte BAD BOY mit drei Kompositionen von Marshall →Crenshaw und Songs von Roy →Orbison und Kris Jensen. Gordon setzte noch einmal seine Rock'n'Roll-Revival-Serie fort, aber mit Pop versetzt.
Den Rock'n'Roll ließ der Mann mit der auffälligen Frisur 1981 auf ARE YOU GONNA BE THE ONE hinter sich. Mit Crenshaws ›Someday, Someway‹ (US #76) hatte er den zweiten Single-Erfolg. Ansonsten wirkte sich die Abkehr vom Rock'n'Roll negativ auf die Plattenumsätze aus, ausgenommen die Live-Mitschnitte des »hinreißendsten zeitgenössischen Rockabillysängers« (*Stereo*).
Gordons Plattenvertrag wurde Ende der 80er Jahre nicht verlängert. Der immer etwas altmodisch wirkende Sänger blieb aber im Tourgeschäft gefragt und bereiste regelmäßig die USA, Japan und Europa. Verdiente und altgediente Profis wie Spedding, Danny Gatton (g), Ex- →**Santana** Michael Shrieve (dr), Jon Paris (harm), Tony Garnier (b) und Anton Fig (dr) unterstützten Gordon bei seinem Comeback-Album ALL FOR THE LOVE OF ROCK'N'ROLL, das auf solider Bluesbasis einen akzeptablen Roots-Rock bot.

FRESH FISH SPECIAL (1978) Private Stock 064–60560 • ROCK BILLY BOOGIE (1979) RCA, PL 13294 • BAD BOY (1980) RCA, PD 13523 • ARE YOU GONNA BE THE ONE (1981) RCA, PD 13773 • TOO FAST TO LIVE,

TOO YOUNG TO DIE (1982) RCA • LIVE FROM THE PARADISE IN BOSTON (1982) RCA 3411 • LIVE AT THE LONE STAR (1989) New Rose 875266 • ALL FOR THE LOVE OF ROCK 'N' ROLL (1994) Viceroy 3600029 • IN CONCERT (1996) King Biscuit 88018 • (S) THAT'S ROCK 'N' ROLL (1980) RCA, CL 43209 • (S) IS RED HOT 1977–1981 (1989) Razor & Tie 2061 • (S) BLACK SLACKS (1989) Bear Family, BCD 15489 • Mit Link **Wray**: ROBERT GORDON WITH LINK WRAY (1977) Private Stock 064–60075 • Mit Danny **Gatton**: THE HUMBLER LIVE (1978) NRG 6842

Graham Central Station

Patryce Banks (voc, perc), Larry Graham (voc, b, g), Hershall Kennedy (tr, key), Robert Sam (key, voc), Willie Sparks (dr), David Vega (g)

Der am 14. 8. 1946 im texanischen Beaumont geborene und in Oakland, Kalifornien, aufgewachsene Lawrence Graham beherrschte bereits als Teenager außer dem Baß verschiedene Keyboards und Gitarre und hatte eine drei Oktaven umfassende Stimme. Als 15jähriger begleitete er seine Mutter im **Dell Graham Trio**, das vornehmlich in Cocktailbars und Hotelcasinos auftrat. Mit 19 Jahren verließ Graham das College und begleitete u. a. John Lee → Hooker, Jimmy → Reed, Jackie → Wilson und die → **Drifters**.
1967 formierte Graham mit dem exzentrischen Sänger Sylvester Stewart alias Sly Stone die progressive, einflußreiche Funk / Soul-Band → **Sly & The Family Stone**. Graham prägte mit seinen satten, dumpfen Baßgrooves die Musik der Gruppe entscheidend mit. Bis 1972 war er an Hits wie ›Dance To The Music‹ und ›Stand‹ beteiligt. Wegen Stones Drogeneskapaden beschloß Graham, eigene Wege zu gehen.
Larry Graham arbeitete als Studiomusiker und wollte 1973 **Patryce Banks & Hot Chocolate** produzieren. Da die Gruppe gerade ihren Bassisten verloren hatte, stieg er selbst ein, heraus kam **Graham Central Station**. Das Sextett verkaufte 1974 von dem Album GRAHAM CENTRAL STATION (US #50) auf Anhieb über 300 000 Exemplare und kam mit der Auskopplung ›Can You Handle It‹ (US #63) auch in die Singlehitparaden. **Graham Central Station** spielten einen brachialen, tiefschwarzen Funkrock, der besonders live Begeisterungsstürme auslöste.
Das zweite, im November 1974 veröffentlichte Album RELEASE YOURSELF (US #61) stand den Verkaufszahlen des Vorgängers kaum nach. Anläßlich einer Tournee im Frühjahr 1975 kam auch das europäische Publikum in den Genuß der ekstatischen, rhythmischen Funk / R&B-Show.
1975 wurde der Schlagzeuger ausgetauscht. Für Willie Sparks kam Gaylord Birch, der auf der erfolgreichsten LP der **Graham Central Station** mitwirkte. AIN'T NO 'BOUT-A-DOUBT IT (US #6) und die Single ›Your Love‹ (US #33) wurden zu »Dauerbrennern für die an Funky-Soul Intressierten« (*Sounds*). Mit dem Album MIRROR (US #72) von 1976, für das Graham das gesamte Material komponiert hatte, hatte die Gruppe keinen durchschlagenden Erfolg mehr.
Patryce Banks verließ **GCS** und war 1980 Mitglied bei **Light Of World**. Sein Nachfolger war Gail Muldrow (g, voc). NOW DO U WANTA DANCE (US #54) hielt den Niedergang der Funkprotagonisten im April 1977 auf. Obwohl **Graham Central Station** sich musikalisch nicht weiterentwickel-

ten und nur noch Funk-Klischees reproduzierten, stiegen die Verkaufszahlen wieder an. Die Band drohte aber auseinanderzufallen, und zur nächsten Produktion mußte Graham umfangreiche Personaländerungen vornehmen. Die Band nannte sich nun **Larrry Graham & Graham Central Station** und bestand neben dem »Meister-Funkologen« (*Cashbox*) aus Birch, Sam, Nate Ginsberg (key), Tina Graham (voc) und Gemi Taylor (g). My Radio Sure Sounds Good To Me (US #92) war das letzte Album der Band, das in die Top 100 gelangte.
Ende 1980 hatte Graham die **Graham Central Station** aufgelöst und versuchte sich zunächst sehr erfolgreich mit einem balladesken, fast romantischen Popfunk und gängigem Discosound. 1980/81 plazierten sich seine Singles ›One In A Million You‹ (US #16), ›When We Get Married‹ (US #88), ›Just Be My Lady‹ (US #67) und die Alben One In A Million You (US #27) und Just Be My Lady (US #44) in den US-Charts. 1982 wurde es ruhiger um den Funkpionier.
1987 sang Graham im Duett mit Aretha →Franklin den Song ›If You Need My Love Tonight‹. 1993 leitete er eine neunköpfige »psychedelische Soul-Band« (*Rolling Stone*), die den Komödianten und Hollywoodstar Eddie Murphy auf einer Europatournee begleitete. Im gleichen Jahr reaktivierte er **Graham Central Station** für eine Tour durch Japan, wo die Wiederveröffentlichung der alten Alben großes Interesse an der Gruppe hervorgerufen hatte.

GRAHAM CENTRAL STATION (1973) Warner Brothers 7559–26339 • RELEASE YOURSELF (1974) Warner Brothers 7559–26352 • AIN'T NO 'BOUT-A-DOUBT IT (1975) Warner Brothers 7599–26346 • MIRROR (1976) Warner Brothers 7599 – 26347 • NOW DO U WANTA DANCE (1977) Warner Brothers 7599–26855 • MY RADIO SURE SOUNDS GOOD TO ME (1978) Warner Brothers 56501 • STAR WALK (1979) Warner Brothers 56630 • (S) THE BEST OF VOL. 1 (1996) Warner Brothers 46043 • Larry **Graham**: ONE IN A MILLION YOU (1980) Warner Brothers 56843 • JUST BE MY LADY (1981) Warner Brothers 56909 • SOONER OR LATER (1982) Warner Brothers 56992 • VICTORY (1983) Warner Brothers 23878 • FIRED UP (1985) Warner Brothers 925307 • MY RADIO SURE SOUNDS GOOD TO ME (1995) Warner Brothers 7599–26856 •Patryce **Banks** mit **Light Of The Wood**: ROUND TRIP (1980) Mercury 3819

Grand Funk Railroad

Don Brewer (dr, voc), Mark Farner (g, p, harm, voc), Mel Schacher (b)

Die Wiege der »kommerziell erfolgreichsten amerikanischen Heavy Metal-Band der 70er Jahre« (*Rolling Stone*) war Flint, Michigan, die Heimatstadt von Don Brewer (* 3. 9. 1948) und Mark Farner (* 29. 9. 1948). Farner griff zur Gitarre, als er als 15jähriger eine Footballkarriere wegen einer Knieverletzung aufgeben mußte. Er spielte mit Dick Wagner, dem späteren →**Frost**-Gitarristen, bei den **Bossmen** und traf auf Ex-**Jazz Masters**-Drummer Brewer bei **Terry Knight & The Pack**. Der Band gelangen 1966/67 mit ›A Change On The Way‹ (US #74), ›I (Who Have Nothing)‹ (US #42), ›This Precious Time‹ (US #84) und ›Love Love Love Love Love‹ (US #92) vier Notierungen in den Hot 100.
1968 kam es zwischen Knight und dem

Rest der Gruppe zum Krach. Der ehemalige Discjockey Terry Knight ging nach New York, Brewer, Farner und Mel Schacher (* 3. 4. 1951, Owosso, Michigan) machten als **Fabulous Pack** weiter. Schacher war ein Schulfreund von Farner und hatte zuvor bei **? & The Mysterians** gespielt, als die jedoch bereits ihre größten Erfolge (›96 Tears‹) hinter sich hatten. 1968 begann das Trio mit den ersten Probeaufnahmen. Knight kehrte aus New York zurück, wurde ihr Manager und gab die Anregung zum neuen Namen **Grand Funk Railroad**.

Die Band spielte einen aggressiven, lauten Heavyrock, der alle üblichen Phonstärken überschritt. Im März 1969 traten **Grand Funk Railroad** in Buffalo, New York, zum ersten Mal öffentlich auf, im Juli begeisterten sie beim Atlanta Pop Festival über 100000 Menschen. Bis zu diesem Zeitpunkt verhinderte Knight alle Plattenveröffentlichungen, um das Interesse künstlich anzuheizen.

Im Sommer 1969 war es endlich soweit: ON TIME (US #34) wurde binnen kürzester Zeit vergoldet, die Single ›Time Machine‹ (US #42) schaffte, für das Heavygenre bis dahin unüblich, fast mühelos die Top 50. Terry Knights Motto, »Ständig auftreten und regelmäßige LP-Neuheiten«, zahlte sich aus: Zwei Jahre später hatten **Grand Funk Railroad** bereits einen Umsatz von 10 Millionen US-Dollar und funf Goldene Schallplatten erreicht.

Das Albums GRAND FUNK (US #11), das die Single ›Heartbreaker‹ (US #72) enthielt, kam im Januar 1970 in die Charts. **Grand Funk Railroad** reisten mit großem Aufwand von Küste zu Küste und bescherten den Veranstaltern regelmäßig ausverkaufte Konzerte. Von den Medien wurden sie jedoch geschnitten. Aus der LP CLOSER TO HOME (US #6) wurden im August und Dezember 1970 der Titelsong (US #28) und ›Mean Mistreater‹ (US #45) ausgekoppelt.

Im Januar 1971 dokumentierte die Doppel-LP LIVE ALBUM (US #4) die Bühnenqualitäten von **Grand Funk Railroad**. Die Band bot eine perfekte Show, die von ohrenbetäubenden Gitarrenriffs begleitet wurde. Anfang Juni brach sie sämtliche Besucherrekorde, als innerhalb von 48 Stunden zwei Konzerte im New Yorker Shea Stadium ausverkauft waren. Im Frühjahr 1971 setzten die Metal-Urväter ihre Hitserie mit ›Survival‹ (US #5) und den Covern ›Feelin' Alright‹ (US #48) von Dave → Mason und ›Gimme Shelter‹ (US #58) von den → **Rolling Stones** fort.

Knight und **Grand Funk Railroad** beendeten Anfang 1972 ihre erfolgreiche Zusammenarbeit mit dem Album E PLURIBUS FUNK (US #3) und der Single ›Footstompin' Music‹ (US #28). Die Band wurde bei den Prozessen gegen Knight von dem bekannten New Yorker Rechtsanwalt John Eastman vertreten, Schwiegervater von Paul → McCartney.

Grand Funk Railroad machten ohne Pause weiter und veröffentlichten innerhalb von nur vier Monaten den Sampler MARK, DON & MEL 1969–71 (US #11), die von der Band produzierte LP PHOENIX (US #6) und die Single ›Rock'n'Roll Soul‹ (US #24). Als Studiogast wirkte erstmals der Keyboarder Craig Frost (* 20. 4. 1948, Flint) mit, der beim nächsten Album WE'RE AN AMERICAN BAND (US #1) als festes Mitglied dabei war. Der eher gemäßigte Hardrock der von Todd → Rundgren produzierten Platte kam bei den Radiosendern an. Der Titelsong (US #1) und die Single ›Walk Like A Man‹ (US #19) waren sehr erfolgreich. Plötzlich wurde die Gruppe überall in den

USA gespielt und in den Printmedien besprochen.
Grand Funk Railroad, »die lauteste, höchstbezahlte, meistumstrittene Rockband der Welt« (*FAZ*), hatte in Europa aber nicht die geringste Chance. SHININ' ON (US #3) und ein schlechtes Remake von ›Loco-Motion‹ (US #1) von Little Eva waren zu sehr am Mainstream ausgerichtet. ALL THE GIRLS IN THE WORLD BEWARE! (US #19) sowie die Hits ›Some Kind Of Wonderful‹ (US #5) und ›Bad Time‹ (US #7) klangen wieder rockiger. Ende des Jahres folgte CAUGHT IN THE ACT (US #19), ein weiteres Live-Doppelalbum.
Anfang 1976 brachten sie BORN TO DIE (US #43) unter dem verkürzten Bandnamen **Grand Funk** heraus. Die Euphorie über »das lauteste Rockspektakel der Welt« (*Musik Express*) hatte inzwischen nachgelassen. Frank Zappa produzierte im Sommer 1976 die LP GOOD SINGIN' GOOD PLAYIN' (US #40), die Popsongs wie ›Dues‹ und ›Crossfire‹ enthielt. Insgesamt hatte das Trio an Originalität verloren. Ende des Jahres gingen **Grand Funk Railroad** auseinander.
Brewer, Schacher, Frost und Billy Elworthy (g, voc) nannten sich nach ihrer Heimatstadt **Flint** und brachten 1979 ein ebenso betiteltes Heavy-Album heraus, hatten damit aber keinen Erfolg. Farner zog sich auf seine Farm zurück und arbeitete an seinem von Wagner produzierten Solodebüt, dem bereits 1978 die zweite LP NO FRILLS folgte. Im Januar reformierten Farner und Brewer mit Dennis Bellinger (b) **Grand Funk Railroad**. Sie veröffentlichten GRAND FUNK LIVES, eines »der peinlichsten Reunion-Alben der Rockgeschichte« (*Rolling Stone*). Ebenso uninspiriert fiel WHAT'S FUNK aus. Es war vorerst die letzte LP von **Grand Funk Railroad**, die es in ihrer Karriere auf 20 Millionen verkaufte Platten brachten.
Farner brachte später mehrere Alben beim christlichen Label Frontline Records heraus, gründete 1985 mit Gleichgesinnten **Vision** und anschließend mit dem ehemaligen → **Lynyrd Skynyrd**-Keyboarder Billy Powell **Mark Farner's Common Ground Ministry**. Don Brewer nahm – wie bereits Frost – ein Angebot von Bob Seger an, und Schacher machte sich einen Namen als Sammler und Restaurator von Automobilen der britischen Firma Jaguar.
1997 fanden sich Farner und Brewer sowie Schacher und der Keyboarder Howard Eddy zu einem Benefiz-Konzert zusammen. Mit Peter Frampton als Stargast und dem Symphonieorchester aus Sarajewo erschien der Mitschnitt BOSNIA, dessen Erlös einen Fonds zum Wiederaufbau Bosnien-Herzegowinas zugute kam.

ON TIME (1969) Capitol 8713543 • GRAND FUNK (1969) Capitol 8636347 • CLOSER TO HOME (1970) Capitol 748429 • SURVIVAL (1971) Capitol 8680661 • LIVE ALBUM (1971) EMI 791899 • E PLURIBUS FUNK (1971) Capitol 8713598 • PHOENIX (1971) Capitol 8648555 • WE'RE AN AMERICAN BAND (1973) Capitol 831929 • SHININ' ON (1974) IRS 8636354 • ALL THE GIRLS IN THE WORLD BEWARE (1974) Capitol 062-81811 • BORN TO DIE (1975) Capitol 062-82107 • CAUGHT IN THE ACT (1975) Capitol, 8648562 • GOOD SINGIN' GOOD PLAYIN' (1976) Capitol 062-06200 • GRAND FUNK LIVES (1981) Full Moon 99191 • WHAT'S FUNK (1983) Full Moon 99251 • BOSNIA (1997) Capitol • (S) MARK, DON AND MEL – 1966–71 (1972) Capitol 188-81122 • (S) GRAND FUNK HITS (1976) Capitol 746623 • (S) CAPITOL COLLECTION SERIES (1991) EMI 790608 • (S) MORE

OF THE BEST (1991) Rhino 8872–88907 • GRAND FUNK RAILROAD (1991) Capitol • Don **Brewer** und Mark **Farner**: MONUMENTAL FUNK (1974) Quadico, QLP 7401 • Don **Brewer**, Craig **Frost** und Mel **Schacher** mit **Flint**: FLINT (1979) CBS 83297 • Mark **Farner**: MARK FARNER (1978) Atlantic 50149 • NO FRILLS (1979) Atlantic 19196 • JUST ANOTHER JUSTICE (1988) • Pila 30484 • WAKE UP (1990) Pila 36679 • SOME KIND OF WONDERFUL (1991) Pila 31086

Grandmaster Flash & The Furious Five

Danny ›Kidd Creole‹ Glover (voc), Melvin ›Melle Mel‹ Glover (voc), Eddie ›Mr. Ness‹ Morris (voc), Joseph ›Grandmaster Flash‹ Saddler (tech, rec-p), Keith ›Cowboy‹ Wiggins (voc) Guy ›Raheim‹ Williams (voc)

Sie waren nicht die ersten Rapper auf der New Yorker Szene, aber **Grandmaster Flash & The Furious Five** demonstrierten 1982, daß Rap zu »potenten sozialpolitischen Kommentaren in der Lage ist« (*Trouser Press*). Sie ebneten damit den Weg für die nächste Generation der Rapper und HipHopper der → **Beastie Boys**, → **Run DMC** und → **Public Enemy**.

Joseph ›Grandmaster Flash‹ Saddler wurde am 1. 1. 1958 auf Barbados geboren. Er begann in der New Yorker Bronx als Diskjockey für Parties, kleinere Diskotheken und Aerobic-Kurse. Saddler beschäftigte sich mit neuen Audiotechnologien und leistete Basisarbeit für den Scratching-Stil der DJs. Phasing (Manipulation der gängigen Geschwindigkeiten), Cutting (Zusammenschneiden bzw. Überblenden unterschiedlicher Titel) und Back-Spinning (Wiederholung bestimmter Song/Rhythmus-Sequenzen durch Anhalten bzw. Rückwärtsdrehen der Platten) benutzte Saddler für seinen »ultimativen Street-Beat« (*Musik Express*).

1976 scharte Saddler mit Keith ›Cowboy‹ Wiggins (*20. 9. 1960), Danny ›Kidd Creole‹ Glover und Melvin ›Melle Mel‹ Glover andere begabte Rapper um sich und holte gegen Ende des Jahres Kurtis Blow und Ed ›Duke Bootee‹ Fletcher. Der prominente Solist Blow wurde schon bald durch Guy Todd ›Raheim‹ Williams ersetzt. Sie nannten sich **Grandmaster Flash & The Furious Five** und stellten ein mobiles Equipment zusammen, das ihnen überall Live-Auftritte ermöglichte. Der erste wichtige Gig fand Ende 1976 im Audubon Ballroom in Harlem, New York, statt.

Grandmaster Flash und Melle Mel, der bis dahin die **Furious Five** geführt hatte, wurden gleichberechtigte Stars in der neben der → **Sugarhill Gang** bedeutendsten Rapformation. Melle Mel galt als »Toscanini der Plattenspieler« (*Life*), Grandmaster Flash wurde zum »König des Rap« (*Rolling Stone*) gekürt. Rap und schwarzer HipHop steckten noch in den Kinderschuhen, und es dauerte eine Weile, bis die großen Plattenfirmen ihre Skepsis überwanden. So mußten die **Furious Five** bis 1979 auf ihre ersten Studioaufnahmen warten.

Grandmaster Flash & The Furious Five veröffentlichten als Debüt die Single ›Superrappin'‹, die trotz oder wegen der Erfolge der befreundeten **Sugarhill Gang** mit ›Rapper's Delight‹ in der Öffentlichkeit kaum registriert wurde. Flash hatte mit seinem Solo ›We Rap More Mellow‹ und ›Flash To The Beat‹ als **Flash & The**

Five ebenfalls kein Glück. Daraufhin nahm Sugarhill Records, das einflußreichste Label des Genres, die Rapper-Gang unter Vertrag und konnte von der zweiten Single ›Freedom‹ (US #87) 100000 Exemplare absetzen. 1980/81 folgten ›The Birthday Party‹, ›The Adventures Of Grandmaster Flash On The Wheels Of Steel‹ und ›Flash To The Beat‹. **Grandmaster Flash & The Furious Five** perfektionierten ihre Samplingtechnik und verwandten u. a. Elemente aus Songs von →**Blondie**, →**Queen** und →**Chic**. Auf der Bühne bot das Sextett mit aufwendigen Kostümen, präziser Choreographie und Hardrock/Funk-dominierten Soundcollagen beste Unterhaltung.

1982 wurde ›The Message‹ (GB #7, US #62) zur »Single des Jahres« (*Village Voice*) erklärt und als Ausdruck »urbaner Lebensqualität im Reagan-Zeitalter« (*Rolling Stone*) verstanden. Unter demselben Titel erschien das »beste Rap-Album aller Zeiten« (*Musik Express*), außerdem die in England erfolgreiche Single ›White Lines‹ (GB #32). Im November 1983 trennten sich Grandmaster Flash und die **Furious Five**. 1984 erinnerte der Remix von ›White Lines‹ (GB #7) an die führenden Rap-Protagonisten, die sich vor allem in Europa größter Beliebtheit erfreuten.

Melle Mel & The Furious Five setzten ihre Karriere bei Sugarhill Records im Juni 1984 mit ›Beat Street Breakdown Part 1‹ (GB #26, US #86) aus dem Soundtrack »Beat Street« fort. Sechs Wochen später veröffentlichte Grandmaster Mel die Single ›We Don't Work For Free‹ (GB #36) und lieferte Chaka →Khan den Einstiegsrap zum Hit ›I Feel For You‹. Weitere Singles von **Melle Mel & The Furious Five** waren im Januar und März 1985 ›Step Off (Part 1)‹ (GB #8) bzw. ›Pump Me Up‹ (GB #40), die vor allem durch die TV-Serie »Miami Vice« bekannt wurden.

Raheim und Kidd Creole blieben an der Seite von Grandmaster Flash, der 1983 ›New York New York‹ (D #18) und 1984 die LP GREATEST MESSAGES (GB #45) herausbrachte. Flash setzte auf harte Elektrobeatattacken, die er zunehmend mit baladesken Elementen variierte. Eine zufällige Begegnung im Sommer 1987 in New York führte zur Versöhnung zwischen den Grandmastern Flash und Mel, die umgehend **Grandmaster Flash & The Furious Five** wieder ins Leben riefen. Unter Mitwirkung von →**Steppenwolfs** Sänger John Kay bearbeiteten sie den Klassiker ›Magic Carpet Ride‹, würdigten Martin Luther King bei ›The King‹ ungewöhnlich leise und zurückgenommen oder gingen bei ›Fly Girl‹ mit »gelungenen Riesenschritten in Richtung Songs & Soul« (*Musik Express*). Flash war nach wie vor als Solist bei Elektra Records unter Vertrag, doch Platten wie ON THE STRENGTH fielen unter den zahlreichen Veröffentlichungen der jüngeren Rap- und HipHop-Generation kaum auf. **Grandmaster Flash & The Furious Five** arbeiteten nur noch sporadisch zusammen und traten bei Wohltätigkeitsveranstaltungen auf. Am 8. 9. 1992 starb Keith ›Cowboy‹ Wiggins.

Mel ›Raheim‹ Creole und Scorpio reaktivierten die Gruppe Anfang 1994, um an der Old School Reunion Tour neben Kurtis Blow, Whodini, Kool Moe Dee und der **Sugarhill Gang** teilzunehmen. Zur gleichen Zeit erschien wieder ein Remix von ›White Lines‹ (GB #59) in den britischen Charts. 1995 war Mel Studiogast bei der Produktion THANK YOU von →**Duran Duran**. 1997 tat er sich wieder mit Scorpio zusammen, um RIGHT NOW einzuspielen. Das Album ließ inhaltlich und musikalisch jeglichen Überraschungsmoment vermissen, war aber trotzdem ein Beleg dafür, daß die old boys des Rap mit ihren jugendlichen Nachfahren immer noch mithalten konnten.

THE MESSAGE (1982) Teldec 246230 • GRANDMASTER FLASH & THE FURIOUS FIVE (1983) Sugarhill 229244 086 • BA DOP BOOM BANG (1986) Elektra 7599–60769 • ON THE STRENGTH (1987) Elektra 960769 • (S) GREATEST MESSAGES (1983) Sugarhill, SHLP 5552 • (S) GREATEST HITS (1992) Sequel 622 NEM • (S) THE MESSAGE FROM THE BEAT STREET (1993) Rhino 71606 RHI • **Grandmaster Flash**: THEY SAID IT COULDN'T BE DONE (1985) Elektra 960389 • THE SOURCE (1986) Elektra 960476 • **Grandmaster Melle Mel And The Furious Five**: WORK PARTY (1984) Sugarhill, SHLP 5553 • STEPPING OFF (1985) Sugarhill, SHLP 5555 • **Grandmaster Melle Mel & Scorpio**: RIGHT NOW (1997) Raputation 98862 RAP

Amy Grant

Die Sängerin und Komponistin Amy Grant stieg Ende der 80er, Anfang der 90er Jahre zum gefragtesten Popstar mit christlichem Sendungsbewußtsein auf. Ihr gelangen einige Hits, die sie auf die Titelseiten der Musik- und Frauenmagazine brachten.
Amy Grant (*25. 11. 1960, Augusta, Georgia) wuchs in Nashville, Tennessee, auf und begann während eines Sommercamps Gitarre zu spielen. Das religiöse Label Word Records aus Waco, Texas, nahm die gerade 15jährige 1976 unter Vertrag. Brown Bannister produzierte bis 1982 sieben Alben, die Amy Grant zum Topstar ihrer Szene machten. Für AGE TO AGE erhielt sie 1983 ihren ersten von insgesamt fünf Grammies als Gospelsängerin des Jahres. Mitte der 80er Jahre übernahm A&M Records den Vertrieb von Word und hatte damit auch Amy Grant unter Vertrag, die 1984 auf STRAIGHT AHEAD auf christlicher Linie blieb.
Im Juni 1985 gelangte sie mit UNGUARDED (US #35) und der Auskopplung ›Find A Way‹ (US #29) zum ersten Mal in die Popcharts und wurde dafür 1986 mit einem Grammy für den besten weiblichen Gospelvortrag ausgezeichnet. In diesem Jahr arbeitete sie mit Art →Garfunkel am Projekt THE ANIMALS CHRISTMAS, nahm mit Peter →Cetera die Popballade ›The Next Time I Fall‹ (US #1) auf und veröffentlichte im Dezember den Sampler THE COLLECTION (US #79). Für die LP LEAD ME ON (US #71) erhielt sie, wiederum in der Gospelkategorie, im Februar 1989 ihren nunmehr fünften Grammy. THE COLLECTION erreichte Platinstatus. Am 18. 12. 1989 heiratete sie den Singer / Songwriter Gary Chapman, den Vater ihrer Tochter Gloria.
Amy Grants Siegeszug als gesanglich außerordentliche Popkünstlerin nahm 1991 mit dem Album HEART IN MOTION (GB #25, US #10, D #22) und den vier Singlehits ›Baby Baby‹ (GB #2, US #1, D #8), ›Every Heartbeat‹ (GB #25, US #2, D #37), ›That's What Love Is For‹ (GB #60, US #7, D #78) und ›Good For Me‹ (GB #60, US #8, D #52) einen fulminanten Anfang. In den USA wurde noch ›I Will Remember You‹ (US #20) ausgekoppelt.
1992 tourte »die Gospelpop-Diseuse« (*Musik Express*) durch Großbritannien, engagierte sich für AIDS-Stiftungen,

nahm für den Soundtrack zu »Honeymoon In Vegas« den Elvis →Presley-Klassiker ›Love Me Tender‹ auf und veröffentlichte im Oktober HOME FOR CHRISTMAS (US #2). Im Jahr darauf überschritt der Verkauf von HEART IN MOTION die Vier-Millionen-Grenze.
Über HOUSE OF LOVE (US #13) vom Sommer 1994 waren die Meinungen geteilt. Als Singles erschienen ›Lucky One‹ (GB #60, US #18, D #56), ›Say You'll Be Mine‹ (GB #41) und das Duett mit Vince Gill ›House Of Love‹ (GB #46, US #37). 1995/96 machte sich Amy Grant rar. Im Juli 1995 interpretierte sie ›Big Yellow Taxi‹ (GB #20, US #67) von Joni →Mitchell und beendete im September eine US-Tour. Anfang 1996 coverte sie ›The Things We Do For Love‹ von →**10 cc** für den Soundtrack zum Film »Mr. Wrong«.

AMY GRANT (1976) Pila 60036 • MY FATHER'S EYES (1979) Pila 60037 • NEVER ALONE (1980) Pila 60040 • AMY GRANT IN CONCERT (1981) Pila 60038 • AMY GRANT IN CONCERT VOL. 2 (1981) Pila 60039 • AGE TO AGE (1982) A&M, CD 5056 • A CHRISTMAS ALBUM (1983) Pila 60020 • STRAIGHT AHEAD (1984) Pila 60017 • UNGUARDED (1985) Pila 60018 • LEAD ME ON (1988) A&M 395 199 • HEART IN MOTION (1991) A&M 395 321 • HOME FOR CHRISTMAS (1992) Pila 31338 • HOUSE OF LOVE (1994) A&M 540 256 • (S) THE COLLECTION (1986) A&M 363 900

Eddy Grant

Der vielleicht erfolgreichste Vertreter einer poppigen Reggae/Rock-Melange wurde am 5. 3. 1947 auf einer Karibikinsel als Edmund Grant geboren. 1960 wanderte die Familie nach England aus, wo Eddy als Trompeter beim Londoner **Camden School Orchestra** seine musikalische Laufbahn begann. Unter verschiedenen Pseudonymen nahm er 1966 die LP CLUB SKA 66 auf, die nur wenige Interessenten fand. Im Jahr zuvor begann er bereits mit den Proben für die Beat/Pop-Band **Equals**, die er mit seinen Brüdern, den Zwillingen Derv und Lincoln Gordon (* 29. 6. 1948) als Sänger und Rhythmusgitarristen, dem Bassisten Patrick Lloyd (* 17. 3. 1948) und dem Drummer John Hall (* 25. 10. 1947) besetzte.
Die **Equals** produzierten bis 1970 mehrere Hits, die gute Plazierungen in den europäischen Charts erreichten. Den Auftakt machte im Mai 1968 ihr ›Baby Come Back‹ (GB #1, US #32, D #11), dem ›Laurel And Hardy‹ (GB #26), ›Michael And The Slipper Tree‹ (GB #29, D #7), ›Viva Bobby Joe‹ (GB #6, D #12) und ›Black Skin Blue-Eyed Boys‹ (GB #9, D #35) folgten. In Deutschland waren sie am meisten gefragt, denn hier kamen sie bis zum Juli 1971 zusätzlich mit ›I Won't Be There‹ (D #39), ›Police On My Back‹ (D #32), ›I Get So Excited‹ (D #28), ›Softly Softly‹ (D #6), ›Green Light‹ (D #7), ›Rub A Dub Dub‹ (D #4), ›Soul Brother Clifford‹ (D #14), ›I Can See, But You Don't Know‹ (D #22), ›Let's Get To The Moon‹ (D #38), ›Black Skin Blue Eyed Boys‹ (D #35) und ›Help Me Simone‹ (D #49) in die Hitparaden.
Eddy Grant verließ die **Equals** 1972 und wurde Besitzer einer eigenen Plattenfirma (Ice Records), eines Studios und eines Preßwerks. Als Solist führte er erstmals 1977 auf MESSAGE MAN unterschiedliche »Elemente aus Reggae, Funk, Soul, Rock und Pop« (*Rolling Stone*) zusammen. Vom Sommer 1979 bis Anfang 1983 sorgte er für Topsingles wie ›Living

On The Front Line‹ (GB #7), ›Do You Feel My Love?‹ (GB #8, D #12), ›Can't Get Enough Of You‹ (GB #13, D #22), ›I Don't Wanna Dance‹ (GB #1, US #53, D #7) und ›Electric Avenue‹ (GB #2, US #2, D #9). Mit ›Living On The Front Line‹ bezog Grant gegen die südafrikanische Apartheidpolitik Stellung. Ein Angebot für eine Südafrikatournee, die ihm eine Million Dollar garantierte, lehnte er ab. Grant, der ein sicheres Gespür für unkomplizierte Songs hatte, hatte weltweit Erfolg. Er füllte in Südamerika Fußballarenen und dominierte die Charts in Spanien und den Beneluxländern. Auch auf den internationalen LP-Märkten war er kurzzeitig gut im Geschäft: mit CAN'T GET ENOUGH (GB #27, D #41) und KILLER ON THE RAMPAGE (US #10, GB #6, D #11).
1981 gab er seine Unternehmen in London auf und kaufte sich Haus und Studio auf Barbados. 1984 schrieb er für den Soundtrack zum Michael Douglas-Film »Auf der Jagd nach dem grünen Diamanten« den Song ›Romancing The Stone‹ (US #26, D #42), der auch auf seiner LP GOING FOR BROKE (US #64, D #48) zu hören war. Anschließend war Grant längere Zeit nicht mehr in den Hitlisten.
Ein Comeback war Grant 1988 mit dem Reggae-Funk von ›Gimme Hope Jo'anna‹ (GB #7, D #4) vergönnt, ein weiterer Song, mit dem er die südafrikanische Rassentrennungspolitik kritisierte. Danach verschwand sein Name endgültig aus den Charts. Grant widmete sich Benefizveranstaltungen, wie z. B. für die Opfer des Hurrikans Gilbert, und präsentierte 1991 als Moderator die erste Verleihung der Caribbean Music Awards in New York. Im Sommer des Jahres bemühte er sich mit einem Millionenangebot um die Rechte an den Songs von Bob →Marley, die jedoch Rita Marley und Island Records-Chef Chris Blackwell zugesprochen wurden.
1994 floppte die Popplatte PAINTINGS OF THE SOUL trotz zweijähriger Produktionszeit. Für SOCA BAPTISM coverte er 1994 bekannte Calypso-Titel.

CLUB SKA 66 (1966) • MESSAGE MAN (1977) Ice 533016 • LIVING ON THE FRONT LINE (1978) Ice • WALKING ON SUNSHINE (1978) Ice 533017 • LOVE IN EXILE (1980) Ice 533015 • LIVE AT NOTHING HILL (1981) Ice 941602 • CAN'T GET ENOUGH (1981) Ice 533018 • KILLER ON THE RAMPAGE (1982) Ice 533014 • GOING FOR BROKE (1984) Ice 533013 • BORN TUFF (1985) Ice 533012 • FILE UNDER ROCK (1988) Parlophone 790343 • RESTLESS WORLD (1989) Parlophone • BAREFOOT SOLDIER (1990) Enigma 773561 • PAINTINGS OF THE SOUL (1992) Ice 513590 • SOCA BAPTISM (1994) Ice 521135 • (S) EDDY GRANT (1986) Amiga 856166 • (S) ALL THE HITS (1996) Ice 533444 • (S) I DON'T WANNA DANCE (1997) Ariola 74321 47359 • Mit den **Equals**: UNEQUALLED EQUALS (1967) President, PTL 1006 • EQUALS EXPLOSION (1968) President, PTL 1015 • EQUALS SUPREME (1968) President, PTL 1025 • BABY COME BACK (1968) RCA, LSP 4078 • EQUALS STRIKE AGAIN (1969) President, PTL 1030 • EQUALS AT THE TOP (1970) President 80494 • EQUALS ROCK AROUND THE CLOCK (1974) President, PTL 1054 • BORN YA (1976) Mercury 9109601 • MYSTIC SISTER (1978) • (S) THE BEST OF (1969) President 80160 • (S) HIT-COLLECTION (1972) President 85289 • (S) GREATEST HITS (1974) President 88121 • (S) FROM THE BLUE ANGEL (1984) Edsel 1

Grant Lee Buffalo

Paul Kimble (b), Joey Peters (dr), Grant Lee Phillips (voc, g)

Das Trio aus San Francisco zählte seit 1993 zu den vielversprechendsten US-Bands. Sie wurden von Kollegen wie → Pearl Jam und → R.E.M. hochgeschätzt, weil sie es wie keine andere Formation verstanden, »Folk- und Countryelemente deftig mit verzerrten Gitarren zu würzen« (*Audio*).
Bereits 1986 bildeten der ehemalige Filmhochschüler Grant Lee Phillips und Joey Peters in San Francisco den Vorläufer von Grant Lee Buffalo und tingelten mit dem Quintett Shiva Burlesque durch die Clubs der Bay Area. Sie spielten je nach Bedarf gepflegten Pop, Go Go-Musik oder einen schweren, von → Love und den → Doors beeinflußten Rock. 1989 entließen sie ihre Musiker und gründeten mit Paul Kimble Grant Lee Buffalo. Drei Jahre feilten sie am Konzept und eigenen Songs, testeten sie in Clubs und gaben ihrem zeitgemäßen Roots-Rock im Stil von Neil → Young einen unverkennbaren Folktouch in bester Bob → Dylan-Tradition.
Die Albumpremiere FUZZY (GB #74) erschien im Februar 1993 und wurde als »Kreativitätsausbruch« (*Rolling Stone*) beschrieben, der aber in England mehr Anhänger fand als in den USA. Phillips verfügte über ein beachtliches Songwriter-Potential. Grant Lee Buffalo suchten ständig den Kontakt zum Publikum und nahmen soviel Auftrittsangebote wie möglich an: »Das Konzert ist die wirkliche Essenz dieser Band« (Grant Lee Phillips).
Nach fast anderthalb Jahren ununterbrochen auf Tour präsentierten Grant Lee Buffalo im Herbst 1994 ihr zweites Album MIGHTY JOE MOON (GB #24), produziert von Kimble: »Nie überladen, stets transparent kommt es Phillips vokalem Ausdrucksvermögen zwischen verhaltenem Flüstern und schierer Wut immer wieder entgegen« (*Musik Express*). Folk-Pop, jazzige Ansätze und psychedelischer Rock prägten den Sound.
Geigen, Vibraphone, Flöten und andere Instrumente erweiterten 1996 bei COPPERPOLIS das musikalische Spektrum von Grant Lee Buffalo, die sich einem »modernen Folkrock der Güteklasse A« (*Musik Express*) verschrieben hatten.

FUZZY (1993) London 828389 • MIGHTY JOE MOON (1994) London 828541 • COPPERPOLIS (1996) London 828760

Grass Roots

Creed Bratton (g, ban, si), Ricky Coonce (dr), Warren Entner (g, voc, key), Rob Grill (b, voc)

»Wir waren eine Singles-Band«, sagte Bassist Rob Grill rückblickend auf die beste Zeit der Grass Roots, die es bis 1971 auf neun Top-20-Hits brachten und zeitweise zu den begehrtesten Rockgruppen des Landes gehörten.
Die Produzenten und Songwriter P. F. Sloan und Steve Barri waren 1966 die Initiatoren der Gruppe aus Los Angeles, die sich zunächst Grassroots nannte. Ähnlich den → Byrds und → Turtles wollten Sloan und Barri ein Folkrock-Duo bilden, das von Studiomusikern begleitet wurde. Sie nahmen zunächst von Bob

→Dylan ›Mr. Jones (Ballad Of A Thin Man)‹ (US #95) auf. Die Coverversion wurde in einigen Radiostationen von Los Angeles gespielt. Sloan engagierte die **Bedouins** mit Leadsänger Bill Fulton. Die Sloan/Barri-Komposition ›Where Were You, When I Needed You‹ (US #26) erreichte einen respektablen Platz in den US-Charts und beschleunigte die Entscheidung, eine feste Band zusammenzustellen. Sloan brauchte neue Musiker, denn nach dem Album WHERE WERE YOU ... und der Single ›Only When You're Lonely‹ (US #93) kehrten die **Bedouins** nach Frisco zurück.

Im Sommer 1967 fanden Sloan und Barri geeignete Musiker; sie traten als **13th Floor** in Bars von L.A. auf. Creed Bratton (*8. 2. 1943, Sacramento, Kalifornien) und Warren Entner (*7. 7. 1944, Boston, Massachusetts) hatten vorher als Straßenmusikanten Songs von Buddy →Holly und den →**Everly Brothers** gesungen. Ricky Coonce (*1. 8. 1947, Los Angeles) hatte in einem Musikaliengeschäft Drumsets vorgeführt. Komplettiert wurde das Quartett durch den talentierten Gitarristen Rob Grill (*5. 11. 1944, Los Angeles), dessen Sound den typischen **Grass Roots**-Stil prägen sollte.

Die **Grass Roots** coverten zunächst von den **Rokes** ›Let's Live For Today‹ (US #5) und kamen im Juni 1967 unter die Top 10. Das gelang im selben Jahr auch mit ›Things I Should Have Said‹ (US #34) und ›Wake Up, Wake Up‹ (US #43), sie schafften aber mit der LP LET'S LIVE FOR TODAY nicht den Chartseinstieg. Trotzdem konnten die **Grass Roots** landesweit auf Tournee gehen. Die Band verzichtete auf große Werbemaßnahmen und spektakuläre Bühnenshows. Sie hatten melodische Gitarren, starke Stimmen und griffige Songs zu bieten. Nur noch gelegentlich griffen sie auf Kompositionen von Barri/Sloan zurück.

1968/69 waren die Singles ›Midnight Confessions‹ (US #3), ›Bella Linda‹ (US #19), ›Lovin' Things‹ (US #30), ›The River Is Wide‹ (US #16), ›I'd Wait A Million Years‹ (US #11) und ›Heaven Knows‹ (US #12) äußerst vielversprechend. Von den zahlreichen Alben verkauften sich LEAVING IT ALL BEHIND (US #31) und der Sampler GOLDEN GRASS (US #24) am besten.

Im April 1969 verließ Bratton die Band. Er wurde durch den Keyboarder Denny Provisor (*5. 11. 1950) und den Leadgitarristen Terry Furlong ersetzt. Die Umbesetzungen veränderten den moderaten, anspruchsvollen Popsound in keiner Weise, und mit ›Walking Through The Country‹ (US #27), ›Baby Hold On‹ (US #26), ›Come On And Say It‹ (US #37), ›Temptation Eyes‹ (US #11), ›Sooner Or Later‹ (US #10) und ›Two Devided By Love‹ (US #11) konnten sie auch 1970/71 Hits landen.

1972 wurde es stiller um die **Grass Roots**. Ihre Ablehnung der Angebote von Richard Nixons Tochter Tricia, im Weißen Haus zu spielen, sorgte für mehr Aufsehen als ihre mittleren Hits ›Glory Bound‹ (US #25) und ›The Runaway‹ (US #36). Auch im Jahr darauf waren sie mit ›Love Is What You Make It‹ (US #27) und ›Where There's Smoke, There's Fire‹ (US #92) nicht so erfolgreich, und im Spätsommer 1975 erreichten sie mit der Single ›Mamacita‹ (US #87) den absoluten Tiefpunkt. Daran vermochten auch einschneidende personelle Umstellungen nichts zu ändern. Entner und Grill spielten seit 1971 mit Joel Larson (dr), Virgil Weber (key) und

Reed Kailing (g) anstelle von Coonce und Provisor. Larson hatte mit **Merry Go Round** eine LP gemacht und arbeitete zuletzt als Studiomusiker für Lee →Michaels.
Die **Grass Roots** trennten sich im Herbst 1975. Kailing wirkte später auf einem Album von **Player** mit, und Grill realisierte 1979 unter Mithilfe einiger Musiker von →**Fleetwood Mac** eine LP. 1983 reaktivierte er die **Grass Roots**, die sich bis in die 90er Jahre am lukrativen Oldies-Zirkel in den USA neben Gruppen wie den →**Buckinghams, Turtles** und →**Paul Revere & The Raiders** beteiligten. Der Comebackversuch POWERS OF THE NIGHT scheiterte. Ricky Coonce profilierte sich im Verlauf der 80er Jahre vor allem als Manager von Metal- und Heavybands wie →**L 7**, →**Rage Against The Machine**, →**Quiet Riot** und →**Faith No More**.

WHERE WERE YOU WHEN I NEEDED YOU (1966) Varese 5511 • LET'S LIVE FOR TODAY (1967) Dunhill 50020 • FEELINGS (1968) Dunhill 50027 • LOVIN' THINGS (1969) Dunhill 50052 • LEAVING IT ALL BEHIND (1969) Dunhill 50067 • MOVE ALONG (1972) Dunhill 50112 • A LOTTA' MILEAGE (1973) Dunhill 50137 • GRASS ROOTS (1975) Capitol, ST-9204 • POWERS OF THE NIGHT (1982) MCA • (S) GOLDEN GRASS (1968) Dunhill 50047 • (S) MORE GOLDEN GRASS (1970) Dunhill 50087 • (S) THEIR 16 GREATEST HITS (1971) • (S) POP CHRONIK (1975) ABC 27432 • (S) THE STORY OF POP (1976) ABC 27352 • ANTHOLOGY: 1965–1975 (1991) Rhino R270746 • Rob **Grill**: UPROOTED (1979) Mercury 9111055 • Joel **Larson** mit **Merry Go Round**: YOU'RE VERY LONELY WOMAN (1967) A&M 4132

Grateful Dead

Bill Kreutzmann (dr), Phil Lesh (b), Ron ›Pigpen‹ McKernan (org, harm), Jerry Garcia (g), Bob Weir (g)

Obwohl nie so kämpferisch wie →**Country Joe & The Fish** oder so anarchisch wie →**Jefferson Airplane**, waren **Grateful Dead** von Anfang an die Repräsentanten der San Francisco- und Westcoastszene. Das Musikerkollektiv übernahm diesen Rang 1967 und verteidigte ihn bis in die 90er Jahre. **Grateful Dead** überdauerten alle Rockbands und -musiker jener Zeit und gelten als »wahrscheinlich improvisationsreichste unter den großen Rockbands« (*Rolling Stone*).
Der Gitarrist Jerome John Garcia wurde am 1. 8. 1942 in San Francisco geboren. Sein Vater leitete in den 30er Jahren eine Bigband. Nach seiner Militärzeit kam Jerry 1960 zunächst nach Palo Alto und machte die Bekanntschaft des späteren **Grateful Dead**-Texters Robert Hunter. Garcia wurde Gründungsmitglied der **Thunder Mountain Tub Thumpers**. Ab 1962 tummelte sich Garcia in der aufblühenden Folkszene von Frisco, machte vorwiegend Bluegrass-Musik und nahm Countrydemos mit Sarah Garcia auf. Bei den kurzlebigen **Zodiacs** traf er auf Ron McKernan (* 8. 9. 1945, San Bruno, Kalifornien), Bob Weir (Robert Hall, * 6. 10. 1947, San Francisco), Bill Kreutzmann (* 7. 4. 1946, Palo Alto, Kalifornien) sowie die Folk / Bluegrass / Countryveteranen Tom Stone, David Parker, John Dawson, Marshall Leicester und Bob Matthews, die bei Gruppen wie den **Wildwood Boys, Black Mountain Boys** oder **Hart Valley Drifters** gespielt hatten. Dawson war später bei den →**New Riders Of The Purple**

Sage, Matthews arbeitete als Toningenieur und Parker als Manager für Grateful Dead.

Im Frühjahr 1965 bildeten sich aus den in Palo Alto ansässigen Mother McCree's Uptown Jug Champions mit Garcia, McKernan, Weir, Kreutzman und der Bassistin Dana Morgan Jr. die Warlocks. Sie spielten einen spröden Rock'n'Roll- und R&B-beeinflußten Sound und bevorzugten Songs von den → Rolling Stones und den Bluesgrößen der Chess Records-Ära. Der Elektronik- und Zwölftonexperte Phil Lesh (Philip Chapman, * 15. 3. 1940, Berkeley, Kalifornien) verstärkte ab Juni 1965 die Warlocks. Als Hausband von Ken Kesey's Acid Tests (LSD war bis zum August 1966 in Kalifornien legal) veranstalteten die Warlocks multimediale Spektakel.

Ab November 1965 benutzte Garcia immer häufiger den Bandnamen Grateful Dead, über dessen Herkunft es die unterschiedlichsten Spekulationen gibt. Binnen weniger Monate entwickelte sich Grateful Dead zu einem Publikumsmagneten, der regelmäßig von den Rockpalästen Fillmore West und Avalon gebucht wurde oder in den weiten Parks der Hippiemetropole stundenlang Free Concerts absolvierte.

Das erste Album The Grateful Dead (US #61) bestand im wesentlichen aus klassischen Rock- und Bluessongs wie ›Morning Dew‹, ›Good Morning Little Schoolgirl‹ und ›Sitting On Top The World‹. Nur der zehnminütige ›Viola Lee Blues‹, der in nur drei Tagen aufgenommen worden war, fiel aus dem Rahmen. Die LP machte Grateful Dead landesweit bekannt. Als zweiter Schlagzeuger ergänzte im Spätsommer 1967 Mickey Hart (* 1950, New York) das vielversprechende Unternehmen. Außerdem stieß der Keyboarder Tom Constanten zu der Musikerkommune.

Grateful Dead spielten beim Monterey International Pop Festival, traten neben den → Doors und der → Steve Miller Band beim Northern California Rock Festival auf, stellten Jeff → Beck anläßlich dessen US-Premiere vor und waren neben → Steppenwolf, → Byrds und → Canned Heat Stargäste beim Newport Pop Festival.

Bereits mit dem Album Anthem Of The Sun (US #69) bewiesen Grateful Dead im September 1968, daß sie ihre mitreißenden Live-Auftritte auch im Studio umzusetzen vermochten. Zur Hälfte im Konzert und zur Hälfte im Studio mitgeschnitten, klang Anthem wie aus einem Guß und erinnerte an eine moderne Rocksinfonie aus nordamerikanischer Folk-, Country- und Bluesmusik. Garcia prägte mit stilistischer Vielfalt und brillanter Gitarrentechnik »die konsequenteste und experimentierfreudigste Freakband« (*Musik Express*).

Die Rockkommune lebte inzwischen in einem Haus in San Francisco, 710 Ashbury Street. 1968 verlegte sie ihr Domizil auf eine Farm in Marin County. Die Band spielte bei fast allen großen Festivals jener Zeit. Bei Anthem verzichteten sie aus finanziellen Gründen auf einen Produzenten und engagierten nur den bekannten Rockimpresario Bill Graham als Berater und Manager. 1969 plante die Dead-Familie zwei Live-Doppelalben und eine Studioplatte. Als eine der ersten Rockgruppen arbeitete sie mit der damals komplizierten 16-Spurtechnik an der Studioproduktion Aoxomoxa (US #89). Das Verfahren brachte ihnen 100 000 US-Dollar Schulden bei ihrer Plattenfirma Warner Brothers ein, da die geniale Collage mit dem schwierigen Titel sich viel schlechter verkaufte als erwartet. Mehr Erfolg hatten **Grateful Dead** mit ihrem vielgelobten Woodstock-Auftritt und dem Mitschnitt LIVE DEAD (US #62). Sie brillierten vor allem bei der 25 Minuten langen Fassung von ›Dark Star‹. Der *New Musical Express* stellte fest: »Keiner weiß mehr über Musik, die high macht, als die Dead«, und *Sounds* schrieb: »Live / Dead verdeutlicht die Fähigkeit der Gruppe, ganz unterschiedliche Songideen zusammenzubringen und sie natürlich ineinander übergehen zu lassen. Eine Jamming Band wie Dead lebt davon, eine Spürnase für den natürlichen Fluß ihrer Musik zu haben, und von der Kunst, in kurzen Schritten die Musik in andere Bahnen zu lenken als beim Ausgangspunkt.«

Den psychedelischen Gitarrentrips der 71er-Live-LP GRATEFUL DEAD (US #24) aus dem Winterland in Frisco, dem Fillmore East und Manhattan Center in New York ließen **Grateful Dead** den eher streng traditionellen Countrystil von WORKINGMAN'S DEAD (Us #12) und AMERICAN BEAUTY (US #15) folgen. Die Band wurde von Mitgliedern der **New Riders Of The Purple Sage** unterstützt, bei denen Garcia wiederum auf der Debüt-LP aushalf, die er auch als Produzent betreute.

Der **Dead**-Clan widmete sich neben der Band zunehmend anderen Aktivitäten. Garcia nahm mit Howard Wales HOOTEROLL auf sowie eine Soloplatte mit überwiegend akustischen Songs. Auf dem Cover von GARCIA war die rechte Hand des Gitarristen zu sehen, der in der Kindheit den Mittelfinger verloren hatte.

Um den alkoholkranken Pigpen zu entlasten, engagierten **Grateful Dead** im Herbst 1971 den Keyboarder Keith Godchaux (* 19. 7. 1948, San Francisco). Seine Frau Donna (* 22. 8. 1947, San Francisco) schloß sich der Band im März 1972 als Chorsängerin an. Im April starteten **Grateful Dead** in London eine zweimonatige Europatournee. »Das Rockereignis des Jahres« (*Melody Maker*) ist auf dem drei LPs umfassenden Album EUROPE '72 dokumentiert, der letzten Platte für Warner Brothers. Die Band richtete danach Grateful Dead Records und für die eigenen Projekte der Musiker – darunter zwei Soloalben von Robert Hunter – das Sublabel Round Records ein.

Pigpen stand in der Hollywood Bowl in Los Angeles am 17. 7. 1972 zum letzten Mal mit **Grateful Dead** auf einer Bühne. Er starb am 8. 3. 1973 in seinem Apartment im kalifornischen Corte Madera.

Ohne Ersatz für Pigpen traten **Grateful Dead** bald danach eine US-Tour an, für die sie ein Übertragungssystem entwickeln ließen, bestehend aus 641 Lautsprechern und 23 Tonnen schwer. 600 000 Menschen feierten die **Dead** in Watkins Glen, wo außerdem die →**Allman Brothers** und →**Band** auftraten. Danach schränkten sie ihre Liveauftritte drastisch ein.

WAKE OF THE FLOOD (US #21) hieß Ende 1973 die erste **Grateful Dead**-LP für das eigene Label, das im übrigen für alle Mitarbeiter des **Dead**-Unternehmens eine Altersversorgung vorsah. Das teilweise jazzige Album setzte die Erfolgsserie fort und bewies die Vielseitigkeit von **Grateful Dead**. 1974 veröffentlichten sie den Sampler SKELETONS FROM THE CLOSET, die Studioarbeit FROM THE MARS HOTEL (US #21) und gaben ein fünftägiges Gastspiel anläßlich der Schließung des berühmten Club Winterland in Frisco. Die Auftritte wurden gefilmt und das Material für den drei

Jahre später uraufgeführten Film »The Grateful Dead Movie« verwandt.
1975 brachte Garcia eine weitere Soloplatte mit dem Titel OLD AND IN THE WAY heraus, und Donna und Keith Godchaux gaben ihr Debüt. Gegen Ende des Jahres erschien BLUES FOR ALLAH (US #6), eine äußerst gelungene Mischung aus Folk, Country, Rock und Blues. Ziemlich müde klangen **Grateful Dead** dagegen auf dem Live-Doppelalbum aus dem Winterland STEAL YOUR FACE (US #33) im Sommer 1976.
Ende 1976 spielten **Grateful Dead** in Oakland, Kalifornien, mit den →**Who** und widmeten sich ansonsten Soloplatten. Garcia brachte CATS UNDER THE STARS heraus, während Weir am Konzept für das Projekt **Heaven Help The Fool** feilte. Keith Olson und Lowell George (→**Little Feat**) produzierten die nächsten beiden **Dead**-Alben TERRAPIN STATION (US #24) und SHAKEDOWN STREET (US #35). Es waren die ersten Veröffentlichungen für Arista Records. Sie klangen ungewohnt kompakt und leicht poppig. Die Band bemühte sich offenbar um eine neue, jüngere Zuhörerschaft. Im September 1977 waren **Grateful Dead** die Hauptattraktion eines elfstündigen Konzertes im New Yorker Old Bridge mit der →**Marshall Tucker Band** und **New Riders Of The Purple Sage**.
An drei Abenden spielten **Grateful Dead** im September 1978 auf Einladung des ägyptischen Kultusministeriums im Sphinx Theatre in Gizeh vor der Kulisse der Pyramiden. Im Dezember traten sie zum 48. und letzten Mal im Winterland Ballroom auf.
Jeweils die Hälfte des Jahres nahmen **Grateful Dead** Konzert- und Tourverpflichtungen wahr, die regelmäßig auf LPs wie RECKONING (US #48) und DEAD SET (US #42) mitgeschnitten wurden. Das Ehepaar Godchaux verließ die Band im Februar 1979. Keith Godchaux starb am 23. 7. 1980 bei einem Autounfall. Der in München geborene Brent Mydland (* 21. 10. 1952) stieß im April zur **Dead**-Familie und debütierte bei den Aufnahmen zu GO TO HEAVEN (US #24). Es war die erste Platte der Band, die als Cover ein Foto von **Grateful Dead** zeigte.
Bis 1985 tourte das »institutionalisierte Relikt aus einer längst vergessenen Zeit« (*FAZ*) durch die Vereinigten Staaten. Die Eintrittskarten waren in der Regel nur über den bandeigenen Service zu beziehen, um unnötige Profite bei Veranstaltern zu umgehen. Das **Dead**-Imperium betrieb außerdem Fanzines, Radioshows, Datenspeicher und Archive für ihre Anhänger.
Garcia (RUN FOR THE ROSES), Hart (YAMANTAKA) und Weir (BOBBY & THE MIDNITES, WHERE THE BEAT MEETS) verfolgten zwischen 1982 und 1986 Solopläne, zumal sich Anfang 1985 das Ende von **Grateful Dead** anzubahnen schien. Garcia hatte schwere Drogenprobleme und mußte fast 18 Monate pausieren. Als er sich im Juni 1986 gesund meldete, unterschrieb die Band einen Vertrag für eine Package-Tour mit Bob →Dylan und **Tom →Petty & The Heartbreakers**. Kurz vor dem Start kollabierte Garcia und fiel als Folge seiner Diabetes in ein fünftägiges Koma. Die Band befürchtete muskuläre und motorische Störungen, doch Garcia erholte sich und arbeitete zunächst mit dem R&B-Keyboarder Merl Saunders zusammen. 1987 vollendeten **Grateful Dead** einen Videofilm und das längst überfällige Studio-Album IN THE DARK (GB #34, US #9), das mit ›Touch Of Grey‹ (US #9) den größten Singlehit der Gruppe enthielt.

Die freundschaftlichen Beziehungen zu Dylan hielten auch 1988 an. Garcia, Weir und Mydland spielten auf dem Dylan-Album DOWN IN THE GROOVE, während sich Hunter als Texter zweier Songs beteiligte. Über drei Millionen Dollar brachten zehn Konzerte im New Yorker Madison Square Garden im September des Jahres ein, und der Dead-Auftritt beim Oakland Alameda County Coliseum Music Festival war im Dezember natürlich ausverkauft.

Die 87er-Tour mit Dylan wurde auf dem im Februar 1989 veröffentlichten Album DYLAN AND DEAD (GB #32, US #61, D #55) festgehalten. Acht Wochen später erschienen Soloplatten von Garcia (ALMOST ACOUSTIC) und Hart (MUSIC TO BE BORN). 1989 war eines der produktivsten Jahre der Dead-Sippe. Sie standen fast ununterbrochen auf der Bühne und brachten BUILT TO LAST (US #27), die 23. LP heraus, die Goldstatus erreichte. Ende des Jahres schätzte das US-Magazin *Forbes* die Jahreseinnahmen von Grateful Dead auf 12,5 Millionen US-Dollar.

1990 erschien WITHOUT A NET (US #43) mit aktuellem Material, während ONE FROM THE VAULT ein Mitschnitt vom 13. 8. 1975 aus der Great American Music Hall war. TWO FROM THE VAULT dokumentierte ein zweitägiges Konzert am 23. und 24. 8. 1968 im Shrine Auditorium in Los Angeles, HUNDRED YEAR HALL wurde 1972 während einer Europatour in der Jahrhunderthalle in Frankfurt-Hoechst mitgeschnitten. Zudem startete Dead-Archivar Dick Latvala 1993 eine Serie von Liveplatten, die in einfacher Aufmachung, aber guter Klangqualität veröffentlicht wurden. Zu neuen Studio-Aufnahmen kam es nicht. Gruppen wie →Los Lobos, →Cowboy Junkies und →Midnight Oil nahmen 1991 das Tribute-Album DEADICATED für Grateful Dead auf.

Als neuestes Mitglied gehörte ab September 1990 Ex-→Tubes-Keyboarder Vince Welnick zu Grateful Dead. Er kam als Nachfolger für Brent Mydland, der am 26. 7. 1990 im kalifornischen Lafayette an einer Überdosis Kokain und Morphium gestorben war.

Garcia gründete 1991 mit John Kahn (b), Melvin Seals (key), David Kemper (dr), Jackie LaBranch (voc) und Gloria Jones (voc) die Jerry Garcia Band, die eine LP veröffentlichte und 1995 für den Soundtrack von »Smoke« zwei Titel (›Cigarettes And Coffee‹, ›Smoke Gets In Your Eyes‹) lieferte. Garcia kooperierte 1991 mit David Grisman und spielte 1994 auf einer LP des Bassisten Rob Wasserman. Am 9. 8. 1995 starb er im Drogen-Rehabilitationszentrum in Forest Knolls, Kalifornien. »Der letzte musikalische Aktivposten der amerikanischen Hippie-Szene« (*Musik Express*) wurde 53 Jahre alt. Vier Monate nach seinem Tod erklärten die seit 1994 der Rock'n'Roll Hall of Fame angehörenden Grateful Dead ihre Trennung.

Hart blieb als Schriftsteller und Musiker aktiv. Er veröffentlichte 1990 den Roman »Drumming At The Edge Of Magic« und wurde 1992 für den Sound von »Planet Drum« in der Kategorie Bestes Album World Music mit einem Grammy ausgezeichnet. Er machte allerlei Experimente, 1989 war auf MUSIC TO BE BORN BY der Herzschlag seines noch ungeborenen Sohnes Tarot zu hören. Sein 96er Bandprojekt nannte er Mystery Box. Weir schrieb gemeinsam mit seiner Frau Wendy das Kinderbuch »Panther Dream« und gründete 1996 Ratdog. Robert Hunters SENTINEL bestand 1993 ausschließlich aus Texten seiner Lyrikbände »Idiot's Delight«, »Night Cadre« und »Minus Eleven«.

VINTAGE DEAD (1966) Sunflower 5001 • THE GRATEFUL DEAD (1967) Warner Brothers 7599–27167 • ANTHEM OF THE SUN (1968) Warner Brothers 7599–27173 • AOXOMOXA (1969) Warner Brothers 7599–27178 • LIVE / DEAD (1969) Warner Brothers 7599–27181 • WORKINGMAN'S DEAD (1970) Warner Brothers 246049 • AMERICAN BEAUTY (1970) Warner Brothers 7599–27190 • GRATEFUL DEAD (1971) Warner Brothers 19352 • EUROPE '72 (1972) Warner Brothers 26682 • BEAR'S CHOICE (1973) Warner Brothers 46246 • WAKE OF THE FLOOD (1973) Grateful Dead 2966–78902 • FROM THE MARS HOTEL (1974) Grateful Dead 2966–78907 • BLUES FOR ALLAH (1975) Grateful Dead 2966–78901 • STEAL YOUR FACE (1976) Grateful Dead 620 • TERRAPIN STATION (1977) Arista 260175 • SHAKEDOWN STREET (1978) Arista 251133 • GO TO HEAVEN (1980) Arista 8181 • RECKONING (1981) Arista 8523 • DEAD SET (1981) Arista 876081 • IN THE DARK (1987) Arista 260175 • BUILT TO LAST (1989) Arista 260326 • WITHOUT A NET (1990) Arista 353935 • ONE FROM THE VAULT (1991) Grateful Dead 2966–78915 • TWO FROM THE VAULT (1992) Grateful Dead 2966–78918 • DICK'S PICKS VOL. 1 – TAMPA, FLORIDA 19. 12. 73 (1993) Grateful Dead 4019 • GRAYFOLDED (1994) Swell 1969 • DICK'S PICKS VOL.2 – Columbus, Ohio 31. 10. 71 (1995) Grateful Dead 4020 • DICK'S PICKS VOL.3 – Pembroke Pines, Florida 22. 5. 77 (1995) Grateful Dead 4022 • DICK'S PICKS VOL .4 – Fillmore East, 13.-14. 2. 70 (1995) Grateful Dead 4023 • DICK'S PICKS – Oakland Auditorium 26. 12. 79 (1995) Grateful Dead 4025 • DOZIN' AT THE KNICK (1996) Grateful Dead 4025 • HUNDRED YEAR HALL (1996) Line 921318 • (S) THE ARISTA YEARS (1996) Arista 18934 • (S) HISTORIC DEAD (1971) Sunflower 5004 • (S) POP HISTORY (1973) Polydor 2679003 • (S) SKELETONS FROM THE CLOSET (1974) Warner Brothers 2764 • (S) WHAT A LONG STRANG TRIP IT'S BEEN: Warner Brothers 66073 • (S) INFRARED ROSES (1991) Grateful Dead 2966–78916 • Mit Bob **Dylan**: DYLAN & THE DEAD (1988) CBS 463381 • Jerry **Garcia**: GARCIA (1972) Warner Brothers 46139 • REFLECTIONS (1973) Round, 2966–78908 • HEAVY TURBULENCE (1974) • OLD AND IN THE WAY (1975) Sugar Hill, SHA 3746 • CATS UNDER THE STARS (1977) Arista 880741 • RUN FOR THE ROSES (1982) Arista 885011 • THE WHEEL (1989) Grateful Dead 4003 • COMPLIMENTS (1989) Grateful Dead 4011 • Jerry **Garcia** mit Howard Wales: HOOTEROLL (1971) Rykodisc 10052 • Jerry **Garcia** mit Merle Saunders: FIRE UP (1973) • Jerry **Garcia** mit David Grisman: JERRY GARCIA / DAVID GRISMAN (1991) ACD 2 • NOT FOR KIDS ONLY (1993) ACD 9 • SHADY GROVE (1996) Acoustic Disc 21 • **Jerry Garcia Acoustic Band**: LIVE (1988) Grateful Dead 900648 • ALMOST ACOUSTIC (1989) Grateful Dead 2966–78905 • **Jerry Garcia Band**: JERRY GARCIA BAND (1991) • Keith und Donna **Godchaux**: KEITH & DONNA (1975) Round, RX 104 • Mickey **Hart**: ROLLING THUNDER (1972) Relix 2026 • YAMANTAKA (1983) Celestial Harmonies 003 • DAFOS (1989) Rykodisc 10108 • MUSIC TO BORN BY (1989) Rykodisc 20112 • AT THE EDGE (1990) Rykodisc 10124 • PLANET DRUM (1991) Ryko 80206 • MICKEY HART'S MYSTERY BOX (1996) Ryko 10338 • Mickey **Hart** mit **Diga Rhythm Band**: DIGA (1976) • Mickey **Hart**, Phil **Lesh**, Bill **Kreutzmann** mit **Rhythm Devils**: RHYTHM DEVILS PLAY RIVER MUSIC (1980) • Mickey **Hart** mit Taro Hart: MUSIC TO BE BORN BY (?) Rykodisc 20112 • Mickey **Hart** mit Airto und Flora Purim: DÄFOS (1984) Rykodisc 80801 • Mickey **Hart**, Bill **Kreutzmann** und Phil **Lesh** mit **Rhythm Devils**: THE APOCALYPSE NOW SESSIONS (?) Rykodisc 10109 • Robert **Hunter**: TALES OF THE GREAT RUM RUNNERS (1974) Round, RX 101 • TIGER ROSE (1975) Round, RX 105 • JACK O'ROSES (1981) Relix 2001 • PROMONTORY RIDER (1982) • SENTINEL (1993) Rykodisc 20265 • Phil **Lesh** mit Ned

Lagin: SEASTONES (1975) Round, RX 103 • Tom **Constanten**: MORNING DEW (1993) Relix 2063 • Tom **Constanten** mit **Dead Ringers**: DEAD RINGERS (1993) Relix 2060 • A BOX OF RAIN (?) Rykodisc 10214 • Bob **Weir** mit **Heaven Help The Fool**: HEAVEN HELP THE FOOL (1978) Arista 801244 • Bob **Weir** mit **Bobby & The Midnites**; BOBBY & THE MIDNITES (191) Arista 204175 • WHERE THE BEAT MEETS THE STREET (1984) CBS 26048

Nick Gravenites

Nick Gravenites, 1938 in der Blueshochburg Chicago geboren, zählt zu den weißen Musikern, die den Blues nicht nur spielen können, sondern das Lebensgefühl haben. Der Sohn griechischer Einwanderer wuchs in einem Chicagoer Ghetto auf, hing in den Bluesclubs herum und erfuhr die schwarze Kultur hautnah. 1956 traf er auf der University of Chicago den Mundharmonikaspieler und Sänger Paul →Butterfield, mit dem ihn eine lange Freundschaft verbinden sollte. Sie spielten in jenen Tagen häufig zusammen und orientierten sich dabei stilistisch an dem Folkblues-Duo Sonny Terry & Brownie McGhee.

In den 60er Jahren pendelte der Sänger, Gitarrist, Komponist und spätere Produzent zwischen Chicago und der Westküste hin und her. 1961 formierte er im kalifornischen North Beach ein Rhythm & Blues-Trio. Ende des Jahres kehrte er in seine Heimatstadt zurück, um die **Butterfield Blues Band** als Vokalist und Songwriter (›Born In Chicago‹, ›East – West‹) zu unterstützen. Blieben Auftrittsmöglichkeiten aus, jobbte Nick Gravenites als Stahlarbeiter oder Automechaniker.

Der aufkommende elektrische weiße Blues faszinierte Gravenites. Er spielte mit Charles →Musselwhite, Barry →Goldberg, Steve →Miller und arbeitete immer wieder mit Mike →Bloomfield zusammen. Bloomfield war es auch, der Gravenites 1967 zu →**Electric Flag** holte. Zu ihrem kurzfristigen Erfolg trug er durch Kompositionen wie ›Nothing To Do‹, ›See To Your Neighbor‹ und ›Hey, Little Girl‹ bei.

In San Francisco machte Gravenites die Bekanntschaft von Janis →Joplin und produzierte die erste LP von →**Quicksilver Messenger Service**. Außer Janis Joplin (›Burried Alive In The Blues‹) coverten das Countryduo **Brewer & Shipley** und die Bluesgrößen →Howlin' Wolf, James →Cotton und Otis →Rush seine Songs. Bloomfield und der Pianist Mark Naftalin waren 1969 an der Produktion des ersten Gravenites-Albums MY LABORS als Studiomusiker beteiligt.

In Marin County, nahe San Francisco, wurde »der Wandler zwischen Westcoast- und Chicago-Sound« (*Rolling Stone*) seßhaft. Nach dem Tod von Janis Joplin schloß er sich zunächst →**Big Brother & The Holding Company** an, hatte damit aber kein Glück.

Nach einigen anderen Aktivitäten des als schwierig und launisch geltenden Musikers rief er **Blue Gravy**, eine exzellente Clubband, ins Leben, die 1972 ein Session-Album herausbrachte. Gemeinsam mit seinen alten Freunden Bloomfield, Butterfield und der Sängerin Maria →Muldaur komponierte er die Musik zu »Steelyard Blues«, einem Film mit Jane Fonda und Donald Sutherland in den Hauptrollen. Der Soundtrack galt als Meisterwerk des modernen, urbanen Blues.

Ab Mitte der 70er Jahre hielt sich der stilsichere Bluesmusiker im Hintergrund. Er initiierte mit den **Seven Deadly Sins** eine Art All Star Band, die im Raum von Frisco gelegentlich auftrat. Dazu zählten die Drummer Joey Covington und Spencer Dryden, beide einst bei →**Jefferson Airplane**, und der Gitarrist John →Cipollina. Außerdem leitete Gravenites mit Ex-**Clover** Marcus David (dr) und Roger Troy (b) ein Trio, das einen harten, elektrischen Blues spielte. 1979 kam die **Nick Gravenites Blues Band** nach Europa, um für die LP BLUESTAR zu werben. Unter den Begleitern von Gravenites war auch Cipollina, mit dem er 1983 MONKEY MEDICINE aufnahm. Dann wurde es still um den eigenwilligen Bluesveteranen und Westcoastrocker.

1991 wirkte Gravenites auf dem Album UP THE LINE von Gary Smith mit und stellte zwei Jahre später mit drei renommierten Kollegen **Animal Mind** zusammen. Mark Adams (harm) begleitete u. a. Bloomfield, Bonnie →Raitt und John Lee →Hooker. Doug Kilmer (b) spielte mit Musselwhite, Bloomfield, Luther Tucker und Otis Rush. Roy Blumenfeld (dr) wurde einst zu den zentralen Persönlichkeiten von →**Blues Project** gezählt und darüber hinaus von Al →Kooper, Elvin →Bishop und den **Rowan Brothers** engagiert. Der hörenswerte Mitschnitt DON'T FEED THE ANIMALS entstand im Januar 1994 im kalifornischen Bodega Bay und war psychedelischer Westcoast-Blues in Reinkultur, interpretiert von einem außergewöhnlichen Sänger.

MY LABORS (1969) CBS 63818 • BLUESTAR (1979) Line 842050 • Mit Mike **Bloomfield**, Paul **Butterfield**, Maria **Muldaur**: STEELYARD BLUES (1972) Soundtrack Warner Brothers 2662 • Mit **Blue Gravy**: MILL VALLEY JAM SESSIONS (1972) Polydor 2310300 • Mit John **Cipollina**: MONKEY MEDICINE (1982) Legend 9016 • Mit **Animal Mind**: DON'T FEED THE ANIMALS (1996) Taxim, TX 1020 • Roger **Troy**: ROGER TROY (1976) RCA, APL-1-1910 • Roger **Troy** mit **Jellyroll**: JELLYROLL (1971) Kapp 3626

Great White

Teddy Cook (b), Audie Desbrow (dr), Mark Kendall (g, voc), Michael Lardie (g, key, fl, ban, perc, voc), Jack Russell (voc)

Klassischer Heavyrock, ein Sänger, der an den Robert →Plant aus glorreichen →**Led Zeppelin**-Tagen erinnerte, eine runde Live-Show und ein Top-10-Album verhalfen **Great White** 1989 zum Vorstoß in die nordamerikanische Hardrockelite. Die Freunde Mark Kendall (* 29. 4. 1957) und Jack Russell (* 5. 12. 1960) spielten seit 1978 zusammen und nannten ihre Band zuletzt **Dante Fox**. Als Lorne Black (b) und Garry Holland (dr) 1981 dazustießen, nannten sie sich **Great White** und nahmen mit Unterstützung ihres späteren Managers und damaligen Independent-Produzenten Alan Niven die EP ›Out Of The Night‹ auf. Sie verkaufte sich in Los Angeles und Umgebung 20000 Mal und machte die großen Plattenfirmen neugierig. 1984 konnten **Great White** den knalligen Hardrock ihres Debütalbums als Anheizer für →**Whitesnake** auch den europäischen Fans präsentieren. Das Quartett bevorzugte handgemachten R&B in der Verbindung mit konservativem Heavyrock.

Nach einer US-Tour mit →**Judas Priest** wurde in fast zweijähriger Klausur die zweite LP vorbereitet, bei der Audie Desbrow (* 17. 5. 1957) als Ersatz für Holland eingeführt werden mußte. **Great White** waren zu diesem Zeitpunkt ohne Plattenvertrag und mußten das Album SHOT IN THE DARK zunächst selbst verlegen. Die positiven Reaktionen der örtlichen Radiostationen auf den Song ›Face The Day‹ führten schnell zu einem Vertrag mit Capitol Records. Das Unternehmen brachte eine neue Auflage heraus und verhalf SHOT IN THE DARK (US #86) zum Sprung unter die Top 100. **Great White** wurden bekannt als Vertreter des US-Metal.

»Einen Zacken aggressiver« (*Metal Hammer*) präsentierten sich **Great White** bei ONCE BITTEN (US #23) mit dem neuen Keyboarder Michael Lardie (* 8. 9. 1958, Alaska). Als Singles wurden ›Rock Me‹ (US #60) und ›Save Your Love‹ (US #57) aus dem Hardrock-Werk ausgekoppelt, das in den USA über 500 000 Mal verkauft wurde. Die Band beherrschte »die gesamte Bandbreite, von der Ballade bis hin zum stampfenden Rocker« (*Metal Hammer*) und orientierte sich »nach etlichen Ups and Downs zielstrebig an der Spitze des melodischen Hardrocks« (*Musik Express*). **Great White** absolvierten nach der Veröffentlichung von ONCE BITTEN ausgiebige Tourneen mit → **Night Ranger** und → **Twisted Sister**.

Teilweise im Londoner Marquee mitgeschnitten war 1988 RECOVERY: LIVE (US #99). Den großen Coup landete **Great White** im Frühjahr 1989 mit der LP TWICE SHY (US #9, D #41) und einem gekonnten Cover von ›Once Bitten Twice Shy‹ (US #5) der britischen Band → **Mott The Hoople**. TWICE SHY wurde zweimal mit Platin ausgezeichnet und machte **Great White** zur Attraktion der großen Rockfestivals. Die Platte enthielt ›The Angel Song‹ (US #30), einen weiteren passablen Singlehit. Neu bei **Great White** war Bassist Tony Montana, der Lorne Black ersetzte.

Das Album HOOKED (GB #43, US #18, D #32) durchzog 1991 bei allen Heavysounds »ein Hauch von Blues« (*Metal Hammer*). Es war die erste und zugleich letzte Produktion mit Montana, der 1992 durch Dave Spitz ersetzt wurde. Auch Spitz blieb nur ein knappes Jahr bei **Great White** und machte nach PSYCHO CITY Platz für Teddy Cook (* 5. 8. 1965). PSYCHO CITY traf bei den Fans nur auf wenig Gegenliebe, obwohl sich die Band weiterentwickelt hatte und nun neben »starken Blueseinflüssen auch Southern Rock-Einsprengsel und Piano-Balladen mit leichtem Country-Touch« (*Rock World*) in den Vordergrund rückte.

1995 / 96 veröffentlichten **Great White** innerhalb von nur 18 Monaten drei Alben bei zwei Labels. SAIL AWAY driftete stark in den Mainstreamrock ab, während STAGE mit Mitschnitten aus dem Celebrity Theatre im kalifornischen Anaheim und aus dem House Of Blues in Los Angeles die Live-Stärke der Band dokumentierte. Zum Studioalbum LET IT ROCK vom Herbst 1996 schrieb *Metal Hammer*: »...mit so viel Herzblut gespielt, daß einem alten Hardrocker der Blues überkommt«.

GREAT WHITE (1984) EMI 064–240087 • SHOT IN THE DARK (1986) Capitol 748 466 • ONCE BITTEN (1987) Capitol 746 910 • RECOVERY: LIVE (1988) Capitol 790413 • TWICE SHY (1989) Capitol 792743 • LIVE IN LONDON (1990) Capitol 15581 • HOOKED (1990) Capitol 795330 • PSYCHO CITY (1992) Capitol 798835 • SAIL AWAY (1995) RCA 72445 11080 • STAGE (1995) RCA 72445 11121 • LET IT ROCK (1996) Imago 23005 • (S) THE BEST OF (1993) Capitol 827 185

Green Day

Billie Joe Armstrong (voc, g), Tré Cool (dr), Mike Dirnt (b)

Die Protagonisten des neuen US-Punk machten keinen Hehl aus ihrer Vorliebe für den Garagenrock von → **Hüsker Dü**, den britischen Punk von → **Stiff Little Fingers** und dem rauhen R&B der → **Yardbirds**. Doch trotz aller Zitate gelangen ihnen eigenständige »hochmelodische, leichtfüßige Popsongs« (*Time Out*) in prägnanten Dreiminuten-Arrangements. **Green Day** hatten ein gutes Gespür für den aufkommenden Retropunk, waren aber musikalisch besser als ihre Vorfahren von → **Ramones**, → **Buzzcocks** und → **Dickies**.

Billie Joe Armstrong (* 17. 2. 1972, San Pablo, Kalifornien) und Mike Dirnt (Michael Pritchard, * 4. 5. 1972) wuchsen im kalifornischen Rodeo auf und waren seit ihrem zehnten Lebensjahr befreundet. Zusammen mit Armstrongs Schwester Ana (dr), gründeten sie 14jährig ihre erste Band **Sweet Children**.

1989 entstand **Green Day** mit Al Sobrante, der ein Jahr später durch John Kiftmeyer ersetzt wurde, am Schlagzeug. Das Trio veröffentlichte die EPs ›1000 Hours‹ und ›Slappy‹, die, ergänzt durch neue Titel, auch zum Material der LP 1039 SMOOTHED OUT SLAPPY HOURS zählten: »Flott gereimt, sympathisch bis auf die Knochen, superbeste Songs« (*Spex*). Als Kiftmeyer sein Collegestudium wieder aufnahm, stieß der gebürtige Deutsche Tré Cool (Frank Edwin Wright III, * 9. 12. 1972) aus Mendocino County, Kalifornien, zu **Green Day**, inzwischen Geheimtip der Berkeley-Szene.

Wiederum beim unabhängigen Label Look Out Records erschien 1991 der »wundervolle, melodienfreundliche Punkrock-Spaß« (*New Music Report*) KERPLUNK!, eine »schamlose Rückkehr zum britischen Punk der späten 70er« (*Rough Guide*). Neben **Green Day** engagierten sich die drei Musiker auch bei anderen Projekten. So spielte Armstrong bei **Pinhead Gunpowder**, arbeitete mit **Screaching Weasel** zusammen und komponierte für die Punkkollegen von **Rancid**.

1992 wechselten **Green Day** zu Reprise Records, waren aber zunächst als außergewöhnliche und beliebte Live-Band unterwegs, u. a. 1993 während einer US-Tour im Vorprogramm von → **Bad Religion**. Anfang 1994 stellten sie schließlich ihr langerwartetes Album DOOKIE (US #2) fertig, das als »beste Rock-LP des Jahres« (*Time*) bezeichnet wurde. Die »krachenden Drums und die rasierscharfen Gitarren« (*Spin*) von DOOKIE wurden über zwölf Millionen Mal verlangt.

Green Day gehörten nun zur US-Rockelite. Sie waren die Attraktion der 94er-Lollapalooza Tour, traten beim Woodstock-Jubiläum auf und erhielten einen Grammy als beste alternative Gruppe. Die Pause bis zum nächsten Album überbrückten **Green Day** im April 1994 und im Mai 1995 mit den EPs ›Basket Case‹ bzw. ›When I Come Home‹.

Die Hardcore-Szene neidete **Green Day** den Erfolg. Flugblätter mit der Aufschrift »Tell Green Day to Fuck Off for Bringing MTV into our scene« wurden verteilt. Ian MacKaye von → **Fugazi** sagte in einem Interview, daß neue Punkbands wie **Green Day** und → **Offspring** den Ausverkauf an die Musikindustrie betrieben. Unbeeindruckt spielten **Green**

Day in Europa als Gäste der →**Toten Hosen** vor bis zu 80000 Fans. Im Gegenzug luden sie die deutschen Edelpunker in die USA ein.
Die Veröffentlichung der LP INSOMNIAC ließ bis zum Herbst 1995 auf sich warten. **Green Day** klangen deutlich differenzierter, ohne die Frechheit des Punkesprits aufzugeben. Rotzfreche Texte und ein angriffslustiger, direkter Sound waren das Kapital einer jungen Band, die im Spätsommer 1996 Ausschnitte ihrer erfolgreichen Welttournee auf der EP ›Bowling Bowling Bowling, Parking Parking‹ veröffentlichte.
In den Single-Charts schafften **Green Day** den Durchbruch ab 1995 mit ›Basket Case‹ (GB #7, D #18), ›Longview‹ (GB #30), ›When I Come Around‹ (GB #27, D #45), ›Geek Stink Breath‹ (GB #16, D #73), ›Stuck With Me‹ (GB #24) und ›Brain Stew‹ (GB #28).
»Die kommerziell wohl erfolgreichste Punkband aus der Bay Area« (*Musikwoche*) nahm unter der Regie von Rob Cavallo 19 Songs für das 97er-Album NIMROD auf. **Green Day** mischten nach bewährten Methoden Pop, Punk und Grunge mit Hintersinn und Spaß. Außerdem veröffentlichten sie unter dem Titel ›Foot In The Mouth‹ eine EP mit elf Live-Aufnahmen, die »zu vertraut, zu altbacken und abgegriffen wirken, um ein Publikum außerhalb der Fan-Fraktion zu erreichen« (*Musik Express*).

1039 / SMOOTH (1990) Mini-LP Look Out 17 • 1039 SMOOTHED OUT SLAPPY HOURS (1990) Look Out 22 • KERPLUNK! (1991) Look Out 46 • DOOKIE (1994) Reprise 9362–45529 • INSOMNIAC (1995) Reprise 9362–46046 • LIVE EP (1996) Reprise 936–246396 • NIMROD (1997) Reprise 9362–46794 • Billy Joe **Armstrong** mit **Pinhead Gunpowder**: JUMP SALTY (1994) Look Out 105 • CARRY THE BANNER (1995) Look Out 132

Green Jelly

Joe Blowey, The Cowgod, Jesus Quisp, Marshall ›Duh‹ Staxx

Die Musikanarchisten aus Kenmore, New York, die ihr Publikum mit einer irrwitzigen Kreuzung aus Showelementen der Frank →Zappa-, →**Kiss**-Ära, geschmacklosen Gags mit Kunstkot und einer Melange aus Grunge, Punk, Metal und Rap konfrontierten, wurden 1993 als »die neue Kultband Amerikas« (*Billboard*) bezeichnet. Im Kern bestanden **Green Jelly** seit ca. 1981 aus vier Musikern, die eine präzise Zuordnung zu ihren jeweiligen Instrumenten verweigerten. Die Gruppe, die als TV- und Videoband vor allem visuelle Akzente setzen wollte, wurde von einer stets wechselnden Zahl an Begleitern bzw. Darstellern unterstützt.
Green Jelly wollten provozieren und hatten »von Anfang an das Ziel vor Augen, eine der schlechtesten Bands der Welt zu werden« (Joe Blowey). Ursprünglich nannten sie sich **Green Jellö**. Nicht sonderlich talentiert, »suchten wir nach Hilfsmitteln, die von unserer Musik ablenken sollten« (Joe Blowey). 1988 zog die Gruppe nach Los Angeles. Von der theatralischen Metal-Gruppe **GWAR** übernahmen sie die Idee, ihre Kostüme selbst zu entwerfen. Von nun wurden Pappmaché, Draht, Schaumstoff, Latex und Farbe zu den wichtigsten Hilfsmitteln.
Der bizarre Cartoon-Look verhalf der

unbegabten Band, die sich inzwischen **Green Jelly** nannte, schnell zu einer eingefleischten Fangemeinde. 1992 wurden sie durch den Videoclip »Three Little Pigs« bekannt, der sich bis zum Frühjahr 1993 zu einem weltweiten Top-20-Hit entwickelt hatte (GB #5, US #17, D #12). Zu diesem Zeitpunkt erschien auch das Album CEREAL KILLER SOUNDTRACK (GB #18, US #23, D #29) mit einer derben Fassung des → **Sex Pistols**-Evergreens ›Anarchy In The U.K.‹ (GB #27). Ansonsten war die LP eine Ansammlung belangloser Metal-Songs, die an die Schlichtheit der Bubblegum-Epoche erinnerte.

Obwohl »als einziger Witz« (*New Musical Express*) belächelt, absolvierten **Green Jelly** eine erfolgreiche Welttournee, deren Shows vor allem laut waren. Zurück in den USA gründeten sie mit Zoo Entertainment das Kreativunternehmen »Ooz Jelly Entertainment«, das mit modernster digitaler Ton- und Audiotechnik Videospiele, CD-ROMs, Comics, Zeichentrickfilme und Musikvideos entwickeln sollte.

THREE THREE THREE hieß im Herbst 1994 die zweite LP von **Green Jelly**. Vor allem dank des Remixers Andy Wallace klangen sie zugänglicher, reifer und mutiger. Trotz dieser Fortschritte blieb die Platte jedoch weit hinter dem Erfolg des Debüts zurück.

CEREAL KILLER SOUNDTRACK (1993) Zoo Entertainment 72445–11038 • THREE THREE THREE (1994) Zoo Entertainment 74321–23536

Green On Red

Chris Cacavas (key, harm), Keith Mitchell (dr, perc), Chuck ›Billy The Kid‹ Prophet (g, voc), Dan Stuart (voc, g), Jack Waterson (b)

Die Band entstand 1980 in Tuscon, Arizona, aus den Mitgliedern der Punkgruppe **Serfers**. Stuart, Cacavas, Waterson und Drummer Van Christian benannten sich nach einem **Serfers**-Song und übersiedelten 1981 nach Kalifornien, ins Zentrum des US-Gitarren-Revivals. Christian wechselte schon bald zu → **Naked Prey** und wurde durch Alex MacNichol ersetzt.

Green On Red produzierten 1982 zunächst auf eigene Kosten eine Mini-LP, von der Steve Wynn von den befreundeten → **Dream Syndicate** für sein Label Down Here Records 300 Stück pressen ließ. **Green On Red** klangen wie eine geniale Mischung aus den → **Byrds** in ihren besten Tagen, Dylan und den strengen Orgelphrasen der → **Doors**. Twang-Gitarren erfuhren eine Renaissance, und friedliche Folkakustik war in ihren »bemerkenswerten Songs« (*Melody Maker*) zu hören.

Die Band ließ sich in Los Angeles nieder und nahm im Juli 1983 das Album GRAVITY TALKS auf, das Chris D. von den → **Flesh Eaters** produzierte. **Green On Red** reaktivierten die Sixties im Stil der → **Electric Prunes**, → **Strawberry Alarm Clock** und → **Seeds**. Die Roots-Rocker etablierten sich mit dieser Mischung neben **Dream Syndicate** und → **Rain Parade** im »erlesenen Kreis der Neo-Psychedelisten« (*Tip*).

Mit der LP GAS FOOD LODGING verstärkte Chuck ›Billy The Kid‹ Prophet IV von den True Believers die »witzigen, authentischen« (*Musik Express*) Musiker um den »romantischen Außenseiter und Mastermind Dan Stuart« (*Rolling Stone*). GAS FOOD LODGING weckte Erinnerungen an die morbiden →Velvet Underground und die verspielten Prunes und →Blues Magoos. Musikalisch war zunächst Stuart dominant, doch der Einfluß von Neuling Cacavas wuchs schnell. Erst übernahm er die Aufgaben des Bandsprechers, dann war sein Talent als Texter immer mehr gefragt: »Für Chuck sind meine Songs wie Holzstücke, an denen er herumschnitzen kann« (Dan Stuart).

Stuarts quengelnde Stimme, die widerspenstigen, kargen Melodien und die melancholische Grundstimmung des herben Wüstenrock reflektierte die soziale Realität von Drogenabhängigen und Außenseitern, denen, die es nicht ›geschafft‹ haben. Auf NO FREE LUNCH folgten Green On Red 1985 »einem angesagten Country-Realismus« (*Rolling Stone*). Im gleichen Jahr nahm Gruppenchef Stuart eine Einladung zum Projekt Danny And Dusty mit Mitgliedern der →Long Ryders und Dream Syndicate an. Für das erfolgreichste Album THE KILLER INSIDE ME (GB #44) löste Keith Mitchell von den Romans MacNichol ab. Stuart & Co. vertrauten weiterhin ihren Countryrockintentionen mit dem »nervenzerrenden Psychobilly-Touch« (*Musik Express*). Doch die guten Kritiken vermochten den Plattenumsatz nicht anzukurbeln.

Trotz einer ersten Chartsplazierung in Großbritannien verloren Green On Red 1987 ihren Plattenvertrag. Cacavas und Stuart mußten ihre Band umbesetzen und produzierten in Memphis, Tennessee, mit Prophet, dem Standbassisten Rene Coman und der Schlagzeug-Legende Greg Elmore von →Quicksilver Messenger Service die LP HERE COMES THE SNAKES. Der *Musik Express* schrieb: »Sie spielen hier wirklich alles an die Wand, was sich heute auf dem Rhythm & Blues-Vulkan herumtummelt.«

Glyn Johns (→Rolling Stones) produzierte das 89er-Album THIS TIME AROUND, bei dem Green On Red aus Stuart, Prophet und Coman bestanden. Unter den Studiogästen waren Bernie Leadon (man, g) von den →Eagles und Mike Finnigan (key) aus dem Umfeld von Les →Dudek. Die Band hatte ihren Country / Folkrock inzwischen zu einem erdigen R&B weiterentwickelt, der »kein Klischee ausspart und dennoch sehr eigenständig wirkt« (*Fachblatt*).

Al →Kooper betreute 1991 die Aufnahmen zu SCAPEGOATS. Die Platte zeigte, »wie Blues in den 90er Jahren klingen kann« (*Musik Express*). Prophet war nach kurzer Abwesenheit zu Green On Red zurückgekehrt und zuständig für zeitlupenhafte Gitarrenphrasen. Stargast war Tony Joe →White. Zwei Reisen nach Europa endeten im Desaster, die Platten verkauften sich ausgesprochen schlecht. Green On Red realisierten 1992 ihre letzte LP TOO MUCH FUN.

Stuart tat sich 1994 mit Ex-Cattle Al Perry für eine Platte zusammen und verarbeitete 1995 auf dem Album CAN O' WORMS Eindrücke eines längeren Spanienaufenthalts.

Weil er »endlich auch singen wollte« (Chuck Prophet), trat Prophet bei seinen Soloarbeiten als Singer / Songwriter auf. Er experimentierte mit Twang-Gitarren auf der Basis seiner Country- und Folkrock-Herkunft. Seinem Debüt BROTHER ALDO wurde »Belanglosigkeit« (*Musik

Express) nachgesagt. Bei FEAST OF HEARTS mischte er originell und in bester Dylan-Tradition Folk mit Roots-Rock. Anschließend ging Prophet auf eine ausgedehnte USA- und Europatournee und engagierte sich bei zahlreichen Nebenprojekten. So spielte er einige Gigs als Leadgitarrist der → **Silos**, nahm zusammen mit Herbert Huncke einen Song für den William S. Burroughs Tribute-Sampler FILE UNDER BURROUGHS auf und spielte auf Calvin Russells letztem Album.

Im Frühjahr 1997 veröffentlichte Prophet seine LP HOMEMADE COOKING, die innerhalb von 10 Tagen live eingespielt wurde. Ohne Overdubs war »das Ergebnis reine Magie« (*New Musical Express*). Prophet hatte es geschafft, die »Form des klassischen Rocksongs mit Leben zu erfüllen« (Pressetext). Außer Prophet und Stephanie Finch waren Paul Revelli (dr, perc), Max Butler (g, steel-g, man, voc) und Anders Rundblad (b) zu hören. »Das vielleicht beste Album des Songwriters« (*Szene Hamburg*) erschien im Spätsommer 1997. Dabei erinnerte der Stil von ANONYMOUS stellenweise an Neil → Young.

GREEN ON RED (1982) Zippo. ZANE 002 • GRAVITY TALKS (1983) Slash, SR 207 • GAS FOOD LODGING (1984) Zippo, ZONG 005 • NO FREE LUNCH (1985) Mercury 826346 • THE KILLER INSIDE ME (1987) Mercury 830912 • HERE COMES THE SNAKES (1988) WEA 4509–96204 • LIVE AT TOWN AND COUNTRY CLUB (1989) China 841013 • THIS TIME AROUND (1989) Mercury 841519 • SCAPEGOATS (1991) WEA 4509–96202 • TOO MUCH FUN (1992) WEA 4509–96205 • (S) TWO TIMES GREEN ON RED (1989) China, CHI 9014 • (S) THE LITTLE THINGS IN LIFE (1991) Music Club, MCCD 037 • (S) THE BEST OF GREEN ON RED (1991) WEA 4509–96106 • (S) NO FREE LUNCH/ KILLER INSIDE (1994) Phonogram 514187 • (S) THE BEST OF GREEN ON RED – ROCK'N'ROLL DISEASE (1994) China 4509–96106 • Chris **Cacavas**: JUNK YARD LOVE (1989) Rough Trade, SERV 6 • SIX STRING SOAPBOX (1993) Return To Sender, RTS 1 • ANONYMOUS (1997) Normal • Chris **Cacavas** mit **Junkyard Love**: GOOD TIMES (1992) Normal 6240 • PALE BLONE HELL (1994) Normal 6270 • DWARF STAR (1994) Return To Sender, RTS 14 • NEW IMPROVED PAIN (1995) Normal 6300 • Chris **Cacavas** mit Louis **Tillett** und Hannah **Marcus**: THE RETURN TO SENDER FESTIVAL-TOUR (1994) Normal 175 • Chuck **Prophet**: BROTHER ALDO (1990) Fire, RTD 1851119 • BALINESE DANCER (1993) China 9046 • FEAST OF HEARTS (1995) China 063010 416 • HOMEMADE BLOOD (1997) Cooking Vinyl COOK 114 • Chuck **Prophet** mit **Wild Game**: RHYTHM ROUNDUP (1984) Mini-LP Dangerous Rhythm • Dan **Stuart**: CAN O' WORMS (1995) Monkey Hill 8131 • Dan **Stuart** mit **Danny And Dusty**: THE LOST WEEKEND (1985) A&M 395075 • Dan **Stuart** mit Al **Perry**: RETRONUEVO (1994) Normal 169 • Keith **Mitchell** mit **Romans**: YOU ONLY LIVE ONCE (1983) Solid Eye, SE-A 2 • Jack **Waterson**: WHOSE DOG? (1988) Heyday 5

Nanci Griffith

Nanci Caroline Griffith wurde am 6. 7. 1953 im texanischen Austin geboren, wuchs in Louisiana und später in der Texas-Metropole Dallas auf. Ihre Mutter arbeitete als Immobilienmaklerin, ihr Vater war Verleger und sang in seiner Freizeit als Tenor in einem sogenannten Barbershop Quartett. Folkmusiker wie Carolyn Hester und Bob → Dylan beeinflußten Nanci Griffth, die mit sechs Jahren Gitarrenunterricht bekam. Als

14jährige hatte sie ihren ersten öffentlichen Auftritt, und während der Ausbildung am College und an der University of Texas entwickelte sie sich musikalisch weiter. Sie machte einen Pädagogikabschluß und arbeitete zwei Jahre als Kindergärtnerin.
1978 tingelte Nanci Griffith durch die kleinen Folkclubs von Austin und Houston und veröffentlichte bei dem lokalen Label BF Deal Records das überwiegend live aufgenommene Album THERE'S A LIGHT BEYOND THESE WOODS. Danach trat sie wieder drei Jahre lang in der Clubszene auf und reifte zu einer selbstbewußten Entertainerin heran. Die zum Teil selbstkomponierte und coproduzierte LP POET IN MY WINDOW erschien wieder bei einem unabhängigen Label. Nanci Griffith beeindruckte als Interpretin »aussagekräftiger Texte mit einem sanften, individuellen Gesangsstil« (*Guinness*). 1984 folgte ONCE IN A VERY BLUE MOON mit Stargast Lyle →Lovett. 1985 wurde die LP THE LAST OF THE TRUE BELIEVERS für einen Grammy als bestes Folkalbum des Jahres nominiert. Während sie bei früheren Produktionen überwiegend Material von Woody →Guthrie und anderen Folkhelden gecovert hatte, profilierte sich Nanci Griffith immer stärker als Autorin. Auf der LP war auch der Song ›Love At The Five And Dime‹, der 1986 ein Countryhit mit Kathy Mattea wurde.
1987 nahm MCA Records die talentierte Künstlerin unter Vertrag. Im April kam das Album LONE STAR STATE OF MIND heraus. Nanci Griffith hatte inzwischen eine eigene Band, das **Blue Moon Orchestra**, zusammengestellt, mit dem sie Anfang 1988 ihre erste Englandtournee unternahm. In diesem Jahr erschienen zwei weitere Alben: LITTLE LOVE AFFAIRS und der Mitschnitt ONE FAIR SUMMER EVENING aus dem Anderson Fair Club in Houston, Texas.
Der erste Chartserfolg gelang Griffith im zweiten Halbjahr 1989 mit der von Glyn Johns produzierten Platte STORMS (GB #38, US #99), auf der u.a. Bernie Leadon, Albert →Lee und Phil Everly mitwirkten. Nanci Griffith bewegte sich zwischen Country, Folk und Rock und sprach vor allem das britische Publikum an, so auch mit der 1991 von Rod Argent produzierten LP LATE NIGHT GRAND HOTEL (GB #40). Diesmal waren im Studio Phil Everly und Tanita →Tikaram dabei. Der *Musik Express* kommentierte: »Nancis bisweilen brüchige Stimme, wohlplazierte Country-Klänge sowie ein Rest von Gospel- und Blues-Feeling bewahren das Album stets vor dem Abdriften in seichte Popgefilde.«
1992 arbeitete die Singer/Songwriterin mehrmals mit der irischen Folkformation →**Chieftains** zusammen und trat bei The Bob Dylan 30th Anniversary Celebration zusammen mit Carolyn Hester auf. Im März 1993 begann »die New Country-Interpretin« (*Fachblatt*) in Atlanta, Georgia, eine umfangreiche US-Tour, auf der sie das nach einem Roman von Truman Capote benannte Album OTHER VOICES, OTHER ROOMS (GB #18, US #54) vorstellte. Die ambitionierte Kollektion bestand aus Coverversionen ihrer Lieblingssongs und war mit Emmylou →Harris, John Prine, Leo →Kottke, Chet Atkins, Dylan, Arlo →Guthrie und den **Indigo Girls** als Begleiter hochkarätig besetzt. Das Album wurde Anfang 1994 mit einem Grammy in der Sparte bestes zeitgemäßes Folkalbum gewürdigt.
Nanci Griffith hatte sich 1994 endgültig als unumstrittener Star der US-Singer/Songwriter-Szene durchgesetzt. Sie

hielt diese Position mit ausgezeichneten Konzerten, Tourneen und dem Album FLYER (GB #20, US #48), für das sie u. a. Peter Buck von → **R.E.M.**, Adam Duritz von den → **Counting Crows**, Al Anderson von → **NRBQ** sowie Larry Mullen Jr. und Adam Clayton von → **U 2** und den Produzenten Peter Collins (Alice → Cooper) gewinnen konnte. Gerader Countryrock, Folkrockballaden und Popansätze charakterisierten ihre Musik.
Für das Tribute-Album für Buddy → Holly nahm Nanci Griffith 1996 mit den **Crickets** ›Well All Right‹ auf und folgte einer Studioeinladung von → **Hootie & The Blowfish** zur Produktion von FAIRWEATHER JOHNSON. Zehn eigene Kompositionen, vier Coverversionen, darunter »die schwungvolle Countryrock-Lesung« (*Musikwoche*) von Nick → Lowes ›Battlefied‹ und eine Duettfassung ihres Klassikers ›Gulf Coast Highway‹ mit Darius Rucker (**Hootie & The Blowfish**) machten 1997 BLUE ROSES FROM THE MOONS zu einem hochwertigen Folk / Country / Pop-Album.

THERE'S A LIGHT BEYOND THESE WOODS (1978) Rounder, CD 1097 • POET IN MY WINDOW (1982) Rounder, CD 1098 • ONCE IN A VERY BLUE MOON (1984) Rounder, CD 1096 • THE LAST OF THE TRUE BELIEVERS (1985) Rounder, 1109 • LONE STAR STATE OF MIND (1987) MCA, MCAD 31300 • LITTLE LOVE AFFAIRS (1988) MCA 255 391 • ONE FAIR SUMMER EVENING (1988) MCA 256 123 • STORMS (1989) MCA 256 690 • LATE NITE GRANDE HOTEL (1991) MCA, MCD 10306 • OTHER VOICES, OTHER ROOMS (1993) Elektra 7559–61464 • FLYER (1994) Elektra 7559–61681 • BLUE ROSES FROM THE MOON (1997) Eastwest 7559–62015 • (S) THE BEST OF (1993) MCA, MCD 10914

Grinderswitch

Rick Burnett (dr), Larry Howard (g, voc), Dru Lombar (g, slide-g), Paul Hornsby (key, voc), Joe Dan Petty (b, voc)

Die Southernrockwelle Mitte der 70er Jahre machte auch das Quintett **Grinderswitch** bekannt. Die Band aus Georgia spielte eine Mixtur aus R&B, Country, Blues und Rock'n'Roll. Im Dunstkreis von Elvin → Bishop, der → **Marshall Tucker Band**, → **Wet Willie**, Charlie → Daniels und → **Cowboy** etablierten sie sich in der Südstaatenszene und veröffentlichten vier ordentliche Alben, von denen sich REDWING vom Spätsommer 1977 am besten verkaufte.
Joe Dan Petty arbeitete als Roadie für die → **Allman Brothers**, als er sich im Oktober 1972 in Macon, Georgia, entschloß, eine eigene Band zu gründen. Les → Dudek, damals Gitarrist bei Boz → Scaggs, brachte ihn mit Rick Burnett und Larry Howard zusammen, und nach einigen lockeren Sessions suchte das Trio Verstärkung. Dru Lombar von **Magi** aus Jacksonville, Florida, konnte als Gitarrist gewonnen werden, und in Paul Hornsby fand sich nicht nur der geeignete Produzent, sondern auch ein erfahrener Keyboarder (Bishop, **Hourglass**, Alex Taylor).
Nach sechsmonatigen Proben waren **Grinderswitch** bereit für Studioaufnahmen. Phil Walden holte die Band im Dezember 1973 zu seinem Label Capricorn Records, und die Arbeiten zur LP HONEST TO GOODNESS begannen. Die Resonanz war ermutigend. **Grinderswitch** erhielten Tourneeverträge mit den **Allmans, Wet Willie** und der **Marshall Tucker Band**. Auf der Bühne verbesserten sie

ihr Zusammenspiel. Das Album MACON TRACKS im Mai 1975 mit Charlie Daniels (vi) als Stargast klang gegenüber dem ungelenken Debüt ausgereifter. Es war vom R&B geprägt mit klaren Gitarren und treibenden Baß / Schlagzeug-Exkursionen.

Für die Produktion von PULLIN' TOGETHER mußten sich **Grinderswitch** einen neuen Keyboarder suchen, da Hornsby sich auf seine Produzententätigkeit beschränken wollte. Sie fanden in Stephen Miller, der mit **Linn County** auf drei LPs musikalisch interessante Bluesrock-Experimente unternommen hatte, geeigneten Ersatz. PULLIN' TOGETHER scheiterte knapp am Chartseintritt.

Grinderswitch trennten sich von Capricorn Records und bemühten sich mit Erfolg um einen neuen Vertragspartner. Atco Records brachte das letzte offizielle Album der Band heraus. Im Stil der **Allman Brothers** pflegte das Quintett auf REDWING verstärkt Gitarrensoli und die Southernrock-typische Rhythmik. Das Album, wieder von Hornsby produziert, verfehlte erneut die Charts. **Grinderswitch** trennten sich. Die 1995 veröffentlichte Platte LIVE TRACKS bestand aus Mitschnitten der Jahre 1975 bis 1979. Dru Lombar gründete Ende der 80er Jahre das Quartett **Dr. Hector & The Groove Injectors**, das sich auf einen deftigen Bluesrock spezialisierte.

HONEST TO GOODNESS (1974) One Way 30643 • MACON TRACKS (1975) Capricorn, CP-0150 • PULLIN' TOGETHER (1976) Capricorn, CP-0173 • REDWING (1977) Atco, SD-36152 • LIVE TRACKS (1994) One Way 30649 • Dru **Lombar** mit **Dr. Hector & The Groove Injectors**: HOUSE CALLS (1990) King Snake 4029 • Stephen **Miller**: STEPHEN MILLER (1970) Philips 600335 • Stephen **Miller** mit **Linn County**: PROUD FLESH SOOTHSEER (1968) Mercury 134097 • FEVER SHOT (1969) Mercury 134223 • TILL THE BREAK OF DAWN (1970) Philips 852150

Stefan Grossman

»Der Champion und Patron des Country Blues« (*Rolling Stone*) zählte seit den späten 60er Jahren zu jenen einflußreichen Instrumentalisten der US-Szene, die im Hintergrund wirkten und sich auf eine eingeschworene Fangemeinde verlassen konnten. Stefan Grossman entwickelte sich zum Meister der Fingerpicking-Technik und beherrschte alle Formen traditioneller nordamerikanischer Musik vom Blues über Ragtime, Folk bis zum Country. Seine zahlreichen Platten verkauften sich in kleinen Auflagen, und seine sehr intimen Konzerte wurden von einem eher intellektuellen Publikum besucht. Grossman erwarb sich einen Ruf als vielseitiger Gitarrist und kompetenter Gitarrenlehrer.

Geboren am 16. 4. 1945 in New York, trat Stefan Grossman als Mitglied der **Even Dozen Jug Band** und im Umfeld der →**Fugs** 1965 erstmalig in Erscheinung. Als Solist entwickelte er sich unter dem Einfluß von Reverend Gary →Davis zum Blues- und Folkprotagonisten. 1967 siedelte er nach England über und machte u. a. die Bekanntschaft von Eric →Clapton. Zu Beginn der 70er Jahre lebte Grossman in Rom und veröffentlichte nach zwei Soloplatten jetzt vor allem Bücher und Alben zur Gitarrenlehre.

Unter dem Namen Kicking Mule Records richtete Grossman 1972 ein eigenes Label ein, das Blues- und Folktalente förderte wie Duck Baker, Charles

→ Musselwhite und Mickey Baker. Er tourte außerdem mit Ex-→ **Pentangle**, mit dem er ab 1979 auch regelmäßig im Studio zusammenarbeitete. Der virtuose Gitarrist genoß in Musikerkreisen höchste Anerkennung. Er produzierte 1974 ein Album seines Idols Reverend Gary Davis, 1976 den Newcomer Tom Paley und spielte auf der zweiten LP von Paul → Simon und für die Folksängerin Julie Felix.

AUNT MOLLY'S MURRAY FARM (1967) Fontana, STL 5463 • THE GRAMERCY PARK SHEIK (1968) Fontana, STL 5485 • YAZOO BASIN' BOOGIE (1969) Transatlantic, TRA 217 • THE RAGTIME COWBOY (1970) Transatlantic, TRA 223 • THOSE PLEASANT DAYS (1971) Transatlantic, TRA 246 • MEMPHIS JELLYROLL (1972) Transatlantic, TRA 247 • HOT DOGS (1972) Transatlantic, TRA 257 • LIVE (1973) Transatlantic, TRA 264 • BOTTLENECK SERENADE (1975) Transatlantic, TRA 293 • MY CREOLE BELLE (1976) Transatlantic, TRA 326 • COUNTRY BLUES GUITAR (1977) Kicking Mule, SNKF 129 • HOW TO PLAY BLUES GUITAR (1978) Kicking Mule SNKF 148 • HOW TO PLAY BLUES GUITAR VOL. 2 (1978) Kicking Mule, KNTF 150 • THUNDER ON THE RUN (1980) Kicking Mule, SNKF 170 • SHINNING SHADOWS (1988) Shanachie • GUITAR LANDSCAPES (1990) • (S) THE GUITAR OF (1977) Transatlantic 44003 • (S) ANTHOLOGY (1979) Transatlantic, TRA 2006 • Mit John **Renbourn**: JOHN RENBOURN & STEFAN GROSSMAN (1978) Cambra, CR 056 • ACOUSTIC GUITAR (1979) EW 98001 • UNDER THE VOLCANO (1979) Kicking Mule, SNKF 161 • LIVE IN CONCERT (1986) Kicking Mule • THE THREE KINGDOMS (1987) Shanachie • LOVE, DEVILS & THE BLUES (1989) Shanachie • SNAP A LITTLE OWL (1989) Shanachie • Mit **Even Dozen Jug Band**: EVEN DOZEN JUG BAND (1964) Elektra 7246

Guadacanal Diary

Murray Attaway (voc, g, harm), Rhett Crowe (b), John Poe (dr, voc), Jeff Walls (g, key, perc, voc)

»Die smarte, wohlklingende amerikanische Gitarrencombo« (*Trouser Press*) stammte aus Marietta, Georgia, und gab 1981 ihr erstes Konzert. Die Initiatoren und Songwriter Murray Attaway und Jeff Walls strebten eine Synthese aus Countryrock, Rockabilly und Gospel-ähnlichem Südstaatensound an. 1984 konnten **Guadacanal Diary** mit dem → **R.E.M.**-Produzenten Don Dixon ihr erstes Album WALKING IN THE SHADOW OF THE BIG MAN realisieren. Die Band »belebte traditionelles Rock-Fachwerk durch melodiöse Erfindungsgabe« (*New Musical Express*).

Die Band bezog sich mit ihrem Namen auf die größte der ehemals britischen Salomoninseln Guadacanal, die im 2. Weltkrieg von den US-Amerikanern und Japanern heftig umkämpft war, und leitete daraus einen gewissen politischen Anspruch ab. Musikalisch hatten die talentierten Komponisten Attaway und Walls allerdings mehr zu bieten. Auf ihrer zweiten LP JAMBOREE frischten **Guadacanal Diary** Country/Gitarren-Rock mit afrokaribischen Einflüssen auf, die »atmosphärische Balladen« (*Musik Express*) und »sorgfältig ausgearbeitete Gesangsparts und Chorharmonien« (*Stereoplay*) enthielt. Das Album klang raffinierter als das Debüt, auffallend war auch der Western Song-Einfluß. Für den *Rolling Stone* war die Platte »noch nicht der absolute Durchbruch, aber der steht zweifellos unmittelbar bevor«.

Auf den großen Erfolg warteten **Guadacanal Diary** auch nach der Veröffentlichung des 87er-Albums 2×4, das wieder von Don Dixon produziert wurde, vergeblich. Wie die Vorgänger erreichte es nur Insider und Freunde des gepflegten Gitarrenrocks, obwohl die Gruppe mit dem guten Live-Ruf »Country, Folk, zarte Balladen, Rockabilly, durchrüttelnde Gitarrenriffs, Stimmungsbilder, sanfte Melodien und straffen Beat« (*Spex*) aufbot.

Guadacanal Diary suchten auch Anfang 1989 mit FLIP-FLOP vergeblich nach einer Nische zwischen **R.E.M.**, →**Call** und →**Green On Red**. Bei ihrem letzten Album bewiesen die Bassistin Rhett Crowe und Schlagzeuger John Poe Songwriterqualitäten. Schnörkellos trieben sie ihre lockere Rhythmik voran, aber es gab keinen überdurchschnittlichen, hitverdächtigen Song, der auf die Albumarbeit aufmerksam machen konnte. FLIP-FLOP setzte den Schlußpunkt unter das kurze, vielversprechende Unternehmen **Guadacanal Diary**. Poe schloß sich **Love Tractor** an, und Attaway konnte für sein Solo IN THRALL Jackson →Browne und Nicky Hopkins (p) gewinnen.

WALKING IN THE SHADOW OF THE BIG MAN (1984) Virgin 207201 • JAMBOREE (1986) Elektra 960478 • 2 X 4 (1987) Elektra 960752 • FLIP-FLOP (1989) Elektra 960848 • Murray **Attaway**: IN THRALL (1993) DGC 24495

Guess Who

Randy Bachman (g, voc), Burton Cummings (voc, key, g), Jim Kale (b, voc), Garry Peterson (dr, voc)

Rund ein Jahrzehnt waren **Guess Who** der erfolgreichste kanadische Rockexport. In den späten 70er Jahren verkam die Gruppe jedoch zum Tingeltangel und bemühte sich mehrmals vergeblich um ein Comeback. Trotzdem blieben sie in der Rockgeschichte ein Synonym für »harte, unkomplizierte, exzellent gespielte und gesungene Rocknummern« (*Sounds*).

Die Freunde Chad Allan (Allan Kobel), Jim Kale (* 11. 8. 1943) und Bob Ashley (p) spielten bei **Allan & The Silvertones**, ehe sie sich 1962 mit Randy Bachman und Garry Peterson (* 26. 5. 1945) von den **Velvetones** zusammentaten und sich **Reflections** nannten. Sie spielten Songs von Cliff →Richard und Instrumentals der →**Shadows** nach und coverten auf ihrer ersten Single ›Tribute To Buddy Holly‹ einen Hit von Mike Berry. Die zweite Single hieß 1963 ›Shy Guy‹. Sie waren vom britischen Merseybeat, den →**Beatles** und Rickenbacker-Gitarren beeinflußt und konnten sich in der kanadischen Szene etablieren. Im Frühsommer 1964 mußten sie sich umbenennen, als die US-Gruppe **Reflections** mit ›(Just Like) Romeo And Juliet‹ in den Top 10 auftauchte. Als **Chad Allan & The Original Reflections** veröffentlichten sie ihre dritte Single ›A Shot Of Rhythm And Blues‹.

Im März 1965 bearbeiteten **Chad Allan & The Original Reflections** den Johnny →Kidd-Klassiker ›Shakin' All Over‹ (US #13), der völlig überraschend im April die kanadischen Hitparaden anführte

und in den USA Top-20-Format erreichte. Als **Guess Who** besuchte das Quintett im Rahmen von Dick Clarks Caravan Of Stars Revue zum ersten Mal die Vereinigten Staaten.
Bob Ashley verließ **Guess Who** im Sommer 1965 und wurde durch Burton Cummings (* 31. 12. 1947) von den **Deverons** ersetzt. **Guess Who** verfügten somit neben Allan über einen zweiten Leadsänger. In der zweiten Hälfte des Jahres kamen die Singles ›Hey Ho, What You Do To Me‹ und ›Hurting Each Other‹ heraus. Chad Allan nahm 1966 sein abgebrochenes Studium wieder auf. Cummings stand nun als Frontmann im Mittelpunkt, und nach einem kurzen Gastspiel von Bruce Dekker, ebenfalls von den **Deverons**, machten **Guess Who** als Quartett weiter. 1967 tourten sie erstmals durch Großbritannien, um die neue Single ›His Girl‹ vorzustellen. Anschließend holte der Produzent Jack Richardson die Band nach New York.
Die moderate, wohltemperierte Ballade ›These Eyes‹ (US #3) bereitete den Durchbruch von **Guess Who** im Frühjahr 1969 vor. Sie stammte aus dem gepflegten Rockalbum WHEATFIELD SOUL (US #34), das durch das angenehme Timbre von Cummings und die satten Gitarrenriffs von Bachman ein Kontrastprogramm bot, das beim Publikum ankam. Als ›These Eyes‹ im Juni 1969 mit Gold ausgezeichnet wurde, koppelten **Guess Who** ›Laughing‹ (US #5) aus, eine weitere von Cummings / Bachman komponierte Ballade. Ende des Jahres erschien die LP CANNED WHEAT (US #87). Die internationale Akzeptanz der »typisch amerikanischen Rockhandwerker« (*Disc*) wuchs, nicht zuletzt dank der Bühnenpräsenz der professionellen Musiker.
1970 erreichten **Guess Who** den Höhepunkt ihrer Laufbahn. Sie spielten im Fillmore West in San Francisco in einer Show mit → **Chicago**, schafften mit ›No Time‹ (US #3) ihren dritten Millionenhit, den sie auch in der legendären britischen TV-Sendung Top of the Pops vorstellten, und standen im Juli 1970 mit dem Hardrocksong ›American Woman‹ (GB #20, US #1, D #6) an der Spitze der Charts. Dank des Albums SHARE THE LAND (US #9) sowie den Singles ›Hand Me Down World‹ (US #14) und ›Share The Land‹ (US #9) steigerten sie 1970 ihren Plattenumsatz auf rund fünf Millionen Dollar. Um so schwerer traf »Kanadas beste Rockband« (*Rolling Stone*) der Abgang des schwergewichtigen Gitarristen und Komponisten Randy Bachman. Er gründete mit Chad Allan zunächst **Brave Belt**, versuchte sich als Solist und rief dann → **Bachman-Turner Overdrive** ins Leben, die härteste Konkurrenz für **Guess Who** im Wettstreit um den Rockthron Kanadas.
Cummings übernahm nun die alleinige Führung von **Guess Who** und verstärkte die Band mit den Gitarristen Greg Leskiw (* 5. 8. 1947) von **Wild Rice** und Kurt Winter (* 2. 4. 1946) von **Brother**. Die Band konnte die Erfolgsserie 1991 mit dem Sampler THE BEST OF (US #11), der neuen Studio-LP SO LONG, BANNATYNE (US #32) und insgesamt fünf Singles fortsetzen: ›Hang On To Your Life‹ (US #22), ›Broken‹ (US #52), ›Albert Flasher‹ (US #22), ›Rain Dance‹ (US #11), ›Sour Suite‹ (US #50).
Die Platten verkauften sich zwar gut, aber musikalisch stagnierte die Entwicklung von **Guess Who**. SO LONG, BANNATYNE wie auch das nachfolgende Album ROCKIN' (US #39) und der Live-Mitschnitt LIVE AT THE PARAMOUNT (US #34) klangen müde und abgedroschen

und enthielten herkömmlichen Heavyrock mit durchschnittlichen Songs, die fast ausschließlich von Cummings und Winter stammten.
Gründungsmitglied Kale verließ die Band im Oktober 1972, um zunächst bei **Scrubbaloe Caine** einzusteigen und dann die **Jim Kale Band** zu leiten. Bill Wallace (* 18. 5. 1949), ebenfalls von **Brother**, wurde sein Nachfolger bei **Guess Who**. Leskiw ging im April 1972, um **Mood Jga Jga** zu formieren. Don McDougall wurde als zweiter Gitarrist von **Guess Who** engagiert. Sie hatten 1973 mit Singles wie ›Follow Your Daughter Home‹ (US #69), ›Glamour Boy‹ (US #90) und dem Album ARTIFICIAL PARADISE (US #63) ein Tief erreicht.
Cummings änderte das Konzept, orientierte sich an lockerem Westcoastsound und hatte damit tatsächlich Erfolg: ›Clap For The Wolfman‹ (US #11) scheiterte im Sommer 1974 nur knapp an der Top-10-Hürde. Als das Album ROAD FOOD (US #58) hinter den Erwartungen zurückblieb, feuerte Cummings McDougall und Winter und holte den renommierten Gitarristen Domenic Troiano, einst Mitglied der →**James Gang**.
Troiano gab seinen Einstand Anfang 1975 auf der LP FLAVOURS (US #47), die **Guess Who** dank ›Dancin' Fool‹ (US #34) die letzte Plazierung in den Singlecharts ermöglichte. Bei FLAVOURS zeigte sich, daß **Guess Who** keine Ideen mehr hatten. Nach wie vor glänzten sie technisch, enttäuschten aber mit langweiligen Songs. POWER IN THE MUSIC wurde 1975 ebenfalls ein Flop und führte im August zur Trennung von **Guess Who**.
Burton Cummings hatte als Solist einen guten Start. Im Herbst 1976 erreichte er mit ›Stand Tall‹ (US #9) die Top 10, veröffentlichte das Album BURTON CUMMINGS (US #60) und konnte 1978 mit ›Break It To Them Gently‹ (US #81) noch einen kleinen Hit verzeichnen. Dann verschwand er in der Versenkung, aus der er erst 1985 wieder auftauchte, um sich an der kanadischen Band **Aid** zu beteiligen.
1978 reaktivierten Kale und McDougall mit Allan McDougall (voc), David Inglis (g) und Vince Masters (dr) **Guess Who**. Sie nahmen ALL THIS FOR A SONG auf, waren aber nicht überzeugend und mußten die Band erneut umbesetzen. Nach knapp dreijähriger Pause präsentierte Kale 1981 ein völlig neues Team, das sich aus Brent DeJarlais (voc), Dale Russell (g), Mike McKenna (g), zuvor bei **McKenna Mendelson Mainline**, und Ex-**Crowbar** Sonnie Bernardi (dr) zusammensetzte. Glatter, uninteressanter Mainstream-Rock prägte das Album NOW AND THEN, nur der Song ›Homefires Burning‹ ragte heraus.
1983 wurde noch einmal die Erfolgsbesetzung zusammengebracht. Bachman, Cummings, Kale und Peterson zelebrierten am 29. 6. 1983 in Toronto in alter Frische ihre großen Hits und ließen das Ereignis für die LP TOGETHER AGAIN mitschneiden. 1989 kam es zu einer weiteren Reunion von **Guess Who**, die sich unter Leitung von Kale und Peterson im Oldies-Tourneezirkus engagierten. Sie setzten ihre »nostalgische Show« (*Guinness*) in den 90er Jahren fort und bestanden 1995 aus Kale, Peterson, Leonard Shaw (key), Terry Hatty (voc) und Dale Russell (g).

SHAKIN' ALL OVER (1965) Springboard, SPB 4022 • GUESS WHO (1967) Pickwick, SPC 3246 • WHEATFIELD SOUL (1969), LSP 4141 • CANNED WHEAT PACKED BY GUESS WHO (1969) RCA, LSP 4157 •

AMERICAN WOMAN (1970) RCA, LSP 4266 • SHARE THE LAND (1970) RCA 54359 • SO LONG, BANNATYNE (1971) RCA, LSP 4574 • ROCKIN' (1972) RCA, LSP 4602 • LIVE AT THE PARAMOUNT (1972) RCA, LSP 4779 • ARTIFICIAL PARADISE (1973) RCA, 4830 • NUMBER 10 (1973) RCA, APL-1–0130 • ROAD FOOD (1974) RCA 0405 • FLAVOURS (1974) RCA, APL-1–0636 • POWER IN THE MUSIC (1975) RCA 0995 • ALL THIS FOR A SONG (1978) Lacindy 22010 • NOW AND THEN (1981) Line 624939 • TOGETHER AGAIN (1984) Ready, LR 049 • (S) THE BEST OF (1971) RCA, LSP 1033 • (S) THE BEST OF VOL. II (1973) • (S) BORN IN CANADA (1974) Trip, TSK 3502 • (S) GREATEST HITS (1977) RCA, APL-1–1778 • Burton **Cummings**: BURTON CUMMINGS (1976) Portrait 81573 • MY OWN WAY TO ROCK (1977) Portrait 82012 • DREAM OF A CHILD (1978) Portrait 82962 • WOMAN LOVE (1980) • YOU SAVED MY SOUL (1981) • SWEET SWEET (1981) Alfa 11007 • Garry **Peterson** mit **Formerly Fat Harry**: FORMERLY FAT HARRY (1971) Capitol 844 • Domenic **Troiano**: DOM (1972) Mercry, SRM-1–639 • TRICKY (1973) Mercry, SRM-1–670 BURNING AT THE STAKE (1977) Capitol 11665 • THE JOKE'S ON ME (1978) Capitol 11772 • FRET FEVER (1979) Capitol 11932 • Bill **Wallace** mit **Shakers**: YANKEE REGGAE (1976) Asylum 53036 • Sonnie **Bernardi** mit **Crowbar**: OFFICIAL MUSIC (1970) Paramount, PAS 50030 • BAD MANORS (1970) Capitol 16004 • LARGER THAN LIFE (1971) Paramount, PAR 6007 • HEAVY DUTY (1972) Daffodil, DDL 34665 • CROWBAR (1973) Epic 80046 • Mike **McKenna** mit **McKenna Mendelson Mainline**: STINK (1969) Liberty 83251 • NO SUBSTITUTE (1975) Taurus, TR 103 • CANADA OUR HOME & NATIVE LAND (?)

Gumball

Don Fleming (voc, g), Jay ›The Rummager‹ Spiegel (dr, voc), Eric Vermillion (b, voc)

Die drei Musiker von **Gumball** waren an verschiedenen Projekten beteiligt. Sie spielten bei → **Dinosaur Jr.** und den **Velvet Monkeys**, arbeiteten mit **Half Japanese** und bildeten mit Mark Kramer von **Shockabilly** die Gruppe **B.A.L.L.** Damit gehörten sie zu den treibenden Kräften des alternativen US-Rock und beherrschten das komplette Spektrum zwischen Grunge und Power-Pop.

Don Fleming zog 1980 von Washington D.C. nach New York und gründete dort die **Velvet Monkeys**. Sie machten erstmals mit der MC ›Everything Is Right‹ von sich reden, konnten aber erst drei Jahre später FUTURE, ihre erste Platte, veröffentlichen. 1985 brachten sie auf Mark Kramers Label IMPRESSIONS: SPECIAL EDITION heraus. Sie kooperierten 1986 bei der MC ›Big Big Sun‹ erstmals mit **Half Japanese**, anschließend gründeten sie **B.A.L.L.** Die Band bestand aus Fleming, Kramer, David Licht (dr) und Spiegel (dr) und »persiflierte das komplette Spektrum der Rockära der 70er Jahre« (brit. *Sounds*).

»Ungehobelte Popmelodien und grungige Gitarren« (*Trouser Press*) dominierten 1987 das ziemlich unfertige Album PERIOD / ANOTHER AMERICAN LIE. Auf BIRD von 1988 harmonierte das Quartett schon wesentlich besser und lieferte vor allem amüsante Coverversionen von ›It Don't Come Easy‹ (Ringo → Starr), ›Buick McKane‹ (→ **T. Rex**) und ›Wah-Wah‹ (George → Harrison). Auch beim Plattencover imitierten **B.A.L.L.** die

→ Beatles. Die 89er-LP Trouble Doll bestand je zur Hälfte aus einem Mitschnitt vom Dezember 1988 aus dem New Yorker CBGB's und aus Aufnahmen, die mit Fleming, Kramer, Spiegel im Februar 1989 im Studio entstanden. Sie mischten Noise und Trash, basierend auf Zitaten von den Beatles bis → Iron Butterfly. Gastgitarrist war Dave Rick von Phantom Tollbooth. Kramer und Fleming wirkten außerdem 1989 an der Half Japanese-LP The Band That Would Be King mit.

Im Dezember 1989 gaben B.A.L.L. ihre Trennung bekannt. Das danach veröffentlichte Album (Four) Hardball enthielt überwiegend Abfallprodukte der letzten Studiosessions, die aber von der großen Improvisationskraft der Band zeugten.

Kramer rief Bonwater ins Leben und kümmerte sich um sein Label Shimmy Records. Fleming, Spiegel und Ex-Stump Wizards Eric Vermillion nannten sich 1990 Gumball. Das Trio kreuzte Garagenrock mit Power-Punk und Schock-Metal und setzte damit in der alternativen Rockszene wichtige Akzente. Fleming und Spiegel fanden darüber hinaus Zeit für die EP ›The Wagon‹ von Dinosaur Jr.

Ende 1990 veröffentlichten sie auf dem Indie-Label Paperhouse Records ihre erste Single ›All The Time‹. Die A-Seite war eine »eingängige, kraftvolle und romantische Power-Pop-Melodie« (*Pressetext*). Als Gäste wirkten Thurston Moore von Sonic Youth und Jim Thirwell von → Foetus mit.

Ebenfalls 1990 reformierten Fleming und Spiegel die Velvet Monkeys mit Thurston, dem Dinosaur Jr.-Chef J. Mascis und Julia Cafritz von Pussy Galore. Das Comeback Rake bestand im wesentlichen aus dem neun Minuten langen ›Velvet Monkey Theme‹. Fleming und Spiegel widmeten sich daraufhin wieder Gumball und veröffentlichten im Frühjahr 1991 das Album Special Kiss. Zur Verstärkung hatte Fleming den → Teenage Fanclub angeheuert, deren LP A Catholic Education er als Produzent betreut hatte. Gumball »lieferten dreiminütige Rock'n'Roll-Thriller ab« (*All Music Guide*), ein straffes, humorvolles Konzept, das auch live sehr gut ankam: »Die Gigs sind kurz, laut und knüppelhart« (*Spex*).

1991 beschränkten sich Gumball auf die Mini-LP Light Shines Through, die neben Material aus Special Kiss vier bis dahin unveröffentlichte Titel enthielt. 1992 coverten sie für die fünf Songs umfassende EP ›Wisconson Hayride‹ u. a. Originale der Damned (›New Rose‹), → Small Faces (›Tell Me Have You Ever Seen Me‹) und → Black Flag (›Depression‹).

Als Produzent arbeitete Fleming u. a. mit den → Screaming Trees, → Hole und Alice → Cooper erfolgreich zusammen. 1993 veröffentlichten Gumball das Album Super Tasty beim Branchenriesen Columbia Records. Im Gegensatz zu vielen Indie-Bands verkrafteten Gumball den Schritt ohne Niveauverlust und blieben ihrem feedbacklastigen, durchaus melodiösen Noiserock treu. Verantwortlicher Produzent war Butch Vig (→ Nirvana).

Auch in Europa, wohin sie einige größere Tourneen führten, wurden sie als wichtige Protagonisten der alternativen Rockszene gesehen. Verstärkt durch den Tour- und Velvet Monkeys-Keyboarder Malcolm Riviera produzierten Gumball in den Dreamland Studios in Woodstock, New York, die LP Revolution On Ice, die im Sommer 1994 auf den Markt kam.

GUMBALL (1990) Primo Scree, SCREE 3 • SPECIAL KISS (1991) Paperhouse, RTD 285 1224 • LIGHT SHINES THROUGH (1991) Mini-LP Rough Trade, RTD 585 0012 • SUPER TASTY (1993) Columbia 473060 • REVOLUTION ON ICE (1994) Columbia 475927 • Don **Fleming** und Jay **Spiegel** mit **B.A.L.L.**: PERIOD / ANOTHER AMERICAN LIE (1987) Shimmy Disc, SDE 6 • BIRD (1988) Shimmy Disc, SDE 8803 • TROUBLE DOLL (1989) Shimmy Disc, SDE 8909 • (FOUR) HARDBALL (1990) Shimmy Disc, SDE 9018 • Don **Fleming** mit **Velvet Monkeys**: FUTURE (1983) Fountain Of Youth • IMPRESSIONS: SPECIAL EDITION (1985) SDE 8905 • RAKE (1990) Rough Trade 102 • (S) ROTTING CORPSE AU-GO-GO (1989) Shimmy Disc, SDE 18 • Don **Fleming** mit **Half Japanese**: THE BAND THAT WOULD BE KING (1989) 50 Skidillion Watts, RTD 309 0018 • Eric **Vermillion** mit **Stump Wizards**: HALF SHOT AT SUNRISE (1986) Mini-LP Hippie Knight • SMOKESTACK (1986) Skyclad 56

Gun Club

Ward Dotson (g, slide g), Terry Graham (dr), Jeffrey Lee Pierce (voc, g), Rob Ritter (b)

Geschichten eines maroden Zeitalters, Großstadtskizzen und leidenschaftliche Country-, Blues- und Rockattacken waren das Markenzeichen von **Gun Club**. Die Band arbeitete »die traditionellen Quellen der Rockmusik« (*Musik Express*) mit der Dynamik des Punk für die 80er Jahre auf und sorgte mit radikalen Aussagen für Schlagzeilen. Drogen, Alkohol und düstere Visionen prägten Texte und Sound der Gruppe, die weltweit als Kultformation verehrt wurde.

Der Texaner Jeffrey Lee Pierce wuchs in Kalifornien auf und machte zunächst als Journalist unter Pseudonymen wie Uptown Ranking Jeffrey, Mississippi Ranking Stack O'Lea oder Clumsey Hillbilly Ranking J. für das Punkmagazin *Slash* von sich reden. Nach eigener Aussage wurde er musikalisch vom Bluesgesang Billie Holidays und von Robert →Johnson maßgeblich beeinflußt.

Pierce wurde 1980 in Los Angeles Präsident des Fanclubs von →**Blondie**, deren Sängerin Debbie Harry ihn ermunterte, eine eigene Band zu gründen. Erste Erfahrungen hatte der Sänger und Gitarrist bei **Phast Phreddie's Precisions** und den **E-Types** gesammelt. Nun formierte er mit seinem Freund Brian Tristan, der sich Kid Congo Powers nannte, **Creeping Ritual**, aus denen sich wenig später **Gun Club** entwickelten. Dafür konnten Pierce und Powers von den Hardcore-Punkern **Bags** Rob Ritter (b) und Terry Graham (dr) gewinnen.

Gun Club verschmolzen Rock'n'Roll im Stil von Elvis →Presley, schwerblütigen Swamp-Blues, traditionellen Hillbilly und Country-Sound zu einer beschwörenden, wütenden, lärmigen Einheit. Noch bevor das Quartett zum ersten Mal ein Studio sah, ging Powers zu den →**Cramps**. Sein Nachfolger Ward Dotson von **Stab** steuerte einige schrille Gitarrensoli zum Debüt FIRE OF LOVE bei. Die »barbarische Rückkehr zum Punk« (*Record Mirror*) provozierte entgegengesetzte Kritiken. Der apokalyptische Country-Blues und fanatische Rock'n' Roll zeugte von Pierce' Todessehnsucht, Verzweiflung und Depressionen, aber auch sexuellen Phantasien. Auf der Bühne glänzte er als charismatischer, unberechenbarer Leadsänger.

»In die tiefen Schluchten des amerikanischen Blues, des Countrybilly und des treibenden Rock'n'Roll« (*Musik Express*) begab sich auch das 82er-Album MIAMI, das der Blondie-Gitarrist Chris Stein produzierte. Die Medien entdeckten bei Pierce »Parallelen zu Jim Morrison« (*Trouser Press*), »einen endlosen / urbanen Alptraum« (brit. *Sounds*). Auf einer mehrmonatigen Tournee präsentierten sich Gun Club wegen übermäßigen Alkohol- und Drogenkonsums völlig desolat. Für Rob Ritter war inzwischen die Bassistin Patricia Morrison dabei. Ritter wirkte zuletzt auf dem Live-Mitschnitt THE BIRTH, THE DEATH, THE GHOST mit, für dessen Produktion Powers zurückgekehrt war und Dotson ablöste.

1983 tat sich Pierce mit Jim Duckworth (g) und dem damaligen Bush Tetras-Drummer Dee Pop zusammen, um sechs Songs für die Mini-LP DEATH PARTY einzuspielen, die unter dem Namen Gun Club veröffentlicht wurde. Mit Patricia Morrison gab die neue Besetzung einige Konzerte in Australien, doch nach der Rückkehr spielte Pierce wieder mit Morrison, Powers und Graham.

Dotson gründete 1983 die von den → Rolling Stones beeinflußte Band Pontiac Brothers, die in der Anfangsphase Jagger / Richards-Stücke nachspielte. Neben dem Debütalbum DOLL HUT wurde die 88er-LP JOHNSON von den Kritikern am meisten gelobt: »Dieses großartige Rockalbum definiert den eigenen Sound der Band mit gleichen Anteilen Rolling Stones und Replacements« (*All-Music Guide*). Zur Besetzung der Pontiac Brothers gehörten außerdem Ian McLagan (p) von den → Faces, Kurt Bauman (b), Matt Simon (voc) und D. A. Valdez (dr).

Jeff Eyrich (→ Blasters, → Rank And File) produzierte THE LAS VEGAS STORY (GB #50) mit Dave Alvin von den Blasters als Studiogast. Die Platte wirkte wie eine Collage aus grellen Momentaufnahmen des amerikanischen Alltags. Diese »wilde / wütende / inspirierende Vielfalt« (*Musik Express*) setzte einen vorläufigen Schlußpunkt unter die Gun Club-Karriere, da Pierce Solopläne verfolgte.

WILDWEED von 1985 war das Dokument eines ruhelosen Außenseiters der US-Rockgegenwart. Pierce legte seine Gefühle schonungslos offen, konnte damit aber kein größeres Publikum gewinnen. So blieb THE LAS VEGAS STORY seine bis dahin erfolgreichste Platte.

Einigermaßen unerwartet kam es 1987 zu einer Reunion von Gun Club, für die sich neben Pierce, dessen japanische Lebensgefährtin Hiromi Otami alias Romi Mori (b), Powers und Schlagzeuger Nick Sanderson engagierten. MOTHER JUNO wurde in den Berliner Hansa Studios aufgenommen und bewies, daß »von der alten Magie nichts verlorengegangen war« (*Musik Express*). Produzent war Robin Guthrie (→ Cocteau Twins). Gun Club unternahmen anläßlich der Veröffentlichung eine umstrittene Europatournee, die den Eindruck eines »sehnsüchtig ächzenden Psycho-Panoramas« (*Spex*) hinterließ. Pierce und seine Begleiter wirkten bühnenmüde, ausgebrannt und wurden »der spannungsreichen Platte« (*Musik Express*) bei keinem Liveauftritt gerecht.

Nach weiteren drei Jahren – Pierce hatte sich inzwischen mit seiner Ehefrau Romi einen Zweitwohnsitz in London eingerichtet und mußte gesundheitsbedingt wieder pausieren – erschien PASTORAL HIDE AND SEEK, eine neue Studio-LP: »Ein wundersames Meisterwerk, das unter den Sternen von Space-Blues und Voodoo-Country steht« (*Musik Ex-

press). Pierce klang noch immer wie ein einsam streunender Wolf, der den Mond anheult, und seine Begleiter trieben ihn mit schmerzenden Gitarrenläufen und dumpfer Rhythmik an.
Die Lieblinge der Independent-Szene tourten 1991/92 erfolgreich durch Europa und faszinierten mit ihrem quälenden Blues und bitteren Klangcollagen. Pierce führte seine Band souverän, und frühere Live-Debakel waren vergessen. Nach der spartanischen Studioinszenierung DIVINITY erschien 1993 der Mitschnitt AHMED'S WILD DREAM, die vielleicht beste Live-Aufnahme von **Gun Club**, die in Utrecht entstand.
1992 veröffentlichte Pierce nach siebenjähriger Pause wieder ein Soloalbum, betitelt RAMBLIN' JEFFREY LEE. Seit Anfang der 80er Jahre hatte er Hunderte alter Bluesaufnahmen gesammelt und studiert, und so kombinierte er hier eigene Songs mit Klassikern von Skip James, Don →Nix und →Howlin' Wolf: »Ein fabelhaftes Blues-Projekt« (*Indiecator*).
Das letzte **Gun Club**-Album erschien im Sommer 1993. Stärker vom Blues geprägt, ähnelte es der Soloplatte von Pierce. Kein Wunder, denn Powers hatte **Gun Club** verlassen, und Pierce war auf LUCKY JIM nun auch für den Gitarrensound zuständig. Danach wurde es still um die Gruppe. Pierce hatte wieder gesundheitliche Probleme. Er starb am 31. 3. 1996 an den Folgen eines Gehirnschlages im Universitätskrankenhaus von Salt Lake City. Sein Tod war gleichbedeutend mit dem »traurigen und abrupten Ende einer brillanten Band« (*Rough Guide*). Ex-Sänger Ward Dotson gründete die sprode Rockband **Liquor Giants**, die 1994 das durchaus interessante Album HERE veröffentlichte.

FIRE OF LOVE (1981) Slash 23935 • MIAMI (1982) I.R.S. 13065 • THE BIRTH, THE DEATH, THE GHOST (1983) ABC, LP 1 • DEATH PARTY (1983) Mini-LP Animal 850058 • THE LAS VEGAS STORY (1984) I.R.S. 13064 • TWO SIDES OF THE BEAST (1985) Dojo • LOVE SUPREME – LIVE MATERIAL (1985) Eva 9002 • DANSE KALINDA BOOM – LIVE IN PANDORA'S BOX (1985) What's So Funny About 2927 • MOTHER JUNO (1987) EFA 26026–70 • PASTORAL HIDE AND SEEK (1990) What's So Funny About 2902–26 • DIVINITY (1991) What's So Funny About 2904 • THE GUN CLUB LIVE (1992) Triple X 51144 • AHMED'S WILD DREAM (1993) What's So Funny About 2925 • LUCKY JIM (1993) What's So Funny About 2934 • (S) SEX BEAT 81 (1984) Lolita 5021 • (S) TWO SIDES OF THE BEAST (1986) Dojo, DOJOLP 8 • (S) DEATH PARTY (1989) Revenge, CDHM 2 • (S) IN EXILE (1992) Triple X 51103 • Jeffrey Lee **Pierce**: WILDWEED (1985) Virgin 207130 • FLAMINGO (1985) Mini-LP Statik 207371 •RAMBLIN' JEFFREY LEE & CYPRESS GROVE WITH WILLIE LOVE (1992) What's So Funny About EFA 02921 • Ward **Dotson** mit **Pontiac Brothers**: BIG BLACK RIVER (1985) Sympathy For The Record Industry 205 • DOLL HUT (1985) Frontier, FLP-1014 • FIESTA EN LA BIBLIOTECA (1986) Frontier, FLP-1019 • JOHNSON (1988) Frontier 46142 • FUZZY LITTLE PIECE OF THE WORLD (1992) Frontier 34644 • (S) DOLL HUT/FIESTA EN LA BIBLIOTECA (1992) Frontier 34637 • Ward **Dotson** mit **Liquor Giants**: HERE (1994) • Eastside, ESD 8092 • Kid Congo **Powers** mit **Die Haut**: Sweat (1993) Triple X 0184

Guns 'N' Roses

Paul Huge (g), Duff McKagan (b, g, voc), Axl Rose (voc, g, syn, perc), Slash (g), Matt Sorum (dr, perc)

Die erfolgreichsten US-Hardrocker der späten 80er Jahre erinnerten an die → **Rolling Stones** der frühen 60er Jahre. Hart und laut, renitent und arrogant eroberten sie sich mit nur einem Album, das sich fünf Millionen Mal verkaufte, einen Platz in der internationalen Rockelite. Leadsänger Axl Rose und seine Eskapaden waren ein gefundenes Fressen für die Medien, die Fans verehrten die »rauhbeinigen, dreckigen Rocker« (brit. *Sounds*) als Idole. Der Sound von **Guns 'N' Roses** basierte auf einem lautstarken, dröhnenden Gitarrenrock und den Shouterqualitäten von Rose. Kids und ältere Rockfans schätzten die fünf eigenwilligen Typen, die immer provozierten und eine Mischung aus Punk, Rhythm & Blues, Metal und Rock boten.

Axl Rose wurde als William Bailey am 6. 2. 1962 in Lafayette, Indiana, geboren. Er sang mit fünf Jahren im Kirchenchor und als Teenager in verschiedenen lokalen Bands, bevor er nach Los Angeles trampte, um seinen alten Freund Izzy Stradlin (Jeffrey Isbell, * 8. 4. 1962, Lafayette, Indiana) zu treffen, der sich erfolglos in der Clubszene von L. A. herumgetrieben hatte. Gemeinsam mit Tracii Guns und Rob Gardener gründeten sie **Rose**, aus denen **Hollywood Rose** entstanden. Die Gruppe blieb nicht lange zusammen, denn Gitarrist Tracii Guns verfolgte mit den → **L. A. Guns** eigene Pläne.

Slash (Saul Hudson, * 23. 7. 1965) und Drummer Steven Adler (* 22. 1. 1965, Cleveland, Ohio) kannten sich aus der Bancroft Junior High School. Slashs Vater entwarf Albumcover, u. a. für Joni → Mitchell (COURT AND SPARK), und seine Mutter Kostüme, z. B. für David → Bowie im Film »The Man Who Fell To Earth«. Slash sah Rose und Stradlin in einem kleinen Club in Los Angeles. Zusammen mit Adler und Duff McKagan (Michael McKagan, * 5. 2. 1964, Seattle), der in seiner Heimatstadt bei **Fartz**, **10 Minute Warning**, **Fastbacks**, **Veins** und **On The Rocks** gespielt hatte, nannten sie sich 1985 **Guns 'N' Roses**.

Mit ihrer Mischung aus »Punk-Nihilismus und traditionellem Heavy Metal« (*Encyclopedia Of Rock Stars*) gewannen sie schnell ein Publikum. Im Sommer 1985 starteten sie die Hell Tour '85, die nach nur einem Auftritt wieder abgesagt wurde. Mehr Glück hatten sie mit der selbstfinanzierten EP ›Live‹, deren Auflage von 10000 Stück zügig verkauft wurde. Geffen Records nahm **Guns 'N' Roses** deshalb im März 1986 unter Vertrag. Im April eröffneten sie die Konzerte der US-Tour der britischen Band → **Iron Maiden**, gaben im Juni ihr Live-Debüt in Europa im Londoner Marquee Club, bereisten im Juli erneut Nordamerika, diesmal im Vorprogramm von → **Mötley Crüe**, und bei Erscheinen der ersten Single ›Welcome To The Jungle‹ (GB #67) tourten sie im Oktober schon wieder mit → **Cult**.

›Welcome To The Jungle‹ stammte von dem erfolgreichen Debüt APPETITE FOR DESTRUCTION (GB #5, US #1, D #11), das mit einer Verzögerung von mehreren Monaten in England und Deutschland einschlug und die Medien zu lobenden Kritiken veranlaßte. So galt **Guns 'N' Roses** manchmal als »die nächste Band, die jeder versuchen wird zu kopieren«

(*Circus*). Das Album war randvoll mit erstklassigen modernen Rocksongs. Zwischen August 1988 und September 1989 wurden in dreimonatigen Abständen ›Sweet Child O' Mine‹ (GB #24, US #1), ›Paradise City‹ (GB #6, US #5) und ›Nighttrain‹ (GB #17, US #93) ausgekoppelt. Darüber hinaus wurden ›Welcome To The Jungle‹ (GB #24, US #7) wiederveröffentlicht und ›Sweet Child O' Mine‹ (GB #6) im Sommer 1989 remixt.

1988 begann für **Guns 'N' Roses** turbulent. Im Februar blieb Rose einem Auftritt in Phoenix, Arizona, fern und tauchte erst drei Tage später wieder auf. Die Band war seit fast zehn Monaten ununterbrochen auf Tournee und spielte inzwischen in einer Show mit →**Aerosmith**. Im Juli mußte **Cult**-Bassist Haggis für ein Konzert einspringen, als McKagan heiratete. **Guns 'N' Roses** unterbrachen die auf 18 Monate angelegte Tour, um vor 92000 Fans beim Monsters of Rock im englischen Castle Donington aufzutreten.

Der Videosender MTV zeichnete im September 1988 **Guns 'N' Roses** für den Clip von »Welcome To The Jungle« als beste neue Künstler aus. Den Song hatte Erin Everly, die Tochter von Don Everly (→**Everly Brothers**) komponiert. Er war auch Bestandteil des Soundtracks zum Clint Eastwood-Film »Dead Pool«. Erin Everly und Axl Rose heirateten am 27. 4. 1990 in Las Vegas. Bereits vier Wochen danach sprach das Ehepaar von Scheidung, und im Januar 1991 wurde die Ehe annulliert.

Die gemeinsame Tour mit **Aerosmith**, in deren Verlauf Rose dreimal wegen Körperverletzung u. ä. verhaftet wurde, endete im November 1988. **Guns 'N' Roses** sagten die geplante Europaverlängerung mit →**Metallica** ab, um nach Verpflichtungen in Japan, Australien und Neuseeland im Dezember eine längere Auszeit zu nehmen. Geffen Records überbrückte die Pause bis zum nächsten Studioalbum mit dem Mini-Album Lies (GB #22, US #2) mit vier Aufnahmen der früheren EP ›Live‹, die aufgrund der großen Nachfrage als Sammlerstück wiederveröffentlicht wurde. **Guns 'N' Roses** waren die erste Gruppe seit 15 Jahren, die sich mit zwei Alben gleichzeitig in den Top 5 plazierte: Appetite For Destruction und Lies. Letztere lieferte zudem mit der semiakustischen Ballade ›Patience‹ (GB #10, US #4, D #38) eine Topsingle.

1989/90 sorgten **Guns 'N' Roses** häufig für negative Schlagzeilen. Stradlin wurde im August 1989 auf dem Flughafen von Phoenix verhaftet, nachdem er während eines Inlandfluges in der Nichtraucherzone geraucht und eine Stewardess beschimpft hatte. Kaum besser kam der Bandauftritt im Vorprogramm der **Rolling Stones** im Los Angeles Colisseum Mitte Oktober weg. Die Show war zwar gut, aber nach dem Gig und Differenzen mit Slash dachte Rose laut über eine Trennung von **Guns 'N' Roses** nach. Im März 1990 wurde Rose von den Lesern des *Rolling Stone* zum »schlechtesten Sänger« und »am schlechtesten gekleideten Rockmusiker« gewählt, **Guns 'N' Roses** aber zur »besten Heavy Metal-Band«. Im gleichen Monat verließ Adler die Band nach bereits länger anhaltenden Streitigkeiten. Er tat sich im September mit Andy McCoy, zuvor Gitarrist bei →**Hanoi Rocks**, zusammen.

Bevor **Guns 'N' Roses** sich auf einen geeigneten Nachfolger festlegten, gaben sie ihre Version von Bob Dylans ›Knockin' On Heaven's Door‹ für den Soundtrack zum Film »Days Of Thunder« mit Tom Cruise in der Hauptrolle frei. Im Juli spielten Slash, McKagan und Ex-**Cult**-Schlagzeuger Matt Sorum (* 19. 11. 1960, Mission Viejo, Kalifornien) fünf Songs bei einer Veröffentlichungsparty von Iggy → Pops Platte Brick By Brick. Sorum wurde im Oktober als festes Mitglied von **Guns 'N' Roses** präsentiert und bewährte sich 1991 bei der Get in the Ring Tour, die in Begleitung von → **Skid Row** am 24. Mai in San Francisco eröffnet wurde. Die Zuschauerzahlen erreichten bei dieser Tour Rekordhöhe, es gab aber auch Ärger, als die Musiker in Uniondale, New York, erst mit zweistündiger Verspätung die Bühne betraten oder als es in Maryland Heights, Montana, zu einer Massenschlägerei zwischen Fans und Ordnungsdienst mit insgesamt 15 Verletzten kam.

Am 17. 9. 1991 wurden um Mitternacht 4,2 Millionen Exemplare der simultan veröffentlichten Alben Use Your Illusion I (GB #2, US #2, D #4) und Use Your Illusion II (GB #1, US #1, D #2) ausgeliefert, die bis dahin größte Auflage der Popgeschichte. **Guns 'N' Roses** traten damit die Nachfolge von Jim → Croce an, der zuletzt 1974 mit zwei LPs die US-Charts angeführt hatte. Schon Ende 1991 hatten beide Alben die Drei-Millionen-Grenze überschritten. »Sie reiten 152 Minuten durch 20 Jahre Rock'n'Roll, zitieren frech, ohne dabei wirklich zu klauen« (*Musik Express*). Zweieinhalb Stunden kompromißloser Rock, gespickt mit Hitsingles-Stoff für zwei Jahre: ›You Could Be Mine‹ (GB #3, US #29, D #5), ›Don't Cry‹ (GB #8, US #10, D #22), ›Live And Let Die‹ (GB #5, US #33, D #33), ›November Rain‹ (GB #4, US #3, D #9), ›Knockin' On Heaven's Door‹ (GB #2, D #5), ›Yesterdays‹ (GB #8, US #72, D #23). ›Live And Let Die‹ hatte Paul → McCartney ursprünglich für einen James Bond-Thriller geschrieben und aufgenommen.

Trotz des Erfolgs verließ Izzy Stradlin **Guns 'N' Roses** im November 1991. Er war tourneemüde und hatte keine Lust, Videoclips zu drehen. Nach kurzer Pause formierte er die **Ju Ju Hounds** und konnte dafür erfahrene Kollegen gewinnen. Rick Richards war zuvor Gitarrist bei den → **Georgia Satellites**, Charlie ›Chalo‹ Quintana spielte zuletzt Schlagzeug für die → **Cruzados** und Bob → Dylan, und Jimmy Ashurst war einst Bassist der **Broken Homes**. Die **Ju Ju Hounds** debütierten im Spätherbst 1992 mit der gewöhnlichen Rock-LP Izzy Stradlin & The Ju Ju Hounds (GB #62, D #78).

Für Stradlin holten **Guns 'N' Roses** im November 1991 Gilby Clarke (* 17. 8. 1962, Cleveland, Ohio) von **Kill For Thrills**. Man hörte aber mehr über die Eskapaden von Rose und Slash und deren Dauerstreit als über neue musikalische Entwicklungen. Slash sorgte mit einer Affäre mit Pornostar Savannah für Aufsehen, besonders als Savannah wegen ihrer AIDS-Infizierung Selbstmord beging. Rose wurde wegen verschiedener Delikte wieder mehrere Male in Haft genommen und ließ mehrere Auftritte platzen. Am 10. 9. 1990 heiratete er im kalifornischen Marina Del Rey die Schauspielerin Renee Suran.

Bei der Verleihung der World Music Awards in Monte Carlo wurden **Guns 'N' Roses** im Mai 1993 zur erfolgreichsten Hardrock-Gruppe des Jahres gekürt. Die Musiker kümmerten sich derweil um Projekte neben der Band. Slash spielte für Paul Rodgers auf dessen Album Tribute To Muddy Waters und nahm mit Michael Monroe den → **Steppenwolf**-Oldie ›Magic Carpet Ride‹ für den Soundtrack zur Dan Aykroyd-Kinokomödie »The Coneheads« auf.

McKagan stellte im Herbst 1993 sein Soloprodukt BELIEVE IN ME (GB #27, D #78) vor, an dem sich Jeff →Beck und Lenny →Kravitz beteiligten. Wenige Wochen später kam THE SPAGHETTI INCIDENT (GB #2, US #4, D #5) in die Läden. **Guns 'N' Roses** hatten diesmal ihre Lieblingssongs gecovert, darunter Titel ihrer Vorbilder →**Damned**, Iggy Pop und den →**New York Dolls** sowie von Charles Manson, dem Mörder der Schauspielerin Sharon Tate. Für letzteren handelten sich **Guns 'N' Roses** herbe Kritik ein. Als Singles erschienen ›Ain't It Fun‹ (GB #9, D #34) von den →**Dead Boys**, ›Since I Don't Have You‹ (GB #10, US #69) von den **Skyliners** und ›Sympathy For The Devil‹ (US #55) von den **Stones**.

Im Januar 1994 hielt Axl Rose die Laudatio auf Elton →John bei dessen Aufnahme in die Rock'n'Roll Hall of Fame, und bei der anschließenden Party jammte er mit Bruce →Springsteen. Währenddessen pausierte die »von Skandalen umwitterte Truppe« (*Musik Express*). Clarke brachte sein Album PAWSHOP GUITARS (GB #39) heraus, und Slash überbrückte die Pause mit dem Projekt **Snakepit**, für das er Sorum, Clarke und den →**Alice In Chains**-Bassisten Mike Inez begeistern konnte. Die LP IT'S FIVE O' CLOCK SOMEWHERE (GB #15, US #70) folgte den Spuren von **Guns 'N' Roses**, ohne deren Intensität zu erreichen.

1995, nach dem **Guns 'N' Roses** mit dem **Rolling-Stones**-Klassiker ›Sympathy For The Devil‹ (GB #9, D #20) in den europäischen Charts gute Ergebnisse erzielt hatten, verdichteten sich die Auflösungsgerüchte um die Band. Axl Rose war seit Ende 1993 wieder einmal in einen Skandal verwickelt, weil er seine damalige Freundin, das Topmodel Jane Seymour, geschlagen hatte. Außerdem waren er, Slash und McKagan hoffnungslos zerstritten und hatten zudem Clarke wieder entlassen. Schließlich riefen Sorum und McKagan im Sommer 1996 mit John Taylor von →**Duran Duran** und Ex- →**Sex Pistols** Steve Jones die **Neurotic Outsiders** ins Leben, die einen wenig originellen Punk/Hardrock-Sound spielten.

Im August 1996 schließlich wehrte McKagan Gerüchte über eine bevorstehende Trennung von **Guns 'N' Roses** mit der Auskunft ab, daß man »bereits im Studio an 15 neuen Songs arbeite«. Als zweiter Gitarrist wurde dazu Paul Huge angeheuert.

Slash unterstützte 1997 die Latin-Pop-Sängerin Marta Sanchez auf deren Album AZABACHE. Clarke bekam im Sommer des Jahres gute Kritiken für seine zweite Soloplatte THE HANGOVER, die u. a. gelungene Coverversionen wie ›Happiness Is A Warm Gun‹ von Lennon/McCartney enthielt. Clarke wurde von Ex-→**Blondie** Clem Burke (dr), Ex-→**Kiss** Eric Singer (dr) und Waddy Wachtel (g) begleitet.

APPETITE FOR DESTRUCTION (1987) Geffen, GED 24148 • LIES (1988) Mini-LP Geffen, GED 24198 • LIVE (1988) Mini-LP WEA, 25 XD 977 • USE YOUR ILLUSION I (1991) Geffen, GED 24415 • USE YOUR ILLUSION II (1991) Geffen, GED 24420 • THE SPAGHETTI INCIDENT (1993) Geffen, GED 24617 • Gilby **Clarke**: PAWNSHOP GUITARS (1994) Virgin 839 567 • THE HANGOVER (1997) SPV 18732 • Duff **McKagan**: BELIEVE IN ME (1993) Geffen, GED 24605 • Duff **McKagan** und Matt **Sorum** mit **Neurotic Outsiders**: NEUROTIC OUTSIDERS (1996) WEA 0630–15536 • **Slash's Snakepit's**; IT'S FIVE O'CLOCK SOMEWHERE (1993) Geffen, GED 24730 • **Izzy Stradlin & The Ju Ju Hounds**: IZZY STRADLIN & THE JU JU HOUNDS (1992) Geffen, GED 24490

Arlo Guthrie

Der am 10. 7. 1947 in Coney Island, New York, geborene Arlo Guthrie hatte es zunächst schwer, aus dem Schatten von Woody → Guthrie herauszutreten. Viele Jahre weigerte sich Arlo, die Kompositionen seines Vaters zu übernehmen. Erst mit der Hippie-Geschichte von ›Alice's Restaurant‹ konnte er sich in der Folkszene in der Ära nach Dylan etablieren.
Arlo und seine sechs Geschwister wuchsen in einer Umgebung auf, in der Musik eine große Rolle spielte. Pete Seeger und → Leadbelly gingen bei den Guthries ein und aus. Die Mutter Majorie brachte dem sechsjährigen Arlo das Gitarrenspiel bei. Er besuchte verschiedene Privatschulen und machte 1964 in Billings, Montana, seinen Highschoolabschluß. Ende 1965 kannte sich Arlo Guthrie bereits bestens in der New Yorker Folkszene aus.
Judy → Collins lud Guthrie 1967 zu einer Japantournee ein. Anschließend trug er beim Newport Folk Festival sehr zum Vergnügen der Zuhörer die 15minütige Story ›Alice's Restaurant‹ vor, die von einer Hippie-Kolonie inmitten des American way of life handelte und auf persönlichen Erfahrungen beruhte. Seine Stimme, die gleichermaßen an seinen Vater und an Bob Dylan erinnerte, sein Humor und eine lockere Mixtur aus Country und Folkrock machten Arlo Guthrie beliebt und bekannt. Im Herbst 1967 erreichte das Album ALICE'S RESTAURANT (US #15) die Top 10 und wurde bald darauf vergoldet. Vater Woody Guthrie hörte vom Erfolg seines Sohnes, als er im Krankenhaus lag, wenig später starb er.
Arlo Guthrie beendete das Jahrzehnt mit den entspannt-lässigen Country-Rockalben ARLO (US #36), RUNNING DOWN THE ROAD (US #31), dem Single-Erfolg ›Coming In To Los Angeles‹ (US #79) und seinem Woodstock-Auftritt im August 1969. Im Oktober des Jahres heiratete er die zwei Jahre ältere Jackie Hyde. Arthur Penn verfilmte die Geschichte von »Alice's Restaurant« mit Arlo Guthrie und James Broderick in den Hauptrollen.
»Der sanfte Überlebenskünstler« (*Melody Maker*) begann die 70er Jahre mit der bewährten Mischung: gelungene Neufassungen wie ›Percy's Song‹ von Dylan, Huldigungen an seinen Vater (›1913 Massacre‹) und vielen eigenen Songs. Nach der gut verkäuflichen LP WASHINGTON COUNTY (US #22) gelang Guthrie im Sommer 1972 mit HOBO'S LULLABY (US #36) »eine nahezu perfekte Folkrock-Interpretation« (*Rolling Stone*), die mit dem Steve → Goodman-Titel ›The City Of New Orleans‹ (US #17) auch einen Top-20-Hit beinhaltete.
Der scheue, immer etwas blaß und zerbrechlich wirkende Arlo Guthrie hatte mit dem eigenen Erfolg Probleme. Er zog sich mit seiner Familie auf eine Farm in Massachusetts zurück und widmete sich konsequent dem Landleben. In aller Ruhe bereitete er neue Alben vor. Auf LAST OF THE BROOKLYN COWBOYS (US #70) gab es überflüssige Bläsersätze und Latinelemente, dagegen belebte er 1974 auf ARLO GUTHRIE noch einmal glaubwürdig den Geist von Woodstock. Die LP enthielt ›Presidential Rag‹, den »wohl bissigsten und überzeugendsten Anti-Nixon-Song« (*Rolling Stone*), und ›Children Of Abraham‹ zum Thema Nahost-Konflikt.
Um 1975 waren Arlo Guthrie die Ideen ausgegangen. Platten wie AMIGO, ONE NIGHT und OUTLASTING THE BLUES er-

reichten allenfalls Countryrock-Mittelmaß. Die Kompositionen waren »anspruchslos« (*Sounds*) und ließen vermuten, daß Guthrie »als Folkmusiker total überschätzt wird« (*Melody Maker*).
Unter dem Namen **Shenandoah** stellte der sanfte Rebell 1978 eine eigene Band zusammen, mit der er sporadisch Tourneen absolvierte. Im Jahr darauf kam er mit einer Art Woodstock-Revival, an dem sich außerdem Country Joe McDonald, Richie →Havens und Joe →Cocker beteiligten, nach Europa. Die Tour erwies sich als Pleite. Unproduktiv war auch die Zusammenarbeit auf zwei Alben mit Pete Seeger. Positiv zu bewerten war zweifellos Guthries Engagement für Anti-Atomkraft- und Umweltgruppen.
Musikalisch hatte Arlo Guthrie den Anschluß verpaßt. Daran konnte auch ein Staraufgebot, bestehend aus Rickie Lee →Jones, Russ Kunkel, Phil Everly, bei der Produktion von POWER OF LOVE nichts ändern.
Guthrie schrieb das preisgekrönte Kinderbuch »Moses Come Walking«, veröffentlichte seit 1986 den Newsletter *The Rolling Blunder Review*. Er gründete das Guthrie Center, eine nicht kommerzielle, kirchliche Institution, die sich vor allem um mißbrauchte und AIDS-infizierte Kinder kümmerte.
1992 nahm Arlo Guthrie mit seiner Schwester Nora, seinem Bruder Joady und ihren Kindern 20 GROW BIG SONGS des Vaters auf. Im gleichen Jahr kaufte er in Great Barrington, Massachusetts, die Trinity Church, die in der Verfilmung von »Alice's Restaurant« auftauchte. Er brachte in dem ehemaligen Gotteshaus sein Label Rising Son Records und seine Stiftung unter. 1994 wirkte Guthrie in der TV-Show Byrds of Paradise mit. Als Musiker hatte Arlo Guthrie nur noch wenig zu bieten, z. B. auf MYSTIC JOURNEY wenig originellen Folkpop.
In der Trinity Church nahm er 1997 eine neue, nunmehr über 22 minutenlange Version des Kultsongs ›Alice's Restaurant‹ auf.

ALICE'S RESTAURANT (1966) Reprise 7599–27439 • ARLO (1968) Rising Son 6299 • RUNNING DOWN THE ROAD (1969) Reprise 44071 • ALICE'S RESTAURANT (1969) Soundtrack United Artists 29061 • WASHINGTON COUNTY (1970) Reprise 44099 • HOBO'S LULLABY (1972) Rounder, RSR 2060 • LAST OF THE BROOKLYN COWBOYS (1973) Reprise 44236 • ARLO GUTHRIE (1974) Reprise 54019 • AMIGO (1975) Rounder, RSR 2239 • ONE NIGHT (1978) Warner Brothers 56550 • OUTLASTING THE BLUES (1979) Warner Brothers 56658 • POWER OF LOVE (1981) Rounder, RR 3558 • SOMEDAY (1986) Rising Son 0001 • ALL OVER THE WORLD (1991) Rising Son 0002 • SON OF THE WIND (1993) Rising Son 0003 • MYSTIC JOURNEY (1996) Rising Son 0009 • ALICE'S RESTAURANT »THE MASSACRE REVISTED« (1997) Koch • (S) STAR COLLECTION (1973) Midi 24003 • (S) THE BEST OF (1977) Reprise 7599–27340 • Mit Pete **Seeger**: LIVE TOGETHER IN CONCERT (1975) Reprise 64023 • PRECIOUS FRIEND (1982) WEA 3644 • Mit Bob **Dylan**, Pete **Seeger**, Judy **Collins**, u. a.: A TRIBUTE TO WOODY GUTHRIE (1970) Warner Brothers 66051

Woody Guthrie

Drei Monate nach dem Tod von Woody Guthrie, dem Pionier der politischen Folkmusik, trafen sich in der New Yorker Carnegie Hall u. a. Tom →Paxton, Bob →Dylan, Joan →Baez, Judy →Collins, Pete Seeger und sein Sohn Arlo →Guthrie und gaben ein Benefiz-Konzert, dessen Erlös zur Erforschung der Huntingtonschen Krankheit verwendet werden sollte, an der Guthrie am 3. 10. 1967 nach langem Leiden im New Yorker Stadtteil Queens gestorben war. Das Konzert wurde auf dem Doppelalbum A TRIBUTE TO WOODY GUTHRIE festgehalten.

Woody Guthrie hinterließ über 1000 Songs, einige Bücher, Hunderte von Artikeln und Essays. Und er vermittelte ein Lebensgefühl, wie es noch heute Jugendliche zum Hoboleben ›on the road‹ verleitet, um herauszufinden, was sie am Ende einer staubigen Landstraße erwartet. Guthrie gehörte in den Umkreis der Beat-Generation, deren Protagonisten Jack Kerouac, Carl Sandburg und Allen Ginsberg waren. Der Wandersänger und Politphilosoph rief die Arbeiterschaft zur Solidarität auf und setzte sich für die Gründung von Gewerkschaften ein.

Woodrow Wilson Guthrie wurde als Sohn eines ehemaligen Preisboxers am 14. 7. 1912 in Okemah, Oklahoma, geboren. Er wuchs in ärmlichen Verhältnissen auf. Seine Mutter litt unter der Erbkrankheit Huntingtons Chorea. Die Eltern starben früh, und Guthrie lebte bereits als 18jähriger als Tramp auf der Straße. Bittere Erfahrungen als Plantagenarbeiter und Straßenmusiker gingen in seine Country-beeinflußten Lieder ein. Guthrie bekannte sich offen zum Kommunismus und kämpfte als überzeugter Sozialist und Patriot für Gerechtigkeit und eine bessere Zukunft der Unterprivilegierten. Ohne einer politischen Partei anzugehören, forderte er die Umbildung der USA in einen Arbeiterstaat. Solche Ziele machten ihn zu einer unbequemen und häufig unerwünschten Persönlichkeit.

Guthries schlichte Gitarrentechnik und sein nasaler Gesang beeinflußten in den 60er Jahren zahlreiche Künstler wie Bob Dylan und Tom Paxton, ließen sich in den 40er Jahren aber kaum vermarkten. Nicht zuletzt wegen der Eindringlichkeit seiner Texte wurden seine Lieder zu Folkstandards. Guthrie-Produzent Moses Ash schrieb auf einem LP-Cover über seinen Schützling: »Woody Guthries Persönlichkeit half uns zu begreifen, daß der Folksong eine Ausdrucksform und ein Gefühl dessen ist, was die amerikanische Gesellschaft heute darstellt.« Guthrie zeigte nicht nur die Schattenseiten des American way of life, sondern rief die Menschen dazu auf, ihre Rechte wahrzunehmen.

Die ersten Plattenaufnahmen von Guthrie entstanden um 1940 unter der Schirmherrschaft des Musikforschers Alan Lomax für dessen Sammlung für die Library of Congress. Damals sang Guthrie häufig mit seinem Freund Pete Seeger und komponierte Anti-Hitler-Lieder. Auf seiner Gitarre stand: »This Machine Kills Fascists.« Zwischen 1943 und 1945 kam er als Angehöriger der Marine nach Italien, Großbritannien und Afrika. Zuvor hatte Guthrie mit den **Almanac Singers** gearbeitet und bereits 1943 die Autobiographie »Bound Of Glory« fertiggestellt, die 1975 mit David Carradine in der Hauptrolle verfilmt wurde.

Nach der Armeezeit intensivierte Woody Guthrie die Zusammenarbeit mit Seeger und den Bluesmusikern Sonny Terry, Cisco Houston und vor allem →Leadbelly, mit denen er sich auch in der Gesangsgruppe **Weavers** engagierte. In dieser Zeit entstanden Songs wie ›Hard Traveling‹, ›Dust Bowl Refugees‹, ›Pastures Of Plenty‹ und ›This Land Is

Your Land‹, die teilweise erst in den 60er Jahren veröffentlicht wurden.
Zu Beginn der 50er Jahre verstärkten sich die Symptome der Krankheit, außerdem hatte Guthrie Alkoholprobleme. Es folgten Jahre in verschiedenen Hospitälern an der Ostküste. Guthrie wurde zum Pflegefall und starb schließlich in New York.
Entdeckt wurde der Vater des Folksongs erst mit Beginn des Folk-Booms Anfang der 60er Jahre im New Yorker Künstlerviertel Greenwich Village. Eine junge Singer / Songwriter-Generation wurde von seinem Werk beeinflußt, und Bob Dylan entwickelte Guthries einfachen Stil weiter. Die Fähigkeit von Woody Guthrie, Gefühle und Ängste zu formulieren, inspirierte weltweit Liedermacher.

BOUND FOR GLORY (1958) Folkways, FA 2481 • GUTHRIE'S STORY (1959) Topic 12T31 • BALLADS OF SACCO AND VANZETTI (1960) Pläne 88160 • SINGS LEADBLLY (1962) • DUST BOWL BALLADS (1964) Folkways 5212 • WOODY GUTHRIE (1964) Metronome, XTRA 1012 • BED ON THE FLOOR (1965) Verve, SVLP 5008 • BONNEVILLE DAM (1966) • THIS LAND IS YOUR LAND (1966) Folkways 31001 • SONGS FROM BOUND OF GLORY (1977) Soundtrack WEA 56335 • (S) LIBRARY OF CONGRESS RECORDINGS (1966) Elektra, EKL 271/2 • (S) THE EARLY YEARS (1974) Bellaphon, BJS 4034 • (S) ORIGINAL RECORDINGS (1977) Warner Brothers 56335 • (S) A LEGENDARY PERFORMER (1978) RCA, PL 12099 • (S) COLUMBIA RIVER COLLECTION (1988) Pläne 88622

Buddy Guy

Der »beste lebende Blues-Gitarrist« (Eric Clapton) wurde als George Guy am 30. 7. 1936 in Lettsworth, Louisiana, geboren und kam erst relativ spät zur Gitarre. Das erste Instrument mußte sich der junge Buddy selbst basteln, denn seine Eltern waren arme Leute. Erst als er 17 war, konnte der Vater ihm eine akustische Gitarre kaufen. Der Texas-Blues und die Countrymusik beeinflußten Guy, der 1953 in der **Big Poppa John Tilley Band** mitwirkte und seine ersten Sessionerfahrungen um 1957 in Baton Rouge, Louisiana, bei Lightnin' Slim, Lazy Lester und Slim Harpo sammelte. Im gleichen Jahr formierte er in Chicago sein eigenes Trio. Er trieb sich in Bluesskneipen herum und hörte seine Vorbilder B. B. →King und Elmore →James. Guy konzentrierte sich auf die elektrische Gitarre, perfektionierte seinen temperamentvollen Stil und spielte bei sogenannten Blues Battle-Veranstaltungen renommierte Kollegen wie →Magic Sam und Otis →Rush an die Wand.
Rush und der Mundharmonikavirtuose Junior →Wells förderten das Gitarrentalent und verhalfen ihm zum Start einer eindrucksvollen Karriere. 1958 entstanden Guys erste Aufnahmen, und mit der von Wells geleiteten **Chicago Blues Band** stand er regelmäßig auf der Bühne. Er machte die Bekanntschaft von Muddy Waters, →Howlin' Wolf, →Little Walter und Sonny Boy →Williamson und spielte neben den Studioengagements für diese Bluesgrößen mit Spiritualgruppen und wurde 1960 von Chess Records unter Vertrag genommen.
Im Februar 1962 fiel Guy mit dem R&B-Song ›Stone Crazy‹ auf. Er hatte

einen »fiebrigen, frenetischen Stil« (*Guitar World*) und begeisterte in der Live-Situation mit »spontanen Improvisationen und langen, ungezügelten Ausbrüchen der Gitarre« (*Blues Forum*). Für weiße, vor allem europäische Rockmusiker wie Clapton und Keith Richards wurde Buddy Guy zum Idol. In der Band von Big Mama Thornton kam er 1965 zum ersten Mal nach Europa.

Ende der 60er Jahre agierte Buddy Guy wieder vornehmlich als Solist, besuchte die wichtigen Blues Festivals und setzte sich mit Alben wie A MAN AND HIS BLUES, BLUES TODAY und THIS IS BUDDY GUY als erstklassiger moderner Bluesprotagonist und Sänger durch. Mit gelungenen Blues/Soul-Mischungen trat er die Nachfolge der großen alten Blueshelden an. Guy aktualisierte die Musik der Schwarzen und begeisterte damit auch ein junges weißes Publikum, vor allem als er 1970 gemeinsam mit Wells im Vorprogramm der → **Rolling Stones** auftrat.

An der Southside von Chicago richtete sich Guy 1972 den Bluesclub Buddie's ein und zog sich aus dem Plattengeschäft vorübergehend zurück. Er bereiste mit dem American Folk Blues Festival erneut Europa, tourte durch Australien und gastierte regelmäßig bei Blues und Jazz Festivals. In seiner Live-Band spielte zeitweise auch sein jüngerer Bruder Phil Guy, der 1982 als Solist debütierte.

Die ersten Studioarbeiten seit 1972 realisierte der Vollbut-Blueser 1979 für das Album GOT TO USE YOUR HEAD. Neben Phil Guy gehörten Ray Allison (dr) und J. Williams (b) zu seiner Band. Guy produzierte bis 1981 weitere gelungene Bluesalben, die von »einer ungeheuren Intensität« (*Blues Forum*) waren. Er war ein häufiger Gast in Europa und pflegte intensive Kontakte zu französischen Labels. 1981 legte er wieder eine längere Plattenpause ein, ohne seinen urigen Großstadtblues als Live-Musiker zu vernachlässigen. 1985 wurde er in die Blues Hall of Fame aufgenommen.

Nach fast zehnjähriger Unterbrechung setzte Buddy Guy 1991 seine Albumkarriere mit DAMN RIGHT, I GOT THE BLUES fort. Er vertrat nach wie vor den klassischen Chicago-Stil und zählte noch immer zu den eindrucksvollsten Blues-Shoutern. 1992 wurde er für FEELS LIKE THE RAIN mit einem Grammy ausgezeichnet. Er schlug eine geniale Crossover-Brücke zwischen Blues, R&B und Soul. Unter den prominenten Studiogästen waren u. a. Bonnie → Raitt, Travis Tritt und John → Mayall.

Ein weiteres Dokument für Guys außergewöhnliche Bühnenqualitäten war im Sommer 1996 der Mitschnitt LIVE! THE REAL DEAL, über den das *Fachblatt* schrieb: »Seine Fans kommen voll auf ihre Kosten. Lange Soli mit rasanter Geschwindigkeit, Tonexperimente mit sensiblen und leisen Spannungen.« 1997 lud ihn sein jüngerer Kollege Joe Louis Walker zur Produktion seines Album GREAT GUITARS ein.

CRAZY MUSIC (1965) Chess, CRE 6004 • WITH THE BLUES (1965) Chess, CRE 6009 • IT'S MY LIFE BABY (1966) Vanguard, VSD 79231 • ELECTRIC SLEEP (1967) Delmark, DS 619 • COMING AT YOU (1968) Vanguard, VSD 79262 • A MAN AND THE BLUES (1968) Vanguard 79272 • THIS IS BUDDY GUY (1968) Vanguard 79290 • HOLD THAT PLANE (1968) Vanguard 79323 • GOT TO USE YOUR HEAD (1979) Blues Ball 2005 • STONE CRAZY (1979) Alligator, AL 4723 • LIVE AT THE CHECKERBOUND LOUNGE, CHICAGO (1979) JSP 262 • BREAKING OUT (1980) JSP 215 •

THE DOLLAR DONE FELL (1980) JSP 1009 • D. J. PLAY MY BLUES (1981) JSP 256 • THE BLUES GIANT (1981) Isabel 900500 • DAMN RIGHT, I GOT THE BLUES (1991) Silvertone, ZD 74979 • FEELS LIKE RAIN (1992) Silvertone 41498 • SLIPPIN' IN (1994) Silvertone 41542 • LIVE! THE REAL DEAL (1996) Silvertone 41543 • (S) COMPLETE CHESS SESSIONS (1966) Chess, CHD 29337 • (S) LEFT MY BLUES IN SAN FRANCISCO (1967) Chess 1527 • (S) I WAS WALKIN' THROUGH THE WOODS (1967) Chess, CDH 9315 • (S) MY TIME AFTER A WHILE (1969) Vanguard, VSD 141/42 • (S) THE VERY BEST OF (1981) • (S) SOUTHERN BLUES (1994) Paula 26 • Mit Junior **Wells**: PLAY THE BLUES (1970) Repertoire, REP 4263 • DRINKIN' TNT 'N' SMOKIN' DYNAMITE (1974) Live In Montreux, NEM 687 • LIVE IN MONTREUX (1972) • ALONE & ACOUSTIC (1981) Alligator, AL 4802 • Mit Junior **Wells** und Junior **Mance**: BUDDY & THE JUNIORS (1969) Blue Thumb, MCAD 10517 • Phil **Guy**: ALL STAR CHICAGO BLUES (1982) JSP 214 • TINA NU (1985) JSP 226 • (S) BREAKING OUT ON TOP (1986) JSP 260 • Phil **Guy** mit Lurrie **Bell**: CHICAGO BLUES SESSION VOL. 25 (1989) Wolf 120871

Gypsy

Jay Epstein (dr), James Johnson (voc, g), Doni Larson (b), Enrico Rosenbaum (voc, g, perc), James Walsh (voc, key, perc)

1965 in St. Paul, Minnesota, gegründet, zählten **Gypsy** zu der amerikanischen Softrock-Garde, die großen Wert auf perfekte Gesangspassagen legte. Schulfeten, Clubauftritte und Termine bei den örtlichen TV-Stationen machten die Band regional bekannt. 1969 gelang ihr der Sprung nach Los Angeles, wo sie von einem Talentscout entdeckt wurde.

Bandsprecher Enrico Rosenbaum schrieb fast das gesamte Material des keyboardlastigen Prunkrocks und war 1970 Coproduzent der ersten LP GYPSY (US #41) mit der Single ›Gypsy Queen, Part 1‹ (US #51). Rosenbaum, James Johnson und James Walsh teilten sich die ersten Stimmen inmitten üppiger Streicher und aufwendiger Arrangements und sorgten für viel vokale Abwechslung. Wuchtige Orgelpassagen, massive Gitarreneinsätze und mehrstimmige Gesangsharmonien kennzeichneten den genau kalkulierten Sound, Vorreiter für später erfolgreiche Bands wie → **Styx** und → **Kansas**.

IN THE GARDEN war wesentlich sparsamer inszeniert. Der verspielte Softrock wirkte wie ein verspätetes Produkt der Hippie-Ära. Neben dem makellosen Gesang dominierte Johnsons Gitarrenspiel. Epstein und Larson hatten **Gypsy** inzwischen verlassen und waren auf IN THE GARDEN durch Bill Lordan (dr), Willie Weeks (b) und Joe Lala (perc) ersetzt worden. Trotz soliden handwerklichen Könnens und einiger auffälliger Songs wie ›As Far As You Can Feel‹ und ›Around You‹ kam die LP nicht in die Charts, was zu weiteren personellen Konsequenzen führte. Der Bassist und Sänger Randy Cates löste Weeks und Lala ab, die bald zu den gefragten Musikern der US-Studioszene gehörten.

Die schwülstige Mainstreamplatte ANTITHESIS erinnerte an britische Keyboard-Bands. Auch eine Einladung ins Vorprogramm von → **Guess Who** beförderte nicht den Erfolg von **Gypsy**. UNLOCK THE DEAD GATES war im Jahr darauf die letzte LP der in Kalfornien ansässigen Band mit den hochfliegenden Plänen.

Als einzig verbliebenes Gründungsmitglied bemühte sich Walsh mit der **James Walsh Gypsy Band** 1978 um ein Comeback, das aber über den Minihit ›Cuz It's You Girl‹ (US #66) nicht hinauskam. Bill Lordan schloß sich 1975 für acht Jahre der Band von Robin →Trower an. Gemeinsam mit Trower und dem Bassisten Jack →Bruce realisierte er 1981 das Album B. L. T.

GYPSY (1970) AJK 862 • IN THE GARDEN (1971) AJK 853 • ANTITHESIS (1972) RCA, LSP 4775 • UNLOCK THE DEAD GATES (1973) RCA, APL-1-0093 • Bill **Lordan** mit Jack **Bruce** und Robin **Trower**: B.L.T. (1981) Chrysalis, CHR 1324

H. P. Lovecraft

Tony Cavallari (g), George Edwards (g, b, voc), Jerry McGeorge (b, voc), Dave Michaels (key, voc), Michael Tegza (dr, perc, voc)

Die Formation aus Chicago, 1966 nach dem Dichter benannt, orientierte sich musikalisch auf ihrem ersten Album vor allem an sonnigen Westcoastklängen und kombinierte, unterstützt von einem neunköpfigen Orchester, unterschiedliche Stile. Die LP enthielt den Bandklassiker ›The White Ship‹ und eine außergewöhnlich gute Version der Hippie-Hymne ›Let's Get Together‹ von den → **Youngbloods**. Auf ihre allererste Aufnahme, den → **Troggs**-Song ›Anyway That You Want Me‹ vom Februar 1967, verzichtete das Quintett. Gegen Ende des Jahres übersiedelten **H. P. Lovecraft** nach Los Angeles, nur Jerry McGeorge blieb in Chicago und widmete sich den **Shadows Of Night**, die er bis dahin als Zweitband geleitet hatte, und überließ Jeff Boyan seinen Platz bei **H. P. Lovecraft**.

Die zweite LP erinnerte vor allem bei den mehrstimmigen Gesangspassagen an Frisco-Bands wie → **Jefferson Airplane**. Die Instrumentierung klang »kraftvoll, psychedelisch und hypnotisch« (*Encyclopedia Of Rock*). Die Umsätze blieben jedoch gering, und die talentierte Gruppe trennte sich.

Tegza gründete in Chicago mit David Wolinski und Alan DiCarlo das Trio **Bangor Flying Circus**, die im Sound **H. P. Lovecraft** ahnelten. Aus dem Trio wurde später die Band **Madura**. Zwischendurch versuchte sich Tegza unter dem verkürzten Bandnamen **Lovecraft** mit Michael Been (voc, g), Ex-**Aorta** Jim Donlinger (voc, b) und Keyboarder Marty Grebb von den → **Buckinghams** an einer Neuauflage der früheren Gruppe. VALLEY OF THE MOON erwies sich 1970 als müder Abklatsch der frischen Bay Area Music, die **H. P. Lovecraft** einst pflegten. **Lovecraft** hielten keine zwölf Monate.

Marty Grebb wechselte zu den **Fabulous Rhinestones**, und Michael Been entwickelte ein Konzept, das er 1979 mit → **Call** verwirklichte. Tegza unternahm 1975 mit neuen Musikern wie Craig Gigstad (b), Frank Capek (g) und Mark Justin (key) nochmals einen **Lovecraft**-Anlauf, der aber völlig zu Recht unbeachtet blieb.

H. P. LOVECRAFT (1967) Philips 600 252 • II (1968) Philips 600 279 • **Lovecraft**: VALLEY OF THE MOON (1970) Reprise 44117 • WE LOVE YOU WHOEVER (1975) Mercury, SRM-1033 • Michael **Tegza** mit **Bangor Flying Circus**: BANGOR FLYING SERVICE (1969) One Way 22119 • Jerry **McGeorge** mit **Shadows Of Night**: GLORIA (1966) Dunwich 666 • BACK DOOR MAN (1967) Dunwich 6002 • SHADOWS OF KNIGHT (1968) Super, K 6002 • Jim **Donlinger** mit **Aorta**: AORTA (1969) Buy Or Die, BOD 194 • Marty **Grebb** mit **Fabulous Rhinestones**: FABULOUS RHINESTONES (1972) Just Sunshine, JS 1 • FREEWHEELIN' (1973) Just Sunshine, JS 9 • THE RHINESTONES (1975) 20th Century, T 480

Bill Haley

Bill Haley war 29 Jahre alt und Familienvater, als er sich im Showgeschäft durchsetzte. Haleys äußere Erscheinung schien so gar nicht zu einem Jugendidol zu taugen, aber er war der erste Musiker, der Rock'n'Roll spielte. Haley mischte

Country & Western, Rockabilly, Dixie und schwarzen Rhythm & Blues und entwickelte daraus einen simplen Beat, der den zweiten und vierten Rhythmusschlag betonte. Die Texte waren belanglos.

Bill Haley machte den Weg frei für einen neuen Sound und hob zumindest musikalisch die Rassendiskriminierung auf. Sein überragender Bestseller ›Rock Around The Clock‹ verkaufte sich seit 1954 annäherend 25 Millionen Mal. Ihm folgten 14 weitere Haley-Hits zwischen 1954 und 1958. Der gewichtige Entertainer im großkarierten Jackett war weltweit beliebt und wurde als einer der Väter des Rock'n'Roll verehrt.

In den 60er und 70er Jahren geriet Bill Haley in Vergessenheit, lebte vom verblassenden Ruhm und brachte sich allenfalls durch sporadische Rock'n'Roll-Revivals wieder ins Gespräch. 1968 kam ›Rock Around The Clock‹, Titelsong des Halbstarken-Epos »Saat der Gewalt«, noch einmal in die Hitparaden. Sonst lebte »einer der Wegbereiter der modernen Rockmusik« (*Süddeutsche Zeitung*) zurückgezogen im texanischen Harlingen, wo er am 9. 2. 1981 an Kreislaufversagen verstarb.

Geboren am 6. 7. 1925 in Highland Park, einem Vorort von Detroit, erarbeitete sich Haley in jungen Jahren eine solide Country-Gitarrentechnik, schätzte aber auch gleichzeitig schwarze Bluesmusiker wie Wynonie Harris. 1944 stand er zum ersten Mal mit eigener Countryband auf der Bühne und nahm bald darauf seine erste Platte (›Candy Kisses‹) auf. Durch eine Anzeige in *Billboard* kam er wenig später zu den **Downhomers** in Fort Wayne, Indiana. Haley jobbte nebenbei als DJ bei der örtlichen Radiostation, kam musikalisch aber nicht weiter und kehrte 1946 zu seiner Familie zurück, die inzwischen in der Nähe von Philadelphia lebte. Er heiratete in diesem Jahr Dorothy Crowe und ließ sich in Chester, Pennsylvania, nieder.

Bill Haley setzte seine Rundfunkkarriere als ›The Ramblin' Yodeler‹ fort und formierte 1948 mit Tex King (g), Al Constantine (ac) und Barney Barnard (b) die **Four Aces Of Western Swing**. Bei regionalen Labels erschienen einige Singles, darunter ›Four Leaf Clover Blues‹ und der von Hank Williams komponierte Song ›Too Many Parties, Too Many Pals‹.

Der Radiomoderator Bill Haley erkannte frühzeitig das Interesse der weißen Kids an schwarzer Musik. 1950 heuerte er Billy Williamson (g), Johnny Grande (p) und Al Rex (b) an und benannte seine Gruppe in **Saddlemen** um. Haley begann schwere Bluesthemen mit der Leichtigkeit von Countrymusik zu interpretieren. 1951 übernahm er von Jackie Brenston ›Rocket 88‹. Die Platte hat sich kaum 10000 Mal verkauft, aber sie brachte den Stein ins Rollen. Haleys Fassung von ›Rock The Joint‹ von Jimmy Preston wurde 1952 bereits 75000 Mal verlangt.

Bill Haley beschloß, sein Cowboyimage gänzlich aufzugeben, engagierte den Schlagzeuger Dick Richards und taufte sein Unternehmen **Bill Haley & His Comets**. Die Band debütierte im Sommer 1953 mit ›Crazy Man Crazy‹ (US #12), dem ersten Rock'n'Roll-Song in den US-Charts. Nach zwei weiteren Singles für Essex Records wechselten die **Comets** das Label und nahmen in New York für Decca Records ihren Klassiker ›Rock Around The Clock‹ (GB #17, US #23) auf. Die Reaktionen auf den knackigen Song waren zurückhaltend, dafür stürmte Haley mit

›Shake, Rattle & Roll‹ (GB #4, US #7) von Big Joe → Turner die Hitparaden und eroberte die Radiostationen. Alan Freed mochte Haleys Schlagwörter ›rock‹, ›roll‹ und ›rattle‹ und schuf daraus den Begriff Rock'n'Roll.
Nordamerika und Europa erlebten die ungeheure Euphorie um den Rock'n' Roll gleichermaßen. Die Jugend der Welt hatte ein Ventil gefunden und machte sich Luft. Neue Superstars wie Elvis → Presley wurden quasi über Nacht geboren. In Mode, Tänzen usw. drückte sich der neue laute Lebensstil der Teenager und Twens aus. Haley und seine **Comets** standen zwar eher in zweiter Reihe, produzierten aber Hit auf Hit. 1955/56 erschienen insgesamt 16 Singles, von denen sich ›Rock-A-Beatin' Boogie‹ (GB #4, US #41), ›Mambo Rock‹ (GB #14) ›Burn That Candle‹ (US #20), ›See You Later Alligator‹ (GB #7, US #6, D#14), ›The Saints Rock'n'Roll‹ (GB #5, US #42), ›Rockin' Through The Rye‹ (GB #3, US #78) , ›R-O-C-K‹ (US #29) und ›Rip It Up‹ (GB #4, US #30) am besten verkauften. ›Rock Around The Clock‹ wurde in Europa zweimal wiederveröffentlicht und erreichte jeweils die Top 5 in England und Deutschland.
Der Musiker mit der markanten Schmalzlocke und dem breiten Grinsen verdiente ausgezeichnet. Die Konzerte der **Comets** waren immer ausverkauft und endeten häufig in Saalschlachten. Der schnelle, aggressive und immer gleiche Beat trieb das Publikum an und sorgte manchmal für Hysterie und Panik. 1957 kam Haley zum ersten Mal nach Deutschland. Nachdem in Essen und Berlin Tumulte ausbrachen, las man in der Presse der damaligen DDR über »einen Rock'n'Roll-Gangster, der wüste Orgien der amerikanischen Unkultur zelebrierte« (*Neues Deutschland*). Obwohl **Bill Haley & His Comets** keine besonders originelle Show boten, gerieten manche der Zuhörer in Ekstase.
Haleys Hitserie endete im Herbst 1960 mit ›Skookian‹ (US #70). Das Interesse an den **Comets** ließ fast schlagartig nach. »Der wahre Rock'n'Roll-König« (*Billboard*) profitierte nun hauptsächlich von den regelmäßigen Samplerveröffentlichungen und einigen Neuauflagen von ›Rock Around The Clock‹. Er zog sich ins Familienleben zurück und träumte von einem glanzvollen Comeback.
1967 konnte Haley einen neuen Plattenvertrag abschließen. Da sich eine Wiederkehr des Rock'n'Roll abzeichnete, schien sich das Blatt zu seinen Gunsten zu wenden. Der clevere, liebenswürdige »übergewichtige alte Country-Sänger, der Glück hatte« (*Melody Maker*), nutzte die Gelegenheit, war ständig unterwegs und tourte besonders erfolgreich durch Skandinavien.
Sam Charters produzierte 1970 mit Haley das Countryalbum ROCK AROUND THE COUNTRY mit Songs von Kris → Kristofferson, → **Creedence Clearwater Revival** und Joe South. Zwei Jahre später absolvierte er eine umfangreiche Englandtournee und nahm wiederum unter der Regie von Charters in Nashville, Tennessee, ROCK AND ROLL MUSIC auf. Dann wurde es wieder stiller um Haley, der Interviews inzwischen kategorisch ablehnte und nur noch sporadisch im Rahmen von Oldie-Shows auf der Bühne war.
Am 5. 2. 1976 starb Haleys langjähriger Saxophonist Rudy Pompeilli, dem Haley bereits 1956 mit ›Rudy's Rock‹ ein Denkmal gesetzt hatte, an Lungenkrebs. 1979 feierte Bill Haley sein 25jähriges Jubiläum mit seinem letzten Album EVERY-

ONE CAN ROCK'N'ROLL, an dem sich namhafte Studiomusiker beteiligten. Haleys letztes Konzert fand am 26. 11. 1979 im Londoner Palladium statt. Die für 1980 geplanten Tourneen mußten aus gesundheitlichen Gründen abgesagt werden. Bill Haley erholte sich nicht mehr. Mit ihm verlor die Rockwelt einen prägenden Musiker.
Die **Comets** gingen ab 1989 gelegentlich wieder auf Tournee, kamen im März 1997 auch nach Deutschland und spielten nunmehr seit 1954 in der Besetzung Johnny Grande, Marshall Lyte (b), Dick Richards, Joey d'Ambrosio (sax), Franny Breecher (g), als Sänger hatten sie Jacko Buddin engagiert.

LIVE IT UP (1956) London 1042 • ROCK AROUND THE CLOCK (1956) Decca, DL 8225 • ROCK'N'ROLL STAGE SHOW (1956) Decca, DL 8345 • CHICKS (1959) Decca, DL 8821 • STRICTLY INSTRUMENTAL (1960) Decca, DL 8964 • BILL HALEY & HIS COMETS (1960) Warner Brothers, WS 1378 • HALEY'S JUKE BOX (1961) Warner Brothers 6025 • TWISTIN' KNIGHTS AT THE ROUND TABLE (1962) Roulette 25174 • RIP IT UP (1968) MCA 1318 • ROCK AROUND THE COUNTRY (1970) Sonet, SNTF 623 • JUST ROCK AND ROLL MUSIC (1972) Sonet, SNTF 645 • ROCKIN' (1973) MCA 6835 • LIVE (1974) Bellaphon, BI 1553 • LIVE IN LONDON (1974) Atlantic 40555 • ROCK RECORDED IN MUSCLE SHOALS (1976) Sonet, SNTF 710 • EVERYONE CAN ROCK'N'ROLL (1979) Sonet, SNTF 808 • (S) ROCKIN' THE OLDIES (1957) Ace Of Hearts, AH 35 • (S) ROCK WITH (1957) Somerset, P-4600 • (S) KING OF ROCK (1968) Ember, EMB 3396 • (S) GREATEST HITS (1968) MCA 161 • (S) MISTER ROCK'N'ROLL (1969) Ember, EMB 3401 • (S) ROCK'N'ROLL HISTORY VOL. 2 (1970) Vogue 17196 • (S) BILL HALEY'S SCRAPBOOK (1970) Buddah 252261 • (S) STAR COLLECTION (1973) Midi 26007 • (S) THE LEGENDS OF ROCK (1973) MCA 6292 • (S) RARE ITEMS (1975) MCA 82015 • (S) GOLDEN COUNTRY ORIGINS (1977) Grass Roots, GR 1001 • (S) ROCK'N'ROLL FOREVER (1977) Midi 20110 • (S) 20 GOLDEN PIECES OF (1978) Bulldog, BDL 2002 • (S) STORY OF ROCK'N'ROLL (1979) Ariola 200734 • (S) ORIGINAL FAVORITES (1980) MCA 202946 • (S) 20 GOLDEN HITS (1980) MCA 201381 • (S) GOLDEN FAVORITES (1980) MCA 201784 • (S) ROCK'N'ROLL REVIVAL (1981) Warner Brothers 26176 • (S) ROCKIN' ROLLIN' (1981) Bear Family 15068 • (S) HILLBILLY HALEY (1984) Rollercoaster 2007 • (S) ROCK THE JOINT (1985) Rollercoaster 2009 • (S) ROCK & ROLLIN' BILL HALEY (1987)

Hall & Oates

Daryl Hall (voc, key), John Oates (g, harm, voc)

Für das amerikanische Branchenmagazin *Billboard* waren **Hall & Oates** »das erfolgreichste Duo in der Geschichte der Hitparaden«. Sechsmal standen ihre Songs auf dem ersten Platz der US-Charts und weitere zehnmal unter den Top 10. Die Vorbestellungen garantierten für elf ihrer Alben Gold- oder Platinauszeichnungen, und die professionelle Bühnenshow wurde überschwenglich als »ein historisches Ereignis« (*Melody Maker*) gefeiert. **Hall & Oates** hatten ausgezeichnete Arrangements und wurden damit zu Wegbereitern der White Soul-Variante.
Daryl Hall (Daryl Hohl, * 11. 10. 1949, Pottsdown, Pennsylvania) und John Oates (* 7. 4. 1949, New York City) wuchsen in Philadelphia auf und trafen sich

1967 in einem Studiochor. Sie studierten an der Temple University und spielten in unterschiedlichen Bands. John Oates war Mitglied der **Masters**, Daryl Hall gehörte den **Temptones** an und nahm 1967 mit **Kenny Gamble & The Romeros** eine Single auf. Der Warner Chapell-Musikverlag nahm die beiden zunächst als Songschreiber unter Vertrag und ermöglichte dem Team nach vorübergehender Trennung 1969 ein Album mit der Gruppe **Gulliver**. Die Band hielt ein gutes Jahr, dann reiste Oates nach Europa, und Hall nahm Studiojobs für die **Intruders, Stylistics** und **Deffonics** wahr.
1972 erneuerten Hall und Oates ihre Partnerschaft. Sie begaben sich in die Obhut des Erfolgsproduzenten Arif Mardin und vertrauten bei WHOLE OATES auf eine etwas derbe Folkrock-Mischung. Die Platte lief schlecht, aber **Hall & Oates** waren live sehr beliebt.
Aus sorgsam ausgewählten Soul-, Gospel-, Rock'n'Roll-, Folk- und Edelpopideen setzte sich das zweite wieder von Mardin produzierte Album ABANDONED LUNCHEONETTE zusammen, das sich erst mit Verzögerung im Spätsommer 1976 zum Verkaufsrenner entwikkelte. Die Auskopplung ›She's Gone‹ (US #48) blieb in mittleren Regionen der US-Hitlisten, entpuppte sich allerdings sechs Monate später in der Version der **Tavares** als Nr. 1-Hit in den R&B-Charts. Rund 100000 Exemplare wurden ab Ende 1974 von der Konzept-LP WAR BABIES (US #96) verlangt. Produzent war diesmal Todd →Rundgren, dessen Leadgitarre für eine deutliche Rockbetonung sorgte. **Hall & Oates** strebten aber den perfekten Popsong an und verfolgten diese Vorstellung im Februar 1976 mit der Nobelballade ›Sara Smiles‹ (US #10). Kurz darauf eroberte auch die Wiederveröffentlichung von ›She's Gone‹ (GB #30, US #10) die Top 10.
Hall & Oates gaben nach ihrem Wechsel zu RCA Records mit DARYL HALL AND JOHN OATES (US #49)), dem Goldalbum BIGGER THAN BOTH OF US (GB #26, US #20) und den Auskopplungen ›Rich Girl‹ (US #1) und ›Back Together Again‹ (US #28) zu den größten Hoffnungen Anlaß. Aber ihr Durchbruch verzögerte sich, da die LPs BEAUTY ON A BACKSTREET (US #21), LIVETIME (US #65), ALONG THE RED LEDGE (US #30) und X-STATIC (US #57) keine hitverdächtigen Songs enthielten. Lediglich ›It's A Laugh‹ (US #20), ›I Don't Wanna Lose You‹ (US #43) und ›Wait For Me‹ (US #35) fielen bis 1979 positiv auf. »Kalt, kalkuliert und ohne Seele« (*Sounds*) spulten **Hall & Oates** ihr schnell wechselndes Repertoire ab. Die Perfektion ihrer Bühnenshow ließ nur selten Stimmung aufkommen, und den Kompositionen des »Popduetts der Upperclass« (*Musik Express*) fehlte der Esprit.
Die Wende kündigte sich im Sommer 1980 mit der selbstproduzierten LP VOICES (US #27) an, die sich 100 Wochen in den Charts hielt, mit ›Kiss On My List‹ (US #1) und ›You Make My Dreams‹ (US #5) zwei der auffälligsten Singles des Jahres 1981 lieferte und die erfolgreichste Phase in der Karriere von **Hall & Oates** einleitete.
Hall konzentrierte sich zwischenzeitlich auf seine Solopremiere SACRED SONGS, die der englische Experimentalmusiker Robert →Fripp mit seinen Frippertronics unterstützte. 1982 folgte THE ONLY FLAME IN TOWN, das ein Duett mit der britischen New Wave-Legende Elvis →Costello enthielt.
Bis 1984 dominierten **Hall & Oates** die Hitparaden mit makellosen Popsongs

wie ›I Can't Go For That‹ (GB #10, D #72), ›Maneater‹ (GB #6, US #1, D #15), ›One On One‹ (US #7), ›Family Man‹ (GB #16, US #6), ›Say It Isn't So‹ (GB #50, US #2), ›Adult Education‹ (US #8), ›Out Of Touch‹ (GB #39, US #1, D #15), ›Method Of Modern Love‹ (US #5, D #45) sowie den Alben PRIVATE EYES (GB #6, US #9), H2O (GB #15, US #3, D #32), BIG BAM BOOM (GB #21, US #5, D #47) und dem Sampler ROCK'N'ROLL SOUL, PART 1 (GB #15, US #7)

Auch international waren **Hall & Oates**, die sich im Konzert und im Studio nur mit Elitemusikern umgaben, erfolgreich. Sie »verbanden ein Optimum an Klangtechnik mit Raffinement im kompositorischen Teil« (*Frankfurter Rundschau*) und waren »die Pioniere und Großverdiener des Soulrock« (*Stern*). Im Herbst 1985 beendeten **Hall & Oates** ihre Zusammenarbeit mit der Mitwirkung bei Artists United Against Apartheid und dem spannenden Mitschnitt LIVE AT THE APOLLO (GB #14, US #21), der am 23. 5. 1985 anläßlich einer Benefizveranstaltung im New Yorker Viertel Harlem zugunsten des United Negro College Fund entstanden war. Stargäste waren die ehemaligen → **Temptations**-Sänger Eddie Kendricks und David Ruffin.

Hall übersiedelte vorübergehend nach London, beteiligte sich als Komponist an dem Mick Jagger-Song ›Ruthless People‹ für den gleichnamigen Soundtrack zum Kinofilm mit Bette Midler und Danny DeVito. Dave Stewart von den → **Eurythmics** produzierte die in London und Paris aufgenommene LP THREE HEARTS IN THE HAPPY ENDING MACHINE (US #29). Sie erreichte in den USA Platinstatus und enthielt den Tophit ›Dreamtime‹ (US #5). John Oates betreute derweil ein Album der talentierten kanadischen Band **Parachute Club** und komponierte für → **Icehouse**.

1987 nahmen **Hall & Oates** ihre Zusammenarbeit wieder auf und brachten im Sommer 1988 das Album OOH YEAH! (GB #52, US #24, D #54) auf den Markt. Sie kamen nochmals in die Top 10-Sphären, als im Frühjahr 1988 die Single ›Everything Your Heart Desires‹ (US #3) herauskam. Außerdem wurden von OOH YEAH! die Titel ›Missed Opportunity‹ (US #29) und ›Downtown Life‹ (US #31) ausgekoppelt.

Ende 1988 spielten **Hall & Oates** im New Yorker Madison Square Garden mit → **Grateful Dead**, führten im Jahr darauf die **Temptations** in die Rock'n'Roll Hall of Fame ein. Hall half außerdem bei Eric → Claptons Platte JOURNEYMAN mit. Die 90er Jahre begann das Erfolgsduo mit der LP CHANGE OF SEASON (GB #44, US #60) und der Hitballade ›So Close‹ (GB #69, US #11). Die rein akustisch besetzte Tournee Change Of Season begann im Februar 1991 im Londoner Town & Country Club. Sie förderte auch den Verkauf der Hitkollektion THE BEST OF (GB #9), im übrigen gingen die Plattenumsätze rapide zurück.

Hall und Oates gingen wieder getrennte Wege, nachdem sie sich an einem Tribute-Album für Elton → John beteiligt hatten. Hall gastierte im Juni 1992 in einer TV-Show von Tom Jones und arbeitete mit Arif Mardin an seinem 93er Album SOUL ALONE (GB #55), mit dem er zu »geschmackvollem Soulpop« (*Billboard*) zurückfand. Die Singles ›I'm In A Philly Mood‹ (GB #52, US #82, D #71), ›Stop Loving Me, Stop Loving You‹ (GB #30, D #51) und ›Gloryland‹ (GB #36) plazierten sich jedoch nur im unteren Mittelfeld der Charts. GLORYLAND nahm er mit der Gospelgruppe **Sounds Of Blackness** auf.

1995 sang Hall im Duett mit Dusty Springfield ›Wherever Would I Be‹ (GB #44), das auf deren Comebackplatte und dem Soundtrack zu »While You Were Sleeping« veröffentlicht wurde. Gemeinsam mit Carly →Simon tourte er Anfang 1996 durch die USA. Im Herbst 1997 wurde auf MARIGOLD SKY deutlich, daß Hall und Oates wieder eine gemeinsame Linie gefunden hatten. Die Platte repräsentierte beste Pop/White Soul-Unterhaltung und enthielt potentielle Hits wie ›Promise Ain't Enough‹, ›Romeo Is Bleeding‹ und ›Want To‹.

WHOLE OATES (1972) Atlantic 7567–81423 • ABANDONED LUNCHEONETTE (1973) Atlantic 7567–81537 • WAR BABIES (1974) Atlantic 7567–81489 • DARYL HALL AND JOHN OATES (1975) RCA 876728 • BIGGER THAN BOTH OF US (1976) Ariola 290862 • BEAUTY ON A BACK STREET (1977) RCA 6366938 • LIFETIME (1978) RCA, NL 84722 • ALONG THE RED LEDGE (1978) RCA 6366939 • X-STATIC (1979) RCA 886025 • VOICES (1980) RCA, PD 83646 • PRIVATE EYES (1981) RCA, PD 84028 • H2O (1982) RCA, PD 84383 • BIG BAM BOOM (1984) RCA 6366937 • LIVE AT THE APOLLO (1985) RCA, PD 87035 • OOH YEAH! (1988) Arista 2111629 • CHANGE OF SEASON (1990) Arista 260548 • MARIGOLD SKY (1997) Eagle, EAGCD 011 • (S) NO GOODBYES (1977) Atlantic 7567–80430 • (S) PAST TIMES BEHIND (1977) Bellaphon 28807055 • (S) ROCK'N'ROLL SOUL PART 1 (1983) RCA, PD 84858 • (S) THE BEST OF HALL & OATES – LOOKING BACK (1991)• RCA 887620 • (S) THE ATLANTIC COLLECTION (1996) Rhino 8122–72205 • Daryl **Hall**: SACRED SONGS (1980) RCA, 887675 • THREE HEARTS IN THE HAPPY ENDING MACHINE (1986) RCA, PD 87196 • SOUL ALONE (1993) Epic 53937 Daryl **Hall** und John **Oates** mit **Gulliver**: GULLIVER (1969) Elektra 2410006

M. C. Hammer

Innerhalb von zwei Jahren avancierte der dreifache Grammy-Gewinner (M.C.) Hammer zum erfolgreichsten Rapmusiker der Geschichte. Für seinen schnellen Aufstieg gab es keine Erklärung, denn Hammer verkaufte den Fans weder Visionen und Träume noch die für sein Genre üblichen Politbotschaften. Hammer präsentierte zuallererst sich selbst und verstand es äußerst geschickt, um die eigene Person einen Kult aufzubauen. Der »Goldesel des HipHop« (*Billboard*) zimmerte aus den Hits von gestern die Musik von heute.

Stanley Kirk Burrell wurde am 30. 3. 1962 im kalifornischen Oakland geboren. Er wuchs mit fünf Geschwistern in einer Ghettogegend auf und begeisterte sich für Musik und Baseball. Er tanzte und sang auf dem Parkplatz der Oakland A's und wurde dort von dem Besitzer des Teams, Charlie Finley, als Schlägerjunge und Maskottchen des Teams engagiert. Die Spieler gaben ihm den Spitznamen ›Little Hammer‹, weil er dem Baseballstar Hank ›Hammer‹ Aaron ähnlich sah. Zwei der Spieler – Mike Davis und Dwayne Murphy – investierten 20000 US-Dollar in Hammers Label Bustin' Records (später Bust It), aus dem aber nichts wurde, weil Hammer zur US-Navy einrücken mußte. Nach seiner Entlassung schloß er sich einer christlichen Glaubensgemeinschaft an.

Das Kürzel M.C. stand für ›Master Of Ceremony‹ und vervollständigte den Künstlernamen des Rap-Newcomers M. C. Hammer, der in der Bay Area von Frisco mit der Single ›Ring 'Em‹ bekannt wurde. Felton C. Pilate (→**Con Funk Shun**) war 1988 Koproduzent des Albums

Feel My Power, von dem Hammer quasi aus dem Kofferraum seines Autos heraus bei Auftritten rund 60000 Stück verkaufte. Das weckte das Interesse von Capitol Records, die Hammer einen Vorschuß von 750000 Dollar anboten.

Das Capitol-Debüt Let's Get Started (US #30), eine etwas aufgepeppte Version von Feel My Power, erreichte eine Auflage von zwei Millionen Stück. Das stilistische Sammelsurium aus Rap, Funk und Pop klang ziemlich eintönig, kam aber bei den Rap- und Popanhängern gleichermaßen sehr gut an. Einigermaßen selbstbewußt wettete Hammer mit dem Chef von Capitol Records um einen Ferrari Testarosa, daß er von seiner zweiten LP ein Vielfaches mehr verkaufen würde.

Please Hammer Don't Hurt Em (GB #8, US #1, D #14) wurde überwiegend in einem Tourneebus aufgenommen und kostete in der Herstellung gerade 10000 Dollar, verkaufte sich aber weltweit über 17 Millionen Mal. Es war nach Michael →Jacksons Thriller das bestverkaufte Album eines schwarzen Künstlers und die bislang erfolgreichste Rap-LP. Hammer sampelte äußerst patent Hitelemente. Die Rapballade ›Have You Seen Her‹ (US #4) basierte auf einem Song der →Chi-Lites, und bei ›Pray‹ (US #2) stand ›When Doves Cry‹ von →Prince Pate. Als erster Song wurde im Frühjahr 1990 der Power-Rap ›U Can't Touch This‹ (US #8) ausgekoppelt. Rick →James meldete wegen der Nutzung seiner Komposition ›Super Freak‹ Rechte an. Die Einigung erfolgte außergerichtlich.

Hammer »plünderte effektheischend und schamlos« (*Musik Express*) die Popmusik der letzten 30 Jahre, und bei seinen Auftritten lenkten bis zu 30 Musiker, Sänger und Tänzer von der eher dürftigen Musik mit einer perfekten Show ab. Der Erfolg von M.C. Hammer forderte kontroverse Diskussionen geradezu heraus. Viele seiner Rapperkollegen kritisierten den Mainstreamstil und befürchteten den Ausverkauf der Rapideale. Hammer antwortete: »Michael Jackson hat mit Thriller die Tür für schwarze Musik geöffnet. Ich werde als erster hineingehen.«

Der »erfolgreichste Rap/Pop-Crossover-Künstler« (*New Musical Express*) trat für mehrere Millionen Dollar in Pepsi-Cola-Werbespots auf, war pausenlos beim Musiksender MTV zu sehen und veröffentlichte seinen eigenen Kinder-Cartoon »Hammerman«. Hammer richtete eine Manageragentur ein, die u. a. den Schwergewichtsboxer Evander Holyfield betreute, war Besitzer eines Labels, Studios und einer Produktionsfirma und leitete in seiner Heimatstadt ein Unternehmen mit 170 Mitarbeitern.

M.C. Hammer arbeitete für die Soundtracks zu »Rocky V«, »Teenage Mutant Ninja Turtles« und brachte im Dezember 1992 die Single ›Adams Groove‹ (GB #4, US #2, D #21) heraus, mit der er für ein Remake der Gruselkomödie »The Adams Family« warb. Für seine anschließende erste Europatournee erntete er viel Lob, auch wenn befürchtet wurde, daß »seine Disneylandisierung des Hip-Hop hoffentlich keine allzu tragischen Folgen haben wird« (*Musik Express*).

Für die 91er LP Too Legit To Quit (GB #41, US #2, D #49) entledigte sich Hammer des Zusatzes M.C. und mußte erleben, daß auch ein großer Teil seiner Fans abwanderte. Trotz großen Werbeaufwandes verkaufte sich die Platte nur drei Millionen Mal: »eine große Enttäuschung« (*Rolling Stone*). Neben durchaus gelungenen Uptempo-Songs und

sensiblem Jazz-Hip Hop glitt Hammer auch in allzu seichte Popgefilde ab, die dem ansonsten »meisterlichen Mix aus Pop, Rap und Funk« (*Musik Express*) einen negativen Beigeschmack gaben. Hammer arbeitete erstmals mit kompletter Band und verzichtete auf die Sampling-Methode. Das nachlassende Interesse an Hammer äußerte sich auch in einer abgebrochenen Welttournee.
Das Album THE FUNKY HEADHUNTER (US #14) und die Singles ›It's All Good‹ (GB #52, US #46)) und ›Pumps And A Bump‹ (US #26) bescherten dem »abwechslungsreichen und unwiderstehlichen Master-Grooves« (*Billboard*) nur durchschnittliche Chartsplazierungen. Zur Unterstützung hatte Hammer Daz & Kurupt aus dem Umfeld von Snoppy Doggy Dog, G Bomb von Grand Jury Records, Teddy Riley und The Whole (Produzent von **D.R.S.**) ins Studio gebeten.
»Klassisches Funkmaterial und Straßenbeats für den Ghetto-Blaster« (*Melody Maker*) standen 1995 im Mittelpunkt von INSIDE OUT. Für dieses Album nannte er sich wieder M.C. Hammer, coverte von Chuck Brown ›Bustin' Loose‹ und verarbeitete Themen von Sly →Stone, → **Cameo** und Luther →Vandross.

M.C.Hammer: FEEL MY POWER (1988) Bust It • LET'S GET IT STARTED (1988) Capitol 795592 • PLEASE HAMMER DON'T HURT EM (1990) Capitol 792857 • M.C.HAMMER V – INSIDE OUT (1995) Giant 74321 24637 • (S) THE EARLY YEARS (1987) Disky KWEST 5411 • Hammer: TOO LEGIT TO QUIT (1991) Capitol 798151 • THE FUNKY HEADHUNTER (1994) Giant 74321 18862 • (S) GREATEST HITS (1996) Capitol 854074

John Hammond

Der weiße Bluesmusiker John Paul Hammond wurde am 13. 11. 1943 in New York City geboren. Sein Vater, John Hammond sen., bekannter Musikimpresario, Talentscout und Förderer schwarzer Musik, stammte aus einer Familie, die mit der Herstellung von Orgeln zu Wohlstand gelangt war. Er schrieb in den 30er Jahren Jazzkritiken, organisierte Jazzkonzerte und wurde Produzent bei Columbia. Zu den Musikern, die er entdeckte bzw. produzierte, gehörten Bessie Smith, Billie Holiday, Benny Goodman, Big Joe →Turner, der Gitarrist Charlie Christian, Pete Seeger, Bob →Dylan und Bruce →Springsteen. Ein Journalist vertrat die Meinung, daß Hammond sen. »wahrscheinlich der Weiße ist, der sich am meisten für die schwarze Musik eingesetzt hat«. Er starb 1987 im Alter von 76 Jahren.
Vorbelastet durch den Vater interessierte sich John Hammond jr. in seiner Jugend vor allem für akustischen Country- und Folkblues. Son →House, Charley Patton und Willie Brown wurden seine wichtigsten Vorbilder. Während seiner Ausbildung am Antioch College in Yellow Springs, Ohio, lernte er Gitarre und Mundharmonika und begann, obwohl er über keine ausdrucksstarke Stimme verfügte, zu singen. Hammonds Karriere begann 1963 in New York. Er begleitete den Rockabillysänger Ronnie Hawkins, formierte in New York die **Screaming Nighhawks**, denen zeitweise ein junger Gitarrist namens Jimmy James angehörte, der 1967 als Jimi →Hendrix zum Superstar aufstieg, und brachte Bob Dylan mit den **Hawks** zusammen, aus denen **The →Band** entstanden.

Nachdem ihn Paul →Butterfield und Mike →Bloomfield dem City-Blues und dem Rock'n'Roll nähergebracht hatten, interpretierte Hammond häufig Songs von Muddy →Waters, →Howlin' Wolf, Bo →Diddley und Chuck →Berry und wurde dabei des öfteren von Robbie →Robertson unterstützt. Seine Plattenfirma konnte seinen stilistischen Sinneswandel nicht nachvollziehen. Sie hielt das elektrische Album SO MANY ROADS über ein Jahr zurück, um Bluespuristen nicht zu verschrecken. Es wurde erst veröffentlicht, als Hammond zusagte, anschließend wieder eine rein akustische Platte aufzunehmen.
Im Verlauf der 60er Jahre arbeitete Hammond mit Garth Hudson und Levon Helm von **The Band**, Charles →Musselwhite, Duane Allman (›Southern Fried‹), Bill Wyman (→**Rolling Stones**) und der **Muscle Shoals Rhythm Section** zusammen. Mit Bloomfield und →Dr. John nahm er das Album TRIUMVIRATE auf, das aber hinter den Erwartungen zurückblieb, Hammond konnte aber seine Position als Aktivposten der weißen Bluesszene verteidigen.
Hammond zeigte regelmäßig Präsenz in der Clubszene, reiste sporadisch nach Europa, komponierte den Soundtrack zum Film »Little Big Man« mit Dustin Hoffman und realisierte solide Bluesalben, darunter 1978 FOOTWORK mit Roosevelt →Sykes als Stargast. Der 83er Mitschnitt LIVE entstand in Griechenland. Hammonds Plattenkarriere kam aber erst in den 90er Jahren wieder in Schwung. John Lee →Hooker und J. J. →Cale waren 1992 an der für einen Grammy nominierten LP GOT LOVE IF YOU WANT IT beteiligt, auf der Hammond »leidenschaftliche Exkursionen in schwarze Gefühle glückten« (*Hifi Vision*).
Hammond beherrschte mittlerweile auch die Dobro und die Steel Guitar perfekt und dokumentierte das 1993 auf dem Album TROUBLE NO MORE, für das er den erfahrenen Bluessänger Charles →Brown als Gast gewinnen konnte.

JOHN HAMMOND (1963) Vanguard 2148 • BIG CITY BLUES (1964) Vanguard 662139 • SO MANY ROADS (1965) Vanguard 79178 • COUNTRY BLUES (1965) Vanguard 79198 • MIRRORS (1967) Vanguard 70245 • I CAN TELL (1967) Atlantic 82369 • SOONER OR LATER (1968) Atlantic, SD 8206 • LITTLE BIG MAN (1971) Soundtrack Columbia 30545 • SOURCE POINT (1971) Columbia 472369 • I'M SATISFIED (1972) Columbia 31318 • CAN'T BEAT THE KID (1975) Capricorn, CP-0153 • SOLO (1976) Vanguard 79380 • FOOTWORK (1978) Vanguard 79400 • MILEAGE (1980) Rounder 3042 • FROGS FOR SNAKES (1982) Rounder 3060 • LIVE (1983) Rounder 3074 • JOHN HAMMOND (1984) Rounder 11532 • NOBODY BUT YOU (1988) Pointblank 841772 • GOT LOVE IF YOU WANT IT (1992) Pointblank 786285 • TROUBLE NO MORE (1993) Pointblank 788257 • FOUND TRUE LOVE (1995) Pointblank 840655 • (S) THE BEST OF (1970) Vanguard, VSD 11/12 • (S) YOU CAN'T JUDGE A BOOK BY THE COVER (1975) • Mit Mike **Bloomfield** und **Dr. John**: TRIUMVIRATE (1973) CBS, CK 32172 • Mit **Nighthawks**: HOT TRACKS (1979) Vanguard 79424

Hard-Ons

Blackie (g, voc, p), Keish (dr, voc), Ray (b, g, voc)

Australiens führende Surf-Punk-Band sang hauptsächlich über »das Pfurzen, Küssen, Mädchen, Sex und Schweinereien – auf unterschiedlich grobem Niveau« (*Trouser Press*). Feministinnen beschimpften das Trio als Sexisten, Mainstream-Radiomoderatoren nannten sie pervers, und einige Kritiker Gitarrenwichser. Doch bei aller berechtigten Kritik waren die **Hard-Ons** eine gute Live-Band.

Die **Hard-Ons** wurden 1980 gegründet. Blackie, Keish und Ray waren Schulfreunde und repräsentierten die multikulturelle Gesellschaft Australiens. Blackie hatte jugoslawische Eltern, Keish stammte aus Sri Lanka, und Ray wurde in Korea geboren. Sie interessierten sich für → **AC/DC** und die → **Sex Pistols**, kauften sich 1981 ihre ersten Instrumente, nannten sich erst **Plebs**, tauften sich Ende 1982 in **Hard-Ons** um und konnten 1984 den ersten Auftritt riskieren.

Das Debütalbum vermittelte 1986 »Teenage-Angstpunk und Trash Power« (*Trouser Press*) und erinnerte an die **Descendents**, während HOT FOR YOUR LOVE, BABY 1987 mehr nach »schlichtestem Bubble-Punk« (*Time Out*) klang. Im gleichen Jahr erschien der Sampler WORST OF THE HARD-ONS, die aus bis dahin unveröffentlichtem Material und seltenen Titeln wie die frühe Single ›All Set To Go‹ bestand.

Auf DICKCHEESE von 1988 tendierten die **Hard-Ons** deutlich zum Metalsound. Im gleichen Jahr teilten sie sich mit den **Stupids**, den »britischen Hardcore-Humoristen« (*Trouser Press*), eine LP, die sie mit acht Live-Songs bestückten. 1989 kehrten die **Hard-Ons** mit LOVE IS A BATTLEFIELD OF WOUNDED HEARTS zum Pop-Punk zurück, doch diesmal »waren die Kompositionen nicht ganz so bemerkenswert wie bei früheren Platten« (*Billboard*).

Hardcore-Hochgeschwindigkeit, die sich in »zickigen Melodien, knarrenden Gitarren und typischen Mitgrölrefrains« (brit. *Sounds*) äußerte, prägten 1990 das Album YUMMY. Den **Hard-Ons** gelang dabei eine amüsante Version des → **Led Zeppelin**-Klassikers ›Stairway To Heaven‹.

Die Band gehörte international zu den Außenseitern, in Australien aber zu den führenden Protagonisten der Independent Szene. Sie arbeitete mit → Captain Sensible zusammen und schaffte im September 1992 mit der EP ›Dateless Dude Club‹ zum 16. Mal den Sprung an die Spitze der unabhängigen australischen Charts. Ein Jahr später bereisten die **Hard-Ons** wieder Europa und die USA. Sie spielten 100 Konzerte in 15 Ländern in nur fünf Monaten und traten mit den → **Red Hot Chilli Peppers** und Henry → Rollins auf. Gemeinsam mit Rollins nahmen sie den Hardrockklassiker ›Let There Be Rock‹ von **AC/DC** auf. Thee Slayer Hippy von den US-Kollegen **Poison Idea** produzierte das 93er-Album TOO FAR GONE, das **Hard-Ons** »in eine Liga mit Pantera katapultieren könnte« (*Rock Hard*), obwohl »ein wenig die Unbekümmertheit fehlte, die die Songs von Yummy noch auszeichnete« (*Musik Express*).

SMELL MY FINGER (1986) Waterhouse 37 • HARD-ONS (1987) Big Time 6040 • HOT FOR YOUR LOVE, BABY (1987) Vinyl Solution 8 • DICKCHEESE (1988) Vinyl Solution, 17264 • LOVE IS A BATTLEFIELD OF WOUNDED HEARTS (1989) Taang!, 17123 • YUMMY! (1990) Waterfront, 17180 • TOO FAR GONE (1993) Survival, I.R.S. 987 625 • (S) WORST OF THE HARD-ONS (1987) Vinyl Solution, EFALP 07108 • **Hard-Ons** & **Stupids**. NO CHEESE (1988) Waterfront

Tim Hardin

Tim Hardin, geboren am 23. 12. 1941 in Eugene, Oregon, stammte aus einer musikalischen Familie. Sein Vater hatte beim Militär in Jazzbands gespielt, und seine Mutter Molly Small Hardin war Violonistin beim Portland Symphony Orchestra. Tims musikalische Neigung entwickelte sich schon früh. Er schwärmte für Charlie Parker, Ray →Charles, für Blues, Jazz und besonders für Folkmusik.
1959 verpflichtete sich Hardin für zwei Jahre in der Marine und war in Kambodscha und Laos stationiert. Zurück in New York schrieb er sich für kurze Zeit an der American Academy Of Dramatic Art ein, anschließend zog er nach Cambridge, Massachussetts. Er trat in den Folkclub und Cafés rund um die Harvard Universität auf und entwickelte sein Kompositionstalent. Bald zählte er zu den einflußreichen Folkmusikern der Ostküste und begann früher als die meisten seiner Kollegen mit einer Band zu arbeiten.
Hardins erste Aufnahmen entstanden bereits 1962, erschienen aber erst 1967 auf der LP THIS IS TIM HARDIN. Hardin wurde 1966 einem größeren Publikum durch seinen Auftritt beim Newport Folk Festival bekannt. Im gleichen Jahr wurde sein offizielles Albumdebüt veröffentlicht. TIM HARDIN I wies die Richtung für eine Musik, die bald darauf als »Essenz des Blues« (*Village Voice*) beschrieben wurde. Hardin sang mit seinem rauhen Timbre anspruchsvolle Folkballaden für ein überwiegend studentisches Publikum. Sein erstes Album enthielt zwei seiner bekanntesten Kompositionen: ›Reason To Believe‹, 1971 ein Hit für Rod →Stewart, und ›Misty Roses‹. Auf dem zweiten Album war seine berühmteste Komposition ›If I Were A Carpenter‹, die die →Four Tops und Bobby Darin zum Bestseller machten.
Sein Renommee als Songwriter verschaffte Hardin Zugang zum sogenannten Woodstock-Kreis um Dylan, und er wurde bald in einem Atemzug mit Joni →Mitchell und Tom →Paxton genannt. Hardin begab sich nur selten auf Tournee, besuchte aber dennoch im Verlauf der 60er Jahre einige Male Europa. Seine Platten erschienen im jährlichen Turnus und wurden von den Kritikern wegen ihrer Schlichtheit, Fragilität und intensiven Blues-Qualität hoch geschätzt. Dank LIVE IN CONCERT (US #79) gelang im Herbst 1968 der Einstieg in die Charts. Diesen Erfolg konnte Hardin im April 1969 mit der sehr persönlichen Platte SUITE FOR SUSAN & DAMIAN (US #84) wiederholen.
In den Single-Hitlisten plazierten sich Hardins Gratwanderungen zwischen Country, Folk, Blues und Jazz nur ein einziges Mal, im Sommer 1969 mit Bobby Darins ›Sing A Simple Song Of Freedom‹ (US #48). Seinen Lebensunterhalt verdiente sich der heroinabhängige sensible Künstler vor allem als Komponist, dessen Arbeiten u. a. von Frank Sinatra, →Peter, Paul & Mary, Johnny →Cash, Bob →Seger und Leon →Russell interpretiert wurden.
1971 realisierte Hardin mit der Unterstützung von Jazzern wie Miroslav Vitous (b), Joe Zawinul (p) und Ralph Towner (g) die LP BIRD ON A WIRE, die neben sechs neuen Songs Coverversionen von Leonard →Cohen und John Lee →Hooker umfaßte. Hardin gelang das Jazzexperiment, er sprach damit aber kein größeres Publikum an.

Zu Beginn der 70er Jahre lebte der Singer / Songwriter zeitweise in London, wo er sich einer Methadontherapie unterzog. Diese Zeit verarbeitete er auf mehreren Alben, an denen sich erstklassige britische Musiker wie Peter → Frampton, Alun Davis (g) und Madeleine Bell (voc) beteiligten. Den »hypnotischen Songs« (*Sounds*) fehlte jedoch die fast poetische Intensität früherer Arbeiten. Seine Version von James → Taylors ›Fire And Rain‹ war mißlungen.

Hardin gelang es nicht, die Drogensucht zu überwinden. Sein Gesundheitszustand verschlechterte sich, und seine Plattenkarriere endete 1974. 1979 tauchte er in Hollywood auf. Er hatte lange nicht mehr vor Publikum gesungen und folgte einer Einladung des Journalisten Phil Freeman nach Eugene. Dort begannen die Dreharbeiten zu einer TV-Dokumentation über Tim Hardin und die Vorbereitungen zum HOMECOMING CONCERT, dem ersten Konzert in seiner Heimatstadt. Es fand am 17. 1. 1980 im ausverkauften Center For The Performing Arts statt und wurde auf einem Album mitgeschnitten. Tim Hardin spielte zum letzten Mal als Solist seine bekanntesten Titel. Am 29. 12. 1980 fand man Tim Hardin leblos in seiner Wohnung in Hollywood. Er starb sechs Tage nach seinem 39. Geburtstag an einer Überdosis Heroin. Eine neue Produktion war zur Hälfte fertiggestellt.

TIM HARDIN I (1966) Verve 5018 • TIM HARDIN 2 (1967) Verve 6002 • THIS IS TIM HARDIN (1967) Atco 33210 • LIVE IN CONCERT (1968) Polydor 527 448 • TIM HARDIN 4 (1969) Verve 6016 • SUITE FOR SUSAN MOORE & DAMIAN (1970) CBS 63571 • BIRD ON A WIRE (1971) CBS 31958 • PAINTED HEAD (1973) CBS 31764 • ARCHETYPES (1973) MGM 4952 • NINE (1974) Philips 6370 105 • THE HOMECOMING CONCERT (1980) Line 400040 • (S) THE SHOCK OF GRACE (1981) CBS 37164T • (S) THE TIM HARDIN MEMORIAL ALBUM (1992) Polydor • (S) HANG ON TO A DREAM – THE VERVE RECORDINGS (1994) Polydor 521 583 • (S) SIMPLE SONGS OF FREEDOM (1996) Legacy 64858

Harpers Bizarre

Eddie James (voc, g), Dick Scoppettone (voc, g), Ted Templeman (voc), Dick Yount (b, g, dr, voc)

Das Quartett begann 1963 als Surfband im kalifornischen Santa Cruz unter dem Namen **Tikis** und bestand aus Eddie James, Dick Scoppettone (* 5. 7. 1945), Ted Templeman (* 24. 10. 1944) und Dick Yount (* 9. 1. 1943). Folk- und Popsongs machten die **Tikis** populär und 1966 den Produzenten Lenny Waronker aufmerksam. Er holte die Gruppe nach Los Angeles, wo sie sich in **Harpers Bizarre** umbenannte und durch den Drummer John Peterson (* 8. 1. 1945) von → **Beau Brummels** verstärkt wurde.

Einer Interpretation der Paul → Simon-Komposition ›The 59th Street Bridge Song‹ (US #17) verdankten **Harpers Bizarre** im Februar 1967 ihren ersten Hit. Die Musiker hatten einen farbenfrohen Hippie-Look, gepflegte Pilzkopf-Frisuren und spielten fröhlichen, unkomplizierten Sunshine-Pop.

›Come To The Sunshine‹ (US #36) von Van Dyke → Parks hieß im Mai 1967 ihr zweiter Single-Erfolg, dem in Abständen von zwei Monaten ›Anything Goes‹ (US #47) und ›Chattanooga Choo Choo‹ (US

#56) sowie in einem Abstand von einem halben Jahr die Alben FEELIN' GROOVY (US #53) und ANYTHING GOES (US #70) folgten, auf der sich auch eine Komposition des jungen Randy →Newman findet. Das Debüt FEELIN' GROOVY wurde von Leon →Russell produziert und überzeugte durch mehrstimmige Gesangsharmonien und gelungene Überarbeitungen von Unterhaltungsmusik aus den 30er und 40er Jahren. ANYTHING GOES war eine Komposition von Cole Porter, und CHATTANOOGA CHOO CHOO gehörte in der Instrumentalfassung zu den Klassikern des Swing. Zur Produktion der verspielten, mit vielen Effekten ausgeschmückten Platte THE SECRET LIFE OF HARPERS BIZARRE (US #32) traten nur noch vier Musiker an. Eddie James hatte die Band verlassen. Mit ›Battle Of New Orleans‹ verpaßten sie den Chartsanschluß im Sommer 1968. Das Publikum verlor schnell das Interesse an **Harpers Bizarre**, da die großen Frisco-Formationen mit Westcoast-, Pychedelic- und Acid-Rock das Geschehen beherrschten. **Harpers Bizarre** wirkten dagegen wie eine brave Schülerband des Pop-Genres und löste sich 1970 auf.

Ted Templeman machte als Produzent Karriere und betreute u. a. Aufnahmen von Van →Morrison, →**Van Halen** und →**Doobie Brothers**. Peterson beteiligte sich 1975 an einer Reunion von **Beau Brummels**. Im gleichen Jahr versuchten auch James, Scoppettone und Yount einen Neuanfang mit **Harpers Bizarre**. Auf AS TIME GOES BY gelang nicht der frühere unbeschwerte Sound, und die Band löste sich endgültig auf.

FEELIN' GROOVY (1967) Warner Brothers 4701 • ANYTHING GOES (1967) Warner Brothers 4702 • THE SECRET LIFE OF HARPERS BIZARRE (1968) Warner Brothers 4703 •HARPER'S BIZARRE 4 (1969) Warner Brothers 4704 • AS TIME GOES BY (1976) Forest, DS 7545 • (S) FEELIN' GROOVY (1997) • Warner Brothers 9362-46261

Slim Harpo

Der Sänger, Harmonikavirtuose, Gitarrist und Komponist wurde als James Moore am 11. 1. 1924 in Lobdell, Louisiana, geboren und wuchs in Port Allen, Louisiana, auf. Er vermischte Country-Blues mit Cajun Music und war bestrebt, das leidenschaftliche Akkordeonspiel von Clifton →Chenier auf die Mundharmonika zu übertragen. Harpo gehörte zu den ersten, die ihr Instrument elektrisch verstärkten, und schuf R&B-Klassiker wie ›I'm A King Bee‹, den die →**Rolling Stones**, und ›Rainin' In My Heart‹, den die →**Pretty Things** coverten.

Moores Eltern starben früh, und so war er schon als 18jähriger gezwungen, seinen Lebensunterhalt als Packer und Tagelöhner in New Orleans zu verdienen. Er spielte gelegentlich in Clubs und Bars und zog als Harmonica Slim bis 1957 durch Louisiana. Da es bereits einen Blueskollegen dieses Namens gab, taufte er sich in Slim Harpo um. 1957 machte er seine ersten Studioerfahrungen. Er bereiste regelmäßig den Süden der USA, wurde von Imperial Records unter Vertrag genommen und trat 1962 in New York mit James →Brown auf.

Der seit 1948 verheiratete Bluesveteran wurde von Willie ›Tomcat‹ Parker (sax), James Johnson (g), Rudolph Richard (g), Geese August (b) und Sammy K. Brown (dr) begleitet. Bei der Produktion seiner zweiten LP BABY SCRATCH MY BACK

verstärkte die Pianistin Katie Webster die Band. Harpo pflegte einen authentischen Country Blues und konnte sich damit gegen den aufkommenden Bluesrock behaupten. Das britische Bluesrevival ab 1966 machte seinen Stil auch in Europa bekannt.
Neben dem Blues engagierte sich Harpo ab 1966 für sein eigenes Fuhrunternehmen, da er ein Großteil seiner Tantiemen an seinen Manager Jay Miller abführen mußte. Er arbeitete mit Lightnin' Slim zusammen. Obwohl er 1968 im New Yorker Fillmore East auch vor einem Rockpublikum überzeugte, spielte er vor allem wieder in seinem Heimatstaat Louisiana. Er starb am 31. 1. 1970 in Baton Rouge an den Folgen eines Herzanfalls.

SINGS RAINING IN MY HEART (1965) Excello 8003 • BABY SCRATCH MY BACK (1967) Excello 8005 • TIP ON IN (1968) ACE 2966–71606 • SLIM HARPO KNEW THE BLUES (1969) Excello 8013 • TRIGGER FINGER (1971) Blue Horizon 2431013 • (S) I'M A KING BEE (1964) ACE 2966–71510 • (S) SHAKE YOUR HIPS (1966) ACE 2966–71558 • (S) THE BEST OF (1970) Repertoire, REP 4206 • (S) THE ORIGINAL KING BEE (1983) Excello 8010 • (S) SHAKE YOUR HIPS (1985) Flyright, FLY 593

Emmylou Harris

»Die große Dame der Country-Musik« (*Fachblatt*) begann ihre Karriere als Chor- und Studiosängerin. Außerdem beherrschte sie Saxophon und Gitarre und entwickelte sich zu einer profilierten Komponistin. Ihr klarer Sopran und die Arrangements von Ehemann Ahern waren genreübergreifend. Emmylou Harris entstaubte Countrykonventionen, um sie in handlichen Popformaten einem jungen Publikum näherzubringen. »Die gebürtige Südstaatlerin, die in Los Angeles lebt und arbeitet, ist zur Zeit die überzeugendste musikalische Mittlerin zwischen den Welten«, schrieb der *Stern* 1975. In ihren Liedern kombinierte sie Country-Rhythmus und Westküsten-Sound so gekonnt, daß sie in beiden Lagern Anerkennung fand.
Die »First Lady des neuen Country-Rock« (*Stereo*) wurde zwischen 1976 und 1992 mit insgesamt fünf Grammies ausgezeichnet. Ohne absolute Spitzenplätze zu belegen, brachte sie zehn Alben in die Charts, mit denen sie die C&W-Kategorie vor allem in den späten 70er und frühen 80er Jahren dominierte.
Emmylou Harris wurde am 2. 4. 1947 in Birmingham, Alabama, geboren. Sie lernte zunächst Altsaxophon, um in einer Marschkapelle der High School mitzuspielen. Während ihres Studiums an der University of North Carolina in Greensboro trat sie mit Folksongs in Cafés und Bars in der Region um Washington D.C. auf. Inzwischen in erster Ehe mit dem Songwriter Tom Slocum verheiratet, machte sie in New York die Bekanntschaft von Jerry Jeff →Walker und David →Bromberg, deren Vermittlung ihr 1970 bei dem Mini-Label Jubilee Records das Album GLIDING BIRD ermöglichte.
Nach der Geburt ihrer Tochter, der Scheidung von Slocum und einem Abstecher nach Nashville kehrte Emmylou Harris 1971 nach Washington D.C. zurück und gründete eine Band, mit der sie puristischen Countrysound vortrug. In einem Club traf sie auf Rick Roberts und Chris Hillman von den →**Flying Burrito Brothers**, die sie an Gram →Parsons ver-

mittelten, der eine Sängerin als Partnerin suchte. Sie gingen eine berufliche und private Liaison ein und lebten zwei Jahre zusammen in Los Angeles. Diese Beziehung prägte den späteren Solostil der Sängerin und Komponistin. Emmylou Harris wirkte bei allen Plattenproduktionen und Tourneen des Countryrock-Pioniers bis zu dessen plötzlichem Tod 1973 mit.
Ein paar Monate nach dem Tod von Parsons, für den Emmylou Harris den von Dolly Parton gecoverten Song ›Boulder To Birmingham‹ schrieb, formierte sie mit den ehemaligen Elvis →Presley-Begleitern James Burton (g), Ron Tutt (dr) und Glen Hardin (p) die **Angel Band**. Die erste LP PIECES IN THE SKY (US #67) enthielt den C&W-Bestseller ›If I Could Only Win Your Love‹ (US #71). Sie wurde, wie die meisten Harris-Platten, von Brian Ahern produziert und arrangiert, den Emmylou Harris 1977 heiratete.
Ab ELITE HOTEL (GB #16, US #29) arbeitete sie bei Platten- und Konzertverpflichtungen mit der **Hot Band**, die in ständig wechselnden Besetzungen bis 1990 existierte und der Koryphäen wie Rodney →Crowell (g), Albert →Lee (g), Hank DeVito (steel g) und Ricky Scaggs (vi, man) angehörten.
1976 coverte Emmylou Harris den →**Beatles**-Song ›Here There And Everywhere‹ (GB #28), nahm mit Linda →Ronstadt für deren LP PRISONER IN DISGUISE das Duett ›The Sweetest Gift‹ auf, wirkte auf Bob →Dylans Album DESIRE mit und folgte im November einer Einladung der →**Band** zum Abschiedskonzert THE LAST WALTZ im Winterland in San Francisco.
Emmylou Harris, »eine der schönsten Stimmen in der amerikanischen Populärmusik« (*Neue Zürcher Zeitung*), lieferte bis 1980 Top 10-Hits wie ›Together Again‹, ›One Of These Days‹, ›Sweet Dreams‹ und ›To Daddy‹ für die Country & Western-Charts. In den Pophitparaden war sie mit den Alben LUXURY LINER (GB #23, US #37), QUARTER MOON IN A TEN CENT TOWN (US #34), BLUE KENTUCKY GIRL (US #73) und ROSES IN THE SNOW (US #39) präsent. Die mehrfach als beste Countrysängerin ausgezeichnete Künstlerin schaffte im Sommer 1980 im Duett mit Roy →Orbison mit ›That Lovin' You Feelin' Again‹ (US #65) einen respektablen Poperfolg. Der Song gehörte zum Soundtrack des Kinofilms »Roadie«. Als Studiomusikerin wirkte sie auf Platten von →**Little Feat**, Linda Ronstadt, Bob Dylan, Neil →Young, Bonnie →Raitt, →**Pure Prairie League**, Guy Clark, Jonathan →Edwards und Rosanne →Cash mit.
Fernab der verlogenen Nashville-Sentimentalität und aller Westernklischees zelebrierte Emmylou Harris »sehr emotional, dabei unsentimental und von müheloser Perfektion« (*Stereo*) ihre Auffassung von zeitgemäßer Countrymusik. Sie griff dabei u. a. auf Kompositionen von Parsons, Hillman, Don Gibson, Crowell und Buck Owens zurück. Bei der 81er-LP EVANGELINE (US #38) unternahm Emmylou Harris einen gezielten Angriff auf den Unterhaltungsmarkt, den sie mit der Single ›Mister Sandman‹ (US #37) krönte. Vier Jahre später profitierte sie nach perfekten, aber ziemlich eintönigen Platten wie CIMARRON (US #65), LAST DATE (US #65) und WHITE SHOES vom Comeback amerikanischer Country-Authentizität, und so wurde THE BALLAD OF SALLY ROSE zu den »herausragenden Country-Platten der letzten Jahre« (*Stereo*) gerechnet. Seit 1983 von Ahern geschieden, heirate-

te Emmylou Harris 1985 den Gitarristen und Produzenten Paul Kennerly. Das Paar ließ sich in Nashville nieder, und Emmylou kooperierte häufig mit Dolly Parton und Linda Ronstadt. Das Countryterzett schaffte 1987 mit dem Album TRIO (GB #60, US #6) einen Platinhit, der sich über eine Million Mal verkaufte. Im gleichen Jahr wählte Emmylou Harris für die akustische Produktion ANGEL BAND traditionelles Gospel- und Spiritualmaterial aus. Gemäß dem programmatischen Titel beschäftigte sie sich hier mit Themen wie Frömmigkeit, Nächstenliebe und Religiosität.

1988 erschien das Album BLUEBIRD: »Die Dame begibt sich schnurstracks auf die akustische Kriechspur, was aber zweifellos dem schwer melancholischen Grundtenor des Albums gerecht wird« (*Musik Express*). 1990 wurden zwei Alben veröffentlicht. Zunächst kam BRAND NEW DANCE u. a. mit einer Version von Bruce → Springsteens ›Tougher Than The Rest‹ auf den Markt. Es folgte DUETS, eine Zusammenstellung ihrer bekanntesten Duette mit Parsons, John Denver, Neil → Young und Don Williams. Darüber hinaus förderte sie Matraca Berg. Im Jahr darauf beteiligte sich sich an der Tribute-Platte für Roy Rogers und war Star des 2. Gift of the Heart-Konzerts in der First Church Unity in Nashville. Im April stellte sie die akustische Formation **Nashville Ramblers** zusammen, der Sam Bush (man, vi) und Al Perkins (ban) angehörten. 1992 erschien ein Album, das die Charts verfehlte.

Emmylou Harris (*Fachblatt*) arbeitete 1992 für Lyle → Lovett, kam im Juli mit dem American Music Festival nach London, spielte mit der Folkgruppe **Chieftains** und ihrer Kollegin Trisha Yearwood. 1993 sang sie für den Mandolinenspieler Kieran Kane, und 1994 war sie Stargast der Nashville-Sängerin Jill Colucci. Die Nachfrage nach ihren eigenen Platten stieg im Herbst 1995 wieder, dank des von Daniel → Lanois produzierten Albums WRECKING BALL (GB #46, US #94), für das Emmylou Harris Songs von Young, Dylan, Steve → Earle und Jimi → Hendrix übernahm. Die »zutiefst romantische Songkollektion« (*Musik Express*) bot den passenden Rahmen für ihre faszinierende, reifer klingende Stimme.

Die »ungekrönte Queen der Countrymusik« (dt. *Rolling Stone*) wirkte außerdem 1995 bei dem Comeback von → **Peter, Paul & Mary** mit und arbeitete mit dem kalifornischen Sänger und Gitarristen Buddy Miller zusammen. 1996 sang sie mit Jason Ringenberg von → **Jason & The Scorchers** auf deren Album CLEAR IMPETOUS MORNING das Duett ›Everything Has A Cost‹. Außerdem tourte sie gelegentlich mit ihrer Band **Spyboy**, der auch der Gitarrist Buddy Miller angehörte. Miller profilierte sich 1997 als hervorragender R&B / Country-Solist und veröffentlichte das Album POISON LOVE.

GLIDING BIRD (1970) Jubilee, JGS 0031 • PIECES IN THE SKY (1975) WEA 2284 • ELITE HOTEL (1976) Reprise 7599–27246 • LUXURY LINER (1977) Warner Brothers 7599–27338 • QUARTER MOON IN A TEN CENT TOWN (1978) Warner Brothers 7599–27345 • BLUE KENTUCKY GIRL (1978) Warner Brothers 7599–27392 • ROSES IN THE SNOW (1979) Warner Brothers 3422 • LIGHT OF THE STABLE (1979) WEA 3484 • EVANGELINE (1981) Warner Brothers 56880 • CIMARRON (1981) Warner Brothers 56955 • LAST DATE (1982) Warner Brothers 923740 • WHITE SHOES (1983)

Warner Brothers 923 961 • THE BALLAD OF SALLY ROSE (1985) Warner Brothers 925 205 • THIRTEEN (1986) Warner Brothers 925 352 • ANGEL BAND (1987) Warner Brothers 7599–25585 • BLUEBIRD (1988) Reprise 7599–25776 • BRAND NEW DANCE (1990) Reprise 7599–26309 • DUETS (1990) Reprise 7599–25791 • COWGIRL'S PRAYER (1993) Asylum 61541 • SONGS OF THE WEST (1994) Warner Brothers 45725 • THE CHRISTMAS ALBUM (1994) Warner Brothers 7599–23484 • WRECKING BALL (1995) Arcade 990 228 • (S) PROFILE ... (1978) Warner Brothers 7599–27375 • PROFILE ... VOL. 2 (1984) Warner Brothers 7599–25161 • (S) PORTRAITS (1996) Reprise • (S) PORTRAITS (1996) Reprise 936–245 308 • Mit Gram **Parsons**: G. P. (1973) Reprise 2123 • GRIEVOUS ANGEL (1973) Reprise 2171 • Mit Dolly **Parton** und Linda **Ronstadt**: TRIO (1987) Warner Brothers 7599–25491 • Mit **Nashville Ramblers**: AT THE RYMAN (1992) Reprise 7599–26664 • Mit Carl **Jackson**: NASHVILLE COUNTRY DUETS (1993) TIS Magnum 5184–84174 • Buddy **Miller**: POISON LOVE (1997) Hightone

Richie Havens

Der Sänger und Gitarrist erlebte seine künstlerischen Höhepunkte Ende der 60er und Anfang der 70er Jahre. Eine halbe Million Menschen bejubelten 1969 beim Woodstock Festival seine Hymne ›Freedom‹, die weltweit zum Symbol für Freiheit und Protest wurde. Mit dem George →Harrison-Song ›Here Comes The Sun‹ hielt sich Richie Havens 1971 zehn Wochen lang in den US-Charts. Seine Alben ALARM CLOCK und LIVE ON STAGE erreichten 1971/72 akzeptable Auflagen. Kennzeichnend für Richie Havens ist seine rauhe, rostig klingende Stimme, die vor allem bei der Interpretation von Gospel-, Blues- und Folk-Standards zur Geltung kommt, sowie seine ungewöhnliche, stark rhythmisierte, fast perkussive Gitarrentechnik.

Der schwarze Musiker wurde am 21. 1. 1941 als ältestes von neun Kindern im New Yorker Stadtteil Brooklyn geboren und fand über den Kirchenchor der **McCrea Gospel Singers** zur Musik. Sein Vater war Pianist, und seine Mutter arbeitete als Buchbinderin. Als 17jähriger verließ Havens sein Elternhaus und versuchte sich in verschiedenen Jobs, u. a. als Porträtmaler für Touristen in Greenwich Village. In den Bars und Cafés des Künstlerviertels wurde vor allem Folk gespielt, und Dino Valenti (→**Quicksilver Messenger Service**) und Paul Stookey (→**Peter, Paul & Mary**) überzeugten Havens, in den Folkzirkel einzusteigen. 1963 entwickelte er seinen unorthodoxen Gitarrenstil.

1965 beteiligte sich Havens an Tournee-Shows mit Herbie Mann, Nina →Simone und Mongo Santamaria. Er wurde als Geheimtip gehandelt und bekam nach zwei Alben für das kleine Label Douglas Records 1966 einen gutdotierten Vertrag bei Verve Records, einem Ableger von MGM Records. Neben eigenen Songs interpretierte Havens Kompositionen von Bob →Dylan, James →Taylor und den →**Beatles**. Seine Alben MIXED BAG und SOMETHING ELSE AGAIN wurden in der Presse gelobt. 100 000 bejubelten im Dezember 1968 seinen Auftritt beim Miami Pop Festival in Hallandale, Florida. Acht Wochen später gelang dem Musiker mit dem Doppelalbum RICHARD P. HAVENS, 1983 (US #73) die erste nennenswerte Chartsplazierung. Und schließlich wurde der »physisch, mental, musikalisch und spirituell ausdrucksstarke Mann« (*Melody Maker*) im August 1969 dank

einer großartigen Show beim Woodstock Festival weltbekannt.
Damit begann die beste und kreativste Phase in der Karriere von Havens, der Anfang 1970 mit der LP STONEHENGE (US #68) »mehr Ruhe und Ausgeglichenheit zu suchen schien« (*Sounds*) und ein Jahr später auf ALARM CLOCK (US #49) schwarzen, unprätentiösen Pop präsentierte. Die Auskopplung ›Here Comes The Sun‹ (US #14) bescherte Havens im April seinen ersten und bislang einzigen großen Singlehit.
Als faszinierender Live-Entertainer »entzog Richie Havens sich jedem Vergleich« (*Melody Maker*). Das dokumentierten im Herbst 1972 der Mitschnitt LIVE ON STAGE (US #50) und ein Gastauftritt bei der Londoner Inszenierung von Pete → Townshends Rockoper »Tommy«. Auch nach dem Ende der Hippieära predigte Havens, in weite, farbenfrohe Kaftane gehüllt, Frieden und Glück. Diese Botschaft verfehlte im Konzert nur selten ihre Wirkung. Seine Platten verloren an Interesse, da sie nur mittelmäßige Popmusik boten. Im März 1973 kam die Single ›Eyesight To The Blind‹ (US #97) als letzte in die Hitlisten. Der Plattenvertrag mit Verve wurde im November 1977 nicht mehr verlängert. Havens konzentrierte sich daraufhin auf den Soundtrack für den Richard Pryor-Film »Greased Lightning«, in dem er auch eine kleine Rolle übernahm.
Richie Havens büßte mehr und mehr seine musikalische Identität ein. Zumeist von Topmusikern wie Jeff ›Skunk‹ Baxter, Steve Gadd, Booker T. Jones und Rick → Derringer begleitet, änderte er ständig seinen musikalischen Kurs und irritierte damit seine Fans. Sie kamen jedoch nach wie vor in die Konzerte, auch 1979, als Havens neben Arlo → Guthrie, Joe → Cocker und Country Joe McDonald an einer eher peinlichen Woodstock Revival-Tour teilnahm.
Charles Calello, der auch für Frank Sinatra und Barbra Streisand gearbeitet hatte, produzierte 1979 mit großem Aufwand und erstklassigen Westcoastmusikern das Album CONNECTIONS, das im März 1980 auf den Markt kam. Havens hatte nur einen einzigen Song (›Here's A Song‹) für die Platte geschrieben und vertraute ansonsten auf Titel von Sam → Cooke, Paul → McCartney, Bob → Seger und Tom → Waits. In den 80er Jahren veröffentlichte er nur noch die Alben COMMON GROUND (1983) und SIMPLE THINGS (1987), die beide nicht an frühere Produktionen anknüpfen konnten. Der sozial und politisch engagierte Künstler, der in Kalifornien die Umweltorganisation Natural Guard gegründet hatte, gastierte Ende 1990 mit dem Freedom Festival u. a. in Los Angeles, Berlin und Hongkong. 1991 war er mit einem Titel auf dem Sampler SONGS OF THE CIVIL WAR vertreten, und mit dem Album NOW versuchte er, die Intensität früherer Lieder zurückzugewinnen.
1993 wurde Richie Havens wieder aktiver, tourte häufiger, beteiligte sich im Sommer des Jahres am Troubadours of Folk Festival in Los Angeles, sang im Januar 1994 den Dylan-Song ›The Times They Are A-Changin‹ für einen Werbespot und war beim Jubiläumsfestival von Woodstock mit von der Partie. Seine 94er-Platte CUTS TO THE CHASE erhielt wohlwollende Kritiken. 1995 unterstützte er → **Peter, Paul & Mary** beim Album LIFELINES und agierte als Sprecher für die CD-ROM »Geo Safari«. Im Februar 1996 startete er mit Begleitgruppe eine US-Tournee.

RICHIE HAVENS RECORD (1965) Douglas 779 • ELECTRIC HAVENS (1966) Douglas 780 • MIXED BAG (1967) Verve 835210 • SOMETHING ELSE AGAIN (1968) Verve 835211 • RICHARD P. HAVENS, 1983 (1969) Verve 3047 • STONEHENGE (1970) Verve 9523 • ALARM CLOCK (1971) Stormy Forest 6005 • LIVE ON STAGE (1972) Stormy Forest 6012 • THE GREAT BLIND DEGREE (1972) Stormy Forest 6010 • PORTFOLIO (1973) Stormy Forest 6013 • MIXED BAG II (1974) Polydor 6201 • THE END OF THE BEGINNING (1976) A&M 4598 • MIRAGE (1977) A&M 64641 • CONNECTIONS (1980) Elektra 7599–60542 • COMMON GROUND (1983) Bagaria 1651551 • SIMPLE THINGS (1987) Intercord 971514 • SINGS BEATLES AND DYLAN (1987) Rykodisc 20035 • NOW (1991) Solar • CUTS TO THE CHASE (1994) Forward • (S) INDIAN ROPE MAN (1969) Metro 2356027 • (S) POP HISTORY (1971) Polydor 2625015 • (S) COLLECTION (1987) Rykodisc • (S) RESUME – THE BEST OF (1993) Rhino 71187

Ronnie Hawkins

»Der Veteran des Roadhouse-Rock'n' Roll« (*Rolling Stone*) wurde am 19. 1. 1935 in Fayetteville, Arkansas, geboren. Als 17jähriger gründete er seine erste eigene Band und nahm für ein unbekanntes Label einen Song von Eddy Arnold auf. Mitte der 50er Jahre war er Pianist in den Gruppen von Carl →Perkins und Conway Twitty und ließ sich vorübergehend in Memphis, Tennessee, nieder. Nach Beendigung seiner Militärzeit ging er 1958 nach Kanada.

Hawkins spielte in den nächsten vier Jahren in Honky-Tonk-Kneipen und Clubs. Zusammen mit Levon Helm, Rick Danko, Garth Hudson, Richard Manuel und Robbie →Robertson formierte er die **Hawks**. Sie begleiteten den Rock'n'Roller vier Jahre lang, bevor sie zu John →Hammond, dann zu Bob →Dylan wechselten und schließlich als **The →Band** Karriere machten.

Roulette Records nahm Hawkins unter Vertrag, dem 1959 mit ›Mary Lou‹ (US #26) und ›Forty Days‹ (US #45) zwei Chartsplazierungen in den USA gelangen. In Kanada führte er regelmäßig die Hitlisten an, aber international sank die Nachfrage nach seinem temperamentvollen Rockabilly. Hawkins ließ sich in Toronto nieder, wo er den Club Hawk's Nest Bar einrichtete. 1963 führte er mit ›Who Do You Love‹ von Bo →Diddley erneut die kanadischen Singlecharts an. Mitte der 60er Jahre veröffentlichte er seine Platten nur noch auf dem eigenen Label Hawk Records.

1969 nahm Atlantic Records Hawkins wieder unter Vertrag. In Alabama produzierte er mit der **Muscle Shoals Ryhthm Section** das Album RONNIE HAWKINS und damit seinen letzten Single-Erfolg ›Down In The Alley‹ (US #75). 1976 folgte Hawkins einer Einladung zum Abschiedskonzert der **Band**. Er zeigte regelmäßig Präsenz in der Clubszene, spielte 1981 eine Nebenrolle in Michael Ciminos umstrittenen Filmdrama »Heaven's Gate«, bewirtschaftete aber vor allem seine Farm und war Gastgeber der TV-Show Honky Tonk.

RONNIE HAWKINS & THE HAWKS (1959) Roulette, R 25078 • MR. DYNAMO (1960) Roulette, R 25102 • THE FOLK BALLADS (1960) Roulette, R 25120 • SINGS THE SONGS OF HANK WILLIAMS (1961) Roulette, R 25137 • RONNIE HAWKINS (1970) Cotillion, SD 9019 • THE HAWK (1971) Cotillion, SD 9039 • ROCK AND ROLL RESURRECTION (1972) Monument 31330 • (S)

THE BEST (1963) Roulette, SR 42045 • (S) ARKANSAS ROCK FILE (1969) Roulette, RCP 1003 • (S) THE GIANT OF ROCK'N'ROLL (1974) Monument 32940 • ROCKIN' (1977) Pye, NSPL 28238 • (S) THE BEST OF (1963) Roulette • (S) BEST OF RONNIE HAWKINS AND THE HAWKS (1990) Rhino

Screamin' Jay Hawkins

»Der Showbiz-Exzentriker« (*Rolling Stone*) sorgte zeitweise für mehr Aufsehen mit seinen Bühnenauftritten als mit seiner Musik. Der »R&B-Shouter und Rock'n'Rollstar« (*Blues Unlimited*) profitierte über drei Jahrzehnte von seinem Klassiker ›I Put A Spell On You‹, der u. a. von den →**Animals**, →**Them**, Nina →Simone und →**Creedence Clearwater Revival** gecovert wurde. In den 80er Jahren war er zur Kultfigur geworden, veröffentlichte aber nur noch sporadisch neue Platten.

Jalacy Hawkins wurde am 18. 7. 1929 in Cleveland, Ohio, geboren. Er wuchs bei einer Adoptivfamilie auf, erhielt als Kind Klavierstunden und verdiente sich bereits als Teenager ein paar Dollar in Bars. 1943 gewann er als Amateurboxer den Golden Glove, anschließend war er als Angehöriger der US Air Force in Deutschland, Japan und Korea stationiert. 1945–1952 schlug sich Hawkins als Profiboxer durch und gewann 1949 den Mittelgewichtstitel von Alaska.

1952 wurde Jalacy Hawkins Fahrer, Pianist und Sänger bei einer Band, die der Gitarrist Tiny Grimes leitete und die ihn Geld mit Clubtourneen an der Ostküste und Kanada verdiente. 1953/54 sammelte Hawkins erste Studioerfahrungen mit der **Tiny Grimes Band** und der **Leroy Kirkland Band**. 1954 war er mit der Rock'n'Roll-Revue von Fats →Domino unterwegs und entschied sich im Jahr darauf zu einer Sololaufbahn. Hawkins nahm den Beinamen Screamin' an, der seinen eigenwilligen Gesangsstil definierte, und setzte sich als außergewöhnlicher Entertainer in der Clubszene durch.

In den Jahren 1956 bis 1958 kam ihm der Rock'n'Roll-Boom zugute. Er beteiligte sich an den von Alan Freed organisierten Package-Tourneen und veröffentlichte ›I Put A Spell On You‹ und ›Alligator Wine‹, seine besten und populärsten Kompositionen. 1957 wirkte »der Kasper des Rock'n'Roll« (*Rolling Stone*) in dem Film »Mister Rock And Roll« mit und gastierte wochenlang im ausverkauften New Yorker Apollo Theater.

Als die Rock'n'Roll-Euphorie zu Beginn der 60er Jahre nachließ, zog sich Screamin' Jay Hawkins nach Hawaii zurück und trat häufiger in Großbritannien auf. Verschiedene kleine Labels veröffentlichten seine Platten, doch bis auf ›Feast Of The Mau Mau‹ von 1967 fanden sie kaum Beachtung. 1969 ließ er sich in New York nieder, war weiterhin regelmäßiger Gast im Apollo Theater und bemühte sich mit dem Album WHAT THAT IS um einen Neuanfang. In den 70er Jahren erinnerte man sich nur dann an ihn, wenn Kollegen seinen Evergreen ›I Put A Spell On You‹ erfolgreich coverten, wie zuletzt Bryan →Ferry 1993.

1978 und 1989 tauchte Hawkins in den Filmen »American Hot Wax« bzw. »Mystery Train« auf. Nach wie vor in der Clubszene aktiv, schloß er sich der Rhythm And Blues Roots Of Rock & Roll Troupe für eine Europatournee an und eröffnete 1982 die US-Shows von

Nick →Lowe. Ein ernsthaftes Plattencomeback leitete 1990 die Veröffentlichung des Samplers VOODOO JIVE ein. Screamin' Jay Hawkins konnte daraufhin einen neuen Vertrag unterzeichnen und entwarf »das freakige Klangbild« (*Fachblatt*) von STONE CRAZY. Der mittlerweile 62jährige verfügte noch immer über eine mitreißende Energie, kaschierte aber nach wie vor Schwächen mit Effekten.

Überraschend inspiriert und musikalisch diszipliniert präsentierte sich Hawkins Anfang 1998 auf seinem Album AT LAST, das neben urwüchsigen R&B-Songs wie ›Listen‹ und ›Petluck‹ eine originelle Version von Bob →Marleys Klassiker ›I Shot The Sheriff‹ enthielt.

AT HOME WITH (1957) Epic • I PUT A SPELL ON YOU (1961) CBS 63481 • WHAT THAT IS (1969) Philips 600–319 • SCREAMIN' JAY HAWKINS (1970) Philips • FRENZY (1982) Edsel, ED 104 • REAL LIFE (1983) Proton 5509–46 • LIVE (1985) Midnight International, MIRLP 114 • COW FINGERS AND MOSQUITO PIE (1991) Legacy • STONE CRAZY (1993) Bizarre 71184 • AT LAST (1998) Indigo 8210 • (S) SCREAMIN' THE BLUES (1979) Red Lightnin', RL 0025 • (S) VOODOO JIVE: THE BEST OF (1990) Rhino

Isaac Hayes

Sowohl als Interpret und Keyboarder wie auch als Komponist, Arrangeur und Produzent »spielte Isaac Hayes eine wesentliche Rolle bei der Entwicklung des Memphis-Soul« (*Rolling Stone*). Er wurde zum ersten Superstar einer progressiven Black Music-Idee, scheffelte ein halbes Dutzend Gold- und Platin-Alben und erhielt 1971 zwei Grammies für seinen größten Erfolg, den Soundtrack zum Kinothriller »Shaft«. 1972 wurde Isaac Hayes für BLACK MOSES zum dritten Mal mit einem Grammy ausgezeichnet.

Anfang der 80er Jahre vernachlässigte Hayes zugunsten einer Schauspielerkarriere seine musikalischen Ambitionen und geriet schnell in Vergessenheit. Wirtschaftliche Schwierigkeiten veranlaßten ihn 1986 zu einem Comeback, mit dem er aber nicht im entferntesten an seine beste Phase zwischen 1970 und 1975 anknüpfen konnte. Hayes genoß jedoch weiterhin einen ausgezeichneten Ruf als Soulmusiker.

Isaac Hayes wurde am 20. 8. 1942 in Covington, Tennessee, geboren (nach anderen Quellen: 6. 8. 1938) und von den Großeltern aufgezogen. Als Teenager in Memphis interessierte er sich für das Saxophon, wechselte dann aber zum Klavier und beherrschte bald alle elektronischen Tasteninstrumente. Hayes versuchte sich in Amateurformationen wie den **Teen Tones**, **Morning Stars** und **Ambassadors** und leitete zu Beginn der 60er Jahre **Sir Isaac & The Doo-Dads**, die 1962 die Single ›Laura We're On Our Last Go Round‹ veröffentlichten. Im gleichen Jahr schloß sich Hayes sporadisch den **Mar-Keys** an und fand dadurch Zugang zur Studioszene bei Stax Records. 1964 engagierte ihn Otis →Redding. Durch Stax kam er auch mit dem Texter David Porter zusammen, mit dem er Soulklassiker wie ›Soul Man‹, ›Hold On, I'm Coming‹ (**Sam & Dave**), ›B-A-B-Y‹ (Carla Thomas) und ›I Had A Dream‹ (Johnnie Taylor) verfaßte.

Angeblich aus einer feuchtfröhlichen Partylaune heraus beschloß der Keyboarder mit der sonoren Stimme 1967, selbst Platten aufzunehmen. Die in einer legeren Nachtsession mit Donald ›Duck‹

Dunn (b) und Al Jackson (dr) von → **Booker T. & The M.G.'s** aufgenommene LP PRESENTING ISAAC HAYES fiel durch. Isaac Hayes erarbeitete daraufhin mit Erfolg ein neues Konzept. Im Sommer 1969 veröffentlichte Stax Records gleichzeitig 27 Alben, darunter auch HOT BUTTERED SOUL (US #10), von Hayes, dessen warmer Sound sich von allen Produktionen am besten verkaufte. »Weich, voll, jazzig, mit einem Schuß Funk-Rock« (*Rock Dreams*), eroberte Hayes' Musik die Charts, in denen HOT BUTTERED SOUL über 40 Wochen lang geführt wurde. Die »Legende des Memphis Soul« (*Melody Maker*) konnte sich 1969 außerdem mit den Singles ›By The Time I Get To Phoenix‹ (US #48) und ›Walk On By‹ (Us #45) in den Hitlisten plazieren.

Der Ur-Rapper stabilisierte 1970 seine Position in der Black Music-Hierarchie mit den Hitalben THE ISAAC HAYES MOVEMENT (US #8) und TO BE CONTINUED (US #11). In den Singlecharts kam er dank ›I Stand Accused‹ (US #29) erstmalig unter die Top 30. Seine größten kommerziellen Erfolge konnte das vielseitige Talent, das sich auf der Bühne mit dem bis zu 20köpfigen **Isaac Hayes Movement** umgab, mit dem Soundtrack zum Kinohit SHAFT (GB #7, US #1) und dem Titelsong ›Theme From Shaft‹ (GB #9, US #1) feiern. Mehrfach mit Platin ausgezeichnet, stieg Isaac Hayes zum Superstar auf. Hayes galt bald als arrogant, trug extravagante Kleidung und auffälligen Schmuck und betrieb bei seinen Tourneen einen Aufwand, der ihm bis 1977 angeblich sechs Millionen Dollar Schulden bescherte.

Doch zunächst entwickelten sich die Dinge für »den brillanten Hayes« (*New Musical Express*) außerordentlich positiv. Er hielt sein hohes LP-Niveau bis 1975 mit BLACK MOSES (US #7), LIVE AT THE SAHARA TAHOE (US #14), JOY (US #20) und CHOCOLATE CHIP (US #16). In die Single-Charts kam er mit ›Do Your Thing‹ (US #31), ›Theme From The Men‹ (US #34) und ›Joy, Part 1‹ (US #29). Hayes zelebrierte 15minütige Mini-Symphonien, die dem Phillysound und der Discowelle die Wege ebneten. Außerdem zählte er mittlerweile zu den gefragtesten Filmmusikkomponisten (»Three Tough Guys«, »Truck Turner«).

1976 schaffte er mit dem Instrumental ›Disco Connection‹ (GB #8) aus dem gleichnamigen Album (US #53) noch einmal einen Single-Bestseller in Großbritannien. Zur gleichen Zeit wurde die LP GROOVE-A-THON (US #38) veröffentlicht. Wenig später verloren Publikum und Medien jedoch schlagartig das Interesse an seinen »rollenden, tiefschwarzen Soul-Grooves« (*Musik Express*).

Isaac Hayes versuchte sich daraufhin an der Seite von Dionne Warwick im Unterhaltungsfach. Das im Fox Theatre in Atlanta, Georgia, mitgeschnittene Doppelalbum A MAN AND A WOMAN war die letzte Veröffentlichung des Hayes-Labels Hot Buttered Soul Records, das von ABC vertrieben wurde. Im März 1977 spielte Hayes eine Gastrolle in einer Episode der NBC-Fernsehserie »The Rockford Files«. 1978 bemühte er sich mit der LP NEW HORIZON erfolglos um einen Neuanfang.

1979 schien Isaac Hayes seinen Tiefpunkt überwunden zu haben. Die Single ›Don't Let Go‹ (US #23) und die LP gleichen Titels (US #37) belebten kurzzeitig die anspruchsvolle Black Music-Szene. Es folgten ROYAL RAPPIN'S, ein gemeinsames Projekt mit Millie → Jackson, das 80er-Album AND ONCE AGAIN (US #74)

und Rollen in John Carpenters Kinofilm »Escape From New York« und neben Kurt Russell in dem Science-fiction-Krimi »Die Klapperschlange«.
Für einige Jahre wurde es ruhig um Isaac Hayes. Sporadisch spielte er mit dem Jazzmusiker Donald Byrd sowie mit Dionne Warwick zusammen und schlug sich mit Nebenrollen in TV-Serien oder zweitklassigen Kinoproduktionen durch. 1985 profitierte er von zwei Dancefloor-Varianten seines Hits ›Shaft‹, die **Eddy & The Soul Band** und **Van Twist** englische Hitplazierungen ermöglichten.
Hayes beendete seine sechsjährige musikalische Pause Ende 1986 mit U-Turn. Er blieb ein ständiger Lieferant für die Soul- und R&B-Hitparaden, konnte sich aber in den Popcharts nicht mehr durchsetzen. Wie gewohnt produzierte er in völliger Eigenverantwortung und vertraute auf seine charakteristischen Monologe und die für ihn typische, durch Streicher verstärkte Soft Soul-Melange. Da musikalische Erfolge ausblieben, stand »der Soul-Crooner« (dt. *Rolling Stone*) häufig vor der Kamera, u. a. für »Counter Force« mit George Kennedy, »I'm Gonna Git You Sucka« und »Dead Aim«. Mit dem Album Love Attack (1988) beendete er vorläufig seine Studioaktivitäten. Er wirkte 1992 in der Mel Brooks-Verfilmung von »Robin Hood« mit und stand 1994 neben Nicholas Cage und Bridget Fonda für »Zwei Millionen Dollar Trinkgeld« vor der Kamera.
Erst 1995 lief Isaac Hayes bei den zeitgleich veröffentlichten Alben Branded und dem rein instrumentalen Raw And Refined zu alter Form auf. Völlig unverkrampft näherte er sich zeitgemäßen Black Music-Formen, ohne auf seine flächigen, swingenden Klanggebilde und die »legendäre, sonor-erotische Stimme« (*Musik Express*) zu verzichten.

PRESENTING ISAAC HAYES (1968) Stax 8496 • HOT BUTTERED SOUL (1969) Stax, SCD 4114 • THE ISAAC HAYES MOVEMENT (1970) Stax, SCD 4129 • TO BE CONTINUED (1970) Stax, SCD 4133 • SHAFT (1971) Soundtrack Stax, SCD 88002 • BLACK MOSES (1972) Enterprise 5003 • LIVE AT THE SAHARA TAHOE (1973) Stax, SCD 88004 • JOY (1973) Stax, SCD 8530 • TOUGH GUYS (1974) Soundtrack Enterprise 7504 • TRUCK TURNER (1974) Soundtrack Enterprise 7507 • USE ME (1975) Stax 1043 • CHOCOLATE CHIP (1975) ABC 874 • DISCO CONNECTION (1975) ABC 923 • GROOVE-A-THON (1976) ABC 925 • JUICY FRUIT – DISCO FREAK (1976) ABC 953 • NEW HORIZON (1977) Polydor 2391 313 • HOTBED (1977) Ace 2966–79105 • DON'T LET GO (1979) Polydor 2417 337 • FOR THE SAKE OF LOVE (1979) Polydor 2480 475 • LIGHT MY FIRE (1980) Stax 7008 • AND ONCE AGAIN (1980) Polydor 2480 538 • LIFETIME THING (1981) Polydor 2311 074 • U-TURN (1986) CBS 450155 • LOVE ATTACK (1988) CBS 462515 • RAW AND REFINED (1995) Pointblank 840 336 • BRANDED (1995) Pointblank 840335 • (S) THIS IS (1971) Polydor 2363 006 • (S) IN THE BEGINNING (1971) Atlantic 1599 • (S) THE BEST OF (1974) Enterprise 7510 • (S) GOLDEN HOUR (1976) Golden Hour, GH 844 • (S) THE POLYDOR YEARS 528 487 • Mit Dionne **Warwick**: A MAN AND A WOMAN (1977) ABC 996 • Mit Millie **Jackson**: ROYAL RAPPIN'S (1979) Ace 2966–73759

Jeff Healey Band

Jeff Healey (voc, g), Joe Rockman (b), Tom Stephen (dr)

Der am 25. 3. 1966 in Toronto, Kanada, geborene Jeff Healey verlor als Kind sein Sehvermögen. Der Gitarrist entwickelte daraufhin eine eigenwillige Technik, indem er die Gitarre flach auf die Oberschenkel legte und im Sitzen spielte. Er absolvierte die Blindenschule in Brantford und spielte in der Jazzband der High School Trompete und Gitarre. Danach organisierte er das Bluesunternehmen **Blue Directions**. Nachdem ihn sein Vorbild Albert →Collins 1985 zu einer gemeinsamen Clubsession und zu einem Auftritt mit Stevie Ray →Vaughan eingeladen hatte, war Healey in Blueskreisen bekannt.

Joe Rockman (*1. 1. 1957) und Tom Stephen (*2. 2. 1955) wurden 1986 seine Partner bei der **Jeff Healey Band**, die zwei Jahre lang durch Kanada tourte, bevor Arista Records das traditionsbewußte Bluestrio unter Vertrag nahm. Die **Jeff Healey Band** begeisterte ihr Publikum, und das Fachblatt *Guitar Player* schrieb nach einem Auftritt über den Bandleader: »Er schleicht über die Bühne, seine Finger rasen über das Griffbrett und erzeugen das unverschämteste Vibrato seit Jimi Hendrix. Ohne einen Ton zu verfehlen, zupft er mit den Zähnen, dann spielt er die Gitarre hinter dem Rücken oder hoch über dem Kopf.«

Der Produzentenveteran Jimmy Iovine und Greg Ladanyi nahmen sich der **Jeff Healey Band** an. Iovine wählte aus ihrem Repertoire den ›Blue Jeans Blues‹ für den Soundtrack des Patrick Swayze-Films »Roadhouse« aus, während sich Ladanyi (Jackson →Browne) um das Debütalbum SEE THE LIGHT (GB #58, US #22, D #33) mit dem Singlehit ›Angel Eyes‹ (US #5) kümmerte. Healeys Sound war von seiner Kenntnis einer mehr als 10000 Platten umfassenden Sammlung mit Schellackklassikern und authentischem Blues der 30er, 40er und 50er Jahre geprägt. Aus der gefragten Clubband wurde quasi über Nacht einer der begehrtesten Bluesrock-Acts Nordamerikas.

Nach einer einjährigen Tournee nahm die Band, die sich nach wie vor selbst managte, um »die völlige Kontrolle über unsere Arbeit« (Jeff Healey) zu behalten, ihre zweite LP in der ländlichen Abgeschiedenheit des Dorfes Marin Heights in der Nähe von Montreal auf. Auf dem Album HELL TO PAY (GB #18, US #27, D #17), für das er George →Harrison, Mark Knopfler und Jeff Lynne als Studiogäste gewinnen konnte, bot Healey wieder eine »virtuose Mischung aus Blues und Rock« (*Musik Express*).

Während die Begeisterung bei den Auftritten der spielfreudigen **Jeff Healey Band** ungebrochen anhielt, ließ das Interesse an FEEL THIS (GB #72, D #83) zu wünschen übrig. Kritiker bemängelten die häufigen Wiederholungen konventioneller Klischees des elektrischen Blues.

1995 veröffentlichte die **Jeff Healey Band** Coverversionen, die ihnen von Fans vorgeschlagen worden waren. Sie spielten u. a. Songs von den →**Yardbirds** (›Shapes Of Things‹), →**Creedence Clearwater Revival** (›Run Through The Jungle‹) und Jimi →Hendrix (›Angel‹) ein, die aber die zwingend notwendige Eigenständigkeit vermissen ließen.

SEE THE LIGHT (1988) Arista 259441 • HELL TO PAY (1990) Arista 260815 • FEEL

THIS (1992) Arista 74321 12087 • COVER TO COVER (1995) Arista 2123 888

Heart

Denny Fongheiser (dr), Howard Leese (g, key, man, voc), Fernando Saunders (b), Ann Wilson (voc), Nancy Wilson (g, man, voc)

Das Quintett um die kreativen Wilson-Schwestern gehörte zwischen 1976 und 1990 zu den erfolgreichsten Rockexporten Kanadas und konnte in diesem Zeitraum rund 25 Millionen verkaufte Alben und neun Topsingles bilanzieren. »Die Supergruppe aus Vancouver« (*Record World*) überstand personelle Umstellungen und finanzielle Schwierigkeiten relativ unbeschadet und setzte konsequent auf einen friedfertigen Heavyrock für Popkonsumenten und Dauerradiohörer. Das sichere Mainstream-Gespür der Wilsons für solides Hitmaterial machte **Heart** zu »Großverdienern der US-Rockszene« (*Stereoplay*).
Ann (* 19. 6. 1951, San Diego) und Nancy Wilson (* 16. 3. 1954, San Francisco) wurden in Kalifornien geboren und verbrachten ihre Kindheit zeitweise in Taiwan, bevor die Töchter eines Captains des Marine Corps nach Seattle, Washington, kamen. Während der Collegezeit trat Ann als Folksängerin auf oder spielte in Bands wie den **Daybreaks** und **Bordersong**. 1970 kam sie zu **Heart**, die als **Army** bereits 1963 von dem Bassisten Steve Fossen (* 15. 11. 1949) sowie den Brüdern Mike (dr) und Gitarrist Roger Fisher (* 14. 2. 1950) gegründet worden waren. Ann verliebte sich in Roger, und als Nancy Wilson 1974 eine Liason mit Mike einging, war das Familienunternehmen komplett. Nancy war ebenfalls eine Zeitlang bei **Bordersong**.
Heart verlegten 1975 ihr Domizil nach Vancouver und holten den gebürtigen Kanadier Michael Derosier (* 24. 8. 1951) als Schlagzeuger in die Band, da Mike Fisher zum Manager und Soundingenieur avancierte. Die Wilsons waren der kreative Kern einer vielversprechenden Band, die folkige Balladen mit Hardrock mischte. Ann und Nancy schrieben den Löwenanteil des Repertoires, und vor allem das kräftige, angenehme Timbre von Ann wurde zum Markenzeichen einer Gruppe, die mit sechs Millionen verkauften Exemplaren der LP DREAMBOAT ANNIE (US #4) 1976 eines der erfolgreichsten Debüts der Rockgeschichte vorlegte. Als Singles wurden ›Crazy On You‹ (US #47), ›Magic Man‹ (US #5) und ›Dreamboat Annie‹ (US #44) ausgekoppelt.
Ursprünglich förderte das kanadische Label Mushroom Records »die amerikanischen Schönheiten« (*Rolling Stone*), doch als 1977 Portrait Records mit einem lukrativen Angebot lockte, kam es zum Bruch zwischen **Heart** und Mushroom. Das Quintett hinterließ eine halbfertige LP und produzierte umgehend für den neuen Geschäftspartner das Album LITTLE QUEEN (GB #25, US #3, D #34). Die Auskopplung ›Barracuda‹ (US #11, D #8) entwickelte sich zum Bestseller und veranlaßte, sehr zum Ärger von **Heart**, Mushroom Records zur Veröffentlichung von MAGAZINE (US #14). Tatsächlich klang das Werk unfertig, kam aber dennoch zu Platinehren.
Der Run auf **Heart** hatte seinen ersten Höhepunkt erreicht und die Band in Nordamerika zu Superstars gemacht. Nach weiterem Edelmetall für den recht

pathetischen Mainstreambombast der LPs DOG & BUTTERFLY (US #11) und BEBE LE STRANGE (US #6), dem Sampler GREATEST HITS (US #13) sowie den Hitsingles ›Straight On‹ (US #20), ›Dog & Butterfly‹ (US #30), ›Even It Up‹ (US #35) und ›Tell It Like It Is‹ (US #16) wurden Personaländerungen notwendig. Der Keyboarder und Gitarrist Howard Leese (* 13. 6. 1951) löste im März 1980 Roger Fisher ab, der nach Seattle zurückkehrte, um eine eigene Band zu formieren.

Nach der Veröffentlichung von PRIVATE AUDITION (US #25), auf der Mark Andes von →**Spirit** und →**Jo Jo Gunne** Fossen als Bassist ablöste, litt »der Goldesel« (*Musik Express*) vorübergehend unter Schwierigkeiten. **Heart** erlebten eine Krise, und die Wilsons, inzwischen auch privat wieder von den Fishers getrennt, mußten zur Produktion von PASSIONWORKS (US #39) im Herbst 1983 auch Derosier durch Ex-→**Montrose** Denny Carmassi ersetzen.

1984 sang Ann Wilson im Duett mit Mike Reno von →**Loverboy** die Ballade ›Almost Paradise‹ (US #7) aus dem Soundtrack zum Film »Footloose«. Im Jahr darauf wechselten **Heart** zu Capitol Records und setzten ihre »Idee vom Nebeneinander harter Rocksongs und stilvoller Balladen mit Folkcharakter« (*Musik Express*) fort, ohne dabei sonderlich originell zu klingen.

Ron Nevison (→**Led Zeppelin**, →**Who**) produzierte das erfolgreiche Comeback HEART (GB #31, US #1, D #57) vom Sommer 1985. Das kühl kalkulierte Album verkaufte sich sechs Millionen Mal und enthielt vier Hitsingles: ›What About Love?‹ (GB #14, US #10, D #43), ›Never‹ (GB #8, US #4), ›These Dreams‹ (US #1) und ›Nothin' At All‹ (GB # 38, US #10).

Die im Sommer 1987 veröffentlichte LP BAD ANIMALS (GB #5, US #2, D #17) entstand nach exakt dem gleichen Strickmuster und bestätigte den Erfolg des präzise geplanten Keyboard-lastigen melodischen Rocks. Auch mit Singles blieben **Heart** dank ›Alone‹ (GB #3, US #1, D #18), ›Who Will You Run To‹ (GB #30, US #7) und ›There's The Girl‹ (GB #34, US #12) unvermindert erfolgreich. Neben eigenen Songs bediente sich **Heart** bei Lisa Dalbello (›Wait For An Answer‹) und Holly Knight (›There's A Girl‹), die als Songwriterin für Tina →Turner bekannt wurde.

Im März 1989 war Robin Zander von →**Cheap Trick** Ann Wilsons Partner bei dem Hit ›Surrender To Me‹ (US #6) aus dem Soundtrack zu »Tequila Sunrise«. Ziemlich genau ein Jahr später meisterten **Heart** mit BRIGADE (GB #3, US #3, D #14) und den Singles ›All I Wanna Do Is Make Love To You‹ (GB #8, US #2, D #23), ›I Didn't Want To Need You‹ (GB #47, US #23) und ›Stranded‹ (GB #60, US #13) souverän den Sprung in die 90er Jahre. Im Juni 1990 starteten sie eine sechsmonatige US-Tour und präsentierten dabei zeitweise die →**Black Crowes** im Vorprogramm.

1991 schränkten **Heart** ihre Aktivitäten drastisch ein. Die Wilson-Schwestern wirkten am Disney-Album FOR OUR CHILDREN mit und erteilten lediglich die Freigabe für den Mitschnitt ROCK THE HOUSE LIVE! (GB #45), der am 28. 11. 1990 in Worcester, Massachusetts, entstanden war. Sie beteiligten sich 1992 an dem akustischen Quartett **Lovemongers**, die die EP ›Battle Of Evermore‹ herausbrachten. Im Juni des Jahres trat Ann Wilson mit →**Alice In Chains** auf.

Ein neues **Heart**-Produkt ließ bis Ende 1993 auf sich warten. DESIRE WALKS ON

(GB #32, US #48) konnte den hochgeschraubten Hoffnungen in keiner Weise gerecht werden. Lediglich die Single ›Will You Be There (In The Morning)‹ (GB #19, US #39, D #65) erreichte im November in Großbritannien Top-20-Niveau. Zu diesem Zeitpunkt stieg Cramassi wieder aus und überließ die Schlagzeugerposition Denny Fongheiser (* 21. 4. 1959), während Bassist Fernando Saunders (* 17. 1. 1954) Andes ersetzte. Im August 1994 hatten sie ein fünftägiges Engagement im 500 Plätze fassenden Backstage Club in Seattle. Die Konzertserie in unplugged-ähnlicher Atmosphäre wurde auf dem Album THE ROAD HOME (US #87) dokumentiert. **Heart** hatten John Paul Jones (**Led Zeppelin**) als Produzenten gewonnen und Songs von Joni →Mitchell (›River‹) und Elton →John (›Seasons‹) adaptiert.

DREAMBOAT ANNIE (1976) Capitol 746 941 • LITTLE QUEEN (1977) Portrait 474 678 • MAGAZINE (1978) Capitol 818 322 • DOG & BUTTERFLY (1978) Portrait 468 881 • BEBE LE STRANGE (1980) Sony, EK 36371 • PRIVATE AUDITION (1982) Epic 473 699 • PASSIONWORKS (1983) Epic 25491 • HEART (1985) Capitol 746 157 • BAD ANIMALS (1987) Capitol 746 676 • BRIGADE (1990) Capitol 791820 • ROCK THE HOUSE LIVE! (1991) Capitol 795 797 • DESIRE WALKS ON (1993) Capitol 827 540 • THE ROAD HOME (1995) Capitol 30489 • (S) GREATEST HITS (1980) Epic 84929 • (S) WITH LOVE FROM HEART (1988) Capitol 791316 • (S) BOX SET (1990) Capitol 795247 • Steve **Fossen**, Roger **Fisher** und Michael **Deroisier** mit **Alias**: ALIAS (1990) EMI 793908

Richard Hell

Richard Hell zählte zu den zentralen Figuren der New Yorker Punkszene und beeinflußte auch britische Bands wie die →**Sex Pistols** und →**Damned**. Geboren als Richard Myers am 2. 10. 1949 in Lexington, Kentucky, kam der von →Captain Beefheart und →**Velvet Underground** inspirierte Hell 1974 mit seinem Freund Tom Verlaine nach New York. Sie gründeten die erfolglose Rock'n'Roll-Band **Neon Boys**, bevor sie als →**Television** für Furore sorgten. Die Gruppe revoltierte lange vor den englischen Kollegen mit zerrissener Kleidung, struppigen Haaren und dissonanten, harten, schnellen Punkattacken.

Malcolm →McLaren, der »Erfinder« der **Sex Pistols**, wollte Hell nach England holen, als er **Television** im Punktempel CBGB's erlebt hatte. Hell lehnte jedoch ab. Er trennte sich im Streit von Verlaine und **Television** und gründete mit Jerry Nolan von den →**New York Dolls** und Johnny →Thunders die **Heartbreakers**. Die Band tourte im Vorprogramm von →**Clash** und Elvis →Costello durch Großbritannien, überstand aber trotz des Achtungserfolges der Debüt-LP nicht einmal ein Jahr.

»Der geborene Punk« (*Sounds*) wollte nun endlich sein eigenes Material verwerten und gründete dafür im September 1976 die **Voidoids**, für die er Ex-**Dust** Marc Bell (dr), den Gitarristen Ivan Julian (* 26. 6. 1955) aus Washington und den Gitarristen und Sänger Robert Quine (* 30. 12. 1942) aus Akron, Ohio, anheuerte. Zunächst erschien die EP ›Blank Generation‹, der 1977 das Album gleichen Titels folgte. Der Titelsong und ›Love Comes In Spurts‹ avancierten zu

Punkhymnen, die in »fantastischer Wildheit, Rohheit und Verlorenheit« den Zorn und »zugleich unbändigen Willen« (*Sounds*) einer Generation junger Rockfans ausdrückte.
Neben seinen musikalischen Aktivitäten äußerte der Bassist, Sänger und Komponist sein schmerzvolles Lebensgefühl in Gedichten und Aufsätzen und engagierte sich für die Alternativzeitung *East Village Eye*. Hell, der einen hohen Alkohol- und Drogenkonsum hatte, spielte nicht die verkrachte Existenz, er lebte sie. Seine literarischen und musikalischen Skizzen waren bissig und skurril und wirkten wie Drehbücher zu Kurzfilmen. Tatsächlich suchte Hell einen engen Kontakt zum Medium Film. Er spielte sich selbst als Punk in dem Szenestreifen »Smithereens« und wirkte in dem Kino-Flop »Blank Generation« des deutschen Regisseurs Ulli Lommel mit.
Die **Voidoids** traten nur sporadisch auf, und eine zweite LP konnte aus Geldmangel zunächst nicht beendet werden. Dazu kamen ständige personelle Wechsel. Bell wurde durch Frank Mauro ersetzt, und Jerry Antonius (b, key) erweiterte die Band zum Quintett. Beide stiegen 1980 wieder aus und wurden von Naux (g) und dem →**Material**-Drummer Fred Maher abgelöst.
DESTINY STREET konnte schließlich 1982 erscheinen, doch die gelungene »No Wave/Punk Jazz-Fusion« (*Rolling Stone*) hatte beim Plattenkäufer keine Chance. Die **Voidoids** gaben auf, und Richard Hell widmete sich seinen Ambitionen als Schriftsteller und Journalist für verschiedene Magazine. Die LPs R.I.P. und FUNHUNT dokumentierten 1984 und 1990 die Live-Qualitäten der **Voidoids**.
Hell schloß sich 1992 dem von Thurston Moore (→**Sonic Youth**) initiierten Projekt **Dim Stars** an. Die Band, zu der auch Don Fleming von →**Gumball** gehörte, realisierte ein Album und gab gelegentlich Konzerte. Hell stand darüber hinaus für den 1993 uraufgeführten Undergroundfilm »What About Me?« vor der Kamera.

Mit **Voidoids**: BLANK GENERATION (1977) Sire 7599–26137 • DESTINY STREET (1982) Essential, ESMCD 574 • R.I.P. (1984) EFA 14990 • FUNHUNT (1990) EFA 13507 • Mit **Heartbreakers**: L.A.M.F. (1977) Track 2409 218 • LIVE AT MAX'S KANSAS CITY (1978) Beggars Banquet 146 521 • Mit **Dim Stars**: DIM STARS (1992) Caroline • Marc **Bell** mit **Dust**: DUST (1971) Kama Sutra, KSBS 2051 • HARD ATTACK (1972) Kama Sutra, KSBS 2059 • Fred **Maher** mit **Masacre**: MASACRE (1981) Celluloid 6597

Helmet

Henry Bogdan (b), Rob Echeverria (g), Page Hamilton (voc, g), John Stanier (dr)

→**Killing Joke**, →**Big Black** und →**Sonic Youth** standen Pate, als Page Hamilton (*18. 5. 1960, Portland, Oregon), sein Freund Henry Bogdan (*4. 2. 1961, Riverside, Kalifornien), der klassisch ausgebildete Schlagzeuger John Stanier (*2. 8. 1968, Baltimore) und der australische Gitarrist Peter Mengede 1989 in New York die Band **Helmet** gründeten. Hamilton stammte aus dem Umfeld der →**Band Of Susans** und hatte einst für den Minimalisten Glenn Branca Gitarre gespielt. Bogdan wollte ursprünglich Maler werden.
Hamiltons unverblümte Großstadt-Lyrik und der rohe Hardcore-Sound aus

stakkatoartigen Gitarrenriffs, unbarmherziger Heavyrhythmik und brutaler Lautstärke machten **Helmet** bereits mit der ersten LP Strap It On zu Kultstars der alternativen Rockszene. Auf die Kritik, ihre Musik sei destruktiv, reagierte Page Hamilton gelassen: »Manche Leute finden unsere Musik sehr aggressiv, aber wir lassen nur unsere tiefe Leidenschaft heraus.«

Das zweite Album Meantime (US #68) wurde im Oktober 1992 als »massives Hardcore-Monument voll zynischer Häme« (*Musik Express*) bezeichnet. Die Band bot auf der Bühne überzeugende Leistungen, tourte mit →**Faith No More** durch die USA und präzisierte in zahlreichen Auftritten ihren brachialen, zumeist spartanisch arrangierten Rockstil, der auch in Europa auf eine große Akzeptanz stieß. **Helmet** wurden als Neuerer des Metalgenres anerkannt und schafften im Juli 1994 mit Betty (GB #38, US #45, D #16) weltweit den Sprung in die Charts. Zuvor hatte Rob Echeverria (*15. 12. 1967, New York), ehemals bei **Straight Ahead** und **Rest In Pieces**, Mengede abgelöst.

»Der fulminante Vierer« (*Musik Express*) lieferte zwischen 1993 und 1995 Songs für die Soundtracks »Judgment Night«, »The Crow« und »Johnny Mnemonic« und wirkte in dem Film »The Jerky Boys« mit. Im Sommer 1994 kamen **Helmet** nach 1990 zum zweiten Mal nach Europa und präsentierten einen Dampframmen-Rock zwischen Metal-Power und Jazz-Komplexität.

Die frühen Aufnahmen von **Helmet** erschienen im Frühsommer 1995 unter dem Titel der ersten Single auf dem Sampler Born Annoying.

STRAP IT ON (1990) Eastwest 7567 92235 • MEANTIME (1992) Interscope, IND 92162 • BETTY (1994) Eastwest 6544–92404 • (S) BORN ANNOYING (1995) Amphetamine Reptile 036 • STRAP IT ON (1996) Interscope, IND 92235 • AFTERTASTE (1997) Interscope, IND 90073

Jimi Hendrix

Der unumstritten größte Gitarrist, den die Rockwelt bis dato erlebt hatte, ging als »das geschundene Genie« (*Musik Express*) in die Musikgeschichte ein – als »ein Superstar, der keiner sein wollte« (*Melody Maker*), und als der »wichtigste elektrische Gitarrist seit Charlie Christian« (*Rolling Stone*).

Jimi Hendrix spielte den schnellsten Blues aller Zeiten und löste bei seinen ersten Formationen und Partnern aufgrund seiner eigenwilligen Technik häufig Unverständnis und Skepsis aus. Der Linkshänder traktierte seine weiße Telecaster mit den Zähnen, spielte sie hinter dem Rücken, zwang ihr »eine fließende, kontrollierte Sprache« (*Rolling Stone*) zwischen Fingerakrobatik und Feedbackeruptionen auf oder zündete sie am Ende eines leidenschaftlichen Auftritts an, wie beim Monterey International Pop Festival im Juni 1967.

Jimi Hendrix wollte immer nur Musiker sein, niemals Vorbild, Superstar oder Multimillionär. Seine Naivität, Selbstzweifel und Schüchternheit im Umgang mit anderen Menschen wurden von skrupellosen Geschäftemachern ausgenutzt. Nach seinem Tod beschäftigte der ungeklärte Verbleib von ca. 100 Millionen Dollar an Tantiemen die Gerichte.

Johnny Allen Hendrix, Sohn des Tänzerehepaars Al Hendrix und Lucille Jeter und Enkel einer Cherokee-Indianerin, wurde am 27.11.1942 in Seattle, Washington, geboren. Der Vater erfuhr an der Front davon, und da die Mutter aufgrund einer Erkrankung wenig Interesse für ihr Kind zeigte, nahm Al Hendrix nach Kriegsende den Dreijährigen zu sich und änderte am 11. 9. 1946 dessen Namen in James Marshall Hendrix. Als Fünfjähriger bekam er eine akustische Gitarre vom Vater geschenkt und wuchs mit Platten von Muddy → Waters, Elmore → James, B. B. → King und Chuck → Berry auf. Als der Rock'n'Roll boomte, interessierte sich Hendrix weit weniger für die High School als für die **Rocking Kings**. 1959 trat er bei einer Fallschirmspringereinheit im Süden der USA seinen Wehrdienst an. Ursprünglich auf drei Jahre verpflichtet, wurde er bereits im Mai 1961 unehrenhaft entlassen.

Hendrix blieb in Louisiana und Mississippi, spielte und studierte Blues, R&B und Countrymusik in billigen GI-Kneipen. In Nashville machte er mit Steve Cropper von → **Booker T. & The M.G.'s** einige Aufnahmen, für die sich aber kein Vertrieb fand. 1962 war Hendrix Mitglied von **Bob Fisher & The Barnevilles**, der Tourneeband von Curtis → Mayfield und den **Marvelettes**, und im kanadischen Vancouver gab er ein Konzert mit **Bobbie Taylor & The Vancouvers**. 1963 pendelte er zwischen Seattle, Vancouver und Nashville. ›Gorgeous‹ George Odell vermittelte ihm einen Job für eine Tournee mit Sam → Cooke und Jackie → Wilson. Trotz bescheidener Perspektiven festigte sich sein Entschluß, endgültig ins Profilager zu wechseln. Hendrix, der sich zeitweise auch Jimmy James nannte, wurde für eine Package-Tour, an die Hank Ballard, Tommy → Tucker und die → **Supremes** mitwirkten, von Little → Richard angeheuert. Dabei mußte er erfahren, daß der wilde ›Vater des Rock'n'Roll‹ keine Konkurrenz neben sich duldete und dementsprechend die Anregungen und Vorschläge von Hendrix schlicht ignorierte. So trat Hendrix mit der R&B / Soul-Revue von Ike Turner in kleineren Clubs auf, lernte einige Gitarrentricks von Albert → King und war sich auch für Unterhaltungsmusik nicht zu schade.

1964 nahm Hendrix Jobs bei den → **Isley Brothers**, King Curtis und John → Hammond an und baute eine enge Beziehung zu Curtis Knight auf. In der Regel bekam er 30 Dollar pro Auftritt, leistete sich kurze Abstecher nach Chicago, um den City-Blues von Waters und Willie → Dixon zu hören, und schloß sich Ende des Jahres **Curtis Knight & The Squires** an. Im April 1965 stand er wieder in den Diensten von Little Richard und unterzeichnete sechs Monate später einen drei Jahre gültigen Plattenvertrag, der ihm lediglich ein Prozent an Tantiemen garantierte. Im Juni 1966 formierte Hendrix mit **Jimmy James & The Blue Flames** seine erste eigene Gruppe, die einen Mix aus R&B-Klassikern und Hendrix-Songs vortrug.

Bis 1966 entstand eine Vielzahl von Aufnahmen, u. a. mit Knight, Curtis, den **Isleys** und Hammond, die aber erst nach Hendrix' Aufstieg zum »teuersten Solointerpreten der Rockmusik« (*Spiegel*) nach und nach veröffentlicht wurden.

Die virtuosen Gitarrengriffe von Hendrix, seine bis dahin nie gehörten Feedbackorgien, der tief empfundene Blues und seine rohe, alkoholgeschwängerte Stimme füllten im Sommer 1966 jeden New Yorker Club. Mitglieder der → **Rolling Stones**, vor allem Brian Jones, und der → **Animals** verließen fasziniert seine ego-

manische Show. Linda Keith, die damalige Freundin von Keith Richards, übernahm daraufhin die Betreuung von Hendrix und brachte ihn mit Chas Chandler, seinerzeit Bassist der **Animals**, zusammen. Chandler übernahm mit seinem Partner Michael Jeffrey das Management und kassierte fortan – sittenwidrige – 30 Prozent von allen Hendrix-Einnahmen.
Im September 1966 kam Jimi Hendrix nach London. Chandler besorgte ihm eine Arbeitserlaubnis, und nach etlichen Sessions wurde am 12. Oktober mit Mitch Mitchell (dr) und Noel Redding (b) das Trio **Jimi Hendrix Experience** aus der Taufe gehoben. Der erste wichtige Gig fand am 18. 10. 1966 im Pariser Olympia in einer Show von Johnny Hallyday statt.
Auch der erste Plattentest klappte auf Anhieb. Hendrix übernahm von der US-Band **Leaves** den dramatischen Rockblues ›Hey Joe‹ (GB #7, D #21) und drang damit Anfang 1967 in die britischen Top 10 vor. Die Londoner Rockprominenz pilgerte zu seinen Konzerten, die Medien feierten ihn als langersehnten Neuerer, und zumindest die englischen Fans kauften seine Platten massenweise. In Abständen von wenigen Wochen bereicherte Jimi Hendrix 1967 die Charts mit den Singles ›Purple Haze‹ (GB #5, US #66, D #17), ›The Wind Cries Mary‹ (GB #5, D #35) und ›Burning Of The Midnight Lamp‹ (GB #15, D #27).
1967 wurde ein turbulentes Jahr für die **Jimi Hendrix Experience**. Sie hatten diverse Clubauftritte in London, traten im Vorprogramm von → **Soft Machine** und den → **Who** auf, machten kurze Abstecher nach Belgien und Frankreich und gastierten Mitte März für drei Abende im legendären Hamburger Star Club. Am 31. 3. 1967 begannen Hendrix & Co. die erste, 25 Stationen umfassende Englandtournee. Am 12. Mai wurde das Album ARE YOU EXPERIENCED? (GB #2, US #6, D #17) veröffentlicht. Nur die → **Beatles**-LP SGT. PEPPER'S LONELY HEARTS CLUB BAND verhinderte den Sprung auf Platz eins der Charts.
In den USA wollte man von dem krausköpfigen Wundergitarristen zunächst nichts wissen. ›Hey Joe‹ plazierte sich gar nicht und ›Purple Haze‹ nur in unteren Regionen der Hitparaden. Im Mutterland des Pop und auf dem europäischen Kontinent galt er dagegen als begnadetes Talent, das »seine Gitarre mit der Leidenschaft und dem Einfallsreichtum eines Casanova liebt« (*Newsweek*).
Jimi Hendrix spielte den besten Psychedelic-Blues und den schwersten Rock seiner Zeit. Der Einsatz neuer Techniken, ein immenses Improvisationskönnen sowie sein Gefühl, Musik mit spektakulären Showeinlagen zu verbinden, setzten neue Akzente. Faszinierend war auch der Widerspruch zwischen der Aggressivität seiner Musik und sein sonst eher introvertiertes Verhalten. Der *Rolling Stone* schrieb: »Jimi Hendrix war der elektrifizierte Niggerdandy der Blumenkindergeneration, ihr goldenes Kalb und bestes Pferd im Stall, ihr Produzent einer unheimlich starken Dope-Musik, ihre exzessivste Kraft.«
Jimi Hendrix Experience waren neu und aufregend, und ihr Star wurde von TV-Show zu TV-Show, von Pressetermin zu Pressetermin gereicht. Im Juni 1967 absolvierte Hendrix den mittlerweile legendären Auftritt beim Monterey International Pop Festival, tourte anschließend durch Europa, reiste dann kurzzeitig mit den → **Monkees** (!) durch Nordamerika und spielte nach seinem Rausschmiß aus deren Tournee im Fillmore West in San

Francisco und im Hollywood Bowl in Los Angeles. Zwischendurch nahm er das Album AXIS: BOLD AS LOVE (GB #8, US #3, D #21) auf, das auf beiden Seiten des Atlantik mit Gold ausgezeichnet wurde. Hendrix war nun »einer der höchstbezahlten Rockstars« (*Die Zeit*), der seine Bandkollegen Mitchell und Redding längst zu Statisten degradiert hatte.

1968 veröffentlichte »der Messias des Rockblues« (*Pop*) noch die Singles ›Foxy Lady‹ (US #82), ›Up From The Skies‹ (US #92), das Bob Dylan-Cover ›All Along The Watchtower‹ (GB #6, US #18, D #31), ›Crosstown Traffic‹ (GB #30, US #39, D #34) den Sampler SMASH HITS (GB #5, US #5, D #19) und das überragende Doppelalbum ELECTRIC LADYLAND (GB #2, US #1, D #12), dessen Cover, auf dem nackte Frauen zu sehen waren, für Ärger sorgte. Während der Produktion VON ELECTRIC LADYLAND eskalierten auch die Reibereien zwischen Hendrix und seiner Rhythmusabteilung, und so mußten streckenweise Buddy →Miles und Steve →Winwood aushelfen.

Nach den fulminanten Kritiken für ELECTRIC LADYLAND war Hendrix Gast in den Talkshows von Johnny Carson und Dick Cavett, trat beim Toronto Pop Festival auf und kassierte für ein Konzert in den Maple Leaf Gardens in Toronto 100000 Dollar. Das Gros der Gage strich Michael Jeffrey ein, der inzwischen Chandlers Anteile für 300000 Dollar übernommen hatte – ein finanzieller Einsatz, der sich auszahlte, denn eine dreiwöchige US-Frühjahrstournee brachte rund 1,5 Millionen Dollar ein. Der Streit zwischen Hendrix auf der einen und Mitchell und Redding auf der anderen Seite war nicht mehr zu beheben. Das Trio spielte beim Pop Festival in Denver, Colorado, am 29. 6. 1969 zum letzten Mal zusammen. Hendrix ging nach New York, spielte u. a. mit dem Jazzgitarristen Larry Coryell und begann sein Studio Electric Ladyland einzurichten. Die ersten Aufnahmen, die dort mitgeschnitten wurden, erschienen 1973 auf dem Album LOOSE ENDS.

Hendrix bewältigte den Tournee- und Studiostreß nur noch mit Tabletten, Acid und Haschisch. Ihm wurde sogar nachgesagt, daß er heroinsüchtig sei. Am 12. 5. 1969 fand der kanadische Zoll Hasch und Heroin im Gepäck von Hendrix, der daraufhin inhaftiert wurde und erst gegen Zahlung einer hohen Kaution wieder freikam. Der Fall blieb ungeklärt, aber Hendrix stand von nun an unter scharfer Beobachtung seitens Polizei und Zoll.

»Der Gitarrist der Superlative« (*Sounds*) nutzte am 18. 8. 1969 einen fulminanten Auftritt mit der Gruppe **Sky Rock** beim Woodstock Festival als Ventil für seine Wut und Frustration. Fast eine halbe Million Menschen waren Zeugen, als Hendrix die US-Nationalhymne »Star Spangled Banner« in einen Rückkopplungs-Exzeß umfunktionierte. Am Silvesterabend 1969 stand er für ein einziges, auf einer LP festgehaltenes, großartiges Konzert mit der **Band Of Gypsys** auf der Bühne des New Yorker Fillmore East. Am Schlagzeug saß Miles, und den Baß bediente Billy Cox, ein alter Freund aus Militärtagen. Als das Album BAND OF GYPSYS (GB #12, US #3, D #15) im Mai 1970 auf den Markt kam, existierte das Trio längst nicht mehr. Der Gesundheitszustand von Hendrix verschlechterte sich inzwischen rasch. Seine unbeständige Tagesform führte zuweilen zu katastrophalen Auftritten wie im New Yorker Madison Square Garden und am 4. 7. 1970 beim Atlanta Pop Festival.

Mit Cox und Mitch Mitchell schloß »der einflußreichste Rockgitarrist« (*Melody Maker*) im eigenen Studio die Aufnahmen zur letzten von ihm legitimierten LP THE CRY OF LOVE (GB #3, D #15) ab. Zum letzten Mal lieferte Hendrix Songs wie ›Ezy Rider‹ und ›Freedom‹ (US #62), und noch einmal ließ er seinen schnellen Fingern, schneidenden Riffs und lasziven Vokalphrasen freien Lauf. Nach etlichen Ausflügen in alle Bereiche der Black Music bis hin zum Jazz waren seine Rockwurzeln wieder spürbar. Das Album wurde ein großer Verkaufserfolg, den Hendrix allerdings nicht mehr erleben sollte.

Bei seinen letzten Konzerten wirkte Jimi Hendrix lustlos und merkwürdig verkrampft. Im August 1970 riß er sich beim Festival auf der Isle of Wight noch einmal zusammen, aber die folgende Tour mit Verpflichtungen in Stockholm, Aarhus, Kopenhagen, Berlin und zuletzt beim Horror-Festival auf der Insel Fehmarn geriet zur Bankrotterklärung. Hendrix war ausgelaugt und durch seinen gestiegenen Drogenkonsum am Rand der Unzurechnungsfähigkeit.

Jimi Hendrix zog sich mit seiner Düsseldorfer Freundin Monika Dannemann in sein Londoner Apartment zurück und träumte von einem Bigband-Projekt. In der Nacht zum 18. 9. 1970 fand ihn seine Lebensgefährtin bewußtlos in der Wohnung. Bis zum Eintreffen der Ambulanz verging zu viel Zeit, und im St. Mary's Abbot Hospital konnte nur noch sein Tod festgestellt werden. Die offizielle Erklärung des Krankenhauses besagte, daß Hendrix an den Folgen einer Barbituratvergiftung erstickt war. Eine Heroinsucht konnte nicht festgestellt werden. Zwei Monate später führte er posthum mit VOODOO CHILE (GB #1, D #24) erstmals die britischen Charts an.

Bei der Vermarktung seines musikalischen Vermächtnisses offenbarte sich die Härte des Musik- und Mediengeschäftes. Obskure Labels gruben alte Bänder aus und brachten sie in teilweise miserabler Tonqualität heraus. Und natürlich stritten auch Erben, Manager u. a. um die Hinterlassenschaft des »Flammenengels der Rockmusik« (*FAZ*). Halbfertige Titel wurden mit Studiomusikern wenig authentisch vollendet. Live-Mitschnitte überschwemmten die Plattenläden. Hendrix-Bücher wurden mit heißer Feder geschrieben. Enge Vertraute des Musikers und solche, die sich dafür hielten, versorgten die Popgazetten mit immer neuen Enthüllungen aus der Privatsphäre des Stars.

Von den zahllosen Posthumveröffentlichungen kann man nur einige wenige guten Gewissens empfehlen. Für die 75er-LPs CRASH LANDING (US #11) und MIDNIGHT LIGHTNING (US #64) mußten Studioasse wie Alan Schwartzberg (dr), Jeff Mironov (g) und Bob Babbit (b) letzte Hand anlegen, und gelegentlich wurden Liveplatten mit modernster Studiotechnik aufgepäppelt, von denen vor allem THE JIMI HENDRIX CONCERTS (GB #17, US #79) und LIVE AT WINTERLAND einen guten Eindruck von der Bühnenpräsenz des schwarzen Gitarrenmagiers vermitteln. Außerdem erschienen unfertige Studioaufnahmen auf WAR HEROES (US #31) und gelungene Zusammenstellungen wie CORNERSTONES (GB #5) und BLUES (GB #10, US #45, D #60). Die Aufnahmen, an denen Hendrix kurz vor seinem Tod arbeitete, erschienen erst im Frühjahr 1995 auf dem Sampler VOODOO SOUP.

Im November 1991 wurde Jimi Hendrix

mit einem Stern auf dem Hollywood Walk of Fame verewigt und im Januar 1992 in die Rock'n'Roll Hall of Fame aufgenommen. Sein Vater bekam 1995 nach jahrzehntelangen Prozessen die rund 70 Millionen Dollar schweren Rechte an den Hendrix-Songs zugesprochen und richtete ein Jimi-Hendrix-Stipendium ein. Außerdem präsentierte Al Hendrix im Herbst 1997 unter dem Titel SOUTH SATURN DELTA 15 bis dahin unveröffentlichte Songs bzw. Demos seines Sohnes, von dessen Alben sich pro Jahr noch immer rund zwei Millionen Exemplare verkauften. FIRST RAYS OF THE NEW RISING enthält die letzten Studioaufnahmen von Hendrix, die von seinem früheren Toningenieur Eddie Kramer überarbeitet wurden.

Noel Redding gründete bereits während seiner Zugehörigkeit zu **Jimi Hendrix Experience** mit →**Fat Mattress** eine eigene Band. Mitch Mitchell spielte u. a. für die britische Bluessängerin Martha Velez, Muddy →Waters, Randy California, **Ramatam** und Roger →Chapman. 1988 versteigerte er über das Londoner Auktionshaus Sothebys die weiße Fender Stratocaster von Hendrix für 340 000 US-Dollar. Billy Cox arbeitete in den 70er Jahren für Charlie →Daniels, J. J. →Cale und Buddy Miles.

ARE YOU EXPERIENCED? (1967) MCA, MCD 116 086 • AXIS: BOLD AS LOVE (1967) Polydor 847 243 • ELECTRIC LADYLAND (1968) MCA, MCD 11600 • BAND OF GYPSYS (1970) MCA, MCD 11607 • THE CRY OF LOVE (1970) Polydor 847 242 • JIMI HENDRIX (1970) Soundtrack Ariola 85087 • ISLE OF WIGHT (1971) Polydor 847 236 • RAINBOW BRIDGE (1971) Soundtrack Reprise 7599–25953 • IN THE WEST (1972) Polydor 831 312 • WAR HEROES (1972) Polydor 847 262 • LOOSE ENDS (1973) Polydor 837 574 • CRASH LANDING (1975) Polydor 847 263 • MIDNIGHT LIGHTNING (1975) Polydor 825 166 • NINE TO THE UNIVERSE (1980) Polydor 2344 155 • LIVE AT WINTERLAND (1987) Polydor 847 238 • SOUTH SATURN DELTA (1997) Universal, MCD 11684 • FIRST RAYS OF THE NEW RISING SUN (1997) Universal • (S) FLASHING (1968) Capitol, ST 2894 • (S) SMASH HITS (1968) Polydor 184 138 • (S) STARPORTRAIT (1971) Polydor 2672 002 • (S) POP HISTORY (1971) Polydor 2675 013 • (S) THE ETERNAL FIRE OF . . . (1971) Hallmark, SHM 732 • (S) IN THE BEGINNING (1972) Bellaphon, BI 1552 • (S) THE WILD ONE (1972) Hallmark 87861 • (S) SOUNDTRACK RECORDINGS FROM THE FILM JIMI HENDRIX (1973) Reprise 64017 • (S) THE STORY OF (1977) Polydor 2664 379 • (S) THE GENIUS OF (1977) Festival, ALB 204 • (S) THE JIMI HENDRIX CONCERTS (1982) CBS 88592 • (S) KISS THE SKY (1984) Polydor 823 704 • (S) RADIO ONE (1989) Castle Collection • (S) CORNERSTONES (1990) Polydor • (S) BLUES (1994) Polydor 521 037 • (S) VOODOO SOUP (1995) Polydor 527 520 • (S) GET THAT FEELING / FLASHING (1996) SPV • (S) EXPERIENCE HENDRIX (1997) Universal, MCD 11671 • (S) SOMETHING ON YOUR MIND (1997) SPV 085–44892 • (S) ON THE KILLING FLOOR (1997) SPV 085–44902 • Mit Curtis **Knight**: GET THAT FEELING (1967) London, SH 8349 • STRANGE THINGS (1968) London, SH 8369 • THE WILD ONE (1972) Hallmark 87861 • HORNETS WEST (1981) • Mit Lonnie **Youngblood**: ORIGINAL SESSIONS (1965) Festival, ALB 165 • ROOTS OF HENDRIX (1966) • Mit **Little Richard**: TOGETHER (1965) Pickwick 3347 • FRIENDS FROM THE BEGINNING (1972) Stateside 062–93762 • Mit Otis **Redding**: MONTEREY INTERNATIONAL POP FESTIVAL (1967) Atlantic 40430 • Mit Jim **Morrison** und Johnny **Winter**: JAM SESSION (1970) Skydog, SGSH 20 / 7378

Don Henley

Don Henley wurde am 22. 7. 1947 im texanischen Gilmer geboren. Mitte der 60er Jahre spielte der Sänger und Drummer bei den **Four Speeds**. 1970 ging er nach Los Angeles und nahm im Mai mit den von Kenny Rogers geförderten **Shiloh** ein Countryalbum auf. Bei dem verantwortlichen Label Amos Records lernte er Glenn Frey kennen, mit dem er sich der Begleitband von Linda →Ronstadt anschloß, aus der im Sommer 1971 die →**Eagles** entstanden. Henley profilierte sich gleichermaßen als Leadsänger und Komponist und war maßgeblich an den Platinerfolgen der **Eagles** beteiligt. Die Band blieb bis 1980 zusammen, dann beschlossen die Beteiligten, ihre Solointeressen zu verfolgen.

Henley fiel zunächst durch negative Schlagzeilen auf. Er wurde am 21. 11. 1981 verhaftet, als eine unter Drogeneinfluß stehende 16jährige in seinem Haus in Los Angeles aufgefunden wurde. Er wurde zu zwei Jahren Haft auf Bewährung, 2000 Dollar Geldstrafe und einer Drogentherapie verurteilt. Ebenfalls 1981 mietete er sich mit seinen Produzenten Danny Kortchmar und Greg Ladanyi im Record One Studio in Sherman Oaks, Kalifornien, ein und begann mit den Aufnahmen zum Debütalbum. Im Januar 1982 erschien ›Leather And Lace‹ (US #6), ein Duett mit Stevie →Nicks. Die erste Solosingle ›Johnny Can't Read‹ (US #42) folgte im Oktober zeitgleich mit der LP I CAN'T STAND STILL (US #24), an der Spitzenmusiker wie Joe →Walsh, Jeff Porcaro, Andrew →Gold, Warren →Zevon und Bob →Seger mitwirkten. Henley bot perfekten Westcoastrock mit überdurchschnittlichen Texten und koppelte 1983 die politischen Titel ›Dirty Laundry‹ (US #3) und ›I Can't Stand Still‹ (US #48) aus.

Das Team von I CAN'T STAND STILL verantwortete 1984 auch das zweite Album BUILDING THE PERFECT BEAST (GB #7, US #13, D #28), das vier Singles lieferte: ›The Boys Of Summer‹ (GB #9, US #5, D #18), ›All She Wants To Do Is Dance‹ (US #9), ›Not Enough Love In The World‹ (US #34) und ›Sunset Grill‹ (US #22). Henley bevorzugte weiterhin einen etwas antiquierten Westküstenstil, in seinen Songs ging es um Beziehungen, Kritik an der Reagan-Administration sowie Genversuche und um Farmerprobleme. Für ›The Boys Of Summer‹ erhielt »der ernsthafteste der Eagles« (*Billboard*) im Februar 1986 einen Grammy in der Kategorie bester männlicher Rockgesang.

Ohnehin nicht gerade als Workaholic bekannt, legte Henley eine dreijährige Pause ein. Im Januar 1989 trat er mit →**Guns 'N' Roses** auf und begann am 8. 8. 1989 in St. Louis, Missouri, eine großangelegte US-Tour, um sein neues Album THE END OF THE INNOCENCE (GB #17, US #8, D #87) vorzustellen. An den »mal entspannt, mal satt groovenden Songs« (*Hifi Vision*) wirkten als Stargäste u.a. Bruce →Hornsby, Wayne Shorter und Mitglieder von →**Toto** mit. Die Singles ›The End Of The Innocence‹ (GB #48, US #8, D #54), ›The Last Worthless Evening‹ (US #21), ›In The Heart Of The Matter‹ (US #21), ›How Bad Do You Want It?‹ (US #48) und ›New York Minute‹ (US #48) blieben etwas hinter den Verkaufserwartungen zurück. Dennoch erhielt Henley für sein drittes Album einen zweiten Grammy und genau ein Jahr später für über eine Million verkaufter LPs Platin.

Bis zur Wiedervereinigung der **Eagles**

Ende 1993 arbeitete er mit Arlo Guthrie, Mojo Nixon und bei der Hitballade ›Sometimes Love Just Ain't Enough‹ (GB #22, US #2, D #51) mit der Sängerin Patty Smyth zusammen. Er unterstützte verschiedene Benefizveranstaltungen, lieferte einen Song für den Soundtrack zum Steve Martin-Film »Leap Of Faith« und sang mit Elton →John für dessen Produktion DUETS den Song ›Shakey Ground‹.
Wieder bei den **Eagles**, förderte Henley 1994 den texanischen R&B-Musiker Malford Milligan, der sich ›Storyville‹ nannte, und war auf dem Album KERMIT UNPIGGED im Duett mit Jim Hensons Muppets vertreten. Er engagierte sich für AIDS-Projekte und erfüllte mit dem Sampler ACTUAL MILES, der zwei neue Songs enthielt, seinen Vertrag bei Geffen Records, um künftig für Warner Brothers zu produzieren. Im April 1996 beteiligte er sich neben Bryan →Adams, Peter →Gabriel und Gloria →Estefan am Concert for Human Rights in Los Angeles. Don Henley heiratete am 20. 5. 1995 auf seiner Malibu-Ranch das Model Sharon Summerall.

I CAN'T STAND STILL (1982) Asylum 7559–60048 • BUILDING THE PERFECT BEAST (1984) Geffen, GED 24026 • THE END OF THE INNOCENCE (1989) Geffen, GED 24217 • (S) ACTUAL MILES – HENLEY'S GREATEST HITS (1996) Geffen, GED 24834 • Mit **Shiloh**: SHILOH (1970) Amos, ASS 7015

Heptones

Barry Llewellyn (voc), Earl Morgan (voc), Dolphin Morris (voc)

Jamaikas einflußreichste und am häufigsten imitierte Vokalgruppe entstand 1964 in der Besetzung Llwellyn, Morgan und Leroy Sibbles. Auf dem Label Caltone Records veröffentlichten sie ›Gun Men Coming To Town‹, eine karibische Interpretation der Ouvertüre zu Wilhelm Tell. Die **Heptones** vollzogen den Wechsel von Ska zum soulorientierten Rocksteady, der Vorstufe zum Pop-Reggae. 1966 begab sich das Trio unter die Fittiche von Coxsone Dodd und seinem Studio One.
Die **Heptones** entwickelten sich zu den wichtigsten Protagonisten des Rocksteady und profitierten vor allem vom Songwriter-Talent des Leroy Sibbles und dessen hellem, unverfälschtem Gesang. Nach ihrem ersten großen Hit in Jamaika (›Fattie Fattie‹) waren sie in ihrer Heimat nicht mehr aufzuhalten. Da sie international aber noch völlig unbekannt waren, veröffentlichte Produzent Coxsone Dodd den Song in Europa unter dem Namen von Ken Boothe, der in Großbritannien bereits einige Popularität genoß. Diesen Trick wandte er auch bei den folgenden **Heptones**-Hits an.
Auf Dauer mißfiel der Gruppe diese Praxis, und sie trennte sich 1970 von Dodd, um unter eigenem Namen die Singleerfolge ›I Miss You‹, ›Book Of The Rules‹ und ›Country Boy‹ herauszubringen. Die **Heptones** wurden in ihrer Heimat als Superstars gehandelt, weltweit polierten sie ihr Renommee mit ausgedehnten Europa- und Nordamerikatourneen auf. Sie arbeiteten mit Joe Gibb,

Augustus Pablo, Rupie Edwards und Geoffrey Chung zusammen und nahmen 1976 PARTY TIME, ihr kommerziell erfolgreichstes Album, auf, das von Lee → Perry produziert wurde.
Eine Zeit lang sah es so aus, als könnten die **Heptones** auf den weltweiten Erfolgsspuren von Bob → Marley wandeln. Als Leroy Sibbles aber das Gesangstrio verließ, war die Zukunft »einer der erfolgreichsten jamaikanischen Bands« (*Musik Express*) nach Hits wie den selbstverfaßten Songs ›Hypocrite‹, ›I've Got A Feeling‹ sowie Coverversionen von ›Save The Last Dance For Me‹ und ›Our Day Will Come‹ völlig ungewiß. Sibbles ließ sich in Kanada nieder, um seine Solokarriere voranzutreiben.
Mit Dolphin Morris setzten die **Heptones** ihre Laufbahn fort, ohne allerdings »an die Kraft und die Schönheit früherer Songs« (*Guinness*) anknüpfen zu können. In Jamaika konnten sie ihren Status verteidigen und versorgten die heimischen Charts regelmäßig mit Hits, die außerhalb ihres Landes nur wenig Beachtung fanden. Bei ihren sporadischen Tourneen wurden sie jedoch nach wie vor als Kultformation des Reggae verehrt.

HEPTONES & FRIENDS (1973) Trojan • COOL RASTA (1976) Trojan, TRLS 128 • NIGHTFOOD (1976) Island 846 568 • PARTY TIME (1976) Island, ILPS 9456 • BETTER DAYS (1979) Third World • GOOD LIFE (1979) Greensleeves, BBS 25103 • ON THE RUN (1982) Shanachie • BACK ON THE TOP (1983) Vista Sounds, VSLP 4018 • IN A DANCE HALL STYLE (1984) Vista Sounds, VSLP 4031 • SWING LOW (1985) Burning Sounds, BS 1064 • CHANGING TIMES (1986) Celluloid 972 906 • SING GOOD VIBES (1988) Clarendon • (S) LEGENDS FROM STUDIO ONE (1985) Trenchtown • (S) 22 GOLDEN HITS (1986) TTP • (S) BIG AND FREE (1989) Trenchtown • (S) ORIGINAL HEPTONES (1989) Trenchtown • (S) ON THE ROAD AGAIN (1990) Trenchtown • (S) 20 GOLDEN HITS (1992) Sonic Sounds

John Hiatt

Ohne jemals nennenswerte Hits produziert zu haben, war John Hiatt ein Vertreter für gute, handgemachte Rockmusik. Blues, Country und Folk beeinflußten seinen Stil, für die er akustische und elektrische Gitarren, Mandoline, Banjo oder Akkordeon einsetzte. In den über 20 Jahren seiner Karriere veröffentlichte Hiatt 14 hochbewertete Alben.
John Hiatt wurde am 20. 8. 1952 in Indianapolis, Indiana, geboren. Als 16jähriger brach er die High School ab, um in verschiedenen Garagenbands wie den **Four Fifths**, **White Ducks** und **Joe Lynch & The Hangmen** zu spielen. 1970 kam Hiatt nach Nashville, Tennessee, und verdingte sich für 25 Dollar in der Woche als Komponist für den Verlag Tree Publishing. Tracy Nelson übernahm seine erste Auftragsarbeit ›Thinking Of You‹ für ein Album mit → **Mother Earth**. Dann machten → **Three Dog Night** sein ›Sure As I'm Sitting Here‹ zum Top-20-Hit und ermöglichten Hiatt damit 1974 die Produktion seines ersten Albums HANGIN' AROUND THE OBSERVATORY, das sich rund 15 000 Mal verkaufte. Diese Platte und ihr Nachfolger OVERCOATS waren stark vom Country beeinflußt, deuteten aber seine vielseitigen Rock'n'Roller-Fähigkeiten bereits an.
Bei der markanten, eindringlichen Bluesstimme des Einzelgängers fühlte man sich an den bärbeißigen Briten John

→ Martyn oder den Westcoast-Exzentriker Tom → Waits erinnert. Doch im nächsten Moment bekannte sich »der Mann für Kenner und Kollegen« (*Hifi Vision*) zu seiner Rock'n'Roll-Vergangenheit und entwickelte ein ähnliches Temperament wie Chuck → Berry. Seine runden, transparenten Songs erfreuten sich u. a. bei Rick → Nelson, Dave → Edmunds, Rosanne → Cash, Rodney → Crowell, den → Neville Brothers und Bonnie → Raitt großer Beliebtheit.
Nach den ersten beiden Platten zog sich der Kritikerliebling wieder in die Clubszene zurück und spielte entweder mit klassischer Rockbandbesetzung oder solo. Fast drei Jahre lang war John Hiatt fast ununterbrochen auf Tournee und trat in einem Programm mit Leon Redbone, Tom Waits und Sonny Terry & Brownie McGhee auf. 1978 übersiedelte er von San Francisco nach Los Angeles. Er spielte im Vorprogramm des Gitarristen Leo → Kottke, der »den musikalischen Spurensucher und Schatzgräber« (*Musik Szene*) 1978 an den Manager und Produzenten Denny Bruce vermittelte. Bruce übernahm für einige Jahre die Betreuung von Hiatt und besorgte ihm einen neuen Plattenvertrag.
Stilistische Vielfalt zwischen Folk, Reggae, Blues und Rock demonstrierte John Hiatt auf den beiden folgenden LPs SLUG LINE und TWO BIT MONSTERS. 1980 erklärte der Vielgelobte: »Meine Vorstellungen davon, wie man einen guten Song aufnimmt, decken sich mit denen, die bei den Sun Sessions in Memphis Pate standen. Deshalb mache ich meine Songs so einfach wie möglich. Ich fühle genau, wenn sich ein Song selbst trägt – warum sollte ich ihn dann aufmotzen?«
Geradliniger Rock, bissige Gitarrenriffs, hochkarätige Begleitmusiker und die direkte, unverhohlene Ansprache kennzeichneten sein erstes Album ALL OF SUDDEN bei Geffen Records, das von Nick → Lowe produziert wurde. Wie bei den meisten der vorangegangenen Produktionen vermochte Hiatt nicht immer die Spannung und Intensität seiner Live-Show im Studio umzusetzen.
Durch die häufige Zusammenarbeit mit Ry → Cooder wurde Hiatt Mitte der 80er Jahre langsam populär. Auf RIDING WITH THE KING und vor allem auf WARMING UP THE ICE AGE orientierte sich Hiatt unüberhörbar am kommerziell gut verwertbaren Heartland-Rock eines Bruce → Springsteen und Rick → Springfield, klang aber auch teilweise wie der britische New Wave-Held Elvis → Costello.
1987 entstand seine bis dahin ausgereifteste LP BRING THE FAMILY. Die karge Instrumentierung der intimen Bekenntnisse war eine »reinrassige Rockproduktion« (*Musik Express*), bei der Jim Keltner (dr), Lowe (b) und Cooder das Rhythmus-Rückgrat darstellten. 1988 trat John Hiatt beim englischen Reading Festival auf und schaffte mit der vom Briten Glyn Johns produzierten Platte SLOW TURNING (US #98) im Herbst 1988 erstmals den Sprung in die Charts.
Eine einjährige Studiopause überbrückte er mit dem Sampler Y'ALL CAUGHT? 1990 folgte Hiatt einer Einladung zum Roy Orbison Concert Tribute, war Gast in der Talkshow von David Letterman und beauftragte erneut Johns mit der Produktion seines Albums STOLEN MOMENTS (GB #72, US #61, D #68): »Zwölf Songjuwelen weisen Hiatt als sensiblen Musiker aus, der mit rauchigkehliger Stimme und kernigem Hobo-Charme faszinierende Geschichten er-

zählt« (*Musik Express*). Er beendete das Jahr 1990 mit einer Tournee als Anheizer für **Edie** → **Brickell & The Bohemians**.
Im Herbst 1991 wurde Hiatt für seine Komposition ›Bring Back Your Love To Me‹, die Earl Thomas Conley interpretierte, mit einem Country Music Award belohnt. Zur gleichen Zeit half der Familienvater und Antistar seiner Freundin und Kollegin Bonnie → Raitt bei dem Album LUCK OF THE DRAW. 1992 formierte er mit Keltner, Lowe und Cooder die Veteranenrockband **Little Village**. Das Quartett debütierte im März des Jahres mit der schmucklosen Rock-LP LITTLE VILLAGE (GB #23, US #66, D #39) und gab sporadisch Konzerte.
Kollegen würdigten im Sommer 1993 die Hiatt-Songs auf der Tribute-Platte LOVE GETS STRANGE. In nur zwei Wochen entstand u. a. mit → **Wire Train**-Drummer Brian MacLeod das Album PERFECTLY GOOD GUITAR (GB #67, US #47, D #89). Im Januar 1994 startete Hiatt eine US-Tour, die im August in San Diego endete. Ende des Jahres brachte er bei A&M Records den Mitschnitt COMES ALIVE AT BUDOKAN heraus.
Bei Capitol Records unterzeichnete der Allroundmusiker, der von kreativen Flauten verschont geblieben ist, einen neuen Vertrag und nahm mit kleiner Besetzung, darunter die Gitarristenentdekkung David Immerglück, WALK ON mit schlichtem, aber wirkungsvollem Roots-Rock auf.
Das zwischen R&B und Country angesiedelte Album LITTLE HEAD spielte er mit den **Nashville Queens** ein, die aus David Immerglück (g, steel-g, do, si), David Farraghar (b), Gary Ferguson (dr), Efrain Tono (perc) und Ex- → **dB's** Peter Holsapple (key) bestanden.

HANGIN' AROUND THE OBSERVATORY (1974) IRS 475913 • OVERCOATS (1975) IMS 331900 • SLUG LINE (1979) MCA 31358 • TWO BIT MONSTERS (1980) MCA 31359 • AL OF SUDDEN (1982) Geffen 85580 • RIDING WITH THE KING (1983) Geffen, GED 04017 • WARMING UP THE ICE AGE (1985) Geffen, GED 24055 • BRING THE FAMILY (1987) A&M 395158 • SLOW TURNING (1988) A&M 395206 • STOLEN MOMENTS (1990) A&M 395310 • PERFECTLY GOOD GUITAR (1993) A&M 540130 • COMES ALIVE AT BUDOKAN (1994) A&M 540284 • WALK ON (1995) Capitol 833416 • Mit **Nashville Queens**: LITTLE HEAD (1997) Capitol 854672 • (S) Y'ALL CAUGHT? (1989) Geffen, GED 24247 • Mit **Little Village**: LITTLE VILLAGE (1992) Warner Brothers 7599–26713

Chris Hillman

Geboren am 4. 12. 1944 in Los Angeles, wuchs Chris Hillman in der Region von San Diego auf. Er lernte Gitarre und Mandoline, verfügte über eine angenehme, helle Stimme und konnte komponieren. Seine erste Band taufte Hillman **Scottville Squirrel Barkers** und nahm in nur fünf Stunden eine Platte für einen Supermarkt auf. 1962 löste er die Gruppe wieder auf und wechselte zu den **Golden State Boys**. Daraus entstanden 1963 die **Hillmen**, die eine LP herausbrachten.
Bekannt wurde Hillman als Gründungsmitglied der → **Byrds**. Von 1964 bis 1968 bestimmte er deren Folkrocksound entscheidend mit und war als Autor an Songs wie ›Captain Soul‹, ›So You Want To Be A Rock'n'Roll Star‹ und ›Have You Seen Your Face‹ beteiligt. Gemeinsam mit Gram → Parsons verließ er die **Byrds**, um mit ihm die Countryrock-Band → **Flying Burrito Brothers** ins Leben zu ru-

fen. Im Gegensatz zu den **Byrds** orientierten sich die **Burritos** stärker an traditioneller nordamerikanischer Musik, waren aber nicht annähernd so erfolgreich. Hillman blieb bis 1971 bei der Band.
Neben seinen Bandverpflichtungen arbeitete der ausgezeichnete Instrumentalist als Studiomusiker für Gene →Clark, Barry McGuire, Marc Ellington und nahm ein Album mit **Cherokee** auf. 1972/73 konnte Stephen →Stills Hillman für die Band **Manassas** gewinnen. Einige Mitglieder dieser Gruppe bildeten später die →**Souther-Hillman-Furay Band**, die zwei ansprechende Country/Westcoastrock-Platten hinterließ.
Im Sommer 1975 löste sich Hillman aus seinen Bandverpflichtungen und beschränkte sich vorübergehend auf solistische Aktivitäten. Folk, Country & Western, Hillbilly, Bluegrass und ein dezenter Rockbeat bestimmten seine inhaltlich etwas undurchsichtigen Songs, die er 1976 mit Unterstützung von Joe Lala (perc), Timothy B. Schmit, Bernie Leadon von den →**Eagles** und Rick Roberts von den **Burritos** für sein Debüt Slippin' Away (US #91) aufnahm. In der Vorbereitungszeit fand er außerdem Zeit für Studiogastspiele bei Rusty Weir, →**Poco**, Terry Melcher und Roger →McGuinn, der ihn 1972 zu einem ziemlich mißglückten Comeback der **Byrds** überredet hatte.
Auf Clear Sailin' von 1977 scheiterte Hillman mit »einer perversen Mischung aus Blue-Eyed-Soul-Funk-Bluegrass« (*Sounds*). Nach diesem Mißerfolg ließ er sich auf das Trio **McGuinn-Hillman-Clark** bzw. das Duo **McGuinn-Hillman** ein. Drei durchaus elegante Pop-LPs erschienen, verdeutlichten aber, daß der Sound der **Byrds** nicht wiederzubeleben war.
Hillman, der anschließend wieder als Studiomusiker tätig war, wandte sich der traditionellen amerikanischen Musik zu. Seine Mandolinenkünste unterstrich er auf dem lupenreinen Bluegrass-Album mit Popflair Morning Sky, auf dem u. a. Herb Pedersen (ban), Byron Berline (fi) und Al Perkins (dobro) mitwirkten. Hillman interpretierte diesmal ausnahmslos Fremdkompositionen, darunter Songs von Kris →Kristofferson, Sheil Silverstein (→**Dr. Hook**), Bob →Dylan und Danny O'Keefe. Dieses Konzept setzte Hillman mit der **Desert Rose Band** fort, die 1987 ihre erste LP herausbrachte. Die Countrygruppe bestand aus Hillman, Pedersen, J. D. Maness (steel g), John Jorgenson (g), Bill Bryson (b, ban) und Steve Duncan (dr, perc, voc).
1991 half Hillman wieder einmal bei Roger McGuinn aus, unterstützte im Jahr darauf David West und förderte zuletzt die Singer/Songwriterin Pamela Polland bei deren Comeback Heart Of The World.

SLIPPIN' AWAY (1976) Asylum 7559–61162 • CLEAR SAILIN' (1977) Asylum 7559–61163 • MORNING SKY (1982) Sugarhill, SH 3729 • DESERT ROSE (1984) Sugarhill, SH 3743 • (S) CHRIS HILLMAN (1975) • TOG 1012 • Mit **Hillmen**: THE HILLMEN (1964) Sugarhill, SH 3719 • Mit **Cherokee**: CHEROKEE (1971) ABC 719 • Mit **Desert Rose Band**: DESERT ROSE BAND (1987) MCA 5991 • RUNNING (1988) MCA 42169 • PAGES OF LIFE (1990) Curb 42332 • LIFE GOES ON (1993) Curb 7514 • A DOZEN ROSES (1993) Curb 7586 • Mit Herb **Pedersen**: BAKERSFIELD BOUND (1996) Sugar Hill 3850 • Mit Larry **Rice**, Tony **Rice** und Herb **Pedersen**: OUT OF WOODWORK (1996) Rounder 0630390

Hole

Eric Erlandson (g), Courtney Love (voc, g), Melissa auf der Mauer (b), Patty Schemel (dr)

Für die einen ist Courtney Love, die Frontfrau von **Hole**, eine schillernde und charismatische Persönlichkeit, für die anderen eine karrieresüchtige und drogenabhängige Abzockerin, die – ähnlich wie Yoko Ono bei den → **Beatles** – Schuld am Ende von → **Nirvana** und an Kurt Cobains Abstieg ist. Die Wahrheit liegt wahrscheinlich in der Mitte. Unbestritten ist, daß Love durch die Hochzeit mit Cobain und ihre Schwangerschaft in den Medien hochstilisiert wurde, was ihrer Band **Hole** eher schadete. Courtney Love wollte Mythen im Rockgeschäft zerstören und wurde ob ihrer undurchsichtigen Rolle bei **Nirvana** selbst zum Mythos.

Courtney Love wurde am 9. 7. 1964 als Michelle Harrison in San Francisco geboren. Ihre Eltern waren Hippies, und als kleines Kind erlebte sie das Festival in Woodstock. Ihr Vater Hank Harrison arbeitete für → **Grateful Dead** und veröffentlichte in den 70er Jahren ein Buch über die Band. Als sich ihre Eltern trennten, wuchs sie bei ihrer Mutter, die zeitweise in Großbritannien und einer Kommune in Neuseeland lebte, auf. Nach der Schule schlug sie sich als Stripperin in Japan, Taiwan und Alaska durch und begeisterte sich für die Musik der → **Runaways**, → **Pretenders**, → **Sex Pistols** und Patti → Smith. Sie spielte in den Alex Cox-Filmen »Sid And Nancy« und »Straight To Hell« mit, wurde in Los Angeles Leadsängerin der späteren → **Faith No More** und wechselte dann zur Frauenband **Sugar Baby Doll** mit Kat Bjelland (später → **Babes In Toyland**) und Jennifer Finch (später bei **L 7**).

Im Sommer 1989 ging sie nach Seattle und fand per Zeitungsanzeige den Gitarristen Eric Erlandson (* 9. 1. 1963, Los Angeles) für **Hole**. Die Band debütierte mit der EP »Retard Girl« und sammelte mit kleineren Tourneen Live-Erfahrungen an der Westküste. Im März 1991 veröffentlichte Sub Pop Records die Single ›Dicknail‹, die das Album PRETTY ON THE INSIDE (GB #59) vorbereitete. Die LP wurde in der Besetzung Love, Erlandson, Caroline Rue (dr) und Jill Emery (b) aufgenommen und von Kim Gordon (→ **Sonic Youth**) und Don Fleming (→ **Gumball**) produziert. Explosionsartige Drums, kreischende Gitarren und das nervige Organ von Courtney Love zeichneten den intensiven und gleichzeitig verwirrenden Sound aus. Nach Tourneen durch Europa, u. a. im Vorprogramm von → **Mudhoney** begannen sich **Hole** aufzulösen. Courtney Love widmete sich ihrer Beziehung zu Kurt Cobain, den sie am 24. 2. 1992 heiratete.

Hole wurden Mitte 1992 mit der Drummerin Patty Schemel (* 24. 4. 1967, Seattle) und Lesley Hardy (b) für die brillante Single ›Beautiful Son‹ reaktiviert. Der »harte und melodische Song« (*The Face*) entwickelte sich zu einem Klassiker der postmodernen Punkära. Im Frühjahr 1993 veröffentlichte der *New Musical Express* einen Bericht über **Hole** unter der Überschrift: »Warum haßt jeder in der Musikbranche Courtney Love?«. Ebenfalls 1993 wurde Kristen Pfaff neue Bassistin für Hardy.

1994 entwickelte sich dann zum Unglücksjahr für Courtney Love und ihre Band. Anfang April sagten sowohl **Hole** als auch **Nirvana** bereits organisierte

Englandtourneen ab. Fünf Tage vor der Veröffentlichung der neuen Hole-LP LIVE THROUGH THIS (GB #13, US #52) erschoß sich Love-Ehemann Kurt Cobain mit einer Schrotflinte. Anstatt sich mit »der neuen Platte zu befassen, einer Trashpop-Oper zwischen Nihilismus und jähzornigen Gedanken« (*New Musical Express*), beschäftigten sich die Medien lieber mit Geschichten über das Paar Cobain / Love. Am 16. 6. 1994 starb Kristen Pfaff an einer Überdosis Heroin. Trotzdem erklärte Courtney Love, daß sie Hole weiterführen wolle. Nach kurzer Suche wurde die Kanadierin Melissa auf der Mauer (* 17. 3. 1972, Montreal) neue Bassistin, zuvor Mitglied bei Tinker. Nach einem katastrophalen Auftritt beim Reading Festival und weiteren mäßig beurteilten Konzerten fing sich die Band auf einer US-Tour, trat bei der Kultsendung ›Saturday Night Live‹ auf und erreichte mit LIVE THROUGH THIS Platinstatus.

Zwischendurch sorgte Courtney Love immer wieder für Schlagzeilen. Sie kündigte drei bislang unveröffentlichte Songs von Kurt Cobain an, unterstellte via Internet dem Nirvana-Drummer Dave Grohl, daß er mit → Pearl Jam liebäugle und lehnte ein Angebot von → Madonnas Label Maverick Records ab. Ende Januar wurde sie zu einer Geldstrafe verurteilt, weil sie auf einem Flug von Brisbane nach Melbourne handgreiflich geworden war. Einen Monat später zeichneten Hole eine Unplugged-Session für MTV auf.

Trotz weiterer Handgreiflichkeiten u. a. mit Fans bei einem Konzert in Orlando, Florida, gab es 1996 auch wieder positive Meldungen über Courtney Love, die für ihre Hauptrolle in dem Milos Forman-Film »Larry Flynt« gute Kritiken bekam. Der Film erhielt in Berlin den Goldenen Bären und in den USA zwei Golden Globes. Der 1997 veröffentlichte Sampler MY BODY THE HAND GRENADE enthielt 14 bisher unveröffentlichte Songs.

PRETTY ON THE INSIDE (1991) City Slang, EFA 04071 • LIVE THROUGH THIS (1994) City Slang, EFA 04935 • ASK FOR IT (1995) City Slang 21470 • (S) MY BODY THE HAND GRENADE (1997) City Slang 04995

Buddy Holly

Buddy Holly ging als »Rockpionier« (*Rolling Stone*) in die Geschichte ein. Obwohl er die »Schüchternheit eines hinterwäldlerischen Jungen« (*Stereo*) ausstrahlte, konnte er sich als Alternative zu Elvis → Presley und Chuck → Berry behaupten. Holly versah den Countrysong mit Rock'n'Roll-Rhythmik und schwungvollen Arrangements und schrieb ständig neue Songs, darunter Evergreens wie ›Peggy Sue‹ oder ›Rave On‹. Außerdem setzte er als Erster zwei Gitarren in einer Band ein. Mal als Solist, mal mit den Crickets eroberte Buddy Holly vor allem die englischen Charts. In den 90er Jahren diente sein Leben als Vorlage für das Erfolgsmusical »Buddy«.

Geboren am 7. 9. 1936 als Charles Hardin Holley in Lubbock, Texas, nahm er im Alter von fünf Jahren an einem Nachwuchswettbewerb teil. Er zeigte Interesse für Klavier und Violine, entschied sich aber für die Gitarre. Mit seinen Schulfreunden Bob Montgomery und Larry Welborn spielte Holly zu Beginn der 50er Jahre eine Musik, die als Western-Bop bezeichnet wurde und auf Bluegrass und Country basierte. Zwi-

schen 1953 und 1955 entstanden einige Aufnahmen für die lokalen Radiostationen KDAV und KSEL und Demobänder, die nach Hollys Tod unter dem Titel Holly In The Hills veröffentlicht wurden.
Im Herbst 1955 traten **Buddy & Bob** im Vorprogramm von Bill →Haley und Presley auf. Im Dezember machte Holly seine ersten vier Soloaufnahmen in Wichita Falls, Texas. Vier Wochen später trennte er sich von Montgomery und bildete mit dem Gitarristen Sonny Curtis (*9. 5. 1937) und dem Bassisten Don Guess das Trio **Buddy Holly And Two-Tunes**, das im Januar 1956 als Anheizer für Hank Williams eine 14tägige US-Tour in Little Rock, Arkansas, startete. Direkt im Anschluß daran nahm Holly vier Songs in Nashville auf, von denen er ›Blue Days, Black Nights‹ als Debütsingle auswählte.
Die **Two-Tunes** tourten im Mai 1956 mit Sonny James und holten im Juli den Drummer Jerry Allison (*31. 8. 1939) in die Band, die nun als **Buddy Holly And The Three-Tunes** weitermachte. Ende des Jahres machte Holly die Bekanntschaft des unabhängigen Musikproduzenten und Studiobesitzers Norman Petty. Im Februar 1957 spielte Holly mit Allison, Welborn, Niko Sullivan (g) sowie den Chorsängern Gary und Ramona Tollet seine Komposition ›That'll Be The Day‹ ein. Die Titelzeile stammte aus dem John Wayne-Film »The Searchers«. Danach stellte Holly seine Band um und rief mit Allison, Sullivan und Joe B. Mauldin (b) die erste Ausgabe der **Crickets** zusammen. Petty holte das Quartett in sein Studio nach Clovis, New Mexico, und überwachte u. a. eine rockige Neuaufnahme von ›That'll Be The Day‹, die im Frühjahr 1957 bei Brunswick Records herauskam. Holly hatte inzwischen eine Reihe erstklassiger Songs geschrieben, die auf schwarzem R&B, Texmex-Sound und Countrymusik basierten. Neben seinen Verpflichtungen für die **Crickets** unterschrieb er 1957 auch einen Solovertrag bei Coral Records.
Auf einer Package-Tournee mit Clyde McPhatter, den **Cadillacs** und Otis →Rush stellten **Holly und die Crickets** ihre neue Single ›That'll Be The Day‹ (GB #1, US #3) vor, die im September plötzlich unter den Top 10 stand. Über Nacht avancierte Buddy Holly zum nationalen Star, der dem Rock'n'Roll neue Impulse gab. Er favorisierte die bald darauf klassische Bandbesetzung mit Lead-, Rhythmusgitarre, Baß und Schlagzeug, experimentierte mit Streichern, nutzte als einer der ersten das Playback-Verfahren, indem er Stimme und Gitarre doppelte und machte die elektrische Fender Stratocaster-Gitarre populär.
In kurzen Abständen lieferten Holly und die **Crickets** nun Singlehits in Serie. Die **Crickets** legten 1957/58 ›Oh, Boy‹ (GB #3, US #10), ›Maybe Baby‹ (GB #4, US #19) und ›Think It Over‹ (GB #11, US #27) nach, und Holly brachte nach dem Evergreen ›Peggy Sue‹ (GB #6, US #3) ›Rave On‹ (GB #5, US #37) und ›Early In The Morning‹ (GB #17, US #32) heraus. Besonders in Großbritannien wurde Hollys temperamentvoller Stil, den er geschickt zwischen unsentimentaler Popromantik und Rockabilly ausbalancierte, geschätzt und beeinflußte damit die Beatmusik. Sein »Schluckauf-Gesang« (Musik Express) paßte hervorragend zu den melodiösen Uptempo-Balladen.
Nach erfolgreichen Tourneen durch die USA, Australien und England ging Holly im Juni 1958 zum ersten Mal wieder ohne die **Crickets** ins Studio. Er zog nach

New York und heiratete am 15. 8. 1958 die Puertoricanerin Maria Elena Santiago. Holly stellte vorübergehend eigene Plattenprojekte in der Hintergrund, und im September produzierte er die erste Single (›Jolé Blon‹) seines Freundes Waylon →Jennings, eines damaligen Radio-DJ. Während die **Crickets** durch die USA tourten, trat Holly in Fernsehsendungen auf. Ende Oktober 1958 trennte er sich von den **Crickets** und Manager Petty.

Anfang 1959 brachte Buddy Holly die Single ›Heartbeat‹ (GB #30, US #82) heraus und begann am 23. Januar die 24 Termine umfassende Tournee ›Winter Dance Party‹ mit **Dion & The Belmonts**, Big Bopper und Ritchie →Valens. Seine Begleitband bestand aus Waylon Jennings (b), Tommy Allsup (g) und Carl Bunch (dr).

Die Tour führte überwiegend durch den Mittelwesten der USA. Der Busreisen überdrüssig, charterte Holly am 2. Februar zusammen mit Valens, der um den Platz mit Allsup geknobelt hatte, und Big Bopper in Mason City, Iowa, ein Flugzeug. Wenige Minuten, nachdem die kleine Beechcraft Bonanza am 3. 2. 1959 gestartet war, verlor sie an Höhe und zerschellte am Boden. Im dichten Schneetreiben blieb der Absturz zunächst unbemerkt. Keiner der Passagiere überlebte den Absturz.

Dank des geschäftstüchtigen Norman Petty erschienen posthum in schneller Folge die Singles ›It Doesn't Matter Anymore‹ (GB #1, US #13), ›Midnight Shift‹ (GB #26) und ›Peggy Sue Got Married‹ (GB #13). Petty mischte ältere Aufnahmen neu ab oder bearbeitete bis dahin unveröffentlichtes Material, das vor allem in den englischen Hitparaden auftauchte: 1961/62 verkauften sich ›Baby I Don't Care‹ (GB #14) und ›Reminiscing‹ (GB #17) am besten, während 1963 ›Brown-Eyed Handsome Man‹ (GB #3, D #19), ›Bo Diddley‹ (GB #8) und ›Wishing‹ (GB #12) Top-20-Niveau und mehr erreichten.

Buddy Holly wurde im Januar 1986 in die Rock'n'Roll Hall of Fame aufgenommen. Zehn Jahre später würdigten u. a. Joe →Ely, Dave →Edmunds, die →**Nitty Gritty Dirt Band** und Mary-Chapin →Carpenter Hollys Werk mit dem Tribute-Album REMEMBERING BUDDY HOLLY.

Die **Crickets** setzten ihre Laufbahn mit wechselnden Besetzungen bis 1975 fort, allein Allison war ständig dabei. Weitere Hits waren ihnen jedoch nicht vergönnt, und so profitierten sie hauptsächlich vom Erscheinen von Hitkollektionen. Ein Comebackversuch auf Allisons Label Rollercoaster Records schlug 1988 mit dem Album THREE PIECE fehl.

THE ORIGINAL BUDDY HOLLY (1958) Coral 57210 • BUDDY HOLLY STORY (1959) Coral 52279 • BUDDY HOLLY STORY 2 (1960) Coral 57326 • REMINISCING (1963) Coral 57426 • SHOWCASE (1964) Coral 57450 • HOLLY IN THE HILLS (1965) Coral 57463 • BROWN-EYED HANSOME MAN (1968) MCA 2615 • NASHVIILLE SESSIONS (1975) MCA 8038 • (S) THAT'LL BE THE DAY (1961) Ace Of Hearts, AH 3 • (S) BEST OF (1966) Coral, CXB 8 • (S) GREATEST HITS (1967) Ace Of Hearts, AH 148 • THE GREAT BUDDY HOLLY (1967) Vocalion 73811 • (S) LISTEN TO ME (1968) MCA 312 • (S) RAVE ON (1968) MCA 313 • (S) HE'S THE ONE (1968) MCA 315 • (S) WISHING (1968) MCA 320 • (S) GIANT (1969) MCA 371 • (S) PORTRAIT IN MUSIC (1972) MCA 1108 • (S) THE COMPLETE BUDDY HOLLLY STORY (1973) MCA 7100 • (S) 20 GOLDEN GREATS (1977) MCA 4036 • (S) ORIGINAL FAVORITES (1980) MCA

27059 • (S) SOMETHING SPECIAL FROM ... (1986) Rollercoaster 2013 • (S) THE BUDDY HOLLY COLLECTION (1993) MCA 10883 • **Crickets**: CHIRPING CRICKETS (1958) Coral 9081 • IN STYLE (1960) Coral 9142 • SOMETHING OLD, SOMETHING NEW, SOMETHING BLUE, SOMETHING ELSE (1963) Liberty 3272 • BOBBY VEE MEETS THE ... (1963) Liberty 1258 • REMNANTS (1973) Vertigo 1020 • BUBBLEGUM, BOP, BALLADS & BOOGIES (1973) Philips 6308 149 • A LONG WAY FROM LUBBOCK (1974) Mercury 6310 007 • BACK IN STYLE (1975) MCA 2710 • THREE PIECE (1988) Rollercoaster • (S) ROCK REFLECTIONS (1972) Sunset, SLS 50207 • (S) RARE ITEM (1974) Coral 7335 • (S) THE COMPLETE CRICKETS (1984) Charly, CR 30226

Holy Modal Rounders

Pete Stampfel (voc, g), Steve Weber (voc, g)

Sie wurden als »die langlebigste, unbekannteste Rockband Amerikas« (*Rock Session*) und ihr skurriles Stilmischmasch als »Acid Folk« (*Rolling Stone*) bezeichnet. In zwei Jahrzehnten brachten es die **Holy Modal Rounders** auf gerade mal neun LPs. Sie verkauften wenig, genossen aber ihren Ruf als Kultformation. Die **Holy Modal Rounders** hatten einfach Spaß an ihrer Musik und »ersetzten geringe musikalische Kenntnisse durch eine ungebremste Experimentierfreudigkeit und Offenheit in bezug auf Sex- und Polittabus« (*Rock Dreams*).

Pete Stampfel (* 29. 10. 1938) und Steve Weber (* 22. 6. 1942) trafen sich 1963 in New York. Stampfel stammte aus Wauwatosa, Milwaukee, und verfügte über Folkerfahrungen aus lokalen Gruppen wie den **Mac Grund's Old Timey Wool Thumpers** oder der **St. Bridget String Band**. Weber wurde in Philadelphia geboren, hörte in seinem Elternhaus ausschließlich Folkplatten und schlug sich zunächst vier Jahre lang als Straßenmusiker in New York durch.

Die Plattenindustrie lehnte das Freak-Duo ab, dessen »absurde freie Assoziationen« (*Rolling Stone*), intoniert mit Volks- und Bluegrassmusik, eher Verwirrung stifteten, als große Umsätze zu versprechen. Das Repertoire des Debüts THE HOLY MODAL ROUNDERS setzte sich überwiegend aus ironisierten Traditionals wie ›Blues In The Bottle‹ oder ›Reuben's Train‹ zusammen. Nicht weniger verrückt und abwegig gestalteten die **Rounders** auch den Folksound auf VOLUME 2, mit dem das Duo sich in der Underground-Szene einen Namen machte.

1965 unterbrachen Stampfel und Weber ihre Zusammenarbeit und unterstützten die befreundeten → **Fugs** auf drei Alben. Zeitweise zählten sie zur festen Besetzung dieser Konkurrenten der → **Mothers Of Invention**. Der Erfolg der irrwitzigen **Fugs**-Botschaften, die Solidarität der neuen politischen Linken in den USA und die Möglichkeiten der Minimal-Musik ermunterten die **Holy Modal Rounders** 1967, ihr Konzept weiterzuverfolgen. Allerdings achteten sie nun auf mehr professionelles Entertainment ihrer ausgeflippten, audiovisuellen Happenings, bei denen sie hemmungslos die amerikanische Musikgeschichte parodierten. Stampfel und Weber ergänzten ihr Unternehmen durch den Drummer Sam Shephard und setzten nach einem Probetermin die Aufnahmen zu INDIAN WAR WHOOP fest, an denen sich außerdem die Sängerinnen

Antonia, Barbara, Wendy und der Keyboarder Lee Crabtree beteiligten.

Fortan wechselte die Besetzung ständig. Für kurze Zeit gehörte auch der spätere → **Doobie Brothers**-Gitarrist Jeff ›Skunk‹ Baxter zu dem Ensemble, dessen Sound »wie ein großes Kuriositätenkabinett erscheint, in dem jeden Augenblick etwas Neues, Unvorhergesehenes passiert« (*Sounds*). Größeres Interesse konnten die **Holy Modal Rounders** jedoch nur einmal erreichen, als sie 1969 den Song ›If You Want To Be A Bird‹ zum Soundtrack zu »Easy Rider« beisteuerten.

Zwischen 1972 und 1976 war es still um die **Rounders**. Dann beschlossen Stampfel und Weber gemeinsam mit Luke Faust (dr) und Robin Remailly (voc, man, vi) die Wiederauferstehung dieser »verrückten Mischung aus amerikanischen Musiktraditionen und bizarrer Originalität« (*Sounds*). Nach der konventionellen Country / Folkrock-LP ALLEGED IN THEIR OWN TIME holten sich Stampfel und Weber 1978 für LAST ROUND die **Clamtones** in das New Yorker Workshop Recording Studio. Ihre letzte Platte GOIN' NOWHERE FAST nahmen sie wieder als Duo auf.

Stampfel blieb dem Folk / Countryrock-Geschehen als liebenswerter Kauz erhalten. 1986 gründete er die **Bottlecaps**, eine merkwürdig verschrobene Country-Gruppe, die sich sympathisch unperfekt allen Kategorisierungen entzog.

THE HOLY MODAL ROUNDERS (1964) Prestige, PR 7720 • VOLUME 2 (1965) Prestige, PR 7410 • INDIAN WAR WHOOP (1967) ESP 1068 • MORAY EELS EAT THE HOLY MODAL ROUNDERS (1968) Elektra 74026 • GOOD TASTE IS TIMELESS (1971) Metromedia, MD 1039 • STAMPFEL & WEBER (1974) Fantasy 24711 • ALLEGED IN THEIR OWN TIME (1975) Rounder 3064 • LAST ROUND (1978) Adelphi, AD 1030 • GOING NOWHERE FAST (1981) Adelphi • **Pete Stampfel**: YOU MUST REMEMBER THIS (1995) Gert Town 1114 • **Pete Stampfel & The Bottlecaps**: BOTTLE CAPS (1987)

Hoodoo Gurus

Dave Faulkner (voc, g, key), Rick Grossman (b, voc), Mark Kingsmill (dr), Brad Sheppard (g, harm, voc)

Vom ursprünglichen Quintett der 1980 im australischen Sydney formierten **Le Hoodoo Gurus** blieb nach der Namenskürzung und der Independent-Single LEILANI 1983 nur Bandchef und Komponist Dave Faulkner übrig. Gemeinsam mit Sheppard, dem Bassisten Clyde Bramley und Schlagzeuger James Baker produzierte er 1984 die LP STONEAGE ROMEOS, eine ruppige, ungeschliffene Mischung aus Garagenpunk, Psychedelic-Gitarren und Glamrock à la Gary → Glitter. Die Platte kam an, und die **Hoodoo Gurus** wurden Australiens zugkräftigste Exponenten eines weltweiten Gitarren-Revivals. Der britische Markt reagierte am stärksten auf »die stampfende Trägheit des Sounds« (*New Musical Express*), und in den USA lief die Single ›I Want You Back‹ häufig in den Rockradiosendern. Die zynischen Texte zu grantigem Adrenalin-Rock machten die **Hoodoo Gurus** zu Lieblingen der Medien.

Das zweite Album MARS NEEDS GUITARS war eine herzhafte Mischung aus »Dresch-Beat, hübschem Chorgesang, Hymnen-Refrains und Country-Schlenkern« (*Musik Express*). Zuvor hatte Faulkner kurzerhand Baker, der vorübergehend bei den →Scientists mitgewirkt hatte, gegen Mark Kingsmill ausgewechselt. Als Favoriten der nordamerikanischen Collegejugend und der europäischen Gitarrenrockfans gefeiert, machten die Hoodoo Gurus auch auf der Bühne mit »grenzüberwindender Lebendigkeit« (*Zitty*) auf sich aufmerksam. In ihre Liveshows streuten sie humorvoll überarbeitete Songs von Nancy Sinatra (›Lightning Girl‹), Tommy →James (›Hanky Panky‹) und Fats →Domino (›I'm Gonna Be A Wheel Someday‹) ein. Ohne ihre Faszination einzubüßen, gestalteten die Hoodoo Gurus ihr drittes Album BLOW YOUR COOL! transparenter und damit kompromißbereiter als die LP-Vorgänger. Trotzdem galt ihre Leidenschaft weiterhin dem kantigen Gitarrenrock mit »teils kernigen, teils hochkomplexen Gesangsarrangements« (*Hifi Vision*). Die Single ›What's My Scene‹ belegte wochenlang Spitzenplätze in den australischen Charts, scheiterte aber knapp am Eintritt in die US-Hitparade. Die Band vertraute auch 1989 – jetzt mit Rick Grossman anstelle von Bramley – auf zahlreiche Zitate zwischen Mersey-Beat, Sixties-Pop, Südstaatenrock und Punkenergie. MAGNUM CUM LAUDER verkörperte einen nunmehr ausgereiften, eigenständigen Stil, der über viel Hitpotential verfügte, aber trotzdem die Chartshürden außerhalb Australiens nicht überwinden konnte.

Der Enthusiasmus für Sounds der 60er Jahre dominierte im Sommer 1991 auch die von der Gruppe selbst produzierte LP KINKY. Angesiedelt »zwischen deftigem Gitarrenrock, eingängigem Powerpop und sahnigen Balladen« (*Hifi Vision*) enthielt das Album melodische Songs. Ed Stasium (→Ramones, →Living Colour) verantwortete die Produktion des Albums CRANK vom Oktober 1994. Stasium verpaßte »dem geraden, schnörkellosen Werk den groben Charme einer Live-Aufnahme« (*Musik Express*). Die Band spielte wie aus einem Guß, glänzte mit schrillen Fuzzgitarren und variierte geschickt zwischen Beat und respektlosem Punk. Nach der Veröffentlichung von BLUE CAVE attestierte *Billboard* den Hoodoo Gurus einen »herzhaften Rock für Erwachsene«, der aber erneut nur wenig Käufer fand.

STONEAGE ROMEOS (1984) Big Time, CDBT 7018 • MARS NEEDS GUITARS (1985) Arista 880 144 • BLOW YOUR COOL! (1987) Chrysalis 258 301 • MAGNUM CUM LAUDER (1989) RCA, PD 90362 • KINKY (1991) RCA, PD 90558 • CRANK (1994) Mushroom 375 7453 • BLUE CAVE (1996) Mushroom 303 0455

Earl Hooker

Sein Vater Earl Hooker Sen. spielte Gitarre und Mundharmonika, und seine Mutter Mary Blare war Mitglied der Vokalgruppe Rabbit Foot Minstrels. John Lee →Hooker und Joe Hinton waren seine Cousins, und Kansas City Red ein Onkel von Earl Hooker Jr. Damit war die musikalische Laufbahn des Autodidakten, der am 15. 1. 1930 in Clarksdale, Mississippi, geboren wurde, schon vorgegeben. Als er elf Jahre war, zog die Familie nach Chicago um. Hier lernte Hooker Bo →Diddley kennen und perfektionierte sein Gitarrenspiel unter Anleitung von Robert →Nighthawk, der Hooker 1947 in seine Band aufnahm.

Zwischen 1949 und 1951 tourte Earl Hooker in der Gruppe von Ike Turner durch

Tennessee, Mississippi und Florida und machte mit Sonny Boy →Williamson (Rice Miller) in Helena, Arkansas, Aufnahmen für eine Radiostation. Ab 1953 leitete Hooker eine eigene Band, spielte aber außerdem mit Otis →Rush und Lilian Offitt. Die ersten Aufnahmen machte »einer der feinsten modernen Bluesgitarristen« (*Downbeat*) 1952 für Rockin' Records in Memphis, Tennessee.
Ein komplettes Album nahm Earl Hooker erst 1968 auf. Zuvor nahm er Engagements bei Junior →Parker und Junior →Wells an, gründete die **Invaders** und trat 1965 neben den →**Beatles** in der TV-Show Ready Steady Go auf. 1966 spielte er mit Muddy →Waters in Sauk City, Wisconsin, und konnte in Chicago den Sänger Little Tommy für seine Pläne gewinnen.
Earl Hooker beeinflußte mit seiner präzisen Spielweise und seinem einmaligen Gitarrensound u. a. Jimi →Hendrix und Elvin →Bishop. Hooker gelang es, »erfolgreich neue Techniken mit alten Traditionen zu vermischen« (*Coda*). In den 60er Jahren wurde der Gitarrist zum Vorbild junger weißer Musiker, die den Blues für sich entdeckten und modernisierten.
Die besten Platten von Hooker entstanden in den späten 60er Jahren. Dazu gehörten sein Solo SWEET BLACK ANGEL, die Electric Guitar-Demonstration DON'T HAVE TO WORRY und seine Kooperation mit dem weißen Keyboarder Steve Miller (**Linn County**) von 1969. In diesem Jahr erkrankte Earl Hooker an Tuberkulose und starb am 21. 4. 1970 in Chicago

TWO BUGS AND A ROACH (1953) Arhoolie, ARH 1066 • PLAY YOUR GUITAR MR. HOOKER (1968) Cuca, BT 1093 • DON'T HAVE TO WORRY (1969) Bluesway 6032 • SWEET BLACK ANGEL (1969) One Way 22120 • LEADING BRAND (1977) Red Lightnin', RL 0018 • (S) THE FIRST AND THE LAST RECORDINGS (1975) Arhoolie, F 1044 • (S) BLUE GUITAR (1991) Paula 18 • Mit Steve **Miller**: HOOKER AND STEVE (1969) Arhoolie, F 1051 • Mit **Magic Sam**: EARL HOOKER / MAGIC SAM (1966) Charly, CBR 1134

John Lee Hooker

»Blues ist die Wurzel jeglicher Musik. Ganz gleich ob Jazz, Balladen, Rock 'n' Roll – alles kommt vom Blues. Auch wenn du noch soviel veränderst – wenn du auf den Punkt kommen willst, erkennst du, daß Musik immer im Blues ihren Ursprung hat« – Worte des großen John Lee Hooker, einem der wichtigsten Interpreten des Rhythm & Blues und modernen Blues. Er schuf zudem eine neue Form des Blues, geprägt von seinem harschen, guttural-monotonen, eher erzählenden Gesangsstil und einer perkussiv-rhythmischen Gitarrentechnik. Einige seiner bekanntesten Kompositionen, z. B. ›Dimples‹ oder ›One Bourbon, One Scotch, One Beer, fanden unzählige Nachahmer; insgesamt veröffentlichte er über 100 Langspielplatten, die unter verschiedenen Pseudonymen herauskamen.
John Lee Hooker wurde am 22. 8. 1917 in Clarksdale, Mississippi, geboren und wuchs auf der Farm seines Stiefvaters William Moore auf. Er war es auch, der John Lee die ersten Gitarrengriffe beibrachte und ihn ermutigte, im Spiritualchor der Kirche mitzusingen. Hooker stammte aus einer Baumwollgegend, die bekannte Deltamusiker wie Big Bill

→Broonzy, Mississippi John Hurt und Sonny Boy →Williamson (Rice Miller) hervorgebracht hatte. Seine Vorbilder waren u. a. Blind Lemon Jefferson, Blind Blake und Charley Patton.
Als 14jähriger riß Hooker zum ersten Mal von zu Hause aus, da er lieber in Kneipen und auf Farmerfesten simplen Folkblues vortrug. Er schlug sich bis nach Memphis, Tennessee, durch, verkaufte abends Süßigkeiten in einem Kino und jammte nachts mit Robert →Nighthawk. Die Familie holte ihn schließlich zurück, doch schon 1933 tauchte der 16jährige bei einer Tante in Cincinnati, Ohio, auf. Zwei Jahre lang verzichtete Hooker auf Musik und arbeitete in einer Fabrik, bis er doch wieder mit Gospelgruppen wie **Big Six**, **Delta Big Four** und **Fairfield Four** durch die Region um Cincinnati zog. 1943 ging John Lee Hooker nach Detroit und fand Arbeit in einem Ford-Automobilwerk. Abends trafen sich die Bluesfans in der Hastings Street, und Hooker bekam bald darauf die Gelegenheit zu Aufnahmen für die örtlichen Labels Modern, King und Regent/Savoy Records.
Muddy →Waters machte als erster den harten, stampfenden, zeitgemäßen Großstadtblues populär. Hooker folgte seinen Spuren und wurde 1948 von Elmer Barbee an den Produzenten Bernie Bessman vermittelt. Gleich mit der ersten Aufnahme gelang Hooker ein Tophit: der Klassiker ›Boogie Chillen‹. 1951 überschritt ›I'm In The Mood‹ die Millionenauflage. Hooker musizierte mit »einer tiefschürfenden, unbeschreiblichen Eindringlichkeit« (*Jazz Podium*), pflegte eine urwüchsige Slide-ähnliche Gitarrenspielweise und seinen typischen, rezitativen Gesang. Hooker galt als der afrikanischste unter den Bluesgrößen und fand die richtige Mischung aus Country-Authentizität und urbaner Aggressivität.
Im Verlauf der 50er Jahre überschwemmte John Lee Hooker den Schallplattenmarkt. Er setzte immer stärker auf kräftige R&B-Motive, ohne sich zu weit von den einfachen Bluesstrukturen zu entfernen. 1960 gehörte er zu den wenigen Bluesmusikern, die zum 2. Newport Folk Festival eingeladen wurden, im Jahr darauf spielte er in Gerde's Folk City (im Vorprogramm trat Bob →Dylan auf) in New York, und 1962 war er am ersten American Folk Blues Festivals beteiligt, das alljährlich Europa bereiste. Die europäischen Fans reagierten euphorisch auf den schroffen Geschichtenerzähler. Bands wie die →**Animals**, →**Rolling Stones** oder die →**Yardbirds** lernten von Hooker, der eine Zeitlang mit den →**Groundhogs** durch Großbritannien zog.
Als erste Hooker-Platte plazierte sich im Mai 1962 die Single ›Boom Boom‹ (US #60) in den Popcharts. 1964 war er mit ›Dimples‹ (GB #21) in Großbritannien erfolgreich und arbeitete mit **John →Mayall's Bluesbreakers** zusammen. Er tourte fast ständig durch Nordamerika, kam bis 1967 regelmäßig nach Europa und veröffentlichte eine unübersichtliche Zahl von Alben. Muddy Waters, Otis →Spann und Luther Johnson begleiteten Hooker beim 1966 veröffentlichten Mitschnitt LIVE AT THE CAFE AU GO GO, Eddie ›Guitar‹ Burns war bei MORE REAL FOLK BLUES mit dabei, und 1969 wurde Hooker auf FEELS SO GOOD von Carey →Bell und Lowell →Fulson unterstützt. Im gleichen Jahr entstand LONESOME MOOD mit dem Pianisten Mose Allison und Earl →Hooker.
John Lee Hooker, der Ende der 60er Jahre

öffentlich die Vietnampolitik der USA kritisierte, übersiedelte 1970 nach San Francisco und später ins kalifornische Oakland. Mit der Boogie- und Bluesband → **Canned Heat** nahm er in einem Studio in Los Angeles das erfolgreiche Doppelalbum HOOKER 'N HEAT (US #62) auf, das Anfang 1971 erschien. Fast zeitgleich kam ENDLESS BOOGIE (US #80) heraus, eine Doppel-LP, bei der Hooker wiederum von Mitgliedern von **Canned Heat** und Teilen der **Steve → Miller Band** unterstützt wurde. Außerdem war er mit seiner neuformierten **Coast To Coast Blues Band** auf Tournee.

John Lee Hooker wurde weltweit gefeiert und respektiert. Sein charakteristischer Talking-Blues und der sich eindringlich wiederholende, pure Beat hatten nichts von ihrem ursprünglichen Reiz eingebüßt. Dabei bediente er sich in der Regel immer wieder der gleichen dramaturgischen Mittel. Er unterbrach urplötzlich den Rhythmus, gleichzeitig erstarb die tiefe, rauhe Stimme, um dann stotternd und zögernd fortzufahren. Der trockene Rhythmus setzte wieder ein, während Hookers unverständliches Gemurmel im lauter aufbrausenden Sound unterging. Durch Tempiwechsel, rhythmische Breaks und theatralische Stimmfärbungen gewann er an emotionaler Ausdruckskraft.

Zu Beginn der 80er Jahre ließen Hookers Aktivitäten etwas nach. Van → Morrison und Charlie → Musselwhite folgten seiner Einladung zur Einspielung von NEVER GET OUT OF THESE BLUES ALIVE. George → Thorogood baute auf seinen Kompositionen den Stil und das Repertoire seiner **Destroyers** auf. Außerdem arbeitete Hooker mit den Kollegen → Lightnin' Hopkins, Big Mama Thornton und Smokey Hogg zusammen und gab ein kurzes Gastspiel in dem Kultfilm »The Blues Brothers«, der 1980 anlief. Aus gesundheitlichen Gründen trat er Mitte der 80er Jahre etwas kürzer, erlebte aber als inzwischen 69jähriger 1988 ein phantastisches Comeback. Hooker tourte durch die USA und nahm unter Mitwirkung von Carlos Santana, Bonnie → Raitt, Robert → Cray und anderen hochkarätigen Musikern THE HEALER (GB #63, US #62, D #17) auf.

1989 spielte Hooker beim 30. Newport Folk Festival, feierte in einem Club in Sweetwater, Kalifornien, seinen 72. Geburtstag, zusammen mit Albert → Collins, Santana, Cray und Ry → Cooder, war als Gast an der Studioversion von Pete → Townshends Musical »Iron Man« beteiligt und wurde im Februar 1990 für ›I'm In The Mood‹, ein Duett mit Bonnie Raitt, mit einem Grammy für die beste traditionelle Bluesaufnahme gewürdigt.

1990 unterstützte Hooker seinen langjährigen Gitarristen Mike Osborn auf dessen zweiter Soloplatte A CASE FOR THE BLUES und realisierte außerdem den Soundtrack zum Film »The Hot Spot« mit Dennis Hopper in der Hauptrolle. Hookers Partner bei fast allen Stücken war der Jazztrompeter Miles Davis, ansonsten waren Roy → Rogers und Taj → Mahal mit von der Partie. 1991 war er Gast auf Charlie Musselwhites Album SIGNATURE. Im selben Jahr gelang Hooker mit MR. LUCKY (GB #3, D #13) ein Erfolg auf dem europäischen Markt. Diesmal wirkten Collins, Cooder, Cray, John → Hammond, Johnny → Winter, Morrison, Santana, Keith Richards und Booker T. Jones mit. ›The Hook‹, so sein Spitzname, wurde 1991 in die Rock 'n' Roll Hall of Fame aufgenommen.

Von Hooker ließen sich auch Hardrock-

Gitarristen wie Gary →Moore oder die Metalband →Metallica inspirieren. John Hammond und Branford Marsalis baten 1992 den Blueschampion zu Aufnahmen. Außerdem stellte er in der britischen TV-Show Tops of the Pops seinen Top-20-Erfolg ›Boom Boom‹ (GB #16) vor, die Überarbeitung einer seiner populärsten Kompositionen. Sie war auf dem gleichnamigen Album (GB #15, D #3) enthalten, das im Spätherbst 1992 veröffentlicht wurde. Nach wie vor gelang es Hooker perfekt, »zeitgemäßen Blues zwischen Tradition und Gegenwart« (*Musik Express*) zu präsentieren. Seine Fähigkeiten auf der Gitarre schätzte er im Oktober 1991 so ein: »Ich bin kein Gott auf der Gitarre, der in einer Sekunde unzählige, atemberaubende Riffs aus seinem Instrument schüttelt. Ich bin vielmehr ein Gitarrist, der allein mit Feeling die Welt des Blues auslotet« (John Lee Hooker).

Chill Out (GB #23), erneut mit Santana, Morrison, Jones sowie Charles →Brown eingespielt, brachte dem inzwischen 76jährigen im Februar 1996 einen weiteren Grammy für das beste traditionelle Bluesalbum ein.

NO FRIEND AROUND (1948–51) Charly, CR 30170 • HOUSE OF THE BLUES (1951–53) Chess 515025 • MADMAN BLUES (1950–66) P-Vine, PLP 837 • DON'T TURN ME FROM MY DOOR (1953) Atco 82365 • BURNING HILL (1959) Riverside 555 • THE BLUES (1959) Crown 5157 • MOANIN' THE BLUES (1960–61) Charly, CR 1029 • SOLID SENDER (1960–63) Charly, CR 1081 • THAT'S MY STORY (1960) Riverside • BLUE (1960) Fontana 883269 • YOU'RE LEAVIN' MY BABY (1961) Riverside 673685 • PLAYS AND SINGS THE BLUES (1961) Chess 1454 • TUPELO BLUES (1962) Riverside 673020 • FOLKLORE OF JOHN LEE HOOKER (1962) Vee Jay 1033 • LIVE AT SUGAR HILL (1962) Galaxy 8205 • THE BIG SOUL (1963) Vee Jay 1049 • PREACHIN' THE BLUES (1964) Stateside 10053 • CONCERT AT NEWPORT (1964) Joy, S 142 • I WANT TO SHOUT THE BLUES (1964) Vee Jay 1066 • IT SERVES YOU RIGHT TO SUFFER (1966) Jasmine, JAS 64 • THE REAL FOLK BLUES (1966) Chess, CHD 9271 • JOHN LEE HOOKER (1966) Verve 3003 • SEVEN DAYS AND SEVEN NIGHTS (1966) Verve • MORE REAL FOLK BLUES (1966) Chess, CHD 9329 • URBAN BLUES (1967) Bluesway, BLS 6012 • LIVE AT THE CAFE AU GO GO (1967) Bluesway, BLS 6002 • DRIFTING BLUES (1967) Atlantic 590003 • KING OF FOLK BLUES (1968) America 6074 • ORIGINAL FOLK BLUES (1968) Kent, KLP 5025 • SIMPLY THE TRUTH (1968) One Way 22136 • IF YOU MISS'IM ... I GOT'IM (1969) Bluesway, BLS, 6038 • LONESOME MOOD (1969) MCA 1365 • NOTHING BUT THE BLUES (1969) • I FEEL GOOD (1969) Carson, JCD 5005 • GET BACK HOME (1969) Black & Blue 33553 • TRAVELIN' (1969) Joy 129 • ALONE (1970) Specialty, SNTF 5005 • THAT'S WHERE IT'S AT (1970) Stax 1025 • MOANIN' BLUES (1970) Polydor 2310054 • NO FRIEND AROUND (1970) Red Lightnin', RL 003 • ENDLESS BOOGIE (1971) ABC 720 • COAST TO COAST BLUESBAND ANYWHERE, ANY TIME, ANY PLACE (1971) United Artists 29222 • LIVE AT THE SOLEDAD PRISON (1971) ABC 761 • BOOGIE CHILLUN (1971) Fantasy 24706 • NEVER GET OUT OF THESE BLUES ALIVE (1971) ABC 736 • KABUKI WUKI (1972) Bluesway, BLS 6052 • I FEEL GOOD (1973) Jewel 5005 • JOHNNY LEE (1973) • BORN IN MISSISSIPPI, RAISED IN TENNESSEE (1973) ABC 738 • SLIM'S STOMP (1973) Polydor 2310256 • JOHNNY LEE VOLUME 1(1973) Green Bottle, G 4002 • FREE BEER & CHICKEN (1974) ABC 838 • ON THE WATERFRONT (1975) Vogue 590300 • JOHN LEE HOOKER (1975) New World, NW 6003 • BLACK RHYTHM 'N' BLUES (1975) Festival, ALB 186 • BLUES BEFORE SUNRISE (1976) Bulldog 1011 • MOANIN' & STOMPIN' THE

BLUES (1976) King, KS-1085 • THE RISING SUN COLLECTION (1977) Just A Memory, RS 0001 • LIVE (1978) Lunarz, LZS 2008 • THE CREAM (1978) Tomato 2696092 • LIVE & WELL (1978) Ornament, CH-7104 • LIVE IN '78 (1978) Lunar, L2S-2008 • STILL ALONE – LIVE IN NEW YORK (1982) MMG 640005 • HOOKER ALONE VOLUME 2 (1982) • HOOKERED ON BLUES (1983) JSP 1059 • DO THE BOOGIE (1984) Bulldog 20052 • THE HEALER (1989) Silvertone, ZD 74307 • THE HOT SPOT (1990) Soundtrack Antilles 846813 • MR. LUCKY (1991) Silvertone, ZD 75087 • BOOM BOOM (1992) Pointblank 786553 • CHILL OUT (1994) Pointblank 840107 • DON'T LOOK BACK (1997) Pointblank 842771 • (S) GRAVEYARD BLUES (1948–1950) Sensation, CHD 421 • (S) BLUES BROTHER (1948–1951) Sensation, CHD 405 • (S) ALTERNATIVE BOOGIE: EARLY STUDIO RECORDINGS (1948 - 1952) • (S) PLAYS AND SINGS THE BLUES (1951–1952) Chess, CHD 9199 • (S) THE BOOGIE CHILLEN MAN (1951–1961) • (S) HOUSE OF THE BLUES (1952–1966) Chess • (S) THE ULTIMATE COLLECTION (1948–1990) • (S) MAMBO CHILLUN (1955–1957) Vee Jay, BM 19 • (S) THE EARLY YEARS (1955–1964) Vee Jay 71659 • (S) THE COMPLETE CHESS FOLK BLUES SESSIONS (1966) Chess, MCAD 18335 • (S) INTRODUCING (1971) • (S) THE REAL BLUES (1972) Bellaphon, BJS 4037 • (S) STAR COLLECTION (1973) Midi 20042 • (S) DIMPLES (1977) DJM 28026 • (S) BLACK SNAKE (1977) Fantasy 24722 • (S) THIS IS HIP (1980) Charly 1004 • (S) EVERYBODY ROCKIN' (1981) Charly, CR 1014 • (S) BLUESVILLE (1981) Riverside 61140 • (S) TANTALIZING WITH THE BLUES (1982) MCA 1696 • (S) DO THE BOOGIE (1984) Happy Bird, BI 90165 • (S) ALTERNATIVE BOOGIE: EARLY STUDIO RECORDINGS, 1948–1952 (1995) Capitol 833912 • Mit **Groundhogs**: LONDON SESSIONS (1965) Intercord 128607 • Mit John Mayall und **Groundhogs**: JOHN LEE HOOKER WITH JOHN MAYALL WITH THE GROUNDHOGS (1972) Cleve, CH 82871 • Mit **Canned Heat**: HOOKER 'N HEAT (1970) Liberty 83479 • Mit **Lightnin' Hopkins** und Smokey **Hogg**: HOOKER, HOPKINS & HOGG (1973) Sepcialty, SNTF 5013 • Zakiya **Hooker**: FLAVORS OF THE BLUES (1997) Virgin 841588

Hooters

Eric Bazilian (voc, g, b, man, acc, sax), Rob Hyman (voc, key, melodika), Mindy Jostyn (g, harm, vi, voc), Andy King (b, voc), John Lilley (g), David Uosikkinen (dr)

»Lockere Rockmusik mit Herz, Hirn und Bauch« (*Musik Express*), die für sie typische Melodika und melodiöser Erfindungsreichtum mit Folk-, Reggae- und Popelementen verhalfen den **Hooters** 1985 zu einem weltweit beachteten Einstand. Die LP Nervous Night erreichte eine Millionenauflage und enthielt zahlreiche potentielle Hits. Der Bandname war gleichzeitig der Spitzname, den sie ihrem charakteristischen Lieblingsinstrument – der Melodika – gegeben hatten. Aber auch mit Mandoline, Akkordeon und Violine produzierten sie einen exotischen Sound, den sie mit einem hervorragenden mehrstimmigen Gesang veredelten.

Eric Bazilian und Rob Hyman waren der kreative Kern der Band. Sie lernten sich Mitte der 70er Jahre auf der University of Pennsylvania kennen und gründeten zunächst mit dem späteren **Hooters**-Produzenten Rick Chertoff (perc), David Kagan (voc), David Darth (dr) und John Siegler (b) das erfolglose Unternehmen **Baby Grand**. Nach drei Alben entwickelten sie 1980 mit den aus der lokalen Szene rekrutierten Musikern John Lilley,

Andy King und David Uosikkinen das feingliedrige, filigrane, folkloristisch angehauchte Konzept für die **Hooters**, die auf einem Independent Label mit der Ska-beeinflußten Single ›Fighting On The Same Side‹ und der Mini-LP AMORE debütierten.

AMORE verkaufte sich über 100 000mal und weckte das Interesse der großen Plattenfirmen. Bazilian und Hyman engagierten sich jedoch inzwischen als Songwriter, Arrangeure und Musiker für die Sängerin Cyndi →Lauper und deren erfolgreiche erste LP SHE'S UNUSUAL. Hyman war Co-Autor des Bestsellers ›Time After Time‹.

Nach dem Ende der Zusammenarbeit mit Cyndi Lauper nahm die Produktion von NERVOUS NIGHT (US #12, D #41) fast ein Jahr in Anspruch. Diese Mühe und ihre ausgeprägte Liebe zum Detail zahlten sich aus und machten die **Hooters** zur »Best New American Band Of 1985« (*Rolling Stone*). Vier Titel waren als Singleauskopplungen erfolgreich: ›All You Zombies‹ (US #58, D #17), ›And We Danced‹ (US #21, D #72), ›Day By Day‹ (US #18) und ›Where Do The Children Go‹ (US #38) mit Gastsängerin Patty →Smyth. Die **Hooters** wurden nun von →**Squeeze**, Don →Henley und →**Loverboy** für Tourneen angeheuert und bewiesen ihre Professionalität auch auf der Bühne. Das vielseitig begabte Quintett überzeugte durch Spielfreude, überraschende Improvisationen und eine stimmungsvolle Atmosphäre.

Eine kluge »Mischung traditioneller Folkelemente mit modernen Mainstreamrhythmen« (*Stereoplay*) prägte auch das zweite Album ONE WAY HOME (US #27, D #17) vom Spätsommer 1987 mit den Singles ›Johnny B‹ (US #61, D #7), ›Satellite‹ (GB #22, US #61, D #34) und ›500 Miles‹ (US #97) sowie einem Folkklassiker von →**Peter, Paul & Mary**, die an der Aufnahme beteiligt waren.

Anfang 1990 stellten die **Hooters** ihr drittes Album fertig. ZIG ZAG profitierte von dem ungewöhnlichen Zusammenspiel zwischen Akkordeonromantik und Mainstreamgitarren. Die LP verfehlte die Charts, erhielt aber einen Music Award der Academy of Music in Philadelphia.

1991 wirkten Bazilian und Hyman auf einem Album von Taj →Mahal mit. Ein Jahr später verstärkten sich die **Hooters** mit der hochtalentierten Songwriterin Mindy Jostyn und produzierten in den Ardent Studios in Memphis, Tennessee, die LP OUT OF BODY (D #59). »Rock, Reggae, Country, in bester Harmonie« (*Stereo*) kam vor allem bei den deutschen Fans an. Perfekt, professionell und gleichzeitig einfühlsam präsentierte das Sextett solide Popmusik in einem vielleicht etwas altmodischen Stil. Seit OUT OF BODY ist die Zukunft der **Hooters** ungewiß, und so erschienen 1993 / 94 lediglich die Sampler GREATEST HITS (D #21), GREATEST HITS, VOL. 2 (D #47) und der Mitschnitt THE HOOTERS LIVE (D #40).

1995 unterstützte die Band die Sängerin und Komponistin Joan →Osborne auf deren Album RELISH und Mindy Jostyn bei FIVE MILES FROM HOPE, einem hervorragenden Folk / Country-Rock-Album.

AMORE (1984) Mini-LP • NERVOUS NIGHT (1985) Columbia 462 485 • ONE WAY HOME (1987) Columbia 465 564 • ZIG ZAG (1989) Columbia 465 084 • OUT OF BODY (1993) MCA, MCD 10800 • THE HOOTERS LIVE (1994) MCA, MCD 11071 • (S) GREATEST HITS (1993) Columbia 472 391 • (S) GREATEST HITS, VOL. 2 (1994) Columbia 477 670 • Eric **Bazilian** und Rob **Hyman** mit **Baby Grand**: BABY GRAND (1978) Arista 4148 • ANCIENT MEDICINE (1979) Arista 4200 • IN CONCERT (1979) Decca, MOR 520 • Mindy **Jostyn**: FIVE MILES FROM HOPE (1995) Demon; FIENDCD 781

Hootie & The Blowfish

Mark Bryan (g), Dean Felber (b), Darius Rucker (voc, g), Jim ›Soni‹ Sonefeld (dr)

»Markanter Rock mit Einflüssen aus Folk, R&B und Soul-Pop« (*Musikmarkt*) verhalf **Hootie & The Blowfish** und ihrer LP CRACKED REAR VIEW zu einem der erfolgreichsten Debüts der US-Popgeschichte. Das muntere Quartett, das seine Instrumente stilsicher beherrschte, setzte auf melodische, eingängige Songs und hatte in Darius Rucker einen außergewöhnlichen Sänger.

Darius Rucker (* 13. 5. 1966, Charleston, South Carolina) sang im Schulchor und studierte an der University of South Carolina in Columbus Journalismus. Mit Mark Bryan (* 6. 5. 1967, Gaithersburg, Maryland) gründete er die Campusband **Wolf Brothers**, der sich bald darauf auch Dean Felber (* 9. 6. 1967, Bethesda, Maryland) anschloß. Bryan und Felber kannten sich aus der High School-Gruppe **Missing In Action**. Ab 1986 nannten sie sich **Hootie & The Blowfish** nach den Spitznamen ihrer Kumpels Ervin Harris (›Hootie‹) und Donald Feaster (›Blowfish‹), mit denen Rucker im Universitätschor sang. Als Drummer vervollständigte Brantley Smith das Quartett.

1989 übernahm Jim ›Soni‹ Sonefeld (* 20. 10. 1964, Grand Rapids, Maryland) von **Tooties & The Jones** das Schlagzeug, und Rusty Harmon kümmerte sich um das Management von **Hootie & The Blowfish**. Die Band spielte annähernd 250 Gigs pro Jahr im Südosten der USA, wuchs dabei immer enger zusammen und realisierte erste, von unabhängigen Labels veröffentlichte Aufnahmen wie die fünf Songs von ›Hootie & The Blowfish‹ (1990), die EP ›Time‹ (1991) und die selbstfinanzierte Mini-LP KOOTCHYPOP (1993), bei der sie von Don Dixon, dem Produzenten von →**R.E.M.**, unterstützt wurden und die sich 50 000 Mal verkaufte.

Tim Sommer von Atlantic Records wurde auf **Hootie & The Blowfish** aufmerksam und brachte sie für das Album CRACKED REAR VIEW (GB #12, US #1) mit dem Erfolgsproduzenten Don Gehman (John →Mellencamp, **R.E.M.**) zusammen. Die Platte erschien im Juli 1994 und erreichte im Mai 1995 die Chartsspitze. Dazwischen erschienen die Singles ›Hold My Hand‹ (GB #50, US #10) mit David →Crosby als Chorsänger und ›Let Her Cry‹ (GB #75, US #9, D #78) sowie eine Version des →**Led Zeppelin**-Titels ›Hey Hey What Can I Do‹ (US #17) für das Album ENCOMIUM: A TRIBUTE TO LED ZEPPELIN vom April 1995.

Der Titel CRACKED REAR VIEW basierte auf einer Textzeile aus »Learning How To Love You« von John →Hiatt: »Er sieht in einem zerbrochenen Rückspiegel sein Leben. Das paßt perfekt, denn die Songs sind eine Art Retrospektive der letzten vier Jahre« (Jim Sonefeld). Mit zahlreichen Zitaten und doch eigenständig erzeugten **Hootie & The Blowfish** einen zeitgemäßen, von Soul und Folk beeinflußten Gitarrensound, der sich prächtig fürs Radio eignete.

Im Juni 1995 startete die Band ihre erste

US-Tour als Hauptattraktion, spielten beim American Music Festival vor 20 000 Fans und heimsten bei der 12. Verleihung der MTV Video Music Awards die Trophäe für die besten neuen Künstler ein. Im Herbst 1995 veröffentlichten sie ›Only Wanna Be With You‹ (US #6, D #65) und ›Time‹ (US #14), zwei weitere Singles der Extraklasse aus dem Album CRACKED REAR VIEW, das bis zum Januar 1996 zwölf Millionen Mal verkauft wurde und als dritterfolgreichstes Debüt nach Whitney → Houston und → Meat Loafs BAT OUT OF HELL gilt.

Im Februar 1996 erhielten **Hootie & The Blowfish** für den besten Gesangsvortrag bei ›Let Her Cry‹ und als beste neue Künstler zwei Grammies. Im April produzierten sie eine Unplugged-Show für MTV und veröffentlichten das Album FAIRWEATHER JOHNSON, wiederum von Don Gehman produziert. David Crosby war wieder als Gast im Studio: »14 Songs lang relaxter Schaukelstuhl-Rock, der vor Melodienseligkeit, instrumentalem und vokalem Wohlklang sowie geradezu gespenstisch anmutender Perfektion strotzt« (*Musik Express*). Vielleicht klangen sie zu perfekt, denn nach den Singles ›Old Man And Me‹ (GB #57, US #13, D #75) und ›Tucker's Town‹ (US #38) sanken die Aktien von **Hootie & The Blowfish** zumindest in Europa.

KOOTCHYPOP (1993) Mini-LP • CRACKED REAR VIEW (1994) Atlantic 7567–82613 • FAIRWEATHER JOHNSON (1996) Atlantic 7567–82886

Lightnin' Hopkins

Sam Hopkins verdankte den Spitznamen ›Lightnin‹ seiner temperamentvollen Gitarrentechnik. Der Blueschronist Paul Oliver beschrieb seine Musik als »teils schroffe, teils nach innen gekehrte, manchmal auch extrovertierte Tanzstücke. Seine poetische Erfindungsgabe ließ ihn nur selten im Stich, und so sang er über seine Angst vorm Fliegen oder den Krieg in Korea gleichermaßen freimütig und engagiert wie über Wirbelstürme oder private Probleme.« Als Lightnin' Hopkins Ende der 50er, Anfang der 60er Jahre neu entdeckt wurde, wurde er für Bands wie die → **Rolling Stones** zur Leitfigur.

Sam Hopkins wurde am 15. 3. 1912 in Centerville, Texas, geboren und verbrachte die meiste Zeit seines Lebens in Houston, Texas. Das Gitarrenspiel brachte ihm sein musikalischer Bruder Joel Hopkins bei, der als John Henry Blueskarriere machte. Als Achtjähriger machte Sam die Bekanntschaft des legendären Blind Lemon Jefferson, der ihm viele Tricks beibrachte. Ein anderer wichtiger Einfluß ging von seinem Vetter Texas Alexander aus. Hopkins nahm in den 30er Jahren verschiedene Jobs an, spielte auf Festen und in Bars und war immer wieder in Schlägereien verwikkelt, die ihm Gefängnisaufenthalte einbrachten.

1946 kam Lightnin' Hopkins mit seinem Partner Thunder Smith (p) nach Los Angeles und startete als 34jähriger eine Plattenkarriere. Wieder in Houston, entstand im Alleingang die Single ›Short Haired Woman‹, die sich 40 000 Mal verkaufte. Fast doppelt soviel wurden von seinem Klassiker ›Baby, Please Don't Go‹

abgesetzt. Hopkins erwarb sich damit den Ruf, »der letzte der legendären Country-Bluesmen« (*Rolling Stone*) zu sein. Ohne auf Verträge und Absprachen zu achten, produzierte Hopkins Platten am Fließband für unterschiedliche Labels. Mit dem Aufkommen des Rock 'n' Roll um 1954/55 wurde es langsam still um ihn, und Hopkins, dem von den Tantiemen nichts geblieben war, und sein eindringlicher Folk-Blues gerieten in Vergessenheit.

1959 spürten die Folkforscher Samuel Charters und Mack McCormick Hopkins auf und überredeten ihn zu einem Comeback. Beim Folk Festival von Berkeley bejubelten vor allem Studenten die Auferstehung des »kämpferischen Blues-Künstlers« (*Melody Maker*). Hopkins wurde schnell wieder zu einer festen Größe der texanischen Szene und trat 1960 mit Joan →Baez und Pete Seeger in der New Yorker Carnegie Hall auf. Außerdem spielte er mit Sonny Terry und Brownie McGhee zusammen.

1964 kam Hopkins mit dem American Folk Blues Festival zum ersten Mal nach Europa. 13 Jahre später kam er zum zweiten Mal. Paul Oliver schrieb über Lightnin' Hopkins: »Jede gesungene Zeile beantwortete er mit einem Gitarrenpart; seine langsamen Bluesstücke steckten häufig voller ausgedehnter Improvisationen, in denen einzelne Akkorde oder klagende Blue Notes sich mit aufblitzenden Arpeggios abwechselten.« Hopkins, der aufgrund eines Autounfalls eine Art Halsstütze tragen mußte, schränkte ab 1970 seine musikalischen Aktivitäten ein. Sein letztes Konzert gab er 9. 11. 1981 im New Yorker Club Tramps. Kurz darauf diagnostizierten die Ärzte bei ihm Kehlkopfkrebs. Er starb am 31. 1. 1982 in Houston.

STRUNGS THE BLUES (1946–48) EMI 068–83076 • SINGS THE BLUES (1946–49) EMI 068–83075 • EARLY RECORDINGS VOL. 1 (1946–50) Arhoolie, ARH 2007 • EARLY RECORDINGS VOL. 2 (1946–50) Arhoolie, ARH 2010 • HOUSTON'S KING OF THE BLUES (1952–53) Blues Classics, BC 30 •THE HERALD RECORDINGS VOL. 1 (1954) Herald, COL 5121 • THE HERALD RECORDINGS VOL. 2 (1954) Herald, COL 5181 • LIGHTNIN' HOPKINS (1959) Folkways 3822 • LONG TIME (1959) Tradition, CM 8021 • AND THE BLUES (1959) Imperial 12211 • ON STAGE (1959) Imperial 9180 • SINGS THE BLUES (1959) Crown 5224 • COUNTRY BLUES (1959) Tradition 1035 • AUTOBIOGRAPHY (1959) Tradition 1040 • MOJO HAND (1960) Fire 1252 • LAST NIGHT BLUES (1960) Bluesville 548 • DRINKIN' IN THE BLUES (1960) Everest, COL 5143 • WITH HIS BROTHERS & BARBARA (1961) Arhoolie, ARG 1022 • WALKIN' THIS ROAD BY MYSELF (1961) Bluesville • LIGHTNIN' SAM HOPKINS (1962) • BLUES IN MY BOTTLE (1962) Bluesville 1045 • SMOKES LIKE LIGHTNIN' (1962) Bluesville 551 • HOOTIN' THE BLUES (1962) Prestige 571 • GOIN' AWAY (1963) Bluesville 1073 • DIRTY BLUES (1963) Mainstream, MRL 326 • LIGHTNING STRIKES (1963) Stateside 10031 • BLUES HOOT (1964) Stateside 10076 • DOWN HOME BLUES (1964) Stateside 10155 • SWARTHMORE CONCERT (1964) Prestige 563 • JOHN HENRY LIGHTNIN' (1964) Arhoolie, ARH 340 • HOOTIN' THE BLUES (1964) Prestige, PR 7806 • SOUL BLUES (1964) Prestige 540 • SHAKE IT BABY (1965) Prestige 571 • GOT TO MOVE YOUR BABY (1965) Prestige 7831 • LIGHTNIN' HOPKINS & SPIDER KILPATRICK (1965) Arhoolie, F 1011 • LIGHTNIN' HOPKINS & BARBARA DANE (1965) Arhoolie, F 1022 • TALKIN' SOME SENSE (1966) Jewel 5001 • MY LIFE S THE BLUES (1966) • LIGHTNIN' (1967) Arhoolie, ARH 390 • LIVE AT THE BIRD LOUNGE (1967) Bulldog, BDL 1010 • TEXAS BLUES MAN (1967) Arhoolie, ARH 1034 • FREE FROM PATTERNS (1968) Collectables

554 • IN BERKELEY (1968) Arhoolie, ARH 1063 • LOS ANGELES BLUES (1969) Vault 72173 • CALIFORNIA MUDSLIDE (1969) Vault, CHM 546 • KING OF DOWLING STREET (1969) • LIGHTNIN' (1970) Tomato, TOM 2–7004 • BLUES IS MY BUSINESS (1971) Edsel 353 • YOU'RE GONNA MISS ME (1971) Edsel 357 • IT'S A SIN TO BE RICH (1972) Emarcy 517514 • LONESOME LIGHTNIN' (1972) Carnival 2941005 • DIRTY BLUES (1973) Mainstream, MSL 1001 • THE BLUES (1974) Mainstream, MSL 1020 • LOWDOWN DIRTY BLUES (1975) Mainstream, MSL 1031 • THE RISING SUN COLLECTION (1977) Just A Memory, RS 0009 • FOREVER (1981) Blue Silver 157792 • (S) THE GOLD STAR SESSIONS VOL. 1 (1950) Arhoolie, ARH 330 • (S) THE GOLD STAR SESSIONS VOL. 2 (1950) Arhoolie, ARH 337 • (S) PO' LIGHTNIN' (1960) Arhoolie, ARH 403 • (S) BUCK DANCE BOOGIE (1960) • (S) TEXAS BLUES (1969) Arhoolie, ARH 302 • (S) MORNING BLUES (1969) Jewel, BM 8 • (S) LEGACY OF THE BLUES (1974) Sonet, SNTF 672 • (S) ANTHOLOGY (1974) 71226 • (S) MOJO HAND (1993) Rhino 71226 • Mit Arthur **Crudup**: LIGHTNING HOPKINS & BIG BO (1980) Krazy Kat, KK 7410 • Mit Sonny **Terry** & Brownie **McGhee**: SONNY IS KING (1960) Fantasy, PR 7802

Bruce Hornsby

Jahrelange Erfahrungen am Studioklavier und auf Tourneen inspirierten den sympathischen Pianisten, Sänger und Komponisten zu melancholischen Liedern mit teilweise sozialkritischem Hintergrund. Unsentimentale Alltagspoesie aus den Südstaaten, seine sonore Stimme und eine eindringliche, sehr natürliche Pianotechnik hoben Bruce Hornsby schon bei seinem Debüt 1986 aus der Menge der Newcomer heraus.

Der am 23. 11. 1954 in Williamsburg, Virgina, geborene Sohn eines Saxophonisten interessierte sich zunächst mehr für Basketball als für den Klavierunterricht. Als Teenager spielte er dann mit seinem älteren Bruder Bobby bei **Bobby Highest & The Octave Kids** Songs von →**Grateful Dead** nach. Die Hornsby-Brüder besuchten die University of Miami in Coral Gables, Florida. Später zog Bruce nach Boston, Massachusetts, und studierte an der Berklee School of Music Kompositionslehre und Klavier.

Wieder in Williamsburg gründete er 1978 die **Bruce Hornsby Band**, die vorwiegend in der Region um Richmond auftrat. Durch Zufall machte er die Bekanntschaft von Michael →McDonald, der mit den →**Doobie Brothers** in der Stadt gastierte. McDonald lud Hornsby 1980 nach Los Angeles ein und verschaffte ihm den Einstieg in die L. A.-Szene. Hornsby zog in den vornehmen Vorort Van Nuys, bekam einen Komponistenjob bei 20th Century Fox und schrieb sozusagen auf Bestellung u. a. für Kenny Rogers und Olivia Newton-John. 1982 freundete sich Hornsby mit Huey →Lewis an, für dessen Album SPORTS er ›Let The Girls Rock‹ verfaßte.

Sheena →Easton holte Bruce Hornsby 1983 für knapp drei Jahre in ihre Band. Er wirkte außerdem als Chorsänger auf einem Album der **Yellow Jackets** mit. 1985 ergab sich endlich die Chance, seine Songs selbst zu interpretieren. Hornsby stellte die Gruppe **The Range** zusammen und konnte dafür Joe Puerta (b, voc), George Marinelli (g, voc), David Mansfield (vo, man, g) und John Molo (dr) gewinnen. Puerta war zuvor als Mitglied von →**Ambrosia** an zwei Top-10-Hits beteiligt und arbeitete u. a. mit dem englischen Soundmagier Alan →Parsons zusammen.

Das Material zu THE WAY IT IS komponierte der stets freundliche, baumlange Südstaatler zusammen mit Bruder Bobby. Klavierklänge, akustische Gitarren, Mandoline und Akkordeon verliehen den griffigen Rock-Pop-Melodien Authentizität und einen fast ländlichen Charme. Das Album THE WAY IT IS (GB #9, US #3, D #10) war randvoll mit potentiellen Hits. ›Every Little Kiss‹ (US #72) blieb noch in unteren Regionen der Single-Charts hängen, aber der Titelsong ›The Way It Is‹ (GB #13, US #1, D #16) entwickelte sich zum Bestseller. ›Mandolin Rain‹ (GB #70, US #4) wurde ebenfalls ein Tophit, ebenso die Wiederveröffentlichung von ›Every Little Kiss‹ (US #14).

Bruce Hornsby & The Range gingen im Oktober 1986 mit **Huey Lewis & The News** auf Tournee und wurden im Februar 1987 als beste neue Künstler mit einem Grammy gewürdigt. Für Lewis schrieben Bruce und sein jüngerer Bruder John, der oft zum Umfeld von **Range** gehörte, den Nr. 1-Hit ›Jacob's Ladder‹, der sich kritisch mit Fernsehpredigern auseinandersetzte.

Während der Arbeiten zur zweiten LP wurde Mansfield von Peter Harris abgelöst. Unter dem programmatischen Titel SCENES FROM THE SOUTHSIDE (GB #18, US #5, D #12) vertrauten Hornsby & Co. im Frühjahr 1988 auf einen »raffinierten Mix aus Country, Pop, Van Morrison und Barclay James Harvest« (*Musik Express*). Hornsby schwelgte in schwärmerischen Melodien und persönlichen Texten und präsentierte Ohrwürmer wie ›The Valley Road‹ (GB #44, US #5), ›Look Out Any Window‹ (US #35), den dylanesken Song von ›Defenders Of The Flag‹ und eine Version von ›Jacob's Ladder‹.

1988/89 kümmerte sich Bruce Hornsby vorwiegend um Studiojobs bei Patti Austin, Kim →Carnes, Lewis und die Förderung der hochtalentierten Sängerin Shawn →Colvin, die bei Hornsbys drittem Album A NIGHT ON THE TOWN (GB #23, US #20, D #36) an dem Song ›Lost Soul‹ (US #84) mitwirkte. Hornsby hatte seine Band inzwischen auf das Trio Marinelli Jr., Puerta und Molo beschränkt und bemühte sich um schlichter gestaltete Songs. »Er klingt rockiger, verzichtet auf die üblichen Piano-Intros und das gewohnt ländliche Ambiente« (*Hifi Vision*). Als Single wählte er ›Across The River‹ (US #18) aus und stellte das neue Material auf einer US-Tour mit den →**Cowboy Junkies** vor. Zuvor wurde er erneut mit einem Grammy dekoriert, und zwar für die beste Bluegrassaufnahme ›The Valley Road‹ in Zusammenarbeit mit der →**Nitty Gritty Dirt Band**.

Zwischen 1990 und 1993 beteiligte sich Hornsby mit seiner Band an zahlreichen Benefizprojekten, wie z. B. Farm Aid IV und dem von Lenny →Kravitz geleiteten **Peace Choir**. Er pflegte eine enge Beziehung zu →den **Grateful Dead**, spielte 1991 für Bonnie →Raitt, Robbie →Robertson, Bob →Seger und →**Squeeze**, nahm für das 92er Tribute-Album für Elton →John dessen Titel ›Madman Across The Water‹ auf, unterstützte Leon →Russell bei seinem Album-Comeback ANYTHING CAN HAPPEN und nahm mit dem Jazzmusiker Branford Marsalis mit Blick auf die Olympischen Sommerspiele in Barcelona ›Barcelona Mona‹ auf. Für den Song erhielt er 1994 in der Kategorie bestes Instrumental seinen dritten Grammy.

Nach dem Tod von **Grateful Dead**-Keyboarder Brent Mydland 1990 gehörte er rund 18 Monate lang zu dem Kollektiv, förderte außerdem den Banjomusiker Bela Fleck und überdachte ein neues Solokonzept, das er auf dem Album HARBOR LIGHTS (GB #32, US #46, D #54) und der Auskopplung ›Fields Of Gray‹ (US #69, D #67) im Frühjahr 1993 vorstellte. Zu den Aufnahmen in seinem Heimstudio gesellten sich Pat Metheny, Jerry Garcia, Bonnie Raitt, Phil → Collins und Branford Marsalis: »Ich wollte einen Sound, der mich mehr zum Blues zurückführt. Ich suchte nach etwas Unbekanntem in mir, das ich noch nicht ausgedrückt hatte« (Bruce Hornsby). Der vielseitig interessierte Solist verzichtete nun auf eine feste Band, lediglich Drummer Molo war von **Range** übriggeblieben und riskierte eine kultivierte Gratwanderung zwischen Jazz, Blues, Country und Pop. Die Verkaufszahlen der Platten gingen allerdings deutlich zurück.

1994 / 95 zog sich der Tastenvirtuose stärker ins Privatleben zurück. Er hielt auch über Garcias Tod hinaus engen Kontakt zu den Mitgliedern von **Grateful Dead** und kooperierte vor allem mit Mickey Hart. Hornsby gab nur noch gelegentlich Konzerte und folgte auch beim 95er-Album HOT HOUSE (US #68) seinen Jazzinteressen in Verbindung mit Folk-, Blues, Pop-, Rock- und Swing-Elementen. Die Themen von so gelungenen Kompositionen wie ›Walk In The Sun‹ (US #54, D #68) fand er nach wie vor im Alltag der kleinen Leute. ›Big Rumble‹ dagegen handelt von der Heroisierung von Sportstars, ›Swing Street‹ beschreibt die Kehrseiten der Clubszene, und ›Changes‹ berichtete vom Leben aus dem Koffer in immer gleichen Hotelzimmern.

THE WAY IT IS (1986) RCA, 74321 44421 • SCENES FROM THE SOUTHSIDE (1988) RCA, PD 86686 • A NIGHT ON THE TOWN (1990) RCA, 74321 16001 • HARBOR LIGHTS (1993) RCA 07863 66114 • HOT HOUSE (1995) RCA 07863 66584

Walter ›Shakey‹ Horton

Sonny Boy → Williamson (John Lee) beeinflußte den markanten Mundharmonikastil von Walter ›Shakey‹ Horton, der am 6. 4. 1918 in Horn Lake, Mississippi, geboren wurde. Als Fünfjähriger begann er zu spielen und trat bereits im Alter von neun Jahren mit der **Memphis Jug Band** auf. Danach schlug er sich für Trinkgelder als Straßenmusiker durch, trat in der Show von Ma Rainey auf und spielte 1936 mit Honey Boy Edwards auf Parties in der Gegend von Memphis.

In den späten 30er Jahren arbeitete er mit Homesick James und Little Buddy Doyle zusammen und ließ sich zu Beginn des nächsten Jahrzehnts in Chicago nieder, wo er im Umfeld der **Eddie Taylor Band** aktiv war. Die ersten Aufnahmen von Horton entstanden 1949 für Modern Records, danach erschienen Platten bei Chess und Sun Records in Chicago bzw. Memphis. 1953 tauchte Horton in der Band von Muddy → Waters auf und kooperierte vor allem mit dem Gitarristen Johnny Shines. Er war Stammgast in den renommierten Chicagoer Bluesclubs und half bei Aufnahmen von Jimmy → Rogers und Otis → Rush aus.

Walter ›Shakey‹ Horton zählte auf dem Höhepunkt des elektrischen Blues in den 60er Jahren zum festen Inventar der Chicago-Szene und spielte u. a. mit → Howlin' Wolf, Big Mama Thornton,

Johnny Young, Shines und Johnny →Winter. Horton verfügte über eine »warme Stimme und eine superbe Harptechnik« (*Downbeat*) und verfaßte erstklassige Bluessongs wie ›Hard Hearted Woman‹, ›Jumpin' Blues‹ und ›Big Walter's Boogie‹. Er wirkte in der Filmdokumentation der BBC über das American Folk Blues Festival von 1968 mit, tourte im Jahr darauf mit den **Chicago Blues All Stars** auch durch Europa und folgte 1970 einer Einladung zu den Berliner Jazztagen.
Horton ging 1972 und 1974 mit Carey →Bell (harm) auf Tournee, mit dem er 1971 auch ein Album einspielte. Er trat in den 70er Jahren bei allen wichtigen Blues und Jazz Festivals auf und ging 1977 mit Muddy Waters ins Studio. Im Jahr darauf wurde er Mitglied der **Jimmy Rogers Band**, spielte 1979 eine kleine Rolle in dem Film »Blues Brothers« und kam 1980 zum letzten Mal nach Europa. Walter ›Shakey‹ Horton starb an den Folgen seiner Alkoholsucht am 8. 12. 1981 in Chicago.

MOUTH HARP MAESTRO (1951) Modern, CH 252 • MEMPHIS RECORDINGS (1951) Modern, PCD 3008 • THEY CALL ME BIG WALTER (1972) London, LAN 7012 • WITH HOT COTTAGE (1972) Xtra 1135 • LIVE AT THE EL MOCAMBO (1973) Red Lightnin', RL 088 • FINE CUTS (1978) Blind Pig, BP 70678 • CAN'T KEEP LOVING YOU (1984) Blind Pig, BP 71484 • DEEP BLUES HARMONICA (1984) JSP 1071 • Mit Carey **Bell**: BIG WALTER AND CAREY BELL (1971) Alligator, AL 4702 • Mit Ronnie **Earl**: LITTLE BOY BLUE (1980) JSP 208

Hot Tuna

Jack Casady (b), Michael Falzarano (g, man, voc), Jorma Kaukonen (g, voc)

Der →**Jefferson Airplane**-Ableger wurde 1969 von Jorma →Kaukonen und Jack Casady ins Leben gerufen, die seit der High School befreundet waren. Die **Airplane**-Gründungsmitglieder wollten mit diesem Projekt ihre Bluesphantasien ausleben und das Unternehmen ursprünglich **Hot Shit** nennen, doch die Plattenfirma RCA Records legte ihr Veto ein. Das eingespielte Gitarre / Baß-Team bediente sich einfachster Songstrukturen und adaptierte klassische Blues- und Gospelsongs wie ›How Long Blues‹ und ›Oh Lord, Search My Heart‹. Der unverwechselbare Charakter von **Hot Tuna** basierte auf dem Sessioncharakter der Aufnahmen, u. a. mit den **Airplane**-Kollegen Marty Balin (voc) und Spencer Dryden (dr), den solistischen Fähigkeiten hochkarätiger Westcoastmusiker und dem näselnden Gesang von Kaukonen.
Der Live-Mitschnitt HOT TUNA (US #21) wurde 1969 als Plattendebüt veröffentlicht. Willow Scarlett (harm) komplettierte ein mitterweile stabiles Trio, das auf »ökonomische Bluesexkursionen« (*Rolling Stone*) setzte, aber nur gelegentlich gemeinsam musizierte, denn **Jefferson Airplane** erlebten gerade eine ihrer erfolgreichsten Phasen. Casady und Kaukonen trennten sich erst 1972 endgültig von dieser Legende des Frisco-Rocks.
Auch das zweite Album FIRST PULL UP, THEN PULL DOWN (US #37) wurde live aufgenommen. Der schwarze Geiger Papa John →Creach und Drummer Sammy

Piazza verstärkten **Hot Tuna**, bei denen sich Kaukonen mehr und mehr als Komponist solider Folkblues-Songs in den Vordergrund spielte. Die erste Studioarbeit erschien im Februar 1972 und hieß BURGERS (US #37). Die Band bestand nun aus Casady, Kaukonen, Creach, Piazza und konnte als Gastsänger David → Crosby und als Keyboarder Nick Buck gewinnen, der für Country Joe McDonald und Peter → Green gearbeitet hatte.
Hot Tuna entwickelten sich nun zu einer autonomen Band, die sich allerdings noch schwertat, die spontane Spielfreude und das improvisatorische Können der Konzerte im Studio umzusetzen. Als Creach seine eigene Gruppe **Zulu** formierte, machten **Hot Tuna** bei THE PHOSPHORESCENT RAT (US #92) 1973 als Trio weiter. Casady, Kaukonen und Piazza »hielten die Spannung bis zum letzten Stück« und überzeugten durch »die Stärke, daß auch das komplexeste Stück schön harmonisch und melodiös und ohne scharfe Kanten und Ecken bleibt« (*Sounds*).
1975 mußte Piazza auf zwei Alben vorübergehend durch Bob Steeler ersetzt werden. AMERICA'S CHOICE (US #49) und YELLOW FEVER (US #86) waren eindeutige Rockplatten, die durch die überlangen Soli von Kaukonen manchmal ermüdend wirkten. Bei HOPPKORV, dem »aggressivsten Hot Tuna-Album« (*Rolling Stone*), saß Sammy Piazza wieder am Schlagzeug. **Hot Tuna** kamen aber nach wie vor besser in Konzerten an, wenn Kaukonen sein großes technisches Können ausspielte, ergänzt durch Casadys pointierte Spielweise auf dem Baß. Da eine Band überwiegend vom Verkauf von Platten lebt und sich die Umsatzzahlen auch nach dem Doppelalbum DOUBLE DOSE rückläufig entwickelten, trennten sich **Hot Tuna** 1978. Nachträglich wurden der Sampler FINAL VINYL und der Mitschnitt SPLASHDOWN veröffentlicht.
Kaukonen widmete sich nun seinen Soloprojekten, während Casady mit Buck **SVT** gründete. 1983 gaben Casady und Kaukonen als **Hot Tuna** einige Konzerte, danach kümmerte sich Casady um die **KBC Band**. 1990 machte der Multi-Instrumentalist Michael Falzarano aus **Hot Tuna** wieder ein Trio, das eine US-Tour absolvierte und die Studioplatte PAIR A DICE FOUND aufnahm. Maria → Muldaur, Pete Sears von → **Jefferson Starship** und Bob Weir von → **Grateful Dead** unterstützten **Hot Tuna** bei den beiden Mitschnitten LIVE AT SWEETWATER. Anschließend spielte Casady sporadisch mit der neuen Generation von **Jefferson Starship**, und Kaukonen tourte mit Falzarano als Duo **Kaukarano**. 1993 nahm er mit dem Geschichtenerzähler Roy Bookbinder das Album LIVE BOOK ... DON'T START ME TALKIN auf und half 1996 Michael Falzarano und dessen New Yorker Band **Memphis Pilgrims**.

HOT TUNA (1969) RCA 6366872 • FIRST PULL UP THEN PULL DOWN (1971) RCA 6366873 • BURGERS (1972) RCA 66870 • THE PHOSPHORESCENT RAT (1973) Grunt, BFL-1-0348 • SPLASHDOWN (1975) Relix, REL 2004 • AMERICA'S CHOICE (1975) RCA 66871 • YELLOW FEVER (1975) Grunt, BFL-1-1238 • HOPPKORV (1976) RCA 66874 • DOUBLE DOSE (1978) Edsel 397 • PAIR A DICE FOUND (1990) Epic 46831 • LIVE AT SWEETWATER (1992) Relix, RR 2058 • LIVE AT SWEETWATER VOL. 2 (1992) Relix, RR 2062 • (S) FINAL VINYL (1979), Relix • (S) HISTORIC HOT TUNA (1992) Relix 109 • (S) CLASSIC HOT TUNA »ELECTRIC« (1996) Relix 2076 • (S) CLASSIC HOT TUNA »ACOUSTIC«

(1996) Relix 2075 • (S) HOT TUNA IN A CAN (1996) RCA 66988 • Jack **Casady** mit **SVT**: EXTENDED PLAY (1981) Mini-LP 0001 • NO REGRETS (1981) • Jack **Casady** mit **KBC Band**: KBC BAND (1986) Arista 208 021 • Michael **Falzarano** mit **Memphis Pilgrims**: MECCA (1996) Relix 2077

Son House

Son House war für Muddy →Waters, Bob →Dylan und Bonnie →Raitt von großer Bedeutung und zählte zu den großen Bluesmusikern des Mississippi Delta, »die den Grundstein für den Rock'n'Roll legten« (*Rolling Stone*). Seine Markenzeichen waren ein dramatischer Gesang, bissige Gitarrenakkorde und ein starker Rhythmus.

Eddie House wurde am 21. 3. 1902 auf einer Plantage in Riverton, Mississippi, geboren. Zu Beginn der 20er Jahre war House Baptistenprediger in Lyon, Mississippi. Erst 1927 brachte er sich das Gitarrespielen bei und spielte einen authentischen Folkblues. 1928 war er Mitglied der Revue **Dr. McFadden's Medicine Show**, und im Jahr darauf ging er nach Lula, Mississippi, wo er von der Delta-Legende Charley Patton gefördert wurde, der ihm 1930 die ersten Aufnahmen für Paramount Records ermöglichte. Danach war er fast zehn Jahre als Live-Musiker im ländlichen Süden der USA unterwegs und arbeitete zumeist mit seinem Partner Willie Brown zusammen.

Der Bluesforscher Alan Lomax holte House 1942 nach Rochester, New York, um seine Titel für die Library of Congress zu dokumentieren. Der eigenwillige Bluesmusiker schlug sich in den kommenden Jahren mit verschiedenen Jobs durch und trat bis 1964 nur noch gelegentlich auf.

Im Zuge des Bluesrevival war Son House wieder gefragt. Zum ersten Mal in seinem Leben spielte er vor einem größeren, überwiegend weißen Publikum. Er trat in Cafés und Kneipen der Universitäten auf, gastierte beim Newport Folk Festival und kam 1967 mit dem American Folk Blues Festival auch nach Europa. 1968 entstand der Kurzfilm »Son House«. 1970 war Son House Star des Montreux Jazz Festivals in der Schweiz und bereiste anschließend Großbritannien. 1970 erschien sein letztes Album DELTA BLUES AND SPIRITUALS. 1974 ließ er sich in Detroit nieder. »Der größte Künstler des Delta Blues« (*Downbeat*) starb dort am 19. 10. 1988 an einer Krebserkrankung.

DEATH LETTER (1965) Edsel, ED 167 • THE OBERLIN COLLEGE CONCERT (1965) King Bee, KB 1001 • THE VOCAL INTENSITY OF (1969) Roots, SL 504 • JOHN THE REVELATOR (1970) Liberty, NEX 207 • DELTA BLUES AND SPIRITUALS (1970) Capitol 31830 • IN CONCERT (1984) Blue Moon, BMLP 1020 • (S) FATHER OF THE DELTA BLUES (1965) Columbia, C2K 48867 • (S) THE LEGENDARY SON HOUSE (1969) Arhoolie • (S) THE LEGENDARY 1941–42 RECORDINGS (1972) Folklyric 9002 • (S) SON HOUSE, VOL. 1 (1987) Private, PR 1 • (S) SON HOUSE, VOL. 2 (1987) Private, PR 2 • Mit Robert Pete **Williams**: LIVE (1966) Roots, SL 501

House Of Lords

Tommy Aldridge (dr, voc), Chuck (g, voc), James Christian (voc), Greg Giuffria (key, voc), Sean McNabb (b, voc)

Als 1981 →**Angel** auseinandergingen, spielte deren Keyboarder Greg Giuffria zunächst bei **White Sister**, mit denen er 1984 die LP White Sister veröffentlichte. Neben Giuffria gehörten noch Garri Brendan (key, voc), Rick Chadock (g, voc), Dennis Churchill (b, voc), April Clough (voc) und Richard Wright (dr) zur ersten Besetzung. Nach der Debüt-LP stieg Giuffria wieder aus, um ein Jahr später die Band **Giuffria** zu formieren. Die geeignete Rhythmusgruppe fand sich in Chuck Wright (b) von →**Quiet Riot** und Alan Krigger (dr), und schließlich komplettierte Ex- **Rough Cutt** Craig Goldy (g) das Quartett.

Ende 1984 veröffentlichten **Giuffria** das gleichnamige Debüt (US #28), auf dem die »melodische Rockband eine Art symphonische Rockmusik kreierte« (*Guinness*). Greg Giuffria selbst bezeichnete seine Musik als »Cinema Rock«. Die ausgekoppelte Single ›Call To The Heart‹ (US #15) erreichte sogar die Top 20. Nach einer Promotiontournee verließ Goldy die Band, um erst bei **Driver** einzusteigen und später mit Ronnie James Dio zu spielen. Bassist Wright konzentrierte sich wieder auf seine Sessionarbeit, weil ihm »das Touren zu anstrengend war«. Die freien Plätze wurden von Lanny Cordola (g) aus der Band von Ozzy →Osbourne und David Sikes (b) eingenommen.

Aufgrund personeller Umstellungen ließ das zweite Album Silk And Steel (US #60) bis zum Sommer 1986 auf sich warten. Da es dem Debüt zu stark ähnelte und die Verkaufszahlen hinter den Erwartungen zurückblieben, kündigte MCA Records den Plattenvertrag mit **Giuffra**. Greg Giuffra ließ sich dennoch nicht entmutigen und besetzte seine Band erneut um. Neben Cordola engagierte er den Drummer Ken Mary von **Fifth Angel** und David Glenn Eisley (voc, b). Sie stellten einen Kontakt zu Gene Simmons von →**Kiss** her, der gerade sein Label Simmons Records eingerichtet hatte. Er empfahl ihnen, sich **House Of Lords** zu nennen, und tauschte Ex-**Canata** James Christian gegen Eisley als neuen Leadsänger aus.

Das Album House Of Lords (US #68) erschien im Herbst 1988 und wurde von Andy Johns (→**Free**, Les →Dudek) produziert. Als Single erschien ›I Wanna Be Loved‹ (US #58). Die Gruppe bediente ein breites Hardrock-Spektrum und überzeugte mit »melodischen Refrains und effektreichen Heavyideen« (*All Music Guide*). **House Of Lords** versuchten auch in Europa als Anheizer für die →**Scorpions** den Plattenverkauf anzukurbeln, hatten damit aber keinen Erfolg. Daraufhin verließ Cordola die Band und wurde auf Sahara durch Michael Guy von **Fire** ersetzt. Sie coverten u.a. Songs von →**Cheap Trick** (›Sahara‹) und →**Blind Faith** (›Can't Find My Way Home‹) und setzten auf einen gitarrenbetonten Rock, der bei einigen Kritikern keine Gnade fand: »Die Pomp-Rocker machen so ziemlich alles falsch, was man falsch machen kann. Es beginnt mit einer lausigen Cover-Version, zieht sich über Heavy-Rock-Leichtgewichte und findet seine geradezu peinliche Vollendung im Titelsong, einer bombastisch aufgemotzten Hymne« (*Musik Express*).

Genremagazine (*Metal Hammer*) sahen in SAHARA »ein Meisterwerk«, das in den USA mit Platin ausgezeichnet wurde. Trotzdem ebbte das Interesse an der Gruppe ab, weil sie nur ungern auf Tournee ging.
Für die LP DEMONS DOWN holte Giuffra 1992 außer Christian drei neue Musiker. Drummer Tommy Aldridge spielte zuvor bei Gary →Moore, Ozzy →Osbourne und →Whitesnake, Sean McNabb (b) war Mitglied bei Quiet Riot, während der junge Gitarrist Chuck als großes Talent galt und als »eine jüngere Ausgabe von Jeff Beck« (James Christian) bezeichnet wurde. Paul Stanley von Kiss wirkte als Stargast bei dem von David Thoener (→Def Leppard, →Aerosmith) produzierten Album mit, das »nicht nur vom exzellenten Sound und dem Rockfeeling der Musiker, sondern auch von ausgefallenen Arrangements lebt« (*Billboard*).

HOUSE OF LORDS (1988) Simmons 74321 12361 • SAHARA (1990) Simmons, PL 82170 • DEMONS DOWN (1992) Victory 828311 • Greg Giuffria mit White Sister: WHITE SISTER (1984) EMI 064–240209 • Greg Giuffria mit Giuffria: GIUFFRIA (1984) MCA 251531 • SILK AND STEEL (1986) MCA 253073

Penelope Houston

In Los Angeles geboren und in Seattle aufgewachsen, begann Penelope Houston als Sängerin der Punkgruppe Avengers, die zwei EPs herausbrachte und 1978 als Anheizer für die →Sex Pistols auf US-Tour gingen. Nach der Trennung von der Band schrieb sie sich als Studentin der Malerei in San Francisco ein und nahm mit ausnahmslos akustischen Instrumenten die LP BIRDBOYS auf. Das Album wurde vom →Residents-Gitarristen Snakefinger produziert. Außerdem erschienen bis 1992 mehrere Musikkassetten.
Die kreative und produktive Allroundkünstlerin etablierte sich als Kultfigur in der Frisco-Szene. Ihr Stilgrenzen überschreitender Sound machte sie zu einer der interessantesten Persönlichkeiten der Clubszene in San Francisco. 1993 und 1994 kamen die Alben THE WHOLE WORLD und KARMAL APPLE heraus, die unter Insidern hoch gehandelt wurden und einen »virtuosen, folkangehauchten Akustikpop« (*Musik Express*) boten.
Penelope Houston wurde daraufhin als Königin des Neo-Folk gehandelt, konnte sich aber selbst damit nicht anfreunden: »Ich glaube nicht, daß ich irgendeine Art von traditionellem Folk repräsentiere. Folk ist nur einer meiner Einflüsse, neben Rock, Jazz, Blues, Country und Punk. In meiner Musik kommt alles zusammen« (Penelope Houston). Im Gegensatz zu anderen Folkgrößen bevorzugte sie asketische, frostige Arrangements und gradlinige Songs.
Ihr Kultstatus machte die großen Plattenfirmen neugierig. Jeffrey Wood (Luka Bloom) produzierte 1995 das Album CUT YOU als sanfte Antwort auf gängige Rhythmus-Pattern und kalkulierte Effekthascherei. Penelope Houston hat den Frisco-Sound vom Hippie-Mief und von Räucherkerzen-Romantik befreit. Ihre selbstbewußten Texte beschrieben das ›liebevolle‹ Zerlegen eines Liebhabers wie in der Countryballade ›Cut You‹ genauso überzeugend und klischeefrei wie eine sehr persönliche, Beziehung in dem Liebeslied ›Waiting Room‹.

BIRDBOYS (1987) Normal 6273 • THE WHOLE WORLD (1993) Normal 6253 • KARMAL APPLE (1994) Normal 6283 • CUT YOU (1995) WEA 063013.126

Whitney Houston

Den rasanten Aufstieg des ehemaligen Fotomodells mit der drei Oktaven umfassenden »Feuer- und Stahl-Stimme« (*New York Times*) dokumentierten eindrucksvolle Plattenumsätze. Ihr LP-Debüt wurde bis 1990 weltweit 15 Millionen Mal verkauft, und sie belegte mit sieben Singles hintereinander den ersten Platz der Charts. Damit brach sie den Rekord der → **Beatles** und → **Bee Gees**, die es jeweils auf sechs Top-Plätze ohne Unterbrechung gebracht hatten.

Die Produzenten der TV-Seifenoper »Dallas« boten dem neuen Popsuperstar 7,5 Millionen US-Dollar für die Mitwirkung an zehn Folgen der Serie. Auch Filmemacher hofierten Whitney Houston, die quasi über Nacht berühmt wurde. Mit »Bodyguard« hatte sie an der Seite von Kevin Costner auch auf der Leinwand Erfolg.

Ihre Mutter Cissy Houston, eine populäre R&B- und Gospelsängerin, sowie ihre Cousine Dionne Warwick legten der am 9. 8. 1963 in Newark, New Jersey, geborenen Whitney Houston das Gesangstalent sozusagen in die Wiege. Als Achtjährige sang sie Gospels im New Hope Baptist Junior Choir, war als Teenager an Aufnahmen ihrer Mutter beteiligt und erlebte Aretha → Franklin bei der Studioarbeit. Mit 19 Jahren wurde sie von der Modebranche entdeckt und zierte die Titelseiten der Frauenmagazine *Glamour* und *Seventeen*. Außerdem spielte sie kleinere Rollen in den TV-Shows »Silver Spoons« und »Gimme A Break«. Musikalisch betätigte sich das zukünftige »Traumgirl der amerikanischen Musikindustrie« (*Guardian*) 1983 als Chorsängerin der **Michael Zager Band**, bei Chaka → Khan, Herbie Mann, den → **Neville Brothers** und → **Material**. Sie begann eigene Songs zu schreiben und trat mit ihrer Mutter in Nachtclubs und Bars auf. Clive Davis, Gründer von Arista Records, nahm sie 1983 unter seine Obhut. Erfolgreiche Partnerschaften mit Jermaine Jackson auf dessen Debütalbum, mit Kashif und vor allem 1984 mit Teddy Pendergrass bei dem Duett ›Hold Me‹ (US #46) bereiteten Whitney Houston auf den Soloeinstieg in das Popgeschehen vor.

Prominente Produzenten und Songautoren wie Michael Narada Walden, Jermaine Jackson und Michael Masser waren mitverantwortlich für die stilistische Vielfalt der im Frühjahr 1985 veröffentlichten LP WHITNEY HOUSTON (GB #2, US #1, D #2) und die Singlebestseller ›You Give Good Love‹ (US #3), ›Saving All My Love For You‹ (GB #1, US #1, D #18), ›How Will I Know‹ (GB #5, US #1, D #26) und ›Greatest Love Of All‹ (GB #8, US #1, D #30). Die Produktionskosten von rund 270000 Dollar amortisierten sich binnen kürzester Zeit. Für die internationalen Medien »lieferte Whitney Houston ein Kontrastbild zu den schrillen Teeniesängerinnen Madonna und Cyndi Lauper. Sie entwickelte sich zum Idol für die ganze Familie« (*Spiegel*).

Whitneys Bühnenshow dagegen wurde als »zu glatt, zu kühl, zu perfekt dargeboten« (*Musik Express*) empfunden. An der Qualität ihrer Studioleistungen gab es allerdings nicht den geringsten Zweifel. Für ›Saving All My Love For You‹ als bester Popsong erhielt sie im Februar 1986 ihren ersten von bislang fünf Grammies. ›I Wanna Dance With Somebody‹ wurde 1987 ebenfalls als bester Popsong ausgezeichnet, ›I Will Always Love You‹ 1993 als Platte des Jahres und THE BODYGUARD als Album des Jahres. Zudem bekam sie 1993 einen Grammy als beste Sängerin sowie diverse Auszeichnungen wie den MTV Award für das Video von »How Will I Know« und einen Emmy für ihr außergewöhnliches Talent als Sängerin.

Auch 1987 – zwei Jahre nach dem gefeierten Debüt – bewiesen Whitney Houston und ihr Stab Gespür für den Zeitgeist und packten das zweite Album WHITNEY (GB #1, US #1, D #1) randvoll mit Hitmaterial wie ›I Wanna Dance With Somebody‹ (GB #1, US #1, D #1), ›Didn't We Almost Have It All‹ (GB #14, US #1, D #20), ›So Emotional‹ (GB #5, US #1), ›Where Do Broken Hearts Go‹ (GB #14, US #1) und ›Love Will Save The Day‹ (GB #10, US #5, D #37). Das Konzept aus schwungvollem, jederzeit tanzbarem Soulpop und gefühlvollen Balladen machte Whitney Houston zur »Soul-Queen der 80er Jahre« (*New York Times*).

Am 11. 6. 1988 trat sie als unumstrittener Höhepunkt anläßlich der Feier zum 70. Geburtstag des damals noch inhaftierten schwarzen Bürgerrechtlers Nelson Mandela im ausverkauften Londoner Wembley Stadion und Millionen von TV-Zuschauern auf. Knapp acht Wochen später veröffentlichte sie die mitreißende, von Albert Hammond und John Bettis komponierte Ballade ›One Moment In Time‹ (GB #1, US #5, D #1) auf einer speziellen Songkollektion aus Anlaß der Olympischen Sommerspiele in Seoul.

Fortan trat Whitney Houston auf zahlreichen Großveranstaltungen auf. Bei der Verleihung der 16. American Music Awards im Januar 1989 erhielt sie drei Auszeichnungen, sang im Februar bei der 31. Grammy-Präsentation ›One Moment in Time‹ und begann nach ihrem Duett mit Aretha Franklin bei ›It Isn't, It Wasn't, It Ain't Ever Gonna Be‹ (GB #29, US #41) im Juli mit den Vorbereitungen zu ihrem dritten Album. Als erste Single erschien im Oktober 1990 der Titelsong ›I'm Your Baby Tonight‹ (US #1, GB #5, D #5). Das vor allem von L.A. Reid und Babyface produzierte Album I'M YOUR BABY TONIGHT (GB #4, US #3, D #3) folgte vier Wochen später. Unter den Songwritern und Co-Produzenten waren Stevie →Wonder, Luther →Vandross und Rickey Minor. 1991 wurden das →**Pointer Sisters**-Original ›All The Man That I Need‹ (US #1, GB #13, D #37), die Ballade ›Miracle‹ (US #9), ›My Name Is Not Susan‹ (GB #29, US #20, D #57) und ›I Belong To You‹ (GB #54) ausgekoppelt.

Im Januar 1991 sang die vielbeschäftigte Soul-Lady vor dem Football-Endspiel um die Super Bowl die Nationalhymne. Ihre Version von ›Star Spangled Banner‹ (US #20) wurde in nur acht Tagen 750 000 Mal verkauft, während die LP I'M YOUR BABY TONIGHT vier Monate später danach mit dreifachem Platin ausgezeichnet wurde. Weltweit erreichte die Platte eine Auflage von sieben Millionen Stück. Whitney Houston leitete inzwischen ihre eigene Firma Nippy Inc., benannt nach dem Spitznamen, mit dem ihre Mutter sie seit der Kindheit rief. Das Unternehmen produzierte die Fernsehdokumentation »This Is My Life« für ABC. Am 18. 7. 1992 heiratete Whitney Houston den Sänger Bobby Brown. Die Ehe sorgte fast ständig für Schlagzeilen,

schien sich aber 1993 nach der Geburt der Tochter Bobbi Kristina zu stabilisieren.
Im November 1992 kam der Film »The Bodyguard« in die Kinos. Für die weibliche Hauptrolle neben Kevin Costner erhielt Whitney Houston zwar nur mäßige Kritiken, aber der Film erwies sich als Kassenknüller. Whitney war natürlich auch mit sechs Stücken am Soundtrack beteiligt und brach mit dem Song ›I Will Always Love You‹ (GB #1, US #1, D #1) einige Rekorde. Der Hit führte 14 Wochen die US-Charts an und war der meistverkaufte des Jahres in Großbritannien. Das Album THE BODYGUARD (GB #1, US #1, D #1) verkaufte sich weltweit über 15 Millionen Mal und lieferte mit ›I'm Every Woman‹ (GB #4, US #4, D #13), ›I Have Nothing‹ (GB #3, US #4, D #39), ›Run To You‹ (GB #15, US #31, D #58) und ›Queen Of The Night‹ (GB #14, D #64) weitere Hits. 1994 wurde THE BODYGUARD als bester Soundtrack auf beiden Seiten des Atlantiks mehrfach ausgezeichnet. Zwar fehlte es ihren Live-Auftritten nach wie vor an Ausstrahlung, aber ihr Crossover-Sound zwischen leichtem Soul und eingängigem Pop war quer durch die Generationen gefragt.
Whitney Houston verlagerte nun ihre Aktivitäten. Sie spielte die Titelrolle in der Fernsehversion von »Cinderella« von Rodgers und Hammerstein, unterzeichnete einen Werbevertrag mit dem Kommunikationsunternehmen AAT&T, der ihr im Jahr eine Million US-Dollar garantierte. Am 17. 7. 1994 war sie der Star der Showveranstaltung zum Fußballweltmeisterschaftsfinale zwischen Brasilien und Italien in der Rose Bowl in Pasadena. Im September trat sie an sieben Abenden hintereinander in der ausverkauften New Yorker Radio City Music Hall auf und machte einen Umsatz von 2,7 Millionen Dollar, und im November wurde ihre Show Whitney – Concert For A New South Africa weltweit aus Johannesburg übertragen.
1995 / 96 spielte die junge Diva in den Filmen »Waiting To Exhale«, »The Preacher's Wife« und ›Warten auf Mr. Right‹. In allen Fällen war sie maßgeblich mit Songs wie ›Exhale (Shoop Shoop)‹ (GB #11, US #1, D #26), ›Count On Me‹ (GB #12, US #8, D #75) im Duett mit CeCe-Winans, ›Why Does It Hurt So Bad‹ (US #26›(US #26), ›Step By Step‹ (GB #13, D #8) und ›I Believe In You And Me‹ (US #4) am Soundtrack beteiligt. Im November 1995 wurde sie in die Soul Train Hall Of Fame aufgenommen.

WHITNEY HOUSTON (1985) Arista 610 359 • WHITNEY (1987) Arista 258 141 • I'M YOUR BABY TONIGHT (1990) Arista 261 039 • THE BODYGUARD (1992) Soundtrack Arista 22 18699 • THE PREACHER'S WIFE (1997) Soundtrack Arista 22 18951

Howlin' Wolf

Der Countryblues-Musiker Charley Patton zeigte ihm die ersten Tricks auf der Gitarre, und von Sonny Boy Williamson (Rice Miller), dem Mann seiner Schwester, lernte er die entscheidenden Mundharmonikakniffe. Die Platten von Blind Lemon Jefferson, Lonnie Johnson und Blind Blake beeinflußten seinen Stil, und Willie → Dixon schrieb ihm mit ›Spoonful‹, ›Built For Comfort‹ und ›The Red Rooster‹ einige seiner besten Kompositionen auf den Leib. Unter diesen Einflüssen entwickelte sich Howlin' Wolf, der als Chester Burnett am 10. 6.

1910 auf einer Baumwollfarm in West-Point, nahe Aberdeen, Mississippi, geboren wurde, zu einem der bedeutendsten und für die Rockmusik einflußreichsten Bluesmusiker.
Howlin' Wolf, der seinen Spitznamen seinem archaisch-heulenden Gesang verdankte, stieg zu einem der wichtigsten Vertreter des urbanen Hardblues auf und verfaßte Klassiker wie ›Smokestack Lightnin'‹, ›Evil‹ und ›Sitting On Top Of The World‹, die u. a. von weißen Bands wie den →**Yardbirds**, →**Cream**, →**Led Zeppelin** und →**Little Feat** gecovert wurden. Er baute seine Karriere behutsam auf, spielte zunächst für Farmarbeiter und Cowboys, zog als Straßenmusiker durch die Deltastaaten und leistete ab 1941 seinen vierjährigen Militärdienst ab. 1948 verschlug es ihn nach West Memphis, Arkansas, wo er eine Band zusammenstellte, der u. a. Junior →Parker (harm) angehörte. Die Gruppe nutzte von Anfang an elektrisch verstärkte Instrumente und konterkarierte so die traurige Betulichkeit des Delta-Blues.
Konsequenterweise zog Wolf 1952 nach Chicago und festigte dort seinen Ruf als »einer der wichtigsten Künstler der Bluesära nach dem Zweiten Weltkrieg« (*Rolling Stone*). ›Moanin' In The Moonlight‹, ›How Many More Years‹ und ›Smokestack Lightnin'‹ standen als 50er Jahre-Hits der R&B-Charts stellvertretend für das risikofreudige, jederzeit innovative Gesamtwerk, das der 125 Kilo schwere Bluesstar mit erotischen und satirischen Anspielungen spickte.
Für seine Band entdeckte »der Mann mit dem rostigen Schrei einer Lokomotive« (*New Musical Express*) u. a. den später erfolgreichen Solisten Hubert Sumlin (g). Wolf beteiligte sich in den 60er Jahren an verschiedenen Generationstreffen und lud 1971 zu THE HOWLIN' WOLF LONDON SESSIONS Eric →Clapton, Steve →Winwood, Bill Wyman, Charlie Watts und Ian Stewart ein.
Im Verlauf der 60er und 70er Jahre war der als ›Daddy Blues‹ bekannte Musiker Star zahlreicher Blues- und Jazz-Festivals. Der »stärkste, kraftvollste und interessanteste Bluesmusiker seiner Epoche« (*Rolling Stone*) veröffentlichte in dieser Zeit hochkarätige Alben wie MOANIN' IN THE MOONLIGHT, NEW ALBUM und MESSAGE TO THE YOUNG. Zu seiner letzten LP bemerkte *Sounds* respektvoll: »Der Herr, der uns Smokestack Lightnin' und Evil brachte, singt und spielt so kraftvoll wie ein junger Gott.«
In den letzten Jahren seiner Laufbahn war er gesundheitlich schwer angeschlagen. Eines seiner letzten Konzerte gab Howlin' Wolf im November 1975 im Chicago Amphitheatre an der Seite von B. B. →King. Er starb am 10. 1. 1976 im Alter von 65 Jahren an den Folgen seiner Nierenerkrankung.

GOING BACK HOME (1948–58) Syndicate Chapter, SC 003 • ORIGINAL FOLK BLUES (1951) Kent 526 • RIDING ON THE MOONLIGHT (1951) Ace, CH 52 • LEGENDARY SUN PERFORMER (1952) Charly, CR 30134 • BIG FOOT FROM MEMPHIS (1952) P-Vine, PLP 6062 • CADILLAC DADDY (1952) Sun, SS 28 • I'M THE WOLF (1954) P-Vine, PLP 6065 • WALK THAT WALK (1959) P-Vine, PLP 6031 • ROCKIN' CHAIR ALBUM (1961) P-Vine, PLP 838 • EVIL (1964) Chess 1540 • LIVE IN EUROPE (1964) Sundown, CG 70907 • POOR BOY (1965) Charly, CR 4508 • REAL FOLK BLUES (1966) Chess 1502 • MORE REAL FOLK BLUES (1967) Chess 1512 • THE HOWLIN' WOLF ALBUM (1968) Bellaphon, BLPS 19123 • MESSAGE

TO THE YOUNG (1971) Bellaphon 50002 • THE HOWLIN' WOLF LONDON SESSIONS (1971) Chess, CHD 9351 • LIVE & COOKIN' AT ALICE'S REVISTED (1972) Bellaphon, BLPS 10129 • LIVE AT JOE'S IN BOSTON (1973) • THE BACK DOOR WOLF (1973) Chess, CHD 9358 • (S) THE MEMPHIS DAYS VOL: 1 (1952) Sun, BCD 15460 • (S) THE MEMPHIS DAYS VOL. 2 (1952) Sun, BCD 15500 • (S) WHO WILL BE NEXT (1957) Chess, BM 30 • (S) HEART LIKE RAILROAD STEEL (1957) Blues Ball, BB 2001 • (S) MOANIN' IN THE MOONLIGHT (1959) P-Vine, PLP 806 • (S) THE REAL FOLK BLUES (1963) Chess, CHD 9273 • (S) AIN'T GONNA BE YOUR DOG (1968) Chess, CHD 9349 (S) • A.K.A. CHESTER BURNETT (1972) Chess 60016 • (S) THE CHESS BOX (1973) Chess, CHD 9332 • (S) THE LEGENDARY SUN PERFORMERS (1977) Charly, CR 30134 • (S) BLUES ROOTS (1978) Chess • (S) RIDIN' IN THE MOONLIGHT (1982) Ace, CH 52 • (S) I AM THE WOLF (1984) Blue Moon, BMLP 1009 • (S) ALL NIGHT BOOGIE (1984) Blue Moon, BMLP 1019

Alberta Hunter

Über 70 Jahre lang sang Alberta Hunter den Blues und trat als eine der ersten schwarzen Musiker und Musikerinnen außerhalb der USA auf. Sie wurde als »die vielleicht einflußreichste aller nordamerikanischen Bluessängerinnen in Europa« (*Handbook of Jazz*) bezeichnet und ging als »Grand Old Lady of the Blues« (*Variety*) in die Geschichte ein.

Alberta Hunter wurde am 1. 4. 1895 in Memphis, Tennessee, geboren. Ihre charakteristische Stimme fiel bereits in der Schule auf, doch zunächst interessierte sich Alberta nicht für Musik. 1907 übersiedelte die Familie nach Chicago und begann um 1912 in Cafés und Clubs aufzutreten. Fletcher Henderson holte Alberta Hunter 1921 in sein Orchester. Im gleichen Jahr machte sie erste Aufnahmen für Paramount Records, und 1922 ersetzte sie Bessie Smith in der Musicalkomödie »How Come« im Apollo Theater am Broadway in New York.

1924 ging Alberta Hunter mit Louis Armstrong und dessen **Red Onion Jazz Babies** ins Studio und arbeitete ab 1925 mit einem eigenen Trio in der Clubszene. US-Tourneen folgten 1927 Stippvisiten in England, Frankreich und Monaco. In den 30er Jahren trat sie in Skandinavien, Griechenland, Schottland und Ägypten auf. 1928 gastierte sie in der Produktion »Showboat« erneut am Broadway. 1931 arbeitete sie mit dem Jazzmusiker Earl Hines zusammen und wirkte im Jahr darauf in der »Four Star Revue« mit.

Zur Zeit der Depression nach dem Börsenkrach 1929 war mit Platten nicht viel zu verdienen, und so konzentrierte sich Alberta Hunter in den 30er und 40er Jahren auf ihre Bühnenaktivitäten. Sidney Bechet und Fats Waller waren u. a. die Begleiter des weltweit gefeierten Showstars, der zwischen Blues und Jazz alles beherrschte. Sie gastierte in London mit »Showboat« und löste 1934 Josephine Baker im Casino de Paris und in den Folies Bergère ab. 1936 trat Alberta Hunter im Rahmen einer umfangreichen Europatournee in Clubs, Bars und Hotels auf. Sie arbeitete 1936 mit der **Teddy Hill Band** in der »Cotton Club Revue« und war von 1938 bis 1940 neben ihrer Konkurrentin Ethel Waters in dem Stück »Mamba's Daughters« als Schauspielerin verpflichtet.

1940 arbeitete Alberta Hunter, die Swing, Gospel und Blues gleichermaßen

perfekt interpretierte, mit dem **Charlie Shavers Quartet** und Eddie Heywood zusammen. Im Zusammenhang mit der von Präsident Eisenhower initiierten Truppenbetreuung sang sie 1944/45 für US-Soldaten in China, Burma, Indien, Ägypten, Afrika und Europa. Nach dem Zweiten Weltkrieg kehrte sie in die New Yorker Clubszene zurück und machte Aufnahmen für verschiedene Labels.
Der Tod ihrer Mutter war für Alberta ein schwerer Schock. Sie glaubte nicht mehr singen zu können und begann 1954 eine Ausbildung als Krankenschwester. Bis auf einige Session für Bluesville Records im Jahr 1961 wollte die »legendäre Sängerin« (*Newsweek*) nichts mehr von Musik wissen. 1977, Alberta war inzwischen 82 Jahre alt, überredete sie der Jazzimpresario Barney Josephson zu einem Comeback, das von den Medien begeistert aufgenommen wurde.
Das Album AMTRAK BLUES, 1980 veröffentlicht, bestätigte, daß Alberta Hunter noch immer über eine ausdrucksvolle Stimme verfügte. Sie eroberte erneut das Clubpublikum und trat 1982/83 noch in Europa und Brasilien auf. Alberta Hunter starb am 17. 4. 1984 in New York.

SONGS WE TAUGHT YOUR MOTHER (1961) Bluesville • REMEMBER MY NAME (1978) Sountrack Columbia 35553 • AMTRAK BLUES (1980) Columbia 36430 • 1934 LONDON SESSIONS (1982) DRG, SL 5195 • THE GLORY OF ... (1982) Columbia 37691 • LOOK FOR THE SILVER LINING (1983) Columbia 38970 • (S) THE LEGENDARY (1974) DRG, SL 5195 • (S) THE THIRTIES (1978) Stash, ST 115 • (S) YOUNG ALBERTA HUNTER (1984) Stash, ST 123 • (S) CHICAGO – THE LIVING LEGENDS (1984) OBC 510 • Mit Lovie **Austin**: WITH LOVIE AUSTIN (1961) Riverside, RLP 9418

Hunters & Collectors

John Archer (b, voc), Doug Falconer (dr, perc, programming, voc), Jack Howard (tr, key, voc), Barry Palmer (g), Mark Seymour (voc, g, man), Jeremy Smith (ho, g, key, man, voc), Michael Waters (tb, key)

Die australische Gruppe **Hunters & Collectors** sprach in den 80er Jahren eine Fangemeinde im Underground der USA und Australiens an, die die Band kultartig verehrte. Sie wurde als »Australiens Antwort auf The Fall« (*Trouser Press*) angesehen und begann mit einer lärmenden Fusion aus Punk und Funk, die sie zu einem zwingenden, melodischen Poprock weiterentwickelte.
Die Künstlerszene von Melbourne war 1979 Ausgangspunkt für das eigenwillige Ensemble, das aus College-Absolventen bestand und Konzerte als Happenings inszenierte. Zunächst entstanden sogenannte ›Little Bands‹ nach folgendem Prinzip: Musiker trafen sich bei Auftritten von →**Birthday Party** und organisierten danach in den Clubs Jam Sessions, die oft genug im völligen Chaos endeten. Aus diesen spontanen Zusammenkünften entstanden 1981 **Hunters & Collectors**, die von ihrem schnellen Erfolg in der Independent-Szene selbst überrascht wurden.
Ein Song der deutschen Avantgarde-Gruppe →**Can** lieferte die Vorlage für den Bandnamen, und ihre Vorbilder waren →**Pere Ubu**, die →**Cramps** und →**Velvet Underground**. Die erste Single, zwei EPs und das Doppelalbum HUNTERS & COLLECTORS, das weltweit als Einzel-LP veröffentlicht wurde, erschienen auf dem bandeigenen Label White

Records. Zur Gründungsbesetzung gehörten Archer, Falconer, Seymour, Waters, Geoff Crosby (key), Martin Lubran (g) und Greg Perano (perc). Robert Miles verantwortete den Live-Sound und die künstlerische Umsetzung auf der Bühne. Die gleiche Besetzung, unterstützt durch die Bläsersektion Jack Howard und Jeremy Smith, nahm das Album THE FIREMAN'S CURSE auf, die der deutsche Conny Plank als Produzent betreute. Die »ruhig fließende Musik« (*Guinness*) stand im krassen Gegensatz zu den wilden, rauhbeinigen Live-Shows.

Die Live-Qualitäten von **Hunters & Collectors** wurden 1985 auf THE WAY TO GO OUT dokumentiert, mitgeschnitten im Sommer 1984 in Melbourne. Auf HUMAN FRAILTY im Jahr darauf büßte die Band einiges an Schärfe ein und bemühte sich um Popelemente, wie z. B. bei dem Liebeslied ›Throw Your Arms Around Me‹. Orthodoxe Anhänger der Gruppe reagierten ablehnend auf den eingängigeren Sound, der immerhin mit ›Say Goodbye‹ eine mittlere Plazierung in den australischen Single-Charts ermöglichte. Zumindest in ihrer Heimat wurden **Hunters & Collectors** damit populär.

13 Gastmusiker beteiligten sich an den Aufnahmen zum Album WHAT'S A FEW MEN, das international unter dem Titel FATE in die Läden kam. Wieder gelangen **Hunters & Collectors** eingängige Songs, von denen sich ›Back On The Breadline‹ am besten verkaufte. Für den Wechsel in das neue Jahrzehnt ließen sich Archer, Falconer, Howard, Palmer, Seymour, Smith und Waters 18 Monate Zeit. Der *Musik Express* schrieb über GHOST NATION 1990: »Ihre Songs sind mitunter durchaus vertrackt, bieten rhythmische Kabinettstückchen und satte Bläsersounds, schielen aber nie in Richtung fader Kommerzialität.«

Im Sommer 1990 absolvierten **Hunters & Collectors** zusammen mit ihren Freunden von → **Midnight Oil** eine Welttournee und veröffentlichten den Sampler COLLECTED WORKS, der dank sorgfältig ausgewähltem Material die stilistische Entwicklung der Band deutlich werden ließ. Wie GHOST NATION wurde CUT 1993 in Australien mit Platin ausgezeichnet und zeigte einmal mehr, »welch textliches und musikalisches Potential in Hunters & Collectors steckt« (*Time Out*). Die 13 Titel der 94er-LP DEMON FLOWER hatte die Band in Melbourne unter der Regie von Nick Mainsbridge aufgenommen. Die Songs waren eher sparsam arrangiert, und Seymours Texte trafen »wie immer den Kern einer Sache und waren voller Witz und Ironie« (*Pressetext*). »Mark ist ein genialer Schreiber. Ich mag Menschen, die ernsthafte Texte schreiben, aber den Humor dabei nicht verlieren« (Bono → **U2**).

HUNTERS & COLLECTORS (1982) White Label • HUNTERS & COLLECTORS (1983) Virgin 205 293 • THE FIREMAN'S CURSE (1983) Virgin 205 703 • THE JAWS OF LIFE (1984) Epic 26310 • THE WAY TO GO OUT (1985) White Label • HUMAN FRAILTY (1986) I.R.S. 5801 • WHAT'S A FEW MEN (1987) White Label • FATE (1988) MCA, IRSD 42110 • GHOST NATION (1990) Atlantic 7567–82906 • CUT (1993) Mushroom • DEMON FLOWER (1994) Mushroom 74321 19715 • (S) HUMAN FRAILTY/LIVING DAYLIGHT (1986) I.R.S. 42024 • (S) COLLECTED WORKS (1990) I.R.S., EIRSACD 1032

Hüsker Dü

Grant Hart (dr, perc, voc), Bob Mould (voc, g), Greg Norton (b, voc)

Hüsker Dü waren seit ihrer Gründung Anfang 1979 in Minneapolis, Minnesota, die »alles herausfordernde amerikanische Punkgruppe der ersten Garnitur« (*Trouser Press*). In hektischer Betriebsamkeit feuerten sie ihre LP-Salven mit zum Teil stark politischen Songs mitten in das US-Spießertum. Auch nach ihrem Wechsel vom Independent-Lager zur Plattenindustrie konnten sie sich ihre künstlerische Unabhängigkeit bewahren.

Das Trio steuerte alle Bandaktivitäten selbst und hatte eine demokratische Struktur. Alle Mitglieder traten als Komponisten in Erscheinung. Grant Hart (Grantzberg Vernon Hart, * 18. 3. 1961, St. Paul, Minnesota) übernahm die Covergestaltung, während sich Bob → Mould (* 12. 10. 1960, Malone, New York) und Greg Norton (* 13. 3. 1959, Rock Island, Illinois) die Produzentenaufgaben teilten. Die Vorlage zum Bandnamen lieferte der schwedische Terminus für ›Erinnerst du dich?‹ Hüsker Dü kamen 1979 in St. Paul zusammen und vertrieben bis 1986 ihre Platten über verschiedene renommierte Alternativ-Label wie Subpop Records und Alternative Tentacles. Ultraschnelle und beinharte Punksongs machten Hüsker Dü zu einer landesweiten Attraktion und neben → Black Flag und Minutemen zu den wichtigsten Vetretern des Hardcore-Punk.

Nach zwei Singles, die heute Sammlerstücke sind, debütierte die Band 1981 mit der Liveplatte LAND SPEED RECORD mit 17 Songs in 26 Minuten beim → Dead Kennedys-Label Alternative Tentacles. In den folgenden fünf Jahren waren die lauten, zornigen Neorocker fast ständig auf Tournee und erwarben sich einen guten Ruf mit dynamischen, energiegeladenen Live-Shows. Im Studio dagegen entfernten sie sich »von LP zu LP mehr von der strikten Hardcore-Formel« (*Spex*).

1986 ignorierten Hüsker Dü alle Vorwürfe des Verrats aus dem Punklager, als sie »den brutal lauten Hardcore-Punk in Hardpop verwandelten« (*Musik Express*) und ein Angebot des Medienriesen Warner Brothers annahmen. »Sie addierten zu ihren immer noch vorhandenen brachialen Klangmonumenten Harmonien und Melodien, die stark von den frühen Beatles und Byrds beeinflußt waren« (*Musik Express*), und schufen auf dieser Grundlage eine selbständige, unorthodoxe Rockmusik, die vor allem in Europa Anerkennung fand. Das britische Magazin *Sounds* widmete Hüsker Dü eine Titelstory, und der *Melody Maker* attestierte ihnen »Prä-Westcoast-Sound der achtziger Jahre«.

Auf dem Album CANDY APPLE GREY registrierte der deutsche *Musik Express* einen »kochenden Mix aus sattem US-Punk, ein paar griffigen 60s-Melodien und einen Gitarrensound, der sich vulkanischer Lava gleich den Berg hinunterschiebt«. Das Doppelalbum WAREHOUSE SONGS & STORIES wurde im Jahr darauf zum musikalischen Vermächtnis einer eigenwilligen, nonkonformistischen Band. Nach dem Freitod ihres Managers David Savoy verordneten sie sich im Februar 1988 eine Denkpause. Streit zwischen Mould und Grant führte jedoch zur endgültigen Trennung.

Die Arbeit von Hüsker Dü wurde mit

zwei hörenswerten Samplern gewürdigt, die den Trendsettern und »ihrem gitarrenlastigen Independent-Rock« (*Musik Express*) ein würdiges Denkmal setzten. Mould und Hart setzten ihre Karriere mit Soloplatten fort. Hart gründete zu Beginn der 90er Jahre die vielgelobten → **Nova Mob**. Norton bildete sich als Koch weiter und rief im Sommer 1993 die **Acoustic Tragedies** ins Leben.

LAND SPEED RECORD (1981) SST 195 • EVERYTHING FALLS APART (1982) Rhino 71163 • ZEN ARCADE (1984) SST 027 • FLIP YOUR WIG (1985) SST 055 • CANDY APPLE GREY (1986) Warner Brothers 7599–25385 • WAREHOUSE SONGS & STORIES (1987) Warner Brothers 7599–25544 • (S) NEW DAY RISING (1985) SST 031 • (S) THE LIVING END (1994) Warner Brothers 9362–45582 • Grant **Hart**: ECCE HOMO (1995) Rough Trade 157 3096

Hydra

Wayne Bruce (voc, g), Orville Davis (b), Spencer Kirkpatrick (g, slide g), Steve Pace (dr)

Ab 1973 wurden **Hydra** in ihrer Heimatstadt Atlanta, Georgia, bekannt. Auf einer soliden Southernrock / Boogie-Basis entwickelten sie eine Hardrockvariante des Südstaaten-Sounds. Ihr erstes Album erschien bei dem mit dem Genre vertrauten Label Capricorn Records. Es bestand aus griffigen und doch ruppigen, ungeschliffenen Heavy-Songs des Teams Bruce / Kirkpatrick, die vor allem im Konzert ihre Wirkung nicht verfehlten. Die einzige Fremdkomposition war eine dynamische Fassung von ›Going Down‹ von Don → Nix. Trotz guter Rezensionen und erfolgreicher Auftritte verkaufte die »exzellente Southernband« (*Encyclopedia Of Hard And Heavy Metal*) nur eine kleine Auflage ihres Debütalbums.

Vom Mißerfolg unbeeindruckt, gingen **Hydra** im Frühjahr 1975 in Macon, Georgia, erneut ins Studio und nahmen LOVE AND MONEY in Angriff. Unter den Studiogästen befanden sich Chuck Leavell (→ **Allman Brothers**) und Johnny Sandlin (→ **Cowboy**). Sie unterstützten ein eingespieltes Quartett, das gekonnt Heavy-Posen mit komplexer R&B-Rhythmik und rasanten Gitarrenstößen mischte.

Die Southernelemente wichen 1976 einem klischeehaften Metal-Lärm. Ohne Davis spielten **Hydra** einen risikolosen Hardrock, der auf Allerweltsgetöse basierte. Die Band kam über gute Ansätze nicht hinaus, schuf aber mit ihren ersten beiden Alben die Grundlage für später erfolgreiche Gruppen wie → **38 Special**. Wayne Bruce zählte darüber hinaus zu den stärksten Gitarristen seiner Stilart. Orville Davis arbeitete 1977 / 78 für den Sänger Rex Smith, während Steve Pace 1981 das Duo **Whitford-St. Holmes** begleitete.

HYDRA (1974) Capricorn, CP-0130 • LAND OF MONEY (1975) Capricorn, CP-0157 • ROCK THE WORLD (1976) Polydor, PD-1–6096

Janis Ian

Janis Eddy Fink wurde am 7. 5. 1951 in New York als Tochter eines Musiklehrers geboren und bekam Gitarren- und Klavierunterricht. Auf der High School verfaßte sie ihre ersten Songs und schrieb mit 15 Jahren ›Hair Of Spun Gold‹. Das Folk-Journal *Broadside* veröffentlichte den Text und ermöglichte ihr erste Auftrittsmöglichkeiten. Janis war noch Studentin der High School of Music and Art, als sie einen Plattenvertrag unterzeichnete, und nannte sich fortan Janis Ian.

1966 nahm Janis Ian für Verve Records den im Jahr zuvor komponierten Song ›Society's Child‹ auf. Er handelte von der Liebe eines weißen Mädchens zu einem Schwarzen und wurde deshalb von einigen Rundfunksendern ignoriert. Einige Zeitungen nahmen den Song zum Anlaß, rassistische Artikel zu veröffentlichen. Nach einem gemeinsamen Auftritt mit Leonard Bernstein im April 1967 im CBS-Fernsehen wurde ›Society's Child‹ (US #12) doch noch zu einem Hit. Mehr »zornige Balladen der jungen Generation« (*Encyclopedia Of Rock*) veröffentlichte sie auf ihrem Debütalbum Janis Ian (US #14). Dem anschließenden Medienrummel war die Künstlerin nicht gewachsen. Die Alben For All The Seasons (US #58) und The Secret Life Of J. Eddy Fink konnten das Niveau der LP-Premiere nicht annähernd halten. Janis Ian gab desillusioniert auf, zog nach Philadelphia und heiratete den Fotojournalisten Peter Cunningham, ließ sich aber nach kurzer Zeit wieder scheiden.

Mit dem Album Present Company versuchte Janis Ian im Januar 1971 einen Neuanfang, jedoch ohne Erfolg. Roberta →Flack coverte 1974 ihre Komposition ›Jesse‹, die Janis Ian selbst für die LP Stars aufnahm. Plötzlich kamen ihre zerbrechlichen Melodien wieder an, und Janis Ian konnte sich 1975/76 mit den Alben Between The Lines (US #10), Aftertones (US #18) und der Single ›At Seventeen‹ (US #4) in den Charts plazieren. Allein 1975 machte sie fünf Millionen Dollar Umsatz und erhielt für ›At Seventeen‹ einen Grammy als besten Popsong.

Inzwischen ein Superstar, lebte und arbeitete Janis Ian sehr zurückgezogen in New York. 1977 wurde ihre LP Miracle Row (US #54) noch ganz gut verkauft. Ihre nachfolgenden Alben bezeichneten Kritiker als »humorlosen Pathos« (*Sounds*) oder »pathetisches Selbstmitleid« (*Rolling Stone*). 1981 wurde ihr Plattenvertrag nicht mehr verlängert.

In den 80er Jahren zeigte sie sich sporadisch im Folkclub-Zirkel. Als ihre alten Aufnahmen 1992 für CDs bearbeitet wurden, erhielt sie eine neue Chance. Sie outete sich 1993 unter dem programmatischen Titel Breaking Silence als Lesbierin, absolvierte im November einen ihrer seltenen Europaaufenthalte und begann 1995 mit den Vorbereitungen des Albums Revenge. Janis Ian präsentierte weiterhin gute Songs, konnte sich aber nicht so gut verkaufen wie ihre Kollegen von der Westküste.

JANIS IAN (1967) • FOR ALL THE SEASONS (1968) Verve, FTS 3024 • THE SECRET LIFE OF J. EDDY FINK (1968) Verve, FTS 3048 • WHO REALLY CARES (1969) Verve, FTS 3063 • PRESENT COMPANY (1971) BGO 5617261201652 • STARS (1974) Arcade 8800493 • BETWEEN THE LINES (1975) Arcade 8800494 • AFTERTONES (1975) Arcade 8800494 • LIVE ON THE TEST

(1976) Windsong 8 • MIRACLE ROW (1977) Arcade 8800496 • JANIS IAN (1978) Arcade 8800497 • NIGHT RAINS (1979) Arcade 8800498 • RESTLESS EYES (1981) Arcade 8800499 • BREAKING SILENCE (1993) Morgan Creek 20023 • REVENGE (1995) Beacon 51559 • LIVE ON THE TEST (1995) Rough Trade 6041008 • HUNGER (1997) Windham Hill • (S) SOCIETY'S CHILD (1995) Polydor 527591

Ice-T

Der Begründer des ›L.A. Style Gangster-Rap‹ wurde zu einer Gallionsfigur des US-Hardcore-Rap. Seine politischen Statements, die Kritik an den sozialen Mißständen in den USA enthielten Zündstoff für öffentliche Diskussionen, u. a den Aufruf, seine Platten zu verbrennen: »Die Weißen in den USA fürchteten weniger seine Worte als die Möglichkeit, daß ihre Kinder in die Küche kommen und sagen würden: Ich mag Ice-T« (*Rolling Stone*).

Ice-T wurde 1958 als Tracey Marrow in Newark, New Jersey, geboren. Seine Eltern wurden bei einem Verkehrsunfall getötet, und er wuchs bei einer Tante in Los Angeles auf. Unter dem Einfluß des radikalen Ghettoschriftstellers Iceberg Slim begann er Gedichte zu schreiben. Mit 15 Jahren schloß er sich einer Gang an und trieb sich in den Straßen von South Central L.A. herum: »Danach verliert sich seine Biographie in Gerüchten, bei denen es schwer ist, Wahrheit und Legende voneinander zu trennen« (*Munzinger*). Wahrscheinlich nahm er um 1983 das Pseudonym Ice-T an und veröffentlichte auf dem unabhängigen Label Saturn Records »den Singsong-Rap« (*Rolling Stone*) ›The Coldest Rap‹. Ice-T sampelte einen funkigen Groove von Jimmy Jam und Terry Lewis und bekam Angebote, in Rap-Clubs und Radioshows in Los Angeles aufzutreten. Er spielte eine kleine Rolle in dem Film »Breakin'« und wurde 1987 von Sire Records unter Vertrag genommen.

Ice-T produzierte, unterstützt von Afrika Islam, das Album RHYME PAYS (US #93), das vom Leben auf der Straße handelt: »Ein starkes Debüt, aber rückwirkend betrachtet nicht gerade der Höhepunkt seiner Karriere« (*Trouser Press*). Die Texte mobilisierten die konservative Vereinigung Parent's Music Resource Center (PMRC), die von Tipper Gore, der Frau des späteren US-Vizepräsidenten, ins Leben gerufen wurde. RHYME PAYS wurde als erstes Album der Geschichte mit dem warnenden Sticker »Parental Advisory Explicit Lyrics« versehen.

1988 gründete Ice-T das Label Rhyme Syndicate. Der Schauspieler und Regisseur Dennis Hopper beauftragte ihn mit der Komposition des Titelsongs (US #70) für den Kultfilm »Colors«, mit Sean Penn und Robert Duvall. Der Film handelte von der alltäglichen Gewalt der Gangs in Los Angeles, und Ice-T klang »druckvoller und bedrohlicher als auf Rhyme Pays« (*Munzinger*).

Inspiriert vom 70er Jahre Soul / Funk eines Curtis →Mayfield gelang Ice-T 1988 mit dem Album POWER (US #35) und den Singles ›High Rollers‹ und ›High Pusher‹ der kommerzielle Durchbruch. Ice-T erzählte wieder Geschichten von Prostituierten, Zuhältern, Dealern und anderen Kriminellen, aber »wenig realistisch gezeichnet, sondern – mit Maßanzügen, Sportwagen und Diamantringen – eher einer Folge von Miami Vice entsprungen« (*Stereoplay*).

Wieder geriet Ice-T in die Kritik der PMRC, was auch Jello Biafra von den → **Dead Kennedys** widerfahren war.
Nach der Veröffentlichung der LP THE ICEBERG / FREEDOM OF SPEECH ... JUST WATCH WHAT YOU SAY (GB #42, US #37) erklärte Ice-T 1989 in einem Interview, daß ihn »die Angriffe des PMRC sehr beschäftigt haben«. Deshalb gehe es auf seinem Album um Zensur in den USA. Ice-T wurde tatkräftig von Ernie C. (g) und Beatmaster V (dr), später Mitglieder von → **Body Count**, sowie von Biafra, Lloyd (b) und Johnny Rivers (syn) unterstützt. Das Album enthielt »unerwartete Ausflüge in Richtung Rock und Jazz« (*Spin*) und wurde von manchen Kritikern sehr gelobt.
Zwischen 1990 und 1992 wirkte Ice-T in drei Kinofilmen mit. In »New Jack City« spielte er neben Wesley Snipes einen Drogenfahnder, in dem Russell Mulcahy-Streifen »Ricochet« war Denzel Washington sein Partner, und der Kultregisseur Walter Hill holte ihn für »Trespass« vor die Kamera. 1990 kooperierte Ice-T mit Curtis Mayfield bei der Single ›Superfly 1990‹ (US #48), und 1991 veröffentlichte er das »wilde und bissige Album« (*Time Out*) O. G. ORIGINAL GANGSTER (GB #38), US #15), das schon bald als Standardwerk der Rap / HipHop-Szene galt: »Ice-T macht Action-Platten für eine Zuhörerschaft, die mit Clint Eastwood-Filmen aufgewachsen ist« (*New Musical Express*). Mit dem Song ›Body Count‹ stellte er seine gleichnamige Trash-Metal-Band vor.
1993 bekam Ice-T Schwierigkeiten mit seiner Plattenfirma Sire Records, die das Cover seiner LP HOME INVASION abgelehnt hatte. Ice-T bat um vorzeitige Vertragsauflösung. Überraschend entsprach Sire dem Wunsch und verzichtete, trotz fünf goldener Schallplatten, auf den Rest der ursprünglich geplanten sieben Alben. Nach seiner Trash-Exkursion mit **Body Count** setzte Ice-T 1993 bei HOME INVASION (GB #15, US #14, D #20) wieder auf lupenreinen Rap mit knallharten Ghettobeats. Gangs, Gewalt und soziales Elend waren nach wie vor die Themen. Als Singles wurden ›I Ain't New Ta This‹ (GB #62), ›That's How I'm Livin‹ (GB #21) und ›Gotta Lotta Love‹ (GB #24) ausgekoppelt. 1993 nahm er auch eine Rolle in dem Ernest Dickerson-Film »Surviving The Game« an und veröffentlichte seine Autobiographie »The Ice Opinion«. Er spielte neben Lori Petty in dem Film »Tank Girl«, der 1995 in die Kinos kam, und moderierte im britischen Fernsehen die Show Baadass TV.
Im Frühjahr 1996 erschien das Album VI: RETURN OF THE REAL, auf dem er wütend und unversöhnlich den »braunen Nazi-Sumpf und die Faschisten des Ku Klux Klan« (Ice-T) attackierte. Die Auskopplungen ›I Must Stand‹ (GB #23) und ›The Lane‹ (GB #18) kamen in Großbritannien in die Charts. Mit seinem neuen Song ›I Used To Love Her‹, der im Frühjahr 1997 erschien, machte Ice-T den ehemaligen Football-Star O.J. Simpson für den Mord an dessen Frau Nicole und ihrem Freund Ronald Goldman verantwortlich.

RHYME PAYS (1987) Sire 7559–25602 • POWER (1988) Sire 7559–25765 • THE ICEBERG / FREEDOM OF SPEECH ... JUST WATCH WHAT YOU SAY (1989) Sire 7599–26028 • O.G. ORIGINAL GANGSTER (1991) Sire 7599–26492 • HOME INVASION (1993) Virgin 787844 • VI: RETURN OF THE REAL (1996) Virgin 841700 • (S) THE CLASSIC COLLECTION (1993) Rhino 8122–71170

Icehouse

Iva Davies (voc, g, key), Robert Kretschmer (g), Simon Lloyd (tr, key), Guy Pratt (b), Andy Quanta (key, voc)

Die australische Hitband ist vom britischen Glamrock im Stil von → Roxy Music und der New Romantics-Bewegung um → Ultravox und → Visage beeinflußt. 1983/84 und 1988 hatten die in Australien zu Superstars avancierten Musiker auch weltweit Erfolg. Um sich auf Dauer international zu etablieren, war die Band um den Sänger und Komponisten Iva Davies aber nicht originell genug.

Davies, Keith Welsh (b), Anthony Smith (key) und John Lloyd (dr) fanden 1977 in Sydney zusammen und nannten sich zuerst Flowers. Da es bereits eine Band dieses Namens gab, taufte sich das Quartett 1979 bei der Unterzeichnung eines Plattenvertrages in Icehouse um. Die ersten Singles ›Icehouse‹ und ›I Can't Help Myself‹ plazierten sich auf Anhieb in den australischen Top 10. Die Erfolge im Vorprogramm von Elvis → Costello, → XTC und → Stranglers erregten international Aufmerksamkeit. Chrysalis Records übernahm 1981 den internationalen Vertrieb der Icehouse-Platten. Ihr etwas unbeholfenes Debüt ICEHOUSE (US #85) und die Single ›We Can Get Together‹ (US #62) brachten ihnen einen Achtungserfolg in den US-Charts ein.

Die zweite LP PRIMITIVE MAN (GB #44, D #5) bot blitzsauberen Pop und enthielt mit den Singles ›Street Café‹ (D #28) und ›Hey Little Girl‹ (GB #14, D #5) zwei Hits. Die Basisaufnahmen für PRIMITIVE MAN waren nach nur elf Tagen abgeschlossen und wurden anschließend in Los Angeles von Davies im Studio von Keith Forsey, einem engen Mitarbeiter von Giorgio Moroder, abgemischt. Der lasziv-arrogante Stil von Davies provozierte immer wieder Vergleiche mit Bryan → Ferry. Der professionelle Technopop war uninteressant, nur die finsteren Texte konnten bei einigen Kritikern etwas Aufmerksamkeit erregen.

Im Sommer 1983 waren Icehouse zum ersten Mal in Deutschland, wo sich ihre Platten anschließend gleichmäßig gut verkaufen sollten. David → Bowie war von dem distanzierten Sound und dem coolen Bühnenvortrag so begeistert, daß er Icehouse für seine nächste Großbritannientournee engagierte.

Auf SIDEWALK (D #39) wechselte Davies die Besetzung komplett aus. Neben den Newcomern Guy Pratt und Bob Kretschmer engagierte er den ehemaligen Hazel → O'Connor-Keyboarder Andy Quanta. Eine weitere Umstellung gab es auch 1986 für MEASURE FOR MEASURE (US #55, D #37). John Lloyd wurde von Simon Lloyd, der vorher für Thomas → Dolby und die → Members gearbeitet hatte, abgelöst. MEASURE FOR MEASURE wurde in Australien wie alle anderen Alben von Icehouse ein Hit. International konnten sie sich nur mit der Single ›No Promises‹ (US #79) durchsetzen.

Das beste Album seit Jahren gelang Ende 1987 mit MAN OF COLOURS (US #43). Der Titelsong ›Electric Blue‹ (GB #53, US #7) ›Crazy‹ (GB #38, US #14), ›My Obsession‹ (US #88) und ›Touch The Fire‹ (US #84) wurden ausgekoppelt. Icehouse hatten vorübergehend in den USA wieder den Anschluß gefunden. Zwar ließen sie es an Originalität fehlen, aber der eingängige Pop verfehlte nicht seine Wirkung.

Da sich Icehouse auch bei ihrem zweiten Anlauf nicht durchsetzen konnten, verordnete Davies der Band eine längere

Pause, die mit dem Sampler Great Southern Land (D #53) überbrückt wurde. Das Comeback Ende 1993 mit Big Wheel war ein ziemliches Fiasko: »Veraltete Synthisounds und Grooves aus grauer Vorzeit weinen einer längst vergangenen Epoche nach« (*Musik Express*).
Das 94er-Album Full Circle bestand aus Remixen der bekanntesten Songs von **Icehouse**. 1995 beschränkte sich Davies auf The Berlin Tapes auf Coverversionen u. a. der →**Talking Heads** und →**Simple Minds**, die überwiegend düster bis steril gerieten.

ICEHOUSE (1981) Chrysalis 321 350 • PRIMITIVE MAN (1982) IRS 987 951 • SIDEWALK (1984) IRS 987 952 • MEASURE FOR MEASURE (1986) IRS 987 953 • MAN OF COLOURS (1987) IRS 987 954 • BIG WHEEL (1993) IRS 987 957 • FULL CIRCLE (1994) Intercord, IRS 973 315 • THE BERLIN TAPES (1995) IRS 973 316 • (S) THE SINGLES A'S SELECTED B'S (1995) IRS 973 317 • (S) GREAT SOUTHERN LAND (1989) Chrysalis 321 746

Impressions

Arthur Brooks (voc), Richard Brooks (voc), Fred Cash (voc), Sam Gooden (voc), Curtis Mayfield (voc)

Drei Mitglieder des Vokalquintetts **Roosters** aus Memphis, Tennessee, gingen 1957 nach Chicago, um mit einem alten Freund und zwei weiteren Kollegen ein zeitgemäßes, R&B-beeinflußtes Gesangsunternehmen ins Leben zu rufen. Sie veröffentlichten über ein Dutzend Top-20-Singles und machten sich als hervorragende Soulsolisten einen Namen.

Sam Gooden (*2. 9. 1939) und die Brooks-Brüder Arthur und Richard stammen aus Chattanooga, Tennessee, Jerry →Butler wurde in Sunflower, Mississippi, und Curtis →Mayfield in Chicago geboren. Die **Impressions** veröffentlichten eine Reihe von Singles bei kleineren Labels wie Bandera (›Listen To Me‹) und Swirl Records (›Don't Leave Me‹), bevor sie im Mai 1958 mit der Rhythm & Blues-Ballade ›For Your Precious Love‹ (US #11) als **Jerry Butler & The Impressions** den kommerziellen Durchbruch schafften. Butler entschied sich danach für eine Solokarriere und wurde durch Fred Cash (*8. 10. 1940) ersetzt, der auch bei den **Roosters** mitgewirkt hatte. Schon nach zwei Singles für Vee Jay Records trennte man sich wieder. Mayfield unterstützte als Komponist und Gitarrist den ehemaligen Partner Butler.
1959 rief Mayfield die Gruppe in New York wieder ins Leben und bestimmte als Leadsänger und Komponist den musikalischen Kurs der **Impressions**, die nach über einjähriger Vorbereitung mit Gypsy Woman (US #2) vom Oktober 1961 an ihre Anfangserfolge anknüpfen konnten. Bis 1969 brachten sie 30 weitere Songs in die US-amerikanischen Singlecharts und zählten mit ihrer raffinierten Mixtur aus Gospel, R&B und Pop zu den populärsten Gesangsformationen der USA.
Nach kleineren Hits wie ›Grow Closer Together‹ (US #99), ›Little Young Lover‹ (US #96) und ›I'm The One Who Loves You‹ (US #73) kehrten Mayfield, Cash und Gooden nach Chicago zurück, während die Gebrüder Brooks in New York blieben. Als erste Single in Triostärke erschien im Mai 1963 ›Sad, Sad Girl And Boy‹ (US #84), dem drei Monate später

das Debütalbum THE IMPRESSIONS (US #43) und der größte Single-Hit ›It's All Right‹ (US #4) folgten. Die Impressions hatten nun entscheidenden Einfluß auf die Entwicklung des R&B- und Bluesgeschehens auf beiden Seiten des Atlantiks. Neben vielen anderen übernahmen Gene →Chandler und Major Lance ihre Songs.

1964/65 hatten die Impressions ihre größten Erfolge mit dem Gospel ›Amen‹ (US #6), Mayfields markanten Falsetto bei ›People Get Ready‹ (US #17) und dem Bestselleralbum KEEP ON PUSHING (US #12). Mit den Singles ›Talking About My Baby‹ (US #14), ›I'm So Proud‹ (US #18), ›Keep On Pushing‹ (US #12), ›You Must Believe Me‹ (US #17), ›Woman's Got Soul‹ und der LP PEOPLE GET READY (US #24) erzielten sie ebenfalls sehr gute Umsätze. Auch Rod →Stewarts und Aretha →Franklins Versionen von ›People Get Ready‹ wurden Erfolgshits.

Aufgrund anderer Aktivitäten begann Curtis Mayfield die Impressions zu vernachlässigen. Zwischen Ende 1965 und September 1967 erschienen einige durchschnittliche Hits: ›You've Been Cheatin‹ (US #25), ›Since I Lost The One I Love‹ (US #62) und ›Can't Satisfy‹ (US #78). Ende 1967 hatte Mayfield mit ›We're A Winner‹ (US #7) wieder einen hochkarätigen Popsong parat. Auch das gleichnamige Album (US #29) verkaufte sich gut. Bis zum Ende des Jahrzehnts gelangen weitere Singleerfolge: ›Fool For You‹ (US #17), ›This Is My Country‹ (US #23) und ›Choice Of Colors‹ (US #18).

Die Impressions arbeiteten bis zum Sommer 1970 in unveränderter Besetzung zusammen. Nach der Single ›Check Out Your Mind‹ (US #27) beschloß Mayfield, sich seinen eigenen Interessen zu widmen, betreute die Gruppe aber weiter als Komponist und Produzent und veröffentlichte die Platten auf seinem Label Curtom Records. Als seinen Nachfolger hatte er Leroy Hutson ausgesucht. Doch die Triumphe von einst waren ohne die Stimme von Mayfield nicht mehr zu wiederholen. Im Frühjahr 1973 stieg Hutson wieder aus. Cash und Gooden taten sich mit Ralph Johnson und Reggie Torian zusammen, um im Frühjahr 1974 mit FINALLY GOT MYSELF TOGETHER (US #15) ein letztes Mal die glorreiche Vergangenheit zu beleben. Mit FIRST IMPRESSIONS (GB #18) kamen sie Ende 1975 noch einmal in die britischen Charts. Johnson hatte die Impressions inzwischen wieder verlassen und war durch Nate Evans ersetzt worden.

Zwischen 1977 und 1982 veröffentlichten die Impressions bei verschiedenen Labels wenig beachtete Platten. 1983 kam es zu einer »Reunion Tour« mit Butler und Mayfield. Danach verschwand die Gruppe von der internationalen Popszene.

Als die Impressions 1991 in die Rock'n'Roll Hall of Fame aufgenommen wurden, hielt Tracy →Chapman die Laudatio. Mit der Veröffentlichung des Samplers ANTHOLOGY kam es im März 1993 mit Gooden, Cash, Johnson und Smokey Hampton zu einer Neuauflage der Soulveteranen.

IMPRESSIONS (1963) ABC 450 • THE NEVER ENDING IMPRESSIONS (1964) ABC 468 • KEEP ON PUSHING (1964) ABC 493 • PEOPLE GET READY (1965) ABC 505 • ONE BY ONE (1965) ABC 523 • RIDIN' HIGH (1966) ABC 546 • FABULOUS IMPRESSIONS (1967) ABC 606 • WE'RE A WINNER (1968) ABC 635 • THIS IS MY COUNTRY (1968) Curtom 8001 • FOR YOUR PRECIOUS LOVE (1968) Joy 104 • YOUNG MOOD'S FORGOTTEN STORY (1969) Polydor 2359003 • AMEN (1970) Polydor 2359009 •

CHECK OUT YOUR MIND (1971) Polydor 2318017 • TIMES HAVE CHANGED (1972) Polydor 2318059 • PREACHER MAN (1973) Curtom, CRS 8016 • FINALLY GOT MYSELF TOGETHER (1973) Curtom, CRS 8019 • THREE THE HARD WAY (1974) Buddah 15707 • FIRST IMPRESSIONS (1975) Curtom 5003 • LOVING POWER (1976) Curtom 5009 • IT'S ABOUT TIME (1976) Cotillion, SD 9912 • COME TO MY PARTY (1979) 20th Century 596 • FEEL THE FIRE (1981) 20th Century 624 • (S) GREATEST HITS (1965) ABC 515 • (S) BIG SIXTEEN (1965) HMV, CSD 1642 • (S) BIG SIXTEEN VOL. 2 (1969) Stateside, SSL 10279 • (S) THE BEST OF (1970) ABC 654 • (S) THE VERSATILE (1972) ABC 668 • (S) THE VINTAGE YEARS (1976) Sire, SASH 3717 • (S) YOUR PRECIOUS LOVE (1981) Charly, CRM 2023 • (S) ANTHOLOGY 1961-1977 (1992) MCA 10664

Inner Circle

Kris Bentley (voc), Bernard ›Touter‹ Harvey (key), Ian Lewis (b), Roger Lewis (g)

Von den Fans und den Medien wurden sie ›Fat Man Rhythm Section‹ genannt, denn die Musiker brachten zeitweise zusammen über 800 Pfund auf die Waage. **Inner Circle** standen für einen Crossover-Reggae, der traditionelle jamaikanische Rhythmik mit Pop, Disco und Funk mischte. Mit dieser populären Form des Roots-Reggae behauptete sich die Truppe einige Jahre als dritte Kraft Jamaikas neben Bob → Marley und → **Third World**.
Die Band, die ständig durch bekannte jamaikanische Studiomusiker ergänzt wurde, wurde 1969 von den Brüdern Ian und Roger Lewis gegründet. Sie engagierten Musiker, die 1970 **Third World** formierten. Es dauerte lange, bis **Inner Circle** eine stabile Besetzung gefunden hatten. Bernard ›Touter‹ Harvey hatte Ende 1969 im Tunnel Club in Kingston den ersten öffentlichen Auftritt und gewann kurz darauf einen Talentwettbewerb. Der schwergewichtige Jacob Miller komplettierte das Quartett, das 1973 eine Tournee in den USA und auf den Bermudas absolvierte. In San Francisco spielten **Inner Circle** in einer Show mit → **Toots & The Maytals** und Dennis → Brown. 1974 holten die → **Rolling Stones** die Reggae-Band in ihr Vorprogramm, und auch Taj → Mahal engagierte die Rastas, die inzwischen mehrere Singles und zwei Alben in Jamaika herausgebracht hatten, darunter den Hit ›I See You‹.
Auf den drei zwischen 1975 und 1977 veröffentlichten Alben war ein etwas schwerfälliger, konventioneller und ziemlich unausgereifter Reggae zu hören. Die Platten erschienen weltweit, fanden aber wenig Interessenten. In Jamaika wurden **Inner Circle** aber als Stars behandelt.
Der internationale Durchbruch ließ noch knapp 20 Jahre auf sich warten. Nur in Großbritannien, wo der Reggae in den Einwandererviertelnder Industrie- und Großstädte ohnehin beliebt war, gehörten **Inner Circle** ab 1979 zur ersten Garnitur ihres Genres neben → **Burning Spear**, Marley, Peter → Tosh und **Third World**.
Chris Blackwell (Island Records) betreute die Single und LP EVERYTHING IS GREAT, mit der **Inner Circle** in Europa populär wurden. Ian → Dury engagierte sie für eine Englandtournee. Ihre Show kam so gut an, daß Dury für die Deutschlandtournee eine andere Vorgruppe anheuerte.
»Einfallsreiche Arrangements mit vielen Farbtupfern im Detail und ein satter, hundertprozentig stimmiger Sound«

(*Stereoplay*) kennzeichnen das auf den Bahamas entstandene Album New Age Music mit zwei herausragenden Songs: die Reggaefassung des Oldies ›Summer In The City‹ von → Lovin' Spoonful und die Jugendhymne ›Discipline Child‹. Frontmann Jacob Miller erlebte die positive Resonanz auf das Album New Age Music nicht mehr. Er starb am 23. 3. 1980 bei einem Autounfall in Kingston. Posthum wurden seine Soloplatten und bisher unveröffentlichtes Material wiederveröffentlicht.

Das verbliebene Trio holte Rick Hunt als neuen Leadsänger. Er stammte aus San Francisco, wo Inner Circle sich mittlerweile niedergelassen hatten. Something So Good von 1982 enttäuschte insbesondere durch überflüssige Heavy-Gitarren und kreischende Vokalphrasen. Inner Circle, die mit dem Tod von Miller an Ausstrahlung verloren hatten, trennten sich vorübergehend.

Harvey, der bereits mit allen Reggae-Größen von Marley bis Bunny → Wailer zusammengearbeitet hatte, wirkte auf Alben von Burning Spear und Michael Prophet mit. Gemeinsam mit den Lewis-Brüdern richtete er in Miami ein Studio ein.

Inner Circle, die Calton Coffie als neuen Leadsänger engagiert hatten, fanden sich für die LP One Way wieder zusammen, ohne damit besondere Aufmerksamkeit zu erregen. Die Band verstärkte sich durch Michael Sterling (g, voc) und Lancelot Hall (dr, perc) und etablierte sich wieder im Tourneezirkus. Sie waren Stammgäste der Reggae Sunsplash-Festivals und -Tourneen und brachten 1989 Identified heraus, ihre beste Platte seit zehn Jahren. Inner Circle fanden zu ihrem lockeren Stil zurück, und 1992 gelang ihnen der deutsche Sommerhit ›Sweat (A La La la Long)‹ (GB #43, D #1) aus der LP Bad To The Bone (GB #44, US #64, D #12). ›Sweat‹ (GB #3) setzte sich mit einjähriger Verspätung auch in Großbritannien durch. Außerdem wurden ›Rock With You‹ (US #98, D #8), ›Wrapped Up In Your Love‹ (D #50) und ›Bad Boys‹ (GB #52, US #8, D #35) ausgekoppelt.

»Leicht verdaulicher Partyspaß«, urteilte der *Musik Express* im Sommer 1994 über das Album Reggae Dancer (D #18), eine Mischung aus Soulballaden, authentischen Reggae-Vibes und Uptempo-Pop. Der Joe South-Song ›Games People Play‹ (GB #67, US #84, D #27) wurde ein Hit. Das Album wurde in Stockholm von Tommy Ekman und Per Adebratt (Ace Of Base) abgemischt. Kris Bentley, zuvor Leadsänger der bekannten jamaikanischen Grupppe Skool, wurde 1996 Nachfolger von Coffie. Er debütierte auf dem Album Da Bomb. Mit dem Titelsong (D #55) war den Reggae-Pionieren erneut ein hitträchtiger Ohrwurm eingefallen.

DREAD REGGAE HITS (1973) Top Ranking • ROCK THE BOAT (1974) Trojan, TRLS 93 • BLAME IT ON THE SUN (1975) Trojan, TRLS 114 • REGGAE THING (1976) Capitol, ST 11574 • READY FOR THE WORLD (1977) Capitol, ST 11664 • KILLER DUB (1978) Top Ranking 8364162 • EVERYTHING IS GREAT (1979) Island, ILPS 9558 • NEW AGE MUSIC (1980) Island, ILPS 9608 • SOMETHING SO GOOD (1982) Castle, CHC 7074 • ONE WAY (1987) RAS 3030 • IDENTIFIED (1989) Bellaphon 290-07-126 • BLACK ROSES (1991) WEA 9031-73425 • BAD TO THE BONE (1993) WEA 9031-77677 • REGGAE DANCER (1994) WEA 4509-96116 • DA BOMB (1996) WEA 063-015192 • (S) REGGAE GREATS (1985) Island • (S) THE BEST OF (THE CAPITOL YEARS 1976-1977)

(1994) EMI 827170 • (S) THE BEST OF (FEAT. JACOB MILLER) (1995) Island 514 343 • Jacob **Miller**: DREAD DREAD (1978) United Artists 806 • WANTED (1979) • TENEMENT YARD (1980) Island 201 087 • JACOB MILLER KILLER (1980) Island 201 088 • MIXED UP MOODS (1980) Island 201 853 • UNFINISHED SYMPHONY (1984) Circle, CSLP 0012

INXS

Garry Beers (b, voc), Andrew Farriss (key, g), Jon Farriss (dr, perc, voc), Tim Farriss (g), Michael Hutchence (voc) Kirk Pengilly (g, sax, voc)

INXS (sprich: in exzess) war fast zwei Jahrzehnte lang die Supergroup des australischen Rock, deren Alben vielfach mit Platin veredelt wurden. Im Mittelpunkt der perfekten Show stand der charismatische Sänger Michael Hutchence, der den erstklassigen Musikern zu internationalem Erfolg verhalf.

Die Davidson High School in Sydney war Ausgangspunkt für die Karriere von **INXS**, die sich zunächst **Farriss Brothers** nannten. Die Brüder Andrew (* 27. 3. 1959), Jon (* 10. 8. 1961) und Tim Farriss (* 16. 8.1957), die aus Perth stammten, traten gemeinsam mit Garry Beers (* 22. 6. 1957, Sydney) und Kirk Pengilly (* 4. 7. 1958, Sydney) anläßlich des 20. Geburtstags von Tim 1977 erstmals öffentlich auf. 1979 machten sie dem Sänger und Texter Michael Hutchence (* 22. 1. 1961, Sydney) das Angebot, in ihre inzwischen in **INXS** umgetaufte Band einzusteigen. Hutchence wirkte in Gestik und Auftreten wie eine australische Ausgabe von Mick Jagger. Er war in Hongkong aufgewachsen und wollte ursprünglich Schauspieler werden. Nach dem Durchbruch von **INXS** verfolgte er seine Filmambitionen sporadisch weiter.

Der zugleich rauhe und melodiöse Rocksound kam bei den Australiern sofort an. Der Debütsingle ›Simple Simon‹ vom Mai 1980 folgte im Oktober des Jahres das Album INXS mit dem ersten australischen Hit ›Just Keep Walking‹. 1981 wurde das Sextett mit der LP UNDERNEATH THE COLOURS und den Hits ›Stay Young‹ und ›The Loved One‹ noch populärer. Hutchence arbeitete außerdem an zwei Songs mit → **Cold Chisel** für den Soundtrack zum australischen Film »Freedom«.

Im April planten Andrew Farriss, Hutchence und Pengilly Reisen nach Großbritannien und Nordamerika. Auf der LP SHABOOH SHOOBAH (US #46) und der Single ›The One Thing‹, die auch international Erfolg hatten, boten sie kultivierten Hardrock.

Mit dem Album THE SWING (US #52) setzte die Band im Sommer 1984 den Weg in die Rockelite fort. An dem von Nile Rodgers (→ **Chic**) produzierten, antirassistischen Song ›The Original Sin‹ beteiligten sich → **Hall & Oates** als Chorsänger.

Im August 1985 beendeten **INXS** in den Londoner AIR Studios die Produktion ihrer bis dahin erfolgreichsten LP LISTEN LIKE THIEVES (GB #31, US #11) und konnten sich mit ›Need You Tonight‹ (GB #58) und ›Listen Like Thieves‹ (GB #39) in den britischen Hitparaden plazieren. Der perfekt inszenierte Hochglanzrock des Platinwerks galt bei den Kritikern als »quälend langweiliger, uninspirierter Mainstream-Rock« (*New Musical Express*).

Nach der triumphalen Welttournee 1987/88 verkaufte sich das Album KICK

(GB #9, US #3, D #11) mit den Hits ›New Sensation‹ (GB #25), ›Devil Inside‹ (GB #47), ›Never Tear Us Apart‹ (GB #24) und ›Mystify‹ (GB #14) millionenfach. **INXS** hatten einen eigenen Stil mit schroffen Gitarrenriffs, wummernder Rhythmik und hervorragenden Gesangsleistungen entwickelt.
Ende 1988 wurde in Europa die Single ›Need You Tonight‹ (GB #2) wiederveröffentlicht. Der dazugehörige Videoclip wurde acht Wochen zuvor mit einem MTV Award gewürdigt. Hutchence beschäftigte sich zu diesem Zeitpunkt mit dem Projekt **Max Q**, an dem auch der Drummer Ollie Olson von der australischen Band **No** beteiligt war. Das Team veröffentlichte im November 1989 das Electropop-Album MAX Q. (GB #69) und im Februar 1990 die Single ›Sometimes‹ (GB #53). Während einer Pause von **INXS** stand Hutchence für den Roger Corman-Film »Frankenstein Unbound« vor der Kamera.
Die Single ›Suicide Blonde‹ (GB #11) bereitete im Spätsommer 1990 die Veröffentlichung der mit Spannung erwarteten LP X (GB #2, US #5, D #9) vor. **INXS** brachen ihre eigenen Umsatzrekorde und produzierten einmal mehr einen makellosen, aber nie eintönigen Rock. Während der laufenden Welttournee 1991 kamen ›Disappear‹ (GB #21, D #43), ›By My Side‹ (GB #42, D #56) und ›Bitter Tears‹ (GB #30, US #46) in die Singlecharts. »Die ausgewachsenen Superstars« (*Musik Express*) hielten die Tour in Ausschnitten auf LIVE BABY LIVE (GB #8, US #72, D #18) fest.
Im Januar 1992 kehrten **INXS** in ihre Heimatstadt zurück. Am 14. Februar heiratete Jon Farriss die Schauspielerin Leslie Bega. Im Mai engagierte sich die Band für eine AIDS-Benefizveranstaltung vor über 100000 Menschen im Centennial Park in Sydney. Als Beitrag für den Sampler BARCELONA GOLD aus Anlaß der Olympischen Sommerspiele veröffentlichten sie im Juli ›Not Enough Time‹ (US #28). Vier Wochen später kam das Hitalbum WELCOME TO WHEREVER YOU ARE (US #16, GB #1, D #8) auf den Markt, das reißenden Absatz fand, aber nur mäßige Singleerfolge enhielt: ›Heaven Sent‹ (GB #31, D #47), ›Not Enough Time‹ (US #28), ›Baby Don't Cry‹ (GB #20) und ›Taste It‹ (GB #21).
Neues Material kündigte im Februar 1993 die Single ›Beautiful Girl‹ (GB #23, US #46, D #54) an. **INXS** bestätigten ihr Gespür für Balladen und konnten auch mit dem Album FULL MOON, DIRTY HEARTS (GB #3, US #53, D #27) zumindest in Europa ihr hohes Chartsniveau halten. Die Platte zählte zu den schwächeren Arbeiten der Band, der die Ideen ausgegangen waren. **INXS** reagierten mit einer kreativen Pause und beschränkten sich 1994 beim Sampler THE GREATEST HITS (GB #3, D #9) auf die beiden neuen Songs ›The Strangest Party‹ (GB #15) und ›Deliver Me‹.
Für mehr Aufsehen sorgte das Privatleben von Hutchence, der nach Beziehungen zu der australischen Popsängerin Kylie Minogue und dem dänischen Topmodel Helena Christensen nun mit Bob → Geldof-Lebenspartnerin Paula Yates liiert war. Sein Solosong für den Soundtrack zu »Batman Forever« wurde dagegen kaum beachtet.
ELEGANTLY WASTED erwies sich im Frühjahr 1997 als durchschnittliches Mainstream-Album, das mit Dance-Beats und nach wie vor »blitzsauberen Melodiebögen« (*Musik Express*) aufwartete.
Michael Hutchence, der im März 1997 Vater einer Tochter geworden war, litt

offensichtlich unter Depressionen. Am Morgen des 22. Novembers fand man ihn in einer Suite des Nobelhotels Ritz Carlton in Sydney erhängt auf.

INXS (1980) Mercury 838 925 • UNDERNEATH THE COLOURS (1981) Mercury 838 926 • SHABOOH SHOOBAH (1983) Mercury 812 084 • THE SWING (1984) Mercury 818 553 • LISTEN LIKE THIEVES (1985) Mercury 824 957 • KICK (1987) Mercury 832 721 • X (1990) Mercury 846 668 • LIVE BABY LIVE (1991) Mercury 510 580 • WELCOME WHEREVER YOU ARE (1992) Mercury 512 507 • FULL MOON, DIRTY HEARTS (1993) Mercury 518 637 • ELEGANTLY WASTED (1997) Mercury 534 613 • (S) INXSIVE (1982) Arista 1018 • (S) THE GREATEST HITS (1994) Mercury 526 230 • Michael **Hutchence** mit **Max Q.**: MAX Q. (1989) Mercury 838 942

Iron Butterfly

Ron Bushy (dr), Darryl DeLoach (voc, perc), Doug Ingle (key, voc), Jerry Penrod (b), Danny Weis (g)

»Die erste psychedelische Hardrock-Band« (*Rolling Stone*) wurde 1966 von Ron Bushy (*23. 9. 1945, Washington, D.C.), Doug Ingle (*9. 9. 1946, Omaha, Nebraska), Darryl DeLoach, Jerry Penrod und Danny Weis im kalifornischen San Diego gegründet. **Iron Butterfly** setzten sich als Live-Gruppe durch und sorgten als Hausband im Whisky A-Go-Go und Galaxy für ausverkaufte Clubs.
In den Nashville West Studios von Hollywood nahmen sie ihr erstes Album HEAVY (US #65) auf, das eindeutig den künftigen Weg der Band wies. Schwere, keyboardlastige Arrangements, druckvolle Heavy-Gitarren und ein drohend-düsterer Gesang machten **Iron Butterfly** zur Underground-Attraktion und wurden von den → **Doors** und → **Jefferson Airplane** als Vorgruppe gebucht. Bandsprecher Doug Ingle erklärte in einem Interview: »Wir haben niemanden kopiert und wurden nicht beeinflußt. Wir hatten nur eine Idee und wußten, wie man diese Idee am besten musikalisch ausdrückt.«
1968 wurden ihre Songs ›Possession‹ und ›Unconscious Power‹ für den Soundtrack zum Film »Savage Seven« verwendet. Nach drei gemeinsamen Auftritten mit → **Velvet Underground** im Avalon Ballroom in San Francisco wurde die Gruppe umbesetzt. Penrod und Weis gründeten → **Rhinoceros**, und Sänger DeLoach stieg ohne neues Ziel aus. Neu in die Band kamen der Gitarrist Eric Braunn (*11. 8. 1950, Boston) und der Bassist Lee Dorman (*19. 9. 1945, St. Louis).
Das neuformierte Quartett überrollte im Juli 1968 die Charts mit dem massiven Heavyrock des Albums IN-A-GADDA-DA-VIDA (US #4). Der 17 Minuten lange Titelsong avancierte zur Hymne des US-Underground und schaffte in einer auf vier Minuten gekürzten Version (US #35) auch den Sprung in die Single-Hitparaden. Die LP wurde über sechs Millionen Mal verkauft und hielt sich rund drei Jahre in den US-Hitlisten. **Iron Butterfly** spielten mit → **Quicksilver Messenger Service** und → **Steppenwolf**, waren beim dreitägigen Miami Pop Festival mit von der Partie und konnten im Februar 1969 ihren Erfolg mit der LP BALL (US #1) wiederholen. Als Single wählten sie SOUL EXPERIENCE (US #65) aus.
Nach acht erfolgreichen Tourneen, zuletzt mit → **Blues Image**, verließ Braunn **Iron Butterfly** im September 1969, um

später mit Penrod und DeLoach **Flintwhistle** zu formieren. Als Nachfolger kamen Mike Pinera (* 29. 9. 1948) von **Blues Image** und Larry Rheinhardt (* 7. 7. 1948). Sie waren allerdings noch nicht an dem im Frühjahr 1970 veröffentlichten Mitschnitt LIVE (US #17) beteiligt, sondern gaben ihren Einstand auf der effektreichen LP METAMORPHOSIS (US #14) und der Single ›Easy Rider‹ (US #64). Trotz sehr guter Umsätze blieben die Urväter des Metal nur noch bis zum Mai 1971 zusammen.

Dorman gründete 1972 die Bluesrockgruppe **Captain Beyond**, die drei Alben herausbrachte, von denen sich SUFFICIENTLY BREATHLESS (US #71) vom Spätsommer 1973 am besten verkaufte. Mike Pinera schloß sich zunächst der **New Cactus Band** an und formierte dann mit Danny Volberg (dr) und Duane Hitchings (key) das Trio **Thee Image**, die zwei LPs herausbrachten. 1978/79 erschienen zwei Soloplatten, auf denen Pinera seinen ausgeprägten Gitarrenphantasien freien Lauf ließ. 1981 wurde er von Alice → Cooper engagiert.

1975 reformierten Braunn und Bushy mit Phil Kramer (* 12. 7. 1952) und Howard Reitzes (key, voc) **Iron Butterfly**. Auf der LP SCORCHING BEAUTY klang das Quartett wie »die mißverstandenen Sparks« (*Sounds*) und bot dumpfen, uninspirierten Mainstream-Rock. Reitzes verließ die Band nach wenigen Monaten und war bei der gleichfalls schwachen Produktion SUN AND STEEL von Bill DeMartines ersetzt worden. Ende 1975 trennten sich **Iron Butterfly** wieder.

Ingle, Bushy, Dorman und Derek Hilland (g) versuchten 1993 wieder eine Reunion und kündigten für 1995 neue Plattenaufnahmen an. Verstärkt durch Eric Barnett (g) kamen **Iron Butterfly** im März 1997 nach Europa. Sie präsentierten auf ihrer Europatournee im Spätsommer 1997 eine professionelle Show und mischten ihr Repertoire aus bewährten Klassikern und neuen, etwas braven Hardrock-Songs.

HEAVY (1968) Rhino 8122–71521 • IN-A-GADDA-DA-VIDA (1969) Atlantic 7567–90396 • BALL (1969) Atlantic 7567–91655 • LIVE (1970) Atlantic 7567–90396 • METAMORPHOSIS (1970) Rhino 8122–71522 • SCORCHING BEAUTY (1975) Repertoire, REP 4558 • SUN AND STEEL (1975) Edsel 408 EDS • RARE FLIGHT (1996) Pair 1065 • (S) EVOLUTION (1971) Atco, SD 33–369 • (S) LIGHT AND HEAVY (1993) Rhino 8122–71166 • Lee Dorman mit **Captain Beyond**: CAPTAIN BEYOND (1972) Capricorn, CP-0105 • SUFFICIENTLY BREATHLESS (1973) Capricor, CP-0115 • DAWN EXPLOSION (1977) Warner Brothers , BS 3047 • Mike **Pinera**: ISLA (1978) Capricorn, CP-0202 • FOREVER (1979) Spector 0001 • Mike **Pinera** mit **Thee Image**: THEE IMAGE (1975) Manticore, MA6504 • INSIDE THE TRIANGLE (1975) Manticore, MA6506

Gregory Isaacs

Gregory Isaacs gilt »als einer der größten jamaikanischen Sänger (*Greensleeves*) und machte sich vor allem mit der unvergleichlichen Interpretation von Lovesongs einen Namen. Damit konnte er in Jamaika so viel Hits wie kaum ein anderer Sänger verbuchen. Außerdem legte er eine enorme Produktivität an den Tag und brachte fast jeden Monat eine Platte heraus. Die aktuelle Ausgabe des Reggae Directory führt mehr als 400 Veröffentlichungen auf, die in den vergangenen 20 Jahren erschienen sind. International bekannt wurde Isaacs mit der

Single ›Soon Forward‹ aus dem gleichnamigen, von Sly Dunbar und Robbie Shakespeare produzierten Album. Auch die Besetzung der LP konnte sich sehen lassen. Neben Dunbar, Shakespeare, Bingy Bunny, Dennis → Brown und Ansell Collins waren Leroy Wallace (dr), Leroy Sibbles (b) (Ex-→ Heptones), Gladstone Anderson (p), Winston Wright (org), Felix ›Deadley‹ Headley (sax), Earl Lindo (key) und Junior Delgado (voc) beteiligt.

1951 geboren, wuchs Isaacs im Armenviertel von Kingston auf. 1969 veröffentlichte er die Debütsingle ›Another Heartache‹ bei WIRL Records, einem Label des ehemaligen jamaikanischen Premierministers Edward Seaga. Mit dem Gesangsduo bzw. -trio **Concords** machte er ein paar Aufnahmen, wie z. B. ›Don't Let Me Suffer‹. 1970 veröffentlichte er die Single ›Too Late‹, die von Rupie Edwards produziert und auch in Großbritannien veröffentlicht wurde. Uzziah ›Sticky‹ Thompson stellte den Kontakt zu Lee → Perry her. Die nächsten beiden Singles – ›You Are My Sunshine‹ und ›A Little Bit Lighter‹ – waren kein Erfolg. Erst mit ›Dancing Floor‹, produziert von Prince Buster, gelang endlich der nationale Durchbruch, der Isaacs so viel einbrachte, daß er zwei eigene Labels, African Museum und Cash And Carry, aufbauen konnte. Als Partner fungierte in der Anfangszeit Errol Dunkley.

Unterstützt von ständig wechselnden Produzenten (Glen Brown, Perry, Alvin Ranglin) und Begleitgruppen (**Aggrovators, Soul Syndicate, Revolutionaires, Upsetters**), konnte Isaacs zahlreiche Titel in den nationalen Charts plazieren. »Message-Songs und Liebeslieder hielten sich die Waage« (*Dread*) und machten Gregory Isaacs zum ungekrönten König des Lovers-Rock, der über die Grenzen Jamaikas hinaus Aufmerksamkeit erregte. Einige seiner größten Hits der 70er Jahren waren ›One One Cocoa‹, ›Innocent People Cry‹, ›Love Is Overdue‹, ›Mr. Cop‹ und ›Set The Captives Free‹. Den Auftakt zu der nicht weniger erfolgreichen, im Samplerbereich unüberschaubaren Serie von Hitalben machte 1975 IN PERSON. Es folgten unter v.a. ALL I HAVE IS LOVE, EXTRA CLASSIC, COOL RULER und SOON FORWARD. Isaacs entwickelte eine unglaubliche Kreativität, arbeitete nur mit der Elite der jamaikanischen Studioszene zusammen und gründete das Label Cash And Carry Records inklusive Vertriebsfirma. Offenbar unausgelastet, war er zeitweise als Autoschlosser tätig.

1982 unterzeichnete der Reggae-Crooner bei Island Records einen weltweiten Vertrag und präsentierte sich im gleichen Jahr auf dem Album NIGHT NURSE als Großmeister des Lovers-Rock: »Ich mache Liebeslieder, weil sie die einzige Kraft gegen das Schlechte sind« (Gregory Isaacs). Mit der Nachfolge-LP OUT DEH! (GB #44) schaffte Isaacs im Januar 1984 den Sprung in die britischen Popcharts.

Im Mai 1984 wurde LIVE AT THE ACADEMY BRIXTON mitgeschnitten, die als »mitreißendes, begeisterndes Konzert in ausgezeichneter Klangqualität« (*Stereoplay*) gelobt wurde. Als Begleitmusiker wirkten die **Roots Radics** mit, bestehend aus Errol ›Flabba‹ Holt (b), Bingy Bunny (g), Style Scott (dr), Lenny Smith (g), Bob Kalphat (key), ›Bongo‹ Herman Davies (perc), Everald Gayle (po), Deadley Headley (sax) und Anthony Green (sax). Im Team mit Dennis Brown gelang ihm in diesem Jahr außerdem mit ›Let Off Sum!‹ ein großer Independent-Hit. 1985

brachte er die etwas schwächeren Alben Easy und Private Beach Party heraus. Besser gelungen waren die 1987 erschienenen Alben Victim und Watchman Of The City.
Mitte der 80er Jahre wurde bekannt, daß Isaacs kokainsüchtig war, was ihm harsche Kritik einbrachte. 1982 wurde er wegen Waffenbesitzes verhaftet, und 1988 mußte er sich wegen Drogenbesitzes vor Gericht verantworten. Er verschwand zeitweise aus der Reggaeszene, da er gesundheitlich angeschlagen war.
Unbeeindruckt von der öffentlichen Kritik brachte Isaacs 1988 Red Rose For Gregory, eine der »besten Reggae-LPs des Jahres« (*Time Out*), heraus. Das Album, produziert von Gussie Clarke, enthielt die Singles ›Rumors‹, ›Rough Neck‹ und ›Mind Yu Dis‹, die wochenlang die Spitze der britischen Reggae-Charts anführten. Als Chorsänger hatte er die **Mighty Diamonds** gewinnen können. Ende 1989 thematisierte Isaacs seine Drogenerfahrungen auf dem Album Warning, auf dem er »eindeutige Mahnungen an die Jugend« (*Time Out*) formulierte. In einem Interview erklärte Isaacs: »Ich hatte ziemliche Schwierigkeiten mit dem Koks, ich saß ganz schön tief drin, und alles, was ich momentan machen kann, ist diejenigen zu warnen, die noch nicht mit dem Zeug in Berührung gekommen sind.«
In den 90er Jahren blieb Isaacs auch nach hin und wieder mäßigen Platten eine feste Größe in der internationalen Reggaeszene und überzeugte immer wieder mit »einer wunderbaren Stimme« (*All-Music Guide*). Er machte sich um die Dubtechnik verdient, förderte Nachwuchskünstler und konnte 1992 mit dem Album Pardon Me! an seine großen Erfolge anknüpfen.
Auch in den letzten Jahren konnte Gregory Isaacs sein hohes Niveau nicht immer halten. Er bewies jedoch Risikofreudigkeit, als er z. B. 1994 auf Dance Hall Don mit populären Toastern wie Nardo Ranks, Ninjaman, Major Damage und Bounty Hunter zusammenspielte: »Eine erfreuliche Angelegenheit. Die bekannten DJs sorgen mit ihren energiegeladenen Raps, im Wechsel mit Isaacs coolem Gesangsstil, zum HipHop angereicherten Beat der Firehouse-Crew und anderen Top-Musikern, für jede Menge Abwechslung« (*Good Times*).
Auf der 95er-LP Not A One Man Thing wirkten Dennis Brown als Gastsänger und Ex-→**Black Uhuru** Junior Reid als Produzent mit. Der 1996 veröffentlichte Sampler Looking Back dokumentierte das Gesamtwerk von Gregory Isaacs und enthält seine populärsten Titel.
Unterstützt von Dred Flimstone und der Gruppe **Mother Earth** erschien im Juli 1997 das Album Dance Curfew, auf dem Issacs HipHop und Fun bot, ohne seine Dancehall-Herkunft zu verleugnen.

IN PERSON (1975) Trojan, TRLS 102 • ALL I HAVE IS LOVE (1976) Trojan, TRLS 121 • EXTRA CLASSIC (1977) Conflict, COLP 2002 • MR. ISAACS (1977) Shanachie 43006 • WILLOW TREE (1977) Jamaica Gold 204 • LEGGO DUB (1978) • COOL RULER (1978) Front Line, FL 1020 • (SLUM) IN DUB (1978) Burning Sounds, BS 1010 • SOON FORWARD (1979) Front Line 80098 • THE LONELY LOVER (1980) Pre, PREX 1 • FOR EVERYONE (1980) Success 102 • MORE GREGORY (1981) Pre, PREX 9 • NIGHT NURSE (1982) Island 204846 • LOVERS ROCK (1982) Pre 10 • OUT DEH! (1983) Island 802797 • CRUCIAL CUTS (1983) Virgin 1010 • SENSATIONAL GREGORY ISAACS

LIVE: REGGAE GREATS (1984) Mango 539782 • LIVE AT THE ACADEMY BRIXTON (1984) Rough Trade, ROUGH 74 • PRIVATE BEACH PARTY (1985) Greensleeves 288. 07. 022 • EASY (1985) Tad's, TRD 31984 • TALK DONT BOTHER ME (1986) VP 7A • LIVE AT THE ACADEMY (1986) Kingdom, KVL 9027 • ALL I HAVE IS LOVE LOVE LOVE (1986) Tad's • VICTIM (1987) VP 1033 • WATCHMAN OF THE CITY (1987) Rohit 93100 • TOP TEN: GREGORY ISAACS & FRIENDS (1988) Heartbeat, HB 19 • RED ROSE FOR GREGORY (1988) Greensleeves 480991 • COME ALONG (1988) Live & Love • ENCORE LIVE (1988) Kingdom, KVL 9030 • THE UNFORGETTABLE (1988) Rohit 7736 • SLY & ROBBIE PRESENT GREGORY ISAACS (1988) Dreadbeat 33206 • SLUM (1978) Burning Sound 1051 • GREGORY IN RED (1989) Tappa Zuckie, TZ 20 • NEW DANCE (1989) West End • I.O.U. (1989) Greensleeves, GREL 136 • RESERVED FOR GREGORY (1989) Exodus, EXLP 1 • LET'S GO DANCING (1989) Rohit 7769 • BIG ALL AROUND (1989) Greensleevs • GILBERT IS A DISASTER (1989) Rooney RRICD 1200 • WHO'S GONNA TAKE YOU HOME (1990) Rohit 7756 • CONSEQUENCE (1990) Rohit 7777 • NO INTENTION (1990) VP 1133 • PAST & FUTURE (1990) VP 1116 • WARNING (1990) Serious Business, SSBLP 00003 • AT THE MIXING LAB (FEATURE ATTRACTION) (1990) Mixing Lab, MLLP 005 • HEARTBREAKER (1990) Rohit 7788 • HARDCORE (1990) Greensleeves, GSCD 70035 • CALL ME COLLECT (1990) Dreadbeat 33067 • CAN'T STAY AWAY (1992) Xterminator • DANCING FLOOR (1990) Heartbeat, HB 79 • COOYAH! (1990) New Name Music, NNMLP GI 01 • ONCE AGO (1990) Frontline 1680 • STATE OF SHOCK (1991) Dreadbeat 33086 • NO INTENTIONS (1991) RF, VPCD 1133 • COME AGAIN DUB (1991) REACH OUT INTERNATIONAL EFA 13547 • LOVE IS OVERDUE (1991) Heartbeat, HB 98 • SET ME FREE (1991) VP 1171 • NO SURRENDER (1992) Greensleeves, GVCD 2020 • PARDON ME! (1992) R.A.S. 3100 • BOOM SHOT (1992) Shanachie 322704 • HOUSE OF THE RISING GUN (1992) R.A.S. 7040 • GREGORY ISAACS AND DANCE HALL DJ'S (1992) VP 1234 • REGGAE JAMMIN' (1992) Essex • RUDIE BOO (1992) Star Trail • OVERDRIVE (1992) VP 3007 • NO LUCK (1992) Creole, LG 21049 • CANT STAY AWAY (1993) VP 1239 • UNATTENDED (1993) Pow Wow, PWD 7436 • ABSENT (1993) Greensleeves, GREL 190 • I AM GREGORY (1993) Charm, CRCD 22 • UNLOCKED (1993) Greensleeves, GREL 193 • LEE PERRY PRESENTS GREGORY ISAACS (1993) Rhino, RNCD 2030 • HOLDING ME CAPTIVE (1993) VP 1329 • MAXIMUM RESPECT (1994) Prestige, CDSGP 070 • DANCE HALL DON (1994) Shanachie 45015 • MY POOR HEART (1994) Heartbeat EFA 37667 • LIVE IN FRANCE (1994) Sonic, SONCD 0060 • MEK ME PROSPER (1994) VP 1356 • YO'RE DIVINE (1994) Creole, RB 3002 • GREGORY ISAACS & FRIENDS (1994) Shanachie, SHCD 150 • COME CLOSER (1994) Declic 503382 • LONELY DAYS (1994) Jamaica Gold 205 • HEARTACHE AVENUE (1994) World Enterprises, WRCD 009 • OVER THE BRIDGE (1994) Musidisc 111862 • MIDNIGHT CONFIDENTIAL (1994) Greensleeves, TRLS 205 • DREAMING (1995) Heartbeat, HB 155 • NOT A ONE MAN THING (1995) R.A.S. 3145 • DEM TALK TOO MUCH (1995) Trojan, TRLS 355 • MEMORIES (1995) Music 112082 • MR. LOVE (1995) Caroline 7507 • PRIVATE LESSON (1996) Hearbeat, HB 168006 • MR. COOL (1996) VP 1455 • IN DUB (1996) Hollywood 168045 • ONE MAN AGAINST THE WORLD (1996) VP 1476 • HAPPINESS COME (1997) Jamaica Gold 233 • DANCE CURFEW (1997) Acid Jazz Roots 503070317112 • (S) THE BEST OF GREGORY ISAACS (1977) GG 030 • (S) THE BEST OF (1978) Channel 30 • (S) THE BEST OF GREGORY ISAACS, VOL.2 (1981) GG • (S) THE SENSATIONAL GREGORY ISAACS (1982) Vista Sounds 804592 • (S) THE EARLY YEARS (1981) Trojan, TRLS 196 • (S) THE BEST OF GREGORY ISAACS, VOL.1 & 2 (1982) Dreadbeat 37597 • (S) MY NUMBER ONE (1990) Heartbeat, HB 61 • (S) COOL

RULER / SOON FORWARD SELECT (1990) Frontline 884683 • (S) 20 CLASSIC HITS (1991) Sonic Sounds 013 • (S) CLASSIC HITS, VOL. 2 (1992) Sonic Sounds 027 • (S) THE COOL RULER RIDES AGAIN (1993) Music Club, MCCD 144 • (S) I'LL NEVER TRUST YOU AGAIN (1994) Creole, LG 21098 • (S) NUMBER ONE (1995) Charly 8026 • (S) REGGAE GREATS (?) Mango 21 11288 • (S) LOOKING BACK (1996) R.A.S. 3196 • Mit Dennis **Brown**: TWO BAD SUPERSTARS! (1984) Burning Sounds, BS 1057 • JUDGE NOT (1984) Greensleeves, GREL 72 • NO CONTEST (1989) Greensleeves, GREL 133 • BLOODBROTHERS (1994) Dreadbeat 33116 • Mit **Yellowman**: GREGORY ISAACS MEETS YELLOWMAN (1993) Mixing Lab, MM2537 • Mit Jah **Mel**: DOUBLE EXPOSURE (1984) Andy's • Mit Sugar **Minott**: DOUBLE DOSE (1987) Blue Mountain, BTR 004 • Mit Ronnie **Davis**: GREGORY ISAACS MEETS RONNIE DAVIS (1979) Plant, PLAN 10001 • Mit verschiedenen Interpreten: REGGAE IT'S FRESH (1989) Tad's

Chris Isaak

Als Chris Isaak 1985 auf der internationalen Popszene auftauchte, verkörperte er eine verwegene Mischung aus James Dean und Elvis →Presley. Er galt als melancholischer Einzelgänger, der aufrichtige Rock'n'Roll-Phantasien zwischen Country, R&B, Rockabilly und Surf-Music verfaßte. Seine Alben verkauften sich gut, und er hatte auch als Schauspieler Erfolg.

Geboren am 26. 6. 1956 als jüngster von drei Söhnen eines Zimmermanns im nordkalifornischen Stockton, interessierte sich der junge Chris Isaak wie seine Brüder für Country & Western von Ernie Tubbs und Buck Owens, Rockabilly, britischen Beat, für weiße Crooner wie Bing Crosby und Dean Martin und den schwarzen Blues der Großstädte im Norden. Isaak studierte in Japan an der University of Pacific, versuchte sich als Amateurboxer und machte Führungen durch Filmstudios. Wieder in Stockton, gründete er mit Rowland Salley (b), Jimmy Wilsey (g) und Kenny Dale Johnson (dr) **Silvertone**, benannt nach einem Gitarrenmodell der Firma Sears-Roebuck. Wilsey hatte vorher bei der Punkband **Avengers** mit der Leadsängerin Penelope →Houston gespielt.

Die Band, allen voran Chris Isaak, setzte sich in der Clubszene von San Francisco durch. Isaak konnte sich so dank des Produzenten Eric Jacobsen (→**Lovin' Spoonful**) 1984/85 auf seine LP-Premiere SILVERTONE konzentrieren. Der ruhige, entspannte Sound erinnerte an den sanften Countrybilly von Roy →Orbison. Die runden, knappen Songs , die Twang-Gitarren in der Art von Duane →Eddy und der verhaltene Rhythmus sprachen zunächst nur Insider an.

Auch auf seiner zweiten LP CHRIS ISAAK widerstand der sympathische, aber verschlossen wirkende Musiker Ende 1987 modischen Trends und technischen Tricks und hielt an seinen strammen Harmonien und der stimmungsvollen Atmosphäre fest. Mit »kraftvoller Stimme und einem unüberhörbaren Schuß Wehmut« (*Fachblatt*) erzählte er von Einsamkeit, Selbstmord, enttäuschter Liebe und bitteren Selbstzweifeln, ohne in romantischen Kitsch abzugleiten. *USA Today* wählte CHRIS ISAAK zu den »zehn besten Alben des Jahres«, was sich aber auf den Plattenverkauf nicht auswirkte.

Isaak und seine Band tourten in den ersten Monaten 1988 durch die USA und Europa, nur unterbrochen von Isaaks

Filmdebüt in »Married To The Mob« von Jonathan Demme. Danach folgte das wiederum wenig beachtete Album Heart Shaped World. 1989 wurde »der Troubadour der zelebrierten Einsamkeit« (*Musik Express*) für verschiedene Fernsehproduktionen engagiert und lieferte das Instrumental ›Wicked Game‹ für den David Lynch-Film »Wild At Heart«. Aufgrund der großen Nachfrage veröffentlichte Isaak Ende 1990 eine Vokalversion von ›Wicked Game‹ (GB #10, US #6, D #9), die weltweit unter die Top 10 vorstieß. Daraufhin wurde Heart Shaped World, ergänzt durch den Singlehit, erneut veröffentlicht. Auf dem europäischen Markt erschien die LP, die mit ›Blue Hotel‹ (GB #17, D #19) einen weiteren Singlehit enthielt, unter dem Titel Wicked Game (GB #3, D #3) und wurde ein Erfolg.

1991 und 1992 widmete sich der Meister der Melancholie und Sehnsucht verstärkt seinen Live-Aktivitäten und einer Rolle in der TV-Kultserie »Twin Peaks« von David Lynch. Darüber hinaus spielte er die Rolle des Architekten in der Bernardo Bertoluccci-Verfilmung »Little Buddha«.

Nach über dreijähriger Pause erschien im März 1993 das Album San Francisco Days (GB #12, US #35, D #46), das den Sound der Ära eines Orbison oder Buddy → Holly wiederbelebte. Isaak sang immer noch von Einzelgängern und Außenseitern und coverte von Neil Diamond ›Solitary Man‹. Als Singles wurden ›Can't Do A Thing‹ (GB #36) und der Titelsong (GB #62) ausgekoppelt, und im Juni 1993 startete Isaak eine US-Tour, in deren Verlauf er im Vorprogramm von Tina → Turner in New York auftrat.

Einladungen zu Talkshows, Benefizveranstaltungen und ein Auftritt beim Tribute-Konzert für Elvis Presley in Memphis, Tennessee, standen 1994 auf Chris Isaaks Terminplan sowie die Aufnahmen für das Album Forever Blue, das im Sommer 1995 herauskam. Die Single ›Somebody's Crying‹ (US #45, D #76) ist typisch für seinen zartbitteren Countryrock.

Im September 1996, Isaak hatte gerade »Grace Of My Heart« abgedreht, kam der »große Romantiker« (*Szene Hamburg*) wieder nach Deutschland, um Baja Sessions vorzustellen. Die Platte enthielt Klassiker von Dean Martin, Frank Sinatra, Roy Orbison, westindische und hawaiianische Folkore, Bearbeitungen seiner fünf bekanntesten Songs sowie drei neue Eigenkompositionen.

SILVERTONE (1985) Warner Brothers 7599–25156 • CHRIS ISAAK (1987) Warner Brothers 7599–25536 • HEART SHAPED WORLD (1989) Reprise 7599–25837 • SAN FRANCISCO DAYS (1993) Reprise 9362–45116 • FOREVER BLUE (1995) Reprise 9362–45845 • BAJA SESSIONS (1996) Reprise 9362–46325 • (S) WICKED GAME (1991) Warner Brothers 7599–26513

Isley Brothers

Ernie Isley (voc, g), Marvin Isley (voc, b), Ronald Isley (voc)

Die große, weitverzweigte Isley-Familie stammte aus Cincinnati, Ohio. Dort wurden die vier Brüder Rudolph (*1. 4. 1939), Ronald (*21. 5. 1941), O'Kelly (*25. 12. 1937) und Vernon als Söhne von Kelly und Sallye Bernice Isley geboren. Ihr Vater war professioneller Sänger und ermunterte die **Isley Brothers** 1955, ein

Vokalquartett zu gründen, das der Tenor Ronald als Leadsänger leitete. Die **Isleys** traten in Kirchen auf und suchten in der Verbindung von Gospel, R&B und Rock'n'Roll nach einem eigenständigen Sound.

Noch im Gründungsjahr starb Vernon bei einem Fahrradunfall. Die drei verbliebenen Brüder gingen 1957 nach New York und veröffentlichten bei Teenage Records im Doo Wop-Stil die erfolglose Single ›The Cow Jumped Over The Moon‹. Es folgten weitere Aufnahmen für kleine Labels, die kaum registriert wurden. Während eines Engagements im Howard Theater in Washington D.C. fielen die **Isley Brothers** Howard Bloom von RCA Records auf, der das Familienunternehmen unter Vertrag nahm und mit der Single ›Turn To Me‹ mit dem R&B-Klassiker ›Shout!‹ (US #47), der sich über eine Million Mal verkaufte, eine glückliche Hand bewies. Es blieb jedoch zunächst bei diesem einzigen Hit.

Die Isley-Familie ließ sich in New Jersey nieder. Die Single ›Respectable‹ beendete 1960 die Zusammenarbeit mit RCA, da die **Isley Brothers** ein Angebot des erfolgreichen Komponisten / Produzenten-Teams Leiber / Stoller annahmen. Doch auch die nächsten vier Singles brachten nichts ein, da es ihnen »nicht gelang, die enorme Gospelenergie kommerziell zu bündeln« (*Encyclopedia Of Rock Stars*). Die **Isleys** wechselten mehrfach die Plattenfirma und bemühten sich 1962 mit der Bluesballade ›Right Now‹ für Wand Records um einen Neuanfang. Dies gelang im Sommer des Jahres mit ›Twist And Shout‹ (GB #21, US #17), ›Twistin' With Linda‹ (US #54) und dem Album TWIST AND SHOUT (US #61).

Mit dem Höhenflug war es nach Abflauen des Twist-Booms schnell wieder vorbei. 1963 erschienen die Singles ›Hold On Baby‹ und ›Surf And Shout‹, 1964 lediglich der Song ›Testify‹, der mit Jimmy James eingespielt wurde. Er war knapp ein Jahr bei den **Isley Brothers**, um dann als Jimi →Hendrix zum Weltstar aufzusteigen. Die seinerzeit entstandenen Aufnahmen wurden 1971 unter dem Titel IN THE BEGINNING veröffentlicht. Auf ihrer ersten Englandtournee begleiteten die **Isleys** 1964 die populäre Sängerin Dionne Warwick, und anschließend unterstützten sie Cliff →Richards US-Tourdebüt.

Tamla Motown Records nahm die **Isley Brothers** im Dezember 1965 unter Vertrag und brachte sie mit der Bestsellerautoren- und Produzentengemeinschaft Holland / Dozier / Holland zusammen. Als erstes Ergebnis der neuen Zusammenarbeit erschien im Frühjahr 1966 THIS OLD HEART OF MINE (GB #3, US #12). Die LP war der Beginn einer stattlichen Hitserie, die bis 1975 anhielt. Vor allem in Großbritannien waren die **Isleys** so gefragt, daß sie für knapp drei Jahre ins Mutterland des Pop übersiedelten. Bis Ende 1969 verkauften sich ihre Singles ›I Guess I'll Always Love You‹ (GB #13, US #52), ›Behind A Painted Smile‹ (GB #4, D #35), ›It's Your Thing‹ (GB #25, US #2), ›I Turned You On‹ (US #17), ›Put Yourself In My Place‹ (GB #14) und das Album IT'S YOUR THING (US #20) überdurchschnittlich. Für IT'S YOUR THING bekamen sie 1970 einen Grammy als beste R&B-Gruppe des Jahres.

Die **Isley Brothers** kehrten im Januar 1969 nach New Jersey zurück und gründeten die Plattenfirma T-Neck Records, benannt nach ihrer Wahlheimat Teaneck. IT'S YOUR THING, beim eigenen Label veröffentlicht, erreichte eine Auflage von zwei Millionen Stück. Ronald und

Rudolph Isley förderten andere Künstler wie Dave Cortez, Judy White und **Privilege**. Im September 1969, Kelly verzichtete jetzt auf das ›O‹ seines Vornamens, nahmen die **Isleys** ihre Brüder Ernie (* 7. 3. 1952) als Gitarrist, Marvin Isley (* 18. 8. 1953) als Bassist und Cousin Chris Jasper als Keyboarder in die Gruppe auf. Später kam noch der Schlagzeuger Everett Collins als einziges Nichtfamilienmitglied dazu.

Zu Beginn der 70er Jahre entwickelten sich die **Isleys** zu einer rasanten Funkband, die eine temperamentvolle, hochkarätige Bühnenshow bot. Nach einigen Coverversionen wie ›Love The One You're With‹ (US #17) von Stephen →Stills, ›Spill The Wine‹ (US #41) von Eric →Burdon und ›Lay Lady Lay‹ (US #72) von Bob →Dylan veröffentlichten die **Isley Brothers** im Sommer 1973 die Eigenkomposition ›That Lady‹ (GB #15, US #6). Bis 1979 folgten die Hits ›Summer Breeze‹ (GB #13, US #71), ›Fight The Power, Part 1‹ (US #5), ›Harvest For The World‹ (GB #10, US #63) und ›It's A Disco Night‹ (GB #13) sowie u. a. die Alben 3+3 (US #7), LIVE IT UP (US #14), THE HEAT IS ON (US #1), THE HARVEST FOR THE WORLD (US #10), SHOWDOWN (US #3) und WINNER TAKES ALL (US #13). Alle LPs der **Isley Brothers** wurden bis 1983 zumindest mit Gold ausgezeichnet, erreichten aber in der Regel Platinstatus. Die **Isley Brothers** mischten souverän authentischen Soul, Funk-Power und aktuellen Disco-Sound, um »ganz einfach tanzbare Musik zu erzeugen« (Ernie Isley). Ronald verfügte »über das gewisse Etwas in der Stimme« (*Audio*), und die Band bot einen perfekt eingespielten, sorgsam abgestimmten Sound, der alle Strömungen der Black Music glaubwürdig zitierte. Die **Isleys** waren zu Superstars geworden und starteten mit den Platinalben GRAND SLAM (US #22) und INSIDE YOU (US #20) in die 80er Jahre. Mit ›Hurry Up And Wait‹ (US #58) im Frühjahr 1981 und ›Between The Sheets‹ (GB #45) vom Juli 1983 verschwanden sie aus den internationalen Singlehitparaden.

1984 kam es nach über 25 Jahren und mehr als 20 Millionen verkauften Platten zur Spaltung der Familienclique. Ronald, Rudolph und Kelly führten die **Isley Brothers** weiter, die jüngeren Brüder Ernie und Marvin gründeten mit Cousin Jasper das Trio **Isley, Jasper, Isley**. Beide Formationen machten weiterhin schwarze unterhaltsame Musik und halfen sich gegenseitig bei Plattenproduktionen. Die **Isley Brothers** glänzten Ende 1985 mit dem Album MASTERPIECE, während **Isley, Jasper, Isley** in diesem Jahr gleich zwei LPs herausbrachten. Auf BROADWAY'S CLOSER TO SUNSET BOULV. folgte im November 1985 CARAVAN OF LOVE (US #77), der erste Chartserfolg der Youngster. Außerdem plazierten sich die Singles ›Kiss And Tell‹ (US #63) und ›Caravan Of Love‹ (GB #37, US #51) in den Charts. Den →**Housemartins** gelang mit ihrer a-cappella-Version von ›Caravan Of Love‹ ein absoluter Tophit.

Nach dem Tod von Kelly Isley, der am 31. 3. 1986 einem Herzinfarkt erlag, machten die **Isley Brothers** als Duo weiter. Sie bevorzugten weiterhin die sinnliche, dezent rhythmisierte Soulvariante, hatten damit aber nur noch wenig Erfolg. Am besten verkauften sich 1987 die LP SMOOTH SAILIN' (US #64) und im Jahr darauf der Sampler GREATEST HITS (GB #41). **Isley, Jasper, Isley** überzeugten auf DIFFERENT DRUMMER vom Sommer 1987 wieder mit einem perfekt inszenierten Sound zwischen »gemächlich klat-

schenden Slow-Schiebern und stramm rotierendem Funk« (*Musik Express*).
Ab 1988 arbeiteten die **Isleys** nur noch sporadisch zusammen. Chris Jasper veröffentlichte 1988 seine Soloproduktion SUPERBAD. Ernie Isley zog 1990 mit HIGH WIRE nach.
Als Duo brachten die **Isley Brothers** 1989 die LP SPEND THE NIGHT heraus. Im Sommer 1992 wurde TRACKS OF LIFE zusammen mit Ernie und Marvin Isley und Chris Jasper aufgenommen, doch mehr als perfekten Unterhaltungspop hatten die R&B-Veteranen nicht mehr zu bieten. Auch die Alben LIVE und PLEASE konnten an vergangene Erfolge nicht mehr anknüpfen. 1992 wurden die **Isleys** in die Rock'n'Roll Hall of Fame aufgenommen, und 1994 gingen sie mit Bobby →Womack auf Tournee.
Ronald Isley war 1990 Studiogast bei Rod →Stewart und dessen Neubearbeitung von ›This Old Heart Of Mine‹ und wirkte auf dem 95er Album von Quincy Jones mit. 1992 führte er einen langwierigen Rechtsstreit mit Michael →Bolton, dem er vorwarf, seinen Song ›Love Is A Wonderful Thing‹ plagiiert zu haben.
1996 tauchten die **Isley Brothers** wieder in den US-Charts auf. ›Let's Lay Together‹ (US #93) stammte aus dem Soundtrack zu »Don't Be A Menace«, und ›Floatin' On Your Love‹ (US #47) hatte Ronald Isley im Duett mit Angela Winbush aufgenommen.

SHOUT (1959) Bear Family, BCD 15425 • TWIST & SHOUT (1962) Ace, CDCH 928 • FAMOUS ISLEY BROTHERS (1964) Motown • THIS OLD HEART OF MINE (1966) Epic 468 737 • SOUL ON THE ROCKS (1967) Tamla 275 • DOIN' THEIR THINGS (1968) Tamla 287 • IT'S OUR THING (1969) T-Neck, TNS 3001 • THE BROTHERS: ISLEY (1969) Epic 487 515 • BEHIND A PAINTED SMILE (1969) Motown, STML 11112 • GIVIN' IT BACK (1971) Epic 487 513 • IN THE BEGINNING (1971) • BROTHER, BROTHER, BROTHER (1972) Epic 487 512 • LIVE (1973) Rhino 722 84 RHI • THREE & THREE (1973) T-Neck 324 530 • ROCK ON BROTHER (1973) RCA, ACL-1–0126 • LIVE IT UP (1974) T-Neck 33070 • THE HEAT IS ON (1975) T-Neck 33536 • HARVEST FOR THE WORLD (1976) T-Neck 33809 • GO FOR YOUR GUNS (1977) T-Neck 34432 • SHOWDOWN (1978) T-Neck 34930 • TIMELESS (1978) Epic 88327 • WINNER TAKES ALL (1979) T-Neck 36077 • GO ALL THE WAY (1980) T-Neck 36305 • GRAND SLAM (1981) IRS 9206124 • INSIDE YOU (1981) T-Neck 37533 • THE REAL DEAL (1982) T-Neck 38047 • BETWEEN THE STREETS (1983) T-Neck 38674 • MASTERPIECE (1985) Warner Brothers 925 347 • SMOOTH SAILIN' (1987) Warner Brothers 925 586 • SPEND THE NIGHT (1989) Warner Brothers 7599–25940 • TRACKS OF LIFE (1992) Warner Brothers 7599–26620 • LIVE (1993) Elektra • PLEASE (1996) Island • (S) TAKE SOME TIME FOR THE ISLEY BROTHERS (1968) Hallmark, HM 566 • (S) ISLEY BROTHERS (1968) Marble Arch, MAL 894 • (S) GREATEST HITS (1970) Starline, SRS 5043 • (S) THE VERY BEST OF (1975) United Artists, LA 500 • (S) ISLEY'S GREATEST HITS VOL. 1 (1984) Epic 471 970 • (S) LET'S GO (1986) Stateside, SSL 6001 • (S) THE ISLEY BROTHERS STORY (1991) Rhino 887119 • (S) BEAUTIFUL BALLADS (1994) Epic 57860 • Ernie **Isley**: HIGH WIRE (1990) Elektra • **Isley/Jasper/Isley**: BROADWAY'S CLOSER TO SUNSET BOULV. (1984) Epic 26307 • CARAVAN OF LOVE (1985) Jet, ZK 40118 • DIFFERENT DRUMMER (1987) Epic 450143 • Chris **Jasper**: SUPERBAD (1988) Epic 460706

It's A Beautiful Day

Val Fuentes (dr), Mitchell Holman (b), David LaFlamme (vi, voc), Linda LaFlamme (key), Pattie Santos (voc, perc), Hal Wagenet (g)

Im Sommer 1967 entstand auf Initiative des Geigers David LaFlamme (* 5. 4. 1941, Salt Lake City) in San Francisco eine außergewöhnliche, kurzfristig sehr erfolgreiche Band. **It's A Beautiful Day** produzierten einen gefällig swingenden Sound aus Jazz, Rock, Folk und Klassik im Frisco-Geist. Chronisten zählten das eigenwillige Sextett zur zweiten Generation der Hippie-Ära. **It's A Beautiful Day** waren zunächst ein Geheimtip der Westküste und gehörten später zur nationalen Rockelite. *Cashbox* schrieb sogar über »eine der besten Gruppen der Welt«.
LaFlamme lernte mit fünf Jahren Geige und war später kurzzeitig Solist beim Utah Symphony Orchestra. Nach der Militärzeit kam er 1962 nach Kalifornien, trat im Jazzensemble von John Handy auf, wurde Mitglied bei **Dan Hicks & The Hot Licks** und jammte mit → **Big Brother & The Holding Company**. Mitchell Holman, Ehefrau Linda LaFlamme, Pattie Santos (* 16. 11. 1949, San Francisco) und Val Fuentes (* 25. 11. 1947, Chicago) bildeten die Gründungsbesetzung von **It's A Beautiful Day**. Sie fielen auf, weil sie die Violine als Melodieinstrument benutzen. Linda LaFlamme und Pattie Santos sorgten für einen hellen, engelsgleichen Chorgesang, passend zum fernöstlich beeinflußten, sanften Sound. LaFlammes Kompositionen zeichneten sich durch weitläufige Arrangements und ausgedehnte Soloeinlagen aus.
›White Bird‹, fortan der Klassiker der Band, ›Bombay Calling‹ und ›A Hot Summer Day‹ waren die Hits der LP It's A Beautiful Day (US #75), die sich durch »famose Instrumentalsegmente und gute Leadstimmen« (*Billboard*) auszeichnete. **It's A Beautiful Day** hatten sich mit dem Keyboarder Fred Webb verstärkt. Das Cover des ersten Albums entwarf George Hunter, Leadsänger der → **Charlatans**.
Noch besser verkaufte sich die zweite LP Marrying Maiden (US #28). Herausragend war der dem 50er Jahre Duo ›Don & Dewey‹ gewidmete Song. Als Stargast wirkte Jerry Garcia von → **Grateful Dead** mit. Linda LaFlamme kümmerte sich inzwischen um ihre eigene Gruppe **Titus' Mother**. **It's A Beautiful Day** gehörten bald zu den Westcoast-Attraktionen. Bei Live-Auftritten verzichteten sie weitgehend auf Showeffekte und achteten auf »ein beständiges Gleichgewicht unter den Musikern« (*Sounds*).
1972 verließen Wagenet und Holman die Gruppe und mußten durch Tom Fowler (b) und Bill Gregory (g) ersetzt werden. Sie debütierten auf der LP Choice Quality-Stuff Anytime, die im Vergleich zu den früheren angestrengt und ideenlos klang. Daran konnten auch die Studioasse José Chepito Areas, (perc), Coke Escovedo (perc) und Gregg Rolie (p) aus dem Umfeld von → **Santana** nichts ändern. **It's A Beautiful Day** hatten offenbar ihren Schwung verloren.
Der Mitschnitt Live At Carnegie Hall dokumentierte 1972 noch einmal das große musikalische Können der Band. LaFlamme verlor das Interesse an **It's A Beautiful Day**. Pattie Santos machte mit Fuentes, Webb, Gregory, Bud Cockrell (voc, b), Greg Bloch (vi, man), Don Waldrop (tu) die Mainstream-Rock-LP Today.

1974 gründete Pattie Santos **Pharoes Whistle** und spielte kurzzeitig bei →**New Riders Of The Purple Sage**, während Cockrell die Hitband →**Pablo Cruise** ins Leben rief. Beide nahmen das 78er-Album NEW BEGINNINGS auf. Webb schloß sich für zwei Jahre →**Stoneground** an und spielte 1977 für Eddie →Money. Gregory mischte 1980 auf einem Album Country und Blues. Tom Fowler wurde von Frank →Zappa engagiert und fand dann über Billy Cobham und Jean-Luc Ponty Zugang zur Jazzszene. Bloch schließlich ist auf Produktionen von →**Mark-Almond**, der italienischen Klassikrock-Gruppe →**PFM** und Dwight →Twilley zu hören. Pattie Santos starb am 14. 12. 1989 bei einem Autounfall im kalifornischen Healdsburg.

Im Sommer 1996 organisierten David LaFlamme, Holman, Wagenet und Fuentes im kalifornischen Santa Cruz ein Reunion-Konzert, für das vor allem Holman neues Material komponierte. LaFlamme galt noch immer als »der technisch beste Rock-Violinist«, aber ein neues Album war nicht in Sicht.

IT'S A BEAUTIFUL DAY (1969) CBS, SFS 11790 • MARRYING MAIDEN (1970) CBS 64065 • CHOICE QUALITY-STUFF ANYTIME (1971) CBS 64314 • AT CARNEGIE HALL (1972) Columbia 480970 • TODAY (1973) CBS 65483 • (S) A THOUSAND AND ONE NIGHTS... (1974) CBS 65812 • David **LaFlamme**: WHITE BIRD (1977) Line 400374 • INSIDE OUT (1978) Line 400393 • Pattie **Santos** und Bud **Cockrell**: NEW BEGINNINGS (1978) A&M, SP 4712 • Bill **Gregory**: IT'S A BLUESY DAY (1980) Appaloosa 008